C000118071

1 MONTH OF
FREE
READING

at
www.ForgottenBooks.com

By purchasing this book you are eligible for one month membership to ForgottenBooks.com, giving you unlimited access to our entire collection of over 1,000,000 titles via our web site and mobile apps.

To claim your free month visit:
www.forgottenbooks.com/free1195185

ISBN 978-0-331-49549-2
PIBN 11195185

This book is a reproduction of an important historical work. Forgotten Books uses
state-of-the-art technology to digitally reconstruct the work, preserving the original format
whilst repairing imperfections present in the aged copy. In rare cases, an imperfection in
the original, such as a blemish or missing page, may be replicated in our edition. We do,
however, repair the vast majority of imperfections successfully; any imperfections that
remain are intentionally left to preserve the state of such historical works.

REVUE

DES

DEUX MONDES

XXIe ANNÉE. — NOUVELLE PÉRIODE

TOME IX. — 1er JANVIER 1851.

PARIS. — IMPRIMERIE DE GERDÈS,
16, rue Saint-Germain-des-Prés.

REVUE

DES

DEUX MONDES

TOME NEUVIÈME

VINGT-ET-UNIÈME ANNÉE. — NOUVELLE PÉRIODE

PARIS

AU BUREAU DE LA REVUE DES DEUX MONDES

RUE SAINT-BENOÎT, 20

1851

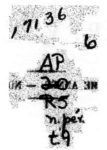

LA CLÉ D'OR.

PERSONNAGES.

RAOUL D'ATHOL.
SUZANNE, sa femme.
LE BARON, père de Suzanne.
GEORGE DE VERNON, officier aux chasseurs
de Vincennes.

JEANNETTE, vieille domestique favorite
de Suzanne.
LHERMITE, valet de chambre de M. d'Athol.
UN CHEF DE CUISINE.
UN MARMITON.

(LA SCÈNE SE PASSE EN PROVINCE.)

LES COULISSES.

Chez le grand-père de Suzanne. — Le vestibule d'un hôtel élégant : beaucoup de lumières, d'arbustes et de fleurs. Un perron à double rampe descend dans un jardin dont l'avenue principale est illuminée. — Il est une heure après minuit.

LE CHEF DE CUISINE, LE MARMITON. (Ils prennent le frais, accoudés sur la rampe du perron.)

LE MARMITON.

Ainsi vous pensez, monsieur Robert, que le marié est un peu sur sa bouche?

LE CHEF, ventru et gigantesque; mine importante et honnête.

Je ne te dis pas qu'il soit sur sa bouche; je te dis que c'est un homme qui sait ce qu'il mange, et qui a pour sa bouche des égards notables. Il m'a fait demander la recette de mon coulis *au sacramento...* Je crois que mademoiselle sera heureuse avec lui.

LE MARMITON.

Mademoiselle n'était pas une forte mangeuse.

LE CHEF.

Mademoiselle, comme la plupart des femmes, mange ce qu'on lui donne, sans ombre de discernement. Je l'ai vue déjeuner avec un artichaut à la poivrade et des fruits verts... Voilà les femmes! Ce qui n'empêche pas que nous perdons une bonne maîtresse.

LE MARMITON.

Enfin, si vous croyez qu'elle sera heureuse, monsieur Robert!

LE CHEF.

Je le crois. D'abord il est rare qu'un mari qui a un bon estomac ne rende pas sa femme heureuse : je te pose cela en principe. Ensuite, tout ce que je connais de monsieur m'autorise à me figurer avec plaisir que mademoiselle a fait un choix des dieux. C'est ce que je me suis permis, au reste, de dire à mademoiselle quand elle m'a consulté sur ce sujet.

LE MARMITON, se découvrant.

Elle vous a consulté, maître Robert?

LE CHEF.

C'est une attention qu'elle a eue, oui, mon garçon. Je venais, il y a cinq ou six jours, de soumettre à M. le baron mon travail relatif au repas de noce. Mademoiselle montait l'escalier comme je sortais du cabinet de son grand-père. Je la saluai. Elle rougit. Telle est, mon ami, la pudeur naturelle des femmes : prends-en une, prends-en deux, prends-en mille... tu les trouveras toutes semblables : — un rien les fait rougir. — Eh bien! Robert, me dit-elle en frappant sa petite bottine avec le bout de son ombrelle, voilà de grandes affaires chez nous! — Mademoiselle peut être sûre, répondis-je, que j'y consacre tous mes soins. Là-dessus je lui mis sous les yeux le menu que je tenais à la main. Je le faisais par pure condescendance, car, ainsi que je te l'ai dit, mademoiselle, qui est d'ailleurs pourvue de toute l'instruction désirable, n'a jamais distingué une truffe d'une pomme de terre.

LE MARMITON, riant avec éclat.

Oh! oh! oh!... Enfin!

LE CHEF, souriant.

Que veux-tu? on n'est point parfait. — Cependant mademoiselle fit semblant de parcourir mon plan avec intérêt, et eut même l'obligeance de me dire en me le rendant : « Ce sera superbe, Robert; superbe, digne de vous! — Mademoiselle est trop bonne, » repris-je aussitôt; et ce fut alors que de fil en aiguille j'en vins à lui dire que selon moi elle avait fait un choix des dieux. Sur ce mot-là j'aurais voulu que tu la visses monter l'escalier quatre à quatre, en me criant de marche

en marche avec sa petite voix flûtée : «Merci, Robert, merci! merci!»
M. le baron, qui avait entr'ouvert la porte de son cabinet, en riait de
tout son cœur.

LE MARMITON.

C'est une aimable demoiselle tout de même.

LE CHEF.

Il n'y a qu'un sauvage qui pût dire le contraire. Mais voici Mlle Jeannette : nous allons avoir des nouvelles. (Jeannette arrive tout essoufflée,
tenant son chapeau à la main; elle se laisse tomber sur un des bancs du vestibule.) Eh
bien! mademoiselle, je suppose qu'il faut préparer le thé et le punch.

JEANNETTE, vieille fille vive et brusque.

Et le chocolat, oui, Robert. Vous allez entendre les voitures avant cinq
minutes d'ici. (Le chef fait un signe au marmiton, qui descend le perron en courant.)

LE CHEF.

Et où les avez-vous laissés, mademoiselle?

JEANNETTE.

Dans la sacristie. Il y a un registre qu'on signe, vous savez.

LE CHEF.

Ainsi tout est fini?

JEANNETTE.

Je ne sais pas si tout est fini, ou si tout n'est pas fini; mais le maire
et le curé ont dit ce qu'ils avaient à dire, voilà le certain.

LE CHEF.

Je me flatte que les choses se sont bien passées?

JEANNETTE.

Très bien. — Il n'y a plus à y revenir : ainsi taisons-nous.

LE CHEF.

Vous n'avez pas l'air pleinement satisfait, mademoiselle Jeannette?

JEANNETTE.

Bah! pourquoi donc pas? M. le baron est satisfait, la mariée est
satisfaite, le marié l'est aussi — sans en avoir l'air, — et moi, je suis
comme le marié!

LE CHEF.

Est-ce que le marié ne vous plairait pas, mademoiselle?

JEANNETTE.

Allons donc! est-ce qu'il y a moyen de le voir sans le chérir, ce
monsieur? — Est-ce qu'il ne vient pas de Paris? Est-ce que vous trou-
veriez à redire à ce qui vient directement de Paris, vous, Robert, par
hasard?

LE CHEF.

Non, certainement. D'ailleurs, pour être juste, il est bel homme!

JEANNETTE.

Oui. — Un bel insecte!

LE CHEF.

Aurait-il commis quelque inconvenance pendant les cérémonies?

JEANNETTE.

Ah bien! oui, une inconvenance! Vous avez trouvé votre homme, par exemple! S'il y a seulement un pli de dérangé à sa cravate, je veux bien que le loup me croque!

LE CHEF.

Et mademoiselle, comment s'est-elle comportée dans une conjoncture aussi perplexe?

JEANNETTE.

Pauvre ange! (Elle fond en larmes subitement.) Pauvre cher ange! (Avec énergie.) Allez, c'est une fière infamie que le mariage, mon brave homme!

LE CHEF.

Mais pourquoi?

JEANNETTE.

Ah! pourquoi!... (Le marmiton reparaît tout affairé.)

LE MARMITON.

Mademoiselle Jeannette, voilà un monsieur qui vous demande.

JEANNETTE.

Un monsieur qui me demande... à une heure du matin! Il est donc fou! (Elle se lève; entre un monsieur en habit noir et en cravate blanche : il porte sous le bras un petit paquet enveloppé d'un foulard.)

LE MONSIEUR.

Mⁿᵉ Jeannette?

JEANNETTE.

Qu'est-ce qu'il y a pour votre service?

LE MONSIEUR.

C'est bien à mademoiselle Jeannette que j'ai l'honneur de parler?

JEANNETTE.

Et à qui donc?   (Le chef et le marmiton s'éloignent.)

LE MONSIEUR, à demi-voix, d'un air de mystère.

Je me nomme Lhermite.

JEANNETTE.

Ensuite?

LE MONSIEUR.

Valet de chambre de M. Raoul.

JEANNETTE.

Ah! du marié? Bon!

LHERMITE, baissant encore la voix.

Monsieur m'a dit de m'adresser à vous, mademoiselle, pour savoir où je devais **déposer** (il montre le paquet qu'il a sous le bras) **ses petites histoires.**

JEANNETTE.

Quelles petites histoires?

LHERMITE.

Mais ses brosses, son pinceau à barbe, ses objets de toilette en un mot.

JEANNETTE.

Ah! voilà ce qui l'occupe dans ce moment-ci, votre maître?

LHERMITE.

Vous comprenez, mademoiselle, combien il lui serait pénible de n'avoir pas demain matin tout ce qui lui est nécessaire et habituel.

JEANNETTE, avec éclat.

Mais c'est révoltant, ça, monsieur Lhermite!

LHERMITE.

Comment, mademoiselle?

JEANNETTE.

Je vous dis que c'est révoltant, et que vous pouvez les fourrer où vous voudrez, vos petites histoires! Je n'y toucherai pas du bout du doigt.

LHERMITE.

Que voyez-vous de révoltant, mademoiselle, à ce que monsieur désire se faire la barbe demain matin?

JEANNETTE.

N'avez-vous pas son bonnet de nuit aussi, par hasard, pour l'achever de peindre? (On entend le bruit des voitures dans l'avenue.) Voyons, donnez... puisque le vin est tiré... Mais il n'y a que des hommes pour avoir des idées pareilles : c'est ignoble! (Elle s'éloigne.)

> Grand tumulte dans le jardin. Les domestiques et leurs amis se pressent dans le vestibule avec curiosité. Les voitures arrivent au bas du perron. — Suzanne, en toilette de mariage, monte le perron, appuyée sur le bras de son grand-père, petit vieillard alerte et élégant.

SUZANNE.

C'est si joli! Pourquoi ne vous mariez-vous pas, bon papa?

LE BARON.

Il y a juste cinquante-cinq ans que ça m'est arrivé, ma petite dame.

SUZANNE.

Je vous assure, bon papa, que vous êtes charmant, et que vous pourriez vous remarier, si vous vouliez.

LE BARON.

Oh! quant à ça, ma chère, sans aucun inconvénient, — pour toi; du moins. (Ils traversent le vestibule, suivis du cortége.)

LA MARIÉE.

Dans le jardin. Aspect d'un parc anglais : allées tournantes, pelouses, pièces d'eau. Épais bosquets faiblement éclairés par le reflet des lumières lointaines. Air tiède et aromatique d'une nuit d'été.

SUZANNE, *un voile jeté sur la tête, entraîne doucement Jeannette qu'elle tient par la main.*

Viens! plus loin... plus loin encore...

JEANNETTE.

Mais, mademoiselle...

SUZANNE.

Ah! mademoiselle... fi donc!

JEANNETTE.

Madame, — c'est vrai!... je ne m'y ferai jamais... Mais, mon Dieu! qu'y a-t-il donc? Que me voulez-vous?

SUZANNE, *s'arrêtant.*

Je veux te dire un secret, Jeannette : écoute! (*Elle lui saisit les deux mains avec passion.*) Je suis heureuse !   (*Elle l'embrasse, et pleure.*)

JEANNETTE.

Que Dieu vous entende, chère innocente, qu'il vous entende!

SUZANNE.

Il fallait que mon cœur éclatât, vois-tu! j'étouffais... J'allais mourir, si je n'avais pu dire à quelqu'un : Je suis heureuse,... bien heureuse!

JEANNETTE.

Mademoiselle!...

SUZANNE.

Et à qui l'aurais-je dit, si ce n'est à toi, Jeannette?... Que je t'aime, Jeannette! le sais-tu?... Je serais bien ingrate autrement! Depuis près de vingt ans, ne suis-je pas tout pour toi? T'ai-je connu sur la terre un autre intérêt, une autre passion que ta Suzanne? Non, rien,... rien! Tu m'as portée dans tes bras depuis mon berceau jusqu'à ma chambre nuptiale... Tu as pris à tâche de remplir toi seule ce vide affreux de ma mère absente... Aussi je t'aime, sois tranquille! et personne que toi ne devait recevoir mon premier aveu d'amour, mon premier secret de bonheur!

JEANNETTE, *avec émotion.*

Ma fille, ma Suzanne chérie... merci,... merci!

SUZANNE.

Et cela, j'ai voulu te le dire ici, à cette place, sous ces jasmins, près de ce banc que voici... Sais-tu pourquoi?... Assieds-toi, voyons... cela t'aidera peut-être... Te souviens-tu? — Oh!.elle ne se souvient pas; il n'y a pas encore un an, pourtant, et à moi il me semble que c'était hier!

JEANNETTE.

Attendez,... attendez donc...

SUZANNE.

La nuit tombait; j'étais comme me voilà, la tête dans ma main, et tellement distraite, que je ne t'avais pas entendue venir. Je tressaillis au son de ta voix. Tu disais : 'C'est fini! voilà mon enfant qui m'échappe!—Je me levai. Tu me fis rasseoir près de toi, et tu repris : Voyons, Suzette, si le cœur t'en dit, ma fille, il faut te marier.

JEANNETTE, riant.

Ça vous parut brutal.

SUZANNE.

Je t'avoue que cela me parut un peu brutal; mais je me demande encore comment tu avais pu deviner ce qui m'occupait l'esprit.

JEANNETTE.

Pardi! la belle malice!

SUZANNE.

Enfin je n'y concevais rien, et je demeurais si confuse, que tu me pris les deux mains dans les tiennes pour me rassurer, en me disant : Il n'y a pas grand mal à cela, petite; mais peut-on savoir le nom de ce monsieur? Est-il brun? est-il blond? est-il fils de roi?... Il n'était pas fils de roi, Jeannette, et il n'avait pas de nom encore : je n'aimais personne... j'aimais, voilà tout. Je ne me reconnaissais plus moi-même. Je n'avais plus de goût à rien, qu'à la solitude et à la tristesse. J'avais honte de me trouver semblable aux fades héroïnes dont nous avions ri dans nos lectures de l'hiver. Cependant je m'abandonnais à ce charme, — qui m'humiliait, mais dont j'étais enivrée. — Je suivais, par habitude, le cours ordinaire de ma vie, mais sans rien voir, sans rien entendre de réel. J'étais sans cesse comme assoupie dans des visions qui me parlaient, et auxquelles je n'osais répondre. Je les venais chercher dans l'ombre de ces retraites... — Quelquefois, comme m'éveillant tout à coup, j'étais saisie d'une douleur sans cause; je pressais contre mon front brûlant le bouquet que je venais de cueillir, et je l'arrosais de mes larmes.

JEANNETTE.

C'était dangereux, ça, madame. Je me rappelle bien, maintenant. C'est moi qui fixai vos idées.

SUZANNE.

Mon Dieu! elles étaient bien fixées sans toi; va, ma pauvre Jeannette! Au reste, je ne te le cachai pas... je te confessai qu'au milieu de ces songes, et parmi ces fantômes dont j'étais assiégée, il en était un que je craignais plus que les autres, et que j'évoquais cependant plus souvent. Ses traits... à quel souvenir ou à quel pressentiment les avais-je empruntés?... ses traits respiraient une sorte d'orgueil soucieux que

ma présence changeait en tendre sourire... ses yeux semblaient promettre tout ce qu'une femme peut souhaiter dans son ami, dans son
maître, dans son époux... l'honneur, le génie, la bonté! — En même
temps, il semblait, et j'en étais ravie, ressentir quelque amer chagrin,
— dont je le pouvais consoler... Il s'approchait... sa main touchait la
mienne, et je sentais mon cœur se fondre... mon ame me quitter. —
A ce récit, à ce portrait que je te faisais, tu répondis : C'est bien, ma
fille; c'est bien! mais prions Dieu maintenant qu'il nous l'envoie tel
que tu le rêves! — Eh bien! tel que je le rêvais, Dieu me l'a envoyé!
Ce songe divin, ce fantôme adoré, il est là, — vivant! Il m'aime! il
est mon époux!... Voilà ce que je voulais te dire, à toi, et à tous les
autres complices de mon rêve, à ces arbres, — à ces fleurs, — à la nuit...
aux étoiles!... Oh! que cette nuit est belle! comme le ciel est radieux,
regarde!... Que de parfums dans l'air! que Dieu est bon!... et que je
t'aime, Jeannette!

JEANNETTE.

Oui... oui... que je l'aime, Jeannette! Me voilà bien fière, ma foi!

SUZANNE.

J'ai une peur, ma fille, — c'est de n'être pas digne de lui.

JEANNETTE.

Allons donc!

SUZANNE.

Il a le cœur d'un lion, Jeannette! Je me suis fait conter son histoire
d'Afrique par cet officier qui était à table près de ma tante,... M. George
de Vernon; c'est ce jeune homme, tu sais, dont monsieur... dont Raoul
a sauvé le frère...

JEANNETTE.

A propos, je voulais vous demander, est-ce qu'il a été militaire,
M. Raoul?

SUZANNE.

Mais non, justement... voilà ce qu'il y a d'admirable! — Il allait
voir en Afrique M. de Vernon, un ami de collège... Il le trouve partant pour une expédition, une razzia, je ne sais quoi... il le suit en
amateur, par partie de plaisir... c'est inouï, ce courage des hommes!
— Ils arrivent dans les montagnes, et ce fut là qu'ils rencontrèrent les
ennemis. — M. de Vernon, blessé et renversé de cheval, voyait son
jeune frère, — qu'il adore, à ce qu'il parait, — se débattre contre une
douzaine d'Arabes; il crie : — A moi, Raoul! Raoul était vingt ou
trente pieds plus haut... un talus de rocher presque à pic les séparait... il lance son cheval, et il descend,... non, — il tombe comme la
foudre! La tête vous tourne d'y penser... enfin il les sauva tous deux.—
Mademoiselle! mademoiselle! — me disait M. de Vernon, — ce jour-là
j'ai vu un miracle, — j'ai vu un dieu! — Et quand je songeais, Jean_

nette, que j'avais là, frôlant ma robe, humblement agenouillé à mes
côtés, presque à mes pieds, — cet homme vaillant, — cet homme terrible!... Oui, je l'aime, cela est bien vrai!

JEANNETTE.

Rien de mieux... est-ce que je m'en plains? Seulement, croyez-en
votre vieille Jeannette, je vous en supplie, madame, — aimez-le aussi
fort qu'il vous.plaira, — mais ne le lui dites pas, — au moins comme
vous venez de me le dire.

SUZANNE.

Oh! grand Dieu! quelle idée! comment veux-tu que j'ose?... je le
connais à peine... Cependant nous voilà mari et femme... n'est-ce pas
un peu singulier, Jeannette? Mais aussi — quelle fête dans cette intimité croissante, qui soulèvera chaque jour un coin de notre voile,
nous découvrant peu à peu l'un à l'autre, et nous rapprochant plus
étroitement jusqu'à ce que nous n'ayons plus à nous deux qu'une
pensée et qu'une ame!... Pour moi, je suis bien certaine que ce doux
avenir, qui commence dès cette heure, ne m'apprendra de lui, rien
que je n'aie deviné, rien qui ne justifie son triomphe et mon cher esclavage... Lui-même... — ne vas-tu pas me juger bien orgueilleuse? —
il me semble que je lui tiens en réserve au fond de mon cœur plus
d'une bonne surprise, et qu'en lui ouvrant le livre de mon ame, je lui
enseignerai à estimer son choix au-delà de son attente!...

JEANNETTE.

A la mairie et à l'église, je l'ai trouvé un peu froid.

SUZANNE.

Froid? Tu es étrange, Jeannette! — N'aurais-tu pas voulu qu'il se
mît à pleurer comme une femme. — Dis la vérité, tu es jalouse de lui!

JEANNETTE.

Eh bien! oui, — mais... chut! chut! madame!

(On entend un bruit de voix et de pas qui se rapprochent.)

SUZANNE.

Sauvons-nous!...   (Elle lui prend le bras.)

UNE VOIX, à quelque distance.

Quel âge a-t-elle?

UNE AUTRE VOIX.

Dix-neuf.

SUZANNE, bas, avec vivacité.

C'est lui — et M. de Vernon!

JEANNETTE.

Allons-nous-en... venez!

SUZANNE.

Non, non, écoute!

UNE VOIX.

Elle est ravissante.

L'AUTRE.

Oui.

JEANNETTE.

Partons, partons. Ils viennent par ici.

SUZANNE.

Jeannette... ils parlent de moi... peut-être. Oh! que je voudrais!...
est-ce qu'il y aurait bien du mal à cela... c'est mon mari enfin! Je
t'en prie... là, derrière ce massif, — suis-moi...   (Elle l'entraîne.)

LE MARIÉ.

RAOUL D'ATHOL, GEORGE DE VERNON; ils marchent lentement se
donnant le bras.

GEORGE.

Mais qu'est-elle donc devenue?

RAOUL.

Je ne sais... comme on a mis des tables de whist, rien ne presse...
d'ailleurs j'ai dit à Lhermite de m'avertir dès qu'elle serait rentrée...
Ah çà! est-ce par discrétion que tu nous quittes si tôt?

GEORGE.

Par discrétion — et par nécessité. Mon congé expire ce matin. A
quelle heure passe le premier convoi?

RAOUL.

A cinq heures. Promets-moi au moins de venir chasser avec moi
cet automne, dans deux ou trois mois.

GEORGE.

Cet automne? Je n'aurai garde... Tu me prendrais en grippe. Il
n'est pas que tu ne te sois trouvé quelquefois en tiers dans un tête-à-
tête amoureux : je te prie de me dire s'il y a dans la vie une situation
plus gauche et plus haïssable à la fois.

RAOUL.

Il revient d'Afrique, ce pauvre George! Je te dirai, mon ami, qu'un
tête-à-tête de trois mois, dans nos mœurs françaises, passe pour un
divertissement suffisant; qu'il tourne même à la monotonie, et qu'un
ami ne fait que son devoir en venant l'interrompre.

GEORGE.

Cordieu! moi, si j'avais une femme comme la tienne, je crois que
je m'enfermerais avec elle dans une tour!

RAOUL, gravement.

Obscure?

GEORGE.

Non, mais inabordable.

RAOUL.

Ce serait un mode de suicide comme un autre... Assieds-toi un instant... Ça sent bon ici. (Ils prennent place sur le banc.) Eh bien! mon George, tu la trouves donc à ton gré, ma femme?

GEORGE.

Écoute et ne ris pas de moi : le jour où tu sauvas la vie de mon frère, j'adressai à Dieu une prière, — une prière de soldat, une de ces prières émues, Raoul, qui, plus souvent qu'on ne le croit, jaillissent de notre cœur aux heures de danger et de combat, d'agonie ou de victoire : je suppliai Dieu ardemment de prendre pour lui ma dette et de t'accabler de bonheur.

RAOUL, lui touchant légèrement la main...

Tu es jeune, toi.

GEORGE.

Comme nous sommes, nous autres, mauvais juges des vrais biens de ce monde, je laissais à la Providence le soin de donner un nom précis à l'objet du vœu que je formais pour toi... Eh bien! mon ami, il n'y a qu'un instant, dans cette grande église d'une si religieuse beauté, — lorsque vos deux mains se sont unies à jamais, je ne sais quel trouble extraordinaire m'a soudain pénétré : mes yeux se sont emplis de larmes; j'ai éprouvé un attendrissement presque surnaturel; je tremblais de joie; quelque chose me disait que j'étais exaucé et que ma dette était payée!

RAOUL, froidement.

Hon!... tu devrais te marier, sais-tu, avec ces idées-là?

GEORGE.

Avec ces idées-là, au contraire, je ne dois point me marier, à moins que ta femme n'ait un double quelque part, ce que je n'espère pas.

RAOUL.

Ah çà, mais qu'est-ce qu'elle a donc de si original, ma femme?... car enfin elle est bien, elle est gentille, cela saute aux yeux; mais en vérité l'enthousiasme est de trop.

GEORGE.

Allons! pas de fanfaronnade avec moi, Raoul! avoue, — je trouverai cela tout simple, je t'assure, — avoue que tu adores cette enfant?

RAOUL.

George! ai-je donné devant toi, cette après-dînée, des signes de folie?

GEORGE.

Bah! tu l'aimes, je suppose, puisque tu l'épouses!

RAOUL.

Décidément d'où sors-tu, toi? d'où tombes-tu? de quels bords ignorés?

de quelle région fabuleuse et primitive? car l'Afrique elle-même ne
suffit plus à m'expliquer cette confusion d'esprit où je te vois, ces
propos bibliques, — ces termes alpestres, — cette morale fossile —
dont tu t'obstines depuis un instant à surprendre mon oreille! Que
diable! mon cher. l'Arcadie n'est plus! Daphnis est mort!... Quand
tu me feras des yeux terribles, George!... Ce n'est pas moi qui l'ai tué,
mais il est mort.

GEORGE, avec impatience.

Enfin, pourquoi t'es-tu marié, si tu n'étais pas amoureux?

RAOUL.

Mais je me suis marié justement parce que je n'étais pas amoureux,
mon cher commandant, parce que je ne dois plus l'être désormais,
parce que l'amour, ou ce qu'on nomme ainsi, n'a plus dans son gri-
moire un mot, un chiffre, une note que je n'aie déchiffrés à satiété,
parce qu'enfin j'ai trente ans, et qu'un vieux garçon ne joue pas dans
le monde un personnage bienséant... Ne te récrie pas encore... réserve tout ton courage et toutes tes imprécations pour ce qu'il te reste
a connaître. Il y a trois mois, je visitais, pour la première fois de ma
vie, ma terre de Vouzon, à quelques lieues d'Orléans. Comme nous
cheminions, Jean Bailly, mon fermier, et moi, de clos en clos et de
pacage en pacage : — Quel est donc, dis-je à Jean Bailly, ce joli château
que j'aperçois là-bas? — C'est, me dit-il, le château du Chesny. — Et
quel est, repris-je l'instant d'après, ce bois de haute et basse futaie qui
enchante mon regard et qui borne ma terre de tous côtés? — C'est,
répondit Jean Bailly, le parc du Chesny, et tout ce que monsieur aperçoit à perte de vue appartient de même au château. — Ah! et le château lui-même, dis-je alors, appartient sans doute au marquis de Ca-
rabas? — Non, monsieur, riposta gravement Jean Bailly, c'est à mam-
selle Suzanne du Chesny... Puis il ajouta en fermant une paupière
d'un air madré : Il y a là dedans de fameuses chasses, sans compter
vingt bonnes mille livres de rentes, nettes comme l'œil... Ah! elle ne
mourra pas fille, celle-là, j'en réponds!... Et Jean Bailly, appuyant son
index sur son nez, termina par un nouveau jeu de paupière cette discrète insinuation. Tel fut, mon ami, le prologue de ce petit drame
pastoral dont tu viens de parapher le dénoûment.

GEORGE.

Tu ne me persuaderas pas qu'en épousant M\ll\e du Chesny, tu aies
consulté uniquement ces misérables considérations!

RAOUL.

D'abord, mon cher, je songeais à me marier, et mon fermier ne fit
que livrer à mes méditations un but déterminé. Ensuite, je te prie de
croire que si j'avais trouvé dans M\ll\e du Chesny une fille idiote ou
contrefaite, M. Jean Bailly en eût été pour ses frais d'imagination; mais,

loin de là, je vis en elle une personne d'une attitude convenable en société, d'une mise décente, d'une élocution supportable, et je sentis qu'il m'était possible de concevoir pour elle l'affection calme et solide qu'un homme d'honneur doit à la mère de ses enfans.

GEORGE.

N'importe! tu l'as trompée... ce n'est pas bien!

RAOUL.

Et en quoi l'ai-je trompée, commandant?

GEORGE.

Penses-tu donc que cette enfant — dont tu viens de faire un portrait presque injurieux, par le ciel! cette enfant, modèle charmant de distinction et de simplicité, d'élégance naïve, de gracieux abandon, — penses-tu qu'elle n'attende de toi rien autre chose que cette solide affection dont tu parles?

RAOUL.

Et que veux-tu qu'elle attende, cher ami? Suzanne a été élevée en ménagère de province, et ce n'est pas ce qui m'en plaît le moins. Le mariage pour elle est le mariage; un chat est un chat, et un mari est un mari, — rien de plus.

GEORGE.

Mais elle n'a pas vingt ans, cette ménagère! mais elle a dans les yeux la vive flamme de la jeunesse! Et quelle est la jeune fille, surtout nourrie dans les loisirs du luxe, qui n'a pas bâti au sein des nuages son palais nuptial!

RAOUL.

Et quand cela serait?... Devais-je, moi, à cause de cette perversité que tu prêtes aux demoiselles, consumer mes jours dans un éternel célibat?

GEORGE, se levant brusquement.

Ah! (Raoul, au même instant, se baisse et semble chercher quelque chose avec attention.) Qu'as-tu donc perdu?

RAOUL.

Rien... rien... Ah! la voici! — Tiens! vois, — si tu peux voir : c'est un bijou microscopique, une petite clé d'or; ma femme m'a donné ça ce matin en grande cérémonie et en grand mystère... il paraît que c'est très précieux. Je me serais passé du cadeau. Tout ce qui est niais m'importune.

GEORGE.

Tiens, Raoul, je vais te dire adieu!

RAOUL.

Eh! de quel ton tu me parles! Sommes-nous fâchés, George?

GEORGE.

Non; mais tu me fais souffrir. Voilà quinze ans que tu es le plus

cher de mes amis, Raoul... tu as encore resserré cette vieille fraternité
par un acte généreux qui t'a rendu maître de ma vie... eh bien! je
crois que j'oublierais tout, — oui, ton sang même répandu pour moi,
— si je t'entendais plus long-temps traiter les sentimens les plus
nobles... que dis-je? l'honneur même de ta jeune épouse, avec cette
affectation de belle humeur, avec cette outrecuidance de libertin!

RAOUL, ricanant.

Oh! oh!... ces militaires, vraiment, ont de la poudre dans le sang,
— et leurs paroles sentent l'acier!

GEORGE.

Adieu!

RAOUL, le retenant avec force et baissant la voix.

Avant de partir, George, laisse reposer un moment ta main sur mon
cœur; près de cette main loyale, il me semble qu'il va reprendre un
peu de chaleur et de jeunesse!

GEORGE.

Que dis-tu?

RAOUL.

Aime-moi toujours. Je suis un malheureux, mais non un infâme.
Ce langage, qui t'offense si justement, voilà long-temps déjà qu'il
m'est devenu familier et comme naturel, voilà long-temps qu'il sert
de masque insolent au désespoir dont ma vie est rongée; mais jamais
plus qu'à cette heure je n'eus besoin de feindre, car c'est la mort elle-
même qui est là! (Il frappe sa poitrine.)

GEORGE.

Mon Dieu! quel fatal secret me caches-tu donc?

RAOUL, d'une voix brisée.

Aucun... rien! J'ai vécu, voilà tout. Je voudrais que quelque malheur horrible eût fondu sur moi, je lutterais, — je combattrais, — je
serais plein de courage!... Mais non : je succombe à un mal sans nom
et sans remède; on ne refait point le passé, et c'est le passé qui me tue!
J'ai mené ma jeunesse sans frein à travers un monde sans croyances,
— pas davantage, mon ami, et voilà où je suis arrivé.

GEORGE.

Tout cela est singulier pour moi, et j'ai peine à te comprendre!

RAOUL.

Ah! c'est que, depuis le collége, notre point de départ commun,
nous avons suivi deux chemins bien différens : tu as assujetti ta vie à
la saine obligation d'un devoir fixe, d'une discipline — telle quelle...
et moi, au contraire... Mais il faut que tu me dises d'abord si tu te
souviens de ce que j'étais il y a douze ans?

GEORGE.

Ce que tu étais, Raoul? Tu étais ce que je te retrouve depuis un instant, une noble, une ardente intelligence, — une ame fière, aimante, exaltée, capable de tous les dévouemens et digne de toutes les tendresses!...

RAOUL.

Non, non... je ne t'en demandais pas tant... mais ton souvenir, tout partial qu'il est, m'atteste qu'il existait alors en moi des germes heureux, qui, se développant à l'abri d'une règle quelconque, promettaient à mon avenir quelques talens ou quelques vertus... Ce fut l'oisiveté qui s'en empara, et tout fut dispersé, — éparpillé aux quatre vents du ciel! — Je n'ai pas l'intention, George, de te conter l'histoire triviale d'un débauché, ni de t'apprendre les résultats vulgaires d'une jeunesse inoccupée et dissolue : je voudrais seulement te faire toucher du doigt le caractère particulier — et funeste — qu'imprime à une telle existence l'époque où nous vivons. — Je crois qu'il faudrait remonter jusqu'au chaos confus qui servit de transition aux âges modernes pour rencontrer un temps où l'on ait, comme dans le nôtre, méconnu la loi providentielle qui domine tout notre monde moral et intellectuel : je veux dire l'autorité, le frein, la croyance. Tu l'as remarqué sans doute : les ressorts de notre ame et de notre esprit, pour se tendre jusqu'à la vertu ou jusqu'au génie, ont besoin d'une certaine compression supérieure, qui ne leur a jamais manqué tant qu'aujourd'hui. — Nous avons certes les mêmes facultés qu'avaient nos pères, mais les mobiles nous font défaut. Aucun souffle constant n'enfle nos voiles. Nous courons même fortune qu'un vaisseau abandonné, dont le gouvernail et les agrès, tout entiers encore, cèdent aux caprices changeans et parfois contraires des vagues et du vent. Ainsi ces instrumens de force et de salut dont il fut doué ne servent plus qu'à sa perte; ainsi nous allons également aux mauvaises aventures, — le vaisseau sans pilote, et les hommes sans Dieu! — C'est la liberté! dit-on; soit... mais c'est la liberté d'un aveugle.

GEORGE.

Oui, le crime de ce temps-ci est d'avoir compromis jusqu'à ce nom sacré.

RAOUL.

Sans doute, et je vois que nous nous entendons encore tous deux, George. Va! je n'ai pas la faiblesse, trop commune à présent, de rejeter, par haine de la licence, la liberté elle-même et ses mâles bienfaits; mais je n'ai pas non plus le stupide orgueil, tout aussi commun par malheur, de repousser comme autant de féodales servitudes toute foi, toute règle, toute discipline morale, depuis la croyance en Dieu jusqu'au respect de sa mère ou de sa patrie!... Les fous! ces sentimens, ces devoirs, ces jougs éternels qu'ils secouent et qu'ils ébranlent, sont les conditions même de notre force, — les leviers élémentaires de la

grandeur humaine : ils prétendent briser nos entraves... ils brisent
nos racines ! — Tel est enfin ce monde où j'ai vécu, et, si haut que je
le condamne, j'ai vécu de sa vie, je me suis imprégné de ses poisons.
Dans ce monde-là, George, il n'y a qu'un moyen de soustraire au tourbillon nos plus nobles facultés, de leur conserver quelque intégrité et
quelque énergie : — c'est le travail. Ce devoir individuel qu'on se crée
ne remplace pas assurément ces grands devoirs essentiels et communs
a tous, dont la contrainte féconde pouvait seule mûrir l'héroïsme ou
le génie; mais encore il fait subir à notre ame et à notre intelligence
une concentration salutaire, et, s'il n'en élève jamais bien haut la
puissance, il les préserve au moins d'une décomposition absolue. —
Eh bien ! aucun devoir, aucun travail n'a sauvegardé ma jeunesse, et
l'oisiveté, mauvaise dans tous les temps, est mortelle dans le nôtre.
Voilà ce que j'ai voulu te faire entendre, George, et, si honteux que je
sois de cette longue phraséologie, je ne la regrette point, si elle a pu
te donner une idée de ma misère, — une excuse de mon avilissement.

GEORGE.

Tu peux te calomnier à ton aise; tu sais que je ne te croirai pas.
Non ! ce n'est pas une ame énervée qui se juge elle-même avec cette
rigueur : ce n'est pas un cœur perverti qui peut s'élever jusqu'au dévouement surhumain dont tu m'as donné la preuve !

RAOUL.

Tu te méprends : si tu veux me passer cette comparaison épique,
je vois, comme l'archange maudit, la profondeur de ma chute; mais
je ne m'en relève pas pour cela. Je me juge, mais je ne m'amende pas.
Ton amitié, nos souvenirs de jeunesse, ont provoqué de ma part un
accès de franchise; je t'ai dévoilé ma plaie, mais je la garde toujours
aussi incurable. Passé cet instant, je redeviens ce que j'étais. Mes paroles comme mes actions vont reprendre malgré moi l'empreinte
maussade du dégoût, de la lassitude et de l'orgueil... — Quant à ce
prétendu trait de dévouement, tu l'estimerais moins, si tu savais à
quelle période de ma vie il s'attache... Quand je me trouvai au milieu
de la pente déplorable de ma jeunesse, j'eus comme un moment de
réveil : c'est une pause, une station habituelle dans les existences les
plus dissipées. — J'eus horreur de ma faiblesse, de ma décadence. Je
me méprisai. Une sorte de fureur me saisit; je me sentis capable de
remonter le chemin de l'abime et de me reconquérir moi-même par
un effort de désespoir. Je cherchai alors autour de moi quelque action
héroïque à entreprendre, quelque grande abnégation à souffrir, quelque
martyre à affronter !... Mais le souffle du siècle a desséché toutes les
sources vigoureuses où pouvaient se retremper les ames : quand aucune foi ne survit, le sacrifice ne sait plus où se prendre ! les vieilles

routes du sublime ne mènent plus qu'au ridicule. C'est ce que je fus contraint de reconnaître après m'être nourri des projets les plus extravagans; mais j'étais encore possédé de cette folie quand je te rejoignis en Afrique; tu peux comprendre dès-lors que mon saut périlleux, dont tu fais tant de bruit, avait tout au plus le mérite des culbutes chevaleresques par lesquelles don Quichotte, sur la Roche-Pauvre, étonnait la pudeur de Sancho.

GEORGE.

Tu fis, quoi que tu en dises, une action magnanime qui eût dû te remettre en paix avec toi-même.

RAOUL.

Nullement. J'aurais eu besoin, pour me racheter, d'un devoir plus grand, et surtout plus continu. La société ne m'en offrit pas l'occasion, ou je ne sus pas la saisir. Bref, après quelques mois de ces vaines agitations, je m'abandonnai de nouveau. Je descendis avec insouciance les derniers degrés d'une vie de désordre. Maintenant, ces tempêtes qui du moins témoignaient encore d'un reste de force et de vertu, ces combats ont cessé; toute lave est refroidie; toute flamme est éteinte : — je suis tranquille. (Il demeure sans parler le front dans sa main.)

GEORGE , après un silence.

Remets-toi... On vient... J'ai entendu marcher.

RAOUL , se levant.

On me cherche, je pense... (Il écoute.) Mais non... tu te trompais... Cependant mon absence a été longue... M'oublie-t-on déjà?... Que m'importe? Encore deux mots, George : je viens de te dire mon histoire et celle de bien d'autres; mais il y manque un trait... Tu m'as demandé pourquoi je me mariais?... Eh! mon Dieu! c'est une expérience suprême que j'ai voulu tenter. Le mariage m'est apparu comme un dernier moyen de rajeunissement et de salut. J'ai rêvé le baptême dans une onde vierge; j'ai cru qu'au pur contact d'un cœur innocent je sentirais mon sang se renouveler et mon ame revivre. Pour tout dire enfin, j'ai espéré que des émotions vraies et simples, puisées au sein même de la loi morale, pourraient encore laver mes flétrissures et ressusciter en moi les germes divins.

GEORGE , avec inquiétude.

Eh bien !

RAOUL.

Eh bien! que veux-tu? Suzanne est une honnête enfant, douée de beauté, digne d'amour; mais elle n'a pas, dans sa grace mortelle, la puissance qu'il eût fallu pour effacer les moindres traces de mon passé... Hélas! loin de là; elle réveille mes plus méchans souvenirs, qui se dressent contre elle-même. Chacun de ses gestes, chacun de ses traits, chacune de ses expressions familières, — pauvre fille! — me

rappelle... qui!... je n'ose le dire; — mais enfin il semble qu'un esprit malfaisant me souffle à l'oreille d'odieuses comparaisons, d'im-
portunes ressemblances, qui ne me laissent plus voir en elle qu'une
froide copie empruntée à dix autres... une femme après des femmes...
Ah! tu t'indignes de cela?

GEORGE.

N'en parle plus. Dis-moi seulement si ce mariage enfin, cette union
sous l'œil de Dieu, cette cérémonie qui m'a attendri jusqu'aux larmes,
n'a produit sur toi aucune impression!

RAOUL, qui a repris son ton habituel de froid sarcasme.

Je te demande pardon, mais pas celle que j'attendais. D'abord, quand
ce magistrat que l'embonpoint vulgarise a serré nos liens de sa grosse
main potelée; — plus tard, lorsqu'au pied d'un autel désert, en face
d'un sanctuaire vide, ce prêtre, incrédule comme moi, m'a béni de
son geste routinier... je t'avoue que je me suis demandé quelle comédie je jouais avec ces messieurs, et que j'ai eu peine à réprimer, sous
un air de gravité solennelle, le fou rire qui me tenait à la gorge!...
La foi, — mon cher, — la foi n'y est pas! Je n'avais pas réfléchi à cela;
j'y renonce. — Allons, George, adieu. Voilà deux heures qui sonnent.
Une plus longue disparition ferait jaser les grands parens. Il y a deux
ou trois galbes précieux parmi les grands parens, as-tu remarqué?...
Voyons, adieu.

GEORGE.

Adieu. Je ne sais lequel de vous deux est le plus à plaindre.

RAOUL.

Franchement, je crois que c'est moi. — Ces horreurs sont lettres
closes pour cette enfant, et on ne se tourmente pas de ce qu'on ignore.

GEORGE.

Promets-moi de m'écrire la suite de tout ceci, car je t'aime, malgré
tout.

RAOUL.

Merci, George. — Mon Dieu! oui, je t'écrirai; mais il n'y aura pas
de suite. Quelle suite veux-tu qu'il y ait?... Ça finit là. — Bonsoir!...
A Fontainebleau, n'est-ce pas?

Ils se serrent la main. George disparaît dans l'avenue; Raoul se
dirige vers la maison.)

LA CHAMBRE NUPTIALE.

Une porte au fond : deux portes latérales. — Suzanne est debout près de la cheminée : sa toilette est achevée, moins la couronne et le voile. Une des portes latérales
est entr'ouverte; Suzanne sourit et fait de la main un signe d'amitié à quelqu'un qui
disparaît par cette porte, et la ferme aussitôt. La jeune femme, demeurée seule,
sa... Parmi divers, parmi d'un bijou suspendus à une châtelaine, une petite

croix qu'elle baise à plusieurs reprises. — Un léger coup frappé à la porte du fond paraît lui causer une certaine alarme qui se trahit par un pli des sourcils. — La porte s'ouvre après un intervalle, et Raoul entre. — Comme il s'avance vers elle, Suzanne, les yeux baissés, recule de quelques pas, comme par un mouvement involontaire. — Raoul s'arrête, et dit avec une douceur suppliante :

Suzanne... me fuyez-vous?....Avez-vous peur de moi?

SUZANNE, relevant la tête et le regardant.

Non.

RAOUL.

Je le crois... C'est à moi seul de craindre, en effet! Tant de jeunesse m'humilie; tant de beauté m'inquiète! — Je serai jaloux, Suzanne! — Comme elle me regarde!... (Il lui prend la main.) Vraiment, vous êtes pâle, et vous tremblez, chère enfant?

SUZANNE.

Ce n'est rien.

(Il la conduit lentement vers un divan qui occupe tout un côté de la chambre; il s'arrête par intervalle pour lui sourire. Suzanne s'assied; il se place auprès d'elle.)

RAOUL.

Vous êtes ma femme devant Dieu et devant les hommes, Suzanne; mais, devant votre cœur, suis-je votre époux, dites-moi?

SUZANNE.

Et vous, monsieur, m'aimez-vous?

RAOUL, souriant toujours.

Quoi! madame!... êtes-vous encore si modeste ou déjà si défiante? Hélas! il ne faut qu'un instant pour prendre vos douces chaînes; mais toute la vie d'un homme s'épuiserait à vouloir les rompre!

SUZANNE.

Cela signifie-t-il que vous m'aimez, cette phrase?

RAOUL, la regardant avec un peu de surprise.

Étrange enfant!... Oui, je vous aime; et plus que je ne le croyais possible.

SUZANNE.

Mais pourquoi ce sourire?... Ne pouvez-vous me le dire sérieusement?

RAOUL.

Sérieusement et tendrement, coquette fille, je vous aime!

SUZANNE.

C'est bien. Vous êtes poli du moins. J'ai voulu voir de quel front un homme savait mentir. — Quittez ma main, je vous prie. (Raoul se lève lentement, en fixant sur elle un regard de colère; elle reprend :) Ah! voilà votre masque tombé, monsieur; et je ne vous connaissais pas ce visage-là.

RAOUL, violemment.

Vous êtes folle?

SUZANNE, *douce et triste.*

Oh! non, rassurez-vous. Jamais je ne fus si raisonnable de ma vie.
— Soyez, je vous prie, aussi calme que je m'efforce de l'être. — Raoul,
j'ai entendu, il y a une demi-heure, dans le jardin, toute votre conversation avec votre ami. Dieu sait que je ne croyais pas cette indiscrétion aussi grave que l'événement la devait faire. Je ne cherchais
point la triste lumière que vous avez fait naître dans mon esprit. Peut-
être dois-je regretter de l'avoir acquise; mais enfin il n'est plus en
mon pouvoir de la repousser, et rien n'égale le mépris que j'aurais
pour moi-même, si ma conduite, après un tel enseignement, ne s'é-
cartait pas de la soumission que je vous avais promise dans mon ignorance.

RAOUL. *Il se promène avec agitation dans la chambre, faisant de temps à autre une
pause devant Suzanne.*

Parlez! quels sont vos projets?

SUZANNE.

Je suis peu au courant des lois : veuillez me répondre avec franchise. N'y en a-t-il pas quelqu'une qui puisse défaire des liens aussi
légers que le sont les nôtres? et est-il permis d'y recourir sans déshonneur?

RAOUL.

Je suis moi-même fort ignorant là-dessus : tout ce que je puis vous
affirmer, c'est que la moindre démarche dans ce sens serait un scandale irréparable.

SUZANNE.

Et cependant ce mariage est une dérision; ce mariage est nul.

RAOUL, *s'arrêtant brusquement devant elle.*

Qui est-ce qui vous a monté la tête, voyons? Qui vous a soufflé ces
idées, ces paroles inexplicables?

SUZANNE, *avec la même gravité lente et douce.*

Tenez, Raoul, vous m'avez mal jugée, — en plus d'un point, je
crois. Mon cœur est jeune, il est né d'hier, cela est vrai; mais, pour le
reste, vous m'appréciez trop bas. — Vous avez beaucoup d'orgueil :
votre entretien avec M. de Vernon vous semble d'une nature si supérieure et tellement disproportionné avec l'intelligence d'une femme
de mon âge, qu'il faut, à votre avis, qu'un interprète m'en ait fait saisir la hauteur! — Je vous assure que cela n'a pas été nécessaire : j'ai
fort bien compris toute seule. — Je ne suis pas non plus si étrangère à
la vie et au monde que vous vous le figurez.

RAOUL.

Ah!... et quelle est la fée qui vous a si bien et si tôt instruite?

SUZANNE.

La fée, — puisque ce mot vous plaît, — vous l'avez vue souvent près de moi, sans la remarquer probablement.

RAOUL, dédaigneux.

Une domestique ?

SUZANNE.

Rien de plus. Cette domestique, — que j'estime et que je respecte plus que bien des maîtres, m'a élevée; à défaut de ma mère. Je dois peut-être à son sens droit et à sa rude tendresse plus de maturité et de résolution qu'il ne vous convenait d'en trouver chez moi. — Ensuite, voilà plusieurs années déjà, par malheur, que je suis maîtresse de maison, et, quoique l'on n'apprenne à ce métier-là rien de bien merveilleux, l'esprit d'une fille y contracte cependant des habitudes sérieuses qui le tirent un peu de ses langes. On réfléchit à travers les rêves de son âge, et on prend des idées vraies sur bien des choses... Vous paraissez étonné de mon langage?... Quelle singulière opinion avez-vous donc de nous?... Il n'y a guère de jeune fille, parmi celles que vous renvoyez si fièrement à leurs chiffons, qui ne fût capable de vous dire ce que je vous dis là, si elle l'osait, — et de souffrir ce que je souffre, — si Dieu le lui infligeait.

RAOUL, avec plus de douceur.

Suzanne! raisonnons un peu, je vous prie: A votre âge, on exagère tout. Supposons que dans cette fâcheuse conversation, qu'un hasard très innocent vous a livrée, supposons que je n'aie moi-même rien exagéré, que l'entraînement des paroles, l'humeur du moment ne m'aient pas jeté bien au-delà de ma pensée et de la vérité, — prenant tout au pied de la lettre enfin, — croyez-vous être victime de quelque malheur exceptionnel et monstrueux? Si vous le croyez, cela marque une lacune assez grave dans votre expérience. — Une jeune fille pleine d'illusions et un homme qui n'en a plus sont les deux termes fort ordinaires du mariage, surtout dans la condition où nous sommes nés. On considère même, avec quelque apparence de raison, cette différence d'âge et de sentimens comme une garantie de bon augure; on s'imagine qu'un homme éprouvé et mûri apporte dans la barque d'un jeune ménage un contre-poids utile, une sorte de lest indispensable.

SUZANNE.

Si ces dispositions morales, qui sont les vôtres, ont une valeur si généralement goûtée, pourquoi donc les déploriez-vous, il n'y a pas une heure, avec tant d'amertume?

RAOUL, avec dépit.

Vous avez attribué à mes paroles, je vous le répète, une importance qu'elles n'avaient pas... mais l'impression est produite, et je vois bien que vous la garderez, quoi que je fasse... Je voudrais au moins que

vous fussiez bien convaincue qu'il ne vous arrive rien de particulier,
— que vous n'êtes point tombée dans un piége extraordinaire, et que
toutes les jeunes filles de la terre. — toutes vos amies, si vous pouvez
avoir des amies avec un caractère comme celui-là, sont exposées au
même désastre !... *Suzanne sourit.* Vous riez, madame?

SUZANNE.

Je ris parce que vous vous fâchez... autrement, je n'en ai pas envie,
je vous assure.

RAOUL. *Il hausse les épaules d'un air d'humeur, reprend sa promenade, et ajoute :*
Bref, le monde est ainsi fait : vous ne le changerez pas!

SUZANNE.

Je vous demande pardon : en ce qui me concerne, j'y changerai
quelque chose.

RAOUL.

Ce n'est pas ce que vous ferez de mieux, permettez-moi de vous le
dire... Le bon goût et même le bon sens, familiers à votre sexe, sont
ici pour être consultés... Toutes les jeunes mariées qu'il y a ont eu.
comme vous, leurs rêves d'enfance : la réalité leur parait d'abord choquante, comme à vous; mais enfin elles se résignent à redescendre sur
la terre, à n'être que d'aimables femmes et de bonnes mères de famille, — et je ne sache pas qu'on les juge maudites ni déshonorées
pour cela!

SUZANNE, *se levant courroucée et parlant avec une émotion profonde.*

Mais les autres possèdent-elles la science que je vous dois? Ont-elles
entendu ce que vous m'avez fait entendre? Soupçonnent-elles—même
la moins cruelle des cruelles vérités qui sont venues coup sur coup
me briser le cœur, — me confondre le jugement!... Non! elles sont
trompées, comme je l'étais moi-même... Hélas! chacune, comme moi,
remplit l'ame de son amant avec les trésors de son propre cœur! chacune interprète au gré de son erreur ou de sa passion tout ce qu'elle
découvre, — ou tout ce qu'elle suppose dans l'homme qu'elle a choisi!
Chacune, sans doute, croit voir, comme moi, la marque d'une sérieuse
tendresse dans les pâles sourires évoqués d'un passé suspect, — la trace
de quelque noble souci dans le stygmate banal de la débauche!... Je
veux croire, — puisque vous me le dites, — que tous les hommes apportent a leurs fiancées la dot que vous m'apportez; mais elles l'ignorent
du moins! c'est leur bonheur... c'est leur excuse!... Grand Dieu! quelle
lâche créature serait celle — qui, sachant comme je le sais, à quelle
décrépitude elle a enchaîné sa vivante jeunesse, — voudrait accepter
de cet hymen glacé, de cette union impie, le titre sacré de femme ou
de mère!

*En achevant ces mots, Suzanne se laisse retomber sur le divan, pâle et
comme épuisée.*

RAOUL, s'approchant, d'elle avec un embarras marqué .

Vous me désespérez, Suzanne !.,.. Que, voulez-vous ? que demandez-vous ? Daignez vous expliquer... On n'est point, préparé, à de telles situations, — et je vous serai obligé, quant à moi, de m'indiquer par quelle voie on en sort.

SUZANNE , d'une voix brisée et avec un peu d'égarement.

Excusez-moi... je n'ai pas l'habitude de ces emportemens... cela ne m'arrivera plus.

RAOUL.

Mais enfin, ma pauvre enfant, que voulez-vous que je fasse, moi ?... car tout ceci dépasse l'imagination... Voulez-vous que j'appelle ?.. Remettez-vous, Suzanne, je vous en supplie... Parbleu !... il y a remède à tout... hors au trépas !... (A part.) Je suis stupide !

SUZANNE.

Je me trouve mieux !... beaucoup mieux maintenant..., Eh bien! monsieur, puisque nous ne pouvons nous séparer sans une honte publique, restons donc unis aux yeux du monde; mais, à présent que vous me connaissez davantage, Raoul, j'espère que vous croirez à la ferme résolution que j'ai prise de demeurer une étrangère pour vous. Je compte sur votre honneur, — et aussi sur votre orgueil, — pour m'épargner tout signe de doute à cet égard. — (Raoul s'incline sans répondre; Suzanne reprend en indiquant une des portes latérales :) — Votre chambre est là. — (Raoul s'incline de nouveau, et fait quelques pas vers la porte; puis il s'arrête et se retourne :)

RAOUL.

Avec toute autre que vous, madame, mon honneur — et mon orgueil — pourraient bien ne pas voir leur avantage formel dans la conduite que vous me tracez; mais je descendrais encore au-dessous de la faible estime que j'ai de moi, si le moindre soupçon d'artifice ou de coquetterie pouvait s'attacher dans ma pensée à votre innocente fierté. Vous serez obéie avec scrupule. — Toutefois est-il nécessaire, pour l'acquit de votre conscience, que nos deux existences soient non-seulement distinctes, mais hostiles? Devant un vaincu, devant un ennemi à terre, vous semble-t-il généreux de vous maintenir sur un pied de guerre impitoyable ?... Puisque nous devons être enfin compagnons de route, ne pouvons-nous du moins nous escorter l'un l'autre tranquillement et avec ces attentions réciproques qui font le charme d'un voyage?

SUZANNE.

Oh! de tout mon cœur, cela.

RAOUL, s'asseyant près d'elle, avec une bonhomie grandiose.

Et même ne pouvons-nous être amis, Suzanne, bons amis... camarades ?... Vous souriez encore; le ciel en soit loué! Me ferez-vous la grace de toucher ma main en signe de confiance? (Ils se serrent la

mais. Voilà qui est dit.... Et si un jour, — dans un avenir inconnu...
vos idées subissaient une de ces révolutions dont il y a des exemples
dans l'histoire du monde... eh bien! mon Dieu! — ah! mon Dieu!
vous trouverez en moi un homme sans rancune!

SUZANNE.

C'est ce que nous verrons. — Oui,... c'est ce que nous verrons.

RAOUL.

Quoi! suis-je assez heureux encore dans ma détresse. madame,
pour que vous aperceviez dans le lointain un moment, une phase...
un concours de circonstances qui puisse me tirer de ces limbes où me
voilà plongé?

SUZANNE.

Mais sans doute. — Si c'est un effet nécessaire du temps et de la
vie que d'enlever au cœur ses espérances les plus douces, ses fictions
les plus divines, nous sommes. je présume, nous autres femmes, soumises tout comme vous à ce désenchantement naturel. Eh bien!
lorsque je l'éprouverai, monsieur, lorsque j'en serai venue à considérer les choses sous cette face morne et dépouillée qui, selon vous, est
leur véritable aspect, quand enfin mon expérience personnelle aura
comblé l'abime qui nous sépare aujourd'hui.... alors, me voyant digne
de vous, pourquoi vous croirais-je indigne de moi?

RAOUL, très sérieux.

Suzanne. prenez garde... C'est toucher d'une main bien légère, sinon
bien hardie, un point singulièrement délicat... C'est me faire entrevoir un martyre dont peut-être les tourmens ne dépasseraient pas
mon courage, mais dont au moins je refuserais la palme.

SUZANNE.

Pourquoi, monsieur?

RAOUL.

Mais, mon enfant, parce que... Au reste, je suis bien bon de vous
répondre sérieusement, car il est évident que vous raillez.

SUZANNE.

Point du tout.

RAOUL.

Tant pis, car vous ne pouvez absolument ignorer que l'honneur
d'une femme périt au contact de certaines épreuves qui n'effleurent
même pas l'honneur d'un homme.

SUZANNE, simplement.

Il est possible que je n'aie point toutes les lumières qu'il faudrait
pour vous suivre sur un terrain si nouveau pour moi; mais ce que je
comprends de mieux en mieux, c'est votre profond mépris pour notre
sexe qui éclate jusque dans vos respects... Dieu sait qu'aucune femme
ne fut jamais disposée plus que moi à se contenter du rang modeste,

des humbles devoirs que notre conscience nous assigne dans le monde;
mais il m'est difficile, monsieur, de nous croire condamnées à n'être
qu'une espèce de créatures subalternes dont vous pouvez, à votre fantaisie, refouler, maîtriser, anéantir même tous les instincts, toutes les
facultés, toutes les passions. Sommes-nous en pays chrétien? Avons-
nous une âme? Qu'est-ce enfin? Voyons!... (Avec une vivacité d'enfant.)
Quoi, monsieur! parce qu'il vous a plu de jeter sur ma personne,
ou plutôt sur ma terre du Chesny, un coup d'œil favorable, me voilà
forcée, moi, d'oublier tout à coup mes sentimens les plus chers, de
commander à ma tête de ne plus penser, à mon cœur de ne plus battre!
Me voilà réduite à vieillir éternellement dans le port, en vue des brillans horizons où m'emportaient mes songes... à partager votre lassitude, — moi qui n'ai pas voyagé, — et votre mort enfin, — moi qui
n'ai pas vécu! Est-ce juste? est-ce possible, monsieur? Je vous le demande, je le demande à votre loyauté!

RAOUL.

Ma loyauté! Ma loyauté, madame, vous répondra par une chose vulgaire à force d'être vraie : c'est que la vie n'est pas un roman.

SUZANNE, avec une tristesse soudaine.

Et l'avez-vous crue, vous, monsieur, cette chose vulgaire, quand
des vieillards vous l'ont dite autrefois? Avez-vous, sur la foi de l'expérience d'autrui, renoncé subitement à toutes les religions de votre
jeunesse? Avez-vous pu penser que ce Dieu de bonté — dont vous ne
doutiez pas alors!... n'avait mis dans votre cœur que fausse monnaie
et décevantes promesses? Oh! non... car c'est impossible... Vous avez
cherché.... vous avez eu votre roman.... Il n'a pas été heureux? Soit!
Peut-être aussi l'aviez-vous cherché trop bas.... Je ne vous demande
pas de réponse.... Quant à moi, je n'avais imaginé de roman qu'en
vous.... c'est avec vous seul, la main dans votre main, que j'espérais
accomplir mon pèlerinage de joie ou de douleur... peu m'importait!
Une affection, telle que j'osais l'attendre de vous, m'eût rendu chères
jusqu'aux larmes de mes yeux. Je me flattais cruellement... Je pensais
être pour vous... oh! non pas, soyez-en sûr, tout ce que vous étiez
pour moi, Raoul.... mais bien moins encore assurément ce que je
suis... une femme après des femmes... et quelles femmes! (Elle s'arrete
très émue.) Raoul, rendez-moi, je vous prie, la petite clé que je vous
avais donnée.

RAOUL.

La voici.

SUZANNE, troublée, sans la prendre.

La voici!... Vous ne me demandez pas même à quoi elle peut servir,
cette pauvre petite clé?

RAOUL.

Je n'ose rien demander, Suzanne.

SUZANNE.

Vous ne méritez pas de le savoir... vous faites bien. Et puis, cela vous importunerait... Ce n'est qu'une niaiserie de plus. (Elle découvre un ... son poignet et lui montre un cercle d'or qu'elle fait tourner autour de son bras en parlant : C'est une idée à moi.... Celui qui détachera ceci.... je l'aimerai... et il faudra qu'il m'aime aussi... alors il sera mon maître... Rendez-moi ma petite clé.

RAOUL, la lui remettant et s'approchant avec tendresse.

Ainsi vous ne me la rendrez jamais, — jamais, Suzanne?

SUZANNE, se levant prestement.

Quand j'aurai mon roman! — Il est bien tard, monsieur. et même voici le jour; je suis brisée de fatigue.

RAOUL, qui s'est levé, avec colère.

Je suis las comme vous; finissons-en donc, madame... Je ne sais où j'avais l'esprit! Je vous comprends, quoique tardivement. C'est un ménage du temps de Louis XV qu'il vous faut! Soit! Veuillez vous souvenir seulement que les dames de ce temps-là, dont tout le savoir n'approchait pas de votre ingénuité, avaient au moins le talent de concilier leur indépendance avec le respect du nom qu'elles portaient. — Dans cette mesure, que vous ne trouverez pas, j'espère, trop rigoureuse, comptez sur mon indifférence la plus souveraine. Cherchez votre roman, maintenant, trouvez-le même; je n'attends ma vengeance que de votre succès.   (Il se dirige rapidement vers la porte.)

SUZANNE, d'une voix à peine distincte.

Est-ce là... la bonne amitié... que vous m'avez promise?

RAOUL.

Il faut pardonner quelque chose, madame, à un homme qui voit tout à coup son étoile tourner en fusée ridicule.... Désormais, je vous le jure, vous n'aurez plus à vous plaindre de mon humeur. Je vous baise respectueusement les mains; mais tenez ce que j'ai dit pour bien dit. (Il sort.)

Suzanne, pâle comme une morte, tremble et étend les bras ; sa tête se renverse; ses lèvres s'entr'ouvrent comme pour laisser échapper un cri qu'elle étouffe par un effort suprême. — Jeannette paraît à une des portes latérales : elle se précipite, et reçoit dans ses bras la jeune femme inanimée.

OCTAVE FEUILLET.

(La seconde partie au prochain n°.)

LA GRAVURE

DEPUIS SON ORIGINE JUSQU'A NOS JOURS.

LA GRAVURE AU DIX-NEUVIÈME SIÈCLE. [1]

I. — *La Madonna alla scodella* d'après Corrège, par M. Toschi; Manheim, chez Artaria et Fontaine, 1847.

II. — *Napoléon à Fontainebleau, Pic de la Mirandole* d'après M. Delaroche, par MM. Jules et Alphonse François; Paris, Goupil, 1850.

III. — *The Otter Hunt* d'après M. Landseer, par M. Charles Lewis; Londres, Henri Graves, 1847.

IV. — *La Vierge au Donataire* d'après Holbein, par M. Steinla; Dresde, Arnold, 1842.

V. — *Washington delivering his inaugural Address* d'après M. Matteson, par M. H.-S. Sadd; New-York, Neal, 1849.

I. — LA GRAVURE AU TEMPS DE L'EMPIRE EN FRANCE, EN ITALIE ET EN ALLEMAGNE. — BERVIC : *l'Enlèvement de Déjanire* d'après le Guide. — MORGHEN : *la Cène* d'après Léonard de Vinci. — MULLER : *la Vierge de Saint-Sixte* d'après Raphaël.

Lorsque le xixᵉ siècle s'ouvrit, l'école française de peinture n'était représentée que par un petit nombre d'artistes, expatriés pour la plupart, qui, par le caractère de leurs talens et la date de leurs succès, appartenaient à une époque antérieure à la révolution. Greuze, Fragonard, Moreau jeune, Mᵐᵉ Lebrun malgré la sobriété de sa manière, Vien même malgré ses velléités de réforme, tous semblaient plutôt se rattacher au passé qu'annoncer l'avenir. Un seul nom personnifiait alors le progrès; c'était le nom de cet homme dont on voudrait pouvoir

(1) Voyez la première et la seconde partie dans les livraisons des 1ᵉʳ et 15 décembre 1850.

ne se rappeler que les tableaux, de ce Louis David qu'André Chénier
avait salué « roi du savant pinceau, » avant d'accuser « d'atroce démence » ses actes politiques. *Les Horaces* et *Brutus* avaient paru depuis
plusieurs années, et demeuraient l'objet d'une admiration enthousiaste; *les Sabines*, impatiemment attendues, allaient bientôt être exposées. A ce moment, les jeunes artistes et le public regardaient David
comme le restaurateur de l'école, comme un maître de premier ordre.
Architecture, peinture, ameublemens, costumes, tout était soumis à
sa domination absolue; tout se produisait ou prétendait se produire à
l'imitation de l'antique. On crut que la sécheresse des lignes et les
profils maigres et aigus constituaient la sévérité de la forme. Sous
prétexte de pureté attique, on ne tint nul compte, en construisant les
édifices, de leur destination spéciale et du caractère qu'elle exigeait;
on ne peignit plus, dans les tableaux, que des statues coloriées, des
corps que l'ame n'habitait pas; on ne sculpta plus que des figures renouvelées des figures grecques ou romaines; enfin, depuis Lebrun,
jamais unité de direction ne régna si complétement sur le goût français. La gravure ne devait pas plus que les autres arts se soustraire au
despotisme de David, seulement elle fut la première à secouer le joug.
Avant le retour des Bourbons, c'est-à-dire à l'époque où le peintre de
Marat devenu le premier peintre de l'empereur était encore dans la
plénitude de son autorité, quelques graveurs avaient déjà traduit les
maîtres italiens, dont les tableaux peuplaient notre musée, dans un
style influencé par la manière ancienne plutôt que par la mode du
moment. Le premier par le talent entre ces artistes nouveaux, M. Bou-
cher-Desnoyers, songeait probablement moins aux œuvres contemporaines qu'à celles d'Audran et d'Édelinck, lorsqu'il travaillait à sa
planche de *la Belle Jardinière*. De leur côté, Bervic et M. Tardieu, qui
depuis long-temps avaient fait leurs preuves, continuaient à se montrer
fidèles à la tradition des deux siècles précédens, l'un par sa manœuvre
savante, l'autre par une méthode sévère d'exécution et une fermeté de
burin héréditaires dans sa famille. Tous trois étaient de la descendance
des maîtres, et leurs estampes, très injustement oubliées quelques
années plus tard, lorsqu'on s'engoua de la manière anglaise, méritent
certes de ne pas demeurer confondues avec les estampes froides et
compassées produites en France sous le règne de Napoléon. Celles que
l'on grava d'après David obtinrent à cette époque un succès d'à-propos
en popularisant les compositions du peintre qu'on venait d'admirer
au Louvre; mais elles n'ont pu assurer aux graveurs une réputation
durable. Qui songe à acheter aujourd'hui une de ces épreuves qu'on
recherchait alors avec tant d'empressement? Le peu de mérite des co-
pies explique sans doute notre indifférence actuelle. Pourtant, ce mérite
fut-il beaucoup plus grand, il ne suffirait probablement pas encore

pour vaincre la défaveur qui depuis plus de vingt ans s'est attachée aux originaux : défaveur excessive, il faut le dire, et, à beaucoup d'égards, aussi irréfléchie que l'avait été la passion pour le genre académique. On était allé au-delà de la vérité en proclamant David un homme de génie; on reste en-deçà en lui déniant un grand talent. On a voulu lui faire porter la peine du long ennui imposé à la France par ses imitateurs, comme on a prétendu rendre nos poètes du xviiᵉ siècle responsables de la stérilité des versificateurs du xixᵉ. Il semble toutefois qu'un sentiment de critique désintéressée succédera bientôt à l'enthousiasme et au dédain extrêmes dont les œuvres de David auront tour à tour été l'objet. Peut-être reconnaîtra-t-on alors au peintre des *Sabines* un mérite et des défauts analogues à ceux du tragique italien Alfieri. Tous deux, dans leurs compositions équilibrées comme les lignes d'un bas-relief, ont plus d'une fois poussé la réserve jusqu'à la monotonie, la correction jusqu'à l'aridité; mais ils ont su donner à des types trop absolus pour figurer la vie des formes d'une pureté sévère et un caractère imposant.

Maître, comme l'avait été Lebrun, d'imposer son propre système à tous les artistes, David aurait pu sinon restaurer l'école de gravure, du moins en renouveler les élémens, et lui rendre l'unité en coordonnant à son point de vue les efforts isolés. Non-seulement il ne l'essaya pas, mais il est même assez difficile d'apprécier quel fut son ascendant sur les graveurs de son temps, et de comprendre nettement ce qu'il leur recommandait d'exprimer. On devrait supposer que son goût pour la forme châtiée le portait à exiger d'eux qu'ils insistassent sur le dessin sans se préoccuper beaucoup de la couleur et du clair-obscur; pourtant la plupart des estampes gravées d'après ses tableaux sont à la fois chargées de ton et mollement dessinées; elles offrent un mélange de dureté dans l'effet et d'indécision dans le modelé qui donne à l'ensemble un aspect équivoque et bâtard. On n'y retrouve rien de la manière arrêtée du peintre, on n'y retrouve pas davantage le style de l'ancienne école : ce n'est pas dans ces faibles estampes, encore moins dans les planches du grand ouvrage sur *l'expédition d'Égypte* qu'il faut chercher les traces des talens que possédait alors la France.

Les rares artistes qui ne relevaient qu'indirectement de David, comme Regnault, ou qui avaient osé, comme Prudhon, se créer une méthode entièrement indépendante, étaient en faveur auprès d'un public trop restreint pour que leurs œuvres fussent souvent reproduites et servissent à améliorer le faire des graveurs. Regnault cependant avait vu, vers la fin du siècle précédent, son tableau de *l'Éducation d'Achille*, gravé par Bervic, attirer l'attention générale et obtenir, grace à l'habileté de l'interprétation, un succès presque égal à celui des tableaux de David. Quelques années plus tard, Bervic s'était propuisé de donner un pendant à cette planche justement estimée, et il avait fait paraître son *Enlèvement de Déjanire* d'après le Guide (1). Ce dernier ouvrage, auquel les juges du *concours décennal* accordèrent le prix sur toutes les gravures publiées en France de 1800 à 1810, confirma la réputation de l'auteur, et détermina le mouvement qui fit rentrer quelques artistes dans l'ancienne voie. Ce n'était pas toutefois que Bervic ne s'en écartât un peu lui-même, et l'on peut dire que de tout temps il la côtoya plutôt qu'il ne la suivit résolûment. A l'époque de ses débuts, il ne s'était pas assez défié des dangers d'une facilité extrême : plus tard il attacha trop d'importance à certaines qualités matérielles; mais il faut ajouter que jamais il n'en vint à sacrifier absolument l'essentiel à l'accessoire, et son œuvre entier révèle, à travers beaucoup d'imperfections, un talent assez remarquable pour que l'on doive classer le graveur de *Déjanire* au premier rang des maîtres de second ordre. Wille, dont les nombreuses estampes d'après les peintres de genre flamands ne manquent ni de souplesse d'exécution ni de charme, Wille avait été le maître de Bervic, et celui-ci avait puisé à cette école une science de l'effet que, fort jeune encore, il sut mettre a profit dans le portrait en pied de *Louis XVI*, l'une de ses meilleures planches. Ce portrait, gravé d'après le tableau peint par Callet et placé aujourd'hui au palais de Versailles, ne laisse point soupçonner la médiocrité de l'original. La peinture est d'une couleur fade, d'un dessin lourd et indécis; l'estampe, au contraire, présente un aspect lumineux et ferme, un faire aisé, exempt encore d'ostentation. Les dentelles, le satin, le velours, tous les accessoires y sont traités avec une largeur qui n'exclut pas la finesse des détails, et le ton de l'ensemble est riche et harmonieux. Cependant on discerne déjà dans quelques parties une certaine recherche de la façon, et l'on pressent que cela pourra dégénérer en prétention à la *belle taille*, puis aboutir à l'excès du procédé; c'est ce qui arriva en effet. Bervic voulut dès-lors faire montre d'habileté, et il finit par exécuter dans son *Laocoon*, le plus connu peut-être de ses ouvrages, des tours de force de burin qui, jusqu'à un certain point, peuvent surprendre, mais que l'on ne saurait admirer sans réserve. Le soin avec lequel il s'est efforcé d'imiter le grain du marbre par la minutie des travaux ressemble fort à une puérilité, et, bien qu'il ne fallût pas graver un groupe de statues dans les mêmes conditions que les figures colorées d'un tableau, il était important de reproduire la forme et le style de l'œuvre d'art originale plutôt que le poli de la ma-

(1) Une autre entreprise d'assimilation entre les maîtres anciens et les peintres modernes a été plus récemment tentée par M. Richomme, qui grava, pour être mises en regard l'une de l'autre, la *Galatée* de Raphaël et la *Thétis* de M. Gérard. L'essai tourna surtout à l'honneur du graveur, et l'égalité de mérite qu'offrent les deux estampes réussit à dissoudre la disparité qui existe d'ailleurs entre les compositions originales.

tière d'où on l'avait tirée. D'ailleurs, en s'appliquant à interpréter son modèle en ce sens, le graveur a dépassé le but, et, par la multiplicité des détails, par l'abus des demi-teintes destinées à soutenir les moindres saillies, il a privé le tout d'éclat et d'unité. Il y avait loin de cette méthode à celle des anciens maîtres, et Bervic vécut assez pour se repentir de ses erreurs : « J'ai méconnu le bien, disait-il à ses élèves; si je recommençais ma vie, je ne ferais rien de ce que j'ai fait! » Il se calomniait en s'accusant ainsi. Comme tous les pénitens tardifs, il ne se rappelait que les torts de son passé, sacrifiant à ce souvenir celui de plus d'un acte méritoire. On comprend ces regrets et cette première ferveur de conversion, mais on doit être plus juste que Bervic ne l'était alors pour lui-même et ne pas oublier qu'il y avait dans son œuvre beaucoup de parties à excepter de la condamnation qu'il portait sur l'ensemble. Ce n'était pas seulement en ce qui concernait la gravure, que l'auteur du *Laocoon* reniait, dans ses dernières années, ce qu'il appelait « le culte des faux dieux. » Lorsque les épreuves en plâtre des marbres du Parthénon furent exposées à Paris, son admiration pour ces précieux fragmens devint une sorte de fanatisme. Aux séances de l'Institut, il déclarait que l'art antique venait de lui être révélé pour la première fois : qu'étaient l'*Apollon*, la *Diane*, toutes les statues les plus célèbres, au prix des statues de Phidias? « Nous avons fait fausse route, disait-il à ses confrères; il n'est plus temps de revenir sur nos pas : mais il est temps encore de montrer le droit chemin à ceux que nous en avons involontairement détournés. » Aussi ne cessa-t-il, à partir de ce moment, de recommander à ses élèves l'étude assidue des sculptures du Parthénon. Un tel conseil n'aurait rien que de fort simple aujourd'hui, mais il y avait du mérite à le donner sous le règne des théories de Winckelmann et de David; et quand on songe que celui qui se faisait ainsi le champion de la foi nouvelle était un vieillard, un artiste ayant dû les succès de sa vie entière à la pratique de tout autres principes, on ne peut s'empêcher d'honorer pleinement cette vigueur de passion et ce zèle d'abnégation personnelle.

A l'époque où Bervic était réputé le premier des graveurs français contemporains, l'Italie s'enorgueillissait d'un graveur bien inférieur à lui, et qui, dans la pénurie de talens où elle se trouvait alors, usurpait la gloire d'un maître. Comme Canova, avec lequel il offre plus d'un point de ressemblance, Raphaël Morghen eut le bonheur de venir à propos. Artistes fort secondaires l'un et l'autre, ils eussent pu passer inaperçus dans un siècle plus favorisé; celui où ils vécurent ne leur donnant pas de rivaux, on leur sut gré de cette supériorité purement actuelle et relative comme d'une marque de haut mérite. D'ailleurs, il leur était facile d'arriver au succès en obéissant simplement aux goûts manifestes du public. Les écrits de Winckelmann et ceux de Raphaël

Mengs avaient remis en faveur les statues antiques et les tableaux italiens du temps de la renaissance; Canova en imitant les unes, Morghen en gravant les autres, ne pouvaient manquer de plaire, même
abstraction faite de leur propre habileté, et c'est sans doute au choix
qu'ils firent de leurs modèles qu'il convient d'attribuer l'immense réputation dont ils jouirent tous les deux. Élève et gendre de Volpato,
dont on connaît les molles estampes d'après les *Stanze* de Raphaël, Morghen partagea avec cet artiste débile le privilége de reproduire des
œuvres admirables qui, depuis les grands maîtres, n'avaient plus été
gravées, ou qui ne l'avaient été à aucune époque. Cela seul donne quelque prix à ses planches défectueuses. La gravure de *la Cène*, par
exemple, retrace-t-elle autre chose que les lignes générales de la composition et le geste de chaque figure? On la regarde comme on écoute
un mauvais acteur récitant des vers sublimes, parce que la pensée du
maître se sent encore malgré l'intermédiaire qui en altère les formes;
mais, hormis ce genre de beauté qui consiste dans la portée morale de
l'ensemble et qu'il ne pouvait anéantir, Morghen n'a rien su conserver
dans son travail du caractère de l'original. Que dire de la tête du Christ,
restaurée par le graveur comme celles des apôtres, et que n'éclaire pas
la plus faible lueur de sentiment? Comment ne pas être choqué de
cette manœuvre prétentieuse, de cette inintelligence de l'expression,
quand on se rappelle la perfection du style de Léonard? Pour comprendre *la Cène*, il faut voir à Milan cette peinture incomparable que
M. Gustave Planche a dignement qualifiée en l'appelant « l'effort suprême du génie humain; » chercher à l'étudier dans l'estampe de Morghen est le plus sûr moyen d'en concevoir une idée fausse : c'est vouloir juger de la poésie d'Homère par la traduction de Bitaubé. Au
reste, en substituant sa propre manière à celle de Léonard, Morghen
n'a fait que traiter l'auteur de *la Cène* comme il avait coutume de traiter tous les grands maîtres. Qu'il ait eu à interpréter Raphaël ou Poussin, Andrea del Sarto ou Corrège, toujours il a gravé uniformément
les œuvres les plus opposées, et réduit aux proportions de son invariable médiocrité la supériorité de ses modèles. Il serait injuste sans
doute de ne pas lui tenir quelque compte d'une certaine habileté matérielle; mais il y aurait plus d'injustice encore à approuver ce laisser-
aller excessif, cette insuffisance du dessin et de l'effet, ce dédain systématique du tout effort, en un mot tous les témoignages d'une facilité
vaniteuse qui ne s'humilie pas devant le génie. — Morghen jouit jusqu'au dernier moment de la brillante réputation que lui avaient value
de bonne heure sa fécondité et le patriotisme des Italiens. Établi à Florence, où l'avait attiré le grand-duc Ferdinand III, il y resta tant que
dura l'occupation française, et, beaucoup moins implacable que ne
l'était alors Alfieri, il ne repoussa ni les hommages ni les faveurs de

l'étranger. Au retour du grand-duc, son ancien protecteur, il songea moins que jamais à se rendre aux instances des Napolitains, qui tenaient à honneur de rappeler l'artiste renommé dans son pays natal. Enfin, lorsque Morghen mourut en 1833, l'Italie tout entière s'émut à cette nouvelle, et d'innombrables sonnets, expression ordinaire des regrets ou de l'enthousiasme publics, célébrèrent à l'envi les talens du graveur de la Cène.

Trois ans auparavant, un graveur dont les premiers succès avaient eu presque autant de retentissement en Allemagne que ceux de Morghen en Italie, Jean Godard Müller, s'était éteint dans l'isolement et la douleur. A peine se rappelait-on au-delà des murs de Stuttgart que l'auteur, un moment illustre, de la Vierge à la chaise et du Combat de Bunkerschill, que le régénérateur de l'école allemande existât encore. C'est que depuis long-temps il avait renoncé à la gloire, au travail même, et qu'il ne vivait plus que pour pleurer un fils mort en 1816; au moment où il devenait à son tour le graveur le plus éminent de son pays. Ce fils, Jean-Frédéric-Guillaume, avait été dès l'enfance voué à l'art qu'exerçait son père. Il s'y essaya avec assez de succès pour mériter d'être admis de très bonne heure à l'école de gravure récemment fondée à Stuttgart par le duc Charles de Wurtemberg. On a vu qu'à la fin du xviiie siècle une foule de graveurs allemands quittaient leur pays pour venir se former à Paris, et que quelques-uns même s'y étaient fixés. La tourmente révolutionnaire les avait dispersés momentanément. Ils s'étaient hâtés de fuir la France, leur patrie d'adoption, pour retourner en Allemagne, et l'institution d'une école de gravure à Stuttgart avait été l'un des résultats de cette émigration; mais en 1802 plusieurs des artistes exilés étaient déjà revenus à Paris, et les ateliers, fermés depuis plus de dix ans, s'y rouvraient à de nombreux élèves. Guillaume Müller, âgé de vingt ans à cette époque, suivit les conseils et l'exemple que lui avait donnés son père : il vint se perfectionner à son tour dans ce centre, des fortes études. Recommandé à Wille, alors plus qu'octogénaire, et qui s'honorait d'avoir été le maître de Godard, il se trouva par son entremise bientôt en relation avec Bervic, avec MM. Tardieu et Desnoyers, dont les travaux signalaient la renaissance de la gravure française, et, sans se faire l'imitateur de ces artistes, il leur emprunta cependant assez pour qu'on puisse le regarder aujourd'hui sinon comme leur rival, au moins comme un graveur digne de leur école. Sa Vénus d'Arles qu'il fit pour le Musée français, publié par MM. Laurent et Robillard (1), son

(1) Cette belle publication contient, divisés en quatre sections, les tableaux et les antiques les plus remarquables du Musée du Louvre tel qu'il existait à l'époque où Napoléon l'avait enrichi des chefs-d'œuvre de toutes les écoles. Commencée en 1802, elle fut, continuée jusqu'en 1811 avec le plus grand succès, et n'occasionna qu'une dépense de

Saint Jean d'après le Dominiquin attestent une entière soumission aux principes des maîtres et une science assez étendue pour les pratiquer heureusement; mais c'est surtout dans la *Vierge de Saint-Sixte* que le talent de Müller se manifeste et qu'il semble parvenu à sa maturité. Avant d'entreprendre cette planche d'après Raphaël, le jeune graveur s'était rendu en Italie pour y dessiner quelques autres œuvres du grand peintre et se préparer à la traduction du tableau de la galerie de Dresde par l'étude des fresques du Vatican. Revenu en Allemagne, il s'était mis aussitôt au travail et l'avait poursuivi avec une telle ardeur, que vers la fin de 1815, c'est-à-dire au bout de trois ans, il l'avait déjà terminé. *La Vierge de Saint-Sixte* mérite d'être comptée parmi les meilleures estampes qui aient paru au commencement du siècle, et le succès a depuis long-temps accueilli cette belle planche : succès tardif cependant au gré des désirs du graveur, et que malheureusement il ne sut pas attendre. Lorsque Müller eut achevé son œuvre, il voulut l'éditer lui-même, comptant en tirer à la fois beaucoup de gloire et quelque profit. Épuisé par un travail excessif, il espérait que tant d'efforts ne demeureraient pas sans récompense et qu'il suffirait de quelques jours pour l'obtenir. Ces quelques jours s'étaient écoulés, et déjà l'artiste, en proie à une anxiété fiévreuse, commençait à accuser l'indifférence générale. Bientôt il lui fallut traiter avec un éditeur pour que le fruit de ses peines ne fût pas absolument perdu. Plusieurs connaisseurs achetèrent alors des épreuves de *la Vierge,* sans que la popularité s'attachât encore à l'estampe dont l'apparition devait, aux yeux de Müller, avoir l'importance d'un événement public. Tant de déceptions achevèrent de ruiner la santé de l'artiste et ne tardèrent pas à ébranler sa raison. Plongé dans un sombre abattement, il attribuait à des ennemis imaginaires l'injustice dont il était victime, et le désespoir où l'avait jeté cette pensée ne lui laissait plus le courage de supporter la vie. Un moment vint où l'exaltation fut à son comble, et Müller se frappa d'un coup de cet instrument dont les graveurs se servent pour ébarber les tailles creusées par le burin. Bien peu après, *la Vierge de Saint-Sixte* obtenait ce succès que Müller avait rêvé avant l'heure : l'éditeur s'enrichissait en vendant les épreuves dont celui-ci avait eu hâte de se dessaisir, et le nom du jeune graveur acquérait dans l'Europe entière la célébrité qui lui était due.

Les travaux de Bervic, de Morghen et de Müller, quoique fort inégaux en mérite, peuvent résumer l'état de la gravure en France, en Italie et en Allemagne pendant les premières années du xixe siècle. Ils prouvent qu'à cette époque les principes étaient encore à peu près

---

240,000 francs, somme pas considérable, si l'on a égard à l'importance de l'entreprise et au talent des dessinateurs, des graveurs et des archéologues qui y ont participé.

semblables dans les trois écoles, et que partout on étudiait les mêmes modèles; mais cette conformité apparente dans les œuvres de l'art ne devait pas être durable. Les conditions générales se modifièrent bientôt, et les graveurs allemands, déplaçant le but les premiers, entrèrent dans une voie nouvelle qu'ils suivent encore aujourd'hui.

II. — NOUVELLE ÉCOLE ALLEMANDE. — M. MENZ : *le Jugement dernier* d'après M. Cornélius. — M. FELSING : *Sainte-Catherine* d'après M. Mucke. — MM. STEINLA ET RETHEL : *la Vierge au Donataire*, — *la Nouvelle Danse des Morts*.

Au moment où Müller succomba, l'influence exercée par Goethe et Schiller sur la littérature de leur pays commençait à s'étendre sur les arts du dessin. Le respect pour les monumens du moyen-âge se substituait au culte de l'antiquité, et, tandis que le *Dictionnaire de la Fable* était encore le seul évangile consulté par les peintres français, au-delà du Rhin les peintres s'inspiraient déjà des traditions chrétiennes et des légendes nationales : réaction heureuse en un certain sens, qui a rendu à l'art ce caractère spiritualiste qu'il ne lui est jamais permis de dépouiller, mais qui, dégénérant plus tard en système archéologique, a fini par immobiliser le talent en l'opprimant sous des formes invariables. Quelques années ont suffi pour opérer ce changement de doctrine, et, depuis que MM. Overbeck et Cornélius sont venus ajouter l'autorité de leurs exemples aux tentatives de leurs prédécesseurs, la réforme a été aussi radicale en Allemagne que l'avait été en France la révolution accomplie par David dans des vues tout opposées. MM. Overbeck et Cornélius se montrent, ainsi que leurs nombreux élèves, expressément spiritualistes : il n'y aurait donc qu'à applaudir sans réserve à leurs nobles tendances, si elles n'affectaient, pour se manifester, une naïveté de convention et une simplicité de moyens qui, de réduction en réduction, aboutit souvent à l'insuffisance. Les compositions religieuses de la nouvelle école allemande sont empreintes de sentiment et d'une véritable beauté ascétique; malheureusement on y aperçoit aussi une impuissance volontaire dans l'exécution, un dédain excessif des ressources pittoresques et un respect si absolu de la manière des peintres primitifs, que l'imitation ne s'arrête même pas devant les erreurs. Il y a quelque exagération de scrupule, à ce qu'il semble, à reproduire sciemment des anachronismes de costume ou des fautes de perspective qui ne déparent pas les œuvres anciennes, parce qu'elles y sont ingénues, mais qu'on a mauvaise grace à commettre de nos jours, où l'on connaît de reste le secret de les éviter. N'est-ce pas aussi trop redouter les concessions au matérialisme que de s'abstenir à ce point de tout ce qui pourrait ajouter au charme et à la vérité de l'effet? En un mot, doit-on au XIXe siècle subir tout entière la contrainte hiératique imposée par le moyen-âge, perpétuer

pieusement, comme la tradition catholique, la tradition d'art originelle, — ou bien peut-on s'en inspirer en la contrôlant et concilier la
représentation de l'idéal religieux avec les progrès de l'art moderne?
Grande question que l'on ne saurait essayer de traiter ici, et que l'on
pose seulement pour rappeler dans quel sens l'école allemande a jugé
bon de la résoudre.

La peinture s'étant ainsi privée en Allemagne d'une partie de ses
moyens matériels, la gravure devait s'y attacher uniquement à rendre
l'expression et le style mystiques des originaux; elle y réussit parfaitement. Jamais peut-être imitation ne fut plus fidèle, jamais il n'y eut
corrélation plus intime entre le burin et le pinceau. Les graveurs allemands n'interprètent plus aujourd'hui la pensée des peintres; ils la
retracent trait pour trait et la décalquent en quelque sorte, pourvu
que l'expression de cette pensée soit conforme aux règles admises et
se renferme dans les limites d'une stricte simplicité. M. Merz, qui a
gravé *le Jugement dernier* peint par M. Cornélius dans l'église Saint-
Louis à Munich, MM. Joseph et François Keller, auteurs de nombreuses planches d'après les compositions de M. Overbeck, beaucoup
d'autres encore pratiquent avec succès dans leur art les principes
de la nouvelle école, et leurs travaux montrent à quel point de vue
la gravure est maintenant envisagée en Allemagne. On n'y produit
plus d'estampes, s'il faut entendre par ce mot des œuvres où le burin
ait cherché à rendre la valeur des tons, le clair-obscur, tout le pittoresque d'un tableau; on y grave avec une grande précision de style
des formes incolores et que caractérise seulement la pureté des contours. La nouvelle école allemande, bien que subdivisée en écoles partielles, présente un ensemble de talens à peu près identiques et d'ouvrages inspirés par une contemplation abstraite plutôt que par l'étude
de la réalité. Cependant la méthode générale n'est pas appliquée partout avec la même rigueur. Les graveurs de Dusseldorf, par exemple,
ne se bornent pas, comme ceux de Munich, à tracer des silhouettes
dont l'imagination du spectateur doit compléter le modelé; ils cherchent au contraire à ne rien omettre de ce qui contribue à rendre le
dessin plus exactement expressif, et l'on peut citer comme spécimen
de leur manière la *Sainte Catherine* que transportent les anges, gravée
par M. Felsing d'après M. Mucke. Ailleurs, on accepte parfois des conditions plus larges encore, il arrive même que le burin essaie de rendre
jusqu'à la valeur des tons d'un tableau; mais de tels essais sont rares
aujourd'hui en Allemagne, et le résultat, il faut le dire, en est médiocrement heureux. *La Vierge de Saint-Sixte*, récemment publiée à Dresde
par M. Steinla, nous paraît moins propre à servir la réputation de l'auteur qu'à augmenter celle de Müller par la comparaison entre les
deux planches, et cette nouvelle gravure d'après Raphaël prouve suf-

fisamment que ce ne sont pas les originaux d'une beauté achevée que les artistes contemporains excellent à reproduire. Puisque, à l'exemple de la peinture, la gravure allemande a renié un passé de trois siècles pour revenir au point où l'avait laissée Albert Dürer, peut-être même un peu au-delà, elle ne doit plus s'attacher qu'à des modèles d'un caractère particulier, et ne choisir parmi les maîtres anciens que ceux dont les œuvres semblent donner raison à ses tendances. M. Steinla lui-même a montré ce que gagnait son talent à se conformer à cette loi : la Vierge au Donataire est supérieure de tous points à la Vierge de Saint-Sixte, parce que le graveur, en traduisant Holbein, n'avait à analyser que des qualités nettement formulées, et qui dérivent de la science plutôt que de l'inspiration. Il négociait, pour ainsi dire, au profit des doctrines de l'école les exemples d'un peintre qui avait trouvé l'idéal actuellement poursuivi, et le succès de l'entreprise ne pouvait être douteux. La planche de M. Steinla offre un mérite parfaitement analogue à celui de la peinture originale, et, de plus, l'expression exacte de l'état de la gravure en Allemagne; il est juste qu'à ce double titre elle soit mise au nombre des estampes modernes les plus dignes d'être remarquées.

Il semble résulter de ce qui précède que les graveurs allemands sont tous voués aujourd'hui au culte de l'art austère, et qu'ils ne consentent à reproduire que certains sujets. Cependant les compositions capricieuses ou satiriques, les vignettes et les caricatures sont aussi nombreuses en Allemagne que dans aucun pays : hâtons-nous d'ajouter que nulle part les estampes de cette espèce ne sont traitées avec moins de gaieté et d'abandon, et que le sérieux de l'idée y prédomine toujours comme dans les ouvrages d'un tout autre ordre. Quelle que soit la nature des scènes représentées, quelque diversifiées que paraissent les formes, au fond l'intention est la même : la méthode demeure inflexible, et cette inflexibilité fait la puissance de l'art allemand. Grave jusque dans les caricatures, il ne renonce jamais à ses habitudes de méditation profonde et d'application. Tel sujet sur lequel on improviserait en France une lithographie, fournit au-delà du Rhin matière aux travaux assidus du burin, et récemment encore on a vu le même événement faire naître dans les deux écoles des œuvres d'un caractère tout opposé. Tandis qu'ici l'on s'amusait à chercher des ridicules aux auteurs de la révolution de février et à se servir du crayon pour les railler, là on remontait aux causes de l'ébranlement social, et on les interprétait dans des estampes énergiques. La Nouvelle Danse des Morts, composée et gravée sur bois par M. Alfred Rethel, a été déjà jugée dans cette Revue au point de vue de la philosophie; c'est donc au point de vue de l'art seulement qu'il nous est permis de nous placer pour l'apprécier à notre tour. Cette suite de planches où M. Rethel

nous fait voir, sous les traits du *Faucheur d'hommes*, la démagogie
accomplissant son œuvre, se distingue par une fermeté d'exécution
égale à la force de la pensée. L'artiste (il nous le dit lui-même en
quelques mots placés en tête de la publication) a voulu tracer « une
sérieuse image d'une époque sérieuse, » et, dans ce but, il n'a rien négligé de ce qui pouvait donner aux formes plus de vraisemblance, au
style plus de netteté. A ne parler que de l'aspect même des compositions, il est impossible de ne pas être frappé de ce qu'il offre de clair et
de significatif. L'estampe qui représente le *Faucheur* recevant des mains
de la Ruse et du Mensonge le glaive et la balance volés à la Justice, a
je ne sais quelle majesté sinistre parfaitement conforme à l'esprit du
sujet. Les scènes qui suivent, où l'on voit successivement le même
héros déguisé en professeur de théories et en professeur de barricades
entraîner ses dupes à la misère et à la mort, sont rendues avec une rare
justesse de geste et de mouvement; mais c'est surtout dans l'estampe
qui sert de conclusion au recueil que se montre le talent de M. Rethel.
Sans masque maintenant et le front ceint de la couronne des triomphateurs, le *Faucheur d'hommes* savoure les fruits de sa victoire. Il promène
ses regards sur les cadavres amoncelés autour de lui et que foulent les
pieds de son cheval; il parcourt une dernière fois la ville où il a semé
la ruine, et jouit du néant qui l'environne, avant d'aller ailleurs chercher des victimes nouvelles. L'effet de cette composition est saisissant,
quoique les moyens employés pour le produire soient d'une extrême
simplicité; ils consistent exclusivement dans la prédominance des lignes
et dans l'exactitude du dessin. Comme la plupart des graveurs de son
pays, M. Rethel s'interdit les ressources du ton et du clair-obscur;
quelques tailles lui suffisent pour indiquer les masses d'ombre ou l'é-
loignement des plans; en se servant du burin, il ne fait qu'accuser des
contours, et, fidèle au génie de l'école, il se propose beaucoup moins
de plaire aux yeux que de satisfaire l'intelligence. — Tel est en effet le
principe qui régit aujourd'hui l'école allemande de gravure. Peut-être
le met-elle en pratique avec une soumission un peu trop absolue, peut-
être accorde-t-elle au monde des idées une supériorité disproportionnée
sur la réalité pittoresque; mais ce qu'on pourrait regretter de ne pas
trouver dans les estampes est aussi ce qui manque aux peintures d'a-
près lesquelles elles ont été faites, et, le principe une fois admis, il faut
reconnaître qu'on ne saurait en tirer les conséquences avec plus de logique et de précision. On ne compte pas en Allemagne des talens isolés
et indépendans les uns des autres comme en Italie et en France. Le but
y est le même pour tous les graveurs, et ils réussissent à l'atteindre
par un effort collectif. C'est ce qui a lieu aussi en Angleterre. Prises
en général, les œuvres de la gravure présentent dans ce pays une incontestable unité. Toutefois la différence est grande entre les deux

écoles. L'art allemand, devenu un peu valétudinaire à force de sacrifices et de macérations, est soutenu du moins par une foi fiévreuse qui
lui donne l'animation de la vie : l'art anglais, malgré sa physionomie
florissante, est au fond d'une constitution usée. Il n'existe qu'à la surface, et, pour peu qu'on étudie les ressorts de cette existence, on demeure surpris de leur fragilité.

III. — ÉCOLE ANGLAISE. — RAYNBACH : le Payeur de rentes, le Colin-Maillard d'après Wilkie.
— COUSINS : Pie VII d'après Lawrence. — ESTAMPES d'après M. Landseer. — LA GRAVURE AUX
ÉTATS-UNIS.

On a dit souvent que les arts étaient l'expression des habitudes morales d'un peuple. Sans doute, lorsqu'ils ont été de tout temps une
nécessité pour lui, lorsqu'ils sont, pour ainsi parler, endémiques; mais
là où ils ont pénétré par contagion seulement, il peut se faire qu'ils
restent absolument distincts des tendances générales, qu'ils n'en représentent qu'une partie, ou même qu'ils ne laissent supposer des tendances tout-à-fait contraires. Ainsi, en Angleterre, la peinture, si vague
dans la forme, si dépourvue d'ailleurs de sens et de sérieux, semble
en contradiction formelle avec le caractère et le génie de la nation.
C'est que les Anglais cherchent avant tout dans l'art l'oubli de leurs
pensées habituelles, et qu'ils redoutent d'y rien trouver qui rappelle la
méditation et le calcul. Depuis Hogarth, y a-t-il eu dans toute l'école
un seul penseur profond, à l'exception peut-être de Flaxman? Les
peintres les plus renommés de la fin du siècle dernier et du commencement de celui-ci n'ont-ils pas toujours donné à leurs travaux un aspect de fantaisie, un caractère superficiel, et les tableaux de Smirke
ou de Wilkie lui-même sont-ils rien de plus qu'agréables? Thomas
Stothard, que ses compatriotes ont surnommé «l'un des chapiteaux de
l'école anglaise,» ce qui impliquerait l'idée de transformer en colonnes
de bien frêles artistes, — Lawrence et ses imitateurs — M. Turner et
les paysagistes qui le proclament leur maître, — tous ne consacrent-
ils pas leur habileté à faire chatoyer des tons brillans à côté de tons
absorbés, sans souci de la forme, de la correction, du sens intime de
leur œuvre; et comme s'ils avaient pour but unique d'étonner le regard? Un pareil système, adopté par les graveurs aussi complétement
que par les peintres, a, depuis long-temps déjà, perdu le charme de la
nouveauté. On est bien près d'être blasé sur les sensations qui en ré-
sultent, et, lorsqu'on en sera venu à se lasser enfin d'apercevoir la nature à travers le même prisme, lorsqu'on s'ennuiera de cette perpétuelle fantasmagorie, de ces effets et de ces contrastes rebattus, l'art
anglais trouvera-t-il en lui-même le secret d'intéresser par d'autres
moyens? Il serait temps cependant que les graveurs renonçassent à

ceux qu'ils emploient si invariablement. Qu'on ouvre un *Keepsake* ou
un *Landscape* récemment publié, on n'y trouvera rien qu'on ne croie
avoir déjà vu dans cent autres recueils de même espèce : toujours des
éclats de lumière au milieu de l'obscurité, toujours des corps nacrés
opposés à des corps en velours. Il en est à peu près de ces formules
épuisées comme des ruses musicales auxquelles recourent sans cesse
certains chanteurs italiens. A un *piano* de quelques mesures ils font
inopinément succéder un *forte* retentissant; tout l'artifice consiste dans
la violence du contraste et ne peut avoir d'autre raison de succès que
la surprise qu'il cause. Les estampes anglaises devaient d'abord séduire
par leur aspect inattendu; mais, depuis que la reproduction infinie des
mêmes effets leur a ôté leur principal prestige, il est au moins difficile
qu'elles ne nous laissent pas indifférens.

Il y aurait toutefois injustice à ne considérer ici que l'abus de la
méthode générale, sans tenir compte de quelques talens particuliers.
Depuis les graveurs en manière noire formés par Reynolds et les paysagistes de l'école de Vivarès, l'Angleterre a produit plusieurs artistes remarquables : Raynbach, entre autres, buriniste fin, dessinateur beaucoup plus exact que la plupart de ses compatriotes, et, dans un tout
autre genre, Cousins, qui, dans ses planches d'après Lawrence, essaya
l'un des premiers d'allier la taille-douce à la manière noire (1). Raynbach et Cousins, bien que fort dissemblables par la nature du talent
et la manière, peuvent être rapprochés l'un de l'autre, parce qu'ils paraissent avoir été les derniers graveurs de leur pays qui se soient appliqués à donner à leurs travaux un caractère sérieux et à demeurer
dans les limites de l'art. Depuis eux, on s'est rarement adressé à l'intelligence; en vertu du principe contraire au principe admis en Allemagne, on n'a songé qu'à amuser les yeux. Sans parler de nouveau
de ces milliers de vignettes uniformes qui renaissent chaque année du
même fonds, on peut dire qu'une somme de mérite réel a été dépen-
sée a traiter des sujets d'une portée moindre encore. Les plus habiles
artistes anglais ont à peu près délaissé l'histoire et le portrait pour représenter des animaux ou des attributs de chasse. Ce genre de gravure
a pris progressivement une importance et des proportions excessives.
Aujourd'hui on grave de grandeur naturelle des chiens, des chats, des
pièces de gibier, etc., et il est telle planche, offrant pour tout objet
d'intérêt un perroquet perché sur son bâton, dont la dimension excède

(1) Ses portraits de *Pie VII*, du jeune *Lambton*, etc., ont une fermeté d'aspect qu'on
ne trouve pas dans les tableaux qui leur ont fourni des prétextes plutôt que des modèles.
Cousins, en interprétant plus que librement les œuvres de Lawrence, les complète et
leur prête un charme fort avantageux à la réputation du peintre lorsqu'on ne connaît
pas les originaux, mais qui, dans le cas contraire, doit servir principalement la réputation du graveur.

de beaucoup celle des estampes exécutées jadis d'après les plus vastes
compositions des grands maîtres. Certes, on n'a pas le droit d'exiger,
dans l'exécution de pareils portraits, le style qui convient aux sujets de
pure imagination : on peut, on doit même, selon nous, regretter que
le talent ne s'inspire pas de la contemplation de plus nobles modèles,
mais on ne saurait méconnaître la fidélité avec laquelle sont rendus
ces types de la réalité vulgaire. Les nombreux artistes qui gravent les
tableaux de M. Landseer, n'ayant à se préoccuper que de l'imitation
matérielle, mélangent tous les procédés pour atteindre l'unique but
qu'ils se proposent. L'eau-forte, la manière noire, le travail de la pointe
sèche, se combinent dans leurs planches, où les objets se trouvent représentés avec un relief singulier et une grande vérité d'aspect. L'emploi de certains instrumens particuliers et de ressources mécaniques,
ignorées ou négligées ailleurs qu'en Angleterre, achève de produire
l'illusion; il semble difficile de donner aux poils ou aux plumes des
animaux une apparence plus soyeuse, à tous les détails une couleur
plus brillante; mais il ne faut pas qu'une figure humaine participe à
la scène : tout le charme s'évanouit alors, et les qualités dont certaines
parties sont empreintes ne servent qu'à faire ressortir les défauts des
parties essentielles. *La Chasse à la Loutre,* gravée par M. Lewis, en
fournirait la preuve. Le genre une fois admis, cette planche serait
presque un chef-d'œuvre; les chiens respirent et se meuvent, la fourrure de la loutre a tout le moelleux de la nature, le paysage même et le
ciel qui l'éclaire sont d'un effet juste et vivement rendu : malheureusement, au milieu de cette estampe où circule la vie, s'élève la figure
inerte du chasseur. A en juger par la façon dont elle est traitée, on
croirait que le graveur l'a regardée comme un accessoire à peu près
inutile; cependant elle attire l'attention par l'importance de la place
qu'elle occupe, et il est impossible de se contenter de cette pauvreté
de dessin là où l'exécution devrait être surtout précise et accentuée.
Le mieux serait donc que M. Lewis et les graveurs dont le talent est
analogue au sien s'en tinssent aux études qui leur sont familières :
études d'un ordre fort inférieur sans doute, mais aux résultats desquelles on ne saurait refuser le mérite de l'exactitude, à défaut de
qualités que ce genre ne comporte pas.

La gravure, pratiquée comme elle l'est maintenant en Angleterre,
est moins un art qu'une industrie. Ses innombrables produits n'y en-
thousiasment pas plus ceux qui les confectionnent que ceux qui les
achètent; ils ne sont pas réclamés par un besoin de l'esprit, ils offrent
seulement la satisfaction d'une habitude. George III, on l'a vu, avait
encouragé de tout son pouvoir les travaux du burin, et l'exportation
des estampes était devenue bientôt une source de richesse pour le commerce anglais. Comment la nation aurait-elle laissé passer avec in-

souciance les œuvres de l'école, quand ailleurs elles étaient accueillies avec un si vif empressement? L'aristocratie donna l'exemple : tous les hommes occupant en Angleterre une grande position sociale crurent de leur devoir de souscrire les premiers aux publications de quelque importance. Par esprit d'imitation ou par patriotisme, la haute bourgeoisie prétendit à son tour favoriser l'extension de la gravure, et lorsque, quelques années plus tard, parurent les vignettes sur acier (1) et les livres illustrés, la modicité de leur prix permit à tout le monde d'en faire l'acquisition. Insensiblement on s'accoutuma à avoir chez soi des estampes, comme on y avait des superfluités d'autre sorte, et, l'usage se répandant de plus en plus, les graveurs purent à peu près compter sur le débit de leurs ouvrages, quels qu'ils fussent. C'est ce qui a lieu encore aujourd'hui. A Londres, toute publication nouvelle a un certain nombre de souscripteurs assurés et de droit, pour ainsi dire. De la cotte facilité avec laquelle les travaux se multiplient, les perfectionnemens matériels qui en rendent le résultat plus prompt; mais de là aussi ce caractère uniforme et de convention que présentent les estampes anglaises. Les graveurs ayant affaire à un public peu exigeant, parce qu'au fond il n'a pas l'instinct de l'art, se dispensent de tout effort sérieux; le texte une fois choisi, il suffit de le développer suivant les formes ordinaires pour que les conditions semblent remplies aux yeux de tous, et l'on regarde comme le signe du mérite ce qui témoigne seulement de l'immobilité du goût. Si l'on juge de l'importance actuelle de l'école anglaise par la quantité des produits, on trouvera qu'il n'est pas d'école plus florissante : si, au contraire, on s'attache à la qualité des œuvres, il sera facile de reconnaitre que celles-ci n'ont qu'un éclat artificiel; une valeur de fantaisie; quelquefois encore elles peuvent séduire, jamais elles ne réussissent à captiver, parce que l'art y est empreint surtout d'habileté mécanique, et qu'il ne procède pas du sentiment.

On pourrait à plus forte raison s'expliquer ainsi la médiocrité des estampes produites de nos jours en Amérique. Peu nombreuses encore (et jusqu'à présent on ne saurait se plaindre de leur rareté), elles ne se recommandent ni par l'élévation du talent, ni par l'originalité du style. On y sent moins l'inexpérience matérielle que l'insuffisance de l'imagination : ce ne sont point les essais d'un art naissant et vivace

---

(1) On sait que la gravure sur planches d'acier se prête à un tirage presque illimité : avantage immense au point de vue commercial, et qui l'a fait préférer avec raison à la gravure sur cuivre pour l'exécution des petites pièces. Depuis quelques années cependant, la gravure sur acier est tombée en défaveur à son tour. On y a renoncé presque absolument dans l'illustration des livres, et on applique aux travaux de ce genre la gravure sur bois, qui donne, au moyen du clichage, des épreuves aussi nombreuses que les épreuves fournies autrefois par une planche d'acier.

dans sa naïveté, ce sont les œuvres d'un art tombé dans l'engourdissement de la vieillesse. Il semble qu'aux États-Unis la gravure débute par là décadence, ou tout au moins par une sorte d'état négatif que ne vient troubler aucun élan vers le progrès. On a le droit de supposer que la nation américaine ne trouve pas dans sa propre école de peinture des ressources fort étendues, puisqu'elle reçoit annuellement des cargaisons de tableaux qui lui sont expédiées d'Europe : toutefois elle peut opposer le nom de quelques peintres a ceux des peintres anglais les plus célèbres, réclamer Benjamin West comme une de ses gloires, et rapprocher de Wilkie M. Woodwille; mais dans l'art de la gravure y a-t-il jamais eu un seul talent dont elle doive s'enorgueillir? La plupart des estampes que l'on édite aux États-Unis sont exécutées en manière noire ou à l'aqua-tinta, et c'est presque uniquement à l'ornementation des billets de banque ou des cartes d'adresses de négocians que se consacrent les graveurs au burin. Quelques-uns de ceux-ci ne manquent ni d'expérience, ni, jusqu'à un certain point, d'habileté. S'il fallait absolument trouver un spécimen de l'art américain, peut-être devrait-on le choisir parmi les œuvres de cette espèce; plutôt que dans les travaux d'un autre ordre, imitations malheureuses de la manière anglaise, et qui n'ont d'original que l'intention patriotique. En retraçant presque toujours quelque fait relatif à la fondation de la république, quelque scène de la vie de Washington; les graveurs semblent chercher beaucoup moins à honorer leur pays par leur talent qu'à lui rappeler la grandeur de son histoire : calcul peu juste assurément, mais qui ne peut avoir pour base qu'un excès d'abnégation personnelle. C'est sans doute en vertu d'un raisonnement semblable qu'on en est venu à préférer aux estampes les produits du daguerréotype. Puisqu'aux États-Unis on ne s'intéresse en fait d'art qu'au sujet représenté et qu'on y estime peu le mérite de l'interprétation, il était naturel qu'on accueillit avec enthousiasme l'importation d'un procédé qui satisfait mieux qu'aucun autre à la seule condition exigée. Beaucoup d'artistes comprirent qu'il leur serait au moins difficile de lutter avec un tel rival. Ils renoncèrent à leurs occupations habituelles pour se livrer à de nouvelles études, et ils parvinrent à introduire dans l'emploi du daguerréotype des perfectionnemens dont la science a tenu compte; d'autres, parmi lesquels se distingue M. Davignon, dessinent sur pierre des portraits ou des paysages; mais on ne compte à New-York ou à la Nouvelle-Orléans qu'un très petit nombre de graveurs, et leurs travaux ne sont pas de nature à autoriser un fort sérieux espoir pour l'avenir de l'art en Amérique. Le *Washington* prononçant devant l'assemblée son discours d'ouverture, estampe gravée par M. Sadd d'après M. Matteson, est peut-être une traduction fidèle du tableau, et sous ce rapport nous ne pouvons nous permettre de la juges; il nous est permis seulement de regretter qu'à cette fidélité possible ne se joigne pas quelque qualité évidente, et nous n'avons pas vu une seule planche publiée aux États-Unis qui ne nous ait inspiré un sentiment semblable.

IV. — ÉCOLE ITALIENNE. — M. TOSCHI: *l'Entrée de Henri IV d'après Gérard, la Madone à l'Écuelle d'après Corrège.* — M. MERCURJ, *les Moissonneurs d'après Robert.* — M. CALAMATTA : *le Vœu de Louis XIII d'après M. Ingres.*

Lorsque les estampes gravées à Londres se furent répandues en Europe, elles éveillèrent bientôt l'esprit d'imitation. En France et en Allemagne, quelques artistes se passionnèrent pour la manière anglaise, et cherchèrent d'abord à se l'assimiler; il en fut tout autrement en Italie. On commençait à y remettre en honneur, sinon les principes anciens, au moins les anciens modèles, et il était difficile qu'avec de pareilles inclinations on se laissât influencer par les exemples de l'art étranger. Les graveurs italiens de la fin du siècle dernier et du commencement de celui-ci ont eu, à défaut d'autre mérite, celui de ramener l'école de leur pays à l'étude des grands maîtres. Depuis Volpato et Morghen, on a peu gravé d'après les contemporains, et maintenant encore ce sont les peintures de la belle époque qu'au-delà des monts on s'attache surtout à reproduire. Après avoir langui si long-temps, l'art de Marc-Antoine semble recouvrer la vie. Tandis qu'on voit disparaître les talens qui honoraient, il y a peu d'années, la sculpture italienne, et qu'à l'exception peut-être de M. Dupré, de Sienne, aucun statuaire ne semble appelé à prendre la place laissée vacante par la mort de Bartolini; tandis que les peintres les plus célèbres aujourd'hui à Milan, à Florence, à Rome, sont tout au plus les égaux des peintres français de second ordre, les graveurs se montrent fort supérieurs à leurs prédécesseurs directs et les dignes rivaux des graveurs de notre pays. Formés à notre école pour la plupart, ils ont gardé quelque chose de la manière de leurs maîtres, quelque chose aussi de l'ancien style national; cette alliance des qualités françaises et italiennes se retrouve principalement dans les estampes de M. Toschi.

M. Toschi occupe à Parme une position considérable. Directeur du musée, dont il a créé ou enrichi les collections avec autant de zèle que de goût, chef d'un atelier fréquenté par de nombreux élèves, il est peut-être de tous les graveurs italiens celui qui de nos jours exerce sur les jeunes artistes le plus d'influence. Plusieurs villes de la Lombardie, de la Toscane, des états pontificaux et du royaume de Naples ont chacune leur académie des beaux-arts, et par conséquent des professeurs; mais les enseignemens que reçoivent les élèves manquent quelquefois d'autorité : il en résulte beaucoup d'hésitation chez les uns, peu de confiance et de progrès chez les autres. M. Toschi, au contraire,

est un maître dans toute la force du mot, c'est-à-dire un homme dont
on étudie les œuvres et dont on respecte la parole. En France, le nom
du graveur de l'*Entrée de Henri IV* est depuis long-temps familier à
quiconque s'intéresse aux arts, et ce n'est pas seulement à son habile
interprétation du tableau de Gérard que M. Toschi doit la réputation
dont il jouit parmi nous; ses autres travaux l'y ont préparée ou affermie, et la publication récente de *la Madone à l'écuelle* ne peut assurément que l'accroître. Cette belle planche, d'après Corrège, prouve
que, loin de décliner, le talent du graveur grandit et se perfectionne;
elle est un gage certain de succès pour l'immense entreprise que poursuit, depuis quelques années, M. Toschi, aidé de ses élèves; le burin
qui a rendu avec ce charme d'effet et cette largeur de style la *Madone*
de Corrège, ne peut manquer de reproduire aussi heureusement, d'a-
près le même maître, les vastes fresques de la cathédrale de Parme.

MM. Mercurj et Calamatta méritent d'être comptés avec M. Toschi
parmi les graveurs les plus distingués de l'époque. Tous deux ont long-
temps séjourné en France, et, par le choix même de leurs modèles et
le caractère de leurs travaux, ils appartiendraient à notre école, s'ils
n'avaient, eux aussi, contribué à faire revivre la vraie tradition italienne. On se rappelle la vogue qu'obtint dès son apparition la petite
estampe des *Moissonneurs.* Jusque-là M. Mercurj ne s'était fait connaître que par les figures gravées qui accompagnent le texte de l'ouvrage de Bonnard sur les *costumes italiens du moyen-âge et de la renaissance;* sans doute il ne s'attendait pas lui-même à sa célébrité prochaine,
lorsqu'il fut chargé de reproduire le beau tableau de Robert pour un
journal qui publiait une série d'articles sur le Salon de 1831. M. Mercurj ne songeait d'abord à donner qu'un aperçu de la composition et
de l'effet général : peu à peu il prit goût à son travail, le poussa au-
delà du but qu'il s'était proposé en commençant, et finit par arriver à
une imitation complète de l'original. La mise au jour de cette charmante pièce fit dans le public une sensation profonde. En quelques
jours, les premières épreuves s'élevèrent à un prix plus que décuple
du prix de souscription, et elles n'ont cessé depuis lors d'être recher-
chées avec un extrême empressement. Le caractère fidèlement conservé
des types, la légèreté du burin, font de la planche des *Moissonneurs* un
ouvrage achevé, l'un de ceux qui résument le mieux les tendances et
à certains égards les progrès de la gravure moderne. M. Mercurj vit sa
réputation se consolider peu après par le brillant succès de la *Sainte
Amélie* d'après M. Delaroche. Ce n'est pas cependant que les deux estampes présentent une égale somme de mérite : la première se recommande par une finesse exquise, exprimant les détails sans altérer l'unité
de l'ensemble; la seconde est traitée, dans les moindres accessoires,
avec un excès de soin qui dégénère parfois en curiosité minutieuse.

Tout en appréciant la délicatesse du ton et du dessin, on peut regretter que tant de talent soit ainsi dépensé à préciser la guipure micros- copique d'une nappe, les ornemens d'un vase émaillé, etc., et qu'il ne serve pas surtout à mettre en relief l'expression des têtes et les parties du tableau offrant le plus d'intérêt. M. Mercurj a prouvé ail- leurs que l'art pour lui n'était pas la patience. Il est plus que probable qu'il ne se départira pas de sa méthode première, et la planche de *Jeanne Grey* qu'il termine à Rome, où il est revenu se fixer, sera plus conforme sans doute au style du graveur des *Moissonneurs* qu'à celui du graveur de la *Sainte Amélie.* — M. Calamatta, dont quelques ouvrages ont été exécutés d'après ceux de M. Ingres, pouvait, en face d'une pein- ture si ferme, donner carrière à ses instincts innés de dessinateur, à son goût pour la correction du contour et du modelé. Son *Vœu de Louis XIII*, où les formes fières et accentuées de l'original sont ren- dues avec une résolution qui donne à l'ensemble un aspect magistral, est, à beaucoup d'égards, une planche fort remarquable; mais il y a, dans certaines parties, un peu de dureté d'exécution, un peu aussi de cette manœuvre recherchée dont le portrait de *M. Guizot*, d'après M. De- laroche, offrit ensuite des traces plus évidentes. A ces légères imper- fections près, cette belle estampe est digne de la faveur qui l'a accueil- lie; et il serait à désirer qu'après avoir moins réussi dans sa *Françoise de Rimini*, d'après M. Scheffer, le graveur s'attachât de nouveau au maître auquel il doit son plus éclatant succès. Il semble que la ma- nière sévère du M. Ingres soit plus propre qu'une autre à inspirer M. Ca- lamatta, et, si le *Vœu de Louis XIII* ne le démontrait suffisamment, on en trouverait une nouvelle preuve dans le portrait de l'illustre peintre, si habilement gravé en *fac-simile* du dessin. On pourrait souhaiter aussi que M. Calamatta, quels que fussent les modèles choisis par lui, se montrât moins avare de productions. Depuis le portrait du *duc d'Or- léans*, publié il y a quelques années, aucune œuvre importante n'est venue témoigner des progrès de son talent. M. Calamatta dirige aujour- d'hui l'école de gravure établie à Bruxelles, et les travaux des élèves n'ont pas dû jusqu'ici satisfaire si complétement le maître, qu'il puisse se contenter de ce résultat. Sans doute il y aurait avantage pour tout le monde à ce que le graveur de *Louis XIII* justifiât plus souvent par ses exemples l'autorité de ses enseignemens.

D'autres artistes italiens contribuent de nos jours à relever l'école de sa longue déchéance. On doit citer parmi eux : M. Jesi, auteur du portrait de *Léon X* d'après Raphaël; M. Raimondi, de Milan; MM. Per- fetti et Buonajuti, qui, les premiers dans leur pays, ont gravé, avec le respect dû à de si nobles modèles, les œuvres des anciens maîtres florentins. Enfin, en mentionnant les hommes qui depuis le commen- cement du siècle ont participé au mouvement de l'art italien, chacun selon la mesure de ses forces, on ne saurait sans injustice oublier les peintres Sabatelli et Pinelli. Le premier a gravé à l'eau-forte sa grande composition de la *Peste de* 1348, et le style énergique de cette planche l'élève presque au rang des chefs-d'œuvre du genre ; le second, dans ses nombreuses suites de *sujets romains*, de scènes de brigands, etc., a manié la pointe sans délicatesse assurément, mais non sans verve et sans un véritable sentiment de la tournure et de la vie. Ce qui distingue l'école actuelle de gravure en Italie, ou, pour parler plus exactement, les graveurs italiens, c'est donc une somme considérable de talens individuels reliés entre eux par l'analogie des instincts plutôt que par la similitude de la manière. Les estampes produites de nos jours à Parme ou à Florence, à Milan ou à Rome, attestent, à des degrés divers, l'habileté des artistes; mais elles prouvent aussi que chacun y pratique l'art avec une indépendance à peu près absolue. On ne saurait dire cependant que ces œuvres, envisagées dans leur ensemble, ne présentent pas une certaine physionomie nationale et qu'il leur manque un caractère commun. Elles portent presque toutes l'empreinte de l'élévation du sentiment, et se recommandent par une apparence de liberté correcte aussi éloignée de la rigidité allemande que de la fausse facilité de l'art anglais. Enfin, si les leçons des maîtres français ont été profitables aux graveurs italiens, ceux-ci n'ont pas suivi avec moins de succès les conseils de leur propre expérience. Ils n'ont pas encore réussi à reconstituer l'unité de l'école, mais ils honorent par leurs travaux l'art qu'ils cultivent et leur pays.

V. — ÉCOLE FRANÇAISE. — M. DESNOYERS : *Vierges* d'après Raphaël. — M. HENRIQUEL-DUPONT : *Gustave Wasa* d'après M. Hersent, *Strafford* d'après M. Delaroche. — MM. MARTINET, FRANÇOIS, etc. — GRAVURE SUR BOIS, GRAVURE A L'AQUA-TINTA.

Tant qu'avait duré l'empire, on ne s'était pas douté en France du mouvement d'art opéré à Londres pendant les dernières années du règne de George III et au commencement de la régence. La suspension des relations commerciales entre les deux pays nous avait laissés à cet égard dans une ignorance si profonde, que jusqu'en 1816 on ne connaissait ici d'autres estampes anglaises que celles de Strange, de Ryland, de Woollett, en un mot rien que celles qui avaient paru avant la fin du xviiie siècle; et lorsqu'après le retour des Bourbons les produits de l'art moderne anglais frappèrent pour la première fois les regards de nos graveurs, ils les éblouirent au moins autant par le prestige de la nouveauté que par l'éclat du mérite. Les hommes qui se préoccupaient surtout, comme MM. Tardieu et Desnoyers, de la largeur du style et de la sévérité de l'exécution s'émurent peu de pareilles innovations, si l'on en juge par le caractère des œuvres qu'ils publièrent depuis lors : la belle planche de *Ruth et Booz*, gravée par le

premier d'après M. Hersent, *la Vierge au poisson* et *la Visitation*, gravées par le second d'après Raphaël, ne témoignent pas que leur foi
dans la supériorité de l'ancienne manière ait été le moins du monde
ébranlée; mais d'autres, plus jeunes ou moins profondément convaincus, se laissèrent influencer d'abord, puis complétement séduire. Ils
tentèrent, a l'exemple des Anglais, de mélanger dans leurs travaux les
procédés de gravure que les maîtres n'avaient jamais employés qu'isolement; ils recherchèrent ce qui pouvait faciliter l'accomplissement
de leur tâche, en rendre le résultat piquant, et, les imitations se multipliant en raison du succès qui les avait accueillies, l'école française
se trouva, en peu de temps, presque généralement transformée. La
manière noire fut appliquée à la gravure de tous les sujets, même
à celle des sujets d'histoire; il ne parut guère, vers la fin de la restauration, d'autres ouvrages en taille-douce que les estampes exécutées aux frais de la maison du roi; encore quelques-unes de celles-
ci affectaient-elles une certaine apparence frivole et une coquetterie
d'effet qui trahissaient plus d'étude des vignettes anglaises que de respect pour les hautes conditions de l'art. Ce zèle de contrefaçon se re-
froidit enfin. Une réaction heureuse, commencée il y a quelques années, se poursuit et s'achève aujourd'hui, et, l'engouement ayant fait
place à la réflexion, on a reconnu ce que la méthode importée avait
de décevant et de futile.

D'ailleurs, malgré ses hésitations et ses erreurs momentanées, malgré l'éparpillement de ses forces, notre école de gravure n'a jamais été
dépourvue de talens dignes de continuer sa gloire et de faire envie
aux écoles rivales. Si aux estampes publiées en France depuis le commencement du siècle par Bervic et les artistes déjà cités on ajoute
celles qu'ont produites à partir de 1820 MM. Richomme, Henriquel-
Dupont et plusieurs autres, on verra qu'en dépit de la double influence
exercée avec des inconvéniens divers par David et les graveurs anglais,
le nombre et la valeur des œuvres assurent encore à notre art sa supériorité accoutumée. Le portrait du *comte d'Arundel*, par M. Tardieu,
ne peut-il être comparé à ceux des maîtres du règne de Louis XIV? La
tête du portrait en pied du *prince de Talleyrand*, par M. Desnoyers, rappelle les ouvrages de Nanteuil pour la finesse de la physionomie et la
simplicité du style (1). Le portrait de *M. Bertin*, gravé par M. Henri-

_____

(1) Les autres parties de ce portrait sont traitées sans doute avec une grande habileté,
mais elles sont loin d'être aussi remarquables que la tête. Peut-être cette infériorité ré-
sulte-t-elle de l'imperfection de l'original. En général, lorsque M. Desnoyers a pris pour
modèle quelque tableau de l'école moderne, il a moins complétement réussi que dans
ses travaux d'après les anciens maîtres. Ainsi le *Bélisaire* et l'*Homère* d'après Gérard ne
sauraient, même sous le rapport de l'exécution matérielle, être égalés à *la Vierge Jardinière*, à *la Vierge de la maison d'Albe*, à tant d'autres belles planches gravées d'après Raphaël par M. Desnoyers.

quel-Dupont d'après M. Ingres, se soutient à côté des plus beaux spécimens de l'art qui ornent la première salle du cabinet des estampes à la Bibliothèque. Enfin, dans le genre historique, des planches plus importantes encore, depuis *la Vierge aux rochers* jusqu'à *la Transfiguration* de M. Desnoyers, depuis la *Galatée* de M. Richomme, le *Gustave Wasa* et le *Strafford* de M. Henriquel-Dupont jusqu'à *la Vierge au chardonneret* de M. Achille Martinet, jusqu'au *Tu Marcellus eris* de M. Pradier; etc.; toutes méritent à des titres divers d'être tenues en haute estime, et prouvent suffisamment qu'au XIXᵉ siècle la gravure française n'a perdu ni ses habitudes de prééminence ni le respect de l'art sérieux.

De tous les graveurs dont les débuts datent des dernières années de la restauration, M. Henriquel-Dupont est aujourd'hui le plus connu, et c'est justice. Il a eu cependant, lui aussi, ses heures d'incertitude; peut-être reconnaîtrait-on dans quelques-unes de ses planches les traces d'une certaine préoccupation de la manière anglaise, certaines velléités d'une orthodoxie douteuse qui, en tout cas, ne se sont jamais résolues en erreurs manifestes, et qui auraient tout au plus abouti à des fautes vénielles, surabondamment rachetées. A supposer que M. Henriquel-Dupont ait été parfois tenté de s'inspirer d'exemples dangereux, il n'a le plus souvent pris conseil que des maîtres véritables et de lui-même, pour se raffermir dans la pratique des vrais principes; ses œuvres en offrent la preuve, et l'on pourrait la trouver encore dans les travaux de plusieurs de ses élèves, devenus à leur tour des artistes distingués. Le *Gustave Wasa*, d'après M. Hersent, a révélé depuis long-temps le caractère de ce talent. Tout en conservant à l'ensemble de la scène son aspect calme, M. Henriquel-Dupont a su donner plus de richesse et de limpidité au ton général, plus de finesse à l'expression et au dessin, de la solidité enfin à un style moins ferme qu'ingénieux. Certains détails d'ajustement un peu grêles, certaines formes un peu molles, avaient acquis sous sa main de l'ampleur et de la précision; interprété par M. Henriquel-Dupont, le tableau de M. Hersent avait obtenu un succès aussi brillant qu'à l'époque de son apparition : dernier succès qui lui fût réservé, puisqu'aujourd'hui le *Gustave Wasa* n'existe que dans l'œuvre du graveur.(1)

Au moment où M. Henriquel-Dupont venait de faire paraître le *Gustave Wasa*, M. Delaroche le chargeait de graver son *Cromwell*. Depuis lors, le célèbre peintre, sûr d'être compris par un artiste en pa-

(1) On se rappelle que, lorsqu'en février 1848 la galerie du Palais-Royal devint la proie d'une horde de dévastateurs, le *Gustave Wasa* disparut dans cette heure de destruction impie, comme tant d'autres tableaux précieux de Léopold Robert, de M. H. Vernet, de M. Granet, etc., de M. Granet, mort peu après le cœur ulcéré au souvenir de la révolution *pure de tout excès!*

renté avec lui d'inclinations et de talent, n'a cessé de lui confier la
traduction de ses ouvrages. C'est à cette association que l'on doit le
portrait de *M. de Pastoret*, celui du *pape Grégoire XVI*, le *Mirabeau à
la tribune*, etc., et cette belle estampe du *Strafford*, l'un des produits
les plus remarquables de la gravure moderne. Enfin, on sait que
M. Henriquel-Dupont s'occupe aujourd'hui de terminer l'immense
travail qu'il a entrepris, il y a quelques années, d'après l'œuvre la plus
importante de M. Delaroche : l'*Hémicycle* de l'École des Beaux-Arts,
gravé en trois parties, présentera une fois de plus l'alliance de deux
noms que la faveur publique a depuis long-temps consacrés, et qu'un
nouveau succès achèvera sans doute de populariser l'un par l'autre.
La manière de M. Henriquel-Dupont ne manque assurément ni de
force ni de fermeté, et, pour ne citer qu'un exemple, le portrait de
M. Bertin, quoiqu'un peu chargé de ton peut-être, rappelle, quant au
modelé, la manière énergique des anciens maîtres français; néanmoins il semble que le goût et l'élégance distinguent principalement
ce style et caractérisent son allure habituelle. Un sentiment de dessin
plutôt coulant que fier, un sentiment de couleur et d'effet parfaitement judicieux, beaucoup d'intelligence dans le choix des travaux,
telles sont les qualités dont les estampes de M. Henriquel-Dupont portent le plus ordinairement l'empreinte. Nulle part rien d'âpre ni de
heurté par excès de résolution; partout les traces d'un talent plein
de sérénité et de tact, qui dispose de ses ressources, mais qui n'en
abuse jamais : talent circonspect, s'il en fut, en qui l'absence d'audace n'est pourtant pas de la timidité, et l'harmonie des facultés la
négation de la verve. Aux yeux de beaucoup de gens, le mérite a
d'autant plus d'éclat qu'il contraste avec des défauts évidens, et l'on
mesure souvent la puissance d'imagination d'un artiste à l'étendue
de ses écarts. En jugeant à ce point de vue les ouvrages de M. Henriquel-Dupont, on serait probablement tenté de leur reprocher leur
apparence irréprochable. Qu'on les critique ou qu'on les loue de la
sorte, il n'en faudra pas moins reconnaître que le graveur a atteint le
but qu'il s'était proposé. Sans doute M. Henriquel-Dupont a eu toute
sa vie le besoin de satisfaire plus encore que celui de dominer : en
demeurant dans les limites de ce qui peut plaire, en se montrant réservé sur l'emploi des moyens, sans négliger cependant aucune des
conditions de son art, il obéit à la fois à ses instincts de modération,
aux leçons de son expérience et à la belle tradition française qu'il a,
plus qu'aucun autre, mission de continuer. — Parmi les graveurs de
notre pays qui méritent d'être cités après lui, on ne saurait omettre
M. Forster; — M. Achille Martinet, qui a donné un digne pendant à sa
Vierge au chardonneret en publiant sa *Vierge aux palmiers*; — M. Prévost, auteur de plusieurs grandes planches [d'après Léopold Robert

et d'une belle reproduction en taille-douce des *Noces de Cana ;* —
M. Pollet, dont le double talent s'est manifesté dans quelques estampes
et dans de nombreux dessins d'après les grands maîtres italiens; —
M. Aristide Louis; — enfin MM. François, que l'on peut regarder
comme les meilleurs élèves de M. Henriquel-Dupont. L'aîné de ces
deux frères s'est depuis long-temps fait connaître par des travaux
où la grace de l'exécution s'unit à une grande correction de dessin,
et ces qualités se retrouvent dans le *Napoléon à Fontainebleau* qu'il a
récemment terminé d'après le tableau de M. Delaroche; le second,
en gravant *Pic de la Mirandole* d'après le même peintre, il fait preuve
d'une habileté extrême. : peut-être est-il de tous les jeunes graveurs
celui dont on doit espérer le plus.

Si la gravure au burin n'est plus pratiquée en France que par des
artistes très distingués, mais sans corrélation évidente de talent, en
revanche le procédé de gravure sur bois est devenu pour beaucoup
d'autres l'objet d'études approfondies et poursuivies avec ensemble.
Ce procédé, antérieur, comme on l'a vu, à la découverte de Finiguerra,
avait été, sinon abandonné, du moins fort négligé à partir du milieu
du xviᵉ siècle. On l'employait encore en France et dans les pays étrangers, en Allemagne surtout, pour orner les livres de science et les
livres d'église; mais en général, depuis Albert Dürer et Holbein, la
gravure en relief avait occupé les artisans plutôt que les artistes. De
chute en chute, elle était devenue un accessoire des produits infimes de
l'imprimerie, et ne servait plus, il y a soixante ans, qu'à la représentation grossière des sujets de *complainte* et des prophéties d'almanach.
Les Anglais ayant commencé à la tirer de cet état d'abaissement vers
la fin du règne de George III, quelques-unes des nouvelles estampes
sur bois pénétrèrent en France à l'époque où tout ce qui provenait de
Londres captivait l'attention de notre école. Par entraînement d'abord,
le procédé se trouva remis en honneur parmi nous; puis l'expérience
en fit mieux apprécier les ressources, et, le goût des ouvrages *illustrés*
se répandant de plus en plus, la gravure sur bois atteignit à un degré
de perfection que ne pouvaient faire pressentir ni ses œuvres anciennes
ni même les progrès qui avaient marqué sa renaissance. Le frontispice
du brevet d'admission à la *Highland Society* de Londres, frontispice
gravé par Thompson et l'un des spécimens du genre les plus admirés
il y a peu d'années, ne soutiendrait pas la comparaison avec les planches d'une exécution si achevée qui ornent diverses publications récentes : *Gil Blas, Paul et Virginie*, etc., et, en dernier lieu, l'*Histoire
des Peintres*, l'un des recueils de gravures sur bois les plus satisfaisans sous le double rapport de l'énergie et de la suavité du ton.

A peu près à l'époque où la gravure sur bois commençait à reprendre faveur, une autre gravure occupait quelques-uns de nos ar-

listes, séduits de ce côté aussi par les exemples de l'Angleterre, qui
cependant n'avait fait que nous emprunter le procédé. Il était d'origine française, et avait été primitivement connu sous le nom de gravure au lavis : il nous revenait de Londres avec le nom d'*aqua-tinta*.
Il est vrai que, malgré l'habileté de l'inventeur, Leprince, malgré les
détails techniques écrits par lui sur sa découverte, notre école avait
paru jusque-là y attacher peu de prix et dédaigner d'en approfondir
les ressources. L'école anglaise, au contraire, s'était proposé de les
étendre; elle y avait réussi, et, lorsque ses estampes à l'aqua-tinta
frappèrent tout à coup les yeux des graveurs français, ceux-ci crurent
voir dans ce moyen, seulement perfectionné, une méthode absolument nouvelle (1). L'un des premiers, M. Jazet entreprit de populariser
parmi nous l'aqua-tinta, en l'appliquant à la traduction des tableaux
de M. Horace Vernet, et plusieurs jolies planches, *le Bivouac du colonel Moncey*, *la Barrière de Clichy*, etc., obtinrent bientôt un légitime
succès. Peut-être depuis lors le graveur a-t-il un peu trop compté sur
le crédit acquis dans le monde entier au nom du célèbre peintre;
peut-être s'est-il préoccupé plus que de raison des avantages d'un
mode de travail expéditif, en sacrifiant au désir de se montrer fécond
la recherche de la correction et de la finesse. M. Jazet, ainsi que le
prouvent quelques-unes de ses estampes, était plus qu'aucun autre capable d'élever au rang des œuvres de l'art les produits de l'aqua-tinta :
il est regrettable que sa facilité un peu insouciante ait mis obstacle au
développement complet de son talent. Il est plus regrettable encore
qu'en dépit d'efforts honorables tentés par MM. Prévost, Girard, etc.,
pour conserver à l'aqua-tinta un caractère sérieux, une multitude de

(1) Les moyens employés pour graver à l'aqua-tinta nécessiteraient une description
longue et détaillée. Nous nous bornerons à dire, pour en donner une idée, que, contrairement à la manière noire, l'aqua-tinta procède de la lumière à l'ombre, et qu'elle exige
tour à tour l'emploi de l'eau-forte et celui d'un liquide particulier qu'on dépose sur la
planche avec le pinceau, comme lorsqu'on lave un papier avec l'encre de Chine. Il n'est
pas inutile de faire remarquer à ce propos que de tous les modes de gravure dont la
découverte est attribuée par nous à l'Angleterre, il n'en est pas un seul qu'elle ait effectivement inventé. On a vu que la *manière noire* avait été importée à Londres par le
prince Rupert. La gravure au *pointillé*, qu'au XVIIIe siècle on appelait la manière anglaise,
était pratiquée dès 1650 à Amsterdam par Lutma, un peu plus tard en France par Morin,
c'est-à-dire long-temps avant que Ryland en introduisît l'usage dans son pays. La *gravure en couleur* prit naissance à Francfort dans l'atelier de Christophe Leblond, qui se
rendit à Londres en 1730, et y publia un petit traité sur l'art dont il se déclara très
ouvertement l'inventeur. François, graveur lorrain, imagina en 1756 la gravure en
manière de crayon, dite également « manière anglaise, » bien qu'elle ait été pratiquée
en France par Demarteau. Magny et Gonord, antérieurement à l'époque des premiers
essais de ce genre en Angleterre. Enfin, la gravure au *lavis* ou *aqua-tinta*, aux secrets
de laquelle on semblait, en 1815, s'initier pour la première fois à Paris, y avait été
découverte vers 1760 par Leprince, de l'académie de peinture.

planches, dont l'unique mérite est de coûter fort peu, soient venues déshonorer ce procédé de gravure et ne lui aient laissé que son importance commerciale. Si l'on s'arrête un moment devant ces types d'héroïnes de roman ou devant ces figures de femmes à demi vêtues au bas desquelles on lit, en forme de commentaire, *Amour*, *Souvenir*, *Passion*, *Désir*, et tous les substantifs tirés l'un après l'autre du vocabulaire érotique, on ne sait ce qui déplaît le plus, ou de l'intention secrète, ou de la pauvre exécution de pareilles images. A coup sûr, on ne peut y voir rien qui intéresse l'art ; si ce n'est le dommage qu'il en subit. La partie du public accessible au charme d'ouvrages de cet ordre n'est pas sans doute celle que persuaderait le beau ; et il n'y a pas lieu de s'inquiéter beaucoup de ses suffrages; mais; à force de rencontrer des objets vulgaires, les regards de tous peuvent finir par s'accoutumer à ce spectacle et négliger de chercher ailleurs. Ce danger auquel une fâcheuse concurrence expose les travaux sévères du burin n'est pas le seul qui compromette l'avenir de notre école de gravure : pour peu que l'on veuille se rendre compte des conditions où elle se trouve, on reconnaît aisément que les talens existent, mais que les occasions de se développer manquent à beaucoup d'entre eux.

La gravure d'une planche d'histoire exige, on le sait, de la part de l'éditeur le sacrifice de sommes considérables, à plus forte raison la gravure d'une série d'estampes destinées à former un recueil. C'est là aujourd'hui l'obstacle principal aux publications de ce genre. L'état, aux frais duquel elles étaient autrefois entreprises, ne peut plus guère y participer qu'à titre de souscripteur. Souvent aussi quelque grand seigneur jaloux d'attacher son nom à un monument d'art honorable pour la France faisait graver une collection de tableaux, une suite de sujets historiques : au temps où nous vivons, les hommes disposés à jouer le rôle de protecteurs des arts sont devenus plus rares encore que les grandes fortunes, et, si quelques portefeuilles s'ouvrent de loin en loin pour recevoir les estampes récemment éditées, il est cependant vraisemblable que les graveurs seraient mal inspirés en demandant au zèle tempéré des amateurs contemporains une intervention plus aventureuse et des encouragemens moins ménagés. Qui aura désormais la pensée d'imiter le comte de Caylus, M. de Choiseul et tant d'autres personnages du XVIIIe siècle, sous le patronage desquels de magnifiques recueils ont été publiés? A défaut de hautes protections individuelles. peut-on espérer le concours de certaines corporations? Mais le temps n'est plus où la confrérie des orfévres de Paris faisait annuellement offrande à l'église Notre-Dame de tableaux *du May*, que la gravure reproduisait ensuite. Il n'en va pas d'ailleurs de notre république comme des républiques italiennes, où les officiers publics, les corps de métiers et même les corps militaires tenaient à honneur d'orner des œuvres de l'art les salles destinées aux réunions de leurs prud'hommes, aux séances de leurs syndics et de leurs délégués. Ici, il n'y a pas apparence que la chambre des notaires, la compagnie des agens de change ou l'état-major de la garde nationale éprouvent le besoin de recourir au talent de nos peintres, encore moins à celui de nos graveurs. Restent donc, comme unique ressource, quelques maisons qui hasardent encore leurs capitaux dans des entreprises de gravure. En dehors de tout cela, qu'y a-t-il? Dans la presse, silence absolu; les feuilles quotidiennes ne laissent pas passer un seul vaudeville improvisé sur nos théâtres sans en rendre un compte détaillé; elles n'annoncent même pas la mise au jour d'une estampe, eût-elle coûté dix années de travail (1). Dans les salons, bien des gens qui, au fond, ne s'en troublent guère, avouent que l'époque n'est pas favorable aux beaux-arts, et en viendraient sans peine à reléguer particulièrement la gravure parmi les superfluités passées de mode. Pourtant, au milieu de tant de conditions de ruine, malgré l'insouciance générale et le péril des conjonctures, c'est encore en France que l'art est le plus vivace et le plus sain. Comme nos peintres, nos graveurs ont une supériorité incontestable sur ceux des autres nations, et l'on en peut juger par le succès qu'obtiennent leurs travaux au-delà de nos frontières. Est-ce assez toutefois pour l'honneur de l'école que les estampes françaises continuent à être exportées comme les mille objets de luxe sortis de nos fabriques? Et, tout en souhaitant à ce commerce une extension plus grande encore, ne faut-il pas souhaiter aussi que la gravure trouve désormais dans nos propres sympathies la certitude d'un avenir?

Qu'on ne craigne point que cet exposé des dangers de la situation se termine par une prescription formelle des moyens de les conjurer. Assez de gens usent de la liberté qu'ils ont de parler au nom de l'*idée* pour qu'il soit nécessaire de temps en temps de demeurer dans les termes du *fait*. C'est donc sans arrière-pensée ambitieuse, sans dessein de glisser la moindre théorie régénératrice à la suite d'un aperçu historique, que nous résumerons en quelques mots l'état actuel de la gravure. L'Allemagne et l'Angleterre sont aujourd'hui les seuls pays où il y ait encore des écoles, si l'on entend par ce mot un ensemble d'artistes soumis aux mêmes principes et réunis par la conformité des travaux; mais l'une systématise jusqu'à l'inspiration, et prend l'imitation du passé pour but suprême de ses efforts; l'autre se retranche

(1) Il n'en était pas ainsi sous les règnes de Louis XV et de Louis XVI. On retrouve dans les gazettes du temps l'annonce des pièces importantes avec une appréciation critique.

dans ses habitudes, et y trouve, à défaut d'un intérêt très vif, une sorte
de jouissance monotone qui lui suffit. Aux États-Unis, on se satisfait
plus aisément encore : il n'y a donc là rien qui présage le progrès.
Quoique les graveurs italiens se montrent fort habiles, à Florence ou
à Rome le goût de la gravure est devenu un goût exceptionnel, et le
nombre des œuvres y est excessivement restreint; à peine y produit-on,
en dehors des planches d'après les anciens maîtres, quelques portraits
et quelques vignettes. La France seule compte dans tous les genres des
talens remarquables; malheureusement il en est ici de la gravure en
taille-douce à peu près comme de la peinture d'histoire : ni l'une ni
l'autre ne sont arrivées à la décadence, toutes deux tombent en défaveur. Il ne dépend de qui que ce soit d'arrêter à son gré ce mouvement encore plus instinctif que raisonné. Les artistes s'en plaignent,
rien de plus légitime : pourvu qu'ils ne se méprennent pas sur les causes,
et qu'avant tout ils comptent sur eux-mêmes pour essayer de vaincre
l'indifférence du public. Une confiance exagérée dans la puissance de
l'intervention administrative finirait par compromettre leur indépendance, et il n'y aurait pas de dignité de leur part à réclamer la tutelle
de l'état, lorsqu'ils ne doivent accepter que ses encouragemens. Sans
doute il serait possible d'introduire plus d'une amélioration dans le
mode de protection accordée aux travaux du burin; mais ces améliorations, quelle qu'en fût l'efficacité, ne porteraient que sur des mesures de détail : elles ne suffiraient pas pour réformer des habitudes
inhérentes aux mœurs et à l'esprit de notre temps. Faut-il d'ailleurs
s'en étonner beaucoup? On se détache des œuvres de la gravure comme
on se détache involontairement de ces choses d'autrefois qu'on oublie
même d'admirer, tant leur beauté nous devient étrangère, tant elles
semblent dépaysées de nos jours.

HENRI DELABORDE.

LITTÉRATURE DRAMATIQUE.

LE JOUEUR DE FLUTE.

LES COMÉDIES DE M. AUGIER.

S'il y a au monde un genre de travail qui exige impérieusement la maturité de l'intelligence et du cœur, c'est à coup sûr le travail du poète comique. M. Augier a trop peu vécu pour connaître à fond les hommes qu'il veut peindre. La tâche que se propose le poète comique n'est pas de celles qui peuvent se concilier avec les espérances et les illusions de la jeunesse; pour comprendre pleinement, pour accomplir sans distraction la mission de la comédie, il faut avoir vu l'envers de toute chose, et le poète qui ne compte pas encore trente ans ne peut guère espérer qu'il lui soit donné dès à présent d'atteindre ce but difficile. Si j'essaie aujourd'hui d'estimer la valeur littéraire de M. Augier, ce n'est donc pas avec la prétention d'exprimer une opinion définitive. Ce qui me préoccupe surtout, c'est la comparaison des œuvres avec le succès qu'elles ont obtenu, c'est l'étude du public aussi bien que l'étude de l'auteur. *La Ciguë*, *Un Homme de bien*, *l'Aventurière*, *Gabrielle*, *le Joueur de flûte*, très différens par le choix des sujets et des personnages, sont unis entre eux par la parenté des pensées et du langage. Je retrouve dans toutes ces comédies les mêmes idées, les mêmes sentimens, sous des costumes, sous des noms divers. Il n'est donc pas impossible de former avec ces idées, avec ces sentimens, une sorte de doctrine tout à la fois philosophique et poétique, dont le sens général, nettement formulé, nous servira de guide et de conseil dans le jugement que nous voulons prononcer.

La Ciguë est un heureux début. Bien que l'auteur ait choisi Athènes pour le lieu de l'action, rien dans le dialogue ne rappelle le placage archéologique. Clinias, Cléon, Pâris, Hippolyte, ne songent pas un seul instant à nous montrer qu'ils savent le nom du vêtement qu'ils portent, des meubles qui les entourent, de la coupe qu'ils tiennent à la main. C'est à mes yeux un mérite très réel, dont je sais bon gré à M. Augier. Je suis tellement las des prétendus poèmes où l'érudition tient la place de la poésie, que j'ai accueilli avec une joyeuse reconnaissance une comédie athénienne qui peut se passer de scolies. L'auteur n'a choisi Athènes que pour donner à sa fantaisie un plus libre cours. S'il a recueilli sur les bancs du collége une ample moisson de souvenirs historiques, il a eu le bon goût d'user modestement de son savoir. Il lui eût été bien facile, en relisant le *Voyage d'Anacharsis* ou les biographies de Plutarque, de se composer en quinze jours un bagage très satisfaisant, et d'étaler aux yeux de la foule ébahie des richesses si facilement acquises. Il a eu le bon sens de nous parler comme un homme qui aurait vécu familièrement avec les bourgeois d'Athènes, et sa modestie lui a porté bonheur; elle a donné à l'action, au dialogue, une allure vive et spontanée, bien difficile à concilier avec l'érudition qui tient à se montrer. La résolution prise par Clinias deviendrait un lieu commun de collége, s'il appelait au secours de sa volonté défaillante quelques maximes de la philosophie antique, ramassées dans les écoles d'Athènes. Grace à Dieu; Clinias parle de son ennui et de sa mort prochaine avec une simplicité parfaite : il a usé, abusé de toutes les joies, il le croit du moins, et se réfugie dans le suicide comme dans le seul asile qui lui soit ouvert. Pour lui, la volupté n'a plus d'ivresse, le jeu plus d'émotions, le vin plus de saveur. Las de tous les plaisirs que la richesse peut donner, il croit avoir épuisé la vie. Avant de boire la ciguë qui doit le délivrer de son ennui, il réunit à sa table Cléon et Pâris, compagnons assidus de ses plaisirs, témoins et complices de toutes ses folies. Il leur explique son projet et réfute sans amertume et sans colère toutes les objections que leur suggère leur amitié faite d'égoïsme et de sensualité. — Clinias mort, adieu les splendides festins, adieu les belles courtisanes; il leur faudra vivre sagement, sinon pour s'amender, au moins par économie, car la bourse de Clinias est toujours ouverte, et ses amis peuvent y puiser à pleines mains. — Clinias, en les écoutant, conçoit la pensée d'égayer sa dernière heure; son intendant doit lui amener aujourd'hui même une jeune esclave. Que Pâris et Cléon se disputent le cœur de la belle Hippolyte, et le vainqueur sera l'héritier de Clinias. Cette pensée renferme déjà le germe d'une comédie ; toutefois il est probable que, réduite à ces termes, elle n'eût pas inspiré à l'auteur une grande variété de développemens. Clinias n'aurait eu pour se distraire que le spectacle d'une lutte inutile, d'une double défaite, trop facile à prévoir. Dès qu'Hippolyte paraît, dès qu'elle ouvre la bouche, le spectateur comprend qu'elle n'a pas de choix à faire entre Cléon et Pâris, qu'elle les repoussera tous deux avec le même dédain. Clinias devine, aux premières paroles de la jeune esclave, le sort réservé à ses deux amis. Pour prolonger la lutte, pour la renouveler, pour lui donner un caractère divertissant, après une première épreuve où les deux rivaux sont traités avec la même froideur, la même fierté, il imagine d'abandonner son bien à celui qu'Hippolyte aura dédaigné, comme une consolation dans sa défaite. La donnée primitive ainsi élargie convient parfaitement à la scène, et M. Augier l'a bien prouvé par l'excellent parti qu'il en a su tirer.

Il est vrai que le spectateur prévoit la transformation qui va s'opérer dans les deux personnages de Cléon et de Pâris. Il n'est pas nécessaire en effet de posséder un esprit bien exercé pour deviner que les amis de Clinias, plus épris de sa richesse que de la beauté d'Hippolyte, vont employer à se déprécier toute l'habileté qu'ils employaient tout à l'heure à se faire valoir. Pourtant j'aurais mauvaise grace à insister sur ce point, car M. Augier a mis dans la lutte nouvelle engagée entre Cléon et Pâris tant de verve et de gaieté, tant de mouvement et de franche raillerie, que l'auditoire oublie volontiers sa clairvoyance pour ne songer qu'au plaisir d'écouter les deux rivaux se calomniant chacun à son tour. L'un s'accuse de poltronnerie et d'avarice, l'autre de gourmandise et de caducité. C'est à qui fera de soi meilleur marché pour obtenir l'aversion d'Hippolyte et se consoler de sa défaite par l'héritage de Clinias. Toute la scène dont je parle est traitée de main de maître, et bien que cette scène tout entière ne soit à proprement parler que la contre-partie de celle où Cléon et Pâris s'efforcent de plaire à Hippolyte, l'auteur a su, par la variété, par la finesse des détails, lui donner tout le charme de l'imprévu.

Certes il y avait dans cette donnée de quoi défrayer deux actes : Clinias égayant sa dernière heure au spectacle de cet abaissement volontaire, et ramené à l'amour de la vie par la beauté, par la candeur ingénue d'Hippolyte, suffisait à nous contenter. L'auteur a cherché dans le développement du caractère d'Hippolyte une source nouvelle d'intérêt ; il a voulu que cette jeune esclave ne fût pas seulement pure et candide, mais capable de reconnaissance, capable d'amour, et c'est là précisément ce qui donne à la Ciguë un accent de jeunesse. La lutte de Cléon et de Pâris aurait laissé dans notre ame une impression de désenchantement : après nous être amusés des railleries de ces deux rivaux aussi empressés de s'avilir qu'ils se montraient tout à l'heure, habiles à se vanter, nous aurions eu peine à nous défendre du dégoût. Le cœur naïf et passionné d'Hippolyte nous ramène sans effort en pleine poésie. La générosité de Clinias, qui vient de l'affranchir et de payer son passage sur un vaisseau, qui la renvoie libre et pure à Chypre, sa patrie, éveille en elle une vive reconnaissance. Au moment où elle essaie d'une voix confuse de remercier son bienfaiteur, le vieil homme, que Clinias croyait avoir terrassé sans retour, relève la tête et afflige la jeune esclave de son espérance injurieuse. Hippolyte, pour toute réponse, reproche à Clinias de gâter son bienfait, de méconnaître la dignité d'une femme libre, de manquer aux devoirs de l'hospitalité. Clinias, rougit, reconnait sa faute et demande pardon. Il va mourir et fait des vœux pour le bonheur d'Hippolyte; mais la jeune esclave a surpris son secret au milieu des railleries et des mensonges de Cléon et de Pâris. Si Clinias, qui se croit mort à l'amour et qui n'a jamais aimé, si Clinias, qui n'a connu que le plaisir, pouvait aimer d'un amour sincère une femme aussi pure que belle, sans doute il ne mourrait pas. Comment lui rendre la confiance en lui-même? Comment lui prouver qu'il peut aimer, qu'il ignore la puissance de son propre cœur, que sa vie, s'il le veut, loin de s'éteindre dans l'épuisement, commence à peine et lui promet de longues années de bonheur? Pour le ramener à la vie, il faut lui dire qu'il est aimé. Hippolyte peut-elle hésiter? Lors même qu'elle n'aurait pas encore d'amour pour Clinias; la reconnaissance ne lui fait-elle pas un devoir de le sauver? Au moment où Clinias prend la ciguë d'une main ferme et la porte à ses lèvres, Hippolyte s'élance et le force à déposer la coupe empoisonnée. « Vous mourez, lui dit-elle d'une voix attendrie, parce que vous n'aimez pas. Eh bien ! je vous aime, voulez-vous encore mourir? » Clinias renonce à son projet, épouse Hippolyte et garde sa richesse : Cléon et Pâris sont tous deux battus, dédaignés tous deux; il n'y a ni vainqueur ni vaincu. Clinias n'a personne à consoler en abandonnant son héritage.

Je me plais à reconnaître tout ce qu'il y a de fraîcheur et de grace dans cette comédie; cependant j'avouerai franchement que le succès m'a semblé dépasser le mérite de l'œuvre. Je rends pleine justice à toutes les qualités qui recommandent la Ciguë; seulement je prends ces qualités pour ce qu'elles valent. Le public, en applaudissant la Ciguë, s'est montré moins clairvoyant et surtout moins prévoyant; il ne s'est pas contenté de louer ce qui était digne d'éloges: il a tout approuvé sans réserve; non comme une promesse que l'avenir pouvait réaliser, mais comme un fait accompli. S'il eût pris la peine de séparer dans cette comédie les pensées neuves des pensées usées, tout en demeurant juste pour ce premier ouvrage, il aurait mesuré ses applaudissemens au mérite de l'œuvre, et plus tard, appelé à juger la seconde comédie de M. Augier, l'impartialité eût été pour lui un devoir facile; comme il avait exagéré la valeur littéraire de *la Ciguë*, il devait nécessairement traiter *Un Homme de bien* avec une sévérité que la raison ne saurait approuver. Cette seconde comédie n'a pas été estimée d'après sa valeur intrinsèque, mais d'après le succès de *la Ciguë*. La foule croyait que l'auteur n'avait plus rien à apprendre, que les applaudissemens n'ont jamais tort, et, lorsqu'elle a vu dans *Un Homme de bien* des scènes obscures ou incomplètes, étonnée de ne pas retrouver la gaieté de *la Ciguë*, plutôt que de reconnaître sa méprise, elle a traité l'auteur avec une extrême sévérité, comme pour le punir d'avoir déçu son attente.

En écrivant sa seconde comédie, M. Augier s'est trouvé aux prises avec une difficulté qu'il n'avait pas prévue : il a senti trop tard, le soir de la première représentation, la nécessité de connaître le monde où nous vivons pour le peindre et le montrer aux spectateurs, qui peuvent contrôler le tableau en le comparant à leurs souvenirs. Dans un drame, dans une tragédie, l'histoire peut venir en aide à l'imagination de l'auteur; dans la comédie, il faut absolument tirer de ses propres souvenirs la substance du poème; il faut avoir vécu de la vie commune, avoir étudié les passions et les ridicules, pour nous présenter des personnages naturels, vraisemblables, intéressans. Rien ne peut remplacer les épreuves personnelles. Aussi ne m'étonné-je pas de l'indécision que M. Augier a montrée dans *Un Homme de bien*. Je concevrais difficilement qu'il s'en fût affranchi. La vivacité de son esprit, le commerce familier qu'il a entretenu avec les poètes de l'antiquité, lui avaient fourni tous les élémens de *la Ciguë*; pour nous peindre Clinias sauvé par l'amour, il n'était pas nécessaire d'avoir étudié le monde : pour emprunter à la vie moderne des personnages comiques, une action qui permît à ces personnages de développer librement leurs caractères, les livres n'étaient d'aucun secours. M. Augier a fait tout ce qu'il pouvait faire, étant donné la tâche qu'il se proposait. Je ne lui reproche pas d'avoir manqué à ses promesses; je lui reproche de s'être mis en route avant d'avoir déterminé nettement le but qu'il voulait atteindre. Il me répondra qu'il voulait peindre les capitulations de la conscience placée entre le devoir et l'intérêt : cette réponse ne saurait me contenter; car s'il eût vraiment résolu de traiter le sujet que j'indique, s'il ne fût resté aucun doute, aucune incertitude dans sa pensée, il aurait abordé plus franchement, plus hardiment l'idée que je viens d'énoncer. Il semble qu'il se soit mis à l'œuvre sans avoir marqué avec fermeté la ligne qu'il devait suivre : il a trop compté sur la gaieté de son esprit, et son espérance a été déçue; il a négligé d'interroger sévèrement chaque personnage avant de le mettre en scène, et cette négligence a donné à la marche entière de l'action quelque chose de vague, d'indéterminé. Félime, Octave, Rose, ne ressemblent guère au monde qui nous entoure. Félime n'est précisément ni honnête, ni malhonnête. Il condamne dans sa propre conduite de véritables peccadilles et se montre indulgent pour des fautes graves; le sentiment moral manque chez lui de rectitude; sa conscience s'alarme sans raison et ferme les yeux au moment du danger. Tel qu'il est, Félime n'appartient pas à la comédie. Rose ne peut nous intéresser, car si elle est assez clairvoyante pour discerner l'égoïsme de son mari, elle n'a pas une nature assez mobile, assez passionnée, pour prendre au sérieux l'amour d'Octave; elle se conduit comme une femme qui va se livrer et raisonne avec le sang-froid d'un juge. Octave n'est qu'à moitié vrai. Il se rencontre certainement dans la génération qui vient de quitter les bancs du collége des roués imberbes qui se vantent d'avoir épuisé toutes les illusions et font gloire de leur indifférence; mais un roué, n'eût-il que vingt-cinq ans, ne se laisserait pas jouer comme Octave par une femme qui lui donnerait un rendez-vous. Aux prises avec un homme qui rirait de la passion, Rose ne s'en tirerait pas à si bon marché. Un amant sincère peut être battu; un homme chez qui la raillerie a pris la place de la passion permet bien rarement à une femme de revenir sur ses pas; comme il garde, en jouant la passion, toute la liberté de son esprit, il n'a pas de peine à lui couper la retraite. Juliette ne manque pas d'ingénuité; mais son caractère est à peine esquissé. L'oncle Bridaine est, à mon avis, le seul personnage qui relève de la comédie; malheureusement ce personnage n'est qu'épisodique, et, bien qu'il soit vrai, il ne peut donner à l'action la vie qui lui manque.

Toutefois, malgré la sévérité avec laquelle je suis obligé de juger *Un Homme de bien*, je ne saurais partager le dépit du public. Je reconnais volontiers que cette seconde comédie est moins gaie, moins divertissante que *la Ciguë;* il y a pourtant dans *Un Homme de bien* plusieurs passages traités avec un vrai talent. Pour se tromper ainsi, il faut être capable de mieux faire.

En abordant la réalité, M. Augier avait senti le terrain se dérober sous ses pieds; averti par cette épreuve, il est rentré dans le domaine de la fantaisie. Dans quel lieu, dans quel temps se passe l'action de *l'Aventurière?* Nul ne saurait le dire. L'auteur nomme la ville de Padoue, mais sans ajouter un mot pour caractériser le lieu de la scène. Quant à la date, il ne s'est pas donné la peine de l'indiquer, et je suis loin de blâmer cette omission, car, pour développer l'action qu'il avait conçue, il était parfaitement inutile de marquer le temps et le pays où les personnages allaient se mouvoir. *L'Aventurière* n'est autre chose que la courtisane amoureuse; l'auteur a su rajeunir ce sujet, plusieurs fois traité par les conteurs italiens. Il règne dans les trois pre-

miers actes une gaieté franche; quoique les personnages relèvent de
la seule fantaisie, quoiqu'il soit impossible de dire où se trouvent
les types qu'ils représentent, leurs sentimens et leurs pensées s'expriment avec abondance, avec spontanéité; rien ne languit, tout marche
rapidement, et nous croyons volontiers à l'existence de ce monde imaginaire. Comment M. Augier n'a-t-il pas compris la nécessité de dénouer avec gaieté ce qu'il avait commencé si gaiement? La comédie
s'arrête a la fin du troisième acte; avec le quatrième commence une
pièce nouvelle, où l'auteur n'a pas montré moins d'habileté que dans
la première; mais enfin, quoi qu'on puisse dire pour sa défense, la
seconde pièce ne continue pas la première : c'est un drame cousu à
une comédie. Dans les trois premiers actes, nous voyons un barbon
dupé par une aventurière; dans les deux derniers, l'aventurière se
transforme comme par enchantement; la femme sans cœur devient une
femme passionnée, oublie ses rêves de grandeur pour ne songer qu'à
mériter l'affection de l'homme qu'elle aime, et renonce à la richesse
pour se réhabiliter. La juxtaposition de ces deux pièces ne pouvait
produire une œuvre harmonieuse, et en effet l'*Aventurière* est loin de
satisfaire l'esprit du spectateur; mais plusieurs parties de cette œuvre
sont traitées avec un talent remarquable, et laissent peu de chose
a désirer. L'amour d'Horace et de Célie est plein de grace et de fraîcheur; il y a dans le langage des deux amans un parfum de jeunesse
qui charme l'auditoire; la scène d'ivresse entre Fabrice et don Annibal est écrite avec une verve entraînante, il est bien difficile de l'é-
couter sans rire. Je sais que don Annibal n'a rien de nouveau, que
M. Augier s'est contenté de prendre le matamore de la vieille comédie;
tout cela est très vrai, très évident : pour le découvrir, pour l'affirmer,
il ne faut pas un grand fonds d'érudition; mais l'âge du personnage
n'enlève rien au talent avec lequel l'auteur l'a mis en scène. Les divagations de don Annibal, quand il achève sa troisième bouteille, sont
des traits pris dans la nature, étudiés avec soin et rendus avec fidélité. La mélancolie qui envahit son esprit, ses pensées sur l'immortalité de l'ame, les questions qu'il adresse à son nouvel ami sur la durée
des regrets que lui causerait sa mort, tout, dans cette scène, porte le
cachet de la vérité. La manière dont Clorinde gouverne sa dupe n'est
pas rendue avec moins d'adresse : donner à croire à Mucarade qu'il
n'est pas aimé pour sa richesse, mais pour l'éclat de ses yeux, pour le
charme de sa voix, c'est une tentative hardie que Clorinde mènerait
a bonne fin, si elle n'avait pas pour adversaire un homme qui connaît
de longue main toutes les ruses des aventurières. Sans l'intervention
de Fabrice, elle trouverait moyen d'épouser Mucarade. Je n'aime pas,
je l'avoue, la scène entre Clorinde et Célie. Il y a sans doute dans cette
scène des vers très bien faits, de nobles sentimens traduits dans un

langage élevé; mais j'ai peine à concevoir que Mucarade charge sa maîtresse, dont il connaît les antécédens, de persuader à Célie qu'elle ne mérite pas son mépris. Quelque talent que la courtisane apporte dans son plaidoyer, quelque fierté que la jeune fille mette dans sa réplique, je ne puis accepter cette lutte de la candeur contre le vice las de lui-même. Il me semble que l'amour paternel doit reculer devant une pareille épreuve. Mucarade, malgré sa passion pour Clorinde, ne peut songer à profaner la pureté morale de sa fille. Or, n'est-ce pas la profaner que de la soumettre à une pareille épreuve? Je ne trouve pas d'ailleurs un intérêt bien vif dans cette dissertation dialoguée sur la dignité de la vertu, sur la difficulté de rentrer dans le droit chemin après avoir failli une première fois, sur la jeunesse et la beauté aux prises avec la faim.

Il y a dans la seconde partie de *l'Aventurière*, dans la partie dramatique, une scène très bien faite, celle où Clorinde, humiliée par le mépris de Fabrice, effrayée par ses menaces, s'avoue vaincue, et sent pour la première fois son cœur brûler d'un amour sincère. Dans sa vie de courtisane, elle a toujours vu les hommes à ses pieds; elle avait besoin, pour aimer, de trouver un maître impérieux; à peine l'a-t-elle rencontré, qu'elle s'agenouille et demande merci. C'est un sentiment très vrai que M. Augier a traduit en vers très francs.

Ainsi le juge le plus sévère trouve beaucoup à louer dans cet ouvrage. La conception générale de *l'Aventurière* est certainement défectueuse : la seconde moitié ne répond pas à la première, le caractère du principal personnage n'est pas fidèlement conservé pendant toute la durée de l'action; pour sentir, pour démontrer le vice de cette conception, il n'est pas nécessaire de recourir aux poétiques, le bon sens suffit; mais la gaieté qui anime les trois premiers actes révèle chez M. Augier une véritable vocation pour la comédie. Si les personnages appartiennent à la fantaisie, l'auteur leur a prêté des sentimens que la raison peut avouer, des passions, des ridicules que nous retrouvons dans la grande famille humaine. C'en est assez pour faire de *l'Aventurière*, sinon une comédie complète, du moins un ouvrage très digne d'encouragement.

Le sujet de *Gabrielle* est d'une nature fort délicate. Pour bien comprendre toutes les difficultés que présente un pareil sujet, il faut le réduire aux termes les plus simples, et l'exprimer d'une façon assez claire pour ne laisser aucun doute dans l'esprit du lecteur. M. Augier a voulu prouver qu'une femme est toujours mieux aimée par son mari que par son amant. Je ne crois pas qu'il soit possible d'apercevoir au fond de cette comédie une thèse différente de celle que j'énonce. Or, cette thèse, qui, dans le domaine de la morale, substitue l'intérêt bien entendu à l'accomplissement du devoir, ne peut avoir, dans le domaine de la poésie, une véritable valeur qu'à la condition d'être présentée sous la forme d'une lutte sérieuse entre l'amant et le mari; car si la passion, qui dédaigne et viole parfois sans remords la loi morale, ne s'offre pas au spectateur avec toute la jeunesse, toute l'ardeur, toute l'éloquence qui peuvent la rendre contagieuse, la thèse que je viens d'énoncer n'est plus qu'une phrase banale. Prouver qu'une femme, en préférant son mari et ses enfans à toutes les séductions du monde, en fermant l'oreille à la voix de la passion, règle sa vie d'après le plus habile des calculs, c'est en vérité une chose trop facile, et ce n'est pas la peine d'écrire deux mille vers pour imposer à l'auditoire une pareille conviction : il n'y a pas une loge dans la salle où cette pensée ne soit déjà pleinement acceptée au lever du rideau. Dire que le mari disputant sa femme à l'homme qui veut la détourner de son devoir, effacer de son cœur le serment qu'elle a prononcé, a sur l'amant, quel qu'il soit, l'incontestable avantage de pouvoir assurer par son travail s'il est pauvre, par son dévouement assidu s'il est riche, le bien-être et le bonheur de celle qui porte son nom, c'est ne rien dire qui mérite les honneurs de la forme poétique. Cette proposition est tellement évidente, qu'il suffit de l'énoncer pour voir tous les esprits s'y rallier sur-le-champ. La thèse choisie par M. Augier impose au poète l'obligation absolue d'engager entre le mari et l'amant une lutte animée, une lutte sincère, qui ne ressemble pas à un badinage. Il faut que la femme soit amenée par l'ennui, par l'oisiveté, par l'orgueil, à perdre le sentiment du juste et de l'injuste; qu'elle se trouve humiliée du peu de temps que son mari passe près d'elle, qu'elle s'indigne et rougisse de tenir si peu de place dans sa vie; que sa chute, en un mot, soit préparée par le trouble de son intelligence et de son cœur. Il est nécessaire que le mari, livré tout entier à l'accomplissement de ses devoirs, ne conçoive pas même la pensée lointaine du danger qui le menace, qu'il ne songe pas à détourner sa femme de l'oisiveté, à chasser l'ennui, le plus perfide de tous les conseillers. La démonstration ne peut être complète, si l'amant n'est pas résolu à tous les sacrifices pour obtenir la possession de la femme qu'il aime. Gratifiez-le d'une forte dose de bon sens; mettez dans son cœur une affection tiède, dans son esprit une notion très nette de l'avenir qu'il se prépare en oubliant, pour une femme qu'il ne pourra jamais posséder paisiblement, le travail, source unique de bien-être et de sécurité; mettez dans sa conscience l'idée de l'utile au-dessus des joies orageuses d'un amour que le monde condamne, et vous rendrez la lutte puérile, insignifiante. Si l'amant n'aime pas sincèrement, s'il ne met pas son bonheur tout entier dans la femme qu'il espère posséder, s'il n'est pas dans l'attaque aussi ardent que le mari dans la défense, il est impossible qu'il éveille en nous la moindre sympathie. C'est un personnage de carton

placé en face d'un homme; le mari, pour le vaincre, n'a qu'à le pousser du doigt.

Ces prémisses une fois posées, et je crois qu'il serait difficile d'en
contester la vérité, voyons ce que valent les personnages mis en scène
par M. Augier. — Gabrielle s'ennuie et se lamente comme toutes les
femmes oisives qui ne savent pas trouver dans l'emploi de leur intelligence, dans le gouvernement de leur maison, dans l'affection de leur
famille un intérêt assez puissant pour éloigner d'elles toutes les tentations; mais, dans ses plaintes, le bonheur d'être aimée joue un rôle
par trop modeste. Il y a dans la douleur qu'elle ressent plus de vanité
humiliée que de tendresse refoulée : c'est plutôt un enfant qui demande qu'on l'amuse qu'une femme qui appelle l'amour. Une femme
ainsi faite ne mérite guère d'inspirer une affection profonde. La passion, n'ayant pour auxiliaire que l'oisiveté, n'excitera jamais dans son
cœur de bien terribles orages.

Julien représente assez fidèlement le type du mari confiant; il fait
pour Gabrielle tout ce qu'il peut faire, ou du moins tout ce qu'il croit
utile à son bonheur, et le sentiment du devoir accompli éloigne de sa
pensée toute crainte. Gabrielle n'a-t-elle pas tout le bien-être qu'elle
peut souhaiter? n'est-elle pas vêtue selon son goût? ne change-t-elle
pas de parure aussi souvent qu'il lui plaît? l'avenir de sa fille n'est-il
pas assuré? que lui manque-t-il? Julien n'a-t-il pas pris pour lui tous
les soucis du ménage? la tâche de Gabrielle ne se réduit-elle pas à
jouir paisiblement du bien-être qu'il lui donne? Julien croit fermement que la sécurité, la certitude de retrouver le lendemain ce qu'elle
a quitté la veille, suffisent à remplir le cœur d'une femme. Il ne comprend pas la nécessité d'occuper tour à tour chez Gabrielle toutes les
facultés qu'elle possède, de parler tantôt à son imagination, tantôt à
sa raison, d'accepter tous ses instincts pour la dérober à tous les dangers. Sûr de n'avoir rien à se reprocher, ne doutant pas de lui-même,
n'apercevant dans sa conscience qu'un dévouement à toute épreuve,
comment douterait-il de Gabrielle? comment songerait-il à distraire,
comme un esprit frivole, la mère de son enfant?

Stéphane ne peut être accepté comme un amant sérieux. Avec la
meilleure volonté du monde, il est bien difficile d'ajouter foi aux sermens qu'il prononce. Les baisers qu'il prodigue à une rose cueillie
par Gabrielle et tombée des mains de son amie, ses plaintes sur la
ruine de la chevalerie, qui ramassait un gant parfumé au milieu
d'une arène sanglante, sur nos mœurs prosaïques, sur notre vie sans
émotions et sans dangers, ne suffisent pas pour faire de lui un personnage poétique. Après les promesses qu'il a recueillies de la bouche
de Gabrielle, comment comprendre qu'il renonce à elle dès qu'elle
lui parle de mariage? Gabrielle s'épouvante en mesurant le chemin

qu'elle a parcouru, et recule avant de franchir le dernier pas qui
doit la livrer aux bras de son amant : l'homme qui se sent aimé
peut-il se laisser abuser par le mensonge que Gabrielle appelle à son
secours? Quand elle parle d'oubli, Stéphane doit-il perdre toute espérance, et renoncer au bonheur qu'il a rêvé sans essayer de réveiller,
de ranimer dans le cœur de la femme qu'il aime la passion qui se dit
morte sans retour? La résignation lui coûte si peu, il prend si promptement son parti, que le spectateur ne consent pas à voir en lui un
homme sincèrement épris. Lorsqu'un mot change sa résolution, quand
sa maîtresse, qui ne s'est pas donnée, mais qui s'est promise, le ramène à ses pieds et lui demande grace, l'auditoire accueille avec incrédulité cette subite métamorphose. Il y a en effet dans la conduite
de Stéphane une contradiction, une inconséquence que sa jeunesse ne
justifie pas. Si l'ignorance de toutes les ruses qu'une femme met en
usage pour se défendre a pu le décider au mariage, s'il a pris au sérieux les conseils de Gabrielle, comment, si jeune qu'il soit, peut-il,
une heure plus tard, se laisser désarmer par un mot? Je veux bien
que le cœur de l'homme soit chose mobile; encore faut-il que les
mouvemens du cœur s'expliquent par la passion. Dès que la passion
disparaît, l'inconséquence devient inintelligible. Or, c'est là précisément ce qui arrive à Stéphane. Quand Gabrielle lui dit qu'il doit renoncer à elle, quand elle oppose au roman de leurs amours la réalité
de ses devoirs, il se rend sans coup férir, et n'essaie pas de ressaisir la
femme qui lui échappe et se rit de ses regrets; — et une larme de Gabrielle efface toutes ses railleries! Le spectateur ne consent pas à le
croire. Quand Stéphane conçoit le projet d'enlever sa maîtresse et
d'aller vivre seul avec elle, au bord de la mer, dans un village de
Bretagne, l'auditoire se demande de quelle pâte est pétri cet étrange
personnage, qui tout à l'heure n'aimait pas assez pour plaider sa cause,
et qui maintenant renonce au monde entier pour la femme qui l'a
traité avec une ironie si hautaine. Avec un pareil adversaire, le triomphe de Julien n'est pas difficile. Gabrielle, qui a vu la subite résignation de son amant, ne peut pas embrasser avec une confiance bien
vive ses projets de solitude. Une affection si prompte à se décourager
est pour le mari un puissant auxiliaire qui ôte à la lutte engagée toute
valeur, toute signification.

Adrienne, placée par l'auteur près de Gabrielle pour représenter le
cœur désabusé, la raison éclairée par l'expérience, est dessinée avec
vérité. Son langage est bien celui d'une femme égarée par l'ennui, ra-
menée à l'indifférence par le besoin de repos. Quelle que soit pourtant
la vérité d'un tel personnage, il ne pourra jamais jouer dans une comédie un rôle bien actif. Adrienne a beau ajouter à l'autorité de ses
conseils l'autorité de son exemple, elle a beau dire à Gabrielle : Tu

vois ce que j'ai souffert pour avoir préféré la passion au devoir; — ses
paroles ne respirent pas une affection assez ardente, une sympathie
assez profonde pour que sa nièce, en l'écoutant, renonce à toutes ses
espérances, à toutes ses illusions. Ce qui domine dans le langage d'A-
drienne, c'est le sentiment de la fatigue, c'est la soif de l'immobilité.
Un tel langage, à coup sûr, n'est pas fait pour convertir un cœur de
vingt ans. Adrienne n'intéresse le spectateur que dans sa réponse aux
reproches de son mari. Une fois résolue à la défense, elle rétorque
avec une habileté victorieuse les argumens de M. Tamponnet.

Le mari d'Adrienne est-il bien un personnage de comédie? Il est au
moins permis d'en douter. Bien qu'une première épreuve lui donne le
droit de traiter sa femme avec défiance, il est bien difficile d'admettre
son empressement à s'alarmer. Je ne parle pas du repentir d'Adrienne,
qui mériterait peut-être un pardon plus sincère, une conduite plus
généreuse : je conçois très bien qu'une faute d'une nature aussi délicate s'efface difficilement de la mémoire; mais, tout en admettant
que le mari d'Adrienne se souvienne à toute heure d'avoir été trompé,
j'ai peine à concevoir qu'il prenne à son compte le danger qui menace
Julien. S'il existe quelque part un pareil type de défiance conjugale,
il sort tellement des limites de la vraisemblance, qu'il n'a pas droit de
bourgeoisie au théâtre. Le poète comique ne doit jamais choisir ses
personnages parmi les types d'une nature exceptionnelle. Lorsqu'il
commet une telle imprudence, il s'expose à n'être pas compris. L'auditoire peut sourire en voyant la frayeur obstinée de Tamponnet, mais
il ne l'accepte pas comme un personnage dessiné d'après nature. L'exagération, très utile au théâtre pour donner du relief à la passion, du
relief au ridicule, doit pourtant respecter la vraisemblance, et le personnage de Tamponnet ne satisfait pas à cette condition.

Au premier acte, nous voyons Stéphane accueilli froidement par
Gabrielle en présence d'Adrienne, qui devine le danger dans la froideur même de cet accueil, et ne se laisse pas abuser par les réponses
évasives de sa nièce. Bien qu'Adrienne n'ait entendu ni la conversation
de Julien et de Gabrielle, ni le monologue désespéré où sa nièce épanche
toute sa colère, toute son humiliation, elle devine ce qui se passe au
fond de ce jeune cœur. Si elle eût assisté à l'entretien des deux époux,
elle n'eût pas manqué sans doute d'éclairer Julien sur la route qu'il
doit suivre, et de lui dire qu'une femme, pour demeurer fidèle à son
mari, n'est pas obligée de recoudre les boutons de ses chemises. Pour
ma part, je plains de grand cœur les maris qui ne peuvent pas invoquer d'autres garanties. Quand le chef de la famille gagne bon an mal
an une vingtaine de mille francs, sa femme peut sans remords négliger
l'emploi de son aiguille. Adrienne, éclairée par l'expérience, verrait
dans le reproche de Julien une raillerie injurieuse, et ramènerait le

mari dans la voie du bon sens et de la vérité. La partie de piquet entre Stéphane et Tamponnet n'est pas conduite moins gaiement que la scène d'ivresse entre Fabrice et don Annibal de *l'Aventurière*. Le mari, sottement jaloux, essayant de déprécier sa femme, Stéphane affichant l'incrédulité la plus obstinée, sont assurément une donnée comique. Toutefois il me semble que l'auteur n'a pas su s'arrêter à temps. Quand Stéphane dit au mari : Je sais à quoi m'en tenir, la plaisanterie franchit les limites de la vraisemblance. Que Julien ramène Stéphane, qui veut partir, rien de plus naturel : c'est le destin commun des maris de s'estimer trop haut, de s'endormir dans une sécurité superbe, de prendre pour une injure les avertissemens les plus bienveillans, les plus désintéressés. Quant au duel mystérieux confié à Julien sous le sceau du secret, et que Julien raconte devant sa femme et sa tante, c'est un ressort utile sans doute, mais tant de fois employé, qu'il passerait presque inaperçu sans la remarque d'Adrienne. Que Julien, pour retenir Stéphane, s'obstine à le protéger et veuille faire de lui le secrétaire intime du ministre, qu'il persiste à le servir malgré lui, rien de mieux : tout cela est vrai, dessiné d'après nature; mais qu'après avoir entendu l'entretien de Stéphane et d'Adrienne, quand il connaît le secret de Gabrielle, il charge Stéphane de ramener sa femme dans le chemin du devoir, c'est, à mon avis, exagérer trop généreusement la confiance du mari. Julien a beau estimer Stéphane et le croire incapable d'une action dont il aurait à rougir, c'est soumettre sa vertu à une trop rude épreuve. Où est le mari qui prie l'homme qu'il sait aimé de sa femme de la sermonner, de lui prêcher l'oubli et le mépris de la passion? Je ne crois pas qu'on le rencontre dans le monde où nous vivons.

Je concevrais très bien que Julien, répudiant les conseils de la colère, avant de jouer sa vie contre la vie de Stéphane, fît appel à son amitié et cherchât dans la reconnaissance qu'il a méritée un auxiliaire pour détourner le danger; je ne conçois pas qu'il remette entre ses mains le soin de ramener Gabrielle, et surtout sans lui dire qu'il connaît son amour pour elle. Si la reconnaissance parlait chez lui plus haut que l'amour, Stéphane n'aurait qu'un seul parti à prendre : s'éloigner; mais Stéphane, qui n'est pas capable d'une passion exaltée, ne se rend pas volontiers aux sentimens généreux sur lesquels Julien a compté. Sans aimer Gabrielle d'une affection bien vive, nous devons du moins le croire d'après la conduite qu'il a tenue jusqu'ici, il ne veut pas avoir perdu ses pas et ses paroles. Il a rêvé la possession de Gabrielle, il a reçu sa promesse; il ne renoncera pas à son rêve, à son espérance. Il accueille avec empressement le projet d'une fuite commune, et ne songe pas un seul instant au malheur de Julien; la voix de l'orgueil couvre la voix de la reconnaissance : comment Julien ne l'a-t-il pas prévu?

J'arrive à la scène que le public a couverte d'applaudissemens, à la scène où Julien, apprenant de la bouche même, de Stéphane qu'il se prépare à partir, et qu'il ne partira pas seul, entame avec lui une discussion en règle sur le bonheur que nous assure l'accomplissement du devoir, sur le malheur, la honte et le désespoir que la passion nous promet. La vérité des sentimens, la franchise de l'expression, ne rachètent pas ce qu'il y a d'étrange dans cette scène. Toutes les paroles que prononce Julien, très bien placées dans la bouche d'un père qui voudrait éclairer son fils sur les dangers qu'il se prépare en méconnaissant la voix du devoir, adressées par un mari à l'homme que sa femme a promis de suivre, n'excitent plus qu'un sentiment d'étonnement. Et comme s'il craignait de n'avoir pas violé assez hardiment les lois de la vraisemblance, l'auteur, qui tout à l'heure confiait à Stéphane le soin de ramener Gabrielle, confie maintenant à Gabrielle le soin de ramener Stéphane. Il faut en vérité que Julien ait une bien haute idée des deux amans pour les charger tour à tour de leur mutuelle conversion; c'est traiter la réalité avec un dédain trop évident. Si Gabrielle et Stéphane étaient sincèrement épris l'un de l'autre, pour toute réponse au sermon de Julien, ils partiraient, le laissant méditer à loisir sur l'impuissance des plus éloquentes maximes. Heureusement pour le mari, Gabrielle et Stéphane ne sont pas tellement aveuglés par la passion qu'ils osent braver la réprobation du monde. Ils se séparent sans effort, sans regret, comme deux cœurs fourvoyés par hasard dans les régions ardentes de l'amour, et qui ne demandent qu'à rentrer dans les régions tièdes et paisibles de la vie commune.

Les applaudissemens que le public a donnés à cette scène réduisent-ils à néant les objections que je viens d'exposer? Je crois pouvoir dire non, sans mériter le reproche de présomption; pour persister dans l'opinion que j'ai soutenue, je n'ai pas besoin de dire que le public s'est trompé. Les devoirs et le bonheur de la vie de famille, noblement compris, noblement exprimés, sont toujours assurés d'exciter dans l'auditoire une vive sympathie : le public a donc eu raison d'applaudir les sentimens placés dans la bouche de Julien; mais personne, je crois, n'a le droit de voir dans ces applaudissemens l'approbation de la conduite que l'auteur prête à Julien. Je pense, pour ma part, que les maris exposés au même danger ne suivraient pas son exemple, et s'efforceraient de regagner le cœur d'une femme égarée, au lieu de mettre leur bonheur à la merci de leur éloquence. Du moment, en effet, que le triomphe du devoir ou de la passion dépend d'une lutte oratoire, l'espérance du mari paraît présomptueuse; il peut rencontrer dans l'homme qui aime sa femme une langue plus habile, une imagination plus éclatante. Ne faut-il pas alors que le devoir s'humilie? Que devient la thèse choisie par M. Augier? Il faut, pour affirmer qu'une

femme doit en toute occasion préférer son mari à son amant, affirmer en même temps que l'amant ne parlera jamais aussi bien que le
mari; car je ne puis donner un autre sens aux paroles de Gabrielle :
« O père de famille! ô poète! je t'aime. » Si Julien n'eût pas trouvé
dans sa mémoire une douzaine d'images bien assorties, il était donc
condamné à perdre Gabrielle?

Je regrette que M. Augier, au lieu de voir dans le succès de *Gabrielle* un encouragement à poursuivre la peinture des mœurs contemporaines, ou plutôt, pour parler plus franchement, une raison
d'entreprendre avec sincérité, avec résolution, ce qu'il avait à peine
ébauché, soit revenu, en écrivant *le Joueur de flûte*, à son point de départ. L'auditoire, il faut bien le dire, avait applaudi dans *Gabrielle*
l'intention plutôt que l'exécution. En produisant ma pensée sous cette
forme qui pourra sembler paradoxale, je ne crains pas de rencontrer
de contradicteurs sérieux. L'auteur, au lieu de mettre à profit la
bienveillance de l'auditoire, est retourné à ses premières études, à ses
premières fantaisies. Je retrouve dans *le Joueur de flûte* toutes les qualités de détail qui recommandent *la Ciguë*; mais le talent de M. Augier
m'inspire une trop vive sympathie pour qu'il me soit possible de lui
déguiser ma pensée en ce qui touche la conception de son nouvel
ouvrage. Les données que nous fournit l'antiquité sur la vie et la mort
de Laïs se réduisent à bien peu de chose; ces données pourtant ont un
caractère vraiment poétique, et M. Augier semble avoir pris plaisir à
les dépouiller de ce caractère. Plutarque, dans la *Vie de Nicias*, nous
apprend, en quelques lignes, que Laïs fut réduite en captivité et vendue dans l'expédition dirigée contre la Sicile par Nicias et Alcibiade.
Il n'en dit pas davantage, et nous en serions réduits aux conjectures
sur la vie de cette courtisane fameuse sans les révélations d'Athénée.
Le cinquante-quatrième et le cinquante-cinquième chapitre du treizième livre des *Deipnosophistes* nous offrent en effet des renseignemens curieux. Enlevée dès l'âge le plus tendre à la ville d'Hyccara, sa
patrie, Laïs, vendue comme esclave, s'établit à Corinthe, qui était alors
la ville la plus corrompue de la Grèce. Sa beauté lui donna bientôt des
richesses considérables. Athénée raconte qu'Apelles, l'ayant rencontrée au bord d'un ruisseau puisant de l'eau, la conduisit à un banquet où il avait réuni de nombreux amis; et comme ils se plaignaient
de voir arriver une vierge au lieu d'une courtisane qu'ils attendaient,
il leur répondit : « Avant trois ans, je vous la rendrai telle que vous
la souhaitez. » Ce n'est pas ce début que je veux louer comme poétique,
je n'ai pas besoin de le dire; mais vers l'âge de quarante ans, après
avoir épuisé toutes les jouissances du luxe et de la richesse, Laïs devint amoureuse d'un jeune Thessalien, et quitta Corinthe pour le
suivre. Les femmes de Thessalie, jalouses de sa beauté, et peut-être

aussi, quoique Athénée ne le dise pas, éprises de l'homme qu'elle aimait, la mirent à mort dans le temple même de Vénus, où elle s'était réfugiée; et pour perpétuer le souvenir de cette violation du droit d'asile, le temple prit le nom de *Vénus impie*. L'épitaphe de Laïs nous a été conservée, et mérite d'être rapportée, car c'est en Grèce seulement qu'on pouvait ainsi célébrer la beauté d'une courtisane: « La Grèce, fière de son invincible courage, a été réduite en servitude par la beauté de Laïs, comparable aux déesses; l'amour a engendré Laïs, Corinthe l'a nourrie, elle est maintenant ensevelie dans les nobles champs de la Thessalie. »

Il y a certainement dans la destinée de cette courtisane quelque chose d'émouvant. Cette femme qui, après avoir trouvé dans sa beauté tous les enivremens de la richesse et de l'orgueil, meurt victime de sa beauté même, vendue à l'âge de sept ans, vouée dès sa puberté au culte de Vénus, amoureuse pour la première fois à l'âge où la beauté s'enfuit, et pourtant belle encore, belle au point d'armer contre elle-même les femmes thessaliennes, n'offre-t-elle pas au poète un sujet nettement caractérisé, et qui échappe au reproche de vulgarité par son dénoûment tragique? Pour se ranger à mon avis, il n'est pas nécessaire d'avoir lu Athénée, il suffit de parcourir les lignes que je viens de tracer. M. Augier, en prenant pour héroïne la plus célèbre courtisane de Corinthe, ne paraît pas avoir songé un seul instant à tenir compte de l'histoire; je ne lui reprocherais pas l'ignorance ou l'oubli de la réalité, s'il eût trouvé dans son imagination quelque chose de mieux; malheureusement *le Joueur de flûte*, quels que soient d'ailleurs les mérites de détail qui le recommandent, est bien loin d'offrir le même intérêt que les deux chapitres d'Athénée.

Chalcidias, qui, dans le treizième livre des *Deipnosophistes*, s'appelle Pausanias, a vendu sa liberté à Psaumis pour jouir pendant huit jours de la beauté de Laïs. Avec les deux talens qu'il a reçus en échange de sa liberté, il a pris possession de la courtisane sicilienne, que se disputaient à l'envi les rois, les généraux, les orateurs, les philosophes, car Laïs triomphe des scrupules les plus rebelles. Pour savourer sans contrainte le bonheur qui doit si tôt lui échapper, il ne doit livrer sa personne, qu'il a vendue, qu'à l'expiration de son bail avec Laïs, et il entre dans son lit sous le nom d'Ariobarzane, satrape du grand roi, satrape de Perse. Le huitième jour s'achève. Psaumis, qui convoite lui-même la beauté de Laïs, se croit maître du terrain par le départ d'Ariobarzane; mais, comme il veut concilier le soin de ses plaisirs et le soin de sa caisse, il songe à se défaire de son emplette avec un bénéfice raisonnable. Il avait acheté Chalcidias pour plaire à sa femme; sa femme ne se soucie plus du joueur de flûte, et il veut acheter la courtisane sans bourse délier, c'est-à-dire en consacrant à ses plaisirs le bénéfice qu'il réalisera. Bomilcar le Carthaginois, à qui Psaumis propose le marché, et qui sait que Chalcidias a résolu de se tuer pour échapper à l'esclavage, l'achète pour trois talens, mais avec l'espérance de réaliser à son tour un bénéfice bien autrement séduisant, car il a deviné l'amour de Laïs pour Chalcidias; en révélant à Laïs ce qu'a fait Chalcidias pour la posséder, sa résolution désespérée pour ne pas survivre à son bonheur, il obtient d'elle cent talens pour prix de l'esclave qu'il lui cède. Laïs, amoureuse de Chalcidias, sûre d'être aimée de lui en apprenant le sacrifice terrible qu'il n'a pas craint de lui faire, n'hésite pas a se dépouiller de ses richesses pour posséder librement sa nouvelle conquête. Elle n'estime pas Chalcidias au-dessous de cent talens, c'est-à-dire au-dessous de cinq cent quarante mille francs. Chalcidias, pour posséder Laïs pendant huit jours, n'avait donné que dix mille huit cents francs. Il est vrai qu'il avait vendu sa liberté pour deux talens, et que Laïs, même après cette emplette qui étonnera sans doute plus d'un lecteur, n'est pas encore réduite à vendre sa liberté.

Comparez la comédie de M. Augier au récit d'Athénée : de quel côté se trouve la poésie? de quel côté l'intérêt? La courtisane de Corinthe, amoureuse pour la première fois, suivant son nouvel amant jusqu'en Thessalie dans l'espérance de lui dérober les souillures de sa vie passée, mourant au pied de l'autel de Vénus, n'est-elle pas plus vraie, plus inattendue, plus émouvante que la courtisane vendue hier à l'homme qu'elle veut acheter aujourd'hui? La réponse ne saurait être douteuse. Parlerai-je de Psaumis, qui raconte comment il est devenu père sans le vouloir et presque sans le savoir, et qui achète Chalcidias pour apaiser les caprices de sa femme? Un tel personnage ne sert ni directement ni indirectement au développement de la pensée principale. L'avarice de Psaumis, doublée de libertinage, n'offre pas à Laïs une tentation assez forte pour relever le prix du sacrifice qu'elle accomplit. A quoi renonce-t-elle pour suivre Chalcidias? Aux caresses d'un vieillard qui ne consent pas même à payer généreusement les plaisirs que son âge lui défend. Je ne dis rien du Carthaginois, qui, dans la pensée de l'auteur, n'est évidemment destiné qu'à nous révéler tour à tour l'avarice de Psaumis et l'ardeur de Laïs pour le premier homme qu'elle aime. Quant à Chalcidias, c'est, à mes yeux, un personnage manqué. Je concevrais très bien que Laïs le rachetât pour le soustraire à l'esclavage, qu'au don de la liberté elle ajoutât le don de sa personne, qu'elle ne crût pas payer trop cher le sacrifice accompli par Chalcidias en le payant de sa beauté; mais, pour que le rachat de Chalcidias fût revêtu d'un caractère vraiment poétique, il faudrait qu'il n'eût pas été précédé de l'achat de Laïs. Comment Chalcidias peut-il aimer la courtisane dont le lit s'est ouvert devant ses largesses, et qu'il a tenue dans ses bras immobile et froide comme une statue?

Comment Laïs, qui s'est vendue à Chalcidias, peut-elle espérer conquérir son amour même au prix de cent talens? N'est-elle pas flétrie sans retour aux yeux de l'homme qu'elle aime, à qui elle a vendu ses caresses? Chalcidias pourra-t-il jamais oublier le marché conclu avec Ariobarzane?

Il y a cependant beaucoup de talent dans *le Joueur de flûte* comme dans les précédens ouvrages de M. Augier; je peux même dire, sans flatter l'auteur, que plusieurs parties de sa nouvelle comédie se recommandent par un style plus ferme, plus précis que *la Ciguë*. Malheureusement, à côté d'un passage écrit avec une rare élégance, on trouve des vers empreints d'une grossièreté préméditée, qui blessent inévitablement toutes les oreilles délicates; l'esprit le plus tolérant, le plus indulgent, le moins enclin à la pruderie ne peut se défendre d'un mouvement de dépit en voyant les images les plus gracieuses encadrées dans les plaisanteries du goût le plus douteux. Plusieurs des passages que je signale ont disparu entre la première et la deuxième représentation; toutefois, bien que l'auteur, docile aux conseils de ses amis, se soit fait justice et n'ait pas hésité à sacrifier quelques douzaines de vers, il reste encore dans sa dernière comédie bien des taches qu'une main sévère devrait effacer. Le parti pris d'opposer la réalité grossière à l'image élégante et poétique est un procédé qu'il faut renvoyer aux esprits vulgaires; tout homme qui prend au sérieux l'art littéraire doit s'en abstenir comme d'une habitude vicieuse. Qualifier les femmes de *guenons*, traiter les hommes de *canaille*, de *coquins*, de *gredins*, sans nécessité, sans que la situation appelle impérieusement l'emploi du langage trivial, ne sera jamais qu'un puéril caprice. Quoique M. Augier ait biffé prudemment les paroles que je souligne, il n'est pas inutile d'en tenir compte, car les taches effacées dans *le Joueur de flûte* ont des sœurs trop nombreuses dans les précédentes comédies de M. Augier. Molière ne s'est jamais mépris sur le rôle des termes vulgaires. Quand il lui arrive de recourir à la langue triviale, ce n'est jamais à l'étourdie, c'est toujours à bon escient; c'est qu'il a besoin de ramener sur la terre l'extase d'un amant, c'est qu'il cherche la comédie dans le contraste permanent de l'illusion et de la réalité. Ai-je besoin d'invoquer des exemples à l'appui de ma pensée? Depuis *l'École des Femmes* jusqu'aux *Femmes savantes*, depuis *George Dandin* jusqu'au *Médecin malgré lui*, est-il possible de prendre Molière en flagrant délit de grossièreté préméditée? M. Augier, qui a fait de Molière une étude assidue, saura bien me comprendre à demi-mot.

La langue, envisagée dans ses conditions fondamentales, abstraction faite de toute question d'élégance et de goût, n'est pas toujours respectée par l'auteur de *la Ciguë* et du *Joueur de flûte* avec un soin assez scrupuleux : tantôt, parlant de l'argent et du bonheur, il dit que, si l'argent ne donne pas le bonheur, *il l'aide;* or, tous les écoliers savent très bien qu'on aide une personne et qu'on aide à une chose. Ailleurs, il fait dire à une femme parlant de son amant : Tu vois que je le reçois *d'une froideur extrême.* Où et quand s'est-on jamais servi d'une pareille locution? Dans *le Joueur de flûte,* nous entendons Chalcidias dire qu'il a *exercé* le luxe et l'insolence : n'est-ce pas, aux yeux mêmes des humanistes les plus complaisans, un néologisme par trop excentrique? Dans une autre scène du même ouvrage, nous entendons parler *d'un temple d'asile.* Jusqu'à présent, nous connaissions l'asile des temples, le caractère inviolable des lieux consacrés au culte de la divinité; le renversement inattendu de la locution usitée n'offre pas à l'esprit un sens facile à saisir. Je ne crois pas inutile de relever ces fautes purement grammaticales; car, si la connaissance complète et la pratique assidue des lois de la langue ne sont pas les seuls fondemens d'un style élégant et pur, il est certain du moins qu'il n'y a pas de style châtié, de style vraiment élégant, sans la connaissance et la pratique des lois de la langue. Quelque dédain qu'on éprouve pour la forme et l'arrangement des mots, il ne faut jamais oublier la réponse d'un père de l'église consulté sur l'opportunité des études grammaticales. On lui demandait si la foi permettait ces études profanes; il répondit avec sagacité : « La foi ne proscrit pas de pareilles études, car elles sont souverainement utiles, ne fût-ce que pour s'entendre sur les matières de la foi. » Eh bien! ce qui est vrai dans l'ordre théologique n'est pas moins vrai dans l'ordre littéraire. Si la langue, envisagée dans ses lois fondamentales, n'est pas le style tout entier, le style a pourtant pour condition première le respect des lois de la langue. M. Augier écrit en vers d'une façon abondante et spontanée; le rhythme et la rime lui obéissent sans se faire prier : il ne faut pas qu'il se laisse abuser par l'abondance et la spontanéité du langage au point de ne pas revoir, de ne pas modifier, de ne pas corriger les paroles inexactes, les images obscures, les locutions vicieuses que cinquante auditeurs tout au plus peuvent remarquer, parce qu'ils ont l'oreille exercée, mais qui cependant, à l'insu même de ceux qui ne sont pas capables d'en tenir compte, jettent dans la trame du dialogue une fâcheuse obscurité. S'il n'y a pas de petites économies lorsqu'il s'agit de s'enrichir, il n'y a jamais non plus de scrupules puérils lorsqu'il s'agit d'écrire; la valeur et l'arrangement des mots jouent un rôle si important dans la révélation de la pensée, qu'on ne saurait les peser trop attentivement, les trier avec trop de soin, avant de les mettre en œuvre.

M. Augier ne paraît pas comprendre l'importance de l'unité dans le style; il semble se complaire dans la perpétuelle opposition de l'élégance et de la vulgarité. Séduit par la lecture assidue des *Femmes savantes* et d'*Amphitryon,* il oublie ou il néglige complétement le

Misanthrope et *l'École des Femmes*. Ce n'est pas, à Dieu ne plaise, que je prétende mettre *Amphitryon* et *les Femmes savantes* au-dessous du *Misanthrope* et de *l'École des Femmes*, car *les Femmes savantes* sont, à mon avis, le plus parfait des ouvrages de Molière; mais pour un esprit attentif le style de ces divers ouvrages ne sera jamais un style unique. Il y a dans l'*Amphitryon* et dans *les Femmes savantes* un souvenir, une saveur de Regnier qui ne se retrouve ni dans *l'École des Femmes* ni dans *le Misanthrope*. M. Augier, qui connaît la langue de Molière et qui en mainte occasion a fait de ses lectures un usage si heureux, n'a pas encore senti la nécessité d'étudier les transformations du style de ce maître illustre. A quarante ans, Molière écrivait *l'École des Femmes*, modèle d'élégance, d'ingénuité, de franchise. Quatre ans plus tard, il écrivait *le Misanthrope*, où l'élégance, sans rien prendre d'affecté, se distingue par un caractère plus soutenu. L'année suivante, il écrivait *Tartufe*, dont la langue pour les yeux clairvoyans est plus savante et plus précise que la langue du *Misanthrope*. Enfin, à cinquante ans, il écrivait *les Femmes savantes*, effort suprême de son génie, que sans doute il n'eût jamais surpassé, lors même que la mort l'eût épargné pendant dix ans. Le style des *Femmes savantes* me semble réunir toutes les conditions du dialogue comique. Je ne crois pas qu'il soit possible de porter plus loin la clarté, l'évidence, le mouvement, l'ironie familière, la raillerie incisive et mordante, l'expression vive et colorée de tous les détails de la vie ordinaire : une telle vérité n'a pas besoin d'être démontrée; mais un poète comique, un poète qui prend Molière pour conseil et pour guide, ne peut se dispenser de graver dans sa mémoire la différence qui sépare *l'École des Femmes* des *Femmes savantes*. S'il ne tient pas compte de cette différence, s'il confond, je ne dirai pas dans une commune admiration, car l'admiration n'est que justice, mais dans une imitation commune et simultanée, *l'École des Femmes* et *les Femmes savantes*, il doit nécessairement rencontrer sur sa route un écueil que la prudence la plus avisée ne saurait éviter. Quoi qu'il fasse, quoi qu'il tente, malgré toutes les ressources de son esprit, son style manquera toujours d'unité, — et c'est en effet ce qui arrive à M. Augier : il y a dans ses meilleures pages d'étranges dissonances. L'imagination, transportée dans les régions de la poésie la plus sereine par l'élégance et l'éclat des images, se réveille en sursaut dès qu'elle entend une comparaison tirée de la vie la plus vulgaire; elle s'étonne et s'inquiète, et le goût le plus indulgent est obligé de condamner ces dissonances, qu'on est convenu, non sans raison, d'appeler criardes.

Il est évident que M. Augier ne possède qu'une notion incomplète des conditions du style comique. Il réduit ces conditions au contraste permanent de l'idéal et de la réalité, et ne s'aperçoit pas que ce contraste, renfermât-il, ce qui est loin d'être vrai, toutes les conditions de

la comédie, ne dispenserait pas le poète de l'unité de style. Que chaque
personnage parle selon son rang, selon son rôle; qu'Agnès et Horace,
Alain et Arnolphe expriment leur pensée chacun à sa manière, rien de
mieux, j'y consens, et, pour le trouver mauvais, il faudrait fermer l'o-
reille aux conseils de la raison; mais greffer la langue d'Alain ou d'Arnolphe sur la langue d'Agnès ou d'Horace, mettre dans la bouche de
Clitandre les paroles de Chrysale ou de Martine, c'est un caprice que
le bon sens ne saurait avouer; lors même que les applaudissemens
du parterre viendraient protester contre la sentence prononcée par le
bon sens, je n'hésiterais pas à suivre l'exemple de Caton : j'épouserais la cause vaincue. Le procédé adopté par M. Augier, suivi avec
persévérance depuis sept ans, n'est pas un hommage rendu à Molière,
mais une violation constante des lois posées par l'auteur des *Femmes
savantes*. Vouloir en toute occasion mêler la langue d'Aristophane avec
la langue de Ménandre, la langue de Plaute avec la langue de Térence,
ce n'est pas se montrer fécond et varié, c'est afficher un dédain superbe
pour les conditions fondamentales du style comique. Si le style de la
comédie exige plus de souplesse et de familiarité que le style de l'é-
popée ou de la tragédie, la souplesse et la familiarité ne doivent pas
être confondues avec les dissonances, et M. Augier gâte comme à plaisir
ses meilleures inspirations par l'abus des dissonances. Des amis aveugles pourront lui dire qu'il y a dans la réalité triviale opposée à l'idéal
poétique un élément de succès, et lui présenter comme des scrupules
puérils les conseils que je lui donne; l'avenir prononcera. Je ne crois
pas que l'unité de style entrave en aucune occasion l'allure de la comédie, car je ne confonds pas, je n'ai jamais confondu l'unité de style
avec l'uniformité des personnages : ce que j'ai dit tout à l'heure ne
laisse aucun doute à cet égard. Que chaque personnage demeure fidèle
à son caractère, qu'il parle selon ses passions, ses intérêts; qu'il garde
en même temps la langue de sa condition, de ses habitudes, qu'il n'essaie pas d'étonner l'auditoire en prononçant des paroles qui n'ont jamais dû passer par ses lèvres. C'est là un caprice qui peut amuser
quelques esprits blasés, et qui tôt ou tard ne manquera pas d'être sévèrement blâmé; c'est un grain de poivre qui chatouille le palais dont
la sensibilité s'est émoussée, — ce n'est pas un mets vraiment savou-
reux, une chair succulente et saine, et de telles aberrations, protégées
d'abord par l'ignorance et l'aveuglement, seront bientôt jugées comme
elles méritent de l'être. Le contraste permanent de l'idéal et de la réalité descendra au rang des lieux communs.

Dans les cinq comédies que M. Augier a écrites depuis sept ans, il
n'a jamais abordé franchement les devoirs du poète comique. La première, la troisième et la cinquième relèvent directement de la fantaisie,
et, malgré le talent qui les recommande, ne peuvent être acceptées

comme de véritables comédies, car le poète comique doit attaquer les vices et les ridicules de son temps. Ce n'est pas en nous transportant dans le siècle de Périclès, dans le palais de Clinias ou de Laïs, qu'il peut espérer d'agir puissamment sur l'auditoire. Mucarade, Clorinde et don Annibal sont tout simplement des personnages traditionnels rajeunis par une fantaisie ingénieuse; il m'est impossible de voir en eux l'image d'un temps déterminé. J'ai dit pourquoi le *Joueur de flûte*, malgré les qualités que je me plais à reconnaître dans plusieurs passages, est au-dessous de *la Ciguë* et de *l'Aventurière*. Il y a dans *la Ciguë*, dans *l'Aventurière*, un plan, une composition, une pensée nette et facile à saisir, qui s'annonce, qui se développe, qui sert à nouer, à dénouer une action. La pensée du *Joueur de flûte* demeure confuse. Si l'auteur a voulu nous peindre la courtisane amoureuse, et je crois qu'il serait difficile de lui prêter une autre intention, il n'a pas accompli sa volonté assez franchement, assez simplement pour que nous puissions la juger avec une entière sécurité. Bien que Laïs, en effet, soit le personnage principal, Bomilcar et Psaumis tiennent tant de place dans cette comédie, le caractère de Chalcidias est dessiné avec tant d'indécision, qu'il est permis de se demander si l'auteur n'a voulu nous peindre que les souffrances de la courtisane amoureuse.

Quant aux deux comédies que M. Augier a tirées de la vie réelle, je les mets fort au-dessous de *la Ciguë* et de *l'Aventurière*. Les applaudissemens obtenus par *Gabrielle* ne sont pas, à mes yeux, un argument victorieux. Le public a eu raison d'applaudir le talent que l'auteur a montré dans *Gabrielle*, mais il a eu tort de préférer *Gabrielle* à *l'Aventurière*, c'est-à-dire la peinture incomplète de la réalité à la peinture ingénieuse et animée d'un monde consacré par une longue tradition, et rajeuni par la fantaisie.

Quel rang faut-il donc assigner à M. Augier? Si la comédie, comme je le pense, doit se proposer la peinture de la vie réelle, est-il permis de classer parmi les poètes comiques l'écrivain qui, depuis sept ans, a toujours été plus heureusement inspiré par la fantaisie que par le souvenir des vices et des ridicules que nous coudoyons? Si l'auteur était moins jeune, nous devrions le juger avec sévérité; mais il a tant d'années devant lui, que notre sentence doit se présenter sous la forme de conseil. Oui, sans doute, la fantaisie la plus ingénieuse, le style le plus coloré ne sauraient, chez un poète comique, remplacer l'étude et la peinture de la réalité, car la comédie vit de réalité; mais, lorsqu'il s'agit d'un poète de trente ans, qui a déjà donné des gages si heureux, il faut se rappeler la pensée si bien exprimée par un écrivain de l'antiquité : justice absolue, souveraine injustice. M. Augier ne connaît pas les hommes et les choses de notre temps comme devrait les connaître un poète comique. Il paraît avoir étudié les traditions de la comédie beaucoup plus assidûment que la comédie même, c'est-à-dire que la vie réelle. C'est là, sans doute, une méprise très grave, mais ce n'est pas une méprise irréparable. Si M. Augier ne connait pas ou ne connaît que très incomplétement la société qu'il se propose de peindre, il est impossible de lui contester la faculté d'exprimer sa pensée, quelle qu'elle soit, dans une langue vive et pénétrante. Qu'il nous transporte dans les régions de la fantaisie, ou qu'il nous promène au milieu des détails de la vie familière, l'image ne lui manque jamais. Il dit très bien et très nettement tout ce qu'il veut dire; sa parole ne bronche pas et traduit fidèlement sa rêverie ou sa raillerie. Il faut lui tenir compte de ce don précieux. Assurément, ce don, si éclatant qu'il soit, ne suffit pas pour former l'étoffe entière d'un poète comique. Trouver pour sa pensée une expression toujours docile et ne pas connaître dans toute sa profondeur, dans toute sa variété, le sujet qu'on veut traiter, c'est se présenter au combat avec une moitié d'armure. La parole la plus abondante ne remplacera jamais la justesse et la précision de la pensée. Or, pour atteindre à la justesse, à la précision, il faut partager sa vie entre le commerce des livres et le commerce des hommes, soumettre constamment les livres au contrôle de la réalité et comparer la réalité au témoignage des livres, et ne pas mettre en scène les personnages qui, depuis plusieurs siècles, ont disparu du monde des vivans. Quiconque n'est pas résigné à ce double travail doit renoncer au titre de poète comique. M. Augier ne connaît que trop bien les personnages traditionnels de la comédie; qu'il étudie avec le même soin, la même ardeur, les personnages réels dont se compose la société moderne; qu'il abandonne le puéril plaisir de rajeunir par l'expression les types autrefois justement applaudis, mais qui ont fait leur temps, pour le plaisir plus sérieux de créer des types nouveaux, c'est-à-dire des types qui nous offrent l'image fidèle du monde où nous vivons. Sans doute, c'est une tâche plus difficile, mais c'est la seule qui soit vraiment digne d'un poète comique, la seule dont l'accomplissement puisse fonder une solide renommée. Dès à présent, quoi que veuille dire l'auteur de la *Ciguë*, la parole lui obéit; le rhythme et la rime se plient à tous ses caprices : qu'il demande ses pensées à la réalité au lieu de les demander a la fantaisie, et il pourra prétendre au nom de poète comique.

GUSTAVE PLANCHE.

CABECILLAS Y GUERRILLEROS

SCÈNES DE LA VIE MILITAIRE AU MEXIQUE.

*

———

LE SOLDAT CUREÑO.[1]

————•——

La route de Guadalajara à Tepic traverse la Sierra-Madre. Là encore, dans cette chaîne de montagnes aux flancs arides, qui tour à
tour se dressent en pics aigus ou se déchirent en âpres défilés, la
guerre de l'indépendance a laissé d'ineffaçables souvenirs. J'étais impatient de visiter cette curieuse partie du Mexique, et de son côté le
capitaine don Ruperto avait grande hâte de se retrouver sur ces plateaux de la sierra qui lui rappelaient tant de journées, tant de nuits
aventureuses de sa jeunesse : ce ne fut pourtant qu'en débouchant
dans la plaine de Santa-Isabel, deux jours après avoir quitté le village
d'Ahuacatlan, que nous aperçûmes enfin à l'horizon les dentelures
bleuâtres de la Cordilière. Dès ce moment, nous pressâmes le pas
d'un commun accord, et quelques heures de course à travers les
hautes herbes nous conduïsirent, à peu de distance des montagnes,
devant une hutte de bambous que le capitaine Ruperto m'avait d'a-
vance indiquée comme lieu de halte.

— Holà! Cureño, cria le capitaine en arrêtant son cheval devant la
hutte; holà! êtes-vous encore mort ou vivant?

(1) Voyez les livraisons du 15 septembre et du 15 novembre 1850.

— Qui m'appelle? répondit une voix cassée dans l'intérieur de la cabane.

— Le capitaine Castaños, *con mil diablos!* repartit le guerrillero; celui qui a mis le feu au canon dont vous étiez la *cureña* (1).

Une effroyable figure vint se traîner sur le seuil de la cabane; c'était un vieillard horriblement contrefait, et dont l'épine dorsale semblait disloquée et tordue. Le malheureux ne marchait qu'en rampant. Contractés par la vieillesse et par la souffrance, ses traits avaient gardé cependant une expression de noblesse et de fierté qui me frappa. Sur son front forcément courbé vers la terre, sillonné de rides profondes et de veines saillantes, de longues mèches de cheveux blancs tombaient en désordre. Autour de ses bras nus s'enroulaient des veines aussi grosses que les tiges d'un lierre qui a vieilli collé au tronc d'un chêne robuste. A voir ce vieillard étrange, au visage ridé, à demi caché par une chevelure épaisse comme une crinière, on eût dit un lion décrépit, estropié dans l'âge de sa force par la balle du chasseur.

— Eh bien! mon brave Cureño, dit le guerrillero, je suis aise de retrouver encore en vie un des vieux débris des anciens temps.

— Nos rangs s'éclaircissent, il est vrai, répondit le vieillard; encore quelques années, et l'on cherchera vainement les premiers soldats de l'indépendance.

— Et la Guanajuateña n'est donc pas ici? demanda Castaños.

— Je suis seul, répondit Cureño; depuis un an, elle dort là derrière.

Et il montrait un tamarinier qui s'élevait à quelques pas de la hutte.

— Dieu ait son ame! dit le capitaine; mais avouez, mon brave, que vos services ont été assez mal payés.

— Que voulez-vous de plus qu'un coin de terre pour y vivre et s'y faire enterrer? répliqua simplement le vieillard. Est-ce donc dans l'espoir d'une récompense que nous nous faisions jadis casser les os? La postérité se rappellera le nom de Cureño, et cela suffit.

La question de don Ruperto et la réponse du vieux soldat me firent deviner que j'avais sous les yeux un de ces hommes qu'un destin fatal semble condamner à l'oubli après les avoir voués au sacrifice; mais quel héros inconnu voyais-je là? C'est ce que j'ignorais. Nous mîmes pied à terre près de la hutte, dans laquelle nous entrâmes un instant. Là, j'écoutai presque sans y rien comprendre une conversation qui roula exclusivement sur les incidens de la guerre contre les Espagnols. Je n'avais malheureusement pas la clé des faits que les deux interlocuteurs se rappelaient l'un à l'autre. Au bout d'une demi-heure environ, comme nous avions une longue traite à fournir jusqu'à la *venta,*

(1) *Cureña,* affût, d'où *cureño* pour le soldat qui, dans la guerre de l'indépendance a joué ce singulier rôle d'un homme transformé en affût.

située au pied de la Sierra-Madre, nous nous disposâmes à continuer notre route.

— Vous avez là un vigoureux coursier, me dit notre hôte en s'approchant de mon cheval au moment où je mettais le pied à l'étrier.

A la vue de ce corps informe qui rampait pour ainsi dire vers lui, l'animal s'effraya et voulut se cabrer; mais au même instant le bras de Cureño s'allongea vers lui, et le cheval resta immobile en soufflant de terreur.

— Qu'est-ce donc? m'écriai-je.

— Ce n'est rien, répondit le vieillard de sa petite voix grêle, c'est votre cheval que je maintiens sous vous.

Je me penchai sur ma selle, et je vis en effet avec un étonnement profond qu'une des jambes du cheval, pressée dans les doigts nerveux de Cureño, était comme rivée au sol par un lien de fer.

— Dois-je le lâcher? dit l'athlète en riant.

— Si c'est votre bon plaisir, répondis-je à ce Milon de Crotone, car je vois que mon cheval n'est pas le plus fort.

A peine dégagé de cette formidable étreinte, l'animal se jeta de côté plein d'effroi, et j'eus toutes les peines du monde à le ramener près de la hutte.

— Hélas! dit le vieillard en soupirant, depuis un certain coup de canon auquel don Ruperto que voici a mis le feu, je baisse tous les jours.

— Qu'étiez-vous donc au temps de votre jeunesse, seigneur Cureño? repris-je.

— Castaños vous le dira, répliqua le vieux soldat, duquel nous prîmes congé aussitôt que le capitaine eut consenti à lui promettre de passer un jour tout entier dans sa hutte au retour.

Après avoir quitté ce singulier anachorète, nous continuâmes à marcher dans la direction de la Sierra-Madre, dont les croupes, les rochers, les pics aigus émergeant du brouillard, commençaient à montrer leurs sentiers sinueux, leurs flancs déchirés, leurs gouffres béants. Nous ne tardâmes pas à entrer dans l'ombre que projetaient devant eux ces gigantesques remparts, tandis que bien loin derrière nous les derniers rayons du soleil doraient les cimes de Tequila. C'est alors que le capitaine me montra du doigt, au sommet d'une plate-forme de la sierra, au-dessous de laquelle des flocons de nuage se roulaient paresseusement, un petit bâtiment carré qui semblait un aérolithe tombé du ciel sur ces hauteurs. Cette espèce de forteresse isolée était la *venta* dans laquelle nous devions coucher.

Nous fîmes halte au pied de l'immense chaîne de montagnes pour laisser souffler nos chevaux avant de la gravir, et bientôt, aux lueurs incertaines du crépuscule, nous reprimes notre marche. Nous avions compté sur la lune pour éclairer nos pas, et la lune ne nous fit pas défaut. Elle ne tarda pas à jeter ses pâles clartés sur le sentier que nous suivions, et qui, décrivant de capricieux détours, soit à la base des mornes pelés, soit sur le bord de ravins profonds, montait toujours vers la *venta*. Deux heures d'assez pénibles efforts nous suffirent pour gagner la plate-forme qui de loin semblait si étroite, et qui de près était une plaine immense, dominée par une ceinture de montagnes auxquelles se superposait un gigantesque gradin de collines. Quant à la *venta*, c'était, comme toutes les *ventas* du Mexique, une maison blanche avec des colonnades formant péristyle et un toit de tuiles rouges. Bâtie aux bords de la plate-forme, elle dominait tout le chemin que nous venions de parcourir, et en outre un paysage immense comme celui que doit embrasser l'aigle quand il plane au haut des nuages.

Des muletiers nous avaient précédés dans cette hôtellerie; les feux de leur campement étaient allumés, et leurs mules entravées broyaient la ration du soir. Sous le portique de la *venta* dormaient sur le sol une douzaine d'Indiens, à côté d'un carrosse massif, dont la caisse était séparée du train : c'est seulement ainsi démontées et à dos d'homme que les voitures peuvent franchir la Sierra-Madre. Ce coche et ces Indiens annonçaient la présence de quelques voyageurs dans la *venta*; nous apprîmes en effet que l'un des députés de l'état de Sinaloa au congrès de Mexico venait de s'y arrêter avec sa famille, revenant de Tepic, où nous nous rendions le capitaine et moi.

Pendant que don Ruperto, qui s'était chargé de commander le souper, s'acquittait de sa commission, je m'étais assis sous le péristyle de l'hôtellerie, d'où l'œil pouvait plonger à l'aise dans les gorges de la sierra. La lune éclairait de ses rayons de sauvages profondeurs, du sein desquelles montaient lentement les vapeurs du soir. Partout aux alentours, on ne découvrait que collines superposées l'une à l'autre, rochers déchirés ou fendus comme par l'effort de volcans éteints, et au-delà le regard se perdait sur de vastes plaines, à travers lesquelles s'entrelaçaient à l'infini les ramifications des sierras inférieures. L'arrivée du capitaine, qui venait m'annoncer le souper, put seule m'arracher à la contemplation de ces grandes perspectives. Nous fîmes tous deux honneur au frugal repas qu'on nous avait servi; don Ruperto me proposa ensuite d'aller respirer l'air devant l'hôtellerie, et j'acceptai son offre de grand cœur. A peine étions-nous au bout d'un sentier envahi par les grandes herbes, que le capitaine s'arrêta brusquement et me montra du doigt la terre : à nos pieds se trouvait, à moitié enfoncé dans le sol par son propre poids, un de ces canons que les insurgés avaient traînés des bords de l'Océan Pacifique jusqu'aux dernières limites de l'état de Jalisco. Le guerrillero s'assit sur le canon, en m'invitant à prendre place près de lui. Le ciel d'un bleu foncé était en ce moment semé d'étoiles sans nombre; l'air était tiède; devant la *venta*, autour des feux, les muletiers chantaient leurs naïfs refrains; le son de la clochette des mules nous arrivait mêlé aux frémissemens de la guitare; les chiens de garde répondaient par de plaintifs aboiemens aux bruits vagues et lointains qu'apportait la brise du soir. En me conduisant dans ce lieu retiré, le capitaine avait jugé, me dit-il, que l'heure était bonne pour reprendre le récit de ses aventures militaires : je me hâtai de lui répondre que je pensais comme lui, et don Ruperto, ainsi encouragé, commença un long récit que j'écoutai sans l'interrompre, assis à ses côtés, sur le canon rouillé, autour duquel les grandes touffes des absinthes sauvages entrelaçaient leurs jets vigoureux et répandaient leurs parfums pénétrans.

I. — EL VOLADERO.

L'exécution d'Hidalgo et de ses principaux compagnons d'armes, me dit le capitaine, clot ce qu'on pourrait appeler la première période de la guerre de l'indépendance. A dater de ce moment, la scène changea complétement : au lieu de masses confuses, quelques bandes bien organisées vinrent occuper le théâtre de la guerre, restreint dans de plus étroites limites. Aidés d'un petit nombre de soldats aguerris, les nouveaux chefs de l'insurrection ne furent plus, comme Hidalgo et Allende, gênés dans leurs manœuvres par des populations entières. On cessa de piller les villes, de ravager les moissons, on respecta les troupeaux, on laissa le commerce reprendre son essor, et la cause de l'émancipation, grace à la prudente attitude de ses nouveaux soldats, compta bientôt parmi ses partisans les riches cultivateurs, les commerçans, les propriétaires des grandes *haciendas*. Cette organisation militaire de l'insurrection fut un premier pas vers l'organisation politique. Des journaux se fondèrent pour répandre parmi la population mexicaine les idées libérales et les principes sociaux que le xviii° siècle venait de faire triompher dans l'ancien monde. Ce fut là une des armes les plus redoutables parmi celles qui battirent en brèche, depuis la prise d'armes de 1810 jusqu'à la proclamation de l'indépendance, la domination des vice-rois.

Don Ignacio Rayon personnifie cette seconde phase de l'insurrection, comme le curé Hidalgo avait personnifié la première. Après l'arrestation du curé à Bajan, don Ignacio Rayon prit en main le commandement des bandes restées au Saltillo, augmentées des hommes de l'escorte d'Hidalgo qui purent échapper aux soldats d'Elisondo. Bien que son éducation, faite au collége de San-Ildefonso, l'eût préparé à l'étude des lois plutôt qu'à un rôle militaire, don Ignacio s'éleva rapidement à la hauteur de sa nouvelle tâche, et, se voyant à la tête de

quatre mille hommes, n'hésita point à tenir la campagne avec sa petite armée. Son premier soin fut de battre en retraite vers Zacatécas;
pour atteindre cette ville, il fallait faire cent cinquante lieues dans un
pays aride et dénué d'eau, à travers des populations hostiles. Il fallait
ensuite s'emparer de Zacatécas, et transformer cette place importante
en un centre militaire pour l'insurrection. Cette grande entreprise,
menée à bien avec un grand courage et une haute intelligence par le
général Rayon, est encore aujourd'hui comptée parmi les plus beaux
faits d'armes de sa carrière militaire et de la guerre de l'indépendance.

J'étais du nombre de ces partisans dévoués qui suivirent le général
Rayon dans sa longue et pénible marche du Saltillo à Zacatécas. Après
avoir assisté, comme vous le savez, aux principales scènes du drame
si tristement dénoué à Bajan, je me rendis au Saltillo, où je trouvai
le général Rayon prêt à commencer son mouvement de retraite. On
se mit en marche le 26 mars 1811, cinq jours après l'emprisonnement
d'Hidalgo et de ses compagnons. A peine eûmes-nous quitté le Saltillo,
qu'il fallut commencer les escarmouches avec les *guerrillas* espagnoles.
Pendant quatre jours, ce fut une suite de petits combats qui ne nous
laissaient aucun repos. Arrivés enfin au Pas de Piñones, nous fûmes
arrêtés par la division du général Ochoa. Nos troupes, fatiguées par
quatre jours de marche, allaient plier devant la charge impétueuse de
l'ennemi, sans l'arrivée d'un de nos chefs, le général Torres. Telle fut
l'impétuosité de son attaque, que les Espagnols plièrent à leur tour,
laissant avec nos bagages et nos canons, dont ils s'étaient emparés,
trois cents des leurs sur le champ de bataille. Malheureusement, nos
outres avaient été éventrées, nos barils défoncés dans la bagarre, et
nous avions plus de cent lieues à faire encore au milieu de déserts sans
sources et sans ruisseaux. Nous traînions avec nous une foule considérable de femmes. Chacun de nous, presque subitement improvisé soldat, avait amené la sienne. Vous ne pourriez vous faire une idée des
tortures atroces que nous fit endurer la soif pendant cette longue
marche entre un ciel que ne couvrait jamais un nuage et une terre
aride que la rosée des nuits ne rafraîchissait même pas.

Le manque d'eau n'étendait pas seulement ses cruels effets aux
hommes et aux animaux, il rendait encore inutiles nos armes les plus
redoutables. A peine les pièces d'artillerie avaient-elles été chargées et
déchargées une ou deux fois, qu'échauffées par un soleil ardent, elles
étaient hors de service. C'est dans cet état de faiblesse et de désarroi
qu'il nous fallait pourtant soutenir sans cesse des luttes acharnées
contre les troupes espagnoles. Heureusement l'énergie morale de notre
armée n'avait subi aucune atteinte; nos femmes mêmes nous donnaient
l'exemple du courage, et les vétérans de l'indépendance n'ont pas ou-

blié le nom de l'une d'entre elles, la Guanajuateña, la compagne du soldat estropié que nous avons rencontré ce matin même. Je ne sais trop par exemple comment vous faire comprendre l'expédient bizarre qu'imagina la Guanajuateña, un jour de détresse où l'eau manquait à nos artilleurs, pour rafraîchir leurs canons incandescens. Qu'il vous suffise de savoir que la Guanajuateña, secondée par la bonne volonté de ses compagnes, tira ce jour-là notre armée d'une fort mauvaise rencontre, et que, grace à son inspiration très heureuse, sinon bien héroïque, nos batteries pourvues d'eau eurent en peu d'instans fait taire les canons ennemis. Ce fut encore la Guanajuateña qui plus tard, pour donner le change aux Espagnols sur le petit nombre de nos soldats, suggéra l'idée de déployer en ligne toutes ses compagnes avec une pièce de canon sur le front de ce bataillon en *enaguas*. L'ennemi, trompé par ce stratagème, nous laissa prendre sans nous inquiéter une position avantageuse qui dominait Zacatecas.

De glorieux faits d'armes allaient cependant interrompre cette série d'escarmouches et nous dédommager des insignifians combats qui avaient rempli les premiers jours de notre retraite. Après l'action dans laquelle le singulier expédient de la Guanajuateña avait assuré la victoire à nos armes, nous fîmes halte dans un endroit appelé *Las Animas.* C'était un triste spectacle, celui que présentait notre camp ce jour-là. Haletans de soif et de fatigue, nous étions couchés sur un sol jonché des cadavres de nos chevaux et de nos mules de charge. Un lugubre silence planait sur les tentes, troublé de temps à autre par les cris d'angoisse des blessés qui, dans les tourmens de la soif, sollicitaient une goutte d'eau pour rafraîchir leurs bouches enflammées par la fièvre. Quelques soldats couraient comme des spectres parmi tous ces corps, les uns à peine vivans, les autres déjà inanimés. Les sentinelles n'avaient presque plus la force de tenir leurs mousquets pendant la faction autour du camp. J'étais moi-même anéanti, et, pour tromper la soif, j'avais collé à mes lèvres la poignée de mon sabre. Non loin de moi, la femme à qui Albino Conde avait confié la garde de son fils et que j'avais prise à mon service pour exécuter les dernières volontés de mon ancien camarade, récitait en pleurant son rosaire, et priait tous les saints du paradis de faire crever sur nous quelque nuage chargé de pluie. Les saints, malheureusement, n'étaient pas d'humeur à nous écouter ce soir-là, car le soleil se couchait splendide dans un ciel d'une implacable sérénité. Pour moi, je priais Dieu que quelques maraudeurs de ma troupe, qui s'étaient écartés à la découverte de sources cachées, pussent réussir dans leur expédition et surtout ne pas oublier leur capitaine. Dieu fut plus clément que les saints invoqués par la pauvre femme qui priait à côté de moi; il m'écouta, car je ne tardai pas à voir s'avancer à pas de loup un de nos maraudeurs de retour au camp. C'était l'homme que je vous ai montré, le compagnon de la Guanajusalea. A cette époque, il n'avait pas encore changé son nom de Valdivia contre celui de Cureño. Il n'était pas non plus affreusement estropié, comme vous l'avez vu; le tronc d'un pin n'était ni plus droit ni plus robuste que son corps. Vous avez été à même de juger de sa force herculéenne; je ne vous en parlerai pas, je me contenterai de vous dire que l'intelligence et le courage égalaient chez lui la vigueur physique. Dans toute circonstance, quelque critique qu'elle fût, Valdivia savait toujours se tirer d'affaire.

— Seigneur capitaine, me dit-il en s'avançant mystérieusement vers moi enveloppé d'un manteau de dragon espagnol qu'il avait ramassé sur un champ de bataille, je vous apporte une outre avec quelques gouttes d'eau pour vous, l'enfant et sa gardienne; mais je désirerais que personne ne nous vît.

— De l'eau! m'écriai-je trop ému en ce moment pour me conformer aux prudentes prescriptions de Valdivia.

— Chut! donc, reprit-il; si même vous m'en croyez, vous attendrez pour boire que la nuit soit venue, et, quand vous aurez bu, je vous dirai où il y a de l'eau en abondance, et je vous ferai une proposition qui vous conviendra.

Je tendis la main avec avidité pour saisir l'outre : — Donnez, pour Dieu! lui dis-je, la soif me consume; comment pourrais-je attendre jusqu'à la nuit?

— Dans dix minutes, on ne verra plus clair. Réflexion faite, je garde l'outre; je n'ai pas envie que des soldats furieux essaient de vous tuer pour vous l'arracher. En attendant, faites seller votre cheval, et vous me rejoindrez sous ce *mesquite* où est le mien tout bridé. Il nous faudra monter en selle tout de suite; il nous reste environ cent cavaliers, faites-leur passer l'ordre de nous attendre là-bas dans la plaine. Nous dirons aux sentinelles que nous allons chercher de l'eau, et on nous laissera passer sans donner l'éveil au général.

Valdivia s'éloigna, malgré mes supplications, en emportant l'outre avec lui. Je m'empressai d'exécuter ses recommandations, et à la nuit tombée nos cavaliers, prêts à partir, nous attendaient à l'endroit convenu. Je pris mon cheval par la bride, j'emmenai la femme et l'enfant, et je rejoignis Valdivia. Au lieu de quelque gouttes d'eau qu'il m'avait promises, il me passa une outre pleine et rebondie. J'eus besoin de faire un effort sur moi-même, tant la soif me dévorait, pour ne pas épuiser à moi seul tout le contenu de l'outre; j'en laissai cependant une ration suffisante pour la femme et le petit Albino, et quand l'outre fut vide :

— Voyons, dis-je à Valdivia, qu'avez-vous à me proposer?

— D'aller, répondit-il, enlever, avec vos cent cavaliers, une *hacienda* à deux lieues d'ici, où il y a de l'eau en abondance, et qui est occupée par un détachement espagnol.

— Partons! m'écriai-je; mais, s'il en est ainsi; pourquoi ne pas avertir le général et lui demander un millier d'hommes?

— Pourquoi? reprit Valdivia, c'est que le général n'est plus maître de ses troupes, et qu'un ordre qu'il donnerait en ce moment hâterait l'explosion d'un complot qui doit livrer l'armée aux Espagnols. Oui, seigneur capitaine, si nous n'enlevons pas tout de suite l'*hacienda* de San-Eustaquio, où j'ai pu me glisser seul et remplir cette outre, demain le général Rayon n'aura plus un soldat. Il y a un traître parmi nous, et ce traître n'est autre que le général Ponce.

Comme Valdivia achevait de parler, un grand tumulte se fit entendre à l'une des extrémités du camp, puis grossit bientôt. Des torches allaient et venaient de tous côtés, éclairant des groupes de soldats dont les cris arrivaient jusqu'à nous. A la lueur des torches, nous vîmes le général Rayon quitter sa tente et s'avancer seul, la tête nue, vers les plus furieux; mais sa voix, d'ordinaire si respectée, semblait méconnue.

— Je m'étais trompé d'un jour, reprit Valdivia; cependant le général aura probablement raison des mécontens jusqu'au lever du soleil; partons, il n'y a pas de temps à perdre, il faut que cette nuit nous puissions revenir annoncer au général que ses troupes auront de l'eau demain.

Le tumulte continuait toujours, quoique moins bruyant, et la voix du général, qui arrivait jusqu'à nous, dominait de plus en plus celle des soldats mutinés. Je montai à cheval, et j'engageai Valdivia à en faire autant. — Il faut d'abord, me répondit-il, que je vous amène une sentinelle ennemie dont j'ai eu soin de me munir.

Et sans prendre la peine de m'expliquer ces paroles énigmatiques, Valdivia s'éloigna; mais je ne tardai pas à le voir revenir, portant sous son bras une masse noire et mouvante. Quand il fut près de moi, je reconnus que cette masse était un homme revêtu du costume de lancier espagnol. Valdivia mit l'homme à terre, délia ses cordes; et le fit monter en croupe derrière lui. Mon robuste compagnon avait trouvé que le plus court moyen de se glisser jusqu'au puits de l'*hacienda* était de garrotter la sentinelle placée près de la citerne, et de nous l'adjoindre comme un guide nécessaire dans notre excursion nocturne. Comment il avait mené à bien ce hardi coup de main, comment il avait enlevé de terre et lié sur son cheval le lancier espagnol? Valdivia n'avait pas besoin de me le dire, et ses bras nerveux m'en apprenaient à cet égard plus que ses paroles. Le camp étant redevenu calme pendant la courte absence de Valdivia, il ne nous restait qu'à continuer bravement l'entreprise si heureusement commencée. Nous allâmes donc sans retard rejoindre les cavaliers qui nous attendaient dans la plaine, et, à la tête de cette petite troupe, nous chevauchâmes vers l'*hacienda*, éperonnant de notre mieux nos chevaux épuisés. Pendant le trajet, nous inter-

rogeâmes le prisonnier sur la situation et la force de la garnison espagnole qui occupait l'*hacienda* de San-Eustaquio. Cette garnison se
composait, nous dit le lancier, de cinq cents hommes à peu près sous
les ordres du commandant Larrainzar, homme orgueilleux, brutal et
détesté de ses soldats. Nous obtînmes encore d'autres renseignemens
sur la position des troupes et sur les endroits les moins bien défendus.

Ce ne fut pas sans de grandes difficultés toutefois que nous pûmes
franchir, au milieu de chemins affreux et avec des chevaux exténués,
les deux ou trois lieues qui séparaient l'*hacienda* de notre camp. Vous
comprendrez pourquoi la route était si difficile. Non loin de la ville de
Zacatecas, que le général Rayon cherchait à gagner, quoiqu'il la sût
occupée par l'ennemi, la Sierra-Madre se divise en deux branches. La
première, celle même où nous nous trouvons maintenant, se dirige du
nord au sud parallèlement aux rivages de l'Océan Pacifique, l'autre
court du nord à l'est en suivant la courbure du golfe du Mexique. C'é-
tait sur un des points les plus élevés de cette dernière ramification
qu'était située l'*hacienda* dont nous voulions nous emparer. Elle occupait l'extrémité d'un des plus larges plateaux de la Cordillère.

Arrivés à l'*hacienda* sans avoir été aperçus, grace à l'obscurité d'une
nuit sans lune, nous fîmes halte sous de grands arbres, à quelque distance du bâtiment, et je me détachai de ma troupe pour pousser une
reconnaissance. L'*hacienda*, ainsi que je pus le voir en me glissant
à travers les arbres, formait un grand parallélogramme massif, soutenu par d'énormes contreforts de pierres de taille, et percé seulement
sur le côté tourné vers la sierra de quelques rares fenêtres, ou plutôt
de meurtrières garnies de gros barreaux de fer. Une muraille d'enceinte, haute, large et crénelée, qui s'élevait sur un des côtés de ces
parallélogrammes, comprenait la cour, les écuries, les remises et les
granges. La garnison espagnole était logée et campée dans cette cour.
À l'angle de l'*hacienda* opposé à celui où je me trouvais, s'élevait au-
dessus du toit en terrasse un clocher carré à trois étages qui indiquait
l'emplacement de la chapelle. Quant aux derrières de l'*hacienda*, ils
étaient mieux protégés encore que les côtés par un gouffre sans fond.
Le long de ce gouffre, les murailles de l'*hacienda* se joignaient presque
à une autre muraille à pic taillée par la nature dans un entassement
de rocs dont le regard, si loin qu'il plongeât dans le ravin, cherchait
en vain la base, car des vapeurs bleuâtres qui s'élevaient sans cesse
du précipice ne permettaient pas d'en mesurer la profondeur. On connaissait dans le pays cet endroit sous le nom du *Voladero*.

J'avais exploré tous les côtés du bâtiment, moins celui-ci; je ne sais
quel scrupule d'honneur militaire me poussa à continuer ma tournée
le long du ravin qui protégeait les derrières de l'*hacienda*. Entre les
murs et le précipice, il y avait un petit sentier large de six pieds à peu
près; le jour, le trajet n'eût pas été dangereux, mais la nuit c'était

une périlleuse entreprise. Les murs de la ferme avaient un grand développement, le sentier se déroulait sur toute leur surface, et le suivre jusqu'au bout dans les ténèbres, à deux pas d'un ravin creusé à pic n'était pas chose très facile, même pour un cavalier aussi habile que moi. Je n'hésitai pas cependant, et je lançai bravement mon cheval entre les murs de la ferme et le gouffre de Voladero.

J'avais franchi sans encombre la moitié de la distance, quand mon cheval hennit tout à coup. Ce hennissement me donna le frisson; j'étais arrivé à une passe où le terrain avait juste la largeur nécessaire pour les quatre jambes d'un cheval : retourner sur mes pas était impossible.

— Holà! m'écriai-je à haute voix, au risque de me trahir, ce qui était moins dangereux encore que de rencontrer un cavalier en face de moi dans un tel chemin, — il y a un chrétien qui passe le long du ravin; n'avancez pas.

Il était trop tard; un homme à cheval venait de dépasser l'un des contreforts de pierre qui çà et là rétrécissaient cette route maudite; il s'avançait vers moi : je chancelai sur ma selle, le front baigné d'une sueur froide.

— Ne pouvez-vous reculer, pour l'amour de Dieu! m'écriai-je effrayé de l'affreux danger que nous courions tous deux.

— Impossible, répondit le cavalier d'une voix rauque.

Je recommandai mon ame à Dieu. Tourner bride faute d'espace, faire à reculons le chemin que chacun de nous venait de parcourir, mettre pied à terre, c'étaient là trois impossibilités qui plaçaient l'un de nous deux en face d'une mort certaine : entre deux cavaliers lancés sur ce sentier fatal, l'un eût-il été le père et l'autre le fils, il fallait évidemment qu'il y eût une proie pour l'abîme. Quelques secondes cependant s'étaient écoulées, et nous étions arrivés en face l'un de l'autre, le cavalier inconnu et moi; nos chevaux se trouvaient tête contre tête, et leurs naseaux frémissans de terreur confondaient leur souffle bruyant. Nous fîmes halte tous deux dans un morne silence; au-dessus de nous, s'élevait à pic le mur lisse et poli de l'*hacienda;* du côté opposé, à trois pieds du mur, s'ouvrait le gouffre. Était-ce un ennemi que j'avais devant les yeux? L'amour de la patrie, qui bouillonnait à cette époque dans mon jeune cœur, me le fit espérer.

— Êtes-vous pour *Mexico et les insurgés?* m'écriai-je dans un moment d'exaltation et prêt à bondir sur l'inconnu, s'il répondait négativement.

— *México e insurgentes,* voilà ma devise, reprit le cavalier; je suis le colonel Garduño.

— Et moi le capitaine Castaños!

Nous nous connaissions de longue date, et, sans le trouble où nous étions tous deux, nous n'aurions pas eu besoin d'échanger nos noms. Le colonel était parti depuis deux jours à la tête d'un détachement

que nous croyions prisonnier ou détruit, car on ne l'avait pas vu revenir au camp.

— Eh bien! colonel, lui dis-je, je suis fâché que vous ne soyez pas
Espagnol, car vous sentez qu'il faut que l'un de nous deux cède le pas
à l'autre.

Nos chevaux avaient la bride sur le cou, et je mis la main dans les
arçons de ma selle pour en tirer mes pistolets.

— Je le sens si bien, reprit le colonel avec un effrayant sang-froid,
que j'aurais déjà brûlé la cervelle à votre cheval, si je n'eusse craint
que le mien, dans un moment d'effroi, ne m'eût précipité avec vous
au fond de ce gouffre.

Je remarquai, en effet, que le colonel tenait déjà ses pistolets à la
à la main. Nous gardâmes tous deux le silence le plus profond. Nos
chevaux sentaient le danger comme nous, et restaient immobiles comme
si leurs pieds eussent été cloués au sol. Mon exaltation avait complétement cessé. Qu'allons-nous faire? demandai-je au colonel.

— Tirer au sort à qui se précipitera au fond du ravin.

C'était en effet la seule manière de résoudre la difficulté. — Il y aura
pourtant quelques précautions à prendre, reprit le colonel. Celui que
le sort aura condamné se retirera à reculons. Ce sera une chance très
faible de salut pour lui, j'en conviens; mais enfin c'en est une, et surtout une favorable pour le gagnant.

— Vous ne tenez donc pas à la vie? m'écriai-je effrayé du sang-froid
avec lequel on me faisait cette proposition.

— Je tiens à la vie plus que vous, répondit brusquement le colonel,
car j'ai un mortel outrage à venger; mais le temps se passe. Vous
plaît-il de procéder au tirage de la dernière loterie à laquelle l'un de
nous assistera?

Comment procéder à ce tirage au sort? Au doigt mouillé comme les
enfans, à pile ou face comme les écoliers? C'était impraticable. Une
main imprudemment allongée au-dessus de la tête de nos chevaux effarés pouvait déterminer un écart fatal. Jeter en l'air une pièce de
monnaie? La nuit était trop obscure pour distinguer le côté qu'elle
montrerait. Le colonel s'avisa d'un expédient auquel je ne songeais pas.

— Écoutez, seigneur capitaine, me dit le colonel, à qui j'avais fait
part de mes perplexités. J'ai un autre moyen. La terreur qu'éprouvent
nos chevaux leur arrache de minute en minute un souffle bruyant. Le
premier de nous deux dont le cheval aura *renâclé*.....

— Gagnera? m'écriai-je.

— Non, il perdra. Je sais que vous êtes un *campesino*, et vos pareils
peuvent faire de leurs chevaux tout ce qu'ils veulent. Pour moi, qui,
l'année dernière, portais encore la soutane de l'étudiant en théologie,
je me défie de votre habileté équestre. Vous pourriez faire souffler
votre cheval; quant à l'en empêcher, c'est autre chose.

Nous attendîmes dans un silence plein d'anxiété que le souffle de l'un de nos deux chevaux se fît entendre. Ce silence dura une minute, un siècle! Ce fut mon cheval qui hennit le premier. Le colonel ne manifesta sa joie par aucun signe extérieur, mais sans doute il remerciait Dieu du plus profond de son ame.

— Vous m'accorderez une minute pour me recommander au ciel? dis-je au colonel d'une voix éteinte.

— Cinq minutes vous suffiront-elles?

— Oui, répondis-je. — Le colonel tira sa montre. J'élevai vers le ciel brillant d'étoiles, que je croyais contempler pour la dernière fois, une ardente et suprême prière.

— C'est fait, dit le colonel.

Je ne répondis rien, et, d'une main mal affermie, je ramassai la bride de mon cheval, que je rassemblai entre mes doigts agités d'un tremblement nerveux.

— Encore une minute, dis-je au colonel, car j'ai besoin de tout mon sang-froid pour exécuter l'effrayante manœuvre que je vais commencer.

— Accordé, répondit Garduño.

Mon éducation, je vous l'ai dit, avait été faite dans la campagne. Mon enfance, une partie de ma première jeunesse, s'étaient passées presque à cheval; je puis dire sans trop me flatter que, s'il y avait quelqu'un dans le monde capable d'accomplir cette prouesse équestre, c'était moi. Je fis sur moi-même un effort presque surnaturel, et je parvins à recouvrer tout mon sang-froid en face de la mort. A tout prendre, je l'avais bravée déjà trop souvent pour m'en effrayer plus long-temps. Dès ce moment, je me pris à espérer encore.

Lorsque mon cheval sentit pour la première fois, depuis ma rencontre avec le colonel, le mors serrer sa bouche, je m'aperçus qu'il tressaillait sous moi. Je me raffermis vigoureusement sur mes arçons pour faire comprendre à l'animal effrayé que son maître ne tremblait plus. Je le soutins de la bride et des jambes, comme fait tout bon cavalier dans un passage dangereux, et de la bride, du corps et de l'éperon je parvins à le faire reculer de quelques pas. Déjà sa tête était à une plus grande distance de celle du cheval que montait le colonel, qui m'encourageait de la voix. Cela fait, je laissai reposer un peu la pauvre bête tremblante, qui m'obéissait malgré sa terreur, puis je recommençai la même manœuvre. Tout à coup je sentis ses jambes de derrière manquer sous moi; un horrible frisson parcourut tout mon corps, je fermai les yeux comme si j'allais rouler au fond de l'abime, et je donnai à mon corps une violente impulsion du côté du mur de l'*hacienda*, dont la surface ne m'offrait pas une saillie, pas un brin d'herbe pour prévenir une chute. Ce brusque mouvement, joint à un effort désespéré que fit le cheval, me sauva la vie. Il s'était remis sur

...jambes, qui semblaient près de se dérober sous lui, tant je les
sentais trembler.

J'étais parvenu à gagner, entre le bord du précipice et le mur du
bâtiment, un endroit plus spacieux. Quelques pouces de terrain de
plus auraient pu me permettre de faire volte-face, mais le tenter eût
été mortel, et je ne l'essayai pas. Je voulus recommencer à marcher à
reculons; deux fois le cheval se dressa sur ses jambes de derrière et
retomba à la même place. J'eus beau le solliciter de nouveau de la
voix, de la bride et de l'éperon; l'animal refusa opiniâtrément de faire
un pas de plus en arrière. Je ne sentis pas mon courage à bout cependant, car je ne voulais pas mourir. Une dernière et unique chance de
salut m'apparut subitement comme un trait de lumière; je résolus de
l'employer. Dans la jarretière de ma botte, à la portée de ma main, était
passé un couteau aigu et tranchant; je le tirai de sa gaine. De la main
gauche, je commençai par caresser l'encolure de mon cheval, tout en lui
faisant entendre ma voix. Le pauvre animal répondit à mes caresses par
un hennissement plaintif, puis, pour ne pas le surprendre brusquement, ma main suivit petit à petit la courbure de son cou nerveux, et
s'arrêta enfin sur l'endroit où la dernière vertèbre se joint au crâne. Le
cheval chatouillé tressaillit, mais je le calmai de la voix; quand je
sentis sous mes doigts pour ainsi dire palpiter la vie dans le cerveau,
je me penchai du côté de la muraille, mes pieds quittèrent doucement
l'étrier, et j'enfonçai d'un coup vigoureux la lame aiguë de mon couteau dans le siége du principe vital. L'animal tomba comme foudroyé,
sans faire un mouvement, et moi, les genoux presque à la hauteur de
mon menton, je me trouvai à cheval sur un cadavre. J'étais sauvé;
je poussai un cri de triomphe auquel répondit un cri du colonel, et
que le gouffre répéta en mugissant, comme s'il eût senti sa proie lui
échapper. Je quittai la selle et je m'assis entre la muraille et le corps
de mon cheval, et là, adossé contre l'un des contreforts, je poussai
vigoureusement de mes deux jambes le cadavre du pauvre animal,
qui roula dans l'abîme. Je me relevai, je franchis en quelques bonds
toute la distance qui me séparait de l'endroit où j'étais à la plaine, et,
sous l'irrésistible réaction de la terreur que j'avais comprimée si long-
temps, je tombai évanoui sur le sol. Quand je rouvris les yeux, le colonel était à côté de moi.

II. — L'HACIENDA DE SAN-EUSTAQUIO.

Après m'avoir félicité de mon adresse et de mon sang-froid, Gar-
ducho me demanda par quel hasard j'étais seul à cette heure de la nuit
près d'un bâtiment où il y avait garnison espagnote. Je lui fis part
du projet qui nous amenait, mes hommes et moi.

— Combien avez-vous de soldats sous vos ordres? me demanda-t-il.

— Cent à peu près, résolus à boire ou à mourir.

A cette nouvelle, je vis les yeux de l'officier étinceler d'une joie presque féroce.

— Vous avez bien soif aussi? repris-je.

— Soif de vengeance! répondit l'officier, et voilà pourquoi, malgré la destruction presque totale de mon détachement, j'erre le jour et la nuit dans ces environs pour trouver l'occasion de me venger.

— De quoi donc, colonel?

— D'un outrage auquel je ne survivrai pas, si je ne le lave dans le sang, ou si du moins je ne rends pas honte pour honte. J'ai là environ encore cinquante hommes, reprit le colonel, qui paraissait ne pas vouloir s'expliquer davantage, et je vais les joindre aux vôtres.

J'indiquai au colonel l'endroit où il nous trouverait, et je m'empressai de rejoindre ma troupe, qui m'attendait avec impatience. J'avais à peine raconté à Valdivia mon aventure, que le colonel Garduño nous rejoignit avec cinquante hommes, comme il l'avait annoncé. Nous apprîmes de lui qu'il avait déjà infructueusement attaqué l'hacienda la veille, et qu'il avait été repoussé avec une perte considérable. Nous nous mimes alors à délibérer, et le colonel soumit à un sévère interrogatoire le prisonnier espagnol. Il donna ensuite l'ordre de la marche, et, quand nous fûmes près de l'hacienda:

— Pensez-vous, dit-il à l'Espagnol, qu'il y ait une sentinelle dans le clocher?

— Il y en a toujours une la nuit, répondit le captif; mais vous avez la chance qu'elle soit endormie à son poste, où personne ne peut la surveiller.

Au moment où l'Espagnol parlait, les cris de : — Alerta centinela! retentirent tout autour de l'hacienda; c'étaient les factionnaires qui s'avertissaient. Nous suivîmes avec attention les diverses voix qui se répondaient et mouraient au loin. Aucun son ne sortit de la cage de pierre du clocher. La sentinelle était donc endormie.

— Ah! si nous avions une seule pièce de canon! s'écria Valdivia; pendant que cinquante hommes escaladeraient à l'aide de leur lazos les terrasses de ce bâtiment, nous battrions la porte en brèche, et nous prendrions entre deux feux ces chiens de Gachupines (1).

— Nous avons laissé un canon sous des buissons non loin d'ici, dit le colonel; mais il ne peut servir, ses affûts sont brisés : c'est un morceau de cuivre inutile.

— Avez-vous des munitions? demandai-je à mon tour.

(1) Gachupines, hommes qui portent des souliers; c'est le nom que les Indiens donnèrent aux premiers conquérans espagnols.

— Le canon est à côté de son caisson rempli de munitions, reprit Garduño; mais, je vous le dis, c'est comme un fusil sans batterie.

Je jetai un coup d'œil sur les bras nerveux de Valdivia; celui-ci me comprit.

— Je prendrai quelques hommes avec moi, et j'irai le chercher, dit Valdivia. Messieurs, nous boirons ce soir à notre aise.

En disant ces mots, Valdivia se mettait en devoir de partir.

— Vous n'allez pas seul sans doute? lui dis-je.

— Ma foi! si le canon ne pèse pas plus qu'un cheval avec son cavalier, je pourrai bien l'apporter sans avoir besoin d'aide.

— Il pèse beaucoup plus, reprit le colonel; dix hommes, qui savent où est le canon, vont vous accompagner.

Au bout d'un quart d'heure, les hommes revenaient. Ils avaient attelé leurs chevaux avec des cordes autour de la pièce de canon démontée qu'ils traînaient sur un sol inégal. Parfois un obstacle de terrain rendait le canon immobile; alors Valdivia se penchait, faisait un effort, et le canon dégagé rampait de nouveau sur le terrain. Je fis alors ranger mes hommes en silence à trois cents pas environ de l'hacienda.

— Maintenant, mes enfans, leur dis-je, nous avons deux moyens d'attaquer : le premier est de pousser tous ensemble notre cri de guerre à la manière des Indiens; le second est d'escalader l'*hacienda* pendant que nous canonnerons la porte : le prisonnier grimpera avec vous pour vous servir fidèlement de guide sous peine de mort, et, tandis que nous entrerons par la brèche, vous entrerez par les terrasses; mais ce second moyen ne peut être adopté qu'au cas où il se trouvera cinquante hommes assez braves, assez lestes et assez résolus pour escalader une muraille qui donne sur un précipice dont on ne peut pas voir le fond. Du reste, passé une certaine hauteur, ajoutai-je, l'homme qui tombe n'y regarde plus.

— Je marcherai le premier, s'écria le colonel, qui avait écouté ma harangue, et peut-être, pour prix de notre audace, serons-nous assez heureux pour mettre la main sur le commandant.

— Vous lui en voulez beaucoup, à ce qu'il paraît? dis-je au colonel.

— A mort! comme on peut en vouloir à l'homme qui vous a infligé un mortel outrage.

L'exemple du colonel encouragea les guerrilleros, et bientôt celui-ci put choisir, parmi tous ceux qui s'offraient, les plus forts et les plus agiles pour l'accompagner. De toute cette troupe, celui qui paraissait évidemment le moins enthousiasmé était le prisonnier espagnol, à qui cette escalade d'un mur de vingt-cinq pieds de haut, se dressant à pic au-dessus d'un gouffre, ne souriait que médiocrement.

Les cinquante hommes désignés par le colonel faisaient leurs préparatifs d'escalade. Le bâtiment massif était orné à des distances très rapprochées d'*almenas* (espèce de créneaux), qui indiquaient la noblesse du propriétaire. Chaque soldat était muni de son *lazo*, dont un anneau de fer servait à former le nœud coulant. En une minute, à chacun des créneaux fut suspendue une corde flottante dont l'extrémité entourait la saillie de pierre. Avant que le signal fût donné pour commencer l'escalade, nous convînmes, Garduño et moi, que les soldats du colonel n'attaqueraient la garnison ennemie qu'au troisième coup de canon qu'ils entendraient; trois boulets nous paraissaient plus que suffisans pour jeter à bas la porte de la ferme. Les conventions faites, le colonel, avec son calme ordinaire, saisit le premier la corde flottante qui devait lui servir d'échelle, et la mit dans la main du prisonnier en lui ordonnant de le précéder. Quand l'Espagnol se fut élevé au-dessus du sol de quelques pieds, don Garduño mit son poignard entre ses dents et s'enleva de terre à son tour. Les guerrilleros firent comme lui, et bientôt nous vîmes cinquante hommes, s'aidant des mains le long de la corde et des pieds contre la muraille, flotter au-dessus du précipice comme autant de démons, qui semblaient sortir de l'abîme.

Quoique périlleuse en elle-même, car un étourdissement subit ou la rupture d'un des *lazos* pouvait lancer un homme dans l'éternité, cette ascension était plus facile encore que l'attaque dont je m'étais chargé. La sentinelle postée dans la cage du clocher, eût-elle fidèlement veillé, ne pouvait apercevoir les assaillans cachés par le mur; mais le poste que nous avions choisi offrait un autre genre de danger : nous allions bientôt quitter le couvert des arbres qui dissimulait notre présence aux yeux des factionnaires, pour entrer en rase campagne embarrassés d'un canon qu'il fallait traîner à force de bras. Heureusement cette marche se fit sans accident, et, quand nous vîmes le dernier des nôtres prendre pied sur la terrasse de l'*hacienda*, nous songeâmes, Valdivia et moi, à remplir le rôle que nous nous étions réservé.

Avant de nous démasquer, je commençai par donner l'ordre de charger le canon. Ceux qui l'avaient traîné y attelèrent de nouveau leurs chevaux, et nous avançâmes; mais à peine avions-nous fait quelques pas, qu'une des sentinelles, postée sur l'un des hangars intérieurs, donna l'alarme, et déchargea sa carabine contre nous. La balle n'atteignit personne par bonheur, et nous redoublâmes d'efforts pour traîner le canon démonté jusqu'à l'endroit où nous supposions qu'était la porte d'entrée que nous voulions enfoncer. D'autres coups de fusil retentirent bientôt à nos oreilles, et nous entendîmes dans les cours de l'*hacienda* les tambours battre et les clairons résonner. Il n'y avait plus pour nous d'espoir de surprendre la garnison, et je fis passer de rang en rang l'ordre à mes cavaliers de pousser des cris aigus en changeant à chaque cri l'intonation de leur voix. Grace à cette ruse, cinq cents hommes paraissaient hurler presque à la fois. La détonation du canon, auquel je mis le feu, ébranla tous les échos.

Bientôt le mur fut garni de soldats espagnols, et les décharges se succédèrent rapidement. Quoiqu'elles commençassent à devenir meurtrières, l'ardeur de vaincre fit qu'aucun de nos soldats ne lâcha pied. Nous répondîmes au feu de l'ennemi. Les cavaliers qui traînaient le canon redoublèrent d'efforts; mais au moment où ils allaient tourner l'angle du mur d'enceinte pour longer celui qui faisait face à l'*hacienda*, et dans lequel la grande porte était enclavée, un fossé profond et large les arrêta. À moins d'un pont volant, il était impossible que le canon franchît cet obstacle inattendu.

— Nous jetterons un pan de muraille par terre, me dit Valdivia. Ces briques résisteront moins qu'une porte de chêne bardée de fer.

— C'est vrai, m'écriai-je, et je mis pied à terre pour pointer la pièce avant de la charger; mais, au moment où je prenais mon point de mire, je jetai un cri de désappointement : par suite de la hauteur du mur et de l'inégalité du sol, le boulet ne pouvait atteindre que la terre d'un talus sur lequel s'élevaient les assises de brique. Tous nos efforts étaient perdus. Comment, en effet, abaisser ou élever la gueule d'une pièce d'artillerie privée d'affût? Cependant une grêle de balles pleuvait sur nous. La position devenait critique. Nous ne pouvions sans échelles escalader les murs défendus par un feu bien nourri, et les cinquante hommes qui devaient combiner leur attaque avec la nôtre couraient le risque d'être tués ou faits prisonniers sans profit pour nous.

— Combien s'en manque-t-il pour que le canon porte en plein dans la muraille? me demanda Valdivia?

— D'un pied et demi à peu près, répondis-je en mesurant de nouveau le terrain et en tirant de l'œil une ligne jusqu'aux pieds du mur.

— Et si vous aviez un affût de la hauteur d'un pied et demi, vous pourriez ouvrir une brèche?

— Sans aucun doute.

— Eh bien! mon dos servira d'affût, reprit Valdivia.

— Vous plaisantez!

— Non; je parle sérieusement.

Tout le monde connaissait la vigueur extraordinaire de Valdivia, mais personne ne s'attendait à une semblable proposition. Valdivia parlait sérieusement en effet, car il s'agenouilla, appuya ses deux mains sur le sol, et présenta la surface de ses larges épaules pour soutenir le canon.

— Essayons, dit-il. J'ai promis que nous aurions à boire cette nuit et que je sauverais l'armée du général. Allons, à l'œuvre!

Mes hommes eurent toutes les peines du monde à enlever le canon à la hauteur voulue; cependant ils réussirent à le mettre en équilibre sur le dos de Valdivia. L'Hercule supporta l'énorme fardeau sans bronchér. Un ou deux *lazos* enroulés autour du canon et sous le ventre de l'intrépide soldat servirent à le fixer comme une caronade à bord d'un vaisseau.

— Chargez la pièce jusqu'à la gueule, s'écria Valdivia.

Les balles continuaient toujours à pleuvoir, et un des hommes qui bourraient le canon tomba mort à côté du soldat transformé en affût. On vint à bout cependant de charger la pièce.

— Baissez-vous un peu, dis-je à Valdivia, là... c'est bien, maintenant tenez ferme.

L'affût vivant resta immobile comme s'il eût été de fer. Je pris la mêche des mains d'un soldat et je l'approchai de la lumière. Le coup partit; une large trou fut ouvert dans le mur.

— Eh bien! s'écria Valdivia en se soulevant à demi sur ses puissantes mains pour juger de l'effet du boulet.

— Tout va bien, ami; le boulet a porté en plein. Valdivia reprit sa posture; on rechargea de nouveau la pièce jusqu'à la gueule : le second coup tonna contre le mur, d'où s'élevèrent des flots de poussière.

Cette fois encore Valdivia se dressa à demi. — Oh! c'était beau, seigneur cavalier, c'était beau de voir cet homme fort comme vingt hommes se soulever à chaque coup et soulever avec lui la masse énorme attachée à ses reins. Les veines du front gonflées, la figure enflammée, Valdivia suivait de l'œil la trace du boulet qu'il servait à guider. Nos braves qui jusqu'alors avaient hurlé de soif rugissaient d'admiration.

— Encore un coup, s'écria l'athlète, mais pointez plus à gauche.

Je fis ce que commandait Valdivia. On mit dans le canon une troisième charge, et pour la troisième fois l'explosion gronda. Cette fois je crus entendre une exclamation sourde de Valdivia, qui fit un effort pour se soulever un peu, mais sans pouvoir y réussir. Je détachai alors le canon des reins du soldat. Valdivia poussa un soupir de soulagement et voulut se mettre debout; effort inutile! ses jambes lui refusèrent le service, et cet homme si fort, si vigoureux, s'affaissa sur lui-même comme une masse inerte.

Sans me douter cependant que cette merveille de force, que ces bras nerveux, qui valaient pour nous une machine de guerre, fussent désormais paralysés, je courus à la brèche que nous venions d'ouvrir. Pendant ce temps, les cinquante hommes commandés par le colonel s'étaient élancés de leur cachette à notre troisième coup de canon, et les cris qu'ils poussaient en accourant firent diversion en notre faveur : en un clin d'œil, une trouée sanglante fut ouverte dans les rangs espagnols. A travers la brèche, nos soldats altérés avaient aperçu dans la cour de l'*hacienda* la noria qui en occupait le milieu, et nulle puissance humaine n'eût pu résister à l'impétuosité de leur attaque. Ce fut bientôt dans la cour de l'*hacienda* une mêlée terrible et furieuse comme dans un abordage sur mer. Les ténèbres

dissimulaient notre petit nombre aux yeux des Espagnols surpris,
tandis qu'à peu de chose près nous connaissions leur force. Les cris
forcenés de *hurra! Mejico! independencia!* retentissaient de tous côtés,
et parfois j'entendais le colonel qui s'écriait : — Au commandant! au
commandant! Qu'on le prenne vif, mais pas une égratignure!

Je regrettai alors l'absence de Valdivia, dont le bras puissant nous
eût été si utile. Tandis que je faisais de vains efforts pour pénétrer
jusqu'au commandant, que je reconnaissais à son uniforme, un large
noeud coulant plana un instant au-dessus de lui et s'abattit sur sa
tête; je le vis chanceler et tomber, puis je ne vis ni n'entendis plus
rien : un coup de crosse de carabine, que je reçus sur le crâne, mé
jeta sans connaissance sous les pieds des combattans. Quand je revins
à moi, la cour de l'*hacienda* était calme; l'héroïque Valdivia était couché à côté de moi. Des torches allumées, disposées dans la main des
porteurs de manière à tracer une large circonférence de lumière,
éclairaient vivement tous les objets, et dans un espace resté libre au
milieu de la zône éclairée par les torches on s'occupait à planter quatre
piquets.

— Où suis-je? m'écriai-je en reconnaissant Valdivia.

— Chez vous, parbleu! répondit-il. Nous sommes vainqueurs, je
vous l'avais bien dit. Il est vrai que...

— Et quelle cérémonie prépare-t-on ici? interrompis-je.

— C'est une vengeance qui va réjouir le colonel Garduño, répondit
Valdivia.

Quand les quatre piquets furent plantés à une distance à peu près
égale les uns des autres, on amena un homme dépouillé de son uniforme, pâle et les yeux hagards. Je reconnus le commandant espagnol
que j'avais vu tomber dans la mêlée.

— Commandant, dit le colonel, qui s'avança au milieu du cercle de
lumière, vous avez gratuitement outragé un ennemi pris les armes à
la main, et vous subirez le même outrage.

Sur un geste de Garduño, on coucha le commandant à plat-ventre;
ses pieds et ses mains furent attachés à quatre piquets, et la flagella-
tion commença. Je détournai la tête pour ne pas voir ce triste spectacle, qui me disait assez la nature de l'outrage que le colonel avait
subi lui-même par ordre du commandant espagnol.

— Allez maintenant, reprit le colonel quand l'exécution fut terminée, et souvenez-vous de ne plus déshonorer votre nom en violant
les lois de la guerre.

Le commandant s'éloigna, au milieu des huées des soldats, en dé-
versant des larmes de rage.

— Et vous, mon brave, dis-je à Valdivia étendu près de moi, que
vous est-il arrivé?

— J'ai accompli ma promesse, reprit simplement le soldat. Un enprès que je viens d'envoyer au général Rayon va l'instruire de notre victoire; son armée ne passera pas à l'ennemi, et la guerre continuera sous ses ordres. Quant à moi, continua-t-il, je ne servirai plus à grand'-chose, car j'ai les reins à moitié brisés.

L'Hercule avait deux fois soutenu sans broncher le recul du canon; le troisième coup lui avait été fatal. Cependant l'incalculable puissance de la poudre n'avait réussi qu'à fausser ses vertèbres de fer sans avoir pu les briser, et voilà pourquoi Valdivia n'était pas mort.

Grace à l'héroïque dévouement de l'homme surnommé depuis *Cureño* (affût), le général Rayon put continuer sa marche vers Zacatécas. Il n'en avait pas fini cependant avec les obstacles que de sourdes menées multipliaient sur ses pas. Le général Ponce, l'instigateur de la révolte, se rappelait que la veille Rayon avait eu la faiblesse de composer avec les séditieux. Rayon en effet, pour se débarrasser des mutins, leur avait fait espérer que le lendemain il accéderait à leurs désirs, en leur permettant de déposer les armes pour profiter de l'*indulto* du vice-roi. Ponce réclama l'accomplissement de la parole donnée. Bien que cette réclamation soulevât une indignation presque générale, Ponce parvint cependant à débaucher deux cents hommes environ, avec lesquels il passa à l'ennemi quelques jours après. Cette désertion, suivie de beaucoup d'autres, réduisit à une poignée de soldats la petite armée de Rayon. Avec cette bande, le général n'en réussit pas moins à gagner les environs de Zacatécas. Un guerrillero dont le nom a été conservé par l'histoire, Sotomayor, détaché par le général en chef vers les mines du Fresnillo, parvint, après des efforts inouis, à s'approcher de cette position, dont il s'empara. Fresnillo touche Zacatécas. Le général Torres de son côté était arrivé devant le camp du *Grillo*, ainsi nommé de la montagne qui s'élève en vue de Zacatécas. Ce camp renfermait le gros de la force espagnole qui défendait la ville; mais pour l'attaquer Torres manquait de tout, de vivres comme d'artillerie : il résolut de prendre chez l'ennemi tout ce qui lui faisait défaut, et, par un de ces coups d'audace que le succès peut seul consacrer, il réussit à s'emparer du camp, où étaient entassées des munitions de toute espèce, six cents fusils et cinq cents barres d'argent. Zacatécas ne pouvait plus résister : seize cents hommes évacuèrent la ville, et le 15 août 1811, c'est-à-dire vingt jours après son départ du Saltillo, Rayon se trouvait maître de l'une des places les plus importantes du Mexique.

La prise du camp du Grillo, celle de Zacatécas, frappèrent de stupeur le gouvernement espagnol, et les noms de Rayon et de Torres, jusqu'alors inconnus, devinrent tout à coup des noms glorieux. Les chefs ennemis commencèrent dès ce moment à compter avec les deux généraux insurgés. Malheureusement la retraite du Saltillo à Zacatécas, la prise de cette dernière ville, semblèrent avoir épuisé tout ce que le général Rayon avait d'énergie morale et de science militaire. De ce moment commença pour lui une longue série de fautes qui, à de rares exceptions près, lui donnèrent toujours le désavantage dans toutes ses rencontres avec les troupes espagnoles. Dès-lors Rayon, quoique d'une bravoure qui demeura toujours incontestable, douta de sa fortune. Au moindre échec dans le début d'une action, le général mexicain, découragé, se tenait pour battu, et lâchait pied sans chercher à regagner l'avantage momentanément perdu. Bientôt, sous le poids de ses défaites répétées, Rayon vit, à la prise de Zitácuaro, s'éclipser le prestige et la gloire de son nom. Depuis cette journée fatale, Rayon, que son étoile avait abandonné, ne fut plus, il faut le dire, qu'un obstacle aux progrès de l'indépendance. Dénué de la grandeur d'ame nécessaire pour descendre de son propre gré du poste élevé où il était parvenu, il employa toute l'activité de son esprit à contrarier l'avénement de généraux plus heureux ou plus habiles que lui. Ses prétentions à garder un commandement suprème dont le poids l'écrasait devinrent funestes à la cause de l'insurrection, et répandirent de nombreux germes de discorde parmi les chefs de l'armée révolutionnaire. Heureusement pour la cause mexicaine, une nouvelle réputation militaire grandissait loin de Rayon. C'était celle de l'homme à qui l'histoire assignera sans nul doute le premier rang parmi les généraux qui soutinrent le nouveau pavillon mexicain, et dont pourtant les prétentions de Rayon devaient finir par causer la perte, l'illustre général Morélos.

L'histoire de Cureño était celle même du général Rayon, et m'avait retracé un des épisodes les plus singuliers de cette guerre. La nuit, autour de nous, était devenue complète, les feux des muletiers s'étaient éteints, et les solennelles harmonies de la solitude avaient remplacé les bruits confus qu'une heure auparavant la brise apportait encore a nos oreilles. Il était temps de regagner notre gîte et de nous préparer, par quelques heures de sommeil, à la traite du lendemain. Toutefois, avant de rentrer à la venta, je tenais à éclaircir un doute que le récit du capitaine laissait subsister en moi. — Et Cureño, disje a don Ruperto, son pays s'est-il au moins souvenu de lui? Son nom ne vivra-t-il pas dans la mémoire des Mexicains à côté de celui du général qu'il a sauvé par son héroïque dévouement?

— Hélas! me répondit don Ruperto, quelques lignes consacrées au vieux soldat par les historiens de la guerre de l'indépendance, voilà quelle a été toute sa récompense, et, quand la race énergique dont il fut un des plus nobles types aura disparu du Mexique, personne ne pourra dire dans le pays ce que le général Rayon doit à Valdivia Cureño.

GABRIEL FERRY.

LA BOURGEOISIE

ET LA

RÉVOLUTION FRANÇAISE.

LE CONSULAT ET L'EMPIRE. [1]

I.

Le 9 thermidor ferma l'ère révolutionnaire sans ouvrir une ère nouvelle. Entre les gouvernemens qui finissent et les gouvernemens qui commencent, il est parfois des périodes douloureuses qu'aucun effort humain ne saurait abréger. Dans ces limbes passagers où descendent les sociétés en attendant l'heure de la renaissance, les événemens se rapetissent comme les ames, et tous les dévouemens s'éteignent parce que toutes les croyances défaillent. Tel fut le régime sous lequel la France se traîna d'ornière en ornière et de chute en chute pendant les cinq années durant lesquelles se maintint la constitution de l'an III. Cette loi fondamentale avait été violée au 18 fructidor contre les royalistes, au 22 floréal contre les jacobins, puis au 30 prairial par le directoire

---

(1) Voyez, pour la première partie de cette série, la livraison du 15 février 1850, le *Parti constitutionnel* dans celle du 15 mai, le *Parti girondin* dans celle du 15 juin, le *Parti jacobin et sa politique* dans celle du 15 novembre 1850.

contre lui-même; mais la conscience publique était demeurée indifférente à ces violations multipliées, parce que les institutions du temps n'étaient au fond qu'une lettre morte, et qu'aucun parti n'était en mesure de doter le pays d'un gouvernement durable en s'imposant à l'opinion. Les jacobins avaient vu s'évanouir leur puissance avec la terreur, qui en avait été le seul ressort; les thermidoriens, de leur côté, curent bientôt à se défendre devant la France rendue à la plénitude de sa liberté et à toute l'horreur de ses souvenirs; enfin les girondins, rappelés sur leurs siéges par les hommes qui les avaient proscrits, se trouvèrent atteints d'une impuissance égale à celle de leurs anciens persécuteurs. Quoiqu'ils rentrassent dans la convention avec le double prestige de grands talens et de longues infortunes, leur parole y demeura sans retentissement, et leur influence ne fut pas plus sensible dans le pays qu'au sein de la représentation nationale. Louvet et ses amis avaient l'esprit trop hautain et trop stérile pour comprendre une situation nouvelle et pour s'y plier; aussi la France oublia-t-elle les victimes du 31 mai sitôt qu'à leur égard la réparation fut consommée : preuve certaine que la Gironde avait été une coterie plus qu'un parti, et qu'elle était demeurée sans racine dans les intérêts comme dans les idées.

Les opinions contraires n'étaient pas atteintes d'une impuissance moins incurable. La noblesse, jetée presque tout entière dans l'émigration ou soumise à l'odieux ilotisme créé par la loi des ôtages, avait trop de griefs à imputer au pays pour que celui-ci ne la crût pas irréconciliable : elle était en suspicion à peu près générale à quiconque avait concouru à la révolution à quelque degré que ce fût, et, condamnée à espérer des défaites que la fortune de la France faisait attendre, l'émigration était devenue le principal obstacle aux progrès de sa propre cause, quelque héroïque dévouement qu'elle mît à la servir.

Une puissante et victorieuse réaction s'opérait, il est vrai, dans l'opinion publique par l'action combinée de la presse et du scrutin. Commencée lors de la nomination du premier tiers des deux conseils, elle devint dominante aux élections générales de l'an v, et cette réaction put à bon droit être qualifiée de royaliste, car elle était manifestement dirigée contre la république, dont le nom résumait pour le peuple toutes les douleurs et tous les crimes de ces calamiteuses années. Cependant, quelque universel que fût alors ce mouvement de répulsion, il suffisait d'étudier les faits pour rester convaincu qu'il ne pouvait point aboutir. La réaction anti-républicaine, dont la bourgeoisie parisienne était le siège principal, s'opérait sous le drapeau tricolore et point du tout sous le drapeau blanc; elle n'impliquait l'abandon d'aucune des conquêtes politiques opérées par la révolution, d'aucun des principes consacrés par elle, d'aucun des intérêts qu'elle avait créés. Ce mouvement ne tendait qu'à faire rentrer la révolution dans les voies constitutionnelles, dont l'avaient arrachée les rancunes et les vanités girondines. Rendre force et vigueur aux idées de 91, remettre le sort de la France aux mains des classes moyennes, en écartant avec un soin jaloux, et les anciennes classes privilégiées contre lesquelles la révolution s'était faite, et les masses qui s'en étaient emparées, telle fut la pensée dominante des députés et des journalistes proscrits au 18 fructidor par un pouvoir qui semblait lui-même à la veille d'être emporté par le flot de l'opinion; mais la pensée des *clichiens,* quoiqu'elle fût réellement celle du pays, était d'une réalisation visiblement impossible à cette époque, et ne pouvait conduire qu'à de réciproques déceptions. Quel moyen, en effet, d'associer à un système politique dont la monarchie consentie formait la base une royauté qui prétendait exister par elle-même, en vertu d'un titre inamissible, et qui répudiait du fond de l'exil la doctrine fondamentale de 91, le droit de la nation à constituer son propre gouvernement? A cette époque, il n'existait de branche cadette ni dans les souvenirs ni dans les espérances de personne, et le nom d'Orléans suscitait des répugnances presque aussi vives dans les rangs de la bourgeoisie que dans ceux de l'émigration. Il n'y avait donc alors qu'un seul représentant possible de la royauté; mais comment proposer à cette royauté, si cruellement abandonnée par les classes moyennes aux insultes et aux coups de leurs communs ennemis, et qui n'avait rencontré de dévouement que dans les nobles compagnons de son exil, de sanctionner la spoliation toute récente des seuls serviteurs qui lui fussent restés fidèles? comment lui demander d'accueillir des conditions qui entraînaient la condamnation implicite de la cause pour laquelle ils avaient tant souffert et si long-temps combattu? Si Louis XVI aux Tuileries n'était point parvenu à conjurer la méfiance du parti constitutionnel, qu'aurait pu faire Louis XVIII à Blankenbourg, entouré de l'armée autrichienne et des soldats de Condé?

Contre les invincibles obstacles élevés par la force des choses venaient chaque jour se briser des tentatives qui se succédaient néanmoins avec une inépuisable fécondité. Jamais les solutions ne sont poursuivies avec plus d'ardeur qu'aux jours où elles sont impossibles. Les situations insolubles ont été dans tous les temps le domaine des intrigans et des brouillons, qui possèdent de merveilleuses recettes pour faire accoucher la société avant terme. Les brouillons d'alors disposaient à leur gré des armées, des deux conseils, du directoire; ils s'abouchaient avec quelques généraux qui leur vendaient cher un crédit souvent imaginaire, et dont on exploitait sans résultat sérieux les rancunes ou les vanités. Le seul effet de ces intrigues multipliées avait été de rendre et l'anarchie plus générale et la nuit plus épaisse, car, quelque insupportable que fût son malaise, la France résistait obstinément à tous ses sauveurs.

Cependant ces stériles agitations portaient leurs fruits : la nation humiliée doutait d'elle-même et suivait sans résistance la pente qui l'entraînait vers une dissolution générale. La victoire, qui jusqu'alors avait consolé le pays, abandonnait ses drapeaux au début d'une nouvelle lutte dans laquelle il lui fallait combattre contre l'Europe sous la conduite d'un pouvoir atteint par le mépris et achevé par le ridicule. Au sein des obscurités qui, vers 1798, voilaient l'avenir à tous les regards, les prophéties abondaient comme les intrigues : malheureusement les prophètes, fussent-ils hommes de génie comme l'auteur des *Considérations sur la France* (1), étaient en même temps hommes de parti, et c'était avec leurs passions qu'ils interrogeaient l'oracle. Les uns croyaient au triomphe d'un parti, les autres à une transaction des divers partis entre eux. Toutefois, pour qui aurait étudié avec un complet dégagement d'esprit les précédens de notre histoire et les lois constitutives de notre nationalité, il n'aurait pas été impossible de pressentir peut-être que la mission de sauver le pays n'appartiendrait point à une faction, mais à un homme. La France est, de toutes les nations, **celle qui doit le plus à ses grands** hommes, et, aux époques décisives de sa vie historique, l'action individuelle l'emporte de beaucoup sur l'action collective des partis. Si ceux-ci posent les problèmes, ce sont toujours les grands hommes qui les résolvent, et, tant que les solutions ne se résument pas chez nous dans un personnage marqué au front d'un signe visible, on peut affirmer presque à coup sûr que la fin de la crise n'est pas venue. La France a-t-elle fait un seul pas important dans le cours de ses destinées sans que le nom d'un grand homme ne resplendisse au frontispice d'une ère nouvelle? a-t-elle jamais été sauvée sans que la voix du pays entier n'ait acclamé son sauveur?

En omettant les origines et sans rappeler Charlemagne, miraculeux rayon issu des plus épaisses ténèbres qu'ait vues le monde, nous voyons que, dans tous les temps, la France a reçu un pilote pour chaque tempête, et qu'elle n'est jamais entrée au port sans y avoir été conduite comme par la main. Au XIIIe siècle, Louis IX fonde; au milieu de l'anarchie féodale et contre cette anarchie qui semblait plus forte que sa frêle royauté, l'édifice de la monarchie française par l'accord de l'esprit justicier et de l'esprit catholique, et le nom du saint roi devient l'étendard sous lequel s'inclinent les peuples. Au XIVe siècle, la royauté capétienne, éclipsée et presque anéantie par l'ascendant chaque jour croissant de la royauté anglo-normande, voit s'éveiller

(1) *Considérations sur la France*, par Joseph de Maistre, publiées à Lausanne en 1797.

tout à coup, grace à l'héroïsme de Du Guesclin, servi par la sagesse de Charles V, des éclairs de patriotisme et de vie au sein de ces populations inertes, jusqu'alors étrangères les unes aux autres. Au xve, la vie populaire s'incarne dans une jeune fille, et la houlette de Jeanne d'Arc brille sur nos champs désolés comme le signe d'une nouvelle alliance. Au xvie, l'antagonisme des croyances, le dérèglement des mœurs et des ambitions, précipitent le pays dans un abîme de désordre et d'impuissance : l'Espagne semble à la veille de prendre dans le monde le grand rôle que la Providence garde à la France; mais la puissante monarchie de Charles-Quint a compté sans un petit prince gascon que toutes les vraisemblances écartent du trône, et qui vient dénouer, par la souplesse de son génie et les heureux accidens de sa vie, des difficultés politiques inextricables pour tout autre que pour un protestant converti. Au xviie, Richelieu consomme l'ouvrage des siècles, et, du sein d'une cour où l'intrigue semble à la veille de le renverser chaque jour, il règle le sort de l'Europe et lui impose la suzeraineté intellectuelle de sa patrie.

Il était écrit que le siècle de la révolution n'aurait pas une autre destinée que ceux qui l'avaient précédé, et que l'un de ces hommes, jalons lumineux de l'histoire, viendrait, au sein de l'impuissance universelle, lui frayer ses voies en lui donnant son nom. Qu'aux derniers temps du directoire un général s'emparât sur les affaires publiques d'une influence prépondérante en essayant de recommencer Monck ou Cromwell, c'était assurément une chose fort naturelle et même fort attendue; mais qu'un jeune guerrier, répudiant tous les rôles usés de l'histoire, ait noyé tous les partis qui réclamaient son assistance dans un immense mouvement national roulant autour de sa personne; qu'en trois mois il ait calmé les haines, rapproché les esprits, éveillé partout des espérances toujours dépassées par les merveilles du lendemain; qu'il ait transformé la France, créé son administration, relevé son crédit, restauré la morale et retiré la religion des catacombes pour la replacer dans ses temples; qu'un seul homme ait consommé en moins d'une année, dans la guerre comme dans la paix, des choses qui suffiraient à défrayer un siècle, ce sont là de ces miracles qui déroutent toutes les clairvoyances et défient toutes les prévisions, parce qu'ils sont placés en dehors de l'ordre naturel des faits comme de l'ordre logique des idées. Napoléon Bonaparte est marqué du double sceau imprimé au front des hommes providentiels, car son rôle fut à la fois et très imprévu et très nécessaire. La veille du jour où il le commençait, nul n'aurait pu même le soupçonner; le lendemain, chacun confessait que son intervention avait pu seule sauver la société française.

Je voudrais mesurer la véritable portée de cette mission en déga-

gnant de l'œuvre providentielle commise au premier consul les élémens qu'y joignirent bientôt après ses passions et ses entraînemens
personnels. Cette carrière, en effet, a des phases non moins séparées
par l'esprit qui les inspire que par les résultats qui les caractérisent,
et c'est dans l'œuvre pacifique et libérale qui sauva la France en
l'an VIII que git la plus éclatante condamnation de l'œuvre d'arbitraire et de violence sous laquelle le pays faillit succomber en 1814.
Ce n'est pas pour la triste satisfaction de rabaisser un grand homme
que je tiens à faire ressortir les contradictions d'une vie trop souvent
présentée comme identique avec elle-même : j'y suis poussé par une
pensée plus sérieuse. Lorsqu'on s'attache chaque jour à faire de la
gloire et de la popularité de Napoléon la condamnation éclatante de ces
garanties constitutionnelles si dédaignées par nos nouveaux esprits
forts, il est utile de prouver par les témoignages contemporains que
l'homme du 18 brumaire fut suscité non pour détruire, mais pour
confirmer les grandes conquêtes politiques de la révolution, et que,
s'il finit par lasser sa fortune, ce fut à force de manquer à sa tâche,
telle que lui-même l'avait d'abord comprise et si glorieusement accomplie.

II.

A la fin du directoire, la France appelait à grands cris l'ordre politique et l'ordre moral, mais elle n'invoquait point le despotisme, car,
si elle avait perdu beaucoup d'illusions, elle avait conservé la plupart
de ses croyances. Lorsque la tribune avait été si long-temps le marche-
pied de l'échafaud, et quand on voyait les soupers de Barras et les pa-
rades de Larevéillère-Lépaux succéder aux holocaustes de la terreur,
il était naturel qu'on fût lassé des scènes bruyantes et qu'on voulût
entourer l'exercice du gouvernement représentatif d'un appareil moins
dangereux et de formes plus rassurantes. La constitution de l'an VIII
dut la faveur avec laquelle on l'accueillit à la croyance, alors générale, que Sieyes, son auteur, avait résolu ce problème sans toucher
à aucun des principes proclamés en 89 et consacrés en 91. Une constitution d'après laquelle les projets de loi étaient d'abord publiquement débattus dans un grand corps politique appelé tribunat, et dans
une grande assemblée administrative sous le nom de conseil d'état,
pour être votés par une législature délibérant en secret comme une
cour judiciaire, ce n'était là, dans la pensée de personne, ni la suppression ni même l'affaiblissement du gouvernement représentatif. Si
le système électoral par voie de candidature sur une triple liste municipale, départementale et nationale, engendra des complications multipliées, sous lesquelles s'énerva bientôt le principe électif lui-même, ce

système n'avait originairement pour but que de prévenir des entraî-. nemens trop souvent funestes à la France. Que le pays, en ratifiant. par ses suffrages l'œuvre des législateurs de l'an VIII, ait entendu biffer dix années de son histoire, c'est ce qui est démenti et par tous les actes. des autorités constituées et par les innombrables adresses envoyées au premier consul de tous les points du territoire.

« Représentans du peuple, s'écriait Lucien Bonaparte au plus fort de la crise qui décida du sort de son frère, la liberté française est née dans le jeu de paume de Versailles. Depuis cette immortelle séance, elle s'est traînée jusqu'à vous en proie tour à tour à l'inconséquence, à la faiblesse et aux maladies convulsives de l'enfance. Elle vient aujourd'hui de prendre la robe virile; elles sont finies dès aujourd'hui, toutes les convulsions de la liberté. A peine venez-vous de l'asseoir sur la confiance et l'amour des Français, que déjà le sourire de la paix et de l'abondance brille sur ses lèvres! Représentans du peuple, entendez les bénédictions de ce peuple et de ces armées long-temps le jouet des factions intestines, entendez aussi ce cri sublime de la postérité : Si la liberté naquit dans le jeu de paume de Versailles, elle fut consolidée dans l'orangerie de Saint-Cloud; les constituans de 89 furent les pères de la révolution, mais les législateurs de l'an VIII furent les pères et les pacificateurs de la patrie. »

Écoutez les auteurs et complices de la révolution de brumaire expliquant leur conduite à la France : « Citoyens, disaient-ils, des séditieux ont attaqué sans cesse avec audace les parties faibles de la constitution de l'an III; ils ont habilement saisi celles qui pouvaient prêter à des commotions nouvelles. Ceux même qui voulaient le plus sincèrement le maintien de cette constitution ont été forcés de la violer à chaque instant pour l'empêcher de périr. De cet état d'instabilité du gouvernement est résultée l'instabilité plus grande encore de la législation, et les droits les plus sacrés de l'homme social ont été livrés à tous les caprices des factions et des événemens. Il est temps de mettre un terme à ces orages; il est temps de donner des garanties solides à la liberté des citoyens, à la souveraineté du peuple, à l'indépendance des pouvoirs constitutionnels, à la république enfin, dont le nom n'a servi que trop souvent à consacrer la violation de tous les principes. Il est temps que la grande nation ait un gouvernement digne d'elle, un gouvernement ferme et sage, qui puisse vous donner une prompte et solide paix avec l'Europe et vous faire jouir d'un bonheur véritable. Soldats de la liberté, vous achèverez la conquête de la paix, pour revenir bientôt, au milieu de vos frères, jouir de tous les biens que vous leur aurez assurés (1). » Enfin, en s'adressant pour la première fois à

_____

(1) Adresse du corps législatif au peuple français, 19 brumaire an VIII.

la nation, les trois consuls tenaient le même langage, et prêtaient serment de travailler « à l'établissement d'un gouvernement libéral et modéré, fondé sur la double base de l'égalité au dedans et de la paix au dehors (1). »

Réconcilier la nation avec l'Europe et avec elle-même, telle était l'œuvre à laquelle l'amour de la France conviait le jeune héros qui de la terre d'Orient était soudain descendu sur ses rivages tout parfumé de la poésie qu'elle exhale. L'irrésistible ascendant de Bonaparte tenait à cette notion sacrée du droit dont Dieu lui avait imprimé le signe; aussi comprit-il d'abord avec une merveilleuse sagacité que son rôle lui commandait la cessation de l'état de guerre, et qu'il avait à poursuivre immédiatement l'obtention de la paix par la voie des négociations, ou bien, en cas d'échec, par une foudroyante victoire. Le premier consul venait à peine de saisir dans sa main héroïque les rênes de cette administration féconde en prodiges, qu'il adressait au roi d'Angleterre la lettre si connue, admirable programme d'une ère industrielle et pacifique destiné à devenir trop promptement le titre même de sa condamnation. « La guerre, qui depuis huit ans ravage les quatre parties du monde, doit-elle être éternelle? Comment les deux nations les plus éclairées de l'Europe, puissantes et fortes plus que ne l'exigent leur sûreté et leur indépendance, peuvent-elles sacrifier à des idées de vaine grandeur le bien du commerce, la prospérité intérieure, le bonheur des familles? Comment ne sentent-elles pas que la paix est le premier des besoins comme la première des gloires! »

Le jour même où le gouvernement consulaire affichait en face de la nation l'énergique volonté de la paix, il osait aussi flétrir la tyrannie qui avait si long-temps pesé sur les consciences, et ses paroles laissaient deviner à la France les perspectives magnifiques que la conclusion du concordat allait bientôt ouvrir pour elle. « Les consuls déclarent que la liberté des cultes est garantie par la constitution, qu'aucun magistrat ne peut y porter atteinte, qu'aucun homme ne peut dire à un autre homme : *Tu exerceras un tel culte; tu ne l'exerceras qu'un tel jour...* Les ministres d'un Dieu de paix seront les premiers moteurs de la réconciliation et de la concorde : qu'ils parlent aux cœurs le langage qu'ils apprirent à l'école de leur maître; qu'ils aillent dans ces temples qui se rouvrent pour eux offrir le sacrifice qui expiera les crimes de la guerre et le sang qu'elle a fait verser (2). »

Ainsi se déroule, au lendemain de la révolution de brumaire, ce plan de reconstitution sociale, le plus vaste qu'aucun mortel ait jamais accompli. Restauration de l'ordre en France par l'établissement d'une

(1) Proclamation des consuls, du 21 brumaire.
(2) Proclamation des consuls aux départemens de l'ouest, 8 nivôse an VIII.

administration forte venant en aide à un pouvoir libéral et régulier;
restauration de l'ordre en Europe par une politique se proposant la
paix comme but et le strict retour au droit des gens comme moyen;
restauration de la morale publique par un accord éclatant avec le
centre de l'unité religieuse, tel fut le triple aspect de l'œuvre qui se
résumait dans un seul mot, *le droit*, en attendant, hélas! qu'une
œuvre nouvelle vînt se résumer dans un autre mot, *la force!*

Le premier consul ne travailla pas à la pacification générale avec
moins d'empressement et d'ardeur qu'à la reconstitution de la société.
« Étranger à tout sentiment de vaine gloire, son premier vœu, disait-il
en prenant possession du pouvoir, était d'arrêter l'effusion du sang (1); »
mais ce grand travail d'honnêteté publique trouvait des obstacles, en ce
moment invincibles, dans l'incrédulité que rencontrait en Europe un
représentant de la révolution française venant parler de justice et de
paix. L'Autriche, qui, avec le concours des Russes, avait reconquis
l'Italie, eut le malheur de compter sur la fortune et de dédaigner des
protestations alors sincères. L'étoile du premier consul voulut donc
qu'en demeurant strictement fidèle à sa mission, et pour l'accomplissement même de sa tâche, il pût aller à travers les neiges du Saint-Ber-
nard chercher dans les plaines de la Lombardie cette paix si imprudemment refusée. Il l'apporta à la France toute radieuse de l'éclat d'une
victoire dont il avait l'honneur sans la responsabilité. Alors le monde
assista à un spectacle d'une grandeur morale incomparable. On vit
l'homme qui, après avoir réorganisé la France, se préparait à infuser
dans sa législation civile tout ce qu'il y avait de libéral et de pratique
dans les idées de son siècle, constituer l'Europe sur les seules bases que
comportassent les faits accomplis, les idées modernes et les lois de
l'équilibre général. Le traité de Lunéville, malgré les spoliations qu'il
consacrait en Allemagne, spoliations dont la responsabilité retombe
d'ailleurs sur les gouvernemens allemands plutôt que sur le nôtre, fut
assurément la combinaison la plus large et la plus équitable qui ait été
réalisée en Europe depuis la paix de Westphalie. S'il consacrait pour
la France, maîtresse de la Belgique et de la rive gauche du Rhin, une
position formidable, ces avantages, déjà assurés depuis dix ans, venaient d'être confirmés par des succès qui auraient permis aux vainqueurs de Marengo et de Hohenlinden d'aller jusque dans les murs de
Vienne imposer à l'Autriche des conditions bien autrement exorbitantes. L'accroissement territorial de la France dans les limites de ce
traité était d'ailleurs la conséquence très légitime de l'extension prise
depuis un siècle par la Russie en Orient, par la Grande-Bretagne dans
les Indes, et surtout par le bouleversement qu'avait apporté le partage

(1) Lettre à l'empereur d'Allemagne, 5 nivôse an VIII.

de la Pologne dans les bases de l'équilibre et dans les maximes du droit public. L'Autriche, en dédommagement de ses pertes, recevait les états vénitiens, dont la France, victorieuse et provoquée, pouvait disposer à meilleur titre que les co-partageans de 1772 de la patrie des Jagellons. La création de l'état cisalpin dans l'Italie centrale préparait cette contrée à la vie nationale et à l'indépendance, si jamais elle en devenait capable. En étendant la protection de la France sur ce pays, théâtre de sa gloire, le gouvernement consulaire s'engageait d'ailleurs à évacuer sans retard le territoire de la Suisse, de la Hollande et de tous les états où le cours des événemens avait jeté ses armées. Ces équitables principes prévalurent d'une manière non moins heureuse dans les négociations d'Amiens, complément de celles de Lunéville. La France y maintint les vrais principes du droit maritime et défendit chaleureusement tous ses alliés; elle fit surtout d'énergiques efforts et des sacrifices personnels pour diminuer les pertes qu'avait fait éprouver à l'Espagne sa longue fidélité à notre fortune. Lorsque les grandes cours allemandes se jetaient tête baissée dans les scandales provoqués par les sécularisations et les indemnités germaniques; lorsqu'en même temps les ministres anglais violaient outrageusement le texte des traités et refusaient d'évacuer Malte pour garder leurs portefeuilles, l'esprit de justice et de paix, exilé des vieilles cours, était tout à coup et comme miraculeusement descendu dans le nouveau gouvernement de cette France qui naguère faisait frémir l'Europe, et qui malheureusement allait bientôt la faire trembler. Ce fut là un honneur que, malgré quelques actes, ce gouvernement put revendiquer presque toujours jusqu'au commencement de 1804.

Ce n'est pas en échangeant le titre consulaire contre le titre impérial que Napoléon manqua à la mission qu'il avait reçue d'en haut. Le rétablissement d'un gouvernement monarchique était le terme où tendait le grand mouvement d'opinion commencé au lendemain du 9 thermidor. Construite pièce à pièce par la royauté, la France éprouve l'invincible besoin de trouver dans la puissance publique une image de sa propre unité, et de croire à la perpétuité du pouvoir lors même qu'il lui arrive de le renverser tous les quinze ans. Ce n'est qu'à ce prix que les esprits se calment et que les intérêts se rassurent. La violente transformation de la monarchie constitutionnelle en république au 10 août avait été l'attentat le plus odieux qu'un parti pût oser contre le sentiment intime d'un grand peuple. Si l'on vit avorter la réaction monarchique commencée sous le directoire, nous en avons indiqué la cause en rappelant le profond désaccord qui séparait les intérêts de la bourgeoisie royaliste des idées attribuées au prince qui seul alors représentait dans l'exil le principe de la royauté. Du jour où des événemens prodigieux, accumulant sur une autre tête le prestige des siècles, avaient fait de Napoléon un prince possible, ce fils de ses œuvres, sacré par la gloire et la reconnaissance publique, devenait en France le représentant naturel et pour ainsi dire nécessaire de l'idée monarchique. Lui seul en effet était alors en mesure de relever ce trône dont la chute avait laissé dans les ames un vide immense, en donnant aux innombrables intérêts créés par la révolution la plus puissante des garanties. Napoléon, n'étant d'ailleurs pour personne le chef d'un parti, apparaissait aux yeux de tous comme le symbole de la grande unité qu'il avait sauvée, et l'assentiment à la fois enthousiaste et réfléchi de tout un peuple conférait à la nouvelle royauté la plus haute sanction qu'une institution politique puisse recevoir en ce monde.

La France répétait à l'empereur les mêmes vœux qu'elle adressait naguère au premier consul. A la veille de subir les étreintes du despotisme militaire, elle croyait placer sous l'égide de l'hérédité une politique pacifique et libérale. Ce qu'elle demandait au vainqueur de Marengo, comme elle l'a demandé depuis aux deux branches de la maison de Bourbon, c'était cette monarchie constitutionnelle dont on la dirait à la fois et incapable de se servir et incapable de se passer. Sur ce point les témoignages abondent, et pour défendre mon pays d'un reproche de mobilité beaucoup plus spécieux que bien fondé, je demande la permission d'en rappeler quelques-uns. On verra s'il est allé au-devant de l'arbitraire, et si c'est volontairement que la nation a abdiqué aux mains d'un chef sa part d'intervention dans les actes de son gouvernement.

En adoptant la proposition de celui de ses membres qui avait demandé l'élévation du premier consul au trône impérial et à la transmission héréditaire du pouvoir dans sa famille, le tribunat s'exprimait ainsi (1) : « Considérant qu'à l'époque de la révolution où la volonté nationale put se manifester avec le plus de liberté, le vœu général se prononça pour l'unité individuelle dans le pouvoir suprême et pour l'hérédité de ce pouvoir; qu'en déclarant l'hérédité de cette magistrature on se conforme à la fois à l'exemple de tous les grands états anciens et modernes et au premier vœu que la nation exprima en 1789; que la France conservera tous les avantages de la révolution par le choix d'une dynastie aussi intéressée à les maintenir que l'ancienne le serait à les détruire; que la France doit attendre de la famille de Bonaparte plus que d'aucune autre le maintien des droits et de la liberté du peuple qui la choisit et toutes les institutions propres à les garantir; que, faisant dans l'organisation des autorités constituées les modifications que pourra exiger l'établissement du pouvoir héréditaire, l'égalité, la liberté, les

(1) 3 mai 1804.

droits du peuple seront conservés dans leur intégrité, le tribunat, exerçant le droit qui lui est attribué par l'article 29 de la constitution, émet le vœu que Napoléon Bonaparte soit proclamé empereur des Français. »

« Les Français, disait le sénat au premier consul (1), ont conquis la liberté; ils veulent conserver leur conquête, ils veulent le repos après la victoire. Ce repos glorieux, ils le devront au gouvernement héréditaire d'un seul, qui, élevé au-dessus de tous, défende la liberté publique, maintienne l'égalité, et baisse ses faisceaux devant la volonté souveraine du peuple qui l'aura proclamé. C'est ce gouvernement que voulait se donner la nation française dans ces beaux jours de 89 dont le souvenir sera cher a jamais aux amis de la patrie, et où l'expérience des siècles et la raison des hommes d'état inspiraient les représentans que la nation avait choisis. C'est ce gouvernement, limité par la loi, que le plus grand génie de la Grèce, l'orateur le plus célèbre de Rome et le plus grand homme d'état du xviii° siècle ont déclaré le meilleur de tous. L'histoire le montre comme l'obstacle invincible contre lequel viennent se briser et les efforts d'une anarchie sanglante et la violence d'une tyrannie audacieuse qui se croirait absoute par la force. Que l'oubli des précautions réclamées par la sagesse ne laisse succéder aucun orage aux tempêtes des gouvernemens électifs. Il faut que la liberté et l'égalité soient sacrées, que le pacte social ne puisse pas être violé, que la souveraineté du peuple ne soit jamais méconnue, et que la nation ne soit jamais forcée de ressaisir sa puissance et de venger sa majesté outragée. Le sénat développe dans un mémoire qu'il joint à ce message, citoyen premier consul, les dispositions qui lui paraissent les plus propres à donner à nos institutions la force nécessaire pour garantir a la nation ses droits les plus chers, en assurant l'indépendance des grandes autorités, le vote libre et éclairé de l'impôt, la sûreté des propriétés, la liberté individuelle, celle de la presse, celle des élections, la responsabilité des ministres et l'inviolabilité des lois constitutionnelles. »

« C'est le grand homme à qui nous sommes redevables de tant d'institutions libérales qui est appelé à gouverner l'empire, disait Portalis dans la discussion du sénatus-consulte du 18 mai 1804. Un sénat permanent continuera de veiller sur les destinées de la France. Ce sénat, sans partager le pouvoir législatif, aura la garde et le dépôt des lois; il garantira la constitution des surprises qui pourraient être faites au législateur lui-même; il remplira auprès de l'empereur l'office de sa conscience, en l'avertissant des erreurs qui peuvent se glisser dans les lois nouvelles et qui seraient capables de compromettre les droits que

(1) 4 mai 1804.

nous avons conquis par la révolution. Le même sénat protégera la liberté de la presse contre les prohibitions arbitraires et la liberté individuelle contre les arrestations illégales. Rien n'est plus propre à rehausser la dignité du citoyen que de voir le premier corps de l'état occupé à défendre les droits du moindre particulier avec autant de sollicitude que s'il s'agissait de défendre la constitution même. Les lois ne sont pas de purs actes de puissance, ce sont des actes de raison, de sagesse et de justice. La délibération est de l'essence des lois; elles continueront d'être préparées dans le conseil du prince, d'être épurées par les discussions du tribunat, et d'être sanctionnées par les députés du peuple. Dans un gouvernement libre, le respect pour la propriété ne permet pas de lever des impôts et des taxes sans le consentement des députés choisis par des assemblées de propriétaires; ce grand principe est maintenu et respecté... »

« La liberté sainte, devant laquelle sont tombés les remparts de la Bastille, disait Lacépède, déposera donc ses craintes, et les ombres illustres du sage Lhôpital, du grand Montesquieu et du vertueux Malesherbes seront consolées. Le vœu du peuple ne sera jamais méconnu. Les listes des candidats choisis par les colléges électoraux étant souvent renouvelées, l'une des plus belles portions de la souveraineté du peuple sera fréquemment exercée. Les membres du corps législatif, rééligibles sans intervalle, seront, s'il est possible, des organes plus fidèles de la volonté nationale; les discussions auxquelles ils se livreront, et leurs communications plus grandes avec le tribunat, éclaireront de plus en plus les objets soumis à leurs délibérations. Une haute cour, garante des prérogatives nationales confiées aux grandes autorités, de la sûreté de l'état et de celle des citoyens, formera un tribunal véritablement indépendant et auguste, consacré à la justice et à la patrie. Elle assurera la responsabilité des fonctionnaires, de ceux particulièrement qu'un grand éloignement de la métropole pourrait soustraire à la vengeance des lois. Elle assurera surtout la responsabilité des ministres, cette responsabilité sans laquelle la liberté n'est qu'un fantôme. Le sénatus-consulte organique rend l'hommage le plus éclatant à la souveraineté nationale; il détermine que le peuple prononcera lui-même sur l'hérédité; il fait plus, il consacre et fortifie par de sages institutions le gouvernement que la nation française a voulu dans les plus beaux jours de la révolution, lorsqu'elle a manifesté sa volonté avec le plus d'éclat, de force et de grandeur. »

Si les conditions auxquelles s'élevait le nouveau trône étaient précises, l'acceptation qui en était faite n'était pas moins formelle. « Sénateurs, répondait Napoléon au message du 6 germinal, votre adresse n'a pas cessé d'être présente à ma pensée; elle a été l'objet de mes méditations les plus constantes. Le peuple français n'a rien à ajouter aux honneurs et a la gloire dont il m'a environné; mais le devoir le plus sacré pour moi est d'assurer à ses enfans les avantages qu'il a acquis par cette révolution qui lui a tant coûté, surtout par le sacrifice de ce million de braves morts pour la défense de ses droits. Je désire que nous puissions lui dire le 14 juillet de cette année : Il y a quinze ans, par un mouvement spontané, vous courûtes aux armes; vous conquîtes la liberté, l'égalité et la gloire. Aujourd'hui, ces premiers biens des nations, assurés sans retour, sont à l'abri de toutes les tempêtes; ils sont conservés à vous et à vos enfans. Des institutions, conçues et commencées au sein des orages de la guerre intérieure et extérieure, viennent se terminer par l'adoption de tout ce que l'expérience des siècles et des peuples a démontré propre à garantir les droits que la nation a jugés nécessaires à sa dignité, à sa liberté et à son bonheur. »

Ainsi nulle équivoque n'est possible. Ce que la France reconnaissante offrait à l'auteur du concordat, de la paix d'Amiens et de la paix de Lunéville, c'était ce pouvoir pondéré, salué par ses plus grands hommes comme la conquête de l'avenir. Ce qu'on attendait de lui, c'était le repos dans la gloire, la prospérité publique au sein de la sécurité de tous, enfin l'établissement d'une monarchie représentative, rendue plus facile à cette époque qu'à toute autre par le prestige du monarque et l'affaissement temporaire des partis. Il est bon que ce programme si politique et si honnête demeure pour la justification de la France et la condamnation du grand homme qui l'a si audacieusement méconnu. On sait quel fut le plan au service duquel Napoléon, porté au faîte de toutes les grandeurs humaines, mit la fortune de sa patrie et la vie d'un million de soldats. L'homme qui avait solennellement proclamé la paix comme le premier besoin des nations modernes, et qui pouvait alors en dicter les conditions, fonda l'antagonisme de la France contre l'Europe, et fit de la guerre le ressort permanent d'un gouvernement tout militaire; celui qui, en prenant la couronne, rappelait le souvenir du 14 juillet et s'inclinait devant la souveraineté de la nation, anéantit toutes les institutions qu'il avait jurées, mit en coupe réglée et la population et la fortune publique, dépassant Louis XIV dans l'inflexibilité de ses exigences et de son orgueil. Le sous-lieutenant auquel son pays avait confié la tâche de relever pour s'y asseoir le trône renversé au 10 août, trouvant ce rôle indigne de lui, se prit tout à coup à rêver de Charlemagne, et, oubliant la France, qui avait eu jusqu'alors toutes ses pensées, il entreprit de reconstituer au profit de sa race une sorte de nouvel empire d'Occident assis sur l'oppression de tous les peuples et la vassalité de tous les rois. Je n'entreprendrai point d'indiquer la tumultueuse succession de pensées par suite desquelles, combinant dans une gigantesque Babel les souvenirs confus de la domination romaine et ceux de la bulle d'or, le conquérant se trouva jeté dans une carrière dont le terme nécessaire était ou sa propre chute où l'asservissement permanent du monde. Qu'il me suffise de dire que Dieu laisse, même aux instrumens choisis par lui, la plénitude de leur liberté morale, et qu'au jour où son œuvre s'achève, la part de leur responsabilité commence. Ce fut en 1804 que cette ère nouvelle s'ouvrit pour Napoléon.

III.

Il y a dans la *Jeanne d'Arc* de Schiller une belle scène. Le poète représente l'héroïne entrant portée sur les bras du peuple et de l'armée dans la basilique de Reims, où Dieu l'a chargée de conduire, à travers les escadrons ennemis, le prince qui n'était que roi de Bourges, et dont elle a fait le roi de France. A la vue de la jeune fille, tous les regards se tournent vers elle; les chants cessent, et les prières restent comme suspendues entre la terre et le ciel. Cependant Jeanne se trouble, et cesse d'être maîtresse de son propre cœur. C'est que ce jour a terminé sa mission, et qu'à l'heure même où son triomphe se consomme, une égoïste pensée est venue la saisir. Pour la première fois de sa vie, elle se prend à aimer autre chose que sa patrie, à souhaiter autre chose que sa délivrance. Dieu a retiré d'elle son secours et son bras, et la vierge ne reprend un moment sa confiance et sa force qu'en consommant pour la France un dernier sacrifice.

Ce fut aussi du point culminant de sa gloire qu'une tempête s'éleva dans l'ame de Napoléon et que la rectitude de ce grand esprit sembla fléchir sous sa fortune. Parvenu au sommet de la montagne, il ne put contempler sans convoitise tous ces royaumes de la terre que l'esprit tentateur étalait à ses pieds. A peine la main qui avait sacré Charlemagne eut-elle touché son front, qu'il rompit avec sa destinée comme avec son siècle pour poursuivre un fantastique avenir, incompatible avec le génie du monde moderne aussi bien qu'avec l'intérêt de la France. Au lendemain de son couronnement, le nouvel empereur se faisait proclamer roi d'Italie et courait prendre la couronne de fer à Milan en dédaignant les protestations de l'Europe. Dépeçant la péninsule au gré de ses fantaisies et commençant à étaler dès-lors le mépris de tous les traités et de tous les droits, il réunit Gênes à son empire et dota de principautés jusqu'aux femmes de sa famille; puis, apercevant par-delà les Abruzzes la vieille royauté des Bourbons qui opposait encore le prestige des siècles à celui de sa toute-puissance, il se prit à caresser la jalouse pensée qui fut et le crime et le châtiment de sa vie, puisqu'elle le conduisit en quatre années du meurtre du duc d'Enghien au guet-apens de Bayonne.

La veille du jour où il recevait l'onction royale, Napoléon avait en effet consomme l'un de ces actes qui suffisent à changer le cours de toute une vie. Un crime non moins inexplicable par l'insignifiance de ses motifs que par l'immense portée de ses résultats avait consacré pour jamais dans cette ame, jusqu'alors pleinement maîtresse d'elle-même, la prépondérance de la passion sur la justice, de la colère sur la prudence. Le restaurateur du droit public européen avait consommé le rapt odieux d'Ettenheim, le restaurateur de la justice avait versé à Vincennes le sang innocent, et le glorieux restaurateur de la monarchie avait traité le fils des héros et des rois comme il n'aurait pas permis qu'on traitât le plus obscur malfaiteur. Ou la Providence reste étrangère à l'économie de l'existence humaine, ou un tel acte doit transformer une destinée. Dans cette circonstance du moins, la justice divine ne cacha point ses voies à la terre, car jamais conséquences ne furent plus importantes et plus immédiates que celles qu'amena l'attentat de Vincennes pour la suite de la carrière de Napoléon. Eût-il voulu continuer de pratiquer, après ce crime, la politique de la modération et du droit, que les invincibles méfiances qu'il venait de soulever le lui auraient rendu fort difficile.

De ce jour en effet, l'Angleterre trouva des approbations pour toutes ses colères, et Napoléon ne put espérer d'alliances qu'en les imposant par la force. La Prusse elle-même, toujours si ambitieuse et si cupide, rompit, encore qu'elle fût amorcée par l'appât du Hanovre, des négociations secrètes à la veille d'aboutir; son cabinet, cédant à une indignation contagieuse, se jeta, pour n'en plus sortir, dans la neutralité malveillante qui, deux ans après, conduisait la Prusse aux champs d'Iéna, et Napoléon se trouva déshérité de ce qu'il lui importait le plus de conquérir, une grande alliance continentale, qui aurait été à la fois et une barrière précieuse contre le cabinet anglais et un rempart plus précieux encore contre lui-même. A Pétersbourg, où la personne du premier consul avait été, aux derniers temps de Paul Ier, l'objet d'une sorte de culte, l'émotion fut plus vive encore qu'à Berlin, parce que la déception fut plus profonde, et toutes les relations avec la France furent violemment suspendues. Le jeune empereur de Russie eut bientôt triomphé des hésitations de l'Autriche et déterminé une reprise d'hostilités à laquelle la cour de Vienne ne s'était refusée jusqu'alors que parce qu'elle se voyait seule contre la France. M. Pitt, qui, depuis la déloyale rupture de la paix d'Amiens, cherchait en vain sur tout le continent des alliés pour sa politique et des stipendiés pour ses subsides, vit tout à coup les cours allemandes incliner vers la Grande-Bretagne, et l'impression d'un grand crime effacer celle de ses propres torts. Au jour même où s'élevait le nouveau trône impérial dans un si imposant appareil, il suffisait donc d'une dose ordinaire de sagacité pour prédire que l'empire, en eût-il le désir, n'aurait pas la faculté de suivre au dehors une conduite régulière et normale, car là suspicion était entrée dans tous les cœurs, et l'attentat de Vincennes avait, plus que toute autre cause, forgé entre les cours de l'Europe cet indissoluble lien qui, tantôt public, tantôt secret, se maintint d'Austerlitz à Waterloo, à travers toutes les chances de la guerre et de la fortune.

« Nous ne nous écarterons pas de la vérité rigoureuse en disant que la mort du duc d'Enghien fut la cause principale de la guerre générale (1). » L'éminent historien que sa sagacité politique a conduit à rendre cet hommage aux grandes lois de l'ordre moral, aurait pu ajouter, si son œuvre n'en était d'ailleurs une démonstration manifeste, que la coalition de 1805 fut le germe et comme le prototype de toutes les autres, et qu'à partir de ce jour, Napoléon, condamné à toujours conquérir des royaumes sans jamais conquérir une alliance, avait prononcé sur lui-même le mot suprême de son avenir, *l'isolement!*

La mort du duc d'Enghien prépara le long antagonisme de l'empire contre l'Europe, comme la mort de Louis XVI avait amené la lutte de tous les gouvernemens réguliers contre la république. Les extrémités du despotisme sortirent, comme celles de la terreur, d'un sang injustement versé, et ces extrémités devinrent nécessaires au même titre que l'avaient été les violences de la dictature conventionnelle. L'empire se trouva, comme la révolution, toujours contraint de dépasser le lendemain le point où il avait entendu s'arrêter la veille. Le coup de tonnerre d'Austerlitz brisa sans doute la coalition de 1805, mais d'Austerlitz allait sortir Iéna; Iéna rendait nécessaires Eylau et Friedland, qui devaient à leur tour engendrer Wagram. Il y eut une filiation forcée dans toutes les victoires comme dans toutes les usurpations. La réunion de l'Italie amena le bouleversement de l'Allemagne, comme l'expulsion des Bourbons de Naples conduisit à l'enlèvement des Bourbons d'Espagne. Cependant l'exaspération des peuples croissait en raison directe de la violence, et les nations opprimées portaient de tous côtés leurs regards pour voir s'il leur restait quelque part un vengeur. Il devint donc nécessaire d'aller atteindre au fond du Nord le seul pouvoir qui jusqu'alors eût conservé le prestige de sa force et de son intégrité, afin que l'univers, désormais sans espérance, se résignât moins difficilement à la servitude.

Plus Napoléon conquérait de puissance, et plus il se préparait d'ennemis. Ne pouvant se confier à aucun gouvernement, il fut amené par la nécessité autant que par l'ambition à substituer partout sa dynastie aux royautés nationales; mais la loi d'isolement qui pesait sur lui était

(1) M. Thiers, *Histoire du Consulat et de l'Empire*, tome V, page 19.

telle que ses frères même, devenus rois, cessaient d'être pour lui de fidèles alliés. Jamais le *ne soli* de l'Écriture n'avait reçu une si terrible application. Volontairement sorti de la grande communion des peuples et de la sphère haute et sereine où Dieu l'avait placé pour demeurer la plus resplendissante image du droit dans la force, il était condamné à marcher toujours jusqu'à l'instant où se dresserait devant lui la muraille de glace destinée à préserver la liberté du monde. Ajouter des provinces à des provinces était facile au conquérant tant que durait la veine de sa fortune; mais régir par des préfets français Rome et Hambourg, soumettre les races les plus dissemblables par l'origine, par la langue et par le génie à la même administration que les Champenois et les Limousins, et dans un siècle dont le caractère spécial sera le réveil des nationalités endormies, attaquer de front le principe même de toutes les nationalités, c'était une de ces tentatives désespérées qu'un homme de génie ne poursuit que lorsqu'il a cessé d'être libre dans sa conduite pour avoir abusé de sa fortune.

L'œuvre la moins sérieuse que l'on puisse se proposer est assurément une tentative pour systématiser l'accumulation d'accidens et de violences dont l'ensemble a constitué durant dix ans la politique impériale. Quelques efforts qu'ait faits le grand homme enchaîné sur son rocher pour persuader au monde et pour se persuader à lui-même qu'il suivait le cours d'une pensée féconde, il est manifeste que la plupart de ses actes étaient imposés au dominateur de l'Europe par la fatalité de la position qu'il s'était faite. Son organisation prétendue fédérale du continent, sous la suzeraineté de la France, n'était qu'un château de cartes cimenté avec du sang. Il ne fut pas même nécessaire de l'attaquer pour l'abattre. Lorsque Dieu jugea l'instant venu de montrer la vanité de cette orgueilleuse folie, il n'eut qu'à abaisser le thermomètre de quelques degrés, et c'en fut assez pour en finir. Les rois et les peuples vaincus qu'il traînait au fond du Nord comme les auxiliaires de sa puissance et les ôtages de sa sécurité, se trouvèrent à point nommé tout prêts et comme providentiellement convoqués par lui-même pour la vengeance. Ils n'eurent qu'à retourner contre leur oppresseur les armes qu'il les avait contraints de prendre, et la délivrance de l'Europe fut consommée.

Napoléon n'a pas succombé, quoi qu'en ait dit un parti, pour n'avoir pas été un souverain légitime; il est tombé pour avoir entrepris une œuvre coupable et pour s'être heurté contre l'irrésistible nature des choses. Eût-il été son petit-fils, que sa tentative aurait amené sa chute; et, tout artisan de sa fortune qu'il était, sa maison aurait eu plus de chances de consolidation et de durée que les deux autres dynasties, s'il était demeuré fidèle à la politique qui l'avait fait roi, politique qui se résumait dans trois grands actes : le traité de Lunéville dans l'ordre diplomatique, le concordat dans l'ordre moral, et le sénatus-consulte organique de l'an XII dans l'ordre constitutionnel.

Le système de l'empereur eut deux résultats principaux : l'un désastreux pour la France, l'autre funeste pour lui-même.

Imposant la guerre éternelle à une société dont les aspirations étaient déjà toutes pacifiques, déifiant la force militaire à la veille du triomphe de l'industrie, Napoléon fut conduit à absorber dans un seul tous les élémens de la vie sociale. Le recrutement de l'armée devint la préoccupation exclusive de l'administration impériale, et le collége ne fut plus que l'antichambre de la caserne. Former de jeunes séides et de futurs Verrès dressés à l'obéissance passive par l'espérance de la conquête et de l'exploitation du monde, telle fut l'œuvre à laquelle son fondateur voua l'administration universitaire chargée de lui préparer des hommes à peu près comme la direction des droits réunis était chargée de lui procurer des écus. Cette tâche ne fut que trop bien remplie, et lorsque la génération élevée dans l'oubli de toutes les gáranties légales et de tous les principes du droit international se trouva engagée tout à coup dans une hostilité violente contre le gouvernement qui succédait à l'empire, on la vit porter dans cette opposition les idées les plus incohérentes et les passions les plus détestables. Associant aux doctrines révolutionnaires, vers lesquelles elle se trouvait brusquement rejetée, les traditions gouvernementales de l'empire et ses despotiques allures, couvrant d'apparences constitutionnelles des instincts tout militaires, elle rendit au dehors les cabinets hostiles, et au dedans le gouvernement modéré difficile, sinon impossible. Toutes les fortunes brisées, toutes les jeunes ambitions arrêtées dans leur essor par la chute de la nouvelle féodalité impériale, les auditeurs ex-gouverneurs de provinces et les généraux qui aspiraient à passer rois formèrent, en se coalisant avec les résidus divers de la révolution, l'école hypocrite et loquace qu'on entendit réclamer bientôt à grands cris des libertés dont elle ne voulait pas, et des droits destinés à n'être entre ses mains que des machines de guerre. Le libéralisme revêtit tour à tour et parfois simultanément la robe de l'avocat girondin et la capote du soldat laboureur; il confondit dans un culte commun la constituante et l'empire, Austerlitz et le 10 août, et la liberté eut en France ce déplorable sort, de n'être réclamée par personne avec plus de violence que par ceux qui avaient le mieux appris à s'en passer.

En jugeant l'arbre par ses fruits, on est conduit à porter contre l'empire une condamnation sévère. Engagée dans une loterie où chacun jouait sa tête sans soupçonner même l'existence d'un droit là où triomphait si exclusivement la force, la génération grandie à son

ambre se trouva incapable de tous les devoirs de la vie publique, lorsque la paix l'eut ouverte pour elle. L'esprit français fut d'ailleurs rarement plus stérile qu'à l'époque où les armes de la France dominaient
le monde. Pendant que le souffle du génie relevait l'Allemagne dans
ses humiliations, il ne visitait pas la patrie de Louis XIV dans ses victoires. Une littérature dont M. de Jouy fut le Corneille et Alexandre
Duval le Molière; une philosophie qui commentait Condillac; dans les
arts une froide imitation de l'antique, et dans les sciences seulement
quelques travaux immortels, tel est le bilan d'une époque violemment
détournée de son cours naturel par la volonté d'un seul homme. Le
consulat avait entr'ouvert de plus vastes horizons devant la pensée humaine : pendant que la France littéraire respirait à pleine poitrine dans
l'atmosphère ouverte par l'auteur d'*Atala* et de *René*, le peuple, entassé
dans les rues ou courbé sur le parvis des temples, recevait la bénédiction du vieillard qui avait quitté les solitudes de la ville éternelle pour
porter à la bruyante métropole des révolutions toute la poésie de la
foi et des siècles; mais l'empire avait promptement tari ces sources
magnifiques. Il avait fait de la religion un instrument de règne, et ses
évêques n'étaient plus guère à ses yeux que des fonctionnaires chargés
d'entonner des *Te Deum* sur l'injonction des préfets. La prison et l'exil
devinrent le lot de ceux qui refusèrent d'accepter ce rôle, et bientôt
l'auguste consécrateur de Notre-Dame devint le captif de Fontainebleau. En appesantissant son joug sur le doux pontife qui l'avait béni,
Napoléon cessa d'être un restaurateur politique pour n'apparaître désormais que comme le chef d'une formidable armée servi par une
formidable administration.

L'altération de la puissance administrative fut l'un des torts les plus
graves de cette carrière tristement dévoyée. Pour faire de la France
un docile instrument de despotisme militaire, Napoléon fut conduit à
dénaturer la machine gouvernementale, en la faisant fonctionner en
sens contraire des intérêts qu'elle avait originairement mission de
protéger. L'assemblée constituante avait beaucoup centralisé sans
doute, mais elle l'avait fait dans un sens conforme aux précédens historiques et au génie de la nation. En assujétissant toutes les localités
aux mêmes formes administratives, elle n'avait point entendu anéantir
la vie propre à ces localités elles-mêmes. Le principe électif appliqué
à tous les degrés de la hiérarchie et le système des administrations
collectives appliqué aux directoires des départemens et des districts le
constatent surabondamment; mais l'empereur ne procéda point ainsi :
il dépouilla les administrations locales de toute action comme de toute
initiative, il anéantit toutes les forces pour prévenir toutes les résistances, et, à l'exemple de tous les despotismes, il coupa l'arbre afin

de cueillir plus facilement les fruits. Placé bien moins en état de minorité qu'en état d'interdiction véritable, le pays, sous la domination sans contrôle de ses préfets, perdit complétement de vue la gestion de ses affaires locales, et n'aspira plus même à ces modestes libertés dont l'usage aurait tempéré plus tard les périls inhérens à l'exercice des droits politiques. Si, dix ans après, il se prit à réclamer des lois départementales et communales, ce fut moins parce qu'il éprouvait le besoin de concourir directement à l'administration de ses propres intérêts que parce qu'il espérait trouver dans ces lois de nouveaux instrumens pour battre en brèche le pouvoir. Les conceptions politiques de ce temps ne préparaient pas moins d'embarras à l'avenir : l'université, machine de compression à peine de mise au sein d'une société où régnerait une complète unité de mœurs et d'idées, était la plus imprudente attaque au génie des siècles modernes, et préparait une réaction inévitable; enfin l'aristocratie militaire, renouvelée du saint-empire romain, aurait disparu avec l'empereur au premier souffle de l'opinion publique, comme une couche de sable semée sur des rochers, et le seul résultat de ces tentatives à contre-sens était de préparer pour la génération suivante ce déplorable contraste entre les mœurs et les idées, qui la fait toucher aujourd'hui par les unes à la république et par les autres au despotisme.

C'est à la direction agitée et stérile imprimée par l'empire à l'esprit français qu'il faut donc faire remonter ce déplorable et constant malaise de l'opinion qui se traduit pour nous en révolutions périodiques; mais, si la politique de Napoléon compliqua pour long-temps les destinées de sa patrie, elle ne compromit pas à un moindre degré l'avenir de son propre établissement dynastique. Le résultat nécessaire de ce système fut, en effet, de concentrer tout le gouvernement dans sa personne, en substituant le prestige exclusif de la gloire au respect des institutions foulées aux pieds. Une monarchie qui ne pouvait exister que sous la condition d'ajouter chaque jour une conquête à ses conquêtes était forcément identifiée avec le conquérant, et ne pouvait lui survivre. Le monde ne comprenait l'empire qu'avec l'empereur, parce qu'un tel établissement ne se tenait debout que par son épée. De là cet isolement au sein de la toute-puissance qui était la terreur constante de sa pensée. Un jour, un homme à cheval courut au galop les rues de Paris en annonçant la mort de l'empereur. Sur ce seul bruit, et tant que la fausseté n'en fut pas reconnue, l'audacieux conspirateur demeura maître du gouvernement, sans que ni le peuple, ni la force armée, ni les autorités songeassent à lui opposer le nom de l'impératrice, celui du roi de Rome ou de tout autre prince impérial. Ce jour-là, la Providence envoya au maître du monde la révélation de sa fin : le général

Maillet lui laissa deviner le prince de Bénévent, et la facile capitulation
de la préfecture de police put lui faire pressentir le sort qui, en 1814,
attendait la régence de Blois. La monarchie de 1804 aurait pu supporter
des revers, parce qu'elle s'était élevée sur une pensée nationale; mais
la monarchie de 1812 ne pouvait être vaincue sans disparaître : c'est
ce que Napoléon comprenait bien lorsque, abandonné par la victoire,
il refusait de traiter à Prague et à Châtillon.

Quand les puissances alliées entrées dans Paris eurent proclamé
l'empereur Napoléon le seul obstacle à la paix, il ne vint à l'esprit
de personne de réserver au sein de sa dynastie d'autres droits que les
siens. Si la pensée de la régence traversa un moment l'esprit de quelques rares serviteurs, cette pensée ne descendit point dans l'opinion
publique. En interrogeant les souvenirs et les documens de cette époque, on peut même s'assurer que les intérêts du royal héritier de l'empire touchaient plus en ce moment la cour de Vienne et surtout le
cœur généreux d'Alexandre qu'ils ne fixèrent l'attention de la France.
La régence ne fut réclamée ni par les grands corps de l'état, ni par les
populations, ni même par l'armée, toute prête qu'elle fût à se dévouer
héroïquement pour la personne de son empereur.

Au 30 mars 1814, l'empire ne fut pour la nation qu'un météore
évanoui. Aucun parti ne se forma, parmi tant de créatures de ce
règne, pour conserver à la famille Bonaparte le bénéfice de stipulations
organiques auxquelles son chef avait substitué des combinaisons toutes
différentes. Ce fut de l'impossibilité instinctivement admise par tous
de reconstituer un gouvernement avec les débris du régime impérial
que sortit, comme une inspiration soudaine, l'appel à l'antique royauté
française. Il ne suffit pas d'une méchante intrigue nouée par quelques
vieux égoïstes dans un hôtel de la rue Saint-Florentin pour expliquer
l'entraînement, court il est vrai, mais très vif, qui rejeta la France
dans les bras des princes qu'elle avait si long-temps repoussés. Le
pays appela les Bourbons parce qu'il était las de l'empire, sur lequel
étaient tombées les malédictions des mères; il les appela, parce que
leur avénement semblait la protestation la plus directe contre un régime dont la gloire avait cessé de voiler la tyrannie, et que ces princes
paraissaient seuls en mesure de lui garantir le double bien dont il était
affamé : un gouvernement ménager du sang et de la fortune des citoyens, une paix solide fondée sur d'équitables conventions.

Les étrangers ne furent pour rien, absolument pour rien dans ce
mouvement d'opinion, aux débuts duquel ils n'assistèrent pas sans
une certaine inquiétude. L'empereur Alexandre, l'arbitre temporaire
de la situation, était sans nulle sympathie personnelle pour les Bourbons; il doutait singulièrement de leur aptitude à gouverner la France

nouvelle, et, si une autre combinaison s'était produite comme l'expression du vœu national, il l'aurait accueillie avec autant d'empressement et peut-être plus de confiance. Du jour de la capitulation de Paris jusqu'au 4 mai 1814, date de l'entrée de Louis XVIII dans la capitale, on ne trouve dans les transactions de l'époque aucune trace de l'influence qu'auraient exercée les cabinets étrangers sur les déterminations de la France et sur son régime intérieur. La grande nation, que l'Europe respectait dans ses revers autant qu'elle l'avait redoutée dans sa puissance, demeura parfaitement libre de se donner le gouvernement de son choix et d'en stipuler les conditions. Il n'est pas une déclaration émanée des cours alliées qui ne reconnaisse sur ce point la plénitude du droit de la France (1). Le mouvement d'où sortit la première restauration partit des rangs de la bourgeoisie parisienne, et s'étendit en quelques jours dans le pays sans distinction de classes ni de partis. Il rencontra une adhésion enthousiaste chez quelques-uns, réfléchie et calculée chez le plus grand nombre, mais véritable partout, excepté dans les rangs de l'armée, que l'empire avait séparée de la nation en lui apprenant à confondre la patrie avec l'empereur. Vingt-quatre heures ne s'étaient pas écoulées depuis l'entrée des premiers régimens étrangers dans Paris, que le corps municipal réclamait d'une voix unanime la déchéance de l'empereur et le rappel des Bourbons. Si le sénat, à raison du pouvoir spécial dont l'investissaient les constitutions antérieures, prit l'initiative de l'appel à la royauté, moyennant certaines conditions déterminées, il fut suivi, pour ne pas dire dépassé, dans cette voie par le corps législatif. Les cours, les tribunaux, les administrations départementales et municipales, tous les corps enfin représentant l'industrie, la propriété, les professions libérales, acclamèrent à l'envi le règne de la paix et de la sécurité intérieure. Il ne s'éleva ni une objection ni une résistance, et, quoi que le pays ait pu penser moins d'une année après, jamais mouvement d'opinion ne fut plus spontané ni plus unanime.

(1) Voyez surtout la déclaration du 31 mars, par laquelle les alliés invitent le sénat, alors légalement investi du pouvoir constitutionnel, à désigner un gouvernement provisoire pour pourvoir à l'administration, et pour préparer la constitution qu'il conviendrait au peuple français d'adopter. Voyez aussi la réponse faite par l'empereur Alexandre au sénat le 2 avril, où l'on lit le passage suivant : « Mes armées ne sont entrées en France que pour repousser une injuste agression. Je suis l'ami du peuple français : je ne lui impute point les fautes de son chef. Je suis ici dans les intentions les plus amicales : je ne veux que protéger vos délibérations. Vous êtes chargés d'une des plus honorables missions que des hommes généreux aient à remplir; c'est d'assurer le bonheur d'un grand peuple en donnant à la France les institutions fortes et libérales dont elle ne peut se passer dans l'état actuel de ses lumières et de sa civilisation. Je pars demain pour commander mes armées et soutenir la cause que vous venez d'embrasser, etc. »

Ce grand changement était bien loin, sans doute, d'avoir la même signification pour tous les esprits, et laissait prévoir des complications futures. Pendant que les anciens royalistes saluaient avec transport le triomphe de la cause pour laquelle ils avaient souffert et du principe auquel ils avaient gardé leur foi, la masse des citoyens, qui n'avait ni ces affections, ni ces croyances, ne voyait dans le retour de l'antique royauté qu'une garantie contre le despotisme militaire, qu'une nouvelle tentative pour réaliser la sage pensée de 1804 et la forme politique si vainement poursuivie durant vingt-cinq années. Les premières déclarations du chef de la maison de Bourbon avaient donné l'assurance que tous les intérêts issus de la révolution seraient scrupuleusement garantis, et constaté son intention d'opposer les bienfaits pratiques de la liberté aux décevantes illusions de la gloire. Les obstacles qui, sous le directoire, avaient arrêté l'essor de la bourgeoisie dans son retour vers la royauté proscrite n'existaient plus; une génération presque entière avait disparu emportant au tombeau ses haines et ses rancunes. Les propriétés nationales avaient jeté dans le sol d'indestructibles racines, et la France de Valmy et de Zurich, d'Austerlitz et de Wagram, était trop grande, même dans ses revers, pour redouter un parti qu'elle dominait de toute sa hauteur. Le sénat agissait donc conformément à la pensée qui agitait la France depuis 1789 en « appelant librement au trône Louis-Stanislas-Xavier, frère du dernier roi des Français, sous la charge d'accepter et de jurer une constitution dont les bases lui seraient présentées, et qui serait ultérieurement soumise a l'acceptation du peuple. »

De son côté, en appuyant cette révolution pacifique et libérale qui impliquait dans la pensée de ses auteurs la reconnaissance formelle de la souveraineté nationale, la bourgeoisie française, bien loin de se contredire, était parfaitement conséquente avec elle-même et continuait de demander ce qu'elle avait toujours voulu. La maison de Bourbon, qui, à la suite des cent jours et de la seconde invasion, parut ne plus représenter qu'un parti, avait eu, à la première restauration, cette singulière bonne fortune, de ne rien devoir à ses amis et de ne pas rencontrer d'adversaires. Devenue, par le seul fait de son antagonisme avec l'empire, l'expression soudaine de ce qu'il y avait d'intime et de permanent dans les vœux et les besoins de la nation, elle se trouva un moment dans une des situations les plus favorables où la Providence ait jamais placé une race royale. Attacher son nom à l'établissement définitif d'un gouvernement libre, signer ce premier traité de Paris qui n'effleurait pas nos frontières et nous conservait tous les chefs-d'œuvre conquis par nos armes, obtenir qu'un million d'étrangers quittassent la France à l'heure même où y rentrait un vieux roi exilé, c'était une occasion sans exemple pour renouveler avec la nation l'antique contrat dont les générations nouvelles ne soupçonnaient pas même l'existence.

Un moyen digne et facile s'offrait à des princes doués de nobles qualités, mais dont le pays ignorait jusqu'aux noms, pour renouer ces liens sympathiques par lesquels les dynasties deviennent la vivante expression des nationalités. Il fallait accepter la mémorable déclaration du sénat dans le sens et dans l'esprit où elle avait été faite, et profiter de la stipulation consignée dans l'un de ses articles (1) pour faire consacrer par l'assentiment national un pouvoir qu'une acclamation unanime pouvait alors rajeunir pour des siècles; il fallait enfin mettre autant d'empressement et d'habileté pour conquérir la ratification populaire qu'on en mit pour s'en passer. L'esprit politique exigeait que l'on retrempât la monarchie historique aux sources de la révolution contemporaine; mais l'esprit de parti prévalut, et la royauté se posa sur elle-même comme Dieu dans son éternité.

Louis XVIII accueillit sans hésiter la plupart des stipulations contenues dans l'acte sénatorial; et, peu de jours après, ces stipulations se trouvaient consignées dans la déclaration de Saint-Ouen, puis inscrites dans cette charte constitutionnelle qui résumait des principes dont la conquête avait tant coûté. Ce prince, qui avait vu fonctionner le gouvernement représentatif en Angleterre, mettait sa gloire à l'importer dans son pays; il estimait d'ailleurs, non sans raison, que le jeu d'institutions libres pourrait amortir l'esprit militaire, cette grande menace alors élevée contre le pouvoir royal, et qui, en dix mois, l'eut renversé par un complot de caserne.

Louis XVIII possédait une sagacité incontestable, et la parfaite indifférence de son ame lui laissait une liberté de conduite très précieuse pour le ménagement d'intérêts si divers; mais ce prince avait conservé le culte du principe qui avait été la consolation de son malheur et l'ornement de son exil. On l'avait vu, à six cents lieues de sa patrie, opposer son titre à la puissance du premier consul, alors idolâtré de la France et bientôt après maître du monde. Il n'y avait donc pas à s'étonner si cette religion de sa vie avait trouvé une confirmation plus éclatante encore dans la tempête qui venait de rejeter le conquérant dans l'exil en reportant l'exilé sur le trône. Louis XVIII croyait en son droit comme Louis XIV, et ne soupçonnait pas jusqu'à quel point la

---

(1) « Article 29. — La présente constitution sera soumise à l'acceptation du peuple français dans la forme qui sera réglée. Louis-Stanislas-Xavier sera proclamé *roi des Français* aussitôt qu'il l'aura jurée et signée par un acte portant : « J'accepte la constitution; « je jure de l'observer et de la faire observer. » Ce serment sera réitéré dans la solennité où il recevra le serment de fidélité des Français. »

royaute de l'histoire était devenue étrangère à la France de la révolution et de l'empire. Traité en roi depuis dix-neuf ans par quelques serviteurs, il fit commencer sa royauté à Blankenbourg au lieu de l'inaugurer à Paris, sans pressentir le frisson d'étonnement et de colère
qu'une pareille date ferait courir dans les veines de la France.

Cependant l'auteur de la charte relevait la tribune muette depuis dix
ans; il proclamait la liberté de la presse, la liberté de conscience, l'é-
gale admissibilité des citoyens aux emplois publics, le respect de toutes
les positions acquises, l'inviolabilité de la vente des domaines nationaux; il prescrivait l'oubli de tous les votes émis sous les gouvernemens
précédens et promulguait un système électoral qui assurait manifestement la préponderance des classes moyennes dans la chambre des
députés. Malheureusement pour la monarchie, un déplorable aveuglement lui faisait perdre le bénéfice de toutes ces concessions, car le
monarque les présentait comme émanant de son bon plaisir, comme
découlant d'un droit supérieur et préexistant. Les institutions fondamentales, spontanément octroyées par la générosité du prince, n'é-
taient, d'après la phraséologie officielle, que de simples *formes du gouvernement du roi.* Source de tout pouvoir comme de toute justice, le
monarque dominait de toute sa hauteur une constitution qui n'était
qu'une émanation de sa propre souveraineté, et ses ministres, em-
pruntant des locutions malheureuses à ce jargon des parlemens, aussi
étranger au langage de la vieille France qu'à la langue de la France
nouvelle, appelaient en pleine séance royale la charte constitutionnelle
une *ordonnance de réformation!*

Les Bourbons se précipitèrent tête baissée, en 1814, dans l'abîme
creusé par les Stuarts sous les pas des royautés modernes; ils demandèrent la consécration de leur autorité à des principes réputés supérieurs
aux vicissitudes humaines, et, pour mieux défendre l'avenir contre les
révolutions, ils en préparèrent une à quelques mois de distance. Le
droit divin engendra les cent jours, comme l'octroi royal a engendré
les ordonnances et la révolution de juillet. Si Louis XVIII avait rajeuni
sa dynastie au creuset de l'acceptation populaire, quelques régimens
n'auraient pas fait le 20 mars, et Napoléon n'eût probablement pas débarqué à Fréjus; si Charles X, l'un des princes les plus loyaux qui aient
jamais porté une couronne, n'avait cru pouvoir invoquer l'article 14,
il n'aurait pas même conçu la pensée si cruellement expiée par sa
race. Les petits-fils de Louis XIV échouèrent comme les petits-fils de
Jacques Ier en attribuant au pouvoir une autre origine que celle qui
lui est assignée dans l'économie générale des choses. Il n'est pas donné
à des êtres humains, fussent-ils du sang des rois, de créer des dogmes
pour leur propre convenance et leur propre sécurité. Si la religion a

des mystères, parce qu'elle est le lien de l'infini avec le fini, la science politique, qui n'est que la synthèse des faits sociaux, ne saurait avoir les siens. Dieu a créé un pouvoir immuable et toujours visible dans l'église, parce que l'église garde le dépôt de la parole par laquelle vit le monde; mais il n'a pas fait des monarchies autant d'églises au petit pied, au sein desquelles l'autorité se transmette et se reconnaisse à des signes éclatans et certains. Cela serait sans doute fort précieux pour l'humanité, mais cette ressource-là ne lui a point été départie, et la Providence a voulu laisser aux peuples l'entière responsabilité de leurs destinées : quelque théorie qui prévale sur la légitimité du pouvoir, il n'existe qu'une recette pour éviter les révolutions, l'intelligence chez les gouvernans et le bon sens chez les gouvernés : lorsque celle-là manque, on a des révolutions de juillet; lorsque l'autre fait défaut, on a des révolutions de février.

La logique conduit les peuples, lors même qu'ils paraissent céder à l'entraînement des passions, et les révolutions ne sont d'ordinaire que l'explosion de syllogismes condensés. En voyant la maison de Bourbon repousser la sanction nationale et s'emparer de plein droit du gouvernement de la France comme d'une propriété héréditaire, tous les intérêts nouveaux prirent l'alarme. Le droit inadmissible revendiqué par la royauté fut envisagé comme le point d'appui et la sanction de toutes les prétentions historiques qui pourraient se produire à son ombre. Rien n'était sans doute moins fondé qu'une pareille appréhension, mais elle avait envahi toutes les ames, et la plus légère connaissance du génie national aurait suffi pour la faire pressentir. Descendue en moins de trois mois dans tous les rangs de la bourgeoisie à laquelle avait naguère appartenu l'initiative du mouvement royaliste, cette crainte était plus vive encore dans la chaumière du paysan, où le vieux soldat pleurait sur ses aigles humiliées. Le drapeau blanc avait été pour les populations rurales la traduction sensible de la même pensée, l'expression permanente de la même menace. Cette substitution de couleurs glorieuses, mais oubliées, au drapeau porté dans toutes les capitales de l'Europe assura seule tout le succès des cent jours, et refit un empereur de celui qui sans cela n'aurait été qu'un aventurier. En débarquant avec un bataillon pour renverser une monarchie, Napoléon était cuirassé du drapeau tricolore et pouvait malheureusement exploiter contre la charte la dix-neuvième année du règne et le principe de l'octroi royal. Le secret de son entreprise est là tout entier, et l'on peut voir, en lisant les proclamations du golfe Juan, les actes de Grenoble et de Lyon, quel terrible usage il sut faire des armes qu'on lui avait données.

Le gouvernement de la première restauration commit sans doute

des fautes de détail, moins toutefois qu'on ne l'a dit et que le roi
Louis XVIII lui-même ne parut disposé à le reconnaître; mais ni les
fautes de ses ministres, ni les maladresses de quelques vieux serviteurs ne suffisent pour expliquer cet abandon sans exemple et cette
soudaine détresse d'un grand gouvernement attaqué de front par un
seul homme. S'il succomba, ce fut pour avoir repoussé les seules conditions qui rendent viables les monarchies modernes, et pour avoir
cherché sa force dans un dogme devenu le principe permanent de sa
faiblesse. En attaquant la restauration au défaut de la cuirasse, si je
puis ainsi parler, Napoléon lui porta un coup mortel. Le proscrit de
l'île d'Elbe se vit transporté des rives de la Provence au palais des Tuileries sur les bras des mêmes populations rurales qui l'avaient insulté
lorsqu'il partait pour l'exil, et si les classes moyennes ne donnèrent
pas leur concours actif au retour d'un régime sous lequel elles avaient
trop souffert, elles le laissèrent du moins se consommer sans résistance.

Le mouvement du 20 mars, auquel l'armée seule se dévoua chaleureusement, fut pour la bourgeoisie une révolution en quelque sorte
négative. Cette révolution s'opéra par un sentiment vague, mais général, de méfiance contre la monarchie beaucoup plus que par un retour
de sympathie vers l'empire. Napoléon put bien, durant les cent jours,
préparer pour l'avenir à la maison de Bourbon d'inextricables difficultés, et voir du haut de son rocher s'allumer déjà les premiers éclairs
de l'orage de 1830; mais il ne lui fut pas donné de profiter pour son
propre compte du réveil des passions révolutionnaires qu'il avait si
long-temps travaillé à enchaîner. En vain promettait-il des garanties
et remettait-il en vigueur par son premier décret les lois de l'assemblée constituante (1); en vain subit-il sans une répugnance trop
apparente le contrôle de la chambre des représentans et les censures
parfois sévères de la presse; plus vainement encore affichait-il chaque
jour la ferme résolution d'oublier qu'il avait été le maître du monde
pour n'être à l'avenir que le souverain pacifique et constitutionnel des
Français : personne, ni au dedans ni au dehors, ne prenait au sérieux
des assurances qu'aurait emportées une première victoire. Son rôle de
1802 était devenu aussi impossible pour l'empereur que son rôle de
1813; pour avoir déserté sa mission, ce grand homme subissait justement le supplice de ne pouvoir plus rien pour lui-même, et de n'être
désormais dans la marche du monde qu'un obstacle et qu'un péril. Les
forces régulières de la société refusaient absolument de se confier à
Napoléon, et dans une lutte nouvelle contre l'Europe celui-ci n'avait

(1) Articles 1er et 9 du décret de Lyon du 13 mars 1815.

pour perspective que d'aller à Sainte-Hélène ou de se faire le chef d'une jacquerie. Ainsi la France se trouvait ballottée entre deux partis et deux gouvernemens atteints à des titres divers d'une impuissance presque égale. La liberté politique et le bien-être de la paix départis au pays par la restauration avaient frappé au cœur le régime impérial, et, d'un autre côté, le retour de l'empereur, en réveillant toutes les passions éteintes et en divisant profondément la nation, avait préparé à la maison royale une carrière au bout de laquelle il était trop facile d'entrevoir l'abîme.

Chaque parti était assez fort pour entraver le pouvoir, quoique aucun ne fût assez puissant pour l'exercer, et le pays put avoir dès cette époque le pressentiment d'une situation dont trente années n'ont affaibli ni les difficultés ni les périls. La royauté s'efforçait de faire fonctionner la constitution émanée de son initiative, mais en conservant sur son pouvoir constituant des doctrines qui ne pouvaient manquer d'engendrer tôt ou tard un conflit terrible; le parti royaliste, exaspéré par la trahison des cent jours, imposait à la monarchie une justice rigoureuse sans rapport avec sa faiblesse, et cette monarchie malheureuse subissait, aux yeux des peuples, tout l'odieux de la seconde invasion, dont la responsabilité n'atteignait pourtant que ses ennemis; tout le parti militaire vociférait la liberté et cachait l'uniforme sous la carmagnole; les classes bourgeoises, toujours poursuivant le même but politique, mais toujours hésitantes dans leur conduite et timides dans leur concours, adhéraient aux Bourbons par leurs intérêts, mais s'en séparaient par leurs méfiances, et sans vouloir une révolution la rendaient un jour inévitable. Ainsi le trouble était partout, et la vérité nulle part; ainsi le pouvoir avait à lutter contre ses serviteurs autant que contre ses ennemis, et le gouvernement représentatif, qui n'est possible qu'à la condition de voir les institutions fondamentales loyalement acceptées par tous les partis, commençait au sein du mensonge et de l'hypocrisie universelle.

L. DE CARNÉ.

CRISE RELIGIEUSE

EN ANGLETERRE.

—

« Les voies de Dieu ne sont pas nos voies, et ses pensées ne sont pas nos pensées. » Nous espérons que cette citation nous sera pardonnée à cause de la nature du sujet que nous avons à traiter; mais jamais parole divine n'a été mieux justifiée par des événemens humains que ne l'a été celle-ci par les suites de la révolution européenne de 1848. On aurait dû croire, en effet, que cette révolution allait renverser les autels, comme elle avait renversé ou ébranlé les trônes, et qu'elle allait entraîner l'autorité religieuse dans la ruine de l'autorité monarchique. L'expédition de Rome est venue la première donner à ces prévisions un éclatant démenti; la restauration du pape, accomplie par les armées de la république, a été un fait tellement incompréhensible et tellement providentiel, que nous nous étonnons qu'on prenne la peine de chercher d'autres miracles. Pour notre part, ayant vu de nos propres yeux le saint-père rentrer dans sa capitale par la porte Saint-Jean-de-Latran avec un général français à cheval auprès de sa voiture, et l'armée de la république pieusement et courageusement agenouillée pour recevoir sa bénédiction, nous nous sommes tenu pour satisfait, et nous ne sommes pas allé à Rimini.

Ce qui n'est peut-être pas moins merveilleux, c'est le mouvement d'expansion et pour ainsi dire la résurrection dont l'église catholique a donné le spectacle au moment même où sa puissance temporelle tombait en poussière. Ainsi, et pour ne parler que du sujet que nous

avons annoncé, c'est quand le pape est, comme souverain temporel,
désarmé, abattu et impuissant, c'est quand son trône, sa vie même, ne
sont protégés que par des armes étrangères, c'est le moment qu'il
choisit pour affirmer et pour exercer la plénitude de son pouvoir spirituel, et pour tracer paisiblement des divisions et des frontières sur
la carte de l'un des plus grands empires du monde.

Les protestans anglais n'ont point voulu comprendre ce caractère
essentiel de la puissance du pape. Ils se sont montrés profondément offensés qu'un petit prince, hier fugitif et proscrit, aujourd'hui gardé
dans son palais par des sentinelles françaises, eût l'audace de traiter
l'Angleterre comme une province, et ils ont formellement exprimé la
menace de répondre au pape en lui renvoyant Mazzini pour faire des
révolutions à Rome. C'était précisément mettre en relief le côté invul-
nérable de la papauté. Admettant même que l'armée française abandonnât
Rome à son sort, que le pape fût de nouveau renversé de son
trône et obligé d'aller chercher un refuge à l'autre bout du monde,
ce roi sans couronne, ce souverain sans royaume, n'en serait pas
moins le chef de tous les catholiques du globe et même de l'Angleterre, et il continuerait à exercer son autorité sur tous les fidèles de
tous les pays d'une manière aussi absolue que s'il siégeait encore au
Vatican.

Voilà ce que le gouvernement et le parlement anglais devront bien
se dire avant de chercher à prendre, soit contre le pape, soit contre les
évêques, des mesures répressives. Ils ont affaire à un pouvoir qui est
au-dessus d'eux parce qu'il est en dehors d'eux. Il n'y a qu'une manière de traiter avec la cour de Rome, c'est par concordat; or, l'Angleterre n'a jamais voulu reconnaître même l'existence du pape. En plusieurs occasions, le gouvernement anglais a compris combien il était
dangereux de nier la réalité d'un pouvoir qui exerçait sur douze millions de sujets britanniques une influence souveraine; mais la dernière
fois encore qu'il a été question de renouer des relations diplomatiques
avec Rome, le parlement a eu la puérilité de refuser au saint-père
jusqu'à son titre de pape. Lors donc que le gouvernement de la reine
d'Angleterre se plaint que le pape ait érigé des diocèses sur le territoire anglais sans lui en demander la permission, le pape peut lui répondre qu'il n'a pas même l'honneur d'être connu de sa majesté, qui
a déclaré qu'il était un mythe. Il y a eu un temps où lord John Russell,
qui se montre aujourd'hui si offensé, avait des idées plus raisonnables.
C'est ainsi qu'il disait au mois d'août 1848 : « Quant à ce qui regarde
l'autorité spirituelle, je dirai qu'on ne peut obtenir aucun contrôle
sur celle du pape que par un arrangement. Ou bien il faut que vous
donniez certains avantages à la religion catholique, en demandant au
pape certains avantages en retour, et en stipulant, par exemple, qu'il

ne pourra pas créer de diocèses en Angleterre sans le consentement de la reine; ou bien, d'un autre côté, il faut que vous déclariez que vous ne voulez d'aucun arrangement de cette nature, que vous ne voulez, en aucune façon, donner aucune autorité à la religion catholique en Angleterre; mais alors il faut que vous laissiez l'autorité spirituelle du pape absolument sans restriction. Vous ne pouvez pas la restreindre sans un contrat. Il n'y a aucune loi possible qui puisse priver le pape d'une influence qui est exercée simplement sur les esprits, ou l'empêcher de donner des avis à ceux qui jugent convenable de les suivre. Il est parfaitement clair que vous n'avez aucun moyen d'empêcher le pape de communiquer avec les catholiques de ce pays. Vous pouvez essayer d'empêcher la publicité de ces communications, mais je crois qu'il serait absurde à vous de prendre des mesures sévères à cet effet. Si les communications ne sont pas ouvertes, elles seront secrètes. Aussi long-temps qu'il y aura des catholiques dans ce pays, et aussi long-temps qu'ils reconnaîtront le pape pour chef de leur église, vous ne pourrez pas empêcher qu'il exerce une influence spirituelle sur ceux qui sont de sa communion. »

C'est ainsi que s'exprimait, dans un jour de meilleure inspiration, le ministre qui a dernièrement fait une déclaration si insultante envers le pape et tous les catholiques de la Grande-Bretagne. Nous ajouterons que la conduite du gouvernement anglais à l'égard de la cour de Rome est d'autant plus impolitique, qu'il est forcé lui-même de reconnaître qu'il a besoin du pape pour gouverner l'Irlande: il est, en de fréquentes occasions, obligé de négocier avec lui; mais, au lieu de le faire ouvertement, il est réduit à recourir à de la diplomatie déguisée, et à traiter le pape comme une puissance de contrebande.

Il serait donc superflu de justifier le pape d'avoir offensé gratuitement le gouvernement anglais. Ni le pape ni la reine d'Angleterre ne se connaissent; ils s'ignorent. L'un des deux est de ce monde, l'autre n'en est pas. La reine Victoria n'a sans doute pas la prétention d'instituer des évêques catholiques, et comme le pape n'a pas fait autre chose, il n'a touché en rien à la suprématie royale. Nous sommes rassurés aussi sur les mesures que le gouvernement ou le parlement pourrait vouloir prendre pour empêcher ou punir l'exécution de la lettre apostolique. Quand on défendrait aux évêques de porter leurs titres, les catholiques ne les en reconnaîtraient pas moins.

C'est à un autre point de vue que nous voulons considérer ici le sens et les conséquences du dernier acte du saint-siége. Dans notre opinion, cet acte hardi n'est qu'un des accidens de la grande lutte engagée dans toute l'Europe entre l'église et l'état. Pour en bien apprécier toute la portée, il importe donc de connaître quels sont actuellement les rapports du pouvoir spirituel et du pouvoir temporel dans la Grande-Bretagne, c'est-à-dire en Irlande aussi bien qu'en Angleterre.

En Irlande, la lutte entre l'église et l'état se livre, comme en France, sur le terrain de l'enseignement. Ce sera toujours, en effet, le terrain véritable, je dirai le plus sincère, du conflit entre les deux pouvoirs. Pour exposer plus clairement l'état de la question, il faut rappeler des faits qui remontent au ministère de sir Robert Peel. Ce fut cet illustre administrateur qui tenta le premier, en 1845, d'établir en Irlande le système d'enseignement mixte, c'est-à-dire sans acception de religions particulières, et il souleva tout d'abord contre ses plans l'opposition du parti de l'église dans toutes ses nuances, car, sous le nom de parti religieux, nous comprenons aussi bien les protestans que les catholiques; et de même qu'en France nous avons vu réunis sous le même drapeau, pour la défense de la liberté d'enseignement, M. l'évêque de Chartres et M. Agénor de Gasparin, *l'Univers* et *le Semeur*, ainsi, en Angleterre et en Irlande, on vit se liguer contre le système d'éducation purement séculière des prélats catholiques et des prélats protestans, Daniel O'Connell et sir Robert Inglis.

Il y avait cependant entre les deux pays cette différence que, tandis qu'en France la liberté d'enseignement n'était qu'un mensonge et était confisquée par le monopole de l'état et d'une corporation, elle faisait depuis long-temps, en Angleterre, partie des lois et des mœurs. Toutes les religions et toutes les sectes y avaient le droit d'ouvrir des écoles, et chacun y était le maître de son ame. La lutte entre l'état et l'église portait donc sur d'autres points; l'état voulait fonder un enseignement laïque, séculier, qui ne fût ni catholique, ni protestant; le parti de l'église ou des églises combattait ce système comme la négation de toute croyance positive.

Le plan de sir Robert Peel consistait à établir en Irlande trois académies ou colléges d'enseignement supérieur avec des chaires de droit, de médecine, de littérature, de philosophie, d'histoire, etc. La théologie était exceptée, et l'enseignement religieux était facultatif en dehors des colléges. Ces académies devaient être établies dans trois des principales villes : Cork, Galway et Belfast. Le jour même où ce projet fut présenté dans la chambre des communes par le ministre de l'intérieur, le représentant de l'université d'Oxford, sir Robert Inglis, se leva et dit : « C'est la première fois, dans l'histoire de la Grande-Bretagne, que l'état propose un établissement d'éducation sans instruction religieuse. Jamais, dans aucun pays, on n'a vu un plus gigantesque plan d'enseignement athée. » Cette expression était aussitôt ramassée, en Irlande, par O'Connell, qui, au nom du clergé catholique, dénonça l'athéisme du gouvernement. Ce fut à cette occasion que se déclara pour la première fois la scission entre la vieille Irlande et la jeune Ir-

lande. Ce dernier parti, composé en général de révolutionnaires ardens, et qui plus tard devait activement participer au mouvement socialiste de l'Europe, ne supportait qu'avec peine le joug d'O'Connell
et du clergé; a cette époque, il se prononça pour le système d'enseignement séculier. On sait quel trouble cette espèce d'insurrection
contre sa royauté jeta dans les dernières années du vieil O'Connell.

Ce ne fut pas seulement parmi les laïques qu'il s'opéra une scission
au sujet des nouveaux colléges; l'épiscopat catholique lui-même se
divisa. Le gouvernement anglais était, à cette époque, en assez bons
termes avec la partie modérée de l'épiscopat irlandais, et même avec
la cour de Rome. C'était le moment où sir Robert Peel venait de faire
voter la dotation du séminaire de Maynooth, qui fut, bien plus encore
que la réforme économique, la véritable cause de sa chute. Il pouvait donc se croire en droit de compter sur le concours d'une partie
des évêques d'Irlande, et il savait, du reste, que, sans ce concours, ses
projets n'auraient aucune chance de succès, car le clergé était le maître
absolu du peuple. Toutefois, dès le début, les évêques lui posèrent des
conditions inacceptables. Un de leurs considérans était ainsi formulé :
« Les élèves catholiques romains ne peuvent suivre des cours d'histoire, de logique, de métaphysique, de philosophie morale, de géologie, d'anatomie, sans exposer leur foi ou leur moralité à des dangers
imminens, à moins qu'un professeur catholique romain ne soit nommé
a chacune de ces chaires. » Ils demandaient en outre qu'il fût formé
un conseil dont feraient partie les évêques, et que le gouvernement
donnât un salaire à des chapelains catholiques qui seraient nommés
et révoqués par les évêques. A leur point de vue, les prélats irlandais
avaient raison; ils ne demandaient rien de plus que ce qu'avaient les
évêques anglais dans les universités protestantes; mais ils ruinaient
par la base tout le système proposé par le gouvernement. Sir Robert
Peel voulait établir un système d'enseignement neutre, mais on ne
pouvait attendre de lui qu'il fondât des universités catholiques, quand
il était le représentant officiel d'une religion d'état protestante. Déjà
les presbytériens, qui forment un fort parti dans le nord de l'Irlande,
déclaraient que, si les conditions des évêques étaient acceptées, ils in-
terdiraient les académies à leurs coréligionnaires, et jamais d'ailleurs
le parlement n'aurait sanctionné de pareilles mesures. Sir Robert Peel
chercha une transaction; il fut convenu que l'église catholique aurait
une forte part de représentation dans le conseil académique; il fut
sous-entendu que, comme la majorité des étudians serait catholique,
la majorité des professeurs le serait probablement aussi. Les deux
partis extrêmes, sir Robert Inglis d'un côté et O'Connell de l'autre, se
refusèrent à toute transaction; mais les concessions du gouvernement
furent provisoirement acceptées par la moitié des évêques. Ce fut à ce

moment que la division éclata dans l'épiscopat. Il y eut d'un côté le primat, docteur Crolly, avec l'archevêque de Dublin, docteur Murray, et une douzaine de prélats, et de l'autre l'archevêque de Tuam, docteur Mac-Hale, l'évêque de Meath, docteur Cantwell, puis O'Connell et le parti du rappel. Pendant que le docteur Crolly déclarait « que les changemens apportés dans la mesure lui paraissaient satisfaïsans, et qu'il était décidé à faire l'épreuve loyale des académies nouvelles, » le docteur Cantwell écrivait, de son côté, au fils d'O'Connell : « Cette détestable mesure a été rendue pire encore par ses amendemens. J'espère que les catholiques d'Irlande, sous la conduite de votre illustre père, ne se relâcheront point de leurs efforts pour délivrer leur pays de ce dangereux fléau. » Quelque temps après, le bill était voté par le parlement, et le gouvernement nommait un conseil dans lequel entraient cinq protestans, deux dissidens et quatre catholiques, dont l'archevêque de Dublin, au moment même où l'archevêque de Tuam fulminait contre les colléges une nouvelle philippique. La position était donc à peu près la même que dernièrement en France, lorsque, dans la discussion sur la loi d'enseignement, on voyait d'un côté M. de Montalembert, plusieurs évêques et l'Ami de la Religion appuyer le projet de M. de Falloux, combattu d'un autre côté par M. l'évêque de Chartres et par l'Univers.

Les évêques d'Irlande en référèrent naturellement au saint-siége; chaque parti fit valoir ses argumens. La cour de Rome, avec sa prudence habituelle, ne se hâta point de décider, et d'ailleurs la réalisation du plan du gouvernement anglais exigeait plusieurs années. Le jugement du saint-siége resta donc long-temps suspendu sur les colléges mixtes sans tomber; le pape se borna à recommander aux évêques l'abstention, et cét état de choses se prolongea jusqu'à l'année 1850. Pendant cet intervalle, il s'était passé certains événemens qui avaient fortement altéré les rapports du gouvernement anglais avec la cour de Rome. Après la part plus ou moins directe prise par l'Angleterre aux révolutions d'Italie, le saint-siége n'avait plus de ménagemens à garder, et dès ce moment nous le verrons, pour ainsi dire, pousser sa pointe en Irlande, comme il vient de le faire en Angleterre.

Le premier acte par lequel il manifesta son intervention directe dans les affaires d'Irlande fut des plus significatifs. L'archevêque primat d'Armagh, le docteur Crolly, venait de mourir. Il était, comme nous l'avons dit, le chef du parti modéré dans le clergé, et le choix de son successeur allait devenir un indice des tendances et des préférences de la cour de Rome. Habituellement les évêques catholiques en Irlande sont nommés à l'élection, c'est-à-dire que le clergé du diocèse qui est à pourvoir présente au choix du saint-siége une liste de trois noms. A l'occasion de l'archevêché d'Armagh, la cour de Rome prit une résolution exceptionnelle; elle écarta les trois noms qui lui avaient été présentés par le clergé local, et donna le siége à un prêtre irlandais qui résidait à Rome depuis trente ans. C'était, pour ainsi dire, le bras du chef de l'église romaine qui se prolongeait jusqu'au cœur de l'Irlande, et qui, du centre même de l'unité, prenait la haute main dans le gouvernement des affaires catholiques.

Les colléges mixtes étaient naturellement au premier rang des affaires que le nouveau primat allait avoir à régler. Au milieu de toutes les incertitudes des évêques et de tous les délais du saint-siége, le gouvernement anglais avait continué l'exécution du plan primitif; les trois colléges avaient été construits à Cork, Galway et Belfast; ils avaient été ouverts à l'automne de 1849; environ quatre cents étudians en avaient suivi les cours pendant cette première année. Rome ne s'étant pas encore prononcée définitivement, une partie des évêques se montra favorable au systeme mixte; mais ceux qui ne voulaient aucune transaction reçurent, par l'arrivée du nouveau primat, un accroissement considérable de force et d'influence. Un des premiers actes du docteur Cullen fut de convoquer en synode tous les évêques d'après les instructions du pape. Le synode s'ouvrit au mois d'août dans la vieille ville de Thurles; la majorité s'y prononça formellement contre les colléges mixtes. Le gouvernement anglais venait de nommer membres du conseil universitaire six prélats catholiques; un rescrit du pape leur enjoignit de ne pas accepter, et ils se retirèrent. Il faut remarquer que ni le synode, ni la cour de Rome, n'allèrent jusqu'à interdire les colléges aux catholiques; les deux résolutions principales qui furent prises furent : d'abord de retirer à l'enseignement mixte tout concours du clergé, et ensuite de fonder, en concurrence avec l'université de l'état, une université catholique comme celle de Louvain.

Aussitôt après la clôture du synode, au commencement de septembre, un comité d'évêques publia un manifeste pour annoncer l'établissement d'une université catholique et faire appel aux contributions volontaires des fidèles. Les évêques disaient dans cette proclamation :

« Une des plus grandes calamités des temps modernes, c'est la séparation de la science et de la religion. De la science sans religion est sortie cette misérable philosophie qui a envahi tant d'écoles, de colléges et d'universités du continent, et dont les professeurs d'athéisme, de panthéisme et de toutes les formes d'incrédulité ont fait le fondement de leurs systèmes impies. La jeunesse d'Irlande sera sauvée de cette philosophie funeste par une éducation catholique, et c'est là un des principaux objets de cette université. Outre le danger qu'a pour les individus la séparation de l'instruction et de la religion, elle en a aussi pour la société tout entière. Si vous érigez en principe la séparation de l'enseignement séculier et de l'enseignement religieux, l'anarchie ne tardera pas à en sortir..... Vouloir fondre toutes les religions dans une seule

masse, c'est marcher à une indifférence plus fatale aux intérêts de la vraie
religion que ne le seraient les plus violentes controverses..: Nous faisons donc
appel au clergé et au peuple d'Irlande. Si vous voulez montrer votre respect
envers le père commun des fidèles, si vous voulez écouter la voix de vos pas-
teurs réunis dans l'assemblée la plus auguste qu'ait jamais tenue notre église
nationale, si vous voulez ne pas abandonner, pour la première fois dans votre
histoire, un clergé qui, dans toutes les fortunes, vous est resté fidèle, si vous
voulez que la jeunesse d'Irlande ne soit point corrompue par cette science du
monde qui n'inspire que l'orgueil, qui ébranle la foi, trouble la société et renverse le trône et l'autel..., alors cet appel n'aura pas été fait en vain. »

Ce manifeste fut signé par ceux mêmes des évêques qui s'étaient
associés à l'établissement des colléges mixtes, mais qui étaient prêts
néanmoins à se soumettre au jugement de Rome. L'épiscopat avait été
divisé, dans le synode, en deux parts presque égales, car, aussitôt
après la clôture de l'assemblée, treize évêques, en tête desquels l'archevêque de Dublin, docteur Murray, signèrent une pétition adressée
au saint-siége, dans laquelle ils demandaient que les colléges mixtes
ne fussent pas condamnés sans une plus longue épreuve.

La question en est là pour le moment. Treize évêques sur vingt-
huit ont intercédé auprès de la cour de Rome en faveur des colléges.
Ce sont ceux qui ont leurs siéges dans les principales villes; ils craignent que, malgré les injonctions du clergé, les jeunes gens de la
classe moyenne ne persistent à profiter des facilités que leur offrent
les établissemens du gouvernement; ils craignent aussi que l'appel fait
au peuple d'Irlande pour la fondation d'une université libre ne soit
pas entendu. On a bien pu passionner les classes populaires pour un
rêve national, comme le rappel; on les passionnera plus difficilement
à propos d'une académie.

Le parti exclusivement catholique, d'un autre côté, est beaucoup
plus populaire que le parti politique : il a pour lui le clergé des campagnes, qui exerce une influence sans bornes sur la population; il a
pour lui les sympathies de la cour de Rome, parce qu'il est ce que
nous appellerions en France le parti ultramontain. Aussi est-il fort
probable que la décision du saint-siége sera en sa faveur, et le primat,
docteur Cullen, a dernièrement publié une lettre pastorale dans laquelle il condamne formellement les colléges et traite fort sévèrement
les évêques qui les tolèrent encore :

« Je sais, dit-il, qu'il a été fait des tentatives pour diminuer l'effet des salu.
taires avertissemens du concile de Thurles, et que certains mémoires ano.
nymes ont été industrieusement répandus pour troubler l'esprit public. Cela
n'a aucune valeur et ne peut avoir aucun effet durable. Les avertissemens du
synode sont clairs et décisifs, et en pleine conformité avec les rescrits du siége
apostolique. Tous les parens catholiques ont été mis en garde contre les dan-

sers de ces établissemens; ils ont été sommés d'en préserver leurs enfans; ils auront à répondre devant J.-C. des ames rachetées par son sang... Après que leur devoir leur a été si clairement tracé par l'église, quand même un ange du ciel viendrait leur prêcher un autre évangile, ils ne doivent point l'écouter.»

La guerre est, comme on le voit, ouvertement déclarée. Avant les derniers événemens, on aurait pu croire à la possibilité d'une transaction: le gouvernement anglais, appuyé par la moitié des évêques d'Irlande, aurait pu conclure, non pas officiellement, mais officieusement, une sorte de concordat avec Rome; mais aujourd'hui tout accommodement est devenu impossible. Quand lord John Russell, dans sa lettre à l'évêque de Durham, a dit que l'Angleterre « regardait avec mépris les efforts faits pour rétrécir les intelligences et asservir les ames, » ce n'était pas à la bulle du pape qu'il répondait, c'était aux décrets du synode irlandais.

En Irlande, l'église catholique ne se trouve qu'en face de l'état; en Angleterre, elle se trouve en face d'une autre puissance, spirituelle comme elle, c'est-à-dire l'église anglaise. De toutes les questions soulevées par le dernier acte du saint-siége, celle-ci est à nos yeux la plus importante. Que le pape n'ait fait qu'user de son droit, cela n'est pas contesté; mais a-t-il bien fait d'en user? C'est ce dont il est permis de douter. L'archevêque de Cantorbéry disait dernièrement : « Toute religion, vraie ou fausse, est nécessairement agressive, si elle est sincère, et le caractère de l'église romaine est d'être, non-seulement agressive, mais envahissante. » On pourrait répondre qu'une religion est envahissante par la même raison qui fait qu'elle est agressive. Quand on se croit en possession de la vérité, la propagande est plus qu'un droit, elle est un devoir. Nous n'avons donc pas la moindre idée de reprocher à l'église catholique d'être agressive ou envahissante; c'est à un autre point de vue que nous nous permettons d'exprimer nos doutes sur l'opportunité de la mesure du saint-siége. Pour justifier ces doutes, nous entrerons dans quelques détails sur la situation intérieure de l'église d'Angleterre. Nous n'avons ni le droit, ni la prétention de faire de la théologie; nous ne voulons qu'exposer des faits, et ce qu'on appelle l'état de la question.

Le nouveau cardinal, les nouveaux évêques et leurs défenseurs disent: « Il n'y a rien de changé que les titres. » Ce changement peut n'être rien, en effet, aux yeux de la loi, rien aux yeux du pouvoir temporel, rien aux yeux des dissidens de toutes les dénominations; mais, pour l'église orthodoxe d'Angleterre, ou du moins pour le parti très considérable qui la regarde comme une branche de l'église universelle, comme la descendante légitime de l'église apostolique, ce changement est tout. Cette simple mutation de noms consacre la rupture définitive de l'église romaine et de l'église anglaise, rupture qui n'avait pas encore été formellement consommée depuis la réformation.

Une grande partie du clergé anglican, principalement le jeune clergé, élevé depuis une dizaine d'années dans les doctrines de l'école d'Oxford, a toujours soutenu que l'église de Rome, en se résignant à rester en Angleterre sur le pied des autres communions dissidentes, reconnaissait virtuellement, tout en niant théoriquement, la validité des ordres de l'église d'Angleterre. Selon cette opinion, les siéges épiscopaux, fondés en Angleterre par Grégoire Ier, ont eu depuis ce temps jusqu'au nôtre une succession non interrompue, et l'église de Rome ne les avait jamais déclarés vacans et n'y avait jamais nommé directement des évêques. Dernièrement encore, et après la publication de la bulle, l'évêque d'Oxford disait : « Il est pénible pour moi d'être obligé de parler durement de l'église de Rome. Je me rappelle et vous vous rappelez aussi en quel honneur l'église de Rome était tenue par l'église primitive. Je me rappelle et vous vous rappelez que nos ancêtres saxons contractèrent une dette de profonde gratitude envers cette église qui leur avait envoyé ses missionnaires dans les temps de leur paganisme, et avait propagé chez eux la bonne nouvelle de l'Évangile. » Cette sorte de tendresse fraternelle, sinon de vénération filiale, pour l'église romaine, était partagée par beaucoup de membres de la communion anglaise qui n'avaient jamais perdu l'espoir d'un rapprochement. Aussitôt après la réformation, les catholiques romains anglais avaient désiré avoir parmi eux un évêque de leur communion; la cour de Rome le leur avait refusé, parce qu'elle espérait que la rupture ne serait pas définitive et qu'elle ne voulait pas fermer la porte à une réconciliation. Pendant long-temps même, assure l'évêque d'Oxford, elle ne voulut pas nommer des vicaires apostoliques, et n'envoya en Angleterre qu'un archi-prêtre. Le saint-siége ne portait aucun jugement absolu sur l'église anglaise : il disait seulement qu'elle était, quant au présent, à l'état schismatique; mais, comme il était obligé de pourvoir aux nécessités spirituelles de ceux qui relevaient de lui; il envoyait des vicaires apostoliques pour régler l'état anormal des catholiques romains en Angleterre. Cependant ce n'était pas une agression contre l'église d'Angleterre, ce n'était pas une prise de possession du territoire, ni une déclaration que l'église anglaise avait cessé d'être une église.

Mais, par la nouvelle organisation hiérarchique de l'église romaine en Angleterre, le pape a complétement changé cette position respective des deux églises. Il fait absolument abstraction de l'église anglaise; il la traite comme une chose qui n'existe pas; il l'ignore. Dans sa lettre apostolique, il se contente de déclarer qu'il juge le temps venu de rendre à l'Angleterre la forme épiscopale ordinaire de gouvernement; il abroge et abolit, dans la plénitude de son pouvoir apostolique, toutes les constitutions antérieures, quelque ancienne qu'en soit la date, et il décrète que sa présente lettre sera tenue pour supérieure à tout ce qui lui serait antérieur, en un mot à tout ce qui lui serait contraire. En même temps, le cardinal Wiseman, dans sa lettre pastorale datée de Rome, disait : « La grande œuvre est accomplie. Votre cher pays a repris sa place parmi les brillantes églises qui, régulièrement constituées, forment l'agrégation splendide de la communion catholique. L'Angleterre catholique est restituée à son orbite dans le firmament de l'église, d'où sa lumière avait depuis si long-temps disparu, et elle reprend maintenant sa course régulière autour du centre de l'unité. »

Ni le pape, ni le cardinal, ne tenaient donc plus aucun compte de l'église anglaise; à leurs yeux, elle n'était plus même schismatique, elle n'était rien. C'est contre cet effacement absolu que nous avons vu protester les évêques anglais et le parti orthodoxe et apostolique. Cependant les évêques se plaignaient amèrement d'une agression qui était, selon eux, fratricide, qui était une violation des doctrines de l'église catholique elle-même et des principes qui avaient toujours guidé les rapports des sociétés chrétiennes entre elles. C'est à ce propos que l'évêque de Londres disait : « Le pape commet une usurpation en traitant comme des zéros les anciens archevêques et évêques d'Angleterre, reconnus, comme ils l'ont été, par ses prédécesseurs, bien qu'existant indépendamment d'eux... Ce qu'il a fait est une violation palpable des lois de l'église catholique, même de cette portion qu'il gouverne. »

Comme on le voit, l'église d'Angleterre se considère ici comme une des branches de l'église universelle, se rattachant au tronc primitif par une succession non interrompue depuis l'introduction du christianisme dans la Grande-Bretagne. Elle prétend être la véritable église apostolique. Nous avons d'abord, dit-elle, subsisté ici comme église indépendante, puis nous avons été, pendant un temps, en communion avec l'église de Rome, puis cette église a voulu usurper sur nous un pouvoir illégitime, et alors, au temps de la réformation, nous avons secoué ce joug; mais nous avons été comme l'or purifié : nous sommes restés essentiellement ce que nous étions. Nous sommes toujours le jardin du Seigneur, dont les ronces ont été arrachées.

Voilà ce que dit la véritable église anglaise, et on a vu que Rome, de son côté, avait toujours semblé ne pas la mettre au ban de la catholicité, et ne pas vouloir fermer à jamais sur elle la porte de la paix. Quelles sont les raisons qui ont déterminé le saint-siège à consommer la rupture et à briser d'une parole, d'un trait de plume, les derniers liens qui rattachaient encore l'église anglaise à l'église catholique? Nous croyons qu'il faut les chercher, non plus dans la considération du nombre croissant des catholiques romains en Angleterre, mais dans certaines circonstances particulières qui, surtout depuis quelques années, ont mis au jour les plaies intérieures de l'église anglaise:.

Depuis dix ou quinze ans, la question des rapports du spirituel avec le temporel, qui est vieille comme le monde, a été ressuscitée en Angleterre avec plus de vivacité que jamais. Déjà, à une autre époque, nous avons exposé ici un des plus graves incidens de cette lutte (1), qui n'a fait depuis lors que prendre des proportions croissantes. Elle est même arrivée à un tel point qu'on a vu le moment où l'église d'Angleterre allait, à l'exemple de l'église d'Écosse en 1842, se scinder en deux parties. La suprématie de l'état sur l'église a été, dans plusieurs cas récens, affirmée et exercée d'une manière si tyrannique et si intolérable, que le schisme, ou du moins la séparation des deux pouvoirs, en a été sur le point d'éclater. L'affaire du docteur Hampden, que nous venons de rappeler, et une autre dont nous allons parler, ont plus fait pour ébranler dans ses fondemens l'église d'Angleterre que toute la propagande catholique.

D'après la constitution qui régit les rapports de l'état et de l'église, il se trouve que c'est la couronne qui décide en dernier appel non-seulement les questions de droit, mais même les questions de doctrine ecclésiastique. L'appel au roi, établi sous Henri VIII, aboli sous la reine Marie, fut rétabli sous Élisabeth et s'est perpétué jusqu'à nos jours. Il a reçu sa dernière forme en 1833, où le roi en conseil fut institué juge d'appel, sans révision, et une commission du conseil privé fut nommée pour juger les cas qui se présenteraient. L'église d'Angleterre était encore, à cette époque, plongée dans la somnolence qui pesait sur elle depuis plus d'un siècle. Ce ne fut que trois ou quatre ans après que, sous l'impulsion des éloquens théologiens d'Oxford, elle secoua sa léthargie. L'institution du comité du conseil privé passa donc à peu près inaperçue; les cas d'appel avaient toujours été excessivement rares; il y en avait eu trois ou quatre au plus depuis la réformation, et on n'imaginait même pas que le nouveau tribunal aurait jamais à s'occuper de questions ecclésiastiques.

Il s'en est cependant présenté une qui a remué l'église d'Angleterre jusqu'aux entrailles, et qui a jeté dans le pays entier une agitation qui n'était pas encore calmée quand la bulle du pape est venue y faire diversion. On sera peut-être surpris, en France, en apprenant qu'en l'an de grace 1850 une grande nation, très occupée des affaires de ce monde, a néanmoins trouvé le temps de se passionner pour des choses qui n'en sont pas, et qu'au milieu des révolutions de l'Europe et des préparatifs de la grande exposition de l'industrie le peuple anglais n'a eu,

(1) Voir la *Revue* du 15 septembre 1848.

pendant quelque temps, qu'une seule préoccupation, celle de savoir si la grace du baptême était conférée avant, pendant ou après l'administration du sacrement. Ceux qui ont pour ce genre de questions un superbe mépris hausseront les épaules; à ceux qui ont la faiblesse d'y attacher une certaine importance nous demanderons la permission d'entrer dans quelques détails sur la controverse soulevée dernièrement en Angleterre à propos du baptême.

M. Gorham, vicaire dans une paroisse du diocèse d'Exeter, fut, le 2 novembre 1847, nommé par la reine à un autre vicariat dans le même diocèse et dut s'adresser à son évêque pour son installation. L'évêque d'Exeter crut devoir lui faire subir, à cette occasion, un examen sur certains points de doctrine. Les questions posées par l'évêque portèrent principalement sur le sacrement du baptême, et après l'examen, l'évêque refusa d'installer M. Gorham par la raison qu'il professait des doctrines contraires à la foi chrétienne et aux articles de l'église d'Angleterre. M. Gorham en appela à la cour ecclésiastique nommée *Cour des Arches*, qui siège à Cantorbéry. L'évêque allégua que M. Gorham niait le principe fondamental du sacrement du baptême, c'est-à-dire la régénération spirituelle contenue dans l'acte même du baptême. La cour prononça contre le vicaire, qui porta sa cause devant le conseil privé. Le comité était composé de lord Lansdowne, président du conseil des ministres; lord Campbell, lord Brougham, lord Langdale, tous trois dans la catégorie de ce qu'on appelle les *law lords*; plus trois légistes, le docteur Lushington, M. Pemberton Leigh et sir Edward Ryan. On y avait appelé aussi les deux archevêques de Cantorbéry et d'York, et l'évêque de Londres.

La doctrine soutenue par M. Gorham était celle-ci : que le sacrement du baptême est nécessaire au salut, mais que la régénération n'accompagne pas nécessairement l'acte du baptême jusqu'à être simultanée avec cet acte; que la grace peut intervenir avant, pendant et après l'administration du sacrement; que le baptême est un signe efficace de la grace seulement chez ceux qui sont dignes de le recevoir, et qu'il n'est pas en lui-même un signe efficace indépendamment de l'état de celui qui le reçoit; que les enfans baptisés, mourant sans péché, sont sauvés, mais que dans aucun cas la régénération par le baptême n'est « inconditionnelle. »

Pour exposer les objections que l'église orthodoxe d'Angleterre oppose à cette doctrine, nous ne pouvons mieux faire que de reproduire ce qu'a dit l'évêque de Londres dans sa lettre pastorale du 2 novembre :

« M. Gorham, dit l'évêque de Londres, va plus loin. Il maintient qu'il peut « avoir des cas où les enfans ne sont pas régénérés dans et par le baptême;..... « que s'ils le sont, c'est avant le baptême, par un acte préalable de la grace, de sorte qu'ils arrivent au baptême déjà régénérés.... Ainsi, selon lui, la grace spirituelle conférée par le baptême ne fait que confirmer la foi préalable. La régénération, la nouvelle nature, l'entrée dans la famille de Dieu, sont conférées, si elles le sont, avant le baptême. Il me paraît impossible de concilier une pareille opinion avec le simple et clair enseignement de l'église d'Angleterre quant à la nature du sacrement. Cela me paraît être une dénégation formelle de ce que l'église affirme, à savoir qu'un enfant devient dans et par (non pas avant ni après) le baptême un membre du Christ, un enfant de Dieu, un héritier du royaume du ciel.... Si cette doctrine est vraie, alors le baptême n'est plus un sacrement selon la définition de l'église.... L'église maintient que le baptême et l'eucharistie sont des affaires de dogme et non pas seulement de dévotion.... Le baptême est un signe efficace de la grace, c'est-à-dire un signe qui produit l'effet qu'il représente, et par le baptême, Dieu opère invisiblement en nous.... L'église déclare positivement que le baptême efface tous les péchés. Mais, dit-on, cette déclaration doit s'appliquer seulement à ceux qui le reçoivent dignement; d'où la question de savoir si tous les enfans peuvent le recevoir dignement. Quel est l'obstacle qui, dans tous les cas, rendrait l'enfant indigne de la réception du sacrement? Ce ne peut pas être le péché actuel. Le péché originel ou la condition héréditaire du péché est le seul obstacle qu'on puisse imaginer; mais l'objet du baptême est précisément de remédier aux conséquences du péché originel. Loin donc d'être un obstacle à la réception du sacrement, c'est la raison même de son administration. »

Nous venons d'exposer les deux doctrines entre lesquelles le tribunal d'appel avait à juger. Le tribunal déclinait bien, il est vrai, toute intention de déterminer le point de doctrine; il déclarait n'avoir pas à décider si telle ou telle opinion était théologiquement la vraie, mais seulement si elle était contraire à celle que l'église, par ses articles et ses formules, impose à ses ministres. Il était bien évident néanmoins qu'il se faisait juge en matière spirituelle.

Nous ne suivrons pas les juges dans la longue et minutieuse investigation qu'ils firent de toutes les opinions professées sur le baptême par les théologiens anglais. Ils démontrèrent parfaitement que, depuis la réformation, l'église avait été, selon leur expression, harassée par toutes les variétés d'interprétation sur ce point essentiel; que les articles mêmes de l'église d'Angleterre avaient été, à différentes époques, différemment fixés, et que, dans de telles circonstances, le langage de l'église avait nécessairement une certaine latitude. Ils ajoutaient : « S'il est vrai, comme cela est indubitablement, que, dans l'église d'Angleterre, beaucoup de points de doctrine théologique n'ont pas été décidés, alors la première question qui se présente en des cas pareils est de savoir si le point en contestation a été fixé, ou s'il a été laissé à la libre et consciencieuse interprétation de chaque membre de l'église. »

La cour jugea donc en dernier lieu, et après avoir cité les opinions divergentes des plus éminens théologiens, que les articles de l'église sur le baptême pouvaient être consciencieusement interprétés de différentes manières; que la doctrine de M. Gorham n'était point contraire à la doctrine déclarée de l'église, et par conséquent n'était pas une raison suffisante pour son exclusion du bénéfice auquel il était nommé par la couronne. Les archevêques de Cantorbéry et d'York donnèrent leur assentiment, l'évêque de Londres refusa le sien. Le jugement du conseil privé était logique; il était purement et simplement *protestant*. Il consacrait la doctrine du libre examen et de la libre interprétation : c'était la victoire de l'individualisme; mais, par cela même, c'était le renversement de toute église établie. La vérité est une et indivisible, beaucoup plus que la république; elle n'a pas deux faces, comme le dieu antique. Elle peut réciter le monologue de Hamlet : *To be, or not to be.* Elle est ou elle n'est pas. Elle ne fait pas de transactions; ce n'est pas à elle de céder devant le doute, c'est aux esprits troublés et rebelles à s'incliner devant sa toute-puissance. Il faut croire à la révélation, ou bien renoncer au nom de chrétien. Les dogmes ne sont pas des idées innées; autrement Dieu n'avait pas besoin de descendre sur la terre pour dire : « Je suis la voie, la vérité et la vie. » Si chacun possède la vérité en venant au monde, que devient la révélation?

Ce que signifiait au fond le jugement du conseil privé, c'est qu'il pouvait y avoir deux vérités : c'est que l'église d'Angleterre non-seulement n'affirmait pas ce qu'était la vérité, mais ne pouvait pas même dire ce qu'elle n'était pas, et que les doctrines les plus fondamentales restaient ouvertes à la libre interprétation de chaque individu. En acceptant cette situation, l'église d'Angleterre faisait acte d'abdication.

Quand le jugement fut rendu, il éclata un grand tumulte dans l'assemblée; mais le tumulte fut bien plus grand encore dans les consciences. L'église d'Angleterre, comme église orthodoxe, se sentait frappée à mort, et elle essaya d'arracher de ses flancs cette flèche empoisonnée. Plusieurs de ses principaux ministres rédigèrent aussitôt une protestation contre la suprématie spirituelle de la couronne, dans laquelle ils disaient : « Attendu que, par le dernier jugement, il devient évident que la suprématie royale, selon la loi, investit la couronne du droit de juger en appel sur toutes matières même purement spirituelles; attendu que reconnaître un tel pouvoir à la couronne est contraire à la fonction divine de l'église universelle qui lui a été donnée par la loi du Christ,..... nous déclarons que nous avons jusqu'à présent reconnu et reconnaissons encore la suprématie de la couronne en matières ecclésiastiques comme étant un pouvoir civil suprême sur toutes personnes et choses temporelles, et sur les accidens temporels des choses spirituelles, mais que nous ne pouvons reconnaître à la couronne le pouvoir de juger en appel les questions de doctrine et de discipline dont la garde a été confiée à l'église seule par la loi du Christ. »

Toutefois des protestations isolées ne suffisaient pas pour rétablir l'autorité de l'église. Il fallait que l'église elle-même intervînt par ses organes officiels, par ses chefs hiérarchiques. Les évêques se concertèrent, et, en leur nom, l'évêque de Londres porta devant la chambre des lords un projet de loi qui avait pour objet la création d'une nouvelle cour d'appel en matières doctrinales. Cette cour aurait été composée du lord chancelier, des deux archevêques de Cantorbéry et d'York. de trois évêques, de quatre professeurs de théologie, et de deux juges de la Cour ecclésiastique des Arches.

La discussion qui s'ouvrit alors dans la chambre des lords fut une des plus graves et en même temps des plus passionnées qu'ait jamais vues le parlement anglais. Nous en reproduirons de nombreux passages, qui auront nécessairement plus d'autorité que tout ce que nous pourrions dire. On y voit non-seulement la lutte du pouvoir spirituel avec le pouvoir temporel, mais aussi les déchiremens intérieurs de l'église anglaise, éclatant au grand jour par le schisme des évêques. Ces débats, comme le disait l'évêque de Londres, intéressaient non-seulement la paix actuelle de l'église, mais son existence future, et la tranquillité même du royaume.

Un des objets, l'objet le plus important du bill présenté par l'évêque de Londres, était de rendre la décision du tribunal ecclésiastique obligatoire pour la couronne elle-même. C'était, disait-on, créer un pouvoir législatif nouveau, ayant la faculté de créer des doctrines nouvelles; mais, répondait l'évêque, on ne proposait pas de donner au nouveau tribunal plus de pouvoir que n'en avait l'ancien, et, si un tribunal quelconque avait la faculté de déterminer des points de doctrine, assurément les évêques devaient être plus compétens en cette matière que des juges laïques. «Quant à moi, disait lord Stanley, si j'avais à choisir entre les deux pour la décision de ce qu'il faut croire, certainement je m'en rapporterais mieux aux membres de l'église, qui sont ses directeurs spirituels et reconnus, qu'à des hommes qui peuvent n'être pas même des membres de cette église. » L'évêque de Londres, en achevant le développement de sa proposition, fut tellement ému, qu'il fut obligé de s'arrêter. Lord Lansdowne, au nom du gouvernement, au nom du pouvoir temporel, s'exprima aussi avec une vivacité qui fut remarquée comme étant tout-à-fait étrangère à ses habitudes conciliantes. Il posa nettement la question de la suprématie ecclésiastique de la couronne, et il dit : « Je dois le déclarer formellement et distinctement, cette mesure est, selon moi, une atteinte directe à la prérogative de sa majesté; elle établit pour la première fois dans ce pays un tribunal qui enlève au conseil privé de la couronne, et par conséquent à la couronne elle-même, un pouvoir qui, non pas seulement depuis la réformation, mais avant, a toujours été considéré comme essentiel à sa prérogative, c'est-à-dire *le gouvernement de l'église.* » Parlant ensuite de la convocation du clergé, c'est-à-dire de ces synodes ecclésiastiques qui avaient été suspendus depuis des siècles, lord Lansdowne exprima sa conviction que les discussions du clergé ne pouvaient que jeter le trouble dans les consciences et dans l'état. « Je me souviens, dit-il, de l'avertissement solennel d'un des plus grands politiques de notre temps qui disait que le droit de convocation existait toujours dans ce pays, mais que celui qui en ressusciterait l'exercice évoquerait un esprit qu'on ne pourrait plus maîtriser. Le révérend prélat prétend rétablir la paix et la concorde; mais, quand il aura rétabli son nouveau tribunal, croit-il donc qu'en introduisant dans son sein les tempêtes de controverse qui malheureusement déchirent aujourd'hui notre pays, il fondera un état de paix et d'harmonie? » Le ministre de la reine alla plus loin; pour justifier la compétence du tribunal laïque, il réduisit la théologie au rang de la chimie, de la physique et de la mécanique, et il dit avec le plus grand sang-froid : « Quand M. Watt demanda un brevet pour son invention, qui lui était contestée, il porta sa cause devant la chancellerie. Cette cour était composée de laïques qui n'avaient point de connaissances spéciales, et cependant il ne vint à l'idée de personne de demander la constitution d'une autre cour composée d'hommes scientifiques. La cour appela en témoignage les premiers chimistes; elle prit son temps pour délibérer, et elle rendit un jugement qui satisfit tout le monde, y compris les chimistes. »

Chose remarquable, et qui manifeste la division profonde qui existe dans le clergé anglais, ce fut un évêque connu pour ses opinions philosophiques et rationalistes qui vint appuyer la thèse du gouvernement. L'évêque de Saint-David déclara qu'il ne pouvait s'associer à la démarche de la majorité de ses collègues, et que, quant à lui, « il ne pouvait admettre la doctrine que le corps des évêques, en sa qualité officielle, eût une prérogative particulière et exclusive, une qualité transcendante pour être seul juge des questions de doctrines soulevées dans l'église. » Un pair laïque, lord Redesdale, répondit à l'évêque de Saint-David : « Il est impossible, dit-il, que nous restions dans l'état où nous sommes. Quand il éclate des dissensions dans l'église, il faut que les évêques interviennent, et fixent la doctrine. Ce sont les laïques qui souffrent les premiers de la trop grande latitude laissée au clergé... Rien ne se fera, si l'église ne fait pas des efforts extraordinaires. Il faut absolument que cet état change; trop des nominations nouvellement faites ont eu pour but patent la subordination de l'église à l'état, et on a imposé à l'église plus d'un évêque qui n'aurait jamais dû siéger sur ces bancs. »

Lord Stanley, à son tour, vint apporter à la cause de l'église le secours de sa puissante parole; il montra que l'église d'Angleterre était placée dans une condition inférieure à celle de tous les corps religieux du globe, puisqu'elle n'avait point le pouvoir de décider, par l'organe de ses chefs spirituels reconnus, quelles étaient ses doctrines; que les questions les plus fondamentales étaient jugées par des hommes qui n'étaient pas même de la communion de l'église, et qui étaient choisis par les ministres du moment, et que le refus de la chambre des lords pouvait rejeter en dehors de l'église ses membres les plus éminens et les plus sincères. Toutefois le discours qui eut le plus grand éclat, et produisit dans la chambre et dans le pays l'impression la plus profonde, fut celui de l'évêque d'Oxford. Le docteur Wilberforce est le fils du célèbre promoteur de l'émancipation des esclaves; il est aujourd'hui l'organe le plus éloquent de l'église d'Angleterre, et il le fut surtout en cette occasion.

« Je suis, dit-il, obligé de rappeler ici quelques grands principes qui ne sont peut-être point faits pour être discutés dans cette enceinte, mais qui doivent y être posés franchement et résolûment. Quel est l'objet de cette église sur laquelle vous êtes appelés à juger? C'est de maintenir la tradition de la vérité qui doit nous sauver. Il faut donc qu'elle ait en tous temps le pouvoir de déclarer quelle est cette vérité... Il y a une vérité qui a été révélée, qu'on ne peut ni augmenter ni diminuer jusqu'à la fin des temps; et, pour préserver ce dépôt, une autorité plus qu'humaine a constitué un certain corps, composé du clergé et des laïques de l'église, qui a reçu une révélation écrite, avec le pouvoir de déterminer certains articles de foi : le pouvoir, non pas d'établir de nouvelles doctrines, mais de défendre les anciennes quand elles sont attaquées... L'église a la mission, non pas de développer ou d'agrandir la vérité, mais de la déclarer et de la définir, et dans les anciens temps la part des laïques était de ratifier ces déclarations. J'ai entendu avec la peine la plus profonde ce qu'a dit un de mes révérends confrères. Il a paru jeter aux vents la formidable responsabilité qui lui a été conférée le jour où il a été choisi comme un des gouverneurs de l'église et un des dépositaires de sa doctrine..... Il n'y a déjà pas de nos jours une bien grande affection pour les dogmes; si vous enlevez à l'église sa fonction de déclarer la vérité, croyez bien que ce sera le coup le plus funeste que vous puissiez porter à la croyance dans aucune vérité déterminée... En rejetant la mesure qui vous est proposée, vous aliénerez de l'église d'Angleterre des hommes dont la perte laissera, chez elle, un vide immense. Souvenez-vous de ce qui est arrivé en Écosse; les hommes les plus élevés par l'intelligence se sont vus forcés de quitter l'église, parce que leur conscience n'y était plus libre. Prenez garde de provoquer en Angleterre une séparation semblable. Si, par votre vote, vous poussez à l'établissement d'une église libre, croyez-vous que vous aurez affermi les autres institutions du pays?.. Je vous en conjure, ne rejeter pas hors de l'église les cœurs ardens et les consciences tendres. Traitez l'église généreusement, si vous ne voulez pas la tourner tout entière contre vous, ce qui arrivera certainement le jour où elle ne pourra pas obtenir justice, et où elle croira en péril ce qu'elle met au-dessus de toutes les possessions terrestres. »

Malgré ce pressant appel, la chambre des lords rejeta la proposition des évêques. Cette décision jeta une agitation des plus vives dans le pays; de toutes parts on protesta dans les *meetings*, et il s'organisa des associations pour la défense de l'église. Le mot d'ordre fut de demander la convocation d'un synode, et il se tint à la fin du mois de juin, a Londres, une assemblée, composée en grande partie de membres du clergé, qui ressemblait beaucoup à un concile.

Les principaux orateurs, dans cette réunion, portaient des noms bien connus. C'étaient les archidiacres Manning et Wilberforce, les docteurs Pusey, Sewell et Palmer. On vota à l'unanimité une protestation contre le jugement du conseil privé et une adresse pour demander la convocation d'un synode. Le docteur Wilberforce représenta que, dans les temps ordinaires, l'église pouvait bien suspendre ses fonctions synodales, mais que le moment était venu d'en ressaisir l'exercice; qu'il ne s'agissait pas pour elle de demander la création de nouveaux pouvoirs, mais de se servir de ceux qu'elle possédait déjà. Lors même qu'un parlement ami de l'église lui donnerait une constitution selon ses vœux, la question ne serait pas résolue; car, si l'église acceptait cette position, elle abandonnerait celle qui reposait sur la tradition, sur la succession et sur dix-huit cents ans d'existence; elle ne serait plus l'église de Jésus-Christ et n'aurait qu'une base parlementaire.

Le docteur Sewell, un des plus célèbres professeurs d'Oxford, se prononça plus fortement encore. Il parla de la nécessité de rassurer tous ceux chez lesquels les derniers événemens avaient jeté le doute et la désolation, et qui cherchaient vainement un refuge et un port dans l'église.

« Dans l'histoire de toutes les grandes organisations, dit-il, il y a des temps où les règles ordinaires sont dérangées, et où l'instinct des hommes d'état doit trouver la direction des élémens. Si Dieu le veut, il nous enverra un homme; mais il faut que le clergé l'assiste et l'encourage. Soyons décidés à n'appuyer que ceux qui rendront justice à l'église, et usons dans le même but de notre influence sur nos concitoyens... Quant à présent, que tous nos efforts tendent à obtenir la convocation d'un synode. Si Dieu, dans ses desseins, a voulu endurcir le cœur de nos Pharaons, il y aura des Moïses et des Aarons pour marcher devant nous et nous guider. Nous irons à notre reine, et nous lui rappellerons le jour où, entrant dans l'abbaye de Westminster pour son couronnement, elle se mit à fondre en larmes; nous lui demanderons qui lui posa la couronne sur la tête, qui la fit participer à la table du Seigneur, qui reçut son serment solennel de défendre l'église de ce royaume, et nous lui demanderons si tout cela n'était qu'un songe. Nous lui demanderons si elle a, depuis ce jour, appris cette misérable politique qui change la vérité en erreur et fait de la parole de Dieu un mythe, et nous lui rappellerons le jugement dernier, où elle aura à répondre de la violation de ses promesses solennelles. »

Le docteur Pusey posa catégoriquement la question de la séparation de l'église et de l'état. «Si l'état, dit-il, veut refuser à l'église la liberté qui est son droit inaliénable, le temps viendra où nous demanderons à l'état qu'au moins il nous délivre de lui. Si nous entrons dans une lutte avec l'état, on ne pourra pas reprocher à l'église de l'avoir cherchée. Nous sommes ici pour défendre la foi, dont le baptême est un symbole, et qui a été altérée par un tribunal que l'église ne reconnaît pas; mais la réunion de ce jour serait inutile, si elle se bornait là. Il faut plus; il faut que notre exemple allume en Angleterre un signal qui volera de montagne en montagne. »

Le docteur Pusey n'épargna pas les évêques qui avaient accepté la compétence du conseil privé. « Dieu merci, dit-il, l'église d'Angleterre n'est pas responsable des conséquences de cette funeste détermination. Quant aux évêques qui l'ont sanctionnée, l'église qui les a délégués peut encore leur rappeler qu'ils ont oublié leur devoir. Le clergé refuse son assentiment, mais il faut qu'il le refuse hautement. Accepter un mensonge, c'est le faire. Je crains que nous ne soyons sur la pente d'un précipice. Aujourd'hui on attaque le baptême; demain ce sera le Saint-Esprit, ou l'éternité des récompenses et des peines. N'oublions pas que le dernier grand combat de l'église sera avec l'incrédulité, et que nous y marchons rapidement. » A la suite de ces *meetings,* il se forma une grande association pour la défense de l'église contre l'état. Le but de cette association était d'obtenir le rétablissement des synodes de l'église et des garanties pour la nomination d'évêques orthodoxes, de protéger l'église contre des interventions attentatoires à son indépendance, et de faire révoquer les lois qui s'opposent au libre exercice de sa discipline.

Telle était la situation intérieure de l'église anglaise au moment où la lettre apostolique du pape vint éclater sur elle comme un coup de tonnerre; elle en fut ébranlée jusque dans ses fondemens. On a vu comment les anciennes haïnes religieuses se sont subitement réveillées dans le cœur de la nation, et par quelles démonstrations, souvent barbares, elles se sont manifestées. Ces faits ont reçu assez de publicité pour qu'il soit inutile de les rappeler ici, et ce qui nous paraît aussi curieux et peut-être plus important à observer, c'est l'émotion produite dans l'église d'Angleterre par un décret qui niait jusqu'à son existence.

Il est intéressant de voir les efforts que font les évêques et le parti orthodoxe pour se maintenir dans cette espèce d'équilibre qu'ils avaient déja tant de peine à conserver. S'ils refusent de reconnaître la suprématie tyrannique de l'état, ils ne veulent pas non plus accepter l'autocratie de l'église de Rome; ils revendiquent pour l'église d'Angleterre la qualité inaliénable d'église légitime et directement descendue des apôtres. Ainsi nous voyons, dans une protestation proposée par l'évêque d'Oxford et votée par son clergé, la déclaration suivante : « Nous déclarons que l'église reconnue par la loi dans ce royaume est l'ancienne église catholique, possédant l'ancienne foi, les vrais sacrements, et un clergé légitime; que ses évêques et son clergé sont les évêques et le clergé venant par une suite non interrompue des saints apôtres; que les envoyés de l'évêque de Rome dans ce pays, qui cherchent à détacher le peuple de la communion de l'église d'Angleterre, sont des intrus et des schismatiques... Nous déclarons que nous croyons que notre protestation serait approuvée par le jugement de l'église universelle, s'il y avait quelque moyen de recueillir ce jugement. »

Écoutons aussi l'évêque de Londres, qui disait dans sa lettre pastorale, après avoir protesté contre la bulle : « Mais en même temps que nous regardons les dangers qui nous menacent d'un côté, ne fermons pas les yeux sur ceux qui nous pressent de l'autre. Par le principe naturel d'antagonisme qui existe dans l'esprit humain, il est probable que quelques-uns de ceux qui fuient loin du papisme traverseront le diamètre entier de la sphère de la raison, et iront aborder aux antipodes de l'incrédulité. Je ne puis m'empêcher de croire que nous avons plus encore à craindre de la théologie de l'Allemagne que de celle de Rome, de celle qui déifie la raison humaine que de celle qui veut l'aveugler. Cette théologie dont je parle est sortie de l'idéalisme des philosophes allemands. Elle a montré quelques symptômes de décadence sur son sol natal, mais je crains qu'elle ne commence à s'emparer de l'esprit plus pratique de notre pays, et, pour ma part, je la crois plus dangereuse que la tentative de ressusciter des superstitions usées. L'évidence morale, les témoignages historiques, l'inspiration, les miracles, tout ce qui est objectif dans le christianisme est effacé par les écrivains de cette école, et les eaux vives de la religion perdent toute leur vertu curative par la distillation qu'elles subissent dans l'alambic du rationalisme... Quelle leçon devons-nous tirer de la situation actuelle de notre église? C'est que, placés entre des dangers opposés, d'un côté la superstition et la tyrannie, de l'autre le rationalisme avec son cortége d'incrédulité et de panthéisme, il faut que nous mettions un terme à nos divisions intérieures. »

Un ministre de l'église, très influent dans cette portion du clergé qui s'appelle anglo-catholique, M. Denison, écrit aussi en parlant de l'agitation soulevée contre Rome : « On voudrait nous faire oublier que nous avons *intra muros* un ennemi plus acharné et beaucoup plus dangereux que Rome. Rome n'est que secondaire dans la guerre que soutient aujourd'hui l'église d'Angleterre; son premier et plus grand ennemi, c'est le *latitudinarisme* de l'état. Le plus grave des maux contre lesquels elle a à combattre, c'est la tendance continuelle de l'état à la dépouiller pièce à pièce de son caractère catholique. »

Enfin, l'organe du parti, le *Churchman,* disait : « Nous soutenons que lord John Russell est un ennemi plus dangereux que le pape, par la raison que le latitudinarisme est plus en rapport avec les mauvais penchans de notre époque que le papisme. Le pape est un homme professant une certaine religion définie, une religion erronée, il est vrai, mais enfin une religion. Lord John Russell est, nous ne dirons pas un homme sans religion, mais un homme qui n'a aucune religion particulière. »

Nous avons multiplié ces citations afin de montrer, par des témoignages positifs et officiels, quelle était la situation de l'église anglaise vis-à-vis de l'église romaine. Dans notre humble opinion, peut-être aurait-il mieux valu laisser l'église d'Angleterre continuer la lutte qu'elle avait engagée contre le pouvoir temporel. Sa cause était celle du pouvoir spirituel, celle des églises. La cour de Rome en a jugé autrement; elle a jugé que le moment était venu de frapper un grand coup, que le fruit était mûr, et qu'il était temps de le cueillir. Elle doit être meilleur juge que nous ne pouvons l'être.

Désormais l'église d'Angleterre ne peut plus conserver cette position intermédiaire et parlementaire dans laquelle elle s'était tenue jusqu'à présent. Elle était, pour ainsi dire, sur une pointe d'aiguille ou sur le tranchant d'une lame : le brusque choc parti de Rome la fera tomber à droite ou à gauche. Les uns se jetteront dans l'affirmation, les autres dans la négation, ceux-ci dans le catholicisme, ceux-là dans le rationalisme; mais l'équilibre dans le domaine spirituel est détruit par cette secousse, comme il l'a été dans le monde politique par la révolution de 1848.

JOHN LEMOINNE.

LE BISCÉLIAIS.

--·--

Au mois de février 1843, à l'époque des grandes rigueurs de notre climat, pendant ces sombres journées où le Parisien grelotte et souffle dans ses doigts, j'habitais à Naples une chambre sans cheminée sur le quai de Santa-Lucia; le thermomètre de Réaumur marquait quinze degrés; les promeneurs de la *Villa-Reale* portaient des pantalons blancs, et les rues étaient inondées de violettes. Un matin, des rires et des vociférations m'éveillèrent plus tôt qu'à l'ordinaire; je secouai la paresse et j'ouvris ma fenêtre. Une douzaine de grandes barques à rames et à voiles, amarrées au quai, s'apprêtaient à partir pour Sorrente, où il y avait une fête. Les barcarols appelaient les passans avec des cris et des gestes de possédés en leur promettant un bon vent, une prompte traversée, les plus braves rameurs du monde et toute sorte de divertissemens. A mesure qu'une barque avait recueilli tout ce qu'elle pouvait contenir de passagers, elle déployait ses voiles et s'éloignait. Les éclats de la gaieté napolitaine ont quelque chose d'entrainant et de contagieux. Le vertige du plaisir me gagna peu à peu. Je m'habillai à la hâte et je descendis à temps pour prendre place dans la dernière barque, au milieu d'une bande joyeuse de bourgeois, de jeunes filles et de gens du peuple.

Dans cet heureux pays où un parapluie s'appelle *ombrella*, la matinée qui annonce un beau jour tient parole. Le ciel était d'un bleu magnifique. Déjà le signal du départ avait été donné. L'un des barcarols, appuyant sa longue rame sur le bord du quai, avait démarré la barque, tandis qu'un autre hissait la voile. Nous étions à six brasses du rivage, lorsque le patron avisa de loin un gros homme qui débouchait sur le quai du *Géant*, en agitant son mouchoir et en courant aussi vite que le permettaient la soixantaine et l'embonpoint. Un coup de croc ramena la barque tout près de la rive; le gros homme y sauta et vint s'asseoir tout essoufflé à ma droite. Cette fois, nous quittâmes la terre, emportés par une brise tiède et parfumée qui ridait à peine la robe indigo de la Méditerranée. Le Vésuve était paré de son plumet de fumée blanche, et la pointe de Capri semblait enveloppée d'une écharpe de gaze, comme les belles dames de l'empire dans les miniatures d'Isabey. En face de nous paraissaient Sorrente au milieu de ses bois d'orangers, Massa, plus élevé sur la côte, et le détroit de la Campanella, comme une porte ouverte sur le golfe de Salerne; derrière nous, les quais de la ville, dominés par le fort Saint-Elme, décrivaient une ligne courbe de Pausilippe à Portici, offrant une suite non interrompue de monumens, de palais et de maisons blanches.

Tandis que je considérais le double panorama de cette baie de Naples si belle et si vantée, mon gros voisin poussait des soupirs à enfler les voiles d'une gabare. Je pensai d'abord qu'il avait peine à se remettre de sa course; mais bientôt je m'aperçus à ses grimaces expressives que l'inquiétude ou le chagrin avaient plus de part que la fatigue à l'exercice de ses vastes poumons. Sa mine sombre, ses gros sourcils froncés, son front crispé, ses hochemens de tête, les mouvemens de ses lèvres, trahissant un monologue intérieur, faisaient un contraste frappant avec les airs épanouis des autres passagers. Lui seul était au supplice parmi tous ces gens heureux. Pour lui seul, il n'y avait ni baie de Naples, ni ciel souriant, ni jour de fête, ni compagnons joyeux. Cependant, après avoir essuyé son visage avec son mouchoir, le gros voisin promena autour de lui des regards piteux et bienveillans, et il ôta sa veste de toile qu'il plia sur ses genoux pour être plus à l'aise. Sa chemise était trempée de sueur, et sans doute il pensa que cette tenue n'était point convenable dans un endroit où il y avait du sexe, car il tira d'un petit paquet qu'il portait sous son bras une chemise blanche, et se mit en mesure de changer de linge. Le rouge me monta au visage. Je m'attendais à voir les maris et les pères de famille lancer à ce pauvre homme quelque apostrophe un peu verte; mais je ne connaissais point encore toute la facilité de mœurs des bons Napolitains. Personne ne parut scandalisé de ce sans-gêne. Mon voisin, en tirant les manches de sa chemise, murmura une excuse à la compagnie; les dames et les jeunes filles tournèrent la tête de côté sans interrompre leur conversation, et l'on ne fit pas semblant de remarquer ce changement de toilette exécuté d'ailleurs avec toute la décence et la dextérité possibles.

Au bout d'un moment, comme si cette opération eût un peu sou-

...age sa douleur, mon voisin sortit de sa pénible rêverie pour demander au patron de la barque s'il pensait arriver à Sorrente avant dix
heures. Quelle fut ma surprise en voyant tous les passagers éclater
de rire à cette question si simple, et le patron lui-même se mordre
les lèvres! Une seconde question du gros homme provoqua un nouvel accès d'hilarité, plus bruyant encore que le premier. A ma gauche
était assise une jeune fille qui riait de tout son cœur. Je me penchai
à son oreille et lui demandai ce qui la divertissait si fort.

— *È Biscegliese!* me répondit-elle d'une voix étouffée.

— Quand ce pauvre homme serait Biscéliais, repris-je, serait-ce une
raison pour lui rire au nez avec si peu de ménagemens?

— Votre seigneurie, répondit la jeune fille, n'a donc pas vu le don
Pangrazio du théâtre San-Carlino?

— Si fait.

— Eh bien donc, si elle connait ce comédien si amusant, comment
ne rit-elle pas avec nous?

Il faut savoir que Bisceglia est une petite ville de la Pouille, où l'on
parle un patois qui jouit du privilége de mettre en joie les Napolitains
du plus loin qu'ils en reconnaissent l'accent. De temps immémorial,
le personnage de don Pancrace, au théâtre de San-Carlino, est rempli
par des Biscéliais, ou par des Napolitains qui savent imiter à merveille
le parler de la Pouille. Leur succès de ridicule ne tient pas moins à
l'accent qu'au talent des artistes, qui, du reste, sont des comédiens
incomparables. Le public rit de confiance dès que Pancrace paraît.
L'affiche ne manque jamais d'ajouter au titre de la pièce ces mots
d'un attrait particulier pour la foule : *con Pangrazio biscegliese* (avec
Pancrace biscéliais). L'effet produit sur nos théâtres par les jargons
de paysans n'approche point du fou rire qu'excite ce Pancrace; il faudrait remonter au temps de Gros-Guillaume et du gentilhomme gascon pour trouver un équivalent de ce personnage à caractère, qui
soutient encore, avec l'illustre Polichinelle, la comédie nationale *dell'
arte*, tradition précieuse et charmante dont le bouge de San-Carlino
est le dernier asile. Ce goût populaire est pourtant cause d'une injustice amère et cruelle; un Biscéliais ne peut plus se montrer à Naples
sans que tout le monde pouffe de rire aussitôt qu'il ouvre la bouche;
la tyrannie de l'habitude et du préjugé le condamne au métier de
bouffon, car il ne lui servirait à rien de se fâcher; on ne s'amuserait
pas pour si peu à la bagatelle du point d'honneur, et les rieurs ne feraient que s'égayer davantage d'un accès de colère biscéliaise.

Tel fut le sort de mon gros voisin, lorsque, dans sa mauvaise humeur, il envoya au diable ses compagnons de voyage. En l'écoutant
avec attention, je crus reconnaître en effet que l'accent de Bisceglia
donnait à son langage un ton pleurard tout-à-fait comique, et qu'il res-

semblait prodigieusement au Pancrace de San-Carlino, qui était alors un acteur excellent. Cependant, comme le *Biscegliese* n'avait pas le même ridicule pour un étranger que pour un Napolitain, j'eus pitié de son dépit et j'engageai la conversation avec lui de l'air le plus sérieux.

— On voit bien, lui dis-je, que votre seigneurie ne va pas à Sorrente pour son plaisir.

— *Altro!* répondit le bonhomme en faisant une lippe digne de San-Carlino; je vais à Sorrente pour y gronder, crier, pleurer et dépenser en honoraires de rebouteur et de médecin le reste de trente ducats dont les hôteliers de ce damné pays m'ont déjà soufflé la moitié. Est-ce là du plaisir? Je ne trouve d'ailleurs rien de joli à Naples et dans ses environs. Chez nous, à Bisceglia, la ville est bien plus agréable, et la *gente* se pique au moins de politesse; mais qu'importe tout cela, si je songe au spectacle qui m'attend là-bas? Mon pauvre neveu, le plus beau garçon de la Pouille entière, gisant sur un lit de douleur avec un bras cassé!... O déplorable accident!

— Et comment votre neveu s'est-il cassé un bras?

— Qui le sait? reprit le Biscéliais. A coup sûr, ce n'est pas au service de Dieu, quoique le pauvre garçon soit abbé, et que, par la protection de monseigneur, il jouisse déjà d'un revenu de six cents ducats : ce sera donc pour les beaux yeux de quelque méchante femme. Voilà bien les Napolitaines!

— Attendez au moins, pour accuser les Napolitaines, que l'affaire soit éclaircie.

— Vous ne les connaissez donc pas? répondit le Biscéliais. Il n'arrive dans ce pays ni crime ni accident sans qu'on trouve une femme au fond. Mon neveu a vingt ans, la jambe faite au tour, des yeux qui feraient envie à la reine des amazones : en faut-il davantage? Nous lui demanderons tout à l'heure qui l'a poussé où il est, et vous verrez s'il ne nous dit pas que c'est une femme. Autrement, à quel propos ce bras cassé? Un bras ne se casse pas tout seul, sans qu'une Napolitaine s'en mêle. Je l'avais pourtant bien dit à ce malheureux garçon le jour qu'il partit en *vetturino* pour faire cinquante lieues en moins de huit jours, tant il avait hâte de voir Naples. — Les enfans sont toujours pressés de courir à leur perte. — « Geronimo, lui avais-je dit, tu as tout ce qu'il faut à un homme sage pour réussir, tout ce qu'il faut pour se perdre à un imprudent ou un fou. S'il t'arrive malheur, à qui donc en sera la faute? Les Biscéliais, tu le sais, ne font pas fortune à Naples; mais il dépend de toi d'être une exception à la règle ou de la confirmer. Tu es riche à six cents ducats par an, jeune, bien fait, galant, instruit, protégé de monseigneur l'archevêque. Il y a là-bas des escrocs, des débauchés, des joueurs, des *don Limone* vêtus à la mode de Paris, qui se ruinent en habits neufs, et, pis que tout cela, il y a de méchantes femmes. Garde-toi des méchantes femmes et des *don Limone !* [1]. Pour le reste, patience! » — Vous voyez si le malheureux m'a écouté.

— Ainsi, dis-je en riant, parce que votre neveu s'est cassé un bras, vous en concluez qu'il ne s'est pas assez gardé des femmes et des élégans de Naples?

— N'en doutez pas, répondit le Biscéliais d'un ton tragique.

— Je gagerais volontiers que vous vous trompez, et je suis curieux de vérifier qui de nous deux a raison. Si vous le permettez, je vous accompagnerai jusqu'au lit de votre neveu pour m'informer de sa santé d'abord, et ensuite pour lui demander le récit de son aventure.

— Votre seigneurie lui fera honneur.

Tandis que je causais avec le Biscéliais, les passagers étudiaient les inflexions de sa voix et les mouvemens de son visage avec une curiosité aussi naive qu'indiscrète. Chaque fois que l'accent de Bisceglia se trahissait, un rire général soulignait les paroles de mon voisin, dont la patience commençait à se lasser. En venant à son secours, je le mettais sur la sellette; de peur d'amener une querelle, je gardai le silence jusqu'à Sorrente. L'attention des spectateurs incommodes se tourna bientôt vers d'autres objets. Pendant la confusion du débarquement, je pris le Biscéliais par le bras, et je l'emmenai. Nous montâmes ensemble dans la ville par un sentier escarpé. Un enfant, à qui je donnai un demi-*carlin*, nous conduisit à la maison que lui désigna mon compagnon : c'était un petit casino situé au milieu d'un parterre de fleurs, dans une rue qui ressemblait à une allée de jardin, comme la plupart des rues de Sorrente. A notre coup de sonnette répondit de loin une voix de femme. La servante, jambes et bras nus, les cheveux dans un désordre que le peigne n'avait jamais réparé, braqua sur nos visages inconnus ses grands yeux effarés en demandant qui étaient nos excellences. Aussitôt que mon voisin eut décliné son nom et sa qualité d'oncle du malade, cette fille partit en criant du haut de sa tête et en battant des mains, pour annoncer au jeune patient l'arrivée du *sio carissimo.* Nous la suivîmes à travers un petit bois d'orangers, dont les branches pliaient sous le poids des fruits. Des rosiers grimpans couvraient les murs de la maisonnette et les piliers de briques de l'escalier à l'italienne. Un jeune homme d'une figure admirablement belle, le bras droit en écharpe, appuyé de la main gauche sur l'épaule de la servante, parut au haut des degrés. L'oncle très cher embrassa son neveu, et ils se mirent à parler tous deux à la fois avec tant de volubilité, que le fil de leurs discours m'échappait. Je compris seulement que le bon *sio* reprochait au jeune abbé son imprudence,

[1] *Don Limone* est le sobriquet que le peuple donne aux dandies à Naples.

et que le neveu s'apitoyait lui-même sur son triste sort avec l'abandon le plus pathétique. Bientôt leurs yeux s'humectèrent de larmes. La servante, ajoutant une partie de soprano à cet étrange concert, essuyait ses pleurs avec ses bras nus, en apportant des siéges sur la terrasse de l'escalier, et puis on se calma peu à peu, et l'on s'aperçut qu'un seigneur étranger assistait à cette scène déchirante. L'oncle me présenta au neveu, et le jeune homme m'adressa un sourire si gracieux et si doux, que je me crus admis dans le commerce d'Apollon en robe de chambre. Après les premières civilités d'usage, l'oncle raconta au dieu du jour notre rencontre en barque, et, sans parler de l'impertinence des passagers, il ajouta que nous avions fait ensemble *una scommessa.*

— Une gageure! répéta le jeune homme. — Vous aussi, mon oncle, vous faites des gageures! Ah! vous les perdrez, comme votre infortuné neveu a perdu celle qui l'a mis dans l'état pitoyable où vous le retrouvez.

L'oncle expliqua, par un discours long et diffus, le sujet sur lequel nous avions discuté pendant le voyage.

— C'est vous qui avez raison, lui dit le malade avec un soupir. Il y a sous jeu une femme, une Napolitaine, une ingrate beauté.

— Permettez, monsieur l'abbé, interrompis-je : il est juste qu'avant de m'avouer vaincu, je sache au moins ce qui vous est arrivé. Ma curiosité satisfaite sera un dédommagement à la perte de ma gageure. Soyez donc assez bon pour me raconter vos malheurs. L'intérêt extrême que je prendrai à votre récit vous prouvera, j'espère, que je ne suis point indigne de cette confiance.

— Raconter mes peines! s'écria le jeune homme en levant ses beaux yeux vers le ciel. Rouvrir mes blessures, et faire couler à grands flots tout le sang de mon cœur! c'est ma mort que vous demandez, seigneur français, ma mort au milieu de tourmens effroyables. Vous ne savez pas que ce pauvre cœur a été broyé en mille brins, déchiré par des ongles de fer, et que ses lambeaux palpitans se tortillent sous un talon impie et féroce, comme les tronçons d'un serpent qui cherchent à se rejoindre. Ce cœur était celui d'un lion, d'un Tancrède, d'un *Rinaldo;* mais, en prononçant le nom de la cruelle qui m'a *précipité,* perdu, assassiné, tous les supplices de l'enfer m'accablent à la fois. Jugez vous-même à présent si je puis vous raconter des malheurs dont il n'est pas d'exemple sur la terre! Plus tard, seigneur français, plus tard, nous verrons.

— Diable! pensai-je, quand j'entendrai ce récit tant souhaité, ce n'est point par la sobriété qu'il se distinguera. Michel Cervantes eut bien raison de recommander aux narrateurs, par la bouche du sage don Quichotte, de supprimer les exclamations et les réflexions inutiles.

— A Dieu ne plaise, dis-je au jeune malade, que mon intérêt, ma curiosité, causent de si terribles ravages. Vous me raconterez une autre fois vos malheurs sans exemple sur la terre, et je vous promets une pitié proportionnée à la grandeur de votre infortune; mais nous n'avons point déterminé, monsieur votre oncle et moi, les conditions de notre gageure. Il faut réparer cet oubli. Je m'en rapporte à lui pour décider ce que j'ai perdu.

— Cher oncle! dit l'abbé, exigez un souper entre nous trois, chez un marchand de *pizze*, avec des huîtres de *Fusaro*.

— Va pour un souper d'huîtres à discrétion, répondis-je.

— Et du vin blanc de Capri? demanda l'abbé.

— Tant que nous en pourrons boire.

— *Allegri!* s'écria le malade. Revenez demain, seigneur français; je crois qu'en m'armant de courage, il me sera possible d'arriver au bout de mon récit.

— N'allez pas entreprendre une chose au-dessus de vos forces.

— Ne craignez rien. Sous les apparences de la délicatesse, j'ai une santé de fer. Je suis sensible; mais le ciel m'a donné l'ame d'un héros de Torquato Tasso.

— Pauvre Torquato! repris-je, en voilà un qui a réellement souffert!

— Comme moi, précisément dans ce même village de Sorrente. Oh! oui, je ressemble au pauvre Torquato... Mais on sonne. Ce doit être le docteur. Il arrive à propos, je vais lui demander quel jour nous pourrons aller à Naples manger la *pizze* et les huîtres du lac Fusaro.

Le médecin arriva en effet. Il paraissait avoir quarante ans. Je le reconnus avec plaisir pour un Français et un homme intelligent. Il accorda au convalescent la permission de s'embarquer pour Naples et de manger tout ce qu'il voudrait. Je saluai mes nouveaux amis, et je sortis avec le docteur.

— La blessure, lui dis-je, n'était pas bien grave?

— Une forte contusion, répondit-il, mais heureusement point de fracture. Le jeune homme s'est cru mort, ou tout au moins en danger de perdre un bras, parce que les muscles foulés le faisaient beaucoup souffrir. A ses discours, vous devinez de quel style auront été ses lettres à son oncle. Le pauvre vieux a pris cette éloquence pour argent comptant, et il est accouru de Bisceglia, s'imaginant assister aux derniers momens de son neveu. Il ne faut pas croire pourtant que mon jeune malade ne soit pas véritablement passionné. Il s'exprime avec exagération, mais il sent vivement.

— Vous savez donc ses aventures et la cause de son accident?

— Tout au long. Geronimo n'a rien de caché pour ses amis.

— Vous me feriez plaisir si vous vouliez bien me raconter cette histoire. Je dois en recevoir la confidence demain; mais je crains un peu les fleurs de rhétorique du héros.

— Vous n'en seriez pas quitte, dit le docteur, en moins d'une demi-journée, et toutes les épithètes du dictionnaire y passeraient. Suivez-moi à l'auberge de la·*Sirène*. Nous boirons une limonade, et je vous raconterai ce roman.·

Nous entrâmes à la *Sirène*. On nous servit. de la limonade sur une terrasse d'où l'on voyait toute la baie de Naples,.et le médecin commença son récit en ces termes.

II.

·Vous n'êtes pas sans avoir remarqué, à la *Villa-Reale*, dans les cafés et les théâtres, ces jolis petits abbés, le tricorne sur l'oreille, la taille, pincée, cravatés à la Colin, chaussés de bottes à la hussarde et la badine à la main, qui lorgnent les femmes, applaudissent la *prima ballerina*, ne manquent pas une fête, et font même des armes, non pas dans le dessein de tuer leur prochain; mais pour prendre un·exercice salutaire. Ce sont des figures du siècle dernier. Avant la révolution,· les abbés de Paris étaient galans, coureurs d'aventures, assidus à la toilette des marquises, grands faiseurs de visites et colporteurs·de nouvelles. Ceux de Naples mènent à peu près la même vie, comme vous l'avez pu deviner à leurs airs cavaliers.

Ognissanti Geronimo Troppi, — c'est ainsi que se nomme mon malade, — natif de Bisceglia, ayant un frère aîné, point de fortune et de l'ambition, prit le petit collet il y a six mois, et vint solliciter la protection de quelques amis bien en cour. Il obtint une espèce.de bénéfice, dont on lui paya un semestre, avec quoi il se mit.en équipage d'abbé mondain. Il s'habilla proprement, porta les bottes molles et se prélassa comme les autres, un jonc à la main. La chambre meublée qu'il loua dans le quartier de Monte-Olivetto lui coûtait trente francs par mois, en comptant l'eau, le linge et le *brasero* pour les quinze ou vingt jours de froid en hiver. Son plus grand luxe fut de prendre à ses gages un domestique, c'est-à-dire un gamin de dix ans, avec une mine de chat et un costume économique, puisque, sauf un petit.caleçon·de toile qui lui venait au genou, ce gamin était absolument nu:. Pour courir d'un bout à l'autre de la ville, se quereller avec les laquais, crier à tue-tête derrière le fiacre de son patron, et faire honneur à M. l'abbé en se disant hautement son serviteur, ce bambin n'avait pas son·pareil; du reste, voleur comme une pie, menteur et fourbe de naissance, mais dévoué à son maître. Ses gages se montaient à deux sous par jour et le macaroni. Geronimo n'avait point d'heure fixe pour ses repas. Quand la faim le prenait, il envoyait son groom à la *trattoria*, chercher une mesure de pâte au fromage. Il en avalait les trois quarts et laissait le reste au gamin, qui mangeait dans l'écuelle du patron, comme le petit chien de Gargantua.

Avec une maison si bien montée, un crédit chez le tailleur et l'abonnement au rabais chez le barbier, notre abbé pouvait employer une bonne part de son revenu en argent de poche. Il se donna l'*ingresso* à l'année au grand théâtre, la stalle aux représentations extraordinaires, et ne se refusa ni la calèche à un cheval pour aller à Pausilippe ni les glaces au café de l'*Europe*. Il se lança, non pas dans le beau monde où sont tous les étrangers, et composé en grande partie de Français et d'Anglais, mais dans la bourgeoisie de Naples, où l'on trouve des mœurs tout aussi aimables et pour le moins autant de jolis visages. Son calcul était bon; dans ce cercle-là, il pouvait briller avec son modeste état de maison, tandis que dans un plus grand monde il eût été surpassé en luxe et en élégance par les jeunes gens à la mode, qui, dans ce pays, poussent à l'extrême l'émulation du *dandysme*.

Le 11 août dernier, veille de l'Assomption, un prédicateur en vogue devait prêcher à Sainte-Marie *del Carmine*. Notre jeune abbé bien rasé, frisé, ganté de neuf, se rendant au sermon vers deux heures, vit arriver devant l'église trois fiacres dont les cochers faisaient un bruit d'enfer et menaient au grand galop dix-huit personnes de la même compagnie. Dans le carrosse du milieu était une jeune femme en deuil, l'éventail à la main, les bras nus et ornés de bracelets de velours. Lorsqu'elle eut mis pied à terre, toute la compagnie s'empressa autour d'elle, pour jaser un peu avant d'entrer à l'église. L'abbé, qui prêtait l'oreille, comprit aux discours de ces braves gens que la dame était à son dernier jour de deuil, et qu'elle faisait, suivant l'usage, ses dévotions à la mémoire de quelque proche parent avant de quitter le noir. Sans être d'une beauté régulière, cette jeune personne avait une figure piquante. Une forêt de cheveux naturellement ondés se divisait en bandeaux épais sur son front un peu bas. Ses sourcils, rapprochés l'un de l'autre, auraient donné à son visage une expression sournoise, si l'éclat des yeux, la mobilité des narines et la grace des lèvres en accolade, où semblait errer un sourire malin et sensuel, n'eussent corrigé l'air sérieux et presque méchant du haut de son visage. La dame s'aperçut tout de suite du ravage de sa beauté dans le cœur de notre abbé. Comme la coquetterie se pratique à Naples sur une grande échelle, les œillades, les mines agaçantes et tous les manéges qui indiquent une préférence achevèrent d'embraser le bon Geronimo.

— Grand Dieu! pensa-t-il, si c'est d'un mari qu'elle porte le deuil, faites que je quitte aussi le noir pour l'épouser!

Pendant tout le sermon, la belle Napolitaine écouta le prédicateur avec attention, et ne se laissa point distraire de son pieux recueillement. Une des personnes de sa compagnie se promenait, en l'attendant, sur la place; c'était un Calabrais de trente ans, taillé comme un Hercule. Don Geronimo tourna autour de cet homme, partagé entre l'envie de l'interroger et la crainte d'être mal accueilli. A la fin, il prit son grand courage et aborda poliment l'inconnu.

— Votre seigneurie, lui dit-il, accompagne une jeune dame qui parait aussi vertueuse que belle.

L'Hercule regarda l'abbé en souriant.

— Trop belle et trop vertueuse, répondit-il, pour le repos du monde, et avec cela pétrie de grace et d'esprit, mais si dédaigneuse que le plus galant homme des deux Calabres en tombe dans le désespoir. Ce galant homme est en face de vous. Si votre projet, seigneur abbé, est de me faire bavarder pour prendre des informations, vous vous adressez mal. Je ne veux plus dire mot sur ce sujet.

: — Et vous avez raison, reprit l'abbé. Tout cela ne me regarde point, puisque je ne connais pas cette dame. C'est sans doute un père qu'elle pleure?

— Non; c'est un mari.

— Si jeune et déjà veuve! La pauvrette! Je comprends la cause de ses dédains : elle est inconsolable de la perte d'un époux. Il ne faut pas vous en désespérer. Ces regrets annoncent un bon cœur.

— Des regrets, dit le Calabrais, pour le pauvre Matteo! elle ne pouvait pas le souffrir.

— Alors elle veut consacrer le reste de sa vie à l'éducation de ses enfans.

— Quels enfans? Elle n'en a point.

: — Le veuvage et la liberté ont leurs douceurs, surtout avec de la fortune, car assurément son mari lui aura laissé du bien.

— Une honnête aisance, dit le Calabrais; et puis le père de Lidia est ce riche lampiste dont la boutique brille de tant d'éclat, le soir à Tolède, près du palais Borbonico.

— Après le sermon, reprit l'abbé, la signora ferait bien d'aller prier sur la tombe de son mari.

— Nous allons, en effet, la conduire à Capo-di-Monte.

— Et ensuite vous la ramènerez chez elle, dans la rue de...

— A Saint-Jean-Teduccio, hors la ville, où elle a une petite maison de campagne.

— C'est cela. Et puis un repas de famille égaiera la fin de cette triste journée. *Faites courage*, et ne vous rebutez point, seigneur calabrais. Souvent avec les femmes, l'amour est à deux pas du dédain : vous verrez que la signora n'ira pas de dix-huit à vingt ans sans se remarier. Parmi tant d'adorateurs, quelqu'un lui plaira, et je vous prédis que vous serez distingué par-dessus vos trois rivaux.

— D'abord, répondit le Calabrais avec des regards terribles, Lidia n'a que dix-sept ans. Ensuite j'ai quatre rivaux, et non pas trois, et si l'un d'eux l'emportait sur moi, je le prendrais d'une main par le cou, de l'autre par les jambes, et je le briserais sur mon genou. Tout ce que vous dites, seigneur abbé, est donc plein d'erreurs.

— Excusez mon ignorance, murmura don Geronimo en changeant de visage. Je ne m'occuperai plus de tout cela que pour vous souhaiter, avec une bonne santé, les succès que votre seigneurie merite.

Malgré l'effroi que lui inspirait ce rival farouche et la perspective périlleuse que tant d'obstacles lui faisaient entrevoir, l'abbé ne résista pas à l'envie d'échanger encore quelques œillades avec la belle veuve. Il prit les devans, et se rendit à pied au cimetière de Capo-di-Monte, et, tout en marchant, il recueillit et mit en ordre dans sa mémoire les renseignemens arrachés au Calabrais.

— Lidia! disait-il... veuve sans regrets... point d'enfant... dix-sept ans... une honnête aisance... fille d'un lampiste de la rue de Tolède..., maison de campagne à San-Giovanni-Teduccio... insensible aux hommages de l'homme féroce aux gros favoris roux... plus humaine pour moi seul... c'est la femme qu'il me faut. Je lui sacrifierai ma carrière. Quel bonheur d'épouser une si belle personne! Mais, hélas! cinq rivaux en comptant le Calabrais! A quels dangers ne suis-je pas exposé! Tâchons d'échapper aux regards des jaloux. Ne point approcher d'eux et me concerter de loin avec la divine Lidia serait un coup de maitre.

Don Geronimo se cacha dans le cimetière derrière une tombe d'où il entendit bientôt arriver les trois fiacres qui portaient la veuve et sa compagnie. Lidia s'agenouilla seule sur une pierre, tandis que ses amis l'attendaient à la porte. Ses dévotions achevées, elle se releva et reconnut, a vingt pas d'elle, le jeune abbé de la place Sainte-Marie-del Carmine, qui lui faisait des signes passionnés. Après avoir bien considéré la pantomime expressive de Geronimo, elle porta la main à son cou pour demander si le rabat n'était pas un empêchement. L'abbé répondit que non en ôtant le rabat et en le mettant dans sa poche. Aussitôt la belle veuve montra deux rangs de dents blanches comme des perles et posa un doigt sur sa bouche pour recommander le silence et la discrétion; elle dirigea le bout de son éventail vers la compagnie, et fit ensuite avec sa tête un *oui* plein de candeur et de tendresse, à quoi Geronimo répondit en appuyant ses deux mains sur son cœur comme le jeune premier du ballet de San-Carlo, et en fermant ses yeux d'Adonis pour exprimer l'excès de son bonheur. Lorsqu'il rouvrit ses paupières, la belle Napolitaine avait disparu; mais il l'entendit de sa voix sonore lancer des épigrammes aux jeunes gens de la compagnie, comme pour apprendre à notre abbé combien il était plus favorisé que ses rivaux.

En retournant a Naples, le bon Geronimo ne se sentait pas de joie. Son cœur dansait une tarentelle dans sa poitrine, et il eût volontiers embrassé tous les passans. Il convoqua sa maison, c'est-à-dire son ga-

min, en audience solennelle, et lui annonça son prochain mariage avec
une comtesse veuve, belle et riche à plusieurs millions de ducats; il
promit des gratifications et récompenses fabuleuses dans le cas où son
serviteur ne commettrait ni maladresse ni sottise, et redoublerait au
contraire de zèle et d'intelligence pendant les préliminaires du mariage, car, ajouta le patron, la comtesse, quoique maîtresse de ses actions, avait à vaincre l'opposition d'une famille puissante et des prétendans à ménager, parmi lesquels étaient deux princes, trois *illustris-*
simes, et un général. A l'astuce et au mensonge, le *guaglione* napolitain
joint la crédulité la plus aveugle pour tout ce qui éveille en lui l'instinct du merveilleux. Il vous fera des contes à dormir debout, appuyés de sermens solennels; mais, par une juste compensation, il
croira de la meilleure foi du monde toutes les fables et balivernes qu'il
vous plaira d'imaginer. Le gamin ouvrit des yeux rayonnans, félicita
le patron d'un si heureux changement dans sa destinée, et demanda
par où commencerait ce service extraordinaire pour lequel il jurait, au
nom de *Jésus-Nouveau* et de *sainte Marie-Nouvelle*, de déployer un zèle
inconnu jusqu'alors de tous les domestiques et *facchini* du royaume.

— Tu vas apprendre à l'instant même, lui répondit l'abbé, cet important secret qui doit faire mon bonheur et ta fortune. Écoute-moi
bien, Antonietto : sans employer aucun intermédiaire, avec l'audace
dont je suis seul capable au monde, j'ai offert directement à la comtesse
tesse mon cœur et ma main dans le cimetière de Capo-di-Monte. Mes
vœux ont été agréés. La divine Lidia, éblouie et subjuguée par ma
bonne mine et mon éloquence, a juré, sur la tombe même de son premier époux, d'être à moi pour la vie; mais il faut le temps d'écarter
avec politesse d'autres prétendans qui aspirent à sa main, et, pour ne
point éveiller de soupçons, nous avons résolu d'un commun accord
de ne communiquer ensemble que par lettres. C'est à bien remplir
l'emploi difficile de messager que tu vas déployer ton esprit et ta prudence, ô fidèle Antonietto! Demain, jour de l'Assomption, tu iras à
San-Giovanni-Teduccio. Tu demanderas à quelque enfant du village
où demeure la belle comtesse Lidia. Lorsque tu la verras sortir de sa
maison pour se rendre à l'église, tu la suivras avec précaution, et tu
chercheras l'occasion de lui glisser dans la main un billet que j'écrirai
ce soir. Si la comtesse n'est accompagnée d'aucun surveillant, tu la
prieras de t'apporter la réponse en allant à vêpres. Si elle t'interroge
sur ma fortune, ma condition et celle de ma famille, tu lui diras que
j'ai vingt ans, des amis et des protecteurs puissans, un superbe bénéfice, des parens riches, un avenir brillant, mais que je quitterai l'é-
glise, pour laquelle je n'ai plus de goût depuis que mon cœur s'est
enflammé d'un amour pur et incurable. Tu ajouteras que Ognissanti
Geronimo Troppi, n'ayant plus ni père ni mère, est libre de ses actions et en possession de son patrimoine, qu'il donnera des robes à sa

femme et ne l'empêchera jamais d'aller ni au théâtre ni au bal, encore moins aux fêtes de Piedigrotta et de la madone dell' Arco. A présent, réfléchis, Antonietto. Pèse bien les paroles que tu viens d'entendre, et ne manque pas d'employer le reste de ce jour et la nuit entière à *combinare*.

Au lieu de combiner et de réfléchir sur les moyens de servir les amours de son jeune patron. Antonietto, dominé par ce profond sentiment du *moi* dont un bon Napolitain ne se distrait jamais, ne songea qu'aux avantages qui devaient résulter pour lui-même du mariage de Geronimo. Il se haussa de dix coudées dans sa propre estime, et regarda son ombre au soleil, en se disant que bientôt cette ombre serait celle du premier valet de chambre d'un homme riche. Sa première infraction aux ordres qu'il venait de recevoir fut de courir après d'autres gamins de son espèce pour leur raconter avec des amplifications merveilleuses les événemens graves qui allaient, disait-il, étonner toute la ville, et les pompes, cérémonies et largesses de ce mariage si brillant. Le soir venu, il ne prit pas cinq minutes sur le temps du sommeil pour se préparer à jouer son rôle, et il s'endormit bercé par des chimères dorées qui ne regardaient que lui.

Geronimo avait taillé sa plume et rédigé une lettre où l'hyperbole et la métaphore s'enflaient comme des ballons. Il la transcrivit au net sur du papier rose orné d'oiseaux lithographiés, et la plia en forme de poulet. En remettant au petit Mercure cette précieuse épître, l'abbé fit encore cent recommandations que le gamin parut écouter d'un air attentif et respectueux. Antonietto cacha le poulet dans la pochette de son caleçon, et lorsqu'il vit le patron tirer de sa bourse un demi-carlin, en lui disant de prendre une place dans un *corricolo*, pour aller plus vite, ses yeux brillèrent comme des escarboucles. A peine dans la rue, le gamin tourna vingt fois entre ses doigts cette large pièce de cuivre et se promit solennellement de ne point la dépenser en frais de route inutiles. Pour l'acquit de sa conscience, il demanda au cocher d'un corricolo combien on lui prendrait pour aller à San-Giovanni-Teduccio. Le cocher lui proposa pour deux *grani* de se tenir debout sur la planche du véhicule; mais Antonietto ne daigna pas répondre à des prétentions si exagérées. Il montra son demi-carlin d'un air majestueux, fit claquer sa langue contre son palais, et partit à pied. Un fiacre, derrière lequel il monta, le conduisit pour rien jusqu'au pont de la Madeleine; le reste du chemin, égayé par les chansons et les gambades, ne lui coûta qu'une heure, mais la grand'messe était commencée lorsqu'il arriva devant l'église du village.

Afin de délibérer sur cet incident, que ses instructions n'avaient pas prévu, Antonietto entra chez un *macaronaro* et demanda pour un sou de pâte. Devant le feu étaient des brins de macaroni longs de deux pieds et suspendus à un bâton. Le gamin prit trois de ces brins qu'il souleva au-dessus de sa tête, en ouvrant une bouche large comme un four, et il ingurgita le tout d'un seul trait, comme font les saltimban-ques lorsqu'ils avalent une lame de sabre. Un verre d'eau compléta ce bref repas, et le Mercure allait se livrer aux douceurs de la sieste sans penser à son message, quand, par bonheur pour notre abbé, un autre enfant à jeun, alléché par le macaroni et le demi-carlin de cuivre, vint offrir ses services à Antonietto en lui donnant de la seigneurie. Cet enfant connaissait la belle Lidia, et, dans l'espoir d'une récompense, il promit à Antonietto de lui désigner non-seulement cette personne, mais toutes celles qui assisteraient à la messe, et dont il prétendait savoir les noms et qualités. On se rendit à l'église, et les deux gamins, avec leurs yeux de lynx, distinguèrent tout de suite la signora Lidia au milieu d'une foule considérable. La belle veuve écoutait dévotement l'office divin, lorsqu'elle sentit une main tirer furtivement le bas de sa robe. Elle vit sortir entre deux chaises la mine espiègle d'un enfant qui se traînait sur les genoux et les mains.

— Que me veux-tu, *guaglione*? lui dit-elle.

— Prenez cela; contessine, répondit Antonietto, en présentant le billet. C'est une lettre de don Geronimo, votre futur époux; à qui vous avez juré une fidélité éternelle hier à Capo-di-Monte. Je viendrai chercher la réponse à l'heure des vêpres, ainsi que le seigneur mon maître me l'a ordonné.

Antonietto se retira doucement comme il était venu, et, en attendant les vêpres, il s'endormit au pied d'un mur, la tête à l'ombre et les pieds au soleil. Les métaphores du bon Geronimo ouvrirent sans doute à deux battans le cœur de la dame, car, en revenant à l'église, elle fit de loin un signe amical au petit messager pour lui ordonner d'approcher.

— Voici ma réponse, dit-elle, en tirant une lettre de son sein. L'amour a bien inspiré ton patron. Dis-lui qu'il a deviné précisément la conduite qu'il devait tenir, en me laissant le soin d'éloigner tous ces rivaux ennuyeux qui rôdent autour de moi. Dis-lui qu'il a de l'esprit comme un ange et autant de prudence que de gentillesse, que je le prie de lire avec des yeux indulgens ce billet où il ne trouvera ni belles images, ni poésie, ni éloquence, comme dans sa lettre, qui ne ferait pas de tort à la plume du grand Métastase. Dis-lui encore qu'il m'écrive dimanche prochain par la même voie, et que sa prose ou ses vers seront bien reçus, et tu ajouteras que Lidia Peretti, veuve du pauvre Matteo Peretti, ne demande pas mieux que de s'appeler autrement, par exemple Lidia Troppi, et que s'il dépendait d'elle, ce serait chose faite. Va; il comprendra ce que cela signifie, lui qui est si rusé! Et ne manque pas de lui dire surtout que je pense à lui, et tu termineras par ces mots que je n'ai point osé écrire, de peur d'offenser la modestie : c'est que je l'aime parce qu'il est beau. Tâche de ne pas oublier tout cela, et pour

te donner de la mémoire et des jambes, voici un carlin dont je te fais
un régal.

III.

Comment le bon Geronimo, avec ses vingt ans, son visage d'Adonis,
et la persuasion intime de la supériorité de son mérite, aurait-il pu douter d'un amour si ingénûment avoué, en termes si flatteurs, par écrit et
verbalement? Il n'en douta pas, et il eut raison. L'épître de Lidia et les
paroles rapportées par le petit messager inspirèrent à notre abbé autant
de confiance que de passion. Il se mit en devoir de quitter bientôt le
petit collet, le rabat et le tricorne à larges bords pour endosser l'habit
bleu à boutons d'or et le gilet de couleur changeante. Son imagination,
qui lui représentait la veille encore son bonheur environné d'écueils,
ne voyait plus dans l'avenir apparence de difficultés. Il ne parlait plus à
ses amis qu'en style mystérieux, en propos interrompus, où les mots
d'avenir magnifique et de brillant mariage revenaient souvent, et il crut
avoir montré la prudence d'Ulysse en n'allant pas jusqu'à dire le nom
de sa future épouse. Dans le monde qu'il fréquentait, le bruit courut
alors qu'il faudrait bientôt lui retenir un logement à Aversa, qui est,
comme vous savez, le Charenton de Naples. On riait en le voyant passer
dans la rue Tolède, la tête haute et les yeux baissés, suivi de son groom
en haillons, l'un rêvant un carrosse, et l'autre une livrée.

La fête de l'Assomption tombait un lundi en 1842. Geronimo avait
donc six jours devant lui pour préparer sa seconde épître. Il la composa
d'avance, plus belle, plus fleurie que la première, et ornée de citations
de Pétrarque et de Guarini. Cependant, comme ce délai lui paraissait
long, il voulut essayer de correspondre avec sa maîtresse au moyen de
la musique. La chanson en plein air est d'un usage si répandu dans
ce pays, qu'on ne s'inquiète guère si elle déguise quelque intention de
sérénade ou quelque allusion particulière. Geronimo, musicien et doué
d'une voix agréable, chercha dans le recueil gravé des chansons populaires celle qui offrait le rapprochement le plus sensible avec l'état de
ses amours. Son choix se fixa sur la sicilienne : *Nici mia comu si fa?*
dont le refrain dit, dans le dialecte amoureux de Palerme : « Je ne t'ai
vue qu'à peine, hélas! et pour un seul regard, je vais mourir! » Le
jeudi soir arrivé, notre abbé, enveloppé jusqu'aux yeux dans son manteau de conspirateur, monta en fiacre avec son fidèle Antonietto, portant une guitare. Il était quatre heures d'Italie, ou onze heures de
France. Le carillon de minuit sonnait lorsque Geronimo parvint à
Saint-Jean Teduccio, et se glissa sous les fenêtres de Lidia. Des ombres
qui se mouvaient lui apprirent qu'il y avait encore de la compagnie au
salon. Bientôt il entendit des pas d'hommes dans l'escalier. Plusieurs
jeunes gens sortirent ensemble, parmi lesquels l'abbé crut reconnaître

la voix du terrible Calabrais, et, l'aiguillon de la jalousie le piquant, il sentit plus de dépit que de crainte. Les rivaux s'emparèrent du fiacre qu'il venait de quitter, et partirent pour Naples. Un moment après, les lumières du salon s'éteignirent; une lueur moins vive éclaira la chambre à coucher de la belle veuve. C'était le moment favorable pour la sérénade. Geronimo chanta sa sicilienne *sotto voce* et du ton le plus tendre, en s'accompagnant à la sourdine. Rien ne bougea dans la maison. Notre abbé, un peu déconcerté, répéta d'une voix plus forte le dernier couplet. A la fin, la fenêtre s'ouvrit :

— Ce n'est pas mal, dit Lidia, pour un chanteur des rues. De quelle part venez-vous, brave homme?

— De la part du seigneur Geronimo, dit le groom, voyant que son patron n'osait se faire connaître.

— Tu le remercieras de la bonne intention, reprit la dame. Voici un double carlin pour le chanteur, et autant pour toi, Antonietto. Dis à ton maître que j'ai compris le sens de ces paroles : *Pri un guardù iù murirò;* mais qu'il se rassure : ce regard échangé à Capô-di-Monte ne causera pas sa mort; je lui en donne ma parole.

La fenêtre se referma aussitôt, et tandis qu'Antonietto mettait avidement les deux pièces d'argent dans sa poche, Geronimo, triste et honteux, reprenait à pied le chemin de Naples sans regarder derrière lui. Son amour-propre blessé cherchait par quelle étrange erreur Lidia l'avait pu prendre pour un chanteur des rues. Il interrogea son groom à ce sujet, et, Antonietto lui ayant répondu que la *contessina* ne se connaissait pas en musique, il retrouva sa sérénité d'esprit accoutumée. Tous ces manéges duraient depuis deux mois approchant, lorsque Lidia écrivit à Geronimo pour lui annoncer qu'il pouvait enfin se présenter à elle et à sa famille. Sur une liste de personnes respectables que lui envoyait sa maîtresse, l'abbé trouva un chanoine de sa connaissance qui consentit à l'introduire dans la maison. Le jour fut choisi pour la première visite, et Geronimo se para, dès le matin, de son habit neuf. La discrétion ne lui paraissant plus de rigueur, il raconta ses projets et ses espérances au chanoine en le conduisant en fiacre à San-Giovanni-Teduccio. La calèche à un cheval s'arrêta devant la maison de Lidia. Antonietto tira de toutes ses forces le cordon de la sonnette et baissa le marche-pied. La servante vint ouvrir en faisant des sourires et des mines d'intelligence de bon augure. On traversa un vestibule pavé en mosaïque et orné de fresques en grisaille; par une porte entr'ouverte, on voyait dans la salle à manger les restes d'un déjeuner copieux; notre abbé observa que tout respirait l'aisance comfortable dans cette maison. La servante conduisit les visiteurs dans un petit jardin, au fond duquel étaient trois personnes assises à l'ombre d'un citronnier. C'étaient Lidia, son père le lampiste de

Tolède, et sa tante dame Filippa, grosse matrone chargée de colliers et de chaînes d'or, comme la mule du saint-sacrement. Geronimo perdit contenance devant cette assemblée de famille, malgré l'indulgence qui adoucissait les visages des parens et le plaisir qui animait les beaux yeux de la jeune veuve.

— Mes amis, dit le chanoine, l'embarras où vous voyez don Geronimo Troppi vient d'un cœur honnête et sincèrement touché qui mérite vos encouragemens et votre bonté. Le plus difficile est fait, puisque mon protégé a su plaire. Compère Michel, et vous dame Filippa, voilà ce que c'est que la jeunesse : on se rencontre, on se regarde et on s'aime. Tandis que vous répandiez les lumières sur vos contemporains en vendant des lampes Carcel, votre aimable fille lançait d'autres feux plus dangereux, et il se trouve un beau jour qu'elle est pourvue d'un second mari au moment où vous y pensiez le moins. L'église perdra un bon sujet; mais laissons cela, de peur d'augmenter encore la timidité de nos amoureux, et, pour les mettre à l'aise, causons, pendant un quart d'heure, de la pluie et du beau temps.

— Le temps est beau, dit Lidia impétueusement, et le sujet dont vous parlez nous plaît à tous, monsieur le chanoine. Mon père approuve mon choix. Avec beaucoup de gentillesse, vous avez su dire comment nous nous sommes aimés, en nous regardant, le seigneur Geronimo et moi; mais ne vous imaginez pas que je sois une tête folle et légère. Oh! je suis au contraire bien prudente. J'ai pris des informations sur votre protégé, en faisant jaser les commères; l'on m'a dit qu'il vivait sagement, qu'il ne dépensait rien au-delà de son revenu, qu'il n'était ni joueur ni mauvais sujet, et le seigneur Geronimo a confirmé ces rapports favorables en me parlant mariage dans sa première lettre. Alors j'ai passé en revue les cinq autres personnes qui m'honoraient de leurs recherches : deux de ces prétendans sont des dons *Limone*, plus amoureux d'eux-mêmes que de moi, le troisième un enjôleur de filles, incapable de faire un mari tranquille; le quatrième un joueur, qui tient les cartes du soir au matin et qui néglige toujours sa femme pour la *bazzica*; le cinquième, fort honnête homme d'ailleurs, est trop querelleur et trop fanfaron; son accent calabrais est cause qu'il n'a point réussi à me plaire, et puisqu'il ne me plaît point, je ne saurais l'épouser, n'est-il pas vrai? Ai-je manqué de prudence ou de sagesse en amusant ces adorateurs par des lenteurs et des discours inutiles? Que faut-il à une veuve pour se décider à un second mariage? Sentir de l'inclination pour une personne de bonnes mœurs et d'un heureux caractère. Ce sont les yeux de mon corps qui ont distingué le seigneur Geronimo; mais je l'ai aussi regardé avec ceux de ma raison, et j'ai vu ce que j'ai vu, car je suis bien fine, allez, monsieur le chanoine; et puis j'ai un père tendre et bon, qui ne veut que mon bonheur, et à présent, au lieu de parler du beau temps, le seigneur Geronimo va nous dire, à son tour, comment lui est venue cette passion, qu'il m'a déclarée dans les plus jolies lettres que jamais une plume ait écrites depuis qu'on écrit des lettres.

Pendant ce discours, prononcé avec une volubilité entraînante, notre abbé, ravi par des aveux si candides, sentit l'assurance lui revenir. Sa langue se délia, et il répondit avec la même vivacité :

— Et moi aussi, divine *signorina*, dit-il, et moi aussi j'ai fait usage des yeux de ma raison, malgré le bandeau de l'amour dont parlent les poètes. Ce n'est pas seulement pour votre incomparable beauté, vos graces enchanteresses et tous les trésors de votre divine personne que mon cœur s'est enflammé; c'est pour vos mérites, votre sagesse, votre esprit, vos vertus, car j'ai tout examiné, tout pesé avec soin. Je possède un coup d'œil pénétrant...

Il n'en put dire davantage, le bon Geronimo. Dès les premiers mots qu'il prononça, le visage de la belle Lidia changea soudain de couleur et passa tour à tour du rouge au blanc et du blanc au rouge. Dans la physionomie mobile de la jeune Napolitaine, le plaisir et l'effusion de la tendresse firent place au désappointement le plus complet. Bientôt ce désappointement devint comme une espèce de désespoir; Lidia, prenant sa tête dans ses deux mains, interrompit l'orateur.

— *Ahi!* s'écria-t-elle, il est Biscéliais!

— Sans doute, reprit Geronimo en pâlissant, je suis Biscéliais, ne le savez-vous pas, puisque vous avez pris des informations sur moi?

— Je devrais le savoir, répondit Lidia en se frappant le front à grands coups de poing. J'aurais dû penser à cela. *Cagna della Madona!* Bête que je suis! hélas! Dieu bon, il est Biscéliais! Tout tourne dans ma tête! Biscéliais, comme don Pancrace! Ah! dans quel piège suis-je tombée, sainte Vierge! Il n'y faut plus songer. Seigneur Geronimo, je vous rends votre parole. Foi d'honnête femme, je vous aimais de tout mon cœur; mais je n'avais pas entendu votre voix, et jamais je n'épouserai un jeune homme qui parle comme don Pancrace. Oh! non, cela est impossible; n'y pensons plus.

— Mais, signorina, reprit l'abbé; donnez-vous au moins le temps de me connaître mieux. Vos oreilles s'accoutumeront à mon accent, et je le perdrai peu à peu en causant avec vous.

— Le seigneur Geronimo a raison, dit le père. Ce préjugé contre les Biscéliais n'est pas raisonnable, ma fille, et tu auras le loisir d'apprendre à ton mari à prononcer purement le napolitain.

— Cela est évident, dit la tante Filippa. Refuser un jeune homme de bonne famille à cause de l'accent de Bisceglia, ce serait une folie.

— Et ma tendresse pour lui, répondit Lidia, reviendra-t-elle à mesure qu'il perdra son accent? Pouvez-vous m'assurer que la Madone fera ce miracle?

— Ainsi, dit Geronimo d'un ton plaintif, vous ne voulez même plus me voir?

— Tenez, s'écria la jeune veuve, ne croirait-on pas entendre le Pangrazio Biscegliese de San-Carlino! Seigneur Geronimo, je consens à vous revoir tant que vous voudrez; mais, je vous en avertis, ce n'est plus sur le pied d'un fiancé. Tâchez de m'accoutumer à votre accent. Venez ici comme un ami et même comme un sixième aspirant à ma main. Le successeur du pauvre Matteo, mon premier époux, n'est pas encore choisi; voilà tout, et je vous le déclare, afin que vous n'alliez point vous bercer d'illusions chimériques; à présent, parlons de la pluie et du beau temps, je vous en prie.

Le compère Michel, dame Filippa et le chanoine eurent beau chapitrer la belle veuve; notre abbé eut beau passer du larmoyant au pathétique : Lidia demeura inébranlable.

— N'insistez pas davantage, dit-elle, seigneur Geronimo, car je sens l'envie de rire qui me prend, et, malgré mon trouble, mes regrets et la pitié que vous m'inspirez, je vais éclater tout à l'heure si vous continuez à déclamer ainsi. C'est grand dommage, j'en conviens, de rompre un mariage bien assorti pour un motif aussi frivole en apparence; mais il n'y a point de remède. Si j'épousais un Biscélais, je croirais avoir toute ma vie don Pancrace à mes côtés. La tendresse, le respect et les égards qu'on doit à un époux ne s'arrangent point avec une pareille idée. Croyez-moi, parlons de la pluie et du beau temps. Soyons bons amis, et ne pensons plus à des projets qui me sont déjà sortis de la tête.

Le chanoine rompit les chiens en feignant d'admirer les fleurs du jardin. Lidia se mit aussitôt à causer gaiement avec une si parfaite liberté d'esprit, un dégagement si visible de toute arrière-pensée, que Geronimo eut enfin la mesure de son malheur. Il n'essaya pas de se mêler à la conversation, et le chanoine, voyant de grosses larmes rouler dans ses yeux, lui fit signe de prendre son chapeau et de battre en retraite. On échangea des phrases de politesse, où l'honneur de connaître M. l'abbé, le plaisir qu'on aurait à le recevoir, furent comme autant de coups de poignard pour le pauvre Geronimo. Il n'osa qu'à peine ouvrir la bouche pour murmurer un adieu plaintif, de peur de trahir encore son fatal accent de Bisceglia. On le reconduisit jusqu'à la porte. Le père lui conseilla d'espérer, dame Filippa lui fit des signes d'encouragement, et Lidia lui donna la main d'un air amical, en répétant que c'était grand dommage, mais qu'il ne fallait plus penser à des projets absolument rompus; puis la porte s'ouvrit, Antonietto fit avancer le fiacre, le cocher fouetta ses chevaux, et Geronimo, donnant un libre cours à sa douleur, se mit à pleurer comme un enfant.

— Calmez-vous, mon ami, lui dit le chanoine. Offrez vos chagrins à Dieu et rentrez avec résignation dans le giron de l'église. C'est une

bonne, mère qui vous consolera. Il n'est pas inutile au prêtre d'avoir
connu les passions et l'adversité. Cette expérience vous servira plus
tard. Étant malheureux de bonne heure, vous deviendrez avant l'âge
un philosophe chrétien. Il n'y a rien de plus beau qu'un jeune homme
ayant reconnu le néant des affections terrestres et méprisant les faiblesses de la pauvre humanité.

— Vous croyez donc, dit Geronimo, que tout espoir est perdu ?

— Espérer encore, répondit le chanoine, ce serait une révolte coupable contre la volonté du ciel.

— Vous en parlez à votre 'aise, reprit le jeune abbé. Je suis amoureux
fou, entendez-vous bien ? Je ne renoncerai pas ainsi au bonheur. Je saurai me défaire de l'accent de ma ville natale et reconquérir le cœur de
mon adorable Lidia; puisqu'elle m'a aimé durant deux mois entiers
sans me voir, elle peut m'aimer encore, et je n'épargnerai rien pour
réveiller cette tendresse qui m'était plus chère que la vie.

— Ce que je craignais va donc arriver, dit le chanoine en soupirant;
vous grossirez le nombre des abbés extravagans. Je n'ai plus qu'un avis
à vous donner : quittez cet habit et renoncez à votre bénéfice, mon
enfant.

— J'y songerai, monsieur, répondit Geronimo.

Pour éviter un sujet de conversation qui ne lui plaisait point, notre
abbé cacha son visage dans son mouchoir et ne souffla mot jusqu'à
Naples. Aussitôt qu'il eut reconduit le chanoine à son église, il congédia le fiacre et s'enfonça dans les petites rues de la ville. Le hasard
le dirigea vers le môle, où trois groupes de pêcheurs et de douaniers
écoutaient les *rinaldi* récitant avec de grands éclats de voix les vers
du Tasse et de l'Arioste. Un de ces narrateurs, qui déclamait assez mal
n'avait pour auditoire qu'une demi-douzaine d'enfans. Il en était au
seizième chant de la *Jérusalem*, lorsque le chevalier Renaud oublie ses
devoirs dans les délices du palais d'Armide, et, selon l'usage, le *rinaldo*
s'arrêta pour faire la collecte en déclarant que les offrandes de la très
honorable compagnie étaient nécessaires pour délivrer le preux chevalier des liens de l'enchanteresse. Geronimo frappa sur l'épaule de
l'orateur et lui glissa dans la main une pièce de vingt *grani*, en lui
disant à l'oreille :

— Voici pour vos frais. Ces jeunes gens n'ont point d'argent. An-
noncez-leur que je paie pour eux et que je leur réciterai moi-même la
fin du morceau.

La proposition fut accueillie avec enthousiasme par les six gamins,
et, lorsque Geronimo monta sur la pierre qui servait de tribune, trois
salves d'applaudissemens attestèrent la satisfaction du public.

— Si ces drôles, pensait l'abbé, ne remarquent point mon accent de
Bisceglia, je connaîtrai par là que Lidia s'est servie d'un prétexte pour

me manquer de foi, et j'arracherai de mon cœur un amour dont elle
n'est plus digne.

Geronimo étendit la main d'un air tout-à-fait majestueux et débita
la trentième stance d'une voix haute et vibrante :

> Egli al lucido scudo il guardo gira....

Il n'était pas arrivé au huitième vers que déjà les gamins se regardaient en souriant. Les mots de biscéliais, de Pancrace, de comédien
de San-Carlino circulaient de bouche en bouche. Un vieux matelot,
assis dans un coin, s'écria :

— N'avez-vous pas de honte d'écouter braire ce *ciuccio biscegliese*,
et de l'encourager à estropier les vers du Tasse?

Un éclat de rire général interrompit l'orateur au milieu du discours
d'Ubaldo. L'abbé descendit de la tribune et prit la fuite. On le poursuivit jusqu'au bout du môle en criant : Au Pancrace, à l'âne biscéliais!
Geronimo, rentré chez lui, appela son groom :

— Petit malheureux, lui dit-il avec fureur, je ne sais à quoi tient que
je ne t'assomme. Si tu m'avais averti de mon accent biscéliais, mon
mariage ne serait point manqué.

— Quel accent? répondit Antonietto. Je ne l'ai pas remarqué, excellence.

— Tu trouves donc que je prononce purement le napolitain?

— Excellence, comme les vieux commissionnaires de la place du
Castello.

— Écoute, mon ami, ne cherche plus à me déguiser la triste vérité.
Il m'importe de la connaître. Voici un demi-carlin que je te donnerai, si
tu me dis sans détour ce que tu penses de ma prononciation.

— Puisque votre seigneurie l'exige et que ma franchise peut lui être
utile, je lui avouerai donc qu'en l'écoutant, les yeux fermés, on jurerait
qu'elle porte une perruque rousse avec une queue, un gilet en tapisserie et une culotte courte, comme un certain personnage de comédie...
mais en ouvrant les yeux, quel contraste! ô surprise! on voit un prince
plus beau que le soleil. Telle est la vérité sans déguisement.

Antonietto étendait déjà le bras pour saisir le demi-carlin déposé sur
la table; mais l'abbé s'empara de la pièce de cuivre, la remit dans sa
poche, et tirant le groom par l'oreille :

— Traître! s'écria-t-il, tu me flattes encore! Je retire la récompense
que tu ne mérites point. Tu n'es et ne seras jamais qu'un *guaglione*.

Geronimo ne pouvait plus se le dissimuler. Depuis trois mois qu'il
habitait Naples, il y jouait, à son insu, un personnage ridicule, et donnait le divertissement à tous ceux qu'il fréquentait. Aussitôt sa mémoire lui rappela des sourires, des chuchottemens ironiques, des plai-

santeries obscures, dont le sens caché se révélait aujourd'hui tout à coup. Il découvrait qu'on l'avait cent fois berné sans qu'il en eût le soupçon; à chaque trait de lumière qui pénétrait dans son esprit, un trait plus cruel et plus profond lui perçait le cœur. Tantôt ces blessures le faisaient bondir comme un cerf, et il courait dans la chambre, tantôt son orgueil écrasé ne lui laissait plus de forces, et il tombait anéanti dans son fauteuil, les bras pendans, le menton plongé dans les plis de son jabot. Un fantôme moqueur se dressait devant lui, et prenait tous les visages de ses amis et connaissances, les uns après les autres; mais, quand ce fantôme se montra sous la figure adorée de sa belle Lidia, il ne put supporter cette vision, et il s'enfuit comme un échappé d'Aversa à travers les rues du vieux Naples. Il arriva ainsi à Sainte-Marie-del-Carmine. La vue des lieux où pour la première fois il avait rencontré celle qui causait sa misère lui porta un nouveau coup. Il entra dans l'église pour contempler la place où Lidia avait écouté si gentiment le sermon du prédicateur; en se traînant le long des marbres bizarres qui ornent cette église, il trébucha contre un siége, et tomba, éperdu de douleur, sur la simple pierre où, depuis six cents ans, le jeune et infortuné Conradin, décapité par ordre de Charles d'Anjou, attend encore un vengeur.

IV.

Quoique sa chute fût le résultat d'un accident, le bon Geronimo éprouva une sorte de jouissance à la considérer comme l'effet de son désespoir. Au lieu de se relever, il demeura étendu à terre, et poussa des soupirs à fendre le tombeau du dernier prince de la maison de Souabe.

— O Conradin, dit-il en gémissant, n'est-il pas affreux qu'un mortel en soit réduit à envier ton triste sort? C'est pourtant ce qui m'arrive. Oui, je voudrais périr, comme toi, sur un échafaud. Je bénirais la hache qui me délivrerait de mon amour et de mes tourmens. Je porte en moi le bourreau de mon ame, et la barbarie de Charles d'Anjou ne supporte pas la comparaison avec la cruauté de mon ingrate maîtresse.

Une voix claire et singulièrement joviale interrompit cette lamentation :

— Eh! seigneur Troppi, dit cette voix, que faites-vous donc là? Il n'est plus temps de vous comparer au neveu de Mainfroi. Laissez-le dormir là-dessous, et pensons à quelque chose de gai. Une Lidia vous a donné du chagrin, une Luigia vous consolera. Ce serait joli si à vingt ans, avec la mine que vous avez et dans une ville comme Naples,

on mourait d'amour pour une maîtresse ingrate. Allons, prenez ma
main, et relevez-vous.

Celui qui parlait ainsi était le clerc de notaire Marco, l'ennemi
juré de la mélancolie. Sur sa large tête en forme de gourde, au fond
de ses petits yeux injectés de sang et dans sa bouche fendue jusqu'aux
oreilles, on ne voyait que la bonne humeur soutenue par des appétits
robustes.

— Venez avec moi, poursuivit Marco en soulevant l'abbé comme
un enfant. Je vous remettrai le cœur avec un verre de bon vin.

— C'est de la ciguë ou de l'opium qu'il me faut, murmura Geronimo.

— Bah! reprit le clerc, nous verrons bien tout à l'heure si vous
penserez encore à la mort.

Don Marco conduisit l'abbé à son logis, situé au marché aux poissons. Il tira d'un petit placard trois flasques entamées.

— Gageons, dit-il, que je vous démontre par A plus B comme quoi
chacun de ces flacons est de circonstance dans les terribles conjonctures où vous voilà. Celui-ci, par exemple, porte assurément le nom
le plus douloureux du monde : c'est du lacryma christi. Vous n'oserez
pas soutenir que vos pleurs surpassent en amertume ceux de notre
divin Sauveur. Avalez-moi ce verre d'un seul trait, pour rendre hommage aux peines du fils de la madone et vous humilier devant lui.

Geronimo but le vin et le trouva excellent.

— Et celui-ci! reprit Marco, vous allez voir s'il se présente à propos.
Que fait un amant au désespoir? Il s'enfuit loin de son inhumaine; il
quitte sa patrie; mais vous ne pouvez point sortir du royaume sans
permission, à moins de perdre votre bénéfice. Où irez-vous alors? En
Sicile? Eh bien! videz ce verre de Marsala. C'est le vin du seul pays où
vous puissiez traîner votre cœur éclopé. Ce raisonnement étant victorieux, nunc est bibendum. Quant à cette flasque au col mince et élancé,
poursuivit Marco en ouvrant la troisième bouteille, c'est pour vous que
le bon Dieu l'a mise au monde. Elle contient de la moscatelle de Syra-
cuse, ce nectar délicieux qui adoucirait les mœurs d'un Carthaginois.
Jamais rien de plus suave ne sortit des cruches que penchait Hébé
entre ses mains délicates. Goûtez la fine moscatelle, seigneur Troppi,
et, si les crêpes noirs dont votre imagination est tendue ne se changent
pas en gazes plus roses que le châle de l'aurore, je vous tiens pour un
homme bien malade. Nous jugerons ainsi la profondeur de votre blessure.

Les trois verres de vin étant avalés, le clerc Marco frappa sur l'é-
paule de l'abbé.

— Jeune homme, dit-il, allons droit au fait, et prenons le diable par
les cornes. Vous êtes au désespoir? Très bien!.. Vous appelez la mort

à votre aide? A merveille! mais pourquoi? Vous n'y avez pas songé.
C'est parce que vous croyez que votre ingrate est la plus belle, la plus
aimable des femmes; et que jamais vous ne retrouverez un trésor qui
la vaille. Or, c'est une erreur que vous partagez avec tous les amans
maltraités. Il n'y en a pas un qui, dans un temps plus ou moins long,
ne reconnaisse la susdite erreur. Si donc on vous obligeait à la reconnaître sans attendre ce délai fâcheux, ne serait-ce pas autant de gagné? Cherchez; examinez, regardez, furetez, vous verrez que le monde
est tout plein de femmes belles, bonnes et aimables; et quand vous
aurez vu cela, vous serez consolé, vous vous marierez, et vous me ferez
un cadeau de noce.

— Hélas! mon cher Marco, répondit l'abbé, je sais bien qu'il y a
d'autres femmes bonnes et belles; mais Lidia, seule existe pour moi.
Lidia ne m'aime point, et c'est pourquoi je veux mourir.

— Quelle diable de raison est cela! reprit Marco. Chacun a ses goûts
et ses penchans. Vous êtes amoureux; moi j'aime le vin. Je rends justice à tous les bons crûs. Le marsala me plaît; la moscatelle m'enchante;
voit-on que je sois indifférent au lacryma christi? Point du tout. Si
vous regardiez, le matin, ces escadrons de jolis visages qui entrent
dans les églises et qui vont déposer le fardeau léger de leur conscience
dans l'armoire aux péchés, vous seriez étonné des richesses et de la
variété de tant de jeunes appas. Faites donc comme moi, et dites-vous:
« Lidia est belle; mais voici bien d'autres femmes qu'on lui peut comparer. Il serait barbare de les mépriser, parce qu'une ingrate me dédaigne ou me trompe. » C'est alors que vous serez raisonnable dans
vos goûts et penchans.

— Il ne s'agit point de goûts et de penchans, s'écria Geronimo. Il
s'agit d'une passion malheureuse, dont je confesse la folie, mais que
je ne puis surmonter, qui m'assassine et m'inspire cette envie de
mourir. Au lieu de me prêcher inutilement, dites-moi plutôt par quel
moyen je pourrais me débarrasser d'une vie insupportable, sans offenser le ciel; car je ne voudrais point perdre mon ame avec mon corps.

Un éclair de malice sortit des yeux rouges du clerc de notaire.

— C'est différent, seigneur. Troppi, dit-il, je déteste les esprits tra-
cassiers. Je n'insiste plus. Débarrassez-vous de la vie. Je n'ai pas qualité pour vous suggérer l'échappatoire que vous souhaitez; mais je vous
adresserai à bonne enseigne. N'allez point demander une pareille consultation à des ignorans ou à des jansénistes. Un de mes amis qui
n'est pas d'église, mais plus savant qu'un archi-prêtre, et qui a écrit
sur les cas de conscience, vous indiquera le droit chemin. Attendez
que je vous donne une lettre pour l'illustrissime docteur Jean Fabro.

Le clerc prit la plume; et il écrivit le billet suivant :

« Docteur Jean, je t'envoie un petit Biscéliais, qui voudrait mourir

d'amour et de désespoir, sans aller en enfer. Il est riche, à moitié fou,
et un peu simple. Fais-lui une histoire et une consultation. Cent
piastres offertes à la madone pour racheter un crime qu'assurément il
ne commettra point seront à partager entre nous deux. Ne va pas lui
accorder à moins la permission de se tuer. C'est un prix modéré qu'il
paiera si tu sais flatter sa passion, en feignant de paraître convaincu
de son désespoir. »

— Avec les avis du docteur Jean, dit Marco en pliant le billet, vous
irez en paradis à l'heure qu'il vous plaira de choisir.

Geronimo remercia son ami, prit le billet et se rendit sur l'heure
chez l'illustrissime docteur Jean, qui demeurait à Saint-Dominique-
Majeur. Un long bout de ficelle, pendu à la muraille au fond d'une
cour, descendait du haut des combles jusqu'à un petit écriteau sur
lequel on lisait le nom de ce savant personnage. Geronimo tira la
ficelle; une lucarne s'ouvrit tout en haut de la maison, et une figure
basanée, surmontée d'une forêt de cheveux crépus, se présenta en
manches de chemise et débraillée dans le cadre de la lucarne. Après
un court dialogue par la fenêtre, et pendant lequel les deux interlocuteurs crièrent à tue-tête, l'abbé monta lentement au quatrième
étage, sans songer que ce Fabro avait une plaisante mine pour un
docteur. Deux grandes cornes de bœuf, plantées dans le mur au-dessus
de la porte, préservaient de la *jettatura* le savant et les visiteurs. Des
cartons et quelques gros livres posés sur une planche, une malle tenant lieu d'armoire, deux escabeaux, une grande table chargée de
papiers, d'assiettes, d'une casserole et d'un encrier, un méchant lit
dont le désordre attestait que le docteur n'avait point de ménagère,
tel était le mobilier philosophique de Jean Fabro. Avec son visage
aquilin, sa poitrine velue et sa chemise entr'ouverte, l'illustrissime
ressemblait plutôt à un brigand qu'à un jurisconsulte; mais il ne lut
pas moins attentivement pour cela le billet du clerc de notaire, et,
prenant un air doux et compatissant :

— Que de jeunes et beaux hommes, dit-il, s'en vont ainsi, emportés
par de fatales passions, comme des feuilles légères dispersées par l'a-
quilon furieux! Vous pâtissez, mon ami; on le voit à votre visage, à
vos yeux éteints : vous êtes malheureux!

— Plus que je ne puis le dire, répondit Geronimo en essuyant une
larme.

— Mais d'abord avez-vous suffisamment réfléchi à votre funeste
envie de mourir?

— Ne nous écartons pas du sujet de la consultation, dit l'abbé.
Pouvez-vous m'indiquer un moyen de fuir cette vallée de misères sans
perdre mon ame! Si vous le pouvez, vendez-moi ce secret; je vous en
paierai le prix, et je ferai ensuite usage de la recette quand il me plaira,

car je prétends en mourant prendre les mesures nécessaires pour laisser des regrets à l'injuste Lidia.

— L'expédient que je vous fournirai, reprit le docteur, est infaillible. Ce n'est point dans saint Augustin, ni saint Chrysostôme, ni saint Ambroise que nous le puiserons. Ces vieux pères de l'église manquaient de souplesse dans l'esprit. Les casuistes espagnols sont gens de ressource, et nous irons à eux. Or, ils disent qu'en certains cas il est permis de hâter une mort certaine et douloureuse pour en abréger les tourmens; ils établissent en outre une importante nuance entre se tuer et se laisser mourir. Si donc vous sentez que votre douleur est sans remède, et qu'elle vous consumera tôt ou tard, vous êtes sans reproche en courant plus vite au terme de vos maux : il ne faut user ni du fer, ni de l'eau, ni du feu, ni du poison; mais il n'est point défendu de se faire saigner par un chirurgien. Ce n'est pas un crime que de dénouer ensuite sa ligature, comme un petit accident le pourrait faire, et votre sang, qui se répandra de lui-même, sans que vous ayez tourné aucune arme contre vous, entraînera votre ame innocente, qui s'envolera naturellement aux cieux. Une offrande pieuse et considérable à l'église témoignera que vous n'avez nul dessein criminel ou impie, et pour cent piastres à colonnes seulement, je me charge de vous procurer un confesseur et l'absolution. Vous lui remettrez la somme d'avance, et vous serez libre ensuite de choisir l'heure et le lieu de façon à pénétrer votre ingrate d'un repentir déchirant pour le reste de ses jours.

— Cet expédient me paraît admirable, dit l'abbé : tout y est prévu; je ne vois point par quel endroit il pourrait pécher. Acceptez cette piastre à titre d'honoraires, mon cher docteur, et, quand j'aurai fixé l'instant de ma mort, je suivrai scrupuleusement vos avis.

Tout simple qu'il était, le bon Geronimo avait sa petite part d'astuce; tous les Italiens sont nés diplomates. En ruminant son cas de conscience, il se demanda de quelle utilité lui serait un intermédiaire comme Jean Fabro, et si le premier confesseur venu refuserait jamais une absolution au prix énorme de cent piastres fortes. Il y avait d'ailleurs imprudence à donner d'avance une si grosse somme : le désespoir peut s'amender au moment suprême; on a vu des gens résolus à mourir se manquer et revenir à la vie. La madone ne rendrait pas l'argent une fois payé. Le plus sage était donc de laisser les cent piastres à l'église par testament, d'exécuter ensuite le fatal projet, et d'appeler un confesseur avant de franchir le dernier pas. Ce fut à ce dessein mûrement pesé que s'arrêta le pauvre abbé. Quelques jours de délai lui donnèrent la certitude qu'il ne pouvait vivre sans sa Lidia. Un matin, il se fit saigner au bras gauche par son barbier, en prétextant des maux de tête, et, après avoir déposé son testament en main sûre, il se rendit en fiacre à Saint-Jean-Teduccio, accompagné d'Antonietto, qui chantait derrière la voiture sans se douter que son maître marchait à ta mort au grand trot. A vingt pas de la maison de Lidia, le cocher arrêta ses chevaux, comme il en avait reçu l'ordre en partant. La mine éveillée du petit groom se posa sur le bord de la portière :

— Que désire votre excellence? dit le gamin.

— Tu vas sonner, répondit l'abbé, à la porte de la divine Lidia. La servante viendra ouvrir. Tu te jetteras la face contre terre en poussant des cris lamentables, et tu lui diras ces mots : « Appelez vite la signora, qu'elle ne tarde pas, mon patron est là, mourant dans un fiacre. Il n'a pas cinq minutes à vivre, et demande à dire à votre maîtresse un éternel adieu. » Aussitôt que la signora se sera précipitée, tout en pleurs, hors de la maison, tu l'amèneras ici, et tu courras à l'église chercher un prêtre.

Antonietto, persuadé que son maître se préparait à jouer la comédie, fit un clignement d'yeux de malice et de connivence. Il se dirigea vers la maison, et revint ensuite au fiacre :

— Excellence, dit-il, si la contessine s'informe de quoi se meurt mon infortuné patron, lui répondrai-je en pleurant que c'est d'amour et de douleur?

— Non, tu lui diras qu'on m'a saigné au bras, que j'ai arraché ma ligature et que je suis baigné dans mon sang.

— Très bien, excellence.

Lorsque l'abbé eut entendu le coup de sonnette de son groom, les cris plaintifs, les sons de voix lamentables, les paroles entrecoupées, et toute l'exposition de la comédie jouée par Antonietto avec un véritable talent, il ôta son habit, releva la manche de sa chemise et porta la main à sa ligature :

— Un moment! pensa-t-il, si Lidia n'était pas au logis, ma mort ne produirait point d'effet.

Et il attendit, la tête à la portière; mais, quand la belle veuve parut à la fenêtre pour demander la cause de ces cris, Geronimo dénoua lentement et d'une main tremblante la longue bande de toile qui lui serrait le bras. En voyant la compresse tachée de sang tomber sur ses genoux, il recommanda son âme à Dieu. Un nuage passa devant ses yeux, un bruit semblable à celui de la mer bourdonna dans ses oreilles; la pâleur de la mort se répandit sur son visage; il pencha sa tête sur son épaule, comme le beau Narcisse, et s'évanouit.

PAUL DE MUSSET.

(La seconde partie au prochain n°.)

CHRONIQUE DE LA QUINZAINE.

31 décembre 1850.

Nous voici malheureusement une fois encore sous le coup d'une crise constitutionnelle. Il est pénible de le dire, et nous ne le disons qu'avec le plus profond regret, la bonne intelligence, qui semblait avoir uni depuis quelque temps les pouvoirs publics se trouve subitement rompue. L'assemblée législative s'est ajournée lundi au 2 janvier, après une séance durant laquelle on attendait d'instant en instant un orage qui n'est pas venu, qui ne viendra peut-être pas, mais qu'il dépend néanmoins d'un hasard ou d'un entêtement de susciter à la plus prochaine rencontre. Il y avait, sur tous les bancs de l'assemblée, cette sourde anxiété qui présage les momens difficiles; cette anxiété passe maintenant et circule au dehors, et l'année s'ouvre ainsi au milieu d'appréhensions qui nous rappellent cruellement que c'est déjà la quatrième qui commence dans cette ère d'épreuves où nous sommes.

Le répit qu'auront procuré par bonheur les courtes vacances parlementaires permettra sans doute à l'esprit de conciliation et de prudence de s'interposer plus efficacement, et, nous voulons encore l'espérer, de s'interposer en temps utile. C'est d'ailleurs un des plus ordinaires spectacles de la scène politique de voir les choses tomber d'elles-mêmes, pour peu qu'on ne tienne pas à les ramasser. Or, dans le cas présent, ce n'est point au gouvernement à provoquer une explosion dont il est plus à même que personne de calculer tous les tristes résultats; quant à ceux qui se montrent si étrangement pressés de rentrer, pour lui faire pièce, dans le jeu périlleux des conflits, ceux-là ne sont plus, assure-t-on, que des victorieux dans l'embarras qui ne demandent pas du tout qu'on parle de leur victoire, parce que, si l'on en parlait, ils seraient bientôt obligés d'avouer que leur victoire ne vaut pas le prix qu'ils la paient. Nous cherchons ainsi à nous rassurer de notre mieux contre les éventualités menaçantes qui pourraient sortir de la situation nouvelle que nous ont amenée les derniers jours de décembre. Nous souhaitons que ce duel trop répété du pouvoir parlementaire avec le pouvoir exécutif n'ait pas tôt ou tard de plus funestes conséquences; mais il y en a pourtant qui se produisent déjà, qui sont acquises à la charge des auteurs de cette bagarre systématique, et qu'il ne nous reste plus qu'à déplorer : c'est la joie bien fondée que le parti révolutionnaire manifeste en aidant, par ses inspirations et ses suffrages, de prétendus amis de l'ordre à paralyser, à dissoudre les seuls élémens d'ordre régulier qui subsistent encore; c'est aussi le dégoût croissant de l'opinion pour un pareil usage des institutions libres, et ce qui nous touche le plus, ce qui nous frappe le plus douloureusement, ce dégoût trop motivé finit par s'en prendre aux institutions elles-mêmes.

Par où donc la guerre est-elle arrivée, quand on se croyait encore partout à la paix? Une singulière coïncidence avait justement voulu qu'à la veille même de ces hostilités nouvelles, que nous nous réservons le droit d'apprécier, une fête donnée par M. le président de l'assemblée nationale réunit autour du président de la république l'élite du parlement. Comme si M. Louis Bonaparte eût eu le pressentiment de la bourrasque qui s'apprêtait, il avait osé porter un toast à la concorde des pouvoirs publics; il avait exprimé le vœu que « leur union se continuât dans le calme, comme elle s'était formée pendant la tempête. » On n'apercevait pourtant encore à l'horizon aucun des nuages qu'on pouvait croire au contraire dissipés depuis la déclaration solennelle du 11 novembre, et qui s'annoncent aujourd'hui derechef, comme s'ils allaient tous reparaître. A peine un incident très médiocrement tragique avait-il laissé entrevoir aux hôtes du Palais-Bourbon que l'amphitryon s'était dispensé d'avoir à sa table officielle tous les invités de rigueur; on avait pu seulement conjecturer que M. Dupin s'intéressait assez vivement à l'officier judiciaire compromis par excès de zèle à son service pour garder rancune au supérieur hiérarchique qui n'avait point été sensible à ce zèle excessif.

Après tout, ce n'était là qu'une grimace de salon qui n'impliquait pas nécessairement un éclat politique. On eût dit au contraire que le monde politique se préoccupait plus que jamais d'éviter les éclats. Les différens comités parlementaires avaient mis des sourdines à leurs démonstrations. Celui de la rue de Rivoli s'était désisté de ses plus grandes ardeurs pour le rétablissement du suffrage universel, et tout le mouvement que se sont donné les exagérés du parti légitimiste, le succès même qu'ils ont semblé d'abord obtenir en attirant à eux des hommes d'habitudes plus réservées et plus sérieuses, tout cela n'avait pas empêché que le comité s'engageât à repousser, conformément au rapport de M. Jules de Lasteyrie, la proposition d'ailleurs très bénigne par laquelle M. Victor Lefranc remettait en question la loi du 31 mai. Sait-on maintenant ce qu'il en sera? A la place des Pyramides, on avait très sagement, et dans une intention fort transparente, déclaré pour soi-même, et un peu pour qu'on le répétât, que l'on ferait trève à la politique proprement dite, et qu'on embrasserait par choix des études d'ordre plus positif. C'était professer à l'adresse de qui de droit qu'on entendait de ce côté répondre purement et simplement à l'appel du 11 novembre, en entrant de bonne foi dans les conditions de l'armistice offert par le message. Une troisième réunion, formée sous d'illustres auspices, avait passé durant quelques jours pour le centre futur de ces combinaisons à grande portée dont la réunion des Pyramides se déclarait

lasse.' C'était là que devait revivre la pensée de la fusion; c'était là qu'on devait
· rêver à loisir aux moyens de *fusionner*, sans qu'ils s'en doutassent, deux partis
qui ne se rapprochent jamais que pour rompre, parce qu'ils rompent aussitôt
qu'ils sont assez rapprochés pour se regarder en'face.' Par cette raison et par
d'autres, cette réunion était devenue tout de suite un rendez-vous d'élite où la
foule n'abondait pas. Le bruit courut cependant qu'on faisait là quelque chose,
qu'on y voulait aborder ce qu'on nomme la politique d'action; mais aussitôt le
· bruit fut démenti par les assurances, certes, les plus sincères, et l'on protesta
en toute vérité qu'on ne faisait rien.

' Nous nous arrêtons avec une certaine complaisance sur ces bons antécédens,
qui ne datent que d'hier, pour que l'inconséquence, et si le mot n'était pas
trop léger dans une occasion aussi grave, pour que l'étourderie du revirement
· actuel en ressorte davantage. Ce revirement s'explique sans doute; il s'explique
par la faute d'une situation générale intrinsèquement mauvaise, dont tout le
monde subit les inconvéniens, dont le vice envenime des circonstances qui seraient autrement insignifiantes. Il s'explique plus particulièrement par les torts
· des humeurs personnelles qui débordent à l'aventure et multiplient les difficultés durables pour se procurer des satisfactions trop souvent mesquines et
toujours éphémères; il s'explique enfin par la tactique cent fois regrettable que
· nous reprochons ouvertement à toute une fraction de l'assemblée, puisque les
hommes raisonnables et consciencieux du parti légitimiste ne prévalent plus
contre l'effervescence des brouillons. Telles sont les causes qui ont produit une
rupture presque flagrante au sein de l'état, et il faut passer pour ainsi dire en
· revue les épisodes de cette funeste querelle pour imaginer comment d'accidens en accidens elle a pu s'aigrir si fort. Probablement il y a eu d'abord
du hasard, puis les ressentimens et les calculs s'en sont mêlés; et les esprits
une fois lancés dans ces voies d'agression, ils y sont restés avec une opiniâtreté
d'autant plus tenace, que l'on a su leur persuader ou qu'ils ont feint de croire
que c'était le parlement qui était sur la défensive. On est ainsi revenu d'emblée aux soupçons et aux alarmes de la commission de permanence : l'heureux
effet du message n'aura pas duré deux mois, et cependant on ne saurait dire
· équitablement que la trêve ait été violée par celui qui l'avait proposée. ·

' Le premier échec qui ait endommagé ces relations amicales, auxquelles on
pouvait se flatter de voir plus d'avenir, ç'a été le succès fort inattendu des interpellations de M. Pascal Duprat sur les loteries autorisées par le gouvernement. Un jeune représentant du parti conservateur se crut obligé de servir de
second à un montagnard si rigoriste, et le puritanisme de ses respectables traditions domestiques lui parut tout-à-fait de mise dans une alliance intime avec
la sévérité républicaine de M. Pascal Duprat. On est quelquefois si pressé de se
faire une importance plus personnelle que celle qu'on doit à son nom, que
l'on ne regarde pas assez aux nuances très diverses sous lesquelles on peut
réussir à paraître important. La nuance pouvait être ici mieux choisie. Quoi
qu'il en soit, l'assemblée, appelée à voter sur l'ordre du jour pur et simple, en
présence d'un ordre du jour motivé qui contenait une censure très directe du
gouvernement, commença par écarter le premier, ce qui semblait conclure au
second. La majorité n'avait certainement pas eu conscience d'elle-même en
· votant comme elle avait fait, puisqu'elle fut très visiblement déconcertée d'a-

vier donné ce beau triomphe à la montagne pour de si minces griefs. Il y eut là un moment encore à propos un sage besoin de conciliation. La majorité, un instant surprise, ne craignit pas de déserter la voie où elle s'engageait, et une situation blessante, par laquelle on avait l'air de la défier d'en sortir, lui donna le courage d'adopter, au lieu de cette malencontreuse censure, un ordre du jour motivé qui n'était, en d'autres termes, que l'ordre du jour pur et simple d'abord rejeté par ses suffrages.

La crise avait été dénouée presque en même temps qu'elle s'était produite; mais ces fausses situations, si peu qu'elles durent, laissent des traces qui sont des froissemens. Le ministre de l'intérieur, justement habitué à plus d'égards au sein de l'assemblée, avait supporté à grand'peine le rude traitement qu'on avait failli lui infliger; les susceptibilités parlementaires étaient, de leur côté, dans un certain éveil qui tournait au malaise. Il y a de ces impressions qu'on n'essaie pas même de justifier et qu'on subit; ces impressions sont peut-être même plus vives sur les hommes réunis en masse que sur les individus isolés. On s'en veut d'une démarche intempestive, on en veut un peu à qui en a été l'objet; on lui en veut même de l'effort ou du sacrifice qu'on s'est imposé pour la réparer. Il régnait sans doute quelque chose de ce vague mécontentement dans le gros de l'assemblée, et il ne manquait pas d'insinuations perfides pour l'entretenir, lorsqu'est arrivé le jugement du procès intenté à l'agent de police Allais.

Voilà certainement une pitoyable histoire, et si nous avons tant d'envie de nous tranquilliser sur les suites du conflit aujourd'hui pendant, c'est qu'il nous répugne d'admettre que de pareilles causes puissent aboutir à des effets si sérieux. Nous n'ignorons pas que ce temps-ci a le privilège désolant de grossir les infiniment petits; mais ce serait vraiment à rougir d'avance du mépris de la postérité, si les basses intrigues ou les sottes divagations des plus obscurs subalternes suffisaient à déranger tout le train de notre pauvre machine politique. Nous nous étions jusqu'ici épargné la tâche ingrate de raconter à nos lecteurs cette ridicule épopée de l'espionnage qui vient de se terminer devant la justice. Il faut bien en parler aujourd'hui, puisqu'elle menace de devenir tout le fond d'un grand débat constitutionnel. Malheureuse constitution qui peut être atteinte par des ricochets partis de si bas! On sait de reste à présent comment les agens préposés à la sûreté de l'assemblée nationale découvrirent, sans qu'il eût existé, un complot d'assassinat dirigé contre la personne de M. Dupin et contre celle du général Changarnier. Ni l'agent Allais, ni son chef, M. Yon, n'ont pu fournir les moindres indices à l'appui du rapport approuvé par l'un et composé par l'autre. Il a même fallu reconnaître que l'on avait mis dans ce rapport une bonne dose de fantasmagorie; — le mot n'a l'air d'être technique dans la langue de l'emploi. La fantasmagorie n'en a pas moins fait scandale, à l'époque où elle arrivait, au milieu des agitations confuses qui couvaient avant le 11 novembre.

La justice a cru qu'il fallait avoir raison de ce scandale et lui donner un châtiment par une procédure publique. Il est vrai que le danger avait disparu, dans le changement à vue de la situation; mais la situation va plus vite que la justice, et la justice, une fois saisie, a dû poursuivre. Allais a été accusé et jugé pour dénonciation calomnieuse. La défense consistait à soutenir qu'un rapport le police n'était pas obligé à autre chose; mais.le rapport ayant été répété devant un magistrat, la calomnie a repris autant de corps qu'il lui en fallait pour devenir passible de la pénalité légale: Malgré tout le respect dont on doit entourer le cours régulier de la justice, nous n'en regrettons pas moins qu'il ait semblé indispensable de produire ces niaises imaginations au grand jour d'une audience. Il n'y avait là rien à gagner pour personne. Ce procès touchait de si près à des intérêts et à des positions politiques, que la magistrature a vraiment eu trop de peine à le renfermer dans les proportions beaucoup plus étroites d'un intérêt purement judiciaire. Cette peine n'a même pas toujours été couronnée par le succès, et la politique a percé plus souvent qu'elle n'aurait dû, surtout dans le langage du parquet. Le parquet avait trop clairement une opinion faite et tranchée sur des points qui n'étaient pas au procès, et sur lesquels il eût été plus convenable et tout aussi utile à la cause du bon droit de ne pas s'ouvrir avec une façon si provoquante. Allais a été condamné, et il est resté démontré ce que le pourvoi déjà interjeté ne renversera guère, à savoir que M. Yon, le protecteur si mal récompensé d'Allais, était ou un très médiocre commissaire de police ou un trop mystérieux personnage. Ces deux qualités n'étant pas en rapport avec la mission de vigilance qui lui était confiée, M. Yon ne pouvait plus, dans la pensée du ministre de l'intérieur, remplir suffisamment auprès de l'assemblée nationale une tâche où il s'était déjà si compromis. Le ministre de l'intérieur a donc dû proposer au bureau de l'assemblée la révocation de M. Yon, son commissaire spécial. C'est là, c'est sur cette misérable pierre d'achoppement qu'allaient se heurter les deux pouvoirs qui gouvernent la France. On ne le croirait pas, si l'on ne se rendait compte de bien des circonstances de temps et de personnes.

L'assemblée est souveraine; elle a son armée, elle peut bien avoir sa police. Au point de vue de la doctrine, c'est un empiétement du législatif sur l'exécutif; au point de vue du fait et du moment, c'est un ordre de choses contre lequel nous n'avons pas la moindre objection, parce que, sincèrement animés comme nous le sommes de l'esprit parlementaire, nous voulons à tout prix que le parlement ne dépende que de lui-même, et nous le voyons sans scrupule armé de pouvoirs extraordinaires pour faire face à des rencontres qui ne le seraient peut-être pas moins. Le difficile est d'user de ces pouvoirs avec la discrétion qui les ménage, car c'est une tentation naturelle, mais dangereuse, de vouloir constamment employer toute la force qu'on a. L'assemblée, par exemple, ayant une police, il s'ensuit qu'il faut que cette police ait quelque chose à faire, et celle-ci, investie du droit de protéger une sécurité si indispensable, est malheureusement exposée à conclure que cette sécurité a toujours un ennemi quelque part.

On assure que M. Yon a été très utile et très dévoué dans l'échauffourée du 15 mai; nous n'en doutons pas, seulement nous avons lieu de croire que ses meilleurs titres ne remontent pas si loin. Ce dont on sait le plus de gré aux gens qui vous servent, c'est de deviner où leurs services vous seraient le plus agréables. La commission de permanence était si jalouse et si fière d'exercer sa tutelle provisoire, qu'il ne lui déplaisait pas de s'exagérer un peu les périls au milieu desquels elle remplissait ce devoir délicat. Assidu à prendre les ordres des vingt-cinq, M. Yon ne pouvait manquer de démêler et bientôt de partager ce besoin d'alarmes qu'ils éprouvaient. Il n'y a pas de sentiment plus contagieux que l'inquiétude, et elle s'accroît à mesure qu'elle se communique. Allais aura dépassé M. Yon, comme M. Yon avait sans doute dépassé M. Dupin. Nous sommes presque convaincus que M. Yon croyait beaucoup plus que M. Dupin lui-même à la réalité du complot dirigé contre l'honorable président, parce qu'à ses propres yeux il grandissait d'autant plus en qualité qu'il devenait plus évidemment le sauveur d'une existence si précieuse. M. Dupin, moins effrayé certainement pour la conservation de ses jours que ne l'était M. Yon, ne veut pas souffrir qu'un si fidèle agent porte aujourd'hui la peine de lui avoir témoigné trop de sollicitude. Le président de l'assemblée nationale a tout le droit possible de marquer, dans chacun de ses actes, l'originalité vigoureuse qui caractérise sa physionomie; cette originalité comporte des boutades de tous les genres. M. Yon est aujourd'hui le favori d'une de ces boutades, comme il en pourrait être demain la victime. M. Dupin veut que sa propre dignité, que celle de l'assemblée soit intéressée à couvrir un homme qui ne l'a lui-même, hélas! que trop couvert; il a été très irrité des apostrophes que le tribunal et le parquet n'ont pas ménagées à M. Yon; M. Dupin, en un mot, défend, dans cette occasion, les priviléges de l'assemblée avec le privilége de son humeur. Il n'y a qu'un tort dans cette vive défense, c'est qu'elle n'était pas nécessaire, parce qu'il n'y avait point d'attaque. Chargé de la direction générale de la police, le ministre de l'intérieur devait à sa responsabilité de demander au bureau de l'assemblée le changement d'un fonctionnaire qui, n'étant pas sous sa dépendance immédiate, ne lui paraissait pas cependant au niveau de son rôle. Le bureau se trouve bien servi; évidemment le gouvernement n'a plus rien à y voir.

Ce n'est pas sous ce jour si simple que l'on a considéré l'affaire dans l'émotion factice où l'on s'était tout d'un coup précipité; fascinée par je ne sais quel désagréable mirage, toute une partie de l'assemblée s'est persuadée qu'elle revoyait en perspective des temps orageux qu'on avait laissés derrière soi depuis le 11 novembre. Cette erreur d'optique a été industrieusement exploitée par les chevaliers de la politique du pessimisme, qui croient plus sûr et plus court, pour tout sauver, de commencer par brouiller tout. Bref, on s'est cru en état de guerre, et l'on en a soi-même donné le signal par l'animation avec laquelle on a transformé tous les incidens en combat. Ici se place l'épisode de l'arrestation de M. Mauguin, venu précisément à la veille du jour où le bureau de l'assemblée devait délibérer sur le sort de M. Yon. Il est incontestable qu'il y aura eu des parlementaires zélés qui auront reporté sur M. Mauguin beaucoup du même intérêt qu'ils prenaient à M. Yon, et l'honorable représentant de la Côte-d'Or, chagriné par un créancier qu'il avait trop impatienté, a failli cependant compter aussi pour un martyr du pouvoir exécutif. La passion transfigure tout ce qu'elle touche.

La passion était si bien de la partie, qu'on a procédé dans une pure question de droit avec toute l'âpreté politique. La question prêtait à la controverse, et nous croyons, quant à nous, qu'il ne faut pas atténuer, pour quelque considération que ce soit, l'inviolabilité des représentans du pays; c'est bien le moins que l'idée d'inviolabilité reste attachée là. Ce principe de l'inviolabilité domine les objections, d'ailleurs très graves, que le ministre de la justice avait cru devoir formuler dans un sens contraire à la résolution qu'a prise la majorité,

Nous aimerions cependant à penser que ce ne sont point les raisons révolutionnaires et radicales présentées par M. de Larochejaquelein, qui ont entraîné la majorité.

Ce serait amasser trop de repentirs que de s'habituer à fouler sans plus d'égards la souveraineté des tribunaux sous l'omnipotence du parlement. La justice n'est pas seulement un pouvoir politique, c'est un pouvoir social. On a trop fait mine de l'oublier dans la chaleur de l'antagonisme qu'on ressuscitait. On s'est récrié contre M. de Belleyme envoyant mal à propos sans doute un débiteur inviolable à Clichy, comme s'il se fût agi d'un dictateur envoyant à Vincennes quelque inviolable tribun. Pour donner l'idée du diapason auquel on s'était monté, c'est assez de dire que M. Baze avait été choisi comme exécuteur des hautes volontés parlementaires. C'est M. Baze qui a sollicité, qui a obtenu l'honneur d'aller briser séance tenante les écrous de la justice, et c'est en conquérant qu'il s'est acquitté de sa commission. M. Baze est nouveau dans la vie politique; il suit avec ardeur les chefs qu'il se donne, avec trop d'ardeur, car il ne s'aperçoit pas toujours à temps qu'ils ont cessé d'aller là où il va toujours. Cela se voit pourtant dans les armées parlementaires. La tête de colonne indique les mouvemens et change de front à sa guise; mais le changement s'opère si souvent et si vite, que quelquefois il n'arrive pas en temps utile jusqu'à la queue qui a l'ennui de faire fausse route. Les plus accommodans rattrapent la marche comme ils peuvent; les plus fiers, dépités de ce qu'on n'a pas pris leur avis sur la contremarche, persistent d'autant plus à s'aventurer tout seuls, et se vengent ainsi de n'avoir pas saisi le contre-ordre. C'est ce qu'on dit de M. Baze: il est furieux de s'être trompé. Voilà pourquoi sans doute il menaçait le directeur de la Dette de venir enfoncer sa porte avec l'armée de Paris.

Le lendemain de cet exploit, le bureau, à la majorité de huit voix sur six, a déclaré que la révocation de M. Yon ne serait point accordée à M. Baroche. Les six membres de la minorité voulurent d'abord se retirer, pour mettre l'assemblée tout entière en demeure de se prononcer; la réunion de la place des Pyramides ayant délibéré sur cette conjoncture épineuse, il a été décidé que cette fraction si considérable du parlement s'abstiendrait de provoquer un débat qui ne peut tourner au profit d'aucune opinion conservatrice et libérale. A quoi donc enfin voudrait-on en venir? Quel avantage aurait-on à pousser à outrance une lutte qu'on a soi-même ouverte avec affectation? Pourquoi la chercher si bien de son côté qu'on ne puisse plus l'éviter de l'autre? Encore une fois, nous avons autant que personne le goût de la prérogative parlementaire; nous avons toujours soutenu le droit des institutions libres. Ce sont à nos yeux aussi de sottes gens, ceux qui croient anoblir leurs allures bourgeoises ou guinder très haut leur esprit vulgaire en déblatérant contre le gouvernement de la phrase, ou en soupirant après le gouvernement des hommes forts; mais n'est-ce pas leur fournir des prétextes trop commodes que d'engager l'honneur de la prérogative sur des misères aussi triviales que celles qui sont devenues les grandes affaires de la quinzaine? Il n'y a pas, dit-on, de petites questions, quand il s'agit de sauvegarder l'indépendance parlementaire. Oui, mais est-il sensé de porter à toute extrémité des exigences, même constitutionnelles, quand la constitution est ainsi faite que, si chaque pouvoir veut de son côté se pousser à bout, il n'y a plus de recours pour l'un comme pour l'autre que dans une révolution? Quel est l'homme de bonne foi qui puisse supposer des chances à un essai de révolution parlementaire? Qui est-ce qui voudrait, de gaieté de cœur, courir les risques d'une révolution césarienne?

Il n'y a que deux partis heureux du jeu qu'on joue depuis huit jours, les montagnards, cela va de soi, et ces légitimistes turbulens qui exercent une pression de plus en plus funeste sur l'opinion qu'ils pervertissent. Que des hommes qui veulent tout refaire à nouveau n'aient pas grand peur de tout bouleverser, rien de plus simple. Que l'on procède ainsi quand on n'a d'autre intention que de rasseoir le passé, c'est le clair symptôme de ces étroites manies qui caractérisent les factions expirantes. Imaginez une déraison plus coupable que celle de ces grands politiques qui tendent la main aux radicaux pour avoir avec leur aide le suffrage universel, et qui se vantent, après tant de rudes leçons, « d'avoir protesté, durant dix-huit ans, en faveur du droit commun et de la liberté contre le monopole, l'arbitraire et l'exploitation de la France par une classe astucieuse et avide! » C'est M. de Lourdoueix qui écrit cela dans une brochure dont on a voulu faire un symbole : *Nouvelle Phase, Nouvelle Politique.* Nous n'avons jamais cru à la possibilité d'un rapprochement fort intime entre le drapeau du droit divin et celui de 1830; mais l'un et l'autre pouvaient honorablement marcher de front au-devant des mêmes périls. Il faut vivre en dehors de son pays et de son temps pour s'abuser jusqu'à croire un moment que le plus ancien puisse jamais redevenir le plus populaire, pour courtiser cette espérance en prodiguant les caresses à la démagogie, les récriminations et les injures *à la classe astucieuse et avide.*

Les récriminations ne sont jamais d'heureux argumens en politique; il faut que nous le disions, non pas seulement pour la presse légitimiste, mais pour une notable partie de la presse élyséenne. Les différens organes qui affectent de porter un intérêt spécial à la fortune du président de la république, des feuilles que l'on suppose trop volontiers dirigées de plus haut qu'elles ne sont, se rendent ainsi très nuisibles à la cause même qu'elles prétendent patroner ou servir. Dans ces journaux où l'on veut toujours chercher la pensée du pouvoir, on a vu depuis quelque temps s'établir un système de dénigrement qui tombait sur les hommes les plus éminens du pays. Ces attaques trop répétées n'ont pas laissé de contribuer à soulever les irritations parlementaires que le gouvernement a maintenant sur les bras. On a beau se donner un personnage à soi tout seul, on ne démolit pas avec autant de facilité qu'on y voudrait mettre de bonne humeur les personnes dont l'opinion a justement consacré l'importance. On a beau dire son mal culpâ de l'air le plus naïvement contrit que l'on peut, la contrition est bien tardive pour donner le droit de prêcher les autres. Quand on est si convaincu d'avoir mal fait toute sa vie, le plus sûr pour ne pas se tromper encore serait de s'enfermer dans le silence, et non pas de prétendre démontrer tout de suite qu'on a trouvé cette fois le secret de bien faire. Nous ne le dissimulons pas, les amitiés indiscrètes qui s'offrent comme des protections sont une lourde charge pour les gouvernemens aussi bien que pour les individus. Le président de la république aurait peut-être du bénéfice à n'être pas si bien soutenu, et il s'épargnerait plus d'un embarras, s'il n'y avait que lui pour le compromettre.

Les affaires extérieures sont toutes dominées par l'intérêt de plus en plus compliqué, des questions allemandes. Mentionnons cependant le message du président des États-Unis d'Amérique, en date du 4 décembre. Ce tableau développé de la situation américaine n'a point par lui-même une grande signification politique : le président recommande d'éviter autant que possible les conflits que la question de l'esclavage a failli susciter au milieu de l'Union; mais il maintient nettement les mesures adoptées dans la dernière session du congrès, et même la loi relative aux esclaves fugitifs. Les chambres paraissent très décidées à ne plus revenir sur des débats terminés à si grand'peine. Un représentant ayant essayé de les renouveler dès les premières séances, sa voix a été étouffée par les murmures. La convention de la Georgie, qui avait d'abord donné de l'inquiétude, proteste de son attachement à l'Union. Un autre point essentiel du message, c'est que le président y propose d'augmenter le revenu fédéral en élevant les droits sur les importations. L'Angleterre a reçu avec un déplaisir assez marqué la nouvelle de ces intentions protectionnistes.

En Angleterre, l'agitation religieuse continue sans se refroidir encore; les *meetings* succèdent aux *meetings*, et se partagent exclusivement avec les fêtes de Noël toute la pensée publique. En Hollande, on vient de voter le budget après une discussion assez animée, et la discussion même a rendu bon témoignage en faveur de la situation financière des Pays-Bas et de leurs colonies pour l'année 1851.

Plus le temps coule et plus les choses s'engagent en Allemagne, plus il est permis de douter que les conférences de Dresde aient chance d'aboutir à quelque résultat bien nouveau. La convention d'Olmütz a réglé l'essentiel; le reste viendra quand il pourra. L'essentiel, c'était l'incident qui menaçait la paix européenne; mais le reste, entendons-nous, ce n'est ni plus ni moins que ce qui de prime-abord paraîtrait le principal; c'est la question toujours pendante de savoir comment l'Allemagne sera constituée, comment on l'organisera pour en former un seul corps et lui inculquer une même volonté. La question sûrement est grave; par malheur les intéressés ont fait jusqu'ici plus de bruit que de besogne, et rien qu'à voir les dispositions avec lesquelles ils abordent maintenant à Dresde ce problème qui ne date pas d'hier, on a le droit de penser que la solution est encore dans les limbes. Elle n'en sortira peut-être pas de si tôt, et après tout il en faut prendre son parti, d'autant mieux qu'on n'aperçoit point beaucoup de péril en la demeure.

Ce n'était pas le cas à Olmütz vers les derniers jours de novembre. Il y avait là une crise qui pressait; il y avait un choc matériel entre les deux puissances rivales. Les Austro-Bavarois arrivaient dans la Hesse jusqu'à portée de fusil des cantonnemens prussiens : la querelle en était à son expression la plus simple, à son dilemme le plus brutal; elle s'embusquait pour ainsi dire au coin d'une grande route : les Prussiens laisseraient-ils, oui ou non, la route libre à l'Autriche? Là-dessus, on aurait eu de la peine à multiplier indéfiniment les protocoles; on s'est arrangé, et, par cet arrangement conclu en quelque sorte sur le terrain, il a été prouvé que la Prusse et l'Autriche, tout en ayant de bonnes raisons pour ne point s'accorder, en avaient encore de meilleures pour ne point se battre. S'il y a quelque chose d'acquis et de démontré dans la situation présente de l'Allemagne, c'est cela. Le hasard a nécessairement sa place au milieu des complications de la politique, et la prudence humaine semble aujourd'hui la lui ôter moins que jamais : on ne saurait donc affirmer que l'occasion de conflit ne se retrouvera plus pour avoir une fois avorté; mais outre que l'avortement est le terme ordinaire et naturel des plus violens efforts de ce temps-ci, on peut dire, dans la circonstance particulière, que, lorsqu'on s'est rencontré d'aussi près que l'ont fait la Prusse et l'Autriche en avant de Fulda et qu'on a gagné sur soi de ne point ouvrir le feu, il y a tout à parier qu'on n'y reviendra point. Voilà pour nous le principal, et c'est ce qui a été dit à Olmütz aussi clairement que possible.

Ce qu'on va donc maintenant discuter dans les conférences de Dresde, ce ne sont plus les conditions de la paix, puisqu'on a résolu de n'avoir point la guerre : c'est l'éternel chapitre des institutions fédérales, c'est la future ordonnance de la patrie allemande, ou, sous ce mot-là, parlons plus franchement, c'est la part de prépondérance que chacun des deux états directeurs a l'intention de se réserver sur la masse des états germaniques. Or, la domination est chose qui ne se partage guère de gré à gré; tant qu'il n'y a point positivement un plus fort qui la tire tout à lui et s'en empare pour son compte exclusif, on ne fait que se neutraliser l'un par l'autre et se tenir en échec sans pouvoir avancer, témoin notamment l'histoire de cet *interim* du 30 septembre 1849 dont les conférences de Dresde doivent peut-être nous donner tout uniment une seconde édition.

L'*interim* était, si l'on s'en souvient, un gouvernement provisoire qui voulut, après plusieurs autres et sans plus de succès, établir une autorité générale sur le corps germanique; seulement celui-ci, à la différence de ceux qui l'avaient précédé, ne visait plus à fonder cette autorité sur un principe unitaire qui, décidément, n'avait point d'être réel en Allemagne. Il acceptait la position telle qu'elle était, il reconnaissait et sanctionnait le *dualisme* de l'Autriche et de la Prusse, en les appelant toutes deux à l'exercice d'une suprématie commune. Grâce à cette invention, qui n'eut point d'ailleurs d'autre effet, on en finissait du moins avec les rêves d'unité, et l'on entrait dans une phase nouvelle; on ne cherchait plus à ranger l'empire sous un seul chef; on cherchait à faire vivre ensemble les deux qu'on était obligé de lui donner, faute d'en pouvoir supprimer un; c'était aussi malaisé. Les Allemands ont une façon beaucoup plus courte d'exprimer tout cela; ils parlent le langage de la métaphysique, même en matière politique, et leur conduite, soit dit en passant, s'explique un peu par leur langage. En cette langue donc, il est admis que l'*interim* du 30 septembre 1849 substitue définitivement le règne du *dualisme* à celui de l'*unitarisme*, qui avait commencé avec l'ère révolutionnaire.

Le *dualisme* a depuis lors constamment gagné; il s'est prononcé de plus en plus, et la division, cachée d'abord sous les dehors accommodans de l'*interim* a bientôt éclaté. L'*interim* à bout, l'Autriche s'est autorisée de sa dignité d'autrefois pour convoquer l'ancienne diète de Francfort et la ressusciter à deux reprises, soit comme assemblée plénière, soit comme conseil exécutif. En face de cette restauration qui rendait une base plus large à l'influence autrichienne, la Prusse a voulu garder la base distincte qu'elle s'était créée par le nouveau pacte fédéral émané de son initiative le 26 mai 1849. Le *dualisme* ne pouvait en rester long-temps à cette concurrence purement théorique entre deux constitutions. Les défenseurs du nouveau pacte proposé par la Prusse à ses alliés, il est vrai chaque jour plus rares, soutenaient sérieusement que la diète de 1815 n'existait pas, que c'était un club illégal qui, du fond d'une rue de Francfort, s'arrogeait ce titre-là.' Les diplomates de Francfort' répondaient, en affirmant qu'ils existaient si bien, qu'à preuve de leur vitalité, au premier mouvement effectif de l'union prussienne formée désormais, on doit l'avouer, de la Prusse à peu près seule, ils mettraient le holà. Ils ont tenu parole. Quand le litige est passé dans les faits, quand il y a eu un point de fait à résoudre, et non plus un point de droit, quand il a fallu déterminer à quelles suggestions on obéirait dans la Hesse et dans le Schleswig-Holstein, l'Autriche, sous le nom de la diète de Francfort, a réclamé cette obéissance, et elle a prévalu sur la Prusse, qui dissuadait les Hessois et les Holsteinois de la soumission; mais ne nous y trompons pas, la victoire de l'Autriche n'a point porté sur le fond même des prétentions prussiennes. Il n'y a eu qu'un pur incident de vidé, il a été vidé, sans contredit, à l'avantage de l'Autriche; mais la Prusse entend bien qu'elle garde encore son droit, son principe tout entier. La Prusse ne veut point avoir sacrifié quoi que ce soit dans la convention d'Olmütz; elle maintient avec une sorte de fierté qu'elle a réservé tout le *dualisme*.

Cette attitude de la Prusse, au moment où ses troupes reculent devant les corps d'exécution de l'armée austro-bavaroise en Hesse-Cassel, peut paraître singulière; elle est pourtant très conforme aux subtilités de logicien avec lesquelles on traite en Allemagne les choses politiques. La Prusse avait encouragé la résistance des Hessois contre le prince-électeur, celle du Schleswig-Holstein contre le Danemark; elle se joint à présent aux puissances qui veulent rétablir les autorités contestées dans ces deux pays. On inclinerait volontiers à penser que ce revirement est une abdication; que, puisque la Prusse abandonne ses alliés à l'Autriche, c'est qu'elle rentre sous la loi du pacte de 1815, dont l'Autriche invoque l'autorité; c'est qu'elle se confond docilement avec les états allemands dans l'ancien ordre fédéral où l'Autriche avait la présidence : pas le moins du monde! La Prusse ne s'est point départie de la situation nouvelle qu'elle s'est attribuée le 26 mai 1849; elle ne veut point d'autre terrain que celui de la constitution du 26 mai; elle se pose vis-à-vis de l'Autriche, non point comme membre égal d'une même association, mais comme état tout-à-fait distinct; elle récuse la tradition et l'obligation des vieux liens fédéraux; elle n'accepte le débat que comme puissance européenne, non comme puissance allemande.

C'est sur ce pied-là qu'elle se présente à Dresde, et qu'on devine un peu comment elle se prouve à elle-même cet isolement, cette indépendance qu'elle revendique! Peu s'en faut qu'elle ne se félicite de concourir à l'exécution des mesures dirigées par l'Autriche contre la Hesse et le Holstein; car, étant invitée à y concourir avec ses propres troupes et ses propres commissaires, elle intervient ainsi ostensiblement, en sa qualité privée d'état distinct, à côté de l'armée des diplomates de Francfort que l'Autriche avait réunis tout exprès pour lui ravir cette qualité. Le *dualisme* est donc sauf; qu'importe après cela tel ou tel désagrément de circonstance? Il n'est certes pas agréable d'avoir à changer si brusquement de conduite par devant l'Europe et de ramener aujourd'hui, fût-ce de force, à la résignation ceux qu'on exhortait hier à s'émanciper; mais ce ne sont là que des accidens d'ordre éphémère, et l'on s'en tient à la substance. Nous avons déjà dit que toute politique allemande empruntait beaucoup à la métaphysique. La substance de la question pour la Prusse, c'est de marcher à tout prix sa place à part en Allemagne, c'est de ne pas laisser supprimer ce dualisme auquel elle s'est rabattue quand elle a dû renoncer à l'espoir de s'ériger en domination unitaire. Elle se console assez aisément d'avoir vu les accidens tourner contre elle, parce qu'elle se persuade que, dans la substance même de sa cause, on ne lui fera rien lâcher. Le pacte de 1815 a été discuté; l'Autriche veut qu'il n'ait jamais cessé d'exister; la Prusse, qui s'en est fabriqué un autre, se refuse à prendre l'ancien pour point de départ des négociations. La Prusse se place en dehors du corps germanique de 1815 pour se conserver le droit et la chance de le refaire à nouveau; l'Autriche, même en consentant à le modifier, ne veut point lui ôter ses origines que la Prusse repousse; ce sont ces clauses primitives de 1815 qui font l'avantage de l'Autriche sur la Prusse. Tout le dualisme est là; telle est la difficulté que les négociateurs de Dresde ont maintenant devant eux.

S'il suffisait pour la trancher d'agir avec quelque vigueur sur les imaginations très vulnérables de la cour de Potsdam, il se pourrait peut-être que l'Autriche en vînt assez promptement à ses fins. Si le maintien du *dualisme* ne dépendait que d'un caprice de prince ou d'un rêve de savant, l'Autriche aurait peut-être bientôt trouvé moyen d'effacer du sein de l'Allemagne cette contradiction perpétuelle à laquelle se heurtent ses projets d'ordre public et de pacification générale. Ce tiraillement qui divise l'Allemagne cesserait alors sous l'empire régulier d'une influence unique et prépondérante. Mais l'orgueil prussien, les fantaisies, les ambitions prussiennes ont été cruellement rabaissées, et le dualisme est encore debout: c'est qu'il a sa raison d'être dans des causes plus profondes. Le pacte de 1815 avait à grand'peine amené une transaction entre des puissances depuis si long-temps jalouses l'une de l'autre. Le compromis a été rompu par les événemens de 1848, et chacune des deux parties s'est à son tour exagéré le bénéfice qu'elle pourrait tirer de la rupture; chacune a manifesté des exigences trop exclusives pour se détacher ensuite aisément de la position qu'elle s'est ainsi faite. La Prusse voulait se donner tout entière à l'Allemagne, c'est-à-dire l'absorber en ayant l'air de s'y fondre; elle le veut encore aujourd'hui, puisqu'elle ne cède rien sur le principe de sa charte du 28 mai, l'instrument malencontreux de ses beaux projets de fusion. L'Autriche, de son côté, persiste à réclamer une place dans la confédération pour ses états non allemands que le pacte de 1815 n'y a pas compris. Si elle ne prétend pas absorber l'Allemagne comme la Prusse, elle prétend tout au moins l'envahir. Sur quelle base transiger, quand on a de part et d'autre affiché des ambitions si extrêmes?

D'ailleurs les états secondaires, également menacés par ces ambitions, soit que l'une triomphe, soit qu'elles sachent se concerter, ces états, toujours inquiets au sujet de leur autonomie, sont intéressés de toute manière à empêcher autant qu'il est en eux les deux grandes puissances de s'accorder au détriment du reste de l'Allemagne. Ils n'y peuvent pas sans doute beaucoup par leurs propres forces, mais les appoints ont une notable valeur dans les luttes politiques. C'est en servant à propos d'appoints à l'Autriche que les petits états ont le plus sûrement contrarié les plans d'hégémonie absolue médités par la Prusse. S'ils savent user de leur position intermédiaire pour se porter suivant l'occasion d'un côté ou de l'autre dans le débat diplomatique maintenant ouvert à Dresde, ils ont encore chance de conserver l'équilibre, et de perpétuer jusque dans un nouveau pacte fédéral cette émulation de la Prusse et de l'Autriche qui protége leur indépendance. Leur indépendance n'est pas seulement, au surplus, une question intérieure pour l'Allemagne; c'est un élément essentiel de l'ordre général en Europe, et l'Europe ne saurait permettre que l'on disposât d'eux sans leur assentiment.

Si donc l'antagonisme de la Prusse et de l'Autriche ne pouvait cesser, comme on l'a prétendu, qu'à la condition que les deux cabinets prissent ensemble sur toute l'Allemagne la prépondérance qu'ils renonceraient mutuellement à prendre l'un sur l'autre, ce n'est pas encore une condition si facile à remplir, et les négociateurs de Dresde sont exposés à demeurer là plus long-temps qu'on ne pensait. Voici déjà que les états du second ordre mettent en avant tout un système de garanties qu'ils sollicitent pour eux dans la refonte du pacte fédéral; ils demandent à participer réellement au pouvoir exécutif de la fédération; ils veulent être représentés dans une assemblée publique qui siégerait à côté de ce pouvoir exécutif comme organe parlementaire, et où ils enverraient leurs députés comme mandataires d'états distincts, et non comme mandataires de l'Allemagne en général. Pour que ces députés fussent plus notoirement encore investis d'un caractère si particulier, ce seraient les chambres locales qui les tireraient de leur sein pour les envoyer en leur nom au parlement central. L'Allemagne aurait ainsi un sénat analogue, par sa destination, au sénat américain. L'Autriche et la Prusse y garderaient chacune sa juste portion d'influence, mais ces influences seraient suffisamment balancées et par elles-mêmes et par les autres pour ne point tout effacer sous elles. Le *dualisme* serait ainsi condamné à survivre, et, en même temps que les jalousies et les froissemens des deux grandes puissances seraient atténués dans ce nouveau milieu, il leur deviendrait cependant impossible de s'y ménager de concert une domination absolue.

La Bavière, le Wurtemberg, la Saxe, paraissent se rallier décidément à ce plan dont la responsabilité incombe surtout à M. Von der Pforten, le chef du cabinet de Munich. Dire qu'il réussira, ce serait prophétiser plus hardiment que les vicissitudes allemandes n'ont jamais permis de le faire. Qu'il réussisse ou non, nous le croyons digne d'une attention sérieuse. C'est un premier effort fait en commun par les cabinets de second ordre pour suivre une politique spéciale en face de Berlin et de Vienne. Cette dernière lutte de l'Autriche et de la Prusse, qui a failli devenir sanglante sans rien produire pour chacune d'elles, a pourtant eu ce résultat, de montrer combien elles étaient toutes deux préoccupées de leur fortune particulière, combien peu de l'intérêt allemand en général. Le véritable intérêt allemand commence à réclamer; l'Europe doit plus que de la curiosité à ces manifestations; elles peuvent amener une phase nouvelle dans l'avenir de l'Allemagne.

Depuis que le pacte fédéral de 1815 a été supprimé ou suspendu par la révolution de 1848, les états secondaires ont été assurément plus ou moins dominés en fait par les grandes couronnes, mais il n'y a plus eu d'autorité légale qui les subordonnât en droit, et les principaux, comme la Bavière et le Hanovre, ont même joui d'une notable liberté dans tous leurs mouvemens. Il est à souhaiter que cette liberté d'allures se développe encore, parce qu'elle serait à coup sûr un acheminement vers une constitution normale de l'Allemagne. Les craintes, fondées ou non, que les conférences de Dresde ont inspirées d'avance aux petits états, reportent plus que jamais les esprits à la recherche des moyens qui pourraient consolider cette Allemagne vis-à-vis des deux autres. Nous voyons chaque jour, soit dans la direction de la presse d'outre-Rhin, soit dans nos propres communications, que l'on revient presque sans y penser aux idées qui furent un moment si puissantes en 1820. Une situation à peu près semblable ramène les mêmes plans. Il parut dans ce temps-là un livre qui fit une impression très vive, et qui eut les honneurs d'une proscription rigoureuse; nous voulons parler du *Manuscrit de l'Allemagne du sud*. Au moment où les grandes puissances appesantissaient le joug fédéral sous prétexte de comprimer la démagogie chez les petites, le publiciste anonyme réclamait pour celles-là une organisation qui les rendît capables de faire leur police elles-mêmes et de sauvegarder leur position particulière à côté, en dehors de la sphère austro-prussienne. Le *Manuscrit de l'Allemagne du sud* exposait avec une clarté victorieuse comment le nord et le midi de l'Allemagne occidentale formaient deux masses de territoires naturellement groupés d'abord pour une alliance intime, et puis aussi pour une vie distincte de celle des états orientaux auxquels ils étaient cependant accolés par les traités de Vienne. Nous avons lieu de croire que beaucoup de préoccupations vont aujourd'hui dans ce sens-là.

Le congrès de Dresde ne sera probablement pas le dernier; un jour peut arriver où la carte de l'Allemagne, déjà tant de fois remaniée, le serait enfin sur des bases rationnelles et durables. Là-dessus, les faiseurs de projets ont beau champ. Parmi ces projets, il en est un dont on nous entretient, et qui donne assez bien l'idée de cet ordre que beaucoup à présent, comme en 1820, voudraient voir établir au-delà du Rhin; nous ne croyons pas inopportun d'en dire quelques mots. L'Allemagne occidentale formerait une fédération où n'entrerait aucune des puissances qui, comme l'Autriche, la Prusse, le Danemark et les Pays-Bas, compliquent toute la situation germanique d'une façon si déplorable par leur double caractère de membres du corps fédéral et d'états indépendans hors de son sein. La délimitation territoriale de l'empire d'Autriche ne serait aucunement changée dans ce système, où l'Autriche unie, mais non identifiée avec cette nouvelle Allemagne, n'aurait plus sa grande raison d'y vouloir une place, puisque la Prusse n'y serait plus comprise. La Prusse, coupée en deux par la distribution de 1815, aspire justement à posséder des territoires plus compactes : elle ne pourrait que gagner à s'étendre d'un seul morceau jusqu'au Weser en acquérant le Mecklembourg, les principautés d'Anhalt, le duché de Brunswick et la partie orientale du Hanovre; par compensation et comme indemnité pour les princes dépossédés, elle leur abandonnerait les provinces rhénanes et la Westphalie. Le Holstein, cause ou prétexte de la guerre qui afflige l'Europe depuis trois mois, resterait définitivement uni, ainsi que le Schleswig et le Lauenbourg, à la monarchie danoise, et celle-ci, limitée par l'Elbe, sa frontière naturelle du côté de l'Allemagne, jouirait alors d'une situation territoriale qui répondrait à l'importance de la charge qu'elle a en Europe comme gardienne du Sund. La nouvelle fédération allemande embrasserait donc les royaumes de Bavière, de Wurtemberg, de Saxe, le grand-duché de Bade, les principautés formées sur le Rhin et en Westphalie, la Hesse, la Thuringe, la Saxe ducale, enfin l'Oldenbourg et l'autre partie du Hanovre, qui lui ouvriraient des débouchés maritimes. Au milieu de l'Europe, comme garantie du maintien de la paix, s'élèverait ainsi une grande fédération, qui aurait dans son principe même et dans sa constitution géographique toutes les conditions de force et de stabilité. La Prusse, amplement dédommagée par la réalisation de son unité particulière du mauvais succès de ses rêves d'unité conquérante en Allemagne, la Prusse n'aurait peut-être qu'une raison de s'opposer à de pareils arrangemens : ce serait de se garder le pied qu'elle a sur notre frontière. Cette raison n'est pas faite pour toucher beaucoup la France le jour où elle aurait sa voix à donner dans un congrès européen.

Il est juste après tout de reconnaître que la politique unitaire a singulièrement perdu, même en Prusse, du crédit que lui valait ce qu'elle eut un instant de flatteur pour l'orgueil prussien. A ce sujet, nous ne pouvons nous abstenir de mentionner ici un pamphlet anonyme qui a causé dernièrement un grand émoi dans Berlin, parce qu'il touchait juste sur les plaies vives du cabinet de Potsdam. Il a paru à l'heure où la guerre semblait presque inévitable, et il condamnait hardiment la guerre au milieu même de l'effervescence nationale, il la condamnait comme la dernière faute que pût faire la Prusse en punition du mauvais point de départ qu'elle avait pris pour toute sa conduite, et cette conduite signalée depuis bientôt trois ans par tant d'échecs était à chaque page impitoyablement censurée. *Notre Politique*, tel est le titre de cet écrit qui a déjà eu plusieurs éditions; il a cela de significatif, que l'auteur n'appartient évidemment à aucune des oppositions systématiques que le gouvernement prussien a jusqu'ici trouvées sur son chemin. Ce n'est pas un réactionnaire du parti des piétistes et des hobereaux; il ne parle ni de « la fidélité germanique, » ni de « l'antique foi, » les deux thèmes obligés de la *Nouvelle Gazette de Prusse*. Ce n'est pas davantage un homme de Gotha, puisqu'il dénonce amèrement le faux et pédantesque patriotisme de ces honnêtes gens mal inspirés, mais sans leur reprocher pourtant leurs opinions constitutionnelles. C'est encore bien moins un démagogue à la façon du *Véritable Patriote prussien*, qui, dans une *Lettre à M. le ministre de Manteuffel*, accuse celui-ci très sérieusement de représenter beaucoup moins bien la Prusse que ne le faisait le *club des Tilleuls*, lors du fameux printemps de la liberté, de ne point vouloir une Prusse révolutionnaire, de ne s'appuyer que « sur les sacs d'argent d'une bourgeoisie engraissée des sueurs du pauvre. » On voit que le radicalisme a partout la même langue; ce n'est pas celle que parle l'auteur de *Notre Politique*.

L'énergique et spirituel pamphlétaire ne reproche qu'un point à la politique de Potsdam; mais ce point comprend tout, c'est d'avoir été anti-prussienne en croyant travailler pour la plus grande gloire de la Prusse. Le mal date, selon lui, de cette célèbre proclamation du 21 mars 1848, où il était dit : « La Prusse se fond dans l'Allemagne (*geht in Deutschland auf*) et se met à la tête du mouvement.—Comment, s'écrie-t-il, un état peut-il ainsi s'oublier, abdiquer lui-même et se persuader qu'il gardera quelque considération dans le monde? »—La Prusse donnait donc sa démission en tant que Prusse, tout en croyant passer à un commandement supérieur. De cette démission proviennent et l'impossibilité de contenir ou de gouverner la révolution, et la nécessité de se brouiller avec l'Autriche, et les incohérences de la guerre avec le Danemark. Elle est en contradiction flagrante avec l'histoire entière du royaume de Prusse, qui est bien plus prussien qu'allemand : elle n'a pourtant abouti qu'à soulever contre la Prusse toutes les inimitiés de l'Allemagne, celles des peuples comme celles des princes. La Prusse s'est figuré qu'à ce prix-là elle écraserait l'Autriche. Nous ne disconvenons pas que l'on sent, dans cet endroit de la brochure, un vif accent autrichien; mais elle n'en prouve pas moins que l'Autriche était faite pour durer, malgré le mauvais vouloir de la Prusse.

L'auteur de la brochure passe ainsi en revue les actes et les hommes de la politique unitaire avec une verve d'ironie et de persiflage qui n'est pas souvent aussi bien conduite dans les publications politiques de l'Allemagne. Il poursuit une à une les inconséquences de cette politique; il s'attache tour tour à M. d'Arnim, à M. de Radowitz; il ne leur pardonne « ni les demi-mesures ni les demi-pensées; » il conjure le gouvernement d'abandonner une fois pour toutes la politique unitaire, « les nuages à la Radowitz. » Nous citons volontiers la péroraison à la fois si raisonnable et si piquante qui termine ces pages remarquables; ce sera notre excuse pour avoir retenu si long-temps nos lecteurs au milieu de ces questions étrangères, quand nous avons tous par malheur tant de sujets d'être exclusivement occupés de nos propres embarras.

« L'unité allemande, c'est la quadrature du cercle; on s'en approche, mais on ne l'atteint pas. Je compare l'unité allemande aux cathédrales allemandes; on y a travaillé pendant des siècles, et nous n'en avons pas une de finie. Il y a dans la nature de l'Allemand un instinct, un entraînement vers le transcendantal qui monte au-delà de toute réalité, sans pouvoir jamais devenir lui-même quoi que ce soit de réel. Cet instinct est beau, il est élevé; son domaine, c'est l'art, c'est la religion, c'est le sentiment, mais ce n'est point la politique.

« Aussi faut-il mettre de côté toutes les idées de centralisation et d'unité pour revenir à la base du pur fédéralisme. Le fédéralisme n'est point compatible avec un pouvoir central qui ait à lui seul une consistance particulière; il n'admet qu'un pouvoir délégué par les membres de la fédération. Encore moins comporte-t-il la suprématie absolue d'un seul membre. Ce serait là le féodalisme, qui est maintenant derrière nous. Le fédéralisme est en Allemagne la constitution de l'avenir.

« Pays des penseurs, où s'en est donc allée ta logique? Professeurs, où avez-vous laissé votre histoire et votre géographie, si vous ne savez point qu'un pays comme l'Allemagne ne peut s'organiser ni comme la France, ni comme l'Angleterre, ni comme l'Amérique? Et vous autres, qui n'êtes point des professeurs, qu'avez-vous fait du sens commun de l'humanité?

« Ah! c'est bien vrai, le sens commun est au diable! car le diable, c'est l'esprit d'outrecuidance qui torture les choses pour leur ôter leur aspect naturel en les façonnant à sa guise, c'est l'esprit d'entêtement qui ne cherche que lui-même en se couvrant d'un air de dévouement comme un ange de lumière. Il s'appelle le diable, c'est-à-dire l'embrouilleur, et il fut un menteur dès le prin-

cipe. La belle merveille, si tout s'embrouille aujourd'hui et se change en son
contraire; la concorde en discorde; la puissance en impuissance, l'honneur en
déshonneur!

« Pleurez, patriotes! pleurez assez pour que les ruisseaux de vos larmes
puissent laver les hontes de la patrie! Pleurez; mais devenez sages! »

Soit, dit pour en finir, le conseil que voilà serait bon encore ailleurs qu'à
Berlin. ALEXANDRE THOMAS.

A défaut de grands compositeurs pour attirer et charmer le public, les théâtres lyriques font des efforts sérieux pour varier et renouveler leur répertoire.
Les Italiens ont repris *Linda di Chamouni*, un des derniers opéras de Donizetti.
Échappé à l'inspiration déjà défaillante de son auteur, *Linda* est cependant,
non pas un de ses meilleurs ouvrages, mais un de ceux où son individualité,
le cachet de son talent, les qualités et les défauts qui lui sont propres se retrouvent tout entiers. Mme Sontag chante cette musique tantôt fine et spirituelle,
tantôt diffuse et vide, avec une grace, une délicatesse dont on ne peut s'imaginer toutes les nuances. Ce ne sont que gazouillemens d'oiseau, trilles perlés;
à la place d'une mélodie qui manque, une roulade, un trait chanté du bout des
lèvres dans un *mezzo-voce* délicieux, ont bientôt fait l'affaire; tout cela se passe
sans effort, sans fatigue; il semble que ce gosier d'or ne se soit jamais exercé
qu'à ses heures et selon son caprice; l'organe est plein et suave; l'étude et le
temps ne lui ont rien ôté. A l'inverse des chanteurs de notre triste époque,
qui ne savent chanter que lorsqu'ils n'ont plus de voix! Mme Sontag a conservé la sienne aussi pure qu'aux jours de ses plus beaux triomphes. Colini
débutait dans le rôle du père de Linda, créé par Tamburini. C'est un chanteur à voix flasque et molle; lent et phraseur, mais sans style. Calzolari a bien
dit son air; sa voix est grêle, elle manque de charme, mais il a des intentions
de chanteur, et il faut lui en tenir compte.

L'Opéra-Comique, qui ne connaît pas de défaite, surtout les jours de première représentation, a obtenu un nouveau succès avec *la Dame de Pique*. Ce
succès sera-t-il durable? C'est ce que nous n'oserions dire. Toujours est-il que
cet opéra, tiré par M. Scribe d'une nouvelle de Pouchkine publiée ici même
par M. Mérimée, ne manque ni d'action ni d'intérêt, et fournissait au musicien
de belles situations et un heureux canevas. L'habileté de M. Scribe n'a pas fait
défaut au musicien. Malheureusement M. Halévy a plus chargé *la Dame de
Pique* de chœurs et de masses bruyantes que de fraîches mélodies, si bien que,
pendant cette longue représentation, qui n'a pas duré moins de quatre heures,
la fatigue survenait plus souvent que l'émotion. Il faut être juste cependant
avec M. Halévy : l'ouverture a été fort applaudie et méritait de l'être; plusieurs
morceaux du premier et du second acte ont été aussi remarqués, et l'auraient
été davantage, si le compositeur avait su mieux les dégager. Le troisième acte
est le meilleur de la pièce, quoique la scène de jeu manque à peu près complétement d'intentions dramatiques et puissantes; c'est là surtout que le musicien a laissé apercevoir l'insuffisance de son inspiration. Quant à l'exécution
de *la Dame de Pique*, sans être bien remarquable, elle est satisfaisante, surtout
de la part d'un jeune ténor; M. Boulo, et de Mme Ugalde; mais nous reviendrons plus en détail sur le nouvel opéra de M. Halévy.

Essai sur les causes indivisibles, et considérations générales sur les différentes matières où se rencontre cette indivisibilité en droit romain et en droit français (1). — Il y a quelques années, le droit n'était considéré en France que du côté pratique. Les hommes d'affaires ne nous ont jamais manqué, mais les traditions élevées de la science semblaient s'être perdues dans la patrie des Cujas et des Dumoulin. Au milieu des grands travaux de reconstruction historique qui seront un des plus sérieux titres du xixᵉ siècle, l'étude du droit ne pouvait échapper à l'influence salutaire de ce nouvel esprit. Tandis que des écrivains éminens renouvelaient avec une impartialité supérieure l'histoire des institutions, l'histoire de la philosophie et des littératures comparées, il était difficile que les jurisconsultes ne fussent pas attirés peu à peu hors du cercle où s'enfermait leur pensée. La lumière produite par ces travaux et l'influence de l'école historique allemande ont éveillé, en effet, chez un petit nombre d'intelligences distinguées, le goût de l'histoire et de la philosophie du droit. Les remarquables leçons de M. Blondeau, les doctes et profondes recherches de M. Giraud, de M. Laboulaye, de M. Berriat-Saint-Prix, de M. Klimrath, de M. de Parieu, de plusieurs autres encore dont tous les esprits studieux savent les noms, attestent d'une façon honorable pour la France ces heureuses tentatives de rénovation scientifique. Les écrits qui se rattachent à cette excellente direction méritent d'être signalés avec intérêt. C'est à ce titre que se recommande l'Essai sur les Causes indivisibles de M. Édouard Taillandier. En traitant une des plus difficiles matières, une de celles qui ont le moins occupé jusqu'ici l'attention des jurisconsultes, l'auteur a été amené à commenter l'histoire du droit à ses différens âges. Le premier volume, que nous annonçons, est consacré à l'indivisibilité des causes dans la législation romaine; le second poursuivra cette recherche dans les diverses périodes du droit français. Quelles sont les causes indivisibles? Dans quel cas l'appel profite-t-il à d'autres qu'à l'appelant? Ce problème, tout spécial en apparence, se lie à des questions d'une importance générale, aux progrès des institutions et des mœurs, aux révolutions de la jurisprudence, et l'on voit que l'auteur de l'Essai, sans négliger le côté technique de son sujet, saisit avec empressement toutes les occasions de l'éclairer par la philosophie et l'histoire. Sur les jurisconsultes romains et leur action législative, sur le mérite des glossateurs, sur les innovations et les ruses du droit prétorien, sur l'origine et les développemens des contrats, des mandats, des stipulations prétoriennes, sur le caractère et la destruction de la famille romaine primitive, on trouvera dans l'ouvrage de M. Édouard Taillandier une foule de recherches curieuses, de résultats neufs et nettement formulés. La comparaison de la procédure romaine et de la nôtre fournit aussi à l'auteur des remarques instructives, et la nature si singulière, si complète, des fictions juridiques de Rome est élucidée avec précision et vigueur. Cette étude, en un mot, adressée particulièrement aux jurisconsultes, n'intéresse pas moins l'histoire générale et les transformations de l'esprit humain.

V. de Mars.

(1) Par M. Édouard Taillandier, Paris, 1850; Cotillon, 16, rue des Grès.

SOUVENIRS

DE

LA GUERRE DE HONGRIE

SOUS LE PRINCE WINDISCHGRAETZ ET LE BAN JELLACHICH.

I.

On sait au milieu de quelles circonstances critiques pour la monarchie autrichienne commencèrent les opérations de l'armée impériale contre la Hongrie. Quelques semaines seulement s'étaient écoulées depuis la prise de Vienne en octobre 1848, quand, aux premiers jours de décembre, le prince Windischgraetz mit en mouvement les forces considérables qui devaient poursuivre à Pesth l'insurrection, déjà vaincue dans la capitale de l'empire. Cet intervalle de deux mois environ avait été strictement nécessaire pour organiser l'armée du prince à une époque où, les finances étant épuisées et la guerre d'Italie n'étant interrompue que par une trêve, le maréchal Radetzky avait encore besoin de toutes ses troupes. Ce n'était pas d'ailleurs une agitation superficielle qu'on allait rencontrer en Hongrie, et les causes bien connues du soulèvement des Magyars faisaient prévoir une résistance opiniâtre, contre laquelle il faudrait recourir à d'énergiques moyens de répression.

L'opposition contre le gouvernement impérial s'était manifestée en

202

Hongrie dès les premières années qui avaient suivi la réunion de ce royaume à l'Autriche. La Hongrie avait conservé beaucoup de priviléges qui remontaient à l'époque des croisades et aux temps féodaux. La majorité des seigneurs fut peu à peu amenée à abandonner ces priviléges, qui étaient en contradiction trop évidente avec la marche du temps et des esprits. Dès-lors se forma au sein de la noblesse même une minorité jalouse de ses droits, qui devint le noyau d'une opposition entretenue pendant deux siècles par les puissances qui craignaient l'agrandissement de la maison d'Autriche, et par l'argent de la France sous le règne de Louis XIV et de Louis XV. Lorsque cette opposition trouvait un chef dans quelque ambitieux, comme Tekely ou Rakoczy, les mécontens levaient des troupes, forçaient les seigneurs attachés à l'Autriche à entrer dans leur parti, et commençaient la guerre; mais, trop faibles pour résister aux forces de l'empire, ils se voyaient bientôt réduits à implorer le secours des Turcs, offraient au sultan la couronne de Hongrie, et joignaient leurs armes aux siennes. Vers la fin du siècle dernier cependant, la noblesse hongroise dut renoncer à une lutte désormais trop inégale. Après avoir versé son sang à flots dans les révoltes, elle se voyait privée de l'appui des Turcs, affaiblis par la victoire du prince Eugène : elle se rapprocha donc de la cour impériale, et, sous le règne de Marie-Thérèse, l'opposition des seigneurs hongrois ne se fit plus sentir que lors de la réunion des diètes, par quelques contestations sur les subsides et les levées de troupes, destinées seulement à préciser la position particulière de la Hongrie vis-à-vis de l'Autriche. C'est pendant ces dernières années que la lutte recommença plus vive, et qu'un petit nombre de seigneurs hongrois résolurent de tourner contre l'Autriche les armes nouvelles que leur fournissait l'esprit révolutionnaire.

Quelques années avant 1848, la minorité ardente qui travaillait à séparer la Hongrie de l'empire ne cachait plus ses projets. Tous les actes du gouvernement rencontraient dans ses rangs de violens adversaires. Les événemens de mars 1848 à Vienne vinrent lui offrir enfin l'occasion de réaliser ses rêves d'indépendance. Appuyés sur une partie de la nation, les nobles hongrois arrachèrent d'importantes concessions à l'Autriche, ébranlée par une crise récente et forcée de concentrer ses troupes dans les provinces insurgées de l'Italie. La Hongrie devait former à l'avenir un état indépendant, ayant ses ministres et son armée. A peine ces concessions étaient-elles obtenues, que l'on se mit à en tirer parti contre le faible gouvernement qui n'avait pas su les refuser. Le nouveau ministre de la guerre remit le commandement des principales forteresses de la Hongrie à des hommes dont le dévouement lui était connu. Il répandit l'argent à pleines mains, et sous sa direction une armée régulière, une puissante artillerie s'organisèrent rapidement. Pendant que la Hongrie se constituait ainsi en foyer de rébellion armée contre l'empire, la révolution continuait d'agîter l'Autriche elle-même, et l'empereur, retiré en Tyrol, restait tranquille spectateur du démembrement de ses états. C'est alors qu'obéissant à une haute inspiration et bravant les édits de proscription lancés contre lui, le ban Jellachich passa la Drave, et entra en Hongrie à la tête de son armée fidèle. Sa marche victorieuse allait peut-être écraser l'insurrection des Magyars, quand une révolution, plus terrible encore que les précédentes, fit de nouveau triompher l'anarchie à Vienne. Le ban se dirigea aussitôt à marches forcées sur la capitale, et on sait quel fut le résultat de cette énergique manœuvre; on sait comment le prince Windischgraetz, réunissant sous les murs de Vienne son corps d'armée à celui du ban, réussit à rétablir l'autorité impériale dans la cité rebelle.

Tels étaient les événemens qui rendaient la guerre contre la Hongrie inévitable, et que j'ai dû rappeler dans leur succession rapide pour mieux faire comprendre l'importance de la campagne qui allait s'ouvrir contre les Hongrois à la fin de 1848. Au moment de quitter Vienne, le prince Windischgraetz, nommé par l'empereur général en chef de l'armée de Hongrie, avait écrit au maréchal Radetzky pour le prier de lui envoyer quelques officiers d'état-major. J'étais alors en Italie (1), et je reçus l'ordre d'aller rejoindre à Vienne l'armée du prince.

A mon arrivée, j'allai me présenter au prince Windischgraetz. J'avais servi dans son régiment; c'était un titre à sa bienveillance. Il me reçut avec bonté. Tout en lui, ses manières, son langage, témoigne de cette noblesse de cœur, de cette générosité de caractère qui le porta, — lorsque la princesse sa femme eut été tuée pendant la révolte de Prague par un assassin aposté (2), — à faire cesser le bombardement de la ville pour que la destruction de la cité ne semblât point l'effet d'une vengeance particulière. Peu de jours après ma présentation au prince, j'eus le bonheur d'être attaché à l'état-major du ban Jellachich : j'allais donc servir en Hongrie sous l'un des plus chevaleresques généraux de l'armée autrichienne.

J'avais entendu en Italie tous mes compagnons d'armes parler avec enthousiasme du ban Jellachich; aussi n'est-ce pas sans quelque émotion que je me rendis près de mon nouveau chef. Le ban est de taille moyenne : il a la poitrine haute, les épaules larges, le front haut et découvert, les tempes garnies de cheveux noirs. L'expression de son

---

(1) Voyez la Guerre d'Italie sous le maréchal Radetzky dans le n° du 15 août 1850.

(2) « C'est ce crime déplorable qui a sauvé la ville, me disait, il y a quelques jours, un bourgeois de Prague en me montrant, des hauteurs de la rive gauche de la Moldau, la cité qui s'étendait à nos pieds. Vous voyez d'ici que, si le prince l'eût voulu, il eût pu réduire la ville en cendres, mais il n'a pas voulu se venger. »

visage est douce : cependant, dès qu'il s'anime, son regard devient
impérieux. Il a la parole facile et éloquente. Tout en lui respire la
franchise, la force et l'énergie; mais ce n'est pas dans un salon, c'est
sur un champ de bataille qu'il faut le voir, quand il s'élance à la tête
des bataillons, quand sa voix mâle domine le bruit du canon et entraîne les soldats. A Vienne, comme dans le reste de l'empire, le ban
avait été reçu avec enthousiasme; la rue, devant le palais qu'il habitait, était continuellement pleine de personnes attendant son passage
pour lui donner des marques de leur sympathie. Les hommes le saluaient de leurs vivat, les femmes agitaient leurs mouchoirs : grands
et petits, tous semblaient vouloir lui témoigner leur reconnaissance,
lui faire oublier qu'il fut un temps où lui, l'homme loyal et chevaleresque, avait été accusé de rébellion; mais le ban fuyait ces ovations et
ces applaudissemens, noble récompense que la foule a avilie en la prodiguant.

C'est le 9 décembre 1848 que nous entrâmes en campagne. Je quittai
Vienne au matin avec le général Zeisberg, chef de l'état-major du ban,
pour aller à Bruck, sur la Leitha, à la frontière de Hongrie. En quelques heures, nous fûmes dans cette petite ville, et nous montâmes
aussitôt sur les hauteurs au pied du Geisberg. On voyait de là le village de Pahrendorf, occupé par les Hongrois, et sur la crête des collines, à l'horizon, les vedettes des avant-postes ennemis qui tranchaient
comme des points noirs sur l'azur du ciel. Le lendemain, 10 décembre,
le général Zeisberg alla reconnaître tout le cours de la Leitha sur la
rive gauche. Les Hongrois avaient brûlé les ponts à Packfurth et à
Rohrau; le général ordonna de les rétablir, car le jour où l'on attaquerait les positions ennemies, il fallait pouvoir déboucher sur plusieurs points en même temps.

Pendant que nous étions arrêtés à Prellenkirchen chez le général
Gramont, la nouvelle arriva des avant-postes qu'une troupe de cavalerie hongroise paraissait sur les hauteurs de la rive droite; au bout
de dix minutes, la brigade du général Gramont fut en marche, et nous
voilà chevauchant par la plaine, espérant le combat. Le général Zeisberg courait de la tête à la queue de la colonne, il donnait les ordres,
préparait l'attaque et pressait la marche de l'infanterie. A cette ardeur,
à cette impétueuse activité, on reconnaissait bien l'homme de guerre.
Certes ce premier combat eût été glorieux; mais, lorsque nous arrivâmes sur les hauteurs, nous vîmes les Hongrois qui se retiraient, et
déjà trop éloignés pourque nous pussions les atteindre avant la nuit.
Ce premier mécompte était un fâcheux présage, et de pareils contre-
temps devaient se renouveler plus d'une fois pendant la guerre. Renonçant à poursuivre l'ennemi, le général Zeisberg partit alors pour
Haimburg, sur le Danube, où nous arrivâmes à onze heures du soir.

C'est jour par jour qu'il faut noter les incidens d'une campagne. Le 10 décembre, nous poursuivions les Hongrois près de Prellenkirchen, et le 11 le général Zeisberg m'envoyait, avec le capitaine baron Freyberg, reconnaître lés chemins qui débouchent dans la plaine voisine de Haimburg; le temps était superbe; un soleil radieux se levait à l'horizon. Lorsque nous fûmes arrivés à Berg, nous montâmes sur la hauteur où se trouve le cimetière, et, la carte à la main, nous cherchâmes à nous orienter. On voyait dans les prés, autour de Kitsee, des bataillons de Hongrois qui faisaient l'exercice; des pelotons de cavalerie couraient au galop sur la plaine; là comme partout, l'ennemi déployait une grande activité; mais il ne fallait que compter nos bataillons pour rester convaincu que l'armée hongroise allait être écrasée et la révolte étouffée. Le prince Windischgraetz allait entrer en Hongrie avec cinquante mille hommes et deux cents pièces de canon; le général comte Schlick avait déjà quitté Dukla sur la frontière de Pologne et s'avançait avec son corps d'armée; le général comte Nugent allait opérer au nord de la Drave avec seize mille hommes; les Serbes occupaient le banat de Temeswar; le général Puchner gardait la Transylvanie avec huit mille hommes, et nous avions huit mille hommes aussi dans les forteresses d'Arad et de Temeswar. Qu'est-ce que les Hongrois pouvaient nous opposer? Trente mille hommes réunis à la frontière sous les ordres de Georgey et douze mille hommes commandés par Perczel au sud, sur la Drave; enfin quelques faibles corps de milices et de levées faites à la hâte, disséminées au nord de la Hongrie pour arrêter le général Schlick, et au sud, sur la Maros, pour contenir les Serbes. Nos forces réunies se montaient à cent vingt mille hommes, et l'issue de la guerre ne paraissait pas douteuse.

Nous restâmes quatre jours à Haimburg; il faisait un temps superbe, et nous passions les soirées sur la terrasse du château, d'où l'on avait une vue admirable sur le cours du Danube et les plaines de la rive gauche; l'on apercevait à l'horizon les hautes tours blanches du vieux château royal de Presbourg, éclairées par les rayons de la lune. Le 15 décembre, le ban et tout son état-major quittèrent Haimburg, et nous retournâmes à Bruck, sur la Leitha, où le premier corps d'armée était réuni. Trente mille Hongrois, sous les ordres de Georgey, gardaient la frontière, et il était probable que la journée du 16 ne se passerait pas sans combat. La ligne de défense des Hongrois était beaucoup trop étendue. Au lieu de concentrer leurs forces sur un seul point pour tomber avec avantage sur nos colonnes au moment où celles-ci allaient déboucher sur la rive droite de la Leitha, ils avaient éparpillé leurs forces sur toute cette ligne. Appuyant leur droite au Danube et leur gauche au lac de Neusiedl, ils occupaient la ville de Presbourg et les villages de Kitsee, Neudorf et Pahrendorf. Il eût été facile de les cou-

per de leur ligne de retraite, et cependant les dispositions de la journée
du 16 décembre semblaient calculées pour faire une simple reconnaissance. Toute notre armée devait se mettre en mouvement le 16 à
huit heures du matin; le second corps, commandé par le général
comte Wrbna et échelonné sur la rive droite de la March, devait
passer cette rivière, s'avancer sur la rive gauche du Danube, et se
porter sur Presbourg; le premier corps, sous les ordres du ban Jellachich, soutenu de tout le corps de réserve, avec le général duc Ser-
belloni, et de vingt-cinq escadrons commandés par le prince François
Liechtenstein, devait s'avancer contre les troupes hongroises qui gardaient la frontière depuis Presbourg jusqu'au lac de Neusiedl.

Le 16 décembre, dès six heures du matin, le ban détacha le général
Zeisberg, son chef d'état-major, avec deux régimens de cavalerie et
six pièces de canon. Le général Zeisberg, descendant la rive gauche
de la Leitha jusqu'à la hauteur du village de Packfurth, y passa la
rivière à la tête de sa brigade, pour aller se placer sur la route de Raab,
par laquelle les troupes hongroises que le ban allait attaquer à Pahrendorf devaient se retirer. A neuf heures, lorsque le ban jugea que
le général Zeisberg devait être arrivé sur la route, il commença l'attaque de Pahrendorf. J'avais suivi le général Zeisberg : au moment où
le ban engagea le combat, nous étions déjà arrivés à Neudorf, sur les
derrières des Hongrois; alors le général Zeisberg s'arrêta et fit prendre
position à sa brigade. Cependant les Hongrois, ayant abandonné Pahrendorf après un violent combat, apprirent par leurs éclaireurs que
nous étions placés dans une position avantageuse sur la route directe
qu'ils devaient suivre. Ils se jetèrent alors vers le sud, espérant nous
échapper en décrivant un grand circuit pour aller regagner la route
de Raab à la hauteur d'Altenbourg; mais le général Zeisberg se porta
en avant pour aller les couper dans cette nouvelle direction. A cinq
heures, notre avant-garde atteignait les premières maisons du village
de Casimir, les Hongrois y arrivaient en même temps; le combat s'engagea aussitôt, la flamme jaillit des canons, les boulets volèrent dans
l'air; le général Zeisberg déploya sa cavalerie sur une seule ligne et
porta ses pièces au galop sur une hauteur d'où nos batteries enfilaient
la gauche des Hongrois. Les ennemis crurent probablement avoir devant eux tout le premier corps, et ils se rejetèrent encore une fois vers
le sud, comptant faire un nouveau circuit pour atteindre enfin Altenbourg. Nous ne pouvions les suivre avec la cavalerie sur ce terrain
coupé de larges fossés et de grandes haies séparant les cultures; il
fallut donc rester à Casimir pour attendre l'arrivée du ban avec le
Premier corps. Il était alors six heures du soir, le ban arriva à huit
heures et laissa reposer les troupes; la nuit était belle, la lune éclairait
la campagne, et à minuit nous devions nous remettre en marche,

gagner Altenbourg, puis nous ranger en bataille, avec seize mille hommes et soixante-dix pièces de canon, sur la route par laquelle tous les corps hongrois qui se retiraient sur la rive droite du Danube allaient être obligés de venir tenter le passage. En même temps, toute l'armée du prince Windischgraetz allait suivre ces corps de près pour les écraser. Le plan du ban était audacieux et parfaitement calculé, il eût certainement réussi; mais un peu avant minuit, un courrier venant du quartier-général, qui se trouvait encore à Haimburg, apporta au ban l'ordre de s'arrêter à Casimir : le second corps n'avait pu que s'avancer lentement sur la rive gauche du Danube, il n'était pas encore arrivé devant Presbourg, et notre corps, qui formait l'aile droite de l'armée, ne pouvait plus dès-lors être détaché en avant. L'obéissance quand même est le premier devoir du soldat; nous eûmes le chagrin d'apprendre au point du jour, par nos patrouilles, que les troupes hongroises, que nous avions deux fois coupées, avaient profité de notre halte pour passer pendant la nuit au sud de Casimir et gagner enfin la route de Raab.

Cette journée du 16 décembre aurait pu être décisive; les Hongrois avaient éparpillé leurs troupes, et nous avions sur la rive droite deux corps d'armée avec une puissante artillerie; nos troupes, bien disciplinées, étaient pleines de courage et d'ardeur. Par je ne sais quelle funeste circonspection, nous commençâmes dès ce jour à soumettre nos mouvemens d'opération à ceux de l'ennemi; nous manquions de nouvelles sur la marche et le plan des Hongrois, et c'étaient eux qui, malgré leur retraite, avaient l'initiative, car il sembla dès-lors que nous ne nous avancions dans le pays qu'autant qu'ils nous abandonnaient le terrain. Si le ban Jellachich eût pu avec tout son corps aller se ranger en bataille devant Altenbourg, sur la route de Raab, l'armée de Georgey, arrêtée de front par le ban, suivie de près par les deux autres divisions du prince, aurait été détruite. Cette armée était composée des troupes impériales qui avaient trahi leur serment; elle fut plus tard le noyau de toutes les forces hongroises, et les sous-officiers que nous avions formés fournirent d'excellens officiers pour organiser les bataillons de *honveds* et les levées en masse. Le destin fatal voulait que cette poignée de soldats devînt une armée de cent trente mille hommes, assez puissante pour que, quatre mois plus tard, nos belles et courageuses troupes fussent obligées de se retirer devant elle, sans avoir été vaincues, jusqu'à la frontière qu'elles venaient de passer, l'espérance et l'enthousiasme au cœur.

Lorsque nous eûmes reçu l'ordre de rester à Casimir, nous regrettâmes la prise que nous avions manquée à Neudorf; comme nous passions le matin devant ce village, nous en vîmes sortir deux bataillons de *honveds*. Sans artillerie, isolés sur cette immense plaine, quelques décharges de mitraille les eussent rompus, notre cavalerie les eût entourés, il n'en serait pas échappé un seul homme. Cependant le général Zeisberg, sachant de quelle importance il était d'arriver à Casimir avant l'ennemi, ne voulut pas arrêter la marche de la colonne pour les attaquer, et ces *honveds* étonnés nous virent impunément passer à quelques portées de leur front; le général se contenta de m'envoyer à Nendorf pour voir si l'ennemi n'y avait pas laissé d'artillerie; j'y allai avec un peloton de dragons. Comme je courais à la sortie du village pour avoir une vue plus étendue, une centaine de balles volèrent sur nous; les chevaux des dragons se cabrèrent, se renversèrent les uns sur les autres, et je vis au milieu de la fumée une compagnie de honveds qui filait derrière les haies. Nous arrêtâmes les voitures de bagages qu'ils escortaient : ces voitures appartenaient à des officiers ennemis. Les dragons rompirent les coffres et s'emparèrent de tout ce qui était à leur convenance. Un de ces dragons me tendit des livres qui étaient au fond d'une caisse : c'était notre *règlement militaire*. Je lançai dans une mare ce malencontreux volume qui venait me rappeler les ennuis de la vie de garnison. On trouva aussi un grand portefeuille de maroquin noir, contenant un portrait de femme avec un grand nombre de lettres adressées à un officier de hussards. Je gardai ces lettres, qui me promettaient une lecture amusante.

Le 17 décembre au matin, nous reçûmes l'ordre de nous rendre à Sommerein, sur la rive droite de la Leitha, pour nous rapprocher du gros de l'armée et former l'avant-garde. J'allais monter à cheval, quand un des employés de la seigneurie sur les terres de laquelle nous avions bivouaqué pendant la nuit vint me prier de l'introduire auprès du ban; il tenait à la main une poignée de plumes de paon : je me doutai aussitôt de quoi il s'agissait. La veille au soir, passant devant les bivouacs de nos chasseurs, je les avais vus retirer du feu une belle volaille rôtie; je m'étais arrêté, et ils m'en avaient offert un morceau. J'avais accepté de grand cœur. Or, cette volaille était un paon tué par nos chasseurs dans le parc qui nous servait de bivouac, et qu'ils avaient fait rôtir en compagnie de deux canards de Barbarie, dont l'employé m'énuméra complaisamment toutes les bonnes qualités. Ma conscience n'était pas très nette à l'endroit du paon; je cherchai à persuader au pauvre homme que le ban n'aimait pas qu'on vînt se plaindre de ses soldats. Comme il insistait, je me fâchai, et lui dis un peu vivement de me laisser tranquille : l'employé se retira en murmurant, et le ban Jellachich aura passé à Casimir pour un tyran, parce qu'un de ses capitaines d'état-major avait la veille mangé du paon rôti !

Nous arrivâmes à Sommerein dans l'après-midi; le lendemain, le ban alla avec quatre divisions de cavalerie et six pièces de canon faire

une reconnaissance vers Altenbourg; le temps était superbe, l'air clair
et transparent; le soleil faisait briller l'acier des armes; nous marchions sur la grande route qui mène à Raab, regardant les nuages de
fumée qui s'élevaient au-dessus des ponts auxquels les Hongrois, à
notre approche, venaient de mettre le feu, lorsque deux pièces de
canon placées au-delà du pont devant Altenbourg nous envoyèrent
quelques boulets. Nous appuyâmes sur la droite en suivant hors de la
portée du canon un chemin parallèle à la grand'route qui va d'Altenbourg à Wieselbourg; nous vîmes alors les Hongrois, dont nous étions
séparés par un large canal, se retirer précipitamment sur cette route,
et nous cherchâmes aussitôt à les gagner de vitesse pour arriver avant
eux dans la plaine à la sortie de Wieselbourg et y prendre une position qui les obligeât à déployer leurs forces pour engager le combat.

Je conduisais le peloton d'avant-garde, et je le précédais en courant
pour reconnaître le terrain; je passe une digue, et tout à coup j'aperçois les Hongrois qui se rangeaient en bataille; j'étais séparé d'eux
par le canal : je me retourne et vois le ban qui faisait déployer les escadrons; les canons ennemis commencent à tirer, le ban fait avancer la
cavalerie; ce mouvement, exécuté pendant que les boulets volent de
toutes parts et déchirent les chevaux, amène quelque désordre : alors
le ban s'élance vers les soldats le sabre à la main, et, d'une voix éclatante, il ordonne de reformer le front. Puis, pour encourager les
troupes par son exemple, il se tint long-temps, immobile et impassible, à l'endroit où l'ennemi concentrait tout son feu. Le major comte
Hompesch, son aide-de-camp, s'étant placé devant lui, il l'écarta du
geste, disant « qu'il ne voulait pas de bouclier entre lui et l'ennemi. »
Nous restâmes ainsi pendant plus de vingt minutes, et le général Zeisberg interrompait seul par des plaisanteries le grave silence qui régnait parmi nous, pendant que nous nous penchions involontairement
tantôt à droite, tantôt à gauche, étourdis par le sifflement des boulets.

Les Hongrois avaient là cinq bataillons d'infanterie, six escadrons
de hussards et dix-huit pièces de canon : bientôt leur feu redoubla, ils
s'avancèrent sur notre droite et menacèrent de nous tourner; mais
déjà des nuages de poussière s'élevaient derrière nous sur la plaine;
le général prince François Liechtenstein, se guidant sur le feu du
canon, arrivait au galop avec la cavalerie de réserve; tous les yeux se
tournèrent vers lui, l'ennemi s'arrêta, et nous commençâmes à nous
replier sur la cavalerie du prince; les Hongrois nous envoyèrent encore
quelques volées de boulets : le terrain était plat et uni comme une
glace, je vis là pour la première fois plusieurs boulets rouler tranquillement sur la plaine et venir mourir près des pieds de nos chevaux;
nous regardions avec étonnement ces masses de fer, maintenant inertes
et immobiles, qui, quelques secondes auparavant, portaient de tous

côtés la mort et la destruction. Nous rentrâmes à la nuit à Sommerein; les Hongrois quittèrent le soir même Altenbourg, et se retirèrent
jusqu'à Raab, derrière des positions qu'ils avaient fortifiées et garnies
de redoutes.

Le 19 décembre, le ban marcha avec tout son corps jusqu'à Altenbourg; nous y restâmes quatre jours entiers dans l'inaction. Le second
corps, qui s'avançait sur la rive gauche du Danube, n'était entré que
le 18 dans la ville de Presbourg, abandonnée par les troupes hongroises; il y séjourna jusqu'au 22 au matin, reçut l'ordre alors de
passer sur la rive droite pour se réunir au gros de l'armée, et il vint
occuper les villages de Baumern, Zurndorf et Gattendorf. Le prince
Windischgraetz, qui était encore à Karlbourg, dans le château du
comte Zichy, poussa en avant le corps du ban, et vint, dans l'après-
midi du 23, occuper Altenbourg, que nous avions quitté le matin
même; le ban arriva le même jour à Szent-Miklos sur la Raabnitz, et
le général Zeisberg partit aussitôt pour faire rétablir le pont brûlé par
les Hongrois sur le chemin qu'il fallait suivre de Leyden à Sövenyhaza.

Nous passâmes la journée du 24 à Szent-Miklos; le froid commençait
à devenir intense, la Raabnitz était gelée dans plusieurs endroits, et
le ban voulut faire jeter un pont en face de Szent-Miklos pour gagner
Sövenyhaza sans passer par Leyden. J'allai reconnaître les lieux. Je fis
visser des crampons aux fers de mon cheval, puis je cherchai un endroit où, la rivière faisant un coude, la glace dût être épaisse. Je passai
ainsi sur l'autre rive, et me dirigeai vers Sövenyhaza pour voir si l'on
pourrait conduire l'artillerie sur les digues au milieu des marais. La
nuit arriva peu à peu, et quand je voulus revenir sur mes pas, à force
de tourner dans ces marais, je perdis la direction de Szent-Miklos; cependant, en me guidant sur le feu de nos bivouacs, j'arrivai, après bien
des détours, jusqu'à la Raabnitz. La nuit était alors complète. Attendre
le jour dans le marais, c'était risquer de périr de froid; après avoir
long-temps cherché dans l'obscurité un endroit où la glace fût adhé-
rente au rivage, je m'aventurai en tenant mon cheval à la main; j'arrive au milieu de la rivière, j'entends un craquement et un bruit
sourd; mon cheval effrayé s'arrête, mais, sentant la glace manquer
sous ses pieds de derrière, il s'élance en avant, et nous atteignons heureusement l'autre bord. Je fus alors obligé de m'arrêter un instant.
Disparaître sous la glace par cette nuit sombre, cela m'eût semblé une
affreuse mort!

Nous reçûmes, pendant la journée du 25, communication du plan
général du mouvement offensif qui devait porter toute l'armée devant
les positions que les Hongrois occupaient sous les murs de Raab; le ban
dressa ce plan, il arrêta les dispositions de la marche qui devait nous
amener sur le flanc gauche de ces positions et forcer l'ennemi à les

abandonner. L'ordre général d'attaque était habilement conçu : pendant que le prince allait marcher sur la route directe par Hochstrass, avec le corps de réserve contre le front des Hongrois, le corps du ban, les tournant par le sud dans le flanc gauche, devait les rejeter sur le second corps. S'avançant par Dunaszeg et Vamos, le second corps passerait, pendant la nuit du 27 au 28, le bras du Danube appelé le Petit-Danube, à deux lieues en arrière de Raab, pour prendre position à la hauteur de Saint-Ivany, et arrêter, jusqu'à l'arrivée des deux autres corps, les troupes de Georgey, complétement tournées sur leur gauche par la marche du ban et contraintes ainsi d'abandonner Raab. Si les détails du plan général eussent été exécutés avec autant d'habileté qu'ils avaient été conçus, Georgey, séparé du renfort que Perczel lui amenait du sud de la Hongrie, se serait trouvé pris entre trois corps d'armée; mais de fatales circonstances contrarièrent nos mouvemens. Le ban arriva le 27 dans l'après-midi, après une marche difficile et dangereuse, devant Raab; mais le second corps, qui aurait dû se porter à deux lieues en arrière de cette ville, sur la route par laquelle les Hongrois allaient être forcés de se retirer, ne put s'avancer que jusqu'à la hauteur de Raab; et, pendant qu'arrêté par les mauvais chemins, il perdait un temps considérable en alignemens, marches et contre-marches sur la rive gauche du Petit-Danube, Georgey défilait lentement par la route d'Ofen, le long de la rive droite, avec toutes ses troupes. C'est ainsi que des obstacles de toute sorte venaient souvent arrêter nos troupes pendant la première partie de cette campagne. Quelquefois aussi une funeste circonspection nous fit manquer un succès assuré et bien calculé, parce que, dans nos mouvemens combinés, les troupes isolées craignaient, en engageant le combat, de n'être pas soutenues à temps et d'attirer sur elles tout le feu de l'ennemi. Partout et toujours cependant, cette préoccupation fut étrangère aux troupes que commandaient le ban, le comte Schlick, le prince Liechtenstein, le comte Clam et quelques autres généraux; partout ces chefs, sans craindre de se voir écrasés seuls par les forces réunies des Hongrois, engagèrent le combat, comptant sur la fortune qui protége les hommes de cœur.

Nous quittâmes Szent-Miklos le 25 au soir, passâmes la Raabnitz et arrivâmes pendant la nuit à Sövenyhaza; le froid redoublait, mais nous avions du bois de chêne en abondance. Les officiers et les soldats se blottissaient les uns contre les autres autour de vastes feux protégés tant bien que mal contre le vent et allumés presque toujours dans les endroits les mieux abrités. Lorsque la nuit arrivait, les officiers d'état-major, après avoir écrit les ordres pour la journée du lendemain, s'étendaient sur la paille, roulés dans leurs manteaux; mais l'heure du repos n'était pas encore venue pour les officiers du ban : c'était, au contraire, un rude et périlleux service qui commençait pour eux.

Hompesch, Toni Jellachich, Saint-Quentin, aides-de-camp du ban, Thurheim, Harrach, Arthur Nugent, ses officiers d'ordonnance, montaient a cheval et couraient une partie de la nuit pour porter au prince et aux autres corps d'armée les rapports sur notre marche et les nouvelles que nous nous étions procurées sur les mouvemens et les opérations de l'ennemi. Ce service était périlleux, ai-je dit : souvent, au point du jour, les officiers du ban arrivaient pâles et détaits, montés sur leurs chevaux efflanqués et couverts d'écume, après avoir, au prix de grands détours, évité les villages et les patrouilles ennemies. Le comte Thurheim nous causa même un jour de vives inquiétudes : envoyé avec un ordre important, il ne rejoignit notre corps qu'au bout de quarante-huit heures; il avait échappé aux patrouilles hongroises; le major baron Hacke fut moins heureux, et, forcé de traverser un village, il fut massacré par les paysans révoltés.

Le 26 avant le jour, nous quittâmes Sövenyhaza, nous marchâmes toute la journée, obligés de faire de longs détours au milieu de ces plaines coupées de marais glacés; nous atteignîmes enfin une digue élevée sur la rive gauche de la Raab, et, par ce chemin, nous arrivâmes à Csécseny à la nuit tombante. Presque aussitôt on ne vit plus dans le village que poules, cochons, dindons, qui couraient pêle-mêle, poursuivis par les soldats le sabre à la main. Les troupes, qui souvent n'avaient rien mangé depuis le matin, commirent quelquefois des désordres de ce genre avant qu'on eût pu obtenir des vivres par voie de réquisition; chaque fois, le ban paya de sa propre bourse et très largement le dégât fait par ses soldats.

Nous logeâmes dans le château d'un gentilhomme hongrois. Notre hôte ne nous aimait pas; mais le noble culte de l'hospitalité, qu'on retrouve chez tous ses compatriotes, dominait chez lui tout autre sentiment. Nous fûmes donc bien reçus, et on nous offrit un splendide souper; sa femme et sa fille nous servirent elles-mêmes avec une grace charmante; chaque officier qui entrait était le bienvenu; on prévenait tous nos désirs; toutes les provisions du château furent mises à notre disposition. Après le souper, nous parlâmes de la guerre. Le maître de la maison nous assura que Georgey était résolu à défendre les positions de Raab, et que nous aurions, le lendemain, une sanglante bataille. Alors la joie brilla dans tous les regards; nous nous levâmes aux cris de : *Vive l'empereur!* et, portant tous ensemble la main à nos sabres sous les yeux du ban qui souriait à notre enthousiasme, nous jurâmes de bien faire notre devoir.

La fille du maître de la maison et une jeune Italienne, son amie, étaient si aimables et si gracieuses, que quelques-uns d'entre nous, oubliant la fatigue de cette journée, restèrent à causer avec elles. L'Italienne, heureuse de pouvoir parler sa langue, regrettait, sous ce ciel brumeux, Rome et Naples, où elle avait passé ses premières années. Lorsqu'il se fit tard, j'appuyai deux chaises contre le mur et m'assis pour y passer la nuit. La jeune fille vint à moi en rougissant : « Vous aurez demain une bataille, il faut vous reposer pour bien combattre; voici ma chambre, dit-elle en montrant une porte, disposez-en; laissez ces chaises, je passerai la nuit ici. » Je refusai d'abord, j'acceptai ensuite : ces instances hospitalières, cette générosité plus forte que la timidité même, ne laissaient place qu'à de respectueux remerciemens.

Pendant la nuit, nos pionniers rétablirent le pont sur la Raab, brûlé par les Hongrois, et le 27, à trois heures du matin, nous quittâmes Csécseny. La nuit était sombre; nous marchions sur une route étroite, tenant nos chevaux à la main pour les empêcher de glisser dans les fossés profonds qui bordent le chemin. Comme nous traversions le pont, le cheval d'un officier qui était resté en selle glissa sur les planches : l'officier se jeta à terre; mais le cheval, précipité d'une hauteur de sept ou huit mètres sur la glace, se brisa les membres. Le vent du nord soufflait par rafales, et le froid se faisait vivement sentir. Dès que la colonne s'arrêtait un moment, les soldats, malgré la défense expresse des chefs, ramassaient promptement des branchages, des feuilles sèches, et allumaient du feu sur la route pour se réchauffer quelques instans. L'artillerie, les chars de munitions étaient ensuite obligés de passer sur ces feux mal éteints.

Lorsque nous arrivâmes sur les bords de la Marczal, les poutres du pont que les Hongrois, instruits de notre marche, venaient d'incendier, brûlaient encore. Nos pionniers conduisaient avec eux des voitures pleines de planches, de paille et de fumier; la rivière était prise; on étendit la paille sur la glace, et les planches par-dessus : l'infanterie passa; mais, quand vint l'artillerie, la glace céda, et l'eau jaillit de toutes parts; il fallut aller faire un autre pont à deux cents mètres plus haut. Alors les officiers rivalisèrent d'activité avec les soldats; le ban voulait que son corps fût le premier devant Raab; il y allait de notre honneur, et, pour encourager les soldats, il se mit lui-même à porter quelques planches pendant que nous courions dans l'eau glacée pour rattraper celles que la rivière entraînait déjà. Enfin, après un travail difficile et dangereux, le pont fut rétabli, la cavalerie passa, l'artillerie vint ensuite; quelques chevaux s'abattirent et roulèrent sur la glace dans les efforts qu'ils faisaient pour remonter sur la rive opposée; mais l'amour des soldats pour leur chef, une volonté ferme, triomphent de tous les obstacles, et, lorsqu'il faut vouloir, tout devient possible; au point du jour, tout le corps avait passé la Marczal.

A deux heures de l'après-midi, nous arrivâmes en vue de Raab. Le ban fit arrêter la colonne et détacha des patrouilles; elles trouvèrent les redoutes abandonnées par l'ennemi, et nous continuâmes notre marche en nous avançant lentement et avec précaution. Georgey, se voyant tourné par la marche du ban, avait renoncé à défendre la position de Raab, et s'était retiré le matin même par la route de Pesth : nous passâmes devant les redoutes élevées au sud de la ville; ces redoutes étaient construites d'après toutes les règles de l'art; entourées de doubles fossés profonds, elles dominaient toute la campagne, et la prise de ces positions aurait coûté beaucoup de sang.

Dès que le prince Windischgraetz fut arrivé à Raab, il envoya la brigade de cavalerie du général Ottinger, qui faisait partie de notre corps, à la poursuite de l'arrière-garde de Georgey; le général Ottinger marcha toute la nuit, atteignit l'ennemi au point du jour auprès de Babolna, attaqua l'arrière-garde, et la culbuta. Le soir, après avoir été plus de trente heures en marche, le général rentra à Raab avec sept officiers, sept cents hommes et un drapeau pris aux Hongrois. Les officiers prisonniers étaient presque tous d'un régiment autrichien qui avait trahi son serment, le régiment impérial de Prusse-infanterie. L'un de ces officiers, nommé Daiewski, fut reconnu, malgré ses blessures qui le défiguraient, par plusieurs des nôtres qui avaient été avec lui à l'école militaire de Neustadt; les uns s'apitoyèrent sur le prisonnier et lui donnèrent quelque argent, les autres l'insultèrent en lui reprochant sa félonie; aussitôt deux partis se formèrent. — Pas de pitié pour les traîtres! criaient les uns. — Respectez les blessés! disaient les autres. La querelle s'échauffait : à la guerre, on a les passions vives; les sabres étaient tirés, et le sang allait couler, lorsque le colonel Schobeln vint calmer les partis.

Le général Ottinger fonda, dès ce jour, cette brillante réputation qui attira bientôt sur lui les regards de toute l'armée; sa brigade, formée des deux régimens de Hardegg et de Wallmoden, ne fut pendant toute la campagne jamais rompue par l'ennemi; là où passaient ses cuirassiers pendant la bataille, la terre se couvrait de cadavres, et les Hongrois ne les appelèrent bientôt plus que les *bouchers d'Ottinger*.

Le ban quitta Raab, le 29 au matin, avec son corps d'armée; les officiers et les soldats, qui avaient espéré une bataille, commençaient à murmurer hautement. Si toute la guerre consiste à se promener dans les plaines de la Hongrie sans jamais chercher à atteindre l'ennemi, on aurait aussi bien fait, disaient-ils, de choisir une autre saison. L'on s'était d'abord bercé de l'espérance que les Hongrois, reconnaissant notre supériorité, allaient à notre vue déposer les armes; maintenant chacun sentait qu'il fallait anéantir cette armée ennemie qui portait dans son sein le foyer et la force de la révolte. Nous arrivâmes à Kis-Ber dans l'après-midi du 29, et nous logeâmes dans un beau château appartenant au comte Casimir Batthyanyi; les salons étaient ornés de plusieurs portraits de femmes d'une beauté remarquable; c'étaient les portraits des plus belles femmes de la Hongrie, peints dans le goût de Raphaël Mengs, vers le milieu du siècle dernier. Je connaissais assez la Hongrie pour ne pas m'étonner qu'on eût pu y trouver tous ces types de beauté; la race hongroise est une des plus belles qu'il y ait en Europe; le sang oriental s'est conservé très pur non-seulement dans les familles nobles, mais même dans des comitats tout entiers et dans toutes les classes. Les femmes hongroises sont belles, et; lors même que l'ensemble n'est pas parfait, de grands yeux noirs et veloutés taillés en amande, un regard plein d'ame, un profil élégant, des chèveux traînant jusqu'à terre témoignent de la beauté de la race première.

Vers le soir, une de nos patrouilles ramena quelques soldats ennemis qu'elle venait d'enlever sur la route de Moor. Ces prisonniers étaient du corps de Perczel, et nous apprîmes par eux que ce général, après avoir été empêché par la marche de notre corps de se réunir à Georgey devant Raab, était redescendu au sud jusque vers Papa, et qu'il était maintenant à Moor avec dix mille hommes et vingt-quatre pièces de canon, d'où il allait marcher vers Ofen pour se réunir à l'armée de Georgey. Le ban résolut aussitôt d'aller l'attaquer, il voulait partir avec tout son corps à l'entrée de la nuit; mais Moor est situé au milieu de la vaste forêt de Bakony, et l'ennemi, profitant de l'obscurité de la nuit, aurait pu nous échapper sur ce terrain qui nous était inconnu. Le ban, ayant tenu conseil avec le général Zeisberg, ordonna que les troupes se mettraient en marche le lendemain à quatre heures du matin. Nous restâmes à table une partie de la nuit, caressant déjà l'espérance du succès. Enfin nous allions atteindre l'ennemi! mais nous avions été si souvent trompés dans cette attente, que les officiers croyaient ou faisaient semblant de croire que cette fois encore quelque contre-ordre allait nous arrêter, nous arracher la victoire. Quelques-uns d'entre nous, s'approchant du ban, le prièrent de nous promettre qu'il nous mènerait à l'ennemi : le ban jura qu'il atteindrait Perczel, « quand même, ajouta-t-il en riant, il devrait le poursuivre jusqu'en Asie; » puis, élevant son verre : « A notre victoire! dit-il; à ceux qui se distingueront demain dans le combat! » Un *zivio* (1) retentissant, trois fois répété selon l'usage croate, fit résonner la salle.

Nous quittâmes Kis-Ber à quatre heures du matin (30 décembre). Le froid se faisait vivement sentir; nous marchions au milieu de la forêt sur la grande route qui va de Raab à Sthuhlweissenbourg (2). Vers huit heures, le soleil dissipa la brume qui nous entourait et se montra sur un ciel pur et sans nuages. A neuf heures, nous allions

---

. (1) Le *vivat* des Croates.

(2) Et non pas sur un sentier étroit serpentant à travers des marais glacés, comme l'écrit l'auteur d'un roman intitulé : *Souvenirs des bivouacs et des champs de bataille pendant la guerre de Hongrie.*

déboucher hors de la forêt sur le terrain découvert qui entoure Moor, lorsque quelques coups de canon retentirent à l'avant-garde; le ban courut à la tête de la colonne et arrêta la marche. Devant nous, sur les hauteurs qui nous cachaient Moor, quatre bataillons de honveds formaient leurs rangs en poussant de grands cris, et une batterie de canons tirait à toute volée, enfilant la route sous son feu. A droite et à gauche de la route, une lisière de champs labourés nous séparait des dernières pentes de la forêt, couvertes d'arbres clair-semés. Le ban n'avait avec lui que la brigade Cramont : il envoya aussitôt à la brigade de cavalerie du général Ottinger, qui marchait à une demi-heure de distance derrière nous, l'ordre de s'avancer; il fit en même temps déployer dans les champs la brigade Gramont, et fit occuper par un bataillon de chasseurs la lisière de la forêt. Six pièces de canon, dirigées à la fois de ce côté, commencèrent à répondre au feu de l'ennemi. Le général Ottinger arriva bientôt à la tête de sa brigade; il se fit suivre d'une division de Wallmoden-cuirassiers et courut en avant, malgré le feu de l'ennemi, jusqu'à une hauteur d'où l'on découvrait au loin les pentes qui s'étendaient à droite de la route. Plusieurs bataillons de honveds se retiraient en désordre. « Ils sont à nous! ils sont à nous! crie Ottinger, mais il faut d'abord enlever cette batterie. — Comment faut-il attaquer? lui demandai-je. — En débandade, » répondit-il. Je cours alors à la division de cuirassiers laissée en arrière, et, ne trouvant pas le lieutenant-colonel au milieu de la confusion inévitable dans une troupe qui marche à travers bois et franchit des ravins glacés sous le feu de l'ennemi, je crie aux soldats de me suivre, puis je pars à leur tête. Mon cheval volait comme l'éclair, les boulets sifflaient; à cent pas des pièces, deux dernières décharges de mitraille passèrent au-dessus de nous; j'arrivai sur les canons et je sabrai les artilleurs. Une des pièces, déjà remise sur ses roues, allait nous échapper; je cours aux soldats du train, je frappe l'un d'eux pour le forcer à arrêter ses chevaux; tout à coup je vois devant moi un demi-escadron de hussards hongrois; l'officier, suivi de son trompette, s'élance sur moi le sabre haut. Je le perce d'un coup de pointe et retire la lame tordue et mouillée de sang. Les hussards m'entourent, me pressent, me prennent les bras, me serrent le cou; je les frappe encore au visage avec le pommeau de mon sabre. Les coups tombent sur ma tête et mes épaules. Par un effort désespéré, je pousse mon vigoureux cheval; il s'élance en avant et m'arrache des mains des hussards. Je portai alors les deux mains à ma tête; les os du crâne étaient entaillés. J'essuyai le sang qui me coulait dans les yeux et regardai le combat : les cuirassiers qui m'avaient suivi emmenaient les pièces que nous venions de prendre; trois canons étaient parvenus à s'échapper; le reste de la division, arrivant en ce moment, se lança à leur poursuite. Sept ou huit

escadrons de hussards hongrois coururent dans la plaine; les cuirassiers de Hardegg et de Wallmoden, conduits par le ban, fondirent au
galop sur eux. Les hussards se défendirent vaillamment; mais, ébranlés
par le choc, abandonnés par l'infanterie, ils se sauvèrent. Les bataillons
de honveds qui tenaient encore furent enfoncés par la cavalerie; plus
de deux mille hommes furent coupés, entourés et faits prisonniers. Le
ban était heureux et remerciait les troupes : la fortune avait secondé
son audace; c'était avec les deux seules brigades Ottinger et Gramont
(cinq mille hommes) qu'il venait de mettre en déroute tout le corps
de Perczel. Le général Hartlieb n'arriva qu'après le combat, vers les
trois heures, avec les trois autres brigades de notre corps. Les débris
du corps de Perczel se retirèrent jusqu'à Sthuhlweissenbourg, et
Georgey, apprenant sa défaite, renonça aussitôt à livrer bataille sous
les murs d'Ofen. L'effroi se répandit dans Pesth; les membres du gouvernement révolutionnaire et la diète abandonnèrent précipitamment
la ville et se retirèrent à Debreczin, au-delà de la Theiss.

Lorsque j'eus vu les cuirassiers emmener les canons que nous avions
pris et la cavalerie ennemie se sauver à travers la plaine, j'allai rejoindre le ban; il me fit conduire en arrière, un chirurgien sonda mes
blessures; je lui ordonnai de me dire sans crainte la vérité; il me jura
que dans un mois je serais sur pied. Je lui serrai la main avec reconnaissance. Je savais que le ban allait demander pour moi à l'empereur
quelque distinction, j'étais heureux. Les blessés arrivaient peu à peu;
presque tous avaient de larges entailles à la tête; quelques-uns avaient
les artères du cou ou des tempes coupées, et leur sang jaillissait; d'autres avaient le nez, les lèvres ou le menton lacérés : les chirurgiens,
avec de grandes aiguilles, recousaient toutes ces chairs en lambeaux.
Les officiers et les soldats hongrois blessés arrivaient aussi par petites
bandes; les uns restaient debout, et, les bras croisés, nous regardaient
d'un air farouche; d'autres, couchés à terre, gémissaient et disaient
qu'ils allaient mourir. — L'un d'eux surtout, le premier lieutenant
Tissa, que j'ai revu depuis à Pesth, faisait peine à voir : il était étendu
sur le dos; ses mains, crispées par la douleur, arrachaient autour de
lui l'herbe mouillée de sang; il enfonçait ses ongles dans la terre, puis
il restait immobile; on l'eût cru mort, s'il ne se fût soulevé sur le
coude pour rejeter le sang qui lui coulait dans la poitrine.

Le général Hartlieb, qui n'était arrivé, comme je l'ai dit, avec les
trois autres brigades et le reste de l'artillerie que vers trois heures,
fit mettre les blessés sur les chariots, et nous prîmes le chemin de
Moor. La route et les champs étaient, dans plusieurs endroits, couverts
de soldats morts. Une femme, qui avait été sans doute dans les rangs
ennemis, était étendue sans vie dans un fossé. Comme nous entrions
à Moor, une jeune fille qui se trouvait sur notre passage, accompagnée

d'un domestique, nous fit offrir du vin. Voyant que j'étais officier, elle
m'engagea à entrer dans la maison de ses parens. Je refusai, pensant
que c'étaient des Hongrois qui me recevraient à contre-cœur, et je ne
voulais pas m'installer dans cette élégante maison pendant que les soldats blessés n'allaient trouver dans le village qu'un peu de paille pour
se coucher. J'allai avec eux dans un grand bâtiment qui devait servir
d'hôpital; mais il n'y avait ni paille sur le plancher, ni même un banc
pour s'asseoir, et pas de vitres aux fenêtres. Alors, soutenu par un
de mes camarades, je retournai sur mes pas et j'entrai dans la maison
où l'on m'avait d'abord offert de me recevoir. Je demandai au bout
d'un moment chez qui j'étais. « Chez le comte Schönborn, » me dit
la jeune personne un peu étonnée de la singulière figure que j'avais.
Le nom de Schönborn, l'un des plus illustres de l'Allemagne, me promettait un bon accueil. Le comte Schönborn vint au bout d'un moment et me dit qu'il avait connu mon père. Je fus soigné comme si
j'eusse été le fils de la maison. Mon fidèle domestique arriva peu après :
lorsqu'il m'avait vu revenir, après le combat, couvert de sang, il s'é-
tait mis à pleurer; mais, s'étant assuré que notre cheval, comme il
disait, n'était pas blessé, il s'était vite consolé, et, voyant son maître si
bien traité, il s'établit aussi dans la maison du comte, comme si nous
l'eussions prise d'assaut.

II.

Le combat de Moor avait fait naître de brillantes espérances; on
pouvait croire qu'il serait le point de départ d'une série d'opérations
destinées à compléter rapidement la soumission du pays. Cependant,
après ce combat, de nouveaux mécomptes vinrent éprouver notre patience, et la guerre de Hongrie entra dans une nouvelle période qui
devait se prolonger bien au-delà de nos prévisions.

Le lendemain du combat de Moor (31 décembre), le ban voulait,
dès le matin, marcher en avant sur Lovas-Bereny pour couper de la
route d'Ofen Perczet, qui avait pris la fuite vers Sthuhlweissenbourg;
mais, ayant appris que notre second corps d'armée ne s'était avancé,
le 30 au soir, que jusqu'à Acs, près de Komorn, il crut devoir lui laisser
le temps de le rejoindre. A Moor déjà, on n'était que trop exposé, et
Georgey, qui était avec toutes ses forces aux environs de Banhida, pouvait, en quelques heures, venir nous couper du gros de l'armée. Le
ban fut donc obligé de rester à Moor pendant la journée du 31, en attendant que le second corps se fût avancé sur la route d'Ofen à la même
hauteur que lui sur celle de Sthuhlweissenbourg. Vers le soir, il vint
me voir, eut la bonté de m'embrasser et me dit qu'il allait me pro-

poser à l'empereur pour la croix de Léopold. Il ajouta que plus tard je pourrais demander la croix de Marie-Thérèse.

Le lendemain, 1er janvier, le corps du ban quitta Moor et prit la route d'Ofen. On marcha jusqu'à Lovas-Bereny, sous la neige qui tombait à gros flocons. Le second corps ne s'avança que jusqu'à Felsö-Galla. Le lendemain, le ban poussa jusqu'à Martonvasar et le second corps jusqu'à Bicske. Le 3 janvier, le ban atteignit Tétény, où il rencontra l'ennemi posté sur des hauteurs dans une position avantageuse. C'était le reste des troupes de Perczel qui, après la bataille de Moor, s'étaient retirées d'abord jusqu'à Sthuhlweissenbourg, et qui, profitant ensuite de l'inaction à laquelle nous avions été condamnés le 31 décembre, se dirigeaient vers Ofen à marches forcées pour se réunir à Georgey. Celui-ci, mollement poussé par le second corps, se trouvait à la même hauteur que nous, sur notre gauche, et pouvait, en trois heures, venir nous écraser entre deux feux; mais le ban, se fiant à son bonheur et au courage de ses troupes, engagea le combat. L'ennemi se retira après une violente canonnade, et le ban entra à Tétény à la tête de ses soldats. Le second corps était arrivé à Bia pendant le combat; il aurait pu marcher avec sa cavalerie en se guidant sur le bruit du canon pour venir couper Perczel de la route d'Ofen, pendant que celui-ci soutenait notre attaque; mais il se contenta d'envoyer un escadron de cavalerie faire une reconnaissance de notre côté. Cet escadron, ayant trouvé le chemin coupé de fossés et intercepté par des abattis d'arbres, revint bientôt sur ses pas, et Georgey put réunir à ses troupes les restes du corps de Perczel. Dès-lors, adoptant, d'accord avec les autres généraux hongrois, un nouveau système de défense, il renonça à livrer bataille sous les murs d'Ofen et se disposa à se porter sur l'autre bord du Danube.

Les quelques jours que notre armée venait de passer en opérations sans résultat décisif n'avaient pas malheureusement été perdus pour l'ennemi; un nouveau plan de campagne avait été adopté par les généraux hongrois réunis en conseil de guerre dès le 1er janvier. Avertis par le combat de Babolna et la défaite de Moor que l'organisation et la discipline de leurs troupes laissaient encore trop à désirer, les chefs de l'armée rebelle avaient compris qu'il fallait gagner du temps. Ils avaient donc résolu d'évacuer Ofen et Pesth, d'abandonner le Banat et la Bacs (1) jusqu'à la Maros et à Theresiopol, de concentrer toutes les forces de la nation sur la Theiss, et de défendre cette ligne à tout prix. Georgey devait, avec dix-huit mille hommes, se diriger vers la Haute-Hongrie, pour nous induire en erreur sur le véritable dessein des Hongrois et détourner notre attention de la Theiss.

(1) On appelle ainsi la partie de la Hongrie comprise entre la rive droite du Danube et la rive gauche de la Theiss, au-dessous de Theresiopol.

Le soir du 1er janvier 1849, les députés de la diète et les membres du gouvernement révolutionnaire quittèrent Pesth, laissant dans cette ville le comte Louis Batthyanyi, le comte George Maïlath, l'archevêque Sonovics et M. Deak, chargés d'entrer en pourparlers avec le prince Windischgraetz et de lui porter des propositions de paix. Le 3 janvier, les députés hongrois se rendirent au camp du prince à Bicske. Le prince refusa de recevoir le comte Batthyanyi, et lorsque les trois autres envoyés furent introduits devant lui, il leur dit fièrement : « Je ne traite pas avec des rebelles! » nobles paroles que répéta avec enthousiasme l'armée tout entière. Puisqu'on refusait de traiter, on était donc résolu à marcher à l'ennemi, à commencer enfin la guerre. à chercher des batailles décisives. Le même jour cependant où les envoyés hongrois recevaient cette réponse, Georgey et Perczel quittaient Ofen dans la soirée et passaient le Danube. Le premier tourna au nord et prit avec dix-huit mille hommes la route de Waitzen pour se rendre en Haute-Hongrie; le second se dirigea vers l'est, sur Szolnok, avec dix mille hommes, et y passa la Theiss.

Le 5 janvier, notre armée, de son côté, entrait à Pesth, où les trois corps réunis allaient rester dans l'inaction, jouissant largement des délices de cette nouvelle Capoue. Le pays que nous venions de traverser fut organisé militairement. On sembla espérer qu'il suffirait de quelques décrets pour pacifier le reste de la Hongrie, et que les Hongrois allaient déposer les armes sans combat. Pendant qu'on perdait ainsi du temps, les chefs de la révolte rassemblaient leurs forces derrière la Theiss. On fabriquait des armes, on réunissait d'immenses magasins à Grosswardein et à Debreczin. Quant à Kossuth, il créait des millions. Dès le commencement de la guerre, le gouvernement révolutionnaire avait, sur la proposition de Kossuth, alors ministre des finances, décrété l'émission de billets de banque hongrois. Lors de l'entrée de l'armée autrichienne à Pesth, il y en avait déjà en circulation pour des sommes considérables, et ces billets conservaient toute leur valeur nominale. Pour ne pas mécontenter les Hongrois et tous ceux dans les mains desquels ces billets étaient passés, une commission impériale, réunie à Ofen, donna à leur cours une sanction légale, et ordonna qu'ils seraient acceptés par les receveurs impériaux. Nos officiers, qui recevaient partout ces billets, devinrent ainsi, par une singulière contradiction, les émetteurs du papier-Kossuth, et intéressés, pour ainsi dire, à maintenir en valeur ces billets qui payaient les coups qu'on leur portait. Kossuth ne tomba pas dans la même erreur; il décréta pour toute la Hongrie la non-valeur des billets de banque autrichiens, défendit de les accepter, et ordonna de venir les échanger aux caisses du gouvernement révolutionnaire contre des billets qui portaient sa signature. Toute la nation enthousiaste et crédule s'empressant de lui obéir, il fit ainsi entrer dans ses caisses des quantités immenses de billets de banque impériaux : ces billets, qui avaient naturellement cours dans toute l'Autriche, et étaient acceptés par les banquiers dans tout le reste de l'Europe, servirent à acheter des armes, à payer des émissaires, à fomenter la révolution en Italie, à payer des trahisons de toute sorte et à créer pour l'avenir aux chefs de la rébellion des ressources en pays étranger.

Notre inaction à Pesth n'avait pas seulement pour funeste résultat de laisser à l'ennemi le temps de s'organiser et de se fortifier sur la Theiss : dans une autre partie de la Hongrie, Georgey en profitait pour se porter contre le corps du général comte Schlick, déjà menacé par Klapka (1), et exécutait librement une série d'opérations qui devait se terminer par sa jonction avec l'armée de la Theiss. Désormais, l'audacieux général voyait ses communications rétablies avec les corps d'armée qui s'organisaient derrière la Theiss et avec le gouvernement révolutionnaire de Debreczin. Dès ce moment aussi, la fortune commença à sourire aux Hongrois. Dembinski, général polonais expérimenté, vint prendre le commandement des corps réunis sur la Theiss, et toutes les troupes hongroises organisées pendant ces six semaines furent alors partagées en sept corps : — le premier corps, ayant pour chef Klapka; — le second, Repassy; — le troisième, Damjanich; — le septième, Georgey; — les troupes qui soutenaient la guerre au sud de la Hongrie contre les Serbes et en Transylvanie à l'est contre le général Puchner prirent le nom de quatrième, cinquième et sixième corps.

J'avais passé à Moor, chez le comte Schönborn, ces quelques semaines pendant lesquelles notre armée ne s'était pas éloignée de Pesth. Enfin, le 12 février, je pus me mettre en route pour Pesth, et je quittai, pénétré d'un profond sentiment de reconnaissance, la maison du comte (2). J'arrivai à Ofen quelques heures après avoir quitté Moor. Bâtie sur une hauteur, avec ses maisons de toutes les couleurs serrées les unes contre les autres et toutes plus hautes que larges, Ofen a l'air d'une de ces villes que les enfans construisent avec des blocs de bois peint; mais quand, après avoir dépassé la hauteur sur laquelle s'élèvent les maisons d'Ofen, on débouche sur le quai, l'horizon s'élargit tout à coup : la vue s'étend sur le Danube et sur la ville de Pesth, reliée a Ofen par un superbe pont de fer. Pesth est une ville de luxe et d'élé-

(1) Le corps du général comte Schlick, entré en Hongrie par la frontière septentrionale dès le 2 décembre, avait depuis ce jour battu l'ennemi dans plusieurs rencontres; mais, séparé du reste de l'armée, il dut à regret se replier vers Pesth, après avoir donné aux autres corps un noble exemple d'énergie et de persévérance.

(2) A cette époque, il était dangereux en Hongrie de recevoir un officier impérial, et, peu avant la bataille de Moor, le comte avait été obligé de se sauver dans la forêt pour échapper aux paysans révoltés qui venaient l'arrêter.

gance. J'y trouvai, vivant dans l'abondance et la joie, cette armée que j'avais laissée au milieu des fatigues et des privations. Le matin une promenade au bois, le soir l'opéra ou le spectacle national remplissaient nos journées. La langue hongroise est belle, mâle et sonore. Les femmes surtout jouaient avec beaucoup d'ame et de passion; dans les scènes d'amour, elles savaient trouver des accens d'une tendresse, d'une douceur infinies; mais c'est comme langue militaire, c'est dans la bouche d'un chef haranguant ses soldats, que le hongrois est surtout admirable. Les métaphores brillantes, les mots empruntés aux temps de la chevalerie se pressent alors dans les discours du chef magyar. L'orateur n'oublie jamais de parler aux soldats qui l'écoutent de leurs ancêtres, de la gloire d'Arpàd, des batailles où le sang de la noblesse hongroise a coulé. Alors le dernier paysan se redresse avec fierté, et ses yeux lancent des éclairs. Les gens du peuple même se plaisent à employer des expressions sonores et pompeuses : ils cherchent souvent, dans la nature des images, des termes de comparaison qui ne manquent pas de poésie. « Mon cheval, me disait un jour un Hongrois, court sur la plaine comme une étoile filante sur un ciel sans nuages. »

Nos loisirs touchaient cependant à leur terme. Vers le milieu de février, Dembinski, chargé du commandement des quatre corps d'armée réunis sur la Theiss, résolut de prendre l'offensive, et dressa le plan suivant. Le corps de Klapka et celui de Georgey, qui, après leur réunion, avaient pris position sur la rive droite de la Theiss, appuyant leur droite à Kashau et leur gauche à Miskolcz, devaient s'avancer vers Pesth par la grand'route de Mezö-Kövesd, et, lorsqu'ils seraient arrivés à la hauteur de Poroslö, le corps de Repassy, concentré à Tissa-Fured, devait passer la Theiss pour se joindre à eux. Ces trois corps réunis étant arrivés à la hauteur de Gyongyös, les troupes de Damianich, concentrées à Czybakhaza, devaient également passer la Theiss, emporter Szolnok, se mettre en communication avec Klapka, Georgey et Repassy, puis s'avancer sur la ligne du chemin de fer de Pesth, et seconder leur mouvement contre nous ou leur attaque contre Pesth.

Le prince Windischgraetz n'attendit pas que ce plan eût pu être mis à exécution; il croyait que Schlick était encore à Rima-Szombath, où ce général s'était retiré après une brillante et inutile résistance contre les corps réunis de Perczel, de Klapka et de Georgey. Il lui envoya donc l'ordre de descendre par la vallée de la Sajo jusqu'à Miskolcz pour prendre par derrière l'armée hongroise, que lui-même attaquerait de front; mais Schlick se rapprochait de Pesth pour ne pas être coupé de l'armée du prince, et était déjà près de Petervasar, lorsqu'il reçut cet ordre. S'il fût retourné en arrière pour l'exécuter, il serait arrivé trop tard. En conséquence, il continua sa marche pour venir se réunir à l'armée du feld-maréchal à la hauteur de Kapolna. Le prince quitta

Pesth le 23 février et marcha à la rencontre des trois corps hongrois qui s'avançaient vers cette ville. Les deux armées se rencontrèrent le 26, entre deux et trois heures de l'après-midi, devant Kapolna, et se canonnèrent jusqu'au soir sans résultat apparent; mais; le 27 au matin, Schlick, ayant, après un violent combat, emporté le village de Verpeleth, sur lequel s'appuyait la droite de l'armée hongroise, commença à la refouler sur son centre. Le prince fit alors avancer ses troupes contre le front des positions occupées par l'armée ennemie, et Dembinski, attaqué de front par le prince et de flanc par Schlick, fut forcé de retirer son armée jusqu'à Kerecsend, à trois mille pas en arrière de Kapolna. Le feu cessa sur les quatre heures. Nous n'eûmes que quatre cents hommes tués et blessés; la moitié appartenait au corps de Schlick. Pendant la nuit qui suivit le combat, Dembinski se retira jusqu'à Mezö-Kövesd, à trois lieues en arrière de Kerecsend; et, le 28 au matin, il y rangea son armée dans une très forte position.

La bataille de Kapolna détermina l'ennemi à repasser la Theiss, et cependant, à partir de ce combat (27 février) jusqu'au 7 avril, les positions que nous prîmes dépendirent des mouvemens des Hongrois. Toutes nos opérations n'eurent qu'un seul but, leur fermer la route de Pesth, sur laquelle ils pouvaient déborder par deux points, Hatvan ou Czegled; elles n'aboutirent pourtant, après quelques semaines, qu'à un mouvement rétrograde sur Pesth. Au début de ces opérations, le corps du ban fut chargé de garder la position de Czegled, puis il dut, avec le reste de l'armée, se retirer vers Pesth : c'est l'histoire de ce corps pendant cette époque critique de la campagne que je me bornerai à retracer ici.

Au commencement de mars 1849, le ban Jellachich fut envoyé à Kecskemét pour occuper la droite de la position de notre armée et empêcher le général Vetter, qui avait succédé à Dembinski dans le commandement des Hongrois, de se porter sur Pesth par Czegled. Nous arrivâmes à Kecskemét le 13 mars. Kecskemét est un grand village de plus de quarante mille ames. Le soir, après la marche, je montai sur la tour de l'église : le soleil couchant éclairait de ses derniers rayons cet immense amas de maisons plates et basses jetées au milieu d'une plaine sans bornes; çà et là, à de grandes distances, on apercevait à l'horizon quelques points blancs perdus dans l'espace comme des voiles sur l'océan; aucun bruit de la terre ne montait jusqu'à moi. Je ne pouvais détacher mes yeux de ce spectacle grandiose. Au-dessous de moi, je distinguais à peine nos bataillons bivouaquant dans la campagne : cette armée, qui me semblait un monde, n'était qu'un point sur ces plaines infinies.

Pendant que nous occupions ces positions, Vetter, étant revenu occuper la rive gauche de la Theiss le 17 mars, menaçait de passer de

nouveau cette rivière à Tissa-Fured et à Czibakhaza, pour marcher
sur Pesth par la route de Hatvan ou par celle de Czegled. Le prince
résolut alors de faire prendre à son armée de nouvelles positions, et
notre corps vint occuper Czegled le 22 mars. Je fus logé chez une riche
veuve; sa maison était fort bien meublée; elle avait une peur extrême
de nos soldats, et pensait que ma présence pouvait seule les empêcher
de tout piller. Elle envoya chercher sa nièce, espérant ainsi me retenir
au logis; la nièce entra dans le salon : c'était une belle Hongroise.
« Vous voulez aller à Debreczin, me dit-elle au bout d'un moment, en
me regardant d'un air de défi; vous n'y arriverez pas. — Certes, répondis-je, nous y serons avant trois semaines. — Hélas! je n'y veux
pas penser, reprit-elle. Mon frère est à l'armée de Kossuth, capitaine
dans Caroly-hussards; vous n'y arriverez qu'en passant sur son cadavre; c'est un Hongrois, il mourra pour sa patrie : les Hongrois sont
des héros... » Et en parlant ainsi, avec une exaltation extrême, la belle
Hongroise avait les larmes aux yeux. Nous n'avons pas été à Debreczin; souvent je me suis rappelé les paroles de cette jeune femme,
alors surtout que nous fûmes forcés de repasser le Danube.

Déjà cependant on aurait pu prévoir que nos opérations ne nous
conduiraient pas de si tôt dans la capitale de l'insurrection; rien n'annonçait que nous dussions quitter la défensive, malgré les circonstances mêmes qui semblaient nous dicter un autre plan. C'est en vain
qu'un corps de quinze mille hommes, commandé par le général Thodorovich et composé des troupes impériales des districts militaires de
la Slavonie et du banat de Temeswar, et de levées faites en masse
dans la Bacs et dans les comitats du sud de la Hongrie habités par les
Serbes, venait de s'avancer jusque sur la rive gauche de la Maros, et
avait reconquis ce grand parallélogramme compris entre la Maros, la
Theiss, le Danube et la ligne (1) tracée anciennement par les Romains
pour arrêter les invasions des barbares. Le ban avait compris alors
que, toutes les forces des Hongrois s'étant concentrées sur la Theiss,

(1) Cette ligne, qui part de la rive gauche de la Maros, près d'Arad, s'arrête à Weiss-
kirchen sur la rive gauche du Danube. Une autre ligne romaine, dont il a été fort question pendant cette guerre, s'étend sans interruption de la rive gauche du Danube au-
dessous de Zombor jusqu'à la rive droite de la Theiss au-dessus de Peterwardein. Ces
lignes ne peuvent plus être considérées maintenant que comme des moyens de défense
imaginaires; elles consistent en un large fossé devant lequel la terre, relevée en talus,
forme une sorte de rempart, et le temps a fait tellement ébouler les terres, que l'on
peut, dans beaucoup d'endroits, les franchir à cheval. Deux autres lignes fermaient autrefois la base du triangle formé par le Danube et la Theiss; ce delta est ce que l'on appelle
le district des Csajkistes. Le nom de ces lignes, qui s'appellent en allemand Römer-
schanzen (remparts des Romains), a quelque chose qui frappe l'imagination, et, lorsque
les Hongrois se furent avancés sur le Danube, ils parlèrent dans leurs bulletins du passage de ces fossés comme d'un fait d'armes digne d'être transmis à la postérité.

leurs armemens considérables allaient nous forcer d'abandonner cette ligne; il s'était rendu à Pesth (15 mars) avec le général Schlick, et avait proposé dans le conseil de porter une partie de l'armée au sud de la Hongrie pour recommencer la guerre sur une autre base d'opérations. Il avait prié le prince de le laisser marcher avec son corps et celui du général Schlick vers Szegedin, dont nous n'étions éloignés que de quatre marches, pour y passer la Theiss et se réunir aux troupes du général Thodorovich : le prince avait été d'abord près d'y consentir, mais bientôt la marche offensive des Hongrois l'avait obligé à retenir auprès de lui notre corps et celui du général Schlick. Six semaines plus tard, nous étions forcés d'abandonner la ligne du Danube, et le ban recevait l'ordre de se porter avec son corps au sud de la Hongrie; mais alors les Hongrois avaient presque détruit le corps de Thodorovich et reconquis tout le pays jusque sur la rive gauche du Danube : notre marche vers le sud de la Hongrie ne servit qu'à prouver tardivement la justesse du plan proposé par notre chef de corps.

Nous étions toujours à Czegled, observant les passages de Szolnok et de Czibakhaza, pendant que Georgey s'avançait vers Pesth par la route d'Hatvan à la tête d'une puissante armée; le prince résolut alors de rappeler sa droite et sa gauche sur son centre à Gödöllö. Le 3 avril, au matin, nous quittâmes Czegled, et marchâmes jusqu'à Alberti; mais à peine étions-nous arrivés dans ce village, qu'un courrier du prince vint nous apporter l'ordre de remonter au nord et de nous réunir au corps du général Schlick, qui s'avançait vers Hatvan pour reconnaître l'ennemi. Le ban laissa reposer les troupes, et, sur les sept heures du soir, il se remit en marche; il commençait à faire nuit; nous apercevions sur notre droite, à l'horizon, dans la direction de Jasz-Berény, les feux des bivouacs des avant-postes de l'armée ennemie; le chemin était défoncé par le dégel, et la brigade d'avant-garde n'arriva à Tapio-Bicske qu'à deux heures dans la nuit.

Vers huit heures du matin, nous partîmes de Tapio-Bicske; la route suivait la rive gauche du ruisseau marécageux de Tapio; sur la droite, le terrain s'élevait en formant de légères ondulations plantées de vignes et de bouquets de saules : le ban marchait à la tête de la colonne; il venait de s'arrêter au village de Setzö, sur la Tapio, pour voir et presser la marche des troupes, lorsque sur les deux heures le canon retentit derrière nous; notre brigade d'arrière-garde, qui était encore à Tapio-Bicske, à cinq quarts de lieue en arrière de Setzö, était attaquée par les Hongrois. Le ban avait reçu du prince l'ordre de se réunir au corps de Schlick et de ne point laisser le combat s'engager au cas où il serait attaqué pendant les marches forcées que cette jonction nécessitait; il avait donné des ordres en conséquence à la brigade Rastich, qui formait notre arrière-garde; il se contenta donc de placer six pièces de douze sur une élévation de terrain pour arrêter l'ennemi, s'il poussait trop vivement notre arrière-garde, et il ne suspendit point la marche de la colonne. Un officier arriva bientôt apportant la nouvelle que la brigade Rastich était attaquée. Le ban réitéra l'ordre de ne point laisser le combat s'engager et de presser la marche; une demi-heure s'était écoulée; la fumée, le bruit du canon redoublaient, mais sans se rapprocher. De la hauteur où étaient rangées nos pièces de douze, nous regardions la flamme des canons pour juger du combat; le feu augmentait, diminuait, semblait reculer et avancer; bientôt les coups de canon se suivirent comme le roulement du tonnerre. Le ban ordonna alors à tout son corps de s'arrêter et de prendre position; il fit revenir la cavalerie du général Ottinger, et la rangea sur plusieurs lignes devant Setzö. Le général Rastich n'envoyait aucunes nouvelles du combat. Le ban marchait à grands pas impatient et agité; il m'appela : « Allez à fond de train, me dit-il, trouver le général Rastich : qu'il cesse le combat et me rejoigne; guidez-vous d'après le feu du canon, et restez près de lui. »

Pendant que notre colonne s'était avancée vers Setzö, les corps réunis de Klapka et de Damjanich, forts de dix-huit mille hommes, avaient marché parallèlement à nous à une distance d'une lieue et demie sur notre droite. Klapka, ayant appris par ses éclaireurs que notre arrière-garde avait fait halte à Tapio-Bicske, avait résolu d'aller nous attaquer; il avait poussé en avant la tête et la queue de sa colonne, forte de huit mille hommes, et formé ainsi un grand croissant qui devait enfermer entre ses pointes et le ruisseau de Tapio la brigade Rastich; puis, croyant que deux faibles bataillons seulement se trouvaient dans le village et pensant qu'il leur ferait mettre bas les armes sans engager un combat sérieux, il avait fait avancer son artillerie, rangé ses pièces à une demi-portée de boulet du village, et lancé sur les hommes de Rastich quelques volées d'obus. Nos gens, surpris au repos, avaient saisi leurs fusils; les braves Ottochaner (régiment-frontière d'Ottochatz) avaient couru sur les canons, tué les artilleurs à coups de baïonnette, et retourné les pièces contre l'ennemi; les Hongrois s'étaient retirés en désordre. Le général Rastich aurait alors dû cesser le combat et rejoindre le ban; mais les soldats, entraînés par leur ardeur, n'écoutèrent pas la voix de leurs chefs, et poursuivirent l'ennemi dans la direction de Farmos. Damjanich accourut aussitôt avec dix mille hommes au secours de Klapka, et j'arrivai sur la place du combat au moment où la brigade Rastich, écrasée par son feu, allait être poussée tout entière dans les marécages de Tapio. Les balles et la mitraille volaient de toutes parts; deux bataillons soutenaient seuls tout l'effort des Hongrois. La terre autour d'eux était couverte de lignes de morts et de blessés. Mon ami le major baron Riedesel, de Bandérial-Hussards, était étendu

sur l'herbe; le capitaine Gjurkovich, et plusieurs de nos hussards, défigurés par leurs blessures et couchés sans vie autour de lui, témoignaient d'une vaillante lutte. Riedesel avait la tête fendue d'un coup
de sabre; une baïonnette tordue était enfoncée dans sa large poitrine.
Je sautai à terre pour le secourir; mais il était déjà raidi par la mort;
je ramassai son schako couvert de sang et un de ses gants pour garder ce souvenir à sa mère. Je m'avançai au milieu des *Ottochaner*,
qui faisaient une résistance désespérée. Les soldats hongrois se pré-
cipitaient sur eux et les entouraient en poussant de grands cris; les
Ottochaner les frappaient à coups de baïonnette et cherchaient à gagner le pont du village. Le sifflement des balles, le tonnerre des boulets, coupaient l'air dans tous les sens : « Est-ce là tout ce qui reste
de la brigade? » criai-je aux officiers; le feu, la fumée, les empêchaient de m'entendre. Je voulus les arrêter pour recueillir les débris
de la brigade; mais c'était faire inutilement massacrer ces braves.
Alors je courus au pont, et, arrêtant quelques soldats, je leur ordonnai, dès que le reste du bataillon serait passé, d'enlever les planches
et de les lancer à l'eau, afin d'empêcher l'artillerie et la cavalerie des
Hongrois de nous poursuivre. Les *Ottochaner* arrivèrent au pont; les
premiers passés avaient tiré des coups de fusil dans les toits de chaume;
le village était déjà tout en feu : l'ennemi ne pouvait nous suivre au
travers de cette fournaise; je courus au galop à la tête du bataillon,
qui marchait dans un chemin creux. Quel fut alors mon étonnement!
quelle fut ma joie! la brigade presque entière était là devant moi,
rangée sur les hauteurs, rejetée de sa ligne de retraite, il est vrai, mais
alignée et prête encore à attaquer l'ennemi. Pendant que les braves
Ottochaner soutenaient ce combat inégal, le reste de la brigade, emmenant six des canons pris à l'ennemi, avait traversé la Tapio sur le
pont du village; et était allée prendre position sur les hauteurs qui
bordent la rive droite.

Des cris de triomphe et de joie accueillirent les *Ottochaner*, qui s'a-
vançaient, décimés par les balles, traînant après eux leurs nombreux
blessés, et portant sur leurs épaules plusieurs officiers couverts de sang.
L'ennemi ne pouvait passer un pont détruit à travers un village tout en
feu; le général Rastich reforma la colonne, et, remontant sur la rive
droite de la Tapio, il prit la direction de Setzö. Lorsque les Hongrois,
après avoir passé la Tapio sur un autre pont au-dessous de Bicske, reparurent derrière nous sur les hauteurs, nous avions déjà gagné une
avance considérable; ils nous envoyèrent cependant quelques volées
de boulets et d'obus qui, en éclatant, lançaient la terre à trente et
quarante pieds de hauteur et nous couvraient de boue. Les hussards
voulurent nous attaquer; mais quelques décharges de mitraille de nos
pièces placées à l'arrière-garde de notre faible colonne les maintinrent
à distance.

Quittant alors le général Rastich, j'allai passer la Tapio et le marais au-dessous de Schak, petit village entre Setzö et Bicske. Plusieurs chevaux, auxquels les boulets avaient arraché une partie de la croupe ou emporté une jambe, suivaient le chemin de la rive droite, en sautant péniblement, pour aller rejoindre leurs escadrons; ces chevaux tout sanglans, qui veulent prendre leur place dans les rangs, qu'on ne peut parvenir à chasser et qu'il faut achever misérablement à coups de pistolet, sont un des spectacles les plus émouvans de la guerre.

Le ban avait fait avancer jusqu'à Schak plusieurs escadrons de cavalerie; les officiers me dirent qu'on croyait la brigade Rastich perdue. Je lance alors mon cheval au galop; j'arrive à Setzö; sur tous les visages régnait la tristesse; le ban lui-même paraissait agité; je cours à lui : « Excellence, lui dis-je, la brigade Rastich sera ici dans une heure avec neuf canons pris à l'ennemi par les *Ottochaner*. — Ah! mes braves Ottochaner, mes braves soldats! Et vive Rastich! s'écria Jellachich. Merci! merci! » Et le ban, ému, me serrait la main fortement. Les officiers m'apprirent alors que le général Zeisberg, chef de notre état-major, ne me voyant pas revenir, avait envoyé un officier pour avoir des nouvelles du combat; cet officier n'avait vu de loin que le feu des derniers pelotons qui achevaient de se retirer, et, trompé ainsi que je l'avais été d'abord, il était revenu annoncer au ban que le feu avait cessé et que la brigade était probablement détruite ou prisonnière. Comme je sortais de la cour, je vis un homme qui pleurait en s'appuyant à la muraille; j'allai à lui; il se retourna; ses yeux étaient pleins de larmes. « Ah! mon pauvre maître, me dit-il d'une voix rauque entrecoupée de sanglots, mon pauvre maître est mort, les Hongrois l'ont tué : » c'était le domestique du major Riedesel. Le soir, il voulut aller chercher le corps de son maitre, mais les avant-postes de l'ennemi ne le laissèrent pas passer. Le ban, qui avait fort aimé Riedesel, remit au curé de Setzö une somme d'argent, et lui recommanda de faire enterrer le major dès que les Hongrois auraient évacué Tapio.

Le lendemain matin, 3 avril, nous quittâmes Setzö et nous nous dirigeâmes vers Hatvan, afin de nous réunir au corps du général Schlick. Notre marche était calculée et combinée de manière à correspondre à celle que ce corps fit pendant la journée du 5, d'Aszod à Hatvan, pour reconnaitre les forces de l'ennemi. Vers les quatre heures, comme nous arrivions en vue du village de Fenzaru, au sud de Hatvan, nous vimes de loin quelques pelotons de honveds enlever les planches du pont sur la Zagyva. Le ban fit alors arrêter la colonne et envoya des patrouilles dans plusieurs directions pour se mettre en communication avec le corps de Schlick, qu'il supposait être encore devant Hatvan; mais, à cinq heures, un officier d'ordonnance du prince vint annoncer au ban que la réserve et le corps de Schlick s'étaient retirés pendant la journée jusqu'à Isaszeg, village au sud de Gödöllö; le ban renversa aussitôt l'ordre de marche de la colonne; nous retournâmes sur nos pas; puis, laissant à gauche la route que nous avions suivie le matin, nous prîmes le chemin d'Isaszeg et arrivâmes à onze heures du soir au village de Dany. Le ban fut obligé de s'y arrêter avec son corps; les hommes et les chevaux n'avaient rien mangé depuis le matin; nous, venions de marcher ainsi pendant trois jours; depuis le lever du soleil jusqu'à une heure avancée de la nuit, sans qu'on pût faire halte pour laisser aux troupes le temps de prendre leurs repas. Nous traînions après nous des bestiaux; mais les soldats, à peine arrivés, épuisés de fatigue, s'étendaient sur la terre pour dormir. Il fallait les forcer à tuer les bœufs et à les dépecer pour cuire la soupe. Les soldats de cavalerie cependant, poussés par leur amour pour leurs chevaux, couraient une partie de la nuit pour chercher du fourrage; ils enlevaient au besoin le chaume des maisons. Dany était un gros village. Le blé, le foin, le lard, tout ce qui pouvait servir de nourriture aux hommes ou aux chevaux fut bientôt pillé. Le lard cru a été d'une grande ressource pour notre armée pendant cette campagne : le morceau de lard qui se trouvait alors dans la poche de chaque soldat le nourrissait tout un jour; sans lui, nos troupes n'auraient jamais pu faire tant de marches forcées, et le manque de vivres aurait, dans plusieurs occasions, retardé l'exécution de mouvemens habilement combinés. Pendant ces marches rapides, officiers et soldats, le ban lui-même, n'eurent souvent pas d'autre nourriture.

Le lendemain matin, 6 avril, nous nous remîmes en marche. Le chemin traversait une grande forêt; au bout de quelques heures, le ban fit arrêter la colonne pour laisser reposer les troupes. Pendant cette halte, un écureuil vint à passer; voilà les soldats qui se débandent et se mettent à courir après lui en poussant de grands cris et en frappant les arbres pour l'étourdir. Dès qu'il tombait, tous se jetaient sur lui; mais l'écureuil se sauvait et courait de plus belle. Les officiers poursuivaient les soldats, les bataillons voisins venaient prendre part à la chasse; enfin il fallut que les officiers du ban s'élançassent à cheval pour ramener les gens : notre corps allait avoir à soutenir l'effort de toute l'armée hongroise.

Pour nous confirmer dans la pensée qu'il voulait marcher sur Pesth, Georgey avait résolu de porter toutes ses forces sur notre droite, au sud de notre position; il voulait, par cette manœuvre, nous obliger à rappeler à Gödöllö notre second corps, qui était à Waitzen, gardant notre gauche, et à lui laisser ainsi libre le chemin de Komorn par Waitzen. Cette manœuvre lui réussit, car le 6 le prince, voyant toutes les forces des Hongrois se porter contre sa droite, craignit d'être tourné de ce côté et de voir l'armée ennemie lui couper la retraite sur Pesth; il envoya au second corps l'ordre de quitter Waitzen et de descendre à Gödöllö pour se réunir à lui.

Vers midi, nous débouchâmes hors des bois, en vue d'Isaszeg; à nós pieds, le terrain découvert descendait en pente douce jusqu'au ruisseau qui vient de Gödöllő et traverse le village d'Isaszeg; sur la droite, la vallée s'ouvrait jusqu'à Gödöllő, dont on apercevait à une distance d'une lieue et demie les maisons blanches; sur la gauche, des hauteurs couvertes de bois formaient un vaste amphithéâtre; au-delà du ruisseau, devant nous, s'élevaient de hautes collines. Le ban laissa deux brigades sur la rive gauche du rivage et conduisit les trois autres sur les collines de la rive droite. Nous allions avoir enfin quelques heures de repos. On alluma les feux pour cuire la soupe; mais bientôt le bruit du canon retentit sur la lisière de la forêt : les soldats, renversant alors les marmites, piquèrent sur leurs baïonnettes la viande à moitié cuite et allèrent prendre leurs rangs. Les boulets volaient déjà dans le village; la cavalerie du général Ottinger sabra courageusement les premières compagnies qui débouchaient de toutes parts à travers les arbres clair-semés de la forêt; mais, en moins de dix minutes, des masses de troupes ennemies se déployèrent sur le terrain découvert qui s'étendait depuis la lisière des bois jusqu'à la rive gauche du ruisseau. Le ban ordonna alors à nos deux brigades de se retirer et d'aller prendre position sur les collines où les trois autres étaient déjà. Il fallait, pour y arriver, passer d'abord le ruisseau sur un mauvais pont de bois. Douze pièces de canon de l'ennemi, descendant au galop sur cette pente rapide, vinrent lancer sur le pont des volées de boulets; le désordre se mit parmi nos soldats. Cependant le lieutenant Klee, ayant passé le pont, rangea ses pièces sur la rive droite, et, ripostant au feu des canons, les tint à distance. Les deux brigades qui passaient le pont purent alors gravir les collines, et elles y prirent position. Le ban rangea notre artillerie sur la crête des hauteurs et fit occuper les bois sur notre droite par la brigade Raslich. Il fallait à tout prix arrêter les Hongrois, qui venaient de placer sur les pentes des hauteurs en amphithéâtre une batterie dont les boulets, si elle se fût encore avancée de deux cents mètres, auraient enfilé toute notre position. Le combat présentait un beau spectacle. Du haut des collines où nous étions, nous voyions à nos pieds le village d'Isaszeg tout en feu et les bataillons hongrois rangés devant la forêt; leurs nombreuses batteries paraissaient voler sur la plaine, puis elles se concentraient par masses pour écraser nos bataillons et démonter nos pièces. Il semblait alors, tant on tirait avec rapidité, que la terre fût entr'ouverte et laissât jaillir la flamme d'un volcan. Il était environ trois heures, le combat était dans toute sa violence; l'air, plein d'étincelles et de fumée, coupé par les boulets, sifflait par instans comme traversé par un vent d'orage; le ban se tenait près de nos canons, encourageant nos artilleurs de la voix et du geste; notre corps tenait seul depuis deux heures contre toute l'armée hongroise; tout à coup la flamme des canons jaillit sur les hauteurs au-delà du ruisseau ; tous les regards se tournent de ce côté; Schlick, attiré par le bruit du canon, arrivait de Gödöllö à la tête de son avant-garde et s'avançait contre la tête des Hongrois sur la lisière de la forêt. Des cris de joie retentirent dans nos rangs; nos soldats, qui s'étaient crus abandonnés, reprirent courage; le ban envoya le général Ottinger avec les cuirassiers de Hardegg passer le ruisseau sur le pont d'un moulin à un quart de lieue au-dessus d'Isaszeg, pour se réunir à la cavalerie que le prince François Liechtenstein amenait de Gödöllö en suivant la rive gauche du ruisseau. Les Hongrois maintenaient leur ligne de bataille et portaient à chaque instant de nouvelles batteries sur leur droite contre le corps de Schlick. Le ban voulut marcher à l'ennemi; mais il reconnut bientôt l'impossibilité de faire passer ses troupes sur un pont de bois couvert de rondins qui tremblaient et se disjoignaient sous les pieds des chevaux. Nos deux corps réunis ne comptaient pas trente mille hommes, Georgey en avait cinquante-deux mille; le combat fut continué à coups de canon. Cependant le ban consentit à laisser le général Ottinger, qui était revenu près de lui, conduire au-delà du ruisseau les cuirassiers de Hardegg et les dragons de l'empereur, pour tenter une attaque contre une batterie ennemie qui s'était avancée sur notre droite. Ottinger traversa le village tout en feu. Les Hongrois avaient vu notre cavalerie descendre des hauteurs, ils la savaient arrêtée dans le village, et lançaient à toute volée des boulets et des obus qui perçaient les maisons (1). Bientôt ils amenèrent au galop plusieurs batteries et ouvrirent un feu violent sur les cuirassiers, à la tête desquels Ottinger s'avançait pour déboucher hors du village. Les Hongrois étaient à peine à trois cents mètres de nous, je crois même qu'ils reconnurent le général Ottinger à son uniforme, car, comme il s'était éloigné de la troupe pour regarder le terrain, quelques volées de boulets et de mitraille fendirent l'air et renversèrent en un instant un mur de terre devant lequel il se tenait. Comme le ban l'avait prévu, les Hongrois concentraient déjà tout leur feu sur le village et sur le pont. Ottinger ramena alors ses cuirassiers en arrière et repassa le ruisseau. Le feu cessa peu à peu, et, la nuit étant arrivée, notre corps se mit en marche dans la direction de Gödöllö. La tête de la colonne s'arrêta; je me retournai : le village de Gödöllö n'était plus qu'un vaste brasier, les flammes s'élevaient vers le ciel, les casques des cuirassiers et l'acier des armes réfléchissaient les lueurs rouges de l'incendie; les coups de feu des tirailleurs de la brigade Rastich, qui entretenaient encore le combat dans la forêt, éclairaient par instans l'obscurité des bois; la

_____

(1) Le même boulet traversait plusieurs de ces maisons construites de mauvaises briques séchées au soleil. Je vis alors les paysans creuser en hâte des fossés devant leurs maisons et s'y coucher.

nuit était sombre, mais autour du village la clarté était si grande.
que l'on distinguait le clocher de l'église, qui , percé par de nombreux
boulets, penchait et semblait près de s'écrouler.

Plusieurs des nôtres avaient péri; le major Pessics des *Ottochaner*,
deux fois blessé au combat de Tapio-Bicske, n'avait pas voulu se séparer de sa troupe, le ban l'avait félicité de sa bravoure, et maintenant
Pessics était étendu sans vie sur le champ de bataille. Ces félicitations.
qui font les héros, donnent souvent la mort. Qui peut dire combien de
braves s'exposent sous les yeux d'un chef aimé pour mériter quelque
flatteuse parole! Souvent, en italie, lorsque le jeune archiduc devenu
l'empereur François-Joseph arrivait au moment d'une attaque, j'ai vu
des officiers s'élancer en avant et braver la mort pour fixer son attention;
le péril n'était rien devant l'honneur de mériter un de ses regards :
s'ils mouraient sous ses yeux, la mort leur semblait douce!

Le lendemain, 7 avril, au matin, notre corps et celui du général
Schlick se mirent en marche sur deux colonnes pour se retirer sur
Pesth. et le second corps, qui, pendant la journée du 6, avait été rappelé de Waitzen à Gödöllö, reçut l'ordre de retourner à Waitzen. La
série d'opérations qui avait succédé à la bataille de Kapolna venait de
se terminer. Nous allions rentrer à Pesth.

III.

Sur les deux heures, au moment où déjà nous apercevions les églises
de Pesth. le prince Windischgraetz fit arrêter les colonnes et les déploya sur les hauteurs de Mogyoród dans une position avantageuse où
elles pouvaient accepter la bataille, si l'armée hongroise, qui, comme
nous le croyions, nous suivait tout entière dans notre retraite sur Pesth.
venait nous attaquer; les généraux allèrent saluer le prince et prendre
ses ordres. Lorsque le ban passa devant le corps du général Schlick.
des cris de joie et de nombreuses acclamations témoignèrent de l'a-
mour que les soldats lui portaient, et lorsque le général Schlick, l'accompagnant, arriva au galop devant nos troupes, les soldats de notre
corps, se piquant de courtoisie militaire, firent à leur tour retentir l'air
de nombreux vivats. Notre armée s'était déployée sur une ligne imposante, tous les regards se tournaient vers l'horizon, attendant l'ennemi, espérant le combat; mais les heures s'écoulèrent sans que l'armée hongroise parût. Le prince réunit alors dans une auberge au bord
de la route les chefs de corps, leurs chefs d'état-major, et tint un conseil de guerre. Cette heure était solennelle; le sort de la campagne dépendait de la décision qui allait être prise. Deux partis se formèrent
dans le conseil : quelques généraux, jugeant habilement notre situation. proposèrent de marcher sur Waitzen, d'y concentrer toutes nos

forces, d'y attendre Georgey, et, si nous n'étions pas assez forts pour accepter la bataille, de nous retirer derrière la Gran dans une bonne position où nous pourrions attendre des renforts; quelques autres généraux conseillèrent de se replier sur Pesth : l'opinion de ceux-ci l'emporta, et l'on envoya au second corps, qui venait de partir pour Waitzen, l'ordre de revenir sur ses pas et de se réunir au gros de l'armée. L'armée se remit en marche, arriva à une heure avancée de la nuit devant les faubourgs de la ville et bivouaqua dans la plaine de Rakos. Georgey nous fit suivre par son corps de réserve, composé de trois brigades (dix mille hommes) commandées par le général Aulich. Les brigades ennemies occupèrent les villages de Palota, Csinkota et Keresztur.

Le 8 et le 9 avril, nos troupes se reposèrent; le 10, le prince ordonna une grande reconnaissance, l'armée s'avança jusqu'au ruisseau de Rakos. Des hauteurs de la rive droite, on distinguait avec des lunettes d'approche les troupes hongroises, qui occupaient les villages de Palota, de Csinkota et de Keresztur. On pouvait juger que les Hongrois avaient à peu près une brigade dans chacun de ces villages; mais le prince voulait savoir si toute l'armée hongroise était derrière ces positions, car il commençait à craindre que Georgey n'eût poussé en avant ces trois brigades pour nous tromper sur son plan, et ne se fût porté avec toute son armée sur Waitzen; notre corps ayant pris position sur la rive gauche du ruisseau de Rakos, le ban envoya le général Ottinger avec trois régimens de cavalerie et douze canons sur la route de Csinkota pour reconnaître ce village; il m'ordonna d'accompagner le général. Nous nous avançâmes lentement, couvrant notre front et notre droite de nombreux éclaireurs. Il pleuvait, l'air était plein de brouillard. La cavalerie du général Schlick, qui s'avançait sur notre gauche vers Kerepes, paraissait courir sur les nuages, et les soldats enveloppés dans leurs grands manteaux blancs ressemblaient à des fantômes. Le commandant de la brigade hongroise qui occupait Csinkota, nous voyant venir, commença à ranger sa troupe devant le village; Ottinger laissa les cuirassiers en arrière, s'avança avec quelques escadrons des dragons de l'empereur, et, les ayant fait déployer, il les rangea à droite et à gauche de la route; les Hongrois nous envoyèrent aussitôt quelques volées de boulets. Ottinger plaça ses deux batteries sur la gauche de la route. Nos boulets allèrent frapper au milieu d'une division de hussards; plusieurs hommes tombèrent, les autres se retirèrent en désordre; nos pièces redoublèrent leur feu. Ottinger conduisait tout avec une tranquillité parfaite : calme et impassible pendant que les boulets volaient autour de lui, il donnait des ordres brefs et précis comme sur un champ de manœuvre. Son énergie semblait magnétiser les dragons, qui se tenaient immobiles sous le feu de l'ennemi.

Cependant, un boulet ayant arraché l'épaule au lieutenant Micewski

et tué un de ses hommes, quelques chevaux, en se cabrant, amene-
rent dans un des escadrons un moment de désordre. Ottinger y courut, et, dominant de sa forte voix le bruit du canon, il ordonna aux
dragons de se tenir immobiles, jurant qu'il casserait la tête au premier
qui bougerait; puis il fit ramasser le corps de Micewski, et le fit charger sur un caisson. L'ennemi n'avait déployé qu'une brigade, le général Ottinger s'avança avec sa cavalerie pour contraindre le général hongrois à montrer les troupes qu'il tenait peut-être en réserve derrière
le village; mais les Hongrois, à la vue de ce mouvement, s'étant retirés
précipitamment, il jugea qu'ils n'étaient pas nombreux, et me chargea
d'apprendre au prince que l'armée ennemie n'appuyait pas les brigades
postées aux environs de Pesth. Le général demandait en même temps
la permission de s'avancer au-delà [du village en refoulant la brigade
déjà repoussée, afin d'aller reconnaître si le gros de l'armée de Georgey
se trouvait derrière ces positions. Lorsque j'eus transmis au prince les
paroles du général Ottinger, il se rendit au galop avec toute sa suite
devant le front du troisième corps pour y attendre le rapport de la
brigade que le général Schlick avait envoyée en reconnaissance vers
Kerepes; il était à craindre que Georgey ne se portât sur notre gauche,
et la nuit arrivant peu à peu, la pluie commençant à tomber par torrens, le prince donna l'ordre de la retraite. Les troupes rentrèrent alors
dans les bivouacs qu'elles occupaient sous les faubourgs de la ville.

Déjà pourtant Georgey n'était plus devant Pesth; le 7 avril au soir,
après s'être assuré que toute notre armée s'était retirée au-delà de
Rakos, il avait tenu à Gödöllö un conseil de guerre auquel assista
Kossuth, et il s'était mis en marche vers Waitzen. Pendant que notre
armée s'avançait dans la plaine de Rakos pour reconnaître les villages
où il avait laissé le corps d'Aulich, il refoulait, après un sanglant combat, malgré leur héroïque résistance, les deux brigades Götz et Jablo-
nowski, et, remontant la Gran, il marchait vers Komorn.

Le 14 avril, vers midi, le canon retentit aux avant-postes; le ban
était à Pesth, il monta à cheval, se rendit au camp et fit déployer les
bataillons; j'étais resté en arrière. Comme je sortais des faubourgs,
j'aperçus de loin une femme en deuil suivie d'un domestique; elle s'a-
vançait dans la campagne; je passai près d'elle : c'était la comtesse C...
une des femmes de Pesth qui témoignaient le plus d'enthousiasme pour
la cause des insurgés; elle espérait sans doute que nous allions être repoussés et voulait être la première à saluer le vainqueur. Je rejoignis
le ban; le général Ottinger se portait avec la cavalerie de notre corps
à la rencontre de l'ennemi, les hussards hongrois étaient déjà sur nos
pièces et sabraient les artilleurs. Le capitaine Edelsheim, qui marchait
à la tête de la colonne, se jeta en avant avec son escadron; Ottinger
lança les cuirassiers, et la mêlée devint générale. Un jeune officier

hongrois reconnut sans doute le général Ottinger à son uniforme et se précipita sur lui le sabre haut; mais l'ordonnance du général fendit la tête au Hongrois; le sang jaillit jusque sur Ottinger. Après quelques minutes, les hussards hongrois, culbutés par les cuirassiers, se sauvèrent au galop sur la plaine dans la direction de Csinkota. Ottinger leur envoya quelques volées de boulets et les fit poursuivre; mais, le ban lui ayant donné l'ordre de s'arrêter, il fit sonner le rappel et reformer les escadrons.

Je m'arrêtai pour regarder les morts et juger combien d'hommes l'ennemi avait laissés sur la place; je vis à quelques pas de moi le corps de cet officier qui s'était élancé sur le général Ottinger : c'était un beau jeune homme; ses cheveux blonds étaient souillés de sang et collés à son visage; il tenait encore son sabre dans sa main. Un de nos cuirassiers mit pied à terre; je crus qu'il voulait voir s'il vivait encore : « Il est bien mort, lui dis-je, c'était un brave soldat! c'est dommage. — Ma foi oui, me répondit le cuirassier en le retournant pour tâter les poches du mort; c'est ma foi dommage! il n'a pas seulement de montre! »

Le 16, les Hongrois attaquèrent avec une grande impétuosité les avant-postes du général Schlick; mais, le ban s'étant porté rapidement avec quelques troupes sur les hauteurs du Steinbruch, ils commencèrent à se retirer; ils venaient ainsi chaque jour s'assurer si nous étions encore devant Pesth, car ils craignaient que le prince, laissant quelques brigades devant cette ville, ne marchât vers Gran avec le gros de l'armée, n'y passât le Danube et n'allât se réunir au corps du général Wohlgemuth, sur la rive droite de la Gran, pour arrêter Georgey dans sa marche sur Komorn. Nous avions à Pesth seize brigades et deux cent dix pièces de canon; le corps hongrois d'Aulich n'avait pas plus de dix mille hommes; si, laissant devant Pesth quatre brigades et quarante-huit canons, nous nous fussions portés, avec les douze autres brigades et cent soixante-deux canons, sur la rive droite de la Gran par la route directe d'Ofen à Gran, réunis ainsi aux quatre brigades que commandait le général Wohlgemuth, nous aurions pu tenir cette ligne avec des forces supérieures à celles de Georgey, et il n'aurait pu marcher sur Komorn sans nous livrer bataille : peut-être aurait-on remis ainsi en question l'issue de la campagne, qui semblait perdue pour nous; mais les heures précieuses s'écoulèrent, entraînant peu à peu cette dernière espérance, et ce plan dont il avait été question un moment fut bientôt abandonné.

On était arrivé à ce moment critique de la campagne, quand le prince remit au général Welden le commandement des troupes. Le feld-maréchal Windischgraetz emporta les regrets de toute l'armée; le sort des armes lui était contraire; mais on l'avait vu prodiguer sa vie sur les champs de bataille; à Prague, à Vienne, il avait dompté la révolte, rendu le courage aux sujets fidèles de l'empereur et rétabli partout l'autorité impériale; il quitta l'armée en lui souhaitant cette gloire et ces succès que de fatales circonstances l'avaient empêchée d'acquérir sous son commandement.

Le 18 avril, le second corps reçut l'ordre de se rendre à Gran; il y arriva après treize heures de marche forcée, mais il était trop tard, et cette marche ne servit qu'à prouver ce que les troupes étaient capables de faire; il ne resta plus alors devant Pesth que le corps du ban et celui du général Schlick. L'insurrection hongroise l'emportait : Georgey s'avançait vers Komorn, Bem repoussait nos troupes au-delà des frontières de la Transylvanie, Perczel avait rejeté les débris du corps du général Thodorowich sur la rive droite du Danube, incendié les villages des Serbes, et massacré les habitans; cette faible troupe, qui fuyait partout devant nous au commencement de la campagne, était devenue une puissante armée de cent quatre-vingt mille hommes; nous avions pendant quatre mois prodigué inutilement nos forces. L'honneur seul nous restait : nous n'étions pas vaincus, partout nous avions combattu comme de braves soldats; les opérations de l'ennemi et des difficultés impossibles à prévoir avaient seules amené notre ruine. L'aspect de l'armée était triste et morne; lorsque le canon grondait, les troupes marchaient à l'ennemi sans élan, sans ardeur; les bataillons se formaient, se déployaient en silence; comme au temps de nos succès, ils restaient impassibles sous le feu des Hongrois, les officiers et les soldats atteints par les balles tombaient sans proférer une plainte, mais je ne sais quel triste sourire venait animer leurs traits; ils savaient que leur sang coulait inutilement sur ces champs de bataille que nous allions abandonner. Pendant la campagne d'Italie, lorsque le bruit du canon retentissait, un éclair de joie semblait illuminer l'armée, les troupes électrisées s'élançaient en avant aux cris de *vive l'empereur!* Chaque bataillon voulait être le premier. Les officiers mortellement blessés excitaient encore leurs soldats; luttant avec la mort, ils encourageaient leurs compagnons, qui s'arrêtaient pour leur serrer la main une dernière fois, ils mouraient, mais les cris de *victoire!* venaient charmer leurs oreilles, et les endormaient dans la joie du triomphe (1).

Le général Welden avait pris le commandement des forces impériales; il comprit qu'il fallait pour le moment abandonner la Hongrie; il n'hésita point, et, son énergie l'empêchant de se rattacher à quelque trompeuse espérance, il prit la résolution de se retirer avec l'armée

(1) Pendant la campagne d'Italie, le capitaine Vogl, de mon régiment, ayant eu la poitrine traversée par une balle au moment où son bataillon emportait le village de Somma-Campagna, se fit porter en arrière par ses soldats pour annoncer au maréchal Radetzky le succès de l'attaque et le voir une dernière fois avant de mourir.

jusqu'à la frontière de la Hongrie, pour la reporter ainsi sur sa base d'opérations; c'était là seulement qu'il pouvait rassembler des renforts, réunir toutes les ressources de l'empire et attendre le moment de reprendre l'offensive. Voici le plan qu'il adopta pour la retraite de l'armée : « Le second corps et le troisième corps se retireront jusqu'à la hauteur de Presbourg, et y prendront position; la gauche s'étendra sur la rive droite de la March, le centre sera à Presbourg, la droite ira s'appuyer au lac de Neusiedl; le premier corps descendra sur la rive droite du Danube jusqu'à Eszek, prendra position sur le Bas-Danube, couvrira la Slavonie et la Croatie d'Eszek à Peterwardein, en appuyant sa droite sur les troupes impériales qui cernent cette dernière forteresse. » Le général Welden résolut aussi de laisser une garnison pour garder la forteresse d'Ofen; il indiquait par là que nous n'allions nous retirer que pour reprendre bientôt l'offensive, et ménageait l'opinion publique étonnée de notre retraite. La nuit du 23 au 24 avril fut fixée pour l'évacuation de Pesth.

Le 19 avril, le plan de retraite étant déjà arrêté, notre corps et celui du général Schlick s'avancèrent jusque sur le front des positions occupées par l'ennemi, afin de l'inquiéter et de le tromper sur nos projets. Les Hongrois s'étant retirés à notre approche, nous revînmes à l'entrée de la nuit occuper nos bivouacs; on avait tiré depuis douze jours une telle quantité de coups de canon sur le chemin qui mène à Csinkota, que l'on voyait çà et là sur l'herbe fine des boulets et des éclats d'obus, et, aux places où avaient éclaté des *shrapnels* (1), la terre était couverte de balles comme si on les eût lancées à poignées.

Chaque soir, les officiers qui n'étaient pas de service au camp venaient, comme si nous eussions été en pleine paix, s'asseoir dans les loges de l'opéra; quelques femmes élégantes de la noblesse de Pesth attachée à l'empereur recevaient dans leurs salons, et, le spectacle fini, nous allions chez elles achever la soirée, pendant que nos chevaux sellés attendaient dans la cour de leurs hôtels, prêts à nous porter aux avant-postes en cas d'alarme. Ces heures ainsi passées avaient un grand charme, et souvent elles me sont revenues à la mémoire; le matin, nous étions encore en présence de l'ennemi, les boulets volaient, portant la mort dans nos rangs, et maintenant une causerie de salon venait remplacer les cris furieux des soldats dans la mêlée. Pendant que dans d'autres familles on préparait des bouquets pour Kossuth et ses compagnons, ici l'on faisait des vœux pour le succès de la cause impériale, et, quand l'heure avancée de la nuit nous rappelait au camp, quelques mots d'adieu nous encourageaient encore à combattre vaillamment pour le salut de la Hongrie, pour la cause que nous défendions. Cet

(1) Obus à mitraille.

adieu, pour plusieurs, était le dernier; peu d'heures après, ils tombaient sanglans sur le champ de bataille. Je me rappelle encore la naïve réponse que fit l'un de nous à la comtesse N... demandant des nouvelles du lieutenant Mayer des cuirassiers de Saxe, qui avait logé dans sa maison, et qu'elle voyait chaque jour. Mayer, lui dit-on, n'aurait plus l'*honneur de venir chez elle*, parce qu'il *était tué!* Ce pauvre Mayer, frappé d'une balle dans la poitrine, se faisait soutenir par deux cuirassiers pour se retirer du combat, lorsqu'une autre balle l'atteignit dans les reins et le tua entre leurs bras.

Le 21, dans l'après-midi, Aulich vint encore nous attaquer. Le canon tonnait de tous les côtés à la fois; mais, dès que les Hongrois virent notre corps se mettre en mouvement, ils se retirèrent précipitamment; nous n'eûmes que quelques blessés. Un boulet de canon avait passé sous le bras d'un artilleur au moment où il chargeait sa pièce et ne lui avait fait qu'une légère contusion. Quelques jours auparavant, le capitaine Zastavnikovich, aide-de-camp du général Ottinger, avait eu de même un singulier bonheur : il s'était tourné sur sa selle pour parler au général, et regardait le combat en appuyant la main droite sur les crins de son cheval; un boulet vint passer entre son bras et le cou du cheval, et ne lui arracha que les boutons de son uniforme sans le blesser. Le soir même, je le vis au spectacle.

Pendant la journée du 23, les troupes reçurent l'ordre de se tenir prêtes à quitter pendant la nuit les bivouacs qu'elles occupaient depuis le 7 avril. Vers le soir, j'ordonnai à mes gens de seller mes chevaux et de les conduire à l'entrée du pont, puis j'allai à l'opéra; le général Schlick y vint avec quelques-uns de ses officiers; lorsqu'il entra dans sa loge, tous les regards se tournèrent vers lui : notre retraite n'était plus un secret. Les uns cherchaient à lire dans ses traits la consternation, les autres l'espoir que notre cause n'était pas perdue. Schlick, le sourire sur les lèvres, semblait narguer ses ennemis et dire a nos amis que bientôt notre armée rentrerait triomphante dans Pesth.

A minuit, le général Ottinger déploya sa cavalerie devant le front de nos positions pour couvrir la retraite et repousser les Hongrois, s'ils venaient nous attaquer. L'infanterie se mit en marche pour traverser le Danube. Le ban, le général Schlick, les officiers d'état-major se tenaient près du pont, regardant défiler les troupes. L'obscurité de la nuit, le silence, donnaient à cette marche un lugubre aspect; les chefs cherchaient à soutenir le moral des soldats en montrant une ardeur, une gaieté qu'ils ne sentaient point. Il y avait du découragement au fond des cœurs. Tout ce talent, tout cet héroïsme déployé par nos chefs, tout avait été inutile; le destin fatal l'emportait; il fallait abandonner la Hongrie. Soldats de l'empereur, nous étions forcés de reculer devant une armée de traîtres ou de paysans révoltés. Ces batailles décisives que nous avions appelées de tous nos vœux, l'ennemi avait su les éviter; il nous forçait à quitter la lice sans avoir combattu.

Vers trois heures du matin, l'infanterie ayant fini de passer, le ban m'envoya porter au général Ottinger l'ordre de laisser quelques hommes pour entretenir les feux des bivouacs afin de tromper l'ennemi, puis de se retirer avec la cavalerie. Les rues étaient désertes, le bruit des fers de mon cheval sur le pavé troublait seul le silence. Cette armée qui se retirait sans bruit, couvrant sa marche des ombres de la nuit, quatre mois auparavant elle était entrée triomphante dans cette ville; elle avait défilé sur ces places au son bruyant des trompettes, aux cris enthousiastes de *vive l'empereur!*

Au point du jour, le ban et le général Schlick montèrent à cheval; ils se dirent adieu, « au revoir sur d'autres champs de bataille, » et se souhaitèrent bonne chance. Les officiers s'embrassèrent comme des frères d'une même famille. Nos chefs crièrent encore une fois « vive l'empereur! » pour protester contre notre retraite, ramener l'espérance et la fortune dans nos rangs; puis, lançant leurs chevaux au galop, ils rejoignirent leurs corps : celui du général Schlick marchait vers l'ouest, dans la direction de Raab; celui du ban, au sud, vers Eszek, en suivant la rive droite du Danube. En arrivant à Tétény, nous vîmes flotter sur le fleuve les débris fumans des bateaux du pont sur lequel l'armée avait passé pendant la nuit; à huit heures, lorsque les hommes laissés devant les bivouacs pour entretenir les feux jusqu'au point du jour eurent traversé le Danube, le général Hentzi, qui gardait avec quatre mille hommes la forteresse d'Ofen, avait fait mettre le feu aux bateaux.

Quelques gentilshommes de Pesth, compromis par leur dévouement à la cause impériale et craignant les vengeances de Kossuth, nous accompagnaient dans notre marche; nous avions aussi avec nous plusieurs officiers de hussards dont les régimens avaient passé à l'ennemi; ils étaient venus se joindre à nous dès le commencement de la guerre pour ne pas violer leur serment. L'honneur les retenait parmi nous; mais leurs frères d'armes, leur famille, pour ainsi dire, était dans l'armée des insurgés; ils étaient dans nos rangs comme à la cour de Béarn Marguerite de Valois, qui pleurait quand les catholiques étaient battus, parce que c'étaient les gens de sa religion, et pleurait encore quand les huguenots étaient battus, parce que c'étaient les gens de son mari. Ces officiers avaient sur nous l'avantage de ne pas s'étonner de nos revers; quelques-uns surtout personnifiaient bien l'orgueil des régimens de hussards hongrois. « Comment veut-on, me disait un jour l'un d'eux, comment veut-on que notre armée puisse tenir devant l'armée hongroise? Nous n'avons plus de hussards, ils sont tous dans les rangs de l'ennemi. »

Le 25 avril, nous allâmes jusqu'à Erezen, et le lendemain nous arrivâmes à Adony. Chaque jour, nous nous avancions ainsi lentement vers Eszek; la route suivait le bord du Danube, passant tantôt sur une digue large de quelques toises, tantôt sur la pente des collines qui, depuis Pesth jusqu'à Mohacs, s'élèvent sur la rive droite. De ces collines plantées de vignes, la vue s'étend sur les plaines sans fin de la rive gauche; la terre, à l'horizon, va se confondre avec le ciel, et de rares habitations apparaissent comme des points blancs perdus à d'immenses distances. Entre tous les pays de l'Europe, la Hongrie a une physionomie profondément originale. Dans ses grandes plaines désertes, rien n'arrête la vue : le pâtre, errant toute l'année avec ses troupeaux, y voit le soleil se lever et se coucher comme sur l'Océan. Souvent j'ai couru tout un jour à cheval dans ces vastes *pusztas* (1) sans voir d'autre être vivant que quelque vautour qui traversait les airs ou une cigogne qui se tenait près d'un puits. Ces puits, creusés par les pâtres pour abreuver leurs bestiaux, sont le seul indice qui rappelle dans ces plaines l'existence de l'homme. Souvent, quand le soleil, s'abaissant vers l'horizon, dorait la plaine de ses derniers rayons, je me suis arrêté, saisi de je ne sais quelle émotion mélancolique devant ce spectacle grandiose qui donne l'idée de l'infini. Nul ne peut se défendre de cette mélancolie, qui semble être le caractère du pays; les soldats eux-mêmes, lorsque nous traversions ces plaines, marchaient silencieux et graves. La route que nous suivions était une belle chaussée, chose rare en Hongrie, où il existe à peine quelques routes tracées et entretenues. Dans les autres parties du pays, là où le terrain offre une pente à l'écoulement des eaux, la pluie et l'eau provenant de la fonte des neiges entraînent les premières couches de terre et se creusent un lit qui devient une route pendant l'été, et, lorsqu'après quelque orage l'eau a fait effondrer les berges, les voyageurs vont creuser ailleurs un nouveau sentier.

Nous passâmes par Földvar, Tolna, et arrivâmes le 6 mai, vers midi, en vue de Mohacs. Les collines, dont les pentes rapides venaient se perdre dans le fleuve, ne laissant parfois que peu de place pour la route, tournent subitement vers l'ouest, et, lorsqu'on a passé sur un pont de pierre un petit ruisseau dans lequel périt le roi Louis II de Hongrie, on a devant les yeux une vaste plaine : c'est là qu'au mois d'août 1526 vingt-cinq mille Hongrois livrèrent bataille à cent quarante m.ille Turcs, commandés par le sultan Soliman. Presque toute l'armée hongroise périt dans cette lutte héroïque; le roi, sept évêques,

(1) *Puszta* signifie littéralement espace vide. On appelle *pusztas*, en Hongrie, de grandes étendues de plaines, et quelquefois aussi, par corruption, lorsque ces plaines sont cultivées, les bâtimens voisins destinés à l'exploitation.

vingt-huit magnats, cinq cents seigneurs, George Schlick avec ses Bohèmes, restèrent sur le champ de bataille.

Le 9 mai, dans l'après-midi, nous atteignîmes enfin Eszek; l'aspect de la ville me rappela celui de Mantoue : l'on n'aperçoit d'abord que quelques clochers au milieu d'un vaste marais planté de saules rabougris noyés dans l'eau; ce n'est que lorsqu'on a traversé ce marais, sur une digue d'une grande longueur, que l'on voit enfin la ville, qui semble sortir des eaux.

Le ban arriva à Eszek avec douze mille hommes : il trouva les petits corps de troupes impériales qui gardaient au sud la frontière de la Slavonie et le district des Csajkistes dans une situation presque désespérée. Le colonel Puffer, après avoir lutté contre tout le corps de Perczel, n'avait plus que trois mille hommes réunis autour de Karlowitz; le général Mayerhoffer, douze cents hommes à Semlin, devant Belgrade. C'était tout ce qui restait du corps de quinze mille hommes que le général Thodorovich avait conduit au mois de mars, jusqu'aux environs de Szegedin, lorsque le ban avait proposé au prince de le laisser marcher vers le sud de la Hongrie, pour recommencer la guerre sur une nouvelle base d'opérations; mais, le prince Windischgraetz ayant alors retenu le ban auprès de lui, et l'armée impériale ayant repassé bientôt après le Danube, puis s'étant retirée jusqu'à la frontière, le général Thodorovich, après de sanglans combats, avait été obligé de reculer jusqu'à Pancsova, sur la rive gauche du Danube, devant les Hongrois, qui s'avançaient à l'ouest et au sud comme la lave envahissante d'un volcan. Le seul colonel Mamula était parvenu à se maintenir dans les positions qu'il occupait depuis le commencement de la guerre : il avait tracé autour de la forteresse de Peterwardein d'immenses travaux de circonvallation, dont la force devait suppléer au petit nombre de ses soldats. Il n'avait que deux mille hommes pour cerner cette forteresse; et toute son énergie, tout son talent était employé à empêcher les Hongrois de forcer ses lignes pour aller ravager la Slavonie et la Croatie.

Les districts militaires étaient épuisés d'hommes; les maladies, la guerre, les avaient dépeuplés; les Serbes des comitats du sud, effrayés des massacres des Hongrois, avaient abandonné leurs villages incendiés, et s'étaient réfugiés au-delà du Danube, dans les forêts de la Slavonie. Pendant que, sur le Haut-Danube et au nord de la Hongrie, la guerre se faisait comme entre peuples civilisés, elle n'était ici qu'une guerre d'extermination enflammée par les haines de religion (1) et de nationalité. Les récits de la retraite de Russie peuvent seuls donner une idée de ce que l'armée du ban a souffert pendant ces longs

_____

(1) Les Serbes sont de la religion grecque.

jours passés à attendre une nouvelle campagne. Les troupes, manquant souvent de vivres, restèrent pendant plusieurs semaines sans abri, sur un sol calciné par la chaleur, n'ayant à boire que l'eau bourbeuse des bords de la Theiss, ou celle des puits dans lesquels pourrissaient des piles de cadavres que les Hongrois y avaient jetés après chaque combat. Le choléra et le typhus (1) emportaient ceux que les balles de l'ennemi n'avaient pas atteints. C'est alors surtout que le ban, entouré de soldats mourans et sans communications avec le reste de l'armée impériale, montra tout ce que peut un grand cœur. Chaque jour assailli, souvent victorieux, il attendit ainsi pendant de longues semaines la nouvelle de la reprise des hostilités et de la marche offensive du général Haynau (2). C'est alors, c'est avec une armée réduite à sept mille hommes, qu'il alla attaquer quinze mille Hongrois dans les plaines d'Hagyes; mais je n'ai pas assisté à ces combats, et, pendant que l'armée du ban donnait cet exemple d'héroïque persévérance, je n'étais plus dans ses rangs.

IV.

Dix jours après notre arrivée à Eszek, le ban voulut faire descendre aux troupes de son corps le Danube en bateau à vapeur pour les porter rapidement sur Illok, à quinze lieues au-dessous d'Eszek; mais, ayant appris que les Hongrois avaient élevé des ouvrages en terre à Palanka, sur la rive gauche, et les avaient garnis de canons, il résolut de les faire enlever en débarquant une brigade à Bukin, village sur la rive gauche au-dessus de Palanka, et m'envoya reconnaître les bords du fleuve entre ces deux villages.

(1) Le typhus devint si violent, surtout vers la fin de la campagne, que les infirmiers se refusaient à soigner les malades. C'est alors que le beau-frère du comte de Chambord, l'archiduc Ferdinand d'Este, visitant les hôpitaux la nuit pour s'assurer si les soldats ne manquaient pas des soins nécessaires, fut atteint par la contagion, et périt ainsi que son aide-de-camp et deux officiers qui l'avaient accompagné. Le comte de Chambord, sur la nouvelle du danger que courait l'archiduc, se rendit près de lui et le soigna avec une sollicitude, un empressement qui firent même craindre pour ses jours.

(2) Le général Haynau, nommé par l'empereur général en chef de l'armée lorsque la maladie contraignait le général Welden à déposer le commandement, reprit, comme on sait, l'offensive au commencement de juin 1849. Après de glorieux combats, il refoula tous les corps d'armée hongrois jusqu'auprès de Temeswar, et les força à déposer les armes. C'est alors que ceux des chefs de l'armée insurgée qui avaient été officiers de l'empereur, et qui, désertant nos rangs, avaient trahi leur serment et combattu contre nous, furent mis en jugement. Pendant que beaucoup de journaux étrangers donnaient à ces jugemens l'apparence de vengeances haineuses, les amis, les parens des condamnés reconnaissaient qu'ils avaient mérité la mort; ils ont été jugés d'après les lois militaires, et les condamnant, ils savaient que l'heure de la défaite serait pour eux l'heure du supplice; ils sont morts courageusement, et la voix d'aucun homme d'honneur ne peut s'élever pour attaquer ces jugemens.

Je partis d'Eszek, le 19 mai, à l'entrée de la nuit, et arrivai le lendemain, vers dix heures du matin, au village d'Opatovacz. Je devais y trouver des pionniers chargés de me conduire en bateau sur l'autre bord; mais ces hommes n'étaient pas encore arrivés. Après les avoir attendus quelque temps inutilement, je me fis donner un bateau par le chef du village, et, prenant trois paysans pour ramer, je gagnai le milieu du fleuve. Il faisait un temps affreux; la barque, penchée par le vent, se remplissait d'eau à chaque moment, et menaçait de chavirer. J'arrivai enfin devant Bukin, et, ayant trouvé un endroit où la profondeur du Danube permettait à un bateau à vapeur d'approcher assez près de la rive pour y débarquer des troupes, je sautai à terre, et allai à un petit moulin établi sur un bateau près du bord du fleuve. Je tenais un fusil à la main. De peur de surprise, je criai de loin au meunier de venir à moi : c'était un Allemand; il paraissait bien intentionné, et me donna tous les renseignemens qui m'étaient nécessaires sur l'état et la direction du chemin par lequel la brigade devait s'avancer au milieu des bois pour surprendre Palanka. Je remontai en bateau, ordonnai aux rameurs de serrer la rive, et descendis ainsi le Danube jusqu'en vue de Palanka. Mes trois bateliers, n'osant s'approcher du rivage, voulurent s'arrêter; la distance était trop grande pour que je pusse reconnaître s'il y avait des canons rangés sur le bord du fleuve ou sur une place que quelques maisons bâties sur la rive me cachaient encore. Je les forçai à ramer jusqu'à ce que le bateau ne fût plus qu'à quelques mètres du rivage; alors je me dressai debout, les regards fixés sur la place du village. A ce moment, un officier hongrois et une quinzaine d'hommes armés de fusils s'élancèrent de derrière une maison; je saisis mon fusil, couche en joue l'officier, et lui crie : « Halte ! Je tire sur le premier qui s'avance. » Il s'arrêta et cria à mes bateliers d'aborder. « Ramez, ramez au large, leur dis-je d'une voix que le danger rendait menaçante. » Ces lâches, craignant une décharge, sautent hors du bateau, et marchent au rivage; le dernier cependant, pour m'aider à me sauver, pousse le bateau au large. Je jette alors mon fusil, saisis la rame, et vogue vers le milieu du fleuve; mais les soldats hongrois courent dans l'eau jusqu'à mi-corps, m'entourent avec leurs fusils, saisissent une corde qui pendait derrière le bateau, et m'amènent au rivage; je tremblais de colère. « On ne vous fusillera pas, n'ayez pas peur, me dit l'officier. » Il fit atteler trois voitures de paysan, et me pria poliment de monter avec lui dans la première; il s'assit à côté de moi, et mit son fusil entre ses genoux; deux pandours, auxquels il venait de faire charger leurs fusils, s'assirent derrière nous; on fit monter mes bateliers dans les deux autres voitures, et nous partîmes au galop.

Le chemin suivait la rive gauche du Danube. J'observais le terrain, prêt à sauter dans le fleuve pour me sauver à la nage lorsque le chemin se rapprocherait de la rive, mais partout sur la droite de la route s'étendaient des prairies et de grands marécages; les Hongrois auraient pu me rattraper et m'atteindre avec leurs balles avant que je fusse arrivé au bord du Danube. Lorsque nous traversâmes le village incendié de Futtak, je descendis un instant de voiture, affectant l'insouciance; mais un des pandours fut à terre aussitôt que moi, je vis qu'il fallait renoncer à m'échapper, et mâchai alors tous les papiers qui auraient pu fournir aux Hongrois quelques renseignemens sur nos opérations. A minuit, nous arrivâmes à Neusatz; l'officier qui me conduisait me remit aux mains du capitaine d'un bataillon du régiment de Ferdinand d'Este (un de ceux qui avaient trahi leur serment), et me laissa au corps-de-garde. Les soldats, qui portaient encore les couleurs impériales, avaient conservé ce profond respect, cet amour des chefs, vertus inhérentes au soldat autrichien; ils m'apportèrent du pain, de l'eau fraîche, et étendirent, avec un empressement affectueux, une couverture sur un banc pour que je fusse mieux couché. L'un d'eux ayant commencé à parler de l'empereur d'une manière insultante, les autres lui imposèrent silence : l'éducation militaire avait développé dans leurs cœurs des sentimens de délicatesse dont je fus touché.

Au point du jour, lorsqu'on eut rétabli le passage en fermant le pont de bateaux, que les Hongrois ouvraient pendant la nuit de peur qu'il ne fût détruit par des brûlots, l'officier me conduisit dans la forteresse de Peterwardein au général Perczel, qui y commandait. J'entrai, le saluai fièrement et lui dis mon nom; Perczel voulut se donner l'air d'un homme du monde, et me dit avec une politesse affectée : « Je ne vous ferai pas de questions sur les opérations de votre armée, je sais d'avance que vous n'y répondrez pas; nous savons au reste fort bien où est le ban, et nous l'attendons avec impatience. J'aurais le droit de vous faire fusiller; mais nous ne sommes pas des sauvages mal appris, comme on se plait à le croire dans votre armée. Vous resterez prisonnier ici, » continua-t-il au bout d'un moment. Il appela un officier, et l'on me conduisit dans une casemate : c'était une longue pièce voûtée, large de huit pas, longue de vingt; on y descendait par trois marches; elle était éclairée par une fenêtre au ras du sol, large de quatre pieds, haute de trois, destinée à servir d'embrasure à un canon, et fermée par une forte grille. La vue donnait sur le fossé et sur la contrescarpe. A midi, le prévôt chargé de la garde des prisonniers entra suivi d'un soldat qui m'apportait à manger; le prévôt, qui portait encore l'uniforme impérial, paraissait avoir cinquante ans; déja ses cheveux étaient blancs, mais un regard plein de feu s'échappait de ses yeux gris. Il paraissait grave et triste. Quand le soldat fut sorti, il s'assit sur mon lit et causa avec moi : il me raconta qu'il avait servi pendant trente ans dans un bataillon de grenadiers, il parla de l'empereur avec respect, et il me sembla qu'il cherchait à gagner ma confiance; mais je l'observais et me défiais de lui. Il me souhaita une bonne nuit et sortit.

Je passai toute l'après-midi à combiner un plan d'évasion; je visitai les barreaux de la fenêtre, et ayant trouvé au milieu d'un amas de vieux meubles cassés et jetés dans un coin un long crampon de fer, je le cachai : ce crampon était assez fort pour faire sauter une serrure, mais je vis tout de suite qu'il fallait renoncer à sortir par la porte, qui ouvrait sur l'intérieur de la forteresse. Il m'aurait fallu, en supposant cet obstacle franchi, traverser deux lignes de fortifications et les avant-postes hongrois : c'était impossible. J'essayai de faire plier les barreaux de la fenêtre, ils étaient trop forts; cependant je parvins plus tard à en écarter deux de manière à pouvoir passer la tête. Ce n'était pas de l'intérieur de la casemate que je pouvais m'échapper : par la porte, par la fenêtre, la fuite était impossible, et les murs avaient six pieds d'épaisseur.

Le lendemain 22 mai, le prévôt entra comme la veille à midi dans la casemate, il me dit qu'il avait l'ordre de me laisser prendre l'air pendant une heure : je m'efforçai de paraître indifférent, mais j'avais peine à cacher ma joie; j'allais donc pouvoir songer à de nouveaux moyens d'évasion. Le prévôt me mena sur une place plantée d'arbres, entourée de rapides talus gazonnés qui menaient sur les remparts; au pied des remparts coulait le Danube : je vis la possibilité de m'échapper, de m'élancer dans l'eau et de me sauver à la nage; je résolus d'attendre pendant quelques jours pour bien réfléchir sur mon plan avant de l'exécuter. Le prévôt recommença à parler de l'empereur, de son dévouement à la cause impériale (il était Slavon d'Eszek), mais j'étais sur mes gardes, persuadé qu'il avait ordre de jouer ce rôle pour gagner ma confiance et apprendre de moi nos plans et notre force; je n'en doutai plus lorsque, le lendemain, il me dit avec une extrême exaltation qui lui fit venir les larmes aux yeux : « Capitaine, j'ai un poids énorme sur l'ame; je ne puis supporter cette tyrannie hongroise; l'empereur est-il donc sans pouvoir? comment serons-nous délivrés de cette tyrannie? Ah! capitaine, si ce pouvait être bientôt! — Doucement, patience, Kussmaneck (c'était le nom du prévôt), patience, ça viendra, lui dis-je en riant et en le regardant d'un air moqueur pour lui faire voir que je n'étais pas dupe de ses paroles et de ses beaux sentimens de fidélité. — Comment serons-nous délivrés? continua-t-il sans se déconcerter; le ban a-t-il donc une puissante armée? » Cette dernière question me confirma encore davantage dans mes idées.

Cependant le 24, après avoir marché long-temps en silence près de

moi, Kussmaneck me dit : « Nous sommes ici plusieurs attachés de
cœur et par notre serment, que nous n'avons pas violé, à l'empereur;
nous sommes ici malgré nous. » Puis il s'arrêta et me regarda en face
en hésitant à parler, comme s'il eût voulu me confier quelque chose
et se fût défié de moi. L'expression de son regard était si vraie qu'elle
me donna confiance en lui, et je cessai de répondre par un sourire de
doute à ses paroles. « Deux sous-officiers du génie, continua-t-il, un
jeune Croate nommé Gerberich, le propriétaire du pont de bateaux et
moi, nous sommes prêts à tout entreprendre pour rétablir dans la forteresse l'autorité de l'empereur. » Le prévôt hésita encore un moment.
« Et pour tout vous dire, reprit-il, nous avons, capitaine, les moyens
d'écrire au colonel Mamula; nous pouvons même aller jusqu'à lui en
nous glissant la nuit en bateau le long de la rive du Danube; c'est ainsi
que le sous-officier du génie Braunstein a pu convenir avec le colonel
de signaux pour l'avertir quand les Hongrois se préparent à l'attaquer.
D'une des redoutes de la ligne de circonvallation, on aperçoit la maison
de Braunstein. Lorsque les Hongrois se préparent à attaquer le colonel,
le sous-officier l'en avertit en mettant la nuit une lumière sur sa fenêtre,
et, si c'est de jour, il suspend en dehors de la fenêtre un manteau noir
sur le mur blanc. Capitaine, continua Kussmaneck, vous êtes notre
supérieur, vous allez être notre chef; il faut tout tenter, le moment
est propice. La nuit, il n'y a que quinze cents hommes dans la forteresse, le reste de la garnison campe dans la tête de pont à Neusatz, et
il faut plus de deux heures pour fermer le pont de bateaux et rétablir le passage. » Je lui recommandai de savoir exactement le nombre
des soldats qui étaient dans la forteresse, de s'assurer de la force des
postes chargés de garder les portes, de savoir les jours où les honveds
étaient de garde, et je convins avec lui qu'il me ferait parler le lendemain à l'heure de la promenade avec les deux sous-officiers du génie.

J'employai une partie de la nuit à chercher par quels moyens nous
pourrions seconder une attaque de nuit du colonel Mamula et faire entrer ses troupes dans la forteresse en nous emparant d'une des portes.
Une idée me vint à l'esprit : Kussmaneck m'avait dit qu'il tenait enfermés dans les autres casemates voisines de la mienne quatre-vingt-dix-
huit soldats des régimens croates et slavons condamnés aux travaux
forcés, les uns pour dix, les autres pour quinze ou vingt ans, par les
conseils de guerre impériaux pendant les années qui précédèrent la révolte. Ces condamnés étaient tous Croates ou Slavons, car les Hongrois
avaient donné la liberté à ceux de leur nation qui se trouvaient parmi
eux et les avaient incorporés dans leurs bataillons de honveds. Ces soldats étaient tous condamnés pour vol à main armée, assassinat ou
meurtre commis sans préméditation. Kussmaneck pouvait briser leurs
fers, ils pouvaient nous aider. L'espérance de la liberté, le besoin de

vengeance et la haine nationale allaient faire de ces hommes sans frein, habitués à voir couler le sang, une troupe prête à tout entreprendre, forcée de périr plutôt que de s'arrêter une fois le signal donné.

Le lendemain, à une heure de l'après-midi, Kussmaneck me fit sortir et me mena près des remparts; Braunstein et Kraue (ainsi s'appelaient les deux sous-officiers du génie) se promenaient d'un air indifférent; il leur fit signe, et ils nous suivirent dans un étroit chemin formé par des piles de bois rangées comme dans un chantier. Braunstein était blond, pâle et paraissait délicat; Kraue, large d'épaules, avait la tête forte, de gros sourcils, le regard dur et ferme. Nous convînmes de la manière dont tout serait conduit : Kussmaneck devait mettre en liberté, pendant la nuit, tous les condamnés, qui seraient partagés d'avance en quatre bandes de vingt-quatre hommes chacune. Les fusils du poste qui gardait la porte de la forteresse du côté de Belgrade étaient rangés la nuit devant le corps-de-garde pendant que les soldats dormaient, une seule sentinelle les gardait : s'élancer sur cette sentinelle, s'emparer des trente fusils, massacrer les soldats endormis et se rendre maître de la porte, c'était par là qu'il fallait commencer; j'étais capitaine, et je devais conduire cette bande. Kussmaneck, avec vingt-quatre autres condamnés, devait s'emparer de trois pièces de canon qui restaient, pendant la nuit, chargées et la mèche allumée sur la place d'armes pour être prêtes en cas d'attaque; une fois maître de ces pièces, il devait acculer sa troupe contre le rempart, retourner les canons et se tenir prêt à tirer sur les Hongrois. Braunstein et Kraue se chargèrent de conduire les deux autres troupes : ils devaient entrer avec elles dans la caserne et s'emparer des fusils des soldats endormis. Pendant ce temps, le colonel Mamula, averti par une salve de coups de fusil, devait lancer quelques pelotons de cavalerie au galop par la porte que je tenais avec mes gens et se jeter ensuite lui-même dans la forteresse à la tête de l'infanterie. Sans nous exagérer nos forces et nos moyens, et quand même une partie du plan aurait échoué, nous étions en état de soutenir le combat et de tenir ouverte, pendant une demi-heure, la porte de Belgrade; nos hommes étaient forcés de se battre jusqu'à la mort plutôt que de se rendre pour être ensuite massacrés ou fusillés. Il fallait écrire au colonel Mamula pour convenir avec lui de son plan d'attaque et lui donner tous les détails nécessaires; Gerberich avait proposé lui-même à Kraue de porter au colonel les papiers que nous aurions à lui faire passer : il était le seul qui pût maintenant accepter cette dangereuse mission. A une époque où les Hongrois n'avaient pas encore doublé leurs avant-postes, Braunstein et Kraue étaient parvenus à se glisser hors des lignes et à tromper leur vigilance; cette fois, cela paraissait impossible. Quant à Gerberich, en prétextant qu'il avait affaire entre la forteresse et la ligne intérieure des avant-postes, il pouvait obtenir un permis pour sortir, et se glisser ensuite à travers les avant-postes pour gagner la campagne : c'était risquer sa vie, mais il était prêt.

Enfin, lorsque tout fut convenu, pour n'avoir pas à me reprocher d'avoir laissé ces hommes courir à la mort, je leur dis que si notre entreprise ne réussissait pas, ou si elle était découverte, rien ne pourrait nous sauver, et que nous serions certainement fusillés; je les regardai en observant leur contenance. Braunstein me dit d'une voix calme : « Capitaine, nous ne craignons pas la mort; fusillé ici ou tué par la mitraille sur le champ de bataille comme nos camarades de l'armée, peu importe, c'est la mort d'un soldat: je veux servir l'empereur comme je l'ai juré, *und als braver Kriegsmann, wenn es seyn muss, für den Kaiser sterben, so wahr mir Gott helfe* (1)! » dit-il avec une énergie extrême et en levant la main. Ces hommes courageux étaient mariés tous les trois; ils avaient chacun plusieurs enfans. « Eh bien! leur dis-je pour m'assurer une dernière fois de leur énergie, si tout réussit, moi j'ai tout à gagner, l'empereur me donnera la croix de Marie-Thérèse, et je suis décidé à tout risquer plutôt que de finir lentement dans cette casemate; mais vous, vous n'aurez pour récompense qu'une médaille de bravoure ou un grade d'officier. Si nous sommes fusillés, que deviendront vos femmes et vos enfans? » — « L'empereur en aura soin, » répondit Kussmaneck. Alors je leur serrai fortement les mains, leur dis adieu, et Kussmaneck me reconduisit dans ma casemate.

Je passai tout le reste du jour à écrire au colonel Mamula sur une bande de papier fin; ce papier roulé n'était pas plus gros que le petit doigt de la main et n'avait que trois pouces de long. Je le donnai à Kussmaneck pour le remettre à Gerberich et lui dis de lui recommander expressément de ne pas cacher ce papier dans ses bottes ou dans ses habits, et de le tenir serré dans sa main, afin de pouvoir l'avaler s'il était arrêté; mais Braunstein, ayant appris pendant la soirée que quelque changement allait avoir lieu dans les troupes qui occupaient les postes, poussé aussi, comme je le crois, par le noble désir de partager tout le danger, voulut transmettre ces derniers détails au colonel Mamula. Son écriture était grosse, il négligea de prendre du papier fin, et, malgré mes recommandations, il laissa Gerberich coudre ces deux lettres entre le drap et la doublure de son habit sous l'aisselle.

Gerberich s'était procuré un permis signé du commandant de la forteresse pour aller dans une de ses vignes, située sur le rayon des avant-postes hongrois. Le 27, à midi, il sortit de la forteresse; il devait revenir le soir même, avec une réponse du colonel Mamula. Je m'accroupis dans l'embrasure de la fenêtre, d'où je pouvais voir, en appuyant le visage contre la grille, le pont qui est devant la porte de Belgrade sur le fossé : c'était par cette porte que Gerberich devait rentrer le soir. Je n'étais pas sans inquiétude, mais cependant prêt à tout. Trois heures venaient de sonner, j'entends des pas dans le corridor devant la casemate; des crosses de fusil résonnent; la porte s'ouvre, Kussmaneck paraît sur le seuil, un officier et quatre soldats le poussent par les épaules jusqu'au milieu de la casemate; l'officier s'arrête, me regarde long-temps avec une expression de colère mal contenue, puis il sort et me laisse seul avec Kussmaneck.

L'émotion nous oppressait tous deux, et nous ne pouvions nous parler. Exprimer des regrets n'était pas digne d'un homme; Kussmaneck marchait dans la casemate; les mains croisées derrière le dos; j'étais assis sur mon lit, et, comme ébloui par toutes les idées qui se pressaient dans ma tête, je sentais une émotion extrême; pour la surmonter, je dis enfin à Kussmaneck en m'efforçant de paraître calme : Eh bien! que va-t-on faire de nous? — Vous le savez bien, capitaine, me dit-il d'un ton tranquille; nous serons fusillés avant que les vingt-quatre heures soient écoulées.

Quelques instans après, on vint le chercher pour l'enfermer ailleurs. Je passai toute la soirée à marcher dans la casemate, comprimant les battemens de mon cœur et cherchant à me calmer par la pensée que j'étais dans la même situation qu'un officier qui, blessé mortellement dans un combat, sait qu'il n'a plus que quelques heures à vivre; pendant ces heures, me dis-je, il lutte avec la souffrance, et moi je suis encore en ce moment plein de force et de vie. Vers minuit, brisé par l'émotion, je m'étendis sur mon lit et m'endormis profondément.

Le lendemain, 28 mai, je me réveillai vers sept heures du matin. Je me sentis plein de force, j'allai à la fenêtre : le temps était superbe; je pensai que toute la population de la ville viendrait assister à l'exécution, et je résolus de montrer à ces Hongrois avec quelle intrépidité les soldats de l'empereur marchaient à la mort, me répétant sans cesse avec orgueil : Je suis gentilhomme et officier de l'empereur!

A neuf heures, un prévôt hongrois vint me chercher; deux soldats marchèrent derrière moi. La rue était pleine de monde; je passai devant ces groupes la tête haute. On me conduisit dans la salle où se tenait le conseil; sept officiers et un *auditeur* (1) étaient assis autour d'une table; mes yeux cherchèrent à lire sur leur visage les sentimens qui les animaient. Un des jeunes officiers détourna la tête, comme si son cœur eût d'avance protesté contre le jugement; les autres étaient sérieux et impassibles ou avaient sur les lèvres un sourire ironique.

(1) Juge militaire.

Le chef du conseil me demanda en me tendant le papier roulé pris sur Gerberich : « Avez-vous écrit ceci? — Oui, » lui dis-je. Il me fit pour la forme les questions d'usage que prescrit la règle du code militaire, puis le prévôt me conduisit dans une autre salle; mes quatre compagnons étaient là. J'allai à eux et leur serrai fortement les mains, en cherchant à comprimer mon émotion. Kussmaneck était calme; ses traits, fatigués par l'âge, ne témoignaient qu'indifférence et résignation; Kraue était tranquille, son regard n'avait rien perdu de son audace, ses lèvres souriaient avec dédain; Braunstein seul paraissait fortement ému; il était jeune et beau, quelques grosses larmes roulaient sur ses joues. Il leva sur moi ses grands yeux bleus et me dit: « Je pleure sur ma femme et mes pauvres petits enfans. — Courage! courage! Braunstein, l'empereur en aura soin, » lui répondis-je d'une voix que je m'efforçais encore de maintenir ferme, sentant son émotion me gagner. Gerberich me causa une profonde pitié; il était le plus jeune. Poussé par son attachement pour la cause impériale, il était venu partager nos dangers, et maintenant il allait mourir. Il était là, appuyé à la muraille; la fièvre de la mort faisait claquer ses dents et frissonner tout son corps.

Cependant les officiers hongrois délibéraient; un d'entre eux traversa la salle en tenant un papier à la main. J'avais assisté plusieurs fois à des conseils de guerre, je savais que ce papier était la sentence qu'il portait à signer au commandant de la forteresse. Au bout de quelques minutes, le prévôt me plaça, ainsi que mes compagnons, entre une douzaine de soldats pour nous reconduire dans nos prisons en attendant l'exécution. Je marchais le premier; j'entendais répéter autour de moi le mot *erschossen* (fusillé); je vis sur un balcon deux hommes et une jeune femme; quand je passai, les hommes soulevèrent un peu leurs chapeaux, et la jeune femme avança la main dans laquelle elle tenait un mouchoir comme pour me faire un signe d'encouragement; c'était sans doute une famille attachée à la cause impériale. Je levai la tête et les regardai en souriant pour leur dire que je ne faiblirais pas et ferais honneur à notre cause. J'entrai dans ma casemate; la porte, gardée par deux soldats, restait ouverte, et je voyais de loin, dans la chambre où avait logé Kussmaneck, sa femme et sa fille qui pleuraient et criaient en poussant de douloureux gémissemens; il me semble encore les entendre : « Mon père! mon père! » criait cette pauvre fille d'une voix forte comme pour l'appeler; elle se tordait les bras au-dessus de la tête; puis, épuisée et tremblante, elle allait s'appuyer le front contre la muraille. Je la plaignis; puis ces cris et ces plaintes m'irritèrent : ils me forçaient à penser à ma mère et à son chagrin, et je me sentais faiblir. J'avais conservé une bague sur laquelle était monté un petit diamant; je la tirai de mon doigt et j'ô-

crivis sur un des carreaux : « Adieu! chers parens, je vais être fusillé;
je suis tranquille et résigné; je meurs plein de foi et d'espérance.
Chère mère, mon seul chagrin est le vôtre. » Puis je détachai le ruban de ma croix afin de le tenir sur mon cœur quand je serais fusillé,
et, m'asseyant sur mon lit, je repassai dans mon esprit les anciens
souvenirs de ma famille; je me rappelai tous les détails de la mort héroïque de lord Strafford, que je n'avais jamais lus sans me sentir saisi
d'admiration; je me jurai de montrer autant de fermeté d'ame que
lui. Les espérances que j'avais souvent caressées dans mon cœur, il
fallait les abandonner, mais je pouvais en ce moment suprême gagner
encore de l'honneur.

L'horloge sonnait les heures : deux heures, trois heures étaient
écoulées; l'exécution aurait dû avoir lieu dans les vingt-quatre heures;
une lueur d'espérance se glissa dans mon cœur, mais elle me fit perdre
tout mon calme; j'étais maintenant fortement agité. Je me promenai
tout le reste du jour à grands pas dans ma casemate, cherchant à étouffer dans la fatigue la douleur du corps et de l'ame. Épuisé, je me jetai
sur mon lit. Le lendemain à neuf heures, le prévôt hongrois, suivi de
quatre soldats, vint me chercher; j'étais calme et tranquille et ne res-
sentis presque aucune émotion quand il me dit qu'il allait me conduire
encore une fois dans la salle du conseil; les officiers hongrois y étaient
réunis. Sur l'ordre du chef, deux vieillards entrèrent; le prévôt me
demanda quel était celui des deux qui m'avait offert de l'argent. Voici
pourquoi il me faisait cette question : le propriétaire du pont de bateaux, Bobek, bourgeois de Peterwardein, riche et dévoué à l'empereur, informé en secret, quelques jours auparavant, par Braunstein
qu'une entreprise se préparait pour remettre la forteresse aux mains
de l'empereur, s'était approché de moi pendant que je me promenais
sous la surveillance de Kussmaneck; il m'avait dit que, si j'avais besoin d'argent, sa fortune amassée par le péage et la construction du
pont de bateaux sur le Danube était aux ordres de l'empereur, et qu'il
me donnerait tout l'argent qui me serait nécessaire. J'avais en conséquence écrit dans les papiers pris sur Gerberich que je n'avais pas besoin
d'argent, et qu'un bourgeois de la ville m'avait offert de m'en fournir.
Les Hongrois irrités ne savaient sur qui devaient se porter leurs soupçons. Quand j'eus dis que je n'avais jamais vu ces vieillards, le chef
du conseil ordonna d'aller chercher un autre bourgeois de la ville;
mais alors je m'écriai d'une voix ferme et avec intention : « C'est inutile, je ne saurais reconnaître celui qui m'a offert de l'argent. » J'ai su
depuis que Bobek, apprenant qu'on cherchait dans la ville le bourgeois
qui avait offert de l'argent à l'officier autrichien pour faire réussir le
complot, avait cru qu'il allait être découvert. Sachant qu'il serait fusillé, il avait été pris de crampes violentes, et était mort le lendemain.

Bolek, ignorant comment l'offre qu'il m'avait faite avait été connue des Hongrois, a pu croire que la crainte de la mort m'avait arraché cet aveu, et que je l'avais vendu; cette idée m'a long-temps tourmenté.

On me reconduisit dans ma casemate. Deux longues journées s'écoulèrent : par instans, je retrouvais l'espérance; mais je repoussai de mon cœur les combats que cette espérance, qui pouvait être trompeuse, venait livrer à la sombre résignation qui me soutenait. L'espérance semblait vouloir par instans me redonner la vie, et puis, un moment après, elle me livrait à la mort; je la rejetai avec colère.

Le jeudi 31 mai, le prévôt me dit que la sentence du conseil de guerre avait été envoyée à Debreczin au ministère hongrois par le général Paul Kiss (1), qui avait remplacé Perczel dans le commandement de la forteresse. Je comptai le nombre de jours qu'il fallait au courrier pour revenir de Debreczin. Sachant que l'armée du ban devait être en marche, je l'appelais de tous mes vœux, espérant que son approche m'apporterait peut-être quelque chance favorable, et que, quand même la réponse de Debreczin parviendrait dans la ville, on n'oserait peut-être pas exécuter la sentence pendant que le ban serait devant la forteresse; le temps s'écoulait dans ces douloureuses alternatives. Enfin, le 12 juin au matin, le canon commença à tonner au-dessus de ma tête et sur les remparts (2). Les Hongrois ne cessèrent de tirer pendant toute la journée; le soir, une lueur rouge éclaira toute la contrescarpe; je pensai que les faubourgs brûlaient. Le lendemain, dans l'après-midi, le canon recommença à tonner; mais le feu cessa au bout d'une demi-heure. Chaque jour, j'entendais quelques coups de canon; je savais ainsi que l'armée du ban était devant Neusatz, et cernait la forteresse sur la rive gauche. Le courrier envoyé à Debreczin ne pouvait rentrer : je recouvrai quelque espérance; mais, vers la fin de juin, le canon cessa de gronder pendant plusieurs jours; le ban devait être parti (3).

Le 2 juillet, comme je marchais lentement dans ma casemate, je vis venir sur le seuil de la porte un officier hongrois, capitaine d'artillerie; il s'arrêta un moment pour me regarder en face; je continuai de marcher; il saisit par l'épaule la sentinelle qui gardait la porte et lui dit : «Prends garde que ce chien ne s'échappe, tu m'en réponds.»

(1) Le général craignit sans doute, sachant la marche du ban, de prendre sur lui de faire exécuter la sentence, ou peut-être fut-il poussé à quelque sentiment de pitié par le major Boro, ancien officier impérial, homme d'honneur, quoique servant dans l'armée des révoltés, qui, espérant pour moi quelque chance favorable, le conjura, comme je l'ai entendu dire depuis, d'envoyer la sentence à Debreczin avant de la faire exécuter.

(2) Le ban attaquait la tête du pont de bateaux qui réunit la ville de Neusatz à la forteresse de Peterwardein; les Hongrois ouvrirent sur Neusatz le feu de cent vingt pièces de canon, forcèrent l'armée du ban à abandonner la ville et la réduisirent en cendres.

(3) Il était allé prendre position sur le Franzens-Canal.

Puis, comme je passais devant lui, il me montra le poing avec un vi-
-sage enflammé de colère et me dit : « Oui, oui, mauvais chien *noir et
jaune* (1), il faut que je te voie fusiller. » Je pensai que la sentence était
arrivée de Debreczin; la force m'abandonnait, une forte crampe me
serra la poitrine, et j'allai m'asseoir sur mon lit. Un des soldats, touché
des cris de douleur que m'arrachait par instans la souffrance, dit à
un de ses camarades du poste d'aller chercher un médecin; le médecin
arriva bientôt, mais comme il s'approchait de moi et que, tout haletant
de douleur, je l'appelais pour lui demander du secours, le prévôt le fit
sortir : la colère me rendit toute ma force; je m'élançai sur le prévôt
pour le saisir à la gorge et me venger. Le prévôt sauta hors de la casemate, et le soldat m'arrêta avec son fusil. Au bout d'une demi-heure,
le médecin militaire en chef entra dans ma casemate; il me tâta la
poitrine, et vers le soir un soldat m'apporta une bouteille. Je la bus;
je sentis aussitôt une grande chaleur dans tout le corps, je me crus
empoisonné. Le commandant de la forteresse, pensais-je, n'ose pas me
faire fusiller, de peur d'avoir à répondre de ma mort, si quelque jour
les chances de la guerre le forcent à capituler; mais maintenant on
croira que le choléra m'a emporté. La nuit me parut bien longue; le
médecin revint vers huit heures. J'avais résolu de lui arracher l'aveu
de mon état : « Docteur, docteur, lui dis-je, je suis empoisonné; dites-
moi la vérité. — Non, non, me dit-il d'une voix émue, jamais je n'aurais consenti à pareille chose. » Il me prit la main; quelques larmes
coulèrent sur ses joues. « Non, jamais, continua-t-il; j'ai une femme
et des enfans, je crains les jugemens de Dieu. »

J'étais faible, mais tranquille; je priai Dieu de me laisser mon
énergie; je sentais la jeunesse combattre en moi la maladie, et bientôt
je retrouvai toute ma force; j'allai m'asseoir dans l'embrasure, d'où je
pouvais voir le pont en passant la tête à travers les barreaux. Le matin, les premiers rayons du soleil pénétraient obliquement dans la casemate; c'était pour moi un grand bonheur de me réchauffer à leur
bienfaisante chaleur, et de les suivre jusqu'au moment où le jour, en
s'avançant, ramenait l'obscurité dans ma cellule. Devant ma fenêtre,
sur la contrescarpe et dans la partie du fossé qui était à sec, campaient
de pauvres familles dont les maisons dans les faubourgs avaient été
incendiées; ces malheureux étaient sans abris et presque sans vivres,
le choléra les décimait, et presque chaque jour j'en voyais emporter
quelqu'un dans une couverture; je me souviens d'un enfant d'une
douzaine d'années que, pendant plusieurs jours, j'entendis crier; ses
cris de douleur semblaient ceux d'une bête sauvage; la maladie contractait tous ses membres, je le voyais s'accroupir et cacher sa tête

(1) Ce sont les couleurs impériales.

entre ses genoux, puis il s'allongeait tout à coup en raidissant les bras; une femme, sa mère sans doute, était près de lui et soutenait sa tête; un soir, je vis qu'il ne remuait plus, je pensai qu'il était mort.

Le 12 juillet, pendant la nuit, je fus réveillé par le bruit des crosses de fusil sur les dalles du corridor; un officier suivi de quatre soldats entra dans la casemate, il tenait une lanterne à la main; je sautai à bas de mon lit et me dressai devant lui, pour qu'il vît que j'étais prêt; il leva sa lanterne à la hauteur de mon visage, puis il marcha autour de la casemate en regardant les murs, et sortit. J'entendis le bruit des crosses de fusil retentir dans la casemate voisine, et je pensai que c'était l'officier d'inspection qui était venu faire une ronde.

Le temps s'écoulait lentement; chaque matin, j'écrivais le jour et la date du mois sur le carreau de la fenêtre avec le petit diamant de ma bague, je m'efforçais d'oublier ma situation, et mon esprit courait en liberté dans les vertes plaines de la Styrie ou sur les montagnes de la Suisse; quelques vers d'une élégie de Tite Strozzi me revenaient souvent à la mémoire, je les écrivis sur le carreau :

> Sed jam summa venit fatis urgentibus hora,
> Ah nec amica mihi, nec mihi mater adest;
> Altera ut ore legat properæ suspiria vitæ,
> Altera uti condat lumina et ossa tegat.

Le souvenir de ces vers venait me charmer : c'était pour moi une consolation de les relire. Bientôt pourtant je retrouvai toute ma force, je voulais vivre; l'espérance de pouvoir me venger un jour vint m'exalter et me soutenir. Je passais presque toute la journée assis dans l'embrasure de la fenêtre : souvent quelques personnes s'arrêtaient pour me regarder; alors je me retirais précipitamment, de peur d'attirer sur moi l'attention de la sentinelle. Un jour, à l'heure où le soleil se couchait, une jeune femme passa sur le pont : elle tenait des fleurs à la main; elle s'arrêta, et, sachant probablement que j'étais un officier de l'empereur, elle effeuilla ces fleurs dans sa main et les lança vers la grille de ma fenêtre. Je voudrais pouvoir la remercier de cette marque de sympathie qui me fit un bien extrême. Plusieurs fois aussi je vis passer sur le pont un jeune prêtre; quand il était seul, il s'arrêtait et me saluait.

Le 21 juillet, le prévôt me dit que Kraue était mort dans la casemate où il était enfermé, et qu'il me faisait dire adieu. Le 27 au matin, il entra de nouveau dans mon cachot. Son visage était mouillé de sueur, ses yeux cherchaient la terre; il essuyait avec son mouchoir quelques gouttes de sang qui tachaient sa manche. « Capitaine, me dit-il, Kussmaneck, Braunstein et Gerberich viennent d'être fusillés; vous, vous resterez ici prisonnier. » Je ne voulus pas me rattacher à cette espérance : je craignais qu'on ne me gardât pour quelque exécu-

tion dans l'après-midi ou pour le jour suivant; ce ne fut que le lendemain, 28 juillet au soir, lorsque le prévôt m'eut dit que l'exécution
avait eu lieu par suite de l'ordre venu de Debreczin, que je compris que
j'étais hors de danger. La présence du ban devant Neusatz avait retardé
l'arrivée du courrier à Debreczin, et, lorsque la sentence fut remise à
Georgey pour qu'il la sanctionnât, l'armée impériale s'avançait partout triomphante au cœur de la Hongrie, sous la conduite du général
Haynau. Soit que Georgey ait été poussé par la pitié, soit qu'il eût
craint pour l'avenir dans ce moment où la cause hongroise paraissait
perdue, il ne voulut pas signer la sentence qui condamnait un officier.

Mes trois compagnons sont morts courageusement; ils étaient soldats de l'empereur. Les années qu'ils avaient passées dans l'armée leur
avaient donné ce fier orgueil de caste qui jamais ne se dément : leur
mort héroïque a témoigné de leur foi.

Enfin, le 23 août, le prévôt vint me dire qu'il avait ordre de me
conduire au commandant de la forteresse. Nous traversâmes la place.
Je ne pouvais assez admirer le ciel bleu et les arbres de l'esplanade.
Le commandant marchait d'un air pensif dans sa chambre; son visage était pâle et maigre, et son regard sombre. Je le saluai. « Les
chances de la guerre ont tourné contre nous, me dit-il; la cause de
la Hongrie est une cause perdue, l'armée de Georgey n'existe plus.
Il a été forcé de déposer les armes; voici une lettre de lui que vient de
m'apporter un parlementaire; il m'engage à rendre la forteresse et
m'ordonne, sur la demande du général Haynau, de vous mettre en
liberté. Vous êtes libre, mais restez dans votre casemate; mes soldats
sont exaspérés, je ne réponds de rien. » Je lui demandai s'il n'était rien
arrivé au ban et si son armée avait livré quelque bataille depuis la fin
de mai; il loua la bravoure de nos chefs et de nos troupes et parla du
combat d'Hagyes, où les Hongrois avaient été vainqueurs, avec une modestie qui m'étonna; puis, avec une affectation de politesse, il me rendit
ma montre, une bague à cachet et 600 florins qui m'avaient été enlevés
lorsque je fus fait prisonnier. « Vous aviez un fort beau sabre, continua-t-il; je regrette de ne pouvoir vous le rendre; le major Bozo, auquel je l'avais confié, est en ce moment à Komorn (1); acceptez celui-ci
à la place. » Et il me tendit un de ses sabres. Au bout d'un moment,
il dit en soupirant : « Les Français nous ont abandonnés, nous avions
compté sur eux ! — Aviez-vous quelque promesse secrète? lui deman-
dais-je. — Non, répondit-il, mais l'attitude révolutionnaire (*revolution-
naire Stellung*) que la France a prise en Europe n'était-elle pas un
gage pour nous, une promesse qu'elle nous soutiendrait? » Il me parla
ensuite long-temps d'Isaszeg et de Tapio-Bicske; il ne voulait pas croire

(1) Après la capitulation de Komorn, le major Bozo m'a renvoyé ce sabre.

qu'à Tapio-Bicske la seule brigade Rastich eût soutenu tout le combat; il loua la bravoure des *Ottochaner*, qui, à la bataille d'Isaszeg, avaient défendu la forêt; puis, après un moment de silence : « Je m'attends à être fusillé, dit-il, » et il s'arrêta devant moi comme pour chercher une réponse. J'aurais pu me venger et jouer une fausse pitié pour l'affermir dans l'idée qu'il n'avait pas de grace à espérer; mais j'étais trop heureux pour songer à la vengeance, et je lui dis que j'étais sûr que l'empereur userait de clémence (1). « Tout est perdu pour nous! reprit-il, il y aurait folie à vouloir défendre cette forteresse, à continuer seul la guerre; mais je ne suis plus maitre de mes troupes, vous allez voir où nous en sommes. » Il me fit asseoir; quelques minutes après, son aide-de-camp vint lui dire que dix officiers et sous-officiers, convoqués par ses ordres et choisis dans les bataillons par leurs camarades, étaient réunis; il ordonna de les faire entrer, il leur lut la lettre de Georgey et leur proposa de remettre la forteresse aux troupes impériales. Jusqu'au dernier moment, il avait entretenu la garnison, privée de tout rapport avec le reste de la Hongrie, dans les plus trompeuses espérances : chaque jour il faisait proclamer de nouvelles victoires; — maintenant, ces hommes se crurent trahis; ils commencèrent à parler d'une voix menaçante en frappant la terre avec leurs sabres; l'un d'eux surtout criait comme un forcené : « Je suis Hongrois et gentilhomme, je ferai sauter la forteresse plutôt que de me rendre. » Le général Paul Kiss resta calme et impassible; j'admirai sa fermeté; il menaça cet officier de le faire fusiller, et, étant parvenu à contenir les autres, il fit faire silence. Il leur répéta que tout était perdu; mais ces officiers soutenaient que cela ne pouvait pas être vrai; enfin ils consentirent à choisir parmi eux un officier, un sous-officier et un soldat, et à les envoyer avec un sauf-conduit jusqu'auprès de Georgey pour savoir et entendre de sa bouche si tout était perdu pour la cause hongroise. « Si cela est, dit l'un d'eux d'une voix forte, nous verrons alors ce que nous avons à faire. » Le général les congédia. « Vous voyez, me dit-il : massacré ici ou fusillé par les vôtres! j'ai gagné tous mes grades l'épée à la main; je suis prêt à tout; les Hongrois ne craignent pas la mort, » continua-t-il en souriant.

Le jour suivant, je devais, à midi, sortir de la forteresse avec l'officier envoyé à Georgey; mais le général Kiss, craignant pour moi la vengeance de ses soldats exaspérés de la défaite de leur armée, me fit sortir à quatre heures du matin. L'aube du jour blanchissait le ciel à l'horizon. Enfin j'étais en liberté; je me retournai pour jeter un dernier regard sur la forteresse en pensant combien ces murs avaient con-

(1) Je ne me suis point trompé; l'empereur lui a accordé sa grace, et l'a fait mettre en liberté quelques jours après la reddition de la forteresse.

tenu de vivantes souffrances. Je suivis la route de Temeswar pour aller rejoindre le ban; j'espérais prendre encore part à quelque combat; mais bientôt je sentis que je ne pouvais supporter les secousses de la voiture, les émotions et la mauvaise nourriture m'avaient affaibli. Je me fis alors passer en bateau sur la rive droite du Danube, et allai chez le colonel Mamula. Lui et tous ses officiers m'embrassèrent avec affection; long-temps on avait cru que j'étais fusillé. Pendant tout le jour, je me fis raconter nos glorieux combats et les souffrances de notre armée. Ces victoires avaient été chèrement achetées. Beaucoup de mes camarades étaient morts, beaucoup de nos soldats avaient été tués dans ces combats de chaque jour. Le brave capitaine Freiberg, qui pendant toute la campagne avait été mon compagnon, avait eu la tête emportée par un boulet de canon. Taxis avait eu le visage traversé par un éclat d'obus; je ne demandai plus qu'en hésitant des nouvelles de ceux qui m'étaient chers.

Nos officiers me dirent comment Gerberich avait été pris : il était parvenu à se glisser à travers les avant-postes, il se mit alors à courir pour arriver à la ligne de circonvallation; mais, poursuivi par les Hongrois et voyant les nôtres tirer sur ceux qui le poursuivaient, il s'arrêta un instant, effrayé peut-être par le sifflement des balles; les Hongrois, l'ayant saisi, le ramenèrent dans la forteresse, comme je l'ai su depuis, et trouvèrent dans ses habits les papiers qu'il y avait cousus (1).

J'étais trop faible pour voyager dans les petites charrettes de paysans, seul moyen de transport qu'eût laissé la guerre : je partis pour Semlin, afin de remonter la Save en bateau à vapeur, pour me rendre à Graetz; je rencontrai sur la route des bandes de femmes et de jeunes filles en haillons : c'étaient des familles serbes du Banat et de la Bàcs, dont les hommes avaient été massacrés ou avaient péri dans les combats. Ces femmes s'étaient sauvées dans les bois, et elles y avaient vécu pendant plusieurs mois de glands doux et d'un peu de farine; maintenant, épuisées de misère et de faim, elles descendaient des montagnes, traînant après elles leurs enfans nus et presque mourans; elles n'allaient trouver que des cadavres et des villages réduits en cendres. Cette misère ne doit pas étonner : la guerre de Hongrie a détruit les populations au sud de l'empire; d'après des relevés exacts faits par ordre du gouvernement au printemps de l'année 1850, le nombre des veuves des districts militaires de Croatie, de Slavonie, du Banat et de la Transylvanie, dont les maris ont péri pendant la guerre, surpasse vingt-cinq mille.

A Semlin, on m'amena trois paysans arrêtés à Palanka deux mois

(1) Les quatre-vingt-dix-huit condamnés qui devaient nous aider à attaquer les postes ont été graciés par l'empereur; les veuves de Kussmaneck, Braunstein et Kraue reçoivent de fortes pensions, et leurs enfans sont élevés aux frais de l'empereur; trois fils de Kussmaneck sont déjà officiers dans l'armée impériale. Gerberich n'était pas marié.

auparavant et accusés d'avoir été de cette bande qui me fit prisonnier·
Mes camarades, me croyant mort, avaient d'abord voulu les faire fusiller; mais, espérant ensuite que je vivais peut-être encore, et craignant
pour moi les représailles des Hongrois, ils les avaient fait garder dans
un cachot. Ces pauvres diables étaient pâles et décharnés: je reconnus
l'un d'entre eux, mais j'étais trop heureux pour vouloir me venger;
ils ne méritaient pas la mort, l'officier seul était coupable; j'ordonnai
de les mettre en liberté. Alors ces pauvres gens se jetèrent à genoux
et m'embrassèrent les pieds; puis, levant vers moi leurs yeux pleins de
larmes : « Seigneur, seigneur, si vous saviez tout ce que nous avons
souffert, dirent-ils d'une voix déchirante!—Mes amis, leur répondis-je,
j'en sais quelque chose. » Je leur donnai de l'argent, et ordonnai qu'on
les menât manger dans une auberge.

Le 15 septembre, je partis de Semlin en bateau à vapeur, et remontai
la Save; j'arrivai à Graetz : long-temps on m'y avait cru mort; cependant
l'on s'était efforcé d'entretenir ma mère dans l'espérance qu'elle me
reverrait. D'abord, lorsque j'avais disparu, on m'avait cru noyé dans
le Danube, ou tué à Palanka; l'on avait ensuite su que j'étais à Peterwardein, puis peu après que j'avais été condamné, avec mes quatre
compagnons, et des gens de Neusatz, échappés à l'incendie, ayant assuré que j'étais fusillé, ma famille et mes camarades de l'armée perdirent l'espérance de me revoir. Quelques jours après mon arrivée à
Graetz, je trouvai sur ma table les carreaux de la fenêtre de ma casemate : un ami, qui, après la reddition de Peterwardein, s'était fait
montrer le cachot où j'avais été enfermé, les avait fait enlever, et
m'envoyait ce souvenir de mes mauvais jours.

L'empereur m'ayant nommé major, j'allai à Vienne pour le remercier. Je ne l'avais pas vu depuis le temps où nos acclamations le saluaient sur les champs de bataille de l'Italie. L'empereur daigna me
serrer la main avec bonté et m'adressa des paroles qui me remplirent
d'enthousiasme; je fus heureux de ce que j'avais souffert, et je pensai
avec orgueil à nos combats, à cette campagne de Hongrie, qui avait
abouti, à travers tant de luttes pénibles, à un si glorieux dénouement.

GEORGE DE PIMODAN.

LA CLÉ D'OR.

LETTRES DE RAOUL A, GEORGE.

La première partie de cette étude (1) se terminait, si le lecteur veut bien se le rappeler, par une scène qui avait pour titre *la Chambre nuptiale*. M. d'Athol, comme il venait de quitter l'appartement de Suzanne, raconta brièvement cette scène à son ami dans une première lettre que nous supprimons.

LETTRE II.

Du Chesny, 15 juin.

Me voilà à la campagne, George. Je viens, comme autrefois Jacob, garder pendant quatorze ans les troupeaux de mon beau-père, afin de conquérir Rachel.

Tu me remercies de ma confiance; elle est grande en effet. Si un autre homme que toi possédait le secret de ma nuit de noce, il faudrait qu'il l'oubliât, ou qu'il m'en fît perdre à jamais la mémoire. Avec toi-même, George, ma confiance eût peut-être hésité, si aux nobles qualités qui te sont naturelles tu ne joignais un titre spécial de foi et d'honneur, celui de la profession que tu exerces. Vous autres, militaires, je vous ai jugés autrefois avec légèreté : je m'imaginais que le cercle borné de la discipline devait peu à peu faire subir à votre front même et à votre pensée une sorte de rétrécissement. Je me trompais. Il ne fait qu'empêcher votre vie de s'égarer dans cette *flânerie* sans direction et sans but qui est le caractère commun des existences de ce temps-ci. Autant qu'il se peut, au milieu de la confusion d'idées où nous vivons, vous gardez dans leur sincérité les instincts éternels, les sentimens primitifs et vrais de notre nature. Vous restez jeunes plus long-temps, vous conservez toujours au fond de l'ame quelque chose

(1) Voyez la livraison du 1er janvier.

de l'enfantillage admirable des héros; vous êtes ce qui nous reste de
meilleur, soit que l'honneur, la seule religion qui survive, obtienne
parmi vous un culte plus austère, soit qu'il y ait dans le seul fait de
braver librement la mort une sorte de sainteté préservatrice, soit enfin
que la vieille Image de la patrie, empreinte encore aux plis du drapeau, vous maintienne dans le cœur, comme sous les yeux, un des
symboles les plus sacrés du devoir.

Mais surtout, mais avant tout, ce qui vous protége, ce qui vous abrite,
ce qui vous sauve, c'est ce que je te disais l'autre jour, c'est la règle,
c'est le joug. Tout humaine qu'est la source de cette autorité qui vous
domine, il suffit que vous la reconnaissiez pour qu'elle vous soit salutaire; il suffit que votre ame et votre intelligence rendent cet hommage au principe supérieur qui a fait, jusqu'à un certain degré, de
leur assujettissement une condition de leur force.

Oui, par le ciel! je t'ai tout dit; il y a un homme que j'ai laissé écouter à la porte de ma chambre nuptiale, et entendre des choses qui feraient rire les morts à mes dépens! — Hum! George!... Mais ne va
pas t'y tromper : je suis aimé. On ne donne pas facilement le change
à un mécréant endurci comme moi. Elle m'aime, te dis-je. En conséquence de cette petite vérité, notre aventure, si surprenante au début,
est menacée d'un dénoûment prochain et trivial. J'ose te le prédire.

Il était convenu à l'avance que nous viendrions nous installer au
Chesny dès le lendemain du mariage. Vers neuf heures, Mᵐᵉ d'Athol
m'envoya en députation sa vieille fée, que je qualifierais plus volontiers de sorcière, pour me prier de passer chez elle. Je trouvai Suzanne
un peu pâle, un peu incertaine, mais souriante : elle a de la vaillance,
cette petite femme. Je fus courtois jusqu'à la mignardise; j'avais à
réparer ma sortie brutale de la nuit. Voyant cela, on devint radieuse,
et on accepta mon bras avec une gaieté d'enfant. Nous voilà descendant l'escalier comme deux tourtereaux. Notre grand-père, homme
d'étiquette, nous guettait sur le palier d'honneur. Nous tombâmes dans
ses bras avec effusion. Il fallut ensuite pénétrer dans le salon, où nous
attendaient les débris de la noce, oncles, tantes et cousins : solles cérémonies que les Anglais épargnent avec raison à leurs jeunes femmes.
Nous fûmes accueillis par des mines mystérieuses qui se croyaient profondes. La contenance de Suzanne fut ce qu'elle devait être, tout-à-fait
naturelle et sereine. On admira secrètement cette grace d'état, qui, dans
les conjonctures délicates, met au front des femmes la fermeté de l'airain.

Après déjeuner, nous montâmes tous deux dans une charmante
américaine, char de triomphe que j'avais glissé dans la corbeille, et
où je ne m'asseyais pas toutefois en victorieux. Suzanne emmenait sa
duègne, mon ennemie intime, si mon flair ne me trompe pas : moi, je
remorquais Lhermite, un drôle que j'ai, et qui se pique d'être poli
comme M. de Talleyrand.

Nous partîmes. Notre postillon, dans l'ardeur d'un zèle qu'il croyait admirable, s'était chamarré de rubans printaniers qui flottaient ridiculement sur toute sa personne. L'attention publique, surexcitée par ces emblèmes, nous prodigua, tout le long de la route, les témoignages d'une niaise bienveillance. Villageois et villageoises, accourant sur leurs portes, ou se montrant par-dessus les haies, échangeaient avec notre animal de postillon des regards d'intelligence, et nous régalaient ensuite d'aimables sourires. Je leur faisais de mon coin une figure terrible et imperturbable. Suzanne rendait sourires pour sourires. et jetait des sous à tous les vagabonds. L'air du temps et l'aspect de la campagne firent les frais de notre insignifiant dialogue. Une ou deux fois elle me demanda le nom des différentes espèces de cultures qui passaient sous nos yeux, et comme je répondais par un humble aveu de mon ignorance, elle s'écriait : — Comment, vrai? vous ne savez pas ce que c'est que ça? Mais c'est du froment, et ceci est de l'avoine, et ceci du colza, et ceci du lin! Après quoi elle se mettait à rire comme une pensionnaire. — Singulière femme que j'ai là!

Quand nous entrâmes dans l'avenue du Chesny, je m'avisai de lui demander, pour dire quelque chose, si le bailli n'allait point nous complimenter à notre arrivée. — Quel bailli? dit-elle, M. Jean Bailly? — Je tins bon. — A propos, repris-je en riant, je vous le ferai connaître, si vous le permettez? — Comment donc! dit-elle plus vivement... mais j'ai fort à le remercier! — Mon ami, l'esprit des femmes a naturellement une agilité, une souplesse d'évolutions, qui déconcerte notre tactique plus savante, mais moins légère. Il n'y a pas un homme qui ne leur fût inférieur dans la lutte, s'il n'était appuyé de son nom d'homme et de sa prérogative antique : *Mole suâ stat !*

Je n'avais jamais vu le Chesny que de loin. Imagine-toi une avenue comme toutes les avenues, un château comme tous les châteaux, et un parc tout autour, voilà le Chesny. — N'as-tu pas entrevu souvent du fond d'un coupé, à travers les grilles qui bordaient un des côtés de la route, quelque blanche villa perdue dans le feuillage? une pelouse devant un perron, — et sur la pelouse, dans les rayons du soleil couchant, un groupe de jolis enfans et d'élégantes jeunes femmes? — Cette vision fugitive ne te laissait-elle pas dans l'esprit une vague impression de paix et de bonheur? Ne te semblait-il pas que tu avais vu passer, comme en songe, un avenir idéal où les pures joies de la famille et le calme domestique s'encadraient à souhait dans une harmonieuse auréole? — J'ai fait ce rêve. J'en tiens maintenant tous les élémens, toute la mise en scène. Ce lieu-ci est un charmant théâtre. — Mais j'ai oublié mon rôle. — D'autres, passant devant notre avenue, rêveront de même et aussi juste.

Une foule rustique nous attendait dans la cour. Dès que nous eûmes mis pied à terre, Suzanne s'éclipsa, me laissant au milieu de mes vassaux, assez embarrassé de mon personnage, mais poussant hardiment à droite et à gauche de ces questions populaires à l'usage des monarques en tournée. — Elle revint presque aussitôt, coiffée d'un petit bonnet de grand'mère, qu'elle regarde sans doute comme un porte-respect de nature à m'imposer : — je ne dis pas non; mais il lui va bien. — Dans cet équipage, elle me prit le bras, et nous voilà parcourant le château de la cave au grenier, moi m'ingéniant à faire des remarques obligeantes, elle jasant sur toutes choses, ouvrant les armoires, faisant jouer les vasistas, expliquant les escaliers, démontrant les cheminées : elle avait laissé ceci, elle avait changé cela, — et le pourquoi. — Toutefois il y eut un instant de démonstration muette; ce fut quand nous en vînmes à notre aménagement personnel. Elle s'est réservé une des ailes, — l'aile gauche, — du côté du cœur. Quant à moi, je m'épanouis dans le corps de logis principal. Nous sommes voisins. — Cela est plausible.

Elle me mena ensuite aux écuries, et me planta là tout à coup pour courir a la cuisine, d'où elle revint avec un gros morceau de pain qu'elle fit manger gravement à son cheval. Elle l'appelle Soulouque : c'est un demi-sang, bon sauteur à ce qu'elle dit, mais très méchant, en ce qu'il fait le diable quand il ne la voit pas tous les jours à son heure. Soulouque fut sommé de dire si cela n'était pas vrai. Il en convint, moyennant une petite tape sur la joue.

En somme, qu'est-ce que c'est donc que cette femme-là, George? — Ah! mon ami, j'ai trop dédaigné ce secret avertissement qui, vis-à-vis de toute jeune fille, me pénétrait jadis d'une terreur prophétique! — Jamais visage de femme ne m'a troublé; mais jamais, dans un salon, je n'ai pu contempler sans une sorte de vertige cet abîme couvert de fleurs, — qu'on nomme une demoiselle. Une demoiselle! L'as-tu remarqué, et n'en as-tu pas frémi?... Elles se ressemblent toutes! — Celles qui ont de l'esprit et celles qui n'en ont pas, celles qui pensent et celles qui végètent, celles qui ont du cœur et celles qui ne valent rien... elles se ressemblent toutes! Les diversités infinies d'humeur, d'intelligence, de sentimens que la nature a répandues entre elles, se fondent et disparaissent dans une teinte uniforme de béate innocence et de pudeur officielle. — Ce qu'elles savent et ce qu'elles ignorent, ce qu'elles se disent dans leurs impénétrables chuchotemens, ce qu'elles s'avouent et ce qu'elles se cachent, aucun homme ne le sait! — Si un instinct fatal ne nous poussait, George, qui de nous oserait jamais sonder ce mystère formidable et livrer aussi aveuglément sa vie à l'inconnu? Songe donc! cette effigie monotone, à peine installée sous ton toit, la voilà qui prend soudain, à tes yeux effarés, une existence individuelle, un caractère, une volonté : cette plante, si long-temps comprimée, se déploie tout à coup avec une effrayante énergie dans mille directions imprévues. Cette urne scellée que tu as introduite dans ta

maison, — elle s'ouvre, elle éclate, et il en sort, — quoi? La paix ou
la guerre, — peut-être le bonheur, peut-être la misère et la honte. Si tu
as épousé un ange ou un monstre, tu le sais enfin, mais un peu tard.

Je n'irai pas jusqu'à dire que Suzanne figurât dans la banalité la plus
effacée de cette discrète catégorie; mais les nuances légères, qui la pouvaient faire distinguer parmi ses jeunes complices, donnaient-elles la
moindre idée de ce caractère à faces multiples, qui, sous l'ombre du
voile virginal, s'était armé de toutes pièces, comme un guerrier sous
sa tente? — Ai-je pour femme, à l'heure qu'il est, une lionne irritée ou
une colombe plaintive, une créature d'une corruption précoce ou d'une
exquise vertu, une grande coquette ou une petite fille, une propriétaire
ou un bas-bleu? — Je me le demande.

Roulant silencieusement dans ma tête ce torrent d'énigmes funestes,
je dînai de grand appétit, car, — écoute-moi ici, George, comme si tu
écoutais Salomon, — il n'y a point de crise dans la vie qui doive faire
négliger à l'homme son premier devoir envers lui-même, qui est de
se nourrir. Loin de là. Plus les circonstances sont graves, plus, à mon
avis, il est obligatoire pour le sage de se sustenter essentiellement.
Outre qu'on réfléchit en mangeant, on réfléchit mieux quand on a
mangé. On peut commettre des crimes après dîner : on ne commet de
fautes qu'à jeun.

Ces principes ne semblèrent pas étrangers à Mme d'Athol. Je lui reprocherai cependant de confondre les filets de sole avec le blanc de volaille.
Il y a là-dedans un peu de myopie sans doute; mais il y a aussi de l'in-
délicatesse.

— Fumez-vous à cheval, Raoul? — Ceci fut dit comme nous sortions
de table.

— A cheval comme à pied, madame, et en bateau également, mais
jamais devant les femmes.

— Je vous prie de faire exception en ma faveur et de dire qu'on
m'amène Soulouque.

Elle revint au bout de dix minutes avec une amazone d'une certaine
couleur sombre et fauve à la fois, un petit col bleu, un chapeau de collégien et des gants de mousquetaire. — Hop! partons! et là-dessus un
galop désordonné à travers les vieux bois qui prolongent le parc. J'a-
vais conçu une opinion médiocre de ses talens équestres, attendu qu'elle
avait toujours refusé de m'en offrir le spécimen; mais c'était encore de
la coquetterie, ou je ne sais quoi, car elle monte bien, et, pour être juste,
elle a généralement à tout ce qu'elle fait une sorte de grace enfantine.

Je ne fus pas aussi content de Soulouque. Il faut te dire que le bois
a l'avantage d'être coupé en deux par une rivière peu large, mais profondément encaissée. Dans l'intérêt du pittoresque, on a choisi le point
le plus escarpé de ses bords pour y jeter un pont peint en blanc et
garni de hauts parapets à claire voie. Je pense même qu'on aura creusé

de main d'homme au-dessous du pont, afin de précipiter le cours du
torrent et d'en accroître la sauvagerie. La vérité est que l'œil plonge de
là dans un véritable gouffre en cascade qui fait un vacarme de l'autre
monde. — Nous allions le pas, et j'étais demeuré un peu en arrière;
mais, voyant Soulouque qui minaudait et dressait les oreilles aux abords
du pont, je me rapprochai au petit galop. Soulouque s'était décidé et
s'engageait, la tête basse, sur le plancher du pont : tout à coup le
démon fait une demi-volte rapide et se cabre violemment de sa hauteur
en lançant ses deux pieds de devant par-dessus la rampe du parapet,
puis il reste en équilibre dans cette attitude héroïque, comme prêt à
se poser dans l'abîme. — J'arrivais alors dans un état d'esprit fort misérable. — N'approchez pas! n'approchez pas! me cria Suzanne, vous
voyez bien qu'il a peur! — et la voilà qui prêche à demi-voix cette infâme bête en la caressant comme un mouton. — Cela dura une demi-
minute, après quoi l'intéressant Soulouque compléta sa volte et vint
retomber sur ses pattes en face de moi. — J'espère que vous vendrez
cette brute! dis-je avec une certaine vivacité. — Oh! non, je vous en
prie... Il a eu peur, ce pauvre Soulouque... il n'a pas été en Afrique,
lui!... mais je vous assure qu'il suffit de lui faire sentir l'obstacle...
tenez, vous allez voir maintenant... — et elle tournait bride. — Suzanne!
m'écriai-je en faisant sonner les cordes les plus impérieuses de ma voix.
Mais déjà Suzanne avait franchi le pont au galop. — Il ne me restait
qu'à la suivre, cher ami. Je la suivis.

La nuit tombait quand nous rentrâmes. Le petit bonnet de grand'mère
reparut à l'horizon. Je le priai de me jouer une valse. Il en joua deux
avec assez de verve. — Adossé contre l'appui d'une des fenêtres qu'on
avait ouvertes toutes grandes à cause de la chaleur de la soirée, je mar-
quais la mesure d'un air entendu et satisfait. — Comme il est reconnu
que le soir amollit les âmes, et comme il est tout aussi bien reconnu
que je suis un fat, j'avais fixé à l'heure où nous étions le moment
d'une faiblesse, d'un attendrissement inévitable, qui devait délivrer
deux personnes du poids d'une situation fausse. J'eus tout lieu de me
croire bon prophète, car, pendant qu'on semblait chercher d'une main
nonchalante les notes à demi oubliées d'une troisième valse, je vis le
petit bonnet s'incliner légèrement, puis la main demeurer immobile
sur le clavier. Le bruit d'une respiration oppressée, d'un soupir ou
d'un sanglot caressa mon oreille. Je m'approchai doucement, et, mo-
dulant ma voix sur un ton délicat et protecteur à la fois : — Suzanne,
dis-je, vous pleurez! — Point de réponse. Je m'approche encore... Tu
as compris surabondamment, George, qu'elle dormait.

Je ne me pardonnerai jamais le mouvement d'humeur qui me fit
alors repousser bruyamment un des bougeoirs du piano. Elle fut aussitôt sur pied, me regardant d'un air à désarmer un tigre; mais les
tigres n'ont point d'amour-propre. — Vous alliez vous incendier, ma

chère! lui dis-je très sèchement. — Mon Dieu! que je suis honteuse! —
murmura-t-elle! Y a-t-il long-temps?... je vous avoue que je tombé de
sommeil. — Je vous avoue que je vous crois. — Je vis à sa mine qu'elle
était incertaine si elle devait rire ou pleurer, et, ne me souciant point
qu'elle se décidât, je me hâtai d'ajouter quelques mots sur les fatigues de
la journée; puis, allumant une bougie avec indifférence, je lui offris mon
bras (à ma femme). Elle le prit sans difficulté; mais au bout de douze
ou quinze marches, elle le quitta de même, me fit une belle révérence,
et disparut dans son aile (gauche). Quant à moi, je pris à loisir possession de mon superbe appartement, où je trouvai Lhermite, que je mis
à la porte.

Écoute : elle aura beau faire; il y a une chose qu'elle ne m'ôtera pas
de l'esprit : — elle m'aime.

P. S. Trouveras-tu singulier ou offensant que je te prie de ne pas
venir au Chesny avant que cette histoire ait pris une tournure déterminée? — Tu es le plus honnête homme que je connaisse; tu es le
seul à qui je puisse aujourd'hui donner sans sourire le nom d'ami;
mais toi-même, George, penses-tu être d'une solidité à toute épreuve?
Ne conçois-tu aucune combinaison de circonstances qui puisse réduire la plus ferme loyauté à se souvenir qu'elle est humaine et qu'elle
est mortelle? Si tu ne crains pas de répondre à cette question, jamais
je n'aurai mieux jugé de l'étendue de ta bonne foi ou de tes illusions.

III.

.Du Chesny, 25 juin.

Tout bonnement! — c'est ce que j'ai voulu dire. — Si, dans cet âge
vertueux où nous vivons, on ne peut plus faire allusion à la fragilité
de l'amour et à celle de l'amitié sans passer pour un novateur audacieux et pour un pandour, à la bonne heure; mais je dis, moi, et je
crois n'outrager personne, que mon arme la plus fidèle peut me traverser la poitrine, si j'ai l'enfantillage d'en attiser la flamme de mon
âtre. Je dis qu'il ne faut jamais laisser l'ombre d'une femme se glisser
entre un ami et soi. Sans doute je suis un vilain, une ame sans candeur, un cœur momifié; mais quoi? cela empêche-t-il la vérité sainte
de trôner dans son auguste splendeur? Cela empêche-t-il que ta maîtresse ne te trompe, et que si tu en veux la preuve, tu ne la doives
chercher généralement dans la poche de ton meilleur ami? — Plus un
ami est chose rare et précieuse, plus il y a de folie à le commettre dans
une de ces luttes redoutables où l'on voit ployer les ames les plus fières
comme l'acier au feu. J'ai vu succomber au vertige fatal de cette combinaison si commune des hommes inaccessibles à toute autre tentation
mortelle.

Voilà la règle. Je ne la sais que parce qu'on me l'a apprise. Maintenant ai-je dit que ton amitié, mise à cette épreuve, dût être vaincue? Point. Je t'ai demandé si tu le pensais. Tu me dis non. C'est bien. Je te crois.

Sais-tu la singularité qui m'arrive? — Je m'ennuie. Le piquant de ma situation s'émousse; ma couronne d'épines tourne au bonnet de nuit. Pour qu'une plaisanterie conservât son sel pendant dix jours pleins, il la faudrait excellente, et celle-ci ne l'est pas. Je m'étais attendu fort naturellement que Suzanne s'appliquerait sans délai à me donner de la jalousie : c'est une manœuvre de l'âge d'or que le simple bon sens indiquait; mais rien de semblable. On dirait que M⁻ᵉ d'Athol a trouvé dans le mariage, tel qu'elle l'entend, le dernier terme de la félicité humaine et le but final de son existence. Soit.

Toutefois je ne puis voir sans impatience qu'on ait fait si grand bruit et poussé de si fortes clameurs pour en demeurer là. J'avais apprécié ce qu'il y avait de légitime au fond de sa colère, d'imposant même dans ses reproches. Si l'action eût répondu à la parole, si cette jeune femme eût hardiment, — à ma barbe, — entamé la pratique de ses imaginations, je n'aurais pas été du moins sans rendre justice à la logique et à la vigueur de ce caractère; mais une scène, des pleurs, des phrases, et au bout — rien! Ce n'est plus qu'une bouderie d'enfant et un entêtement sans portée!

Quand je la vois dans son fauteuil, poussant avec calme et méthode son aiguille à broder, l'air tranquille comme une sainte dans sa niche, le teint frais comme un chérubin dans sa gloire, — je sens que je la prendrais en haine, si j'étais encore capable d'une passion. — Que veux-tu que je te dise de notre vie? C'est un tissu d'or et de soie avec des agrémens champêtres. Que prétends-tu que je te raconte, George? On ne raconte pas le sommeil de l'innocence. — Je vais m'acheter une flûte, un chalumeau, et en incommoder le voisinage. Voilà ce que je médite. — Aussi bien ne me manque-t-il rien désormais, si j'en excepte la houlette, pour jouer au naturel le rôle de pasteur. Tu sauras que cette propriété est divisée en un assez grand nombre de fermes. Suzanne ne m'a point fait grâce d'une prairie ni d'une étable. Bêtes à cornes, bêtes à laine et autres ont défilé sans interruption devant moi pendant dix jours, je pourrais ajouter pendant dix nuits, — car j'en rêvais, le diable m'emporte! Il me semblait que j'étais l'arche de Noé et que j'engloutissais dans mes flancs élargis tous les échantillons de la nature animale. — Leurs races diverses, leurs mœurs domestiques, leurs délicates habitudes, — je n'ignore plus de rien, mon cher. — Est-ce de la part de M⁻ᵉ d'Athol une secrète gageure de pousser à bout ma courtoisie? Est-ce une vengeance?... Quand elle m'interrogea sur l'étendue de mes connaissance en fait de vaches et de moutons, il est

vrai que j'eus le tort de lui répondre par cet apologue impétueux : 'On
demandait à un ancien cannibale qui s'était converti, et qui était reçu
dans le monde, s'il avait connu jadis un missionnaire nommé le père
Lheureux : 'On ne peut davantage, dit-il, j'en ai mangé.

En guise d'intermède, nous poussons dans les colombiers des alentours des visites — qu'on nous rend pour nous achever. Je confesse
que la quiétude de Suzanne me paraît mieux justifiée, à mesure que
le personnel indigène se développe sous mes yeux. C'est un spectacle
qui calme les sens. — Je suis encore, pour être juste, l'homme le
mieux vêtu de la contrée, et celui dont l'apparence est la moins hostile à l'idée qu'on se fait d'un héros de roman. Il faudra bien qu'elle
en prenne son parti.

————

Je venais de fermer ma lettre et de me jeter sur un large divan qui
fait, à mon avis, l'ornement principal de ma bibliothèque, et où j'attends la mort pendant les entr'actes, lorsque deux coups frappés à ma
porte m'ont remis brusquement sur pied. La porte s'est entr'ouverte,
et j'ai vu poindre une tête blonde comme les blés; puis un regard inquiet et presque coupable a glissé sur le mien, et une voix, qui n'était
point assurée, m'a dit : — Vous êtes occupé?

C'était la première fois qu'on violait les limites de mon apanage.
L'exhaussement subit de mes sourcils et la stupeur un peu affectée de
ma pantomime ont fait monter jusqu'au front de la jeune indiscrète
les nuances les plus vives de l'aurore.

— Occupé, non... Ébloui, je ne dis pas!

— Est-ce que vous voulez bien m'accorder une audience?

— Madame!

— Est-ce que vous voulez bien m'attendre un petit quart d'heure?

— Madame! — Et elle est partie. — Au diantre ce petit quart
d'heure! il gâte tout; mais j'en profite pour te faire part de ce prodigieux incident. Ma vie s'est rapetissée à de si minces proportions, qu'un
grain de sable y tient la place d'une montagne. — Je comprends Pé-
lisson. — Paix, George! la voici.

————

Elle est rentrée portant à grand'peine sous son bras un échafaudage
pyramidal de paperasses verdâtres. Elle l'a déposé sur mon bureau, et
il s'en est élevé un nuage de poussière qui avait une odeur de sépulcre.
— Eh! mon Dieu! ai-je dit, — qu'est-ce que c'est que tout ça? On dirait
les mémoires de saint Bonaventure! — On se tromperait, m'a-t-elle
répondu en s'asseyant solennellement. Ce sont des titres, des baux, des
quittances, et enfin toutes les pièces relatives aux cinq fermes dont se
compose notre propriété du Chesny, — y compris les deux moulins.

Mon cher grand-père, qui prétendait s'être usé la vue sur ces manuscrits, ne les a pas même épousseté, à ce que je vois. Fi! que c'est sale, et elle frappait ses deux petites mains l'une contre l'autre avec une moue d'horreur. — Il faudrait bien, a-t-elle ajouté, mettre un peu d'ordre dans tout cela. — Pardon, mon enfant... mais si les fermiers palent et si les moulins tournent, il me semble que tout est dans le meilleur ordre possible.

Elle m'a regardé dans les yeux avec un air d'étonnement qui n'était point sans une nuance de dédain. Comment! s'est-elle écriée, vous croyez que cela va tout seul, comme ça?... Vous êtes encore bien de votre Paris, par exemple!... Et qui est-ce donc qui administre votre fortune à vous, sans indiscrétion?

— Mais c'est mon notaire d'abord, et ensuite une espèce d'intendant à qui je vais me hâter d'expédier ces ordures-ci.

— Voilà justement à quoi je m'oppose, monsieur. Si vous avez une répugnance invincible à débrouiller ces affaires et à en suivre le courant, je vous demanderai la permission de m'en charger, quoique j'aie beaucoup à apprendre pour en être capable.

— Et moi donc, ma pauvre enfant! Mais ne puis-je connaître la loi fatale qui nous impose à l'un ou à l'autre cette corvée sans gloire comme sans profit?

Là-dessus l'enfant a commencé une longue histoire dans laquelle j'ai entrevu, à travers mille précautions de pudeur filiale, que feu mon beau-père, le général du Chesny, était comme qui dirait un pendard. Il s'était donné corps et ame à un fripon d'intendant qui lui prêtait à gros intérêts le revenu de ses propres terres, d'où il résulta qu'un matin on eut l'humiliation de voir de pâles faces d'huissiers s'introduire dans l'hôtel du général. Il possédait alors, outre son hôtel de Paris et le Chesny, deux terres en Normandie; mais, grace au savoir-faire de l'intendant, tout cela se trouva, à un jour donné, si bien grevé et surchargé d'hypothèques, qu'à première vue il sembla qu'on n'en tirerait pas une maille, les dettes payées. Ce brave général ne parlait plus que de se faire sauter la cervelle, et, bien entendu, il en parlait surtout à sa femme, qu'il avait ruinée. Mme du Chesny parvint toutefois à calmer l'ardeur homicide de son mari : elle l'emmena, écumant de colère, dans ce château où nous sommes, après avoir vendu l'hôtel et les deux terres de Normandie, pour faire la part du feu. Mon beau-père (in partibus, grace au ciel!) cria qu'on l'assassinait, et qu'on voulait sans doute le réduire à l'hôpital. Elle le laissa geindre et tempêter, tort heureuse de n'être point battue. Au bout d'une dizaine d'années, à force d'industrie patiente, de secrète économie et de génie féminin, elle avait reconquis le domaine du Chesny dans son intégrité la plus liquide : elle avait sauvé l'honneur de la famille, et vingt mille francs de rente par-dessus le marché. Comme elle achevait son œuvre, elle mourut, quinze jours après la naissance de Suzanne.—Pauvre femme! hein, George?

Quant au général, il serait encore, à l'heure où je te parle, plein de joie et de santé, s'il ne se fût cassé la tête en tombant de cheval. Il est superflu de te dire qu'il avait passé pour un des beaux hommes de son temps... Ma théorie sur les militaires n'est point ébranlée par les déplorables exceptions dont ce personnage est le type.

Quoi qu'il en soit, Mme du Chesny mourante légua sa rancune contre les intendans à sa fille par l'intermédiaire d'une vieille domestique favorite qui s'est acquittée fidèlement de sa mission. Jusqu'à son mariage, Suzanne avait laissé naturellement le soin de ses intérêts entre les mains de son grand-père et tuteur. Tu as vu ce gracieux vieillard : c'est un enfant dont les cheveux ont blanchi par accident; c'est une sensibilité vive et facile qui s'agite sur un fonds d'égoïsme inaltérable, une activité toujours affairée qui n'est que de l'inconsistance; un esprit lumineux et mobile comme un feu follet, traversant tout et ne posant sur rien. Il porte un habit bleu à boutons d'or, avec un soupçon de poudre sur le collet. Excellent convive, mais tuteur médiocre, il semble avoir rempli ses devoirs à l'égard de sa pupille avec la légèreté qu'il apporte à toutes choses, sauf au gouvernement de son office. Bref il s'est contenté de recevoir l'argent des fermiers à des échéances quelconques, et de leur donner des quittances illisibles. Nous sommes tout-à-fait d'accord, Suzanne et moi, pour accepter aveuglément les comptes approximatifs de ce papillon septuagénaire; mais il paraît urgent à Mme d'Athol d'éclaircir le vague inquiétant où flotte le noyau de sa fortune.

Tel est le travail spirituel dont elle m'a embâté. J'y suis fort propre assurément, autant qu'un Turc à prêcher l'Évangile; mais le moyen, je te prie, de laisser ce fardeau retomber sur les épaules de Suzanne? Me voilà bien, George, mon enfant. Et si tu te figures qu'elle s'en tiendra là, nenni. Quand elle m'a quitté, me laissant tête-à-tête avec les mémoires de saint Bonaventure, j'ai vu rayonner dans ses yeux un éclair de satisfaction infernale. Ourdit-elle, dans le secret de son ame, quelque trame vengeresse dont elle vient de serrer le premier nœud? ou cherche-t-elle simplement, à défaut d'autres émotions, le plaisir, si cher à son sexe, de jouer avec la force, d'usurper l'empire et de mettre la quenouille aux mains d'Hercule? — Ses moulins! quand j'y songe! Allons, tant qu'elle n'exigera pas que j'y porte la farine, je n'ai rien à dire. Bonsoir, commandant.

IV.

Le Chesny, 10 juillet.

Je trouve à peine, mon George, le temps de t'écrire. De bonne foi, je m'étais imaginé, avec l'innocence de la ville, que quelques heures me suffiraient à parfaire la tâche que je m'étais laissé imposer; mais toutes ces affaires de fermages et de moulinages m'étaient, dans leur détail, si complétement étrangères, que j'ai dû, pour éviter la honte d'une abdication, me livrer a un apprentissage qui est loin d'être terminé. J'y ai mis de la fureur, de la rage : j'ai lu les cinq volumes de la *Nouvelle Maison Rustique* avec vignettes; j'ai refait en partie mon cours de droit; j'ai mandé le notaire du bourg à plusieurs reprises et lui ai parlé sa langue épouvantable. Que n'ai-je pas fait! Dieu du ciel! j'ai poussé jusque chez Jean Bailly, afin de consulter ce prudent laboureur, mon compère. — Le plus pressant était de savoir à quoi s'en tenir sur les redevances actuelles de chaque bail. J'ai déjà atteint ce point. Un de nos cinq fermiers est décidément un voleur, que je crois traiter généreusement en le mettant dehors. Il va donc me rester une ferme vacante à surveiller. Joins à cela les réparations, les coupes d'arbres, les chemins à remettre en état, les moulins qui ne tournent plus par malice et faute d'eau, enfin un monde de drôleries réjouissantes.

Te dirai-je, George, qu'après avoir commencé par rugir dans ma moustache, j'ai pris peu à peu un goût mélancolique à mon ignoble labeur? Il en est ainsi. L'énorme ennui de cette besogne n'équivaut pas encore au poids de mon désœuvrement. — Et puis, mon ami, sous l'écorce du travail le plus grossier, le plus ingrat, la nature, ou Dieu si tu veux, a caché un fruit d'une saveur mystérieuse, que le pauvre connaît mieux que nous. C'est le sentiment vague et doux d'un instinct contenté et d'une loi accomplie. A part même toute application, l'activité pure nous calme et nous réjouit, parce qu'elle nous fait rentrer, si peu que ce soit, dans l'ordre véritable de notre destinée, dans l'harmonie des choses. — Ce castor qui, dans l'enceinte de sa cage, poursuivait son architecture inutile n'était pas un sot, non! — Si Dieu me prête vie, je compte imiter ce sage Mohican dans la sphère de mes moyens. Si j'achève jamais ma tâche présente, je ferai des paniers de jonc ou des ouvrages de tapisserie, ou j'irai sculpter un pupitre à l'assemblée législative, je ne saurais préciser; mais je m'occuperai régulièrement, comme régulièrement je dine, l'instinct du travail me paraissant aussi évident et aussi impérieux chez l'homme que celui de la faim.

Si donc Mme d'Athol cédait à une pensée de vengeance en attelant le vieux lion captif à une charrue de village, son but est manqué. Je goûte au contraire une sorte de bien-être relatif; mais ce n'est pas le bonheur, comme tu penses, ce n'est pas même l'insouciance. Quoique j'aie cessé de t'en parler, George, tu peux croire que le caractère original de ma situation intime ne laisse point de me revenir fréquemment à l'esprit sous de fâcheuses couleurs. Un homme qui joue vis-à-vis d'une femme un rôle — non classé, et inqualifiable comme est le mien, — à moins qu'il n'en soit arrivé à brouter l'herbe des campagnes, ne peut jouir d'une sérénité parfaite. Ce n'est pas que mon cœur ait discontinué d'être, le plus paisible des cœurs; mais il y a là quelque chose de ridicule, — tranchons le mot.

Au surplus, commandant, Mme d'Athol a des façons divines à mon égard. Il n'est pas d'attentions distinguées qu'elle ne sème sur mes pas et dont elle ne jonche mon assiette. Nous nous voyons peu; mais, quand nous nous voyons, ce sont des procédés et des cérémonies qui font du Chesny un petit Versailles. — Et des mots ravissans! — Comme vous voilà délicieuse ce matin!... ou, si c'est le soir : — Comme vous voilà délicieuse ce soir! — Enfin tous les trésors de la conversation.

Je m'étais trompé : il y a dans le pays trois jeunes gens passablement vêtus, cavaliers intrépides, bons valseurs, et qui mettent des roses à leur boutonnière. On les appelle : Ces messieurs. Mesdemoiselles leurs sœurs ont conçu, à ce qu'il paraît, beaucoup d'affection pour Suzanne, car elles chargent huit fois la semaine messieurs leurs frères de lui apporter des petits messages, des dessins de broderies, de la musique, et toutes les fanfreluches perfides qui ont cours dans ce commerce interlope.

Hier, dans la journée, Suzanne, en toilette de bergère, brodait sur sa causeuse gris perle, devant la fenêtre ouverte de son boudoir. Je revenais, moi, des champs. Je passai brusquement la tête par la fenêtre du boudoir, et : — Bonjour, madame! — Elle tressaillit, et m'honora aussitôt d'une grande révérence en manière de plongeon à travers le parquet : — Eh! mon Dieu! dit-elle en se rasseyant, comme vous voilà fait! Il y a donc beaucoup de poussière? — Ce n'est pas de la poussière, madame, c'est de la farine, sauf votre respect. — C'est pourtant vrai, reprit-elle en fixant sur ma personne ses grands yeux étonnés; vous en avez jusque dans les cheveux! — Et, par un mouvement d'une vivacité naturelle, elle se leva en étendant une main vers moi, comme pour me rendre le petit service que mon état semblait réclamer; mais cette privauté lui parut sans doute, à la réflexion, dépasser les bornes qu'elle s'est prescrites, car tout à coup elle rougit, et retomba un peu interdite sur sa causeuse. Il est certain qu'elle est jolie, surtout par une sorte de désinvolture décente qui lui est particulière.

Après une pause : — Et votre roman, mon enfant? —repris-je tout doucement. Je vis l'aiguille à broderie frissonner comme une aiguille aimantée. — Oh! mon Dieu! dit Suzanne, vous êtes donc bien pressé? — Moi pas : je l'attends. — Comme elle prononçait ce mot, un bruit de cavalcade se fit entendre derrière moi : c'étaient les trois jeunes gens du pays qui débouchaient de l'avenue, tous trois de front en bataille, piaffant à l'envi et saluant à tour de bras. Après les avoir constatés, je me retournai vivement et regardai Suzanne avec un demi-sourire. Elle rougit encore, et secoua rapidement la tête à plusieurs reprises. Cela voulait dire apparemment : — Leur nombre fait votre force.

Singulier caractère de femme après tout! Si je n'avais toujours présente à l'esprit cette scène orageuse de ma veillée nuptiale, si cette explosion de paroles amères, violentes, passionnées, ne retentissait encore à mon oreille, je n'imaginerais jamais que la foudre puisse résider dans ce sein d'enfant, que cette surface limpide et riante puisse recéler l'arsenal bouillonnant des tempêtes, — des naufrages peut-être! — George, voici sa vie : le matin, je la vois de mes fenêtres voyager dans la rosée, de parterre en parterre, d'arbre en arbre, coupant, taillant, arrachant des fleurs, des branchages, des fagots de toutes couleurs, qu'elle apporte ensuite par brassées dans son boudoir et dans son salon. La grande affaire alors, c'est d'introduire tout cela, selon certaines lois d'harmonie, dans les vases, dans les jardinières, et généralement dans toutes les poteries que peut contenir le château. Quand elle a réussi à son gré avec le concours de l'inévitable Jeannette (cette vieille me déplaît), elle s'installe au sein de son bocage artificiel, et de là, comme la reine des fleurs, elle donne à chacun les instructions de la journée. — Après le déjeuner, vite, qu'on amène Soulouque : elle part avec moi ou sans moi. Au bout d'une heure : hop! hop! la voilà qui revient; tout en tremble. — Allons! allons! où est mon aiguille? ma broderie? mon dé? ma robe?... (car elle fait ses robes quelquefois, je ne sais trop pourquoi, si ce n'est qu'il faut toujours qu'elle fasse quelque chose, et que le monde finirait sans doute, si elle se croisait les bras une seule minute). — Je la surpris même, l'autre jour, taillant une veste d'enfant d'un drap grossier; je ne sais pour qui diable c'était. Ajoute à cela les visites, qui abondent, surtout le soir, la musique, les pratiques religieuses, et enfin des conférences fréquentes et prolongées avec un personnage qui est jusqu'à présent mon seul rival sérieux.

C'est à savoir le curé du bourg, qui a baptisé Suzanne, et qui n'en est pas encore mort. La simplicité de ce bonhomme est extrême. Il dîne avec nous le dimanche, et nous conte des anecdotes, fort plaisantes probablement, car il en rit comme un bienheureux, et Suzanne s'en pâme. Elle s'enferme avec lui pendant des heures, et je le vois sortir ensuite d'un air important, avec une liasse de papiers sous le bras. Je pense qu'il y a des orphelins sous roche.

Je ne puis aimer cette enfant, je ne puis aimer; mais, par le Dieu vivant! — quoique inconnu, — si tout ceci n'est pas une comédie, si elle a vraiment conçu l'intrépide dessein d'éteindre les feux de son âme dans la dévotion et de répandre dans le sein de la charité toute la passion de sa jeunesse, je ne suis point descendu si bas, que je ne puisse l'admirer, — l'estimer profondément. Elle tente l'impossible. N'importe! je me souviendrai qu'elle l'avait entrepris. Adieu.

P. S. — J'allais oublier une découverte que j'ai faite, et à l'intérêt de laquelle tu n'es pas étranger. J'étais allé, comme je te l'ai dit, consulter Jean Bailly, le flambeau de la contrée. Je m'apprêtais à repartir, ayant passé trois heures en sa docte compagnie et commençant à me croire changé en bœuf, quand il me déclara qu'il avait à me montrer quelque chose... mais là quelque chose... *Espérez un brin!* — Et il appela à haute voix, en levant le nez vers une des fenêtres de la ferme : — Hé! garçon! descends un peu, sans te commander!.— Le garçon descendit; et j'eus peine à retenir un cri d'étonnement en apercevant un jeune homme qui, au premier abord, me parut être toi-même, George. Il portait l'uniforme de ton corps et de ton grade, ce qui sans doute aida beaucoup à l'illusion; cependant c'est ta taille, ta coupe de visage, ton geste, tes yeux, tout cela affaibli et allangui par une apparence maladive et une pâleur de mauvais augure. Il est depuis un mois chez son oncle Jean Bailly. A la suite d'une blessure reçue en Afrique, sa poitrine s'était engagée; je crois qu'il couche dans une étable par hygiène. — Il n'est pas de ton bataillon, et ne te connaît que de nom. J'ai mis à sa disposition mon parc et mes chevaux. Il a refusé les chevaux et accepté le parc. Je lui ai indiqué une clôture aisée à franchir, afin de lui épargner le grand tour. Nous le voyons de temps à autre. Sa conversation me plaît, quoiqu'un peu enthousiaste. Il t'a encore volé cela. Suzanne épuise son éloquence à lui prouver qu'il prend à vue d'œil un embonpoint affligeant; puis elle le plaisante sur son étable, et bref elle le renvoie toujours plus gaillard qu'il n'est venu. Pauvre diable! — Suzanne l'avait aperçu à l'église, m'a-t-elle dit, et avait été frappée comme moi de sa ressemblance avec M. George de Vernon; seulement M. George est mieux, dit encore Suzanne, parce qu'il a une balafre. — Bonsoir, Balafré.

V.

, 27 juillet, le Chesny.

Vive la joie, George, mes foins sont rentrés! — Quoi! tous? — Oui, tous! — J'entends ceux de ma ferme vacante; car les autres ne me regardent pas. — Et quels foins, mon camarade! fleurant comme baume. — Soulouque, qui s'y connaît, ne veut plus entendre parler que de mes foins. — Le drôle! je le crois bien!... C'est le pré de bas, comme tu penses, que nous avons fauché en dernier, à cause du voisinage de la rivière... Quant au pré de haut et au clos de la mare... enfin ils sont rentrés, cher ami... que veux-tu de plus?

Mes deux moulins retournent si bel et si bien, que, ma foi, j'en fais bâtir un troisième.

Voilà pour le dehors. Au dedans, je prolonge quelquefois mes écritures fort avant dans la nuit. Je classe, je collationne, je résume, et je fonds peu à peu dans un registre in-folio la substance de toutes les pa-

perasses que Suzanne m'a remises. Dans ces veilles et dans ma solitude, il me vient à l'esprit certaines réflexions qui m'étonnent de ma
part. — George, il est clair que l'oisiveté n'est pas seulement un mauvais calcul d'égoïsme, c'est aussi une ignominie. Une vie toute personnelle, comme a été la mienne, une existence qui s'isole et se con-
centre en soi, refusant de saisir le moindre bout de câble, et d'aider,
selon sa force, à la manœuvre humaine, est une existence hors la loi
providentielle; elle usurpe sa place au soleil : si la terre était juste, elle
la rejetterait de sa surface, et ne lui prêterait même pas la largeur
d'une tombe. — Ce n'est pas, crois-moi, sans une honte secrète que
j'assiste, spectateur inutile, aux luttes où mon siècle et mon pays se
débattent laborieusement; mais où porter la main? où est le vrai péril? de quel côté penche le monde? Ah! qu'une foi, qu'une conviction se dégage de ma pensée désormais plus rassise, et la seconde
moitié de ma vie peut encore racheter la première. — En attendant,
si je puis faire pousser sur ce coin de terre un épi de plus, ne dût-il
nourrir que les oiseaux du ciel, ma conscience sera plus tranquille.

— Et Suzanne? — Je ne sais trop. Sa vie n'a pas sensiblement
changé. Malgré les attaques acharnées des trois mousquetaires, ils
viennent ensemble trop souvent pour que j'en prenne ombrage. — Je
remarque bien, matin et soir, des excursions inexpliquées dans la compagnie suspecte de bonne Jeannette; mais le vieux linge et les petites
vestes neuves qu'on emporte en paquet prêtent une innocente physionomie à ces allures romanesques.

Hier soir, vers huit heures, un orage effroyable fondit sur le pays.
C'est précisément l'heure où nous avons coutume d'être envahis par
le voisinage, car jusqu'ici le triste tête-à-tête de notre première soirée
ne s'était point renouvelé. Soit hasard, soit combinaison préméditée,
il y a toujours quelque réunion au château ou chez une amie. — Pour
cette fois, la violence de l'orage nous condamnait à la réclusion et à
la solitude. Cette idée semblait préoccuper Suzanne, qui, le visage
collé contre une fenêtre, battait sur les vitres une marche inédite, tandis que je feuilletais un album dont toutes les pages sont d'une entière
blancheur, Dieu merci! — On apporta les lampes. Suzanne se retourna
résolûment, et, roulant avec fracas son fauteuil devant son guéridon,
elle prit son ouvrage. Là-dessus, je me levai, et me rapprochai de la
porte, lentement, peu à peu, flairant les jardinières et les vases qui ja-
lonnaient ma route, afin de donner à ma fuite l'apparence d'une insouciante retraite. — Si vous vouliez travailler dans le boudoir, dit Suzanne
en se levant à demi, je serais tout aussi bien chez moi, là-haut, je vous
assure.

— S'il est absolument nécessaire qu'un de nous deux s'exile là-haut,
madame, permettez que ce soit moi.

— Mon Dieu ! c'est qu'il y a des gens qui ne peuvent travailler !..
écrire en compagnie.

Je répliquai comme il convenait, et, après quelques passés courtoises, je fis descendre mon gros registre; nous nous établîmes, lui et moi, sur une belle table à incrustations de cuivre, en face du guéridon.

— Hon ! George !

Cependant le tonnerre ébranlait le château de ses coups répétés : le vent et la pluie battaient les fenêtres. A chaque grondement, et à chaque rafale, nous levions la tête simultanément; Mme d'Athol et moi, nous renvoyant un sourire avec une moue des lèvres, comme pour dire : Oh ! oh ! vraiment, cela devient sérieux.

Elle eut besoin de je ne sais quel objet oublié sur la causeuse, à l'autre bout du salon. En retournant à sa place, elle s'arrêta une seconde derrière ma chaise, et je sentis qu'elle se penchait légèrement au-dessus de moi comme une branche qui ploie sous ses fleurs. Par bonheur, mon gros registre se trouvait ouvert à sa page la mieux ordonnée, à son verso le plus glorieux... Vanité ! j'en fus ravi.

Les instans s'écoulèrent. Tantôt je l'interrogeais sur la destination finale du lambeau d'étoffe dont son dé mignon égalisait les plis, tantôt elle me demandait des nouvelles de la moisson ou de quelque génisse favorite; puis nous passions à une discussion approfondie sur le génie de Meyerbeer comparé au brio de Rossini, et de là à la théorie des paratonnerres.

Comme il arrive, nous n'avions parlé l'un et l'autre que pour conquérir le droit de nous taire. Dès que le silence eut cessé d'être une gêne, nous le laissâmes régner. Fatigué des courses de la journée, j'avais peine à suivre le fil épais de mon travail : l'odeur concentrée des fleurs et de la verdure me faisait monter au cerveau je ne sais quel trouble étrange, qu'exaltait sans doute encore l'influence secrète de l'orage. J'éprouvais, il me semble, le malaise agréable d'un homme endormi sous des lauriers-roses. Toutes mes sensations tenaient du rêve. — Je levai mes yeux appesantis, et je regardai Suzanne : elle réparait le temps perdu de toute son ardeur. Je distinguais à peine dans l'ombre la ligne élégante de son cou, mollement incliné comme celui d'un cygne qui plonge; mais la lueur de la lampe éclairait son front penché, et, miroitant sur ses cheveux, semblait parsemer sa tête de blondes étincelles; ses yeux, dont je n'apercevais que les cils droits et serrés comme les pétales d'une marguerite entr'ouverte, suivaient attentivement l'évolution rapide de son aiguille. Cette grave et candide figure, dans sa soumission et dans sa sérénité, exprimait naïvement tous les devoirs et toutes les joies domestiques; elle répandait autour d'elle un air d'honnêteté, de fête et de repos. — Celui qui a encore son ame, et qui, après les travaux du jour, trouve fidèlement une telle image à son foyer, de quoi se plaint-il?... Ce doux tableau d'intérieur, où semblait nous enfermer plus étroitement la tempête du dehors, se complétait d'une façon bizarre dans ma pensée fiévreuse. Je croyais voir passer entre nous deux des formes gracieuses et frêles, allant sans cesse de l'un à l'autre, et formant les anneaux charmans d'une chaine scellée dans nos deux cœurs... Oui, si quelque chose ressemble au bonheur sur la terre, c'était cette vision. Si Dieu a mis ici-bas une récompense après la peine, une consolation à côté de l'épreuve, l'une et l'autre étaient sous mes yeux.

N'est-il pas singulier, George, que nous méconnaissions si obstinément, dans notre jeunesse, les lois réelles de la vie, qui se présentent à nous cependant avec un caractère si simple, si naturel, si évident? Plus qu'un autre je me suis refusé à cette clarté; j'en suis puni. Le malheur et le châtiment de ceux qui ont poursuivi dans les mauvais sentiers un faux idéal, c'est de ne pouvoir rentrer dans le chemin véritable, même lorsqu'ils l'aperçoivent. Leur cœur s'est nourri si long-temps de brûlantes chimères, qu'il ne trouve plus de saveur à la vérité. C'est un fruit trop sain pour leur lèvre desséchée. Ils meurent, comme le vieux Moïse, en vue de cette terre merveilleuse qu'ils ont cherchée follement dans les déserts.

Plusieurs fois Suzanne, étourdie de mon silence opiniâtre, jeta sur moi des regards furtifs. Ses yeux rencontrant toujours les miens, elle les détournait aussitôt. — Ce rêve maladif, ces pensées me fatiguaient. L'heure était avancée; je me levai. Suzanne fut debout au même instant. Je m'approchai d'elle; je pris une de ses mains, que je sentis trembler, et je lui baisai le front. — Je sortis ensuite, sans dire un seul mot, comme un homme qui est sous l'empire d'un charme magique et qui ne peut ou n'ose le rompre.

La vérité est que ces fleurs m'avaient fait mal, et voilà tout. Bonjour, ami.

VI.

Le Chesny, 10 août.

Je reviens du bal; il est trois heures du matin : une assez triste aventure me force d'être sur pied avant cinq heures. Il faut, bon gré mal gré, que tu m'aides à passer le temps jusque-là.

Donc je reviens du bal. Je te vois sourire à ce mot, George. Ton imagination folâtre se représente tout de suite les détails d'un ballet rustique, les danses sous la coudrette, des ménétriers ivres sur des cuves, une odeur enchanteresse de cuisine en plein vent, des agneaux noircissant sur des broches publiques, un maire, enfin, pavoisé aux couleurs nationales et promenant au milieu des graces l'image obèse

de la décence..... Fi donc, George! sommes-nous des provinciaux? Je
te parle d'un bal et non d'une kermesse. — C'était chez la comtesse
d'A..., dont le château est situé à six ou sept kilomètres du nôtre. La
comtesse d'A... est la mère du comte Frédéric, le plus timide, le moins
barbu et le plus dangereux des trois mousquetaires qui ont juré ma
perte. Le second de ces messieurs, le seigneur Léopold de Laubriand,
puissant chasseur devant l'Éternel, roux comme Nemrod, jarret carrément tendu sous le nankin, est un compagnon décidé et entreprenant, dont l'œil bleu-clair ne manque pas d'une certaine fascination
énergique. Le troisième, je ne te le nommerai même pas, parce qu'il
s'est laissé distancer comme un benêt. Il faut te dire qu'il a voyagé
jusqu'au pôle, et, comme il parlait l'autre soir à Suzanne de la danse
des Esquimaux, je ne manquai pas de l'importuner pour qu'il nous
en donnât une petite représentation. Il eut la bonhomie d'y consentir.
Or, il se trouve que cette danse est tout uniment la danse des ours. Je
m'en doutais. Suzanne ne peut plus le voir sans rire aux larmes.

Nous étions arrivés vers dix heures. La fête, au premier abord, offrait l'aspect ordinaire de toutes les réunions de ce genre. La comtesse
d'A... est du monde, et tout ce qui avait dépendu d'elle était correct;
mais ce qu'elle n'avait pu empêcher; et ce qui saisissait peu à peu douloureusement le flair de l'observateur, c'était le goût de terroir répandu sur les toilettes des femmes. Une, entre autres, m'a frappé.
Figure-toi, si tu le peux, une espèce de fourreau de soie noirâtre, uni
et luisant comme une chrysalide ou comme la gaine d'un parapluie,
avec une chaîne d'or par-dessus. Cet objet inouï m'a été signalé comme
l'épouse d'un conseiller général. Je ne te décrirai d'ailleurs ni les robes
en velours d'Utrecht, à corsage montant, dans le style impérial, ni
les bariolages de couleurs discordantes, ni les panaches de tambour-
major, ni les turbans à la Staël qu'on voyait ressortir tout le long des
banquettes comme des fresques d'auberge ou des tapisseries foraines.
Que de turbans surtout, cher ami! — Le jour des Osmanlis est à la
fin venu! me disais-je. — Ce qu'il y avait de plaisant, c'était l'air de
jalouse concurrence avec lequel se considéraient entre eux ces turbans
rivaux. Bref, on se croyait à Bagdad.

Dans ce pêle-mêle criard, Suzanne se distinguait, je le confesse, par
l'élégance simple et l'ajustement harmonieux de sa fraîche parure. Je
ne sache pas de mortel plus profane que moi en matière de toilette,
et au fait cela ne nous regarde pas; pourtant, si je dis à une femme
qu'elle est fagotée, bien qu'il me soit impossible de lui dire précisément pourquoi, elle peut tenir pour certain qu'elle est fagotée. — Voilà
ma prétention. — De même, quand je vois dans la toilette d'une femme
un assortiment de tons si juste, une symétrie et un encadrement si
bien adaptés à sa personne, qu'il semble qu'elle ait dû naître et fleurir

comme cela, — je dis que cette dame est bien mise, et je le pense, ce qui est plus rare. — Suzanne était bien mise.

Elle aime un peu beaucoup le bal et la valse, cette dévote. Elle y apporte, comme à tout ce qu'elle fait, un goût, une ardeur, un entraînement qui doivent paraître exclusifs à qui ne la connaît pas d'ailleurs. La valse l'enivre. Quand il faut s'arrêter pour reprendre haleine, son petit pied palpite sur le parquet; des frissons d'impatience courent sur ses épaules et les font onduler comme de la moire. — N'importe : c'est une danse *inconséquente* pour une chrétienne. — Celui qui l'inventa n'était point marié. Pour mon compte, je sais que je préfère la danse des Esquimaux.

En général les nouvelles mariées sont un peu délaissées dans le monde. La lune de miel est une égide qui pétrifie les plus audacieux. On ne voit point d'apparence à supplanter un mari qui est encore un amant; on laisse le jeune ménage à ses ferveurs printanières, et l'on attend les premiers froids. — Par exception, Suzanne est fort entourée. Il est vrai qu'on n'observe entre elle et moi ni ces empressemens passionnés, ni cet échange furtif de clins d'œil et de soupirs, ni ces isolemens égoïstes par où se trahit dans la foule un couple bien épris — et mal appris. De la part de Suzanne comme de la mienne, on remarque des égards, mais rien de plus, — et c'est une chose qui les encourage, ces jeunes gens. Ils ont un sentiment confus qu'il y a là une grande infortune à consoler. Chacun le témoigne à sa manière : le comte Frédéric par des attitudes de page rêveur et des respects mystiques, le farouche Léopold par des attentions bruyantes et des galanteries gigantesques, — comme d'apporter un fauteuil à bras tendu par-dessus la tête d'une multitude justement alarmée. — N'est-ce point délicat?

Qu'ils fassent leur devoir. Le mien est de garder la neutralité que j'ai jurée à Suzanne, et je la garderai dans les limites du possible; mais du moins, George, si l'on me prend, ce ne sera pas par surprise. Je suis les tours et les détours de chaque mineur, j'entends le moindre coup de sape. Triste avantage, sans doute, *si rien ne marche après lui!* — Mais encore suis-je bien aise que l'aveuglement traditionnel des maris m'ait épargné.

Un honnête et vraiment aimable garçon, c'est ce jeune officier qui te ressemble, M. Jules Bailly. J'avais été étonné de l'apercevoir en entrant dans le bal. Je savais, il est vrai, qu'il avait dû recevoir une invitation par les bons offices de Suzanne, car nous nous étions consultés elle et moi là-dessus; mais je savais aussi qu'il avait refusé jusqu'à présent toute invitation semblable, en alléguant le prétexte de sa santé. J'ai pensé qu'il se trouvait mieux, et j'en ai été charmé. Cependant je n'ai point tardé à regretter amèrement qu'il fût venu.

Dès l'abord, j'avais entendu commenter à demi-voix, entre turbans et de la façon la moins obligeante; la parenté de ce jeune homme : tu te rappelles qu'il est le neveu de mon fermier. Je ne te dirai pas que j'avais pris sa défense, — car, en vérité, de quoi le défendre? — mais enfin je m'étais empressé de citer quelques traits de sa vie militaire, croyant ainsi apaiser tous les scrupules. — Point du tout. — Nous avions là toute la noblesse du canton. L'aristocratie rurale est ombrageuse... Mon ami, n'étant point noble de ma personne, j'ai coutume d'apprécier avec beaucoup de réserve des prétentions qu'il m'est trop facile de ne pas partager. Toutefois je sens que j'en aurais pu éprouver les faiblesses, mais jamais les vertiges; et quand je vois, dans nos temps troublés, ces prétentions se traduire par des actes de classement exclusif et d'intolérance mortifiante, le ridicule n'est pas le pire reproche qu'elles me semblent encourir. — Passons. — M. Jules Bailly venait de danser avec Suzanne. Une assez jolie personne, Mlle Hélène de Laubriand, qui est la propre sœur du centaure Léopold, s'était engagée avec ton Sosie pour la valse suivante : quand il est venu réclamer l'effet d'une promesse qui datait de cinq minutes à peine, Mlle Hélène a dit en rougissant que M. Bailly se trompait sans doute, qu'elle ne conservait aucun souvenir de cet engagement, qu'elle avait d'ailleurs promis toutes les valses de la soirée. Sur cette aimable déclaration, notre officier s'évertue ingénument à prouver son droit, à évoquer la vérité. — Le Léopold intervient alors et s'étonne d'une insistance qui semble mettre en doute la bonne foi antique des Laubriand. M. Bailly entrevoit enfin où le bât les blesse. Il tressaille, quitte aussitôt sa posture suppliante, et, regardant au fond des yeux M. de Laubriand, il lui dit d'une voix sourde, qui se faisait entendre cependant jusqu'à l'extrémité du salon : Vous devez, monsieur, me trouver l'intelligence bien lente; je comprends, quoique tardivement, que je suis indigné de toucher le gant de Mlle votre sœur, mais vous ne me refuserez pas, j'espère, l'honneur de toucher le vôtre. — Monsieur, a répliqué froidement Laubriand, je n'ai pas l'avantage de vous connaître... il y aurait peu d'usage à prolonger ce débat entre nous... mais vous avez ici apparemment quelque ami... je suis à sa disposition. — Un murmure approbateur avait accueilli cette réponse, qui doublait l'outrage. Il était évident que la galerie, en immense majorité, tenait pour l'offenseur. — Les yeux du jeune officier erraient autour de lui avec une sorte d'égarement : une véritable agonie agitait tous les traits de son pâle visage. Jamais appel plus éloquent, plus poignant, ne fut adressé par un homme à ses semblables. Personne ne bougeait. Les hommes sont lâches. — Je serais venu plus tôt; mais j'étais loin, et j'avais peine à me dégager de la main de Suzanne, qui s'était, durant cette scène, crispée involontairement sur mon bras. —Voici, monsieur, ai-je dit enfin à Laubriand, voici l'ami que vous demandez. — Monsieur Bailly, ai-je ajouté, je vous supplie de ne pas démentir le titre que j'ose prendre et dont je m'honore profondément. — Ce jeune homme m'a serré la main, et j'ai lu dans ses yeux humides une expression qui m'a rappelé ton regard, George, quand j'eus le bonheur de sauver ton frère.

Nous sommes sortis tous trois, et le comte Frédéric nous a suivis presque aussitôt. — On est convenu d'une rencontre à l'épée pour ce matin. Puis nous sommes tous rentrés dans le bal, en proclamant que les choses s'étaient terminées par une explication pacifique à l'honneur de chacun. Cependant la fête languissait, et nous n'avons pas tardé à nous retirer, Suzanne et moi.

La nuit était si belle que nous avons tenu la capote de la calèche à moitié relevée. L'air du dehors, le mouvement du voyage, m'ont fait du bien. Nous courions entre des haies chargées d'arbres trapus ou élancés qui prenaient dans l'ombre des formes de chimères, et qui empruntaient à notre rapide allure une vie fantastique. Quelquefois les deux côtés du chemin s'abaissaient en talus, et notre vue plongeait sur des prairies submergées dans un brouillard d'argent. Un souffle de brise passait sur nous par intervalles, nous apportant la fraîche odeur des bois mêlée aux violens parfums des cultures en fleurs. La sérénité, le repos, que respirait la campagne endormie, dissipaient peu à peu les souvenirs et les pressentimens de la scène à laquelle je venais d'assister. Mes pensées ont pris un autre cours, en gardant une teinte de gravité.

Jamais l'éclat du plus beau jour n'a valu pour moi la lueur solennelle et pensive d'une nuit d'été. Je regardais avec émotion l'azur sombre du ciel semé de mille feux qui semblaient marquer le campement nocturne des armées surhumaines de Milton. Je voyais ces étincelles, — qui sont des mondes, — aussi serrées dans l'espace immense que des diamans dans un écrin. Quoi donc, ami! ce spectacle n'est-il que la vaine parure de nos nuits? Est-ce donc un orgueil barbare qui l'étale à nos yeux, comme l'orfévre fait étinceler aux regards du pauvre des richesses que sa main ne touchera jamais? — George, cela confond.

Puis j'ai regardé Suzanne. Ses bras étaient croisés sur son sein, qui trahissait par de faibles battemens la fièvre mourante du bal. Elle avait ramené sur sa tête le capuchon de sa mante : dans ce cadre soyeux, son visage resplendissait d'une clarté douce comme l'aube et d'une pâleur céleste : une transparence étrange, une extase mystérieuse, une paix inexprimable, faisaient de cette image le fantôme entrevu d'un monde supérieur. — Ceux qui disent simplement de Suzanne qu'elle est jolie ne disent pas tout.

Quand on approche du Chesny, on voit s'élever sur la droite, au haut d'une colline que le chemin gravit en tournant, la petite église du bourg. Nous montions lentement la côte, et nous pouvions distinguer déjà, par-dessus la haie de buis, les vieux ifs symboliques et les croix funéraires qui entourent l'église. Suzanne ne passe jamais près de ce modeste cimetière, où sa mère repose, sans marquer une vive émotion. — Elle est tout à coup sortie de sa tranquille rêverie, et je l'ai vue s'agiter avec inquiétude pendant un moment, comme si elle eût voulu me parler. — Ne croyez-vous pas, m'a-t-elle dit enfin, que la nuit, — qu'une nuit comme celle-ci nous rend plus présent le souvenir de ceux qui ne sont plus? — J'ai répondu par un mot d'assentiment, et j'ai ajouté quelques phrases sur la disposition naturelle de notre cœur à ressentir plus fortement tour à tour les impressions les plus distinctes. Une sensibilité plus fraîche jaillit en effet du contraste même de nos idées, et, en quittant les frivoles préoccupations du bal, notre esprit se tourne presque irrésistiblement vers de graves pensées. —Si j'osais, a repris Suzanne, je voudrais bien vous demander quelque chose?... — Parlez, mon enfant. — Mais ce désir vous semblera une fantaisie romanesque... déplacée... indigne peut-être?... — Et elle me montrait des yeux la triste enceinte du petit cimetière. — J'ai dit qu'on arrêtât. Elle m'a pris le bras. Nous avons monté les degrés d'un escalier à moitié détruit, et je l'ai menée, en écartant les hautes herbes, humides de rosée, jusqu'à la tombe qu'elle venait chercher. Elle s'y est agenouillée, et je me suis assis à quelque distance, au pied d'un if séculaire.

Tandis qu'elle priait, je me rappelais comme malgré moi tout ce que j'avais appris et deviné du long martyre enseveli sous ce tombeau. —Je t'ai parlé de la mère de Suzanne. — Eh bien! George, dis-moi, — si son dernier sommeil est tel que la voix même de son enfant n'en puisse rompre le charme glacé, — ne l'a-t-elle point acheté trop chèrement? Juge : elle souffre pendant dix ans d'un front souriant, d'une humeur inaltérable, la présence brutale du misérable qui lui prépare la misère par ses trahisons; elle passe dix autres années à effacer de sa main courageuse la trace des désordres dont elle n'a recueilli que les amertumes... puis, lorsque enfin un rayon de joie semble éclairer sa pauvre vie, à peine son premier regard heureux s'est reposé sur le front de sa fille, — il s'éteint; elle meurt. — Si, ce jour-là, tout a été fini pour elle, que veut dire, au nom du ciel! cette idée de justice qui court dans nos veines avec le sang de notre cœur?

J'ai été un des plus incrédules et je demeure encore un des plus sceptiques parmi les enfans de mon siècle; mais du moins je ne prends point pour des traits de vigueur les défaillances de mon esprit : c'est le doute qui est facile et qui est faible, c'est le doute qui est l'impuissance et la puérilité... Tout ce qui dépasse la hauteur ridicule de notre visée et le cercle de notre routine quotidienne est nécessairement absurde et impossible... Voilà qui est bien! Mais nous ne supprimons pas pour cela le problème... ni la terre, ni le ciel, ni la vie, ni la mort, ni rien de ce qui nous gêne; le miracle le plus grand et le plus incroyable de tous persiste dans son évidence écrasante! le radieux firmament continue d'éclairer des berceaux et des tombes... La question demeure impitoyablement posée sous nos yeux, — et en fait de solution, George, à mesure que j'y réfléchis davantage, je n'aperçois pas qui n'aboutisse à Dieu, à l'ame immortelle... au Christ peut-être. — Tout est plus raisonnable que le doute.

Suzanne s'est relevée, et, en reprenant mon bras, elle a murmuré : Je vous remercie... vous êtes bon... car je savais que cela n'est pas dans vos idées. — Mes idées, George! — elle me croit une brute, cela est certain. — Vous êtes bon!... Qui ne le serait pour elle?

M. Jules Bailly m'attend à quatre heures et demie devant la grille de l'avenue. — Il faut que je parte. — Que Dieu garde ce jeune homme!

Sept heures.

M. de Laubriand est blessé légèrement à l'épaule. Il s'est montré fort bien : une fois blessé, il a adressé des excuses à M. Bailly avec une franchise qui m'a gagné le cœur. — Peut-être tenait-il beaucoup à se remettre avec le mari de ma femme. En tout cas, il y a réussi. — J'ai ramené M. Bailly au château. Nous avons rencontré Suzanne qui faisait sa moisson matinale. Elle s'est récriée, a frémi comme il convenait, et finalement a invité le vainqueur à déjeuner.

VII.

Le Chesny, 1er septembre.

J'ai reçu tes deux billets. Tu te plains de mon silence. — Monsieur George, si notre vieille amitié ne suffit plus à colorer du plus faible intérêt les pâles détails de mon églogue, il faut me le dire franchement : je serai moins blessé de cet aveu que je ne le suis de la sécheresse de vos réponses, qui semble s'accroître à mesure que le ton de mes lettres devient plus intime.

Ne serait-ce point, George, que tu es un traître goguenard, et que tu joues secrètement de l'embarras où tu me supposes? Ne serait-ce point qu'il te plairait de voir ma superbe s'humilier d'elle-même, et que tu lui voudrais laisser le mérite d'une abjuration spontanée?... Ce George! Il n'en dit rien, — mais gageons qu'il emploie ses loisirs à me tisser de ses doigts candides la robe de lin des néophytes; qu'il me voit déjà, vêtu de blanc comme un jeune lys, offrir le lait et le

miel sur un autel de feuillage, avec cette inscription en lacs d'amour :
A l'innocence reconquise !...

Vraiment, notre ami, c'est aller vite en besogne !... Par le ciel,
George, c'est de la démence ! Si tu as pu prendre en effet quelques tirades pillées dans mes souvenirs d'enfance, — quelques rêveries d'occasion, — pour les témoignages d'une sérieuse métamorphose et d'une
conversion.... impossible; — si, en regard de l'abîme de mon passé,
quelques semaines du tête-à-tête le plus nul avec une petite fille de
province... — Ah ! assez !... Que de jargon hypocrite et misérable, et
pour ne tromper personne ! Assez ! George ; épargne-moi... Je suis
sous tes pieds — et sous ses ailes, et j'adore vos dieux ! — Je l'aime.
Es-tu content?

Mais pourquoi, — pourquoi ne pas me le demander? Pourquoi ton
affection n'a-t-elle pas ménagé à ma chute un penchant plus facile,
une secousse moins pénible, un lit plus doux? — Tu as craint, n'est-il
pas vrai? d'effaroucher par trop d'empressement ma fierté à peine
domptée, — d'intéresser mon orgueil à soutenir plus long-temps sa
lutte et son mensonge?... Oui, je te comprends; mais mon orgueil
n'est plus, George; Dieu l'a confondu en me donnant un enfant pour
guide.

Je l'aime... est-ce possible? Avant de t'écrire ce mot, avant d'oser me
le dire à moi-même, que de fois j'ai sondé mon cœur! que de troubles!
que d'hésitations! que de révoltes! — Avant de le lui dire, — à elle,
je veux encore descendre au fond de ma conscience. Il ne faut pas la
tromper, mon ami; et si je ne portais dans mon sein une fois de plus
que le principe d'une déception fatale, qu'un germe de mort sous les
apparences de l'amour et de la vie, j'en garderais le poison pour moi
seul. Il ne ferait cette fois qu'une victime.

Mais sois sûr que je l'aime! Je ne retrouve dans mon passé aucun
vestige réel de ce que j'éprouve. — Cependant je reconnais quelques
impressions de ma première jeunesse : — c'est que le premier regard
que nous jetons sur la vie et sur le monde, avant d'en avoir franchi
le seuil, n'est pas, quoi qu'on dise, le moins clairvoyant; il n'est pas
encore troublé par le tourbillon que soulève la mêlée humaine. A cet
âge, nous avons sur les principaux objets de la vie des notions plutôt
exagérées que fausses; l'expérience, qui ne devrait que ramener ces
notions dans la mesure du vrai, les égare le plus souvent; elle ne se
borne pas à les dégager des amplifications du rêve et du roman, elle
en altère la sincérité instinctive; au lieu d'en rectifier simplement la
forme enthousiaste, elle s'attaque au fond même et en corrompt l'essence. — Oui, quand nous sortons des bras de notre mère ou des épan-
chemens passionnés d'une amitié adolescente, nous apercevons clairement, quoique sous un jour trop brillant, les grandes lignes de la

destinée qui nous attend. Notre vue, encore droite et pure, assigne aux divers élémens dont la vie de l'homme est faite leur place, leur emploi, leur ordre naturel et véritable; il y a moins d'erreur dans les illusions d'un enfant que dans l'expérience hébétée d'un viveur émérite. — Ainsi, George, que m'arrive-t-il aujourd'hui, sinon ce que notre imagination, mise en commun, évoquait, il y a dix ans, du sein de notre avenir entr'ouvert? N'avions-nous pas pressenti avec justesse tout ce que l'amour et la présence d'une femme, tout ce que la force et la tendresse d'un ami peuvent mêler de douceur au mâle sentiment des devoirs de la vie noblement acceptés?... Rends-moi cette justice : tout cela, je l'avais compris comme toi... et si depuis des hommes m'ont enseigné à maudire le nom d'ami, si des femmes m'ont arraché du cœur le respect de leur sexe, est-ce la faute de Dieu ou la mienne? N'est-ce point que j'ai pris l'exception pour la règle, et l'écume du vase pour la liqueur elle-même? — Il en est du chemin de la vie comme des routes de ce pays à certains jours de fêtes patronales qu'on nomme des assemblées : — les premières gens qu'on y rencontre, alignés au bord des fossés, sont des aveugles, des bandits et des bohèmes de toute robe et de tout pelage... Que d'impatiens s'en tiennent à cette compagnie, et jugent bravement la fête sur ces ignobles dehors, — le logis sur l'antichambre! Que de prétendues études de mœurs n'ont décrit que celles des laquais!

Je ne me jette pas d'un excès dans un autre, George : en pénétrant au-delà de cette couche impure qui fermente à la surface de la vie, je sais qu'on ne trouve point une mine d'or vierge. Les hommes comme toi, les femmes comme Suzanne, sont rares, je le sais, même dans la région du monde réel. Toutefois, si le vice s'y montre trop souvent, il n'y est pas encore indifférent : on l'y contraint toujours de rendre à la vertu l'hommage de l'hypocrisie. Les jugemens, l'opinion, les égards, n'ont pas cessé de s'y asseoir sur les règles de la conscience chrétienne et de la morale éternelle. C'est au milieu de ces principes et à l'ombre de ces saines traditions que s'élèvent avec rectitude le plus grand nombre des jeunes existences qui doivent un jour s'associer aux nôtres. La mère la plus égarée tient elle-même, et plus qu'aucune autre souvent, à conduire une honnête fille sous le toit nuptial. — Ne semble-t-il pas, d'après cela, que toutes les femmes, les monstres exceptés, doivent apporter au foyer de leur époux un sentiment simple et vrai de la vie et du rôle qu'elles ont à y remplir? N'est-ce point nous, les trois quarts du temps, — par le contact de notre expérience gâtée, par les traits irréfléchis de notre langage, et souvent même par nos sottes vanteries rétrospectives, — qui dégradons et minons peu à peu l'édifice délicat de la mère de famille? N'est-ce point nous, dis-je, qui substituons, dans ces esprits dociles, le désordre et la confusion d'idées à la

discipline heureuse et tranquille des préceptes maternels? nous enfin,
nous seuls qui renversons de notre main les digues protectrices qui
contenaient la passion de ces jeunes cœurs dans la limite du devoir et
de la vérité?

Et cependant, George, je n'imagine pas qu'il y en ait une autre
comme elle dans le monde... une autre qui suive sa voie d'une démarche à la fois si ferme et si gracieuse, si hardie et si modeste.
Elle rehausse par un charme naturel de simplicité et d'élégance les
détails les plus communs, les phases les plus vulgaires de sa révolution
quotidienne; il semble, à la voir accomplir les rites familiers du ménage, que la vie soit une douce religion dont elle est la charmante
prêtresse.

La puissante coquetterie que celle de l'honnêteté! On ne peut rendre
par des mots les séductions exquises dont un cœur chaste imprègne
tout ce qui l'enveloppe, tout ce qui le touche et jusqu'aux derniers
plis d'étoffe qui éprouvent le reflux le plus lointain de ses pulsations.
Nous savons cela en général mieux que les femmes : qui de nous, rencontrant en même temps dans quelque lieu public deux femmes également belles, également parées, mais inégalement respectées, n'a mesuré, par la différence de ses impressions et de ses rêves, la distance
de la terre au ciel? — Il faut encourager la vertu, George, mon enfant;
c'est la seule chose, en effet, qu'on n'ait pas réhabilitée depuis vingt
ans et plus.

Il n'en est pas moins vrai que la mienne me décontenance un peu,
surtout par les humiliations qu'elle m'inflige.... Mais suis-je donc, par
la mort Dieu! un bachelier en vacances? suis-je d'âge et de mine à
soupirer sous des balcons, à disputer au zéphyr un floquet de soie
envolé d'un corsage?... George, tu ne le penses pas! tu n'oserais, de
propos délibéré, me faire une injure si capitale!... Et pour ce qui est
de ce petit gant paille que tu vois sur ma table à portée de ma main,
l'histoire en est simple et honorable; — il n'est pas rare assurément
qu'on entre par un jour d'été dans un cimetière de village et qu'on en
parcoure les sentiers touffus, en déchiffrant çà et là des inscriptions
sous la mousse et en écoutant bourdonner les insectes dans l'herbe;
mais il est rare de trouver sur le gazon d'une tombe un gant de bal
encore tout parfumé, et si on le trouve, n'est-il point naturel de le conserver comme une curiosité singulière?

Eh bien, oui! j'amasse des reliques! je m'abandonne aux enfantillage du goût le plus médiocre! oui, jour et nuit, je me repais de coli-
fichets!... et c'est même quasiment ma seule nourriture, car, pour
comble de mortification, j'ai perdu l'appétit. Quoi encore? Je songe...
je guette... je la cherche et je la fuis... Si je ne me tenais bien, je ferais
des vers... tout cela par la raison, mon cher, qu'il n'y a pas deux façons d'être amoureux, et qu'en tout cas celle-ci est la bonne.

Eh! que m'importe, si je suis heureux et si je me sens meilleur? si mon cœur s'élève et s'élargit pour vous faire à tous deux une place digne de vous?... Écoute, elle enchante à mes yeux la création tout entière; elle me la révèle... elle me la fait comprendre... elle me la fait bénir!... Je suis son disciple secret et fervent... Je rapprends à ses pieds la langue oubliée du livre de la vie, tel que Dieu l'a gravé... elle en fait ressortir dans ma conscience les caractères effacés... elle me rend à la vérité, à la lumière, au sens divin.... — Quand le frôlement de sa robe me vient troubler jusqu'au fond du cœur, quand mes lèvres aspirent à tout ce qu'effleure sa main, il me semble que je l'outrage et que je suis sacrilége. Je l'adore... que veux-tu?

Toi aussi, George, je t'adore.

VIII.

Le Chesny, 8 septembre.

J'aurais bien désiré prendre conseil de toi avant d'exécuter l'entreprise désespérée que je médite; mais, grace aux détours et aux négligences de la poste rurale, il me faudrait, comme d'habitude, attendre trois jours ta réponse, et c'est une patience que je n'ai pas.

Je veux dire à Suzanne que je l'aime, lui faire ma confession franche et entière. Est-ce habile? est-ce opportun? Je ne sais trop; je sais que je ne peux supporter plus long-temps la secrète terreur qui s'est glissée au sein de ma passion. — George, qui m'a jamais dit qu'elle m'aimât, sinon mon imbécile fatuité? — Quelquefois son calme m'épouvante; à d'autres heures, il me semble qu'elle n'est plus la même, que son regard interroge furtivement mon visage, qu'il est plus tendre, — ou moins pur, qu'elle m'aime enfin, — ou qu'elle est coupable... Ces doutes sont affreux. Je veux tout lui dire, et tout savoir, et cela sans délai.

Elle a un lieu de promenade favori : c'est une allée — sombre et embaumée comme une église le soir d'une fête. Il y a, au milieu, un banc demi-circulaire; c'est là qu'elle établit, pendant la chaleur de la journée, son atelier de bienfaisance. Je l'ai vue, il y a une heure, se diriger de ce côté, sa panetière au bras. Sous ce riant soleil, au milieu de ses fleurs, de sa verdure et de tout ce qu'elle aime, elle doit être disposée d'une manière favorable... n'est-il pas vrai? — Mais comment lui dirais-je bien cela, sans trop de gaucherie?... George, jamais je n'ai ressenti une émotion si profonde, si douce, — ni si cruelle. Je te dis que ma vie est suspendue à sa réponse! — Allons!... que vos divinités, dont vous avez fait les miennes, me protégent et m'inspirent!... Allons!

Même jour, quatre heures.

... Où es-tu, George?... où est ta main?... tout m'échappe, — tout me manque... la terre sous mes pieds, — la lumière à mes yeux!...

Tout est flétri, perdu, englouti... Plus rien, — rien que le désert et le chaos. — Il faut être homme, mon ami; je veux l'être. Ce n'est pas le courage qui me fait défaut : c'est la présence d'esprit, l'ordre des idées... Je ne vois plus,... je ne sais plus!... Peut-être en te contant ce dernier épisode d'une vie désormais terminée, retrouverai-je un peu de calme et de sang-froid.

J'avais pris pour l'aller rejoindre des sentiers de traverse, de sorte que j'ai pu l'apercevoir de loin sur le banc dont je t'ai parlé, avant qu'elle eût soupçonné mon approche. Elle tenait à la main une lettre ou un billet, je ne sais : je continuais ma marche, quand je l'ai vue porter à plusieurs reprises ce papier à ses lèvres, tandis qu'une pluie de larmes tombait de ses yeux. — Je me suis arrêté soudain : un tourbillon, un vertige, une tempête m'a passé dans le cerveau, et n'y a laissé que des ruines. — Tout était dit. Oui, cet instant ne m'a vraiment rien laissé à apprendre. Les noms, les faits précis qui m'ont été livrés depuis, n'ont rien ajouté à cette première impression, rapide, lucide et terrible comme la foudre. — Je suis resté là, dans l'ombre d'un massif, regardant toujours Suzanne, mais ne la voyant plus! j'avais devant les yeux une vapeur funèbre. Depuis ce moment, au reste, je suis obsédé d'une sensation singulière qui a toute la réalité d'un mal physique : il me semble que ma vue s'est obscurcie ou que le jour a pâli; enfin tous les objets, le ciel même, m'apparaissent ternes, incolores et comme dépouillés.

Cependant, quand j'ai vu qu'elle avait replié et caché cette lettre, je me suis dirigé vers elle avec une contenance assez ferme; j'étais plutôt étourdi qu'agité : il faut la réflexion pour donner à de telles douleurs la plénitude de leur intensité. Je n'avais aucun parti pris; je marchais à l'encontre du fer, avec la folle stupeur de l'animal blessé à mort. — Suzanne n'a pas encore toutes les vertus de son sexe : son trouble à mon aspect, la trace encore brûlante de ses larmes, le tremblement de sa voix, m'offraient le prétexte facile d'une explication directe et décisive. — Mais c'est une faiblesse commune que de reculer devant la certitude immédiate du malheur qu'on sent le plus inévitable. — J'ai feint de n'avoir rien remarqué : je me suis extasié sur le temps, sur des chiffons. Suzanne s'est remise. — Pas un mot de la lettre. — J'ai voulu encore, avant de la quitter, épuiser toutes les suppositions où pouvait se cacher un reste d'espoir... « Il me semble, ai-je dit, que nous n'avons point reçu de nouvelles de votre grand-père depuis fort long-temps... Il n'est pas malade? — Non, Dieu merci! M. de Laubriand l'a vu avant-hier, plus sémillant que jamais. — Bravo!.... Ah! je savais bien que j'avais quelque chose à vous dire..... J'ai toujours oublié de vous demander si vous n'aviez point laissé derrière vous, à Orléans ou à Paris, quelque amie tendrement aimée qu'il vous serait agréable de revoir ? Il faudrait profiter de ce reste de saison et l'engager à s'établir ici pendant quelques semaines ? — Je vous remercie bien, m'a-t-elle répondu en me regardant avec un peu de surprise, mais je n'ai d'autres amies que celles que vous me connaissez et que je vois tous les jours. — Je suis parti.

Comme je m'éloignais dans la direction du château, un bruit de pas a l'autre extrémité de l'allée m'a fait tout à coup retourner la tète. — J'ai reconnu M. Jules Bailly. Je me suis arrêté. Lui, de son côté, a fait une pause d'étonnement. Suzanne s'était levée; elle se tenait immobile entre nous deux, pâle et muette comme la statue de l'épouvante. — M. Bailly arrivait par cette issue secrète du parc que j'ai eu l'attention de lui indiquer moi-même. Je ne devais pas moins à un homme qui pousse la politesse jusqu'à annoncer ses visites par écrit, afin d'être plus certain de ne déranger personne. — Je suis presque toujours absent du château à cette heure de la journée. — George, le sang m'aveugle, quand je songe à l'opinion que ce misérable a dû prendre de moi en me voyant continuer brusquement mon chemin et lui quitter la place. — Mais que m'importe? Je ne puis croire que les circonstances étranges de mon union avec cette femme ne m'imposent ici que le devoir trivial de tout autre mari trompé et ridicule. Je veux demander du moins à ma pensée plus recueillie s'il n'existe pas, dans une région supérieure au préjugé, quelque refuge moins vulgaire pour mon honneur.... Quiconque donnerait à ce beau trait de patience une autre interprétation s'abuserait stupidement, et voilà tout.

En approchant du château, j'ai entendu des éclats de voix dans le vestibule : c'était Lhermite qui se querellait avec la vieille Jeannette. Leur altercation semblait très animée. Le nom de M. Bailly a frappé mon oreille. — On s'est tu en m'apercevant. — Un instant plus tard, je ne sais quel détail de service a conduit Lhermite chez moi. Je lui ai durement reproché sa mésintelligence habituelle avec Jeannette. Il a voulu la justifier, et, dans l'effusion de sa mauvaise humeur, sans aucune question de ma part, il m'a tout révélé, — tout, depuis leur première rencontre à l'église, il y a deux mois, jusqu'à leurs rendez-vous quotidiens dans l'allée où le hasard me les a fait surprendre aujourd'hui. C'est cette duègne abominable qui les sert : elle reçoit et transmet leurs lettres par l'intermédiaire d'un autre agent inconnu. — Il y a trois semaines environ, une de ces lettres arriva fort imprudemment par la poste. Lhermite me l'apportait avec mon courrier. Jeannette, toujours aux aguets, arrêta ce garçon, et, comme il s'obstinait, par un pur instinct de la haine qu'il a pour elle, à ne point se dessaisir de cette lettre, elle la lui paya dix louis. — Le comte Frédéric d'A... avait esquissé, il y a quelque temps, sur une page d'album le portrait de Suzanne. Lhermite l'a trouvé au pied de cette clôture que M. Bailly franchit plusieurs fois chaque jour pour entrer dans le parc. Il me l'a remis. Il est enveloppé dans une adresse au nom de ce jeune homme. Je t'épargne d'autres incidens tout aussi clairs. Au reste, ceci ne m'a rien appris. Aussitôt le bandeau tombé de mes yeux, j'avais tout vu, tout classé, tout résumé d'un seul regard. C'est ce qui arrive toujours.

— Lhermite ne pouvait rester une heure de plus dans ma maison : je l'ai congédié en lui dorant mon ingratitude avec assez de précaution pour être assuré de son silence.

Maintenant, George, que faire?... Si leur amour s'est jusqu'à présent, comme je le crois, renfermé dans les bornes de l'idylle, tant mieux pour leur repos! Quant à moi, je n'ai pas la sottise puérile et basse de mesurer mon injure et ma ruine au degré matériel de leur faute. — Cela est irréparable. Je n'ai plus que la suprême sollicitude du gladiateur, — tomber avec dignité; — mais, encore une fois, il faut que j'y pense.

On m'appelle... C'est la voix triomphante de Laubriand. Que Dieu le bénisse! Il dîne ici avec tous les siens, et nous avons du monde le soir. — Je vais les rejoindre. Il faut être homme, te dis-je. — On ne plaint pas assez les comédiens. — A revoir.

———

Minuit.

Enfin! — quelle soirée! — quel siècle! — quel combat! — George, jamais je n'avais été de si belle humeur. Une seule crainte me troublait, c'était que mon rire ne s'éternisât sur mes lèvres et ne tournât à la contraction de la folie. — Suzanne s'y est trompée; j'ai vu l'inquiétude méditative de son front se dissiper peu à peu. Elle s'est bientôt figuré qu'elle avait pris l'alarme étourdiment, et que la scène du parc n'avait pas laissé de traces sérieuses dans mon esprit. — Vers dix heures, M. Jules Bailly est entré dans le salon. Il me semble que, si elle m'eût regardé à ce moment, aucune illusion ne lui fût restée; mais elle ne regardait que lui. — Par bonheur, il n'est pas venu, selon sa coutume, me tendre la main, car toute patience eût fini là.

J'étais, suivant l'usage des maris, à une table de whist; j'avais en face de moi une glace dans laquelle je suivais tous leurs mouvemens. Il se tenait debout contre le piano. Suzanne, après des marches et des contre-marches affairées qui témoignaient une agitation fébrile, s'est arrêtée devant lui subitement : elle a jeté sur moi un regard rapide, puis elle lui a adressé à demi-voix quelques paroles en lui touchant le bras du bout de son gant. C'était une prière ou un ordre. Il a tressailli, et ses yeux se sont dirigés de mon côté. En même temps, j'ai cru démêler, sous la pâleur singulière de ses traits, un sentiment, — je ne puis dire d'effroi, — mais d'indécision au moins et de révolte douloureuse. — Là-dessus, ils se sont quittés. — M. Bailly a rôdé quelque instans autour de la table où j'étais assis, comme s'il eût cherché l'occasion de me parler. — Sans doute elle lui avait recommandé des allures plus politiques vis-à-vis de moi; mais la résolution lui manquant probablement, il est tout à coup sorti du salon. — A l'heure où je t'écris, tout le monde s'est retiré.

George, n'admires-tu pas la naïveté vraiment fatale de mon long aveuglement? J'avais vécu, j'avais vu le monde, j'étais encore plein des enseignemens que j'y avais reçus ou donnés... Tant d'exemples si récens ne devaient-ils pas me rendre suspect mon propre entrainement vers ce jeune homme? Mais non... la dérision de ma destinée a voulu me poser, dans mon rôle de mari, comme un modèle de servile attachement à la pure tradition classique. — Le seul homme, en effet, dont il fût raisonnable de me défier, le seul que son air, son esprit, son humeur dussent me faire justement appréhender, c'est lui que je choisis pour ami, lui que j'amène par la main dans l'intimité de mon foyer, lui que je me complais à élever, à rehausser, à poétiser dans l'esprit de cette jeune femme!... Quand je repasse dans ma pensée tous les soins ingénieux que j'ai apportés à construire l'édifice de ma honte... ce rire infernal me reprend!

..... Je suis troublé bien profondément, George. Cette contrainte horrible a fini par amasser dans mon cœur des flots de colère qui m'effraient... J'ai peur que la direction de ma volonté ne m'échappe... cette malheureuse ne sait pas dans quel jeu dangereux elle s'est engagée... si elle pouvait lire une seule minute!... Il faut que je sorte d'ici, que je respire un autre air... Dans l'état où je suis, un crime est accompli avant d'être médité. . . . .

La fraîcheur de la nuit, — la fatigue m'ont calmé. J'ai repris possession de moi-même. — George, je suis le seul coupable. — La loi de Dieu n'est pas imprévoyante, grossière et superficielle comme notre pauvre loi écrite. Elle pénètre à la source des méfaits; elle atteint le désordre moral jusque dans les replis de notre ame; elle cache au fond de nos actions un germe de justice qui se développe sourdement avec une logique infaillible. Le jour où j'ai prétendu étouffer sous mes cendres un cœur palpitant de jeunesse, enchaîner la mort à la vie, — j'ai commis un de ces crimes qui échappent à l'imperfection de nos codes humains et dont Dieu s'est réservé la juridiction mystérieuse. — Ce jour-là, j'ai semé la tempête qui m'emporte aujourd'hui.

Qui sait les luttes et les souffrances qu'ils ont endurées l'un et l'autre avant de s'abandonner au penchant de leur ame?... Je t'ai dit qu'il te ressemblait. Cela est vrai... et n'ai-je pas pensé souvent que tu aurais été digne d'elle?... Sois sûr qu'elle ne t'eût pas trompé.

Le moindre souffle de passion devait jeter bas un arbre sans racines et rompre les liens d'une convention factice. — De quoi les punir? de quoi me venger?... sur quel principe de saine morale et d'honneur véritable pourrais-je appuyer ma vengeance? Le droit que me donne la lettre immobile de la loi n'est-il pas démenti, aboli par la voix mieux éclairée de ma conscience?

Ma détermination est arrêtée : je partirai, je les laisserai. — Je voudrais leur cacher mes traces à jamais. — Je vais combiner cela pour le mieux. — Oui, je voudrais emporter leur remords avec le mien.

Le devoir que je m'impose ici, George, est, je le sens, bien au-dessus du courage banal que l'opinion du monde me commanderait... Va, mon ami, le ricanement public est bien le dernier de mes soucis! Ne t'en préoccupe pas plus que moi, je te prie.

George, tu sais que je l'aimais, que peut-être elle m'avait élevé jusqu'à elle; mais comment eût-elle pu se croire capable de ce miracle?... Elle ignorera toujours qu'elle l'eût fait. — Je vais partir, j'irai traîner au bout du monde ce qui me reste de jours; mais quel fardeau que la pensée! Si Dieu m'eût daigné montrer autant de bonté que de justice, il ne m'aurait pas laissé survivre à ce coup.

Si j'étais là, près de sa mère, dans le même asile paisible, peut-être y viendrait-elle, par une nuit semblable à celle qui a ravi trop longtemps mon souvenir... peut-être y viendrait-elle répandre quelques larmes de regret sur une vie qu'elle a mal connue... sur un cœur qu'elle a brisé!... Pourquoi faut-il qu'un crime seul puisse m'ouvrir ce refuge, — m'acheter ce repos! — Un crime!... Serait-ce donc un crime si grand que de mourir à propos, après avoir vécu sans raison?...

Ne songe pas à ces folies, à ces faiblesses; excuse-les. S'il est vrai que la nuit porte conseil, je te le dirai demain. — Adieu, George, adieu, mon ami. — Adieu, mon George.

DANS L'APPARTEMENT DE M. D'ATHÓL, LE LENDEMAIN.

Il est près de minuit. Raoul, pâle, la tête nue, rentre chez lui à pas précipités. Il laisse les portes ouvertes et jette un regard de temps à autre du côté de l'escalier qu'on aperçoit au fond. Il s'assied devant son bureau, et écrit rapidement ces lignes :

« J'aurais dû partir hier; il n'est plus temps. Voici ce qui arrive : — La journée, encombrée de visites, avait été indifférente. — A peine retiré chez moi, il y a dix minutes, j'ai entendu, par la fenêtre entr'ouverte de mon antichambre, un bruit de pas sur le sable du jardin. Je me suis penché avec précaution, et j'ai vu M. Bailly traverser l'allée sous la conduite de Jeannette. La nuit est si claire que je l'aurais reconnu, ne l'eussé-je vu qu'une fois auparavant. J'ai distingué chacun de ses traits, chaque détail de son vêtement. La vieille lui a indiqué la porte de l'escalier de service qui mène à la chambre de Suzanne. Il

est entré, et elle s'est retirée. — Je suis descendu aussitôt; j'ai fermé
cette porte. Il ne peut plus sortir sans que je le voie, sans que je lui
parle. Au reste, je vais aller le trouver. — Il faut que je le rencontre
face à face... ils m'ont poussé à bout, George!... il n'y a plus ni conscience ni générosité qui tiennent..... Ceci dépasse les forces d'un
homme.

« On te remettra ce mot, quoi qu'il arrive. La clé que je renferme
sous ce pli ouvre le tiroir de mon bureau. Je te prie d'exécuter les
instructions que tu trouveras scellées de mon cachet. — Je te recommande mon souvenir, mon ami. »

(M. d'Athol ferme cette lettre et y met l'adresse; puis il prend sur une console une
boîte de pistolets, et se dirige rapidement vers l'escalier.)

DANS LA CHAMBRE DE SUZANNE.

Raoul entre brusquement; ses yeux se portent aussitôt sur les rideaux de la fenêtre
du fond, qui viennent de retomber flottans et agités. Suzanne, debout, dans
une attitude inquiète, les traits émus, le regarde et s'incline légèrement.

RAOUL.

M'attendiez-vous?

SUZANNE avec contrainte.

Non... pourquoi?... que signifie cela?... Ce n'est point votre usage...
de manquer d'égards envers une femme.

RAOUL.

Oh! ne craignez rien pour vous.

SUZANNE.

Je n'ai rien à craindre.

RAOUL.

En êtes-vous certaine?

SUZANNE.

Vous me le dites. — J'ai de vous d'ailleurs une parole plus réfléchie, plus solennelle, et qui, seule, me rassure.

RAOUL.

Je vous ai promis votre liberté... et mon indifférence... Est-ce de
cette promesse que vous parlez? Êtes-vous sûre de n'en avoir pas oublié les conditions?

SUZANNE.

Je ne le crois pas.

RAOUL, amèrement.

Suzanne! vous avez tout oublié, et jusqu'à votre franchise: c'est
une vertu cependant, croyez-moi, qui sied même sur la ruine de toutes
les autres.

SUZANNE.

Que voulez-vous dire?... quelle espèce de franchise exigiez-vous

donc? Devais-je vous imposer mes confidences?... Si vous m'aviez interrogée, Raoul, vous m'auriez trouvée, je vous le jure, aussi franche
que je l'aie été jamais.

RAOUL.

Si je vous avais interrogée?... Et maintenant, — à cette heure même,
— oseriez-vous me répondre ?

SUZANNE.

Oui, Raoul.

RAOUL.

Vous l'oseriez?... Eh bien! — dites, — ces rêves, ces illusions que
vous me reprochiez si fort de ne plus partager, en avez-vous appro-
fondi la valeur? Ces émotions, que vous envisagiez d'un œil si prévenu, ont-elles égalé votre attente?... Les estimez-vous toujours au
même prix?

SUZANNE, d'une voix basse et frémissante.

Oui, toujours!... Laissez-moi parler, Raoul... ne repoussez pas ma
franchise, — après l'avoir provoquée... Oui,... j'ai parcouru pas à pas
ce chemin de mes songes, ce chemin de jeunesse où vous aviez refusé
de me guider... J'y ai rencontré toutes les douces réalités des fantômes
que vous aviez combattus... Si je m'étais trompée, c'était donc par
trop de défiance de la bonté du ciel! Tout ce qu'il peut verser d'ivresse
dans une larme, — je ne l'avais pas même pressenti! Oui, j'ai connu
les angoisses mortelles, et les espérances infinies, et les courts instans
qui laissent de si longs souvenirs... J'ai aimé enfin... j'ai été aimée; et
j'ai béni Dieu!

RAOUL.

Je vous ai écoutée... Votre excuse est dans l'égarement de votre esprit et de votre langage... Il suffit. Vous avez enfin le roman que vous
cherchiez... il vous satisfait. C'est bien; — mais, dites-moi, en avez-
vous prévu le dénoûment?

SUZANNE.

Le dénoûment?... Je... je ne sais... (Elle tire de son sein la petite clé d'or
et la présente à Raoul en hésitant. Raoul fait un geste de stupeur, et demeure les yeux
fixés sur ceux de la jeune femme, qui reprend en souriant :) Vous doutez?... Ce
roman... il est écrit... Voulez-vous le relire?

(Elle lui montre un paquet de lettres ouvertes sur une table.)

RAOUL.

Qu'est cela?... Mes lettres?... (Il les saisit convulsivement.) Mes lettres
à George!... Mais qu'y a-t-il donc?... au nom du ciel, parlez! ne me
laissez pas ainsi !

SUZANNE.

Celui à qui vous les adressiez me les renvoyait aussitôt reçues. Est-
ce qu'il a eu tort, Raoul? Il vous a trahi, cela est vrai... mais j'ai été

bien heureuse!... J'écrivais des réponses à chacune de ses lettres, espérant qu'un jour peut-être... — Elles sont là !

RAOUL. Il écoute Suzanne, sans paraître l'entendre. Il est agité et tremblant. Tout a coup il se dirige violemment vers la fenêtre.

Mais ce qu'ont vu mes yeux enfin ! mais ce traître qui est là !

GEORGE, soulevant le rideau et s'avançant.

Il n'y a là qu'un ami.

RAOUL.

Toi!... c'est toi!... O Dieu! Dieu de bonté! c'est George! (Il lui prend les mains avec passion.)

GEORGE, souriant.

Oui, c'est bien moi... sois tranquille! — Ta dernière lettre m'a effrayé. Je suis venu l'apporter moi-même, craignant les lenteurs de la poste... Tu m'as pris pour M. Bailly, n'est-ce pas?... Un seul mot sur lui, Raoul... ou plutôt (à Suzanne) daignez répéter à Raoul, madame, ces paroles mystérieuses que vous disiez hier soir à M. Bailly, dans votre salon. — Cela suffira.

SUZANNE, avec empressement.

Je lui ai dit : Monsieur, tant que j'ai été seule à entrevoir votre folie et à en souffrir, je me suis résignée; mais aujourd'hui qu'elle trouble un repos plus précieux que le mien, je vous prie sérieusement de vous retirer... — Raoul, de grace, parlez-moi... dites que vous me croyez? (Raoul est accoudé sur la cheminée, le visage vers la glace, mais abaissé dans ses mains. Il ne répond pas. Suzanne reprend à demi-voix, et d'un ton douloureux, en s'adressant à George :) Monsieur George... il ne me pardonnera jamais... j'ai trop offensé sa fierté... il va me haïr maintenant!...

GEORGE.

Il s'approche de Raoul et se penche comme pour lui parler : tout à coup, il lui écarte les deux mains avec brusquerie, et, le forçant à retourner vers Suzanne son visage inondé de larmes, il dit :)

Tourne-toi!... je veux qu'elle te voie comme cela !

SUZANNE.

Il m'aime!

RAOUL, l'attirant sur sa poitrine.

Ange !

OCTAVE FEUILLET.

LE BISCÉLIAIS.

＊

V.

Le bon Geronimo se croyait réellement en route pour l'autre monde.
Il y serait peut-être allé, s'il n'eût oublié, dans son trouble, de rouvrir
sa blessure, avec ses ongles, comme il en avait d'abord le projet. La
peur et l'émotion avaient causé son évanouissement. Lidia, qui était
accourue aux cris du petit groom, trouva l'abbé couché dans le fiacre,
le bras nu, la manche de sa chemise relevée jusqu'à l'épaule, les yeux
ternes et la bouche entr'ouverte. Ce spectacle pitoyable toucha la jeune
veuve. Quoiqu'il n'y eût point de traces de sang, on voyait bien que
Geronimo avait essayé faiblement de se donner la mort, et qu'une
circonstance presque indépendante de sa volonté l'avait empêché d'accomplir son suicide. Lidia rattacha vivement compresse et ligature,
jeta de l'eau fraîche au visage du malade, lui frotta le nez et les tempes
avec du vinaigre, et le remit sur pieds en un moment. Geronimo ouvrit les yeux, reprit ses couleurs naturelles et se sentit aussi vivant et
aussi bien portant qu'il était possible à un amoureux accablé de cha-

(1) Voyez la livraison du 1er Janvier.

grin. On le conduisit à la maison, et toute la famille le gronda doucement.

— Savez-vous, lui dit la jeune veuve, que cela est fort mal? Venir
ainsi mourir à ma porte, faire un scandale qu'on m'aurait reproché,
comme si c'eût été ma faute! On aurait parlé de cette histoire pendant
dix ans. Enfin nous en voilà quittes pour un peu de bruit. Vit-on jamais un homme se tuer pour des plaisanteries sur son accent? Vous
avez eu là une véritable idée de Biscëliais. Gardons-nous de raconter
cette aventure, car don Pancrace en donnerait le spectacle au public
de San-Carlino. Allons, seigneur Geronimo, remettez-vous de cette
alarme, et surtout renoncez à de telles extravagances.

Le curé de Saint-Jean-Teduccio arriva conduit par Antonietto, qui
avait joué son rôle jusqu'au bout. Ce curé était un bon homme; il fit
à l'abbé un petit sermon et lui promit le secret. De son côté, Geronimo
jura qu'il ne penserait plus à la mort, et il remonta dans son fiacre
pour retourner à Naples, corrigé de sa folie et honteux de son équipée.
Cependant sa confusion était agréablement tempérée par le sentiment
de sa résurrection. Le soir, il jouait une partie de *scoppa* dans un café
de la rue de Tolède, lorsqu'une femme le vint appeler: c'était la servante de la jeune veuve.

— Ma maitresse, lui dit cette femme, m'envoie à la ville, seigneur
Geronimo, pour vous dire qu'elle vous prie bien fort de vivre, que
vous lui feriez de la peine et la désobligeriez en songeant encore à
mourir, qu'il faut venir la voir souvent, comme ses autres amis, et
qu'elle vous apprendra volontiers à prononcer purement le napolitain.

Cette attention délicate rendit l'espérance au pauvre abbé. Il s'empressa d'y reconnaître un encouragement, et il ne douta plus qu'en
prenant des leçons de napolitain, l'élève ne dût bientôt inspirer au
professeur une tendre inclination. Le lendemain, il se rendit chez sa
belle pour montrer de la docilité. Ses cinq rivaux l'avaient devancé;
mais il ne témoigna point de jalousie, et fit avec eux assaut de galanterie. Deux de ces rivaux avaient des prétentions au bel-esprit. Geronimo leur tint tête sans affectation, et s'il n'eut pas toujours l'avantage
dans les escarmouches de bons mots, il racheta ses défaites par la modestie et la bonne humeur. Deux autres rivaux, vêtus de gilets en
poil de chèvre et de cravates roses, couverts de chaînes d'or et de
breloques, étaient des modèles de dandysme que notre abbé ne pouvait
pas prétendre égaler en luxe et en magnificence. Il se contenta de
lutter avec eux par la grace des attitudes. Le Calabrais seul, avec ses
regards farouches et son ton brusque, lui inspira autant de crainte que
d'antipathie, mais Geronimo évita soigneusement toute discussion qui
aurait pu dégénérer en querelle. On se moqua un peu de son accent et
de ses naivetés bisceliaises; il ne s'en fâcha pas et prit la plaisanterie

sans aigreur. La tante Filippa, qui le protégeait, vint à son secours, et Lidia le complimenta de son bon caractère.

La position de Geronimo était déjà meilleure après cette visite. Malheureusement, il commit tout de suite une faute. Au lieu de soutenir son rôle d'amoureux modeste et de causeur sans prétention, il voulut combattre ses rivaux avec leurs armes, hormis pourtant le Calabrais, qu'il laissa prudemment de côté. Il appela son tailleur et lui commanda un habit d'une coupe romantique de son invention. Une chaîne d'un mètre circula, comme un serpent, autour de sa cravate et sur son gilet. Un paquet de breloques pendit à sa ceinture. Quoiqu'il eût la vue excellente, il ne regarda plus qu'avec un lorgnon d'or, et la pomme de sa canne fut ornée d'un lapis gros comme le poing. Ces emplettes coûtaient cher. Il s'endetta pour les payer, et, quand il se présenta dans cet équipage de petit-maître, Lidia se mit à rire de si bon cœur, qu'il en perdit la tramontane. L'habit, qu'il croyait d'une élégance irréprochable, excita surtout la gaieté de la compagnie entière. Pour comble de disgrace, le Calabrais poussa le sarcasme jusqu'à la grossièreté, sans que Geronimo osât répondre à ses injures, en sorte que le pauvre abbé se retira doublement mortifié.

Ce fut le hasard plutôt que le bien jouer qui releva notre amoureux de cet échec. Un samedi matin, les deux dandies arrivèrent à Saint-Jean-Teduccio avec une loge pour le théâtre de San-Carlino. Ils n'avaient point encore vu les affiches de spectacle; mais ils ne doutaient pas que la pièce nouvelle qu'on donne chaque samedi soir sur ce petit théâtre ne contînt le rôle obligé du Pancrace biscéliais. L'un des deux élégans tira de sa poche la clé de la loge pour la remettre à Lidia, en faisant sonner bien haut les douze carlins que lui coûtait cette galanterie, et il exprima le désir que le seigneur Geronimo fût de la partie. L'abbé entra précisément comme on parlait de lui.

— Nous allons ce soir à San-Carlino, lui dit la jeune veuve étourdiment, et je vous offre une place. Vous comparerez le biscéliais au napolitain; ce sera une excellente leçon.

— C'est-à-dire, répondit Geronimo, que vous voulez me comparer à don Pancrace. Puisque cela vous amuse, je n'ai garde de vous refuser ce plaisir. J'irai à San-Carlino, et nous verrons à quel point je ressemble à un vieux bouffon.

Malgré son heureux caractère, l'abbé ne put dissimuler son dépit en songeant au ridicule dont il était menacé. Pour adoucir son chagrin, Lidia le retint à dîner. Elle lui servit de sa belle main tant de *ravioli*, de *lazagni* et de tranches de veau à l'*humide*, qu'il se sentit plein de patience et de gaieté en sortant de table. Un fiacre envoyé de Naples vint chercher la compagnie à l'heure de l'*Angelus*, et Geronimo partit avec dame Filippa et sa nièce. Lorsque le carrosse entra dans la ville,

l'abbé chercha du regard les affiches de spectacle. Ce fut à la porte du
théâtre seulement, et en payant le fiacre, qu'il lut le titre de la pièce
nouvelle : *le Jettatore, avec Pancrace biscéliais*. Les élégans, les beaux
esprits et le Calabrais étaient déjà dans la salle. On avait frappé les trois
coups. Le petit orchestre jouait l'ouverture. Enfin la toile se leva, et
l'on vit arriver don Pancrace affublé de tous les préservatifs des mauvais sorts : les cornes de bœuf, les mains de corail, le rat en lave du
Vésuve, le cœur, les fourches et le serpent. Un éclat de rire l'accueillit
à son entrée, selon l'usage, et puis il s'avança d'un air piteux au bord
de la rampe pour confier au public ses frayeurs superstitieuses.

— Messieurs, dit-il, si j'ai oublié quelque chose, avertissez-m'en,
par charité. Ces grosses cornes que je porte sous chaque bras préser-
vent mon front d'un pareil ornement. Ce n'est pas ce qui me tourmente le plus; dame Pancrace est incapable de me manquer de fidélité. En tournant cette main de corail, dont l'index et le petit doigt
sont ouverts, du côté des gens de mine suspecte, j'éviterai les influences
pernicieuses. Ce rat est chargé de ronger tous les papiers, timbrés ou
autres, qui pourraient me donner du souci. Cette fourche m'empêchera de m'égarer dans mon chemin, et ne manquera pas d'écarter
tous les petits accidens. Ce serpent me gardera des mauvais tours et
perfidies, et ce cœur de cornaline est un talisman certain contre les
embûches et la coquetterie des femmes de ce pays. Mon attirail est
complet, et l'on m'a dit qu'à présent je pouvais me hasarder dans la
rue de Tolède. Je vois avec satisfaction qu'on est en sûreté à Naples,
et qu'à moins d'oublier une seule précaution, un homme prudent ne
court aucun risque dans cette capitale; cependant je ne suis pas sans
inquiétude. J'ai fait un mauvais rêve, et j'ai grande envie de retourner
a Bisceglia.

Sur ce, don Pancrace racontait son rêve, d'où il tirait toutes sortes
de pronostics. Au milieu de ses hypothèses, il voyait la figure hétéroclite de Tartaglia, ainsi nommé à cause de son bégaiement. Le Tartaglia est un type napolitain en grande faveur, comme le Pancrace. Il
représente le méridional usé par le climat, souffrant d'une ophthalmie
chronique et dans un état voisin du crétinisme. Ses joues creuses, son
long nez surmonté d'énormes lunettes bleues, son air malade et son
vice de prononciation constituent les signes particuliers du jeteur de
sorts, dont la rencontre est dangereuse. En effet, tous les accidens
possibles viennent fondre, en un jour, sur le pauvre Pancrace. Tandis
qu'il s'embrouille dans ses amulettes, un filou lui vole son mouchoir,
un autre sa tabatière, un troisième sa montre. Polichinelle se déguise
en huissier pour lui signifier un faux exploit. Une fille délurée feint
de le prendre pour son amant que des corsaires avaient emmené en
Barbarie; elle l'embrasse et l'obsède de ses caresses. Pancrace veut

s'enfuir, un fiacre le renverse dans la boue! Il se relève furieux, maugréant contre les embarras, les filous et les filles délurées de Naples, lorsque deux jeunes gens charmans, en gilet jaune, avec breloques, chaînes d'or et lorgnons, l'abordent poliment et l'aident à se nettoyer. — Se peut-il, seigneur Pancrace, lui disent-ils, qu'une personne de votre mérite et de votre qualité se trouve en cet état? Combien nous sommes heureux de pouvoir vous secourir et vous guider dans cette ville que vous ne connaissez pas! Prenez bien garde aux escrocs, et défiez-vous de tout le monde, sans exception. Holà! garçon! une brosse, une serviette et de l'eau pour le seigneur Pancrace.

Une si heureuse rencontre enchante le Biscéliais, qui s'extasie sur les belles manières et la politesse des élégans de Naples. Ce n'est point assez que de l'aider à brosser ses habits, ces aimables jeunes gens veulent encore le régaler et jouir au moins pendant quelques minutes de l'honneur de sa conversation. Ils frappent sur les tables du traiteur avec leurs badines et commandent au garçon de servir au seigneur Pancrace ce qu'il y a de meilleur et de plus cher : du riz aux petits pois, des côtelettes frites à la milanaise, des œufs à la coque, des raves, de la salade de concombres. Pancrace préfère à tout cela le macaroni classique; on lui en sert un *rotolo,* qu'il absorbe en le dévidant avec ses doigts. Pendant ce temps-là, les deux élégans déjeunent et vident les plats raffinés dont le Biscéliais n'a pas voulu; puis ils échangent un signe d'intelligence, se lèvent, prennent leurs chapeaux, se confondent en salutations et s'éloignent, laissant au pauvre Pancrace un quart d'heure de Rabelais fort onéreux pour sa bourse de Biscéliais économe. Le vieillard ne peut croire qu'il soit encore dupe de sa crédulité. Avec les conjectures bizarres qu'il imagine sur l'absence des jeunes *don Limone,* il divertit le public, et finit par payer la carte, non sans marchander. Pancrace s'en prend de ses malheurs au *jettatore* Tartaglia; il saute à la gorge du vieux bègue pour l'étrangler; on l'arrête et on le mène au violon, d'où il ne sort qu'en accordant sa fille au jeune premier, après quoi le Biscéliais donne au diable les talismans inutiles et retourne dans son pays en jurant de ne revenir à Naples... que le lendemain, pour jouer encore devant l'assemblée qui voudra bien honorer le théâtre de sa présence.

Les cinq rivaux de notre abbé répétaient à l'envi les lazzis et les malédictions du vieillard superstitieux et bafoué. Geronimo ne riait que du bout des dents; mais son tour vint, quand la gueuserie industrieuse des *don Limone* et leur fugue honteuse excitèrent les rires et quolibets. Les deux rivaux élégans se mordaient les lèvres; l'abbé s'amusa de leur embarras, et, comme Lidia lui tint compagnie, il se crut assez vengé de la comparaison entre Pancrace et lui.

Le spectacle fini, notre abbé regarda sa montre; il était *une heure avant minuit.* C'est le moment où commence ce qu'on appelle en Italie

la seconde soirée. Geronimo proposa un tour de promenade dans la
\i le. Le Calabrais s'était emparé du bras de Lidia; Geronimo offrit le
sien à sa tante, et les autres jeunes gens suivaient deux à deux par
derrière. L'abbé invita les dames à prendre des glaces. On s'installa au
Café de l'Europe devant une table qui fut bientôt chargée de granites,
de sorbets et de limonades. Quand on eut tout avalé, une certaine rêverie s'empara des hommes, et la conversation tomba. L'un des élégans demanda la *Gazette des Deux-Siciles*, l'autre le *Salvator Rosa*. Les
deux beaux-esprits firent semblant de lire la *Quotidienne* et les *Débats*,
quoique la langue française fût pour eux de l'hébreu. Le seigneur calabrais fredonnait un air en regardant le ciel.

— Allons, ma nièce, dit la tante Filippa, il est temps de partir. Nos
lits sont à une lieue d'ici.

— Il faut faire notre marché avec un fiacre, dit la jeune veuve.

— Je me charge de ce soin, s'écria le Calabrais en quittant la table
avec empressement.

L'un des élégans, se penchant à l'oreille de l'autre, le pria de payer
la dépense.

— J'ai oublié ma bourse à la maison, lui répondit son ami.

— Et moi je laisse toujours la mienne à mon domestique. Je ne puis
comprendre ce que fait cette canaille-là.

Les deux beaux-esprits se plongèrent plus profondément dans les
journaux français.

— C'est comme dans la pièce de tout à l'heure, dit Lidia en faisant
un rire mélodieux.

— Bravo! s'écria dame Filippa en se tenant les flancs; où est le don
Pancrace? Appelez don Pancrace pour payer le compte. Faites-le revenir de Bisceglia, car je vois bien que lui seul ici a de l'argent, et qu'il
ne faut pas se fier aux grands airs des *don Limone*.

— Messieurs, dit Geronimo, j'avais prévu votre empressement; mais,
comme j'ai offert des glaces à la compagnie, je ne puis souffrir qu'un
autre paie la dépense, c'est pourquoi j'ai remis d'avance une piastre
au garçon de café.

Le Calabrais revint avec une calèche de place. Tandis qu'il y faisait
monter Lidia, la vieille tante prit à part Geronimo et lui dit tout bas :

— La Madone protège les jolis garçons. Voilà une heureuse soirée
pour vous; je vais parler à ma nièce.

VI.

Encouragé par les paroles de la tante Filippa, l'abbé revint à Saint-
Jean-Teduccio le lendemain. Il n'y trouva pas un de ses rivaux. Sans
espérer déjà qu'on lui cédât la place, il comprit à cette désertion que
le sentiment de leur défaite retenait les galans à la ville.

— Seigneur Geronimo, dit la belle veuve, vous êtes un homme raisonnable; depuis votre dernière folie, je vois avec plaisir que vous êtes corrigé, guéri, et que vous ne songez plus à me faire la cour. C'est très bien; je vous en sais beaucoup de gré. Continuez ainsi, et vous aurez une place particulière entre tous mes amis.

— Oui, répondit l'abbé en soupirant, vous me donnerez une place dans votre *cœur* pour voir le service funéraire de mon amour (1).

— Qui sait, dit Lidia, quelle messe on chantera dans mon église? Si j'en croyais ma tante Filippa, ce ne serait pas une messe des morts.

Geronimo, ranimé par ces paroles encourageantes, allait hasarder une explosion passionnée avec génuflexion ; quand un coup de sonnette arrêta l'élan de son amour. Deux voisines entrèrent, et peu après vint le seigneur calabrais, son large chapeau rabattu sur les yeux, de l'air d'un conspirateur mécontent.

— Eh! qu'avez-vous? dit Lidia, quel forfait méditez-vous, don Giacomo? Auriez-vous le dessein de dévaliser un voiturin? Il ne fait pas bon voyager en Calabre ce matin, à ce qu'il paraît? De grace, si vous rencontrez un jeune abbé dans vos montagnes, épargnez-le, je vous en prie.

— Votre préférence pour les jeunes abbés, répondit don Giacomo, pourrait bien me donner l'envie de les détrousser à la mode de mon pays.

— Fi! seigneur Giacomo; reprit Lidia, vous parlez comme un brigand.

— Il veut me chercher querelle, pensa l'abbé, mais je ne m'y exposerai point; je ne suis pas de taille à lutter contre un duelliste de profession.

— Les brigands, répondit le Calabrais, tuent des gens sans défense, tandis que moi je me bats loyalement, à armes égales. Il dépend d'ailleurs des petits abbés de n'avoir rien à démêler avec moi; qu'ils ne viennent point chasser sur mes terres.

— Il faudrait savoir, dit Geronimo avec douceur, en quelles provinces sont vos terres, seigneur Giacomo. Si elles figurent sur la carte des Calabres, je ne les irai pas chercher; mais la paroisse de San-Giovanni-Téduccio ne fait pas sans doute partie de vos domaines.

— Peut-être, répondit le Calabrais en haussant le ton.

— Et moi, s'écria la jeune veuve, je vous déclare qu'il n'y a pas un pouce de terrain à vous ici, que vous ne mettez le pied dans ma maison qu'avec ma permission, et qu'en vous arrogeant le droit de donner des leçons à mes amis en ma présence, vous m'en donnez à moi-même indirectement, et que je le trouve mauvais, entendez-vous bien? et

(1) Avec la prononciation napolitaine, le jeu de mots est le même en italien qu'en français.

que tout homme, tout robuste et tout brigand que vous êtes, je vous
arracherais les deux yeux en un tour de main; et nous verrons, quand
je les aurai dans ma poche, si la fanfaronnade les fera briller comme
à présent. Et il faut vous persuader qu'on ne me fait point peur, et
que s'il y a des abbés parmi mes amis, vous les souffrirez comme les
autres; que si vous ne m'approuvez point, je m'en soucie comme
de cela, et que tes rodomontades n'ont pas de succès avec moi, et que
vous prenez un chemin qui vous mènera peut-être en Calabre, mais
non pas dans les bonnes graces de votre servante.

— Ne vous emportez pas à mon sujet, madame, dit Geronimo. Le
seigneur Giacomo plaisante. Il sait bien que je n'ai point envie de lui
manquer.

— Je pense en effet, répondit don Giacomo, que vous ne l'oseriez pas
en face; mais je ne souffre pas plus les impertinences doucereuses et
enveloppées de politesse que les offenses toutes nues.

— Quelles impertinences nues ou habillées trouvez-vous donc dans
mes paroles? demanda l'abbé avec modération.

— C'est ce que je vous ferai savoir par mes seconds, dit le Calabrais
d'une voix de stentor, à moins que de bonnes excuses en présence de
ces dames....

— Je ne m'excuse point de paroles que je n'ai pas prononcées et d'intentions que je n'ai pas eues, dit Geronimo.

— Que ne suis-je un homme! s'écria Lidia. J'aurais déjà jeté mes
gants au visage de ce *guapo* (1).

— On verra demain si je suis un *guapo*, reprit le Calabrais en criant
à briser les vitres. Aussi bien, je n'ai plus de ménagemens à garder
ici, puisqu'on me traite en ennemi. Vous aimez les abbés, signora; eh
bien! je leur tondrai les cheveux jusqu'aux oreilles inclusivement, à
vos abbés; et sur ma foi et mon salut, je vous promets que demain il
y aura un abbé de moins sur la terre, et que, s'il refuse de se battre,
je lui romprai les os de telle sorte qu'il ne sera jamais ordonné par
monseigneur l'évêque.

— Un moment! dit Geronimo. Puisque vous le prenez ainsi, mieux
vaut me battre que d'être assommé. Dieu m'est témoin que je ne suis
point méchant, que je n'ai point cherché cette querelle et qu'on m'o-
blige à sortir de mon caractère. J'en suis sorti à présent, et vous pouvez
m'envoyer vos seconds quand vous voudrez; je vous montrerai peut-
être qu'un abbé sait manier l'épée au besoin.

— Les gens d'église ne se battent pas, répondit le Calabrais avec
moins d'emportement.

— Il s'en trouvera un qui se battra demain, reprit Geronimo, et

(1) Le *guapo* napolitain est un fanfaron qui rappelle le *capitan* de l'ancienne comédie de la foire Saint-Laurent.

d'ailleurs, en donnant ma démission, je puis déposer à la minute collét et rabat. Je m'en dépouillerai avec plaisir pour vous apprendre qui je suis.

— Je vous donne cinq minutes pour rétracter vos paroles, dit le Calabrais.

— Il est trop tard, répondit l'abbé. Allez au diable et ne m'échauffez pas davantage, car je me sens assez de colère pour tuer dix fanfarons comme vous.

— Demain vous aurez sans doute réfléchi, et vous deviendrez plus sage. Adieu, seigneur Geronimo.

Don Giacomo salua les dames, rabattit son chapeau sur ses yeux, et fit une sortie de théâtre.

— Il a baissé le ton, dit une voisine. C'est un *guapo*.

— N'en doutez pas! s'écria Lidia, c'est un *guapo*. Vous le ferez mettre à plat ventre, si vous le poussez.

— *Guapo* ou non, dit l'abbé hors de lui, je le mènerai tambour battant. Ah! il m'insulte, et il veut encore des excuses! Je me ferai couper en cent morceaux avant que ma bouche prononce une seule excuse.

— Calmez-vous, dit la tante Filippa. Votre ennemi est parti!

Cette remarque de la tante apaisa la fureur de notre abbé, mais elle diminua d'autant son courage. Le pauvre garçon avait besoin de son exaspération pour affronter l'idée d'un duel. Jamais son esprit n'avait encore imaginé que le destin le pût conduire à une pareille extrémité. En quittant la compagnie, Geronimo prit à pied le chemin de Naples pour réfléchir à la terrible affaire qui lui tombait sur les bras. Il se voyait rapporté chez lui sur une civière avec un trou dans le corps, et le paysage de Capo-di-Monte, avec ses cyprès et ses tombes, formait un horizon lugubre au tableau. En repassant dans sa tête l'histoire de ses amours, il se demanda s'il n'eût pas mieux valu pour lui s'être donné une entorse la veille de l'Assomption que d'aller à Santa-Maria-del-Carmine. Aucun drame, aucune tragédie ne lui paraissait égaler en horreur sa situation présente, et dans ce moment un sermon sur le danger des passions l'eût touché profondément. Les paroles de son vieil oncle lui revenaient à la mémoire : « Garde-toi des *don Limone* et des femmes napolitaines! » Un coup d'épée est bientôt reçu; adieu les douceurs du bénéfice, la tranquillité de la vie ecclésiastique, les parties de *scoppa*, la musique, les limonades, l'eau fraîche de la fontaine du *Lion*, les jouissances du désœuvrement, la perspective d'un avenir aisé, d'une carrière sûre et lucrative! La mort pouvait confisquer tout cela, pour un mot imprudent; mais aussi, à l'idée de céder la place à un matamore et de renoncer à sa Lidia, la jalousie éveillait dans son âme des mouvemens plus impétueux que le courage même.

— Plutôt la mort! s'écriait Geronimo en gesticulant comme un possédé sur le pont de la Madeleine. Eh! n'ai-je pas déjà voulu mourir?

Ne l'ai-je pas vue de près, cette mort si redoutée des cœurs faibles ?
Je la braverai encore une fois.

En dinant au cabaret, notre abbé confia son aventure à deux jeunes
gens experts en matière de point d'honneur, et qui acceptèrent la mission difficile de témoins. Il leur déclara que non-seulement il ne ferait
point d'excuses, mais qu'une rencontre était le seul parti qui lui convint, à moins que son adversaire ne lâchât pied complétement, à quoi
les deux témoins répondirent qu'il n'y avait guère d'apparence, et que
le duel semblait inévitable, si l'on considérait le courage bien connu
du seigneur Giacomo. Après avoir donné ces instructions sévères, Geronimo rentra chez lui pour mettre ordre à ses affaires. Il écrivit à sa
Lidia une lettre déchirante qu'il arrosa de ses larmes, une autre à son
vieil oncle, et diverses épîtres à ses protecteurs, pour leur annoncer
qu'avant de se battre, bien contre son gré, il avait renoncé à sa condition de bénéficiaire ecclésiastique. Ces préparatifs sentaient d'une
lieue la mort violente. Le cœur du pauvre Geronimo se serrait, des
exclamations sinistres s'échappaient de ses lèvres, et le bâton de cire
à cacheter tremblait entre ses mains sans réussir à se placer au-dessus
de la flamme de sa bougie. En face de lui, l'abbé aperçut son petit
domestique, dont les yeux pétitians observaient ses mouvemens in-
certains.

— Antonietto, Antonietto ! dit le patron d'une voix caverneuse, regarde bien ton maître ; réjouis tes yeux par la contemplation d'un ami
que tu vas perdre. Sers-le avec un redoublement de zèle, car c'est
pour la dernière fois !

— Votre seigneurie m'abandonne ! s'écria le gamin ; elle manque à
toutes ses promesses et prend un autre valet de chambre ?

— Non, mon fils ; celui qui va paraître devant Dieu, celui qui marche à une mort certaine, à une véritable boucherie, comme un agneau
sans défense, n'a plus besoin de serviteur.

— Elle plaisante, votre seigneurie ? dit le groom.

— Je ne plaisante pas, Antonietto ; il est trop vrai que je vais
mourir.

— Elle a donc encore un chagrin dont elle n'espère point se guérir ?

— Je vais me battre demain, entends-tu cela ? me battre en duel
avec un homme féroce, qui a déjà tué plus de quarante personnes à
coups d'épée.

Le gamin leva les yeux au ciel, et fit claquer sa langue contre son
palais, ce qui veut dire, en italien : « Vous vous gaussez de moi, je
n'en crois rien ! » mais, quand son maître lui eut narré l'épouvantable
querelle du matin, Antonietto invoqua tous les saints en accompagnant
ses prières de signes de croix multipliés, comme s'il eût été lui-même
à deux doigts de la mort.

— L'honneur exige cet affreux sacrifice, reprit Geronimo ; cet homme m'a insulté devant des femmes; devant l'aimable Lidia, qui a pris en vain ma défense. Il faut qu'un de nous deux enfonce son épée jusqu'à la garde dans le cœur de l'autre. Oh! ce sera un horrible massacre!

— A votre place, je ne me battrais point, dit le petit domestique.

— Tu ne comprends pas, dans ton innocence, les règles du point d'honneur, mon ami. Si tu avais vu le spectacle effroyable de la colère où m'avaient mis les insultes de mon adversaire, tu ne chercherais plus à me détourner de me battre. A moi, démons et furies! soufflez vos poisons dans mon ame! entretenez le feu de ma rage et de mon indignation!

— Ne criez pas ainsi, patron, dit le gamin en passant de l'autre côté de la table, vous me faites mourir de peur.

Geronimo, exalté par la frayeur de son domestique, redoubla ses cris et ses imprécations. Il se promena de long en large en défiant son adversaire, et porta dans les murailles des bottes énergiques avec sa canne.

— Ne tremble pas, mon fils, reprit-il ensuite avec majesté; retiretoi, et n'oublie pas de m'éveiller demain au point du jour. Mes témoins viendront au lever de ce dernier soleil de ma vie. Je vais écrire mon testament, et je te laisserai quelque chose; si l'état de mes affaires le permet, car j'ai des dettes. Tu feras dire une messe pour le repos de mon ame. Va, je te donne, en attendant, ma bénédiction.

— Patron, je vous obéis; mais est-ce que les lois permettent à des chrétiens de se massacrer entre eux?

— Toutes les lois divines et humaines s'y opposent; l'honneur seul demande des flots de sang. Voilà le tragique de cette infernale aventure.

— Merci, patron; c'est tout ce que je voulais savoir. Ah! que je suis aise de n'être qu'un pauvret trop au-dessous de ce bel honneur pour lui donner des flots de mon sang!

Antonietto se retira dans sa chambrette, mit à la hâte sa cravate noire des dimanches et son bonnet de laine rouge, et couvrit ses épaules nues d'un vieux collet de carrick jaune qui lui servait de manteau.

— Je t'empêcherai bien de te faire tuer, vilain fou de patron, disait-il en courant comme un lièvre dans les rues de Naples.

Il arriva tout essoufflé au bureau de la *polizia*, le rusé Antonietto, et il se glissa, comme un lézard, au milieu d'un groupe de pêcheurs et de cochers de fiacre en contravention. Un autre enfant de son âge grattait à la porte de M. le secrétaire.

— Qu'est-ce que tu viens faire ici? dit-il à cet enfant.

— Une dénonciation.

— *Aussi moi;* et de quelle sorte?

— Mon patron doit se battre demain en duel.

— *Aussi le mien.* Serait-ce pas don Giacomo le Calabrais, ton patron?

— Et le tien don Geronimo le Biscéliais?

Les deux gamins se fendirent la bouche jusqu'aux oreilles en faisant un rire muet.

— Mon patron, reprit Antonietto, est un homme dangereux. Il tuerait le tien sans aucun doute, car il crie à se briser la poitrine, et se prépare au combat en perçant les murs de sa chambre comme des écumoires.

— Le mien a commencé ainsi; mais, depuis que deux témoins lui ont donné rendez-vous à la porte de Capoue, il n'a plus rien dit, et s'est mis à plier ses habits dans sa malle.

— Ouais! pensa Antonietto; c'est un *guapo*. Le seigneur Geronimo aura l'honneur de le faire reculer.

— Si bien donc, reprit l'autre gamin, qu'après avoir fermé cette malle, mon patron m'a donné une demi-piastre en me disant : « Va-t-en à la *polizia;* demande à parler au secrétaire, et avertis-le que je dois me battre demain, que j'ai rendez-vous à sept heures à la porte de Capoue, et surtout ne dis à personne que c'est moi qui t'ai envoyé à la *polizia.*

— Bravo! s'écria Antonietto. Je n'ai plus besoin ici. Fais ta commission, mon cher, et si tu ne réussis pas à parler au secrétaire, tu peux regarder ton patron comme mort et enterré. Le mien ne m'a point envoyé. Je suis venu de mon propre mouvement; mais je réfléchis que cela est inutile. J'aime autant qu'il se batte, puisqu'il m'a promis de me laisser quelque chose sur son testament. Adieu! je m'en vais.

Antonietto passa entre les jambes des pêcheurs en contravention et se sauva en courant de toutes ses forces. L'aurore mettait sa robe rose quand le gamin éveilla son maître, et le soleil ne montrait que la moitié de son visage lorsque les deux témoins arrivèrent. — Ils rendirent compte à Geronimo des conférences de la veille. L'adversaire, après avoir beaucoup crié, s'était radouci; mais on n'avait pas pu s'entendre, et le rendez-vous était fixé pour sept heures. L'abbé ne témoigna ni surprise ni effroi; son émotion ne se trahissait que par une légère pâleur. Il offrit du café à ses amis, en plaisantant comme à l'ordinaire. On envoya chercher un fiacre, et Antonietto grimpa derrière le carrosse en criant au cocher : *Porta Capuana!* A la sortie de la ville, sur la route d'Averse, on descendit de voiture.

— Nous arrivons les premiers, dit un des témoins; mais nous avons cinq minutes d'avance.

Cependant les cinq minutes s'écoulèrent, et l'on ne vit rien.

— Cela devient inquiétant, dit l'autre témoin.

Antonietto, qui guettait comme un furet, tira ce témoin par le pan de son habit.

— Chut! lui dit-il tout bas, il ne viendra point. Il a envoyé hier son domestique à la police. Remontons en carrosse, et allons-nous-en, de peur des gendarmes.

Un autre fiacre arriva pourtant à la porte Capuane, et l'on en vit descendre les deux seconds du seigneur calabrais.

— Messieurs, dit l'un d'eux, nous vous demandons mille fois pardon de vous avoir fait lever si matin pour une fanfaronnade. Don Giacomo est parti, et nous avons reçu l'avis d'une dénonciation envoyée par lui-même à la police. Si nous ne sommes point arrêtés par les gendarmes, c'est que la mesure devient inutile et le combat impossible, l'un des combattans ayant décampé.

— Si vous m'en croyez, dit Geronimo, nous irons déjeuner ensemble.

— Avec tout cela, murmura Antonietto, j'ai agi contre mon intérêt, et je perds un superbe héritage.

On entra dans une *locanda* où l'on mangea gaiement et de bon appétit.

— Nous publierons partout, dirent les quatre témoins, le courage de don Geronimo et la poltronnerie de son adversaire.

En effet, cette aventure fit quelque bruit dans la ville. On s'en amusa dans les cafés, et lorsque Geronimo retourna pour la première fois à Saint-Jean-Teduccio, la belle veuve lui donna son front à baiser en lui disant :

— Si votre adversaire n'eût pas été un poltron, vous vous seriez battu pour moi. Je m'en souviendrai, mon ami.

— Oui, ajouta la vieille tante. Embrassez-moi, don Geronimo. Vous êtes un gentil garçon, et de plus un homme de cœur. J'aime ces gens-là. Quand vous aurez une femme, elle pourra se croire en sûreté à votre bras. Il n'en est pas de même avec les beaux-esprits et les *don Limone*. Je n'en veux pas dire davantage, et tant pis pour ceux ou celles qui ont des oreilles et ne m'entendent point.

VII.

Si la fortune n'aimait que les audacieux, notre ami Geronimo n'aurait pas eu grande protection à espérer d'elle; mais elle protège aussi les jeunes gens, et, comme le disait la vieille tante, elle distingue volontiers les jolis garçons. Cette remarque judicieuse de dame Filippa pourrait faire un troisième adage populaire, complément des deux premiers. Il est certain que notre abbé se trouva, un beau jour, débarrassé de tous ses concurrens, non par habileté ni par intrigue, mais grace à sa petite dose de courage et à la protection spéciale de la Madone, qui voulait le mener dans une bonne voie. Les deux beaux-esprits, n'ayant reçu que des réponses ironiques et décourageantes à leurs belles phrases, jugèrent Lidia trop insensible aux beautés de l'éloquence pour mériter leurs hommages. Les deux *don Limone,* profondément humiliés depuis l'affront du Café de l'Europe, pensant se mettre en garde contre le ridicule, se permirent des plaisanteries sur les façons de Lidia et les airs bourgeois de la tante. De bonnes ames ne manquèrent point de répéter ces propos et de les envenimer. La jeune veuve les apprit et ferma sa porte aux mauvais plaisans, si bien que de tant d'amoureux il ne vint plus à Saint-Jean-Teduccio que notre petit abbé, toujours d'humeur douce et complaisante, point susceptible, et d'autant mieux reçu qu'il était le dernier et le plus fidèle. Lidia le traitait avec familiarité, comme un ami sans conséquence; mais le lampiste et la tante ne doutaient pas que l'amitié ne dût bientôt donner naissance à un sentiment plus tendre.

En attendant, Geronimo passait les journées près de la jeune veuve. Il dinait souvent à la maison, jouait aux cartes avec les grands parens, menait la famille aux spectacles et aux fêtes, et se trouvait invité à toutes les parties de plaisir. Il jouissait, d'ailleurs, des priviléges que sa position comporte en Italie, et dont les plus beaux consistent à porter en public l'ombrelle, le châle de la dame, et généralement toutes sortes de paquets, à faire les commissions et le déjeuner du chat, préserver madame des courans d'air, appeler les cochers, payer les rafraîchissemens et gronder les barcarols.

L'oncle de notre abbé, au moment du départ de son neveu pour Naples, avait sans doute exagéré, dans ses avis, les dangers qui environnent un jeune homme au milieu du tourbillon de cette capitale. Son point de vue de vieillard prudent et de Biscéliais avait grossi les objets; cependant ses paroles sévères sur les femmes n'étaient pas absolument fausses. Les Napolitaines sont intelligentes, énergiques, douées d'une présence d'esprit peu commune, mais elles sont aussi volontaires, railleuses, impitoyables à ceux qui leur déplaisent, hostiles dans le propos avec ceux qu'elles aiment, comme si elles leur savaient mauvais gré d'avoir su se faire préférer. Le goût du commandement et de la domination en toutes choses donne la clé de leur caractère qui trompe le moins souvent, et c'est peut-être par tradition, sinon par nature, que la plupart des hommes de ce pays adoptent un langage moitié sérieux et moitié comique, dont ils se font un moyen d'éveiller la coquetterie et de battre en retraite, en cas d'échec. Le bon Geronimo était de Bisceglia. Il ne savait point prendre le ton léger des Napolitains, qui, même en cherchant à peindre leur passion, conservent leur indépendance et leur gaieté. Quand il parlait de son amour, c'était de l'air le plus sincère et le plus pénétré qu'il pouvait.

Sans avoir à un degré bien marqué les défauts des Napolitaines, Lidia était brusque, inégale, taquine. L'empressement à la servir n'obtenait point d'elle ces récompenses délicates qu'une Française distribue avec tant d'art; elle interrompait en riant les protestations de dévouement, n'appuyait avec force que sur les preuves de son indifférence, pour glisser au contraire sur les mots gracieux dont la simple politesse lui faisait un devoir. Geronimo n'aurait pas su dire, après trois mois d'assiduité, s'il avait gagné ou perdu dans l'amitié de sa belle. Lidia ne pouvait se passer de lui; elle aurait été stupéfaite, s'il eût manqué de venir un seul jour, et nul signe de sympathie ne témoignait d'une façon un peu expressive cet heureux effet de l'habitude.

Quand l'hiver arriva, Lidia revint à la ville; Geronimo ne bougea plus de chez elle, et fit en conscience son métier de *patito* (1). Ses petits soins redoublèrent, sans qu'on le traitât mieux pour cela, et il aurait bien pu rester ainsi jusqu'à sa mort à l'état d'aspirant surnuméraire, si un incident n'eût changé les rôles et les situations. Un jour de la fin de janvier, par une de ces matinées claires et douces dont le ciel de Naples est si prodigue, la jeune veuve eut la fantaisie de faire une promenade à Sorrente. Aussitôt qu'elle eut déterminé maître Michel, le lampiste, à quitter sa boutique et la vieille tante à se parer, don Geronimo fut chargé du reste. On prit le chemin de fer de Castellamare, dont les convois parcourent quatre lieues à l'heure, à moins que le mécanicien n'ait oublié de mettre de l'eau dans la chaudière, ou qu'un autre menu détail ne retarde le voyage. On loua une calèche de campagne, pour faire les deux lieues qui séparent Castellamare de Sorrente, en suivant le bord de la mer par la route la plus belle et la plus pittoresque du monde. En arrivant à Sorrente, on y trouva la bande des âniers, offrant leurs montures aux promeneurs, avec les cris et les contorsions d'usage. Dame Filippa et sa nièce s'établirent chacune sur un *ciuccio*, et l'on grimpa dans la montagne pour y chercher quelque beau point de vue. On n'eut pas plus tôt fait deux cents pas dans un sentier, que la tante Filippa, serrant la bride de son âne, appela maître Michel et le retint en arrière. L'ânier comprit, avec la sagacité de son métier, que les parens ménageaient un tête-à-tête aux jeunes gens, et il s'écarta de la route pour chercher des fleurs sauvages. Don Geronimo, une main posée sur la croupe du *ciuccio* qui

(1) Le mot de *patito* équivaut à peu près à celui de *patira;* mais en Italie on ne l'applique qu'aux amoureux sans appointemens.

portait ses amours, jouait de l'autre avec sa badine, et gardait le silence. A la fin, il poussa un gros soupir, et, regardant Lidia d'un air tendre :

— Est-ce que cette nature, qui commence à s'éveiller, lui dit-il, ce zéphyr qui vient de Sicile, ces parfums du printemps ne parlent point à votre cœur, belle Lidia ?

— Si fait, répondit la jeune veuve; la nature me dit beaucoup de jolies choses; mais je vous avertis qu'elle ne me parle pas de vous dans ce moment, et sans doute vous n'avez déjà plus envie de savoir à quoi je pense.

— Vous ne me rendez pas justice, reprit Geronimo. Quelles que soient vos réflexions, je serais trop heureux de les connaître.

— Afin de pouvoir ensuite me communiquer les vôtres, n'est-ce pas? Eh bien! cela est inutile; je devine tout ce que vous grillez de me dire, et je vais vous le répéter mot à mot. Voici ce que c'est : O divine Lidia! regardez ce ciel pur, ces rochers où l'aloës et le figuier d'Inde se pressent amoureusement l'un contre l'autre; écoutez le murmure du vent dans les rameaux de ce chêne vert qui vous invite à vous asseoir à son ombre, les voix qui s'élèvent du sein de la mer, où les dorades folâtrent au soleil, ces insectes qui bourdonnent sous l'herbe et la mousse; tout cela veut dire que don Geronimo se meurt d'amour pour vous, et qu'il faut vous dépêcher de lui donner votre cœur.

— Vous voulez me décourager par des plaisanteries, dit Geronimo, mais vous n'avez point deviné à quoi je songe; il y a bien autre chose encore.

— Alors vous me préparez une tirade de reproches où vous me rappellerez obligeamment les petits services que vous m'avez rendus, les petits martyres que je vous fais endurer, les dangers que vous avez courus pour mes beaux yeux, et, après avoir appuyé sur l'horreur de l'ingratitude, vous ajouterez avec douceur que vous me pardonnerez ces torts affreux, si je consens à vous appeler du nom de très heureux époux. Je sais tout cela par cœur, et, au lieu d'en écouter une nouvelle répétition, je préfère regarder les lézards qui courent devant nous, les oreilles de mon *ciuccio*, et l'ombre de votre chapeau à cornes.

— Comme il vous plaira; mais vous ne devinez pas à quoi je songe.

— Je m'en passerai bien.

— J'attendrai donc que vous soyez en disposition de m'écouter, car ce sont des choses qu'il faut que vous sachiez. J'aurais souhaité vous les dire ici, dans l'espoir de vous trouver disposée à l'indulgence par cette belle journée. Ce sera pour une autre fois.

— Parlez, seigneur Geronimo; j'ai le loisir de vous entendre, et mon indulgence égalera la docilité de mon âne.

— Eh bien! Lidia, lorsqu'un vaisseau s'est fendu sur des écueils, lorsqu'il échappe aux fureurs de la mer et qu'il rentre au port, si l'on ne tient compte des dangers et des épreuves qu'il vient de subir, il peut lui arriver de sombrer au moment où l'on s'y attend le moins. Le cheval épuisé meurt à la peine, si son maître ne lui donne pas après le travail le repos et la nourriture...

— Ce début est solennel, interrompit Lidia. Je vois où mènent ces comparaisons. Votre cœur est semblable à un vaisseau fêlé aussi bien qu'à un cheval fourbu.

— Ingrate, injuste, impitoyable femme! s'écria Geronimo en jetant ses bras en l'air. Ne trouverai-je donc jamais un peu de bonté dans votre ame? Quel moment du jour, quel jour de l'année faut-il choisir pour vous parler d'un amour que vous poussez au désespoir? Ne vous ai-je pas donné assez de preuves de mon dévouement et de ma persévérance? Ce n'est plus la tendresse qui me manque, ce sont les forces; mon courage est à bout. C'est aujourd'hui qu'il faut me répondre sérieusement; demain il ne sera plus temps.

— Oh! dit la jeune veuve, j'avais tort de m'attendre à des reproches; ce sont des menaces que vous me faites. Vous savez l'effet qu'ont produit sur moi celles de don Giacomo. Jugez donc de ma partialité pour vous, puisque je ne vous traite pas avec la même sévérité que le Calabrais. La réponse sérieuse que vous demandez, on vous la fera tout de suite: si les forces vous manquent et si votre courage est à bout, j'en suis bien fâchée, mais je ne puis prendre un mari sans l'aimer, et je ne vous aime point assez pour vous épouser. Croyez-vous, sans cela, que j'attendrais ainsi des semaines et des mois? Vous me voyez à votre aise tous les jours et du matin au soir. Qui vous empêche de m'inspirer de l'amour? Vous n'en savez rien, ni moi non plus. Ne vous suffit-il point que je ne vous préfère personne? Si vous désespérez de me toucher le cœur, ce n'est point ma faute. Aussitôt que je partagerai votre passion, vous le verrez de reste. M'interroger est inutile. Renfoncez donc vos menaces, votre colère et vos plaintes, et arrêtons-nous ici; ce point de vue magnifique vous calmera les sens.

Lidia sauta légèrement à terre sur une petite esplanade d'où l'on découvrait le golfe de Salerne et son vaste panorama; mais l'exaltation de Geronimo ne s'apaisa point.

— Nature sublime! s'écria-t-il en pleurant, je te prends à témoin de mon dernier effort et de l'insensibilité de celle pour qui je donnerais ma vie.

— Ne criez pas ainsi, dit Lidia; vous êtes bien plus gentil quand vous parlez à demi-voix, comme tout à l'heure.

— C'est la volonté divine, poursuivit Geronimo, qui se fait connaître dans cette insensibilité funeste. Je lui obéirai. O douleur! ô déception!

ô salutaire découragement! Je retournerai où le ciel veut me conduire.

— Allons! dit Lidia en riant, le voilà qui songe à retourner à Bisceglia, comme le *Pangrazio Cucuzziello* (1).

L'arrivée des parens interrompit la conférence des jeunes gens.
L'état violent et les larmes de Geronimo n'échappèrent pas au coup
d'œil de la vieille tante. Lorsque la compagnie eut bien admiré le
point de vue du golfe de Salerne, les dames remontèrent sur leurs
ânes pour reprendre le chemin de Sorrente. En descendant la montagne, dame Filippa fit signe à Geronimo de rester derrière avec maître
Michel, et, s'approchant de Lidia :

— Ma nièce, lui dit-elle, vous chagrinez à plaisir un honnête garçon
qui vous aime. C'est fort mal fait. Prenez-y garde, cela porte malheur.
Il est temps de finir ce jeu cruel que la charité chrétienne et la raison
condamnent également. Vertu de la Madone! de quelle pâte sont donc
pétries les filles d'aujourd'hui? De mon temps, on ne tourmentait pas
ainsi les hommes. A l'âge que vous avez, si l'on m'eût laissée trois
mois entiers en tête-à-tête avec un amoureux, le pied aurait pu me
glisser, parce que j'avais la tête vive, le cœur tendre et pitoyable, et
c'est pourquoi, connaissant le danger, je me suis mariée soudain avec
le premier qui m'a trouvée à son goût, et cela sans attendre dix-huit
ans, je vous en réponds.

— Chère tante, répondit Lidia, vous avez fait comme il vous a plu,
et fort sagement, j'en suis certaine. Souffrez que je fasse autrement.
Les filles de votre temps étaient bien meilleures que celles d'aujour-
d'hui, cela est évident, que voulez-vous? Il ne dépend pas de moi que
j'aie cinquante ans. Puisque je suis pauvre d'années et que je ne crains
pas les glissades, permettez-moi de ne contracter un second mariage
qu'à bon escient, et ne me grondez pas.

— Pauvre d'années, pauvre de raison et d'expérience, ma toute
belle! reprit dame Filippa. Je ne te gronde pas, et je ne songe qu'à ton
bonheur. Ces coquetteries, ces taquineries, cette humeur fantasque, ne
conviennent pas à une bonne fille comme toi. Est-ce une mode nouvelle? Cette mode ne vaut rien. Il te faut un mari : regarde donc
combien l'étoffe en est rare. Ta jeunesse et ta beauté ont attiré à la
maison des parleurs à prétention, des *don Limone*, un *guapo;* celui-ci
ne leur ressemble pas; il t'aime à la folie. C'est assez réfléchir et différer; prends tout de suite ce jeune mari, ou bien on te le soufflera.
Je m'y connais : ce garçon-là n'en peut plus. Il n'ira pas loin. N'attends
pas à dimanche ni à demain; laisse-moi lui dire à l'instant même que
nous sommes d'accord.

(1) Le public de San-Carlino met un accent de malice et de gaîté tout particulier
dans ce mot de *cucuzziello*, qui signifie littéralement *cornichon*.

— De grace, ma tante, point de précipitation. Si vous protégez don Geronimo, que ne l'épousez-vous?

« — Ce serait sottise à moi de le prendre, sottise à vous de le refuser, ma nièce. Encore une fois, je veux ton bien; je vois clair; je sens qu'il est temps de cesser la coquetterie et les badinages. Tu ne m'écoutes point, à bientôt les regrets.

Comme s'il eût deviné ce que disait dame Filippa et l'inutilité de ses bons offices, Geronimo ne chercha plus à se rapprocher de Lidia pendant le reste de la promenade. Il marchait de son côté, la tête penchée, les regards fixés sur ses bottes, se parlant à lui-même et poussant les cailloux avec son pied d'un air mécontent. Le retour à Sorrente s'acheva tristement et en silence; ce qui n'arrive pas une fois l'an à un couple d'amoureux napolitains. Tandis que maître Michel commandait le dîner, Geronimo erra dans ce jardin de la *Sirène,* et s'assit au bord de ce rocher à pic dont la mer baigne le pied. Lidia vint l'y rejoindre au bout d'un moment.

— Vous êtes donc furieux contre moi? lui dit-elle; vous me boudez. Allons, beau paladin, je vous apporte la paix. Après tout, il n'y a pas encore grand temps de perdu. Un délai de trois mois n'est pas la mort d'un homme.

— Ne riez pas, répondit l'abbé; la mort au contraire, la mort ou l'église! je n'hésite plus qu'entre ces deux partis. Vos motifs sont excellens : vous ne m'aimez point; je suis Biscéliais, je ressemble à don Pancrace; il n'y a rien à dire à cela! Puisque cent preuves d'amour, les sacrifices, les efforts, la fidélité, le dévouement, ne comptent pour rien...

— Pardon, cher seigneur, interrompit la jeune veuve; mais de quels sacrifices, de quelles preuves d'amour parlez-vous? Avez-vous donc conquis la Terre-Sainte, refusé la main de la reine de Chypre ou la vice-royauté de Sicile pour ne point me quitter? Avez-vous reçu une égratignure à mon service ou couru d'autre danger que celui de verser en fiacre, en allant à la porte Capuane? Il n'y a personne de blessé jusqu'à présent, et les morts se portent à merveille.

— Ce n'est point ma faute, s'écria Geronimo, ni la vôtre non plus, si je suis encore en vie. Regrettez-vous que je n'aie pas une blessure dans le corps ou une maladie mortelle? Dites-le, je vous en donnerai le plaisir.

— Fanfaronnades inutiles et belles paroles! reprit Lidia. Prenez garde que je ne sois tentée de mettre à l'épreuve ce grand mépris de la vie.

— Sur mon salut! faites-le, s'écria Geronimo, et vous saurez, en me perdant, si je vous aimais; faites-le, je vous en défie!

— Vous le voulez? j'y consens. Savez-vous nager?

— Sans doute.

— Eh bien! sans vous exposer à la mort, je suis curieuse de voir si vous oserez prendre un bain tout habillé. Jetez-vous dans la mer, non pas de cet endroit où il y a trente pieds d'élévation, mais de ce rocher qui s'avance là-bas au-dessus de l'eau, et qui n'a pas deux toises de hauteur. Vous balancez... vous devenez pâle... vous avez peur... Rassurez-vous, je n'insiste point. Que cette leçon vous profite, et ne parlez plus de dangers, d'épreuves, de blessures et de mort, car je vous répondrai par le bain de mer.

Geronimo se mordit les ongles et frappa du pied, et puis il lança son chapeau en l'air, ôta son habit et courut se poser sur le petit rocher. Avant de se précipiter dans l'abîme, comme l'infortunée Sapho, il se retourna, pour regarder sa maitresse, d'un air suppliant et indigné.

— La tête la première! lui cria la cruelle en riant.

Il se jeta en effet la tête la première, fit un plongeon et regagna la rive en nageant; mais à peine eut-il remis pied à terre, qu'il tomba sur le gravier du rivage et demeura sans mouvement. Lidia, qui le vit chanceler, comprit qu'il s'était fait quelque blessure. Elle devint pâle à son tour, et descendit avec empressement au bord de l'eau.

— Qu'avez-vous, mon ami? lui dit-elle en s'agenouillant près de lui.

— Peu de chose, répondit l'abbé avec un sourire de désespoir; peu de chose, madame : un bras cassé seulement. L'eau n'était pas profonde, et j'ai touché le fond. Qu'est-ce que cela en comparaison de la conquête du Saint-Sépulcre? Quand je ne serai plus, priez pour moi; je sens que je m'en vais... Adieu, Lidia... vous êtes cause de ma mort. Il eût mieux valu m'épouser que de pleurer sur ma tombe.

Geronimo poussa un gémissement douloureux et s'évanouit. Cette fois, ce n'était point de frayeur qu'il perdait connaissance. Le poignet foulé enfla; les muscles du bras devenaient noirs par l'effet de la contusion. La jeune veuve se mit à pousser des cris aigus en appelant du secours, et maître Michel accourut, suivi de loin par la tante Filippa. On eut bien de la peine à transporter le malade à l'hôtel. Tandis que la servante éplorée cherchait un médecin, Geronimo, mouillé, transi, grelottant, souffrant de sa blessure, ouvrit des yeux inondés de pleurs.

— Ne pleurez point, mon ami, lui dit Lidia, vous serez bientôt guéri. Je vous soignerai, je vous consolerai, je ne vous tourmenterai plus. Je maudis mes caprices et ma mauvaise tête et, j'espère, à force de soins, de tendresse et de douceur, vous faire oublier ce triste jour.

— Il est trop tard, madame, répondit Geronimo, cela coûte trop cher. L'amour s'est envolé de mon cœur; il n'y rentrera plus. Je renonce à vous et au mariage, et je demeure homme d'église.

— Nous y voilà! s'écria la tante. Que vous disais-je, ma nièce? Que

ces jeux-là finiraient mal pour vous-même. Vous avez si bien tendu
la courroie; qu'elle s'est rompue. Tirez-vous de là maintenant, donnez
à votre tour quelque bonne preuve d'attachement : voyons, parlez;
vous qui avez la langue si bien pendue quand il s'agit de persifler les
gens, ne trouverez-vous rien à dire pour exprimer votre amour?

— Il est trop tard, répéta Geronimo : l'amour m'a précipité au fond
de la mer, je n'en veux plus entendre parler. Cette expérience me servira. La volonté du ciel sera faite. Abandonnez, madame, un malheureux qui n'a pas su vous plaire, et que votre cruauté a guéri de sa
folie. Je ne m'appartiens plus; je suis désormais tout à Dieu et à l'é-
glise, ma sainte mère.

VIII.

Telle est, selon toute apparence, poursuivit le docteur, la fin des
amours de mon malade. Les pleurs et le repentir de Lidia ne purent
ébranler ses sages résolutions. De peur de se laisser toucher, il repoussa les soins que la jeune veuve lui voulait donner, en quittant
cette auberge, lorsque j'eus posé le premier appareil sur sa blessure.
Il loua une maisonnette dans le village, et donna pour consigne à la
servante de n'ouvrir la porte à aucune femme. Le bon vieux chanoine
qui l'avait introduit dans la famille de maître Michel vient ici deux
fois par semaine visiter le malade, le fortifier dans ses pieux desseins,
et lui apporter les encouragemens et les éloges du haut clergé, qui s'est
ému de ce retour à la dévotion, et présente cette aventure comme un
petit miracle. Geronimo ne pardonnera jamais à l'amour de l'avoir
mouillé, meurtri et mis en danger de se casser le cou. Sa passion parait avoir changé d'objet. Je ne m'étonnerais point s'il devenait à
présent un prêtre parfait et de mœurs exemplaires.

Je remerciai le docteur de son récit, et je l'invitai à venir manger sa
part du souper projeté pour le lendemain. Après avoir fait la promenade obligée dans les montagnes, en compagnie d'un ânier, je retournai le soir à Naples, par le chemin de fer, et j'arrivai à temps pour
assister à la représentation de la *Linda*, chantée par Mme Tadolini.

Bien des étrangers ont pu vivre long-temps à Naples sans avoir eu
l'occasion de visiter les marchands de *pizze*. A l'entrée de la rue de
Tolède est une petite ruelle appelée *vico del Campaniello*, où les plus
fameux de ces marchands ont établi leurs fours, dont les flammes illuminent toute la rue de lueurs infernales. La grande salle de chaque
boutique est divisée en cabinets de société par des cloisons minces qui
ne s'élèvent pas jusqu'au plafond. Un rideau ferme l'ouverture de ces
cabinets. C'est là que viennent s'attabler, pendant une partie de la nuit,

les consommateurs de toutes les conditions. A la sortie de l'opéra, beaucoup de carrosses s'arrêtent dans la petite rue du *Campaniello*. Plus d'une compagnie élégante daigne descendre dans ces tavernes populaires. La *pizza* est un gâteau de pâte ferme garni de poissons. Vous désignez parmi ces galettes de différentes grandeurs celle qui vous paraît à la mesure de votre appétit. Le fournier introduit le gâteau choisi dans son four, et le rapporte cuit et brûlant au bout de quelques minutes. Les huîtres, les olives et les fruits composent les entrées et hors-d'œuvre du souper, dont la *pizza* forme le morceau de résistance.

Don Geronimo, le vieil oncle et le docteur français furent exacts au rendez-vous. Le jeune abbé, qui connaissait les bons endroits, nous conduisit chez le marchand de *pizza* le plus achalandé qui fût à Naples. Nous nous régalâmes d'huîtres excellentes du lac Fusaro, arrosées de vin de Capri. Mes deux hôtes biscéliais choisirent des gâteaux d'une largeur imposante, et sur lesquels on rangea vingt-quatre poissons comme des rayons de soleil. Le médecin et moi, qui n'étions point de la paroisse, nous nous contentâmes de galettes à six poissons, et encore nous eûmes toutes les peines du monde à en voir la fin, tant cette lourde pâte nous engouait. Don Geronimo mangea son énorme portion d'un air de sensualité tout-à-fait réjouissant. Il en était à son dernier poisson, lorsqu'un enfant, soulevant le coin du rideau, présenta sa mine éveillée par l'ouverture, et se mit à parler au jeune abbé avec une pétulance incroyable.

— Avez-vous compris? me dit le docteur en français.

— Pas un mot, répondis-je.

— Ce bambin est l'illustre Antonietto dont je vous ai raconté les prouesses. Il vient avertir Geronimo que Lidia, informée de son retour à Naples, l'a fait suivre par un *facchino*, et qu'elle l'attend à la porte de cette taverne dans un fiacre pour le saisir au passage. Nous allons assister à quelque scène de comédie.

— Antonietto, dit l'abbé, va-t'en dire à la signora que je suis ici avec mon oncle et deux étrangers, que je la prie de nous laisser souper tranquillement et de ne point faire un éclat. Tu lui diras encore qu'elle prend une peine absolument inutile, que je ne veux et ne dois plus la voir, que ma détermination de ne jamais me marier est inébranlable. Dis-lui bien cela, et ne reviens pas qu'elle ne soit partie.

Le groom disparut; mais au bout d'une minute le coin du rideau se souleva de nouveau.

— Excellence, dit Antonietto, la comtessine ne veut pas se retirer sans avoir parlé à vous-même. Elle pleure et ne m'écoute pas.

— Va lui dire, reprit l'abbé, que je suis sorti par une porte de derrière.

— La *signorina*, répondit le groom, sait bien qu'il n'y a point de porte de derrière.

— Eh bien! dis-lui que, si elle me persécute ainsi, je maudirai le jour où je l'ai rencontrée à Sainte-Marie-del-Carmine, et que j'en serai réduit à partir pour Rome.

— Cela ne lui fera rien, excellence; elle vous attendra dans son carrosse.

— Sortons donc tout de suite, tandis qu'il n'y a pas encore trop de monde ici.

Don Geronimo se leva et prit son chapeau en murmurant contre les caprices et l'obstination des femmes.

— Messieurs, dit-il, je suis désolé de ce contre-temps qui interrompt notre charmant souper. Je retrouverai une autre fois l'honneur de votre compagnie. Devant le scandale dont je suis menacé, je ne vois qu'un parti à prendre, celui de la fuite.

L'abbé sortit à grands pas et posa sa tête à la portière du fiacre en disant d'un ton sévère :

— Madame, je vous le répète pour la dernière fois : je suis homme d'église.

Et il se sauva le plus vite qu'il put jusqu'à la rue de Tolède, où il se perdit dans la foule. La jeune veuve s'était élancée hors du carrosse à la poursuite de Geronimo; mais elle ne put le rejoindre et revint toute en pleurs saisir le bras du médecin.

— Cher docteur, lui dit-elle, est-il donc vraiment possible que ce méchant, cet ingrat ne m'aime plus? Lui qui m'a entretenue de son amour, soir et matin, pendant six mois, sans manquer un seul jour de venir s'asseoir à mes côtés! lui qui ne ramassait jamais le dé ou le peloton de fil que je laissais tomber sans y déposer un baiser avant de me le remettre! il ne veut pas seulement m'écouter! Est-il possible de mépriser ainsi une femme qu'on adorait à l'égal d'un ange des cieux? Faut-il que je fasse une pénitence, que je m'humilie, que je me jette à l'eau, à mon tour, pour obtenir mon pardon? Je suis prête à tout, résignée à tout, excepté à la perte de mon petit Geronimo. Non, cela ne se peut pas. Il est trop beau, trop aimable; je l'aime trop. Docteur, docteur, intercédez pour moi.

Lidia s'arrêta suffoquée par les sanglots. Un tremblement nerveux agitait toute sa personne. Elle prit à deux mains le bras du docteur et lui posa son front sur l'épaule en pleurant avec un abandon plein de grace et de candeur.

— Mon enfant, lui dit le médecin, remettez-vous. Ne faites point d'éclat en public; vous vous en repentiriez plus tard.

— Que m'importe le public? s'écria-t-elle. Que toute la terre connaisse mon chagrin, mes fautes et mes regrets, et que Geronimo me pardonne! Ah! sotte que je suis d'avoir maltraité un homme que j'aimais! C'est le bon Dieu qui me punit. Oui, j'ai mérité cela par mes dé-

dains et ma cruauté; mais le mal que j'ai fait m'est cent fois rendu.
Hélas! *pauvre moi!* que vais-je devenir, seule au monde, dans ce
grand univers si vide et si sombre depuis que j'ai perdu mon Geronimo!

— Allons, reprit le docteur, ne pleurez pas. Je vous promets de
parler à Geronimo, de lui demander une entrevue, et, s'il consent à
vous voir, je ne doute point que son amour ne se réveille.

— N'y comptez pas, dit l'oncle biscéliais : mon neveu est homme
d'église.

Lidia quitta le docteur et s'empara vivement du bras du vieux Biscéliais.

— Vous êtes son oncle! s'écria-t-elle. Ah! ne vous mettez pas contre
moi. Je suis assez à plaindre. Ayez pitié d'une pauvre femme déchirée
par ses regrets. Votre neveu ne perdra rien à m'épouser. Je suis riche.
Mon premier mari m'a laissé du bien, et mon père, qui gagne plus de
mille ducats l'an à vendre des lampes, n'a pas d'autre enfant que moi.
Dame Filippa, ma tante, donnerait tout de suite la moitié de sa fortune pour m'empêcher de pleurer seulement, car elle est généreuse
autant que sage. Hélas! que n'ai-je écouté ses avis! Très cher oncle,
acceptez-moi pour votre nièce, je vous aimerai comme si j'étais votre
fille; je vous caresserai, je vous servirai le café moi-même, et je le fais
par l'ancienne méthode italienne, en le laissant reposer sur le marc,
ce qui est bien préférable à tous les nouveaux systèmes. Demandez à
maître Michel, mon père, s'il lui a jamais rien manqué, quand je me-
nais sa maison. Et à votre âge, n'est-il pas plus doux de vivre en
compagnie d'enfans qui vous chérissent, que d'être soigné par des
servantes mercenaires? J'animerai votre intérieur, ou bien vous vien-
drez dans le nôtre. Un jeune ménage bien uni, cela réjouit les bons
vieillards. Je vous égaierai avec mes chansons et mes rires, et que je
sois maudite si je prends une minute de repos avant qu'on vous ait
servi, et je vous verserai moi-même le verre de moscatelle qui vous
réchauffera le cœur, et il faudra voir le sabbat que je ferai, si l'on oublie de vous donner de l'eau pure comme du cristal. Et au lieu de
vous en aller mourir dans la solitude à Bisceglia, séparé de votre neveu
par l'église, vous serez entouré de petits enfans qui vous regarderont
avec leurs grands yeux, en vous appelant *zio carissimo*, dès qu'ils sauront parler, et ils ressembleront trait pour trait à leur papa, et vous
les ferez sauter sur vos genoux, en disant : Oh! que je fus bien inspiré
le jour que, dans le *Vico del Campaniello*, je me laissai attendrir par
les pleurs de cette pauvre Lidia, qui est aujourd'hui ma nièce chérie et
m'a tout environné de ces créatures si gentilles et si caressantes!

Tandis que Lidia déroulait avec une rapidité pleine de grace et de
passion ce tableau de famille, une grimace semblable à un sourire

crispait, les lèvres du bon Biscéliais, et une petite larme essayait de passer entre ses cils gris.

— Ne résistez point, lui dis-je, vous êtes ému ; et il faudrait avoir un cœur de bronze pour voir sans pitié une douleur si touchante..

— Voyons, ajouta le docteur, tout peut s'arranger encore. Embrassez cette charmante nièce que le ciel vous envoie.

— Ma foi, c'est dit! s'écria le vieillard en pressant la jeune femme entre ses bras: Soyez ma nièce et ma fille: Je vais parler à Geronimo, et demain vous aurez de mes nouvelles.

La jeune veuve remonta dans son fiacre toute palpitante de joie; nous conduisîmes le vieux Biscéliais chez son neveu, en concertant et préparant le long du chemin cette importante négociation. Geronimo écouta gravement le récit de son oncle; il nous laissa parler tous trois sans nous répondre; à la fin, quand nous eûmes épuisé nos derniers argumens en faveur du mariage :

— Une nuit de réflexion, nous dit-il, m'est nécessaire. Demain, j'aurai pris une résolution définitive. Revenez à midi, et vous irez ensuite chez la signora pour lui faire part de mes projets. Je vous promets d'examiner le pour et le contre avec soin et de porter dans la balance son chagrin, ses regrets, les égards que je lui dois, les désirs de mon oncle, l'intérêt que vous témoignez tous à cette personne malheureuse, et même mon ancien amour, que je ne chercherai point à étouffer, si la nature et la faiblesse humaine font entendre leurs voix.

Le lendemain, j'arrivai chez l'abbé un quart d'heure après midi. L'oncle et le docteur se promenaient dans la cour de la maison. Ils me présentèrent une lettre ouverte, où je lus ce qui suit :

« Très cher oncle, je me suis levé de grand matin, encore indécis, malgré une nuit d'insomnie et de méditation. Je me suis rendu chez mon pieux et vénérable protecteur pour soumettre le cas grave où je me trouve à sa haute prudence. Il m'a ordonné de fermer mon ame aux conseils des hommes livrés aux passions du monde et d'obéir au cri de ma conscience. Le ciel m'appelle, et je deviendrais coupable en hésitant un jour de plus. Naples étant désormais pour moi un lieu d'embûches et de tentations, je pars à l'instant pour Rome, et j'y étudierai la théologie pendant trois ans, au bout desquels j'aurai le bonheur d'être ordonné. Mon protecteur ajoute à mon bénéfice une pension de cinq cents ducats pour mes frais de voyage et de séjour. Allez vous-même instruire de mon départ la personne que cette nouvelle intéresse. Parlez-lui avec douceur. Dites-lui de m'oublier, de se consoler, et de se réjouir en bonne chrétienne de me savoir au service de Dieu. Vous lui répéterez ensuite, pour la dernière fois, que je suis irrévocablement homme d'église. Dites au seigneur français et à mon très habile docteur qu'à notre première rencontre, ma robe et mon ministère ne m'empêcheront point de leur offrir un souper avec des huîtres chez le marchand de *pizze* ou ailleurs. L'honnête plaisir de leur compagnie est de ceux qu'un bon prêtre peut se permettre. Adieu, très cher oncle, me voici échappé aux *don Limone* et aux Napolitaines. Ne craignez plus rien pour votre respectueux et dévoué neveu, etc. »

A la nouvelle de cette fuite précipitée et du pieux dessein dans lequel Geronimo paraissait inébranlable, la pauvre Lidia poussa des cris déchirans. Elle pleura, durant une semaine, à se noyer dans les larmes; l'emportement de sa douleur alla jusqu'à inquiéter ses amis pour sa santé. Au théâtre San-Carlino, on la vit plusieurs fois sangloter, tandis que les lazzis du Pancrace biscéliais provoquaient dans la salle des explosions de rires. Deux mois s'étaient écoulés depuis le départ de Geronimo, lorsqu'elle rencontra sous le portique de Saint-Janvier un beau jeune homme qui lui offrit de l'eau bénite avec une grace et un air de déférence dont elle fut troublée. Ce jeune homme la suivit, s'informa qui elle était, se fit présenter à la famille, obtint l'agrément de maître Michel et la protection de dame Filippa. Il avait une petite fortune, de l'éducation, un bon caractère et un visage d'Adonis, tout comme Geronimo. Il épousa la belle veuve, et lui rendit soudain la gaieté, l'appétit, la pétulance et le goût du plaisir qu'elle avait un moment perdus. Aujourd'hui Lidia mène la vie la plus agréable que puisse souhaiter une Napolitaine. Elle commande à la maison, domine son mari, le querelle une fois au moins par semaine, se réconcilie avec lui dans les vingt-quatre heures, le gronde quand il va au café, ce qui ne l'empêche point d'y retourner aussitôt après, et donne souvent le fouet à ses deux enfans, qui ressemblent fort à leur père.

Ognissanti Geronimo fit ses trois années de théologie à Rome, et revint à Naples avec la soutane. J'ai appris l'an passé qu'il était devenu archiprêtre et l'un des membres les plus sincèrement dévots du clergé italien. Son éloquence naturelle, réglée par l'étude, a gagné un peu de sobriété. Il choisit volontiers pour sujet de ses sermons le danger du commerce des femmes, les effets salutaires des accidens en matière de grace divine, et les consolations que la religion réserve aux ames éprouvées par les passions et le malheur.

PAUL DE MUSSET.

L'EMPEREUR SOULOUQUE

ET

SON EMPIRE.

TROISIÈME PARTIE. [1]

VI. — MASSACRES. — LE COMMUNISME NEGRE.

Lors de la réaction noire de 1844, le bandit Accaau se rendit, pieds
nus, vêtu d'une espèce de toile d'emballage et coiffé d'un petit chapeau
de paille, au calvaire de sa paroisse, et là fit publiquement vœu de ne
pas changer de toilette tant que les ordres de la « divine Providence »
ne seraient pas exécutés. Puis, se tournant vers les paysans nègres
convoqués au son du *lambis* (2), Accaau expliqua que la « divine Providence » ordonnait au pauvre peuple, premièrement de chasser les
mulâtres, deuxièmement de partager les propriétés des mulâtres. Si
indélicate que parût cette exigence d'en haut, l'auditoire pouvait d'autant moins la révoquer en doute, qu'elle avait pour garant un lieutenant de gendarmerie, car tel était le grade d'Accaau lorsqu'il s'im-

(1) Voyez les livraisons du 1er et du 15 décembre 1850.
(2) Gros coquillage ayant à l'intérieur la forme d'un alambic, qui faisait l'office de
trompette chez les esclaves insurgés, et dont le son lointain jette parfois la terreur dans
les villes haïtiennes. C'est à peu près le *caracol* des paysans à demi arabes de la campagne de Valence. A une époque bien récente encore, si le caracol résonnait dans la
huerta, Valence s'attendait à être pillée.

provisa « général en chef *des réclamations* de ses concitoyens. » Un
murmure désapprobateur circula toutefois dans les groupes, pendant
que les regards erraient de quelques noirs bien vêtus à quelques mulâtres en haillons perdus dans la foule. J'ai trop généralisé, dut penser
Accaau, et il reprit : « Tout nègre qui est riche et qui sait lire et écrire
est *mulâtre;* tout mulâtre qui est pauvre et qui ne sait ni lire ni écrire
est *nègre.* »

Un jeune noir d'une trentaine d'années, attaché comme ouvrier à
une guildive (fabrique de tafia) du voisinage, et qui, pour sa part,
ne savait ni lire ni écrire, sortit alors des rangs, et dit à son tour à la
foule : « Accaau a raison, car la Vierge a dit : *Nègue riche qui connaît li
et écri, cila-là mulâte; mulâte pauve qui pas connaît li ni écri, cila-là
nègue.* » Puis il joignit dévotement ses oraisons aux oraisons d'Accaau.
Ce jeune noir s'appelait Joseph, et, à partir de ce jour, il se fit appeler
frère Joseph. Coiffé d'un mouchoir blanc, vêtu d'une chemise blanche
qu'emprisonnait un pantalon également blanc, il marchait, un cierge
à la main (1), au milieu des bandes d'Accaau, qu'il édifiait par ses
neuvaines à la Vierge, qu'il maîtrisait par son crédit bien notoire auprès du dieu Vaudoux, et dont il tranchait, aux heures de pillage, les
rares cas de conscience par la distinction obligée : *Nègue riche qui
connaît li et écri, cila-là mulâte,* etc.

Le communisme nègre était, comme on voit, fondé, et rien n'y
manquait, ni cette impartialité de proscription qui sait tenir la balance égale entre les aristocrates du sang et ceux de l'éducation ou de
la fortune, — ni la religiosité mystique des petits-fils de Babeuf, — ni
même leur tartuferie pacifique et fraternelle, témoin le bulletin où
Accaau raconte son expédition contre les boutiquiers réformistes des
Cayes. « Il était loin de notre pensée de livrer aucune bataille, dit le
paterne brigand; mais seulement nous voulions présenter nos réclamations *dans une attitude qui prouvât que nous y tenions...* » — Quoi
de plus naturel! Comme quelque autre part au 16 avril, au 15 mai,
au 23 juin, il est bien convenu que, s'il y a conflit, c'est la réaction
seule qui l'aura cherché. En effet, aux Cayes comme quelque autre
part, l'incorrigible bourgeoisie, qu'on priait uniquement de vouloir
bien mettre la clé sous la porte, reçut fort mal cette requête; laissons
parler Accaau : « ..... Je fis connaître par une lettre au conseil municipal la cause de notre prise d'armes. Une réponse verbale, s'appuyant sur la semaine sainte, qui ne permet aucune affaire sérieuse,
est le seul *honneur* qui nous fut fait, et le même jour, à onze heures

(1) Le jour où Toussaint Louverture entra en campagne contre Rigaud, il se coiffit
sous la tête d'un mouchoir blanc, et, un cierge à chaque main, alla se prosterner sur
le seuil de l'église de Léogane, puis il monta en chaire pour prêcher l'extermination
des mulâtres.

du matin, voilà trois colonnes qui marchent sur nous... Après une‹ heure de combat, la victoire nous sourit. Nous avons eu à *déplorer dans les rangs ennemis la mort de beaucoup de nos frères*. Dieu a voulu que nous n'eussions qu'un mort et trois blessés. J'aurais pu poursuivre avec avantage l'armée vaincue et entrer dans la ville pêle-mêle avec elle; mais *le sentiment de la fraternité a retenu nos pas*. » Devant tant de modération, il y aurait certes injustice à le nier : Accau ne voulait que le bien des mulâtres. Aussi la fraternité retient-elle ses pas juste le temps nécessaire pour que les mulâtres épouvantés puissent déguerpir de leurs magasins et de leurs maisons et se réfugier sur les navires en rade. Cela fait, il se décide à diriger deux colonnes sur les Cayes. « Elles étaient en ville vers les dix heures, tout ayant fui devant nous, » ajoute avec une modeste simplicité le bulletin :... « *La justice de nos réclamations est reconnue, et les propriétés sont respectées*. » Quelle onction, quel amour, et surtout quels scrupules! Et combien seront penauds ceux qui s'obstinaient à ne voir dans le communisme nègre qu'un système pédant de spoliation et de brigandage! La justice de ses réclamations une fois reconnue, Accau n'a plus qu'une préoccupation : le respect des propriétés. Il n'y a de changé que les propriétaires (1). — Si par hasard on m'accusait de forcer ces rapprochemens, j'en établirais bien d'autres; « L'innocence malheureuse » joue, par exemple, dans les proclamations d'Accau le même rôle que « l'exploitation de l'homme par l'homme » dans certaines autres proclamations. « L'*éventualité* de l'éducation nationale, » cette autre corde de la lyre humanitaire d'Accau, correspond visiblement « à l'instruction gratuite et obligatoire, » et lorsqu'il réclamait encore au nom des cultivateurs, qui sont les *travailleurs* de là-bas, « la diminution du prix des marchandises exotiques et l'augmentation de la valeur de leurs denrées, » le socialiste nègre avait certainement trouvé la formule la plus claire et la plus saisissable de ce fameux problème des Accau blancs : diminution du travail et augmentation des salaires. Nous nous heurterons, chemin faisant, à des analogies bien autrement rigoureuses; mais, après celles-là, il n'y aurait plus qu'à crier à la contrefaçon, si, hélas! les contrefacteurs n'étaient pas de ce côté-ci de l'Atlantique. N'oublions pas que la publication et la première mise en œuvre du programme d'Accau remontent au printemps de 1844.

Le communisme nègre échoua comme le communisme blanc devant

(1) Accau ne se vantait pas. Une fois installé dans la ville, il fit fusiller un ou deux des siens, qui s'étaient mis à piller. Dans son respect pour le principe de propriété, il fit fusiller en même temps un officier soupçonné de sympathiser avec les ex-propriétaires réfugiés à la Jamaïque, et qui, dans l'opinion d'Accau, n'étaient plus apparemment que des voleurs.

l'extrême morcellement de la propriété. La première surprise passée, l'armée d'Accaau se trouva réduite à une poignée de gens sans aveu que Guerrier mit aisément à la raison, que la faiblesse où la complicité de Pierrot rappela sur la scène, et que Riché acheva de disperser. Traqué sans relâche, profondément froissé de l'accueil que ses concitoyens faisaient à la science nouvelle, Accaau résolut d'abandonner à elle-même cette société qui ne le comprenait pas, et un beau jour il s'embarqua, un canon de pistolet dans la bouche, pour cette Icarie d'où l'on ne revient plus. Frère Joseph renonça de son côté à la casuistique, et ouvrit, comme je l'ai dit, boutique de sorcellerie. Peu après l'affaire Courtois, Soulouque, qui l'avait si malmené trois ans auparavant, le fit secrètement appeler, et le prêtre vaudoux déploya un tel savoir-faire dans les conjurations qui précédèrent l'anniversaire si redouté du 1er mars 1848, que sa faveur ne fut bientôt plus un secret pour personne. Les scènes de meurtre et de confusion au milieu desquelles nous avons arrêté le lecteur n'étaient que le contrecoup de cette faveur subite de frère Joseph.

En voyant leur prophète si bien en cour, les *piquets* (on désignait ainsi les anciens soldats d'Accaau en souvenir des pieux aigus dont ils étaient originairement armés), les *piquets* avaient cru le moment venu de se venger des injustices de la police. Réunis aux environs des Cayes, théâtre de leurs anciens exploits, ils déclarèrent ne vouloir déposer les armes que lorsque le général Dugué Zamor, commandant le département du Sud, et qui, en cette qualité, leur avait donné jadis la chasse, serait révoqué, comme coupable de trahison envers le gouvernement. Un officier du palais fut envoyé sur les lieux. Entendant crier vive Soulouque! dans les deux camps, il trouva le cas très délicat, et engagea le général à aller prendre les instructions verbales du président. Ces instructions se bornèrent à l'ordre de se rendre en prison, sans autre forme de procès. L'arrestation de M. David Troy se rattachait au même incident. Rapproché des sinistres avertissemens qui ressortaient de l'affaire Courtois, l'empressement avec lequel Soulouque cédait aux caprices des piquets avait jeté la terreur dans le département du Sud, principal foyer de la population mulâtre. Le 9 avril 1848, trois communes de l'arrondissement d'Aquin se soulevèrent, déclarant à leur tour, par l'organe de leurs autorités militaires, ne vouloir se soumettre qu'après la mise en liberté du général Dugué Zamor. Il ne s'agissait nullement, comme on voit, de renverser Soulouque; il s'agissait d'obtenir de lui un désaveu indirect des menaces de pillage et de mort que les bandits, encouragés par leur premier succès, proféraient déjà contre les hommes de couleur. J'ignore ce qui se passa dans l'esprit du président; mais, bien qu'il pût être informé du mouvement dès le 11 ou le 12, ce n'est que le 15 qu'il lança sa première proclamation contre les pétitionnaires, on ne peut trop dire les rebelles, et ce n'est qu'après un nouveau délai de vingt-quatre heures qu'il se décida à faire tirer le canon d'alarme. En arrivant dans la cour du palais, les fonctionnaires civils reçurent l'avis que l'insurrection marchait sur Port-au-Prince. Cette nouvelle n'avait pas le moindre fondement : était-ce un prétexte préparé par Soulouque? n'était-ce qu'une tactique de Similien et consorts pour vaincre les dernières hésitations de celui-ci?

L'ancien ministre de l'intérieur, M. Céligny Ardouin, qui avait été personnellement mandé au palais, arriva des premiers auprès du président. Celui-ci l'accueillit en l'accablant d'injures, l'accusa d'être l'ame de la conspiration mulâtre, et lui ordonna de se rendre aux arrêts. Dans l'état de fureur où était Soulouque, tout éclaircissement devenait impossible, et le général remit silencieusement son épée à Bellegarde, qu'il suivit. En sortant des appartemens de Soulouque, il fut assailli par quelques officiers subalternes qui voulurent lui arracher ses épaulettes. Dans cette courte lutte, deux coups de carabine furent tirés presque à bout portant, mais sans l'atteindre, sur le général, qui parvint à gagner, sous une pluie de coups de sabre, la chambre à coucher du président, où nous l'avons laissé, couvert d'affreuses blessures, aux prises avec les fureurs de Soulouque.

Ce n'était que le prélude. A la double détonation partie de l'intérieur, les troupes rangées près de l'entrée avaient fait brusquement volte-face et tiré sur la foule des généraux, officiers et fonctionnaires civils, qui occupait le péristyle. Les soldats croyaient, a-t-on dit depuis, qu'on venait d'attenter à la vie du président; mais comment se faisait-il que ce jour-là, contrairement à l'usage, leurs armes se trouvassent chargées? Comment expliquer surtout que, de toutes les troupes de la garde rangée en bataille autour du palais, le corps des chasseurs, celui justement qui prend toujours position aux abords du péristyle, eût seul les armes chargées? La probabilité d'un guet-apens ressort plus clairement encore de l'étrange à-propos avec lequel des ordres mystérieux avaient fait fermer la grille, pour couper la retraite aux fuyards. Si, parmi les morts et les blessés qui jonchaient le péristyle, il y avait des noirs et des mulâtres, cela prouvait à la rigueur une chose, c'est que Similien avait adopté à l'égard du mot *mulâtre* la définition de frère Joseph.

Le gros de la garde avait fait, je l'ai dit, irruption dans le palais. Après quelques instans seulement, soit qu'il crût le massacre terminé, soit qu'au bruit de plus en plus rapproché des pas et des cris de cette meute humaine il craignît de la voir forcer l'entrée de sa chambre, le président se décida à se montrer aux soldats, qu'il ne parvint à contenir qu'avec des efforts inouis et aidé de quelques généraux noirs.

M. Céligny Ardouin dut momentanément la vie à cette brusque diversion; Soulouque se contenta de le faire jeter dans un cachot. Ceux des généraux de couleur qui avaient pu se cacher dans les appartemens furent consignés au palais, où ils devaient attendre plusieurs jours, dans un morne effroi, et sans autres nouvelles de l'extérieur que le bruit des feux irréguliers qui annonçaient la continuation des massacres, qu'on statuât sur leur sort. Au nombre des personnes qui avaient réussi à s'évader par le jardin étaient le général Dupuy, dernier ministre des relations extérieures, et le général Paul Decayet, dernier commandant de la place, qui passait, quoique noir, pour dévoué à la classe de couleur. Ce groupe de fuyards avait laissé derrière lui une traînée de huit cadavres, qu'on enterra, chose à noter, sur place, c'est-à-dire dans ce sol fraîchement remué par les superstitieuses fouilles de Soulouque. Soulouque se préoccupait assurément fort peu, comme on s'en convaincra, de dissimuler la trace de ses vengeances; pourquoi donc cette sépulture insolite? Était-ce le mystérieux complément de quelque conjuration vaudoux, et cette oblation humaine venait-elle apaiser le courroux du fétiche vaincu?

Voyons maintenant ce qui se passait dans la ville. Au signal d'alarme, les gardes nationaux, qui n'avaient pas pour le moment de colonel, s'étaient rendus à l'état-major de la place pour recevoir des ordres et demander des cartouches. Les mulâtres, qui, en leur qualité de suspects, se trouvaient plus intéressés que les noirs à faire montre de zèle, étaient arrivés les premiers, et le vague pressentiment d'un danger commun avait insensiblement rapproché leurs groupes. Ils s'étaient désignés par cela même aux défiances qu'ils redoutaient, et le commandant de place Vil Lubin alla leur dire brusquement : « Vous n'avez rien à faire ici, vous autres; retirez-vous. » Dans la circonstance, cette exception n'avait rien de rassurant. Les mulâtres purent croire qu'on ne leur ordonnait de se disperser que pour les arrêter, peut-être les massacrer isolément, et la scène d'épouvante qui commençait en ce moment aux alentours du palais vint corroborer ces appréhensions. Sans s'être concertés, tous les hommes de couleur armés se retrouvèrent donc réunis sur la place Vallière. Ils se dirigèrent de là sur le quai, d'où ils pouvaient espérer de se réfugier au besoin sur les navires en rade, et s'alignèrent assez confusément le long des magasins. La plupart manquaient de munitions. Le chef de police Dessalines, fils de l'homme si atrocement célèbre, vint les examiner de près, en détail et en silence. Ils crièrent : Vive le président! vive la constitution de 1846!

Le second cri gâtait un peu l'effet du premier, et, quelques instans après, un détachement de la garde, infanterie, cavalerie et artillerie, sous les ordres des généraux Souffrant, Bellegarde et Similien, déboucha par deux rues parallèles sur le quai. Le commandant de *la Danaïde*, M. Jannin, qu'un avis expédié à la hâte par M. Raybaud avait trouvé en route, venait d'arriver et se tenait avec quatre embarcations armées d'obusiers et de pierriers, montées par tout le personnel disponible de la corvette, à quelques encâblures du bord. Au moment où M. Raybaud concertait avec lui les mesures à prendre pour protéger non-seulement les réfugiés du consulat de France, mais encore ceux du consulat d'Angleterre (M. Ussher en avait fait la demande), le commandant du port s'était présenté avec prière de la part du président de ne pas débarquer et l'assurance la plus positive que des mesures énergiques allaient être prises à l'instant pour protéger tant les consulats que les étrangers.

Similien somma les hommes de couleur de déposer les armes et de se retirer. Un coup de fusil partit des rangs de ceux-ci, tiré, nous a-t-on assuré, par un jeune mulâtre du parti Hérard. Le feu devint aussitôt général; mais aux premières décharges de l'artillerie les mulâtres se débandèrent, laissant une quinzaine de morts sur le carreau, et de ce nombre M. Laudun, ancien ministre. La nuit, qui arrive presque instantanément sous cette latitude, permit à beaucoup de blessés de s'échapper et de regagner leurs maisons; les autres furent achevés sur place. Le gros des fuyards s'était jeté à la mer : un grand nombre furent noyés ou assommés à coups d'aviron par les pêcheurs noirs; quelques-uns, trouvés parmi les amarres des barques attachées au rivage, furent livrés aux soldats et massacrés en touchant terre. Le général Souffrant n'avait pas voulu négliger cette nouvelle occasion de se justifier auprès de Soulouque de tout soupçon de connivence avec « ces petits mulâtres. » Il déploya plus d'acharnement que Similien et Bellegarde dans cette boucherie de prisonniers et de blessés. Au moment où le feu s'engageait, le commandant Jannin, ne pouvant pas exposer inutilement ses hommes, avait amené ses embarcations au milieu des navires marchands; mais elles étaient revenues à temps avec celles de ces navires pour saisir sur l'eau une cinquantaine de fugitifs. Dans le nombre se trouvèrent MM. Féry et Detré, anciens ministres, et le sénateur Auguste Élie. Tous furent transportés à bord de trois de nos navires de commerce et de la corvette. Pendant que notre consul revenait de toute la vitesse de son cheval vers les embarcations, qu'au bruit de la fusillade il avait cru d'abord assaillies, on tira sur lui deux coups de feu, mais sans l'avoir reconnu, à cause de l'obscurité.

La nuit se passa en angoisses. Les consulats, celui de France surtout, où s'étaient jetés le plus grand nombre de réfugiés, était rempli de gémissemens : de nouveaux proscrits y affluaient à chaque instant, et les femmes, les mères, les sœurs apprenaient d'eux les pertes qu'elles avaient éprouvées. L'encombrement devint tel que M. Raybaud dut faire pratiquer une ouverture qui donnât issue dans la maison voisine. Les deux maisons ne formaient heureusement à l'extérieur qu'un même édifice, et furent ainsi également protégées par le pavillon.

Le 17, au point du jour, des bruits faibles et intermittens de mousqueterie vinrent terrifier la population bien plus que ne l'avaient fait la fusillade et la canonnade nourrie de la veille : les exécutions commençaient; elles avaient été ordonnées par Bellegarde. Les victimes étaient des professeurs du lycée, des marchands, des médecins, etc., arrêtés pendant la nuit, les uns parce que leurs blessures les avaient empêchés de fuir, les autres parce qu'ils avaient cru pouvoir se dispenser de fuir, n'ayant pris aucune part aux événemens de la veille. Tous moururent avec courage. Ces exécutions avaient lieu à l'extrémité d'une rue où se trouve le consulat d'Angleterre, à sept ou huit pas de son pavillon, sous les yeux du consul et des personnes réfugiées chez lui. Le plus regretté de ceux qui périrent là fut le docteur Merlet, l'un des hommes les plus honorables et les plus instruits de la république. Il s'enfuit blessé jusqu'à la porte du consulat de Suède, qui malheureusement était fermée, et fut massacré sur le seuil avec des circonstances atroces. Cette porte fut criblée de balles; un domestique du consul, qui se trouvait derrière, fut traversé de plusieurs coups de feu. Un autre jeune homme était parvenu à se jeter dans le consulat d'Angleterre, et les soldats prétendaient y entrer de vive force pour l'en arracher. Le consul se rendit alors en uniforme chez le général Bellegarde pour invoquer le droit d'asile de son pavillon : Bellegarde fit répondre qu'il était sorti. M. Ussher, dans un trouble inexprimable, alla demander conseil à M. Raybaud, qui l'engagea à faire son possible pour arriver jusqu'au président, et qui, sur sa prière, n'hésita pas à l'accompagner, intéressé qu'il était lui-même dans la question.

Une autre scène de désolation se passait à l'entrée du palais. De malheureuses femmes des familles les plus aisées de la ville réclamaient en pleurant la triste faveur de faire enlever les restes de leurs pères, de leurs maris, de leurs fils. On la leur refusa impitoyablement, et tous ces corps, emportés le lendemain par des tombereaux, furent jetés pêle-mêle dans une excavation commune, au lieu où l'on enterre les suppliciés. Si odieux que nous paraisse cet inutile raffinement de cruauté, il l'était bien autrement au point de vue des mœurs locales et de l'idée qu'attache l'Haïtien au décorum des sépultures. Pendant que les neuf dixièmes de la population vivent dans de misérables huttes, que les édifices laissés par nos colons tombent en ruine, et que leurs insouciants héritiers plantent philosophiquement des bananes dans les vestibules des vieux hôtels seigneuriaux, les cimetières se couvrent de monumens que plus d'une ville européenne envierait.

'Noires ou jaunes, les plus riches familles se sont parfois littéralement -ruinées pour les morts. Il y a des négresses qui passent leur vie à préparer et à enrichir leur toilette funèbre, et tels pauvres diables qui logent sous un arbre, se nourrissent de crudités, s'habillent d'un rudiment de haillon ou d'un rayon de soleil, trouvent le secret, en se ·cotisant, d'improviser des funérailles homériques à celui d'entre eux -qui les a précédés au pays des ancêtres.

La garde encombrait la cour du palais, appuyée sur ses fusils et les pieds dans le sang. Elle avait perdu dix-sept des siens dans le choc de la soirée précédente, et les oraisons funèbres qu'elle débitait en leur honneur étaient aussi inquiétantes par le style que par la pensée. Une explosion de murmures accueillit les deux consuls. Au moment où ils allaient franchir le perron, un capitaine, se détachant de sa compagnie et s'adressant particulièrement à M. Raybaud, voulut savoir s'il venait encore « demander des graces. » M. Raybaud, bien entendu, ne daigna pas répondre. A leur arrivée dans la salle de réception, le président leur envoya les secrétaires d'état provisoires, s'excusant de ce qu'il ne pouvait les recevoir lui-même et s'enquérant du motif de leur visite. Une laborieuse conversation s'engagea à distance, et grace aux allées et venues des quatre ministres, entre lui et les consuls. M. Raybaud réclama vivement le droit d'asile pour les pavillons consulaires, et insista sur la nécessité de reconnaître ce droit dans la plus large extension possible, du moins pour la circonstance, sauf à s'entendre plus tard sur les restrictions à y apporter. Le président ne voulut l'admettre qu'en faveur des femmes et des enfans, exigeant impérativement la remise du jeune homme réfugié dans le consulat britannique. Il finit par n'insister que dans le cas où ce serait un individu qu'il désigna. Ce dernier point, sur lequel le président consentit à céder encore, est celui qui donna lieu à la discussion la plus vive; mais Bellegarde avait mis d'avance et à leur insu les deux parties d'accord : l'individu en question était déjà fusillé. Avant de quitter les ministres, le consul ne put s'empêcher de leur dire qu'il était bien temps que cette horrible tragédie finît, et après leur avoir représenté quel coup funeste allait être porté aux intérêts matériels du pays, comme au commerce étranger dont la plupart des débiteurs étaient ou morts ou fugitifs, après leur avoir de nouveau recommandé le respect dû non-seulement aux consulats, mais encore au domicile et aux propriétés des Européens, M. Raybaud les prévint que, dans la crainte de quelque méprise, il allait autoriser les résidens français à suspendre à l'une des fenêtres de leurs maisons une cornette tricolore. Ce point fut encore concédé avec l'assentiment du président; les maisons habitées par les Français devinrent ainsi par le fait autant de nouveaux lieux d'asile. Le consul rappela en outre qu'un grand nombre de magasins appartenant à des gens du pays contenaient des marchandises françaises non payées, et que de leur perte résulteraient nécessairement des demandes d'indemnité. Le mot d'indemnité produisit son effet habituel, et les ministres s'engagèrent avec le plus sincère empressement à y veiller. Cette dernière garantie était d'autant plus importante, que tout à Port-au-Prince est boutique ou magasin, qu'il n'y a guère de boutique ou de magasin où ne se débitent quelques-uns de nos produits manufacturés, et que, faute d'avances et surtout de crédit individuel (1), la presque totalité des commerçans ne sont en quelque sorte que les dépositaires des marchandises étrangères sur lesquelles ils spéculent. En somme, sans être sorti un seul instant de ses attributions de consul, M. Raybaud avait trouvé le secret de couvrir de notre pavillon toute la portion menacée de la ville. M. Ussher put prononcer à peine quelques mots dans cette entrevue, et alla de ce pas s'enfermer dans son arche consulaire, pour n'en sortir qu'au bout d'une semaine, lorsque ce déluge de sang commença à se retirer. M. Ussher, je le répète, est un très galant homme qui, dans les relations privées, jouit de la considération la plus méritée, et qui, dans une situation régulière, tiendrait son rang avec beaucoup d'intelligence et de distinction; mais dans cet enfer humain, dans ce chaos d'atroces invraisemblances où sa rectitude britannique se trouvait fourvoyée depuis deux jours, M. Ussher, il faut bien le dire, avait complétement perdu la tête. Il se fit surtout un tort irréparable en demandant avec des instances réitérées à l'autorité militaire une garde qui pût non-seulement protéger sa maison, mais encore en écarter les personnes compromises dans l'affaire du 16.

Cette première démarche de notre consul ne contribua cependant que fort peu à rassurer la bourgeoisie. Les magasins et les boutiques, même celles des noirs, restèrent fermés. Les rues désertes n'étaient parcourues que par des patrouilles, par des soldats isolés, le pistolet ou le sabre au poing, et quelques Européens à qui leur peau tenait lieu de carte de sûreté. On entendait proclamations sur proclamations commençant par ces mots : *Quiconque,* et finissant invariablement par ceux-ci : *sera fusillé.* La difficulté de se procurer des vivres était en outre extrême, même pour les consulats, car rien n'arrivait plus de la campagne, et, malgré cette perspective de la famine, on redoutait bien plus qu'on ne la désirait l'arrivée des campagnards. Le tambour avait retenti dans la journée sur plusieurs points de la plaine, et quelques propriétaires de couleur avaient été égorgés sur leurs habitations. Vers quatre heures du soir, la panique parut si motivée, que

(1) L'argent est tellement rare à Haïti, qu'on y emprunte à des taux qui varient de 30 pour 100 par an à 1 pour 100 par jour. Quant au crédit, il n'y existe même pas de nom. La lettre de change et le billet à ordre sont inconnus dans les transactions commerciales.

notre consul fit transporter sur la corvette les dépôts en numéraire de la chancellerie. Les noirs des environs commençaient à affluer dans la ville, et on pouvait prévoir un incendie général pour la nuit; mais une pluie torrentielle, qui dura du coucher au lever du soleil, vint ajourner ces terreurs.

Le 18, au point du jour, le bruit de la fusillade annonça que Bellegarde continuait sa besogne. L'une de ces nouvelles exécutions eut encore lieu près du pavillon du consul anglais, sous ses yeux et malgré ses prières. Un colonel d'état-major mulâtre fut massacré dans la cour même du palais. Les derniers liens de la discipline se relâchaient visiblement, et on s'attendait d'heure en heure à voir la soldatesque, n'écoutant plus la voix de ses chefs, se ruer sur la ville. Une foule immonde, l'auditoire habituel de Similien, l'y provoquait par ses cris et ses gestes à travers les grilles de la cour du palais. C'est « bon Dieu » qui nous donne ça! criaient dans leur effrayante naïveté, comme au pillage du Cap, ces étranges interprètes de la Providence. La grande appréhension du moment pour les familles décimées par Soulouque, c'était que, débordé par les passions sauvages qu'il avait déchaînées, il ne finît par être sacrifié lui-même. Sang pour sang, on s'estimait encore presque heureux de s'abriter du poignard des assassins sous la hache du bourreau. On apprit bientôt que le président payait assez mal tant de sollicitude. A la nouvelle des vêpres noires de la capitale, la prétendue insurrection du sud était devenue réelle et gagnait du terrain. Un courrier venait d'en donner avis, et Soulouque, prenant, selon sa logique habituelle, l'effet pour la cause, n'avait vu là qu'une preuve de plus de la « conspiration mulâtre de Port-au-Prince, » sans parvenir à comprendre, le malheureux! que, si les mulâtres criaient, c'est parce qu'il les saignait. Il avait résolu de se rendre lui-même, avec la majeure partie de ses forces, sur le théâtre du soulèvement, et venait de déclarer, avec une concision horriblement significative, ne vouloir laisser derrière lui « ni ennemi, ni sujet d'inquiétude. » L'extermination de la bourgeoisie jaune, le pillage pour la bourgeoisie noire, voilà donc la double perspective qui s'offrait pour le lendemain. M. Raybaud, dans ses nombreuses allées et venues, était arrêté devant chaque porte par les noirs amis de l'ordre qui le suppliaient d'intervenir. Des personnages marquans du pays lui donnaient mystérieusement rendez-vous dans quelque maison tierce pour lui faire les mêmes instances. Lui seul pouvait en effet tenter un suprême effort. La terreur avait coupé la voix aux quelques honnêtes gens qui se trouvaient encore dans l'entourage de Soulouque. L'odeur du sang, nous l'avons vu, avait rendu M. Ussher malade, et, quant aux consuls des autres pays, placés qu'ils sont, en leur qualité de marchands, sous la dépendance continue de l'administration locale, ils ne jouissaient d'aucune espèce d'influence.

Mais comment arriver jusqu'au président? Un hasard heureux, — pour les Haïtiens, — servit ici M. Raybaud. La nouvelle de la révolution de février était arrivée depuis cinq ou six jours à Port-au-Prince, et le consul écrivit qu'il désirait avoir le plus tôt possible du président une audience pour lui en faire la notification *officielle*. Le prétexte était décisif, et Soulouque, très scrupuleux observateur des convenances vis-à-vis de l'étranger et surtout vis-à-vis de nous, fit répondre au consul qu'il le recevrait le lendemain 19, à huit heures du matin. On ne se doutait guère à ce moment-là, en France, que la révolution de février fût bonne à quelque chose. M. Raybaud fut accueilli avec un grand appareil d'honneurs militaires. Les troupes, rangées en bataille, lui présentèrent les armes, et le président, en grand uniforme, entouré de ses ministres et des généraux noirs de son état-major, vint au-devant de lui jusqu'à l'entrée principale.

Naturellement peu questionneur, c'est surtout avec les étrangers que Soulouque hésite à prendre le premier la parole. Ce jour-là, au contraire, son excellence débuta par un feu roulant d'interrogations sur les événemens de Paris, tombant parfois en des confusions assez étranges, mais sans aller cependant aussi loin qu'un dignitaire du pays, qui, le lendemain encore, s'obstinait à prendre M. de Lamartine pour la *femme à Martin*. Soulouque cherchait visiblement à égarer la conversation, et une contrainte très marquée se peignit sur ses traits, lorsque M. Raybaud aborda le véritable sujet de sa visite.

La lutte fut violente, pleine d'irritation à certains momens et long-temps indécise. Soulouque énumérait avec volubilité ses griefs réels ou prétendus contre les hommes de couleur, et à plusieurs reprises, comme lors de l'affaire Courtois, ses yeux se remplirent de larmes de colère. Souvent aussi il s'arrêtait, la voix lui manquant; puis il répétait après chaque pause, avec l'impitoyable persistance qu'il met à suivre une idée quand il la tient : « Ces gens-là m'ont proposé une partie, leur tête contre la mienne; ils ont perdu : c'est très vil à eux de vous déranger et de faire tant de façons pour me payer. N'est-ce pas, consul, que c'est très vil?.... » Mais M. Raybaud tenait bon de son côté, demandant avec une persistance au moins égale non-seulement la cessation immédiate des exécutions, mais encore une amnistie complète en considération du sang déjà versé. Soulouque finit par céder le premier point; mais il ne se laissa arracher la promesse d'amnistie qu'avec une restriction de douze noms qu'il se réservait de désigner. Au moment où le consul allait prendre congé, le général Souffrant se précipita tout haletant dans la salle, disant au président que les Fran-çais prenaient *parti pour les rebelles*, qu'une embarcation de la corvette avait rôdé toute la nuit dans les lagunes pour recueillir ceux d'entre eux qui étaient parvenus à se cacher dans les palétuviers, que nous tenions en outre la douane et les bureaux du port sous la volée des obus

siers de nos autres embarcations, et que *tous les Haïtiens s'en indignaient.* Le secrétaire d'état de l'intérieur, Vaval, homme de boue et de
sang, qui, pendant que le consul plaidait la cause de tant de malheureux, avait manifesté plusieurs'fois son impatience, enchérit sur cette
indignation de commande. Le visage de Soulouque s'était horriblement
contracté; tout était perdu. Le consul répondit avec un mélange de
mépris et de colère à ces deux malencontreux personnages, à Souffrant
surtout: que si nos marins avaient eu, en effet, le bonheur de sauver
quelques malheureux (1) languissant depuis trente-six heures dans la
vase, il se promettait de les en féliciter; qu'en politique, le vainqueur
d'aujourd'hui est quelquefois le proscrit du lendemain, et que lui-
même, Souffrant, *pourrait être bientôt en situation de demander qu'on
lui tendît la main.* — Vaval et Souffrant en restèrent fort aplatis, d'autant plus que ces derniers mots de M. Raybaud ne semblaient pas trop
déplaire à Soulouque. « Président, ajouta M. Raybaud, de toutes les
personnes ici présentes, je suis la seule qui ne dépende pas de vous,
et mon opinion doit vous paraître au moins la plus désintéressée.
Beaucoup de ces messieurs, pour vous donner à leur manière des gages
de dévouement, flattent à qui mieux mieux vos ressentimens, et vous
poussent aux mesures les plus sanguinaires, sans se préoccuper le
moins du monde *du jugement qui sera porté de vous hors de cette île.*
J'emporte la parole que vous m'avez donnée, et vais en répandre la
nouvelle dans la ville. » — Les traits de Soulouque achevèrent de se
détendre; cette évocation de l'opinion européenne avait produit sur lui
l'effet habituel. Par cela seul d'ailleurs qu'une incurable défiance est
le fond de ce caractère, tout conseil, même importun, dont il ne peut
suspecter la sincérité, est de nature à l'impressionner fortement. Le
président serra cordialement la main de M. Raybaud, se bornant à le
prier de faire retirer nos embarcations. Celui-ci promit que ce retrait
aurait lieu immédiatement après la publication de l'amnistie; il ajouta
que la présence de nos embarcations n'avait rien qui dût choquer personne, et que lui, consul, aurait encouru la plus grave responsabilité
en négligeant une mesure de précaution que dictait l'intérêt de nos
nationaux. Soulouque accueillit cette explication avec une reconnaissance marquée.

Le lendemain matin, l'amnistie fut proclamée dans les rues au bruit
de la musique militaire. Les consulats se vidèrent presque complètement; mais aucun des réfugiés des navires n'osa descendre à terre
avant trois ou quatre jours, et qu'après s'être convaincu par un scrupuleux examen de conscience que, dans les dix derniers mois, il n'avait

_____

(1) Le fait dénoncé par Souffrant était vrai. Deux des dix ou douze fugitifs qu'on supposait se trouver dans les lagunes avaient été recueillis.

péché ni par pensée, ni par parole, ni par action, ni par omission contre Soulouque. Celui-ci entendait, en effet, limiter l'amnistie à Port-au-Prince et aux seuls événemens du dimanche. Pour bien constater ses droits à cet égard, il avait, immédiatement après son entrevue avec M. Raybaud, donné l'ordre de juger, c'est-à-dire de condamner à mort l'ancien ministre et sénateur David Troy et plusieurs autres notabilités arrêtées à la même époque que lui. La famille et les amis de M. David Troy conjuraient M. Raybaud d'aller solliciter sa grace; mais le faible ressort de clémence que celui-ci avait déjà réussi deux fois à mettre en jeu venait d'être si violemment tendu que lui demander coup sur coup un nouvel effort, c'eût été le briser. Gagner du temps, c'était l'unique chance qui s'offrit. M. Raybaud appela donc le supérieur ecclésiastique, et l'engagea à faire entendre au président, auprès duquel il avait un facile accès, que chez les nations chrétiennes, chez les nations civilisées, il n'est pas d'usage de mettre à mort les condamnés pendant la semaine sainte, et surtout le vendredi, jour fixé pour l'exécution. C'était encore toucher la corde sensible : son excellence promit, pour qu'on vît bien, dit-elle, qu'Haïti est une nation civilisée, de ne faire tuer David Troy qu'après Pâques.

L'un des proscrits de la liste d'exception, l'ancien ministre Féry. avait été recueilli par nos marins. Sept autres parvinrent à gagner peu à peu la corvette. Les quatre restans, MM. Preston, ancien président de la chambre des représentans, Banse, sénateur, l'un des caractères les plus honorables du pays, le négociant Margron, bien connu par la haine aveugle qu'il avait affichée jusque-là et en toute occasion contre le nom français, enfin Blackhurst, fondateur et directeur des postes de la république, réussirent, sous divers déguisemens, à pénétrer jusqu'au consulat de France. L'un d'eux avait été suivi, et le consulat, par ordre de Bellegarde, fut cerné, à distance respectueuse d'ailleurs; mais à la première demande du consul le président le débarrassa de cet appareil au moins importun. Bien que l'hôtel continuât d'être observé de nuit par des forces considérables, les quatre proscrits, grace au dévouement du capitaine Galland, du navire *le Triton* de Nantes, qui vint les attendre, une nuit, au milieu des vases, purent enfin, à leur tour, gagner *la Danaïde*. La part de nos marins avait été aussi large que belle dans la mission d'humanité qui venait d'inaugurer, au milieu des Antilles, notre pavillon républicain, — le seul honneur, hélas! qui lui fût réservé dans cette désastreuse année 1848. Les excellentes dispositions du commandant Jannin, le zèle de ses officiers, l'admirable discipline de son équipage, le dévouement avec lequel il était resté lui-même, pendant soixante-quinze heures, exposé, sur un rivage infect, aux ardeurs d'un soleil dévorant, aux averses tropicales des nuits, en un mot l'attitude constamment imposante, sans être hostile, de tous avait donné aux démarches de M. Raybaud une autorité qui semblait ne pouvoir être obtenue qu'en présence d'une station de plusieurs bâtimens.

Tout faillit cependant être remis en question. Dans la journée du 21, une véritable émeute militaire éclata dans la cour du palais. Les troupes de la garde, sourdement travaillées, dit-on, par Similien, vociféraient contre l'amnistie et demandaient par compensation le pillage. Le président n'en était plus maître, et le bruit que Similien allait se faire proclamer à sa place pour prix de ce pillage si convoité, l'apparition de quelques hommes à figure affreuse qui commençaient à circuler dans les rues avec des torches de bois résineux à la main, vinrent bientôt porter la panique à son comble. La corvette prit un mouillage plus rapproché, mesure qu'il avait été jugé prudent d'ajourner à la dernière extrémité, et notre consul fit transporter ses archives et son pavillon dans une maison isolée, à l'abri de l'incendie et voisine de la mer. En l'apprenant, Soulouque envoya en toute hâte le commandant de place informer M. Raybaud que des mesures allaient être prises pour rassurer les esprits, et quelques instans après fut publiée une proclamation qui autorisait chacun à tuer, sur le lieu même, quiconque serait surpris pillant ou cherchant à incendier. Le président partit trois jours après pour le sud, laissant la ville sous la tutelle peu rassurante de Bellegarde et de Similien. Les premiers jours se passèrent en transes mortelles, puis l'étonnement succéda à l'épouvante, puis enfin la reconnaissance s'ajouta à l'étonnement. Une semaine entière s'était écoulée sans massacres, sans pillage, sans incendie! Soit que Similien, privé d'une bonne partie de la garde que Soulouque avait emmenée, n'osât pas risquer la partie, soit par un contrecoup de la sourde rivalité qui existait déjà entre l'ancien favori et le nouveau, Port-au-Prince expérimentait, juste à la même époque que Paris, les bienfaits de l'ordre par le désordre, et l'infâme réaction commençait à relever ce qui lui restait de têtes. Bellegarde, qui huit jours auparavant était la terreur des bourgeois, en était devenu la coqueluche. On lui savait un gré infini du mal qu'il ne faisait pas ou ne laissait pas faire, et le 3 mai une chaleureuse adresse des notables l'en remercia. La France et l'Europe, hélas! n'étaient-elles pas réduites à choyer aussi des Bellegarde? Les nouvelles du sud vinrent mêler beaucoup de noir à tout ce rose.

Non content d'hériter du prophète d'Accaau, Soulouque avait voulu hériter de son armée. Avant de quitter Port-au-Prince, et bien qu'il emmenât avec lui trois ou quatre fois plus de forces qu'il ne lui en fallait pour réduire les rebelles, il avait imaginé de faire appel aux *piquets*. Leurs chefs ostensibles étaient un ancien réclusionnaire nommé Jean Denis, l'un des plus féroces pillards qu'ait produits la patrie de Jeannot et de Biassou, et un certain Pierre Noir, brigand philosophe,

qui, après avoir conquis et rançonné des villes, avait dédaigné d'é-
changer contre les premiers grades de l'armée le modeste titre de capitaine qu'il tenait de lui seul. En 1847, le commandant d'une frégate
anglaise, menaçant de foudroyer la ville des Cayes si on lui refusait
réparation d'une insulte faite à l'un de ses officiers par la bande de
Pierre Noir, fut mis directement en rapport avec celui-ci, qui lui dit :
« Vous voulez brûler la ville? Par quel côté allez-vous commencer,
pour que j'y travaille de l'autre? La besogne ira plus vite. » C'est
là encore un trait de la philosophie de Pierre Noir. — Un nommé
Voltaire Castor, condamné aux travaux forcés pour vol, sous Boyer,
et qui, du bagne, passa comme colonel dans l'état-major d'Accaau,
était, après Pierre Noir et Jean Denis, le personnage le plus important des nouveaux auxiliaires de Soulouque. Pour réunir ceux-ci,
Pierre Noir et Jean Denis leur avaient fait des promesses assez peu ex-
plicites; mais on s'était compris à demi-mot. Soulouque lui-même
avait craint de comprendre, car sa proclamation d'entrée en campagne
disait : « Les propriétés sont respectées, voilà votre mot d'ordre! »
recommandation qui faisait plus d'honneur à la perspicacité de son
excellence qu'à la moralité de ses défenseurs.

Pierre Noir commença par occuper la ville des Cayes, qui était fort
tranquille, délivra les malfaiteurs détenus dans les prisons et mit les
principaux mulâtres à la place des malfaiteurs. Quant à Jean Denis, il
se porta sur Aquin et Cavaillon, occupés par le gros des rebelles au
nombre de cinq ou six cents, et mit ceux-ci en déroute dès la première
rencontre. La majeure partie des vaincus, composée de jaunes qui
n'attendaient aucun quartier, s'enfuit dans les mornes, où beaucoup
périrent plus tard. Cent quatre-vingt-neuf noirs de la classe aisée qui
avaient pris parti pour les mulâtres, et qui déposèrent les armes,
comptant que la vie du moins leur serait laissée en considération de
leur couleur, furent garrottés, et, dans cet état, égorgés jusqu'au dernier, afin que fût accomplie cette parole d'Accaau et de son prophète :
Nègue riche, cila-là mulâte. — Voltaire Castor en poignarda soixante et
dix de sa propre main. Cette précaution des piquets était au moins inutile, car, aux formes près, les commissions militaires instituées dans
les communes suspectes tuaient tout aussi vite et aussi sûrement. A
Miragoane, sa première station, le président avait commencé par faire
fusiller avec quelques autres son propre aide-de-camp, le colonel Des-
brosses, administrateur de cette ville. Le même jour avaient été exécutés à Aquin le général de division Lelièvre, deux colonels et deux
capitaines, et à Cavaillon le député Lamarre et le colonel Suire. Une
trentaine d'autres condamnés étaient parvenus à fuir. Le général Lelièvre, désigné dans l'arrêt comme le chef de l'insurrection, était un
vieillard paralytique : on le quitta comme on put pour le fusiller. En

même temps, avaient été condamnés, aux Cayes; un autre vieillard presque octogénaire, le colonel Daublas, ancien maire et chef de la première maison de commerce de cette ville, le sénateur Édouard Hall, et une douzaine d'officiers supérieurs, dont un du reste, le colonel Saint-Surin, avait pris une part réelle et dirigeante au mouvement. Le président expédia l'ordre de surseoir à l'exécution jusqu'à son arrivée, qui devait avoir lieu le 9; mais Daublas et deux de ses compagnons furent égorgés la veille par les piquets. Soulouque, en arrivant, parut fort blessé, non pas de ce meurtre, mais de la désobéissance des piquets, et, pour les punir à sa manière, il fit grace de la vie aux autres condamnés. Leur peine fut commuée en celle des travaux publics, et on les vit dès le lendemain, avec une quarantaine d'autres malheureux de même rang qui leur avaient été donnés pour compagnons, parcourir, enchaînés deux à deux, les rues des Cayes, dont ils enlevaient les immondices sous le bâton des noirs. Les victimes de cet épouvantable arbitraire n'avaient participé, ni directement, ni indirectement, à la rébellion. C'est sur la simple dénonciation des noirs, leurs ennemis personnels ou leurs débiteurs, qu'elles avaient été réduites à cet état.

Non content d'avoir fait acte d'autorité vis-à-vis de la bande de Pierre Noir en lui refusant une soixantaine de têtes, Soulouque voulut la licencier. Il adressa donc aux *gardes nationales* (euphémisme officiel de piquets) une proclamation où il leur disait : « Vous vous êtes montrés dignes de la patrie! La paix étant rétablie, retournez dans vos foyers vous livrer à vos *nobles et utiles travaux*, et vous reposer de vos fatigues. » A quoi les piquets répondirent qu'ils ne demandaient pas mieux que de se reposer de leurs fatigues, mais qu'on paie les gens quand on les renvoie. Soulouque crut pouvoir s'en débarrasser avec de nouveaux remercîmens et quelques gourdes. Les piquets, après avoir empoché les gourdes, dirent que ce n'était pas assez. Soulouque en conclut que l'honneur leur était plus cher que l'argent, et, au grand mécontentement de l'armée, qui devait être pourtant blasée sur ce chapitre, une véritable averse de grades tomba sur les bandits. La vanité africaine des piquets se prit d'abord à cette amorce, malgré l'abus qu'en avaient fait Pierrot et même Accaau. Pendant huit jours, on ne vit dans les rues des Cayes que plumes de coq; après quoi les bandits, éprouvant cet immense vide que laissent au cœur les grandeurs humaines, s'écrièrent, et cette fois sur le ton de la menace : *N'a pas nous, non, ia prend dans piége cilala encore!* (ce n'est pas nous qu'on reprend à ce piége!) Il faut dire que, depuis leur victoire de Cavaillon, leur nombre s'était considérablement accru, et, selon l'usage, les piquets du lendemain enchérissaient sur les exigences des piquets de la veille. Pour leur dernier mot, ils déclarèrent vouloir premièrement chacun cinq carreaux (seize arpens) de terre non en friche, mais en plein rapport, à prendre sur les propriétés des mulâtres; deuxièmement, des maisons en ville pour leurs officiers.

En apprenant que Soulouque laissait discuter ces demandes au lieu d'y répondre à coups de canon, les meneurs de Port-au-Prince, un moment tenus en respect par Bellegarde, avaient repris leur *ultimatum* du 9 avril, en y ajoutant de temps en temps quelques articles auprès desquels les exigences des piquets n'étaient que du modérantisme. Par leur nouveau programme, à l'acceptation duquel ils subordonnaient la rentrée de Soulouque dans sa capitale, les amis de Similien demandaient (outre la dictature, le drapeau d'une seule couleur et la destitution des derniers fonctionnaires mulâtres): le pillage des magasins des mulâtres, — la confiscation de toute maison leur appartenant au-delà d'une seule, — trente de leurs têtes, — le bannissement du plus grand nombre, et, chose à noter, de quatre généraux noirs, parmi lesquels figurait le nom de leur ancien ami Bellegarde, décidément passé à l'état de réactionnaire. Les amis de Similien exigeaient encore que l'état, c'est-à-dire Soulouque, s'emparât du *monopole des denrées d'exportation*, et qu'il annulât la dette envers les indemnitaires français (c'est, comme on sait, l'équivalent de notre milliard des émigrés), « attendu, disaient-ils, que cette indemnité avait été consentie par des mulâtres *bannis depuis ou déclarés traîtres à la patrie*, et qui avaient traité avec les agens *d'un roi qui ne l'était plus*. » Si l'on veut bien se rappeler de nouveau que ceci se passait au printemps de 1848, et que les amis de Similien ne savaient pas lire, ce qui écarte doublement le soupçon de contrefaçon, il sera difficile de nier l'ubiquité du choléra démocratique et social.

VII. — LES SCRUPULES DE SOULOUQUE. — IMPROMPTU NÈGRE.

Nous n'avons plus affaire à ce pauvre noir irrésolu qu'un fiévreux besoin des sympathies de la classe éclairée retenait à son insu sur la pente de la barbarie : le monceau de cadavres qui s'est interposé entre cette classe et lui a rompu l'attraction. Des deux hommes que nous avons vus en Soulouque, il ne reste désormais que le sauvage, le sauvage qui vient d'acquérir la subite révélation de sa force, et qui, fier d'imposer la terreur, lui qui ne visait humblement qu'à l'estime, ivre de joie à se sentir dégagé des invisibles liens où l'étreignaient les intrigues des hommes et des fétiches, convaincu de la légitimité de ses griefs et de la prédestination de sa vengeance, se rue, par la première issue qui s'offre, à la satisfaction de ses appétits de haine et de tyrannie. Cependant il y a comme une grace d'état attachée au rôle de pouvoir, et, si on a vu souvent les préjugés d'opposition les plus systématiques et les plus invétérés ne pas résister à l'épreuve de la responsabilité gouvernementale, quoi d'étonnant que cette influence ait prise sur un esprit ignorant et brut, qu'aucune idée préconçue ne fausse par cela seul qu'il n'a pas d'idées? L'instinct du sauvage reculera même ici devant l'absurde un peu plus tôt que la raison du sophiste : la seule différence à l'avantage du second, c'est que le sophiste désabusé saura généraliser pour son usage chacune des révélations de la pratique, tandis que le sauvage ne verra rien au-delà de la cause présente et de l'effet immédiat. Il ne faut pas chercher d'autre explication aux brusques incohérences, aux alternatives de parfait bon sens et de féroce imbécillité que va nous offrir maintenant le caractère de Soulouque.

La requête des piquets n'avait certes rien qui choquât les notions de droit naturel qui peuvent se loger dans le cerveau d'un tyran nègre. Prendre une portion de leurs propriétés aux mulâtres, qui, dans sa conviction, avaient cherché à prendre le pouvoir, sa propriété à lui, c'était presque, aux yeux de Soulouque, de l'indulgence. Il reçut cependant fort mal cette requête. Au moment même où des politiques civilisés, et qui croyaient ne faire par là que de la conciliation, se laissaient aller à composer avec des requêtes analogues (1), Soulouque avait deviné à lui tout seul que les propriétés à partager étant limitées, et que le nombre des piquets menaçant, depuis leur faveur, de devenir illimité, les exigences de ceux-ci s'accroîtraient en raison de la difficulté d'y satisfaire. De là à comprendre qu'il fallait éviter toute transaction avec les piquets, et dissoudre, quand il en était temps encore, ces ateliers nationaux d'une nouvelle espèce, il n'y avait qu'un pas; mais, si l'instinct du chef s'effrayait des goûts champêtres des bandits, la logique du sauvage ne pouvait se résigner à considérer comme dangereux et à traiter comme tels des gens qui montraient tant de zèle contre les « conspirateurs » mulâtres. Pour tout concilier à sa manière, Soulouque coupa, comme on dit, le différend par la moitié, et, tout en refusant aux piquets les propriétés des mulâtres, il leur abandonna les propriétaires. Les graciés du 9 mai, le sénateur Édouard Hall et ses compagnons d'infortune, firent les premiers frais de cette transaction tacite : Soulouque souffrit qu'ils fussent massacrês le 1er juin. Cela fait, les piquets allèrent donner la chasse aux mulâtres de la campagne, incendiant, tuant et pillant sous les yeux des autorités noires, qui se taisaient ou approuvaient. Dans l'intérêt combiné du principe de propriété et de la stabilité des institutions, Soulouque avait organisé purement et simplement le brigandage.

Malgré leur haine des étrangers, les piquets avaient d'abord respecté ceux-ci, et surtout nos nationaux : un prêtre espagnol qui se

---

(1) Exemple : le système très modéré et très *réactionnaire* pour l'époque qui consistait à accorder à une catégorie de *travailleurs* des subventions à prendre, au moyen de l'impôt progressif, sur les biens d'une catégorie de *propriétaires*.

trouvait parmi les prisonniers de Cavaillon avait même échappé au massacre en se disant sujet français; mais, trouvant Soulouque de si bonne composition sur un point, la bande de Pierre Noir en conclut qu'il céderait sur bien d'autres, et les Européens, les Français eux-mêmes, furent maltraités et rançonnés à leur tour, sans excepter notre propre agent consulaire aux Cayes, dont les bandits incendièrent les propriétés. A cette nouvelle, Soulouque, dont toutes les lettres à Bellegarde se terminaient invariablement par cette recommandation : *Ne nous faites pas d'affaire avec les Français*, Soulouque fut près de défaillir de colère et d'effroi. C'était le cas où jamais de rompre avec les piquets : à Torbeck, à Port-Salut, à Cavaillon, à l'Anse-d'Hainault, à Aquin, à Saint-Louis, autres théâtres de leurs exactions et de leurs atrocités, la population n'attendait qu'un signe muet du président pour le débarrasser de cette poignée de misérables. A Jacmel, la garnison noire et la bourgeoisie mulâtre avaient même pris l'initiative de la résistance : une bande qui avait essayé de pénétrer de vive force dans cette ville venait d'être vigoureusement repoussée en laissant prisonniers quarante des siens, et on ne doutait pas que le président permettrait d'en faire un exemple; mais Soulouque s'était pris à réfléchir dans l'intervalle que, si les piquets venaient de lui créer de nouveaux embarras à l'endroit des étrangers, ils venaient de lui donner une nouvelle preuve de zèle à l'endroit des « conspirateurs » mulâtres, et, vu ce qu'il y aurait eu de contradictoire à confondre la récompense et le châtiment sur les mêmes têtes, son excellence donna simultanément l'ordre de faire réparation aux étrangers en les indemnisant de leurs pertes, et de faire réparation aux piquets en jetant au cachot les principaux habitans de couleur de Jacmel, dont les autorités noires furent en outre destituées. On devine le reste : les piquets continuèrent de maltraiter les étrangers, à la grande colère de Soulouque, qui se confondait de plus belle en réparations et en excuses, mais qu'ils étaient sûrs de désarmer par de nouvelles violences contre les conspirateurs mulâtres.

Cette traduction nègre de ce qu'on nomme la politique de bascule, Soulouque l'appliquait à tout. Bien loin de mettre obstacle aux émigrations de la classe jaune, l'autorité avait semblé d'abord les voir de bon œil; mais la plupart des émigrés étant, je l'ai dit, des détaillans dont la fuite portait préjudice aux négocians étrangers, ceux-ci s'en plaignirent vivement (1). Soulouque s'émut d'autant plus de la réclamation, que le plus clair de ses revenus (il serait désormais puéril de dire les revenus de l'état) provient des droits d'importation et d'exportation, c'est-à-dire du commerce avec les étrangers. L'émigration fut donc rigoureusement interdite; un décret frappa les émigrés de mort civile et de bannissement perpétuel. Cette sévérité même était de bon augure, en ce qu'elle semblait dénoter chez Soulouque la pensée bien arrêtée de ranimer le commerce et par suite de mettre fin à ce système de terreur qui dépeuplait les boutiques pour peupler les prisons et les cimetières. Soulouque fit par malheur ce raisonnement, dont on ne contestera pas les prémisses, que, l'émigration cessant, les mulâtres resteraient dans le pays; qu'en restant dans le pays, ils ne seraient que plus à portée de conspirer, et que ce surcroît de dangers ne pouvait être contre-balancé que par un surcroît de précautions. Pour premier surcroît de précautions, Soulouque donna ordre d'enrôler à Port-au-Prince et dans quelques autres centres tous les mulâtres valides, afin de les surveiller plus aisément, et cette presse de mulâtres condamna au chômage bon nombre de boutiques que n'avaient pu encore vider ni l'émigration ni le bourreau. Plusieurs administrations publiques cessèrent même de fonctionner, faute d'écrivains. Pour second surcroît de précautions, et bien que le fantôme d'insurrection qui l'avait appelé dans le sud fût complétement évanoui, Soulouque redoubla d'acharnement contre les mulâtres. Il n'arriva plus un seul courrier de cette partie de l'île qui n'apportât la nouvelle de quelques exécutions, et, d'un bout à l'autre de la république, les prisons regorgeaient malgré les éclaircies qu'y faisait la mort. Cinq cents et quelques suspects (ce qui est à la population d'Haïti comme environ *quarante mille* à la population de la France) avaient été en outre dirigés des différens départemens sur la prison de Port-au-Prince, qu'on travaillait à élargir. Il est facile de comprendre que le commerce n'en alla pas mieux. Les quelques hommes de couleur que le triple fléau de l'enrôlement forcé, des piquets et des commissions militaires n'avait pas encore chassés de leurs magasins, s'empressaient de chercher une dernière chance de salut dans l'émigration clandestine, et l'émigration ne se limitait plus aux hommes : les navires qui longeaient cette terre maudite, déjà désertée par presque tous les pavillons, rencontraient tous les Jours en mer de misérables embarcations chargées de femmes et d'enfans qui essayaient de gagner la Jamaïque. Outré de tant de mauvaise volonté, Soulouque entrait dans de nouveaux accès de fureur contre les mulâtres, d'autant moins excusables à ses yeux, qu'il ne cessait de proclamer *la confiance* dans des ordres du Jour comme celui-ci :

« ... Haïtiens, une ère nouvelle surgit pour la république! le pays, dégagé d'entraves et de tous les *élémens hétérogènes qui gênaient sa marche progressive*, deviendra prospère! La *plupart* des traîtres ont passé sur la terre étrangère... Citoyens des Cayes, je quitte bientôt votre cité pour *explorer* le reste du département du Sud! Mon séjour y a ramené le *calme dans l'esprit des popula-*

tions, et je suis heureux de dire que ce calme et la *sécurité* se font remarquer sur tous les points de la république, etc., etc. »

Il partit en effet le 2 juillet des Cayes pour Jérémie, ville fort tranquille depuis longues années, et qui s'était vainement flattée d'échapper à cette terrible visite. Outre une partie de sa garde et trois ou quatre régimens de ligne, il emmenait avec lui une bande de piquets qui semèrent sur toute la route le pillage et l'assassinat, — une trentaine de généraux que, par défiance de leurs dispositions, il tenait à avoir sous la main, une commission militaire à laquelle il livrait de temps à autre, chemin faisant, un de ces généraux, enfin une nuée de délateurs en guenilles qui, à chaque halte du président, jouaient le rôle de peuple dans des scènes comme celle-ci, dont nous empruntons le récit à un ordre du jour du 16 juillet : « Haïtiens, la population de Jérémie, qui attendait l'arrivée du chef de l'état pour lui faire connaître ses griefs et ses vœux, s'est réunie en cette ville le 13 de ce mois. *De vive voix et par pétition*, elle a dénoncé comme traîtres à la patrie... » (Suivent les noms de *cinquante-sept* des principaux habitans : c'étaient ou des fonctionnaires dont l'état-major des piquets convoitait les places, ou des marchands qui, pour leur malheur, se trouvaient en compte courant avec les amis des piquets. Dans sa maladive prédisposition à croire à la sincérité et au dévouement de tous ceux qui flattaient ses défiances, Soulouque n'y regardait pas de plus près.) — « Haïtiens ! ajoutait le chef de l'état dans un élan de sollicitude paternelle, Haïtiens ! les habitans de Jérémie, qui, comme tous ceux des autres points de la république, *aspirent à la tranquillité qui conduit au bonheur*, demandent justice de ces accusés, qu'ils déclarent être les seuls obstacles à la paix publique dans la Grande-Anse... Vous avez besoin de la tranquillité, *vous l'aurez* : je vous le promets et vous le jure par cette épée dont vous m'avez armé pour veiller à votre bonheur et à la gloire d'Haïti. Cette épée ne sera remise dans le fourreau que lorsqu'il n'y aura plus à frapper aucun des parjures qui conspirent la perte du pays! » Et en effet on arrêtait les parjures en question, on les jugeait et on les exécutait.

On pourra s'étonner qu'ayant les piquets sous la main, Soulouque sacrifiât au préjugé des procédés judiciaires : ce serait bien mal connaître le personnage. La loi lui accordait des commissions militaires, et il se serait cru volé d'une de ses prérogatives, si on avait exigé qu'il s'en passât : c'était en outre un moyen d'éprouver les officiers suspects de sa suite qu'il obligeait à siéger dans ces commissions, quand par hasard l'accusé était de leurs amis. L'arrêt se distinguait, en pareil cas, par sa morne brièveté : complices forcés de l'assassinat, les commissaires voulaient du moins s'épargner à eux-mêmes le sarcasme d'une parodie juridique. En revanche, les commissions militaires recrutées dans le parti ultra-noir rehaussaient par le luxe des formes la naïve impudence du fond. Nous avons sous les yeux plusieurs procès-verbaux (1) de ces commissions; on y lit presque toujours cette phrase : « L'accusateur a exposé l'accusation et *n'a produit aucun témoin*, » et cette autre : « Le président a ordonné aux défenseurs qu'ils (*sic*) ne peuvent rien dire contre leur conscience ni contre le respect dû aux lois, et qu'ils doivent s'exprimer avec *descence* et modération, et que tout contrevenant sera condamné à *une peine qui sera définie par la loi.* » Les défenseurs comprennent à demi-mot, et, pour ne pas s'exposer à l'effet rétroactif de la loi *future* dont on les menace, ils entonnent d'une voix étranglée, et en guise de plaidoirie, les louanges du chef de l'état. Cette formalité remplie, l'accusateur *persiste en appuyant* (*sic*) *son acte d'accusation,* et en continuant, bien entendu, à ne produire aucun témoin à charge. On va aux voix, et *le conseil, vu les articles,* etc., etc., condamne invariablement *lesdits accusés à la peine de mort, attendu que l'ordre public a été compromis.* C'est dans ces formes que fut jugé et condamné, par exemple, le sénateur Édouard Hall. Autre trait non moins caractéristique : le texte cité à l'appui de la condamnation de ce sénateur, qui n'était pas militaire et qui n'avait été mis en jugement que sous prétexte de conspiration, était l'article 25 du code militaire, concernant non pas les conspirateurs, mais les soldats ou personnes attachées à l'armée qui auront, *soit en commettant des actes non approuvés du gouvernement, soit en agissant contrairement à ses instructions, exposé des Haïtiens à éprouver des représailles.* Il fallait un texte quelconque à ces terribles Brid'oisons, et celui-ci avait du moins le mérite de l'originalité et de l'imprévu.

D'autres fois, entre autres dans le procès du vieux Daublas, le président, pour ménager les scrupules de ses collègues, faisait de sa propre autorité une variante à la question-sacramentelle, *est-il constant* que l'accusé, etc., et disait : « Est-il constant ou y a-t-il *de* (*sic*) *probabilité?...* » Puis, à défaut de tout témoignage à charge, l'arrêt se basait sur des *probabilités* comme celles-ci : « Vu la *situation des choses;* considérant jusqu'à quelle extrémité se sont portés les hommes qui ont toujours cherché à nuire et à interrompre la marche du gouvernement en intriguant toujours pour venir à un échange du premier chef à chaque année (allusion au fétiche enfoui dans les jardins de la présidence); ce qui est très préjudiciable au pays; considérant enfin que *ces messieurs*, ennemis de leur pays, ont prouvé leurs desseins par *ce coup de pistolet que Céligny a porté au chef de l'état personnellement* (2) (version vaudoux du coup de carabine tiré dans le palais du président sur

(1) *Moniteur haïtien* d'août et septembre 1848.

(2) *Moniteur haïtien* du 12 août 1848.

le général Céligny Ardouin); par ces faits, le conseil..... *passant outre les conclusions du ministère public* (qui avait apparemment abandonné l'accusation), condamne le susdit accusé (Daublas) à la peine de... mort. »

Cet épouvantable impôt sur le sang avait été d'abord presque exclusivement prélevé sur la bourgeoisie de couleur : sénateurs, députés, généraux et officiers supérieurs, magistrats, négocians et grands propriétaires, payaient leur contingent avec résignation, lorsqu'un général de division noir, qui commandait l'arrondissement des Cayes, s'étant apitoyé sur tant de malheurs, fut mis à son tour en jugement, en compagnie de tous les officiers supérieurs de son état-major. Ne trouvant pas ombre de culpabilité à leur charge et croyant pouvoir déroger en faveur d'accusés noirs à cet office de bourreau qu'on lui avait imposé à l'égard des mulâtres, la commission militaire osa les acquitter. Soulouque donna aussitôt ordre de les *rejuger* et *d'en finir* cette fois. On obéit : le général et son état-major furent massacrés avec grand appareil sur la principale place de la ville. Peu après, un autre général noir nommé Brice, homme de courage et d'honneur, fut arrêté sur la frontière dominicaine, et conduit avec une partie de son état-major dans la prison de Port-au-Prince. L'exécution de David Troy, qu'on croyait oublié dans cette prison jusqu'au retour du président, vint encore sceller la sanglante fraternité que celui-ci renouait entre les deux couleurs.

Cependant, comme nul murmure suspect ne s'élevait de cette vaste solitude, moitié désert, moitié cimetière, qu'il avait faite dans la presqu'île, — la terreur y comprimait jusqu'aux gémissemens, — Soulouque soupçonna que l'ordre était à peu près rétabli, et il reprit la route de Port-au-Prince (15 août). Il y rentra en traversant avec ses troupes une succession d'arcs-de-triomphe ornés d'enthousiastes légendes sur lesquelles son excellence daignait parfois jeter au passage un regard de connaisseur, en disant : « Ça bon! » Le bruit courut que « président » avait appris à lire (1), et la bruyante allégresse de « peuple noir » s'en accrut. Ce n'était déjà plus la bienveillance qu'on se doit entre coreligionnaires vaudoux, c'était un mélange de vénération curieuse et d'orgueil qui précipitait à la rencontre de Soulouque transfiguré cette foule avide d'obéissance, et pour qui le respect c'est l'effroi, tout sceptre une hache. On avait craint d'abord quelque scène de massacre, et beaucoup de familles de couleur avaient sollicité un asile dans les consulats; mais, cédant à l'impression nouvelle que tout su-

1 Soulouque, en effet, s'exerce secrètement à lire, et on nous a assuré, mais nous ne nous en faisons pas le garant, — que la lettre moulée est déjà sans mystère pour sa majesté ir i, mais. Elle signe en outre son nom aussi distinctement pour le moins que l'empereur Deval . ».

bissait autour d'eux, les deux ou trois cents coquins qui, pendant deux mois, s'étaient vantés de ne laisser rentrer Soulouque qu'à certaines conditions se dissimulaient maintenant autant que possible. La ville fut illuminée pendant trois soirées, et l'on reconnaissait entre toutes les autres, aux guirlandes de palmes et de feuillages qui y formaient un supplément de décoration, les maisons que la proscription ou le meurtre avait visitées, les maisons des mulâtres.

A la froideur visible qu'il témoignait à Similien, on put croire que le président lui-même était revenu à des idées moins inquiétantes; mais l'illusion ne fut pas longue. Parmi les innombrables suspects qui, n'ayant pu fuir cette terre de deuil, remplissaient la prison de Port-au-Prince, quatre, — le général de division Desmarêt, qui avait un commandement sur la frontière dominicaine, deux colonels et un magistrat, — venaient d'être condamnés à mort. Quelques personnes osèrent hasarder une démarche auprès du président pour leur obtenir au moins grace de la vie : elles ne réussirent qu'à le mettre dans un état effrayant d'excitation nerveuse. On supplia M. Raybaud de tenter un dernier effort. Soulouque reçut le consul-général avec sa courtoisie et son empressement habituels, mais sans que le sourire contraint qu'il avait préparé pour la circonstance parvînt à se fixer sur ses lèvres agitées par un involontaire tremblement : pour la première fois, depuis trois mois qu'il fauchait jaunes et noirs sans soulever autour de lui d'autres murmures que le bruit des corps humains qui tombent, il se trouvait en présence d'un homme qui oserait penser et dire qu'on ne fait pas couler le sang chrétien comme de l'eau. Dès les premières minutes de cette longue entrevue, Soulouque divaguait de colère. M. Raybaud laissait passer le torrent, puis il remettait en avant les raisons, assurément très nombreuses, que pouvait lui suggérer l'intérêt du pays et du président lui-même. Soulouque, comme vaincu par la lassitude, reprenait alors avec un certain calme son argument favori : que les mulâtres lui ayant proposé une partie et l'ayant perdue, il était « très vil à eux de déranger le consul, au lieu de payer de bonne grace; » mais peu à peu, l'expression ayant peine à suivre le flot croissant de pensées qui se pressaient en tumulte dans sa tête, les mots sans suite succédaient aux phrases et les monosyllabes aux mots. Au bout d'une heure, le consul était moins avancé qu'en entrant : *Ma mère sortirait du tombeau et se traînerait à mes pieds*, dit à la fin Soulouque, *que ses prières ne les sauveraient pas!* — Après le serment « par ma marraine, » c'est là le serment le plus terrible que puisse faire un noir. — Accordez-m'en du moins un seul, reprit M. Raybaud... — *La moitié* d'un, si vous voulez, répondit Soulouque, et cette fois il parvint tout-à-fait à sourire. Le sauvage avait vaincu, et il célébrait son triomphe à la façon sauvage, moitié rire, moitié fureur. Disons cependant que cette révolte

formelle, obstinée de Soulouque contre l'homme qui représentait à ses
yeux la civilisation française n'était qu'une conséquence détournée,
mais logique, du sentiment qui l'avait fait céder deux fois. C'était vers
la fin d'août; on connaissait donc déjà dans les Antilles tous les détails
de ce mélodrame européen en cent vingt journées, sur lequel la victoire de juin venait de baisser la toile. Soulouque, qui se faisait lire
avidement les journaux de France et des États-Unis, s'extasiait, comme
naguère au sujet de Santana, sur les preuves de caractère que démocrates et réactionnaires donnaient de Madrid à Berlin, et, par cela seul
que le chef noir se pique d'emprunter à l'Europe civilisée ses idées et
ses habits, on comprend quel nouveau tour en avaient reçu ses dispositions. M. Raybaud essayant de lui imposer la clémence, c'est-à-dire
une mode de l'an passé, était évidemment quelque peu suspect à ses
yeux; *blanc pas connaît ayen passé moqué nègue* (1). Et qu'on ne voie pas
là une oiseuse et triste plaisanterie lancée gratuitement à travers ces
scènes de deuil. Cette déférence instinctive, presque automatique, pour
les lois et les convenances de la civilisation étant, selon nous, l'une des
ressources suprêmes qu'offre le caractère de Soulouque, la seule qui
permette de ne pas désespérer de ce complexe personnage, à la fois
tigre et enfant, nous tentons à la constater, même dans les déporte-
mens de cruauté d'où elle paraît le plus absente. Soulouque eut même,
à la suite de cette entrevue, comme un dernier bon mouvement dont
il faut lui tenir compte. On raconte que, pour pallier la fâcheuse impression que ses emportemens avaient pu laisser dans l'esprit du consul, il fit écrire à celui-ci, dans la journée, qu'il lui en coûtait infiniment de refuser la grace de Desmarêt et de ses trois compagnons, et
qu'il serait charmé de le lui prouver en d'autres circonstances. Disons
en passant que le président dégagea sa parole. Quelques semaines après,
un général dominicain, quelques officiers et une vingtaine de soldats
furent faits prisonniers, et, craignant d'être sacrifiés, ils implorèrent
l'intervention du consul-général. M. Raybaud, qui s'efforçait, aussi
bien que notre agent à Santo-Domingo, M. Place, de dépouiller de son
caractère de férocité la guerre que se faisaient les deux petites républiques, fit comprendre au président qu'il serait politique à lui de
saisir cette occasion d'atténuer les impressions défavorables que les
Dominicains avaient nécessairement conçues sur son compte depuis les
sanglantes scènes d'avril. Bien qu'il entrât en fureur au seul nom de
ceux qu'il appelle les *mulâtres rebelles* de l'est, Soulouque, et c'est là
ce qui dénote encore chez lui une certaine aptitude gouvernementale,
Soulouque n'hésita pas à en convenir. Il ne fit pas les choses à demi,
et, non content de renvoyer les prisonniers, il les habilla de neuf.

(1. Les blancs ne savent que se moquer des nègres.

Cependant les quatre condamnés de Port-au-Prince ne devaient pas
encore périr; ceci est de la physiologie nègre. Lors de la première révolution, le commissaire Sonthonax, pour achever de sans-culotiser
les nouveaux libres, voulut introduire la guillotine à Port-au-Prince,
devenu Port-Républicain. Un blanc nommé Pelou, natif de Rouen,
devait faire les frais de la première expérience, et une foule compacte
de noirs que Biassou, Lapointe, Augustin Rigaud, Romaine-la-Prophé-
tesse, avaient blasés sur toutes les atrocités humaines, entouraient le
lieu de l'exécution; mais, soit que le vent eût ce jour-là une influence
particulière sur le système nerveux africain, soit que l'effet foudroyant
de la machine déroutât les notions de ces hommes simples qui n'avaient
jamais fait mourir de blancs que petit à petit, la tête ne fut pas plus tôt
tombée, qu'un long hurlement de douleur et d'effroi partit des premiers
rangs des spectateurs, et se communiqua de proche en proche, à la faveur de cette électricité animale dont le vaudoux nous a déjà fourni
l'exemple, jusqu'à la portion de la foule qui n'avait rien vu. En quelques secondes, la guillotine fut mise en pièces, et on ne l'a jamais relevée en Haïti. A plus de cinquante ans de distance, c'est une scène
analogue que Port-au-Prince allait voir. Soulouque avait ordonné que
le supplice eût lieu à Las-Cahobas, village de la frontière dominicaine
éloigné de deux journées. Les quatre condamnés s'acheminèrent enchaînés, sous la garde de cent cinquante hommes de police et d'un régiment entier d'infanterie, vers cette destination; mais, pendant qu'ils
traversaient la ville, leur attitude triste et résignée excita parmi les
femmes un tel mouvement de sympathie, une telle tempête de pleurs
et de cris, que l'effet en devint contagieux même pour les noirs. Malgré les efforts des soldats, tout le monde se précipita vers les condamnés pour les embrasser et leur serrer la main. Les soldats et les officiers finirent par n'y pas tenir, et bientôt ce fut dans les rangs même
de l'escorte qu'éclatèrent les plus violens murmures contre tant de
cruauté. Le funèbre cortége sortit cependant de la ville et marcha durant quatre heures vers Las-Cahobas; mais, soit qu'il eût eu lui-même
les nerfs ébranlés par cette scène, soit que devant l'universelle réprobation qui l'assaillait à l'improviste il voulût se donner le temps de
réfléchir, le président envoya l'ordre de ramener les condamnés dans
la prison.

A la nuit tombante, ils traversèrent donc de nouveau la ville, précédés, entourés, suivis d'une foule compacte de gens de toutes couleurs, qui criaient, ivres de joie, *vive le président !* On put remarquer
que les noirs des quartiers du Morne-à-Tuf et du Bel-Air, c'est-à-dire
les plus exaltés et les plus hostiles aux mulâtres, criaient, riaient, pleuraient plus fort que les autres, et la ville ayant été spontanément illuminée, ce furent ces quartiers qui offrirent l'illumination la plus splen-

dide. Tout était sauvé. Le papier-monnaie se releva subitement de plus d'un quart; les orateurs du Morne-à-Tuf proclamaient que les mulâtres avaient du bon, et qu'après tout ils avaient assez souffert. Soulouque lui-même paraissait décidément subir la contagion, car ce qui n'était pas arrivé depuis le commencement de la terreur, même pour les rares suspects acquittés çà et là par les conseils de guerre, il fit successivement élargir une quinzaine de détenus, des plus insignifians, il est vrai, sur les cinq ou six cents qui remplissaient la prison de Port-au-Prince; mais trois semaines après les élargissemens cessaient, les arrestations recommençaient, le président faisait fusiller huit des principaux habitans de couleur de Jacmel, dont les piquets avaient, je l'ai dit, à se plaindre. La populace de Port-au-Prince insultait et menaçait non plus seulement les mulâtres, mais encore la bourgeoisie noire, et la campagne enfin parlait plus que jamais de venir piller la ville. C'était une expérience financière de Soulouque.

VIII. — LA CONSPIRATION DU CAPITAL EN HAÏTI.

La république noire offre ce miracle de crédit d'un papier-monnaie ne reposant sur aucun gage métallique ou territorial, d'un papier-monnaie que le gouvernement émet à discrétion, qu'il se réserve de rembourser quand il lui plait et au taux qu'il lui plait, qu'il proclame d'ailleurs lui-même fausse monnaie en refusant de le recevoir pour paiement des droits d'importation, et qui cependant, au bout de vingt années, à l'avénement de Soulouque, circulait encore pour *un cinquième* environ de sa valeur nominale. En d'autres termes, il ne fallait, en 1847, que 72 *gourdes* de papier (la gourde véritable vaut 5 francs et quelques centimes) pour représenter 1 *doublon*, c'est-à-dire la pièce d'or espagnole de 85 francs.

La gourde haïtienne a, comme on voit, le caractère bien fait; les scènes du mois d'avril et la terreur qui les suivit ne laissèrent pas toutefois de l'impressionner fortement. Le peu d'espèces métalliques qui circulaient dans le pays l'avaient jusque-là soutenue de deux façons, soit en entrant pour une part stipulée d'avance dans les paiemens commerciaux, soit en suppléant comme appoint, dans les transactions de marchand à consommateur, à l'insuffisance des coupures. Or, les proscrits et les fuyards, sachant très bien que le papier haïtien n'est en dehors d'Haïti que du papier, avaient fait rafle en partant de presque toutes les espèces métalliques, et, ce double point d'appui lui manquant, la gourde avait subitement fléchi de plus d'un tiers de sa valeur courante.

Les droits d'importation sont la principale ressource du trésor haïtien; mais bon nombre d'importateurs apprenant, en touchant terre,

que le commerçant mulâtre auquel ils venaient vendre des marchandises et le producteur mulâtre qui devait leur fournir des produits du
sol, en échange du papier-monnaie provenant de la vente de ces marchandises, étaient ou morts ou emprisonnés, ou en fuite, bon nombre
d'importateurs, disons-nous, rebroussèrent naturellement chemin.
Les consignataires étrangers avaient déjà, par des motifs analogues,
suspendu une partie de leurs opérations; les recettes des douanes
diminuèrent des *trois quarts.* Cette réduction des recettes, coïncidant
avec l'expédition 'du sud et la levée en masse, c'est-à-dire avec un
énorme accroissement de dépenses, les ministres furent bientôt réduits
à annoncer en tremblant à Soulouque que les fonds manquaient. Il
faut en faire! répondit avec calme le chef de l'état. Et la fabrication
du papier-monnaie, qui ne fonctionnait que petit à petit et comme pour
n'en pas perdre l'habitude, fut brusquement portée à une émission de
quinze à vingt mille gourdes par jour, ce qui dure, je crois, encore.
Mais les assignats ont malheureusement cela de particulier, que la quantité, loin de suppléer à la qualité, lui nuit. Le peu de commerce étranger qui desservait encore la consommation quotidienne (1), et par contre-coup les détaillans haïtiens, intermédiaires de ce commerce, finirent
donc par n'accepter la gourde de papier qu'à raison de *cent quatre-vingt-
cinq* au doublon (à peu près le *douzième* de la valeur nominale).
   « Peuple noir » a tellement perdu l'usage de l'argent proprement
dit, il est tellement habitué à user des assignats comme d'une monnaie
naie normale, que, prenant, comme le fit jadis et avec moins de
motif encore « peuple blanc, » l'effet pour la cause, il considéra cette
dépréciation de la valeur représentative de la gourde comme une hausse
réelle du prix des denrées. Deux faits venaient à l'aide de ce malentendu.
D'abord, le gouvernement, qui ne pouvait bonnement pas encourager
une dépréciation déjà si rapide, continuait de solder fonctionnaires et
militaires à raison du taux nominal de la gourde. En second lieu,
comme il est dans la nature que les salaires baissent en raison du ra-
lentissement des transactions et de l'émigration des consommateurs ai-
sés, le journalier, par le fait même de cette baisse, continuait à ne recevoir que le même nombre d'assignats pour la même somme de travail,
et, ne pouvant comprendre que son travail valût moins, il en concluait
que, de l'aveu même des capitalistes, la valeur réelle de l'assignat n'a-
vait pas varié. Donc il y avait complot entre les négocians étrangers et
les détaillans pour affamer le pauvre peuple et l'obliger à payer les denrées de première nécessité deux fois et demi plus cher qu'en 1847; donc
il fallait donner une leçon à l'infâme capital. L'infâme capital, qui veut

(1) Ce pays, le plus riche du monde, en est réduit à faire venir de l'étranger la plupart des objets des premières nécessité, tels que la farine, les viandes et poissons salés,
le savon et tous les articles d'habillement.

être pris par la douceur, n'en devint que plus farouche, et « peuple noir ne vit dans ce redoublement de défiance qu'une nouvelle preuve du complot en question. Le programme financier des amis de Similien, c'est à-dire le pillage combiné avec le monopole industriel et commercial de l'état, répondait à cette double préoccupation. Il n'y a heureusement que des nègres pour comprendre l'économie politique de cette façon là (mai et juin 1848)!

La lueur de sécurité qu'avait produite la grace accordée au généra Desmarêt et à ses compagnons avait réagi sur la gourde, qui, de 185 au doublon descendit subitement à 150; mais c'était encore une dépréciation d'environ 50 pour 100 par rapport au taux de 1847, et, la première effusion de sensibilité africaine passée, le bas peuple recommença ses murmures contre la conspiration des marchands. Comme, en outre, les expéditeurs français, anglais et américains avaient pu être informés dans l'intervalle de ce qui se passait en Haïti, il se trouva que tout arrivage du dehors cessait (en septembre, la rade de Port-au-Prince n'avait qu'un seul navire étranger) juste au moment où le peu d'approvisionnemens qui étaient restés dans la circulation achevaient de s'épuiser. De là un enchérissement cette fois très réel des denrées, une nouvelle cause d'effervescence populaire et de panique commerciale qui ramena la gourde à 185. L'armée, qui, par le fait de cette dépréciation, se trouvait obligée de se nourrir, se loger, s'armer, s'équiper, à raison de *six centimes* par jour et par homme, les officiers subalternes, qui, avec leurs *cent francs* par an, étaient réduits à demander l'aumône quand ils ne trouvaient pas à s'employer comme manœuvres, les innombrables fonctionnaires qui font pendant à un effectif militaire proportionnellement *septuple* du nôtre, et qui, vu la dureté du temps, n'avaient plus même la ressource de la concussion, tout ce monde de galons et de guenilles criait famine aussi haut que le bas peuple. Le gouvernement s'en effraya, et, pour détourner l'orage, il trouva tout simple d'encourager des préventions qu'il n'eût pu dissiper qu'en s'avouant lui-même l'auteur de tout le mal. Il proclama donc à deux reprises qu'il allait s'occuper de mettre un terme a la *hausse outrée de tous les objets de consommation*, causée, disait-il, par les ennemis du peuple, dont une partie seulement avait succombé sous le glaive de la loi, et par la mauvaise foi d'Haïtiens qui *conspiraient* contre le bien public *autrement que par les armes*. En voyant le gouvernement abonder dans son sens, « peuple noir » comprenait de moins en moins qu'on laissât entre les mains des ennemis du bien public l'instrument même de la conspiration, et que les magasins ne fussent pas encore pillés. La panique arriva à son comble. Heureusement Soulouque et le secrétaire d'état des finances, M. Salomon, n'entendaient accepter que la seconde partie du programme financier de

Similien, c'est-à-dire le monopole compliqué du maximum, ce qui revenait à l'ancienne idée d'Accaau. M. Salômon caréssait lui-même depuis très long-temps cette idée, et c'est à ce titre que la faction Similien lui avait fait donner, le 9 avril, le portefeuille des finances.

Le gouvernement ne monopolisa cependant d'abord que les deux principaux articles d'exportation : le coton et le café. Il se réservait le droit d'accaparer ces deux articles à des prix déterminés, et de les répartir entre les commerçans. Le prix de vente en gros de la plupart des marchandises étrangères était également déterminé par l'administration. La simple annonce d'un système qui allait donner par le fait à la gourde un cours fixe et forcé produisit, reconnaissons-le, l'un des résultats qu'en attendait M. Salomon : de 185 gourdes au doublon, le papier redescendit cette fois jusqu'à 110; mais ce ne fut ensuite qu'une rapide série de mécomptes de plus en plus décisifs, que nous demandons la permission d'énumérer rapidement et pour n'y plus revenir. L'excuse favorite du socialisme blanc, c'est qu'on n'a pas voulu le mettre à l'essai. Or, l'essai est accompli : c'est une véritable expérience socialiste que faisait Soulouque.

Premier mécompte. Dès qu'il se trouva face à face avec les nécessités de la pratique, le gouvernement comprit, bon gré, mal gré, qu'Haïti n'étant pas le seul pays d'Amérique qui vende du coton et du café et qui achète de la farine, des salaisons, du savon, des tissus, toute tarification de l'une ou l'autre catégorie de produits qui serait onéreuse au commerce étranger n'aboutirait qu'à l'éloigner du marché national. Il dut donc fixer les prix de façon à ce que les négocians étrangers ne s'en plaignissent pas, et en effet il n'y eut pas de réclamations, preuve évidente que ces négocians n'y perdaient rien, et que par contre-coup les producteurs et consommateurs nationaux n'y gagnaient rien. Ainsi, les deux données fondamentales du système de monopole, — diminution du prix des marchandises exotiques, — augmentation du prix des denrées nationales, étaient abandonnées avant même que ce système fonctionnât. Bien plus, il fallut instituer dans chacun des onze ports ouverts à l'importation une *administration du monopole*, c'est-à-dire un nouveau rouage, un nouvel intermédiaire, pour nous servir du mot consacré. Les frais occasionnés par ce nouvel intermédiaire ne pesant point, par les raisons que j'ai dites, sur le commerce extérieur, et devant peser cependant sur quelqu'un, retombaient donc, soit directement, soit indirectement, sur les vendeurs et acheteurs nationaux, dont la position se trouvait par conséquent aggravée.

Deuxième mécompte. La récolte du café fut par hasard très faible cette année-là; le socialisme n'assure pas contre ces sortes d'accidens. Sous le régime de la libre concurrence, la hausse des prix fût venue compenser pour les cultivateurs la rareté du produit; mais, comme l'un des objets de la loi était justement de rendre quelque fixité à la gourde en immobilisant les prix; comme, d'autre part, le gouvernement, après avoir enlevé au commerce étranger les avantages de la libre concurrence, ne pouvait, sous peine de le mettre en fuite, lui en imposer les charges par une surélévation des prix fixés, rien ne fut changé au tarif. Le déficit de la récolte du café se traduisit ainsi pour le travail agricole, qu'on avait prétendu relever, par une perte nette (1).

Troisième mécompte. Sous le régime de la libre concurrence, cer- ;ains capitaines de navires, à la faveur de relations plus anciennes ou plus étendues que celles de-leurs rivaux, seraient parvenus, malgré le déficit de la récolte, à compléter leurs chargemens. Beaucoup d'autres navires auraient dû, il est vrai, repartir à vide; mais leurs capitaines ou leurs consignataires n'auraient pu s'en prendre qu'à leur manque d'activité. Du moment, au contraire, où le gouvernement monopoli- sait la vente des cafés, il ne pouvait, sous peine d'encourir le reproche de partialité et d'éloigner à jamais du marché haïtien les importateurs conduits, exclure de la répartition un seul de ces navires. La répar- tition fut donc faite au prorata de la valeur des marchandises intro- duites. Il résulta de ce fractionnement que tel bâtiment qui avait im- porté une valeur de 50 à 60.000 francs n'obtenait à grand'peine, et après de longs délais, qu'une contre-valeur de 5 à 6.000 francs : tout le monde fut mécontenté à la fois. Ceux des capitaines qui perdaient à cette innovation le bénéfice d'une longue habitude du marché haïtien, c'est-à-dire ceux-là même qu'il importait le plus de ne pas découra- ger, ceux-là s'en retournaient en jurant bien qu'on ne les reprendrait plus dans ce guêpier socialiste. Par des motifs analogues, les princi- paux consignataires étrangers écrivirent à leurs maisons de suspendre tout envoi. Les recettes de la douane, qui, par la cessation de l'émi- gration, avaient quelque peu repris, retombèrent bientôt de nouveau. Pour arrêter cette désertion commerciale, le gouvernement autorisa les bâtimens étrangers à aller, par voie d'escale, compléter leurs char-

1; On objectera que dans l'hypothèse contraire, celle d'une récolte extraordinaire, · lte fixité des prix eût, par compensation, soustrait le cultivateur aux chances de l'avi- lissement de la denrée. Il n'en est rien. N'apportant pas en produits la contre-valeur ·· cet excédant qu'ils n'auraient pu prévoir, forcés dès-lors de le payer en argent, ce, .ut est désavantageux, sachant en outre qu'un surcroît d'approvisionnemens eût amené a ·'préciation sur les marchés consommateurs, les capitaines de navires étrangers n'au- raient consenti à se charger du surplus de la récolte qu'à prix réduit. Le gouvernement haïtien se serait donc trouvé dans l'alternative, ou d'accorder cette réduction, ce qui eût re agi sur la masse entière de la denrée et rétabli pour le cultivateur les inconvéniens- d' la libre concurrence, ou de ne pas vendre, et, dans ce cas, nous ne savons pas à qui ent été fixé la surabondance de la récolte. Ajoutons que dix-neuf fois sur vingt cette surabondance eût été commune à tout es les Antilles, et que si le monopole haïtien avait, en pareille circonstance, prétendu maintenir ses prix, la concurrence des marchés libres lui eût infailli lil ment enlevé to ss ses a het ures.

gemens de café dans tous les ports ouverts, même dans ceux qui étaient exclusivement réservés jusque-là au cabotage haïtien, ce qui ruina la marine nationale. Mais voici le pire : des bâtimens américains chargés de farines signifièrent au gouvernement qu'ils ne débarqueraient ces farines qu'en échange de chargemens *complets* de café, qu'il fallut distraire bon gré, mal gré, de la masse à répartir, car la disette était imminente. Ceux des importateurs étrangers à qui la nature de leur commerce ne permettait pas de prendre Haïti par la famine réduisirent de plus en plus leurs opérations.

Quatrième mécompte. Quelques négocians, pressés d'expédier coûte que coûte leurs navires, consentirent à payer à la contrebande une prime qui s'élevait parfois jusqu'à 100 pour 100. Les spéculateurs gardèrent pour eux la moitié de cette prime et consacrèrent l'autre à acheter ..... les employés du monopole. Par la seule force des choses, tout revenait à l'ancien état, à ces différences près, que l'état était frustré des droits de sortie, que la hausse des prix profitait non plus au producteur, mais à la concussion et à l'agiotage, et que cette hausse, n'étant en partie qu'artificielle, rompait l'équilibre des échanges et achevait de compromettre les relations commerciales avec l'extérieur.

Cinquième mécompte. L'importation étrangère n'accepte les gourdes du détaillant qu'avec la certitude de les passer immédiatement au producteur. Le surcroît d'entraves qui enrayait les opérations du commerce étranger avait donc naturellement ralenti la circulation de la gourde, laquelle se mit bientôt à fléchir de 3 pour 100 par jour. La disparition graduelle des deux principales recettes de l'état, en activant la fabrication de ce papier, contribuait encore à sa dépréciation. Les négocians refusèrent donc de livrer leurs marchandises aux prix fixés par la loi du monopole, car, s'ils avaient accepté dans le principe ces prix, c'est sous la condition implicite que la monnaie du pays ne changerait pas de valeur. «Peuple noir » recommença naturellement ses menaces contre la conspiration du capital; les détaillans surtout, en leur qualité d'Haïtiens, étaient chaque jour insultés et frappés par la populace. La gourde ne s'en améliora pas, au contraire, et M. Salomon accéléra la crise en voulant l'arrêter.

Il commença par exclure de la répartition des produits monopolisés les négocians consignataires qui refuseraient de vendre aux prix du tarif, c'est-à-dire au-dessous du prix de revient, et, pour empêcher que la fraude éludât cette interdiction, il voulut astreindre les négocians à déposer leurs marchandises, au sortir de la douane, dans un local commun appartenant à l'état, sans garantie du gouvernement contre le feu, le vol ou l'émeute. Il rendit en outre passibles d'amendes et de saisie les détaillans qui refuseraient, de leur côté, de subir le tarif, et les visites domiciliaires, les confiscations, les coups de bâton, achevèrent de mettre à la raison l'infâme capital. J'en passe, et une année s'était à peine écoulée, que M. Salomon eût pu inscrire sur la porte de son édifice économique : Vente à *soixante-cinq pour cent* de rabais pour cause de liquidation générale et définitive. Je n'exagère pas : les prix du monopole n'étaient tolérables qu'au taux de 110 gourdes au doublon, et sous l'influence de ces monstruosités, qui n'étaient du reste que la conséquence très pratique, très logique, très rigoureuse du principe socialiste posé par M. Salomon, le cours du doublon s'était graduellement élevé jusqu'à 282, lorsque, au fort même de l'émigration, des arrestations, des exécutions, il n'avait pas dépassé 185. Inutile d'ajouter que les cultivateurs, obligés de livrer leur café à raison de 9 ou 10 *centimes* la livre, cessèrent pour la plupart de récolter. Je n'ai pas besoin de dire non plus ce que devenaient les dernières recettes du trésor sous l'empire d'une situation où tout était fatalement combiné pour tarir à la fois les ressources du dehors et les ressources du dedans. A l'heure qu'il est, sa majesté Faustin Ier, dont nous aurons à raconter bientôt les splendeurs monarchiques, serait probablement réduit à se vêtir d'une feuille de latanier et à dîner de son ministre des finances, si celui-ci, secouru d'un beau désespoir, n'avait ramené son pays et son empereur au modeste régime de l'économie politique bourgeoise (1).

Au moment de décréter cette expérience socialiste, Soulouque avait daigné se souvenir qu'il y avait des chambres pour enregistrer les lois, et les chambres, naguère si bavardes, étaient venues sanctionner, par un vote aussi muet qu'unanime, les fantaisies de M. Salomon. Soulouque avait, selon l'usage, ouvert la session en personne, et, si blasé qu'on fût sur ces sortes d'émotions, un frisson involontaire circula sur tous les bancs, lorsqu'on remarqua dans le cortège présidentiel ce Voltaire Castor qui avait poignardé de sa main soixante et dix des prisonniers garrottés de Cavaillon. Son excellence annonça au parlement que, les *pervers* étant à peu près *vaincus*, Haïti allait parvenir *enfin à ce degré de grandeur et de prospérité que la divine Providence lui réserve*. Le chœur de vivats qui accueillit l'allocution du président fut moins nourri que d'habitude, mais par une raison toute simple : le tiers des sénateurs et une partie des représentans étaient absens pour cause de proscription ou de mort. Pour bien prouver que ce n'était, Dieu merci, de sa part, ni mécontentement ni froideur, la chambre des représentans remerciait avec chaleur, deux jours après (*Moniteur haïtien* du 2 décembre 1848), le président d'avoir sauvé la *patrie et la constitution*. Il n'y avait pas une seule page de cette constitution qui n'eût servi de bourre aux fusils devant lesquels venaient de tomber par douzaines députés et sénateurs. A l'une des séances sui-

(1) Le monopole fut aboli au commencement de 1850. Dès la première dérogation à ce système, le doublon descendit de 282 gourdes à 144, et le café, que les cultivateurs vaient obligés de vendre à raison de 10 francs le quintal, monta jusqu'à 35 et même 40 francs.

vantes, un représentant, considérant que le président d'Haïti a bien mérité de la patrie par ses constans efforts pour le *maintien de l'ordre et des institutions,* propose de lui accorder, *à titre de récompense nationale, une maison à son choix, sise dans la ville,* et les deux chambres, mues comme par un ressort, se lèvent en masse pour l'adoption. Trois mois se passent ensuite en votes silencieux; mais bientôt cette majorité satisfaite et décimée tremble qu'on prenne son mutisme pour une implicite protestation, et elle vient brûler quelques nouveaux grains d'encens aux pieds du tyran nègre. L'orateur du sénat dit : « Déjà, président, nous avons eu à constater l'influence bienfaisante de votre administration sage et *modérée*..... A votre voix, les passions se sont tues (il leur avait coupé la gorge!), et le règne des institutions est devenu une *vérité* pour nous tous....Les *circonstances* vous ont bien servi pour mettre en relief votre beau caractère, porté à tout ce qu'il y a de noble et de *généreux.* Continuez, président, ne vous arrêtez pas.... » L'orateur de la chambre des représentans s'écrie à son tour : « Combien est grand l'amour de la nation pour votre excellence! combien ne s'honore-t-elle pas de votre administration *paternelle,* des nobles sentimens de *fraternité, de concorde et de clémence* qui vous animent, et qui l'ont plusieurs fois transportée d'enthousiasme! » (*Moniteur haïtien* du 6 janvier 1849.)

Toussaint, Dessalines et Christophe avaient pu exercer une tyrannie aussi dure, mais jamais aussi bien acceptée que celle de ce formidable poltron, pour qui toute ombre était un fantôme, tout silence un guet-apens. Et ce n'était pas la stupeur du premier moment de surprise qui glaçait autour de lui chaque volonté. De ce parlement tout saignant des meurtrières atteintes portées à son inviolabilité et qui s'essuyait le sang du visage pour laisser voir un béat sourire, des restes de cette population mulâtre qui s'interdisait jusqu'à la conspiration du deuil, de ces prisons dont l'enceinte mal close et mal gardée renfermait assez de suspects pour en former au besoin une armée vengeresse, il ne s'est encore, à l'heure qu'il est, élevé aucun cri qui ne fût un cri de servile dévouement. On ne doit pas, après tout, s'en plaindre; par cela même qu'elle restait seule debout au milieu de l'universelle prosternation, la faction ultra-noire devait tôt ou tard attirer et arrêter ce soupçonneux regard que tout ce qui n'est pas à plat ventre offusque. Et en effet, nous allons voir successivement les trois sommités de cette faction subir le contre-coup des inexorables défiances qu'elle a suscitées. Cette seconde réaction, bien que les victimes en soient peu dignes de pitié, sera heureusement, disons-le, beaucoup moins lugubre que la première. L'une est sortie d'un rêve d'extermination, l'autre va sortir d'une bouteille de tafia. Le tafia nous ramènera naturellement au général Similien.

GUSTAVE D'ALAUX.

VOYAGE

DANS

LES RÉPUBLIQUES DE L'AMÉRIQUE DU SUD.

——

ARÉQUIPA, PUNO ET LES MINES D'ARGENT. [1]

——

I. — ARÉQUIPA.

C'est à Islay que nous avons quitté le monotone Océan Pacifique pour prendre terre sur la côte du Pérou. Nous sommes entrés dans la rade d'Islay escortés d'une troupe de baleines noires qui folâtraient, comme des dieux marins, autour de la corvette *la Favorite*, jusqu'à en toucher le cabestan, et plongeaient d'un côté pour reparaître de l'autre, exactement comme les marsouins qu'on rencontre sur les rades de Naples ou du Pirée. Les baleines nous regardèrent mouiller, et reprirent le large. La rade d'Islay est ouverte et mal défendue des vents du nord par quelques îlots rocailleux qui forment une pointe avancée dans la mer. Pour débarquer les passagers et les marchan-

1, Ces récits de voyage retracent la physionomie de plusieurs des républiques de l'Amérique espagnole durant une période de troubles et de luttes civiles qui a cessé pour les unes, et qui malheureusement continue pour les autres. Pendant long-temps, les mœurs de ces républiques n'ont été qu'un sujet d'étonnement pour les lecteurs français. Aujourd'hui la France a traversé une nouvelle révolution, et ce tableau fidèle d'une société monarchique transformée brusquement en société républicaine devient peut-être .... (N. du R.)

dises, les chaloupes viennent se placer contre un rocher, au milieu des brisans; les hommes montent au moyen d'une échelle de corde, et les marchandises, enlevées par un cabestan, sont déposées sur la grève. La ville est un amas de cabanes de roseaux et de terre; mais tout le commerce des provinces d'Aréquipa, de Puno et de Cusco se fait par ce port, ce qui lui donne du mouvement et même y répand force numéraire. Sur toutes les places, dans tous les enclos, on voit des troupes de mules arrivées d'Aréquipa, et qui doivent s'en retourner sans délai, chargées ou à vide, car il n'y a pas un brin d'herbe à dix lieues aux environs.

Au sortir d'Islay, on suit un chemin resserré entre des montagnes pelées, dont le fatigant éclat n'est interrompu çà et là que par des bouquets d'oliviers, à l'ombre desquels est inévitablement établi un cabaret où l'on vend de l'eau-de-vie et de la *chicha*. Six lieues plus loin, on laisse derrière soi les montagnes pour entrer dans une immense plaine de sable : c'est le désert avec son horizon sans bornes, ses monticules de sable, sa poussière fine et mouvante; mais la marche au milieu du désert, je l'avais comprise plus poétique. Dans mon désert de fantaisie, il y avait de longues files de chameaux, des costumes orientaux, des Arabes galopant autour de la caravane pour la protéger ou la piller. — Hélas! six misérables mules et un muletier, moi, Parisien dépaysé, suivi de mon valet de chambre, à qui ses longues moustaches donnaient l'air d'un vendeur d'orviétan, — c'était en vérité une bien piteuse caravane!

En avançant, l'on est étonné d'apercevoir au loin des cultures indiquées par de vastes champs diversement nuancés à la surface. L'eau paraît abondante, car on en distingue de larges flaques dans toutes les directions, et jusqu'à des ruisseaux qui serpentent. De plus près, cette nature se montre telle qu'elle est, absolument morte. Ces champs, cette eau, sont formés d'efflorescences de salpêtre et de couches de sable gris et bleu. Cette plaine aride est coupée par un large ravin, au fond duquel sont cachés la vallée et le hameau de Vittor. L'*arriero* annonça que nous étions au beau milieu du village, et courut de porte en porte demander l'hospitalité; mais des gens que l'on réveille à minuit sont de fort mauvaise humeur : ceux-ci nous envoyèrent promener. J'allai donc me réfugier dans un *tambo*, et je puis assurer qu'après une marche forcée de treize heures, l'on dort parfaitement sur un manteau et sous un toit de roseaux.

Les poètes arabes chantent les oasis du désert avec leurs bouquets de dattiers ombrageant un puits d'eau saumâtre; que diraient-ils de la vallée de Vittor, encadrée dans de gigantesques montagnes de sable, et courant, verte et fraîche, tout le long de son joli ruisseau, en étalant sur une demi-lieue de largeur ses champs de vignes, d'oliviers et d'*al-*

felfa (sorte de luzerne)? Le lendemain de mon arrivée à Vittor, je perdis quelques heures à flâner dans la campagne, comme si je n'avais de ma vie rencontré des raisins et des olives : le souvenir des sables de la veille et la désagréable perspective d'avoir à recommencer la même promenade me faisaient reculer devant la seule idée d'enfourcher ma mule; mais l'*arriero* jurait et se désolait, il fallut reprendre notre route en plein désert.

Déjà pourtant l'on distinguait clairement le volcan d'Aréquipa, au pied duquel est bâtie la ville que j'allais chercher; les mules couraient pour regagner leur écurie, nous avions tous bon courage, et nous fîmes notre traite de quatorze heures sans débrider. La nuit était venue, que nous n'étions pas encore sortis de cette interminable steppe. Cependant des lumières à peu de distance et des aboiemens de chiens nous annoncèrent le voisinage d'Aréquipa, et nous traversâmes les faubourgs et le grand pont au milieu des tourbillons de poussière que soulevait le trot menu de nos mules. J'étais attendu par un de nos compatriotes, chez lequel je trouvai une comfortable hospitalité. J'en avais grand besoin.

J'étais impatient de savoir quelle tournure pouvait avoir la première grande ville péruvienne que je rencontrais. Le jour à peine venu, je m'installai sur le balcon de mon appartement; la rue était encombrée par une caravane de *llamas* suivis de leurs conducteurs indiens. Amour du pittoresque à part, le *llama* est la plus belle façon de daims fameux que je connaisse; son col est gracieusement courbé sans être bossu comme celui du chameau; il porte la tête haute et en arrière; ses yeux sont d'une douceur admirable, ses reins sont droits, ses jambes sèches et fines. La caravane arrivait de la sierra, apportant du charbon de bois. Chaque llama est chargé de deux petits sacs pesant ensemble de soixante à cent livres. Le llama, dans ce pays, est d'une extrême utilité; il passe là où les mules ne pourraient passer, et il broute, tout en marchant, les herbes rares et les tiges desséchées des arbustes qu'il rencontre sur son chemin. Ayant, comme le chameau, une poche dans l'estomac, il peut rester plusieurs jours sans boire ni manger, privation à laquelle il est exposé chaque fois qu'il quitte les montagnes pour les déserts sablonneux de la côte. Le llama est patient, lent et obstiné. Quand on le charge outre mesure, il se couche à terre, et, malgré des coups redoublés, ne se relève que lorsque le fardeau est enlevé. On dit dans le pays que le llama est fait pour l'Indien, et l'Indien pour le llama.

La caravane s'avançait lentement, poussée par ses pacifiques conducteurs, deux Indiens avec leurs femmes portant sur le dos un enfant enveloppé dans un poncho. C'étaient les premiers Indiens que je voyais avec mes yeux d'Européen nouveau débarqué, et les traits qui distinguent leur race de la nôtre me frappèrent singulièrement. Les Indiens sont de petite taille, bien faits, mais peu musculeux. Leur peau est d'un rouge foncé; leurs cheveux sont noirs, rudes et épais; leur tête est petite; leur front est peu développé; leurs pommettes sont saillantes, leurs yeux noirs, petits et horizontalement fendus; leur nez est aquilin, leur visage ovale et sans barbe. Les hommes portent un bonnet rond et plat en drap bleu, une chemise de coton, une veste, une culotte de gros drap et des sandales de cuir brut attachées au bas de la jambe par des courroies. Quand il fait froid, ils se couvrent de leur *poncho*, pièce de drap ou de coton taillée en carré long avec une ouverture dans le milieu pour passer la tête; le *poncho* descend des deux côtés jusqu'à la ceinture. Tout ce qu'un Indien peut porter, il le plie dans son *poncho*, qu'il retire et jette sur son dos, les deux bouts noués sur la poitrine.

Les traits des femmes indiennes ressemblent à ceux des hommes; seulement ils sont moins anguleux et respirent une grande douceur. Leurs cheveux sont partagés au milieu de la tête et tombent sur les épaules en deux longues tresses; une pièce d'étoffe carrée, en général de laine noire, couvre leurs épaules et vient se rattacher sur la poitrine par une longue épingle de cuivre ou d'argent. Une veste à manches longues et étroites, ouverte sur le devant, croisée chez les unes et lacée chez d'autres, leur serre la taille; une jupe en laine, recouvrant une demi-douzaine de jupons de laine ou de coton, descend jusqu'au-dessus de la cheville du pied; des bas de laine et des sandales complètent le costume. Les étoffes qui servent à ces vêtemens sont filées et tissées dans la famille de chaque Indien. Leur contenance à tous, hommes et femmes, est humble et triste, et, quand un blanc les regarde, ils se découvrent respectueusement en saluant d'un *Ave Maria purissima tatita*. Je descendis pour suivre les Indiens et leurs troupeaux jusqu'à la place du marché, voisine de la maison que j'habitais. Les sacs de charbon furent déchargés, les llamas se couchèrent sur le pavé, et les Indiens, en attendant les chalands, commencèrent à préparer leur sobre repas, composé de maïs grillé et d'un plat de *chupe*. C'était un réjouissant spectacle que ce marché d'Aréquipa. Les melons, les raisins, les olives, les ananas, les oranges, les abricots, les pêches de vigne et tous les autres fruits d'Europe et d'Amérique étaient empilés sur des nattes étendues sous chaque étalage et protégées du soleil par des auvens en lambeaux de toutes couleurs. Les femmes attendaient, silencieuses et accroupies sur leurs talons, que l'on vînt acheter leurs marchandises. Comme le marché d'Aréquipa est le rendez-vous des habitans des campagnes et des hameaux environnans, des Indiens de la sierra et de la côte, les costumes sont variés et pittoresques. J'ai retrouvé là, à mon grand étonnement, le mouchoir rouge plié carré sur la tête et le corsage lacé par devant des femmes de la campagne de Rome et les jupes de laine plissées à gros plis autour de la ceinture des paysannes tyroliennes.

Je vis, au milieu du marché, un chaland d'une singulière espèce: passant d'un étalage à l'autre, il prenait sans se gêner les carottes, les choux, les melons qu'il trouvait à sa guise : c'était tout simplement un cheval sans selle ni licol, le cheval sur lequel monte le prêtre qui va porter le viatique aux malades. Tel est le respect religieux de ces pauvres gens pour l'église et tout ce qui en ressort, que l'animal porteur du prêtre dépositaire des saintes burettes est devenu lui-même un objet de vénération : une femme indienne n'oserait pas s'opposer à ce que le cheval de *nuestro amo,* « le cheval de *notre maître,* » comme ils appellent le bon Dieu, vînt brouter les fruits et les légumes de son étalage.

Aréquipa est une petite ville, et l'on y sait fort vite les nouvelles à la main. L'arrivée d'un *caballero* français, qui voyageait par curiosité et ne vendait aucune sorte de pacotille, produisit une certaine sensation, et je fus comblé de prévenances. L'usage du pays est, pour les hommes, de venir faire la première visite à l'étranger qui arrive et de mettre leur maison à sa disposition; les femmes qui reçoivent envoient leurs maris, leurs fils, leurs frères, ou leur majordome, si elles sont seules, vous porter leurs complimens et mettre également leur maison *a la disposicion di uste,* phrase consacrée. Je reçus donc des visites directes ou par procuration d'une partie de la société de l'endroit, Espagnols ou étrangers. Les commerçans étrangers ne forment pas une société à part; plusieurs, les Anglais surtout, sont mariés à des femmes du pays. Le calme extérieur des femmes espagnoles, leur ennui de tout exercice violent qui n'est pas la danse ou le cheval, s'accordent suffisamment avec les mœurs casanières des négocians anglais, dont plusieurs finissent par s'établir à tout jamais au Pérou.

Bien que le commerce étranger soit l'ame de la population d'Aréquipa, la conduite prudente des négocians européens au milieu des troubles fréquens du Pérou, le crédit ouvert chez eux aux marchands de la ville et de la province, leurs mœurs honorables, suffisent à peine pour les faire tolérer par les gens du pays. Un Européen a beau se marier a une Aréquipénienne, c'est toujours un *estrangero;* c'est un bon ou mauvais *estrangero,* mais il ne devient jamais complétement *hijo del pais,* fils du pays, un des leurs. Les Américains-Espagnols, ayant peu de produits indigènes à donner en retour des marchandises d'Europe, se voient forcés de payer en argent, et cet argent, une fois dans la caisse du négociant étranger, s'écoule immanquablement en Europe; aussi a-t-on plusieurs fois présenté aux chambres péruviennes des pétitions tendant à expulser du pays les commerçans

étrangers, pour empêcher cette exportation du numéraire, et la même
demande se renouvelle à chaque commotion politique : les étrangers
n'ont le droit de faire le commerce que dans les ports de la côte; s'ils
sont tolérés à Aréquipa, c'est que l'on considère cette ville comme
l'entrepôt d'Islay, son port de mer.

« La province d'Aréquipa envoie dans l'intérieur du pays des vins
capiteux et des eaux-de-vie très estimées, que l'on travaille dans les
vallées de la côte, Pisco, Moquegna, Vittor, etc. Pour l'exportation à
l'étranger, elle fournit de l'argent en barre, de l'or en poudre et en
lingots, du salpêtre, du quinquina (qui vient du fond de la Bolivie) et
des laines. Les laines viennent de la sierra et sont fournies par quatre
espèces d'animaux, le mouton, le llama, l'alpaka, la vigogne. La laine
de mouton est de la qualité des laines ordinaires d'Espagne, celles du
llama et de l'alpaka sont plus fortes et plus communes. Celle de la vigogne est sans exagération aussi belle que la laine de cachemire; j'en
ai vu des échantillons d'une admirable finesse. Je m'étonne qu'on n'ait
pas cherché à naturaliser en France la vigogne et le llama. Les herbages et la température des Pyrénées, des Alpes, des montagnes d'Auvergne, leur conviendraient parfaitement. Le llama est devenu un
animal domestique. Quant aux vigognes, du temps des Incas, on les
parquait comme des moutons, et ici j'en ai vu deux qui couraient
dans les rues et jouaient avec les enfans. Ces animaux sont d'un caractère timide et fort doux. Ce serait un grand cadeau à faire à nos
manufactures de drap que d'importer les vigognes en France, et rien
ne serait plus facile. L'on peut facilement réunir à Aréquipa un troupeau de cent vigognes qui seraient embarquées au mois de juillet;
l'hiver d'Amérique, et qui arriveraient en France vers les mois d'octobre ou de novembre. La France néglige trop d'ailleurs ses relations
avec le Pérou. Elle envoie à Aréquipa des soieries, des tulles, des cotonnades, des vins, des sucres; mais presque tous ces objets rencontrent une redoutable concurrence dans les mêmes marchandises de
fabrication anglaise.

Je ne voulais point m'arrêter à Aréquipa sans faire connaissance avec
les hommes importans de l'endroit. On me présenta aux autorités civiles
et militaires qui ressemblent aux fonctionnaires de tous les pays à
constitution; ces messieurs parlaient volontiers politique américaine.
Le préfet, qui venait d'être fait général d'emblée par le président Gamarra, répétait assez volontiers que le meilleur gouvernement était
celui du sabre. Il était curieux de savoir ce que l'on pensait à Paris
du président Gamarra. Je n'osai lui répondre qu'à Paris on ne connaissait guère le Pérou qu'à l'état de proverbe. Je vis ensuite le général
Nieto, le chef de l'opposition militaire constitutionnelle et le plus grand
obstacle aux projets que l'on attribuait au président Gamarra, qui le

tenait éloigné de Lima autant que possible. D'abord soldat, c'était par sa bravoure que Nieto était arrivé au grade de général de division, et on citait avec éloge la loyauté, la fermeté de son caractère. Si la guerre civile recommençait, le général Nieto, disait-on, était appelé à y jouer un grand rôle.

Je causai beaucoup avec les fonctionnaires péruviens de l'état, du pays et de la révolution qui l'avait produit : on me répondit généralement : « La révolution contre l'Espagne n'a pas été faite par le peuple et pour le peuple, car les Indiens, qui forment le peuple de nos provinces, sont restés sous la république ce qu'ils étaient sous la monarchie, gent taillable et corvéable. Le vieux système de gouvernement était entaché de nombreux abus; mais Espagnols, Américains et métis, tous en profitaient. Seulement, il avait existé de tout temps une haine violente et déclarée entre les Espagnols venus d'Espagne et les Espagnols nés dans le pays. Les vice-rois étaient sans cesse obligés d'interposer leur autorité entre les deux partis, qui parfois en venaient aux mains. C'est cette haine des créoles, justifiée ou du moins expliquée par la conduite des Espagnols venus d'Europe et par les places, et faveurs dont ils étaient comblés à l'exclusion des *fils du pays*, c'est cette haine qui a éclaté dès qu'elle a trouvé une occasion. Ce sont les créoles qui ont pris les armes contre les Espagnols, et non pas les républicains contre le roi d'Espagne. Les propriétaires espagnols, les employés du gouvernement, se tinrent tranquilles pendant la lutte, favorisant en secret le parti du roi. Dans ce pays, l'on n'avait aucune idée républicaine; mais, comme il fallait des mots pour appeler à nous les métis et les *chiollos*, nous parlâmes au nom de la république, qui avait pour elle le charme de l'inconnu. Aux petits employés on promit de grands emplois; aux métis et aux *chiollos*, des places et de l'argent. Quant aux Indiens, on ne leur a rien dit, rien promis : les deux partis ont également fait la presse dans leurs villages, et les Indiens se sont battus comme s'ils avaient eu une cause à défendre. Après la victoire est venue l'heure de tenir les promesses faites au moment du danger : c'était chose impossible, et les mécontens ont été innombrables. Si le système monarchique constitutionnel eût pu nous servir d'étendard, c'est le seul qui aurait eu chance de vitalité; mais quel prince d'Europe eût voulu venir régner dans ces pays en discorde? Bolivar le savait bien, et, sans vouloir se faire roi, il voulait commander à tous, parce qu'il sentait qu'une main ferme pouvait seule rétablir l'ordre et les lois. » Le même langage me fut tenu par les gens les plus considérables du pays, mais personne n'avait rien à proposer pour sortir de cette situation.

Dans une douzaine de maisons, où l'on me présenta, les hommes me reçurent avec politesse et réserve, les femmes avec une aisance parfaite. Je ne sais comment les Péruviennes ont deviné les manières de la bonne compagnie; le fait est qu'elles ont le calme et la grâce des femmes élevées dans les salons de nos capitales. Rien d'extraordinaire dans leur toilette : des robes d'étoffes légères taillées à la dernière mode de Paris; des fleurs naturelles dans leurs cheveux, qui sont noirs et brillans; la main blanche et soignée; le pied petit et bien chaussé dans des souliers de satin; les chairs brunes, mais colorées; les yeux noirs. Ce ne sont pas des personnes remarquablement jolies, mais de très agréables personnes.

« La conversation en général roulait sur Paris, le Paris du *Journal des Modes*, musique et toilette; je leur dis des modes le peu que j'en savais. Cependant la naïveté des interrogations témoignant de l'immense distance qui me séparait de ce Paris toujours aimé, bien que si peu naïf, je me pris à le regretter de toutes mes forces et à bavarder sur son compte avec un entrain tel que plus d'une de ces dames serait partie à l'instant pour aller voir les merveilles de Paris, s'il n'y avait eu entre Aréquipa et l'Europe quatre mille lieues de pleine mer. Ces dames ne voulaient pas comprendre que l'on quittât, sans y être forcé, ce merveilleux séjour pour venir voyager dans des contrées où il n'y a ni Opéra, ni musique, ni hôtels, ni voitures, ni chemins. Il eût fallu, pour n'avoir pas tort, leur faire une longue dissertation sur la fatigue des bonnes choses indéfiniment continuées et sur la malheureuse passion du mouvement qui fait ressembler l'homme qui en est possédé à une roue sur une pente; mais c'eût été long et ennuyeux, et ici comme à Paris les femmes ont l'ennui en horreur. Je rencontrai dans l'une des bonnes maisons de la ville une jeune femme mi-française, mi-espagnole, qui avait à réclamer je ne sais quoi d'une famille de la ville dont elle était parente. Sa vivacité d'artiste parisienne contrastait singulièrement avec le calme apparent des autres femmes qui l'entouraient, et qui semblaient comprendre l'esprit du cœur mieux que celui de la tête.

« Quant aux hommes, les plus jeunes ne restent pas en arrière du mouvement intellectuel de notre siècle; ils étudient les lois et s'occupent un peu de littérature; ils ont le bon esprit de préférer les vieux auteurs espagnols, Cervantes, Hallejo, Quevedo, Jovellanos, aux écrivains d'Europe. En fait de littérature française, ils en sont encore à Voltaire et à toute la littérature sceptique du XVIIIᵉ siècle. Les hommes plus âgés, dont l'éducation a été faite au temps de la vice-royauté, jouent beaucoup, fument davantage, et font un peu de commerce quand ils en ont le temps. Un sujet de conversation qui reparaît sans cesse est celui du volcan qui domine la ville : s'il ne fait pas d'éruption, il n'a malheureusement pas cessé d'être en travail, et comme l'orifice du cratère n'offre plus de débouché à l'effort souterrain de la lave, quand le jour de l'explosion arrive, la terre tremble et se crevaue irrégulièrement. Les maisons qui se trouvent sur les lignes fatales sont englouties ou renversées. Lors de mon séjour à Aréquipa, un récent désastre causé par le terrible volcan attristait encore la population.

Les maisons d'Aréquipa sont toutes construites sur le même modèle: un grand portail donnant sur la rue; une petite cour pavée en cailloux de diverses couleurs, flanquée de quatre côtés de bâtimens massifs; au fond de la cour, en face du portail, la salle de réception, et, derrière, un petit jardin planté de fleurs pour lesquelles les Aréquipéniennes ont une véritable passion. L'ameublement, d'ailleurs assez simple, paraît extraordinairement riche quand on considère que la plupart des meubles viennent d'Europe, et que d'Islay à Aréquipa il y a trente lieues de désert. Dans chaque salon, on trouve un piano; mais peu de personnes savent en tirer autre chose que des valses et des contredanses. On a la bonhomie de convenir que l'éducation d'Europe est infiniment supérieure à l'éducation péruvienne, et les mères de famille donnent, quand elles le peuvent, à leurs enfans, garçons et filles, des maîtres de langues, de dessin et de musique.

Je me souviendrai toujours d'un bal donné en bonne partie à mon intention; la maîtresse de la maison, après m'avoir présenté à plusieurs jeunes femmes assises sur des fauteuils rangés en demi-cercle des deux côtés du canapé d'honneur, s'en était allée recevoir son monde, et m'avait laissé le soin de me tirer d'affaire de mon mieux, à l'aide des cinquante mots espagnols qui formaient tout mon répertoire. Ces dames se divertirent fort de la hardiesse avec laquelle je combinais mes cinquante mots; j'avais bien là des connaissances à moi sachant le français, mais mes nouveaux amis me laissaient avec un certain plaisir baragouiner l'espagnol, et, au lieu de venir à mon aide, ils se tenaient collés au groupe des autres hommes qui, silencieux, raides et sans chapeau, attendaient à l'autre bout du salon que le moment de danser fût arrivé. J'étais à bout de mes combinaisons de mots, je me levai et fus me perdre dans la masse des habits noirs et des cravates blanches : là, nouvelles présentations et poignées de main à l'anglaise. Mes récentes connaissances voulurent savoir ce que je pensais du costume des hommes, de la toilette des femmes et du plus ou moins de différence que je pouvais trouver entre cette soirée et une soirée d'Europe : naturellement je dis que tout était très bien, et réellement tout était assez bien.

Les invités arrivés, la maîtresse de la maison alla chercher une dame qu'elle conduisit au piano. La dame chanta *Di tanti palpiti*; je ai certainement entendu chanter plus mal ailleurs. A peine eut-elle fini, que les hommes envahirent le cercle des dames; chacun prit sa danseuse, et l'on commença une contredanse espagnole. C'est une fort

gracieuse danse, où l'on cause peu ; mais où l'on se prend beaucoup
par la taille. Les hommes se rangent d'un côté, les femmes de l'autre,
chacune vis-à-vis de son danseur; puis, sur un mouvement de valse
très lent, les premiers couples commencent des figures qui, ressemblent à celles du cotillon, et ils vont ensuite se ranger à l'autre extrémité de la double ligne, toujours dans le même ordre; les deux couples
suivans les imitent, et ainsi de suite pour les autres couples, jusqu'à
ce que chacun ait dansé. Après une demi-douzaine de nouvelles figures
qui durent une demi-heure, les femmes vont reprendre leur poste
dans le demi-cercle, et les hommes leur première place à l'autre extrémité du salon.

Je sais à Paris beaucoup de gens qui, spectateurs pour la première
fois d'une danse espagnole, pourraient difficilement s'empêcher de
sourire de ce luxe de ronds de bras et de jambes. Ils auraient tort, car
c'est l'imitation prétentieuse et maladroite qui constitue le ridicule,
et il ne faut pas le chercher là où existe le naturel. J'avoue cependant
que j'eus moi-même un moment quelque peine à garder mon sérieux.
Au reste, mon châtiment était là tout prêt, car la valse commença, et
je voulus valser à l'allemande, comme on valse aujourd'hui partout en
Europe. Ma danseuse, après trois ou quatre bonds à contre-mesure,
déclara, hors d'haleine, qu'elle n'avait jamais ouï parler d'un mouvement de valse aussi violent, et qu'il lui était de toute impossibilité de
me suivre. Là-dessus force questions sur la valse en Europe et in-
stantes prières de valser comme à Paris. Une femme plus courageuse
que les autres se décida à me servir de partner, et nous voilà partis;
nous n'avions pas parcouru la moitié du salon, que ma valseuse s'arrêta court et se jeta sur un fauteuil en riant aux éclats; les spectateurs
de faire chorus, et moi avec eux de très bon cœur. Leur valse est fort
lente, fort dandinée, et enrichie de toute sorte de graces des bras et
des épaules.

A dix heures, on passa dans la salle à manger, où, sur une table
élégamment servie, il y avait du café, du thé, des liqueurs, des gâteaux et des friandises de toutes sortes. Alors commencèrent les attentions et les galanteries à l'usage du pays. On offre à une dame un
gâteau ou un bonbon dont elle partage un morceau avec vous, ou bien
un verre de liqueur dans lequel elle trempe ses lèvres. C'est, pendant
une heure, un interminable va-et-vient de bonbons et de liqueurs.
Les hommes vous portent des toasts que vous leur rendez, et l'on sort
de ce thé infiniment plus gai qu'on ne l'était au commencement de
la soirée. Plus de cercles de chaises, plus de groupes d'hommes;
chacun s'assied près de qui lui convient: les danses deviennent, non
pas plus rapides, mais plus animées. A minuit arrive un déluge de
champagne et de petits gâteaux que les hommes s'empressent d'offrir

aux dames. Refuser serait une impolitesse que la femme la plus à la mode n'oserait se permettre. J'ai vu même, à la fin de la soirée, un monsieur d'une amabilité fort échauffée présenter à une jeune femme sa tabatière, et la dame le remercier, prendre avec ses jolis doigts roses une pincée de ce vilain tabac, et la jeter ensuite quand le monsieur s'est retourné pour aller promener ailleurs sa tabatière et son champagne. Il résulte de cette coutume que, pour peu qu'une femme soit à la mode, elle est obligée de se bourrer de gâteaux, de glaces et de liqueurs; elle a beau dire qu'elle n'en peut mais et demander grace. les galans importuns la forcent à goûter le vin ou les sucreries qu'ils lui présentent.

Les quadrilles, importation toute récente, sont essayés chaque fois qu'il se rencontre quelqu'un en état de les diriger. Nous en dansâmes un sur je ne sais quel air; c'était à peu près nouveau, par conséquent fort goûté. Le menuet est à la mode, et l'on s'étonna que je ne le susse pas danser. Il m'a fallu jurer que je ne l'avais jamais vu danser, si ce n'est à l'Opéra, dans quelque ballet poudré. Alors sont venues les danses d'Aréquipa : le london, le fandango, le mismis, etc., ravissant boleros avec accompagnement de castagnettes, le london principalement. Quel dommage que pour notre froid et monotone quadrille les Péruviens abandonnent peu à peu leurs jolies danses nationales!

Dans une pièce voisine étaient nombre de femmes plus que simplement vêtues et la tête recouverte d'un châle. Je croyais que c'étaient des femmes de chambre de la maison ou des maisons voisines; mais on m'apprit que c'étaient les mères des danseuses et autres dames souffrantes ou paresseuses qui voulaient voir le bal; et pourtant ne pas se mettre en frais de toilette. C'est un usage généralement reçu dans l'Amérique espagnole, et dans un bal il y a souvent autant de tapadas (c'est le nom des dames qui gardent l'incognito) que de dan- s-uses. Un autre usage plus extraordinaire, mais également reçu partout, c'est de laisser ouvertes les portes de la maison où se donne la soirée. Permis à tout blanc qui passe de se coller à la porte de la salle de bal; les derniers arrivés poussent les autres, et ils finissent généralement par envahir, à droite et à gauche de la porte, une bonne partie de l'appartement. Au temps des vice-rois, tout Espagnol à titre de blanc et de hidalgo, se croyait l'égal du plus riche négociant et du plus puissant seigneur du pays; c'est de ce principe, admis par l'opinion publique, qu'est venu l'usage dont je parle, et une infinité d'autres d'un grand laisser-aller.

Le bal fini, chacun s'en retourne à pied. Les ruisseaux profonds qui traversent les rues ne permettent pas dans la ville l'usage des voitures. Les distances sont courtes, les rues propres, le temps toujours sec; aussi ne se sert-on pas de chaises à porteurs. Pour sortir de la ville et pour voyager, les femmes montent à cheval, jambe de ci; jambe de là, comme les hommes.

Les jardins et campagnes des environs d'Aréquipa jouissent d'une réputation due, selon moi, au contraste que forme avec eux la nature de sable qui les environne. Par quelque côté que vous sortiez de la ville, vous rencontrez le sable à l'instant même, et c'est au milieu d'une poussière qui vous étouffe, que vous allez chercher ces jardins enchantés. Ce sont tout simplement des plantations de vignes et d'oliviers vivifiées par la rivière Chili, sorte de torrent qui traverse les faubourgs d'Aréquipa, ou par quelques petits ruisseaux dont les eaux sont chèrement achetées, et vont se perdre plus loin dans le désert; mais la température est ravissante, l'air sec et pur, et l'on passe avec délices quelques heures à se promener, déjeuner et danser, si l'envie en prend. Des cabarets, *pulperias*, sont établis là où le ruisseau murmure le plus haut, où l'ombrage est le plus épais. Comme dans les guinguettes des environs de nos grandes villes, les promeneurs s'établissent au frais, et tout ce qui n'est pas très *high life* avale des brocs de chicha pour manger des gousses de piment rouge, et mange encore du piment pour boire de la chicha. La chicha est une boisson faite de maïs fermenté que les habitans du Pérou, blancs, rouges et noirs, aiment à l'excès. Une fois accoutumés au goût acidulé de la chicha, les Européens le trouvent agréable, et bien leur en prend, s'ils voyagent dans l'intérieur du pays, car c'est la seule boisson que l'on rencontre partout et en tout temps dans la sierra. Prise à fortes doses, la chicha produit une ivresse bestiale, comme celle causée par la bière.

On va chercher aussi, dans les environs de la ville, des bains d'eau froide qu'on dit très bons pour la santé. L'utilité de ces bains est contestée par beaucoup de gens qui font observer qu'Aréquipa étant à cinq mille pieds au-dessus du niveau de la mer, la température n'est nullement débilitante, et que des bains d'eaux thermales ou simplement d'eau chaude seraient d'une meilleure hygiène; mais le plus grand nombre ne veut pas en convenir, parce que ces bains sont, pendant les mois de la chaleur (novembre, décembre, janvier, février), des lieux de rendez-vous fort amusans, où, sous prétexte de santé, tout le beau monde de la ville vient faire des parties de plaisir. Je dis tout le *beau monde*, et j'ai tort, non pas que le beau monde ne sympathise ici comme partout ailleurs et ne cherche aussi à se grouper en coteries, mais parce que ces bains sont des établissemens créés par le gouvernement ou la municipalité et, par conséquent, publics. Je veux dire simplement que, parmi les différens bains, il y en a toujours un plus fashionable et plus couru que les autres. Au reste, ce n'est autre chose qu'un vaste réservoir, dallé ayant de trois à quatre pieds d'eau; pour s'habiller et se déshabiller, on est obligé de faire dresser sur les bords des tentes ou des cabanes de branchage. Ces embarras et les épisodes comiques auxquels ils donnent lieu ne diminuent en aucune façon le goût des Aréquipéniens pour les bains en plein vent.

Les principaux édifices d'Aréquipa sont des couvens et des églises, dont l'architecture est également lourde et bâtarde. C'est une triste nécessité pour un architecte que d'avoir à faire entrer dans le plan d'un édifice public des calculs de tremblement de terre. L'ordre auquel appartiennent les constructions de ce pays a pris naissance sous l'influence de cette terreur. On pourrait le nommer l'*ordre des tremblemens de terre*. Les églises sont, comme les couvens et les maisons des particuliers, voûtées à voûtes pleines; les pilastres en sont renforcés, et les murs épais comme nos vieilles murailles féodales. Au-dessus de chaque autel s'élève un trophée de colonnes du travail le plus lourd et le plus tortillé, le tout entremêlé de saints en bois ou en pierre inévitablement dorés. Nulle part l'on n'a poussé aussi loin la manie des dorures et des paillettes. La robe de saint Luc est brodée d'or; saint Matthieu, avec sa barbe pointue, son chapeau sur l'oreille et son pourpoint de velours rouge, est également couvert d'étoiles d'or du haut en bas; dans l'église des Jésuites, on voit une adoration des mages dans laquelle la crèche, l'âne et la paille sont également dorés. Beaucoup de tableaux représentent des allégories : ainsi les vices personnifiés ou plutôt animalisés dévorent le cœur d'un galant *caballero* en habit à la française. La Colère, le Blasphème, l'Impiété, monstres de dimensions colossales, s'élancent de la bouche d'un autre *caballero*. La Volupté se joue sur le sein d'une courtisane couchée sur la mollesse. La volupté est représentée sous la figure d'une couleuvre; le nom est au-dessous : *Voluptas*. Au milieu de cette exposition, j'espérais retrouver quelques tableaux de l'école espagnole; mais je n'ai vu que des images peintes, dont la principale fabrique était jadis dans la ville de Cusco.

Lors de la révolution, les biens des couvens furent saisis par le gouvernement républicain et les bâtimens changés en casernes. Aujourd'hui les choses sont encore dans cet état. L'on paie à chaque moine une pension de 15 piastres par mois, et la plupart ne vivent plus en congrégations. Les couvens de femmes n'ont pas été supprimés; ces établissemens sont trop dans les mœurs des Espagnols, monarchiques ou républicains. En changeant la forme de gouvernement, l'on n'a pas modifié les lois espagnoles : les majorats ont été conservés, et les filles de familles nobles, ne trouvant souvent pas à se marier, faute de dot, entrent au couvent. C'est en général contre leur vouloir, et parfois il en résulte des enlèvemens et du scandale.

Je passais un jour sous un balcon d'Aréquipa, où une demi-douzaine de femmes nonchalamment assises se montraient aux passans sous prétexte de les regarder. Mon compagnon me dit : « Remarquez-vous

la personne qui est assise à ce coin-là? Comment, la trouvez-vous?
— Plutôt bien que mal; l'air très bonne personne. — Ah! vous trouvez; c'est doña Mercedes, la religieuse brûlée. — Quelle religieuse? —
Comment, vous ne savez pas? — Mon Dieu, non. — C'est une curieuse
histoire, et je vais vous la raconter. Doña Mercedes était d'une famille
noble d'Aréquipa. Au moment de prendre le voile, et dans la visite
d'adieux qu'elle fit comme novice, il fut aisé de voir que sa vocation
était factice, car elle ne répondait que par des pleurs aux félicitations
banales de ses amies sur la sainte profession qu'elle allait embrasser.
Le père de doña Mercedes était un vieil hidalgo qui avait décidé que la
fortune de la famille passerait entière à son fils, et que sa fille entrerait
au couvent. Un amour contrarié avait, dit-on, rendu doña Mercedes
plus docile aux volontés de son père; mais de vifs regrets succédèrent
bientôt à ces premières résolutions. Il n'était plus temps. En fille d'esprit, elle se résigna; la résignation fut même si complète, que la nouvelle religieuse mérita par sa conduite exemplaire la charge de portière du couvent. Une nuit, le feu se déclara dans la cellule de la
portière : on l'éteignit aisément; mais, quand on entra chez la nonne,
on trouva son corps à moitié consumé par les flammes. Les obsèques
se firent, la famille fut complimentée sur la mort de la sainte fille, et
l'on était en train d'oublier le douloureux événement, quand une servante du couvent crut reconnaître doña Mercedes en personne à la fenêtre d'une maison de la ville. On alla aux informations; c'était bien
elle. Il paraît qu'elle s'était mise en rapport avec un médecin espagnol,
qui avait ses entrées au couvent et qui lui avait procuré un cadavre de
l'hôpital, qu'elle enduisit d'esprit de vin auquel elle mit le feu. Le
médecin devait l'épouser et la conduire dans une autre province. La
nonne ressuscitée, le pauvre docteur a été effrayé des conséquences
de l'aventure; il a craint la vengeance de la famille et les persécutions
du clergé; le cœur lui a manqué, et il est allé révéler la chose à l'é-
vêque d'Aréquipa. L'évêque a voulu faire rentrer la jeune femme au
couvent; l'ex-nonne a résisté; elle s'est retirée chez une de ses amies
où elle reçoit des visites de toute la ville, et a déclaré que, si on la
forçait à rentrer au couvent, elle se tuerait cette fois tout de bon. »
Cette histoire achevée, comme nous n'étions encore qu'à quelques
pas du balcon de doña Mercedes, je me surpris à regarder l'ancienne
nonne avec plus d'attention, et je trouvai qu'elle avait de beaux yeux
noirs insolens, avec un front d'une merveilleuse audace.

Quoique bien affaiblie, l'influence du clergé est encore considérable,
et il lutte vigoureusement pour regagner ce qu'il a perdu en crédit et
en biens. Il réclame, comme lui ayant appartenu de tout temps, l'é-
ducation de la jeunesse. Le gouvernement du Pérou a fondé un collége national sous la direction de professeurs français, lui allouant

pour local un couvent de la ville avec une rente de 10,000 piastres
(50,000 fr.) prise sur les biens dudit couvent. L'instruction est gratuite pour les externes, qui sont au nombre de deux cents. Les in-
ternes, actuellement au nombre de trente, paient à peu près 700 fr.
de pension annuelle. Les maitres chargés de l'éducation de ces enfans
leur trouvent des dispositions, mais un grand fonds d'indolence; à
peine sont-ils grands, qu'on ne peut plus rien en faire. Ils deviennent
hommes de trop bonne heure. L'évêque et le clergé en chœur répètent que le nouveau collége est dirigé par des gens élevés à Paris,
partant athées et immoraux, et que leur petit séminaire peut seul
procurer à la jeunesse d'Aréquipa une éducation religieuse et morale.
Le collége se défend de son mieux contre ces accusations, et l'éducation de la jeunesse est devenue ainsi, au Pérou comme en France, un
champ de bataille pour les partis politiques.

Un matin, et presque à la veille du jour où je devais quitter Aréquipa, les cloches se mirent en branle; à dix heures, il y eut grande
procession. Je vis sortir la statue de la Vierge, précédée de douze Indiens grotesquement vêtus et sautant comme des ours, sans grace ni
mesure. Chœur d'enfans, chœur de religieux de Saint-François, chœur
d'Indiens hommes et femmes, de blancs, de noirs, chacun dans un
ton différent et accompagné en bloc par une quantité de violons, de
grosses caisses, de harpes et de guitares, rien ne manquait à la fête. Les
passans étaient à genoux; fusées et pétards éclataient de tous côtés.
J'avais d'abord cru que cette bruyante procession était menée en l'honneur de la bataille d'Ajacucho; mais il paraît que le clergé n'a aucune
sorte d'enthousiasme pour l'état de choses que cette bataille a fait naître, et qu'il en célèbre l'anniversaire le moins qu'il peut. Les réjouissances étaient en l'honneur de la fête d'église du jour.

Le lendemain, il devait pourtant y avoir messe avec *Te Deum*, revue
de troupes, grand dîner de fonctionnaires publics, le tout par ordre
du préfet. Étant par métier passablement blasé sur les fêtes officielles,
je résolus d'échapper à celle-ci, et de commencer sans plus de retard
un voyage qu'il fallait à tout prix exécuter avant la saison des pluies.
Je voulais connaître dans toute leur étrangeté les mœurs de ces républiques espagnoles, que la plupart des voyageurs n'observent que dans
les villes de la côte. Franchir les Cordillères, visiter d'abord Puño et
les mines, puis La Paz et la république bolivienne, me diriger ensuite
vers Lima en traversant le Cusco, tel était le plan tracé d'avance d'une
longue tournée qui devait me montrer une vaste région de l'Amérique
du Sud sous tous ses aspects, dans ses districts miniers et dans ses
centres politiques, dans sa vieille civilisation et dans ses mœurs nouvelles. Pour me rendre d'Aréquipa à Puño, j'avais trouvé un compagnon de route fort obligeant, un négociant anglais propriétaire de la

mine d'argent, du Manto, dont il m'avait promis, de me faire les honneurs. Je quittai donc Aréquipa avec M. B., emportant le souvenir le
plus gracieux de cette jolie ville et de ses habitans.

II. — PUNO. — LES MINES D'ARGENT.

La montée du volcan d'Aréquipa, le seul passage fréquenté par les
caravanes pour arriver sur le haut plateau du Pérou, commence à la
sortie des faubourgs. Vingt fois je me retournai pour jouir du spectacle ravissant que présente Aréquipa, qui, avec ses maisons blanches, sa ceinture de jardins et son horizon de déserts, ressemble à une
fontaine de marbre au milieu d'une oasis. Les mules s'arrêtaient à
chaque pas, soufflant et suant à grosses gouttes. On leur frottait les
narines avec de l'eau-de-vie et de l'ail pour empêcher l'apoplexie. L'air
est tellement raréfié sur ces hauteurs, que les animaux s'y *assoróchent*
(*assorochanse*). *Sorroche* est le nom que l'on donne à l'état de souffrance qui s'empare de tous, hommes et animaux, sur les Cordilières :
pour les hommes, c'est un violent mal de tête et une grande difficulté
de respirer, qui paralyse leurs forces et les oblige de s'arrêter : ils
étoufferaient, s'ils étaient forcés de continuer à monter; les mules attaquées du *sorroche* ont la respiration courte et transpirent abondamment; souvent elles tombent comme frappées d'apoplexie et meurent
sur place, si elles ne sont immédiatement secourues. Le nom du point
le plus élevé, *los Huessos* (l'ossuaire); et les monceaux d'os entassés
sur les bords de la route attestent les ravages du *sorroche*. Pas un abri
où se réfugier pendant les tourmentes; aussi, chaque année, nombre
de mules et même de voyageurs périssent sur ces hauteurs, ce qui ne
ralentit en rien le passage des caravanes, apportant continuellement à
Aréquipa les produits de l'intérieur du pays.

Nous nous arrêtâmes la première nuit au *tambo* de Cangallo, au
tiers du chemin du col à traverser; — la seconde au *tambo* d'Apo, à
quelque chose comme treize mille pieds au-dessus du niveau de la
mer. Les *tambos*, au temps des Incas, étaient des auberges placées sur
les grandes routes, à distances rapprochées, pour offrir l'hospitalité
aux personnes voyageant par ordre ou avec la permission du gouvernement. Là, elles trouvaient abri et nourriture. De nombreuses ruines
attestent l'ancienne magnificence de ces caravansérails d'Amérique,
qui étaient vastes et construits en pierre de taille. Les *tambos* de la génération présente ressemblent tous au *tambo* d'Apo, vilaine bicoque
large de dix pieds carrés, bâtie en briques de terre séchées au soleil,
voûtée et dallée de ces mêmes briques. Deux divans de même construction servent de lit et de table, et le jour arrive par une ouverture de
porte sans huis, que l'on se hâte en arrivant de boucher aussi herméti-

quement que possible. On doit compter pour y voir clair sur les nombreuses fentes et crevasses de la voûte et des murailles. S'il pleut, et à trente lieues de la côte il pleut six mois de l'année, la pluie pénètre sans obstacle; si le temps est sec, il vous arrive par les crevasses des bouffées de vent qui détachent des murs, de la voûte et du sol, une poussière menue qui vous envahit, sans vous laisser de défense possible : c'est dans cette insupportable atmosphère que vous devez vivre une douzaine d'heures par jour; c'est sur ce sol, rendu inégal par la pluie et les coups de talons des voyageurs vos devanciers, que vous devez établir votre mince matelas pour vous reposer de dix heures de marche. Vous trouvez pour vos mules le maigre pâturage sur lequel est construit le tambo; mais, pour vous, n'espérez rien qu'un triste feu de mottes de terre et de l'eau. Si vous apportez des provisions, si vous avez une marmite et un cuisinier, vous dînerez; autrement allez vous coucher. Dieu vous garde!

Nous poursuivîmes notre ascension à travers une sorte de désert montagneux, couvert d'efflorescences de salpêtre, et allant à l'encontre d'un vent glacé qui nous coupait la figure. Quatre jours après notre départ d'Amérique, nous passâmes le plateau le plus élevé de cette branche des Cordilières, l'Alto de Toledo, à quinze mille pieds au-dessus du niveau de la mer. Le sable, qui partout couvre le sol, ressemble à des excoriations de lave écrasée; des troupes de vigognes paissaient sur les vastes plateaux qui nous environnaient. Je descendis de cheval, et j'aperçus une herbe fine comme un cheveu, et sortant du sable seulement de quelques lignes. Son nom indien est *ichu*. Comme les gens qui voyagent n'ont pas d'ordinaire le temps de faire la chasse, les vigognes ne s'effarouchent nullement de la vue des mules et des voyageurs. Je pus facilement en tirer une, qui s'éloigna en traînant la patte. Je laissai ma mule pour courir après la vigogne; mais je n'avais pas fait vingt-cinq pas, que, saisi d'un violent mal de tête, la respiration courte et les membres rompus de fatigue, je fus obligé de cesser ma poursuite, bien heureux de pouvoir remettre en selle ma déconfite personne. Le soir, nous couchâmes à Tincopalca, dans une ferme à moutons, propriété d'un étranger. Ces terres désolées étaient autrefois sans produits et sans valeur; un Anglais les a achetées au meilleur marché possible, et y a établi des moutons, qui aujourd'hui lui donnent un revenu considérable. Il faut rendre justice à l'esprit d'entreprise de la nation britannique: partout où il y a une exploitation avantageuse à tenter, on est sûr de trouver un Anglais ou une compagnie anglaise. Les montagnes, sur ce versant des Cordilières, sont couvertes d'une rare verdure jaunâtre, que paissent des troupeaux de moutons et de llamas; à droite du chemin, nous vîmes le lac de Cachipa, à gauche celui de Lagunilla. Ces deux lacs de montagnes sont d'un effet sévère;

le temps me manqua pour les admirer à mon aise; nous avions seize
heures de marche à faire pour arriver à Vilque, notre gîte. Vilque a une
certaine importance dans le pays à cause de la foire de mules qui s'y
tient une fois l'an: Les mules sont amenées du Tucuman, province de
la république de la Plata, et mettent quatre mois pour accomplir ce
voyage; de Vilque, elles sont répandues dans tout le Pérou. Ce grand
village est bâti au bord d'une plaine marécageuse, qui paraît avoir
été le lit d'un lac, et qui se termine par un vaste étang.

Le sixième jour, je découvris enfin le lac de Puño ou de Titicaca,
non pas le lac entier, avec son circuit de quatre-vingt-dix lieues, mais
la partie que l'on appelle le *Petit-Lac*, avec son horizon obligé de
montagnes couvertes de neiges; cette vue ressemble singulièrement à
celle du lac de Genève et du Mont-Blanc, lorsqu'en venant de France
on descend sur Lausanne. Arrivés à Puño, nous traversâmes la ville
pour gagner la mine et les établissemens d'exploitation de mon compagnon de route, M. B.

J'avais hâte d'observer de près les travaux d'une mine d'argent. Peu
de gens savent que l'argent se manipule comme le blé; qu'on le con-
casse, qu'on le moud, qu'on le pétrit, qu'on le cuit au four exactement
comme un pain de quatre livres. Avant tout cependant il s'agit de
procéder à l'extraction du précieux métal, et c'est là une opération
assez difficile. Les mines d'argent, comme la plupart des autres mines,
se composent d'un ou de plusieurs filons qui courent en différentes
directions : ces filons ont depuis un pouce jusqu'à plusieurs pieds de
largeur; mais, pour avoir la portion de minerai d'argent qu'ils contiennent, il faut ouvrir une galerie où un homme puisse aisément remuer le ciseau et le marteau, tâche fort pénible quand la veine se
trouve encaissée dans le granit, comme il arrive d'ordinaire dans les
mines du Pérou. D'autres veines, les plus abondantes en minerai, se
trouvent dans un terrain friable, et alors autres dangers et autre travail: le danger des éboulemens et l'obligation de soutenir les parois
de la galerie, à mesure que l'on avance, avec des poteaux et des planches; ce qui occasionne des frais énormes dans ce pays, où le bois
manque totalement. Un mineur est placé à chaque veine, et à coups
de marteau il enfonce de six pouces dans le granit un énorme ciseau rond et pointu. Le trou est rempli de poudre, et la mine joue.
Après l'explosion, il y a de quoi étouffer: la fumée empestée de cette
poudre grossièrement faite roule lourdement dans les étroites galeries de la mine, quelquefois longue de cinq à six cents pieds, et, quand
on se trouve là dans le moment, on en avale une portion capable d'as-
phyxier un bœuf. Une fois le minerai détaché du rocher, des Indiens,
uniquement chargés de ce travail, le mettent dans un sac de cuir,
capacho, qu'ils portent sur le dos jusqu'à l'entrée de la mine, où il est

jeté en tas. Qui n'a vu que des mines d'Europe, où le minerai est
chargé sur des brouettes ou enlevé dans des tonneaux, ne peut se faire
une idée de l'extrême difficulté qu'il y a à transporter ainsi ces déblais.
Les galeries ont de trois à quatre pieds de haut, le sol est couvert de
six pouces de boue, les deux ou trois cents marches que vous ayez à
descendre pour arriver aux deux ou trois cents pas de galerie sont
inégales, brisées et glissantes, et vous avez à ramper alternativement
sur le dos et sur les genoux. Maintenant chargez-vous par la pensée
d'un sac de pierres, pesant de quarante à cinquante livres, et partez !

L'entrée des mines d'argent au Pérou se trouve en général à une
grande hauteur et dans les sites les plus escarpés. Il serait de toute
impossibilité de former l'établissement principal sous une température glacée toute l'année, sans bois et sans eau; l'habitation du mineur, les moulins et les séchoirs sont construits dans une position
moins désolée, à une température plus bénigne, et, s'il est possible,
auprès d'un ruisseau ou d'une chute d'eau. C'est là que le minerai est
porté, à sa sortie de la mine, à dos de mules ou de llamas.

Chaque pierre est concassée à coups de marteau; les parties contenant l'argent sont mises en tas, et les parties de pierres seules jetées
au loin. Des femmes et des enfans sont chargés de ce travail peu fatigant, et pour lequel il suffit d'une intelligence très ordinaire. Le
minerai d'argent est porté au moulin, qui le réduit en poussière, et
passé ensuite dans un tamis très fin; cette poussière de terre et d'argent, mélangée d'une certaine quantité de sel, est mise au four, où elle
cuit pendant huit ou dix heures : l'expérience seule peut indiquer le
moment où la cuisson est parfaite. Du four, la poussière est portée sur
un vaste séchoir dallé en pierres ou en briques, arrosé d'eau et de
mercure qui la réduisent à l'état de pâte; une portion de cet amalgame est livrée à chaque Indien, qui en fait un petit tas rond qu'il
commence à piétiner, les pieds nus : ce piétinement dure de trente à
quarante jours, selon la qualité du métal et la température de l'atmosphère; si le temps est beau, si le soleil se montre constamment, le
travail est moins long. A mesure que cette boue se sèche, l'Indien
remet de l'eau et du mercure : on calcule pour le minerai de richesse
commune deux livres de mercure sur une livre d'argent.

Pour savoir si le mercure s'est mêlé à toutes les particules d'argent
avec lesquelles trente jours de manipulation l'ont forcément mis en
contact, le chef d'atelier (c'est toujours un Indien qui n'a d'autres
connaissances qu'une expérience consommée de l'opération) prend un
morceau de cette précieuse boue de la grosseur d'un œuf de pigeon
et le met dans une assiette de bois creuse. Plaçant son assiette au niveau de l'eau (un réservoir est d'absolue nécessité sur les séchoirs), il
la remplit d'eau et imprime à cette eau un mouvement circulaire qui

détache doucement toutes les particules de terre, lesquelles s'échappent de l'assiette, avec le trop plein de l'eau : il ne reste bientôt qu'une petite boule d'argent et de mercure. L'Indien chef d'atelier écrase avec son pouce cette boule sur l'assiette, et, à la couleur, il juge si l'opération est terminée ou non. Si l'échantillon est trop clair, il fait ajouter du mercure; s'il est couleur de plomb, il fait ajouter de l'eau, et, dans les deux cas, nouveaux piétinemens jusqu'à ce que l'échantillon soit parfait : il faut pour cela qu'il devienne d'une couleur gris-perle.

Ce mélange de terre, d'argent, d'eau et de mercure, est porté ensuite dans un grand bassin entièrement rempli d'eau et vigoureusement remué avec des rateaux de fer. Le fond du bassin est très incliné, et il est percé de deux conduits à ses deux extrémités. Le côté le plus bas s'ouvre sur un canal d'un pied de profondeur et de largeur, dans lequel, à des distances de dix pieds, l'on a pratiqué un trou d'environ huit pouces de diamètre et de profondeur. Le canal et les trous sont également garnis de peaux de mouton. Après un certain temps, on ouvre les deux conduits à la fois; l'eau du réservoir ou du ruisseau tombe avec force dans le bassin et entraîne avec elle terre, argent et mercure. La terre est emportée par le cours de l'eau, et après avoir passé sur tous les trous du canal, où son peu de pesanteur ne lui permet pas de séjourner, elle va, au sortir du canal, se perdre au dehors du séchoir. L'argent et le mercure, étant plus pesans, tombent dans les trous garnis de peaux, d'où on les retire quand le lavage est terminé.

Ce mélange d'argent et de mercure, à la vue et au toucher, rappelle parfaitement la neige; c'est une agglomération de molécules réunies partie par leur poids, partie par l'affinité chimique. On verse le tout dans un moule de laine dont la forme est absolument celle d'une *chausse* de liquoriste, et on laisse le mercure égoutter toute la nuit. Cependant la séparation du mercure et de l'argent n'est pas entièrement accomplie : l'espèce de mortier que l'on tire de la chausse de laine est portée au four, où il cuit toute la nuit. Le mercure s'évapore, et le matin il vous reste un magnifique gâteau d'argent que dans le pays on nomme *piña* (ananas), parce qu'il a la forme pyramidale de ce fruit. La *piña* est portée au chef-lieu du département de la mine, où la *loi* (aloi, qualité) de l'argent est reconnue et marquée au poinçon sur un des côtés de la *piña*. Il ne reste plus alors qu'à l'envoyer dans les villes où l'on bat monnaie (La Paz, Cusco, Lima), et où le gouvernement l'achète à raison de 7 piastres et demie le marc. L'exportation des métaux en lingots est prohibée, mais cela n'empêche pas les mineurs de vendre pour l'exportation une partie de ceux qui leur appartiennent, parce qu'ils en retirent de cette façon un plus grand profit.

Le mode d'exploitation que je viens de décrire est celui qui est le plus généralement usité au Pérou. Dans la mine exploitée par le propriétaire anglais que le hasard avait fait mon compagnon de route d'Aréquipa à Puño, on avait renoncé à ces pratiques surannées pour employer les procédés de l'industrie européenne. M. B. avait muré l'extrémité d'un canal ouvert jadis pour l'écoulement des eaux; il en avait fait un canal navigable pour deux bateaux en fer, qui, dirigés chacun par deux individus, transportaient au dehors les déblais amoncelés par les travailleurs. Le canal n'allant que jusqu'à moitié chemin, M. B. avait établi jusqu'à l'extrémité de la mine un rail sur lequel roulait un petit chariot en fer, conduit par une mule qui traînait facilement cent quintaux de déblai. Il faisait ainsi par jour l'économie du travail de quarante porteurs indiens.

Dans les mines du Pérou, les ouvriers sont d'ordinaire divisés en deux corps, dont l'un travaille de six heures du matin jusqu'à six heures du soir, et l'autre toute la nuit. Chaque individu reçoit 4 réaux par jour ou 52 sous, sur lesquels il doit se nourrir et s'habiller, deux dépenses peu coûteuses dans ce pays. Une soupe de pommes de terre fortement pimentée et du maïs grillé (cancha) forment la principale nourriture du mineur. Il boit pour ordinaire de la chicha, et de l'eau-de-vie les jours de fête. Pendant le travail, il mâche continuellement la feuille de la coca (erytroxilum peruvianum), dont le jus âcre procure une excitation nerveuse qui fait aisément supporter les rudes travaux des mines. Ce travail se faisait jadis par une conscription forcée d'Indiens que l'on nommait la mita. Sur la demande de tout mineur qui avait fait vérifier et enregistrer son droit de propriété et d'exploitation, les alcades, dans chaque village, étaient tenus de fournir un certain contingent d'Indiens que l'on nommait mitayos. D'après l'ordonnance royale, les mitayos devaient faire le service de la mita seulement pendant un an. Comme le faible salaire qu'ils recevaient ne suffisait pas, à beaucoup près, à leurs besoins, le propriétaire leur avançait, à un prix exorbitant, des effets et des vivres. A la fin de la première année ils étaient endettés et ne pouvaient s'éloigner; d'année en année, les pauvres mitayos finissaient par passer leur vie entière au service du mineur. Quand ces malheureux partaient, ils emmenaient avec eux femme et enfants et disaient un éternel adieu à leur village. Rarement ils y revenaient; le manque d'air dans les mines, le travail forcé et la misère faisaient chaque année de nombreuses victimes parmi les mitayos. Avec la révolution, cet abus a cessé : travaille qui veut, et tous veulent y travailler, parce qu'ils sont payés à 5 réaux par jour, au lieu de 2 réaux, prix de la main-d'œuvre aux champs.

Le travail des mines est fatigant, mais non mal sain pour les ouvriers, qui, leur journée achevée, trouvent chez eux un repas abondant et des vêtemens chauds; ce que la haute paie de la main-d'œuvre permet à tout Indien d'avoir aujourd'hui. Cependant, sur les hautes montagnes de ces régions glacées, ils sont exposés, au sortir de la mine, à gagner des pleurésies et des rhumatismes, et ce sont les souffrances dont ils se plaignent le plus ordinairement. Quant au mercure qu'ils amalgament avec l'argent, il n'attaque point leur constitution. Chez M. B., pas un des quarante Indiens qui travaillent tous les jours ne montrait de symptômes mercuriels; l'Indien chargé de veiller au four quand la *piña* se cuit et que le mercure s'évapore était seul sujet à un tremblement assez léger, et il y a quinze ans qu'il faisait ce service.

Les gens du pays reprochent aux Indiens la défiance insultante qu'ils montrent pour la parole et les promesses des blancs, leurs maîtres et seigneurs. Les pauvres diables ont été si long-temps et si souvent trompés, que cette défiance leur est plus que permise. M. B. a montré qu'avec de bons traitemens et de la fidélité à tenir ses promesses, on pourrait les faire revenir de cette mauvaise opinion. Chez lui, les ouvriers sont payés chaque samedi, et, quand il n'y a pas d'argent à la maison, on leur fait des bons payables à tant de jours de vue; les bons sont faits en anglais, et les Indiens ne savent pas ce qu'ils acceptent, mais on leur dit : Ceci vaut 2 piastres, 4 piastres, 10 piastres, etc.; et, comme les différentes sommes ont toujours été exactement payées, ils acceptent ces bons comme de l'argent comptant.

La mine de Manto, exploitée par M. B., appartenait, vers l'an 1660, aux frères Salçedo, Joseph et Gaspard. Le métal s'y trouvait par larges couches d'argent vierge, que plus d'une fois l'on envoyait sans travail préparatoire à la monnaie d'Aréquipa pour y être fondu et monnayé. C'est ce qui lui avait fait donner le nom de *Manto* (manteau). Une ville de trois mille maisons (San-Luis-de-Alva) s'éleva bientôt autour de la demeure des Salcedo, et tous les aventuriers du haut et bas Pérou accoururent pour avoir de gré ou de force une part au gâteau. Les Salcedo étaient originaires de l'Andalousie, et les émigrans andalous se rangèrent autour d'eux. Par opposition, il se forma un parti biscaïen que vinrent grossir les émigrans qui, dans la mère-patrie, étaient par tradition hostiles aux Andalous. Des combats acharnés se livrèrent sur cette montagne de Laycacota, et, dans une de ces rencontres, mille hommes des deux partis restèrent sur le champ de bataille. Ces querelles sans cesse renaissantes, dans un pays si généralement tranquille, inquiétèrent le vice-roi don Pedro Fernandez de Castro y Andrade, comte de Lemos. En juin 1668, il vint lui-même à Puño avec des forces considérables; il commença par mettre tout à feu et à sang; San-Luiz-de-Alva fut brûlée et rasée, et son titre de ville accordé au village de Saint-Jean-Baptiste, qui s'appela San-Carlo-de-Puño. Don

Joseph de Salcedo avait fait paver de barres d'argent la rue qui conduisait de l'entrée de la ville de San-Luis à sa maison; le vice-roi accepta les barres d'argent et fit mettre Salcedo aux fers. L'on afficha la nuit même sur la porte de son logis la menace suivante :

Conde de Lemos,	Comte de Lemos,
Amainemos,	Adoucissons-nous,
O si no verremos.	Ou nous verrons.

L'on porta ce *pasquino* au vice-roi, qui écrivit au dessous :

Mataremos,	Nous tuerons,
Haorraremos,	Nous pendrons,
Despues verremos.	Après nous verrons.

Et il fit replacer le *pasquino* sur la porte. On pendit en effet les chefs des deux partis, et José Salcedo fut *desgarotado* (étranglé) à la porte de sa riche mine d'argent, que l'on confisqua au profit de la couronne.

Don Gaspard, plus avisé que son frère, n'avait pas attendu l'arrivée du vice-roi; il était passé en Espagne, où il demanda restitution de la mine et justice pour la mort de don Joseph. Dans son mémoire au tribunal des Indes, il représenta combien l'état avait perdu par la mort du mineur qui, dans l'espace de deux années et demie, avait payé au trésor deux millions de piastres de *quinto*, ce que constatait la déclaration officielle d'un produit de 10,700,000 piastres (43,700,000 francs). Après sept années de sollicitations et de dépenses ruineuses, il gagna son procès, et la mine lui fut rendue; mais, pendant ce long espace de temps, l'eau avait pénétré partout, et la mine, pour être exploitée de nouveau, exigeait des capitaux considérables. Malheureusement, ce qui restait de fortune à don Gaspard avait été dépensé en procédure; il mourut dans la misère, lui, possesseur d'immenses trésors, et la mine fut long-temps abandonnée. A plusieurs reprises, on tenta des travaux qui, mal dirigés, n'aboutirent qu'à la ruine de ceux qui les avaient mal entrepris. C'est cette même mine que M. B. a recommencé d'exploiter il y a plusieurs années, et dont il retire chaque mois des sommes considérables.

La petite ville de Puño, située près de la mine du Manto, renferme à peu près six mille habitans; elle n'a d'autres droits à être marquée en grosses lettres sur la carte du Pérou que sa qualité de chef-lieu du département de Puño. Pendant le court règne de Joseph Bonaparte en Espagne, l'ancienne division gouvernementale par présidences et corregidorias fit place à notre mode d'administration française. Le Bas-Pérou fut divisé en sept départemens : Aréquipa, Puño, Cusco, Ayacucho, Lima, Serro de Pasco et Truxillo. Malheureusement pour le pays, le code Napoléon n'a pas remplacé les vieilles lois espagnoles; la justice est restée embrouillée et vénale, et les procès sont interminables et ruineux. C'est à Puño que les habitans du département viennent chercher le petit nombre d'objets manufacturés qu'ils consomment : des draps communs, des toiles peintes, des soieries pour les femmes, du thé, etc. Le tout est importé à Islay de l'Europe ou de l'Inde, et envoyé à Puño à dos de mulets et à des prix monstrueux. Il n'y a aucune société à Puño, mais seulement quelques maisons de mineurs et de marchands, où l'on va causer du prix du vif-argent, de la hausse et de la baisse des laines de moutons et de llamas; et comme la ville est à dix mille pieds au-dessus du niveau de la mer, au bord d'un lac battu de trois côtés par les vents, il en résulte que la température moyenne des beaux jours est entre 6 à 9 degrés Réaumur, et que l'on souffre du froid une bonne partie de l'année. L'on fait ses visites enseveli dans un manteau qu'on garde tout le temps, sous peine de devenir hébété de froid.

J'allais quitter le Pérou pour la Bolivie. Puño est peu éloigné de cette petite république. Ce que j'avais pu observer dans les premiers jours de mon voyage des mœurs politiques des populations du Pérou me faisait désirer de voir de près à La Paz un de ces gouvernemens présidentiels que les républicains de l'Amérique du Sud font et défont avec une si merveilleuse insouciance. Déjà, à Puño, j'avais rencontré un type curieux de la société officielle du Pérou dans le préfet de la province, jeune colonel très enthousiaste de l'empereur Napoléon, dont il avait le portrait au plus bel endroit de son salon. Ce que le colonel admirait surtout dans la vie de Napoléon, c'était le 18 brumaire, qu'il trouvait parfaitement applicable à la situation de son pays. Le colonel déclarait mépriser souverainement la représentation nationale de Lima, et il terminait volontiers ses tirades par ce dicton connu : « Parler n'est pas agir. » Le colonel était tout dévoué au général président du Pérou, et il se préparait à le soutenir, les armes à la main, dans le cas où celui-ci tenterait un coup d'état. Je l'écoutais patiemment; mais je me demandais tout bas si les naïves paroles de cet officier péruvien n'étaient pas l'expression d'une tendance générale, et si le désaccord des institutions et des mœurs n'était pas ici comme dans toute l'Amérique du Sud, la cause principale des révolutions.

E. S. DE LAVANDAIS.

CHRONIQUE DE LA QUINZAINE.

14 janvier 1851.

Nos prévisions n'ont été que trop justifiées : les conflits du mois dernier ont amené de nouveaux conflits. Aux velléités tracassières qui semblaient malheureusement se faire jour dans le corps législatif, le pouvoir exécutif a répondu par un acte dont on aurait à tirer des conséquences bien autrement graves, si l'on voulait lui supposer plus de portée que n'en ont eu jusqu'ici, ce que nous appellerons de ce côté-là des velléités dictatoriales. Retraite et refonte du cabinet, crise ministérielle, destitution du général Changarnier, rupture imminente entre le gouvernement et la majorité, établissement d'un comité parlementaire dont la mission n'a pas été assez précise pour que les alarmés et les alarmistes ne le transformassent point tout de suite en un véritable *comité des recherches*, — voilà le triste bilan de ces quinze jours, le sommaire de toutes ces péripéties politiques qui, sans cesser d'être en elles-mêmes très médiocres, deviennent par leurs effets de plus en plus déplorables. Aujourd'hui comme il y a quinze jours, à l'heure où nous écrivons, nous attendons encore un dénoûment.

Nous l'avouons dans l'impatience de notre chagrin, nous ne sommes pas plus convaincus aujourd'hui qu'il y a quinze jours que ces dénoûmens puissent avoir désormais quoi que ce soit de définitif : ces dénoûmens ne sont que des cahots qui se succèdent impitoyablement sur la route laborieuse où nous piétinerions sans avancer, si le temps, qui avance tout seul, ne nous entraînait avec lui. Notre pauvre machine constitutionnelle verse d'une ornière dans l'autre : c'est sa façon de rouler, et il faut qu'elle dure à cela tout ce qui lui reste encore à vivre. La constitution passera, et franchement nous souhaitons qu'elle passe : c'est un vœu qu'elle permet ; mais derrière elle subsisteront encore les principes inhérens à notre société politique, les principes essentiels dont la constitution ne s'est emparée que pour les mettre aux prises; et les user l'un par l'autre dans de misérables froissemens : le principe-d'action ; le principe de discussion, l'autorité exécutive, l'autorité délibérante. C'est assurément chose fâcheuse de voir ces principes si mal engrenés, qu'à chaque instant les rouages crient et menacent de se rompre. Après tout pourtant, la chose prouve d'abord contre la constitution, et ce n'est point par là qu'elle fait grand tort à personne. Qu'il soit démontré, même par une assez rude expérience, que la constitution n'est pas viable, puisqu'elle ne comporte point d'accord possible entre les élémens qu'elle a enchevêtrés tout de travers, nous ne nous en plaindrons pas. — Où serait le dommage réel, permanent, peut-être ineffaçable ; ce serait que ces élémens nécessaires de tout ordre public souffrissent trop eux-mêmes de la mauvaise condition où ils sont placés, ce serait qu'au sortir du cadre provisoire dans lequel ils se meuvent depuis 1848 l'un à côté de l'autre ou plutôt l'un contre l'autre, ils n'apparussent plus à la France qu'amoindris et déconsidérés. Si le pouvoir exécutif, si le pouvoir parlementaire, au lieu de se retenir sur la pente glissante où l'on dirait que la constitution se plaît à les attirer, s'y abandonnent de leur mieux, et ajoutent au vice général d'une situation dont ils ne sont pas responsables tous les inconvéniens des passions individuelles et des partis pris qu'ils devraient s'épargner, ce ne sera pas seulement la constitution de 1848 qui sera condamnée : ce seront eux aussi, et plus ou moins les deux ensemble, qui s'affaisseront avec elle.

·i·Là, nous le répéterons jusqu'au bout, là vraiment est le côté grave de cette série d'imbroglios où il y a tant de côtés mesquins. Est-il des institutions possibles dans un pays qui s'habitue à n'avoir plus d'attaches? et, convenons-en, le jeu qu'on joue sur nos têtes n'est pas de nature à nous attacher beaucoup à quoi que ce soit. Que l'on ne s'y trompe pas : plus le jeu se prolonge, plus les principes en question s'y compromettent. Les échecs qu'ils se renvoient réciproquement retombent sur celui qui les inflige comme sur celui qui les reçoit. Le législatif ne gagne pas à ce que perd l'exécutif, et l'exécutif aurait apposé les scellés sur les portes du parlement, que sa victoire même ne le grandirait point. Nous n'avons ni une convention ni un César qui soient de taille à trouver leur compte dans un triomphe qui laisserait l'une ou l'autre des deux parties seule sur la scène, seule en spectacle. Ne s'est-on pas déjà trop aperçu qu'aussitôt que l'une aspirait trop bruyamment à se produire en dehors et au-dessus de l'autre, elle ne réussissait qu'à se diminuer elle-même et à déprécier son principe? Or, cette dépréciation des principes de gouvernement est la cause la plus active de la dissolution des peuples. Ces principes sont comme les liens qui resserrent en un faisceau toutes les forces de l'état. Quand un peuple n'a plus le sentiment de la majesté des principes, quand il ne peut plus se les figurer majestueux et n'éprouve même plus le besoin de les voir tels, c'est comme si les liens de l'état se défaisaient, et le peuple s'en va de l'histoire.

· Pour peu que l'on étudie avec attention les circonstances actuelles, on s'explique encore assez facilement, au milieu même des obscurités quotidiennes, comment cette majesté si nécessaire aux principes de gouvernement dépérit chaque jour un peu davantage. On regrette d'autant plus que les personnes qui représentent ces principes s'échauffent trop à lutter entre elles pour observer combien elles gâtent en luttant ce qu'elles croient défendre. Rien n'est, en effet, moins majestueux que de se donner beaucoup de mouvement en pure perte, et l'agitation qui n'aboutit pas n'est jamais un signe de force. Les choses sont cependant ainsi arrangées par le caprice des révolutions et par la loi des antécédens, que toute l'agitation du monde en un sens ou dans l'autre, ne saurait d'ici long-temps qu'à des impossibilités. On s'agite, parce que l'on rêve soi-même ou parce que l'on craint que les autres ne rêvent des solutions extrêmes qui nous enlèveraient tout d'un coup à ce régime des à-peu-près auquel nous sommes bien obligés de nous soumettre. Les à-peu-près n'en sont pas moins notre lot; jusques à quand? Personne ne le sait, et personne n'en abrégera le terme en tâtonnant dans une ombre plus ou moins transparente pour chercher une issue plus prompte. Ce régime des à-peu-près, qui n'admet ni d'institutions bien régulières, ni de politique bien éclatante, n'a rien en vérité de flatteur pour les imaginations; si l'on pouvait ainsi parler, il consiste à faire de l'ordre dans le vide; c'est une entreprise ingrate et nullement glorieuse. Il faut de la patience et encore de la patience pour combler peu à peu ce vide creusé dans la société par les révolutions, pour y édifier quelque chose de plus moral, de plus fort que l'ordre matériel. La tentation peut être grande de combler l'abîme en une fois, mais c'est là que les impossibilités commencent, et avec les impossibilités le discrédit de ceux qui les bravent sans craindre assez de trop multiplier les aventures. Il n'est point de majesté qui résiste à courir les hasards en se heurtant toujours contre les réalités.

Quelles sont donc, dans l'état de nos affaires, ces impossibilités dont nous parlons?

Il serait impossible, par exemple, que l'assemblée nationale supprimât maintenant la position légitime du président de la république, qu'elle annulât sa prérogative en s'érigeant en comité de salut public; mais il serait plus impossible encore que le président élevât sa prérogative au-dessus de l'assemblée, qu'il réduisît le pouvoir législatif au métier de comparse dans une exhibition napoléonienne où lui-même se donnerait son rôle, au lieu de le recevoir, comme Napoléon se donnait à son sacre la couronne impériale, en la prenant de sa main. Il ne s'agit plus aujourd'hui de couronne à prendre. Il serait également aussi impossible d'improviser une restauration légitimiste ou orléaniste dans les couloirs du Palais-Bourbon, qu'il le serait d'improviser la restauration de l'empire dans les antichambres de l'Élysée. Pourquoi tout cela ne se peut-il pas? Parce qu'en tout cela il y aurait à faire un premier pas que personne ne fera, le pas décisif par lequel on serait le premier à violer une charte, dont le seul mérite sera de fournir un argument de légalité contre qui tenterait la surprise. L'opinion, sans doute, est faible et servile: on peut croire qu'elle se tournerait aisément vers le plus fort, parce qu'elle se sent désorientée; mais, du moment où l'on méconnaîtrait par un coup d'audace la lettre de la loi, cette lettre deviendrait comme un signe de ralliement pour cette immense majorité qui ne sait peut-être pas ce qu'elle veut, mais qui sait du moins ce qu'elle ne veut pas. Elle ne veut pas être enlevée comme elle l'a été en février, fût-ce au nom des souvenirs ou des espérances qui lui agréeraient le plus. Voilà l'obstacle pour les entrepreneurs qui prétendraient lui faire prendre, bon gré mal gré, leurs remèdes souverains; voilà les impossibilités et leur raison d'être.

Allons ici au fond des choses. Ce sont ces impossibilités mêmes qui, depuis quelque temps ont trop paru préoccuper le parlement comme le président! Le président et le parlement avaient réussi par leur bon accord à nous assurer, depuis deux ans, une amélioration réelle dans l'état du pays; le président et le parlement ont aujourd'hui trop laissé dire ou prêté trop à penser qu'ils avaient en tête quelque campagne qui achèverait radicalement l'œuvre de notre salut, mais à laquelle chacun devait se préparer en commençant par se débarrasser de l'autre. Il s'organise toujours auprès des grandes situations politiques un entourage d'autant plus dangereux, qu'il s'arroge la permission de servir des intérêts et des principes considérables avec des sentimens et des idées vulgaires. En traversant cet entourage, toutes les impressions s'exagèrent, tous les bruits grossissent. Les difficultés qui découlent d'une constitution mauvaise, les jalousies qui se substituent trop souvent à l'émulation entre des pouvoirs qui ne sont point, au bout du compte, exercés par des anges, les accidens et les boutades deviennent des hostilités systématiques. Puis les Iagos s'en mêlent et noircissent les intentions encore plus que les actes. C'est ainsi que le président de la république et la majorité de l'assemblée nationale se sont trouvés divisés au moment où l'on s'y attendait le moins : celle-ci déclarée suspecte de vouloir se garder une épée à son usage pour quelque mystérieux dessein de résurrection monarchique; celui-là presque accusé d'acheter à tout prix l'avénement de l'empire et de se frayer par des voies souterraines le chemin des Tuileries.

Ne nous lassons pas de le redire, l'impossible est là. Que le président désire, qu'il désire même avec ardeur la prorogation de son autorité dans les termes d'un juste contrat, dans les conditions raisonnables que les circonstances imposent à tout le monde, il n'y a rien en cela de nouveau ni d'extraordinaire, et nous ne sommes point tellement pourvus de combinaisons tranquillisantes pour l'avenir, que celle-ci nous paraisse à dédaigner. Ce serait, à coup sûr, un pas en avant et en mieux dans ce régime des à-peu-près où nous vivons : c'est là le possible, comme le bon sens le souhaite; l'impossible, ce serait le plagiat de Napoléon-le-Grand, même en petit. Comme aussi, d'autre part, personne n'est tenu de s'interdire le regret des établissemens déchus, ni d'abdiquer les chances de l'avenir, — l'impossible, ce serait d'aller chercher, au jour d'aujourd'hui, le jeune homme exilé de Frohsdorff et l'enfant exilé de Claremont, pour les ramener à Paris en leur mettant l'un à l'autre la main dans la main, en les chargeant de réconcilier comme ils pourraient 1815 avec 1830. L'impossible, ce serait la fantaisie du *loyalisme* aussi bien que la fantaisie du chauvinisme. Dans une époque troublée comme la nôtre par tous les contre-coups révolutionnaires, il faut le temps pour calmer les agitations de la surface, pour aider à voir clair au fond, pour en dégager les éventualités possibles; l'impossible, c'est de se passer du temps.

Telle est néanmoins la tournure qu'a prise en un clin d'œil le démêlé des deux pouvoirs, qu'ils se sont donné l'air de ne plus vouloir, ni l'un ni l'autre, compter avec le temps. Qu'en est-il arrivé? Aussitôt qu'on a pu soupçonner en eux, à tort ou à droit, cette arrière-pensée de l'impossible, le public m'a plus ressenti l'émotion de la querelle soulevée dans les régions supérieures du gouvernement. Il est demeuré froid et presque indifférent. Nous avons aujourd'hui devant nous l'un des phénomènes les plus neufs qui se soient encore rencontrés dans nos vicissitudes politiques. La discorde, l'anarchie même rè-

...ment à la face du pays entre les pouvoirs investis du soin de le conduire. Les
volontés les plus violentes et les plus contradictoires se déclarent une guerre
ouverte dans la sphère officielle. Le pays n'en ignore absolument rien. Il ne
s'en inquiète pas davantage. Il y a eu crise de cabinet pendant huit jours : on.
a vu des temps où il n'en eût pas fallu la moitié pour déterminer la panique
à la Bourse et l'insurrection dans la rue; la crise a semblé s'aggraver plutôt
que s'adoucir depuis que le cabinet reformé a reparu devant la chambre; la
crise est encore suspendue sur tout l'état, et c'est à peine si l'on y songe dans la
masse de la population. On l'avait prise plus au sérieux à son début qu'on ne l'y
prend à sa fin. Ce ne sont pas seulement les fonds publics qui tiennent contre
cet ébranlement venu d'en haut et non plus d'en bas, c'est l'industrie elle-même
qui continue ses commandes. Ni le travail ni l'argent n'ont déserté la place. Le
ministre des finances, que ce soit bravade ou non, choisit ce moment-là pour
baisser d'un demi pour cent l'intérêt des bons du trésor, comme si la confiance
des particuliers encombrait le trésor de ses dépôts à mesure que l'horizon public s'assombrit davantage. En un mot, tandis qu'autrefois les agitations des
gouvernés troublaient le sommeil des gouvernans, tout le trouble qui se manifeste depuis quinze jours au faîte de l'état ne réussit pas à déranger le calme
des simples citoyens. Et pourquoi ce calme imperturbable du pays à côté de
ce déchirement des pouvoirs? Parce que le pays a cru discerner que la dernière menace, que l'ultima ratio dont ces pouvoirs irrités pensent à s'armer
l'un contre l'autre, c'était en somme l'impossible, parce qu'il a bien pu se résigner à tous les tiraillemens, à tous les achoppemens, mais que par cela même
il a perdu la foi dans les coups de baguette, et qu'il sait bien que les magiciens d'expérience ne travaillent que pour les auditoires convaincus. Les partis
font grand bruit de leurs expédiens héroïques; ils crient de toutes leurs forces
qu'ils sont décidés, qu'ils sont tout prêts; leurs expédiens ne tiennent plus
qu'à un fil, ils vont les lâcher. Le public a déjà levé tant de fois la tête sans
rien voir se détacher, qu'il s'est persuadé que le fil est plus solide qu'on ne dit
ou qu'on ne pense, et il ne se trompe pas. Il ne s'occupe donc plus de ces épées
de Damoclès, il ne se demande même guère si l'opération qu'elles lui feraient
en tombant serait ou nuisible ou salutaire; il est sûr qu'elles ne tomberont
pas; il s'en va tout droit à ses affaires de tous les jours.

On dira sans doute que c'est là l'hébétement d'un peuple épuisé qui perd la
conscience de son propre état, et renonce de guerre lasse au souci de ses destinées politiques : soit. Les révolutions multipliées laissent après elles une sorte
de stupeur qui peut bien à la longue en amortir les coups, et si cette insensibilité est en elle-même une misère et un abaissement de plus, par cet autre
côté pourtant, elle est aussi un bienfait; mais les révolutions ont quelquefois un
autre résultat et peut-être plus fatal : c'est de susciter des pouvoirs et des partis
qui, moins appliqués à les apaiser qu'à les renouveler, se consument dans des
luttes inutiles, qui, n'entendant faire le bien qu'avec de grands frais et de
grandes inventions, attachent un tel prix à l'honneur de le faire ainsi, qu'ils
ne songent plus qu'à se disputer cet honneur, par-là même stérile. Vainement
ils promettent à l'envi d'inaugurer, chacun à sa mode, mais tous dans des voies
magnifiques, une ère de résurrection nationale; la seule concurrence de leurs
plans les annule les uns par les autres, et augmente cette lassitude de la foule

qu'ils accusent avec indignation. La foule veut qu'on la sauve plus terre à terre. Encore une fois, elle a dans ces temps-là l'instinct de l'impossible : il lui en a coûté assez cher pour l'acquérir; elle l'a, elle s'y fie. Les rivaux ou turbulens ou illustres qui viennent se heurter contre son sang-froid, dans l'espoir de la ravir, n'y gagnent que de déconsidérer les pouvoirs au nom desquels ils la sollicitent, et qu'ils usent comme à plaisir en se vantant de les conserver. Nous ne saurions trop signaler ce péril du moment actuel, un péril qui ne gronde pas et n'éclate pas comme ces fameux périls des conspirations impérialistes ou royalistes, mais qui couve lentement au sein de la société comme un germe de mort; le péril presque infaillible de la dissolution des pouvoirs.

Il ne faut pas qu'on nous reproche de nous en prendre ainsi à tout le monde. Interrogez seulement le courant général de l'opinion commune; vous serez aussitôt frappé de ce dégoût, de ce mécontentement universel qu'ont inspiré les récentes alternatives du drame politique; chacun a presque cessé d'avoir son personnage favori. Il y avait jusqu'à ces derniers temps des fanatiques de l'assemblée nationale et des fanatiques de la présidence; ceux qui n'étaient fanatiques d'aucune sorte tâchaient de rendre justice de tous les côtés, et cette justice leur était d'autant plus facile, qu'ils avaient à distribuer plutôt des sympathies que des blâmes. A l'heure qu'il est, c'est un curieux et triste embarras, pour les bonnes gens qui font le grand public, de savoir vers qui pencher pour être avec le meilleur droit et le plus sûr guide. Il s'est vu rarement de confusion plus singulière, et ce n'est pas l'un des traits les moins caractéristiques de cette situation bizarre où nous sommes. On se sent gêné par ses prédilections, parce qu'on ne peut se dissimuler qu'il y a des torts là où l'on n'en voudrait point voir. Les plus zélés défenseurs de M. Louis Bonaparte, nous parlons toujours, bien entendu, des ames sincères, ne se chargent plus de tout défendre; les plus entêtés parlementaires renoncent à jurer sur l'infaillibilité du parlement. On se surprend à compter les péchés qui ont été commis de part et d'autre, et le dernier semblant toujours le plus gros, ce qui n'est peut-être qu'un effet d'optique, on souhaite au camp que l'on affectionne de n'avoir pas à sa charge ce dernier péché, dans l'espoir de lui sauver ainsi quelques dehors d'innocence.

L'innocence n'est pas heureusement une condition indispensable pour la vie politique. Aussi, quant là nous, sommes-nous d'avis qu'on y doit tenir bien moins de compte des fautes passées que du ferme propos de n'y plus revenir, et de la manière plus ou moins franche dont on ressent, dont on manifeste cette résolution salutaire. Le président de la république s'est honoré en plus d'une circonstance par cette sagesse avec laquelle il reconnaissait l'inconvénient d'une fausse position, et se retournait juste à temps pour la rendre bonne. Les épisodes trop saillans de sa jeunesse avaient pu faire craindre au pays qu'il ne fût trop enclin à se jeter tête baissée devant lui, sans jamais consentir à regarder un peu derrière. Les reviremens toujours opportuns auxquels il a su recourir depuis 1848 ont montré qu'il avait aussi sa prudence au service de sa témérité. C'est une des recommandations les plus efficaces par lesquelles l'homme d'à-présent ait effacé l'homme d'autrefois de la mémoire publique. Partout où le terrain à manqué sous ses pas, il s'en est aperçu, et il a reculé; ce n'est pas une habileté commune. Le message du 31 octobre était un plan de campagne qui avait le désavantage de paraître très gros; à l'exécution, il n'est rien resté de ce désavantage. Les revues de Satory avaient le tort de prêter aux suppositions les plus aventureuses; le message du 11 novembre a clos les apparences d'aventures. Le président doit comprendre aujourd'hui que la destitution du général Changarnier parle plus haut et en dit plus que les fanfares et les clameurs des escadrons de Satory. Il a jusqu'ici ou évité de blesser des susceptibilités légitimes ou réparé les blessures : il n'en a jamais eu de plus grande à guérir, et ce n'est pas son intérêt de la laisser au vif. Il lui en coûtera si peu pour y mettre du baume!

Quant à l'assemblée nationale, nous sommes bien forcés de le confesser, elle s'est elle-même attiré cette regrettable atteinte. Si ses erreurs de la dernière quinzaine, si l'affaire Mauguin, si l'affaire Yon n'avaient pas compromis son attitude vis-à-vis du pays, on l'eût sans doute ménagée davantage. Elle a fait momentanément sa propre faiblesse en outrant le système des taquineries, et, quand elle a reçu ce grand coup en représaille des petits auxquels elle s'était amusée, le premier mouvement de l'opinion n'a pas été de la plaindre. Ce n'est point une raison pour que le second n'amène pas la réflexion avec lui. La réflexion veut que des pouvoirs qu'on ne saurait contraindre à s'aimer, puisqu'ils ont été mis au monde pour se déplaire, apprennent cependant à se supporter en présence de tous les ennemis qui épient leurs discordes. La réflexion veut encore que le principe de libre discussion et de libre contrôle, que le principe parlementaire, qui est la source et la base de tout notre état politique, ne soit jamais ravalé. Nous ne craignons pas l'empire, nous l'avons dit de reste, nous ne craignons que les caprices d'omnipotence, toujours si funestes au pouvoir exécutif, quand celui-ci n'a que des points d'appui précaires. Le plus précaire de tous, et celui pourtant sur lequel il se repose le plus aujourd'hui, l'opinion, se déplace vite. Le vent de l'opinion soufflait en vérité bien plus fort dans les voiles de l'Élysée, quand le public croyait l'Élysée presque molesté par M. Dupin. Il ne faudrait pas se laisser aller à penser que l'on trouverait au dehors beaucoup d'indulgence pour une revanche trop rigoureuse.

Ce sont là les impressions plus ou moins générales que les événemens nous ont paru produire : les événemens sont d'ailleurs peu nombreux, et le récit ne nous en sourit guère, parce qu'ils ont encore toute la petitesse de ceux qui les avaient précédés; mais il y a telles maladies profondes qui ne se révèlent que par des symptômes minimes. L'année avait pourtant mieux débuté qu'elle n'avait fini, M. Yon ayant bien voulu donner sa démission et terminer de son chef le conflit élevé sur sa personne. M. Dupin, il est vrai, avait encore eu quelques difficultés, mais il assurait lui-même que ce n'était rien. Dans sa visite officieuse au président de la république, à l'occasion du jour de l'an, la conversation s'était montée tout d'un coup sur une corde assez aigre; les amateurs de querelles et de scandales avaient essayé d'exploiter la circonstance, et de fait M. Dupin, qui était ce soir-là en grande veine de politesse, n'avait obtenu en retour qu'une amertume qu'il eût mieux valu taire, M. Dupin a du moins eu le mérite, en cette circonstance, de ne point se sentir fâché.

La montagne avait manqué la partie qu'elle se promettait; elle ne devait rien perdre pour avoir attendu. Un journal accoutumé à des relations assez étroites avec le ministère publia un document militaire d'où il semblait résulter que le général Changarnier n'instruisait pas précisément ses soldats dans le respect de la représentation nationale. « Ne pas écouter les représentans, repousser rigoureusement toute sommation, réquisition ou demande d'un fonctionnaire civil, judiciaire ou politique, » tels étaient les extraits significatifs de l'ordre du jour qu'on attribuait à l'honorable général. M. Napoléon Bonaparte jugea peut-être que cette pièce n'avait pas été citée pour rien dans la feuille ministérielle, et qu'il devait y avoir quelque bonne raison pour ne pas la laisser tomber: M. Napoléon Bonaparte, tout en étant de la montagne, n'a pas cessé de se croire de la branche cadette; il sait par cœur le rôle des héritiers présomptifs, et à ce titre il a dû s'adjuger une place dans l'opposition, mais il ne demanderait pas mieux, au besoin, que d'être utile à son aîné. Engager le général Changarnier dans une passe délicate, vis-à-vis de la chambre, le décider à marquer d'avance sa position au cas d'un conflit entre les deux prérogatives, c'était peut-être faire du même coup la besogne d'un bon montagnard et d'un bon cousin. On sait comment le général s'est tiré d'affaire. « Les instructions, a-t-il dit, n'étaient données que pour assurer l'unité du commandement dans le combat; » il n'avait jamais entendu méconnaître le droit de l'assemblée.

Ces simples paroles, énergiquement accentuées, recevaient des dispositions morales du moment un sens par malheur tout spécial, et l'assemblée les accueillit avec une chaleur enthousiaste. Les esprits, dominés par cette perspective de lutte violente qui flottait devant eux depuis quelque temps, virent dans la déclaration du général un favorable augure pour la cause parlementaire, puisqu'on voulait à toute force que la cause parlementaire fût en jeu. Serait-ce pour répondre à cette joie plus ou moins fondée avec laquelle le parlement acclamait un tel champion, serait-ce pour la punir, que la destitution du général Changarnier a été résolue? Serait-ce dans cette pensée de représailles qu'on aurait oublié des services comme ceux du 13 juin 1849? C'est ce que nous apprendra la discussion qui va s'ouvrir. Quoi qu'il en soit, le ministère n'était pas unanime sur une mesure si grave, et pour mettre le président plus à l'aise dans l'exercice du droit parfaitement constitutionnel qu'il avait de la prendre, le cabinet en masse offrit sa démission. Par une coïncidence assez piquante, le cabinet reconstitué après huit jours n'a pas compris ceux de ses anciens membres qui avaient le plus vivement sollicité ou appuyé la destitution du général. La raison en est sans doute dans des questions de ménage intérieur, dans des préférences ou des dégoûts dont nous n'avons point à nous occuper : l'excès de la complaisance n'est pas toujours l'excès de l'adresse. Dieu nous préserve de dire cela pour le loyal général de Lahitte, qui n'a pas voulu revenir au ministère, parce qu'il n'a voulu à aucun moment signer la révocation du commandant en chef de l'armée de Paris! C'était, à ce qu'il semble, la condition absolue et le seul programme imposé par le président à ses conseillers rentrans et à ceux qu'il leur adjoignait au lieu de leurs précédens collègues.

Aussitôt arrivé à la chambre, le nouveau cabinet a subi le rude assaut qui se prolonge encore. On lui a demandé un compte sévère du premier acte par lequel il inaugurait son administration. On l'a durement accusé d'avoir prêté son concours à une mesure que l'on reconnaissait pour légale; mais où l'on voulait toujours voir une intention hostile à l'assemblée. M. de Rémusat, avec la vivacité nouvelle de son tempérament politique, a ouvert l'attaque; M. Berryer, M. Dufaure l'ont suivi, et les ministres ont fait si méchante mine à ce mauvais jeu joué contre eux, que l'assemblée, n'étant en rien arrêtée sur la pente où la poussaient ses esprits les plus prompts, a décidé quelque chose qui avait l'air plus gros qu'au fond elle ne le voulait. On a nommé une commission chargée d'aviser au besoin du moment, mais d'aviser d'une manière ou de l'autre, l'auteur de la mesure n'étant pas lui-même bien fixé sur la destination qu'il lui réservait. On va quelquefois ainsi plus loin qu'on ne veut. Heureusement il y avait des sages dans cette commission, qui pouvait si bien ne pas l'être. On a commencé par demander la communication des procès-verbaux du temps de la permanence; le ministère en a réclamé la publicité complète: c'était ce qu'il y avait de plus opportun pour réduire à leur juste valeur les sourdes préventions qui enveniment le débat. Ces procès-verbaux ne contenaient rien qu'on ne sût à la lettre; leur mérite était dans leur mystère. Il faut maintenant qu'on s'explique aussi au grand jour de la tribune sur la révocation du général Changarnier; il faut que le pouvoir exécutif, dont on ne conteste point ici le légitime usage, n'affecte pas un oubli injurieux des égards qu'il doit au pouvoir législatif. C'est au ministère de convaincre l'assemblée par ses bonnes raisons, ou de subir avec ses conséquences le blâme que la commission menace de lui infliger dans l'ordre du jour proposé en son nom par le rapporteur. La discussion s'ouvrira demain sur ce rapport.

Les chambres britanniques entreront en session au commencement de février. En attendant, c'est toujours le débat religieux, ce sont aussi de temps en temps les essais d'agitation protectioniste qui occupent l'opinion, mais sans l'absorber. La construction du *palais de cristal*, la gloire qu'on en espère aux yeux de l'univers entier, défraient pour leur bonne part la curiosité publique. On ne laisse pas cependant de suivre avec le même intérêt les péripéties sans cesse renouvelées du litige qui a éclaté sur tant de points à la fois depuis la prise de possession des diocèses anglais par les prélats romains. Le cardinal Wiseman n'a pas un instant perdu sa ferme contenance devant les attaques souvent grossières auxquelles il est en butte. La brutalité native de John Bull se traduit à l'aise dans ces passions populaires qui font la force de l'antipapisme; mais le cardinal ne craint pas à l'occasion d'en appeler de cette brutalité même aux sentimens de justice qu'il sait si habilement invoquer, parce qu'il en connaît tout l'effet sur l'humeur du peuple anglais. Dernièrement encore, un orateur de meeting, dans le feu des invectives qu'il adressait au cardinal à cause de son origine prétendue espagnole, avait été jusqu'à calomnier sa naissance; le prélat a voulu répondre, et il a répondu de la manière la plus propre à se concilier cette sympathie qui en Angleterre manque rarement à la loyauté du fair play. Il a répondu non pas pour lui, mais pour l'honneur de sa vieille mère, dont on venait ainsi troubler la vie sans respect pour ses quatre-vingts ans; il a sommé son agresseur, d'un ton très naturel et très haut, de faire la réparation d'honnête homme que tout *gentleman* devait à la victime d'une pareille injure. Ces vives façons d'agir et d'écrire, qui sont bien dans le caractère de son pays, contribueront peut-être plus à ramener les esprits au cardinal que toutes les félicitations officielles qui lui sont envoyées

par les souverains catholiques. Le puseysme, de son côté, paie maintenant les
frais de la guerre qu'on a déclarée au papisme. L'évêque de Londres, par
exemple, a ordonné une enquête minutieuse sur toutes les pratiques romaines
qui s'étaient introduites dans le culte anglican; et ses archidiacres visitent
assidûment les églises pour prendre note des surplis et des cierges qu'ils y
voient paraître. De cette petite guerre sortent tantôt des épisodes assez peu sérieux, tantôt des conversions, ou, comme disent les ennemis du romanisme,
des *perversions* définitives. Les ecclésiastiques réclament contre des investigations qui leur semblent contraires à la liberté des paroisses, ou bien ils passent
tout-à-fait au catholicisme. Il se forme même des comités laïques pour veiller
au maintien de la liturgie nationale, et l'on va jusqu'à charger des *reporters* de
saisir la physionomie des temples suspects et de sténographier les sermons des
ministres qui les desservent. En somme, le mouvement paraît toujours renfermé dans un cercle trop choisi pour lui permettre de devenir très contagieux : c'est la meilleure raison que lord John Russell puisse avoir pour se
dispenser de donner aux exigences protestantes des satisfactions qui seraient
en vérité trop contraires à ses principes.

Il y aura là, sans doute une difficulté; quels que soient néanmoins les embarras qui menacent le cabinet à la rentrée des chambres (et la situation de
l'église est assurément parmi les plus graves), le cabinet aura pour se soutenir
tout l'appui que lui prête la prospérité du pays. Le tableau du revenu public offre, pour l'année accomplie au 5 janvier 1851, un accroissement de 164,922 livres
sterling sur l'année 1850. Ce tableau est un document essentiel dans la grande
cause de la liberté du commerce; c'est une source d'argumens dont on s'est
déjà saisi, en Angleterre, contre les protectionnistes. Déduction faite de tous
les paiemens que la dette publique et les services de l'état mettent à la charge
du trésor, il reste un excédant disponible de plus d'un million sterl., 1,012,817 liv.
Et cependant les droits sur les esprits et les sucres ont encore subi une nouvelle
réduction à partir du mois de juillet, et l'on a sacrifié dans la dernière session
près d'un million de recettes annuelles en droits d'excise et de timbre. Tout
cela n'empêche pas que le dernier trimestre de 1850 ne soit à peu près équivalent au trimestre correspondant de l'année dernière. La diminution porte en
particulier sur les douanes, mais ce qu'il y a de certain, c'est que le revenu de
la douane ne perd pas en proportion des branches qu'on lui a retranchées, et
cette perte est compensée par l'élévation de l'excise, qui gagne 250,146 livres
sur l'année dernière. Or la diminution des droits de douane ne prouve qu'une
chose, c'est que les classes laborieuses peuvent maintenant se procurer à bon
marché le pain, le sucre, le café, tous les objets de nécessité première; et même
une sorte d'alimentation de luxe. Ce que prouve au contraire l'élévation des
droits d'excise, c'est le progrès de la consommation et par conséquent du
nombre même des consommateurs. Des protectionnistes avaient prédit la banqueroute du trésor et l'appauvrissement du pays comme un inévitable châtiment
de la liberté qu'on rendait aux échanges. Au lieu de cette sinistre perspective,
on a un excédant dans le trésor, en même temps que l'abondance et les bas
prix sur le marché. Il en est désormais des réformes commerciales que l'Angleterre doit à Robert Peel comme des mesures d'émancipation que les catholiques
ont obtenues depuis trente ans; on ne peut pas plus revenir sur les unes que

sur les autres. Une fois bien acquises et venues en leur saison, les vraies libertés durent plus qu'on ne croirait, à les voir si fréquemment contestées, même après leur triomphe.

Une autre affaire, moins brûlante, mais plus considérable que celle de l'anti-papisme et des protectionnistes, doit encore arriver à la session prochaine : il s'agit d'une enquête parlementaire sur l'état des possessions anglaises dans l'Inde; c'est un travail qui doit prendre au moins trois ans, et l'on en peut mesurer l'importance par l'étendue seule du sujet. L'imagination reste confondue pour peu qu'elle cherche à se figurer l'immensité de l'empire indien; c'est un des aspects les plus merveilleux de la puissance britannique, et l'on n'a point une juste idée de ce grand gouvernement, si l'on ne se représente cette vaste domination aux soins de laquelle il doit pourvoir. Il y a là tout un monde qui s'étend sans interruption sur 25 degrés de latitude, et où l'on trouve les climats les plus divers, les races, les religions les plus opposées, une population presque innombrable qu'il faut conduire à la fois avec le bras du soldat et la tête de l'administrateur. Sur ce monde d'Orient règne un gouverneur général plus richement appointé que bien des souverains. A côté de lui siégent quatre conseillers, choisis moitié par la compagnie des Indes, moitié par l'état, et payés chacun sur le pied de 250,000 francs; au-dessous de lui sont les présidences de Madras, de Bombay et d'Agra; celle-ci n'était naguère encore qu'une portion de la présidence du Bengale; c'est maintenant un nouveau territoire conquis où l'Angleterre s'est fait 30 millions de sujets. Le Bengale, la plus ancienne de ces conquêtes anglaises, le théâtre des exploits de Robert Clive, qui a soumis là, mais à tout prix, 40 millions d'ames au sceptre britannique, le Bengale est la première des quatre présidences, et à ce titre il reste sous la direction immédiate du gouverneur général. Tout cet empire des Indes a sa hiérarchie à part, mais la double autorité de la couronne et de la compagnie de marchands qui l'a fondé; il a ses états-majors, il a son budget qu'il faut mettre en équilibre, et ce problème, heureusement résolu pour les finances intérieures de la Grande-Bretagne, n'est pas encore près de l'être pour celles de ses colonies d'Asie. L'excédant continuel des dépenses sur les recettes dans le budget de l'Inde gêne de plus en plus tous les services indispensables pour maintenir en bon ordre cet édifice colossal; c'est une ombre inquiétante qui se répand sur ces splendeurs, et trouble l'orgueil qu'elles inspirent. L'enquête à laquelle les chambres vont être conviées a pour but de ramener une économie mieux entendue dans l'ensemble d'une gestion si onéreuse. Il y a fort à faire.

Les derniers comptes des finances de l'Inde apportés au parlement embrassent les trois exercices qui finissent avec 1847-1848, et de ces états il résulte un déficit dont les élémens sont intéressans à connaître. Sur les quatre présidences, il en est deux, celles d'Agra et de Madras, dans lesquelles la recette l'emporta sur la dépense; mais ou cet excédant est fictif, ou il est trop insignifiant pour couvrir les déficits bien autrement considérables auxquels les présidences du Bengale et de Bombay ne peuvent point faire face. Le déficit, qui était pour le Bengale en 1845-46 de 1,497,466 livres, s'est élevé en 1847-48 à 2,689,109; il irait à 3 millions en 1848-49 d'après les estimations qu'on peut dès à présent fournir. Il est vrai que c'est le Bengale qui subvient sur son propre revenu aux énormes dépenses du Scinde et des provinces du nord-ouest comprises-dans la présidence.d'Agra. C'est pour cela.que; celle-ci paraît au premier abord avoir un budget, si prospère. L'excédant du revenu ;de. Madras, ne s'est élevé au minimum qu'à 282,819 livres sterling; le déficit de Bombay a dépassé 600,000 livres. Somme;toute, le revenu brut de l'Inde entière était en 1847-48 de 24;675,984; mais, après les défalcations, obligées, il ne restait net que 18,748,699, et, parmi ces défalcations, il faut placer en. première ligne un chiffre effrayant de plus de 3, millions et demi pour frais de perception, c'est-à-dire au-dessus de 18 pour 100 sur la recette. Toutes les dépenses de l'Inde elle-même payées, il y avait encore en caisse plus de 1, million; mais ce million ne suffisait pas pour les charges qui pèsent sur ce budget particulier dans la métropole, et il s'en faut encore de 1,631,077 livres que le revenu de l'Inde soit au pair des frais qu'elle nécessite. Voilà où en est l'Angleterre dans le plus magnifique de ses établissemens coloniaux après cent années d'efforts, après tant de combats livrés avec l'épée, la plume et la parole. C'est bien de quoi nous empêcher de perdre courage en Algérie, malgré les anathèmes de ceux qui sont sur ce chapitre des découragés de profession. .

Le ministre du trésor aux États-Unis vient également de publier l'état annuel des finances américaines;' c'est une pièce du plus grand intérêt par les résultats comparés qu'elle présente. Tandis que le budget de 1850 se solde par un excédant qui dépasse 6 millions de dollars, l'excédant ne serait en 1851, selon les estimations officielles, que de 458,997 dollars. Selon le rapport du ministre américain, M. Corwin, ce fort accroissement des dépenses proviendrait encore de la liquidation des frais de toute sorte qu'ont entraînés la guerre et la paix avec le Mexique. L'expédition n'aura pas ainsi coûté moins de 217 millions de dollars. Le rapport exprime d'autre part les regrets les plus vifs au sujet de la diminution qui atteint les recettes de la douane, et qu'il attribue à des fraudes devenues habituelles, dans l'évaluation des marchandises importées. M. Corwin se montre l'adversaire décidé du système des droits *ad valorem* qui a prévalu dans les tarifs de l'Union; il croit que ce système est d'autant plus funeste, qu'il permet trop facilement de frustrer le trésor en multipliant les évaluations mensongères contre lesquelles la loi de juillet 1846 est impuissante. Il déclare avoir employé toute son autorité pour prévenir et pour découvrir ces mensonges; mais l'abus est plus fort que l'autorité ministérielle : il y a tromperie sur la valeur déclarée de presque toutes les marchandises étrangères, et il est grandement temps que le congrès avise à quelques mesures efficaces. Au fond, l'on reconnaît dans le rapport de M. Corwin cette tendance protectionniste qui avait déjà percé dans le message du président. La presse anglaise ne s'était pas offusquée sans raison. Il devient de plus en plus probable que les tarifs américains subiront quelque remaniement. M. Corwin fait même au congrès en termes catégoriques une suite de propositions entre lesquelles il lui offre le choix, mais qui toutes aboutissent à modifier sensiblement le régime actuel des droits à l'importation.

La question est nettement posée : les droits aujourd'hui levés sur les marchandises étrangères sont-ils suffisans pour défrayer les dépenses annuelles et ordinaires de l'Union et pour suffire aux intérêts de la dette publique? Le ministre du trésor ne le pense pas, et engage le congrès à prendre l'un ou l'autre des expédiens que voici. Ou bien le système de droits *ad valorem* serait changé pour un système de droits spécifiques sur les marchandises qui seraient susceptibles de ce genre d'imposition, et sur les autres l'évaluation se ferait selon le taux du marché américain, et non point d'après celui des marchés étrangers; — ou bien, si l'on ne veut absolument pas de droits spécifiques, on soumettrait à l'évaluation américaine tous les objets importés; — ou bien enfin l'on élèverait purement et simplement les droits sur une grande variété d'articles « qui pourraient souffrir cette surtaxe, au grand avantage du commerce et du revenu de l'Union. » Il est très vraisemblable que l'Angleterre, encore plus directement intéressée que nous dans tous les échanges de l'Amérique, ne goûtera guère cet avantage. M. Corwin prend d'ailleurs des précautions qui, même avec le maintien du système actuel, devront restreindre beaucoup les commodités qu'on avait pu jusqu'alors s'y ménager. Il demande la création d'un corps d'*appréciateurs* (*appraisers*) attachés au gouvernement même de l'Union et chargés d'en visiter, d'intervalle en intervalle, les principaux ports d'entrée; ces appréciateurs auraient pouvoir de corriger les évaluations qui ne leur sembleraient pas exactes, et de faire des règles uniformes pour tous les bureaux de douane. On voit aisément les conséquences de cette inspection générale dans les différens états de la république, et il n'y a point à douter qu'elle n'en rendît l'accès plus onéreux aux marchandises étrangères.

Quoi qu'il puisse arriver de ces intentions de rigueur fiscale pour les rapports mutuels de l'Angleterre et des États-Unis, le ministre anglais, sir Henry Bulwer, prodiguait encore l'autre jour, dans une circonstance publique, les louanges les plus pompeuses au peuple américain, et priait « le génie protecteur des deux races fraternelles de bénir les autels jumeaux qu'elles voulaient désormais élever en commun au souvenir et à l'espérance. » Il y a de l'*ithos* et du *pathos* dans cette éloquence diplomatique; mais sir Henry Bulwer n'est pas homme à ne point connaître son public, et il a déjà sans doute appris la mesure des vanités nationales de l'Yankee. Il en use à l'occasion. L'occasion était cette fois brillante; c'était un grand banquet donné à New-York pour célébrer le *jour des ancêtres*, l'établissement de la Nouvelle-Angleterre en 1620. Le discours prononcé par M. Daniel Webster, auquel répondait sir Henri Bulwer, est un morceau remarquable par la confiance avec laquelle l'homme d'état américain en appelle à l'avenir de sa patrie; il fait une allusion triomphante aux récentes divisions suscitées par les bills relatifs à l'esclavage. « Il n'y a plus à redouter, s'écriait l'orateur, la désunion des États-Unis! » Et toute l'assemblée se lève en masse et applaudit avec fureur sur cette exclamation. « Nous vivrons, et nous ne mourrons pas, nous vivrons comme Américains-Unis, et ceux qui ont pensé qu'on pourrait rompre les liens qui attachent nos cœurs, que les spéculations et la métaphysique pourraient déchirer notre alliance, ceux-là se sont terriblement mépris. Je crois à la force de l'Union! C'est comme Américains qu'on nous connaît dans le monde. En Europe, en Asie, en Afrique, demandera-t-on à quel état de l'Union vous appartenez? Vous êtes Américains, vous êtes sous la protection du pavillon étoilé : tout est dit! »

ALEXANDRE THOMAS.

V. DE MARS.

LES RÉPUBLICAINS

ET

LES MONARCHISTES

DEPUIS LA RÉVOLUTION DE FÉVRIER.[1]

————

Par qui la république a-t-elle été attaquée? par qui a-t-elle été défendue?

Si je voulais démontrer que le parti monarchique n'a cessé de prêter son concours au gouvernement fondé sans lui et contre lui, je ne ferais que développer un lieu commun, que répéter ce qu'ont dit à la tribune, avec une bien autre autorité que la mienne, M. Dufaure, M. Odilon Barrot, M. Thiers; je n'aurais surtout qu'à rappeler les actes principaux de l'assemblée constituante et de l'assemblée législative. Ma pensée est différente : je voudrais, au contraire, puiser ma démonstration dans les faits plus modestes et moins aperçus; je me sens importuné d'entendre dire que les hommes qui, sans être. républicains, ont fait le courageux effort de servir la république, n'ont accepté ce

(1) Ces pages ont été écrites dans la retraite. Elles étaient destinées à un temps calme; elles tombent dans un moment de crise. Pourtant je n'en retranche ni n'en modifie une ligne. La rencontre de sentiments entre des hommes qui ne se sont rien communiqué, dont je me trouve éloigné depuis un an, est un fait qui a sa signification et que je veux laisser intact. Je m'adresse à la réflexion, non à la passion. Le jour de la réflexion ne passe pas, ou revient vite. Le devancer n'est que l'attendre, et je n'appartiens pas au parti des impatiens.

rôle qu'avec des pensées de représailles et de guet-apens. Cette accusation est perpétuelle, et il n'est pas toujours sage de croire que les
allégations odieusement invraisemblables se réfutent d'elles-mêmes.
J'ai donc eu bien des fois, depuis deux années, l'occasion d'interroger mes souvenirs, bien souvent j'ai confronté silencieusement cette
vaste théorie du machiavélisme des hommes d'ordre avec ce que j'a-
vais vu et entendu parmi eux, et toujours j'ai trouvé la conduite intime de tous les hommes près desquels j'ai eu l'honneur de siéger si
conforme à leurs engagemens officiels et publics, j'ai trouvé les moindres détails de leur conduite si fidèlement conformes à l'ensemble, j'ai
trouvé même si souvent qu'ils avaient dépassé ce qu'on avait le droit
d'attendre d'eux, que j'ai cru utile de publier quelques-uns de ces
souvenirs : ils compléteront l'histoire, autant que le permet une juste
réserve, par le récit de quelques détails oubliés ou ignorés précisément
parce qu'ils ne sont qu'accessoires, mais concluans et décisifs parce
qu'ils n'ont pu être le résultat ni d'un concert préalable ni d'un calcul.
Ce que je redoute le plus pour mes amis comme pour moi, c'est l'apparence d'un manque de sincérité. L'erreur conserve de la dignité
quand elle est sincère; la vérité même n'a plus de prix sur des lèvres
qui s'en font un jeu.

Ce court travail aurait pu être entrepris uniquement par point
d'honneur, et cela eût suffi pour le justifier; mais une considération
politique s'y mêle aussi, et je l'avoue. S'il est vrai que la république
vive surtout par le dévouement désintéressé de ceux qui l'ont toujours
jugée inapplicable et funeste à la France, n'est-il pas temps d'étudier à
fond ce problème? Chacun de ceux qui ont pris plus ou moins de part
à ce bizarre tour de force n'ont-ils pas le droit d'élever leur voix devant
le pays, et, s'ils ne peuvent le ramener encore à la vérité, de cesser du
moins d'entretenir ses illusions? La révision de la constitution, devenant d'ici à peu de mois facultative, ne doit-elle pas être précédée par
une grande enquête de l'opinion publique, et, sans croire qu'on apporte
un témoignage nouveau, chacun de nous ne doit-il pas, à son heure
et à son point de vue, donner le signal des explications à cœur ouvert
et appeler l'attention sur tout ce qui, dans le passé, se rattache aux
préoccupations de l'avenir? N'est-il pas temps enfin d'opposer à beaucoup de plaidoiries, passionnées par l'avocat, la parole véridique et
calme du témoin? On est conduit, il est vrai, à mettre en jeu des noms
propres. Je le regrette : cela n'est pas mon penchant. On en sera convaincu, je l'espère, au moment même où je me condamne à passer
par-dessus cette répugnance qui m'a arrêté long-temps... aussi long-
temps que je n'ai pas trouvé à parler un devoir supérieur au plaisir et
à la commodité de se taire.

Selon moi, dans l'élan des mouvemens les plus irréfléchis comme dans les délibérations les plus approfondies, les monarchistes ont non-seulement servi, mais constamment défendu la république, tandis que les républicains modérés, fréquemment surpris, découragés, ont manqué trop souvent de prévoyance avant le péril, de présence d'esprit pendant la lutte, de fermeté après la victoire, laissant au premier occupant les postes de la résistance, puis s'étonnant du voisinage qui en résultait; abdiquant aux jours de crise le gouvernement des choses et des hommes, s'indignant ensuite que les choses et les hommes dépassassent ou contrariassent leurs vues. Injustes envers nous par défaut d'être justes envers eux-mêmes, ils prenaient, sans s'en apercevoir, leur faiblesse pour notre crime. — Voilà le spectacle auquel nous assistons depuis deux ans : de loin, il semble inexplicable; vu de près, il doit inspirer des réflexions sérieuses et tourner en méditation pour le pays tout entier.

Le lendemain du 24 février, les hommes monarchiques se sont trouvés dans une des situations les plus délicates et les plus pleines d'angoisses qu'il soit donné d'imaginer. Accepter la république, c'était paraître céder à la peur; la rejeter, c'était prendre le moment d'un accès de fièvre chaude pour parler raison à un malade. Accepter la république, c'était, sans s'en douter, devancer M. Caussidière et se jeter dans la tentative, toujours vaine, de faire l'ordre avec le désordre; la rejeter, c'était placer sous leur jour le plus faux les motifs de la résistance et les argumens de la controverse. Cette controverse, d'ailleurs, n'avait pas surgi des dernières barricades : elle date de soixante années; au lieu d'une insurrection renaissante, c'était peut-être une révolution près de finir; cela valait la peine d'être examiné de sang-froid.

Trois époques fondamentales, en effet, ont profondément divisé, en France, les hommes politiques : 89, 1814 et 1830.

En 89, la convocation des états-généraux fut saluée d'unanimes acclamations. Les électeurs (au nombre de six millions déjà) avaient rédigé et sanctionné des formules, dont la plupart ne suscitaient aucune contestation. Les noms de la noblesse figurent en tête de toutes les grandes mesures de la période pacifique de la révolution, et je ne prétends pas abuser ici de ce que M. de Lafayette était marquis : non; je veux convenir, au contraire, qu'il était en dehors de ses pairs, que son séjour en Amérique l'avait placé, d'un bond, à l'avant-garde des idées transatlantiques, où il ne devait être rejoint que plus tard; mais les représentans consentis de l'aristocratie française, MM. de Clermont-Tonnerre, de Lally-Tollendal, de Lameth, de Castellane, de Castries, de Cazalès, le duc de Liancourt, le duc d'Ayen, occupent un rôle éminent en arrière de M. de Lafayette, et, bien qu'à titres divers, en tête de l'assemblée constituante.

Où commença donc la rupture entre les idées de 89, qui étaient celles de la presque totalité des Français, et ce qu'on a depuis appelé la révolution, trop à l'exclusion de ses premiers auteurs et de ses premiers amis? Cette scission commença, non sur l'égale répartition des impôts, non sur l'admissibilité de tous les Français à tous les emplois, sur la liberté des cultes : tout cela était, dès 89, aussi irrévocable, aussi certainement voulu qu'aujourd'hui. La rupture ne s'opéra pas sur les principes, mais sur la façon de les faire prévaloir, sur la ligne de conduite propre à en assurer l'empire. Les royalistes disaient : — Vous dirigez la France sur un écueil; elle s'y brisera. — Les révolutionnaires répondaient : — Si vous refusez de marcher, coûte que coûte, vous n'êtes plus des nôtres, et nous vous déclarons traîtres à la patrie. — On sait le reste; on sait si les prédictions sinistres furent trompeuses, si la France n'eût pas pu payer de moins de sang et de larmes des conquêtes d'institutions, des conquêtes de territoire qui ne lui furent conservées ni les unes ni les autres, et dont le peu qu'elle garde n'a été sauvé qu'en les arrachant violemment des mains qui les avaient compromises.

Que fut 1814 et 1815? Un élan de justice de la France, qui dit à sa vieille maison royale : — J'oublie l'émigration; ne me reprochez pas les ruines au milieu desquelles je vous rappelle, et réparez-les. — Une œuvre ainsi inaugurée devait être féconde; elle échoua par une seule cause, par un seul sentiment, la méfiance. Au moindre mouvement des libéraux, quelques royalistes leur jetaient à la tête les souvenirs de la convention 'et l'injure de noms flétris dans l'histoire. Au moindre retour des royalistes vers des habitudes qu'un trait de plume de Louis XVIII ne pouvait pas anéantir chez la génération contemporaine, les libéraux s'épouvantaient de l'ancien régime et repreaient les épithètes de Pitt et Cobourg. Dans ce conflit de fantômes, la réalité disparut. D'un côté, M. Casimir Périer, M. Sébastiani, M. Guizot étaient relégués au nombre des hommes qu'un gouvernement monarchique ne pouvait employer, et l'on a vu depuis combien profonde était cette méprise; de l'autre côté, l'Espagne était rattachée à notre politique, la Grèce était érigée en royaume quasi-français, l'Algérie était conquise, sans qu'on cessât de récriminer contre l'invasion étrangère et d'imputer aux royalistes l'affaiblissement du sentiment national. M. de Chateaubriand enseignait les franchises de la presse et la langue de l'opposition aux vieux tribuns restés muets depuis quinze années. M. de Villèle restaurait les finances, sans qu'on s'abstînt de répéter que tout royaliste était indigne ou incapable de manier les instrumens de la liberté et du pouvoir.

1830 fut le triomphe de ces lamentables malentendus. La scission ne s'établit plus alors seulement entre royalistes et révolutionnaires. Le camp monarchique se coupa en deux; les prophéties lugubres recommencèrent. — On a compromis la liberté au début de la révolution; on a vingt fois risqué et vingt fois perdu sa partie, disaient les adversaires de la royauté de juillet à ses fondateurs; maintenant vous compromettez la monarchie, et nous ne nous associerons ni à vous ni à elle, car elle périra entre vos mains; vous en gardez trop pour ceux qui n'en veulent plus; vous en rendez les conditions inadmissibles pour ceux qui la croient nécessaire à la nationalité, à la prospérité française.

— Les hommes auxquels on adressait ce langage répliquaient : — Les légitimistes se reposent trop béatement sur la puissance de leur principe; ils se croient trop dispensés par lui des qualités politiques, essentielles dans le gouvernement des sociétés modernes; nous possédons ce qui leur manque, nous suppléerons par là à ce qu'ils nous auraient donné.

Je m'arrête sur ce simple énoncé. Ce débat est encore trop récent pour avoir besoin d'être rappelé, trop sensible peut-être encore à quelques-uns pour qu'on n'eût pas l'air de le continuer, alors que l'on se contente de l'enregistrer douloureusement dans nos archives funèbres. Voilà donc dans quel démêlé le parti républicain surprenait les partis monarchiques. Assurément il terminait leur querelle, mais il en recommençait une autre qui les intéressait et qui les menaçait tous les deux. C'était la monarchie en principe et la monarchie en fait, la monarchie de date antique et la monarchie d'origine élective qui étaient confondues dans le même anathème. — La république, s'écriaient les hommes de 1848, s'est présentée jadis avec le cortège de la guerre étrangère et de la guerre civile. Les calamités de cette première époque appartiennent, non à la république elle-même, mais à la coïncidence de ces deux malheurs. Nous n'acceptons pas la réprobation qui pèse sur 93; nous vous présentons cette fois l'idée républicaine à l'état pur, et nous interjetons appel devant de nouveaux juges.

Que la France eût assez de force et assez de patience pour prendre la république et les républicains au mot; qu'elle domptât ses premiers mouvemens et rendît la guerre civile impossible; qu'en écartant la guerre civile, elle fît évanouir du même coup la guerre étrangère, et l'on allait voir se dérouler l'une des plus imposantes leçons qu'aucun peuple se fût jamais donnée à lui-même. Ce conseil désintéressé émana sans concert préalable de la bouche et du cœur des hommes monarchiques, à quelque nuance qu'ils appartinssent.

Après soixante ans d'une lutte qu'on avait cru trois fois finie et qui s'était trois fois rouverte, la France revenait, par le fait, au point de départ de 89. La nation était consultée, le suffrage reconnu comme un droit et non plus départi exceptionnellement et comme une fonction; une assemblée constituante ressuscitait, moins le meurtre de Foulon et de Berthier, moins les journées des 5 et 6 octobre. La France, le bonheur et la gloire de la France avaient été entre nos adversaires et nous l'objet de cette guerre de soixante années. La France était mise en demeure de se prononcer de nouveau, à l'abri de toute menace

étrangère, de toute commotion intérieure. Qui pouvait prendre sur
lui de rejeter cette épreuve? Ainsi fut-il conseillé, ainsi fut-il fait.
Tous ceux que le penchant de leurs idées éloignait du mouvement
actuel s'y rallièrent par l'amour réfléchi de la patrie et par leur indissoluble solidarité avec ses destinées. Le labeur et le péril d'ailleurs
pouvaient, malgré quelques symptômes favorables et quelques promesses sincères, redevenir prochains. Ce fut là aussi le motif entraînant
de beaucoup d'hommes que le simple raisonnement n'eût pas déterminés. Il y a soixante ans que la France dépérit graduellement par
déperdition de forces; il est plus que temps d'y porter remède. Si les
prévisions optimistes étaient trompées au dehors, il ne s'agirait de rien
moins que d'une guerre d'extermination; si les collisions survenaient
au dedans, nous retournerions à l'état sauvage, car il n'y a plus rien à
renverser en France. Tout ce que la main des hommes peut modifier
ou détruire a été remué de fond en comble; il ne reste plus à attaquer
que l'œuvre de Dieu même, c'est-à-dire les lois d'éternelle justice et
d'indispensable morale que la Providence a données pour base à la civilisation. La France devait accomplir désormais un chef-d'œuvre
de sagesse, ou rouler de convulsions en convulsions jusqu'au dernier
terme de sa décadence. Qui pouvait hésiter devant de telles alternatives, reculer devant de tels périls et de tels devoirs?

Nul sacrifice de conscience, du reste, n'était exigé de personne. On
n'avait à renier ni ses antécédens, ni ses traditions de famille. Le serment politique était aboli. Qui pouvait se livrer au regret des distinctions nobiliaires? Ce que les priviléges féodaux impliquaient autrefois
de prépondérance dans l'état n'existait plus depuis long-temps. Les jeunes générations aristocratiques ne les connaissaient, pour ainsi dire,
que comme des inconvéniens ou des obstacles. On allait détruire, il fallait bien l'espérer, la basse jalousie, et on y substituait l'émulation. Qui
ne bénirait cet échange? Il ne dépend pas de tout le monde d'être des
petits-fils; nous allions tous devenir des ancêtres! L'ambition n'y perd
rien, puisque ambition l'on suppose. Les hommes monarchiques ne
sont pas si humbles que de se croire dépouillés de tout, parce que l'on
ne comptera plus désormais que les valeurs personnelles. La carrière
politique, loin de se fermer pour eux, s'agrandissait. Leur fierté légitime ne s'inclinait pas, elle se transformait.

En agissant ainsi, les hommes monarchiques ont fait deux choses:
un grand acte de patriotisme et un grand acte d'habileté. — Un grand
acte de patriotisme, car si la république, par la vertu de ses conditions propres ou par le génie des républicains, avait de grands biens
à verser sur le pays, les monarchistes faisaient mieux que de s'y résigner, ils s'honoraient d'y concourir; leur abnégation ne leur coûtait
plus rien, puisqu'elle profitait à la grandeur de la France; les princes
mêmes, du fond de leur exil, les fortifiaient et les encourageaient à

l'œuvre. — Un acte de loyale habileté : si aucune des promesses de l'école républicaine ne venait à réalisation, il fallait que les monarchistes se gardassent d'amoindrir la portée de cet avortement en y contribuant pour quelque portion que ce fût. Il fallait que l'idée reçût tous les genres d'application auxquels elle pouvait prétendre, la vie du pays demeurant sauve. Il fallait que les républicains ne rencontrassent pas un obstacle de la volonté ou de la perfidie, et pussent se convaincre que ce qui leur résistait, c'était la nature même des choses, l'indestructible tempérament de la société. Il fallait que tout homme de sens et de droiture fût contraint d'avouer que le sol même du pays refusait de restituer en moisson la semence nouvelle qu'on jetait à pleines mains sur sa surface, en sorte que, chacun étant invinciblement éclairé, les hommes monarchiques corrigés de la division, les hommes républicains corrigés de l'utopie, on en pût finir de soixante ans de discorde et de ruine par un accord aussi unanime que le comporte le cœur humain. C'est ce qu'entreprit le parti de l'ordre, non dans un premier moment de timidité ou de ferveur, mais sciemment, résolûment et avec persévérance.

Quant à la peur, puisque ce mot a été articulé, ce sera toujours le plus mal fondé des reproches que les Français peuvent s'adresser les uns aux autres. Les partis n'ont que trop fait leurs preuves à cet égard. Hoche et Charette, Chénier et Malesherbes, le duc d'Enghien et le maréchal Ney n'ont jamais envisagé du même œil qu'une seule chose dans la vie : ce fut la mort.

Je ne m'appesantirai donc point sur la réponse que mériteraient les publicistes et les orateurs qui s'écrient de temps à autre : — On s'est dérobé devant nous; on a glissé entre nos mains au 24 février; on a trahi notre clémence; on ne la tromperait pas une seconde fois! Je ferai seulement observer aux hommes qui prétendent trouver un titre de gloire dans l'épouvante inspirée par leur apparition soudaine au faîte de la société, qu'ils se calomnient certainement eux-mêmes autant qu'ils insultent la nation. Quel droit avaient-ils donc pour frapper et pour punir? Il n'y a pas eu, depuis le 24 février, une seule manifestation du suffrage universel qui n'ait réduit à néant toutes les velléités des terroristes, et, avant l'assemblée, la garde nationale suffisait à expulser de nos grandes villes tout commissaire suspect d'intentions violentes. Sur quelle logique, même ultra-révolutionnaire, s'appuierait cette hideuse fatuité de la menace et du crime? Qui donc en France était, en 1848, condamné à mort d'avance et par défaut? Qui donc en France se vanterait d'être juge et bourreau de naissance? Qui donc se repentirait d'avoir laissé fuir tel jour ou telle heure sans avoir rempli ces terribles fonctions?

Ce que les hommes monarchiques ont fait sans timidité, l'ont-ils fait avec sincérité et avec persévérance? Ont-ils bien réellement apporté des secours et n'ont-ils point tendu des piéges? Je répète que le *Moniteur* répond depuis deux ans à cette question plus éloquemment qu'aucun apologiste; mais j'ajoute que, si quelque chose peut être plus péremptoire que le *Moniteur*, ce sont les mouvemens imprévus, les actes improvisés, les inspirations soudaines au milieu de tant de crises diverses. Eh bien! c'est dans ces crises tant de fois renaissantes, où la patience pouvait se lasser, où la meilleure foi pouvait se dédire, c'est là que les hommes de parti devaient se révéler; c'est là qu'ils pouvaient se laisser aller à la tentation de prendre congé de compagnons qui les contraignaient à côtoyer avec eux des chemins si bordés de précipices, et c'est le contraire qu'on a vu. Les convictions les mieux enracinées conduisaient les monarchistes à penser que l'anarchie était le terme fatal, le châtiment inévitable des témérités du genre de celles qu'on venait d'entreprendre : eh bien! chaque fois que l'émeute se présentait pour leur donner raison, ils lui barraient le passage et serraient leurs rangs derrière la bannière commune. L'anarchie pouvait être le péril de quelques instans; mais c'était le triomphe certain de leurs opinions, de leurs passions, puisqu'on leur en suppose de si opiniâtres. « Je vous l'avais bien dit! » Quelle jouissance pour l'égoïsme! Qui a laissé échapper ce détestable mot? Où a-t-on surpris cet odieux sourire, lorsque la patrie était en deuil?

Prenons la république au 4 mai seulement, premier jour de l'assemblée constituante. Omettons ce mois de mars et ce mois d'avril où le général Changarnier résumait en lui seul cette générosité d'élan et rencontrait aussi déjà cette ingratitude rapide qui allaient toutes deux se reproduire en variétés infinies sur le théâtre parlementaire.

J'arrivai à la constituante bien convaincu, comme les deux tiers de mes collègues au moins, que le gouvernement provisoire avait préparé les premiers rudimens de la constitution future, et qu'une assemblée de neuf cents membres si parfaitement inconnus les uns aux autres ne serait pas lancée en plein océan législatif sans pilote, sans boussole et sans gouvernail. Tel fut cependant l'accueil qu'on nous réservait. La France le sait; mais elle croit peut-être que c'était par scrupule constitutionnel et par déférence pour l'initiative de l'assemblée. Hélas! on n'avait rien préparé : d'abord parce qu'on n'avait pu s'entendre sur rien, ensuite parce qu'on y avait très peu songé.

Un ami de Sieyès, le rencontrant au sortir des plus mauvais jours de la révolution, lui demandait avec sollicitude : « Qu'avez-vous fait pendant ce temps? — Ah! répondit Sieyès, j'ai vécu. » C'était aussi tout ce qu'avaient pu faire M. de Lamartine à côté de M. Ledru-Rollin, M. Ledru-Rollin à côté de M. Louis Blanc; c'est tout ce qu'ils auraient pu répondre à l'assemblée ébahie, qui leur demandait avec empressement un fil conducteur, une inspiration quelconque. Je me souviendrai toujours du profond étonnement qu'emportèrent du salon de

M. de Lamartine les représentans qui, comme moi, avaient cru devoir s'y présenter le soir même de l'ouverture de l'assemblée constituante. Beaucoup d'entre nous avaient été profondément blessés du livre des *Girondins,* et nous ne venions pas faire aménde honorable : le 24 février, survenu depuis l'apparition du livre, ne prouvait pas que l'on se fût trompé sur sa portée; mais nous avions à cœur de témoigner combien les griefs, même les plus légitimes, avaient été effacés postérieurement par d'éclatans services. On rencontrait chez M. de Lamartine, il est superflu de le dire, la bienveillance la plus franchement oublieuse dés critiques personnelles. L'entretien devint sans effort cordial et expansif. Plusieurs de mes collègues et moi lui demandâmes comment allaient s'entamer nos travaux? « Quoi! répondit M. de Lamartine, vous attendez de nous un canevas? Mais la constitution de la France, au point où nous en sommes arrivés, est la chose du monde la plus facile à faire : prenez Béranger et Lamennais; dans quinze jours, la constitution sera faite!» Voilà le scrupule constitutionnel qui régnait alors dans les régions du pouvoir. Assurément M. Béranger, ne fût-ce qu'en rédigeant sa lettre de démission quelques jours après, a donné de son esprit et de son bon sens une haute idée à la France. On conviendra pourtant que résumer en lui toute la conception législative de la république future, et dans l'homme profondément à plaindre, exemple de la plus éclatante chute intellectuelle de notre siècle, c'était à faire reculer de quelques pas les débutans dans la carrière constituante.

Cependant cette impression pénible fut surmontée : un interlocuteur, membre de la gauche avancée, y fit diversion. Il ne présentait qu'une objection à la légèreté confiante de M. de Lamartine : il aurait voulu qu'un titre de la constitution fût préparé d'avance, c'était celui du pouvoir exécutif. Il ne doutait pas, et qui en doutait ce soir-là dans Paris? que le gouvernement suprême de la France, sous une dénomination ou sous une autre, ne fût dévolu à M. de Lamartine. Il était impatient, comme un sujet de l'ancien régime, non d'être constitué, mais d'être gouverné, et c'était la disposition d'esprit des hommes influens d'alors : le gouvernement! le pouvoir exécutif! un homme tout prêt pour le pouvoir, le pouvoir modelé sur les aptitudes et les dispositions de cet homme, voilà tout le souci des législateurs principaux. L'accident pour règle, le hasard pour génie, et le mot — à perpétuité — inscrit au front du premier préambule venu, voilà ce que la France aurait pu saisir dans toute la sphère morale et politique qui s'étendait de l'Hôtel-de-Ville au ministère de l'intérieur et de la rue de Grenelle à la rue des Capucines; tout le reste était relégué à l'arrière-plan.

Aussi, à quelques jours de là, le prestige de M. de Lamartine et la puissance qui s'y rattachait avaient déjà disparu. Il imposait l'entrée de son collègue de l'intérieur dans la commission exécutive; la majorité de l'assemblée, qui s'était crue envoyée à Paris contre M. Ledru-Rollin, le repoussait à une grande majorité dans les bureaux, à une majorité plus faible au scrutin public; elle lui donna enfin. au scrutin secret, le chiffre nécessaire pour son maintien au pouvoir. Les trois jours d'efforts pour amener cette combinaison suffirent pour épuiser l'ascendant de l'homme qui la faisait prévaloir. On avait réduit la question républicaine à une question de personne; on avait perdu le droit de se plaindre d'aucune mobilité d'opinion. On n'avait cru qu'au besoin de dictatures; on avait aliéné en quelques heures la confiance qui les donne : un flux l'avait offerte, un autre flux l'emporta. Il n'y eut dans l'intervalle que le temps d'une démonstration qui demeure acquise à l'histoire : c'est que la majorité n'avait eu d'abord rien à refuser à M. de Lamartine, à M. Garnier-Pagès, à M. Arago, à M. Dupont (de l'Eure), et que ces messieurs n'avaient rien eu à lui demander, rien sinon la consécration de l'antagonisme fatal et impuissant qui avait déjà plusieurs fois, avant la convocation de l'assemblée, mis la France à deux doigts de sa perte!

Ce n'est donc pas la bonne volonté des hommes monarchiques qui a manqué aux premières œuvres de l'assemblée républicaine : c'est la conception républicaine qui fit défaut sur tous les points. Et quand enfin il fallut nommer une commission de constitution, une commission chargée de trouver la forme sociale qui ne serait ni le directoire, ni le consulat, encore moins la terreur, qui se garderait de pencher vers la monarchie sans trop incliner vers l'Amérique, cette commission fut acceptée par les hommes monarchiques, à bien peu de chose près, comme les républicains voulurent la composer, et si parmi les vingt-cinq membres qui sortirent de l'urne figuraient quelques noms du lendemain, c'est que ce nombre dépassait en réalité le personnel disponible des candidats de la veille.

Les différentes fractions de la majorité formèrent plusieurs réunions préparatoires pour discuter ce scrutin. Une de ces réunions, que l'on eût qualifiée de légitimiste dans le vocabulaire des années précédentes, eut lieu chez M. le marquis Sauvaire de Barthélemy, et je voudrais, pour unique réponse à tant de détracteurs, que toutes les paroles, sans exception, qui furent prononcées dans ce salon pussent être reproduites et publiées aujourd'hui. La nécessité de faire place au mouvement intellectuel de février y était admise sans contestation; on y saluait avec une véritable cordialité l'espérance que des entrailles de la nation, si violemment interrogées, sortirait au moins quelque homme ou quelque idée propre à apaiser les discordes et les soutenir. Je ne suis pas confus de ces souvenirs, parce qu'on ne peut l'être d'une confiance généreuse, bien que naïve; mais j'atteste que, si plusieurs républicains se plaignent de déceptions amères, ils ont été peut-être moins trompés encore que les hommes réunis ce soir-là pour contribuer à l'entreprise commune, et qui engageaient leur vote en faveur de MM. Buchez, Considérant, Martin de Strasbourg, Marrast, Cormenin, etc. Ceux qui se hasardaient à témoigner quelque doute ou quelque répugnance à l'encontre des noms les plus compromis étaient aussitôt et très vivement interpellés par cette apostrophe qui retentit encore à mes oreilles avec son accent véhément : « Voulez-vous constituer une république sans républicains? »

En vérité, depuis qu'on accuse les monarchistes d'avoir semé d'entraves l'expérience nouvelle, je me demande s'il y a une seule concession, j'oserai même dire une seule niaiserie qu'on ait refusée aux hommes du mouvement de février avant de les avoir mis et vus à l'œuvre, et je réponds : Pas une, pas une seule, y compris la fête aux bœufs dorés et à la charrue pastorale! On ne pouvait se résigner à croire que tant de présomption dans le discours, tant d'arbitraire dans les actes, tant de sang risqué, sinon répandu, ne recélassent pas au moins le germe de quelque progrès social. La nomination de M. Buchez à la présidence de la constituante avait été accueillie par les monarchistes comme leur propre triomphe, et plus tard M. Marrast demeura le constant élu de la majorité, le maximum de ses exigences.

J'ai réuni le début de l'assemblée et le choix de la commission de constitution pour présenter d'un seul coup d'œil les facilités, les gages donnés par la droite à l'accomplissement du programme de la gauche; mais j'ai fait mentir les dates. Le 15 mai vint se jeter à la traverse : il troubla quelques illusions, il n'arrêta ni les complaisances ni l'abnégation; le 15 mai servit même, et ce point de vue n'a pas été assez remarqué, le 15 mai servit à prouver combien les monarchistes étaient entrés avant dans leur tâche. Tout a été dit sur l'ensemble de cette journée, mais on n'a pas assez insisté sur les détails d'intérieur.

Les républicains qui n'étaient point dans le complot du 15 mai firent des efforts très évidens pour repousser l'invasion de l'assemblée. J'ai vu M. Flocon, courant de bancs en bancs, tenir le langage le plus louable, j'ai vu M. Trélat plongé dans un morne désespoir; mais, la dissolution de l'assemblée prononcée et devenant une sorte de fait accompli, le gros du parti républicain tomba dans un découragement immédiat. La revanche, si rapidement prise, fut due au concours spontané, énergique, des hommes qui en avaient le moins la responsabilité et la charge. Ce n'est point un républicain qui alla chercher le régiment de dragons caserné à deux cents pas de l'assemblée, ce fut M. de Rémusat. Ce n'est pas M. Charras et M. Arago qui allèrent porter ou demander des ordres au ministère de la guerre, situé à cinquante pas

de l'assemblée. Ce n'est pas M. Buchez qui donna le signal d'aucune
mesure préservatrice. On a beaucoup reproché à M. Buchez les contre-
ordres de rappel qu'il consentit à signer. Pour mon compte, je ne me
suis jamais permis, ni de loin ni de près, la moindre accusation envers
lui a ce sujet. M. Buchez a pu croire qu'en sacrifiant sa vie il expose-
rait celle de ses neuf cents collègues : cela suffit pour que ces collègues
soient, dans une certaine mesure, reconnaissans et tout au moins respectueux envers lui; mais si j'écarte les reproches en ce qui concerne
la séance, je me réserve le droit de faire observer qu'on a été trop in-
attentif pour ce qui l'a suivie. M. Buchez, en butte à des violences directes, a subi la dissolution de l'assemblée, soit : quiconque a été témoin de cette journée doit être peu enclin aux récriminations; mais
sur le seuil même du Palais-Bourbon, où M. Buchez retrouvait sa
liberté, il devait retrouver aussi sa présence d'esprit, sa dignité, et
pourvoir, sans prendre haleine, à la réorganisation de l'assemblée, qui
se personnifiait en lui. Or, c'est là qu'existe, selon moi, le véritable
chef d'accusation. M. Buchez quitte le Palais-Bourbon, comme si la
catastrophe était irréparablement consommée; il se rend au Luxembourg, où il eût trouvé bien peu de renfort, quand même il y eût trouvé
la commission exécutive, mais qu'il n'y pouvait pas même chercher,
puisqu'il en laissait derrière lui les principaux membres. Sa place
était donc à l'hôtel de la présidence, pour y concentrer un noyau d'assemblée, reconstituer une force morale, la donner pour appui à la
force armée et étouffer l'insurrection à sa naissance. Cela était tellement indiqué par la situation, que ce qui ne se présenta pas à l'esprit
de M. Buchez fut exécuté instinctivement par trente ou quarante
membres de l'assemblée qui ne se connaissaient pas les uns les autres,
qui n'avaient aucune autorité, mais qui ne pouvaient se résoudre à
céder ainsi la place, sans combat, devant la plus monstrueuse, la plus
injustifiable des agressions. On peut affirmer que de ces trente ou quarante représentans qui se rallièrent ainsi à la pure et simple pensée
du devoir, il n'y avait de républicains de la veille que M. Sénard et
M. Corbon, vice-présidens de l'assemblée; encore l'attitude du second
fut-elle infiniment différente de celle du premier. M. Dupont de l'Eure
était assis près de là, dans un état voisin de l'évanouissement. Plusieurs représentans essayaient de le ranimer et lui offraient de temps
en temps des verres d'eau.

On agita la question de se transporter dans les départemens : l'un proposait Metz, un autre insistait pour Bourges; des hommes beaucoup plus
avancés dans le côté droit repoussaient fort vivement l'idée de se présenter aux départemens avant d'avoir épuisé les moyens de défense que
ne pouvait manquer d'offrir Paris. M. Sénard adopta ce dernier avis, et
le fit prévaloir au milieu d'une délibération très courte et très confuse.

Il voulut rédiger une proclamation aux Parisiens; mais il ne trouvait ni plume, ni papier, ni encre, et ce fut M. le vicomte de Puységur, représentant du Tarn, qui parvint à découvrir, dans le cabinet de M. Buchez absent, tout ce qui manquait à M. Sénard pour appeler au secours de la république. Cependant cette réunion de quelques représentans, se disposant à protester contre l'émeute, avait besoin d'assurer au moins la sécurité de l'étroite enceinte dans laquelle elle était groupée. On apercevait de la fenêtre, dans les jardins de la présidence, un bataillon de garde mobile. Ce furent encore des députés appartenant à la même fraction parlementaire que M. de Puységur qui, accompagnés d'un officier dont je regrette de ne pas connaître le nom, allèrent haranguer les jeunes gardes mobiles. MM. de Dampierre, de Kerdrel et un troisième représentant ayant accompli cette tâche, rendue très facile par l'excellent accueil du bataillon, s'en reposèrent sur M. Sénard et sur les quelques représentans qui l'entouraient, pour la rédaction des documens officiels. Gagnant, à travers les jardins de la présidence, alors encombrés d'ouvriers et de matériaux, le quai qui fait face aux Champs-Élysées, ils rencontrèrent M. Wolowski, beau-frère de M. Faucher, debout sur le mur de clôture du jardin, appelant des gardes nationaux à la défense de l'assemblée; ils se joignirent à lui. Dans toute la longueur du quai, depuis l'esplanade des Invalides jusqu'au péristyle du Palais-Bourbon, les gardes nationaux commençaient à affluer. Les mots : « L'assemblée ne se laissera point dissoudre, l'assemblée se reconstitue à l'hôtel de la présidence, l'assemblée se fera tuer plutôt que de quitter Paris! » ces mots prononcés au hasard par quatre ou cinq représentans inconnus suffisaient pour électriser la garde nationale et déterminer cette reprise de possession que la France entière allait applaudir; il en fut de même jusqu'à l'Hôtel-de-Ville inclusivement.

Lorsque M. de Lamartine et M. Ledru-Rollin, enlevés pour ainsi dire du fond du Palais-Bourbon par les flots de la garde nationale, résolurent d'aller à sa tête poursuivre les fugitifs de la rue de Bourgogne, qui essayaient de redevenir factieux au-delà du Pont-Neuf, le cortége des républicains de la veille fut aussi clair-semé près d'eux qu'il l'avait été près de M. Sénard. Tout Paris put voir, sans avoir le loisir de se rendre compte de ce singulier symbole, MM. de Lamartine et Ledru-Rollin marchant à cheval sur l'Hôtel-de-Ville, ayant d'un côté l'un des plus chevaleresques amis de Mme la duchesse d'Orléans, le marquis de Mornay, et de l'autre un légitimiste notoire.

Comment un tel rôle avait-il été abandonné, pour ainsi dire sans concurrence, à des hommes qu'on aurait dû mieux entourer alors ou moins attaquer depuis? En peut-on induire que les absens de la lutte étaient secrètement parmi les instigateurs du mouvement? Hélas! rien n'est plus éloigné de ma pensée que cette insinuation; mais j'ai cependant du fait en lui-même une induction à tirer.

Jusqu'au 15 mai, on a vu le défaut d'unité, le défaut de doctrine du parti républicain; le 15 mai fit éclater son incompatibilité radicale avec les conditions élémentaires d'un gouvernement quelconque. On ne réagit pas en un jour contre les mœurs de toute sa vie. Quand les caractères ont pris leur pli, la volonté d'un instant ne suffit pas pour l'effacer. Quand on a dépensé toutes les années qui conduisent vers l'âge mûr a prodiguer, nous oserons dire à profaner le nom du peuple; quand on a reconnu sa souveraineté dans le 10 août, on est bien embarrassé pour la nier au 24 février, et l'on devient fort perplexe au 15 mai. Quelques hommes ont tout fait pour empêcher la manifestation de ce caprice populaire; mais la manifestation est accomplie, elle réussit : peuvent-ils, doivent-ils protester encore? A quel signe le caprice se distingue-t-il de la volonté, quand on a renoncé d'avance à toutes garanties et à tout contrôle en ce genre? Lorsque MM. Barbès, Raspail et Huber déclarent l'assemblée dissoute au nom du peuple, un des plus jeunes représentans, M. Fresneau, s'écrie : « Au nom de quel peuple? » et les envahisseurs se précipitent vers son banc le poing fermé. Tous les républicains n'adoptaient pas ce mode de réplique, loin de là; beaucoup seulement commençaient à ne plus savoir quelle réponse on aurait dû faire à cette interpellation bretonne. La plupart regagnèrent leur logis, navrés, mais irrésolus, et répétant à quiconque les interrogeait : « Un grand malheur vient de fondre sur nous; l'assemblée est dissoute! » Pour trouver dans leur conscience une autre réponse, ce n'était pas l'héroïsme personnel qui leur manquait, c'était la lucidité politique et la décision morale. La preuve, c'est qu'un général qui devait mourir glorieusement six semaines après, dans les journées de juin, était du nombre de ceux qui courbèrent le plus stoïquement la tête devant le 15 mai, et cela dans les jours de la ferveur et de l'enthousiasme révolutionnaires, sans l'ombre d'un motif ou d'un prétexte, lorsque tout ce qui n'était pas entraîné était docile, lorsque l'assemblée n'avait émis que des votes décrétant que tout le monde avait bien mérité de la patrie.

Ah! nous répétons sans cesse que la Providence gouverne directement la France; mais nous le disons machinalement : nous n'avons pas assez réfléchi à tout ce qu'elle nous montrait le 15 mai et à tout ce qu'elle daignait nous enseigner en nous le montrant. On pourrait essayer toutefois de faire un retour sur la chambre monarchique pareillement dissoute et à la même place quelques mois auparavant; mais ce rapprochement ne soutiendrait pas la discussion. Beaucoup d'argumens se pressent pour le détruire; un seul dispense de tous les autres. La chambre des députés, en 1848, n'était qu'un des pou-

voirs de l'état et un pouvoir nécessairement désarmé. Elle s'est af-
faissée moins devant l'émeute que sous les décombres de la monarchie, qui croulait à quelques pas d'elle. Tant que la royauté était
debout, c'était elle qui disposait de tous les moyens de défense. Entre
le moment où la royauté disparut et celui où la chambre pouvait saisir
une succession momentanée, il n'y eut que l'intervalle entre l'éclair et
la foudre. On pourrait même citer des fautes ou des défaillances individuelles, que la chambre collectivement et politiquement ne serait
pas pour cela responsable de la défaite du 24 février : son rôle y fut
secondaire, tandis que l'assemblée constituante, assumant en elle tous
les attributs de la souveraineté, en résumait aussi tous les devoirs.

Ceux qui préparèrent le 15 mai devaient être conduits jusqu'à cette
conséquence : notre préférence individuelle est au-dessus du suffrage
universel; aussi l'ont-ils érigée en axiome devant la cour de Bourges.
Ceux qui ont vigoureusement repoussé l'agression ont sauvé la république, comme on sauve les monarchies, comme on sauve toute forme
sociale régulière. Ceux qui n'ont fait ni l'un ni l'autre ont perdu le droit
d'adresser désormais à personne un reproche en matière de gouvernement et de salut public. Eux-mêmes ne pouvaient conjurer la sévérité de l'opinion qu'en proclamant plus tard à la tribune le trouble et le
remords de leur cœur; ils n'en eurent pas la force et n'en reçurent pas
l'exemple dans les explications données par M. Buchez. C'est que, dans
de pareilles circonstances, dans l'amertume de tels échecs, la franchise
est, de toutes les formes que peut emprunter le courage, la plus rare et
la plus difficile. Du reste, il y a dans le monde plus de repentirs que
d'aveux. On doit le penser surtout du monde politique et puiser dans
cette pensée beaucoup d'espérances pour son pays, lors même que les
actes et les discours semblent encore le plus opposés à ce que l'on espère.

Le lendemain de cette journée pouvait donc être plus mémorable
encore que cette journée même, si l'on n'eût pas mis tous ses soins à
en éluder les côtés onéreux et les obligations réparatrices. La légèreté
joua de nouveau un plus grand rôle que l'obstination et la mauvaise
foi; les préoccupations littéraires se firent jour au détriment des plus
graves soucis politiques. On pourrait citer à cet égard de piquantes
anecdotes.

Quant à la république, elle continua à marcher, comme elle avait
fait jusque-là, sans impulsion, sans initiative. Le préfet de police, sous
les yeux duquel ces événemens venaient de s'accomplir, était encore
vanté comme le modèle des gardiens vigilans. Beaucoup d'activité fut
déployée dans les couloirs de l'assemblée pour prévenir un vote qui lui
fût défavorable. M. Caussidière se retira de lui-même par une démission dédaigneuse; sa fierté et la mollesse du pouvoir égarèrent le public
et assurèrent sa réélection. On était déjà si fatigué de l'inertie, qu'on

se prit d'engouement pour les saillies énergiques de ce personnage original. Le pays commençait à confondre la république et l'assemblée dans un vif sentiment de dépit : il adopta la colère de M. Caussidière comme pour s'essayer à exprimer bientôt, sous une forme plus convenable, son propre ressentiment.

En effet, tandis que les républicains se regardaient entre eux avec froideur et méfiance, tandis que l'assemblée considérait les républicains avec une surprise chaque jour croissante, de nombreuses réélections avaient eu lieu. Paris, nommant à la fois M. Pierre Leroux, M. Victor Hugo, le général Changarnier, Proudhon et le prince Louis Bonaparte, donnait un fidèle échantillon du chaos qui régnait dans cette cervelle de la France; mais les départemens manifestèrent une tendance très nette et très caractérisée, une tendance franchement réactionnaire. M. Molé et M. Thiers entrèrent à l'assemblée avec un cortège de suffrages qui donnait comme une sorte de mission spéciale à ces deux hommes d'état du passé, et semblait leur imposer pour mandat de renforcer de leur expérience l'impéritie formidable qui compromettait alors toutes nos destinées.

Les départemens, qui, dans quelques jours, allaient envoyer l'élite de leur population en armes contre l'insurrection de Paris au 23 juin, avaient commencé ce mouvement par leurs votes, par leurs journaux, par leurs correspondances, par tout ce qui pouvait peser sur leurs représentans, dont ils ne s'expliquaient pas les hésitations et les déférences. Les républicains exaltés et leurs échos accusaient déjà la majorité d'arrière-pensées et même de complots dynastiques, tandis qu'en réalité cette majorité avait à lutter, de la part de ses commettans, contre les plus vifs reproches dans le sens opposé. Au point de vue de la décision, la France valait mieux que l'assemblée, l'assemblée valait mieux que le gouvernement : dissidence qui devait aller en s'élargissant de jour en jour jusqu'au scrutin du 10 décembre, scrutin où l'on vit la grande majorité de l'assemblée et une notable portion des hommes monarchiques soutenir le général Cavaignac, tandis que les départemens donnaient la masse de leurs suffrages à un prince fils de roi et neveu d'empereur.

En attendant ce coup de théâtre ou plutôt ce coup de massue, de formidables évènemens devaient concourir à le préparer.

Les deux grandes préoccupations de l'assemblée furent, à partir du 15 mai, les ateliers nationaux et la recherche d'un moyen quelconque de donner à la commission exécutive une volonté ou son congé. La peur de passer pour réactionnaire balançait dans l'assemblée la crainte de devenir complice, et la présence de M. Ledru-Rollin au pouvoir en paralysait les bons élémens.

J'ai eu l'occasion de m'expliquer à la tribune sur la question des

ateliers nationaux : je l'ai fait à l'improviste et en omettant beaucoup
de détails. S'il y a jamais opportunité à réveiller ces cruels souvenirs,
il convient de ne le faire désormais que pièces en main et complètement. Ce n'en est pas ici le lieu. Il suffit en ce moment de constater
le phénomène dont nous poursuivons la démonstration : le mélange
inoui d'illusion dans la théorie et de stérilité dans la pratique. L'empressement à flatter les passions du peuple, l'impuissance à servir ses
intérêts, éclatèrent dans cette longue agonie d'une idée fausse aussi
visiblement que dans toutes les autres questions. Il n'est pas un des
républicains qui, au début de l'assemblée, ne fût impatient de la dissolution de ces ateliers. M. Pascal Duprat l'appuyait dans le comité du
travail à côté de M. Coquerel; M. Considérant entrait dans la même
sous-commission que moi; le premier rapport que je lus à l'assemblée
avait été approuvé par lui; M. Trélat, ministre des travaux publics, fit
afficher sur les murs de Paris un extrait de ce rapport, comme expression de la pensée même du gouvernement. Cependant, lorsqu'il fallut
passer des démonstrations aux actes, la scène changea, et les personnages reculèrent. On demandait alors un délai indéterminé et un crédit
que M. Duclerc, ministre des finances, déclarait hautement l'équivalent de la banqueroute. C'est de l'initiative la plus directe de l'assemblée et à la suite de la discussion la plus approfondie dans ses bureaux,
que sortit pour la première fois le mot dissolution. L'assemblée, jusque-là, avait cru aux moyens termes, aux procédés transitoires; c'est
en voyant grossir le péril dans des proportions qu'aucune prudence et
qu'aucune force ne pourraient bientôt conjurer, en apprenant que les
ateliers nationaux, ouverts en mars pour trente mille ouvriers dans la
détresse, contenaient alors cent vingt mille mutins, et que cinquante
mille autres frappaient à la porte, c'est alors que l'assemblée, se voyant
à la merci de cette innombrable et mystérieuse armée, entendant de
toutes parts les cris du commerce et de l'industrie, dont la ruine s'a-
chevait par cette grève organisée, se sentit enfin gagnée par une impatience trop longuement provoquée. M. Goudchaux avait été nommé
président de la commission pour l'ardeur avec laquelle il avait parlé
dans les bureaux. C'est lui que menaçaient nominativement les affiches
placardées dans tout Paris. M. Émile Thomas, qui fut pendant quelques semaines le masque de fer de la république, disparaissait et reparaissait sans qu'aucun vieil ennemi des lettres de cachet s'en émût.
Le 22 juin, M. Arago et M. Marie vinrent dans la commission; ils ne
l'éclairèrent ni ne la satisfirent. Cependant l'insurrection était déjà
ouvertement préparée, et l'on peut affirmer, dates et *Moniteur* en
main, que ce fut uniquement pour répondre à un défi, pour donner
aux gardes nationaux prenant les armes la certitude que l'assemblée
marchait avec eux, que je fus autorisé à lire mon rapport. Lorsque

cette résolution fut arrêtée, M. Dupont de Bussac donna par écrit sa démission de membre de la commission. C'était le 23, à neuf heures du matin.

Telle fut donc, dans cette sanglante page de notre histoire, la part vraie qui appartient à chacun. Au début de la question, l'alarme est égale chez les uns et chez les autres : le mal ne fait l'objet d'un doute pour personne, tout le monde se met à l'œuvre en commun; mais, dès qu'il faut agir, les uns avancent, les autres se démettent. Les hommes qui ont conduit la république au bord de cet abîme sont les plus empressés à l'y délaisser; ce sont, la veille du combat, des réactionnaires tels que MM. Charles Dupin, Buffet, Aylies, Hubert de Lisle, qui arment moralement le général Cavaignac; ce sont eux qui s'effacent volontairement, non pendant le combat, mais le lendemain de la victoire, pour laisser au gouvernement, qui en témoignait un très vif désir, le mérite de cette dissolution. On croit généralement aujourd'hui que la dissolution fut votée avant le 23 juin; elle ne le fut qu'aux premiers jours de juillet et sur la demande expresse du nouveau pouvoir. C'est à mesure que ces cruels souvenirs s'effacent, que chacun prend la position qui s'accommode à ses prétentions : M. Goudchaux, ministre du général Cavaignac, revendiquait à la tribune l'honneur d'avoir participé à cette grande mesure; mais lorsque je suis violemment accusé, aux derniers jours de la constituante, d'avoir de sang-froid provoqué la guerre civile, M. Dupont (de Bussac) applaudit, et M. Goudchaux se tait.

Ma tâche sera remplie telle que je l'envisage lorsque j'aurai rendu compte de quelques détails également travestis et devenus méconnaissables dans les premières relations de la rue de Poitiers et du général Cavaignac. Par le temps surchargé de drame où nous vivons, je suis convaincu que l'évocation de la rue de Poitiers réveillera beaucoup de lecteurs en sursaut, comme pourrait le faire une ressouvenance du ministère Martignac ou de la salle à manger de M. de Peyronnet. Il est bien vrai cependant qu'il y a deux ans à peine, c'est-à-dire au 28 juin 1848, au lendemain de la plus cruelle bataille qui se soit livrée dans la capitale d'aucun peuple civilisé, la réunion dite de la rue de Poitiers tenait dans ses mains la clé officielle des destinées parlementaires de la France. On a dit beaucoup alors, mais surtout depuis, que la réunion de la rue de Poitiers avait trahi une convoitise empressée du pouvoir, et que pour avoir éconduit ses candidats au ministère, le général Cavaignac avait promptement encouru sa disgrace. M. Carnot, dans une brochure, se pose même, sans déguisement, comme une victime de ces ténébreuses rancunes (1).

<hr/>

(1) On a même accusé la rue de Poitiers d'avoir soldé les journées de juin. Heureusement M. Proudhon a pu bien réfuter cette accusation devant la commission d'en-

Il importe de préciser d'abord l'origine et les tendances primitives de la rue de Poitiers. Ce fut, dès les premiers jours de mai, le lieu de rendez-vous, le centre de ralliement des représentans, fort nombreux dans la constituante, qui n'avaient appartenu à aucune assemblée antérieure. Les hommes politiques de quelque valeur avaient exercé leur influence sur les électeurs de la constituante, moins pour se produire que pour indiquer leurs successeurs. Il n'est pas de département où tous les anciens chefs de parti n'aient préparé ou chaleureusement appuyé les élections de quelque ouvrier, pourvu qu'il fût probe, de quelque publiciste républicain, pourvu qu'il fût modéré, et encore ne regardait-on pas de très près à cette modération. Dans l'ouest même, où il eût été le plus facile de réaliser ou tout au moins de tenter des élections anti-républicaines, l'idée n'en fut pas même mise en avant. Dans Maine-et-Loire, le comité de la droite donna cinquante et quelques mille voix à un chef d'atelier de l'école des arts et métiers, ce qui, par parenthèse, valut fort peu de temps après à celui-ci une brutale destitution. Dans la Loire-Inférieure, la droite fit passer M. Waldeck-Rousseau à côté de l'un des curés de la ville de Nantes. Dans l'Ille-et-Vilaine, l'évêque de Rennes avait désigné de son plein gré le nom de M. Roux-Lavergne, ami et collaborateur de M. Buchez. Dans le Morbihan, la même opinion, appuyée sur les mêmes forces, nommait M. Reslay, patron d'un grand nombre d'ouvriers dans un des faubourgs de Paris. Marseille nommait son jeune portefaix, M. Astouin. Il y avait donc à l'assemblée une foule d'hommes complétement nouveaux et décidés à inaugurer une situation et une politique nouvelles. Ils étaient fort jaloux de cette virginité politique, de cette non-solidarité avec les régimes antérieurs, et ils avaient grandement raison. Les nuances d'opinion ne conduisaient pas à la rue de Poitiers et n'y classaient personne : c'était la date de l'entrée dans la carrière qui servait d'introduction. Là, M. d'Adelsward se rencontrait avec M. Denjoy, M. Degousée avec le général Baraguay-d'Hilliers, M. de Heeckeren avec M. Bérard. M. Barrot se trouvait exclu comme M. Thiers, comme M. Molé, comme M. Dufaure, comme M. Duvergier de Hauranne, comme M. Béchard ou M. de Larcy. Ce n'est que lorsque la crise de juin fut devenue manifeste et imminente, que ce noviciat de la rue de Poitiers s'effraya de son isolement et de sa responsabilité. La consigne contre les *anciens* fut levée. Je ne crois pas que

quête : « Le 23 juin, j'avais cru, dit-il, que c'était une conspiration de prétendans s'appuyant sur des ouvriers des ateliers nationaux. J'étais trompé comme les autres. *Le lendemain j'ai été convaincu que l'insurrection était socialiste.* Les ateliers nationaux n'en ont été que la cause occasionnelle... La cause première, déterminante de l'insurrection, c'est *la question sociale, la crise sociale, le travail, les idées.* Il m'en coûte de le dire, moi qui suis socialiste. »

M. Thiers ni aucun de ses collègues de l'ancienne chambre des députés y aient paru avant le 23 juin.

Si donc des représentans jeunes d'antécédens ou d'âge vinrent tout d'un coup se ranger sous le drapeau des vieux parlementaires, et si ce rapprochement fut un malheur pour les destinées régénératrices du 24 février, la république est encore redevable de ce fait à ses prétendus amis. Il est avéré qu'avant l'agression barbare du 23 juin, les nouveaux constituans avaient la plus grande répugnance à se confondre avec les anciens députés; que les anciens députés, de leur côté, mettaient une sorte de fierté à ne se point montrer blessés de cette exclusion, et que de cette séparation prolongée pouvaient naître des élémens imprévus, inessayés, de majorité et de gouvernement. Le 23 juin acheva la réaction que le 15 mai avait commencée. Tous les rangs, tous les âges, toutes les nuances se confondirent dans l'unique sentiment de la civilisation à défendre. Voilà l'intrigue qui plaça la rue de Poitiers sous le charme de M. Thiers, de M. Molé, de M. Berryer, de M. de Montalembert; voilà le nœud de cette monstrueuse coalition.

Les rapports qui s'établirent immédiatement entre la rue de Poitiers et le général Cavaignac furent tout aussi exempts d'embûches. L'idée première de la constituante avait été de gouverner elle-même, en se réservant le choix des ministres jusqu'à la fondation d'un gouvernement définitif. C'est cette combinaison que fit échouer M. de Lamartine en imaginant une commission exécutive composée de cinq membres, afin que M. Ledru-Rollin pût y trouver une place. Cette combinaison obtenue par beaucoup d'efforts, votée à grand'peine, pesait comme une sorte de remords au fond de la conscience de la majorité. La commission exécutive le sentait si bien, M. de Lamartine personnellement en était si affecté, que, bien qu'il eût obtenu un vote de confiance le 21 ou le 22 juin sur une question de traitement, il donnait, et ses quatre collègues donnaient avec lui, dès le 23 juin, une démission pleine d'amertume. Il était donc naturel que l'assemblée revînt à sa première pensée, la nomination directe des ministres, et qu'elle ne recommençât pas, après les malheurs de juin, la faute qui les avait causés. En même temps donc que le suffrage unanime de la rue de Poitiers portait le général Cavaignac à la tête du nouveau gouvernement, il était fortement question de retenir la nomination du ministère. Plusieurs listes étaient déjà dressées. Ce furent alors les chefs de la majorité qui, loin d'étendre la main pour saisir une tutelle, combattirent cette tendance, et s'efforcèrent de dissiper les ombrages.

Lorsque j'entrai pour la première fois dans la salle de la rue de Poitiers, le 27 juin au soir, M. Thiers occupait le petit bureau servant de tribune. On était venu, quelques instans auparavant, raconter assez malencontreusement que le général Cavaignac appliquait à M. Thiers le nom d'ennemi. M. Thiers repoussait ce mot avec la générosité la plus spirituelle, en plaidant les prérogatives du chef futur qu'allait introniser l'assemblée. L'ingratitude au point de vue de la personne, le péril au point de vue de l'autorité qu'il était si nécessaire de fortifier, tel fut le thème dont j'entendis seulement l'éloquente péroraison. Ce discours et celui de M. Berryer décidèrent du vote. Il fut résolu à l'unanimité que la réunion de la rue de Poitiers, adoptant les vues des amis personnels du général et de la réunion Dupont de l'Eure, se mettrait en rapport avec l'honorable M. Cavaignac par une députation officieuse composée de six membres; que cette députation ferait connaître au général qu'un sentiment de confiance en lui portait la réunion à renoncer à la nomination directe des ministres; qu'elle appuierait son administration nouvelle hautement et fermement; qu'elle désirait que les portefeuilles fussent remis à des hommes ne pouvant donner aucun sujet d'inquiétude à l'opinion républicaine; que l'on souhaitait en conséquence que cette administration fût largement recrutée parmi les serviteurs de la veille. Aucun nom propre, aucune prétention, aucune exigence, ne furent ni directement ni indirectement recommandés aux soins des six députés de la réunion. Ces six représentans étaient MM. Baze, Vivien, de Sèze, Vesins, Degousée et moi. Nous demandâmes, dès le soir même, une entrevue au général Cavaignac, qui nous fut accordée pour le lendemain à sept heures du matin. Le général, encore épuisé des fatigues du combat, nous reçut couché sur un lit de fer dans un des petits salons de l'ancien hôtel de la présidence. Il nous déclara avec une bonhomie à la fois digne et cordiale qu'il ne connaissait aucun de nous (M. Degousée n'avait pu se joindre à la députation, je ne me rappelle plus pour quel motif); qu'il ignorait non-seulement nos opinions, mais même nos noms; qu'il était un général d'Afrique transporté brusquement sur un terrain nouveau pour lui; que, du reste, il n'avait pas besoin d'un plus ample informé pour répondre très franchement à notre démarche. Il nous indiqua que des négociations étaient entamées pour la plus prompte formation possible du nouveau ministère, que les affaires étrangères étaient destinées au général Bedeau, la guerre au général de Lamoricière, l'intérieur à M. Sénard, les finances à M. Goudchaux. C'étaient là, on le voit, les quatre postes les plus importans; tous les quatre étaient donnés à des hommes qui avaient soutenu le poids de la lutte : le général Lamoricière et le général Bedeau sur les barricades, M. Sénard à la présidence de l'assemblée, M. Goudchaux à la présidence de la commission des ateliers nationaux. Ces quatre noms obtinrent aussitôt la promesse la plus formelle du concours de la rue de Poitiers. Les noms de MM. Tourret et Bethmont furent ensuite prononces pour l'agriculture et la justice, et furent également approuvés. Le général Cavaignac ajouta qu'il ne prévoyait aucune objection au maintien de M. Carnot dans le ministère de l'instruction publique : M. Vivien avait bien voulu jusque-là porter la parole en notre nom; d'autres la demandèrent alors et causèrent une très visible impression d'étonnement au général Cavaignac, en lui disant que plusieurs circulaires de M. Carnot, que certaines de ses tendances éveillaient beaucoup d'inquiétudes dans une portion considérable du pays; que les idées de M. Carnot, trop sincères chez lui pour être mobiles, seraient tôt ou tard une pierre d'achoppement avec la majorité; qu'il fallait, autant que possible, prévenir ces crises et les épargner à l'autorité qu'on s'efforçait de reconstituer. Le général Cavaignac nous répondit alors que les polémiques sur l'enseignement étaient vaguement arrivées jusqu'à lui en Algérie, qu'il y était toujours demeuré étranger, qu'il ne pouvait nous répondre sur des faits, sur des points de vue qui se présentaient à son esprit pour la première fois; que, du reste, il avait compris la portée de nos objections contre M. Carnot, qu'il allait en référer à ceux de ses collègues que nous considérions comme faisant déjà partie du ministère, et qu'il en causerait volontiers de nouveau avec nous dans le courant de la journée. L'entretien avait duré trois quarts d'heure; les explications données par le général Cavaignac, les sentimens exprimés par lui nous avaient pleinement satisfaits; nous étions sûrs aussi de l'avoir convaincu de notre adhésion. Le général était attendu à huit heures pour une grande revue des gardes nationales de province devant le péristyle de l'assemblée. Nous nous séparâmes donc, ajournant à l'après-midi le seul point demeuré en litige, le ministère de M. Carnot.

Nous revînmes vers une heure au salon de la présidence; le général était absent. M. Sénard nous reçut à sa place; il nous dit que l'incident relatif à M. Carnot les mettait tous dans un embarras véritable, qu'il appréciait parfaitement les motifs de notre résistance, mais que le général, de premier mouvement et comme chose qui ne pouvait souffrir de difficulté, avait, dès la veille, parlé à M. Carnot de son maintien au ministère, qu'il se considérait donc comme lié vis-à-vis de lui, et que, si M. Carnot lui-même ne le déliait pas, l'embarras courait risque de devenir inextricable. Ce discours de M. Sénard était appuyé d'assurances positives sur le désir qu'éprouverait le ministère de voir l'instruction publique dirigée dans un sens moins imprudent. Nous offrîmes alors de prendre sur nous la responsabilité des premières ouvertures à M. Carnot. M. Sénard accueillit notre offre, et, au bout de quelques minutes, envoya M. Carnot dans le salon où nous étions demeurés pour l'attendre. Nous exposâmes avec beaucoup de franchise à notre honorable collègue les sentimens d'estime et les motifs de dissidence qui

nous portaient à le prendre lui-même pour confident de notre opposition; que sa présence dans le ministère serait certainement l'occasion
d'une crise prochaine et à tous égards déplorable; que nous faisions
appel à sa loyauté et le suppliions de tirer le général Cavaignac de la situation fausse où lui M. Carnot et nous-mêmes le placions. M. Carnot
répondit qu'il était loin de nous savoir mauvais gré de notre langage,
mais que le général Cavaignac n'était aucunement lié vis-à-vis de lui,
que par conséquent il était libre de lui enlever ou de lui conserver
son portefeuille, et que ses préparatifs de départ pour la campagne
étaient déjà faits. Nous répliquâmes qu'il ne s'agissait pas de savoir si
le général Cavaignac était ou n'était pas réellement lié; qu'il suffisait
qu'il le crût, et que nous affirmions à M. Carnot que tel était bien son
scrupule. M. Carnot se renfermait dans la même réponse; nous persis-
tâmes dans la même réplique. Force nous fut alors d'appeler M. Sénard
une seconde fois pour qu'il s'expliquât sur le fait de l'engagement du
général Cavaignac. M. Sénard n'hésita pas à se ranger aussitôt de notre
côté, et ne cacha point à M. Carnot qu'il considérerait sa démission
comme utile à la formation et à la solidité du nouveau ministère.
M. Carnot se retira, nous disant qu'il s'expliquerait avec le général et
qu'assurément il ne compliquerait ni ne prolongerait pour son compte
les difficultés de la situation. Nous considérâmes donc, M. Sénard et
nous, la démission de M. Carnot comme un fait accompli, et nous pro-
nonçâmes plusieurs noms qui pouvaient, selon nous, être utilement
recommandés au général Cavaignac, en ayant soin de nous circonscrire toujours dans le cercle étroit des républicains de la veille. Le
nom de M. Voirhaye fut spécialement indiqué et appuyé par nous.

Pendant tous ces pourparlers, l'assemblée était entrée en séance.
Nos collègues nous interrogèrent vivement : nous leur annonçâmes la
composition du ministère qui devait être promulgué dans la soirée,
en ajoutant que, selon des probabilités qui équivalaient à une certitude, M. Carnot n'en ferait pas partie. La séance, suspendue, fut reprise à huit heures du soir. Nous fûmes, en y entrant, tirés à l'écart
et avertis, avec une humeur non déguisée, que M. Carnot restait à
l'instruction publique. Les paroles qui s'échangèrent dans ce court
entretien n'appartiennent qu'à des mémoires d'*outre-tombe;* mais ce
dont chacun a pu garder le souvenir, ce fut l'explosion de murmures
qui accueillit quelques instans après la promulgation du nom de
M. Carnot : ces murmures n'étaient que le cri de la plus légitime surprise. Quelques jours après, l'un des hommes les plus fermes de la
rue de Poitiers et l'un des membres les plus étrangers, par son âge,
par ses antécédens, à toute ancienne coterie, M. Bonjean, porta à la
tribune la question que nous avions soulevée dans le petit salon de la
présidence, et M. Carnot fut renversé, séance tenante, par un scrutin

public. De ses collègues du ministère, pas un ne s'associa à sa retraite.
Voila comment M. Carnot fut victime de mystérieuses machinations,
mais voilà aussi le premier germe des méfiances entre une notable
portion de l'assemblée constituante et le général Cavaignac. Je n'ai
jamais su, je n'ai jamais cherché à savoir ce qui s'était passé entre la
démission annoncée de M. Carnot et sa reprise de possession : je me
suis contenté de voter pour la proposition de M. Bonjean; mais, si l'on
réfléchit a cet incident, on ne peut se l'expliquer qu'ainsi : M. Carnot
tenait peu au ministère, mais beaucoup, en matière d'instruction,
aux idées de son secrétaire-général, M. Jean Raynaud; il se faisait un
point d'honneur de les couvrir jusqu'au bout et à outrance de son ancienneté dans les rangs de la gauche. Le général Cavaignac ne tenait
pas a M. Carnot personnellement, mais il tenait beaucoup à la mémoire de M. le comte Carnot, son père, et à tout ce qui s'y rattachait
de souvenirs républicains. L'un et l'autre se sont étourdis sur la gravité des circonstances générales pour s'attacher au point de vue particulier qui les flattait : le premier sacrifiait un peu de sa dignité, le
second les intérêts sérieux de son gouvernement, pour faire de la politique de caste. M. Carnot fut huit jours de plus ministre de l'instruction publique pour sa naissance : ce fut pour un nom que le général
Cavaignac compromit l'alliance désintéressée que lui offraient les
hommes d'ordre, prodigues envers lui de leurs témoignages de confiance et d'estime; ce fut pour cette satisfaction éphémère qu'il ébranla,
au bout de huit jours, une autorité qui survécut assurément encore
grande et glorieuse, mais qui néanmoins alla toujours déclinant, et
pour des motifs puisés dans le même ordre d'illusions et de préjugés.

Dire au commencement de cet écrit que les républicains avaient trop
souvent manqué de fermeté après la victoire, c'était soulever une objection spécieuse. Plus d'un lecteur m'aura opposé aussitôt dans sa
pensée le général Cavaignac et les journées de juin : c'est là aussi
qu'à leur tour ces lecteurs doivent accepter la discussion.

Le décret de transportation fut assurément un acte fort énergique;
mais il fit, pour ainsi dire, partie du combat lui-même : c'étaient les
lois de la guerre appliquées par une assemblée tenue, quatre jours
durant, sous la détonation du canon; mais ce n'était pas là de la politique régulière, ce n'était pas là, grace à Dieu, du gouvernement
normal. La politique eût visé à saisir les moteurs de cette affreuse
guerre civile et à épargner ses aveugles et crédules instrumens. L'intérêt gouvernemental un peu étendu eût exigé qu'on scellât une alliance durable avec la portion du pays qui s'alarmait; il fallait juger,
choisir, guider, écarter, modérer ses amis au moins autant que ses
adversaires, et non-seulement la politique demandait cela, mais elle
demandait qu'on le fît opportunément, de plein gré, comme une chose

que l'esprit conçoit, que la volonté adopte, et non comme une concession subie en attendant qu'on y échappe. De ces deux lignes, laquelle a été suivie? Quelle révélation des sentimens intimes du pouvoir dans le nom de M. Carnot, dans celui de M. Vaulabelle, dans celui
de M. Recurt, qui, avec une allure personnelle bien différente de celle
de M. Caussidière, avait montré au ministère de l'intérieur autant
d'imprévoyance à la veille du 23 juin que l'ancien préfet de police
dans la matinée du 15 mai? Quels complices de tant de catastrophes
furent éloignés de l'administration publique? Quelle vigueur fut déployée contre les clubs? Ce fut de faute en faute qu'on se laissa conduire
jusqu'à capitulation. Il fallut les scandales du banquet de Toulouse
pavoisé de drapeaux rouges et l'interpellation de M. Denjoy, il fallut
qu'au langage tout-à-fait incohérent du ministère dans cette séance
succédât tout à coup une évolution beaucoup plus militaire que gouvernementale du général Lamoricière pour que le concours de MM. Dufaure et Vivien fût réclamé.

. Ce remaniement ministériel, le second depuis les journées de juin,
eut lieu vers le milieu d'octobre; encore disait-on que le général Cavaignac s'y prêtait avec une extrême répugnance; encore voyait-on
M. Recurt descendre un troisième échelon du pouvoir et mis à l'Hôtel-
de-Ville, comme pour y conserver une place de sûreté : c'étaient là
des prétextes de plaintes envenimés par l'esprit d'opposition, disaient
les ministériels d'alors. Hélas! la science politique consiste précisément à enlever aux malintentionnés les moyens de calomnier, aux
simples les occasions de se méprendre, et c'est ce qu'on ne cessait
d'offrir aux uns et aux autres.

Je puis attester, sur des données qui ne sauraient me tromper, que
la droite ne fit qu'à son corps défendant acte d'opposition envers le
général Cavaignac et repoussa souvent les avances de ses ennemis. Un
des votes, par exemple, qui le contrarièrent le plus fût celui qui étouffa
à sa naissance le projet des commissaires, plagiat inoffensif dans son
intention primitive, mais extrêmement dangereux dans les circonstances où il se produisait. M. Baze et moi, nous contribuâmes à le
faire échouer. Aussitôt après notre succès, nous fûmes accablés d'applaudissemens : par qui? —Par nos amis? Non; ils nous approuvaient,
mais avec tristesse, et craignaient d'ébranler le gouvernement, de mécontenter le général. Nous fûmes applaudis surtout par les membres
de la montagne, qui commençait à poindre; cinq ou six ordres du jour
motivés me furent remis par ceux qui, sans s'avouer vaincus en juin,
gardaient cependant profonde rancune au vainqueur. Je ne compre-
nais rien au parti qu'on voulait tirer de mon discours. Je me réfugiai
hors de la salle. Je fus poursuivi par les plus ardentes sollicitations.
Un des hommes les plus éminens de ce parti me disait dans l'oreille :

« On prétend que je suis le plus perfide de l'assemblée, mais je vous rends *le pompon!* »

Je n'avais mérité
Ni cet excès d'honneur, ni cette indignité !

Et il en a été ainsi de toutes nos perfidies depuis le 24 février. J'ignorais, en entrant à la séance, l'article du *National* qui mentionnait l'envoi projeté des commissaires dans les départemens; j'ignorais les nominations déjà arrêtées, les rumeurs qui en avaient circulé la veille à la rue de Poitiers; M. Baze et moi n'avions pas concerté l'interpellation, et lorsque M. Marrast, qui ne présidait pas ce jour-là, accourut pour opposer à l'irritation de l'assemblée les ressources ingénieuses de son esprit conciliant, il n'eut pas d'auxiliaires plus fervens que les interpellateurs eux-mêmes. Je n'avais exprimé à la tribune que mon sentiment; je m'estime heureux de l'avoir fait prévaloir, mon attente n'allait point au-delà, et mon souhait pas davantage.

Enfin le général Cavaignac avait laissé tomber de la tribune deux paroles imprudentes, irréfléchies, mal comprises, mais qui firent frissonner la France, et planèrent désormais au-dessus de tous les efforts tentés en sa faveur pour l'élection présidentielle. Depuis le 25 février, depuis qu'on avait eu à opter entre la soumission ou la résistance à la république, aucune délibération plus grave ne s'était ouverte, ou plutôt c'était la même délibération qui recommençait. Élire le général Cavaignac, c'était perpétuer au pouvoir les expédiens et les tâtonnemens dont on se plaignait; élire le prince Louis, c'était en finir avec la république, dont on ne voulait pas se défaire. Quelle perplexité pour les hommes sincères! Avec des pensées soigneusement dissimulées, quelle belle occasion de les mettre au jour! Avec des avidités et des ambitions, quelle belle chance de les mettre à profit! Que vit-on cependant d'un bout à l'autre de la France, sinon une longue et consciencieuse angoisse de la droiture et de la bonne foi?

Le premier avis fut le plus naturel : c'était celui d'écrire sur son bulletin le nom d'un candidat qui fût bien complétement sympathique, identique au parti modéré. On songea à déférer cette illustre candidature au maréchal Bugeaud, au général Changarnier, à M. Molé, à M. Thiers. Ces hommes d'état déclinèrent successivement cet honneur pour eux-mêmes, chacun le reportant sur son collègue; mais leurs amis continuèrent long-temps à vouloir le leur imposer. On y avait renoncé dans les comités de Paris, qu'on y persistait encore dans les comités de province.

Lorsqu'on fut parvenu, à force d'instances, à déraciner dans les départemens l'idée d'un troisième candidat qui, en fait et malgré les meilleures intentions contraires, eût achevé d'éparpiller, au lieu de servir à les concentrer, les forces du parti modéré, il fallut trancher une seconde question non moins épineuse. «Vous nous conseillez, écrivait-on de toutes parts à Paris, de ne porter que le général Cavaignac ou le prince Louis; dites-nous maintenant lequel des deux vous préférez. » Et l'anxiété redoublait à chaque consultation nouvelle. On avait demandé au général Cavaignac des explications et des garanties sur la ligne de conduite qu'il comptait suivre, une fois consolidé dans un pouvoir de quatre années; il les refusait avec une fierté douce, mais opiniâtre; il trouvait avoir fait assez pour n'avoir pas besoin de promettre davantage; on le quittait avec plus de sympathie peut-être pour son caractère, mais avec plus de doute sur la direction et sur la portée de ses idées politiques.

Lorsqu'on s'approchait du prince Louis (et ici je parle sur des renseignemens certains, mais étrangers, car je n'eus l'honneur de parler au prince pour la première fois qu'entre le 10 et le 20 décembre), on recevait au contraire les réponses les plus catégoriques. Ses idées sur la liberté de l'enseignement, sur la décentralisation, l'élévation de ses sentimens, dépassaient l'espérance de ceux qui allaient l'interroger, et l'on n'éprouvait plus que l'embarras de concilier ce langage avec celui de quelques-uns des partisans du prince dans la presse ou ailleurs. Chez le général Cavaignac, on était séduit par la personne et blessé par les idées; chez le prince Louis, qu'on n'était point accoutumé à juger ni de si près ni si favorablement, on était porté à considérer ce qui séduisait comme un rêve. Chaque matin, on remettait dans la même balance les méfiances, les inquiétudes, les promesses, les espérances de la veille, et chaque soir les deux plateaux se retrouvaient chargés d'un poids à peu près égal. Avec le général Cavaignac, on avait l'avantage de pousser jusqu'à ses dernières limites l'expérimentation républicaine; mais on n'avait fait qu'une halte depuis le 23 juin sur le point culminant entre le républicanisme de la veille et le socialisme du lendemain, et lorsqu'après l'élection force serait au général Cavaignac et à son gouvernement de se remettre en marche, il pouvait glisser du mauvais côté et entraîner la France au fond d'un abîme. Avec le prince Louis, les chances diamétralement différentes effrayaient par l'excès opposé. Il pouvait, en s'éloignant, comme il le promettait et comme il l'a tenu, des tendances démagogiques, s'élancer jusqu'aux régions impériales, et enlever le régime constitutionnel sur la croupe de son cheval. Avec le premier, la France pouvait se décomposer peu à peu et mourir par infiltration; allait-elle avec le second, se briser en une seule journée d'aventure et périr par apoplexie? Voilà quelle était la préoccupation constante, l'angoisse, l'insomnie des hommes que l'on travestissait en conjurés savourant comme une jouissance ou créant à plaisir les difficultés de la situation.

Aussi la plupart des membres de l'assemblée, tous ceux qui n'étaient point obligés de se prononcer dans la presse ou de diriger une nombreuse et ancienne clientèle d'amis, s'abstinrent de conseils directs. Il n'y a pas un département dans lequel n'abondassent des lettres de représentans de la droite se résumant ainsi : « Nous sommes éloignés de nos commettans depuis un an; nous avons traversé des crises qui ont dû profondément modifier les esprits; n'intervertissons donc pas nos rôles; ce n'est point à nous de diriger la France en ce moment, c'est à la France de nous donner elle-même la mesure de ses intentions et de son énergie. » C'était là professer et pratiquer en même temps le respect du suffrage universel. Fut-ce la conduite des républicains dans l'assemblée? Pas le moins du monde. Ils poussèrent jusqu'au bout non-seulement l'esprit d'aveuglement, mais l'esprit d'arbitraire; loin de reconnaitre ou d'encourager l'initiative propre des électeurs, loin de sonder les profondeurs de l'opinion publique ou d'écouter ses murmures, ils se préoccupèrent, jusqu'au dernier moment, de leurs prédilections personnelles. L'élection du prince Louis était déjà apportée par tous les vents soufflant des quatre extrémités de la France, qu'ils se groupaient encore dans les bureaux de l'assemblée pour y provoquer une adresse solennelle de la majorité en faveur de la candidature du général Cavaignac. On scandalisait les ardens fauteurs du suffrage universel en leur proposant tout uniment de s'en rapporter à lui. L'assemblée avait donné au général Cavaignac, en appui, en témoignages de préférence sur son rival, tout ce qu'il lui était possible de donner; aller plus loin, c'était dépasser le but sans l'atteindre. Quelques républicains parlèrent dans ce sens, mais avec regret et sans verve. La résolution qui prévalut fut celle de l'adresse au pays; elle n'échoua que par la profonde stupeur qui s'empara de l'assemblée aux premiers jours de décembre.

La France parla enfin, et sa réponse fut explicite. Aux consciences timorées et trop long-temps indécises qui trouvaient que les démonstrations n'étaient pas complètes, elle répondit : C'est sur moi que l'expérience se pratique, et je la tiens déjà pour trop prolongée; je comprends que les intelligences qui ne s'exercent que sur des mots et ne stipulent que pour des idées aient de la patience et se complaisent dans la logique; mais moi, je suis de la chair vive et palpitante : c'est mon sang qui coule sous vos scalpels, c'est ma fortune qui s'épuise dans vos laboratoires politiques; je ne veux plus étudier ni qu'on m'étudie, je veux vivre! je suis effrayée du jacobinisme que vous avez laissé renaitre, et je refuse mes voix à M. Ledru-Rollin. Je suis fatiguée des discours vagues et sonores qui ne servent qu'à charmer ma misère; j'aimerais mieux une prospérité muette; je refuse mes voix à M. de Lamartine. Je suis humiliée du système douteux qui ne me promet pas·clairement ce que je désire, et qui pourrait involontairement me livrer à ce que je redoute; je refuse mes voix au général Cavaignac. Je les donne au prince Louis Bonaparte, d'abord parce que c'est un prince, parce qu'il me replacera aux yeux de l'Europe au-delà de l'ancienne Hollande et au-dessus de la Suisse actuelle, parce qu'étant plus haut placé, il aura besoin d'une base plus large, parce que, tenant beaucoup de son origine, il devra tenir un peu moins des coteries et ne fera pas de l'administration publique la rançon de son pouvoir. Je lui donne ma voix, parce je n'ai pas encore le courage de la monarchie, et que je n'ai plus le goût de la république.

On a beaucoup disserté sur l'élection du 10 décembre et sur sa signification; pour moi, la voilà dans sa rigoureuse simplicité : trois négations et la moitié d'une affirmation, — tout cela, rien que cela.

Jusqu'à quel point le président et ses différens ministères ont-ils marché dans cette voie? jusqu'à quel point la seconde assemblée les y a-t-elle secondés et suivis? Jusqu'à quel point le pays a-t-il repris son travail latent, sa marche souterraine en dehors des directions officielles? Ce devrait être là le sujet d'une seconde étude, si l'on voulait compléter cette esquisse du petit coin d'un grand tableau.

Quant à cette première phase, si pleine de tragédies sanglantes, de péripéties inattendues, écoulée du 24 février au 10 décembre, elle a suffi pour voir naître, grandir et s'éteindre l'utopie des républicains spéculatifs : les uns l'ont tuée, les autres l'ont laissée mourir. Les monarchistes l'ont sincèrement défendue; ils lui conservent seuls aujourd'hui les apparences de la vie. Depuis le 10 décembre, MM. Marrast, Goudchaux, Sénard, Martin de Strasbourg, Bastide, ont disparu du théâtre politique, et avec eux l'idée républicaine modérée. Ce sont les socialistes qui ont pris partout le rang et le titre, toujours exclusif, de républicains; les hommes monarchiques qui ont long-temps marché avec les premiers luttent désormais contre les seconds, mais peuvent-ils conserver encore les positions anciennes? Peuvent-ils demeurer sur une brèche incessamment ouverte, incessamment assaillie, sans drapeau, sans unité, sans doctrines qui leur soient propres? Ces questions ne sont plus de la compétence d'un simple narrateur. De quelque façon qu'elles soient introduites, il importe que la question de bonne foi soit avant tout dégagée; chacun doit s'y employer comme aux préliminaires indispensables de toute solution pacifique. On peut toujours se réconcilier avec la contradiction : à quoi sert de traiter avec des trompeurs, et voudrait-on se rapprocher des traîtres? Si la république appartient à qui l'a défendue, tout le monde peut en disposer à titre égal et même à meilleur droit que ceux qui l'ont fondée.

La république, telle que le suffrage le plus illimité l'a voulue et l'a faite, la république n'a jamais été attaquée que par des républicains elle a toujours été secourue par les hommes monarchiques; elle ne l'a été efficacement que par eux ou grace à eux. Ils lui ont servi de rempart au 15 mai, ils lui ont prodigué leur sang au 23 juin, et leurs votes dans toutes les circonstances décisives. L'assemblée constituante, l'assemblée législative, le haut jury de Bourges et celui de Versailles ont constaté le flagrant délit d'insurrection dans toutes les nuances des hommes de février, depuis M. Ledru-Rollin jusqu'à M. Guinard. Pas un indice de révolte n'a été surpris, bien qu'assidument recherché, dans aucune catégorie des anciens partis monarchiques. Il n'y a pas lieu à des regrets; mais il y a là un droit à constater, afin de l'exercer librement et fermement, quand l'heure légale en aura sonné. Lorsqu'il sera bien convenu que le passé appartient à tout le monde, peut-être finira-t-on par convenir aussi que l'avenir ne peut être le domaine privé ou le privilége de personne.

La première condition pour rentrer dans le vrai et dans le raisonnable, c'est de se fixer d'abord en commun sur le faux et sur l'absurde. Or, lorsqu'on reconnaîtra qu'une république n'est pas toujours féconde en illustres républicains, on pardonnera plus aisément à la monarchie de n'avoir pas produit constamment de grands monarques. Lorsqu'on sera forcé d'avouer, en jetant les yeux sur le passé ou autour de soi, que l'acclamation des masses peut se montrer plus aveugle dans ses choix que ne le serait le principe de l'hérédité livré à ses chances, on sera moins prompt à mépriser la sagesse des siècles antérieurs. Quand on aura noté que la loi de succession, en quatorze siècles, ne nous a pas imposé un seul souverain complétement inique ou complétement cruel, et que la loi du nombre brut n'avait pas fonctionné deux ans, qu'elle n'eût déjà courbé la France sous le joug d'un Robespierre, d'un Couthon, d'un Marat, peut-être alors reconnaîtra-t-on qu'un mécanisme électoral, quel qu'il soit, ne dispense pas un pays de lumières et de vertus, qu'aucune institution humaine n'affranchit l'humanité de ses vices originels et des seuls remèdes applicables à ces vices : on renoncera aux panacées universelles, aux infaillibilités de droit populaire comme aux infaillibilités de droit divin; on cherchera le salut à la lueur de l'expérience, dans les limites du bon sens; on sera dès-lors fort près de le trouver, et il ne coûtera pas une larme.

A. DE FALLOUX.

LA CORRÈZE

ET

ROC-AMADOUR

RÊVERIES A TRAVERS CHAMPS.

Je ne sais ce que le Limousin avait fait à Molière; mais Molière a
fait le plus grand tort au Limousin. Nous avons beau nous récrier,
nous tous qui sommes nés dans cette verte province; il faut subir
l'arrêt du maître, et nous naissons avec deux péchés originels : nous
sommes rusés et violens, on nous croit niais et lourds. On se figure,
tranchons le mot, que nous avons été coulés tous dans le moule où
l'auteur de *Tartufe* jeta un beau jour Léonard Pourceaugnac. « Une
personne comme vous est-elle faite pour un Limosin? Si M. de Pourceaugnac a envie de se marier, que ne prend-il une Limosine, et ne
laisse-t-il en repos les chrétiens? Le seul nom de M. de Pourceaugnac
m'a mise dans une colère effroyable... » Quel nom en effet! et toute
la cour riait à Chambord, et riait de si grand cœur, que l'on entend
encore, que l'on entendra pendant des siècles le bruit cruel de ses
applaudissemens. Le mal est qu'on ne se relève pas des arrêts que
porte le génie; ses décisions sont sans appel. En trois lignes, Molière
nous a livrés pieds et poings liés aux railleurs de tous les âges. Il faut
s'y résigner, et, pour ma part, j'en prendrais aisément mon parti, si
la défaveur dont les Limousins sont victimes n'avait rejailli sur leur
pays. Il en est ainsi malheureusement. Notre province n'a pas la ré-

putation qu'elle mérite; on n'ose pas trouver charmante la patrie de M. de Pourceaugnac : elle est telle cependant, et pas un observateur sans préjugés, s'il en existait, ne devrait le contester.

Un jour d'automne, je faisais ces réflexions en regardant le soleil se lever au-dessus des bruyères roses qui couvrent une partie du département de la Corrèze. Au début d'une chasse qui s'annonçait mal, nous nous étions arrêtés, mes trois compagnons et moi, sur le haut d'une montagne aride, d'où l'on dominait le pays à dix lieues à la ronde. Au-dessus de nos têtes, le ciel était d'une admirable pureté, et devant nous s'étendait à perte de vue un paysage qui pouvait soutenir toute comparaison. Les landes désertes, les lacs endormis, les cascades de Gimel bondissant dans leurs rochers, les forêts de châtaigniers déjà rougies par l'automne, les troupeaux errans, les lignes accidentées d'un horizon bleuâtre, le calme incomparable de ce paysage austère, tout cela composait un tableau triste et grandiose, qui faisait à la fois rêver aux silencieuses campagnes de l'Attique et aux âpres montagnes de l'Écosse. Une seule chose manquait à notre bonheur ce jour-là, c'était le gibier. Les perdreaux étaient rares, les lièvres introuvables, et l'on perdait sa peine à poursuivre dans un pays aussi découvert des volées de grives qui fuyaient à mille pas. Nous avions remarqué que ces bandes d'oiseaux voyageurs allaient toujours du nord au sud. — Les grives vont aux vendanges, dit l'un de nous. — Pourquoi ne faisons-nous pas comme elles? ajouta l'autre. — Au fait, dit le troisième, puisqu'il n'y a pas de gibier, faisons un voyage. — C'est convenu, déclara le dernier, nous partons à l'instant. à pied, et nous allons par le pays bas (1) jusqu'à Roc-Amadour.

Ainsi fut dit, ainsi fut fait. Une sorte de paquetage de soldat fut immédiatement organisé dans nos gibecières, et, le jour même, nous partîmes à travers champs, comme les grives.

On a vraiment grand tort de mesurer l'intérêt d'un voyage sur sa durée et celui d'un pays sur son éloignement; on se trompe en pensant qu'il faut aller loin pour trouver des aventures et naviguer deux ans pour voir des choses curieuses. Un homme s'est rencontré qui a fait autour de sa chambre un voyage plus fécond en péripéties de tous genres que les traversées sans nombre d'une infinité de marins que je connais, et l'on peut faire, Dieu merci, d'intéressantes tournées sans dépasser « les rives prochaines » dont La Fontaine défend de s'éloigner; seulement il est moins facile de voyager de cette façon-là que de l'autre : il faut s'y être préparé de longue date. Pour être habile à voir, il faut avoir regardé beaucoup. On ne devient même curieux

(1) On nomme le *pays bas* la portion méridionale du département de la Corrèze qui est couverte de vignobles.

qu'à la longue, et, chose étrange, la curiosité semble s'accroître à mesure qu'on la satisfait. Quand on sait infiniment, on désire apprendre
plus encore, et il est à remarquer que ceux-là seuls ne veulent rien
voir qui n'ont jamais rien vu. En outre, il est nécessaire d'avoir con-
templé les grands spectacles de la nature pour comprendre et pour .
aimer ses merveilles moins apparentes, car la nature ne se livre. pas
au premier venu : c'est une divinité chaste et sévère qui n'admet dans
son intimité que ceux qui l'ont mérité par de longues contemplations,
par une adoration constante, et je crois fermement qu'il faudrait avoir
fait le tour du monde pour faire très agréablement et très utilement
le tour de son jardin. Si plusieurs années de jeunesse dépensées à
courir sur terre et sur mer donnent quelque autorité en matière de
voyages, j'ai bien le droit de dire qu'en aucune de mes courses lointaines je n'ai trouvé plus d'intérêt et de plaisir que dans la petite
tournée que je veux conter.

Nous étions donc quatre, tous jeunes, gais, alertes, vêtus en chasseurs, allant droit devant nous, sans parti-pris, sans itinéraire fixé d'a-
vance, marchant à l'aventure dans les landes désertes, respirant en
liberté l'âpre senteur des genêts, courant de colline en colline sans
autre point de repère que le sommet d'une montagne qui nous indiquait la direction du *pays bas*. Nous nous aperçûmes, après quatre
heures de marche, que cette montagne était encore fort éloignée, et
que le soleil s'abaissait vers l'horizon. Déjà nous avions laissé derrière
nous la partie la plus sauvage du département de la Corrèze. Aux bois
de pins et de bouleaux succédaient de grandes châtaigneraies, des
champs cultivés remplaçaient les bruyères stériles, des maisons montraient çà et là leurs toits de chaume, et quelques laboureurs isolés nous
regardaient passer avec stupeur. A vrai dire, nous avions l'air passablement patibulaire. Dans cette pauvre contrée, où chacun vit au jour
le jour sans quitter son enclos, sans entendre jamais les bruits du dehors, quatre maraudeurs barbus, évitant les routes frayées, marchant
à grands pas à travers les chaumes et les halliers, n'étaient pas une
ordinaire rencontre. Parmi ces paysans naïfs et qui, malgré leur naïveté, votent effrontément et toujours pour les socialistes, les uns tournaient la tête et s'écartaient de notre route; les plus braves nous criaient :
Ount onas, vous ses marris! (où allez-vous? vous vous êtes perdus!)
Nous passions en riant, et ce fut pour nous une bonne chance de ne
point rencontrer la gendarmerie. Les aventures non plus ne se montraient pas, quand heureusement le ciel nous prit en pitié. Les nuages
s'amoncelèrent tout à coup, et, pour varier nos émotions, un effroyable
orage s'effondra sur nos têtes. Ce fut le premier événement de notre
voyage. Transpercés en une minute par une pluie diluvienne, nous
nous élançâmes avec une ardeur de soldats montant à l'assaut vers un

village perché, comme un nid de pie, sur le sommet de la colline que nous gravissions. Une maison assez grande, de triste apparence et tombant en ruines, s'offrit à nous; nous y pénétrâmes au pas de charge; elle était déserte. Auprès du foyer seulement, où fumaient les débris du plus triste feu du monde, un enfant était couché ou plutôt ficelé, selon l'usage du pays, dans son berceau. A l'aide d'une forte lisière, on l'avait emmaillotté comme une momie et dûment scellé aux parois de la petite caisse qui lui servait de lit. Du reste, sa tête était soigneusement tournée vers le feu, de façon à ce que son crâne fut toujours en ébullition; c'est l'hygiène locale. A la vue de nos figures étrangères, le marmot, qui nous avait un instant contemplés avec ses grands yeux d'émail, se prit bientôt à pousser des cris lamentables. J'agitai son berceau avec la plus paternelle sollicitude sans parvenir à le calmer. Ses plaintes, au contraire, devinrent bientôt tout-à-fait déchirantes; nous eussions voulu l'étrangler, qu'il n'eût pas fait plus de tapage. A son appel, une femme entra brusquement dans la maison, et nous considéra d'un air effaré. Il fallut expliquer que nous n'étions pas des croquemitaines, et ce fut assez difficile. La jeune mère nous tenait évidemment pour suspects. Ce n'était cependant pas une simple paysanne; du moins elle portait, au lieu du petit chapeau de paille bordé de velours noir, qui est la coiffure ordinaire des femmes du pays, un bonnet, ce qui est en Limousin un indice certain de prétentions à la bourgeoisie. En outre, sa robe de deuil, si peu élégante qu'elle fût, avait été taillée à la ville. J'avais remarqué ces choses en un clin d'œil, pendant qu'un de mes compagnons donnait sur nos intentions pacifiques les explications nécessaires. Notre hôtesse feignit de se calmer. Elle éloigna le berceau, jeta dans le feu quelques sarmens pour le raviver, nous invita à nous sécher à sa flamme, et s'assit elle-même d'un air froid et contraint, où je devinai tout à la fois beaucoup d'embarras et une certaine dignité. Jamais je n'avais vu une paysanne limousine oser s'asseoir devant des *messieurs*, et je venais de faire une autre découverte qui m'intriguait un peu. Le feu, en se rallumant, avait éclairé la plaque du foyer; elle était en fonte et présentait un grand écusson armorié. Ce luxe m'étonna; je regardai de nouveau la cuisine enfumée où nous étions : elle était misérable. Le plafond tombait par lambeaux; le pavé, disjoint et usé, renfermait trois ou quatre mares boueuses, rarement balayées, dont l'humidité était constamment entretenue par l'écoulement continuel d'une douzaine de fromages suspendus dans un long panier d'osier. Deux lits, une grande table et quelques chaises dépareillées composaient le mobilier de cette pièce où régnait une odeur aigre et nauséabonde qui semblait attirer une grosse truie dont le groin venait à tout moment entre-bâiller la porte d'entrée. D'où provenait donc cette plaque de fonte? J'examinai plus attentivement la jeune femme, et je trouvai à son visage pâle une certaine distinction; puis je lui demandai où nous étions.

— Monsieur se moque de moi, sans doute, répondit-elle assez vivement. Je l'assurai que je n'avais garde de me moquer d'elle et que j'ignorais le nom du village.

— Ce n'est pas un village, monsieur, reprit-elle, c'est un bourg; vous êtes au Puy d'Arnac, canton de Beaulieu.

Un Marseillais ne vous aurait pas nommé la Canebière avec plus de satisfaction. Je savais que le Puy d'Arnac donnait son nom à un cru renommé de la Corrèze, et je crus comprendre l'accent orgueilleux de la réponse. Tout à coup un de mes compagnons, que nous appelions le brocanteur, parce qu'il furetait en tous lieux et cherchait avec une amusante persévérance des objets d'art, de curiosité, jusque dans les chaumières, me toucha le coude, et me demanda si j'avais vu le tableau qui était à demi caché sous les rideaux de serge d'un des lits. Je ne l'avais pas encore aperçu, et je m'en approchai. C'était le portrait d'un officier-général sous Louis XV. Il me parut assez bon, sans trop différer pourtant de l'inépuisable famille des portraits poudrés qui ont le privilége de tapisser depuis cent ans, en se renouvelant sans cesse, la salle des commissaires-priseurs. Le cadre, sculpté et doré, me frappa davantage; il était beau. — C'est une trouvaille, me dit mon ami. Je demandai à la jeune femme d'où venait ce portrait.

— D'où il vient! me répondit-elle avec hauteur; c'est le portrait de mon grand-père, monsieur.

— Ah!.... nous écriâmes-nous tous les quatre en nous retournant avec surprise. D'une main, notre hôtesse tisonnait avec une indifférence évidemment simulée, et de l'autre elle agitait la petite boîte où dormait son enfant.

— Oserai-je vous demander le nom de monsieur votre grand-père? dis-je en me rapprochant.

— C'était le comte d'Anteroches, répondit-elle.

— Comment! le comte d'Anteroches, qui commandait les gardes françaises à Fontenoy?

— Vous en avez entendu parler? reprit en souriant la paysanne.

Mon ami le brocanteur était resté stupéfait devant le tableau. Tout à coup il se retourna, et, ôtant gravement sa casquette, il répéta d'un air théâtral les paroles célèbres de M. d'Anteroches :

— « Messieurs les Anglais, tirez les premiers. Nous sommes Français, nous vous faisons les honneurs! »

Ce mot est, je pense, le plus charmant, le mieux frappé à l'image de son siècle, dont il soit fait mention dans l'histoire. A l'égard de ces mots célèbres jetés dans les combats, je suis, je l'avoue, fort sceptique. Si peu militaire que je sois, j'imagine qu'il n'en va pas dans les

batailles comme au Cirque Olympique, et qu'au milieu du feu, de la
fumée, de la mitraille, les généraux ont autre chose à faire qu'à dire
de jolis mots, que nul sténographe d'ailleurs ne songerait à recueillir.
Je sais que Cambronne se fâchait quand on lui rappelait son cri superbe à Waterloo : « La garde meurt et ne se rend pas! » cri d'autant
plus bête, disait-il, que je ne suis pas mort et que je me suis rendu.
J'ai même découvert que ce mot a été inventé par un membre de l'Institut pour la plus grande satisfaction des lecteurs du *Nain jaune*, où
il écrivait, en 1815, avec Benjamin Constant et beaucoup d'autres mécontens célèbres. Les allocutions de Léonidas ne me trouvent pas plus
crédule; mais, d'où qu'ils viennent, j'adore ces mots, qui résument
toute une époque, qui la gravent en un seul trait dans la mémoire.
On peut défier l'historien qui voudrait raconter la fin du dernier siècle
et la première moitié de celui-ci de trouver deux épigraphes plus
frappantes que les paroles attribuées à d'Anteroches et à Cambronne,
à deux officiers français, l'un commandant les gardes françaises, l'autre
la vieille garde, tous les deux combattant pour leur pays, à soixante-
dix ans d'intervalle, les mêmes ennemis et sur le même terrain; car,
rapprochement bizarre, Fontenoy et Waterloo sont peu éloignés : le
ciel a voulu que l'on jouât dans les mêmes champs la partie et la revanche. « Messieurs les Anglais, tirez les premiers! » n'est-ce pas le
mot de cette noblesse insouciante et adorable, ironique et blasée, qui
poussa jusqu'à la folie le mépris de la vie et le culte de la courtoisie et
de l'honneur jusqu'au sublime, qui dota son pays d'un tel renom d'é-
légance, de bonne grace et de vaillance, que les saturnales démagogiques n'ont pas pu et ne pourront jamais l'effacer; noblesse insensée
si l'on veut, mais charmante à coup sûr et bien française, qui traversa
gaiement la vie sans jamais faire au lendemain l'honneur de songer à
lui, et qui, voyant un jour le terrain manquer sous ses pieds, regarda
l'abime sans sourciller, sans s'étonner, sans se démentir, et mourut
« toute vivante, » tout entière, dédaignant de se défendre, et sans peur,
sinon sans reproche.

Entre le mot de d'Anteroches et celui de Cambronne il y a bien loin;
on sent que la révolution a passé par là. Le gentilhomme raffiné jusqu'à l'exagération a disparu, et c'est déjà le rude langage de la démocratie. « La garde meurt et ne se rend pas! » voilà sans nul doute de
l'héroïsme, mais de l'héroïsme d'un autre genre. Jamais le chauvinisme de ce temps-ci ne trouvera une devise plus cornélienne; mais
n'y sentez-vous pas l'affectation théâtrale, l'emphase mélodramatique
d'une race nouvelle? Qu'il n'avait pas peur de la mort et ne songeait
pas à se rendre, le gentilhomme de Fontenoy ne pensait pas à le dire;
on devait le savoir; ses pareils l'avaient prouvé depuis des siècles. Être
brave, ce n'était rien pour lui, il fallait être élégant au combat comme

au bal; qu'importait la mort à cette race incomparable qui fit plus tard des madrigaux à la Conciergerie et monta sur l'échafaud en souriant, d'un pied léger, la main dans la poche de la veste, le chapeau sous le bras et une rose à la bouche? Cette époque se personnifiait à mes yeux dans la belle et douce figure du comte d'Anteroches. Que les morts vont vite! Après moins de cent ans, je retrouvais par hasard, moi, voyageur obscur, dans une chaumière inconnue et misérable où sa petite-fille vivait au milieu des hôtes de sa basse-cour, le portrait de ce brillant officier au nom duquel s'attachera toujours une élégante et charmante gloire; car si, comme Cambronne, d'Anteroches n'a pas prononcé les paroles qu'on lui attribue, on les lui a prêtées, et, si on les lui a prêtées, c'est qu'on avait ses raisons.

Après ces réflexions trop longues, je me retournai vers la paysanne, qui m'inspirait maintenant une commisération si profonde. Elle continuait de bercer son marmot ficelé, qui était bel et bien le comte d'Anteroches. Je lui demandai ce que faisait son mari.

— Il est mort, me dit-elle. J'étais plus heureuse de son temps. Il était gendarme, monsieur.

— Gendarme! répétai-je avec surprise.

— Oui, monsieur, reprit Mme d'Anteroches, qui ne comprit pas la cause de mon étonnement; il était même passé brigadier dans les dernières années : nous faisions bien nos petites affaires.

Il était brigadier de gendarmerie, content de l'être, il faisait bien ses petites affaires, et son grand-père, ainsi que je le trouve dans l'*État militaire de la France* (1), avait été nommé maréchal-de-camp le 25 juillet 1762, en même temps que M. le marquis de Boufflers et M. le duc de Mazarin! La canaille de Paris ne ferait-elle pas bien de s'informer avant de crier si fort contre les priviléges de l'aristocratie? Il me semble encore que le gouvernement de France ne devrait pas permettre que les petits-fils du comte d'Anteroches fussent voués, comme ils le sont, à une excessive misère. Apocryphe ou non, le mot de Fontenoy devrait valoir au moins du pain à tous ceux qui portent ce nom. Beaucoup de gens ont des pensions et sont nourris par la France qui auraient grand'peine à alléguer de pareils titres, et la république nouvelle agirait sagement en réparant, quand l'occasion s'en présente, les injustices de son aînée.

Cependant il fallait partir. Il était évident que nous gênions notre hôtesse, et, depuis que nous savions son nom, elle nous gênait nous-mêmes. Je ne m'habituais pas à sa robe de bure, à sa cuisine boueuse, à sa truie familière. Il y aurait eu cruauté à lui demander l'hospitalité, et comment payer notre écot? Nous savions d'ailleurs qu'un riche

(1) Pour l'année 1767.

propriétaire de notre connaissance habitait auprès du Puy d'Arnac;
nous prîmes donc congé de la noble paysanne avec beaucoup d'excuses
et de remercîmens. Au moment de passer la porte, je jetai sur le portrait un dernier coup d'œil. Le feu l'éclairait en ce moment d'une si
étrange manière qu'il semblait animé. Le regard de M. d'Anteroches
vivait, et il me sembla que ce bel officier regardait tristement, du
haut de son cadre doré, la misère de sa famille. — Oh! décadence!
décadence française! m'écriai-je, et je sortis bravement au milieu
des torrens de pluie qui tombaient au dehors.

La nuit était venue, et nous ne trouvâmes pas sans peine la route de
R.... Heureusement la gaieté ne nous quittait guère : nous savions,
grâce à elle, narguer le vent et rire de l'orage. L'un de nous, en traversant un pré, tomba dans un réservoir; il en ressortit luisant et
joyeux comme un triton. Enfin une maison sombre et triste se montra; nous débouchâmes dans la cour, nous tenant par le bras et chantant à tue-tête, par cette nuit orageuse et noire, cet air de circonstance :

> Amis, la matinée est belle,
> Sur le rivage assemblons-nous.

Aussitôt trois chiens aboyèrent, une lumière courut de fenêtre en
fenêtre, enfin une porte s'ouvrit, et une vieille servante, armée d'un
grand chandelier, parut tout effarée. Depuis un demi-siècle, cette
maison solitaire n'avait certainement pas reçu à pareille heure quatre
visiteurs aussi bruyans. Nous ne devions pas rencontrer là de surprises
comparables à celle que nous avions trouvée dans la maison en ruines
du Puy d'Arnac. Les bonnes fortunes de ce genre ne se présentent pas
deux fois par jour, même en Limousin, où elles sont plus communes
qu'ailleurs. Nous savions au contraire à merveille ce que nous allions
voir, car tous les petits fiefs de province se ressemblent à l'intérieur, et
l'existence qu'on y mène est invariable. Cette vie des champs, on l'a
beaucoup vantée, et on a eu raison. On a commenté mille fois le fameux vers de Virgile et chanté sur tous les tons les joies bucoliques.
Dans ces derniers temps surtout, où les fantaisies démagogiques ont
pu faire croire à une nouvelle invasion des barbares, beaucoup d'imaginations parisiennes ont rêvé, comme un pis-aller, à tout prendre,
assez doux, une villégiature ignorée, une chaumière au fond d'un bois
perdue et le repos des champs. Que de jeunes femmes j'ai entendues
qui organisaient à l'avance le chalet de leurs rêves et leur poétique
pauvreté! « Vous croyez que j'ai besoin de luxe et d'argent, disaient-
elles, que vous vous trompez! Une simple maison tapissée de plantes
grimpantes, couverte en chaume, doublée en sapin, mais bien luisante
et bien chaude; des rideaux blancs tout unis, une robe de toile à 20 sous

l'aune, le matin; le soir, une touffe de bruyère dans les cheveux; quelques bons livres, un vert gazon, un beau soleil, des amis, j'aimerais cela tout autant que mon hôtel, mes chevaux et mes diamans. » Bref, sauf l'accompagnement de l'orchestre, c'était un véritable couplet d'opéra-comique. En effet, c'est au théâtre seulement que M. Scribe et ses élèves ont pu réaliser des chaumières sur ce modèle, après avoir inventé, pour le bon plaisir des badauds, une armée française de fantaisie. Dans ce monde, cet agréable mélange de recherche et d'indigence est tout bonnement impossible. Si l'on est riche, on vit à la campagne comme à Paris, avec le grand air de plus, les belles promenades et les frais ombrages; si l'on est pauvre, la misère s'incarne en vous aux champs comme à la ville, vous rend bientôt insensible aux jouissances de l'esprit et vous fait paysan. Ces réflexions me venaient en tête dans le salon du propriétaire dont j'ai parlé. Encore n'était-il pas pauvre. Il avait au contraire une honnête aisance, de l'esprit passablement et autant de savoir qu'il en avait pu acquérir en faisant avec nous ses études à Paris. Or, voici comment il passait ses soirées : figurez-vous une grande chambre très nue, très sombre; sur les murs, un papier éraillé et graisseux représentant une longue enfilade de colonnes d'ordre corinthien, alternativement en porphyre et en vert antique. Sur ce papier, quatre lithographies déplorables où l'on entrevoyait, à travers la gaze qui les protégeait contre les injures des mouches, ici, Bonaparte chaussé de petites bottes à revers, et faisant, pour passer le pont d'Arcole, des enjambées impossibles; là, Murat donnant la chasse à des mamelouks pareils aux conducteurs du bœuf gras. Au-dessous, des sujets moins dramatiques apparaissaient dans des cadres de proportions plus modestes; c'était le lever de la mariée, son coucher, les portraits de la belle Polonaise, de la belle Espagnole, etc. Autour de la chambre, deux rangs de siéges étaient en bataille; la première ligne se composait de chaises de paille dont on se servait, la seconde de fauteuils en drap dont on ne s'était jamais servi, pour une bonne raison; les sœurs de notre ami, encore au couvent, avaient pris soin d'y broder en chenilles de gros chats en demi-relief ou des caniches avec des yeux de verre sur lesquels il eût été aussi dangereux de s'asseoir que malaisé de se maintenir. Je ne dois pas oublier une table couverte d'un tapis de pied sur laquelle brûlait en fumant une chandelle qui attendait depuis une heure le secours des mouchettes. Sur la cheminée, deux perroquets de faïence, deux oranges et deux bougies *luxueusement* entières, comme le disait Mme Lafarge, la célèbre héroïne de la Corrèze, dans un mauvais livre où elle a eu entre autres torts celui de créer une infinité d'adverbes. Auprès de la table, notre ami s'était endormi profondément en lisant le *Journal des Villes et des Campagnes;* dans un autre coin, deux vieilles dames

tricotaient en silence dans une obscurité presque complète. Telle est
a huit heures du soir, la vie pastorale prise sur le fait; elle est la même.
ou à peu près, en tout pays. Je suis loin d'en contester les paisibles
jouissances que j'apprécie autant qu'un autre, mais je crois fermement que l'homme qui, après avoir été élevé à Paris, se trouve renfermé pour toujours à la campagne, loin du bruit et des villes, sans
agitation et sans inquiétudes, arrive le plus souvent, après quelques
années d'un honnête ennui, à une certaine tranquillité d'esprit ou
plutôt à une grande indolence morale qui le préserve de toute sensation violente, sans le rendre pour cela plus heureux. Ne rêvez pas pour
lui ce calme complet, cette inaltérable sérénité que les poètes chantent,
mais qui ne se rencontre ni dans le monde ni même au cloître. Il a,
comme le moine, ses tracas, ses craintes, ses jalousies, et, comme
l'homme des villes, son ambition et son envie. Ses pensées ont une
autre source et d'autres mobiles; elles ne sont ni plus pures ni très
différentes. Replié sur lui-même, resserrant sa vie entre les quatre
haies de son champ et l'univers dans son horizon, son imagination
s'éteint peu à peu, son esprit se rétrécit avec le cercle où il se renferme, se confine dans les infiniment petits, et parvient enfin à trouver
un vif intérêt à de mesquines convoitises. Il ne faut pas se figurer davantage que cette existence exclusivement solitaire, qui appauvrit l'intelligence, soit saine pour le corps. Quand on dit que la vie active, les
travaux de l'esprit, la lutte des passions, les émotions ardentes usent
bientôt un homme, on se trompe; c'est le contraire qui est vrai.
L'homme, comme le fer, se rouille plus vite qu'il ne s'use. Ce qui mine,
ce qui éteint, ce qui abat, ce qui tue, c'est le sommeil de l'imagination et de l'ame, c'est le manque d'aspirations fécondes et de passions entraînantes. *Pensando s'invecchia*, dit-on en Italie, dans ce pays
de la vie en plein air, du soleil et des amours; oui sans doute on *se
vieillit* en pensant sans agir, mais on s'abrutit plus vite encore et
l'on meurt en ne pensant pas. Voyez ce que l'ennui de sa villégiature
a fait en peu d'années de tel de vos amis dont vous connaissiez les facultés brillantes? Voyez surtout quelle vieillesse précoce surprend les
femmes de province au milieu de leur existence si saine en apparence
et si paisible? Je me disais ces choses en remarquant l'obésité prématurée de notre ami. Il pesait au moins cent kilogrammes; il souffrait,
disait-il, de rhumatismes, et il redoutait la goutte. Depuis sa sortie du
collège, il n'avait cependant pas quitté le fief paternel, sa vie était une
éternelle églogue, et nous le retrouvions impotent et vieux, tandis que
nous nous sentions, nous, ses camarades, pleins de jeunesse et d'ardeur, après avoir pourtant dépensé, sans trop y regarder, notre verve
en tous pays.

On devine quel effroi causait aux ménagères notre arrivée subite.

Toute la maison fut bientôt à l'envers; nous entendions du côté de la cuisine le bruit d'un branle-bas général. Par malheur, les munitions manquaient, et une des vieilles dames me conta, avec un chagrin risible, que nous étions mal tombés. C'était à la fois samedi et quatre-temps. Le beurre et les œufs étaient interdits aussi bien que le rôti. Il fallait se résigner aux sauces à l'huile, aux légumes à l'eau. Les servantes étaient dans une véritable consternation; notre ami se fâchait; il se permettait, au sujet du maigre, des observations voltairiennes qui désolaient les bonnes vieilles. Il fallut toute notre bonne humeur pour ramener la concorde, et surtout notre promesse de rester le lendemain. Je compris que, pour nous dédommager de notre abstinence, on complotait pour le jour suivant un repas homérique. Je ne me trompais pas : le festin eut lieu, et nous eûmes quelque peine à y survivre.

Le soleil, qui se leva radieux le lendemain, nous montra un pays tout différent de celui que nous avions parcouru la veille, car le département de la Corrèze a cela de particulier, qu'il renferme dans son étendue les aspects les plus opposés. On élève, dans les cantons du sud, des vers à soie, tandis que dans ceux du nord végètent uniquement des bouleaux et des hêtres, ces arbres de la Sibérie. Sans aucune exagération, on peut affirmer qu'entre les landes d'où nous étions partis vingt-quatre heures auparavant et la vallée où nous nous trouvions, la différence de climat n'est pas moindre qu'entre l'Écosse et la Catalogne. Autour de nous, des coteaux couverts de vignes et d'arbres à fruits, aussi rians que ceux de la Limagne, étaient baignés dans une lumière toute méridionale. Les vignerons en habits de fête, les jeunes filles avec leurs tabliers rouges, passaient en chantant au milieu de la verdure et des fleurs. En dépit du socialisme, la joie et la prospérité éclataient partout dans ce paysage. Notre premier soin fut de visiter avec notre gros ami le jardin et le verger qui entouraient son habitation. A ma grande surprise, verger et jardin étaient mal tenus et comme à l'abandon. Les travaux des champs, l'amour des fleurs, les rafraîchissantes récréations qu'offre la campagne à ceux que le séjour des villes a lassés, rien de tout cela n'avait de charme pour notre camarade. On ne jouit que par comparaison, et le pauvre diable, condamné aux mêmes plaisirs à perpétuité, ne se contentait pas de les trouver monotones, il les appelait des ennuis. Il nommait un martyre le bonheur après lequel soupirent, non sans raison, les habitans de Paris. Hélas! le contraste est nécessaire à toutes choses en ce monde; à la lumière il faut l'ombre, il faut la peine à côté du bonheur, et l'agitation auprès de la tranquillité. Cela rappelle l'apologue que le vieux Plutarque met dans la bouche de Thémistocle: « Le jour de fête eut dispute avec son lendemain. Celui-ci se plaignit qu'il n'avait pas un moment de loisir et qu'il était accablé de travail, tandis que le jour

de fête n'avait d'autre soin que de faire jouir tout le monde à son aise
des biens qu'on avait amassés les autres jours.—Tu as raison, répondit
le jour de fête, mais si je n'avais pas été, tu ne serais pas. » Enfin, pour
revenir à nous, si notre ami n'eût pas été aussi lourd, aussi abruti,
nous n'aurions pas autant apprécié ce jour-là les chances heureuses
de notre vie active. Dans l'après-midi, nous abandonnâmes le gros
campagnard à sa torpeur, et, après avoir suivi, par une belle soirée,
les bords de la Dordogne et la magnifique vallée qu'elle arrose, nous
arrivâmes le soir à Bretenoux, sur les confins du Lot, au pied du château de Castelnau, que nous comptions visiter.

Castelnau est l'un des plus grandioses de ces châteaux en ruines qui
couronnent toutes les montagnes dans cette partie de la France et donnent une si frappante idée de la puissance féodale dont ils restent les
imposans témoignages. En aucune province, je crois, on ne trouve des
traces aussi surprenantes et aussi multipliées du moyen-âge. Dans le
Limousin et dans le Quercy, dont Castelnau défend la frontière, on
rencontre à chaque pas, non point des châteaux de cette importance,
mais des fiefs à tourelles, des fortins aristocratiques qui rappellent tous
des noms illustres de la chevalerie française. Chose remarquable, dans
la vicomté de Turenne où nous étions, ce ne sont point les pierres
seules qui survivent, les familles elles-mêmes sont demeurées fidèles
à leur foyer, et dans la plupart de ces châteaux, dont la révolution a
décapité les tours, vous trouvez sous l'habit d'un paysan, au milieu de
son troupeau, le descendant incontestable d'un croisé dont l'écusson
figure à Versailles. J'ai cité d'Anteroches, j'aurais pu rappeler mille
autres noms, s'il ne me semblait hors de propos de causer aussi long-
temps blason en ces jours de république démocratique. Je veux pourtant faire connaître un fait, à mon sens très touchant, qui s'est produit
il y a quelques années, quand le roi Louis-Philippe eut l'idée peu bourgeoise de ce musée des croisades dont je parlais tout à l'heure. On sait
que chaque nom a été inscrit sur les murs de ces salles en vertu de
pièces justificatives. Ces titres ont été trouvés, à ce qu'on présume, en
partie à Livourne, à Gênes, à Venise. C'étaient ordinairement d'humbles quittances fournies, en terre sainte, par les chevaliers aux usurier
italiens qui leur prêtaient leurs livres tournois. Eh bien! les titres de
noblesse des familles du Limousin et du Quercy se sont retrouvés le
plus souvent ensemble, dans la même caisse, collés les uns aux autres
Ces enfans d'un même pays combattaient apparemment sous la même
bannière, et, après cinq ou six siècles, aux lieux d'où ils étaient partis
on voit encore, à peu de distance les uns des autres, leurs donjon
démantelés, on y retrouve leurs descendans pauvres, il est vrai, déchus, mais fidèles à leurs murailles, et unis comme autrefois. « Leur
pères avaient été ensemble à la peine, ils ont été à l'honneur ensemble,

cela est juste; les fils n'ont rien fait pour la gloire, pour leur pays; pour eux-mêmes, ils sont misérables et oubliés, c'est juste encore. Ils ne se sont pas même doutés du tapage amusant que fit à Paris, dans un certain monde, l'apparition des aristocratiques écussons sur les murs de Versailles. Jamais on n'avait vu un plus terrible déchaînement de colères, de jalousies, de récriminations, de mécontentemens, et de dédains. Il a fallu toute la fermeté du roi et toute l'impartialité sévère des deux savans compilateurs chargés de ce travail pour tenir tête à l'orage. Le plus divertissant de la chose, c'est que la bourgeoisie, qui semblait souveraine alors, ne se plaignit pas contre toute attente, et le peuple approuva. Ce fut la noblesse de création récente qui jeta les hauts cris, qui tenta, *pour faire ses preuves*, d'impossibles tours de force, et se vengea par ses observations dédaigneuses de ceux qui avaient l'insigne honneur de porter le nom d'un chevalier convaincu d'avoir emprunté quatre francs à un juif en Palestine. Pendant que l'on se disputait si aigrement à Paris autour de la Bibliothèque royale, on gravait en lettres d'or le nom des insoucieux paysans dont j'ai parlé. Ils l'ignoraient ou n'y tenaient guère. Comme les bergers de Virgile, ils ne connaissaient pas leur bonheur, et leur indifférence faisait bien en regard de la sourde envie et du dédain mal joué des grands personnages à qui ces lauriers semblaient trop verts. Je suis de ceux qui trouvent fort ridicules, au siècle où nous vivons, les passions généalogiques. Il me paraît triste de voir la noblesse de France s'attarder ainsi dans ces querelles de préséance, comme si l'heure n'avait pas sonné de laisser là, tout en respectant le passé, ces irritantes distinctions. J'admire chaque jour davantage cette aristocratie anglaise qui est si puissante et si jeune par son libéralisme, tandis que la nôtre est si débile et si caduque, grace à la rigueur de son code, et je trouve qu'au lieu de fouiller dans la poudre des bibliothèques pour établir qu'un de ses ancêtres a montré bravement dans les batailles la couronne de son cimier, mieux vaudrait chercher à se faire soi-même une place au soleil et prouver avant tout qu'on n'a pas dégénéré. Cette disposition à considérer comme un mérite personnel et suffisant le mérite de ses pères, à se contenter pour toute gloire d'un écusson gagné par d'autres, est un des vices de notre époque, et je pensais autrefois avec chagrin qu'une seule caste avait en France le monopole de ces vanités puériles; mais 1848 m'a détrompé. J'ai vu les démocrates de février, je les ai entendus parler de leurs ancêtres, j'ai admiré dans l'appartement d'un montagnard dont le nom plébéien semblait exclure toute prétention de ce genre des armoiries peintes sur tous les murs, sur tous les meubles, avec cette profusion significative d'un homme mal sûr de son fait. Je sais maintenant que cette inexplicable maladie est générale, et je reviens, mais sans enthousiasme, au

passé. Mieux vaut, à tout prendre, l'original que la copie, et l'excuse de
ceux dont les prétentions semblaient trop exclusives a été fournie par
ces grotesques plagiaires gonflés d'envie, de fiel et de sottise.

Puisque nous en sommes aux gentilshommes limousins, parlons-en
tout à notre aise, comme disait Montesquieu d'Alexandre. Aussi bien ne
voyage-t-on pas pour décrire uniquement des pierres et des ruisseaux;
l'homme est quelque chose dans la nature, et l'on peut bien consacrer
une page aux habitans d'un pays qui a vu naître le cardinal Dubois,
le maréchal Brune, et où Mirabeau (1) passa sa jeunesse. Je disais tout
à l'heure que l'on rencontrait à chaque pas dans ce département des
paysans vêtus de bure, et aussi ignorans que pauvres, qui peuvent tirer
de leur armoire de noyer, à la première sommation, les lettres pa-
tentes qui anoblirent leurs familles au xvᵉ ou même au xivᵉ siècle.
Ces hobereaux, qui sont presque tous la proie des usuriers, qui tout
au plus peuvent envoyer leurs enfans à l'école communale, savent
très bien que leurs pères, non pas dans le moyen-âge, mais il y a moins
de cent ans, avaient de hauts grades dans l'armée et faisaient bonne
figure à la cour. Ce qui est surprenant, c'est que leurs aïeux n'étaient
pas plus riches qu'eux-mêmes et qu'ils trouvaient de quoi devenir des
courtisans poudrés et charmans là où la génération actuelle a peine à
se fournir de pain et de sabots. Quand on regarde ces tableaux paille-
tés et chatoyans où la cour de Versailles nous apparaît au milieu des
flots de dentelles, de velours et de broderies, quand on lit les mémoires si galamment écrits de ces époques élégantes, on ne se doute
guère de la misère profonde que dissimulait ce luxe de mise en scène.
Il faut, pour s'en bien convaincre, faire dans les provinces l'inventaire
de ces jeunes seigneurs si insoucians et si généreux; on s'aperçoit alors
que la plupart d'entre eux jouaient contre la fortune le dernier écu
de leur famille, et tel de ces officiers pleins de grace et de désinvolture
ne pouvait pas impunément crever son cheval ou tacher son habit.
En Limousin surtout, où la misère a toujours été grande, les gentilshommes faisaient au dernier siècle de véritables tours de force pour
maintenir leur rang. Nous avons vu d'où était parti le comte d'Anteroches, et je rencontre par hasard dans un vieux livre de comptes quelques pages écrites à la même époque par un autre officier limousin,
son compagnon d'armes. Ces lignes familières, que nul ne devait lire,
donnent, à mon sens, un aperçu frappant de la gêne où vivait alors la
noblesse des provinces. Il est bon quelquefois de jeter un coup d'œil
dans les coulisses de l'histoire; écoutons la confession intime de ce
gentilhomme qui représentait une des plus anciennes familles du pays.

« Nous étions sept frères, quand mon père mourut le 18 avril 1747.

(1) Au château du Saillant.

Il avait fait son testament. On fit l'inventaire du mobilier, qui consistait en quatre mauvais lits, un peu de vaisselle d'étain, quatre couverts d'argent que ma mère réclamait et très peu de linge, plus deux vieux habits de mon père, sa montre d'argent et cinquante louis en or. Nous étions, mes frères et moi, dans un état attendrissant, manquant de tout, à peine vêtus, mangeant ce que nous pouvions, et par bonheur ayant trouvé, à défaut de précepteur, quelques ressources dans notre oncle de Chalusset. »

  Voilà le point de départ. Croyez-vous que ce jeune homme ainsi élevé sera un ignorant, — vous vous tromperiez, — et qu'il se contentera de cultiver au fond de sa province son champ ou son jardin : — il n'y pense même pas. Continuons : « Le comte de Laqueille, colonel du régiment de Nice, proche parent du marquis d'Ambrugeac, notre oncle, cherchait des gens de qualité. Il ne s'embarrassait pas de la fortune. Je fus nommé lieutenant dans son régiment et je le joignis au printemps. Ma mère me donna les deux vieux chevaux, ils valaient au plus vingt-quatre livres chacun : c'étaient les véritables montures d'un Gascon. Mon domestique avait un vieil accoutrement de mon père. J'emportai six chemises, une suite assortie et treize louis. Ma route me coûta peu de chose, ayant l'étape de Clermont jusqu'à Aire. » Voilà comment ces jeunes gens partaient, et voulez-vous voir comment ils se comportaient? Notre gentilhomme avec son mince équipage fait en Allemagne la campagne de 1749. Voici ce qui lui arrive dans les environs de Rozendal le 14 mars. « ... La déroute commençait, et je reçus à la fois un coup de sabre sur la tête, un coup de lance dans le genou, et dans la poitrine un coup de feu qui me traversa bravement de part en part. Je restai sur pied, la fureur me soutenait; je ne voulais pas voir fuir mon piquet; mais toutes exhortations furent inutiles, et mes soldats me passèrent sur le corps. J'avais alors quatorze ans : c'est le temps de ma vie où j'ai eu le moins de penchant à vivre. Je conservai tout mon sang-froid. En me relevant, je me trouvai entre les mains d'une horde de pandours; il n'y avait rien à espérer de ces drôles qui avaient commis dans le courant de la guerre une foule de cruautés qui leur avaient été bien rendues. Mon âge et ma taille leur montraient assez que j'étais officier; je brisai mon épée pour éviter le désagrément d'être désarmé par cette canaille; mais j'avais une veste écarlate avec un petit galon d'or qui les séduisit, etc. »

  Ce n'est pas le lieu de conter plus au long les aventures, pourtant fort intéressantes, de cet officier imberbe, qu'on dépouille, que l'on attache mourant sur un cheval, qui parle couramment latin au chirurgien allemand qui le panse, et qui, six mois après, de retour en France, répond d'un ton hautain à M. le duc d'Aiguillon, qui refusait de lui donner de l'avancement : « Dès que vous ne voulez pas écouter la justice et la vérité. je n'ai rien à vous dire. » Et il donna cavalièrement sa démission. J'ai voulu simplement montrer, par cet exemple pris au hasard, quelle sève avait encore cette noblesse apauvrie, et quel abîme sépare les pères de leurs enfans. Un collégien de quatorze ans, quelle figure ferait-il aujourd'hui en tête d'une compagnie, quel latin parlerait-il en pays étranger, quelle attitude serait la sienne en face d'un grand ministre? Notre gros ami que nous venions de quitter, quel rôle eût-il joué à côté de ce petit officier élevé dans un village voisin d'Égletons? Avec la conscience du devoir et l'enthousiasme du passé, nous avons perdu cette énergie native et ce noble orgueil où nos pères puisaient leur héroïsme. Pour acquérir ce qui leur manquait, nous avons sacrifié le trésor qui les faisait riches malgré leur pauvreté, la foi, qui seule produit des miracles.

Je reviens à Castelnau, et je déclare que jamais montagne ne porta un château de mine plus féodale. Au-dessus d'une immense vallée où la Dordogne se déroule majestueusement au milieu des prairies en fleurs et des champs jaunis par le soleil, que l'on se figure sur le haut d'un rocher, entre la terre et le ciel, un château grand comme une ville entière, construit en pierre rouge comme de la sanguine, des tours énormes profitant sur l'azur leurs silhouettes sombres échancrées par le temps, des murs crénelés sur lesquels sont poussés de gros chênes, des nuées de corbeaux et d'oiseaux de proie tournoyant dans les airs, un silence de mort pesant sur ce paysage : voilà Castelnau. Il est vrai que toutes les descriptions de châteaux ressemblent à celle-ci, et pourtant Castelnau est un monument exceptionnel. Il est plus entier, plus complet, mieux conservé qu'aucun manoir que j'aie visité : non-seulement la charpente et les toits sont encore debout, mais dans l'intérieur les boiseries sculptées, les planchers, les dorures, les peintures même, tout est à sa place. Le propriétaire actuel n'a pas dégradé, il faut lui rendre cette justice et lui pardonner pour cette raison la raideur singulière avec laquelle il interdit quelquefois l'accès de son château. Les vastes cours sont jonchées de ronces, d'orties, de sureaux, de menthes sauvages : cette sombre végétation répand une odeur âcre qui vous saisit et vous attriste tout d'abord. La flore des ruines et des cimetières est la même, et rien ne ressemble plus à un tombeau qu'une maison déserte. Ce retour mélancolique sur soi-même que la solitude inspire, je ne l'ai jamais ressenti plus vivement que dans ces murs sinistres, d'où les habitans semblent à peine sortis. Dans cette galerie grandiose qui traverse le château dans toute sa longueur et aboutit à un vaste balcon de pierre d'où l'on domine une des plus riantes vallées de France, rien ne manque, sinon les tableaux; les patriotes intelligens de 93 les ont volés : ils les ont fait bouillir pour en confectionner des chemises. On pourrait s'établir demain dans ces chambres dorées, où l'on surprend à d'improviste les usages d'un autre siècle; on est tenté d'y chercher dans la poussière la trace récente des derniers habitans, d'écouter si le bruit de leurs pas ne retentit point dans la pièce voisine. Un raffiné passerait tout à coup dans l'ombre avec ses bottes garnies de dentelles, ses éperons d'or et son feutre relevé; on en serait peu surpris, et c'est sous cette forme que l'on se représente les hôtes de Castelnau. Bien que la construction première du château remonte au xie siècle, on ne retrouve guère l'empreinte de cette époque, sauf dans les fresques naïves de la chapelle; le reste a été refondu ou reconstruit plus tard. Tout révèle ce temps indécis de Louis XIII, où l'architecture avait tout à la fois perdu les imposantes proportions du moyen-âge et oublié l'art délicat de la renaissance; cependant tout est large, vaste et fort : cent chevaux vivraient à l'aise dans les écuries voûtées, des bataillons entiers pourraient manœuvrer dans les cours, s'embusquer sur les murs; les citernes sont immenses, les caveaux sans fin, et j'imagine qu'aux jours de trêve, dans ces longues galeries, bien des châtelaines promenaient leurs dentelles de Malines, leurs essaims de pages enrubannés, et miraient dans les glaces de Venise ces belles têtes hautaines, ces cheveux bouclés et ces sourires vainqueurs pour lesquels, en ces jours de chevalerie expirante, on savait encore combattre et mourir. Le xviie siècle a été le dernier siècle des femmes, M. Cousin a eu raison de le dire et de le montrer si bien (1). Elles sont l'ame de cette époque galante et guerrière dont on redira long-temps l'étourdissante histoire. Il est passé le temps de ces vaillans coups d'épée, de ces intrigues folles, de ces amours changeans, de ces duels sans trêve, où l'on jouait chaque matin sa tête contre un sourire, où Mme de Chevreuse combattait Richelieu. L'ambition et l'amour ne donnent plus ces grands vertiges qui ont bouleversé tout un siècle : nous luttons maintenant pour des balles de coton ou des tonneaux d'opium, et peut-être nos discussions profiteront-elles mieux à l'avenir que les dernières luttes de la féodalité; mais, quand on visite ces grands débris où le passé semble, comme à Castelnau, respirer encore, on n'a pas, si bon patriote que l'on soit, d'enthousiasme pour la France actuelle.

Castelnau avait pour moi un attrait particulier dont je dirai deux mots. Il est rare que l'on soit exclusivement de son temps; chacun a dans le passé un idéal et comme une seconde patrie. Certaines époques ont le privilège d'attirer surtout notre pensée, et il semble qu'elle s'y trouve, en y retournant, dans un pays bien connu. Sans croire précisément à la transmigration des ames, on peut par instans se

_____

(1) Voir *les Femmes du dix-septième siècle* dans la *Revue des Deux Mondes* du 15 janvier 1844.

figurer qu'on a vécu jadis d'une autre vie, qu'on a accompli ailleurs
une destinée toute différente, et l'on surprend en soi certaines habitudes prises on ne sait où, qui résistent absolument à notre condition
nouvelle. N'avez-vous pas remarqué que tel de vos amis semblait tout
dépaysé dans la vie qui lui était faite? Pour mon compte, j'ai connu
des Français qui étaient de véritables Turcs, des grands seigneurs qui
ressemblaient à des cuistres, et des grandes dames tout étonnées de
n'être plus des grisettes; enfin les mémoires et les débris du xviiᵉ siècle
ont réveillé de tout temps en moi des émotions si vives, que je m'i-
magine parfois avoir vu ces époques. Mes compagnons de voyage, à
qui je voulus faire part de cette idée et des souvenirs que je gardais
du siège de Perpignan, poussèrent de tels éclats de rire, que les voûtes
silencieuses de Castelnau en retentirent. J'insistai et je les questionnai
à leur tour. Le plus jeune d'entre eux, celui que j'ai nommé le brocanteur, était un garçon original et spirituel, sans convictions arrêtées,
superstitieux et sceptique, humble serviteur de ses fantaisies, indolent
et voluptueux; il me répondit : — Je suis un Grec du Bas-Empire. —
Le second déclara qu'il était un Romain des temps héroïques. Celui-là
était sorti *fruit sec* de l'école polytechnique. Tout différent du premier, il renfermait sa vie dans un cercle de fer; il faisait toute chose
géométriquement; ses plaisirs eux-mêmes, il les soumettait à des
règles algébriques, et, tout en raisonnant avec une rectitude mathématique, il arrivait rigoureusement sur toutes les questions de ce
monde aux conclusions les plus absurdes. Combien n'en connaissons-
nous pas de cette famille et de ce caractère! Du reste, c'était un sage :
il visait au stoïcisme. — Entre nous deux, lui disait gaiement le Grec
du Bas-Empire, il y a cette différence, que tu passes ta vie à lutter
contre les passions, et moi à déplorer de n'avoir pas des passions plus
violentes, et en plus grand nombre, pour me donner la joie de les
satisfaire. Pendant que nous discutions ainsi, notre troisième compagnon, assis sur le rebord d'une croisée, contemplait paisiblement le
majestueux paysage qui se déroulait sous nos yeux. Je lui adressai la
même question; il me considéra un instant avec une gravité imperturbable, puis, soufflant par le nez la fumée de son cigare, il haussa les
épaules, et se retourna, sans mot dire, vers le paysage. Il avait raison,
et c'était le meilleur d'entre nous.

Si Castelnau était célèbre dans l'histoire, je serais impardonnable
d'avoir si long-temps divagué, mais ce beau château n'a pas d'annales.
On sait que les états du Quercy s'y réunirent dans le xvᵉ siècle; on raconte que le dernier des Armagnac y fut étranglé le jour de sa naissance, et c'est une erreur. Il est, au contraire, constant que ce crime
fut accompli à Castelnau-Montmirail et non point à Castelnau de Bretenoux. On sait, et voilà tout, que ces grands murs appartinrent aux

Caylus, dont les descendans prirent le nom de Clermont-Lodève. Les ducs de Luynes en héritèrent plus tard. Ils ont commis, il y a peu d'années, la faute de vendre pour quelques milliers de francs ce monument imposant, qui parlait si haut et si bien du temps de Marie de Rohan, temps dont ils doivent tenir plus que personne à conserver les débris. Le propriétaire actuel, M. de Tessieu, n'a pas le même intérêt à réparer ces vieux murs; il se propose, au contraire, de les démolir, si la commission des monumens historiques refuse, comme il est probable, d'en faire l'acquisition. Déjà le vent traverse en sifflant les crevasses du donjon, la pluie s'infiltre dans les chambres dorées; nous verrons tomber ces vastes murailles, et avec Castelnau disparaîtra la ruine la plus mélancolique, la plus grandiose du centre de la France.

A trois lieues de Castelnau, et à peu de distance de la ville de Saint-Ceré, s'élève, au milieu des peupliers et des prairies, dans une fraîche vallée, un autre château plus modeste dans ses proportions, mais infiniment supérieur au point de vue de l'art : c'est Montal. Montal, où nous nous rendîmes le soir même, est un bijou exquis et ignoré de la renaissance. Jamais sculpteur amoureux ne fouilla d'une main plus délicate les murs d'un plus joli château. Montal est brodé du haut en bas, à l'extérieur et au dedans, comme l'Alhambra. Pour plus de ressemblance, le temps, au lieu de noircir ces murs flanqués de tourelles, les a revêtus d'une teinte rosée que l'on peut comparer, sans trop d'exagération, à cette nuance tant vantée que le sable du Jenil a donnée au stuc des Mores. Ce château a été construit vers 1520. Au-dessous des médaillons en demi-relief qui se détachent sur le mur, du côté de la cour, règne une large frise, du plus élégant dessin, de l'exécution la plus exquise, et dans cette frise on remarque de distance en distance ces deux lettres entrelacées R. I., qui ont de tout temps fort intrigué les archéologues indigènes. J'en trouve dans les annuaires du Lot les interprétations les plus diverses et les plus divertissantes. Rien ne dépasse la hardiesse d'imagination d'un savant de province. Sur cette mystérieuse inscription, on a fait des sonnets et des romans. Pas un collégien du pays, un peu fort en narration française, ne s'est dispensé d'envoyer au journal de la localité un feuilleton sur ces lettres amoureuses. J'en suis bien fâché, mais R. I. cela veut dire simplement Robert et Jeanne, Robert de Montal et Jeanne de Balzac, qui ont fait construire le château. « Le vrai est comme il peut, a dit Mme de Staël, son seul mérite est d'être ce qu'il est. » Du reste, la jeunesse quercinoise aurait l'imagination bien engourdie, si ce castel charmant et triste ne lui inspirait pas des légendes. Honte au cœur de vingt ans qui ne rêverait pas dans ces murs coquets une élégante jeune fille, délaissée ou captive, toute une histoire amoureuse avec la confidente obligée et le page assorti? Ces deux mots *plus d'espoir!* qu'on voit en-

core gravés sous la fenêtre la plus élevée de Montal, sont bien faits
d'ailleurs pour exciter au dernier point la curiosité que toute habitation déserte inspire. Il faut être très indulgent pour les légendes; ces
amoureuses histoires que les rêveurs prêtent aux ruines sans annales,
sur lesquelles planent l'incertitude et le mystère, ont toujours quelque
chose de touchant, et je plains ceux qui les dédaignent. Montal devait
avoir sa ballade, la voici, et pas un habitant du centre de la France ne
permettra qu'on en conteste l'authenticité.—Rose de Montal aimait le
sire de Castelnau, et le sire de Castelnau aimait Rose de Montal; mais
il partit pour l'armée, et au retour la tendresse du beau sire sembla
refroidie, ses visites devinrent plus rares. Tristement accoudée à la
fenêtre la plus haute du château de son père, la belle Rose passait ses
jours les yeux mélancoliquement fixés sur la route de Castelnau. Son
malheur était plus grand encore qu'elle ne pensait; bientôt elle apprit
que son amant lui était infidèle. D'abord elle refusa de le croire, elle
l'aimait tant! mais, hélas! un matin qu'elle était à son observatoire,
elle vit passer au loin, se dirigeant vers Bretenoux, une brillante cavalcade : le sire de Castelnau allait épouser Laure de Montmirail; il conduisait à l'autel sa jeune fiancée. — Plus d'espoir! s'écria Rose, et elle
se jeta par la fenêtre. — On grava pieusement sur la pierre les dernières paroles de l'infortunée, et le souvenir de son amour, conservé
d'âge en âge, fait encore rêver toutes les jeunes filles des environs; il
inspire même de tendres élégies aux plus doctes personnages. M. Del-
pon, ancien député, dans un ouvrage statistique et sérieux sur le Lot,
publié il y a peu d'années, oublie ses chiffres en parlant de Montal, et
il s'écrie douloureusement : « Ce château inspire moins d'intérêt par
ses sculptures variées à l'infini que parce qu'il vit la mort d'une
amante délaissée, après avoir retenti de ses tristes soupirs. » Quant aux
annuaires du département, ils jettent chaque année des fleurs sur
cette tombe, qui donne un reflet romanesque à l'histoire du pays. Il
faut que je mette un terme à ces sanglots. Rose de Montal est morte
à quatre-vingts ans, entourée de ses enfans, de ses petits-enfans, et
le plus paisiblement du monde. Qu'on se le dise. Elle avait épousé
François des Cars, baron de Merville, grand sénéchal de Guyenne, et,
en raison de cette alliance, cette famille a porté depuis accolées à ses
armes les armes de Montal. Voilà ce que j'ai trouvé dans les parchemins de la Bibliothèque nationale, où je cherchais, pour l'offrir aux
lecteurs de la *Revue*, la légende de Rose. J'en suis bien fâché pour le
Lot; mais cela est ainsi. L'histoire ne se fait jamais faute de jouer de
pareils tours à ces ballades naïves qui plaisent à tous, qui ne nuisent
à personne, et qu'elle ne remplace pas.

Au reste, s'il faut en juger par les myriades d'inscriptions au crayon
ou au canif qui émaillent les murs de Montal, ces murs, à défaut des

amours de Rose, pourraient conter encore de doux mystères. On y lit de tous côtés : *Que j'aime Ferdinand!* ou *Pierre!* ou *Léonard!* ou *Joseph!* et l'on signe Julie, Mariette ou Euphrosine. Des cœurs entrelacés, des dates bienheureuses servent d'illustrations à ces aveux sans voiles, et il est de toute évidence que la jeunesse de Saint-Céré prend Montal pour Cythère. Il est fâcheux, il est incompréhensible que ce château, qui, je le répète, est un chef-d'œuvre, soit ainsi abandonné. Je conçois que M. le duc de Luynes laisse Castelnau s'écrouler : ses proportions féodales ne vont plus aux fortunes actuelles, et le riche propriétaire de Dampierre se ruinerait à restaurer ce donjon; mais Montal est petit et complet; hors les meubles, rien n'y manque. Un modeste républicain ne s'y trouverait pas trop au large. Enfin ce château, qui coûterait assurément un million à construire, a été acheté, il y a peu d'années, 45,000 francs, y compris les terres qui en dépendent, et qui rapportent, dit-on, 12 ou 1,500 francs. Il est encore à vendre; avis à ceux qui sont en quête d'une villégiature.

Notre ami le brocanteur ne pouvait se décider à quitter cette demeure charmante. Il s'était paresseusement couché dans un grand salon sur une épaisse litière de paille de maïs dont les dalles étaient jonchées. La nuit venait, et il restait en contemplation devant une belle cheminée de pierre, sur laquelle dormait depuis des siècles un grand cerf sculpté. Il évoquait le souvenir de Diane de Poitiers, qui semblait avoir oublié là cette jolie bête dont Jean Goujon faisait sa compagne. Dans l'ombre croissante, il voyait passer le siècle des élégantes amours, et ces souvenirs le mettaient fort en train de suivre les conseils de Marot :

> Plus tost que tard ung amant, s'il est saige,
> Doit à sa dame en petit de langaige
> Dire son cas, et puis s'il apperçoit
> Qu'il perd son temps et qu'amour le déçoit,
> Quitte tout là, cherche ailleurs advantage.

Marot, selon notre ami, avait dû venir à Montal. Rien n'est plus probable en effet, car Marot, comme on sait, était du Lot. Il naquit à Cahors, et c'est assurément la plus grande illustration de cette petite ville, bien que M. Cathala-Coture, dans son *Histoire du Quercy* (1), prétende que César, en voyant Cahors, fut si surpris de son étendue et de sa magnificence, qu'il s'écria : — Ah! je vois une seconde Rome! J'ai voulu citer cette phrase. Pas un historien gascon ne trouvera mieux. Marot, pour en revenir à lui, peut avoir composé dans ce château quel-

(1) Les étymologistes prétendent que Quercy vient du mot latin *quercus* (chène), et que ce nom a été donné à cette partie de la France en raison des forêts de chènes qui la couvraient.

ques-unes de ces rimes faciles que nous y récitions trois siècles plus
tard. Nous faisions des conjectures à ce sujet, quand le bruit des sa-
bols pesans de la fermière de Montal, qui grimpait les escaliers quatre
à quatre, mit fin à nos poétiques controverses. La bonne femme s'inquiétait de la prolongation de notre séjour dans ces salles abandonnées. — Il est nuit, nous cria-t-elle d'un ton aigre, que pouvez-vous
faire ici?

— Ce que j'y fais, dit le brocanteur en s'avançant vers elle avec une
galanterie qui nous fit pouffer de rire,

> Cherchant plaisir, je meurs du mal d'aymer,
> Et tout pour vous, dame au cœur très amer.

— De quoi parlez-vous? interrompit la fermière.
— De Marot.
— Il est notaire, reprit-elle, vous le trouverez à Saint-Ceré; mais il
est temps de partir. La bonne femme songeait au propriétaire de Montal. Il fallut obéir, et nous nous mîmes en marche en riant des citations continuelles de notre ami qui savait son Marot à merveille :

> D'aller à pied, très illustre seigneur,
> Lassé je suis, car profit ni honneur
> N'y puis avoir. . . . .
>   Et suis tant las que, sans mentir,
>   Je n'ai jambe qui ne me tremble, etc.

Le soir, enfin, nous continuâmes dans une sombre auberge, remplie
de rouliers un peu ivres, nos dissertations sur le siècle de Benvenuto,
du Primatice, de Diane et du roi chevalier.

Au lieu de décrire l'auberge où nous étions, je laisserai parler La
Fontaine; le grand poète a fait le voyage de Limousin, et sa prose consolera de la mienne. Dans une lettre inédite publiée récemment et écrite
de Limoges en 1663, je trouve une description d'auberge à laquelle,
après deux siècles de progrès, il n'y a rien à retrancher, rien à ajouter;
les hôtelleries du centre de la France y sont peintes de main de maître:
« Dispensez-moi, vous qui êtes propre, de vous en rien dire. On place,
en ce pays-là, la cuisine au second estage; qui a une fois veu ces cuisines n'a pas grande curiosité pour les sausses qu'on y appreste. Ce sont
gens capables de faire un très meschant mets d'un très bon morceau.
Quoique nous eussions choisi la meilleure hostellerie, nous y bûmes
du vin a teindre les nappes, et qu'on appelle communément la tromperie de Bellac. Ce proverbe a cela de bon que Louis XIII en est l'auteur. » Il paraîtrait, malgré tout, que le grand poète ne fut pas trop
révolté, car, dans ce taudis, il ne dédaigne pas de mettre ses *contes* en
action; il ajoute gaiement : « Rien ne m'auroit plu, sans la fille du

logis, jeune personne et assez jolie. Je là cajeolay sur sa coiffure; c'estoit une espèce de cale à oreilles des plus mignonnes et bordée d'un
galon d'or large de trois doigts. La pauvre fille, croyant bien faire, alla
aussitôt quérir sa cale de cérémonie pour me la montrer. Passé Cha-
vigny, on ne parle quasi plus *français;* cependant cette personne m'entendit sans beaucoup de peine; les fleurettes s'entendent par tout pays,
et ont cela de commode, qu'elles portent avec elle leur trucheman.
Tout meschant qu'estoit notre giste, je ne laissay pas d'y avoir une
nuit fort douce...... » Le lendemain, son humeur est moins noire; il
parle du Limousin sur un autre ton : « N'allez pas vous figurer que ce
pays soit malheureux et disgracié du ciel comme on se le figure. Je
vous donne les gens de Limoges pour aussi fins et aussi polis que le
peuple de France : les hommes ont de l'esprit dans ce pays-là (il écrivait six ans ⌐vant *M. de Pourceaugnac*), et les femmes ont de la blancheur; mais leurs costumes, façon de vivre, préoccupations, compli-
ments ne me plaisent point. C'est dommage que... n'y ait point été
mariée; quant à mon égard :

> « Ce n'est plus un plaisant séjour;
> J'y trouve aux mystères d'amour
> Peu de savants, force profanes;
> Peu de Phylis, beaucoup de Jeannes,
> Peu de muscat de Saint-Mesmin,
> Force boisson peu salutaire,
> Beaucoup d'ail et peu de jasmin :
> Jugez si c'est là mon affaire. »

Après une nuit moins romanesque, le lendemain au point du jour,
je gravissais péniblement, au milieu des vignes, la montagne qui domine Saint-Céré, et que couronnent les ruines pittoresques des tours
de Saint-Laurent. La matinée était fraîche et pure, le soleil brillait sur
les feuilles humides, des volées d'oiseaux enivrés par le raisin babil-
laient dans les haies, les merles sifflaient à l'envi dans les sorbiers
couverts de leurs baies rouges, et une caille mêlait à ces gazouillemens divers ses trois notes argentines. Quelques moutons chétifs,
poussés par un berger en guenilles, suivaient devant moi le sentier
montueux et raviné. De temps à autre, le pâtre et moi nous nous ar-
rêtions pour reprendre haleine. Au-dessous de nous, une brume
légère flottait encore entre les toits de la ville et les peupliers de la
prairie. Les coteaux, au contraire, étaient frappés en plein par une
lumière chaude et blonde; les vendangeurs y travaillaient en chantant. Depuis long-temps, la journée avait commencé pour eux; mais
ceux de la ville, qui devaient jouir de leur labeur plus qu'eux-mêmes,
dormaient encore. De ceux-ci ou de ceux-là lesquels fallait-il plaindre?
je me sentais fort pastoral en ce moment. Le travail en plein champ

des vignerons, par cette matinée claire et embaumée, ne me semblait avoir rien à envier au sommeil tourmenté, aux veilles inquiètes de ceux qu'on nomme les heureux de ce monde. Je respirais l'air pur avec une ivresse digne des fades héros de Florian. On dit que les hommes vertueux aiment à voir lever l'aurore; cela m'étonne. Après le repos de la nuit, quand toutes nos facultés ont repris leurs forces, que nous respirons dans une tiède atmosphère le parfum pénétrant des plantes rafraîchies par la rosée, quand la terre retrouve sa beauté, que la nature entière semble sourire, l'ame s'ouvre à l'espérance; on sent fermenter en soi, si l'on est jeune, la séve de la jeunesse, et je crois que la vertu serait, à tout prendre, plus facile le soir, à ces heures tristes où le soleil s'éteint, où les fleurs se ferment, où la pensée fatiguée s'affaisse et se livre au charme mélancolique des souvenirs.

J'arrivai fort essoufflé sur la plate-forme au-dessus de laquelle se dressent audacieusement les vieilles tours carrées et noires de Saint-Laurent. Le soleil, qui est toujours jeune et qui sait tout rajeunir, inondait de ses gais rayons, sans pouvoir cependant leur rien ôter de leur tristesse, ces masses sombres qu'il avait vues s'élever il y a quelques siècles et qu'il regardait crouler maintenant du haut de son trône éternel. Le pays tout entier est dominé par ces deux tours, qui se rattachaient, s'il faut en croire les chroniqueurs, au château de Turenne en Limousin, par une ligne d'ouvrages fortifiés dont on voit encore les vestiges à Martel et à Montvalent. Pareilles de forme, quoique inégales de hauteur, elles ne sont remarquables que par l'extrême solidité de leur architecture massive. Suivant les historiens indigènes, ces ruines seraient d'origine romaine. Ils citent à l'appui de leur dire l'opinion d'un chroniqueur du XIIe siècle, Aymeric de Saint-Céré, lequel déclare que les Romains avaient établi un camp en cet endroit, et ajoute qu'au VIIIe siècle ce château appartenait à Serenus, personnage fort puissant en Aquitaine. Ce Serenus, d'après Aymeric de Saint-Céré, avait une fille charmante qui s'appelait Espérie, et un fort mauvais voisin nommé Elidius. Elidius, qui trouvait Espérie fort à son gré, s'avisa de lui faire un jour des propositions malhonnêtes, et, comme la jeune fille ne voulut pas l'écouter, il lui trancha la tête, au bord de la rivière, à l'endroit où la ville Saint-Céré, nommée d'abord Sainte-Espérie, fut dans la suite bâtie autour de la chapelle expiatoire élevée aux mânes de cette vierge martyre. A cette lamentable histoire je n'ai pas d'objections; mais, quant à l'origine romaine des deux tours, je me permettrai de la contester. Il sera même inutile de faire, sur la façon dont elles sont bâties, de pédantesques dissertations, et un seul fait, qu'apprécierait un écolier, suffit à renverser toutes les conjectures des archéologues du Lot. Ce fait est celui-ci. La clé de voûte de la grande tour porte encore les traces très visibles d'un écusson, et ces armoiries sont celles des Roger Beaufort, vicomtes de Turenne. Ainsi donc les Romains ont pu camper sur ces hauteurs, mais ils n'ont point construit ces tours. Charmé de ma concluante découverte, je montais et je descendais avec une certaine satisfaction l'escalier étroit, mais encore très solide, de la plus haute des deux tours. On y trouve à chaque étage une seule grande salle carrée, percée de quatre fenêtres sombres où vient s'enchâsser un paysage charmant. Pour tout ornement, on voit dans chacune de ces pièces une vaste cheminée encore noircie par la fumée. Chose étrange; là fumée, cette chose si légère que les poètes en font l'emblème de tout ce qui passe, la fumée laisse des traces là où l'homme n'en laisse aucune. Le feu allumé par un soldat dans une heure de désœuvrement a imprimé sur les murs de Saint-Laurent des vestiges qui se retrouvent encore lorsque lui et tous ceux de sa race sont oubliés. Je voulais monter sur la plate-forme de la tour; mais l'escalier brisé ne me permettait pas de le faire sans un véritable péril. Je me résignai. Un homme plus courageux s'était cependant rencontré, qui avait fait récemment cette escalade, car j'avisai au-dessus de ma tête un bâton énorme, fiché dans le pavé, et où pendait encore une loque déchiquetée. C'était un démocrate de février, qui, sans souci de son cou, était allé prendre possession de la plate-forme au nom de la république et y avait planté son glorieux drapeau. Le vent a fait justice de cette profanation; il a enlevé le lambeau de calicot, et la hampe, qui subsiste seule au sommet de ce monument séculaire, est une image assez fidèle de l'échafaudage grotesque et fragile que les novateurs modernes ont tenté de dresser sur le piédestal antique de la société française. A l'honneur des républicains de Saint-Céré, il faut rappeler que leurs amis de Paris ne se sont pas fait faute d'orner d'un bonnet phrygien la perruque stupéfaite de la statue de Louis XIV. Les héros de juillet avaient également eu le bon goût d'armer Henri IV d'un drapeau tricolore et d'en faire une sorte de cornette immuable de leur révolution. Enfin les légitimistes avaient donné, en 1815, l'exemple de ces plaisanteries agréables en jetant Napoléon à bas de la colonne Vendôme. Et penser que notre nation est la plus spirituelle de l'univers!

Je redescendis l'escalier et me trouvai tout à coup et presque sans m'en douter dans un véritable souterrain. Il y faisait noir comme dans un four, et le bruit de mes pas résonnait sous les voûtes d'une façon singulière. Je pensai qu'il devait y avoir des caveaux sous mes pieds et probablement des squelettes dont je troublais le sommeil. Cette idée me déplut; elle ramenait dans mon imagination une procession de fantômes dont on avait épouvanté mon enfance. Je cherchai donc à tâtons, voulant m'éloigner, l'escalier que je ne voyais pas et que je ne trouvais plus. Tout à coup, derrière moi, un bruit léger se fit entendre. J'écoutai ce que je crus d'abord être l'écho de mes pas, mais

le bruit augmenta; on marchait évidemment à mes côtés. Je me retournai et je vis une ombre se dresser dans les ténèbres. C'était mon
berger du matin, le drôle déguenillé qui avait été, depuis Saint-Ceré,
mon compagnon de route. — Vous avez eu peur! me dit-il en riant.
Je l'aurais battu, mais je pris le parti de rire. — Il y a un homme qui
a eu bien peur à cette place où nous sommes, continua-t-il en patois.
Je compris que le berger était quelque peu cicerone et qu'il tenait à
ma disposition une histoire pour un sou. Je l'engageai à parler. Alors
il me raconta que deux ouvriers de Saint-Ceré, s'étant figuré, il y a
quelques années, que des trésors pouvaient être cachés dans le souterrain où nous étions, avaient un dimanche fait des fouilles. Ils étaient
parvenus à déterrer une grande caisse de fer. Voilà ces gens fort en
émoi; mais, quand il s'était agi d'ouvrir cette caisse, elle avait résisté à
tous leurs efforts. Il fallut aller chercher à la ville des outils et des
pinces. L'un des deux archéologues partit, laissant à son compagnon
la garde du commun trésor. Cet homme fit alors la réflexion qu'un
trésor à soi seul vaut exactement le double d'un trésor partagé. Il était
scieur de long, et, comme tous les gens de cette profession, portait
dans sa poche un grand compas de fer. Il imagina d'en introduire la
pointe dans la jointure du coffre, puis il fit un effort, et le couvercle
s'entr'ouvrit. Tout à coup une sorte de terreur le saisit. Cette caisse de
fer avait la forme d'un cercueil. L'idée de la profanation qu'il allait
accomplir, jointe à la pensée de la méchante action qu'il commettait,
le silence du souterrain, l'obscurité profonde, tout cela le fit hésiter.
Se hasarderait-il à glisser ses doigts dans le cercueil? Et s'il allait y
trouver un cadavre! Puis la cupidité prit le dessus, et il plongea sa
main sous le couvercle. Aussitôt il poussa un grand cri et tomba à la
renverse. Il avait été mordu jusqu'aux os. Son compagnon, qui arriva
dans ce moment, le trouva étendu sur le sol, les cheveux hérissés, les
yeux retournés : il était fou et mourut peu de temps après. Le cercueil
ne renfermait pas autre chose que des ossemens, une épée et un casque.

— Et qui avait donc mordu cet homme? demandai-je au berger,
était-ce un serpent?

— C'était un clou, me répondit-il; mais le scieur de long avait pris
cette pointe-là pour les dents du mort.

Revenu à Saint-Ceré, je cherchai dans toute la ville le casque de
ce guerrier dont l'exhumation avait eu un si dramatique résultat;
mais ce casque, qui est long-temps resté, m'assura-t-on, dans la boutique d'un serrurier, s'est égaré; il fallut renoncer à l'espoir que j'a-
vais conçu de chercher dans sa forme un argument de plus à l'appui
de mon opinion sur la date des tours de Saint-Laurent.

Je trouvai à l'auberge mon ami le brocanteur fort en train de parler sculpture sur bois avec notre hôtelier, qui se croyait passé maître

en cet art. Ce brave homme nous exhiba une quantité de bûches de tilleul par lui transformées en saints doués de gros yeux à fleur de tête et de grandes mains plates toutes grandes ouvertes. Il y a peu de villes en province où ne réside un de ces artistes, mécaniciens ou sculpteurs, qui se croient méconnus. Saint-Ceré, du reste, est la patrie d'un homme qui fait à bon droit quelque bruit dans le monde agricole; je veux parler de l'abbé Paramelle, le grand découvreur de sources. Il est certain que cet abbé, sans la moindre magie et même, à ce qu'on assure, sans aucune science, indique des sources et fait jaillir des fontaines là où personne n'en peut découvrir, et cela grâce à un instinct merveilleux ou à des observations encore inexpliquées et dont il promet de laisser la clé après sa mort. Nul n'est prophète en son pays, et M. l'abbé Paramelle, qui passe en beaucoup de contrées pour une manière de sorcier, n'a pas dans sa ville natale la même réputation. Toujours est-il qu'il a donné dans beaucoup de départemens, et même en Angleterre et en Russie, des preuves étonnantes de son habileté. S'il n'en est pas de son secret comme des remèdes si souvent promis contre la rage, il aura le double mérite de faire sa vie durant une grande fortune et de laisser après lui l'explication d'une découverte qui peut valoir tout au moins les mines de la Californie.

Nous reprîmes assez tard dans la matinée nos bâtons de pèlerins et notre voyage pédestre; cette fois, nous abandonnions les routes. Nous allions nous enfoncer un peu au hasard dans des solitudes dont on ne peut se faire, sans les avoir vues, aucune idée. En effet, à peine a-t-on gravi les collines riantes qui dominent Saint-Ceré, que l'on voit s'ouvrir devant soi une véritable Sibérie : c'est un désert sans bornes, sans arbres, sans maisons. Ces plaines immenses, où croissent à grand'peine de loin en loin quelques *mâquis* rabougris, sont tellement jonchées de cailloux blancs, qu'on les croirait à première vue saupoudrées par une neige récente. De tristes murailles à hauteur d'appui coupent seules, de temps à autre, l'uniformité des lignes dans cette campagne désolée. Quelques troupeaux de moutons, qui semblent avoir été passés au safran, tant ils sont jaunis par une boue argileuse, errent tristement et comme à l'aventure dans ces steppes abandonnées, où l'on n'entend d'autre bruit que le tintement lugubre de la cloche fêlée que porte au cou le bélier conducteur de sa bande. Parfois un oiseau de proie ou un corbeau sinistre traverse, au-dessus de vos têtes, un ciel méridional, dont les teintes ardentes contrastent de la manière la plus frappante avec la couleur morne de la terre : c'est une véritable Thébaïde, et je ne sache pas en Europe un endroit plus propre à se brûler la cervelle. Ce pays est celui des truffes. Le gastronome du Café de Paris, qui voit apparaître sur sa table, à côté d'une bouteille de vin de Champagne, ce mets tant recherché, ne se doute guère de l'aspect misérable des champs et des hommes qui lui procurent ses plaisirs; il sait à peine qu'un humble cochon a été seul capable de découvrir sous terre ce tubercule sans racines et sans tige qu'il dévore aux dépens du quadrupède frustré. Aucun sentier, aucun signe ne nous guidait dans ce désert, et nous avions trop présumé de notre sagacité de montagnards. Après avoir fait un circuit immense, nous nous aperçûmes que nous nous étions complétement égarés. Pour comble de disgrace, la nuit était prochaine, et de gros nuages, traversés à toute minute par des éclairs, nous annonçaient un orage. Il n'y avait pour nous aucun abri en vue, pas un arbre. pas une haie. Le tonnerre retentit; à ce signal, un vent terrible se déchaîna, et une pluie torrentielle vint nous fouetter le visage et détremper un sol visqueux où nous trébuchions à chaque pas. La perspective de passer la nuit debout au milieu de ces plaines inondées n'avait rien de souriant. Par bonheur, nous avions avec nous, comme je l'ai dit, un ex-élève de l'École polytechnique : ces mathématiciens sont gens précieux. Depuis une heure, notre ami faisait des opérations savantes : il calculait l'angle du soleil, il précisait l'endroit du ciel où il allait disparaître, il se flattait de retrouver notre route, et, comme nous nous étions moqués de son estime, il était parti seul à la découverte. Au moment de notre plus grande anxiété, il revint en courant. Il avait découvert, nous dit-il, une maison. Nous nous élançâmes au pas de course, et nous arrivâmes en effet à une masure abandonnée, où nous nous blottîmes avec joie.

Cette hutte, si misérable qu'elle fût, était une heureuse trouvaille. Elle semblait avoir été habitée autrefois. Un trou percé dans le toit et une grande pierre servant de foyer indiquaient qu'on y avait fait du feu. Dans un coin se trouvaient un peu de paille, quelques branches sèches, et les restes d'une échelle brisée qui avait dû servir d'escalier pour grimper dans une sorte de grenier pratiqué entre la toiture et les solives. Je parle de cette distribution pour une raison fort dramatique que l'on saura bientôt. Les fumeurs ont toujours des briquets; un grand feu fut bientôt allumé, et nous nous préparâmes, sans trop de chagrin, à passer la nuit sans souper dans ce bivouac improvisé. A tout prendre, notre malheur n'était pas grand; nous étions assez jeunes pour prendre en bonne part cet incident pittoresque que les dandies de Paris ne rencontrent guère en voyage. Ce n'est pas en Suisse, par exemple, que cette bonne fortune de coucher forcément à la belle étoile échoit au touriste altéré d'émotions; là, toutes les étapes sont irrévocablement fixées. Il est décidé depuis un temps immémorial que vous boirez du vin chaud dans tel chalet, du lait dans tel autre, que vous arriverez à la couchée à une heure fixe pour en repartir à un moment déterminé, que vous suivrez une certaine route entre deux chaînes de montagnes bien connues, invraisemblables, qu'on dirait de·carton·et·peintes pour le·bon plaisir des Anglais. Au pied du Montanvert, vous·admirerez une·petite fille goîtreuse,·qui met en mouvement, à l'aide d'une tringle de fer,·un soufflet, lequel donne l'ame à trois trompettes criardes cachées dans une chaufferette et qui jouent, à ce qu'on assure, le *ranz des vaches;* plus haut, vous achèterez des fraises à un autre goitreux. Votre guide ne vous fera grace d'aucun article du programme, vous n'aurez pas votre libre arbitre. Dans le Causse, c'est ainsi qu'on nomme le pays que nous traversions, nous étions·du moins·les maîtres d'attraper à volonté la fièvre ou une fluxion·de poitrine. Nous raisonnions gaiement, autour de notre feu, sur·toutes ces choses, quand le bruit d'une clochette qui vint à retentir à peu de distance interrompit notre conversation : c'était·un troupeau qui s'approchait. Il faisait déjà sombre, et nous n'aperçûmes pas d'a-bord un berger qui, caché derrière un mur,·semblait regarder avec ter-reur ce qui se passait dans l'intérieur de notre masure.·En nous voyant apparaître sur le seuil, ce jeune homme poussa un·cri et se sauva à toutes jambes. Nous·n'avions garde, malgré le charme de notre aventure, de perdre cette occasion excellente de retrouver avec notre route un dîner ·quelconque. Nous poursuivîmes donc ce berger en·blouse blanche, pareil à un Bédouin, l'appelant à grands cris. Il fuyait comme le vent; enfin, se voyant serré de près, il·tomba à genoux en proie à une épou-vante risible. Sur notre assurance que nous ne lui voulions aucun mal, et que nous le récompenserions au contraire,·s'il voulait nous conduire·au prochain village, il reprit la voix; puis il marcha en avant, non sans jeter sur nous·de·temps à·autre dans l'obscurité des regards soupçonneux. En moins d'une heure, il nous amena à l'entrée d'un assez grand bourg, et nous montra du doigt une fenêtre éclairée, prétendant qu'elle était celle·d'une auberge. En recevant sa bonne-main, le drôle nous examina encore;·puis, reculant de trois pas et d'un ·ton moitié·sérieux, moitié railleur :

— Que faisiez-vous, nous dit-il, dans la maison *maudite?*

— Maudite·et pourquoi?

— Vous le demanderez à M.·le maire, répondit-il, et il se sauva à toutes jambes.

Pour toute description de l'auberge où nous entrâmes, il me suffira de dire que l'on nous fit payer pour nos lits *deux sous* par·tête, et c'é-·tait cher! Ce nom de·maison maudite me trottait dans la tête, et j'en rêvai là nuit, car notre hôtesse, vieille mégère·sourde et·de méchante humeur, n'avait pas été femme·à satisfaire·notre curiosité.

Le brocanteur, qui était le plus jeune et le·moins aguerri d'entre nous, quitta le premier, le lendemain matin, le taudis où·nous ron-flions de conserve. Il revint bientôt l'œil·brillant et la figure enluminée.

— Victoire! s'écria-t-il, et il·nous·conta comment il·avait entrevu à

une croisée du village une jeune femme très belle, portant un châle de
crêpe de chine rouge, laquelle était précisément, d'après les informations qu'il avait prises, la fille du maire. C'est là, disait-il, que nous
devions aller déjeuner tous, si nous n'étions pas des sots. Cet avis fut accueilli avec un enthousiasme unanime, que justifiait la physionomie
de notre auberge où nous avions soupé la veille au soir dans une cuisine immonde, près du maitre de la maison qui grognait dans un lit
placé juste auprès de la table à manger; mais sous quel prétexte nous
introduire chez le maire? Il fut décidé, après une discussion orageuse,
que deux d'entre nous, désignés par le sort, aviseraient aux moyens
de négocier cette affaire. On tira à la courte paille, et le sort tomba sur
le brocanteur et sur moi. Mon parti fut bientôt pris. Laissant de côté
toutes les fables que l'on avait d'abord proposées, je résolus d'entrer
carrément en matière en allant déclarer au maire qui nous étions,
quelle situation était la nôtre, et quelle curiosité le berger avait éveillée dans nos imaginations. Nous nous mimes en route à travers les
rues boueuses du village. La jeune fille au châle de crêpe était encore
à sa fenêtre. Elle ne parut pas peu surprise de nous voir frapper inopinément à la porte de sa maison. Par bonheur, le maire était médecin; il avait été chirurgien dans un régiment. C'était un gros homme,
vert encore, réjoui, haut en couleur, et je compris à son aspect que
notre mission serait facile. Après les excuses d'usage sur notre apparition inattendue, nous lui contâmes gaiement notre pèlerinage, nos
aventures de la veille et le mot du berger. Je vis aussitôt sa physionomie s'éclairer, et l'excellent homme me parut avoir tout autant d'envie de conter cette histoire que nous de l'entendre.

— Allons, messieurs, nous dit-il d'un ton jovial, je vous conterai
cela; — vous êtes des artistes, à ce que je vois; — mais, ventrebleu!
je ne sais pas parler à jeun, et il faut que vous déjeuniez avec moi.
Le brocanteur me jeta un regard de triomphe, et je pensai à nos deux
compagnons dont il n'avait pas été question encore. Mon ami n'y songeait plus; il voulait même, par excès de discrétion, qu'il n'en fût pas
dit mot. J'eus le cœur moins dur, et à peine notre hôte connut-il la
cause de notre colloque, qu'il envoya chercher nos deux camarades.
Dans ce village, au milieu de ce désert, la société n'était pas gaie tous
les jours, et rarement se présentait pour lui l'occasion de causer avec
des gens de vive humeur. Évidemment le vieux militaire était charmé
de nous avoir recrutés. Après mainte excuse sur la médiocrité de son
ménage, il nous fit asseoir devant un énorme déjeuner, qui était sans
doute l'œuvre de sa fille, que nous ne vimes plus. Il y fut fait le plus
ardent accueil. Quand vint le café, le médecin bourra sa pipe, nous
allumâmes des cigarettes, et je lui rappelai la maison maudite.

— Ah! c'est une vieille histoire, messieurs, nous dit-il. Tout le

monde la connaît dans le pays, et je m'étonne que vous n'en ayez pas
entendu parler. — Prenez d'abord un verre de ce rhum; il est vieux.
— Voici, en deux mots, l'affaire; ce berger a eu raison de vous adresser à moi. — A votre santé, messieurs, — et nous fîmes tous raison à
ce toast. — Il y a de cela vingt-cinq ans, continua notre amphitryon,
c'était l'année de mon mariage. Je n'habitais pas alors ce village où je
me suis établi plus tard dans la maison de ma femme. Un soir, je venais, comme vous, de Saint-Ceré, et, comme vous, je fus surpris dans
le Causse par un orage. J'étais à cheval, et mon cheval, effrayé par la
grêle et les éclairs, refusa bientôt d'avancer. Je descendis et tentai, ne
sachant trop que faire, de le tirer par la bride; heureusement j'entre-
vis bientôt une lumière. Je me dirigeai de ce côté, et j'arrivai à la maison où, hier soir, vous vous êtes réfugiés vous-mêmes; elle était habitée
alors. J'y trouvai un homme et une femme; ils étaient assis tous les
deux autour d'un petit feu, occupés à tresser des paniers avec des
écorces de ronces. — Bonjour, braves gens, leur dis-je en patois, il ne
fait pas beau dehors. Les deux paroissiens ne me firent pas grande
mine; je n'en tins aucun compte. Je leur demandai une place à leur
feu, les assurant que j'étais prêt à la payer; puis, sans plus de façon,
je jetai une brassée de sarmens sur le foyer, et me débarrassai de mon
manteau. — Est-ce que vous nous prenez pour des aubergistes? me dit
la femme d'un ton aigre. Je tirai ma bourse, et je lui donnai vingt sous.
A la vue de l'argent, cette mégère s'adoucit sur-le-champ. — Allons,
ajouta-t-elle, je vois que vous êtes un brave monsieur, et elle reprit
son ouvrage. Cependant l'orage continuait au dehors. Le vent ébranlait la cabane, et mon cheval piétinait sous le hangar où je l'avais attaché. Il n'y avait guère moyen de continuer ma route, et je ne savais
où coucher dans cette maison. — Tenez, me dit la femme, ce serait
pitié de sortir par un pareil temps. Nous sommes pauvres, et je n'ai pas
de lit pour un homme comme vous; mais, si vous voulez monter là-
haut, — elle me montrait une échelle et une sorte de grenier, — vous
y serez du moins au sec comme une châtaigne dans un séchoir. — Je
remarquai de nouveau que cette femme avait une mauvaise figure;
mais je venais de l'armée, je ne suis pas une femmelette; d'ailleurs il
n'y avait pas à choisir. Je fis comme elle disait, et je grimpai dans la
soupente. Là, j'étendis mon manteau sur les planches, et je finis par
m'endormir malgré le fracas du vent et de l'orage.

Ici le médecin s'arrêta et nettoya le fond de sa pipe avec un os de
lièvre qu'il tira de son pot à tabac.

— Je crois deviner le reste, lui dis-je.

— Vous ne devinez rien, reprit-il. Quand on a votre âge, messieurs,
on braverait le diable en personne, et on ne se méfie pas. Je la risquai
belle pourtant cette nuit-là. Un rêve me sauva. Figurez-vous que, tout

en dormant sur mon plancher, je me mis à songer. Je croyais être auprès de ma fiancée, assis devant la cheminée que voici, quand tout à coup, au-dessus de sa tête, je vis paraître une figure horrible. C'était celle de la femme dont je vous ai parlé; elle tenait une hache à la main, et allait frapper... Je voulus m'élancer... impossible; mes jambes me refusaient tout service; je les regardai, et je m'aperçus qu'elles étaient coupées toutes les deux auprès du col du fémur.

— De sorte que vous étiez cul-de-jatte, remarqua le brocanteur.

— Oui, monsieur, et j'en fus si contrarié, que je m'éveillai. Je me retrouvai dans la soupente, la tête sur mon manteau; je prêtai l'oreille; la tempête continuait au dehors. Ce rêve m'avait troublé; j'eus l'idée d'appliquer mon œil à une des fentes du plancher vermoulu qui me servait de lit, et je regardai ce qui se passait en bas. L'homme et la femme étaient toujours au coin du feu; mais ils ne travaillaient plus; ils parlaient à voix basse. — Je te dis qu'il a plus d'argent dans sa bourse que tu n'en gagneras dans toute ta vie, disait la femme. — Eh bien? reprit l'homme. — Eh bien! il faut le lui prendre: il dort; monte l'échelle, empoigne-le par les pieds, *fa lou segre* (fais-le suivre), jette-le en bas, je me charge du reste, et elle lui montra un marteau de maçon qu'elle tenait à la main. — Et après que ferons-nous de l'homme? reprit le mari.—Nous le porterons sur la route; il se sera tué en tombant de cheval pendant la nuit. En même temps elle souffla le *caler* (1); le feu s'était éteint. Je ne vis plus rien. Ils parlaient encore à voix basse; mais je n'entendais plus. Sans être plus poltron qu'un autre, je vous avoue, messieurs, que mes oreilles tintaient fort. Je n'avais pas d'armes. Un instant j'eus l'idée de sauter en bas par la trappe; mais l'échelle n'était pas commode, et si le pied m'avait manqué? Je n'eus pas le temps de réfléchir d'ailleurs; je sentis tout à coup une petite secousse, un frisson courut dans mes os. L'homme montait l'échelle. A chaque barreau, son pied faisait un peu crier le bois. J'étais parvenu à me soulever sans bruit et à m'agenouiller au bord de la trappe. Le corps replié, les yeux fixes, les oreilles dressées, le cœur tremblant, j'attendais avec angoisse. Tout à coup, dans l'ombre, une forme se dressa devant moi, une main me toucha; je pars comme un ressort, je saisis l'homme à la gorge, je le renverse en poussant de toute ma force, le pied lui manque, et il tombe lourdement au bas de l'échelle.

— Je le tiens! cria la femme. En même temps j'entendis un coup

---

(1) *Caler*, sorte de lampe. On dit en patois limousin *tsoler*. A la place du *ts* qui commence dans la Corrèze une quantité de mots d'une prononciation difficile, les habitans du Lot mettent un *C. Tsomin, camin* (chemin), *tsostel, castel* (château), *tsoval, caval* (cheval), etc., etc. Règle générale, le Français dit *cha* ou *che*, le Quercinois *ca*, le Limousin *tso*.

sourd, un grand cri, un second coup, et puis plus rien que le bruit du vent et de la pluie. Elle avait assommé son mari.

— Elle avait assommé son mari! nous écriâmes-nous tous les quatre.

— Oui, messieurs, bien assommé. Voilà toute mon histoire. Je n'eus jamais le courage de descendre l'échelle. Cette femme, ce cadavre... ma foi, j'avais peur. L'idée me vint de passer à travers le toit de paille. C'est par là que je sortis. Je retrouvai mon cheval et j'allai faire ma déclaration au juge de paix. La femme a été jugée et condamnée à mort, les circonstances atténuantes n'étant pas encore inventées. Voilà l'affaire. Qu'en pensez-vous? Personne depuis n'a osé habiter cette maison, et les bergers disent qu'on y voit des revenans. C'est pourquoi vous leur avez fait peur hier soir. Allons, messieurs, une goutte par là-dessus, dit le maire en finissant.

Ce drame local nous avait intéressés, et nous dissertâmes long-temps avec son héros sur les mœurs peu naïves des habitans du Causse. A midi, pourtant, force nous fut de prendre congé de notre hôte, qui nous fit promettre de repasser chez lui au retour de notre pèlerinage.

Nous reprimes notre route à travers les steppes jonchés de cailloux, où l'on ne rencontre que des pâtres à demi sauvages qui passent leur vie à lancer des pierres et à manier la fronde. En moins de trois heures, nous devions atteindre Roc-Amadour. A moitié chemin, il fallut s'arrêter brusquement. Devant nous s'ouvrait un abîme à pic, un puits cyclopéen, dans lequel on aurait renversé une des tours de Notre-Dame. Des guirlandes de lierre et de vigne vierge tapissaient les parois de cet abîme. Au fond, un clair ruisseau coulait sur un frais gazon. Des volées de corneilles tourbillonnaient autour de nous en croassant. C'était effrayant et tout à la fois charmant à voir. Les géologues expliquent que les eaux creusent souvent, dans les terrains calcaires, des excavations pareilles, et le puits de Padirat, qui était sous nos yeux, n'a rien de surnaturel à leur sens. J'aime mieux, pour ma part, l'explication des indigènes. — Un jour, il y a probablement fort long-temps, saint Martin et le diable voyageaient ensemble, on ne sait pour quelle raison. Ils montaient l'un et l'autre des mulets excellens. Comme ils étaient de plaisante humeur, l'idée leur vint de faire un *steeple-chase.* Les voilà donc franchissant à qui mieux mieux les murailles, descendant à fond de train des précipices; pas un rocher n'était assez haut, pas un abîme assez large pour les arrêter. Lassé d'une course trop facile, Satan s'arrêta, et, appelant saint Martin : « Je parie, dit-il, creuser un fossé que tu ne sauteras pas. » Le saint se mit à rire. L'ange des ténèbres alors étendit la main; son index s'allongea démesurément, s'alla ficher en terre et creusa en une minute le puits de Padirat. — N'est-ce que cela? dit le saint, et, piquant des deux, il franchit l'abîme. C'était un joli saut, car ce puits n'a pas moins de cinquante-quatre mètres de profondeur sur trente-cinq de large. Pour preuve du haut fait de saint Martin, on montre très nettement imprimée dans le rocher la trace des fers de sa mule. Un des fers est un peu tourné en dehors: j'en demandai la raison au berger qui nous contait cette légende. — C'est que la mule de saint Martin était boiteuse, me répondit-il. L'histoire ne finit pas là. Un peu plus loin, le saint paria à son tour d'arrêter le diable. Au bord d'une fissure de rocher, il planta une croix de joncs. Aussitôt le mulet de Satan se cabra et renversa son cavalier. En souvenir de ce triomphe remporté sur l'ennemi du genre humain, on a élevé en cet endroit une belle croix de pierre.

Une heure plus tard, nous vîmes la plaine immense que nous traversions se rompre tout à coup en précipice. Une tranchée circulaire, large comme la Tamise et d'une profondeur à donner le vertige, nous coupait le passage; une ligne de petites maisons accrochées aux parois de la falaise qui surplombe sur leurs toits de la façon la plus effrayante, allait en serpentant jusqu'au fond de l'abime. Là, traversée par un ruisseau riant, s'étendait une vaste pelouse qui contraste merveilleusement avec les roches sauvages qui la dominent : au fond du tableau enfin, trois cathédrales littéralement incrustées dans le rocher. entées les unes sur les autres, de façon à ce que le toit de l'une sert de fondation à l'autre qui porte la troisième sur sa voûte; un grand ciel rouge au-dessus de ce paysage silencieux. Tel est Roc-Amadour, dont la situation rappelle un peu les tableaux de Constantine. Jamais village plus misérable ne fut le but d'un plus célèbre pèlerinage. Dans l'unique rue bordée de maisons la plupart faites de boue, couvertes de sarment, on ne voit que des femmes échevelées et noires comme des Bohémiennes, des ânes chassés par des enfans à demi nus. Rien en France ne donnerait l'idée d'une semblable misère. Le château des missionnaires, qui élève au-dessus de la falaise ses murailles blanches. indique seul qu'il doit y avoir dans ces gorges quelque chose d'extraordinaire. Il s'y trouve en effet, outre la chapelle de Notre-Dame. qui attire chaque année des pèlerins par milliers, le sabre de Roland. qui a le singulier don de rendre mères toutes les femmes qui le soulèvent, et ce sabre, il faut le dire, compte encore plus de dévotes que la chapelle.

On a longuement écrit en latin, en espagnol, en français, même en anglais, et à des époques diverses, sur la fondation de Roc-Amadour et sur l'origine de son pèlerinage. J'ajouterai que, là comme ailleurs. les dissertations des savans ont embrouillé la question plus qu'elles ne l'ont résolue. Il est malaisé de demêler la vérité au milieu de ces controverses. Selon saint Antonin (1), archevêque de Florence, saint

(1) Sanct Ant., Chronic., part. I, tit. VI.

Amadour, qui fonda la chapelle de Notre-Dame, n'était autre que le célèbre Zachée de l'Évangile; il fait donc remonter son origine aux premières années de notre ère. D'après un petit ouvrage publié à Toulouse, vers 1520 (1), l'origine du saint qui nous occupe serait moins orthodoxe. Fils d'un chevalier romain, nommé Preconius, et d'Altea, il n'aurait dû la vie qu'à une convention blâmable faite avec le démon, à qui Preconius, désolé de n'avoir pas d'enfans, aurait promis son premier-né, à condition qu'il aurait plusieurs rejetons. Le diable se saisit de sa proie et voulut l'emporter en Égypte où il résidait; mais, en passant par les airs au-dessus de l'Égypte, il aperçut saint Paul, et Satan eut une telle frayeur qu'il laissa tomber le fils de Preconius, lequel, recueilli par le grand saint, se fit ermite comme lui et vint terminer sa vie à Roc-Amadour.

Cette légende, déclare fort sérieusement M. Caillau, chanoine du Mans, auteur d'un livre assez récent et fort mystique sur Roc-Amadour (2), cette légende ne vaut pas la peine d'être discutée. Rangeons-nous à son avis, et examinons de préférence l'opinion de M. Caillau lui-même. Selon lui, saint Amadour, solitaire humble et inconnu, dut son nom à sa résidence habituelle; il passa sa vie agenouillé sur le rocher, ce qui le fit nommer *amator rupis*, amateur de la roche, d'où la corruption a fait Amadour; elle en a fait bien d'autres. Il était, d'après M. Caillau, ami de saint Martial et vivait par conséquent au III° siècle.

Enfin la voix de l'histoire, qui est plus simple et moins prétentieuse, déclare, et cette version paraît plus acceptable, que saint Amatre, Amator ou Amateur, évêque d'Auxerre, dont on voit encore la statue à Saint-Germain-l'Auxerrois, a donné son nom à Roc-Amadour; saint Didier, un de ses successeurs à Auxerre, qui était de Cahors, fit transporter, à la prière de sa mère Nicteria, les restes du saint, son prédécesseur, dans les rochers de son pays. Cela se passait au commencement du VII° siècle, et cette origine, comme on le voit, est encore fort respectable. Il va sans dire que M. Caillau trouve cette opinion beaucoup trop naturelle, il la combat longuement, en homme à qui la vérité, si elle est simple, ne saurait convenir, et qui veut à tout prix un petit mystère. Ce n'est pas seulement une histoire qu'écrit M. Caillau, c'est un monument qu'il édifie, il le dit lui-même; il ne vise pas à un succès de librairie, mais bien à gagner le ciel en vertu de sa prose, et il espère avoir réussi. « ..... Ma récompense me sera sans doute assurée, écrit-il dans sa préface, auprès du souverain juge par l'intercession, etc. Ainsi soit-il. » Ajouterai-je, pour compléter cet aperçu

(1) *Vida del glorioso confessor sant Amadour.* — Colomier.
(2) *Histoire critique et religieuse de Notre-Dame de Roc-Amadour*, par A.-B. Caillau. Paris, 1834; chez Camus, rue de l'Abbaye.

historique, que Froissart a raconté le siége de Roc-Amadour par les
Anglais, et que, dans la *Croisade contre les Albigeois*, publiée par
M. Fauriel, je trouve dans un vers la preuve que ces lieux saints
étaient alors en la possession d'un abbé :

> E fo il senher abas cui Rocamadour es!

J'ai hâte d'arriver aux miracles qui font de Roc-Amadour un lieu
tout-à-fait exceptionnel et au pèlerinage qui a successivement attiré
Roland, neveu de Charlemagne; Henri II, roi d'Angleterre; Simon,
comte de Montfort; le légat du pape, Arnaud Amalric; saint Louis,
roi de France; la reine Blanche; Alphonse III, roi de Portugal; Charles-
le-Bel, Louis XI, beaucoup d'autres encore, et qui attire tous les
ans, malgré l'incrédulité croissante, une foule innombrable de pèlerins. S'il faut s'en rapporter à M. Caillau, dont le livre ne laisse rien
à désirer sur ce point, les miracles opérés par Notre-Dame de Roc-
Amadour justifient très bien l'empressement des fidèles et expliquent
à merveille les donations faites, à diverses époques, à la chapelle en
question. On a dressé une longue nomenclature de ces miracles. Je
ne la transcrirai point ici, elle serait trop dépaysée en cet écrit profane. Il suffira de savoir que, par la protection de Notre-Dame de
Roc-Amadour, des marins par milliers ont été sauvés du naufrage,
des victoires éclatantes remportées sur les infidèles, des vieillards préservés de chutes dangereuses. Grace à elle, des enfans de trois ans ont
pu, sans inconvénient, tomber de trente pieds de haut sur le pavé;
des plaideurs, M. de Conflans par exemple, ont vu tourner à bien,
malgré les gens de loi, les plus détestables procès. Quant aux malades
rendus à la santé par cette sainte entremise, la liste en est innombrable. On y voit, ainsi que dans certaines statistiques médicales, la gué-
rison d'une infinité de jeunes filles, de petits garçons, de capitaines,
d'écuyers et de magistrats. Enfin, des morts ont été ressuscités par
Notre-Dame de Roc-Amadour, témoin le fils de Marguerite Amoros,
en 1551, et, le siècle suivant, la fille d'Antoine de Guillaume, natif du
Vigan en Quercy, laquelle avait été étouffée, ainsi que cela est constaté,
par un noyau de prune. L'abbé Caillau assure même qu'un châtiment
a été exercé par la sainte contre un riche bourgeois qui, ayant prêté
aux moines de Roc-Amadour une somme d'argent en prenant pour
gage les rideaux de la sainte chapelle, eut l'impiété, faute de remboursement, de garder les rideaux. Le bourgeois, sa femme et son fils furent aussitôt frappés et moururent en rendant des flots de sang par
les narines. Bref, saint Janvier à Naples et sainte Rosalie à Palerme
n'ont pas fait assurément plus de prodiges. Je ne nomme pas sans raison ces deux saints si chers aux lazzaroni : la dévotion ardente et bizarre qu'ils excitent, les cérémonies étranges qu'on accomplit en leur

honneur; tout cela ressemble fort au sentiment qui anime les pèlerins de Roc-Amadour. C'est à peine si j'ose en dire plus long, et je craindrais d'encourir de graves reproches, si je racontais, même très légèrement, les scènes bien connues dans le Midi, auxquelles, s'il faut en croire les mauvaises langues, donne lieu ce pèlerinage. Que l'on se figure des milliers de pèlerins, de tout âge, de toute condition, entassés une semaine durant, sans aucune distinction de sexe, dans les cinquante maisons du village. Chaque chambre doit suffire à trente personnes au moins : éteignez les lumières, pensez à la fougue méridionale, au laisser-aller des provinces, aux incidens sans nombre qui peuvent surgir en pareille situation, à la gaieté qui peut éclater tout à coup dans ce phalanstère, et vous comprendrez que les mauvais plaisans racontent à cet égard des scènes à faire pâmer d'aise l'ombre de Pigault-Lebrun. Le jour, dans tous les cas, on fait pénitence, et quelle pénitence! Saint Simon Stylite, en restant debout, un pied en l'air, sur un fût de colonne, s'infligeait un bien moins cruel martyre. Il s'agit de monter sur les genoux les deux cent trente-sept marches de l'escalier de pierre le plus dangereux et le plus raide qui soit sous le soleil. Imaginez une échelle de granit dressée presque verticalement contre les tours de Saint-Sulpice, de chaque côté un précipice effroyable qui donne un continuel vertige, sous les genoux enfin des angles de pierre qui déchirent; devant, le désordre étrange des patientes qu'il faut suivre; derrière, les soupirs de celles qui poussent et hâtent leurs devancières : n'est-ce pas une procession singulière? Il va sans dire que les belles dévotes accomplissent ce périlleux et difficile exercice sous les regards railleurs d'une quantité de garnemens qui ne se font faute d'observations malséantes et de réflexions peu orthodoxes. Ce mélange de religion et d'impiété, de paganisme et de foi naïve, de superstition et de gravelure, ne rappelle-t-il pas l'Espagne et l'Italie? Ces transactions bizarres dont la dévotion méridionale s'accommode, cet attrait plus que mondain qui se mêle à la piété, n'ont-ils aucune parenté avec ces madones bénévoles dont une main amoureuse voile par momens la sainte image? Cette étourdissante anarchie se voit partout à Roc-Amadour; nul ne s'en étonne, c'est chose acceptée; l'intention excuse le fait, et l'on efface par la sainteté du but les peccadilles de la route. A tous les reposoirs de cette fatigante procession, des boutiques se trouvent où les pèlerins font emplette d'objets de piété. Au milieu des missels, des rosaires, des crucifix, on rencontre les médailles les plus profanes et les bagues les moins édifiantes. Sans être précisément collet monté, je n'oserais pas transcrire ici une seule des devises qui entourent ces anneaux de crins. La politique elle-même a place en cette confusion. Parmi les saints dont j'achetai le profil, un me frappa. Il portait le fez africain et l'habit militaire : c'était le général Cavaignac. On sait que l'honorable général est, comme le roi Murat, originaire du Lot; à ce titre, il était assez naturel que son portrait se rencontrât à Roc-Amadour. La forme oblongue de la médaille, le petit anneau qui la soutenait et la rendait absolument pareille à celle de tous les autres saints, me surprenaient pourtant un peu. Je priai le marchand de me donner une explication à ce sujet. Il me répondit que toutes les médailles étaient faites ainsi pour que l'on pût aisément les suspendre à son chapelet. Un chapelet, voilà certes un collier bizarre pour l'image d'un général républicain, et l'on ne sait qui doit être le plus étonné de se trouver ensemble, de la médaille ou du rosaire!

A moitié route, on arrive enfin au palier de la première église. C'est là qu'est pendu à un mur le fameux sabre de Roland. Roland, tué à Roncevaux, offrit, en 778, à Notre-Dame de Roc-Amadour un don en argent du poids de « son bracmar ou épée; » et Duplex, dans son *Histoire de France*, ajoute qu'après sa mort « son épée fut mise au-dessus de son chef et sa trompe à ses pieds, et l'épée, traduite depuis en l'église de Saint-Séverin de Bordeaux, fut portée à Roquemadour en Quercy (1). » Cette épée a été, dit-on, enlevée pendant la révolution. Dieu sait si on n'a pas fait une broche de cette fameuse Durandal que Roland, près de mourir, craignait tant de voir tomber en des mains peu vaillantes.

> Ne vos ait hume ki pur attre (se) fuiet (2)!

Elle a été remplacée par un coutelas de fer informe que les femmes soulèvent à l'aide d'une petite chaîne, et qui ne doit ressembler en rien à cette arme incomparable qui taillait, sans s'émousser, des brèches dans les montagnes, et à laquelle son maître disait avec amour :

> E, Durandal, cum es clere e blanche!
> Cuntre soleill si luises et reflambes (3)!

Telle quelle, l'épée actuelle a cependant hérité, s'il faut en croire les matrones du pays, du plus rare mérite de sa devancière. J'ai dit quelle était la féconde vertu de cette arme vénérée. C'est un de ces mystères qu'il faut croire sur parole. Pourquoi l'épée de Roland donne-t-elle des enfans aux jeunes femmes qui n'en ont pas, c'est ce que personne ne peut expliquer. Toujours est-il que cette croyance a, dans le Midi, beaucoup d'adhérens. On m'a raconté qu'une mère désolée de voir sa fille sans postérité l'avait conduite au sabre de Roland; le mi-

---

(1) Duplex, *Hist. de France*, chap. VIII et XI, page 321.

(2) « Ne vous ait homme qui pour autre s'enfuie! » *Chanson de Roland*, poème attribué à Théroulde et traduit récemment par M. Génin, chant III, v. 868.

(3) Eh! Durandal, comme tu es claire et blanche! Comme au soleil tu reluis et flamboies! *Idem.*, v. 878.

racle s'opéra, mais il se trompa d'adresse, et ce fut la mère qui eut un fils l'année suivante. On devine que les esprits voltairiens de la contrée ne manquent pas, en parlant de ces prodiges, de faire allusion aux phalanstères que vous savez et même à de méchans moines, depuis long-temps disparus, et que l'on nommait, disent-ils, à juste titre les pères de l'endroit; mais ces railleries sont partout les mêmes, et je ne les citerais pas si, en définitive, ces croyances coupables, ces dévotions païennes que la religion condamne ne prêtaient fort à la médisance et n'appelaient même jusqu'à un certain point la sévérité. Au reste, ces abus ont existé de tout temps à Roc-Amadour, et l'on doit penser même qu'ils étaient autrefois beaucoup plus considérables. Un ménestrel du XIIIᵉ siècle, Pierre de Sygeland, a dit en un style équivoque :

> A Rochemadour, ce me semble,
> Où grans peuples souvent assemble,
> En pélérinage en alla;
> Moult de pélerins trouva là
> Qui de lointains pays étoient,
> Et qui moult grant feste faisoient.

Hors l'audace incomparable de la construction première, les trois églises superposées de Roc-Amadour n'ont rien de très remarquable, et l'art n'a rien à dire aux nombreux tableaux suspendus en *ex voto* dans la chapelle dorée de Notre-Dame. Au-dessus des zigzags infinis de l'escalier taillé en plein dans la falaise, dominant le toit de la dernière église et tout le pays à la ronde, s'élève la maison élégante des missionnaires. Là comme partout, la vie claustrale, si austère et si froide, ne dédaigne pas de revêtir à l'extérieur une sorte d'apparence souriante et presque coquette. Ces religieux, qui font beaucoup de bien dans le pays et y sont très aimés, emploient en ce moment les souscriptions des pèlerins à la construction d'un grand bâtiment, également suspendu aux flancs des rochers. Ils logeront là plus convenablement les prêtres que le pélerinage attire chaque année, et les auberges n'abriteront plus que la jeunesse pieuse et folle, ascétique et rieuse dont j'ai parlé.

Notre voyage était fini. Après avoir gagné la ville de Souillac, nous revînmes au logis en diligence et sans plus d'aventures. Avions-nous pieusement accompli notre pélerinage? Je ne sais, mais huit jours s'étaient passés gaiement. J'ai dit en commençant que l'on pouvait, sans aller loin, faire d'intéressans voyages : cette tournée m'a laissé, en effet, un souvenir plus durable et plus doux que bien des courses lointaines, et je me suis donné souvent beaucoup de peine pour dépenser plus mal une semaine de ma vie.

ALEXIS DE VALON.

HOMMES D'ÉTAT

ET

HOMMES DE GUERRE

DANS LA RÉVOLUTION EUROPÉENNE.

——

I.

LE GÉNÉRAL NARVAEZ.

———

Notre siècle est arrivé à un point où il ressent tous les dégoût
toutes les lassitudes de la parole. Il a tant de fois adoré des mots e
croyant adorer des choses, il s'est jeté si souvent à la suite des hér
de cette fantasmagorie de la parole pour ne recueillir que des décep
tions, qu'il en conçoit peut-être aujourd'hui quelque ironie, et qu'il l
prend, au milieu de ses diversions, je ne sais quelle secrète assuran
quand il sent ses affaires dans des mains viriles, plus accoutumées
agir qu'à frapper le marbre d'une tribune. C'est le privilége singuli
de quelques vraies et rares natures de soldat de réaliser cet idéal d
hommes d'action et d'être choisies pour de décisives et utiles interve
tions dans les crises publiques. Ce n'est pas sans raison qu'on a
dire que la vie militaire était une des plus grandes écoles de gouve
nement. Ceux qui vivent de cette mâle et noble vie sont heureux, à

bien'considérer. Ce qu'ils nourrissent dé sévè et de vigueur intérieure ne se dissipe pas dàns 'ces disputes' oiseuses qui ôtent le sens'des choses,' et au bout desquelles les individus comme les peuples 'trouvent l'impuissance.' La familiarité qu'ils nouent chaqué jour avec le péril développe en eux un instinct de la réalité qui fait qu'ils sont peu sensibles aux creuses métaphysiques révolutionnaires,' et qu'ils passent outre avec une étrange liberté d'esprit et de conscience. L'habitude du devoir précis, de la discipline rigoureuse, leur donne cette simplicité de jugement et d'action des hommes mis à un poste pour le garder ou y périr. Eux seuls, en certains momens, ils savent ce qu'ils doivent faire, et ils l'accomplissent résolûment; quelquefois même avec un mélange tragique, d'abnégation qui n'étouffe pas sans doute les plus invincibles sentimens, mais qui leur commande. Il n'est pas, je pense, beaucoup d'exemples comparables à celui de ce prince Windischgraetz qui, seul en Bohême, au milieu des étonnemens de 1848, voyant sa femme et son fils tomber sous les balles, n'éprouve nulle hésitation et fait plier sous son épée l'insurrection de Prague. ‸‸‸‸ ᵗᵘᶰ ᵃᵃʳᶤ ᵃᶜ ᶤ ,

Comment arrive-t-il que ceux qui sont particulièrement doués de ces qualités militaires se trouvent appelés à une prépondérance politique qui ne laisse point d'avoir un caractère d'originalité dans le travail des peuples contemporains? Est-ce parce qu'ils sont la force et rien que la force, ainsi que le disent les sophistes à courte vue? Non : c'est parce qu'ils savent commander, et obéir, dans une société où il semble que les notions du commandement et de l'obéissance soient également altérées; c'est qu'ils savent servir et agir dans un temps où chacun aspire à être roi, et roi fainéant. Ils sont l'expression vivante de la discipline. Voilà pourquoi les révolutions, qui feignent de les caresser parfois, haïssent cordialement, instinctivement les vrais militaires; elles pressentent en eux des ennemis naturels. Voilà pourquoi ceux-ci, à leur tour, par les idées qu'ils représentent au moins autant que par la force dont ils disposent, ont un caractère spécial pour tenir en échec les révolutions. Ce rôle d'antagonistes qu'exercent avec éloquence dans l'ordre purement intellectuel les Burke, les De Maistre, ils l'exercent dans le domaine de l'action. Ils sont les dompteurs naturels et nécessaires des révolutions par le conseil comme par l'épée. ·

Chaque pays aujourd'hui, en Europe, a eu quelques-uns de ces soldats d'élite pour soutenir ou relever sa fortune. Souvenez-vous, en France, pour ne nommer que le premier de tous, de l'immense foi qui s'attachait au maréchal Bugeaud, mâle et simple nature, qui avait eu l'art d'élever le bon sens à la hauteur d'une politique et la fermeté de son ame à la hauteur d'une garantie sociale. Vous avez vu l'Autriche prendre une face nouvelle du jour où elle est passée des mains des émeutiers de Vienne aux mains vaillantes qui l'ont arrêtée sur son déclin. Vous avez vu le général Filangieri rattacher victorieusement la Sicile à Naples, et éteindre un des foyers de l'incendie révolutionnaire italien. — Ce que ces hommes énergiques ont été dans leur pays, le général Narvaez l'a été en Espagne. Seulement, là où d'autres avaient à exercer toutes les rigueurs qu'entraîne une répression à main armée, le chef espagnol n'a eu qu'à contenir et à préserver. Je maintiendrai! tel a pu être son mot, et il a maintenu en effet.

Tandis que l'Europe se remplissait de chocs et de catastrophes, l'Espagne restait calme. Bien mieux, elle choisissait cet instant pour réparer ses désastres intérieurs, pour asseoir sur une base plus fixe sa politique, pour imprimer un nouvel essor à son commerce, à son industrie, à sa marine. Le bon sens national a une large part, sans nul doute, dans une telle situation : croit-on pourtant que le bon sens eût prévalu, s'il n'eût eu pour porte-drapeau un homme résolu et habile? Imagine-t-on ce qui aurait pu résulter d'un moment d'indécision dans le gouvernement espagnol, sous le coup des événemens européens, en présence des menaces qui déjà se traduisaient en actes d'insurrection à Madrid, à Séville et en Catalogne? Le général Narvaez a gagné de vitesse la révolution en mettant hardiment le pied sur ses premières étincelles; il a eu le mérite de savoir ce qu'il devait faire, et il résumait sa politique dans une de ces saillies comme il en échappe parfois aux hommes accoutumés à ne se point laisser déconcerter par le péril. « Si jusqu'ici on a écrit *l'art de conspirer*, disait-il au congrès le 4 mars 1848, le gouvernement fera en sorte qu'à l'avenir on puisse écrire aussi *l'art d'empêcher les conspirations.* » C'est la force, dira-t-on encore; oui, c'est la force, la force mise au service d'une cause juste et puissant dans cette justice même de la cause sa moralité, la légitimité de son action et la raison de son succès. Une chose à considérer d'ailleurs plus particulièrement encore en Espagne qu'en tout autre pays, c'est que ce n'est point un hasard ou le simple fait d'une nécessité momentanée qui a jeté un soldat vigoureux au premier rang dans la politique : si cette prépondérance s'explique par des circonstances exceptionnelles ou par les qualités de l'homme qui en est investi, elle ressort en même temps de l'histoire de la Péninsule, de ses habitudes, et, on peut bien l'ajouter, de ce caractère artificiel qu'a eu depuis long-temps la vie publique au-delà des Pyrénées dans ce qu'elle a de purement civil et politique.

Les influences militaires sont un des élémens essentiels et permanens de l'histoire contemporaine de l'Espagne, et, en dehors même de toute autre explication, cela ne saurait étonner chez un peuple qui attache dans son ame un prix inestimable à l'action. De tous côtés, à travers la variété des événemens qui remplissent l'intervalle de 1836 jusqu'au moment présent, éclate la tendance des partis à se person-

nifier en quelqu'un de ces généraux qui se font un nom sur les champs
de bataille de la guerre civile. Aussi, dans ces antagonismes ardens
qui se déclarent parfois entre les plus marquans de ces hommes de
guerre, si la première place appartient en apparence à un mouvement
personnel, à un instinct de rivalité, la politique est au fond, se pliant
à toutes les péripéties du drame et prenant la forme d'un combat.
Cette lutte des influences militaires, dans ce qu'elle a de supérieur et
de décisif à chaque période de la révolution espagnole, peut se résumer en quelques noms, tels que ceux de Cordova, Espartero, Narvaez.
Cordova est mort dans l'exil, en 1839, plein de jeunesse encore et dévoré d'amertume. Espartero, après avoir été renversé du sommet où il
s'était placé, mène une vie retirée, à demi oubliée, tantôt à Madrid,
tantôt à Logroño, où il désirait mourir alcade, comme il disait au
temps de sa prospérité, sans soupçonner assurément par quelles voies
il y serait ramené. Narvaez reste, depuis 1843, la personnification
victorieuse d'une situation vainement attaquée. A quoi tient cette diversité de fortune? Elle tient sans doute à des causes purement espagnoles, et aussi à des causes qui ne sont pas particulières à la Péninsule, qui lui sont communes avec tous les pays où se reproduit ce
même phénomène de l'action incessante des influences militaires. Pour
que cette intervention d'un général dans la politique ait quelque chose
d'efficace, de légitime et de durable, même en Espagne, surtout en
Espagne, dirai-je, il faut plus d'une condition. La valeur militaire est
beaucoup, et elle ne suffit pas; il faut en outre un grand sens politique,
cet instinct juste et net qui révèle à un homme où est l'intérêt permanent de son pays au milieu de la confusion des intérêts secondaires.
Et ces mérites personnels existant, tout n'est pas dit encore : il faut de
plus les circonstances, cette faveur secrète qui fait concourir les événemens à une élévation individuelle, de telle sorte que dans la fortune
politique d'un général, quand elle dépasse un certain niveau, il y a
nécessairement la part du bonheur. Supprimez l'une de ces conditions,
la faveur des circonstances par exemple,—vous aurez en Espagne Cordova, le général en chef de l'armée du nord en 1835. Ni la valeur
militaire, ni le sens politique ne manquaient à Cordova. Soldat et diplomate à la fois, tenant à l'ancienne monarchie par tradition, à la
nouvelle par les lumières de son esprit, très décidé d'opinions, agité
d'une légitime ambition de gloire, Cordova réunissait les qualités personnelles les plus nécessaires pour placer, dès l'origine, l'Espagne dans
la voie calme et régulière où elle est aujourd'hui; mais il était venu à
la mauvaise heure, à l'heure où s'accomplissait aussi au-delà des Pyrénées l'irrésistible fatalité révolutionnaire. C'est contre cet obstacle
qu'il se brisa une première fois, quand la révolte de la Granja fit tomber de sa main l'épée qui avait gagné, à Mendigorria et à Arlaban, les

premières victoires de la royauté d'Isabelle II. Une seconde fois, dans un mouvement malheureux qui éclata à Séville en 1838 et où il prit part, Cordova vint échouer devant la prépondérance naissante d'Espartero, qui non-seulement avait été pour lui un rival militaire, mais dans lequel il présentait dès-lors le représentant armé de la révolution. Le temps et la vie lui ont manqué pour se relever de cette humiliante défaite. Il est hors de doute pour tout Espagnol que, si Cordova eût vécu, il serait aujourd'hui au premier rang.

Ce ne sont point les circonstances qui ont fait défaut à Espartero; ce n'est point la bravoure militaire non plus. Ce qui lui a manqué, c'est bien plutôt l'intelligence politique, aussi bien dans les moyens qu'il a mis en usage pour arriver à la régence que dans sa manière de l'exercer. — Qu'en est-il résulté? Moins de trois ans d'un pouvoir douteux, contesté, qui a fini par soulever contre lui la Péninsule tout entière. Moins de trois ans après les scènes de Barcelone, de Valence et de Madrid en 1840, le duc de la Victoire quittait l'Espagne en fugitif, sur un bateau de pêcheur, pour gagner un navire anglais, et ce n'est pas le trait le moins curieux que ce soit un de ses rivaux, le général Narvaez, qui ait pu le recevoir de nouveau dans l'Espagne pacifiée.

Par un bonheur singulier, il a été donné à Narvaez de réunir dans une mesure suffisante les conditions qui ne se trouvaient complètement remplies chez aucun de ses rivaux. Représentant du parti conservateur comme Cordova, il a eu de plus que lui en sa faveur les circonstances qui se sont offertes en 1843, et il n'était point homme à les laisser fuir; énergique soldat, il a eu de plus qu'Espartero l'intelligence politique. Qu'on observe le caractère divers de ces hommes, les circonstances heureuses ou défavorables où ils se sont trouvés placés, le mouvement de leurs antagonismes, et on s'expliquera comment, Cordova étant mort, Espartero est à Logroño, honoré sans doute pour ses vieux services, mais à peu près sans influence, tandis que Narvaez, aujourd'hui aussi bien qu'hier, hors du pouvoir comme au pouvoir, conserve une immense autorité politique. Il est bien visible qu'en quittant récemment la présidence du conseil, le duc de Valence n'a point cessé d'être pour l'Espagne un de ces hommes dont il est toujours plus facile de médire que de se passer.

I.

Le général don Ramon-Maria Narvaez a cinquante ans maintenant. Il est né le 5 août 1800 à Loja, au cœur de l'Andalousie. C'est un véritable Andalou, petit, d'un tempérament puissant, le front haut, l'œil saillant et prompt à s'enflammer, joignant d'ailleurs à une fougue indomptable de caractère l'habileté qui sait quel usage il faut faire de cette fougue, et qui connaît l'empire d'une résolution vigoureuse sur les hommes. C'est un lion qui a du renard en lui, me disait quelqu'un qui le jugeait sévèrement, et, qu'on le remarque bien, cette alliance se retrouve parfois dans les plus rares organisations.

Don Ramon ne pouvait évidemment, par son âge, prendre aucune part à la guerre de 1808; ce n'est qu'après 1815 qu'il entrait comme *cadet* dans les gardes wallones, devenues depuis le 2ᵉ régiment d'infanterie de la garde royale. Si Narvaez a obtenu par la suite ses grades sur le champ de bataille, on sera peut-être étonné d'apprendre que celui qu'on traite parfois comme un soldat ignorant était au contraire remarqué alors pour l'étendue de ses connaissances en mathématiques et en sciences militaires. Il étudiait les fortifications et l'artillerie sous don Felipe Valdric, aujourd'hui marquis de Valgornera et l'un des hommes distingués de l'Espagne. Don Ramon était officier en titre sous le régime constitutionnel ou plutôt révolutionnaire de 1820. De telles époques sont très propres à inquiéter et à troubler les vraies natures militaires. Où est le pouvoir? à qui faut-il obéir? peut-on se demander; et l'incertitude de Ferdinand VII durant cette période de 1820 à 1823, la versatilité de ce roi lui-même, qui tantôt se rattachait à la constitution, tantôt s'essayait subrepticement à la détruire, au lieu d'aborder avec résolution et franchise la révision du code de 1812, — cette versatilité, dis-je, n'était point faite pour rallier à un point fixe les volontés flottantes, pour maintenir l'unité dans l'armée à l'ombre du drapeau et à l'abri des suggestions des partis. De cette confusion sont sortis de funestes malentendus, tels que la journée du 7 juillet 1822 où on vit la garde royale se scinder en deux fractions, — l'une allant à l'assaut du régime constitutionnel tel qu'il existait à Madrid, l'autre défendant par les armes ce régime attaqué. Narvaez était de ce dernier côté, et il y était avec les Palarea, les Figueras, les Roncali, les Pezuela, qui avaient devant eux le même avenir militaire, sinon politique. Ceux qui prétendraient mettre le général Narvaez en contradiction avec lui-même, en lui opposant aujourd'hui sa participation à la journée du 7 juillet, tomberaient à mon sens dans une erreur réelle. Que faisait-il autre chose que repousser un de ces actes d'indiscipline militaire auxquels il a toujours été contraire dans sa vie de soldat? Que faisait-il autre chose que rester au poste où on l'avait placé? La journée du 7 juillet 1822 ne s'explique guère que par l'anarchie profonde où était l'Espagne à cette époque.

Peu après, Narvaez se trouvait en Catalogne sous les ordres de Mina, qui avait été chargé de poursuivre les guerrillas organisées dans ce pays pour le rétablissement du roi absolu, et de déloger la junte suprême instituée à la Séu d'Urgel pour diriger le mouvement insurrectionnel. Tout mouvement politique en Espagne se transforme na-

turellement en une véritable guerre, et, si de pompeux bulletins ont
singulièrement exagéré parfois les proportions des rencontres qui s'y
produisent, il est certain du moins qu'on s'y bat intrépidement et
qu'on y verse son sang des deux côtés. Cette campagne de la Catalogne
fut pour Narvaez une première occasion de montrer sa bravoure.
L'armée constitutionnelle était devant Castellfollit, petite ville occupée,
et vigoureusement défendue par les insurgés royalistes. Narvaez se
chargea d'aller, sous le feu de l'ennemi, pratiquer une mine au pied
des murs d'un des forts de la place : il y réussit, en effet, et tomba au
moment même percé d'une balle dans les reins; mais le fort sauta et
lança dans l'air les cadavres de ses défenseurs. Ce n'est là qu'un des
exemples de cette étrange énergie qu'on peut si souvent remarquer
dans les guerres civiles de l'Espagne. Ni la blessure reçue par Narvaez
devant Castellfollit, ni sa participation à la journée du 7 juillet ne
pouvaient être, on le pense, une puissante recommandation après la
restauration de 1823. Narvaez se retira à Loja, sa ville natale, jusqu'au
moment où la mort de Ferdinand VII vint laisser à l'Espagne les
chances militaires d'une guerre de succession et les difficultés politiques d'une régence. Narvaez reparaît alors sur la scène, comme un
des soldats de l'armée d'Isabelle II. L'avenir se rouvre devant lui.
l'horizon s'élargit, et l'homme grandit avec les circonstances; il ne
cesse de s'élever dans la guerre civile et jusqu'à ce jour.

Cette guerre civile, qui a duré sept ans, — de 1833 à 1840, — qui a
usé tant d'hommes et a fait passer l'Espagne par une des crises d'anarchie les plus terribles qu'un pays puisse traverser, présente, au point
de vue militaire même, un phénomène qu'il ne faut pas négliger, parce
qu'il a un sens politique : c'est un symptôme pour l'avenir. Ainsi, ce
n'est point dans l'armée proprement dite que la cause carliste a re-
cruté ses soldats les plus déterminés, à quelques exceptions près, entre
lesquelles, il est vrai, se trouve Zumalacarregui, qui avait été colonel
sous Ferdinand VII. Ceux qui venaient de l'armée dans les rangs carlistes ont été plutôt la faiblesse secrète du parti, on l'a bien vu par
Maroto. Partout ailleurs qu'au quartier-général, c'étaient d'audacieux
cabecillas sortis du néant, les Carnicer, les Cabrera, les Serrador, les
Quilez, les Tristany, qui tenaient la campagne. J'en veux conclure que
la cause carliste n'avait, que peu de racines dans la portion régulière du pays. D'un autre côté, dans l'armée de la reine elle-même,
ceux qui ont le plus contribué à l'affermissement de la royauté d'I-
sabelle II, ce ne sont pas les anciens généraux, bien moins encore les
généraux émigrés qui arrivaient en Espagne avec leurs illusions ai-
gries de libéralisme et, de plus, avec cette inaptitude fatale qu'amène
une longue inaction. Jusqu'au moment où Cordova vint prendre le
commandement de l'armée en 1835 et ramener la victoire sous le dra-

peau d'Isabelle, on n'a point oublié que Rodil, Mina, Valdès avaient successivement échoué; et qu'était-ce que Cordova? C'était un homme neuf dans la guerre, fait pour s'identifier énergiquement avec une cause nouvelle qui n'était ni l'absolutisme pur, ni le libéralisme de 1812 et 1820. Qu'était-ce qu'Espartero lui-même, qui devint général en chef en 1836 et qui a terminé la lutte? C'était un simple brigadier au commencement de la guerre, dont le rôle s'était borné sous Ferdinand à prendre part à l'expédition d'Amérique, et qui n'avait point figuré encore dans le mouvement des partis. Je sais bien qu'il s'est développé par degrés dans la guerre civile espagnole d'autres caractères, notamment cet antagonisme entre les généraux connus sous le nom d'*ayacuchos*, à la tête desquels était Espartero, et les jeunes généraux qui grandissaient sous le feu de l'ennemi; mais ce fait lui-même, si je ne me trompe, ne prouve-t-il pas qu'en dehors des coteries comme en dehors de ceux qui prenaient leurs illusions constitutionnelles pour de l'habileté militaire, il existait une masse jeune, énergique, pleine de vie, qui devenait le point d'appui naturel, la force principale de la monarchie d'Isabelle? C'est de là que sont sortis les plus vaillans officiers de l'armée espagnole contemporaine; les Concha, les Diégo Léon, les Narvaez, parcourez ces bulletins, qui ont été trop prodigués parfois, vous trouverez leurs noms animant cette guerre et s'attachant aux plus sérieux et aux plus brillans combats.

Ce qui est à remarquer, c'est que la plupart de ces officiers venaient de la garde royale, où il serait à supposer que don Carlos eût dû trouver plus d'adhérens. Narvaez lui-même, je l'ai dit, avait d'abord servi dans ce corps. C'est en qualité de capitaine de chasseurs au régiment de la Princesse qu'il reprend son rang en 1834 dans les opérations actives contre l'insurrection carliste. On le voit successivement, durant deux années, prendre part à tous les engagemens de ces divisions de l'armée du nord employées à la plus ingrate des luttes. A la bataille de Mendigorria, qui a été un des faits d'armes les plus éclatans de cette guerre, Narvaez, à la tête d'un bataillon du régiment de l'Infant, forçait le pont de la ville de Mendigorria, défendu par quatre bataillons ennemis. A l'attaque des lignes d'Arlaban, il recevait une assez grave blessure, et il était déjà signalé comme un des premiers officiers de l'armée.

On avance vite dans les guerres civiles, même quand on ne se décerne pas soi-même les grades, comme cela est arrivé plus d'une fois au-delà des Pyrénées. En 1836, Narvaez se trouvait en possession du grade de brigadier, qui est le premier degré du généralat en Espagne, et il commandait à ce titre une division sous les ordres d'Espartero, qui venait d'être nommé général en chef. Une des qualités qui distinguaient Narvaez dans cette vie active et forte, outre une bouillante intrépidité, c'était une extrême sévérité militaire, une vigueur de commandement qui ne laissait nulle place à l'indiscipline. L'insubordination, on le sait, a été le fléau de l'armée espagnole, joint à tous les fléaux auxquels la Péninsule était en proie durant ces années 1835 et 1836 qui ont été les plus calamiteuses de la guerre civile. Le mal gagnait de toutes parts et se communiquait à tous les degrés de la hiérarchie, depuis le général qui refusait d'obéir à son chef jusqu'au soldat qui massacrait son général. L'anarchie politique se reproduisait dans la vie militaire avec un caractère particulier de fureur tragique. Par l'ascendant d'une énergie où le sentiment politique se mêlait à l'instinct du soldat, Narvaez sut préserver ses troupes. et, si ç'a été par la suite une raison plausible de sa fortune, ce fut pour le moment ce qui fixa sur lui l'attention et l'aida à se mettre au premier rang.

Il faut se reporter vers ces années néfastes 1835 et 1836. La dissolution, à vrai dire, était universelle au-delà des Pyrénées, et en tout autre pays que l'Espagne on eût pu considérer ce spectacle comme le dernier moment de l'histoire d'un peuple. Des passions sinistres, qui n'avaient point même le mérite d'être sincères, incendiaient les couvens à Saragosse, à Barcelone, à Hort, à Reuss. Qu'un ministère se formât à Madrid, des juntes s'établissaient sur tous les points du territoire et proclamaient leur indépendance. Le pouvoir était sans autorité même sur ses serviteurs et sans ressources pour payer une armée qui était sa seule défense. Les généraux étaient égorgés dans les villes, comme Baza, qui périt à Barcelone en défiant du moins l'émeute jusqu'au bout, — ou étaient massacrés par leurs propres soldats comme Escalera et Saarsfield à Miranda et à Pampelune. Les patriotes de Madrid se disputaient quelques lambeaux de la chair de ce fier et malheureux Quesada, dont le regard seul les faisait trembler la veille. L'Espagne tout entière acceptait pour drapeau la constitution de 1812 portée au bout de la baïonnette d'un sergent, et ce n'étaient assurément ni M. Mendizabal ni M. Calatrava, les ministres issus des mouvemens successifs de 1835 et 1836, qui pouvaient mettre un frein à l'anarchie universelle. Il n'est point difficile de comprendre que chaque effort de la révolution dut être un élément de succès pour la cause carliste. Zumalacarregui était mort, il est vrai; mais l'armée de don Carlos occupait la Navarre et les provinces basques; la Castille, l'Aragon et Valence étaient sillonnés par les guerrillas, entre lesquelles celle de Cabrera prenait déjà les proportions d'un corps organisé; la Manche était ravagée par les factieux et séquestrée du reste de l'Espagne, de telle sorte que, de la Péninsule tout entière, ce qui n'était pas au pouvoir des bandes carlistes était au pouvoir de l'anarchie révolutionnaire. Au milieu de cette étrange confusion, on n'a point oublié peut-être un épisode qui frappa singulièrement les imaginations au-delà des Pyrénées : c'est l'expédition de Gomez. Ce hardi partisan, à

la tête de quelques milliers d'hommes, résolut le problème de battre
pendant quelques mois'toutes les routes de l'Espagne; du nord au midi,
en échappant à toutes les poursuites; il s'était frayé un chemin jusqu'au
cœur de l'Andalousie. Le ministre de la guerre Rodil, envoyé contre
lui, traçait des parallèles et se plaignait de la *malicieuse lenteur* du chef
carliste à opérer selon ses calculs; les divisions d'Alaix et de Ribero,
détachées de l'armée du nord, ne pouvaient parvenir à atteindre l'insaisissable partisan, ou faisaient halte dans une ville au moment où il
en sortait. On jeta les yeux sur Narvaez, qui était à Medina-Celi, et on
lui donna l'ordre de se mettre à la poursuite de Gomez, en lui confiant
de pleins pouvoirs pour prendre au besoin le commandement de toutes
les troupes déjà engagées. Narvaez s'élança en effet avec une foudroyante
rapidité jusqu'au fond de l'Andalousie, et il manœuvra de telle sorte
qu'il atteignit Gomez, le 25 novembre 1836, sur le plateau de Majaceite, près d'Arcos, où il le jeta dans la plus sanglante déroute. Pour
pousser à bout sa victoire, il voulut appeler à lui la division d'Alaix,
qui s'était tenue à distance; mais cette division obéit mollement d'a-
bord, puis finit par se mettre en pleine révolte à La Cabra, prétendant
ne reconnaître après Espartero, de l'armée duquel elle avait été momentanément distraite, que son général, Alaix; celui-ci se prêta complaisamment à l'insubordination de ses soldats. C'est à cet acte d'indiscipline que Gomez dut sans doute son salut personnel; il fut du moins
forcé de regagner précipitamment le nord de l'Espagne, en laissant
derrière lui beaucoup de morts et en abandonnant le butin qui l'accompagnait. Si l'on songe que cette expédition de Gomez avait été pendant
quelques mois comme le mauvais rêve de l'Espagne; comme une vision
ironique et agaçante qui était la plus palpable démonstration de son
impuissance, on ne s'étonnera pas de l'immense popularité qui entoura
subitement le nom de l'heureux vainqueur de Majaceite. Narvaez devint
le héros du moment. Majaceite marque une heure décisive dans la fortune du général Narvaez, — décisive à double titre; — non-seulement
par l'éclat qui en rejaillissait pour le moment sur son nom, mais parce
que, là aussi, dans ce différend avec Alaix, le lieutenant d'Espartero,
on voit poindre cet antagonisme qui s'est étendu du champ de bataille
aux affaires politiques, des personnes aux idées, qui n'a cessé de
grandir avec des alternatives diverses, pour venir se dénouer, en 1843,
dans un combat d'un quart d'heure à Torrejon de Ardoz, et se résoudre, au point de vue politique, dans la défaite du parti progressiste,
dont Espartero s'était fait le représentant.

Un des épisodes où se dénote tout-à-fait et avec une supériorité
réelle ce mélange d'instinct militaire et d'instinct politique qui caractérise le général Narvaez, c'est la création de l'armée de réserve dont
il fut chargé sous l'impression de ses succès de Majaceite et la pacifi-

cation de la Manche en 1838. La guerre civile espagnole n'a point eu
les mêmes caractères sur tous les points où elle s'est développée et a
régné à la fois. Dans les provinces basques, le patriotisme local dominait, et donnait à cette lutte quelque chose de sérieux et de politique.
En Catalogne, des prêtres et des moines étaient l'ame de la junte de
Berga et fanatisaient l'insurrection. Dans l'Aragon et Valence, c'était
plutôt la guerre pour la guerre, par esprit d'aventure, par haine de la
vie régulière. Dans la Manche, c'était bien autre chose; c'était une
guerre de brigandage, de dévastation et de ruine. La Manche, on le
sait, étend ses plaines poudreuses et desséchées entre la Castille-Nou-
velle et l'Andalousie; la proximité des monts de Tolède offre un refuge
facile et sûr à toutes les rébellions. Dans cet espace se maintenait,
malgré les efforts des généraux Flinter, Aldama, Pardiñas, une armée
factieuse de plus de six mille hommes, organisée, levant des impôts,
rançonnant le pays, portant le meurtre et le pillage de tous côtés, et
aussi prompte à se disperser en bandes détachées qu'à se réunir au
premier signal pour tomber en masse sur les troupes de la reine, quand
elles paraissaient. A la tête de ces bandes étaient les cabecillas Palillos,
Orejita, Cipriano, Remendado; outre ces chefs de la faction dans la
Manche, à ce moment de 1838, le cabecilla aragonais don Basilio, renouvelant avec moins d'habileté et de succès la tentative de Gomez, venait sur son chemin de brûler trois cents miliciens dans l'église de la
Calzada de Calatrava. Le désordre était arrivé à un tel point dans la
Manche, que la vie sociale était arrêtée en quelque sorte. Le travail était
abandonné, les champs restaient incultes, tout commerce avait cessé.
Des troupes de vagabonds affamés et demi-nus parcouraient les routes,
et, dans cette population livrée à l'oisiveté et à la misère, les guerrillas
puisaient chaque jour leurs recrues. Une démoralisation affreuse régnait dans ces contrées; nulle autorité, d'ailleurs, ne se faisait sentir.
C'était une province dont les seuls maîtres étaient quelques guerrilleros
tenant en échec la portion honnête du pays terrifiée et le pouvoir central lui-même, qui envoyait vainement généraux sur généraux. Ajoutez que, par cet état de la Manche, toutes les relations directes entre le
gouvernement et l'Andalousie étaient interceptées. Entre le nord et le
midi de l'Espagne, il y avait là comme un espace interdit où les voyageurs ne se hasardaient plus, où les convois ne pouvaient pénétrer
sans être pillés, d'où les courriers ne sortaient pas une fois qu'ils y
étaient entrés, et où les troupes elles-mêmes étaient sans sûreté au milieu d'une population qu'un défaut de protection efficace et la terreur
inclinaient à tous les ménagemens envers la faction.

C'est sur ce théâtre qu'avait à opérer une armée qui n'existait pas
encore. Le caractère de ces opérations devait être évidemment politique
autant que militaire. Le premier problème à résoudre, c'était de lever,

équiper, habiller et entretenir une armée sans autre secours fourni par
le gouvernement que quelques cadres extraits de l'armée du nord [ou
du centre. Narvaez résolut ce problème avec un succès singulier, à la
faveur de sa popularité en Andalousie, et surtout de son infatigable
activité: Les villes lui offrirent de toutes parts des ressources, et Narvaez, qui était arrivé à la fin de janvier 1838 en Andalousie avec le
simple titre de général en chef d'une armée chimérique, avait sur
pied, au mois de mai, dix ou douze mille hommes bien vêtus, bien
équipés, bien armés, auxquels il pouvait adresser, au moment d'entrer
dans la Manche, ces simples et énergiques paroles, qui contrastent un
peu avec la pompe des bulletins espagnols : « Soldats, nous n'avons
d'autres titres à l'estime publique que d'être affiliés au drapeau espagnol; il faut en acquérir de nouveaux; il faut combattre jusqu'à la défaite des ennemis de la patrie, supporter avec résignation les travaux
et les privations de la guerre, respecter les peuples, accomplir chacun
son devoir avec une égale ponctualité. Défendre le trône d'Isabelle, la
régence de son auguste mère et affermir l'empire de la constitution,
ce sont des devoirs que l'honneur nous commande de remplir et que
nous remplirons..... Soldats, écoutez ma voix : tous ceux qui veulent
plus que ce que je vous ai dit, tous ceux qui veulent moins ou ceux
qui vous conseilleraient autre chose, ceux-là sont les factieux que nous
avons à combattre. »

A peine entré dans la Manche, Narvaez fit occuper les points principaux, et divisa le reste de son armée en colonnes mobiles se reliant
entre elles et enveloppant le pays dans un réseau de fer et de feu. Les
effets de cette habile manœuvre, exécutée avec une rare vigueur, ne
se firent point attendre; chacun des cabecillas vint successivement se
faire battre. Palillos, Orejita, Cipriano, eurent à peine le temps de se
sauver dans la montagne, abandonnant leurs hommes, qui déposaient
leurs armes; mille se rendirent, dans une seule rencontre, à la Calzada,
après une lutte obstinée. D'un autre côté, Narvaez travaillait à relever
le moral des populations civiles; à rétablir l'action administrative, là
remettre à la tête des municipalités des hommes énergiques et à réor-
ganiser les milices nationales. Tour à tour il employait le pardon à l'é-
gard des factieux ou se faisait justicier, selon le mot espagnol. C'est
ainsi qu'il fit fusiller le prêtre don Félix Racionero, reconnu comme
ayant trempé dans le massacre des trois cents miliciens brûlés à la Calzada de Calatrava. En trois mois, la Manche était pacifiée, l'autorité reprenait son empire, les communications étaient rouvertes entre Madrid
et l'Andalousie, et Narvaez pouvait laisser le commandement au général Nogueras, commandant régulier de la province. Le seul obstacle
qu'eût eu à vaincre Narvaez ne résidait point dans l'état général du
pays; il avait eu à maintenir la discipline et la moralité d'une jeune

armée au milieu d'une contrée démoralisée et désorganisée; il avait eu à punir l'insubordination, la désertion, la trahison même. « Je suis résolu, disait-il à ses soldats en présence du cadavre d'un déserteur fusillé, à faire des exemples terribles qui assurent la discipline et le respect des devoirs militaires; vous avez à choisir entre deux chemins : celui du crime et celui de l'honneur; dans le premier, vous êtes témoins de ce qui arrive; dans le second, vous trouverez la récompense que vous réserve la patrie. » Il existait dans l'armée de réserve un officier, commandant d'un corps franc, don Jose Calero, dit *Tronera*. Cet officier, qui avait d'ailleurs de brillans services, fut convaincu d'être d'intelligence avec quelques-uns des cabécillas de la Manche et d'avoir exposé ses troupes à être détruites; il fut saisi avant d'avoir pu songer à se sauver, et son jugement s'ensuivit. La femme de Calero avait eu le temps de se rendre à Madrid, et était parvenue même à exciter la sollicitude du gouvernement. « Le ministre peut me destituer, répondit Narvaez, soit; mais je jure que le coupable sera fusillé, et je jetterai, s'il le faut, ensuite mon bâton de commandement sur son corps; l'ira ramasser là qui voudra! » Il se faisait ainsi justicier dans des scènes tragiques qui ont le pouvoir de subjuguer les imaginations en Espagne plus que de les étonner. C'est avec une telle énergie que Narvaez était arrivé à former en quelque temps une armée vigoureuse, disciplinée, aguerrie par des combats de chaque jour pendant trois mois, et dont la martiale attitude excitait quelques jours plus tard l'admiration de Madrid, quand elle défilait, son général en tête, sous les yeux de la reine et en présence d'une population émerveillée de voir des soldats qui n'étaient ni affamés, ni débraillés, ni insubordonnés. Les résultats obtenus par le jeune général émouvaient vivement l'opinion publique, d'autant plus qu'ils coïncidaient en ce moment même avec l'échec de l'armée du centre devant Morella et le désastre de Maella, où périssait le brave Pardiñas, et où cinq mille hommes se rendaient à Cabrera, qui n'en avait que trois mille. Dans cet épisode de la pacification de la Manche, qui offre en lui-même un caractère complet, Narvaez apparaît tel qu'il est réellement, actif, énergique, organisateur, avec une volonté indomptable, avec des instincts d'ordre et de discipline qui le désignaient naturellement à un grand rôle dans l'armée et dans la politique le jour où le mouvement des partis se simplifierait pour devenir une lutte directe entre la révolution et l'élément conservateur en Espagne.

Narvaez avait été appelé à Madrid et nommé successivement capitaine-général de la Vieille-Castille, puis général en chef d'une nouvelle armée de réserve portée cette fois à quarante mille hommes. La création de cette armée nouvelle attestait doublement l'importance acquise par le pacificateur de la Manche : elle n'était pas seulement un acte militaire, elle avait un sens politique sérieux dans la situation de l'Espagne telle qu'elle s'offrait alors. Depuis le premier jour,—en septembre 1836,—où Espartero avait été placé à la tête de l'armée du nord opérant contre le principal foyer de la guerre civile, — l'œil le moins exercé avait pu voir grandir en lui-la tendance à s'attribuer une prépondérance jalouse et exclusive, non-seulement dans la direction des combinaisons militaires, mais encore dans la direction politique du pays; de son quartier-général, il forçait le pouvoir lui-même à plier sous ses volontés. Retranché dans une sorte d'indépendance menaçante, il empêchait de gouverner, et refusait en même temps d'accepter la responsabilité du gouvernement. Le résultat, c'était une impuissance politique radicale et la débilité chronique des cabinets qui vivaient ou mouraient à Madrid suivant la tolérance ou les hostilités du généralissime. La création de l'armée de réserve en 1838, et la nomination de Narvaez à ce grand commandement n'avaient d'autre sens, dans la pensée du ministère d'Ofalia, que de balancer par une force rivale l'influence abusive exercée par le chef de la principale armée de l'Espagne; et de se préparer les moyens de lui résister. Ce n'était autre chose 'qu'un développement nouveau de cet antagonisme dont je signalais l'origine, et qui était destiné à grandir encore entre Espartero et Narvaez : ·

·. Espartero comprit la portée de la mesure qui plaçait Narvaez à la tête d'une armée de quarante mille hommes. Il s'opposa à la formation de la réserve, réclama l'incorporation dans son armée des troupes qui avaient opéré dans la Manche; et réussit à faire entrer au ministère de la guerre Alaix, le chef de la division indisciplinée de la Cabra, le seul général devant qui Narvaez n'eût point à incliner son épée. Le malheur du parti modéré espagnol qui, par une fortune singulière, était sorti en majorité de la première application de la constitution de 1837, qui avait l'immense adhésion du pays, ç'a été de ne point avoir dans ces instans difficiles le sentiment vigoureux de ce qu'il se devait comme grand parti politique. La seule explication de cette impuissance, c'est le besoin universel de tout sacrifier aux nécessités de la guerre; mais encore fallait-il que cette guerre fût conduite de manière à ne point faire sortir la révolution de la défaite de l'insurrection carliste. Le parti modéré avait figuré alternativement, il est vrai, dans les faibles ministères qui s'étaient succédé; cependant il perdait en réalité chaque jour le pouvoir devant l'ascendant d'un chef d'armée qui, après avoir commencé par faire prédominer sa personnalité militaire, devait finir par identifier ses griefs avec une politique directement contraire à la politique conservatrice et légale de l'Espagne. L'épée de Narvaez était appelée, on le voit, à exercer tôt ou tard une influence décisive, surtout à la tête d'une force animée de son esprit et de son courage. En présence de l'avénement d'Alaix au ministère, le jeune général comprit sans doute qu'il devait se réserver pour des circon-

stances plus graves; il demanda à se retirer à Loja, en Andalousie, où
allait venir le prendre, pour le jeter en exil, un de ces coups de vent
imprévus et si fréquens en Espagne.

On voit quelle était la situation de la Péninsule à la fin de 1838. Espartero dominait les résolutions du gouvernement, du quartier-général
de l'armée du nord. Le faible ministère Pita-Alaix se dégageait d'un
pénible enfantement de trois mois. Le parti modéré flottait entre son
désir de voir se terminer la guerre et son aversion mal dissimulée pour
Espartero. Narvaez, qui avait été un moment l'un des hommes indiqués pour un grand rôle politique autant que militaire, se retirait dans
l'Andalousie. Là lutte était au fond des choses. Narvaez était déjà sur
la route de Loja, lorsqu'on apprit qu'un mouvement singulier avait
éclaté à Séville le 12 novembre 1838. Le comte de Clonard, capitaine-
général, avait été *séparé de ses fonctions*, comme on dit en Espagne.
Une junte s'était formée et elle était présidée par le général Cordova,
qui se trouvait à cette époque en Andalousie. M. Cortina, aujourd'hui
l'un des chefs du parti progressiste, rejoignait en même temps Narvaez
à la Carlota dans la Sierra-Morena, pour lui offrir la vice-présidence
avec un commandement militaire et lui remettre une lettre de Cordova, le pressant d'accepter. La première réponse de Narvaez fut un
refus; puis il se rendit pourtant à Séville, dont il était le député aux
cortès et où son nom avait un puissant prestige depuis Majaceite. En
quelques jours, il ne restait plus rien de l'insurrection de l'Andalousie.
Quel était au fond le sens de ce mouvement? Le *pronunciamiento* de
1838 à Séville est resté l'un des faits les plus obscurs de l'histoire contemporaine de l'Espagne. Il y avait des progressistes dans la junte insurrectionnelle, et ces progressistes appelaient à leur tête le général
Cordova, qui manifestait hautement ses sentimens conservateurs en
acceptant la présidence. Un des articles du programme du *pronunciamiento* était la formation de la fameuse armée de réserve. Tout se confondait dans ce mouvement imprévu; tout s'y produisait à l'état de
symptôme plutôt que de manifestation politique nette et précise. Il
faut se souvenir que, sous l'impression des crises ministérielles qui
étonnaient et irritaient le pays, déjà à Madrid même une vive émotion
avait éclaté le 3 novembre. Valence était le théâtre de semblables agitations. Comme ces scènes diverses, le *pronunciamiento* de Séville ne
s'explique que par la promptitude des passions populaires à s'emparer
des crises politiques et à se montrer quand l'impuissance du gouvernement éclate trop à nu. Dans quelle mesure Cordova et Narvaez
avaient-ils participé à ce mouvement? Des lettres confidentielles du
premier de ces généraux permettent de mieux déterminer aujourd'hui
le caractère de cette participation. Tout indique qu'elle était purement
modératrice, pacificatrice. « Sans autorités, écrivait Cordova à Narvaez

dans le premier moment, que va faire cette ville livrée aux passions armées et à des hommes ambitieux? Viens, nous la ramènerons au gouvernement, nous lui rendrons la tranquillité, nous empêcherons qu'elle ne soit saccagée, nous éviterons qu'il ne coule beaucoup de sang. Qui imaginera que toi et moi nous soyons des *faiseurs de juntes* (*junteros*)! » Narvaez avait, en effet, refusé tout titre révolutionnaire; il avait réclamé la dissolution de la junte, maintenu les soldats dans l'obéissance, et c'était par ses soins et par son énergie que le général Sanjuanena, envoyé par Clonard, avait pu rentrer à Séville, le 23 novembre, sans effusion de sang. Qu'on admette même une pensée secrète chez les deux généraux, au cas où l'insurrection de Séville eût pu s'étendre et avoir quelque succès : cette pensée n'atteignait point assurément les pouvoirs légaux et réguliers de l'Espagne; elle ne se dirigeait que contre cette puissance abusive et menaçante qui se concentrait chaque jour davantage au quartier-général de l'armée du nord. La lutte renaissait ainsi sous toutes les formes, aux moindres prétextes, et par malheur ici dans des conditions équivoques, telles qu'elles favorisaient des doutes sur Cordova et Narvaez et qu'elles préparaient le plus facile succès à Espartero. Le chef de l'armée du nord était le seul qui ne pût se tromper sur le sens secret de ce mouvement avorté; aussi réclama-t-il immédiatement avec hauteur le jugement et le châtiment des deux généraux; il alla plus loin en demandant que leur cause fût disjointe de l'ensemble des faits insurrectionnels, et qu'ils fussent traduits devant un conseil de guerre dans la circonscription de son commandement. « La fortune n'abandonne point cet homme, disait Cordova; ces événemens le grandissent à nos dépens. — Votre général s'en tirera, ajoutait-il par un étrange pressentiment en parlant à un aide-de-camp de Narvaez; moi, je n'en puis dire autant. » Cordova résumait en quelques mots et avec une rare lucidité cette phase nouvelle. Espartero triomphait; il voyait disparaître dans une échauffourée inexpliquée les deux hommes les mieux faits pour balancer sa puissance; il était sur la pente au bout de laquelle se trouvaient, pour lui, les scènes de Barcelone en 1840 et une régence révolutionnaire. Cordova, forcé d'émigrer, se réfugiait en Portugal, où il mourait peu après; Narvaez gagnait Gibraltar, puis venait vivre en France, jusqu'à ce qu'il pût rentrer en Espagne en soldat accoutumé à ressaisir la victoire et avec une autorité politique singulièrement agrandie. Si on regarde de près les événemens de Séville en 1838, je ne serais point surpris qu'on y pût voir comme un essai informe et avorté de ce qui s'est reproduit plus tard, en 1843. Seulement, à la première de ces époques, les dangers et les conséquences de cette prépondérance d'un chef d'armée jetant sans cesse son épée dans la balance ne s'étaient pas dégagés aux yeux du pays et n'avaient pas le pouvoir de le passionner. En 1843, la dictature militaire d'Espartero avait fourni

sa carrière, et la résistance devenait un mouvement national dont Narvaez était un des chefs naturels et légitimes.

C'est peut-être ici le moment de ressaisir dans leur ensemble le caractère, les moyens d'action et les résultats de ces antagonismes militaires et politiques qui occupent une si grande place dans l'histoire
moderne de l'Espagne. Du mouvement de ces antagonismes il est
sorti pour la Péninsule tout ce qui pouvait sortir : deux grandes situations politiques, — l'une comprise entre 1840 et 1843, l'autre entre
1843 et aujourd'hui, — aussi différentes par leurs conditions propres
que par la nature des hommes en qui elles se personnifient. Le nom
d'Espartero est maintenant un nom historique; le duc de la Victoire
a accepté lui-même avec honneur ce rôle de personnage de l'histoire
en rentrant dans son pays par le libre concours d'un gouvernement
qui lui rappelait une défaite, et en refusant son nom aux partis. Ce
n'était point un cœur déloyal; c'était un esprit vain, susceptible et irrésolu, dont un entourage vulgaire et ambitieux entretenait les susceptibilités pour s'en faire une arme, et les irrésolutions pour les diriger. Au point de vue militaire, Espartero était un véritable soldat
lorsque, le premier en tête de ses colonnes, il emportait le pont de
Luchana à Bilbao et les positions de Peñacenada, ou bien qu'il châtiait
l'indiscipline et exerçait de terribles justices sur les assassins de Saarsfield et d'Escalera. Cet instinct supérieur du soldat lui manquait, lorsqu'il laissait ses officiers, en 1837, signer des adresses à Pózuelo de
Aravaca contre un ministère, quelque mauvais qu'il fût, lorsque, de
son camp de Mas de las Matas, en 1839, il abritait sous son nom des
manifestes contre le système politique du gouvernement. Il y a loin
d'un général se faisant une grande situation politique, en assumant
les devoirs, transportant au besoin de son camp dans les affaires les
qualités militaires qui le distinguent; à un général toujours prêt à
mettre ses opinions au bout des baïonnettes de ses troupes. Le premier est un homme d'état sans cesser d'être un homme de guerre;
le second n'est ni un soldat ni un politique. Un général à la tête
d'une force active est un homme à qui ses soldats obéissent et qui
obéit à son gouvernement, — qui n'a de plus que ses soldats que la
liberté de se retirer. Le duc de la Victoire méconnaissait cette mesure
dans laquelle un chef d'armée peut intervenir dans les affaires d'un
pays. En laissant l'émeute violenter la reine Christine en 1840 à Barcelone, tandis qu'il recevait lui-même les ovations populaires, il ne voyait
pas qu'il ne faisait qu'imiter l'acte du sergent Garcia à la Granja. En
donnant le premier l'exemple de l'indiscipline à ses troupes, il ne voyait
pas qu'il se servait d'une arme qui éclaterait dans ses mains et se re-
tournerait contre lui, comme cela est arrivé en effet par cette série de
conspirations militaires qui ont rempli l'époque de sa régence.

Une des qualités du général Narvaez, au contraire, ç'a été l'imstinct vigoureux et persistant de la première loi de la vie militaire, — la discipline. Sa pensée, c'est celle de Cordova, qui disait « qu'il faut tenir l'armée le front à l'ennemi, le dos tourné aux partis. » Dans cette crise politique de 1838, où il se trouvait à Madrid, à la tête de soldats formés par lui, dévoués et pleins d'ardeur, les excitations ne lui manquaient pas; peut-être aurait-il eu peu à faire : il résistait à ces séductions et refusait de se prêter aux combinaisons des partis. Et dans cette triste affaire de Séville même, on le voit encore préoccupé du soin de garantir les troupes du contact de l'émeute : il était là, au fond, ce qu'il était en 1836, quand il préservait sa division de la démoralisation qui avait gagné toute l'armée, ce qu'il était en 1838 à Madrid, au milieu des partis, qui n'eussent pas demandé mieux que de devoir un succès à son épée. C'est surtout depuis 1843 que le général Narvaez a employé cette énergique activité dont il est doué à bannir la politique de l'armée, à y rétablir les notions d'ordre et d'obéissance; aussi l'habitude des conspirations militaires disparaît-elle au-delà des Pyrénées. L'Espagne a aujourd'hui une armée disciplinée et fidèle qui peut marcher au combat pour la pacification intérieure, et qu'on a pu voir, pour la première fois depuis long-temps, figurer avec honneur hors de la Péninsule. Dans une circonstance où le général Narvaez, momentanément éloigné du pouvoir, venait d'être investi du titre un peu vague de généralissime, on l'accusait, lui aussi, d'aspirer à se créer une de ces situations militaires irrégulières qui ne laissent plus de liberté aux délibérations politiques. Et que répondait-il? — Les ministres sont-ils d'avis de m'envoyer comme capitaine-général dans une province? disait Narvaez, je suis prêt à obéir; veut-on me mettre en simple sentinelle au palais? je suis prêt encore. — Peu après, on lui donnait l'ordre de quitter l'Espagne, et il s'éloignait. Cela ne veut pas dire que l'autorité politique du général Narvaez ne s'accroisse point naturellement de toute son autorité militaire; cela veut dire qu'il a un sentiment exact et élevé de cette distinction que je signalais entre un général devant aux circonstances aussi bien qu'à ses qualités propres une influence puissante dans la politique, et un général dictant ses volontés à la tête de son armée, faisant sentir la pointe de son épée dans les délibérations régulières des conseils. Au point de vue militaire, c'est là un des côtés par où diffèrent Espartero et Narvaez, et par où s'explique la diversité de leur action en Espagne.

A un point de vue politique plus général et plus élevé, Espartero et Narvaez ne diffèrent pas moins par la nature de l'action qu'ils ont exercée. Il y a en Espagne une institution ayant sa racine dans les mœurs du pays, qui n'est pas seulement la forme naturelle et traditionnelle du pouvoir, mais qui, par une singulière fortune, en présence de la force d'inertie et de la puissance de l'habitude inhérentes

au sol et à la race, se trouve être encore comme la garantie et l'instrument nécessaire des innovations légitimes : — c'est la royauté. Au milieu de tous les bouleversemens de la Péninsule, la monarchie est
restée debout vivante et respectée, plus forte peut-être après chaque
crise où elle semblait devoir s'engloutir. L'Espagne n'a point taché les
pages de son histoire du sang d'un roi, et ses plus fiers tribuns eux-
mêmes, — le croirait-on ? — s'en sont vantés quelquefois en attachant
à ce fait, par comparaison, l'idée de la plus mortelle injure pour la
France. Il en résulte que la royauté a gardé en Espagne beaucoup de
ce prestige qu'elle a tant de peine à retrouver là où les révolutions
ont porté la main sur les personnes royales. Pour les Espagnols, la
royauté n'est point une fiction; ce n'est point un être de raison confiné dans un rôle abstrait par les inventeurs de machines gouvernementales; c'est quelque chose de vivant et de réel qui se mêle à
l'existence nationale et qui la résume. On aime à la voir paraître
personnifiant au premier rang les goûts, les instincts, les traditions
du pays; on aime qu'elle se montre dans l'action politique, de même
qu'on la voit s'arrètant dans la rue pour suivre un prêtre qui porte
le viatique à un mourant. On lui pardonne même beaucoup parfois, tant on y voit peu une abstraction ! C'est toujours la royauté,
c'est-à-dire la plus essentielle des réalités politiques, celle qui occupe
le premier rang dans l'ensemble de la vie nationale. Le jour où un
homme, un parti, dans un intérêt propre, fait descendre cette réalité
au second rang et la place dans une situation visible de défaite et d'infériorité, ce jour-là, homme ou parti se met en contradiction avec un
sentiment universel. En faisant la royauté prisonnière de guerre, en
se substituant à elle dans ses communications avec le peuple espagnol,
Espartero, soit enivrement d'ambition, soit absence d'intelligence politique, ne voyait pas qu'il froissait un instinct national, d'autant plus
que cette royauté vaincue était une femme. C'était se placer dans des
conditions impossibles de durée; c'était se vouer à une lutte permanente, souvent sanglante, pour défendre un pouvoir que chaque effort
devait rendre plus impopulaire, parce qu'il heurtait le plus invincible
des sentimens espagnols. Cela est si vrai, que, lorsque ce brave et malheureux Diego Léon, en 1841, commettait la plus grande des témérités
politiques en attaquant à main armée le palais de Madrid pour s'emparer de la reine, c'était lui qui semblait le libérateur et qui avait les
sympathies populaires. Le soulèvement de 1843, qui a mis fin à la régence du duc de la Victoire, a été peut-être le mouvement le plus national de l'Espagne après celui de 1808.

Le mérite du général Narvaez, c'est d'avoir senti au juste cette situation et d'avoir remis à leur vrai rang les grands élémens politiques qui
vivent en Espagne; il y a trouvé une place qui suffit encore à une légi-

time ambition, celle de premier serviteur de la monarchie, de premier
sujet de la reine. Là où Espartero flottait dans une irrésolution qui
finissait par s'élancer au-delà du but, Narvaez avait cette décision de
coup d'œil qui précise et règle l'action. Dans la politique comme à la
guerre, il a su ce qu'il voulait, et ce qu'il voulait était conforme à un
instinct national aussi bien qu'à un intérêt permanent du pays : c'est
la défense de la monarchie et le maintien de l'ordre matériel en Espagne. Sa politique est l'application de ce qu'il disait dans son ordre
du jour à l'armée de la Manche : « Tous ceux qui veulent plus que
ce que je vous dis, tous ceux qui veulent moins, tous ceux qui veulent
autre chose, ceux-là sont les factieux qu'il faut combattre. » C'est cette
fixité d'un point fondamental qui communique une singulière force
à un homme. Là est la différence, au point de vue politique, entre
Espartero et Narvaez. L'un a voulu, sans trop savoir peut-être où il
marchait, exercer des représailles contre la monarchie, et s'est fait
son vainqueur dans un pays tout monarchique; l'autre s'est fait le premier soldat de la royauté constitutionnelle. C'est ce qui explique comment Espartero a si peu réussi, tandis que le nom de Narvaez se confond aujourd'hui avec le calme et une prospérité relative de l'Espagne.

Veut-on observer quelques traits plus personnels de ces deux hommes
dans leur rapport avec le rôle qu'ils ont joué? Ces traits sont caractéristiques. Ce qui a distingué Espartero durant toute sa vie militaire et
politique, c'est la temporisation, la patience, la lenteur. Chacune de
ses opérations de l'armée du nord de 1836 à 1840 porte ce cachet; nul
n'a mieux su attendre quand les résultats étaient douteux; nul ne s'est
plus fié au temps, et par là il représentait sans doute encore un des
côtés de la nature espagnole. Narvaez a toujours été, au contraire,
l'homme des promptes résolutions, de l'inspiration soudaine, de l'ardente et infatigable activité. Il est Andaloux en cela comme en bien
d'autres choses. Cette différence prend un relief singulier dans le
dernier éclat de l'antagonisme entre les deux généraux en 1843, et
s'offre encore à ce dernier moment comme la raison de la chute rapide de l'un et du succès de l'autre. On n'a point oublié peut-être
quelle était la situation d'Espartero exerçant la régence au mois de
juillet 1843. Un cabinet dont M. Lopez était le chef, dont le général
Serrano était le ministre de la guerre, qui était le produit d'un retour
marqué de l'opinion publique vers des idées de conciliation, et qui
avait d'avance tous les suffrages du congrès, venait d'essayer de se
former. Il échouait devant la répulsion du régent. Les cortès avaient
été dissoutes. L'union s'était faite au cri de : *Dieu sauve le pays et la
reine!* entre la fraction du parti progressiste dont MM. Lopez, Olozaga,
Cortina, étaient les chefs, et le parti modéré, qui avait ses principaux membres et ses généraux dans l'émigration. Les premiers symp-

tômes de l'insurrection éclatèrent immédiatement sur tous les points de l'Espagne. Outre les causes politiques qui devaient rendre le soulèvement de 1843 invincible, Espartero fut enveloppé dans une manœuvre militaire des plus remarquables et des plus hardies, qu'il ne sut point déjouer, et dont l'énergie foudroyante de Narvaez assura le succès. Tandis que le général Serrano se présentait en Catalogne, tandis que le général Manuel de la Concha descendait à Cadix, Narvaez débarquait à Valence. L'insurrection allait refluer de toutes parts vers le centre. Le duc de la Victoire, à la tête d'un corps d'armée, quitta Madrid pour se diriger sur Valence, pendant que les généraux Seoane et Zurbano faisaient face à l'insurrection en Aragon et en Catalogne; mais avec sa lenteur accoutumée il s'arrêta et prolongea sa halte à Albacété. Narvaez, ramassant les troupes sur son chemin, et notamment le régiment de la Princesse, dont il avait été le colonel, se fit jour entre Seoane et Espartero, alla débloquer Teruel, qui était le point de communication des deux armées, et de là fondit sur Madrid, où; quelques jours plus tard, le 23 juillet, il s'emparait en un quart d'heure, à Torrejon de Ardoz, de l'armée de Seoane, accourue à sa suite, et du général lui-même. La hardiesse de Narvaez avait décidé de l'issue du *pronunciamiento*, et le régent, après s'être arrêté un moment à bombarder Séville, n'avait plus qu'à s'enfuir jusqu'aux côtes de Cadix, où les cavaliers de Concha le jetaient à la mer. Ne voit-on pas la défaite et la victoire se décidant ici, au point de vue militaire du moins, par cette différence de caractère entre Espartero et Narváez? Transportez ces natures diverses sur le terrain politique, vous arriverez à cette singulière remarque faite par un observateur spirituel: c'est que, des deux généraux, c'est le temporisateur qui s'est vu à la tête du parti progressiste, c'est-à-dire du parti que tous les instincts tournent à l'audace et à l'impétuosité d'action, et c'est l'homme d'entraînement et de feu qui s'est trouvé personnifier les modérés, c'est-à-dire ceux qui inclinent le plus volontiers, d'habitude, à la temporisation. L'observation n'est pas seulement spirituelle, elle éclaire la destinée des partis. Cette puissance de résolution et d'activité qu'il y a dans le général Narvaez n'est point, en effet, une des moindres causes du succès de la politique conservatrice en Espagne depuis sept ans; le parti modéré espagnol, comme tous les partis modérés au monde, a pour lui l'immense majorité dans la nation; ce qui lui manque souvent, c'est l'énergie, c'est la décision. Quand il triomphe, il se divise, il se morcelle, plus qu'en tout autre pays encore. La présence d'un tel chef était singulièrement faite pour stimuler ses lenteurs, pour lui imprimer l'unité compacte d'une grande force sociale et suppléer à ses incertitudes en face du péril. Si je ne craignais des rapprochemens qui peuvent étonner, je dirais que le général Narvaez a été en Espagne un Casimir Périer à cheval, et An-

daloux de plus. De cette différence de tempérament entre l'homme et
le parti, il peut résulter parfois quelques froissemens; mais la pensée
est la même, le but est commun, et leur fortune se lie. Le général Narvaez a été successivement nommé depuis 1843 capitaine-général de
l'armée et duc de Valence, et il s'est élevé à la position de président du
conseil qu'il occupait il y a quelques jours encore.

II.

Cette date de 1843 est pour l'Espagne le point de départ d'une situation nouvelle qui dure encore, qu'on peut appeler le règne de
la politique modérée, mais qui a eu à passer par des phases et des
épreuves diverses. Elle a eu à se dégager de la confusion des premiers
momens au lendemain d'une victoire due à une coalition contre la
régence du duc de la Victoire; elle a eu à traverser une de ces crises
de décomposition intérieure, de démembrement; qui éclatent souvent
dans le triomphe même des partis; elle a eu à soutenir l'épreuve d'une
révolution extérieure qui enveloppait l'Europe et se propageait de
toutes parts avec la rapidité sinistre d'un incendie. Ces périodes diverses se sont déroulées sous nos yeux dans la situation politique de
l'Espagne. Le général Narvaez n'a point été constamment ministre
dans cet espace de sept années; mais on peut dire qu'il représente et
domine chacune de ces phases, parce qu'il vient successivement les
dénouer par son influence, par son énergie et son habileté, parce qu'il
apparaît aux yeux de tous comme l'homme nécessaire de ces momens
difficiles. La lie des révolutionnaires de Madrid ne s'y trompait pas à
la fin de 1843, lorsqu'elle multipliait les attentats contre lui, et frappait mortellement ses aides-de-camp à ses côtés. Faute de l'atteindre,
les balles des assassins désignaient à leur manière le général Narvaez
au pouvoir.

Le mouvement de juillet 1843, qui a abouti au renversement de la
régence du duc de la Victoire et à la déclaration anticipée de la majorité de la reine Isabelle, était le produit de l'alliance des grandes forces
modérées et progressistes de l'Espagne constitutionnelle; mais en réalité c'était un mouvement tout conservateur, né du réveil de l'instinct
monarchique froissé par Espartero. La pensée, le mot de ralliement,
les généraux qui avaient vaincu étaient modérés, et au lendemain de
la victoire, en présence des passions frémissantes, c'était encore le
général Narvaez qui intimidait l'émeute à Madrid, réprimait avec une
incomparable vigueur les séditions militaires près de renaître, faisait
chaque jour un peu de terrain stable aux hommes publics pour refaire un gouvernement; et animait tout ce monde; à vrai dire, de
son feu, de son esprit et de son courage. Tout le travail politique de

l'Espagne à cette époque ne tend qu'à dégager par degrés le sens conservateur du mouvement à travers les incidens les plus passionnés et
les plus dramatiques, tels que la répression sanglante de l'insurrection centraliste de la Catalogne ou des soulèvemens d'Alicante et de
Carthagène, tels que l'épisode étrange où l'on voyait un premier ministre espagnol, M. Olozaga, tomber en une nuit du faîte du pouvoir
dans la proscription. L'administration provisoire et révolutionnaire
de M. Lopez s'efface devant M. Olozaga, qui disparaît lui-même aussitôt; M. Olozaga fait place au ministère de M. Gonzalès Bravo, présidé
par un ancien progressiste; mais contraint de gouverner avec les idées
modérées et par les moyens les plus énergiques pour étouffer la révolution qui menace. C'est de ce mouvement logique, invincible, qui
était dans le fond des choses avant d'éclater à la surface, que sortait,
au mois de mai 1844, le premier ministère purement conservateur, où
figuraient MM. Mon et Pidal, et dont le général Narvaez était le chef.
Tel est le caractère de cette première phase que je signalais dans la
situation politique de l'Espagne inaugurée en 1843.

Le général Narvaez, on le voit, y domine dans la lutte comme dans
le succès. Il avait vaincu à Torrejon de Ardoz, il avait tenu tête du
conseil et de l'épée dans les heures les plus critiques; il était le chef
naturel du premier gouvernement régulier fondé sur des bases conservatrices. C'est à cette époque que remontent les plus sérieux essais de
réformes politiques: la réorganisation des administrations provinciales
et municipales, la création du conseil d'état, les améliorations introduites dans l'instruction publique, la transformation des impôts entreprise par M. Mon; c'est à ce premier ministère modéré que se rattache
l'idée de la réforme de la constitution en 1845. Le général Narvaez tombait du pouvoir en 1846, et il se déclarait dans la politique de l'Espagne
une phase nouvelle, qu'on peut caractériser comme le règne latent ou
public des oppositions modérées, se traduisant en plus d'une année de
malaise chronique, d'impuissance et de stériles crises ministérielles,
au bout desquelles le gouvernement de la Péninsule retombait aux
mains des progressistes, si le général Narvaez n'était venu le relever.

Les oppositions modérées naissent et prospèrent avec les situations
calmes, et tel était alors l'état de l'Espagne, qui n'avait plus qu'une
question sérieuse à résoudre: le mariage de la reine. Il y a, dans tous
les pays constitutionnels, de ces partis moyens à qui la netteté pèse, qui
répugnent à la sévérité de la discipline politique, et nourrissent une
singulière passion d'individualité et de morcellement. Sont-ils conservateurs? Assurément; ils sont plus modérés que les modérés, à la condition toutefois de ne rien entendre comme les conservateurs et de
tout faire autrement que ceux-ci ne font. Ce sont les petites églises
dissidentes, les conservateurs progressistes de tous les temps et de tous

les pays. L'opposition modérée espagnole, vers laquelle M. Isturitz lui-même a semblé pencher parfois, dont M. Pacheco a été le chef le plus réel et le plus éminent par le talent, dont M. Salamanca était le financier, et où figurait M. Escosura avant d'être simplement progressiste, comme il l'est aujourd'hui, n'avait en elle-même rien de bien révolutionnaire; c'était un petit parti composé de moins de trente membres quand l'armée était au complet, méticuleux, faisant de la politique avec des nuances, des individualités et des griefs, et prétendant surtout être toujours modéré en se séparant à chaque occasion des modérés. S'agissait-il de réformer la constitution en 1845? — La coterie des dissidens se déclarait ouvertement contre des modifications qui ne tendaient qu'à mettre la loi fondamentale en rapport avec l'état du pays. — Le parti modéré avouait-il hautement ses préférences pour la France? — Elle faisait des discours où ces inclinations étaient transformées en dépendance et en servilité à l'égard du gouvernement français. — Était-il question de la réforme des impôts entreprise par M. Mon? — Elle harcelait le courageux ministre. Un de ses griefs les plus vifs contre le général Narvaez, c'est que le président du conseil représentait dans le gouvernement la prépondérance du pouvoir militaire. L'opposition modérée ne songeait pas à se demander comment il se fait que des situations de ce genre se produisent dans un pays, si ce n'est point la force des choses qui les crée au lieu de la volonté ambitieuse d'un homme, et si ce n'est point encore un bonheur lorsque c'est la meilleure cause qui se trouve dans les mains les plus vaillantes.

Ce n'était point devant ces hostilités directes qu'était tombé le général Narvaez en 1846; ce n'était point non plus, comme on a pu le croire, sur une question spéciale, le mariage de la reine, ou plutôt cette question n'était qu'un prétexte. La vraie cause de sa chute, on ne l'a point dite : Narvaez était tombé devant une de ces inquiétudes qui naissent dans les partis, lorsque, rendus à une vie plus régulière, ils sentent encore à leur tête un chef énergique et résolu. Le parti modéré lui-même, à vrai dire, commençait à trouver que c'était assez long-temps être commandé par un soldat, lorsque la guerre avait cessé. De là un certain penchant à laisser se produire les griefs contre le pouvoir militaire. C'est par ce côté que l'opposition espagnole est le mieux parvenue, à cette époque, à faire son chemin, en irritant quelques malaises et quelques mécontentemens de circonstance dans l'ensemble du parti modéré; c'est aussi à travers la brèche laissée ouverte par la retraite du président du conseil que les dissidens conservateurs pouvaient arriver au pouvoir en 1847, avec les ministères successifs de M. Pacheco et de M. Salamanca. Le malheur de ce parti, c'est de s'être appelé puritain; le dernier reproche qu'on puisse lui faire aujourd'hui, c'est évidemment celui de puritanisme,

après l'avoir vu suspendre les chambres, s'agiter dans les intrigues
de cour et assister impuissant ou complice aux tristes développemens
de ce qui prit alors le nom de *question du palais*: Le général Serrano
était, on le sait, en grande faveur auprès de la reine: Et quel était
l'homme qui venait remettre la dignité dans le palais de Charles III.
rouvrir les assemblées délibérantes et relever le gouvernement de
l'Espagne à la hauteur d'une politique assurée et vigoureuse? C'était
celui qu'on appelait un soldat. Ç'a été là, sans nul doute, une des crises
les plus graves qu'ait eu à subir la politique modérée en Espagne depuis 1843. Comment le général Narvaez se trouvait-il appelé à dénouer
cette crise? C'est qu'elle était simplement insoluble pour tout autre.
faute d'une autorité et d'une décision suffisantes. Le général Narvaez,
ambassadeur en France alors, arrivait à Madrid avec la pleine confiance de la reine-mère, dont les conseils assurément devaient être
décisifs; il s'appuyait sur un parti puissant rattaché à lui devant le
péril par un esprit nouveau de discipline, et il était rappelé par un des
principaux personnages qui occupaient la scène, le général Serrano,
qui, après quelques hésitations, se remettait entièrement entre ses
mains. Un ministère défaillant, dans l'espoir de réveiller un vieil antagonisme, ouvrait, il est vrai, au dernier moment les portes de l'Espagne au duc de la Victoire; mais, par une ironie de la fortune, le
général Narvaez se trouvait déjà président du conseil pour recevoir
l'ancien régent; il était redevenu l'homme nécessaire d'une situation
nouvelle au-delà des Pyrénées. ·

La crise intérieure ramenait invinciblement le général Narvaez au
pouvoir; mais il y avait un événement qui allait le rendre bien plus
nécessaire encore et imprimer à son rôle le caractère d'un rôle que
j'oserai dire européen : c'est la révolution de 1848. L'Espagne était
peut-être le premier pays où il semblait que la révolution de février
dût avoir son retentissement, en raison des liens des deux gouvernemens et des analogies apparentes du moins des partis politiques; c'est
le seul pays où elle n'ait point eu de contre-coup sérieux, non que la
révolution ne s'y soit montrée, soit en s'appuyant de l'influence morale des événemens de France, soit avec le secours direct et ostensible
d'un autre gouvernement étranger, de l'Angleterre, soit en cherchant
à réveiller quelques étincelles de la guerre civile carliste; mais chacune
de ces tentatives a eu à essuyer une défaite aussi prompte que décisive.

Quelle était alors la situation de l'Espagne? Du côté de la France,
à la place d'un appui surgissait une menace; du côté de l'Angleterre.
lord Palmerston, par une note rendue publique, signifiait en quelque
sorte son indignité au cabinet de Madrid. Au sein du pays, les passions s'agitaient et se préparaient à faire sortir une révolution nouvelle de ce concours étrange de complications. Le mérite du gouver-

nement espagnol, c'est d'avoir immédiatement envisagé sa position et ce qu'il avait à faire avec un rare sang-froid, et cela est dû en grande partie, sans aucun doute, de l'aveu même de ses collègues, au général Narvaez. C'est le propre de tels hommes de se sentir vraiment eux-mêmes et de retrouver toute leur vigueur et leur netteté d'action, quand la lutte leur offre un but précis à atteindre : le général Narvaez avait l'ordre à maintenir en Espagne au milieu des révolutions européennes. Il n'entrait dans l'esprit du gouvernement espagnol nulle pensée d'hostilité à l'égard de la France; un des premiers usages que le général Narvaez faisait de la parole après les événemens de février, c'était pour marquer les intérêts qui restaient communs entre les deux pays. Quant à l'intérieur, sans fléchir un moment devant les circonstances, sans concevoir une de ces faiblesses, une de ces pensées de transaction qui ont été la perte de plus d'un gouvernement, le cabinet de Madrid se mettait nettement en présence du péril, de quelque côté qu'il vînt, et, dès le 4 mars, il demandait aux cortès des pouvoirs extraordinaires pour agir au besoin sans elles et dictatorialement. « Il faut prévenir les catastrophes, disait le général Narvaez, il faut les redouter et prendre des mesures contre elles. Prévenir le mal, c'est le but du gouvernement. » Les cortès étaient prorogées le 21 mars, et les garanties constitutionnelles suspendues dans toute l'Espagne le 27. Ces mesures étaient-elles inutiles? Déjà, dans la nuit du 26 au 27 mars, éclatait la première émeute à Madrid. Le général Narvaez attendait au palais en grand uniforme, faisant ses dispositions de combat. Au premier bruit du mouvement, il était prêt, et en quelques heures l'anarchie était vaincue sans avoir eu le temps de s'étendre et de se montrer au jour. Le 7 mai, une insurrection nouvelle n'était pas plus heureuse, mais le capitaine-général Fulgosio y périssait. Le 13 mai, on avait encore à vaincre un soulèvement militaire à Séville; et, dans le courant de l'été, la bannière carliste, étrangement alliée à la bannière républicaine, se relevait, dans les montagnes de l'Aragon et de la Catalogne pour reculer devant les vives et habiles poursuites du général Concha. Cabrera se voyait contraint d'errer en guerrillero dans ces contrées de l'Aragon où il avait régné en vice-roi émancipé aux plus beaux temps de la guerre de don Carlos, tandis que son maître, le comte de Montemolin, se faisait arrêter par quelques gendarmes français aux frontières. Le gouvernement espagnol usait en même temps de conciliation. Il étendait l'amnistie à tous les réfugiés carlistes et progressistes; il appelait aux emplois les hommes de toutes les opinions; il nommait maréchal-de-camp le brigadier Facundo Infante, ancien exalté, et accordait une pension à la veuve du chef politique Camacho, tué à Valence en défendant la régence d'Espartero en 1843. C'est par une série d'actes de ce genre que la politique conservatrice, entre les mains du général Narvaez, s'est élevée à la hauteur d'un grand système de gouvernement sans exclusion comme sans faiblesse, conciliant et vigoureux, net dans son action et dans son but. L'Espagne a offert le spectacle d'un peuple qui se défendait et n'avait point la fièvre, — chose assez rare en 1848!

La révolution de février a eu vraiment d'étranges résultats pour l'Espagne et marque tant dans sa politique extérieure que dans sa politique intérieure une phase décisive : au lieu de la montrer satellite obligée de la France ou inclinant vers l'Angleterre, au moment où notre appui lui manquait, elle l'a montrée affranchie au même instant et par une force propre de l'influence des deux pays et de cet antago- nisme traditionnel qui était pour elle un perpétuel sujet d'agitations; elle l'a montrée se soutenant par elle-même, se créant une action distincte de celle de la France et infligeant en même temps à l'Angleterre une des plus rudes leçons diplomatiques, en expulsant son ambassadeur, M. Bulwer, qui avait été trouvé la main dans les émeutes de Madrid et de Séville. N'est-ce point là pour l'Espagne un affranchissement réel de sa politique extérieure dû à une direction intelligente et vigoureuse, affranchissement qu'est venue confirmer la reconnaissance de la royauté d'Isabelle par la plupart des puissances de l'Europe? Ce qu'il faut ajouter, c'est que l'opinion conservatrice; commandée, qu'on me passe ce terme de guerre, par un homme déterminé a pu seule donner une telle issue à des difficultés en apparence insolubles.

On connaît la nature et le jeu des partis au-delà des Pyrénées depuis l'origine de la révolution. On sait que chacun d'eux, outre ses doctrines susceptibles d'une application purement intérieure, a ses préférences nettement dessinées dans le choix de ses appuis et de ses alliances au dehors. Le parti modéré, qui est essentiellement monarchique, a toujours incliné vers la France. Le parti progressiste, révolutionnaire au dedans, n'a cessé de s'appuyer au dehors sur l'Angleterre; — de telle sorte que, dans les diverses périodes de l'histoire contemporaine de nos voisins, là où l'on a vu le parti modéré sortir vainqueur de la lutte, on a pu dire que l'influence française triomphait; là où le parti progressiste se rendait maître du pouvoir, l'influence anglaise avait la prépondérance au-delà des Pyrénées. Ce sont là, au premier abord, pour la Péninsule, deux systèmes d'alliances qui se présentent dans des conditions égales. Il y a seulement une différence dans le résultat de ces deux politiques : c'est qu'à un point de vue élevé, indépendamment de cette communauté de fortune qui a semblé exister parfois entre le parti conservateur espagnol et le parti conservateur français, indépendamment des liens qui ont pu se former entre les deux dynasties, l'alliance française représente pour l'Espagne un intérêt permanent, traditionnel, tandis que l'alliance anglaise, indépendamment des combinaisons politiques transitoires, représente pour la Péninsule une menace incessamment suspendue, sur son industrie, sur son commerce, sur sa fortune tout entière. C'est cette différence qui fait la supériorité et la force du parti modéré, comme elle fait la faiblesse du parti progressiste. La révolution française de 1848 n'a point changé cette situation.

Supposez un instant le parti progressiste arrivant au pouvoir le lendemain de février : par une double conséquence logique, nécessaire, simultanée, supérieure à la volonté même des hommes, cette traînée de poudre qui venait de s'enflammer à Paris passait les Pyrénées pour aller éclater à Madrid, et l'Angleterre triomphait en même temps dans l'effacement momentané de la France. Lord Palmerston n'avait-il pas soin de prendre date par sa note du 16 mars 1848, où il affichait une intime solidarité avec le parti progressiste, pour lequel il réclamait le pouvoir d'un ton injurieux et hautain? L'Espagne était la prisonnière de la révolution et de l'Angleterre; elle se sentait frappée à la fois dans son instinct monarchique et dans son indépendance nationale. Je sais quelles vives et chaleureuses protestations de dévouement à la monarchie ont fait entendre les chefs du parti progressiste dans les premiers instans qui ont suivi la catastrophe de février; mais enfin il est quelque chose qui eût été plus fort qu'eux, c'est la fatalité d'une situation compromise avec la révolution et avec l'Angleterre. Le premier acte de M. Mendizabal ramené à la direction des affaires n'eût point été, j'imagine, de faire revivre de son propre mouvement les cadres de l'insurrection en réorganisant les milices nationales : il reste à se demander si les miliciens de Madrid ne se fussent point trouvés convoqués tout seuls pour l'accompagner à l'hôtel de la rue d'Alcala, de même que le ministre progressiste n'eût pu éviter que M. Bulwer datât du jour de son avénement une victoire de plus pour l'influence anglaise. S'il en a été autrement, on n'en peut douter, c'est parce que la politique modérée, dirigée par une main virile, s'est trouvée à ce moment maîtresse du pouvoir. Seul, par ses traditions et par ses doctrines, le parti modéré a pu repousser la contagion révolutionnaire sans sacrifier l'intérêt permanent qui rattache l'Espagne à la France; séparé de l'Angleterre par son passé, menacé encore par elle dans ce suprême instant, seul il a pu répondre comme il l'a fait par les fermes et vigoureuses dépêches de M. le duc de Sotomayor aux injonctions britanniques, en ne s'appuyant que sur l'instinct national. Placé dans l'extrémité la plus périlleuse, privé de ses alliés habituels, livré absolument à lui-même, le gouvernement conservateur de l'Espagne a su transformer ainsi les impossibilités dont il était environné en un affranchissement véritable.

Pour nous-mêmes, pour la France, ces faits ont un grand sens; ils sont la confirmation la plus éclatante de la politique suivie à l'égard de la Péninsule par le régime déchu jusqu'à la révolution de février. Que n'a-t-on point dit, des deux côtés des Pyrénées, sur les rapports des deux gouvernemens? Protectorat égoïste et ambitieux d'un côté, disait-on, — servilité intéressée de l'autre! Le protectorat est tombé pourtant; le roi Louis-Philippe a été jeté en quelques heures du trône dans l'exil, et ce gouvernement modéré est resté debout en Espagne, plus vivant que jamais, ralliant à lui toutes les forces nationales. Bien mieux, la France républicaine, dans ses relations avec ce gouvernement, n'a point trouvé d'autre politique à suivre que celle dont il recueillait la succession. Cela est si vrai, que, lorsque les chefs de la république nouvelle ont pu reprendre un peu de sang-froid, on les a vus seconder les efforts du général Narvaez, et ils n'avaient point tort, bien au contraire : ils ne faisaient que se conformer à la vérité de la politique française. Après comme avant la révolution, les intérêts de la France en Espagne sont les mêmes; ils résident plus encore que par le passé dans l'existence d'un gouvernement modéré et vigoureux au-delà des Pyrénées; et ce qui reste comme le monument de l'ignorance bavarde et malfaisante des partis, ce sont ces déclamations à l'aide desquelles les brouillons de tout étage ont réussi peut-être, il y a quelques années, à fausser le sens public sur la vraie nature de ces intérêts.

Ce n'est pas seulement au point de vue de ses rapports avec l'Angleterre et avec la France que la révolution de février a été pour l'Espagne une occasion d'affranchissement, c'est aussi au point de vue de sa politique intérieure, grace à l'énergique décision avec laquelle a agi le cabinet de Madrid. Ce qui a sauvé infailliblement la Péninsule d'une crise plus grave, c'est qu'elle s'est sentie immédiatement dirigée, protégée, garantie contre ses propres incertitudes, et elle a laissé passer sans s'émouvoir des tentatives qui ont pu, à diverses reprises, ensanglanter le sol espagnol sans l'ébranler. Le danger pouvait venir de deux côtés au-delà des Pyrénées : — d'une explosion nouvelle de la démagogie ou du réveil de la question dynastique. Ce double danger s'est montré en 1848, et il s'est évanoui devant la répulsion ou l'indifférence nationale et devant la fermeté du gouvernement. Là aussi on a pu voir se transformer en élément de sécurité et de raffermissement l'audacieuse menace des factions intérieures coalisées; ce doubl(e) danger écarté, l'Espagne a pu se livrer aux soins de sa régénératio(n) politique. Tandis que nous dilapidions notre fortune, elle mettait u(n) peu d'ordre dans la sienne; tandis que nous nous hasardions bruyam(ment) dans la voie des stériles essais, elle se consacrait dans le calme d'utiles travaux de réorganisation, elle réparait lentement les désastr(es) de quinze années de luttes violentes et anarchiques. La révolution d(e) février a été pour la Péninsule le point de départ d'une série d'œuvre(s) politiques et de réformes, dont la moindre n'est point certainement l(a) transformation de la législation douanière, à laquelle M. Mon a attaché son nom, et qui avait arrêté jusqu'alors tous les gouvernemens, soit par les questions d'influences internationales, qui s'y mêlaient, soit par les habitudes qu'il y avait à dompter dans le pays. La situation du clergé a été réglée par la restitution des biens de l'église non vendus avec un supplément de dotation, et il ne reste aujourd'hui à résoudre, par les négociations amicales suivies avec Rome, que la question des circonscriptions ecclésiastiques. L'administration civile a regagné, avec la renaissance des habitudes d'ordre, une sorte d'efficacité qu'elle avait perdue depuis long-temps. Un remarquable mouvement a été imprimé à la marine nationale, qui a été doublée en peu de temps, aux travaux industriels, aux intérêts pratiques; aujourd'hui surtout, par les tableaux mensuels des revenus de l'état que publie le gouvernement, il est facile de remarquer les progrès de la fortune publique; en comparant les revenus des derniers mois de 1850 à ceux des mois correspondans de 1849, on trouve une amélioration de plus de 30 millions de réaux sans qu'aucun nouvel impôt ait été créé.

A quelles causes peut-on attribuer cette paix dont l'Espagne a joui au milieu de la crise européenne, qui a rendu possibles déjà de sérieux résultats, et ne peut qu'être la source, en se maintenant, d'améliorations nouvelles? Il y a sans doute à faire la part du bon sens national, je l'ai dit. La Péninsule en outre, qui nourrit bien des germes de guerres civiles, contient bien moins que d'autres pays de ces élémens de guerres sociales, de guerres industrielles que la révolution de février est ailleurs venue enflammer; mais, de toutes les causes que je pourrais énumérer encore, une des principales assurément, c'est qu'il se soit trouvé au-delà des Pyrénées un homme pour donner au bon sens national la satisfaction d'une légitime victoire, pour empêcher la reproduction factice de nos luttes trop réelles, et pour dire à la révolution le vieux mot : Tu n'iras pas plus loin! Ici visiblement les qualités du général Narvaez avaient à se développer à un degré plus éminent, sur un théâtre plus large et dans des conditions qui dépassaient l'horizon même de l'Espagne. Avoir mis sous la protection de son épée pendant plus de deux années un des plus grands mouvemens de raffermissement national, avoir montré le salutaire exemple de l'ordre social intact dans un pays accoutumé à suivre le branle de toutes les révolutions, avoir enseigné l'art d'empêcher les conspirations, comme il le disait avec esprit, c'est là ce que j'appelle le côté européen du rôle du duc de Valence en Espagne.

Ce qui distingue le général Narvaez dans sa vie politique comme dans sa vie militaire, c'est évidemment le don vigoureux de l'action. Chef de gouvernement dans un pays constitutionnel, il a bien fallu qu'il se pliât aux habitudes parlementaires, qu'il parlât, en un mot.

Comme orateur, l'homme d'action se retrouve encore dans sa parole. De tous les généraux qui ont pris part, à diverses époques, aux discussions politiques en Espagne, le général Narvaez est un de ceux qui l'ont fait avec le plus de distinction. On a pu observer plus d'une fois ce caractère particulier qu'a le langage des hommes formés à l'école de la vie militaire. Il est certain que les soldats ont une manière d'aborder la tribune et de s'exprimer sur la politique pleine d'une précision et d'une netteté qui ne sont point étrangères aux habitudes de leur vie; ils ne parlent guère pour parler; ils vont droit au but; ils sont accoutumés à savoir ce qu'ils veulent dire, comme ils savent ce qu'ils doivent faire. Cette parole d'un soldat, quand elle ne va pas par malheur s'embourber dans la logomachie des partis, arrive aisément à une sorte d'éloquence propre très distincte de l'éloquence plus littéraire des orateurs politiques. On pouvait voir, récemment encore, en plein sénat, à Madrid, éclater le contraste de ces deux genres de paroles : d'un côté, c'était M. Lopez, le fougueux tribun de 1836 et de 1843 et l'un des hommes les plus éloquens de l'Espagne au sens ordinaire du mot, l'un de ceux qui possèdent le mieux l'art de passionner une argumentation, de grouper des tableaux, de jeter dans un discours toutes les ressources de l'imagination; c'était encore un tribun attaquant le gouvernement. De l'autre côté, c'était le duc de Valence, portant le tranchant de sa parole dans cet habile tissu oratoire de son adversaire, dissipant cette fantasmagorie, précisant les faits et laissant percer parfois un accent de virile émotion. Le général Narvaez a eu coup sur coup à se défendre, au sénat ou au congrès, soit dans les actes de son administration, soit personnellement, soit même dans son passé; il l'a fait avec une réelle habileté, souvent avec esprit et toujours avec une mesure de langage qu'on n'attendait peut-être point de lui. Il s'est quelquefois servi de la parole pour caractériser avec un sens supérieur l'œuvre politique à accomplir en Espagne. « Le jour où un parti politique pourra laisser le gouvernement, la direction des affaires publiques à un parti opposé, disait-il au congrès en 1848, ce jour-là la nation recueillera le prix du sang qui a été versé et de tant de coûteux sacrifices..... mais j'ajoute une circonstance : ce sera le jour où ce parti pourra laisser la place à ses adversaires politiques pour que ceux-ci puissent gouverner suivant leur conscience, suivant leurs doctrines, sans être forcés de céder aux exigences de ceux qui voudraient aller plus avant. Là est la condition. » C'était parler en politique, et c'était peut-être aussi se donner spirituellement le champ libre devant les partis,— devant le parti progressiste surtout, qui n'en est point là. L'Espagne, au surplus, est-elle arrivée à un tel point de raffermissement, que le pouvoir puisse passer indifféremment d'une main a l'autre au sein du parti modéré lui-même? L'expérience est commencée aujourd'hui; elle va se poursuivre sous nos yeux, et si elle est possible, ne peut-on pas dire que le général Narváez a singulièrement contribué à ce résultat? Ne peut-on pas dire qu'il a servi puissamment à amener cet état où un changement considérable de personnes dans les régions ministérielles a pu s'accomplir sans que cette crise devînt menaçante pour le pays tout entier? ihilifi.» . » ju

Le général Narvaez en effet, aujourd'hui, n'est plus président du conseil, et il est même hors de l'Espagne. Il avait subi victorieusement l'épreuve de la lutte; il lui en restait, à ce qu'il paraît, une à traverser qui n'était pas la moins sérieuse et la moins critique : celle d'une paix incontestée et d'un succès politique qui avait dépassé toute espérance. C'est au lendemain d'élections qui avaient présenté ce curieux spectacle de l'élimination à peu près absolue de toutes les oppositions dans le congrès, que le duc de Valence a senti le sol trembler sous lui. Il n'est point tombé, il s'est retiré très volontairement le 10 janvier; il occupait le pouvoir depuis le 4 octobre 1847. On a recherché, avec une certaine curiosité, les causes de la retraite du général Narvaez; on a imaginé des circonstances presque tragiques, des menaces d'arresta-. tion, sans songer qu'un homme arrivé à cette hauteur, et qui a eu à passer par des crises bien autrement périlleuses, ne se laisse pas à ce point surprendre par les événemens et ne quitte pas le pouvoir comme un aventurier. D'autres se sont plu à broder sur la crise politique des incidens ridicules; il n'est pas enfin jusqu'à de singuliers nouvellistes de la Porte du Soleil qui n'aient pu croire un moment, assure-t-on, que le général Narvaez allait, je ne sais où, ramasser une armée pour marcher probablement sur Madrid. La vérité est plus simple que cela.

Si le général Narvaez comptait une immense majorité dans le congrès, s'il n'avait rien à redouter du palais, et ici je veux dire de la reine elle-même et du roi, il est certain aussi qu'il s'était élevé à plusieurs reprises, depuis quelque temps, entre la reine Christine et le président du conseil quelques nuages de nature à troubler la netteté de la situation du cabinet espagnol. La reine Christine a rendu d'é-. minens services à l'Espagne par sa liaute intelligence, par son énergie dans les momens les plus critiques de la guerre civile :: ce sont des services que le pays ne saurait oublier. Par malheur, le jour où sa situation personnelle s'est compliquée d'intérêts nouveaux, où elle n'a plus été simplement, exclusivement la reine-mère, il y a eu là le germe de difficultés de plus d'un genre. L'esprit supérieur de la reine Christine a su souvent réduire à leur valeur ces difficultés; mais, pas toujours au point qu'il n'y ait pas eu quelques froissemens pour le gouvernement de sa fille, qu'il ne se soit parfois manifesté soit de sa, part, soit de la part de ceux qui l'entourent le plus immédiatement; une action peu conforme à celle du chef du ministère qui vient de se dissoudre. — D'un autre côté, il s'était formé dans le sénat une opposition presque exclusivement militaire, où figuraient le général Ros de Olano, le général Cordova, ancien commandant de l'armée expéditionnaire à Rome et aujourd'hui sans fonctions actives, le général Manuel Pavia, commandant de la Catalogne en 1848, et qui, de l'avis du cabinet tout entier, avait dû, à cette époque, être remplacé par le général Concha dans l'intérêt des opérations contre Cabrera. A ces derniers s'était joint le général Roncali, capitaine-général de Cuba il y a peu de temps encore, et remplacé dans ses fonctions. Le général Serrano était aussi avec les mécontens. Cette opposition, d'un caractère politique peu apparent, principalement dirigée contre le président du conseil, avait peu d'importance en elle-même sans doute, quoiqu'elle fût fort obstinée : elle réunissait au plus vingt voix dans le sénat; mais on ne pouvait se dissimuler qu'elle pouvait redoubler et grandir en se sentant un point d'appui dans les hautes régions du pouvoir, en coïncidant avec les dispositions peu favorables de la reine-mère. C'est dans ces circonstances que le duc de Valence a pris immédiatement sa résolution. Il y a évidemment des exemples de susceptibilités moindres en politique. Avec sa rapidité ordinaire, le général Narvaez, on peut le dire, donnait sa démission d'une main et de l'autre envoyait chercher des chevaux de poste pour quitter Madrid et ôter à la crise qui allait s'ouvrir l'embarras de sa présence. Sa démission à peine acceptée, il était reçu par la reine, et, quelques heures après, il se dirigeait vers la France. Le dernier conseil que le général Narvaez paraît avoir donné à sa souveraine, c'était de prendre M. Mon pour chef du nouveau ministère. Ce n'est point, on le sait, la combinaison qui a réussi.

Maintenant quelles seront les conséquences de la crise qui vient d'éclater et de se dénouer d'une manière si imprévue à Madrid? Il serait difficile de le dire. Ce n'est point que le cabinet nouveau, par sa composition, puisse inspirer aucun doute; il est tout entier conservateur. Le président du conseil en particulier, M. Bravo Murillo, est depuis long-temps un des hommes éminens du parti modéré, d'une intelligence remarquable, d'une probité politique hautement reconnue. C'est un esprit sévère, exact, tenace même. Par la passion avec laquelle il s'est voué aux questions financières, peut-être en outre répond-il aujourd'hui à une préoccupation devenue universelle en Espagne, la préoccupation des économies, du règlement de la dette nationale, intérêts graves et supérieurs sans doute? mais qui ne sont que ces intérêts sont subordonnés à la question première de la politique générale? C'est ici qu'il vaut la peine d'envisager de près une situation qui peut devenir pour la Péninsule le point de départ de destinées bien différentes, selon la direction qu'elle prendra.

Les deux forces essentielles de l'Espagne depuis sept ans, depuis

surtout, au milieu des nécessités intérieures et des conditions générales de l'Europe, ont été en réalité le parti conservateur et le général
Narvaez. Dans l'union de ces deux forces a résidé la meilleure garantie
de la sécurité du pays; tout ce qui tend encore à les disjoindre est, sinon
une menace d'un effet immédiat, du moins un élément d'incertitude.
Le général Narvaez a, dit-on; des saillies impétueuses de caractère, des
mouvemens, impérieux qui rendent son pouvoir difficile : — soit, bien
qu'au fond les mieux informés sachent jusqu'où peuvent aller ses susceptibilités et ses emportemens ! Je ne suis point éloigné de croire, pour
ma part, que, quand il s'est retiré, le moment était venu pour lui de
fortifier son gouvernement par des accessions utiles, d'étendre avec
une décision nouvelle l'action de sa politique aux réformes morales
autant qu'aux réformes matérielles. Bien des choses restent encore à
faire en Espagne sous ce double rapport; mais, à côté de ceci, le mérite réel et supérieur du général Narvaez, c'est l'immense autorité
qu'il exerçait sur le parti conservateur, c'est l'ascendant par lequel il
empêchait d'éclater les divisions, les dissidences secondaires. Le parti
modéré, comme je le disais, a l'immense majorité dans la nation; il a
de profondes racines dans les instincts, dans les intérêts, dans les
besoins du pays. Ce qui lui a manqué souvent, c'est l'unité, — non
l'unité des doctrines, mais qu'on me permette cette expression, l'unité
des hommes, en d'autres termes, la discipline. C'est ce qui a fait son
impuissance dans des instans décisifs; c'est de là que lui sont venus
ses échecs. Il n'a tenu avec ensemble au feu que lorsqu'il a eu à sa
tête un chef énergique. Que ce chef soit un soldat; qu'y a-t-il de
surprenant quand la politique est une guerre, même dans les courtes
trèves qui nous sont données de notre temps? Il ne suffirait point de
dire publiquement ou dans le secret des entretiens privés : Le général
Narvaez a été l'homme nécessaire en 1848, tout a dû s'effacer devant
lui; aujourd'hui le calme est revenu, les perspectives sont moins sombres, le mouvement ordinaire des partis doit renaître. Ceci ne signifierait qu'une chose, c'est qu'il est temps de profiter de la paix pour
recommencer le travail de morcellement et de division qui a si bien
réussi d'autres fois au-delà des Pyrénées même, qui réussit si bien
ailleurs, nous en avons trop de preuves. En 1846, le ministère qui succédait au général Narvaez n'avait rien assurément que de pleinement
rassurant; un an après, le parti progressiste était aux portes du pouvoir. Ceci est ce qui tient aux conditions intérieures de l'Espagne. Je
ne parle point des circonstances extérieures, je ne parle point des crises
qui peuvent se reproduire en Europe; qu'une de ces crises éclate, qui
oserait affirmer que le duc de Valence n'est point l'homme le plus
propre à tenir tête à la contagion révolutionnaire? C'est ce qui me
fait dire que retiré du pouvoir comme au pouvoir, en dehors des com-

binaisons ordinaires des partis, le général Narvaez occupe encore une grande place dans les affaires de la Péninsule.

Au fond, d'ailleurs, je ne me méprends pas plus sur la situation de l'Espagne que sur celle de tous les pays où se reproduit ce phénomène de la prépondérance militaire dans la politique : c'est le propre des temps arrivés à des luttes extrêmes. Si cette prépondérance est un gage de sécurité, elle est aussi un des plus éclatans symptômes du péril commun des sociétés, et il ne faudrait point tourner les yeux vers ceux qui l'exercent pour se décharger entre leurs mains de la peine d'agir, pour remettre à eux seuls le soin de guérir nos plaies morales, comme ils nettoient nos rues avec leurs bataillons, ou dispersent les exhibitions obscènes des factions. De singuliers esprits se sont plu à imaginer pour ces vaillans défenseurs de l'ordre européen je ne sais quel rôle de prédomination personnelle du droit divin et absolu de la force, je ne sais quel césarisme qui serait véritablement l'art de jouer aux dés le pouvoir et la civilisation sur le tambour d'un bivouac. C'est étrangement comprendre les instincts, les besoins, les tendances de la société moderne dans ses plus cruelles défaillances, que de lui proposer un remède qui ne vaudrait guère mieux que le mal, qui n'en serait même que la continuation sous une autre forme. D'un autre côté, n'est-ce point un triste appât à offrir aux ambitions légitimes que celui de cette vulgaire domination de hasard emportée par la force, sans cesse menacée par la force? Le rôle des généraux aujourd'hui en Europe est grand et efficace, et à quoi tient cette efficacité et cette grandeur? C'est que, par intelligence comme par habitude de fidélité, ils savent ne point séparer leur cause de ce qui est juste et vrai; c'est qu'ils savent ne laisser atteindre, ni en eux ni en leurs soldats, cet esprit de discipline et ce sentiment du devoir qui font la supériorité réelle de ceux qui les possèdent dans les temps de relâchement; c'est qu'ils savent ce qu'il y a de vertu dans le mot par lequel le langage populaire caractérise encore, avec une énergique simplicité, la vie militaire, servir! Oui, servir, — non des intérêts transitoires, non des caprices de partis, non de petites passions, mais servir l'intérêt permanent de la société, servir l'ordre politique et l'ordre moral renaissant : là est leur grandeur, de même que là est la condition de l'efficacité de leur action. C'est à ce titre que le général Narvaez peut mériter une place parmi les premiers serviteurs de l'ordre en Europe, comme il s'est fait déjà le premier serviteur de la monarchie en Espagne.

CHARLES DE MAZADE.

LITTÉRATURE DRAMATIQUE.

CLAUDIE,

PAR GEORGE SAND.

Le sujet traité par l'auteur de *Claudie* est un des plus graves que puisse se proposer la pensée humaine. La raison la plus haute, l'imagination la plus féconde, peuvent trouver dans le thème choisi par George Sand un digne sujet de méditation, l'occasion d'une lutte laborieuse que ne dédaigneraient pas les plus hardis génies. Il s'agit en effet de nous montrer le pardon à côté de la faute, de placer la charité en regard de l'ame humiliée sous le poids du repentir. Assurément, il serait difficile de trouver dans la philosophie, dans la morale évangélique, une question d'un intérêt plus sérieux. Il y a, dans cette manière d'envisager la faiblesse humaine, une grandeur, une sérénité qui ne peuvent échapper aux esprits animés de sentimens religieux. Que le pardon soit écrit dans l'Évangile, c'est une vérité qui ne saurait être contestée; que la morale divine se montre plus indulgente que la loi humaine, c'est une question épuisée depuis long-temps, et sur laquelle je crois parfaitement inutile de revenir. Reste à savoir si une telle question peut sortir du domaine de la philosophie et de la religion pour entrer dans le domaine de la poésie, si elle peut se débattre sous la forme dramatique. Il semble, au premier aspect, qu'une thèse sur la charité, quelle que soit d'ailleurs l'éloquence du poète, ne puisse fournir les élémens d'une composition pathétique. Les vérités entrevues par la philosophie antique et proclamées par l'Évangile ne paraissent pas se prêter volontiers aux combinaisons de la scène. Pour ma part, je n'ai jamais accueilli avec sympathie les prétentions dogmatiques de l'imagination; je crois qu'il faut laisser à chacune de nos facultés ses droits et sa mission, et ne pas confier à la fantaisie le soin d'une démonstration que la raison seule peut concevoir et achever d'une façon victorieuse; mais si l'art dogmatique ne peut être accepté par la réflexion, si la confusion des rôles départis à chacune de nos facultés est une des erreurs les plus considérables du temps où nous vivons, je ne pense pas pourtant qu'on doive proscrire d'une manière absolue la mise en scène d'une vérité démontrée par la philosophie. Si les personnages raisonnent et discutent au lieu d'agir, c'est une œuvre condamnée au dédain et à l'oubli; un plaidoyer dialogué ne sera jamais une action dramatique. Si le poète, comprenant nettement la nature et les limites de sa mission, évite avec prudence tout ce qui pourrait ressembler aux déclamations des rhéteurs, à l'argumentation des philosophes, si, par la toute-puissance de sa fantaisie, il réussit à douer de vie les sentimens égoïstes et les sentimens généreux qui se disputent le gouvernement de la société humaine, alors la thèse disparaît, les prétentions dogmatiques s'évanouissent, ou se laissent à peine deviner, et la fantaisie ne peut être accusée d'empiéter sur les droits et la mission de la raison.

L'auteur de *Claudie* me semble avoir parfaitement compris la distinction que j'établis entre l'art dogmatique et l'art purement poétique. Autant le premier est faux et languissant, autant le second est libre dans son allure, rapide et imprévu dans ses mouvemens. La faute, le repentir, le pardon, la charité, ne fourniraient qu'une déclamation vulgaire au poète qui se prendrait pour un philosophe. Entre les mains de George Sand le pardon évangélique est devenu un poème simple et touchant. Plus d'une fois, en lisant ses livres, nous avons regretté la confusion de la philosophie et de la poésie; trop souvent l'auteur parlait en son nom, au lieu de laisser parler ses personnages, ou mettait dans leur bouche ce qu'il ne voulait pas dire lui-même. Dans *Claudie* il s'est modestement effacé, et je lui en sais bon gré. C'est à peine si le spectateur devine de loin en loin le poète caché derrière le personnage. Cette modestie est à mes yeux la preuve d'un rare bon sens. Il est facile, en effet, de pressentir dès les premières scènes l'intention de l'auteur, le but qu'il veut atteindre, si les esprits mêmes qui ne sont pas habitués à réfléchir prévoient sans effort la pensée qui va donner le poème tout entier, il faut reconnaître pourtant que la clairvoyance du spectateur n'attiédit pas sa sympathie, et c'est à sa prudence, à sa modestie que le poète doit ce bonheur. S'il n'eût pas pris soin de se

sonnifier ses pensées sous une forme vivante, si, entraîné par un fol
orgueil, il eût essayé de nous parler sans relâche sous des noms différens, l'ennui se serait bientôt emparé de nous. Tout en rendant justice
au maniement ingénieux de la parole, tout en admirant la splendeur
et la variété des images, l'auditoire n'aurait pu écouter avec une attention soutenue une thèse dialoguée. Si, pendant la représentation de
Claudie, la foule n'a pas eu un seul moment d'impatience ou de distraction, c'est qu'il n'y a pas dans le drame nouveau une scène qui
ressemble à une argumentation : l'enseignement se cache sous la passion. L'histoire qui se déroule sous nos yeux nous offre une suite de
leçons, sans jamais prendre la forme didactique.

L'auteur eût-il agi plus sagement en cherchant dans les récits du
passé un fait réel qui lui permît de développer sa pensée dans un cadre
plus important, d'ajouter au charme de la fantaisie le prestige des
personnages consacrés par l'éloignement? Je ne le crois pas. Il est plus
à son aise dans son Berri que dans nos bibliothèques; il l'a plus souvent étudié, il le connaît mieux que les livres qui nous offrent le tableau du passé; il a donc très bien fait à mon avis de mettre en scène
les personnages qui lui sont familiers : il n'est jamais prudent de se
fier au savoir acquis la veille.

Les personnages inventés par l'auteur de *Claudie*, pour le développement de la thèse que je viens d'indiquer, sont très simples, et tirés
de la vie réelle. Je ne dis pas que tous ces types soient conçus avec la
largeur qu'on pourrait souhaiter; plusieurs de ces personnages pourraient, en effet, donner lieu à des objections assez sérieuses; mais il
est certain, du moins qu'ils n'ont rien d'imprévu, rien d'inattendu,
rien d'invraisemblable. C'est pourquoi, tout en reconnaissant que l'auteur de *Claudie* n'a peut-être pas fait tout ce qu'il pouvait faire, et ses
précédens ouvrages me donnent le droit d'exprimer cette réserve, je
suis forcé d'avouer que les figures mises en œuvre dans son drame
nouveau sont revêtues de tous les caractères qui excitent l'intérêt et
la sympathie. L'héroïne même du drame, Claudie, est une conception
pleine à la fois de grace et de grandeur. Elle a aimé; elle s'est confiée,
elle a été trompée, elle est devenue mère, et son amant, qui avait promis de l'épouser, s'est retiré dès qu'il a vu s'évanouir les espérances
de richesse qui avaient dicté sa promesse. Claudie porte sa faute avec
vaillance; flétrie dans l'opinion, condamnée par les matrones du village, elle se réfugie dans sa conscience, et se dit : Pour me sauver de
l'abîme où je suis tombée, il m'aurait suffi d'envelopper dans un commun mépris, dans une commune défiance tous les hommes qui se
disent amoureux de la jeunesse et de la beauté. J'ai pris au sérieux,
j'ai accepté comme vraies les promesses que j'entendais, et ma con-

liance m'a porté malheur; que mon infortune retombe tout entière sur celui qui m'a trompée! Ma faute n'est pas l'œuvre d'un cœur dépravé : corrompue, j'aurais été plus prudente, j'aurais demandé des gages avant de me livrer. Pure et sans tache, je me suis livrée sans condition et sans arrhes; l'abandon que je subis, et qui pour le monde s'appelle un châtiment, n'alarme pas ma conscience; moins pure, moins candide, j'aurais été plus prévoyante, et la ruse n'aurait pas pu triompher de mon ignorance; j'ai succombé, parce que j'ai cru; j'ai livré ma jeunesse et ma beauté; ma faute, que Dieu me pardonne sans doute, est d'avoir douté du mensonge. L'homme qui m'a rendue mère ne sera jamais mon mari, et je ne me plains pas; mais je suis loyale et fière, je ne veux tromper personne : jamais aucun homme n'aura le droit de me reprocher mon passé; je n'aurai jamais besoin de confesser ma faute. J'accepte mon malheur sans confusion et sans colère; je ne réclame la protection ni l'indulgence de personne; la conscience de ma loyauté suffit à calmer mes remords. Que les jeunes filles se détournent en me voyant passer, je ne les maudirai pas, car elles ne savent ce qu'elles font. Dieu a sondé mon cœur, et sait pourquoi j'ai failli; Dieu m'a jugée, et sa justice me console de l'injustice des hommes.

Assurément il y a dans la conception et la composition de ce caractère une grandeur, une simplicité, une austérité que personne ne saurait méconnaître. Quoi qu'on pense de la hardiesse, de la témérité de cette donnée, on ne peut s'empêcher d'admirer la franchise avec laquelle l'auteur l'a posée; il n'essaie pas, en effet, de présenter cette donnée sous une forme douteuse; il l'offre au spectateur telle qu'il l'a conçue, sans déguisement, sans restriction. Quelques ames timorées pourront s'en alarmer; il ne prend nul souci de leurs scrupules ou de leur étonnement; ce qu'il a voulu, ce qu'il a rêvé, il le dit avec une simplicité qui sans doute, pour les esprits enclins à la pruderie, s'appellera crudité. Pour moi, je ne saurais le blâmer; en poésie pas plus qu'en histoire, je ne conçois guère les compromis; du moment qu'on veut rompre en visière à l'opinion commune, du moment qu'on veut battre en brèche les idées acceptées par la foule comme des articles de foi, il ne faut pas laisser la moindre équivoque sur sa pensée, il faut exposer son dessein avec une clarté qui ne laisse aucune prise à la controverse; c'est à mes yeux la seule manière d'accepter tout entière la responsabilité de sa pensée. Quand on a résolu d'ébranler les principes reçus comme souverainement vrais, il ne faut pas les ébranler sourdement, il faut les heurter en plein jour, à la face du soleil. L'auteur de *Claudie* n'a pas reculé devant cet impérieux devoir; il est impossible de se méprendre sur son intention.

Remy est un personnage héroïque : il sait la faute de Claudie, et ne songe pas même à se plaindre; il connaît le séducteur de sa fille, et ne conçoit pas la pensée de la vengeance. Vieux soldat, s'il n'obéissait qu'aux instincts de sa nature, il jouerait sans regret, sans hésiter, sa vie contre la vie du séducteur; mais il croit que Claudie aime encore l'homme qui l'a trompée, et, dans la crainte de l'affliger, il accepte l'humiliation qu'il voudrait laver dans le sang de l'offenseur : ce personnage fait le plus grand honneur à l'imagination de l'auteur; c'est une nature pleine de dévouement et d'abnégation, un cœur ardent, prompt à la colère, qui refoule en lui-même les mouvemens tumultueux de la passion, pour ne pas faillir à la mission qu'il s'est donnée. Remy se vengerait sur l'heure ou plutôt se serait vengé depuis long-temps, s'il n'eût consulté que son courage, mais il croit que Claudie n'a pas renoncé à toutes ses illusions, qu'elle n'a pas encore jeté au vent, comme une vaine poussière, les promesses et les sermens qu'elle a reçus; il croit qu'elle espère encore une réparation, la seule que le monde accepte et ratifie, un mariage qui effacerait sa faute en donnant un père à son enfant. Il n'ignore pas que le séducteur de Claudie, d'abord plein d'empressement et d'ardeur quand il croyait, en épousant la jeune fille qu'il a trompée, payer ses dettes et arrondir son patrimoine de quelques morceaux de terre, s'est refroidi tout à coup dès qu'il a vu Claudie réduite à la pauvreté. Cependant, généreux et crédule jusqu'au bout, il ne veut pas désespérer du repentir du coupable; il ne veut pas renoncer à la pensée de voir un jour sa fille réhabilitée, et, confiant dans la justice divine, il abandonne la réparation sanglante que son bras pourrait lui donner. Remy, tel que l'a conçu l'auteur de *Claudie*, est à mes yeux une des créations les plus vraies, les plus grandes et les plus simples que puisse rêver l'imagination des poètes. Il n'y a, en effet, dans son dévouement, dans son abnégation, ni déclamation ni emphase : il souffre et se résigne sans murmurer contre la Providence; il accepte, avec une soumission absolue, les épreuves que Dieu lui envoie, et ne devine pas même la grandeur et l'héroïsme de sa docilité. Personnage vraiment évangélique, il pratique le pardon le plus sublime, sans se douter de l'admiration qu'il mérite; il comprime, il apaise, avec une persévérance obstinée, les bouillonnemens de son sang qui appellent la vengeance. Remy est, à mon avis, le personnage le mieux conçu, le plus complet de l'ouvrage.

Denis Ronciat, le séducteur de Claudie, pourra sembler, à quelques esprits scrupuleux, empreint d'un cynisme grossier; pour ma part, je comprends très bien que l'auteur n'ait pas hésité à lui donner cette physionomie repoussante; c'est en effet le paysan riche et sensuel, tel que nous le voyons dans nos campagnes, qui ne s'accorde guère avec les paysans de Florian. Denis Ronciat déplaira sans doute à tous ceux qui ont rêvé la vie rustique comme une idylle calme et sereine, faite de bonne foi, de loyauté, de promesses sincères, d'espérances accomplies; quant à ceux qui préfèrent la vérité au mensonge, je ne doute pas qu'ils ne reconnaissent dans Denis Ronciat le type cru, mais le type complet du paysan perverti par l'oisiveté. Le temps des bergeries est passé; les paysans de Florian ne sont plus maintenant qu'une vieille guenille, bonne tout au plus à distraire les enfans et les nourrices; ils sont enveloppés, avec les paysans de Berquin, dans un légitime oubli. Denis Ronciat est dessiné d'après nature, et la vérité, si cruelle qu'elle soit, vaut mieux pour les hommes sensés que Berquin et Florian.

Sylvain, amoureux de Claudie, a toute la naïveté, toute la candeur, toute l'ignorance que l'on peut souhaiter; il se laisse prendre à la beauté, à la fierté de la femme qui l'a charmé, et ne comprend pas qu'une telle fierté puisse se concilier avec le souvenir d'une faute. Quand il apprend qu'il s'est trompé, que la femme qu'il aime n'est pas pure aux yeux du monde, il se désole et se désespère, sans renoncer à son amour; c'est bien là, quoi qu'on puisse dire, le type de l'homme vraiment épris. L'orgueil n'a joué aucun rôle dans les premiers développemens de sa passion, l'orgueil humilié ne suffit pas à tuer la passion déjà vive et ardente; Sylvain ne demande, pour persévérer dans son amour, qu'un mot d'explication, une parole de repentir, ou plutôt une parole de franchise. Que Claudie lui avoue sa faute, qu'elle ne lui cache rien, et il l'aimera résolûment, il la soutiendra comme si elle était pure et sans tache.

Le père Fauveau, qui ne voit rien au-delà des idées vulgaires, condamne la passion de son fils au nom des principes déclarés inviolables par le monde. L'auteur a bien fait de mettre en scène le père Fauveau, car il était nécessaire que l'opinion acceptée comme règle universelle de conduite fût représentée par un esprit tout à la fois honnête et obstiné. A Dieu ne plaise que je proscrive l'entêtement du père Fauveau! ses scrupules ne sont pas dépourvus de bon sens. S'il se rencontre en effet des filles séduites qui ont succombé en raison même de leur candeur et de leur pureté, je ne saurais pourtant blâmer les chefs de famille qui n'acceptent pas la faiblesse comme une garantie de fidélité. En pareil cas, à mon avis, la défiance et la résistance sont des preuves de sagacité. Avant de prendre pour bru une fille mère, il n'est pas mal d'y regarder à deux fois.

La Grand'Rose, qui, dans la pensée de l'auteur, signifie l'indulgence, n'est pas pour moi tout ce qu'elle devrait être; pour obéir à l'esprit de l'Évangile, il fallait faire de la Grand'Rose une femme pure et sans reproche. Quand le Christ pardonne à Madeleine, à la femme adultère, et dit aux assistans : « Qui de vous osera lui jeter la première pierre? » pourquoi la parole du Christ impose-t-elle silence aux juges les plus sévères? C'est que le Christ a le droit de pardonner, parce qu'il n'a de pardon à demander pour aucune faute. Eh bien! la Grand'Rose a-t-elle ce droit? Qui oserait le dire? Riche, belle encore malgré son âge, courtisée, tendre à la fleurette, comment son indulgence fermerait-elle la bouche aux médisans? Elle est trop directement intéressée dans la question pour que son pardon ait une grande valeur : c'est pourquoi la Grand'Rose est, à mes yeux, le personnage le plus défectueux, le moins complet, le moins vrai, le moins utile de la pièce. Jetons les yeux autour de nous : quand une femme a succombé, quand elle n'a pas su résister à l'entraînement de la passion, ne voyons-nous pas les femmes les plus pures douter d'abord de sa faute, et, lorsqu'elles n'en peuvent plus douter, lorsque l'évidence a dessillé leurs yeux, suspendre encore leur jugement, et, malgré là pureté constante de leur conduite, ne la condamner qu'en tremblant? Elles n'ignorent pas la fragilité humaine, et, bien qu'elles aient résisté courageusement, elles n'osent lancer l'anathème à celle qui a failli : c'est à ces femmes sévères pour elles-mêmes, indulgentes pour autrui, qu'il fallait demander le type de la Grand'Rose.

La pièce débute heureusement. Nous sommes en pleine moisson, près de Jeux-les-Bois. Vers la fin du jour, les moissonneurs se réunissent sous le toit de la Grand'Rose, qui, selon l'usage du Berri, partage avec le père Fauveau les fruits de son bien. La plus belle gerbe appartient au doyen des ouvriers, au père Remy : c'est une coutume universellement respectée dans le pays, une manière touchante de bénir la moisson accomplie et d'obtenir pour l'an prochain une moisson plus abondante. Chacun doit déposer son offrande sous la plus belle gerbe. Quand vient le tour de Denis Ronciat, le père Remy refuse fièrement son offrande, sans dire les motifs de son dédain; puis, comme saisi de l'esprit prophétique, il exprime en paroles sévères, que Denis seul peut comprendre, son mépris pour les mauvais riches, qui abusent de la jeunesse et de la pauvreté pour satisfaire leurs brutales passions, qui se font un jeu de l'humiliation et du désespoir de leurs victimes. Son langage s'élève au-dessus de sa condition, la colère amène sur ses lèvres des paroles enflammées qui frappent son auditoire d'étonnement et d'épouvante. Au moment où les moissonneurs s'interrogent du regard et cherchent à deviner le sens de ces paroles étranges, inattendues, Remy s'évanouit. Ce premier acte serait excellent, si l'auteur n'en eût troublé l'effet comme à plaisir, en atténuant la malédiction de Remy par le dialogue de Claudie et de Ronciat, qui nous révèle la faute du personnage principal. Le plus simple bon sens voulait que cette faute fût tout au plus pressentie : je n'ai pas besoin de dire pourquoi.

Au second acte, le père Remy veut partir et emmener sa fille; la Grand'Rose, bonne et compâtissante, s'obstine à le garder, car il n'est pas encore en état de faire une longue route. Sylvain n'a pu voir Claudie sans l'aimer: témoin de sa fierté, qui éloigne jusqu'à la pensée même d'un outrage, il a résolu de lui donner son nom, de la prendre pour femme; mais, aux premières paroles qu'il lui adresse, elle le repousse bien loin, et lui répond qu'elle ne veut pas se marier. Vainement il la presse de questions, vainement il cherche à deviner son secret; et quand, à bout de patience, il lui fait part de ses soupçons, soupçons injurieux qui ne sont pas nés dans son cœur, qu'il a recueillis parmi les chuchotemens de la veillée, d'un mot Claudie lui ferme la bouche : « De quel droit m'interrogez-vous? de quel droit voulez-vous savoir ma vie passée? Est-ce moi qui demande à porter votre nom? C'est à Dieu seul que je dois compte de ma vie, car je ne mendie la pitié ni le pardon de personne. » Sylvain se désespère, s'emporte, et maudit Claudie; les métayers, les moissonneurs arrivent et confirment les soupçons de Sylvain; c'est à qui jettera le premier le mépris et l'outrage à la face de la pauvre fille. Remy exaspéré retrouve la force qu'il avait perdue et emmène son enfant. Tout ce second acte est très bien conduit, sauf quelques scènes, qui n'ont peut-être pas toute la rapidité qu'on pourrait souhaiter. Malheureusement, il n'émeut pas autant qu'il devrait le faire, parce qu'en plusieurs parties il forme double emploi avec le premier; le lecteur me comprend à demi-mot: si Ronclat n'eût pas parlé au premier acte, les soupçons de Sylvain nous étonneraient avant de nous effrayer.

Au troisième acte, la Grand'Rose, qui a vu le fils de son métayer étendu dans la grange comme un corps sans vie, et deviné l'unique moyen de le sauver, ramène Remy et Claudie. Elle est partie sans consulter personne, et, sûre que la pauvre fille mérite plus de pitié que de colère, elle fait bravement tête à l'orage; elle essaie de prouver au père Fauveau qu'en refusant de l'accepter pour bru il tue son fils, que Claudie peut seule sauver Sylvain d'une mort certaine. Le père Fauveau résiste avec le bon sens obstiné d'un paysan habitué à voir dans un passé sans tache la garantie d'un avenir sans reproche. Enfin arrive Ronclat, qui fait la cour aux écus de la Grand'Rose. Alors commence une scène très habilement conçue, et conduite d'un bout à l'autre avec une rare finesse. La Grand'Rose, qui connait le crime de Ronclat lui déclare sans détours qu'elle ne sera jamais sa femme et qu'il doit une réparation à Claudie, s'il ne veut pas demeurer le dernier des misérables; Denis Ronclat, qui a ses dettes à payer, ne se

laisse pas décourager par ce refus-dédaigneux. Comme la richesse est
pour lui le premier de tous les biens, et que l'honneur d'une pauvre
fille n'est dans sa pensée qu'une chose imaginaire qu'on peut remplacer
à prix d'argent, il offre une dot à Claudie. Remy, témoin de cette
offre injurieuse, l'écoute en frémissant et lui explique enfin pourquoi
il ne l'a pas châtié, pourquoi il n'a pas vengé le déshonneur de sa fille.
Ronciat, accablé sous le mépris de tous ceux qui l'entourent, qui l'ont
entendu et le maudissent, offre son nom à Claudie, qui lui répond
avec une simplicité toute chrétienne : « Que Dieu vous pardonne,
comme je vous ai pardonné depuis long-temps! Je ne serai jamais
votre femme; pour échanger son nom contre le nom d'un homme, ce
n'est pas assez de l'aimer; il faut l'estimer, et je vous méprise. » Le père
Fauveau attendri supplie en vain Claudie d'accepter la main de Sylvain, il se jette en vain à ses genoux et la conjure de céder aux larmes
de toute une famille; la Grand'Rose joint aux prières du père Fauveau ses prières encore plus ardentes; Claudie a résolu de porter seule
tout le poids de sa faute. C'est alors que Remy, au nom du Dieu clément dont il représente l'autorité sur la terre, délie sa fille du serment orgueilleux qu'elle a prononcé dans son cœur, et met sa main
dans la main de Sylvain. Chacun comprend, sans que je le dise, toute
la grandeur, toute la simplicité de ce dénoûment.

Le style de *Claudie* est pareil au style du *Champi;* c'est la même
naïveté et parfois aussi, je dois le dire, le même enfantillage. Les locutions berrichonnes que le public parisien admirait dans le *Champi*
se retrouvent à chaque scène de *Claudie.* Quel que soit l'engouement
de la foule pour ces locutions, je n'hésite pas à les condamner, car
elles impriment au langage un singulier cachet de monotonie. Ces
locutions, d'ailleurs, n'ont rien qui appartienne en propre au Berri; à
quelques lieues de Paris, en parcourant les fermes et les villages, on
peut retrouver, ou peu s'en faut, toutes les formes de langage que l'auteur de *Claudie* nous donne comme berrichonnes. Cette fantaisie, qui
a excité l'ébahissement de la foule, n'est pour moi qu'une fantaisie
puérile. Je comprends très bien que Molière, ayant à mettre en scène
des paysans, leur prête le langage de leur condition, et pourtant, malgré toute son habileté, il lui arrive parfois de lasser l'attention du
spectateur; je n'en citerai qu'un exemple, que chacun a déjà nommé
d'avance, le dialogue de Mathurine et de Pierrot dans *Don Juan;* Ce
que Molière avait fait pendant quelques minutes avec un succès très
douteux, l'auteur de *Claudie* a voulu le faire pendant trois heures, et,
malgré ma vive sympathie pour le talent qu'il a montré dans le développement des caractères, dans l'expression des sentimens, je suis
bien obligé d'avouer que les personnages mis en scène auraient à

mes yeux une tout autre valeur, si, au lieu de parler la langue de
Jeux-les-Bois, ils parlaient la langue de tous; A quoi servent en effet
ces locutions, que le public applaudit comme naïves? Donnent-elles
vraiment à la pensée plus de relief et d'évidence? Serait-il impossible
d'exprimer dans la langue qui se parle autour de nous les idées et
les passions dont se compose le drame nouveau? Une pareille thèse
me semble difficile à soutenir; c'est pourquoi je regrette que l'auteur
de *Claudie*, habitué à traiter la poésie d'une manière simple et sévère, ait eu recours à ce prestige enfantin; il faut laisser aux imaginations de second ordre l'emploi de ce moyen vulgaire. Les admirateurs enthousiastes, qui ne veulent prêter l'oreille à aucune objection, me répondront sans doute que le langage villageois était une
nécessité dans *Claudie* aussi bien que dans *le Champi*, puisque tous
les personnages sont de condition rustique. Cette réponse, à mon avis,
ne détruit pas la valeur de mes reproches. Est-ce en effet au nom de
la vérité absolue qu'on prétend louer comme souverainement belle,
comme souverainement utile, cette langue que les badauds prennent
pour le patois berrichon? Le principe une fois posé, qu'on prenne la
peine d'en déduire les conséquences : au nom de la vérité absolue, nous
pouvons demain voir inaugurer sur la scène le patois de l'Auvergne,
le patois de la Picardie, et bientôt, pour comprendre les œuvres conçues dans ce nouveau système, il faudra consulter des glossaires spéciaux. Vainement prétendrait-on que ces locutions provinciales ajoutent à la naïveté de la pensée; c'est une pure illusion, qui ne résiste pas
à cinq minutes d'examen; il n'y a pas une idée, pas un sentiment, dans
Claudie, qui ne trouve dans la langue écrite une expression docile et
fidèle; il est donc parfaitement inutile de recourir, pour les traduire,
au patois berrichon.

Je sais bon gré à l'auteur d'avoir renoncé à remanier pour le théâtre
des œuvres écrites sous forme de narration. Il ne s'est pas laissé aveugler par le succès très populaire et très légitime du *Champi*; il a compris que le roman le plus heureusement conçu ne contient pas toujours les élémens d'une composition dramatique, et qu'il faut trop
souvent, pour satisfaire aux conditions de la scène, sacrifier les parties
les plus intéressantes du récit. *Le Champi* en effet, sous la forme dramatique, commence à la seconde moitié du roman, et la première
moitié, que l'auteur a dû omettre, est précisément la plus neuve, la
plus vraie, la plus émouvante. Il a donc très bien fait de créer *Claudie*
de toutes pièces, au lieu de l'emprunter à quelqu'un de ses livres.
Malgré la fécondité de son imagination, malgré son habileté à reproduire, sous des formes nouvelles, des idées déjà offertes au public, il
a senti qu'il valait mieux, pour émouvoir et pour charmer, prendre

sa pensée à l'état naissant que de remanier la forme déjà trouvée. Il se passe, en effet, dans l'expression de la pensée, quelque chose d'analogue au phénomène observé dans la composition des corps. Tels élémens qui se combinent entre eux lorsqu'ils se trouvent à l'état naissant, c'est-à-dire au moment où ils se dégagent d'une combinaison précédente, refusent de se combiner lorsqu'ils sont libres depuis longtemps : — eh bien ! telle pensée qui, au moment où elle est conçue, appelle une expression rapide et fidèle, cherche vainement une forme nouvelle ou ne la rencontre qu'à grand'peine lorsqu'elle est éclose depuis long-temps.

L'analyse de *Claudie* montre clairement que l'auteur ne possède pas encore à fond toutes les ressources de l'art nouveau où il s'aventure. Ce n'est pas que je veuille exagérer l'importance du métier, qui enseigne à tirer bon parti du plus mince filon. Je sais tout ce qu'il y a de vulgaire et de vide dans cette industrie qui peuple aujourd'hui de redites éternelles tous les théâtres de boulevard, et parfois aussi le théâtre qu'on appelle la maison de Molière. Je ne crois pas qu'il existe, pour la composition d'un poème dramatique, des procédés aussi nettement, aussi rigoureusement définis que pour la fabrication des indiennes ou des soieries. Il y a sans doute parmi nous plus d'un dramaturge qui compare son génie au génie de Jacquart; mais cette vanterie, très acceptable au point de vue industriel, n'est au point de vue littéraire qu'une billevesée parfaitement ridicule, et dont je n'ai pas à m'occuper. Toutefois, si le métier proprement dit, qui consiste à combiner les entrées et les sorties, à préparer les changemens à vue, ne mérite pas une attention sérieuse, il faut bien reconnaître qu'il existe, pour la poésie dramatique, des conditions particulières, des lois impérieuses qui ne sont jamais impunément méconnues.

Dans la poésie dramatique, la fantaisie ne trouve pas à se déployer aussi librement que dans le roman. Il y a une question de prévoyance qui domine toutes les autres questions. Comme l'action se passe sous les yeux du spectateur, il faut que chaque scène s'enchaîne rigoureusement à la scène qui précède, à la scène qui suit. Si l'auteur se laisse emporter par sa fantaisie, et dispose les diverses parties de l'action comme les chapitres d'un roman, il est à peu près certain que l'attention languira, que le spectateur écoutera parfois d'une oreille distraite, et ne tiendra pas compte au poète de toutes ses pensées. La condition dont je parle n'est pas toujours respectée dans *le Champi; Claudie* mérite le même reproche. Sans doute, l'action se déroule simplement; mais elle n'a pas toute la rapidité qu'on pourrait souhaiter; plus d'une scène, quoique très vraie, aurait besoin d'être abrégée, et le dialogue, dégagé de détails inutiles, soutiendrait plus sûrement l'attention. Je suis loin d'envisager la prévoyance comme une condition secondaire dans la composition d'un récit : depuis *Manon Lescaut* jusqu'à *Ivanhoë*, il n'y a pas de récit bien fait qui ne porte l'empreinte de la prévoyance; mais, dans la poésie dramatique, cette condition est encore plus impérieuse : quel que soit le talent du poète, le spectateur ne sera jamais aussi patient, aussi complaisant que le lecteur. L'auteur de *Claudie* ne l'ignore pas sans doute, pourtant il lui est arrivé plus d'une fois de se conduire comme s'il l'ignorait; il mène à bout sa pensée, sans s'inquiéter de l'heure qui fuit, de la foule qui écoute et qui attend; il redit ce qu'il a déjà dit plusieurs fois, comme si sa parole, au lieu de passer par la bouche des personnages, devait former les pages d'un livre. Ces fautes, faciles à découvrir, utiles à signaler, n'altèrent ni la vérité ni la grandeur des sentimens exprimés dans *Claudie;* il est certain cependant que ces sentimens traduits dans une langue plus rapide, placés dans un cadre moins étendu, ou, pour parler plus exactement, développés d'une façon plus harmonieuse, c'est-à-dire chacun selon son importance, exerceraient sur la foule une action plus puissante et plus profonde. Tous les hors-d'œuvre que le goût voudrait effacer, qui font longueur pour les hommes du métier, attiédissent la sympathie de l'auditoire. Si l'auteur de *Claudie*, au lieu d'aborder le théâtre après une série de triomphes éclatans dans un autre genre de composition, eût débuté par la poésie dramatique, si son nom eût été un nom nouveau, il est probable que le public se fût montré plus sévère et eût écouté avec distraction, peut-être même avec impatience, les scènes inutiles ou développées outre mesure; plein de respect pour un talent déjà tant de fois éprouvé, il a tout écouté en silence. Toutefois, bien qu'il semble avoir tout accepté, la réflexion ne perd pas ses droits, et je ne crois pas qu'il soit permis de louer *Claudie* sans restriction. Je rends pleine justice à la sérénité de la conception, à la vérité des sentimens, à l'élévation des pensées, et pourtant je vois dans *Claudie* une admirable ébauche plutôt qu'une œuvre achevée.

Faut-il voir dans le drame nouveau une protestation réfléchie contre le système dramatique inauguré en France il y a vingt ans? Ce serait, à mes yeux, se méprendre étrangement sur le sens de *Claudie*. Grace à Dieu, l'auteur justement applaudi de tant de récits tour à tour ingénieux et pathétiques n'a donné à personne le droit de croire qu'il veuille renverser une école, élever une école nouvelle. Il se complaît dans la peinture de la vie rustique; après nous avoir présenté cette peinture dans le roman, il a voulu nous l'offrir au théâtre. A-t-il pleinement réussi? Si l'on ne consultait que les applaudissemens, il ne serait permis de conserver aucun doute à cet égard. Cependant, je ne

crois pas que les esprits délicats mettent *Claudie* sur la même ligne'que
la *Mare-au-Diable;* car, si l'on retranche de ce dernier ouvrage'le'prologue quelque peu nébuleux qui le précède, il reste un poème tour
à tour frais comme une idylle et grand comme une épopée. *Claudie*
ne mérite pas les mêmes éloges. Je ne dis pas que le public ait eu tort
d'applaudir; la foule émue, attendrie, a battu des mains : son enthousiasme était de la reconnaissance. Elle remerciait l'auteur d'avoir préféré le développement des caractères à l'entassement des événemens;
c'est, de la part de la foule, une preuve de bon sens et de bon goût.
Sauf les réserves que je viens d'exprimer, je m'associe de grand cœur
aux applaudissemens recueillis par *Claudie,* mais je suis loin de voir,
dans ce drame, l'avénement d'une nouvelle doctrine poétique. S'il fallait, en effet, chercher les aïeux de *Claudie,* je n'aurais pas besoin ,
pour les trouver, de feuilleter long-temps le passé; s'il fallait dire de
qui procède George Sand dans le domaine dramatique, je nommerais
Sedaine. *Le Philosophe sans le savoir,* représenté il y a quatre-vingt-
cinq ans, exprime en effet très fidèlement la doctrine suivie par l'auteur de *Claudie.* Dans la comédie de Sedaine comme dans le drame
nouveau, nous trouvons des scènes attendrissantes conduites très simplement, — l'émotion obtenue par des moyens qui semblent n'avoir
coûté aucun effort'de pensée. C'est pourquoi, bien qu'à mes yeux les
généalogies littéraires n'offrent pas un bien vif intérêt, si j'avais à me
prononcer sur cette question de pure érudition, je n'hésiterais pas à
ranger Sedaine et George Sand dans la même famille; mais Sedaine ne
s'est pas contenté de combiner toutes les parties du *Philosophe sans le
savoir* avec une rare prévoyance : il a développé chaque scène dans de
justes proportions, si bien que l'attention ne languit pas un seul instant. Aussi cet ouvrage est-il demeuré comme un modèle de finesse
et de simplicité. L'auteur de *Claudie,* qui a choisi les mêmes moyens
pour émouvoir la foule, n'a montré ni la même prévoyance ni la même
sobriété.

Si les disciples de Sedaine veulent lutter avec avantage contre l'école
qui continue à se dire nouvelle, bien que la plupart de ses œuvres aient
déjà singulièrement vieilli; s'ils veulent sincèrement substituer l'émotion à la curiosité, il faut qu'ils se résignent à étudier le chef-d'œuvre
de leur maître avec une attention persévérante pour apprendre où
finit la naïveté, où commence la manière. Dans *Claudie* même, si
simplement conçue, si vraiment naïve dans presque toutes ses parties,
il serait facile de noter plus d'un passage où la naïveté n'est pas
exempte d'une sorte d'affectation. Ce défaut n'appartient pas tant à la
pensée qu'aux formes du langage. Si l'auteur ne se fût pas obstiné
dans l'emploi des locutions berrichonnes, ses personnages n'auraient
jamais eu l'air de poser devant nous.

Pour démontrer toute la frivolité de l'école qui depuis vingt ans prétend se modeler sur Shakspeare, sur Calderon, sur Schiller, sur Goethe, et dont les œuvres révèlent, sinon le dédain, du moins une connaissance très incomplète de ces beaux génies, il ne suffit pas de choisir Sedaine pour patron, c'est-à-dire de revenir à la nature; il faut préparer des œuvres naïves avec un soin réfléchi, et ne pas livrer sa pensée à toutes les chances de l'improvisation. Pour ma part, je ne crains pas le reproche de flatterie en affirmant que l'auteur de *Claudie* peut faire beaucoup mieux. Doué d'une imagination féconde, en possession d'une langue harmonieuse et colorée, il saura, quand il le voudra, pourvu qu'il ne plaigne pas son temps, nous donner une œuvre plus fortement conçue, je veux dire conçue avec plus de prévoyance. Alors, mais alors seulement, il pourra lutter avec l'école qui, sous prétexte de peindre tous les temps et tous les pays, oublie trop souvent de peindre les sentimens humains, qui demande au machiniste, au décorateur, au costumier, la meilleure partie de ses succès. Oui, sans doute, cette école, applaudie avec tant de fracas, qui promettait de tout renouveler, a bien mal tenu ses promesses, les œuvres qu'elle a produites ne peuvent pas espérer une longue durée; toutefois il faut reconnaître que, malgré sa puérilité, malgré son goût exclusif pour la splendeur du spectacle, pour la brusque succession des événemens, elle a donné à notre théâtre une franchise, une liberté qu'il n'avait pas au siècle dernier. Elle a méconnu l'homme en se vantant de ressusciter l'histoire, de l'interpréter : que les disciples de Sedaine, moins ambitieux dans leurs promesses, étudient l'homme, et nous le montrent tel qu'il est;—c'est à ce prix seulement que l'école *naïve* obtiendra une attention sérieuse.

Si *Claudie* n'est pas le signal d'une réaction préméditée contre l'école qui a mis en honneur le placage historique, le succès de *Claudie* peut du moins servir d'encouragement à tous ceux qui voudront abandonner la parodie de Shakspeare et de Calderon pour l'analyse et la peinture des passions. L'œuvre nouvelle de George Sand, bien que défectueuse en plusieurs parties, a pourtant produit une émotion profonde; la justesse, je pourrais dire la hardiesse de la donnée, ont suffi pour exciter la sympathie. Bien que l'auteur, emporté par un dédain très légitime pour les ruses du métier, ait négligé d'enchaîner, d'ordonner les divers momens de l'action selon les conditions de la poésie dramatique, cependant la foule, heureuse de se trouver en présence d'un monde nouveau, étonnée de voir et d'entendre des personnages qui marchaient librement, qui découvraient avec franchise le fond de leur pensée, qui obéissaient à leurs instincts sans se soucier de rappeler Hamlet ou le roi Lear, Richard III ou Mercutio, a suivi d'un œil attentif, d'une oreille inquiète le développement d'un poème rustique.

Que l'art vienne s'ajouter à la vérité de la donnée, qu'une méditation
laborieuse féconde le germe offert par la fantaisie, que la prévoyance
vienne au secours de la puissance, et les forces du talent ou du génie
seront doublées. Il y a dans le succès de *Claudie* une leçon qui n'a pas
besoin d'être expliquée. Puisqu'une foule avide a recueilli les paroles
du père Remy et du père Fauveau, de Sylvain et de la Grand'Rose,
puisque ces personnages, choisis presque tous dans la plus humble
condition, ont excité dans l'auditoire des frissons de douleur, des frémissemens de joie, il est évident pour les plus incrédules que le goût
public n'est pas perverti, sans retour, comme on se plaît à le répéter.
La vérité, la vérité pure compte encore de nombreux, de fervens adorateurs. Il y a encore parmi nous bien des cœurs animés de sentimens
généreux qui préfèrent l'émotion à la curiosité. Que les disciples de
Sedaine se proposent donc l'émotion et la cherchent par des moyens
dignes de leur maître, qu'ils composent après avoir conçu, qu'ils achèvent lentement au lieu d'improviser; et je ne doute pas qu'une popularité légitime ne récompense bientôt leurs travaux. *Claudie* n'est pas
le dernier mot de l'auteur; je nourris la ferme confiance que son œuvre
prochaine réfutera victorieusement les reproches que j'ai cru devoir
lui adresser. Il se décidera, je l'espère, à employer pour ses compositions dramatiques la langue de ses romans, sans marcher dans la
route vulgaire qui s'appelle le métier; sans renoncer à l'originalité
de sa pensée, sans abandonner les droits souverains de la fantaisie, il
comprendra pourtant la nécessité de soumettre ses conceptions aux
conditions que j'ai définies. Il acceptera les lois de l'art nouveau où il
débute si heureusement. Il trouvera moyen de concilier la prévoyance
et la naïveté, de contenter les esprits sévères en charmant la foule :
avec les facultés qu'il possède, vouloir c'est pouvoir.

GUSTAVE PLANCHE.

FANTAISIE D'ALCIBIADE.

——•——

I.

J'ai toujours eu don Juan en médiocre estime;
Ce n'est, à mon avis, qu'un scélérat fieffé;
Sur la foi de Byron on l'a trouvé sublime,
Et notre pauvre siècle à tort s'en est coiffé;
Les jolis jeunes gens en ont fait leur idole,
Et leur naïf orgueil les enivre si bien,
Que chacun s'imagine, au sortir de l'école,
Dans ce hardi portrait reconnaître le sien.
Don Juan n'a pas de cœur; don Juan est égoïste;
Jamais un cœur d'ami n'a connu ses douleurs.
Il traverse la terre, hôte fatal et triste,
Laissant derrière lui des remords et des pleurs;
Il n'a pas de maîtresse, il n'a pas de patrie;
L'amour n'a pu toucher ce cœur de conquérant,
Et, quand de ses baisers une femme est flétrie,
Il reprend son chemin comme le Juif errant;
Il poursuit son destin, le voyageur sans trêve,
Funeste et séduisant comme l'ange déchu;
Plus d'une délaissée a dû voir, dans son rêve,
Sur son soulier verni percer un pied fourchu;
Il a l'instinct du mal, il en a le génie;
Nulle âme ne résiste à ses yeux dissolus;
Il a vu, sans pâlir, sa mère à l'agonie,

Et vendrait son pays pour un baiser de plus.
Voilà quel est don Juan ! — Les jeunes gens candides
Qui se sont pris d'amour pour ce vil libertin,
Heureusement pour nous n'ont pas des cœurs perfides
Et ne suivent ses pas que d'un pied incertain :
Ils ont de bons amis, ils adorent leurs mères,
Aux orphelins transis ils donneraient leur bien,
Ils ont le cœur si plein qu'ils aiment des chimères,
Et pleurent de douleur à la mort de leur chien.
Sans doute il eût été plus simple et plus commode
De vivre doux et bons ainsi qu'ils étaient nés;
Pourquoi les quereller? Ils ont suivi la mode.
Ce n'est pas pour si peu que je les crois damnés.

S'il faut absolument un héros pour leur plaire,
S'ils veulent se choisir des maîtres en amour,
Je crois qu'Alcibiade eût mieux fait leur affaire :
Noble, brave, insolent, aussi beau que le jour,
L'ami de Périclès et l'amant d'Aspasie,
Jeune, amoureux des arts, capitaine à vingt ans,
Balayant le pavé de sa robe d'Asie,
Faisant à l'Agora la pluie et le beau temps,
Philosophe charmant dans la charmante Athènes,
Vainqueur trois fois de suite aux courses de chevaux;
Orateur éloquent auprès de Démosthènes,
Élève de Socrate, ardent à ses travaux;
Bon convive aux festins, adroit à la tribune,
Surpassant au conseil les plus vieux généraux,
Nul n'égala jamais son nom et sa fortune
Dans ce pays d'Athène abondant en héros.

Aussi, quand il passait à l'ombre des platanes
Sous ce beau ciel de Grèce au reflet argenté,
Prêtresses de Cérès, reines et courtisanes
Sentaient dans leurs cheveux frémir la volupté.
Assemblage inoui de vertus et de vices,
Le peuple athénien l'aimait pour sa beauté,
Riait de ses bons mots, pardonnait ses caprices
Et le traitait un peu comme un enfant gâté.
Jamais les beaux esprits de Paris ni de Londre,
N'imiteront sa grace et sa verve en amour;
Gentilhomme excentrique — et sans être hypocondre, —
Deux mille ans avant eux il inventa l'*humour*.
Si vous ne le croyez, amis, lisez Plutarque,

Et, dans les traits cités de cet esprit charmant,
Remarquez en passant l'histoire d'Agatharque,
Dont le livre, à mon goût, parle trop sobrement.

II.

Or ce peintre Agatharque, — en un jour de boutade; —
Refusa sottement, je ne sais trop pourquoi,
De peindre le boudoir du noble Alcibiade.
On l'eût payé pourtant de la rançon d'un roi.
Notre héros avait une ame peu commune,
Il fatiguait sa vie à suivre ses plaisirs;
Habitué de vaincre, il brusquait la fortune,
S'il la trouvait parfois rebelle à ses désirs.
Un jour, il s'avisa d'enfermer Agatharque
Dans son boudoir. Le fait est sûr. Comme il s'y prit?...
Voilà précisément ce qu'ignore Plutarque;
Mais tenez pour certain qu'il y mit de l'esprit.

« Mon hôte, lui dit-il, cette maison est tienne :
« Mon cuisinier, mon or, mon cellier copieux,
« Il n'est en mon pouvoir rien qui ne t'appartienne.
« Ces murs inviteront ton pinceau glorieux;
« Choisis mes meilleurs vins pour exciter ta verve,
« Et si les dieux amis fécondent ton loisir,
« Si tu prêtes l'oreille aux conseils de Minerve,
« Je ferai ton bonheur égal à ton désir. »

Lorsque le dîner vint, porté par des esclaves,
Alcibiade tint ce qu'il avait promis :
Il avait envoyé les meilleurs vins des caves
Et les mets réservés à ses plus chers amis :
Le sanglier fumé venu de Thessalie,
Les quartiers des moutons engraissés au Parnès,
Des raisins de Corinthe et des fruits d'Italie,
Des candélabres d'or donnés par Périclès,
La coupe où rit Bacchus rose comme l'aurore,
Le miel du Pentéli, les conserves d'Andros
Et le vin résiné dans une rouge amphore
Surchargeaient une table en marbre de Paros.
L'artiste regarda d'un œil morne et farouche
Les apprêts somptueux étalés devant lui :
Les mets de la prison auraient brûlé sa bouche...
Il s'assit dans un coin, dévorant son ennui;

Puis, pour se consoler avec une épigramme,
Il peignit sur le stuc le fils de Clinias,
Laid, avec le col tors et des hanches de femme,
En l'appelant de noms que je ne dirai pas.

A cette heure sereine où la lampe nocturne,
Faute d'huile, pâlit dans l'ombre du boudoir,
Où des songes ailés la troupe taciturne
S'abat en souriant sur la terre, — il crut voir
S'avancer à pas lents une femme splendide;
Ses cheveux dénoués pendaient en longs réseaux,
Moins belle était Vénus, quand de son front humide
Elle fendit un jour le pur cristal des eaux;
Les plis harmonieux de sa robe persane
Enveloppaient son corps sans voiler sa beauté.
Sa gorge soulevait le tissu diaphane
Dans l'éclat merveilleux de sa virginité;
Il la vit s'avancer jusqu'au bord de sa couche
En chantant à voix basse une molle chanson;
De sa lèvre embaumée elle effleura sa bouche...
L'artiste s'éveilla sous un vague frisson.
Elle était là, — vivante! aussi jeune! aussi belle!
Il dit un mot d'amour; mais au son de sa voix
La farouche s'enfuit, pareille à la gazelle
Quand elle entend frémir la feuille dans les bois.

O femmes, nos amours! reines de la nature,!
Devant votre beauté l'homme s'est prosterné,
Et dans les blonds anneaux de votre chevelure
Vous tenez à vos pieds l'univers enchaîné.
Adieu les noirs soucis et la pâle colère...
Jusqu'au jour Agatharque oublia de haïr.
Il rêve, il voit encor cette forme légère
Dont il voudrait fixer au moins le souvenir;
Il saisit ses pinceaux d'une main incertaine,
Il hésite d'abord, interrogeant son cœur,
Mais bientôt le dieu parle, et l'image lointaine
Reparaît par degrés sous son pinceau vainqueur.

Tout à coup il s'arrête, et jetant sa palette :
« C'est moi, riche insolent, qui prétends te braver;
Tu n'ajouteras rien à cette œuvre incomplète,
Car moi seul suis assez riche pour l'achever. »
Pourtant la jeune ébauche envoyait à l'artiste

Un sourire si doux de la bouche et de l'œil,
Qu'il se sentit troublé dans sa joie égoïste;
Mais l'hôtesse nocturne apparut sur le seuil.

— « Homme chéri des dieux, dit la belle inconnue,
Te plaît-il de me voir et d'écouter mes chants? »

— « Salut! vierge aux yeux noirs, et sois la bienvenue!
Nulle voix pour mon cœur n'a d'accords plus touchants;
J'aime ton doux parler et ton brillant visage,
Mais dis-moi ton pays, ta fortune et ton nom. »

— « Hélas! je suis semblable aux oiseaux de passage,
Et je viens des pays où soupire Memnon.
Je m'appelle Myrrha. Des pirates de Rhodes
M'ont vendue autrefois au maître que je sers;
Il m'a fait enseigner l'art de dire les odes
Et d'assouplir au chant le doux rhythme des vers.
S'il te plaît d'écouter, jeune homme aux mains savantes,
Chanter en vers joyeux le vieillard de Téos,
Ou s'exalter Alcée en strophes émouvantes,
Ou soupirer Sapho dont s'honore Lesbos;
Si le bruit des chansons éveille ton génie,
Rends ton pinceau docile et plus légers tes doigts;
Je viendrai chaque jour, invoquant l'harmonie,
Essayer de charmer ton travail par ma voix. »

— « Regarde sur ce mur cette fraîche peinture,
Myrrha. C'est une muse. Ah! ta joue a pâli,
Jeune fille. Est-ce là ton port et ta figure?
Tu les verrais plus beaux dans un acier poli. »
— « Ai-je pu mériter une pareille gloire
De sourire à jamais à la postérité!
O peintre bien-aimé des filles de mémoire,
Les dieux donnent la vie et toi l'éternité. »
— « Hélas! un seul baiser de ta bouche adorée
Paîrait tout mon travail! Tes lèvres, ô Myrrha,
De l'inspiration sont la source sacrée;
Si tu veux, le portrait demain s'achèvera. »
Mais l'enfant le repousse avec un doux sourire.
« Non, dit-elle, je veux te payer en chansons.... »
Et déjà sa voix fraîche et sa joyeuse lyre
Aux vers d'Anacréon prêtent leurs doubles sons :

« Allons, peintre fameux, peintre à la main puissante,
    Veux-tu me faire le portrait

D'après mes souvenirs de ma maîtresse absente ?
   Je la décrirai trait pour trait.

« Représente d'abord sa chevelure noire,
   D'où s'exhalent de doux parfums;
Sur sa joue arrondie et sur son front d'ivoire
   Fais reluire ses cheveux bruns.

« Rapproche, — mais pas trop, — en deux lignes soyeuses
   Les arcs brillans de ses sourcils;
Imite, si tu peux, les courbes gracieuses
   Et la pudeur de ses longs cils.

« Que ses beaux yeux voilés d'une humide tendresse,
   Et cependant remplis de feu,
Rappellent à la fois Diane chasseresse,
   Vénus et Minerve à l'œil bleu.

« Sur sa joue et son nez que le lait et la rose
   Viennent s'unir et se poser;
La persuasion sur sa lèvre repose;
   Et sa bouche appelle un baiser.

« Les Graces souriront, troupe vive et légère,
   Sur son menton voluptueux,
Et sur son col de marbre où tremble la lumière
   Et sur son dos majestueux.

« Laisse, en accommodant sa robe purpurine,
   Quelques beautés sans les voiler,
Pour qu'on juge le reste et que l'œil le devine :
   La voilà ! Je la vois parler. »

Et la chanson coulait de sa lèvre facile
Comme au milieu des fleurs une source au flot clair.
Agatharque charmé demeurait immobile;
Mais, quand le dernier son eut expiré dans l'air,
Il prit entre ses bras l'enfant harmonieuse,
Et, frémissant encor du rêve de la nuit,
Il but un long baiser sur sa bouche rieuse;
Mais elle s'échappa de ses bras et s'enfuit.
A ce premier baiser plein de douces promesses
L'artiste resté seul rêva pendant un jour,
Et, bercé par l'espoir de nouvelles ivresses,
Il reprit ses pinceaux, conseillé par l'amour.

Ainsi le lendemain et d'autres jours ensuite
Revint la belle esclave aux yeux de diamant,
Qui, prenant sa ceinture à Vénus Aphrodite,
Muse capricieuse, inspirait son amant.
Chaque jour promettait des voluptés meilleures :
Tantôt elle chantait une douce chanson,
Ou, par ses doux propos diminuant les heures,
Transformait en palais les murs de la prison,
Et, tantôt ébranlant le sol sous ses pieds roses,
Elle précipitait ses pas impétueux,
Ou, savante à former de gracieuses poses,
Tordait comme un serpent son corps voluptueux.

Par quels obscurs détours procède le génie!
La nature vaincue obéit à ses mains,
D'élémens opposés il tire l'harmonie,
Il sait transfigurer les visages humains,
Il invente, il copie, il crée, il interprète.
Toujours grand, toujours fort dans sa fécondité,
Et surprenant aux dieux leur puissance secrète,
Varie infiniment l'éternelle beauté.
Le mur s'est animé de peintures nouvelles :
Voici la Poésie au front doux et voilé,
Conduisant sur ses pas les Graces immortelles;
Puis la Danse lascive, au front échevelé,
Svelte, le pied hardi, la jambe découverte,
Défiant du regard les Amours curieux;
Puis la Musique enfin, plus tendre et moins alerte,
Le visage gonflé d'un souffle harmonieux,
Pressant contre sa lèvre une flûte sonore
Qui de la voix humaine imite les douceurs.
Les voilà toutes trois : Érato, Therpsichore,
Euterpe! — D'un regard on les devine sœurs,
Ou mieux on reconnaît une déesse triple,
Sous différens aspects déployant sa beauté,
Animant ces trois corps de sa grace multiple,
Et semblable toujours dans sa variété :
C'est encore Myrrha, mais diversement belle,
Myrrha, qui, de l'artiste enivrant les regards,
Réalisait ainsi cette fable immortelle
De la blonde Vénus enchaînant les beaux-arts.

Agatharque, endormi dans l'amour et l'étude,
A ses refus passés songeait plus mollement;

Il y pensait pourtant, non sans inquiétude,
Et son orgueil blessé murmurait vaguement.
Il songeait quelquefois à l'épouse d'Ulysse,
Qui détruisait la nuit son ouvrage du jour;
Mais d'un cœur bien épris quel n'est pas l'artifice!
Pour se tromper soi-même il est plus d'un détour.
Il se trompa si bien qu'au bout d'une semaine
Trois panneaux étaient peints. — En face du dernier
Il dit, — fut-ce vraiment un conseil de sa haine? —
« Avant que d'y toucher, je mourrai prisonnier. »

Les esclaves pourtant, à l'heure accoutumée,
Apportaient le festin sur un disque fumant,
Quand, tenant par la main sa Myrrha bien-aimée,
Alcibiade entra vêtu superbement.

« Ami, dit-il au peintre ému de sa présence,
« Les dieux pour nous conduire ont des chemins divers;
« Nous, d'un esprit soumis, adorons leur puissance
« Qui régit à son gré cet aveugle univers!
« Ton génie obéit à leur divin caprice;
« Aujourd'hui, malgré toi te voulant glorieux,
« De leurs desseins secrets ils m'ont rendu complice;
« De Myrrha pour te plaire ils ont armé les yeux.
« Ton orgueil à Vénus réservait la victoire
« Pour pouvoir sans rougir avouer ton vainqueur;
« Les dieux reconnaissans te donneront la gloire,
« Et moi, si tu le veux, je guérirai ton cœur.
« Cette esclave te plaît, ami; je te la donne,
« Jamais je n'approchai de son lit respecté;
« Sur ce front souriant que la grace couronne,
« Tu verseras la joie et l'immortalité.
« Heureux artiste! à toi ces épaules dorées,
« Ces cheveux frissonnans et ce sein virginal;
« Et toutes ces beautés par tes mains illustrées;
« Moi, j'aurai la copie, et toi l'original. »
Il dit : Myrrha sourit, et l'artiste rebelle
Sentit que la colère expirait dans son sein.
— Il avait tant d'amour! la fille était si belle!
Il s'en vint vers son hôte et lui tendit la main.

Bref, le dernier panneau ne demeura pas vide.
Agatharque y peignit Vénus sortant des eaux,

Des baisers de la mer encore tout humide,
Et riant au soleil sur un lit de roseaux.

III.

Le trait, en ce temps-là, fit du bruit dans Athènes.
On le jugea galant, vif et de bon aloi,
Et nous le retrouvons cité par Démosthènes,
Qui n'en parle pas mal pour un homme de loi.
Notre siècle n'est pas à la plaisanterie,
Et messieurs du parquet enverraient poliment
Le bel Alcibiade à la Conciergerie
Enchaîné côte à côte avec le beau don Juan.
— N'importe! je maintiens que c'est là le grand maître :
Il avait l'esprit fier, le cœur aventureux.
Jamais il n'avait pris ses ennemis en traître;
Un feu sacré brûlait dans son sang généreux.
Il aimait son pays, les beaux-arts et la gloire!
Par le glaive et l'amour doublement conquérant,
Comme un dieu sur ses pas entraînant la victoire,
Chassé de sa patrie il y revient plus grand.
Enfin, quand il arrive à son heure dernière,
Seul, la nuit, au milieu d'assassins soudoyés,
Comme un lion traqué qui sort de sa tanière,
Il bondit au milieu des soldats effrayés,
Et si terrible encor que la pâle cohorte,
N'osant pas de pied ferme attendre le héros,
S'enfuit en le voyant sur le seuil de la porte,
Et le perce de loin à coups de javelots.
Or, tant que les vingt ans chanteront dans les têtes,
Tant que les songes blancs passeront dans les airs,
Tant que les jeunes gens rêveront des conquêtes,
Tant que les passions troubleront l'univers,
Nous aimerons en toi la brillante jeunesse,
Le bon goût, l'esprit vif, les douces voluptés,
Et nous reconnaîtrons ton juste droit d'aînesse,
Père de l'élégance et des nobles gaîtés!
Et lui-même, don Juan, — s'il t'avait vu paraître
Au lieu de la statue à son dernier festin, —
Eût pâli, j'en suis sûr, en rencontrant son maître
Dans cet hôte fatal choisi par le destin.

CHARLES REYNAUD.

L'EMPEREUR SOULOUQUE

ET

SON EMPIRE.

QUATRIÈME PARTIE. [1]

IX. — UN COUCHER DE SOLEIL. — LES MALHEURS DES PIQUETS.
— SOULOUQUE VOLTAIRIEN.

J'ai déjà fait pressentir la disgrâce du favori Similien, et, si on n'a
pas trop perdu de vue les allures morales de cet effrayant personnage,
on ne s'étonnera pas de le voir tomber victime de sa sensibilité. Voici
quel nouveau tour lui joua sa sensibilité.

Peu de jours après les massacres d'avril 1848, Bellegarde, on l'a vu,
inspirant autant de sécurité qu'il avait naguère inspiré d'épouvante,
reçut des bourgeois de Port-au-Prince une chaleureuse adresse de remercîmens. Le seul mérite du nouveau favori et de son second, le
commandant de place, c'était d'avoir tenu en échec Similien; mais le
donner à entendre, c'eût été jeter à celui-ci un défi dangereux. A
l'exemple de cette dévote qui, pour ne se faire d'ennemis d'aucun côté,
avait soin de ne jamais oublier le diable dans ses prières, la bourgeoisie crut donc prudent de confondre dans l'expression officielle de sa
reconnaissance Similien avec les deux hommes qui en étaient l'objet.

(1) Voyez les livraisons des 1er et 15 décembre 1850, et du 15 janvier 1851.

Ce brusque coup d'encensoir était venu le surprendre juste au moment
où il se livrait, entre deux flacons de tafia, à ses méditations quotidiennes sur l'ingratitude des mulâtres, et, d'autant plus touché d'un
pareil retour de sympathie qu'il sentait n'avoir rien fait pour le mériter, il se prit, séance tenante, d'une belle tendresse d'ivrogne pour
cette même population de couleur qu'il venait de vouer au massacre,
au pillage et à l'incendie. Similien était malheureusement sujet à voir
double au moral comme au physique. En rendant ses bonnes graces
aux mulâtres, il n'avait nullement entendu se brouiller avec leurs ennemis, d'autant plus que ceux-ci, profondément blessés des obstacles
que Bellegarde opposait à leurs projets de pillage, étaient des alliés
naturels pour le favori supplanté. En conséquence, Similien avait fait
de sa vie deux parts qu'il consacrait, l'une à boire avec les mulâtres
pour acquitter sa dette de cœur, l'autre à boire avec les meneurs ultra-
noirs pour entretenir leur exaspération contre les tendances mulâtres
de son rival. Ce zigzag d'ivrogne eut un double succès. Non contente
d'enchérir sur le programme communiste des piquets, la coterie des
pillards en vint à demander, comme je l'ai dit, le bannissement de
Bellegarde. De leur côté, les hommes de couleur, mesurant leur urbanité à la terreur croissante que leur inspirait Similien, répondaient
avec un empressement de jour en jour plus flatteur aux politesses bachiques de ce terrible commensal. Celui-ci en conclut qu'il était à la
fois l'idole du parti mulâtre et du parti ultra-noir, ou, comme nous
dirions ici, de la droite et de la montagne : la tête lui tourna, et, trouvant que le nom sans conséquence qu'il avait porté jusqu'à ce jour
n'était pas en harmonie avec ses hautes destinées, Similien ne signa
plus que Maximilien.

En attendant que l'expiration, soit légale, soit révolutionnaire, des
pouvoirs présidentiels vînt lui permettre d'ajouter à ce nom sonore le
titre qu'il y accolait déjà par la pensée, Similien crut ne pouvoir pas
se dispenser d'être au moins le second personnage de l'état. Pour cela
il fallait évincer Bellegarde, et comme la faveur subite de Bellegarde,
naguère simple colonel, ne s'expliquait que par l'influence du vaudoux, dont il est un des plus forcenés sectaires, Similien conçut le projet hardi de saper l'édifice par la base et de discréditer le vaudoux.
Soulouque étant encore absent, l'incrédule tailleur entreprit sur ce
chapitre M** Soulouque, lui remontrant d'un ton paternel que frère
Joseph n'était pas ce qu'un vain peuple pense, qu'il était, à la rigueur,
permis de rendre à l'Être suprême l'hommage d'un cœur pur, mais
qu'il rougissait, lui Similien, de voir le chef d'un pays libre ouvrir
son palais aux drôles et aux drôlesses qui brûlaient des cierges, tiraient
les cartes, ou faisaient parler les couleuvres pour de l'argent. La présidente, qui, pendant cette tirade, avait été plusieurs fois près de défail-

lir, ne put réprimer l'indignation que lui causait le monstrueux scepticisme de Similien. Froissé de l'accueil qu'on faisait à ses conseils
d'ami, celui-ci s'échauffa à son tour, et on en vint aux gros mots. —
Je l'écrirai à « président! » s'écria Mme Soulouque. — Eh bien! répliqua
avec majesté le commandant de la garde, dites de ma part à « président » qu'il est *aussi bête* que « présidente, » qu'il aura lui-même affaire à moi, et que, pour rentrer à Port-au-Prince, il faudra qu'il passe
par mes conditions.

Similien, m'a-t-on assuré, ne pensait pas encore à cette époque tout
ce que la colère lui faisait dire; mais, ayant cru devoir se consoler de
l'ingratitude des femmes, comme jadis de l'ingratitude des hommes,
par un redoublement de boisson, il ne put retrouver, avant la rentrée
du président, le quart d'heure lucide qui lui aurait suffi pour rétracter
ses imprudentes menaces. La faction ultra-noire les avait même ag-
gravées en s'en emparant, et je laisse à penser si la présidente, Bellegarde et frère Joseph avaient tiré parti de cette circonstance dans les
dénonciations quotidiennes qu'ils faisaient parvenir à Soulouque. De
là l'accueil glacial fait à Similien par son excellence, qui, dès le lendemain, pour ne pas lui laisser de doute sur sa disgrace, le tança avec
une sévérité évidemment affectée à propos de quelque insignifiant détail de service. L'ex-favori crut ramener Soulouque en évoquant les
souvenirs d'une vieille camaraderie; il répondit donc en camarade,
c'est-à-dire avec une familiarité qui fit froncer le sourcil à son despo-
tique ami. Similien en conclut que la nuance amicale qu'il avait voulu
donner à ses paroles n'était pas suffisamment accusée, et il l'accusa
tellement que sa familiarité dégénéra en impertinence, ce qui acheva
de gâter ses affaires. Il était donc de sa destinée d'être toujours incompris! A bout d'expédiens, le sentimental ivrogne se souvint qu'il lui
avait suffi en pareil cas, pour reconquérir le cœur des mulâtres, de
leur montrer ce qu'il en coûtait de se brouiller avec lui, et il imagina
de reconquérir par un procédé analogue le cœur de Soulouque. En
d'autres termes, Similien se mit à conspirer tout de bon, ce qui, le
tafia aidant, ne fut bientôt un secret pour personne. Le président dis-
simula plusieurs mois; puis un matin, à la parade de la garde, il dit
d'un ton bref à l'ancien favori : « Général Similien, je vous retire votre
commandement. Sortez d'ici, et restez aux arrêts dans votre maison
jusqu'à nouvel ordre! »

En s'entendant ainsi apostropher au milieu de cette même garde
dont il avait si souvent éprouvé le dévouement fanatique, Similien
crut de très bonne foi que le président était devenu fou; mais il crut
rêver lui-même quand le regard confiant et railleur qu'il avait rapidement jeté autour de lui n'eut rencontré que des regards indifférens

et des bouches muettes. Pas un homme n'avait bougé. Similien était déjà depuis plusieurs jours aux arrêts, lorsque trois ou quatre officiers osèrent les premiers hasarder quelques propos sur cette mesure; enlevés nuitamment, ces officiers furent conduits par mer dans les cachots du môle Saint-Nicolas, et on ne parla plus.

Après mûres réflexions, Similien trouva le mot de l'énigme. La population et l'armée attendaient évidemment pour se soulever en sa faveur que Soulouque fût engagé dans sa prochaine expédition contre Santo-Domingo; elles n'avaient affecté l'indifférence que pour mieux cacher leur jeu. Soulouque entra en effet en campagne le 5 mars 1849, et, à partir de ce jour, Similien, persuadé que, d'une heure à l'autre, ses amis les mulâtres et les meneurs ultra-noirs allaient venir, bras dessus, bras dessous, le supplier d'accepter la présidence, ne prit même plus la peine de dissimuler son légitime espoir. Six semaines cependant s'étaient déjà écoulées dans cette fiévreuse attente, et le futur président commençait à devenir inquiet, lorsque enfin un mouvement inusité se fit autour de sa maison.

Vu la chaleur, Similien se trouvait justement dans un état de toilette qui rappelait bien plus la tenue d'apparat d'un chef mandingue que celle d'un président haïtien. Craignant de compromettre la majesté de son début, il sauta à la hâte sur son uniforme, en criant au groupe nombreux qu'il entendait déjà pénétrer dans sa demeure de vouloir bien attendre; mais telle était l'impatience des visiteurs, qu'ils forcèrent la porte, se saisirent de Similien, le portèrent en un clin d'œil dans la rue, et de là le poussèrent à coups de crosse non vers le palais, mais vers la prison. On le jeta demi-nu dans le même cachot d'où David Troy, sa première victime, était sorti quelque temps auparavant pour marcher à la mort, et, rapprochement étrange, ceci se passait le 16 avril 1849, c'est-à-dire un an jour pour jour après la scène de massacre qui avait inauguré le programme de Similien. Par une coïncidence non moins singulière, Similien subissait ici le contre-coup de ces mêmes défiances dont il avait été le principal instigateur. Se croyant en effet sûr de l'élément ultra-noir, il s'était exclusivement tourné, dans les derniers mois, vers la classe de couleur, dont il comptait exploiter le désespoir, de sorte que Soulouque avait fini par ne voir en lui qu'un « conspirateur mulâtre » de plus. Quelques cris de femme, qui semblaient plutôt arrachés par l'étonnement que par la commisération, se firent entendre sur le passage de l'escorte qui entraînait l'ancien favori; mais c'est tout. La portion masculine de la populace, qui naguère aurait brûlé la ville pour faire plaisir à Similien, ne remua pas plus que n'avait remué précédemment la garde. Les « philosophes » (orateurs, beaux diseurs) des quartiers de Bel-Air et du Morne-à-Túf se contentèrent de montrer du doigt les deux points opposés de l'horizon en disant : *Solé lévé là, li couché là* (1); sentence nègre qui sert à exprimer l'instabilité des grandeurs humaines.

- L'ascendant de respect et de terreur que Soulouque exerçait, même à distance, n'expliquait pas seul du reste cette attitude nouvelle des amis de Similien. En croyant saper les croyances vaudoux, celui-ci creusait à son insu, depuis dix mois, la mine où devait s'engloutir sa popularité. Soulouque avait uniquement attendu pour agir que ce sourd travail, dont ses espions suivaient jour par jour la marche, eût produit ses résultats. La contre-partie était en un mot complète : le vaudoux, cause première du débordement ultra-noir, devenait le premier instrument de la réaction.

Pour en finir avec Similien, nous dirons qu'il n'a pas été fusillé, mais qu'il n'en vaut guère mieux. Une démarche fut tentée en sa faveur à l'occasion de la proclamation de l'empire : — *Li sortir de prison!* s'écria sa majesté impériale, *il poussera de la mousse en premier!* (il moisira auparavant!) Similien fit représenter que ses jambes, gonflées par la pression des fers, allaient tomber en gangrène : — « Qu'il ne s'en préoccupe pas; quand elles seront tombées, on l'enchaînera par le cou ! » dit finement Faustin Iᵉʳ.

Dans l'intervalle qui s'était écoulé entre la mise aux arrêts de Similien et son envoi au cachot, le chef principal des piquets, Pierre Noir, avait, lui aussi, payé son tribut au soupçonneux despotisme dont il venait d'être l'un des plus épouvantables instrumens. Fidèle à ses habitudes de modestie, le capitaine Pierre Noir avait obstinément refusé le grade de général, qui lui était échu dans l'averse de promotions dont sa bande fut l'objet en 1848. Il n'en voulait que les émolumens, et encore, trouvant honteux de recevoir ce qu'on peut prendre, prélevait-il lui-même ces émolumens sur la bourse des voyageurs, s'attaquant de préférence aux étrangers. Notre consul-général s'épuisait en demandes de réparations toujours écoutées, mais toujours à renouveler. Perdant à la fin patience, M. Raybaud somma le gouvernement de mettre une fois pour toutes Pierre Noir dans l'impossibilité de nuire, ajoutant que les ménagemens dont on usait envers cet abominable garnement donnaient à croire qu'il faisait réellement peur au président, ainsi qu'il osait s'en vanter! Soulouque, qui, pendant six mois, avait répandu le sang humain par ruisseaux pour faire preuve de caractère, fut, on le pense bien; très sensible à ce soupçon : un courrier porta immédiatement à Pierre Noir l'ordre de se rendre à Port-au-Prince.

Jugeant ce voyage compromettant pour sa santé, Pierre Noir n'eut

_____

(1) Le soleil se lève là, et il se couche là.

garde d'obéir, et il convoqua le ban et l'arrière-ban des piquets; mais
les mesures avaient été si bien prises, qu'avant d'avoir pu réunir son
monde, il fut arrêté aux Cayes, où il s'était aventuré avec une trentaine des siens. Comme on le menait fusiller avec deux de ses lieutenans, le bandit offrit à l'officier commandant l'escorte de le faire son
premier ministre s'il voulait le laisser évader, et, chose rare en Haïti,
l'officier refusa, bien que Pierre Noir fût parfaitement en mesure de
tenir, le cas échéant, sa parole. En croyant ne demander justice que
d'un simple coupe-jarret, M. Raybaud avait en effet débarrassé Soulouque d'un conspirateur bien autrement sérieux que Similien. Il fut
prouvé que le modeste Pierre Noir n'attendait que le moment où le
président se trouverait aux prises avec les Dominicains pour se faire
dans le sud un petit royaume africain, à l'exclusion de *tout élément
hétérogène*, c'est-à-dire à l'exclusion des mulâtres, qui auraient été
simultanément massacrés sur tous les points de la presqu'île, et à
l'exclusion des blancs, qui devaient être massacrés après les mulâtres,
en commençant par les deux agens français et anglais. L'exécution de
ce hardi coquin, qui devait à dix mois d'impunité un ascendant presque sans bornes, étendit à la populace noire du sud l'impression de
superstitieux respect dont Soulouque .avait déjà frappé les pillards
de Port-au-Prince. Les piquets se bornèrent à manifester leur désolation par un luxe de deuil qui finit par fatiguer le président. — *Ça vint
trop bête*, dit un matin son excellence, et trois nouvelles exécutions
vinrent imposer silence aux sanglots des bandits.

Les piquets n'ont reparu à l'état de faction sur la scène que dernie-
rement. On se souvient qu'une de leurs bandes ayant été repoussée, en
1848, de Jacmel, où elle laissa une quarantaine de prisonniers, Soulouque prit fait et cause pour ceux-ci, destituant les autorités noires
de la ville et fusillant les principaux habitans de couleur. La conséquence naturelle d'un patronage aussi éclatant, c'était que Soulouque
approuvait le but de l'expédition des piquets; mais les jours, les mois
et finalement deux années s'écoulèrent sans qu'il eût consenti au pillage de Jacmel. Les pillards finirent par murmurer contre ce manqué
implicite de parole, répétant sur le ton de la menace que les tendances
rétrogrades du nouvel empereur n'avaient rien de surprenant, puisqu'il s'*entourait de mulâtres*. En effet, Soulouque a conservé comme
curiosité zoologique, dans sa galerie de grands dignitaires, quelques
rares spécimens de la race de couleur. Les rangs inférieurs de l'administration renferment même un assez grand nombre de mulâtres, par
la raison qu'il est difficile d'administrer sans écrire, et que la classe de
couleur a à peu près le monopole du *papier parlé*. Les piquets de Jacmel
ne visaient enfin ni plus ni moins qu'à substituer à Faustin Iᵉʳ un empereur démocratique et social de leur façon, et la conspiration avortée

de Pierre Noir était, en train de se reconstituer; mais Soulouque fit prudemment arrêter et fusiller quatre ou cinq des principaux meneurs, ce qui imposa silence aux autres, et aujourd'hui, la presqu'île du sud jouit d'un calme aussi profond, nous voulons dire aussi morne que le reste de l'empire.

Après Similien et les piquets, c'est-à-dire après l'élément militaire et l'élément bandit de la trilogie ultra-noire, l'élément vaudoux a eu aussi son tour. Il y a quelques mois, Soulouque souffrait d'une enflure au genou. Frère Joseph, devenu colonel et baron, c'est-à-dire plus en faveur que jamais, conseillait des conjurations; mais le médecin conseilla des sangsues, et l'illustre malade opta pour les sangsues. Frère Joseph, piqué au vif, eut l'imprudence de dire que, puisqu'on dédaignait sa recette, il se lavait les mains de ce qui allait arriver, et qu'en punition de son incrédulité, «l'empereur» mourrait très certainement de son mal. En l'apprenant, Soulouque, qui payait son sorcier pour écarter les mauvais présages et non pour en faire, Soulouque fit conduire frère Joseph dans un cachot du môle Saint-Nicolas, d'où il ne sortira probablement jamais. Il ne faut pas d'ailleurs trop prendre au mot ce voltairianisme subit de sa majesté impériale. Le chef noir est convaincu de sa prédestination, et quand on a le dieu Vaudoux dans sa manche, on peut faire bon marché de ses saints. Les papas vaudoux ont d'ailleurs cela de commun avec les alchimistes, qu'ils ne savent faire, les uns des conjurations, les autres de l'or, qu'au moyen de certains ingrédiens déterminés, et on a pris soin de ne laisser à la portée de frère Joseph ni cierges, ni colliers, ni poupées, ni serpens.

En somme, un peu de bien est déjà né de tant de mal. La crainte d'être raillé sur ses croyances vaudoux, la maladive préoccupation d'échapper au soupçon de faiblesse, enfin la peur des maléfices, qui avaient seules refoulé Soulouque dans le parti ultra-africain, sont devenues tour à tour le mobile de la réaction qui a successivement emporté les trois vauriens en qui se personnifiait ce parti. Malheureusement il s'en faut de beaucoup que cette réaction soit systématique. Soulouque, si prompt à généraliser ses soupçons et ses rancunes à l'égard des mulâtres, Soulouque ne semble voir ici le danger qu'à mesure qu'il s'y heurte, emprisonnant ou fusillant sans délibérer les conspirateurs ultra-noirs qu'il prend en flagrant délit, mais sans retirer sa confiance au reste du parti, devenu la pépinière des ducs, des comtes, des barons dont s'enorgueillit maintenant le puissant empire de Faustin. Il est vrai qu'il y a eu autour de Soulouque émulation de haine ou de peur pour flatter ses préventions contre la classe opprimée, tandis que le parti ultra-noir se trouve protégé auprès de lui par l'excès même de ces préventions. Comment se poser en ennemi des piquets sans s'avouer plus ou moins l'ami de leurs victimes? Pas un seul des sept ou huit honnêtes gens qui restent dans l'entourage de Soulouque n'oserait courir les risques d'une interprétation semblable. En attendant, les piquets et leurs amis perpétuent, dans le ressort des commandemens dont ils sont investis, le système de terreur qu'ils exerçaient, en 1848, sur les grandes routes. Soit par fanatisme de reconnaissance pour l'homme sans lequel ils seraient encore réduits à voler des cannes à sucre ou à mendier, soit parce que la plupart d'entre eux ne se sentent pas la conscience bien nette à l'endroit de la conspiration qui a coûté la vie à Pierre Noir (1), tous ces étranges généraux s'évertuent à faire preuve de dévouement à leur façon, c'est-à-dire en découvrant dans chaque bourgeois un suspect. Sous l'empire de ces obsessions que personne ne combat, les élans de sauvage défiance que Soulouque semble parfois trouver contre les véritables suspects reprennent leur direction première. Les prisons et les cachots ne rendent aucun de leurs captifs, hormis ceux que la maladie ou la faim délivrent, et si les arrestations et les exécutions sont devenues plus rares, c'est que la matière commence à s'épuiser.

L'impulsion ne peut venir ici que des consuls, et les occasions ne leur manquent pas. La haine des mulâtres n'étant en quelque sorte, chez la crapule en place, qu'une nuance de sa haine des blancs, il n'est sorte d'avanies et d'extorsions qu'elle épargne à ceux-ci. Un jour, des Européens. et de ce nombre notre agent consulaire des Cayes, sont insultés et frappés au sortir d'une audience de la justice de paix où ils avaient été appelés en témoignage, et l'autorité locale leur refuse brutalement protection. Un autre jour, c'est un piège qu'on tend à des capitaines de navire prêts à mettre à la voile pour les faire tomber en flagrant délit de contrebande, et, le piège n'ayant pas réussi, l'autorité ne relient pas moins les navires en offrant (verbalement bien entendu) aux capitaines de leur épargner, moyennant finance, les lenteurs ruineuses que peut entraîner une enquête judiciaire. Aux moindres prétextes, les négocians étrangers sont en outre arrêtés et traduits devant les tribunaux. Voici un échantillon de ces prétextes. L'an dernier, un jeune noir de quinze ans, travaillant sur une habitation, imagina par passe-temps d'empoisonner un Français qui gérait cette habitation. en introduisant dans une bouteille de terre, où il avait l'habitude de boire, du duvet de bambou et des racines de pommes-roses. A peine le Français eut-il goûté de ce breuvage, qu'il regarda avec défiance le jeune noir qui le lui avait présenté. Celui-ci s'enfuit à toutes jambes, fut ramené et conduit chez le commandant de place des Cayes, à qui il avoua qu'il avait voulu, à la vérité, empoisonner le Français, mais

1 L'idée de constituer le sud en état indépendant s'est reproduite, depuis 1844, à chaque prise d'armes des piquets.

parce que *ce blanc avait fait des motions séditieuses contre le gouverne-ment*. L'effrayante précocité politique de ce jeune drôle arracha un sourire d'approbation au représentant de l'autorité, qui manda le Français, et, après l'avoir grossièrement insulté, le fit jeter au cachot, puis mettre en jugement. Ce commandant de place est un ivrogne nommé Sanon, il y a peu de temps trompette, aujourd'hui *comte de Port-à-Piment*. Le commandant de la province, l'ancien chef de piquets Jean-Claude (*alias* duc des Cayes), avait fait incarcérer, quelques jours avant, pour des motifs tout aussi curieux, un autre Français, commerçant paisible, établi depuis une trentaine d'années dans le pays. Un capitaine en inactivité, qui venait d'être renvoyé par ce commerçant chez lequel il travaillait comme journalier, l'avait accusé d'avoir dit qu'il y avait trop de généraux en place et pas assez de bras dans les caféries. Il fut prouvé par la déclaration des témoins à charge eux-mêmes que la moitié seule de cet innocent propos avait été tenue, et que le dénonciateur avait proféré, en revanche, cet autre propos beaucoup moins innocent : que si les choses ne changeaient pas, on égorgerait tous les blancs. Le Français ne fut pas moins condamné, car en pareil cas monseigneur le duc des Cayes fait cerner la salle d'audience par la force armée, et le moyen ne manque jamais son effet sur le tribunal. Quand l'étranger s'est tiré de ces sortes d'affaires par l'intervention de son consul, il n'est pas à bout d'épreuves. Le chef de la première maison anglaise des Cayes en fit dernièrement la triste expérience. Le malheureux Anglais, gagnant son domicile quelques minutes après l'heure à laquelle il convient à ce terrible duc, son persécuteur, que chacun soit rentré chez soi, fut appréhendé au corps par une patrouille qui l'attendait à la porte même de la maison où il avait passé la soirée et conduit au corps-de-garde à coups de pied et à coups de crosse. Il y passa la nuit en compagnie de voleurs et de vagabonds, insulté et bafoué jusqu'au matin.

La marine militaire de l'étranger n'est pas elle-même à l'abri d'avanies pareilles. Vers la fin de 1849, des officiers d'un vapeur anglais mouillé aux Cayes faisaient au bord de la mer des observations hydrographiques : ils furent arrêtés par la garde et conduits avec la dernière brutalité, au milieu des huées de la populace, chez l'inévitable duc Jean-Claude, qui les reçut avec toute la grossièreté possible. Il consentit cependant à les relâcher (1); mais non sans avoir tourné et retourné

(1) Le commandant du vapeur anglais, qui avait été traité lui-même avec une extrême insolence par le général Jean-Claude, partit en déblatérant contre son vice-consul, lequel s'était contenté d'une banale expression de regrets, sans punition des coupables. Celui-ci prit une honorable revanche en arrachant peu après à Soulouque la grace d'un architecte condamné à mort, qui malheureusement ne fut pas moins exécuté. Le vice-consul s'en plaignit amèrement à Soulouque, qui attribua la chose à une erreur admi-

dans ses mains avec une attention soupçonneuse un baromètre qu'on leur avait saisi, ajoutant qu'on ne porte pas pour rien du vif-argent dans un tube de verre, et que ce vif-argent était la preuve matérielle que ces messieurs venaient rechercher des trésors enfouis. Je ne réponds pas que monseigneur, le duc des Cayes n'ait fait opérer pour son compte des fouilles à l'endroit suspect.

Un peu plus tard, les commandans de deux bâtimens de guerre espagnols en relâche dans la baie des Flamands s'étant aventurés à terre, certain général, qui, par une double antiphrase, s'appelle M. de Ladouceur, comte de l'Asile, les appréhenda au corps, et il fallut que l'un des commandans restât en otage. Pendant que M. Haybaud et notre agent consulaire aux Cayes (1) négociaient la réparation due au pavillon espagnol, et qui, disons-le, fut aussi éclatante que possible, l'équipage d'un troisième bâtiment de même nation, qui venait faire des vivres à l'Arcahaye, fut reçu, à sa descente à terre, avec des dispositions tellement hostiles, qu'il dut regagner la mer en laissant prisonnier l'enseigne qui le commandait. Le capitaine descendit le lendemain seul à terre, et se fit conduire chez le général commandant la subdivision, auprès de qui il revendiqua énergiquement le respect dû aux marins espagnols. A ce mot d'Espagnols, le général, partagé entre la colère et la stupeur, ne parlait de rien moins que de faire fusiller sur l'heure l'audacieux rebelle. Ce *quiproquo*, qui aurait pu sortir des limites de la comédie, s'éclaircit à la fin. Le capitaine prouva par toutes sortes de témoignages irrécusables qu'il y avait au monde, et même dans un voisinage assez rapproché d'Haïti (Cuba et Puerto-Rico), des Espagnols autres que ceux de la partie dominicaine. Le général fut ébranlé, mais non convaincu, et, pour dégager sa responsabilité, il expédia l'enseigne à Port-au-Prince, où celui-ci arriva à pied, escorté comme un malfaiteur, et après avoir été injurié, sur toute la route, des noms de *pirate* et d'*espion*. A Port-au-Prince, le fait de l'existence de l'Espagne fut facilement admis, et une troisième réparation s'ajouta aux deux réparations demandées.

A chaque mauvaise affaire de ce genre que les ex-piquets lui jettent sur les bras, Soulouque se montre, selon la circonstance, contrarié, irrité, consterné. Le grief bien établi, il s'empresse de le reconnaître; il fait au besoin arrêter les agens subalternes de ce système d'extorsions et d'outrages, il force même, dans les cas graves, les principaux

nistrative, et, pour le calmer, lui donna un vieux général qui se mourait en prison, ajoutant qu'un général était beaucoup plus qu'un architecte, le vice-consul devait considérer cette dernière faveur comme beaucoup plus précieuse que la première. Peu s'en fallut que Soulouque, pour rendre la compensation exacte, ne demandât la monnaie de son général.

1 L'Espagne n'a pas de consul dans l'état d'Haïti, qu'elle n'a pas reconnu.

représentans de l'autorité à formuler des excuses publiques avec accompagnement de salves d'artillerie et d'illumination générale; mais c'est tout. Jean-Claude et consorts ne lésinent ni sur les excuses, ni sur la poudre, ni sur les lampions, et quelques jours après ils recommencent, certains de l'indulgence obstinée de Soulouque pour tout méfait, coûterait-il à sa vanité les désagrémens les plus cruels, qui ressemble à un excès de dévouement et de zèle. Nous regrettons de dire que le consulat britannique, comme s'il cherchait à se faire un titre de ce contraste auprès du gouvernement haïtien, ne seconde pas toujours, autant qu'il dépendrait de lui, l'énergique persistance que met le nôtre à réagir, dans les réparations qui le concernent, contre ce faible du chef noir. Les marins et les résidens anglais se sont souvent plaints de certains ménagemens hors de saison, et nous croyons savoir que lord Palmerston lui-même verrait pour cette fois de très bon œil ses agens déroger à ce système de bascule, qui est le procédé classique de la chancellerie anglaise en Haïti. Quant au gouvernement français, il s'est récemment exprimé sur les griefs sans cesse renaissans de nos nationaux en des termes qui prouvent son intention bien arrêtée d'y mettre fin une fois pour toutes. Le moyen de répression le plus efficace, selon nous, serait de prendre le gouvernement haïtien par son côté faible, l'argent, et d'exiger à chaque avanie commise contre les résidens européens, non plus seulement la réparation de leurs pertes matérielles, mais encore de véritables dommages-intérêts comme compensation des tracasseries éprouvées par eux; ceci n'est que de droit commun. Si ce moyen ne réussissait pas, si Faustin Ier aimait mieux payer chaque jour l'amende que de se débarrasser de ses étranges favoris, nous ne voyons pas pourquoi la France et l'Angleterre hésiteraient à couper le mal à sa source, et à exiger impérativement la destitution en masse des bandits officiels à qui Soulouque a livré toute la province du sud. Ceci ne serait pas encore sortir du droit commun, car toute réparation implique de la part de celui qui l'accorde l'engagement d'empêcher, dans la limite de son pouvoir, la reproduction du grief réparé. Or, il est constaté que la canaille galonnée dont il s'agit ici est incorrigible, et il est également hors de doute que, pour mettre le cas échéant, à la raison ceux des piquets disgraciés qui seraient tentés de recommencer feu Pierre Noir, Soulouque n'aurait pas à dépenser le centième de la brutale énergie qu'il a gratuitement déployée contre leurs victimes. C'est, en effet, beaucoup que d'évaluer à un millier, disséminé sur tout le territoire; le ban et l'arrière-ban des coquins qui prétendent isoler de la race blanche un pays dont le commerce extérieur est l'unique ressource, retiennent par leur influence dans les prisons ou dans l'exil la classe qui servait d'intermédiaire à ce commerce, et alimentent un foyer grandissant de haine, de sauvagerie, de désordre, au sein du peuple le plus paresseux, j'en conviens, mais le plus inoffensif, le plus hospitalier, le plus gouvernable qui soit au monde.

A la dernière extrémité enfin, la France n'aurait qu'à faire valoir ici son droit spécial de créancière. Aux termes des traités, les rares miettes de la misérable indemnité stipulée pour nos anciens colons sont prélevées sur les recettes d'importation. Or, depuis que Soulouque a mis les piquets de moitié dans le gouvernement, le commerce et par suite les recettes d'importation ont éprouvé une réduction telle qu'il nous est déjà dû, sur les annuités 1849 et 1850, un arriéré de 1 million et demi de francs. Après avoir consenti à une réduction énorme de cette dette, qui cependant représentait à peine à l'origine une année du revenu des propriétaires spoliés; après avoir patiemment supporté les violations les plus exorbitantes de l'engagement souscrit, après avoir accordé de nous-mêmes délais sur délais, il nous serait bien permis, ce semble, d'exiger que les causes purement factices auxquelles sont dus les nouveaux arriérés disparaissent, et que la honteuse influence qui achève de tarir les ressources du gouvernement débiteur soit écartée. Nous avons pu sacrifier pendant plus de vingt ans des intérêts sacrés au désir de ne pas entraver le libre développement de l'essai de civilisation noire qui s'accomplissait dans l'ancien Saint-Domingue; mais ce ne serait là qu'une raison de plus de renoncer à des ménagemens qui, dans les circonstances actuelles, ne serviraient qu'à y perpétuer la barbarie.

X. — SOULOUQUE CONQUÉRANT. — UN PROCÈS DE SORCELLERIE. — L'EMPIRE
ET LA COUR IMPÉRIALE.

Reprenons la suite des événemens par lesquels Haïti s'est acheminé vers l'ère des Faustins. L'empire suppose un Marengo, et Soulouque, qui se pique, on l'a vu, de suivre nos modes, voulut avoir son Marengo. Les Dominicains, les *mulâtres rebelles*, comme il les nomme, devaient faire les frais de la chose, et c'était un coup double, car, par la même occasion, Soulouque allait achever de se débarrasser des mulâtres non rebelles, dont il avait enrôlé le plus grand nombre possible avec l'intention de les exposer au premier feu. Depuis six ans que la partie espagnole s'était déclarée indépendante, ces sortes d'expéditions étaient le signal des conspirations et des révolutions haïtiennes; mais Soulouque y avait mis bon ordre, emmenant comme toujours, en guise d'otages, les innombrables généraux qu'il soupçonnait de viser plus ou moins à sa succession. Quant à Similien et aux piquets, l'un était resté, comme je l'ai dit, aux arrêts sous la surveillance du nouveau favori Bellegarde, et les autres, pris au dépourvu par le trépas violent de leur chef, ne songeaient qu'à arroser de tafia et de larmes silencieuses la tombe récente de Pierre Noir.

Cette guerre est profondément antipathique aux dix-neuf vingtièmes des Haïtiens, et l'hypothèse d'une balle dominicaine tranchant les augustes jours de Soulouque n'était pas en soi de nature à jeter la désolation parmi les innombrables familles qu'il venait de décimer. Jamais pourtant, jamais vœux de succès plus sincères et plus ardens n'accompagnèrent une entreprise : l'idée seule que Soulouque pouvait revenir battu et en proie à l'exaspération causait à la bourgeoisie noire et jaune, à celle-ci surtout, une véritable agonie de terreur. Les premières nouvelles de l'expédition vinrent heureusement calmer un peu ces angoisses. Le 19 mars 1849, les Dominicains, tournés à Las-Malas par un corps parti du Cap, pendant qu'ils avaient le président en tête, avaient perdu leur artillerie, et le lendemain, Soulouque allait fièrement camper à Saint-Jean, point à peu près central de l'île.

Mais, comme on ne pense jamais à tout, Soulouque, arrivé là, s'aperçut qu'il s'était embarqué sans vivres. Il fallut donc expédier courriers sur courriers à Port-au-Prince pour demander ces vivres, que l'armée haïtienne dut attendre pendant dix jours l'arme au bras et en se serrant le ventre. Cette perte de dix jours ne parut pas cependant avoir les suites qu'on redoutait, car après plusieurs succès coup sur coup, dont l'un vivement disputé et d'autant plus décisif, Soulouque arrivait, le 14 avril, à Bani, à vingt lieues seulement de la capitale des Dominicains. Ce malheureux petit peuple était perdu sans ressource; les familles aisées de Santo-Domingo s'embarquaient à la hâte, et le congrès, voyant l'impossibilité de toute défense, prenait sur lui de décréter l'adoption du drapeau français. On savait tout cela jour par jour à Port-au-Prince, et la population entière était sur pied pour préparer la réception triomphale qui devait être faite au vainqueur de Santo-Domingo, lorsque tout à coup, le 30 avril, une sinistre nouvelle circula dans la ville, malgré les plus terribles défenses de la police. De Bani, l'armée haïtienne avait brusquement reculé jusqu'à Saint-Jean, franchissant cette distance de quarante-cinq lieues en moins de quatre jours. Pendant que les Haïtiens attendaient des vivres, les Dominicains avaient eu le temps d'appeler à leur aide Santana, un moment éloigné des affaires, et Santana venait de donner une nouvelle preuve de caractère à son admirateur Soulouque, en battant complétement celui-ci dans deux rencontres qui avaient coûté aux Haïtiens six pièces de canon, deux drapeaux, trois cents chevaux, plus de mille fusils, quantité de bagages et des centaines de morts, de ce nombre plusieurs généraux. Santana avait ensuite refoulé l'armée haïtienne vers le bord de la mer, où elle avait été cruellement mitraillée par la flottille dominicaine, postée là pour l'attendre.

Après le premier moment de stupeur, on s'occupa de chercher une cause à une déroute que réellement il n'était pas possible de prévoir. L'attribuer à l'imprévoyance du président, c'était jouer sa tête, et les bourgeois, se souvenant à propos que la France leur avait servi pendant quarante ans de plastron dans toutes les circonstances où ils avaient eu à redouter quelque éclaboussure de la fureur du parti ultra-noir, les bourgeois se hâtèrent de mettre cette déroute sur notre compte. Bien que le consul-général de France n'eût rien épargné depuis un an pour détourner Soulouque de ses velléités conquérantes (1), ils découvrirent tout à coup que les conseils, les prières, les obsessions de M. Raybaud avaient seuls poussé le président dans une entreprise pour laquelle il n'était pas encore préparé. Le perfide M. Raybaud savait d'avance qu'il l'envoyait dans un coupe-gorge, car la prétendue flottille dominicaine, ce n'était ni plus ni moins que deux bâtimens, puis sept, ensuite quatorze, enfin dix-neuf bâtimens de guerre français. Messieurs les mulâtres, qui, à cinq ou six exceptions près, se croyaient obligés de crier plus fort que les autres, avaient découvert ce chiffre de dix-neuf bâtimens dont deux surtout, *la Naïade* et *le Tonnerre* (absens de ces mers depuis plusieurs années), avaient puissamment contribué, d'après eux, au succès du guet-apens. Les mulâtres découvrirent aussi que M. Raybaud, la veille encore leur idole, avait joint à ses méfaits celui d'expédier à l'ennemi le plan de campagne de Soulouque, qui le lui avait apparemment confié. Les autorités noires finirent par prendre au mot ce roman, où la peur, hélas! tenait la plume. Nos nationaux étaient déjà l'objet de menaces; le consul lui-même recevait toute sorte d'avis officieux dans l'intérêt de sa propre sûreté. La ville était parcourue en tout sens par des ordonnances à cheval, et on armait enfin les forts pour couler bas notre corvette stationnaire, mouillée à une grande distance du rivage, mais qu'on supposait faire de son côté des préparatifs pour bombarder la ville.

M. Raybaud, dont les nerfs sont passablement aguerris, semblait s'émouvoir fort peu de tout ce tapage. Il avait cependant déjà pris quelques mesures propres à rassurer nos nationaux, lorsque deux proclamations (2) vinrent brusquement remettre à l'ordre du jour l'enthousiasme et la joie, et redoubler, en lui donnant un autre cours, l'inquiétude des malheureux bourgeois, qui, pour avoir trop voulu manifester leur gallophobie de circonstance, s'étaient faits les hérauts d'une défaite désormais désavouée. Dans l'une de ces proclamations, le

(1) Notre consul mettait d'autant plus d'insistance à l'en détourner, que notre gouvernement venait de reconnaître la république dominicaine et de conclure avec elle un traité. L'assemblée nationale a commis la faute énorme, mais non pas irréparable, de refuser sa sanction à ce traité.

(2) *Moniteur haïtien* du 5 mai 1849.

président disait : « Soldats! de triomphe en triomphe, vous êtes arrivés
jusqu'aux bords de la rivière d'Ocoa. Vous occupiez dans cet endroit
une position dont les avantages me permettaient de vous conduire encore plus loin; mais je n'ai pas cru devoir abuser de votre courage...
Arrivés dans vos foyers, vous aurez beaucoup à dire à ceux qui ne se
sont pas trouvés sur ces champs de bataille qui ont rappelé les gloires
de nos ancêtres... Soldats, je suis content de vous ! » Dans l'autre proclamation, adressée au peuple et à l'armée, Soulouque, après avoir
énuméré ses triomphes, ajoutait : « Mais, toutes favorables que soient
ces circonstances, la sagesse me recommande de rentrer dans la capitale... Le gouvernement *veut encore laisser à ses fils égarés le temps de
la réflexion et du repentir.* » On se le tint pour dit : les guirlandes de
palmes et de feuillages, un instant mises au rebut, décorèrent le lendemain les maisons sur le passage du magnanime « vainqueur de l'est, »
qui rentra dans la ville au bruit des salves prolongées de l'artillerie,
et compléta cette intrépide gasconnade en faisant chanter un *Te Deum*
pour ses succès. On s'attendait à des arrestations et à des exécutions.
Dans l'intervalle, les parens et les amis des suspects étaient fort embarrassés de leur contenance, craignant à la fois, s'ils se montraient
tristes, de paraître insulter à la joie officielle, et, s'ils affectaient la joie,
de paraître insulter aux douleurs de la réalité. Soulouque ne négligeait d'ailleurs rien de son côté pour donner le diapason à l'opinion
publique. Chaque réception était marquée au palais par des scènes
comme celle-ci, dont je ne puis reproduire que le sens, vu l'impossibilité de faire passer sur le papier les enjolivemens de la rhétorique
et de la mimique créoles.

Après avoir témoigné son mécontentement des bruits ridicules qu'on
avait fait courir sur la prétendue intervention d'une escadre française,
Soulouque répétait aux notabilités civiles et militaires qui l'écoutaient
avec une avide attention, tremblant de mal saisir un seul détail de la
version présidentielle; Soulouque répétait, disons-nous, qu'il n'avait
nullement entendu s'engager dans une expédition définitive. L'occasion, l'herbe tendre et les triomphes surprenans qui marquaient chacun de ses pas sur le territoire dominicain l'avaient seuls conduit, et
à son corps défendant, jusqu'aux portes de Santo-Domingo; mais, les
rebelles de l'est se trouvant plongés dans la plus épouvantable misère
depuis qu'ils avaient renoncé aux bienfaits de l'unité nationale, ses
propres soldats n'avaient plus, depuis plusieurs jours, pour subsister
qu'un épis de maïs à partager entre quatre hommes, ce qui l'avait décidé à ajourner une conquête déjà accomplie en fait. « Et qui croira,
s'écriait le président, que cette glorieuse expédition n'a coûté à l'armée
haïtienne qu'une cinquantaine de morts !

UN INTERRUPTEUR : Quarante-huit, président !

SOULOUQUE : Va pour quarante-huit... En revanche, cette magnifique campagne. qui ne nous a coûté que la mort de quarante-sept braves, a laissé de cruels souvenirs aux rebelles. Ils ont perdu tant de monde qu'on était incommodé, *pendant plusieurs lieues, de l'infection de leurs cadavres*. N'est-ce pas qu'on en était incommodé ?

LES GÉNÉRAUX : Oui, président! (Contraction générale de narines. Un duc futur fait mine de chercher un mouchoir de poche absent.)

SOULOUQUE, souriant : Ce n'est pas leur faute, car ces lâches coquins ne songeaient guère à me tenir tête. Couraient-ils, les malheureux! couraient-ils!.. A propos, n'a-t-on pas parlé de prétendus coups de canon que nous aurait envoyés au passage la flottille des rebelles?... (Fronçant le sourcil :) Je serais curieux de savoir si ce sont les mulâtres d'ici qui ont fait courir ce bruit...

UN GÉNÉRAL de la dernière promotion : Oui, président!

SOULOUQUE : Je crois que je me déciderai à imposer enfin silence à messieurs les mulâtres. On a parlé aussi de canons abandonnés....

VOIX NOMBREUSES : Non, président, vous n'avez pas abandonné de canons!

SOULOUQUE (sèchement) : C'est ce qui vous trompe; j'en ai aban. donné quelques-uns, et je savais ce que je faisais. Puisque nous devons aller occuper définitivement dans six mois le territoire insurgé, ne sommes-nous pas sûrs de les retrouver? »

A cette annonce d'une nouvelle campagne qu'ils maudissaient au fond du cœur, les généraux venaient, l'un après l'autre, solliciter du président la faveur d'en faire partie. — « Oui, disait le président en s'animant par degrés, vous et tous les autres, vieux et jeunes, tous ceux qui sont en état de marcher.... les piquets aussi! J'y mettrai, s'il le faut, toutes mes ressources, toute mon existence, car j'ai juré de soumettre les rebelles. Il ne faut laisser chez eux *ni poule ni chat vivans*.... Je les poursuivrai jusqu'au fond de leurs bois et jusqu'au haut du Cibao (1) sans pitié, comme *cochons marrons!*

CHŒUR GÉNÉRAL : Comme cochons marrons! »

Un violent hoquet de colère interrompait habituellement cette sortie de son excellence, dont les yeux devenaient comme toujours sanglans, et les lèvres blanchâtres. Le président ne reprenait quelque sérénité qu'en racontant le mal que, dans sa retraite précipitée, il avait eu le temps de faire aux Dominicains : l'incendie du bourg d'Azua, de toutes les habitations et distilleries dans un rayon de deux lieues, des chantiers de bois d'acajou, des champs de cannes; la destruction de Saint-Jean et celle de Las Matas, celle enfin de toutes les bananeries, sans compter l'exécution des prisonniers, heureusement en fort petit nom-

_____
1 Nom d'une chaîne de montagnes très élevée.

bre, qu'il avait fait fusiller en revenant. Il est toutefois juste de dire que Soulouque omettait volontiers ce dernier détail.

... Restait à savoir quelles autres victimes paieraient les frais de la victoire des Dominicains, car on ne doutait pas qu'il fallait encore du sang pour faire patienter cette soif de vengeance. Frère Joseph se chargea de fixer à cet égard les hésitations du président, qui, devant les cinq ou six cents prisonniers retenus dans la prison et les cachots de Port-au-Prince, éprouvait l'embarras du choix.,

L'ami d'un de ces prisonniers avait imaginé, pour le sauver, d'employer l'immense crédit dont frère Joseph jouissait encore auprès du président. Il alla donc trouver le sorcier, et, jouant le rôle de croyant, le supplia d'user, en faveur du prisonnier, de son influence bien connue sur le dieu vaudoux. Frère Joseph répondit qu'en effet la couleuvre avait pour lui des bontés, qu'il s'engageait à la solliciter, et, qui plus est, gratis, mais que, pour aider à la conjuration, il fallait de toute rigueur des cierges, des neuvaines et des messes, et que tout cela coûtait « de l'argent, beaucoup d'argent. » C'est le mot qu'attendait son interlocuteur, et une somme assez ronde fut donnée au sorcier, qui, illuminé tout à coup d'une magnifique idée, reprit de ce ton doucereux qui lui est habituel : « Mon Dieu ! il n'en coûte pas plus de prier pour cent et pour mille que pour un, et, si l'on voulait m'en fournir les moyens, je délivrerais en même temps que Masson (c'était le nom du prisonnier dont il s'agit) tous les autres prisonniers. »

Masson, informé de cette offre, s'empressa de la communiquer à ses nombreux compagnons de captivité, qui la plupart l'acceptèrent avec empressement. Il était, en effet, permis d'espérer que, pour soutenir sa réputation de sorcier, frère Joseph tenterait une démarche secrète auprès de Soulouque. Ces prisonniers, ayant mis en commun les ressources qu'ils possédaient en argent ou en nature (le général Desmarêt, entre autres, donna ses épaulettes), parvinrent, avec l'aide de leurs amis du dehors, à réunir une valeur d'environ deux mille gourdes que frère Joseph empocha en recommandant le secret. Quelques autres prisonniers eurent, au contraire, l'imprudence de refuser d'encourager les momeries de ce gredin. Le sorcier leur fit proposer un rabais, et, pour n'en pas avoir le démenti, leur offrit même finalement de se contenter d'une pure formalité, qui consistait à porter au cou un collier de certaine forme. Ils l'envoyèrent au diable, et frère Joseph jura de les envoyer au bourreau.

Le sorcier se rendit donc au palais avec la double intention de dénoncer, comme ayant voulu le payer pour faire des maléfices contre le président, les quelques prisonniers qu'il n'avait pas pu rançonner, et de demander, au contraire, la liberté de ceux qui s'étaient laissés rançonner de bonne grace; mais, chemin faisant, frère Joseph réfléchit que

la première partie de sa requête avait seule des chances de succès, et,
calculant que les prisonniers rançonnés pourraient lui demander leur
argent après l'insuccès de la seconde, ou tout au moins le traiter d'es-
croc, ce qui eût nui à sa considération de prophète, il se dit que le plus
court était de leur fermer la bouche. En conséquence, il dénonça du
même coup et les prisonniers qui avaient méconnu son influence vaudoux, et quelques-uns de ceux qui venaient de payer tribut à cette influence, certain que les autres souscripteurs de ce sauvetage à forfait
verraient là un conseil éloquent de discrétion (1). Disons cependant
que, par un scrupule de délicatesse, il chargea les prisonniers qui l'a-
vaient payé, et qu'il ne dénonçait que par nécessité de position, beaucoup moins que ceux dont il avait à se plaindre.

Parmi ces derniers, c'est-à-dire parmi les incrédules, était le général Céligny Ardouin, qui gisait enchaîné depuis quinze mois dans le
cachot où on l'avait jeté tout taillé de coups de sabre. Soulouque ne
l'avait pas encore fait condamner, et on ne savait trop pourquoi, car il
n'entendait jamais prononcer ce nom sans entrer dans un de ces terribles accès de fureur (2) devant lesquels se tait tout conseil de clémence. La dénonciation de frère Joseph flattait donc doublement la
superstitieuse haine de Soulouque. Le général fut mis immédiatement
en jugement avec neuf de ses compagnons (juillet 1849). L'unique témoin à charge entendu refusa net de prêter serment, disant pour sa
raison qu'il n'était pas convenu de prêter ce serment sur le Christ.
Les juges ne s'arrêtèrent pas à ce détail, et les considérans de l'arrêt,
dont nous n'avons pas pu nous procurer le texte, énoncèrent bravement le fait dont venait de déposer ce témoin, le fait d'argent donné
pour maléfices et neuvaines destinés à faire périr le président ou à le
rendre insensé. Les rédacteurs de notre formulaire juridique, en usage
dans les tribunaux haïtiens, ne se seraient pas doutés qu'il devait, en
l'an 1849, servir de cadre à une accusation de sorcellerie. Après avoir
payé ce tribut à l'universelle lâcheté, les juges eurent pourtant le courage (dans la circonstance, c'était réellement du courage) de ne prononcer la peine de mort que contre trois accusés. Trois autres furent
condamnés à trois ans de réclusion, et les quatre restans acquittés,

1 On m'a assuré que des haines occultes avaient désigné à frère Joseph les prisonniers qu'il devait dénoncer de préférence, et que ce fut là pour le papa vaudoux l'occasion d'une spéculation aussi lucrative que les deux autres.

2 Par une étrange fatalité, le malheureux Céligny Ardouin avait, deux ou trois
années avant et grâce à sa position de ministre, sauvé la vie à son dénonciateur, frère
Joseph, qui était alors sous le coup d'une condamnation capitale. Coïncidence plus
étrange encore, le frère de l'homme en qui Soulouque semblait avoir résumé sa haine
contre la classe de couleur était justement celui à qui il devait son élévation à la prési-
d...

mais laissés par une dernière transaction *à la disposition du président.*
Parmi ces derniers était le général Céligny Ardouin.

Quand il apprit ce résultat, le président, au comble de la fureur,
lacéra les minutes du jugement, en s'écriant qu'on avait justement
condamné à la peine capitale ceux dont la mort lui était indifférente.
Les juges, éperdus de terreur, s'excusèrent sur la timidité du témoin,
qui fut jeté dans un cul-de-basse-fosse. Bien que les trois condamnés à
mort se fussent pourvus en révision, la sentence collective fut cassée,
et les dix accusés, renvoyés devant un nouveau conseil de guerre sié-
geant à la Croix-des-Bouquets, à trois lieues de Port-au-Prince.

Mais Soulouque avait compté pour le jour même sur une large exécution. Il se souvint à ce propos qu'il avait sous la main quatre malheureux condamnés à mort depuis plus d'un an, et, la grande pièce
manquant, c'était là pour son avide impatience de meurtre un en-cas
très présentable. Ces malheureux étaient le général Desmarèt et ses
trois compagnons, les mêmes qui, en 1848, à l'issue de l'expédition
du sud, avaient été épargnés à la demande de la population entière (1).
On les exécuta immédiatement, ou plutôt ce fut moins une exécution qu'un massacre, car aucun d'eux ne fut tué au premier feu.
C'est encore là un des procédés de la justice distributive de Soulouque. Les suspects avec circonstances atténuantes sont fusillés comme
on fusille partout, tandis que les autres, ceux qui sont spécialement
recommandés, se sentent mourir. Soit que Soulouque fût plus effrayant vaincu que vainqueur, soit que la question de sorcellerie qui
se trouvait mêlée à l'affaire eût mis cette fois du côté du bourreau
toutes les sympathies vaudoux de la ville, la population ne murmura
même pas contre cette lâche et cruelle rétractation des quatre graces
qu'elle avait obtenues. L'exécution se passa sans autre incident que
l'apparition du chef de l'état, qui, au milieu d'un nombreux état-
major précédé de la musique, vint regarder les suppliciés et compter
les marques rouges de cette cible humaine. Quant au général Céligny
Ardouin et à ses neuf co-accusés, ils furent conduits à pied et enchaînés
à la Croix-des-Bouquets. Le chemin avait été rendu tellement impraticable par les pluies de la saison, qu'ils mirent sept heures à franchir
cette distance de trois lieues, bien que l'escorte les forçât d'avancer à
coups de bâton. Mlle Céligny Ardouin avait voulu suivre son père.

Le consul-général de France, auquel se joignit le vice-consul gé-
rant pour le moment le consulat britannique, voulut tenter une démarche suprême en faveur du malheureux général. La scène habituelle se passa; l'excès d'épuisement entrecoupait seul de temps à
autre de courts silences les divagations furieuses de Soulouque, diva-

(1) Voyez la dernière livraison.

gations qui avaient cette fois pour invariable refrain : « Il me faut son sang! — Mais, lui disait M. Raybaud, attendez du moins pour parler ainsi qu'il soit définitivement condamné, et, s'il l'est, il aura encore la faculté de se pourvoir en révision. — Non! non! répondait Soulouque, ça n'en finirait pas... Puisque je vous dis qu'il me faut son sang!... Il sera fusillé tout de suite, et *comme un chien!* — Ayez au moins pitié de sa femme et de ses malheureux enfans! — Je m'en ...! *qu'ils crèvent tous! tous!...* » Le vice-consul anglais lui dit en désespoir de cause : « Mettez-le dans un de vos terribles cachots du môle Saint-Nicolas, mais laissez-lui du moins la vie! — Je m'en garderais bien : *Il entrera dans le cachot d'où personne ne sort!...* »

Condamné à mort à deux heures du matin, le malheureux général était exécuté à neuf heures, malgré son recours en révision. Il mourut, comme tous les autres, avec un sang-froid admirable, et cependant lui aussi se sentit mourir; il était particulièrement recommandé. L'arrestation de quelques autres personnes considérables, entre autres le général Bottex, riche mulâtre du Cap, combla immédiatement les vides que la triple spéculation de frère Joseph venait de faire dans les cachots.

Soulouque projetait de se faire proclamer empereur, au retour de *la conquête de l'est*, dans l'église des Gonaïves, où avait été proclamé Dessalines, et, l'est n'ayant pas voulu se laisser conquérir, cette idée carnavalesque semblait indéfiniment écartée; mais la nouvelle et éclatante victoire que le président venait de remporter sur les intrigues de sorcellerie l'avait subitement rendu au sentiment de sa prédestination, et il se laissa faire une douce violence par la demi-douzaine de drôles qui l'obsédaient de cette idée depuis la fin de 1847.

Le 21 août 1849, on commença à colporter à Port-au-Prince, de maison en maison, de boutique en boutique, une pétition aux chambres par laquelle le peuple haïtien, jaloux de conserver intacts les principes sacrés de sa *liberté*,... appréciant *les bienfaits inexprimables* dont son excellence le président Faustin Soulouque avait doté le pays,... reconnaissant les efforts incessans et héroïques dont il avait fait preuve pour *consolider les institutions*, lui *conférait* sans plus de façons le titre d'empereur d'Haïti. Personne, bien entendu, ne poussait le mépris de la vie assez loin pour refuser sa signature. Le 25, la pétition était portée à la chambre des représentans, qui *s'associait*, avec le double empressement de l'enthousiasme et de la terreur, au *vœu du peuple*, et le lendemain le sénat sanctionnait la décision de la chambre des représentans.

Le même jour, les sénateurs, à cheval, se rendirent en corps au palais. Le président du sénat portait à la main une couronne de carton doré, fabriquée pendant la nuit. Il la posa avec la précaution voulue sur l'auguste chef de Soulouque, dont le visage s'épanouit à ce coutact si désiré. Le président du sénat attacha ensuite à la poitrine de l'empereur une large décoration d'origine inconnue, passa une chaîne au cou de l'impératrice, et débita son discours, auquel sa majesté Faustin répondit avec âme : *Vive la liberté! vive l'égalité!* L'empereur et son cortége se rendirent ensuite à l'église; au son de la plus terrible musique qu'on puisse imaginer, mais qui se perdait heureusement dans le frénétique *crescendo* des vivat et dans le bruit assourdissant des salves d'artillerie, lesquelles durèrent presque sans interruption toute la journée. Au sortir de l'église, sa majesté parcourut la ville, et je laisse à penser la profusion de guirlandes, d'arcs-de-triomphe, de tentures et de devises. Au bout de huit jours, les illuminations par ordre duraient encore, et la police surveillait d'un œil soupçonneux la fraîcheur des feuillages dont chaque maison (notamment les maisons des mulâtres) continuait, toujours par ordre, d'être décorée.

Cependant Faustin Ier, enfermé dans son cabinet, passait des heures entières en contemplation devant une série de gravures représentant les cérémonies du sacre de Napoléon. N'y tenant plus, sa majesté impériale appela un matin le principal négociant de Port-au-Prince, et lui commanda de faire venir immédiatement de Paris un costume *en tous points semblable* à celui qu'il admirait dans ces gravures. Faustin Ier commanda en outre une couronne pour lui, une pour l'impératrice, un sceptre, un globe, une main de justice, un trône et autres accessoires, toujours à l'instar du sacre de Napoléon. Les finances de l'empire ne s'en relèveront de long-temps, car tous ces objets sont déjà livrés et payés, et les lenteurs qu'a éprouvées, faute de maçons et de charpentiers, la construction de la salle du trône, ont seules retardé la cérémonie du couronnement, qui a eu lieu enfin tout récemment, le jour de Noël.

Pendant que sa majesté débattait le prix de son trône, de son sceptre, de son manteau semé d'abeilles d'or et tout ce qui s'ensuit, les départemens, avertis par la rumeur publique (car il n'avait même pas été question de les consulter) qu'ils avaient un empereur, les départemens se hâtaient d'envoyer adhésions sur adhésions. Je n'ai pas besoin de dire que les signatures les plus voyantes, les paraphes les plus excentriques appartenaient aux suspects tant jaunes que noirs. Cette graduation de l'universel enthousiasme se reproduisait sous toutes les formes : ainsi, les localités bien notées se contentaient de tirer, en l'honneur de Faustin Ier, vingt et un coups de canon, tandis que les localités mal notées allaient jusqu'à deux cent vingt-cinq. Le parti ultra-noir l'emportait cependant quant à la pompe des formules. Les mots *sire* ou *empereur* lui paraissant trop faibles, il les remplaçait par *magnanime héros*, ou *illustre souverain*, ou *illustre grand souverain*. Dans les prônes que débitaient pour la circonstance les aventuriers déguisés en prêtres dont se compose la majeure partie de ce qu'on nomme le clergé haïtien, Soulouque devenait l'empereur *très chrétien*, ou *sa majesté très chrétienne*.

La constitution de l'empire date du 20 septembre. Le pouvoir impérial y est déclaré héréditaire et transmissible de mâle en mâle, avec faculté pour l'empereur, dans le cas où il n'aurait pas d'héritiers directs (c'est le cas de Soulouque qui n'a que deux filles) d'adopter un de ses neveux ou de désigner son successeur. La formule de promulgation des lois est celle-ci : « Au nom de la *nation*, nous... par la *grace de Dieu* et la *constitution de l'empire*, » ce qui donne à la fois satisfaction aux partisans du droit républicain, à ceux du droit divin et à ceux du droit constitutionnel. La personne de l'empereur est *inviolable et sacrée*, et la souveraineté réside dans l'*universalité des citoyens*. L'empereur nomme le sénat, ce qui n'empêche pas le sénat de cumuler des attributions telles qu'il est beaucoup plus souverain que la souveraineté nationale dont il n'émane pas, et plus puissant que l'empereur de droit divin dont il est la créature : ainsi de suite. On voit que la constitution haïtienne n'a rien à envier, sous le rapport de l'absurde, à quelques autres constitutions. La pratique corrige du moins ici les contradictions de la théorie, car il est bien entendu que tout sénateur ou député qui s'aviserait de penser autrement que le pouvoir exécutif serait immédiatement fusillé, ce qui diminue les chances de conflit. Quant aux Haïtiens, ils n'auraient rien à désirer sous le rapport des droits politiques et civils, si la constitution pouvait leur garantir un dernier droit : celui de mourir de mort naturelle.

Le traitement des sénateurs et députés est maintenu à 200 gourdes par mois, soit environ un millier de francs par an au taux courant de la gourde. S'étant un jour enhardis jusqu'à demander une augmentation, peu s'en fallut que sa majesté impériale ne les fît fusiller.

La liste civile est fixée à 150,000 gourdes, ce qui, pour tout autre, signifierait une soixantaine de mille francs, mais ce qui signifie, pour Faustin Ier, 150,000 gourdes d'Espagne ou près de 800,000 francs. C'est là un détail d'interprétation qui n'a même pas été soulevé. Toute proportion de population gardée, Louis-Philippe aurait dû avoir une liste civile de près de 38 millions pour atteindre à la splendeur de Faustin Ier.

L'impératrice a reçu un apanage de 50,000 gourdes. Une somme annuelle de 30,000 gourdes, dont l'empereur règle lui-même la répartition, est allouée aux plus proches parens de sa majesté. Soulouque n'a pas encore définitivement arrêté cette liste de parens, car le statut (1) concernant la famille impériale a pour préambule ces mots :

(1 *Moniteur haïtien* du 3 novembre 1849

« Avons résolu ce qui suit : Article 1er. — La famille impériale se compose, *quant à présent*, etc. » ce qui est une fiche de consolation pour les cousins oubliés. Telle qu'elle est, cette liste a déjà une longueur raisonnable. Outre le frère de l'empereur, le père et la mère de l'impératrice Adelina, on y voit figurer onze neveux ou nièces de l'empereur, cinq frères, trois sœurs et cinq tantes de l'impératrice, en tout vingt-sept princes et princesses *du sang* qui en sont bien aises, car ils auront, leur vie durant, des souliers.

Parmi les tantes de l'impératrice, l'une est duchesse; les quatre autres sont comtesses. Sont également comtes et comtesses ses frères et sœurs. L'*altesse sérénissime* se limite à monseigneur le prince Dérival Lévêqué et à Mme la princesse Marie Michel; père et mère de sa majesté Adelina. L'*altesse impériale* commence au frère et aux neveux ou nièces de l'empereur. Le premier a le titre de *monseigneur*, tandis que les neveux s'appellent simplement *monsieur le prince haïtien*. Les nièces ne sont que *madame* tout court. Les deux filles de l'empereur, l'une âgée de douze ans, l'autre de huit ans, sont *princesses impériales d'Haïti*.

La nouvelle cour serait-elle exclusivement militaire comme celle de Dessalines, ou féodale comme celle de Christophe? Tout ce qu'on pouvait préjuger sur cette grave question, c'est qu'elle serait résolue dans le sens le plus extravagant. L'espoir que nourrissaient à ce sujet les amis de la gaieté fut même dépassé de beaucoup.

Christophe n'avait nommé, au bout de quatre ans de règne (1), que trois princes, huit ducs, dix-neuf comtes, trente-six barons et onze chevaliers; en tout *soixante-dix-sept* nobles. Soulouque, lui, improvisa dès la première fournée quatre princes de l'empire, cinquante-neuf ducs, deux *marquises*, quatre-vingt-dix comtes, deux cent quinze barons et trente *chevalières*, en tout *quatre cents* nobles, près de *six fois plus* que Christophe, et l'équivalent de ce que serait à la population de la France une fournée de près de *vingt-neuf mille* nobles. Les princes et les ducs sont choisis parmi les généraux de division, les comtes parmi les généraux de brigade, les barons parmi les adjudans-généraux et colonels, et les chevaliers parmi les lieutenans-colonels. Les fonctionnaires civils ont été l'objet d'une autre fournée de nobles qui a considérablement grossi ce chiffre. Les sénateurs et députés, par exemple, sont tous barons, c'est-à-dire assimilés aux colonels. Ces titres sont héréditaires; mais Soulouque, différant en ceci de Christophe, n'y a pas attaché de privilèges territoraux, bien qu'un nom de fief s'ajoute aux titres jusqu'à la catégorie des barons inclusivement. Le *de*, comme sous Christophe, a été mis devant tous les noms, que

(1) *Almanach royal d'Haïti pour l'année* 1815.

dis-je? même devant les prénoms : au lieu d'écrire, par exemple, M. le baron Louis de Léveillé, on écrit le baron de Louis Léveillé. Quand on prend de la particule, on n'en saurait trop prendre.

Les quatre princes de l'empire portent le titre d'*altesse sérénissime*. A leur tête figure monseigneur de Louis Pierrot, en d'autres termes l'ex-président Pierrot, qui, relégué depuis sa chute dans l'intérieur, ne s'attendait pas à pareille fête. Monseigneur de Louis Pierrot ne porte, par exception, aucun titre territorial; il est le prince par excellence. Ses trois collègues sont les généraux Lazarre et Souffrant, et monseigneur de Bobo. C'était Bobo qui, le premier, avait décerné à Soulouque le titre d'*illustre grand souverain*. Une attention si délicate en valait une autre, et sa majesté l'a nommé prince du Cap-Haïtien, ville pour laquelle monseigneur de Bobo avait en effet une vieille passion. Il l'aimait tant cette ville, qu'il avait failli l'emporter en détail dans ses poches. Ce misérable se trouvait détenu, au moment de la chute de Boyer, pour pillage et autres atrocités commises à la suite du tremblement de terre qui renversa le Cap.

Chaque duc s'appelle *sa grace monseigneur de N.....* L'*excellence* appartient aux comtes, et les barons sont désignés tout uniment par *monsieur*. Il y a résurrection des ducs de *Marmelade* et de *Limonade*. La nomination de celui-ci dérida les fronts les plus soucieux, car, en fait de limonade, il n'avait jamais connu que le tafia. Monseigneur de Limonade, ayant été en outre nommé *grand-panetier*, errait de porte en porte comme une ame en peine, demandant vainement quelle était la nature de ses fonctions. En désespoir de cause, sa grace s'adressa à l'empereur, qui, n'en sachant rien lui-même, se contenta de répondre : « C'est quelque chose de bon. » Il y a un duc du *Trou* et un duc du *Trou-Bonbon*, un comte de la *Seringue*, un comte de *Grand-Gosier*, un comte de *Coupe-Haleine* et un comte de *Numéro-Deux* (1). Comme sous Christophe, ces sortes de désignations ont la géographie pour excuse. Quelques barons portent des noms à coucher dehors, tels que le baron de Arlequin, le baron de Gilles Azor, le baron de Poutoute, ou des noms galans tels que le baron de Paul Cupidon, le baron de Joli-cœur, le baron de Jean Lindor, le baron de Mésamour Bobo.

Quelques-uns de ces dignitaires ont été au bagne, d'autres devraient y être : on n'est pas parfait. Le piquet Jean Denis, par exemple, a été nommé duc d'Aquin, principal théâtre de ses pillages; l'exécuteur des hautes œuvres des piquets, Voltaire Castor, est devenu son excellence M. de Voltaire Castor, comte de l'Ile-à-Vache. Çà et là apparaissent au contraire quelques ducs, quelques comtes, quelques

(1) Voyez le *Moniteur haïtien*.

barons, qui, dans un milieu vraisemblable, mériteraient réellement d'être distingués, et qui se sentent fort mal à l'aise entre leurs terribles pairs.

Le *high-life* haïtien ne laisse pas que d'être fort accessible. Les princesses et les duchesses continuent de débiter qui du tafia, qui du tabac et des chandelles, qui du poisson ou autres comestibles, ni plus ni moins que sa majesté l'impératrice avant l'élévation de son époux. Sans ces utiles industries, les ducs, avec leurs *quatre-vingts francs* par mois, ne pourraient guère soutenir la grandeur de leur rang. Beaucoup sont même écrasés sous le fardeau, et ne dédaignent pas de rendre de temps en temps visite aux simples bourgeois, pour leur emprunter quelques gourdes destinées à acheter ou des souliers, ou un pantalon, ou autres menus accessoires de toute toilette aristocratique. Ils demandent de temps en temps une augmentation, mais sa majesté est sans entrailles pour ces illustres infortunes.

Non content d'avoir une noblesse, Faustin Ier a créé un ordre impérial et militaire de Saint-Faustin, avec chevaliers, commandeurs et tout ce qui s'ensuit, plus un ordre impérial et civil de la *légion d'honneur.* Le ruban de la légion d'honneur devait être originairement rouge; par une attention dont nous devons savoir gré à sa majesté, on a renoncé à cette couleur, ce que j'ai le regret d'annoncer aux nombreux démocrates français qui, alléchés par la similitude du nom, ont sollicité de Faustin Ier, à titre de négrophiles (quelques-uns même avec offre d'argent), ce *vain hochet,* qui n'est plus que bleu. Ici encore je n'invente rien. Les demandes de cette nature ont été tellement nombreuses, que Soulouque, finissant par concevoir lui-même une haute idée de ses deux ordres de chevalerie, a émis le regret de les avoir trop prodigués lors de la création. Tout le monde est en effet membre de ces deux ordres, à partir du rang de capitaine inclusivement.

L'organisation de la maison de l'empereur et de celle de l'impératrice est la même que sous Christophe, qui avait lui-même fondu ensemble le cérémonial de la cour de Louis XIV et celui de la cour d'Angleterre. Seulement, Soulouque a infiniment plus de gouverneurs de châteaux, de chambellans, de maîtres des cérémonies, de veneurs, d'intendans, etc., que n'en avaient Christophe, et même, je crois, Louis XIV. La tradition des salons de Toussaint et de Christophe est à peu près perdue à Haïti, de sorte que les solécismes d'étiquette sont assez fréquens dans la nouvelle cour; Soulouque n'en est pas lui-même exempt, bien qu'il commence à se former. On fait ce qu'on peut. En attendant, voilà un empereur, et il ne nous reste qu'à voir ce qu'on peut tirer de cet empereur et de cet empire.

GUSTAVE D'ALAUX.

HISTOIRE

ET

STATISTIQUE MORALES DE LA FRANCE.

———

PARIS ET LES PROVINCES.

Histoire des Villes de France, par M. Aristide Guilbert.[1]

———

« Des monographies étudiées avec soin, a dit M. Guizot, me paraissent le moyen le plus sûr de faire faire à l'histoire de véritables progrès. » Cette remarque, parfaitement juste, s'applique surtout, en ce qui concerne la France, à l'histoire particulière des villes et à celle des anciennes subdivisions territoriales, car au moyen-âge la vie politique du pays, par cela même qu'elle n'était point centralisée, se composait d'une foule d'existences particulières qui apparaissent chacune avec son caractère individuel et son originalité. Chaque province a ses frontières et même ses douanes, chaque ville son administration, chaque village sa coutume, chaque métier ses lois; et, quand on veut s'initier à la connaissance de ce passé *ondoyant et divers*, comme on eût dit au temps de Montaigne, de ce passé si plein de ténèbres, de mystères et d'enseignemens, il faut, comme les touristes curieux de connaître un pays, s'arrêter de ville en ville, visiter toutes les ruines, chercher des épitaphes sur les vieux tombeaux, des blasons sur les vieilles tours, demander des chartes aux archives, des souvenirs aux habitans, et quitter souvent les grandes routes pour les chemins de traverse. Étudiée ainsi par le détail, attachée pour ainsi dire

(1) 6 vol. grand in-8°, Paris, Furne, Perrotin, Fournier.

aux lieux qui nous ont vus naître, l'histoire a un charme particulier, qui attire les esprits les moins cultivés eux-mêmes; car, ainsi que le disait le savant bénédictin dom Pommeraye, « tout le monde n'est pas de l'humeur de ceux qui ne se plaisent qu'à lire les grands événemens de guerre ou de paix..... Il y en a beaucoup qui aiment mieux apprendre la suite d'une affaire commune, ordinaire, et telle qu'il leur en peut arriver de semblables, que de voir le récit d'un exploit militaire ou d'une intrigue de cour, qui sont des avantages auxquels ils ne sont nullement exposés pour n'être ni dans les armes ni dans le grand monde. »

Au moyen-âge, et c'est là pour l'érudition une lacune bien regrettable, il n'y a point, dans toute la France, une histoire de ville écrite par des contemporains. Les seules monographies qui soient arrivées jusqu'à nous sont exclusivement ecclésiastiques et ne concernent que des abbayes, des évêchés ou des cathédrales. Les chroniqueurs laïques eux-mêmes ne mentionnent les cités les plus importantes qu'à l'occasion des événemens qui appartiennent à l'histoire générale, et c'est seulement au XVIᵉ siècle qu'on voit paraître les premières histoires de villes ou de provinces composées sous la double influence de la renaissance classique et des traditions du moyen-âge. La plupart de ces essais, au point de vue de l'érudition positive, ne sont pas sérieux; les auteurs n'ont souvent consulté que des romans de chevalerie, comme l'ont fait, entre autres, Symphorien Champier, qui publia, dès 1507, un in-folio latin sur l'Origine et l'illustration de la ville de Lyon, et Alain Bouchard, à qui l'on doit des Chroniques de Bretagne composées d'après les romans du cycle d'Arthur. Au commencement du XVIIᵉ siècle, la partie romanesque se dégage; mais, sous la pression exclusive des idées du temps, l'histoire locale, tout en devenant plus précise, reste généralement encore ecclésiastique et féodale; de plus, elle manque de méthode; elle mêle sans cesse les faits généraux et les faits particuliers et s'arrête à d'oiseuses questions d'étymologie; elle flatte les villes comme les généalogistes flattent les familles en les vieillissant pour ajouter par l'âge à leur noblesse, et elle adopte sans examen tout ce qui peut plaire au patriotisme de clocher. Déjà pourtant l'impulsion est donnée : la plupart des villes de quelque importance ont trouvé, dès la première moitié du XVIIᵉ siècle, leurs historiens ou leurs apologistes. Les curés de paroisse, les moines, les gens de robe et les médecins, composent le plus ordinairement cette phalange d'historiographes; puis, à côté des historiographes, il y a les poètes de la pléiade municipale, qui brodent sur le thème du Guide du Voyageur en France des hexamètres latins, quelquefois même des hexamètres grecs, où les hommes plus ou moins illustres, les antiquités, les processions, les églises, la vertu des femmes, l'excellence des légumes et des fruits et là saveur des vins sont célébrés sur le mode virgilien, avec un mélange de prétention et de bonhomie qui n'appartient qu'aux écrivains de ce genre et de cette époque (1).

La forte et saine érudition de l'école bénédictine et des savans du règne de Louis XIV, en constituant, par la recherche, la critique et l'analyse des textes, une sorte de méthode expérimentale dans l'histoire, imprima aux études lo-

_____

(1) Voir, entre autres, les Fastes de Rouen (Fasti Rotomagenses), d'Hercule Grisel, prêtre de la paroisse Saint-Maclou de Rouen, 1631, 2 vol. in-4°; le poème de Raoul Boutrais intitulé Aurelia, et le poème de Simon Rouzeau à la louange du vin de l'Orléanais.

cales un essor nouveau. D'immenses matériaux furent rassemblés de toutes parts; on dépouilla les archives des villes, des églises, des couvens, et, comme le dit avec raison l'auteur d'une intéressante publication sur, *les Villes de France*, M. Guilbert, l'histoire provinciale comptait, grace aux bénédictins, plu-sieurs chefs-d'œuvre un siècle avant que nous eussions une bonne histoire gé-nérale de la monarchie. De 1710 à 1740 environ, on vit paraître sur Paris, la Bourgogne, la Bretagne, la Lorraine, le Languedoc, etc., les travaux de l'abbé Lebœuf, de dom Plancher, de dom Morice, de dom Lobineau, de dom Vaissette, de dom Calmet, travaux d'un prix inestimable, que rehausse encore la sainte modestie des auteurs, et dans lesquels ces hommes calmes et graves ont mis toute leur science, tout leur amour, toute leur vie. C'est de ce côté surtout, et parmi les érudits de l'école religieuse, qu'il faut chercher, au xviii° siècle, les productions remarquables de l'histoire des villes et des provinces, car tout ce qui procède en ce genre de l'école philosophique est d'une faiblesse désespérante, principalement dans les dernières années du siècle.

La révolution et l'empire ne présentent rien d'important. La véritable érudi-tion à cette date est détrônée par les études celtiques. L'*Académie celtique* prend sous son protectorat toutes les rêveries abandonnées depuis le xvi° siècle, et pu-blie des mémoires géographiques sur des villes qui n'ont jamais existé et des dissertations philologiques sur des langues qui n'existent plus; mais, à la res-tauration, la curiosité s'éveille sur tous les points. La vieille France renaît avec la vieille monarchie. Une école niaisement admirative, romantique et ignorante se constitue pour réhabiliter ce passé dont la tourmente révolutionnaire a dis-persé les débris. Les *bonnes villes* font redorer leurs blasons, et *la Gaule poétique* de Marchangy reflète ses enluminures sur les monographies locales. Bientôt, cependant en face de l'école monarchique, dans l'histoire générale comme dans les histoires particulières, il se forme une école nouvelle, celle de l'op-position. D'un côté, tout est sacrifié à la royauté, à la chevalerie, à l'église; de l'autre, tout est sacrifié à la bourgeoisie, et l'exagération mène parfois les deux camps à l'injustice. La lutte se continue ainsi pendant plusieurs années, jus-qu'au moment où surgit une troisième école qui sacrifie à la démocratie, par une exagération nouvelle, la noblesse, le clergé et la bourgeoisie, comme si la démocratie et la royauté, la bourgeoisie et la noblesse, n'avaient pas eu cha-cune à son heure, tour à tour ou simultanément, leur grandeur, leur patrio-tisme, leurs égaremens et leurs vertus.

Aujourd'hui même, les trois écoles sont encore en présence, et la surexci-tation produite par les événemens de ces dernières années n'a fait que leur donner une ardeur nouvelle. Les poètes inconnus qui tourbillonnaient, il y a tantôt dix ans, comme des volées d'oiseaux en gazouillant des vers, ont en-terré leurs rêves de gloire dans la même fosse que leurs volumes et leur jeu-nesse. Les romanciers ont perdu leur public et baissé leur tarif, la brochure a tué le livre; le journal a tué la brochure; la politique, aidée par le timbre, a quelquefois tué le journal. Une réaction très vive s'est faite dans les esprits contre le désordre aventureux de notre littérature contemporaine, mais en, même temps, et comme conséquence inévitable, le scepticisme et l'atonie ont gagné peu à peu les hautes régions, et l'inspiration a replié ses ailes. Seule au milieu de cette prostration universelle, l'histoire, et surtout l'histoire locale, ainsi que ses diverses branches, l'archéologie, la numismatique, la statistique, sont restées vivaces et obstinées au travail, et cette année même, le rapporteur du concours des antiquités nationales, M. Lenormand, pouvait dire avec raison que ce concours montait « comme le flot d'une marée chaque année plus formidable, » et que l'Académie devait considérer « si le nombre des médailles dont elle dispose était suffisant pour tant d'efforts et des résultats si considérables. » Les efforts sont grands en effet, et la production très active, car ce n'est point exagérer les chiffres que de porter à deux cent cinquante, année moyenne, le nombre des monographies locales, non compris les travaux dispersés dans les *mémoires* des sociétés savantes et les recueils périodiques. Le mouvement est général sur tous les points du territoire; et, dans des spécialités même restreintes, ce mouvement est fécond. Ainsi, pour la numismatique, en ce moment la France ne compte pas moins de trois cents amateurs qui collectionnent; et sur ce nombre il y en a cinquante qui écrivent ou qui ont écrit, et vingt qui écrivent activement. Nous ne parlons pas des maîtres de la science parisienne, MM. de Saulcy, Duchalais; de Longperrier, etc., mais seulement des numismates de province. MM. Lecointre-Dupont à Poitiers, Barthélemy à Rennes, Rigollot à Amiens, Lefebvre à Abbeville, Cartier à Amboise, de La Goy à Aix, Hermant à Saint-Omer, Vollemier à Senlis, Ramé en Bretagne; Lambert à Bayeux, Fillon à Bourbon-Vendée, ont publié de très estimables travaux, et Clermont est, avec raison, aussi fier de son boulanger numismate, M. Mioche, que Nîmes de son boulanger poète, M. Reboul.

Les archéologues en province ne sont ni moins nombreux ni moins actifs que les numismates. Le mouvement a commencé, surtout en ce qui touche l'archéologie nationale, par la Normandie, et MM. de Gerville, de Caumont, Le Prévost en ont été les véritables promoteurs. Chacun, dans cette spécialité même, a pris une spécialité distincte, en s'attachant toujours à quelque province ou à quelque ville; mais, par malheur à force de particulariser, on est arrivé aux infiniment petits : après avoir fait plusieurs volumes sur un seul monument, on a fait des volumes sur un clocher, de gros articles sur de petites cloches, des mémoires sur des sonnettes de sacristie, témoins MM. Éloy, Johanneau, Vergniaud Romagnesi et A. Dufaur de Pibrac. La faute, du reste, n'en est pas seulement aux érudits, mais bien aussi au *comité des Arts* de Paris; qui a encouragé les études microscopiques en leur attribuant une importance exagérée. Cette réserve faite, il est juste de reconnaître qu'il s'est produit d'excellentes choses, et comme preuve il suffit de jeter les yeux sur les travaux de M. F. de Vernheil à Nontron, l'abbé Texier à Clermont, Le Prévost à Évreux, Duval et Jourdain à Amiens, Mallet en Auvergne, Deville à Alençon, Voillez à Beauvais, l'abbé Greppo à Belley, l'abbé Godard dans la Nièvre. Il y a là un ensemble d'études sérieuses, désintéressées, et qui méritent d'autant plus d'éloges qu'elles ont été poursuivies avec persévérance, sans le secours des bibliothèques et des grandes collections de la capitale, sans les encouragemens du gouvernement, sans les fanfares de la critique.

L'histoire locale proprement dite est bien autrement féconde encore. Les bons livres, de ce côté, sont relativement plus rares; mais, dans ces dernières années, le progrès dans le bien a été très sensible. En confiant à un certain nombre d'élèves de l'école des chartes la garde des archives des départemens, on a attaché aux recherches locales des hommes jeunes, dévoués, pourvus d'une méthode excellente, et déjà plusieurs d'entre eux ont dignement payé

leur dette. Les professeurs de l'Université, trop long-temps parqués dans les
manuels du baccalauréat, les membres du clergé, les sociétés savantes, se sont
associés au mouvement, et il est résulté de ce vaste ensemble d'efforts une
série très considérable de travaux qui embrassent, envisagés sous le point de
vue historique pour le passé et sous le point de vue descriptif pour le présent,
l'anthropologie, la géographie, l'organisation administrative, judiciaire, militaire, la littérature, la philologie, les beaux-arts, l'industrie, le commerce, etc.
Depuis tantôt vingt ans, chaque province comme chaque ville a eu son groupe
de travailleurs, et parmi les hommes qui ont rendu aux diverses branches des
sciences historiques des services sérieux, on doit citer, pour la Flandre et l'Artois, MM. Warnkœnig, Kervyn de Lettenhove, Leglay père et fils, Brun-La-
vainne, A. Dinaux, Tailliar, Harbaville, Achmet d'Héricourt; pour la Picardie,
Rigollot, Dusevel, Bouthors, Labourt, Ch. Dufour, E. Prarond, Buteux; pour la
Normandie, Chéruel, Deville, Ch. Richard, l'abbé de La Rue, Floquet, de Caumont, de Fréville, Le Prévost, Bonnin, de Chennevières, Léopold Delisle, Charma,
professeur à la faculté de Caen, qui s'est occupé avec succès d'études sur les philosophes anglo-normands des xie et xiie siècles. Dans les belles et industrieuses
provinces que nous venons de mentionner, les recherches sont opiniâtres,
obstinées comme le caractère des habitans; les études, positives comme leur
esprit. Il y a dans la Flandre et la Picardie, qui se souviennent de leurs grandes
communes, une préoccupation constante de la politique et du droit, et chez
les Normands, qui se souviennent d'avoir été un grand peuple, le patriotisme
élevé qu'inspirent de glorieux souvenirs. Moins développées peut-être et moins
actives dans le reste de la France, les études locales ont produit pour les autres provinces des travaux qui, sans être aussi nombreux, sont cependant très
estimables. L'histoire littéraire, la statistique historique et l'ancienne géographie du Maine ont été curieusement et savamment étudiées par MM. Hauréau,
Pesche et Cauvin; MM. Maillard de Chambure, Émile Jolibois, Peignot, Victor
Fouque, Flandin, Édouard Clerc, Duvernoy, de Persan, se sont attachés à la
Franche-Comté et à la Bourgogne, Marchegay et Mellinet à l'Anjou, Massiou
à la Saintonge et à l'Aunis, Raynal au Berri, de Courson et de La Villemarqué á
la Bretagne, Mary Lafon aux provinces du midi, Terrebasse à l'ancien royaume
et Alexandre Thomas à l'ancienne province de Bourgogne, le docteur Long à
Valence, de Castellane à Toulouse, Boissieux et Caumarmont à Lyon (1); enfin

(1) Parmi les écrivains que nous nommons ici, un grand nombre ont pris, comme
les archéologues dans leur science, une spécialité distincte : ainsi, MM. Warnkœnig,
de Lettenhove, Leglay fils ont publié des histoires générales de la Flandre, ou l'histoire
particulière de ses comtes; MM. Tailliar et Bouthors ont traité le droit municipal ou le
droit coutumier; M. Ch. Dufour, la bibliographie picarde; M. Chéruel, les communes
normandes; M. Labourt, l'origine des villes; de Fréville, le commerce; M. de Chennevières,
l'art provincial; M. Buteux, la géologie; M. Mellinet, la commune et la milice de Nantes;
M. de Courson, l'origine et les institutions des Bretons armoricains; M. de La Villemarqué,
les traditions et les chants populaires de la Bretagne. D'autres, tels que MM. Rigollot, Dusevel, Achmet d'Héricourt, Émile Jolibois, Ch. Richard, de Caumont, Maillard de Chambure, Prarond, etc., ont embrassé les diverses branches de l'histoire locale, et forment ce
qu'on pourrait appeler le groupe des polygraphes. Il est à regretter que ces œuvres, si
variées et si intéressantes pour le pays, ne se trouvent, dans aucune de nos grandes
collections publiques de livres, réunies de manière à former un tout complet et à présenter dans leur ensemble la bibliothèque de nos anciennes provinces. C'est bien le

Nîmes, Sisteron, Digne, Soissons, Dieppe, Blois, Vendôme, Marseille, Nérac, Provins, ont trouvé d'excellens historiens dans MM. Désiré Nisard, de Laplane, Guichard, Vitet, Henri Martin, de La Saussaye, Jules de Pétigny, Fabre, de Villeneuve-Bargemont et Bourquelot. Pour être juste envers chacun, nous aurions sans doute encore bien des noms à ajouter à cette liste; mais, comme nous n'avons point à dresser ici un catalogue, ce que nous venons de dire suffira, nous le pensons, à faire apprécier l'ensemble de ces études, auxquelles la critique n'a point jusqu'ici rendu la justice qu'elles méritent à plus d'un titre.

Pour quiconque veut approfondir dans ses détails notre histoire nationale, il y a donc aujourd'hui deux catégories distinctes de livres; d'un côté, ceux qui traitent l'histoire au point de vue de l'unité, et qui ramènent tout à un seul centre, à un seul pouvoir, à une seule pensée; — de l'autre, ceux qui, descendant du général au particulier, traitent uniquement des existences individuelles dont l'agrégation, sous le nom de provinces ou de villes, forme l'existence collective de notre nation. Ces derniers livres sont aujourd'hui si nombreux, qu'il serait, pour ainsi dire, impossible, même aux collecteurs les plus infatigables, de les réunir tous; il importait donc d'en présenter une analyse substantielle, de rassembler les nombreux matériaux qu'ils renferment, de compléter ces matériaux par des documens inédits, enfin de rédiger, pour nos villes, une encyclopédie que les études accomplies dans ces dernières années rendent possible, et que rendent opportune les préoccupations intellectuelles de notre temps. En effet, la révolution française, et par suite l'avénement d'une politique et d'une société nouvelles, les investigations de la science moderne, ses découvertes, l'alliance toute récente de la statistique et de l'histoire, la marche même du temps, ont enlevé une bonne part de leur valeur aux collections publiées avant 89, sous les titres de *Dictionnaire historique et géographique de la France*, *Dictionnaire des Gaules et de la France*, *Description de la France*, etc., par Moréri, Bruzen de La Martinière, Expilly, Robert de Hesseln, l'abbé Longuerue, Piganiol de La Force. Les *Statistiques départementales* entreprises par ordre de la convention et continuées sous l'empire, sont avant tout des documens administratifs; enfin l'*Histoire des anciennes villes de France*, commencée en 1833, s'arrête à la ville par laquelle elle a débuté, et il en est de même du recueil entrepris par M. Daniélo, recueil dont le premier volume seulement a été publié. Il restait donc, de ce côté, une lacune à combler, une œuvre utile et intéressante à accomplir. Cette œuvre, M. Guilbert a eu la pensée de l'entreprendre, le talent de la mener à bonne fin; il en a dressé le plan, dirigé l'exécution; il a associé à ce vaste travail les hommes les plus compétens et les plus dévoués, et, de ce concours d'efforts soutenus pendant huit années, il est résulté tout à la fois une histoire, une statistique et un tableau de nos vieilles cités françaises.

Outre une introduction dans laquelle l'auteur apprécie le mouvement général des études historiques en France, l'*Histoire des Villes*, disposée d'après les anciennes divisions territoriales, se compose de trois parties distinctes : d'abord, l'histoire politique et la géographie de chaque province, puis la monographie des localités les plus importantes de cette province, et enfin un ré-.

sumé général et tout-à-fait actuel, relatif à l'agriculture, à l'industrie, au commerce, au caractère, aux mœurs, aux coutumes et au langage. Chacune de ces trois parties, traitée avec tous les développemens que pouvait comporter l'étendue même de la publication, présenté un intérêt qui lui est propre, des notions qu'on chercherait vainement dans l'histoire générale, et que cette histoire même ne peut pas contenir.

En retraçant, depuis les premiers temps connus jusqu'à la division moderne par départemens, les vicissitudes politiques de chaque province, on a retracé, par le détail, le tableau même de la formation de notre unité nationale, et c'est là un des côtés les plus attachans du livre. En effet, cette France aujourd'hui si compacte ne s'est cependant établie que d'hier dans ses frontières actuelles, car la conquête de l'Alsace ne date que de la capitulation de Strasbourg en 1681; la Lorraine ne fut définitivement française qu'en 1766; la Corse est également une acquisition du xviii° siècle, et le comtat Venaissin est resté dans le domaine de Saint-Pierre jusqu'à la révolution. Certes nous sommes loin d'adhérer à ce système ultra-national qui veut que nous soyons le peuple type de l'Europe; nous ne croyons pas que la Providence ait arrangé tout exprès notre histoire pour la présenter comme un modèle aux autres nations, qui, du reste, ne seraient point toujours tentées de l'imiter, et il y a, ce nous semble, beaucoup à rabattre dans ces éloges que des écrivains trop disposés à flatter leur pays, peut-être pour en être flattés à leur tour, se sont plu à nous prodiguer; mais, cette réserve faite, il faut reconnaître que notre nationalité, pendant quatorze siècles, marche et se développe avec une suite et une logique qu'on ne rencontre guère ailleurs. L'administration savante et forte des conquérans romains jette les premiers germes de l'unité administrative au milieu des quatre cents peuples qui se partagent la Gaule; puis, quand l'invasion barbare vient morceler la terre, le catholicisme s'empare des conquérans et les soumet à l'unité religieuse. Le pouvoir théocratique est combattu par la féodalité, la féodalité par les communes; celles-ci sont maintenues à leur tour par la royauté, qui représente l'idée abstraite d'une patrie qui n'a pas encore de racines dans le sol, tandis que, d'autre part, une autre abstraction, celle de la justice et du droit, s'incarne dans les parlemens, dont la mission est de maintenir l'équilibre et l'ordre au milieu de ces forces contraires toujours prêtes à se combattre. C'est là ce qui, dès le xvi° siècle, faisait l'admiration de Machiavel, le véritable créateur de la philosophie politique de l'histoire; c'est là aussi ce qui a fait notre grandeur et notre force. Cette œuvre d'agrégation se continue à travers les désastres des guerres étrangères, les déchiremens des guerres religieuses. Une seule bataille perdue par les Anglo-Saxons contre une armée normande livre l'Angleterre à Guillaume. Les grandes batailles du moyen-âge perdues par la France contre les armées de l'Angleterre ne donnent à l'Angleterre victorieuse que de stériles trophées. Édouard III à Crécy, le prince Noir à Poitiers, Henri V à Azincourt, ne gardent pas même le coin de terre où reposent les soldats tombés sous leur bannière. Ils s'arrêtent dans le triomphe, et le lendemain de la victoire, ils reculent jusqu'à l'Océan. Chose vraiment remarquable! la ligue, qui s'allie avec l'étranger, qui prêche la croisade contre la royauté, qui étend partout sa propagande fédéraliste, la ligue, en sauvant l'unité de la croyance, sauve en même temps l'unité politique, car le triomphe de la réforme eût conduit inévitablement le pays à une organisation semblable à celle de l'Allemagne. Louis IX, Charles V, Louis XI, Louis XIV, se transmettent, avec la couronne, une tradition invariable, et quand la monarchie tombe, la convention, qui tue les rois, défend et continue leur œuvre.

Les enseignemens politiques ne sont point les seuls que nous offrent les *introductions* placées dans l'*Histoire des villes de France* en tête de chaque province. On y trouve aussi, sur l'ethnographie, l'origine, les migrations ou le mélange des races, la géographie physique dans ses rapports avec le caractère des peuples, des détails curieux, toujours précis, souvent neufs, et parmi les morceaux de ce genre qui méritent une attention particulière, nous mentionnerons principalement l'*introduction générale* de la Bretagne par M. A. Guilbert, celle de la Normandie par M. Chéruel, et celle de l'Auvergne par M. Amédée Thierry. Les notices consacrées aux villes, quoique réduites à des proportions souvent restreintes, contiennent cependant tout ce qu'il est important de connaître, parce qu'elles sont dégagées du fatras pédantesque de l'érudition, des dissertations qui ne prouvent rien, et de cet entassement de notes et de citations qui n'est souvent, pour certains écrivains, qu'un moyen détourné de se poser en encyclopédie vivante. Strictement locales, les histoires des villes ne se rattachent à l'histoire générale que par les événemens dont elles ont été le théâtre. Chaque cité est considérée sous ses divers aspects, à toutes les époques de son existence, et de la sorte on peut suivre pas à pas, pour la France entière et par le détail des lieux, l'établissement du christianisme, les origines des villes, la fondation des communes et les épisodes des grandes époques, tels que les invasions barbares, les guerres anglaises, la réforme, la ligue, la fronde, la révolution, les désastres de 1814 et de 1815.

Une seule question, l'une des moins connues de celles que soulève l'*Histoire des villes de France*, doit nous arrêter ici : celle de l'origine de nos cités, que l'érudition moderne n'a point, ce nous semble, suffisamment approfondie.

Ce qui frappe d'abord, quand on aborde ce problème historique, c'est de voir avec quelle facilité l'erreur se propage, avec quelle autorité elle s'impose, comment elle persiste, et ce qu'il faut de temps pour la détruire. Ce nuage fatidique, ces traditions fabuleuses qui entourent le berceau des peuples entourent aussi le berceau de nos villes. Les romans du cycle d'Arthur et d'Alexandre, l'histoire légendaire des migrations troyennes, la mythologie, les souvenirs de Rome et les livres saints inspirent à peu près exclusivement au xvie siècle, et même dans les premières années du xviie, l'érudition facile et crédule des annalistes. Ainsi Toul est fondé par Tullus Hostilius, Caen par Cadmus, Noyon par un des fils de Noé, Melun par la déesse égyptienne Io, divinisée sous le nom d'Isis; Angers par Ésaü, Bourges par un fils de Neptune, Rouen par Magus, l'un de ces rois fabuleux de la Gaule dont Annius de Viterbe, au xve siècle, avait cru retrouver la chronologie. La question étymologique était traitée de la même manière; c'était un cyclope, un *monstre* qui n'avait qu'un *œil*, qui avait donné son nom à la ville de Montreuil, et voici comment on expliquait le nom de Montrésor : on racontait que Gontran, roi d'Orléans, s'étant un jour endormi sur les genoux de son écuyer, avait rêvé qu'il se trouvait dans une grotte remplie de grandes richesses. L'écuyer, lorsqu'il se réveilla, lui dit que pendant son sommeil il avait vu sortir de sa bouche un petit lézard qui s'était dirigé en courant vers le coteau voisin, et qu'après un certain laps de

temps ce même lézard était revenu tout doré, et qu'il était entré de nouvea
dans la bouche du roi. Gontran fut émerveillé de ce récit; il fit exécuter d
fouilles sur les hauteurs environnantes, y découvrit de grandes richesses, et
fonda une ville qu'il appela Montrésor, en mémoire de cet événement. C
contes, répétés de bonne foi, étaient acceptés de même. Personne ne songeait
les réfuter, et quelques villes en consacraient le souvenir dans des monume
figurés. C'est ainsi que dans l'église cathédrale de Saint-Pierre à Beauvais
voyait une tapisserie qui représentait la fondation de cette ville par un prin
de race troyenne, Belgius, qui vivait l'an 1370 avant Jésus-Christ. Si les fai
sont absurdes, les dates du moins sont toujours précises.

Depuis long-temps déjà la critique a fait justice de ces rêveries; mais, e
cette question, une fois les mensonges écartés, que reste-t-il pour les tém|
primitifs, sinon l'incertitude et le doute? C'est à peine si le nom de quelqu
villes gauloises est parvenu jusqu'à nous, et l'on a écrit plusieurs centaines
volumes pour arriver à conclure qu'il est impossible de déterminer avec u
parfaite exactitude l'emplacement de la plupart d'entre elles. Tout ce que l'
peut dire de certain, c'est que la conquête romaine respecta les vieilles cit
celtiques; qu'elle établit à côté d'elles, quelquefois autour de leur enceinte
dans cette enceinte même, des colonies qui prirent une grande importance,
qui furent occupées les unes par des soldats légionnaires, les autres par d
citoyens du Latium volontairement émigrés. Auprès des villes gallo-romaine
dont quelques-unes disparaissent sans que l'on sache comment ni à quel
époque, on voit, du v* au viii* siècle environ, s'élever un assez grand nomb
de cités nouvelles qui se rattachent à une double origine, l'une militaire, l'aut
ecclésiastique, ce qui s'explique par les deux grands faits qui dominent not
histoire durant cette période, c'est-à-dire par les invasions barbares et la pr
pagation du christianisme. En effet, les villes fondées à cette époque s'établi
sent les unes sous la protection des forteresses, *castra*, qui se multiplient s
tous les points du territoire, comme un refuge toujours ouvert aux populatio
toujours menacées, les autres dans le voisinage des monastères, qui se mu
tiplient comme les forteresses.

Les conquérans romains qui s'installaient sur le sol, et, parmi les peuplad
franques, celles qui se fixèrent, comme les Romains, d'une manière définitiv
laissèrent subsister les centres de population qui se trouvaient établis, par
que ni les uns ni les autres n'avaient intérêt à les détruire. Les Normands, q
ne faisaient que passer, agirent différemment; ils brûlèrent les villes après l
avoir pillées, et il y en eut un grand nombre qui disparurent complétemen
mais les désastres de cette dévastation furent réparés au xii* siècle. Quelqu
villages reçurent alors un développement considérable; les cités qui avaie
pris part au mouvement communal agrandirent et fortifièrent leur enceint
et par l'essor de leur industrie et la sécurité qu'elles offraient aux habitan
elles virent rapidement augmenter leur importance. Les seigneurs, de leur cô
alarmés de la prépondérance toujours croissante des populations urbaine
cherchèrent à créer à leur profit de nouveaux centres dans leurs domaine
en établissant des villes auxquelles ils accordèrent des priviléges, souvent fo
singuliers, tels que le droit, pour les maris, de battre leurs femmes aussi rud
ment qu'ils le jugeraient convenable. Les rois de leur côté, Louis VII entr

'autres, afin de ne point laisser aux seigneurs une influence trop grande, firent bâtir beaucoup de petites villes; « la plupart de ces lieux, dit l'abbé Lebœuf, prirent le nom de *Villeneuve-le-Roi*, qui est ainsi devenu bien commun dans la géographie de la France. » Au xiiie et au xive siècle, les seigneurs laïques et ecclésiastiques, ainsi que les officiers royaux, fondèrent, principalement dans le midi, sous le nom de *bastides*, des cités nouvelles qu'ils administrèrent en commun, et dont ils partagèrent les revenus; mais ce mouvement s'arrêta bientôt, et depuis 1450 environ jusqu'à la révolution française, c'est à peine si l'on peut mentionner la création de trois ou quatre villes vraiment notables. Dans les temps modernes, ce n'est plus, comme au moyen-âge, l'esprit local qui crée de nouveaux centres de population : c'est le pouvoir suprême ou l'esprit administratif. Ainsi Bourbon-Vendée et Pontivy furent improvisés par Napoléon pour combattre et surveiller la chouannerie; ainsi encore, les gouvernemens qui se sont succédé depuis Louis XIV n'ont jamais cessé d'accroître l'importance de Lorient ou de Rochefort, comme ports de guerre, et il est à remarquer que du moment où le pouvoir central fut constitué, la plupart des grands centres de la province ne firent que décliner quant au nombre des habitans, et cela dans une proportion telle que certaines localités, Troyes, Provins, Orléans, Amiens, entre autres, ont à peine aujourd'hui la moitié de leur population du moyen-âge.

On voit à combien d'aperçus et de déductions peut donner lieu une histoire de la France étudiée ainsi dans le détail et au point de vue particulier de la localité. Une foule de questions importantes, telles que l'établissement du christianisme, le mouvement communal, les luttes des grands vassaux contre la couronne, ressortent pour ainsi dire synthétiquement de l'ensemble d'un livre fait à ce point de vue, et il suffirait de simples extraits chronologiquement coordonnés pour avoir, sur chacun de ces points capitaux, des monographies fort détaillées. Si nous descendons maintenant du général au particulier, si nous examinons les notices qui, dans l'*Histoire des Villes*, se rattachent à chaque localité, nous devrons reconnaître que ces monographies, rédigées d'après un plan sévère et strictement renfermées dans un cadre local, se recommandent généralement par l'exactitude, la vérité, et souvent aussi la nouveauté des détails. Un tel ensemble de travaux historiques exigeait le concours de toutes les opinions, de toutes les spécialités, et, chose remarquable, en abordant l'étude calme et sévère du passé, en se trouvant au milieu de ces ruines, de ces tombeaux sur lesquels plane l'immuable vérité de l'histoire, les partis ont pour ainsi dire abdiqué leurs exagérations. C'est là une preuve nouvelle de la salutaire influence des études historiques, études dont l'importance grandit tous les jours en raison directe du développement même de la vie politique, et qui sont, nous le pensons, le plus utile correctif des maladies morales de notre temps. Il est difficile, en effet, qu'on se laisse prendre aux utopies mensongères quand on a suivi depuis le prologue le triste drame que l'humanité joue sur cette terre, et on est moins dupe des illusions de la scène quand on retrouve sur le même théâtre, à la distance de plusieurs siècles, les mêmes péripéties et les mêmes comparses. Là où l'ignorance croit rencontrer des nouveautés téméraires, l'histoire reconnaît de vieilles folies depuis long-temps oubliées dans de vieux livres; elle sait ce que cachent les caresses de Tibère et les promesses de Catilina. Quand Fourier présente le phalanstère comme une oasis de l'âge d'or, elle

se souvient des millénaires, et, toujours prudente dans son enthousiasme, et
ne se passionne que pour les notions éternelles de la liberté, de la justice et d
bien.

On objectera peut-être que cet enseignement salutaire ne se trouve que p
exception, dans ces livres rares et marqués du sceau du génie qui retrace
les annales des grands peuples, et les éclairent comme la colonne de feu q
guidait les Juifs dans le désert. — Nous répondrons que dans le passé l'ei
seignement est partout, principalement dans notre France, parce que la v
politique a été de très bonne heure développée sur tous les points avec ui
puissance singulière, et que les villes du moyen-âge étaient en réalité, sur ui
échelle plus ou moins vaste, de véritables états. M. Augustin Thierry l'a d
expressément avec l'autorité des maîtres : « L'histoire municipale du moyei
âge peut donner de grandes leçons au temps présent; dans chaque ville ir
portante, une série de mutations et de réformes s'est opérée depuis le XII⁰ siècl
chacune a modifié, renouvelé, perdu, recouvré, défendu sa constitution. Il y
là en petit, sous une foule d'aspects divers, des exemples de ce qui nous arri
en grand depuis un demi-siècle, de ce qui nous arrivera dans la carrière
nous sommes tombés désormais. Toutes les traditions de notre régime adm
nistratif sont nées dans les villes; elles y ont existé long-temps avant de pass
dans l'état. Les grandes villes, soit du midi, soit du nord, ont connu ce qi
c'est que travaux publics, soin des subsistances, répartition des impôts, rent
constituées, dette inscrite, comptabilité régulière, bien des siècles avant que
pouvoir eût la moindre expérience de tout cela. » Ouvrons l'*Histoire des vil*
de France, et la vérité de cette remarque sera confirmée à chaque page, car to
ce qui se rapporte à ce que l'on pourrait appeler notre ancienne organisati
sociale y est traité avec soin, et chaque chose s'y montre avec son caractè
propre. Ici c'est la féodalité qui domine, et la vie de la cité elle-même (
attachée à celle d'une grande famille dont elle porte le nom, comme Roha
Guémenée, Chateaubriand, Vendôme, Joinville, Foix, Laval; là, c'est l'égli
qui fait naître la ville, qui la protége et qui la baptise, en la nommant, comi
à Clairvaux ou à Saint-Riquier, du nom de quelque abbaye célèbre; mi
tout ce qui procède ainsi de l'église ou de la féodalité grandit et s'abaisse
même temps que la noblesse et le clergé, et dans ce groupe nous ne connai
sons guère que Sedan qui ait échappé, soit à la décadence, soit à l'immobilit
en échangeant ses vieux parchemins contre une patente industrielle. A
jourd'hui même c'est encore dans les villes d'origine gallo-romaine, et da
celles où le régime municipal a été le plus fortement développé au moyen-âg
que se trouvent les élémens les plus vivaces de prospérité, et c'est là aussi q
les sentimens politiques se montrent avec le plus d'ardeur.

Dans le passé comme dans le présent, certaines localités se détachent au n
lieu du panorama général, ainsi que certains individus au milieu de la foule, i
une physionomie toute particulière et fortement accentuée. Dans le passé, Al
et Lyon sont comme le foyer des hérésies sociales et religieuses; c'est là que
communisme arbore pour la première fois sa bannière en France; c'est là q
le manichéisme, toujours vivant et toujours vaincu dans la barbarie du moyc
âge, essaie de relever ses autels. Loctoure est la citadelle et le tombeau d
Armagnacs, Bayeux le dernier refuge de la nationalité scandinave au mili
de la Neustrie, devenue un fief anglo-normand; Saint-Malo, le nid des co

saires, s'appelle déjà, au temps des croisades, *le pays des troupes légères de la mer;* Lille, la cité vaillante et fière entre les plus fières, se défend toujours seule et par les bras de ses enfans contre tous ceux qui l'attaquent; Rouen dispute à l'Angleterre la souveraineté du commerce maritime, et le vieux Paris du XIIIe et du XIVe siècle excelle à tailler les habits et les gants, à fronder ceux qui le gouvernent, à faire des émeutes et des broderies de perles pour *les chapeaux d'orfroi.* On remarquera, parmi les portraits de villes, *Rouen*, *Bayeux*, *Yvetot*, *Rennes*, par M. Guilbert; *Pau*, par M. Cassou, qu'une mort prématurée vient d'enlever récemment à de sévères études; *Autun*, par M. Alfred Nettement; *Vézelay*, par M. Mérimée; *Lyon*, pour la partie militaire, par l'une des plus regrettables victimes des journées de juin, le brave et savant général Duvivier; *Marseille*, par MM. de Gaulle et Baude; les villes du *pays de Comminges*, par M. Armand Marrast; *Strasbourg*, par MM. Émile Jolibois et Mossemann. Nous indiquerons encore la belle étude consacrée par M. A. de Tocqueville à l'histoire du port de Cherbourg et des gigantesques travaux exécutés dans ce port depuis tantôt deux siècles, travaux qui faisaient dire à Burke en 1786 : « Ne voyez-vous pas la France, à Cherbourg, placer sa marine en face de nos ports, s'y établir malgré la nature, y lutter contre l'Océan et disputer avec la Providence, qui avait assigné des bornes à son empire? Les pyramides d'Égypte s'anéantissent, en les comparant à des travaux si prodigieux. Les constructions de Cherbourg sont telles qu'elles finiront par permettre à la France d'étendre ses bras jusqu'à Portsmouth et à Plymouth, et nous, pauvres Troyens, nous admirons cet autre cheval de bois qui prépare notre ruine; nous ne pensons pas à ce qu'il renferme dans son sein, et nous oublions ces jours de gloire pendant lesquels la Grande-Bretagne établissait à Dunkerque des inspecteurs pour nous rendre compte de la conduite des Français. »

Paris devait nécessairement occuper une place importante dans l'histoire des cités de la France, non comme centre politique, mais comme ville, et c'était dans cette distinction même que consistait l'une des principales difficultés du sujet. MM. Guilbert et de Gaulle se sont chargés de cette tâche : dans un intéressant résumé, ils ont retracé ce qu'on peut appeler la vie privée de la capitale, et ce n'était pas chose facile que de marcher sans s'égarer dans cette vaste enceinte agrandie par tant de siècles, et au milieu des immenses documens entassés par tant de chercheurs. En effet, il faudrait pour lire page à page tout ce qui a été écrit sur la capitale plusieurs existences d'homme, car, déjà dans la seconde moitié du dernier siècle, on trouve, d'après Fevret de Fontette, 260 ouvrages relatifs à l'histoire générale de cette ville, 152 sur les corps des marchands et les corporations industrielles, 148 sur le parlement, 20 sur la chambre des comptes, 227 sur l'histoire ecclésiastique en général, 343 sur divers points de cette histoire, 183 sur l'Université, 270 sur les quatre facultés, 112 sur les collèges, 66 sur les diverses académies et sociétés savantes. Tous ces livres, écrits au point de vue des recherches sérieuses, tous ces documens, factums ou mémoires ont la gravité de l'érudition, quelquefois même le pédantisme de la chicane. Paris n'est étudié là qu'au point de vue de la noblesse, de l'église, de la haute bourgeoisie, des corps savans ou privilégiés, des antiquités ou des monumens; mais, à la fin du XVIIIe siècle, Mercier brisa tout à coup avec la vieille tradition, et, dans le *Tableau* qui parut de 1782 à 1788, il essaya de présenter la capitale sous un jour nouveau : il écrivit, comme on l'a dit, au coin des rues, sur les bornes, les pieds dans le ruisseau; il regarda la foule qui s'agitait devant lui, et entassa dans un livre étrange, confus, désordonné comme cette foule elle-même, quelques vérités utiles à côté de paradoxes extravagans, quelques pages éloquentes à côté de déclamations ridicules; i'histoire du vieux Paris fut oubliée pour le roman des misères, des turpitudes du Paris moderne, et la capitale, les provinces, l'Europe entière accueillirent ce roman avec l'avidité qui ne s'attache que trop aux productions dangereuses. A défaut d'autre mérite, Mercier avait créé un genre, ouvert une nouvelle source à l'exploitation littéraire, celle des scandales d'une grande ville. Depuis lors, cette source n'a plus tari, et de nombreux affluens sont venus la grossir encore.

Napoléon, qui voulait la discipline et l'ordre dans l'armée comme dans la littérature, n'eût point permis aux écrivains de l'empire de sonder, comme on dirait de nos jours, les plaies sociales de la grande ville. Les escrocs, les voleurs, les filles perdues, restaient exclusivement dans les attributions du préfet de police; les écrivains n'avaient point à s'en occuper, et, fidèles à la consigne qui leur était transmise par l'Académie française, ils se contentaient de célébrer en alexandrins solennels les embellissemens de Lutèce. Sous la restauration, l'histoire de Paris fut reprise en sous-œuvre par l'opposition libérale. Dulaure eut un succès très grand et très immérité; mais, par cela seul qu'il avait réussi, il trouva des imitateurs. Le public, qui croyait par son livre connaître le passé, voulut aussi connaitre le présent, et il accueillit avec une faveur égale les *Ermites* de MM. de Jouy et Jay. Les *Ermites* ont du moins le mérite d'être irréprochables au point de vue moral. *Le Livre des Cent et un* vint bientôt s'ajouter à cette série d'études et d'observations; mais le succès fut loin d'égaler, malgré la verve et l'éclat de certains morceaux, celui de Dulaure ou des *Ermites*, parce que l'ouvrage, écrit par des hommes de toutes les opinions, s'adressait moins à l'esprit de parti qu'à la simple curiosité, et que de nos jours c'est l'esprit de parti qui le plus souvent fait les grands succès.

En 1834, on voit paraître dans la bibliographie de la capitale un genre nouveau, inauguré par la publication intitulée *Paris révolutionnaire*, dont la pensée fut, dit-on, conçue par M. Godefroy Cavaignac. Un assez grand nombre de livres, tous fort ardens, furent publiés dans cette série jusqu'en 1836 environ, et à cette date il s'opéra une évolution nouvelle, tant est grande la facilité avec laquelle se déplace en France le mouvement des esprits. L'apaisement politique est complet : on s'occupe des églises, des monumens, de projets de construction, d'embellissemens, de voirie, d'octroi; mais, comme il est difficile de rester long-temps sérieux, on passe bientôt à des choses plus attrayantes : on entre en plein dans les physiologies. Paris s'ennuie, et cherche à connaître tout ce qui le distrait ou le déprave : des guides complaisans conduisent le lecteur dans les rondes échevelées des bals publics, les coulisses des théâtres, les boudoirs des courtisanes, les tapis francs des escrocs. Paris, qui s'amuse à la cour d'assises presque autant qu'au théâtre, et qui demande des autographes à Lacenaire, Paris veut apprendre la langue des malfaiteurs, et se met à parler l'argot. La capitale s'étonne et s'admire d'être aussi riche en vices étourdissans : elle veut sonder tous ses abîmes, et, de chute en chute, elle tombe en applaudissant au roman de ses *mystères*; mais, qu'elle y prenne garde, il y a là, dans cette curiosité fébrile et maladive, comme un symptôme de quelque bouleversement profond, car chaque fois que la grande ville veut se connaître, s'étudie et se regarde, c'est qu'elle sent trembler le sol sous ses pas, c'est que déjà elle couve dans ses murs la guerre civile ou la guerre sociale. Toutes les crises qui l'agitent s'annoncent par des livres précurseurs, comme l'irruption des volcans par des bruits souterrains, les ouragans par les oiseaux de tempêtes. Séparés par un demi-siècle, le *Tableau* et les *Mystères de Paris* sont écrits tous deux à la veille d'une révolution.

Contradiction singulière, mais inévitable, lorsqu'il s'agit d'une ville qui renferme tous les contrastes, la Banque et le Mont-de-Piété, le Louvre et la Morgue! tandis que, d'un côté, Paris est présenté comme un réceptacle effrayant de misères et de vices, de l'autre, on lui prodigue toutes les adulations; on le courtise comme un roi, on le gâte comme un enfant. Qu'on respecte la centralisation politique, qu'on la défende, rien de plus juste, car elle est la conséquence inévitable et pour ainsi dire la nécessité de l'unité; mais du moins que, par égard pour la France et le bon sens, on ne présente pas sans cesse Paris comme le seul point du globe où les gens d'esprit puissent vivre; qu'on n'en fasse pas uniquement *le cœur*, *le cerveau*, et, plus ridiculement encore, *la moelle épinière* du pays. Qu'on n'attire pas dans ses murs toutes les ambitions et toutes les passions, en faisant briller aux yeux le mirage menteur de la fortune, de la gloire et des plaisirs, et qu'on dise la vérité à cette Athènes des Gaules, qui pourrait peut-être, si elle ne s'amendait pas, en devenir la Byzance, à cette Athènes qu'on a encensée pendant tant de siècles, depuis l'empereur Julien qui l'appelait sa *chère Lutèce*, et Louis XI qui l'appelait sa *bonne ville*, jusqu'aux géologues de l'Académie des Sciences, qui considèrent le bassin de la Seine comme un centre attractif vers lequel tout converge. Julien, qui n'était point savant, n'avait pas de ces vues profondes; ce qui le frappa, c'est le côté bourgeois, et il ne tarit pas sur l'éloge des habitans de Lutèce qu'il trouve parfaitement en règle avec la morale, « car, dit-il, s'ils rendent un culte à Vénus, ils considèrent cette déesse comme présidant au mariage; s'ils adorent Bacchus et s'ils usent largement de ses dons, ce dieu n'est pour eux que le père d'une joie innocente; s'ils aiment la danse, on ne voit chez eux ni l'insolence, ni l'obscénité, ni les danses lascives des théâtres d'Antioche. » De tous les apologistes de Paris, l'empereur Julien est le seul, que nous sachions, qui ait complimenté cette ville sur la décence de ses bals.

La souveraineté, — on dirait dans les départemens la tyrannie de la capitale, — si bien établie qu'elle fût, ne devait pas cependant être acceptée sans contestation. Cette souveraineté, en effet, fut attaquée à diverses reprises au point de vue de la politique et au point de vue de la morale. En politique, les mêmes causes amenant toujours les mêmes effets, on vit sous la vieille monarchie, au moment de toutes les agitations sérieuses, l'opinion des provinces se prononcer contre la capitale. Les rois eux-mêmes se dérobèrent souvent par l'absence aux dangers de la situation, et la plupart n'eurent jamais un goût bien vif pour le séjour de Paris. Louis XIV surtout, qui savait par la fronde tout ce que cette orageuse cité renferme d'élémens redoutables pour le pouvoir, quel qu'il fût, Louis XIV s'en tint éloigné autant de fois que les intérêts de son gouvernement ne l'obligèrent point à y résider. « Les troubles de la minorité, dont cette ville fut le grand théâtre, dit Saint-Simon, en avoient inspiré au roi de l'aversion, et la persuasion encore que son séjour y étoit dangereux et que la résidence de la cour ailleurs rendroit à Paris les cabales moins aisées par la distance des lieux, quelque peu éloignés qu'ils fussent... D'ailleurs il ne pouvoit pardonner à Paris sa sortie fugitive de cette ville, la veille des Rois, ni de l'avoir rendu malgré lui le témoin de ses larmes, à la première retraite de M™ᵉ de la Vallière. » Il semble aussi qu'un pressentiment secret avertissait le grand roi du sort que sa *bonne ville* réservait à ses descendans, et en même temps qu'il ajoutait au royaume de nouvelles provinces, il rendait en 1680 un édit pour borner l'agrandissement de la capitale, « de peur, est-il dit dans les *considérans*, que cette capitale, comme quelques grandes villes de l'antiquité, ne trouvât dans sa grandeur le principe même de sa ruine. »

Souvent débattue sous la monarchie, la question de la translation du gouvernement fut agitée de nouveau à la révolution de 89, et les tendances fédéralistes ou municipales qui se manifestèrent à cette époque ne furent en réalité, comme au temps de la ligue, qu'une protestation contre l'autocratie de la capitale, dont les clubs constituèrent sous la terreur le véritable gouvernement, comme ils l'avaient constitué au xviᵉ siècle, sous le nom de *conseil de la sainte union*. Ces tendances se révèlent chaque fois qu'une crise violente éclate : jamais elles ne se sont manifestées plus vivement que pendant les années que nous venons de traverser, et elles ont offert aux journées de juin un exemple sans précédens, non-seulement dans notre histoire, mais même dans celle des autres peuples : l'exemple d'une nation toute entière marchant contre sa capitale.

Sous le rapport moral, Paris a reçu aussi plus d'un avis sévère. Beyle, dans les *Mémoires d'un Touriste*, M. Bazin dans l'*Époque sans nom*, ne lui ont épargné ni les satires, ni les railleries mordantes. Nodier surtout, le sceptique au fin sourire, à qui l'Institut ne fit jamais oublier ses montagnes natales, Nodier s'emporte en maintes pages de ses livres, avec une colère pleine à la fois de bonhomie et de malice, contre les séductions et les mensonges de cette vie artificielle et fébrile qu'on appelle la vie parisienne. Il sait tout ce qu'il y a de misères, de vice et d'égoïsme sous cette civilisation en apparence si splendide; il sait que la suprématie, toujours contestée et toujours acceptée, des grandes capitales, ce n'est ni la morale, ni la vraie liberté, ni la parfaite convenance des lois, ni les idées religieuses qui la donnent, et, du haut de son dédain, il jette à la ville que flattait Julien, à cette ville restée païenne dans ses plaisirs et dans ses mœurs, cette sévère apostrophe : « Chaque fois qu'une ville immense rassemblera en elle toutes les aberrations de l'esprit humain, toutes les folies de la fausse politique, le mépris des vérités saintes, la fureur des nouveautés spécieuses, l'égoïsme à découvert, et plus de sophistes, de poètes et de bateleurs qu'il n'en faudrait à dix générations corrompues, elle sera nécessairement sans rivale la reine des cités. Rome n'avait plus ni ses consuls, ni son sénat, ni ses orateurs, ni ses guerriers lors des fréquentes irruptions du Nord; elle n'opposait aux barbares que des mimes, des courtisanes et des gladiateurs, les restes hideux d'une civilisation excessive et dépravée qui sortait de tous les égouts, et Rome demeura la capitale du monde. » Cela est triste à dire, mais Nodier a peut-être raison; et nous regrettons, par cela même, que dans la notice qu'ils ont consacrée à la capitale, MM. Aristide Guilbert et de Gaulle se soient attachés surtout à la montrer sous son côté brillant. Aujourd'hui que la rapidité des communications et le bon marché des voyages mettent pour ainsi dire Paris à la portée de :toutes les bourses, il est bon, chaque fois que l'occasion s'en présente, de prémunir les esprits contre des séductions dont on n'a que trop exalté l'attrait et de montrer toutes les épaves que laisse l'ambition sur cette plage inhospitalière, où les chercheurs d'or, comme ceux du Nouveau-Monde, ont souvent bien du mal à trouver du pain.

Ainsi que toutes les grandes villes, Paris, sous le rapport des mœurs, des habitudes, des idées, des sentimens même, est une ville tout exceptionnelle; mais dans aucune autre contrée de l'Europe l'exception n'est poussée aussi loin, et l'on peut même dire, quoique l'opinion contraire soit généralement adoptée, que la différence qui existe de Paris aux provinces existe des villes aux campagnes, d'une ville à l'autre, d'un département au département voisin. Essayons, par exemple, de dresser, pour les plus importantes de nos anciennes circonscriptions territoriales, une rapide statistique des aptitudes, des caractères, de l'intelligence des populations. En commençant par la région de l'extrême nord, nous trouvons en Flandre deux races distinctes, l'une d'origine germanique, l'autre d'origine gallo-romaine, parlant deux langues, le flamand et le français, races flegmatiques, également aptes toutes deux ait négoce, aux travaux de l'agriculture, à la vie militaire, obstinées et prudentes dans toutes les entreprises, profondément attachées au sol, à la cité, à la famille, mais positives, sans idéal, sans poésie, mangeant beaucoup et buvant de même. Dans l'Artois, le caractère est plus ouvert, mais l'initiative est moins grande, et les habitans, laborieux, catholiques zélés, jaloux de leurs droits politiques comme autrefois des priviléges de leurs états, fermes comme les Flamands, n'ont déjà plus au même degré le génie de l'industrie et de l'agriculture. En Picardie, la nuance change de nouveau; dans cette contrée, où la féodalité et l'esprit municipal avaient jeté simultanément au moyen-âge de si profondes racines, les diverses classes de la société sont encore séparées par des distinctions très sensibles, et l'on y trouve ce que l'on appelle *la noblesse, la bonne bourgeoisie, les petits bourgeois* et *les petites gens*. Positifs ; vivant entre eux sans liaisons intimes, comme aussi sans inimitiés, attachés aux vieilles habitudes et aux vieilles idées, beaucoup moins zélés dans leur foi que les Artésiens et même assez indifférens en religion, soldats braves. mais froids, amis de l'ordre dans la politique comme dans la vie privée, les Picards représentent au milieu des provinces qui les entourent une espèce de colonie de la fin du xviie siècle; comme leurs voisins les Flamands et les Artésiens, ils se distinguent par le bon sens, dans l'acception la plus vulgaire du mot, bien plus que par l'esprit ou l'imagination, et, comme eux, ils ont l'accès rude et une certaine raideur, qui n'est point sans analogie avec la raideur anglaise.

L'Ile-de-France, l'Orléanais, la Touraine, la Champagne, le Maine, qui sont au pays tout entier ce que le vieux Latium était à l'Italie, représentent, au contraire, le véritable esprit français, et ces provinces en reflètent les nuances les plus diverses dans les personnages éminens qu'elles ont produits, tels que Rabelais, Gerson, La Fontaine, Mignard, Colbert, Turenne, Diderot, Mabillon et Jeanne d'Arc, comme elles reflètent aussi la civilisation la plus avancée de nos départemens dans son côté poli, sensuel, insouciant et égoïste. En Normandie, c'est une tout autre race, pleine de sève, active, âpre au gain, conquérante, comme le dit avec raison M. Chéruel, dans les temps où l'on ne gagnait que par l'éprie, marchande dans ceux où l'on gagne par le commerce, amie de la chicane à toutes les époques, mais à toutes les époques aussi prête aux grandes choses, et même aux entreprises téméraires, unissant à l'activité et à la persévérance un grand élan pour braver le danger et vaincre les obstacles. En Bretagne, la population n'est pas moins vigoureuse, mais au physique comme au moral elle est taillée sur un patron tout différent. Autant les Normands sont actifs, chercheurs, prompts à adopter tous les perfectionnemens, autant les Bretons sont apathiques, attachés à la routine; d'un côté on peut prendre pour devise l'*auri sacra fames*, de l'autre, le *contentus parvo*. « Abstiens-toi, le ciel t'aidera, telle est, dit avec raison M. Guilbert, la loi du paysan breton; pauvre, il accepte avec indifférence toutes les privations; malade, il ne combat point le mal; mourant, il attend sa dernière heure sans se plaindre. Toutes les afflictions, tous les maux, toutes les misères le trouvent également résigné... Les Bretons sont intelligens, fiers sans raideur, religieux, soumis aux pouvoirs établis par un sentiment de discipline ou de déférence hiérarchique, patiens, bons, hospitaliers, loyaux dans les relations ordinaires de la vie; leur bravoure proverbiale tourne naturellement à l'héroïsme, et la force d'inertie qu'ils opposent à toutes les épreuves les rend aptes à supporter les plus rudes fatigues... Leurs affections sont vives, et on les reconnaît à cet amour de la terre natale, qui se manifeste chez eux avec l'énergie d'une passion. Tout homme qui n'est point Breton, sans en excepter le Français ou le Gallo, est pour eux un étranger. En un mot, cette vieille nationalité bretonne, pour laquelle ils ont combattu si long-temps, est devenue un instinct moral auquel ils obéissent toujours, et souvent même sans en avoir la conscience. Associant ce sentiment à leurs pratiques religieuses, ils revêtent la statue des saints du costume national, quand approche la fête du grand pardon. »

Ce que nous venons de dire des provinces du nord, de l'ouest et du centre en-deçà de la Loire, s'applique également à la région de l'est et du midi. Ainsi, enclavés au milieu des Gascons et parlant une langue à part, qui depuis trente siècles n'a rien emprunté aux autres langues, les Basques mettent leur point d'honneur à se prétendre d'une autre race que leurs voisins. L'habitant du Roussillon a tous les grands côtés du caractère espagnol : il est grave, tenace, sobre, résolu. La Provence offre une variété de types qui rappelle la diversité des races attirées dans ce beau pays par la douceur du ciel et la prodigalité du sol, et sous l'habit français il y a là des Romains, des Grecs, des Germains, des Ibéro-Ligures, des Ibères et des Maures. Le Bordelais des vallées est vif comme l'air qu'il respire, spirituel et railleur; l'habitant des Landes est taciturne et sombre. Le Lorrain, habitué sous le gouvernement des ducs à lutter sans cesse contre des voisins puissans, a gardé, avec le sang de ses aïeux, des habitudes de prudence et de réserve. Le paysan, dans le Limousin, est dur et persistant au travail, économe, ennemi du luxe même le plus modeste, tandis que dans le Berri il est indolent, passionné pour tout ce qui brille, et toujours prêt à donner raison au proverbe local : *habit de velours et ventre de son*. Cette infinie variété se trouve partout, dans le type des provinces aussi bien que dans le type des villes, et non-seulement les villes ne se ressemblent pas moralement, mais souvent même elles ont entre elles des relations peu bienveillantes. L'intérêt, l'amour-propre, les vieux souvenirs, la variété des opinions politiques, l'amblé tion qu'ont les petites villes d'être chef-lieu d'arrondissement, l'ambition qu'ont les villages d'être chef-lieu de canton, entretiennent sur tous les points une foule de rivalités. Montbrison se regarde comme très supérieure à Saint-Étienne, et Saint-Étienne se moque de Montbrison. Dinan et Saint-Malo sont toujours en querelle; Rennes et Nantes, qui se sont disputé pendant des siècles le parlement et les ducs de Bretagne, se disputent encore aujourd'hui le titre de capitale, et, chose plus singulière, Josselin et Ploërmel se battent à coups de poing en mémoire du combat des Trente. Tout cela, du reste, n'affaiblit en rien ce qu'on peut appeler la soudure française : l'Alsacien qui traite de *Welches* ceux qui ne parlent pas son patois tudesque est aussi Français que le paysan des cités de l'Ile-de-France. Le conscrit limousin, qui se mutile pour ne point quitter son pain noir et ses châtaignes, une fois sous les drapeaux, n'est pas moins bon soldat que l'enrôlé volontaire de la Picardie ou de la Flandre; dans le Roussillon comme dans l'Artois, dans la Bretagne comme dans la Franche-Comté, on se plaint avec raison de l'impôt, mais on le paie. Si les provinces se souviennent encore de leurs anciennes individualités, si elles murmurent parfois le mot de séparation, ce n'est point contre la France, mais contre Paris que sont dirigés les murmures, et en supposant que notre unité puisse être un jour sérieusement compromise, ce ne serait ni par l'esprit municipal ni par l'esprit provincial, mais uniquement par les excès de l'esprit parisien.

A côté de cette statistique morale, on trouve dans les *résumés* de *l'Histoire des Villes de France* de nombreux détails sur les traditions, les usages, les idiomes ou les patois, le commerce et l'agriculture. A part la Bretagne où vivent encore dans l'imagination des peuples les êtres fantastiques du monde suprà-sensible, les fées, les korrigans, les poulpiquets, les boulbigueons, à part cette province qui se souvient toujours de la forêt de Brocéliande, de Merlin et du roi Arthur, on peut dire que nous sommes aujourd'hui très déshérités en fait de traditions, et que la poésie s'en va. Ce qui nous reste des antiques croyances se borne à peu près exclusivement à quelques usages empruntés aux cérémonies funèbres du paganisme, au culte des arbres et des fontaines, aux fêtes du solstice et à la fête de Maia. Les pleureuses qui suivent les enterremens en poussant des cris et en se tordant les cheveux, ainsi que les repas funéraires, se retrouvent généralement sur les points les plus éloignés du territoire! En Dauphiné, ces repas ont lieu dans les cimetières, et le curé, avec la famille du défunt, s'assied à une table dressée sur la fosse même. En Gascogne, la superstition chrétienne se mêle au souvenir des rites païens, et, quand on s'attable après un enterrement, on ne mange que des viandes bouillies, dans la persuasion que, si l'ami ou le parent qu'on vient de conduire à sa dernière demeure était damné, l'usage du rôti doublerait son supplice. Gargantua, les loups-garoux, les revenans et le diable perdent de jour en jour de leur popularité; la royauté des fantômes s'en va comme tant d'autres royautés, et cependant, malgré la diffusion des lumières, les romans-feuilletons et les almanachs progressifs, il y a deux puissances mystérieuses que l'on n'a point encore détrônées, Mathieu Laensberg et les bergers, les sorciers et le prophète.

Les idiomes provinciaux résistent mieux que les traditions à la perfectibilité sociale. Il y a encore, aujourd'hui comme au moyen-âge, une langue d'oil et une langue d'oc; mais la langue d'oil est tombée depuis long-temps à l'état de patois, tandis que la langue d'oc, qui n'a guère changé depuis le xiv° siècl a gardé jusqu'à ce jour son caractère littéraire. Le basque et le breton, s perposés aux idiomes d'origine gallo-romaine, forment dans le vocabulai général des interpolations philologiques fort curieuses à étudier en ce qu'ell sont l'expression la plus complète et la plus vivante de l'originalité de de races primitives, comme l'alsacien et le flamand sont l'expression de de races étrangères juxtaposées par la conquête. Les principales questions qui rattachent aux caractères divers des langues et des idiomes de la France so très bien traitées dans l'*Histoire des Villes*, et, en lisant ce qui se rapporte à c intéressant sujet, nous nous sommes étonné que personne encore n'ait song jusqu'ici à doter le pays d'un dictionnaire polyglotte. Cette lacune est d'auta plus regrettable que les élémens du travail sont tout préparés dans une fou de publications locales.

Que conclure de ces recherches que les provinces de France ont entrepris sur leur propre histoire, et qu'elles poursuivent avec tant d'ardeur depuis qu ques années? C'est que ce précepte de la philosophie antique : — Connais-t toi-même, s'applique aux peuples aussi bien qu'aux individus, et que les pe ples, pour se connaître, n'ont que deux instrumens, l'histoire et la statistiq dans ses rapports avec la politique et l'économie sociale. C'est de ce côté qu doivent aujourd'hui se tourner les esprits sérieux qui veulent sincèrement bien général. Depuis tantôt vingt ans, nous vivons sur des utopies et des sy tèmes; nous nous enivrons avec des mots, nous nous créons un idéal qu'il e impossible d'atteindre dans ce monde. Pourquoi? Parce que nous ne nous co naissons pas. Hommes politiques, au lieu de prendre les hommes pour ce qu' sont, nous les rêvons tels que nous voudrions qu'ils fussent, tels aussi qu' ne seront jamais; dans notre impatience de gloire ou de popularité, nous n'a tendons, pour dogmatiser, ni l'expérience de la vie ni l'expérience des affair et nous bâtissons sur le sable, parce que nous ne sondons pas le terrain. Écr vains, nous nous adressons toujours aux passions au lieu de nous adresser la raison, nous cherchons le bruit au lieu de chercher le bien, nous spéculo sur le faux pour attirer la foule et nous faire applaudir en lui présentant d paysans ou des ouvriers fantastiques, qui ne sont pas plus vrais que les berge de M. de Florian ou les Romains de Mlle de Scudéry. Nous préludons aux r volutions par des idylles, à la guerre sociale par des romans; nous agitons pays, parce que nous lui prêtons le plus souvent des aspirations qui ne so pas les siennes, et que nous méconnaissons ses véritables instincts, ses vérit ldes besoins. Il est temps de rentrer dans les faits et les choses, de donn aux études un but pratique, et d'appliquer aux réalités ces forces vives de l'i telligence qui se perdent dans les vaines abstractions ou dans les recherch laborieuses d'une curiosité stérile. C'est aux provinces de prendre l'initiativ elles renferment assez d'hommes éclairés pour comprendre l'importance travaux d'histoire, de statistique, d'économie sociale, qui seraient entrepris la fois sur tous les points du territoire, dans une pensée commune et d'apr un programme uniforme; elles renferment aussi assez d'hommes dévoués pou conduire ces travaux à bonne fin.

CHARLES LOUANDRE.

CHRONIQUE DE LA QUINZAINE.

31 janvier 1851.

L'empire est fait! nous a dit, dans la solennité d'un débat mémorable, l'éminent historien de l'empire. Qu'il nous pardonne de ne pas l'en croire ici sur parole et d'en appeler du sombre découragement de sa prophétie aux inspirations 'moins émues' de sa conscience mieux informée, au véritable état de la conscience publique. Non, l'empire n'est pas fait; il n'est ni fait, ni à faire; il ne se fera pas. Si, pour nous rassurer contre une perspective qui blesserait trop douloureusement toutes nos idées, si nous n'avions par malheur d'autre reconfort que les miracles de la tribune, que les habiletés des partis, ah! nous serions plus inquiets. Les partis ont leurs victoires; mais il arrive trop souvent à leurs victoires des lendemains qui ne leur profitent pas. La tribune aussi a ses heures de fascination toute-puissante et sur l'auditoire et sur l'orateur lui-même; mais ces heures passent et passent vite, moins vite sans doute pour l'orateur que pour l'auditoire, qu'importe? puisque tous les deux en sont maintenant à ne plus pouvoir s'abuser sur la distance, chaque jour plus grande, qui sépare les discours des actes. Ce n'est donc ni dans l'éloquence, ni dans la stratégie que nous nous flons beaucoup pour nous préserver du dénoûment dont on menace nos tristes destinées. Nous nous inclinons avec le respect convenable devant les chefs-d'œuvre de stratégie qu'il est permis de discerner sous l'ombre des hautes régions politiques; nous avons pour l'éloquence cette admiration sympathique que doit inspirer le dernier signe auquel on reconnaisse les gouvernemens libres et les sociétés qui ont été dignes de l'être. Nous estimons pourtant que, si une telle chose que l'empire était à faire, ce ne serait pas tout cela qui l'empêcherait; nous soutenons que l'empire ne se fera point par cela seul qu'il n'est point faisable; nous mettons notre meilleure espérance dans cette raison très prosaïque, très vulgaire, dans cette suprême raison de l'impossibilité.

Il y eut un instant formidable au milieu de l'histoire à laquelle nous sommes encore en train d'ajouter des pages dont nul ne saurait lire d'avance la dernière, un instant où du moins on eût pu dire à bon droit : L'empire est fait! Ce fut lorsque six millions de suffrages encouragés ou conduits par la plupart des chefs qui restaient au pays allèrent se donner à quelqu'un dont on ignorait tout, si ce n'est qu'il se nommait Bonaparte, et qu'il professait pour son nom cette aveugle foi qui le lança les yeux bandés sur le pavé de Strasbourg et sur la plage de Boulogne. Certes, on avait sujet d'appréhender en ce temps-là que de cette ère inconnue vers laquelle on était comme précipité par un choix pareil, il ne sortit trop tôt quelque fantasmagorie désastreuse. La pratique de ces deux années où l'on s'est abordé de si près, où l'on s'est tâté de toutes parts sur toutes les limites du terrain constitutionnel, l'expérience de la réalité a tué la fantasmagorie. On s'est aperçu qu'il y avait une force qu'on ne soupçonnait pas dans le texte de cette constitution mal venue, rédigée sans illusion, acceptée sans amour : c'est que, si mauvaise et si imparfaite que fût la loi, elle était pourtant la loi écrite, et à ce titre une barrière matérielle contre toutes les surprises qu'on pouvait tenter en un sens ou dans l'autre de par la loi, beaucoup plus arbitraire, du salut public. On s'est accoutumé à vivre derrière cet abri précaire, qui s'est bientôt trouvé moins fragile à mesure qu'on en a plus usé. On s'est habitué au régime, il est vrai, trop équivoque d'une situation fausse, parce qu'on a démêlé peu à peu qu'il était encore moins fâcheux de la subir que d'aspirer à la changer par un coup de théâtre ou par un coup de main. Les ames certainement ne sont pas aujourd'hui des plus fières, la résistance au succès n'est pas selon leur tempérament; mais encore faut-il que le succès n'effarouche pas ces tempéramens amollis en se produisant avec un fracas qui les ébranlerait trop. L'empire serait ce fracas dont tout le monde se gare. Par un revirement étrange, l'opinion, qui semblait pousser aux témérités et aux aventures le prétendant impérial qu'elle avait imposé pour président à la jeune république, l'opinion lui a su gré de ne s'être pas risqué davantage en dehors de cette légalité contre laquelle son avénement même pouvait paraître une protestation. Tout ce que le président a gagné dans l'opinion, et il a gagné beaucoup, c'est l'empire qui l'a perdu, et il n'a jamais gagné que là où il donnait tort à l'empire.

On s'explique cependant qu'entre les deux phases contradictoires de sa fortune, il ait été souvent indécis. L'entraînement populaire l'avait appelé parce qu'il était un neveu d'empereur; l'humeur de plus en plus rassise du public lui demandait, après le premier élan, de n'être plus qu'un citoyen, plus même qu'un sage. Faut-il s'étonner qu'il n'ait pas tout de suite et tout d'un trait pris son parti de la sagesse? Oui, sans doute, il est revenu à plusieurs fois poser la question devant ce public obscur; il a eu plusieurs fois la velléité de savoir si c'était toujours la réminiscence impériale qu'on saluait en lui, puisque c'était cela qu'on avait d'abord acclamé; il a posé la question dans le message du 31 octobre, dans telle ou telle de ses pérégrinations officielles; peut-être la posait-il encore à Satory. Qu'il eût mieux valu s'abstenir et ne pas faire montre d'une curiosité si opiniâtre, oui, pour sûr; il vaudrait toujours mieux que chacun fût un modèle accompli de discrétion et de prudence. Que ces interrogations scabreuses aient été de bons points acquis à la cause de l'empire, le président n'a pu se le figurer, puisqu 'ne s'est jamais ainsi avancé d'un pas sans reculer aussitôt de deux. Or ce n'est point de s'être avancé, c'est d'avoir toujours à propos reculé qui lui a concilié les adhésions dans lesquelles il puise maintenant sa force. Si la destitution du général Changarnier a soulevé tant de colères et tant d'alarmes, c'est qu'elle avait l'air d'exprimer le regret, ou le ressentiment de ces retraites successives. Il se peut très bien, en effet, qu'on ait le bon sens de battre en retraite et qu'on n'ait pas la philosophie de ne s'en prendre à personne; mais n'est-ce point là l'emportement regrettable d'une passion de circonstance plutôt que la froide combinaison d'un long calcul? N'est-ce pas l'homme plutôt encore que le César qui n'a point voulu d'une épée à côté de lui, quand il n'en portait point lui-même? Nous pouvons blâmer l'homme, nous ne craignons pas le César, parce que, quoi qu'on en dise, le temps n'est pas au césarisme, s'il faut seulement prendre la peine d'élever César sur le pavois.

C'est là notre première raison de ne pas croire à l'avénement triomphal du césarisme; c'est qu'il n'y a point d'enthousiasme disponible pour faire tout l'émoi inséparable du triomphe. La raison nous paraît d'autant plus probante, qu'elle découle de cette inertie trop visible dont on sent le poids sur toutes les parties de la société. Cette inertie qui l'affaisse, à la tâche, ne lui laisse pas du moins beaucoup plus de cœur pour le mal qu'elle n'en a pour le bien. Il est cependant contre l'empire une raison plus honorable que celle-là, et nous ne demandons pas mieux que de la redire aujourd'hui : c'est que l'empire n'a laissé de popularité souveraine et absolue qu'à titre de fétiche, c'est qu'en dehors du fétichisme il a provoqué dans toutes les ames raisonnables des anxiétés et des ressentimens dont elles n'ont point perdu la mémoire. Or, on ne gouvernera plus en France, on n'y règnera même plus par le fétichisme; si seulement on essayait de lui emprunter des oripeaux, on évoquerait d'abord un immense ridicule qui couvrirait les souvenirs de gloire, pour ne laisser percer que les souvenirs d'humiliation et de deuil. Ces oripeaux, en cette saison où ils sont passés de mode, ne signifieraient plus rien qu'une amère et grotesque ironie. Ils n'auraient plus la vertu de dire, même à la foule, les grands noms d'Austerlitz et de Marengo; ils rappelleraient uniquement les violations de la liberté personnelle, la tribune muette, la presse étouffée, la France esclave, et non pas amoureuse d'un maître. Je défie bien qu'on fasse l'empire sans oripeaux; mais je défie, quoi qu'on en dise encore, qu'il y ait quelqu'un pour vouloir de l'empire avec les oripeaux dans le marché.

Soit, répondra-t-on, nous n'aurons pas l'empire, nous aurons la chose sans le nom, nous aurons la dictature clandestine du pouvoir exécutif! Le pouvoir parlementaire, sourdement comprimé, ne gardera plus ni d'action efficace, ni de ressort vital! donc il meurt, s'il ne s'agite. — S'agiter ne prouve pas qu'on soit fort, et ce n'est pas le moyen de retrouver sa force que de tant crier qu'on va mourir. Il n'y a pas de pouvoir au monde sur lequel on empiétât, s'il ne se disloquait lui-même. Le pire symptôme qui soit pour une institution, c'est d'être si préoccupée de se défendre. L'homme devant qui l'on niait le mouvement ne se mit pas en grands frais de démonstration pour rétorquer l'argument : il marcha; c'était plus concluant que la plus belle thèse soutenue là-dessus par un paralytique. Nous désirons de tout notre cœur que l'assemblée nationale en fasse autant.

Il ne manque pas de gens pour lui souhaiter malheur; nous le répétons jusqu'au bout, ce serait là le malheur universel, le malheur définitif. Les libertés parlementaires ont leurs inconvéniens; les autocraties n'ont-elles que des mérites? On célèbre beaucoup le bonheur dont on jouit sous les autocrates; au fond, l'on serait très embarrassé d'être seulement en demeure de se le procurer. On ne réussit qu'à dénigrer le gouvernement qu'on a; l'on n'est point capable de fonder le gouvernement qu'on vante. Ces dénigremens aboutissent en somme à répandre dans tout le corps politique un sentiment de malaise et d'impuissance qui le dissout. Où sera le bénéfice de cette dissolution générale? Nous comprenons que le parlement supporte mal cette défaveur dont l'esprit changeant du pays semble s'apprêter à le poursuivre; nous comprenons qu'il s'irrite des injures auxquelles il est en butte, des agressions systématiques qui l'assaillent du dehors. Il serait cependant déplorable que cette irritation tînt trop de place dans toute sa conduite, qu'elle ajoutât aux fautes inévitables des grandes assemblées je ne sais quel vertige d'où sortent coup sur coup des fautes nouvelles. Encore une fois, que le parlement marche et ne s'agite pas! il aura raison de ses adversaires, et ceux qui demeurent attachés par goût et par culte aux institutions représentatives seront plus à l'aise pour le défendre avec lui.

Sous la réserve des observations qui précèdent, suivons maintenant les vicissitudes encore si mobiles par lesquelles nous avons passé durant cette quinzaine. Aujourd'hui que la crise est un peu détendue, profitons de cet intervalle de répit pour résumer avec quelque sang-froid les alternatives d'une lutte qui va peut-être recommencer demain. Le rapporteur de la commission chargée d'aviser aux mesures à prendre sur le fait de la destitution du général Changarnier, M. Lanjuinais, proposait à l'assemblée de voter un ordre du jour qui contenait deux points, l'éloge du général, le blâme du ministère. L'ordre du jour, en ne s'adressant qu'au ministère, avait donc la précaution d'écarter du procès l'une des deux responsabilités qui s'y trouvaient engagées ensemble de par la constitution, celle qui eût trop grossi le procès lui-même, si on ne l'eût mise tout de suite hors de cause : la responsabilité du président. Il y avait évidemment là une intention prudente et conciliante; mais, puisqu'on visait à la prudence, c'était bien las d'y viser en plein et de n'en point prendre à demi. La pleine prudence ne consistait pas à s'attaquer très expressément à son plus faible et plus innocent adversaire, comme pour que personne n'ignorât qu'il n'eût point été sage d'aborder l'autre. S'il n'était pas sage d'en venir aux prises tout de bon avec celui-là, l'était-il plus de se donner l'air de vouloir l'atteindre par-dessus la tête du plus petit? Qui relevait-on par cette déférence mal déguisée sous un biais? Et si la déférence était forcée, si mille et mille motifs qu'il n'est pas besoin d'énumérer, motifs de patriotisme, de bon sens, de bonne politique, la rendaient obligatoire, la belle malice d'en informer le public, de lui apprendre en toute cérémonie par cet adroit stratagème qu'en l'état actuel de la république française, le pouvoir exécutif, à qui la constitution ne donne point, comme on sait, d'indépendance, ayant néanmoins blessé le pouvoir législatif, qui est le vrai selon la constitution, celui-ci jugeait essentiel d'admettre son émule ou plutôt son justiciable à ne comparaître devant lui que par procureur, mieux encore à ne recevoir d'étrivières, s'il y en avait à recevoir, que sur le dos d'un autre!

Fallait-il donc se plaindre si amèrement qu'on affectât des allures illégales de suprématie, quand on leur accordait soi-même l'éclatante consécration de ces égards inconstitutionnels? Mais quoi! s'écriera-t-on, fallait-il plutôt en appeler à une révolution pour effacer cette injure que nous avions subie? Ce qu'il ne fallait pas, c'était de révéler une situation telle qu'il n'y eût de recours, pour venger votre injure, que dans une révolution, qu'il vous est interdit de faire, parce que vous êtes d'honnêtes gens.

Cette situation eût été bien moins compromise, si au brusque renvoi du général Changarnier par le pouvoir exécutif, l'assemblée nationale froidement, solennellement, eût opposé quelque témoignage formel de la reconnaissance et de l'estime qu'elle vouait à son glorieux capitaine. Les choses fussent restées en l'état, et ce coup, qui n'amenait point même l'excitation d'une riposte, fût aussitôt retombé sur qui de droit, parce que le jugement de l'opinion publique n'aurait point été trop vite distrait par des représailles sans efficacité. Ainsi le voulaient quelques gens de bon conseil; par malheur, ce ne sont point toujours ceux qui font la loi. Du moment où l'on eut décidé d'aboutir à quelque chose en grand appareil, on ne pouvait plus avoir tout-à-fait perdu son temps pour rien. Du moment où l'on s'imposait l'obligation de publier ce qu'on pensait de l'acte présidentiel, force était bien de ne pas s'en montrer content, puisqu'il n'y avait pas de quoi l'être.

Ce que le président avait à produire de meilleur pour sa défense, c'est qu'il ne voulait plus de l'anomalie d'un troisième pouvoir dans l'état; mais qu'est-ce donc, comme on l'a si bien dit à M. Baroche, dont ce n'était pas la faute, qu'est-ce qu'une anomalie de plus au milieu de tant d'autres? Oui, rien de plus simple à concevoir, le voisinage du général Changarnier était un rude voisinage. On avait beau dire, sous toutes les formes, que l'on ne conspirait point; le dire sincèrement, personne n'a le droit d'en douter; il pouvait sembler cependant que, si la conspiration ne levait point la tête, c'est que le général veillait. On s'est lassé de cette sentinelle, dont l'assiduité impliquait une garantie pour tous ceux qu'on avait eu le chagrin de ne point convaincre par la seule garantie de sa parole. On s'est délivré à tout prix, durement, parce que la mauvaise humeur ne calcule pas comme l'ambition. On n'a pourtant pas le droit, quand on est au milieu de circonstances aussi critiques que les nôtres, de pourvoir à ses commodités en risquant le nécessaire, le sien et celui de tout le monde. La commodité du président, c'était d'être débarrassé du troisième pouvoir; le nécessaire, c'était de laisser debout ce troisième pouvoir, même devant soi; puisqu'on n'en avait que l'impatience et non point la peur, pour le laisser aussi devant la démagogie parisienne; dont il était devenu l'épouvantail. Le président a sacrifié le nécessaire et donné cette grande joie aux anarchistes pour se donner à lui un médiocre soulagement. Voilà sur quoi devait porter le vote parlementaire, ce vote qu'il eût fallu néanmoins retenir, puisque, pour tant oser, on n'atteignait que M. Baroche ou même M. Vaudrey.

La sentence a donc passé, mais à quelles conditions, et combien on l'a payé cher! M. Jules de Lasteyrie a fait un discours ardent, incisif; M. Thiers a fait son grand discours!—Et le lendemain? Le lendemain, de même que le président de la république, pour se dédommager des ennuis que lui causait la compagnie du général Changarnier, avait procuré aux factions le plaisir de le voir congédié, de même on abandonnait à la gauche tous les principes de gouvernement qu'on avait soutenus contre elle; on lui abandonnait les consolations dues au général Changarnier, pour prendre une plus dure revanche sur le président de la république en corrigeant plus vertement M. Baroche, grace à la bonne amitié de la gauche. Ce n'était pas une coalition : il est convenu que le mot ne signifie rien. Le général Changarnier suppliait qu'on ne le remerciât point de ses services, et l'on passait son nom sous silence, car ses services, c'était d'avoir balayé la montagne au 13 juin, et l'on avait besoin de la montagne pour balayer maintenant le ministère; on ne pouvait donc pas lui causer ce chagrin-là..... Mais ce n'était pas une coalition. Les hommes de la droite déclaraient qu'ils votaient contre le ministère uniquement parce qu'il avait destitué le général Changarnier; les hommes de la gauche votaient contre lui parce qu'il avait toujours obéi aux conseils du général Changarnier et de la droite : ces votes dérivaient de deux courans contraires; qu'importe, puisqu'ils se rencontraient dans l'urne?... Mais ce n'était pas une coalition. Comme dit Marc-Antoine dans la Mort de César : « Mais Brutus est un homme d'honneur ! »

Ce n'est point par plaisir que nous revenons sur cette funeste et retentissante histoire de nos derniers orages parlementaires; c'est parce que nous ne pouvons contenir l'expression de nos regrets, de notre sincère douleur, en voyant, dans ce péril, presque en péril de suicide, des institutions auxquelles nous appartenons de toute notre ame. Nous ne sommes point de la presse repentante, selon le mot dédaigneux dont M. Thiers ne s'est point refusé la représaille; nous ne nous repentirons jamais d'avoir cru au noble charme de la parole, à l'empire des discussions raisonnables, à la majesté de la tribune représentative : nous voulons toujours y croire. C'est pour cela que nous avons peut-être le droit de supplier ceux qui occupent la tribune en maîtres de ne point nous ravir tous ces trésors, dont ils sont les dépositaires, en les jouant au gré variable des passions ou des caprices.

A quoi bon pousser plus loin la nomenclature de ces dernières scènes encore toutes fraîches dans toutes les mémoires? Nous n'avons pas le goût à dire comment ceux-ci ou ceux-là ont été tour à tour inscrits sur des listes ministérielles dont aucune n'a pu faire un cabinet, ni pourquoi le président mandait les uns, ni pourquoi il ne mandait pas les autres. A la suite de ces pauvres rumeurs est venu le nouveau message et le nouveau cabinet, le cabinet de transition. Le message qui l'intitule ainsi paraît cependant attendre avec une certaine patience que le cabinet définitif arrive; il n'a pas l'air convaincu que la majorité se reforme de si tôt, tant il accuse avec soin et précision les dissentimens qui la séparent. Si telle est bien la pensée du message, celle de l'assemblée doit être uniquement de lui donner un glorieux démenti. Que la majorité se reforme sur quelque terrain qui ne soit pas le champ clos d'un autre duel entre les deux pouvoirs; qu'elle prenne patiemment, sérieusement, le grand rôle d'une autorité délibérante : elle a chance encore de redevenir plus forte que si elle eût gagné toutes les parties qu'elle a perdues. Ç'a déjà été de bon signe de ne pas se laisser amorcer par le piquant des interpellations de M. Howyn-Tranchère; ç'a été de la méthode un peu prise de court, un peu tardive; mieux vaut tard que pas du tout. M. Howyn en est pour un joli coup d'épée dans l'eau. Qu'à cela ne tienne; il en a bien d'autres de rechange; il est jeune, brillant, spirituel; il a toutes les qualités d'une avant-garde; il ne se fâche pas quand on le laisse en route, et n'en veut point à qui lui dit de partir pour ne pas le suivre.

La majorité rétablie, le président ne peut pas manquer de comprendre qu'il n'a plus rien à gagner sur elle en affectant de ne plus couvrir sa propre responsabilité de la responsabilité collective d'un ministère formé dans le sein de l'assemblée. Ce n'est jamais une bonne position en France de crier trop ouvertement à tout propos : *Me, me adsum qui feci!* On se lasse de cela comme les Athéniens se lassaient d'entendre appeler Aristide le *juste.* Le pouvoir législatif porte encore peut-être aujourd'hui la peine d'avoir été si long-temps tout seul en évidence. C'est pour cela que l'opinion ne s'attriste pas en général autant que nous de ses mésaventures. Sans médire du nouveau cabinet, il est fort à croire que ce ne sera point lui, tout le temps qu'il vivra, qui sera le plus en évidence dans les régions du pouvoir exécutif. La parole habile et digne de M. de Royer, la souplesse d'aptitudes de M. Magne, sont des qualités précieuses pour les affaires; les personnes que ces qualités honorent me tiennent point assez de place dans la politique pour qu'il n'y ait point trop de vide autour de la personne du président. Il est de l'intérêt commun que ce vide se remplisse. Il ne grandira ni celui qui s'y résignerait, ni ceux qui s'obstineraient à le perpétuer.

On dirait que les crises ministérielles sont à l'ordre du jour dans toutes les parties de l'Europe : crise en Espagne, crise en Belgique, question de cabinet posée presque en même temps à la tribune piémontaise. Il n'est pas jusqu'à la Suède où il n'y ait eu dans ces derniers jours un ministre qui s'est retiré devant un vote parlementaire : la diète suédoise ayant rejeté un projet de loi sur la réforme électorale dont le ministre des finances était l'auteur, celui-ci a donné sa démission. Au premier abord, la coïncidence de tous ces conflits n'est point avantageuse pour le régime parlementaire : quand on regarde de plus près, on s'aperçoit que l'institution résiste encore mieux qu'aucune autre aux hasards des circonstances et aux torts des individus.

Le maréchal Narvaez a décidément quitté le pouvoir; il est trop visible que la résolution qu'il a prise si brusquement avait des causes de nature assez diverse et d'origine assez ancienne. Les hommes d'état de nos jours sont bien moins endurans que ne l'étaient les ministres des vieilles monarchies; le pouvoir ne vaut plus, à ce qu'il paraît, les ennuis qu'il en coûte pour le garder. Les ennuis du duc de Valence étaient probablement tout à la fois et dans le parlement et à la cour. Il est difficile de gouverner à deux. L'influence de la reine Marie-Christine n'était pas assez puissante sur l'esprit de sa fille pour ruiner tout-à-fait auprès d'elle l'autorité du maréchal, elle ne l'eût d'ailleurs sans doute pas voulu; il y avait entre elle et lui trop de liens qu'il n'était pas possible de rompre, trop de services rendus, trop de gratitude exprimée. C'était cependant un penchant naturel de son caractère de balancer à plaisir cette autorité du ministre dirigeant pour l'empêcher de paraître trop prépondérante, et il est vraisemblable qu'il devait y avoir dans les cortès plus d'un intérêt ou d'un orgueil également blessé par cette prépondérance. L'association ne pouvait guère manquer de se nouer d'une façon ou de l'autre; et les mauvais procédés de certaines fractions de la chambre étaient encouragés avec une transparence

provoquante par ceux qui venaient du palais. Le maréchal a senti toutes ces tracasseries en homme qui ne s'est jamais piqué d'affecter beaucoup d'égalité d'ame.
Les ennemis qu'il avait dans le pariement n'étaient cependant pas de taille à
troubler son sang-froid; les motifs de l'opposition qu'ils dirigeaient contre lui
n'étaient pas des mystères bien respectables. Généraux en sous-ordre, ils avaient
l'éternel grief des subalternes contre un chef heureux. L'un ne pouvait encore
digérer qu'on lui eût ôté le gouvernement de la Catalogne, quand il y laissait
croitre de jour en jour les bandes carlistes; l'autre avait en vain ambitionné
la capitainerie de la Havane, où le gouvernement ne voulait plus envoyer
personne qui eût à s'enrichir, puisqu'il avait entrepris sérieusement la réforme
des abus de l'administration coloniale. C'était encore par exemple le général
Serrano qui prétendait au poste d'inspecteur de l'infanterie, prétention que le
maréchal se refusait à satisfaire pour ne pas donner au roi don Francisco des
déplaisirs sur lesquels il n'est pas besoin de s'étendre. Ces inimitiés, tantôt
souterraines, tantôt produites à la tribune, avaient poussé à bout la patience
du maréchal. La reine Isabelle a vainement essayé de le retenir; elle a, dit-on,
beaucoup pleuré quand il a pris congé d'elle.

Le ministère que présidait le duc de Valence ayant donné sa démission, il a
fallu s'occuper d'un nouveau cabinet. Après des négociations assez courtes,
celui-ci s'est reconstitué sous la direction de M. Bravo Murillo, qui s'était séparé, comme nous l'avons dit dans le temps, du cabinet Narvaez, par suite
d'un dissentiment relatif à l'économie générale du budget. Le ministère est
d'ailleurs pris dans la nuance du parti que le maréchal avait organisé pour la
défense des principes de conservation libérale en Espagne. Ce parti restera-t-il
debout et maitre du terrain sans le chef énergique auquel il doit son ascendant? L'avenir en décidera, quoique nous inclinions d'avance à supposer qu'il
ne se passera pas long-temps sans que la reine Isabelle ait encore recours au
bras qui l'a si vaillamment soutenue. En attendant, M. Bravo Murillo a présenté un programme politique qui rappelle, ou à peu près, la tendance gé
nérale du ministère qu'il remplace. On croit toutefois que les budgets soumi.
aux cortès vont être retirés pour subir les modifications que M. Bravo Murillo
voulait y apporter dans l'origine. C'était aussi lui qui avait introduit devant
les chambres un projet de règlement de la dette espagnole : il s'est maintenant
engagé à user de son initiative comme ministre principal pour obtenir de
chambres un arrangement décisif qui mette fin aux trop justes plaintes de
créanciers de l'Espagne. Ce serait un titre sérieux vis-à-vis de l'Europe pour
le cabinet qui vient de se former à Madrid de liquider à l'honneur de son pays
une situation si fâcheuse; ce serait un des plus beaux gages de force et de
prospérité qu'il eût trouvés comme autant de legs dans la succession du duc
de Valence.

L'incident parlementaire qui a, pendant quelque temps, ému la Belgique
n'avait point ces apparences dramatiques et ne se compliquait point d'intrigue
particulières comme celles qui ont caractérisé la crise espagnole. La carte
adressée par le général Chazal à un représentant n'était qu'un épisode de l'affaire. Les chambres belges ont, à ce qu'il parait, une police intérieure plus
sévère que la nôtre, et se scandalisent plus que nos législateurs de cette sorte
d'offense commise contre leur majesté. Le cartel, devenu public, n'a pas eu de

suite, et le gouvernement a dû mettre le général Chazal en disponibilité. Naguère encore, ministre de la guerre, il avait été obligé de renoncer à son portefeuille à cause d'un conflit qu'il avait eu avec la garde civique. Son successeur, le général Brialmont, devait être l'auteur de la difficulté au bout de laquelle le roi Léopold vient d'accepter sa démission. Voici, en deux mots, cette difficulté grossie démesurément par l'opposition acharnée que le gouvernement libéral, qui a si sagement conduit la Belgique au milieu des révolutions européennes, rencontre cependant à chaque pas dans un parti qui se déclare le champion exclusif de l'ordre et de la religion. Une loi de 1845 voulait qu'on portât à 30 millions de francs le budget de l'armée belge. Cette dépense pouvait sembler excessive et l'était sûréellement, qu'on n'avait jamais atteint le chiffre de 1845; dans des vues d'économie dont on a inutilement combattu l'opportunité, on espérait même arriver à réduire le chiffre actuel, qui était de près de 27 millions, au chiffre normal de 25. C'était avec cette perspective que M. Rogier avait offert le portefeuille de la guerre au général Brialmont, qui l'avait accepté en promettant de travailler à la réduction de son budget, pourvu que la réduction fût dans les limites du possible. Le général Brialmont ouvrit donc la discussion de ce budget par une déclaration qui était l'œuvre commune de tout le ministère. Cette déclaration annonçait qu'on allait « examiner tout l'ensemble de l'établissement militaire en s'entourant d'une commission composée d'hommes éclairés et impartiaux. » Cette commission aurait fourni les renseignemens nécessaires pour arriver, si l'on pouvait, à borner les dépenses de l'armée aux 25 millions avec lesquels on espérait y suffire.

La droite, le parti clérical, puisque c'est ainsi qu'il les faut nommer, même dans un débat de chiffres sur une question d'armement, la minorité catholique s'est jetée à la traverse. Elle a employé dans une matière si spéciale l'arsenal ordinaire de sa controverse. Elle a accusé le ministère de vouloir achever la démoralisation du pays en désorganisant la force militaire. On a trouvé moyen de parler par à-propos contre la presse, contre les chemins de fer, contre les progrès, contre les lumières; on a déclaré avec une ironie hautaine qu'il fallait effacer le noble lion de l'écusson belge pour le remplacer par un wagon. On s'est porté avec tout le bruit possible à la défense de l'honneur national, de la sécurité nationale, qui n'étaient guère en cause. C'est sur ces entrefaites qu'après le trouble occasionné par la violence du général Chazal, le général Brialmont a cru devoir abandonner ses collègues. Il avait d'abord accepté pour son budget l'idée d'une commission chargée de vérifier jusqu'à quel point on pourrait descendre à ce chiffre contesté de 25 millions; il voulait maintenant tout d'un coup que cette commission prit, au contraire, pour base le maintien de la loi de 1845 et son chiffre impératif de 30 millions. Cette dissidence, qui éclatait dans la chambre, brisait ouvertement le ministère. Le roi l'a reconstitué en chargeant M. Rogier de l'intérim de la guerre à la place du général Brialmont, passé si soudainement au service de la minorité. Le roi Léopold saisissait cette occasion pour témoigner sa confiance envers M. Rogier par une lettre publique qui doit compter comme un titre d'honneur dans la carrière du ministre belge. La discussion a repris alors; elle aura duré ainsi plus de dix jours. Les orateurs du parti catholique, M. Malou, M. Dechamps, M. de Mérode, ont donné chacun selon sa mesure, mais tous avec ce fonds d'âpreté qui distingue leur opposition. Des hommes comme M. Lebeau, comme M. Devaux, poussés par des craintes exagérées pour le sort de l'armée belge, leur ont prêté le secours d'une alliance sur laquelle ils ne devaient point compter. M. Rogier a heureusement combattu cette scission, qui menaçait de rompre, à propos du budget d'un ministère, l'union si essentielle du parti libéral; 155 voix contre 31 ont répondu à la question de confiance posée en faveur du cabinet par l'honorable président de la chambre, M. Verhaegen.

Nous sommes très convaincus que la sécurité nationale de la Belgique n'a rien à craindre, même des secousses les plus graves qui puissent se préparer en Europe; il n'en est pas moins très naturel qu'elle tienne à garder en main « tous les élémens de cette sécurité, » selon l'expression même du roi. C'est le sentiment le plus vif chez un peuple qui a pris récemment encore possession de lui-même. La majorité des représentans belges a cependant très bien compris que l'indépendance du pays ne tenait point à dépenser pour l'armée 5 millions de plus ou de moins. C'est l'honneur du peuple belge d'avoir acquis sa forte consistance nonobstant ses faibles ressources, et d'avoir remplacé par la tenue de son caractère le développement matériel qui lui manquait. C'est par la pratique sérieuse des libertés qu'elle a su conserver sages, que la Belgique se rend de jour en jour plus respectable aux yeux de l'Europe. Il serait bien étonnant qu'à mesure qu'elle jouira davantage de cette considération, elle n'en vînt pas à proscrire d'elle-même le brigandage mercantile qui compromet toute son originalité native. Le triste privilège de la contrefaçon littéraire est toujours le mauvais côté de sa situation internationale; il ne faut point cesser de le lui répéter. Nous savons d'ailleurs qu'il se fait un mouvement sensible dans l'opinion même du pays, qu'il s'y élève une sorte de point d'honneur contre cette industrie coupable. Un gouvernement libéral doit compter comme une bonne fortune l'occasion qui lui serait ainsi fournie d'effacer le mauvais vernis que cette industrie, plus isolée qu'elle ne prétend l'être, jette sur la nation. Il serait curieux de voir si l'opposition, qui se fait arme de tout contre le ministère, oserait défendre les contrefacteurs au nom du principe religieux et de l'ordre social.

Nous avons cependant le regret d'apprendre, et de très bonne source, que la légation belge, animée sans doute d'un autre esprit que celui du principal ministre de la Belgique, s'est donné beaucoup de mouvement à Turin pour faire repousser par les chambres piémontaises les traités qui viennent enfin d'être votés entre le Piémont et la France. Le traité de commerce a été approuvé par 109 voix contre 34; le traité spécial sur la propriété littéraire, par 99 contre 44. Les intéressés et leurs ayant-cause avaient agi très vigoureusement auprès de beaucoup de pairs et de députés. Les raisons purement politiques étaient aussi intervenues dans le débat. L'extrême droite et l'extrême gauche se sont unies dans une aversion commune, quoique bien différemment motivée, pour tout rapprochement plus étroit avec la France. M. de Cavour et M. d'Azeglio ont noblement défendu l'œuvre de leur diplomatie; ils en ont fait une question de cabinet, déclarant qu'ils se retireraient tous les deux, si les transactions conclues sous leurs auspices n'étaient point approuvées. Ils ont soutenu avec raison que ces transactions étaient pour le Piémont les meilleures possible, et ils en ont montré hardiment le grand côté politique. « Le Piémont, comme l'a dit·M. d'Azeglio, ne doit point se séparer de l'Europe occidentale, à laquelle il est si intimement uni. » C'est pour cela qu'il se rattache à la France, c'est pour avoir son contre-poids et son point d'appui vis-à-vis de l'Europe orientale. M. d'Azeglio a voulu donner aussi la sanction de son témoignage aux droits de la propriété littéraire; il a revendiqué comme un honneur pour son gouvernement le soin de servir cette cause, qu'il appelle la cause « d'une belle et généreuse idée, destinée à faire faire au monde de véritables progrès. »

Malgré la violente amertume avec laquelle on incrimine ses intentions et l'on exagère ses tendances, le ministère piémontais garde dignement la position qu'il a voulu prendre. Il se tient à bonne distance du parti rétrograde et du parti radical : investi de la confiance du jeune roi, il s'est concilié dans les chambres une majorité qui ne le dispense point des luttes parlementaires; mais il lutte sans s'affaiblir. C'est un spectacle intéressant que ce continuel effort de M. d'Azeglio et de ses collègues pour donner à l'esprit, aux besoins du siècle la juste satisfaction qu'ils demandent, et ne point tomber cependant en proie aux exigences du radicalisme. Ainsi, tandis que dernièrement ils frappaient d'un impôt les biens de main-morte, toujours trop improductifs pour le peuple et pour l'état, ils se refusaient énergiquement à souscrire aux injonctions de M. Brofferio, qui leur demandait la confiscation sommaire des biens du clergé. M. de Cavour, en termes des plus remarquables, posait nettement les bornes dans lesquelles il entendait renfermer l'action de l'état vis-à-vis de l'église. Il ne voulait, disait-il, ni d'un clergé usurpateur, ni d'un clergé de fonctionnaires, et, quant aux domaines ecclésiastiques, il ne s'agissait pas, au gré du gouvernement, de s'en emparer, pour substituer des prêtres salariés à des prêtres propriétaires; il s'agissait uniquement d'obtenir une meilleure répartition des revenus du clergé, de corriger les inégalités choquantes qu'il y avait suivant les lieux dans la position des ministres du culte. Quand cet honnête et juste langage aura-t-il apaisé les pieuses colères déchaînées contre le cabinet de M. d'Azeglio?

Le ministère hollandais se trouve dans une situation assez analogue à celle du cabinet de Turin; c'est d'ailleurs la loi commune de l'Europe par le temps qui court. Il est aux prises avec les opinions extrêmes, et il doit résister aux entraînemens excessifs de l'esprit d'innovation, pour mieux vaincre l'immobilité des stationnaires. Les réformes qu'il a fait prévaloir l'année dernière lui ont assuré de l'avenir; mais la question des impôts reste toujours pendante, ce sera la grande affaire de cette session : il n'y a plus d'économies qu'on puisse encore opérer sur le budget; il ne reste plus qu'à creuser pour ainsi dire l'impôt. L'administration des Indes néerlandaises vient encore d'être modifiée par la mort imprévue de M. Bruce, récemment nommé gouverneur-général; M. Bruce a pour successeur M. Duymaer van Twist, président de la seconde chambre, de qui nous citions dernièrement une allocution d'un si grand sens. Comme M. Bruce, M. van Twist est de la province d'Over-Yssel; il appartient à la même nuance politique; c'est un libéral modéré qui s'est fait distinguer dans le parlement, où il siége depuis 1843, par ses connaissances pratiques et financières. Il n'a jamais eu cependant de rapports quelconques avec les affaires des Indes; mais en l'état où sont les colonies néerlandaises, lorsqu'il est devenu d'une absolue nécessité d'examiner toutes les questions qui les concernent avec le sang-froid le plus impartial, on a craint de donner la direction suprême de cette enquête à quelque fonctionnaire vieilli dans le service indien. On a préféré à un homme spécial, *een Indieman*, comme on dit en Hollande, un homme nouveau, qui fût en dehors de tous les antécédens administratifs de l'Inde, dont le choix ne préjugeât aucune des solutions en litige, qui fût ainsi mieux à même de ne froisser aucune opinion, d'appeler à lui sur les lieux toutes les lumières, pour arriver sans parti pris aux réformes indispensables et point à d'autres. C'était ce qu'on avait voulu en nommant M. Bruce; la nomination de M. Duysmaer van Twist présente les mêmes garanties. Ces garanties sont d'autant plus désirables dans les conjonctures actuelles, que le conseil des Indes qui siége à Batavia paraîtrait se brouiller de plus en plus avec la hauté administration. C'est toujours M. van Nes qui reste vice-président de ce conseil, ainsi que nous l'avions dans le temps annoncé.

Les possessions hollandaises d'outre-mer donnent encore d'autres embarras que ces difficultés d'organisation intérieure. La pacifique Néerlande est toujours obligée d'avoir recours, dans ces lointains parages, à son ancienne énergie guerrière. Déjà, dans le mois de septembre de l'an dernier, une expédition bravement conduite avait sévèrement châtié la révolte des Chinois de la côte orientale de Bornéo; le colonel Sorg, chef de l'expédition, vient de succomber à ses blessures. On parle maintenant d'une nouvelle entreprise contre ces populations remuantes; en attendant, les canonnières hollandaises font bonne garde aux embouchures des fleuves de Bornéo.

Il survient toujours en Suisse des incidens déplorables qui montrent jusqu'à quel point tout le territoire helvétique a été travaillé par le radicalisme. Il faut espérer que les gouvernemens qui, comme celui du canton de Berne, recommencent à reprendre pied contre les agitateurs, se maintiendront malgré les tentatives faites pour les débusquer. L'échauffourée du val Saint-Imier, qui s'est communiquée si vite à Interlaken, n'était ni plus ni moins qu'une tentative de ce genre. L'arrêt d'expulsion lancé de Berne contre le réfugié prussien Basswitz n'a été que le prétexte qu'on cherchait depuis quelque temps pour un mouvement insurrectionnel.

Le mouvement a eu lieu. Le préfet d'Interlaken, M. Muller, a été tout de suite frappé d'un coup de feu; il était désigné d'avance aux balles des radicaux, qui entrent si volontiers en campagne par des assassinats. Le sang versé ne leur a point porté bonheur : le mouvement a été presque aussitôt étouffé qu'osé. Il n'en a pas moins son importance, parce qu'il révèle un redoublement d'activité de la part du comité central de la propagande de Londres. Il est maintenant, en effet, à peu près constaté que M. Mazzini a pu récemment traverser la France et la Suisse, qu'il a visité le Piémont, et s'en est paisiblement retourné en Angleterre. Il apportait avec lui, dit-on, des mots d'ordre et de l'argent; il a laissé derrière lui, pour marquer la trace de ses pas, deux essais d'émeute, une bagarre insignifiante à Gênes, et cette allaire de Berne qui ne laissait pas d'être plus grave. La position du gouvernement de Berne n'est pas facile. Les radicaux mitigés, qui forment à peu près la majorité du conseil fédéral, ne lui sont pas très bienveillans, parce qu'ils l'accusent de vouloir revenir à l'ancien état de choses et lui pardonnent à peine le rôle de conservateur libéral qu'il s'est attribué. Les ultra-radicaux se figuraient avoir ainsi quelque chance de remettre sous leurs mains le canton le plus puissant de la Suisse, d'intimider par là le conseil fédéral. et de rouvrir la Suisse aux réfugiés, quand la Suisse a déjà eu tant de peine à secouer le fardeau de cette hospitalité qu'on lui voulait presque imposer de vive force. Heureusement le gouvernement actuel de Berne peut compter sur la majorité de la population urbaine et de celles des environs dans un rayon de plusieurs lieues.

C'est cette forte ceinture qui le met à l'abri d'un coup de hasard ou d'audace; mais n'est-ce pas une étrange condition, dans une grande ville d'un pays civilisé, de se voir réduit, pour être sûr de la paix du lendemain, à veiller aux portes et à garder sa banlieue? On dirait en vérité l'isolement du moyen-âge, et, comme au moyen-âge, la guerre en permanence de voisin à voisin. Il est temps que la Suisse en finisse, et puisse-t-elle en finir à elle seule! On agite de plus en plus sérieusement, dans les grandes cours d'Allemagne, le projet d'intervenir en Suisse. Il y a loin encore du projet à l'exécution, et la neutralité du sol helvétique n'est point un principe sur lequel il appartienne aux chancelleries d'outre-Rhin de décider si fort à leur aise. Tant que l'Allemagne n'en est qu'à régler ses propres affaires, l'Europe se sent très peu curieuse d'y rien voir; il n'en va pas ainsi des affaires européennes. L'affaire suisse serait de celles-là; ce n'est pas une raison pour que le gouvernement fédéral ne s'attache point par-dessus tout à ne la pas soulever.

En Allemagne, le triste drame de la guerre des duchés s'est enfin dénoué par son inévitable conclusion. Les commissaires de la diète germanique se sont chargés de mettre en œuvre le traité de paix du 2 juillet dernier, et la lieutenance de Schleswig-Holstein a licencié l'armée insurrectionnelle avec la proclamation de rigueur. Ainsi finit, à l'honneur du Danemark, un des plus sanglans épisodes des révolutions de 1848. Le peuple des duchés, si courageux et si honnête, s'est épuisé par les plus cruels sacrifices en croyant s'immoler au devoir national qu'on lui exagérait. Son exaltation n'a servi qu'à livrer ce malheureux pays en pâture aux fantaisies conquérantes de l'orgueil allemand, qu'à fournir un débouché aux enfans perdus de la démagogie allemande.

Quant aux autres suites des événemens de mars, elles ne paraissent point encore si près d'un terme quelconque. Deux grandes puissances peuvent vivre long-temps dans un accord plus apparent que réel; mais l'apparence brisée ne se raccommode plus guère. C'est ce qui arrive pour la Prusse et pour l'Autriche. Tous les replâtrages possibles ne servent pas à beaucoup plus qu'à empêcher cette lutte ouverte, cette lutte armée dont ni l'une ni l'autre ne voulait. A peine semblent-elles s'entendre sur les questions politiques, que la discorde recommence sur les questions commerciales. L'Autriche prétend opposer un Zollverein qui lui appartienne au Zollverein prussien, et battre en brèche de ce côté-là comme de tous les autres les lignes de défense de la Prusse. Là grande union douanière projetée par M. de Bruck, le ministre du commerce en Autriche, menace le cabinet de Berlin d'une concurrence redoutable. Si les plénipotentiaires de Dresde doivent réglementer tout cela, ces conférences ne sont pas près de finir. En attendant, on s'observe toujours d'un œil jaloux. Les corps autrichiens de l'armée d'exécution dans les duchés occupent le Lauenbourg. A la nouvelle qu'ils marchaient sur Hambourg, on a vu des régimens prussiens prendre tout de suite les devans, comme si cette seule approche était un péril.

Il est vrai que la facilité avec laquelle l'Autriche remue maintenant ses troupes peut donner beaucoup à réfléchir. L'Autriche, dans tous les derniers événemens, a tiré parti de ses chemins de fer pour concentrer des masses d'hommes sur un point donné avec une rapidité dont l'histoire de la guerre n'offrait point encore d'exemple. Ainsi les troupes quittent l'Italie par le railway de Vérone à Venise; des vapeurs les portent en quelques heures à Trieste, d'où elles marchent jusqu'à Laybach; les wagons les mènent à Murzzuschlag, elles passent là le Semering à pied, et, reprenant le chemin de fer à Gloggnitz, elles sont à Vienne quarante heures après leur départ de Laybach; vingt heures après encore, le railway septentrional les met sur la frontière de Prusse. Quand le chemin de fer ira sans interruption de Vienne à Trieste, c'est-à-dire dans deux ans, il ne faudra que trois jours pour amener une armée des frontières de l'Italie sur celles de la Prusse. Le chemin de fer qui vient d'être livré à la circulation de Szolnok à Pesth et de Pesth à Vienne a permis aux troupes d'aller droit de Hongrie en Bohême; d'autres, par le chemin de fer de Vienne à Prague et à Aussig, ont été en trois jours du centre de la Hongrie aux limites de la Saxe. Les bateaux à vapeur qui remontent le Danube peuvent aussi être employés, comme ils l'ont été dans la dernière guerre, à mener les troupes du voisinage de la Turquie jusqu'au chemin de fer de Pesth.

Grace à de si puissans moyens de circulation, l'on a vu l'Autriche jeter, pour ainsi dire, sur le seuil même de la Prusse, avec une rapidité foudroyante, cent quatre-vingt mille hommes complétement équipés et de l'artillerie en proportion. Les généraux prussiens ne supposaient devant eux que cent vingt mille hommes; cette facilité inattendue des transports avait déjoué leurs calculs. Ne l'oublions pas ici, pour peu que nous soyons encore capables de penser à autre chose qu'à nos malheureuses discordes : voilà comme les grandes puissances ont préparé sans bruit le déploiement de leurs ressources militaires! Pendant que l'Autriche fait, en un clin d'œil, mouvoir ses soldats à travers les Alpes, les Karpathes, le Danube et les Monts-Géans, comptons un peu le temps qu'il nous faudrait encore pour avoir les nôtres de Brest à Strasbourg, de Perpignan ou de Marseille à Paris !

ALEXANDRE THOMAS.

REVUE LITTÉRAIRE.

L'HISTOIRE ET LE ROMAN.

Entre la littérature et la société il y a en ce moment un singulier désaccord. Sans confiance dans le présent, inquiète de l'avenir, notre société cherche, par tout quelque trace des sévères préoccupations qui l'agitent, et malheureusement jamais littérature ne parut moins préparée que la nôtre aux devoirs qu'impose un état si nouveau des esprits. Ces devoirs seront-ils enfin compris? A cette école de l'art pour l'art et de la fantaisie, née du caprice des poètes en des temps meilleurs, et dont l'empire, jusqu'à ce moment, fut presque sans rivalité, une école plus grave et mieux inspirée succédera-t-elle? Le moment de répondre à cette question n'est peut-être pas venu; mais on peut voir du moins si dans les publications récentes, même dans les plus légères, il ne se manifeste pas un guement au moins et par éclairs le sentiment d'une transformation nécessaire qui, mettant les œuvres de l'intelligence plus en harmonie avec la situation des choses, leur donnerait par là plus de valeur pratique et une plus haute signification morale.

Entre les rares ouvrages qui ont aujourd'hui le privilége de nous captiver, il faut compter ceux où l'intérêt historique vient s'unir à l'intérêt littéraire. L'histoire du dernier siècle en particulier s'offre pleine, pour nous, d'un étrange et douloureux attrait, et c'est ici le cas de rappeler la vieille maxime du droit français si pittoresque d'expression : *le mort saisit le vif*. Notre temps n'échappe pas à cette loi; quelque abîme qui nous sépare d'hier, quelque effort que nous ayons fait pour briser la chaîne des traditions, le passé nous tient par tout ce que nous sommes, il revit dans nos idées et dans nos mœurs, dans nos croyances et dans nos passions. Les partis qui se disputent le pays et les systèmes qui le divisent ont également leurs racines profondes au-delà de 1789.

Dans un ouvrage (1) où le charme des détails se marie heureusement au fond sérieux de la pensée, M. Bungener ramène une fois de plus notre attention vers le xviiie siècle, vers les idées qui l'animèrent et les hommes illustres qui en furent comme l'éclatante incarnation. Il y a cela de remarquable dans le jugement qu'il en porte, que, rendu par un protestant au lendemain des bouleversemens politiques de 1848, il contient la condamnation de la philosophie au nom de l'esprit d'examen, et de la révolution au nom du libéralisme déçu dans ses espérances. Entraîné malgré lui sans doute au-delà des bornes d'une réaction légitime par le dégoût qu'inspire aux cœurs droits l'œuvre sauvage des démolitions sans nécessité, M. Bungener ne s'est pas rendu exactement compte de la portée de sa sentence, et peut-être aussi a-t-il trop écouté un zèle exclusif, le zèle de secte. Si la révolution française, au lieu d'être absolument anti-chrétienne, n'eût été qu'anti-catholique, ne lui aurait-il point pardonné davantage? C'est l'une de ses plus fermes croyances, que, protestant, notre pays se fût mieux défendu des commotions violentes et de l'incrédulité. Illusion pure! L'Angleterre dissidente a eu sa révolution comme nous la nôtre, et ses sectes l'ont déchirée à l'égal de nos partis. Où triomphe aujourd'hui dans toute sa force l'impiété divine? En quel lieu le panthéisme a-t-il élevé ses chaires les plus retentissantes? Dans l'Allemagne réformée. Là, le docteur Strauss, usant jusqu'à l'extrême limite du droit d'interprétation individuelle en ce qui touche la lettre des livres saints, n'a-t-il pas réduit à l'état de mythe abstrait la vivante personnalité du Christ? et les disciples de Hegel, poursuivant de conséquence en conséquence les prémisses posées par le maître, n'ont-ils pas installé l'homme à la place de Dieu?

Une erreur plus grave de M. Bungener, parce qu'elle est partagée par une foule de bons esprits comme lui subitement troublés au spectacle des maux actuels, c'est d'avoir confondu sous un commun anathème, dans ses appréciations de Montesquieu, de Voltaire et de Rousseau, dans sa critique des idées du xviiie siècle, des hommes et des choses très différens. Voyant l'irréligion partout, partout la révolte, à peine a-t-il aperçu des nuances où il y avait des murs de

(1) *Voltaire et son Temps*, 2 vol. in-12. Paris, chez Joël Cherbuliez, place de l'Oratoire, 3; Genève, même maison; Leipzig, chez Michelsen et Ch. Twietmeyer.

séparation. Il était pourtant facile de faire à chaque homme, à chaque chose leur juste part, les doctrines se trouvant, ainsi que nous l'avons observé, profondément diverses, et les événemens se chargeant d'ailleurs de nous aider dans le soin d'en préciser le caractère particulier. Un triple courant d'idées génératrices, à leur source brillamment personnifiées et depuis incarnées en des systèmes tour à tour dominans ou vaincus, naît du xvIII° siècle et traverse le nôtre, fécondant sur son passage les esprits et déterminant l'éclosion des faits. Ici, la philosophie de la nature, la politique de la souveraineté du nombre, la chimère de l'égalité absolue, trouvent dans Rousseau un interprète passionné; la convention et le comité de salut public tentent de réaliser cette philosophie à coups d'actes violens et de mesures oppressives, et nous la retrouvons au fond des projets du radicalisme, au sein de toute utopie socialiste. Là s'offre à nous le régime constitutionnel, régime de la liberté fondée sur le respect des institutions, de la hiérarchie des droits basée sur la justice, que Montesquieu, s'autorisant de la sagesse des siècles, préconise entre toutes les formes de gouvernement, que des hommes de prudent conseil s'efforcent en vain de faire triompher en 1789, et qui, adopté par le pays au lendemain de défaites écrasantes, lui a valu les trente-trois années les plus prospères et les plus tranquilles de sa longue existence. Enfin, un autre esprit anime encore le xvIII° siècle, l'esprit de scepticisme à l'égard du passé et de confiance orgueilleuse dans la raison humaine, qui égara Voltaire; foi superbe, génie dissolvant, qui agirent chez les législateurs de l'assemblée constituante, et qui, malgré tant d'épreuves funestes, vivent encore à l'heure qu'il est parmi une certaine bourgeoisie, toujours disposée à donner échec au pouvoir pour l'honneur de ses droits, et pour la preuve de sa force d'ame à railler les lois humaines et divines.

A côté des erreurs plus spécialement politiques, certains travers d'une nature mixte, et qui paraîtraient fort singuliers s'ils n'étaient si répandus, tiennent leur grande place au xvIII° siècle. Je veux parler de la convoitise ardente des biens d'autrui se parant, suivant l'époque, des noms de justice ou de fraternité, de la recherche du bonheur humain considérée comme l'idéal social des nations modernes, de l'invocation constante par l'individu de l'état à titre de providence temporelle. Le germe de toutes ces folies, qui sont les nôtres, se trouvait chez nos pères, et M. Bungener excelle à nous le montrer. La réalisation du bonheur humain, objet avoué des utopies présentes, le xvIII° siècle la poursuivit comme nous dans tous les sens, sinon tout-à-fait par des voies pareilles. Le bon abbé de Saint-Pierre la plaçait dans l'adoption de son inoffensif projet de paix universelle; Rousseau dans le retour de l'homme à je ne sais quelle simplicité primitive, fille de son imagination, mariée à de vagues souvenirs des républiques populaires de l'antiquité. Moins naïf d'esprit et plus délicat dans ses goûts, Voltaire, à l'exemple de Rabelais, le gai fondateur de l'abbaye de Thélèmes, se promettait, lui, l'Eldorado d'une société d'hommes éclairés, librement conduits par la raison, aussi en dehors de l'action des foules que du privilége exclusif de la naissance. « Nous aurons bientôt de nouveaux cieux et une nouvelle terre, écrivait-il à d'Alembert, j'entends pour les honnêtes gens; car pour la canaille, le plus sot ciel et la plus sotte terre sont tout ce qu'il lui faut. » Mais qu'on se représente le bonheur sous les traits d'un épicuréisme élégant ou d'une mâle austérité, que, suivant la diversité du point de vue, on prêche

comme Chaumette le civisme des sabots et les patriotiques vertus de la pomme
de terre, ou, à l'instar du socialisme, les promesses sensuelles du paradis terrestre, il se mêlera toujours à la couronne de chêne ou de roses du bonheur
humain deux petites épines difficiles à en arracher, — la contrainte du travail,
les rigueurs fatales de la maladie et du trépas.

Avant Fourier, avant nos réformateurs contemporains, les philanthropes du
siècle dernier s'étaient; on leur doit cette justice, enquis des moyens de supprimer ou d'alléger du moins le lourd héritage qui pèse sur l'humanité. Con-
dorcet, en particulier, s'était chargé de remettre à sa place le plus dur des
créanciers, la mort. « Les progrès de la médecine préservatrice ; devenus plus
efficaces par ceux de la raison et de *l'ordre social,* doivent faire disparaître à
la longue les maladies transmissibles... Il ne serait pas difficile de prouver que
cette espérance doit s'étendre à presque toutes les autres maladies... Sans
doute l'homme ne deviendra pas immortel, mais sa vie peut s'accroître sans
cesse. » Un temps qui imputait à *l'ordre social* les maux héréditaires et la brièveté de la vie devait, à plus forte raison, le rendre responsable des infortunes
de l'individu. « Lorsque les hommes sont malheureux, disait très sérieusement
La Harpe, ceux qui les gouvernent sont coupables. » Voltaire lui-même, dont
le bon sens sommeillait quelquefois, se laissa prendre à la glu d'un faux-sem-
blant de vérité. Au-dessous d'une estampe représentant des gueux, il proposa
de tracer ces mots : *Rex fecit.* De là à réclamer du pouvoir la fameuse poule au
pot de Henri IV, il n'y avait pas loin; et l'abîme du communisme était au bout
de semblables opinions. La première condition de l'indépendance personnelle
consiste à édifier son sort de ses propres mains, et quiconque demande aide et
protection réclame joug et servitude.

Nous venons de toucher, avec M. Bungener, aux vives plaies de notre temps,
plaies vieilles et mal fermées, dont les plus graves sont l'incrédulité, qui sépare la terre du ciel, l'orgueil, qui dit aux foules : Courage! le monde vous
appartient; osez, vous serez semblables à Dieu; — l'amer désabusement, qui suit
bientôt les espérances trop ambitieuses, et, à leur exemple, n'a pas de bornes.
Il est d'autres plaies, relativement moindres, qui n'attaquent qu'une certaine
catégorie de la société, mais non moins douloureuses pour qui les ressent. Le
principe de ces dernières a son siége dans la vanité plutôt que dans l'orgueil,
dans une confiance excessive plutôt que dans un défaut de foi. Une littérature
a flori de nos jours, hypocrite et sensuelle, plaçant l'art au-dessus de la leçon et
affectant la magistrature des mœurs, sacrifiant les nobles graces de la raison au
sentiment exagéré de la forme, du nombre et de la couleur, se donnant les
honneurs du sacerdoce de la pensée, se complaisant dans la contemplation superbe d'elle-même, dans l'isolement égoïste de sa gloire, et néanmoins la bouche
pleine de caressantes provocations à l'adresse du talent inconnu, les yeux humides de larmes versées sur les souffrances du génie étouffé avant l'heure par les
étreintes obscures de la misère. Ce que de perfides appels et de trompeuses
apothéoses ont brisé d'existences en quelques années ne saurait se dire. La
tombe, avec les victimes qu'elle dévore, renferme leur secret, et parmi les
malheureux qui survécurent à la mort des illusions éveillées ou flattées en eux,
les uns portent au cœur silencieusement leur blessure, tandis que la plainte
des autres va se perdre dans le concert des bruits louangeurs dont la renommée entoure et berce ses idoles.

C'est sous l'influence de ces pernicieux enseignemens du romantisme qu'est née parmi nous la petite école qu'on pourrait nommer l'*école de la fantaisie*. On peut la diviser en deux groupes distincts, le groupe des gens comme il faut, pour qui l'art n'est qu'une façon de luxe, et le groupe des Bohèmes qui sacrifient à la muse de l'imagination l'habit qu'ils n'ont pas, le pain qu'ils eussent pu gagner. Les *Romans et Nouvelles* de M. Emmanuel de Lerne (1), dans leur grace un peu apprêtée, réalisent assez bien l'idéal des *fantaisistes* par passe-temps, et, dans une préface curieuse, M. Arsène Houssaye expose avec une solennité qu'il tâche de rendre magistrale la poétique du genre. Les *Scènes de la vie de Bohème*, de M. Henri Mürger (2), nous montrent la muse de la fantaisie sous de tout autres traits. M. Mürger connait ce qu'elle cache de misères sous son éternel sourire : il le dit tantôt avec grace, tantôt avec rudesse, et l'enthousiasme avec lequel il célèbre la vie de Bohème touche souvent d'assez près à l'ironie.

En gens corrects et qui savent le prix de la modestie, les *fantaisistes* du beau monde limitent humblement leurs souhaits à nous rendre la galante et fine école des Marivaux, des Watteau et des Boucher. « Il y a aujourd'hui une dixième muse tout enivrée d'aube et de rayons, d'azur et de rosée, de sourires et de larmes, couronnée de pampres verts et de bleu des nues, traînant dans l'herbe en fleurs ses pieds de Diane chasseresse. » Ainsi s'exprime M. Arsène Houssaye, et voilà l'églogue du XVIIIe siècle qui roucoule de nouveau, moins coquette qu'autrefois sans doute et plus élégiaque. Le musc et l'ambre, les tendres soupirs et les aimables délicatesses y sont, mais les bergers portent l'habit noir, et les frimas n'argentent plus le front des bergères, devenues légèrement pâles et mélancoliques. Sauf cela, c'est toujours le même rêve qui flotte souriant entre ciel et terre, le même rêve vous montrant de son joli doigt blanc à travers les nuages entr'ouverts une nature de mirage ou de féerie, charmante et fausse. Les *Nouvelles* de M. de Lerne ne sont que l'application trop fidèle des préceptes formulés en prose mignarde, dans la préface du livre, par M. Arsène Houssaye.

Le volume de M. Mürger a aussi sa préface, où l'auteur nous donne comme l'*histoire littéraire* de cette Bohème dont il va écrire le roman. En tête de la généalogie bohémienne, M. Mürger range cavalièrement Homère d'abord, puis, à la suite de l'harmonieux vieillard, Raphaël, le peintre admirable, Shakspeare, l'illustre vagabond. Il est juste d'ajouter qu'à côté d'eux il place incontinent Villon, l'heureux échappé du gibet, l'amant de *la belle qui fut haultmière;* rencontre en vérité trop flatteuse pour Villon! Mais que voulez-vous? en fait d'ancêtres comme en fait de talent, les plus gens de bien sont portés à s'abuser. En train de se donner des aïeux, nos bohèmes eussent mieux fait de s'en tenir à maître Gringoire et à maître Panurge; l'un complète l'autre, et assurément le second égale le premier en authenticité littéraire. J'aime le portrait lestement esquissé par M. Mürger de l'ami des truands, « flairant le nez au vent, tel qu'un chien qui lève, l'odeur des cuisines et des rôtissories, faisant sonner dans son imagination et non dans ses poches, hélas! les dix écus que tul ont promis les échevins en paiement de *la très pieuse et dévote sottie* qu'il a composée pour

(1) Un vol. in-12, chez Victor Lecou. Paris, rue du Bouloi, 10.

(2) Un vol. in-12, chez Michel Lévy frères, rue Vivienne, 2 bis.

le théâtre du Palais-de-Justice;.» mais Panurge, donc, qui répond d'abord en sept langages différens à qui l'interroge en français, et alors seulement a souvenance que le français est sa langue maternelle! Il me semble le voir : grandes manières et pourpoint troué, jeûnant d'habitude plus que de raison, à l'occasion incomparable en goinfrerie, gaillard, peu platonicien, qui, auprès des femmes, laissait là les prologues et préambules ordinaires aux dolens contemplatifs, aux amoureux de carême, et allait droit au fait. Rodolphe, le héros du joli roman de M. Mürger, déploie sans doute une rare science d'économiste dans l'administration systématique de son budget, mais combien Panurge lui eût rendu de points! Quel art pour manger ses blés en herbe, et quelle supériorité incontestable vis-à-vis du créancier, l'ennemi naturel des fantaisistes! Rodolphe et ses amis, follement anti-bourgeois, se l'aliènent par des mystifications sans profit. Panurge le fait son obligé en le payant d'éloges! Et c'est précisément à ce propos qu'il développe la prodigieuse et à jamais célèbre théorie qui, descendant l'échelle des êtres depuis Dieu, leur commune source, pour aboutir aux *detteurs* et *créditeurs*, montre le prêt fécond alimentant partout la vie, et, dans l'emprunt, qui fait la sourde oreille, la dévote gratitude à qui il serait trop douloureux de se séparer du bienfait.

Assurément l'auteur de la *Vie de Bohême* a écrit un livre spirituel et gai; mais, du point de vue où je suis, le mérite littéraire ne saurait me faire oublier la question morale soulevée par le sujet que traite M. Mürger. Voilà donc ce qu'ont produit, chez la génération nouvelle, la religion de l'art pour l'art, les superbes leçons de ses pontifes! D'un côté, la fantaisie inoffensive, mais qui ne pose sur rien, des coquetteries de style et d'art sans objet; de l'autre, quelque chose de vivant à coup sûr, mais d'exceptionnel; un vice non sans grace, des monstruosités curieuses. Et, avec cela, des existences où trop souvent l'estomac ne souffre pas seul, où il n'y a pas toujours de prodigué que l'argent, métal attendu comme un dieu, et, dès qu'il arrive, comme un laquais jeté par la fenêtre. Dans cette caste qui s'appelle la *Bohême*, que trouvons-nous? Des gens qui parlent une langue, qui mènent une existence à part. Ces gens vivent comme s'ils n'avaient rien de commun avec les simples mortels qu'on coudoie dans les rues. Leur langue se rit du dictionnaire, chaque Bohême ayant un vocabulaire à lui qu'il utilise à peu près exclusivement; leur esprit fait à toute heure l'école buissonnière, furetant de ci de là les coins de la pensée, battant à l'aventure les broussailles de l'imagination, sautant de là la montagne dans la plaine, traitant la logique en ennemie irréconciliable et le bon sens, Dieu sait! Société et façons étranges qui étonnent et séduisent presque! Et pourtant, parmi ces débauches gaiement entraînantes, où le paradoxe est fêté à l'égal du vin, il y a quelque chose de triste; tôt ou tard l'argot pratiqué déteint sur le style de l'écrivain; à la longue, le sophisme trop goûté trouble la source pure de la poésie intérieure et détend la fibre généreuse du sentiment. Au bout de tous ces caprices déréglés de facultés qui se jouent d'elles-mêmes, il y a le scepticisme qui envahit l'ame et la dépeuple de ses songes divins, n'y laissant que la vanité solitaire; il y a le goût de la vérité, l'enthousiasme saint des grandes et belles choses qui désertent, chassés par je ne sais quelle affection malheureuse pour les formes vides et sonores, pour les frivolités imagées, par je ne sais quelle âpre passion des analyses malsaines, des impuretés sans nom : dépravation originale, si l'on veut, scepticisme élégant, nous l'accordons; mais la décadence n'est pas autre chose.

Encore un mot. Aux premières années du xviie siècle, d'un côté le style précieux qu'a raillé Molière, de l'autre le style grotesque et licencieux, excessif et débraillé, qu'a flétri Boileau, étaient diversement, mais fort accueillis. Benserade, Voiture et Mlle de Scudéry faisaient les délices de la bonne compagnie et trônaient dans les salons en oracles du goût; Théophile, Saint-Amant et Scarron passaient pour gens d'esprit du meilleur sel et modèles achevés de l'originalité poétique et divertissante. Que firent leurs successeurs pour les déposséder d'une renommée ainsi usurpée? D'autres peut-être auraient outré leurs travers et se seraient perdus dans l'imitation; eux, mieux conseillés, substituèrent naïvement à la vieille recherche une simplicité qui parut nouvelle, à des jeux de langage et d'imagination usés par l'habitude la sincérité des sentimens, le naturel du discours, éternellement jeunes et bienvenus. La séduction grossière des plaisanteries de carrefours, le maladroit artifice des exagérations hyperboliques, n'obtinrent pas non plus de grace, et les écrits de la génération qui grandissait pour sa gloire et celle de son temps offrirent l'accord heureux d'une expression chaste et d'une pensée juste. De pareils exemples valent les meilleures leçons. Puissent les secrets amans de l'idéal, qui cherchent encore leur route vers les cimes étoilées qu'habite la poésie, en profiter, et, sous le souffle même de l'inspiration, garder en leur esprit constamment présente cette vérité d'expérience, qu'on ne sépara jamais sans perte le beau du vrai, la forme du fond, l'image de la réalité, l'art du but sérieux qui l'éclaire et l'ennoblit !   PATRICE ROLLET.

PIQUE, *a novel, in three volumes* (1). — Deux simples pages de traduction suffiraient pour donner un résumé complet de ce roman fashionable. On n'aurait qu'à les prendre vers la fin du troisième volume, alors que deux jeunes et nobles époux, lord et lady Alresford, s'expliquent, après six ou huit mois de perpétuels malentendus, sur les causes de leur désunion conjugale. Ces causes sont fort simples. Lady Alresford (de son nom Mildred Elvaston) était une enfant gâtée, habituée à l'adulation, quelque peu indécise dans ses volontés, quelque peu honteuse de ses indécisions, et par là conduite quelquefois à dissimuler ce qui se passe en elle. Des considérations de famille la déterminent à épouser le beau, le sévère, l'impérieux Alresford, nonobstant un penchant assez prononcé qu'elle éprouve pour un jeune colonel de dragons beaucoup moins digne d'elle, mais beaucoup plus empressé, plus flatteur, plus disposé à lui sacrifier, — pour un temps au moins, — les fières prérogatives de notre sexe. A la vérité, lorsque Mildred renonce à lui, c'est pour tout de bon, car elle vient d'apprendre qu'il s'est joué de sa candeur, et que, prétendant à sa main, il n'en était pas moins le fiancé d'une autre héritière. N'importe! le souvenir de cette préférence, que lord Alresford n'a pas complétement ignorée, mais dont on lui a caché certains détails, existe au sein du jeune ménage comme un germe de discorde. Lord Alresford, par orgueil, ne se croit pas aimé; par orgueil aussi, Mildred se méprend sur la réserve que lui témoigne son mari, et concentrant en elle-même ses sentimens froissés, elle ne tente pas de le rame-

(1) 3 vol. post-octavo, London, Smith, Elder and Co, 65, Cornhill.

ner à elle. Le séducteur apprend qu'il lui reste encore des chances, et, appelant à son aide une parente à lui dont les talens pour l'intrigue paraissent être de premier ordre, il parvient à compromettre Mildred, toujours innocente, et à élever ainsi de nouvelles barrières entre elle et son époux. Malgré tous les artifices dont il use pour la détourner de son devoir, la jeune femme lui échappe; mais cela ne suffit pas pour rétablir une parfaite harmonie dans le ménage qu'il a voulu troubler. Lord Alresford a de bonnes raisons pour se méfier de sa femme. Celle-ci en a de beaucoup moins bonnes, mais de suffisantes cependant, pour croire lord Alresford épris d'une jeune et charmante pupille dont il a dirigé l'éducation. De là nouveaux malentendus, nouvelles difficultés, nouvelles bouderies, nouvelles piques, et la réconciliation finale n'arrive qu'aux dernières pages du troisième volume, à ces pages qu'il suffirait, disions-nous, de traduire pour résumer le roman.

Simple Histoire est le prototype des romans de ce genre. Helen, de miss Edgeworth, appartient encore à la même famille, famille étiolée à mesure que les générations se succèdent, et qui ne saurait offrir à la curiosité du lecteur, — si facile qu'elle puisse être à exciter, à satisfaire — qu'une pâle série de types toujours affaiblis, de personnages toujours moins nets, moins caractérisés, moins distincts. Nier cependant qu'on puisse trouver dans le nouveau roman dont nous parlons quelques portraits finement exécutés, quelques observations bien faites, quelques dialogues spirituels, serait une fort grande injustice. Tout cela s'y rencontre, et en outre une peinture assez exacte de la *vie de comté*, telle que la mènent les riches propriétaires, voisinant de châteaux à châteaux. Les mœurs y sont bien étudiées, le ton général des causeries est reproduit dans toutes ses nuances, depuis le *papotage* du boudoir jusqu'aux caquets de salon; mais il faut convenir que, somme toute, on achète un peu cher la très exacte et très minutieuse connaissance que l'on peut acquérir, en lisant *Pique*, de ce qui se passe derrière les portes closes, les rideaux épaissis, les *blends* abaissés qui protégent les mystères d'un intérieur aristocratique.

Ouvrir un livre pareil à celui-ci, c'est mettre le pied dans un salon, c'est se condamner à ne voir que parures brillantes, fleurs épanouies aux parfums artificiels, sourires apprêtés, physionomies composées, lèvres en cœur, yeux en coulisse; — la vérité s'y farde, la nature s'y déguise, les passions ne s'y montrent qu'à la dérobée, encore n'y ont-elles pas leur libre allure : on les dirait chaussées à la chinoise, tant elles se tiennent mal sur leurs pieds comprimés. Cette dernière comparaison nous remet en mémoire les romans qu'on nous a rapportés, en bien petit nombre, du Céleste Empire : *Iu-kao-li, Blanche et Bleue, la Femme accomplie*, etc. Il y a plus de rapports qu'on ne saurait l'imaginer entre ces fictions et celles qui nous arrivent des hautes régions britanniques. C'est le même respect des convenances, la même attention scrupuleuse aux menus détails de la vie, le même vernis de civilité décorant les actes bons ou mauvais, la même importance apportée par des êtres également oisifs à toutes les variations de leur humeur, à tous les caprices de leur imagination, à toutes les infirmités de leur intelligence, sans cesse préoccupée de microscopiques intérêts. Et cependant, au premier coup d'œil, quelle différence entre les deux races! quel abîme entre les deux civilisations : l'une, immobile, figée, rebelle à tout progrès, enfouie dans le néant de son érudition subtile et surannée; l'autre, au contraire, pleine de sève et d'activité, réalisant par les hardiesses de l'exécution les hardiesses de la pensée, les témérités calculées de la science au vol d'aigle! Mais quoi, n'existe-t-il donc de rapports entre les Chinois et les Anglais que le style de leurs romans, les formes de leur littérature élégante? Ne trouve-t-on pas dans la race chinoise les aptitudes industrielles et mercantiles de la race anglo-saxonne? Les Anglais n'ont-ils pas en revanche quelques traits du caractère chinois, le formalisme, le culte de la routine, la tendance hiérarchique, l'esprit de caste, l'idolâtrie du souverain, et, sous des formes graves, un très vif penchant à la perpétuelle satisfaction des appétits physiques. Il ne faut donc s'étonner qu'à moitié de voir, dans les romans des deux peuples, s'exprimer à peu près de même la femme du mandarin lettré et celle du très honorable pair. L'humanité, qu'on retrouve partout assez identique, se modifie de même sous des influences et dans des circonstances analogues. Si donc vous admettez que la vie de ces deux femmes se compose, à peu de chose près, des mêmes élémens, que toutes deux doivent placer en première ligne les soins de leur parure, puis les relations de société, puis, toujours en descendant l'échelle de proportion, les intérêts de cœur, fort mêlés et compliqués de considérations d'amour-propre; si leur temps, à l'une et à l'autre, se consume en visites, en longs bavardages, en médisances, en petites luttes de vanité; si toutes deux, dès l'enfance, ont été tenues, pour ainsi dire, en serre-chaude, acquérant, aux dépens de leur développement naturel, une grace factice, une élégance de convention; si les soins excessifs dont elles ont été l'objet les ont habituées à se considérer comme un centre d'adoration, à s'adorer elles-mêmes, à diviniser leur fantaisie, à lui donner le pas sur les conseils de la raison et du bon sens, — comment voulez-vous qu'elles ne se ressemblent point? Revenons à notre sujet. Pique n'est certes pas un roman de premier ordre, et, le dégagât-on des longueurs qui l'encombrent, il n'offrirait encore qu'une lecture facile, sans intérêt très puissant; mais n'est-ce rien que cela? et ne peut-on savoir gré à l'auteur de trois volumes, lorsqu'on y trouve, de ci de là, cent cinquante à deux cents pages écrites avec un charme incontestable? C'est au public de résoudre la question que nous venons de poser.   FORGUES.

REVUE MUSICALE.

C'est une fécondité vraiment merveilleuse que celle de M. Halévy. En moins de deux années, le Val d'Andorre, la Fée aux roses, la Tempesta et la Dame de Pique! Il est à remarquer qu'il ne s'agit plus ici de ces opéras de conversation, comme en écrivait M. Auber au bon temps du Domino noir et de l'Ambassadrice, de ces ingénieuses comédies qu'un peu de musique relève agréablement lorsque le dialogue semble n'avoir rien de mieux à faire que de laisser la place libre aux violons, mais bel et bien de grosses partitions dûment fournies de solides morceaux d'ensemble, et qui du moins, quant au déploiement des sources théâtrales et symphoniques, répondent à toute l'idée qu'on se peut faire d'une grande machine dramatique. Étrange chose, tandis que M. Auber, le maître du genre émigre à l'Opéra avec tambours et trompettes, M. Halévy, génie académique s'il en fut, apporte à Favart les traditions lyriques de la rue Lepelletier, et si l'auteur de Fra Diavolo se charge de mettre la Bible en ariettes, le chantre de la Juive, sans se départir un seul instant de ses habitudes sagistrales, prend le style de Cherubini pour nous conter une anecdote russe. Je ne sais ce que l'art peut avoir à gagner à de pareilles confusions; toujours est-il que le chassé-croisé a du piquant et méritait mieux du public, lequel me semble n'y point trop prendre goût, quoi qu'en disent certains journaux, dont je doute fort que la conviction égale l'enthousiasme.

Nous n'avons point entendu la *Tempesta* et ne connaissons jusqu'ici cet ouvrage que par la célébrité que lui ont faite dans toute l'Europe les fantastiques annonces de M. Lumley. Appeler M. Scribe à Londres tout exprès pour lui faire composer un opéra avec une pièce de Shakspeare était une idée digne de réussir, par son originalité, chez un peuple aussi original que l'est en matière musicale le peuple britannique; car, chez nous, la plaisanterie aurait moins de succès; et nous ne comprendrions guère en France que M. Nestor Roqueplan convoquât Bulwer, par exemple, où tout autre, pour lui proposer au prix de 25,000 livres d'arranger le *George Dandin* de Molière en libretto. — Mais revenons à M. Halévy. Nous entendrons la *Tempesta* cet hiver, puisqu'on nous la promet à Ventadour, et nous nous permettrons de la juger alors en toute liberté d'esprit, absolument comme si nul autre que Shakspeare n'en eût écrit le poème, et comme si M. Lumley n'avait pas dépensé 50,000 fr. pour obtenir ce chef-d'œuvre de ses auteurs, et 20,000 autres francs pour les festoyer, au vu et su de l'univers entier, en toute sorte de noces de Gamache dignes d'un lord-maire qu'on installe. En attendant, la *Tempesta*, pour nous, ne compte que pour nombre, et nous n'y voyons qu'une partition de plus dans le bagage de M. Halévy. — Quatre partitions en deux ans! les plus féconds cerveaux ne rapportent pas davantage. Que dire lorsque ce phénomène se produit chez un esprit qu'avec la meilleure volonté du monde, et en lui rendant sur d'autres points toute justice, on ne saurait cependant reconnaître comme étant doué de très merveilleuses qualités natives? Passe pour la fécondité des mélodistes! Que Donizetti ou M. Auber multiplient outre mesure leurs productions, bien qu'à regret, on le conçoit encore; mais cet esprit méthodique, cette érudition laborieuse qui n'est parvenue à la renommée qu'en amassant dans les veilles et le recueillement un capital d'idées quelconque étendu ensuite à l'infini, grace aux mille artifices que l'algèbre du Conservatoire fournit à ses pieux adeptes, comment fera-t-il sans cette économie qui était sa force?

Pour moi, je l'avouerai, rien ne m'effraie comme les improvisations d'un génie dont le caractère est de sentir l'huile, comme ces carrés de notes symétriques manœuvrant avec toute l'expérience, parfois aussi avec toute la pesanteur des gros bataillons. Évidemment les conditions du talent de M. Halévy ne sont point dans un pareil excès de *productivité*. A ce métier, il a déjà mangé son propre fonds, et bientôt, s'il n'y met bon ordre, à cet autre enfant prodigue les trésors du Conservatoire ne suffiront plus. Le peu de mélodie qui lui restait après *la Juive* et *l'Éclair*, et tant d'autres partitions plus ou moins médiocres, qu'on ne saurait en aucune façon comparer aux deux ouvrages que je viens de citer, le peu de mélodie qui lui restait, M. Halévy l'avait mis dans le *Val d'Andorre*, où nous avons vu sa séve assez débile s'épanouir à l'air vivifiant des Pyrénées. Depuis cet opéra, d'une inspiration agréable et l'un de ceux qui survivront dans le répertoire de ce maître, on ne saurait, hélas! que constater la plus déplorable absence d'imagination dans les ouvrages de M. Halévy qui se sont succédé à des intervalles si rapprochés. Ce dénûment absolu d'idées

musicales, par lequel se signalait déjà *la Fée aux Roses,* cette nécessité de recourir sans cesse aux expédiens d'une instrumentation habile pour donner le
change au public sur le défaut d'inspiration; ces mille ruses du métier, qui
passeraient pour des traits de génie, si tant de fois on ne les avait vues se produire, se retrouvent dans *la Dame de Pique* à un degré qu'il faut véritablement
renoncer à décrire. Parler pour ne rien dire, a-t-on dit; personne mieux que
M. Halévy ne connaît et ne professe ce grand art en musique. J'ignore s'il
existait avant lui, mais à coup sûr il l'aurait inventé: Transitions du mineur
au majeur, modulations ascendantes pour figurer les paroxysmes de la colère,
rhythmes excentriques sous prétexte de couleur locale, curiosités algébriques
de toute espèce, c'est à ravir d'enthousiasme chromatique un harmoniste de
quatrième année! Et toutes ces conversations si délicatement filées entre le
basson et le cor anglais, toutes ces interminables ritournelles de hautbois, tant
prodiguées depuis *la Juive* jusqu'aux *Mousquetaires de la Reine,* avec quelle
industrieuse persistance ne sont-elles pas ramenées? Que de lieux communs et
de redites qui passent à cause de l'encadrement et de la main-d'œuvre! Puis
tout cela, il faut en convenir, est bien en scène, musique et poème vont ensemble sans hésiter : chœurs militaires, duos, scènes de jeu, nulle part l'habileté ne fait défaut dans le dialogue, et cette musique, si rien de neuf, d'é-
levé et de pathétique ne la caractérise, ne surcharge du moins jamais les situations de la pièce. M. Halévy est véritablement un compositeur à grand
spectacle; personne mieux que lui ne sait animer un orchestre, préparer une
entrée, mouvementer un finale. La partition de *la Dame de Pique* contient
dans ce genre des prodiges de *faire,* et rappelle à mon sens beaucoup celle du
Guittarrero du même auteur. Ne point distraire l'attention du public, tenue
en éveil pendant quatre heures par les péripéties d'une pièce intéressante et
variée, est à coup sûr le fait d'une musique pour le moins très modeste. Je
me hâte toutefois d'ajouter que cette musique, tout en se contentant d'accompagner l'action, lui prête une force, une vie, une couleur que sans elle on n'y
trouverait pas.

Otez de *la Dame de Pique* la partition de M. Halévy, et vous serez étonné de
trouver tout à coup si vulgaire et si pauvre cette combinaison dramatique qui
vous a si vivement impressionné tout à l'heure; d'autre part, essayez de vous
rendre compte de cette musique en dehors des conditions mêmes de la pièce
et au seul point de vue du sentiment mélodieux qui peut l'avoir inspirée :
voilà deux choses, poème et partition, qui séparément ne sauraient exister,
et qui, réunies, et grace aussi à une exécution pleine d'ensemble, forment un
spectacle d'un certain attrait. La parole n'a été donnée à l'homme que pour
déguiser sa pensée, prétend un illustre aphorisme; serait-ce qu'à l'Opéra-Comique la musique ne servirait qu'à prêter au poème une puissance dramatique
qu'il est incapable d'avoir par lui-même, et que, de leur côté, les inventions
plus ou moins ingénieuses du poème n'auraient d'autre but que de mettre la
musique en état de se passer de tout ce qui constitue ailleurs ses élémens de
vie? A ce compte, la fécondité de M. Halévy s'explique. Autant de pièces à succès
que lui fournira M. Scribe, autant de partitions il écrira, et je ne vois point
ce que pourrait avoir à faire en pareille besogne l'inspiration musicale telle
que certains esprits naïfs l'ont jadis comprise.

Les débuts de Mme Caroline Duprez ont valu au Théâtre-Italien quelques soirées presque brillantes. Le célèbre ténor de l'Académie royale de musique, reparaissant dans cette partition de *Lucia*, dont le rôle principal fut écrit pour lui autrefois, ne pouvait manquer d'éveiller toutes les sympathies du public auquel il présentait sa fille. Quinze ans d'efforts surhumains et de glorieux succès méritaient bien, en somme, l'empressement flatteur, et les bravos qui ont accueilli Lucie et Rawenswood à leur entrée en scène; je ferais peut-être mieux de dire la débutante et son père, car l'illusion eût été quelque peu difficile à garder, et le mieux était d'en prendre ce soir-là son parti et de laisser les émotions du drame pour le tableau de famille. Mlle Caroline Duprez touche à peine à l'âge de Juliette, et tous les secrets que l'art du chant peut donner, sa voix délicate et flexible les possède déjà. C'est un mécanisme merveilleux, et qui, même dans le voisinage de Mme Sontag, trouve à briller. Que cet organe adolescent, singulièrement dressé aux vocalisations, ait faibli dans le pathétique du rôle, il n'y a là d'ailleurs rien qui doive étonner. On pouvait croire, après cette première épreuve, que le répertoire bouffe lui conviendrait mieux. Cependant, tout bien considéré, nous pensons que la gracieuse cantatrice fera, bien, pour quelque temps du moins, de s'en tenir aux caractères où l'expression mélan-colique domine. Dans le bouffe proprement dit, son inexpérience de la scène se trahit davantage, et aussi un certain accent de prononciation à *la française*, que le tour familier du récit et l'accompagnement plus découvert mettent en évidence. Le talent de Mlle Caroline Duprez, dans sa délicatesse élégante et fragile, ne saurait être qu'un objet de luxe pour un théâtre qui possède déjà Mme Sontag. Aujourd'hui comme hier, c'est la Semiramide et la Norma qui manque. Cette cantatrice indispensable et sans laquelle il faut désespérer du Théâtre-Italien, l'aurons-nous au moins l'année prochaine? Plusieurs disent que oui et nomment Mme Stoltz; qui, l'ex-reine de Chypre sur la scène des Malibran et des Grisi? On y pense! — Mais Mme Stoltz chantait faux horriblement. — C'est possible; avouons aussi qu'elle avait une bien magnifique voix... comme M. Massol, une de ces voix qui ne chantent jamais, justement à cause de cette sonorité métallique dont la nature les a douées, à cause de cette magnificence où elles se complaisent, et qui fait leur gloire et leur néant. — Cependant, si Mme Stoltz avait entrepris en Italie des études sérieuses, si, laissant de côté ce mauvais clinquant de prima donna de province dont elle s'affublait à l'Opéra, cette voix d'un si beau timbre et d'une si dramatique allure s'était mise à modifier sa méthode et son goût, s'il était déjà convenu qu'une partition de *Sardanapale* signée d'un nom illustre dans la musique servirait à ses débuts... Une saison lancée sur le terrain des conjectures, on ne s'arrêterait plus, surtout lorsqu'il s'agit d'un théâtre aimé du monde parisien, d'un théâtre que vingt ans des plus beaux fastes ont acclimaté définitivement chez nous, et qui, pour peu qu'il sache ne point s'abandonner lui-même, se relèvera infailliblement de l'état de quasi-décadence où les événemens l'ont amené.

L'Opéra, remis à peine des grandes émotions de la mise en scène de *l'Enfant prodigue*, a donné, comme à l'improviste et entre deux débuts, un ballet pour Fanny Cerrito. Cette fois, c'est dans la vie réelle et très réelle que l'auteur a puisé l'idée de son thème chorégraphique. Il ne s'agit plus en effet de rêverie au clair de lune, de pâles willis menant leurs rondes vaporeuses à travers les clairières des grands bois de sapins. A ce petit monde aimable et gracieux de la fantaisie si ingénieusement inventé pour le ballet, un autre monde

a succédé, moins coquet, moins poétique et surtout, hélas! moins allemand à
la manière des légendes de Lamothe-Fouqué et de Musœus. Il est ici beaucoup question de sergens recruteurs, comme dans le Philtre, et d'une fiancée
s'enrôlant à son tour pour suivre son amant sous les drapeaux; tout cela d'un
intérêt médiocrement neuf et d'un pittoresque assez rebattu, en dépit des
graces provoquantes et du vaillant entrain de la Cerrito. Si le ballet, ainsi
qu'on l'a prétendu, était une sorte de poésie, et s'il pouvait y avoir deux écoles
en pareil sujet, nous dirions que Paquerette relève de la tradition réaliste et
classique de la Fille mal gardée; tandis que Giselle descendait, au contraire, en
droite ligne de l'adorable famille des Ondine et des Oberon. N'en déplaise à
M. Théophile Gautier, en fait de ballet nous tenons pour le romantisme, et, si
l'auteur de Paquerette pouvait le trouver mauvais, le charmant inventeur de
Giselle ne manquerait pas de nous donner raison contre lui.

LA PRISE DE LA SMALA D'ABD-EL-KADER, gravure de M. Burdet, d'après M. Horace Vernet. — Depuis que notre drapeau flotte sur les murs d'Alger et que
chaque année apporte son tribut aux glorieuses annales de notre conquête,
parmi les hardis coups de main et les heureuses témérités de cette guerre incessante, aucune, on le sait, n'a exercé une plus utile influence sur le succès
définitif de nos armes que l'expédition de M. le duc d'Aumale aux sources du
Taguin. L'émir a été frappé au cœur le jour où, le désert cessant d'être un
rempart impénétrable à nos soldats, la smala fut surprise et enlevée à plus de
soixante lieues d'Alger; son prestige n'a pas survécu à ce revers, et, comme il
le disait quelques années plus tard en remettant son épée à M. le duc d'Aumale,
son étoile avait définitivement pâli devant celle d'un prince plus jeune et jusqu'alors plus heureux. La smala était, en effet, une création de notre infatigable adversaire; là était sa famille, son trésor, ses ôtages, ses fantassins réguliers, ses provisions de guerre, ses innombrables troupeaux; en un mot, c'était
sa capitale, qu'il avait rendue ambulante et mobile, afin de pouvoir se donner
sans réserve à la lutte qu'il soutenait sans paix ni trêve contre notre domination. Ce camp ou plutôt cette capitale nomade, placée sous la sauvegarde des
fanatiques de l'émir, était reléguée à plusieurs journées de marche dans l'intérieur du petit désert, à quarante lieues de notre dernière ligne d'occupation,
lorsque, dans le courant du mois de mai 1843, l'ordre fut donné au jeune prince
commandant la province de Titterie de poursuivre et de surprendre la smala
d'Abd-el-Kader. Aussitôt une faible colonne de dix-huit cents hommes s'avance
dans le désert et dérobe son approche à l'ennemi en faisant vingt lieues en une
seule marche. L'infanterie sous les ordres du colonel Chadeysson, puis les
zouaves du colonel Chasseloup, qui essaient en vain de suivre le trot des chevaux, sont laissés en arrière. Les spahis et les chasseurs qui accompagnent
encore le prince sont harassés de fatigue; lui seul soutient encore leur ardeur,
leur promettant d'heure en heure la rencontre de l'ennemi. Tout à coup la
smala se développe à leurs yeux, ses tentes couvrent la plaine, et déjà ses innombrables soldats courent aux armes. «C'était une de ces occasions où la témérité même est de la prudence,» a dit depuis l'illustre maréchal Bugeaud. Le
prince l'avait compris; il donne le signal et l'exemple de l'attaque, et aussitôt
toute qui étonna les vainqueurs eux-mêmes fut le prix de tant d'audace.

C'est le simple récit de cette brillante action, fait par M. le duc d'Aumale lui-même, que le pinceau de M. Horace Vernet a fidèlement traduit. Tout le monde se souvient du succès de popularité qui accueillit, au salon de 1845, le tableau de la *Prise de la Smala*. Les proportions inusitées du tableau de *la Smala* ont permis au peintre de traiter son sujet avec l'exactitude d'un historien militaire et d'un voyageur à qui ne sont inconnus ni le bivouac du soldat ni la tente de l'Arabe. L'action se présente aux regards dans tout son ensemble. A gauche, c'est-à-dire dans le fond du tableau, les spahis avec le colonel, Yusuff attaquent le douar d'Abd-el-Kader et culbutent l'infanterie régulière qui se défend avec le courage du désespoir; sur la droite, les chasseurs du colonel Morris traversent les tentes et chargent à fond sur le spectateur; au centre est placé M. le duc d'Aumale, vers lequel le regard se porte de tous les points du tableau. Le peintre n'a oublié d'ailleurs aucun des épisodes de l'action, il a retracé avec autant de charme que de vérité scrupuleuse ces combats d'homme à homme, ces femmes éplorées et tout l'étrange appareil d'un camp arabe. L'infanterie même, qui n'arriva que quelques heures après le combat, figure à la place qui lui appartient dans cette vaste composition; on aperçoit à l'horizon ces bataillons qui, après une marche admirable, trente lieues en trente-six heures, arrivaient en bon ordre, sans avoir laissé en arrière ni un homme, ni un mulet.

La simple analyse de cette peinture fait assez comprendre l'intérêt qui s'attache à la gravure sur acier de *la Prise de la Smala*, par M. Burdet, qui, figure au salon de 1850. C'est déjà chose assez remarquable qu'un pareil travail accompli dans des temps comme les nôtres, si peu favorables aux œuvres de longue haleine, et surtout aux patiens efforts du burin. La monarchie de juillet avait donné aux arts dix-huit années de prospérité; aussi pouvait-elle distribuer ses encouragemens avec confiance, certaine que des œuvres capitales répondraient à son appel. L'art de la gravure, qui, plus qu'aucun autre, a besoin d'une protection éclairée et active, avait surtout une large part dans la sollicitude du roi Louis-Philippe. Qui ne se rappelle l'immense ouvrage des *Galeries de Versailles?* Lorsque le roi conçut le projet de reproduire par la gravure ce vaste musée, M. Gavard, l'inventeur du diagraphe, lui parut le plus capable de comprendre et d'exécuter sa pensée. Le goût de la gravure était une tradition au sein de la famille royale (1); le roi Louis-Philippe s'y était montré fidèle. Ce n'était pas seulement chez lui l'effet d'un sentiment éclairé des arts; il aimait surtout la gravure, parce qu'il la considérait comme l'art destiné à traduire et à mettre à la portée de tous les merveilles du pinceau. Sa pensée se portant même avec une sérénité philosophique sur les chances de l'avenir, il disait à M. Gavard : « Mon ouvrage (et le roi désignait ainsi le musée de Versailles) n'est pas éternel, un incendie, une révolution peut le détruire sans en laisser de traces; mais les feuillets épars de votre grand livre sont à l'abri de ces chances de destruction. Ceux que le temps et les événemens auront respectés suffiront pour rappeler un jour ce que j'ai fait pour les arts et pour la mémoire de tout ce qui a honoré la France. »

(1) Il existe à cet égard un document fort rare et fort curieux: c'est l'œuvre gravée de tous les princes fils et filles du roi Louis-Philippe. A la façon de quelques maîtres, tels que le Parmesan, Della Bella ou notre Callot, ils dessinaient directement leurs compositions avec la pointe sur le vernis. Plusieurs de ces eaux-fortes se distinguent par un vrai mérite, et l'on n'étonnera personne en disant que les travaux de la princesse Marie, s'ils étaient plus connus, la placeraient au premier rang parmi les graveurs en ce genre.

La gravure de *la Smala* fait partie de l'ouvrage dont parlait ainsi le roi Louis-Philippe. L'exécution de cette grande planche était déjà, depuis deux ans, confiée à M. Burdet, lorsque la révolution de février vint faire de nouvelles destinées aux arts, et à la gravure en particulier. Néanmoins, ce qui était commencé fut achevé, grace à la persévérance de l'éditeur, dont une spéculation n'était pas le seul objet. Il a fallu à M. Burdet cinq années d'un travail qui n'a pas été interrompu un seul jour pour achever cette œuvre capitale. La gravure de *la Smala* dépasse en effet par ses dimensions toutes celles que le burin a exécutées jusqu'à ce jour, non-seulement sur acier, mais encore sur cuivre, ce métal si malléable, si facile à l'action de la pointe sèche et du burin. Il y a à peine vingt ans qu'ont eu lieu en France les premiers essais de la gravure sur acier, et les artistes reculaient encore devant les difficultés et la lenteur du travail sur ce dur métal, quand l'ouvrage des *Galeries historiques de Versailles* vint les soumettre à un apprentissage forcé, qu'ils ont du reste mis à profit. Les trois mille planches composant l'ouvrage de M. Gavard ont toutes été gravées sur acier, celle qui doit clore cette grande publication devait donc l'être également. Aussi, au lieu d'être limité à cinq ou six cents, le nombre des bonnes épreuves qu'on peut tirer de la planche de *la Smala* s'élève-t-il bien au-delà du chiffre que la statistique commerciale assigne d'avance à la vente des grandes gravures. Les œuvres d'art ne peuvent malheureusement plus compter en France, aujourd'hui surtout, que sur un public fort restreint; la gravure sur acier, en multipliant au-delà de toute proportion le nombre des bonnes épreuves, permet aux éditeurs d'en abaisser les prix; c'est là un véritable progrès dans le sens des tendances modernes; il vulgarise et répand les œuvres de l'art sans en abaisser le niveau.

Les difficultés d'exécution ont été surmontées par M. Burdet avec un rare talent. A l'aspect de sa gravure, on est surtout frappé de la hardiesse des partis-pris, de l'harmonie et de l'effet qu'il a su ménager entre tous les détails de ce vaste ensemble. Avec les ressources restreintes de la gravure, la simple opposition du blanc et du noir, M. Burdet a dû lutter contre toutes les richesses de la palette de M. Horace Vernet. Malgré les dangers que présente l'emploi de l'eau-forte sur une planche d'acier de cette étendue, le graveur a su en faire un utile emploi en l'associant à la pointe et au burin. C'est ce qu'il est facile de constater, l'éditeur ayant eu l'heureuse idée de faire tirer, il y a trois ans, quelques épreuves du travail de préparation de M. Burdet; ces épreuves seront certainement consultées avec intérêt par les amateurs et surtout par les graveurs. — Les travaux considérables en tous genres sont généralement restés interrompus pendant ces trois dernières années; l'apparition de la gravure de M. Burdet mérite donc doublement de fixer l'attention du public. Puisse-t-elle être le signe d'un retour aux œuvres sérieuses et aux entreprises de longue haleine, incompatibles avec le désordre moral et matériel!

V. DE MARS.

LE CHÂTEAU

DES DÉSERTES.

A. M. W. C. MACREADY.

Ce petit ouvrage essayant de remuer quelques idées sur
l'art dramatique, je le mets sous la protection d'un grand
nom et d'une honorable amitié.

GEORGE SAND.

Nohant, 30 avril 1847.

I. — LA JEUNE MÈRE.

Avant d'arriver à l'époque de ma vie qui fait le sujet de ce récit, je
dois dire en trois mots qui je suis.

Je suis le fils d'un pauvre ténor italien et d'une belle dame française. Mon père se nommait Tealdo Soavi; je ne nommerai point ma
mère. Je ne fus jamais avoué par elle, ce qui ne l'empêcha point d'être
bonne et généreuse pour moi. Je dirai seulement que je fus élevé dans
la maison de la marquise de ...! à Turin et à Paris, sous un nom de
fantaisie.

La marquise aimait les artistes sans aimer les arts. Elle n'y entendait rien et prenait un égal plaisir à entendre une valse de Strauss et
une fugue de Bach. En peinture, elle avait un faible pour les étoffes
vert et or, et elle ne pouvait souffrir une toile mal encadrée. Légère
et charmante, elle dansait à quarante ans comme une sylphide et fu-

mait des cigarettes de contrebande avec une grace que je n'ai vue qu'à elle. Elle n'avait aucun remords d'avoir cédé à quelques entraînemens de jeunesse et ne s'en cachait point trop, mais elle eût trouvé de mauvais goût de les afficher. Elle eut de son mari un fils que je ne nommai jamais mon frère, mais qui est toujours pour moi un bon camarade et un aimable ami.

Je fus élevé comme il plut à Dieu; l'argent n'y fut pas épargné. La marquise était riche, et, pourvu qu'elle n'eût à prendre aucun souci de mes aptitudes et de mes progrès, elle se faisait un devoir de ne me refuser aucun moyen de développement. Si elle n'eût été en réalité que ma parente éloignée et ma bienfaitrice, comme elle l'était officiellement, j'aurais été le plus heureux et le plus reconnaissant des orphelins; mais les femmes de chambre avaient eu trop de part à ma première éducation pour que j'ignorasse le secret de ma naissance. Dès que je pus sortir de leurs mains, je m'efforçai d'oublier la douleur et l'effroi que leur indiscrétion m'avaient causés. Ma mère me permit de voir le monde à ses côtés, et je reconnus, à la frivolité bienveillante de son caractère, au peu de soin mental qu'elle prenait de son fils légitime, que je n'avais aucun sujet de me plaindre. Je ne conservai donc point d'amertume contre elle, je n'en eus jamais le droit; mais une sorte de mélancolie, jointe à beaucoup de patience, de tolérance extérieure et de résolution intime, se trouva être au fond de mon esprit de bonne heure et pour toujours.

J'éprouvais parfois un violent désir d'aimer et d'embrasser ma mère. Elle m'accordait un sourire en passant, une caresse à la dérobée. Elle me consultait sur le choix de ses bijoux et de ses chevaux; elle me félicitait d'avoir du *goût*, donnait des éloges à mes instincts de savoir-vivre, et ne me gronda pas une seule fois en sa vie; mais jamais aussi elle ne comprit mon besoin d'expansion avec elle. Le seul mot maternel qui lui échappa fut pour me demander, un jour qu'elle s'aperçut de ma tristesse, si j'étais jaloux de son fils, et si je ne me trouvais pas aussi bien traité que *l'enfant de la maison*. Or, comme, sauf le plaisir très creux d'avoir un nom et le bonheur très faux d'avoir dans le monde une position toute faite pour l'oisiveté, mon frère n'était effectivement pas mieux traité que moi, je compris une fois pour toutes, dans un âge encore assez tendre, que tout sentiment d'envie et de dépit serait de ma part ingratitude et lâcheté. Je reconnus que ma mère m'aimait autant qu'elle pouvait aimer, plus peut-être qu'elle n'aimait mon frère, car j'étais l'enfant de l'amour, et ma figure lui plaisait plus que la ressemblance de son héritier avec son mari.

Je m'attachai donc à lui complaire, en prenant mieux que lui les leçons qu'elle payait pour nous deux avec une égale libéralité, une égale insouciance. Un beau jour, elle s'aperçut que j'avais profité, et

que j'étais capable de me tirer d'affaire dans la vie. « Et mon fils? dit-
elle avec un sourire; il risque fort d'être ignorant et paresseux, n'est-ce
pas?... » Puis elle ajouta naïvement : « Voyez comme c'est heureux,
que ces deux enfans aient compris chacun sa position! » Elle m'embrassa au front, et tout fut dit. Mon frère n'essuya aucun reproche de
sa part. Sans s'en douter, et grace à ses instincts débonnaires, elle avait
détruit entre nous tout levain d'émulation, et l'on conçoit qu'entre un
fils légitime et un bâtard l'émulation eût pu se changer fort aisément
en aversion et en jalousie.

Je travaillai donc pour mon propre compte, et je pus me livrer sans
anxiété et sans amour-propre maladif au plaisir que je trouvais naturellement à m'instruire. Entouré d'artistes et de gens du monde, mon
choix se fit tout aussi naturellement. Je me sentais artiste, et, si j'eusse
été maltraité par ceux qui ne l'étaient pas, je me serais élancé dans la
carrière avec une sorte d'âpreté chagriné et hautaine. Il n'en fut rien.
Tous les amis de ma mère m'encourageaient de leur bienveillance, et
moi, ne me sentant blessé nulle part, j'entrai dans la voie qui me parut la mienne avec le calme et la sérénité d'une ame qui prend librement
possession de son domaine.

Je portai dans l'étude de la peinture toutes les facultés qui étaient
en moi, sans fièvre, sans irritation, sans impatience. A vingt-cinq ans
seulement, je me sentis arrivé au premier degré de développement de
ma force, et je n'eus pas lieu de regretter mes tâtonnemens.

Ma mère n'était plus; elle m'avait oublié dans son testament, mais
elle était morte en me faisant écrire un billet fort gracieux pour me
féliciter de mes premiers succès, et en donnant une signature à son
banquier pour payer les premières dettes de mon frère. Elle avait fait
autant pour moi que pour lui, puisqu'elle nous avait mis tous les deux
à même de devenir des hommes. J'étais arrivé au but le premier; je
ne dépendais plus que de mon courage et de mon intelligence. Mon
frère dépendait de sa fortune et de ses habitudes; je n'eusse pas changé
son sort contre le mien.

Depuis quelques années je ne voyais plus ma mère que rarement.
Je lui écrivais à d'assez longs intervalles. Il m'en coûtait de l'appeler,
conformément à ses prescriptions, *ma bonne protectrice.* Ses lettres
ne me causaient qu'une joie mélancolique, car elles ne contenaient
guère que des questions de détail matériel et des offres d'argent relativement à mon travail. « *Il me semble,* écrivait-elle, qu'il y a *quelque
temps* que vous ne m'avez rien demandé, et je vous supplie de ne point
faire de dettes, puisque ma bourse est toujours à votre disposition.
Traitez-moi toujours en ceci comme votre véritable amie. »

Cela était bon et généreux sans doute, mais cela me blessait chaque
fois davantage. Elle ne remarquait pas que, depuis plusieurs années,

je ne lui coûtais plus rien, tout en ne faisant point de dettes. Quand je
l'eus perdue, ce que je regrettai le plus, ce fut l'espérance que j'avais
vaguement nourrie qu'elle m'aimerait un jour; ce qui me fit verser
des larmes, ce fut la pensée que j'aurais pu l'aimer passionnément, si
elle l'eût bien voulu. Enfin, je pleurais de ne pouvoir pleurer vraiment ma mère.

. Tout ce que je viens de raconter n'a aucun rapport avec l'épisode de
ma vie que je vais retracer. Il ne se trouvera aucun lien entre le souvenir de ma première jeunesse et les aventures qui en ont rempli la
seconde période. J'aurais donc pu me dispenser de cette exposition;
mais il m'a semblé pourtant qu'elle était nécessaire. Un narrateur est
un être passif qui ennuie quand il ne rapporte pas les faits qui le touchent à sa propre individualité bien constatée. J'ai toujours détesté les
histoires qui procèdent par *je*, et si je ne raconte pas la mienne à la
troisième personne, c'est que je me sens capable de rendre compte de
moi-même, et d'être, sinon le héros principal, du moins un personnage actif dans les événemens dont j'évoque le souvenir.

J'intitule ce petit drame du nom d'un lieu où ma vie s'est révélée et
dénouée. Mon nom, à moi, c'est-à-dire le nom qu'on m'a choisi en
naissant, est Adorno Salentini. Je ne sais pas pourquoi je ne me serais
pas appelé *Soavi* comme mon père. Peut-être que ce n'était pas non,
plus son nom. Ce qu'il y a de certain, c'est qu'il mourut sans savoir
que j'existais. Ma mère, aussi vite épouvantée qu'éprise, lui avait caché les conséquences de leur liaison pour pouvoir la rompre plus entièrement.

Pour toutes les causes qui précèdent, me voyant et me sentant doublement orphelin dans la vie, j'étais tout accoutumé à ne compter
que sur moi-même. Je pris des habitudes de discrétion et de réserve
en raison des instincts de courage et de fierté que je cultivais en moi
avec soin.

Deux ans après la mort de ma mère, c'est-à-dire à vingt-sept ans,
j'étais déjà fort et libre au gré de mon ambition, car je gagnais un peu
d'argent, et j'avais très peu de besoins; j'arrivais à une certaine réputation sans avoir eu trop de protecteurs, à un certain talent sans trop
craindre ni rechercher les conseils de personne, à une certaine satisfaction intérieure, car je me trouvais sur la route d'un progrès assuré,
et je voyais assez clair dans mon avenir d'artiste. Tout ce qui me manquait encore, je le sentais couver en silence dans mon sein, et j'en attendais l'éclosion avec une joie secrète qui me soutenait, et une apparence de calme qui m'empêchait d'avoir des ennemis. Personne encore
ne pressentait en moi un rival bien terrible; moi, je ne me sentais pas
de rivaux funestes. Aucune gloire officielle ne me faisait peur. Je sou-
riais intérieurement de voir des hommes, plus inquiets et plus pressés

que moi, s'enivrer d'un succès précaire. Doux et facile à vivre, je pouvais constater en moi une force de patience dont je savais bien être
incapables les natures violentes, emportées autour de moi comme des
feuilles par le vent d'orage. Enfin, j'offrais à l'œil de celui qui voit
tout ce que je cachais au regard dangereux et trouble des hommes :
le contraste d'un tempérament paisible avec une imagination vive et
une volonté prompte.

A vingt-sept ans, je n'avais pas encore aimé, et certes ce n'était pas
faute d'amour dans le sang et dans la tête; mais mon cœur ne s'était
jamais donné. Je le reconnaissais si bien, que je rougissais d'un plaisir
comme d'une faiblesse, et que je me reprochais presque ce qu'un autre
eût appelé ses bonnes fortunes. Pourquoi mon cœur se refusait-il à
partager l'enivrement de ma jeunesse? Je l'ignore. Il n'est point
d'homme qui puisse se définir au point de n'être pas, sous quelque
rapport, un mystère pour lui-même. Je ne puis donc m'expliquer ma
froideur intérieure que par induction. Peut-être ma volonté était-elle
trop tendue vers le progrès dans mon art. Peut-être étais-je trop fier
pour me livrer avant d'avoir le droit d'être compris. Peut-être encore,
et il semble que je retrouve cette émotion dans mes vagues souvenirs,
peut-être avais-je dans l'ame un idéal de femme que je ne me croyais
pas encore digne de posséder, et pour lequel je voulais me conserver
pur de tout servage.

Cependant mon temps approchait. A mesure que la manifestation
de ma vie me devenait plus facile dans la peinture, l'explosion de ma
puissance cachée se préparait dans mon sein par une inquiétude croissante. A Vienne, pendant un rude hiver, je connus la duchesse de ...,
noble italienne, belle comme un camée antique, éblouissante femme
du monde, et *dilettante* à tous les degrés de l'art. Le hasard lui fit voir
une peinture de moi. Elle la comprit mieux que toutes les personnes
qui l'entouraient. Elle s'exprima sur mon compte en des termes qui
caressèrent mon amour-propre. Je sus qu'elle me plaçait plus haut
que ne faisait encore le public, et qu'elle travaillait à ma gloire sans
me connaître, par pur amour de l'art. J'en fus flatté; la reconnaissance vint attendrir l'orgueil dans mon sein. Je désirai lui être présenté : je fus accueilli mieux encore que je ne m'y attendais. Ma figure
et mon langage parurent lui plaire, et elle me dit, presque à la première
entrevue, qu'en moi l'homme était encore supérieur au peintre. Je
me sentis plus ému par sa grace, son élégance et sa beauté, que je ne
l'avais encore été auprès d'aucune femme.

Une seule chose me chagrinait : certaines habitudes de mollesse, certaines locutions d'éloges officiels, certaines formules de sympathie et
d'encouragement, me rappelaient la douce, libérale et insoucieuse
femme dont j'avais été le fils et le *protégé*. Parfois j'essayais de me per-

suader que c'était une raison de plus pour moi de m'attacher à elle;
mais parfois aussi je tremblais de retrouver, sous cette enveloppe charmante, la femme du monde, cet être banal et froid, habile dans l'art
des niaiseries, maladroit dans les choses sérieuses, généreux de fait
sans l'être d'intention, aimant à faire le bonheur d'autrui, à la condition de ne pas compromettre le sien.

J'aimais, je doutais, je souffrais. Elle n'avait pas une réputation
d'austérité bien établie, quoique ses faiblesses n'eussent jamais fait
scandale. J'avais tout lieu d'espérer un délicieux caprice de sa part.
Cela ne m'enivrait pas. Je n'étais plus assez enfant pour me glorifier
d'inspirer un caprice; j'étais assez homme pour aspirer à être l'objet
d'une passion. Je brûlais d'un feu mystérieux trop long-temps comprimé pour ne pas m'avouer que j'allais être en proie moi-même à une
passion énergique; mais, lorsque je me sentais sur le point d'y céder,
j'étais épouvanté de l'idée que j'allais donner tout pour recevoir peu...
peut-être rien. J'avais peur, non pas précisément de devenir dans le
monde une dupe de plus; qu'importe, quand l'erreur est douce et profonde? mais peur d'user mon ame, ma force morale, l'avenir de mon
talent, dans une lutte pleine d'angoisses et de mécomptes. Je pourrais
dire que j'avais peur enfin de n'être pas complétement dupe, et que je
me méfiais du retour de ma clairvoyance prête à m'échapper.

Un soir, nous allâmes ensemble au théâtre. Il y avait plusieurs jours
que je ne l'avais vue. Elle avait été malade; du moins sa porte avait
été fermée, et ses traits étaient légèrement altérés. Elle m'avait envoyé
une place dans sa loge pour assister avec moi et un autre de ses amis,
espèce de sigisbée, insignifiant, au début d'un jeune homme dans un
opéra italien.

J'avais travaillé avec beaucoup d'ardeur et avec une sorte de dépit
fiévreux durant la maladie feinte ou réelle de la duchesse. Je n'étais
pas sorti de mon atelier, je n'avais vu personne, je n'étais plus au courant des nouvelles de la ville.

— Qui donc débute ce soir? lui demandai-je un instant avant l'ouverture.

— Quoi! vous ne le savez pas? me dit-elle avec un sourire caressant,
qui semblait me remercier de mon indifférence à tout ce qui n'était
pas elle.

Puis elle reprit d'un air d'indifférence :

— C'est un tout jeune homme, mais dont on espère beaucoup. Il
porte un nom célèbre au théâtre, il s'appelle Celio Floriani.

— Est-il parent, demandai-je, de la célèbre Lucrezia Floriani, qui
est morte il y a deux ou trois ans?

— Son propre fils, répondit la duchesse, un garçon de vingt-quatre
ans, beau comme sa mère et intelligent comme elle.

Je trouvai cet éloge trop complet; l'instinct jaloux se développait en moi; à mon gré, la duchesse se hâtait trop d'admirer les jeunes talens. J'oubliai d'être reconnaissant pour mon propre compte.

— Vous le connaissez? lui dis-je avec d'autant plus de calme que je me sentais plus ému.

— Oui, je le connais un peu, répondit-elle en dépliant son éventail; je l'ai entendu deux fois depuis qu'il est ici.

Je ne répondis rien. Je fis faire un détour à la conversation, pour obtenir, par surprise, l'aveu que je redoutais. Au bout de cinq minutes de propos oiseux en apparence, j'appris que la duchesse avait entendu chanter deux fois dans son salon le jeune Celio Floriani, pendant que la porte m'était fermée, car ce débutant n'était arrivé à Vienne que depuis cinq jours.

Je renfermai ma colère, mais elle fut devinée, et la duchesse s'en tira aussi bien que possible. Je n'étais pas encore assez lié avec elle pour avoir le droit d'attendre une justification. Elle daigna me la donner assez satisfaisante, et mon amertume fit place à la reconnaissance. Elle avait beaucoup connu la fameuse Floriani, et vu son fils adolescent auprès d'elle. Il était venu naturellement la saluer à son arrivée, et, croyant lui devoir aide et protection, elle avait consenti à le recevoir et à l'entendre, quoique malade et séquestrée. Il avait chanté pour elle devant son médecin, elle l'avait écouté par ordonnance de médecin. « Je ne sais si c'est que je m'ennuyais d'être seule, ajouta-t-elle d'un ton languissant, ou si mes nerfs étaient détendus par le régime; mais il est certain qu'il m'a fait plaisir et que j'ai bien auguré de son début. Il a une voix magnifique, une belle méthode et un extérieur agréable; mais que sera-t-il sur la scène? C'est si différent d'entendre un virtuose à huis-clos! Je crains pour ce pauvre enfant l'épreuve terrible du public. Le nom qu'il porte est un rude fardeau à soutenir; on attend beaucoup de lui: noblesse oblige! »

— C'est une cruauté, madame, dit le marquis R., qui se tenait au fond de la loge, le public est bête; il devrait savoir que les personnes de génie ne mettent au monde que des enfans bêtes. C'est une loi de nature.

— J'aime à croire que vous vous trompez, ou que la nature ne se trompe pas toujours si sottement, répondit la duchesse d'un air narquois. Votre fille est une personne charmante et pleine d'esprit. — Puis, comme pour atténuer l'effet désagréable que pouvait produire sur moi cette répartie un peu vive, elle me dit tout bas, derrière son éventail : « J'ai choisi le marquis pour être avec nous ce soir, parce qu'il est le plus bête de tous mes amis. »

Je savais que le marquis s'endormait toujours au lever du rideau; je me sentis heureux et tout disposé à la bienveillance pour le débutant.

— Quelle voix a-t-il? demandai-je.

— Qui? le marquis? reprit-elle en riant.

— Non, votre protégé?

— *Primo basso cantante.* Il se risque dans un rôle bien fort, ce soir. Tenez, on commence; il entre en scène! voyez. Pauvre enfant! comme il doit trembler!

Elle agita son éventail. Quelques claques saluèrent l'entrée de Celio. Elle y joignit si vivement le faible bruit de ses petites mains, que son éventail tomba. « Allons, me dit-elle, comme je le ramassais, applaudissez aussi le nom de la Floriani, c'est un grand nom en Italie, et, nous autres Italiens, nous devons le soutenir. Cette femme a été une de nos gloires.

— Je l'ai entendue dans mon enfance, répondis-je; mais c'est donc depuis qu'elle était retirée du théâtre que vous l'avez particulièrement connue? car vous êtes trop jeune...

Ce n'était pas le moment de faire une circonlocution pour apprendre si la duchesse avait vu la Floriani une fois ou vingt fois en sa vie. J'ai su plus tard qu'elle ne l'avait jamais vue que de sa loge, et que Celio lui avait été simplement recommandé par le comte Albani. J'ai su bien d'autres choses... Mais Celio débitait son récitatif, et la duchesse toussait trop pour me répondre. Elle avait été si enrhumée!

II. — LE VER LUISANT.

Il y avait alors au théâtre impérial une chanteuse qui eût fait quelque impression sur moi, si la duchesse de... ne se fût emparée plus victorieusement de mes pensées. Cette chanteuse n'était ni de la première beauté, ni de la première jeunesse, ni du premier ordre de talent. Elle se nommait Cecilia Boccaferri; elle avait une trentaine d'années, les traits un peu fatigués, une jolie taille, de la distinction, une voix plutôt douce et sympathique que puissante; elle remplissait sans fracas d'engouement, comme sans contestation de la part du public, l'emploi de *seconda donna.*

Sans m'éblouir, elle m'avait plu hors de la scène plutôt que sur les planches. Je la rencontrais quelquefois chez un professeur de chant qui était mon ami et qui avait été son maître, et dans quelques salons où elle allait chanter avec les premiers sujets. Elle vivait, disait-on, fort sagement, et faisait vivre son père, vieil artiste paresseux et désordonné. C'était une personne modeste et calme que l'on accueillait avec égard, mais dont on s'occupait fort peu dans le monde.

Elle entra en même temps que Celio, et, bien qu'elle ne s'occupât jamais du public lorsqu'elle était à son rôle, elle tourna les yeux vers la loge d'avant-scène où j'étais avec la duchesse. Il y eut dans ce re-

gard furtif et rapide quelque chose qui me frappa : j'étais disposé à
tout remarquer et à tout commenter ce soir-là.

Celio Floriani était un garçon de vingt-quatre à vingt-cinq ans,
d'une beauté accomplie. On disait qu'il était tout le portrait de sa
mère, qui avait été la plus belle femme de son temps. Il était grand
sans l'être trop, svelte sans être grêle. Ses membres dégagés avaient
de l'élégance, sa poitrine large et pleine annonçait la force. La tête
était petite comme celle d'une belle statue antique; les traits d'une pureté délicate avec une expression vive et une couleur solide; l'œil noir,
étincelant; les cheveux épais, ondés et plantés au front par la nature
selon toutes les règles de l'art italien; le nez était droit, la narine nette
et mobile, le sourcil pur comme un trait de pinceau, la bouche vermeille et bien découpée, la moustache fine et encadrant la lèvre supérieure par un mouvement de frisure naturelle d'une grace coquette;
les plans de la joue sans défaut, l'oreille petite, le cou dégagé, rond,
blanc et fort, la main bien faite; le pied de même, les dents éblouis-
santes, le sourire malin, le regard très hardi...... Je regardai la duchesse... Je la regardai d'autant mieux, qu'elle n'y fit point d'attention, tant elle était absorbée par l'entrée du débutant.

La voix de Celio était magnifique, et il savait chanter; cela se jugeait
dès les premières mesures. Sa beauté ne pouvait pas lui nuire : pourtant, lorsque je reportai mes regards de la duchesse à l'acteur, ce dernier me parut insupportable. Je crus d'abord que c'était prévention de
jaloux; je me moquai de moi-même; je l'applaudis, je l'encourageai
d'un de ces *bravo* à demi-voix que l'acteur entend fort bien sur la
scène. Là je rencontrai encore le regard de Mlle Boccaferri attaché sur
la duchesse et sur moi. Cette préoccupation n'était pas dans ses habitudes, car elle avait un maintien éminemment grave et un talent spécialement consciencieux.

Mais j'avais beau faire le dégagé : d'une part, je voyais la duchesse
en proie à un trouble inconcevable, à une émotion qu'elle ne pouvait
plus me cacher, on eût dit qu'elle ne l'essayait même pas; d'autre part,
je voyais le beau Celio, en dépit de son audace et de ses moyens, s'a-
cheminer vers une de ces chutes dont on ne se relève guère, ou tout
au moins vers un de ces *fiasco* qui laissent après eux des années de découragement et d'impuissance.

En effet, ce jeune homme se présenta avec un aplomb qui frisait
l'outrecuidance. On eût dit que le nom qu'il portait était écrit par lui
sur son front pour être salué et adoré sans examen de son individualité; on eût dit aussi que sa beauté devait faire baisser les yeux, même
aux hommes. Il avait cependant du talent et une puissance incontestable : il ne jouait pas mal, et il chantait bien; mais il était insolent
dans l'ame, et cela perçait par tous ses pores. La manière dont il ac-

cueillit les premiers applaudissemens déplut au public. Dans son salut et dans son regard, on lisait clairement cette modeste allocution intérieure : « Tas d'imbéciles que vous êtes, vous serez bientôt forcés de m'applaudir davantage. Je méprise le faible tribut de votre indulgence; j'ai droit à des transports d'admiration. »

Pendant deux actes, il se maintint à cette hauteur dédaigneuse, et le public incertain lui pardonna généreusement son orgueil, voulant voir s'il le justifierait, et si cet orgueil était un droit légitime ou une prétention impertinente. Je n'aurais su dire moi-même lequel c'était, car je l'écoutais avec un désintéressement amer. Je ne pouvais plus douter de l'engouement de ma compagne pour lui; je le lui disais, même assez malhonnêtement, sans la fâcher, sans la distraire; elle n'attendait qu'un moment d'éclatant triomphe de Celio pour me dire que j'étais un fat, et qu'elle n'avait jamais pensé à moi.

Ce moment de triomphe, sur lequel tous deux comptaient, c'était un duo du troisième acte avec la signora Boccaferri. Cette sage créature semblait s'y prêter de bonne grace et vouloir s'effacer derrière le succès du débutant. Celio s'était ménagé jusque-là; il arrivait à un effet avec la certitude de le produire.

Mais que se passa-t-il tout d'un coup entre le public et lui? Nul ne l'eût expliqué, chacun le sentit. Il était là, lui, comme un magnétiseur qui essaie de prendre possession de son sujet, et qui ne se rebute pas de la lenteur de son action. Le public était comme le patient, à la fois naïf et sceptique, qui attend de ressentir ou de secouer le charme pour se dire : « Celui-ci est un prophète ou un charlatan. » Celio ne chanta pourtant pas mal, la voix ne lui manqua pas; mais il voulut peut-être aider son effet par un jeu trop accusé : eut-il un geste faux, une intonation douteuse, une attitude ridicule? Je n'en sais rien. Je regardai la duchesse prête à s'évanouir, lorsqu'un froid sinistre plana sur toutes les têtes, un sourire sépulcral effleura tous les visages. L'air fini, quelques amis essayèrent d'applaudir; deux ou trois *chut* discrets, contre lesquels personne n'osa protester, firent tout rentrer dans le silence. Le *fiasco* était consommé.

La duchesse était pâle comme la mort; mais ce fut l'affaire d'un instant. Reprenant l'empire d'elle-même avec une merveilleuse dextérité, elle se tourna vers moi, et me dit en souriant, en affrontant mon regard comme si rien n'était changé entre nous : — Allons, c'est trois ans d'étude qu'il faut encore à ce chanteur-là! Le théâtre est un autre lieu d'épreuve que l'auditoire bienveillant de la vie privée. J'aurais pourtant cru qu'il s'en serait mieux tiré. Pauvre Floriani, comme elle eût souffert si cela se fût passé de son vivant! Mais qu'avez-vous donc, monsieur Salentini? On dirait que vous avez pris tant d'intérêt à ce début, que vous vous sentez consterné de la chute?

— Je n'y songeais pas, madame, répondis-je; je regardais et j'écoutais Mlle Boccaferri, qui vient de dire admirablement bien une toute petite phrase fort simple.

— Ah! bah! vous écoutez la Boccaferri, vous? Je ne lui fais pas tant d'honneur. Je n'ai jamais su ce qu'elle disait mal ou bien.

— Je ne vous crois pas, madame; vous êtes trop bonne musicienne et trop artiste pour n'avoir pas mille fois remarqué qu'elle chante comme un ange.

— Rien que cela! A qui en avez-vous, Salentini? Est-ce vraiment de la Boccaferri que vous me parlez? J'ai mal entendu sans doute.

— Vous avez fort bien entendu, madame; Cecilia Boccaferri est une personne accomplie et une artiste du plus grand mérite. C'est votre doute à cet égard qui m'étonne.

— Oui-da! vous êtes facétieux aujourd'hui, reprit la duchesse sans se déconcerter.

Elle était charmée de me supposer du dépit; elle était loin de croire que je fusse parfaitement calme et détaché d'elle, ou au moment de l'être.

— Non, madame, repris-je, je ne plaisante pas. J'ai toujours fait grand cas des talens qui se respectent et qui se tiennent, sans aigreur, sans dégoût et sans folle ambition, à la place que le jugement public leur assigne. La signora Boccaferri est un de ces talens purs et modestes qui n'ont pas besoin de bruit et de couronnes pour se maintenir dans la bonne voie. Son organe manque d'éclat, mais son chant ne manque jamais d'ampleur. Ce timbre, un peu voilé, a un charme qui me pénètre. Beaucoup de *prime donne* fort en vogue n'ont pas plus de plénitude ou de fraîcheur dans le gosier; il en est même qui n'en ont plus du tout. Elles appellent alors à leur aide l'*artifice* au lieu de l'*art,* c'est-à-dire le mensonge. Elles se créent une voix factice, une méthode personnelle, qui consiste à sauver toutes les parties défectueuses de leur registre pour ne faire valoir que certaines notes criées, chevrotées, sanglotées, étouffées, qu'elles ont à leur service. Cette méthode, prétendue dramatique et savante, n'est qu'un misérable tour de gibecière, un escamotage maladroit, une fourberie dont les ignorans sont seuls dupes; mais, à coup sûr, ce n'est plus là du chant, ce n'est plus de la musique. Que deviennent l'intention du maître, le sens de la mélodie, le génie du rôle, lorsqu'au lieu d'une déclamation naturelle, et qui n'est vraisemblable et pathétique qu'à la condition d'avoir des nuances alternatives de calme et de passion, d'abattement et d'emportement, la cantatrice, incapable de rien *dire* et de rien *chanter,* crie, soupire et larmoie son rôle d'un bout à l'autre? D'ailleurs, quelle couleur, quelle physionomie, quel sens peut avoir un chant écrit pour la voix, quand, à la place d'une voix humaine et vivante, le virtuose épuisé met un cri, un grincement, une suffocation perpétuels? Autant vaut chanter Mozart avec la *pratique* de Pulcinella sur la langue; autant vaut assister aux hurlemens de l'épilepsie. Ce n'est pas davantage de l'art, c'est de la réalité plus positive.

— Bravo, monsieur le peintre! dit la duchesse avec un sourire malin et caressant; je ne vous savais pas si docte et si subtil en fait de musique! Pourquoi est-ce la première fois que vous en parlez si bien? J'aurais toujours été de votre avis... en théorie, car vous faites une mauvaise application en ce moment. La pauvre Boccaferri a précisément une de ces voix usées et flétries qui ne peuvent plus chanter.

— Et pourtant, repris-je avec fermeté, elle chante toujours, elle ne fait que chanter, elle ne crie et ne suffoque jamais, et c'est pour cela que le public frivole ne fait point d'attention à elle. Croyez-vous qu'elle soit si peu habile qu'elle ne pût viser à l'*effet* tout comme une autre, et remplacer l'*art* par l'*artifice,* si elle daignait abaisser son ame et sa science jusque-là? Que demain elle se lasse de passer inaperçue et qu'elle veuille agir sur la fibre nerveuse de son auditoire par des cris, elle éclipsera ses rivales, je n'en doute pas. Son organe, voilé d'habitude, est précisément de ceux qui s'éclaircissent par un effort physique, et qui vibrent puissamment quand le chanteur veut sacrifier le charme à l'étonnement, la vérité à l'effet.

— Mais alors, convenez-en vous-même, que lui reste-t-il, si elle n'a ni le courage et la volonté de produire l'effet par un certain artifice, ni la santé de l'organe qui possède le charme naturel? Elle n'agit ni sur l'imagination trompée, ni sur l'oreille satisfaite; cette pauvre fille! Elle dit proprement ce qui est écrit dans son rôle; elle ne choque jamais, elle ne dérange rien. Elle est musicienne, j'en conviens, et utile dans l'ensemble; mais, seule, elle est nulle. Qu'elle entre, qu'elle sorte, le théâtre est toujours vide quand elle le traverse de ses bouts de rôle et de ses petites phrases perlées.

— Voilà ce que je nie, et, pour mon compte, je sens qu'elle remplit, non pas seulement le théâtre de sa présence, mais qu'elle pénètre et anime l'opéra de son intelligence. Je nie également que le défaut de plénitude de son organe en exclue le charme. D'abord ce n'est pas une voix malade, c'est une voix délicate, de même que la beauté de Mlle Boccaferri n'est pas une beauté flétrie, mais une beauté voilée. Cette beauté suave, cette voix douce, ne sont pas faites pour les sens toujours un peu grossiers du public; mais l'artiste qui les comprend devine des trésors de vérité sous cette expression contenue, où l'ame tient plus encore qu'elle ne promet et ne s'épuise jamais, parce qu'elle ne se prodigue point.

— Oh! mille et mille fois pardon, mon cher Salentini! s'écria la duchesse en riant et en me tendant la main d'un air enjoué et affec-

tueux; je ne vous savais pas amouréux de la Boccaferri; si je m'en
étais doutée, je ne vous aurais pas contrarié en disant du mal d'elle.
Vous ne m'en voulez pas? vrai, je n'en savais rien!;   ·   !·!:: ·» !.·1

Je regardai attentivément la duchesse.'·Qu'elle eût été sincère dans
son désintéressement, je redevenais amoureux; mais elle ne put soutenir mon régard, et l'étincelle diabolique jaillit du sien à la dérobée.

— Madame, lui dis-je sans baiser sa main que je pressai faiblement,
vous n'aurez jamais à vous excuser d'une maladresse, et moi, je n'ai
jamais été amoureux de Mlle Boccaferri avant cette représentation où
je viens de la comprendre pour la première fois.

·   — Et c'est moi qui vous ai aidé, sans doute, à faire cette découverte?
— Non, madame, c'est Celio Floriani.

La duchesse frémit, et je continuai fort tranquillement:—C'est en
voyant combien ce jeune homme avait peu de conscience; que j'ai
senti le prix de la conscience dans l'art lyrique, aussi clairement que
je le sens dans l'art de la peinture et dans tous les arts. ' · · ·.· :»·

·   — Expliquez-moi cela, dit la duchesse, affectant de reprendre parti
pour Celio. Je n'ai pas vu qu'il manquât de conscience, ce beau jeune
homme; il a manqué de bonheur, voilà tout.   '· i· !·.   .:·¹

— Il a manqué à ce qu'il y a de plus grave et de plus sacré, repris-
je froidement; il a manqué à l'amour et au respect de son art. Il a
mérité que le public l'en punît, quoique le public ait rarement de ces
instincts de justice et de fierté. Consolez-vous pourtant, madame, son
succès n'a tenu qu'à un fil, et, en procédant par l'audace et le contentement de soi-même, un artiste peut toujours être applaudi, faire des
dupes, voire des victimes; mais moi, qui vois très clair et qui suis
tout-à-fait impartial dans la question, j'ai compris que l'absence de
charme et de puissance de ce jeune homme tenait à sa vanité, à son
besoin d'être admiré, à son peu d'amour pour l'œuvre qu'il chantait,
à son manque de respect pour l'esprit et les traditions de son rôle. Il
s'est nourri toute sa vie, j'en suis sûr, de l'idée qu'il ne pouvait faillir
et qu'il avait le don de s'imposer. Probablement c'est un enfant-gâté.
Il est joli, intelligent, gracieux; sa mère a dû être son esclave, et toutes
les dames qu'il fréquente doivent l'enivrer de voluptés. Celle de la
louange est la plus mortelle de toutes. Aussi s'est-il présenté devant
le public comme une coquette effrontée qui éclabousse le pauvre
monde du haut de son équipage. Personne n'a pu nier qu'il fût jeune,
beau et brillant; mais on s'est mis à le haïr, parce qu'on a senti dans
son maintien quelque chose de la coquette. Oui, coquette est le mot.
Savez-vous ce que c'est qu'une coquette, madame la duchesse?

—Je ne le sais pas, monsieur Salentini; mais vous, vous le savez,
sans doute?   ·¹ ·¹   .

— Une coquette, repris-je sans me laisser troubler par son air de

dédain, c'est une femme qui fait par vanité ce que la courtisane fait
par cupidité; c'est un être qui fait le fort pour cacher sa faiblesse, qui
fait semblant de tout mépriser pour secouer le poids du mépris public,
qui essaie d'écraser la foule pour faire oublier qu'elle s'abaisse et
rampe devant chacun en particulier. c'est un mélange d'audace et de
lâcheté, de bravade téméraire et de terreur secrète. A Dieu ne plaise
que j'applique ce portrait dans toute sa rigueur à aucune personne de
votre connaissance ! A Celio même, je ne le ferais pas sans restriction.
Mais je dis que la plupart des artistes qui cherchent le succès sans
conscience et sans recueillement sont un peu dans la voie de la courtisane sans le savoir : ils feignent de mépriser le jugement d'autrui,
et ils n'ont travaillé toute leur vie qu'à l'obtenir favorable; ils ne sont
aussi irrités de manquer leur triomphe que parce que le triomphe a été
leur unique mobile. S'ils aimaient leur art pour lui-même, ils seraient
plus calmes et ne feraient pas dépendre leurs progrès d'un peu plus
ou moins de blâme ou d'éloge. Les courtisanes affectent de mépriser
la vertu qu'elles envient. Les artistes dont je parle affectent de se suffire à eux-mêmes, précisément parce qu'ils se sentent mal avec eux-
mêmes. Celio Floriani est le fils d'une vraie, d'une grande artiste. Il
n'a pas voulu suivre les traditions de sa mère, il en est trop cruellement puni ! Dieu veuille qu'il profite de la leçon, qu'il ne se laisse
point abattre, et qu'il se remette à l'étude sans dégoût et sans colère !
Voulez-vous que j'aille le trouver de votre part, madame, et que je
l'invite à souper chez vous au sortir du spectacle? Il doit avoir besoin
de consolation, et ce serait généreux à vous de le traiter d'autant
mieux qu'il est plus malheureux. Nous voici au *finale.* J'ai mes entrées
sur le théâtre, j'y vais et je vous l'amène.

— Non, Salentini, répondit la duchesse. Je ne comptais point souper ce soir; et, si vous voulez prolonger la veillée, vous allez venir
prendre du thé avec moi et le marquis..., dont la somnolence opiniâtre nous laisse le champ libre pour causer. Il me semble que nous
avons beaucoup de choses à nous dire... à propos de Celio Floriani
précisément. Celui-ci serait de trop dans notre entretien, pour moi
comme pour vous.

Elle accompagna ces paroles d'un regard plein de langueur et de
passion et se leva pour prendre mon bras; mais j'esquivai cet honneur
en me plaçant derrière son sigisbée. Cette femme, qui n'aimait les
jeunes talens que dans la prévision du succès, et qui les abandonnait
si lestement quand ils avaient échoué en public, me devenait odieuse
tout d'un coup : elle me faisait l'effet de ces enfans méchans et stu-
pides qui poursuivent le ver luisant dans les herbes, qui le saisissent,
le réchauffent et l'admirent tant que le phosphore l'illumine, puis
l'écrasent quand le toucher de leur main indiscrète l'a privé de sa

lumière. Parfois ils le torturent pour le ranimer, mais le pauvre insecte s'éteint de plus en plus. Alors on le tue : il ne jette plus d'éclat, il ne brille plus, il n'est plus bon à rien. « Pauvre Célio ! pensais-je, qu'as-tu fait de ton phosphore? Rentre dans la terre, ou crains qu'on ne marche sur toi.... Mais à coup sûr ce n'est pas moi qui profiterai du téte-à-tête qu'on t'avait ménagé pour cette nuit, en cas d'ovation. J'ai encore un peu de phosphoré, et je veux le garder. »

— Eh bien! dit la duchesse d'un ton impérieux, vous ne venez pas?

— Pardon, madame, répondis-je, je veux aller saluer Mlle Boccaferri dans sa loge. Elle n'a pas eu plus de succès ce soir que les autres fois, et elle n'en chantera pas moins bien demain. J'aime beaucoup à porter le tribut de mon admiration aux talens ignorés ou méconnus qui restent eux-mêmes et se consolent de l'indifférence de la foule par la sympathie de leurs amis et la conscience de leur force. Si je rencontre Célio Floriani, je veux faire connaissance avec lui. Me permettez-vous de me recommander de votre seigneurie? Nous sommes tous deux vos protégés.

La duchesse brisa son éventail et sortit sans me répondre. Je sentis que sa souffrance me faisait mal; mais c'était le dernier tressaillement de mon cœur pour elle. Je m'élançai dans les couloirs qui menaient au théâtre, résolu, en effet, à porter mon hommage à Cecilia Boccaferri.

III. — CECILIA.

Mais il était écrit au livre de ma destinée que je retrouverais Celio sur mon chemin. J'approche de la loge de Cecilia; je frappe, on vient m'ouvrir : au lieu du visage doux et mélancolique de la cantatrice, c'est la figure enflammée du débutant qui m'accueille d'un regard méfiant et de cette parole insolente : — Que voulez-vous, monsieur?

— Je croyais frapper chez la signora Boccaferri, répondis-je; elle a donc changé de loge?

— Non, non, c'est ici! me cria la voix de Cecilia. Entrez, signor Salentini, je suis bien aise de vous voir.

J'entrai, elle quittait son costume derrière un paravent. Celio se rassit sur le sofa, sans me rien dire, et même sans daigner faire la moindre attention à ma présence, il reprit son discours au point où je l'avais interrompu. A vrai dire, ce discours n'était qu'un monologue. Il procédait même uniquement par exclamations et malédictions, donnant au diable ce lourd et stupide parterre d'Allemands, ces buveurs aussi froids que leur bière, aussi incolores que leur café. Les loges n'étaient pas mieux traitées. — Je sais que j'ai mal chanté et encore plus mal joué, disait-il à la Boccaferri comme pour répondre à une objection qu'elle lui aurait faite avant mon arrivée; mais soyez donc inspiré devant trois rangées de sots diplomates, et d'affreuses douairières! Maudite soit l'idée qui m'a fait choisir Vienne pour le théâtre de mes débuts! Nulle part les femmes ne sont si laides, l'air si épais, la vie si plate et les hommes si bêtes! En bas, des abrutis qui vous glacent; en haut, des monstres qui vous épouvantent! Par tous les diables! j'ai été à la hauteur de mon public, c'est-à-dire insipide et détestable!

La naïveté de ce dépit me réconcilia avec Celio. Je lui dis qu'en qualité d'Italien et de compatriote, je réclamais contre son arrêt, que je ne l'avais point écouté froidement; et que j'avais protesté contre la rigueur du public.

A cette ouverture, il leva la tête, me regarda en face, et, venant à moi la main ouverte : « Ah! oui! dit-il, c'est vous qui étiez à l'avant-scène, dans la loge de la duchesse de ... Vous m'avez soutenu, je l'ai remarqué; Cecilia Boccaferri, ma bonne camarade, y a fait attention aussi... Cette haridelle de duchesse, elle aussi m'a abandonné! mais vous, luttiez jusqu'au dernier moment. Eh bien! touchez là; je vous remercie. Il paraît que vous êtes artiste aussi, que vous avez du talent, du succès? C'est bien de vouloir garantir et consoler ceux qui tombent! cela vous portera bonheur! »

Il parlait si vite, il avait un accent si résolu, une cordialité si spontanée, que, bien que choqué de l'expression de corps de garde appliquée à la duchesse, mes récentes amours, je ne pus résister à ses avances, ni rester froid à l'étreinte de sa main. J'ai toujours jugé les gens à ce signe. Une main froide me gêne, une main humide me répugne, une pression saccadée m'irrite, une main qui ne prend que du bout des doigts me fait peur; mais une main souple et chaude, qui sait presser la mienne bien fort sans la blesser, et qui ne craint pas de livrer à une main virile le contact de sa paume entière, m'inspire une confiance et même une sympathie subite. Certains observateurs des variétés de l'espèce humaine s'attachent au regard, d'autres à la forme du front, ceux-ci à la qualité de la voix, ceux-là au sourire, d'autres enfin à l'écriture, etc. Moi, je crois que tout l'homme est dans chaque détail de son être, et que toute action ou aspect de cet être est un indice révélateur de sa qualité dominante. Il faudrait donc tout examiner, si on en avait le temps; mais dès l'abord j'avoue que je suis pris ou repoussé par la première poignée de main...

Je m'assis auprès de Celio, et tâchai de le consoler de son échec en lui parlant de ses moyens et des parties incontestables de son talent. « Ne me flattez pas, ne m'épargnez pas, s'écria-t-il avec franchise. J'ai été mauvais, j'ai mérité de faire naufrage; mais ne me jugez pas, je vous en supplie, sur ce misérable début. Je vaux mieux que cela. Seu-

lement je ne suis pas assez vieux¡pour être bon à froid. Il me faut un
auditoire qui me porte, et j'en ai trouvé un ce soir qui, dès le commencement, n'a fait que me supporter. J'ai été froissé et contrarié
avant l'épreuve¸, au point d'entrer, en scène épuisé et frappé d'un
sombre pressentiment. La colère est bonne quelquefois, mais il la
faut simultanée à l'opération de la volonté. La mienne n'était pas encore assez refroidie, et elle n'était plus assez chaude : j'ai succombé.
O ma pauvre mère! si tu avais été là, tu m'aurais électrisé par ta présence, et je n'aurais pas été indigne de la gloire de porter ton nom!
Dors bien sous tes cyprès, chère sainte! Dans l'état où me voici, c'est
la première fois que je me réjouis de ce que tes yeux sont fermés pour
moi! »

. Une grosse larme coula sur la joue ardente du beau Celio. Sa sincérité, ce retour enthousiaste vers sa mère, son expansion devant moi,
effaçaient le mauvais effet de son attitude sur la scène. Je me sentis attendri, je sentis que je l'aimais. Puis, en voyant de près combien sa
beauté était *vraie,* son accent pénétrant et son regard sympathique, je
pardonnai à la duchesse de l'avoir aimé deux jours; je ne lui pardonnai
pas de ne plus l'aimer.

Il me restait à savoir s'il était aimé aussi de Cecilia Boccaferri. Elle
sortit de sa toilette et vint s'asseoir entre nous deux, nous prit la main
à l'un et à l'autre, et, s'adressant à moi : — C'est la première fois que
je vous serre la main, dit-elle, mais c'est de bon cœur. Vous venez
consoler mon pauvre Celio, mon ami d'enfance, le fils de ma bienfai-
¡trice, et c'est presque une sœur qui vous en remercie. Au reste, je
trouve cela tout simple de votre part; je sais que vous êtes un noble
esprit, et que les vrais talens ont la bonté et la franchise en partage...
Écoute, Celio, ajouta-t-elle, comme frappée d'une idée soudaine, va
quitter ton costume dans ta loge, il est temps : moi j'ai quelques mots
à dire à M. Salentini. Tu reviendras me prendre, et nous partirons ensemble.

Celio sortit sans hésiter et d'un air de confiance absolue. Était-il sûr
à ce point de la fidélité de sa maîtresse?... ou bien n'était-il pas l'amant
de Cecilia? Et pourquoi l'aurait-il été? pourquoi en avais-je la pensée,
lorsque ni elle ni lui ne l'avaient peut-être jamais eue? .

, ·Tout cela s'agitait confusément et rapidement dans ma tête. Je tenais
toujours la main de Cecilia dans la mienne, je l'y avais gardée; elle ne
paraissait par le trouver mauvais. J'interrogeais les fibres mystérieuses
de cette petite main, assez ferme, légèrement attiédie et particulièrement calme, tout en plongeant dans les yeux noirs, grands et graves
de la cantatrice; mais l'œil et la main d'une femme ne se pénètrent pas
si aisément que ceux·d'un homme. Ma science d'observation et ma

délicatesse de perceptions m'ont souvent trahi ou éclairé selon le sexe.

Par un mouvement très naturel pour relever son châle, la Bocca-ferri me retira sa main dès que nous fûmes seuls, mais sans détourner son regard du mien.

— Monsieur Salentini, dit-elle, vous faites la cour à la duchesse de X... et vous avez été jaloux de Celio; mais vous ne l'êtes plus, n'est-ce pas? vous sentez bien que vous n'avez pas sujet de l'être. — ()

— Je ne suis pas du tout certain que je n'eusse pas sujet d'être ja-loux de Celio, si je faisais la cour à la duchesse, répondis-je en me rapprochant un peu de la Boccaferri; mais je puis vous jurer que je ne suis pas jaloux, parce que je n'aime pas cette femme.

Cecilia baissa les yeux, mais avec une expression de dignité et non de trouble. — Je ne vous demande pas vos secrets, dit-elle, je n'ai pas cette indiscrétion. Rien là-dedans ne peut exciter ma curiosité; mais je vous parle franchement. Je donnerais ma vie pour Celio; je sais que certaines femmes du monde sont très dangereuses. Je l'ai vu avec peine aller chez quelques-unes, j'ai prévu que sa beauté lui serait fu-neste, et peut-être son malheur d'aujourd'hui est-il le résultat de quelques intrigues de coquettes, de quelques jalousies fomentées à des-sein.... Vous connaissez le monde mieux que moi; mais j'y vais quel-quefois chanter, et j'observe sans en avoir l'air. Eh bien! j'ai vu ce soir Celio *chuté* par des yeux qui lui promettaient chaudement hier de l'ap-plaudir, et j'ai cru comprendre certains petits drames dans les loges qui nous avoisinaient. J'ai remarqué aussi votre générosité, j'en ai été vivement touchée. Celio, depuis le peu de temps qu'il est à Vienne, s'est déjà fait des ennemis. Je ne suis pas en position de l'en pré-server; mais, lorsque l'occasion se présente pour moi de lui assurer et de lui conserver une noble amitié, je ne veux pas la négliger. Celio n'a point aspiré à plaire à la duchesse! voilà tout ce que j'a-vais à vous dire, signor Salentini, et ce que je puis vous affirmer sur l'honneur, car Celio n'a point de secrets pour moi, et je l'ai interrogé sur ce point-là, il n'y a qu'un instant, comme vous entriez ici. .

Chacun sait plus ou moins la figure que tâche de ne pas faire un homme qui trouve occupée la place qu'il venait pour conquérir. Je fis de mon mieux pour que mon désappointement ne parût pas. — Bonne Cecilia, répondis-je, je vous déclare que cela me serait parfaitement égal, et je permets à Celio d'être aujourd'hui ou de ne jamais être l'a-mant de la duchesse, sans que cela change rien à ma sympathie pour lui, à mon impartialité comme *dilettante,* à mon zèle comme ami. Oui; je serai son ami de bon cœur, puisqu'il est le vôtre, car vous êtes une des personnes que j'estime le plus. Vous l'avez compris, vous, puisque vous venez de me livrer, sans détour le secret de votre cœur, et je vous en remercie.

— Le secret de mon cœur ! dit la Boccaferri d'un ton de sincérité qui me pétrifia. Quel secret ?

— Êtes-vous donc distraite à ce point que vous m'ayez dit, sans le savoir, votre amour pour Celio, ou que vous l'ayez déjà oublié?

La Boccaferri se mit à rire. C'était la première fois que je la voyais rire, et le rire est aussi un indice à étudier. Sa figure grave et réservée ne semblait pas faite pour la gaieté, et pourtant cet éclair d'enjouement l'éclaira d'une beauté que je ne lui connaissais pas. C'était le rire franc, bref et harmonieusement rhythmé d'une petite fille épanouie et bonne. — Oui, oui, dit-elle, il faut que je sois bien distraite pour m'être exprimée comme je l'ai fait sur le compte de Celio, sans songer que vous alliez prendre le change et me supposer amoureuse de lui... mais qu'importe? Il y aurait de la pédanterie de ma part à m'en défendre, lorsque cela doit vous paraître très naturel et très indifférent.

— Très naturel... c'est possible... Très indifférent... c'est possible encore; mais je vous prie cependant de vous expliquer. — Et je pris le bras de Cecilia avec une brusquerie involontaire dont je me repentis tout à coup, car elle me regarda d'un air étonné, comme si je venais de la préserver d'une brûlure ou d'une araignée. Je me calmai aussitôt et j'ajoutai : — Je tiens à savoir si je suis assez votre ami pour que vous m'ayez confié votre secret, ou si je le suis assez peu pour qu'il vous soit indifférent, à vous, de n'être pas connue de moi.

— Ni l'un ni l'autre, répondit-elle. Si j'avais un tel secret, j'avoue que je ne vous le confierais pas sans vous connaître et vous éprouver davantage; mais, n'ayant point de secret, j'aime mieux que vous me connaissiez telle que je suis. Je vais vous expliquer mon dévouement pour Celio, et d'abord je dois vous dire que Celio a deux sœurs et un jeune frère pour lesquels je me dévouerais encore davantage, parce qu'ils pourraient avoir plus besoin que lui des services et de la sollicitude d'une femme. Oh! oui, si j'avais un sort indépendant, je voudrais consacrer ma vie à remplacer la Floriani auprès de ses enfans, car l'être que j'aime de passion et d'enthousiasme, c'est un nom, c'est une morte, c'est un souvenir sacré, c'est la grande et bonne Lucrezia Floriani!

Je pensai malgré moi à la duchesse, qui, une heure auparavant, avait motivé son engouement pour Celio par une ancienne relation d'amitié avec sa mère. La duchesse avait trente ans comme la Boccaferri. La Floriani était morte à quarante, absolument retirée du théâtre et du monde depuis douze ou quatorze ans... Ces deux femmes l'avaient-elles beaucoup connue? Je ne sais pourquoi cela me paraissait invraisemblable. Je craignais que le nom de Floriani ne servît mieux à Celio auprès des femmes qu'auprès du public.

Je ne sais si mon doute se peignit sur mes traits, ou si Cécilia alla naturellement au-devant de mes objections, car elle ajouta sans transition : — Et pourtant je ne l'ai vue, dans toute ma vie, que cinq ou six fois, et notre plus longue intimité a été de quinze jours, lorsque j'étais encore une enfant.

Elle fit une pause; je ne rompis point le silence : je l'observais. Il y avait comme un embarras douloureux en elle; mais elle reprit bientôt : « Je souffre un peu de vous dire pourquoi mon cœur a voué un culte à cette femme, mais je présume que je n'ai rien de neuf à vous apprendre là-dessus. Mon père... vous savez, est un homme excellent, une ame ardente, généreuse, une intelligence supérieure... ou plutôt vous ne savez guère cela; ce que vous savez comme tout le monde, c'est qu'il a toujours vécu dans le désordre, dans l'incurie, dans la misère. Il était trop aimable pour n'avoir pas beaucoup d'amis; il en faisait tous les jours, parce qu'il plaisait, mais il n'en conserva jamais aucun, parce qu'il était incorrigible, et que leurs secours ne pouvaient le guérir de son imprévoyance et de ses illusions. Lui et moi nous devons de la reconnaissance à tant de gens, que la liste serait trop longue; mais une seule personne a droit, de notre part, à une éternelle adoration. Seule entre tous, seule au monde, la Floriani ne se rebuta pas de nous sauver tous les ans... quelquefois plus souvent. Inépuisable en patience, en tolérance, en compréhension, en largesse, elle ne méprisa jamais mon père, elle ne l'humilia jamais de sa pitié ni de ses reproches. Jamais ce mot amer et cruel ne sortit de ses lèvres : « Ce pauvre homme avait du mérite; la misère l'a dégradé. » Non! la Floriani disait : « Jacopo Boccaferri aura beau faire, il sera toujours un homme de cœur et de génie! » Et c'était vrai; mais, pour comprendre cela, il fallait être la pauvre fille de Boccaferri ou la grande artiste Lucrezia.

« Pendant vingt ans, c'est-à-dire depuis le jour où elle le rencontra jusqu'à celui où elle cessa de vivre, elle le traita comme un ami dont on ne doute point. Elle était bien sûre, au fond du cœur, que ses bienfaits ne l'enrichiraient pas, et que chaque dette criante qu'elle acquittait ferait naître d'autres dettes semblables. Elle continua; elle ne s'arrêta jamais. Mon père n'avait qu'un mot à lui écrire, l'argent arrivait à point, et avec l'argent la consolation, le bienfait de l'amé, quelques lignes si belles, si bonnes! Je les ai tous conservés comme des reliques, ces précieux billets. Le dernier disait :

« Courage, mon ami, *cette fois-ci*, la destinée vous sourira, et vos ef-
« forts ne seront pas vains; j'en suis sûre. Embrassez pour moi la Cé-
« cilia, et comptez toujours sur votre vieille amie. »

« Voyez quelle délicatesse et quelle science de la vie! C'était bien la centième fois qu'elle lui parlait ainsi! Elle l'encourageait toujours, et, grace à elle, il entreprenait toujours quelque chose. Cela ne durait point et creusait de nouveaux abîmes; mais sans cela il serait mort sur un fumier, et il vit encore, il peut encore se sauver... Oui, oui, la Floriani m'a légué son courage... Sans elle, j'aurais peut-être moi-même douté de mon père; mais j'ai toujours foi en lui, grace à elle! Il est vieux, mais il n'est pas fini. Son intelligence et sa fierté n'ont rien perdu de leur énergie. Je ne puis le rendre riche comme il le faudrait à un homme d'une imagination si féconde et si ardente; mais je puis le préserver de la misère et de l'abattement. Je ne le laisserai pas tomber; je suis forte! »

La Boccaferri parlait avec un feu extraordinaire, quoique ce feu fût encore contenu par une habitude de dignité calme.

Elle se transformait à mes yeux, ou plutôt elle me révélait ces trésors de l'ame que j'avais toujours pressentis en elle. Je pris sa main très franchement cette fois, et je la baisai sans arrière-pensée.

— Vous êtes une noble créature, lui dis-je, je le savais bien, et je suis fier de l'effort que vous daignez faire pour m'avouer cette grandeur que vous cachez aux yeux du monde, comme les autres cachent la honte de leur petitesse. Parlez, parlez encore; vous ne pouvez pas savoir le bien que vous me faites, à moi qui suis né pour croire et pour aimer, mais que le monde extérieur contriste et alarme perpétuellement.

— Mais je n'ai plus rien à vous dire, mon ami. La Floriani n'est plus, mais elle est toujours vivante dans mon cœur. Son fils aîné commence la vie et tâte le terrain de la destinée d'un pied hasardeux, téméraire peut-être. Est-ce à moi de douter de lui? Ah! qu'il soit ambitieux, imprudent, impuissant même dans les arts, qu'il se trompe mille fois, qu'il devienne coupable envers lui-même, je veux l'aimer et le servir comme si j'étais sa mère. Je puis bien peu de chose, je ne suis presque rien; mais ce que je peux, ce que je suis, j'en voudrais faire le marchepied de sa gloire, puisque c'est dans la gloire qu'il cherche son bonheur. Vous voyez bien, Salentini, que je n'ai pas ici l'amour en tête. J'ai l'esprit et le cœur forcément sérieux, et je n'ai pas de temps à perdre, ni de puissance à dépenser pour la satisfaction de mes fantaisies personnelles.

— Oh! oui, je vous comprends, m'écriai-je, une vie toute d'abnégation et de dévouement! Si vous êtes au théâtre, ce n'est point pour vous. Vous n'aimez pas le théâtre, vous! cela se voit, vous n'aspirez pas au succès. Vous dédaignez la gloriole; vous travaillez pour les autres.

— Je travaille pour mon père, reprit-elle, et c'est encore grace à la

Floriani que je peux travailler ainsi. Sans elle, je serais restée ce que j'étais, une pauvre petite ouvrière à la journée, gagnant à peine un morceau de pain pour empêcher son père de mendier dans les mauvais jours. Elle m'entendit une fois par hasard, et trouva ma voix agréable. Elle me dit que je pouvais chanter dans les salons, même au théâtre, les seconds rôles. Elle me donna un professeur excellent; je fis de mon mieux. Je n'étais déjà plus jeune, j'avais vingt-six ans, et j'avais déjà beaucoup souffert; mais je n'aspirais point au premier rang, et cela fit que je parvins rapidement à pouvoir occuper le second. J'avais l'horreur du théâtre. Mon père y travaillant comme acteur, comme décorateur, comme souffleur même (il y a rempli tous les emplois, selon les jeux du hasard et de la fortune), je connaissais de bonne heure cette sentine d'impuretés où nulle fille ne peut se préserver de souillure, à moins d'être une martyre volontaire. J'hésitai long-temps; je donnais des leçons, je chantais dans les concerts; mais il n'y avait là rien d'assuré. Je manque d'audace, je n'entends rien à l'intrigue. Ma clientelle, fort bornée et fort modeste, m'échappait à tout moment. La Floriani mourut presque subitement. Je sentis que mon père n'avait plus que moi pour appui. Je franchis le pas, je surmontai mon aversion pour ce contact avec le public, qui viole la pureté de l'ame et flétrit le sanctuaire de la pensée. Je suis actrice depuis trois ans, je le serai tant qu'il plaira à Dieu. Ce que je souffre de cette contrainte de tous mes goûts, de cette violation de tous mes instincts, je ne le dis à personne. A quoi bon se plaindre? chacun n'a-t-il pas son fardeau? J'ai la force de porter le mien : je fais mon métier en conscience. J'aime l'art, je mentirais si je n'avouais pas que je l'aime de passion; mais j'aurais aimé à cultiver le mien dans des conditions toutes différentes. J'étais née pour tenir l'orgue dans un couvent de nonnes et pour chanter la prière du soir aux échos profonds et mystérieux d'un cloître. Qu'importe? ne parlons plus de moi, c'est trop!

La Boccaferri essuya rapidement une larme furtive et me tendit la main en souriant. Je me sentis hors de moi. Mon heure était venue : j'aimais!

IV. — FLANERIE.

Elle s'était levée pour partir; elle ramenait son châle sur ses épaules. Elle était mal mise, affreusement mise, comme une actrice pauvre et fatiguée, qui s'est débarrassée à la hâte de son costume et qui s'enveloppe avec joie d'une robe de chambre chaude et ample pour s'en aller à pied par les rues. Elle avait un voile noir très fané sur la tête et de gros souliers aux pieds, parce que le temps était à la pluie. Elle cachait ses jolies mains (je me rappelle ce détail exactement) dans de vilains gants tricotés. Elle était.très ·pâle, même un peu jaune, comme j'ai remarqué depuis qu'elle le devenait quand on la forçait à remuer la cendre qui couvrait le feu de son ame. Probablement elle eût été moins belle que laide pour tout autre que moi en ce moment-là.

Eh bien! je la trouvai, pour la première fois de ma vie, la plus belle femme que j'eusse encore contemplée. Et elle l'était en effet, j'en suis certain. Ce mélange de désespoir et de volonté, de dégoût et de courage, cette abnégation complète dans une nature si énergique et par conséquent si capable de goûter la vie avec plénitude, cette flamme profonde, cette mémoire endolorie, voilées par un sourire de douceur naïve, la faisaient resplendir à mes yeux d'un éclat singulier. Elle était devant moi comme la douce lumière d'une petite lampe qu'on viendrait d'allumer dans une vaste église. D'abord, ce n'est qu'une étincelle dans les ténèbres, et puis la flamme s'alimente, la clarté s'épure, l'œil s'habitue et comprend, tous les objets s'illuminent peu à peu. Chaque détail se révèle sans que l'ensemble perde rien de sa lucidité transparente et de son austérité mélancolique. Au premier moment, on n'eût pu marcher sans se heurter dans ce crépuscule, et puis voilà qu'on peut lire à cette lampe du sanctuaire et que les images du temple se colorent et flottent devant vous comme des êtres vivans. La vue augmente à chaque seconde comme un sens nouveau, perfectionné, satisfait, idéalisé, par ce suave aliment d'une lumière pure, égale et sereine.

Cette métaphore, longue à dire, me vint rapide et complète dans la pensée. Comme un peintre que je suis, je vis le symbole avec les yeux de l'imagination en même temps que je regardais la femme avec les yeux du sentiment. Je m'élançai vers elle, je l'entourai de mes bras, en m'écriant follement : « *Fiat lux!* aimons-nous, et la lumière sera. »

Mais elle ne me comprit pas, ou plutôt elle n'entendit pas mes sottes paroles. Elle écoutait un bruit de voix dans la loge voisine. « Ah, mon Dieu! me dit-elle, voici mon père qui se querelle avec Celio! allons vite les distraire. Mon père sort du café. Il est très animé à cette heure-ci, et Celio n'est guère disposé à entendre une théorie sur le néant de la gloire. Venez, mon ami! »

Elle s'empara de mon bras, et courut à la loge de Celio. Il devait se pàsser bien du temps avant que l'occasion de lui dire mon amour se retrouvât.

· Le vieux Boccaferri était fort débraillé et à moitié ivre, cè qui lui arrivait toujours quand il ne l'était pas tout-à-fait: Celio, tout en se lavant la figure avec de la pâte de concombres, frappait du pied avec fureur.

· —Oui, disait Boccaferri, je te le répéterai quand même tu devrais m'étrangler. C'est ta faute; tu as été *mauvais, archi-mauvais!* Je te savais bien *mauvais*, mais je ne te croyais pas encore capable d'être aussi *mauvais* que tu l'as été ce soir!

— Est-ce que je ne le sais pas que j'ai été *mauvais*, *mauvais* ivrogne que vous êtes? s'écria Celio en roulant sa serviette convulsivement pour la lancer à la figure du vieillard; mais, en voyant paraître Cecilia, il atténua ce mouvement dramatique, et la serviette vint tomber à nos pieds. — Cecilia, reprit-il, délivre-moi de ton fléau de père; ce vieux fou m'apporte le coup de pied de l'âne. Qu'il me laisse tranquille, ou je le jette par la fenêtre!

Cette violence de Celio sentait si fort le cabotin, que j'en fus révolté; mais la paisible Cecilia n'en parut ni surprise ni émue. Comme une salamandre habituée à traverser le feu, comme un nautonier familiarisé avec la tempête, elle se glissa entre les deux antagonistes, prit leurs mains et les força à se joindre en disant: — Et pourtant vous vous aimez! Si mon père est fou ce soir, c'est de chagrin; si Celio est méchant, c'est qu'il est malheureux; mais il sait bien que c'est son malheur qui fait déraisonner son vieil ami.

Boccaferri se jeta au cou de Celio, et, le pressant dans ses bras, « le ciel m'est témoin, s'écria-t-il, que je t'aime presque autant que ma propre fille! » Et il se mit à pleurer. Ces larmes venaient à la fois du cœur et de la bouteille. Celio haussa les épaules tout en l'embrassant.

— C'est que, vois-tu, reprit le vieillard, toi, ta mère, tes sœurs, ton jeune frère... je voudrais vous placer dans le ciel, avec une auréole, une couronne d'éclairs au front, comme des dieux!... Et voilà que tu fais un *fiasco orribile* pour ne m'avoir pas consulté!

Il déraisonna pendant quelques minutes, puis ses idées s'éclaircirent en parlant. Il dit d'excellentes choses sur l'amour de l'art, sur la personnalité mal entendue qui nuit à celle du talent. Il appelait cela la *personnalité de la personne*. Il s'exprima d'abord en termes heurtés, bizarres, obscurs; mais, à mesure qu'il parlait, l'ivresse se dissipait: il devenait extraordinairement lucide, il trouvait même des formes agréables pour faire accepter sa critique au récalcitrant Celio. Il lui dit à peu près les mêmes choses, quant au fond, que j'avais dites à la duchesse; mais il les dit autrement et mieux. Je vis qu'il pensait comme moi, ou plutôt que je pensais comme lui, et qu'il résumait devant moi ma propre pensée. Je n'avais jamais voulu faire attention aux paroles de ce vieillard, dont le désordre me répugnait. Je m'aperçus ce soir-là qu'il avait de l'intelligence, de la finesse, une grande science de la philosophie de l'art, et que par momens il trouvait des mots qu'un homme de génie n'eût pas désavoués.

Celio l'écoutait l'oreille basse, se défendant mal, et montrant, avec la naïveté généreuse qui lui était propre, qu'il était convaincu en dépit de lui-même. L'heure s'écoulait, on éteignait jusque dans les couloirs, et les portes du théâtre allaient se fermer. Boccaferri était partout chez lui. Avec cette admirable insouciance qui est une grace d'état pour les débauchés, il eût couché sur les planches ou bavardé jusqu'au jour sans s'aviser de la fatigue d'autrui plus que de la sienne propre. Cecilia le prit par le bras pour l'emmener, nous dit adieu dans la rue, et je me trouvai seul avec Celio, qui, se sentant trop agité pour dormir, voulut me reconduire jusqu'à mon domicile.

— Quand je pense, me disait-il, que je suis invité à souper ce soir dans dix maisons, et qu'à l'heure qu'il est, toutes mes connaissances sont censées me chercher pour me consoler ! Mais personne ne s'impatiente après moi, personne ne regrettera mon absence, et je n'ai pas un ami qui m'ait bien cherché, car j'étais dans la loge de Cecilia, et, en ne me trouvant pas dans la mienne, on n'essayait pas de savoir si j'étais de l'autre côté de la cloison. A travers cette cloison maudite, j'ai entendu des mots qui devront me faire réfléchir. « Il est déjà parti ! Il est donc désespéré? — Pauvre diable ! Ma foi ! je m'en vais. — Je lui laisse ma carte. — J'aime autant l'avoir manqué ce soir, etc. » C'est ainsi que mes bons et fidèles amis se parlaient l'un à l'autre. Et je me tenais coi, enchanté de les entendre partir. Et votre duchesse ! qui devait m'envoyer prendre par son sigisbée avec sa voiture? Je n'ai pas eu la peine de refuser son thé. *Vous en tenez* pour cette duchesse, vous? Vous avez grand tort; c'est une dévergondée. Attendez d'avoir un *fiasco* dans votre art, et vous m'en direz des nouvelles. Au reste, celle-là ne m'a pas trompé. Dès le premier jour, j'ai vu qu'elle faisait passer son monde sous la toise, et que, pour avoir les grandes entrées chez elle, il fallait avoir son brevet de *grand homme* à la main.

— Je ne sais, répondis-je, si c'est le dépit ou l'habitude qui vous rendent cynique, Celio; mais vous l'êtes, et c'est une tache en vous. A quoi bon un langage si acerbe? Je ne voudrais pas qualifier de dévergondée une femme dont j'aurais à me plaindre. Or, comme je n'ai pas ce droit-là, et que je ne suis pas amoureux de la duchesse le moins du monde, je vous prie d'en parler froidement et poliment devant moi; vous me ferez plaisir, et je vous estimerai davantage.

— Écoutez, Salentini, reprit vivement Celio, vous êtes prudent, et vous louvoyez à travers le monde comme tant d'autres. Je ne crois pas que vous ayez raison; du moins ce n'est pas mon système. Il faut être franc pour être fort, et moi, je veux exercer ma force à tout prix. Si vous n'êtes pas l'amant de la duchesse, c'est que vous ne l'avez pas voulu, car, pour mon compte, je sais que je l'aurais été, si cela eût été mon goût. Je sais ce qu'elle m'a dit de vous au premier mot de galanterie que je lui ai adressé (et je le faisais par manière d'amusement, par curiosité pure, je vous l'atteste) : je regardais une jolie esquisse que vous avez faite d'après elle et qu'elle a mise, richement encadrée, dans son boudoir. Je trouvais le portrait flatté et je le lui disais, sans qu'elle s'en doutât, en insinuant que cette noble interprétation de sa beauté ne pouvait avoir été trouvée que par l'amour. «Parlez plus bas, me répondit-elle d'un air de mystère. J'ai bien du mal à tenir cet homme-là en bride. » On sonna au même instant. « Ah! mon Dieu! dit-elle, c'est peut-être lui qui force ma porte; sortons d'ici. Je ne veux pas vous faire un ennemi, à la veille de débuter. — Oui, oui, répon-dis-je ironiquement; vous êtes si bonne pour moi, que vous le ren-driez heureux rien que pour me préserver de sa haine. » Elle crut que c'était une déclaration, et, m'arrêtant sur le seuil de son boudoir : « Que dites-vous là? s'écria-t-elle; si vous ne craignez rien pour vous, je ne crains pour moi que l'ennui qu'il me cause. Qu'il vienne, qu'il se fâche, restons!» C'était charmant, n'est-ce pas, monsieur Salen-tini? mais je ne restai point. J'attendais cette belle dame à l'épreuve de mon succès ou de ma chute. Si vous voulez venir avec moi chez elle, nous irons. Tenez; voulez-vous?

— Non, Celio; ce n'est pas avec les femmes que je veux faire de la force; les coquettes surtout n'en valent pas la peine. L'ironie du dépit les flatte plus qu'elle ne les mortifie. Ma vengeance, si vengeance il y a, c'est la plus grande sérénité d'ame dans ma conduite avec celle-ci désormais.

— Allons, vous êtes meilleur que moi. Il est vrai que vous n'avez pas été *chuté* ce soir, ce qui est fort malsain, je vous jure, et crispe les nerfs horriblement; mais il me semble que vous êtes un calmant pour moi. Ne trouvez pas le mot blessant : un esprit qui nous calme est souvent un esprit qui nous domine; et il se peut que le calmé soit la plus grande des forces de la nature.

— C'est celle qui produit, lui dis-je. L'agitation, c'est l'orage qui dé-range et bouleverse.

— Comme vous voudrez, reprit-il; il y a temps pour tout, et chaque chose a son usage. Peut-être que l'union de deux natures aussi oppo-sées que la vôtre et la mienne ferait une force complète. Je veux de-venir votre ami, je sens que j'ai besoin de vous, car vous saurez que je suis égoïste et que je ne commence rien sans me demander ce qui m'en reviendra; mais c'est dans l'ordre intellectuel et moral que je cherche mes profits. Dans les choses matérielles, je suis presque aussi prodigue et insouciant que le vieux Boccaferri, lequel serait le pre-mier des hommes, si le genre humain n'était pas la dernière des races. Tenez, il a raison, ce Boccaferri, et j'avais tort de ne pas vouloir sup-porter son insolence tout à l'heure. Il m'a dit la vérité. J'ai perdu la partie parce que j'étais au-dessous de moi-même. Là-dessus, j'étais d'accord avec lui; mais j'ai été au-dessous de mon propre talent; et j'ai manqué d'inspiration parce que jusqu'ici j'ai fait fausse route. Un talent sain et dispos est toujours prêt pour l'inspiration. Le mien est malade, et il faut que je le remette au régime. Voilà pourquoi je suivrai son conseil et n'écouterai pas celui que votre politesse me donnait. Je ne tenterai pas une seconde épreuve avant de m'être retrempé. Il faut que je sois à l'abri de ces défaillances soudaines, et pour cela je dois envisager autrement la philosophie de mon art. Il faut que je revienne aux leçons de ma mère, que je n'ai pas voulu suivre, mais que je garde écrites en caractères sacrés dans mon souvenir. Ce soir, le vieux Boccaferri a parlé comme elle, et la paisible Cecilia..... cette froide artiste qui n'a jamais ni blâme ni éloge pour ce qui l'entoure, oui, oui, la *vieille* Cecilia a glissé, comme point d'orgue aux théories de son père, deux ou trois mots qui m'ont fait une grande impression, bien que je n'aie pas eu l'air de les entendre.

— Pourquoi l'appelez-vous la *vieille* Cecilia, mon cher Celio? Elle n'a que bien peu d'années de plus que vous et moi.

— Oh! c'est une manière de dire, une habitude d'enfance, un terme d'amitié, si vous voulez. Je l'appelle *mon vieux fer*. C'est un sobriquet tiré de son nom, et qui ne la fâche pas. Elle a toujours été en avant de son âge, triste, raisonnable et prudente. Quand j'étais enfant, j'ai joué quelquefois avec elle dans les grands corridors des vieux palais; elle me cédait toujours, ce qui me la faisait croire aussi vieille que ma bonne, quoiqu'elle fût alors une jolie fille. Nous ne nous sommes bien connus et rencontrés souvent que depuis la mort de ma mère, c'est-à-dire depuis qu'elle est au théâtre et que je suis sorti du nid où j'ai été couvé si long-temps et avec tant d'amour. J'ai déjà pas mal couru le monde depuis deux ans. J'étais arriéré en fait d'expérience; j'étais avide d'en acquérir, et je me suis dénoué vite. Le furieux besoin que j'avais de vivre par moi-même m'a étourdi d'abord sur ma douleur, car j'avais une mère telle qu'aucun homme n'en a eu une semblable. Elle me portait encore dans son cœur, dans son esprit, dans ses bras, sans s'apercevoir que j'avais vingt-deux ans, et moi je ne m'en apercevais pas non plus, tant je me trouvais bien ainsi; mais, elle partie pour le ciel, j'ai voulu courir, bâtir, posséder sur la terre. Déjà je suis fatigué, et j'ai encore les mains vides. C'est maintenant que je sens réellement que ma mère me manque; c'est maintenant que je la pleure, que je crie après elle dans la solitude de mes pensées..... Eh bien! dans cette solitude effrayante toujours, navrante parfois, pour un homme habitué à l'amour exclusif et passionné d'une mère, il y a un être qui me fait encore un peu de bien et auprès duquel je respire de toute la longueur de mon haleine, c'est la Boccaferri. Voyez-vous, Salentini, je vais vous dire une chose qui vous étonnera; mais pesez-la, et vous la comprendrez : je n'aime pas les femmes, je les déteste, et je suis affreusement méchant avec elles. J'en excepte une seule, la Boccaferri, parce que, seule, elle ressemble par certains côtés à ma mère, à la femme qui est cause de mon aversion pour toutes les autres; comprenez-vous cela?

— Parfaitement, Celio. Votre mère ne vivait que pour vous, et vous vous étiez habitué à la société d'une femme qui vous aimait plus qu'elle-même... Ah! vous ne savez pas à qui vous parlez, Celio, et quelles souffrances tout opposées ce nom de mère réveille dans mon cœur! Plus mon enfance a différé de la vôtre, mieux je vous comprends, ô enfant gâté, insolent et beau comme le bonheur! Aussi, tant qu'a duré votre virginale inexpérience, vous avez cru que la femme était l'idéal du dévouement, que l'amour de la femme était le bien suprême pour l'homme; enfin, qu'une femme ne servait qu'à nous servir, à nous adorer, à nous garantir, à écarter de nous le danger, le mal, la peine, le souci, et jusqu'à l'ennui, n'est-ce pas?

— Oui, oui, c'est cela, s'écria Celio en s'arrêtant et en regardant le ciel. L'amour d'une femme, c'était, dans mon attente, la lumière splendide et palpitante d'une étoile qui ne défaille et ne pâlit jamais. Ma mère m'aimait comme un astre verse le feu qui féconde. Auprès d'elle, j'étais une plante vivace, une fleur aussi pure que la rosée dont elle me nourrissait. Je n'avais pas une mauvaise pensée, pas un doute, pas un désir. Je ne me donnais pas la peine de vivre par moi-même dans les momens où la vie eût pu me fatiguer. Elle souffrait pourtant; elle mourait, rongée par un chagrin secret, et moi, misérable, je ne le voyais pas. Si je l'interrogeais à cet égard, je me laissais rassurer par ses réponses; je croyais à son divin sourire... Je la tenais un matin inanimée dans mes bras; je la rapportais dans sa maison, la croyant évanouie... Elle était morte, morte! et j'embrassais son cadavre...

Celio s'assit sur le parapet d'un pont que nous traversions en ce moment-là. Un cri de désespoir et de terreur s'échappa de sa poitrine, comme si une apparition eût passé devant lui. Je vis bien que ce pauvre enfant ne savait pas souffrir. Je craignis que ce souvenir réveillé et envenimé par son récent désastre ne devînt trop violent pour ses nerfs; je le pris par le bras, je l'emmenai.

— Vous comprenez, me dit-il en reprenant le fil de ses idées, comment et pourquoi je suis égoïste; je ne pouvais pas être autrement, et vous comprenez aussi pourquoi je suis devenu haineux et colère aussitôt qu'en cherchant l'amour et l'amitié dans le commerce de mes semblables, je me suis heurté et brisé contre des égoïsmes pareils au mien. Les femmes que j'ai rencontrées (et je commence à croire que toutes sont ainsi) n'aiment qu'elles-mêmes, ou, si elles nous aiment un peu, c'est par rapport à elles, à cause de la satisfaction que nous donnons à leurs appétits de vanité ou de libertinage. Que nous ne leur soyons plus bons à rien, elles nous brisent et nous marchent sur la figure, et vous voudriez que j'eusse du respect pour ces créatures ambitieuses ou sensuelles, qui remarquent que je suis beau et que je pourrais bien avoir de l'avenir! Oh! ma mère m'eût aimé bossu et idiot! mais les autres!... Essayez, essayez d'y croire, Salentini, et vous verrez!

— Mon cher Celio, vous avez raison en général; mais, en faveur des exceptions possibles, vous ne devriez pas tant vous hâter de tout maudire. Moi qui n'ai jamais été gâté, et qui n'ai encore été aimé de personne, j'espère encore, j'attends toujours.

— Vous n'avez jamais été aimé de personne?... Vous n'avez pas eu de mère?... ou la vôtre ne valait pas mieux que vos maîtresses? Pauvre garçon! En ce cas, vous avez toujours été seul avec vous-même, et il n'y a point de plus terrible tête-à-tête. Ah! je voudrais être aimant, Salentini, je vous aimerais, car ce doit être un grand bonheur que de pouvoir faire le bonheur d'un autre!

— Étrange cœur que vous êtes, Celio! Je ne vous comprends pas encore, mais je veux vous connaître, car il me semble qu'en dépit de vos contradictions et de votre inconséquence, en dépit de votre prétention à la haine, à l'égoïsme, à la dureté, il y a en vous quelque chose de l'ame qui vous a versé ses trésors.

— Quelque chose de ma mère? je ne le crois pas. Elle était si humble dans sa grandeur, cette ame incomparable, qu'elle craignait toujours de détruire mon individualité en y substituant la sienne. Elle me développait dans le sens que je lui manifestais, elle me prenait tel que je suis, sans se douter que je puisse être mauvais. Ah! c'est là aimer, et ce n'est pas ainsi que nos maîtresses nous aiment, convenez-en.

— Comment se fait-il que, comprenant si bien la grandeur et la beauté du dévouement dans l'amour, vous ne le sentiez pas vivre ou germer dans votre propre sein?

— Et vous, Salentini, répondit-il en m'arrêtant avec vivacité, que portez-vous ou que couvez-vous dans votre ame? Est-ce le dévouement aux autres? Non! c'est le dévouement à vous-même, car vous êtes artiste. Soyez sincère, je ne suis pas de ceux qui se paient des mots sonores vulgairement appelés *blagues* de sentiment.

— Vous me faites trembler, Celio, lui dis-je, et, en me pénétrant d'un examen si froid, vous me feriez douter de moi-même. Laissez-moi jusqu'à demain pour vous répondre; car me voici à ma porte, et je crains que vous ne soyez fatigué. Où demeurez-vous, et à quelle heure secouez-vous les pavots du sommeil?

— Le sommeil! encore une *blague!* répondit-il; je suis toujours

éveillé. Venez me demander à déjeuner aussitôt que vous voudrez.
Voilà ma carte.

Il ralluma son cigare au mien, et s'éloigna.

V. — DÉPIT.

J'étais fatigué, et pourtant je ne pus dormir. Je comptai les heures
sans réussir à résumer les émotions de ma soirée et à conclure avec
moi-même. Il n'y avait qu'une chose certaine pour moi, c'est que je
n'aimais plus la duchesse, et quel j'avais failli faire une lourde école en
m'attachant à elle; mais une ame blessée cherche vite une autre blessure pour effacer celle qui mortifie l'amour-propre, et j'éprouvais un
besoin d'aimer qui me donnait la fièvre. Pour la première fois, je n'é-
tais plus le maître absolu de ma volonté; j'étais impatient du lendemain. Depuis douze heures, j'étais entré dans une nouvelle phase de
ma vie, et, ne me reconnaissant plus, je me crus malade.

Je ne l'avais jamais été, ma santé avait fait ma force, je m'étais développé dans un équilibre inappréciable. J'eus peur en me sentant le
pouls légèrement agité. Je sautai à bas de mon lit, je me regardai dans
une glace, et je me mis à rire. Je rallumai ma lampe, je taillai un crayon,
je jetai sur un bout de papier les idées qui me vinrent. Je fis une composition qui me plut, quoique ce fût une mauvaise composition. C'é-
tait un homme assis entre son bon et son mauvais ange. Le bon ange
était distrait et comme pris de sollicitude pour un passant auquel le
mauvais ange faisait des agaceries dans le même moment. Entre ces
deux anges, le personnage principal délaissé, et ne comptant ni sur
l'un ni sur l'autre, regardait en souriant une fleur qui personnifiait
pour lui la nature. Cette allégorie n'avait pas le sens commun, mais
elle avait une signification pour moi seul. Je me crus vainqueur de
mon angoisse; je me recouchai, je m'assoupis, j'eus le cauchemar : je
rêvai que j'égorgeais Celio.

Je quittai mon lit décidément, je m'habillai aux premières lueurs
de l'aube; j'allai faire un tour de promenade sur les remparts, et,
quand le soleil fut levé, je gagnai le logis de Celio.

Celio ne s'était pas couché, je le trouvai écrivant des lettres. — Vous
n'avez pas dormi, me dit-il, et vous êtes fatigué pour avoir essayé de
dormir? J'ai fait mieux que vous, j'ai passé la nuit dehors. Quand on
est excité, il faut s'exciter davantage; c'est le moyen d'en finir plus
vite.

— Fi! Celio, dis-je en riant, vous me scandalisez.

— Il n'y a pas de quoi, reprit-il, car j'ai passé la nuit sagement à
causer et à écrire avec la plus honnête des femmes.

— Qui? Mlle Boccaferri?

. — Eh! pourquoi devinez-vous? Est-ce que....,mais il serait trop tard, elle est partie.

· — Partie!

— Ah! vous pâlissez? Tiens, tiens! je ne m'étais pas aperçu de cela; il est vrai que j'étais tout plongé en moi-même, hier soir. Mais écoutez : en vous quittant cette nuit, j'étais de fort mauvaise humeur contre vous. J'aurais causé encore deux heures avec plaisir, et vous me disiez d'aller me reposer, ce qui voulait dire que vous aviez assez de moi. Résolu à causer jusqu'au grand jour, n'importe avec qui, j'allai droit chez le vieux Boccaferri. Je sais qu'il ne dort jamais de manière, même quand il a bu, à ne pas s'éveiller tout d'un coup le plus honnêtement du monde et parfaitement lucide. Je vois de la lumière à sa fenêtre, je frappe, je le trouve debout causant avec sa fille. Ils accourent à moi, m'embrassent et me montrent une lettre qui était arrivée chez eux pendant la soirée et qu'ils venaient d'ouvrir en rentrant. Ce que contenait cette lettre, je ne puis vous le dire, vous le saurez plus tard; c'est un secret important pour eux, et j'ai donné ma parole de n'en parler à qui que ce soit. Je les ai aidés à faire leurs paquets, je me suis chargé d'arranger ici leurs affaires avec le théâtre; j'ai causé des miennes avec Cecilia, pendant que le vieux allait chercher une voiture. Bref, il y a une heure que je les y ai vus monter et sortir de la ville. A présent me voilà réglant leurs comptes, en attendant que j'aille à la direction théâtrale pour dégager la Cecilia de toutes poursuites. Ne me questionnez pas, puisque j'ai la bouche scellée; mais je vous prie de remarquer que je suis fort actif et fort joyeux ce matin, que je ne songe pas à ménager la fraîcheur de ma voix, enfin que je fais du dévouement pour mes amis, ni plus ni moins qu'un simple épicier. Que cela ne vous émerveille pas trop! je suis *obligeant*, parce que je suis actif, et qu'au lieu de me coûter, cela m'occupe et m'amuse, voilà tout.

— Vous ne pouvez même pas me dire vers quelle contrée ils se dirigent?

— Pas même cela. C'est bien cruel, n'est-ce pas? Prenez-vous-en à la Boccaferri, qui n'a pas fait d'exception en votre faveur au silence qu'elle m'imposait, tant les femmes sont ingrates et perverses!

. — J'avais cru que vous, vous faisiez une exception en faveur de Mlle Boccaferri dans vos anathèmes contre son sexe?

,.— Parlons-nous sérieusement? Oui, certes, elle est une exception, et je le proclame. C'est une femme honnête; mais pourquoi? Parce qu'elle n'est point belle.

ar.— Vous êtes bien persuadé qu'elle n'est pas belle? repris-je avec feu : vous parlez comme un comédien, mais non comme un artiste. Moi, je suis peintre, je m'y connais, et je vous dis qu'elle est plus belle que la duchesse de X..., qui a tant de réputation, et que la prima donna actuelle, dont on fait tant de bruit.

Je m'attendais à des plaisanteries ou à des négations de la part de Celio. Il ne me répondit rien, changea de vêtemens, et m'emmena déjeûner. Chemin faisant, il me dit brusquement : — Vous avez parfaitement raison; elle est plus belle qu'aucune femme au monde. Seulement j'avais la mauvaise honte de le nier, parce que je croyais être le seul à m'en apercevoir.

— Vous parlez comme un possesseur, Celio, comme un amant.

— Moi ! s'écria-t-il en tournant son visage vers le mien avec assurance, je ne le suis pas, je ne l'ai jamais été, et je ne le serai jamais!

— D'où vient que vous ne désirez pas l'être?

— De ce que je la respecte et veux l'aimer toujours; de ce qu'elle a été la protégée de ma mère qui l'estimait, de ce qu'elle est, après moi (et peut-être autant que moi), le cœur qui a le mieux compris, le mieux aimé, le mieux pleuré ma mère. Oh! ma *vieille* Cecilia, jamais! c'est une tête sacrée, et c'est la seule tête portant un bonnet sur laquelle je ne voudrais pas mettre le pied.

— Toujours étrange et inconséquent, Celio!... Vous reconnaissez qu'elle est respectable et adorable, et vous méprisez tant votre propre amour, que vous l'en préservez comme d'une souillure! Vous ne pouvez donc que flétrir et dégrader ce que votre souffle atteint! Quel homme ou quel diable êtes-vous? Mais, permettez-moi de vous le dire et d'employer un des mots crus que vous aimez, ceci me paraît de la *blague*, une prétention au *méphistophélisme*, que votre âge et votre expérience ne peuvent pas encore justifier. Bref, je ne vous crois pas. Vous voulez m'étonner, faire le fort, l'invincible, le satanique; mais, tout bonnement, vous êtes un honnête jeune homme, un peu libertin, un peu taquin, un peu fanfaron... pas assez pourtant pour ne pas comprendre qu'il faut épouser une honnête fille quand on l'a séduite; et comme vous êtes trop jeune ou trop ambitieux pour vous décider si tôt à un mariage si modeste, vous ne voulez pas faire la cour à Mlle Boccaferri.

— Plût au ciel que je fusse ainsi! dit Celio sans montrer d'humeur et sans regimber; je ne serais pas malheureux, et je le suis pourtant! Ce que je souffre est atroce... Ah! si j'étais honnête et bon, je serais naïf, j'épouserais demain la Boccaferri, et j'aurais une existence calme, rangée, charmante, d'autant plus que ce ne serait peut-être pas un mariage aussi modeste que vous croyez. Qui connaît l'avenir? Je ne puis m'expliquer là-dessus; mais sachez que, quand même la Cecilia serait une riche héritière, parée d'un grand nom, je ne voudrais pas devenir amoureux d'elle. Écoutez, Salentini, une grande vérité, bien niaise, un lieu-commun : l'amour des mauvaises femmes nous tue;

l'amour des femmes grandes et bonnes les tue. Nous n'aimons beaucoup que ce qui nous aime peu, et nous aimons mal ce qui nous aime bien. Ma mère est morte de cela, à quarante ans, après dix années de silence et d'agonie.

— C'est donc vrai? je l'avais entendu dire.

. — Celui qui l'a tuée vit encore. Je n'ai jamais pu l'amener à se battre avec moi. Je l'ai insulté atrocement, et lui qui n'est point un lâche, tant s'en faut, il a tout supporté plutôt que de lever la main contre le fils de la Floriani... Aussi je vis comme un réprouvé, avec une vengeance inassouvie qui fait mon supplice, et je n'ai pas le courage d'assassiner l'assassin de ma mère! Tenez, vous voyez en moi un nouvel Hamlet, qui ne pose pas la douleur et la folie, mais qui se consume dans le remords, dans la haine et dans la colère. Et pourtant, vous l'avez dit, je suis bon : tous les égoïstes sont faciles à vivre, tolérans et doux. Mais je suivrai l'exemple d'Hamlet, je ne briserai point la pâle Ophélia; qu'elle aille dans un cloître plutôt! je suis trop malheureux pour aimer. Je n'en ai plus le temps ni la force. Et puis Hamlet se complique en moi de passions encore vivantes; je suis ambitieux, personnel; l'art, pour moi, n'est qu'une lutte, et la gloire qu'une vengeance. Mon ennemi avait prédit que je ne serais rien, parce que ma mère m'avait trop gâté. Je veux l'écraser d'un éclatant démenti à la face du monde. Quant à la Boccaferri, je ne veux pas être pour elle ce que cet homme maudit a été pour ma mère, et je le serais! Voyez-vous, il y a une fatalité! Les orages et les malheurs qui nous frappent dans notre enfance s'attachent à nous comme des furies, et, plus nous tâchons de nous en préserver, plus nous sommes entraînés, par je ne sais quel funeste instinct d'imitation, à les reproduire plus tard : le crime est contagieux. L'injustice et la folie, que j'ai détestées chez l'amant de ma mère, je les sens s'éveiller en moi, dès que je commence à aimer une femme. Je ne veux donc pas aimer, car, si je n'étais pas la victime, je serais le bourreau.

— Donc vous avez peur aussi, quelquefois et à votre insu, d'être la victime? Donc vous êtes capable d'aimer?

— Peut-être; mais j'ai vu, par l'exemple de ma mère, dans quel abîme nous précipite le dévouement, et je ne veux pas tomber dans cet abîme.

— Et vous ne croyez pas que l'amour puisse être soumis à d'autres lois qu'à cette diabolique alternative du dévouement méconnu et immolé, ou de la tyrannie délirante et homicide?

— Non!

.— Pauvre Celio, je vous plains, et je vois que vous êtes un homme faible et passionné. Je vous connais enfin : vous êtes destiné, en effet, à être victime ou bourreau; mais vous ne faites là le procès qu'à vous-même, et le genre humain n'est pas forcément votre complice.

— Ah! vous me méprisez, parce que vous avez meilleure opinion de vous-même? s'écria Celio avec amertume; eh bien! attendons. Si vous êtes sincère, nous philosopherons ensemble un jour; nous ne disputerons plus. Jusque-là, que voulez-vous faire? La cour à ma vieille Boccaferri? En ce cas, prenez garde! je veille à sa défense comme un jeune chien déjà méfiant et hargneux. Il vous faudra marcher droit avec elle. Si je la respecte, ce n'est pas pour permettre aux autres de s'emparer d'elle, même dans le secret de leurs pensées.

Je fus frappé de l'âpreté de ces dernières paroles de Celio et de l'accent de haine et de dépit qui les accompagna. — Celio, lui dis-je, vous serez jaloux de la Boccaferri, vous l'êtes déjà : convenez que nous sommes rivaux! Soyons francs, je vous en supplie; puisque vous dites que la franchise, c'est le signe de la force. Vous m'avez dit que vous n'étiez pas son amant et que vous ne vouliez pas l'être; mais descendez dans le plus profond de votre cœur, et voyez si vous êtes bien sûr de l'avenir; puis vous me direz si je vais sur vos brisées, et si nous sommes dès aujourd'hui amis ou ennemis.

— Ce que vous me demandez là est délicat, répondit-il; mais ma réponse ne se fera pas attendre. Je ne mens jamais aux autres ni à moi-même. Je ne serai jamais jaloux de la Cecilia, parce que je n'en serai jamais amoureux,..... à moins que pourtant elle ne devienne amoureuse de moi, ce qui est aussi vraisemblable que de voir la duchesse devenir sincère et le vieux Boccaferri devenir sobre.

— Et pourquoi donc, Celio? Si, par malheur pour moi, la Cecilia vous voyait et vous entendait en cet instant, elle pourrait bien être émue, tremblante, indécise...

— Si je la voyais indécise, émue et tremblante, je fuirais, je vous en donne ma parole d'honneur, monsieur Salentini! Je sais trop ce que c'est que de profiter d'un moment d'émotion et de prendre les femmes par surprise. Ce n'est pas ainsi que je voudrais être aimé d'une femme comme la Boccaferri; je n'y trouverais aucun plaisir et aucune gloire, parce qu'elle est sincère et honnête, parce qu'elle ne me cacherait pas sa honte et ses larmes, parce qu'au lieu de volupté je ne lui donnerais et ne recevrais d'elle que de la douleur et des remords. Oh! non, ce n'est pas ainsi que je voudrais posséder une femme pure! Et, comme je ne cherche que l'ivresse, je ne m'adresserai jamais qu'à celles qui ne veulent rien de plus. Êtes-vous content?

— Pas encore, ami : rien ne me prouve que la Boccaferri ne vous aime pas profondément, et que l'amitié qu'elle proclame pour vous ne soit pas un amour qu'elle se cache encore à elle-même. S'il en était

ainsi, si un jour ou l'autre vous,veniez,à le découvrir, vous·me la dis-
puteriez, n'est-ce pas?...

— Oui, certes; monsieur, répondit Celio; sans hésiter, et, puisque
vous l'aimez, vous devez comprendre que son amour ne soit,pas chose
indifférente... Mais alors, mon ami, ajouta-t-il saisi d'un attendrissement douloureux qui se peignit sur son visage expressif et.sincère, je
vous demanderais en grace de vous battre avec moi: J'aurais la chance
d'être tué, parce que je me bats mal. Je suis passé maître à·la salle
d'armes : en présence d'un adversaire réel, je suis ému, la colère me
transporte, et j'ai toujours été blessé. Ma·mort sauverait la Cecilia de
mon amour. Ainsi, ne me manquez pas, si nous en venons jamais là!
A présent, déjeunons, rions et·soyons amis, car·je suis bien·sûr qu'elle
me regarde comme un enfant; je ne vois en elle qu'une vieille amie.
et, si cela continue, je ne vous porterai pas ombrage... Mais vous l'é-
pouseriez, n'est-ce pas? autrement je me battrais de sang-froid, et·je
vous tuerais, comptez-y.

— A la bonne heure, répondis-je. Ce que vous me dites,là me prouve
qui elle est; et ce respect pour la vertu dans la bouche d'un soi-disant
libertin me pousse au mariage les yeux fermés.

Nous·nous serrâmes la main, et notre repas fut fort enjoué. J'étais
plein d'espoir et de confiance, je ne sais pourquoi, car Mlle Boccaferri
était partie. Je ne savais plus quand ni où je la retrouverais; et elle ne
m'avait,pas accordé seulement un regard qui:pût me faire croire à
son amour pour moi. Étais-je en proie à.un accès de fatuité? Non,
j'aimais. Mon entretien avec Celio venait.de rendre évident pour moi
ce mérite que j'avais deviné la veille. L'amour·élargit la poitrine et
parfume l'air·qui y pénètre : c'était·mon premier amour véritable, je
me sentais heureux, jeune et fort; tout se colorait à mes yeux d'une
lumière plus vive et plus pure.

— Savez-vous un rêve que je faisais ces jours-ci, me dit Celio, et qui
me revient plus sérieux après mon *fiasco*? C'est d'aller passer quelques,
semaines, quelques mois peut-être, dans un coin tranquille et.ignoré,
avec le vieux fou Boccaferri et sa·très raisonnable fille. A eux deux, ils
possèdent le·secret de.l'art : chacun en représente une face. Le.père
est particulièrement inventif et·spontané, la fille éminemment consciencieuse et savante, car c'est une·grande musicienne que la Cecilia; le
public ne s'en doute pas, et vous, vous n'en savez probablement rien
non plus. Eh bien! elle est peut-être la dernière grande musicienne
que possédera l'Italie. Elle comprend encore les maîtres qu'aucun nouveau chanteur en renom ne comprend plus. Qu'elle chante dans un
ensemble, avec sa voix,qu'on entend à peine, tout le monde marche
sans se rendre compte qu'elle seule contient et domine toutes les par-

ties par sa seule intelligence, et sans que la force du poumon y soit pour rien. On le sent, on ne le dit pas. Quels sont les favoris du public qui voudraient avouer la supériorité d'un talent qu'on n'applaudit jamais? Mais allez ce soir au théâtre, et vous verrez comment marchera l'opéra; on s'apercevra *un peu* de la lacune creusée par l'absence de la Boccaferri! Il est vrai qu'on ne dira pas à quoi tient ce manque d'ensemble et d'âme collective. Ce sera l'enrouement de celui-ci, la distraction de celui-là; les voix s'en prendront à l'orchestre, et réciproquement. Mais moi, qui serai spectateur ce soir, je rirai de la déroute générale, et je me dirai : Sot public, vous aviez un trésor, et vous ne l'avez jamais compris! Il vous faut des roulades, on vous en donne *en veux-tu? en voilà,* et vous n'êtes pas content! Tâchez donc de savoir ce que vous voulez. En attendant, moi, j'observe et je me repose.

— Vous ne m'apprenez rien, Celio; précisément hier soir, je rompais une lance contre la duchesse de ... pour le talent élevé et profond de Mlle Boccaferri.

— Mais la duchesse ne peut pas comprendre cela, reprit Celio en haussant les épaules. Elle n'est pas plus artiste que *ma botte!* Et il faut être extrêmement fort pour reconnaître des qualités enfouies sous un *fiasco* perpétuel, car c'est là le sort de la pauvre Boccaferri. Qu'elle dise comme un maître les parties les plus insignifiantes de son rôle, quatre ou cinq vrais dilettanti épars dans les profondeurs de la salle souriront d'un plaisir mystérieux et tranquille. Quelques demi-musiciens diront : « Quelle belle musique! comme c'est écrit! » sans reconnaître qu'ils ne se fussent pas aperçus de cette perfection dans le détail d'une belle chose, si la *seconda donna* n'était pas une grande artiste. Ainsi va le monde, Salentini! Moi, je veux faire du bruit, et je cherche le succès de toute la puissance de ma volonté, mais c'est pour me venger du public que je hais, c'est pour le mépriser davantage. Je me suis trompé sur les moyens, mais je réussirai à les trouver, en profitant du vieux Boccaferri, de sa fille, et de moi-même par-dessus tout. Pour cela, voyez-vous, il faut que je me perfectionne comme véritable artiste; ce sera l'affaire de peu de temps; chaque année, pour moi, représente dix ans de la vie du vulgaire; je suis actif et entêté. Quand j'aurai acquis ce qui me manque pour moi-même, je saurai parfaitement ce qui manque au public pour comprendre le vrai mérite. Je parviendrai à être infiniment plus mauvais que je ne l'ai été hier devant lui, et par conséquent à lui plaire infiniment. Voilà ma théorie. Comprenez-vous?

— Je comprends qu'elle est fausse, et que si vous ne cherchez pas le beau et le vrai pour l'enseigner au public, en supposant que vous lui plaisiez dans le faux, vous ne posséderez jamais le vrai. On ne dédouble jamais son être à ce point. On ne fait point la grimace sans qu'il en reste un pli au plus beau visage. Prenez garde, vous avez fait fausse route, et vous allez vous perdre entièrement.

— Et voyez pourtant l'exemple de la Cecilia! s'écria Celio fort animé; ne possède-t-elle pas le vrai en elle, ne s'opiniâtre-t-elle pas à ne donner au public que du vrai, et n'est-elle pas méconnue et ignorée? Et il ne faut pas dire qu'elle est incomplète et qu'elle manque de force et de feu. Voyez-vous, pas plus loin qu'il y a deux jours, j'ai entendu la Boccaferri chanter et déclamer seule entre quatre murs et ne sachant pas que j'étais là pour l'écouter. Elle embrasait l'atmosphère de sa passion, elle avait des accens à faire vibrer et tressaillir une foule comme un seul homme. Cependant elle ne méprise pas le public, elle se borne à ne pas l'aimer. Elle chante bien devant lui, pour son propre compte, sans colère, sans passion, sans audace. Le public reste sourd et froid; il veut, avant tout, qu'on se donne de la peine pour lui plaire, et moi, je m'en donnerai; mais il me le paiera, car je ne lui donnerai de mon feu et de ma science que le rebut, encore trop bon pour lui.

Je ne pus calmer Celio. Il prenait beaucoup de café en jurant contre la platitude du café viennois. Il cherchait à s'exciter de plus en plus. La rage de sa défaite lui revenait plus amère. Je lui rappelai qu'il fallait aller au théâtre; il y courut en me donnant rendez-vous pour le soir chez moi.

GEORGE SAND.

(La seconde partie au prochain n°.)

LES

SCIENCES ARABES

AU MOYEN-AGE.

——

ABOULFÉDA ET SES ÉCRITS.

Takwym-Alboldan. [1]

——

Le caractère distinctif de l'esprit des anciens Arabes est une tendance prononcée pour les recherches d'érudition et une aptitude particulière pour les spéculations scientifiques : c'est par les travaux dont ces deux branches de connaissances ont été chez eux l'objet que leur littérature est surtout remarquable. Il fut dans les destinées de ce peuple de suivre dans son développement intellectuel et politique une voie toute différente de celle qu'ont parcourue les autres fractions de la grande famille humaine. Il ne traversa point ces phases de lente élaboration, de progrès et de vicissitudes qui marquèrent partout ailleurs l'enfantement de chaque nationalité. Quelques années seulement après les premières prédications de Mahomet, en 622, les tribus de la péninsule arabique, converties à sa doctrine religieuse et rangées sous son drapeau victorieux, formaient déjà une puissante nation qui, sans être passée par la faiblesse de l'enfance, entra aussitôt dans le plein exercice de la virilité. Elles avaient conquis les plus belles provinces de l'empire grec, le vaste royaume de Perse et la val-

(1) Traduction accompagnée de prolégomènes, notes et éclaircissemens, par M. Reinaud, de l'Institut; 2 vol. in-4°, Imprimerie nationale.

lée de l'Indus, tandis que d'un autre côté, vers l'occident, elles se répandaient comme un torrent le long de la côte septentrionale de l'Afrique et portaient leurs déprédations dans les îles de la Méditerranée. Ces succès des Arabes furent dus non-seulement à l'enthousiasme religieux et militaire que le prophète avait su leur inspirer, mais encore à l'habileté des hommes de guerre qui se révélèrent tout à coup parmi eux, et aux talens politiques et administratifs des successeurs immédiats de Mahomet.

Dans cette première période, qui s'étend depuis la fondation de l'islamisme jusqu'à la chute de la dynastie des Ommyades, dont le siége était à Damas, et qui dura l'espace d'un siècle, les conquêtes, la propagation du Koran, l'organisation de l'empire et souvent aussi les discordes civiles occupèrent les musulmans, et ne leur permirent pas de donner l'essor à ces instincts littéraires qu'ils manifestèrent bientôt après avec tant d'éclat. Cependant les circonstances politiques en préparaient déjà le développement. Moawyah, élevé au khalifat, rendit héréditaire dans sa famille un pouvoir d'abord électif, et les enfans d'Abbas et d'Aly, poursuivis par son ombrageuse politique, se réfugièrent dans l'intérieur de l'Arabie, en Mésopotamie et dans les provinces orientales de la Perse. Là, dans les loisirs forcés de leur exil, ces princes proscrits se prirent de goût pour l'étude des sciences, ravivée et devenue très florissante depuis un siècle dans les pays où ils étaient venus chercher un asile, grace à la protection active et généreuse dont l'avait entourée Khosrou-Anouschirvan. L'on sait que ce prince, désigné par nos historiens occidentaux sous le nom de Cosroës-le-Grand, et l'un des plus illustres de la dynastie des Sassanides, qui gouverna la Perse depuis l'année 226 jusqu'en 637 de Jésus-Christ, avait attiré à sa cour les philosophes grecs persécutés par les empereurs de Byzance, et qu'il fut le fondateur de la célèbre école de Djondy-Sapour.

Lorsque la famille des Ommyades ne fut plus représentée que par des tyrans ou des princes dégénérés, qui méritèrent la haine et le mépris publics, l'étendard de la maison d'Abbas fut arboré publiquement dans le Khorassan, l'une des provinces de la Perse orientale. Une armée, recrutée en majeure partie de Persans, s'avança vers l'Euphrate, et mit fin au règne des Ommyades. Les Abbassides, qui leur succédèrent dans le khalifat, apportèrent sur le trône cet amour éclairé des lettres et des sciences, ces habitudes d'une civilisation élégante et raffinée qu'ils avaient puisées dans les pays où ils avaient long-temps vécu: Ils appelèrent auprès d'eux des chrétiens nestoriens, les hommes les plus habiles de cette époque dans la médecine, les mathématiques, l'astronomie et l'astrologie. Dès que le chef de la dynastie abbasside, le khalife Almansour, vit le pouvoir affermi dans ses mains, il s'attacha à tourner vers les recherches scientifiques le génie actif et pénétrant des Arabes. Par ses ordres, plusieurs livres grecs furent traduits dans la langue du Koran. Ce prince, au dire des auteurs musulmans, joignait à toutes les qualités qui font le grand souverain une vaste érudition; il excellait dans la jurisprudence, dans la philosophie et l'astronomie. Attirés par ses libéralités, les savans accoururent de toutes parts dans la ville de Bagdad, qu'il avait fondée pour en faire sa capitale, et où il institua de nombreuses académies.

Plusieurs des successeurs d'Almansour, Haroun-Alraschid, son fils Almamoun, Alwathek et Almothawakkel, marchèrent sur ses traces. Haroun-Alraschid aimait les savans, et surtout les poètes, qui étaient les commensaux de son

palais et les compagnons de tous ses voyages. Celui de tous les khalifes qui
montra au plus haut degré ce.noble goût des lettres, et qui fit le plus de frais
et d'efforts pour en propager la culture, est sans contredit ;Almamoun, qui
monta sur le trône en 813. Non content de favoriser les chrétiens nestoriens
et les Juifs de ses états qui avaient été jusqu'alors en possession des sciences
grecques, il voulut aussi mettre les musulmans à même de consulter les ouvrages originaux qui en contenaient le dépôt; il rassembla à grands frais tous
les livres grecs qu'il put se procurer, et en forma une riche bibliothèque qu'il
ouvrit aux savans de sa cour..

. Pour connaître l'esprit et les tendances du mouvement intellectuel qui s'opéra
chez les Arabes à l'avénement des Abbassides, il est nécessaire de remonter
jusqu'à son origine. Ce sont les médecins syriens attachés au service des khalifes qui en furent les promoteurs. Ainsi, dès le principe, ce mouvement prit
surtout une allure scientifique. Chez les premiers Arabes, l'art de guérir était
fondé sur un empirisme simple et grossier, suffisant pour les besoins d'une société patriarcale et rudimentaire. Il paraît cependant qu'il existait dès-lors un
centre d'études médicales à Sanaa, dans l'Arabie Heureuse; mais l'existence de
l'école de Sanaa s'explique par le fait que cette contrée, riche de.ses productions
naturelles et de ses trésors, accumulés par un commerce lucratif qui remontait
à la plus haute antiquité, était le foyer d'une civilisation supérieure à celle du
reste de la péninsule. Les Arabes fréquentaient aussi en Perse l'école de Djondy-
Sapour, où étaient professées les doctrines de l'Inde et de la Grèce. Plus tard,
l'opulence et le luxe, avec tous les excès qui en sont inséparables, ayant introduit parmi les populations de Bagdad et à la cour des khalifes des maladies inconnues aux primitifs habitans du désert, ces souverains attirèrent auprès d'eux
les médecins syriens, qui étaient alors en très grand renom. Dans le nombre,
on cite les deux Bokhtjésu et Jean Mésué, employés au service d'Almansour et
de Haroun, et qui furent chargés de traduire plusieurs ouvrages grecs de médecine. L'étude de la médecine des Grecs conduisit à celle de leur philosophie,
à laquelle il fallait être initié pour entendre les livres qui traitaient de l'art de
guérir. C'est ainsi que Galien appuie souvent ses déductions sur les théories
d'Aristote. Les médecins syriens et arabes cultivèrent à la fois ces deux branches
de connaissances, et Rhazès (Razy), Avicenne (Ibn-Sina) et Averroës (Ibn-
Roschd) se distinguèrent dans l'une et dans l'autre.

L'étude des mathématiques naquit chez les Arabes du goût que ces peuples,
et en général tous ceux de l'Orient, ont eu, dès la plus haute antiquité, pour
l'astronomie et l'astrologie. Les Grecs leur offraient.à cet égard des trayaux
précieux qu'ils s'empressèrent de leur emprunter, et dont ils firent, comme
eux, une application immédiate et féconde à la science géographique. L'un
des plus curieux, des plus importans traités en ce genre que les Arabes nous
aient laissés, puisqu'il renferme tout ce qu'ils ont su sur cette matière, est
celui d'Aboulféda, dont nous essaierons de donner une idée d'après la traduction que vient de publier l'un de nos plus habiles orientalistes, M. Reinaud. Il y a plusieurs années que, s'adjoignant pour collaborateur un savant très distingué, M. le baron de Slane, M. Reinaud a donné avec lui une
édition critique du texte original, et pris l'engagement de rendre cet ouvrage
accessible à toutes les personnes qui s'intéressent aux études géographiques.
La tâche dont vient de s'acquitter M. Reinaud ne pouvait être entreprise avec

succès qu'au temps où nous vivons. Depuis un siècle environ, l'Asie s'est ouverte à l'activité infatigable des Européens. La Russie a rangé sous ses lois
toute la partie nord de ce vaste continent, tandis qu'au sud l'Angleterre a créé
dans l'Inde un empire colossal et sillonne de ses navires l'immense étendue
des mers orientales. La France a planté son drapeau sur la côte septentrionale
de l'Afrique. A l'ouest, au sud, s'élèvent d'autres établissemens fondés par les
Européens, et le moment viendra sans doute où ils pourront s'élancer dans les
profondeurs de cette terre mystérieuse. Les conquêtes du commerce et des
armes dans l'Orient ont facilité les nobles et pacifiques conquêtes de l'intelligence. Les idiomes et les monumens des peuples asiatiques et africains ont été
interrogés avec une persévérance dont les résultats, déjà très remarquables, en
promettent de plus grands et de plus complets pour l'avenir. La nature intime
de ces idiomes s'est dévoilée aux patientes et ingénieuses investigations de la
philologie comparée, et a jeté un jour tout nouveau sur les origines et les migrations des peuples de notre Occident. L'étude de plusieurs langues, négligée
auparavant, et parmi lesquelles le sanskrit tient le premier rang, nous a donné
accès à des littératures aussi riches qu'originales. De nombreux manuscrits,
transportés dans les grandes bibliothèques de l'Europe, recèlent une mine inépuisable de documens que chaque jour voit mettre en lumière. Les savans
ont pu contrôler ou éclaircir les récits des Arabes, des Persans et des Chinois,
qui, mieux que toutes les autres nations, ont connu et décrit les régions inaccessibles de l'Asie centrale. Les Arabes nous ont fourni les renseignemens
les plus précis que nous possédions sur l'Afrique, dans l'intérieur de laquelle
ils ont pénétré plus avant qu'aucun de nos voyageurs modernes. C'est grace à
ce progrès des études orientales, et en profitant de toutes les découvertes faites
depuis un siècle, que M. Reinaud a pu acquérir une pleine intelligence du livre
qu'il vient de faire passer dans notre langue et résoudre les questions multipliées et souvent très obscures qu'il soulève.

I. — VIE ET TRAVAUX D'ABOULFÉDA.

Le voyageur qui parcourt la Syrie en suivant le cours de l'Oronte trouve
sur ses pas une ville, Hamat, dont l'origine remonte à la plus haute antiquité.
D'après le témoignage de Moïse, Hamat existait déjà à l'époque où les enfans
d'Israël se préparaient à quitter l'Égypte pour aller envahir la terre de Chanaan. En des temps postérieurs, les rois Séleucides lui donnèrent, avec le
nom d'Épiphanie, un nouvel éclat. Lorsque les Arabes, après la mort de Mahomet, envahirent la Syrie, Hamat, ainsi que les villes de cette contrée qui
avaient reçu une nouvelle dénomination, reprit son ancien nom, et elle l'a
conservé avec une partie de son importance jusqu'à nos jours.

L'illustre Saladin, vers l'an 574 de l'hégyre (1178 de Jésus-Christ), ayant
ajouté la Syrie à ses autres conquêtes, y établit plusieurs principautés qu'il
distribua comme fiefs aux membres de sa famille et aux plus braves de ses
émirs. Hamat et quelques cités voisines devinrent le partage de son neveu,
Taky-Eddin (celui dont la religion est pure). Lorsque plus tard les mamelouks
eurent renversé leurs anciens maîtres, les sultans d'Égypte, successeurs de Saladin, — les émirs feudataires de ces derniers furent tous dépossédés. La famille

seule de Taky-Eddin conserva ses états et les possédait encore, lorsque Aboul- féda vint au monde. Il naquit l'an 672 de l'hégyre (1273 de notre ère) à Damas, où une irruption des Tartares avait forcé ses parens à chercher un refuge.

Le prince qui régnait alors à Hamat, Mohammed, surnommé Almalek-Al-mansour (le prince invincible), était oncle paternel d'Aboulféda, Il reconnaissait la suzeraineté de Kelaoun, mamelouk originaire des bords du Volga, et qui était devenu maître de l'Égypte et de la Syrie. Mohammed étant mort en 683 de l'hégyre (1284 de Jésus-Christ), son fils Mahmoud reçut l'investiture du sultan Kelaoun et monta sur le trône en prenant le titre de Almalek-Almodhaffer (le prince victorieux).

La Syrie, à cette époque, était partagée entre divers princes. Les sultans mamelouks, héritiers de la puissance de Saladin et de Malek-Adel, étendaient leur domination à la fois sur la Syrie et sur l'Égypte; mais un certain nombre de places fortes, débris du royaume fondé par les Latins, Saint-Jean-d'Acre, Tripoli, Tyr et quelques autres villes du littoral, étaient restées entre les mains des Franks. Unis d'intérêt avec les chrétiens arméniens de la Cilicie, soutenus par les secours qu'ils recevaient de temps en temps d'Europe, où le zèle des croisades n'était pas tout-à-fait éteint, les Franks se montraient encore redoutables. La crainte qu'ils inspiraient aux musulmans était accrue par la présence des Tartares ou Mongols. Ces peuples, sortis avec Tchinguiz-Khan des environs du lac Baïkal, avaient subjugué en quelques années une partie de l'ancien monde, depuis la mer du Japon jusqu'à l'Adriatique, depuis la mer Glaciale jusqu'au golfe Persique. A la vérité, cette puissance, jusque-là sans exemple, n'avait pas tardé à se fractionner. La Perse, la Mésopotamie et l'Asie Mineure, détachées de l'empire de la Chine, formaient un royaume à part; un autre état mongol occupait, sous le nom d'empire du Kaptchak, le nord de la mer Noire et de la mer Caspienne. Une dynastie tartare dictait des lois à la Perse, et ses princes ou khans, qui avaient jusque-là échoué dans leurs efforts pour s'emparer de l'Égypte et de la Syrie, quoiqu'ils disposassent de grandes ressources, étaient amenés, par suite de leurs prétentions sur ces deux contrées, à rechercher l'alliance des Franks contre les musulmans.

Le chef de ces derniers, le sultan d'Égypte, dont la tranquillité était ainsi menacée des deux côtés, sentit qu'il devait se hâter d'arracher aux chrétiens les villes qu'ils avaient conservées. Aboulféda prit part à cette guerre, sous la bannière de son suzerain. Il marchait avec son père et son cousin, à la tête des troupes de la principauté de Hamat. On le voit, dès l'âge de douze ans, figurer à la conquête du château de Marcab, enlevé aux chevaliers de l'Hôpital en 1289, assister à la prise de Tripoli, et, l'année suivante à celle de Saint-Jean-d'Acre, puis contribuer à l'entière destruction des colonies chrétiennes d'Orient.

Le cours de ces succès ne fut ni ralenti, ni interrompu par les dissensions nées de l'esprit turbulent et des rivalités des émirs mamelouks, qui tous aspiraient au pouvoir suprême et cherchaient à se l'enlever tour à tour. Le sultan Kelaoun, étant mort en 689 (1290 de Jésus-Christ), fut remplacé par son fils aîné Abd-Almalek Alaschraf, qui fut assassiné au bout de trois ans par ses principaux émirs. Un autre fils de Kelaoun, appelé Mohammed et surnommé Almalek-Alnasser (le prince victorieux) et Nasser-Eddin (le protecteur de la

religion), obtint la couronne; mais il ne tarda pas à être jeté dans les fers, et
les émirs recommencèrent à se disputer le pouvoir. L'un d'eux, Ladjyn, porta
pendant deux ans le titre de sultan. Suivant quelques auteurs, il était originaire des bords de la mer Baltique. D'abord enrôlé parmi les chevaliers teuto-
niques, il s'était associé aux exploits de son ordre contre les païens de la Livonie,
ensuite il s'était rendu en Syrie pour prendre part à la conquête du Saint-Sépulcre; mais, abjurant sa religion pour embrasser l'islamisme, il était entré dans
le corps des émirs mamelouks, et s'était élevé de degré en degré jusqu'au rang
suprême.

En présence des déchiremens qui désolaient l'Égypte, l'occasion eût été favorable pour rétablir le royaume de Jérusalem; mais les chrétiens de la petite
Arménie, qui devaient servir d'avant-garde à l'armée franke, étaient en proie
à des guerres intestines. Les Tartares de la Perse eux-mêmes étaient divisés et
hors d'état de fournir un appui efficace. Le sultan Ladjyn, qui avait besoin
d'occuper l'esprit belliqueux de ses émirs, ordonna une invasion dans la petite
Arménie. Aboulféda, alors âgé de vingt-quatre ans, concourut à cette expédition avec le prince de Hamat, son cousin. On était dans l'année 697 (1298 de
J.-C.). Les musulmans pénétrèrent à deux reprises différentes dans la petite
Arménie par le passage de Marry ou Portes Amaniennes et par celui d'A-
léxandrette ou Portes Ciliciennes : tout le pays fut mis à feu et à sang; et le
château de Hamous pris d'assaut. Pendant les opérations du siége de cette
forteresse, rendues très fatigantes par des pluies continuelles, le souverain de
Hamat tomba malade. Comme ce prince était éloigné de son médecin, Aboulféda, qui au goût des armes avait toujours allié l'amour de l'étude et n'était
resté étranger à aucun ordre de connaissances, se chargea de le soigner, et réussit à lui rendre la santé.

Cependant le prince de Hamat mourut à son retour dans cette ville. Ce souverain n'ayant pas laissé d'enfans, le sultan se hâta d'envoyer à Hamat l'émir
Kara Sonkor avec la mission d'y exercer l'autorité en son nom. Dès-lors cette
principauté, qui depuis si long-temps était indépendante, fut soumise et subit les
mêmes conditions que Damas, Alep et les autres cités dont les sultans d'Égypte
s'étaient emparés.

La division ne cessait néanmoins de régner parmi les émirs égyptiens, et le
sultan Malek-Alnasser, par la faiblesse de son caractère, était impuissant à les
contenir. En 708 (1308-9 de J.-C.), il fut obligé, pour la seconde fois, de quitter le Caire, où les émirs le tenaient renfermé, et de se retirer dans la forteresse de Karak, située à l'orient de la mer Morte, sur les limites du désert :
c'est là qu'éloignés du Caire et de Damas, où s'agitaient les intrigues d'une politique ambitieuse, les princes et les grands déchus du pouvoir venaient chercher un asile; mais l'année suivante les émirs de Syrie, mécontens de ce qui
s'était passé en Égypte, appelèrent Malek-Alnasser à Damas, puis le ramenèrent
en triomphe au Caire. Aboulféda prit une part active à cette restauration : il
accourut de Hamat à Damas pour offrir des présens au sultan; il lui donna,
avec divers objets d'une grande valeur, un de ses mamelouks appelé Thocouz-
Demir, qui devint peu à peu un personnage considérable à la cour d'Égypte,
et qui dans la suite fut accusé d'avoir contribué à la ruine de la famille de son
ancien maître. Chaque jour Aboulféda faisait des progrès dans la faveur de son

, suzerain par l'empressement qu'il mettait à lui plaire, par un dévouement à toute épreuve et ses services militaires. Le sultan le nomma, en 1310, son lieutenant à Hamat, et, deux ans après, lui conféra la souveraineté pleine et entière de cette principauté, apanage des ancêtres du géographe arabe.

Outre les soins incessans que réclamait l'administration de ses domaines et le concours qu'il prêtait au sultan dans toutes les expéditions militaires que celui-ci entreprenait, Aboulféda avait été chargé de veiller sur les frontières de l'empire égyptien du côté de l'Euphrate. Depuis plus d'un demi-siècle, le khan des Tartares de Perse et le sultan d'Égypte et de Syrie étaient continuellement en lutte l'un avec l'autre. Les Mongols, en possession non-seulement de la Perse, mais encore de la Mésopotamie et de l'Asie Mineure, avaient plus d'une fois envahi la Syrie, et menaçaient sans cesse cette contrée. Leur but était d'arriver jusqu'en Égypte et d'anéantir la seule puissance qui eût résisté à leurs armes victorieuses. Il y allait donc du salut du sultan d'être toujours sur ses gardes. La portion de la Mésopotamie et de la Syrie qui est contiguë à la principauté de Hamat était occupée pendant une partie de l'année par une portion de la tribu arabe de Thây, qui y faisait paître ses troupeaux. Ces nomades, qui reconnaissaient pour chef un homme puissant, nommé Mohanna, descendaient vers le sud pendant le reste de l'année, et, dressant leurs tentes aux environs des ruines de l'antique Babylone, s'établissaient sur le territoire des Tartares. Mohanna, se trouvant ainsi resserré entre deux empires formidables, jour le même rôle que jadis les rois arabes de Hira et de Gassan à l'époque de la lutte des Romains avec les Parthes et ensuite avec les Perses. Ce chef, qui aspirait surtout à se faire craindre et à mettre son alliance à haut prix, était dans l'usage d'entretenir, comme agens, des membres de sa famille auprès du khan ainsi qu'auprès du sultan. Les rapports qu'Aboulféda eut avec ces envoyés ne lui furent pas inutiles pour ses recherches géographiques. Il cite dans son *traité*, en décrivant le cours du Tigre et de l'Euphrate, le récit qu'il tenait du fils de Mohanna, et, en parlant de l'intérieur de l'Arabie, il invoque le témoignage de Hadyté, frère de ce même Mohanna.

Aboulféda termina sa carrière à Hamat, le 3 du mois de moharrem de l'année 732 (26 octobre 1331). Il fut enterré dans le *torbé* ou mausolée qu'il avait fait construire pour lui et sa famille. Il venait d'entrer dans sa soixantième année, en comptant par années lunaires, ce qui revient environ à cinquante-huit ans grégoriens. Il laissa un fils appelé Mohammed, du même nom que le fondateur de l'islamisme, et qui lui succéda dans le gouvernement de Hamat; mais son impéritie et sa faiblesse lui firent bientôt perdre la haute position que son père avait si laborieusement conquise. Il fut dépouillé de son autorité et relégué à Damas, où il mourut au bout d'un an, en 1344, laissant un jeune fils qui le suivit de près au tombeau.

, Ainsi s'éteignit la dynastie des souverains de Hamat, après avoir pendant près de deux siècles fait le bonheur et assuré la prospérité des populations soumises à sa domination. Elle était un des rameaux de cette illustre famille des Ayoubites, qui, issue d'un esclave kurde, avait produit Saladin et Malek-Adel, possédé les principautés d'Émesse, de Baalbek et d'Alep, et régné avec tant de gloire sur l'Égypte et la Syrie. Il ne resta plus qu'une branche, qui descendait de Malek-Adel, et qui, après s'être long-temps maintenue sur les bords du Tigre, finit par disparaître, écrasée entre les puissantes monarchies des sultans de Constantinople et des schahs de Perse.

Quel sujet d'étonnement et d'admiration à la fois que la carrière d'Aboulféda, dont l'existence n'atteignit pas même les limites ordinaires de la vie humaine, et qui fut si bien remplie! Sans cesse occupé à faire la guerre, distrait par des voyages et des déplacemens continuels, chargé du gouvernement d'un état assez considérable, Aboulféda sut trouver assez de loisirs pour acquérir et approfondir l'universalité des connaissances qui formaient l'encyclopédie de son temps en Orient, et pour composer des ouvrages qui attestent de vastes lectures. Nous avons déjà vu qu'il avait poussé ses études médicales assez loin pour être en état de pratiquer avec succès l'art de guérir. La science de la grammaire arabe, science très étendue et très compliquée, et que les Orientaux tiennent en grande estime, ne lui était pas moins familière. Grace à ses études philosophiques, il avait acquis une habileté consommée dans la dialectique, que l'admiration des Arabes pour Aristote avait mise alors très en vogue. Il était versé dans la jurisprudence, qui est chez les musulmans ce que le droit canon est chez nous, et qui constitue un corps de doctrines où quatre écoles différentes ont introduit des divergences notables. Dans les questions ardues que fait naître l'interprétation du Koran, il était à même de discuter pertinemment les opinions émises par les commentateurs souvent très subtils et obscurs de ce livre sacré. Enfin ses progrès dans les mathématiques et l'astronomie étaient allés assez avant pour lui permettre d'appliquer les règles de la *science des heures*. Cette science, qui est d'une utilité de tous les instans pour les musulmans, consiste à déterminer, à l'aide d'observations célestes et de calculs minutieux, l'instant précis de la journée où, sous les diverses latitudes, ils doivent s'acquitter des observances prescrites par la religion de Mahomet.

Dans sa résidence de Hamat et dans toutes les villes où il faisait un séjour même momentané, Aboulféda aimait à s'entourer de savans, et il brillait lui-même dans ces réunions par une instruction aussi solide que variée. Sa haute position, son immense fortune, ses voyages, ses relations avec tout ce qn'il y eut d'hommes distingués ou puissans de son temps, tout, pour cet esprit méditatif et investigateur, tournait au profit de la science. Son palais renfermait une riche bibliothèque qu'il avait rassemblée et des collections précieuses réunies par sa famille, dans laquelle le goût des lettres était héréditaire.

Les ouvrages d'Aboulféda représentent le vaste ensemble de connaissances qui se résumait en lui : la jurisprudence lui doit un traité élémentaire et la mé_ decine une compilation en plusieurs volumes; mais ses deux principales pro_ ductions, celles qui font sa gloire et qui ont répandu partout son nom, aussi bien dans l'Europe savante qu'en Orient, sont sa chronique qu'il intitula : *Abrégé de l'Histoire Universelle*, et son traité de géographie. Le premier de ces deux ou_ vrages comprend les annales arabes depuis les temps antérieurs à l'islamisme jusqu'à l'époque qui précéda la mort de l'auteur. On le considère avec raison comme le monument historique de l'Orient le plus important qui ait été publié complétement jusqu'ici en Europe. Ce qui le distingue des œuvres du même genre des autres écrivains musulmans, c'est l'omission de ces légendes puériles ou merveilleuses dont ceux-ci se plaisent à entourer la naissance, la vie et la prédication de Mahomet. Aboulféda n'a enregistré que les faits avérés et d'un intérêt réel et positif. Le même esprit de critique et de science raisonnée perce dans son traité de géographie, qui a pour titre : *Takwym-Alboldan*, ou *Position des Pays;* mais, pour déterminer l'origine des élémens dont il se compose, et en apprécier la valeur, il est nécessaire auparavant de faire connaître la longue suite des auteurs que le prince de Hamat:a consultés.

II. — DES ÉTUDES ASTRONOMIQUES CHEZ LES ARABES AVANT ABOULFÉDA.

Si les Phéniciens furent pendant long-temps les principaux agens du commerce oriental dans l'antiquité, nous savons par d'autres témoignages que les peuples de l'Arabie méridionale, qui, par leur position, ont dû devenir de bonne heure navigateurs et marchands, y prirent une part très active. Agatharchide nous apprend que c'est chez les Arabes que les Phéniciens allaient s'approvisionner des marchandises qui, pendant des siècles, enrichirent Tyr et Sidon. Les Grecs qui pénétrèrent les premiers dans la mer Érythrée trouvèrent les Arabes Sabéens en possession du commerce de l'Inde; ils s'y rendaient dans des barques recouvertes de cuirs, et dans la construction desquelles il n'entrait pas un clou. Ces voyages maritimes, réduits à l'état de cabotage, à cause de l'imperfection de la navigation à cette époque, remontent à une très haute antiquité. Petra et Maccoraba, qui a été plus tard la Mecque, étaient deux marchés considérables où affluaient les productions de la contrée des Sabéens et celles qui arrivaient à Mariaba, principale ville de ce pays. Ces richesses et le nombre des villes que l'Arabie renfermait avaient inspiré à Alexandre le désir d'y porter ses armes, et Arrien, qui nous fait connaître ce projet du conquérant macédonien, met au nombre des productions de l'Arabie des denrées évidemment originaires de l'Inde ou de Ceylan, comme la cannelle, le laurus-cassia (sorte de cannelle) et le nard. Chez les Sabéens, qu'Auguste essaya vainement de soumettre à sa domination, de simples particuliers possédaient, au dire de quelques historiens, une opulence égale à celle des rois. Ces trésors n'avaient pu s'accumuler, ces villes n'avaient pu devenir florissantes que par un commerce régulier, et déjà ancien au temps d'Alexandre, des peuples de l'Arabie avec l'Inde et peut-être avec des contrées plus reculées vers l'Orient, ainsi que par des relations long-temps entretenues avec les nations qui venaient se fournir, chez les Arabes, des denrées que l'Inde produit. Sous les premiers empereurs romains, la partie orientale de la côte d'Afrique où est situé le promontoire des Aromates était dans la dépendance des Arabes, maîtres de tout le commerce qui s'y faisait, et un de leurs souverains s'y était attribué une sorte de monopole.

Il ne nous est parvenu aucune tradition, aucun monument écrit qui puisse nous autoriser à penser que les Arabes, dans cette période reculée, aient essayé de rédiger une description des pays où les conduisaient ce commerce et leurs navigations dans la mer des Indes. Tout nous porte à supposer que ces notions, qui durent se borner à la simple connaissance des points du littoral que fréquentaient leurs navires, se perpétuaient par une transmission orale et secrète parmi les populations de l'Arabie méridionale enrichies par ce négoce. C'est ainsi que nous voyons dans Hérodote les Phéniciens dissimuler la provenance de certaines denrées dont ils avaient le monopole, et débiter à ce sujet des fables imaginées évidemment par la précaution jalouse d'un peuple marnd qui craint la concurrence étrangère.

À cette époque, les tribus de la péninsule arabique n'avaient, sur le système du monde, que des notions très imparfaites, amalgame de leurs opinions particulières, de celles qui leur venaient des sources bibliques et rabbiniques, et de quelques emprunts faits aux doctrines mises en circulation par les Grecs, les Romains, les Perses et les Indiens, et ces doctrines n'avaient même, à vrai dire, pénétré que sur les côtes et dans quelques villes commerçantes de l'intérieur, telles que la Mecque et Médine. L'idée d'une géographie, même grossière, ne vint aux Arabes qu'après la mort de Mahomet, lorsque, s'élançant de leurs déserts, le sabre d'une main et le Koran de l'autre, ils crurent voir le monde entier s'ouvrir au triomphe de l'islamisme et de leurs armes. Leurs expéditions furent faites d'abord sans aucun plan déterminé et dirigées contre les peuples qui s'offrirent les premiers à leurs coups; mais, à mesure qu'une contrée était subjuguée, ils tâchaient d'en reconnaître les routes et les limites, et se hâtaient d'en étudier les ressources. Le résultat de ce travail était envoyé au siége du gouvernement. Un de leurs auteurs raconte que, les Arabes s'étant emparés de la plus grande partie de l'Espagne et de la Gaule narbonnaise, le khalife de Damas demanda à l'émir de Cordoue une espèce de tableau statistique des régions nouvellement soumises. Ce qui contribua aussi aux progrès de la géographie fut l'obligation imposée à tous les disciples de Mahomet, même ceux des provinces les plus éloignées, d'accomplir le pèlerinage de la Mecque au moins une fois en leur vie. La vaste étendue des possessions musulmanes faisait de ce genre de voyages une source d'observations.

La géographie, comme les autres sciences en général et l'astronomie en particulier, commença à être cultivée par les Arabes vers la moitié du VIIIe siècle, et se fixa dans la première moitié du IXe. Les itinéraires tracés par les chefs des armées conquérantes et les tableaux dressés par les gouverneurs de provinces furent mis à contribution et rattachés aux méthodes employées par les Indiens, les Perses, et surtout à celles des Grecs, les plus précises de toutes. La science géographique chez les Arabes s'appuya presque dès l'origine sur les mathématiques. Comment, en effet, avoir une idée tant soit peu exacte de la place qu'un lieu occupe sur la surface du globe relativement à un autre lieu, si l'on ignore sa longitude et sa latitude, et sa position par rapport aux phénomènes célestes? L'Almageste et peut-être la Géographie de Ptolémée, qui contenaient tout ce que les Grecs avaient inventé pour l'application des mathématiques au perfectionnement de la géographie, furent traduits en arabe dans le cours du VIIIe siècle. Les doctrines consignées dans ces ouvrages furent comparées avec les observations faites en Perse sous la dynastie des Sassanides, et par les brahmanes sur les bords de l'Indus et du Gange. En peu de temps, la géographie arabe prit une forme déterminée, et, comme elle embrassa dans son domaine des régions dont les Grecs et les Romains n'avaient connu que le nom, elle ne tarda pas à s'agrandir des progrès faits par la conquête et le zèle religieux; elle n'eut plus dès-lors pour limites l'empire romain seulement, elle comprit aussi la Perse, l'Inde, la Transoxiane, etc., et l'on vit sur les rives du Nil, de l'Euphrate, de l'Oxus et de l'Indus, ainsi que du Guadalquivir, se produire des travaux remarquables à différens titres et à divers degrés sur l'astronomie et la géographie.

C'est à Bagdad, vers l'an 772 de notre ère, sous le khalifat d'Almansour, que les Arabes firent les premiers essais pour s'approprier les sciences astronomique et géographique. Un Indien, fort habile dans les mathématiques et principalement dans la trigonométrie et l'astronomie, étant venu à la cour du khalife, Almansour fit traduire en arabe un traité sanskrit intitulé *Siddhanta* ou *Vérité absolue*, qui avait été apporté par ce savant. Cet ouvrage exposait la théorie du mouvement des étoiles avec des équations calculées au moyen de sinus, de quart en quart de degré, suivant la trigonométrie indienne, ainsi que certaines méthodes de calcul pour les éclipses et les levers des signes du zodiaque. Il reçut le titre de *Sindhind*, forme altérée du sanskrit *Siddhanta*.

Les travaux exécutés sous Almansour prirent un plus large développement sous le règne d'Almamoun (en 813); nous avons déjà vanté le zèle généreux et éclairé de ce prince pour le progrès des sciences. Parmi les ouvrages grecs traduits par ses ordres, on cite l'*Almageste* de Ptolémée, dont les Arabes ne possédaient jusque-là dans leur langue que des ébauches, ainsi que la *Géographie* du même auteur, qui était d'un usage indispensable. Ces deux versions, dont la seconde n'est pas arrivée jusqu'à nous, jointes au traité grec de Marin de Tyr, dont nous n'avons plus aujourd'hui ni l'original ni la traduction, et complétées par les doctrines indiennes, servirent de base aux premiers travaux de géographie mathématique. Ce n'est pas tout : le khalife voulut que les calculs des astronomes grecs fussent soumis à un nouvel examen. Deux observatoires furent construits : l'un à Bagdad, l'autre à Damas, et chacun de ces établissemens fut pourvu des instrumens et des livres nécessaires. Plusieurs écrits importans furent le fruit de cette impulsion. Le khalife fit même mesurer à la fois dans les plaines sablonneuses de la Syrie et dans la Mésopotamie, aux environs de Sindjar, deux degrés du méridien terrestre, afin d'obtenir la mesure exacte de la circonférence du globe et de contrôler les résultats auxquels étaient parvenus les astronomes de l'école d'Alexandrie.

Les ouvrages qui reproduisent pour nous le mouvement de la science arabe depuis ses origines jusqu'à Aboulféda peuvent être rangés en deux catégories : les premiers sont les *traités* d'astronomie et de mathématiques dans lesquels ces deux sciences sont appliquées incidemment à la géographie considérée comme un corollaire; les seconds sont les *traités* destinés à nous faire connaître la terre dans son état physique, historique et politique, et auxquels se rattachent les descriptions de pays particuliers, les simples relations de voyages, les routiers, les itinéraires, etc. Parmi ces travaux, analysés avec de très longs détails dans l'introduction de M. Reinaud, les ouvrages qui ont exercé quelque influence sur la formation et le développement des doctrines, ou les plus curieux par la nature des faits recueillis, sont les seuls qui doivent appeler notre attention.

Au nombre des géographes mathématiciens contemporains d'Almamoun, nous trouvons d'abord Abou-Djafar-Mohammed, fils de Moussa, surnommé Alkharizmy, parce qu'il était originaire de la province de Kharizm, à l'est de la mer Caspienne. Mohammed avait été choisi par le khalife pour être le garde de la bibliothèque de Bagdad. Il composa, sur le modèle de la *Géographie* de Ptolémée, un ouvrage intitulé *Système de la terre* (*Rasm-Elardh*). Dans ce livre, qui semble devoir être le même que celui de la *Figure de la terre*, mentionné par le polygraphe Massoudy et l'astronome Albategnius, chaque nom géographique était accompagné de l'indication de la latitude et de la longitude.

Alkharizmy est de plus l'auteur d'un *Traité* d'algèbre, rédigé d'après les données indiennes, et qui paraît être l'abrégé d'un ouvrage plus étendu, traduit du sanskrit en arabe sous le règne d'Almamoun. Ce *Traité* avait d'autant plus de prix pour les musulmans, que le partage des successions, réglé par le Koran, est très compliqué, et exige pour la solution de certains cas le secours de l'algèbre. Cet ouvrage est parvenu en Europe, où il a été reproduit en latin. Toutefois le livre qui contribua le plus à propager parmi les musulmans la connaissance des doctrines indiennes est celui qui fut mis au jour par ce même Alkharizmy, et qui portait le titre de *Petit Sindhind*, par opposition au *Grand Sindhind*, traduit en arabe sous le khalifat d'Almansour. Alkharizmy, se bornant à ce qu'il avait trouvé de plus utile dans ce dernier traité, le compléta au moyen d'emprunts faits aux mathématiciens grecs et persans. Il se conforma aux théories indiennes pour les moyens mouvemens; mais, pour les équations, il adopta les idées persanes, et, pour l'obliquité de l'écliptique, celles de Ptolémée. Il ajouta même à ces idées diverses méthodes approximatives de son invention. Cet ouvrage, qui résumait les méthodes en usage à l'époque d'Almamoun, eut un grand succès, et il est souvent cité par les écrivains postérieurs. Le *Petit* et le *Grand Sindhind*, dont la lecture serait si intéressante pour nous, ne se sont point conservés; mais le *Petit Sindhind* fut traduit au XIIe siècle en latin par Adelard de Bath, dont nous possédons le travail. Un des faits les plus importans dont il nous fournit le témoignage, c'est que l'auteur arabe employait les procédés trigonométriques dont on a attribué l'invention à Albategnius, venu un demi-siècle plus tard, et, comme ces procédés se retrouvent les mêmes dans le *Sourya Siddhanta*, traité sanskrit antérieur de plusieurs siècles, on est autorisé à en conclure que la trigonométrie, telle à peu près qu'elle est conçue de nos jours, est d'origine indienne.

Le règne d'Almansour fut marqué par la rédaction de plusieurs tables astronomiques. Ces tables n'avaient pas seulement pour objet la détermination des mouvemens célestes, qui est si utile pour la connaissance des phénomènes physiques; elles comprenaient aussi la longitude et la latitude des principales villes musulmanes, et alors les sectateurs de l'islamisme étaient maîtres de la plus belle portion de l'ancien monde. La religion de Mahomet prescrit, comme on sait, cinq prières par jour à des heures fixes; de plus, tout musulman qui a atteint l'âge de raison est obligé, dès que la lune du mois de Ramadhan apparaît sur l'horizon et pendant toute la durée de ce mois, de se maintenir en état de jeûne chaque jour jusqu'au coucher du soleil. Les différentes localités, les familles même ont besoin par conséquent d'un tableau qui indique jour par jour les mouvemens du soleil et de la lune. Ces tableaux sont dressés par les astronomes à l'aide des tables de longitude et de latitude qui accompagnent tous les traités astronomiques tant soit peu considérables. Il y a même auprès des principales mosquées des hommes appelés *Mouakkit*, qui sont chargés de fixer l'instant précis des observances religieuses, et parmi eux il s'est rencontré quelquefois des savans distingués. Enfin, ces tables étaient indispensables pour les astrologues, qui dès-lors jouissaient, auprès des grands et du vulgaire, d'un crédit qu'ils n'ont point encore perdu aujourd'hui.

Trois de ces tables eurent pour auteur un astronome originaire de Mérou, ville du Khorassan, en Perse, appelé Ahmed, fils d'Abd-Allah, mais plus connu

sous le sobriquet·de *Habasch*. Ahmed, qui avait étudié dès, sa jeunesse, les,doc-
trines indiennes, fonda, la première de ses tables, sur ,le·*Sindhind*, notamment,
pour ce qui concerne la trépidation des étoiles, phénomène,qui est mentionné,
dans le traité grec de Théon, et qui avait, attiré aussi, l'attention·des brahmanes.,
La deuxième table, la·plus célèbre des trois, était, intitulée, : *La Règle éprouvée*
(*Alkanoun almomtanih*). Elle était le produit des observations personnelles ·de,
Habasch, combinées avec, les résultats' obtenus jusqu'au temps où il ,vivait. La
troisième table, avait pour base, les idées, prédominantes en Perse, lors ,de l'invasion arabe (637 de Jésus-Christ). La table appelée .la *Règle éprouvée*, pour être
distinguée des deux autres du même auteur, fut intitulée aussi le *Canon arabe*; en,
Europe, elle est·désignée ordinairement sous la· dénomination, de. *Table vérifiée*.

Un, des astronomes de, cette époque dont la réputation s'est étendue, depuis
long-temps en Occident est Mohammed, fils. de Ketyr, surnommé Alfergany (Al-
fraganius), parce qu'il était natif de Fergana, aux environs du Yaxartes. Alfra-
ganius composa, entre autres ouvrages, un traité élémentaire d'astronomie, ré-,
digé presque entièrement d'après les idées grecques sous le. titre de : *Livre des*
mouvemens célestes et ensemble de la science des étoiles. Traduit en, hébreu, dans,
le moyen-âge, il passa· également, en latin. Ce livre, auquel Aboulféda a ,fait
quelques emprunts, dans les *Prolégomènes* de, sa *Géographie*, a cela de, remarquable, qu'au lieu d'une simple liste des villes principales connues des, Arabes
au IXe siècle, avec la mention, de la longitude et ,de, la ,latitude, il, présente,
le tableau du monde, tel qu'on. se le figurait alors, divisé en sept, climats, c'est-,
à-dire sept bandes où chaque ville un peu·importante a sa place marquée. ,
En sachant, le climat d'une ·ville, on n'avait, qu'une idée approximative, de sa ,
latitude; ,mais on·pouvait, par cela même, en déduire la longueur du, jour et ,
de la nuit aux diverses saisons de l'année, et cette notion, suffisait pour les·be-
soins de, la, religion. Voilà pourquoi la division, du monde, en sept climats, qui
appartient à ,l'antiquité grecque, fut introduite dans les traités de géographie
arabe : cette connaissance était· pour les musulmans d'une, nécessité absolue,
lorsqu'ils voyageaient dans les pays étrangers.

Après Alfergany ·vient un savant dont la longue carrière remplit, presque tout ,
le. cours du IXe siècle : c'est Djafar, dit aussi Abou-Maschar, né à Balkh, dans
l'ancienne ·Bactriane, et devenu célèbre au moyen-âge parmi, nos pères, qui al-
térèrent son nom et·l'appelèrent *Albumazar*. Ce ne.fut, qu'à l'âge, de quarante-
sept ans qu'il s'adonna à l'étude des mathématiques, et par suite, à l'astronomie, ,
et à l'astrologie judiciaire. Cette dernière, science avait, pénétré chez les Arabes ·
en même ·temps que l'astronomie, et avait, mis en, crédit parmi eux plusieurs
ouvrages grecs attribués à Ptolémée, et auxquels on, accordait la même autorité qu'à son *Almageste* et ·à, sa *Géographie*. C'est· surtout comme astrologue
qu'Abou-Maschar est connu. Il existe différens traités astrologiques qui circulent sous son nom·et qui ont été autrefois traduits en, latin, et dans, d'autres
idiomes de l'Europe.

L'impulsion donnée à la culture des sciences mathématiques par Almansour
continua encore aussi vive et aussi féconde après sa mort. La fin, du IXe siècle ·
et le commencement du Xe furent signalés par les travaux d'un, homme. émi-,
nent dans ce genre de recherches : je veux·parler de Mohammed, fils de Djaber,
connu vulgairement, sous le nom d'Albateny·ou Albategnius, parce qu'il, était ,

né à Battan, village de la Mésopotamie, aux environs de Harran. On sait que, depuis la plus haute antiquité, Harran a été le siége du culte rendu aux astres et au feu, ou sabéisme, et Albáteny, qui professait cette religion, employa toute sa vie à des travaux astronomiques. Il prit pour base l'*Almageste* de Ptolémée; mais il détermina avec plus de précision l'obliquité de l'écliptique, l'excentricité du soleil, son moyen mouvement et la précession des équinoxes. A l'égard des procédés trigonométriques, dont on trouve pour la première fois l'application dans ses écrits, il ne fit probablement qu'imiter ce qui se pratiqualt de son temps, et, ainsi que nous l'avons fait observer, tout porte à croire que l'origine de ces procédés doit être cherchée dans l'Inde. Les *Prolégomènes* des tables astronomiques d'Albateny ont été traduits en latin, au moyen-âge, par Platon de Tivoli; cette version a été imprimée, malheureusement elle manque d'exactitude. L'école à laquelle Albateny fit tant d'honneur ne finit pas avec lui. Pendant long-temps encore il est parlé, dans les livres orientaux, des mathématiciens et des astronomes de l'école sabéenne.

Un autre centre d'études mathématiques se forma, dans le IX⁰ siècle, en Perse, dans la ville de Schyraz, qui était sous la domination des souverains Bouides. Adhad-Eddaulé, un de ces princes, qui avait un goût très prononcé pour l'astronomie, appela à sa cour Abd-Alrahman, surnommé le Sofy, parce que ce savant s'était voué à la vie de moine contemplatif. Le principal ouvrage du Sofy, le *Livre des Figures célestes*, est dédié à Adhad-Eddaulé, pour lequel il paraît avoir été composé. Il est emprunté pour le fond à l'*Algameste* de Ptolémée. Ce qui s'y trouve de particulier à l'auteur, et qui est très utile pour l'histoire de la science, c'est la synonymie qu'il a établie entre les dénominations sidérales adoptées par les astronomes de son temps et celles qui étaient usitées chez les anciens Arabes, et qui, après avoir été frappées d'anathème par Mahomet comme entachées d'idolâtrie, étaient restées éparses dans de vieilles poésies.

A la fin du X⁰ siècle brillèrent deux astronomes qui méritent de figurer dans notre énumération : ce sont Aboulvéfa, dit aussi *Albouzdjany*, parce qu'il était originaire de Bouzdjan, ville du Khorassan, et Ibn-Iounis, ou le fils de Jonas. Le premier vécut à Bagdad, à la cour des khalifes abbassides, et, aidé de plusieurs astronomes, il fit plusieurs bonnes corrections à la *Table vérifiée*. L'ouvrage qui contient le résultat de ses recherches est la *Table collective*, titre qui revient à peu près à la dénomination grecque de *syntaxe*, donnée primitivement par Ptolémée à son *Almageste*. Cet ouvrage fut même appelé *Almageste* par les Arabes, en souvenir de celui qui avait fait la gloire de l'astronome alexandrin.

Aboulvéfa eut un rival dans son contemporain Ibn-Iounis. Celui-ci était né au Caire vers le milieu du X⁰ siècle. Il vécut en Égypte, à la cour des khalifes fatimites Azyz-Billah et Hakem Biamr-Allah, son fils, et toutes ses observations furent faites au Caire ou dans les environs. Il les a consignées dans sa *Grande Table* ou *Table Hakémite*, du nom du khalife Hakem, auquel il la dédia. Les Arabes la regardent comme le monument astronomique le plus important qui eût paru jusqu'alors dans leur langue. La *Table hakémite* est en effet beaucoup plus riche en observations que la *Table collective* d'Aboulvéfa.

Dans cette longue succession d'astronomes et de mathématiciens arabes se présente maintenant un savant qui, vers le commencement du.v° siècle de l'hégire, xi° de notre ère, exécuta d'immenses travaux. Ce savant est Abou'lryhan Mohammed, dit *Albyrouny*, parce qu'il tirait sans doute son origine de la ville de Byroun, sur les bords de l'Indus. Sa jeunesse s'écoula dans la ville de Kharizm, dont le souverain était passionné pour les lettres et les sciences. C'est là qu'il connut le célèbre Avicenne, avec lequel il ne cessa d'entretenir des liaisons. Ses études avaient embrassé le système entier des connaissances humaines : philosophie, mathématiques, chronologie, médecine, rien n'avait échappé à son désir d'apprendre; il paraît même qu'il lisait les livres grecs dans le texte original. Le sultan Mahmoud le Gaznévide, se disposant, vers cette époque, à franchir l'Indus, pour envahir la terre sacrée des brahmanes, s'adjoignit des hommes instruits auxquels il voulait fournir l'occasion d'étudier les doctrines indiennes. Albyrouny suivit ce prince dans son expédition, et pénétra probablement avec lui jusqu'à Mathoura et Canoge, sur les bords de la Djomna et du Gange. Son séjour dans l'Inde, où il apprit la langue sanskrite, nous a valu un tableau littéraire de cette contrée à l'époque où y pénétrèrent les armées musulmanes, travail très précieux pour les données historiques qu'il renferme. Un des ouvrages d'Albyrouny, dont la perte est le plus regrettable est le. *Traité de géographie mathématique* qu'il composa après la mort du sultan Mahmoud le Gaznévide, et qui résumait, comme on peut le conjecturer, ses écrits précédens; il donna à ce livre le titre de *Canon Massoudy*, parce qu'il l'avait dédié à Massoud, fils de Mahmoud. Aboulféda le cite souvent, et il salue l'auteur du titre d'*Ostad*, maître par excellence, pour tout ce qui concerne la longitude et la latitude, ainsi que la distance respective des lieux.

Le calendrier usité en Perse quelque temps après l'invasion musulmane, et qui avait cessé de concorder avec l'état du ciel, fut réformé sur la fin du xi° siècle par un astronome appelé Omar, fils d'Ibrahim, et surnommé *Alkheyam*, ou le faiseur de tentes, probablement parce que telle avait été la profession de l'un de ses ancêtres. Omar avait été le condisciple de Nizam-el-Mulk, qui plus tard devint le vizir tout-puissant du sultan seljoukide de Perse, Mélek-Schah. Ce ministre éclairé confia à Omar la direction de l'observatoire qu'il avait fondé, et le chargea de présider à la révision du calendrier. Celui qui fut le résultat de cette élaboration, et qui a paru à quelques savans supérieur à notre calendrier actuel, fut appelé *Aldjélaly* ou le Gelaléen, du titre *Djelal-eddin* ou *honneur de la religion*, que portait le sultan; mais Omar, ami du plaisir et de la poésie, ne paraît pas avoir attaché beaucoup de prix à ses travaux astronomiques, qui se sont perdus.

La révolution et les désordres qui, à partir du xi° siècle, agitèrent l'empire des Abbassides envahi par les peuples barbares sortis de l'Asie centrale, l'état de faiblesse et d'avilissement dans lequel était tombé le khalifat, dominé au sein même de sa capitale par les milices turkes, qu'il appelait pour le protéger, durent porter un coup fatal aux études dont Bagdad avait été jusque-là le foyer, et d'où elles rayonnaient dans les différentes parties du monde musulman. Dans le xiii° siècle, les provinces orientales de la Perse, le Kharizm, la Transoxiane, qui avaient produit tant de mathématiciens et d'astronomes éminens, furent occupées et ravagées par les Mongols de Tchinguiz-Khan. Quelques années plus tard, ces hordes, maîtresses de toute l'Asie centrale, franchirent l'Oxus, sous la conduite de Houlagou, l'un des petits-fils de Tchinguiz-Khan, et arrivèrent sous les murs de Bagdad. Cette magnifique métropole fut prise, livrée au meurtre, à l'incendie et au pillage (656 de l'hégyre, 1258 de Jésus-Christ); le khalife Mostassem fut mis à mort, et avec lui finit la dynastie des souverains pontifes de l'islamisme. L'école de Bagdad cessa d'exister. Celle de Damas avait dû décliner rapidement au milieu des troubles occasionnés par les invasions des Tartares, des chrétiens d'Occident et des Égyptiens, qui s'efforçaient de s'arracher tour à tour la possession de la Syrie. Les sultans d'Égypte avaient aussi à se défendre chez eux contre les croisés. Ces agitations politiques, ces guerres incessantes, expliquent, si je ne me trompe, pourquoi la chaîne de la tradition scientifique semble ici s'interrompre en Orient. Il nous faut, en effet, franchir l'intervalle d'un siècle et demi, à partir du moment où nous ont conduits les derniers travaux des astronomes arabes, pour arriver à deux hommes qui se vouèrent, mais avec un mérite bien différent, aux mêmes études. Le premier est Abou'l-Hassan Aly, originaire du Maroc. Son ouvrage, intitulé *Collection des commencemens et des fins*, est d'un faible mérite en ce qui concerne l'exposition des théories mathématiques; il ne se recommande que par la description des instrumens astronomiques usités de son temps, et parmi lesquels on distingue plusieurs quarts de cercle, une sphère, un planisphère, dix sortes d'astrolabes, etc., et par la rédaction des formules géométriques qui règlent la construction de ces instrumens. Abou'l-Hassan fut plutôt un praticien qu'un savant proprement dit. Le second des deux astronomes que vit naître le xiiie siècle est Nassyr Eddin Abou Djafar Mohammed, de la ville de Thous, dans le Khorassan. Il fut d'abord au service des princes ismaéliens, si célèbres dans nos chroniqueurs des croisades sous le nom de *chefs des assassins*, de *vieux de la montagne*. Houlagou ayant détruit leur souveraineté dans la Perse, Nassyr Eddin s'attacha au conquérant mongol, et gagna bientôt sa confiance. Les Tartares entreprenaient leurs marches militaires, décidaient leurs affaires les plus importantes d'après les indications que leur suggérait l'état de la voûte céleste. Nassyr Eddin, faisant tourner ces vaines opinions au profit de la science, démontra à Houlagou la nécessité d'avoir de bonnes tables astronomiques comme base des calculs astrologiques. Par l'ordre de ce prince, un observatoire fut bâti à grands frais dans la ville de Méraga, non loin de Tauriz, en Perse, dans l'année 1259, et pourvu d'une riche collection d'instrumens et de livres. Nassyr Eddin en eut la direction, et c'est là qu'il fit les observations qui lui ont valu une brillante réputation. Les Orientaux le comptent parmi leurs savans du premier ordre, et le désignent quelquefois simplement par le titre de *khodja* ou *docteur*. Nassyr Eddin perfectionna plusieurs instrumens propres à l'astronomie et aux mathématiques; il en inventa de nouveaux. Ses tables obtinrent, dès leur apparition, la plus grande célébrité, et l'auteur fut assimilé à Ptolémée, dont il était censé avoir amélioré les doctrines; elles ne tardèrent pas à pénétrer jusqu'au fond de la Tartarie et de là jusqu'en Chine.

Le nom de Nassyr Eddin, qui fut le contemporain d'Aboulféda, termine la liste des mathématiciens et des astronomes musulmans auxquels le prince de Hamat a pu recourir, et dont la réputation est parvenue jusqu'à nous. Après

Nassyr Eddin, l'astronomie, cultivée encore par quelques-uns de ses disciples, ne produisit plus de ces grands travaux qui avaient signalé le règne des Abbassides et qui contribuèrent tant à la splendeur du khalifat. Plus tard, au xv⁰ siècle, cette science, ravivée un instant par Ouloug-Bey, l'un des petits-fils du fameux Timour-Leng ou Tamerlan, jeta un dernier éclat pour s'éteindre tout-à-fait en Orient.

III. — TRAVAUX GÉOGRAPHIQUES DES ARABES AVANT ABOULFÉDA.

Les ouvrages de géographie descriptive que les musulmans nous ont laissés doivent occuper ici une place à côté de leurs travaux astronomiques et mathématiques. Le plus ancien que nous connaissions est celui qu'Aboulféda a cité dans son chapitre de l'Arabie, et qui a pour auteur Nadhar, fils de Schomaïl. Nadhar naquit à Bassora, vers l'an 740 de l'ère chrétienne : le besoin de se créer des moyens d'existence et les avantages dont les Arabes jouissaient dans les pays conquis l'engagèrent à quitter ses foyers pour aller s'établir dans le Khorassan. Si l'on juge le livre de Nadhar d'après le sommaire des chapitres, qui est tout ce qui nous en reste, on doit supposer qu'il avait été composé pour des nomades, et qu'il n'était fondé que sur des notions très imparfaites. Il ne faudrait pas croire toutefois que le gouvernement des khalifes fût réduit à ne posséder que de vagues renseignemens sur les pays étrangers : on a vu que, lors de la première conquête de l'Espagne et du midi de la France, le khalife de Damas avait demandé au commandant de ses troupes un tableau statistique des nouvelles provinces. En outre, les khalifes abbassides entretenaient en dehors de leurs états des espions des deux sexes: Ainsi Abd-Allah, surnommé Sidy-Gazy, fut pendant vingt ans l'agent de Haroun-Alraschid dans les pays grecs, et fournit à ce prince les informations dont il avait besoin pour les rapports de guerre ou d'amitié qu'il entretenait avec les empereurs de Constantinople; mais ces informations faisaient partie des secrets d'état, et le gouvernement n'en divulguait que ce qu'il jugeait convenable.

Sous Almamoun et ses premiers successeurs vivait à Bassora Amrou, surnommé *Aljahedh*, parce qu'il avait les yeux à fleur de tête. Cette cité servait alors d'intermédiaire pour le négoce qui se faisait d'une part entre la Mésopotamie, la Syrie et les côtes de la Perse, d'autre part entre les côtes orientales de l'Afrique, l'Inde et la Chine. Le voisinage de Koufa, Vasseth, Moussoul et surtout de Bagdad, capitale de l'empire, avait fait de Bassora une des villes les plus florissantes. Comme au temps de Ninive et de Babylone, les vallées du Tigre et de l'Euphrate étaient devenues le centre du commerce du monde. Aljahedh profita de l'affluence des marchands qui accouraient des régions les plus éloignées pour former des collections d'objets d'histoire naturelle; il entreprit même d'en décrire l'origine et les caractères. On cite de lui, entre autres écrits, un ouvrage intitulé : *Livre des cités et Merveilles des contrées.* Cependant il parait que Aljahedh n'avait que des idées très imparfaites en géographie. Massoudy et Albyrouny s'accordent à dire que, conformément à une conjecture qui avait été jadis émise par les Grecs, Aljahedh supposait que le Nil était en communication avec l'Indus.

A cette époque, les mers orientales étaient parcourues par les navires arabes et persans qui se rendaient dans l'Inde, la Malaisie et la Chine. Les Arabes avaient fondé des comptoirs dans toutes les villes situées sur les côtes de la péninsule du Guzarate et tout le long de la côte orientale de la presqu'île du Dékan, et y vivaient mêlés en nombre considérable avec la population indigène. Ils fréquentaient la côte nord de Sumatra, et entretenaient avec les habitans des rapports tellement actifs et suivis, que ceux-ci, au dire des auteurs malays, avaient appris à parler l'arabe comme leur langue nationale. En Chine, ils étaient établis dans trois villes du littoral, à Canton, que les Chinois nommaient alors *Thsing-Haï*, à Kang-Fou, dans la province de Tché-Kiang, et à Zeytoun (Tseu-Thoung), dans le Fo-Kien, et ils y étaient si nombreux, qu'ils avaient un cadhi pour régler leurs affaires civiles et un imam pour présider aux cérémonies de leur culte, qu'ils pratiquaient en toute liberté.

Il nous reste un monument précieux de ces anciennes pérégrinations dans une relation rédigée en 851 de notre ère, d'après les récits d'un marchand appelé Soleyman, qui s'était fixé sur les bords du golfe Persique ou dans les environs, probablement à Bassora, et qui avait fait plusieurs voyages dans l'Inde et à la Chine. C'était le temps où les communications entre la Chine et l'empire des Arabes étaient dans la plus grande activité. Cette relation fut complétée quelques années plus tard par un nommé Abou-Zeyd Hassan, qui était originaire de la ville de Syraf, port de mer alors très fréquenté dans le Farsistan, sur les bords du golfe Persique. Abou-Zeyd n'était jamais allé dans l'Inde ni à la Chine; mais il avait recueilli une foule de particularités intéressantes sur ces deux pays de la bouche des marchands qui les avaient visités, et entre autres d'un Arabe établi à Bassora et nommé Ibn-Vahab. Celui-ci, non content d'aborder sur les côtes de la Chine, comme le faisaient ses compatriotes, avait eu le désir de voir la capitale du Céleste Empire située à deux mois de distance de la mer, et s'était fait présenter à l'empereur. Le récit de Soleyman et d'Abou-Zeyd est depuis long-temps connu du public européen par la traduction française de l'abbé Renaudot. Tout récemment M. Reinaud en a donné une nouvelle version, que les progrès des études orientales lui ont permis de rendre beaucoup plus fidèle que celle de son devancier, et à laquelle il a joint un commentaire qui éclaircit une foule de questions géographiques, restées jusqu'à présent sans solution.

Une composition conçue dans le même esprit que la précédente, et qui, sous un cadre romanesque, contient des détails vrais au fond, est le récit des aventures d'un personnage appelé Sindebad, qui est supposé avoir vécu au temps du khalife Haroun-Alraschid. Poussé par une curiosité insatiable, Sindebad parcourut successivement les mers de Zanguebar, de l'Inde et de la Malaisie. Cette narration, que Galland a insérée dans sa belle traduction des *Mille et Une Nuits*, a été puisée, suivant l'opinion de M. Reinaud, aux sources arabes, et offre un reflet des traditions qui avaient cours chez les musulmans au moyen-âge sur les contrées que baignent les mers orientales.

Vers le milieu du IXe siècle, un homme du nom de Sallam, et que la diversité des langues qu'il parlait avait fait qualifier du titre de *tardjeman* ou interprète, fut chargé par le khalife Vathek-Billah d'aller explorer les régions au nord du Volga, de la mer Caspienne et du Yaxartes, limites qui n'avaient pas encore été dépassées par les armées musulmanes. Sa mission avait surtout pour objet de rechercher les peuples de Gog et de Magog, dont il est parlé à la fois dans la Bible et dans le Koran, et qui appartiennent au domaine de la géographie mythique des Arabes. Sallam se rendit en Arménie et en Géorgie; il traversa le Caucase et visita les Khozars, qui à cette époque formaient un état florissant, tourna la mer Caspienne, et, se dirigeant vers l'Oural et l'Altaï, il s'avança dans des contrées qui n'ont été explorées que dans les temps modernes. Il revint dans la Mésopotamie par la Boukharie et le Khorassan. La relation de Sallam nous a été conservée par des écrivains postérieurs, mais elle est surchargée de récits fabuleux qui, dès le principe, excitèrent les défiances des musulmans eux-mêmes.

Le monde de l'antiquité, le monde tel qu'il se déployait aux regards des Grecs et des Romains, s'était considérablement agrandi par les conquêtes des disciples de Mahomet. Ceux-ci et les peuples qui vivaient sous leur protection pouvaient se rendre librement des rives de l'Océan Atlantique jusqu'à la mer du Japon, des pics de l'Atlas et du fond de l'Arabie jusqu'au nord du Caucase et du Yaxartes; des relations aussi fréquentes que régulières s'étaient établies, soit par mer, en suivant la Méditerranée et la mer des Indes, soit par terre, à travers la Syrie, la Perse, la Transoxiane et la Tartarie. Les Juifs, qui, depuis leur captivité, sont devenus cosmopolites, étaient ordinairement les intermédiaires de ces relations.

Nous devons à M. Reinaud la découverte d'un passage curieux qu'il a retrouvé dans un géographe de la fin du IXe siècle, Ibn-Khordadbeh (le fils de Khordadbeh), ainsi appelé parce qu'il descendait d'un mage de ce nom qui s'était converti à l'islamisme. Cet écrivain était directeur de la poste et de la police dans la province de Djebâl ou l'ancienne Médie, et fut à même, dans cette position officielle, de se procurer des renseignemens exacts sur les contrées dont il nous a tracé une description. Nous voyons dans ce fragment comment s'opéraient alors les communications commerciales entre l'Europe et l'Asie. « Les Juifs, dit l'auteur, parlent le persan, le romain (grec et latin), l'arabe, les langues franke, espagnole et slave; ils voyagent de l'occident à l'orient et de l'orient à l'occident, tantôt par terre, tantôt par mer. Ils apportent de l'Occident des eunuques, des esclaves, garçons ou jeunes filles, de la soie, des pelleteries et des épées. Deux routes maritimes s'ouvrent devant eux en partant d'Europe : par la première, ils atteignent Farama près des ruines de l'ancienne Péluse en Égypte, gagnent par terre Colzoum à la pointe nord de la mer Rouge; de là ils mettent à la voile et abordent dans le Hedjaz et à Djidda sur la côte d'Arabie, d'où ils continuent leur voyage jusque dans l'Inde et à la Chine. Ils en rapportent du musc, de l'aloës, de la cannelle, du camphre et autres productions de l'extrême Orient. Au retour, ils suivent la même direction et vont vendre ces denrées, soit à Constantinople, soit dans le pays des Franks. La seconde route les conduit à l'embouchure de l'Oronte, vers Antioche, d'où, en trois jours de marche, ils atteignent l'Euphrate et Bagdad; là ils s'embarquent sur le Tigre et descendent à Obollah (l'ancienne Apologos), où ils mettent à la voile pour l'Oman, le Sind, l'Inde et la Chine. » Les Russes, d'après le témoignage d'Ibn-Khordadbeh, prenaient part aussi à ce mouvement d'échanges; ils venaient des provinces les plus reculées de leur pays vendre leurs pelleteries sur le littoral de la Méditerranée. Quelquefois ils descendaient le Volga et se dirigeaient par la mer Caspienne vers le point qu'ils avaient en vue, ou bien ils faisaient transporter leurs marchandises à dos de chameaux, depuis la ville de Djordjan jusqu'à Bagdad.

La route de terre traversait l'Espagne, et, franchissant la Méditerranée, conduisait à Tanger; de là, en longeant la côte nord de l'Afrique jusqu'en Égypte, elle atteignait la Syrie, et, par Ramlah et Damas, conduisait à Bagdad et à Bassora; puis elle se prolongeait, à travers les provinces méridionales de la Perse, jusqu'à l'Indus, et aboutissait dans l'Inde et en Chine. Les marchands se rendaient aussi dans l'Arménie, et, traversant le pays des Slaves, atteignaient la ville des Khozars sur les bords du Volga. Ils s'embarquaient sur la mer Caspienne, arrivaient à Balkh, dans la Transoxiane, dans le pays des Turks-Tagazgaz et enfin en Chine.

Les documens conservés dans les archives de l'administration, à Bagdad, étaient une source abondante de renseignemens statistiques sur les provinces comprises alors dans le vaste empire des Khalifes. Un écrivain de la dernière moitié du IXᵉ siècle, Codama, surnommé Aboulfarage, qui occupait dans les bureaux un poste élevé, y puisa les élémens d'un livre destiné à servir de guide aux employés de cette administration, et qui est précieux aussi par les indications géographiques et historiques que Codama y a rassemblées.

Un de ses contemporains, Abou-Abdallah-Mohammed, fils d'Ahmed-Aldjayhani, attaché comme vizir au service des princes de la dynastie sassanide dans le Khorassan et la Transoxiane, profita de sa haute position pour réunir auprès de lui les voyageurs et les étrangers et les questionner sur les lieux qu'ils avaient visités; ensuite, il comparait leurs récits avec les relations les plus estimées. L'ouvrage qui fut rédigé par ses ordres sous le titre de *Livre des voies pour connaître les royaumes*, se distinguait par la richesse des détails, surtout dans la description de la vallée de l'Indus et de la presqu'île de l'Inde.

Pendant qu'Aldjayhani était occupé à mettre en ordre les matériaux de sa compilation, le monde musulman, depuis l'Inde jusqu'à l'Océan Atlantique, depuis la mer Caspienne jusqu'à la mer Érythrée, était le théâtre des explorations de Massoudi. Aboul-Hassan-Aly, fils de Hosseïn, né à Bagdad, reçut le surnom de Massoudi, parce qu'il comptait parmi ses ancêtres un habitant de la Mecque appelé Massoud, dont le fils aîné accompagna le prophète dans sa fuite à Médine. Massoudi quitta sa patrie de bonne heure, et presque toute sa vie se passa à voyager. Il parcourut successivement la Perse, l'Inde, l'île de Ceylan, la Transoxiane, l'Arménie, les côtes de la mer Caspienne, l'Égypte, ainsi que diverses parties de l'Afrique, de l'Espagne et de l'empire grec. Il semble même indiquer qu'il naviguâ dans les mers de la Malaisie et de la Chine. En 915, il se trouvait dans la ville de Bassora, et se rendit à Estakhar, l'ancienne Persépolis; l'année suivante, il vit l'Inde, d'où il passa dans une île voisine de l'Afrique qu'il nomme Canbalou, et qui parait répondre à Madagascar. Ensuite il visita l'Oman et une partie de l'Arabie méridionale. En 916, il était en Palestine, et il revint, au bout de vingt-sept ans, à Bassora.

Massoudi fut un véritable polygraphe dans toute l'acception du terme : histoire, géographie, religion, croyances religieuses, rien n'était resté en dehors du cercle de ses investigations. Il était versé, non-seulement dans les sciences de l'islamisme, mais encore dans la connaissance de l'antiquité grec-

que. On peut conjecturer néanmoins qu'il ne savait pas le grec, car, lorsqu'il
cite les auteurs qui ont écrit dans cette langue, il a recours aux versions arabes
qui s'étaient fort multipliées de son temps. Bien qu'il ait apporté une attention
particulière à l'étude de l'Inde et qu'il insiste sur la nouveauté de ses aperçus,
il est certain qu'il ignorait le sanskrit, et qu'il ne fait que répéter ce qu'il avait
entendu raconter. Cependant il résulte de l'examen rigoureux auquel ses remarques sur l'Inde ont été soumises par M. Reinaud que Massoudi a fait un exposé fidèle des récits qui avaient cours au siècle où il vivait. Il faut ajouter que
la plus volumineuse de ses compositions, ses *Mémoires du temps,* à laquelle il
renvoie continuellement, est aujourd'hui perdue. Quoique Massoudi ait beaucoup écrit, il ne paraît pas avoir composé un traité spécial de géographie;
mais il n'est aucun de ses ouvrages qui ne fournisse une ample moisson de
faits pour cette science et qu'on ne puisse lire avec fruit. Dans celui qui est
le plus connu des orientalistes européens, ses *Prairies d'or* (*Moroujd-Aldzeheb*),
il examine et compare les opinions des anciens philosophes de la Grèce, des
Indiens et des Sabéens sur l'origine du monde. Après avoir discuté la forme et
les dimensions du globe terrestre, il passe en revue les diverses régions qui le
partagent et décrit les peuples qui les habitent. Ses observations s'étendent depuis la Galice et les Pyrénées jusqu'en Chine, depuis la côte de Sofala jusqu'au
cœur de la Russie.

En 921, le khalife de Bagdad, Moctader-Billah, envoya une ambassade au
roi des Bulgares, qui venait d'adopter la religion musulmane. Les Bulgares dont
il s'agit ici étaient la branche établie sur les bords du Volga, un peu au sud
de la jonction de ce fleuve avec la Kama, et ne doivent pas être confondus avec
les Bulgares du Danube, qui faisaient alors trembler les empereurs de Constantinople. A la suite de l'ambassade était Ahmed Ibn-Fozlan (le fils de Fozlan),
homme éclairé et de bonne foi. Ahmed, pendant son séjour sur les bords du
Volga, eut occasion de voir des Russes qui descendaient et remontaient ce
fleuve. Ils n'avaient pas encore embrassé le christianisme, et étaient réduits
à la condition sociale la plus misérable. L'auteur arabe dépeint leurs traits
physiques, leur costume et leurs armes qu'ils ne quittaient jamais, les vêtemens et la parure des femmes. Elles se couvraient les seins d'une boite qui était
de fer, de cuivre, d'argent ou d'or, suivant la fortune de leurs maris, et qui avait
un anneau auquel était suspendu un poignard. La brutalité et la malpropreté
de ces peuples dépassaient tout ce qu'il est possible d'imaginer. Des poutres
plantées en terre, et dont l'extrémité supérieure était taillée en forme de figure
humaine, étaient les divinités qu'ils adoraient; ils leur offraient du pain, de la
viande, des oignons, du lait et des liqueurs enivrantes. Quand l'un d'eux tombait malade, on lui dressait une tente à l'écart, et on l'y laissait avec une provision de pain et d'eau, sans se mettre en peine de le secourir. S'il guéris-
sait, il rentrait parmi les siens; s'il succombait, on le brûlait avec la tente; à
moins que ce ne fût un esclave; dans ce cas, on le jetait en pâture aux animaux carnassiers et aux oiseaux de proie.

Ibn-Fozlan avait entendu parler des cérémonies extraordinaires qui accompagnaient chez les Russes les funérailles des chefs et des grands. Le hasard lui
permit d'assister à ce spectacle. Dans ces occasions, on immolait un esclave,
homme ou femme, appartenant à la maison du défunt; c'étaient le plus sou-

vent ses femmes qui se dévouaient elles-mêmes. Ibn-Fozlan donne de longs détails sur les cruautés, les obscénités et les incidens bizarres auxquels ces cérémonies donnaient lieu.

Le goût des pérégrinations était devenu à cette époque général parmi les musulmans, et trouvait plus de facilité à se satisfaire que dans l'Europe chrétienne. En Orient, les états étaient moins morcelés; la féodalité n'y avait pas élevé ses innombrables barrières, et dans cette vaste étendue de pays qui avaient accepté une même loi religieuse, celle du Koran, le musulman rencontrait partout sympathie pour sa foi, déférence et respect pour son savoir, s'il était homme de science. Deux voyageurs, Alestakhry et Ibn-Haukal, sans sortir des limites où s'était propagé l'islamisme, y trouvèrent le sujet de deux ouvrages qui méritent une mention particulière. Le scheïk Abou-Ishak, dit Alestakhry, parce que la ville d'Estakhar ou Persépolis l'avait vu naître, promena ses observations depuis l'Inde jusqu'à l'Océan Atlantique. Vers l'an 951, il les consigna dans son *Livre des Climats*. Ce traité est purement descriptif, et omet les degrés de longitude et de latitude. Il commence par l'Arabie, ce berceau de l'islamisme, où s'élève le temple de la Kaaba, ce lieu saint vers lequel chaque année tendent les pas des pèlerins musulmans de toutes les parties du monde. Chaque chapitre est accompagné d'une carte coloriée, mais dépourvue de graduation.

Ibn-Haukal (Mohammed-Aboul-Kassem) était originaire, comme Massoudi, de Bagdad. Il nous apprend lui-même qu'il sentit de bonne heure le goût le plus vif pour la lecture des relations de voyages. Rien ne lui plaisait plus que la peinture des mœurs et des usages des nations étrangères, que le tableau des sciences et des productions des diverses contrées. A cette époque, les successeurs dégénérés d'Almansour, de Haroun-Alraschid et d'Almamoun avaient perdu presque toute leur autorité, et leur capitale, tombée au pouvoir des généraux turks, était à la merci d'une soldatesque effrénée. Au milieu de ces désordres, Ibn-Haukal se vit dépouillé d'une partie de la fortune que lui avaient léguée ses ancêtres. Jeune encore et à l'âge des illusions, il résolut de s'expatrier et de visiter les lieux les plus renommés, dans le désir de satisfaire sa curiosité naturelle, et avec l'espoir, tout en menant une vie indépendante, d'accroître sa fortune par des opérations commerciales. Ses courses, qu'il commença en 943 et continua jusqu'en 968, embrassèrent l'entière étendue des possessions de l'islamisme; elles furent toutes faites par la voie de terre, car rien ne donne à penser qu'Ibn-Haukal se soit jamais hasardé en mer. La répugnance des musulmans à s'engager dans des pays où règne un autre culte que le leur tient à ce que ces pays sont presque tous exposés à une température rigoureuse que supportent difficilement des hommes nés la plupart dans des climats chauds ou tempérés; elle provient aussi de la difficulté très gênante pour eux de s'acquitter dans ces pays des ablutions imposées par la loi religieuse. Le traité d'Ibn-Haukal est calqué sur celui d'Alestakhry; c'est la même division de matières, et souvent les mêmes expressions, mais avec cette différence que le récit d'Ibn-Haukal est plus développé, et écrit d'un style cadencé et rimé, qui, tout en trahissant les prétentions littéraires de l'auteur, jette quelquefois de l'obscurité sur sa pensée.

Un écrivain du xiiie siècle, Yacout (le Rubis), se distingua dans un genre de compilations consacré à la science géographique, et qui, créé deux siècles auparavent, fut très goûté des Arabes, si l'on en juge par la multiplicité des ouvrages de cette sorte qu'ils nous ont transmis. Ce sont les *dictionnaires* de noms de lieux et ceux des dénominations ethniques et locales portées comme un titre distinctif par les hommes célèbres de l'islamisme. De tous ces recueils, dont une érudition plus ou moins bien digérée a fait les frais, le plus volumineux est celui de Yacout, Grec de naissance, et auquel le commerce de la librairie qu'il faisait fournit l'occasion d'entreprendre de nombreux voyages et de recueillir les matériaux de son livre.

L'histoire des sciences géographiques, comme celle des sciences astronomiques, nous amène maintenant à l'époque où vécut Aboulféda. L'un des contemporains de cet auteur, qui a le mérite d'avoir agrandi le domaine de la géographie, est Ibn-Bathoutha, né à Tanger vers le commencement du xive siècle. Ibn-Bathoutha dirigea ses courses dans toutes les parties du monde connu à cette époque, et, s'il fut inférieur en savoir aux Massoudi et aux Ibn-Haukal, il promena ses regards sur un horizon plus vaste. Il était Berbère d'origine; mais il fut élevé dans les pratiques religieuses et le genre de vie des Arabes. Sa profession était celle de *fakih* ou jurisconsulte. Poussé par la passion de voir des pays nouveaux, il quitta le sien en 1325, et partit pour l'Orient. La Perse, l'Arabie, le Zanguebar, l'Asie-Mineure, l'empire du Kaptchak, situé au nord de la mer Noire et alors possédé par les descendans de Tchinguiz-Khan, Constantinople, le Kharizm, la Boukharie, l'Inde, les Maldives, les îles de Ceylan et de Sumatra, la Chine, furent tour à tour le but de ses pérégrinations. Dans l'Inde, à la cour du sultan de Dehli, et aux Maldives, il remplit pendant quelque temps les fonctions de kadhi. Après une absence de plus de vingt ans, il revint dans sa patrie. Le voisinage de l'Espagne l'engagea à visiter la partie méridionale de cette contrée, dont le sol était fécond en glorieux souvenirs pour les musulmans, et où la cour de Grenade était alors dans tout son éclat. Quelque temps après, le souverain de Maroc désirant envoyer une députation au roi de Mali sur les bords du Niger, Ibn-Bathoutha fut choisi pour remplir cette mission. Dans cette excursion, il parcourut une partie de l'intérieur de l'Afrique et pénétra jusqu'à Temboktou. A son retour, il fixa sa résidence à Fez, et, jetant pour toujours le *bâton du voyageur*, il passa le reste de sa vie dans l'aisance et le repos : il mourut en 1377. Ce fut pendant ses dernières années qu'il s'occupa à mettre en ordre le récit de ses aventures; mais, comme le Vénitien Marco Polo, son contemporain, il confia à une main étrangère le soin de les retracer. Ses dictées furent recueillies par un littérateur de profession nommé Ibn-Djozay Alkalby. Cette première rédaction fut ensuite abrégée par Mohammed Albaylouny, qui élimina les légendes pieuses et les faits de détail. La narration d'Ibn-Bathoutha est un véritable livre d'impressions de voyages, une suite de causeries où il y a une part pour l'instruction du lecteur et une part aussi pour son amusement.

IV. — DÉVELOPPEMENT DES DOCTRINES COSMOGONIQUES ET GÉOGRAPHIQUES CHEZ LES ARABES AVANT ABOULFÉDA.

Nous avons vu qu'à l'époque où parut Mahomet, et même bien antérieurement, les Arabes possédaient un système cosmogonique qui s'était formé d'un mélange d'idées nées sur leur propre sol et d'autres qu'ils avaient empruntées aux nations avec lesquelles ils furent en contact. Dans ce syncrétisme figurent d'abord les traditions bibliques et rabbiniques, dont l'introduction parmi eux s'explique par une identité de race et une communauté primitive de langage. Les doctrines grecques leur vinrent par le voisinage des états qu'avaient fondés les successeurs d'Alexandre en Syrie, dans la Mésopotamie et en Égypte, et elles continuèrent à se propager parmi eux, lorsque les Romains occupèrent ces diverses contrées, et envahirent un instant l'Arabie Pétrée. Le royaume de Perse, sous les monarques parthes et sassanides, comprenait dans ses limites, du moins à titre de suzeraineté, les pays situés vers l'embouchure du Tigre et de l'Euphrate. Quelques princes sassanides étendirent même leur domination sur la côte occidentale du golfe Persique et sur une partie de l'Arabie Heureuse. Il exista presque continuellement des relations scientifiques et commerciales entre l'Arabie et la Perse d'une part, et la péninsule indienne de l'autre, soit par mer, soit par la voie du continent. Sous les Sassanides, il y eut plusieurs fois échange d'ambassades entre ces princes et les souverains arabes. L'école de médecine fondée par les rois de Perse à Djondy-Sapour, dans la Susiane, admettait à la fois les doctrines grecques, représentées dans cette école par les chrétiens nestoriens venus des provinces de l'empire romain et chargés en grande partie de l'enseignement, et les doctrines indiennes, qui accordaient une large place à l'influence des astres et à la magie. Les Arabes qui cherchaient à s'instruire se rendaient les uns à cette école, les autres à celles des Grecs; ils avaient aussi chez eux, comme nous l'avons vu, un centre d'études médicales à Sanaa, ville de l'Yémen.

Une partie des anciennes idées cosmogoniques des Arabes a été consacrée par l'autorité de Mahomet. Ces idées se sont perpétuées d'âge en âge, et constituent encore à présent le fond de leurs croyances populaires; mais ces croyances restèrent en dehors du domaine de la science, lorsque, vers la fin du VIIᵉ siècle, les Arabes entreprirent de l'appuyer sur des principes rationnels. Leurs géographes reconnurent la sphéricité de la terre, à laquelle ils donnèrent le nom de *boule*, et Aboulféda se sert, pour en donner la démonstration, des mêmes argumens que nous employons aujourd'hui. Les astronomes de Bagdad, sous le khalifat d'Almamoun, adoptèrent pour la plupart le système de Ptolémée, qui fait de la terre le centre de l'univers et le point autour duquel se meuvent les sept planètes.

La sphère armillaire, à peu près semblable à la nôtre, fut aussi un emprunt fait au géographe d'Alexandrie. Elle se composait de six cercles, qui reproduisent les mouvemens célestes, et dont les noms arabes ne sont autre chose que la traduction des dénominations grecques. Ces cercles sont le méridien, l'équateur, l'écliptique, les deux tropiques et l'horizon. Les Arabes prirent également aux Grecs le terme de *pôle* ou pivot, pour désigner les deux extrémités d'un axe ou essieu autour duquel les planètes accomplissent leur révolution diurne. En même temps ils mirent en usage les mots *nadhir* et *simet*, que nos pères, au moyen-âge, transformèrent en nadir.ét zénith;. . . ,

On retrouve dans le Koran la .mention des douze constellations zodiacales appelées *bordj*, mot qui est une altération du grec *pyrgos* ou *tour*, et celle des mansions lunaires (1), adoptées depuis les siècles les plus reculés par les Chinois et les Indiens, et .que ceux-ci transmirent 'sans doute aux Arabes; mais Mahomet n'indique pas le nombre des mansions lunaires, et il se tait sur les inductions astrologiques qu'elles fournissaient aux savans de.l'Inde et de la .Chine. Les Arabes n'eurent d'abord des constellations zodiacales qu'une notion vague ' et dont ils ne faisaient aucune application; ce n'est que sous. le règne d'Almamoun qu'ils, les .connurent d'une manière complète, lorsque les doctrines indiennes.envahirent .l'Asie occidentale.. Alfergany, dans son. traité 'd'astronomie, qui est basé sur; les méthodes .grecques, nous a donné la liste des mansions lunaires, et; ce qui est digne de remarque, il en énumère. vingt-huit. C'était effectivement le nombre admis dès le principe; mais, au xe siècle de notre ère, une de ces mansions fut supprimée par les Indiens, qui n'en comptent plus maintenant que vingt-sept. Le nombre primitif s'est maintenu chez les musulmans.

L'usage des mansions lunaires, modifié par les Arabes, pénétra par le canal .. de ce peuple jusqu'en Occident. Nous en.avons la preuve dans un .calendrier arabe et latin rédigé à Cordoue dans le xe siècle de notre ère. On les voit aussi représentées sur une carte catalane, monument géographique du xive siècle conservé à la Bibliothèque nationale de Paris. En Orient, cet usage s'est perpétué jusqu'à nos jours; comme on peut s'en assurer. en jetant les yeux sur les almanachs qui s'impriment au Caire chaque année.

Le zodiaque arabe, ainsi que celui des Persans et des Indiens, est une simple imitation du zodiaque grec pour les noms et la forme des signes. On peut en dire autant de la plupart des constellations situées au .nord et au sud de la bande zodiacale. Le nombre des étoiles signalées par les Grecs est de mille, ving-cinq, réparties, suivant la grandeur, en .six classes; elles formaient en tout vingt-huit constellations. Cette division passa, sous le khalifat d'Almamoun, chez les Arabes, qui remplacèrent par des noms grecs la plus grande partie des noms attribués aux étoiles par leurs ancêtres. Il n'y eut d'exception que pour les étoiles qui, n'étant pas visibles sous l'horizon d'Alexandrie, étaient restées inconnues aux Grecs. .

Les globes célestes construits par les Arabes et leurs catalogues d'étoiles présentent un avantage sur ceux qui furent l'ouvrage des anciens, ou que nous a laissé le moyen-âge. Faits ou rédigés dans des contrées situées plus près de l'équateur que les nôtres, ils décrivent des constellations de l'hémisphère sud qui ne se sont révélées aux Européens que lorsqu'ils eurent fait le tour de l'Afrique. M. Reinaud a expliqué ainsi comment Dante a pu mentionner dans son *Purgatoire* plusieurs étoiles, australes qui n'ont été découvertes que deux cents ans après le siècle où vécut le poète florentin. . . ,

La manière dont les Arabes s'orientent a pour point de départ tantôt le lieu où le soleil se lève, tantôt le temple de la Mecque, la Kaaba, ou maison carrée. .

(1) On désigne ainsi les positions successives qu'occupe la lune 'dans le ciel par rap-' port à certaines constellations, en parcourant son orbite. . ' '

Ce dernier système est l'opposé de celui qui se règle d'après le côté où le soleil se montre le matin à l'horizon. L'orientation de leurs cartes est tout le contraire des nôtres; le midi est placé en haut et le nord en bas, d'où il résulte que l'est occupe la gauche du spectateur, et l'ouest sa droite.

' Une question qui, par l'intérêt qu'elle présente, a exercé la sagacité et l'érudition de plusieurs savans, et pour la solution de laquelle M. Reinaud a rassemblé de nouveaux et très curieux documens, est celle qui se rattache aux origines de la boussole et à la date où ce précieux instrument a été connu des musulmans. Après avoir discuté plusieurs passages de Guyot de Provins, du cardinal Jacques de Vitry, d'Albert le Grand, de Vincent de Beauvais et d'un auteur arabe nommé Baïlak, qui tous florissaient au XIIIᵉ siècle, M. Reinaud prouve que, vers la fin du XIIᵉ et le commencement du XIIIᵉ, l'aiguille aimantée servait à la fois en Orient et en Occident : circonstance qui s'explique facilement par les relations multipliées que le commerce des républiques italiennes et les croisades avaient créées entre les chrétiens et les musulmans. Il montre que rien ne nous révèle l'époque certaine où fut constatée la propriété qu'a le fer aimanté de se tourner vers le nord, encore moins le pays où cette admirable découverte vit le jour.

Les géographes arabes ont emprunté aux Grecs la division du globe terrestre en cinq zones ou bandes, chacune correspondant à une température particulière : la zone torride, située entre les deux tropiques; les deux zones glaciales, dans le voisinage des pôles, et les deux zones tempérées, qui séparent la zone torride de la zone glaciale. D'après une idée également puisée aux sources grecques, le quart seulement du monde est habité; le reste est couvert par les eaux ou rendu inhabitable soit par l'excès du chaud, soit par l'intensité du froid. La partie habitée du globe est située dans l'hémisphère septentrional : on la nomme *le quart habité du monde*. De là est venu le titre de *Quart habité du monde* qui a été donné à plusieurs traités de géographie. Tout autour du globe s'étend, suivant l'opinion des Arabes, une vaste mer, la *mer environnante*. Ils supposaient qu'elle était couverte de ténèbres à une latitude un peu au-dessus de l'équateur. Quant à la partie qui est sous la ligne équinoxiale, ils croyaient généralement, malgré l'assertion de quelques voyageurs qui s'étaient avancés vers le sud, qu'elle était remplie d'une eau épaisse et bourbeuse, sur laquelle il était impossible de naviguer.

' La division de la portion habitée du globe en plusieurs climats est aussi d'origine grecque. Adoptée par les savans de la Perse dans les premiers siècles de notre ère, lorsque les doctrines de l'école d'Alexandrie se répandirent en Orient, elle fut importée aussi dans l'Inde, comme tout porte à le croire! Ptolémée, dans sa *Géographie,* compte vingt-deux climats; mais quelques auteurs qui l'avaient précédé n'en avaient admis que sept : ce dernier nombre prévalut chez les Arabes, quoiqu'ils reconnussent, comme les anciens, qu'il existe en dehors de ces limites des terres habitées. Ce qui probablement a décidé la plupart des géographes musulmans à ne pas tenir compte de ces contrées reculées, c'est que l'islamisme n'y fut introduit qu'assez tard. D'ailleurs le nombre sept avait à leurs yeux l'avantage de concorder avec les doctrines des Indiens, qui divisaient la terre en sept *dwipas* ou îles, avec celles des Perses, qui la partageaient en sept *keschouers*, et avec les sept terres et les sept cieux de l'auteur du Koran.

A l'imitation des Grecs, les Arabes se servirent du terme de *longitude* pour désigner l'étendue de la terre de l'ouest à l'est, et du terme de *latitude* pour caractériser l'espace qui s'étend du midi au nord.. Ces deux dénominations, encore usitées parmi nous, ont perdu le sens qu'elles avaient jadis, lorsque les limites du monde connu occupaient, de l'occident à l'orient, plus du double de celles qui s'étendent de l'équateur au pôle arctique. Ptolémée avait en effet établi en théorie que la partie habitée du monde se prolongeait de l'ouest à l'est sur un espace de 180 degrés, c'est-à-dire la moitié de la circonférence du globe, et du sud au nord sur un intervalle de 66 degrés. Ce fut par suite de cette manière de voir que, dans les tables géographiques, les longitudes furent toujours disposées avant les latitudes.

Le savant astronome d'Alexandrie plaça son premier méridien aux lieux qui étaient regardés de son temps comme l'extrémité occidentale du monde, les Iles Fortunées. Chez les Arabes, les uns adoptèrent ce point de départ; d'autres, tels qu'Aboulféda, fixèrent le premier méridien sur la côte du continent africain, c'est-à-dire dix degrés plus à l'ouest. Plus tard, un troisième système se produisit. Il fut emprunté aux Indiens par les Arabes, qui en transportèrent la connaissance et l'usage en Occident; ce système fut adapté ensuite aux doctrines de Ptolémée, et, après avoir joué un grand rôle dans les recherches de Christophe Colomb pour arriver à la découverte d'un nouveau monde, il finit par tomber dans l'oubli le plus profond. Suivant l'opinion des Indiens, la péninsule qu'ils occupent tient le milieu du monde et en forme la meilleure part. Voulant avoir un premier méridien, ils le firent passer au-dessus de leur tête. Cette ligne, après avoir quitté le pôle sud, traversait l'île de Lanka ou Ceylan, où ils supposaient que s'était opérée, à l'origine du monde, la conjonction des sept planètes; elle se prolongeait par les lieux les plus célèbres dans leurs traditions mythologiques, notamment par la ville d'Odjeyn, capitale du Malva, qui fut pendant long-temps le centre littéraire de la péninsule indienne, et où furent faites beaucoup d'observations astronomiques; elle allait au pôle nord aboutir à une montagne imaginaire, le mont Mérou, que rappellent si fréquemment les légendes de la cosmogonie des Indiens. Cette ligne portait également la dénomination de méridien de Lanka ou d'Odjeyn.

Quand les livres indiens commencèrent à être interprétés en arabe dans le VIIIᵉ siècle, cette nouvelle donnée frappa vivement les esprits. On n'avait encore qu'une connaissance vague de l'Asie orientale, et cependant on s'était aperçu déjà qu'il y avait bien des erreurs à rectifier dans les travaux de Ptolémée. L'hypothèse d'un méridien central fut considérée comme devant fournir une base solide aux recherches géographiques. Le lieu que cette ligne coupait, Odjeyn, reçut le nom de *coupole de la terre* ou *coupole d'Arin* (1), c'est-à-dire de point central et consacré par une sorte de suprématie. Ce point se trouvait en effet sous l'équateur, entre l'occident et l'orient, à une égale distance des Iles Éternelles (Fortunées) et des limites orientales de la Chine. Cependant les astronomes arabes ne tardèrent pas à remarquer que l'Inde n'était pas réellement au milieu du monde alors connu, et ils crurent devoir modifier le méridien central dans le sens suggéré par Ptolémée. Ils le placèrent au milieu même de la partie habitée du globe, telle que l'avait divisée ce célèbre géo-

_____

(1) Le mot *Arin* est une corruption du nom de la ville d'Odjeyn. Le système d'écriture des Arabes a rendu facile cette altération.

graphe, c'est-à-dire au point d'intersection qui la partage en deux portions de 90 degrés chacune.

Le plus ancien témoignage de l'existence du méridien central d'origine indienne, c'est-à-dire du méridien ou coupole d'Arin, a été retrouvé dans Albategnius par M. Reinaud, qui en a aussi découvert la mention dans les *Tables astronomiques* d'Arzakhel, composées à Tolède vers l'an 1070. Ce fut de cette manière, par le canal des Arabes, que la notion de ce méridien passa en Occident, et le même savant en a suivi la très curieuse filiation dans les *Tables Alphonsines*, qui sont du XIIIᵉ siècle, — dans l'*Opus Majus* de Roger Bacon, qui date de la fin de ce même siècle, — dans l'*Imago Mundi* du cardinal Pierre d'Ailly, qui écrivait vers 1410, et enfin dans deux fragmens des lettres de Christophe Colomb.

Après avoir parlé des méthodes employées par les Arabes pour déterminer les longitudes et les latitudes, de la graduation de leurs cartes, de leurs mesures itinéraires, on est amené à discuter l'une des questions les plus importantes que soulève l'histoire de la géographie mathématique, celle qui est relative aux essais tentés pour déterminer l'étendue de la circonférence du globe.

Les auteurs grecs et romains nous ont conservé la mention de diverses mesures entreprises par suite de ces essais et indiquées en stades : comme il y avait des stades de plusieurs sortes, quelques érudits ont pensé que, de même que pour le mille et la parasange des Arabes, la différence entre ces mesures était plutôt apparente que réelle. Aristote attribuait quatre cent mille stades à la circonférence terrestre; Hipparque, deux cent cinquante-deux mille; Ptolémée, cent quatre-vingt mille. Les Chaldéens avaient, dit-on, estimé cette longueur à trois cent mille stades. On s'est demandé si ces appréciations reposaient sur la mesure réelle d'une portion quelconque de l'arc d'un cercle de la sphère. On sait qu'Ératosthène, qui vivait en Égypte sous les Ptolémées, essaya de mesurer l'arc céleste qui répond à la distance d'Alexandrie à Syène; mais ce savant astronome, s'étant imaginé à tort que ces deux villes étaient placées sous le même méridien, crut qu'il suffisait, avec les moyens imparfaits qui étaient à sa disposition, de fixer leur latitude respective. Ce premier calcul une fois fait, il prit note du nombre des stades que les voyageurs comptaient entre Alexandrie et Syène, et en déduisit la valeur du degré terrestre.

Les Arabes, à leur tour, s'occupèrent à déterminer l'étendue de la circonférence du globe. Leurs auteurs varient dans les détails qu'ils donnent de cette opération; mais ils ne laissent aucune incertitude sur le résultat général qui fut obtenu. Les témoignages cités par M. Reinaud démontrent que, sous le règne d'Almamoun, la mesure d'un degré terrestre fut exécutée à plusieurs reprises et dans diverses localités. Les astronomes grecs, et parmi eux Ptolémée, avaient, au rapport d'Aboulféda, assigné soixante-six milles et deux tiers au degré. Les travaux ordonnés par le khalife Almamoun réduisirent cette mesure à cinquante-six milles deux tiers, ou cinquante-six milles sans fraction. Cette différence de deux tiers tenait aux erreurs inséparables de l'opération; le dernier chiffre, celui de cinquante-six milles au degré, fut, dans la suite, admis comme constant, et devint la base des nombreuses applications qui sont du ressort de la science géographique.

Une conséquence des recherches des Arabes fut la réforme qu'ils opérèrent dans l'évaluation des distances terrestres déterminées par les Grecs. Ptolémée avait admis en principe que la portion habitée de la terre forme le quart du globe, et que ce quart avait à peu près en longueur le double de sa largeur, c'est-à-dire 180 degrés de longitude et 90 de latitude. Il subordonna toutes ses données positives à cette opinion purement systématique. Un géographe antérieur, Marin de Tyr, avait assigné à la longueur de la terre 225 degrés; Ptolémée déploya toutes les ressources de son esprit pour prouver qu'il y avait à retrancher de ce nombre 45 degrés.

Or, au temps de ce dernier, on était loin de connaître les limites de la terre dans le sens de sa longitude et de sa latitude. Pour arriver à une longueur de 180 degrés, Ptolémée fut obligé d'étendre outre mesure le bassin de la Méditerranée à l'ouest, et les contrées de la Perse et de l'Inde à l'est. La Méditerranée reçut 60 degrés en longueur ou cinq cents lieues de plus qu'elle n'a réellement, quoique à cette époque elle fût sillonnée dans tous les sens par les navires grecs et romains. L'erreur qui atteignait les régions orientales fut encore plus forte. Même après les retranchemens faits aux nombres de Marin de Tyr, les bouches du Gange furent reculées vers l'est plus de 46 degrés au-delà de leur véritable position, ce qui faisait une erreur de près de douze cents lieues.

Le nombre de 180 degrés attribué par Ptolémée à la longueur de la terre habitée était devenu, pour ainsi dire, un dogme dont il n'était pas permis de s'écarter. Les Arabes ayant découvert de vastes contrées au-delà des limites orientales reconnues par l'astronome alexandrin, ils furent obligés, pour les faire entrer dans cet espace tout de convention, de resserrer les régions intermédiaires, telles que la Perse et l'Inde. Quelques géographes y comprirent même les îles Syla ou le Japon, considérées comme la borne du monde à l'orient.

Dans le travail de réforme opéré pour les contrées occidentales, Ibn-Younis se borna à resserrer les longitudes de Ptolémée. L'astronome Aboul-Hassan de Maroc rectifia le tracé de la Méditerranée; il réduisit les 60 degrés de Ptolémée à 44. On voit qu'il était déjà bien près de la vérité, puisque aujourd'hui, après les travaux du P. Riccioli, de Guillaume Delisle et de d'Anville, l'on compte 40 degrés pour cette mer. En l'absence de toute notion positive sur les contrées qui pouvaient exister par-delà l'Océan Atlantique, on fut amené à dire que les Iles Fortunées, reléguées par Ptolémée à l'extrémité occidentale du monde, n'étaient qu'une limite fictive, et que les véritables bornes de la terre devaient être portées à 10, 15 ou 20 degrés au-delà, suivant l'espace que les nouvelles découvertes laisseraient libre.

Après avoir exposé le mouvement des doctrines astronomiques et géographiques chez les Arabes, il ne nous reste plus qu'à parler du livre même d'Aboulféda et du travail dont il a fourni l'occasion à M. Reinaud.

V. — LA GÉOGRAPHIE D'ABOULFÉDA.

Le traité d'Aboulféda, le *Takwym-Alboldan* ou *Position des Pays*, est dans sa forme une imitation de la *Géographie* de Ptolémée, moins les cartes, qu'un ingénieur d'Alexandrie, Agathodémon, avait jointes à l'ouvrage de l'astronome grec. Il s'ouvre par un aperçu de la constitution physique du globe, de la place qu'il occupe au centre de la sphère céleste et de sa division en sept climats, ainsi que par des notions générales sur les mers, les lacs, les fleuves et les chaînes de montagnes. L'auteur décrit ensuite les divers pays de la terre, à chacun desquels il consacre un chapitre particulier. Ce plan, qui est celui de Ptolémée, a été considérablement agrandi par le géographe arabe, qui a multiplié les détails topographiques et historiques. De toutes les contrées, l'Arabie est celle qui appelle d'abord son attention : c'est la patrie du fondateur de l'islamisme et le berceau de la langue arabe, l'idiome sacré de tous les sectateurs de l'islamisme. Cette double prérogative a dicté le choix d'Aboulféda. De la péninsule arabique, il nous conduit en Égypte, et de là dans l'Afrique occidentale ou Magreb, dans les îles de la Méditerranée et dans celles de l'Océan à l'ouest de l'Afrique. Il nous fait ensuite retourner sur nos pas pour parcourir successivement la Syrie et les contrées plus à l'est jusqu'en Chine, puis la portion du globe comprise entre les deux tropiques, et enfin le nord de l'Europe et de l'Asie. Les chapitres traités avec le plus de soin par l'auteur arabe et avec une prédilection qui lui est commune avec tous les géographes orientaux sont ceux qui comprennent les régions soumises aux lois du Koran. En dehors de ces limites, les notions des musulmans sont bornées et incomplètes; en revanche, ils connaissent beaucoup mieux que nous l'Asie centrale et l'intérieur de l'Afrique.

Quoique Aboulféda ait emprunté une grande partie de ses matériaux à ses devanciers, il y a plusieurs de ses descriptions qui ont un caractère neuf et original, dû à sa position personnelle. Il a étudié *de visu* la Syrie, centre de sa principauté, l'Égypte, le territoire de l'Arabie, qui est au nord de Médine et de la Mecque, et les contrées qui s'étendent au nord de la Syrie, depuis Tarse jusqu'à Césarée de Cappadoce, et à partir de cette dernière ville jusqu'à l'Euphrate. Quelquefois il invoque le témoignage des voyageurs contemporains : son chapitre de l'Inde, par exemple, est rédigé d'après les récits d'un homme qui avait visité ce pays, et se recommande, dans sa brièveté, par le mérite de l'exactitude.

Le livre d'Aboulféda n'est pas exempt de défauts, et M. Reinaud reproche avec raison au prince de Hamat d'avoir réuni des documens de provenance très diverse sans s'être embarrassé souvent de les lier ou de les fondre ensemble. Cette négligence imprime au style une obscurité qu'augmente encore le génie elliptique de la langue arabe. Au milieu des systèmes que la science géographique enfanta chez les musulmans, et qui n'étaient au fond qu'une reproduction de ceux qui avaient divisé les savans de la Grèce, Aboulféda s'abstient ordinairement de se prononcer, et, lorsqu'il adopte une opinion, il ne la discute pas ou ne cherche pas à la justifier. Son traité n'en est pas moins une œuvre capitale. Les défauts que l'on y remarque tiennent aux distractions d'une vie littéraire sans cesse troublée par les exigences d'une haute position politique. Le loisir manqua au prince arabe pour revoir son ouvrage, monument qu'il était jaloux d'élever à sa gloire, sans le secours d'une main étrangère. Tel qu'il est, il atteste une érudition peu commune, une rectitude de jugement qui, dans toutes les questions fondamentales, va droit à la vérité, et un esprit de critique que ne posséda au même degré aucun des géographes orientaux ou européens de la même époque. Aboulféda a rejeté les légendes et les faits merveilleux auxquels ajoutaient foi ses contemporains, et n'a admis que des faits avérés et d'un caractère purement scientifique.

Dès son apparition, le *Tableau des Pays* conquit les suffrages des savans de l'Orient. Il fut abrégé, transformé en dictionnaire; traduit en persan et en turk. En Europe, il ne tarda pas à fixer l'attention des érudits. Lorsque après la renaissance des lettres le goût de la littérature orientale commença à prendre faveur, quelques chapitres de ce livre furent traduits. Schickard en Allemagne, Melchisédek Thévenot et le chevalier d'Arvieux en France, ainsi qu'un prêtre maronite attaché à la Bibliothèque du Roi nommé Askery, s'essayèrent tour à tour à faire passer l'ouvrage entier en latin; mais ces ébauches sont restées inédites. A la fin du siècle dernier, un professeur allemand, célèbre par ses profondes connaissances dans les lettres grecques et orientales, Reiske, en publia une version latine; mais la rapidité sans exemple avec laquelle il exécuta ce travail, qui de son aveu ne lui coûta que quarante jours, ne lui laissa pas le temps de se livrer aux recherches qu'exige l'interprétation d'un ouvrage de géographie mathématique et descriptive.

C'était une tâche difficile que de donner une version du texte arabe d'Aboulféda dans les conditions que réclame l'intelligence complète des doctrines sur lesquelles il est basé. Il ne suffisait pas de posséder la connaissance grammaticale des idiomes de l'Orient; il fallait joindre aussi à cette étude celle de plusieurs branches des sciences mathématiques et physiques, être au courant de tout ce que l'antiquité nous a légué de systèmes et de documens géographiques, avoir lu tous les ouvrages auxquels a eu recours Aboulféda, et les avoir comparés avec le sien. C'est par des études si variées que M. Reinaud s'est préparé à la publication qu'il vient de soumettre à l'appréciation des savans. Sa traduction, longuement élaborée, reproduit le sens de l'original avec une fidélité littérale; dans ses notes, il a discuté toutes les questions relatives aux sciences physiques ou historiques que suggère chaque passage où un éclaircissement est nécessaire. La description du monde, telle que nous la donne Aboulféda, est comparée par lui avec ce que nous en ont appris les écrivains de l'antiquité, les voyageurs du moyen-âge et des temps modernes.

Il est une observation que nous ne saurions omettre ici sans être injuste envers les devanciers de M. Reinaud. L'imperfection des travaux dont l'œuvre du prince arabe avait jusqu'ici été l'objet a pour explication et pour excuse l'état des études orientales, circonscrites dans un champ encore peu étendu à l'époque où ces travaux furent entrepris. A l'exception des contrées du Levant que baigne la Méditerranée et des pays qui sont dans le voisinage de ces contrées, à l'exception aussi de la Chine et du Japon, parcourus et décrits avec tant de soin au XVIIe siècle par les jésuites français, l'Asie nous était pour ainsi dire fermée. La critique moderne n'avait aucun moyen de vérifier l'exactitude des renseignemens que nous ont transmis sur ce continent les écrivains musulmans et les missionnaires chrétiens qui le visitèrent au moyen-âge, lorsqu'il était soumis, d'une extrémité à l'autre, aux empereurs mongols. De nos jours, où la domination européenne en occupe une vaste portion et tend à s'y agrandir de plus en plus, chaque pas qu'elle fait en avant est un progrès pour la science. La traduction d'Aboulféda que nous possédons aujourd'hui sera un précieux secours pour hâter ce progrès; elle mérite de prendre place parmi les travaux qui honorent le plus l'érudition française.

ED. DULAURIER.

LA

GUERRE DE MONTAGNE.

—

LA NAVARRE ET LA KABYLIE.

—

I.

ZUMALACARREGUI.

I. — *Mémoires sur les premières campagnes de Navarre*, par M. C.-T. Henningsen, 1836.
II. — *Vie de Zumalacarregui*, par M. le général Zaratiégui, 1845.
III. — *Histoire de l'ancienne Légion étrangère*, par MM. le général Bernelle
et Aug. de Colleville, 1850.

—————

Lorsque Napoléon disait : « Porter une plus grande force sur un point donné dans un moment donné, c'est vaincre, » il parlait de la guerre de plaine. Il n'en est point de même dans la guerre de montagne. Ici, les expédiens suppléent aux ressources. La force n'a plus de centre; elle n'est plus dans la concentration, elle est plutôt dans la diffusion et l'éparpillement des moyens d'action. Les trois grandes puissances de l'Europe ont chacune leur guerre de montagne : la Russie a le Caucase, l'Angleterre a l'Afghanistan, la France a l'Atlas. Le sort des empires peut se jouer de nouveau dans les plaines fameuses, mais c'est toujours dans les montagnes que s'abrite le génie de la résistance en tout pays : c'est là que les nationalités opprimées, comme les minorités insurrectionnelles, cherchent leur recours contre la domination qui leur pèse. Si les monts Karpathes avaient pu servir de base d'opérations aux insurgés polonais et hongrois, qui peut assurer que la Pologne et la Hongrie n'auraient pas, avant de succomber, épuisé les forces de la Russie et de l'Autriche? Nous l'avons éprouvé nous-mêmes dans les Cevennes et dans le Bocage : il suffit de quelques partisans résolus pour tenir en échec les destinées de toute une nation.

Dans la guerre de montagne, la partie n'est jamais égale entre les belligérans, comme cela a presque toujours lieu dans la guerre de plaine. Pour l'un, les conditions de cette guerre sont tout entières dans l'organisation des moyens d'attaque; pour l'autre, elles sont dans l'organisation des moyens de résistance. Épuiser les forces et les ressources de l'agression par le génie de la défensive, telle est la loi du plus faible. Avoir raison des ressources de la résistance par l'emploi bien compris et opportun des forces de l'attaque, telle est la loi du plus fort. Purement défensive pour l'un, la guerre de montagne est essentiellement et impérieusement offensive pour l'autre. Ce n'est point, en effet, à ceux qui s'insurgent de vaincre l'armée qui les envahit; c'est sur celle-ci que pèse exclusivement la nécessité de la victoire. Tant que l'envahi résiste et se défend, c'est l'envahisseur qui est vaincu. Y a-t-il plus de génie militaire à vaincre qu'à résister? Je serais porté à le croire. Dans la guerre de montagne, du moins, c'est l'agresseur qui a contre lui les chances les plus défavorables. N'a-t-on pas vu les meilleurs généraux de l'Espagne se briser contre la force de résistance de Zumalacarregui dans la guerre de Navarre, et Mina lui-même, le héros de l'indépendance en 1812, perdre dans l'offensive contre les Navarrais la gloire qu'il avait acquise en résistant avec eux à l'invasion de nos armées? N'a-t-on pas vu aussi nos généraux, en Afrique, laisser l'Europe douter de la réalité de notre conquête jusqu'au jour où le maréchal Bugeaud trouva contre les Kabyles et les Arabes le système de guerre qui devait avoir raison de leur résistance?

Comme défensive, la guerre de montagne présente des avantages considérables au chef qui la dirige. C'est d'abord une population complice qui le seconde et l'approvisionne; c'est la connaissance des lieux qui lui permet tantôt d'éviter l'agresseur en le fatiguant, tantôt de le surprendre dans l'endroit et à l'heure propices, tantôt enfin de le forcer, par d'opportunes diversions, à diviser ses troupes pour l'atteindre en détail. C'est ce côté défensif de la guerre de montagne que nous montrent les campagnes de Zumalacarregui.

Comme offensive, au contraire, la guerre de montagne n'offre au général d'armée que peu de gloire à récolter et beaucoup de difficultés à vaincre. D'abord, telle est la nature de l'esprit humain que l'intérêt et les sympathies se portent invariablement du côté de celui qui se défend contre celui qui attaque. Pour celui-ci, la nécessité de pressurer les populations pour alimenter son armée et de sévir contre elles pour prévenir ou punir leur participation dans la guerre rend son rôle souvent odieux. Et puis, s'il ne connaît pas la contrée où il opère, il est presque toujours exposé à tomber dans une embuscade, à faire fausse route, à perdre ses convois. S'il subit un échec, l'opinion publique s'émeut et le change en désastre. Dans la perspective politique où il se trouve placé, un engagement de quelques compagnies produit l'effet d'une grande bataille, de même qu'un coup de fusil, répercuté par les rochers, produit l'effet d'un coup de canon. La condition de l'agresseur dans la guerre de montagne est de toujours vaincre, sans que la victoire soit jamais décisive avec un ennemi qui fuit, qui se dérobe et n'est jamais réputé vaincu tant qu'il résiste. Il lui faut cependant faire manœuvrer son armée à travers un pays accidenté avec la même précision que s'il était sur un seul champ de bataille; faute d'une direction intelligente et vigoureuse, une armée de vingt mille hommes qui serait, par exemple, divisée en cinq corps n'aurait pas plus d'action dans un pays de montagne qu'une armée de quatre mille hommes. Il faut tout calculer au plus juste, le temps, les distances et les ressources; il faut se montrer infatigable et toujours prêt au combat, afin d'enlever à l'ennemi l'envie de tendre des embûches et l'espoir des surprises, afin, en un mot, de le démoraliser par une initiative incessante. — Ce sont ces conditions de l'offensive qu'on a vu si admirablement remplies dans les campagnes du maréchal Bugeaud en Afrique.

Ces deux guerres de Navarre et de Kabylie peuvent être regardées comme deux grandes expériences militaires qui se complètent l'une par l'autre. Jamais cependant on n'a essayé de contempler d'ensemble la suite de combats et d'opérations variées dont les Pyrénées de 1833 à 1835 et l'Atlas de 1841 à 1847 furent le théâtre. Peut-être le moment est-il venu de s'élever à une vue plus complète de ces deux guerres, dont l'une n'est pas encore terminée, et dont l'autre pourrait bien recommencer : le rapprochement que nous essayons ne manque pas de quelque à-propos à l'époque agitée où nous sommes. Il y a d'ailleurs entre les Navarrais et les Kabyles de telles ressemblances de caractère, de mœurs et d'habitudes, qu'on les saisira sans qu'il soit besoin de les noter.

I.

·· On sait comment naquit en Espagne la guerre civile de 1833. Le mariage de Ferdinand VII avec Christine de Bourbon avait divisé la Péninsule en deux partis, les constitutionnels et les apostoliques, qui devinrent les *christinos* et les *carlistes*. La mort de Ferdinand, arrivée le 29 septembre 1833, donna le signal des hostilités. Pendant qu'on couronnait en toute hâte à Madrid la jeune Isabelle II, don Carlos, frère du roi défunt, retiré en Portugal auprès de son beau-frère don Miguel, lançait sur l'Espagne sa proclamation de prétendant, et ce manifeste, répandu à travers les provinces comme une traînée de poudre, amena aussitôt une explosion générale. Huit jours après, l'étendard de l'insurrection flottait sur toutes les montagnes en-deçà de l'Èbre. Vingt mille volontaires de la Biscaye et de l'Alava, commandés par les brigadiers Zavala et Urangua, étaient accourus à Bilbao et à Vittoria se ranger sous les ordres de Valdespina et de Vérastégui. Le général Santos-Ladron, que son grade militaire et la considération dont il jouissait dans les provinces désignaient comme chef de l'insurrection, venait également de soulever dans la Navarre tout le riche bassin qui s'étend de la région des montagnes d'Estella jusqu'à l'Èbre, et qu'on nomme la *Ribera* ou bassin de Navarre.

Cependant cette première levée de boucliers devait avoir une fin malheureuse et tragique. — Au moment où le vieux et habile général Saarsfield s'avançait contre l'insurrection à la tête d'un corps d'armée, le brigadier Lorenzo sortait de Pampelune avec sept ou huit cents hommes à la rencontre de Santos-Ladron. Il le trouva une première fois en arrière d'Estella; mais l'Arga, grossie par les pluies, séparait les combattans. Santos-Ladron se retira à Los Arcos, après avoir commis l'imprudence de diviser ses forces, en envoyant son lieutenant Iturralde à Lodosa avec un fort détachement. Le lendemain, il commettait une imprudence plus grande encore, en offrant le combat à Lorenzo avec des volontaires mal armés, point exercés et moitié moins nombreux que leurs adversaires. Aussi, ces volontaires ne songèrent-ils même pas à se défendre, et Santos-Ladron, hébété ou pris de vertige, se précipita, lui douzième, au-devant des christinos, qui le firent prisonnier. Santos-Ladron pris, l'insurrection n'avait plus de tête, et les nombreuses bandes qui venaient la grossir se dispersèrent, — les Navarrais dans les montagnes d'Estella, sous la conduite d'Iturralde, — les Castillans à Logroño, où ils s'enfermèrent, sous le commandement de Garcia.

Après Santos-Ladron, le seul homme sur lequel comptât l'insurrection était Eraso, ancien colonel des carabiniers de Navarre, licenciés après 1830; mais Eraso était en ce moment retenu prisonnier par le gouvernement français. L'exécution de Santos-Ladron, fusillé le 15 octobre 1833 dans les fossés de Pampelune, empêcha seule les volontaires d'Iturralde de se débander pour rentrer dans leurs villages. La nouvelle de cette mort tragique causa une sensation profonde dans toute la Navarre : elle réveilla les haines, arma les vengeances, ameuta les intérêts. Tous les hommes que leurs opinions carlistes mettaient en évidence, craignant le même sort que Santos-Ladron, allèrent au-devant du danger pour échapper à la persécution. Le lendemain, trois cents jeunes gens des premières familles de Pampelune rejoignirent les insurgés dans les défilés de la Berrueza. Une junte carliste, composée de personnages influens, s'était déjà réunie dans le village de Piédramilléra. Ce fut vers ce village que se dirigea, le 29 octobre, par une journée humide et sombre, un homme d'un certain âge, enveloppé d'un manteau gris-brun, qui cachait à moitié son costume militaire, et monté sur un petit cheval navarrais qu'il éperonnait avec impatience. Il était sorti le matin de Pampelune, à pied, le manteau sur les yeux pour n'être point reconnu, et les sentinelles des portes, voyant sa démarche fière et insouciante, n'avaient point osé l'arrêter au passage. Arrivé à Huerte-Araquil, il prit avec lui deux notables de ce village, et continua sa route avec eux. Le lendemain, ces trois hommes arrivaient au camp des insurgés.

Leur entrée à Piédramilléra fit une certaine sensation. Le manteau de l'inconnu, s'étant écarté, avait laissé voir aux soldats assemblés un costume de colonel de l'armée espagnole. Quelques officiers, qui l'avaient respectueusement salué au passage, avaient prononcé le nom de don Thomas Zumalacarregui : ce nom n'avait réveillé aucun souvenir dans la foule. Il fallut que les officiers racontassent aux insurgés les antécédens de ce colonel inconnu, comment les régimens qu'il avait commandés étaient toujours les mieux disciplinés et les mieux tenus, comment il avait été mis en retrait d'emploi en 1832, étant gouverneur du Ferrol, comment il avait été soumis à une enquête à cause de ses opinions royalistes, ce qui le décida à donner sa démission, et comment il avait obtenu, en juillet 1833, par la sollicitation de ses amis, de se retirer à Pampelune, sous la surveillance ombrageuse du gouverneur-général Sola, auprès de sa femme et de ses trois filles.

— Alors il est des nôtres? demandèrent les insurgés.

— Don Thomas est d'Ormaiztegui, en Guipuzcoa, à quelques lieues de chez nous, répondirent les officiers.

Aussi, lorsque Zumalacarregui sortit de chez Iturralde, où la junte s'était assemblée pour le recevoir, la foule acclama-t-elle don Thomas. Les insurgés, qui sentaient déjà que celui-là allait devenir leur chef, le regardèrent avec une attention respectueuse. C'était un homme de quarante-cinq ans (il était né le 29 septembre 1788), d'une taille un peu au-dessus de la moyenne, mais légèrement voûtée. De sa lèvre supérieure, fine et mobile, tombaient deux moustaches noires, qui allaient rejoindre des favoris peu fournis. Ses deux yeux, presque ronds et rapprochés, lançaient un regard pénétrant, tout chargé de commandement. Le trait le plus caractéristique de son visage pâle et régulier était un menton proéminent comme celui de l'empereur Napoléon, signe manifeste d'une volonté absolue et implacable. Tel était l'homme qui, des cendres presque éteintes de l'insurrection, allait faire jaillir un incendie qui devait embraser toute l'Espagne à quelques mois de là.

Pour le moment, Zumalacarregui partait avec les notables de la Navarre, chargé d'aller demander des secours aux insurgés de l'Alava et de la Biscaye, et de combiner avec eux des moyens d'action; mais le marquis de Valdespina et Vérastégui ne pouvaient rien pour Iturralde : ils se disposaient à abandonner l'un Bilbao, l'autre Vittoria, à l'approche des christinos. Ils refusèrent donc les secours, mais ils offrirent à Zumalacarregui de le prendre pour second. Or, il ne convenait à l'ancien colonel d'être le second de personne, ni de Valdespina ou de Vérastégui, qui étaient à peine des militaires, ni de Iturralde, qui avait un grade inférieur au sien. Aussi, à peine de retour au camp d'Arronitz, il dit aux officiers et à la junte : « Je veux commander ici. » Les officiers et la junte, déjà fatigués de l'inaction et de l'inexpérience d'Iturralde, élurent aussitôt Zumalacarregui d'une commune voix. Iturralde se récria, disant qu'il avait le premier levé l'étendard de l'insurrection avec Santos-Ladron, et que, ce général mort, le commandement lui revenait de droit, jusqu'à ce que le roi Charles V en eût décidé autrement. Il paraît même qu'en sa qualité de chef militaire, il envoya l'ordre à deux compagnies d'arrêter Zumalacarregui; mais le commandant Sarraza, le second d'Iturralde, fit aussitôt battre le rappel, rassembla les volontaires dans un champ, près du village, sur les bords de l'Éga, et, les mettant au port d'armes, il leur dit à voix haute : « Volontaires! au nom de notre seigneur le roi, le colonel don Thomas Zumalacarregui sera reconnu pour commandant-général intérimaire de la Navarre. » Et, avant de rengainer son épée, le commandant Sarraza ordonna aux deux mêmes compagnies qui devaient arrêter Zumalacarregui d'aller entourer le logis d'Iturralde et de le garder à vue. Les deux compagnies obéirent. Tout était dit. Ce fut une de ces révolutions de camp si familières aux soldats espagnols.

Le premier acte d'autorité de Zumalacarregui fut de choisir pour son second précisément Iturralde. Il déclara en outre qu'il était prêt à remettre le commandement au colonel Eraso, sitôt qu'il se présenterait. Puis, le nouveau commandant s'avança vers ses troupes, leur fit prendre les armes et passa la revue. Après la revue, Zumalacarregui leva son épée : les bataillons se formèrent en cercle autour de lui, et un profond silence s'établit. « Volontaires! dit le général d'une voix forte et pleine d'autorité, vous avez eu jusqu'ici deux réaux de paie : à partir de demain, vous n'en aurez qu'un. Notre trésor est vide; mais je prends votre solde sous ma responsabilité. Beaucoup d'entre vous n'ont pas de fusil, et la plupart de ceux qui ont des fusils n'ont pas de baïonnettes pour combattre de près, ils n'ont aussi ni poudre ni balles pour combattre de loin : vous n'êtes donc pas armés, vous êtes à peine vêtus, et voici l'hiver ! Les montagnes dans lesquelles il faudra nous retirer pour échapper à l'ennemi, jusqu'à ce que vous soyez en mesure de le combattre, seront bientôt couvertes de neige, et il vous faudra y supporter le froid et la faim, car vos villages seront incendiés et vos enfans seront égorgés, à moins que vous ne restiez unis pour résister d'abord et vous venger ensuite : c'est une guerre sans rémission qu'on vous fera et que vous devrez rendre; êtes-vous prêts? » Une immense acclamation suivit ces paroles étranges, et Zumalacarregui reprit d'une voix plus éclatante : « Eh bien! si, pour défendre vos foyers, pour protéger vos familles, pour soutenir votre sainte cause, vous ne reculez ni devant les privations, ni devant les fatigues, ni devant le danger, je vous ferai trouver tout ce qui vous manque, munitions, équipemens et vivres. Je vous montrerai comment on se glisse au milieu des bataillons pour les disperser; je vous dirai où il faut se cacher pour les surprendre, où il faut courir pour enlever leurs convois. Ce n'est point une guerre à ciel ouvert que je vous propose; vous y seriez vaincus : c'est une guerre de ruses, de marches forcées et d'embuscades. Vous n'avez ni poudre, ni fusils, ni canons, comme vos ennemis; vous n'avez qu'un moyen de vous en procurer : c'est de les prendre sur vos ennemis. Je vous demande une obéissance absolue, une confiance sans bornes : je ne vous promets rien que des nuits sans sommeil, des journées sans repos, des fatigues sans nombre; mais je vous conduirai, Dieu aidant, à la gloire et au triomphe. Acceptez-vous? » Les volontaires navarrais lancèrent en l'air leurs berrets ronds, et leurs cris d'enthousiasme remplirent les échos de la montagne et de la vallée. Ces paysans sans armes demandaient à courir sus aux christinos; ils étaient quinze cents à peine!

Par ce rude programme, on peut déjà se figurer ce que sera la lutte. Le théâtre de la guerre n'est pas moins bizarre que le plan de campagne : il n'a guère plus de vingt lieues d'étendue en long et en large. C'est la Navarre, et plus particulièrement cette partie de la Navarre dont Pampelune est le centre. Cette province de Navarre, qui s'intitule royaume, quoiqu'elle n'ait pas plus de deux cent cinquante mille habitans, est une grande masse de montagnes où les vallées ont peine à trouver d'abord une issue, et filtrent, pour ainsi dire, entre les sierras qui les pressent, comme des ruisseaux qui élargissent leur lit à mesure qu'ils avancent, jusqu'à ce qu'enfin elles se réunissent, après avoir couru en tous sens, en un grand bassin qui s'incline vers l'Èbre, et qui est circonscrit de l'est à l'ouest par le cours de trois rivières, l'Aragon, l'Arga et l'Éga : c'est la Ribera. Chaque fissure de montagne forme donc une vallée de trois, quatre ou six villages, suivant son étendue. Ce sont le Bastan et ses annexes, au nord; puis, en descendant au sud, Lanz, Erro, Roncevaux, Ayescoa, Salazar, Roncal, etc.; enfin les Amescoas, Borunda, Berrueza, Solana, Guezalaz, Araquil, etc. En inclinant à l'ouest, de Pampelune à Vittoria, on trouve cette fameuse route qui rejoint les deux plaines au bord desquelles sont assises les deux capitales de la Navarre et de l'Alava, et où nous allons retrouver ces mêmes guerrillas si funestes à nos convois durant notre guerre en Espagne. Les Navarrais qui habitent ces villages perdus au sein des montagnes sont des cultivateurs paresseux et des soldats infatigables. Tant qu'ils ne sont pas sollicités par des distractions excessives ou par des dangers incessans, rien ne peut les arracher à leur indolence. Sobres comme des Arabes, ils passeront des journées entières sans manger, en fumant des cigarettes; mais qu'une fête locale arrive, ils la feront durer quatre et cinq jours, au milieu de festins qui dureront quatre et cinq heures. Contrebandiers quand ils ne sont pas soldats, ils ne songent pas au gain, ils ne rêvent que l'aventure. Pendant ce temps, ils laissent leurs femmes cultiver le champ qui doit les nourrir, et l'on a remarqué que la Navarre n'est jamais mieux cultivée que lorsque les hommes ont pris le mousquet. Jaloux de leur indépendance, ils tiennent à leurs coutumes locales, à leurs *fueros,* comme à une superstition. « Libres comme le roi, » disent-ils d'eux-mêmes: aussi aiment-ils le roi, mais le roi libre, *el rey netto,* comme le patron naturel de leurs propres libertés : seulement, à ce roi qu'ils proclament comme un principe absolu, ils refusent sur eux le droit d'impôt et le droit de service militaire.

En stimulant leur fierté et leur orgueil, on peut les rendre capables de tous les héroïsmes; mais ils ne feront rien au nom de la discipline. Quelques jours après son avénement, Zumalacarregui voulut les conduire dans la Ribera pour stimuler l'émulation insurrectionnelle des habitans; mais ils s'habituèrent si bien aux doux fruits de la plaine, au vin généreux de Péralta, à l'hospitalité prodigue qui les accueillait partout, que l'autorité de leur chef fut complétement méconnue lorsqu'il donna l'ordre du départ. Il fallut que Zumalacarregui, pour les entraîner, leur dît qu'il y avait des insurgés à secourir et des christinos à surprendre. Les Navarrais ne comprennent point l'honneur militaire comme les soldats d'une armée ordinaire; ils ne mettent même aucun scrupule à fuir devant l'ennemi au milieu du combat. Ce n'est pas qu'ils redoutent le danger : ils ne veulent point qu'il soit dit qu'ils ont eu le dessous dans la lutte; ils trouvent la fuite moins déshonorante qu'une défaite. Lorsque vous les croyez en déroute, ils cherchent un endroit plus avantageux pour y attendre leurs adversaires. Faites-leur espérer l'*honneur* de vaincre, ils feront vingt lieues tout d'une traite pour atteindre le lieu de la rencontre. Sans cela, ils se débanderont et rentreront chez eux, jusqu'à ce qu'un intérêt commun de vengeance, remplaçant l'espoir de la victoire, les rassemble de nouveau. Certes, les exécutions faites dans les villages carlistes par les christinos ont autant contribué à ranimer l'insurrection que le prestige exercé par Zumalacarregui sur les insurgés.

Ce qu'il y a de force native et de grandeur primitive dans la population vasco-navarraise fournirait d'innombrables thèmes à une épopée héroïque digne du *romancero*. Il arrivait souvent, dans la dernière guerre civile, que des mères, après avoir perdu un mari et un fils, venaient solliciter du général, au nom des malheurs déjà éprouvés, l'honneur de sacrifier leur dernier enfant à la cause commune. Et ce père qui disait à son fils, qu'on lui rapportait mourant sur la route de Saint-Sébastien : « *Je me réjouis* de te voir mourir pour notre cause, » est connu de toute l'Europe. Ces hommes énergiques apportent du reste le même stoïcisme de sentiment dans la joie que dans la douleur. On se figure peut-être que, durant les calamités et les horreurs de la lutte contre les christinos, l'aspect de cette population a dû être morne et désolé; au contraire, jamais les habitans de la Navarre ne furent plus gais et plus enclins aux réjouissances. Il n'était pas rare de voir des villes et des villages, que les *peseteros* et les carabiniers christinos venaient de mettre à sac le matin, secouer le soir même leurs cendres et voiler leurs désastres pour accueillir en habits de fête les volontaires carlistes qui s'avançaient. Les rues se jonchaient de fleurs, les fenêtres étaient pavoisées, on agitait les écharpes et les mouchoirs, et, la nuit venue, les doux refrains et les bruyantes *rondas* réveillaient partout les échos réjouis. C'était alors une fureur d'amusemens et de plaisir, devenue plus ardente entre les massacres de la veille et les dangers du lendemain. La guerre a passé bien des fois sur cette contrée sans en altérer le caractère primitif. La population vit dans la guerre civile comme dans son élément. Elle y est si bien habituée, qu'elle subsiste uniquement de quelques galettes de sarrasin avec du piment et des oignons, tant que durent les hostilités, afin d'être toujours en mesure de fournir assez de rations aux deux partis qui se disputent la victoire.

Naturellement, les femmes sont constamment mêlées à tous les actes de cette existence pleine d'émotions et de dangers. Braves et fortes comme des hommes, les Navarraises sont sensibles et dévouées comme des héroïnes de roman. Bien des fois les jeunes filles demandaient pour époux des soldats blessés, uniquement parce qu'ils avaient reçu de belles blessures, et rarement les parens refusaient de souscrire à ces singulières exigences de patriotisme amoureux. Outre qu'elles labouraient la terre pendant que les hommes se battaient, les femmes avaient souvent pour mission de conduire des convois : on les voyait
μ ᵗ   sur les champs de bataille, à travers les balles, pour enlever les

blessés, pour porter des rafraîchissemens ou distribuer des cartouches
aux combattans et les exalter par leur présence. Combien de fois Zumalacarregui n'a-t-il pas dû la victoire à leur intervention dans le
combat !

Zumala comprit fort bien tout ce que la Navarre, hommes et pays,
présentait d'inconvéniens et d'avantages. Il se mit immédiatement en
mesure de parer aux uns et de profiter des autres. Outre les jeunes
gens disponibles pour la guerre, il y avait en Navarre les vétérans de
la guerre de 1812 et ceux de l'armée de la Foi de 1823. De ces vieux
guerrilleros, les uns avaient été incorporés dans les *terceiros* ou milice
provinciale, les autres s'étaient faits ou douaniers ou contrebandiers.
C'est avec ces deux élémens des vieilles guerres que Zumalacarregui
forma les premières compagnies de son fameux bataillon des Guides
de Navarre, qui servit toujours d'escorte au général, laissant du sang
à tous les combats et se renouvelant régulièrement tous les quatre
mois par la mort, soldats et officiers. Ces compagnies d'élite, toujours
tenues au grand complet, furent constamment lancées à travers les
colonnes de l'armée christine, et les détruisirent successivement en
s'épuisant elles-mêmes à mesure, de telle sorte que de huit cents
hommes dont le bataillon fut composé, au bout de deux ans il n'en
restait peut-être pas vingt de la première formation.

L'admission dans les cadres de ce bataillon d'élite fut considérée
comme une récompense militaire durant tout le cours de la guerre.
Les cadres en furent successivement remplis avec les volontaires qui
se distinguaient dans les autres bataillons, avec les sous-officiers
christinos faits prisonniers ou transfuges, et que Zumalacarregui in-
corporait seulement comme simples soldats. Lorsqu'un officier avait
démérité dans l'armée carliste, Zumala le rejetait également sans
grade dans les compagnies des Guides. Une fois lancé par le général,
qui le tenait pour ainsi dire à la main, ce bataillon ne revenait jamais
sans avoir fait sa trouée dans les rangs ennemis, pareil à cette fameuse
colonne de Maison-Rouge qui laboura l'armée anglaise à Fontenoy,
comme un boulet de canon.

Outre les Guides, Zumala forma trois autres bataillons de Navarre.
Les cadres de ces bataillons furent bientôt remplis, car on s'était aperçu
en Navarre qu'un véritable homme de guerre présidait à l'organisation des bandes insurgées. Tout cela donna au général carliste un effectif de trois mille hommes. C'était autant qu'il en fallait pour commencer à tenir la campagne en partisan dans un pays aussi accidenté
que la Navarre. Du reste, il est à remarquer que Zumalacarregui n'opéra
presque jamais avec plus de trois mille hommes, bien que ses succès
lui aient permis de disposer plus tard de plus de trente mille soldats.
Il disait même, dans l'hypothèse d'une intervention française qu'il

redoutait, qu'il licencierait dans ce cas toute son armée, pour tenir les
montagnes avec son bataillon des Guides et cinq autres bataillons,
comme l'avait fait Mina lors de la guerre de l'indépendance. Dans de
pareilles guerres, c'est l'exiguïté même des moyens employés qui fait
souvent la grandeur des résultats obtenus. C'est avec moins de trois
mille hommes que Mina, El Manso et El Pastor (Jauregui) ont para-
lysé tous les efforts des triomphantes armées de Napoléon.

Avec trois mille hommes, Zumalacarregui pouvait disposer de l'ennemi à son gré; avec trente mille hommes, c'est l'ennemi qui aurait
disposé de lui. Les populations se seraient vite-épuisées à nourrir une
armée de trente mille hommes, et, pour s'en débarrasser plus tôt, elles
l'auraient trahie : cette armée, dans de pareilles conditions, n'aurait
point été libre de refuser la bataille; elle aurait été obligée d'attaquer
l'ennemi sur son terrain pour ne point peser trop long-temps sur
une population appauvrie. Inférieure par l'armement et la discipline
à une armée régulière, la défaite pour elle aurait précédé le combat.
C'est ce qui allait arriver précisément aux volontaires des provinces
basques, qui, agglomérés au nombre de vingt mille à Oñate, se dispersèrent à l'approche de la petite armée de Saarsfield et tombèrent, détachemens par détachemens, aux mains des cavaliers qui les poursuivirent. Avec trois mille hommes, au contraire, répartis par compagnies
ou par bataillons dans les vallées, Zumalacarregui devenait insaisissable
et faisait à ses adversaires plus puissans une nécessité de le poursuivre,
sous peine de voir l'opinion publique se déchaîner contre eux. Il ménageait ainsi, en se les conciliant, les contrées que ses adversaires épui-
saient, et, toutes les fois qu'il avait besoin d'un engagement pour remonter le moral de l'insurrection, il pouvait attirer les ennemis sur le
terrain qu'il avait choisi dans une contrée où les positions militaires
abondent sur tous les chemins, défilés déjà célèbres, lieux d'embuscade
inévitables: Salinas, Borunda et Lecumbéri, sur la route de Pampelune
à Vittoria; Carascal, sur la route de la Ribera; Peña-Serrada, aux avenues de Logroño; Pencorbo, sur la route de Vittoria à Burgos; les Deux-
Sœurs, sur la route de Saint-Sébastien, etc.

Zumalacarregui, connaissant bien le terrain, résolut donc de forcer
les constitutionnels à obéir, sans qu'ils s'en doutassent jamais, au plan
de campagne qu'il s'était lui-même tracé. En résumé, ce plan consistait
à détruire en détail l'armée ennemie tout en ayant l'air de se faire
battre par elle. Il sut attirer les christinos après lui en leur laissant
toujours les honneurs du champ de bataille. Plusieurs fois on put
croire à Madrid que l'insurrection était finie; mais, le lendemain, on
apprenait avec étonnement qu'un régiment égaré avait été écrasé dans
une embuscade par un ennemi invisible, qu'un convoi avait disparu
on ne savait comment, qu'une garnison s'était révoltée parce qu'elle

n'avait point reçu de ravitaillement. Un jour, on publia à Vittoria l'importante nouvelle de la destruction complète des insurgés, dont les misérables restes s'étaient, après leur déroute, dispersés dans les montagnes. Zumalacarregui apprit aussitôt ce bruit par ses espions : toute une population était complice de cet espionnage. Le lendemain, il faisait irruption sur Vittoria étonnée et confondue; peu s'en fallut même qu'il ne s'en rendît maître. Vittoria dut son salut à un petit clairon : les volontaires, entendant une fanfare hostile, craignirent d'être enveloppés et s'enfuirent; mais l'effet était obtenu. Il fallut bien se remettre à la poursuite de cet ennemi qu'on disait détruit. Alors Zumalacarregui, attirant les christinos sur la trace d'un de ses détachemens, se portait avec le reste de ses troupes sur un point éloigné pour y faire un coup de main, ou bien il surprenait les derrières de l'ennemi par une contre-marche rapide. Un combat s'ensuivait. Les christinos conservaient le champ de bataille et dataient de leur bivouac leur bulletin de victoire; mais Zumalacarregui leur emportait en fuyant quelques fusils et quelques paquets de cartouches dont il avait besoin; le lendemain, il se faisait encore battre plus loin, mais toujours à leurs dépens.

D'ailleurs, le chef carliste n'aurait pu tirer aucun parti d'une victoire complète dans la pénurie de ressources où il était. Aussi mit-il tout son génie militaire à choisir si bien le lieu du combat, qu'il pût toujours retirer ses troupes sans encombre, une fois les bénéfices du combat obtenus. Ses dispositions étaient toujours si bien prises, que tout le servait, même le hasard, que tout lui profitait, même la défaite. Lorsqu'il prit le commandement des bandes fugitives de Logroño, tout était à organiser, tout était à créer, hommes et ressources. Il prit tout sur lui; mais il voulut savoir du premier coup s'il pouvait compter sur ses troupes. C'est pourquoi il leur tint le rude et terrible discours que nous avons cité. L'argent, ce nerf de la guerre, manquait absolument; par conséquent, le nouveau chef ne pouvait rien tirer de l'étranger, ni les munitions, ni les vivres, ni l'équipement dont ses soldats improvisés étaient dépourvus, et que la province était trop pauvre pour leur fournir. Il fallut tout prendre sur l'ennemi, comme il l'avait dit. Pour cela, le hardi partisan ne pouvait compter sur des recrues, sans discipline pour résister, sans armes pour attaquer, et qu'il fallait peu à peu habituer au feu, afin de les aguerrir sans les rebuter. Il appela donc à lui d'abord les vieux contrebandiers et douaniers (*aduaneros*) que la guerre allait laisser sans ouvrage; il les distribua par *partidas* de douze et quinze hommes autour des villages occupés par les christinos, avec ordre d'enlever les soldats égarés, de tirailler sur les flancs des colonnes ennemies en se cachant derrière des rochers inaccessibles, et surtout d'empêcher les maraîchers d'apporter aucun approvisionnement aux garnisons isolées. Ces limiers étaient si bien dressés, que bientôt les christinos se virent forcés d'employer des colonnes de mille et de quinze cents hommes pour protéger le ravitaillement d'une garnison de deux ou trois cents hommes, ou bien d'abandonner les villages occupés. Dans le premier cas, les convois étaient inévitablement attendus aux défilés des routes et des sentiers; dans le second cas, c'était à Zumalacarregui que les villages évacués par les garnisons tenaient compte de leur délivrance, ce qui augmentait son prestige en agrandissant proportionnellement ses moyens d'action.

Dans la guerre de montagne, il est rare qu'on ait à combattre en ligne. Aussi est-il avantageux de fractionner le commandement, afin de laisser aux corps détachés plus de liberté d'action. C'est ce que Zumalacarregui a compris mieux qu'aucun autre homme de guerre. Il prit pour cadre d'organisation le bataillon à la place du régiment; il habitua même les compagnies à se mouvoir hors du cadre du bataillon, en donnant aux capitaines une responsabilité relative plus grande, de telle sorte que les compagnies ne se démoralisaient jamais dans une retraite, quand elles se trouvaient séparées de leur corps principal. C'est cette organisation par bataillon que nous avons adoptée nous-mêmes, lorsque nous avons formé les chasseurs de Vincennes en vue d'une guerre dans la Kabylie. Et, pour le dire en passant, cette organisation spéciale a déjà produit des résultats si avantageux, qu'avec les chasseurs de Vincennes, la France n'aurait plus à craindre, dans une guerre de Navarre, de voir se renouveler les désastres de l'empire.

Zumalacarregui avait adopté, pour l'équipement de ses bataillons, à la place de la giberne, une boîte à cartouches fixée sur le devant, de façon à éviter la gêne que cause la giberne au tirailleur, soit dans la marche, soit pour la prise de la cartouche. Il avait aussi bruni le canon des fusils, dont l'éclat trahit souvent le soldat dans une marche de nuit ou dans une embuscade. C'est pour ce même motif sans doute qu'au lieu du shako, il conserva à ses volontaires le berret rond national ou *boïna*. Les volontaires carlistes, ainsi équipés, firent souvent des marches de quinze lieues, au cœur de l'hiver, sans autre chaussure que l'*alpargata,* sandale à semelle de chanvre nouée à la cheville par des rubans de laine.

On connaît maintenant la scène, les acteurs et le plan de ce drame militaire. Il ne reste plus qu'à voir Zumalacarregui à l'œuvre.

II.

Les insurgés des provinces basques, chassés de Vittoria et de Bilbao par Saarsfield, dispersés à Oñate presque sans combat, vinrent cher-

cher un refuge auprès de Zumalacarregui, dans les défilés de la Borunda. La déroute de ces vingt mille volontaires frappa de stupeur les
provinces insurgées; mais elle ne fit que confirmer le nouveau chef
de l'insurrection navarraise dans le projet qu'il avait arrêté de n'agir
qu'avec de petits corps détachés contre les troupes régulières des christinos. Il refusa donc la coopération des fugitifs d'Oñate, leur conseilla de
retourner dans leurs districts respectifs et de s'y tenir en armes; puis,
avec ses trois bataillons à peine formés et ses deux compagnies des
Guides, il attendit l'arrivée de Saarsfield sur la route de Pampelune.

Le vieux général Saarsfield était le plus habile militaire de toute la
Péninsule. Le plan de campagne qu'il avait conçu contre les carlistes
inquiétait beaucoup Zumalacarregui; heureusement pour le chef carliste, il avait été seul à le comprendre. Ce plan consistait à laisser l'insurrection se développer, et à attendre que les insurgés, devenus plus
entreprenans par l'inaction même de leurs adversaires, se fussent mas-
sés sur un centre d'opérations où l'on pût tomber sur eux et les détruire du premier coup. Ce plan avait déjà réussi contre les insurgés
de la Vieille-Castille, et venait de réussir également contre les insurgés
des provinces basques. Peut-être aurait-il réussi même contre Zumalacarregui, si l'impatience du gouvernement de Madrid et les criaille-
ries des journaux n'eussent forcé Saarsfield à donner sa démission.

Au lieu de disputer le passage du ravin d'Etcharri-Aranaz à Saarsfield, qui s'avançait vers Pampelune, où il devait abandonner le commandement de l'armée à son successeur, le général Valdès, — Zumalacarregui battit en retraite sans combattre. Les christinos se mirent à
sa poursuite. C'est ce qu'il voulait : il lui importait de n'être pas laissé
tranquille, afin d'épuiser l'ennemi dans des fatigues vaines; mais la
neige tombait, le temps était affreux, on était en plein décembre :
aussi, malgré la bonne volonté que le chef carliste mit à se faire poursuivre, les christinos perdirent ses traces.

Saarsfield entra à Pampelune; à peine installé, il dut en sortir : Zumalacarregui venait de lui être signalé entre Puente-la-Reyna et Estella,
à Dicastillo, dans la vallée de la Solana sur le versant méridional du
Montejurra. Alors seulement le vieux général constitutionnel comprit
à qui il avait affaire. Zumalacarregui le fatigua pendant trois jours à sa
poursuite par des marches et des contre-marches merveilleuses, échappant aux atteintes de son ennemi, tout en se tenant constamment à sa
portée, reparaissant aux endroits où Saarsfield l'avait cherché la veille,
ayant l'air de le poursuivre lui-même lorsqu'il ne cherchait qu'à l'é-
viter. Cette course de trois jours au cœur de l'hiver, dans laquelle les
deux généraux avaient lutté d'habileté, mit sur le flanc la colonne
poursuivante, et l'on calcula que Saarsfield avait fait deux fois plus
de mouvemens que son adversaire. Le vieux général, bien édifié sur le

compte de Zumalacarregui, revint à Pampelune pour n'en plus sortir, laissant le commandement de sa division à Lorenzo.

Après avoir prouvé qu'il savait échapper à ses adversaires, Zumalacarregui devait prouver qu'il pouvait les combattre et qu'il saurait les vaincre. Son ascendant sur les insurgés était à ce prix. Il se résolut donc à un engagement, et il attira sur le terrain qu'il avait choisi la colonne de Lorenzo, que le colonel Oraa venait de rejoindre avec une division de l'armée d'Aragon. Dans cet engagement, il savait bien qu'il serait vaincu; il prit même ses dispositions pour ne point garder le champ de bataille, s'il était vainqueur. Il regardait par-delà le combat, comme on va le voir. L'endroit qu'il avait choisi semble avoir été de tout temps prédestiné aux batailles. C'est Asarta, dans la vallée de Berrueza, sur une route dominée par des rochers couverts de bois et qui débouche au pont d'Arquijas sur l'Ega. Cette position avait été déjà fatale, d'abord à Mina qui en avait été rudement chassé par les Français durant la guerre de l'indépendance, puis à Quesada, qui y avait été vaincu par les constitutionnels en 1822. Zumalacarregui devait lui-même y retourner trois fois avec des fortunes diverses.

Cette fois, le combat s'engagea le 29 décembre 1833, par une matinée pure et brillante. S'il ne fut pas long, les volontaires du moins se battirent plus résolûment peut-être que leur chef ne l'espérait : ils tinrent ferme jusqu'à ce que leurs cartouches furent épuisées. Alors Zumalacarregui, avant qu'ils fussent entamés, les fit replier en bon ordre derrière le pont d'Arquijas, d'où il les conduisit dans la vallée des Amescoas. Il savait fort bien que les christinos n'oseraient l'y suivre. Lorenzo n'en publia pas moins un bulletin triomphant. L'exagération était habituelle aux deux partis : si tous les soldats portés comme morts par les généraux espagnols dans leurs dépêches avaient été réellement tués dans les batailles, la population tout entière de l'Espagne n'aurait pas suffi à cette guerre civile.

Comme Lorenzo et Oraa n'avaient pas poursuivi les carlistes dans les Amescoas, et qu'au contraire ils étaient restés deux jours après la bataille avant de rentrer à Los Arcos, l'effet moral du combat d'Asarta ne manqua pas de tourner en faveur de Zumalacarregui. Ce qu'il avait prévu arriva. Après l'engagement d'Asarta, de nouveaux volontaires vinrent le joindre de tous côtés à Guezalaz, au-dessus d'Estella, et les riches propriétaires des vallées, qui jusque-là s'étaient tenus à l'écart, s'engagèrent enfin dans une cause qui promettait d'être si bien défendue.

Les premières opérations de Zumalacarregui eurent pour résultat à Madrid la chute d'un ministère, le rappel de Saarsfield, une levée de vingt-cinq mille hommes. — Une nouvelle campagne allait s'ouvrir avec l'année 1834. Le général carliste avait pris pour quartier de ré-

serve les Amescoas, étroite vallée encaissée entre deux sierras et protégée de tous côtés par des défilés dangereux. Cette vallée, renfermant
dix hameaux, est située entre Pampelune et Salvatierra, à trois lieues
de l'une et de l'autre ville, à la même distance d'Estella et à six lieues
de Vittoria. De là, Zumalacarregui pouvait facilement rayonner sur
tous les centres d'opération de ses adversaires sans courir lui-même le
risque d'être écrasé dans sa retraite.

Le commandant en chef Valdès, croyant que l'intention des insurgés navarrais était de porter le théâtre de l'insurrection sur la Basse-
Navarre, qui s'étend de Pampelune à l'Èbre, envoya de Vittoria l'ordre
à Lorenzo et Oraa de couvrir la ligne de Puente-la-Reyna et d'Estella. Le
projet de Zumalacarregui était, au contraire, de porter le centre de
ses opérations du côté de Lumbier, sur le terrain plus couvert des vallées intérieures. Aussi, pendant que l'ennemi était occupé aux travaux
de la défense du côté d'Estella, Zumalacarregui fit une pointe rapide
vers le nord, rallia aux intérêts de l'insurrection les vallées de Salazar,
d'Ayescoa et de Roncal, qui jusque-là avaient résisté, et revint à Lumbier, où il prévoyait que l'ennemi accourrait à sa rencontre. Les vallées que le chef carliste venait de désarmer et de soumettre en passant
pouvaient, comme les Amescoas, devenir un lieu de refuge pour les
insurgés; elles avaient déjà rempli le même office pour les volontaires
de 1811 et de 1822; elles avaient en outre pour Zumalacarregui l'avantage de couvrir la vallée du Bastan, où il envoyait ses recrues, ses dépôts, et où siégeait la junte insurrectionnelle de Navarre, sous la protection des volontaires du brigadier Sagastibelza.

A Lumbier, Zumalacarregui se joua des poursuites de Lorenzo et
d'Oraa, comme il s'était joué de la poursuite de Saarsfield à Dicastillo,
de telle sorte que les colonnes christines, attirées sans cesse par l'appât d'une rencontre toujours évitée, rentrèrent dans leurs cantonnemens plus épuisées par la fatigue, plus maltraitées par les neiges et
les privations qu'elles ne l'auraient été par une déroute. Dans le même
temps qu'il amusait l'ennemi au moyen des deux colonnes volantes de
Zubiri et d'Iturralde, Zumalacarregui, à la tête d'un troisième détachement qu'il avait su rendre invisible, s'emparait dans l'Ayescoa de
la fabrique d'Orbaiceta, qui lui livrait un canon, deux cents fusils et
cinquante mille cartouches.

Il en sera toujours ainsi avec cet homme extraordinaire. Ce n'était
point seulement pour fatiguer ses adversaires qu'il imaginait ses marches et contre-marches fabuleuses; c'était tantôt pour éloigner l'ennemi du point qu'il voulait précisément attaquer et surprendre, tantôt
pour revenir le soir au même village d'où les christinos l'avaient chassé
le matin, de façon à faire croire aux populations qu'il les avait vaincus
dans l'intervalle, — tantôt pour déjouer une combinaison stratégique

concertée entre les chefs des colonnes ennemies. Une fois qu'il était parvenu à mettre ainsi de la confusion dans les mouvemens de ses adversaires, Zumalacarregui exécutait une de ces marches de nuit que des Navarrais seuls peuvent faire, et qui le portaient souvent à quinze lieues de l'endroit où il avait été vu la veille. C'est alors que les garnisons surprises tombaient en son pouvoir, que Vittoria épouvantée se barricadait dans ses rues envahies; c'est alors que les riches villages de l'Èbre, qui pouvaient se croire hors d'atteinte, voyaient leurs greniers pris d'assaut par un ennemi venu on ne savait d'où.

Bientôt les christinos furent si bien démoralisés par les changemens à vue qu'opérait le chef carliste, que, lorsqu'ils remportaient sur lui un avantage, ils n'osaient jamais profiter de la victoire en le poursuivant dans sa retraite, dans la crainte où ils étaient que cette retraite ne fût une embûche ou un stratagème préparé. Il faut dire aussi que Zumalacarregui fut merveilleusement aidé contre ses adversaires par une population dont chaque membre était un espion et un messager. Il y avait dans tous les villages une véritable conscription de messagers : chacun devait partir à son tour lorsqu'une dépêche arrivait. Le transport de ces dépêches, venant du camp carliste ou y allant, se faisait ainsi de village en village avec une rapidité merveilleuse. Zumalacarregui était toujours averti à temps des mouvemens de l'ennemi, et il était sûr que les ordres qu'il avait à transmettre au loin arriveraient à propos et fidèlement. Il n'y a pas d'exemple qu'un seul de ces messagers volontaires ait trahi. Un fait prouvera jusqu'à quel point allait cette obéissance fidèle des contrées insurgées. — Zumalacarregui fit une circulaire aux municipalités, par laquelle il défendait, sous peine de mort, de donner aucun avis, soit verbal, soit écrit, aux christinos. Tout individu aux mains de qui tomberait cette circulaire était tenu de la signer pour prouver qu'il en assumait la responsabilité. Eh bien ! cette circulaire passa dans tous les villages occupés par les christinos; elle pénétra même dans le Haut-Aragon, et elle revint aux mains de Zumalacarregui couverte de signatures. Aucun n'avait refusé cette responsabilité qui pouvait le perdre, et personne ne s'était rencontré pour livrer à l'ennemi ceux qui avaient signé.

Ainsi, le chef carliste savait toujours où trouver ses ennemis, tandis que ceux-ci étaient dans une ignorance complète à son égard. Il pouvait même pénétrer souvent dans leurs desseins par l'interception de leurs dépêches. Ces dépêches, en effet, tombaient presque toujours dans ses mains, soit qu'elles lui fussent livrées par les messagers même des christinos, soit qu'elles fussent interceptées par les *aduaneros* qu'il avait répandus dans le pays par *partidas* de douze ou quinze hommes. Ces *aduaneros* ne rendirent pas seulement à Zumalacarregui le service de bloquer les villages occupés par les christinos et de surveiller la marche de leurs colonnes : le chef carliste les envoyait souvent, au milieu de la nuit vers le bivouac ennemi pour réveiller à coups de fusil les christinos, déjà harassés par les combats et la marche de la journée. Ceux-ci, croyant à une attaque nocturne, passaient alors toute la nuit sous les armes. C'est par tous ces moyens que Zumala parvint à donner les proportions d'une guerre sérieuse à ce qui n'aurait été sans lui qu'une *guerrilla* inconsistante.

Valdès était venu en aide à ses deux lieutenans découragés; mais il ne fut pas plus heureux qu'Oraa et Lorenzo : il ne put jamais parvenir à entamer Zumalacarregui, malgré tous ses efforts et ses grands déploiemens de force. Devant ses insuccès et les attaques dont il était l'objet de la part des journaux de Madrid, il dut se retirer, comme son prédécesseur Saarsfield; Quesada lui succéda. Valdès disposait de douze mille hommes; on en donna vingt mille à Quesada. Par cette augmentation successive de forces, on peut comprendre quels progrès avait faits l'insurrection.

Quesada venait de pacifier la Vieille-Castille, qu'il commandait comme capitaine-général. Il avait déjà ouvert des correspondances avec les provinces insurgées, où ses antécédens royalistes lui avaient créé de nombreuses relations. Quesada, en effet, avait commandé en 1821 comme général apostolique ces mêmes insurgés qu'il venait combattre aujourd'hui comme général constitutionnel. Les principaux chefs de l'insurrection actuelle, Zumalacarregui, Eraso, Iturralde, Saraza, Gomez, Goñi, avaient servi sous ses ordres, et Quesada avait fait espérer au gouvernement de Madrid que ses anciens lieutenans reconnaîtraient sa voix et subiraient son influence. Ce fut là ce qui décida sa nomination au poste de général en chef de l'armée du nord, à la place de Valdès.

Voici quelle était la position des carlistes au moment où Quesada ouvrit la campagne du printemps de 1834 : aux trois divisions de Linarès, d'Oraa et de Lorenzo, fortes de dix mille hommes, Zumalacarregui avait à opposer les cinq bataillons de Navarre, les Guides et trois cents chevaux, en tout quatre mille hommes environ. Il correspondait en Guipuzcoa avec Guidebalde, qui avait trois bataillons à opposer aux *peseteros* et *chapelgorris* de Jauregui (El Pastor), si fameux par leurs déprédations et leurs excès; en Alava et en Biscaye, il correspondait avec Uranga, Villaréal et Zavala, qui disposaient de dix bataillons contre les forces supérieures d'Espartero, d'Iriarte et d'Osma. Les christinos avaient en outre les garnisons des places fortes et deux corps d'observation sur l'Èbre et sur l'Aragon.

Quesada prit l'offensive en se portant sur Lumbier avec toutes ses forces. C'était dans les premiers jours de mars. Zumalacarregui engagea son adversaire à la poursuite de la division Eraso, qui se dirigea vers le Bastan, tandis que lui-même se faisait poursuivre vers Estella par la division Lorenzo. Quesada apprenait, quelques jours après, la défaite de Lorenzo, que Zumalacarregui poursuivit l'épée aux reins jusqu'aux portes d'Estella; mais à peine le général christino, revenant sur ses pas, eut-il rejoint Lorenzo, qu'il apprenait de nouveau l'irruption de son adversaire sur Vittoria. Zumalacarregui avait fait dix-huit lieues dans la nuit. Pendant qu'on le cherchait dans l'Alava, Zumalacarregui était déjà à l'extrémité opposée, sur la frontière de l'Aragon. Il fallut l'y suivre; mais alors il était dans la Borunda. Quesada, Oraa et Linarès se réunirent pour l'y enfermer. Cette fois encore il n'était plus temps. Alors les généraux christinos se réunirent contre Eraso, ne pouvant atteindre Zumala. Celui-ci, pour délivrer Eraso par une diversion hardie, passa l'Èbre et surprit Calahorra. Eraso était délivré. Zumala, ayant repassé l'Èbre avant que ses adversaires eussent pu lui couper la retraite, se jeta dans les montagnes d'Alda, dans la Berrueza. Les trois divisions qui suivaient sa piste l'y cernèrent : il glissa dans leurs mains pendant la nuit par le port de Contrasta, occupé cependant par la division d'Oraa. Après avoir bien fatigué l'ennemi par ces courses épuisantes, Zumala alla ravitailler ses troupes dans le Bastan, pendant que Quesada se reposait à Vittoria. Cependant, lorsque celui-ci voulut revenir à Pampelune, le 21 avril, Zumala était déjà là pour lui en fermer la route, quoiqu'avec des forces bien inférieures. Quesada, sorti le matin de Salvatierra à la tête de ses troupes d'élite et suivi d'un convoi considérable, s'avançait par la route royale de Pampelune, quand Zumalacarregui, venant d'Etcharri-Aranaz, atteignit le hameau d'Iturmendi, où les deux avant-gardes se heurtèrent. Comme Zumala prit aussitôt l'offensive, Quesada se figura que son adversaire l'attaquait avec toutes ses forces, tandis que, par le fait, le chef carliste n'avait que cinq bataillons, dont deux d'Alava, déjà fatigués par une marche forcée. Déconcerté par cette attaque imprévue, Quesada ne sut que résoudre. Au lieu de se porter en avant pour s'abriter derrière les postes fortifiés qui protégeaient la route, et rougissant de retourner vers Salvatierra, il se jeta à droite sur le chemin qui d'Alsassua conduit à Segura, à travers les bois et les défilés. Les Navarrais y eurent bientôt atteint leurs adversaires, moins agiles. A la sortie du bois d'Alsassua, ils rencontrèrent l'arrière-garde, qui leur résista bravement, sous la conduite d'O'Donnel, fils unique du comte d'Abisbal, qui fut fait prisonnier. La résistance héroïque de cette arrière-garde sauva la colonne de Quesada d'une complète destruction. A neuf heures du soir, les christinos, poursuivis et battus, arrivaient à Segura, d'où Quesada, ne se croyant pas encore en sûreté, les conduisit en désordre jusqu'à Villafranca, en Guipuzcoa.

A partir du combat d'Alsassua, Zumalacarregui ne cessa pas de prendre l'offensive contre son adversaire décontenancé, et, à son tour, il voulut faire courir Quesada. A Maestu, il faillit le faire prisonnier dans une attaque de nuit. Quelques jours après, au commencement de mai, Quesada, renonçant à tout espoir de battre Zumala, voulut du moins tenter un coup qui retentit à Madrid. Il prit le chemin du Bastan, à la tête de trois mille hommes, dans l'intention de surprendre et d'enlever la junte de Navarre qui siégeait à Élisondo; mais, lorsqu'il voulut retourner à Pampelune, après avoir échoué dans son projet, Zumala l'attendit à Belate pour lui en fermer la route. Quesada, n'osant affronter la rencontre des carlistes, fit un long détour pour gagner Pampelune par la route du Guipuzcoa. Arrivé à Tolosa, il se fit accompagner par la colonne de Jauregui; mais, pendant ce long trajet, Zumala eut le temps de s'établir près de Lécumberri, au port d'Aspiroz, et là, comme à Alsassua, comme à Belate, il s'interposa entre Pampelune et Quesada. Celui-ci se retira encore vers Vittoria.

Comme il fallait passer cependant et rentrer à Pampelune sous peine de servir de fable à ses ennemis de Madrid et de Navarre, Quesada fit parvenir au brigadier Linarès l'ordre de sortir de Pampelune avec sa division pour venir à sa rencontre. Zumalacarregui, à qui rien ne restait inconnu, apprit l'ordre envoyé à Linares. D'Etcharri-Aranaz, où il était posté, il se porta aussitôt à Irurzun, aux environs mêmes de Pampelune. Linarès, sortant de la ville au point du jour, heurta l'avant-garde carliste près de l'auberge de Gulina, entre Erice et Irurzun. Le combat fut opiniâtre et meurtrier : on se battit pendant six heures sans lâcher pied; mille hommes restèrent sur le champ de bataille. Les carlistes, n'ayant plus de munitions, se battaient encore à l'arme blanche, quand Zumalacarregui ordonna la retraite. Linarès rentra à Pampelune, où Quesada put enfin arriver sans encombre, les carlistes n'ayant plus de poudre pour lui disputer le passage. — Ce fut la fin du commandement de Quesada. De toutes les menaces qu'il avait faites, ce général ne put en exécuter qu'une seule : ce fut la rigoureuse application de la loi martiale contre les insurgés faits prisonniers. Tous étaient invariablement fusillés. Zumalacarregui dut user de représailles, et s'il y mit plus de ménagemens que son adversaire, c'est qu'il avait à craindre qu'à défaut de prisonniers, celui-ci ne s'en prit, dans ses vengeances, aux familles mêmes des insurgés en son pouvoir, ce qui ne manqua pas d'arriver. L'histoire ne saurait flétrir avec trop de sévérité ces horribles exécutions qui ensanglantèrent et déshonorèrent la victoire dans cette guerre de Navarre où le soldat, qui avait amnistié l'ennemi au milieu du combat, fusillait froidement le prisonnier après la défaite. Ces atrocités étaient poussées si loin des deux côtés, qu'elles firent plus de victimes que les combats. Que de scènes touchantes ou sublimes dans ce drame lugubre des vengeances politiques! Jamais, dans aucun temps,

plus d'héroïsme ne racheta plus de férocité. Ce ne fut qu'un an plus
tard que la convention Elliot vint faire reconnaître les droits de la
civilisation dans cette guerre de sauvages, et même cette convention
tardive ne fut pas toujours observée fidèlement..

III.

Nous touchons au moment le plus critique de l'histoire de Zumalacarregui. Le général Rodil, à la tête de l'armée qui venait d'envahir
le Portugal et de forcer don Carlos à chercher un refuge à bord d'un
vaisseau anglais, avait pris le commandement des mains de Quesada.
. Le traité de la quadruple alliance était mis à exécution. La France
et l'Angleterre bloquaient les deux mers pour empêcher toute communication de l'extérieur avec les provinces insurgées, et la division
du général Harispe se tenait en observation devant les Pyrénées. Les
carlistes, épuisés par la lutte, ne pouvaient, faute d'armes, équiper
de nouveaux bataillons. Ils manquaient même de poudre, à ce point
que la prise de quelques caisses de munitions équivalait pour eux au
gain d'une bataille. Aussi Zumalacarregui devint-il si ménager. qu'il
ne distribuait les cartouches à sa troupe qu'une demi-heure avant
l'action, et jamais il n'en donnait plus de dix à chaque volontaire. On
est souvent surpris qu'à la suite d'un engagement où les christinos
avaient été mis en déroute, Zumalacarregui ne les ait pas poursuivis :
c'est qu'alors les cartouches étaient épuisées. Il a dû bien des fois renoncer à une victoire certaine, parce que les moyens de l'achever lui
manquaient. Les carlistes étaient obligés de fabriquer eux-mêmes leur
poudre, et depuis trois mois ils attendaient le jour où la fonte de leur
premier canon serait achevée. La chaussure même leur manquait : le
chanvre de leurs sandales s'était bien vite usé durant leurs campagnes
d'hiver et leurs courses perpétuelles, et la plupart marchaient pieds
nus sur la terre détrempée, afin de conserver leurs chaussures en
lambeaux pour les sentiers plus rudes des montagnes.

Lorsque Rodil parut dans la Navarre à la tête de son brillant état-
major, où se trouvaient tous les jeunes généraux de l'Espagne, menant avec lui une armée toute fraîche et déjà mise en haleine par sa
facile campagne en Portugal, le découragement s'empara des provinces
insurgées. Les christinos traînaient après eux un immense matériel
de guerre; ils avaient garnison dans toutes les villes; ils occupaient
toutes les places fortes et tous les marchés. Leurs généraux Osma, Espartero et Jauregui dominaient les provinces basques; Oraa, Lorenzo
et Linarès tenaient toute la Navarre en échec, de sorte qu'avec les
nouveaux contingens qu'il amenait, Rodil allait pouvoir agir à la tête
d'une armée de quarante mille hommes, y compris les garnisons. Dans

ces circonstances désespérées, Zumala voulut montrer qu'il avait foi en lui pour donner aux insurgés foi en eux-mêmes. Il fit ce qu'il avait déjà fait au camp d'Arronitz après la défaite de Santos-Ladron, ce qu'il avait fait à Lumbier à l'arrivée de Quesada. Il aborda de front la difficulté; il exagéra à dessein les forces de l'ennemi et l'exiguïté de ses ressources, puis il dit à ses soldats : « Devant une armée si nombreuse, volontaires, perdrez-vous courage? » Zumala connaissait bien le caractère navarrais : les volontaires, qui auraient peut-être déserté la veille, répondirent *non!* *non!* d'une commune voix. L'insurrection était ranimée.

Ce fut sur ces entrefaites que don Carlos parut en Navarre après s'être miraculeusement soustrait à la surveillance des Anglais. A coup sûr, Zumalacarregui se fût bien passé de la présence du prétendant, lui qui s'était passé d'une autorisation royale pour s'imposer à l'insurrection. L'arrivée de don Carlos eut pour premier effet d'anéantir le plan d'attaque que Zumalacarregui avait conçu contre Rodil. N'étant pas libre de se soustraire à l'embarras qu'allait causer à l'insurrection la garde d'un prétendant, il songea à tirer parti de cet embarras même : ceci est un des traits les plus étonnans de cette guerre vraiment étrange.

Rodil était un général de grande activité et de résolution prompte : il était aussi très obstiné dans ses résolutions et sans pitié dans l'exécution. Un jour, la garnison qu'il commandait à Callao; dans la guerre du Pérou, étant vivement pressée par les assiégeans, quelques hommes parlèrent de se rendre. Rodil rassembla ses soldats, leur parla de l'extrémité où la place assiégée était réduite, et ajouta : « Que ceux qui sont d'avis de se rendre se détachent! » Quelques soldats sortirent des rangs : il les mit en ligne d'un côté, puis il commanda le feu aux autres. Les dissidens tombèrent fusillés. Tel était Rodil.

Ayant remarqué que ses prédécesseurs avaient toujours été inquiétés par Zumala sur la route de Pampelune à Vittoria, dans les vallées d'Araquil et de la Borunda, Rodil fit immédiatement fortifier cette ligne, comme Valdès avait fait fortifier la ligne de Pampelune à Logroño par Estella. Il multiplia les postes et les garnisons sur cette double ligne qui devait fermer aux carlistes d'un côté la Ribera, de l'autre la plaine de Vittoria. C'est dans l'intérieur de ce triangle que se trouvent les Amescoas, centre principal des opérations de Zumalacarregui. Les Amescoas, nous l'avons dit, forment une vallée profonde, encaissée entre deux hautes sierras parallèles d'un côté à la Borunda et à la route de Vittoria, et de l'autre aux vallées de Guezalaz et de Berrueza, dans le district d'Estella. Rodil se proposait d'acculer Zumalacarregui dans les Amescoas, ou de l'obliger, s'il en sortait, à se heurter contre les nombreuses garnisons qui circonvenaient le district d'Estella par les deux routes fortifiées de Vittoria et de Logroño. Puis Rodil devait opérer avec toutes ses forces contre son adversaire, en coupant derrière lui toute ressource, en lui fermant tout port de refuge. Les villages devaient être incendiés sur son passage, et les populations rançonnées jusqu'à la disette inclusivement.

Zumalacarregui se trouvait avec le prétendant dans les Amescoas, lorsque les travaux commencés sur la route de Vittoria lui firent voir clair dans les projets de Rodil. Il résolut donc d'étendre d'autant plus le théâtre de la guerre que ses ennemis voulaient le resserrer. C'était vers le milieu de juillet 1834. Le général carliste prit à partie le prétendant, lui disant que sa présence au milieu de ses partisans serait, à son choix, un embarras ou une ressource : elle serait une ressource, si elle faisait naître chez ses ennemis l'espoir de s'emparer de sa personne. Pour cela, il devait parcourir les provinces avec une faible escorte, afin d'attirer sur lui une partie des forces ennemies. Provoqué dans son courage personnel, don Carlos accéda au plan de son général et consentit à se séparer de lui pour faire diversion. Zumala confia le prétendant à Eraso, qui avait une parfaite connaissance de ces contrées.

Ce que le général carliste avait prévu arriva. Rodil ne put résister à cette amorce que son adversaire lui présentait. Il prit avec lui une colonne de douze mille hommes, sitôt que don Carlos lui fut signalé, et se mit à sa poursuite, livrant Zumalacarregui à ses lieutenans. Cette poursuite dura long-temps; Rodil s'y acharnait d'autant plus vivement que le prétendant paraissait plus près de sa portée. Bien souvent don Carlos fut sur le point d'être pris, et il ne pouvait dire alors comme Richard : *Mon royaume pour un cheval!* car les précipices et les cavernes ignorées devaient être ses seuls refuges.

Pendant que la puissante colonne de Rodil s'épuisait à ce jeu de barres contre la faible escorte du prétendant, Zumalacarregui mettait le temps à profit. Il devait d'abord se garantir contre les garnisons des villages fortifiés sur les deux routes, car il aurait pu s'y heurter à chaque instant en voulant se mettre à l'abri des colonnes mobiles d'Oraa, de Figueras et de Lorenzo, qu'il avait toujours à ses trousses. Ce fut alors surtout qu'il utilisa les *aduaneros,* dont il avait augmenté les bandes : grace à leur secours, les garnisons qui devaient bloquer Zumalacarregui se trouvèrent bloquées par lui. Plusieurs de ces *aduaneros* se distinguèrent par des prouesses fabuleuses. L'un d'eux, Oroquieta, parvint à bloquer Estella, la plus nombreuse garnison de toute la Navarre, avec quarante hommes seulement; un autre, le fameux Cordeu *le rouge,* à la tête de cent hommes, bloqua si bien Araquil et la Borunda, qu'il fallut une colonne de trois mille hommes pour dégager les garnisons de la route de Vittoria. Ce fut alors aussi que Zumala compléta son bataillon des Guides de Navarre, dont il n'avait formé jusque-là que deux compagnies. Ce bataillon fut destiné aux surprises de nuit, aux combats d'avant-garde, aux expéditions·de· coups de main : Zumalacarregui ne s'en séparait jamais.

Tous les jours, les principales garnisons faisaient sortir une escorte sur la route, afin de ramasser les carlistes qu'Oraa, Figueras ou Lorenzo auraient relancés hors de leurs vallées. Un jour, Zumalacarregui, apprenant que l'escorte d'Estella devait sortir sous le commandement du général Carondelet, alla se poster dans un endroit où la route d'Estella se trouve resserrée entre les rochers de San-Fausto. Les christinos s'avançaient sans défiance, quand ils se virent de toutes parts assaillis par les carlistes embusqués. L'escorte presque tout entière fut détruite. Oraa était si proche de cet endroit, qu'il entendit la fusillade, et il s'empressa d'arriver avec sa division. Il trouva la route jonchée de morts; mais Zumalacarregui avait déjà disparu.

Quelques jours· après, ce malheureux Carondelet se trouvait cantonné à Viana, sur les bords de l'Èbre, avec un corps de cavalerie et un bataillon d'infanterie. Zumala passa aussitôt entre les deux divisions d'Oraa et de Lorenzo, et gagna la vallée de Santa-Cruz en vue de Viana. La journée était brûlante, et il est probable que la garnison de Viana faisait la sieste. Zumalacarregui surprit donc les christinos, et Carondelet eut à peine le temps de ranger ses escadrons dans la plaine derrière le village. Les carlistes avaient pour toute cavalerie deux cent soixante lanciers, qui n'avaient jamais encore été engagés · aussi hésitèrent-ils à attaquer les escadrons de Carondelet, forts de quatre cent cinquante hommes; mais Zumala, survenant, se mit à leur tête, et la cavalerie christine fut si vigoureusement menée que ses débris furent repoussés au-delà de l'Èbre, jusqu'à Logroño.

Zumala avait usé du même stratagème contre la division de Figueras. Oraa et Figueras, après avoir vainement cherché les bataillons carlistes dans les Amescoas, revenaient vers Estella avec leurs équipages, en défilant du port d'Eraul au village d'Abarzuza. Zumàla, qui les observait, laissa leurs colonnes se dérouler sur les sentiers étroits des montagnes, et, pendant qu'un de ses bataillons, caché par l'épaisseur des bois d'Yranzo, attaquait leur avant-garde, lui-même se précipitait, avec quatre compagnies, sur leur arrière-garde, où était le convoi, et enlevait hommes et butin avant que Figueras eût eu le temps de se replier pour repousser l'attaque. C'est ainsi que le général carliste prenait ses adversaires dans les pièges mêmes qu'ils lui tendaient.

Pendant que le bruit de ces événemens arrivait à Madrid, on s'y demandait ce qu'était devenu Rodil avec sa puissante armée. Rodil était toujours, avec ses douze mille hommes, à la poursuite de don Carlos et d'Eraso. Il donna ainsi à Zumala le temps de pousser une

pointe dans la Vieille-Castille, à trois lieues au-delà de Logroño, pour
s'emparer d'un convoi de fusils et de cartouches avec lesquels le chef
carliste armait les nouveaux bataillons dont la junte insurrectionnelle
avait ordonné la levée. Toutes les divisions se mirent alors en mouvement pour envelopper l'audacieux guerrillero, et s'échelonnèrent
sur la route qu'il devait suivre pour retourner en Navarre. On était
vers le milieu d'octobre. Voici quelle était la position des belligérans
au 26 du même mois. Zumala se trouvait à Santa-Cruz, dans la Berrueza; mais il était enveloppé de tous côtés par les divisions ennemies, à sa droite par Oraa et Lorenzo postés à Los Arcos, à sa gauche
par Osma, prêt à faire une sortie de Vittoria, au midi par Cordova et
le gouverneur-général de la Vieille-Castille à cheval sur l'Èbre, enfin
au nord par O'Doyle, qui se trouvait à Alegria avec sa division, appuyée entre Vittoria et Salvatierra. Il importait à Zumala de briser au
plus vite ce cercle, qui allait l'étreindre de toutes parts; mais il fallait
bien choisir le point d'attaque, de façon à pouvoir échapper aux autres
divisions ennemies.

Le 27 au matin, il se porta avec le gros de ses forces en vue de la
plaine de Vittoria, à portée de la division d'O'Doyle. Dans le même
temps, Iturralde, avec trois bataillons, occupait sur la même ligne le
port d'Herenchun, plus rapproché d'Alegria. Des hauteurs où il se
trouvait, Zumala vit s'avancer sur la route un fort détachement chargé
de butin; c'était la garnison de Salvatierra qui rentrait à son poste
après avoir rançonné les villages voisins. Profitant aussitôt de cet heureux hasard pour attirer O'Doyle sur la route, il expédia quelques compagnies contre la garnison qui s'éloignait vers Salvatierra. Le bruit
de la fusillade attira en effet O'Doyle, qui se porta avec sa division au
secours du convoi attaqué. Pendant qu'O'Doyle s'avançait, Iturralde
descendit vers Alegria, de telle sorte que lorsque le général christino
arriva en face de Zumalacarregui, il se trouva, sans le savoir, entre
deux feux. Le combat était commencé lorsque Iturralde survint. La division d'O'Doyle fut enveloppée et détruite, moins deux cents hommes
que ne put atteindre la cavalerie carliste, et qui se réfugièrent dans
le village d'Arrieta; elle laissait aux mains des carlistes ses canons, ses
drapeaux et tout son état-major, y compris O'Doyle, fait prisonnier.
Deux colonnes étaient sorties des villages voisins d'Alegria pour se
porter au secours d'O'Doyle; elles furent aussi battues et dispersées par
les carlistes.

Alegria est à deux lieues de Vittoria. Les fuyards y eurent bientôt
porté la nouvelle de la complète destruction de la division d'O'Doyle.
Cependant, comme on entendit dans la nuit la vive fusillade par laquelle les assiégés d'Arrieta répondaient aux carlistes, le général Osma
sortit de grand matin de Vittoria avec trois mille hommes et quatre

pièces de canon, espérant venger la défaite de la veille. A peine Osma·
s'était-il posté en bataille au débouché de·là plaine, qu'il fut·abordé
de toutes parts et avec impétuosité par les carlistes, enivrés de·leur·
succès. Les christinos cédèrent à ce choc impétueux et se débandè-·
rent. Bien peu échappèrent à l'ennemi; mille hommes restèrent sur
le champ de bataille; deux mille, s'étant rendus, furent incorporés.
dans l'armée carliste à leur demande; plus de cent cinquante officiers,·
y compris O'Doyle, furent fusillés : ce fut la journée la plus lugubre·
de toute cette guerre.

Les divisions de Lopez, d'Oraa et de Lorenzo se trouvaient à dix
lieues environ du théâtre de ces·événemens. Où était Rodil? Toujours
à la poursuite de don Carlos, brûlant les villages et fusillant les populations pour se venger de sa propre impuissance.

Dans cette campagne si glorieuse pour Zumalacarregui, et où chaque journée fut marquée par un combat ou par une rencontre, Rodil
ne trouva moyen de se signaler que par des violences. Il avait amené
en Navarre une armée nombreuse et brillante; quelques mois après,
il la laissait décimée, abattue et démoralisée. Mourant, exténué lui-
même, il l'avait faite à son image; on se souvint à Madrid de Xercès
et de la Grèce.

IV.

Zumalacarregui avait successivement triomphé de Valdès et de Quesada, parce qu'ils n'avaient pas un système de guerre à lui opposer,
de Saarsfield et de Rodil, par le plan militaire même qu'ils lui oppo-
sèrent. Pour trouver un général digne de se mesurer avec le brillant
héros de la Navarre, il fallut que le gouvernement de Madrid allât
chercher dans l'exil le vieux héros de la guerre de l'indépendance, le
fameux Mina.

Mina était la plus grande réputation militaire de l'Espagne. Sitôt
qu'on apprit qu'il allait remplacer Rodil dans la guerre de Navarre,
l'Espagne et même l'Europe tournèrent les yeux vers le théâtre de la
lutte, dans l'attente d'un spectacle émouvant. On ne manqua pas, bien
entendu, de rappeler tous les exploits de Mina dans ces mêmes champs
de la Navarre où il allait reparaître contre son nouveau rival de gloire.
La Navarre, qui connaissait Mina autant par ses cruautés que par ses
exploits, frémit à son arrivée. Quant à Zumala, il disait de son adversaire : « J'aime mieux avoir affaire à lui qu'à tout autre, parce que, le
connaissant déjà, je n'aurai pas la peine de l'étudier. Je sais d'avance
ce qu'il peut faire. »

En effet, Mina allait apprendre à ses dépens combien la différence
est grande entre le rôle du général d'armée et le rôle d'un chef de

guerrilla. Général, il venait pour laisser sa gloire aux lieux mêmes où, partisan, il l'avait conquise. A son entrée à Pampelune, le 30 octobre, il recevait comme présage la nouvelle du double succès de son adversaire dans la plaine de Vittoria. Avant que Mina, vieux et malade, eût pu quitter Pampelune, l'actif et infatigable chef des carlistes armait de nouveaux bataillons avec les dépouilles des ennemis, allait les ravitailler dans les riches villages de la Ribera, et promenait le prétendant sur les bords de l'Èbre. Pendant que, dans cette excursion à travers la Ribera, Zumalacarregui brûlait les postes fortifiés qu'il ne pouvait assiéger faute d'artillerie, pendant qu'il enfumait dans un clocher les femmes et les enfans que des miliciens christinos y avaient enfermés avec eux, et cravachait brutalement les malheureuses qui avaient échappé à l'incendie, Mina faisait fusiller à Pampelune quelques alcades soupçonnés d'avoir livré aux carlistes des rations que ceux-ci demandaient, le sabre levé. Ces atrocités gratuites étaient à l'ordre du jour des deux partis.

Les avantages obtenus faisaient à Zumala une nécessité de changer son système de guerre. Il ne pouvait plus se contenter désormais d'un succès d'escarmouches; son armée s'était grossie à mesure que l'armée de la reine s'était affaiblie. Il lui fallait donc un succès de vraie bataille. Une bataille gagnée pouvait seule lui ouvrir le chemin de Madrid, qui brillait à ses yeux et aux yeux de son armée comme la récompense promise à leurs efforts. L'état de sa santé avait obligé Mina à laisser le commandement de son armée au jeune et brillant Cordova, qui par bonheur se trouva être un bon général sans jamais avoir appris la guerre. Zumalacarregui provoqua Cordova dans le même endroit où il avait été vaincu par Lorenzo l'année précédente, à Asarta, dans la Berrueza.

Cordova prit le temps de réunir à Los Arcos les divisions de Lopez et d'Oraa, et se rendit au rendez-vous le 12 décembre au matin. De Los Arcos, en suivant la direction de Cordova, du sud au nord, on arrive à un vallon resserré entre des rochers, qui aboutit au pont d'Arquijas. L'Éga entoure ce vallon dans toute sa partie supérieure. A droite, on rencontre le village d'Asarta, adossé aux flancs des rochers : c'est là que Zumalacarregui avait porté son aile gauche, composée de quatre bataillons qu'il commandait lui-même. En face d'Asarta, de l'autre côté du vallon, on voit le village de Mendaza : c'est en avant de ce village qu'Iturralde avait été embusqué dans les rochers avec quatre bataillons qui formaient l'aile droite. La distance d'Asarta à Mendaza est d'un kilomètre; cet espace, qui est la largeur du vallon, était occupé par Villaréal avec trois bataillons et la cavalerie, qui formaient le centre. Cordova porta sa tête de colonne sur le centre des carlistes. S'il avait engagé la bataille dans cette direction, les carlistes, quoiqu'avec des forces inférieures, l'auraient inévitablement écrasé. Pendant que Villaréal aurait soutenu l'attaque de front, Zumalacarregui aurait abordé l'armée de la reine par son flanc droit, et Iturralde, sortant tout à coup de ses rochers, l'aurait abordée par son flanc gauche. Heureusement pour Cordova, Iturralde se découvrit au moment où la bataille allait s'engager dans cette direction. Alors Cordova, voyant le piége, fit aussitôt tête de colonne à droite vers Iturralde. Iturralde fut vigoureusement refoulé par Oraa jusqu'au village de Mendaza.

Zumalacarregui, voyant son plan de bataille devenu impraticable par la maladresse d'Iturralde, détacha un bataillon du centre et deux de son aile droite pour couper la ligne de Cordova; mais il n'était plus temps : les quatre bataillons d'Iturralde ne pouvaient plus lui venir en aide. La ligne des christinos, qui s'était fort étendue par suite du mouvement opéré vers l'aile gauche des carlistes, pouvait d'un moment à l'autre se replier pour envelopper Zumalacarregui, qui ne disposait plus que de sept bataillons, tandis que Cordova en avait treize à lui opposer, non compris la division d'Oraa, engagée contre les quatre bataillons d'Iturralde. Afin d'éviter ce danger, le général carliste opéra un mouvement de retraite insensible pour s'assurer, en cas de déroute, le passage de l'Éga par les deux ponts de Santa-Cruz et d'Arquijas. De part et d'autre, on se battit avec acharnement pendant cinq heures. La victoire resta à Cordova; mais, la nuit survenant, Zumalacarregui put, sans être inquiété, se replier sur Zuniga, Santa-Cruz et Orbisa, en mettant l'Éga entre lui et son adversaire.

Le lendemain, il attendit l'armée de la reine au pont d'Arquijas, au débouché du vallon; mais la victoire avait coûté cher aux christinos : ils ne bougèrent pas. Le 15, l'armée de la reine s'avança enfin vers le pont d'Arquijas. Zumalacarregui s'aperçut que Cordova n'avait pas avec lui toutes ses forces; il apprit en effet par ses espions qu'Oraa avait été détaché avec sept bataillons, qu'il avait traversé l'Éga par les bois d'Ancin, qui étaient sur sa gauche, avec l'intention évidente de tourner l'armée carliste par la vallée de Llana, et de tomber sur ses derrières pendant que Cordova l'attaquerait de front. Zumalacarregui calcula qu'il fallait au moins six heures à Oraa pour exécuter son mouvement. Aussi prit-il sur-le-champ l'offensive contre Cordova avec toutes ses forces, au lieu d'en détacher une partie à la rencontre d'Oraa. Il espéra, en avançant l'heure du combat contre Cordova, avoir le temps de le battre et de se porter ensuite contre Oraa avec tous ses bataillons. La décision prise par Zumala aurait cette fois tourné contre lui, si Oraa ne s'était pas égaré dans les bois, car Cordova résista plus longtemps que le général carliste ne l'avait prévu; il ne céda le terrain que vers le soir, et parce qu'il ne vit pas Oraa paraître. Les christinos épuisèrent leurs forces dans le combat d'Arquijas, tandis que Zumalacarregui avait ménagé ses bataillons en ne les envoyant que successivement au combat, qui était concentré sur le pont. Après avoir épuisé Cordova, le chef carliste put donc se porter à la rencontre d'Oraa avec le gros de ses bataillons, excités plutôt que fatigués par leur victoire d'Arquijas. Il l'atteignit à Gastiain, dans la vallée de Llana, à l'entrée de la nuit. Oraa put s'abriter sur le rocher de la Gallina, mais après avoir perdu environ quatre cents hommes dans le combat de Gastiain. On célébra à Madrid comme une grande victoire la double affaire de Mendaza et d'Arquijas. L'on eut raison peut-être, car, si Iturralde ne s'était pas découvert mal à propos à Mendaza, l'armée de la reine eût couru grand risque d'être détruite, ce qui aurait livré à Zumala la route de Madrid.

Dans le cours du mois de janvier 1835, des changemens politiques amenèrent le général Valdès au ministère de la guerre. Le général Cordova, de mauvaise humeur et malade, s'était retiré, et le commandement de l'armée de Navarre était passé aux mains de Lorenzo, Mina étant encore retenu à Pampelune par le mauvais état de sa santé. Lorenzo, croyant mieux réussir que Cordova contre Zumalacarregui, brûlait de se mesurer avec lui. Le général carliste lui en fournit l'occasion le 4 février, et dans le même endroit où il avait attendu Cordova le 15 décembre 1834, c'est-à-dire au pont d'Arquijas. Lorenzo attaqua les carlistes avec les mêmes forces qu'avait Cordova et secondé par le même général Oraa; mais en vain son artillerie, placée à la chapelle qui domine le pont, tonna-t-elle toute la journée contre les carlistes échelonnés derrière l'Éga jusqu'au village de Zuniga : Lorenzo ne put traverser la rivière. Il n'avait pas mieux réussi que Cordova; comme lui, il fut obligé de résigner le commandement de l'armée.

Cependant l'investissement des garnisons par les *aduaneros* continuait toujours et forçait les colonnes christines à courir sans cesse d'un point à un autre, soit pour délivrer les garnisons bloquées, soit pour les ravitailler. L'approvisionnement de ces postes devenait plus difficile avec l'hiver, et en outre Zumalacarregui employa à les investir des colonnes entières, au lieu d'y employer seulement des *partidas* ou compagnies volantes. Mina, voyant toutes ses garnisons bloquées successivement par les carlistes, fit évacuer tous les points fortifiés qui ne lui étaient pas indispensables, et se dirigea lui-même pour la seconde fois vers le Bastan avec le gros de ses forces. Il sortit de Pampelune le 10 mars. Deux jours auparavant, Zumalacarregui avait éprouvé un échec sur l'Arga, au pont de Mendigorria. Contre son habitude, il s'était engagé dans une position désavantageuse; il la défendit courageusement, mais il fut repoussé avec une perte de près de trois cents hommes.

La concentration des troupes de la reine vers le Bastan se fit avec tant de secret, que Zumalacarregui ne put avoir connaissance du départ de Mina. Cependant, comme il entendait le canon du côté d'Elisondo, il supposa que Sagastibelza en avait commencé le siége, ou bien que les christinos attaquaient eux-mêmes son lieutenant. Il s'avança donc de ce côté avec quatre bataillons; il laissait derrière lui cinq bataillons qui devaient se tenir en avant de Pampelune pour intercepter toute communication avec le Bastan; trois autres bataillons devaient le suivre d'un autre côté, et le rejoindre s'ils entendaient la fusillade dans sa direction. Zumalacarregui avait encore donné rendez-vous à deux bataillons du Guipuzcoa sur le chemin de Dona-Maria, qui conduit au Bastan.

Pendant que Zumalacarregui atteignait Elzaburu, la division d'Oraa s'avançait par une route parallèle vers Oroquieta; ces deux villages sont à une portée de fusil l'un de l'autre. Lorsque Oraa, qui ne se doutait pas de la présence des carlistes, arriva à Oroquieta pour y passer la nuit avec la moitié de ses troupes, il fut assailli à l'improviste par un bataillon carliste caché derrière le village. Le combat dura jusqu'à la fin du jour. Oraa resta maître des hauteurs qui dominent le passage du Bastan à Elzaburu, et Zumalacarregui se concentra autour d'Oroquieta. Dans la nuit, il apprit que non-seulement il avait Oraa au-devant de lui, mais encore Mina en face avec toutes ses forces; il envoya aussitôt l'ordre à Sagastibelza d'abandonner le siége d'Elisondo et de venir à la rencontre d'Oraa.

La combinaison fort habile de Zumalacarregui consistait à se tenir entre les deux divisions de Mina pour les couper, tout en ayant l'air d'être enveloppé par elles. Si cette combinaison réussissait, Mina devait être écrasé, soit qu'il résistât, car alors il serait abordé par les trois bataillons que Zumala attendait, soit qu'il fît retraite, car dans ce cas il devait tomber sur les cinq bataillons carlistes échelonnés sur la route de Pampelune. Malheureusement une grande quantité de neige était tombée dans la nuit, et lorsque Mina se mit en mouvement pour rejoindre Oraa vers le Bastan, le 12 mars au matin, le dégel commençait déjà sur les chemins, de sorte que Zumalacarregui, qui se disposait à attaquer Mina sur son flanc gauche, ne put l'aborder comme il l'aurait voulu, parce que le terrain fort inégal était encore détrempé par la pluie. Le combat commença cependant aux environs de la crête de Dona-Maria, au lieu nommé les *Sept Fontaines*. Mina, pour déjouer l'attaque des carlistes, simula une retraite, et au lieu de porter sa tête de colonne vers le plateau de Lanemear, où l'attendait Zumalacarregui, il chercha à s'emparer des hauteurs de la gauche, qui le rendaient maître de choisir sa direction. Zumala ne put arriver assez à temps pour prévenir la manœuvre de Mina et changer son plan d'attaque. Déjà même les carlistes se retiraient en désordre, lorsque Zumalacar-

regui, qui, du reste, comptait voir arriver d'un moment à l'autre les
trois bataillons qu'il attendait, s'élança du plateau de Lanemear avec
toute sa réserve, et fondit sur les christinos qui s'établissaient sur les
hauteurs de gauche. Cette irruption fut si soudaine et si violente, qu'un
escadron de la reine, posté sur la route entre les deux partis, disparut
pour ainsi dire dévoré au passage par les carlistes. Dans le moment de
confusion qui suivit ce terrible élan, Mina lui-même faillit tomber aux
mains de l'ennemi, ainsi que sa femme, jeune Asturienne qui le suivait à cheval; mais le vieux guerrillero ne perdit pas la tête, et il eut le
temps de mettre un ruisseau escarpé entre sa division et les carlistes.
Ce retranchement naturel lui permit de rétablir l'ordre dans ses rangs
et de s'assurer la route de San-Esteban pour sa retraite.

Pour faire diversion à l'expédition du Bastan où Mina allait exercer
de cruelles et odieuses vengeances, Zumalacarregui retourna vers Pampelune et mit le siège devant le fort voisin d'Etcharri-Aranaz. Il n'espérait pas pouvoir s'en emparer avec un mauvais vieux canon et un
obusier qu'il avait avec lui, mais il pensait que Mina reviendrait du
Bastan pour le défendre. Mina ne vint pas; et Zumalacarregui finit par
s'emparer du fort en s'aidant de la mine. La prise d'Etcharri-Aranaz
fut le dernier coup porté au commandement de Mina. Non-seulement
le vieux général n'avait pu vaincre son adversaire, mais il avait été
obligé de faire évacuer beaucoup de postes fortifiés qu'il était impuissant à défendre. Il avait en outre rendu odieux le gouvernement de
la reine par ses cruautés révoltantes. On le rappela; il était trop tard
pour sa gloire.

V.

On a pu remarquer que Zumalacarregui avait progressivement
étendu le champ de ses opérations à mesure que s'augmentaient les
forces des christinos. En agissant ainsi, il avait obligé l'armée de la
reine à s'éparpiller partout où se manifestait la résistance, tandis que
lui, grace à la rapidité merveilleuse de ses mouvemens, était sûr de
pouvoir, en se portant sur l'endroit menacé, combattre toujours à égalité de forces sur tous les points indistinctement. Si cette tactique réussit
à Zumalacarregui, c'est, il faut bien le dire, parce que les généraux
qui furent envoyés contre lui ne trouvèrent aucun plan de campagne
à lui opposer et ne songèrent qu'à le poursuivre, au lieu de chercher
le moyen de l'arrêter.

. Au bout de dix-huit mois de cette tactique, Zumalacarregui était
parvenu à user les quatre premières réputations militaires de l'Espagne; Saarsfield, Quesada, Rodil et Mina. Il avait pris une bande de
quinze cents volontaires indisciplinés et découragés; il en avait fait

une armée de dix-huit .mille hommes capables_de se tenir en .ligne contre. une armée .régulière. .Ces volontaires, qui' avant lui ne ·pouvaient rester trois jours sans rentrer dans leurs villages, sous prétexte d'*aller changer de chemise*, et qui d'ailleurs n'avaient aucun engagement qui les forçât au service, il les disciplina si bien qu'il les maintenait .une année entière hors de leurs demeures, et fusillait comme déserteurs ceux qui s'étaient absentés sans permission. Sans argént, sans magasin, sans arsenal, il était parvenu à équiper trente bataillons et six escadrons, à créer des ateliers d'armes, à établir des fabriques de poudre, à fondre· même des canons. Pour opérer tous ces prodiges, les provinces insurgées ne lui avaient pas fourni plus de 80 mille francs.par mois en moyenne. Il avait enfin obligé le gouvernement de Madrid à dégarnir les provinces du sud et de l'est pour grossir l'armée de Navarre, forte de cinquante mille hommes. Deux levées extraordinaires avaient été décrétées pour renouveler cette armée. épuisée par les combats et par les fatigues; et, comme si tous ces efforts et cés sacrifices ne suffisaient pas contre un homme à qui deux ans auparavant on retirait la conduite d'un régiment,·l'intervention étrangère. allait être sollicitée.

Voilà quelle était la situation le 13 avril 1835, lorsque le ministre de la guerre Valdès vint.remplacer Mina dans .le commandement de l'armée de Navarre, muni de pouvoirs et de· ressources extraordinaires. Comme Rodil, le général Valdès voulait en finir d'un seul· coup, et, comme Rodil, il se dirigea sur les Amescoas; pour forcer Zumalacarregui dans son repaire. Zumala n'était pas dans les Amescoàs : il s'y rendit, avec six bataillons seulement, pour répondre aux défis de son adversaire; mais cinq autres bataillons étaient échelonnés de manière à pouvoir venir à son aide au premier signal. Le plan de Valdès était d'agir contre l'insurrection à la tête de toutes ses·forcés, de détruire les hôpitaux'et les magasins des·carlistes,' et de ne jamais se laisser détourner de sa direction pour aller au secours des'garnisons bloquées. C'était à peu près le plan de Saarsfield, et .Valdès avait tant de raisons de compter sur le succès, qu'il écrivit au général'Harispe, à Bayonne, de se préparer à recueillir à la ·frontière les débris des insurgés.

.Valdès s'avança donc de Vittoria, le 20 avril, avec vingt-huit bataillons, sur les Amescoas par le port de Contrasta. Villaréal, qui se trouvait là avec deux bataillons carlistes,·se replia aussitôt sur Zumalacarregui, posté plus loin, au col de Zudaire, qui conduit des Amescoas à Estella. C'est dans cette région montagneuse'que le général carliste attendait Valdès à sa sortie des Amescoas. L'armée de la·reine quitta Contrasta le 21 au matin, se dirigeant à travers la Basse-Amescoa vèrs le plateau qui se trouve au haut de la sierra ·d'Andia, de l'autre côté de la vallée, pour rallier la brigade Mendez-Vigo, qui s'était portée sur les Amescoas par la vallée de la Borunda. C'est sur ce plateau élevé, où le froid est rude même en été, que l'armée de la reine passa la nuit, après avoir ravagé la vallée et tiraillé toute la journée contre l'ennemi. Cela donna le temps à Zumalacarregui de rassembler ses onze bataillons dans les positions de Zudaire. Le 22, Valdès sortit des Amescoas par le col d'Artaza, au lieu de venir par le col de Zu-. daire, qui est le chemin le plus court pour aller à Estella : c'était dire assez clairement aux carlistes que l'armée de la reine évitait le combat. En effet, les deux nuits passées à Contrasta et sur le plateau d'Urbaza avaient été horriblement pénibles pour les christinos, d'autant plus pénibles qu'ils commençaient à souffrir de la faim, n'ayant emporté de Vittoria que trois rations de vivres. Zumalacarregui avait calculé précisément sur les souffrances éprouvées par ses ennemis; aussi n'hésita-t-il pas à se porter au port d'Artaza, pour leur en disputer le passage avec quatre bataillons seulement. Les christinos, affaiblis par les privations, reculèrent dans les bois à la première attaque des carlistes; mais le brave général Seoane les ramena plus nombreux au combat. La lutte sur ce point dura plus de cinq heures, et souvent on s'abordait à l'arme blanche. Deux nouveaux bataillons venaient déjà renforcer les carlistes, lorsqu'une attaque opportune de Cordova, sur la droite du plateau, força Zumalacarregui à abandonner le passage d'Artaza et à se replier sur ses réserves, pour n'être pas coupé. Cordova, qui, après quelques mois de bouderie, reparaissait enfin sur le théâtre de la guerre, heureusement pour l'armée de la reine, reçut l'ordre de garder la position conquise et d'attendre l'arrière-garde, pendant que Valdès s'avancerait rapidement sur la route d'Estella; mais Zumala, plus actif, descendait déjà la vallée d'Hellin, et prenait position au port d'Eraul, pour couper à Valdès la route d'Estella. Pendant ce temps, Zaratiegui, qui commandait la réserve carliste, devait occuper l'attention de Cordova au haut du plateau d'Artaza. Les colonnes qui s'avançaient vers Estella, sous la conduite de Valdès, trouvèrent la route déjà occupée par Zumalacarregui, une route encaissée entre des rochers. Les christinos en disputèrent les passages avec l'ardeur du désespoir. Zumalacarregui les leur livrait à mesure, car son intention était d'isoler ces colonnes de la division de Cordova et de l'arrière-garde de Mendez-Vigo; mais bientôt la déroute des christinos commença : ils s'enfuirent vers Estella dans un tel désordre, qu'ils abandonnèrent près de trois mille fusils sur la route avec tout leur bagage; leur entrée à Estella y répandit la consternation. Cordova ne serait pas à coup sûr arrivé le soir même à Estella avec sa division à peu près intacte, si les carlistes avaient eu des munitions pour s'y opposer; mais ils avaient épuisé leurs cartouches dans la journée. Des

vingt-cinq bataillons qui s'étaient réfugiés à Estella, Cordova put à
peine réunir assez·d'hommes et former sept bataillons pour aller le
lendemain dégager la brigade Mendez-Vigo, qui s'était retranchée à
Abarzuza au nombre de quinze cents hommes...

· Si la défaite d'Artaza était peu de chose comme résultat·matériel,.
puisqu'il n'y eut pas huit cents morts des deux côtés, elle pesa énor-
mément sur les christinos comme résultat moral. C'était l'écroulement
des plans militaires de Valdès, sa déconsidération comme·général, et
la démoralisation dans son armée. A coup sûr, si Valdès eût essayé de
prendre sa revanche, ses soldats auraient refusé de se battre, tant était
profonde en ce moment la terreur que leur inspirait le nom de Zumalacarregui. Les conséquences de l'affaire d'Artaza furent graves. Valdès
évacuait deux jours après Estella, disséminant son armée dans les places
fortifiées de la Ribera et transportant lui-même son quartier-général
derrière l'Èbre, à Logroño. Il envoya l'ordre également à·ses autres
divisions de se concentrer le plus possible dans les villes de guerre,
et de détruire, en les évacuant, les postes intermédiaires. Sans cette concentration des divisions, l'armée de la reine eût couru grand risque
d'être détruite en·détail, car après l'affaire d'Artaza presque toutes
les garnisons qui ne se conformèrent point à l'ordre de Valdès tombèrent successivement aux mains de l'ennemi. Quant aux carlistes,
leur confiance dans le succès s'accrut à ce point, qu'ils·prirent partout
l'offensive contre les christinos déconcertés. Les lieutenans de Zumala
en Biscaye, Gomez et Saraza, battirent le général Iriarte; Sagastibelza
détruisit presque entièrement au col de Belate la division d'Oraa, qui
évacuait le Bastan suivant l'ordre de Valdès.

Cependant Zumalacarregui ne s'endormait pas dans·ses victoires.
Profitant de l'abattement dans lequel il voyait les ennemis, il porta des
coups qu'il n'aurait pas hasardés en temps ordinaire, avec le peu de
moyens matériels dont il disposait. C'est ainsi qu'aux environs même
de Pampelune il osa attaquer le fort d'Irurzun, qui commande les deux
routes de Tolosa et de Vittoria, sans autre artillerie qu'un vieux canon
qu'on nommait par dérision l'aïeul. N'ayant pas réussi sur ce point, il
se porta trois jours après contre la place de Tréviño, sur la route de
Vittoria à l'Èbre. La possession de Tréviño importait aux carlistes,
surtout dans le cas·d'une expédition sur Madrid. Après avoir démant-
telé le fort et enlevé l'artillerie qui s'y trouvait, Zumalacarregui chercha pendant quelques jours quelle garnison·il·pourrait attaquer avec
avantage. Zumalacarregui se décida enfin pour le fort de Villafranca,
qui commande la route de Tolosa à Vittoria. La garnison était forte,
bien pourvue de vivres et d'artillerie; elle résistait depuis six·jours,
espérant d'ailleurs être secourue. En·effet, Jauregui s'était·avancé
jusqu'à Tolosa, et Espartero, à·la tête de forces imposantes, arrivait

du côté de Villaréal. Gomez fut aussitôt détaché contre Jauregui avec ordre de le maintenir à Tolosa, et Eraso fut dirigé contre Espartero jusqu'à Villaréal, avec ordre de céder le passage si le général de la reine continuait à marcher sur Villafranca, puis de l'attaquer par derrière de façon à le mettre entre deux feux. Espartero campait sur les hauteurs de Descarga, qui dominent la route royale. Ces positions sont inexpugnables; Espartero parut vouloir s'y établir pour plusieurs jours, et, au lieu de continuer sa route vers Villafranca, il donna l'ordre à son arrière-garde de retourner à Bergara. Il était huit heures du soir; la nuit était obscure, le temps épouvantable. Eraso, qui n'était qu'à une demi-heure de la position de Descarga, remarquant certains mouvemens dans le camp d'Espartero, fit avancer un escadron et quelques compagnies d'élite pour reconnaître la route. Ce détachement pénétra jusque dans les retranchemens ennemis à la faveur de l'obscurité. Voyant les armes en faisceau dans les premières lignes, il fit irruption sur l'avant-garde désarmée. Une grande confusion se mit dans le camp, et Espartero se crut attaqué par toutes les forces des carlistes. Au lieu de rallier les fuyards, il ne songea qu'à se défendre lui-même. Il se défendit bravement, il est vrai : il courut même plusieurs fois le risque d'être pris ou tué; mais, pendant ce temps, son armée, ne trouvant personne pour la rallier, fuyait de toutes parts, saisie d'une terreur panique. Deux mille prisonniers, un bagage considérable, tout un matériel de guerre, — telles furent les pertes d'Espartero dans la déroute de Descarga, qui n'avait pas coûté un seul homme aux carlistes.

Espartero rentra dans la nuit à Bergara; dix-huit cents fuyards l'y rejoignaient le lendemain matin. Nous ne savons ce qui put le décider à se retirer si précipitamment vers Bilbao, au lieu de rester à Bergara, où il aurait pu rallier les débris de son armée et prendre même une éclatante revanche de la défaite de la veille, car les carlistes s'étaient éparpillés à la poursuite des fuyards, et rien n'eût été plus facile que de les surprendre. Il faut bien reconnaître qu'Espartero perdit la tête ce jour-là, et qu'il resta écrasé sous la honte de son désastre. A la nouvelle de la déroute de Descarga, la garnison de Villafranca, qui s'était si bravement défendue jusque-là, mit bas les armes, et Jauregui quitta précipitamment Tolosa pour se retirer à Saint-Sébastien. Les garnisons d'Eybar, de Bergara et de Durango suivirent l'exemple de la garnison de Villafranca, toujours sous le coup du désastre de Descarga, et bientôt Zumalacarregui parut devant Bilbao : c'était le 10 juin 1835.

Ainsi il n'avait pas fallu à Zumalacarregui plus de trois mois pour anéantir, au moral du moins, une armée de plus de quarante mille hommes, pour acculer les christinos dans leurs places de guerre, Pampelune, Bilbao, Vittoria. en s'emparant de toutes leurs garnisons de campagne, et en battant lui-même ou par ses lieutenans quatre de leurs généraux, Valdès à Artaza, Oraa à Belate, Iriarte en Biscaye, Espartero en Guipuzcoa. Par suite de la convention Elliot, passée deux mois auparavant, le chef carliste renvoyait deux mille cinq cents prisonniers aux christinos, qui n'en eurent pas un seul à lui remettre en échange. Le général carliste se trouva cependant plus embarrassé après le succès qu'il ne l'avait été pendant la lutte. La victoire elle-même le mettait en demeure de la suivre, et elle le laissait sans moyens d'action, enchaîné à sa place. Ses soldats réclamaient leur paie, et il manquait d'argent. On lui demandait de s'emparer des places de guerre, et il n'avait pas d'artillerie de siège. On lui demandait de diriger sur Madrid son armée victorieuse; il s'en chargea, mais à la condition qu'on lui fournirait quatre cent mille cartouches et 500,000 francs. Au moment prescrit, il ne trouva ni les cartouches ni la somme. En désespoir de cause, lui si prévoyant et qui n'entreprenait jamais une chose dont il ne fût sûr de venir à bout, il commença le siège de Bilbao, sachant très bien qu'il ne pourrait s'en emparer que par un miracle. Il espéra ce miracle, car il avait besoin de la rançon de l'opulente Bilbao pour pouvoir arriver à Madrid, ou plutôt il espéra que Valdès tenterait de dégager Bilbao, et qu'alors une dernière victoire sur le dernier corps d'armée de la reine le tirerait d'embarras; mais Valdès ne vint pas au secours de Bilbao : il se fortifiait au contraire sur la ligne de l'Èbre, et faisait mettre Burgos en état de défense, tant il était persuadé que Zumalacarregui se porterait sur Madrid. Tout le monde le croyait comme lui, et, dans cette croyance, le gouvernement espagnol avait réclamé d'urgence, sur l'avis de Valdès, l'intervention de la France et de l'Angleterre. Qui savait alors que Zumalacarregui, tout-puissant et vainqueur, était retenu devant Bilbao, faute de 500,000 francs dans sa caisse militaire? Oui, Madrid était le rêve de ce conquérant improvisé : depuis tantôt un an, il faisait reluire cette conquête devant les yeux de ses soldats sans chaussure et sans abri, il en avait d'avance préparé toutes les étapes, il avait même défendu au curé Mérino, sous peine de la vie, de venir le rejoindre en Navarre, pour que le curé Mérino, en continuant à escarmoucher par-delà l'Èbre, lui tînt libre la route de la Vieille-Castille jusqu'à la capitale. Malheureusement, entre cette route et ses soldats, le chef carliste rencontrait d'autres obstacles que les troupes christines. Triste, abattu depuis son triomphe, lui que la confiance et l'espoir n'abandonnèrent jamais dans la lutte, il disait à ses intimes : « Je mourrai trop tard. » Ne voyait-il pas déjà la meute des courtisans se presser autour du prétendant et se disputer d'avance le prix de la conquête, eux qui ne pouvaient même lui fournir 500,000 fr. pour l'aider à la terminer? N'avait-il pas déjà envoyé sa démission à don Carlos pour témoigner du mépris et du dégoût que lui inspiraient ces petites intrigues de l'ambition impuissante et jalouse? Une victoire de plus, et peut-être quelque inepte chambellan serait-il venu lui dicter des ordres au nom de son maître, à lui qui aurait fait son maître roi!

Pendant que le général carliste était à diriger les opérations du siége de Bilbao, une balle perdue vint l'atteindre au genou sur le balcon où il se trouvait : c'était le 15 juin. Il se fit transporter à Cegama; mais, soit que les chaleurs excessives de la saison et les fatigues eussent envenimé la blessure, soit que l'extraction de la balle eût été faite mal à propos, Zumalacarregui succomba à ses souffrances le 24 juin 1835, après une campagne de dix-neuf mois. Il avait quarante-six ans. Un deuil immense couvrit les provinces insurgées à la nouvelle de sa mort : l'ame de cette guerre s'était envolée. Son agonie fut, comme celle de Davoust, un rêve militaire : dans son délire, il commandait une bataille.

Il y a dans l'atmosphère des combats une sorte de fluide lumineux qui grandit les proportions des hommes qui s'y meuvent. C'est dans ce fluide lumineux qu'on aime à voir Zumalacarregui; nous avons à dessein laissé dans l'ombre l'homme politique, fort discutable, pour ne montrer que l'homme de guerre, digne d'admiration. Nous l'avons suivi pas à pas dans une longue campagne où chaque jour amenait sa lutte, et chaque nuit sa surprise. Cette campagne, il la commença sans argent, sans matériel et sans soldats, se procurant tout ce qui lui manquait, maravedi par maravedi, cartouche par cartouche, homme par homme; disputant partout le terrain à des ennemis qui se multipliaient sans cesse autour de lui, traqué sans cesse, luttant toujours et jamais pris en défaut; faisant tout, même le métier de fourrier à la gamelle; surveillant tout, même le sommeil du soldat; écoutant tout, même le rapport d'un enfant; tirant parti de tout, même de la défaite. Zumalacarregui avait toutes les qualités du commandement : l'esprit d'organisation et de tactique, la promptitude de résolution, la rapidité des mouvemens et cette confiance en soi que tout danger séduit parce qu'il est une espérance de victoire. Comme tous les généraux qui sont parvenus à s'identifier avec leur armée, il avait reçu de ses soldats un surnom familier : *l'oncle Thomas;* mais tel était le prestige acquis à ce surnom, qu'il suffisait de dire dans un village occupé par les soldats de la reine : *L'oncle Thomas arrive!* pour que toute la population criât aussitôt : *Meurent les christinos!* même devant les baïonnettes de la garnison ennemie.

Très exigeant envers ses soldats, il ne leur demandait jamais plus qu'il n'exigeait de lui-même. C'est ainsi qu'il obtint d'eux ces marches forcées qui ont étonné l'Europe par l'immensité des distances parcourues. Lorsqu'il laissait à un de ses lieutenans le commandement d'une de ces marches forcées, les volontaires murmuraient souvent et refusaient quelquefois d'obéir. Alors Zumalacarregui descendait de cheval, se mettait à leur tête sans rien dire et marchait dix heures durant. Les volontaires l'avaient suivi, silencieux et infatigables.

Toutes les fois qu'il avait à punir un oubli du devoir et de la discipline, Zumala faisait des exemples terribles; mais souvent sa sévérité était de la rigueur, et son inflexibilité dégénérait en cruauté. Violent et emporté, il eut parfois à pleurer, comme Alexandre, les suites de son premier mouvement; mais son repentir était alors si véritable, qu'il faisait pardonner les excès de sa colère. Il aimait, du reste, autant à récompenser qu'à punir, et sa générosité naturelle mettait toujours sa bourse à vide. Par un froid extrême, il se dépouillait de son manteau pour en couvrir un officier grelottant. Accessible aux grands sentimens, il faisait très simplement de belles choses. Pendant que Mina fusillait des populations entières dans le Bastan, lui, il accordait la liberté sans restriction à tous les prisonniers faits à Etcharri-Aranaz; mais, par un retour particulier à ce caractère inflexible, quelques jours après il faisait massacrer à coups de sabre et de baïonnette tout un détachement de christinos dont la garde l'embarrassait. Il aurait pu les faire fusiller, mais il voulait éviter le bruit et épargner les cartouches. Il s'était pris d'affection pour un de ses prisonniers, le comte Viamanuel; voulant le sauver, il écrivit à Rodil pour lui proposer un échange. Celui-ci répondit laconiquement : *Nous n'avons plus de prisonniers.* Zumalacarregui fit aussitôt fusiller le comte, qui venait de dîner à sa table.

Ordinairement taciturne et triste, il avait, comme Napoléon, des retours de grâce et d'affabilité d'une séduction irrésistible. Il accueillait tout le monde, écoutait attentivement toutes les observations et toutes les plaintes; il provoquait même les confidences de ses soldats et plaisantait familièrement avec eux; mais, dès qu'il avait froncé le sourcil, il fallait se taire et obéir : la foudre allait éclater quelque part.

Avant de s'engager dans un combat, il en calculait toutes les chances avec une prudence presque timorée : il lui semblait que jamais il ne prendrait assez de précautions pour assurer sa retraite; mais, le combat une fois engagé par sa volonté, rien ne pouvait le faire renoncer à son projet. Vaincu aujourd'hui, il s'obstinait le lendemain jusqu'à ce qu'il eût pris sa revanche. Il ne restait jamais sous le coup d'une expédition manquée. Il prodiguait alors la vie de ses soldats, dont il était si ménager d'habitude. Dans une pointe sur la Vieille-Castille que nous avons racontée, il attaqua, lui septième, une brigade ennemie qui es-

cortait un convoi dont il avait résolu de s'emparer : cette brigade venait
de repousser l'attaque d'un bataillon carliste tout entier. Ce qu'il y a
de plus extraordinaire dans cette extravagance de courage, c'est le
succès qui en fut la récompense. Avec ses six lanciers, Zumalacarregui
mit le désordre au sein de cette brigade, et s'empara du convoi au
moment même où l'ennemi allait atteindre Logroño. Du reste, ces
traits d'audace chevaleresque sont communs en Espagne.

Il a manqué à la gloire militaire de Zumalacarregui d'avoir à combattre un rival digne de lui et sur une plus vaste scène : ce qui témoigne en faveur de son mérite, c'est qu'il créa non-seulement des
soldats, mais aussi des lieutenans qu'il sut animer de son esprit, Eraso
et Villaréal, qui allaient lui succéder dans le commandement, Gomez,
qui devait faire cette fameuse pointe à travers l'Espagne qui amusa
l'Europe comme un carrousel bien conduit, et tant d'autres officiers
que la mort avait pris ou allait prendre. Après lui, il resta peu de chose
de son génie dans cette armée qui était son œuvre, et qui dura tout
juste assez de temps pour oublier ce que son chef lui avait appris.
« Cet homme ferait des soldats avec des troncs d'arbre, » disait Mina
après avoir lutté contre Zumalacarregui ; et lorsqu'il apprit la mort
de son glorieux rival, il ajouta : « Je pourrais me réjouir de cette mort,
comme citoyen ; mais, comme Espagnol, je m'en afflige : l'Espagne
vient de perdre un grand homme. »

Après Zumalacarregui, l'armée carliste eut à souffrir de la même
cause de désordre qui avait pesé sur ses adversaires : elle changea de
chefs presque aussi souvent que l'armée constitutionnelle. La durée du
commandement se mesurait à la première bataille perdue. C'est ainsi
que Moréno, après la défaite d'Arlaban, était remplacé par le vieux
Casa-Eguia ; c'est ainsi que Villaréal, le présomptueux et brillant lieutenant de Zumalacarregui, était obligé de céder la place à l'infant don
Sébastien, neveu du prétendant, après avoir été battu en ligne à Val-
carlos avec des forces de beaucoup supérieures par notre ancienne légion étrangère que nous venions de céder à l'Espagne. Cette brave légion a laissé d'éclatans souvenirs dans la Péninsule. Préparée par la
guerre d'Afrique aux combats de la Navarre, elle eut affaire principalement contre le fameux bataillon des Guides, alors commandé par un
Français, M. Sabatier de Bordeaux, à Zubiri, à Arlaban, à Huesca,
à Barbastro, où mourut l'intrépide colonel de la légion, Conrad. Ce
fut comme un duel à mort entre ces deux corps, où tous deux s'épuisèrent en effet, et furent presque entièrement détruits l'un par l'autre.

Au point où Zumalacarregui avait amené cette guerre, les chefs qui
lui succédèrent crurent pouvoir prendre l'offensive ; mais aucun ne
sut donner l'impulsion aux insurgés. C'est alors que l'on comprit com-

bien l'unité de commandement est indispensable dans la guerre de montagne, où les corps détachés n'ont d'importance qu'autant qu'ils servent à un ensemble d'opérations. On comprit surtout combien il est essentiel que l'esprit du chef vive au sein de la contrée insurgée pour communiquer le mouvement et la vie à tous les élémens épars de l'insurrection. Il y eut encore bien des actions héroïques depuis la mort de Zumalacarregui; mais ce n'était déjà plus la guerre, c'était une collision. Les rivalités de commandement s'en mêlèrent: on ne sut bientôt plus s'il valait mieux attaquer ou se défendre. La jalousie des chefs ne fit que mieux ressortir leur impuissance; une victoire même devenait aussi désastreuse pour les insurgés qu'une défaite. La mésintelligence des chefs prépara les défections jusqu'au jour où Maroto, après avoir fait fusiller à Estella quelques lieutenans de Zumalacarregui hostiles à ses projets, signa le traité de Bergara, qui interrompit si honteusement pour les deux partis une guerre où l'un ne savait plus résister, où l'autre ne savait pas vaincre (1).

Si cette guerre, interrompue, mais non dénouée, recommence dans ces monts de la Navarre où l'on éveille si aisément les échos guerriers, on y trouvera vivant encore le souvenir de Zumalacarregui. Plaise au ciel, pour le repos de l'Espagne, que ce héros de l'insurrection ne trouve personne de taille à profiter de son exemple!

FRANÇOIS DUCUING.

(1) Cette dernière époque de la guerre a été décrite ici même; voyez *Cabrera* dans le n° du 15 avril 1840, *Espartero* dans celui du 15 août suivant.

PEPITA

RÉCIT DE LA PAMPA.

Partis depuis sept jours de Buenos-Ayres, nous avions traversé la province de ce nom, l'une des plus étendues de la confédération du Rio de la Plata, et celle de Santa-Fé : nous espérions arriver le lendemain soir à Cordova. Aux plaines interminables qui avaient si long-temps fatigué nos regards succédait un pays plus riant, coupé de frais ruisseaux et couvert en maints endroits d'une belle végétation. D'abord de chétifs caroubiers aux rameaux épineux, chargés de vieux nids de perroquets, s'étaient montrés à nos regards; bientôt, les saules plantés par la nature au bord des eaux se mêlant à d'autres arbres plus vigoureux, les buissons épineux s'épaississant de plus en plus, nous avions fini par nous trouver en pleine forêt. Nos chevaux trottaient vivement sur un sol léger et sablonneux; les oiseaux chantaient. Il s'en fallait bien de deux heures que le soleil ne fût couché, et une lieue à peine nous séparait de la maison de poste où nous devions relayer. Cette maison était située au carrefour (*esquina*) où viennent aboutir les deux grandes routes qui relient l'Océan Pacifique à l'Atlantique : l'une, celle du nord, qui conduit en Bolivie et au Pérou par Tucuman et Salta; l'autre, celle du sud-ouest, qui mène au Chili en passant par San-Luis et Mendoza. Un jour, il faut l'espérer, une ville se bâtira au point de jonction de ces deux voies de communication si importantes; toujours est-il qu'à l'époque où je m'y arrêtai, on n'y voyait d'autre habitation que la maison de poste.

Nous comptions mettre à profit le reste de la journée et pousser au-delà de la *esquina;* mais un habitant de Cordova qui voyageait avec nous voulait à toute force nous faire passer la nuit à la maison de poste. C'était un jeune homme fort gai, bon compagnon, trop bien élevé pour partager la haine aveugle que la plupart de ses compatriotes ont vouée aux étrangers. « Croyez-moi, disait-il, reposons-nous ce soir à la *esquina;* nous y trouverons des visages plus avenans que dans la pampa de Santa-Fé; cette poste est tenue par une veuve, doña Ventura, qui accommode divinement les œufs aux tomates, et je veux que vous entendiez chanter sa fille Pepa ! » Il nous restait une longue route à faire, — trois cents lieues sans compter le passage des Andes, — avant d'arriver à Santiago du Chili, et la saison s'avançait. Cependant, pour ne pas désobliger notre ami, nous nous rendîmes à ses désirs. Nos *péons,* joyeux d'approcher de la halte, se penchèrent, en poussant de grands cris, sur le cou des chevaux qu'ils éperonnaient sans pitié; les chiens répondirent à ce vacarme par des aboiemens forcenés, et bientôt nous nous arrêtâmes devant la maison de posté.

Un vieux *gaucho,* qui faisait l'office d'intendant, vint nous recevoir. Tandis qu'on dételait, un jeune garçon de douze à treize ans, beau comme un berger de Murillo, et qui lançait des pierres aux pigeons sauvages perchés sur les figuiers, remit sa fronde en sautoir et courut au logis en criant : « Mère, mère, voici don Mateo avec des seigneurs étrangers. »

Don Mateo, — c'était notre ami le *Cordoves,* — alla donner ses ordres pour le dîner et prévenir la duègne que nous n'avions besoin de chevaux que pour le lendemain. Chacun de nous rangea ses couvertures sur l'estrade qui régnait autour de la salle destinée aux voyageurs. Cet appartement, assez propre et très vaste, n'avait d'autres meubles qu'une petite lampe allumée devant l'image d'une madone et une guitare accrochée à un clou. Au moment du repas, doña Ventura fit apporter d'immenses fauteuils de cuir à clous dorés, évidemment fabriqués à Grenade du temps des rois catholiques. Des *cholas* (1) fort éveillées, qui ne disaient rien, mais regardaient beaucoup, dressèrent la table; elles y placèrent les *huevos revueltos con tomatas* (2) à côté de grands saladiers dans lesquels nageaient, au milieu d'une sauce abondante, de gros morceaux de viande rôtie. Le piment n'avait point été ménagé; ce condiment un peu vif nous fit trouver meilleur le bouillon qu'on nous apporta, selon l'usage, à la fin du repas. La duègne, assise sur l'estrade, triomphait de notre excellent appétit, et se rengorgeait fièrement chaque fois que l'un de nous lui adressait un compliment plus

(1) Filles de la campagne.
(2) Œufs brouillés aux tomates.

ou moins exagéré sur l'excellence de son dîner. Pepa se tenait près
d'elle; c'était une belle fille au teint blanc et frais, presque blonde·
Elle fumait nonchalamment une cigarette en promenant autour d'elle
ses grands yeux bleus ombragés de longs cils. Juancito, le petit garçon à la fronde, tournait autour de la table, se roulait sur nos couvertures, et goûtait sans façon dans nos verres le vin de Bordeaux que
nous y versions. Quand on eut desservi, Mateo alla décrocher la guitare :
« Señórita, dit-il à Pepa en la lui présentant, voici des seigneurs cavaliers qui seraient charmés de vous entendre; de grace, un petit *romance*, et ils vous tiendront pour la plus aimable fille :— *por la mas
preciosa niña* — de la province. »

Nous allions joindre nos humbles exhortations à celles de don Mateo;
mais la jeune fille avait déjà accordé l'instrument. Sans se faire prier
davantage, sans tousser, sans se plaindre d'être enrhumée, elle chanta
une demi-douzaine de chansons démesurément longues. A chaque
couplet, Mateo battait des mains, et en vérité Pepa possédait une voix·
charmante qu'elle ne conduisait pas trop mal. Sa physionomie s'animait par degrés; elle s'arrêtait de temps à autre en criant : « *Ay, Jesus!*
je suis morte! » et recommençait de plus belle. La duègne avait fini
par faire chorus avec sa fille. A chaque refrain, nous frappions sur la·
table avec la paume de nos mains, et Mateo, imitant les castagnettes
avec ses·doigts, dansait comme un fou au milieu de la salle.

Par malheur le vieil intendant vint interrompre cette fête. Il·se
pencha à l'oreille de la veuve, et lui dit qu'on voyait arriver par la'
route du nord une troupe de chariots. — Crois-tu, Torribio, répondit-
elle, que ce soient les gens de Salta ?

— Qui sait? reprit le *gaucho*. Il y a trois semaines que le courrier,
en passant par ici, m'a assuré que le convoi de Gil Perez était parti, et,
s'il ne lui est rien arrivé en route, je ne voudrais pas parier qu'il ne fût
ici ce soir.

— Allons, Pepita, dit la duègne; voilà notre ami Perez qui t'apporte
quelque beau présent. Va faire ta toilette, *niña*, et n'oublie pas le
beau peigne d'écaille qu'il t'a donné à son dernier voyage... Messieurs,
ajouta-t-elle en se tournant vers nous, je vous quitte un instant, mais
j'espère vous présenter bientôt un hôte de distinction.

— Au diable Perez et les gens de Salta! dit tout bas Mateo quand
Pepa se fut retirée, et nous sortîmes pour voir arriver les chariots.

C'était une troupe de quinze charrettes, attelées de six bœufs chacune, chargées de fruits secs, de coton et de balles de crin : elles approchaient lentement, tournant avec effort sur leurs roues massives..
Rejetées d'un côté à l'autre par les cahots, elles s'enfonçaient dans
de profondes ornières, d'où les quatre bœufs de volée, liés au joug à
douze pieds en avant de ceux du timon, les arrachaient à grand'peine

en inclinant jusqu'à terre leurs naseaux fumans. · Les bouviers, cou-. chés entre la couverture de cuir qui recouvre ces maisons ambulantes et les ballots superposés, piquaient l'attelage au moyen de longs ai- guillons suspendus en équilibre au-dessus de leurs têtes. Comme la route, fort étroite en cet endroit, était obstruée d'arbres morts et en- vahie par des buissons épineux, les immenses charrettes, forcées de se suivre pas à pas, se heurtaient et s'accrochaient successivement aux mêmes obstacles. De ces secousses multipliées résultait un mouve- ment de lente oscillation et de roulis qui faisait craquer les essieux et frémir les roues. Quand le convoi tout entier se fut déroulé dans l'es- pace vide dont la maison de poste marquait le centre, les chariots se rangèrent sur une ligne, en ordre de bataille, comme des fourgons d'artillerie; le timon s'abaissa, les jougs furent déposés à terre à la place qu'occupaient les bœufs. Les animaux, qu'on venait de délier, allèrent rejoindre le troupeau de rechange qui marchait derrière le convoi, sous la conduite d'une douzaine de cavaliers. Bientôt sortit des coins les plus obscurs de ces chariots toute une population étrange, piqueurs de bœufs portant le caleçon blanc brodé, le châle de laine roulé autour des reins, le *poncho* rouge et bleu, le bonnet pointu orné de rubans verts; femmes et enfans, passagers de tout âge qui s'étaient joints à la caravane pour faire à bon marché une traversée de trois cents lieues. On voyait aussi de jeunes filles au teint cuivré, aux al- lures hardies, embarquées gratis à la suite de quelque bouvier de bonne mine. Ce fut en un instant comme un bruit de ruche autour du convoi; ceux-ci coupaient le bois, ceux-là couraient à la fontaine, d'autres piquaient en terre, devant le feu, des broches de bois char- gées d'énormes tranches de viande.

. Chacun de ces convois obéit à un chef ou *capataz* qui, galopant à cheval sur les flancs, en tête ou en queue de la colonne, selon la na- ture des lieux et les périls du chemin, commande à cette horde indisci- plinée, et maintient de son mieux la subordination parmi ces hommes sauvages. Il lui faut, pour se faire respecter, de la fermeté et de l'au- dace, souvent même c'est d'un coup de couteau qu'il impose silence à un mutin. La troupe qui prenait position ce soir-là devant la poste où nous passions la nuit venait de Salta, comme l'avait supposé Torribio, et, ainsi que semblait l'espérer doña Ventura, elle avait pour chef Gil Perez. Celui-ci, en bon général d'armée, ne descendit de cheval que quand il eut vu son monde campé convenablement. Nous étions ren- trés dans la salle des voyageurs; Pepa venait d'y reparaître : elle avait jeté sur ses épaules un châle de soie sorti des fabriques de Lyon, nuancé des couleurs les plus disparates, et posé sur sa tête un peigne à la mode de Buenos-Ayres, large de vingt à trente pouces et haut d'un pied. Cette parure extravagante nous semblait infiniment moins gracieuse que les deux tresses qui, un quart d'heure auparavant, flottaient sur son dos; mais tel n'était pas l'avis de la duègne : les proportions démesurées de cet ornement en faisaient à ses yeux le prix principal. Cependant ces apprêts de toilette déplaisaient visiblement à Mateo. L'arrivée du conducteur de chariots semblait être pour la veuve et sa fille un événement de grande importance; le jeune Cordovès en voulait à celui-ci de ce qu'on eût fait tant de frais pour le recevoir.

Gil Perez entra d'un air radieux; il tenait sous son bras un petit coffre qu'il déposa sur la table, et s'adressant à doña Ventura : «Ouvrez, dit-il, voici la clé; ouvrez, regardez et prenez!» Sans se le faire répéter, la veuve tira du coffre une écharpe de crêpe dé Chine et une demi-douzaine de souliers de satin que Perez présenta à Pepa; celle-ci rougit et remercia de bon cœur. Tandis qu'elle admirait ces cadeaux, Perez offrit à la veuve une de ces jolies chaînes d'or que l'on fabrique au Pérou; puis, se tournant vers Juancito, qui semblait attendre son tour : « Mon garçon, lui dit-il, cherche sous mon *poncho*. » L'enfant souleva le *poncho* et saisit avidement un charmant petit sabre qu'il attacha aussitôt à sa ceinture. Dans sa joie, il sauta au cou du *capataz*, qui eût sans doute mieux aimé recevoir de sa sœur ce témoignage de gratitude. Après avoir ainsi répandu ses libéralités sur toute la famille, Gil Perez engagea la conversation avec nous. Dans ces pays de mœurs simples et faciles, il suffit de se rencontrer sous le même toit pour être amis. Mateo recouvra bientôt sa bonne humeur; il lui paraissait de sa dignité de ne pas disputer la place à un conducteur de chariots.

. Pendant que nous causions avec Gil Perez, les bouviers se livraient à de joyeux ébats; les *cholas* et les postillons de la *esquina* s'étaient joints à eux pour former un de ces bals improvisés qui durent d'ordinaire une partie de la nuit. C'est ainsi que les gens des pampas se délassent des fatigues de la journée. Gil Perez, craignant quelque désordre, était allé faire sa ronde accoutumée; il rentra en annonçant qu'on découvrait une grande poussière vers le sud-est. Là-dessus Juancito courut pousser une reconnaissance; quelques minutes après, il revenait apporter la nouvelle que les muletiers de San-Juan arrivaient. Pepa et sa mère échangèrent un regard rapide; quant à Perez, il parut fort peu se préoccuper de l'incident. Il se contenta de dire : «C'est sans doute le petit Fernando avec son chargement d'eau-de-vie! »

Déjà les muletiers avaient fait halte à quelque distance de la poste, ils dessellaient leurs mules et rangeaient en cercle sur la terre les harnais flanqués de deux barils, charge ordinaire de chaque animal. Les bêtes fatiguées, s'étant roulées sur l'herbe, se mirent à brouter çà et là; les hommes dressèrent une petite tente et allumèrent un feu. Quelques-uns restèrent à cheval; ils galopaient à droite et à gauche pour empêcher les mules rétives de s'éloigner du camp. Leur chef, que son costume ne distinguait guère du reste de la bande, ayant mis pied à terre à son tour, se dirigea vers la maison de poste. Il portait sur l'épaule une de ces grandes besaces que Sancho a rendues célèbres et qu'on nomme *alforjas,* double sac que le mendiant passe à son cou, et que le cavalier suspend au pommeau de sa selle. Marchant d'un pas rapide et sur la pointe du pied, à cause des longs éperons d'acier qu'il traînait à ses talons, il frappa à la porte de doña Ventura. — *Ave Maria!* dit-il à demi-voix. — *Sin peccado concebida* (1), répondit la veuve; et Juancito ouvrit.

Gil Perez regarda le muletier à peu près comme un amiral regarderait l'humble capitaine d'un navire de commerce. Celui-ci, déconcerté de trouver la maison pleine et d'y voir des figures étrangères, sans compter celle du *capataz,* qui semblait le gêner beaucoup, demeura quelques secondes debout près de la porte.

—Entre donc, Fernando, lui dit doña Ventura; tu es surpris de ce que ma Pepita est en grande toilette, mon garçon? C'est qu'il m'est arrivé ce soir des seigneurs cavaliers... Veux-tu souper? j'ai là du *puchero* (2).

—Je vous rends graces, señora; répondit Fernando; je n'ai rien à vous demander. Vous savez que je ne passe jamais par ici sans venir dire bonjour à Pepa... Et puis j'ai là pour vous un petit baril de la meilleure eau-de-vie qu'on ait goûtée à San-Juan depuis bien des années.

— Est-ce pour Pepa que tu apportes ton *aguardiente?* demanda Gil Perez.

— Don Gil, répliqua le muletier, chacun donne ce qu'il a et selon ses moyens. Et; se tournant vers la jeune fille : —Pepita, ajouta-t-il, quand tu étais enfant, tu aimais assez les tartes de nos montagnes; eh bien! en voilà, et aux pêches encore!

En parlant ainsi, il avait tiré de la double poche de son sac le petit baril d'eau-de-vie et une douzaine de gâteaux de forme carrée, remplis d'une marmelade épaisse que Juancito sembla déguster avec un extrême plaisir. Cela fait, il alla s'asseoir auprès de Pepa, et regarda fièrement le conducteur de chariots.

—Combien as-tu d'animaux? lui demanda celui-ci.

—Quinze mules de charge, sans compter les montures.

—Juste autant que j'ai de charrettes, poursuivit Perez; ça n'est pas mal... En tout, tu portes trente barils, de quoi charger la moitié d'un de mes fourgons! Bah! que peux-tu gagner avec cela? Tu fais là un triste métier, mon garçon, et tu le feras long-temps avant de devenir riche!

— Quand j'en serai ennuyé, répliqua Fernando, j'en prendrai un autre. — Le muletier prononça ces paroles avec un accent singulier.

(1) Cette réponse : *conçue sans péché,* avertit l'étranger qu'il peut entrer.
(2) Pot-au-feu:

— Fernando a du courage, reprit doña Ventura, et il se tirera d'affaire, et puis il trouvera quelque part dans son pays une jolie fille qui lui apportera une dot... N'est-ce pas, Fernando?

. Pour toute réponse, Fernando ramena sur son front son chapeau pointu à petits bords; ses yeux fauves brillaient comme ceux d'un chat. Il saisit vivement la guitare placée sur l'estrade auprès de Pepa, et se mit à la râcler avec distraction, comme un homme qui s'abandonne à sa rêverie. Juancito, qui se tenait debout devant lui, attendant sans doute qu'il eût fini de préluder et chantât quelque gai refrain des montagnes, lui poussa le bras en disant : — Fernando, as-tu vu les beaux présens que nous a faits Gil Perez? Sans lever les yeux, le muletier répéta à demi-voix ce couplet d'une vieille romance :

> No estès tan contenta, Juana,
> En ver me penar por ti;
> Que lo que hoy fuere de mi,
> Podrá ser de ti mañana (1).

Puis tout à coup, jetant la guitare à ses pieds, il sauta sur l'estrade, éteignit la lampe qui brûlait devant la madone et porta la main à son couteau. Pepa s'était serrée contre sa mère : au cri qu'elle poussa, Gil Perez se mit en défense, mais Fernando, passant près de lui sans le regarder, gagna la porte. « Ah! Pepita, murmura-t-il en sortant, tu me feras faire un mauvais coup! » Et il disparut.

Gil Perez essaya de rassurer les deux dames, et chercha à les retenir; mais doña Ventura, fort agitée, se retira immédiatement avec sa fille. « Ma foi, messieurs, nous dit Mateo à voix basse, la soirée a été plus complète que je ne l'espérais. Je croyais vous faire assister à un *saynete*, et nous avons eu presque une tragédie. » Là-dessus il s'étendit sur ses couvertures, bien décidé à dormir. Mes compagnons en firent autant, et je me dirigeai vers notre *coche-galera*, voiture de voyage, où j'avais coutume de prendre mon gîte chaque nuit. Les feux des muletiers brillaient dans le lointain; devant les chariots, les bouviers continuaient leurs danses et leurs chants. Du côté de la forêt, des perroquets, réunis en bandes innombrables, poussaient des cris tumultueux qui ne me permirent guère de fermer l'œil. Au point du jour, comme je commençais à m'endormir, Mateo vint m'éveiller; les chevaux étaient prêts. Déjà les muletiers de San-Juan disparaissaient à l'horizon, et Gil Perez, le pied dans l'étrier, donnait l'ordre à sa troupe de se mettre en marche.

. Le surlendemain, nous faisions à Cordova notre entrée triomphale. Au bruit de notre voiture de voyage, roulant sur les pavés inégaux,

(1) « Ne sois pas si contente, Juana, — de voir que je souffre à cause de toi; — car il pourra en être de toi demain — ce qu'il en est de moi aujourd'hui. »

les habitans se mettaient aux fenêtres et couraient aux portes. Les postillons, armés de sabres et de couteaux, avaient si bonne tournure en galopant, nos quatre péons levaient si fièrement la tête, qu'on répétait le soir sur la grande place de Cordova : *Han llegado unos Ingleses;* — il est arrivé des Anglais !...

' Après avoir séjourné quelque temps dans la jolie petite ville de Cordova, qui fut jadis la Salamanque des provinces Argentines, nous prîmes congé de don Mateo pour continuer notre route vers les Andes. Je laissai à mon tour mes compagnons à Mendoza, et passai au Chili, puis au Pérou. Enfin, revenu à Valparaiso avec l'intention de m'embarquer pour l'Europe, je voulus revoir Santiago, la capitale du Chili. C'est une grande et belle ville, fort agréable à habiter, et celle de toute l'Amérique méridionale où l'Européen, le Français surtout, se trouve le moins dépaysé. Dans ce temps-là, on y vivait assez tranquille; des soldats à cheval, qui stationnaient au coin de chaque rue, veillaient la nuit à la sécurité des habitans. Quand un assassinat était commis sur les routes, la justice savait mettre la main sur le coupable; il était sévèrement puni, et, après avoir rasé sa maison, on y semait du sel, comme pour effacer jusqu'au souvenir du meurtrier. Les révolutions, il faut bien le dire, se succédaient encore à des intervalles infiniment trop rapprochés; mais en général le peuple y prenait peu de part, et l'on ne voyait pas, comme aujourd'hui, les clubs promener sur les places publiques leurs bannières menaçantes. La population calme et insouciante se répandait en foule, vers les dernières heures du jour, sur les promenades, entre les belles rangées de peupliers (*alamedas*) au-delà desquelles la Cordillère des Andes dresse ses pics majestueux, couverts de neiges éternelles. Quelque gracieuses pourtant que soient ces *alamedas* rafraîchies par de petits ruisseaux aux ondes murmurantes et bordées en maints endroits de jardins où le pêcher fleurit à côté de l'amandier, le voyageur leur préfère encore la grande digue élevée pour contenir les eaux torrentielles du Mapocho et qu'on nomme le Tajamar. Qu'on se figure un quai long d'un mille, formant comme une esplanade d'où l'on domine une vallée étroite, adossée aux Andes et ombragée de grands arbres sous lesquels se cachent de blanches maisons et de jolis vergers. Les fières montagnes, amoncelées les unes au-dessus des autres, s'arrondissent à l'horizon en décrivant une courbe immense. Leurs sommets, découpés en vives arêtes, ressemblent à de gigantesques gradins qui marquent autant de zones diverses; sur les plus bas, on distingue encore quelque trace de végétation, puis le rocher se montre à nu, et enfin l'œil s'égare sur des glaciers éblouissans de blancheur, que le soleil fait étinceler comme le diamant.

Je suivais un soir l'interminable route que trace le Tajamar; le soleil couchant teignait la Cordilière d'autant de nuances changeantes qu'on en peut compter sur la gorge du caméléon. Arrivé au faubourg de la ville, un bruit de voix mêlées au refrain d'une demi-douzaine de guitares et de harpes attira mon attention vers un jardin où se pressait la foule. Un beau palmier, — arbre peu commun dans cette partie du Chili, — en occupait le centre; tout au fond, derrière une masse d'arbustes charmans, citronniers et grenadiers, se dressait un théâtre illuminé de verres de couleur. Sur le devant de la scène, un danseur et une danseuse exécutaient un de ces pas vifs et entraînans que la race andalouse a transportés d'Espagne en Amérique, après les avoir empruntés aux Bohémiens. Il paraît que le ballet durait depuis long-temps, car les deux virtuoses, exténués de fatigue, ne se soutenaient qu'avec peine sur leurs jambes. Tout à coup le danseur mit un genou en terre, rejeta la tête en arrière, et fixa sur la *baylarina* deux yeux étincelans qui semblaient la fasciner. Celle-ci, comme vaincue par le regard passionné du jeune homme, lui prit la main pour le relever, et courut se cacher parmi les femmes qui composaient l'orchestre.

Ce dénoûment bien connu, puisqu'il est toujours le même, n'en provoqua pas moins dans l'assemblée une explosion de murmures flatteurs. La foule des spectateurs se composait de mineurs chiliens au chapeau pointu, au *poncho* bleu rayé de bandes jaunes, de muletiers de la province du Maule, reconnaissables à leurs cheveux plats et à leurs faces basanées, dans lesquelles le type espagnol est plus difficile à retrouver que celui de l'Indien. On y voyait aussi des marchands des faubourgs, des vendeurs de melons et des *aguadores*, — porteurs d'eau; — société peu choisie, j'en conviens, mais simple et franche dans ses allures, et qui ne faisait à moi nulle attention, malgré la curiosité avec laquelle j'observais chacun de ses groupes. Il y avait là des tables de rafraîchissemens, et, au moment où les danseurs s'avancèrent de nouveau sur la scène, je m'assis assez près du théâtre en demandant un verre d'orangeade.

— Seigneur cavalier, me dit brusquement un jeune homme à la parole vive et brève, mettez-vous un peu de côté; votre manteau m'empêche de voir la *baylarina!*... que diable!

— Il y a ici, comme à l'Opéra, des amateurs qui ne veulent perdre ni un pas, ni une note, pensai-je en me retournant pour regarder en face le dilettante. Je reconnus don Mateo. Il me parut un peu changé; ses habits avaient subi une altération sensible; mais c'était bien le jeune Cordovès que j'avais vu applaudir si gaiement aux romances que nous chantait la fille de doña Ventura.

— Don Mateo, lui dis-je en lui tendant la main, avouez que si cette femme danse avec grace, il y a dans la province de Cordova des jeunes filles qui chantent à ravir, la Pepita par exemple.....

— Pepita, reprit le jeune homme; vous connaissez Pepita? Qui donc êtes-vous, seigneur cavalier?... Ah! mais, c'est vous; don..... vos noms français sont si difficiles à retenir! Et par quel hasard vous ren-contré-je ici?

, — Par le hasard des voyages qui me ramène au Chili avant de me pousser vers le cap Horn; mais vous, qui borniez vos pérégrinations à parcourir les pampas de Buenos-Ayres à Cordova, quel sort heureux vous amène sur ma route au-delà des Andes?

— Un sort heureux! répliqua Mateo en secouant la tête... Je suis ici exilé, réfugié, proscrit! Vous êtes surpris, n'est-il pas vrai, de trouver au milieu d'une foule joyeuse, qui rit et s'amuse, un pauvre diable qui n'a plus ni patrie ni asile? Que voulez-vous, mon ami! J'aime de passion les beaux-arts, et, dans cette gaieté populaire, je puise pour quelques instans l'oubli de mes maux... Permettez-moi d'envoyer des rafraîchissemens à cette *baylarina*. N'est-ce pas qu'elle danse à mer-veille? Ma bourse n'est pas trop garnie; mais, en cherchant bien, j'y trouverai encore une piécette pour encourager le talent.

En achevant ces paroles, il fit verser un verre de limonade glacée qu'un garçon de café alla porter à la danseuse. Celle-ci, en recevant le verre de limonade, promena ses regards autour d'elle pour savoir à qui elle était redevable de cette politesse. Mateo répondit par un geste galant au coup d'œil interrogateur de la jeune fille, qui le salua poli-ment, et reprit à sa bouche la cigarette qu'elle venait de prêter un in-stant à sa voisine.

— Sur vos grands théâtres, me dit Mateo en me prenant le bras pour m'emmener hors du jardin, vous lancez aux artistes préférés des bou-quets et des vers, auxquels souvent ils ne font guère attention; nous nous contentons, dans ces petites réunions musicales et dansantes, d'offrir aux virtuoses ce simple verre d'eau glacée qui les comble de joie... Pure politesse, après tout, et qui ne tire pas à conséquence!

En quittant le jardin, nous nous dirigeâmes vers le Tajamar. La nuit était silencieuse et sereine; nous entendions bruire à nos pieds les eaux de la rivière, et, sur l'obscurité du ciel, nous distinguions les cimes de la Cordilière, qui gardaient encore un certain éclat lumi-neux. « Voyez, s'écria Mateo, appuyant ses deux bras sur le parapet, voyez quelle barrière immense s'élève désormais entre mon pays et moi : soixante lieues de montagnes, de précipices, de neiges..... et un arrêt de proscription! Une de ces révolutions qui éclatent comme l'o-rage est venue bouleverser notre paisible cité de Cordova. Le parti auquel j'appartenais a succombé dans la lutte; mon petit patrimoine a été presque entièrement absorbé par les amendes que nous a fait payer le vainqueur, et je m'estime heureux d'avoir sauvé ma tête. Vous vous souvenez de la soirée que nous passâmes ensemble à la *esquina*?

Eh bien!' de tous ceux qui étaient là réunis sous le toit hospitalier de doña·Ventura, en la comptant, elle et sa fille Pepa, savez-vous ce qui reste de vivant aujourd'hui?.... Deux personnes, vous et moi! La première·scène·de ce drame s'est déroulée sous vos yeux, à la maison de poste où nous soupions si gaiement, quand arrivèrent les chariots de Gil Perez de Salta: En vous racontant celles qui l'ont suivie, je n'aurai à vous parler que de personnages déjà connus de vous. »

II.

— Reportez-vous par la pensée à la maison de poste de doña Ventura, dit Mateo en commençant son récit; vous n'avez peut-être pas oublié ce Fernando...

— Le petit muletier aux grands éperons qui vint interrompre si brusquement notre souper?

— Celui-là même... Fernando, vous vous en souvenez, repartit de grand matin avec son *aria* (1), une heure avant que les charrettes conduites par Gil Perez se remissent en marche. Quoiqu'ils suivissent la même route, ces deux hommes ne devaient plus se rencontrer avant d'être arrivés à Buenos-Ayres. Les mules du petit Fernando trottaient lestement dans les grandes plaines et franchissaient sans difficulté les ruisseaux, tandis que les bœufs de Perez, attelés à de massives charrettes, traînaient péniblement dans les ornières leurs lourdes charges. Il y avait donc quatre jours que Fernando était au terme de son voyage, lorsque les bouviers, couchés sur le sommet des chariots du haut desquels ils aiguillonnent les attelages, découvrirent les clochers de Buenos-Ayres et les larges eaux de la Plata. Perez conduisit son convoi au pied de la colline du Retiro, à sa place accoutumée. Il y avait là cinq à six caravanes de chariots venues des provinces de l'ouest et du nord de la République Argentine; l'ensemble de leurs équipages formait une bande de soixante à quatre-vingts bouviers, qui se reposaient comme des matelots dont le navire dort sur ses ancres. Les uns, étendus à plat ventre sur l'herbe, chantaient à demi-voix de gais refrains, et se livraient philosophiquement aux douceurs du *far-niente;* les autres éventraient avec leurs longs couteaux des melons d'eau gros comme des barils; quelques joueurs·passionnés, assis sur des têtes de bœufs, risquaient d'un seul coup sur une carte le salaire de plusieurs mois. Quand parurent les gens de Salta avec leurs charrettes, tous ces *gauchos* poussèrent un bruyant hurrah pour célébrer l'arrivée des nouveaux venus, et ceux qui comptaient parmi la troupe quelques amis coururent échanger avec eux des poignées de main. Gil Perez, après avoir dirigé ses bœufs vers les

(1) Convoi de mules.

pâturages où ils devaient se reposer jusqu'au départ, mit son cheval au galop pour aller annoncer à ses consignataires que sa riche cargaison avait touché le port sans accident.

Dès qu'il fut parti, des groupes se formèrent autour des feux allumés par ses gens. Le bruit s'était répandu depuis quelques jours parmi ces *gauchos*, race vagabonde et insubordonnée, que des soulèvemens avaient eu lieu dans les provinces de l'intérieur; ils avaient hâte de questionner les voyageurs qui venaient de traverser toute l'étendue des pampas. Il y avait du vrai dans cette nouvelle, et l'idée de déserter les chariots pour monter à cheval et se joindre aux bandes armées souriait à la plupart des bouviers. Galoper en liberté dans des plaines sans fin, piller les grandes fermes isolées, attaquer les hameaux, telle était la perspective attrayante qui s'ouvrait à leur imagination. Pendant qu'ils s'entretenaient des événemens qui se préparaient *en la tierra adentro,* — dans l'intérieur des terres, — Fernando vint à passer; il était à pieds, mais traînait toujours à ses talons ses grands éperons d'acier qui gênaient sa marche. On eût dit un aigle démonté par le chasseur et que les longues plumes de ses jambes empêchent de courir.

— Tiens! crièrent les bouviers, voilà le petit muletier, le marchand d'eau-de-vie de San-Juan! Eh! Fernando, veux-tu nous envoyer un baril, que nous buvions à ta santé?

— Donnez-moi plutôt à manger, vous autres, répondit le muletier, je suis à jeun depuis hier!

Et, coupant une tranche de viande dans la grosse pièce de bœuf qui rôtissait devant le feu, il prit l'une des extrémités du bout des doigts, introduisit l'autre dans son gosier et l'avala d'une bouchée, comme un lazzarone eût fait d'une poignée de macaroni. — Merci, dit Fernando en essuyant son couteau sur sa botte de peau de vache, me voilà mieux maintenant. Vous me permettrez de coucher ici, n'est-ce pas? et vous me prêterez bien une couverture pour passer la nuit? En attendant, je vais m'allonger là, dans quelque coin, pour faire la sieste.

Il se glissa entre les deux roues d'une charrette et s'endormit, sans que les bouviers s'occupassent de lui. Gil Perez revint bientôt donner à ses gens l'ordre de décharger les chariots dès le lendemain matin. En faisant sa ronde, il aperçut le muletier tranquillement endormi et qui ronflait sur l'herbe comme un enfant dans les bras de sa mère. — Eh! Fernando, lui dit-il, que fais-tu là, mon garçon?

— Je me repose, répondit celui-ci en se frottant les yeux; j'ai passé quatre jours et autant de nuits à jouer aux cartes.

— Et tu as gagné?

— Au contraire, j'ai tout perdu, mon chargement d'eau-de-vie, mes mules, tout ce que je possédais! Voulez-vous me prêter vingt piastres, Gil Perez?

— Pour les jouer encore?

— Peut-être... Tenez, j'étais un homme rangé, je ne jouais jamais, et vous êtes cause que je vais peut-être devenir un brigand. Depuis bien des années je connais Pepita; je l'ai vue grandir; sa mère me recevait bien, elle devinait que j'aimais sa fille, et m'encourageait elle-même à travailler pour acquérir de quoi augmenter mon petit commerce. A chaque voyage que je faisais, je ne manquais jamais de m'arrêter à la *esquina;* je retrouvais Pepita plus grande et plus jolie... Elle m'accueillait, elle aussi, avec joie... j'étais heureux, et, depuis deux ans que vous passez par là, tout est changé. Avec vos châles de crêpe et vos chaines d'or, vous leur avez tourné la tête; la mère me traite comme un homme de rien, et c'est vous que l'on fête! Prétez-moi vingt piastres, que je gagne de quoi faire aux deux dames des présens qui me remettent en faveur auprès d'elles. Vous êtes bien riche, Gil Perez; vous trouverez à vous marier dans les villes, à Salta, à Cordova, où vous voudrez; moi, je suis pauvre, mais j'aime Pepita, la seule fille qui ne me repousserait pas, tout ruiné que je suis.

En parlant ainsi, Fernando avait les larmes aux yeux. Gil Perez, surpris de cette demande et de cette franche explication, eut pitié de la misère du muletier, mais ne fut point ému de son chagrin. — Si tu veux vingt piastres, répondit-il, je te les donnerai; j'ai le moyen de t'avancer cette somme, Dieu merci, quoiqu'elle soit ronde; mais, crois-moi, ne joue plus, mon garçon; laisse là ton commerce; pour faire des affaires un peu considérables, il faut deux choses : du capital et du crédit. Tu n'as ni l'un ni l'autre; tu feras mieux de renoncer à Pepita, qui ne pense plus guère à toi, et de retourner dans la vallée de San-Juan... Tiens, voilà tes vingt piastres.

— Gil Perez, répliqua le muletier en se redressant avec fierté, vous me lancez à la face des paroles qui me rendent fou de colère. Je m'efforçais d'oublier de quelle manière vous m'avez traité, sur quel ton injurieux vous m'avez parlé à la *esquina,* devant la jeune fille, devant sa mère, devant des étrangers qui se trouvaient là par hasard... Et vous recommencez! Eh bien! je ne vous demande rien, gardez votre argent; mais, je vous en supplie, laissez-moi Pepita, et je vous jure une reconnaissance éternelle.

— Impossible, mon garçon; je n'aurais pas le droit de profiter des avantages que me donne ma position? Tu es fou, Fernando; prends ces vingt piastres, je te les donne, et je n'exige pas même de toi cette reconnaissance que tu me promets.

— Ah! *carretero* (1), tu t'en repentiras!... dit à voix basse le jeune muletier, et il se retira les mains vides, comme il était venu, mais la haine dans le cœur. La nuit arrivait, l'ombre se répandait sur les

_____

(1) Charretier.

chariots rangés au pied de la colline; on distinguait à peine, parmi les
haies de cactus, les hautes tiges des agaves pareilles à des candélabres
éteints. Les promeneurs regagnaient la ville au plus vite; il n'est pas
prudent d'errer le soir autour des plantations d'oliviers qui couvrent
ce vallon solitaire, et bien des croix de bois piquées en terre sur le
talus des fossés invitent le passant à prier pour ceux qui sont morts
assassinés. Quand l'obscurité fut complète, quand au milieu du silence
les eaux argentées de la Plata soulevèrent comme des masses inertes
et opaques les navires mouillés au large parallèlement à la rive, Fernando détacha ses éperons pour marcher sans bruit, et s'enfonça dans
les ténèbres. « Ah! *carretero,* disait-il à voix basse, tu m'as rendu
joueur; tu es cause que je suis ruiné! Tu répondras devant Dieu du
sang que je vais verser! » Et, prenant en main son couteau, il s'em-
busqua au tournant d'un chemin creux qui descend derrière le couvent
de la Recoleta.

Fernando était là depuis une demi-heure, quand les pas d'un cheval
le firent tressaillir. La rapidité de la pente forçait l'animal à marcher
lentement et avec précaution; le cavalier sifflait tranquillement. « Bon,
pensa le muletier, ce doit être un *carcaman* (1); un fils du pays se tiendrait mieux sur ses gardes en pareil lieu et à pareille heure. Tant pis
pour lui! son consul le réclamera s'il veut, c'est son affaire... » Et, se
précipitant sur le cavalier, il l'attira violemment par le bras, lui plongea
son couteau dans le flanc gauche, et le jeta sans vie sur le bord de la
route. Deux ou trois onces d'or que l'étranger portait dans sa ceinture
passèrent dans celle de Fernando, qui ne put s'empêcher de les faire
sonner en poussant un cri de triomphe. Après ce sanglant exploit,
l'assassin s'élança sur le cheval de sa victime, et prit droit devant lui
à travers la pampa. Le sort en était jeté : l'honnête muletier avait
franchi la distance qui le séparait du bandit; ce premier crime avait
fait de lui un *gaucho malo.*

— Êtes-vous bien sûr, demandai-je à Mateo, que cet homme fût
auparavant un honnête muletier, comme vous le dites? Vous vous
rappelez l'effroi qu'il nous causa à la maison de poste, quand il porta
la main à son couteau, en éteignant la lampe allumée devant la madone!

— Les paroles de Gil Perez l'avaient mis en colère, reprit Mateo; je
crois même qu'il tourna au mal dès ce jour-là, mais en pensée seulement. Quand il eut dans sa poche les onces d'or gagnées au prix d'un
meurtre et qu'il se lança dans la plaine sur le cheval de l'homme qu'il
venait de poignarder, il ne chercha plus qu'à se rallier à une bande de
malfaiteurs. Les circonstances étaient favorables au nouveau genre de
vie qu'il allait embrasser; la guerre civile se rallumait dans les pro-

(1) Expression injurieuse par laquelle les *gauchos* désignent les Européens.

vinces, et déjà l'on voyait paraître sur divers points, au nord et à l'ouest, des troupes armées. Ces bandes se composaient de *péons* qui avaient déserté les *estancias* (1), de bouviers qui abandonnaient leurs convois, de gens sans aveu déjà brouillés avec la justice, de vagabonds en quête de pillage. Avant de rien entreprendre cependant, Fernando fit un voyage jusqu'à la *esquina;* le petit Juancito lui sauta au cou comme à l'ordinaire. Le vieux Torribio, l'intendant de doña Ventura, le voyant arriver seul, monté sur un cheval de prix, sans son cortège habituel de mules et de muletiers, courut au-devant de lui : — *Amigo,* lui cria-t-il, d'où viens-tu en si bel équipage? Il paraît que l'eau-de-vie de San-Juan se vend bien là-bas !

Sans rien répondre, Fernando ouvrit vivement la porte, et s'adressant aux deux dames surprises de sa brusque apparition :

. — Écoutez, dit-il, la *gauchada* va se mettre en campagne, et je crains bien que vous ne receviez l'une de ses premières visites. J'ai des amis de ce côté-là; donnez-moi votre fille, doña Ventura, et je saurai vous mettre, elle et vous, en lieu de sûreté.

— Depuis quand prends-tu parti pour les brigands, Fernando? demanda doña Ventura avec indignation.

— Pepita, reprit le muletier évitant de répondre, veux-tu de moi?... Tu trembles, tu tournes la tête!... Réponds-moi, Pepita; est-ce que je te fais peur, est-ce que tu me prends pour un bandit?

La jeune fille essayait en vain de parler; Fernando avait un son de voix terrible que ne pouvait adoucir l'amour sincère et passionné qu'il portait encore à Pepa.

— Fernando, s'écria doña Ventura, la dernière fois que tu étais ici, tu as quitté ma maison comme un furieux, la main sur la poignée de ton couteau; tu y rentres aujourd'hui comme un bandit, la menace à la bouche. Va, pars et ne reviens plus ! Je n'ai pas besoin de ta protection.

— Ah ! vous voulez dire que Gil Perez vous protégera; comptez-y... Il y a des temps où les beaux châles et les chaînes d'or ne valent pas un sabre et une carabine. Après tout, j'ai de l'or, moi aussi!... Voyez plutôt. Encore une fois, Pepita, veux-tu me suivre... Je ne suis plus muletier; c'était un métier trop vil, n'est-ce pas? Veux-tu que je t'emporte en croupe dans la sierra de Cordova, au Chili?.... :

A mesure que son exaltation croissait, les paroles du *gaucho* arrivaient à l'accent de la colère. Il pâlissait; les mauvaises passions qui bouillonnaient dans son cœur donnaient à sa physionomie un aspect . féroce. Pepa le regarda d'abord avec douleur, puis avec effroi; les larmes qui commençaient à couler de ses yeux s'arrêtèrent au bord de ses paupières; elle poussa un cri en courant vers sa mère et tomba

(1) Grandes fermes où l'on élève du bétail.

évanouie entre ses bras..Fernando sortit précipitamment; son amour pour Pepita, le dernier bon sentiment qui.'lui' rëstait dans l'àme, venait de faire place à la haine.

Quoique Fernando se fût exprimé à mots couverts, sans rien articuler de précis, les propos du jeune muletier avaient laissé les deux femmes en proie à une vague terreur. Le bruit s'était déjà répandu dans le pays que la *gauchada* se réunissait sur les frontières de la province de Santa-Fé; plusieurs d'entre les postillons que doña Ventura entretenait pour le service de la poste avaient disparu la nuit précédente, emmenant avec eux les meilleurs chevaux. Le vieux Torribio, dévoué à la famille qu'il servait avec fidélité depuis trente années, se tenait nuit et jour aux aguets; il poussait des reconnaissances jusqu'à l'entrée de la plaine, et là, penché sur le cou de son cheval, la main posée sur son front pour abriter ses yeux contre les rayons du soleil couchant, il promenait ses regards sur l'horizon. Tantôt il prenait avec lui le petit Juancito, à qui il avait donné les premières leçons d'équitation, et s'enfonçait dans la forêt à travers les buissons et les halliers; mais les oiseaux chantaient gaiement à l'ombre des grands arbres, le coucou noir jetait paisiblement son cri sur la plus haute branche des caroubiers. Du côté de l'ouest s'étend une vaste lagune, au bord de laquelle les mules de Fernando avaient souvent fait halte; on y voyait encore des traces de campement, mais aucune fumée ne s'élevait alentour. Les flamants qui se tenaient au bord des eaux, debout sur une patte et la tête cachée sous l'aile, prouvaient par leur immobilité même qu'aucun ennemi ne s'avançait dans cette direction. Pendant plusieurs jours, on n'entendit donc point parler des brigands ni de Fernando. Celui-ci, en quittant la *esquina*, s'était porté sur la route de Buenos-Ayres au-devant de Gil Perez, qui retournait à Salta avec ses chariots. Quelques vagabonds n'avaient pas tardé à se joindre à lui; ils le regardaient comme leur chef, parce que, dans ses pérégrinations multipliées à travers les provinces de l'intérieur, il avait acquis ce qui manquait à la plupart d'entre eux, la connaissance exacte d'une grande étendue de pays. Leur quartier-général était une *pulperia* (1) isolée, bâtie sur la frontière du territoire des Indiens. Ils y menaient joyeuse vie : tandis que leurs chevaux, attachés à des poteaux autour de la taverne, dormaient sur leurs quatre jambes, sellés et bridés, les *gauchos*, le sabre au côté, savouraient l'eau-de-vie anisée, et se livraient, la guitare en main, à de gaies improvisations.

Un matin, cependant, Gil Perez venait de donner à ses chariots l'ordre du départ. Le convoi, qui avait campé sur les bords du Rio-Salado, se déroulait lentement en rase campagne. Il faisait froid; on

_____

(1) Taverne que l'on rencontre au milieu des pampas, et où l'on vend tout ce qui est nécessaire à la vie.

était en hiver; un vent glacé balayait ces mornes solitudes, où rien
ne met obstacle à sa violence. Comme il galopait en avant de sa caravane pour reconnaître le gué d'un petit ruisseau, Perez découvre à
l'horizon une douzaine de points noirs qui se dirigeaient vers lui avec
une extrême vitesse. Il distingue bientôt des cavaliers aux *ponchos* flottans, les uns armés de lances, les autres tenant à la main de courtes
carabines. Une pareille rencontre lui paraît suspecte; il revient sur ses
pas et range sa troupe en ordre de bataille. Les chariots sont disposés
en cercle, le timon en dedans; les bœufs, placés au centre, obéissent
à la voix des bouviers et se serrent les uns contre les autres. Des armes
sont distribuées au reste de la troupe; entre tous les chariots, des pistolets et des tromblons menacent l'ennemi qui tenterait de pénétrer
au milieu du convoi changé en forteresse. Ces dispositions étaient à
peine prises, que le groupe de cavaliers ralentit sa marche; un seul
d'entre eux pousse en avant. Arrivé à vingt pas des chariots, il s'arrête, et, déliant le mouchoir qui cachait une partie de son visage :

— Don Gil, s'écria-t-il, avouez que le petit muletier Fernando vous
a fait grand'peur?

— C'est toi! répliqua Perez. Que fais-tu ici? que nous veux-tu?

— J'ai changé de métier, *amigo;* ne vous avais-je pas dit que, quand
je serais dégoûté de celui de muletier, j'en prendrais un autre? Maintenant, je suis chasseur d'autruches; mes amis et moi, nous en avons
poursuivi ce matin une belle bande qui nous a échappé. Ne l'avez-
vous pas rencontrée?

— C'est encore un triste métier que tu fais là, mon garçon, dit Gil
Perez. Si tu n'avais que cela à me dire, il ne fallait pas fondre sur nous
avec tes compagnons comme des voleurs. Au moment où vous avez
paru à l'horizon, il y avait, à un mille devant moi, quelques autruches que j'ai fait fuir; si ce sont là celles que vous cherchez, continuez
votre chasse, et laissez-nous suivre notre route.

Pendant ce pourparler, les bouviers rassurés avaient cessé de se tenir sur la défensive; les compagnons de Fernando s'approchaient d'eux
lentement, avec une indifférence marquée, en roulant leurs cigarettes.
La conversation s'engageait entre les prétendus chasseurs et les conducteurs de chariots. Bien qu'il ne soupçonnât aucune trahison, Perez
hésitait à se remettre en marche tant que Fernando et sa bande ne se
seraient pas éloignés. La halte se prolongeait donc, et les autruches,
que n'effrayait plus le bruit des roues tournant sur les essieux de bois,
reparaissaient au-dessus de la colline derrière laquelle elles s'étaient
réfugiées.

— Tenez, don Gil, reprit Fernando, je parie que mon cheval, qui a
déjà fait dix lieues ce matin d'une seule traite, atteint l'une de ces
bêtes-là avant le vôtre, tout reposé qu'il est!

— Je n'ai pas le temps d'accepter ton défi, répondit Perez ennuyé de ce retard; la plaine n'est pas sûre, et j'ai hâte de voir les premières maisons de Cordova.

— Bah! cette petite course sera l'affaire de cinq minutes, dit le muletier; voyons, un temps de galop; et je vous débarrasse de ma présence et de celle de mes amis, qui parait ne pas vous charmer beaucoup, foi d'honnête homme!...

— Eh bien! soit, pourvu que je reparte, répondit Perez, et il enfonça ses éperons dans les flancs de son cheval. Fernando le suivait de si près, que leurs genoux se touchaient. Les *gauchos* et les bouviers poussaient des cris de joie pour exciter davantage les deux chevaux qui semblaient voler sur la plaine. Déjà aussi les autruches, qui se sentaient poursuivies, fuyaient au plus vite; le cou tendu, elles fouettaient l'air de leurs courtes ailes, et sillonnaient cet océan de hautes herbes en faisant à droite et à gauche de rapides et brusques crochets. Les deux cavaliers les harcelaient avec vigueur et se rapprochaient d'elles. Cette course effrénée durait depuis dix minutes au moins, lorsque Fernando commença à rester en arrière. Gil Perez, qui se retournait pour calculer du regard la distance qui le séparait de lui, l'aperçut qui brandissait à la main une paire de boules (1) grosses comme le poing. « *Amigo*, lui cria-t-il sans s'arrêter, ces boules-là sont bonnes pour abattre un cheval sauvage; » mais, comme il cherchait à sa ceinture les petites boules de plomb qu'il se préparait à lancer lui-même au cou de l'autruche, son cheval tomba; les pieds de devant enlacés dans les cordes qui venaient de partir des mains du muletier. La violence de la chute fut en proportion de la vitesse de la course. Fernando poussa un cri de triomphe en voyant son rival rouler dans la poussière. Perez, tombé sur le côté gauche, cherchait à dégager son sabre pour couper la terrible corde dont les replis emprisonnaient les jambes de son cheval. La pauvre bête haletante, couverte d'écume, se débattait avec force. Avant que Gil Perez eût pu mettre la main sur son arme, le muletier sauta à terre et le prit à la gorge.

— Tu es un traître et un lâche! criait le malheureux Perez étourdi par sa chute, en essayant de se délivrer des étreintes de son ennemi. Tu m'as attiré dans un piège pour m'assassiner!

— Ce n'est pas tout, répondit froidement le muletier. Regarde par là... Tu vois cette fumée; ce sont tes chariots qui brûlent. La plaine est en feu... C'était toi que je chassais, *carretero*; j'ai suivi ton conseil : de muletier que j'étais, que je serais encore sans toi, je me suis fait brigand. J'ai revu Pepa; elle ne veut plus de moi... Le traître, entends-tu, c'est toi qui as ruiné toutes mes espérances.

Perez était alerte, vigoureux; son ennemi n'eût osé lutter contre lui

---

(1) Cette arme, que les *gauchos* lancent à vingt pas devant eux, se compose de trois boules attachées à autant de cordes : celle que l'on tient à la main est plus longue que les deux autres.

à armes égales; mais la surprise et l'effroi paralysaient ses forces. Après l'avoir égorgé de sang-froid, Fernando passa une corde autour de son cou, et, comme son rival respirait encore, il le traîna jusqu'au bord d'un ruisseau, où il le jeta tout sanglant. Des nuages de fumée s'élevaient à l'horizon; les flammes dévoraient les herbes de la plaine avec un sourd murmure. Avant que l'incendie eût atteint les chariots, les *gauchos* s'étaient empressés de les mettre au pillage; leurs hurlemens de triomphe se mêlaient aux crépitemens de la flamme, aux mugissemens des bœufs épouvantés que les conducteurs à cheval chassaient devant eux. Armés comme ils l'étaient, les bouviers auraient pu résister aux bandits et les mettre en fuite. Il leur avait paru plus simple de se joindre à eux, plus prudent de ne pas exposer leur existence pour sauver la fortune d'autrui, et plus lucratif de partager les dépouilles après une victoire à laquelle ils s'associaient. Une fois arrivés hors de la portée de la flamme qui venait expirer sur les bords du ruisseau dont Perez, le matin même, avait cherché à reconnaître le passage, ils rassemblèrent le butin pour se le partager. Quant aux bœufs, ils les abattirent à coups de carabine; ces malheureux animaux respiraient encore que ces vauriens affamés taillaient dans leurs chairs pantelantes des morceaux à leur goût. Chacun d'eux se régala selon la puissance de son appétit, et abandonna aux oiseaux de proie les restes de ces patientes bêtes qui, quelques heures auparavant, traînaient courageusement, à travers l'interminable plaine, les quinze chariots de Gil Perez.

Fernando reparut bientôt au milieu des charretiers réunis aux *gauchos*; aucune voix ne s'éleva, même parmi les bouviers, pour lui demander ce qu'il avait fait de leur chef. Les gens engagés au service de Gil Perez n'avaient pas tous consenti à sa mort, ils se fussent même défendus, s'il eût été là pour les commander; mais, en l'absence de leur patron, la contagion du mauvais exemple les gagna : ils se mirent à *hurler avec les loups*. — Mes amis, leur dit Fernando, qui m'aime me suive! qui veut s'éloigner en est libre. Ceux qui n'ont pas de chevaux peuvent monter en croupe derrière les cavaliers. Je promets de les conduire à une poste où ils trouveront des montures de premier choix.

III.

En proie à de continuelles alarmes, l'intendant de la maison de poste, le vieux Torribio, se portait dans toutes les directions, épiant l'ennemi. Il espérait le voir venir d'assez loin pour que les deux dames et le petit Juancito eussent le temps de fuir. Un soir, il crut entendre des voix d'hommes dans la forêt. Les chiens n'aboyaient pas; mais l'habitude qu'ils ont de se nourrir de viande crue dans ces contrées

leur a fait perdre la finesse de l'odorat : Torribio s'en rapportait donc
moins à l'instinct de ces animaux qu'à sa propre vigilance. Sans plus
tarder, il bride les chevaux qu'il tenait toujours sellés dans la *corral*(1),
et supplie les deux dames de s'esquiver par la route de Cordova. Doña
Ventura aide sa fille tremblante à se placer en croupe derrière elle;
Pepa jette ses deux bras autour du corps de sa mère et se recommande
au vieil intendant, qui, armé d'un sabre et d'une carabine, se tenait
prêt à les escorter toutes les deux. De son côté, Juancito, qui ne comprenait pas la gravité du péril, — il avait douze ans, — saisit en riant
les crins de son cheval; il pose son pied gauche sur le genou de la bête,
allonge tant qu'il peut son pied droit, se balance de bas en haut, et
le voilà en selle, essayant la pointe de ses éperons sur les flancs de sa
monture, qui se cabre. Torribio lui avait passé au bras un petit fouet,
et suspendu sur son épaule la petite fronde sans laquelle le capricieux
et sauvage enfant ne sortait jamais. Ainsi préparée à fuir, la famille
se mit en marche. La retraite eût été possible, si l'ennemi n'eût pas
connu les abords de la maison aussi bien que ceux qui l'habitaient.

Après avoir placé ses espions autour de la poste et à l'entrée des
divers chemins qui viennent y aboutir, Fernando s'était embusqué
sur la route même de Cordova. La petite troupe ne pouvait marcher
si doucement, qu'il ne l'entendît venir; il se jeta à sa rencontre, et, lui
barrant le passage :—Halte là! s'écria-t-il; le petit muletier a deux mots
à vous dire! — Fuyez! fuyez à travers la forêt! cria Torribio en tirant
sur le bandit un coup de carabine qui lui effleura le front; Juancito,
mon garçon, couche-toi sur la selle et file sous les branches! — Et il
tomba, le crâne fracassé par un coup de sabre que lui porta Fernando.
— Je me suis défendu, dit le brigand en prenant la main du vieillard;
si tu ne m'avais pas attaqué, je te laissais passer.

Torribio mis hors de combat, il ne restait plus personne pour défendre Pepa et sa mère : les gens de la poste, je vous l'ai dit, avaient
presque tous déserté la maison pour courir la campagne; les autres
se couchaient dans les bois. Dès qu'il vit tomber ce fidèle intendant,
Fernando se lança sur les traces des deux femmes, qui cherchaient
à se frayer une route au milieu des arbres. Il les eut bientôt rejointes :
elles ne crièrent point, la frayeur les rendait muettes. Le muletier les
ramenait vers leur maison sans proférer une seule parole. Ce fut dans
cette même salle où nous avons passé la soirée que Fernando se retrouva seul en face de doña Ventura, qui l'avait tant de fois accueilli
avec bonté, et de sa fille, qui l'avait peut-être aimé.

— Doña Ventura, dit Fernando en s'asseyant devant elle, je ne vous
demande pas votre fille, qui m'appartient par droit de conquête; non

(1) Cour formée de palissades où l'on rassemble le bétail.

pas que j'en veuille faire ma femme, j'ai renoncé au mariage : elle me suivra en qualité de *baylarina,* moi et ma troupe. Voyons, Pepita, va prendre les beaux ornemens que t'a donnés Gil Perez : c'était un galant homme, n'est-ce pas? Et vous, doña Ventura, faites amener ici vos chevaux pour ceux de mes amis qui en manquent.

Les *gauchos* envahissaient tumultueusement la maison et demandaient à grands cris des montures. Avant de partir, Torribio avait disséminé les chevaux de la poste dans la forêt; il était impossible de les rassembler au milieu de la nuit. Pour calmer l'impatience de ces bandits, doña Ventura leur versa tout ce qu'elle avait d'eau-de-vie dans sa maison; elle espérait les enivrer et fuir pendant leur sommeil, mais Fernando ne buvait pas. Dès que le jour parut, il envoya une partie de la troupe à la recherche des chevaux, qu'on retrouva çà et là errant dans les bois. La maison de poste fut bientôt pillée, et les *gauchos* y mirent le feu, sous prétexte de se chauffer. Il s'ensuivit une scène de confusion et de désordre à la faveur de laquelle doña Ventura crut pouvoir se soustraire aux regards du muletier; prenant sa fille par la main, elle l'entraîna vers un fourré, où toutes les deux, à genoux et immobiles d'effroi, elles adressèrent au ciel de ferventes prières. Peu à peu, le calme se rétablit; les *gauchos* s'éloignaient les uns après les autres, ceux-ci blasphémant, ceux-là chantant, tous chargés du butin qu'ils avaient recueilli lors de l'incendie des chariots et dans le pillage de la poste. Quand les derniers traînards eurent pris le galop pour rejoindre leurs camarades, Fernando s'avança droit vers le hallier où les deux dames, serrées l'une contre l'autre, attendaient avec une lueur d'espoir l'instant de leur délivrance. Il saisit Pepita par le bras, et la fit asseoir de force sur la croupe de son cheval; puis, repoussant du pied la vieille mère, qui luttait vainement pour retenir sa fille et s'accrochait à elle avec des efforts désespérés : « Madame, lui dit-il, je vous avais promis de vous protéger, il ne vous a été fait aucun mal. J'ai tenu ma parole. Adieu! » Et il disparut au galop, emmenant Pepita plus morte que vive. La pauvre enfant poussait des cris lamentables. Pour toute réponse, le muletier chantait ce refrain que vous vous rappelez :

> No estès tan contenta, Juana,
> En ver me penar por tì;
> Que lo que hoy fuere de mì,
> Podrà ser de tì mañana!

Que devint doña Ventura, abandonnée seule au sein d'une solitude dévastée? Personne ne le sait; elle y aura péri de faim, de misère et de froid. Juancito ne reparut point non plus à la maison de poste. Emporté par son cheval qu'il éperonnait à grands coups de talon et fouettait à tour de bras, l'enfant s'égara dans les pampas. Le cheval, hors d'haleine, tomba épuisé après une course qui n'avait pas duré moins de vingt-quatre heures, et Juancito, épouvanté de se sentir seul dans le désert, sans savoir quelle route prendre pour regagner les habitations, perdit la tête. Trop inexpérimenté pour se guider le jour par le soleil, la nuit par les étoiles, il erra au hasard; combien de temps, c'est ce qu'on n'a jamais su. Huit jours après sa fuite, on trouva, par hasard, sur la frontière du pays des Indiens, le corps d'un enfant que l'on supposa être le sien; un fouet pendait à sa main gauche, et une fronde était jetée autour de ses épaules. Ces deux objets et les éperons attachés à ses pieds étaient tout ce qui restait de reconnaissable de ce petit cadavre dont les oiseaux de proie avaient déjà fait un squelette.

Pepita, le seul être qui survécût à cette famille détruite, galopait derrière Fernando, ignorant quel sort lui était réservé. A mesure qu'elle s'éloignait de sa demeure ravagée, l'espoir de retrouver sa mère s'affaiblissait dans son cœur. Bientôt elle se vit hors des bois, en pleine pampa, au milieu d'une horde de cavaliers armés pour la guerre et pour le pillage. Les bouviers de Gil Perez et les postillons de la *esquina* ne tardèrent pas à se disperser; satisfaits du butin qu'ils s'étaient approprié, ils s'en allèrent chercher fortune ailleurs. Les scènes de désordre auxquelles ils avaient pris part ne leur laissaient aucun remords; ils ne craignaient point non plus d'être poursuivis ni inquiétés. Qui les reconnaîtrait à cent lieues de là? Qui leur demanderait où ils avaient pris les beaux châles roulés à leurs ceintures, où ils avaient acheté les chevaux qu'ils traînaient à leur suite? La troupe de Fernando fut donc réduite aux quelques amis qui se vouaient à la vie vagabonde et criminelle du *gaucho malo*.

A la première halte, le muletier fit descendre Pepa; la pauvre enfant tremblait de tous ses membres et n'osait lever les yeux sur lui. Assise dans les grandes herbes qui la cachaient à moitié, le visage couvert de ses deux mains, elle demeurait insensible et muette, tandis que les cavaliers, mettant pied à terre, s'occupaient à camper. Fernando s'approcha d'elle : — Pepita, lui dit-il, moi et les braves gens qui m'accompagnent, nous faisons un rude métier; nos marches sont longues, et nous ne sommes jamais sûrs de dormir en paix. C'est donc le moins qu'aux heures de halte tu nous fasses oublier les fatigues de la veille et les périls du lendemain. Allons, *niña,* debout!... — Et comme la jeune fille se levait lentement, dominée par ces paroles dont elle ne comprenait pas bien le sens, un *gaucho* à la figure balafrée se mit à faire résonner les cordes d'une guitare. — Chante, chante, Pepa, cria Fernando d'une voix impérieuse; dis-nous une des chansons de ton pays, que tu chantes si bien! — Elle en savait beaucoup, mais la honte et la douleur l'empêchaient d'articuler un son. Le *gaucho* préludait

toujours, et Fernando furieux répétait en la regardant : — Chante donc,
Pepa !...

Les strophes que la jeune fille cherchait à se rappeler, et qui se pressaient tumultueusement dans sa tête troublée, jaillirent enfin comme
l'eau d'une source qui se fait jour à travers un rocher. Palpitante
d'émotion, les yeux baissés, elle entonna un *romance* triste et doux;
sa voix, d'abord mal assurée, devenait peu à peu plus claire et plus
vibrante. Cette plaintive mélodie soulageait sa douleur, comme si elle
eût versé un torrent de larmes. Attirés par ses chants, tous les *gauchos* se tenaient debout autour d'elle; ils inclinaient la tête et l'é-
coutaient en silence, appuyés sur leurs sabres. Leurs visages, hâlés
par le vent de la pampa et bronzés par le soleil, perdaient un peu de
leur impassibilité habituelle; il semblait que ces hommes aux cœurs
endurcis ressentaient à leur insu quelque pitié pour la jeune fille. Les
bras croisés, son chapeau pointu à petits bords abaissé sur le front,
Fernando allait et venait devant Pepita; il traînait doucement ses éperons sur l'herbe, en faisant le moins de bruit possible. Une agitation
extraordinaire, qu'il ne pouvait maîtriser, contractait ses traits. Sa-
vourait-il le plaisir de la vengeance? était-ce le remords qui s'éveillait
en lui? Peut-être ces deux sentimens opposés se combattaient-ils dans
l'ame du *gaucho*. Tout à coup il s'arrêta et fit signe à Pepita de se taire;
puis, la conduisant par la main au milieu du camp, à l'endroit où étaient
rassemblés les armes et les bagages : — Va te reposer au pied de ma
lance, lui dit-il, et tâche une autre fois de nous chanter un *romance*
plus gai que celui-là ! Malheur à toi, si tu arraches jamais une larme
à quelqu'un de mes hommes !

La pauvre fille s'alla cacher à la place qui lui était assignée; on n'en
eût pas réservé d'autre au chien sans maitre que le hasard aurait jeté
au milieu de ces cavaliers errans. Quand Fernando s'approchait d'elle,
Pepita pâlissait, un frisson parcourait tous ses membres; mais le *gaucho*
laissait tomber sur elle un regard indifférent et semblait lui dire : Je
t'ai trop humiliée pour ne pas te haïr !

Il la traîna ainsi à sa suite dans ses excursions à travers la pampa.
Partout où elle passait, parée comme pour une fête, — Fernando l'ordonnait ainsi, — on l'appelait la femme du *gaucho malo*. La pâleur de
son visage, l'expression de douleur répandue sur toute sa physionomie,
contrastaient singulièrement avec cette toilette recherchée; mais bientôt cette toilette perdit de son éclat et se fana comme celle qui la portait. Quand, après des actes de brigandage, le muletier tombait dans
ses humeurs sombres, il fallait que la jeune fille prît en main sa guitare et dansât devant lui. Cependant cette vengeance prolongée ne lui
causait point tout le plaisir qu'il s'en était promis. Pepa dépérissait de
jour en jour. En la voyant si morne, si abattue, Fernando se rappelait

involontairement qu'il l'avait connue fraîche et jolie, qu'il l'avait aimée. Pour écarter ce souvenir, il cherchait à l'abaisser encore; il la
contraignait à détacher ses éperons, à préparer le feu du bivouac, à
servir le *puchero* à ses compagnons. Ceux-ci s'habituaient à traiter
Pepita avec dédain; la compassion qu'elle leur avait d'abord inspirée
s'était évanouie bien vite. Ils s'amusaient à voir cette jeune captive
couvrir son visage de ses mains pour éviter leurs regards méprisans
et grossiers, puis pleurer de honte en entendant leurs propos railleurs.
La vie de Pepa était donc, comme l'avait voulu Fernando, un long et
cruel supplice. Son rôle consistait à entretenir la joie parmi des bandits,
à amener un sourire sur des lèvres qui s'ouvraient presque toujours
pour l'insulter. Elle désirait mourir : souvent elle eut envie de résister
aux colères de l'implacable gaucho, de le provoquer jusqu'à la fureur,
afin qu'il la tuât; mais la timidité l'emportait sur le désespoir. Plusieurs
fois l'occasion de fuir s'était offerte; la nuit, quand les cavaliers, fatigués d'une longue course, dormaient tous, jusqu'aux sentinelles chargées de veiller, elle aurait pu déserter le camp, mais où aller? La bande
s'approchait rarement des habitations, excepté pour les mettre au pillage. Celle qui passait partout pour la femme du *gaucho malo* pouvait-
elle être accueillie autrement que comme complice des méfaits de ceux
dont elle partageait la vie?

Après plusieurs mois employés à courir la plaine en tous sens, Fernando, enhardi par le succès et l'impunité, résolut de se rapprocher
des villages. D'autres bandes, mieux organisées et plus nombreuses que
la sienne, jetaient l'alarme dans la province de Cordova; il voulait profiter de la confusion générale et se lancer dans la mêlée, comme un
petit corsaire qui se glisse toutes voiles dehors au milieu des grands
navires armés en guerre. Cependant les milices étaient sur pied. Appelées d'abord pour combattre les insurgés qui menaçaient la ville de
Cordova, elles avaient été vaincues. La ville restait au pouvoir des cavaliers de la plaine; les miliciens ne pouvaient plus rentrer dans leurs
foyers, dont l'ennemi venait de prendre possession. Ceux que la proscription chassait sans retour de leur pays, — et j'étais de ce nombre,
— se voyaient contraints de fuir au hasard, échangeant quelques coups
de carabine avec les corps isolés qui cherchaient à leur barrer le chemin. La compagnie à laquelle j'appartenais diminuait de jour en jour.
Chacun se dirigeait furtivement là où il espérait trouver un asile. Nous
ne restions plus que vingt hommes décidés à gagner les provinces de
l'ouest et à passer les Andes pour nous réfugier au Chili : c'étaient deux
cents lieues qu'il nous fallait faire avant d'avoir mis la frontière entre
l'ennemi et nous.

Comme nous nous enfoncions un soir dans la sierra de Cordova
pour gagner San-Luis de la Punta, nous aperçûmes entre les rochers

la fumée d'un bivouac. « Irons-nous reconnaître ce campement? demandai-je à l'officier qui nous commandait. — Ce sont des *gauchos,* répondit celui-ci; la nuit vient vite; nous passerons près d'eux sans qu'ils nous voient. Ces pillards-là n'aiment pas à se battre quand il n'y a rien à prendre. » Et nous avançâmes en silence. A la lueur des feux, nous distinguâmes une douzaine de cavaliers assis à terre sur leurs selles; ils avaient formé au centre du camp un faisceau de lances et regardaient danser une femme dont la silhouette se détachait sur la vive lumière du foyer. Ils ne nous entendaient point venir; nous marchions au petit pas, un pistolet dans une main, la carabine dans l'autre. Déjà nous avions côtoyé le camp des *gauchos* sans être aperçus; déjà nous rassemblions nos chevaux pour les lancer au galop et nous éloigner au plus vite de ce dangereux voisinage; à quoi bon combattre? la partie était perdue; il ne s'agissait plus pour nous que d'aller en exil. Nous allions donc laisser l'ennemi derrière nous, quand un jeune milicien, qui se trouvait à l'arrière-garde, déchargea imprudemment son mousqueton sur le groupe des cavaliers. A ce coup de feu, vous eussiez vu les *gauchos* sauter sur leurs armes, s'élancer à cheval et s'arrêter un instant pour savoir d'où venait le danger. Notre officier poussa aussitôt un grand cri auquel nous répondîmes tous. Grossi par les échos, ce cri ressemblait à une clameur, et il jeta l'épouvante parmi les *gauchos.* Tandis que ceux-ci hésitaient à prendre l'offensive et semblaient effrayés de leur petit nombre en face de ce péril inattendu, nous tournâmes leur camp. L'ennemi déchargea sur nous dans les ténèbres une demi-douzaine de carabines, sans blesser aucun des nôtres; ceux qui ne portaient que des lances firent volte-face; le reste de la bande, entraîné par les fuyards, battit en retraite, et les coups de feu que nous dirigeâmes contre eux, en nous guidant sur le pas de leurs chevaux, acheva de les disperser. Il en tomba quelques-uns; mais nous ne nous arrêtâmes point à compter les morts. Cette victoire inutile pouvait trahir notre fuite; le meilleur parti qui nous restât à prendre, c'était de nous jeter au milieu des ravins et d'éviter à l'avenir une pareille rencontre.

Dans le combat, la femme qui dansait devant les feux du bivouac quelques momens auparavant avait disparu. Nous ne pensions plus à elle. Tout à coup, comme nous reformions nos rangs, une ombre passe devant la tête de la colonne : « Qui vive! » cria l'officier, et nous rechargeâmes vivement nos armes. « Qui vive! » répète l'officier en fouillant avec son sabre les buissons qui bordaient le sentier. Nous écoutons tous en silence, et nous entendons enfin un gémissement plaintif entrecoupé de sanglots. — C'est un blessé, dit le brigadier; tant pis pour lui! Nous ne menons point à notre suite de chirurgien pour guérir ceux que nos balles ont frappés!

— Seigneurs cavaliers, cria enfin l'être mystérieux qui se cachait dans l'ombre, ayez pitié de moi, sauvez-moi! Il est mort! je suis libre! Ah! ma mère, ma mère!...

L'officier avait mis pied à terre; il sentit autour de son cou les deux bras d'une jeune fille qui s'accrochait à lui en répétant : Sauvez-moi, il est mort! — Nous avions fait halte. — C'est la *baylarina*, disaient les miliciens; elle nous retient ici pour donner aux siens le temps de revenir. C'est la femme du *gaucho malo!*

— Je suis Pepa Flores, cria vivement l'inconnue, la fille de doña Ventura de la *esquina!* Ah! seigneurs cavaliers, vous êtes des gens honnêtes, vous! Jamais, jamais je n'ai été la femme de Fernando... N'y a-t-il donc personne parmi vous qui ait connu doña Ventura?

Pendant que Pepa s'exprimait ainsi, le son de sa voix me revenait à l'esprit. — Elle a dit vrai! m'écriai-je; je réponds d'elle. Viens, Pepita, tu n'auras rien à craindre avec nous.

La pauvre enfant était si faible et si émue, que nous dûmes camper à quelques lieues de là pour lui laisser prendre un peu de repos.

IV.

Fernando avait péri dans le combat; peut-être avais-je tué moi-même ce petit muletier devenu un redoutable bandit, et délivré de ma main la Pepita. Le hasard aurait ainsi fait de moi un héros. Mû par un sentiment de pitié, j'avais pris la jeune fille sous ma protection, et cette générosité me causait un certain embarras. Quand elle sut qu'elle n'avait plus de mère, — il me fallut lui apprendre moi-même cette fatale nouvelle qui s'était répandue dans le pays, — Pepa versa un torrent de larmes, et me supplia de l'emmener avec moi. Fugitif et proscrit comme je l'étais, j'avais assez à faire de me sauver seul; mais comment résister aux supplications d'une orpheline qui ne comptait plus sur la terre ni parens ni amis? Tant que la compagnie de miliciens marcha réunie, Pepa ne me gênait guère : chacun de mes compagnons était pour elle un frère d'armes. Nous nous intéressions tous à ses malheurs; elle nous paraissait d'autant plus digne de pitié, que nous nous trouvions dans une situation assez précaire et hors d'état de lui assurer une sécurité complète. D'un camp de bandits, elle était tombée au milieu d'une poignée de soldats vaincus, de citoyens proscrits. Elle semblait n'y pas prendre garde, et nous suivait à cheval. Ce n'était plus l'indolente Pepita, au regard doux et voilé, qui semblait sommeiller sous l'aile de sa mère; elle se montrait vive, alerte, courageuse, et s'efforçait surtout de ne m'être à charge en aucune façon. Loin de là; durant les haltes, elle m'accablait de prévenances, de mille petits soins qui me touchaient profondément. Elle m'appelait son libérateur, son sauveur, et je me disais : Mateo, tu ne l'abandonneras pas, ce serait une lâcheté!

Cependant nous sortîmes de la province de Cordova, et, arrivés sur la frontière de celle de San-Luis, nous dûmes nous séparer. Entrer en corps sur le territoire d'une province voisine, c'eût été courir le double risque de nous voir traités comme des rebelles ou poursuivis comme des brigands. Nous nous dîmes adieu, en nous souhaitant mutuellement bonne chance; mes compagnons s'éloignèrent, et je restai seul avec Pepa. Ma première idée fut de la laisser à San-Luis, sous la garde de quelque respectable duègne; mais, dès que je lui en fis la proposition, elle versa tant de larmes que je fus attendri, et je cédai. Ce jour-là, je compris qu'elle n'avait jamais aimé ni Fernando ni Gil Perez. Peut-être avait-elle pris au sérieux les complimens que je lui prodiguais autrefois sur la grace de son chant; peut-être aussi, après avoir été si long-temps opprimée et forcée de ne ressentir que de la haine pour ceux dont elle partageait forcément l'existence, éprouvait-elle le besoin d'aimer quelqu'un. Il ne lui restait plus de famille, le hasard m'avait jeté sur sa route dans une circonstance où je devenais son unique et dernier appui : elle se prit d'affection pour moi. Les attentions dont elle m'entourait redoublaient chaque jour; elle veillait sur moi pendant mon sommeil, moins comme une compagne affectueuse que comme une esclave fidèle; en un mot, elle continuait, sans s'en apercevoir, la vie vagabonde à laquelle la brutalité de Fernando l'avait condamnée, avec cette différence qu'elle s'y abandonnait librement.

Une fois les frontières de ma province franchies, je pouvais, sans trop de périls, me diriger à petites journées sur Mendoza, afin de traverser les Andes. J'avais du temps devant moi; la révolution qui me chassait de Cordova n'avait pas éclaté encore dans les pays situés au pied de la Cordilière. Nous faisions halte dans les maisons de poste; on nous y accueillait souvent avec assez de sympathie. Pepita passait pour ma sœur, et c'est en vérité le nom que je lui donnais au fond de mon cœur, à la pauvre enfant, car enfin je pouvais, par charité, l'associer à mon existence errante et me dévouer pour elle; mais l'aimer... je vous jure que cela n'était pas. A Mendoza, je renouvelai l'offre que je lui avais déjà faite à San-Luis de la confier à une famille aisée qui aurait soin d'elle comme d'un enfant adoptif; elle éclata en sanglots, puis se coucha à mes pieds en disant : « Mateo, si tu me quittes, je mourrai là, sur l'empreinte de tes pas! » Je sais bien que ce ne sont pas là des choses qu'il faut prendre au sérieux; mais encore n'ose-t-on pas pousser à bout une pauvre créature qui se fait si petite et si dévouée.

A Mendoza, je fus rejoint par quelques-uns de mes camarades qui se disposaient, comme moi, à gagner le Chili. En temps de guerre civile, quand on appartient au parti vaincu, le plus sûr, c'est encore de s'expatrier. La saison était assez avancée; les neiges rendaient ce passage dangereux et surtout pénible. Mes compagnons exhortèrent Pepita à rester à Mendoza jusqu'au printemps : n'était-elle pas certaine de nous retrouver à Santiago? « Non, non, répondit-elle; qui soignerait Matéo dans la montagne? » Elle s'occupa elle-même avec activité des préparatifs du départ. Le Chili et sa vallée du paradis, — Valparaiso, — nous apparaissaient, à Pepita surtout, comme une terre de salut qu'il fallait gagner au plus vite pour y oublier nos misères et nous reposer de nos fatigues. Nous partîmes enfin, pourvus de couvertures et de peaux de moutons pour nous abriter contre le froid; quant à nos armes, nous les abandonnâmes comme un poids inutile : nous n'avions désormais à nous défendre que contre les rigueurs de l'hiver. Tout alla bien jusqu'à ce que nous eussions atteint la région des neiges; mais là de nouvelles épreuves nous attendaient. Il s'agissait d'abandonner nos montures et de gravir à pied, en portant des sacs de provisions et de combustible sur nos épaules, ces montagnes gigantesques coupées de précipices et de torrens, et glacées presque jusqu'à la base. Chacun de nous s'enveloppa les jambes de fourrures et noua un mouchoir autour de ses oreilles. Outre les provisions, qui pesaient bien une vingtaine de livres, nous traînions avec nous nos brides et nos selles; on nous eût pris pour des cavaliers démontés que le gros de l'armée a laissés en arrière, et qui suivent de loin pliant sous le poids du butin. Pepita, le visage et le cou enveloppés d'un grand châle, marchait bravement à mes côtés sans se plaindre de la fatigue. Quand nous avions à gravir un roc escarpé, tapissé d'une neige épaisse, elle s'élançait en riant à la tête de la colonne, puis, arrivée au sommet, elle redescendait à pas précipités, sautant d'une pierre sur l'autre comme une chèvre. Nous avions beau lui dire de ménager ses forces, rien ne l'arrêtait : elle avait juré de découvrir la première les vallées du Chili.

Pendant trois jours, nous avançâmes ainsi. Vingt fois nous tombâmes sur la neige durcie par la gelée, vingt fois nous faillîmes rouler dans les précipices entr'ouverts sous nos pas et au fond desquels nous entendions mugir sous des ponts de glace des torrens furieux. Les seuls êtres vivans qui se montrassent à nos regards étaient de grands condors qui planaient tristement sur ces mornes solitudes et se posaient, pour nous voir passer, sur des pics couverts de glaces éternelles. Nous touchions enfin le pied de la Cumbre, dernière cime qui nous restât à gravir avant de redescendre vers des climats plus doux et de toucher cette terre chilienne si ardemment désirée. Il soufflait un vent glacial; des tourbillons de neige commençaient à tomber; il devenait douteux que nous pussions accomplir le lendemain l'ascension à la Cumbre. Nous campâmes de bonne heure dans la petite hutte qui porte le triste nom de *casucha de calavera*, — la cabane de la tête de mort. Afin de

ranimer nos membres engourdis, nous fîmes chauffer le peu de vin
que contenaient encore nos cornes de bœuf, et, après l'avoir bu, nous
nous couchâmes sur nos couvertures. Pepa était si lasse qu'elle s'endormit en posant sa tête sur son sac de voyage. Craignant que le froid
trop vif de la nuit ne l'incommodât pendant son sommeil, je jetai
doucement mon *poncho* sur ses pieds; que de fois elle m'avait rendu
pareil service!

Vers minuit, un de mes compagnons sortit pour examiner le temps.
Le vent n'avait rien perdu de sa violence, mais il ne neigeait pas; on
apercevait les étoiles qui brillaient d'une vive clarté. Nous nous con-
sultâmes pour savoir si nous devions partir à l'instant mémé ou attendre le jour. La réverbération du soleil sur la neige avait tellement
fatigué nos yeux, que nous avions pris le parti de marcher dans l'obscurité toutes les fois que la route n'offrait pas de danger réel. Il nous
sembla que nous pourrions sans difficulté aborder au milieu des ténèbres cette rampe, presque perpendiculaire à la vérité, mais qui ne
cachait aucun précipice. Le désir que nous ressentions de franchir la
frontière et de poser le pied sur la Cumbre, — qui marque la limite
entre les provinces Argentines et le Chili, — l'emporta sur la prudence. On donna le signal du départ. En quelques minutes nous fûmes
debout; Pepa s'éveilla, roula ses couvertures et les jeta sur son dos
par-dessus son petit havresac. Je remarquai que ses pieds étaient en-
flés et qu'elle marchait avec un peu de peine. — Ce n'est rien, répondit-
elle avec un sourire. Le voyage tire à sa fin; je me reposerai bientôt! —
Et elle se mit à courir lestement comme pour me prouver qu'elle était
de force à me suivre.

Nous commençâmes à monter; un épais brouillard chassé par le
vent nous enveloppa bientôt. Nous ne voyions plus les étoiles; tout
était blanc comme un linceul autour de nous : le ciel, la terre et les
montagnes. Cette brume compacte, qui tombait sur nous par rafales,
oppressait nos poitrines; peu à peu elle se changea en une pluie glacée
qui nous fouettait la face en nous piquant la peau comme des pointes
d'aiguilles. Nous cheminions dans un morne silence, courbés sur nos
bâtons, nous aidant parfois du coude et du genou. Je me trouvais si
las, que je croyais rêver; je ne sentais plus mon corps, la tête me faisait grand mal. A quelques pas de moi, j'entendais la neige glacée
craquer doucement sous les pieds de Pepita, et je la voyais marcher
auprès de moi, comme mon ombre. La pluie fine qui nous tourmentait ne tarda pas à se condenser en neige; à mesure que nous nous
élevions, elle tombait plus serrée, nous enveloppait de ses flocons et
tourbillonnait avec une violence croissante : elle s'amoncelait si vite
autour de nous, qu'elle menaçait d'ensevelir celui que la lassitude eût
contraint de s'arrêter dans sa course. Cependant il n'y avait plus

moyen de reconnaître la route; malgré tous les efforts que je faisais pour suivre la ligne droite, je me sentais dévier d'un côté sur l'autre; un vague instinct me disait que j'errais au gré de la tempête comme un navire sans gouvernail. La pensée me vint aussitôt d'appeler Pepa, mais je n'entendis ni sa voix ni celle de mes compagnons : nous étions dispersés. Il est bien rare qu'un voyageur égaré ne soit pas poussé par sa mauvaise étoile dans une voie tout opposée à celle qu'il doit prendre. Chassé par la bourrasque, engourdi par le froid pénétrant qui régnait dans ces régions si élevées, je marchai au hasard; pendant combien d'heures? je ne sais. Quand le jour parut, la tempête cessa, le ciel s'éclaircit. Je me trouvai au milieu d'une gorge profonde, encombrée de neige, au-delà de laquelle je ne pouvais rien découvrir que des glaciers entassés les uns au-dessus des autres. A droite et à gauche s'ouvraient d'autres vallées à perte de vue, qui se ressemblaient toutes. Qu'étaient devenus mes compagnons? où était Pepa? Les forces allaient me manquer; j'eus beaucoup de peine à me traîner dans une grotte formée par la saillie d'un rocher, et je m'y assoupis, vaincu par la fatigue.

Cependant, comme je l'appris plus tard, mes compagnons, plus heureux que moi, avaient pu se maintenir sur la pente de la Cumbre. Quand la tourmente apaisée leur avait permis de se reconnaître, ils s'étaient fait des signes et s'étaient rassemblés sur le sommet de la montagne. Pepa les y avait rejoints bientôt; elle avait les mains et la bouche fendues par le froid, ses jambes ne pouvaient plus la porter. En arrivant auprès de mes compagnons, elle avait demandé : « Où est Mateo? » Personne n'avait répondu. « Où est Mateo? où est-il?... Perdu, n'est-ce pas? égaré dans ces neiges?... Vous ne l'y laisserez pas périr, vous, ses amis, ses compagnons! Courons le chercher!... » Et elle s'était précipitée en avant d'un pas si délibéré, que le reste de la troupe, honteux de voir tant de courage chez une jeune femme, s'était joint à elle.

Mes compagnons m'avaient cherché long-temps sans aucun espoir de me trouver. Après avoir parcouru en tous sens les gorges profondes qui s'ouvraient devant eux, ils avaient acquis la certitude que leurs efforts n'amèneraient aucun résultat; il était évident pour eux que j'avais péri sous une avalanche. Seule, Pepa ne voulait pas renoncer à l'espérance de me découvrir : — *esperaba desperada!* — A force de promener ses regards sur l'immensité glacée, elle distingue l'espèce de caverne où j'avais cherché un refuge; il lui semble qu'une forme humaine se dessine sous ce roc creusé par la nature pour offrir un abri au voyageur égaré. Sans dire un seul mot, elle se précipite en droite ligne vers le point qui l'attire. Elle court; la neige s'affaisse sous ses pas, mais elle se dégage et avance de nouveau, malgré les avertissemens de mes amis, qui la rappellent en arrière. Pour toute réponse, elle leur fait signe de tourner la vallée, et leur montre du doigt le ro-

cher qu'elle veut atteindre à tout prix. Les hommes qui la suivent
m'ont bientôt rejoint : ils me réchauffent les mains, me frottent le
visage avec quelques gouttes d'eau-de-vie, me remettent debout. Mes
yeux s'ouvrent, puis se referment; la lumière du soleil levant m'avait
ébloui. J'entends alors un cri de détresse qui m'arrache à ma stupeur;
je me relève... c'était la voix de Pepa. Elle s'était imprudemment
avancée au-dessus d'un précipice que la neige tombée pendant la nuit
dérobait à nos regards. Près de sombrer dans l'abîme, elle sentait sous
le poids de son corps fléchir et céder cette nappe épaisse, mais trop
peu solide. Je me précipite pour la secourir... la neige fraîche qui
comblait l'étroite vallée se refusait à soutenir la jeune fille; pouvait-
elle me porter?... Aux premiers pas que je fis en avant, j'enfonçai
jusqu'au cou. — Mateo, Mateo, ne viens pas! — criait Pepa. Et je reculai.... Un condor, descendu perpendiculairement du haut des airs, effleura de ses ailes gigantesques le visage de Pepa : elle eut peur; cherchant à se dérober aux serres du grand oiseau, elle rentra sa tête dans
ses épaules, fit un mouvement pour se cacher sous la neige, et ne
reparut plus! Nous restâmes quelque temps immobiles d'effroi et de
douleur, les yeux fixés sur la place où s'était engloutie la jeune fille :
nous ne vîmes plus rien que le soleil qui étincelait sur cette solitude
glacée. J'étais sauvé, mais ma délivrance avait causé la mort de Pepa....

En achevant son récit, Mateo poussa un soupir et leva les yeux vers
les cimes neigeuses des Andes. — Soyez franc, lui demandai-je; avouez,
la main sur la conscience, que vous finissiez par aimer Pepa, et que
vous l'avez pleurée.

— Je ne m'en défends pas, répondit le Cordovès; quand se dérou-
lèrent à mes regards les verdoyantes vallées de la province d'Aconca-
gua, je regrettai vivement de n'avoir plus à mes côtés la pauvre fille...
J'éprouvai un serrement de cœur. Elle eût si vite repris sa fraîcheur
à l'air vivifiant de ces douces régions! Au fond, cependant, je n'ai
rien à me reprocher, si ce n'est d'avoir fait semblant de l'aimer autrefois, quand je m'arrêtais chez sa mère, à la *esquina;* mais, mon ami,
chacun a ses défauts. Pour mon malheur, j'ai celui de chercher à
plaire à toutes les dames que je rencontre, et c'est un défaut capital
dans un pays comme le nôtre, où se vérifie trop souvent le vieux proverbe : « Il ne faut pas jouer avec l'amour. »

TH. PAVIE.

LA

POLITIQUE EUROPÉENNE

EN CHINE.

RELATIONS DE L'ANGLETERRE ET DE LA FRANCE AVEC LE CÉLESTE EMPIRE.

On se préoccupe médiocrement aujourd'hui des événemens qui s'accomplissent aux extrémités de l'Asie. Nous avons trop à faire avec nous-mêmes pour nous soucier de ce qui se passe à l'autre bout du monde. Qu'importe la mort de l'empereur Tao-kwang ou celle de l'empereur Thieu-tri? qu'importent la Chine, la Cochinchine, l'Asie entière, aux péripéties tristes et souvent terribles de la politique au milieu de laquelle nous sommes condamnés à vivre? A quoi bon ajouter au lourd fardeau de la situation présente la sollicitude qu'inspirerait, en d'autres temps, le rôle de l'influence française en Orient? '

Ce n'est donc pas sans hésitation que nous nous embarquons pour ces rives lointaines. Quelque courte que soit la traversée, grace aux steamers de la Compagnie péninsulaire, il y a encore aujourd'hui entre la France et la Chine, entre les intérêts apparens de l'une et de l'autre nation, une distance énorme, et pour nous la *grande muraille* est toujours debout. Allez à Londres, à New-York, dans tous les ports de l'Angleterre ou des États-Unis: vous y recueillerez à chaque pas quelque nouvelle de Singapore, de Canton, de Hong-kong, de Shanghai. A peine en France connaissons-nous les noms de ces immenses marchés où s'échangent les produits de deux mondes. Le Céleste Empire garde, à

nos yeux, son ancien type de curiosité, de chose étrange; nous en sommes encore aux boites à thé, aux tours en porcelaine, aux petits pieds des dames chinoises, aux grandes queues des mandarins et aux magots. Singulière indifférence! ignorance coupable chez un peuple qui a de tout temps porté si haut
la prétention d'exercer sur les événemens du dehors la plus large part d'influence! Nous demeurons convaincus, sur la parole d'un roi de Prusse, qu'il
ne doit pas se tirer un coup de canon en Europe sans notre permission; mais
nous ne réfléchissons pas que, depuis le jour où le roi Frédéric nous donnait le droit d'être si fiers, l'Europe n'a cessé d'agrandir l'horizon de sa géographie politique; nous oublions cette vaste émigration d'hommes, d'idées, de
marchandises, qui a rayonné vers les extrémités de l'Asie, par-delà les mers du
Sud et des Indes; nous ne songeons pas qu'aujourd'hui l'Europe est partout, et
qu'il y a encore des contrées qui se demandent où est la France.

Si la France ne veut pas ou ne peut pas s'associer, dès à présent, à ce grand
mouvement qui s'opère loin de l'Europe, mais dont l'Europe est demeurée
l'ame; si elle abdique, ou plutôt si elle ajourne toute pensée d'intervention
commerciale et politique dans les régions de l'extrême Orient, il faut au moins
qu'elle se tienne au courant des faits, qu'elle observe la marche des événemens, qu'elle étudie les transformations auxquelles d'autres nations, ses rivales, attachent un intérêt si légitime; en un mot, qu'elle se prépare au rôle
sérieux et profitable que lui réserve peut-être un avenir plus heureux.

I.

Trois nations européennes, l'Angleterre, la Hollande et l'Espagne, possèdent
de vastes territoires en Asie. L'Angleterre, après avoir consolidé sa puissance
dans la péninsule de l'Inde, s'est avancée vers l'est; elle vient d'atteindre les
mers de Chine. La Hollande, refoulée au sud de l'archipel malais par le traité
de 1824, s'étend successivement sur une longue rangée d'iles qui ne sont séparées les unes des autres que par d'étroits bras de mer, et qui se relient à
Java comme les perles d'un même collier. Quant à l'Espagne, malgré ses révolutions intérieures et sa décadence maritime, elle a pu conserver l'archipel
des Philippines, qu'elle doit au génie de l'intrépide Magellan.

Le vaste espace compris entre le détroit de la Sonde, la pointe de Sumatra,
le nord de Luçon et l'Australie ouvrait à l'exploitation de l'Europe une mine
de richesse presque inépuisable. L'Angleterre et la Hollande se sont mises à
l'œuvre, et elles ont fait merveille. C'est par centaines de millions qu'il faut
compter la somme des produits qui s'échangent sur le littoral de leurs possessions. L'Espagne, autrefois si audacieuse pour la découverte, si vaillante sur
le champ de bataille de la conquête, a déployé, dans le travail pacifique de la
colonisation, une activité moins rapide, et cependant le commerce de Luçon,
la seule des iles de l'archipel qui soit exploitée, représente annuellement une
valeur de 50 millions.

Dès que ces premiers établissemens furent créés, l'Europe, obéissant au mouvement d'expansion qui l'avait déjà portée si loin, chercha de nouvelles conquêtes. Après avoir pris possession des iles, elle s'approcha moins timidement

du continent asiatique, et, laissant à l'Angleterre l'initiative que le Portugal avait désertée, elle se disposa à attaquer de front le Céleste Empire. On sait comment, vers le milieu du xviie siècle, la compagnie des Indes s'établit à Canton, et conserva jusqu'en 1834, lors du dernier renouvellement de sa charte, le monopole commercial. On connaît les événemens qui ont amené la guerre de Chine et, à la suite de cette guerre, le traité de Nankin, consacrant la dé-, faite de la Chine et faisant brèche, par l'ouverture de nouveaux ports, au système d'exclusion que le gouvernement de Pékin avait, pendant des siècles, si habilement pratiqué à l'égard des nations étrangères.

De ce traité (26 août 1842) date pour la Chine et pour la situation de l'Europe en Asie une ère toute nouvelle. En dépit de ses vieilles lois, de sa police soupçonneuse, le gouvernement du Céleste Empire a vu la civilisation européenne aborder au littoral ou remonter les rivières avec les navires chargés de marchandises offertes à l'échange. L'Europe, pénétrant ainsi au cœur d'une nation qu'un voile mystérieux lui avait dérobée jusqu'alors, s'empressa de multiplier ses relations et de s'établir sur les marchés récemment ouverts pour de là s'élancer plus loin.

Ainsi, dès à présent, le rideau est déchiré; la grande muraille a reçu en 1842 une rude atteinte. Dès que l'Angleterre eut donné le signal, les autres nations, les États-Unis, la France, l'Espagne, s'engagèrent à l'envi dans cette croisade dont chaque campagne se terminait pacifiquement par la lecture d'un protocole et par la signature d'un traité. La Belgique, à l'imitation des grandes puissances, voulut qu'un traité, signé en son nom, reposât dans les archives de la chancellerie de Pékin. Il semble que l'Europe entière, même par ses représentans les plus humbles, ait voulu imposer à la Chine l'investiture solennelle de son alliance et l'honneur peu désiré d'un embrassement diplomatique.

On a dit cependant, à plusieurs reprises, que la guerre entre la Chine et l'Europe, ou, pour parler plus justement, entre la Chine et la Grande-Bretagne, ne devait pas être considérée comme terminée, et que bientôt peut-être les hostilités allaient se rallumer. Nous assisterions donc à un second acte du drame, parfois comique, qui avait paru se dénouer en 1842 sous les murs de Nankin. Cette guerre nouvelle surgirait des difficultés d'exécution que contiennent les clauses mêmes du traité, des impatiences de l'orgueil chinois si cruellement humilié par une première défaite, ou bien encore elle n'aurait d'autre motif, d'autre prétexte que l'ambition anglaise, si merveilleusement servie dans ses vues les moins légitimes par la politique de lord Palmerston.

En examinant avec attention les faits qui se sont produits pendant ces dernières années, nous croyons que les craintes ou les espérances qu'inspire la perspective d'une seconde guerre seraient peu justifiées. L'Angleterre du moins (et c'est elle, assurément, qui semble le plus intéressée dans le débat) n'a manifesté, même depuis l'avénement de lord Palmerston, aucune velléité de reprendre les armes; les motifs pourtant ne lui auraient pas manqué, et d'ailleurs, à défaut de motifs, ne se serait-elle pas contentée de prétextes, — témoin l'opium qui a déterminé la première lutte?

Au point de vue du droit des gens, la Grande-Bretagne, après avoir exécuté, en ce qui la concerne, toutes les clauses du traité de Nankin, et surtout après l'abandon de l'île de Chusan, pourrait réclamer à son tour l'exécution stricte et complète des conditions qui liaient solennellement envers elle le gouvernement du Céleste Empire. Par exemple, le traité stipule que les portes de la ville intérieure de Canton seront ouvertes aux étrangers. Cependant aujourd'hui encore les étrangers sont confinés dans un faubourg de Canton, et, s'ils voulaient tenter de franchir les limites que trace autour d'eux le préjugé hostile de la population chinoise, ils s'exposeraient gratuitement à des insultes, à des actes de violence que les mandarins eux-mêmes se sentent impuissans à prévenir ou à réprimer.

En 1847, sir John Davis, alors gouverneur de la colonie de Hong-kong et plénipotentiaire de sa majesté britannique en Chine, remonta le Che-kiang, fit une démonstration vigoureuse contre les forts du Bogue, et adressa au vice-roi Ky-ing les représentations les plus énergiques contre la violation du traité. Ky-ing prit de nouveaux engagemens, mais à quoi bon? N'avait-il pas, dans deux dépêches adressées en 1845 au consul américain, écrit sur les dispositions du peuple de Canton les lignes suivantes, qui trahissaient la faiblesse trop réelle, en même temps qu'elles attestaient la bonne foi de son gouvernement : « Vous dites que, dans les autres ports ouverts au commerce, les étrangers peuvent parcourir librement l'intérieur de la ville, et qu'il n'en est pas de même à Canton; mais le peuple de Canton est indisciplinable, et si les lois ne lui plaisent pas, il refuse d'y obéir; jusqu'ici il n'a pas voulu que les étrangers pénétrassent dans la cité, et les mandarins ne peuvent exercer sur lui aucune contrainte. » Et plus loin : « Le peuple de Canton est un ramassis de bandits, de voleurs, de..... » On voit que l'autorité règne peut-être en Chine, mais à coup sûr elle ne gouverne pas.

En présence de ces naïfs et lâches aveux, quelle attitude l'Angleterre pouvait-elle prendre? Entre la guerre immédiate et la résignation patiente, il n'y avait pas de moyen terme. L'Angleterre a sagement agi : elle n'a point fait la guerre, elle a calculé les pertes certaines et les avantages douteux d'une seconde expédition, et d'ailleurs elle considérait avec raison la faculté d'entrer à Canton comme un enjeu trop faible pour qu'elle se résolût à y risquer les intérêts de son immense négoce. Les marchandises anglaises naviguent librement sur le fleuve; le port leur est ouvert, l'échange est facile : que faut-il de plus? Serait-il prudent que, pour la satisfaction puérile de quelques enfans d'Albion désireux de promener leur curiosité dans les quartiers de la ville intérieure, la Grande-Bretagne s'avisât de compromettre les avantages réels dont elle profite si largement, et de partir en guerre aux applaudissemens et au profit des Américains, qui s'empresseraient d'arborer le pavillon de la neutralité et d'accaparer tous les transports? Assurément non. Malgré l'humeur d'ordinaire si belliqueuse de lord Palmerston, l'Angleterre s'est contentée, en 1847, des pitoyables excuses du gouvernement chinois. A plus forte raison, aujourd'hui que les accidens de la politique européenne peuvent à chaque instant s'aggraver par de soudaines complications, tiendra-t-elle à conserver la paix de ses relations avec le Céleste Empire, tout en maintenant son droit, en le rappelant au besoin.

Ainsi, il y a quelques mois à peine, le gouverneur de Hong-kong, M. Bonham, a tenté auprès de la cour de Pékin une démarche plus directe : un bateau à vapeur, le *Reynard*, a été envoyé à l'embouchure du Pei-ho avec mission de

faire remettre au jeune empereur une lettre de la reine Victoria. Quel était le
contenu de cette royale dépêche? que réclamait l'Angleterre au milieu du
bouquet de félicitations qu'elle adressait sans doute, selon les usages de la politesse internationale, au nouveau souverain du Céleste Empire? On assure
qu'il était encore question de l'éternelle affaire de Canton, que la reine demandait l'extension bénévole des concessions accordées par le traité de Nankin,
et qu'elle tirait en quelque sorte une lettre de change, toute gracieuse d'ailleurs, sur la circonstance du joyeux avénement. Quoi qu'il en soit, la royale
missive n'a point reçu de réponse, ou plutôt, ce qui est pis, les mandarins
chinois, très experts sur l'étiquette, auraient habilement répliqué que le traité
réglait la forme des relations et des correspondances entre les deux peuples, et
que les Anglais devaient, en conséquence, jeter leurs lettres dans la boîte du
vice-roi de Canton, facteur ordinaire des dépêches adressées à Pékin par les
souverains étrangers. M. Bonham est revenu à Hong-kong, battu par le cérémonial chinois, peu satisfait sans doute; mais, après tout, il ne paraît pas que
la mauvaise humeur du diplomate éconduit doive lancer une flotte dans le
golfe de Petchili.

Quant au Céleste Empire, serait-il animé d'intentions plus belliqueuses, et
disposé à courir une seconde fois la triste chance des combats? Sans doute le
gouvernement de Pékin a ressenti cruellement l'injure qui lui était faite, lorsque, après tant de démonstrations et de bravades, il s'est vu forcé de subir la
paix sous les murs de Nankin, la ville impériale. Sans doute encore, en signant
le traité, il conservait l'arrière-pensée de tirer un jour vengeance de l'affront
et de reprendre, par force ou par ruse, les concessions arrachées par ces étrangers, que le style officiel qualifiait si dédaigneusement de barbares. On ne se
résigne pas à rompre d'un trait de plume avec les traditions d'une politique
séculaire; on n'abdique pas ainsi ses défiances, ses haines, ses préjugés, et nous
croyons sans peine que, dès 1842, il s'est formé à la cour du vieil empereur
Tao-kwang un parti considérable, qui opposait à la sage prudence des signa-
taires de la paix les conseils de la résistance et de la guerre. Nous n'avons pas
la prétention de percer les mystères ni de deviner les énigmes de la diplomatie
chinoise; nous ne suivrons pas en quelque sorte pas à pas et jour par jour les
démarches, les tendances que l'on a trop complaisamment attribuées à ces
deux partis, représentés, l'un par les vieillards obstinés, par les *burgraves* du
palais impérial, l'autre par le vice-roi de Canton Ky-ing et par les mandarins
que les malheurs de leur pays avaient mis plus directement en contact avec les
puissances étrangères; mais le fait de ces dissidences est suffisamment attesté
par le paragraphe suivant du dernier édit de Tao-kwang, de ce *message* dicté
au lit de mort et destiné à donner une idée si singulière et si pittoresque des
documens historiques de la Chine.

« Lorsque les pauvres fous qui habitent au-delà de la frontière occidentale
eurent été châtiés par nos troupes, nous avons pu espérer que, pendant de
nombreuses années, nous n'aurions pas besoin d'invoquer le secours de leur
courage; mais la guerre éclata sur la côte de l'est et du sud pour une question
de commerce, et alors, désireux de ressembler aux hommes des anciens temps
qui tenaient l'humanité pour la première des vertus, comment pouvions-nous
laisser nos enfans innocens exposés aux blessures cruelles de la lance acérée?

Telle fut la cause qui nous fit oublier notre propre chagrin et conclure un important traité. Voulant donner la prospérité à notre empire, nous montrâmes de la tendresse à ceux qui étaient venus des pays lointains, et par suite, depuis dix ans, la flamme dévorante s'est éteinte d'elle-même, notre peuple et les barbares trafiquent en paix, et tous aujourd'hui sans doute peuvent comprendre que, dans notre politique, nous avons toujours été inspiré, au fond du cœur, par un vif amour de notre peuple. »

Telles furent les dernières paroles, *novissima verba*, de l'empereur mourant. Que le vaincu représente comme un acte de clémence et de tendresse envers les barbares le traité qui lui a été imposé sous le feu des canons anglais, libre à lui : nous n'aurons garde de faire le procès à cette innocente hyperbole du style chinois; mais le soin avec lequel l'empereur dissimule, sous le mensonge des phrases, la triste réalité des faits, l'explication ou plutôt l'excuse du traité signé à Nankin; en un mot, tout le passage que nous venons de citer n'indique-t-il pas les luttes que, depuis sept ans, Tao-kwang avait dû soutenir contre les derniers partisans de la politique nationale en faveur de cette politique nouvelle dont il comprenait la nécessité, et qui pourtant lui inspirait de si cruels remords? Même à cette heure suprême où la vérité s'échappe des lèvres les plus orgueilleuses, l'empereur n'osait donner complétement raison au parti impopulaire qui avait fait prévaloir les conseils de la paix : il se repentait presque; il eût craint peut-être de ne pas mourir en empereur chinois, s'il se fût avoué à lui-même, s'il eût avoué à son peuple qu'il avait consacré la violation du territoire et accueilli les barbares sur le sol de l'Empire Céleste.

L'avénement d'un jeune empereur, Y-shing, devait donc encore jeter quelque incertitude sur l'avenir des relations avec les étrangers. Cette transmission de couronne, qui nous a trouvés si indifférens, pouvait, à l'extrémité de l'Asie, remettre toutes choses en question, arrêter un immense commerce, et, ranimant une querelle à peine éteinte, influer indirectement, mais par une diversion très naturelle, sur le rôle souvent trop actif de la politique anglaise en Europe. On affirmait déjà que Ky-ing, le signataire des traités européens, était tombé en disgrace, que les sabres tartares allaient de nouveau sortir du fourreau, que l'empereur Y-shing n'acceptait pas l'héritage de la tendresse que Tao-kwang avait accordée aux barbares. Heureusement pour tous les intérêts, pour la Chine comme pour l'Europe, la politique de la cour de Pékin a gardé son attitude pacifique, et tout porte à croire que le parti de Ky-ing est demeuré prépondérant.

Comment en effet l'ancien vice-roi de Canton n'aurait-il pas conquis sur ses collègues du cabinet impérial l'autorité que donnent la longue pratique des affaires et le souvenir encore vivant de tant de services rendus? Depuis huit ans, depuis que la politique extérieure de la Chine doit avoir les yeux ouverts non-seulement sur les *pauvres fous qui habitent au-delà des frontières occidentales*, suivant l'expression dédaigneuse du testament de Tao-kwang, mais encore sur les *barbares venus des pays lointains*, Ky-ing n'a pas cessé un seul instant, dans ses correspondances et par ses paroles, de modérer les impatiens et de raconter aux plus incrédules l'impression à la fois étonnée et craintive qu'avaient laissée dans son esprit ses fréquentes entrevues avec les Européens. Quel homme pouvait mieux que lui connaître la vérité et la dire? J'ai assisté, sur la corvette à vapeur *l'Archimède*, aux étranges scènes qui précédèrent la signature du traité conclu à Whampoa, le 24 octobre 1844, entre la France et la Chine. Pour la troisième fois, Ky-ing se trouvait en présence d'un plénipotentiaire européen; mais jamais jusqu'alors il ne s'était aventuré sur l'un de ces navires étrangers qui, sous l'impulsion d'une force magique, remontent à volonté les courans et les brises. Pendant que l'escorte chinoise, répandue sur le pont, excitait, par son admiration naïve, la franche gaieté des matelots, le vice-roi et son conseiller Huan recueillaient avidement toutes les explications qui leur étaient données sur le mécanisme du navire, sur cette mystérieuse rapidité de sillage devant laquelle disparaissaient à vue d'œil et les scènes mobiles de l'horizon et les voiles en rotin des lourdes jonques. On les conduisit dans la machine : ils virent ces énormes pièces de fer dont le mouvement docile s'arrêtait soudain, ou reprenait au commandement de leur voix. Puis, ramenés sur le pont, ils s'approchèrent, non sans terreur, des canons qui garnissaient les sabords; une détonation formidable, répétée par tous les échos, se fit entendre, et Ky-ing, dont la main mal assurée venait d'enflammer la capsule, ne put retenir l'enthousiasme de son effroi. — « Comme des lions ardens, vous êtes venus jusqu'ici à travers les périls, et moi, agneau timide, je me sens troublé rien qu'en mettant le pied sur vos puissantes machines. » Revenu sous la tente de pavillons qui avait été dressée à l'arrière de la corvette, Ky-ing demeura long-temps pensif et recueilli. Sa physionomie était triste. Sans doute il comparait en lui-même la force des *lions ardens* et la faiblesse des *agneaux timides*; après avoir vu de près et manœuvré de ses propres mains ces machines si merveilleuses pour la vitesse et si obéissantes pour la destruction, il s'expliquait, comme par l'effet d'une révélation soudaine, pourquoi les Anglais avaient pu si rapidement apparaître jusque sous les murs de Nankin; il se demandait comment la Chine résisterait jamais à de pareilles armes, et je m'imagine qu'il formait les vœux les plus sincères pour cette paix de dix mille ans qu'il avait conclue déjà, au nom de son souverain, avec la Grande-Bretagne et les États-Unis, et qu'il allait signer avec la France.

La paix, et même la paix à tout prix, telle a dû être, dès ce moment, la politique de Ky-ing, politique d'autant plus rationnelle que le gouvernement chinois doit avoir aujourd'hui, plus que jamais, la conscience de sa faiblesse. Une vaste révolte a éclaté récemment dans la province du Kwang-tong; ces populations, que nous croyions si calmes, ont donné trop d'exemples d'indiscipline pour que nous ne soyons pas autorisés à considérer leurs fréquentes rébellions comme les symptômes d'une désorganisation presque générale. Qui sait si les troupes chinoises seront long-temps assez fortes pour réprimer les révolutions intérieures, alors que des escadres de pirates ont pu s'abattre impunément sur les côtes, remonter les fleuves, repousser les jonques de guerre, et même, si les récits sont exacts, conclure des traités avantageux avec les mandarins? En 1849, un pirate a tenu en échec toutes les jonques du Céleste Empire. Il avait près de cent jonques armées de douze cents canons et montées par trois mille hommes. Sans le secours des Anglais, dont le commerce était sérieusement inquiété par cette flotte de forbans, les Chinois n'en seraient jamais venus à bout. En 1850, il fallut encore que la marine anglaise sauvât l'honneur du pavillon impérial, et l'expédition du bateau à vapeur *Medea* donna

lieu à une correspondance dont il nous parait utile, à divers titres, de reproduire ici quelques extraits.

Hong-kong, 8 mars 1850.

« J'informe votre excellence que, le 3 du courant, Wan, commandant de
Tapang, a annoncé au principal magistrat de cette colonie la présence de pirates sur la côte-est... en requérant l'assistance d'un bateau à vapeur anglais.
La mousson était trop forte pour que les jonques pussent joindre l'ennemi en
temps utile. Wan offrait de rembourser le prix du charbon.

« Nous avons expédié un bateau à vapeur qui, après avoir pris à bord un
certain nombre d'officiers et de soldats chinois désignés par le commandant
Wan, se rendit à Ka-to, où il trouva treize jonques de pirates...

« Le bateau à vapeur, après avoir accompli sa mission, sans éprouver de
pertes, est revenu à Hong-kong avec plusieurs prisonniers... qui ont été livrés
à la justice chinoise.

« Quant à la dépense de charbon, je ne saurais accepter la proposition de
remboursement qui a été faite par le commandant Wan. Un tel procédé serait
contraire aux usages de ma nation; mais je puis, à cette occasion, vous faire
remarquer que le charbon est un article dont nous avons constamment besoin
et que nous sommes obligés d'apporter de fort loin et à grands frais, tandis
que, près d'ici, à Kilong, dans l'île de Formose, on peut facilement se le procurer. Si le gouvernement de votre excellence voulait bien conseiller aux habitans de Formose d'en envoyer quelques cargaisons à Hong-kong, nos négocians s'empresseraient de les acheter, ou bien encore nos navires iraient les
prendre. Il est évident que cet échange serait avantageux aux deux pays et
nous mettrait en mesure de prêter assistance au gouvernement chinois toutes
les fois que les mandarins s'adresseraient à nous, comme ils viennent de le
faire, pour concourir avec eux à la destruction des pirates.

« Nous serons toujours heureux de venir à votre aide; je l'ai déjà dit plusieurs fois à votre excellence, et je m'empresse de le répéter. »

Voici la réponse du commissaire impérial.

« J'ai reçu la lettre par laquelle vous m'informez que... (Suit l'énumération des faits relatés ci-dessus.)

« Cette preuve de la bonne entente que le gouvernement de votre excellence
désire entretenir avec le mien m'a causé la plus vive satisfaction.

« Relativement à Formose, lorsque votre excellence nous a marqué tant d'a-
mitié en nous prêtant le secours dont nous avions besoin, pourrais-je, à mon
tour, ne pas céder au mouvement si naturel qui encourage l'échange de bons
offices? Mais l'île de Formose dépend d'une province voisine; elle n'est point
placée sous ma juridiction, et je ne suis pas en mesure de traiter officiellement
les affaires qui la concernent. Le charbon est un article de consommation

usuelle : on peut se le procurer dans les cinq ports, et dès-lors rien n'empêche votre gouvernement d'acheter toutes les quantités qui lui sont nécessaires.

« Les offres de remboursement faites par le commandant Wan n'étaient pas convenables. Votre excellence est trop généreuse pour les accepter. Toutefois il est juste que l'équipage du bateau à vapeur soit dédommagé du surcroît de travail qui lui a été imposé, et en conséquence j'ai transmis à notre amiral l'ordre de préparer quelques faibles présens que je destine à vos matelots et dont la liste est ci-jointe.

« J'espère que votre excellence voudra bien les remettre en mon nom à l'équipage. Je tiens à prouver combien je suis sensible au service que vous m'avez rendu.

« Voici la liste des présens : huit bœufs, huit moutons, huit boîtes de thé, huit barils de sucre çandi, huit barils de farine, huit barils de *lung-ngan* secs, huit barils de *li-tchi*, huit paniers d'oranges. »

Ce n'est point pour encadrer ici cette pittoresque facture des cadeaux du commissaire impérial que j'ai reproduit les documens qui précèdent. Ces deux lettres ont une portée plus sérieuse; elles nous révèlent la pénurie et la faiblesse du gouvernement chinois obligé d'avoir recours aux Anglais pour donner la chasse à quelques misérables jonques de pirates, et en même temps elles fournissent un modèle du ton protecteur que le gouvernement anglais, en toute occasion, prend volontiers à l'égard du Céleste Empire. Et puis il ne faut pas négliger cette modeste demande de charbon qui se glisse avec tant d'à-propos dans la dépêche de M. Bonham, très désireux, et pour cause, de faire plus ample connaissance avec les habitans de Formose. Il est vrai que le commissaire impérial n'a garde d'y prêter l'oreille, et qu'il se dérobe de la meilleure grace du monde à la proposition embarrassante de son ami, en s'enfuyant par la porte commode de l'incompétence, et en accablant l'indiscret solliciteur de remerciemens, de complimens et de cadeaux. Toujours des deux côtés la même tactique, toujours cette curieuse partie de barres qui se joue depuis huit ans et se jouera long-temps encore entre la Grande-Bretagne qui veut forcer le camp et le Céleste Empire qui refuse poliment l'entrée! En fait d'argumens ou plutôt d'arguties diplomatiques, les Chinois ne seront jamais à court; mais les Anglais sont persévérans, ils se sentent forts, et tôt ou tard ils sauront bien élargir la brèche qui a été ouverte par les traités.

Nous ne devons pas, assurément, souhaiter l'extension de l'influence anglaise; mais il faut accepter les faits, et, puisque nous avons permis à l'Angleterre de s'emparer en Asie du premier rôle, puisque, dans la lutte engagée désormais entre les deux civilisations, l'Angleterre représente réellement l'intérêt européen, nous sommes tenus de nous associer à sa cause, sauf à revendiquer plus habilement, par la sagesse de notre politique et par l'activité de notre commerce, une part honorable dans les profits.

Lorsque sir Henry Pottinger dicta les conditions du traité de Nankin, il dut se trouver fort embarrassé pour le choix de la colonie destinée à recevoir le pavillon anglais dans les mers de la Chine et pour la désignation des quatre ports qui, indépendamment de Canton, allaient être ouverts au commerce étranger. Hong-kong n'était qu'un rocher; mais il possédait un beau port : sa

proximité de Canton et sa situation à l'embouchure du fleuve Ché-kiang semblaient lui assurer un grand avenir politique et commercial. C'était un excellent poste d'observation, et le plénipotentiaire anglais pensait que les navires
européens le préféreraient tôt ou tard au mouillage de Whampoa. Ces espérances
ne se sont pas complétement réalisées : le climat a décimé les régimens; l'entrepôt de Hong-kong a pris un certain développement, mais il n'a point détourné le courant de marchandises qui, depuis longues années, avait l'habitude
de remonter le Ché-kiang. Sur les rochers de cette île déserte, la Grande-Bretagne, à force de persévérance et d'argent, est parvenue à fonder une ville
européenne, Victoria; elle y a dépensé tout son génie d'organisation coloniale.
Cependant, lorsque les négocians ont pu comparer cette position avec celle de
Chusan que les troupes anglaises ont dû abandonner en 1847, après le paiement intégral de la rançon de guerre stipulée dans le traité, il y a eu bien
des hésitations, bien des regrets, et certains casuistes conseillaient à la couronne d'Angleterre de garder Chusan sous le facile prétexte que l'article relatif à l'ouverture de la ville intérieure de Canton n'avait pas encore reçu pleine
et entière exécution. Le cabinet anglais n'a point suivi les conseils de la foi
punique, et nous croyons qu'il a été sagement inspiré : les conquêtes de la
force ne sont durables et fécondes qu'à la condition de se contenir elles-mêmes
et de se légitimer par la modération. En Chine surtout, il faut savoir attendre.

Quant aux quatre ports, sir Henry Pottinger a choisi ceux qui, en raison de
leurs anciennes relations avec l'Europe et de leur voisinage des centres de production, présentaient les meilleures chances d'avenir, c'est-à-dire, en commençant
par le nord, Shanghai, Ning-po, Foo-chow-fou et Amoy. Ces quatre points d'ailleurs, échelonnés sur la côte, pouvaient être considérés comme les avant-postes
d'où la civilisation européenne devait se répandre à la fois dans les provinces les
plus riches et les plus populeuses du Céleste Empire : c'étaient là les premières
étapes de la conquête, désormais pacifique, à laquelle toutes les nations de l'Occident étaient conviées à prendre part. L'expérience des huit années qui viennent
de s'écouler a donné tort ou raison aux premiers choix du plénipotentiaire anglais. En désignant Shanghai, sir Henry Pottinger a eu la main heureuse. Le
commerce anglais dans ce port a atteint, dès 1847, la valeur de 61 millions, dont
24 à l'importation et 37 à l'exportation. Situé sur la rivière Woosung, affluent du
Yang-tse-kiang, de ce fleuve magnifique qui traverse la Chine de l'est à l'ouest,
qui communique, par d'innombrables canaux, avec toutes les parties de l'empire et que les navires du plus fort tonnage pourront un jour remonter jusqu'à Nankin, Shanghai reçoit dans ses riches magasins les denrées agricoles de
la province du Kiang-sou et les produits manufacturés de Sou-tchou, ville célèbre en Chine par le nombre et la distinction de ses diverses branches d'industrie. Il a déjà supplanté en partie Canton pour l'échange des soies de
Chine et des cotons de l'Inde, et son importance commerciale, favorisée par
les dispositions bienveillantes que les Européens ont jusqu'ici rencontrées au
sein de sa population, s'accroît chaque année, à mesure que les produits étrangers agrandissent les rayons de leur débouché. — Le port d'Amoy, sur la côte
de la province du Fokien, semble également devoir répondre aux espérances
que l'on avait conçues. C'est d'Amoy que partent ces nombreuses et entrepre-
nantes colonies d'émigrans qui, en dépit des lois chinoises, peuplent successi-

vement toutes les îles de l'archipel malais, et fournissent même aux possessions
européennes dans la mer des Indes le supplément de bras nécessaire aux
cultures tropicales. A ce seul titre, le port récemment ouvert peut rendre à
l'Europe de précieux services en comblant les vides qu'a laissés dans le travail
colonial l'émancipation des noirs. — Les deux autres ports, Foo-chow-fou et
Ning-po, sont beaucoup moins fréquentés par les Européens. On n'y arrive
qu'en remontant deux rivières dont la navigation présente de sérieuses difficultés. Le premier fait peut-être double emploi avec Amoy, qui appartient à la
même province; le second souffre du voisinage de Shanghai, dont le port, mieux
situé, a concentré, dès l'origine, la plupart des transactions.

On s'explique donc l'insistance qu'apportent les Anglais à solliciter du gouvernement chinois certaines modifications dans la liste des ports inscrits au
traité de Nankin; on s'explique leurs convoitises sur Formose, les regrets que
leur inspire l'évacuation loyale de Chusan, les tentatives qu'ils ont faites récemment pour introduire leur pavillon dans le golfe de Petchili et se rapprocher ainsi de la capitale de l'empire. Cette politique est, de leur part, toute
naturelle; ils la suivent avec une persévérance, une hardiesse qui n'a d'autre
limite que la crainte de perdre, par des démonstrations trop impatientes, le
terrain déjà gagné.

Reste cependant une question qui a occupé une grande place dans les événemens des dernières années, et qui ne se trouve point encore définitivement
tranchée, la vente de l'opium. Quels que soient les prétextes d'honneur national
ou de liberté commerciale à l'aide desquels l'Angleterre s'est efforcée de justifier aux yeux du monde sa prise d'armes contre la Chine, il demeure établi
que l'opium a été, sinon l'unique cause, du moins la cause principale de la
guerre engagée en 1840. Comment, dès-lors, le traité de paix imposé par la
Grande-Bretagne a-t-il maintenu la prohibition qui frappait l'entrée et la consommation de l'opium en Chine? Comment le vainqueur n'a-t-il pas exigé,
comme première clause, la levée d'une interdiction au sujet de laquelle il avait
cru devoir engager la lutte? — Mais, en fait, cette question ne présente plus
aujourd'hui de difficulté sérieuse; elle a été résolue par une sorte de compromis tacite, qui, tout en ménageant l'orgueil impérial et l'inviolabilité des lois
chinoises, laisse aux Anglais tous les bénéfices du trafic. Qu'importe à la Grande-
Bretagne que l'opium se vende légalement ou par fraude, pourvu qu'il se
vende? D'après les rapports qui ont été publiés à diverses époques, il paraîtrait
que les économistes du cabinet de Pékin ont souvent conseillé à l'empereur
d'autoriser un commerce dont il devenait impossible d'arrêter le développement, et qui devait rapporter au trésor de fortes recettes. Jamais le vieil empereur Tao-kwang n'a consenti à approuver de son pinceau rouge les propositions qui lui étaient soumises, et, soit par entêtement, soit par scrupule, il a
préféré voir les lois ouvertement violées plutôt que de légaliser la consommation de l'opium. Peut-être son successeur se montrera-t-il plus accommodant
et en même temps plus soucieux des intérêts de son trésor. L'opium est un fait
accompli; il faut que la Chine s'y résigne. A vrai dire, elle s'y résignera volontiers, puisque déjà, au mépris des lois et sous la menace des châtimens les
plus sévères, peuple et mandarins ne craignent plus de le fumer presque publiquement dans toutes les parties de l'empire, à Pékin même, dans l'enceinte

du palais impérial. C'est pitié d'ailleurs que cette prohibition. Au point où la rivière Woosung vient mêler ses eaux à celles du Yang-tse-kiang, par le travers d'une ancienne redoute élevée par les Chinois pendant la guerre et dont il ne reste plus aujourd'hui que des ruines, on aperçoit une dizaine de navires européens reposant tranquillement à l'ancre sous les couleurs américaines ou anglaises, les mâts calés, les canots amenés, les voiles au sec, avec la sécurité et l'insouciance d'une escadre rentrée à son port d'armement : c'est une station d'opium. A tout moment, des bateaux contrebandiers accostent chaque navire, échangent leurs piastres contre les caisses d'opium et repartent vers la rive. Les bateaux des mandarins, les canots de la douane, les jonques de guerre passent et repassent, témoins de cette contrebande effrontée qui semble se jouer des deux yeux peints à l'avant de leurs bossoirs. Si parfois quelque mandarin s'avise d'adresser ses réclamations au consul de Shanghai, celui-ci décline toute responsabilité pour des actes qui se commettent en dehors de sa juridiction; il n'a rien à voir à Woosung. — Il en est de même à Amoy, où le consul anglais peut, du haut de sa maison, compter les mâts de la station d'opium, mouillée à l'abri d'une petite île, presque à l'entrée du port. — De même à Canton, à Chusan. Chacun des ports ouverts au commerce légal possède ainsi une succursale de contrebande où les transactions s'effectuent aussi librement que dans un port franc, sous les yeux des autorités chinoises. Les Anglais n'ont assurément pas à se plaindre de cette violation flagrante de la loi; mais que penser d'un gouvernement qui tolère une pareille moquerie? Mieux vaudrait céder.

Il est difficile d'évaluer exactement les quantités d'opium qui se vendent chaque année sur les côtes de Chine. Ces quantités ne figurent pas sur les tableaux officiels du commerce; mais nous pouvons nous former une idée du développement que ce trafic a pris depuis vingt ans en consultant les tableaux dans lesquels le gouvernement de Calcutta, qui monopolise les ventes de l'Inde, établit le compte de ses recettes et de son bénéfice net. Voici quelques chiffres extraits de ces tableaux :

	RECETTES.		BÉNÉFICES NETS.
1829-30	16,280,868 roupies (1)		11,837,101 roupies
1835-36	18,051,428	—	13,161,372
1839-40 (2)	7,683,703	—	3,237,152
1843-44 (3)	22,846,066	—	16,685,796
1846-47	30,702,994	—	22,871,857
1847-48	23,625,153	—	13,066,386
1848-49	34,930,275	—	24,104,775

Ces chiffres de recettes ne représentent que la valeur de l'opium vendu aux enchères publiques de Calcutta; la valeur vénale, en Chine, s'accroît des frais de transport et des bénéfices de l'échange. Le profit net de la compagnie s'élève, comme on vient de le voir, à plus de 50 millions de francs; aussi le mo-

(1) La roupie peut être évaluée à 2 fr. 50 cent.
(2) Année qui a précédé la guerre.
(3) Année qui a suivi le traité de Nankin.

nopole de l'opium forme-t-il, après l'impôt territorial, l'article le plus important du revenu de l'Inde. C'est une recette désormais indispensable, surtout en présence des frais de guerre qui ont grevé le budget de Calcutta depuis la conquête du Scinde. On comprend que, pour la conserver, l'Angleterre ait envoyé contre le Céleste Empire une flotte et une armée. ·

Il s'exporte en outre de Bombay de fortes quantités d'opium provenant du district de Malwa, et sur lesquelles la Compagnie perçoit un droit de sortie. En résumé, on estime que le Céleste Empire achète annuellement à l'Inde de 120 à 140 millions d'opium, et ce trafic repose sur la contrebande! Il faut aller en Chine pour voir de pareilles choses.

C'est ainsi que la Grande-Bretagne, après avoir, au moment décisif, employé la force et renversé brutalement les hautes barrières qui s'élevaient entre les deux civilisations, ou plutôt (car son but était moins noble) entre les cotons de l'Inde et les thés de la Chine, s'est pliée de bonne grace aux incertitudes, aux craintes, aux biais d'une politique qui ne voulait point se déshonorer à ses propres yeux par une condescendance trop facile, et qui consentait à tempérer par la tolérance une contrebande condamnée encore par la pompeuse phraséologie des lois. Le libre commerce de l'opium n'est plus qu'une affaire de temps; il sera consacré un jour ou l'autre par la réflexion de l'intérêt chinois.

L'Angleterre a donc cessé de concentrer sur le Céleste Empire ses grandes visées d'ambition et l'ardeur de son entreprise : à quoi bon s'épuiserait-elle à enfoncer une porte entre-bâillée aujourd'hui et destinée à s'ouvrir demain? Il y a, au fond de l'Asie, d'autres empires où l'Europe n'a pas encore planté son drapeau; c'est là que l'Angleterre porte en ce moment ses regards. L'Inde et la Chine ne sont pour elle que les points extrêmes de la ligne qu'elle entend soumettre à son commerce, à son influence politique, et cette ligne traverse deux vastes royaumes, Siam et la Cochinchine, pays à peine explorés, riches cependant, et voués tôt ou tard à l'exploitation européenne. Pendant les trois années qui viennent de s'écouler, le gouvernement de l'Inde, obéissant aux inspirations directes du cabinet britannique, a renouvelé sur ces deux points des tentatives qui, en d'autres temps, avaient à peu près échoué. Le fondateur de la colonie de Labuan, le rajah Brooke, s'est rendu à Bangkok pour négocier une convention commerciale. De son côté, le gouverneur de Hong-kong abordait dans la baie de Tourane, tout émue encore de la facile victoire qu'y ont remportée en 1847 deux navires français, la Gloire et la Victorieuse; il venait offrir sa protection à l'empereur de Cochinchine et solliciter en échange l'ouverture de communications régulières. Cette double campagne de l'ambition anglaise n'a pas été couronnée de succès. Il faut attendre des temps meilleurs, une occasion plus propice que l'on saura bien provoquer, si elle ne se présente pas assez tôt par la pente naturelle des événemens; mais, dès à présent, il n'y a pas à se méprendre sur les tendances, sur les intentions, sur la volonté ferme et nette de la Grande-Bretagne. La nation qui, maîtresse de l'Inde, s'est emparée successivement de Singapore, de Poulo-pinang, de Hong-kong, de Labuan, cette nation qui par étapes, tantôt lentes et courtes, tantôt longues et rapides, s'avance incessamment vers les confins de l'Asie, l'Angleterre, aspire à la domination complète de l'extrême Orient.

Nul autre peuple ne saurait'lui susciter de concurrence. Les Hollandais, rejetés au sud de l'archipel malais par le traité de 1824, évitent plutôt qu'ils ne recherchent la rencontre du pavillon anglais. — Les Espagnols bornent leur ambition au rayon des îles Philippines. — Les Américains du Nord, fidèles à leur constitution qui leur interdit la possession des colonies lointaines, promènent leurs couleurs sur toutes les mers; mais, satisfaits des avantages maritimes et commerciaux qu'ils se sont habilement ménagés en Chine, comme sur les autres marchés du monde, ils ne songent pas à compliquer leurs intérêts par les embarras d'un rôle politique; ils vont partout et ne se fixent nulle part. — Le Portugal, campé encore sur le rocher de Macao, ne représente plus en Chine que le souvenir d'une autre époque, illustrée par la foi et par l'héroïsme. —Enfin, serait-ce la France qui irait, au fond de l'Asie, faire ombrage à l'Angleterre? Il convient de rappeler ici le rôle que notre pays a joué dans l'histoire récente de l'extrême Orient.

II.

Pendant les guerres de la révolution et de l'empire, le pavillon français parut à peine dans les mers de Chine. Fidèle aux traditions de grandeur maritime que lui avaient léguées les règnes de Louis XIV et de Louis XVI, le gouvernement de la restauration fit, dès son avénement, de louables tentatives pour rétablir les relations de politique et de commerce que la France du xvii⁰ siècle entretenait avec les contrées de l'Asie, surtout avec l'Inde. Il encouragea les voyages de circumnavigation; plusieurs frégates partirent de nos ports avec mission d'aborder dans toutes les colonies étrangères, sur tous les points où la science pouvait espérer l'honneur de nouvelles découvertes et qui promettaient à notre commerce de nouveaux débouchés. Le gouvernement de juillet poursuivit résolûment cette œuvre de sage propagande : il multiplia les explorations lointaines; il expédia successivement *la Vénus*, *l'Astrolabe*, *la Bonite*, etc., qui, sous le commandement d'habiles capitaines, accomplirent le tour du monde et montrèrent notre pavillon dans les deux Océans; mais ces voyages nous rapportaient, il faut bien le dire, plus d'honneur que de profit. Le commerce maritime de la France, se relevant à peine après tant de désastres, n'osait encore s'aventurer si loin. En réalité, nos relations commerciales avec la côte orientale de l'Asie étaient demeurées presque nulles, pendant que l'Angleterre et les États-Unis voyaient se développer de jour en jour l'importance de leur trafic.

Lorsque la guerre éclata entre la Grande-Bretagne et le Céleste Empire, le gouvernement français établit sur la côte de Chine une station permanente pour suivre de près les événemens et préparer les voies à une intervention plus directe dans les affaires de ce vieux monde qui allait devenir pour l'Europe un monde nouveau. M. le capitaine de vaisseau Cécille, commandant la station, s'acquitta fort habilement de cette mission délicate qui avait pour but de nous concilier la bienveillance des Chinois sans exciter les susceptibilités jalouses de l'Angleterre. Ce fut après la signature du traité de Nankin, lorsque les États-Unis et d'autres puissances eurent exprimé l'intention de traiter à leur tour avec la Chine, ce fut alors qu'une ambassade partit de Brest, sur la frégate *la Sirène*, pour régler diplomatiquement les relations d'amitié et de commerce qui doivent unir la France et l'empire du milieu.

Notre traité a été signé à Whampoa le 24 octobre 1844. Il reproduit, sous une forme plus précise, les principales clauses du traité de Nankin; il abaisse le tarif des vins et des girofles, mais il ne pouvait, en aucun cas, nous garantir de faveurs particulières, puisque les Anglais avaient stipulé qu'ils profiteraient de plein droit de tous les avantages qui seraient, à l'avenir, accordés aux nations étrangères; la Chine, d'ailleurs, ne voulait établir, entre tous ces *barbares* si empressés de se lier avec elle, aucune différence de traitement.

. Si nous consultons les statistiques commerciales, nous sommes obligés de reconnaître que le traité n'a pas sensiblement amélioré la condition de nos échanges dans les mers orientales. Voici, en effet, le chiffre total du commerce et de la navigation de la France en Chine et en Cochinchine, de 1841 à 1849 :

1841.	. . .	3 navires.	891 tonneaux.	1,453,000 francs.
1842.	. . .	1 —	128 —	1,758,000
1843.	. . .	5 —	1,671 —	1,279,000
1844.	. . .	6 —	1,784 —	1,167,000
1845.	. . .	11 —	3,463 —	2,294,000
1846.	. . .	13 —	3,994 —	1,854,000
1847.	. . .	20 —	6,575 —	2,342,000
1848.	. . .	12 —	4,229 —	1,957,000
1849.	. . .	5 —	1,609 —	3,078,000

Ces chiffres sont, on le voit, insignifians. Doit-on s'en prendre au traité? Assurément non. L'acte diplomatique a stipulé en notre faveur toutes les concessions qu'il était possible d'obtenir. C'est donc ailleurs qu'il faut chercher les causes de cette infériorité désespérante, honteuse même, avouons-le, pour notre pays.

Plusieurs délégués, présentés au choix du gouvernement par les principales chambres de commerce, avaient été adjoints à l'ambassade de 1844. Ils ont publié leurs rapports : l'un d'eux, M. Natalis Rondot, signale ainsi, dans ses conclusions très nettes, les vices de notre situation économique : « Notre industrie, active, intelligente, ne saurait craindre de rencontrer sur les marchés de l'extrême Orient les similaires étrangers et de prendre part à la lutte de concurrence, si elle peut combattre à armes égales. Malheureusement, la Chine est distante de cinq à six mille lieues, et la principale question est de savoir si nos moyens de transport sont satisfaisans et économiques, c'est-à-dire de quelles charges notre roulage maritime grèvera nos expéditions. En un mot, en admettant que nous ayons la marchandise convenable et avantageuse, pouvons-nous compter sur le navire? La marchandise se réalisant avec bénéfice, y a-t-il lieu de supposer que l'armement, lui aussi, se soldera avec profit?.... L'avenir de nos relations commerciales avec la Chine dépend tout autant des ports que des fabriques. Avant d'essayer de prendre rang parmi les nations qui s'y enrichissent, il faut être sûr d'avoir des navires à soi, de ne pas payer jusqu'à 220 francs le tonneau ce que le pavillon américain offre à 50 et 65 francs.

C'est pour cela qu'il importe de ne pas séparer la question de valeur de celle de volume, — l'échange, du fret; c'est pour cela aussi qu'il est indispensable de songer avant tout au retour, de s'assurer de la possibilité de traiter des cargaisons de produits encombrans, non pas seulement dans les escales placées sur la route, à Manille, à Singapore, à Batavia, mais surtout au but du voyage, à Canton, à Amoy et à Shanghai. On ne fondera jamais un commerce vivace et durable en se bornant à quelques envois d'étoffes, de vins et d'articles de luxe pour les résidens européens des colonies asiatiques, et à l'achat de petits lots de drogueries, d'épices et de curiosités; ce sont des affaires de pacotillage, et non de grand commerce. Nous avons à porter en Chine et dans l'archipel indien des draps, des tissus de laine, des vins, etc.; le fret d'aller sera à peu près suffisant, mais au retour il faudrait pouvoir charger les sucres du Fokien et de la Cochinchine, les tabacs en feuilles du Tché-kiang et du Kwang-tong, les cires d'arbre du Sse-tchuen, les gambiers de Rhio et de Singapore, auxquels on joindrait naturellement le thé, la soie grége, la cannelle, le camphre, le café, l'indigo, le poivre, etc., qui forment la base des opérations actuelles. A ces conditions, les relations avec la Chine et la Malaisie seront praticables, et le fret sera réduit à un taux modéré. »

Ainsi, d'une part, nous naviguons trop chèrement; d'autre part, l'importation en France de la plupart des produits asiatiques se trouve limitée par la rigueur de nos tarifs de douanes; en outre, et c'est là le point le plus essentiel, le nombre des marchandises que nous serions en mesure d'échanger avec la Chine est assez restreint.

La cherté de notre navigation paralyse non-seulement dans les mers de l'Inde et de la Chine, mais encore partout où nous rencontrons une concurrence, le développement de notre intercourse. C'est un mal général résultant des taxes qui pèsent encore sur les matières premières employées dans les constructions, des formalités et des entraves qu'une législation trop timide a cru devoir imposer aux armemens dans l'intérêt de l'inscription maritime. Le gouvernement a annoncé qu'une enquête serait ouverte pour réviser les lois et les règlemens en vigueur. Cette réforme, pourvu qu'elle soit sérieuse, profitera à l'ensemble de notre matériel naval, et nous rendra plus facile dans les mers lointaines la concurrence avec les autres pavillons. Cependant il serait nécessaire que des réductions de droits, largement combinées, vinssent en même temps favoriser l'importation des produits de la Chine, et notamment du sucre, qui peut fournir d'excellens frets. Le tarif français admet en principe que les provenances des pays situés au-delà des caps Horn et de Bonne-Espérance doivent être dégrevées en raison des frais supplémentaires que la distance ajoute au prix vénal de la marchandise. Il conviendrait donc de régler l'application de ce principe, qui est généralement accepté, de telle sorte que les produits exportés des mers de Chine puissent réellement arriver dans nos ports à des conditions avantageuses pour l'armateur. C'est un calcul à faire, et, puisque le tarif des sucres est en ce moment à l'étude, il semble que l'occasion serait favorable. Un remaniement, conçu dans la même pensée, pourrait être étendu aux tabacs et aux principaux articles de provenance chinoise.

Il y aurait également profit pour nous à reparaître dans la baie de Tourane, non plus pour y couler les innocentes jonques de l'empereur d'Anam et effrayer au bruit de nos canons les paisibles échos des montagnes de marbre, mais pour y renouer, s'il en est temps encore, les anciennes relations que la France, au commencement de ce siècle, s'était habilement créées à la cour du pieux Gya-long. Là où les Anglais et les Américains ont maintes fois échoué, nous avions réussi; nous avions introduit nos produits et nos navires; nous comptions auprès de l'empereur un évêque français (l'évêque d'Adran), des mandarins français, MM. Vanier, Chaigneau, etc., dont les noms, vainement défigurés par la rudesse du dialecte cochinchinois, ont survécu dans les souvenirs reconnaissans du pays. En un mot, il s'est établi en Cochinchine une sorte de tradition française qu'il vaudrait mieux entretenir par de bienveillans procédés que par la force des armes. Sur ce point, l'Angleterre ne nous a pas devancés; profitons de cette bonne fortune; veillons au moins à ce que nulle nation européenne ne s'empare, à notre préjudice et par notre faute, de l'influence politique et commerciale dans un pays qui, tôt ou tard, sera envahi, comme le Céleste Empire, par les intérêts de l'Occident.

Pour réussir, ou tout au moins pour sortir de la situation misérable qui nous est faite dans les mers de l'Asie, il faut que deux volontés, celle du gouvernement et celle du commerce, se soutiennent l'une par l'autre et conspirent résolûment au même but; il importe surtout que les efforts, les actes se succèdent et gardent en quelque sorte l'impulsion de la force acquise. Parfois, dans un moment de juste coup-d'œil, peut-être de loisir, le gouvernement s'est ressouvenu de ces régions lointaines; un jour, il s'empare de Taïti et des îles Marquises pour créer, au milieu du grand Océan, un point de relâche à nos baleiniers et à la navigation de long cours; plus tard, il augmente la station des côtes de Chine, il envoie une ambassade, il crée de nouveaux consulats; mais entre ces divers actes, inspirés par la même pensée, s'écoulent de longs intervalles, pendant lesquels la France laisse à ses rivaux le champ libre et perd maladroitement le prix des dépenses faites et des sacrifices accomplis. Ce n'est pas ainsi que l'on arrive au succès.

Le commerce, plus directement intéressé aux résultats de l'entreprise, a-t-il, de son côté, déployé l'activité, l'intelligence dont il aurait au besoin trouvé l'exemple dans la conduite du commerce anglais? Sans atténuer les difficultés qui s'opposent, en Chine, à l'échange immédiat de nos produits, les délégués qui accompagnaient la mission de 1844 reconnaissent qu'il y aurait place pour la France sur les divers marchés de l'Asie, et que nous ne devons pas déserter la concurrence. Les chambres de commerce des ports et de plusieurs cités industrielles ont demandé à diverses reprises que l'état formât, sous son patronage, une grande compagnie qui établirait des comptoirs à Singapore, à Manille, à Canton, à Shanghaï, et qui centraliserait les capitaux et les opérations commerciales; mais nous ne sommes plus au temps où les compagnies ainsi fondées réussissent : celles qui existaient à la fin du dernier siècle sont, pour la plupart, dissoutes, et l'organisation particulière des associations qui fonctionnent encore sous le contrôle et avec la participation de l'état, en Angleterre et en Hollande, ne saurait plus être prise pour modèle. Le trésor public perdrait vraisemblablement ses avances, dévorées par les premiers frais d'installation, et un pareil échec découragerait toutes les espérances de l'avenir. Que les représentans d'une grande industrie, que les manufacturiers d'une même ville, que les armateurs d'un port s'entendent pour mettre en commun l'emploi de leurs capitaux, de leurs marchandises, de leurs navires : circonscrites dans de telles limites, ces coalitions d'intérêts s'administrant eux-mêmes sous la protection morale, mais non avec l'appui matériel et pécuniaire du gouvernement, présenteraient de sérieuses chances de réussite, parce qu'elles fonctionneraient avec l'économie qui préside d'ordinaire à la gestion des spéculations privées. Les Anglais d'ailleurs et les Américains n'agissent plus autrement. A la compagnie des Indes, qui a perdu, en 1834, ses anciens priviléges, se sont substituées de nombreuses maisons de commerce, puissantes par l'accumulation des capitaux, par la répartition des comptoirs ou succursales, et surtout par la persévérance alliée à l'esprit d'entreprise.

Il est pénible de se trouver constamment en face de cet écrasant parallèle et de dénoncer le rôle subalterne auquel la France semble se résigner dans cette grande lutte commerciale dont l'Asie est devenue le théâtre. Il y aurait péril à fermer plus long-temps les yeux sur une telle situation, et maladresse coupable à perdre, de gaieté de cœur ou par oubli des intérêts lointains, l'influence que la France, en Chine comme ailleurs, doit étendre ou tout au moins conserver.

III.

Nous pourrions cependant, pour notre politique et notre commerce, imiter la conduite, à la fois prudente et intrépide, des missions catholiques, qui depuis plus de deux cents ans ont tenté de si nobles efforts pour la cause de la religion. Tour à tour protégés et proscrits, honorés et persécutés, appelés un jour aux dignités de la cour impériale pour être le lendemain jetés dans les cachots ou conduits au supplice, les missionnaires ont poursuivi leur glorieuse tâche sans se laisser un seul moment exalter par les perspectives d'une faveur passagère ou abattre par les coups des plus redoutables persécutions. Tous les peuples catholiques de l'Europe, — Français, Espagnols, Italiens, Portugais, — toutes les congrégations, — lazaristes, dominicains, franciscains, jésuites, — se sont liguées dans cette lointaine croisade, pour prendre l'Asie à revers et conquérir à la domination spirituelle de Rome la plus antique, la plus civilisée, mais aussi la plus corrompue des nations asiatiques. Aujourd'hui la Chine est découpée en évêchés ou vicariats apostoliques, où les nouveaux apôtres se sont partagé le rude labeur de la conversion. Les progrès sont lents, mais cette lenteur n'a point lassé l'espérance; la foi n'avance que par degrés presque insensibles, mais elle ne recule jamais. Dieu seul sait combien il faudra encore d'années et de siècles, de dévouemens et de martyres pour que la conquête soit accomplie.

La France a de tout temps tenu à honneur de figurer au premier rang des nations chrétiennes : en Chine, elle n'a point failli aux devoirs que lui imposent ses traditions et que lui conseillerait au besoin sa politique. Que ce soit du moins une compensation du rang inférieur qui nous est échu dans l'ordre des intérêts matériels, et si nous sommes forcés de reconnaître à quel point l'Angleterre et les États-Unis nous effacent par l'extension toujours croissante de leur commerce et de leur navigation, nous pouvons aussi nous enorgueillir des services éclatans que les missions catholiques de la France ont rendus à la civilisation et à la foi.

Les diverses sectes de la communion protestante possèdent également des prédicateurs qui ont entrepris la conversion des Chinois. Ces missionnaires, ou plutôt ces agens, ne quittent point les ports légalement ouverts à l'étranger : ils arrivent avec leur famille; ils sont assurés de recevoir un salaire élevé; ils exercent la médecine ou se livrent au négoce, et le prêche n'est pour eux qu'un incident de leur existence comfortable et paisible. Sans doute, en guérissant gratuitement les malades, ils inspirent aux populations chinoises une haute idée de la science européenne, ils servent l'humanité; mais où est le mérite, quelle est la gloire de ces fonctions sans péril? Comparez le pasteur méthodiste expédié de Londres par une société d'actionnaires et apportant une cargaison de bibles, comparez-le avec ce jeune prêtre qui, à peine débarqué sur la terre de Chine, part, plein d'ardeur et de foi, pour les provinces les plus reculées, où l'attendent, après les dangers d'un long voyage, les périls plus grands encore et les privations de toute sorte et de tout instant attachés à l'apostolat! Sortant la nuit, se cachant le jour, exposé sans cesse aux soupçons d'une population ignorante ou d'un mandarin fanatique, le missionnaire français n'a d'autre récompense que la satisfaction du devoir accompli, d'autre espoir que le martyre. Voilà, s'il est permis de s'exprimer ainsi, les produits que nous introduisons en Chine; ils méritent, à coup sûr, de notre part une protection au moins égale à celle que l'orgueilleuse Angleterre accorde à une caisse d'opium ou à une balle de coton.

Aussi, lorsque l'ambassadeur de la France, M. de Lagrené, se trouva en présence du vice-roi de Canton, le sort de nos missionnaires et l'avenir de la propagande catholique furent-ils l'objet de ses plus vives préoccupations. Il comprit que la nation si long-temps appelée la fille aînée de l'église avait un pieux devoir à remplir, et que l'occasion s'offrait pour elle de reprendre solennellement l'honorable protectorat de la foi chrétienne. Les mandarins chargés de suivre les négociations ne manifestaient aucun sentiment d'aversion contre la religion du *Seigneur du ciel* (c'est ainsi que les Chinois désignent la religion catholique), mais ils craignaient, en autorisant l'exercice d'un culte jusqu'alors sévèrement proscrit, de heurter le préjugé populaire, de mécontenter la classe influente des lettrés, et surtout de perdre la faveur de la cour de Pékin, qui voyait déjà de fort mauvais œil et ne subissait qu'à regret les concessions faites à l'esprit européen. On ne pouvait donc espérer que la reconnaissance formelle de la religion catholique serait inscrite au nombre des articles du traité, et d'ailleurs n'eût-ce pas été en quelque sorte une profanation de stipuler, dans un seul et même acte, pour les intérêts du commerce et pour ceux de la foi, d'abaisser une cause si sainte au niveau d'un affranchissement de droit de tonnage ou d'une réduction de tarif? On éluda la difficulté par l'adoption d'une formule qui devait ménager les susceptibilités de l'orgueil chinois et donner satisfaction à nos légitimes exigences. Le vice-roi Ky-ing adressa, en juillet 1845, à l'empereur Tao-kwang une pétition dans laquelle il proposait de ne plus considérer comme criminelles aux yeux de la loi les principales pratiques de la religion chrétienne. En signant de son pinceau rouge cette pétition, l'empereur lui imprimait le caractère d'un décret. C'était déjà un grand pas, et notre diplomatie pouvait se féliciter du résultat qu'elle venait de conquérir après tant d'efforts. Cependant le document officiel ne définissait pas encore assez nettement, au gré du plénipotentiaire français, les libertés que réclamait l'intérêt religieux. Les négociations furent reprises : chaque liberté, chaque droit fut discuté de nouveau avec une insistance qui attestait, d'une part, le vif désir de briser à jamais et d'un seul coup les derniers obstacles, — d'autre part la crainte de trop céder à l'influence étrangère. Enfin, après un mois de pourparlers, on parvint à s'entendre sur une rédaction plus explicite, qui consacre la liberté du culte catholique dans le Céleste Empire. Nous nous bornerons à citer le passage le plus remarquable de ce document curieux et peu connu : « ... Bien qu'en général ce soit de l'essence de la religion du Seigneur du ciel de conseiller la vertu et de défendre le vice, je n'ai cependant pas clairement établi dans ma dépêche antérieure en quoi consistait la pratique vertueuse de cette religion, et, craignant que dans les différentes provinces on ne rencontre des difficultés sur ce point d'administration, j'examine maintenant la religion du Seigneur du ciel, et je trouve que *s'assembler à certaines époques, adorer le Seigneur du ciel, vénérer la croix et les images, lire des livres pieux,* sont autant de règles propres à cette religion, tellement que, sans elles, on ne peut pas dire que ce soit la religion du Seigneur du ciel. Par conséquent sont désormais exempts de toute culpabilité ceux qui s'assemblent pour adorer la religion du Seigneur du ciel, vénérer la croix et les images, lire des livres pieux et prêcher la doctrine qui exhorte à la vertu; car ce sont là des pratiques propres à l'exercice vertueux de cette religion qu'on ne doit en aucune façon prohiber, et, s'il en est qui veuillent ériger des lieux d'adoration du Seigneur du ciel pour s'y assembler, adorer les images et exhorter au bien, ils le peuvent ainsi suivant leur bon plaisir. »

Cette proclamation ne laisse subsister aucune équivoque : elle nous est acquise. Dans la lutte engagée, au nom de la liberté des cultes, contre les préjugés traditionnels du Céleste Empire, à nous seuls revient l'honneur de l'initiative et du succès, et, malgré le penchant de notre siècle à ne respecter, à n'admirer que les conquêtes de la force, nous pouvons, avec quelque fierté, placer cette victoire toute morale en parallèle avec le triomphe remporté par les canons anglais sous les murs de Nankin. Aussi l'Angleterre n'a-t-elle pas vu sans une émotion jalouse la publication du document émané du pinceau de Ky-ing. Après avoir ouvert la Chine au commerce étranger et obtenu, pour les cinq ports inscrits au traité de 1842, le libre exercice du culte chrétien, elle pensait avoir atteint, dépassé même la mesure des concessions, et elle se flattait de ne plus rien laisser à faire aux nations qui viendraient après elle. Ne soyons pas injustes pour le grand acte qu'elle a accompli : c'est l'Angleterre qui a porté aux préjugés chinois le coup décisif, elle a rendu à la civilisation, à la religion, à l'humanité un éclatant service; mais son succès ne doit point effacer le nôtre.

Il convient désormais que la proclamation de Ky-ing ne demeure pas lettre morte. En la provoquant, nous avons pris envers les missions catholiques et envers nous-mêmes l'engagement d'en surveiller la stricte exécution, et il ne faut pas nous dissimuler que nous pourrons, dans l'exercice de cette surveillance, rencontrer parfois de graves embarras. La législation et surtout les mœurs de tout un peuple ne sauraient se modifier d'un jour à l'autre. Un principe nouveau a été proclamé; il existe un nouveau droit qui blesse de vieilles antipathies et qui réveille d'antiques défiances. Assurément, ce principe et ce droit subiront, pendant les premières années, de regrettables atteintes. Il suffira qu'une conversion trop éclatante vienne réveiller le zèle d'un mandarin, sectateur fervent de Confucius, pour motiver un acte de persécution. Un fait de cette nature s'est produit récemment dans un district de la province de Canton, sur les limites du Fokien. Un missionnaire français a été arrêté, et le mandarin Wan a cru devoir, à cette occasion, fulminer contre la religion chrétienne une proclamation dans laquelle se révèle énergiquement l'intolérance têtue du lettré chinois. « Bien qu'une ordonnance récente, dit le mandarin en rappelant la circulaire de Ky-ing, ait reconnu aux barbares le droit de disserter entre eux sur leurs livres religieux, elle ne leur a cependant pas permis de s'établir dans l'empire du milieu, de se mêler à sa population, de propager leurs doctrines parmi ses habitans. Si donc il est quelques-uns de ceux-ci qui appellent les étrangers, qui se liguent avec eux pour agiter et troubler l'esprit public, pour convertir les femmes ou violer la loi de toute autre manière, ils seront punis, comme par le passé, soit de la strangulation immédiate, soit de la strangulation après emprisonnement, soit de la déportation, soit de la bastonnade; la loi n'admet pas de rémission... » Heureusement le représentant de la France, M. Forth-Rouen, se trouvait encore à Macao, lorsque l'on a reçu la nouvelle de l'arrestation du missionnaire et la copie de la proclamation, et il a pu adresser au vice-roi de Canton d'énergiques représentations, qui ont amené la mise en liberté immédiate du prêtre français; mais il faut s'attendre à voir, pendant quelques années encore, se renouveler de semblables incidens. La circulaire de Ky-ing, tout en reconnaissant la liberté du culte catholique, n'a point autorisé formellement l'introduction des prêtres européens dans l'intérieur de l'empire; il était impossible, en 1844, d'obtenir cette concession, puisque, aux termes du traité, la présence des étrangers n'était autorisée que dans les cinq ports ouverts au commerce. Notre politique doit tendre à lever ce dernier scrupule du gouvernement chinois et à protéger les missionnaires catholiques contre toute chance de persécution. Cette politique, conforme aux traditions du passé, est digne de la sollicitude du gouvernement, et lors même que, par un oubli regrettable, nous persisterions à négliger les intérêts commerciaux qui s'agitent à l'extrémité de l'Orient, nous ne saurions abandonner à d'autres un patronage qui honore l'influence et le nom de notre pays.

C. LAVOLLÉE.

REVUE LITTÉRAIRE

DE L'ALLEMAGNE.

———

LA CRITIQUE. — LES ROMANS ET LES POÉSIES. — LA LITTÉRATURE MAGYARE.

———

Il est impossible de ne pas être frappé des rapports que la littérature allemande présente avec la nôtre. Le temps n'est plus de ces inspirations originales, de ces singularités d'imagination et d'accent qui donnaient un caractère
propre aux œuvres d'une même contrée. On va trop vite désormais de Vienne
à Berlin et de Berlin à Paris pour que les anciennes distinctions ne s'altèrent
pas. Quand toutes les barrières s'abaissent, quand il est si facile de donner ou
d'emprunter à ses voisins, comment ne verrait-on pas disparaître peu à peu les
physionomies individuelles? Aujourd'hui plus que jamais, un même esprit se
répand en un instant d'une zone à l'autre, et, bon gré mal gré, associe les peuples les plus divisés naguère dans une sorte d'existence commune. C'est peine
perdue de s'enfermer chez soi; les horizons les plus bornés s'entr'ouvrent pour
laisser entrevoir des perspectives profondes; la plus mince question devient
aisément une question européenne. Ce mouvement d'assimilation existe depuis
long-temps, et il a été préparé par bien des influences diverses; il est facile de
comprendre toutefois que les révolutions démagogiques de 1848 n'aient pas
médiocrement contribué à resserrer les liens de l'Europe, et, par suite, à accélérer l'effacement des littératures originales. Jamais on n'avait vu, comme
depuis trois ans, l'Europe entière occupée d'un seul intérêt, passionnée pour
une seule et même cause. Dès le 24 février, ou plutôt dès que les périls suprêmes eurent dissipé d'incroyables illusions, après les premières et décisives
répressions de l'armée du mal, après le bombardement de Prague, après les
journées de juin, les nations de l'Europe centrale, occupées jusque-là de suivre

leur propre voie, se trouvèrent subitement et violemment rapprochées; il n'y eut plus, de la mer Baltique à la Méditerranée et du Danube à l'Océan, qu'une seule affaire, qu'une seule passion, qu'un seul intérêt en jeu : il fallait servir la démagogie ou la combattre. Dès-lors aussi les différentes littératures qui reproduisaient l'esprit public en Europe eurent à traverser les mêmes phases et présentèrent les mêmes symptômes; des variétés assez curieuses peuvent persister encore dans les détails, il n'en est pas moins vrai que ces littératures vivent sur un fonds commun et qu'une destinée semblable les unit. Est-ce un bien? est-ce un mal? On se plaint sans cesse de cet effacement des peuples : il serait plus sage, à mon avis, de l'accepter comme un résultat inévitable et de le tourner à notre avantage. Or le bien en pareille matière, c'est que l'indifférence n'est plus permise, c'est que les nations sont solidaires entre elles, et que, tenues en éveil par l'urgence du péril, elles doivent chercher sérieusement à se connaître. Que de fois nos erreurs n'ont-elles pas infecté l'Allemagne! et comme l'Allemagne, aujourd'hui, nous le rend avec usure! Nous lui avons donné je ne sais quelle frivolité voltairienne dont elle s'affublait grotesquement; elle nous envoie, à l'heure qu'il est, le pédantisme hégélien, dont les formules tiennent si bien leur place dans nos mascarades socialistes. Tirons du moins de ces faits un enseignement durable; remettons dans le droit chemin la critique déroutée; surveillons d'un œil plus sûr, jugeons avec une autorité plus résolue les productions littéraires de l'Europe, et quand nous parlerons des erreurs ou des folies de nos voisins, n'oublions pas qu'il s'agit aussi des nôtres, n'oublions pas que l'esprit de la France est en péril.

En France, nous le savons trop, la perturbation de 1848 a été profonde. Les plus nobles travaux de l'intelligence, tout ce qui fait la dignité de l'esprit humain, tout ce qui est l'honneur des sociétés heureuses a été long-temps menacé de mort. On a vu, chose sans exemple, la plus stupide anarchie jointe aux prétentions les plus sottes, des hordes sauvages conduites par des rhéteurs, et la pire des barbaries, la barbarie à demi lettrée, procédant avec logique à la ruine du monde. Est-ce à dire pourtant que la violence des faits n'ait pas profité, sur certains points, à la situation littéraire? L'orage n'a-t-il pas purifié une atmosphère chargée de miasmes impurs? Bien des écoles, bien des coteries condamnées, qui auraient pu tromper long-temps encore la faveur routinière du public, n'ont-elles pas été dispersées par le choc? Ce besoin de fanfares, cette soif du lucre, cette infatuation inouie, tous ces vices d'une littérature sans principes qui devait fournir à la démagogie du lendemain ses nauséabondes déclamations, tout cela n'a-t-il pas été éclairé subitement d'une lumière impitoyable? N'a-t-on pu juger enfin combien la probité du caractère était rare, chez ces hommes qui prétendaient au gouvernement des intelligences? Cette leçon, il faut l'espérer, ne sera pas perdue, et il y aura du moins un résultat utile dans les châtimens qui nous ont frappés. La banale indulgence qui a autorisé tant de désordres craindra désormais d'en être la complice; les droits de la morale seront revendiqués avec force, et, moins attentive aux vanités de l'esprit, l'opinion se préoccupera plus sévèrement de la vraie dignité de l'écrivain.

En Allemagne aussi, l'interruption du mouvement littéraire produira, nous l'espérons, deux résultats précieux : d'une part, la secousse semble avoir fait, pour ainsi dire, place nette; les célébrités de mauvais aloi, les réputations et les autorités équivoques ont été.brusquement éconduites; de l'autre,.la critique se voit mise en demeure de se réveiller et de remplir plus scrupuleusement sa tâche. Sur ce dernier point, on doit le déclarer, la réforme est urgente. Ce n'est pas l'opinion·toute seule qui a favorisé, depuis dix années, les excès de.l'esprit allemand; la critique mérite sa part de reproches. Chez nous, et c'est ici surtout qu'on a quelque droit de le rappeler, au milieu des engouemens les plus passionnés, il y a toujours eu de fermes esprits qui résistaient à l'entrainement général; il y a toujours eu des voix courageuses, qui dans le dévergondage des imaginations, dans les scandales de l'industrie et de l'orgueil littéraire, signalaient une profonde atteinte à la morale publique. Qui sait pourtant si ces cris d'alarme, sans la chute d'un trône et l'ébranlement de l'Europe, eussent été justifiés aux yeux de la foule? Ces censeurs, considérés alors comme des esprits chagrins, et dont il faut bien aujourd'hui reconnaitre la clairvoyance, l'Allemagne ne les a pas connus. Absorbée par ses luttes politiques, tout occupée à ses légitimes efforts pour conquérir et organiser le gouvernement ·parlementaire, elle acceptait de toutes ·mains les secours qu'elle croyait profitables à cette grande cause. C'est ainsi que la patrie de Leibnitz et de Schiller est devenue le foyer d'un matérialisme hideux. Dans un pays où la démangeaison d'écrire est devenue un mal épidémique, où il y a des éditeurs pour les plus misérables rapsodies, où le dernier des écrivains croirait se manquer à lui-même s'il négligeait de livrer au public ses moindres articles de journaux et jusqu'à ses lettres familières, la critique n'ose malheureusement se soustraire à des complaisances dont elle a trop souvent besoin pour ses propres méfaits. Les plus austères se sont laissé peu à peu désarmer. Quel critique éminent pourrait-on citer en Allemagne depuis la mort de Louis Boerne? Est-ce M. Gustave Kühne, si·bien préparé pourtant à ce salutaire office par la finesse de sa pensée, par la sagacité de son intelligence? est-ce M. Roetscher, dont les beaux travaux sur le théâtre nous faisaient espérer un maitre? est-ce M. Adolphe Stahr, qui, dans sa *Dramaturgie d'Oldenbourg*, a fait preuve de qualités précieuses? M. Stahr semble avoir·renoncé à la critique,·ne trouvant pas sans doute dans la constitution littéraire de son pays la liberté indispensable à ces fonctions·et désespérant de la conquérir; M. Roetscher se confine de plus en plus dans des études spéciales, et M. Gustave Kühne.se résigne à être le débonnaire introducteur de tous ceux qui devraient trouver en lui un censeur et un juge. En dehors de ces noms, je ne vois guère que les faiseurs d'esthétique transcendantale ou ces milliers de *literats* qui, dans'les innombrables journaux de la confédération, enregistrent les œuvres nouvelles avec une indifférence de greffier. Il y a donc une place, une belle et.souveraine place·à prendre à.la tête des lettres allemandes. L'Allemagne, ce foyer des impiétés.hégéliennes, est aussi le pays le mieux placé pour les combattre : si donc nous essayons de remplir ici.une tâche trop négligée par·nos.voisins, c'est avec la certitude que.tôt ou tard·les folles songeries, les systèmes coupables rencontreront parmi eux·un adversaire, un surveillant mieux autorisé.

C'est par les romanciers qu'avait commencé, au-delà du Rhin, l'agitation littéraire,·prélude assez habituel des·commotions sociales. Ici, nos fournisseurs de contes ·n'avaient fait que mettre en lumière les.mauvais symptômes·de·la conscience ·publique. Innocens ·de· toute combinaison hardie, incapables de

concevoir un plan d'attaque générale, ils avaient seulement, par les excès de
l'industrialisme, fait éclater au grand jour les tristes passions de la foule, cette
soif de jouissances, cette fièvre de l'or, cette avidité d'émotions brutales, toutes
ces misères enfin qui accusaient l'affaissement de la société et appelaient les
châtimens de la justice d'en haut. En Allemagne, il y eut peut-être quelque
chose de plus : ce sont les romanciers à la mode qui entreprirent, il y a une
quinzaine d'années, le siège de la société elle-même. L'entreprise, il est vrai,
fut pauvrement conduite : les démolisseurs étaient plus ridicules que redoutables; les conséquences pourtant n'en furent pas moins graves, car, l'exemple
une fois donné et le signal de la lutte jeté à son de trompe, des ennemis violens vinrent bientôt prendre la place des prétentieux conteurs. Aujourd'hui
quelques-uns de ces révolutionnaires de 1835, quelques-uns des chefs congédiés de la *jeune Allemagne*, ont l'air de tenter une campagne d'un nouveau
genre. Ils nous avaient emprunté, après 1830, les inspirations fébriles qui
animaient la littérature d'alors : ils veulent, après 1848, imiter les fabricans de
contes dont le commerce, réduit désormais à néant, avait pris un accroissement si considérable dans les dernières années de la monarchie. Voilà une
idée qui ne semble guère opportune! Le roman-feuilleton, plus vieux aujour-
d'hui que les plus vieilles modes, est-il destiné à retrouver en Allemagne les
lecteurs qui l'abandonnent ici? Il n'y a pas lieu de le craindre. M. Charles
Gutzkow, qui conserve encore, comme aux beaux temps de la *jeune Allemagne*,
une sorte d'autorité sur tout un groupe d'écrivains, est le premier qui ait
imaginé d'introduire dans son pays le mal dont nous sommes enfin débar-
rassés. Il ne paraît pas cependant que son roman, *les Chevaliers de l'Esprit*,
doive fort encourager ceux qui s'intéressent à cette tentative. L'auteur lui-
même éprouve des doutes qui l'inquiètent, et il adresse dans sa préface cette
singulière homélie au public : « C'est un long et lointain voyage, cher lecteur,
que je viens te proposer ici. Arme-toi de patience; réserve-toi, je t'en supplie,
bien des matinées sans travail; prépare surtout ta mémoire, une bonne et
tenace mémoire qui ne laisse rien échapper. Ne va pas oublier demain ce que
je t'ai raconté aujourd'hui. Ne va pas te décourager si je fais s'allonger sous
tes pas des plaines à perte de vue, si ton chemin se resserre dans les gorges
des montagnes par de périlleux et interminables défilés, ou bien si la grande
route semble se perdre subitement dans les nuages. » Nous sommes-nous
trompé par hasard? Cette recommandation naïve ne serait-elle pas une malice?
M. Gutzkow, en homme d'esprit, a-t-il voulu faire la satire de la littérature à
la toise, tout en se donnant l'air de la prendre au sérieux? On m'assure qu'il
n'en est rien. Qu'importe? une satire qu'on écrit sans le vouloir n'en est souvent que plus piquante et plus instructive. Je me garderai bien de juger une
œuvre jusqu'à présent très fastidieuse, un récit froid et embrouillé, dont le
public ne connait encore que la dixième partie. Je suis heureux seulement
d'en tirer un bon présage, et j'espère plus que jamais, après la lecture du premier volume, que l'Allemagne échappera au péril. N'est-ce pas un grave péril
en effet? Au milieu de la confusion des doctrines, au milieu des erreurs sans
nombre que propage une philosophie désastreuse, ne faut-il pas que les plus
fermes esprits redoublent de sévérité, que l'écrivain digne de ce nom ne livre
jamais rien au hasard? Substituer les caprices de l'improvisation quotidienne

aux efforts constans de la réflexion, ce n'est pas seulement accoutumer la pensée à un régime qui l'énerve, ce n'est pas seulement dégrader l'art à plaisir; la question est plus grave : il s'agit de ne pas ouvrir une tribune nouvelle aux vices de l'intelligence dans une société où fermentent tant de doctrines coupables, où s'agitent et se répandent insensiblement tant de causes de dissolution et de mort. Remercions donc M. Charles Gutzkow d'avoir tout à la fois inauguré et enseveli le roman-feuilleton dans ses *Chevaliers de l'Esprit* (1).

Tandis que les écoles épuisées quittent la scène, tandis que l'opinion, attentive aux avertissemens de ces dernières années, devient plus sérieuse chaque jour et renonce aux puérils engouemens d'autrefois, ce serait le moment pour les vrais artistes de paraître et de faire leurs preuves. L'heure est propice; les bruits assourdissans des coteries surannées ont été emportés par l'orage; la faveur publique accueillerait avec empressement un talent sympathique et pur qui charmerait les ames et ferait servir à l'enseignement du bien l'éclat ou la grace de l'inspiration. Cette œuvre si touchante qu'on a lue ici, *Une Histoire hollandaise,* nous a douloureusement appris quel suave talent, quel cœur et quelle imagination d'élite les lettres françaises ont perdus, au moment où cette imagination pouvait exercer une si douce, une si salutaire influence. Le succès de ce charmant récit doit être un encouragement pour tous les écrivains qui conçoivent une haute idée de leur art, pour les talens encore cachés, pour tous ceux qui auraient cédé naguère aux vices à la mode dans le monde littéraire, et que nous voudrions gagner à la pratique sérieuse du beau; il peut en outre nous fournir des conseils et des indications à l'adresse de plus d'un nouveau venu. Ces conseils, il y a un écrivain en Allemagne qui me paraît digne de les entendre et capable de les suivre : c'est une femme aussi, comme l'auteur de *Résignation,* du *Médecin du village* et d'*Une Histoire hollandaise.* Les romans qu'elle vient de publier, et qui ont excité assez vivement l'attention, ont révélé un talent rare, talent inexpérimenté sans doute, incomplet encore sur bien des points, mais qui possède des qualités précieuses, et peut, en se dégageant, obtenir une place digne d'envie. Mme Caroline de Goehren, c'est l'écrivain dont je parle, a déjà composé un nombre de livres suffisant pour qu'il soit possible de juger sa vocation poétique et de lui adresser utilement des encouragemens ou des reproches. *La Fille adoptive* et *Robert* ont paru immédiatement avant la révolution de 1848; *Ottomar* (2) a été publié il y a quelques mois. Mme de Goehren est un pseudonyme; sous ce nom d'emprunt se cache discrètement la femme d'un officier au service du roi de Saxe, Mme de Zoëllner, qui occupe une place distinguée dans la société de Dresde. Ces détails ne sont pas inutiles. On sait combien Dresde est un centre brillant, une résidence aristocratique et toujours en fête. Peut-être Mme de Goehren a-t-elle trop accordé aux influences de la ville qu'elle habite, peut-être le désir de peindre de trop près ce monde de plaisirs, d'y faire maintes allusions cachées, de lui dérober la clé de bien des mystères, peut-être, dis-je, cette tentation piquante a-t-elle détourné l'auteur de la tâche qu'elle devait poursuivre. Il y a chez Mme de Goehren des inspirations très délicates, et, à côté de cela, certaines

(1) *Die Ritter vom Geiste,* von *Carl Gutzkow,* tome Ier, Leizpig, 1850.
(2) *Ottomar, Roman aus der Jetztzeit,* von *Caroline von Goehren;* Dresde, 1850.

prétentions de high.life, qui forment dans ses meilleurs récits des dissonances fâcheuses. Ce sont les maximes coupables, ce sont les préjugés et les désordres des sociétés oisives que flétrit Mme de Goehren; un sentiment moral toujours noble, et sincère anime ses drames, et cependant, comme un écrivain mal sûr de lui-même, comme une imagination irrésolue ou capricieuse, elle se laisse maintes fois entraîner à ces frivolités mondaines qui contrastent si étrangement avec la gravité naturelle de sa pensée. Mme de Goehren possède un talent assez vrai pour ne pas oublier le but de son art, lequel ne vit pas d'allusions ou d'anecdotes, mais de peintures franches, de peintures générales, et, au lieu de s'enfermer dans le domaine stérile des coteries, s'empare de l'ame tout entière avec ses passions ardentes et ses sublimes devoirs. La Fille adoptive, publiée en 1846, attestait chez l'auteur le goût des problèmes élevés; il y était traité de l'éducation des femmes, particulièrement de cette éducation superficielle ou mauvaise qui les laisse sans force devant le malheur, ou les mène à l'abîme par les chemins de la vanité. Tel est le fond du récit; malheureusement, l'inexpérience de l'écrivain ne lui avait pas permis de donner à sa pensée un développement complet, une forme transparente et précise. Les trois femmes qui représentent les résultats de l'éducation sérieuse, puis de l'éducation futile ou décidément perverse, Julie, Paula et Antonie, ne sont pas des figures assez nettement dessinées; on reconnaissait déjà dans ce livre des dispositions heureuses, on n'y trouvait pas encore l'artiste. Je préfère m'en tenir aux deux romans qui indiquent d'une façon plus claire la physionomie morale et poétique de Mme de Goehren, Robert et Ottomar.

L'inspiration presque constante de l'auteur, la meilleure du moins, celle qui devrait dominer et régler toutes les autres, c'est une sympathie, une pitié ardente pour les malheurs cachés dont la légèreté mondaine est la cause, pour ces luttes qui s'accomplissent dans l'ombre, pour ces souffrances qui brisent tant d'ames d'élite, et qui, le plus souvent, n'ont pas de vengeur. La pitié de Mme de Goehren pour les filles de sa fantaisie s'anime presque toujours d'un impétueux désir de vengeance. L'auteur de Résignation et d'Une Histoire hollandaise excelle à peindre la sainteté du sacrifice, la transfiguration céleste de l'ame par la vertu, de la douleur : Mme de Goehren, bien éloignée sans doute de ce modèle pour la pureté et la distinction de l'art, mais qui s'en rapproche çà et là par une certaine délicatesse d'inspiration, s'attache surtout, après avoir peint la résignation de la victime, à célébrer avec une sorte de joie le châtiment du coupable. Le comte Robert de Wallrode n'est pas un libertin blasé, c'est une ame frivole et sans foi, c'est un de ces hommes qu'on dirait incapables de prendre au sérieux les devoirs de la vie, et, qui, sans méchanceté, sans dessein pervers, gracieux et insoucians dans le mal, ne laissent partout sur leurs pas que des traces funèbres. Robert a épousé sa cousine, la comtesse Adèle, une jeune fille aimante et dévouée; le dévouement suffit-il pour enchaîner l'affection banale de Robert? Non, certes; la jeune femme, d'ailleurs, est tristement armée pour cette lutte qui va s'ouvrir; elle a tous les dons, hormis celui de la beauté, et l'amour qui remplit son cœur ne resplendit pas sur son ingrate figure. Sachant bien tout ce qui lui manque, elle avait, dans sa noble fierté, repoussé tous les prétendans; ce n'était pas elle, c'était son immense fortune qu'on recherchait. Son amour pour Robert l'a aveuglée, elle a mis de côté ses défiances, elle a cru aux protestations et aux promesses, elle en mourra. Le récit de la folle existence du comte et des souffrances, des humiliations, de l'agonie enfin, de la lente et cruelle agonie de la jeune femme, est un tableau vraiment digne d'éloges. Il y a là de ces émotions profondes, de ces cris du cœur et des entrailles qui rachètent bien des fautes. Comment ne pas être ému, quand la victime, aspirant au repos, après tant de combats intérieurs, après tant de souffrances qui ont épuisé ses forces, sourit avec bonheur à la mort, et s'écrie, en exhalant son dernier soupir : « Ah! enfin, dans ce monde où je vais, il n'y a plus ni beauté ni laideur, il n'y a que l'ame, l'ame toute seule!... » Cette mort a ébranlé quelque temps le cœur de Robert, mais il faut encore une certaine force pour profiter du remède salutaire de la douleur : les distractions banales viennent bientôt l'enlever à lui-même. C'est ici que le châtiment s'apprête. En visitant un de ses domaines au fond de la Silésie, Robert se lie avec une famille qui habite un château voisin du sien, et qui passe toute l'année dans cette solitude, au milieu des forêts. Il y voit une jeune fille merveilleusement belle qui produit sur son ame une impression profonde, qui semble faire jaillir de son cœur une source inconnue de tendresse, qui transforme et purifie tout son être; il l'aime comme il n'a jamais aimé. Ce n'est pas la fille de la maison, c'est une orpheline qui ne connaît pas ceux à qui elle doit le jour, et qui, adoptée par un honnête pasteur, a été accueillie ensuite par cette famille dont elle élève les enfans. Robert obtient sa main sans peine. On n'attend, pour célébrer le mariage, que l'autorisation du père adoptif. Pendant ce temps-là, Robert laisse épanouir son ame à ce souffle printanier d'une vie nouvelle; mille sentimens suaves, mille harmonies mystérieuses chantent dans son cœur. Quel ravissement quand il conduit sa fiancée dans ses terres, quand il parcourt avec elle ce parc, ces grands bois, ce domaine qui sera le sien, quand tous ses fermiers viennent au-devant d'elle, les mains chargées de fleurs et saluant d'acclamations leur belle maitresse! Le lendemain de cette journée enivrante, la lettre du pasteur arrive; elle contient un secret terrible : cette enfant qu'une mère mourante lui a confiée, elle est la fille du comte Robert de Wallrode! Robert devient fou et meurt. Éclairée pourtant par ce châtiment épouvantable, sa raison s'est réveillée un instant avant l'heure suprême; il a demandé à être enseveli auprès de sa victime, auprès de la comtesse Adèle. Sa fille, victime aussi de ses désordres et instrument involontaire de son supplice, va purifier la honte de sa naissance et relever son ame dans un religieux holocauste; elle se fera sœur de charité, elle offrira à Dieu, pour racheter son père, toute une vie d'abnégation et de vertus.

Le sujet d'*Ottomar* est moins net; bien des épisodes inutiles ou mal liés embrouillent trop souvent la trame du récit; il est facile pourtant d'y retrouver les inspirations habituelles de Mme de Goehren, son vif sentiment de la dignité morale, sa compassion pour les faibles, son empressement à châtier les crimes qui ne relèvent pas de la loi. Un fat de l'aristocratie viennoise, le comte Adolphe de Wartenberg, pour obéir au testament de son oncle, a épousé la fille de la comtesse Linden, une enfant élevée à la campagne dans une atmosphère de simplicité et d'innocence. Cette simplicité, si gracieuse qu'elle soit, charme peu le brillant héros des salons à la mode. La jeune comtesse Alma de Wartenberg est en effet bien dépaysée dans ce monde nouveau, et si elle s'y fait distinguer, ce n'est. que .par l'inexpérience et l'embarras de ses.allures. Un ,esprit moins vain, un cœur moins corrompu que celui du comté adorerait chez la jeune femme des trésors de.candeur et d'amour; le comte Wartenberg aime mieux poursuivre des succès qui causeront le désespoir. de sa vie; mais qui satisferont sa vanité furieuse. La comtesse Aurélie Hartenstein est célèbre dans le monde par son altière beauté et l'audace brillante de son esprit; c'est elle qui,sera aimée du comte. Ce que souffre la.jeune femme au moment où ses illusions se dissipent, où l'odieuse vérité lui apparaît, où elle compare la douce existence de sa jeunesse et le charme de ses campagnes natales à l'enfer de sa vie présente, où elle se sent isolée enfin au sein d'un monde qui la remplit d'effroi, ce qu'elle.souffre alors, il faut le demander aux pages émues de Mme de Goehren, car c'est dans ces peintures que l'auteur jouit de ses meilleurs avantages, c'est dans sa pitié pour ces navrantes douleurs qu'elle trouve ses inspirations les plus vives, et je.ne sais quel accent original que l'art tout seul ne donne pas: Voyez le comte et sa femme faisant, pendant l'été, un voyage de plaisir en Hongrie; la comtesse Aurélie les accompagne. Bien que les deux femmes soient en présence, il n'y a pas de lutte possible; la comtesse Aurélie ne daigne même pas se.servir de toutes ses armes; assurée de la victoire, confiante dans sa supériorité de.femme du monde et dans la vanité de son amant, elle. éprouve, parfois une compassion superbe pour l'anéantissement de sa rivale. Ce. tableau, de la force orgueilleuse et de la faiblesse résignée est tracé avec une poignante amertume. Patience cependant! Cette jeune femme ou.plutôt cette.enfant si humble, si craintive, si peu préparée à ces luttes indignes, le temps, sans qu'elle le sache elle-même, va lui donner bientôt une réparation éclatante. Abreuvée d'humiliations et de dégoûts, pénétrée de mépris pour celui.dont elle porte le nom, la comtesse Alma s'est retirée auprès de sa mère dans la solitude paisible où s'est écoulée son enfance. Quelques années se passent. L'enfant est devenue une femme, la grace naïve s'est changée en une beauté accomplie. On ne la dédaignera plus; elle peut rentrer en triomphe dans ce monde qu'elle a quitté; elle sera, si elle le veut, la reine de ces salons qu'elle méprise. C'est à la comtesse Aurélie de trembler désormais, c'est au comte Wartenberg de comprendre avec désespoir tout ce qu'il a perdu. Aurélie.ne souffrira pas seulement dans sa vanité; pour que la punition soit complète, la femme altière sera frappée au cœur. Elle aime, la coquette sans pitié, elle aime ardemment un jeune peintre hongrois, Ottomar, destiné à être pour elle l'instrument de l'inévitable justice. Ottomar, après la mort misérable du comte Adolphe, sera le mari de la comtesse Alma.

Mme.de Goehren a fait preuve d'une inspiration louable dans ces touchantes histoires. Toutes les fois qu'il s'agit de la dignité morale de la femme, elle trouve sans effort des accens émus, de vives et pénétrantes images. En ressentant avec.une sympathie passionnée les douleurs dont elle est l'interprète, elle ne se laisse pas emporter au-delà du vrai, elle n'oublie jamais les austères prescriptions du devoir; elle enseigne la résignation, elle sait relever les ames abattues. La vengeance, qu'elle fait éclater sur les coupables, ce n'est pas la victime elle-même qui l'exerce; la vengeance, c'est l'auteur qui l'appelle, et elle apparaît toujours, comme l'exécution d'une sentence d'en haut. Voilà la part du bien dans les œuvres que nous venons d'analyser. Les objections toutefois se présentent en foule à l'esprit, et si Mme de Goehren veut assurer une forme belle et durable aux généreux sentimens qui l'animent, il faut qu'elle redouble d'attention et d'efforts. Mme de Goehren ne se préoccupe pas assez de la composition, elle ne connaît pas encore assez toute la valeur d'un plan réfléchi; on ne sent pas dans ses livres l'intelligente volonté de l'écrivain qui doit présider à l'économie du travail, en distribuer habilement toutes les parties, et les enchaîner par les liens d'une logique secrète : de là des longueurs continuelles et des épisodes sans but. Pourquoi, dans le premier de ces romans, ce minutieux inventaire de la société de Breslau? Pourquoi, dans *Ottomar*, ces peintures de la révolution allemande? Quel rapport y a-t-il entre le développement d'une donnée morale et ce tableau prolongé de l'insurrection de Dresde? Quelle a été enfin l'intention de l'auteur lorsqu'elle fait du jeune peintre, du timide et respectueux adorateur de la comtesse Alma, l'un des chefs de cette terrible émeute? Tout cela est faux et sonne creux. *Robert* et *Ottomar*, diminués d'un tiers, gagneraient singulièrement en intérêt et en vivacité; l'heureuse pensée de l'ensemble se dégagerait avec lumière, au lieu d'être offusquée par d'inutiles détails. Et puis, d'où vient que l'auteur, en châtiant les lâchetés et les violences dont la vie mondaine est trop souvent le théâtre, se laisse prendre elle-même aux vanités de ceux qu'elle dénonce? Ces prétentions futiles sont d'un étrange emploi chez l'écrivain qui s'est donné un rôle si sérieux. Je crains, encore une fois, que Mme de Goehren n'ait trop pensé aux succès de salon; je crains qu'en dévoilant les misères de la vie élégante, en attaquant les héroïnes suspectes de la comtesse Hahn-Hahn, elle n'ait voulu prouver cependant qu'elle appartenait elle-même à ces cercles d'élite, que les mystères lui en étaient connus, qu'elle en savait la langue et en revendiquait les priviléges. Cette vanité est puérile, et l'auteur en a porté la peine. Un tel mélange de fades coquetteries et de sentimens élevés accuse chez Mme de Goehren une préparation bien incomplète aux fonctions de moraliste. C'est sur ce point qu'elle doit se surveiller rigoureusement, et s'efforcer d'acquérir tout ce qui lui manque. Entre le bien et le mal, il faut que l'auteur choisisse; son choix ne saurait être douteux: qu'elle le comprenne bien seulement, qu'elle se pénètre de la nécessité d'une inspiration unique, qu'elle affermisse son esprit et donne à ses nobles sentimens, encore un peu vagues et irrésolus, la sûreté d'une sorte de philosophie morale.

Un des points les plus curieux de la littérature allemande à l'heure qu'il est, ce sont les efforts que fait la poésie pour se renouveler. Les inspirations politiques, depuis une dizaine d'années, l'avaient jetée dans une fausse route, et toutes ses tentatives pour en sortir méritent d'être signalées avec intérêt. Là comme chez nous, les poètes dignes de ce nom se taisent depuis long-temps; ceux-ci ont vieilli, ceux-là semblent dépaysés au milieu des générations nouvelles, quelques-uns même sont morts. Uhland a renoncé à son art et se réfugie dans l'étude de ses ancêtres, les *Minnesingers* du moyen-âge; l'inépuisable Rückert n'emploie plus qu'à des traductions la merveilleuse souplesse de son style; Justinus Kerner lui-même, si habile jadis à se créer un monde enchanté loin des bruits et des passions du siècle, Justinus Kerner, chassé, pour ainsi dire, du royaume de ses songes, est obligé d'écrire ses mémoires et de demander aux impressions de sa jeunesse l'oubli des choses présentes. Excepté

Grillparzer et Zedlitz, qui ont trouvé dans les événemens de ces deux dernières années des inspirations d'une vigueur, toute juvénile, les chanteurs de cette généreuse école, les derniers représentans de la poétique Germanie, s'en vont. Nicolas Lenau est mort il y a quatre mois; un des plus aimables écrivains du groupe harmonieux de la Souabe, le, modeste, l'excellent Gustave Schwab, vient de le suivre dans la tombe. Il y a comme un voile de deuil sur l'imagination de ce pays. A mesure que s'accroissent les brutales ardeurs du matérialisme, à mesure que ce souffle de mort atteint et dessèche, les sources; autrefois si fraîches, du spiritualisme et de la poésie en Allemagne, le silence ou la disparition des maîtres est un malheur plus douloureusement senti. Ils seront vengés toutefois; l'école bruyante qui avait prétendu les faire oublier est dispersée désormais. Ces critiques ou ces poètes qui formaient la phalange de M. Arnold Ruge, et qui, sous le nom de romantisme, attaquaient toutes les croyances idéalistes sans lesquelles la poésie est impossible, sont aujourd'hui en pleine déroute. Ils voulaient détruire la dignité de l'art, ils voulaient réduire l'imagination à n'être plus que l'interprète de leurs grossiers systèmes; ils lui disaient sans cesse, ils lui disaient de toutes les manières :

> Quittez le long espoir et les vastes pensées.

La révolte ne devait pas tarder à éclater, et nous sommes heureux de pouvoir en signaler d'irrécusables symptômes. Sans remonter jusqu'à cette école fourvoyée qui espérait endormir le xixᵉ siècle avec les légendes du moyen-âge, l'Allemagne, en fait de poésie, retourne à sa direction légitime; elle essaie de rouvrir à l'imagination les sources du spiritualisme; elle veut rendre à l'art son indépendance et sa noblesse. Qu'elle y réussisse toujours, je ne l'affirmerai pas; les chefs-d'œuvre ne sont pas plus nombreux aujourd'hui qu'il y a dix ans; ce qui est certain, c'est que les tendances générales sont bonnes, et attestent des regrets salutaires. On a remarqué dans ces derniers temps des poésies de M. Louis Wihl, dans lesquelles une forme savante revêt avec bonheur une inspiration gravement religieuse. M. Wihl est israélite : il emprunte ses chants à la Bible; il interprète avec grace l'histoire de Ruth, il sent profondément la magnificence des livres saints, et c'est ce sentiment profond qui donne un caractère original à ses vers. Depuis qu'on s'est avisé de remplacer la pensée ou l'émotion par les singularités du style et du sujet, bien des poètes ont cherché en Orient d'ardentes couleurs et des compositions bizarres. C'est ainsi que M. Freiligrath, imitant le poète des *Djinns* et enchérissant encore sur son modèle, a jeté pêle-mêle dans ses tableaux ces lions, ces chakals, ces nègres, ces rois maures, ébauches fougueuses dont l'audace a étonné l'Allemagne. Tel n'est pas l'Orient de M. Louis Wihl; le poète israélite célèbre, non pas en coloriste insouciant, mais avec l'ardeur de l'ame et de la pensée, la grandeur de ce monde primitif d'où le christianisme est sorti. Un autre poète, un poète hardi, subtil, véritablement singulier, dont il a été parlé en bien des sens, qui ne peut avoir que des admirateurs enthousiastes ou des censeurs sévères, M. Frédéric Hebbel, continue de proposer à l'Allemagne, ainsi que des énigmes, les étranges créations de sa fantaisie. M. Hebbel mérite une attention spéciale; ses drames, ses comédies et ses poèmes commencent à lui dessiner une physionomie très digne d'étude; ce que j'en dirai simplement aujourd'hui, c'est que l'auteur de *Judith* et de *Marie-Madeleine*, l'auteur de *Geneviève*, du *Diamant*, d'*Hérode et Marianne*, quelque opinion qu'on se fasse de ses travaux, ne relève en rien des théories de l'école révolutionnaire. Mieux vaut mille fois la subtilité idéaliste, mieux vaut la bizarrerie d'une pensée inquiète et profonde que la vulgarité où la poésie allemande allait s'éteindre à l'école des rimeurs politiques et des critiques hégéliens. Cette école enfin n'est-elle pas formellement désavouée dans un poème tout récent de M. Maurice Hartmann, hier, l'un des chanteurs les plus fêtés de la démocratie, l'un des chefs aujourd'hui et, nous l'espérons, l'un des chefs persévérans de la révolte de la poésie contre l'abaissement de l'art?

Le poème de M. Hartmann est une longue idylle, une pastorale en sept chants, intitulée *Adam et Ève* (1). Il est facile de voir que c'est une œuvre composée avec amour, écrite avec un soin scrupuleux, parée enfin de toutes les richesses délicates dont pouvait disposer l'auteur. Si un tel mot pouvait convenir à une composition si élégante, je dirais qu'il y a là une sorte de manifeste. M. Hartmann a bien senti du moins qu'il fallait sortir violemment des routes battues, et, pour s'arracher aux prosaïques influences qu'il avait lui-même trop subies, il place ses héros dans le calme et la solitude des forêts. Que diront les théoriciens qui voulaient faire de la poésie l'humble auxiliaire du journal, le servile écho des bruits du moment et des passions de la foule? M. Hartmann leur répond avec raison qu'on peut s'enfermer dans la retraite avec sa pensée et son œuvre, sans manquer à ses devoirs d'homme. Tirer de son ame ce qu'on a de meilleur; sauver dans ces temps de misère un sentiment, une inspiration pure; tâcher, autant que possible, de la fixer dans une forme durable, n'est-ce pas encore servir le genre humain? Seulement, je n'aime pas que l'auteur s'écrie : « L'appellerez-vous donc un solitaire inutile, un égoïste au cœur sec, le sublime visionnaire de Pathmos? » Le souvenir de saint Jean est peut-être un peu ambitieux pour une gracieuse idylle. Les démocrates se comparent volontiers à saint Paul et à saint Jean, quand ce n'est pas à Jésus-Christ lui-même; il convenait, au moment où l'on se séparait d'eux, de ne pas imiter leur emphase. M. Hartmann est bien plus dans son droit lorsqu'il ajoute : « Était-il donc isolé et impassible dans sa sublimité olympienne, le vieillard de Weimar? Était-il étranger aux efforts de la famille humaine? Non, certes, bien que ce reproche soit devenu banal, et quoi qu'ait pu dire le noble Louis Boerne. » Voilà une phrase qui sonnera mal aux oreilles des tribuns littéraires. Pour ma part, bien assuré que l'excessif désintéressement de Goethe, au milieu des problèmes de son temps, n'est pas aujourd'hui la maladie courante, je félicite M. Hartmann de ce retour aux études élevées, et j'ouvre son livre avec joie. Il ne s'agit plus ici, nous en avons la promesse, de cette littérature menteuse qui ne s'adresse qu'aux passions et ne cherche que les bravos des partis; c'est le beau que l'artiste a poursuivi avec amour, ce sont des émotions sincères qu'il a voulu revêtir des graces de la poésie.

Pourquoi ce titre, *Adam et Ève?* Il semble d'abord que l'auteur se propose un de ces poèmes symboliques si chers à l'imagination allemande; a-t-il

_____

(1) *Adam und Eva, eine Idylle in sieben Gesaenge*, von *Moritz Hartmann*; Leipzig, 1851.

donc essayé de rectifier, au point de vue de sa philosophie particulière, les antiques légendes de la foi chrétienne? Les tentatives de cette nature ne sont pas
rares chez nos voisins. La jeune école hégélienne possède toute une phalange
de conteurs, de poètes et de *fantaisistes* qui ont prétendu, s'approprier, tantôt
avec une emphase bouffonne, tantôt avec une légèreté de mauvais ton, les récits des livres saints. Refaire avec les idées panthéistes les premiers chapitres
de la Genèse, défigurer ces vieilles et vénérables peintures, imposer à ces tableaux du monde primitif des interprétations inattendues, et en faire sortir la
négation du christianisme, c'est là une entreprise qui séduirait un poète dans
la foule toujours croissante des disciples de M. Feuerbach. Rassurons-nous :
M. Hartmann n'est pas de cette école; il cherche la poésie dans son cœur, et
dans la nature; il ne la demande pas aux pédantesques impiétés de l'athéisme
allemand. Qu'est-ce donc alors? Veut-il rappeler, sans aucune interprétation
illicite, la plus ancienne des idylles, l'idylle mâle et grandiose de nos premiers
parens? Est-ce Milton qui l'inspire? Un tel rapprochement serait dangereux,
et je ne pense pas que l'auteur y ait songé. Je voudrais être sûr que M. Hartmann, en choisissant ce titre bizarre, n'a pas eu le vague désir de plaire aux
critiques hégéliens et de leur suggérer des commentaires de son poème dans
le sens que j'indiquais tout à l'heure. Qui sait? Sans avoir, par la direction de
son esprit, aucun lien avec cette fatale école, M. Hartmann ne serait peut-être
pas fâché qu'on attribuât à sa gracieuse composition une visée plus hardie,
une portée plus haute et plus profonde; il ne lui déplairait pas qu'on y trouvât le texte d'une interprétation révolutionnaire. Ainsi la passion politique du
poète éclaterait encore au moment où il quitte les tumultueuses arènes. Qu'on
ne me reproche pas ici une critique trop minutieuse; ce n'est pas moi qui m'attache à ce détail, M. Hartmann lui-même y apporte la plus singulière insistance. Les titres de chaque chant renouvellent avec une intention manifeste
l'étonnement du lecteur : *la Création, le Paradis, le Serpent, l'Arbre de science,
l'Arbre de vie, Il sera ton maître, Sortie du Paradis,* voilà les sept parties, les
sept chants de cette étrange pastorale. Décidément est-ce une fantaisie? est-ce
une ruse? Ruse ou fantaisie, je ne puis m'empêcher d'y voir surtout une puérilité, bien peu digne assurément d'un talent si bien doué.

  La scène est dans le pays natal de l'auteur, au milieu des forêts de la Bohême.
Nous sommes en 1813. L'Europe est coalisée contre Napoléon, et du fond de
la Russie, des bords du Don et du Dnièper accourent les hordes sauvages qui
vont se jeter sur la France. Redoutables auxiliaires pour les populations allemandes! Mieux vaudrait l'ennemi que de pareils alliés. L'effroi est partout dans
les champs; le mari tremble pour sa compagne, le père pour sa fille, le fermier
pour le prix de ses sueurs. Vous savez, dit le poète, que les Cosaques sont
communistes à la façon de M. Cabet. Le petit village de Wiesenthal, le lieu le
plus doux et le plus patriarcal dans cette verte Bohême si éloignée des bruits
de l'Europe, est en proie à de sinistres inquiétudes. Quel mouvement de tous
côtés! quelle épouvante sur tous les visages! Voici les Russes qui s'approchent.
Le moins effrayé, ce n'est pas le vieux Thomas, car il a une fille de seize ans,
belle, naïve et plus pure que la neige nouvelle. — Laissera-t-il la douce Éva
exposée aux regards de convoitise de ces bandits? Permettra-t-il que ses yeux
soient attristés par des tableaux grossiers, ses oreilles souillées par des propos

impudiques? Que faire? quel parti prendre? comment sauver son cher trésor? C'est là-dessus que le vieux Thomas et sa femme délibèrent, et cette sollicitude prévoyante et tendre, cette délibération inquiète au milieu du tumulte de la foule offre une scène pleine de grace. Ils se décident enfin. Thomas a un fils adoptif, un jeune orphelin, Adam, qu'il a recueilli, qu'il a élevé, qui est devenu le frère d'Éva, et qui, âgé d'une vingtaine d'années aujourd'hui, est le plus intrépide chasseur de la contrée, comme il en est le cœur le plus loyal. Thomas lui confiera la garde d'Éva : Pars, lui dit-il, conduis ta sœur à l'endroit le plus sombre de la forêt; tu trouveras là ma hutte, une vieille hutte abandonnée où mon père le bûcheron a passé sa vie, et, tant que ces sauvages soldats couvriront le pays, tu ne t'écarteras pas de ta retraite. —C'est la peinture de cette retraite, c'est le tableau de cette innocence gracieuse qui forme l'idylle de M. Hartmann, et il a déployé, il faut le dire, toutes les ressources d'une imagination pure et d'une poésie charmante. On y respire maintes émanations saines et vivaces; les fraîches odeurs de la forêt, les voix confuses de la vallée, la rustique beauté de cette solitude, tout cela est habilement rendu. La lutte d'Adam et du loup, les simples causeries dans lesquelles le jeune homme explique à Éva une sorte d'histoire naturelle, sont des tableaux vrais et exécutés avec art. Je regrette de ne pouvoir donner les mêmes éloges à l'épisode du moine Camillus. Ce moine a été naguère l'un des partisans, l'un des soldats de la révolution française. Plus tard, forcé de rentrer dans son pays et de dissimuler ses ardentes sympathies pour l'affranchissement de l'Europe, il a cherché un asile dans une abbaye; c'est lui qui vient chaque jour, durant ses longues promenades, s'entretenir avec les deux enfans. L'invention n'est pas heureuse, et cette figure louche au milieu de la riante idylle nous en gâte la tranquille harmonie. Peu à peu, à la grace enfantine des premiers chants succèdent des émotions plus hautes; des sentimens confus s'éveillent dans l'ame d'Éva, et l'auteur, qui n'a pas lu avec indifférence l'incomparable églogue de Bernardin de Saint-Pierre, essaie de lui dérober ses tableaux. Peindre le trouble naïf, les chastes et timides élans d'un cœur qui s'éveille, c'est une tâche difficile après *Paul et Virginie;* M. Hartmann a trouvé dans ce sujet délicat de gracieux motifs et des inspirations qui lui sont propres.

Voilà donc une œuvre où brillent des mérites vrais, où la peinture du cœur humain et de ses passions n'est pas rejetée avec dédain, où les conditions essentielles de la beauté poétique ne sont pas sacrifiées à la rhétorique des partis. —« Quelle muse invoquerai-je? s'écrie M. Hartmann lorsqu'il conduit au fond de la forêt les deux personnages de son églogue. Est-ce toi, toi que Voss a chantée, discrète fille du pasteur de Grunau? Est-ce toi, ô Dorothée, dont Goethe a si bien conté l'histoire? Mais non, la fille du pasteur est trop grave; trop grave aussi, trop belle, sous le riche vêtement du poète, est l'héroïne de Goethe. » Et M. Hartmann invoque pour protéger son livre un souvenir d'enfance, l'image franche et joyeuse d'une enfant de son village. Il voudrait ne rappeler ni la sévérité un peu raide du style de Voss, ni la pureté savante d'*Hermann et Dorothée,* Ce qui le tente, ce qu'il serait heureux de reproduire, c'est la familiarité des mœurs simples : ses maîtres sont M. Berthold Auerbach et l'auteur de *la Mare au Diable.* Je lui reprocherai cependant d'avoir manqué de franchise dans la reproduction de la vie réelle. Quel est le propre de l'idylle? Ce n'est pas d'ima-

giner une pureté idéale, de célébrer un âge d'or impossible, c'est de peindre
les sentimens de l'homme dans un état plus voisin de la nature. Le bien ou le
mal, les instincts heureux ou méchans, la douceur ou la violence, dégagés de
tout ce qui les déguise au milieu des raffinemens des villes et s'exprimant
avec liberté, voilà le but de cette poésie dont Théocrite a donné le modèle.
Quand on oublie cette loi, l'art se défigure bien vite, et l'on passe des pâtres
siciliens aux bergers de l'*Astrée*, du cyclope à Céladon. M. Hartmann n'en est
pas là; qu'il y songe pourtant, et qu'il se préoccupe davantage de la vérité! Les
paysans, même au fond de la Bohême, n'ont pas tous cette perfection romanesque. En suivant de plus près la nature, il évitera aussi la monotonie dont
son œuvre est empreinte; bien que la simplicité soit le principal mérite de ces
sortes de poèmes, bien qu'il faille se garder de confondre le roman et l'églogue,
comme l'a fait l'auteur de *Jocelyn*, l'intérêt de son récit pourrait être plus vif,
l'invention pourrait être plus variée. Malgré tous ces défauts, l'élégance châtiée du style, le vif sentiment de la poésie des forêts, font de l'idylle de M. Hartmann une œuvre fort distinguée. Il y a là un mélange de grace virgilienne et
de saveur germanique qui compose une physionomie originale.

Ce retour à la simplicité de la nature, ces études de poésie et de littérature
rustique sont un symptôme qui mérite d'être examiné. Il y a long-temps, il est
vrai, que des essais de ce genre furent tentés par des écrivains habiles; ni
Mme Sand, ni M. Berthold Auerbach n'en ont donné le signal; pour découvrir
les premiers filons de cette veine exploitée aujourd'hui avec tant de zèle, il faudrait remonter à Immermann et à Peztalozzi. Toutefois, ce n'étaient alors que
des inspirations isolées; à présent, c'est toute une branche de l'invention littéraire, et le succès de plusieurs écrits, la faveur marquée du public, le nombre
et l'empressement des imitateurs, ont donné à ces publications une espèce
d'importance. Quel est donc le sens de ce symptôme? Est-ce seulement un
moyen de rajeunir les émotions poétiques, de renouveler l'attention du lecteur
par des tableaux inattendus, comme cela arrive d'ordinaire dans les littératures
épuisées? ou bien faut-il y voir quelque chose de plus, le premier éveil de la
poésie démocratique, une sympathie sincère pour ces masses confuses qu'il
importe de révéler à elles-mêmes, à mesure que le progrès des siècles et la
diffusion des lumières les introduisent plus activement dans la vie sociale? Il
y a peut-être l'un et l'autre motif, mais à coup sûr c'est le premier qui domine. Le défaut de ces peintures en effet, et je parle des meilleures, c'est que
le vrai y semble presque toujours affecté. On voit trop l'effort de l'artiste, on
devine trop aisément l'intention secrète, le parti-pris mal dissimulé, et de là
un certain tour factice qui détruit l'illusion. Cette littérature démocratique,
cette poésie des classes laborieuses, ce n'est pas des lettrés qu'on doit l'attendre; celle qu'on nous donne n'en est le plus souvent que le mensonge. Allons plutôt interroger directement les naïfs organes de la pensée populaire,
partout où des circonstances spéciales et des instincts heureux favorisent l'é-
panouissement de ces précieux germes. Les chants de telle contrée qui a gardé
son caractère propre, les poésies bretonnes du Morbihan ou du pays de Galles,
les légendes allemandes ou slaves en disent plus sur les vrais sentimens du
peuple que les brillantes peintures des écrivains de profession. Or, les dernières
guerres de la révolution européenne ont attiré l'attention sur les poésies popu-

laires d'un pays qui en a produit de bien originales. On ne connaissait guère jusqu'ici la littérature des Magyars; l'intérêt excité par les événemens de la Hongrie va nous ouvrir peu à peu ce monde rempli de mystères. La Hongrie possède des chants nationaux par milliers, et, comme chez tous les peuples dont la physionomie n'a pas subi d'altération notable, ces chants, vive expression des mœurs guerrières et de l'esprit altier du pays, deviennent plus nombreux chaque année. L'Allemagne est l'intermédiaire naturel des Magyars et des Slaves avec le reste de l'Europe; c'est d'Allemagne en effet, c'est par les soins d'un traducteur habile que nous arrive le poème le plus populaire aujourd'hui parmi les paysans magyars, le *Héros Jancsi* (1).

L'auteur de ce poème est un homme encore jeune, dont la vie aventureuse répond bien à l'idée qu'on doit se faire du chantre favori des Hongrois. Tour à tour paysan, étudiant, soldat, poète, aide-de-camp du général Bem dans la dernière guerre, M. Schaandor Pelosi semblait destiné à fournir des chants à toutes les classes de son pays. Laboureurs et soldats, assure-t-on, répètent ses ballades et ses chansons de guerre; dans le feu de la bataille, au milieu des travaux des champs, pendant les loisirs des longues veillées, ce sont les vers de M. Petosi qui enflamment les courages ou égaient les esprits. M. Petosi a déjà publié une dizaine de volumes qui attestent la joyeuse fécondité de cette imagination sans apprêt. Les plus remarquables sont des recueils de poésies et surtout de longs récits, des fragmens d'épopée, des espèces de *chansons de gestes*, où la passion du merveilleux et l'esprit des aventures guerrières éclatent avec une naïveté pleine de charme. Le *Héros Jancsi* appartient à ce dernier groupe, et, suivant des témoignages irrécusables, il n'est pas d'œuvre plus chère à l'imagination des Hongrois.

Vous rappelez-vous ces poèmes du moyen-âge où le trouvère donnait satisfaction aux instincts aventureux de son temps par mille inventions extraordinaires, expéditions lointaines, voyages rapides d'un bout de l'Europe à l'autre, batailles, conquêtes, gestes merveilleux et hardis? Ajoutez à cette inspiration une sorte de gaieté vaillante, ajoutez-y surtout les fraiches couleurs d'une églogue printanière, d'une naïve églogue des bords de la Theiss ou du Danube, servant de cadre à ces événemens singuliers : tel sera le *Héros Jancsi*. Un jeune paysan, le candide et amoureux Jancsi, garde les troupeaux de son maitre sur le penchant de la montagne; non loin de là, la blonde Iluska, à genoux aux bords du ruisseau, lave de la toile dans l'eau courante. Jancsi et Iluska se sont rencontrés en ce lieu plus d'une fois, et le plaisir que trouve Jancsi à regarder les blonds cheveux d'Iluska, Iluska le ressent aussi à écouter la voix émue de Jancsi. Que devient le travail pendant ces causeries sans fin? La fermière est impitoyable; la jeune fille aura bientôt à rendre compte de l'ouvrage oublié et des instans perdus. C'est bien pis pour Jancsi : le loup a mangé ses moutons, et le voilà chassé par son maître. Dès que la nuit est tombée, Jancsi retourne au village; il va frapper doucement sous la fenêtre d'Iluska, il prend sa flûte, et joue sa mélodie la plus triste : « Iluska, il faut que je te quitte; je vais courir le monde. Ne te marie pas; ma chère Iluska, reste-moi fidèle, je reviendrai avec un trésor. » Il part, les yeux pleins de larmes et plus

(1) *Der Held Jancsi, ein Bauern-Maerchen,* von Petosi; Stuttgart, 1850.

désolé qu'on ne pourrait dire; il va, il va toujours sans savoir où, il marche toute la nuit, et il trouve sa cape de laine bien pesante sur ses épaules. Il ne se doute pas, le pauvre Jancsi, que c'est son cœur, son cœur gonflé de tristesse, qui lui pèse si lourdement. Toute cette partie du poème est d'une grace accomplie; la gaieté, l'insouciance, le désespoir, sont exprimés presque simultanément avec cette franchise qui est le propre des caractères simples. On passe de l'un à l'autre avec une rapidité soudaine : ce sont des explosions, c'est là nature même qui éclate et crie; mais nous n'avons là que l'introduction : après l'églogue, le récit épique; après les scènes pastorales, les aventures de guerre et de chevalerie magyare. Jancsi rencontre des soldats, et s'enrôle dans leur régiment; un Magyar sait toujours monter à cheval; le jeune pâtre est bientôt au premier rang parmi les hussards de Mathias Corvin. Qu'il a bonne mine avec son pantalon rouge, sa veste flottante et son sabre qui brille au soleil! L'armée des Magyars continue sa route; elle a hâte d'arriver, car elle va porter secours au roi des Français menacé par les Turcs. Long et difficile est le voyage; il faut traverser la Tartarie, le pays des Sarrasins, l'Italie, la Pologne et l'empire des Indes : après l'empire des Indes, on ne sera pas loin de la France. Cette géographie étrange, ces souvenirs des Turcs et des Français, ces vagues idées de courses belliqueuses et d'expéditions interminables, tout cela, bien évidemment, n'est pas de l'invention de l'auteur. Comment ne pas reconnaître ici les traces du moyen-âge, les traditions et les légendes des temps évanouis? Le poète les a recueillies de la bouche du peuple, et il les met en œuvre avec un mélange de confiance et de gaieté, avec un accent de crédulité et d'ironie d'où résulte une originalité charmante. Les Magyars sont bien récompensés de leurs peines quand ils arrivent en France. Quelle merveilleuse contrée! Les vallées de Chanaan sont moins riches, le paradis terrestre n'est pas plus doux. Ils arrivaient d'ailleurs bien à propos; les Turcs avides pillaient à plaisir cette magnifique proie; les églises étaient saccagées, les villes dévastées, toutes les moissons emportées dans les granges des vainqueurs; le roi, chassé de son palais, errait misérablement au milieu des ruines, tandis que les barbares avaient emmené sa fille. — Ma fille, ma fille chérie! disait le malheureux roi à ses libérateurs; celui qui me la rendra, je la lui donnerai pour femme. — Ce sera moi, pensait tout bas chacun des cavaliers magyars; je veux la retrouver ou périr. — Jancsi seul était insensible à cette brillante promesse; il ne cessait de voir dans ses rêves les toits de son village et les blonds cheveux d'Iluska. C'est lui pourtant qui tue le pacha des Turcs; c'est lui qui délivre la fille du roi. Il ne tiendrait qu'à Jancsi de régner sur la France; mais Jancsi n'hésite pas : Iluska lui a promis de l'attendre; il repart comblé de richesses, et s'embarque pour son pays. Le héros n'est pas au terme de ses aventures; une tempête affreuse s'élève, le navire est brisé, et le trésor tombe dans la mer. Qu'importe à Jancsi, pourvu qu'il revoie Iluska? Hélas! hélas! quand il arrive, la pauvre Iluska est morte. « Ah! s'écrie le héros en sanglotant, pourquoi ne suis-je pas tombé sous le sabre des Turcs? Pourquoi n'ai-je pas été englouti par les flots? » Et ici commence toute une série d'aventures nouvelles; pour se rendre digne de celle qu'il aime, pour lui gagner un trésor, le jeune Magyar avait parcouru le monde à cheval et le sabre à la main; pour qu'il puisse la retrouver après sa mort, le poète lui ouvre je ne sais quel monde surnaturel où l'attendent des merveilles inouies. Nous ne visitons plus les Tartares ou les Indiens; voici les géans, les gnomes, les fées, tous les héros des poésies populaires; voici surtout le magique royaume de l'amour où Jancsi doit retrouver Iluska.

· Tel est ce poème, qui reproduit bien, par le mouvement varié de ses tableaux, par la candeur des émotions et l'éclat chevaleresque des récits, la physionomie d'un peuple enfant et d'une race guerrière. Je ne m'étonne pas qu'une telle œuvre ait été si bien accueillie et soit chantée par des rapsodes sans nombre. C'est comme une épopée populaire où sont combinés avec art tous les sentimens, tous les rêves, toutes les traditions confuses du pays à qui elle s'adresse. Gaieté, simplicité, franchise, enthousiasme intrépide, patriotisme emporté et jaloux, orgueil de race naïvement exprimé, tout cela se retrouve dans ces poétiques scènes. Nos romans du moyen-âge font toujours de la France l'arbitre et la reine de l'Europe; ce sont les armes de la France qu'on rencontre partout, ce sont les compagnons d'Arthur ou les pairs de Charlemagne qui règlent les destinées du monde; pour le poète hongrois, la race magyare est la première qu'il y ait sous le ciel, il n'appartient qu'aux cavaliers magyars de venger les opprimés et de dompter la barbarie. Ils sauvent même la France, ils la délivrent des Turcs. Naïf souvenir du xve siècle! Les soldats de Jean Hunyade et de Mathias Corvin ont protégé l'Europe contre l'invasion ottomane : qu'est-ce que l'Europe pour les Hongrois du moyen-âge? L'Europe, c'est la France, et de là cette tradition de la France sauvée du pillage des Turcs par le secours des Magyars. C'est en recueillant toutes ces légendes, en rassemblant mille traits épars de la vie historique des Hongrois, c'est en les fondant avec adresse au sein de son œuvre, que l'écrivain a composé une sorte d'épopée, moitié réelle, moitié fantastique, où sa patrie s'est reconnue elle-même. Le style est parfaitement approprié au sujet; gai, tendre, dégagé, légèrement ironique çà et là, il reçoit et transmet les mobiles émotions du conteur. Ce qui y domine surtout au milieu de qualités diverses, c'est un certain tour joyeux, une certaine allégresse qui est comme la parure naturelle d'une saine et vaillante humeur. Je n'y sens rien de germanique; je n'y vois aucune trace de mélancolie, de pensée inquiète ou nuageuse; dans les scènes familières, la parole est franche et alerte comme les sentimens exprimés; dans les tableaux de bataille, le récit est aussi impétueux que les pieds des chevaux, aussi rapide que l'éclair des sabres.

Le traducteur à qui nous devons cette communication, M. Kertheny, a fait lui-même œuvre de poète dans ce difficile travail. Ce monde si nouveau, M. Kertheny nous y introduit avec une parfaite aisance, et, s'il n'a rien voulu enlever aux agrémens de son modèle, il s'est bien gardé aussi d'en atténuer en aucune façon les singularités. Puisque M. Kertheny aime si passionnément la littérature magyare, puisqu'il sait en interpréter les travaux avec tant de souplesse et de relief, nous espérons bien que cette publication ne sera pas la dernière. Dans l'intéressante notice qu'il consacre à M. Schaandor Petosi, il donne quelques renseignemens sur la poésie hongroise : ces renseignemens ne sont pas assez complets; que l'auteur les étende, qu'il nous fasse pénétrer plus intimement au milieu de ces vaillans conteurs et de leur auditoire passionné. A côté de M. Petosi se placent encore, dit-on, des talens originaux. On cite particulièrement M. Kisfaludy, remarquable entre tous ses confrères par la force de ses conceptions; M. Voeroesmarty, dont les drames ont obtenu au théâtre de Pesth des succès d'enthousiasme; M. Császár, imagination brillante et toujours prête. Un choix intelligent de leurs œuvres, accompagné d'introductions et de notes, éclairerait d'une vive lumière les sentimens et les mœurs de cette Europe orientale dont les destinées commencent à peine. Il serait curieux de savoir exactement quel a été pour les lettres le résultat de la dernière insurrection. S'il faut en croire des témoignages que nous avons recueillis nous-même, on aurait tort de croire que ces événemens puissent exercer sur la poésie une influence heureuse; ils ont plutôt troublé les vives sources de l'imagination magyare et détourné son cours naturel. Presque tous les poètes ont pris part à la lutte; plusieurs sont tombés noblement sur les champs de bataille, les autres languissent dans les cachots. Tant qu'ils avaient soutenu une cause nationale, bien qu'ils fussent eux-mêmes les oppresseurs des Slaves, il était difficile de ne pas admirer leur audace; la sincérité de leur orgueil, la naïve explosion de leurs préjugés hautains, pouvaient leur servir d'excuse. Le malheur de ce pays, c'est que la révolution est venue le trouver et a transformé une lutte de races en une guerre démagogique. Dès ce moment, tout a été compromis; comment la poésie, dans cette altération de l'esprit public, n'eût-elle pas subi de mortelles atteintes? Sous le niveau révolutionnaire, l'inspiration ne se développe plus librement, et l'originalité de la littérature magyare est menacée de disparaître. On n'avait déjà que trop de penchant à imiter la France; nous savons, par exemple, que le poète du *Héros Jancsi* publiait, il y a quelques années, une imitation outrée de nos romans de cours d'assises. Il n'est rien de plus facile à copier que ces violens mélodrames; cette tentation attira M. Petosi, et, dans *la Corde du Bourreau*, il choisit, dit-on, pour modèles nos récens héritiers de Rétif de la Bretonne. Que serait-ce donc si l'esprit de la démagogie européenne continuait à souffler sur eux? C'en serait fait bientôt et du caractère national et de la poésie où il se reflète. Et cependant c'est par le respect de sa propre originalité, c'est en demeurant fidèle aux traditions et à l'esprit de ses ancêtres, que chacune des races de l'empire d'Autriche réussira le mieux à maintenir ses droits. Une lutte d'émulation est ouverte entre ces peuples; celui qui perdrait son caractère distinct perdrait aussitôt sa puissance; le gouvernement ne serait plus tenu de compter avec lui. Que les écrivains magyars se défient donc des entraînemens funestes; soldats pacifiques de la Hongrie, qu'ils prennent garde de substituer aux traditions nationales, qui font sa force, l'inspiration révolutionnaire, qui serait l'instrument de sa mort.

SAINT-RENÉ TAILLANDIER.

CHRONIQUE DE LA QUINZAINE.

14 février 1851.

M., de Falloux racontait ici même, il y·a quinze jours, avec la délicatesse et la sincérité de son esprit, combien les· hommes des partis monarchiques s'étaient donné de·mal pour faire vivre la république, que les républicains laissaient mourir en attendant qu'ils disparussent eux-mêmes derrière les socialistes. Ces hommes, à l'en·croire, et il était placé pour être bien instruit, ces hommes éminens, et la France avec eux, commencèrent pourtant à désespérer d'une tâche si ingrate, lorsqu'il fallut nommer le futur président de cette république si peu viable : on choisit le nom qui semblait le moins propre à la consolider. L'élection du 10 décembre n'aurait été de la sorte que le contrecoup d'une expérience avortée; on se serait rejeté·sur un prince, parce qu'on ne savait plus comment nourrir ses illusions républicaines; on aurait voté pour le prince Louis Bonaparte, « parce qu'on n'avait pas encore le courage de la monarchie, et parce qu'on n'avait plus le goût de la république. »

Nous renvoyons à M. de Falloux le mérite et la responsabilité de cette appréciation. Tout ce.que nous en voulons conclure, c'est qu'en la supposant fondée, il s'est opéré chez ceux qu'elle touche plus particulièrement une révolution en vérité très considérable. Aux yeux du public, les incidens de notre récente histoire parlementaire, y compris le dernier, le vote du 10 février, ces incidens de plus en plus vifs ne peuvent avoir que deux sens : ou bien ils se rattacheraient·à des·griefs trop personnels, à des mobiles trop secondaires, à des rivalités trop peu patriotiques, pour qu'il n'y fallût point regarder à deux fois avant de les imputer à quelqu'un; — ou bien ils· signifient que ce· goût de la république qu'on ne se sentait·plus guère au 10 décembre s'est·maintenant retrouvé dans· le fond de certaines consciences qui ont· ordinairement le privilége de guider·celle des·autres. N'est-ce pas·en effet de·par les· principes républicains, n'est-ce pas selon· la rigueur des convenances républicaines que l'on s'est mis

sur une défensive si vigoureuse contre les empiètemens avoués ou présumés
du pouvoir exécutif? n'est-ce pas en l'honneur de la vertu spartiate qu'on a si
sévèrement rogné les festins et réduit les équipages présidentiels? Avec la
meilleure intention du monde, avec le penchant le plus sympathique pour les
illustres censeurs qui ont à tout prix voulu cette réforme, nous n'avons rien
de mieux à dire de leur entreprise et de leur triomphe, sinon que la république
leur tenait évidemment bien au cœur, et que voilà sans doute une conversion
aussi merveilleuse que pas une. A qui la faute, si le compliment leur parait
médiocre?

Au 10 décembre, on avait l'ame partagée entre deux impressions, toutes
deux négatives : on n'osait pas la monarchie, on n'aimait pas la république.
C'était à coup sûr une situation pénible pour le for intérieur, mais en même
temps si explicable, vu les circonstances accomplies, qu'il n'y avait pas de honte
à la subir franchement. Laquelle de ces deux impressions s'est assez transformée pour être devenue quelque chose d'affirmatif, pour fournir au besoin une
règle de conduite positive? M. de Falloux paraîtrait incliner à penser que, puisque les hommes monarchiques se sont dévoués, tout le temps nécessaire pour
une expérience complète, au protectorat stérile de l'institution républicaine, ils
ont quelque droit maintenant à reprendre le libre usage de leurs vieilles affections. M. de Falloux s'est donc tenu bien en dehors du monde depuis sa regrettable maladie, car ce qui arrive, c'est le contraire de son hypothèse ou de son
désir. Les hommes monarchiques vont aujourd'hui de plus belle à la république,
ils la traitent au sérieux, ils en parlent le langage, et s'exaspèrent contre tout
ce qui leur semble, à tort ou à raison, rappeler la monarchie. J'entends bien
que ce zèle anti-monarchique est à l'adresse spéciale d'une situation individuelle
qui ne leur plaît pas; je me demande seulement si ce déplaisir devrait être assez grave pour les pousser si avant sur un terrain qui n'est pas le leur, et les
engager derechef, — en février 1851; — dans la pratique républicaine dont ils
avaient cru opportun de faire pénitence en décembre 1848.

Et notez qu'il faut accueillir et que nous accueillons de bonne foi ce revirement soudain pour très véridique et pour très loyal. Nous sommes tout-à-fait
persuadés qu'il n'y a point là de calcul hypocrite, qu'il n'y a point par exemple
quelque grande audace monarchique sous cette affectation de préférences républicaines, qu'en un mot on ne joue pas à la république contre le président
pour servir dans l'occasion les anciens intérêts dynastiques, qui ne voudraient
point, nous le savons, être servis de cette manière-là. Non ; les choses politiques se mènent plus simplement qu'on se le figure toujours à distance; il n'y
a pas là en permanence de ces profonds calculs que la foule y cherche; on est
moins dissimulé qu'on n'en a l'air, et l'on a peut-être assez souvent besoin de
beaucoup d'imagination pour se cacher à soi-même que l'on suit son naturel
tout en ayant la prétention de n'obéir qu'à des maximes d'état. Cette recrudescence de républicanisme chez les hommes monarchiques pourrait bien n'être
en grande partie qu'une affaire de naturel. Il se pourrait qu'on fût républicain,
parce que tout, même la république, semblerait meilleur à supporter qu'une
prépondérance qu'on a faite, mais qu'on ne s'attendait point à faire si grande.
Nous comprenons tous les désappointemens, tous les froissemens, ceux qui
sont justes, ceux qui sont exagérés. En nous plaçant surtout au point de vue

du naturel, et en faisant la part très large, à l'influence qu'il exerce même sur les grands hommes, nous admettons qu'il y ait d'irrésistibles tentations de ne point céder à la fortune et de vouloir toujours sa revanche. L'élection du 10 décembre était une revanche du 24 février 1848, le vote du 10 février 1851 est une revanche du 10 décembre. Soit; mais où va-t-on de ce train-là, et la revanche est-elle bien sérieuse, si elle aboutit à l'impossible?

Or, il est désormais impossible que les hommes monarchiques se fassent tout de bon et de leur personne des républicains pratiquans. La vraie république ne peut exister sans un certain nombre d'aberrations qu'ils sont tout-à-fait incapables de prendre à leur compte. Il est bien clair que nous ne possédons pas aujourd'hui la vraie république des républicains, puisqu'on n'a pu l'aider à durer qu'en la corrigeant. On est aujourd'hui fâché contre soi-même, contre son prochain, contre la nation tout entière, d'avoir tant et tant corrigé, qu'il ne reste plus guère que le titre de l'édition primitive. On en appelle de ses corrections, on jure qu'on reviendra, coûte que coûte, de la république princière à la vraie république. Mais quoi? voudra-t-on lui inculquer, pour la refaire, tous les vices qu'on avait eu tant de peine à l'empêcher de se donner quand on en accepta la tutelle? Ainsi, par exemple, la vraie république, celle qui différerait le plus de notre régime actuel, ce serait à coup sûr la république sans président. Le président gêne : que l'on révise la constitution pour le supprimer; les deux pouvoirs sont en lutte perpétuelle : que l'on absorbe l'exécutif dans le législatif, que l'on arme de pied en cap un diminutif de convention! Voilà qui est bientôt dit, et l'on a revanche gagnée; oui, mais gagnée par qui? Par M. Grévy, et non point par M. Thiers. Nous le répétons, il est doublement impossible que M. Thiers fasse la besogne de M. Grévy, et que M. Grévy laisse faire sa besogne par M. Thiers. A quoi bon camper alors sous une tente que l'on ne pourra point garder?

Il y aurait peut-être encore un expédient dont on verrait à s'aviser pour contenter son républicanisme, pour maintenir la pureté de l'institution. — Si un président est dangereux, s'il est impossible de se passer de président, il ne reste qu'à diviser la présidence sur plusieurs têtes : ce serait sans doute la manière d'avoir moins de jaloux. Hélas! l'expérience s'est faite, elle a laissé son nom dans notre histoire révolutionnaire, ç'a été le directoire. Vous avez tous, grace à Dieu, l'ame plus haute et plus honnête que Barras, vous êtes plus considérables que Barthélemy; on ne vous trouverait pas aisément, même en cherchant un peu, des collègues aussi naïfs que Letourneur et Larévellière-Lepeaux; mais plus chacun de vous serait important; plus il y aurait bientôt de tiraillemens et d'impuissance dans votre commune autorité, plus vous seriez le directoire, et pas plus après vous que maintenant la France ne trouverait, pour la sauver, un second vainqueur des pyramides!

Nous avons assez dit l'autre jour qu'il n'y avait pas d'empire à rêver ni quoi que ce soit qui ressemblât à l'empire; il n'y a pas plus à essayer d'une république d'imitation, ni république conventionnelle, ni république du directoire. Ce qui est, c'est une situation très complexe, très fausse, nous n'en disconvenons pas, mais avec laquelle il faut traiter comme avec une situation neuve, parce que, si désagréable qu'elle soit, elle n'a pourtant pas ce suprême désagrément qu'elle pouvait avoir, le tort qu'on aurait cru pouvoir lui prêter d'avance, le tort de tourner au plagiat. En face d'un état de choses aussi difficile à étudier qu'à gouverner, ne faudrait-il pas que toutes les parties qui s'y trouvent aux prises rivalisassent du moins de sang-froid, sinon de patriotisme? Est-ce là pourtant le spectacle que nous a donné le dernier épisode au souvenir duquel toutes ces réflexions nous viennent? Où est le profit, soit d'un côté, soit de l'autre, d'avoir livré cette bataille de plus? Il eût mieux valu, pour le président, de ne pas l'engager; il eût mieux valu, pour la chambre, de ne pas l'accepter. C'est à la longue une triste habitude que prend l'opinion de n'avoir avec personne son entier contentement, et c'est pour nous une assez fâcheuse obligation de nous faire l'écho d'une critique si uniformément répartie. Il était cependant trop clair que le président, qui avait toujours jusqu'alors si bien ménagé sa position, ne choisissait pas cette fois le meilleur terrain, en soulevant quand même une de ces questions d'argent qui ne sont jamais favorables. Il n'a pas été moins sensible que tous les membres récalcitrans de l'assemblée n'invoquaient, en somme, que des argumens plus que médiocres pour se défendre, ou d'avoir été trop généreux l'année dernière, ou d'avoir cette année des scrupules trop excessifs. Il a paru que le président aurait pu se dispenser de brusquer une rencontre dont le résultat était trop prévu, et puisqu'on s'attendait si bien au refus de la dotation, il ne servait à rien d'avoir l'air de l'aller chercher exprès. La majorité de l'assemblée s'est à son tour exaltée dans son humeur la moins accommodante, et elle a semblé très préoccupée de la manière dont elle rendrait son refus aussi dur que possible, très peu d'aviser aux moyens de conciliation. Elle a choisi la personne qu'il fallait pour dire nettement le fait qu'elle voulait dire et ne point mâcher ses procédés: du moment où l'on tenait à être d'une franchise absolue, l'on ne pouvait s'en rapporter à qui que ce soit mieux qu'à M. Piscatory. Des gens pacifiques auraient préféré quelques circonlocutions de plus, et nous ne voyons pas ce que le pouvoir législatif a pu gagner à ce que notre ancien et excellent ministre en Grèce traitât le président en fort peu comme si c'eût été sir Edmond Lyons.

D'un autre côté, il faut bien convenir que d'être défendu comme le président l'a été par M. de Montalembert, ce n'est pas une chance très sûre de plaire à tout le monde. M. de Montalembert a trop d'esprit pour défendre quelqu'un; l'amour du trait et de la phrase l'emporte chez lui sur tout l'amour qu'il pourrait vouer à son client. On ne tire de ce patronage trop moqueur que des inimitiés de plus, et l'on n'est pas bien certain de n'être point moqué soi-même par son avocat.

La défense et l'attaque étant remises à de pareilles mains, on conçoit que les deux pouvoirs aient eu vis-à-vis du public toute l'apparence de se quereller avec délices beaucoup plutôt qu'ils n'ont semblé touchés des déplorables effets de leur hostilité. Nous ne saurions décrire l'amertume, le dégoût que l'acharnement opiniâtre de ces jalousies par tant d'endroits si mesquines répandent de plus en plus dans tous les cœurs bien placés, dans tous les esprits indépendans. On s'étonne à la fin, et c'est un étonnement douloureux, de voir des luttes si personnelles engagées à la face du pays dans les régions supérieures de l'état; on se sent humilié du peu de souci que les pouvoirs prennent, au milieu de ces débats quotidiens, du plus prochain avenir de la France. On souffre d'une impatience chaque jour plus chagrine à mesure que chacun des adversaires jette ou relève un nouveau défi. On s'indigne de n'avoir rien de mieux à faire, dans un pareil démêlé, que d'attendre les bras croisés qu'il plaise à l'un ou à l'autre des deux rivaux de céder son tour de représailles, et il se pourrait bien ainsi que celui-là gagnât la partie, non pas qui aurait le dernier, comme on dit vulgairement, mais qui le laisserait prendre.

Le président a-t-il eu cette opportune sagesse en acceptant, comme il l'a fait, le vote dirigé contre lui par la majorité parlementaire? Nous aimons à le croire, et c'est ainsi que nous voulons comprendre la note officielle insérée au *Moniteur*. Toute démonstration du genre de celle que *le Moniteur* indique, sollicitée, provoquée dans les masses, n'irait à rien de moins qu'à infirmer l'acte légal d'un pouvoir établi par un appel irrégulier directement adressé aux vagues et confuses puissances du peuple souverain. Il n'y a déjà que trop de penchant partout à élever au-dessus de la loi positive ces puissances plus ou moins mystérieuses qui sont toujours au service des révolutions ou des dictatures. C'est un penchant qu'il ne faut pas encourager, quand on a l'honneur d'être soi-même le premier agent, le premier exécuteur de la loi; c'est une marque de bon sens et de saine politique chez le président de n'avoir point permis qu'on protestât contre le vote parlementaire. En une tentative aussi compromettante, échouer était sans doute un inconvénient grave, mais réussir était pire encore, parce que le succès portait un coup de plus au principe d'autorité et le démoralisait davantage.

Aussi regrettons-nous un mot dans cette note, dont l'intention est louable; nous regrettons que l'auteur ne se soit pas refusé le plaisir dédaigneux d'y écrire que « le peuple lui rendait justice. » De quel peuple s'agit-il? Qu'est-ce que ce peuple évoqué pour ainsi dire contre la représentation nationale? Si le cabinet n'avait fort à propos déclaré, en son nom et au nom du gouvernement tout entier, que la loi du 31 mai est et demeure applicable à l'élection présidentielle comme aux autres, il serait trop facile de supposer que cette phraséologie du *Moniteur* implique la secrète pensée d'un recours au peuple-roi tel que le proclame le suffrage universel. Ce peuple-là aurait à nos yeux le très funeste inconvénient d'être un appui fort suspect pour un essai quelconque de restauration sociale, puisqu'il est en même temps l'appui qu'invoquent avec le plus de confiance tous les promoteurs de la démagogie socialiste. Celle-ci travaille toujours pendant que nous nous disputons. Elle tend ses réseaux à travers l'Europe, elle ouvre ses chaires à Londres, elle y annonce ses solennités œcuméniques, elle y va célébrer l'anniversaire de février par un banquet où l'on doit boire à l'extermination de l'intelligence aussi bien qu'à celle du capital. Nous avons même eu l'occasion de la voir monter en chair et en os à la tribune de l'assemblée nationale, dans la personne du citoyen Nadaud. Trois jours durant, à propos du rapport de M. Lefèvre-Duruflé sur la grande enquête ordonnée par la constituante, l'assemblée législative a débattu la question de savoir comment on pouvait améliorer l'existence matérielle des classes ouvrières. M. Nadaud a plaidé la cause des associations égalitaires de manière à faire prendre en horreur jusqu'à l'ombre d'une innovation libérale. Ce n'est pas nous pourtant qui voudrions conseiller de répondre par une immobilité absolue à ces prétentions insensées. Le meilleur remède à la folie de ceux qui veulent tout bouleverser, c'est la vigilance de ceux qui espèrent changer le plus qu'ils pourront de maux en biens. Lorsque l'assemblée met en une fois à son ordre du jour, comme il est arrivé cette quinzaine, trois projets émanés de la commission d'assistance; lorsqu'elle agite sérieusement les humbles et immenses intérêts du pauvre, elle fait plus contre le socialisme; elle fait plus pour la France et pour elle-même qu'en s'échauffant sans repos en l'honneur de sa prérogative.

C'est de ce point de vue si essentiel que nous sollicitons tout son intérêt pour la prochaine discussion du projet de loi sur l'industrie sucrière. Le rapport de M. Beugnot, bien que remarquable à plus d'un titre, n'apprendra rien de nouveau à nos armateurs et à nos industriels; mais il expose les faits avec une lucidité parfaite, et il conclut en apportant des améliorations réelles au texte primitif de la loi. Le gouvernement et la commission sont entrés franchement dans une voie nouvelle, nous sommes heureux de le reconnaître. Le prix des sucres et des cafés devra maintenant diminuer par l'abaissement successif des droits qui les frappaient; cette réduction ne saurait manquer d'en augmenter l'usage, et nous cesserons sans doute d'être en Europe le peuple qui paie aujourd'hui le plus cher ces denrées de première nécessité. Des esprits sérieux ont dit parfois, depuis la révolution de février, que les sourds mécontentemens qui fermentaient dans les dernières années de la monarchie auraient peut-être été distraits avec plus d'efficacité qu'on ne pense, si l'on avait su donner aux classes ouvrières et agricoles des conditions d'existence plus faciles, une alimentation meilleure et moins chère. Malheureusement l'aversion systématique du gouvernement et des chambres pour toute espèce de réforme douanière arrêtait au passage des satisfactions si désirables; peut-être en les accordant aux intérêts qui les réclamaient, en entrant avec décision dans la politique réformiste où sir Robert Peel conduisait l'Angleterre, peut-être eût-on évité les désastres politiques. Les patrons du régime protectioniste l'avaient poussé à outrance au moment où éclata la révolution de février; ils ont ainsi leur part et leur grande part de responsabilité dans l'événement : nous souhaitons qu'ils s'en souviennent, et n'opposent point au juste progrès des tendances libérales en matière de tarifs ces aveugles résistances dont la vivacité passionnée accusait trop les mobiles.

Le projet de loi établit dans ses dispositions économiques que les sucres français, indigènes et coloniaux seront dégrevés de 20 francs en quatre années, à raison de 5 francs environ par 100 kilogr., avec un droit différentiel en faveur des sucres coloniaux; la surtaxe des sucres étrangers sera réduite à 10 francs par 100 kilogr. Le projet arrête aussi que les types de nuances seront supprimés, et que le droit sera perçu en proportion de la quantité de sucre pur qu'ils seront reconnus contenir.

Si l'abaissement des droits sur le sucre et le café en France doit sans aucun doute en populariser l'usage, cette augmentation compensera-t-elle la perte momentanée du trésor? Le gouvernement l'espère. Nous ne demanderions pas mieux que de partager cette opinion; mais nous ne voudrions pas cependant nous fier trop aux comparaisons que l'on pourrait établir avec l'Angleterre et les pays du Nord, car il n'y a pas entre ces pays et nous la moindre analogie. L'hygiène des pays du Nord exige des boissons chaudes, et, parmi celles-là, le thé, la plus populaire de toutes, nécessite un grand emploi de sucre. Or, contre 400 kilogr. de thé que l'on consomme par jour en France, il s'en con-somme 50,000 en Angleterre. Des différences si sensibles dans les habitudes des deux peuples ne permettent guère de calculer de l'un à l'autre.

On vient de voir qu'un droit différentiel était stipulé en faveur des sucres coloniaux, qui commenceront par payer moins que les sucres indigènes; mais à la quatrième année le droit sera égalisé sur les deux sucres : c'est là un acte de souveraine justice, bien qu'il y ait encore insuffisance dans ce dégrèvement, car, aujourd'hui que le travail est libre aux colonies, le prix de revient n'est plus comparable entre les sucres français des deux provenances.

La surtaxe des sucres étrangers une fois réduite à 10 francs, on sera néces-sairement amené à baisser le prix des sucres en France, parce que les sucres étrangers entreront aussitôt dans la consommation. C'est le premier pas vers ces réformes douanières que nous appelons de tous nos vœux, c'est une ques-tion de vie ou de mort pour la navigation transatlantique, c'est une question capitale pour le bien-être des classes pauvres.

Contre tous les précédens en législation douanière, le projet de loi n'indique pas par quel moyen le droit sera perçu; il est présumable que la commission a reculé devant l'inextricable difficulté que présente le nouvel instrument de l'administration : c'est un saccharimètre, curiosité agréable dans un labora-toire de chimie, mais dont l'application commerciale et manufacturière est, sinon impossible, tout au moins sujette à mille erreurs, à mille réclamations, et qui donnera lieu à des fraudes de tous genres. On renonce sans motifs aux types classés par nuances, consacrés par un long usage et de tous points satis-faisans pour les intérêts engagés : nous sommes surpris que la haute expé-rience de M. Gréterin n'ait pas fait justice de cette malencontreuse innovation, dont on peut déjà mesurer les conséquences fâcheuses à propos du rendement fixé à 73 pour 100 au lieu de 70. L'exportation des sucres raffinés en Suisse et dans la Méditerranée ne pourra plus ainsi tenir contre la concurrence des su-cres belges et hollandais. Un mot encore : comme tous les projets antérieurs, celui-ci sera certainement attaqué par la sucrerie indigène; cette industrie, qui se présente toujours comme à la veille de périr, se retrouve toujours par mi-racle, au lendemain de ses plaintes les plus douloureuses, dans les plus merveil-leuses conditions de prospérité. Ces succès sont mérités sans doute par un tra-vail intelligent et progressif; mais ils ont été si chèrement achetés depuis trente années, qu'il est bien temps de ne plus leur sacrifier trop exclusivement les in-térêts généraux de la France.

Le parlement britannique s'est ouvert le 4 de ce mois avec les solennités d'u-sage. La reine a suivi l'itinéraire consacré du palais de Buckingham au palais des chambres, et sur toute sa route s'élevaient les *loyales* acclamations par lesquelles le peuple anglais aime à saluer sa royauté : « Dieu bénisse la reine! Dieu sauve la reine! » Le *no-popery* se mêlait cette fois aux manifestations ac-coutumées de respect et de sympathie qu'inspire la personne du souverain dans un pays où cette personne représente encore la plus haute image de la majesté nationale. La foule témoignait ainsi à sa façon de ce patriotisme mo-narchique où l'orgueil anglais tient tant de place. C'était cet orgueil, blessé plus profondément qu'on ne l'aurait soupçonné par les récentes mesures de la cour de Rome, qui criait brutalement : « A bas le pape! à bas le cardinal! » La reine allait répondre à cette vivacité du sentiment populaire, mais non pas au gré des passions qui sommaient son gouvernement de les satisfaire, et que son gouvernement même ou du moins son principal ministre avait eu le tort de provoquer. Le cabinet whig allait enfin s'exprimer, par l'intermédiaire de la couronne, avec la gravité du langage officiel que lord' John Russell avait trop oubliée dans sa lettre à l'évêque de Durham.

Le discours royal a réduit toute la pensée du cabinet à des termes assez simples pour correspondre dans une exacte mesure au véritable état de l'opinion. La reine a déclaré qu'elle entendait maintenir les droits de son trône et la liberté religieuse de son peuple. Ce sont là des paroles qui touchent juste aux fibres sensibles du peuple anglais Les mesures pratiques auxquelles ces paroles font allusion, et qui sont maintenant l'objet des débats parlementaires, n'auront pas, à beaucoup près, un effet aussi certain. Lord John Russell propose d'interdire les titres anglais aux évêques romains et d'invalider toutes les dispositions prises en leur faveur par quiconque leur donnerait ces titres. Que ces mesures passent ou non au parlement, la question est encore pour longtemps pendante; elle est de ces questions de liberté si difficiles à résoudre, parce qu'il n'est pas toujours sûr que la liberté réclamée par les uns ne tournera point tôt ou tard au préjudice de la liberté possédée par les autres.

Nous voulons encore aujourd'hui revenir avec quelque détail sur la situation de la Suisse. Il y a tant de chances malheureuses pour que cette contrée devienne le théâtre des plus prochains accidens en Europe, que l'on ne saurait trop maintenant appeler l'attention sur ce qui s'y passe: Nous avons à cela d'ailleurs un intérêt très spécial; il n'est besoin que de regarder d'un peu près pour voir là un exemple frappant, quoique les proportions en soient petites, du lendemain dont nous jouirions, sur une plus grande échelle, après une victoire remportée tout de bon par les radicaux. Au milieu de nos discordes intimes, nous oublions si facilement la possibilité d'un pareil lendemain, qu'il est à propos d'en remettre la perspective sous les yeux de tant de gens qui n'ont plus l'air d'y songer. Ce n'est pas cependant que là dernière échauffourée de Saint-Imier et d'Interlaken ne soit à présent tout-à-fait terminée; les arbres de liberté, qui s'étaient trouvés plantés partout à la fois, ont été enlevés; le gouvernement bernois a publié des bulletins très rassurans sur l'état des esprits dans l'Oberland et le Jura; il a même commencé à rappeler les troupes. Ce n'est pas non plus que le radicalisme n'ait essuyé depuis quelque temps des échecs assez graves dans le canton de Saint-Gall et dans le canton de Vaud; mais ces avantages que les modérés semblent désormais regagner leur rendent en quelque sorte plus sensibles les extrémités auxquelles ils espèrent à peine encore échapper; les efforts qu'il leur en coûte pour se tirer de l'abime leur en font mieux comprendre la profondeur.

Plus on examine l'état actuel de ceux des cantons qui avoisinent nos frontières, plus on reste persuadé que le gouvernement modéré de Berne a failli recevoir un choc dont l'inévitable conséquence était d'ébranler le peu d'ordre régulier qui eût encore reparu dans la Suisse. Berne est, à l'heure qu'il est, le point de mire de toutes les attaques du parti radical; le radicalisme lui a juré une guerre à mort, et Berne succombe, si elle ne détruit le radicalisme autour d'elle. Fribourg ne tiendrait guère contre une démonstration vigoureuse, mais le gouvernement de Vaud lui prête de la force; tant que celui-ci n'aura point subi de changement, les radicaux garderont Fribourg, car Vaud, avec sa position centrale dans la Suisse française, avec son armée de vingt-cinq mille hommes, est plus qu'en mesure de gêner les mouvemens de Berne. C'est le canton de Vaud qui sert de base d'opérations à toute l'armée radicale contre les Bernois.

C'est sur cette base que s'appuyait évidemment le coup de Saint-Imier. On n'allait peut-être pas jusqu'à prétendre renverser tout de suite le gouvernement de Berne; on voulait plutôt, pour ainsi dire, lui tâter le pouls. On comptait sur l'indécision et la mollesse dont le parti conservateur a donné trop de preuves quand il était au pouvoir; on se figurait que des milices organisées par les radicaux ou commandées par eux, lors même qu'elles n'étaient plus dans leurs opinions, n'obéiraient point aux injonctions des modérés. La *Gazette de Berne*, journal de M. Stæmpfli, le candidat proposé par le radicalisme pour la présidence fédérale, la *Gazette de Berne*, à la première nouvelle de l'émeute, s'empressait d'annoncer que les soldats chargés de la réprimer avaient quitté les rangs et jeté leur fusils en disant qu'ils ne voulaient point tirer sur leurs frères. On reconnait bien là l'éternel rêve des émeutiers; mais le rêve n'était dans le cas particulier qu'une fiction gratuite que M. Stæmpfli, traduit en justice, s'est assez mal défendu d'avoir inventée. M. Stæmpfli écrivait aussi, lorsqu'on apprit la blessure du préfet Müller, que le préfet avait été certainement frappé par quelqu'un des siens, et il profitait de l'occasion pour exhorter ses partisans à s'abstenir de toute violence, nonobstant quoi il leur recommandait de dresser des arbres de liberté, ce qui ne ressemblait pas plus à un procédé pacifique que n'y ressemblaient les processions et les manifestations *sans armes* du Paris révolutionnaire de 1848. Nous mentionnons toutes ces circonstances pour montrer que l'école de l'insurrection est la même en tous pays, et qu'elle n'a nulle part d'argumens ni d'expédiens dont nous n'ayons déjà fait l'épreuve, ce qui n'est point une raison pour que nous ne la refassions pas encore.

Grace à ces expédiens, on pensait paralyser sur plusieurs points l'action du gouvernement de Berne et reconquérir du crédit dans les campagnes en le forçant à laisser voir de l'impuissance. Il fallait seulement que la lutte se prolongeât assez pour fournir un prétexte à une intervention quelconque de la diète fédérale. Or celle-ci n'est pas du tout bien disposée pour le gouvernement de Berne, et l'intervention eût probablement tourné contre lui; les journaux du gouvernement fédéral lui signifiaient ouvertement leur mauvais vouloir à la veille même du jour où devait éclater le complot qui se formait contre lui sur son propre territoire; ils le déclaraient « suspect aux yeux de la confédération tout entière. » D'un autre côté, c'était un de ses adversaires les plus décidés, un partisan de M. Stæmpfli, un homme du Jura, qu'on envoyait à Neufchâtel en qualité de commissaire du pouvoir central. Assailli par les radicaux de l'intérieur, le gouvernement bernois aurait eu bientôt sur les bras les radicaux du dehors, s'il n'avait fait face au péril avec une résolution inattendue. Et qu'on se représente bien ce que c'est que ce radicalisme suisse, la brutalité sans frein ou sans raison, le désordre pour l'amour du désordre, le déchaînement des passions les plus cupides et les plus violentes dans de petites localités où tout le monde se connait, où chacun a ses rancunes, ses ambitions déterminées d'avance, où l'on peut se dire chaque soir en s'endormant que, si l'on s'éveille au matin\avec une révolution, on sera tout porté pour mettre la main sur le bien de l'un et sur la vie de l'autre. A mesure que le radicalisme se propage, il effraie jusqu'à ses premiers promoteurs, et la tête de cette armée anarchique prend peur de l'arrière-garde qui s'amasse à sa suite. Ceux qui possèdent quelque chose se voient avec une inquiétude croissante pourchassés au nom de la fraternité par ceux de leurs coreligionnaires qui ne possèdent rien, et sommés de contribuer à l'entretien de la masse avec une audace toute communiste. On ne leur demande point la charité; on leur réclame sa part au banquet de la vie. Les riches campagnards ont d'abord été charmés de pouvoir s'approprier les biens des communes et s'affranchir de leurs anciennes redevances vis-à-vis de l'état ou des corporations; les pauvres entendent à leur tour ne plus payer maintenant ni loyer ni fermage. La crainte d'un bouleversement général pourrait ainsi rallier à de meilleurs principes les plus raisonnables ou les plus intéressés d'entre les radicaux, et c'est ce qui explique peut-être le succès de la répression entreprise par le gouvernement de Berne, comme aussi le progrès que semblent faire les opinions conservatrices jusque dans le canton de Vaud, d'où viennent néanmoins tant de difficultés.

A Lausanne, en effet, les radicaux modérés et les anciens conservateurs se sont réunis contre les tendances socialistes; cette réunion, qui s'est appelée le *Cercle national*, s'accroît de jour en jour : elle a pu battre les radicaux dans deux élections consécutives pour le grand conseil; lors de la dernière, qui a eu lieu le 26 janvier, son candidat l'a même emporté avec 900 voix contre 700. Le grand conseil, rassemblé depuis plus d'un mois à Lausanne, n'est pas, à beaucoup près, aussi docile que l'avait espéré le conseil d'état, le gouvernement cantonal. Il a bien adopté les deux projets de loi qui ont supprimé le privilége attaché dans le pays de Vaud comme en France aux charges de notaire, et même, par une extension assez singulière, à l'état de pharmacien; il a changé ces deux professions en industries libres, et supprimé par conséquent les propriétés privées qu'elles constituaient jusque-là en faveur des particuliers . c'était entrer à coup sûr dans la direction générale du gouvernement vaudois; mais, d'autre part, il a repoussé l'impôt progressif à la majorité de 105 voix contre 55. On voit encore là que ce sont nos questions à nous qui se reproduisent partout où notre montagne a des imitateurs plus ou moins triomphans. Le *Cercle national* avait enlevé ce vote du grand conseil en faisant pétitionner contre l'impôt progressif, et la pétition reçut 8,000 signatures sur 32,000 électeurs que contient à peu près le canton de Vaud. Une autre pétition, émanée des mêmes influences et signée d'environ 10,000 personnes, a tout dernièrement enfin provoqué une nouvelle mesure qui peut mener à des résultats encore plus considérables. On a demandé qu'il y eût incompatibilité entre les fonctions publiques salariées et le mandat de député au grand conseil : le grand conseil, après en avoir délibéré deux jours, a renvoyé la décision au peuple en masse. Nous nous retrouvons toujours, comme on voit, sur notre propre terrain. Pour saisir tout le sens de ces réclamations dans le pays de Vaud, il faut se reporter au temps où les commissaires du gouvernement provisoire s'appliquaient si activement chez nous à se faire nommer représentans. Les honneurs de la représentation et ceux d'un emploi public, cumulés ainsi sur une même tête, auraient donné d'autant plus de consistance au parti victorieux, qu'il se fût à la fois prévalu de sa victoire pour s'attribuer le gouvernement, et prévalu de son gouvernement pour acquérir le droit de venir ensuite, au nom du pays, se décerner un *satisfecit*. Ce qui n'a pu s'accomplir en France s'est insensiblement établi dans le pays de Vaud depuis la révolution de 1845; le système se soutient par l'approbation des fonctionnaires qu'il emploie, et qui forment les quatre cinquièmes de l'assemblée législative. Placés par la pétition des 10,000 dans la nécessité, ou d'abdiquer leur mandat pour garder leurs places, ou de subir la chance de n'être point réélus, s'ils s'obstinaient à garder leur place en même temps que leur mandat, les membres du grand conseil se sont déchargés de cette solution embarrassante par un appel au peuple. Le peuple en assemblées communales doit, d'après la constitution, répondre au scrutin secret par oui ou par non. C'est la première fois que le peuple de Vaud est mis en demeure de se prononcer ainsi directement sur un point de législation; jusqu'à présent, il n'avait manifesté de la sorte son droit absolu de souveraineté que dans les élections, ou bien quand il s'était agi d'accepter les constitutions cantonales de 1831 et de 1845 et la constitution fédérale de 1848. Il y aura donc moyen de savoir très sûrement, par cette épreuve, de quel côté penche maintenant le pays.

On doit pourtant prendre garde de ne pas trop s'abuser sur la valeur de ces succès du parti conservateur à Lausanne. Le gouvernement cantonal n'est pas encore tombé, il s'en faut; il conserve toute son autorité sur l'armée, toute son action au dehors : on s'en aperçoit à Berne. Les conservateurs enfin n'ont eu le dessus dans ce dernier mouvement d'élections et de pétitions que grace au schisme qui s'est introduit au sein du parti radical. Ils se sont vu tout d'un coup pour alliés les ultra-radicaux et leur chef, M. Eytel, qui ne pardonnent point au gouvernement de n'avoir pas assez défendu les réfugiés, et l'accusent à ce sujet de lâchetés et de concessions rétrogrades. M. Eytel est le chef d'une « société patriotique » qui a fait la révolution de 1845 et gouverné le canton pendant des années; il a pour lui la plupart des ouvriers des villes, la fraction la plus convaincue, la plus ardente de l'armée radicale. Leurs griefs contre le pouvoir actuel iront-ils jusqu'à le détruire au profit des modérés? Tout cela d'ailleurs ne saurait s'opérer sans quelque crise violente; il y a malheureusement dans toutes ces contrées une population qui ne connait plus d'autre argument que la force, comme elle n'a d'autre plaisir que le tapage. Imaginez nos démagogues de l'espèce la plus infime chantant leurs chansons à boire contre les *Changarnier*, les *Radetzky;* vous aurez plus ou moins l'idée de ces radicaux suisses criant par les rues, même à Berne, quand la police a le dos tourné : « Drin, drin, rataplan, vivent les rouges! à bas les tyrans! »

Il se juge maintenant à Deux-Ponts, dans la Bavière rhénane, un procès politique qui nous peint encore sous les plus sinistres couleurs cette domination toujours éphémère de la démagogie : c'est un dernier épisode de l'insurrection qui, en 1849, s'étendit de Bade au Palatinat. Sur des scènes ainsi réduites, on est plus à l'aise pour apprécier au vrai les exploits et les héros du genre révolutionnaire; on n'a pas de peine à se dérober aux illusions qui les grandissent, quand on les aperçoit sur des théâtres plus vastes, où il y a du lointain. Il n'est pas inutile de retracer ici quelque chose du tableau qui se déroule devant la justice bavaroise; nous sommes sûrs qu'il y a plus d'un endroit en

France où l'histoire de Bergzabern et de Steinfeld se reproduirait de point en point au seul bruit d'une explosion parisienne. Édifions-nous un peu d'avance, ne fût-ce que pour nous dégoûter de risquer les explosions. Bergzabern est une ville de trois mille ames, où siégent toutes les autorités qu'on peut rencontrer dans telle ou telle de nos sous-préfectures; l'agitation de 1848 passa là comme partout, et s'empara de l'humble cité. Un marchand dont les affaires étaient fort mauvaises (c'est la condition presque universelle de tout bourgeois mécontent qui entre dans les affaires publiques) se fit nommer ou se nomma commandant de la garde nationale, et le commandant improvisé régna tout aussitôt en maître. « Le commandant l'a dit! » ce mot suffisait pour tout justifier dans la petite république, qui, sous prétexte de s'émanciper avec le peuple entier du Palatinat et de défendre la libre constitution allemande, était tombée sous le plus rude arbitraire qu'elle eût jamais subi. On arrêtait qui le commandant désignait, on transportait les gens à Kaiserslautern, aux pieds du gouvernement provisoire; on les jetait au cachot, on les menaçait de les fusiller, le tout au nom du salut public. Or, à deux lieues seulement d'un si brûlant foyer de patriotisme, le village de Steinfeld s'obstinait, depuis le commencement des troubles, à ne point se mêler de politique : on ne voulait là ni fonder des clubs ni jouer aux soldats. Le commandant de Bergzabern ne pouvait souffrir long-temps cet excès d'*indifférentisme*. Le 4 juin 1849, il se mit en campagne avec une armée d'exécution de sept cents hommes, pour aller démocratiser les paysans de Steinfeld; mais ceux-ci l'attendaient de pied ferme à l'entrée de leur village avec des fusils et des fourches, et le laissèrent déployer tout son appareil militaire sans rompre d'une semelle. Les fusils de ses hommes étaient chargés, apprêtés; le commandant n'avait plus qu'à crier : Feu! il fit tout bonnement volte-face, quand il vit que les paysans ne bougeaient pas.

Quelques jours après, les Prussiens pénétraient dans le Palatinat, et le 17 juin les autorités de Bergzabern couraient chercher un asile sur le territoire français, emportant avec elles la caisse municipale qu'elles avaient remplie au moyen d'emprunts forcés; le commandant et son cortège touchaient à la frontière, lorsqu'ils furent appréhendés par des douaniers et conduits à ce même Steinfeld en attendant qu'on pût les mener à Landau. Grande rumeur à Bergzabern; il faut délivrer les prisonniers et prendre sa revanche sur les gens de Steinfeld. On bat la générale sans que personne l'ait ordonné; la garde nationale force ses officiers à marcher; on envoie des émissaires aux corps-francs « de l'armée du peuple dans le Palatinat, » qui étaient campés à deux lieues de là; on accueille avec des cris sauvages les deux ou trois cents bandits qui arrivent à la hâte; on ne se fait pas faute d'envahir, par façon d'intermède, les maisons des suspects, car il y a toujours des suspects dans de tels momens; bref, on recommence sur nouveaux frais l'expédition de Steinfeld. Cette fois on réussit à brûler quelques maisons, à blesser assez grièvement quelques paysans; les femmes, les enfans s'étaient réfugiés dans les bois; par crainte de l'incendie, les villageois abandonnés à eux-mêmes, sans communication ni avec Landau, ni avec Weissenbourg, rendirent leurs prisonniers; ce fut la suprême tentative de l'insurrection, et les auteurs de cette bagarre trop prolongée ont maintenant à régler leurs comptes avec la justice. D'instant en instant, les témoignages recueillis à l'audience jettent une lumière plus vive sur cet aspect à la fois si curieux et si triste qu'offrait partout en 1848 et 1849 l'assaut livré par les démagogues à la société européenne. Cette guerre acharnée de voisins à voisins, ces tyrannies exercées par de si médiocres tyrans, ces fureurs de la foule, ces violences commises en toute sûreté de conscience contre les propriétés et contre les personnes, ce sont là des traits ineffaçables qui doivent rester dans la mémoire publique pour tenir toujours en éveil la vigilance et le courage des gens de bien.

Est-ce à dire pourtant qu'il n'y ait de remède contre cette extrême licence que dans l'extrême autorité des priviléges aristocratiques ou des monarchies absolues? Est-ce à dire que, pour affranchir la Suisse du joug des radicaux, on soit réduit à se réfugier sous les auspices des politiques du *Sonderbund*, que pour maintenir l'ordre dans les petits états ou dans les états secondaires de l'Allemagne, les grands aient le droit de leur imposer le régime de 1820, le régime de Carlsbad et de Laybach? Cela, nous ne voudrons jamais consentir à le croire; nous ne croyons pas davantage qu'il soit jamais dans l'intérêt de la France d'applaudir ou de s'associer à la domination de certains principes d'autorité pure qui, ne pouvant plus, en aucun cas, redevenir les siens, ne l'emportent nulle part en Europe sans paraître l'emporter sur elle et l'amoindrir. Il n'en est pas moins vrai que les grandes cours allemandes, et celle de Prusse en particulier, rentrent avec une affectation regrettable dans les voies dont elles s'étaient départies, même avant 1848. Le pacte de 1815 leur semble à peine une base suffisante pour restaurer tout l'ordre politique, soit dans chaque état, soit dans la confédération en général. On ignore toujours ce qui sortira des délibérations de Dresde. Les rumeurs qui circulent sur la composition d'un futur directoire exécutif ne signifient pas qu'il y ait encore de convention obligatoire et définitive entre toutes les parties. L'œuvre inextricable d'une nouvelle constitution germanique n'est point encore si avancée. Les diplomates, dans le secret de leurs conférences, paraîtraient, au contraire, n'avoir pas été jusqu'ici beaucoup plus heureux que les professeurs de Saint-Paul dans le tumulte de leurs débats parlementaires. Les petits états opposent toujours difficultés sur difficultés, et l'on n'est pas sans avoir lieu de craindre que l'Autriche et la Prusse ne finissent par établir à elles seules, par imposer d'office un nouveau pouvoir central toujours à titre provisoire. On parle même de l'instituer sous très peu de temps à Francfort, de le confier au prince de Prusse et à l'archiduc Albert d'Autriche, de l'investir d'une autorité à peu près dictatoriale sur tous les membres du corps germanique. On laisserait ensuite les négociateurs de Dresde poursuivre tant qu'ils voudraient leurs arrangemens définitifs; on se contenterait du provisoire. Reste à savoir jusqu'à quel point ce provisoire ne deviendrait pas lui-même un sujet de trouble en Europe, s'il pesait trop lourdement sur des états dont l'existence indépendante et distincte est garantie par le droit public européen.

Il est cependant une considération qui nous empêche de nous inquiéter très vivement des suites possibles d'une bonne entente trop étroite entre la Prusse et l'Autriche : c'est que cette intimité est trop scabreuse pour durer long-temps et pour permettre d'agir beaucoup. Nous indiquions, il y a quinze jours, la concurrence dont les deux cabinets se menaçaient par leurs systèmes douaniers; les positions militaires dans lesquelles les Autrichiens s'étendent de plus en plus au nord de l'Allemagne se prêteraient à-merveille au développement de leurs lignes de douane. La Prusse ne se dissimule pas l'avantage que cette occupation assure à sa rivale. La Prusse ressent avec l'amertume d'une jalousie mal contenue l'infériorité où la rejettent les soudaines splendeurs qui entourent le trône des Habsbourg. Pendant que l'armée prussienne a été contrainte d'évacuer le grand-duché de Bade et l'électorat de Cassel, d'abandonner des postes que le gouvernement lui-même déclarait indispensables aux communications des deux parties divisées de la monarchie, l'Allemagne voit un spectacle qu'elle n'avait pas eu depuis la guerre de trente ans : des corps autrichiens transportés au nord de l'Elbe. La Prusse, pour avoir le droit de garder un pied dans ces territoires qui sont à sa frontière, est obligée de s'associer aux mesures d'exécution dirigées par l'Autriche contre ces Holsteinois dont la Prusse avait patroné l'émancipation. Le cabinet et le parti ministériel dévorent ces humiliations trop visibles, et souffrent tout au dehors dans l'espoir d'être ainsi plus libres de reconstituer à l'intérieur les garanties artificielles de leur faux système de conservation. Les adversaires du gouvernement (et il faut bien dire que le gouvernement a maintenant pour adversaires des hommes comme M. de Schwerin, réélu dernièrement malgré la droite à la présidence de la seconde chambre), les membres de l'opposition, à quelque nuance qu'ils appartiennent, croient de leur devoir de signaler au contraire à la nation prussienne ce fâcheux état de sa fortune. C'est pour cela que M. de Vincke a proposé le 7 de ce mois, dans la seconde chambre, d'ouvrir une enquête « sur la situation faite au pays par l'attitude menaçante des troupes autrichiennes dans le Holstein et dans la Hesse. » Il était malheureusement à prévoir que, si la chambre secondait la démarche de M. de Vincke, ce serait le signal d'une rupture ouverte entre le parlement et le ministère, et, dans l'état actuel des esprits et des choses, ce n'est point le parlement qui pouvait gagner au conflit : soumise à l'examen des bureaux, la proposition de M. de Vincke n'y a point trouvé d'appui.

L'opinion à Berlin est pourtant très frappée, très douloureusement émue de ce voisinage des Autrichiens. Hambourg, Lubeck, Brême, Altona, Rendsbourg, ont reçu leurs garnisons, et ce ne sont pas des Allemands qui tiennent ces places au nom de la confédération germanique : ce sont des régimens italiens, slaves ou hongrois. On dirait que l'Allemagne est conquise par des étrangers. Il y a déjà eu de ces momens de prestige dans les annales de la maison de Habsbourg, et c'est sans doute un spectacle enivrant pour le jeune César d'assister de nouveau à ce grand triomphe militaire. Il appartient seulement aux habiles conseillers qui l'entourent de ne point trop céder à la fascination de cette haute fortune, car à plusieurs fois aussi, dans le passé de l'Autriche on a vu de terribles revers sortir de la confiance même où l'on avait été plongé par le succès.   ALEXANDRE THOMAS.

V. DE MARS.

LES GUISE.

Histoire des Ducs de Guise, par M. René de Bouillé, 4 vol. in-8°.

Il est beau qu'aux cieux on s'élève;
Il est beau même d'en tomber.
QUINAULT, *Phaëton*.

On peut ranger les principaux personnages de l'histoire en deux catégories : les hommes illustres qui ont réussi, et les hommes non moins illustres qui ont complétement échoué; les esprits supérieurs qui ont réalisé leur pensée tout entière, et les intelligence aussi hautes, mais moins favorisées par le sort, qui, après avoir conçu et porté un dessein, n'ont pas eu la force de l'amener à terme. Entre des résultats si différens, il semble que la gloire doive être inégalement répartie, comme la fortune; pourtant il n'en est pas toujours ainsi. Malgré le culte des faits accomplis, le succès n'est pas toujours la règle et la mesure de l'opinion. Souvent notre sympathie s'attache à l'action indépendamment de son objet. Peut-être même savons-nous plus de gré à nos semblables de l'aspiration que de l'issue, peut-être leur tenons-nous plus de compte de l'effort que de l'événement. C'est qu'en effet l'événement est en des mains plus puissantes que les nôtres, et nous n'avons presque jamais à en répondre. De tous les élémens de notre destinée, la volonté est le seul qui nous appartienne, le seul dont Dieu nous ait laissé l'exercice et livré la conduite. Il faut donc permettre aux hommes, et même aux grands hommes, de ne pas réussir. C'est un droit inhérent à notre faible et imparfaite nature; mais, sans montrer une curiosité trop indiscrète, on peut leur demander pourquoi ils n'ont pas réussi.

Je ne ferai pas de philosophie de l'histoire à l'occasion des ducs de Guise : leur nouveau biographe s'en est sagement abstenu; je veux imiter son exemple, non que je méconnaisse l'utilité de cette science quand elle est renfermée dans de justes bornes; je n'en réprouve que l'abus, devenu excessif de nos jours. M. le marquis de Bouillé ne s'est point jeté dans la phraséologie à la mode; il ne s'est point égaré dans le labyrinthe des généralisations, dans les systèmes à perte de vue : il s'est contenté d'appliquer à l'étude de l'histoire une raison judicieuse et ferme, fécondée par une préparation patiente, soutenue par la fréquentation assidue des sources les plus authentiques, par la connaissance approfondie des textes les plus autorisés. Il n'est point aujourd'hui de médiocre écrivain, point d'historien romanesque, pas même de romancier humanitaire, qui ne se mette en lieu et place de la Providence, et ne se fasse l'interprète, le garant de ses décrets. A force de couvrir la vérité d'une enveloppe qui la dépare et qui la déguise, on finit par lui donner un air de conjecture ou de problème; en faisant de l'histoire une sorte d'algèbre, en la calquant sur les formes des sciences exactes, on lui ôte le degré d'exactitude qui lui est propre. On n'entend plus parler que d'*individualités qui s'incarnent* dans une époque et qui la *résument,* d'hommes qui sont le *coefficient* d'un siècle, d'événemens qui se *produisent* ou se *meuvent* dans tel ou tel *milieu,* expressions justes au fond, mais descendues si bas, appliquées si mal à propos, mêlées à un jargon à la fois si prétentieux et si vulgaire, qu'en vérité il n'est plus possible de s'en servir. Toutefois, de la fausseté du langage, on ne doit pas toujours conclure à la fausseté des idées. Sans faire trop de *philosophie de l'histoire,* sans s'amuser aux subtilités ingénieuses, aux subdivisions arbitraires, on ne peut s'empêcher de distinguer parmi les hommes célèbres ceux qui furent opportuns, nécessaires, ceux qui vinrent dans leur temps, à leur heure, pour une tâche déterminée, pour une mission précise, et qui, tout en s'égarant quelquefois sur les routes de traverse, ne dévièrent jamais de la grande ligne que la Providence leur avait marquée. Parmi les intelligences d'élite préposées par elle au gouvernement du monde, les unes ont marché avec leur temps, les autres contre lui; quelques-unes l'ont combattu; d'autres, en s'emparant de sa tutelle, l'ont dirigé dans le sens de sa destination spéciale et de ses tendances légitimes, non pas en se livrant à ses caprices avec une lâche complaisance, mais en s'associant à ses destinées avec dévouement et courage, en lui imprimant selon le besoin le mouvement qui accélère et féconde, le frein qui modère et retient, — en le conduisant, par la politique ou par les armes, par la paix ou par la guerre, quelquefois par tous ces moyens à la fois, non à la chimérique perfectibilité de l'espèce humaine, rêve des utopistés, mais au perfectionnement réel et pratique, à cette situation normale où un grand peuple trouve la civilisation, l'indépendance et la gloire. Ceux-là sont les premiers entre les plus grands; ils sont peu nombreux : on en compte un par siècle tout au plus.

Au-dessous de ces génies suprêmes, on trouve des imaginations ardentes, de mâles courages, des caractères hardis, entreprenans, sans scrupule et sans peur, qui écrasent, qui éblouissent leurs contemporains par leur audace, par leur bonheur, par le nombre et l'éclat de leurs triomphes. Personne autour d'eux ne semble les surpasser ni les égaler : ils s'élèvent de toute la tête au-dessus de ce qui les environne; mais leur puissance est viagère, elle s'étend seulement à quelques générations rapidement écoulées. Dans leur course hâtive, ils ne fondent rien, pas même une famille; étrangers aux destinées générales de l'humanité, ils ne la secondent pas dans sa marche providentielle; ils l'entravent au contraire, et lui font faire fausse route. Bien plus, l'obstacle qu'ils ont créé n'est que passager : ce n'est qu'une halte, un temps d'arrêt. Interrompu un moment par leurs efforts, le cours naturel des choses reprend après leur passage; tout recommence, tout se remet en mouvement, tout marche comme s'ils n'avaient pas été. Incapables de maîtriser les égaremens de leur siècle, ils les subissent, s'y associent et y succombent. Aucune institution ne date de leur nom; rien de durable ne se rattache à leur mémoire. Ils ont brillé sur la terre, mais ils n'y ont pas laissé leur empreinte : c'est un feu d'artifice éteint, ce sont des personnages épisodiques. Tels sont les Guise.

Les Guise ont tout essayé en effet, et n'ont réussi à rien; ils ont été tous de vaillans guerriers, quelques-uns de grands capitaines, seul titre auquel ils aient des droits certains. En revanche, ils ont manqué tout le reste. Après avoir examiné avec attention leur politique et ses résultats, sans se laisser éblouir par le mirage trompeur d'une existence prestigieuse et romanesque, on ne sera pas loin de conclure que, s'il n'y eut pas des héros plus brillans, il n'y en a eu guère de plus malencontreux. Ils n'ont dédaigné aucun genre d'ambition ni de convoitise : richesse, domination, pouvoir, ils ont tout poursuivi avec une ardeur infatigable; ils ont rêvé toutes les couronnes, ils ont désiré les plus hautes sans dédaigner les moindres : la couronne de Sicile comme celle de France; mais les unes et les autres leur ont échappé également. Toutes ont passé devant leurs yeux avec une rapidité dérisoire; aucune n'est venue se placer sur leur front, sur ce front qui ne portait pas l'étoile des prédestinés.

Quoique bien supérieurs en intelligence, en noblesse, en talens militaires, à tant d'heureux *condottieri,* leurs contemporains ou à peu près, ils n'ont pu réaliser même la fortune comparativement médiocre des Sforza, des Visconti, des Farnèse. Qu'on se rappelle où ont abouti leurs efforts, quelle a été la destinée définitive de cette branche de la maison de Lorraine qui a étonné et bouleversé une partie de l'Europe. Ils commencent par vouloir supplanter les rois de France, ils finissent par devenir leurs premiers domestiques; voilà le fruit de tant de conspirations et de batailles, de tant de siéges et de négociations. de tant de perfidies et d'insolences! C'est que les Guise ont échoué dans leur dessein, non parce que les circonstances collatérales et accessoires leur ont été contraires (loin de là, elles leur ont été singulièrement favorables), mais uniquement parce qu'ils luttaient contre l'impossible. Ils ont combattu l'esprit légitime de leur temps; ils ont cherché à détruire l'autorité royale à une époque où tout tendait à la constituer et à l'établir. Pour y mettre obstacle, ils ont fomenté la guerre civile, qui n'était pas le produit naturel, la conséquence nécessaire de l'état de la France au XVIᵉ siècle, même après l'introduction de la réforme. Les Guise ont allumé de leur propre main l'incendie qu'ils n'ont pas su éteindre et qui a fini par les dévorer. Aussi ne sont-ils que les faux grands hommes de leur siècle. Le vrai grand homme, c'est le réparateur, le sauveur de la France; c'est celui qui les a vaincus, c'est Henri IV.

Les fautes des Guise, et elles sont nombreuses, contribuèrent sans doute à la chute de l'édifice imparfait dont ils avaient posé les assises; mais il croula surtout par la faiblesse de ses fondemens. Il faut chercher moins dans leur entreprise que dans eux-mêmes les causes déterminantes de leur ruine. Si leur projet était né viable, ils avaient dans l'esprit et dans le caractère plus de ressources qu'il n'en fallait pour le réaliser. On a plus d'un exemple d'une œuvre presque aussi difficile accomplie à moins de frais. La vérité est que si les Guise ne purent toucher le but, c'est que ce but était une illusion.

Et cependant ils ont séduit un écrivain distingué, un fidèle et laborieux historien. Pour éclairer son sujet de plus près, il l'a détaché de l'histoire générale; il l'a placé dans le cadre circonscrit, mais non rétréci, d'une monographie particulière. C'est une entreprise nouvelle; on n'avait pas encore considéré isolément cette race fameuse pour qui l'héroïsme fut un héritage et qui remplit de son nom cette période à la fois brillante et indécise, où le moyen-âge décroît et s'efface, tandis que les temps modernes ne font encore que poindre à l'horizon. L'auteur de l'*Histoire des Ducs de Guise* a reproduit dans leur attrayante variété, dans leur singularité piquante, ces physionomies si originales et si contrastées : Claude, prudent et fin; Charles, très politique, mais encore plus audacieux; François, si fastueusement généreux, si orgueilleusement magnanime; Henri, le plus bruyant de tous, non le plus habile; ce cauteleux Mayenne, en réalité le dernier de leur race; puis enfin leurs descendans affaiblis et dégénérés, les *petits Guise* à la suite des *grands Guise.* Toutes ces physionomies revivent dans un récit abondant, quoique sévèrement enchaîné. Sans doute l'admiration emporte quelquefois un peu trop loin le nouvel historien : « Rien n'est plus illustre que les Guise! » dit ou plutôt s'écrie M. de Bouillé. Ici, il devient difficile de partager entièrement son enthousiasme, néanmoins on peut le comprendre. Les Guise n'ont point atteint le but, il est vrai; mais ce but était bien haut. et ils en parurent bien près. On les suit avec un intérêt passionné dans cette lutte prodigieuse. Entre les qualités et les défauts, entre les vertus et les vices, ils apportent cette balance qu'Aristote imposait aux personnages dramatiques. Ce seraient les plus brillans aventuriers du monde, si ce mot d'aventuriers pouvait s'appliquer aux descendans de Gérard d'Alsace, aux petits-fils de René d'Anjou. Avant de déchirer la patrie qu'ils ont choisie, ils la servent et la défendent; ils couvrent la France de leur épée en attendant qu'ils la lui plongent dans les entrailles. A la fois miséricordieux et cruels, ils protégent et persécutent, ils mêlent les victoires et les supplices. Braves jusqu'à la témérité, imprévoyans jusqu'à la démence, ils courent à une mort certaine en sortant d'un rendez-vous d'amour. Aussi, par un mélange de grandeur, de passion et de faiblesse, ils sont devenus les favoris, les privilégiés de l'histoire. C'est qu'en dépit de la pruderie dont elle fait parade, l'histoire se laisse séduire comme le roman; elle estime les Grandisson, mais elle aime les Lovelace. Quelle différence, par exemple, entre les Guise et ces descendans d'Arnould qu'ils avaient choisis pour ancêtres, entre cette dynastie manquée et cette dynastie accomplie qui commence aussi par quatre grands hommes, dont le quatrième est le plus grand de tous! Il n'y a assurément aucune comparaison possible entre les premiers Carlovingiens et les premiers Guise. Sans parler de l'issue si différente de leur entreprise, qui pourrait assimiler Pépin de Landen, l'aïeul de Charlemagne, à ce Claude de Lorraine, qui ne fut que l'aïeul du Balafré? Malgré sa bravoure de chevalier et ses talens de capitaine, quelle proportion entre François de Guise écartant les impériaux de la frontière et Charles-Martel rejetant l'islamisme hors de la civilisation? Rapprocher Pepin-le-Bref du héros des barricades, c'est mettre le triomphe en présence de la défaite. On ne peut pas aller plus loin; ici, tous les points du parallèle échappent à la fois. Pour le continuer, il ne faudrait pas s'arrêter au XVIᵉ siècle : il faudrait remonter à l'antiquité païenne ou redescendre jusqu'à des temps très voisins, quoique très différens des nôtres. Il n'y a donc nulle égalité entre les Guise et leurs prétendus ancêtres. Il n'en est pas moins vrai que de ces deux époques, de ces deux races, c'est à la plus moderne que nous réservons l'intérêt le plus vif, la curiosité la plus sympathique. On n'admire l'autre que de loin; la distance, l'absence de renseignemens, le manque de détails, ce qu'il y a même de colossal, de démesuré dans ces personnages les rejette presque dans le domaine de la fiction. Un nimbe coloré et transparent les enveloppe, mais ils n'en restent pas moins impénétrables. Comme les Alpes, dont les flancs sont baignés de lumière tandis que leurs sommets se perdent dans les nuages, les Carlovingiens nous apparaissent à la fois éclatans et obscurs. Organisateurs d'une société détruite, de ce monde féodal dont nous ne sommes plus que les débris, ils n'ont rien de commun avec nous. Même cette autre dynastie française dont la biographie a été racontée naguère avec un art séduisant, ces ducs de Bourgogne, si puissans, si dramatiques, sont déjà bien loin de nous. Il n'en est pas du xvie siècle comme de ceux qui le précèdent : ce n'est pas là la fin d'une époque, c'est le commencement de notre ère.

Les Guise nous plaisent par une sorte d'analogie entre leur temps et le nôtre. Cependant quelle différence! Le xvie siècle est vivant, plein de chaleur et d'enthousiasme; mélange de barbarie et d'élégance, de combats et de plaisirs, de sang et de fêtes, c'est un carnaval perpétuel, mais un carnaval tragique. Là, point de mélancoliques découragemens, point de tristesse maladive, aucune défaillance de la volonté et du désir; là, rien de ce qui conduit une génération tout entière à la résignation par la lassitude, rien de ce qui la fait ressembler à une caravane échouée dans le sable. C'est au contraire une activité incessante, infatigable, prodigieuse, un emploi excessif de l'imagination, de l'intelligence et du cœur. Guerre, religion, philosophie, poésie, lettres naissantes, antiquité retrouvée, tous les alimens de la pensée sont avidement, sont passionnément recueillis. Doit-on plaindre une telle époque, et ne se laisse-t-on pas surprendre à l'envier? Près d'un usage si immodéré des forces humaines réside le charme qui les tempère et les soutient. Quels caractères de femmes qu'Antoinette de Bourbon, Anne de Ferrare, Catherine de Clèves! Quels noms! quels souvenirs! Alors l'énergie n'excluait pas la grace. Voilà pourquoi ces héros *qui n'ont pas réussi* n'en sont pas moins l'objet d'un intérêt durable et d'une préoccupation constante.

Cependant il y a quelque chose de plus sérieux dans l'intérêt qui s'attache aux Guise; cet intérêt n'est pas uniquement fondé sur l'amour du pittoresque : leur destinée renferme une haute question religieuse et politique. « Sans les princes lorrains, » a dit Mézeray, répété par la foule des annalistes, « la religion ancienne eût fait place aux nouvelles sectes. » Cette assertion ne me semble pas fondée; je pense au contraire que sans les Guise, sans l'alliage de leurs vues personnelles et de la cause sacrée qu'ils ont embrassée, le protestantisme n'aurait pas pris en France l'extension dont il a été redevable à leur politique irritante et provocatrice. Faible à sa naissance, réprimé par François Ier et par Henri II, peu adapté aux mœurs et aux habitudes des classes inférieures, peut-être se serait-il éteint faute de chefs, si les Guise n'avaient pris soin de lui en donner par un antagonisme imprudent avec les princes du sang et avec l'élite de la noblesse française. Ainsi que j'essaierai de le prouver par le simple exposé des faits, ils ont créé le péril qu'ils n'ont pu vaincre; ils ont laissé la réforme plus puissante et mieux établie qu'ils ne l'avaient trouvée. Toutefois, en leur contestant la gloire d'avoir sauvé le catholicisme en France, on ne peut leur refuser l'honneur de s'en être déclarés les champions et les chevaliers.

Que l'habile panégyriste des Guise me permette de prendre ici leur parti contre lui-même : il attribue d'une manière trop absolue tous leurs actes à l'ambition; il en fait le mobile trop exclusif de leur conduite. A cet égard, je suis loin de partager son avis. Les Guise étaient ambitieux, qui peut le nier? mais ils étaient croyans, mais ils étaient pénétrés d'une conviction profonde; ils avaient la foi. Certes ce n'était pas la religion indulgente et douce qui sait plaindre et consoler : la religion de saint François de Sales et de saint Vincent de Paule. Leur siècle était trop féroce pour la connaître. Ils avaient la foi agressive et militante; la foi qui attaque, combat et punit. Pour être dure, cette foi n'en était pas moins vraie : c'était du fanatisme si l'on veut, mais un fanatisme sincère; ces hommes, quelquefois coupables, n'étaient pas des hypocrites. Il faut bien se garder de confondre les entraînemens de la passion avec les calculs de l'hypocrisie. Jamais la ferveur religieuse n'aurait eu cette force d'expansion, si elle était sortie tout armée du cerveau, au lieu d'avoir germé dans le cœur : huguenots, catholiques, tous croyaient alors, et croyaient fermement. S'il y avait des hypocrites quelque part, ce n'était point parmi les plus grands et les plus forts, surtout ce n'était point parmi les hommes de guerre; le scepticisme hantait peu les camps et se cachait rarement sous l'armure. La foi était alors une vertu éminemment militaire. Alexandre VI et Jules II avaient régné pendant cette même période où Bayard, sur le champ de bataille, expirait en baisant la croix de son épée. Tandis que Charles de Lorraine, un prince de l'église, faisait des concessions à l'hérésiarque Théodore de Bèze, François de Lorraine, un soldat, déclarait qu'il n'entendait pas grand'chose à toutes ces disputes, mais qu'il ne cédait rien de ce qu'il avait appris sur les genoux de sa mère.

Certes, il y aurait de l'exagération à prétendre que la foi était l'unique boussole de tels hommes et qu'aucun alliage ne se mêlait à leurs convictions religieuses. Il y a plus : par une capitulation de conscience ignorée de ceux qui s'y livraient, tant elle leur était naturelle, il arrivait alors que dans le détail de la vie on tirait de ses croyances un parti très égoïste et très profane; mais le ressort, à la fois solide et flexible, existait indépendamment de ses applications; il se prêtait souvent, il

fléchissait quelquefois, il ne rompait jamais. Au surplus, quel que soit
le motif qui ait dirigé les Guise dans le choix de leur drapeau, qu'ils aient
agi sous l'empire de la conscience ou du calcul, ce qui fait l'honneur
de leur nom, ce qui les recommande à la postérité, c'est d'avoir reconnu qu'en France la cause du catholicisme était celle du christianisme lui-même, et de s'y-être dévoués vaillamment. Ils ont vu, non
par le raisonnement, mais par l'instinct, que l'esprit français, assez
hardi, assez aventureux pour franchir toutes les barrières, était trop
logique pour s'en créer de factices; qu'il pouvait aller bien au-delà du
protestantisme, mais qu'il ne consentirait jamais à s'y arrêter. Les
Guise assurément n'ont rien dit ni même rien pensé de tout cela; leur
siècle n'était pas raisonneur comme le nôtre; il n'était pas sans cesse
occupé à faire sa propre autopsie, il portait une épée au lieu d'un scal-
pel; mais, en pareille matière, le coup d'œil de l'homme d'état vaut
bien l'analyse du philosophe. Dans ce rendez-vous de toutes les opinions, dans cette mêlée de tous les symboles, tandis que Coligny voulait
créer une république protestante, tandis que la réforme donnait l'existence à la Hollande, la grandeur à l'Angleterre, et qu'elle formait sur
les bords d'un lac écarté, dans un coin des Alpes de Savoie, un centre
religieux et politique, les Guise se détournaient de ces exemples, et
comprenaient que le génie de la France était ailleurs. En effet, tout son
passé, toutes ses traditions repoussaient l'établissement de la réforme.
Quels étaient les souvenirs de l'Allemagne? Une lutte perpétuelle et
sanglante avec le saint-siége. Ceux de l'Angleterre? Un assujétissement absolu à la cour de Rome! Rien de semblable en France : ni hostilité ni esclavage; presque toujours une libre et respectueuse soumission, souvent même une protection honorable accordée par la fille à la
mère. En France, le protestantisme n'avait pas d'ancêtres. —Mais il
est temps d'entrer, avec M. de Bouillé, dans les annales de l'étrange
famille qui a débuté par prétendre à la couronne et qui a fini par disputer le pas au menuet.

I. — LES PREMIERS GUISE.

L'établissement d'une branche de la maison de Lorraine en France
eut de graves conséquences pour la dynastie et pour l'état; toutefois, à
son origine, cet événement ne fut marqué d'aucun caractère politique :
il n'avait rien que de simple et d'ordinaire, c'était l'effet d'une coutume
très répandue au moyen-âge. Les cadets de maison souveraine se transportaient dans quelque royaume voisin pour y faire leurs premières
armes, quelquefois pour s'y fixer. Moyennant certains avantages, certaines prérogatives, sans être assimilés aux enfans des rois, ils s'y plaçaient au premier rang, immédiatement après les princes du sang,

au-dessus de la plus haute noblesse. Les exemples en étaient fréquens à cette époque; ils se sont perpétués jusqu'à nous, non pas à la
vérité en France, où toutes les traditions aristocratiques sont abolies
depuis long-temps, mais en Allemagne et dans le nord de l'Europe. On
y voit souvent des princes allemands, de ceux qu'on appelle *Ebenbür-
tig,* entrer au service des puissances du premier ordre, telles que la
Russie, l'Autriche, la Prusse, s'y établir pour le reste de leurs jours,
et ne quitter l'uniforme qu'avec la vie. Sous la féodalité, ce lien était
encore plus resserré et plus durable. Comme la naturalisation des
princes étrangers, presque toujours suivie de quelque opulent mariage,
devenait une occasion naturelle d'acquisitions importantes, leur situation dans leur patrie adoptive n'était pas uniquement fondée sur la
prestation du service militaire, elle l'était aussi sur une large part dans
la possession du sol. Cette situation, à la fois territoriale et politique, ne
restait pas simplement viagère; de l'individu, elle passait à la race. Sans
parvenir à se faire complétement nationales, ces familles participaient
cependant à tous les droits, à tous les priviléges des naturels du pays.

C'est donc par suite d'une coutume à peu près générale, et non par
aucune vue ambitieuse, par aucune combinaison dynastique, que le
duc de Lorraine, René II, établit à la cour de France Claude, comte,
puis duc de Guise, le second de ses fils. Tout héros qu'il était, le vainqueur de Charles-le-Téméraire n'agit dans cette occasion qu'en bon ménager, en excellent père de famille. Ce partage entre ses enfans était
indiqué par la nature de ses possessions, qui, d'une part, consistaient
en terres souveraines et indépendantes telles que ses deux duchés; de
l'autre, en biens allodiaux situés en France. Même avant de songer à
acquérir aucune prépondérance politique dans le royaume, les princes
lorrains y étaient déjà puissamment établis, tant au midi que dans le
nord, grace à leurs alliances matrimoniales. Comme héritiers de la maison d'Anjou, ils avaient de grandes terres en Provence, en Champagne,
en Picardie, en Flandre; ils tenaient d'autres fiefs en Normandie du
chef de leur aïeule, Marie de Harcourt, comtesse de Vaudemont. Ce fut
cette portion de ses domaines que le duc René légua à la branche cadette de sa maison, pour en faire une famille toute française, entièrement distincte de la branche aînée, destinée à gouverner la Lorraine.
Le roi Henri IV était donc plus partial qu'exact, lorsqu'il prétendait
qu'à leur arrivée dans le royaume, les Guise n'avaient que 15,000 livres
de rente et un valet. Ce qu'il y a de bien sûr, c'est que, sans le rôle
qu'ils jouèrent plus tard, la clause qui les concernait dans le testament de leur père n'aurait pas eu plus d'importance historique que
la naturalisation analogue des deux branches collatérales des maisons
de Mantoue et de Savoie, établies en France sous le nom de ducs de
Nevers et de Nemours.

Bornée à de frivoles distinctions de cour, la vie de Claude n'aurait pas été plus glorieuse que celle de ces princes, si dans ce cadet de Lorraine, dans cet aventurier de bonne maison, l'avenir n'avait pas préparé le plus heureux capitaine de son siècle et peut-être le plus grand esprit de sa race. Nul doute qu'il n'en fût le plus habile : seul de tous les Guise, il ne laissa jamais échapper l'occasion; seul, il ne manqua jamais à sa fortune, qu'il sut gouverner et circonscrire. Il la prépara et traça la route à tous ses descendans en identifiant ses intérêts avec ceux de l'église : pensée audacieuse, presque sacrilége, qui compromettait une cause sainte en l'assujétissant à des vues particulières, mais conception puissante, soutenue par une invincible énergie et par une passion sincère. Dans le cœur de Claude de Lorraine brûlait une aversion profonde des novateurs, un vif attachement à l'ancienne foi, un désir ardent de laver ses outrages dans le sang de ses ennemis, de les guerroyer sans relâche et sans pitié. Progrès ou défaite, triomphe ou martyre, il s'associa avec tous les siens aux chances du catholicisme. Les Guise en devinrent les Machabées.

La mère de Claude l'avait élevé dans ce dessein. Philippe de Gueldres avait été la seconde femme de René II, duc de Lorraine. Veuve, comblée d'honneurs et de richesses, entourée d'une postérité nombreuse, elle s'était retirée du monde dans un cloître, et avait fait profession devant ses sept enfans. M. de Bouillé raconte de la manière la plus intéressante cette scène, qui dut laisser une trace si profonde dans l'imagination et dans la mémoire du premier Guise. « La duchesse entra précédée de son jeune fils, âgé de douze ans; il fondait en larmes en lui portant le cierge. Après la cérémonie, les princes, les princesses et les personnages présens s'avancèrent près de la grille du chœur, pour recevoir, agenouillés et baignés de larmes, la bénédiction de Philippe, qui disait ainsi au monde un adieu spontané et définitif. Dans cet austère asile, où elle devait terminer ses jours *en opinion de sainteté* à l'âge de quatre-vingt-cinq ans, son humilité fut constamment telle que, soumise à toutes les obligations de son ordre, portant les mêmes vêtemens, vivant de la même nourriture que les autres religieuses, elle signait ses lettres à ses supérieures : « Votre pauvre fille et sujette « sœur Philippe, humble servante de Jésus, pauvre ver de terre. »

Dans ces temps d'action, l'humilité la plus vraie, la plus sincère, n'affaiblissait pas la fermeté, n'éteignait pas l'ardeur d'un cœur héroïque. Puisée à la même source, la résolution de Philippe de Gueldres n'avait pourtant rien de commun avec celle qui naguère conduisit Jeanne de France du palais des rois au fond d'un monastère. Aimante et dédaignée, Jeanne avait essayé de guérir dans l'ombre et dans la solitude la blessure d'une ame tendre. Philippe, au contraire, y était descendue des hauteurs de la maternité et de la puissance. Elle n'y

était pas venue pour oublier un siècle coupable, mais pour attirer sur
lui le châtiment par la force de la prière. On ne peut se défendre d'une
sorte de terreur religieuse devant la statue de la duchesse de Lorraine (1). A cette pâle figure de marbre blanc revêtue d'un long suaire
de marbre noir, à ce masque sillonné par l'âge, macéré par la pénitence,
à ces traits mâles et durs, on reconnaît la mère des Guise, comme on reconnaissait la mère des Gracques à l'orgueil de son grand sourcil (2).

Plein de sagacité et de courage, de résolution et de finesse, doué
d'une beauté noble et séduisante, le duc Claude joignait à tous ces dons
de la nature un avantage auquel nul autre ne supplée, et qui parfois
tient lieu de vertu et de mérite. Par ses qualités comme par ses défauts,
il était de son temps; il en eut toutes les passions : ce fut sa force. On
ne gouverne les passions de ses contemporains que lorsqu'on les comprend et qu'on les partage. Claude était fanatique comme un inqui-
siteur et galant comme un chevalier, ce qui ne lui ôtait ni la faculté
du calcul ni la possession du sang-froid. Mieux inspiré que ses descendans, il avait renfermé ses vœux dans un cercle réalisable, quoique étendu. Rien ne donne à penser que ce prince ait jamais visé au
trône, même dans un avenir lointain, même pour sa postérité. Déjà
apparenté à la maison de France, il se borna à former avec elle un
lien plus étroit et plus direct. Il trouva dans Antoinette de Bourbon
ce qui pouvait satisfaire à la fois le vœu de son ambition et le penchant
de son cœur. Cette union fut le premier et peut-être l'un des plus
grands bonheurs de cette heureuse maison, non-seulement à cause de
la noblesse et de l'utilité d'une telle alliance, mais à cause du caractère d'Antoinette, qui ne se démentit jamais pendant un long espace
de temps. Elle ne mourut qu'octogénaire par un privilége qui lui fut
commun avec les autres femmes de la maison de Guise, depuis la mère
de Claude jusqu'à la veuve du Balafré. Personne n'usa d'une longue
vie avec une dignité plus imperturbable et plus constante. Placée par
son origine royale au-dessus du rang qu'elle avait accepté, Antoinette
de Bourbon s'identifia si complétement avec sa nouvelle situation, que,
par une abnégation très rare, elle renonça aux honneurs et aux distinctions qui lui appartenaient en propre, rejetant ce qu'elle ne pouvait partager avec son mari. La médisance, qui poursuivait sa famille, l'épargna et la respecta toujours; la calomnie même ne s'essaya
jamais contre elle. Cependant elle était douée de toute l'adresse compatible avec la droiture, mais elle était plus forte encore de ses vertus

(1) Transportée avec son tombeau de Pont-à-Mousson aux cordeliers de Nanci.
(2)   . . . . Malo
        Malo venusinam quam te, Cornelia mater ·
        Gracchorum, si cum magnis virtutibus affers
        Grande supercilium et numeros in dote triumphos. (Juvénal; sat. vi.)

que de son habileté. Douce, quoique fière, charitable, compatissante, épouse et mère chrétienne, étrangère à la discorde et à la haine, présente à tous les événémens politiques par un art d'autant plus admirable qu'il était plus innocent, elle évitait d'y être directement mêlée. Dans une situation où nulle démarche n'était indifférente, où toute action aurait pu être soupçonnée de combinaison et d'arrière-pensée, l'épouse du duc de Guise se réfugia si complétement dans sa tendresse conjugale, s'abrita si bien sous sa simplicité et sa modestie, que les courtisans les plus corrompus et les moins crédules ignoraient la supériorité de son intelligence et méconnaissaient la finesse de son instinct au point de ne l'appeler jamais que *Mme de Guise la bonne femme* (1). Ainsi appuyés l'un sur l'autre, pleins d'une confiance et d'une déférence réciproque, les jeunes mariés cheminaient adroitement entre les écueils.

Le premier dans les tournois, général à l'âge où les plus braves n'étaient encore que chevaliers, Claude de Lorraine se montrait partout où il y avait un coup d'épée à donner ou une place à enlever. A la tête d'un petit nombre d'hommes hardis, il entrait dans le camp des Anglais et laissait cinq ou six cents morts sur la place, assistant à tous les siéges, à tous les combats. Avec ce bonheur qui ne lui fit jamais défaut, exilé pendant la campagne d'Italie par suite d'une intrigue de cour, il n'assista point à la déroute de Pavie; mais, tandis que Bonnivet s'y faisait battre et que François 1er s'y laissait prendre, Guise, qui n'était pas homme à rester oisif dans son manoir de Joinville, s'en échappait et courait à la frontière. Un chef allemand, le landgrave de Furstemberg, à la tête de dix mille reitres, marchait sur Neufchâteau. Au moment où il s'y attendait le moins, le landgrave vit venir à lui Claude de Lorraine en personne. Le duc lui livra bataille et tailla son armée en pièces. « Mesdames de Lorraine et de Guise, assises aux fenêtres avec leurs dames et demoiselles, en virent le jeu à leur aise et sans danger. » On eût dit qu'elles assistaient à un carrousel.

Des fanatiques allemands, soutenus en secret par Charles-Quint, avaient profité de la captivité de François 1er pour pénétrer en France. Ils avaient établi à Saverne, en Alsace, leur quartier-général, d'où ils menaçaient notre frontière. Ce n'étaient pas seulement les propagateurs d'une religion nouvelle; c'étaient aussi des sectateurs de cette doctrine de la spoliation et du pillage qui a trouvé des adeptes et des professeurs dans tous les temps. Pour parler le langage énergique de Brantôme, « c'étoient quelques quinze ou vingt mille marauts de communes, qui disoient que tous biens estoient communs, et ravageoient tout partout où ils passoient.... Monsieur de Guise, brave et vaillant prince,

(1) Brantôme, *Claude de Guise.*

et très bon catholique, et chrestien, s'arma soudain, et ne leur donna
pas loisir de venir à luy, mais luy alla à eux, et ayant assemblé la
troupe assez petite pourtant, les alla charger à la plaine de Saverne, et
les défit tous, si bien qu'il n'en resta pas mille pour en porter nouvelles
en leur pays. »

: Les *communistes* expédiés, Claude accourut au cri des habitans de Paris épouvantés; l'armée anglaise campait à quelques lieues de leurs remparts. Le duc s'y enferma, déterminé à mourir avec eux ou à sauver leur
ville. Il la sauva. C'est alors que fut scellé ce pacte si long-temps in-
indissoluble qui lia les Parisiens aux Guise : alliance utile et féconde, si
elle avait affermi le trône légitime et national à l'ombre d'une épée
victorieuse. Vouée au renversement de ce qu'elle aurait dû protéger
et défendre, elle ne produisit que des résultats funestes et ne porta que
des fruits empoisonnés.

Louise de Savoie, régente pendant la captivité de son fils, ne put se
défendre de violens soupçons. Pour frapper les reîtres, Claude n'avait
pas attendu ses ordres; c'était même contre l'avis du conseil qu'il avait
marché sur l'ennemi sans perdre un instant, se donnant à peine quelques heures pour voir sa vieille mère, qui le bénit et lui dit : « Mon
fils, sans tarder, sans faillir, allez combattre pour la gloire de Dieu. »
Il avait combattu et vaincu, mais cette victoire avait rendu sa désobéissance plus éclatante. La régente aurait plus volontiers pardonné
une défaite. Son dépit s'accrut en proportion de la popularité de Claude
de Guise, et lorsqu'au bruit des acclamations du peuple, ravi de la
vaillance, de la libéralité du prince lorrain, le parlement de Paris lui
eut écrit pour le complimenter, Louise de Savoie crut voir reparaître
un autre Charles de Bourbon plus dangereux que le premier. ·

La défiance de la régente était au moins prématurée. Certes, elle n'é-
tait en droit de faire aucun reproche à Claude; mais le contraste entre
le roi de France prisonnier dans une capitale étrangère et un prince
étranger libérateur de la capitale de la France pouvait semer dans
l'avenir un germe funeste à la dynastie régnante. En effet, c'est précisément de cette délivrance de Paris que date la popularité de la maison de Guise. Déjà même, sans rompre le lien féodal qui l'attachait à la
couronne, cette famille avait jeté les fondemens de son crédit à la cour
de Rome. En professant un grand zèle catholique, en se faisant affilier
aux bénédictins, aux chartreux, aux frères prêcheurs et à d'autres ordres religieux investis d'une haute influence, en sollicitant des graces
particulières pour sa femme et pour lui, Claude de Guise s'était créé à
Rome une position particulière, indépendante de la politique générale
de nos rois. C'étaient autant de déclarations de guerre contre le protestantisme. Les progrès de la secte étaient encore faibles et douteux dans
le royaume; mais elle pouvait grandir comme en Allemagne. Sa des-

truction fut désormais confiée par les papes au bras également fidèle
et fort de leurs fils bien-aimés les ducs de Guise.

Louise de Savoie ne parvint pas à faire partager sa défiance à François Ier. Devenu moins impétueux, moins irritable depuis sa prison, le
roi n'aspirait plus qu'au repos. Il ne voulut pas écouter les suggestions de sa mère; il se rappelait que, lors de la fatale aventure du connétable, sa piété filiale lui avait coûté bien cher. Pour cette fois, il
refusa de prêter l'oreille à des dénonciations jalouses. « Mme la régente,
dit Brantôme, voulut faire un mauvais parti à M. de Guise... Elle par-
loit quelquefois autant par passion et affection que par raison, ainsi
que le chancelier Duprat, qui n'estoit point guerrier, et toutesfois s'en
vouloit mesler, lui avoit soufflé aux oreilles. » Bref, au lieu de se fâcher contre le duc de Guise, le roi trouva fort bon qu'il eût battu
« ces marauds, qui disaient que tous biens étaient communs. » Sur ce
point, il serait difficile de ne pas être de son avis.

Malgré ses défauts et ses vices, François Ier a été l'idole de son pays
et de son temps, parce qu'il en était lui-même la vivante image. Les
Français n'ont perdu qu'après son règne le caractère qui leur était
propre, dénaturé plus tard par l'introduction successive de mœurs
étrangères : italiennes sous les fils de Catherine de Médicis, ensuite espagnoles, puis anglaises, maintenant enfin composites et mixtes. Plus
préoccupés des théories du xvIII^e siècle que des coutumes du xvI^e, des
écrivains économistes ou rationalistes, constitutionnels ou constituans,
M. Rœderer, M. Sismondi, ont poursuivi la mémoire du vainqueur de
Marignan; ils ont accablé de leurs anathèmes ce prince si homogène à
ses compatriotes, si sympathique, à ses contemporains. Un esprit plus
libre et d'un ordre plus élevé, un historien véritable n'a pas adopté
contre François Ier des conclusions encore plus partiales que sévères.
M. Augustin Thierry a reconnu du moins « que, parmi les hasards
auxquels François Ier abandonnait sa conduite, il lui arriva de rencontrer juste pour la gloire et pour le bien du royaume, que sa volonté
arbitraire, parfois violente, fut généralement éclairée (1). » Tout en faisant à travers le moyen-âge un voyage de découverte à la recherche d'un
tiers-état, M. Thierry a su rendre justice à un roi gentilhomme. Quoi
qu'en aient dit ses détracteurs, François Ier avait l'ame et surtout l'imagination généreuse. Poète sur le trône, il cherchait en toutes choses
l'idéal, ce qui expose quelquefois à prendre l'apparence pour la réalité.
Même après Borgia et Machiavel, il se croyait encore en pleine chevalerie, et pourtant depuis le xIV^e siècle la chevalerie n'existait plus. Décimée à Crécy, à Azincourt, elle avait péri, de la main des Anglais, sur
le bûcher de Jeanne d'Arc. François Ier la renouvela, non comme une

(1) *Monumens inédits de l'Histoire du Tiers-État*, introduction, p. XC; Paris, 1850.

institution publique, mais comme un art élégant et libéral, au même titre que la sculpture, la peinture, l'architecture, les lettres. Ce prince n'était pas seulement le roi des artistes, c'était le roi artiste autant que le roi chevalier. Et pouvait-il être autre chose? Qu'y avait-il alors en France que l'étude et la guerre, que des soldats et des lettrés? N'est-ce pas là encore le fond, le vrai fond du génie national, sur lequel le temps a pu élever un nouvel édifice, mais sans changer la nature du terrain? Avec ce tour d'esprit, François Ier ne pouvait rester insensible à la gloire d'un sujet, même lorsqu'elle devait devenir dangereuse à son pouvoir; aussi fut-il touché jusqu'à l'imprudence des talens militaires et des vertus chevaleresques de Claude de Lorraine. Il l'éleva à des honneurs sans exemple, malgré la juste résistance du parlement : Guise, Aumale, Mayenne, furent successivement érigés en duchés-pairies, ce qui n'avait été encore accordé qu'aux princes de la maison royale. Des récompenses si excessives semblaient ouvrir la voie à l'ambition du Lorrain; la tentation devenait trop forte; cependant il y résista avec la circonspection ordinaire aux fondateurs des dynasties durables.

Malgré toute la prudence du chef des Guise, François Ier finit par s'étonner lui-même de ce qu'il avait fait pour l'élévation de cette famille. Très mobile comme tous les hommes d'imagination, il réprimait l'audace du duc de Guise par des boutades et des dégoûts dans le temps même où il l'encourageait par son indulgence et par ses dons. La situation de Claude auprès du roi offrait un singulier mélange d'alternatives favorables et contraires; il échappait toujours à la disgrace; mais enfin il y aurait succombé, si la mort de François Ier n'était venue à temps. Je ne crois pas que ce roi ait lu assez bien dans l'avenir pour avoir prédit :

. . . .
Que ceux de la maison de Guise
Mettroient ses enfans en pourpoint,
Et son pauvre peuple en chemise.

Ceci n'est qu'une épigramme posthume; ce qu'il y a de sûr, c'est qu'au lit de mort François Ier engagea son fils Henri à se défier de ces nouveaux venus. Il ne s'agissait pas de leurs prétentions au trône, le roi mourant aurait eu besoin d'un esprit prophétique pour les en accuser; mais ce qu'il avait entrevu de leurs espérances suffisait pour éveiller dans son esprit quelques réflexions chagrines. Déjà à une existence presque indépendante dans l'intérieur du royaume ils avaient prêté l'appui direct d'une alliance étrangère par le mariage de Marie de Guise, fille de Claude, avec Jacques V, roi d'Écosse. Quelque temps après, leurs liens avec la maison royale se resserrèrent encore par l'union de François, fils aîné de Claude, et d'Anne d'Este, princesse de Ferrare, petite-fille de Louis XII. Après la mort de François Ier, Claude jouissait d'une faveur éclatante auprès de Henri II, moins par lui-même que par ses deux fils, François et Charles, les aînés de ses sept enfans. Ils étaient tous deux de l'âge de Henri II. Leur laissant le soin de continuer son œuvre au milieu d'une génération nouvelle, le vieux duc de Guise se retira dans son château de Joinville, y vit venir le terme de ses jours avec intrépidité, et ne donna plus d'autre marque de la faiblesse inhérente à l'espèce humaine qu'en attribuant sa mort au poison, genre de vanité dont un grand personnage de ce temps-là ne savait guère se défendre. Une mort violente, un empoisonnement, à défaut d'un assassinat par la dague ou par l'épée, était alors un privilège de noblesse, une preuve d'importance sociale et politique. Il fallait qu'un homme fût bien inconnu, bien insignifiant, bien subalterne, pour qu'on le laissât mourir dans son lit. Cette idée singulière est d'origine orientale; elle a long-temps prévalu dans le Levant. Il n'y a guère plus d'un demi-siécle qu'un ambassadeur de France à Constantinople, ayant demandé à la veuve d'un hospodar, si son mari était mort de maladie, elle répondit avec indignation : « Pour qui donc le prenez-vous? » Le hospodar avait été étranglé.

Personne assurément n'avait le moindre intérêt à faire périr Claude de Lorraine, retiré du monde depuis long-temps : il aurait été plus naturel de s'en prendre à ses fils, alors dans tout l'éclat de la faveur; mais un si haut et si puissant seigneur que le duc de Guise devait pouvoir dire en mourant à sa famille éplorée et à ses vassaux témoins de ses derniers momens : « Je ne sais si celui qui m'a donné le morceau est grand ou petit; n'importe! je lui pardonne. » Ses serviteurs lui devaient surtout d'inscrire sur son cercueil ces paroles honorables et consolantes : « Trépassé le 12 avril, l'an 1550, à Joinville, par poison. »

C'est avec raison que M. de Bouillé s'est étendu sur le premier duc de Guise. Les historiens l'ont trop sacrifié à ses descendans. Il fut le créateur et le précurseur de leur fortune. Toute proportion gardée, il a été le Philippe de ces Alexandre. Il faut avouer cependant que la grandeur de cette famille aurait été arrêtée dans son premier élan, si l'œuvre de Claude n'avait pas trouvé pour continuateurs deux hommes, deux frères d'un caractère très opposé, de talens très divers, mais qui, agissant dans un intérêt identique, se prêtant sans cesse un mutuel secours, se suppléant, se complétant au besoin, tirèrent de la réunion de leurs inégalités, de l'accord de leurs dissonances, un tout harmonieux, indivisible, soutenu et balancé avec art par un contraste savamment ménagé. Se connaissant parfaitement l'un l'autre et ne s'ignorant pas eux-mêmes, ils n'avaient voulu rien perdre de leurs qualités ni de leurs défauts. Tout avait été mis en commun au profit d'une ambition solidaire. Tandis que le duc prodiguait les adages chevaleresques, le cardinal répandait avec une égale profusion les sentences

machiavéliques; pendant que François se couvrait de gloire à la tête
des armées; Charles avouait sa couardise et même en faisait un étalage évidemment affecté. Souvent on lui entendait dire : « Dans telle
circonstance, j'aurais fait parler de moi, si j'avais eu le courage de
M. mon frère. » Il établissait ainsi une perpétuelle antithèse entre sa
propre habileté politique et la valeur militaire de son aîné. A chacun
son emploi et sa tâche : à François la victoire au dehors, à Charles
l'intimidation au dedans; à François les ennemis du royaume, à Charles
ceux de la maison de Lorraine; à lui encore les négociations habiles, à
son frère les guerres heureuses. L'un s'était adjugé le goût des lettres,
l'autre le dédain des lettrés. Le cardinal s'érigeait en Mécène et patron-
nait les savans; le duc ne protégeait que les gens d'armes et les hardis
aventuriers. Cette ambitieuse division du travail fut même poussée si
loin, qu'en se cotisant pour quelque entreprise injuste ou violente,
l'homme d'église prenait quelquefois tout l'odieux d'une démarche
pour laisser à l'homme de guerre le soin de la réparer; et se rendait
sciemment impopulaire, afin d'accroître la popularité de son associé.

Plusieurs exemples prouvent ce calcul; voici le plus décisif : cela
se passa au temps de la toute-puissance des Guise; un peu avant la
conjuration d'Amboise. La cour était à Fontainebleau; beaucoup de
soldats, de capitaines, qui depuis long-temps attendaient en vain le
paiement de l'arriéré, remplissaient la ville du bruit de leurs réclamations et du spectacle de leur misère. Le duc de Guise les appela,
les consola, reconnut leur droit, et promit de les récompenser. « Il
les connoissoit tous très bien, dit Brantôme, et leur fesoit très bonne
chère jusqu'aux plus petits. Ces braves gens se répandoient dans la
ville, pleins d'espérance et de joie; lorsqu'ils y entendirent crier *que
tous capitaines, soldats, gens de guerre ou autres qui étaient là venus
pour demander récompense et argent, qu'ils eussent à vider sur la vie.* »
C'était le cardinal de Lorraine qui avait fait publier cette ordonnance
à son de trompe. Est-il croyable qu'il l'eût fait à l'insu du duc de
Guise? La connivence est évidente. Si, dans une circonstance aussi
singulière, il n'y avait pas eu un accord tacite entre les deux frères,
il y aurait eu un désaccord public : le duc se serait hâté de réparer
une mesure inique et extravagante; mais, tandis que Charles de Lorraine chassait les solliciteurs *sous peine de la vie*, et que, pour parler
comme Brantôme, il faisait le *Rominagrobis*, à quoi s'amusait de son
côté le duc François? « Il recevoit ces mêmes soldats qui venoient à lui
ne sachant rien du *bandon*, et leur disoit privément : Retirez-vous
chez vous, mes amys, pour quelque temps... Le roi est fort pauvre à
cette heure; mais asseurez-vous, quand l'occasion se présentera et qu'il
y fera bon, je ne vous oublierai point... » Évidemment c'était de la
comédie, à la vérité de la plus ingénieuse, de la plus haute, et jamais

acteurs n'ont si bien joué leur rôle. Ce qui le prouve, c'est qu'après trois cents ans nous subissons encore le prestige exercé par François de Lorraine, cet habile courtisan de la multitude. On lui attribue la magnanimité, la clémence, le pardon des injures, sur la foi de quelques paroles généreuses démenties par de cruelles actions. J'insiste sur ce jeu concerté entre le duc de Guise et le cardinal de Lorraine. J'y vois un trait caractéristique, qui ne me semble avoir été suffisamment mis en relief ni par M. de Bouillé ni par aucun des historiens qui l'ont précédé.

Heureusement pour la réputation des deux frères, il y avait en eux, surtout dans le duc, trop de talens incontestables, trop de supériorité réelle, pour leur rendre toujours nécessaire un si fatigant manége. C'est à tort cependant qu'on veut faire du cardinal de Lorraine un grand homme d'état; rien ne justifie cette assertion. C'était tout au plus un habile diplomate, ce qui est très différent d'un homme d'état. A en juger non par les panégyriques, mais par les actes, le cardinal de Lorraine ne fut jamais qu'un brouillon magnifique. Il n'avait de l'homme d'état que le costume, l'attitude et le masque. En revanche, la nature en avait fait un orateur éminent. Sans doute, l'éloquence de Charles de Guise n'a pas échappé au mauvais goût dont les arts libéraux s'étaient seuls affranchis dans ce beau siècle de la renaissance, et qui infectait la poésie, l'éloquence religieuse, judiciaire et politique; mais, de l'aveu de tous ses contemporains, le cardinal de Lorraine était puissant par la parole. Il savait séduire et convaincre; il possédait la voix, l'action, le geste oratoires. S'il imposait dans le cabinet par son rang, par son faste, par l'autorité d'une situation à la fois ecclésiastique et princière; dans les conciles, dans les conférences, dans les colloques, à la tribune enfin, tous ces secours étrangers lui devenaient inutiles. Il lui suffisait de ne montrer que son talent.

Quant au duc François, c'était le premier capitaine de son siècle, et sur ce point il n'y a ni doute ni controverse, pas plus chez les contemporains que dans la postérité. Son début cependant ne fut pas heureux. Chargé de défendre le pape contre les impériaux, le duc de Guise se laissa dominer par une préoccupation trop ordinaire à sa famille, et qui finit par contribuer à sa chute. Il ne songea qu'à faire valoir ses prétendus droits sur le royaume de Naples; il manqua la campagne pour l'avoir conduite uniquement dans ce dessein personnel. Aussi le fougueux Paul IV, peu accoutumé à dissimuler et à se contraindre, n'hésita pas à lui dire que, « dans cette guerre d'Italie, il avait fait peu pour son roi, encore moins pour le saint-siège, et rien du tout pour lui-même. » Cet échec fut bien glorieusement réparé par une série de combats, de siéges, de victoires, qui forment seuls une auréole impérissable autour du nom trop compromis des Guise. La bataille de Saint-Quentin, la prise de Calais, la défense de Metz, voilà pour cette famille des titres de meilleur aloi que le massacre de Vassy et la journée des barricades. M. de Bouillé n'en a point altéré l'éclat. Toute cette partie de son livre est écrite avec autant d'exactitude que de verve, et c'est là qu'il faut voir ce grand tableau de Charles-Quint méditant son abdication devant les armes de la France.

Le rôle militaire de la maison de Guise a été irréprochable; il n'en est pas de même de son rôle politique. Après avoir adhéré sans réserve à l'admiration qui a si bien inspiré son historien, je me vois forcé de me mettre un peu moins du parti de son enthousiasme. Les Guise désormais ne vont plus faire que des fautes.

C'est pendant le règne de François II qu'il faut juger François et Charles de Lorraine. Jusqu'alors ils avaient occupé une place très importante dans l'état; la cour n'avait rien refusé à leur orgueil; les distinctions, les dignités, les honneurs leur avaient été largement accordés. Point de limites dans les faveurs, nulle modération dans les imprudens·bienfaits de la royauté; elle avait fait de ces ambitieux étrangers ses premiers sujets, et même quelque chose de plus. Cependant ils n'étaient pas encore les maîtres du royaume; ils ne le devinrent qu'à la mort de Henri II. Comment usèrent-ils du pouvoir suprême? S'y montrèrent-ils grands politiques, administrateurs habiles, hommes d'état supérieurs? Ont-ils marqué leur passage au pouvoir d'une de ces traces à la fois lumineuses et profondes qui, bien qu'obscurcies par la poussière des âges suivans, ne sont jamais complétement effacées, et restent dans les mœurs, dans les institutions, dans la constitution naturelle d'un pays? C'est là ce qu'il faut examiner; c'est là qu'est le point en litige. Si, au succès transitoire d'une ambition égoïste, les Guise n'ont associé aucune pensée d'un ordre plus général, ils ne méritent guère plus d'attention qu'un Concini, un d'Épernon, et tant d'autres favoris plus ou moins heureux, que l'histoire nomme en passant et auxquels elle ne tient aucun compte de leur élévation; mais si les Guise ne se sont pas bornés à élever un monument domestique, s'ils ont apporté aussi une pierre à l'édifice encore nouveau de l'autorité monarchique commise à leur garde; si, au lieu de l'arrêter dans sa construction laborieuse, ils en ont hâté l'achèvement et dirigé l'essor, ils méritent une place à côté des Suger, des Richelieu, de tous ces ministres qui, après avoir reçu le dépôt de la France, l'ont rendu à leurs successeurs accru, augmenté ou du moins intact. Pour prononcer, il faut examiner dans quel état les princes lorrains ont pris les affaires et comment ils les ont laissées.

En 1559, à l'avènement de François II, l'Europe entière vivait dans la préoccupation d'une seule idée, celle de la réforme religieuse. Le catholicisme succombera-t-il? cédera-t-il au nouveau symbole, ou finira-t-il par en triompher? Voilà ce qu'on se demandait depuis le détroit du Sund jusqu'au détroit de Gibraltar, voilà l'enigme redoutable qu'on se proposait d'un bout de la chrétienté à l'autre avec anxiété, avec espérance, selon les lieux et les climats, partout avec un intérêt profond, nulle part avec indifférence et froideur.

Résolue sur plusieurs points du globe, la question était encore restée indécise dans de nombreuses contrées. De tous les habitans de l'Europe centrale, les Français étaient le peuple qui jusqu'alors avait apporté le moins d'empressement et de passion dans ce débat universel. Le protestantisme a pénétré en France beaucoup plus tard et beaucoup plus difficilement qu'ailleurs. Puissamment établi à Genève, il régnait déjà dans une grande partie de la Suisse et de l'Allemagne, en Suède, en Danemark, en Angleterre, en Hollande; il pénétrait en Pologne, où il n'a fait qu'une halte; accueilli, encouragé à la cour de Ferrare, il menaçait de se répandre en Italie. Seule impénétrable à sa prédication, l'Espagne lui était restée obstinément fermée. Il n'avait encore fait en France que des tentatives faibles et assez facilement contenues; déjà établi au nord de l'Europe, il n'existait encore parmi nous qu'à l'état de secte clandestine et de société secrète. Ainsi que l'ont remarqué MM. Mignet et Augustin Thierry (1), la constitution du parti protestant en France commence précisément avec le règne de François II, c'est-à-dire avec le règne bicéphale du duc de Guise et du cardinal de Lorraine.

La répression exercée par François Ier contre les novateurs avait été cruelle, mais parcimonieuse et efficace. Appliquée d'une manière toute locale et selon les besoins du moment, elle n'avait pas été répandue sur une surface trop vaste. François Ier n'avait sévi contre les protestans ni par entraînement ni par fanatisme; l'esprit de gouvernement avait été son seul guide. En frappant le calvinisme, François Ier voulait frapper non une hérésie religieuse, mais un crime d'état. Il ne prétendait pas venger Dieu, conformément à la doctrine ascétique qui prévalut sous ses successeurs immédiats: il se proposait seulement d'arrêter dès le début les progrès d'une opinion qu'il jugeait hostile à la monarchie absolue. Aussi, dès qu'il crut avoir obtenu ce résultat, il se hâta de mettre un terme aux condamnations et aux supplices. Ayant appris au lit de mort que le premier président du parlement de Provence avait outre-passé ses ordres, le roi fit promettre à son fils de punir les auteurs des odieux massacres de Mérindol et de Cabrière. Naturellement modéré, peu favorable au clergé séculier et ennemi déclaré des moines, mais sincèrement attaché au catholicisme, comme

---

(1) M. Mignet, *De l'Établissement de la Réforme à Genève.* (*Mémoires historiques,* tome II.) — M. Thierry, *Monumens inédits de l'Histoire du Tiers-État,* introduction.

religion de ses pères et surtout de ses prédécesseurs, comme religion
d'état, symbole de la foi monarchique et traditionnelle, peut-être aussi
s'estimant plus grand seigneur que Henri VIII et ne voulant pas se
faire son copiste, François Ier s'était toujours maintenu entre l'influence de sa sœur, qui penchait vers la réforme, et l'ascendant de sa
mère, catholique ardente. Ce ne fut pas lui qui donna le signal de
la persécution, mais la régente, Louise de Savoie, pendant la captivité de son fils à Madrid. Les guerres de religion n'éclatèrent point
sous François Ier; elles furent amenées par sa mort et par l'abandon du
système général dont lui-même n'avait dévié que d'une manière transitoire, avec une sorte de mesure dans la rigueur et d'économie dans
la violence. Sous Henri II, sans devenir permanente, sans être élevée
au rang d'institution civile, la persécution fut réputée un moyen de
gouvernement; une branche de l'administration, admise, reconnue et
consacrée comme telle. Ce fut surtout une coutume qui ne tarda pas
à faire partie des mœurs publiques. Cependant la nouvelle religion ne
pénétra guère ni dans le peuple ni dans le tiers-état, s'il est vrai que le
tiers-état existât réellement comme pouvoir à une époque où, par son
essence, il n'était pas distinct du peuple, et où, par la multiplicité des
charges, des offices, par la fréquence et la facilité des anoblissemens,
il entrait, sinon dans la noblesse d'opinion, du moins dans la noblesse
de fait, dans la classe des privilèges exempts des obligations imposées
à la roture. Par suite de la répression malhabile et trop peu ménagée
d'Henri II, le protestantisme fit des progrès dans le parlement de Paris; il y gagna quelques prosélytes, dont le plus résolu fut ce malheureux Anne du Bourg, qui monta plus tard sur le bûcher. Le protestantisme recruta aussi des partisans à la cour, et plus encore dans les
châteaux, dans les manoirs, au fond des montagnes du Vivarais, du
Gévaudan, du Béarn, parmi les gentilshommes de province, qui, dans
le laps de temps écoulé entre les guerres d'Italie et les guerres de religion, n'avaient su que faire de leur oisiveté. Pendant les longues soirées d'hiver, aux romans de chevalerie déjà passés de mode, ils avaient
substitué les bibles huguenotes et les pamphlets calvinistes, répandus
à profusion dans les campagnes par des porte-balles, mode de propagande particulier au protestantisme, et dont l'usage remonte à l'origine même de la nouvelle doctrine. « Pour avoir plus facile succès,
dit un historien contemporain (Florimont de Rémond), dans les villes,
aux champs, dans les maisons de la noblesse, aucuns se faisoient col-
porteurs de petits affiquets pour les dames, cachant au fond de leurs
balles les petits livrets dont ils faisoient présent aux filles; mais c'étoit
à la dérobée, comme d'une chose qu'ils tenoient bien rare pour en donner le goût meilleur. »
A cette époque, une idée ne réussissait que sous la forme et l'en-

seigne d'un nom propre : disposition d'esprit qui existe surtout dans les partis de nature aristocratique et d'origine ancienne. Là, les caractères des princes, des premiers personnages, les messages secrets, les rapports confidentiels, les dispositions de tel ou tel individu, les anecdotes enfin, occupent plus de place que les vues générales et l'ensemble d'une situation. Ce qui est encore vrai à quelques égards l'était surtout au xvie siècle. La réforme n'avait pas pris un complet développement dans la noblesse française faute de chefs; les ducs de Guise se chargèrent de lui en donner.

Ces chefs ne pouvaient être que des princes du sang, seuls assez autorisés pour rallier autour d'eux tous ces gentilshommes déjà prédisposés aux doctrines nouvelles, mais encore flottans et indécis. Il n'y avait pas alors d'autres princes que ceux de la branche de Bourbon, divisée en trois rameaux : Navarre, Condé et Montpensier. Quoique séparés du tronc par un intervalle immense, à défaut des Valois, les Bourbons seuls avaient un droit incontestable à la couronne; mais, depuis la révolte du connétable, ils étaient complétement disgraciés (1). Éloignés des conseils et du commandement des armées, gardés à vue dans les habitations royales, traînés comme des captifs à la suite des rois, on les voyait confondus dans la foule des courtisans, dont ils partageaient quelquefois les emplois et la servitude. Ainsi Louis, prince de Condé, frère d'Antoine, roi de Navarre, était simple gentilhomme de la chambre du roi. Leur père, Charles de Bourbon, duc de Vendôme, sous le coup d'une continuelle menace, vivait dans les transes d'une terreur incurable et profonde. Pendant la captivité de François Ier, il n'avait travaillé qu'à se faire oublier et à bien pénétrer ses fils du péril qu'il y aurait pour eux à sortir d'une obscurité volontaire. Antoine de Navarre se ressentit toute la vie des craintes et des admonitions paternelles. Louis de Condé, au contraire, n'aspirait qu'à rompre le charme funeste que le crime du connétable avait attaché à son nom. Ce jeune prince, dans un corps frêle et presque difforme, portait beaucoup d'ardeur, de pétulance et de courage. Il savait plaire et séduire, mais il avait moins de patience que de résolution, moins de sens que de talent; son idée fixe était de mettre un terme à l'ostracisme de sa famille.

Devenus rois en réalité, sous l'enfant maladif et rachitique qui en portait le titre, les Guise ne songèrent plus qu'à réaliser leur projet favori d'égaler et même d'effacer la branche cadette de la maison de France. Dejà, sous prétexte de l'ancienneté de sa pairie, leur père avait précédé au sacre le duc de Montpensier. Par menace plus encore que par conseil, ils éloignèrent le roi de Navarre et le prince de Condé en leur donnant des commissions ridicules qui auraient suffi pour les avi-

(1) Davila, *Guerre civili di Francia*, lib. I.

lir. Condé, dépouillé du gouvernement de Picardie donné au maréchal de Brissac; fut envoyé en Flandre sous prétexte de porter au roi d'Espagne l'ordre de Saint-Michel, et, pendant que son frère cadet courait sur la route de Flandre, le roi Antoine s'acheminait vers Madrid, chargé d'y conduire la jeune Élisabeth de France, récemment mariée à Philippe II. Un tel emploi était indigne du rang d'Antoine de Bourbon et bien dégradant pour sa personne, puisque c'est l'Espagne qui avait dépouillé la maison d'Albret de la meilleure partie du royaume de Navarre. Il est vrai que l'occasion de débattre ses intérêts à Madrid avec Philippe lui-même avait servi à colorer l'inconvenance d'une telle mission. Encore ce prétexte manqua-t-il au pauvre prince, qui, au lieu d'aller jusqu'à Madrid, ne reçut pas même la permission de passer la frontière. Un si sanglant affront lui avait été ménagé par les Guise, entièrement dévoués à l'influence espagnole. C'est en 1558, à Péronne, après la guerre de Naples et pendant les préliminaires du traité de Cateau-Cambresis, que les princes lorrains, jusqu'alors les adversaires de Philippe II, s'étaient constitués ses serviteurs et ses cliens. Le vieux cardinal Granvelle avait fait comprendre au cardinal de Lorraine qu'étrangers en France, en butte à la haine et à la jalousie des personnages les plus considérables de la nation, Français par une fiction et non par leur naissance, ses frères et lui devaient chercher au dehors un secours puissant contre l'intérieur du pays, où ils étaient moins établis que campés. Par l'affinité des opinions religieuses comme par la tradition de la maison de Lorraine, toujours attachée à la maison d'Autriche, les Guise ne pouvaient trouver cet appui qu'en Espagne; ils adhérèrent avec passion à cette politique, et désormais ils en firent la base invariable de leurs desseins. Sans doute, l'alliance espagnole imprimait à leur ambition une impulsion, un élan dont elle avait manqué jusqu'alors; mais, en s'inféodant à une puissance étrangère, ils se suscitèrent dans l'avenir des obstacles qui devaient les entraver dans leur marche, et que, malgré tous leurs efforts, ils ne parvinrent pas à surmonter. Dans des vues particulières, étrangères à la politique française et même absolument opposées à celle de François Ier et d'Henri II, ils se dévouèrent à cette alliance de la maison d'Autriche, qui, à toutes les époques, au XVIIIe siècle comme au XVIe, est demeurée inséparable des malheurs et de l'abaissement de la France. Ainsi leur avènement au pouvoir fut marqué par l'abandon des intérêts vraiment français, ce qui était inévitable dès qu'ils songeaient à quelque chose de plus que la seconde place. Dans cette hypothèse, ils ne pouvaient se passer du roi d'Espagne. Pour détrôner le roi de France, ils avaient besoin de s'appuyer sur le plus puissant de ses rivaux. Aussi subordonnèrent-ils tout à cette considération principale.

Au dedans, les fautes des nouveaux maîtres du royaume furent en-

core plus graves qu'à l'extérieur. Revenus du premier étourdissement
que leur avait causé la puissance des Guise, les Bourbon résolurent
de reprendre la position de princes du sang et de premiers sujets
de la couronne, déjà usurpée en réalité par les cadets de la maison
de Lorraine. Condé n'hésita plus à se mettre à la tête des gentilshommes. Le roi de Navarre entra dans ce projet à l'instigation de
son frère; mais, comme ils ne pouvaient prendre leur point d'appui
dans une cour subjuguée par leurs ennemis, ils le cherchèrent en dehors du gouvernement royal. Ils demandèrent à une guerre de religion l'occasion, le prétexte et l'appui qu'elle seule pouvait leur offrir. Ils avaient à choisir entre les deux partis catholique et huguenot.
Le choix leur était facile; le roi de Navarre et le prince de Condé pouvaient y procéder sans scrupule, car ni le roi de Navarre ni le prince
de Condé, plus indifférens en matière de religion que leurs contemporains, n'adhéraient bien fermement à aucun symbole. La faiblesse
de l'aîné, les mœurs légères du cadet leur laissaient toute liberté à
cet égard. Leurs cœurs ne brûlaient pas de ce feu sombre et sacré qui
enflammait la tribu biblique des Châtillon; mais les Bourbon ne pouvaient songer à se faire les chefs du parti catholique : la place était
prise. Ils devenaient ainsi les chefs nécessaires des huguenots. Dans
leur détresse, ils adoptèrent cette cause comme la seule qui pût amener le rétablissement de leur race et la ruine de leurs persécuteurs; ils
adhérèrent publiquement à la religion nouvelle. Cette démarche fut
décisive; l'élite de la noblesse, qui n'attendait qu'un signal et un drapeau, se rangea en foule autour des princes du sang. Quelques familles
au rang des plus illustres, quoiqu'en bien petit nombre, les Montmorency en tête, restèrent fidèles à la vieille foi. En revanche, une foule
de gentilshommes, les uns animés d'un zèle sincère, les autres moins
nombreux, indifférens ou sceptiques, tous ennemis mortels des Guise,
se précipitèrent dans la réforme, qui devint alors en France le parti
de l'aristocratie.

Dès ce moment, la guerre civile fut allumée; il ne faut pas oublier
qu'elle le fut par l'ambition et surtout par la mauvaise politique des
princes de la maison de Lorraine. Que font-ils en effet? Au lieu de prévenir la conspiration d'Amboise, ils la laissent mûrir et éclater. A ce
moment décisif, ils ne montrent qu'une imprévoyance extrême, une
irrésolution pusillanime, couronnées par la plus odieuse cruauté. Ils
accusent le prince de Condé, puis ils reculent devant la fierté de sa contenance et la fermeté de son langage. Ils entassent mensonges sur mensonges, maladresses sur maladresses; le cardinal de Lorraine propose
au prince de se cacher derrière une tapisserie et de dénoncer ses complices; Guise, très brave, mais encore plus artificieux, au lieu de relever
le gant que Condé lui jette à la face, offre son épée à l'insulteur et se

déclare son champion contre tous venans. Dans cette circonstance peu
héroïque, le nouvel historien des Guise ne laisse pas d'être embarrassé
de son héros; mais ce qui ne l'embarrasse pas un seul instant, c'est
de flétrir autant qu'elle le mérite la conduite de ces odieux tyrans
après la découverte du complot d'Amboise. M. de Bouillé nous montre
sans aucun déguisement l'horrible spectacle des nombreux supplices
ordonnés par les Guise, « les cadavres que la Loire roulait avec ses
flots, le sang qui ruisselait dans les rues et sur les places, et qui, au
lieu d'apaiser, le mécontentement par une terreur passagère, aiguil-
lonnait profondément les rancunes, et ne faisait qu'ouvrir la source du
carnage dont, pendant tant d'années, le sein de la France devait être
inondé. » Il nous dépeint enfin, avec une vérité frappante toutes ces
exécutions auxquelles le cardinal de Lorraine condamna les yeux de la
duchesse de Guise évanouie de terreur, et que le duc eut le tort injustifiable de couvrir de son épée : connivence flétrissante pour sa
mémoire, qui ne peut être comparée qu'à la conduite de certains
membres *modérés* du comité de salut public, trop occupés de plans
stratégiques pour ne pas signer de confiance les arrêts de mort dressés
par leurs exécrables collègues.

Ayant ainsi rétrogradé dans le sang de douze cents victimes, mais
sans perdre un instant de vue leur projet d'extermination de la maison de Bourbon, les Guise demandèrent à la trahison la sentence du
prince de Condé. Ils étaient bien décidés cette fois à englober le roi de
Navarre dans le crime vrai ou présumé de son frère. L'histoire n'a
pas prononcé sur la culpabilité de ce dernier. Après avoir repoussé et
hâté les états-généraux avec l'incertitude et l'hésitation qui présidaient
à toutes leurs démarches, à toutes leurs pensées, les Guise résolurent
du moins d'en profiter pour perdre leurs rivaux, attirés par des promesses fallacieuses. Antoine et Louis de Bourbon se rendirent à Orléans, où François II venait de convoquer les états. Là leurs adversaires les firent arrêter, résolus de faire marcher de front le jugement
du prince de Condé et l'assassinat du roi de Navarre. Et qui avaient-
ils choisi pour donner le signal de ce meurtre? François II lui-même.
un prince de seize ans, le parent, le neveu de la victime désignée (1)!
L'enfant-roi n'ayant pu venir à bout de la tragique leçon que ses maîtres lui avaient soufflée, François de Guise, caché derrière la porte, s'é-
cria avec dépit : « Oh! le pauvre sire que nous avons là ! » Il faut l'a-
vouer, ce mot ne ressemble guère aux paroles magnanimes prononcées
au siège de Rouen, et que la poésie a consacrées. On conçoit sans peine
que M. de Bouillé soit fortement tenté de nier cette anecdote, malgré

(1) François II était le neveu, à la mode de Bretagne, du roi de Navarre par Jeanne
d'Albret, femme d'Antoine de Bourbon et fille de Marguerite de Valois, par conséquent
propre nièce de François Ier.

le témoignage presque unanime des historiens, le président de Thou,
d'Aubigné, Jean de Serre, Regnier de la Planche, sans compter les modernes; mais on ne devine pas bien sur quelle base s'établit la dénégation d'un fait si bien appuyé. Si elle est tirée du caractère du duc de
Guise, elle n'est pas concluante; si c'est des mœurs du siècle, elle l'est
encore moins. François de Guise y appartenait par ce côté comme par
tant d'autres. Il avait voulu tourner contre la reine Élisabeth d'Angleterre le couteau de Hamilton, déjà teint du sang de Murray; et l'effusion de son propre sang est un nouveau témoignage de ces cruelles
doctrines. Un héros, son égal et son émule, Gaspard de Coligny, s'est
mal défendu de l'avoir désigné au pistolet de Poltrot.

Au surplus, tuer le roi de Navarre par l'ordre de François II était le
seul moyen de faire monter le prince de Condé sur l'échafaud, la voie
unique pour obtenir l'exécution de l'arrêt porté contre Louis de Bourbon, sans s'exposer quelque jour à de terribles représailles. Avec le
roi pour second et pour ordonnateur du crime, les Guise pouvaient
braver la vengeance de leurs ennemis; sans cet appui, c'était trop hasarder que de faire périr publiquement un prince du sang par la main
du bourreau. Aussi, malgré l'arrêt arraché à la complaisance ou à la
peur des juges, Louis de Bourbon ne fut-il pas sacrifié.(1).

Selon l'opinion générale, Condé n'a dû son salut qu'à la maladie et
à la mort de François II. On croit que sans cette péripétie inopinée
le prince de Condé aurait infailliblement porté sa tête sur le billot.
Cela n'est pas vraisemblable, une telle audace aurait perdu les Guise,
et ils le savaient bien; mais, puisqu'ils avaient tant fait que de dicter une condamnation capitale, il fallait pousser à bout leur audace;
il fallait cacher la hache, ou la laisser tomber hardiment. Les Guise
se troublèrent, ils hésitèrent; se retournant, dans l'embarras de leur
triomphe, vers Catherine de Médicis, ils la supplièrent de leur livrer
le prisonnier, de leur permettre de l'égorger à leur aise. Certes ils
s'adressaient mal. On ne conçoit pas qu'ils aient pu se flatter un seul

(1) Ce fut Henri IV et surtout le cardinal de Richelieu qui mirent un terme à l'étrange
jurisprudence, qui avait cours principalement en Espagne, par laquelle l'assassinat était
assimilé à une exécution juridique, lorsqu'il était directement ordonné par le souverain.
Cela avait même passé en théorie (voyez *Antonio Perez*, par M. Mignet). Les exemples en sont nombreux : le cardinal Martinuzzius avait été assassiné par l'ordre de l'empereur Ferdinand Ier, Rincon et Frégose par celui de Charles-Quint, Escovedo par
celui de Philippe II. La grande ame de Henri IV répugnait *à de telles résolutions*,
comme il l'écrit à Sully (*Œconomies royales*, édition Petitot, t. VII, p. 432). Il ne voulut
pas les appliquer à *Conchine* et à *la Léonora*, sa femme, accusés d'exciter contre lui la
reine Marie de Médicis; mais après lui ce même *Conchine* fut assassiné en pleine rue en
vertu de ces mêmes principes, et on lit à ce propos de bien curieux détails dans les *Mémoires de Jean de Caumont, marquis de Montpouillan*. A partir de Richelieu, on ne voit
plus trace de rien de pareil. La monarchie absolue s'épurait en s'affermissant.

instant d'engager à leur profit la responsabilité de Catherine, devenue l'héritière immédiate de leur pouvoir. Vainement ils cherchèrent
à la fléchir par des soumissions; vainement, pour lui plaire, ils hâtèrent le départ de Marie Stuart, en lui sacrifiant leur nièce comme
ils lui avaient sacrifié jadis Diane de Poitiers, leur bienfaitrice. Cette
humiliation devant la femme, devant la reine qu'ils avaient offensée,
ne fit que constater leur défaite. Ils abdiquaient.

. Ainsi finit le règne des Guise, qui, tout absolu qu'il était, n'a été
qu'un avortement. Leur passage aux affaires fut à la vérité très court;
mais, s'ils avaient été de grands hommes d'état, ils auraient pu suppléer au temps par la volonté. A travers le manège de leur ambition, on
ne découvre aucune vue d'utilité publique ou de grandeur nationale,
aucune idée désintéressée, rien de vaste, de général, d'impersonnel. Je
me trompe : le cardinal de Lorraine proposa d'établir l'inquisition.

Les Guise éclipsés, Catherine de Médicis régnait enfin. Il était temps
pour la reine-mère; elle avait attendu vingt ans. Tenue loin des affaires
sous Henri II, appelée à y participer en apparence sous le règne suivant, elle ne gouverna l'état en réalité qu'à l'avènement de Charles IX.
Jusqu'alors, Catherine avait été effacée par les partis; maintenant elle
les dominait tous. On attribue ce résultat à un mélange de méchanceté
et de profondeur, d'habileté et de perfidie, enfin à cette réunion de
qualités et de défauts, de talens et de vices dont on a poussé la combinaison jusqu'à la plus puérile hyperbole, et qui forme le caractère
convenu, le type banal de cette espèce de monstre sans entrailles et
sans sexe que les historiens et les poètes appellent du nom ambigu de
Médicis. Écoutons Voltaire, qui résume en quelques vers toutes ces
accusations :

> Médicis régnait seule, on tremblait sous sa loi:
> D'abord sa politique, assurant sa puissance,
> Semblait d'un fils docile éterniser l'enfance;
> *Sa main, de la Discorde allumant le flambeau,*
> *Signala par le sang son empire nouveau;*
> *Elle arma la fureur de deux sectes rivales.*

Ce qui veut dire en simple prose qu'en arrivant au pouvoir pendant la
minorité de son fils Charles IX, Catherine s'est hâtée de provoquer et
de faire naître la guerre civile pour son plaisir, pour son amusement,
pour l'accomplissement de ses projets ambitieux. Quoi de moins exact?

Médicis, pour parler comme *la Henriade,* n'a songé, en arrivant
à la régence, qu'à vivre le plus tranquillement et le plus commodément possible. Elle n'a montré aucune prédilection préconçue pour
la guerre civile, qui, au surplus, n'a jamais été un divertissement
pour personne, surtout pour aucun homme ou aucune femme investis

de l'autorité suprême. Ceux-là même qui fomentent et qui conduisent
la guerre civile s'y résignent plus qu'ils ne la recherchent; ils l'évitent
tant qu'ils peuvent recourir à d'autres moyens. On n'a donc jamais
fait la guerre civile par choix, par goût, par fantaisie. On ne secoue les
flambeaux allégoriques dont nous parle Voltaire que lorsqu'on ne peut
pas faire autrement. A la mort de François II, Catherine de Médicis aurait passionnément désiré que les Français se tinssent en repos, et rien
n'est plus simple qu'un tel désir, puisque c'est elle qui les gouvernait.

Sans doute, vue à distance, la physionomie de cette reine se compose
de quelques-uns des traits qu'on lui prête; mais ils ne sont pas tous
accentués d'une manière aussi distincte, avec cette précision mathématique et ce relief sculptural. En parlant de Catherine, on confond
beaucoup trop les époques, on fait arriver trop tôt sur la scène la complice, l'instigatrice de la Saint-Barthélemy. S'il est juste que le sang
de cette nuit fatale retombe sur sa mémoire, il ne faut pas la montrer
à tous les âges préméditant un crime qui fut le fruit amer de sa maturité, la conséquence tardive de tristes aventures, et de cruelles déceptions. Qu'est-ce que la Catherine de la Saint-Barthélemy?. Une
vieille femme qui avait passé sa vie à mourir de peur. Ostensiblement
impassible, elle n'en avait pas moins tremblé tous les jours dans le
plus profond de l'ame. Cette existence si longue n'a été tout entière
qu'une longue transe, commencée avec les tressaillemens du berceau,
achevée dans les spasmes de l'agonie et les convulsions de la mort.

La nièce de Clément VII n'avait pas encore sept ans, et déjà on avait
délibéré de l'égorger ou de la livrer à la brutalité des condottieri. Devenue reine, elle avait vécu sous la perpétuelle menace du divorce, du
couvent, de la prison ou de l'exil. On la comparait en chaire à Jézabel
jetée aux chiens, en ajoutant qu'il fallait y jeter aussi toute sa *portée*, et,
comme ce supplice biblique n'était plus guère en usage, le maréchal
de Saint-André avait proposé d'y suppléer en précipitant la reine-mère
au fond de la Seine, cousue dans un sac, à la mode turque. Voilà quelle
perspective s'était ouverte devant Catherine de Médicis, non pas dans
des momens courts et rares, dans des crises peu durables et peu fréquentes, mais sans cesse, mais toujours, avec une publicité complète et
une invincible persistance. Il faut l'avouer, de pareils procédés doivent
finir par aigrir le caractère, et on ne doit pas s'étonner que Catherine
de Médicis ait enfin perdu patience. D'ailleurs on a fait beaucoup de
contes sur cette femme étrange. Pour connaître la bonne volonté des
partis à son égard, elle n'avait aucun besoin de monter dans un grenier et d'appliquer son oreille au tuyau d'une sarbacane, comme le prétend ce fou de Brantôme. Assez de libelles, de *passequils*, de lettres ano-
nymes s'étaient chargés de le lui apprendre, sans qu'elle prît la peine
de s'en assurer par ce singulier expédient.

Comme tous les princes qui gouvernent dans des temps de révolution et de guerre civile, Catherine était suffisamment édifiée sur les sentimens dont elle était l'objet. C'est encore Brantôme qui nous apprend
que la reine-mère méprisait fort les libellistes et les appelait *bavards,
donneurs de billevesées.* Toutefois des coups répétés, avec quelque sang-
froid qu'on les reçoive, creusent à la longue une plaie profonde et incurable, surtout quand l'âme sur laquelle ils frappent obstinément n'est
pas d'une trempe d'acier, *pectus adamantinum.* Catherine de Médicis
ne se piquait pas d'héroïsme; elle n'avait pas une intrépidité naturelle,
bien qu'elle ait montré dans quelques circonstances décisives, par
exemple aux barricades, une longanimité, un calme qui ressemblaient
fort au courage. Elle savait surtout souffrir et attendre. Si elle commit
des crimes, et il serait difficile de le nier, même sans vouloir admettre
qu'elle eût empoisonné Jeanne d'Albret dans une paire de gants, tous
ses crimes furent ceux de la peur.

D'autant plus possédée de la passion des affaires qu'elle en avait toujours été sevrée, Catherine de Médicis y apportait de nobles qualités et
des défauts graves : une patience à toute épreuve, une infatigable
persévérance, beaucoup d'application, beaucoup d'esprit, une finesse
excessive dont la fausseté était le fonds naturel, et qui dégénérait presque toujours en incertitude. Elle avait la conscience intime de son
savoir-faire, mais nul empressement de le faire briller sans nécessité.
Quand la reine-mère voulait faire prévaloir un avis, elle aimait mieux
avoir l'air de le recevoir que de le donner (1). Ce qui est frappant dans
Catherine de Médicis, c'est que jamais elle ne se laissa aller à aucun
des défauts d'une parvenue. Elle ne fit preuve de vanité qu'une fois,
vers la fin de sa vie. Lasse d'être traitée de bourgeoise, de banquière,
de marchande, par ces Français qu'intérieurement elle dédaignait
comme des *barbares,* comme des *ultramontains,* elle étala avec orgueil
des prétentions à une origine royale du chef de sa mère. Contre toute
espèce de droit, même sans apparence de raison, elle réclama la
couronne de Portugal, devenue vacante par la mort du cardinal-
roi, dernier rejeton de la maison d'Avis. Assurément, elle n'avait
pas l'espoir de réussir; mieux que personne, elle connaissait l'insuffisance de ses titres, qui d'ailleurs remontaient trop loin pour n'être
pas primés par d'autres prétentions plus claires et plus récentes; mais
l'antiquité de ses prétendus droits fut principalement ce qui l'engagea
à les produire, non pour le profit, mais pour l'honneur : elle voulait
prouver à la maison de France que la Florentine, comme l'Écossaise,
pouvait lui apporter une couronne en dot. On ne trouverait pas dans

(1) « Consiglio... fingendo la regina piutosto di recevere che di dare... » Davila,
Guerre civili di Francia, lib. II.

toute la vie de Catherine un second exemple de ce genre d'amour-propre. Elle aimait du pouvoir moins l'apparence et l'éclat que l'exercice et surtout l'agitation. Pendant la minorité de Charles IX, elle négligea le titre si brillant, si envié de régente, et le prit pendant l'absence de Henri III. Dans ces deux occasions, elle se détermina uniquement par l'opportunité politique et par la raison d'état. Catherine n'en déployait pas moins dans l'occasion la fierté d'une grande reine : elle savait imposer; « elle rabrouait fort les glorieux, elle les abaissait sous son regard jusqu'au centre de la terre (1). » Elle s'armait parfois du sarcasme sanglant, de l'ironie amère; mais, quoique d'humeur gaie et plaisante, *de très bonne compagnie*, au dire des contemporains, la reine Catherine s'abstenait avec soin de la moquerie, de cette fine mitraille française qui avait fait tant d'ennemis à d'autres femmes admises comme elle au partage du pouvoir suprême : à Mme de Valentinois, à Mme d'Étampes, à Marie Stuart surtout. Sa voix, qui lançait la foudre, ne la faisait jamais précéder d'éclairs sans chaleur et sans puissance. Elle avait de la simplicité dans les manières, comme toutes les Italiennes, mais elle n'en avait pas dans le caractère; le sien fuyait la ligne droite et tournait naturellement en spirale. Elle n'aimait pas le mal, mais elle ignorait le bien. Ce qui lui manquait, c'était le cœur; elle ne pouvait rien aimer, pas même son fils Henri III, quoi qu'on en ait dit; je crois aussi qu'elle ne se donnait pas la peine de haïr beaucoup de choses. Davila, qui la voyait de près et qui l'admirait trop, la dépeint avec vérité, lorsqu'il la montre *non pas tant avide que dédaigneuse du sang humain.* Catherine l'était aussi des opinions humaines. Je doute fort qu'elle ait poussé l'incrédulité jusqu'à l'athéisme, comme les modernes l'en accusent. La préoccupation des sciences occultes lui était commune avec presque tous ses contemporains; les plus religieux ne repoussaient l'astrologie que parce qu'ils croyaient à sa puissance. La reine-mère était moins indifférente qu'on ne le pense en matière de religion; elle avait de la répugnance pour le protestantisme; même dans le temps où elle le protégeait, son instinct, à défaut de sa foi, penchait vers l'ancien symbole. Jamais elle ne songea sérieusement à l'abandonner. « Nous prierons Dieu en français, » a-t-elle dit, et sans doute elle préférait la couronne de son fils et sa propre position dans ce monde à ses intérêts dans l'autre : elle aimait mieux aller au prêche que de retourner à Florence, et rester en France que d'aller au ciel; rien ne prouve cependant qu'elle eût pris aucun parti sur les questions religieuses, et surtout un parti aussi violent, aussi absolu, aussi irrémédiable que l'athéisme. A la vérité, elle ne reculait devant aucune spéculation; elle écoutait tout, elle savait tout com-

(1) Brantôme, *Christine de Danemark.*

prendre: Cette intelligence de toutes choses, indépendamment du sens moral, faculté qu'on érige presque en vertu dans des temps désabusés et affaiblis, devait passer pour un crime de l'intelligence et pour un vice du cœur dans un siècle fervent, convaincu et passionné. De là, plus encore que de la Saint-Barthélemy, la mauvaise réputation de Catherine de Médicis.

La reine-mère parut d'abord réussir. L'autorité vint tout naturellement à elle, sans qu'elle eût besoin de se mettre en frais pour en faire la conquête. L'adhésion générale, dont on fait honneur à son habileté et à ses artifices, n'était que la conséquence inévitable des circonstances où la France se trouvait alors engagée. Il y avait trois partis en présence : les Bourbon, les Guise et les Montmorency. Chacun de ces partis était trop faible pour l'emporter, trop fort pour désarmer sans combat. Ils se tenaient tous en échec; des trois factions, aucune ne pouvait prédominer sur les factions rivales. Les affaires tombaient nécessairement entre les mains d'un pouvoir modérateur et neutre, revêtu de certains avantages qui lui étaient particuliers, et que personne n'était en mesure de lui enlever ou de partager avec lui. Telle était la vraie position de Catherine de Médicis; elle gouverna tout le monde parce qu'elle n'appartenait à personne; elle ne se rattachait d'une manière obligatoire à aucune des trois nuances politiques qui se seraient disputé l'autorité, et qui toutes aimèrent mieux s'en remettre à la mère du roi que de plier sous une prétention contraire. Elle seule offrait alors à la France divisée ce qu'on appelle parfois, dans le langage hypocrite des partis, un *terrain de conciliation*, mais qu'il serait plus franc et plus exact de nommer un *terrain d'exclusion*, parce que les partis s'y réunissent en apparence afin de s'entendre dans un intérêt commun et, en réalité, pour s'exclure réciproquement dans un intérêt particulier.

Cela se passe ainsi dans tous les temps, mais dans aucun temps cela ne peut durer. Après ces conciliations factices, le vrai reparaît; les combinaisons arbitraires, les nuances composées déteignent et s'effacent; les couleurs franches, les couleurs du prisme ressortent seules dans cet arc-en-ciel de circonstance. Alors chacun reprend son rang et son drapeau, chacun se débarrasse d'une armure empruntée, et les dissensions fondamentales, restées intactes, s'élèvent sur les débris des alliances transitoires. Voilà précisément ce qui arriva en 1560. Seules, les deux grandes opinions qui partageaient le royaume demeurèrent en présence : d'un côté le protestantisme avec Condé et Coligny, de l'autre le triumvirat — Guise, Montmorency et Saint-André. Le parti lorrain et le parti français, long-temps opposés, se réunirent contre le protestantisme, contre l'ennemi. Que pouvait faire la reine-mère dans des conjonctures si difficiles? Essayer de balancer les forces des

deux partis pour les maintenir en équilibre. C'était une nécessité inévitable : on lui en a fait un crime.

On a dit en prose et répété en vers que

> Ses mains autour du trône avec confusion
> Semaient la jalousie et la division,
> Opposant sans relâche avec trop de prudence
> Les Guises aux Condés et la France à la France.

Eh! qu'avait-elle de mieux à tenter? Cette haine, cette jalousie, cette
division, elle n'eut pas la peine de les semer, elle les trouva tout écloses
et tout épanouies. La discorde résidait au fond même de ces débats.
Catherine devait-elle se faire chef de faction, se mettre à la tête ou
plutôt à la remorque des deux armées, couvrir de son manteau royal
les Coligny ou les Guise?. Au début de son administration, elle se
conduisit avec sagesse. Sans doute elle porta dès-lors dans le maniement des affaires publiques l'indécision artificieuse, les ressorts
compliqués, inhérens à sa nature; elle déploya un luxe superflu de
pourparlers et de correspondances, une richesse excessive d'insinuations, de menaces et de larmes; « larmes de crocodile, » a dit un contemporain. A force de recherche dans le choix des moyens, elle fit
quelques démarches faussement savantes : elle proposa un compromis
trop théologique pour une femme, qui n'amena d'autre résultat que
de scandaliser le saint-père. Après tout, si elle se trompait dans les
matières ecclésiastiques, elle s'adressait à leur juge naturel, elle soumettait au saint-siège ses doutes et ses perplexités avant de mettre
ses projets à exécution; elle agissait donc très régulièrement. De tels
doutes d'ailleurs, de telles perplexités ne lui appartenaient pas d'une
manière exclusive, car le cardinal de Lorraine lui-même, ce champion de Rome, ce promoteur de l'inquisition en France, quoique au
fond le moins catholique des Guise, le cardinal de Lorraine avait très
sérieusement songé à une alliance avec les luthériens pour écraser les
calvinistes. Dans ce moment où, grace à la mauvaise politique des
deux Lorrains, le protestantisme prenait un si rapide et si redoutable
essor, on crut pouvoir recourir à des concessions semblables à celles
que la papauté fit plus tard en Pologne, sous le nom de *rit uni*. Ce
serait, au surplus, se tromper étrangement que de regarder l'église
elle-même comme éloignée de toute idée de réforme intérieure. A la
suite de l'invasion de Luther, c'est dans une pensée de réforme que
s'établit à Rome une société religieuse intitulée *l'Oratoire de l'amour
divin,* sous les auspices des cardinaux Sadolet, Contarini et Caraffa,
le même qui devint le pape Paul IV. L'espérance d'un compromis pré-
sida à la convocation du concile à Trente, auquel la papauté se montra
d'abord opposée, et qu'elle adopta ensuite à la demande instante des

princes séculiers. En convoquant le colloque de Poissy, Catherine de
Médicis ne flatta point le protestantisme, comme elle en fut accusée
alors par des catholiques ardens; elle ne fit que seconder le mouvement de conciliation imprimé par les partisans les plus modérés et les
plus politiques de l'ancienne religion.

Si le mot de vertu pouvait jamais être appliqué aux actions d'une
pareille femme, il serait juste de dire qu'à cette période de sa vie,
Catherine de Médicis donna la preuve de l'une des principales vertus
des rois : le bon choix d'un ministre. Elle fit mieux que de choisir le
chancelier de L'Hôpital; elle sut le défendre contre ses nombreux ennemis, qui étaient ceux de la patrie. Quelque grande que soit la renommée de ce personnage, on est en train de la rabaisser aujourd'hui,
comme si nos faibles yeux ne pouvaient plus supporter l'éclat d'une
gloire si pure. Il y a long-temps que le père Daniel a donné l'exemple
de cette profanation. Il a osé flétrir la mémoire de l'homme qui a dit
(et dans quel temps, grand Dieu!) : *Le couteau ne vaut pas contre l'esprit.* Laissons répéter de vieux blasphèmes aux Daniel et aux Varillas
de nos jours. Jamais l'antiquité n'a connu de caractère plus respectable
que celui du chancelier de L'Hôpital. Écrire sa vie aurait été l'un des
bonheurs de Plutarque; il s'y serait livré avec délices (1).

Enfin le moment d'ouvrir la guerre civile était arrivé. Guise y était
décidé; mais il lui fallait un prétexte. Le massacre de Vassy le lui
offrit. Surprendre de malheureux Français dans une grange, les
faire attaquer par des pages allemands et venir ensuite prêter mainforte à ces étrangers, voilà comment François de Lorraine engagea
la partie. Au surplus, il usa d'une méthode qui fut toujours celle de
sa maison; c'est ainsi que le Balafré, son fils, fit égorger Coligny par
Dianovitz, surnommé Besme ou Bôhme, parce que cet assassin, à
la solde de la maison de Guise, était originaire de Bohême. Un massacre dans une bourgade n'était certainement pas le début le plus
propre à honorer l'ouverture des hostilités; mais en révolution a-t-on
le choix des moyens? Sans doute François de Lorraine aurait préféré
une entrée en matière plus noble et plus brillante; il prit celle que lui
offrait le hasard, et s'en accommoda faute de mieux. Ce qu'il y a de
plus vraisemblable dans cette triste affaire, si souvent controversée
sans en être mieux éclaircie, c'est que le duc de Guise voulut faire
fermer de force le prêche de Vassy, ce qui était très illégal depuis
l'édit de tolérance du mois de janvier. Dès-lors un conflit devenait
inévitable. Aussi, dans cette aventure comme dans beaucoup d'autres
procès du même genre, l'enquête sur la préméditation se réduit-elle
à une simple dispute de mots. La guerre civile ressortait nécessai-

(1) Voyez l'excellente biographie de *L'Hôpital* par M. Villemain.

rement de cette attaque, et c'est là que le Lorrain voulait en venir. On peut donc dire avec justice qu'il en fut le véritable auteur, car, lorsque son frère et lui prirent le pouvoir, il n'y avait pas même un commencement d'hostilités. Pour juger avec équité la politique des Guise, il faut s'arrêter un instant et se faire cette simple question : Où en étaient les huguenots en France à la mort de Henri II? qu'étaient-ils à l'avénement de Charles IX? — Une faction faible et presque cachée à la première époque; à la seconde, un parti puissamment organisé dans lequel l'aristocratie était entrée presque tout entière, et qui, même après ses défaites, pouvait mettre six armées sur pied.

C'est ce que fit Coligny après la perte de la bataille de Dreux, où combattirent deux intelligences et deux fortunes inégales, car l'amiral était le plus grand et son adversaire le plus heureux. Sans être le *premier des humains,* comme l'appelle *la Henriade,* Gaspard de Châtillon avait un génie plus élevé, plus original que celui de François de Lorraine. Coligny ne fut pas seulement un chef de faction et un bon capitaine, mais un des esprits les plus étendus de son temps : organisateur au dedans, colonisateur au dehors; alliant les combinaisons de partis aux plus hautes pensées de civilisation, de commerce; faisant la guerre civile et envoyant Villegagnon à la découverte de Rio-Janeiro; voulant asseoir le protestantisme sur les bases d'une politique large et savante; ne se bornant pas enfin, comme la plupart de ses contemporains, à des calculs égoïstes d'intérêts personnels, à des combinaisons de rang, de famille et de caste, mais appliquant sa capacité toute moderne à des projets de transformation politique et sociale, avec inopportunité quelquefois, avec grandeur toujours. Qu'on ne sache pas un gré infini à l'amiral de son plan de république, réalisé depuis d'après ses idées par le prince d'Orange, son gendre, j'y souscris volontiers : la France n'est pas la Hollande; mais qu'on n'oublie pas que les projets de politique extérieure proposés par l'amiral à Charles IX furent précisément ceux qu'entama Henri IV et qu'exécuta Richelieu. Les Guise, de leur côté, faisaient prévaloir la conduite opposée. Quoi qu'il en soit, le duc de Guise battit l'amiral Coligny dans la plaine de Dreux. Il fut bientôt enseveli dans sa victoire.

« M. de Guyse, raconte Brantôme, se sentant fort blessé et atteint, pencha un peu la tête et dit seulement : L'on me devait celle-là; mais je croys que ce ne sera rien. Et, avec un grand cœur, se retira en son logis, où aussitôt il fut pansé et secouru de chirurgiens des meilleurs qui fussent en France. M. de Saint-Juste d'Allègre, estant fort expert en telles cures de playes, par des linges, et des eaux, et des paroles prononcées et méditées, fut présenté à ce brave seigneur, pour le panser et guérir, car il en avoit fait l'expérience grande à d'autres; mais jamais il ne le voulut recevoir, ni admettre : d'autant (dit-il) que c'étoient tous

enchantemens défendus de Dieu, et qu'il ne vouloit autre cure ni remède, sinon·celui ,qui provenoit de sa divine bonté et de. ceux des
chirurgiens et médecins élus et ordonnés·d'elle, et que c'en seroit ce
qu'à elle luy plairoit, aymant mieux mourir que de s'adonner à de
tels enchantemens prohibés de Dieu. » Je l'avouerai ,. ce simple récit
m'émeut bien plus profondément que le célèbre pardon accordé sous
les murs de Rouen. Lorsqu'il disait à un huguenot : « Juge de la différence de nos religions; la tienne t'ordonne de m'assassiner, la mienne
me commande de te pardonner, » Guise parlait en chef de parti bien
plus qu'en chrétien. L'assassinat fut tout au plus la doctrine d'une
époque, jamais celle d'une communion quelconque. Voltaire a été plus
logique en mettant ces paroles dans la bouche d'un Espagnol qui s'a-
dresse à un sauvage, à un adorateur des fétiches. Ici il·n'y a plus ni
chef de parti ni profond politique : le chrétien seul est resté. Saisi par
la mort au milieu d'une prospérité inouie, au plus haut, au plus vif de
ses espérances, Guise peut ressaisir la fortune et la vie. Pour les retrouver, pour renaître, il croit n'avoir qu'un mot à prononcer, et il refuse de dire ce mot, il repousse ce secours, non parce qu'il doute de
son efficacité, il en est au contraire persuadé avec tout son siècle, mais
parce que ce remède est coupable. Il aime mieux mourir que de l'accepter. Gloire, fortune, existence, couronne même, cette couronne,
objet de ses plus fervens désirs, il repousse tout, il ne veut pas vivre,
parce que les enchantemens sont défendus, parce qu'ils ne sont pas de
Dieu, mais du démon. Là, le sentiment du devoir apparaît dans toute
sa grandeur; voilà du sublime sans exagération, sans emphase, un sublime loyal et simple. Il faut beaucoup pardonner à celui qui, sans se
dépouiller entièrement de la férocité de son temps, vécut comme un
chevalier et mourut comme un saint.

Cependant cette mort fut loin d'être un malheur public; le duc de
Guise tombait au moment où il allait bouleverser la terre adoptive que
son courage avait défendue autrefois. Sa perte ne prévint pas les
maux de la patrie, qui éclatèrent quelque temps après avec plus
de fureur, mais elle les ajourna. Poltrot n'avait frappé qu'un chef
de factieux à la veille de devenir un chef de rebelles. Guise expiré, le
gouvernail de l'état fut saisi d'une main rapide, adroite et·ferme. C'est
le moment le plus brillant et le seul irréprochable du gouvernement
de Catherine de Médicis. En voyant ce qu'elle fit dans ce court intervalle, on peut soupçonner sans injustice que cette femme aurait pu
tenir une place honorable dans l'histoire, si, au lieu d'exercer un pouvoir combattu, précaire. mal défini, elle avait porté une couronne indépendante et·libre comme la reine Élisabeth, sa contemporaine. Du
moins Catherine se montra digne d'une telle rivale; elle lui enleva le
Hàvre, que les huguenots, par un·tort impardonnable, alors commun
à tous les partis, avaient livré à l'Angleterre. Chose remarquable! en

arrachant cette conquête aux Anglais, Catherine ne se brouilla pas
avec leur orgueilleuse souveraine, tant il est vrai qu'avec cette nation
le calcul le plus sûr est de ne point perdre son estime.

Après avoir jeté sur sa politique extérieure l'éclat que donne toujours l'indépendance unie à la modération, Catherine ne se montra
pas moins habile dans l'intérieur du royaume. Elle enchaîna un moment la guerre civile au pied de la tombe de François de Guise. La famille éplorée du Lorrain était venue lui demander vengeance. La reine
remit à trois ans le jugement de cette grande cause, et conclut avec le
prince de Condé une paix dont la sagesse et la nécessité furent démon-
trées par les plaintes et les imprécations des partis extrêmes. Sans
doute, pour arriver à cette transaction, les moyens employés par Catherine ne furent pas tous également avouables et précis; la corruption,
et une corruption de toutes les sortes, vint en aide à la prudence politique. Le Tasse, qui voyageait alors en France, a pu prendre à la cour
de Chenonceaux l'idée des enchantemens d'Armide : au milieu de l'escadron volant de la reine-mère, Condé séduit et désarmé lui a peut-
être suggéré quelques-uns des traits de Renaud, captivé par l'enchanteresse de Damas. En laissant de côté les anecdotes, on peut affirmer que
Catherine, dans cette période de son gouvernement, tint tête à l'Angleterre et pacifia la France. A la vérité, cela fut transitoire et doit être
attribué surtout à l'ascendant du chancelier de L'Hôpital. Tant que la
reine-mère conserva sa confiance à cet admirable ministre, elle appliqua avec mesure et souvent avec utilité ces délais, ces tempéramens
qui lui étaient naturels; mais après la disgrace du chancelier, loin de sa
surveillance et de ses conseils, elle se complut dans l'excès des moyens
qui lui avaient réussi : elle érigea son inclination en système et la
faussa en l'exagérant. Ce qui n'avait été qu'une balance sage et prudente devint une bascule aléatoire et capricieuse. Cet esprit ennemi de
la ligne droite, n'étant plus rectifié par aucune direction, ni comprimé
par aucun frein, devint le fléau du pays. A force de toucher aux plaies
de la France, Catherine de Médicis les irrita et les rendit incurables.

Il est vrai qu'elle ne changea de politique qu'après s'être convaincue
de l'impossibilité de ramener les partis. La reine-mère et le chancelier
avaient publié des édits de pacification fondés sur la tolérance religieuse, et eux seuls en France en avaient pu concevoir la pensée :
L'Hôpital par un mouvement naturel de l'ame, Catherine par un raffinement de l'esprit; mais ce qu'ils admettaient par des motifs différens
était rejeté de tout le monde. Personne alors n'était tolérant. C'est au
xviii° siècle qu'appartient exclusivement le dogme de la tolérance. Il
est d'autant plus juste de lui en rapporter l'honneur, que c'est là le
seul bienfait qu'il nous ait transmis sans alliage; don précieux, dépôt
qu'il faut conserver avec plus de soin que jamais, depuis qu'il a été
adopté et consacré par les organes de la religion elle-même, qui ne de-

mandent plus l'empire, mais la liberté, qui ne réclament plus le privilége, mais exigent le droit commun.

Les deux factions ennemies étaient donc devenues décidément implacables; Coligny avait hautement désavoué le prince de Condé; les catholiques comme les huguenots taxaient de sacrilége l'édit d'Amboise (mars 1563); les huguenots s'appuyaient sur l'Angleterre, les catholiques sur les Espagnols; il fallait choisir. Sans se prononcer ouvertement, la reine n'hésita plus; elle se tourna du côté de l'Espagne, et demanda une entrevue à Philippe II. *D. Felipe el discreto* craignait sa rivale en machiavélisme; il était trop prudent pour se mesurer en personne avec une si rude jouteuse. Il envoya à sa place la reine Élisabeth, sa femme, fille de Catherine de Médicis. Enfermé dans son Escurial, où il tenait, comme un escamoteur adroit, tous les fils de la politique européenne, Philippe alliait délicieusement la paresse du corps à l'activité de l'esprit, et produisait le mouvement européen du fond de sa cellule, tout en y goûtant lui-même un égoïste et profond repos.

C'est à ces conférences de Bayonne, où Philippe II se fit représenter par le duc d'Albe, qu'on rapporte communément la première idée de la Saint-Barthélemy. En admettant qu'elle y fut proposée, ce ne peut avoir été que d'une manière très vague, très éventuelle, et, pour parler le langage d'aujourd'hui, seulement *en principe*. C'est un grand problème, resté encore sans solution, que de savoir si le signal de cet attentat public est parti subitement, ou s'il a été préparé par une atroce et savante préméditation. Un tel examen m'a toujours semblé superflu. La Saint-Barthélemy n'a pu être et n'a été, en effet, ni absolument spontanée, ni tramée long-temps d'avance. La pensée première d'un massacre des huguenots a dû souvent se reproduire; dans un siècle machiavéliste, on a dû la présenter plus d'une fois comme une excellente recette politique. L'aristocratie française ne prit aucune part à cette tragédie. « Notre noblesse ne veut point frapper les hérétiques, s'écriait Vigor, évêque de Xaintes; n'est-ce pas une grande cruauté, disent-ils, de tirer le couteau contre son oncle, contre son frère?... Je dis que parce que tu ne vas frapper les huguenots, tu n'as pas de religion. Aussi, quelque jour, Dieu en fera justice et permettra que cette bâtarde noblesse soit accablée par la commune. Je ne dis pas qu'on le fasse, mais que Dieu le permettra (1). » Le président de Thou assure qu'un autre évêque, nommé Sorbins, avait dit en pleine chaire que, « si le roi Charles IX ne voulait user du glaive contre les hérétiques, il fallait l'enfermer dans un couvent (2). » On trouve aux archives de Simancas des indications d'une mesure générale semblable à celle qui fut prise le 24 août 1592. Les souvenirs des vêpres siciliennes étaient,

(1) Vigor, *Serm.*, t. II, p. 25 (1587).
(2) Thuani, t. X, l. IV.

depuis deux ans, devenus populaires parmi les Parisiens. Vingt fois cet affreux expédient a pu traverser l'esprit de Catherine de Médicis et de ses conseillers les plus intimes, seulement à de longs intervalles, dans: des secousses imprévues, sous le coup immédiat de la peur, lorsque les succès ou l'audace de l'hérésie réveillaient en sursaut toute cette cour. épouvantée. Mais que le massacre ait été longuement combiné, systématiquement arrêté dans tous ses détails, que Charles IX et sa mère aient conçu long-temps d'avance le projet d'attirer Coligny et. ses coreligionnaires pour les envelopper dans une proscription générale, voilà ce qui est difficile à croire, voilà ce qui est improbable, même impossible. Ce qui est plus impossible encore, c'est que la cour des Valois ait cédé, comme le disent quelques écrivains de nos jours, à. la menace d'une émeute, que la Saint-Barthélemy n'ait été que l'explosion soudaine de la colère du peuple. Rien de plus faux qu'une telle assertion, et d'ailleurs, cette apologie fût-elle bien fondée, qu'importe? L'acte qu'elle amnistie en serait-il moins exécrable? Est-ce à nous, victimes de troubles intérieurs continuels, de révolutions périodiques et incessantes, est-ce à nous de glorifier les colères de la multitude,: d'y voir une atténuation et une excuse? N'y faudrait-il pas chercher plutôt une circonstance aggravante? L'honneur d'une génération, d'un gouvernement surtout, n'est-il pas précisément de savoir résister à de telles contraintes, de ne jamais se laisser forcer la main? Le nombre des coupables suffit-il pour leur conférer l'innocence? Grace au ciel, cet odieux forfait n'a pas été le crime de tout un peuple. Loin d'avoir été imposé par la France, il n'a pas même été commandé par des Français. A côté des Médicis et des Gondi, des Birague et des Gonzague, de toute cette triste importation étrangère, près de ce malheureux. Charles IX, qui lui-même ressemble au fils de quelque condottiere, à un Sforce, à un Visconti, plutôt qu'à un descendant de saint Louis, on trouve à regret un nom français, mais un seul.

La Saint-Barthélemy un acte national! Quel sacrilége qu'une telle. assertion! La Saint-Barthélemy a été l'horreur de tout ce qu'il y avait d'honnête parmi les contemporains. Dans cet âge d'obéissance, elle a été repoussée même par les dépositaires du pouvoir : plus de dix gouverneurs de province ont refusé d'en devenir complices; le chancelier de L'Hôpital en est mort de douleur, fin digne d'un tel homme. Il y a plus : des personnages d'une morale plus que douteuse, des courtisans serviles l'ont désavouée, l'ont flétrie. Brantôme, l'adorateur de tous les vices de son temps, Brantôme; alors absent de Paris, en bénit Dieu avec effusion. Reconnaissant d'un bonheur si inespéré, il trouve pour la première fois l'accent du cœur au lieu des saillies de l'esprit: L'anachronisme n'est donc pas dans l'opinion qui condamne la Saint-Barthélemy, elle est dans l'opinion qui l'interprète. Il ne faut pas croire d'ailleurs que la différence des siècles modifie aussi profondément la nature des attentats : la conscience du genre humain n'est pas une affaire de chronologie. Il y a des crimes innés comme il y a des idées innées, des crimes qui restent crimes, à quelque siècle qu'ils appartiennent. Ce qui importe, ce n'est pas de les expliquer, mais de les flétrir. Il est bon, il est honorable de ne pas savoir les comprendre. Il y a un extrême péril dans ces interprétations trop ingénieuses. En pareille matière, l'impartialité peut se confondre avec l'indifférence. Se piquer d'une trop grande intelligence des temps funestes, c'est diminuer l'horreur qui seule peut en rendre le retour à jamais impossible. L'instinct des masses l'a bien senti lorsqu'il a nommé la plus récente et la plus affreuse de ces époques du seul nom qui lui convienne : *la Terreur*. Un tel nom est à la fois un jugement et une sauvegarde. Le nom sert de garantie contre la chose, et peut-être n'en avons-nous été préservés que par cette enseigne sanglante, mais instructive. On peut se croire en sûreté tant qu'un pareil souvenir est encore trop rapproché pour qu'on ose en faire le thème d'une dissertation prétendue impartiale ou d'un subtil jeu d'esprit; le danger recommence lorsqu'on s'en croit assez éloigné pour pouvoir le commenter et le *comprendre*. Défions-nous de cet excès d'intelligence historique; gardons-nous d'ensevelir le dégoût dans le raisonnement. Malheur au talent qui sait dorer la hache de Robespierre ou l'arquebuse de Charles IX!

Après la mort du cardinal de Lorraine, son neveu, Henri, duc de Guise, devint le chef de sa maison et de son parti. Je n'essaierai pas de reproduire en détail ce qui regarde ce personnage, qui fut non pas le plus grand, mais le plus célèbre des Guise. Son caractère est assez connu; il est d'ailleurs expliqué par ses actions. Presque tous les historiens l'ont bien saisi, et, sous ce rapport essentiel, le livre de M. de Bouillé ne laisse rien à désirer. Je ne raconterai donc après lui ni la rivalité du Balafré avec Henri III, ni la formation de la ligue, ni la tragique aventure de Blois, ni la longue guerre de Mayenne contre Henri IV : événemens trop présens à tous les esprits; au lieu d'une répétition fastidieuse et inutile, je me bornerai à jeter sur les phases de cette lutte un coup d'œil général, une vue d'ensemble; je la suivrai depuis son origine jusqu'à ses derniers résultats.

Lorsque les Guise parurent sur la scène politique, la féodalité, depuis trois siècles, était battue en brèche par la royauté. Ce mouvement devint alors si général, si irrésistible, que, loin d'y mettre obstacle, la réforme religieuse s'associa à la monarchie absolue. Elles se prêtèrent un mutuel secours, s'appuyèrent l'une sur l'autre, et firent leurs affaires ensemble de compte à demi : le domaine royal s'enrichit des biens que la nouvelle doctrine arrachait à la puissance ecclésiastique. L'idée monarchique marchait alors en avant de toutes les autres; que le représentant de la royauté fût orthodoxe ou hérétique, qu'il s'appelât Henri VII ou Henri VIII, Ferdinand-le-Catholique ou Gustave Wasa, François Iᵉʳ ou Charles-Quint, partout le trône était devenu le symbole de l'ordre, partout le besoin de l'autorité suprême se faisait sentir, et le pouvoir public ne prenait plus d'autre forme que celle de la monarchie pure.

Cette disposition universelle en Europe à la fin du xvᵉ siècle et au commencement du xviᵉ n'était nulle part plus manifeste qu'en France : elle y avait suivi une marche progressive et ascendante, non-seulement depuis Louis XI, qui lui avait donné une impulsion plus régulière et plus certaine, mais en remontant à Charles V, à Philippe-le-Bel, à saint Louis même. Les Guise se mirent en travers de ce mouvement, et parvinrent à le suspendre en croyant au contraire l'accélérer à leur profit. Ils savaient bien que la France ne consentirait pas à se passer de la royauté, mais ils crurent pouvoir lui donner une royauté de rechange. Les circonstances semblaient en effet concourir à leur dessein. L'avilissement d'Henri III et l'hérésie du roi de Navarre, double cause de ruine, semblaient ouvrir une large et facile carrière à l'usurpation. Pour faire crouler plus vite cette monarchie affaiblie et isolée, Henri de Guise lança contre elle toutes les forces d'une association religieuse. A un principe qu'il croyait mort, il opposa un autre principe qui lui semblait plein de vitalité et d'énergie. Il se trompait sur le premier point : ce qu'il prenait pour la mort n'était qu'une paralysie. Guise s'aventura sur un faux calcul qui ne pouvait le conduire qu'à sa perte. Fût-il sorti du château de Blois sain et sauf, la tête haute et la dague au poing; eût-il rougi les pavés du sang de Valois, il ne pouvait obtenir qu'un triomphe éphémère; la royauté victorieuse se serait relevée pour le frapper au cœur, car l'établissement qu'il prétendait créer n'était pas la rénovation, mais la négation de la monarchie.

Cet établissement était impossible par plusieurs raisons, dont voici les principales : d'abord, il était fondé sur un mouvement municipal factice, qui s'est reproduit en France à divers intervalles, et qui, n'ayant puisé à aucune époque dans son principe la faculté de se développer et de vivre, a toujours fini, et cela très promptement, par l'anarchie de tous et la tyrannie de quelques-uns. Les exemples en sont multipliés dans notre histoire; ils reparaissent périodiquement sous la même forme. Qu'on examine, en effet, les diverses phases du pouvoir municipal en France. Marcel, ce Danton prématuré qu'on voudrait réhabiliter aujourd'hui, ne fit que servir de transition aux crimes de la jacquerie, comme la ligue à la sanglante anarchie des seize, comme Bailly à Pétion, comme Pétion à la commune de Paris et au comité de salut public. Pourtant il ne manque pas d'écrivains qui, désespérant de fixer l'attention par des recherches sérieuses, par une étude approfondie des sources, n'ont publié des textes inconnus ou négligés que pour les tronquer, pour les détourner de leur vrai sens; qui, sous le vain prétexte d'une prétendue restauration historique, n'ont abouti qu'à l'étalage de quelques couleurs fausses et criardes. Ils contredisent les opinions les mieux fondées, les mieux établies sur les faits, uniquement pour y opposer de vieilles erreurs méprisées depuis long-temps et déjà réfutées cent fois. Ces enlumineurs de l'histoire prennent sans cesse des images pour des idées; ils ne nous parlent que beffrois, gonfanons, robes mi-parties, et nous promènent à travers toute la ligue de procession en procession, de mascarade en mascarade, prétendant, d'un ton doctoral et sentencieux, qu'au XVIe siècle le sentiment religieux s'était emparé exclusivement des esprits, au point d'avoir aboli le sentiment national. « Le territoire, disent-ils, n'était rien; il n'y avait plus ni Anglais, ni Français, ni Espagnols, mais seulement des protestans et des catholiques ... » Selon eux, «c'était la chose du monde la plus simple d'appeler les étrangers en France; personne ne le trouvait singulier ni mauvais; c'est montrer la plus profonde ignorance de l'époque que d'en douter. » Et quelle est la théorie sur laquelle on appuie ce beau système? Les prémisses sont encore plus bizarres que les conséquences. A en croire ces écrivains, et pour parler leur incorrect langage, « le patriotisme de la terre n'est que le vieux droit féodal; la patrie a disparu avec la féodalité. »

Cependant personne n'ignore, les petits enfans savent eux-mêmes que la patrie française, c'est-à-dire la réunion des divers fragmens qui la composent, que l'unité de la France enfin est précisément l'œuvre de la royauté, le fruit de sa victoire sur les institutions féodales. La féodalité pouvait peut-être invoquer les étrangers sans crime, parce que la patrie n'était pas encore constituée; il en fut tout autrement dès que la France eut pris seule la place occupée jusqu'alors par des dynasties et des races diverses, par des princes angevins ou poitevins, angoumois ou bretons. C'est, au contraire, de la constitution définitive de la monarchie que date la création de la patrie française. Le sang versé sur les champs de bataille a été l'eau de son baptême; elle n'a reçu son nom, ce beau nom de France, que lorsque Jeanne d'Arc et Duguesclin eurent enfin chassé les Anglais. C'est seulement quand la monarchie fut constituée, qu'il devint criminel d'appeler les étrangers. Le connétable de Bourbon l'avait appris à ses dépens; son aventure marque le moment précis de cette révolution. Il se croyait toujours en pleine féodalité; il ne s'était pas aperçu que, dans l'intervalle, le pouvoir royal avait marché sourdement. Aussi qu'arriva-t-il? Le connétable se trouva en face d'un souverain, lorsqu'il croyait encore n'avoir affaire qu'à un suzerain. Il s'était endormi vassal mécontent, il se réveilla sujet rebelle.

François Ier était un roi vraiment national. C'est sous son règne, c'est au XVIe siècle que le mot *patrie* fut transporté de la langue latine dans la nôtre; mais la patrie, quoique anonyme encore, vivait déjà dans tous les cœurs. Même après François Ier, sous les règnes suivants, quand les mœurs étrangères, à la suite de Catherine de Médicis, entrèrent à la cour et descendirent dans la nation; il y eut toujours un parti français, dont le connétable de Montmorency, ennemi déclaré de l'influence étrangère (1), était alors le chef reconnu et avoué. C'est là ce qui a contribué à jeter sur ce nom de Montmorency un éclat de popularité sans égale. Ce rôle, qui ne fut pas seulement particulier au connétable Anne, mais qu'il transmit à toute sa race, tint primitivement à la position du domaine héréditaire de cette famille, situé aux environs mêmes de Paris. On peut dire que, pendant toute la durée du moyen-âge, dans le grand travail de la création de la France par la guerre, les Montmorency furent les aides-de-camp nés de la monarchie. Aussi, même pendant leurs alliances momentanées, les Guise furent tenus en échec par les deux connétables, Anne et Henry. Les Lorrains ne parvinrent point à entamer le parti français; ils réussirent encore moins à s'en faire adopter. Bien plus, ils ont toujours passé pour étrangers, même dans l'esprit de cette portion du peuple qui les avait acceptés avec passion comme chefs du parti catholique. Ils eurent précisément contre eux la situation géographique, si favorable aux Montmorency. Celle des états héréditaires de leur famille, limitrophes de la France et de l'Allemagne, faisait que les descendans de Gérard d'Alsace n'appartenaient bien nettement à aucune des deux nationalités. Ils n'étaient ni Français ni Allemands, et, comme ils avaient quelquefois besoin d'être l'un et l'autre, ils avaient mis tout leur art à tirer le meilleur parti possible de cette ambiguïté. Selon l'événement et l'occasion, on les vit tour à tour Français contre l'empire et Allemands contre la France. Il en résulte que jamais leur voix ne fit remuer la fibre patriotique. Plus tard ce vice originel fut effacé par la consécration des guerres civiles, mais encore d'une manière bien insuffisante et bien incomplète. Malgré tous leurs efforts, au mépris de leur sang versé sur vingt champs de bataille pour l'indépendance de la France, malgré Metz défendue et Calais reconquise; en dépit de ces balafres héréditaires qui, pendant deux générations consécutives, ont sillonné leurs héroïques visages; enfin, malgré une naturalisation emportée à coups de victoires, jamais les Guise ne vinrent à bout de l'instinct public, qui, en les acceptant à tant d'autres titres, leur refusa toujours celui de régnicoles. Lors de la mort de François II, aucun des sept frères n'ayant assisté aux funérailles du jeune roi, on trouva sur le drap mortuaire un écrit tracé d'une main inconnue, qui, rappelant les obsèques de Charles VII, faites aux dépens de Tanneguy Du Châtel, alors exilé, flétrissait doublement les Guise comme ingrats et comme étrangers. L'anonyme avait tracé ces lignes vengeresses : *Où est Du Châtel?... Mais il était Français* (2).

(1) Il Contestabile di Momoransi... sprezzava l'ossequio de' forestieri.—Davila, lib. I.
(2) *Histoire des Ducs de Guise*, t. II, p. 117.

On le voit, quand bien même la royauté des Guise aurait pu·se réa-· liser, ce que je suis loin d'accorder, elle n'aurait pu fournir qu'une carrière bornée et précaire, qui aurait abouti sans nul doute à une chute honteuse, parce que, n'étant pas nationale à son origine, elle s'était faite d'avance non-seulement l'alliée, mais la sujette de l'étranger. Ce rôle de prétendans dynastiques, les Guise ne surent pas le prendre avec l'indépendance qui seule pouvait en amener la réalisation et en assurer la durée. Pour détrôner un roi, ils s'en étaient donné un autre; pour devenir maîtres à l'intérieur, ils avaient été obligés de se faire les cliens, les vassaux d'une domination non-seulement étrangère, mais ennemie, mais rivale séculaire de l'ancienne France, la domination de la maison d'Autriche. Jamais on ne vit d'exemple d'un abandon plus complet de la dignité et du libre arbitre; jamais il n'y eut d'assujétissement plus ignominieux. Des hommes qui s'arrogeaient le titre de princes français, ou qui aspiraient à le devenir, écrivaient à un roi d'Espagne avec une bassesse sans mesure et sans limites. Après avoir engagé la malheureuse Marie Stuart à transporter ses droits sur la tête de Philippe II, en d'autres termes à créer à la France une rivalité et un danger de plus, Henri de Guise s'avilissait au point d'écrire au monarque espagnol que « la réalisation de ce projet était son vœu le plus cher, parce qu'il assurerait les desseins de l'Espagne sur l'Angleterre (1)! »

L'amertume de cette situation en surpassait encore l'ignominie. Que d'humiliations pendant les états de la ligue, où un ambassadeur d'Espagne tenait ces fiers Lorrains en laisse et les marchandait à son gré! Quel spectacle que Mayenne courtisan d'un Feria ou d'un Mendoce, qui lui présentent l'appât de la couronne comme on montre un jouet à un enfant, puis la retirent sitôt qu'il veut y porter la main! Quelles déférences! quels respects! que de déceptions! Comme ces Guise passaient de la supplication au désespoir! Aujourd'hui le duc Charles, fils du duc Henri, épousait l'infante; demain l'infante s'annonçait comme souveraine *propriétaire* et se mettait en route pour la France au bras d'un archiduc. Jamais trône n'aurait été acheté à un tel prix; jamais esclavage n'aurait été payé plus cher, car ce n'était qu'un esclavage. Un Guise roi de France n'aurait jamais été qu'un vice-roi de Philippe II. Et on répète encore tous les jours que la *sainte ligue* était *nationale*, que les Guise étaient placés à la tête du parti *national!* Étrange nationalité que celle de princes quasi-allemands à la solde d'un roi d'Espagne!

Un mot résume la situation des Guise pendant la ligue : les princes

(1) M. Mignet, *Journal des Savans*, n° de janvier 1850. Ces articles si remarquables sont le premier jet d'une *Histoire de Marie Stuart* attendue avec une vive et juste impatience, et que M. Mignet va publier incessamment.

lorrains sacrifiaient nécessairement à leur intérêt les intérêts permanens de la France. L'état où ils l'ont trouvée est la seule justification,
ou du moins la seule explication de leur entreprise. Du discrédit personnel de Henri III, d'autant plus avili que la nature l'avait plus richement doué, il était difficile de ne pas conclure à sa déchéance. Il
y avait un tel contraste entre l'homme qui portait la couronne et
ceux qui y étaient appelés par un parti nombreux, il y avait une différence si frappante entre Henri de Valois et Henri de Lorraine, que
celui-ci n'aurait pu résister à la tentation que par un effort d'héroïsme.
On rencontre quelquefois dans la vie politique des situations tellement
trompeuses, des apparences si décevantes, que l'illusion devient pour
ainsi dire inévitable. Le génie pourrait seul y échapper; mais le génie
n'est pas un héritage, il ne se reproduit pas. Les Guise se laissèrent
enivrer par les acclamations populaires, devenues si bruyantes qu'ils
devaient en effet les croire universelles. A la vue de l'enthousiasme
public saluant un droit nouveau, ils devaient croire à sa légitimité et
à l'anéantissement du droit ancien. D'ailleurs ils furent conduits jusqu'à leur ambition suprême graduellement, successivement, pas à
pas. Une tentative en engendre une autre; les déceptions même irri-
tent la convoitise. De leurs prétentions au comté de Provence déri-
vèrent leurs prétentions à la couronne de Naples, du droit de commander l'armée celui de gouverner l'état. De l'opposition sortit la
ligue, et de la royauté de Paris la royauté de la France.

Quel que soit l'éclat qui s'attache au nom des Guise, il y a quelque
chose qui les empêche d'être tout-à-fait de grands hommes. La fortune leur a manqué sans doute, mais bien moins souvent qu'eux-
mêmes n'ont manqué à la fortune. On admire la hauteur, la finesse,
même la justesse de leur pensée dans la conception d'un projet; on
applaudit à la fermeté, à la sûreté de leur marche dans l'accomplissement de leur dessein; ils ne reculent devant aucun obstacle, devant
aucun péril; ils n'ont rien oublié, ils ont tout prévu, jusqu'à l'instant où il faut étendre la main pour prendre la proie si long-temps
et si passionnément guettée. Tant qu'ils ont devant eux des années,
des semaines, des jours, on ne les trouve jamais en défaut; mais aussi
le jour, la seconde, la minute, le seul jour, la seule minute qui leur
reste pour agir, leur vue se trouble, leur courage s'étonne, l'occasion
leur échappe : ils frappent tous les coups, excepté le dernier.

Et qu'on n'attribue pas au hasard ce mécompte perpétuel, cet incroyable *guignon*, si on ose se servir d'un tel terme à propos de choses
si hautes; qu'on ne le mette pas uniquement sur le compte de la destinée; qu'on n'en accuse pas la mort inopinée de François II, le pistolet
de Poltrot ou le poignard des quarante-cinq. Le poignard ne change
rien à leur destinée; ils suivent toujours et ne précèdent jamais les crises :

de là leur irrésolution, de là.les;défaillances de.leur volonté. Avec
tous les talens et même du génie si l'on veut, ils furent sans cesse à la
veille du succès, jamais au lendemain. Une autre infirmité de leur
ambition, c'est le mélange perpétuel des,petites vues et des grands desseins. Un intérêt privé, un intérêt relativement:mesquin, puisqu'il
était personnel, les a dominés constamment. Leur conduite a toujours été compromise par l'introduction d'objets secondaires dans les
plans les plus vastes. Derrière les prétendans à la plus belle couronne
de la chrétienté, on entrevoit toujours des princes d'une famille souveraine du second ordre; toujours les collatéraux des petits ducs de
Lorraine percent sous le masque des Machabées de la France. Une
foule de réclamations et de prétentions particulières s'interposèrent
entre leur regard et le but définitif de leur ambition. Dans leur marche
audacieuse à la conquête du trône, ils se laissèrent constamment détourner par ces considérations de fortune territoriale, quelquefois par
ces vanités de famille et de branche, qui trop souvent entravent et
compromettent les hautes pensées de gouvernement et de pouvoir.
Même en aspirant au trône de saint Louis, ils ne parviennent pas à oublier qu'ils sont princes lorrains, et, qui pis est, des cadets de Lorraine.

Entre la royauté méridionale, ultramontaine des Guise et la république septentrionale et aristocratique des Châtillon, il n'y avait que
déception et néant pour la France. De rêve en rêve et de mensonge
en mensonge, les Guise avaient fini par se persuader qu'ils étaient
les descendans de Charlemagne; que les petits-fils de Hugues-Capet
et de saint Louis détenaient leur héritage. En osant porter les yeux
sur la couronne, ils feignirent de croire, ils crurent peut-être qu'ils ne
réclamaient que leur bien. Pendant toute leur existence, ils restèrent
dans le faux, mais dans un faux magnifique, éblouissant et spécieux.
Ils n'entrèrent dans le vrai qu'en se déclarant les défenseurs du catholicisme en France. Peut-être l'ont-ils sauvé. Toutefois, ainsi que je
l'ai dit en commençant et que j'ai essayé de le prouver,.les Guise ont
presque créé l'adversaire qu'ils ont si vaillamment combattu. Ils ont
tenu tête à l'orage, mais ils n'ont pu le conjurer, eux qui avaient provoqué la tempête! En se déclarant les champions du catholicisme, en
lui prêtant un appui efficace, ils ont secondé le génie de la France,
mais ils l'ont contrarié et méconnu en ranimant contre la royauté les
restes de l'esprit féodal et municipal, quand l'un se mourait et que
l'autre n'avait jamais vécu. Aussi est-ce la royauté qui a eu le dernier mot. C'est que la royauté était plus forte que la ligue, plus forte
même que la loi civile. Elle a triomphé d'Henri III, même d'Henri IV.
Rien n'a pu vaincre : ni les vices du dernier des Valois, ni les
nombreuses générations qui éloignaient du trône le premier des
Bourbons, car la loi civile ne reconnaissait alors le droit d'héritage,

au titre de la parenté, qu'au septième degré, et Henri IV n'était parent de Henri III qu'au vingt-deuxième : tant il est vrai que la royauté était considérée alors non-seulement comme le faîte et la garantie de l'ordre social, mais comme un droit existant par lui-même et survivant à tous les naufrages.

Le rétablissement de la royauté a été dû avant tout à ce puissant tiers-parti qu'il ne faut pas confondre avec les pâles et indécises combinaisons qui, de nos jours, abritent leur faiblesse sous cette vieille enseigne. « Je n'ai point eu la prétention, a dit un homme d'état éminent, d'offrir en peu de mots, et d'un trait rapide, le tableau de ces vies qui, comme celle d'Étienne Pasquier, se sont écoulées honorables et pures, toujours attachées à la loi du devoir. Qu'il me suffise d'ajouter qu'ils n'ont jamais faibli, dans les circonstances les plus critiques et au milieu des périls, en présence desquels les plus fermes courages auraient pu être ébranlés, ces hommes dévoués, qui n'avaient pour défense que le bon droit et leur conscience. Les Loisel, les Pithou, les Sainte-Marthe, les Molé, les de Harlay, les de Thou, les Ayrault, les Brinon, n'ont pas été seulement d'éminens magistrats ou de savans jurisconsultes, ils ont été d'excellens et quelquefois même de grands citoyens. Oserai-je le dire enfin? ils ont sauvé l'honneur de leur temps. Que serait-il, ce temps, aux yeux d'une postérité impartiale, si elle ne devait voir que tant de criminelles entreprises, tant de violences, tant de féroces actions, les plus saintes choses employées à susciter les plus odieux attentats, et tant de souillures jusque dans les plus hauts rangs (1)? » Peut-être, dans ces paroles où l'éloquence n'est que l'expression de la justice, y a-t-il quelque chose d'un peu exclusif. Dans un siècle qui commence avec Bayard et finit avec le brave Lanoue, la vertu militaire avait aussi ses représentans; mais il est hors de doute qu'à cette époque la magistrature et surtout le parlement de Paris contribuèrent puissamment à rétablir l'état, à sauver la France, et, si quelqu'un était bien en droit de le dire, c'est le digne héritier de l'un des beaux noms de la magistrature française.

En suivant avec attention les Guise depuis leur point de départ jusqu'aux extrêmes limites de leur carrière, on sent qu'il ne leur appartient pas de décider en dernier ressort d'un pays tel que la France. Quel que soit l'éclat du rôle qu'ils y jouent, l'importance de la part qu'ils prennent à ses affaires, l'étendue de leur influence sur les événemens et leur domination sur les esprits, dès le début quelque chose nous dit qu'en dernier résultat ils ne travaillent pas pour eux-mêmes et que d'autres profiteront de leurs efforts. Dans leur moment le plus bril-

(1) M. le duc Pasquier, *Introduction aux Institutes de Justinien,* par Étienne Pasquier; Paris, 1847.

lant, dans leurs succès les plus légitimes, même lorsqu'ils défendent
la foi de leurs pères, jamais on ne se surprend à faire des vœux pour
leur cause. On sent que la gloire de sauver la France, de la retenir au
bord de l'abîme, de la rasseoir sur les bases ébranlées, appartient à
une main plus autorisée et plus auguste.

Un grand ministre perfectionna l'œuvre d'un grand roi; Richelieu
complète Henri IV. Arrêtons-nous un moment devant ce nom, à
l'exemple de M. de Bouillé, qui l'a amené dans son récit et l'a rapproché des Guise. Il est impossible, en effet, de ne pas se préoccuper
de Richelieu, dès qu'on touche aux grandes choses de l'histoire de
France.

Le nouvel historien attribue au cardinal de Lorraine la première
idée de cette politique qui protégeait les protestans à l'extérieur et les
persécutait dans l'intérieur du royaume : « combinaison hardie et profonde, enfantée par un esprit plus vaste que scrupuleux, qui servit de
modèle ou du moins de précédent au plus habile peut-être et certainement au plus absolu des ministres qui aient gouverné notre pays! »
—Et plus loin : « Suivant le système politique adopté par le cardinal
Charles de Lorraine, Richelieu soutient, en Allemagne, la cause des
réformés qu'il prétend étouffer dans le royaume. »

En quelque occasion que ce soit, il serait beau pour le cardinal de
Lorraine d'avoir servi de modèle au cardinal de Richelieu. Cela suffirait à sa gloire, car on ne saurait souscrire au *peut-être* qui accompagne ce rapprochement. Richelieu fut, non-seulement *le plus absolu*
des ministres, mais le plus grand de tous ceux qui aient jamais gouverné en France ou ailleurs. C'est ici ou jamais l'occasion de reprendre
la distinction que j'ai commencé par établir entre les personnages épisodiques et les personnages nécessaires, entre les hommes qui se sont
efforcés de remonter inutilement le courant des âges et ceux qui ont
accompli l'œuvre légitime et providentielle d'une époque : on verra
nettement en quoi diffèrent les cardinaux de Richelieu et de Lorraine.

Je l'ai déjà dit, les Guise ont arrêté la marche de la France vers
l'autorité monarchique; ils ont interrompu l'impulsion donnée par
saint Louis, Philippe-le-Bel, Louis XI et François Ier, suspendue momentanément une seconde fois, après Henri IV, sous la triste régence
de Marie de Médicis. Richelieu, au contraire, a remis cette politique
en mouvement. Chacun, au gré de ses opinions particulières, lui en
fait un mérite ou un crime; on lui impute d'avoir privé le trône de ses
appuis naturels en détruisant la noblesse, et cette allégation atteint
sa mémoire de deux côtés à la fois. Éloge ou blâme, pour les démocrates excessifs comme pour les aristocrates exagérés, Richelieu est
un révolutionnaire. Je passe sur cet anachronisme de langage et me
hâte d'aller au fond d'un jugement historique qui, pour avoir été

souvent répété, même par des voix éloquentes, n'en est pas moins en contradiction manifeste avec les faits.

D'abord, il est matériellement inexact que Richelieu ait détruit l'aristocratie. Qu'entend-on par ce mot? Est-ce une *classe politique* dominante? Une telle classe n'a jamais existé en France. Richelieu n'a donc pas eu la peine de la détruire, et, dans tous les cas, si elle a jamais été maîtresse des affaires, ce n'est pas Richelieu qui lui aurait ravi le pouvoir; cette tâche aurait été accomplie avant lui. Bien longtemps avant sa naissance, nos rois avaient eu des ministres qui s'étaient appelés La Brosse et Marigny, Jacques Cœur et Duprat, Olivier et L'Hôpital. S'agit-il de l'aristocratie considérée comme une haute *classe sociale*, seul caractère de la noblesse parmi nous? Richelieu est si loin d'avoir causé sa ruine, qu'on l'a vue reparaître avec plus d'éclat sous la fronde, immédiatement après la mort de son prétendu destructeur. Ce que Richelieu a combattu, ce n'est pas l'aristocratie sociale ou politique, c'est un état de choses sans nom et sans forme, produit par les guerres civiles, amené surtout par les Guise, et qu'Henri IV lui-même, forcé de faire des concessions de toute nature, n'a pu refuser à l'exigence des partis. Ce n'est ni l'aristocratie territoriale ni même l'aristocratie féodale, mais l'anarchique oligarchie des gouverneurs de province; c'est l'occupation des points fortifiés du pays, notamment sur la frontière, par les anciens chefs de factions qui, n'étant plus des chefs féodaux, des grands vassaux de la couronne et n'étant pas encore devenus ses sujets, constituaient, sous le nom de gouverneurs, une association de rebelles armés. Soumis à la royauté en apparence, dans la réalité ils tenaient le roi en échec, toujours prêts à recommencer la guerre civile. Voilà ce qu'a attaqué, ce qu'a écrasé Richelieu. Il n'a pas renversé un édifice; il n'a fait que balayer des décombres. Mais, dit-on, en privant le trône de ses soutiens, il l'a isolé, et, dans un avenir plus ou moins rapproché, il a rendu sa chute inévitable. Ici, il y a deux questions distinctes : qu'on me permette de les poser.

Après la ligue, après les Guise, après ces furieux et ces brouillons qui avaient bouleversé la France, quel était pour elle l'intérêt le plus immédiat, le plus pressant? Le rétablissement de l'ordre par l'autorité royale. Qu'est-ce qui s'y opposait alors? Est-ce le peuple? Non assurément. Remué à la surface pendant les guerres de religion, agité d'un mouvement factice, éveillé au branle du beffroi de l'Hôtel-de-Ville, le peuple, depuis Henri IV, était rentré dans l'engourdissement et le silence. D'où venaient donc les périls du trône? Est-ce du parlement, de la bourgeoisie, du clergé? Non, mais de ce reste de féodalité catholique ou huguenotte qui, n'ayant plus la force de gouverner, même de combattre, s'était cantonnée dans des citadelles, dans des places de sûreté. Qu'avait à faire Richelieu, si ce n'est de lutter avec cette oligarchie et de la désarmer dans ses chefs? Il l'a fait avec une extrême rigueur, j'en conviens, mais avec un incomparable courage, sans souci des représailles, avec un sentiment enthousiaste de la responsabilité. Sa main a arrêté la guerre civile renaissante, qui ne s'est remise en route qu'après sa mort. Pouvait-il suivre un autre système? S'il n'avait pas frappé la féodalité, ou plutôt s'il n'avait pas achevé de déchirer le lambeau informe qui lui servait encore de drapeau; si, tout en ayant sévi contre la portion rebelle de l'aristocratie, il n'avait pas attiré au pied du trône tout ce qui restait fidèle ou consentait à le devenir, Richelieu n'aurait eu qu'un parti à prendre... Ce parti, j'hésite à le signaler; mais enfin, quelque ridicule qu'il y ait à admettre une telle supposition, il faut bien s'y résoudre, pour donner un sens aux reproches qu'on adresse à cette immortelle mémoire. A la vue des troubles de l'Angleterre, le cardinal de Richelieu aurait dû faire donner une charte par Louis XIII et constituer sa noblesse en chambre haute accompagnée d'une chambre des communes. J'ai annoncé d'avance l'absurdité d'une telle hypothèse; cependant il n'y en a pas d'autre à lui substituer. Si on veut prendre un instant au sérieux une idée insensée et la reproduire sous une forme moins dérisoire, on peut se demander ceci : En limitant la royauté par l'aristocratie, en démantelant l'autorité royale au profit de la noblesse dans l'intervalle écoulé entre la ligue et la fronde, Richelieu n'aurait-il pas été le plus téméraire, le plus aveugle et le plus intempestif des politiques? On a beau être un grand homme, on n'a pas le droit de sacrifier l'intérêt immédiat de la génération qu'on gouverne à l'intérêt futur des générations qui ne sont pas nées. Ce procédé est même si loin de la pensée d'un véritable homme d'état, que c'est précisément le propre des songe-creux et des utopistes. Mille exemples le prouvent, exemples trop récens pour qu'il soit nécessaire de les rappeler.

La tâche précise de Richelieu, à l'époque où il a paru, a été de rétablir l'autorité monarchique; rien de plus, rien de moins. Pour y parvenir, il a dû non-seulement réprimer ce qui restait de l'anarchie féodale, mais donner au pays, par des institutions administratives dont l'énumération n'appartient pas à mon sujet, le bienfait de l'unité; il a dû le doter de cette *centralisation,* — qu'on me pardonne un mot trop moderne, — combattue si violemment aujourd'hui, susceptible sans doute d'être renfermée dans des bornes plus étroites, mais dont l'anéantissement serait la ruine totale, le coup de grace de la France. Qu'on ne s'y trompe pas : dans l'affreux guet-apens dont nous avons failli périr victimes, c'est l'administration, c'est l'organisation intérieure, c'est la centralisation, c'est l'unité enfin qui nous ont sauvés... provisoirement.

Richelieu a donc été un organisateur monarchique et non un destructeur révolutionnaire. Il est vrai qu'on veut bien ajouter, en am-

nistiant ses intentions aux dépens de son génie, qu'il fut révolutionnaire à son insu. Franchement, pense-t-on qu'en fortifiant l'aristocratie, si cela lui avait été possible, il aurait prévenu la chute du trône?
Rien de plus courageux, rien de plus dévoué, rien de plus illustre
que l'ancienne noblesse française. Elle a fait la carte de la France
à la pointe de son épée et à la trace de son sang, dont elle a versé le
plus pur sur tous les champs de bataille de l'Europe et de l'Asie. Race
militaire incomparable, ouverte à toutes les idées hautes et généreuses,
facilement inclinée au goût des arts et à l'amour des lettres, adoucie
et non amollie à leur contact; reine de la langue souvent par l'énergie
et la force, toujours par la grace, la facilité et l'agrément; associée
dans tous les temps, avec un entraînement trop naïf peut-être, mais
désintéressé et sincère; à ce progrès des idées, à ce renouvellement
des institutions qui, après l'avoir prise pour auxiliaire, s'est plus d'une
fois tourné contre elle; fût-elle dépossédée, fût-elle réduite à n'être plus
qu'un nom, une ombre, un souvenir, la noblesse française ne cesserait pas d'être un des ornemens de la France. Bravoure, dévouement,
culture de l'esprit, inspiration du cœur, voilà son glorieux et impres-
criptible partage; mais, de bonne foi, y a-t-elle jamais fait entrer le génie politique? Et dans ces terribles cataclysmes où les trônes tombent
moins sous une attaque matérielle que sous l'agression des idées, de
quel secours aurait été son épée, cette héroïque épée de Ptolémaïs, de
Marignan et de Fontenoy?

Au surplus, personne ne peut triompher de cet aveu arraché par
la vérité. Si d'autres classes ont succédé à la noblesse, si à leur tour
elles se sont emparées du pouvoir, combien de temps l'ont-elles gardé?
comment ont-elles su le défendre? Sous ce rapport, la classe moyenne
a-t-elle rien à reprocher à sa devancière? Les cadets ont-ils été plus heureux que les aînés? Bien moins encore; mais passons,.... ne remuons
pas des cendres mal éteintes... Convenons seulement qu'il n'y a jamais eu en France qu'une seule chose politique : la monarchie. Richelieu l'a affermie, et les Guise ont essayé de la détruire. Voilà pour
l'ensemble du parallèle. Quant aux circonstances de détail, aux moyens
accessoires, il suffit de se borner à la mention rapide d'un seul point,
la conduite à l'égard des protestans. En les persécutant, les Guise en
ont fait un parti redoutable. Richelieu ne les a jamais persécutés et
les a toujours contenus; il a respecté l'édit de Nantes, même après
avoir pris La Rochelle. Quand les ministres et les prédicans de cette
ville vinrent lui faire leur soumission, il les accueillit le plus cour-
toisement du monde, et leur dit avec autant de modération que d'esprit : « Messieurs, je suis charmé de vous recevoir, non comme un
corps d'ecclésiastiques, mais comme des gens de lettres dont j'estime le
savoir et le talent. » Qu'on rapproche cette audience de La Rochelle

des massacres de Vassy et d'Amboise, qu'on se fasse surtout cette simple question : Que nous ont donné les Guise? La ligue. — Que nous a donné Richelieu? Le siècle de Louis XIV. — On peut choisir.

II. — LES DERNIERS GUISE.

En 1605, la cour de France assistait paisiblement aux noces de Charles, duc de Guise, avec une princesse de Modène. « A peine quelques jours de réjouissances y avaient-ils été consacrés, que le nouvel époux se trouva impliqué dans une vive dispute de cour. Deux frères (de la maison de Bourbon), le prince de Conti et le comte de Soissons, se croisant en carrosses sur le chemin du Louvre, s'étaient querellés pour la préséance, au point d'échanger un brutal et scandaleux défi. Guise, chargé par la reine d'apaiser Conti, qui se montrait le plus intraitable, réussit promptement dans sa négociation. Les courtisans toutefois dénaturèrent le fait, et représentèrent les formes suivies par le prince lorrain en cette occasion comme une sorte de bravade à l'égard des princes du sang. « Deux partis se forment aussitôt, prêts à soutenir respectivement, dans une lutte imminente, le comte de Soissons et le duc de Guise, devenus adversaires. La reine impose les arrêts au dernier, contre lequel le connétable demande justice devant le conseil, et dont Sully justifie toute la conduite. Guise, sur les instances du maréchal de Bouillon et du duc d'Épernon, se montre disposé à faire transmettre des excuses au comte de Soissons. Celui-ci ne s'en contente pas toutefois; il exige une démarche directe et personnelle. Pressé de recouvrer sa liberté, le prince lorrain est sur le point d'acquiescer à cette condition; mais, en se rendant à l'hôtel de Soissons, il passe chez le duc de Mayenne, qui le dissuade de céder ainsi, et lui promet d'intervenir comme médiateur pour faire reconnaître son innocence, tout en ménageant la susceptibilité de leur maison. Effectivement, Mayenne prononce le lendemain, en présence de la reine, des paroles convenues d'avance : « Madame, dit-il au nom de « son neveu, sur l'opinion que M. le comte de Soissons a eue que ce « qui se passa mardy a donné quelque occasion de se plaindre de moy, « je puis asseurer votre majesté que je n'ay eu nulle pensée ny inten- « tion de luy en donner subject, et serois très marry de l'avoir faict : « au contraire, si je l'eusse rencontré, je lui eusse rendu l'honneur qui « lui est deu, désirant demeurer son très humble serviteur. — Je suis « bien aise de ce que vous me dites et en demeure fort contente, » répond la reine, et, après une telle déclaration, personne n'ose plus se permettre de chercher à donner suite à cette fâcheuse affaire (1). »

_____

(1) *Histoire des Ducs de Guise*, t. IV.

Voilà précisément la transition des *grands Guise* aux *petits Guise;* après la tragédie, la petite pièce. Mayenne, le chef de la ligue, clot la première série et inaugure la seconde. Pendant un temps presque roi de France et bien réellement le roi de Paris, confiné maintenant dans sa voluptueuse et paisible retraite de Soissons, il substitue à ses orgueil- leux travaux l'arrangement non moins laborieux, quoique plus humble, d'une simple question d'étiquette, et termine la vie d'un rebelle par l'obséquiosité d'un courtisan.

Dès ce moment, les Guise disparaissent. De tout cet héritage de gloire, le fils du Balafré ne conserva guère que son épée. Il la tourna contre les Espagnols, qu'il avait trop flattés peut-être pour avoir tout-à-fait bonne grace à les combattre. Comme l'habitude du pouvoir ne se perd pas facilement, forcée de renoncer à l'ambition, cette famille n'avait pas abdiqué l'audace; elle avait de la peine à se soumettre à la loi. La violence, dont elle s'était fait une habitude, se fit jour, grace au relâchement de l'autorité légitime. Après la mort d'Henri IV, le duc Charles de Guise et le prince de Joinville, son frère, crurent encore retrouver les beaux jours des barricades et de la ligue. Il faut lire dans M. de Bouillé l'assassinat du baron de Lux par le chevalier de Guise, fils posthume du duc Henri; ce récit est plein de vivacité et d'énergie. Des tentatives de cette espèce ne furent pas suffisamment réprimées. Le chef de la maison de Guise, enhardi par l'impunité, rêva le retour du passé, et se relança éperdument dans les folies de sa jeunesse; mais Charles avait compté sans Richelieu. A peine s'était-il remis à courir les aventures, qu'il se sentit arrêté par une main de fer qui le saisit et le rejeta en Italie, où ce vieil étourdi, se croyant encore un chef de faction, mourut obscurément sans avoir pu faire lever un seul homme pour sa défense.

Je ne suivrai pas l'historien dans sa rapide énumération des princes lorrains jusqu'au règne de Louis XIV. Il raconte avec d'intéressans détails cette expédition de Naples où, comme dans tout ce qu'ont fait les Guise, l'imagination, le courage et l'entrain se mêlent à la du- plicité, à la ruse, et même, s'il faut le dire, à je ne sais quoi de mé- prisable et de bas qu'on retrouve dans le cardinal de Lorraine, dans le duc Henri, dans le duc de Mayenne, et dont Claude et François ont été seuls exempts. Sans doute on aime à voir ce brillant paladin, ce soi-disant héritier de la maison d'Anjou, entrant dans Naples pour réclamer la couronne un peu fantastique de ses ancêtres. Lorsqu'on se représente le duc de Guise apparaissant sur cette mer mytholo- gique, dans une galère peinte et dorée, tel qu'un demi-dieu, un ar- gonaute; toute une population à moitié nue, comme une popu- lation antique, accourant à sa rencontre avec des cris de triomphe et de joie, — on cède volontiers à ce séduisant prestige, on s'associe à l'impression des contemporains, qui, voyant Condé et Guise réunis dans un carrousel, disaient : ,Voilà le héros de la fable auprès du héros de l'histoire! Mais quand du rivage enchanté de la Mergellina on se transporte dans la cave hideuse, dans la caverne immonde du *Torion del Carmine*, qu'on y voit M. de Guise devenu le flatteur de Gennaro Annese, étendu entre ce sale démagogue de carrefour et sa repoussante femelle sur un grabat autour duquel s'amoncèlent les meubles précieux, les écrins ruisselant de diamans et de perles, les vases ciselés, les amas d'or et d'argent, enlevés aux palais et aux églises; lorsqu'on voit enfin ce gentilhomme, ce prince, ce poursuivant de couronnes dormant chez un recèleur au milieu d'objets volés, le dégoût l'emporte sur tout autre sentiment. La chute morale des Guise fut cependant retardée quelque temps. Le fameux *cadet à la perle* se fit à la vérité *le recors de Jules Mazarin* et le guichetier du grand Condé; mais il avait pris les îles Sainte-Marguerite, il avait gagné des batailles. Sous la fronde, le duc d'Elbeuf, seul rejeton de la maison de Lorraine en France, issu d'un septième fils de Claude, essaya de conduire la guerre civile à la mode de ses ancêtres, et fut bientôt forcé de résigner le commandement. Les aventures de Marie de Rohan, duchesse de Chevreuse, jetèrent aussi un intérêt romanesque sur la postérité des Guise, qui jouèrent encore un diminutif de rôle militaire et politique. Après ces lueurs mourantes, il n'y a plus que la décadence, disons plus, la dégradation; elle est même portée à un point qu'on ne saurait dire. Le nom du chevalier de Lorraine, empoisonneur douteux de *Madame,* mais favori authentique de *Monsieur,* doit être prononcé sans commentaire et seulement par une observation scrupuleuse de l'exactitude chronologique. Ici nous rétrogradons de la renaissance française à l'antiquité romaine; nous allons de Rabelais à Pétrone.

Dans la galerie des Guise, les portraits succédaient désormais aux tableaux. Saint-Simon s'y [est surpassé; les Lorrains deviennent ses victimes privilégiées. Quelle énergie, quelle verve comique, quelle bile amère et colorée! Quelle suite de caractères pris en flagrant délit dans cette famille si nombreuse, si accréditée, si élégante, l'ornement, mais aussi le fléau de la cour de Louis XIV, par ses insolences, par ses vices. par cette avidité d'argent qui, dans les descendans dégénérés des Guise, avait succédé à des convoitises non moins coupables, mais plus héroïques! Quels portraits que M. le Grand, le comte d'Armagnac, grand écuyer, et le comte de Marsan, son frère, «l'homme de la cour le plus prostitué à la faveur, gorgé des dépouilles de l'église, des femmes, de la veuve et de l'orphelin, enragé de malefaim par une paralysie sur le gosier, qui, lui laissant la tête dans toute sa liberté et toutes les parties du corps parfaitement saines, l'empêcha d'avaler! Il fut plus de deux mois dans ce tourment, jusqu'à ce qu'enfin une seule goutte ne

pût plus·passer sans que cela l'empêchât de·parler. Il ·faisait manger
devant ·lui ses ᵦgens, et sentait tout· ce qu'on leur·donnait avec· une
faim déséspérée. Le comte de Marsan ᵐöurût·en ᵱet état, ᵢqui frappa
tout·le monde, si fort instruit des rapines dont il avait vécu. » Il semble
que dans ·un tel état d'abâtardissement, d'abjection, ·les Guise n'eussent plus conservé le moindre vestige de leur ancienne·puissance. Non-
·seulement ils avaient perdu ·toute dignité morale, ᵎmais, malgré la magnificence de quelques-uns ·d'entre eux, fondée ·sur ce qu'on appelait
alors les graces du roi, ils ne jouissaient d'aucune indépendance de fortune, à ce point que plusieurs d'entre eux étaient réduits à la pauvreté.

.   Certes, on ne devait ⁻plus rien attendre de redoutable ·de·ceux qui
furent autrefois ·les Guise; ·cependant ils faisaient encore illusion aux
autres et à eux-mêmes. Il leur échappait du moins d'étranges boutades.
Voici la plus singulière de toutes celles que raconte Saint-Simon : « Le
sang ·de Lorraine, si ce n'est par force, ·ne fut jamais pour aimer la
cour, et moins pour s'attacher au sang de Bourbon. Cela me fait souvenir d'une brutalité qui échappa à M. le Grand, et qui par cela même
montre le fond de l'ame. Il jouait au lansquenet dans le salon ·de Marly
avec Monseigneur, ·et il était très gros et très ·méchant joueur. Je ne
sais par quelle occasion de compliment ᵢM^me la grande-duchesse de
Toscane (fille de Gaston, duc d'Orléans) y était venue. Le hasard fit
qu'elle·coupait M. le Grand et qu'elle lui donna un coupe-gorge. Lui
aussitôt donna un coup de poing sur la table, et, se baissant dessus,
·s'écria tout haut : « La maudite maison! nous sera-t-elle funeste? » La
grande duchesse rougit, sourit et se tut. ·Monseigneur et tout ce qui
y était, hommes et femmes, à la table et·autour, l'entendirent clairement. Le·grand écuyer se releva le nez de dessus la table, ·regarda toute
la compagnie toujours bouffant.· »

Et le roi, que fit-il? — Le roi se prit à ·rire.

C'est du moins ce qui est ·probable, ᵎmais M. ·de Saint-Simon n'est
pas homme ᵃ à en faire autant; il ᵢprend la chose ·au sérieux. Pour lui,
l'hôtel de Guise sous Louis XIV est toujours l'hôtel de ·Guise sous
Henri III, et un prince de Vaudemont, fils naturel de Charles IV, duc
de·Lorraine, personnage fort célèbre autrefois, ·fort oublié aujourd'hui,
contre lequel il s'acharne avec un redoublement de ·fureur, lui semble
un Mayenne ou un Balafré. Il voit de· nouvelles barricades dans l'affaire de la chaise à dos. C'était en effet une terrible entreprise; on ·y reconnaissait la noire malice de «ces louveteaux que le cardinal d'Ossat
a si bien dépeints dans ses admirables lettres. » Vaudemont, ·ce ligueur
de l'Œil-de-Bœuf, avait des jambes très mauvaises et très courtes;
il s'était avisé de s'asseoir sur·une ·chaise dans·le salon de Marly; de là
grande rumeur des ducs et de M. de Saint-Simon, plus duc que pas un.

Le roi fit changer la chaise en *tabouret exhaussé et appuyé*. Alors M. de
Saint-Simon entonna un hymne de louange, et s'écria : « D'un rang
supérieur, Vaudemont est réduit enfin au rang de cul-de-jatte! »
     Il y eut une autre circonstance bien plus importante encore où l'au-
dace des *guisards* s'étala dans toute son horreur et mit toute la cour en
émoi, du moins à ce que prétend toujours Saint-Simon, très suspect,en
pareille matière. On avait toujours cru que la cour de Louis XIV était
un lieu assez discipliné; qu'à part la galanterie, il y régnait peu de
désordre, et qu'il n'y en avait aucun surtout qui prît sa source dans la
politique. On s'est trompé. Les seize y étaient revenus avec les Guise.
L'audace de la maison de Lorraine n'avait plus de bornes;,partout,,à la
communion du roi, à la cérémonie de l'ordre, au grand et au petit
coucher, les princes lorrains, les princesses lorraines s'efforçaient de
prendre le pas sur les duchesses et les ducs. Enfin les choses en étaient
arrivées à ce point que subrepticement d'abord, à l'aide d'une dame
d'honneur « basse, de fort peu d'esprit, et qui laissait tout entreprendre, » les princesses prirent le pas sur les duchesses, et quêtèrent
avant ces dames à la chapelle! Un tel attentat,faillit remettre le feu aux
quatre coins du royaume, comme au temps du massacre de Vassy ou
des états de Blois. Heureusement M. de Saint-Simon était là pour sauver
la France. Il se conduisit en héros; il devint le Coligny de cette guerre
civile. A la vérité, il n'était pas question de livrer bataille,,mais simplement d'aller se plaindre au roi. Aucun des ducs n'osa s'y hasarder,
ou ne voulut se donner le ridicule d'une telle ambassade. M. de Saint-
Simon se dévoua; il comparut seul devant l'antre du lion, c'est-à-dire
à la porte du cabinet de Louis XIV, ce qui dans le fond n'était guère
moins imposant. Le lion se tenait bénignement dans l'embrasure d'une
fenêtre. Il avait l'oreille un peu dure et se baissa pour mieux entendre
le solliciteur, probablement un peu tremblant, quoiqu'il assure le contraire; puis sa majesté releva la tête d'un air gracieux comme pour
dire : « C'est fort bien, il n'y a pas de mal à cela. »
     Grace à l'héroïsme de M. de Saint-Simon, la chose se passa à merveille
pour les ducs. Les princesses, *pirouettant à leur tour,* furent forcées
de reprendre la gauche et même de demander pardon aux duchesses;
mais, comme il est difficile de garder quelque mesure dans le succès,
le champion de la pairie ne triompha pas modestement. Il se mit à
parler en toute liberté sur les Lorrains, sur leur ambition, sur leurs
entreprises; il affronta M. le Grand en personne, passant, repassant d'un
air fier devant lui, le regardant du haut en bas, le narguant, le toisant,
ce qui devait faire un étrange spectacle, car M. de Saint-Simon n'était
ni un Goliath ni un Antinoüs; « ma figure, dit-il lui-même quelque
part, n'était pas avantageuse. » On sait par tradition qu'enseveli dans
sa perruque, il était quelquefois obligé de l'ôter, parce que sa tête fu-

mait naturellement; — ce qui ne l'empêche pas d'être l'un des plus
grands écrivains de la langue française, presque un Tacite, et bien
certainement un Labruyère ample et naturel, par conséquent bien supérieur à Labruyère, ce dont personne ne se doutait et M. de Saint-
Simon moins que personne. Son orgueil n'était pas là.

Il serait curieux, mais trop long, de reproduire les portraits des
femmes de la maison de Lorraine tracés par l'immortel auteur des
Mémoires. Tout s'y trouve, depuis la grace la plus attrayante jusqu'à la
plus sanglante caricature, depuis l'Albane jusqu'à Callot, car cet écrivain sans le savoir assortit toutes les couleurs, prend tous les accens,
possède tous les tons. Cette galerie s'ouvre par Mlle d'Alençon (Élisabeth d'Orléans). Petite fille de France, issue en ligne directe d'Henri IV,
elle avait daigné épouser le dernier duc de Guise, alliance bien plus
éclatante que toutes celles des ancêtres de ce prince, mais qu'il fit, on
va voir, à quel prix : « M. de Guise n'eut qu'un pliant devant madame sa
femme. Tous les jours, à dîner, il lui donnait sa serviette, et dès qu'elle
l'avait déployée, M. de Guise debout, Mme de Guise dans un fauteuil,
elle ordonnait qu'on lui apportât un couvert qui était toujours prêt au
buffet. Ce couvert se mettait au bout de la table, puis elle disait à
M. de Guise de s'y mettre, et il s'y mettait. Tout le reste était observé
avec la même exactitude, et cela recommençait tous les jours sans
que le rang de la femme baissât en rien, ni que, par ce grand mariage, le rang de M. de Guise en ait augmenté de quoi que ce soit. Il
mourut de la petite vérole à Paris en juillet 1671, et ne laissa qu'un
seul fils qui ne vécut pas cinq ans, et qui mourut à Paris en août 1675.
Mme de Guise en fut affligée jusqu'à en avoir oublié son *Pater.* » Ainsi
finit la branche aînée, la grande branche de la maison de Guise (1),
après avoir été représentée pendant quelque temps par une vieille princesse qui n'avait jamais été mariée, du moins publiquement, car on
croit que Mlle de Guise avait épousé en secret Claude de Bourdeilles,
comte de Montrésor, célèbre par ses mémoires; mais la branche d'El-
beuf-Harcourt-Armagnac restait encore pour fournir des modèles à
l'inimitable pinceau de Saint-Simon, plus brillant, plus éclatant, plus
vrai que ne le furent jamais les peintres ses contemporains et ses
émules : les Mignard, les Rigaud et les Largillière.

Voici d'abord Mme de Lillebone. « Elle logeait avec toute sa famille
à l'hôtel de Mayenne, ce temple des guerres civiles. Les Lorrains y
avaient consacré le cabinet dit de *la ligue,* sans y avoir rien changé,

---

(1) Après avoir passé par la grande Mademoiselle aux ducs du Maine et de Penthièvre,
leur héritage échut à la maison d'Orléans; de là les noms d'Aumale, de Joinville, d'Eu,
de Penthièvre, portés par les princes de la branche cadette de la maison de Bourbon, et
le nom même de duc de Guise donné à un enfant de M. le duc d'Aumale qui mourut
presque en naissant, peu de temps avant la révolution de février.

par la vénération, pour ne pas dire le culte d'un lieu où s'étaient tenus les plus secrets et les plus intimes conseils de la ligue, dont la vue continuelle entretenait leurs regrets et en ranimait l'esprit. » Puis viennent les deux filles de cette princesse, Mlle de Lillebone et Mme d'Épinoy : « elles étaient toutes deux fort grandes et fort bien faites; mais à qui avait du nez, l'odeur de la ligue leur sortait par les pores. » C'est ensuite la comtesse d'Armagnac (Catherine de Villeroy), la femme de M. le Grand, « si imposante, sans rouge, sans rubans, sans dentelles, sans or, ni argent, ni aucune sorte d'ajustement, vêtue en noir ou de gris en tout temps, en habit troussé comme une espèce de sage-femme, une cornette ronde, ses cheveux couchés sans poudre ni frisure, un collet de taffetas noir et une petite coiffe courte et plate, chez elle comme chez le roi; qui, de sa vie, n'a donné la main ni un fauteuil chez elle à pas une femme de qualité. Tout occupée de son domestique, également avare et magnifique, elle menait son mari comme elle voulait, et traitait ses enfans comme des nègres, excepté ses filles, dont la beauté l'avait apprivoisée.... » Pourquoi faut-il que de ces peintures énergiques ou gracieuses Saint-Simon passe quelquefois à tout ce que le mépris et la haine peuvent inspirer de plus noir? Le portrait de la princesse d'Harcourt (Françoise de Brancas) semble écrit sous la dictée des Furies. Il n'a guère été plus indulgent pour la plus intéressante de ces filles des Guise, pour l'infortunée Suzanne de Lorraine, duchesse de Mantoue, morte à la fleur de l'âge, et dont la courte vie offre comme un résumé de tout ce qu'une existence brillante et heureuse en apparence peut renfermer d'amertume cachée et de secrètes douleurs.

Louis XIV alors était arrivé à ce déclin de sa fortune si sévèrement jugé par la génération suivante, si imposant encore aux yeux des contemporains. Malgré tous ses malheurs, il n'avait pas cessé d'être pour eux non-seulement le roi de France, mais le roi. Son nom restait toujours le plus grand dans l'Europe conjurée contre lui; ce soleil n'était pas assez éclipsé pour qu'on n'essayât pas encore de se réchauffer à son crépuscule. Une des preuves les plus manifestes du prestige conservé par Louis XIV dans ses dernières années, c'est l'empressement avec lequel plusieurs petits souverains, et notamment quelques princes d'Italie, se mettaient sous sa protection. Ils recherchaient son alliance, non dans sa famille (leurs prétentions ne s'élevaient pas si haut), mais dans sa cour, autour de son trône, dans les rangs intermédiaires entre le sang royal et la haute noblesse française, quelquefois dans cette noblesse elle-même. Ils demandaient une femme au roi, à la seule condition qu'elle fût de son choix. Parmi ces quêteurs de mariage se trouvait, à la cour de Versailles, un duc de Mantoue, de la maison de Gonzague. Il adressa sa requête à Louis XIV, qui l'agréa, et voulut lui faire épouser une jeune veuve de grande naissance, la duchesse de Lesdiguières, fille du maréchal de Duras. Celle-ci refusa net M. de

Mantoue, tout souverain qu'il était. Jamais les Françaises n'ont aimé à s'expatrier; d'ailleurs, le refus de Mᵐᵉ de Lesdiguières s'expliquait facilement par la réputation du duc. Sans être déjà vieux, il était usé par la débauche; avec les impôts dont il écrasait son petit pays, il entretenait un sérail asiatique. En outre, sa première femme venait de mourir d'une manière assez brusque, et ceux qui en parlaient le plus favorablement pour ce prince assuraient qu'elle était morte de chagrin!

Les Lorrains, à l'affût de toutes les occasions, résolurent de profiter de ce qu'ils appelaient sans doute la folie de Mᵐᵉ de Lesdiguières. Une des princesses de la maison de Guise, la duchesse d'Elbeuf (Françoise de Navailles), avait alors une fille à marier. Mᵐᵉ d'Elbeuf était une femme brusque, ignorante (1) et grossièrement ambitieuse. Bien différente de sa mère, la jeune Suzanne était douée d'un caractère très-doux, et, si l'on en juge par ses portraits, d'un extérieur séduisant. Ce n'était pas une de ces figures à la Mignard, dont la coquetterie semble l'expression naturelle; mais, ce qui est rare au xviiᵉ siècle, une beauté mélancolique et touchante. Sa mère, tous ses parens lui proposèrent le duc de Mantoue, ou plutôt lui signifièrent l'ordre de l'épouser. A cette nouvelle, elle frémit. L'horrible réputation de Gonzague se présenta à son esprit : elle essaya de refuser à son tour. Alors toute la maison de Lorraine se mit après Mˡˡᵉ d'Elbeuf, et vainquit sa résistance. Suzanne obéit. Un seul espoir lui restait. Louis XIV avait été contraire à ce mariage; peut-être ne lui déplaisait-il que par la vieille raison d'état, qui s'opposait aux alliances des Guise dans les cours étrangères; peut-être aussi, et c'est le plus probable, le roi avait-il reçu l'aveu des répugnances de Mˡˡᵉ d'Elbeuf. De tout temps, Louis XIV avait aimé les confidences. Quoique désintéressé par la dévotion et par l'âge, il accueillait encore volontiers les belles affligées. Il ne les consolait plus; il les écoutait toujours. Cependant l'opposition royale ne tarda pas à être levée par les intrigues et les instances des Lorrains. Pour assurer, pour hâter le mariage projeté, ils n'épargnèrent rien; ils se servirent de tous les moyens, selon l'usage constant de leur maison. A la vérité, le temps pressait; le péril était imminent. D'autres amours avaient fait oublier à M. de Mantoue sa belle fiancée. Léger, inconstant, peu curieux de sa parole, le duc avait quitté Paris, ne songeant plus qu'il devait s'y marier dans quelques jours. Mˡˡᵉ d'Elbeuf se croyait

(1) « J'ai trouvé Mᵐᵉ d'Elbeuf toujours à l'agonie, et il est étonnant qu'elle vive encore; je l'ai vue dans une grande résignation pour la vie ou pour la mort, mais la même brusquerie que vous lui connaissez en pleine santé; elle répond à ceux qui lui parlent de Dieu comme elle grondait ses laquais; en voici un trait. Elle se comparait à Job; le curé lui dit : « Il y a de la différence en ce que vous avez eu la consolation de recevoir Notre-Seigneur. » Elle lui répondit : « Et pourquoi diable le bonhomme Job n'a-t-il pas reçu l'extrême-onction? Je ne trouve pas cela bien. » Mettez à cela son ton. Elle en dit beaucoup de même force. » (*Lettres de Maintenon*, t. VII, Amsterdam, 1757.)

sauvée; mais voilà qu'au mépris de toute pudeur sa mère et sa tante
la traînent sur les pas du fugitif. Elles courent après lui sur la route
d'Italie, de poste en poste, de relai en relai. Enfin elles le rattrapent à
Nevers, dans une hôtellerie. Là on lui rappelle sa promesse : il résiste d'abord, il répond qu'il ne sait ce qu'on lui veut; enfin la mémoire lui revient, et alors commence une de ces scènes que Saint-Simon a seul le droit de raconter : « Aussitôt le consentement arraché,
Mme d'Elbeuf et Mme de Pompadour, sa sœur, font monter l'aumônier
de l'équipage du duc, qui le maria dans le moment. Dès que cela fut
fait, tout ce qui était dans la chambre sortit pour laisser les mariés en
liberté, quoi que pût dire et faire M. de Mantoue pour les retenir. Mme de
Pompadour se tint en dehors, sur le degré, à écouter près de la porte.
Elle n'entendit qu'une conversation fort modeste et fort embarrassée,
sans que les mariés s'approchassent l'un de l'autre. Elle demeura quelque temps de la sorte; mais, jugeant enfin qu'il ne s'en pouvait espérer
rien de mieux, et qu'à tout événement ce tête à tête serait susceptible
de toutes les interprétations qu'on lui voudrait donner, elle céda aux
cris que de temps en temps le duc de Mantoue faisait pour rappeler
la compagnie. Mme de Pompadour appela sa sœur. Elles rentrèrent, et
tout fut dit. »

Il était facile de prévoir les suites d'un tel mariage, et la malheureuse Suzanne ne les avait que trop pressenties. Bientôt sa situation
devint intolérable. Exaspéré de la violence qu'il avait subie, le lâche
duc de Mantoue s'en prit à celle qui en avait été la victime. Il l'accabla
des plus mauvais traitemens, se plut à la rendre témoin de déporte-
mens effrénés, la sacrifia à d'indignes rivales, l'entoura d'espions et
de calomniateurs. Menacée dans sa réputation, même dans sa vie, sur
le point d'être enfermée pour le reste de ses jours et d'en voir abréger
le terme par quelque crime, la duchesse de Mantoue parvint à tromper
la surveillance de ses ennemis. N'ayant plus de recours que dans la
pitié du roi, elle écrivit en secret à Mme de Maintenon, qui l'avait vue
naître et qui l'avait aimée dès son enfance. Au nom de ces souvenirs,
elle supplia Mme de Maintenon de l'aider à fuir, pour se soustraire au
déshonneur et à la mort. « Quelque violent que soit mon état, écrivait-
elle, quelque hardie que soit ma résolution, m'étant sacrifiée comme
une victime à l'obéissance de mes parens, j'espère que la Providence,
qui m'a conduite ici malgré mes répugnances et mes pressentimens,
m'aidera à m'en tirer de manière à être plainte sans être condamnée.
J'espère encore de la bonté du roi et de la vôtre, madame, tout le secret que requiert une affaire aussi délicate. Que personne, au nom
de Dieu, ne puisse la pénétrer, *pas même madame ma mère* (1) [1] »

_____

(1) *Lettres de madame de Maintenon,* t. VII, 130.

La duchesse de Mantoue parvint à tromper la vigilance de ses sur-
veillans : elle réussit à s'échapper et se réfugia dans un couvent de
Lorraine, à Pont-à-Mousson; elle n'y resta pas long-temps. Atteinte
d'une maladie de poitrine avancée par le chagrin, elle obtint un logement dans le château de Vincennes. « Ce fut, dit M. de Saint-Simon,
sous prétexte de prendre du lait et l'air de la campagne. » Ainsi dans
ce lieu d'intrigues et de préséances, des grandes et petites entrées, du
tabouret et du bougeoir, dans cette atmosphère où Saint-Simon s'était
asphyxié, l'air des champs, l'ombrage des bois, le parfum des fleurs,
la paix, le repos, l'éclat du jour, le calme du soir, tout ce qui pouvait
assoupir un cœur blessé, rafraîchir une poitrine embrasée, ranimer
une jeune femme mourante, tout cela n'était ni un besoin, ni un
plaisir, ni un bonheur......c'était un prétexte. Malheureusement une
mère pensait comme un ennemi. Au lieu d'entourer Suzanne de soins
affectueux, ses parens ne songèrent qu'à exploiter au profit de leur orgueil sa grandeur si chèrement achetée. Ils la forcèrent à jouer le rôle
de souveraine; ils en revendiquèrent pour elle toutes les prérogatives; ils en inventèrent même de chimériques. On n'entendait parler
que des prétentions de Mme de Mantoue; elle refusait *la main* à telle
princesse, elle faisait reculer le carrosse de telle duchesse. A la fin,
elle fut brouillée avec toutes les personnes que le respect de ses malheurs et le charme de ses manières avaient attirées en foule auprès
d'elle. Profondément soumise à sa mère, à sa famille, elle n'eut pas la
force de s'opposer à leurs entreprises, mais elle en sentit vivement le
danger; elle demanda des conseils à Mme de Maintenon, elle invoqua son
appui. « Je suis jeune, lui écrivait-elle, par conséquent sans expérience;
j'ai besoin d'être conduite; j'ai besoin de votre amitié. » Personne ne
prenait pitié d'elle; elle était méconnue, calomniée; on lui attribuait
des torts qui n'étaient pas les siens. Bientôt on l'accabla de ridicules;
son imperturbable douceur fut taxée de fadeur ou de fausseté (1). Tout
le monde l'abandonna.

Que firent alors ses indignes parens ? La bonne compagnie éclipsée,
ils se rabattirent sur la mauvaise, et la cupidité l'emportant sur l'orgueil même, car cette maison si opulente ne vivait plus guère que des
bienfaits de la cour, ils attirèrent des aventuriers, des joueurs; le château de Vincennes devint un brelan public. Jeune, vertueuse, irréprochable, Mme de Mantoue tomba dans le mépris. Enfin la mort vint mettre
un terme à un opprobre si peu mérité. La fatigue, les veilles anéan-
tirent ses forces défaillantes; son mal de poitrine devint incurable. En
vain on eut recours aux charlatans, aux empiriques : la duchesse de
Mantoue expira à la suite d'une longue et cruelle maladie qu'elle avait

(1) Mme de Maintenon à la princesse des Ursins, t. Ier des *Lettres*, p. 453.

supportée avec une piété, avec une résignation, une patience qui arrachent un mot de tardive sympathie à l'indifférence, à la sécheresse de Mme de Maintenon elle-même. « La pauvre Mme de Mantoue se meurt, avait-elle mandé à Mme des Ursins; je la plains moins que Mme sa mère. Toute notre cour est en parfaite santé. »

Ainsi finit cette jeune femme. Elle emporta peut-être dans la tombe un tendre et douloureux secret, qui semble palpiter sous l'âpre et dur langage de Saint-Simon... Suzanne de Lorraine, duchesse de Mantoue, mourut avant d'avoir accompli sa vingt-quatrième année.

Dans le xviiie siècle, la destinée des princes de la maison de Lorraine fut moins dramatique. A la veille de la révolution, leur existence s'écoula facile et légère, comme celle de toute l'aristocratie française, dont ils ne songeaient plus à se séparer. La manie de trôner leur avait passé; ils n'avaient alors d'autre ambition que de vivre agréablement à Versailles ou à Montjeu. Le nom de ce château, situé près d'Autun, se rattache aux souvenirs de la jeunesse de Voltaire. Il y habita quelque temps. Protégé de la maison de Lorraine, il en devint à son tour le protecteur. Ce fut Voltaire qui eut l'idée de marier la fille du prince de Guise à Richelieu, son ami. Il conduisit cette négociation avec toute la patience, toute l'exactitude d'un homme d'affaires (1). En outre, il prêta au nécessiteux Lorrain de l'argent qui ne lui fut jamais rendu; aussi prit-il avec tous ces Guise dégénérés un ton de familiarité dont le duc François et le Balafré lui-même, tout populaire qu'il était, n'auraient pas laissé de se montrer un peu surpris. Voltaire outrepassait, il faut en convenir, les droits d'un officieux négociateur de mariage et ceux d'un créancier bénévole. Conçoit-on, par exemple, qu'il ait osé adresser les vers suivans à la duchesse de Richelieu, à la propre fille du prince de Guise?

> Plus mon œil étonné vous suit et vous observe,
> Et plus vous ravissez mes esprits éperdus;
> Avec les yeux noirs de Vénus,
> Vous avez l'esprit de Minerve.
> Mais Minerve et Vénus ont reçu des avis,
> Il faut bien que je vous en donne,
> Ne parlez désormais de vous qu'à vos amis,
> *Et de votre père à personne* (2)!

On pouvait parler de Mme de Richelieu à tout le monde. Sa réputation fut toujours intacte; mais il n'en était pas tout-à-fait ainsi de la

(1) *Correspondance*, édition Renouard, t. xlvi, p. 362.

(2) Voyez aussi les jolis vers qui commencent par *Guise des plus beaux dons l'as-semblage céleste*, et *vous possédez fort inutilement*; mais surtout l'épître charmante : *Un prétre, un oui, trois mots latins.*

duchesse de Bouillon,, sa sœur. Selon quelques critiques, elle fut la rivale d'Adrienne Lecouvreur. M. Scribe, d'après les mémoires du temps (1), a attribué cette anecdote très hasardée à la princesse de Bouillon-Sobieska, belle-fille, de Mlle de Lorraine. Leur cousin, le prince, de Lixheim, périt dans un duel avec le duc de Richelieu, qui ne lui paraissait pas d'assez bonne maison pour être devenu son parent. Il s'en expliqua très haut, et le duc ne trouva pas d'autre moyen de le désabuser que de le tuer sur les glacis de Philipsbourg. La veuve de M. de Lixheim a été célèbre sous un autre nom; c'est cette gracieuse maréchale de Mirepoix qui inspira à Montesquieu les seuls vers passables que ce grand écrivain ait faits de sa vie. En général, à cette époque, la branche de la maison de Lorraine établie en France ne fut guère soutenue que par les femmes. Mme de Marsan, gouvernante des enfans, de France, qui a donné son nom à l'un des pavillons du château des Tuileries, jouissait d'une grande considération; c'était presque une femme politique. Son salon était le centre du parti opposé au duc de Choiseul. L'alliance autrichienne y fut sévèrement blâmée; on y jugeait sans indulgence Marie-Antoinette. Les sarcasmes dirigés du pavillon Marsan sur la jeune dauphine donnèrent le signal et l'exemple des traits lancés plus tard contre la reine. Une autre princesse de Lorraine, Julie-Bretagne de Rohan-Guéménée, comtesse de Brionne, fut très célèbre par sa beauté, et nous avons tous vu sa belle-fille, la princesse de Vaudemont (Mlle de Montmorency), conserver dans notre société déclassée et troublée l'image et la tradition d'un temps où la vie du monde avait été portée à sa perfection. La politesse, la dignité, l'air parfaitement grande dame ne nuisaient pas dans Mme de Vaudemont à la simplicité du caractère et au naturel de l'esprit. Aussi Rivarol l'avait-il comparée à « la nature elle-même quelquefois âpre, souvent belle et toujours bienfaisante. »

Au nom de Mme de Brionne se rattache le souvenir de la dernière victoire de la maison de Guise. L'archiduchesse Marie-Antoinette venait d'épouser M. le dauphin. Selon l'usage, un bal paré faisait partie du programme des fêtes de la cour. Le bruit se répandit tout à coup que Mlle de Lorraine, la fille de la comtesse de Brionne, et son fils le prince de Lambesc danseraient immédiatement après les princes et les princesses du sang. Cette faveur, disait-on, avait été sollicitée par l'impératrice Marie-Thérèse elle-même, ce qui n'est guère vraisemblable. Quoi qu'il en soit, toute la noblesse, haute, médiocre ou inférieure, ancienne ou nouvelle, la pairie en tête, frémit et se leva comme un seul homme. Il fut résolu qu'un mémoire serait sur-le-champ

---

(1) Entr'autres le *Journal de l'avocat Barbier*, publié par la Société de l'histoire de France.

porté au roi par l'évêque de Noyon, pair ecclésiastique. Ce mémoire était conçu dans les termes les plus pathétiques; les justes alarmes des grands du royaume y étaient dépeintes avec une vive énergie. Les supplians invoquaient en leur faveur tous les souvenirs de l'histoire à partir de François Ier : on peut bien penser que les Guise et la ligue n'y étaient pas oubliés. Le roi suspendit sa décision quatre jours : qu'on juge de l'attente publique pendant ce délai! Enfin Louis XV fit une réponse évasive; il en appela à la fidélité, à la soumission, à l'attachement, et même, selon ses propres expressions, à l'amitié de sa noblesse. Malgré cet appel, le pouvoir royal faillit essuyer un échec. Pendant toute la matinée qui précéda le bal, les dames nommées pour le menuet affectèrent de traverser la galerie de Versailles en *chenille.* Le roi se fâcha tout de bon; il parvint enfin à se faire obéir, à la vérité, au moyen d'un *mezzo termine.* Mlle de Brionne dansa immédiatement après les princesses du sang; mais son frère, M. de Lambesc, n'eut son menuet qu'après Mme de Laval, menée par M. le comte d'Artois. Heureux temps où c'étaient là des affaires d'état!

Ce même prince de Lambesc, connu à Vienne sous le nom du prince Charles de Lorraine, y est mort, il y a peu d'années, le dernier de sa race, au service de cette branche aînée de sa maison, que les Guise avaient protégée, qu'ils avaient même dédaignée quelquefois, et qui, sans déloyauté, sans intrigues, simplement par le cours des événemens, était montée à ce faîte de grandeur où ses orgueilleux cadets avaient vainement essayé de parvenir.

Ainsi finit de nos jours dans l'oubli et dans l'ombre la postérité de « ces guerriers héroïques, de ces politiques audacieux et profonds, champions intéressés de la foi, défenseurs et tour à tour compétiteurs de trônes, derniers représentans, sinon de la féodalité, du moins d'une aristocratie énergique et menaçante. » Leur historien, qui les avait si bien caractérisés en commençant, a achevé son entreprise avec une persévérance et un talent couronnés par le plus légitime succès. Quoiqu'il y eût une difficulté réelle à détacher la biographie des ducs de Guise du fond commun des annales de la France, à les séparer en quelque sorte de l'ensemble des événemens auxquels ils ont pris tant de part, le marquis de Bouillé a surmonté cet obstacle, presque toujours avec bonheur. Il a donné à notre littérature une monographie importante qui lui manquait, et on lui saura gré d'avoir raconté noblement les annales d'un temps mémorable où, parmi tant d'autres personnages consacrés par l'histoire, ses ancêtres avaient vaillamment combattu.

Alexis de Saint-Priest.

LE CHATEAU

DES DÉSERTES.

DEUXIÈME PARTIE.[1]

VI. — LA DUCHESSE.

A l'heure convenue, j'attendais Celio, mais je ne reçus qu'un billet ainsi conçu :

« Mon cher ami, je vous envoie de l'argent et des papiers pour que vous ayez à terminer demain l'affaire de Mlle Boccaferri avec le théâtre. Rien n'est plus simple : il s'agit de verser la somme ci-jointe et de prendre un reçu que vous conserverez. Son engagement était à la veille d'expirer, et elle n'est passive que d'une amende ordinaire pour deux représentations auxquelles elle fait défaut. Elle trouve ailleurs un engagement plus avantageux. Moi, je pars, mon cher ami. Je serai parti quand vous recevrez cet adieu. Je ne puis supporter une heure de plus l'air du pays et les complimens de condoléance : je me fâcherais, je dirais ou ferais quelque sottise. Je vais ailleurs, je pousse plus loin. En avant, en avant !

« Vous aurez bientôt de mes nouvelles et *d'autres* qui vous intéressent davantage.

« A vous de cœur,

« CELIO FLORIANI. »

(1) Voyez la livraison du 15 février.

Je retournai cette épître pour voir si elle était bien à mon adresse : *Adorno Salentini, place.... n°...* Rien n'y manquait.

Je retombai anéanti, dévoré d'une affreuse inquiétude, en proie à de noirs soupçons, consterné d'avoir perdu la trace de Cecilia et de celui qui pouvait me la disputer ou m'aider à la rejoindre. Je me crus joué. Des jours, des semaines se passèrent, je n'entendis parler ni de Celio ni des Boccaferri. Personne n'avait fait attention à leur brusque départ, puisqu'il s'était effectué presque avec la clôture de la saison musicale. Je lisais avidement tous les journaux de musique et de théâtre qui me tombaient sous la main. Nulle part il n'était question d'un engagement pour Cecilia ou pour Celio. Je ne connaissais personne qui fût lié avec eux, excepté le vieux professeur de Mlle Boccaferri, qui ne savait rien ou ne voulait rien savoir. Je me disposai à quitter Vienne, où je commençais à prendre le spleen, et j'allai faire mes adieux à la duchesse, espérant qu'elle pourrait peut-être me dire quelque chose de Celio.

Toute cette aventure m'avait fait beaucoup de mal. Au moment de m'épanouir à l'amour par la confiance et l'estime, je me voyais rejeté dans le doute, et je sentais les atteintes empoisonnées du scepticisme et de l'ironie. Je ne pouvais plus travailler; je cherchais l'ivresse, et ne la trouvais nulle part. Je fus plus méchant dans mon entretien avec la duchesse que Celio lui-même ne l'eût été à ma place. Ceci la passionna pour, je devrais dire *contre* moi : les coquettes sont ainsi faites.

L'inquiétude mal déguisée avec laquelle je l'interrogeais sur Celio lui fit croire que j'étais resté jaloux et amoureux d'elle. Elle me jura ne pas savoir ce qu'il était devenu depuis la malencontreuse soirée de son début; mais, en me supposant épris d'elle et en voyant avec quelle assurance je le niais, elle se forma une grande idée de la force de mon caractère. Elle prit à cœur de le dompter, elle se piqua au jeu; une lutte acharnée avec un homme qui ne lui montrait plus de faiblesse et qui l'abandonnait sur un simple soupçon lui parut digne de toute sa science.

Je quittai Vienne sans la revoir. J'arrivai à Turin; au bout de deux jours, elle y était aussi; elle se compromettait ouvertement, elle faisait pour moi ce qu'elle n'avait jamais fait pour personne. Cette femme qui m'avait tenu dans un plateau de la balance avec Celio dans l'autre, pesant froidement les chances de notre gloire en herbe pour choisir celui des deux qui flatterait le plus sa vanité, cette sage coquette qui nous ménageait tous les deux pour éconduire celui de nous qui serait brisé par le public, cette grande dame, jusque-là fort prudente et fort habile dans la conduite de ses intrigues galantes, se jetait à corps perdu dans un scandale, sans que j'eusse grandi d'une

ligne dans l'opinion publique, et tout simplement par la seule raison
que je lui résistais.

Pourtant Celio avait été aussi cruel avec elle, et elle ne s'en était pas
émue d'une manière apparente. Il ne suffisait donc pas de lui résister
pour qu'elle s'éprît de la sorte. Elle avait senti que Celio ne l'aimait
pas, et qu'il n'était peut-être pas capable d'aimer sérieusement; mais,
outre que mon caractère et mon savoir-vivre lui offraient plus de garanties, elle m'avait vu sincèrement ému auprès d'elle, elle devinait
que j'étais capable de concevoir une grande passion, et elle pensait
me l'inspirer encore en dépit de mon courage et de ma fierté. Elle se
trompait de date, il est vrai, et il se trouva qu'elle fit pour moi, lorsque
j'étais refroidi à son égard, ce qu'elle n'eût point songé à faire lorsque
j'étais enflammé. Les femmes ne sont jamais si habiles qu'elles ne
tombent dans le piège de leur propre vanité.

Je la vis donc se jeter dans mes bras à un moment de ma vie où je
ne l'aimais point, et où je souffrais à cause d'une autre femme. Il ne
me fallut ni courage, ni vertu, ni orgueil pour la repousser d'abord,
et pour tenter de la faire renoncer à sa propre perte. J'y mis une
énergie qui l'excita d'autant plus à se perdre; j'aurais été un scélérat,
un roué, un ennemi acharné à son désastre, que je n'aurais pas agi
autrement pour la pousser à bout et lui faire fouler aux pieds tout
souci de sa réputation. Elle crut que je mettais son amour à l'épreuve,
et le mien au prix de cette épreuve décisive, éclatante. Cette femme,
funeste aux autres, le devint volontairement à elle-même tout d'un
coup, au milieu d'une vie d'égoïsme et de calcul. Elle tendit tous les
ressorts de sa volonté pour vaincre une aversion qu'elle prenait seulement pour de la méfiance. La crise de son orgueil blessé l'emporta
sur les habitudes de sa vanité froide et dédaigneuse. Peut-être aussi
s'ennuyait-elle, peut-être voulait-elle connaitre les orages d'une passion véritable ou d'une lutte violente.

Ma résistance l'irrita à ce point qu'elle jura de me forcer par un
éclat à tomber à ses pieds. Elle chercha à se faire insulter publiquement pour me contraindre à prendre sa défense. Elle vint en plein jour
chez moi dans sa voiture; elle confia son prétendu secret à trois ou
quatre amies, femmes du monde, qu'elle choisit les plus indiscrètes
possible. Elle laissa tomber son masque en plein bal, au moment où
elle s'emparait de mon bras; enfin elle me poursuivit jusque dans une
loge de théâtre où elle se fût montrée à tous les regards, si je n'en
fusse sorti précipitamment avec elle.

Cette torture dura huit jours pendant lesquels elle sut multiplier des
incidens incroyables. Cette femme indolente et superbe de mollesse
était en proie à une activité dévorante. Elle ne dormait pas, elle ne
mangeait plus, elle était changée d'une manière effrayante. Elle savait

aussi s'opposer à ma fuite en me faisant croire à chaque instant qu'elle venait me dire adieu et qu'elle renonçait à moi. J'aurais voulu calmer la douleur que je lui causais, l'amener à de bonnes résolutions, la quitter noblement et avec des paroles d'amitié. Je ne faisais qu'irriter son désespoir, et il reparaissait plus terrible, plus impérieux, plus enlaçant au moment où je me flattais de l'avoir fait céder à l'empire de la raison.

Ce que je souffris durant ces huit jours est impossible à confesser. L'amour d'une femme est peut-être irrésistible, quelle que soit cette femme, et celle-là était belle, jeune, intelligente, audacieuse, pleine de séductions. Le chagrin qui la consumait rapidement donnait à sa beauté un caractère terrible, bien fait pour agir sur une imagination d'artiste. Je l'avais toujours crue lascive, elle passait pour l'être, elle l'avait peut-être toujours été; mais, avec moi, elle paraissait dévorée d'un besoin de cœur qui faisait taire les sens et l'ornait du prestige nouveau de la chasteté. Je me sentais glisser sur une pente rapide dans un précipice sans fond, car il ne me fallait qu'aimer un instant cette femme pour être à jamais perdu. Cela, je n'en pouvais douter; je savais bien quelle réaction de tyrannie j'aurais à subir, une fois que j'aurais abandonné mon ame à cet attrait perfide. Je me connaissais, ou plutôt je me pressentais. Fort dans le combat, j'étais trop naïf dans la défaite pour n'être pas enlacé à tout jamais par ma conscience. Et je pouvais encore combattre, parce que je me retenais d'aimer, car je voyais en elle tout le contraire de mon idéal : le dévouement, il est vrai, mais le dévouement dans la fièvre, l'énergie dans la faiblesse, l'enthousiasme dans l'oubli de soi-même, et point de force véritable, point de dignité, point de durée possible dans ce subit engouement. Elle me faisait horreur et pitié en même temps qu'elle allumait en moi des agitations sauvages et une sombre curiosité. Je voyais mon avenir perdu, mon caractère déconsidéré, toutes les femmes effrontées et galantes ayant déjà l'œil sur moi pour me disputer à une puissante rivale et jouer avec moi à coups de griffes comme des panthères avec un gladiateur. Je devenais un homme à bonnes fortunes, moi qui détestais ce plat métier, un charlatan pour les esprits sévères qui m'accuseraient de chercher la renommée dans le scandale des aventures, au lieu de la conquérir par le progrès dans mon art. Je me sentais défaillir, et, lorsque le feu de la passion montait à ma poitrine, la sueur froide de l'épouvante coulait de mon front. Que cette femme fût perdue par moi ou seulement acceptée par moi dans sa chute volontaire, j'étais lié à elle par l'honneur; je ne pouvais plus l'abandonner. J'aurais beau m'étourdir et m'exalter en me battant pour elle, il me faudrait toujours traîner à mon pied ce boulet dégradant d'un amour imposé par la faiblesse d'un instant à la dignité de toute la vie.

Déjà elle me menaçait de s'empoisonner, et, dans la situation extrême où elle s'était jetée, une heure de rage et de délire pouvait la
porter au suicide. Le ciel m'inspira un *mezzo termine*. Je résolus de la
tromper en laissant une porte ouverte à l'observation de ma promesse.
J'exigeai qu'elle allât rejoindre ses amis et sa famille à Milan; j'en fis
une condition de mon amour, lui disant que je rougirais de profiter,
pour la posséder, de la crise où elle se jetait, que ma conscience ne
serait plus troublée dès que je la verrais reprendre sa place dans le
monde et son rang dans l'opinion, que je restais à Turin pour ne pas
la compromettre en la suivant, mais que dans huit jours je serais auprès d'elle pour l'aimer dans les douceurs du mystère.

J'eus un peu de peine à la persuader, mais j'étais assez ému, assez
peu sûr de ma force pour qu'elle crût encore à la sienne. Elle partit,
et je restai brisé de tant d'émotions, fatigué de ma victoire, incertain
si j'allais me sauver au bout du monde, ou la rejoindre pour ne plus
la quitter.

Je fus plus faible après son départ que je ne l'avais été en sa présence. Elle m'écrivait des lettres délirantes. Il y avait en moi une sorte
d'antipathie instinctive que son langage et ses manières réveillaient
par instans, et qui s'effaçait quand son souvenir me revenait accompagné de tant de preuves d'abnégation et d'emportement. Et puis la
solitude me devenait insupportable. D'autres folies me sollicitaient.
La Boccaferri m'abandonnait, Celio m'avait trompé. Le monde était
vide, sans un être à aimer exclusivement. Les huit jours expirés, je fis
venir un voiturin pour me rendre à Milan.

On chargeait mes effets, les chevaux attendaient à ma porte; j'entrai
dans mon atelier pour y jeter un dernier coup d'œil.

J'étais venu à Turin avec l'intention d'y passer un certain temps.
J'aimais cette ville qui me rappelait toute mon enfance, et où j'avais
conservé de bonnes relations. J'avais loué un des plus agréables logemens d'artiste; mon atelier était excellent, et, le jour où je m'y étais
installé, j'avais travaillé avec délices, me flattant d'y oublier tous mes
soucis et d'y faire des progrès rapides. L'arrivée de la duchesse avait
brisé ces doux projets, et, en quittant cet asile, je tremblai que tout
ne fût brisé dans ma vie. Il me prit un remords, une terreur, un regret, sous lesquels je me débattis en vain. Je me jetai sur un sofa; on
m'appelait dans la rue; le conducteur du voiturin s'impatientait; ses
petits chevaux, qui étaient jeunes et fringans, grattaient le pavé. Je
ne bougeais pas. Je n'avais pas la force de me dire que je ne partirais
point; je me disais avec une certaine satisfaction puérile que je n'étais
pas encore parti.

Enfin le voiturin vint frapper en personne à ma porte. Je vois encore sa casquette de loutre et sa casaque de molleton. Il avait une

bonne figure à la fois mécontente et amicale. C'était un ancien militaire, irrité de mon inexactitude, mais soumis à l'idée de subordination. « Eh! mon cher monsieur, les jours sont si courts dans cette saison! la route est si mauvaise! Si la nuit nous prend dans les montagnes, que ferons-nous? Il y a une grande heure que je suis à vos ordres, et mes petits chevaux ne demandent qu'à courir pour votre service. » Ce fut là toute sa plainte. — C'est juste, ami, lui dis-je. Monte sur ton siège, me voilà! »

Il sortit; je me disposai à en faire autant. Un papier qui voltigeait sur le plancher arrêta mes regards. Je le ramassai : c'était un feuillet détaché de mon album. Je reconnus la composition que j'avais esquissée dans la nuit où Celio m'avait ramené à ma demeure, à Vienne, après son *fiasco*. Je revis le bon et le mauvais ange, distraits tous deux de moi par un malin personnage qui avait la tournure et le costume de théâtre de Celio. Je me reportai à cette nuit d'insomnie où la duchesse m'était apparue si vaine et si perfide, la Boccaferri si pure et si grande.

Je ne sais quelle réaction se fit en moi. Je courus vers la porte; j'ordonnai au *vetturino* de dételer et de s'en aller. Je rentrai; je respirai; je mis mon album sur une table comme pour reprendre possession de mon atelier, de mon travail et de ma liberté; puis l'effroi de la solitude me saisit. Ces grandes murailles nues d'un atelier démeublé me serrèrent le cœur. Je retombai sur le sofa, et je me mis à pleurer, à sangloter presque, comme un enfant qui subit une pénitence et se désole à l'aspect de la chambre qui va lui servir de prison.

Tout à coup une voix de femme qui chantait dans la rue me fit entendre les premières phrases de cet air du *Don Juan* de Mozart :

> Vedrai, Carino,
> Se sei buonino,
> Che bel rimedio
> Ti voglio dar.

Était-ce un rêve? J'entendais la voix de Cecilia Boccaferri. Je l'avais entendue deux fois dans le rôle de Zerline, où elle avait une naïveté charmante, mais où elle manquait de la nuance de coquetterie nécessaire. En cet instant, il me sembla qu'elle s'adressait à moi avec une tendresse caressante qu'elle n'avait jamais eue en public, et qu'elle m'appelait avec un accent irrésistible. Je bondis vers la porte; je m'élançai dehors : je ne trouvai que le *vetturino* qui dételait. Je me livrai à mille recherches minutieuses. La rue et tous les alentours étaient déserts. Il faisait à peine jour, et une bise piquante soufflait des montagnes. « Reviens demain, dis-je à mon conducteur en lui donnant un pourboire; je ne puis partir aujourd'hui. »

Je passai vingt-quatre heures à chercher et à m'informer. Je demandais la Boccaferri, son père et Celio, au ciel et à la terre. Personne ne savait ce que je voulais dire. L'un me disait que le vieil ivrogne de Boccaferri devait être mort depuis dix ans; l'autre, que ce Boccaferri n'avait jamais eu de fille; tous, que le fils de la Floriani devait être en Angleterre, parce qu'il avait traversé Turin deux mois auparavant en disant qu'il était engagé à Londres.

Je me dis que j'avais eu une hallucination, que ce n'était pas la voix de Cecilia qui m'avait chanté ces quatre vers beaucoup trop tendres pour elle; mais, pendant ces vingt-quatre heures, mon émotion avait changé d'objet; la duchesse avait perdu son empire sur mon imagination. Au point du jour, le brave *vetturino* était à ma porte comme la veille. Cette fois, je ne le fis pas attendre. Je chargeai moi-même mes effets; je m'installai dans son frêle *legno* (c'est comme on dirait à Paris *un sapin*), et je lui ordonnai de marcher vers l'ouest.

— Eh! quoi, seigneurie, ce n'est pas la route de Milan!

— Je le sais bien; je ne vais plus à Milan.

— Alors, mon maître, dites-moi où nous allons.

— Où tu voudras, mon ami; allons le plus loin possible, du côté opposé à Milan.

— Je vous mènerais à Paris avec ces chevaux-là; mais encore voudrais-je savoir si c'est à Paris ou à Rome qu'il faut aller.

— Va vers la France, tout droit vers la France, lui dis-je, obéissant à un instinct spontané. Je t'arrêterai quand je serai fatigué, ou quand la belle nature m'invitera à la contempler.

— La belle nature est bien laide dans ce temps-ci, dit en souriant le brave homme. Voyez, que de neige du haut en bas des montagnes! Nous ne passerons pas aisément le Mont-Cenis!

— Nous verrons bien; d'ailleurs nous ne le passerons peut-être pas. Allons, partons. J'ai besoin de voyager. Pourvu que ta voiture roule et m'éloigne de Milan comme de Turin, c'est tout ce qu'il me faut pour aujourd'hui.

— Allons, allons! dit-il en fouettant ses chevaux, qui firent une longue glissade sur le pavé cristallisé par la gelée, tête d'artiste, tête de fou! mais les gens raisonnables sont souvent bêtes et toujours avares. Vivent les artistes!

VII. — LE NŒUD CERISE.

Je ne crois, d'une manière absolue, ni à ma destinée ni à mes instincts, et je suis pourtant forcé de croire à quelque chose qui semble une combinaison de l'un et de l'autre, à une force mystérieuse qui est comme l'attraction de la fatalité.

Il se fait, dans notre existence, comme de grands courans magné-
tiques que nous traversons quelquefois, sans être emportés par eux,
mais où quelquefois aussi nous nous précipitons de nous-mêmes,
parce que notre *moi* se trouve admirablement prédisposé à subir l'influence de ce qui est notre élément naturel, long-temps ignoré ou
méconnu. Quand nous sommes entraînés par cette puissance irrésistible, il semble que tout nous aide à en subir l'impulsion souveraine,
que tout s'enchaîne autour de nous de façon à nous faire nier le hasard, enfin que les circonstances les plus naturelles, les plus insignifiantes dans d'autres momens n'existent, à ce moment donné, que
pour nous pousser vers le but de notre destinée, que ce but soit un
abîme ou un sanctuaire.

Voici le fait qui me parut long-temps merveilleux et qui ne fut autre
chose que la rencontre d'un fait parallèle à celui de mon ennui et de
mon inquiétude. Mon *vetturino* était marié non loin de la frontière,
du côté de Briançon, à une jeune et jolie femme dont il était séparé
assez souvent par l'activité de sa profession. Je lui dis que je voulais
aller du côté de la France, et je le voulais parce qu'il s'agissait pour
moi de prendre la route diamétralement opposée à celle de Milan, et
aussi un peu parce que j'avais quelques renseignemens vagues sur le
passage récent de Celio dans la contrée que je parcourais. Mon *vetturino* vit que je ne savais pas bien où je voulais aller, et, comme il avait
envie d'aller à Briançon, il prit naturellement la route de Suse et
d'Exille, traversa la frontière avec la Doire, et me fit entrer dans le
département des Hautes-Alpes par le Mont-Genèvre.

Comme nous approchions de Briançon, il me demanda si je ne
comptais pas m'y arrêter quelques jours, du ton d'un homme bien
décidé à m'y contraindre. Et comme j'hésitais à lui répondre avant
d'avoir bien pénétré son dessein, il m'annonça que son plus jeune
cheval était malade, qu'il ne mangeait pas, et qu'il craignait bien
d'être forcé de voir un vétérinaire pour le faire saigner. Je descendis
de voiture et j'examinai le cheval : il avait l'œil pur, le flanc calme;
il n'était pas plus malade que l'autre.

— Mon ami, dis-je à maître Volabù (c'était le nom de mon voiturin), je te prie d'être sincère avec moi. Tu cherches un prétexte pour
t'arrêter, et moi je n'ai pas de raisons pour t'attendre. Je ne tiens pas
plus long-temps à ton voiturin que tu ne tiens à ma personne. Que
j'arrive à Briançon, c'est tout ce que je te demande. Là je penserai à
ce que je veux faire, et j'aurai sous la main tous les moyens de transport désirables. Si tu t'obstines à me laisser ici (nous n'étions plus qu'à
cinq lieues de Briançon), je m'obstinerai peut-être, de mon côté, à te
faire marcher, car je t'ai pris pour huit jours. Sois donc franc, si tu
veux que je sois bon. Tu as ici, aux environs, une affaire de cœur ou

d'argent, et c'est pour cela que ton cheval ne mange pas? Le brave homme se mit à rire, puis il secoua la tête d'un air mélancolique : — Je ne suis plus de la première jeunesse, dit-il; ma femme a dix-huit ans, et j'aurais été bien aise de la surprendre; elle ne demeure qu'à une toute petite lieue d'ici, aux *Désertes*. Par la traverse, nous y serions dans une demi-heure; le chemin est bon, et puisque vous aimez à vous arrêter n'importe où, pour marcher au hasard dans la neige, vous verriez là un bel endroit et de la belle neige, le diable m'emporte! Nous repartirions demain matin, et nous serions à Briançon avant midi. Allons, j'ai été franc, voulez-vous être bon enfant?

— Oui, puisque je t'ai fait moi-même cette condition. Va pour les *Désertes!* le nom me plaît, et la traverse aussi. J'aime assez les paysages qu'on ne voit pas des grandes routes; mais s'il te prend fantaisie, mon compère, de rester plus long-temps avec ta femme? Si ton cheval recommence demain à ne plus manger?

— Voulez-vous vous fier à la parole d'un ancien militaire, mon bourgeois? Nous repartirons ce soir, si vous voulez.

— Je veux me fier, répondis-je. En route!

Où cet homme me conduisit, tu le sauras bientôt, cher lecteur, et tu me diras si, dans l'accès de flânerie bienveillante qui me poussa à subir son caprice, il n'y eut pas quelque chose qu'un homme plus impertinent que moi eût pu qualifier d'inspiration divine.

D'abord il ne m'avait pas trompé, le brave Volabù. Le paysage où il me fit pénétrer avait un caractère à la fois naïf et grandiose, qui s'empara de moi; d'autant plus que je n'avais pas compté sur le discernement pittoresque de mon guide. Sans doute c'était son amour pour sa jeune femme qui lui faisait aimer ou mieux comprendre instinctivement la beauté du lieu qu'elle habitait. Il voulut reconnaître ma complaisance en exerçant envers moi les devoirs de l'hospitalité.

Il possédait là quelques morceaux de terre et une maisonnette très propre, où il me conduisit. Et quand il eut trouvé sa jeune ménagère au travail, bien gaie, bien sage, bien pure (cela se voyait à la joie franche qu'elle montra en lui sautant au cou), il n'y eut sorte de fête qu'il ne me fît : ils se mirent en quatre, sa femme et lui, pour me préparer un meilleur repas que celui que j'aurais pu faire à l'auberge du hameau, et, comme je leur disais que tant de soin n'était pas nécessaire pour me contenter, ils jurèrent naïvement que cela *ne me regardait pas*, c'est-à-dire qu'ils voulaient me traiter et m'héberger gratis.

Je les laissai à leur fricassée entremêlée de doux propos et de gros baisers, pour aller admirer le site environnant. Il était simple et superbe. Des collines escarpées servant de premier échelon aux grandes montagnes des Alpes, toutes couvertes de sapins et de mélèzes, encadraient la vallée et la préservaient des vents du nord et de l'est. Au-dessus du hameau, à mi-côte de la colline la plus rapprochée et la plus adoucie, s'élevait un vieux et fier château, une des anciennes défenses de la frontière probablement, demeure paisible et comfortable désormais, car je voyais, au ton frais des châssis de croisée en bois de chêne, encadrant de longues vitres bien claires, que l'antique manoir était habité par des propriétaires fort civilisés. Un parc immense, jeté noblement sur la pente de la colline et masquant ses froides lignes de clôture sous un luxe de végétation chaque jour plus rare en France, formait un des accidens les plus heureux du tableau. Malgré la rigueur de la saison (nous étions à la fin de janvier, et la terre était couverte de frimas), la soirée était douce et riante. Le ciel avait ces tons rose-vif qui sont propres aux beaux temps de gelée; les horizons neigeux brillaient comme de l'argent, et des nuages doux, couleur de perle, attendaient le soleil qui descendait lentement pour s'y plonger. Avant de s'envelopper dans ces suaves vapeurs, il semblait vouloir sourire encore à la vallée, et il dardait sur les toits élevés du vieux château un rayon de pourpre qui faisait de l'ardoise terne et moussue un dôme de cuivre rouge resplendissant.

Comme j'étais vêtu et chaussé en conséquence de la saison, je prenais un plaisir extrême à marcher sur cette neige brillante, cristallisée par le froid, et qui craquait sous mes pieds. En creusant des ombres sur ces grandes surfaces à peine égratignées par la trace de quelques petites pattes d'oiseau, j'étudiais avec attention le reflet verdâtre que donne ce blanc éblouissant auprès duquel l'hermine et le duvet du cygne paraissent jaunes ou malpropres. Je ne pensais plus qu'à la peinture et à remercier le ciel de m'avoir détourné de Milan.

Tout en marchant, j'approchais du parc, et je pouvais embrasser de l'œil la vaste pelouse blanche, coupée de massifs noirs, qui s'étendait devant le château. On avait rajeuni les abords de cette austère demeure en nivelant les anciens fossés, en exhaussant les terres et en amenant le jardin, la verdure et les allées sablées jusqu'au niveau du rez-de-chaussée, jusqu'à la porte des appartemens, comme c'est l'usage aujourd'hui que nous sentons à la fois le comfortable et la poésie de la vie de château. L'enclos était bien fermé de grands murs; mais, en face du manoir, on en avait échancré une longueur de trente mètres, au moins pour prendre vue sur la campagne. Cette ouverture formait terrasse, à une hauteur peu considérable, et avait pour défense un large fossé extérieur. Un petit escalier, pratiqué dans l'épaisseur du massif de pierres de la terrasse, descendait jusqu'au niveau de l'eau pour permettre, apparemment, aux jardiniers d'y venir puiser durant l'été. Comme l'eau était couverte d'une croûte de glace très forte, je fis la remarque qu'il était très facile en ce moment d'entrer dans la résidence seigneuriale des Désertes; mais il me paraît qu'on s'en rapportait à la discrétion des habitans de la contrée; car aucune précaution n'était prise pour garantir ce côté faible de la place.

Comme le lieu me parut désert, j'eus quelque tentation d'y pénétrer pour admirer de plus près le tronc des ifs superbes et des pins centenaires dont les groupes formaient, dans cet intérieur, mille paysages aussi *vrais*, quoique beaucoup mieux *composés* que ceux de la campagne environnante; mais je m'abstins prudemment et respectueusement de cette témérité de peintre, en entendant venir vers la terrasse deux femmes qui, vues de près, devinrent deux jeunes demoiselles ravissantes. Je les regardai courir et folâtrer sur la neige, sans qu'elles fissent attention à moi. Quoique enveloppées de manteaux et de fourrures, elles étaient aussi légères que le grand lévrier blanc qui bondissait autour d'elles. L'une me parut en âge d'être mariée; mais, à son insouciance, on voyait qu'elle ne l'était pas et même qu'elle n'y songeait point. Elle était grande, mince, blonde, jolie, et, par sa coiffure et ses attitudes, elle me rappelait les nymphes de marbre qui ornent les jardins du temps de Louis XIV. L'autre paraissait encore une enfant; sa beauté était merveilleuse, quoique sa taille me parût moins élégante. Je ne sais pas non plus pourquoi je fus ému en la regardant, comme si elle me rappelait une image connue et chère. Cependant il me fut impossible, ce jour-là et plus tard, de trouver de moi-même à qui elle ressemblait.

Ces deux belles demoiselles prenaient ensemble de tels ébats qu'elles passèrent sans me voir. Elles parlaient italien, mais si vite (et souvent toutes deux ensemble), chaque phrase était d'ailleurs entrecoupée de rires si bruyans et si prolongés, que je ne pus rien saisir qui eût un sens. Un peu plus loin, elles s'arrêtèrent et se mirent à briser sans pitié de superbes branches d'arbre vert dont elles firent, les vandales! un grand tas, qu'elles abandonnèrent ensuite sur la neige, en disant: « Ma foi, qu'*il* vienne les chercher! c'est trop froid à manier. »

J'allais les perdre de vue, à regret, je l'avoue, car il y avait quelque chose de sympathique et d'excitant pour moi dans la pétulance et la gaieté de ces jolies filles, lorsqu'une d'elles s'écria : Bon! j'ai perdu *son* nœud; son fameux nœud d'épée, que j'avais attaché sur mon capuchon, avec une épingle!

— Eh bien! dit l'aînée, nous en ferons un autre; la belle affaire!

— Oh! il l'avait fait lui-même! Il prétend que nous ne savons pas faire les nœuds, comme si c'était bien malin! Il va grogner.

— Eh bien, qu'il grogne, le grognon! répliqua l'autre, et toutes deux recommencèrent à rire, comme rient les jeunes filles, sans savoir pourquoi, sinon qu'elles ont besoin de rire.

— Tiens! je le vois, mon nœud! *son* nœud! s'écria la cadette en bondissant vers le fossé; le voilà qui s'épanouit sur la neige. Oh! le beau coquelicot!

Elle arriva jusqu'au bord de la terrasse; mais, au moment de ramasser ce nœud de rubans rouges que j'avais fort bien remarqué, elle partit d'un nouvel éclat de rire : une petite brise soudaine qui venait de s'élever emportait le ruban, et le déposait à mes pieds, sur la glace du fossé.

Je le ramassai pour le rendre à la belle rieuse, et ce fut alors seulement qu'elle m'aperçut et devint aussi rouge que son nœud de rubans cerise.

— Pour vous le rapporter, mademoiselle, lui dis-je, je serai forcé de traverser ce fossé; me le permettez-vous?

— Non, non, ne faites pas cela! répondit l'enfant, en qui un fonds d'assurance mutine parut dominer très vite le premier accès de timidité, c'est peut-être dangereux. Si la glace ne porte pas?

— N'est-ce que cela? repris-je. C'est bien peu de chose que de courir un petit danger pour votre service.

Et je traversai résolûment la glace, qui criait un peu. En voyant qu'en effet il y avait bien quelque danger pour moi, car le fossé était large et profond, l'enfant rougit encore et descendit quelques marches du petit escalier pour venir à ma rencontre. Elle ne riait plus.

— Eh bien! qu'est-ce que cela? Que faites-vous donc, petite sœur? dit l'aînée, qui venait la rejoindre, et qui me regarda d'un air de surprise et de mécontentement. Celle-ci était déjà une jeune personne. Elle connaissait sans doute déjà la prudence. Elle avait au moins une vingtaine d'années.

— Vous voyez, mademoiselle, lui dis-je en tendant à sa sœur le nœud de rubans au bout de ma canne, je m'arrête à la limite de votre empire, je ne me permets pas de mettre le pied seulement sur la première marche de l'escalier.

Elle vit tout de suite que j'étais un homme bien élevé, et me remercia d'un doux et charmant sourire. Quant à l'enfant, elle saisit le nœud avec vivacité, et me fit signe de ne pas m'arrêter sur la glace. Je m'en retournai lentement et les saluai toutes deux de l'autre rive. Elles me crièrent *merci* avec beaucoup de grace; puis j'entendis l'aînée dire à la petite : S'*il* voyait cela, il nous gronderait!—Sauvons-nous! répondit l'enfant en recommençant son rire frais et clair comme une clochette d'argent. Elles se prirent par la main, et partirent en courant et en riant vers le château. Quand elles eurent disparu, je regagnai la modeste demeure de M. et Mme Volabù, un peu préoccupé de ma petite aventure.

Je trouvai mon souper prêt. J'aurais été Grandgousier en personne,

qu'on ne m'eût pas traité plus largement. Je crois que toute la petite
basse-cour de Mme Volabù y avait passé. Je n'aurais pas eu bonne grace
à me plaindre de cette prodigalité, en voyant l'air de triomphe naïf
avec lequel ces braves gens me faisaient les honneurs de chez eux.
J'exigeai qu'ils se missent à table avec moi, ainsi que la vieille mère
de Mme Volabù, qui était encore une robuste virago nommée Mme Peirecote, et qui paraissait prendre à cœur d'être bonne gardienne de
l'honneur de son gendre.

- Il me fallut soutenir un rude assaut pour me préserver d'une indi-
gestion, car mon brave *vetturino* semblait décidé à me faire étouffer.
Dès que je pus obtenir quelques instans de répit, j'en profitai pour
faire des questions sur le château et ses habitans.

— C'est bien vieux, ce château, me dit Volabù d'un air capable;
c'est laid, n'est-ce pas? Ça ressemble à une grande masure? Mais c'est
plus joli en dedans qu'on ne croirait; c'est très bien tenu, bien conservé, bien arrangé, quoiqu'en vieux meubles qui ne sont plus de
mode. Il y a des calorifères, ma foi! C'est que le vieux marquis ne se
refusait rien. Il n'était pas très généreux pour les autres, mais il aimait
bien ses aises, et il passait presque toute l'année ici. L'hiver, il n'allait
qu'un peu à Paris, en Italie jamais, et pourtant c'était son pays.

— Et qui possède ce château à présent?

— Son frère, le comte de Balma, qui vient de passer marquis par le
décès de l'aîné de la famille. Dame, il n'est pas jeune non plus! C'est
le sort de notre village, on dirait, d'avoir sous les yeux vieille maison
et vieilles gens.

— Bah! la jeunesse ne manque pas encore dans le château, dit
Mme Volabù, M. le nouveau marquis n'a-t-il pas cinq enfans, dont le
plus âgé ne l'est guère plus que monsieur? En parlant ainsi, Mme Volabù me désignait à son mari, dont les yeux s'arrondirent tout à coup,
en même temps que sa bouche s'allongeait en une moue assez risible.

— Oh! s'écria-t-il, M. de Balma a des garçons à présent! Quand je
suis parti, il n'avait qu'une fille, et il n'y a qu'un mois de cela.

— C'est qu'il ne nous disait pas tout apparemment, dit à son tour
la vieille Mme Peirecote. Depuis un mois, il lui est arrivé une famille
nombreuse, deux autres filles et deux garçons, tous beaux comme des
amours; mais qu'est-ce que ça vous fait, Volabù?

— Ça ne me fait rien, la mère; mais c'est égal, notre vieux marquis
est diablement sournois, car je lui ai entendu dire à M. le curé qu'il
n'avait qu'une fille, celle qui est arrivée avec lui le lendemain de la
mort du dernier marquis.

— Eh bien! reprit la vieille, c'est qu'il n'y a que celle-là de légitime peut-être, et que les quatre autres enfans sont des bâtards. Ça
ne prouve pas un mauvais homme d'avoir recueilli tout ça le jour où

il s'est vu riche et seigneur. Sans doute il veut les établir pour effacer devant Dieu tous ses vieux péchés.

— Après ça, ils ne sont peut-être pas à lui, tous ces enfans? observa Mme Volabù.

— Il les appelle tous mes enfans, répondit la mère Peirecole, et ils l'appellent tous *mon papa*. Quant à savoir au juste ce qui en est, ce n'est pas facile. C'est une maison où il y a toujours eu de gros secrets, par rapport surtout à M. le marquis actuel. Du temps de l'autre, est-ce qu'on savait quelque chose de clair sur celui d'à présent. Que ne disait-on pas? M. le marquis a eu un frère qui est mort aux Indes, disaient les uns. D'autres disaient au contraire : Le frère puîné de M. le marquis n'est pas si mort ni si éloigné qu'on croit; mais il a changé de nom, parce qu'il a fait des folies, des dettes qu'il ne peut payer, et il y a bien cinquante ans que monsieur ne veut pas le voir. Les uns disaient encore : Il ne peut pas lui pardonner sa mauvaise conduite, mais il lui envoie de l'argent de temps en temps en cachette. Et les autres répondaient : Il ne lui envoie rien du tout. Il a le cœur trop dur pour cela. Le pire des deux n'est pas celui qu'on pense.

— Et ne peut-on éclaircir cette histoire? demandai-je. Personne dans le pays n'est-il mieux renseigné que vous? Il est étrange qu'un membre d'une grande famille sorte ainsi de dessous terre.

— Monsieur, dit la vieille, on ne peut rien savoir de ces gens-là. Moi, voilà ce que je sais, ce que j'ai vu dans ma jeunesse. Il y avait deux frères du nom de Balma, famille piémontaise bien anciennement établie dans le pays. L'aîné était fort sage, mais pas de très bon cœur, cela est certain. Le cadet avait une diable de tête, mais il n'était pas fier. Il n'avait rien à lui, et je n'ai point vu d'enfant si aimable et si joli. Les Balma ont vécu long-temps hors du pays. Un beau jour, l'aîné vint prendre possession de son domaine et habiter son château, sans vouloir permettre qu'on lui fît une pauvre question, et mettant à la porte quiconque se montrait curieux du sort de son frère. Cet aîné a vécu jusqu'à l'âge de quatre-vingts ans sans se marier, sans adopter personne, sans souffrir un seul parent près de lui. Il est mort sans faire de testament, comme un homme qui dit : Après moi, la fin du monde! Mais voilà que l'on a vu arriver tout à coup le jeune homme qui a produit de bons titres, et qui a hérité naturellement du titre, du château et des grands biens de la famille. Il y a au moins deux, trois ou quatre millions de fortune. C'est quelque chose pour un homme qui était, dit-on, dans la dernière misère. Pauvre enfant! j'ai été le saluer; il s'est souvenu de moi, et il a été encore galant en paroles, comme si je n'avais que quinze ans.

— Mais ce jeune homme, cet enfant dont vous parlez, la mère, c'est donc le nouveau marquis? dit M. Volabù. Diàntre! il n'a pas l'air d'un freluquet pourtant.

— Dame! il peut bien avoir, à cette heure, soixante-douze ans, répondit naïvement Mme Peirecote. Aussi il est bien changé! Et l'on dit qu'il est devenu raisonnable, et que sa fille aînée est rangée, économe, que c'est surprenant de la part de gens qu'on croyait disposés à tout avaler dans un jour.

— Peste! c'est l'âge de s'amender, reprit Volabù. Soixante-douze ans! excusez! Le *jeune homme* a dû mettre de l'eau dans son vin.

Les époux Volabù, voyant que j'avais fini de manger, commencèrent à desservir, et je m'approchai du feu, où je retins la mère Peirecote pour la faire encore parler. Je n'aurais pourtant pas su dire pourquoi l'histoire des Balma excitait à ce point ma curiosité.

VIII. — LE SABBAT.

— Et les deux jeunes demoiselles, dis-je à ma vieille hôtesse, vous les connaissez?

— Non, monsieur. Je n'ai fait encore que les apercevoir. Il n'y a qu'une quinzaine qu'elles sont ici, et le dernier jeûne homme, qui paraît avoir quinze ans tout au plus, est arrivé avant-hier au soir. Ce qui fait dire dans le village que ce n'est peut-être pas le dernier, et qu'on ne sait pas où s'arrêtera la famille de M. le marquis. Chacun dit son mot là-dessus : il faut bien rire un peu, pour se consoler de ne rien savoir.

— Le nouveau marquis a donc les mêmes habitudes de mystère que l'ancien?

— C'est à peu près la même chose, c'est même encore pire, puisque, ce qu'il a été et ce qu'il a fait durant tant d'années qu'on ne l'a pas vu, il a sans doute intérêt à le cacher plus encore que feu M. son frère; mais pourtant ce n'est pas le même homme. On commence à me croire, quand je dis que celui-ci vaut mieux, et on lui rendra justice plus tard. L'autre était sec de cœur comme de corps; celui-ci est un peu brusque de manières, et n'aime pas non plus les longs discours. Il ne se fie pas au premier venu : on dirait qu'il connaît tous les tours et toutes les ruses de ceux qui *quémandent;* mais il s'informe, il consulte; sa fille aînée le fait avec lui, et les secours arrivent sans bruit à ceux qui ont vraiment besoin. M. le curé a bien remarqué cela, lui qui s'affligeait tant lorsqu'il a vu venir ce prétendu mauvais sujet : il commence à dire que les pauvres gens n'ont pas perdu au change.

— Voilà qui s'explique, madame Peirecote, et l'histoire gagne en moralité ce qu'elle perd en merveilleux. Cela se résume en un vieux proverbe de votre connaissance sans doute : « Les mauvaises têtes font les bons cœurs. »

— Vous avez bien raison, monsieur, et c'est triste à dire, les trop bonnes têtes font souvent les cœurs mauvais. Qui ne pense qu'à soi n'est bon qu'à soi... Il n'en reste pas moins du merveilleux dans cette maison-là. De tout temps, il s'est passé au château des Désertes des choses que le pauvre monde comme moi ne peut pas comprendre. D'abord, on dit que tous les Balma sont sorciers de père en fils, et l'on me dirait que l'aînée des demoiselles en tient, que cela ne m'étonnerait pas, car elle ne parle pas et n'agit pas comme tout le monde : elle ne va pas du tout vêtue selon son rang, elle ne porte ni plumes à son chapeau ni cachemires, comme les dames riches du pays; elle a la figure si blanche, qu'on dirait qu'elle est morte. Les deux autres demoiselles sont un peu plus élégantes et paraissent plus gaies; mais l'aîné des jeunes gens a l'air d'un vrai fou : on l'entend parler tout seul, et on le voit faire des gestes qui font peur. Quant à M. le marquis, tout charitable qu'il est, il a l'air bien malin. Enfin, monsieur, vous me croirez si vous voulez, mais les domestiques du château ont peur et sont fort aises qu'on les renvoie à sept heures du soir, en leur permettant d'aller faire la veillée et coucher dans le village, où ils ont tous leur famille, car ce marquis n'a amené avec lui aucun serviteur étranger qu'on puisse faire parler. Tous ceux qui sont employés au château sont pris à la journée, parce qu'on a renvoyé tous les anciens. Cela fait que, pendant douze heures de nuit, personne ne peut savoir ce qui se passe dans la maison.

— Et pourquoi suppose-t-on qu'il s'y passe quelque chose? Peut-être que ces Balma sont tout simplement de grands dormeurs qui craignent le bruit de l'office.

— Oh! que non, monsieur! ils ne dorment pas. Ils s'en vont dans tout le château, montant, descendant, traversant les vieilles galeries, s'arrêtant dans des chambres qui n'ont pas été habitées depuis cent ans peut-être. Ils remuent les meubles, les transportent d'un coin à l'autre, parlent, crient, chantent, rient, pleurent, se disputent,... on dit même qu'ils se battent, car ils font là-dedans un sabbat désordonné.

— Comment sait-on tout cela, puisqu'ils renvoient tout le monde de si bonne heure?

— Oui, et ils s'enferment, ils barricadent tout, portes et contrevents, après avoir fait la ronde pour s'assurer qu'on ne les espionne pas. Le fils du jardinier, qui s'était caché dans une armoire par curiosité, a manqué être jeté par les fenêtres, et il a eu une si grosse peur, qu'il en a été malade, car il prétend que ces messieurs et ces demoiselles, et même M. le marquis, étaient tous habillés en diables, et que

cela faisait dresser les cheveux sur la tête de les voir ainsi, et de leur
entendre dire des choses qui ne ressemblaient à rien. -

— A la bonne heure, madame Peirecote! voici qui commence à
m'intéresser! Les vieux châteaux où il ne se passe pas des choses diaboliques ne sont bons à rien.

— Vous riez, monsieur; vous ne croyez pas à cela? Eh bien! si je
vous disais que j'ai été écouter le plus près possible avec ma fille, et
que j'ai vu quelque chose?

— Bien! voyons, contez-moi cela.

— Nous avons vu à travers les fentes d'un vieux contrevent qui ne
ferme pas aussi bien que les autres, et qui donne ouverture à l'ancienne salle des gardes du château, des lumières passer et repasser si
vite, qu'on eût dit que des diables seuls pouvaient les faire courir
ainsi sans les éteindre. Et puis, nous avons entendu le bruit du tonnerre et le vent siffler dans le château, quoiqu'il fît une belle nuit de
gelée bien tranquille comme ce soir. Un grand cri est venu jusqu'à
nous, comme si l'on tuait quelqu'un, et nous n'avions pas une goutte
de sang dans les veines. C'était la semaine dernière, monsieur! Nous
nous sommes sauvées, ma fille et moi, parce que nous ne doutions
pas qu'un crime n'eût été commis, et nous ne voulions pas être appelées comme témoins : cela fait toujours du tort à de pauvres gens
comme nous de témoigner contre les riches; on s'en aperçoit plus
tard. Si bien que nous n'avons pu fermer l'œil de toute la nuit; mais
le lendemain tout le monde se portait bien dans le château : les demoiselles riaient et chantaient dans le jardin comme à l'ordinaire, et
M. le marquis a été à la messe, car c'était un dimanche. Seulement
les domestiques nous ont dit qu'ils avaient brûlé dans la nuit plus de
cinquante bougies, et que tout le souper avait été mangé jusqu'au
dernier os.

— Ah! il me paraît qu'ils fêtent joyeusement le diable?

— Tous les soirs, un bon souper de viandes froides, avec des gâteaux, des confitures et des vins fins, leur est servi dans la salle à manger, en même temps qu'on dessert leur dîner. On ne sait pas à quelle
heure ni avec quels convives ils le mangent; mais ils ont affaire à des
esprits qui ne se nourrissent pas de fumée. Le matin, on trouve les
fauteuils rangés en cercle autour de la cheminée du grand salon, et
dans tout le reste de la maison il n'y a pas trace du remue-ménage
de la nuit. Seulement, il y a toute une partie du château, celle qu'on
n'habite plus depuis long-temps, qui est fermée et cadenassée de façon
à ce que personne ne puisse y mettre le bout du nez. Ils ont, au reste,
fort peu de domestiques pour une si grande maison et tant de maîtres.
Ils n'ont encore reçu personne, si ce n'est le maire et le curé, lesquels
ont vu seulement M. le marquis dans son cabinet, sans qu'aucun de

ses enfans ait paru, excepté sa fille aînée. Les demoiselles n'ont pas de filles de chambre, et semblent tout aussi habituées que les messieurs à se servir elles-mêmes. Le service intérieur est fait aussi par des femmes de journée que l'on congédie quand elles ont balayé et rangé, et vous savez, monsieur, les hommes sont si simples! Quand il n'y a pas de femmes au courant des affaires d'une maison, on ne peut rien savoir.

— C'est vraiment désespérant, ma chère madame Peirécote, dis-je en retenant une bonne envie de rire.

— Oui, monsieur, oui! Ah! si j'étais plus jeune, et si je ne craignais pas d'attraper un rhumatisme en faisant le guet, je saurais bientôt à quoi m'en tenir. Par exemple, ces jours derniers, la servante qui fait les lits a trouvé au pied de celui d'une des demoiselles des pantoufles dépareillées. On a beau se cacher, on n'est jamais à l'abri d'une distraction. Eh bien! monsieur, devinez ce qu'il y avait à la place de la pantoufle perdue durant le sabbat!

— Quoi? un gros crapaud vert, avec des yeux de feu? ou bien un fer de cheval qui a brûlé les doigts de la pauvre servante?

— Non, monsieur, un joli petit soulier de satin blanc avec un nœud de beaux rubans rose et or!

— Diantre! cela sent le sabbat bien davantage. Il est évident que ces demoiselles avaient été au bal sur un manche à balai!

— Chez le diable ou ailleurs, il y avait eu bal aussi au château, car on avait justement entendu des airs de danse, et les parquets s'en ressentaient; mais quels étaient les invités, et d'où sortait le beau monde? car on n'a vu ni voitures ni visites d'aucune espèce autour du château, et, à moins que la bande joyeuse ne soit descendue et remontée par les tuyaux de cheminée, je ne vois pas pour qui ces demoiselles ont mis des souliers blancs à nœuds rose et or.

J'aurais écouté Mᵐᵉ Peirecote toute la nuit, tant ses contes me divertissaient; mais je vis que mes hôtes désiraient se retirer, et je leur en donnai l'exemple. Volabù me conduisit à sa meilleure chambre et à son meilleur lit. Sa femme m'accabla aussi de mille petits soins, et ils ne me quittèrent qu'après s'être assurés que je ne manquais de rien. Volabù me demanda au travers de la porte à quelle heure je voulais partir pour Briançon. Je le priai d'être prêt à sept heures du matin, ne voulant pas être à charge plus long-temps à sa famille.

Je n'avais pas la moindre envie de dormir, car il n'était que sept heures du soir, et j'avais douze heures devant moi. Un bon feu de sapin pétillait dans la cheminée de ma petite chambre, et une grande provision de branches résineuses, placée à côté, me permettait de lutter contre la froide bise qui sifflait à travers les fenêtres mal jointes. Je pris mes crayons, et j'esquissai les deux jolies figures des demoiselles de Balma, dans le costume et les attitudes où elles m'étaient apparues, sans oublier le beau lévrier blanc et le cadre des grands cyprès noirs couverts de flocons de neige. Tout cela trottait encore plus vite dans mon imagination que sur le papier, et je ne pouvais me défendre d'une émotion analogue à celle que nous fait éprouver la lecture d'un conte fantastique d'Hoffmann, en rapprochant de ces charmantes figures si candides, si enjouées, si heureuses en apparence, les récits bizarres et les diaboliques commentaires de ma vieille hôtesse. Ainsi que dans ces contes germaniques, où des anges terrestres luttent sans cesse contre les pièges d'un esprit infernal pétri d'ironie, de colère et de douleur, je voyais ces beaux enfans fleurir à leur insu, sous l'influence perfide de quelque vieux alchimiste couvert de crimes, qui les élevait à la brochette pour vendre leurs ames à Satan, afin de dégager la sienne d'un pacte fatal. La petite ne se doutait de rien encore, l'autre commençait à se méfier. Au milieu de leur gaieté railleuse, il m'avait semblé voir percer de la crainte pour un maître qu'elles n'avaient pas osé nommer. *Qu'il grogne, le grognon!* avaient-elles dit, et puis encore, en parlant de ma traversée périlleuse sur le fossé, l'ainée avait dit : *S'il voyait cela, il nous gronderait.* Était-ce leur père qu'elles redoutaient ainsi, tout en affectant de se moquer? Rien ne prouvait qu'elles fussent les filles de ce vieux marquis ressuscité par magie après avoir passé pour mort, que dis-je? après avoir été mort probablement pendant cinquante ans. Ce devait être un vampire. Il les tourmentait déjà toutes les nuits; mais chaque matin, grace à sa science, elles avaient perdu le souvenir de ce cauchemar, et tâchaient de se reprendre à la vie. Hélas! elles n'en avaient pas pour long-temps, les pauvrettes! Un matin, on les trouverait étranglées dans quelque gargouille du vieux manoir.

A ces folles rêveries quelques indices réels venaient pourtant se joindre. Je ne sais ce que les nœuds de rubans venaient faire là; mais le ruban rose et or du petit soulier coïncidait, je ne sais comment, avec le nœud de ruban cerise que j'avais ramassé. *Son nœud,* avait-elle dit, *son nœud d'épée!* — Qui donc, dans le château, portait encore le costume de nos pères, l'épée et le nœud d'épée? Cela était vraiment bizarre, et *il* l'avait fait lui-même! *Il* prétendait que ces charmantes petites mains de fée ne savaient pas faire un nœud digne de *lui!* *Il* était donc bien impérieux et bien difficile, ce tyran de la jeunesse et de la beauté! Qu'il fût jeune ou vieux, ce porteur d'épée, ce faiseur de nœuds, il était peu galant ou peu paternel. Ce ne pouvait être que le diable ou l'un de ses suppôts rechignés.

Je ne sais combien de bizarres compositions me vinrent à ce sujet; mais je ne les exécutai point. La mère Peirecote m'avait soufflé le poison de sa curiosité, et je ne tenais pas en place. Il me sembla qu'il était fort tard, tant j'avais fait de rêves en peu d'instans. Ma montre s'était arrêtée; mais l'horloge du hameau sonna neuf heures, et je m'inquiétai du reste de ma nuit, car je n'avais plus envie de dessiner; il m'était impossible de lire, et je mourais d'envie d'agir comme un écolier, c'est-à-dire d'aller chercher quelque aventure poétique ou ridicule sous les murs du vieux château.

Je commençai par m'assurer d'un moyen de sortie qui ne fît ni bruit ni scandale, et je l'eus trouvé avant d'être décidé à m'en servir. Les contrevents de ma fenêtre ouvraient sans crier et donnaient sur un petit jardin clos seulement d'une haie vive fort basse. La maison n'avait qu'un étage de niveau avec le sol. Cela était si facile et si tentant, que je n'y résistai pas. Je me munis d'un briquet, de plusieurs cigares, de ma canne à tête plombée; je cachai ma figure dans un grand foulard, je m'enveloppai de mon manteau, et, pour me déguiser mieux, je décrochai de la muraille une espèce de chapeau tyrolien appartenant à M. Volabù; puis je sortis de la maison par la fenêtre, je poussai les contrevents, j'enjambai la haie; la neige absorbait le bruit de mes pas. Tout dormait dans le village; la lune brillait au ciel. Je gagnai la campagne, rien qu'en faisant à l'extérieur le tour de la maison.

J'arrivai au fossé que je connaissais déjà si bien. La nuit avait raffermi la glace. Je montai, non sans peine, le petit escalier, qui était devenu fort glissant, J'entrai résolûment dans le parc, et j'approchai du château comme un Almaviva préparé à toute aventure.

Je touchais aux portes vitrées du rez-de-chaussée donnant toutes sur une longue terrasse couverte de vignes desséchées par l'hiver, qui ressemblaient, dans la nuit, à de gros serpens noirs courant sur les murs et se routant autour des balustres. J'avais monté sans hésiter l'escalier bordé de grands vases de terre cuite qui entaillait noblement le perron sur chaque face. Tous les volets étaient hermétiquement fermés; je ne craignais pas qu'on me vît de l'intérieur. Je voulais écouter ces bruits étranges, ces cris, ces roulemens de tonnerre, ces meubles mis en danse, cette musique infernale dont ma vieille hôtesse m'avait rempli la cervelle.

Je ne fus pas long-temps sans reconnaître qu'on agissait énergiquement dans cette demeure silencieuse et déserte au dehors. De grands coups de marteau résonnaient dans l'intérieur, et des éclats de voix, comme de gens qui discutent ou s'avertissent en travaillant, frappèrent confusément mon oreille. Tout cela se passait fort près de moi, probablement dans une des pièces du rez-de-chaussée; mais les contrevents en plein chêne, rembourrés de crins et garnis de cuir, ne me permettaient pas de saisir un seul mot.

Les aboiemens d'un chien m'avertirent de me tenir à distance. Je descendis le perron, et bientôt j'entendis ouvrir la porte que je venais de quitter. Le chien hurlait, je me crus perdu, car le clair de lune ne me permettait pas de franchir l'espace découvert qui me séparait des premiers massifs.

— Ne laisse pas sortir Hécate! dit une voix que je reconnus aussitôt pour celle de la plus jeune de mes deux héroïnes. Elle est folle au clair de la lune, et elle casse tous les vases du perron.

— Rentrez, Hécate! dit l'autre, dont je reconnus aussi la voix. Elle ferma la porte au nez de la grande levrette, qui les avertissait de ma présence et gémissait de n'être pas comprise.

Les deux jeunes filles s'avancèrent sur le perron. Je me cachai sous la voûte qu'il formait entre les deux escaliers latéraux.

— Ne mets donc pas ainsi tes bras nus sur la neige, petite, tu vas t'enrhumer, disait l'aînée. Qu'as-tu besoin de t'appuyer sur la balustrade?

— Je suis fatiguée, et je meurs de chaud.

— En ce cas, rentrons.

— Non, non! c'est si beau la nuit, la lune et la neige! Ils en ont au moins pour un quart d'heure à arranger le *cimetière*, respirons un peu.

Le *cimetière* me fit ouvrir l'oreille; la nuit sonore me permettait de ne pas perdre une de leurs paroles, et j'allais saisir le mot de l'énigme, lorsque quelqu'un de l'intérieur, ennuyé des cris du chien, ouvrit la porte et laissa passer la maudite bête, qui s'élança jusqu'à moi et s'arrêta à l'entrée de la voûte, indignée [de ma présence, mais tenue en respect par la canne dont je la menaçais.

— Oh! qu'*ils* sont ennuyeux d'avoir lâché Hécate! disaient tranquillement ces demoiselles, pendant que j'étais dans cette situation désespérée. Ici, Hécate, tais-toi donc! tu fais toujours du bruit pour rien!

— Mais comme elle est en colère! c'est peut-être un voleur, dit la petite.

— Est-ce qu'il y a des voleurs ici? me cria l'aînée en riant; monsieur le voleur, répondez.

— Ou bien, c'est un curieux, ajouta l'autre; monsieur le curieux, vous perdez votre temps; vous vous enrhumez pour rien. Vous ne nous verrez pas.

— A toi, Hécate! mange-le!

Hécate n'eût pas demandé mieux, si elle eût osé. Bruyante, mais craintive, comme le sont les levrettes, elle reculait hérissée de colère et de peur, quoiqu'elle fût de taille à m'étrangler.

— Bah! ce n'est personne, dit l'une des demoiselles, elle crie après la statue qui est là au fond de la grotte.

— Et si nous allions voir?

— Ma foi non, j'ai peur!

— Et moi aussi, rentrons!

— Appelons *nos garçons!*

— Ah bien oui! ils ont bien autre chose en tête, et ils se moqueront de nous comme à l'ordinaire.

— Il fait froid, allons-nous-en.

— Il *fait peur,* sauvons-nous!

Elles rentrèrent en rappelant la chienne. Tout se referma hermétiquement, et je n'entendis plus rien pendant un quart d'heure; mais tout à coup les cris d'une personne qui semblait frappée d'épouvante retentirent. On parla haut, sans que je pusse distinguer ni les paroles ni l'accent. Il y eut encore un silence, puis des éclats de rire, puis plus rien, et je perdis patience, car j'étais transi de froid, et la maudite levrette pouvait me trahir encore, pour peu qu'on eût le caprice de venir poser de jolis petits bras nus sur la neige de la balustrade. Je regagnai la maison Volabù, certain qu'on ne m'avait pas tout-à-fait trompé, et qu'on travaillait dans le château à une œuvre inconnue et inqualifiable, mais un peu honteux de n'avoir rien découvert, sinon qu'on arrangeait le *cimetière* et qu'on se moquait des curieux.

La nuit était fort avancée quand je me retrouvai dans ma petite chambre. Je passai encore quelque temps à rallumer mon feu et à me réchauffer avant de pouvoir m'endormir, si bien que, lorsque Volabù vint pour m'éveiller avec le jour, il n'osa le faire, tant je m'acquittais en conscience de mon premier somme. Je me levai tard. Il avait eu le temps de me préparer mon déjeuner, qu'il fallut accepter sous peine de désespérer le brave homme et Mme Volabù, qui avait des prétentions assez fondées au talent de cuisinière. A midi, une affaire survint à mon hôte : il était prêt à y renoncer pour tenir sa parole envers moi; mais moi, sans me vanter de mon escapade, j'avais un *fiasco* sur le cœur, et je me sentais beaucoup moins pressé que la veille d'arriver à Briançon. Je priai donc mon hôte de ne pas se gêner, et je remis notre départ au lendemain, à la condition qu'il me laisserait payer la dépense que je faisais chez lui, ce qui donna lieu à de grandes contestations, car cet homme était sincèrement libéral dans son hospitalité. Il eût discuté avec moi pour une misère durant le voyage, si j'eusse voulu marchander; chez lui, il était prêt à mettre le feu à la maison pour me prouver son savoir-vivre.

GEORGE SAND.

(La troisième partie au prochain n°.).

VOYAGE

DANS

LES RÉPUBLIQUES DE L'AMÉRIQUE DU SUD.

LA BOLIVIE. — LE HAUT-PÉROU.

LA PAZ. — LE CUSCO.[1]

I. — LA BOLIVIE.

Il y a au musée national de la Paz deux vases en terre cuite qui peuvent être comptés parmi les monumens les plus remarquables de l'antique civilisation *aymarienne*. Le pays autrefois nommé *Aymara* commençait au-delà de Puño; les Aymariens, peuple valeureux et indépendant, habitaient les plaines comprises entre Puño et Oruro. Ce territoire, où de nombreux restes de temples et de tombeaux attestent encore leur puissance, fait aujourd'hui partie de la Bolivie. D'où venaient les Aymariens? La réponse à cette question est écrite précisément sur les deux vases du musée de la Paz. Sur chacun de ces vases, on remarque en effet deux éléphans peints en noir et supportant un petit édifice qui ressemble à une tour ou à un palanquin. Or, les éléphans n'ayant jamais pu vivre dans le froid climat des Cordillières, il est évident que les Aymariens venaient de l'Asie. C'était le pays habité

---

(1) Voyez, dans la livraison du 15 janvier, la première partie de ces récits : *Aréquipa, Puño et les Mines d'argent*.

par cette peuplade asiatique, la Bolivie, que j'allais parcourir en quittant Puño. On comprendra que j'aie dit adieu sans trop de regret à la petite ville péruvienne, sachant d'avance que j'allais pénétrer sur le théâtre d'une civilisation d'origine plus reculée encore que celle des Incas.

Aller de Puño à la Paz, au cœur de la Bolivie, visiter les bords du lac de Titicaca, revenir à Puño pour me diriger de là vers Cusco, le Bas-Pérou et Lima, tel était l'itinéraire que je m'étais tracé en me disposant à franchir la frontière péruvienne. A quelques heures de marche de Puño, on rencontre Chucuito. Ce bourg était jadis une ville importante ayant droit de battre monnaie. Les armées du roi d'Espagne et celles de la république ont long-temps occupé ce district et l'ont complétement dévasté; les trois quarts des maisons de la ville sont en ruines. Quelques débris de palais ou de temples péruviens se retrouvent çà et là assez bien conservés. De Chucuito à Acora s'étend une plaine basse et marécageuse qui semble avoir fait jadis portion du lac de Titicaca. Le gouverneur d'Acora m'introduisit dans une grande chambre nue, destinée à recevoir les voyageurs. Le curé du lieu, qui vint me visiter, ne pouvait comprendre pourquoi je m'étais décidé à parcourir le Pérou. — Quel plaisir trouvez-vous, disait-il, à passer les Cordilières et à chevaucher sur ces plateaux glacés de la sierra? — J'étais curieux, répondis-je, de visiter l'ancien royaume des Incas. — Le curé resta convaincu que, si j'avais passé les mers, c'était uniquement pour chercher les trésors, les *tapados*, que renferment, dit-on, la plupart des monumens péruviens.

Deux jours de marche à travers des plaines semées de curieux débris et de tombeaux antiques, restes de la domination des Incas, m'ont conduit d'Acora à July, autre bourgade péruvienne. July est à noter pour ses quatre grandes églises en pierre de taille. Les jésuites ont marqué ici leur passage, comme dans le reste de l'Amérique, par de majestueux édifices et de nobles entreprises. A July, ils exploitaient de riches mines d'argent et *seigneurisaient le pays*, selon la pittoresque expression espagnole : *segnoravan el pais.* Tout près de July, on rencontre le Desaguadero, rivière formée par le trop plein du lac de Titicaca, qui, vingt lieues plus loin, va se perdre dans les sables. Le Desaguadero, que l'on passe sur un pont de roseaux, marque la frontière sud du Pérou. De l'autre côté commence la république de Bolivie, où les douaniers vous arrêtent pour examiner vos malles avec une attention scrupuleuse, comme cela se pratique sur nos frontières françaises.

La Bolivie est formée de six provinces, Potosi, la Paz, Chicas, Cochabamba, Charchas, Santa-Cruz, enclavées dans l'intérieur des Cordilières et séparées de la côte par des déserts. Le nom même de cette république rappelle celui de l'homme qui l'a fondée, de l'homme que les Américains, pendant leur lutte avec l'Espagne, s'étaient habitués à regarder comme l'indispensable soutien de leur indépendance. L'histoire de Bolivar est un peu oubliée aujourd'hui, et peut-être est-elle bonne à rappeler en quelques mots. Le gouvernement provisoire du Pérou avait accordé à Bolivar les pouvoirs extraordinaires les plus étendus; et, après la capitulation de l'armée espagnole à Ayacucho, le *libérateur* se trouva de fait chef absolu de l'ancienne colonie péruvienne. Il crut à tort ou à raison que les Américains espagnols avaient été tenus si long-temps en tutelle, qu'une fois émancipés ils ne pouvaient manquer de s'abandonner à tous les dangereux caprices d'une folle jeunesse, que pendant des années encore il leur faudrait une main ferme pour les gouverner et les contenir, et il résolut de se charger lui-même de l'éducation politique de cette société monarchique devenue subitement une société républicaine. L'armée était à Bolivar : le pays, par enthousiasme et par peur, était littéralement à ses pieds, et jamais en Europe l'adulation ne s'est montrée aussi ingénieuse qu'elle le fut en Amérique pour donner à l'heureux général des preuves de dévouement et d'adoration. Bolivar pouvait dans le premier moment se faire proclamer *empereur;* mais dans ses discours, assez peu modestes, il avait constamment répété que c'était à tort qu'on le comparait à Napoléon. Napoléon, après avoir, comme lui, sauvé son pays, avait détruit le gouvernement républicain pour élever un trône sur ses débris; lui, Bolivar, était bien plus grand, puisqu'il avait délivré l'Amérique du joug espagnol sans arrière-pensée d'ambition! — Quand il pouvait tout oser, Bolivar n'osa pas revenir sur ces bruyantes professions de foi : il attendit qu'on lui imposât de force le bandeau royal; mais, pendant qu'il attendait, les ambitions avaient grandi avec les fortunes, et les généraux qu'il avait créés étaient devenus autant d'héritiers présomptifs pour les présidences de toutes ces républiques espagnoles que Bolivar avait rêvé de convertir en un seul état. Ces généraux, qui voulaient des républiques pour avoir des présidences, accueillirent avec une admiration très sincère les protestations de désintéressement qu'avait cru devoir multiplier Bolivar. Celui-ci, sans songer à l'empire, se serait contenté de la présidence à vie de toute la partie espagnole de l'Amérique du Sud réunie en une seule république. Ses généraux ne lui laissèrent même pas cette satisfaction, et l'Amérique espagnole fut morcelée en plusieurs états républicains.

Bolivar avait à récompenser le général colombien Sucre, son lieutenant le plus dévoué et après lui l'homme le plus habile qui eût paru dans la lutte de l'indépendance : il détacha du Bas-Pérou une partie du Haut-Pérou, et en forma une république dont il lui donna la présidence. C'était un million d'habitans et trente-sept mille lieues carrées de territoire. Personne ne murmura; également mis à contribution par les vice-rois et par les patriotes, les maîtres du sol dont disposait Bolivar avaient passé de l'indifférence au dégoût pour les deux partis. Quant aux acteurs mêmes de la lutte, ils s'étaient si souvent trouvés vaincus ou vainqueurs, ils avaient été obligés de recourir à tant de petits et misérables moyens, qu'il leur était impossible d'avoir foi dans aucune forme de gouvernement. République une et indivisible, république fédérative, c'était tout un pour eux. La séparation de la Bolivie fut sanctionnée par le congrès de Lima, et le général Sucre fut élu président par la convention nationale bolivienne. Deux ans après, Bolivar, rappelé en Colombie par la révolte d'un de ses généraux, dut quitter le Pérou, et avec lui disparut la puissance du général Sucre. Ses actes les plus nécessaires furent traités par les Boliviens d'actes injustifiables, et le *tyran*, fort dégoûté du pouvoir, prit le parti de renoncer aux ennuis de la présidence. Il donna sa démission, et alla rejoindre Bolivar en Colombie. Il est bon d'ajouter qu'au moment où il allait s'embarquer au port de Cobija, quelques citoyens rancuneux firent une petite émeute, à la simple fin d'assassiner le général; mais Sucre parvint à s'embarquer, et tout ce que purent faire ses administrés reconnaissans fut de lui tirer un coup de pistolet qui lui cassa le bras.

C'est par ces tristes scènes qu'avait commencé l'histoire de la Bolivie. Au moment où je parcourais son territoire, la république fondée par Bolivar jouissait d'une de ces périodes de calme qui viennent trop rarement interrompre la vie fiévreuse des petits états de l'Amérique espagnole. Le moment était bon pour observer les mœurs boliviennes dans ce qu'elles ont d'original et d'invariable. La capitale officielle de la Bolivie est Chuquisaca; mais la ville la plus importante, comme entrepôt de commerce, et qui réunit le plus de familles aisées, c'est la Paz. La Paz est irrégulièrement jetée sur les deux pentes d'un torrent qui jadis charriait de l'or, et ses maisons massives, recouvertes en tuiles rouges, s'élèvent avec peu de symétrie les unes au-dessus des autres. Le nom de la bourgade indienne primitive était Chuquiapo, terrain d'or. La ville espagnole fut fondée, en 1548, par don Alonzo de Mendoza, et ses premiers habitans furent des mineurs. Le lit du torrent rendait autrefois annuellement une quantité considérable d'or. Maintenant il est épuisé dans la majeure partie de son cours, et les laveurs d'or les plus hardis, abandonnant les pauvres exploitations qui se continuent dans le voisinage de la ville, ont transporté leurs pioches et leurs sébiles à soixante lieues dans l'intérieur, au milieu des forêts vierges. Le lavage aurifère qui rend le plus aujourd'hui est celui de Tipuano, qui rapporte chaque année 200,000 piastres à ses propriétaires. C'est peu de chose, comparé à ce que rapportait jadis le torrent de Chuquiapo. Ce qu'il y a de sérieusement beau à la Paz, c'est la vue de l'Ilimanli, montagne de 3,753 toises de haut et à huit lieues de distance; c'est un roc perpendiculaire de granit dont le sommet est éternellement couvert de neige. Il fait partie de la grande Cordilière qui sépare le haut plateau des vallées où commencent les immenses forêts qui s'étendent jusqu'aux bouches de l'Amazone. Au coucher du soleil, l'aspect de cette montagne est admirable.

A mon arrivée à la Paz, j'avais été droit au *tambo* de la ville où j'avais fait décharger mes mules, et alors seulement j'avais fait porter mes diverses lettres de recommandation. Le général B..., Allemand au service de Bolivie, avait bien voulu m'offrir sa maison et sa table; mais j'étais déjà installé dans le *tambo*, et de ses offres je n'acceptai que la dernière, la ville étant tout-à-fait dépourvue de restaurant. Le *tambo* de la Paz est un véritable caravansérail d'Orient, avec sa cour entourée de petites chambres et son premier étage soutenu par des arcades moresques. La famille du propriétaire du lieu habitait cet étage, et il fallut bien me contenter de deux chambres obscures, éclairées seulement par une porte donnant sur la cour. L'on m'envoya des tapis et quelques meubles qui me procurèrent un demi-comfort. Cet arrangement me donna toute liberté de flâner dans la ville, ce qui est plutôt une fatigue qu'un plaisir à cause de la pente rapide des rues. Les fêtes de Noël avaient mis la population en mouvement, et la foule se portait dans les maisons où l'on savait que de petites crèches étaient exposées à la respectueuse admiration du public. Ici les grandes personnes, comme les enfans en Europe, préparent des reposoirs pour les fêtes de Noël. La *padrona* du *tambo* avait installé sur une large table une quantité de joujoux de Nuremberg, des terres cuites d'Angleterre, des pots de fleurs, de petits *braseros* de filigrane d'argent, huit ou dix cierges d'église, une petite crèche avec quatre poupées, dont un âne, le tout doré. Cette petite chapelle attirait force visiteurs et valait à la *padrona* de pompeux éloges qu'elle recevait avec une vanité nonchalante qui me divertissait tout-à-fait. Cela dura tant que durèrent les bougies, à peu près huit jours. J'oubliais une méchante serinette qui jouait *Partant pour la Syrie* et autres airs de l'époque. Il y avait bien aussi un rouleau qui chantait la *Cachucha, Tragala, Soldados de la patria*, le *Fandango;* mais ce luxe de surcroît était peu estimé et regardé comme trop commun. La *padrona*, qui était Espagnole, parlait beaucoup de la bonne vie que l'on mène en Espagne, de la bonne chère et des bons cuisiniers.... Pauvre femme!... elle parlait aussi de plusieurs merveilles de France et d'Angleterre qui m'étaient toutes inconnues. Son auditoire écoutait bouche béante et accompagnait chaque fin d'histoire d'un *Jésus!* d'admiration.

Dans cette ville de trente mille ames, il y a peu de société : les élémens existent; mais, pour rencontrer dix femmes, il faut aller dans dix maisons. Le grand éloignement de la côte rend difficile non-seulement le transport des pianos, mais même celui de la musique et des livres nouveaux. En fait de littérature étrangère, les hommes vivent sur Voltaire, Rousseau et Montesquieu. Les femmes s'occupent de leurs enfans, de l'intérieur de leur maison, et conviennent, sans se faire prier, qu'elles ne s'amusent guère. La Paz est peut-être la seule ville du monde où, sous une latitude aussi froide (la température moyenne est de 8 à 9 degrés Réaumur), on ne connaisse ni cheminées ni poêles. Le manque de comfort dans les maisons est un obstacle plus grand qu'on ne pense aux rapports de la société. Pour se réunir dans un pays froid, il faut un salon bien chauffé, des fauteuils bien garnis, des tapis bien épais; je ne crois pas qu'il y ait de conversation possible quand on est assis sur une chaise de bois, fût-ce du bois doré, et c'est en général ce que l'on vous offre dans les maisons les plus riches de la Paz.

Pendant mon séjour à la Paz, je fus curieux d'assister à une réception du président de la république. Le général Santa-Cruz, chef de l'état bolivien à l'époque de mon voyage, était un homme de quarante ans, de taille ordinaire; ses traits étaient prononcés, et l'expression de sa figure annonçait plutôt un administrateur qu'un homme de guerre. Tout se passa très sérieusement et assez dignement. Les fonctionnaires civils et militaires étaient, les uns en uniforme, les autres en habit noir, le tricorne sous le bras. Chaque groupe de fonctionnaires approchait du canapé du président, qui restait assis, et, après un profond salut, cédait la place à une autre députation. Les soirées du président étaient en général très simples; elles se passaient entre quelques intimes, qui venaient là en bottes et en redingote. On y causait peu, le président lui-même écoutait plus volontiers qu'il ne racontait. Dans les salons boliviens, on ne parlait guère de la situation politique du pays qu'avec un profond sentiment de tristesse et d'inquiétude pour l'avenir. C'est un sentiment qu'on retrouve dans presque toutes les républiques de l'Amérique du Sud, à quelque époque qu'on les visite.

Le gouvernement bolivien a fait traduire et a adopté le code Napoléon. Pour donner cours en Bolivie à cette monnaie de notre Europe, on l'a intitulé : *Code Santa-Cruz*. L'administration est également à la française : les mêmes ministres, les mêmes préfets, sous-préfets et maires (*alcaïdes*), les mêmes tribunaux. La législature se compose de deux chambres élues, celle des députés et celle des sénateurs; mais l'élection est à deux degrés. Les électeurs de paroisse, qui sont Indiens, réunis aux métis et aux petits propriétaires, nomment des électeurs de département parmi un certain nombre de gros contribuables, et ceux-ci se rendent au chef-lieu du département, où ils nomment un député par soixante mille habitans.

En quittant la Paz, je laissai à gauche le chemin de Tyahuanaco, et m'en fus, à travers les montagnes, rejoindre les bords du grand lac de

Titicaca. Ma première étape fut à Aïgachi, gros bourg d'Indiens où je descendis comme à l'ordinaire chez le curé de l'endroit. Le curé d'Aïgachi me fit attendre un gros quart d'heure avant de faire honneur à la lettre d'introduction qu'on m'avait donnée pour lui. Enfin il parut, et, tout en grognant, me fit entrer dans sa maison. L'abbé finissait de dîner; trois joyeux convives étaient là, buvant des rasades d'eau-de-vie et accoudés sur une large table où restaient plusieurs couverts précipitamment abandonnés. Je vis que j'étais arrivé dans un malencontreux moment, que ma présence avait fait envoler la partie féminine de la compagnie. Deux ou trois têtes à cheveux bouclés, passant l'une au-dessus de l'autre à travers une porte entrebâillée, m'expliquèrent plus clairement la chose, et le curé ne revint à sa bonne humeur naturelle que lorsque, refusant de faire desseller mes mules, je lui demandai un guide pour me conduire à l'*hacienda* de Cumana, où je savais trouver de nombreuses *chulpas* (tombes). Le curé me pria de lui raconter mon histoire, et, comme il ne me plaisait pas de le faire, il me raconta la sienne. Il avait fait les guerres de l'indépendance et se trouvait capitaine lors de la fin des hostilités; son frère, nommé député à l'assemblée nationale, lui fit entendre qu'il n'était plus jeune et qu'il fallait songer à l'avenir : le capitaine trouva l'observation juste, et son frère le député lui procura la paroisse d'Aïgachi, « où je végète comme un paysan, ajouta-t-il, mais où je me fais chaque année un revenu de 5 à 6,000 piastres. »

J'allai coucher à la ferme de Cumana. Les maîtres de l'*hacienda* étaient absens, et l'on me donna pour logis un magasin rempli de laine, sur laquelle je dormis plus mollement que je n'avais pu le faire depuis trois mois. Il y a dans ce pays une croyance généralement admise, c'est qu'on aperçoit des flammes au-dessus des endroits où des trésors sont enfouis. Quand je demandai à l'intendant de la ferme quelles étaient les *chulpas* du voisinage qui n'avaient point encore été ouvertes, il me répondit qu'il me montrerait les *chulpas* où la flamme brillait, et me procurerait des Indiens pour faire les excavations. Au matin, je commençai les fouilles. Entre les montagnes et le lac, sur un espace de cent toises, la plaine est couverte de tumulus : ce sont des amoncellemens de terre et de pierres de quinze à vingt pieds de longueur sur une largeur de dix à quinze pieds, et sur une hauteur de cinq à dix. Les pierres qui recouvrent le sommet sont amoncelées sans ordre aucun, mais bientôt l'on rencontre une maçonnerie solide et régulière, recouvrant un puits de trois à quatre pieds de hauteur sur deux ou trois de diamètre. Dans l'un de ces puits, j'ai trouvé une momie d'enfant entourée de ligamens de paille, au lieu de ligamens en étoffe de coton, comme celles que j'avais vues au musée de la Paz. J'eus peu de temps pour l'examiner, car, deux minutes après avoir été exposée à l'air, la petite momie se réduisit en poussière. Elle était entourée de vases affectant, pour la plupart, la forme des lacrymatoires étrusques. Je trouvai aussi nombre de *topos*, longues épingles avec lesquelles les femmes du pays rattachent aujourd'hui encore sur leur poitrine le châle carré qu'elles portent sur les épaules. Deux autres puits furent ouverts, mais ils ne contenaient que des ossemens à nu, des vases pauvres et communs, et quelques *topos* en cuivre. Il paraît que les gens enterrés là appartenaient à des familles peu riches.

Les Indiens, soit terreur superstitieuse ou respect pour les ossemens de leurs ancêtres, ne voulaient pas descendre dans ces fosses : il fallait me charger de l'opération, et déblayer les ossemens qui recouvraient les vases et les *topos*. Alors ces pauvres gens ramassaient les os, et, quand nous passions à une autre tombe, ils profitaient du moment où j'avais le dos tourné pour les replacer à l'endroit d'où je les avais tirés, non pas sans y jeter une poignée de maïs grillé, ainsi qu'une pincée de feuilles de *coca*. Les Indiens portent toujours avec eux un sac rempli de maïs et de *coca*. Mes travailleurs restèrent fort surpris quand je leur expliquai que j'honorais ce culte pour la mémoire de leurs ancêtres. Je dois avouer que, lorsque je vis ces pauvres Indiens ramasser avec respect ces ossemens, je me demandai si j'avais bien le droit de faire ouvrir ces tombes par les descendans de ces mêmes morts, les légitimes possesseurs du pays, et de profaner leur cendre à la seule fin de satisfaire ma curiosité, et, comme je n'avais pas grand'chose à répondre, je me mis à fumer et à regarder devant moi. J'avais sous les yeux un fort beau tableau : cette petite plaine est de trois côtés terminée par des montagnes, et une branche du lac la ferme à l'est. La cime neigeuse du mont Sorate, haut de trois mille neuf cent quarante-huit toises, domine et complète dignement ce majestueux paysage.

Le soleil couché, je retournai à la ferme après une journée passée on ne peut plus rapidement. Les Indiens avaient constamment travaillé, et pourtant ils n'avaient fait que peu de besogne : ils n'avaient pour creuser la terre qu'une courte pioche en bois, terminée par un morceau de fer long d'un pied et attaché par une courroie au manche de la pioche : c'est le seul instrument d'agriculture avec lequel ils remuent la terre pour faire leurs semailles. Il règne continuellement sur toute l'étendue de ce vaste plateau une bise glacée, qui gèle souvent les récoltes avant qu'elles soient arrivées à maturité. Il faut pour les mener à bien que les champs d'orge et de pommes de terre soient abrités par des montagnes courant dans une bonne exposition. La charrue est impossible dans de pareils terrains, et le labourage se fait à force de bras, toujours avec cette misérable pioche. Sur les pentes des montagnes où il est resté un peu de terre, les Indiens élèvent des terrasses en gradins pour la retenir, et ce soin a pour but non de cultiver des fleurs

ou des fruits, mais bien des pommes de terre et de l'orge, lequel réussit
rarement. De l'*hacienda* de Cumana jusqu'à Guabaya, hameau sur les
bords du lac, je rencontrai un grand nombre de *chulpas* par groupes
de dix ou douze. A Guabaya, je vis pour la première fois la plus singulière, la plus hardie et la moins coûteuse embarcation qu'il soit
possible d'imaginer : ce sont de petits canots, nommés *balzas*, uniquement construits en roseaux. Figurez-vous deux paquets de joncs ren-
flés dans le milieu et se terminant en pointe; les deux paquets sont
séparément ficelés avec des bandes coupées dans le roseau, puis accolés l'un à l'autre et fortement réunis aux extrémités par ces mêmes
liens de roseau. Vous vous asseyez sur ce radeau, un Indien s'agenouille derrière vous et pagaie des deux côtés avec une perche de bois
ronde. Quand il y a du vent, il dresse une autre perche de quatre à cinq
pieds, à laquelle est attachée par des liens de roseau une natte, également de roseau qui sert de voile, et vous voguez doucement; mais
lentement. Pour peu qu'il y ait de la brise, vous êtes trempé jusqu'aux
os par les vagues qui roulent sur votre *balza* sans l'enfoncer; si le vent
est fort, vous ne manquez pas de chavirer, ce qui n'importe guère à
l'Indien, arrivé par la misère au fatalisme le plus complet, mais ce qui
est détestable pour un amateur qui se promène pour son plaisir sur le
lac de Titicaca, comme il s'est promené sur les lacs de Suisse et d'Italie.

La *balza* où je m'étais embarqué à Guabaya me conduisit à un hameau sans nom, dans une île qui ne se trouve sur aucune carte. Les
Indiens, terrifiés par l'aspect de deux hommes blancs égarés à une telle
distance des routes, nous firent entendre par signes qu'il n'y avait rien
dans leur misérable demeure, et qu'à l'autre bout de l'île, il y avait
un grand village où nous trouverions vivres et abri. En même temps
ils s'emparèrent de nos effets et partirent en courant, dans la crainte
que nous ne voulussions rester chez eux. Il fallut bien les suivre; et,
après trois quarts d'heure d'une rude marche, nous arrivâmes à un
autre village, à Pacco. Les porteurs demandèrent deux réaux et un peu
de *coca*, et partirent enchantés de la libéralité des blancs qui avaient
daigné leur accorder la valeur de vingt sous pour avoir porté, durant
une lieue de montagnes, de lourdes malles et les selles de six mules.

Pacco est un joli village de pêcheurs, bâti entre le lac et la montagne que nous venions de traverser. Des deux côtés s'étendaient des
champs d'orge et de pommes de terre, et à quelques lieues la vue s'arrêtait sur des groupes d'îles vertes et de presqu'îles s'avançant dans
le lac. Les habitans nous entourèrent, et nous commençâmes à leur
expliquer nos besoins, c'est-à-dire notre désir de manger, de dormir
et de nous embarquer ensuite pour gagner Copacabana. De tout cela,
dit en bon espagnol, ils ne comprirent qu'une seule chose, c'est que
nous voulions nous embarquer, et en grande hâte ils préparèrent

trois *balzas,* une pour moi, une pour mon domestique, une pour le bagage. A mon tour, je refusai de comprendre l'aymarien, et, après force cris de mon côté en espagnol et des réponses obstinées du côté des Indiens en aymarien, je sommai l'*alcaïde,* au nom des présidens des républiques du Pérou et de Bolivie, de me donner un asile pour la nuit en payant, bien entendu, puis je montrai une piastre. L'*alcaïde* disparut, pour n'avoir rien à faire avec ces deux puissans personnages, dont il n'avait qu'une idée très imparfaite. J'étais en pourparlers avec le magistrat fugitif, retranché dans une maison dont il m'avait fermé la porte au nez, lorsque des cris poussés par les femmes et les enfans me firent courir à la place que je venais de quitter, et je vis mon domestique qui, moins patient que moi, avait mis flamberge au vent, et coupé avec son couteau de chasse le loquet de bois d'une maison qu'une perche surmontée d'un épi de maïs nous donnait le droit de prendre pour une auberge. La chose faite, il était trop tard pour reculer : nous entrâmes dans la maison. Aussitôt la conduite des Indiens changea comme par enchantement; ils arrivèrent de tous côtés, portant des œufs, du poisson, du maïs, des pommes de terre, et c'est à peine s'ils consentaient à recevoir le prix de ces objets. Je raconte ceci non comme une gentillesse, car il est peu séant d'entrer de force dans une cabane, même pour ne pas mourir de faim, mais seulement pour faire connaître le caractère actuel des Indiens et la manière dont on les traite; en général, dans le pays, les voyageurs font toutes ces vilaines choses, seulement ils ne paient pas toujours.

Au matin, les *balzas,* au lieu de me porter à Copacabana, vinrent aborder à Taquiri, l'île en face de Pacco. L'alcade déclara que les Indiens, n'ayant pas tenu les conditions du marché, n'avaient pas droit aux quatre réaux, prix convenu pour le passage, et il empocha lesdits réaux. Les Indiens ne firent aucune objection; ils restèrent accroupis sur le rivage, mâchant leur *coca* et attendant la brise du large pour retourner à Pacco. Des *balzas* revenaient de la pêche; l'alcade en mit trois à ma disposition pour me porter à Oche, presqu'île à trois lieues de l'île de Taquiri. Il m'assura qu'à Oche je trouverais de bonnes gens en quantité pour me transporter avec mes effets à Copacabana, qui n'est qu'à deux portées de fusil. Je partis, bénissant le hasard qui m'avait fait rencontrer un alcade parlant espagnol et d'une si admirable complaisance.

Nous déployâmes notre voile carrée, mais notre embarcation n'en marchait pas plus vite. Nous ne faisions que deux milles à l'heure. C'est seulement à l'approche de la nuit que je m'aperçus de la lenteur de notre navigation. La journée était magnifique; cette branche du lac de Titicaca, appelée le petit lac, est coupée à chaque lieue par des îles et des presqu'îles couvertes de troupeaux. Des bandes de canards sauvages, de sarcelles et de goëlands nageaient paisiblement sur les eaux tranquilles du lac; et se dérangeaient à peine pour laisser passer votre *balza*. Joignez à ces causes de rêverie le silence qui vous entoure et la marche insensible du radeau, et, pour peu que vous soyez d'un caractère paresseux et distrait, vous comprendrez qu'on puisse laisser couler ainsi de longues heures sans s'en apercevoir : c'est ce que je fis. Fatigué de regarder, j'ouvris mon *alforjas*, sorte de sac ou besace qui contient les objets que l'on veut toujours avoir sous la main, et je pris un livre au hasard. Le premier qui se présenta était le code civil de Santa-Cruz. Le général m'avait envoyé ses trois codes le jour de mon départ pour la Paz; mes malles étaient fermées, et on avait fourré les trois volumes dans l'*alforjas*. Je parcourus bon nombre de pages : j'y vis clairement établis les droits civils et politiques de chaque citoyen de la république, chaque action publique de sa vie sagement surveillée par les lois. A la fin de l'ouvrage, je trouvai, comme annexe, des règlemens et ordonnances pour la police des grandes routes, la navigation des côtes et des lacs de l'intérieur, le louage des voitures, mules et chevaux, etc. Cependant le vent avait cessé, et le bateau ne remuait plus; mon batelier était accroupi comme un singe sur l'arrière de sa *balza* et mâchait sa *coca* avant de reprendre la perche pour ramer. Sa vue me rappela que sur un million d'habitans la république bolivienne comptait neuf cent mille citoyens semblables à mon batelier. Je fermai le livre, et me pris à admirer le courage de quelques hommes, qui, connaissant tous les bienfaits de la civilisation, ont entrepris de l'imposer à la masse inerte de leurs concitoyens incapables de la comprendre et d'en profiter.

A Oche, les effets furent débarqués et déposés à deux cents pas du rivage. « Monsieur le curé? — Pas de curé. — L'alcade? — Pas davantage. » Enfin une espèce de métis à trois quarts indien vint à nous pour avoir quelque cigares. « Arriverons-nous ce soir à Copacabana? — Copacabana est à sept lieues d'ici!.... — Ah! traître d'alcade de Taquiri! ah! faux bonhomme qui voulait aussi se débarrasser des blancs! Comment faire? — Mais, dit le métis, vous réembarquer sur les mêmes *balzas* qui vous ont porté à Oche, et aller à Onicachi, à trois lieues plus loin, y passer la nuit, puis demain achever par terre le reste de la route. » Le métis se chargea de faire pour moi des propositions aux bateliers de Taquiri, qui ne répondirent rien, et prirent leur course vers le lac : un instant après, ils étaient à la voile. Le métis alors nous procura deux baudets et deux Indiens, qui, tous les quatre, furent chargés des effets, et je me mis en route, suivant tristement à pied mes malles, dont j'enviais le sort. Quatre lieues de pays par une nuit noire!... Il était dix heures, quand nous arrivâmes à Corona. Le propriétaire des baudets, qui avait accompagné ses bêtes, demanda un peu d'argent pour leur acheter du maïs et se procurer un souper à lui-même. J'étais tellement las, que je fis tout ce qu'on voulait, d'autant mieux que l'alcade de Corona, sur ses pouces en croix qu'il baisait dévotement, me jurait que nous aurions des baudets en masse pour le lendemain, et qu'il retiendrait provisoirement les baudets présens.

Le lendemain, à huit heures du matin, rien n'avait encore paru. J'envoyai chez l'alcade, l'alcade était aux champs. Nous allâmes frapper de porte en porte, suppliant qu'on nous accordât quatre pauvres baudets pour nous porter à Copacabana, offrant de payer le prix qu'on en demanderait : vaines prières; on répondit humblement qu'il n'y avait pas une oreille de baudet à deux lieues à la ronde. Il fallut bien se ressouvenir de la merveilleuse recette de Puño, et, entendant braire une bourrique dont on cherchait en vain à étouffer la voix, je m'en emparai, ainsi que d'un ânon que je jugeai capable de porter son cavalier. Les deux bêtes furent sellées, et nous partîmes, laissant tous nos effets en arrière. Alors des femmes et des enfans sortirent de leurs cabanes, et nous suivirent en priant, pleurant, hurlant; mais nous étions insensibles à ces lamentations vociférées dans la langue aymarienne, le plus dur baragouin à doubles lettres qui m'ait jamais écorché les oreilles. Plus de vingt hommes assemblés sur les hauteurs regardaient le conflit sans oser y prendre part. Nous chevauchions, toujours suivis et entourés de la troupe éplorée, quand un *arriero*, rencontré en chemin, leur expliqua que nous étions d'honnêtes *viracochas* (étrangers), que nous paierions ce qu'on demanderait, mais que nous voulions des bêtes à toute force pour aller à Copacabana. Le tumulte s'apaisa. Deux vieilles mégères, propriétaires de la bourrique et de l'ânon, promirent que, si nous voulions restituer la mère et l'enfant, elles nous feraient trouver dans Corona même une douzaine d'ânes et de mules qu'on avait cachés en notre honneur. La proposition fut acceptée, et nous revînmes au village; mais, ô comble d'audace! un groupe d'Indiens s'était formé près de la maison où nous avions couché, et, l'alcade en tête, ils jetaient nos bagages sur la route. En nous voyant, l'alcade s'arma du sourire le plus gracieux, distribua quelques coups de canne aux Indiens qui se permettaient de laisser tomber les effets de ma seigneurie, et cinq minutes après dix baudets étaient à nos ordres, et l'alcade lui-même s'empressait de les charger. Nous quittâmes le village accompagnés des bénédictions de la population tout entière.

Ces étranges incidens peuvent mieux faire connaître le caractère et la condition des Indiens que bien des pages de réflexions morales. — L'alcade de Taquiri mentait pour se débarrasser des blancs, avec qui il savait qu'il n'y a jamais rien à gagner; les bateliers indiens s'enfuyaient sans attendre leur paiement, pour ne pas être forcés d'aller

deux lieues plus avant; l'alcade de Corona promettait le soir des bêtes
de charge, et disparaissait le matin, au lieu de venir donner une raison
quelconque. L'enlèvement des bourriques à la face du village, l'é-
goïsme des vieilles Indiennes dénónçant les bêtes cachées pour qu'on
rendît leurs propres bourriques, l'alcade effrayé au milieu de ses administrés, et pas un Indien pour nous envoyer promener, ne sont-ce
pas là des traits curieux et caractéristiques? — Les Espagnols ont, de
père en fils, imprimé à ces pauvres gens une terreur surnaturelle
contre laquelle ils ne peuvent lutter. Il est reconnu dans le pays qu'un
blanc fait tête à dix Indiens, et cependant si d'un Indien vous faites un
soldat, si vous lui donnez un fusil et lui commandez de se battre, il se
battra jusqu'à la mort. Cette bravoure d'obéissance et cette terreur
surnaturelle des blancs restent pour moi un sentiment inexplicable.

Copacabana est un grand village situé sur le bord du lac de Titicaca.
L'église, de construction élégante, fait l'orgueil des gens du pays. La
madone à qui elle est consacrée est célèbre dans toute l'Amérique sous
le nom de Notre-Dame de Copacabana, et a mérité la fondation d'un
chapitre composé de quatre chanoines bien payés. Au temps des Espagnols, le trésor de l'église était riche en ornemens d'argent et de
pierreries; mais le général Sucre et les Boliviens passèrent par là, et
le trésor fut saisi *por la patria*. On ne laissa à la triste madone que la
vieille robe de velours qu'elle avait sur elle le jour de l'acte révolutionnaire. Maintenant, de temps à autre, on vient bien faire un pèlerinage à *nuestra Señora de Copacabana*, mais on ne lui porte plus que
de petits cœurs d'argent soufflé et autres misères valant à peine quelques réaux. Une fois par an, le jour de sa fête, on y accourt de toutes
parts, mais c'est pour manger et danser. En attendant l'arrivée de
nos mules, qui avaient à faire le tour du lac, j'entrepris une excursion
à l'île de Titicaca (ou Challa). Je consacrai deux jours à visiter les monumens péruviens qu'elle renferme, et dont M. de Humboldt nous a
donné la description et le dessin.

Il est à remarquer que les Incas choisissaient pour leurs habitations
les sites les plus pittoresques : ils étaient, en cela, imités par leurs sujets, et partout où vous rencontrez un beau site, vous êtes assuré de
rencontrer des ruines de maisons péruviennes. Pendant le temps que
dura mon excursion dans l'île de Titicaca, je reçus l'hospitalité dans
une grande ferme dont l'intendant mit beaucoup d'obligeance à me
servir de truchement pour obtenir des Indiens tous les renseignemens
en leur pouvoir sur les monumens de l'île. Je profitai de l'occasion
pour savoir aussi quelle était la condition des Indiens cultivateurs des
fermes, et voici ce que je recueillis. Règle générale, les Indiens occupés dans les *haciendas* ne paient à l'état que 5 piastres de tribut. Ils
travaillent pour le propriétaire une semaine sur deux; le propriétaire,

en retour, paie 4 piastres de leur tribut et concède à chaque cultivateur une étendue de terrain de vingt-quatre vares de long sur vingt
de large; la vare équivaut à peu près à trois de nos pieds, ce qui fait
soixante-douze pieds de long sur soixante de large. Ce mode de salaire,
à l'arbitraire près, paraît au premier coup d'œil assez raisonnable, surtout si l'on admet ce principe de la conquête, que la terre appartient
à l'état ou à ceux à qui l'état la concède; mais, malheureusement, l'application est aux mains des propriétaires, qui paient ou ne paient pas
les 4 piastres ou les paient en effets de moindre valeur, qui naturellement gardent les meilleures terres et ne donnent aux colons indiens
que celles dont la culture ne leur promet aucun profit. J'ai vu bien
des *haciendas;* toutes sont mal cultivées; le soc des charrues est en
bois et gratte à peine la terre. Les cultivateurs dédaignent le fumier
des bêtes à cornes qu'ils disent mauvais, et n'emploient pour engrais
que celui des bêtes à laine, moutons et llamas. Les prairies artificielles
sont à peine connues, et le mode de culture est de tout point le même
que celui qui a été introduit avec la conquête, en 1530.

De l'île de Titicaca je passai à celle de Coati, à trois lieues du rivage.
Cette île était regardée autrefois comme sacrée, parce qu'elle appartenait aux domaines réservés pour les frais du culte du soleil. Les produits étaient vendus dans tout l'empire comme possédant des vertus
particulières. Aujourd'hui, la grande vertu du sol est de donner d'é-
normes pommes de terre d'un goût exquis. L'île peut avoir une demi-
lieue de longueur; elle avait appartenu à un Anglais qui, lors d'un
tremblement de terre à Aréquipa, s'était laissé écraser sous un balcon.

Mes excursions sur le lac terminées, je vins me reposer à Copacabana. Une dame de la ville m'envoya prévenir, selon l'usage, que sa
maison était à ma disposition. J'allai remercier, et elle me pria de
passer la soirée chez elle. A huit heures du soir, je vis entrer dans le
salon un plateau couvert de porcelaine avec un thé complet, lait, tar-
tines de beurre. Un thé à Copacabana, au fond de la Bolivie, à quatre
mille et tant de lieues d'Europe! La dame du logis avait quelque peu
de littérature; les chanoines lisaient par désœuvrement, et, après la vie
et les miracles de *nuestra Señora de Copacabana,* ce qui leur plaisait le
plus à tous, c'étaient des romans traduits du français en espagnol. « Et
que devint Corinne après que lord Oswald l'eut quittée pour retourner
en Angleterre? » me demanda en minaudant la dame du logis. Je répondis ce que l'on répond quand on ne comprend pas bien le sens d'une
question : « Mais, madame... certainement... » Ceci ne contenta personne, pas plus les chanoines que la dame; on me pressa de répondre,
et je me fis poser nettement la question : on voulait savoir si Oswald
avait épousé *la Corina,* ou *la Inglesa.* Je disais alors qu'il était à la con-

naissance de tous qu'il avait épousé sa cousine l'Anglaise, et que *la Corina* était morte à Rome, etc., etc. Il y eut alors dans la salle un haro général contre le peu d'énergie du caractère de·lord Melvil et des pleurs pour la pauvre Corinne. Le mot de l'énigme, c'est que la tra-. duction espagnole était arrivée à Copacabana veuve de son dernier volume. L'ouvrage de Mme de Staël était fort goûté, et partout où il est par-. venu, chez ce peuple à sentimens énergiques, il a produit la plus vive sensation.

Le jour fixé pour mon départ, on ordonnait un jeune prêtre, et l'on me promit des fêtes qui ne manqueraient pas d'intérêt pour moi : je restai. A dix heures, il y eut la grand'messe et l'ordination comme partout ailleurs, après la messe un énorme déjeuner où venait qui voulait, et où l'on se bourrait, aux frais du nouveau prêtre, de pâtisseries, de· bonbons et d'eau-de-vie, le soir grand dîner et bal. Nous étions vingt-cinq personnes à table, toutes très serrées les unes contre les autres. Les quatre chanoines, le curé, une demi-douzaine de femmes et moi, nous avions des fourchettes de fer; le reste mangeait avec ses doigts ou avec des cuillers d'argent, dont il y avait bon nombre et de toutes formes. Debout derrière nos chaises, et pesant sur nos épaules, était un triple rang de convives plus humbles, qui d'abord attendirent respectueusement qu'on leur fît passer les portions qui leur étaient destinées, mais qui, vers la fin du repas, animés par la bonne chère et l'eau-de-vie qui circulait largement, se penchèrent sur notre dos pour harponner sur la table les mets qui pouvaient leur convenir. Ces mets étaient de la volaille, du mouton, du porc arrangé de cent façons, mais où dominait toujours le piment rouge, qui vous emporte la bouche quand on n'en fait pas ses plus chères délices. Il y avait aussi des montagnes de friture et de pâtisseries et des baquets de crême, attendu que le lait des pâturages d'alentour est excellent. Enfin la table fut enlevée, et les débris du repas distribués patriarcalement à tous ceux qui se présentaient. Les hommes fumèrent leur cigare, et les femmes s'assirent en rond sur les divans de pierre couverts de tapis qui entouraient l'appartement. L'on se mit à danser les danses indiennes aux sons de la guitare. Ces chants et ces danses, qu'on appelle *llantos* et *yaravis,* sont d'une tristesse mortelle. Autant le *lundou* et le *mismis* d'Aréquipa sont gracieux et élégans, autant les *yaravis* et les *llantos* sont tristes et somnifères; mais ils ont cela de curieux, qu'ils appartiennent spécialement à la race indienne. Ce sont les danses nationales des anciens Péruviens, et elles ont le cachet de mélancolie et de timidité propre à cette race.

Le bal fut ouvert par· le nouvel oint du Seigneur, qui roula sa soutane toute neuve autour de sa ceinture, et, un mouchoir à la main, dansa très gaillardement une *samacueca*, accompagnée des battemens de main et des *anda! anda!* de l'assistance. Je me fis dicter un de ces *yaravis* de la langue aymarienne; en voici la traduction littérale :

> De fleur en fleur,
> Un petit oiseau qui volait chantait :
> — Pourquoi m'as-tu captivé,
> Dis-moi, voleuse de mon cœur?
> Avec la fausse attache de tes yeux,
> Tu m'as attaché sur ton cœur;
> Délivre-moi! que je continue à voler
> De fleur en fleur.
> Quel cœur de pierre as-tu donc,
> Que tu ne saches pas compâtir,
> Et m'enfermes dans une cage?
> Disait l'oiseau qui volait.
> En me voyant dans tes mains,
> Tu m'as attaché sur ton cœur :
> Pour me faire souffrir ainsi,
> Pourquoi m'as-tu captivé?
> — Approche-toi vite d'ici,
> Toi qui fais pleurer les gens,
> Et ce que je te dois,
> Dis-le-moi, voleur de mon cœur!

Le bal, égayé par ces chansons et inauguré par le jeune prêtre, ne tarda pas à devenir fort bruyant. Je jugeai que le moment était venu de m'esquiver, et je rentrai au logis, bourré jusqu'aux oreilles de confitures et de piment. Deux jours après cette fête bolivienne, j'étais de retour à Puño, rapportant de mon excursion dans le pays des Aymariens quelques notions, quelques idées nouvelles sur une société sœur de celle du Pérou, sur les monumens d'une civilisation moins connue et plus curieuse peut-être que celle des Incas.

II. — LE HAUT-PÉROU.

Il est de ces contrastes auxquels il faut s'habituer quand on parcourt l'Amérique du Sud : j'avais laissé le Pérou à l'état d'anarchie, je le retrouvais à l'état de guerre civile. Comment continuer mon voyage? Telle est la question que j'adressais à un de mes amis de Puño, officier dans l'armée péruvienne, le colonel Saint-R...; cet officier me répondit par une relation détaillée des événemens qui s'étaient passés au Pérou pendant mon voyage en Bolivie.

Au moment de mon départ pour la Bolivie, la période fatale des élections présidentielles commençait pour le Pérou. Le général Ga-

marra, dont les pouvoirs expiraient, avait voulu être réélu. Il avait
pour lui une partie de l'armée et quelques membres de la convention
qui, se souvenant d'avoir vu bien souvent des baïonnettes entrer dans
la salle des délibérations, craignaient que la même pièce ne se jouât
une fois de plus à leurs dépens et au bénéfice de Gamarra. Les baïonnettes péruviennes sont peu intelligentes. Dire au général Gamarra :
« Nous ne vous réélirons pas une seconde fois président, » c'était lui
donner la tentation de mettre, selon l'habitude des hommes d'état péruviens, l'armée de moitié dans la partie. Aussi les membres les plus
influens de la convention avaient-ils promis à Gamarra de travailler
à sa réélection; mais, le scrutin dépouillé, il s'était trouvé que l'espoir
des principaux membres de la convention avait été trompé : l'élu de
la nation était le général Orbegoso. Gamarra en avait aussitôt appelé
à l'armée, qui s'était ralliée autour de lui; la convention avait été dissoute; les députés et les sénateurs les plus récalcitrans avaient été
jetés en prison, et l'ami de Gamarra, le général Bermudès, s'était vu
proclamer président de la république.

L'émotion produite par ce coup d'état de Gamarra était loin d'être
apaisée quand j'arrivai à Puño. La guerre civile avait suivi de près la
révolution militaire provoquée par l'ex-président. Le général Gamarra
avait quitté Lima pour marcher sur le Serro de Pasco, la mine la plus
riche du Pérou, comptant là se procurer sur place, de gré ou de force,
l'argent nécessaire pour assurer le succès de son entreprise. Il n'avait
laissé à Lima que trois cents hommes, pensant que cette faible garnison suffirait pour contenir une population connue par sa mansué-
tude; mais il s'était trompé. Lima renferme cinquante mille habitans;
les Liméniens s'étaient comptés et s'étaient jugés capables de venir à
bout des trois cents hommes de Gamarra. Encouragés en effet par
le nouveau président Orbegoso, ils avaient, après un assez ridicule
essai de barricades (1), réussi, non point à faire prisonniers les trois
cents soldats de Gamarra, mais à obtenir qu'ils sortissent de la ville,
ce que les soldats, impatiens de rejoindre leur général au Serro de
Pasco, s'étaient hâtés de faire. Après ce brillant exploit, la ville avait
été illuminée; trois jours durant, les cloches n'avaient cessé de sonner
à toute volée; on s'était embrassé beaucoup, et l'on avait dansé une
foule de *lundous* et de *mismis* pour célébrer cette grande et complète

(1) Il n'y a pas à Lima d'omnibus à mettre au service de l'émeute comme dans
notre bonne ville de Paris. Les rues sont larges et pavées de petits cailloux. Quand les
Liméniens voulurent élever des barricades, pour répondre au défi que leur jetait Gamarra, ils s'aperçurent un peu tard que les matériaux leur manquaient. Après avoir
défoncé trois ou quatre rues, ils allèrent demander poliment aux maîtresses des maisons
voisines leurs canapés et leurs commodes. Cette demande fut partout très mal accueillie,
et l'idée des barricades fut abandonnée.

victoire : complète en effet, car, pendant que les hommes de Gamarra quittaient Lima, Orbegoso avait pris la forteresse du Callao, sans trop de peine, il est vrai. Il n'était resté dans cette forteresse que tout juste assez de monde pour en fermer les portes. Dès l'explosion des troubles, cinq ou six généraux de partis différens étaient montés à cheval, suivis chacun de cinq ou six aides-de-camp, et avaient couru à bride abattue sur le Callao pour en prendre possession au nom d'un drapeau quelconque : c'était Orbegoso qui était arrivé le premier dans cette course au clocher, et il s'était empressé de fermer la porte au nez de ses collègues moins alertes que lui. Une fois maître du Callao et de Lima, Orbegoso avait travaillé à constituer une sorte de gouvernement légal avec les débris de la convention restés à Lima, et son premier soin avait été de réunir des soldats, en usant largement des ressources que lui offrait la conscription telle qu'on la pratique au Pérou (1).

Ainsi d'un côté l'ex-président Gamarra exploitant les mines du Serro de Pasco en attendant l'heure d'entrer en campagne, de l'autre le président Orbegoso évoquant un fantôme de convention afin de se créer une armée par les voies légales, tel était le spectacle que m'offrait le Pérou à mon retour de Bolivie, spectacle qui contrastait singulièrement avec le calme où j'avais laissé la république voisine. Mon ami, le colonel Saint-R..., était un chaud partisan de Gamarra; il attendait ses ordres pour le rejoindre et pour marcher sur Aréquipa. Les départemens du littoral, Truxillo, Lima, Aréquipa, s'étaient prononcés pour Orbegoso et la convention; les départemens des montagnes, Ayacucho, Cusco, Puño, tenaient pour Gamarra et le mouvement. Je n'en persistai pas moins dans mon projet de voyage. Le colonel me donna un sauf-conduit qui me proclamait *mui caballero* et qui devait me faire respecter des troupes des deux partis, à moins que je ne tombasse entre les mains d'un certain colonel S..., vrai *picaro*, qui, détestant Saint-R..., serait enchanté de le désobliger en me jouant quelque tour de sa façon. Je me le tins pour dit, et je partis pour le Cusco en me recommandant à la Providence.

Une fois sur le grand chemin, j'oubliai les tristes querelles qu'on s'était efforcé, à Puño, de me présenter comme des événemens politi-

(1) Je pus juger moi-même à Puño, par les moyens qu'employaient les partisans de Gamarra, des expédiens dont les partisans d'Orbegoso ne devaient pas se faire faute. Les soldats d'un régiment très dévoué à l'ex-président allaient, pendant la nuit, cerner les villages voisins de la ville. Au matin, les recruteurs pénétraient dans les maisons des paysans, choisissaient les hommes valides, les attachaient avec des cordes, et les ramenaient poings liés à Puño. Là, on leur coupait les cheveux et on leur perçait les oreilles pour les reconnaître et les fusiller en cas de désertion. Les conscrits étaient enfermés dans une église transformée en caserne, d'où ils ne sortaient que pour faire l'exercice deux fois par jour. Quelques jours de ce régime suffisaient pour faire un soldat dans un pays où, en fait d'instruction militaire, on n'y regarde pas de si près.

ques. J'avais pris goût, en Bolivie, à l'étude des antiquités américaines; depuis long-temps on me signalait Cusco comme la ville du Pérou la plus riche en monumens de l'époque des Incas : aussi avais-je hâte de franchir l'espace qui me séparait de cette curieuse et vénérable cité.

Attuncolla, Lampa, Tinta, Pucuta, Urcos, Piquillacta, tels sont les noms des bourgades et des principaux villages que durant vingt jours de trajet on rencontre de Puño au Cusco. C'est le 8 février que j'arrivai à Attuncolla, après avoir traversé, les yeux fixés sur le magnifique amphithéâtre des grandes Cordilières, des campagnes inondées par les pluies de la saison d'hiver. Pendant cette saison, qui dure au Pérou quatre mois, de décembre en avril; il pleut presque tous les jours, depuis quatre heures du soir jusqu'au matin. Attuncolla est une paroisse de douze cents habitans, située à une lieue de ruines célèbres qui couvrent le plateau d'une haute montagne baignée par le joli lac de Celustana. De nombreuses *chulpas,* plusieurs tours rondes et carrées d'une construction parfaite, font des ruines d'Attuncolla, encadrées d'ailleurs dans un ravissant paysage, un des groupes d'antiquités les plus remarquables du Pérou. Cette montagne, couverte de tombeaux, autorise à croire qu'une ville florissante s'élevait aux environs. Nulle part cependant on ne rencontre les traces de la cité qui déposa ses morts dans ces magnifiques sépultures. La tradition fait régner sur les bords du lac de Celustana un prince puissant, qui accepta par conviction la religion et la suzeraineté des Incas; elle rapporte aussi que le lac a englouti la résidence de ce prince, et qu'il en couvre aujourd'hui l'emplacement. Toute surnaturelle et invraisemblable que soit une pareille donnée, l'esprit a besoin de l'adopter : cette ville de tombeaux au milieu d'un désert, ces populations dont personne n'a recueilli l'histoire et dont on sait à peine le nom, c'est un mystère qui confond et défie toutes les spéculations de l'antiquaire.

C'est une singulière chose qu'un voyage au Pérou dans la saison des pluies. Imaginez un lac qu'il faut traverser à cheval avec de l'eau jusqu'aux sangles et souvent jusqu'à la selle de sa monture. D'Attuncolla à Lampa, il y a trois rivières à traverser. Quand nous arrivions au bord d'une de ces rivières, on déchargeait les mules, qu'on poussait à l'eau avec de grands cris. Les mules arrivaient tant bien que mal de l'autre côté, après quoi nous passions à notre tour sur de mauvaises *balzas.* Dans les villages que nous traversâmes, je remarquai que les Indiens étaient en fête, et je me rappelai que nous étions au lundi gras. Les Indiens célèbrent ce jour en buvant de la *chicha* et de l'eau-de-vie; ils frappent sur leurs tambours et soufflent dans leurs flûtes de roseau, le tout sans la moindre intention musicale. Des mouchoirs et des lambeaux d'étoffes attachés au bout d'une perche flottent au-dessus de toutes les cabanes. Le chef de la famille, armé de sa flûte et de son tambourin, marche en se dandinant autour de la hutte. Ses parens, sa femme, ses enfans le suivent, grands et petits, un mouchoir à la main. De temps à autre, chacun tourne sur soi-même en poussant des cris aigus. Cette promenade dure trois jours. Pendant tout ce temps, le mari souffle dans sa flûte et bat du tambour; la famille tourne et crie. C'est là pour les Indiens le souverain plaisir du carnaval.

Lampa est une petite ville où je fus très surpris de rencontrer ce qu'on ne trouve guère dans les montagnes du Pérou, une maison comfortable. Cette maison, il est vrai, est celle d'un étranger. Un Anglais, chirurgien-major dans l'armée des indépendans, s'est trouvé là perdu au milieu de ces populations d'Indiens et de métis. Il se fait aujourd'hui un revenu considérable en procurant aux mineurs des environs de Lampa des fers, du vif-argent et d'autres articles. Il est fort respecté et fort aimé dans la province. Je fus d'autant plus charmé de l'élégante et cordiale hospitalité que je trouvais chez lui, que j'arrivais à Lampa après avoir essuyé pour la première fois un orage des Cordilières. Des grêlons énormes, une pluie battante et des coups de tonnerre presque incessans, rien ne manquait à cette tempête; c'était bien l'ouragan des Andes dans toute sa violence effrayante, mais aussi dans toute sa sinistre beauté.

Au moment où je passais à Lampa, un corps de troupes qui allait rejoindre la division du colonel Saint-R... occupait le pays depuis plusieurs jours. Les soldats agissaient comme en pays ennemi. Chevaux, mules, bestiaux, fourrages, vivres, ils réclamaient et prenaient tout *au nom de la patrie.* Au nom de quelle *patrie,* c'est ce qu'il eût fallu savoir; mais la question eût été assez difficile à résoudre dans un pays partagé entre trois présidens, une convention, un congrès général et trois ou quatre corps d'armée. Le lendemain de mon arrivée à Lampa était un mardi, le mardi gras, et les préoccupations politiques faillirent un moment avoir le pas sur les divertissemens traditionnels. Dès le matin, on avait rassemblé sur la place du bourg la garde nationale, conviée de tous les points de l'arrondissement. Il s'agissait tout simplement d'enrôler les simples gardes nationaux en masse; quant aux officiers, on leur offrait le grade de sergent et la perspective séduisante de trois jours et trois nuits de pillage lors de l'entrée dans Aréquipa de l'armée présumée victorieuse. Ceux que cette proposition n'émerveilla point furent remerciés et congédiés, après avoir préalablement fait l'abandon forcé de leur cheval avec son équipement, du *poncho* et des pièces de leur vêtement qui pouvaient convenir à quelque officier plus zélé. Puis on procéda à une opération que, dans nos pays, nous appellerions la *marque.* Chaque garde national devenu soldat eut les cheveux coupés ras et les deux oreilles percées; la dernière opération ne s'exécuta pas sans grimaces ni plaintes.

Cette opération étant faite, le corps de troupes du colonel Saint-R..., quitta Lampa avec ses nouvelles recrues, et les amusemens du carnaval, qu'avait arrêtés la présence des militaires, commencèrent aussitôt avec fureur. Chacun se connaît dans une petite ville : aussi toute la population, blanche ou métisse, était-elle rassemblée sur la place de l'église, formant une danse en rond où chacun se tenait par la main. L'on tournait en dansant au son d'une, demi-douzaine de violons, harpes et tambourins. Des rondes de femmes et de jeunes filles cherchaient à entourer quelqu'un des spectateurs inactifs de la fête, et on ne lui rendait sa liberté qu'après lui avoir fait avaler un verre d'eau-de-vie, et lui avoir jeté de la farine sur la tête. Le soir, dans diverses maisons, on dansa des *llantos* et des *yaravis*. Comme en même temps l'on buvait copieusement, que les danses devenaient plus vives et les spectateurs plus animés, je pensai que la présence d'un étranger pouvait être gênante, et je laissai ces braves gens à leur joie plus que folâtre.

À Tinta, l'on passe la rivière de Vilcanota sur un pont de bois. De là jusqu'à Guarypata, la route longe toujours les bords de la rivière. Les sites sont pittoresques, la végétation active, les villages et les habitations rapprochés. Sur la rive droite, il y a également un chemin que suivait au moment de mon passage un corps de troupes se rendant au quartier-général du colonel Saint-R... à Vilque. Les troupes, réglant leur pas sur celui des chevaux des officiers, marchaient très vite et pourtant dans un ordre parfait. Ce mouvement continuel de troupes donnait aux passages des Cordilières la vie qui leur manque trop souvent. L'*hacienda* de Guarypata mérite d'être notée : on y montre avec orgueil un jardin à la française aux allées droites et cailloutées, avec murailles de charmille et berceaux bien épais. Ces berceaux ne sont guère à leur place dans une partie de l'Amérique où le soleil ne brille quelquefois qu'un jour par semaine; mais le goût du beau simple n'existe nulle part au Pérou, et on fâcherait beaucoup les habitans de l'*hacienda* de Guarypata, si on trouvait à redire aux charmilles symétriques de leur jardin. Urcos, qu'on rencontre un peu plus loin, est un petit village auquel se rattache une tradition de l'époque des Incas. C'est dans le lac voisin d'Urcos que fut jetée à l'approche des Espagnols la merveilleuse chaîne d'or massif qui ornait, sous les Incas, la principale place du Cusco. Aussi plusieurs fois a-t-on essayé de dessécher le lac d'Urcos; mais aucune de ces tentatives n'a réussi.

À Pacuta, à quelques lieues d'Urcos, je pus observer dans sa simplicité et dans sa dignité patriarcales la vie d'un gentilhomme campagnard au Pérou. J'y fus reçu par un vieil hidalgo espagnol qui m'accueillit avec une grace parfaite. Domestiques nombreux et bien appris, profusion d'eau et de bassins d'argent, lit à baldaquin recouvert de damas rouge, argenterie massive richement armoriée, vieux vins en bouteille, il·y avait·là tout ce luxe de ·bon aloi· qu'on retrouve encore dans quelques·anciens ·manoirs de France, au fond de l'Auvergne ou du Périgord. Le·vieil hidalgo·n'acceptait pas de bon cœur le nouvel ordre de choses: Il·ne pouvait s'accoutumer à donner ses fils pour l'armée, ses mules et ses chevaux·pour les équipages, ses piastres pour les généraux. « Che p... esta patria ! (quelle catin que cette patrie!)'me disait-il avec une mauvaise humeur comique; pour l'entretenir, il lui faut le plus pur de notre sang, et, pour couvrir son grand corps dégingandé, elle prend nos·capitaux et les revenus de nos terres. Che p...!'» Comme je·l'écoutais avec intérêt, il se laissa aller·à parler de la guerre de l'indépendance américaine et des causes qui l'avaient amenée.* «·Nous autres Espagnols américains, nous avons toujours été plus jaloux de notre liberté individuelle que d'une liberté·politique à·laquelle·nous n'étions pas accoutumés et dont nous n'avions que faire. Au temps des vice-rois, chacun vivait comme il l'entendait, les impôts·étaient peu considérables et levés sans rigueur; les corregidores devaient se contenter d'un semblant d'autorité, sous peine·d'être mis à l'index·par tout ce qu'il y avait de caballeros dans le pays et de chiollos qui·dépendaient d'eux. Quand le vice-roi envoyait un oidor pour inspecter les présidences et en noter les abus, l'oidor, dès son entrée dans la province, était complimenté par une députation·des gens les plus influens qui venaient lui offrir quelques centaines d'onces pour les faux frais de·sa pénible tournée. Si l'oidor, ce qui était fort rare, n'entendait pas de cette oreille, on lui criait à l'autre·qu'il eût à se bien garder de s'immiscer dans les affaires du pays; et, s'il se montrait sourd des·deux oreilles, l'oidor, pendant son voyage, disparaissait par un accident quelconque. Certes, tout cela n'était pas de l'ordre, mais c'était pour nous une véritable liberté individuelle, ou je·ne m'y connais pas. Quand votre liberté d'Europe nous arriva à travers les pampas de Buenos-Ayres et la Cordilière du Chili, elle fut reçue comme une déesse d'un culte étranger qui devait amener des fleuves d'or·dans le pays. On l'adopta avec enthousiasme, et tous de danser des farandoles autour·de sa·statue. Chacun la décora à sa façon : les·nobles la firent·hidalgo; les prêtres, sainte et impérieuse; les créoles la·couvrirent·d'oripeaux·et·de plaqué d'argent. Nos ports étant ouverts·au·commerce étranger; nous fîmes des commandes·de modes françaises, de vins·de Portugal, de cotonnades anglaises et de constitutions américaines. Nous· crûmes avoir·atteint le plus haut degré·de·civilisation, parce que·nous étions habillés à la mode, et nous nous·proclamions républicains, parce que nous·avions compilé les constitutions·de l'Amérique. Vous voyez, monsieur, quels·singuliers·républicains nous faisons!.... »

Il n'est·pas commun de·rencontrer·au Pérou des haciendas·aussi bien tenues que celle·de·don R:... En·général, les haciendas·péruviennes·ne sont que des fermes, et encore la distribution des chambres et des bâtimens d'exploitation est-elle on ne peut plus mal entendue. Il arrive souvent qu'au milieu d'un repas splendidement servi, vous sentez vos jambes becquetées par des poules ou broutées par des moutons.

En quittant l'*hacienda* de Pacuta,•j'entrai dans un pays bien cultivé. Les *haciendas* et les villages se multipliaient sur ma route. Je reconnaissais les approches d'une grande ville. Les ruines de la ville de Piquillacta, qu'on rencontre près du joli village d'Andaguaylas, préparent le voyageur aux grands tableaux qui l'attendent dans la ville du Cusco. Une longue muraille qui ferme la vallée, et dans laquelle s'ouvre une large porte en pierre, semble avoir fait partie de fortifications destinées à défendre les abords du Cusco. La tradition assigne une tout autre origine à cette muraille, derrière laquelle s'élevait autrefois la ville ruinée de Piquillacta. La fille d'un cacique était courtisée par tous les jeunes gens du pays. Deux caciques, également distingués par leur fortune et leur position, écartèrent les autres rivaux. Il fallait choisir entre eux : la belle ne proposa pas aux deux rivaux un combat en champ clos, un pèlerinage ou une croisade, elle leur dit : « Je prendrai pour mon serviteur (sa phrase est conservée en quichois) celui de vous deux qui, dans l'espace de huit jours, conduira devant ma porte l'eau de tel ruisseau. » Piquillacta était sur une hauteur, et il fallait aller chercher de l'eau en bas dans la vallée, ce qui était assez difficile. Les deux caciques rassemblent leurs parens, leurs amis, et se mettent à l'ouvrage; l'un fit sa prise d'eau trop bas, et l'eau n'arriva point; l'autre choisit mieux son niveau, et au jour dit un large canal vint passer devant la porte de la dame, qui *l'accepta pour son serviteur*. Ce sont là des mœurs peu chevaleresques, mais il ne faut pas demander une galanterie trop raffinée à un peuple obligé d'acheter sa subsistance par une lutte de chaque jour contre la nature.

De Piquillacta à la ville de Cusco s'étend une vallée, tantôt large. tantôt étroite, mais toujours verte et très peuplée. Enfin on arrive à un endroit où les montagnes se rapprochent et forment une sorte de couronne qui entoure de trois côtés la ville du Soleil. C'est là qu'il faut s'arrêter pour jouir du coup d'œil du Cusco avec ses nombreux clochers et ses larges pâtés de maisons. Pour moi, ce n'est pas sans émotion qu'au sortir des majestueuses solitudes du Haut-Pérou, j'entrai dans cette ancienne capitale des Incas, ville sainte d'un peuple conquérant et religieux dont l'origine est inconnue, dont l'histoire est oubliée, et dont la condition actuelle est digne de pitié.

Vers le XIIe siècle, 400 ans à peu près avant la conquête espagnole, ce vaste pays, que l'on a plus tard appelé le Pérou, était divisé en petites principautés administrées suivant le régime féodal. Les chefs possédaient des forteresses, d'où ils sortaient pour piller leurs voisins. Deux frères, hardis et puissans, tentèrent d'exploiter à leur profit les haines qui divisaient les autres princes du pays. La tradition n'a conservé que le nom de *Manco Capac*, l'un d'eux, *Manco le riche*. *Manco Capac* réunit ses vassaux autour de lui, guida leurs premiers efforts vers la civilisation, et leur donna des lois. Une autre tradition fait de *Manco Capac* un homme blanc et barbu, qui, accompagné de sa femme, *Mama Ocello*, parut au Cusco, réunit les habitans épars dans la campagne, où ils vivaient encore à l'état sauvage, et leur apprit à construire des maisons, tisser des étoffes de laine, ensemencer les terres, etc.

Dans les pays à forêts vierges, l'homme peut vivre par familles isolées, car il a moins besoin du secours des autres hommes, et la difficulté des communications est un obstacle à leur réunion; mais un pays de pâturages favorise le rapprochement des familles : on y peut parcourir de longs espaces en un jour, pour fuir ou aller chercher son ennemi, et, comme les forêts ne sont pas là pour dérober le plus faible à la tyrannie du plus fort, l'individu menacé est obligé de se réunir à d'autres hommes timides ou faibles comme lui. La société naît aussitôt que commence cette agrégation des familles. Il n'est donc pas probable que Manco Capac ait trouvé les Péruviens encore à l'état sauvage, et ce qui le prouve, c'est que nous voyons les premiers successeurs de Manco Capac obligés de combattre des chefs puissans enfermés dans leurs forteresses, et consacrant à leur premier culte les temples des divinités étrangères. Forteresses et temples, voilà certes l'indice d'une certaine civilisation.

Une troisième tradition fait venir *Manco Capac* du lac de Titicaca; mais, s'il eût appartenu à la race aymarienne, comment aurait-il prêché et converti les peuples de la langue quichoise? et comment, étranger au pays, aurait-il eu le pouvoir de se faire une principauté indépendante au milieu des autres chefs, à quatre-vingts lieues de l'Aymara? où aurait-il lui-même puisé cette civilisation qu'il apportait aux Quichois? Une quatrième tradition, et, celle-là, on la trouve imprimée tout au long dans un *Voyage* du général Miler, officier anglais au service du Pérou, rapporte qu'à l'époque reculée dont nous parlons, un bateau, poussé sur les côtes du Pérou, y jeta un homme blanc; que les Indiens lui demandèrent de quelle race il était, et qu'il répondit : *Inglisman*, d'où les Indiens auraient fait par corruption *Incaman*. La civilisation du Pérou serait donc d'origine européenne! Ce qui pourtant indiquerait que la civilisation qu'apporta ou que créa *Manco Capac* était américaine, c'est qu'il réserva exclusivement à la famille impériale le privilège d'avoir les oreilles percées et tombantes sur les épaules, comme il est d'usage encore aujourd'hui parmi les sauvages *botocudos* du Brésil.

Manco Capac prêcha le dogme d'un être suprême, créateur de toutes choses, le grand, *pachacamac* (de *pacha*, l'univers, et de *camac*, participe présent du verbe *cama*, animer). Il nomma le corps humain *all-pacamasca*, terre animée. Quant au soleil, il le considéra comme la plus belle image de Dieu sur la terre, et lui consacra les formes du culte extérieur de sa religion. Ses sujets confondirent le *pachacamac*, qu'ils ne comprenaient pas, avec le soleil, qu'ils voyaient, et ils adorèrent l'astre, à l'exclusion du dieu qu'il représentait. Rien n'indique que le culte du soleil, adopté par Manco Capac, ne fût pas la religion de la peuplade dans laquelle il était né. Lors de leur agrandissement progressif, ses descendans eurent à soumettre d'autres peuplades qu'ils disaient idolâtres, parce qu'elles adoraient, les unes une étoile, les autres la lune, d'autres l'eau, etc. Quant à se proclamer fils du Soleil, c'était encore là une prétention particulière aux divers princes du pays, qui se disaient fils d'une étoile, d'une pierre, d'un arbre, d'un tigre, de la mer, etc. Ainsi on n'est nullement autorisé à voir dans Manco Capac l'envoyé d'une race d'hommes plus civilisés; mais ses lois sont restées pour attester la venue d'un grand législateur. Le fondateur de la société péruvienne établit un gouvernement théocratique, et se proclama, en qualité de descendant du Soleil, le chef religieux et politique de l'état; jaloux de faire peser sa volonté sur les âges à venir, il imposa à chacun de ses successeurs le devoir de propager ses lois et sa religion par la persuasion ou par la force. Le premier inca mourut, ne laissant à ses enfans que la principauté du Cusco, qui comprenait à peine un rayon de terre de sept lieues; mais il leur laissa aussi ses lois et ses pensées d'ambition : après onze générations de rois, l'empire des Incas avait treize cents lieues d'étendue.

Manco Capac avait reconnu que le peuple qu'il avait à gouverner était d'un caractère mou et facile, et il pensa que sa puissante volonté devait à jamais lui servir de règle. Les lois qu'il promulgua furent absolues et minutieuses; elles s'emparaient de l'homme à sa naissance, et lui tenaient lieu de dispositions, d'inclinations, de nature. Toutes les terres appartenaient à l'inca, qui en faisait le partage suivant : un tiers pour le Soleil et son culte, un tiers pour l'inca et sa famille, un tiers pour le reste de la nation, nobles et peuple; les *curacas* ou nobles ne travaillaient pas. Ces trois portions étaient mises en commun et également cultivées par le peuple. Le tiers du Soleil, le tiers de l'inca et la portion des nobles étant prélevés, les caciques distribuaient le reste à la population, selon les besoins de chaque famille, selon le nombre et l'âge des individus qui la composaient. Chaque année, on faisait, par les ordres de l'inca, le recensement des jeunes filles et des garçons au-dessus de vingt ans, et on les mariait en masse. Les gens du même village devaient être mariés entre eux; il ne leur était pas permis de prendre femme ailleurs, ni de sortir, sans l'ordre du gouvernement, de l'endroit où ils étaient nés. L'établissement des nouveaux époux était à la charge de la commune. Le peuple était divisé par décuries et centuries, surveillées par de véritables chefs d'ateliers appelés à diriger et à hâter le travail de leurs administrés. Les veuves et les orphelins, les familles des soldats absens, avaient également leur part des fruits du travail de la communauté. Cent mille Indiens étaient annuellement occupés à la construction des monumens publics; la communauté labourait leur portion de terre et récoltait pour eux et leur famille. Les vieillards, les infirmes, les femmes, les enfans étaient tous employés à un travail quelconque pour le bénéfice de la communauté : ils filaient et tissaient les étoffes de laine et de coton, fabriquaient les bois de lance et les frondes qui leur servaient d'armes. Il résultait de cette distribution du travail et de l'impossibilité de travailler pour soi une absence complète de toute émulation. Il en résultait aussi que l'hérédité des biens n'était pas possible, excepté pour les fils des *curacas,* qui héritaient du droit qu'avait leur père de prélever une portion plus considérable sur les produits de la communauté.

Le peuple restait donc stationnaire; et les hautes classes, qui seules pouvaient faire avancer la civilisation, manquant d'idées morales et de principes de justice, exploitaient les masses à leur profit. Quand au jour de la conquête Pizarre se fut débarrassé du chef de cette fourmilière, la machine politique ne put fonctionner plus long-temps, et tous ces hommes accoururent éperdus s'agenouiller autour des Espagnols pour qu'ils leur donnassent des lois et un dieu. Telle fut la fin de cette étrange civilisation péruvienne, dont le Cusco garde encore aujourd'hui l'irrécusable et profonde empreinte.

Cusco ou mieux *Coscco,* en langue quichoise, signifie nombril. Cette ville était pour les Péruviens le *nombril* (1), le *centre* du monde; c'était la cité sainte, la cité impériale, la cité des temples et des palais. Les Espagnols furent émerveillés de la grandeur et de l'élégance des constructions de cette ville; la possession de ses palais excita la jalousie, et il s'ensuivit des luttes acharnées, auxquelles Pizarre ne put mettre un terme qu'en se faisant proclamer par Charles-Quint le seul *adelantado* des pays qu'il découvrirait. Une fois seul maître du Pérou, Pizarre en distribua les édifices, les terres et les habitans aux Espagnols. C'est ainsi que les palais du Cusco changèrent de possesseurs. Le premier soin des nouveaux propriétaires fut de badigeonner de chaux les murailles, admirablement construites en pierre de taille, de percer par-

_____

(1) Il est assez curieux de remarquer ici que les Grecs, dont les connaissances géographiques étaient incomplètes, nommaient Delphes le *nombril du monde,* ὀμφαλός, et Cicéron appelle *Enna,* ville située au centre de la Sicile, près de l'endroit où fut enlevée Proserpine, le *nombril de l'île (umbilicus Siciliæ).* — Les Chinois regardent leur empire comme le *centre,* le *nombril du monde.*

tout de larges fenêtres, comme à Séville et à Cadix, d'avancer sur les
rues de larges balcons en pierre, et d'élever un deuxième étage sur les
solides rez-de-chaussée des maisons indiennes, qui n'en avaient pas.
Les bons ouvriers étaient communs : dès que les Espagnols leur eurent
enseigné le grand art de la voûte, ils purent élever à leur fantaisie des
palais semblables aux palais des seigneurs en Espagne. Le marquis del
Charcas dédaigna d'habiter le palais des Incas; il se fit construire une
vaste maison à l'espagnole, avec sa cour entourée d'une rotonde moresque, soutenant une large *verandah*, et sa fontaine d'eau jaillissante.
Les plus riches de ses compagnons l'imitèrent bientôt, et Cusco eut
en peu d'années une physionomie plus espagnole qu'indienne. Maintenant que la maçonnerie à l'européenne a disparu sous l'effort des années, maintenant que la chaux qui salissait les pierres a été lavée par
le temps et l'eau des pluies, l'ancien Cusco reparaît de toutes parts
avec ses constructions en marqueterie de pierre et son architecture
lourde et solide.

La première église consacrée du Cusco fut celle de *Santo-Domingo;*
il était naturel que le patron de ces hommes de fer fût saint Domi-
nique, le fondateur de l'inquisition, et il fallait aussi que la parole de
l'Évangile fût accomplie : « La croix s'élèvera sur l'autel des faux
dieux. » Les murailles du temple du Soleil servirent de fondemens à
la nouvelle église, et l'autel du Christ fut placé sur l'autel de l'i-
dole. C'est à cette pensée d'orgueil religieux que l'on doit la conservation d'une avance semi-circulaire en pierre d'un travail parfait. Au-
dessous s'étend un jardin en terrasse, aujourd'hui le jardin du couvent
de Santo-Domingo. Au temps des Incas, les fruits et les fleurs en étaient
d'or, ainsi que le sable qui couvrait les allées; ce fut une riche moisson pour les Espagnols. Les murs du couvent attenant à l'église sont
de construction antique; les pierres en sont polies et unies avec une
telle perfection, qu'il est impossible de faire pénétrer entre elles la
pointe même d'un couteau. C'est tout ce qui reste du temple du Soleil
du Cusco, le plus célèbre des temples du Pérou.

Arrivé au Cusco, je m'en allai droit à la maison d'un riche *caballero*
de la ville, don An..., pour qui j'avais plusieurs lettres de recommandation. Il eut la bonne grace de me dire qu'il était prévenu de mon
arrivée, et que mon appartement m'attendait depuis long-temps. J'é-
tais donc, après quatre mois de voyage, installé dans une maison
non pas comfortable, mais où rien ne manquait, excepté des cheminées
et des poêles; aussi mon temps se passait-il à souffler dans mes doigts
et à battre la semelle, tout comme on le fait au collège. Malgré le froid,
je passais volontiers de longues heures au balcon de mon appartement,
qui donnait sur la place de *San-Francesco*. Je m'amusais à voir le
mouvement du marché aux fruits et aux légumes, tenu sur cette place

où les revendeurs de toute sorte étalent également leurs marchandises. Je voyais les troupes de llamas se faire jour à travers les Indiens accroupis et leurs étalages sans rien briser. Au fond de la place, des recrues *por la patria* qui faisaient l'exercice, qu'on leur enseignait à coups de cravache, complétaient ce tableau péruvien.

Les deux premiers jours de mon arrivée, je reçus plusieurs visites que je me hâtai de rendre; mon hôte voulut bien me servir de cicerone et d'introducteur auprès des personnes qui étaient venues me voir, ou m'avaient envoyé dire que leur maison était à ma disposition. Il n'y eut pas le moindre mot pour rire dans ces présentations. Les femmes étaient enveloppées dans un énorme châle de laine pour se garantir du froid, et les hommes boutonnés hermétiquement dans leurs habits noirs. « Gardez donc votre manteau, » me disait-on. Je ne me faisais pas prier, et je restais bel et bien empaqueté sur ma chaise comme un ballot de marchandises chiffonnées. Les hommes étaient polis et me prodiguaient des offres de service; c'étaient pour la plupart des gens graves par leur âge ou par la carrière qu'ils suivaient, et leur conversation avait de l'intérêt pour moi. L'histoire de leur pays, de ses premiers habitans et de leurs coutumes, était très présente à leur esprit. Ils aimaient à causer sur ce sujet, et ils m'apprirent une foule de détails de la vie intime des anciens Péruviens, et surtout de la famille des Incas. Le parti *américain,* parmi lequel il existe bien peu de gens qui n'aient dans les veines un peu de sang indien, conserve pour l'ancienne dynastie péruvienne un souvenir aussi affectueux et aussi vif que si deux ou trois générations seulement s'étaient écoulées depuis la conquête. Il y a vingt ans, reprocher à un Espagnol américain sa parenté avec la race péruvienne, c'était lui faire une injure, vengée souvent par le duel ou par l'assassinat. Aujourd'hui, les habitans espagnols du Cusco avouent la chose très nettement, et quelques-uns avec une sorte d'orgueil. Il est dans le cœur humain de vouloir se rattacher à quelque souvenir ancien et honorable, et cette réaction en faveur du passé est la conséquence de la dernière guerre contre des fils des conquérans. Dieu veuille que ce bon sentiment prenne consistance et produise quelque amélioration dans le sort de la malheureuse race indienne!

Les Péruviens se préoccupent beaucoup aussi des événemens de l'Europe; nos révolutions pacifiques surtout sont pour eux un objet d'étonnement. « Voyez, me disait-on, notre guerre civile pour l'indépendance, elle a été atroce : après la bataille, les prisonniers étaient rangés sur une file, bénis en masse par un seul prêtre, et puis après sabrés par la cavalerie, parce que la poudre était rare... Les Espagnols commencèrent cette guerre à mort, et ils furent bientôt obligés d'y renoncer, parce que nous trouvions toujours des ressources pour combler les

trouées faites dans nos bataillons, et qu'ils perdaient, sans pouvoir les
remplacer, leurs meilleurs officiers, souvent les fils des premières
familles. Aussi avons-nous gardé aux Espagnols une rancune qui se
manifeste à chaque mouvement révolutionnaire nouveau. » — «Comment trouvez-vous notre Amérique? » me demanda un homme âgé,
qui savait beaucoup sans avoir jamais quitté son pays, et qui occupait
un emploi important dans la ville de Cusco; « elle doit tenir bien peu
de place dans la pensée de votre grande Europe. Que lui font à elle
nos guerres pour faire prévaloir le mode de gouvernement unitaire ou
fédéral, nos batailles où des armées de trois mille hommes décident
du sort de provinces grandes comme la France ou l'Autriche? Nous
serons oubliés de l'Europe jusqu'au moment où nous aurons grandi
comme l'Amérique du Nord. — Et alors, lui dis-je, vous aurez perdu
toute votre originalité : plus d'Indien suivant son troupeau de Hamas
en filant sa quenouille de laine, plus de *tropas* de mules avec leur
conducteur au vieux costume espagnol, avec sa selle moresque et ses
étriers d'argent, plus de litières sur les grands chemins! Le couvent de
Santo-Domingo deviendra un hôpital, une caserne, une manufacture.
Vos femmes quitteront la *basquina*, la mantille, les fleurs dans les cheveux, pour prendre nos robes flottantes et nos vilains chapeaux, qui
cachent la forme de la tête. — Bah! fit-il, nous serons riches et heureux, et cela vaudra mieux. — C'est ce que je vous souhaite. » Les paroles de mon interlocuteur résument la manière de voir et de dire des
hommes les mieux placés au Pérou pour juger la situation de leur pays.

Les habitans du Cusco ressemblent à tous les habitans des villes de
montagnes : leurs formes sont peu légères et leurs mouvemens graves;
leur intelligence est peut-être lente, mais ils ont le jugement sain et
l'esprit rusé; ils sont surtout fort clairvoyans et éveillés sur le chapitre de leurs intérêts. Les familles du Cusco se visitent peu entre elles;
et, quand elles le font, c'est avec cérémonie et solennité. Dans ces occasions; les femmes portent la *basquina* et la mantille espagnole. Le
soir, elles s'habillent avec des robes de mérinos, de velours ou de soie
taillées à la dernière mode de Paris, c'est-à-dire à un an de date. L'on
ne connaît pas telle chose qu'un grand bal au Cusco; mais toutes les
fêtes sont des occasions de réunion pour les familles et leurs amis. Une
harpe, deux guitares et quelques violons criards forment l'orchestre
obligé, qui joue pendant le temps du dîner et fait danser le soir. Les
repas sont servis abondamment, et presque tous les mets sont préparés
pour être mangés à la cuiller. Comme le bois manque à peu près absolument dans le pays, la cuisine se fait avec des mottes de terre, du
fumier de mouton et de Hama séché, puis un peu de charbon de bois
apporté à dos de mulet de dix à quinze lieues du Cusco. Aussi, pour
défendre les divers mets des gaz désagréables qui se dégagent de ce

genre de combustible, est-on-obligé de ne mettre sur le feu que'dès
vases soigneusement recouverts. Adieu donc au roastbeef, aux côtelettes, aux rôtis de toute qualité! Les mets apportés sur la table nagent
dans des sauces chargées de beurre, de graisse ou de lait, relevées par
des clous de girofle, des morceaux de cannelle, et surtout une profusion de piment à laquelle on est quelque temps à s'habituer. Le vin
que l'on boit est de deux qualités : le vin sec est'fort et capiteux comme
nos vins du Rhône; le vin doux ressemble aux vins d'Espagne, et plus
encore au lacryma-christi commun de Naples. Il se fait à Moquégua et
dans les autres vallées de la côte, et de là on l'envoie à la sierra dans
des outres en peau de bouc. L'eau-de-vie est la principale industrie
de ces vallées : portée dans des jarres de terre intérieurement vernies, parce qu'elle filtre à travers les outres, elle se vend au Cusco,
dans les villes et villages de la sierra, de 2 à 4 réaux la bouteille, selon
l'abondance de ce produit sur la place et la difficulté du transport.
L'on boit beaucoup d'eau-de-vie dans la sierra, les Indiens avec passion,
les blancs et *chiollos* avec un plaisir très marqué. — Les réunions pour
les fêtes ou anniversaires se composent rarement de plus de vingt'à
trente personnes, hommes et femmes. Le commencement de la soirée
est d'une gravité extrême; les femmes restent enveloppéès dans leur
châle de *bayeta,* les hommes roulés dans leur manteau. Bientôt arrive
el punche, sambaion mousseux composé d'eau-de-vie, de blancs d'œufs
et de sucre. Vous offrez et l'on vous offre un verre de punch; mais ce
n'est pas ici comme à Aréquipa, où il suffit de mouiller ses lèvres dans
le verre pour répondre à la politesse. Dans la sierra, vous n'en êtes pas
quitte à si bon marché; il faut avaler le verre entier, et littéralement
on ne vous lâche pas qu'il ne soit vidé. Il en résulte que le sérieux du
commencement de la soirée disparaît insensiblement; les châles et les
manteaux sont jetés de côté, bientôt les spectateurs chantent le *stribillo*
(refrain) de la danse, en accompagnant la mesure de leurs battemens
de mains; peu à peu ces battemens deviennent plus vifs, les mouvemens des danseurs plus accentués, et il ne faut pas long-temps pour
que les acteurs novices soient dans un parfait état de gaieté.

Comme ceux de la Paz et autres villes des Cordilières, les habitans
du Cusco n'aiment pas les habitans de la côte, et professent pour eux
un dédain que ceux-ci leur rendent avec usure. Les montagnards
disent que les Liméniens et les Aréquipéniens sont des esprits légers,
qui renient hautement leurs coutumes nationalès pour adopter sans les
comprendre et copier à faux les coutumes des'étrangers; les derniers
traitent les montagnards de gens rudes et insociables, encroûtés dans
leurs habitudes vulgaires, repoussant par jalousie et par amour-propre
les bonnes innovations venues d'Europe. Ils se moquent surtout de leur
façon de traîner les mots en parlant et des nombreuses expressions fa-

milières que ne reconnaît pas le pur castillan parlé dans les villes de la
côte. Les dames en particulier sont impitoyables entre elles : dans les
villes de la côte, on m'avait plaisanté sur la bonne fortune que j'allais
avoir de connaître *las serranas* (les montagnardes); au Cusco, l'on me
parla des Aréquipéniennes et surtout des Liméniennes, de leurs graces
qu'on n'osait pas nier, de leur extrême bienveillance sur laquelle on
appuyait ironiquement, avec une pruderie et une âcreté qui feraient
honneur à une vieille fille anglaise et puritaine. Dans quelques mois,
je me promettais de demander aux dames de Lima ce qu'elles pensaient de celles du Cusco.

Les églises du Cusco sont peu remarquables, à l'exception de celle
des Jésuites et de la cathédrale, qui sont d'une bonne et riche architecture. Toutes sont à peu près construites sur le même modèle : trois
portes de face, dont une, celle du milieu, plus vaste que les deux autres, et, sur la façade, deux clochers debout comme deux tours carrées.
L'intérieur a la forme d'une croix latine, à la tête de laquelle est placé
le maître-autel. Partout des dorures et des ornemens massifs en bois
ou en pierre. Les tableaux ne brillent que par l'éclat de leurs couleurs
et de leur dorure : ils sont pour la plupart sortis de l'ancienne école
royale de peinture, où le gouvernement de la métropole entretenait
jadis un certain nombre de jeunes Indiens, chez lesquels on avait reconnu des dispositions pour le dessin. Il va sans dire que de cette école
il n'existe plus que le nom, et que les seuls peintres du Cusco sont des
barbouilleurs indiens qui vous vendent, pour quelques piastres, les
portraits véritables des dix incas de la dynastie de Manco Capac, copie
certifiée authentique et d'après nature !

Une petite chapelle jointe à la cathédrale, *El Triunfo* (le triomphe),
fut bâtie en l'honneur d'un fait d'armes qui parut si extraordinaire
aux Espagnols eux-mêmes, qu'ils ne purent se l'expliquer que par l'intervention d'une puissance surnaturelle. Assiégés dans Cusco par l'inca
Manco Capac, fils de Huascur Inca, à la tête de deux cent mille Indiens, forcés de maison en maison et acculés sur cette même place,
les Espagnols s'enfermèrent dans un vaste palais, d'où ils écartaient
les assiégeans par un feu continuel de leurs coulevrines et fusils à
mèche. Cependant nombre d'entre eux avaient péri, et ils voyaient
approcher avec effroi le moment où les munitions leur manqueraient,
et où ils seraient égorgés sans pitié. On sut par des espions que les
Indiens préparaient une nouvelle attaque pendant laquelle ils mettraient le feu au palais. Alors les Espagnols se confessèrent, puis s'embrassèrent en se pardonnant mutuellement leurs fautes, certains qu'ils
étaient de périr ce jour même. Les cavaliers lancèrent leurs chevaux dans les rues étroites du Cusco, et les gens de pied les suivirent
à la course, protégeant les derrières et combattant comme des lions;

les Indiens lâchèrent pied, et les Espagnols restèrent maîtres de la place. Cette victoire parut aux Espagnols un fait au-dessus des forces humaines. Après le combat, ils doutèrent d'eux-mêmes et de leur propre valeur, et déclarèrent que, sans la protection de saint Yago, que l'on avait vu écrasant les infidèles sous les pieds de son cheval, et de la Vierge, qui leur jetait de la poussière dans les yeux, ils auraient péri, martyrs de la foi et de leur fidélité pour le roi leur maître. Les Indiens, par amour-propre ou par timidité, crurent à cette intervention des puissances célestes. L'inca, découragé par le mauvais succès d'une journée où deux cents Espagnols avaient battu deux cent mille Indiens, reconnut en gémissant que le Soleil, son père, était courroucé : il leva le siège, renvoya les Indiens chez eux, et se retira avec ses sujets les plus dévoués dans les montagnes de Vilcabamba. A l'endroit même où la Vierge apparut jetant du sable dans les yeux des Indiens, on éleva la petite église du Triomphe.

La semaine sainte est au Cusco ce qu'elle est dans tous les pays de la chrétienté : elle se passe en sermons, retraites, processions; il y a aussi lavement de pieds de douze pauvres, *miserere,* chapelles ardentes dans les églises tendues de noir, etc. La procession du lundi saint est assez bizarre : on porte en grande pompe un énorme crucifix de bois ayant nom notre Seigneur *de los temblores (des tremblemens de terre),* dans lequel les habitans du Cusco mettent leur confiance et leur espoir pour les protéger des tremblemens de terre qui ruinent si souvent les villes de la côte, et qui ont épargné le Cusco depuis la possession du crucifix merveilleux. Vingt-sept hommes ont de la peine à le porter; parmi le peuple, c'est à qui aura cet honneur, et, tout le temps que dure la procession, ce n'est autour du brancard que cris, coups de poing, injures et bourrades de la part des fidèles, pour la plupart ivres d'eau-de-vie et de *chicha.* Quand le cortège est arrivé devant la cathédrale, on frappe violemment à la porte principale; l'église s'ouvre, et les porteurs du crucifix font mine d'y entrer. Alors la foule assemblée sur la place pousse des cris et des gémissemens : « Christ, tu veux nous quitter; oh! reste avec tes enfans! Judas de prêtres, canaille qui ouvrez la porte de l'église, fermez-la, que notre Christ nous reste! » La porte se referme; cris de joie et d'enthousiasme pour les prêtres, qui veulent bien rendre le Christ. Nouveaux coups frappés à la porte, qui s'ouvre une seconde fois; le crucifix s'avance; mêmes cris de rage, même fermeture de porte. Ce n'est qu'à la troisième fois qu'il entre tout de bon, et les cris de désespoir poussés par la multitude font trembler la place. Les balcons des rues où passe la procession sont encombrés de dames qui jettent des fleurs et des feuilles de roses sur le passage de *nuestro Señore de los temblores.*

Cependant les préoccupations politiques, auxquelles j'avais cru échapper en me retirant au Cusco, ne tardèrent pas à venir m'y rejoindre. Un matin, la paisible population de cette ville fut en émoi : le général Gamarra, grand-maréchal du Pérou, ex-président de la république et maintenant chef du parti militaire, venait d'entrer au Cusco, accompagné de Mme la générale dona Panchita Gamarra. L'ex-président me parut un homme usé, mais dona Panchita était pleine de vigueur et d'énergie : elle ne parlait du soulèvement de Lima que les lèvres serrées, et se vantait de donner bientôt aux Liméniennes un bal dont elles se souviendraient long-temps; il est vrai qu'à Lima on ne l'avait guère épargnée depuis que son mari n'y était plus à craindre, et que les épithètes les plus lestes avaient eu le temps d'arriver à ses oreilles avant qu'elle quittât la capitale pour rejoindre l'armée dans la sierra. Toute la ville fut bientôt chez Gamarra : c'était une véritable cour en habits noirs.

Le général pressa la levée de nouvelles troupes, et, moitié de gré, moitié de force, obtint de l'argent des autorités et des principaux propriétaires et habitans du département du Cusco. La rapidité avec laquelle les Indiens deviennent soldats est une chose surprenante. Les fenêtres de la maison que j'occupais donnaient, je l'ai dit, sur la place du marché ou *baratillo*. C'est là que les nouvelles recrues étaient conduites tous les matins pour faire l'exercice. Je les avais vues arriver d'abord avec leur costume indien et un fusil porté comme une houlette; six semaines plus tard, les conscrits faisaient assez bien l'exercice, chargeaient lestement leur fusil, marchaient au pas et savaient obéir aux divers commandemens. Il est vrai que les coups de fouet ne leur étaient pas épargnés. Les officiers instructeurs de l'armée péruvienne portent au lieu de sabre un nerf de bœuf d'honnête apparence : quand un soldat exécute mal l'exercice, l'officier le fait sortir du peloton et lui applique sur les épaules une correction vigoureuse. Le soldat rentre ensuite dans les rangs et continue son apprentissage.

Quelques jours après l'arrivée de Gamarra au Cusco, je me réveillai fort surpris. Les cloches étaient en branle. « Victoire pour Gamarra! Aréquipa est prise! » Eh quoi! Aréquipa, cette jolie ville avec ses gentilles dames qui dansent le *lundou*, et ses *caballeros* qui fument des cigarettes et jouent de la guitare; Aréquipa était au pouvoir de ces vilains *serrannos*, gens tristes, rudes et grands buveurs, mais se battant bien! — Le fait n'était que trop vrai. Le corps d'armée campé à Vilque s'était présenté aux environs d'Aréquipa. Le général Nieto, qui, depuis la déclaration hostile de Gamarra, s'était emparé du commandement d'Aréquipa, avait, de son côté, réuni tout ce qu'il avait pu trouver d'hommes en état de porter les armes; mais les chemins de la sierra lui étaient fermés : il n'avait pu enrôler que les gens de la côte, moins durs à la fatigue et moins déterminés que les *serrannos*.

La jeunesse d'Aréquipa forma un corps d'élite qui fut appelé le *bataillon sacré*, et l'on sortit bravement de l'enceinte non fortifiée d'Aréquipa pour venir à la rencontre du colonel Saint-R... et de son armée. Il y eut d'abord un combat partiel, puis quelques jours après une véritable bataille, à la suite de laquelle les troupes de Saint-R... pénétrèrent dans Aréquipa. Pas de nouvelles du brillant colonel : on le croyait mort, et pourtant son corps n'avait pu être retrouvé sur le champ de bataille. Gamarra, à la suite du bulletin de la victoire, donna des larmes et des louanges à la mémoire du jeune guerrier (1).

Je me trouvais chez Mme Gamarra et causais avec elle au moment où le galop d'un cheval résonna dans la cour. Mme Gamarra se leva et courut vers la porte : un courrier entra. « Quelles nouvelles, Sanchez? — Nous sommes Gamarristes, répondit celui-ci, et Aréquipa l'est aussi. » Mme Gamarra laissa échapper un *Jésus!* aigu comme un cri de tigresse, et bondit au col de l'officier, couvert de boue et de poussière. Les dépêches qu'il apportait furent ouvertes, parcourues rapidement, puis lues à haute voix. La présidente raconta aux dames, qui lui faisaient respectueusement leur cour et paraissaient partager sa joie, que les lanciers de Saint-R... avaient d'abord été fort surpris de la résistance qu'éprouvaient leurs piques, quand ils frappaient à la poitrine leurs ennemis du bataillon sacré, mais que bientôt ils s'étaient aperçus que ces *gentlemen* portaient des cuirasses par-dessous leur uniforme, et qu'alors ils avaient dirigé le fer de leur lance vers le ventre et le col. Mme Gamarra et les dames du Cusco rirent beaucoup de l'expédient des lanciers. Il y avait dans cette femme l'étoffe de deux généraux; mais ce devait être une terrible compagne pour un honnête époux. Dona Panchita était à cette époque âgée de trente à trente-cinq ans, elle avait des yeux de feu qui n'annonçaient guère cet âge. Ses habitudes de camp lui avaient donné une allure passablement masculine. Un jour, elle avait rencontré dans l'antichambre de son mari un aide-de-camp du général qui avait parlé assez lestement de ses vertus : le jeune officier avait une cravache à la main; dona Panchita lui arracha sa cravache, et lui en appliqua de solides coups en criant : « Ah! tu dis que tu m'as..... » Ce fut toute l'explication qu'elle daigna lui donner. Un Péruvien très naïf, qui me racontait ce trait connu de tous, ajoutait en portant la main à sa rapière : « Moi, j'eusse tué dona Panchita sur place. » Le battu fit mieux, il baisa la main de la dame et s'éloigna.

Une fois le général Gamarra parti, le Cusco reprit sa physionomie habituelle, et je pus continuer mes promenades archéologiques. La

---

(1) Le colonel Saint-R... fut retrouvé. Il paraît que sur le champ de bataille il avait douté un moment de la victoire, et qu'il avait prudemment mis quarante lieues entre Aréquipa et lui. Un fidèle aide-de-camp finit par déterrer son chef, et lui apprit qu'il avait vaincu.

ville du Cusco est dominée par l'ancienne citadelle des Incas, vulgairement appelée *Rodadero* ou la glissade. Cette forteresse doit son nom à une longue pierre inclinée et légèrement creusée au centre, sur laquelle les enfans s'amusent à se laisser glisser. L'on assure gravement que c'était là un des passe-temps favoris des Incas. Cet enfantillage ne s'accorde guère avec les habitudes royales des descendans de Manco Capac. Le *Rodadero* est tellement à pic, qu'une pierre lancée de là par une fronde tomberait au milieu de la grande place, le centre de la ville. On y monte en traversant un long faubourg dont les rues sont de véritables escaliers. En arrivant, l'on est magnifiquement récompensé de la fatigue de l'ascension, car on se trouve en face de l'un des plus remarquables monumens de la puissance de l'ancienne race indienne. Le *Rodadero* se compose de trois murailles d'enceinte, entourant à angles saillans et rentrans un large mamelon qui domine la ville. Ces murailles sont formées d'énormes blocs de pierre taillés avec le même soin que les murs des temples et des palais de l'inca. Ce qu'il y a de plus remarquable, c'est que ces pierres ne sont pas taillées régulièrement; plusieurs affectent des formes bizarres, comme celle d'une étoile avec plusieurs angles saillans ou rentrans d'un pied, et les autres blocs qui avoisinent ces pierres sont taillés de façon à s'adapter parfaitement à ces angles inégaux. Il est clair que cet enlacement des pierres était destiné à donner plus de force à la construction, car il eût été infiniment plus facile de les tailler carrément. Ces constructions rappellent exactement l'ordre cyclopéen de seconde époque.

Quand on parcourt cette forteresse, dont les trois enceintes peuvent contenir dix mille soldats, quand les regards s'abaissent sur la ville du Cusco, qui, réduite au tiers de ses premières dimensions, renferme encore quarante-cinq mille habitans; quand l'on songe qu'au nord de cette ville l'empire des Incas s'étendait jusqu'au royaume de Quito inclusivement, et au sud jusqu'aux extrémités du Chili, l'on se demande par quel prodige cent soixante-huit soldats, y compris leur chef, François Pizarre ou Piçarro, ont pu subjuguer cette ville et ce vaste empire. Les chroniques espagnoles répondent que Dieu voulait convertir à la foi catholique ces huit millions d'infidèles, et, en vérité, c'est la seule façon d'expliquer l'esprit d'aveuglement et de lâcheté qui s'était emparé des derniers descendans de cette race des Incas, auparavant si constante, si sage et si habile.

Deux monticules dominent le *Rodadero,* ce qui devait être embarrassant pour ses défenseurs, et la preuve qu'au temps de la conquête ces deux monticules ne formaient aucun ouvrage avancé destiné à garantir les approches de la place, c'est que Jean Pizarre, qui s'était réfugié au *Rodadero* lors d'un soulèvement des Indiens, fut tué d'un coup de pierre lancée au moyen d'une fronde du haut de ce même

monticule, éloigné à peine de vingt pas du corps principal de la forteresse. — Au moyen de quelles machines les travailleurs amenaient-
ils au *Rodadero* ces pierres taillées dans une carrière éloignée d'une
lieue? La tradition n'en dit mot, pas plus que du levier nécessaire pour
soulever et placer l'un sur l'autre des blocs de quatre mètres carrés.
On raconte seulement que des rouleaux de bois étaient placés sous la
pierre qu'on voulait faire voyager, que dix mille hommes s'attelaient
à des cordes de laine de diverses longueurs, et qu'au moyen de leurs
efforts réunis les plus lourdes masses étaient aisément remuées. Quant
au levier ou à ce qui en tenait lieu, silence complet.

L'on retrouve dans la plupart des constructions du Cusco ce même
mode d'enchâsser les pierres les unes dans les autres. La rue du
Triomphe (*calle del Triunfo*) est d'un côté formée d'une enceinte du
palais des *acclias*, vierges consacrées au soleil. Chaque pierre est taillée, pour ainsi dire, à pointes de diamant. La plus remarquable, qui
peut avoir un mètre carré de surface, a quatorze angles rentrans, dans
lesquels viennent s'enchâsser les pierres voisines, et cela si parfaitement, qu'il est impossible de faire pénétrer entre leurs jointures la
pointe d'un canif. Les *acclias* étaient destinées à entretenir le feu sacré; elles étaient consacrées au Soleil et faisaient vœu de virginité.
Leur palais ou plutôt leur couvent était sacré, et tout profane qui ten-
tait d'y pénétrer était puni de mort. L'inca et les siens, comme fils
du Soleil, avaient seuls le droit de pénétrer dans son enceinte. Lorsque les Espagnols entrèrent au Cusco, ils se livrèrent à tous les excès
tolérés dans une ville prise d'assaut, et voici ce que dit le chroniqueur
au sujet de ces vierges du Soleil : « Ils ont des maisons de femmes fermées comme les monastères, d'où elles ne peuvent jamais sortir.
Celles qui pèchent avec des hommes sont mises à mort. Quelques Espagnols assurent qu'elles n'étaient ni vierges ni chastes (*ni eran virgines
ni aun castas*), et *il est certain*, ajoute le chroniqueur, *que la guerre corrompt grandement les bonnes mœurs...* » Cette réflexion de l'auteur n'est
pas ici un lieu commun : les Espagnols prirent définitivement possession du Cusco en 1536, et depuis huit années le Pérou était dans une
complète anarchie; il n'est pas étonnant que, pendant la captivité de
l'inca, de nombreux abus se soient introduits dans les coutumes du
pays. Les Incas ne pouvaient avoir qu'une femme légitime, et encore
devait-elle être de sang royal; mais le nombre de leurs concubines était
illimité. Les premières familles du pays briguaient l'honneur de donner
leurs filles pour le sérail de leur maître. Ces femmes étaient, comme
dans l'Orient, gardées par des eunuques, et il y avait peine de mort
pour le profane qui osait pénétrer dans leur demeure.

Je me suis amusé à parcourir au Cusco une traduction espagnole
des *Incas* de Marmontel; rien n'est plaisant comme de lire sur les lieux

la description des palmiers et des orangers qui ombragent les jardins
de la ville du Soleil. Un beau jour après dîner, « l'inca promène Alonzo
sur les bords rians du lac de Titicaca, et ils rentrent dans Cusco au
coucher du soleil. » C'est cent soixante lieues de pays qu'il lui fait
parcourir en quelques heures. Les *Lettres péruviennes* de Mᵐᵉ de Graffi-
gny me sont également tombées entre les mains. « Aza, cher Aza, dit
la jeune vierge, ta Zélia a conservé ses *quipos*... » comme si un *quipo*
eût été une écritoire! Les Péruviens ne connaissaient pas l'alphabet. Le
quipo était un moyen arithmétique de marquer la quantité de tel ou tel
objet de convention. Le *quipo* était une simple corde, avec laquelle on
faisait, dans l'ordre du système décimal, des nœuds représentant la
valeur des chiffres. Si l'on voulait écrire par exemple le chiffre 1534,
on faisait un nœud du côté du *quipo* qui indiquait les mille, puis un
double nœud pour séparer cette colonne de la suivante : cinq nœuds
pour cinq centaines, plus un double nœud de séparation, quatre nœuds
pour quatre unités, etc. Une fois ceci compris, le système de communication des Péruviens par le moyen des *quipos* devient la chose du
monde la plus simple. Chaque cacique avait un *quipo* d'où pendaient
une infinité de *quipos* de diverses couleurs. Le blanc était pour les
veuves, le rouge pour les hommes de son district en état de porter les
armes, le noir pour les coupables, et ainsi de suite pour toutes les classifications d'hommes ou de choses. Les bergers des montagnes du
Cusco se servent encore aujourd'hui de cette méthode pour compter
leurs troupeaux, le nombre de moutons ou de brebis, les naissances
et les morts des agneaux, leur couleur, etc. Je me trouvais dans une
ferme des montagnes au moment où le berger vint rendre compte de
sa surveillance trimestrielle : j'ai eu son *quipo* entre les mains, et me
suis fait clairement expliquer le système.

La connaissance des couleurs indiquant les divers objets était une
science réservée aux caciques et aux *curacas* (nobles du pays); le peuple
n'en savait que ce qui lui était nécessaire pour les usages de la vie
ordinaire. Quant aux hiéroglyphes, je n'en ai pas trouvé trace sur les
nombreux monumens que j'ai visités au Cusco. L'on doit croire que
les connaissances des Péruviens en statuaire se bornaient aux statues
et aux bas-reliefs d'hommes et d'animaux, et encore en trouve-t-on
bien rarement. Un habitant du Cusco possède une charmante terre
cuite de huit pouces de hauteur représentant un Indien endormi et
faisant un songe agréable. La tête est parfaite et pleine d'expression;
le corps est lourdement dessiné, les pieds et les mains surtout. L'absence de caractères hiéroglyphiques semblerait indiquer que l'ancienne nation péruvienne n'avait pas, avant la conquête, de relations
avec le Mexique ni avec le Yucatan, pays où l'écriture hiéroglyphique
était en usage.

Aujourd'hui, l'éducation des jeunes gens du Cusco est confiée aux soins des religieux de différens ordres. C'est une éducation toute classique où la théologie tient plus de place que la philosophie. L'histoire ancienne, ils la savent comme on la sait dans les séminaires, et ils passent tout le moyen-âge pour arriver à Napoléon et à la guerre d'Espagne, qui sont pour eux le commencement de l'histoire moderne. Les couvens de femmes au Cusco observent encore sévèrement les règles de leur ordre, et n'admettent de visites qu'au parloir. Les grilles sont épaisses et à petits carreaux, la distance est respectueuse; on ne peut voir la figure des religieuses. Comme à Aréquipa, les familles nobles de ce pays mettent souvent leurs filles au couvent pour accroître la part de fortune du fils aîné.

Pendant que je passais mes journées au Cusco, tantôt en visites aux habitans, tantôt en tournées dans les rues de la vieille cité, la saison des pluies s'était avancée, elle touchait à son terme; les routes commençaient de nouveau à être praticables, il fallait reprendre mon voyage vers Lima, la ville des rois, et dire adieu à la ville du Soleil. Quand l'heure du départ fut venue, plusieurs des habitans avec qui j'avais noué des relations pendant mon séjour m'accompagnèrent à une demi-lieue de la ville. Là ils me donnèrent la *despedida*, c'est-à-dire un déjeuner pendant lequel une demi-douzaine de harpistes et de guitaristes jouaient, à tour de bras et à grands coups de poing frappés sur la caisse des instrumens, des *yaravis* et des *tristes* du pays. Tant que dura le carillon, nous pûmes encore rire et causer; mais avec le dernier grincement des harpes cessa la gaieté factice qui nous animait tous. Alors le chef de la famille au sein de laquelle j'avais reçu l'hospitalité me serra cordialement la main, et sa femme m'embrassa en pleurant; deux Français, gens de cœur et d'esprit, qui étaient venus chercher fortune en Amérique, et que j'avais rencontrés au Cusco, me souhaitèrent un heureux voyage. Quelques momens après, je chevauchais vers les montagnes qui me séparaient du Bas-Pérou.

E. DE LAVANDAIS.

L'APOLOGÉTIQUE CHRÉTIENNE

AU DIX-NEUVIÈME SIÈCLE.

Ét udes philosophiques sur le Christianisme, par M. Nicolas. 5º édition.

C'est une bonne fortune pour la critique que de rencontrer un livre dont le succès ne lui est pas dû et dont elle n'a pas la réputation à préparer. Dispensée de faire valoir les mérites de l'auteur (tâche parfois ingrate et toujours suspecte de complaisance), elle peut donner à son examen un caractère plus sérieux. Que si ce livre agite les plus hautes questions dont l'intelligence humaine puisse être occupée, si la faveur même dont il jouit est un signe des temps propre à jeter la lumière sur les sourdes dispositions de l'esprit public, l'intérêt est plus grand encore : ce n'est plus l'ouvrage qu'il s'agit d'apprécier, ce sont ses lecteurs; ce n'est plus l'écrivain, ce sont ses juges eux-mêmes qui, pour un instant, sont en cause.

Tels sont les motifs qui nous ont décidé à arrêter un instant l'attention sur les quatre volumes publiés il y a sept ans déjà par M. Nicolas, alors simple magistrat à Bordeaux. Les *Études philosophiques sur le Christianisme*, dont tout un public frivole connaît peut-être à peine le nom, comptent quatre éditions déjà épuisées, dix mille exemplaires entre les mains des lecteurs. Une vaste contrefaçon belge les répand chaque jour en Europe. C'est un fait assurément fort curieux que le sort d'un livre offert ainsi au public restreint d'une ville de province, et qui, remontant le cours naturel des idées, a fait tranquillement son chemin de Bordeaux à Paris, pour prendre place au foyer de plus d'une famille et dans le cabinet de plus d'un homme d'affaires. Le silence gardé sur son compte même par beaucoup de journaux religieux ajoute à cette singularité. Il n'y a point eu de caprice de mode, point d'esprit de parti pour le faire valoir. C'est de 1843 à 1848, au milieu des vives préoccupations de l'opposition politique, pendant que la lave révolutionnaire fermentait sous nos pas, c'est au bruit des productions d'une littérature insensée, qui attestait, en l'enflammant, le délire des intelligences, qu'il s'est trouvé en France des lecteurs nombreux pour un ouvrage de longue haleine, d'une composition calme, d'un tissu solide, dont le titre seul éloignait tout intérêt de curiosité. Rien n'atteste mieux de combien de courans contraires est incessamment traversé le sol instable et tourmenté de notre France. L'explosion qui, en balayant tout à la surface, a laissé voir au jour toutes ses veines, permet d'étudier ce travail intérieur avec une clarté inaccoutumée.

Nous ne ferons pas tort au mérite, à notre avis très distingué, de l'ouvrage de M. Nicolas, en recherchant, en dehors de son contenu même, la première cause d'un succès si original. Ce qui a valu aux *Études philosophiques* l'estime sérieuse qu'elles ont conquise, c'est moins encore le rare talent de l'auteur que l'intelligence qu'il a montrée du public auquel il avait affaire. C'est surtout la franchise avec laquelle sont comprises et remplies les saines conditions d'une apologétique chrétienne présentée à la société française du XIXe siècle. Malgré de remarquables qualités de style, — une chaleur naturelle, élevée par momens jusqu'à l'éloquence et toujours exempte de déclamation, — une imagination vive et pourtant sobre, et enfin, ce qui fait le charme principal d'un écrivain, un rapport exact, personnel, pour ainsi dire, entre la pensée de l'auteur et son langage, — point de phrases de convention, point d'expressions puisées dans le répertoire commun des idées courantes, — tous ces mérites réunis ne font point encore de l'ouvrage de M. Nicolas, à proprement parler, un ouvrage littéraire. Préoccupé de convaincre, l'auteur va souvent plus avant et plus loin qu'il ne faudrait uniquement pour plaire. Bien qu'il porte dans les questions morales deux vraies qualités de philosophe, la sagacité et le bon sens, son œuvre n'est pas non plus rigoureusement philosophique dans l'acception un peu pédantesque que, d'après l'Allemagne et ses imitateurs, nous donnons aujourd'hui à ce mot. Il n'a point ce cortège parfois pesant d'érudition que l'école éclectique a ramassé dans ses constantes excursions à travers toutes les erreurs passées de l'esprit humain. Il

n'a pas non plus ce langage technique qui donne plus de précision à
tous les mouvemens de la pensée, mais les rend aussi moins naturels et moins libres. Aucun appareil scientifique ne vient s'interposer
entre l'esprit et la vérité pour en prévenir le contact intime et direct.
Quelque rigueur peut manquer, par conséquent, à l'exposition des
grands problèmes philosophiques; mais l'amour passionné de la vérité circule et anime tout de sa chaleur. On sent un esprit, mieux encore une ame directement engagée pour son compte dans l'étude pleine
d'angoisses qu'elle veut vous faire partager. C'est un homme d'un sens
et d'un cœur droits, élevé comme l'un de nous, parlant notre langue
commune, et faisant, sous nos yeux, à ciel découvert, ce travail de
recherche et d'examen intime que plus d'un peut-être a commencé à
portes closes dans le secret de sa conscience. Du sein de cette société
malade et troublée, qui, depuis soixante ans gouvernée par sa raison
seule et fatiguée de ce gouvernement très instable, voudrait l'assujétir
à quelques règles sans y renoncer tout-à-fait, qui voudrait commencer
à croire sans perdre l'habitude de comprendre, un de ses enfans s'est
élevé pour lui adresser la parole d'après son expérience personnelle et
lui apprendre comment les bases chancelantes de la raison peuvent
être en même temps couronnées et affermies par la foi, comment la
liberté peut, sans rien perdre de son élasticité et de sa force, se plier.
sous le joug de l'autorité.

L'accord de la foi avec la raison, de la liberté d'esprit avec l'autorité
spirituelle, tel est le but que poursuivent avec une ardeur infatigable
les longs développemens de M. Nicolas. Preuves extérieures, preuves
intrinsèques, étude des traditions populaires et des instincts moraux,
l'église, aperçue du dehors, dans toute la majesté de son édifice consacré par les âges, les profondeurs de la conscience illuminées aux
clartés du dogme, tout sert, entre ses mains, à mettre la raison consciencieusement interrogée du parti de la foi. Tout tend à faire monter.
son lecteur à ce degré qui est, suivant lui, le point suprême d'élévation
de l'être humain, une foi raisonnée et une soumission libre. Son
livre est un long dialogue entre la foi et la raison, et c'est pour cela.
qu'il a trouvé dans cette société tant d'auditeurs pour écouter l'entretien.

Cette société, en effet, il est permis de le dire, elle semble l'incarnation de la raison humaine avec ses grandeurs et ses misères. L'histoire
des soixante dernières années de la France, c'est l'histoire tantôt glorieuse, tantôt humiliée, toujours agitée de la raison. Depuis le jour où
la France a, du même coup, secoué tous ses préjugés et rasé par le
pied ses institutions, elle s'est mise tout entière à la discrétion de sa
raison. Cette grande aventure développe devant nous toutes ses phases.
Nous avons vu successivement la raison impétueuse balayer, tout de-

vant elle, puis la raison, corrigée par plus d'une expérience et meur-
trie par plus d'une chute, ramasser parmi les ruines qu'elle avait faites
des matériaux pour reconstruire à son tour. Après avoir mis l'autorité
politique dans la rue, elle lui avait rouvert des palais encore mal fermés
à la foule; après avoir jeté au vent toutes les richesses du sanctuaire,
elle a relevé à l'idée abstraite et philosophique de Dieu un autel dépouillé. L'œuvre sociale du consulat, qui subsiste encore autour de
nous, fut une œuvre de raison élevée jusqu'au génie; la philosophie
spiritualiste qui a régné en France dans ces dernières années est une
tentative de la raison pour atteindre à la puissance des vérités religieuses; mais l'une et l'autre ont la raison pour inspiration et pour base.
Dans le grand nombre de nos lois, il n'en est pas une qui ne soit précédée de son exposé des motifs; dans le petit nombre de nos croyances,
il n'en est pas une qui ne marche accompagnée de sa démonstration logique. Nous ne faisons rien par tradition, et ne croyons rien sur
parole. La révolution, dès ses premiers jours, avait donc bien nommé
l'objet de son culte; nous n'adorons plus, Dieu merci, la raison sous
la forme d'une fille de joie célébrant une bacchanale; mais, sous des
attributs plus décens, elle n'a pas cessé d'être la seule divinité qui préside à nos destinées.

  Il n'y a pas long-temps que c'était pour nous et pour elle un sujet
d'orgueil. Nous étions ravis de tout comprendre si clairement, et en
nous et autour de nous; nos regards se plaisaient à ne rencontrer nulle
part ni ombre ni mystère. La cité politique, tracée au cordeau d'a-
près un plan raisonné, formée de bâtimens tout neufs, brillait d'un
éclat qui semblait promettre la solidité. Elle n'avait plus, il est vrai,
ses vieux remparts, mais elle n'avait pas non plus de rues tortueuses
et sombres : tout était droit, aligné, et laissait pénétrer à flots la lumière. Bien qu'on eût fermé à l'intelligence les trésors de la tradition,
elle semblait avoir trouvé en elle-même des sources intérieures de
poésie et d'éloquence. La morale même avait substitué à l'autorité
révélée je ne sais quels instincts honnêtes, aidés d'un calcul sensé qui
suffisait à étendre sur la société un vernis de régularité médiocre et
uniforme. Vertus, talens, bien-être, la raison semblait ainsi avoir tiré
tout de son propre fonds; elle avait repeuplé le sol après l'avoir dévasté.
Comment elle est sortie tout d'un coup de cette flatteuse illusion,
nous n'avons pas besoin de le dire. Entre les égaremens de la littérature et les convulsions de la politique, entre les passions des hommes
et les folies des systèmes, il s'est trouvé qu'à un jour donné le bon
sens avait produit le délire, et la logique enfanté la contradiction; il
s'est trouvé qu'une société, tout entière fondée sur la raison, courait
risque de devenir la moins raisonnable du monde.

  Un grand discrédit en est résulté pour la raison. Elle a été aban-

donnée par ses alliés naturels et condamnée par ses enfans mêmes. Il
y avait long-temps que les imaginations vives et les ames ferventes se
plaignaient d'elle. Ceux qui étaient impatiéns d'émotions et de mouvement la trouvaient lente et bornée; ceux qui avaient soif d'aimer la
trouvaient froide. Mais aujourd'hui les premiers à l'accuser sont les
gens sages, ceux qui ne demandent qu'à vivre en paix et se contentent
de peu en fait de sentimens. Les calculs, même égoïstes, trompés, les
intérêts, même matériels, ébranlés, s'en prennent à elle de leurs désappointemens. C'est un cri général pour demander quelque principe plus
élevé et plus solide que ceux que la raison peut fournir. De toutes parts
la raison est maudite, de toutes parts aussi la religion est invoquée par
les soupirs des ames élevées déçues dans leurs espérances, par les cris de
terreur des affections inquiètes, quelquefois même (ô profanation) par
l'âpre clameur de la cupidité trompée. Si la religion était, comme on
le croit généralement, la rivale et l'implacable ennemie de la raison,
si elle avait souci d'exercer des représailles d'amour-propre, il n'y eut
jamais de moment plus favorable pour se donner l'amer et stérile plaisir de la vengeance.

Faut-il saisir au vol cette occasion? Faut-il prendre au mot ce découragement général? La religion n'a-t-elle rien de mieux à faire qu'à
triompher de cet abaissement de la raison? n'a-t-elle qu'à recevoir les
aveux d'une société repentante? Nous ne le pensons pas. Il ne serait,
suivant nous, ni prudent ni juste d'abuser de la leçon sévère que les
événemens contiennent, pour passer en quelque sorte sur le corps de
la raison humiliée. Après tout, cette société a beau mal parler aujour-
d'hui de la raison, elle n'en a pas moins été conçue, faite, formée par
l'exercice indépendant de cette raison seule; elle n'en est pas moins
pénétrée par la raison dans tous ses pores, imbue de raison dans la
moelle de ses os. Ne croyons donc pas trop vite aux anathèmes que lui
arrache un moment de dépit ou de souffrance. On dit du mal de soi-
même dans un jour de péril ou d'abattement; que le danger s'éloigne
ou que la force revienne, on court après ses paroles, on trouve surtout très mauvais qu'un autre les rappelle et s'apprête à tirer parti
de nos aveux. Il ne faut pas fonder beaucoup plus d'espoir sur les
querelles que notre société, rationaliste par essence, cherche aujour-
d'hui à la raison. Donnez-lui le temps de respirer, et elle se remettra
à raisonner et à déraisonner aussi de plus belle. Si ce découragement
d'ailleurs était aussi profond qu'il est vif dans son expression, si la
France en était venue à passer condamnation sur le principe de tout
ce qu'elle a fait et cru depuis cinquante ans, nous ne savons si le vide
laissé par la raison serait aussi facilement qu'on le pense comblé par
la foi. Ce serait faire injure à la foi que de supposer qu'elle peut, sans
miracle, naître de la source impure du dégoût. Ce que les révolu-

tions, par leurs brusques reviremens, ont ébranlé dans nos ames, ce n'est pas seulement la faculté de raisonner, c'est aussi la faculté de croire. L'une et l'autre supposent une certaine virilité d'âme, une certaine jeunesse de sentiment qui s'accordent mal avec ce mélange de satiété et de fatigue dont tout le monde est atteint aujourd'hui. Le malaise que donnent le tourbillonnement confus des événemens devant les yeux et l'agitation monotone du sol qui nous porte agit sur le cœur au moins autant que sur l'intelligence. C'est un affadissement général qui ôte à toute vérité son effet, au sel de la terre sa saveur. S'il est possible que la foi naisse chez un individu uniquement du désenchantement des ambitions et des espérances, c'est que ce retour coïncide avec l'âge naturel du repos et l'affaiblissement graduel des passions; mais cela n'est pas possible pour une société qui a toujours une tâche à remplir, et à qui chaque génération apporte un contingent d'activité et de passion. Quelques aveux incohérens et entrecoupés, de sinistres pressentimens, un vague désir de paix, ces douteux indices de la conversion d'un mourant, ne suffisent pas pour faire couler dans les veines d'une société vieillie le sang nouveau d'une régénération morale.

Nous concevons pour la religion un meilleur parti à tirer de la réaction actuelle des esprits que le simple plaisir de voir la raison dans l'embarras; nous imaginons pour ses défenseurs un plus noble rôle à remplir. La raison est fort désappointée du mauvais succès de ses efforts : au lieu d'essayer de l'écraser (les convulsions de son agonie seraient encore redoutables), c'est à la religion de lui proposer sur des bases équitables une alliance qui la relève et l'affermisse. De telles ouvertures eussent été fort mal reçues il y a peu d'années, quand la raison avait le verbe haut et n'admettait ni subordination ni partage. Nous concevons alors que les polémiques religieuses furent réduites à prendre avec la raison le ton parfois provoquant, toujours belliqueux, qui caractérisa trop souvent l'école théologique du commencement de ce siècle. Il n'y avait peut-être que ce moyen d'inquiéter la raison dans sa dédaigneuse omnipotence. La raison opprimait la foi : il est naturel que la foi, pour s'affranchir, courût aux armes de l'insurrection. Le terrain n'est plus le même aujourd'hui : la religion a repris dans la discussion l'avantage sur la raison. Cet avantage est plus apparent que réel; c'est plutôt un hasard de journée qu'une conquête véritable. Pour assurer, pour enraciner, pour nationaliser, si on peut parler ainsi, une telle conquête, qui peut à chaque moment échapper, la religion doit s'emparer de l'assentiment libre, sincère, raisonné, d'une société qui, bon gré mal gré, nous l'avons dit, raisonne toujours. Pour achever de vaincre la raison, il n'y a pas d'autre moyen que de la convaincre, et, pour la convaincre, il faut s'adresser à elle avec franchise, avec sévérité même, mais avec égards, dans un langage qu'elle puisse comprendre, dans des termes qu'elle puisse écouter jusqu'au bout. Il faut ranimer chez elle l'espoir et la soif de la vérité. Sans lui permettre une présomption qui l'a perdue, il faut lui rendre cette confiance en soi-même, dont on peut dire ce qu'Homère pense de la liberté : « qu'elle est la moitié de la valeur humaine. » Il faut se garder surtout de lui mettre le pied sur la tête pour l'enfoncer plus avant dans la fange du scepticisme. Dans les débats dont la conscience humaine est le théâtre le doute a joué trop long-temps le rôle de ces ennemis communs de la société que chaque parti va tour à tour appeler à son aide. Voltaire l'invoquait contre la foi, et Lamennais contre la raison. Pour peu que nous continuions quelque temps des coalitions de ce genre, toute vérité humaine ou divine, naturelle ou surnaturelle, aura disparu. Il ne restera plus pierre sur pierre dans le monde de l'intelligence.

Les véritables apologies de la religion sont donc, à mon gré, celles qui font un sincère effort pour ouvrir les portes de la raison, au lieu de se borner à la battre en brèche. C'est sous ce point de vue principalement que nous apprécions l'ouvrage de M. Nicolas. Nous nous plaisons singulièrement à le voir traiter avec conscience les scrupules et même les préjugés, les droits et même les prétentions de la raison. Nous lui savons gré d'avoir écarté de sa plume le ton acerbe, les solutions hautaines et rapides, l'ironie envenimée, d'avoir, en un mot, aspiré à la paix plus qu'au triomphe; mais nous l'approuvons également de n'avoir tenté cette paix qu'à des conditions honorables, admissibles en même temps par la foi et par le bon sens, de n'avoir pas cherché à combler l'intervalle qui sépare la foi de la raison soit en relâchant les inflexibles liens de l'autorité religieuse, soit en cherchant à étendre, par des escamotages de parole, la raison au-delà de ses limites naturelles, en manquant par conséquent soit à la dignité chrétienne, soit à la sincérité philosophique.

Tel est, en effet, le double écueil où viennent se heurter les écrivains qui ont tenté sous des formes diverses cet accord désirable de la foi avec la raison. Depuis qu'un grand besoin de paix se fait sentir dans notre société divisée, sans pouvoir, hélas! réussir à se faire entendre, les plans d'alliance entre les deux plus grandes puissances de ce monde n'ont pas fait défaut. La philosophie rationaliste surtout, inquiète de sentir la direction des esprits qui lui échappe, épouvantée du cortége grotesque et brutal d'alliés que les systèmes nouveaux lui ont offert, craignant de se trouver, entre les foudres de l'église et les menaces du matérialisme révolutionnaire, comme prise entre deux feux, a fait entendre de sincères appels à la conciliation. « Ce n'est pas trop, s'écriait, dans un des derniers numéros de cette Revue même, l'un des écrivains les plus distingués de l'école éclectique, ce n'est pas trop, pour triompher de l'ennemi, de toutes les forces réunies d'un christianisme éclairé et d'un spiritualisme indépendant. » Mais ces efforts ont presque toujours abouti à l'une ou l'autre de ces deux propositions, toutes deux également inacceptables, suivant nous, et pour un sens droit et pour une foi sincère : ou de considérer la foi religieuse et la philosophie rationnelle comme formant deux puissances égales, régnant sur deux domaines séparés et fondées sur deux principes différens, de telle sorte qu'elles puissent se développer côte à côte dans des rapports de politesse diplomatique, sans se contrôler et sans se provoquer l'une l'autre; ou de donner des mystères de la foi des explications rationnelles délayées dans des effusions mystiques et à demi éclairées par les reflets d'une métaphysique nébuleuse. Séparer la raison de la foi ou expliquer la foi par la raison, supprimer leurs points de contact ou pénétrer leurs substances, c'est toujours sur l'une ou l'autre de ces entreprises que roulent les ouvertures de paix adressées par la philosophie à la religion.

C'est sans doute au premier de ces systèmes que se rattachait, l'an dernier, un homme d'état qui, en sa qualité de très grand orateur politique, n'était pas tenu d'apporter une exacte précision dans de tels sujets. « J'espère, disait M. Thiers dans son discours sur la liberté d'enseignement, que la philosophie et la religion, ces deux sœurs immortelles, l'une régnant sur le cœur et l'autre sur l'esprit, sauront désormais vivre en paix. » Le traité de partage des deux puissances se trouvait ainsi fait d'un trait de plume. L'une avait la pensée, et l'autre le sentiment. Malheureusement leurs ratifications manquaient, et tout permet de croire qu'elles se feront attendre long-temps. Je ne sais si pour sa part la philosophie a renoncé à parler au cœur, si elle a fait son compte de ne plus s'adresser ni à l'amour du bien, ni à l'admiration du vrai, ni à l'enthousiasme de la vertu, si en un mot elle ne prétend plus tantôt à purifier, tantôt à réchauffer, toujours à régler les sentimens de l'ame. Libre à elle de signer son abdication, et, en abandonnant à la religion le cœur de l'homme, la source de toutes les grandes actions, le siége de toute valeur morale, de se mettre elle-même au rang d'un oiseux exercice de dialectique et d'une futile science de mots; mais je réponds que la religion, de son côté, quelque grand que soit le lot qu'on lui assigne, ne s'en contentera pas : elle a la prétention d'être quelque chose de plus qu'un sentiment; elle ne sait pas même très nettement, et je crois qu'on serait embarrassé de lui dire, ce que serait un sentiment auquel aucune pensée ne correspondrait. Les dogmes chrétiens, dans leur précision et leur profondeur, sont tout autre chose qu'un recueil d'exhortations touchantes, s'écoulant en larmes pieuses et s'exhalant en élans de ferveur. C'est tout un cours de doctrines qui ne surpasse l'intelligence qu'après l'avoir épuisée. Laissons donc de côté ces distinctions fort arbitraires d'ailleurs entre le cœur et l'esprit. L'homme est un, et la vérité aussi; nul ne peut ni la connaître sans l'aimer, ni l'aimer sans la connaître. La philosophie et la religion auront toujours, quoi qu'elles fassent, deux' grands points communs, l'homme et la vérité, leur sujet et leur objet. C'est plus qu'il n'en faut pour qu'elles se rencontrent à tout instant, et soient obligées de se parler. Il faut entre elles autre chose qu'un échange de politesses et de bons procédés. Une alliance intime, ou un combat acharné est nécessaire; une neutralité prudente et réservée n'est pas possible.

Prenons garde pourtant à l'autre extrême. L'alliance n'est pas la confusion, et autant une séparation radicale de la raison et de la foi est impossible à tracer, autant une assimilation complète serait chimérique à poursuivre. Nous nous méfions de toute tentative qui s'annonce pour rendre compte à la raison des mystères de la foi, de quelque part qu'elle provienne, soit d'une philosophie ambitieuse, soit d'une religion spéculative. Nous savons qu'il y a une certaine métaphysique qui n'est jamais embarrassée de donner l'explication de rien, excepté de ses explications même; nous savons que quand on part de certaines hauteurs, de l'identité de l'être et de la pensée par exemple, ou du *moi* qui se pose et se détermine lui-même, la théologie scolastique la plus profonde n'est plus qu'un jeu d'enfans. Auprès de Fichte et d'Hegel commentés par un élève de l'école normale, saint Thomas ou saint Anselme parlent la langue vulgaire. Il n'y a pas au-delà du Rhin une philosophie qui se respecte qui n'ait deux ou trois trinités à choisir, et pour qui l'incarnation du verbe divin dans la nature finie ne soit un fait habituel et même le ressort permanent de la création. Le panthéisme a les bras étendus sur l'univers : dans les vastes replis de sa robe, tous les mystères de la religion, la transmutation sacramentelle des substances, la solidarité de la race humaine, jouent en quelque sorte à leur aise. Il y a aussi, à l'arrière-plan de ces systèmes, une sorte de région intermédiaire entre le rêve et l'histoire, peuplée d'êtres demi-fantastiques et demi-réels, où, sous le nom équivoque de mythes, tous les faits miraculeux peuvent prendre honorablement leur place. C'est à ces hauteurs et dans ce crépuscule que la métaphysique a souvent essayé d'opérer le mariage de la foi et de la raison; mais il y a deux grandes difficultés à ces arrangemens, l'une au point de vue de la raison, qu'il est impossible de les comprendre, et l'autre au point de vue de la foi, qu'il est impossible d'y croire. Ces transactions prétendues entre la philosophie et la religion pèchent par les fondemens de l'une et de l'autre, le bon sens et la bonne foi. Tout ce qu'on gagne à ces artifices de logique, c'est de transformer des mystères connus, peints depuis long-temps sous de vives couleurs aux imaginations populaires, en véritables problèmes d'algèbre, dont les termes abstraits, perdant toute correspondance avec la réalité des faits, échappent, dans leurs permutations rapides, à tout contrôle des assistans. L'ignorance peut se cacher ainsi plus long-temps sous la précision apparente des formules : nous l'aimons mieux, à dire vrai, quand elle convient modestement d'elle-même. L'Évangile a été annoncé aux pauvres et même aux pauvres d'esprit. Pour que l'accord de la raison et de la foi soit sérieux, ce doit être l'accord d'une foi simple avec une raison commune, et non d'une foi d'illuminé avec une logique transcendante. Cet accord doit se trouver en germe dans l'esprit d'un bon chrétien, suivant fidèlement la loi de son église, et en pratique dans le gouvernement quotidien de sa vie et de sa famille.

Le plus simple est donc d'en prendre son parti : il n'est possible ni de séparer tout-à-fait la foi de la raison, ni de les identifier l'une avec l'autre. Elles ont des rapports inévitables et des distinctions ineffaçables. La philosophie, quoi qu'elle fasse, ne peut ni ignorer ni pénétrer la religion, ni s'en débarrasser avec révérence, ni l'absorber dans son sein. Il faut qu'elle compte et qu'elle vive avec elle. Le mérite de. M. Nicolas est précisément d'avoir donné aux rapports de la foi et de la raison une intimité, une sorte de confiance qui avait disparu depuis long-temps, tout en traçant leur ligne de démarcation par un trait ferme et net qui ne tremble jamais. Dans tout le cours de son livre, la foi et la raison sont en présence et soutiennent une conversation pressante; mais leur situation respective est, à chaque instant, déterminée avec précision. Dans la première partie de son ouvrage, c'est la foi qui comparait devant la raison. Elle apporte ses titres, elle déroule ses archives, elle démontre son authenticité divine, sa nécessité humaine; elle fait voir qu'elle devait être et qu'elle a été. C'est une inconnue qui fait preuve de son état et demande droit de cité parmi les faits que l'évidence atteste, que la réflexion confirme, que la mémoire classe et recueille. Dans la seconde partie, plus mystérieuse et plus profonde, c'est la foi, à son tour, qui introduit la raison sur le terrain inconnu et brûlant des dogmes. Elle lui ouvre des perspectives où le regard humain n'atteindrait pas par ses propres organes, où il s'enfonce et se perd. Elle déchire par des éclairs la voûte des cieux et répand sur la nature même une lumière surnaturelle. Ces deux grandes forces se prêtent ainsi un mutuel appui : la raison établit la foi qui, à son tour, étend la raison. Suivons, avec M. Nicolas, les conséquences d'une pensée qui grandit en se développant.

Sous le nom de preuves préliminaires et philosophiques, de preuves extrinsèques et historiques (deux ordres d'idées connexes qu'il a eu le tort de séparer), M. Nicolas rassemble plusieurs groupes de raisonnemens et de faits qui servent à démontrer par la raison, et par la raison seulé, la vérité du christianisme. Dépouillons son argumentation des ressources infinies de son érudition et de sa logique. La voici dans sa nudité. L'ame immortelle de l'homme a besoin d'un rapport constant avec l'être éternel qui l'a créée et qui doit décider de son sort à venir; la raison aperçoit la nécessité de ce rapport : elle est impuissante à l'établir. De tout temps, elle y a tendu sans y réussir. De là cette attente universelle d'un médiateur, qui sur tous les points du globe et aux époques les plus reculées de l'histoire, devançait et préparait l'apparition du christianisme. Cette attente a été remplie : le médiateur a paru, son œuvre subsiste; le rapport entre l'homme et Dieu est rétabli; le miracle de son origine est confirmé chaque jour par le miracle de sa durée. Telle est la sèche esquisse de la partie rationnelle de l'œuvre de M. Nicolas. Tout, dans cet ordre de raisonnement, est de la compétence de la raison. Rien ne dépasse sa portée et ne porte atteinte à son indépendance. On ne lui demande de faire aucun acte de foi préconçue, ni d'admettre aucun préjugé d'autorité. C'est à elle à s'interroger pour voir si elle contient en soi les germes d'un état religieux véritable et vivant, ou s'il faut qu'elle l'attende de quelque source supérieure. C'est à elle aussi à se mesurer à côté du christianisme, et à voir si à aucune époque du monde elle a été de taille à mettre au jour un tel fils; car, si le christianisme n'est pas de Dieu, il est de l'homme : il est fils de la raison par conséquent, et sa mère doit reconnaître en lui son image.

Pour arracher de la raison même l'aveu de son impuissance à établir un lien véritable entre l'homme et Dieu, M. Nicolas s'est principalement appuyé, et avec un très heureux choix de citations, sur l'état moral du monde ancien à l'avénement du christianisme. Il a montré après Bossuet, mais avec cette originalité d'expression qui appartient au talent convaincu, avec cette profondeur de vues que l'apprentissage des révolutions a rendue facile à tous nos jugemens historiques, que la décadence morale des sociétés antiques avait coïncidé avec leurs progrès philosophiques. Chose étrange! à mesure que Cicéron et Sénèque découvraient l'idée de Dieu dans sa beauté pure, les peuples la connaissaient moins. Le féroce Jupiter et l'adultère Vénus recevaient un culte plus religieux que la divinité épurée des stoïciens ou de la nouvelle académie; le bruit des rames de Caron frappant les eaux du Styx, les aboiemens de la triple gueule de Cerbère, faisaient retentir dans les cœurs des pressentimens plus vifs d'une destinée future que l'harmonieuse dissertation du *Phédon*. La raison qui démontrait Dieu était moins puissante sur les ames que la fable qui le dénaturait. Sans aller bien loin, M. Nicolas aurait pu trouver chez nous-mêmes un contraste plus singulier encore. Je ne crois pas qu'il ait été donné à aucune nation de posséder à l'état élémentaire un code de spiritualisme plus pur que celui qui, après avoir été extrait d'un catéchisme mutilé, a été naturalisé d'abord par le *Vicaire savoyard* sous une forme populaire et touchante, puis par l'école éclectique, à l'aide de procédés rigoureux. Dieu, l'ame, la vie future, tout cela forme comme un catéchisme rationnel que tout Français pris au hasard peut réciter sans faillir. Qui a lu Béranger sait que parmi nous *il est, même en chanson*, un Dieu et une autre vie. Jamais ces grandes notions n'ont circulé sous la forme rationnelle dans des rangs plus nombreux et plus bas de la société, et pourtant, je le demanderai volontiers à un philosophe sincère, parmi tant de gens qui les connaissent, combien en compte-t-on qui s'en soucient? pour combien sont-elles autre chose qu'une idée reçue qu'on échange à de certains momens solennels ou une manière de finir heureusement une phrase déclamatoire? pour combien découlent-elles d'un sentiment intime du cœur? combien en font dériver une règle austère de leur vie? On a connu, au siècle dernier, des incrédules d'élite qui pensaient beaucoup à Dieu et se donnaient beaucoup de peine pour n'y pas croire. Le vulgaire philosophe de nos jours a souvent l'air d'y croire, une fois pour toutes, pour ne pas se donner la peine d'y penser. Une hostilité active a fait place à un hommage indifférent. Vainement cette grande voix de la mort s'élève-t-elle incessamment, comme celle des hérauts antiques au milieu du tumulte populaire; vainement appelle-t-elle nos regards vers « cette impénétrable et muette éternité qu'elle ouvre et ferme à mesure, sans que nous puissions jamais en surprendre le secret : » ses échos, qui ne retentissent plus sous la voûte des cathédrales, importunent sans avertir. Les hommes ont toujours été effrayés de mourir; ils en semblent honteux aujourd'hui; cet accident incommode dérange des systèmes pédantesques qui ont tous le bien-être présent de la vie pour but. On est pressé de faire oublier pour ceux qu'on aime une telle infirmité, et le mourant, humilié lui-même, irait volontiers, comme l'animal, exhaler dans quelque lieu ignoré un souffle qui ne semble pas remonter vers le ciel.

Voilà ce que sont devenus, avec des idées de la nature divine assez saines, avec une morale assez pure, au sein d'une atmosphère tout échauffée encore par la foi chrétienne, les sentimens d'un Français pris au hasard à l'égard des vérités qui intéressent l'origine de son être et sa destinée future. La raison sincèrement interrogée ne peut le méconnaître. Il n'y a point, sous son empire, de lien véritable entre l'homme et Dieu. C'est un aveu qu'aucun prêtre ne lui arrache, qui ne lui est imposé du haut d'aucune chaire. C'est l'évidence écrite en gros caractères sur les murs de nos cités. Il n'y aurait pas de religion au monde pour combler cette lacune, que sa profondeur n'en serait que plus effrayante à sonder. Cette impossibilité et pourtant cette nécessité des rapports de l'homme avec Dieu, c'est là, dit M. Nicolas par une expression d'une justesse éloquente, « la pierre d'achoppement du déisme qui forme la pierre d'attente du christianisme. » Rien ne peint mieux l'état des grandes vérités rationnelles séparées de toute révélation religieuse. Ce sont des pierres d'attente à qui manquent encore le chapiteau qui doit les couvrir, l'enceinte qui doit les enfermer et les unir. Elles sont majestueuses et fortes, mais elles attendent : *pendent interrupta*, et, en attendant, l'orage les ébranle incessamment, et nul être animé n'y saurait trouver un abri.

Ce sentiment du vide, de l'incomplet et par conséquent de l'attente, qui est le produit analytique d'une raison perfectionnée, c'était chez les peuples de l'antiquité le cri pressant d'un besoin vague. La raison, parmi nous, quand elle a fait toute son œuvre, cherche encore quelque chose. Les nations antiques, ballottées entre leurs croyances grossières et leurs sciences confuses, attendaient quelqu'un. M. Nicolas démontre avec un luxe de recherches tout-à-fait curieux que l'attente d'un médiateur entre Dieu et l'homme est le grand fait moral des nations antiques. Cette observation, déjà faite en passant par quelques écrivains profanes, a pris, sous la plume de M. Nicolas, un relief inattendu. On voit que cette attente se reproduisait sous mille formes, raisonnées ou poétiques, dans les fables courantes comme dans les spéculations de la philosophie, depuis le second Alcibiade, invoquant avec un désir ardent celui *qui doit venir nous instruire de la manière dont nous devons nous comporter envers les dieux et envers les hommes*, jusqu'à ces prophéties juives qui ont toute la précision d'un calendrier, et prédisent (c'est encore M. Nicolas qui parle) *le lever d'un médiateur comme le lever d'une planète*. Mais laissons l'écrivain lui-même résumer avec éloquence le tableau de cette longue attente du genre humain : l'humanité avant Jésus-Christ va nous apparaître comme une de ces grandes statues grecques dont l'œil triste et vague regarde venir.

« Comme les formes indécises et fantastiques que revêt un objet pen-
« dant la nuit se précisent et font place à sa réalité devant le jour,
« ainsi toutes les traditions religieuses du genre humain sont venues
« se rectifier et se rejoindre dans le grand médiateur des temps comme
« des choses, et y reprendre l'unité primitive d'où elles avaient divergé
« par tout l'univers. L'humanité a pu dire à Dieu ces belles paroles de
« saint Augustin : Je fus coupé en pièces au moment où je me séparai
« de ton unité, pour me perdre dans une foule d'objets; tu daignas ras-
« sembler les morceaux de moi-même. Jésus-Christ est tout ce qu'ont
« désiré les nations, tout ce qu'elles ont rêvé sous des noms divers, et
« à travers des images plus ou moins grossières et impures... Il est la
« réalisation de cette espérance restée au fond de la boîte de Pandore,
« pour réparer tous les maux qui en étaient sortis. Il est cet Épaphus,

« enfant promis, qui devait naître miraculeusement de la vierge Io,
« pour délivrer l'homme enchaîné de ce vautour rongeur auquel une
« femme-serpent avait donné l'être. Il est ce dieu de l'Olympe, *ce cher*
« *fils d'un père ennemi*, qui devait souffrir pour *succéder à nos souf-*
« *frances*. Il est cet Orus, descendant d'Isis, qui devait surmonter sans
« le détruire le serpent Tiphon, d'après les Égyptiens, et qui devait
« naître d'Isis vierge, d'après les Gaulois. — Il est le véritable Hercule
« qui devait tuer le dragon, et rendre aux hommes les fruits d'or de
« ce merveilleux jardin, d'où ils étaient exclus. — Il est le Mithra des
« Perses, ce médiateur vainqueur d'Ahrimane, qui, jusqu'à ce qu'il
« soit venu, comme dit Plutarque, *ouvrer, faire et procurer* la déli-
« vrance des hommes, *a chômé cependant, et s'est reposé un temps non*
« *trop long pour un Dieu.* — Il est le Wischnou des Indiens, dont l'in-
« carnation devait guérir les maux faits par le grand serpent·Kaliga;
« — le Genteolt des Mexicains, qui devait triompher de la férocité des
« autres dieux, apporter une réforme bienfaisante, et combattre la
« couleuvre qui avait séduit la mère de notre chair; — le Puru des
« Salives d'Amérique, qui devait faire rentrer en enfer le serpent qui·
« dévorait les peuples. — Il est enfin le dieu Thor, premier-né des en-
« fans d'Odin, et le plus vaillant des dieux, qui devait livrer un combat
« particulier au grand serpent Migdare, et laisser lui-même la vie dans
« sa victoire. Loin toutes ces grossières images, dit Tertullien, loin
« ces impudiques mystères d'Isis, de Cérès et de Mithra! Le rayon de
« Dieu, fils de l'éternité, s'est détaché des célestes hauteurs... c'est le
« Λογος de Platon, le docteur universel de Socrate, le saint de Confu-
« cius, le monarque des sibylles, le roi si redouté des Romains, le
« dominateur attendu par tout l'Orient, la victime des victimes qui
« devait mettre un terme à tous les sacrifices, le vrai médiateur et le
« vrai Christ (1). »

Nous avons cité ce morceau en entier pour donner à la fois une idée
et du genre de talent de M. Nicolas et du procédé habituel de son argumentation. Cette manière chaleureuse de s'assimiler les idées et
jusqu'aux expressions des penseurs les plus divers, de les entraîner
dans un mouvement original, est la qualité distinctive qui règne d'un
bout de l'ouvrage à l'autre. Il y a eu rarement, au service d'une foi
stricte et jalouse, un esprit plus ouvert à la vérité sous toutes ses
formes, plus prompt à l'accueillir, à la ramasser pour ainsi dire partout où il la rencontre, plus humain dans ce sens qu'aucun mode de
sentir ou de penser de l'humanité ne lui semble étranger. Il va cherchant les traces de cette soif de Dieu que la raison éprouve sans pouvoir l'apaiser, à travers les océans et les âges, d'une plage du monde à

(1) M. Nicolas, 2ᵉ vol., liv. Iᵉʳ, chap. VI.

l'autre, sous les soleils différens qui ont éclairé les cités ou les imaginations des hommes. Il la retrouve aussi bien dans les légendes brumeuses de la Germanie, dans les fables brillantes de la Grèce, que dans les débordemens de passion des romans modernes. Il montre par là que la foi chrétienne a partout, avant même de paraître, des racines enchevêtrées dans toutes les fibres de l'ame. Il décrit toutes les sinuosités de ce vide immense que son absence laisse dans l'intelligence humaine. Le christianisme apparaît ainsi non pas comme le développement, mais comme le complément de la raison. Ce n'est pas ce que la raison produit; c'est ce qui lui manque et ce qu'elle appelle. On peut dessiner le christianisme par les lacunes de la raison, comme le moule laisse confusément apercevoir la pensée de l'artiste avant même qu'un métal ardent vienne y verser la vie et la beauté.

On conçoit combien cette preuve, en quelque sorte négative, du christianisme donne plus de force aux preuves positives que M. Nicolas tire ensuite de l'histoire et du caractère miraculeux des faits évangéliques. La révolution qui, à un jour donné, a soumis le monde à une religion nouvelle devient ainsi plus compréhensible en restant aussi merveilleuse. La raison soupirait après la foi : il est naturel qu'elle l'ait aspirée avec avidité; mais cette source qui est venue apaiser sa soif n'en reste pas moins cachée dans le ciel. Le développement du fait est plus explicable, son origine est toujours prodigieuse. Ce qui manquait à la raison lui a été donné; le rapport de l'homme avec Dieu a été rétabli. Les vérités que la vaste intelligence de Platon avait peine à étreindre se sont trouvées proclamées dans la moindre église de village et à leur aise dans le catéchisme du moindre enfant. Elles ont été, pendant des siècles, et pendant des siècles de barbarie, étudiées et chéries par des hommes sans lettres qui mouraient pour elles à mille lieues de leur terre natale. Il est vrai que ce résultat singulier n'a été obtenu qu'à la condition d'ajouter aux notions de la raison un certain nombre d'autres idées en apparence étranges, de croyances miraculeuses qui semblent, au premier abord, les contredire plutôt que les compléter; mais l'effet subsiste sous nos yeux : ce sont ces additions mêmes qui ont donné aux vérités déjà aperçues par la raison leur force, leur prise sur les esprits, leur efficacité sur les ames. Il n'y a, même aujourd'hui, de déistes zélés que les chrétiens. La divinité pure n'a d'autres fervens disciples que les adorateurs de Dieu fait chair. Si les dogmes chrétiens ne sont que des erreurs, étranges erreurs à coup sûr, dont la vérité ne peut se passer pour être et pour agir! nous expliquera-t-on par quelle combinaison chimique la vérité mêlée à l'erreur a pris tout d'un coup une puissance, un mordant pour ainsi dire qui manquait à ses élémens purs? Dieu a donc eu besoin de se déguiser pour se faire adorer des hommes! La vérité absolue n'a pu briller qu'au travers de l'illusion, disons mieux (car il faut tout dire), de l'imposture. Il ne sert de rien, en effet, d'apporter des ménagemens de mots qui ne trompent personne. La religion doit être singulièrement fatiguée des politesses et des cérémonies des philosophes; elle ne se laissera pas éconduire par des révérences. Il ne s'agit ici ni d'illusions, ni de légendes, ni de symboles. Les dogmes évangéliques ont été posés comme des faits par des témoins oculaires. Ou ces faits se sont passés au grand jour, ou ils ne se sont pas passés du tout; ou les témoins ont dit vrai, ou ils ont menti : il n'y a pas d'intermédiaire. Qu'on cherche à imaginer un prodige sur lequel il n'y ait pas d'équivoque possible, on sera amené, à coup sûr, à imaginer celui qui sert de fondement à la religion chrétienne. Ce prodige est ou n'est pas : le dilemme est simple jusqu'à la niaiserie. Et si l'on veut bien accorder qu'à partir de la date supposée de ce fait miraculeux, la raison humaine a rencontré un appui qui lui avait manqué jusque-là, nous trouvons, à dire le vrai, plus honorable pour elle de le devoir à un miracle qu'à un mensonge.

Telle est l'argumentation pressante par laquelle M. Nicolas conduit ses lecteurs jusqu'à l'entrée même du christianisme. Par la raison seule, on ne peut aller que jusqu'à ce point : constater d'une part le besoin que l'humanité avait du christianisme, la réalité d'abord, puis la divinité de fait qui l'a produit. Ce sont là des questions d'analyse et de critique, de psychologie et d'histoire, dont aucune ne sort du domaine absolu de la raison. Mais veut-on aller plus avant? veut-on plonger un regard dans l'intérieur même du dogme chrétien? On le peut sans doute, non plus toutefois par les forces de la raison seule : il faut se laisser conduire à la direction de l'autorité et de la foi. Si la raison, en effet, pouvait à elle seule pleinement comprendre les vérités de la foi, elle aurait pu les inventer; s'il lui était donné de se les approprier tout-à-fait, elle aurait pu s'en passer; si la révélation était parfaitement compréhensible, elle aurait été parfaitement inutile. Dans l'idée même d'une révélation, le mystère, l'inintelligible, est par conséquent impliqué. La raison peut donc à elle seule éprouver les fondemens sur lesquels repose l'édifice de l'église, mais elle ne peut pénétrer dans le sanctuaire qu'à la condition de s'incliner en passant le seuil. Telle est la donnée d'un second ordre de preuves appelées par M. Nicolas preuves intrinsèques du christianisme. Là, c'est la foi qui règne en souveraine; ce sont les vérités d'origine révélée qui sont exposées dans leur beauté simple. La raison, admise à les contempler, doit y reconnaître la satisfaction de ses besoins vagues, l'objet de ses pressentimens confus, l'idéal d'une beauté céleste dont elle conçoit les règles, sans apercevoir nulle part l'image. C'est ici la contre-partie du spectacle présenté tout à l'heure par le premier ordre de preuves; du sein de la raison s'élevaient des aspirations inattendues vers la foi :

ici, du haut de la foi découlent des rapports inattendus avec la raison. C'est tel trait ineffable de la bonté divine qui, tout d'un coup
révélé, suffit à allumer cet amour qui languissait au pied du Dieu
abstrait de la philosophie; c'est tel récit fabuleux en apparence, mystérieux par les problèmes qu'il soulève, et qui se trouve répandre sur
l'état intérieur de l'ame, sur les angoisses de la conscience, sur le partage des affections, sur les luttes intimes du bien et du mal, une lumière
imprévue. Nous n'osons pas en dire davantage. Cette science intime du
christianisme, elle existe depuis long-temps à l'ombre du sanctuaire;
depuis des siècles, les pierres de l'autel sont arrosées par les larmes de
son extase; les cellules des monastères en conservent le secret. Chassée
des yeux du public par les dédains railleurs du dernier siècle, elle reparaît, sous la plume savante de M. Nicolas, avec un noble mélange de
hardiesse et de pudeur. Le zèle ardent de son disciple la défend contre
des regards trop profanes: Nous n'oserions lui faire faire un pas de plus
dans la mêlée étourdie et bruyante de la presse.

Nous espérons seulement avoir réussi à appeler l'attention sur le trait
véritablement original du livre de M. Nicolas, sur cette entreprise patiente d'enserrer de toutes parts la raison pour la contraindre à se rendre
à discrétion à la foi. Nous voudrions avoir fait comprendre ce double
procédé d'apologétique, qui tantôt part de la raison pour s'élever jusqu'à la foi, tantôt descend de la foi pour rejoindre la raison. Nous per-
sistons à penser que c'est à ce respect pour le plus noble, bien que le plus
dangereux apanage de notre nature, et pour le principe générateur de
notre société, que M. Nicolas a dû le succès sérieux et chaque jour
croissant de son œuvre. Une lutte paradoxale non-seulement contre les
erreurs, mais même contre l'exercice légitime de la raison, lui aurait
peut-être valu, en des jours de réaction, une popularité plus brillante;
l'amertume du langage aurait peut-être aussi réveillé plus vivement
les organes blasés du public. Nous croyons le procédé de M. Nicolas à
la fois plus digne et plus sûr. Il s'adresse non point à l'un de ces caprices de goût qui ne sont jamais plus passagers et plus vifs que chez
des malades, mais à un besoin profond, produit dans toutes les consciences sincères par l'expérience et la réflexion. Ce besoin, c'est de
concilier l'enseignement populaire de la religion, de l'antique et immuable religion catholique avec ce qu'il y a de définitif et d'irrévocable
dans l'état d'esprit enfanté par la révolution du dernier siècle, nous
ne dirons pas avec l'émancipation (ce mot a plusieurs sens, et irait
plus loin que nous ne voudrions); mais avec la majorité, désormais
atteinte, de la raison générale. Quoi qu'on fasse, la simple foi d'un autre
âge ne refleurira pas sur notre sol : le temps est passé où l'église, faisant le catéchisme d'une société enfantine, traçait à la fois et la demande et la réponse. Heureux temps peut-être où la curiosité ne de-

vançait pas la science, qu'elle n'a pas même aujourd'hui la patience
d'attendre! Mais les regrets sont en tous genres la chose du monde la
plus superflue. Il faut remplacer les préjugés qui sont tombés par les
convictions, et les habitudes qui sont perdues par la règle librement acceptée. En supposant même que depuis que la raison a secoué
si violemment le joug de la religion, elle n'ait fait que des fautes et
mérité que des châtimens, les fautes elles-mêmes et les châtimens in-
struisent; c'est encore là une des plus grandes écoles de ce monde. Si
la science du mal a beaucoup marché, il faut que la science du bien,
pour la rejoindre, avance du même pas. Voilà pourquoi sans doute
autrefois le même arbre portait les fruits de l'une et de l'autre. Quand
l'enfant prodigue pardonné était assis au foyer paternel, il ne se livrait
plus sans doute aux mêmes jeux, et ne récitait pas les mêmes prières
qu'au pied du berceau de son enfance. Je ne sais quoi d'inquiet devait
briller encore dans son regard terni par les larmes. Sur son front
sillonné par la débauche, la réflexion aussi avait laissé son empreinte.
C'est cette curiosité réfléchie, qui veut aller au fond des choses, naturelle aux gens qui ont beaucoup vécu, que les défenseurs de la religion doivent s'efforcer de satisfaire chez une société qui a beaucoup
appris, parce qu'elle a beaucoup souffert. Est-il vrai d'ailleurs que de
ce développement de la raison, qui fait notre caractère distinctif, la religion ne puisse rien tirer à son profit, et qu'elle doive tout frapper d'un
même anathème? Rien ne nous réduit à un tel aveu. Nos lois, nos institutions, nos mœurs sont, nous l'avons dit, les œuvres de la raison,
mais d'une raison élevée, formée, dilatée par quatorze siècles de catholicisme. L'empreinte de cette longue éducation est partout visible;
il ne s'agit que de la mettre en relief. La religion chrétienne peut s'accommoder de toutes les œuvres rationnelles de notre société moderne,
car il n'en est aucune qui ne soit indirectement sortie d'elle. Le laba-
rum de Constantin, arboré pour la première fois sur une basilique
romaine, dut sans doute étonner les regards; mais, sur le frontispice
de tous nos monumens, il ne faut qu'une main intelligente pour faire
reparaître la trace effacée de la croix.

ALB. DE BROGLIE.

SALON DE 1850.

Notre âge a de grandes prétentions, il aime surtout à s'entendre dire qu'il résume tous ses devanciers et les surpasse quelque peu. C'est même un trait de notre caractère qu'on ne retrouve pas, je crois, aussi saillant dans les époques antérieures : jamais on ne s'est montré moins qu'à présent *laudator temporis acti*. Nous voyons force gens s'encenser à tour de bras dans la personne de leur siècle, si bien qu'à les ouïr, on se retrouve très étonné de n'être pas plus fier de vivre. Heureuse sérénité! Après tout, c'est peut-être une bonne précaution à prendre, au cas où la postérité n'y mettrait pas la même bienveillance.

En fait d'art, il serait injuste sans doute de se montrer absolument pessimiste. Il s'est produit depuis vingt ans, dans certains genres, des ouvrages très remarquables. Même au salon de cette année, en se montrant difficile, on pourrait faire un choix d'une dizaine de tableaux ou statues qui ne sont pas des chefs-d'œuvre, si l'on veut, mais qui feraient bonne figure dans les meilleures galeries. Dix ouvrages sur quatre mille, c'est peu, dira-t-on : — c'est beaucoup au contraire, par le temps qui court et avec les symptômes qui se manifestent. Nous pourrions même borner notre désir à voir chaque salon maintenir un pareil chiffre; malheureusement ce petit nombre est noyé dans un torrent d'œuvres sans nom où les plus déplorables fantaisies se révèlent, et, à voir ces tristes manies grandir d'année en année et s'imposer magistralement, il y a lieu, ce semble, de n'être plus si satisfait du présent et de·s'inquiéter·sérieusement de l'avenir: Abaissement ou absence de pensée, habileté de main, tels sont les caractères généraux·qu'on saisit·au milieu de ce *tohu bohu*· des·manières les plus diverses. La grande peinture s'affaiblit chaque jour davantage, et le succès n'est guère que pour les ouvrages de petite dimension : tableaux de genre, paysages, etc. Est-ce·là un·progrès? Pour faire·un tableau d'histoire, la tête doit,être de moitié avec·la·main; le·choix médité d'un sujet, l'ordonnance des lignes, l'expression des sentimens et la noblesse du dessin sont des conditions indispensables. Il est·des œuvres, au contraire, où la nature·vulgaire du sujet et l'exiguïté du cadre permettent quelquefois de se soustraire à ces règles impérieuses, disons mieux, de·les faire oublier. Ce n'est donc pas·bon signe·si, pour montrer du talent, il nous faut nous rapetisser et·nous·réfugier dans les natures mortes.

Chaque année, nous le savons, revient avec persistance un paradoxe niais : que le choix du sujet importe peu, que le *rendu* est tout, et l'on vous jette aussitôt à la tête les Flamands et·les·Espagnols. L'étrange argument que voilà ! Un des plus beaux tableaux de l'école flamande est, sans contredit, *le Jour des Rois* de Jordaens; quelle que soit·pourtant la puissance vraiment extraordinaire·de·couleur qu'on·admire dans ces compères en goguette, on nous·permettra·de garder notre préférence pour telle madone qu'on voudra·de Raphaël, bien qu'il n'y en ait aucune qui soit aussi montée de ton: Il va·sans dire que; si l'on nous donnait des Jordaens·ou des Paul Potter, nous ne·réclamerions pas; mais soyons francs, et ne prenons ces raisons,que pour ce qu'elles valent, pour l'excuse de l'impuissance. Si nous dédaignons la·composition, c'est que nous ne·voulons·pas nous donner la peine d'apprendre à composer; si nous offensons le dessin, c'est· que nous ne savons pas dessiner. « Horace, mon ami, disait le vieux·David, d'humeur narquoise; tu·fais; des épaulettes parce que tu ne sais pas faire des·épaules. » A notre tour, nous·faisons· des,maisons· et des arbres, parce que c'est plus facile que de faire des hommes, et, quand nous peignons des hommes, nous leur passons un·habit ou une blouse, parce que c'est bien plus aisé à·tout·prendre que·de les·peindre·nus. Pour dernier trait, si nous voyons des artistes (et ce n'est encore que demi-mal) s'en tenir à la reproduction exacte des·formes, sans·souci du·choix et de l'expression, le plus·grand nombre n'admet même plus·la forme définie par les contours, et·se borne à rendre l'apparence·des objets au moyen d'un certain ajustement· de couleurs·plaisant·à·l'œil, où·la dextérité de la main joue le·principal·rôle; de compte à·demi avec·le hasard. Et quand ces pochadés·informes·se produisent·prétentieusement, sont applaudies et font·école, comment ne pas·crier·à·la décadence? En·vérité, c'est·un devoir, et·des·plus impérieux, car; pour peu qu'on n'y prenne garde, les arts plastiques en seraient réduits à n'exprimer plus des idées, mais seulement des sensations.

Une femme d'esprit a dit néanmoins excellemment : « Le but de la peinture et de la sculpture doit être d'inspirer aux hommes de belles pensées par la vue de belles images. » Voilà une noble définition qui peut servir de *criterium* dans l'appréciation des œuvres d'art. On peut l'appliquer au salon de 1850, en y ajoutant comme corollaire que toute image qui éveille en l'esprit de celui qui la contemple une pensée vulgaire, un sentiment ignoble, est par cela même mauvaise, ou tout au moins défectueuse, quelle que soit d'ailleurs la vérité avec laquelle elle est rendue. Ceci met mal à l'aise les gens à système, les prôneurs de modes passagères, ceux·qui confondent l'agréable avec le beau et ceux qui purement et simplement glorifient le laid.

I.

Qu'en pense M. Courbet? mais d'abord M. Courbet prend-il ses tableaux au sérieux? Nous aurions voulu nous persuader le contraire; malheureusement, il paraît qu'il a foi dans son entreprise. Il y a de M. Courbet un portrait peint par lui-même, et qui, par parenthèse, est bien entendu comme couleur, largement et délicatement touché. Sous ce masque prétentieusement inculte, nous avons cherché à démêler quelle pouvait être la pensée de l'artiste dont les ouvrages résument le plus orgueilleux et le plus parfait mépris de tout ce que le monde admire depuis qu'il existe. Faut-il le dire? ces paupières mi-closes, ce regard endormi jeté par-dessus l'épaule, ne trompent pas. Évidemment, M. Courbet est un homme qui se figure avoir tenté une grande rénovation, et ne s'aperçoit pas qu'il ramène l'art tout simplement à son point de départ, à la grossière industrie des maîtres imaigiers. J'ai entendu dire que c'était là de la peinture socialiste. Je n'en serais pas surpris, le propre de ces sortes de doctrines étant, comme on sait, de donner pour grandes découvertes et derniers perfectionnemens les procédés les plus élémentaires et toutes les folies qui, depuis le commencement du monde, ont traversé la cervelle de l'humanité. Dans tous les cas, tant pis pour le socialisme! les tableaux de M. Courbet ne sont pas pour le rendre attrayant.

M. Courbet s'est dit : A quoi bon se fatiguer à rechercher des types de beauté qui ne sont que des accidens dans la nature et à les reproduire suivant un arrangement qui ne se rencontre pas dans l'habitude de la vie? L'art, étant fait pour tout le monde, doit représenter ce que tout le monde voit; la seule qualité à lui demander, c'est une parfaite exactitude. Là-dessus, notre penseur plante son chevalet au bord d'une grande route, où des cantonniers cassent des pierres : voilà un tableau

tout trouvé, et il copie les deux manœuvres dans toute leur grossièreté
et de grandeur naturelle, de peur qu'un seul détail échappe. Le vieux,
qu'on aperçoit de profil, a un chapeau de paille et un gilet rayé à deux
rangs de boutons; il a ôté sa veste et mis un genou en terre pour travailler; sa chemise est de toile très grossière, et son pantalon rapiécé;
enfin il porte des sabots, et ses talons malpropres percent à travers
des chaussettes de laine usées. Son jeune compagnon charrie les cailloux, et nous ne le voyons que de dos; mais cette partie de son corps
n'est pas sans quelques particularités importantes : une bretelle retenue
par un seul bouton, une déchirure de la chemise laissant voir le nu
de l'épaule, etc. Tandis que M. Courbet dresse ce signalement, passent
quelques paysans de retour de la foire de Flagey, où ils ont acheté
quelques bestiaux. — Que nous importe, s'il vous plaît, qu'ils viennent
de Flagey ou de Pontoise? mais il faut être vrai : c'est bien de Flagey
(département du Doubs) qu'ils viennent; l'un a une blouse, l'autre un
habit et une casquette de loutre; Dieu me pardonne! j'allais oublier
que celui-ci ramène un porc et lui a passé une corde au pied droit de
derrière. On ne sait qui a l'air le plus gauche ici, des hommes, des
bœufs ou des porcs.

Voici venir ensuite une procession lugubre, un prêtre en chape
noire, des bedeaux en robe rouge, enfans de chœur, croque-mort,
une bière, hommes et femmes vêtus de deuil. Suivons le convoi jusqu'au cimetière d'Ornus; on n'a pas tous les jours telle fortune de rencontrer si grande et si curieuse réunion. Voilà une aubaine à défrayer
vingt pieds de toile, et c'est pour le coup qu'il faut entonner le mode
épique. L'*Enterrement à Ornus* constitue en effet l'œuvre capitale, le
tableau d'histoire de M. Courbet. Si M. Courbet avait daigné élaborer
sa pensée, ajuster les diverses parties en élaguant ou dissimulant celles
qui déplaisent au profit des motifs heureux qui pouvaient se rencontrer, il eût produit un bon tableau. Le sujet en lui-même s'y prêtait :
il n'est pas nécessaire, pour émouvoir, d'aller chercher bien loin; les
funérailles d'un paysan ne sont pas pour nous moins touchantes que
le convoi de Phocion. Il ne s'agissait d'abord que de ne pas localiser
le sujet, et ensuite de mettre en lumière les portions intéressantes
d'une telle scène, ce groupe de femmes, par exemple, qui pleurent avec
un mouvement si naturel, et que vous avez eu l'adroite inspiration
d'écraser par une sotte figure de campagnard en habit gris, culottes
courtes, bas à côtes, surmonté d'un ridicule tricorne. Après le rustre
que je viens de dire, les personnages les plus apparens du tableau sont
deux bedeaux à l'air aviné, à la trogne rubiconde, vêtus de robes
rouges, et qu'au premier abord on prend pour les magistrats de l'endroit venant rendre les derniers devoirs à un confrère; puis vient une
file d'hommes et de femmes dont les têtes insignifiantes ou repous-

santes n'inspirent pas le plus faible intérêt. Si ce sont des portraits de famille, laissez-les à Ornus. Pour nous, qui ne sommes pas d'Ornus, nous avons besoin de quelque chose de plus qui nous attache. Ce qu'il fallait éveiller chez le spectateur, c'était le sentiment naturel qui accompagne une pareille scène; or, ce n'est pas précisément l'effet obtenu par vos grotesques caricatures. On ne pleure guère devant cet enterrement, et cela prouve bien que la vérité n'est pas toujours vraie.

C'est grande pitié qu'en l'an 1851 on soit réduit à faire la démonstration des principes les plus élémentaires, à répéter que l'art n'est pas la reproduction indifférente de l'objet le premier passant, mais le choix délicat d'une intelligence raffinée par l'étude, et que sa mission est, au contraire, de hausser sans cesse au-dessus d'elle-même notre nature infirme et disgraciée. Ils se sont donc trompés, — tous les nobles esprits qui, de siècle en siècle, ont entretenu dans l'ame de l'humanité le sentiment d'une destinée supérieure, — et nous aussi qui devant leurs chefs-d'œuvre nous sentions allégés, heureux de dérober quelques heures à la pesante réalité! Voici venir les coryphées de l'ère nouvelle qui nous rejettent brutalement la face contre cette terre fangeuse, *udam humum*, d'où nous enlevait l'aile de la poésie. Ils nous ramènent à la glèbe, ces prétendus libérateurs, et, pour ma part, je n'imagine pas de contrée si barbare dont le séjour ne fût préférable à celui d'un pays où ces sauvages bêtises viendraient à prévaloir.

Par suite de ce système de peindre les objets tels qu'on les rencontre, et d'écarter tout ce qui pourrait avoir l'air d'une combinaison, les tableaux de M. Courbet ne présentent ni jour ni ombre, et ont un aspect extrêmement plat. La perspective n'y est pas plus soignée que l'effet; je ne sais pourquoi, est-ce aussi avec intention? En attendant que la raison nous en soit révélée, nous admettrons que c'est par maladresse. M. Courbet fait également des portraits. Pour le coup, on peut lui prédire qu'il n'aura pas grande vogue; aussi voyez-vous qu'il n'a trouvé pour modèles que lui-même et un excentrique personnage dont la théologie doit s'entendre avec l'esthétique du peintre. Le portrait de M. Jean Journet en Juif errant, le sac au dos, la gourde en sautoir, un bâton à la main, est du reste le meilleur ouvrage de M. Courbet; il est peint avec une furie espagnole de franc goût. Quant à M. Berlioz, qui se trouve, on ne sait comment, fourré dans cette bagarre, on prétend qu'il ne voulait pas d'une telle portraiture, et qu'il s'en défendait comme un beau diable; mais, bon gré mal gré, il a été exécuté; et, en le voyant, on comprend aisément sa répugnance.

Dans la section du laid, M. Antigna suit M. Courbet, mais de bien loin. Il n'est pas encore de force et a des progrès à faire: Ses *Enfans dans les blés*, ses petites filles ramassant du bois mort dans le tableau de *l'Hiver*, laissent voir un certain arrangement et des velléités de composition inquiétantes; il importe aussi d'avertir M. Antigna que les têtes de ses bambins ne sont vraiment pas tout-à-fait dépourvues de charme. Qu'est-ce à dire? M. Antigna serait-il donc près de sacrifier aux graces? Vite, qu'il y mette bon ordre et revienne aux vrais principes. Parlez-nous de la *Sortie de l'École,* voilà un gamin convenablement hideux et malpropre. On en voit de tels dans la rue de l'Oursine ou sur le boulevard extérieur. Pourquoi les prenez-vous rue de l'Oursine? Mieux vaut, croyez-moi, les aller chercher dans les blés, où le soleil dore leurs joues et leurs guenilles; dans la vie rustique, les côtés repoussans sont atténués par le paysage qui sert de cadre, et le contingent de laideur que l'homme y apporte se fond aisément dans l'harmonie générale de la nature.

Il faut toute la volonté tenace de M. Courbet pour résister à ce correctif salutaire; cela vient de ce que la figure humaine, presque toujours de grandeur naturelle dans ses tableaux, y absorbe exclusivement l'attention, et aussi, je crois, de ces affreux habits neufs dont il orne presque toujours ses paysans. Les haillons en peinture ont bien leur prix, surtout quand on sait les choisir riches de tons. Les costumes du Midi, ceux de la Bretagne, sont en ce genre des modèles classiques sans cesse reproduits, et qu'on revoit avec plaisir : il est aisé d'en tirer un parti avantageux, comme a fait M. Hédouin dans ses *Femmes à la Fontaine,* jolie petite composition à laquelle il ne manque qu'un dessin plus arrêté; mais choisir précisément une manière de fermier en habit gris à queue de morue, tout ce qu'il y a de plus gauche, de plus cru, de plus butor, c'est vouloir soutenir une gageure malheureuse contre le bon sens.

Après M. Courbet, chacun supposerait qu'il faut tirer l'échelle; pas encore s'il vous plaît. Nous avons découvert une certaine pastorale au moins aussi extravagante en son genre que l'*Enterrement d'Ornus : Berger et Bergère,* ainsi s'intitule ce curieux morceau où l'on voit un cyclope aux bras rouges, à la face enluminée comme un Iroquois, assis aux pieds d'une Galatée à jupon rayé de rouge, et dont la coiffe rose, se reflétant sur ses joues, produit un effet pourpré assez bizarre. Il est probable que l'auteur a organisé toute sa machine pour en venir, par des dégradations successives de tons, à ce résultat : le résultat est médiocre et ne saurait excuser la laideur de l'ensemble. Je ne citerais pas cette énormité, si elle ne portait le nom de M. Riésener. M. Riésener passe pour un peintre, du moins il se trouve des voix pour le proclamer tel; en y mettant la meilleure volonté, il est difficile de comprendre ce talent-là; si, pour être coloriste, il suffit d'étendre force carmin sur les joues de ses personnages, nombre d'écoliers en remonteront même à M. Riésener. Il y a de cet artiste une douzaine de portraits au pastel, tous plus bizarres les uns que les autres, entre lesquels

celui de Mme *** en amazone est le plus complet échantillon de son talent. La soie de la robe est assez bien rendue; mais nous croyons que
Mme *** changerait bien volontiers son visage contre sa robe.

Dans la grande peinture, l'école du mélodrame fait pendant à l'école
du laid. Parmi nos peintres d'histoire, M. Müller est le premier... par
rang de taille. L'*Appel des dernières victimes de la terreur*, réduit à de
plus modestes dimensions, formerait une vignette très convenable pour
une histoire de la révolution illustrée. Disposer avec un grand fracas,
sur une toile de trente pieds carrés, une multitude de personnages
dans des attitudes violentes; faire appel à de terribles souvenirs et évoquer les plus fortes passions pour ne produire en somme qu'un effet
mesquin, cela rappelle, en peinture comme ailleurs, la montagne ac-
couchant d'une souris. Comment M. Müller s'y est-il donc pris pour
qu'une si redoutable tragédie nous laisse insensibles? Certes, cela ne
tient pas au choix du sujet, un des plus émouvans qui puissent nous
être présentés. Le retentissement des sanglots de cette funèbre époque
est encore au fond de nos entrailles, et nos mères nous l'ont transmis. On conteste, nous le savons, qu'il soit parfaitement convenable
et opportun de reproduire des récits semblables; pour notre part.
nous ne comprenons guère de tels scrupules; craint-on que l'enthousiasme et la pitié ne soient pour les bourreaux? L'invention de M. Müller n'est donc pas répréhensible au nom de la morale. Au point de
vue de l'art, s'est-il trompé? Pas davantage; cette scène est de celles qui
offrent de très belles ressources à la peinture. Nous sommes dans une
salle basse de la Conciergerie; le jour vient d'en haut et favorise les
effets de lumière. Une multitude de tout âge et de tout rang encombre la caverne de mort. Il y a là des marquis, des ci-devant nobles,
comme dit *le Moniteur*, des femmes de chambre, des *ex*-princesses,
des prêtres, des officiers, des soldats, des comédiens et des paysans,
c'est-à-dire abondance de types et de costumes pouvant donner lieu
aux plus heureuses oppositions. Au milieu de cette foule agitée,
morne ou furieuse, un huissier du tribunal révolutionnaire vient, un
papier à la main, faire l'appel des condamnés. A chaque nom qui
tombe de sa bouche fatale, une grille s'ouvre dans le fond et donne
passage à la victime qu'attend le tombereau. Situation imposante, motifs pittoresques, rien ne manquait, et M. Müller n'a pas su profiter de
tant de richesses! C'est que, dans un sujet grand et terrible, il a apporté de petites idées, des préoccupations puériles, et qu'à défaut de
noblesse il ne se sauve pas par la fougue de l'exécution. Peintre de
bambochades et de bergers trumeaux, M. Müller ne comprend pas que
des sujets divers veulent des manières diverses, et il vous chiffonne
un drame absolument comme il ferait d'une ronde de mai. Ici il a en-
rubanné la douleur, attifé l'héroïsme, et l'égarement du désespoir lui

est un prétexte à faire miroiter du satin ou à lutiner la mousseline qui couvre un beau sein. Enfin il réussit à détourner l'attention du spectateur sur de rians détails qu'on n'apercevait pas, soyez-en persuadé, dans cette heure solennelle, en admettant même qu'ils existassent : sur la gorge demi-nue de la princesse de Monaco par exemple, sur un certain corsage vert-pomme de Mlle de Coigny se roulant sur les genoux de l'évêque d'Agde avec des coquetteries de prunelle pour André Chénier, qui seul, assis sur le premier plan un crayon et un papier à la main, compose son dernier *iambe* interrompu. L'idée d'abstraire le poète du tumulte de la scène était bonne, mais à la condition de ne pas la pousser trop loin. J'aurais supprimé le papier et le crayon; si vous laissez croire que Chénier s'occupe encore à cet instant de chercher une rime, vous le rendez misérable et froid. Combien plus vrais et plus humains sont cette vieille marquise de Colbert disant son chapelet et M. de Roquelaure cuirassé dans son impassibilité stoïque de soldat! Ce n'est pas dans Théocrite et dans Catulle qu'ils ont appris, ceux-là, le dédain de la mort. La date du 7 thermidor n'est restée, nous le savons, que parce qu'elle est liée au nom de Chénier, et il semble de prime abord tout naturel que M. Müller ait voulu faire du poète le principal personnage de son tableau, et l'ait placé au milieu de la toile, concentrant sur sa tête la plus grande masse de lumière. Cependant, pour peu qu'on y réfléchisse, on s'apercevra que c'est là une erreur : pour les prisonniers d'abord, et pour nous ensuite, ce n'est pas Chénier qui est le personnage important, mais bien l'homme à l'écharpe et aux culottes jaunes lisant sa liste au second plan; c'est vers celui-ci que se tendent tous les yeux, c'est à sa bouche que chacun est suspendu. Dans la foule qui regarde le tableau de M. Müller, il en est beaucoup qui ne savent pas ce que c'est que Chénier, qui ne comprennent ni son crayon ni son air inspiré, et, sans s'arrêter à ce personnage, vont tout de suite à celui qui leur donne la clé de toute la scène. Pour s'être exclusivement préoccupé du côté anecdotique, M. Müller a donc manqué l'unité de son tableau. Mieux eût valu ne faire du poète qu'un accessoire et le reléguer à droite ou à gauche, où nous aurions su assez bien le trouver. Dans les arts, l'idée simple doit toujours avoir le pas sur l'idée composée; avant de s'adresser aux ingénieux, aux délicats et aux érudits, il faut d'abord être compris par le peuple.

L'huissier est la figure la mieux peinte du tableau de M. Müller. Son visage contracté exprime bien la dureté d'habitude, et peut-être de commande, que lui donnent ses fonctions; il y a aussi quelques porte-piques d'une férocité et d'une stupidité très naturelles. M. Müller ne saurait-il donc réussir que ces sortes d'expressions? Là où il eût fallu mettre de la grandeur, de la noblesse, il échoue complétement. Voyez

le petit minois crispé de l'évêque d'Agde, et surtout son André Chénier. Pour celui-ci, il n'y avait qu'à copier le portrait fait à Saint-La-
zare même par Suvée, et qui a été dessiné par M. Henriquel-Dupont.
Pourquoi chercher une expression aigre, bilieuse et tourmentée, lorsque l'original présentait des plans larges et calmes, une bouche où la
grace repose, et des yeux pleins d'une douceur si triste? C'est défigurer bien gratuitement un noble modèle. Les femmes de M. Müller sont
d'une beauté qu'on ne rencontre guère qu'à de certaines heures et dans
certains quartiers; dans le dessin des têtes et des mains, cette partie si
importante, il observe uniformément une élégance de mauvaise compagnie. En somme, les défauts que nous signalions l'année dernière
dans sa *Lady Macbeth* se retrouvent ici tout entiers : rien d'étonnant;
on ne se corrige pas de penser d'une façon vulgaire; on n'apprend pas
le goût et la distinction.

Le dernier Banquet des Girondins, de M. Philippoteaux, fait pendant
au tableau de M. Müller. Cette composition est froide et compassée;
c'est bien ainsi, au reste, que durent poser jusqu'à leur dernière heure
ces rhéteurs à l'antique, qui, on l'a dit souvent, n'ont su que parler et
bien mourir; mais n'était-ce pas encore là du pastiche? On mourait
très bien à Rome sous Tibère, et tout en 93 était renouvelé des Romains. Un des rares mouvemens spontanés de cette époque, où tant de
machinations ténébreuses ont été travesties en élans populaires, c'est
celui qui porta les volontaires à la frontière. Il est fâcheux que M. Vin-
chon nous ait gâté ces *Enrôlemens de* 1792 en les habillant à la façon
de l'Opéra-Comique. Quelle appétissante jeunesse aux joues blanches
et roses! Voilà des chérubins qui feront bien des ravages partout où
on les conduira. M. Yvon est moins coquet : ses Russes sont rébarba-
tifs, et ses Tartares incultes. Il n'y a pas à l'en blâmer; on voudrait seulement voir un peu plus clair dans l'inextricable fouillis d'armures
étranges, de chevaux et de cadavres qui représente la *Bataille de Koulikovo.* Une seule figure ressort bien du milieu de la mêlée, c'est celle
du grand-duc Dmitri, monté sur un cheval blanc, et qui serait louable,
si elle ne rappelait trop celle de Kléber au combat de Nazareth. M. Yvon
possède un beau dessin; mais dans la *Bataille de Koulikovo* il s'est un
peu trop défié de son imagination, on y rencontre à chaque pas des
ressouvenirs trop vifs d'*Eylau* et d'*Aboukir.* Quand M. Yvon en appelle
moins à sa mémoire, il sait trouver des attitudes hardies, comme celle
de ce guerrier sur le premier plan à droite, qui décharge un si furieux
coup de sabre sur un moine.

La Procession de la Ligue, de M. Alexandre Hesse, aurait-elle été
commandée pour le musée de Versailles? Elle porte très marqué l'air
de famille de cette collection chronologique. Il y a du style dans le tableau de M. Auguste Hesse, *Jacob luttant avec l'ange.* Seulement il est.

bon, d'avertir M. Hesse, que ses lutteurs ne connaissent pas très, bien leur affaire. Le croc en jambe que Jacob cherche à, donner à son, adversaire est contre les règles de l'art. La *Mère de douleurs*, de M. Dugasseaux, est aussi d'un, bon style et d'un, sentiment de composition parfaitement juste : assise au bord d'une route dans un paysage morne, la Vierge tient sur ses genoux le corps de son, fils, et son attitude dit bien : « O vous tous qui passez sur la route, regardez et voyez s'il est une douleur égale à ma douleur. » Des anges dans la manière des maîtres italiens garnissent à droite, et à gauche le haut du tableau. Si M. Dugasseaux exécutait comme il conçoit et compose, il serait un de nos premiers peintres.

Donnez pour sujet de tableau un épisode de la Saint-Barthélemy à l'un de nos réalistes : il y a gros à parier qu'il s'attachera à quelque affreuse représentation de massacre prise sur le fait, — le corps décapité de Coligny, par exemple, traîné au croc dans les ruisseaux par la populace, ou, s'il veut faire le procès à la royauté, comme M. Julien de La Rochenoire s'inspirant de Mézeray, « Charles IX tirant sur ses sujets par la fenêtre du Louvre et taschant de les *canarder* avec sa grande arquebuse à giboyer. » M. Decaisne montre un meilleur goût en choisissant, au milieu de cette horrible boucherie, un trait de courage qui élève la pensée. *Le chancelier de l'Hôpital pendant la Saint-Barthélemy* a rassemblé autour de lui sa femme, sa fille et ses petits-enfans qui se pressent épouvantés à ses genoux; d'un cœur ferme et le front serein, il attend les assassins qu'on voit dans le fond monter tumultueusement l'escalier. Cette disposition est bien entendue : le groupe principal offre de belles lignes, et chacune des têtes a bien l'expression juste qui lui convient. La beauté des étoffes est une qualité habituelle à M. Decaisne; nous retrouvons cette qualité dans un petit tableau de genre du même peintre, *Louis XIV et madame de la Vallière*, où M. Decaisne a, dépassé tout ce qu'il avait fait de mieux jusqu'à ce jour comme délicatesse de dessin, arrangement et distinction de couleur. Ses deux portraits de femmes se recommandent également par leur élégance et leur bon goût.

En prenant pour thème *le Jeune Malade* d'André Chénier, M. Jobbé-Duval rencontrait nécessairement le souvenir de la *Stratonice* de M. Ingres. M. Duval a, jeté dans son tableau tant de jeunesse et de charme intime, qu'il s'est tiré avec bonheur d'une si redoutable comparaison. Rien de plus gracieux que sa jeune fille blonde qui, dans un pan de sa tunique blanche, apporte des fleurs à son amant; tandis qu'elle lui tend la main, le jeune insensé

Tremble, et, sous ses tapis, il veut cacher sa tête.

Ce mouvement est naïvement rendu; le vieillard assis au pied du lit, la vieille mère, sont d'une grande correction de dessin.

M. Laemlein, ayant à figurer une vision apocalyptique où quatre
génies aux ailes éployées conduisent chacun un attelage sur les abîmes
de l'air, s'est appliqué à donner à ses chevaux l'aspect floconneux des
nuages au milieu desquels ils galopent. Les génies, les draperies, sont
à l'unisson; le tout semble peint en détrempe, et n'est pas mieux arrêté qu'un décor de théâtre. C'est, à notre avis, mal comprendre les
conditions de l'allégorie dans les arts plastiques. Du moment où l'idée
devient contingente, elle est forcée de se soumettre aux lois du monde
matériel. Un homme est un homme, un cheval est un cheval: peignez-
les donc tels que Dieu les a faits. M. Ziégler, qui sait cela, arrête avec
une pureté antique la forme d'une gracieuse allégorie qu'il intitule :
Pluie d'été; c'est une belle jeune femme aux cheveux entrelacés de
perles et glissant d'un pied léger entre des fleurs qu'elle arrose avec
une urne de Voisinlieu. Malheureusement, cette figure manque de relief et présente une teinte générale gris-lilas aussi invraisemblable que
les chevaux capitonnés de M. Laemlein. Ainsi que le dessin, il faut
que la couleur soit vraie. M. Ziégler a aussi entrepris de traduire un
dialogue du *Cantique des Cantiques* entre l'époux et l'épouse : « Mon
bien-aimé est à moi, et je suis à lui; il paît son troupeau parmi le
muguet, etc.... » Sans examiner si M. Ziégler a bien compris le
texte de Salomon, non plus que M. Laemlein celui de Zacharie (c'est
affaire aux glossateurs et hébraïsans), nous n'avons à voir dans ses *Pas-
teurs* qu'une belle étude académique et un groupe aux lignes savamment combinées. L'époux et l'épouse, l'un à côté de l'autre, sont assis
sur un tertre au milieu d'une plaine où le troupeau « paît le muguet. »
La jeune femme appuie son bras sur l'épaule du bien-aimé et incline
vers lui sa tête blonde. Un chien noir accroupi à ses pieds forme le troisième terme de cette combinaison triangulaire. M. Ziégler recherche
beaucoup les relations des nombres, et croit que si l'on pouvait retrouver la clé des proportions harmoniques établies par Pythagore
dans l'architecture, la peinture, la sculpture, la musique, on ramènerait les arts à leur primitive perfection. Cette théorie, probablement
vraie pour l'architecture et la sculpture, ne veut pas être appliquée
d'une manière absolue à la peinture, où trop de symétrie empêcherait
le mouvement et la vie. Toutefois, en l'état actuel des goûts, il n'y a
pas grand péril à la mettre en honneur, et l'on n'a pas à craindre que
nos coloristes en abusent. Ils ne sont pas encore près de renoncer aux
draperies fripées, aux contours baveux, qu'en haine des tuyaux d'orgue
de l'empire ils sont allés emprunter aux Largillière et aux Vanloo.
Cette pauvre école impériale! on la conspue aujourd'hui, et l'on a
jusqu'à un certain point raison, car elle a engendré dans les arts un
furieux ennui; mais, quand la réaction sera arrivée à ses dernières
limites, on finira peut-être par reconnaître qu'elle avait du bon, qu'elle
ne dessinait vraiment pas trop mal. Quand on sera fatigué des ragoûts

de couleur, écœuré des débauches de tout genre auxquelles on nous
convie, l'ascétisme reprendra peut-être faveur : ainsi va le monde en
toutes choses.

II.

En attendant, c'est toujours aux coloristes qu'appartient la vogue :
ils le savent; c'est pourquoi ils ne se gênent guère et prennent leurs
ébats en vrais enfans gâtés qu'ils sont. On les rencontre en foule à
tous les pas, dans le débraillé le plus complet. Chaque année en voit
éclore de nouveaux; les anciens tiennent ferme, et ceux-là même qui
depuis quelque temps se faisaient plus rares reviennent à la fête. Voici
M. Tony Johannot, avec sa touche molle et lustrée, si bien appropriée à
la gravure anglaise; M. Roqueplan, plus ferme, mais en même temps
plus tourmenté. La *Halte après une chasse au faucon* du premier, la
Jeune Fille portant des fleurs du second, représentent bien leurs manières respectives. Voici encore M. Isabey, si ébouriffé, si papillottant,
si tapageur, que, devant son *Mariage de Henri IV,* on est pris d'un
éblouissement pareil à celui que produit l'aspect houleux du bal de
l'Opéra; M. Boulanger, qui se croit toujours aux beaux temps du romantisme et fait danser la Esmeralda au coin d'une *Rue de Séville!*
Ces allures et ces costumes des coloristes romantiques paraissent
maintenant un peu vieillots. Du temps de *Notre-Dame de Paris,* les
peintres donnaient beaucoup dans les pourpoints tailladés et les feu-
tres à plumes. Les néo-coloristes exploitent en général plus volontiers
la vie des champs, les intérieurs bourgeois et l'orientalisme. Ils montrent aussi une exécution plus franche, moins théâtrale. Entre tous
ces rustiques se distingue M. Chaplin, qui se modèle évidemment sur
la Mare-au-Diable et *le Champi,* bonne école où devrait bien aller
M. Courbet. L'exécution de M. Chaplin est en voie de progrès; son
Intérieur (Basse-Auvergne) est mieux étudié que ses précédens tableaux. M. Luminais peint des Bas-Bretons et les prend sur le fait,
dans l'exercice de leurs industries. Ses *Braconniers* sont vigoureusement empâtés, ses *Pilleurs de mer* forment un tableau curieux et saisissant. On sait que depuis l'origine du monde les Armoricains hospitaliers étaient dans l'habitude, pendant les nuits d'orage, de placer
sur la grève un cheval portant au cou une lanterne. La bête, dont un
pied était lié, boitait et balançait ainsi la lueur perfide, qui, prise du
large pour un navire au mouillage, attirait les pilotes entre les récifs.
Il n'y a guère plus de trente années que ces pratiques traditionnelles
ont à peu près disparu, non par le progrès des mœurs, mais par la vigilance de la gendarmerie. En voyant les Bretons de M. Luminais suspendus aux saillies de rochers et harponnant les dépouilles opimes que

leur jettent les vagues, nous nous sommes vivement rappelé les sauvages de Plougoff, les pointes sinistres de Penmarck, du Raz-de-Sein
et de la Baie des Trépassés, sans cesse voilées dans un linceul de brume
à travers lequel retentit la plainte éternelle de la mer et du vent.

M. Dumaresq a une couleur tout aussi éclatante et un dessin bien
plus soigné que M. Luminais. Son *Boucher* est une excellente étude,
puisque M. Dumaresq a le bon sens de ne nous le donner que comme
une étude. MM. Besson, Pezous, Tabar, Nègre, Vattier, sont moins modestes, et ils se tiennent pour très contens de leurs *à-peu-près;* aussi
tous se ressemblent. En quoi M. Pezous diffère-t-il de M. Tahar, et
M. Tabar de M. Nègre? La *Salle de police* du premier est moins em-
pâtée que l'*Intérieur de basse-cour* du second, et le troisième a peint
dans un coin des halles une *Marchande de haricots* faisant manger la
soupe à son poupon, qui possède les mêmes qualités chatoyantes. Il
en est de même de la *Rencontre* de M. Besson, de la *Lecture* de M. Vil-
lain, et d'une foule d'autres ouvrages plus ou moins lâchés. M. Millet,
dans la même voie, procède par empâtemens forcenés : il crépit ses
tableaux, qui, vus de profil, ressemblent à des cartes géographiques
en relief. Voilà ce qui peut s'appeler de la peinture solide! Ces épais-
seurs et tout ce mastic ne donnent pas plus d'éclat au coloris de M. Millet, qui semble plutôt prendre à tâche d'étouffer ses figures dans une
vapeur chaude et lourde.

M. Adolphe Leleux, au contraire, a une touche des plus légères; le
grain de la toile apparaît sous sa couleur hardiment posée et d'un seul
jet. Au milieu de tous ces jeunes artistes que son exemple a contribué
à entraîner, M. Leleux reste encore le plus habile dans l'art de manier
la brosse; malheureusement il outre de plus en plus ses défauts. Pas
un trait, pas un linéament dans ces contours éraillés : ce ne sont que
festons, ce ne sont que bavochures. Il n'est pas étonnant que, pour
peindre de la sorte, M. Leleux recherche les bourgerons noircis et les
pantalons frangés du faubourg. La *Patrouille de nuit* est le pendant du
Mot d'ordre du dernier salon. Quatre ou cinq cavaliers en casquette
et en blouse, le sabre au poing ou le fusil en bandoulière, s'abouchent
sur un quai de Paris avec une sentinelle déguenillée. Le jour commence à poindre, et à travers le brouillard humide et terne les personnages ne sont guère plus accusés que des silhouettes. La gamme une
fois acceptée, on trouve cela d'un sentiment pittoresque; mais le pittoresque n'est pas une excuse à tout : il ne corrige pas suffisamment
l'expression forcenée et repoussante de *la Sortie* (février 1848). M. Leleux, du reste, sait fort bien, quand il veut, le trouver ailleurs, aux
Pyrénées ou en Algérie : sa *Famille de Bédouins attaquée par des chiens*
en est une preuve. Ces Bédouins, assaillis à l'entrée d'un douar, ont
été obligés de se former en rond, et ils écartent avec leurs bâtons et

leurs longs fusils les chiens furieux et hérissés qui s'élancent de tous côtés en aboyant. La couleur de ce tableau, quoique d'un bon choix, n'arrive pourtant pas à l'extrême vérité de M. Fromentin, qui reste toujours le plus fort des orientalistes de la peinture.

Faut-il croire qu'un premier succès a tourné la tête à M. Fromentin comme à tant d'autres, et qu'il considère le public désormais comme trop heureux de recevoir les moindres raclures de sa palette? J'aime mieux penser que M. Fromentin s'est dit : Victoire oblige, et que, dans son empressement à nous procurer de nouveaux plaisirs, il aura sacrifié la qualité à la quantité. M. Fromentin n'a pas moins d'une dizaine de petits tableaux représentant des scènes du désert, oasis, marabouts, camps, douars et paysages. C'est toujours la même originalité, la même vigueur d'effet; mais dans quelques-uns l'exécution, déjà si indécise de l'an dernier, devient par trop lâchée. Les *Arabes nomades levant leur camp*, la *Plaine de En-Furchi*, ne sont plus que de confuses ébauches tachetées, des marbrures de tons; le *Douar sédentaire au matin* est d'un effet plus tranquille. M. Hédouin, l'imitateur fidèle de M. Leleux, paraît, cette année, avoir étudié aussi la peinture de M. Fromentin. Les murailles de sa *Place aux Grains à Constantine* reflètent de belles lueurs argentées. Sa *Smalah* est terne au contraire et moins réussie.

M. Bonvin a fait un joli petit tableau représentant l'*Intérieur d'une École d'orphelines*. La lumière qui l'éclaire, douce, triste, s'harmonise parfaitement avec toutes ces petites robes brunes et ces coiffes noires; mais pas de dessin. M. Bonvin n'y songe pas plus que les autres. C'est aux mains qu'il faut regarder pour s'en assurer : or il n'y a pas de mains dessinées dans l'*École* de M. Bonvin, non plus que dans sa *Tricoteuse*, qui est d'un ton très fin. Les *Blanchisseuses*, les *Tricoteuses* et les *Cuisinières* de M. Édouard Frère n'égalent pas celles de M. Bonvin pour la largeur de la touche; mais son écolier en manches de chemise qui pioche un thème ou une dictée avec une application si consciencieuse ne manque pas de finesse.

Dans ces triomphes de la couleur, il est à remarquer que les coryphées du genre, M. Diaz entre autres, ont moins de succès cette année. Eh quoi! nos vénitiens seraient-ils déjà sur le retour, et leur palette baisserait-elle? Non vraiment. Les mêmes gens néanmoins qui battent des mains aux nouveaux venus commencent à passer plus froids devant *les Bohémiens* et *la Résurrection du Lazare,* où il y a infiniment plus de talent, toute proportion gardée. A mesure que l'enthousiasme s'éteint, le jour de la justice arrive. On trouve que M. Diaz est monotone avec ses interminables Cupidons, et qu'avec sa brosse facile, sa dextérité à créer des nichées de petits amours joufflus, il parvient tout juste à tenir en 1851 l'emploi de feu Boucher. On avoue tout bas que sa peinture éblouissante manque souvent de modelé, dans *l'Amour désarmé* par exemple, et l'on se permet de dire·que ses *Bohémiens* sont touchés d'une manière trop uniforme, arbres, figures et vêtemens. Qu'est-ce à dire? les défauts qu'on découvre sont-ils de date récente? n'ont-ils donc pas toujours existé? Il me semble que *le Tombeau de l'amour* vaut tout ce que M. Diaz a fait jusqu'à présent. Le corps demi-nu de la jeune femme qui pleure, la tête entre ses mains, offre le même empâtement brillant et le même dessin douteux que l'on connaît à M. Diaz; la draperie bleue qui l'enveloppe depuis la ceinture est aussi fraîche et aussi peu arrêtée que d'habitude. Il y a de la morbidezza et un éclat magique dans le portrait de *Mme de S.*, mais beaucoup de maniérisme aussi; ces yeux pochés,·ces lèvres sanguinolentes, ces cheveux pareils à de la crème fouettée sont de grandes afféteries. Quand on parle de M. Diaz, ce serait vraiment conscience d'oublier M. Longuet, son fidèle Achate, M. Longuet, qui fait aussi des nymphes, et des bohémiens pour l'amour de M. Diaz, comme M. Hédouin fait des smalah et des marabouts pour l'amour de M. Leleux. A se donner tant de mal pour imiter quelqu'un, il me semble, soit dit en passant, qu'on pourrait choisir des modèles plus corrects et d'un ordre plus relevé : le mieux est encore de n'imiter·personne; car, lorsqu'on suit quelqu'un, on est toujours derrière.

Les qualités de M. Delacroix sont de celles que les peintres et un petit nombre de gens exercés peuvent seuls apprécier. La composition chez lui accuse une sûreté de goût extrême, et, dans le maniement du pinceau, cet artiste rencontre fréquemment des effets de couleur d'une finesse et d'une hardiesse incomparables. Dans la foule que ses tableaux ont le don heureux de passionner en sens contraires, on trouve deux catégories bien distinctes, les génies incompris, trop heureux de se reconnaître dans les erreurs d'un homme de talent, et les gens du monde qui, pour se donner un air capable, arrivent avec une admiration toute faite, applaudissent à ses excentricités, s'exclament précisément aux endroits défectueux et ne prennent pas garde aux beautés véritables. A côté de ces enthousiasmes factices, le bourgeois, pétri de préjugés. s'obstine à trouver que les personnages·de M. Delacroix sont bien laids et bien contournés, qu'ils possèdent, en guise de pieds et de mains. de véritables pattes d'orang-outang, que ses chevaux sont d'une couleur fantastique, ses draperies improbables, etc. Le bourgeois a-t-il absolument tort? Ne lui passerons-nous pas condamnation sur le cheval du *Giaour*, qui s'élance jusqu'au bord des flots à la poursuite de sa maîtresse, tout en reconnaissant que, dans ce petit tableau, il y a une grande puissance de mouvement, un groupe énergiquement conçu auquel il ne manque que des détails un peu plus polis? De même de la *Lady Macbeth*, sujet si déplorablement manqué par M. Müller l'année dernière. M. Delacroix n'a garde de tomber dans le mélodrame où M. Müller avait donné en plein. Lady Macbeth, couverte d'une ample draperie traînante, se promène, une lampe à la main, sous les voûtes sombres; à quelques pas en arrière, on entrevoit le médecin et la nourrice qui la suivent sans bruit. Voilà Shakspeare dans toute sa vérité et non tel qu'on nous l'avait travesti. C'est bien simple, dira-t-on. Pas si simple, à ce qu'il paraît, puisque, après s'être donné évidemment beaucoup de mal, M. Müller n'avait pu arriver à cette simplicité. Il faut beaucoup de jugement et de savoir pour être naturel. Inutile de louer la couleur de M. Delacroix et l'effet blafard que la lampe, seule lumière de ce tableau, projette sur le personnage principal; mais là comme dans le *Giaour*, comme dans tout ce que fait M. Delacroix, on regrette l'absence de lignes un peu plus étudiées, qui donneraient figure humaine aux personnages. M. Delacroix en fait vraiment trop bon marché; il se borne la plupart du temps à indiquer le mouvement et à colorier. Il ne manque pas d'autorités, je le sais, pour affirmer que cela est suffisant, et que les lignes n'existent pas dans la nature: à l'aide de ce paradoxe, on est conduit à dire que M. Daumier, qui marque le mouvement avec beaucoup de précision, est un aussi grand dessinateur que Raphaël. Pour prouver apparemment qu'il ne partage pas ces hérésies, et que, tout en ne pratiquant pas, il croit cependant à l'existence du dessin, M. Delacroix a fait une *étude de femme nue* peignant devant son miroir son abondante chevelure d'or; le diable, caché derrière, me fait l'effet de lui souffler quelque méchant conseil. On peut relever dans cette étude des imperfections de détail, des mains emmanchées d'une façon un peu lourde, des chairs d'un ton bien rougeâtre pour la teinte dorée des cheveux, laquelle caractérise, comme on sait, les peaux les plus blanches; mais l'ensemble est d'une grasse et chaude harmonie. Une belle draperie rouge dans le fond soutient cette gamme opulente.

Nous louerons M. Chassériau pour sa *Baigneuse endormie au bord d'une fontaine,* qui est d'une grace sévère. Le nu dans ce style-là est rare aujourd'hui. On n'aborde plus volontiers ces grandes difficultés, ou bien on les traite avec une gaillardise qui nécessiterait la salutaire intervention du commissaire de police. On a beau abjurer ses premières croyances, il en reste toujours quelque chose, et fort heureusement pour M. Chassériau le goût de lignes de sa *Baigneuse* décèle l'ancien élève d'Ingres, qu'on ne retrouve plus d'autre part dans les *Cavaliers arabes emportant leurs morts après un combat avec les spahis.* Cette composition est assez confuse et manque de netteté. Entre trois ou quatre tableaux de petite dimension dont le coloris haché et dur fatigue l'œil, il est une *Femme de pêcheur de Mola di Gaete embrassant son enfant,* qui mérite d'être distinguée pour un ressouvenir d'élégance florentine.

Nul ne s'entend en maçonnerie comme M. Decamps. Nous avons de
lui un *Intérieur de cour* humide, où barbottent quelques canards. Le
premier plan et les parties basses sont dans une ombre fraiche et
transparente. Au fond, une muraille plus élevée reçoit le soleil, un
soleil du midi, large, splendide, qui fait scintiller comme des cristalli-
sations chaque rugosité du crépissage. Ce mur blanc est surmonté d'un
toit de briques qui se détache avec une vigueur et une harmonie surprenantes sur le bleu du ciel. Une petite servante portant un seau d'eau
est très adroitement posée et finement peinte. Ah! monsieur Courbet,
que dites-vous de tant de science et de tant de ressources prodiguées
en des sujets si vulgaires? Les *Pirates grecs* sont encore plus délicatement traités; ils sont trois, dans leurs plus pittoresques costumes,
fumant leur chibouck sur des ballots, à l'encoignure d'une de ces cavernes au bord de la Méditerranée où les goëlands vont faire leurs
nids; le jour glisse obliquement sur les parois imprégnées de l'haleine
de la mer, et va mourir dans le fond par une dégradation suave. A
droite, on aperçoit, à travers l'ouverture, la plage éclairée par le soleil et un petit filet bleu de mer dans le lointain où se balance la voile
triangulaire d'un chebeck. Dans une toile de six pouces, M. Decamps a
mis un espace immense.

La *Fuite en Égypte* et le *Repos de la sainte Famille* sont des paysages
à personnages bien composés et supérieurement peints. Le premier
me semble préférable; il est moins chargé de chrôme. M. Decamps
abuse un peu du chrôme pour ses fonds : c'est un des principaux défauts de sa *Rébecca*. En traitant d'après Poussin la rencontre d'Éliézer
et de Rébecca à la fontaine, M. Decamps, l'orientaliste par excellence,
a dû revêtir le sujet de toute sa couleur locale. Autrefois on se sou-
ciait fort peu de la couleur locale : les Grecs de Racine se parlent
comme on se parlait à Marly, et Véronèse ne s'est pas gêné pour habiller des Galiléens à la vénitienne. Qu'importe? *Phèdre* et les *Noces
de Cana* n'en seront pas moins éternellement des chefs-d'œuvre. En
littérature, la couleur locale est un accessoire inutile, souvent nuisible,
car après un certain temps il donne à un ouvrage des airs surannés :
l'admiration des siècles consacre ceux-là seulement dont le succès ne
repose que sur l'expression des passions et des sentimens, toujours
jeunes, toujours nouveaux, du cœur humain. En peinture, on peut
moins s'en passer, les exigences du public à cet endroit sont impérieuses. Nous ne tolérerions plus aujourd'hui en une scène orientale
un costume de marchand de pastilles du sérail semblable à celui que
Poussin a donné à son Éliézer. M. Decamps est un de ceux qui ont le
plus contribué à nous rendre difficiles sous ce rapport, car c'est lui, le
premier qui a importé en France l'Orient véritable, et non l'Orient
des bassas et des mamamouchis, dont se contentait la nonchalante éru-

dition de nos ancêtres; son tableau porte donc le cachet de nationalité le plus authentique. Et d'abord, la fontaine où vient puiser de l'eau Rébecca avec ses suivantes n'est point telle que la concevait un Occidental du xvii° siècle, qui n'avait jamais été plus loin que Rome, c'est-à-dire un simple puits à margelle surmonté d'une poulie : c'est une vaste citerne à l'ombre d'un bouquet de pins, où l'on descend par de larges gradins en pierre; des esclaves demi-nus y emplissent des urnes canopéennes et les chargent sur leur tête. Pendant ce temps, Rébecca, vêtue de longues draperies blanches et accompagnée de ses suivantes, ainsi qu'il convient à la fille d'un cheikh du désert, accueille à quelques pas de là le serviteur d'Abraham, qui s'incline profondément devant elle en croisant les bras sur sa poitrine. Sur l'arrière-plan, à l'entrée de la ville, sont les chameaux d'Éliézer. Pour donner de la distinction à la figure de Rébecca, M. Decamps l'a faite un peu trop maigre. Dans le groupe des trois jeunes filles qui la suivent, il en est deux, vues de profil, l'une vêtue de rouge, l'autre de bleu, qui sont vraiment de délicieuses petites statues antiques. La troisième, en voile blanc, qui fait face au spectateur, est moins heureusement réussie. L'arrangement de sa tête lui donne, je ne sais comment, un petit air poudré et Pompadour. Parmi les esclaves, vigoureusement peintes et dessinées dans un pur sentiment égyptien, une seule est à refaire ou seulement à recoiffer, c'est celle qui est assise sur le bord de la citerne; une autre, agenouillée et plongeant son urne dans l'eau, est d'un mouvement très vrai; on craint seulement que la tête ne l'entraîne et qu'elle ne se noie, car son bras n'est pas bien appuyé. Le paysage présente une disparate sensible entre le premier plan et le fond : les devans, garnis de plantes rampantes et de fleurs aquatiques, sont peints avec la vigueur accoutumée de M. Decamps; mais les lignes des collines dans le lointain, la teinté jaune qui domine, le ton dur des nuages, gâtent un peu ce tableau.

Le plus parfait morceau de l'exposition de M. Decamps, et je dirais volontiers la perle du salon tout entier, c'est sa *Cavalerie turque asiatique traversant un gué.* C'est un dessin, un de ces dessins comme seul M. Decamps sait les faire, rehaussé de couleur en certaines parties, et possédant l'éclat, le relief de la peinture. Au centre, on voit un pacha à longue barbe majestueusement campé sur un cheval blanc que deux Arnautes, dans l'eau jusqu'à mi-corps, guident et maintiennent à grand'peine sur le gué. Le fier animal, tenu en bride à droite et à gauche par ses conducteurs, courbe la tête, écume, et, en piaffant, disperse l'eau tout autour de lui. Divers groupes admirablement disposés accompagnent et suivent; ils s'enlèvent en vigueur sur le fond clair occupé jusqu'à une grande profondeur par une forêt de lances mêlée d'étendards à queues de cheval, de bannières, de croissans et de longs

fusils au canon allongé portés en bandoulière. Ces têtes asiatiques à la
peau bronzée, au nez écrasé, aux grosses lèvres et aux yeux obliques,
sont d'un caractère incroyable : les uns ont le turban large et ballonné,
d'autres le portent très long en arrière, suivant la mode d'Alep; il y a
aussi des Kurdes à l'œil féroce, au nez de vautour, des Circassiens au
casque surmonté d'un fer de lance, tous dans ces pittoresques costumes
qui, avant peu de temps, ne se retrouveront plus que dans les dessins
de M. Decamps. Les uns immobiles, la lance au poing, se rangent en
haie sur le passage du séraskier, les autres luttent contre leurs chevaux, qui se cabrent. On entend les chefs crier des ordres, les chevaux
hennir, l'eau clapoter sous leur sabot. Je ne crois pas qu'il soit possible
de disposer avec plus d'art et de naturel une troupe dans le désordre
forcé qu'occasionne le passage d'une rivière, et de dessiner plus finement chaque détail d'un si merveilleux ensemble.

A côté de M. Decamps, nous placerons M. Hébert. Il y a plus de plaisir
à louer qu'à blâmer, et, quand on en trouve l'occasion, il faut la faire
durer. Sur un de ces petits bateaux plats qui servent aux transports
entre Rome et Ostie, une famille de *contadini* s'est embarquée pour
fuir la *malaria*. Ils se laissent aller au fil de l'eau. Un homme robuste,
jambes et bras nus, se tient debout à l'avant, armé d'une longue
perche; à l'arrière, un petit pâtre au chapeau pointu, une vieille tenant sur ses genoux un *bambino* tout nu comme ceux qui inspiraient
Raphaël, et deux jeunes femmes, dont l'une *tremble sa fièvre,* enveloppée dans son manteau brun, tandis que l'autre, qui tourne le dos
au spectateur, se renverse avec grace en laissant pendre sa main hors
de la barque. Le contraste est bien exprimé entre la figure jaune et
souffrante de la première femme et l'autre, qui assurément n'a pas la
fièvre, à en juger par le ton chaud et sain de ses bras et de son cou,
sur lequel descend une riche chevelure blonde. Les rives escarpées ont
bien leur aspect morne et triste, le ciel est plombé comme dans un
jour de sirocco, et la brume empestée de l'atmosphère se reflète sur
les eaux lentes du Tibre, que rasent des hirondelles noires. Quelques
détails de vive couleur rompent très heureusement l'harmonie étouffée
de ce tableau, qui place M. Hébert aux premiers rangs. L'an dernier,
si nous avons bonne mémoire, M. Hébert s'était un peu égaré en des
fantaisies mignardes. Dans *la Malaria,* il déploie toutes ses qualités, un
sentiment distingué, une couleur brillante, et, à travers le fondu de la
touche, son dessin est très ferme et très sûr. Dans le portrait de Mme ***,
on retrouve les mêmes mérites; c'est une tête fine, délicate et d'une
exquise douceur.

Le procédé de M. Vetter ressemble à celui de M. Hébert. Sa touche
est grasse, harmonieuse. M. Vetter a plusieurs portraits, une *Étude à
la lampe* et une petite figure intitulée *Rabelais,* représentant un per-

sonnage en robe longue, lisant, assis contre un mur sur lequel grimpe un cep de vigne. M. Vetter n'a pas donné assez de solidité à son mur. L'*Étude à la lampe* est d'une couleur chaude et large, avec un parti pris d'ombres vigoureuses, et d'un excellent dessin.

Oublierons-nous, parmi les coloristes, M. Robert Fleury, dont la peinture fuligineuse et soufrée trouve aussi des contrefacteurs, notamment MM. Aze et Thollot, qui brossent à la suite des robes noires d'inquisiteurs et des robes rouges de cardinaux? M. Robert Fleury s'applique à donner dès à présent à ses tableaux cette *patine* que le temps a passée sur ceux des anciens. Il est probable que, lorsque ceux-ci sortaient de l'atelier, ils n'étaient point tels que nous les voyons, jaunis et saupoudrés d'or; il y a donc à parier que, pour s'être donné une vieillesse prématurée, les Robert Fleury, dans cent ans, auront tout-à-fait poussé au noir. M. Robert Fleury a une prédilection particulière pour les costumes vénitiens. Pour satisfaire ce goût, il ne pouvait choisir un meilleur sujet que la réception de l'envoyé de Henri IV par le doge: les longues robes flottantes serrées au collet des sénateurs sont adroitement groupées dans ce tableau, et forment de belles masses de couleurs, où la dominante est un rouge sombre. Il y a beaucoup d'air entre ces personnages. M. Fleury n'a-t-il point exagéré la petitesse des têtes? N'aurait-il pu serrer davantage aussi son dessin? On aperçoit à peine deux ou trois mains dans cette nombreuse assemblée, et ces mains sont fort peu soignées.

Dans les grandes compositions, il faut encore citer la *Jane Shore* du même peintre, sujet peu intéressant que l'auteur n'a pas relevé; un *André Vesale*, de M. Blagdon, venant pendant la nuit dérober au gibet un cadavre de supplicié, féroce peinture dans la manière de Caravage; le *Saint Sébastien* de M. Tabar, le *Massacre des Mameluks* de M. Odier, *Roméo et Juliette* de M. Guermann-Bohn, où règne un sentiment de mélancolie exagéré, mais qui ne manque pas de distinction, et particulièrement la *Mort d'une Sœur de charité* de M. Pils, qui se recommande par beaucoup d'onction dans la pensée et une belle couleur.

M. Meissonier ne réussit pas toujours; des cinq tableaux qu'il a exposés il n'en est qu'un qui justifie suffisamment l'admiration un peu outrée qui s'attache aux productions de son pinceau. C'est le *Peintre montrant des dessins,* sujet déjà traité par M. Meissonier, qui n'a pas l'habitude de se mettre en grands frais d'imagination. Deux hommes en costume Louis XV, l'un en habit noir, l'autre gorge de pigeon, sont debout devant un grand carton ouvert. L'homme noir, qui nous tourne le dos, en a tiré un dessin qu'il présente à l'amateur. Celui-ci examine avec une attention admirablement exprimée. La tête est un peu penchée en avant, les yeux clignent légèrement; la main gauche, par un mouvement machinal très habituel, tourmente la bouche et le

menton. Cette main est un peu bosselée et bouffie, mais pourtant assez.
d'accord avec l'embonpoint raisonnable du personnage. Le désordre
pittoresque d'un cabinet d'artiste a fourni à M. Meissonier l'occasion
de disposer avec goût ces mille petits riens et ces détails d'ameublement qui font le charme du *home*, et disent au premier coup d'œil le
caractère, les goûts, la profession du maître. Ici ce sont des esquisses,
des statuettes; là, un potiche bleu de Chine où trempent les pinceaux,
trois ou quatre chrysanthèmes dans un verre de Bohême; des tableaux
sont accrochés au mur du fond : ce mur ne vient-il point trop en avant?
Le Dimanche nous montre des villageois (toujours du xviii° siècle)·
chômant sous la treille le jour du repos. Chaque fois que nous avons
examiné ce tableau, nous aurions voulu pouvoir en enlever ces délicieux Lilliputiens qui jouent au tonneau, fument ou boivent de la
bière; nous ferions bon marché du reste : la guinguette en effet est
sans perspective, la tonnelle manque de dessous, et le ton· vert-clair·
des arbres, combiné avec un certain bleuâtre général qui·court sur le
ciel, sur les murs et sur les personnages, forme une gamme tout-à-
fait criarde. Par la taille comparative des personnages, M. Meissonier
a indiqué une grande profondeur, et pourtant son tableau est plat et
n'a pas d'air. — Le *Joueur de luth* en costume espagnol, figure isolée·
un pied posé sur un tabouret, ressemble à tous les Watteau possibles.
La pose et le dessin de cette figure valent mieux que la couleur. Remarquons en passant la main qui racle l'instrument, et qui est d'une
grosseur démesurée pour le corps. On rencontre souvent dans les
tableaux de M. Meissonier de ces disproportions·qui prouvent.tout
simplement un excès de sphéricité dans l'œil de ce peintre. Sa prunelle, jouant absolument le rôle d'un objectif de daguerréotype, lui
grossit outre mesure les objets les plus rapprochés.

Une rue déserte, les portes closes, les volets fermés, — sur un tas de
pavés remués gisent des cadavres sanglans : telle est la donnée d'un
Souvenir de guerre civile. Elle est dramatique et bien conçue. Je loue
M. Meissonier de n'avoir pas cédé à la tentation d'y rien ajouter, d'introduire, par exemple, quelque être vivant, soldat ou insurgé, qui
changerait aussitôt la nature de l'impression; mais pourquoi jeter dans
la rue cette teinte sombre? Pourquoi un effet de crépuscule? L'aspect
d'une rue déserte pendant la nuit ou à quatre heures du matin n'a
rien de bien étrange; mais qui de nous avait jamais vu Paris sans
souffle et sans bruit en plein midi de juin? Quel plus morne contraste
que celui de ce clair soleil illuminant les volets accoutumés à l'humidité de la nuit, miroitant sur les flaques de sang, caressant la face·
contractée des cadavres et les pavés arides de ses rayons habitués à
jouer sur les pelouses! Voilà l'accent lugubre qu'il fallait saisir. Dans
le premier plan, M. Meissonier a échoué tout-à-fait. Les cadavres sont

à peine visibles et se confondent avec les pavés. Avec une attention soutenue, on n'arrive pas à discerner une tête, un bras, une jambe. Il ne faut pas que, pour chercher des effets larges, M. Meissonier sacrifie la netteté et la précision; sans cela, que lui restera-t-il?

En somme, nous n'avons pas un enthousiasme excessif pour ces habiletés qui consistent à peser des œufs de mouche dans des balances de toile d'araignée. De pareils exercices ne prennent généralement faveur qu'au sein des civilisations épuisées, ou bien auprès des esprits bizarres, blasés sur l'ordinaire, et des cerveaux étroits. Il faut être Chinois pour s'y passionner. Dès qu'il devient nécessaire de prendre une loupe pour découvrir les mondes de perfection qu'à force de patience vous avez entassés dans un pouce de toile, l'attention se détournant uniquement sur le procédé et le tour de force, votre effet est manqué; peintre et public s'habituent bientôt à ne plus tenir compte que de la difficulté vaincue; la peinture se fait industrie, et, à force de se rétrécir en des mièvreries microscopiques, elle descend à l'ornementation des porcelaines et des couvercles de tabatières.

M. Fauvelet, le satellite de M. Meissonier, sera bientôt pour lui un sérieux concurrent. Son *Ciseleur* accoudé sur un établi vaut bien le *Joueur de luth*, et a moins de sécheresse. La tête est très fine; on voudrait seulement des cuisses mieux dessinées et mieux posées. — Les précédens ouvrages de M. Penguilly faisaient mieux augurer de lui. Maintenant il tombe dans une manière dure qui semble empruntée aux Allemands et à la gravure sur bois. Il y a cependant toujours des qualités de dessin dans le *Dimanche avant Vêpres*, le *Lansquenet ivre* et dans plusieurs petits thèmes fantastiques, qui montrent que l'auteur aime à rêver au clair de lune : *le Sabbat, la Danseuse et le feu-follet*, le *Clair de lune*. Après tout, mieux vaut dessiner avec un clou que ne pas dessiner du tout, et le danger aujourd'hui n'est pas du côté où se jette M. Penguilly.

Aussi nous intéressons-nous extrêmement à l'entreprise de M. Gérôme. Ce jeune peintre, remontant le courant général, est un des rares fidèles chez qui l'on retrouve le culte du dessin et les saines traditions de l'art. On se souvient du début de M. Gérôme. Son *Combat de coqs* le plaça dans les premiers rangs. Aujourd'hui les renommées en tous genres se fondent vite : un discours, un acte joliment tourné, un premier tableau, font du soir au lendemain d'un inconnu un orateur, un homme d'état, un poète dramatique ou un peintre. Malheureusement cette bienveillance de premier abord ne se soutient pas; le retour est aussi prompt que l'avait été l'engouement, et l'artiste trop tôt bercé tombe de toute la hauteur d'un espoir exagéré. Il s'en faut que les deux tableaux de M. Gérôme, *un Intérieur grec, Bacchus et l'Amour ivres*, portent le charme, la saveur de nouveauté qui fit le succès du *Combat de coqs;* mais, à coup sûr, les qualités d'exécution, dont l'auteur avait fait preuve, n'y sont aucunement diminuées. Le second de ces deux tableaux représente Éros et Bacchus après boire, bras dessus, bras dessous, décrivant des zigzags dans les sentiers émaillés de primevères. Le petit dieu du vin ploie sous l'ivresse; sa tête couronnée de pampres fléchit sur sa poitrine; ses jambes ont perdu toute solidité; la coupe et l'urne étrusques sont près de tomber de ses mains; son compagnon, qui s'est mieux conservé, le soutient, et, de sa main gauche étendue, il lui montre, le petit corrupteur, un bosquet où les nymphes dansent en rond. Cette composition est gracieuse, poétique, parfumée au souffle embaumé des lauriers roses du Pamisus. Le groupe d'Éros et de Bacchus est parfaitement agencé et d'un dessin qui rappelle les chairs si fermes et si potelées des deux enfans de *la Jardinière* de Raphaël. Nous ne regrettons dans tout le tableau que la couleur des cheveux de l'Amour. Sans arriver à une teinte aussi fade, M. Gérôme pouvait, je crois, conserver l'opposition qu'il a introduite entre ses deux *bambins.*

L'*Intérieur grec,* puisque intérieur il y a, soulève de graves objections. Est-il permis à un artiste de représenter toute sorte de sujets? L'histoire de la peinture dit oui; la morale de nos jours dit non. Léonard et Michel-Ange ont fait chacun une Léda, Titien une certaine nymphe couchée (je ne veux citer que les chefs-d'œuvre), qui ne sont rien moins qu'orthodoxes; je ne sache pas que ces grands hommes aient été accusés de corrompre leur siècle. Nous avouons même que leur sublime impudeur nous paraît beaucoup moins attentatoire à la morale que les mille petites infamies vêtues, les coups de vent, les culbutes et les jeux de mains dont on nous donne le ragoût journalier. D'autre part, Diderot, qui n'était pas un capucin, blâmait Boucher de ses nudités en disant : « J'aime les........ nudités (le terme est plus précis), mais je ne veux pas qu'on me les montre. » Ce mot est caractéristique et peint bien le besoin de décence que réclament nos mœurs jusque dans la débauche. Hypocrite ou non, cette décence veut être respectée. De même que certaines locutions autrefois admises ne peuvent plus se rencontrer sur les lèvres d'un homme bien élevé parlant dans une compagnie, de même sommes-nous choqués à bon droit de la liberté que prend M. Gérôme de venir articuler en plein salon un mot inconvenant. Ce mot est écrit à chaque coin de son tableau, si ce n'est dans le livret. Cette image de la volupté vénale était donc inadmissible en public, quand bien même M. Gérôme y eût mis le style de Michel-Ange et la perfection de Léonard. M. Gérôme fera bien de ne pas pousser plus avant ses excursions dans cette voie, et nous nous permettrons également de lui conseiller de ne pas trop sacrifier à l'archaïsme et au goût néo-grec, qui parfois peuvent faire supposer disette d'imagination.

M. Picou a moins de dessin et de science que M. Gérôme; mais sa fantaisie nous entraîne après lui dans les rêveries d'un naturalisme poétique qui repose des brutalités à la mode. Il sait ce que *l'Esprit des nuits* porté sur un rayon de lune murmure à l'oreille des jeunes filles, et le soir, quand l'étoile de Vénus se lève au ciel limpide, il erre dans les prés, où une troupe gracieuse, aux tuniques flottantes, cueille la marguerite. M. Gendron, autre poète, s'embarque, en costume de Giorgione, avec des parfums et des chœurs de musique, sur le Lido, embrasé des feux du couchant. Un autre tableau de M. Gendron, les *Néréides*, est d'une inspiration ingénieuse, et dénote chez cet artiste une grande richesse d'imagination.

Parmi tous les artistes dont nous venons d'étudier les ouvrages, il en est peu qui ne peignent aussi accessoirement le portrait, qui n'est point un genre à part, mais une fraction de la grande peinture: nous les avons cités chemin faisant. Un petit nombre seulement paraît vouloir s'appliquer à ce genre d'une façon spéciale. Dans l'appréciation des ouvrages de nos portraitistes, il y a une comparaison intéressante à établir entre les deux manières qui, depuis Florence et Venise, se partagent la peinture, et qui, jusqu'à la fin du monde, continueront à se coloyer sans jamais pouvoir s'absorber, et en produisant des œuvres également recommandables. Laquelle des deux est supérieure ou préférable à l'autre? Question à jamais insoluble. Quand on entre dans la salle d'Apollon, au palais Pitti, on rencontre en face de soi le portrait de Rembrandt par lui-même, placé entre les deux portraits d'Angiolo Doni et de sa femme Maddalena Strozzi. L'intelligent conservateur de la galerie du grand-duc, en établissant ce rapprochement, a peut-être cru n'être qu'ingénieux; il s'est montré profond. Devant ces deux termes extrêmes de la perfection idéale, toute querelle est vidée entre le dessin et la couleur; tout parti-pris, toute préférence s'efface dans une même et foudroyante admiration.

Nous avons donc des portraitistes dessinateurs et des portraitistes coloristes. MM. Amaury Duval, Hippolyte Flandrin et Lehmann se distinguent parmi les premiers. M. Amaury Duval procède par effets heurtés, sa couleur est sombre et lourde. M. Flandrin a fait autrefois des portraits bien supérieurs à celui de MM. D., bien qu'on y trouve les qualités de dessin dont il ne sait en aucun cas se départir. Quant à M. Lehmann, dans son envoi au salon de cette année, il est trois portraits qui nous semblent réunir la plus grande somme des qualités qu'il recherche, et se ressentir le moins des désagrémens qui accompagnent trop souvent ces qualités. M. Lehmann étudie extraordinairement, il détaille avec beaucoup de soin, quoique sans minutie et avec une rigueur de dessin implacable. Malheur au modèle insignifiant, vulgaire ou blafard qui pose devant lui! Ce n'est pas la pointe rigide du

pinceau de M. Lehmann qui l'idéalisera; tout en lui donnant la vie et le
mouvement, M. Lehmann l'aura buriné sans voile, sans aucun artifice
de clair-obscur qui aurait pu sauver les lignes défectueuses, échauffer
la froideur, faire saillir le recoin de beauté que chacun porte plus ou
moins enfoui. Quand M. Lehmann a rencontré une tête charmante et
gracieuse comme celle de Mlle ***, de belles lignes comme chez Mme L***,
ou un modèle à caractère comme celui dont il a fait une *Étude*, on
peut mieux goûter son style, la finesse de son modelé et son goût d'a-
justement; mais sa couleur n'en reste pas moins toujours âpre, sèche
et fatigante. C'est grand dommage pour le *portrait de Mlle....*, dont la
chevelure blonde et le teint éblouissant appelaient une touche plus
moelleuse. Dans celui de M. Ponsard, le peintre n'a-t-il pas outré l'expression en donnant à l'auteur de *Lucrèce* l'aspect d'un bandit de la
Sierra-Morena? La grande *Étude* de M. Lehmann est d'une fière tournure. Cette tête superbe, dont les yeux lancent des éclairs, dont les lèvres arquées et souriantes sont prêtes à décocher un sarcasme, ressemble à quelque splendide portrait du Bronzino, ce peintre des grands
airs et des attitudes hardies. Le modelé dans les parties nues; la tête,
le cou, les épaules, en est très savant. Pourquoi M. Lehmann a-t-il fait
les mains si noires, comme dans plusieurs autres de ses tableaux? On
ne saurait trop louer les accessoires, la robe de velours, la fourrure
qui sert de passage entre l'étoffe et les chairs, et les rubans de couleur
éclatante qui relèvent si heureusement les cheveux noirs.

Avec une égale habileté d'arrangement, M. Ricard montre plus de
variété et de souplesse; amoureux de la couleur, il se plaît en des essais charmans de styles divers, suivant les types que lui offrent ses
modèles. A-t-il devant les yeux une tête au large front paisible, aux
chairs éclatantes, aux cheveux et à la barbe fauve, il lui passe un
pourpoint et une colerette; et son pinceau, heureux de fouiller dans
ces trésors, fait apparaître un Flamand de la meilleure époque. Ailleurs, c'est une Vénitienne en robe de velours, manches à crevés de
satin couleur de feu, aux splendides carnations. La pâte solide et fine
de ce tableau, la largeur de la touche, la transparence et la légèreté des
ombres dénotent une habileté de brosse extraordinaire. Les yeux sont
doux et profonds, les mains admirablement dessinées, et le rosé de la
poitrine avec le temps se changera en ces belles teintes d'or qui courent
sur les bras et les épaules de la maîtresse du Titien. A ceux qui pourraient l'accuser de pastiche et d'artifice, M. Ricard prouve, en restant
dans le xixe siècle, qu'il ne perd rien de ses qualités, lesquelles, dégagées de la séduction des souvenirs, apparaissent alors dans leur véritable originalité. Plusieurs portraits d'hommes, d'une facture variée
suivant les modèles, montrent que M. Ricard sait, en n'étant que lui-
même, déployer un talent considérable et tout-à-fait hors ligne.

Deux portraits de femmes, de M. Chaplin, méritent une attention spéciale. Celle qui est assise en robe gris perle est d'un ton général plein de suavité; le second portrait est d'une gamme plus fougueuse, mais, quoique très beau, il n'a pas le charme pénétrant du premier. M. Chaplin ne peut manquer de réussir dans le portrait, il possède à un haut degré le naturel des poses, sa couleur est franche; mais, ainsi que M. Landelle, il a besoin de serrer son dessin. Les portraits de M. Landelle ont de la grace, ceux de M. Larivière un fini un peu mou, ceux de M. Vastine et de Mme Juillerat beaucoup de fermeté dans la manière. Le *Portrait de Mme F.*, par M. Édouard Dubufe, se distingue par un air de tête des plus vrais et des plus gracieux. Les mains, habilement dessinées, sont croisées par un mouvement d'abandon charmant. La couleur rose de la robe accompagne bien le velouté du visage et les accessoires de la toilette choisis par M. Dubufe avec un goût exquis, auquel on ne peut comparer que celui déployé par M. Giraud dans le *Portrait de la princesse Mathilde*. Les pastels de M. Giraud et ceux de M. Borione visent également à l'énergie. Ils y arrivent, mais par deux chemins opposés. M. Giraud a un faire plus large, plus cru : à distance, il produit beaucoup d'effet; mais cet effet n'est-il pas un peu semblable à celui de la peinture de décor? Un pastel est généralement fait pour être vu de près; il nous semble donc que M. Borione est mieux dans les conditions du genre. Ses portraits sont très travaillés, et il y obtient une sorte de clair-obscur à la Rembrandt. Sans tomber dans la fadeur, qui est l'écueil du pastel, Mlle Nina Bianchi fait une habile combinaison des deux manières. Sa touche est très solide, sans être heurtée. A voir les trois portraits qu'elle a exposés, on ne se douterait pas qu'ils sont l'œuvre d'une femme. Il y a bien de la grace aussi et de la finesse dans une copie faite d'après une miniature de 1791, représentant Madame, fille de Louis XVI. Le pastel comme le traitent Mlle Bianchi, MM. Giraud et Borione, acquiert dans le portrait le degré de vérité de la peinture à l'huile. Mlle Louise Églé et M. Frédéric Gros–Claude occupent aussi un rang très honorable dans ce genre.

III.

En ce siècle « vide de tout, » combien sont tentés de prendre pour devise le mélancolique sonnet de Michel-Ange :

Grato m'e'l sonno!...

Les ames fières et délicates qui ne voudraient plus *rien voir ni entendre* se replient avec une sorte de passion vers la nature, à laquelle on ne songeait pas autant lorsqu'on croyait à Dieu ou aux hommes! Ainsi

s'explique le penchant toujours plus prononcé qui attire la foule vers
les œuvres de nos paysagistes. La vogue qui leur est acquise est tout-
à-fait méritée. Le paysage prend décidément une supériorité incontestable, nous voyons chaque année se grossir le nombre de ceux qui le
traitent et le traitent bien. La réaction réaliste ne lui a point été nuisible : elle ne pouvait avoir pour les paysagistes le même danger que
pour les peintres d'histoire et de genre. Rien n'est laid dans la nature
que ce qui tient à l'homme ou ce que sa main y introduit, et encore
lui est-il bien difficile de se garantir de la bienfaisante influence qui
corrige, efface sourdement ses conceptions inélégantes, jette un riche
manteau sur les pauvretés de son industrie. Si l'on transportait et si
l'on abandonnait dans une clairière de la forêt de Compiègne la plus
laide maison de nos faubourgs, je ne doute pas qu'en peu d'années
l'harmonieuse nature n'en fît quelque chose de très agréable à l'œil :
la pluie du ciel, lessivant son badigeon, le remplacerait par une mosaïque de lichens raboteux, de fucus aux mille nuances; le vent et les
oiseaux du ciel ensemenceraient son toit et convertiraient ses cheminées en flots de giroflées; le liseron des haies, l'aristoloche et la clé-
matite enroulant ses gouttières, quelques jeunes chênes étreignant ses
murs, forçant les lézardes de leurs tiges noueuses, substitueraient aux
lignes équarries les inépuisables caprices de leur architecture. Dans la
langue humaine, nous appelons cela destruction; mais il ne s'agit que
de s'entendre sur la valeur des mots. Où en serait notre pauvre planète, si la main de Dieu ne corrigeait sans cesse les sottises dont nous
la couvrons sous prétexte d'utilité ou d'ornement?

La méthode de l'à-peu-près, introduite et soutenue par MM. Diaz,
Leleux, etc., n'a point été non plus trop fâcheuse pour le paysage, où,
à l'exception des premiers plans, les objets sont indiqués plutôt que
délimités à cause de la distance, et où les lignes peuvent varier à l'infini sans choquer la vraisemblance. Au point de vue de la lumière et
de la couleur, l'intervention des réalistes a été salutaire dans un genre
qui s'était beaucoup ressenti de la sécheresse de l'école impériale.
Aussi M. Diaz, qui n'en fait pas métier, et qui par passe-temps cherche
des paysages dans les raclures de sa palette, M. Diaz est un de nos
meilleurs paysagistes. Son plus beau tableau, cette année, est assurément le *Soleil couchant*. Au centre de la toile, dans le fond, le soleil
descend sur l'horizon. Des bandes horizontales de nuages raient son
disque rouge et dilaté et se fondent en quelque sorte dans la fournaise
que reflètent les eaux dormantes d'une mare au milieu d'une lande
inculte. Quelques bouquets d'arbres rabougris et sauvages complètent
cette magnifique scène de couleur. Les terrains du premier plan, à
droite et à gauche, sont faibles et mal accusés; mais quelle gamme
splendide depuis le foyer lumineux jusqu'aux dernières dégradations

du zénith! quelles valeurs de tons entre le ciel et le marais inondé de feu! Comme ce petit tableau éclipse ses voisins, dont l'un n'est ni plus ni moins pourtant que *le Tombeau de l'Amour*, du même auteur!

En copiant la nature telle qu'elle se présente et en sacrifiant absolument les détails aux masses et aux grands effets, les paysagistes ont gagné sous le rapport du pittoresque, du nombre et de l'harmonie; en revanche, ils pèchent du côté de la composition. L'absence de composition, jointe à la faiblesse des premiers plans, est le caractère général de leurs ouvrages. Les fonds, au contraire, sont bien traités, et les ciels ont quelquefois beaucoup de transparence et d'éclat. M. Rousseau, à cet égard, affiche de grandes prétentions, que nous ne trouvons pas toujours bien justifiées, et encore est-ce là le plus gros de son bagage, car de la vérité des formes et du dessin, avec lui il n'en faut pas parler. Parmi les paysages de M. Rousseau, nous trouvons deux éditions du même site, *une Lisière de forêt* par un effet du matin et par un effet du soir. A travers un encadrement de gros chênes tortus et noircis, l'œil plonge sur une plaine au bout de laquelle est le centre de la lumière. Dans l'*Effet du soir*, M. Rousseau a disposé son soleil couchant absolument comme celui de M. Diaz; mais la différence est grande. Combien celui-ci est plus hardi, plus franc, tout en conservant à son fond la légèreté et la transparence que M. Rousseau cherche dans une sorte de remoulade confuse! Le soleil couchant de M. Rousseau jette une lueur bien grisâtre, qui peut se rencontrer quelquefois par hasard, et que nous nous garderons de nier, car les effets les plus bizarres se rencontrent. En général il faut être sobre de ces bizarreries, qui sont des exceptions et qui peuvent paraître incroyables. Or M. Rousseau s'attache toujours à l'effet bizarre. Il y a un arbre au milieu de la plaine qui se dessine en silhouette et semble poudré à frimas, une flaque d'eau pareille à de la résine figée; enfin les grands chênes du devant sont plaqués sur le fond clair sans saillie et sans ombre, comme s'ils n'étaient qu'un repoussoir disposé tout autour de la toile pour faire valoir le fond. C'est peut-être très beau de faire de la lumière sans ombres; mais, à coup sûr, cela n'est pas dans la nature, quelque bizarrerie qu'on veuille bien supposer. Ce qui n'est pas non plus dans la nature, ce sont des vaches ressemblant à des chaumières, des chaumières qu'on pourrait prendre pour des rochers, et des rochers de même air que les arbres. M. Rousseau traite tous les objets d'une façon identique, de sorte qu'on a beau s'approcher, reculer, s'approcher encore; on ne discerne, la plupart du temps, que par induction. Voyez plutôt son *Plateau de Belle-Croix*, qui est du reste ce qu'il a peint de plus vigoureux. L'*Entrée du Bas-Bréau* serait aussi un tableau d'un grand effet, si l'on pouvait appeler tableau un pâté de couleur informe et sans nom. Des deux *Effets du matin*, il y en a un surtout qui, sous prétexte de brouillard, est effacé comme un pastel sur lequel on promènerait la manche de son habit. Il faut que M. Rousseau ait une bien haute opinion de l'indulgence du public, pour lui présenter en guise de tableaux de semblables décoctions de chicorée.

Il y a dans la jeune école en ce moment-ci plus d'un paysagiste dont le nom n'est pas discuté aussi bruyamment que celui de M. Rousseau, et qui, dans ces à-peù-près vaporeux, réussit aussi bien que lui, sans se donner des allures aussi extraordinaires. La liste en serait longue; pour n'en citer que quelques-uns, nous n'avons que l'embarras du choix. Ce sera, si l'on veut, M. Haffner, dont les paysages d'Alsace et de Bade sont très justes de ton, pleins d'ombre et de fraîcheur. Il y a beaucoup d'air et un espace immense dans un petit tableau de M. Catrufo, *Souvenir des bords de la Loire*. M. Émile Toudouze peint les landes de Bretagne par un temps de pluie; le ciel a disparu sous un linceul de nuages; à peine une mince zone éclaircie à l'horizon laisse-t-elle distinguer une file de bœufs courant sous l'aiguillon d'un cavalier. La même sombre harmonie bretonne est reproduite dans un *Paysage après l'orage* de M. Villevieille : le terrain noirâtre, la chaumière mouillée, y reflètent avec beaucoup de précision les tons ardoisés du ciel. La *Mare à Cernay* de M. Lambinet, où s'ébattent des canards, un *Étang de Ville-d'Avray*, sont d'une belle limpidité. M. Daubigny fait de charmantes vues de rivières. Dans les *Iles vierges à Bezon*, la verdure tendre des grands arbres élégans et allongés se marie doucement avec le gris-perlé des eaux. La touche est moelleuse. Il faudrait seulement un peu plus de relief, des teintes moins plates. M. Chintreuil sait reproduire la profonde sérénité du ciel, quand le soleil a disparu depuis une demi-heure, et que les objets ne sont plus que des silhouettes. C'est encore un effet, mais ce n'est pas un paysage. Il en est de même du *Crépuscule* si limpide de M. Lefortier. Il y a également un charmant effet de bruyères en fleurs sur le *Plateau de Belle-Croix* de M. Lavielle. Quelques pointes de rocs coiffées de mousse desséchée et blanchâtre percent à travers la masse rouge de cette moisson de l'automne, et produisent le plus heureux contraste. On regrette que les arbres ne soient pas faits. L'*Intérieur de forêt* de M. Bodmer est plus étudié. Des arbres dépouillés, d'autres encore garnis de feuilles mortes, quelques ifs et sapins toujours verts se dessinent sur un ciel d'automne; un troupeau de biches effrayées bondit et fait crépiter les fougères flétries. M. Bodmer a très artistement groupé ces tons gris, verts et roux. M. Loubon nous transporte hors de cette nature un peu uniforme qui, pour la masse de nos paysagistes parisiens, a sa plus haute expression dans la forêt de Fontainebleau, et il peint des sites du midi, entre lesquels nous avons remarqué une vue du *Pont Flavien*, près de Saint-Chamas, à l'entrée de la plaine de la Crau, cette steppe de la France. Nous pourrions encore citer *la Rivière de Safsaf au soleil levant,* de M. Frère, ressouvenir de Marilhat, les *Vues de la forêt de Compiègne* de M. Labbé, les paysages de Provence de M. Imer, ceux de MM. Hubert, Brissot de Warville, Grènet, Chaigneau, Hanoteau, Anastasi, Louis Leroy et Pascal, qui tous composent plus ou moins, dessinent ou ne dessinent pas, mais expriment en général un sentiment vrai des harmonies rustiques qu'ils communiquent au spectateur.

Dans cette même forêt de Fontainebleau, où M. Rousseau pose les confins de son univers, M. Paul Huet a choisi deux motifs : *la Butte-aux-Aires* et *les Enfans dans les bois,* devant lesquels l'esprit s'ouvre aux fraîches sensations d'une nature poétiquement rendue, au lieu de s'arrêter distrait aux étrangetés de procédé et à la furie prétentieuse de la brosse. C'est manquer tout-à-fait le but, à mon avis, que de nous montrer des tons, quand nous voudrions voir des arbres, et de nous présenter avec fracas des curiosités de palette, quand nous cherchons un petit coin de vallée paisible, invitant au repos. M. Paul Huet a plus de jugement; d'abord il compose avec goût, fait un choix intelligent, et à la vue de ses bois épais, où le soleil glisse à travers le feuillage sur les troncs moussus ses rayons obliques, on ne songe qu'au plaisir qu'il y aurait à y vivre. C'est là le mérite suprême de M. Corot. Ce grand artiste, qui n'est pas aussi peintre dans l'acception technique du mot que beaucoup de ses confrères, les surpasse tous par le sentiment poétique dont la moindre de ses esquisses est animée, quelles que soient d'ailleurs les imperfections qu'on lui peut justement reprocher. Il se répète si l'on veut, et dispose trop souvent ses tableaux de la même manière; ses premiers plans, presque toujours dans l'ombre, sont trop souvent cotonneux et maladroits, et ses arbres couleur de suie. Tout cela est vrai; mais à la sincérité de la nature prise sur le fait M. Corot allie tant de noblesse et tant d'élégance; sa gamme, ordinairement assourdie, est si juste, et il sait quelquefois, quoi qu'on en dise, lui donner tant d'éclat, comme dans son *Soleil couchant, site du Tyrol italien!* A droite, sur le devant, un magnifique bosquet faisant rideau; au centre, la surface paisible d'un lac bordé à gauche par quelques blocs de rochers qui projettent dans l'eau leur reflet tremblant, et au fond une chaîne de collines qui fuient à perte de vue, illuminées des feux du couchant. De légers nuages aux flancs rosés sont suspendus dans un ciel brillant et vaporeux que ne désavouerait pas Claude Lorrain. Cette composition lumineuse et calme fait bien oublier les violences de M. Rousseau, ses effets rissolés, comme aussi les empâtemens de chrôme de M. Decamps. Le *Lever du soleil,* conçu dans un goût analogue, est plus frais encore; il y a entre ces deux tableaux la différence bien sentie du soir au matin. *Une Matinée* présente une disposition originale. — Un rideau d'arbres gracieusement enroulés de lierre, comme les aime M. Corot, fermerait tout le second plan, si le peintre n'y avait ménagé quelques trouées, véritables arcades de feuillage à travers lesquelles la vue plonge dans une vaste plaine. Le jour arrive de côté sur la plate-forme du premier plan où des nymphes s'ébattent sur le gazon. Nous nous permettrons de faire observer à M. Corot qu'il ne faut pas abuser des choses les plus charmantes. Les nymphes dont M. Corot peuple ses bois sont des accessoires naïfs qui n'ajoutent pas grand'chose à la valeur réelle d'un paysage; comme opposition, deux ou trois vaches, un pâtre, un cavalier cheminant sur sa bête, feraient tout aussi bien l'affaire, et la poésie n'y perdrait rien.

Il faut laisser cette population hétéroclite de faunes, d'hamadryades et d'égipans à MM. Gaspard Lacroix et Desgoffe, qui persistent à cultiver l'académique terrain de Paphos et de Chypre. M. Desgoffe inscrit bien dans le livret la prétention de représenter la campagne de Rome et *le Lac d'Albano;* mais il faudrait pour l'admettre que personne n'eût été à Albano, et que M. Français ne nous montrât pas à côté ses *Bords du Teverone,* ses *Vues de l'Arriccia, de l'Anio, de Genzano* et *du Lac de Nemi.* Les *Bords du Teverone* sont de cette belle couleur blonde qui dore le soir la campagne de Rome; une chaude vapeur cercle l'horizon. Par une singularité choquante, les devans jurent un peu avec le fond, si italien; le peintre semble y avoir transporté la nature d'un autre pays. La *Prairie dans la campagne de Rome* est vraiment rutilante; mais pourquoi M. Français, dans ses deux vues très exactes et très délicates du reste des *Bords de l'Anio* et *de Genzano,* a-t-il adopté un jour si sombre et ce ciel du nord? Nous avons éprouvé du chagrin de ne pas retrouver tels qu'ils resteront toujours dans notre souvenir ces délicieux sentiers qui mènent de Frascati à Albano par le vallon de Marino, les magnifiques châtaigniers de l'Arriccia et les pentes agrestes, inondées des rayons d'un soleil perpendiculaire, au fond desquelles dort enchâssé le limpide lac de Nemi. M. Chevandier de Valdrome a bien le sentiment de cette nature romaine. Son *Crépuscule dans les marais Pontins* est à la fois une étude fidèle et un tableau d'excellent style; le style est tout trouvé quand on peint la campagne de Rome; il suffit d'ouvrir les yeux, et il est superflu d'y ajouter des lignes de convention, comme font les paysagistes de l'école de M. Desgoffe. M. Paul Flandrin, lui, sait rester dans une juste mesure. Ses paysages sont des vues très vraies et très belles de cette noble nature; ils ne se rattachent au genre historique que par les nymphes et les bergers armés de chalumeaux qu'on est fâché d'y rencontrer.

Au milieu du mouvement si caractérisé où se trouvent entraînés les peintres de paysage, on est frappé de voir d'anciens maîtres et des artistes fort estimés rester un peu distancés, quelquefois au-dessous d'eux-mêmes. Nous ne retrouvons pas, par exemple, dans la *Vue prise à Saint-Denis*, le moelleux accoutumé de M. Flers. M. Thuillier développe les défauts dont sa manière portait le germe; il devient dur par trop de finesse et de netteté comme dans ses deux *Vues* de Hollande; celle prise aux environs de Montoirs est meilleure et d'un faire plus large. Enfin M. Cabat tourne à la porcelaine, et, à force d'application, il tue le charme et la fraîcheur de ses paysages. La vue en est généralement peu attrayante, et ils manquent de cette saveur rustique qui s'exhale de beaucoup de petites toiles modestes et sans prétentions. M. Cabat arrange trop. Les masses d'arbres qu'il a plantées dans *un Bois au bord d'une rivière* appartiennent plutôt à un parc qu'à un véritable bois; le fini des détails et un certain pointillé dans le feuillage et les herbes du terrain engendrent la sécheresse, les eaux sont laiteuses et les ciels savonneux, particulièrement dans la *Prairie près de Dieppe*. Le premier tableau que je viens de citer est, en somme, celui où l'on retrouve le plus les anciennes qualités de M. Cabat, et où la beauté des masses est soutenue par une exécution solide des détails. Je n'oserais pas avancer que M. Cabat ait recueilli l'héritage de l'ancienne école Bidault, cela regarde mieux M. Hostein, mais il ne serait pas impossible qu'on lui trouvât quelque parenté de ce côté.

M. Pron tient ses promesses de l'an dernier; il a fait les plus grands progrès. Il a la grace naïve et la simplicité de la nouvelle école en même temps qu'une exécution plus finie. On sent une pénétrante fraîcheur dans son tableau du *Matin. Un Chemin creux à Moutier* a plus de douceur encore : des ombres portées le coupent de distance en distance, et font valoir les parties où se joue un soleil clair et gai. Les *Rives de la Seine près Saint-Julien* sont un peu crues. M. Pron doit surveiller la tendance qu'il pourrait avoir à la sécheresse, et réformer aussi une façon de feuiller ses arbres qui finirait par leur donner à tous le même air de famille. A part ce défaut, qui est surtout sensible dans les *Rives de la Seine*, l'exposition de M. Pron est brillante et fait concevoir de cet artiste les plus grandes espérances. Dans les paysages de M. Jules André, on sent l'étude des Flamands. *Les Bords de la Bouzanne* ont un certain vaporeux qui rappelle Ruisdael. Un *Dessous de bois* touffu laisse apercevoir dans le lointain des fragmens d'un ciel chaud et clair, effet que l'auteur affectionne et qu'il place avec avantage dans plusieurs paysages, derrière de belles masses d'arbres. Malheureusement une certaine mollesse, un faire un peu douceâtre, gâtent les incontestables qualités de M. André. Ses *Dessins* du Morbihan sont sans caractère, surtout si on les examine à côté des vigoureuses *Études* que M. Roqueplan a faites dans les Pyrénées. Les *Lavandières*, l'*Entrée d'un bois*, le *Pêcheur de truites*, de M. Armand Leleux, sont d'une élégance un peu léchée. Au milieu de sa verdure claire, M. Leleux intro-

duit volontiers quelque jupon ou tablier rose dont le ton n'est pas
toujours juste. M. Jules Laurens, qui a fait le voyage de Perse avec
M. Hommaire de Hell, en a rapporté des vues tout-à-fait pittoresques,
entre autres la *Forteresse de Rehagués*, espèce de tour cannelée qui s'é-
lève solitaire au milieu de la plaine de Téhéran. MM. Gudin, Garnerey,
Barry, Courdouan, ont toujours le monopole des eaux. Entre toutes ces
marines également estimables, il faut signaler une belle vue du grand
canal de Venise près de *l'Église de Santa-Maria-della-Salute*, par
M. Joyant. Nous nous sommes quelquefois demandé ce que ferait
M. Joyant, si Canaletto n'avait pas existé.

Décidément M. Troyon monte d'un cran dans l'échelle des êtres. Il
quitte les arbres pour les bœufs et les moutons, qu'il peint mieux que
M. Palizzy et avec plus de fermeté que Mlle Rosa Bonheur. M. Palizzy
empâte beaucoup trop, Mlle Bonheur traite ses moutons à la Deshou-
lières; elle bichonne un peu ses vaches, qui sont du reste fort bien
dessinées, et glisse dans ses paysages de certains fonds violets peu naturels. Nous préférons aux idylles de Mlle Bonheur le *Troupeau de moutons* couchés sous un ciel noir dans une vaste plaine déserte, par
M. Troyon, qui a mis dans une scène aussi simple un vrai sentiment
rustique. Les *Bassets* de M. Laffitte et la *Louve dévorant un mouton* de
M. Ledieu, le *Supplice de Tantale* de M. Stevens et les *Chiens* de M. Jadin
figurent avec distinction dans la galerie des quadrupèdes, dont M. Philippe Rousseau reste toujours le peintre ordinaire et privilégié. Toutefois son grand tableau *Part à deux,* où un griffon vient disputer
une assiette de lait à une famille de chats, présente un aspect papillo-
tant et des effets qu'on ne trouverait certainement pas dans la nature,
tels que l'ombre portée d'une assiette de Chine pleine de lait qui
semble ne pas toucher à terre; mais il y a des parties admirables: un
délicieux petit chat gris perlé entre autres mettant les pattes dans
l'assiette et plongeant son museau rose dans le lait. On retrouve la
même justesse de coloris dans ses deux tableaux de *nature morte*, où
l'on voit un *chardonneret* et un *rouge-gorge* accrochés à un clou avec
une branche de mûre, et une table chargée de fruits et de légumes;
toutes les roses, les dahlias et les fruits des peintres du genre pâlissent
bien à côté des salades et des radis de M. Rousseau, bien qu'on ne puisse
nier un mérite considérable aux fleurs de Mmes Apoil, Wagner, aux
fruits à l'aquarelle de M. Grenier, aux gouaches de M. Chabal-Dusur-
gey, et surtout aux bouquets de fleurs si finis dans leur petite taille de
M. Stenheil.

IV.

La sculpture ne présente pas les mêmes inégalités que la peinture. Depuis plusieurs années, chaque exposition constate dans cette branche de l'art un degré de perfection soutenu et assez uniforme. Les tentatives excentriques y sont plus rares, parce que la matière et l'instrument s'y prêtent moins, et que le faux y est plus tangible et plus choquant. Quelques essais d'innovation se sont pourtant fait jour dans son domaine, sans beaucoup de succès, il est vrai. Des esprits inquiets, impatiens des règles imposées par la nature même des choses, voudraient mouvementer, passionner la sculpture. Ils oublient que l'expression des passions est incompatible avec la statuaire, dont elle tourmente les lignes et détruit l'harmonie. M. Préault et ceux qui l'imitent plus ou moins tentent donc une entreprise stérile, et qui n'a du reste nullement le mérite de la nouveauté. On croit faire du neuf, hélas! sans songer à la maxime de Salomon, et l'on tourne toujours dans le même cercle. Le caractère que M. Préault veut donner à la sculpture est précisément celui qu'on trouve aux plus mauvaises époques de cet art. Rien de plus mouvementé assurément que les statues de Bernin, qui était un homme d'une grande habileté. Voudrait-on, par hasard, restaurer le style du baldaquin de Saint-Pierre, ce colosse du rococo?

M. Préault a coulé en bronze son fameux *Christ* de l'année dernière; il n'y a pas lieu d'y revenir. Il a fait une *Tuerie*, fragment d'un grand bas-relief. Ne connaissant pas l'ensemble, nous ne pouvons rien comprendre à ce morceau, où se trouvent pôle-mêle entassés des têtes grimaçantes, des bras sortant on ne sait d'où, des mains qui n'appartiennent à aucun corps. Tout cela se mord, s'égratigne sans nous dire pourquoi, et produit exactement l'effet d'un cauchemar. Le buste de Nicolas Poussin a premièrement le tort impardonnable de n'être pas ressemblant; la tête de Poussin est bien connue néanmoins. On se demande ensuite pourquoi M. Préault a cru devoir exagérer à un tel point chaque trait, chaque muscle de ce masque essentiellement réfléchi et paisible, au point de lui donner un air si courroucé? Le procédé de M. Préault l'a conduit et le conduira toujours à la caricature, qui n'est, comme on sait, que l'exagération des traits caractéristiques du visage.

Une statuette en bronze de *la Misère*, représentant un vieillard pelotonné dans une méchante draperie, nous a paru si ressemblante aux œuvres de M. Préault, que nous la lui aurions attribuée volontiers, sans le secours du catalogue. Nous ne complimenterons pas l'auteur, M. Gauthier, sur une pareille ressemblance. Nous regretterions aussi de voir un jeune sculpteur plein de verve et de fougue, M. Christophe, se jeter dans cette voie fatale. M. Christophe connaît son métier d'une façon surprenante; il modèle avec une sûreté de main et un aplomb qu'on n'a pas d'ordinaire à son âge, témoin les jambes de son *Philoctète transporté dans l'île de Lemnos*, dont toutes les parties sont savamment étudiées; mais M. Christophe, dédaignant un mérite trop commun, poursuit, si je puis m'exprimer ainsi, l'éloquence du ciseau. Il voudrait émouvoir, parler à la foule. M. Christophe reconnaîtra qu'il court après l'impossible. En admettant que ce qu'il a représenté sous un pseudonyme grec soit compris du spectateur, la laideur inévitable qu'une passion aussi violente a imprimée à la tête de sa statue en détruit par avance l'effet, la première condition de l'art étant, nous le répétons encore, l'expression du beau.

Il existe dans l'art des parentés qui, fondées sur le rapport des esprits plutôt que sur la similitude des travaux, n'en sont pas moins très réelles. Si l'on voulait trouver en statuaire un frère à M. Müller, ce serait sans contredit M. Clésinger. Rien ne ressemble plus à la peinture de M. Müller que la sculpture de M. Clésinger. Après avoir appliqué leur couleur et leur marbre à des représentations d'un goût et d'une distinction équivoques, tous deux échouent aujourd'hui également lorsqu'ils veulent hausser le mode de leur instrument. M. Müller abordant l'histoire est tombé dans l'anecdote, M. Clésinger entreprenant une *Pietà* est resté dans le plus pur sensualisme. Est-ce bien un Christ, une Vierge, une Madeleine que ces trois corps avinés, vautrés l'un sur l'autre comme de joyeux compères que l'aube du mercredi des Cendres surprend à l'angle boueux d'un faubourg? Avec quelle sereine intrépidité M. Clésinger s'est jeté dans les sujets de sainteté! On a fait des bacchantes; pourquoi ne ferait-on pas des madones? Tout n'est-il pas dans un bloc de marbre? Entre Madeleine pécheresse et Madeleine repentie il n'y a que la différence d'une tunique. C'est là ce qui s'appelle savoir son métier! Encore cette tunique est-elle ici bien débraillée, de telle sorte qu'on pourrait croire la sœur de Marthe revenue à ses premières erreurs. Dans l'arrangement de ce groupe, rien n'est déterminé par le raisonnement; tout est combiné d'après des recettes d'atelier. Il n'est pas une ligne, pas un pli de draperie qui ait sa raison d'être dans la nature ou dans le sentiment du sujet. Pour me servir du mot usité, tout cela cherche à vous en imposer par un *chic* audacieux, et je me plais à reconnaître que nul ne possède à un plus haut degré que M. Clésinger le secret de cette tricherie. Que vous dirai-je? M. Clésinger est parvenu à se donner au public, je ne dis pas à la foule distraite et ignorante, mais à des artistes, à des gens qui s'y connaissent ou du moins qui font profession de s'y connaître; M. Clésinger est parvenu, dis-je, à se donner pour un ciseleur habile, et il est admis qu'il *fait palpiter la chair.* A-t-on bien pourtant étudié de près et sérieusement l'exécution de ses figures? Sans parler de la *Pietà*, qui est taillée dans la pierre, nous trouvons quatre bustes en marbre de M. Clésinger, qui nous permettront peut-être d'apprécier la souplesse de ce ciseau si vanté. De ces quatre bustes, deux représentent Mlle Rachel dans le rôle de Phèdre et dans celui de Lesbie. L'idée est assez ingénieuse et propre à fournir de piquantes oppositions. Je reconnais encore que le premier aspect est séduisant, l'artiste ayant appelé à son secours une extrême coquetterie d'arrangement et de costume. On pourrait néanmoins lui faire observer que s'il a voulu, en ces deux pendants, caractériser sous les traits de la célèbre actrice la muse de la tragédie et la muse de la comédie, sa pensée n'est pas compréhensible pour ceux qui n'ont pas vu Mlle Rachel dans *le Moineau de Lesbie,* car cette tête couronnée, surchargée de raisins, n'a rien du type classique de Thalie; c'est une nymphe ou plutôt un éphèbe de Théocrite. Maintenant, si nous dépouillons ces bustes des accessoires galans dont M. Clésinger les a ornés, si nous les analysons, déduction faite de leur toilette de théâtre, nous ne trouvons plus qu'un travail assez médiocre. Les contours des lèvres, les ourlets des paupières sont bien négligemment fouillés. Jamais femme vivante n'eut un cou de mannequin aussi raide et empesé. Pourquoi M. Clésinger a-t-il oublié d'y marquer les deux ou trois légers plis que la nature y trace comme un gracieux collier? On a prétendu dans le temps que la *Bacchante,* qui fit la réputation de M. Clésinger, avait été moulée sur nature; sa sculpture de cette année nous le ferait croire : il s'en faut qu'elle soit aussi vivante. M. Clésinger farde sa sculpture d'une préparation huileuse qui ôte au marbre nouvellement taillé sa crudité; il obtient par ce procédé industriel un aspect fondu, estompé, qui dissimule au premier coup d'œil la pauvreté du modelé. L'illusion que produit cette supercherie entre pour une part notable dans les succès de M. Clésinger; mais si par hasard il oublie ou néglige de l'employer, le masque tombe..., et M. Théophile Gautier reste, fort peu satisfait, je le suppose, de l'informe portrait que l'ébauchoir de M. Clésinger lui a dédié. Qu'il se console en pensant que personne ne le reconnaîtra, pas plus que M. Houssaye, transformé en dieu marin. M. Clésinger a encore eu l'idée de représenter M. Pierre Dupont, le chansonnier, la bouche grande ouverte et lançant un refrain. Cette bouche ouverte n'a pas le sens commun; placée sur le palier de l'escalier qui conduit aux galeries supérieures, elle a exactement l'air d'un tronc pour les pauvres, sollicitant de chaque arrivant une pièce de monnaie.

L'imagination de M. Fourdrin est poétique. Suivant en cela l'exemple de M. Clésinger, il prodigue les guirlandes et les roses; mais il ne faut pas que la toilette d'un buste absorbe et détourne l'attention. Plus de simplicité siéd mieux, et quand par hasard cette exagération est calculée, la supercherie ne'tarde pas à se découvrir. Dans la statuaire encore plus que dans la peinture, un portrait n'a de valeur que par l'expression du caractère et le rendu des détails, et le mot d'Apelles sera toujours applicable à ceux qui se réfugient dans de petites charlataneries : « Ne pouvant la faire belle, tu l'as faite riche.. »

M. Gruyère, pour modeler son buste de Greuze, s'est inspiré du portrait de ce peintre, et montre à M. Préault ce qu'il aurait dû faire pour celui de Poussin. Le marbre de M. Gruyère est des mieux étudiés; on y retrouve la même vie, la même animation que dans la toile qui est au Louvre. Il y a deux bustes gracieux et finement travaillés, l'un de *Mme la comtesse de Gleose* par M. Demi, l'autre de *la Reine de Hollande* par M. Oliva; une bien charmante statuette de Mme ..... par M. Barre; le *Don Diego Velasquez da Silva,* de M. Maniglier, est bien vivant et empreint de force et de fierté. Le plâtre de M. Hébert représentant *Benvenuto Cellini* a aussi beaucoup de caractère. Entre plusieurs bustes de M. Cordier, le moins remarquable n'est pas le *Nègre de Tombouctou.* Dans le siècle dernier, on sculptait assez volontiers des têtes de nègres en marbre noir. A notre avis, le bronze, tel que l'a employé M. Cordier, rend mieux le ton huileux et le grenu de la peau africaine; de plus, par le moulage, on parvient à reproduire bien plus exactement qu'avec le ciseau la qualité des cheveux frisottés ainsi que de la barbe rare et laineuse.

Le *Faune dansant* de la Tribune de Florence, si admirablement rajusté par Michel-Ange, a inspiré bien des artistes. M. Lequesne, sur cette donnée connue, a pourtant réussi à faire une œuvre originale. Son *Faune* bondit un pied en l'air, l'autre posé sur la peau du bouc gonflée et glissante, et il embouche en même temps la flûte sacrée. Le mouvement est vif, le corps bien jeté, chaque membre concourt bien à l'allure générale, et quant à l'exécution, elle est extrêmement soignée; tous les muscles sont détaillés avec une grande science et jouent sous la peau. Peut-être pourrait-on trouver ce corps un peu bosselé, mais cette accentuation vigoureuse s'explique par le mouvement violent auquel se livre le danseur et par la tension qu'il imprime à tous ses muscles pour se maintenir en équilibre. De plus il faut remarquer que cette statue n'est qu'un modèle en plâtre destiné à être fondu en bronze, et que sous le vert sombre du métal les accentuations du modelé seront moins sensibles.

C'est une rencontre assez rare dans les œuvres de la sculpture moderne qu'une belle étude de la beauté virile. Pour une statue comme celle de M. Lequesne, il s'en trouve quatre ou cinq de femmes qui naturellement attirent plus la foule, et avec une moindre dépense de talent arrivent plus facilement au succès. Pense-t-on que M. Pradier fût aussi populaire, s'il avait fait, toujours avec la même habileté, des faunes et des Apollons, au lieu de faire des Vénus? L'habileté de M. Pradier est extrême, personne ne la lui conteste; il en donne encore aujourd'hui une preuve dans sa *Toilette d'Atalante.* Rien de plus souple que ce corps ployé; rien de plus délicat que ces bras et ces mains qui se portent en avant pour rajuster la chaussure; la délicatesse en est même exagérée pour la robuste antagoniste d'Hippomène, et il me semble que M. Pradier n'a guère songé au caractère et au nom à donner à sa statue, qui représente plutôt une Parisienne sortant du bain. En regardant d'un peu près aux statues de M. Pradier, on les trouve bien plus françaises qu'athéniennes, quel que soit le soin qu'il met à les baptiser à la grecque, car il faut bien un prétexte pour promener des femmes toutes nues, et l'on n'en trouve de plausible que dans le dictionnaire de Chompré. Il n'y a pas grand mal à cela, et si nous démêlons un cachet particulier et national aux nombreuses reproductions que M. Pradier édite du même modèle, pourquoi blâmerions-nous chez lui une originalité qui nous charme chez les artistes de la renaissance? Le grand, le véritable tort de M. Pradier, c'est le tour provoquant qu'il se plaît à donner à ses statues, l'impudeur calculée de toutes ses nudités. La pruderie britannique ne trouvera-t-elle rien de *shocking* dans l'ajustement de draperies d'une statuette de *Médée* faite pour la reine Victoria? Sans être obligé de recourir au moindre voile, M. Pradier eût pu également disposer son *Atalante* d'une façon plus convenable. Telle qu'elle est, sa place est plutôt dans un boudoir que dans un musée.

M. Jouffroy comprend bien mieux que M. Pradier la dignité de son art. Il a poétisé l'égarement de l'ivresse dans son *Érigone,* qui, à demi renversée, les bras levés au-dessus de sa tête, presse une grappe suspendue à un cep, et en fait couler le jus dans sa bouche. Ce mouvement, bien saisi et vivement rendu, développe une fière et svelte cambrure et de grandes délicatesses dans le torse; les attaches des membres sont minces et dégagées, ce qui engendre une grande distinction. On ne comprend pas bien la raison d'un bout de draperie qui enroule la jambe droite. Cette draperie, du reste, est bien traitée ainsi que tous les accessoires, les fleurs, les instrumens de musique posés à terre, et le cep de vigne dont les lignes viennent se raccorder avec les bras et la chevelure flottante.

Le goût distingué et la manière noble de M. Jouffroy se retrouvent à des degrés divers chez MM. Pollet, Loison, Jaley. La *Jeune Fille* de M. Jaley est pensive, le coude appuyé sur ses genoux, les yeux à demi fermés; la tête est pleine de grace, et les draperies, d'un bon style, font bien sentir le nu. M. Loison a donné à sa statue d'*Héro* un caractère tout-à-fait original. Le corps à peine adolescent n'est aucunement voilé par là draperie de lin transparente à travers laquelle se dessinent de suaves contours; l'enfant s'est jetée hors de sa couche, tremblante et joyeuse, l'œil dilaté, la bouche souriante; elle élève au-dessus de sa tête le flambeau qui guide son Léandre. Cette petite tête, si pleine de jeunesse et d'amour, est ravissante et en harmonie parfaite avec le sentiment général de la composition.

Il nous semble, au contraire, qu'il y a désaccord entre le geste enfantin de la *Psyché*, de M. Legendre Héral, saisissant un papillon posé sur son genou, et les formes déjà bien développées que le sculpteur a données à cette statue. La tête seule est bien. *Le Berger Cyparisse* de M. Marcellin est d'une pose juste et vraie, mais il a une tête disgracieuse. La *Jeune Fille* de M. Chambard, écoutant le bruit d'un coquillage, voudrait des formes un peu moins lourdes. Chez M. Renoir enfin, l'idée vaut mieux que l'exécution. Horace enfant s'étant endormi, des colombes le couvrent de verdoyans feuillages : ce modèle est en plâtre; en le taillant en marbre, M. Renoir fera bien de donner plus de soin à la tête, qui est effacée et sans caractère.

M. Maindron a eu une fois dans sa vie une inspiration qu'il se borne depuis lors à rhabiller : on retrouve sa Velléda partout, dans le bas-relief de *la Fraternité*, dont la moitié est ingénieusement empruntée à Prudhon, et dans une lourde *Sainte Cécile* aux jambes raides que l'on peut renvoyer dos à dos avec l'épaisse *Suzanne* de M. Grass. M. Vauthier montre au contraire qu'il a le don de la grace dans le modèle en plâtre du *Printemps*, jeune fille qui s'avance d'une allure aisée en semant des fleurs; mais un des plus attrayans exemples en ce genre est sans contredit la statue de M. Pollet. M. Pollet l'a intitulée *une Heure de la nuit*. Elle s'élance une étoile au front, la tête endormie et les bras levés et rejetés en arrière, ce qui fait valoir un torse et des jambes admirablement modelés. Les avant-bras seuls paraissent un peu maigres. et trop courts : peut-être est-ce parce qu'on ne les voit qu'en dessous. Quant à la tête, quoique très élégante, elle a le nez retroussé et un peu de l'air mutin que M. Pollet a mis dans son charmant petit buste d'*une Bacchante*. C'est un défaut ici, où la noblesse devait être alliée à l'élégance. Toutes les parties du reste sont très fines et modelées avec un soin extrême. Remarquons que le titre de cette statue est un peu recherché : on trouverait plus naturel que M. Pollet l'eût appelée Sapho, car la première idée qui naît en la voyant est celle d'une femme qui se précipite.

Les animaux et les bêtes fauves nous envahissent de plus en plus; bientôt ils seront en nombre, et nous ne sommes pas sans quelque inquiétude de les voir se rendre maîtres de la place. Ce genre de sculpture se développe, parce qu'il est assez facile et que ses produits se débitent aisément, surtout lorsqu'ils sont d'une dimension appropriée.

à l'ornement d'une cheminée; mais cette dernière considération a une influence fâcheuse, car le goût du public se plaît généralement aux petites scènes pathétiques entre une poule et ses poussins, au trépas attendrissant d'un cerf atteint par les chiens, bien plus qu'à la représentation des attitudes calmes dans lesquelles les animaux déploient tant de noblesse et une si belle gravité. On s'était passionné pour le premier lion de M. Barye, placé à l'entrée des Tuileries : c'est à peine si l'on a pris garde au second, qui pourtant est bien autrement étudié et d'un style plus sculptural. M. Fremiet, j'en suis sûr, acquiert plus de renommée par son drame colossal de l'*Ours blessé* que par ses études consciencieuses de chien, de chat et son *Marabout* en bronze, si majestueux dans sa pose héraldique. Au point de vue de l'art, il n'y a pourtant dans le groupe de M. Fremiet qu'une masse assez informe et un homme à peine étudié. Combien nous aimons mieux la *Chatte* en marbre du même artiste , le *Jaguar* de M. Barye, et le grand *Tigre à l'affût* de M. Jacquemart! Les chiens de M. Mène et de M. Delabrière sont très délicatement traités et méritent de sincères éloges, quoiqu'ils rentrent dans la catégorie des objets à la mode. On remarque aussi de petites merveilles de patience et de dextérité de M. Caïn, des bécasses, des alouettes, des moineaux en cire, fouillés et détaillés plume à plume : c'est à faire périr de jalousie tous les apprêteurs du cabinet d'histoire naturelle.

Ainsi, au dernier terme de cette revue, nous constatons, une fois de plus, le caractère matérialiste que nous a révélé l'examen de chacune des branches de l'art contemporain. Nous voyons encore plus clairement que les années précédentes le progrès et le perfectionnement dans les représentations de la nature animale et végétale s'accomplir simultanément avec la dégradation involontaire ou calculée du type humain, que la peinture et la sculpture avaient jusqu'à présent pris à tâche d'exalter. Les expositions antérieures nous avaient fait assister aux luttes des sectaires coloristes, qui aujourd'hui sont à peu près maîtres du terrain. L'année dernière, M. Préault faisait son entrée; aujourd'hui, nous avons M. Courbet. Quelle nouvelle doctrine sommes-nous à la veille de voir se produire? Jusqu'où irons-nous dans cette voie de négations successives, et en remplaçant peu à peu toutes les règles par l'anarchie des fantaisies individuelles? La barbarie pourrait bien être au bout de cette progression décroissante que certaines gens voudraient nous faire prendre pour la transition à une phase nouvelle. Avant d'accepter cette théorie du renouvellement, nous aimerions à savoir un peu où l'on nous mène. Nous voyons bien les barbares, ils sont là, ils ont encore élargi la brèche au salon de 1850; mais quelle sera la seconde renaissance dont ils sont chargés de préparer les voies?

LOUIS DE GEOFROY.

CHRONIQUE DE LA QUINZAINE.

28 février 1851.

La situation se prolonge et ne se détend pas; elle est aussi mauvaise, aussi obscure qu'elle a jamais pu l'être. Nous allons tête baissée vers 1852 sans vouloir encore rien ôter à cette date critique des hasards et de l'imprévu dont elle nous menace. Les partis (et les partis à cette heure sont dans le pays beaucoup moins que dans le gouvernement), les partis aux prises semblent bien plus occupés de leurs animosités mutuelles que de leur salut commun, que du salut de tout le monde. L'histoire des guerres de montagne nous offre des exemples de ces luttes désespérées dans lesquelles deux adversaires, s'étreignant sur la crête d'un précipice, s'entraînent l'un l'autre jusqu'au bas plutôt que de se lâcher, parce que l'un et l'autre espèrent avoir le dessus au fond de l'abîme. Les partis en sont là : ils appellent l'abîme; la France malheureusement y tomberait sous eux, mais c'est ce dont ils ne tiennent compte, et ils agissent comme si chacun d'eux était investi par privilége du droit de la perdre avec lui.

Ni l'assemblée, ni le pouvoir exécutif n'ont fait un pas jusqu'ici pour remonter la pente fatale qu'on descend si vite, pour se tirer de cet enchevêtrement déplorable où s'usent stérilement les forces vives de l'état. Les ministres provisoires gardent leurs portefeuilles, et, quoi qu'ils en laissent toujours une clé à leurs prédécesseurs, ils ne paraissent point encore très près de les céder à personne. C'est bientôt dit qu'on administrera sans faire de politique, et qu'après tout le pays s'en trouvera mieux; mais, en un pays comme la France, il ne se peut pas qu'il n'y ait toujours une action politique, et quand cette action n'est pas aux mains de ceux qui devraient en être les dépositaires officiels, c'est qu'elle est ailleurs. De là naissent tous les tiraillemens d'une position équivoque, tous les embarras d'une maison divisée, et au bout de tout cela l'impuissance publique. De là sont venues les difficultés de ménage intérieur qui ont transpiré ces jours-ci jusqu'au dehors, les prétentions et les résistances qui se sont heurtées, lorsqu'il a été question de remaniemens plus ou moins considérables dans le corps diplomatique et dans la distribution des préfectures. On a beau déclarer que l'influence n'appartiendra pas à ceux qui restent néanmoins les représentans de l'autorité : la seule vertu de cette représentation inhérente à leur poste les avertit qu'ils sont encore responsables, et ils veulent au moins transiger. Si peu qu'on soit ainsi obligé de reculer sur un terrain où l'on pensait être tout-à-fait chez soi, on sent d'autant plus durement cette nécessité inattendue, qu'on a le regret d'avoir trop livré la mesure de ses exigences en réduisant à ne les point subir toutes ceux mêmes dont on se croyait le plus assuré. Le président n'aurait pas eu l'idée de renouveler notre diplomatie par de certains choix d'un sens trop éclatant, s'il n'avait été convaincu que c'était assez pour les rendre acceptables d'être à lui seul persuadé de leur excellence. Il y a là l'un des pires inconvéniens de ce vide au milieu duquel on gouverne depuis que les rapports du pouvoir exécutif avec la majorité de la législature ont été si fatalement altérés ou rompus. Ce vide prête aux illusions; l'entourage personnel y prend une place qu'il ne prendrait point, si elle était plus remplie, et l'on est exposé à ne plus voir que dans ses amitiés particulières des garanties suffisantes d'une aptitude spéciale pour le bon service de l'état : c'était jadis l'erreur et la ruine des monarchies absolues, ce ne saurait être aujourd'hui la sûreté d'une présidence républicaine.

Nous avons un grief plus sérieux encore contre cette fausse situation. Ce n'est pas seulement celui qui l'occupe qu'elle peut abuser, en le mettant tout à la fois en évidence et dans l'isolement. Cette évidence où il apparaît seul trompe d'autres yeux que les siens : elle encourage ces ambitions grossières et bruyantes qui sont à la queue de tous les partis et qui culbutent souvent leurs chefs de file, tant elles se pressent et se poussent à leur suite. Plus il est possible de supposer que le président a pour ainsi dire autour de lui table rase, plus il se trouve de gens qui veulent, malgré lui sans aucun doute, dresser là-dessus un piédestal. Il n'y a point de piédestal qui vaille, en ce temps-ci, le moindre escabeau qu'on empêcherait de branler. Nous devons cette justice au président que de lui-même, et par tout ce qu'il y a dans sa conduite qui lui soit le plus propre, il a visé jusqu'ici au piédestal bien moins qu'à l'escabeau; mais les circonstances l'ont maintenant trop découvert, elles lui font un rôle trop individuel et trop marqué, pour ne pas multiplier derrière lui des comparses qui n'aient plus assez d'une si modeste fortune. Ces amis compromettans, qui de près ou de loin se chargeraient au besoin de rêver pour lui, sont plus expansifs dans leurs entreprises à mesure que le président, dépourvu de ministres très autorisés, semble en quelque sorte plus abandonné à lui-même. Il a moins d'ascendant sur eux, parce qu'ils se figurent qu'étant moins accompagné pour les retenir, il leur cédera davantage et leur pardonnera tôt ou tard la violence de leur dévouement. Ce sont ces dévouemens, dont on ne réussit plus sans grand'peine à modérer la violence, qui dégoûtent les attachemens raisonnables, qui justifient les défiances systématiques, et vraiment, depuis ces dernières semaines, ils se sont trop donné carrière. La souscription nationale proposée par les zélés défenseurs de la prérogative présidentielle comme une sorte d'appel au peuple contre le parlement avait été officiellement déclinée;

le premier magistrat de la république ne devait pas manquer de ressentir le procédé dont on usait envers lui; ce ressentiment ne pouvait aller jusqu'à permettre l'insurrection morale qu'on lui conseillait en guise de représailles. Ces conseillers de méchantes expériences ne se le sont pas tenu pour dit, et il a fallu signifier de nouveau que le président ne voulait de souscription sous aucune forme. Ces refus, qui, sans être bien entendu des refus héroïques, ont pourtant leur côté méritoire, perdent peu à peu ce mérite-là dans l'opinion, toujours moins émue de l'abnégation qu'ils expriment, parce qu'elle est toujours plus frappée des hyperboles opiniâtres auxquelles ils répondent. On sait moins de gré au président d'annoncer qu'il n'acceptera pas la Malmaison qu'on n'est irrité contre ces fanatiques ridicules qui affectent de lui préparer les logemens du consulat comme des étapes sur la route des Tuileries. On s'en prend à lui presque malgré soi de ces réminiscences qu'il ne provoque certes pas, mais qu'il ne vient point à bout d'étouffer une bonne fois. On s'inquiète de ce singulier prestige dont il a tant de mal à contenir les effets, et dont les effets nuisent toujours inévitablement ou au sérieux de son caractère ou au maintien de la paix publique.

Qu'était-ce encore que ce pétitionnement avorté auquel on assignait d'avance les proportions d'un nouveau 15 mai? L'essai n'a pas même été tenté, soit; mais ç'a été un coup funeste pour la cause de la Pologne d'avoir servi de prétexte à la manifestation criminelle de 1848 : comment serait-ce un avantage pour la cause du président de remettre dans les mémoires le souvenir de ces expéditions révolutionnaires, fût-ce un souvenir impuissant, fût-ce un misérable plagiat en diminutif? Si l'on a vu des intimes de la présidence dans les rassemblemens de Belleville, c'était pour les dissiper; M. Belmontet nous l'affirme, et nous l'en croyons de la meilleure foi du monde; seulement nous ne lui souhaitons pas d'avoir beaucoup de ces missions scabreuses : c'est toujours un peu jouer au paratonnerre, et le jeu n'est pas sûr pour les imaginations lyriques. On leur est d'ailleurs moins reconnaissant de l'honnête résistance qu'elles opposent au débordement enthousiaste surexcité par leur verve, qu'on n'est mécontent de cette verve importune qui déchaînerait tout dans ses accès. Le chantre de l'empire ne veut point qu'on le fasse, c'est très bien : ce serait beaucoup mieux de n'avoir jamais induit à le faire. Ce *retour à l'empire* ne serait en somme qu'une chimère sans conséquence, si le vague au milieu duquel fonctionnent les pouvoirs publics n'ôtait pas au commun des esprits le point de repère que leur offraient naturellement des institutions plus consistantes. Si le pouvoir exécutif se retrouvait enfin mieux assis par un meilleur accord avec l'autre, si tous les deux, tels qu'ils sont, malgré les vices de leur origine, s'attachaient par-dessus tout à perpétuer dans les masses la notion d'un état régulier, il y aurait beaucoup moins de ces aspirations malencontreuses vers un état impossible : le président n'aurait point à désavouer des velléités de pastiche impérial qu'il endosse toujours sans même en être l'auteur, parce qu'on y voit des complaisances à son adresse.

L'assemblée, de son côté, se divise et se coalise encore avec le même aveuglement. Les influences s'y contrarient au point de s'annuler; les *leaders* s'effacent en se multipliant, et ce ne serait peut-être pas une exagération de dire qu'il n'est plus d'homme important qui soit toujours sûr de recruter beaucoup plus de vingt voix avec la sienne. Il ne reste un peu d'ensemble que là où il n'y a point de têtes, point de chefs éminens, sur les bancs de la montagne. On n'a là du moins qu'à laisser faire pour profiter des passions ou des fautes de la majorité : il suffit de se jeter tous à la fois du côté où l'on veut qu'elle tombe; on la dirige, on s'en empare, rien qu'en se prêtant comme appoint à l'une de ses fractions contre l'autre. Les montagnards de l'assemblée sont rudement menés, il est vrai, par les montagnards de l'exil, les exilés d'Angleterre sont à leur tour plus maltraités encore par les prisonniers de Belle-Isle, les extrémités du parti révolutionnaire ne s'entendent pas mieux que les membres du parti conservateur; mais les schismes qui désolent le parti conservateur ont cela de fâcheux, qu'ils ne se produisent avec tant de vivacité qu'au sein de l'assemblée même, pendant que c'est surtout ·hors de l'assemblée que les radicaux se brouillent. Leurs dissidences éclatent ainsi d'intervalle en intervalle avec une âpreté qui révèle les bas-fonds de leur politique par les traits soudains d'une lumière sinistre; elles ne démoralisent pas le parti tout entier, comme font celles des conservateurs; elles n'exercent pas cette action dissolvante qui résulte infailliblement de querelles si amères, prolongées sans fin dans les sphères d'en haut. Les radicaux sont d'ailleurs bien certains de se rencontrer tous, à un jour donné, sur un terrain commun, le jour où viendra la destruction, sinon le jour qui la suivra. Quel que soit le lendemain de la victoire, s'ils la remportent, ils la remporteront du moins tous de compagnie; nous, si nous devons être vaincus, pour peu que durent encore nos funestes rivalités, nous ne saurons même pas livrer ensemble notre dernier combat. C'est un mortel découragement de penser que notre faiblesse descend en nous des régions mêmes d'où devrait découler notre force. La force de quiconque en France veut encore un ordre intelligent et libéral ne peut être ailleurs que dans l'union d'un parlement constitutionnel. Quel est donc le bilan de notre histoire parlementaire dans ces derniers quinze jours? Deux incidens sur lesquels nous reviendrons tout à l'heure, mais dont nous pouvons dire en un mot qu'ils attestent derechef le morcellement de la majorité : la séparation qui a failli démembrer le cercle de la place des Pyramides, l'alliance des légitimistes et des républicains purs ou autres dans la discussion que les bureaux ont ouverte sur le projet de loi relatif à l'administration communale et départementale. ,

La majorité ne se refait pas; ce qui se perd ainsi d'autorité politique dans le désarroi du pouvoir parlementaire, personne ne le regagne. La position du président ne vaut pas mieux, parce que la position du parlement vaut moins. Tel est l'état où nous retrouve le troisième anniversaire de la révolution de février, et cet anniversaire doit encore nous donner davantage à réfléchir sur un état si triste, particulièrement lorsque nous considérons la manière dont il a été célébré. Il ne se peut guère qu'on n'ait point remarqué les trois points que voici dans la célébration de cette fête religieuse et politique, telle que nous l'avons tous vu s'accomplir : l'attitude des populations en général, celle du pays officiel, celle de Paris et de la démagogie provinciale. Sous aucun de ces aspects, la fête de février n'a rien qui nous rassure. Nous y reconnaissons des symptômes aussi alarmans pour l'avenir de la nation entière que ceux dont nous nous inquiétions à l'instant pour l'avenir des pouvoirs nationaux. Les pouvoirs s'épuisent, ils se consument en de vaines chicanes qui les débilitent; on croirait qu'ils sont jaloux de se rendre mutuellement impropres à toute action publique. Cet épuisement qui est dans les pouvoirs, il est le même dans les entrailles de la société. La société assiste avec une indifférence absolue à des solennités où elle ne met pas son cœur. Elle est censée honorer des souvenirs précieux, manifester des émotions patriotiques :— l'immense majorité des citoyens français, ceux même qui s'accommodent le plus sincèrement de la république qu'on leur a faite, ne sont que les témoins passifs de ces démonstrations où ils devraient être des acteurs intéressés; ils regardent passer sans colère et sans joie des cérémonies qui ne parlent point à leur âme; on leur chante un *Te Deum* qu'ils n'éprouvent ni l'envie de supprimer ni le besoin d'écouter. Ils sont atteints de cette lente maladie des vieux peuples qui subissent tout, parce qu'ils n'ont de goût pour rien. Après tant de révolutions, ils ne doutent plus qu'il n'y ait de longévité dans aucune, et ils les prennent comme elles viennent, en se laissant condamner à les entendre tour à tour proclamer toutes immortelles. Ce qu'ils demanderaient même au fond, ce serait d'en demeurer toujours à la plus récente péripétie, non point par amour spécial pour celle-là, quelle qu'elle soit, mais par lassitude des péripéties futures. C'est en ce sens peut-être qu'ils s'associeraient aux *Te Deum*; et il serait plus juste alors, plus conforme à leur pensée de renvoyer les *Te Deum* au 31 décembre pour remercier Dieu simplement d'avoir vécu sans autre mal toute une année de plus.

Comment les autorités établies auraient-elles plus de foi que leurs administrés dans le culte qu'elles célèbrent officiellement en l'honneur d'une date qui, quoi qu'on dise, ne les a pas faites? Si cette date représente un principe, depuis l'absorption définitive des républicains dans le socialisme, c'est le principe des socialistes, c'est celui qu'il faut combattre à tous les degrés de la hiérarchie gouvernementale tant qu'on ne cessera pas de gouverner; mais de ce point de vue-là quelle contradiction pitoyable d'adorer ce qu'on déteste, et comment ne serait-elle pas universellement sentie? A la langueur de tout le monde en matière de prédilection politique, le fonctionnaire ajoute l'ennui d'un sacrifice personnel imposé par des convenances plus ou moins factices; il n'a pas plus de raisons que personne, il en a moins d'adorer la révolution violente dans tel jour consacré, lui qui est occupé tous les jours de sa vie à la tenir en bride, et cependant l'étrange complication des circonstances veut que ce soit lui qui se rende le promoteur ou le complice de ces actions de grace dont la solennité inflige à tous ses actes un si dur démenti. La république ne date point, à notre sens, du 24 février; elle date du 4 mai 1848, mais ce n'est là; ne nous le dissimulons pas, ce n'est là qu'une fiction légale qui nous met plus à l'aise, dans notre for intérieur, vis-à-vis du fait accompli, sans prévaloir contre la brutalité du fait lui-même. Il n'y aurait point eu de 4 mai sans le 24 février; on a légalisé après coup le renversement de la légalité ancienne. Tant qu'une légalité nouvelle n'aura point été instituée plus librement, par un concours plus équitable et plus naturel des volontés nationales; il y aura toujours une logique inflexible qui reportera quand même au 24 février l'origine du 4 mai. C'est l'embarras actuel de tout gouvernement qui tient à être normal de ne pouvoir cependant échapper à la domination de cette origine, mais c'est aussi cet embarras qu'elle cause qui la condamne. Il ne faut pas que le peuple souverain des carrefours puisse se dire à perpétuité qu'il dépend de lui de lever d'autres pavés dans une autre journée d'insurrection pour envoyer encore tous ces habits brodés saluer processionnellement des anniversaires fondés à coups de fusil. Il n'y a point, du reste, à s'y tromper, le calme matériel dans lequel le parti révolutionnaire a laissé passer ce nouveau retour de février n'implique pas du tout une abdication; il était trop évidemment, à Paris surtout, le résultat d'une consigne; il prouve à qui l'a observé l'organisation remarquable dirigée presque sous terre par quelque discipline secrète. La discipline n'agit pas sans doute avec la même efficacité sur les démagogues de province. Plus éloignés du centre, ils savent moins bien où l'on marche et comment on veut marcher. Ils n'ont pas le but, ou du moins l'espoir assez présent devant les yeux pour se dompter eux-mêmes et contenir la fougue de leurs tempéramens, pour jeûner en attendant le grand festin. En province, d'ailleurs, où l'on se connaît, où l'on se compte, où les meneurs radicaux se souviennent très directement de toutes les faiblesses qu'ils rencontrèrent au lendemain de février, où ils pourraient désigner du doigt, individu par individu, ceux auxquels ils ont la conscience d'avoir fait peur, en province, où le rôle des plus bruyans réac-tionnaires ne cache pas toujours assez les frayeurs bourgeoises, il est pour tout bon démocrate d'irrésistibles tentations d'insolence. Les équipées dont nous avons maintenant les nouvelles ne sont ni plus ni moins que ces tentations satisfaites. Le caractère très sérieux des démonstrations parisiennes, c'était au contraire un parti-pris de bonne tenue et de sage ordonnance. Il ne pouvait pas ne point y avoir d'excentricités à pareille fête; M. Lagrange a couru la ca-pitale dans un petit fiacre où il siégeait majestueusement malgré les secousses qu'imprimaient à son véhicule les gamins acharnés qui le poussaient derrière ou le traînaient à la remorque en hurlant des vivats. Quand il pouvait, l'ho-norable représentant mettait la tête à la portière pour engager ce bon peuple à être calme et modéré; mais ces naïvetés ne tirent point à conséquence : la figure de M. Lagrange a déjà sa place dans le cycle légendaire qui commence à se former autour de la révolution de février; dans son parti même, on le traite un peu comme un saint de légende; ce sont des personnages auxquels on passe tout. La république démocratique et sociale avait devant la colonne de la Bas-tille des agens plus sévères, des tacticiens plus habiles. Il était facile d'aperce-voir comment on avait enrégimenté son monde pour la *journée des immortelles;* il y avait là quelque revue qui se faisait en plein soleil; le mot d'ordre était de ne point fournir d'armes contre soi; on le répétait de rangs en rangs, et l'on y obéissait. Au milieu de la foule compacte et silencieuse s'élevaient d'instant en instant les voix d'un chœur aussi docile que la foule et qui chantait, en s'interrompant par temps égaux, le refrain favori des illusions révolution-naires : *Le peuple est roi!*

Oui, le peuple est roi; oui, la souveraineté nationale est la bonne souve-raine, mais non point celle qu'on improvise sur la borne ou sur la barricade. Nous n'avons qu'une ressource qui nous soit encore ouverte dans l'impasse où nous nous heurtons avant de nous y dévorer; c'est la chance qui nous reste peut-être d'obtenir que cette souveraineté se prononce, mais, entendons-nous bien, avec ses formes les plus évidentes de justice et de sincérité, avec l'appa-reil irrécusable d'un grand et décisif jugement. Cette chance qui est encore dans nos mains, mais que nous ne sommes pas sûrs de pouvoir disputer à l'acharnement des partis,.cette chance de salut s'appelle la révision de la constitution. Plus on examine de sang-froid l'état présent des choses, plus on se tient en dehors des combinaisons passagères et des caprices de circonstances ou de personnes, plus il demeure acquis et certain que la révision est notre dernier recours; ce n'est pas malheureusement une raison pour qu'on y vienne. Nous avons montré l'une après l'autre la condition des pouvoirs, les dispositions générales de l'esprit public : par où concilier tant de rivalités inconciliables, par où raviver tant de forces ou mourantes ou mortes, si ce n'est en replaçant toutes les prétentions sous le niveau d'une loi respectable parce qu'elle sera régulière, si ce n'est en rendant à toutes les défaillances, soit morales, soit politiques, l'appui d'un principe déterminé par un assentiment raisonné au lieu d'être enfanté par un jeu quelconque de la violence et du hasard? . . .

Nous gémissons de ces luttes où se dépensent sans fruit des esprits éminens, nous en signalons à regret les torts, des torts toujours trop partagés; mais quoi? il est des situations qui pèsent sur les caractères, des antécédens qui dominent tout! Pour peu qu'on ait été mêlé aux affaires du pays, quand elles se précipitent et se brouillent comme aujourd'hui, elles peuvent amener telle rencontre où l'on soit cruellement déchiré entre le souci de son honneur privé et le meilleur choix d'une conduite publique. Il faut que les individus et les partis soient enfin à même de dégager leur honneur et de respirer à l'aise dans un milieu qui n'aurait plus rien de blessant ou d'équivoque pour personne, s'il était enfin le produit d'une volonté nationale. Par quelle porte en arriver là, si ce n'est par la convocation d'une nouvelle constituante? Pourquoi justement est-il trop à craindre qu'on ne s'accorde point pour y passer? Ceux-ci refusent la révision, parce qu'ils appréhendent les influences du pouvoir en exercice, comme si l'on influençait tout près de sept millions d'électeurs par des procédés administratifs, comme si le pouvoir du président actuel agirait plus sur la nomination d'une seconde constituante que le pouvoir du général Cavaignac n'avait agi sur l'élection du président. Ceux-là se demandent s'ils décréteront la faculté d'une révision ou totale ou partielle, et ils la repousseraient plutôt absolument pour sortir d'embarras, parce qu'ils n'entendent pas qu'on mette en question le principe de la république : ils croient à la souveraineté du peuple, mais sous la condition que le peuple croie en eux, et qu'abdiquant son libre arbitre, il jure sur leur parole que la république lui convient à toujours, par cette seule raison qu'elle est la vérité de leur école.

Et cependant le temps coule, le terme approche, et l'on s'expose à voir un jour la constitution réformée d'un coup par quelque scrutin illégal, quand on pourrait prévenir cette irrégularité désastreuse avec un loyal appel à la source suprême de toute légalité, au consentement national exprimé par des mandataires spécialement choisis. Il n'y aura jamais rien de stable dans notre société tant qu'on s'imaginera fonder quoi que ce soit en dehors d'une loi positive, tant qu'on se croira quitte envers sa conscience et envers l'avenir pour avoir invoqué ou interprété dans le sens de son choix une prétendue nécessité de salut public. On pourra travailler ainsi à consolider telles institutions qu'on voudra : sur cette base arbitraire, on pensera fortifier la république ou relever la monarchie; on aura fait beaucoup moins, même après les plus apparens succès, que si l'on avait seulement réussi à imprimer quelque sentiment de la légalité dans l'ame de ce peuple qui, depuis tant d'années, n'a plus de respect que pour l'aveugle loi du *salus populi*. Ce n'est pas aujourd'hui qu'il faut se mêler de prédire la fin des choses; tout est obscur devant nous, et l'on voit à peine à ses pieds. Est-il néanmoins impossible de se figurer en 1852 un scrutin populaire où il n'y ait que des noms inconstitutionnels pour se disputer les suffrages, le nom du président actuel, celui de quelque furieux de Londres, et, qui sait? peut-être encore celui d'un exilé de Claremont. Il ne vaudra plus la peine alors de songer à la révision, la besogne sera faite, mais comment?

Nous voudrions que l'assemblée n'écartât pas trop loin d'elle ces anxiétés de plus en plus vives dans le public, il ne serait pas mauvais qu'elle en ressentît déjà quelque chose, et les prît assez à cœur pour y vouloir à toute force apporter un remède. Nous n'en sommes pourtant pas à nous figurer que nos épreuves soient si près de finir. Comme nous l'avons dit, les deux derniers épisodes de notre histoire parlementaire sont des scènes de division et de coalition. Du schisme de la place des Pyramides, nous confessons franchement que nous sommes assez embarrassés d'en parler. Nous avons pour la plupart des séparatistes un respect infini, mais nous n'en comprenons pas davantage que des hommes comme M. Baroche et M. Faucher leur paraissent désormais des suspects, et il nous est devenu maintenant très difficile de tenir par exemple pour un brouillon et pour un boute-feu M. Beugnot, qui s'est associé si entièrement à la campagne dirigée par M. Thiers sur l'instruction publique. A vrai dire, on n'est pas toujours certain de garder ses alliés dans cette excessive mobilité des circonstances et des humeurs contemporaines. Ne voilà-t-il pas aussi M. de Montalembert perdu pour M. Thiers? Nous n'insisterons pas davantage sur cet incident regrettable; nous en déduirons seulement une observation que nous avons eu déjà plus d'une fois sujet de faire : c'est que les réunions parlementaires qui se tiennent en dehors de l'assemblée nationale ont peut-être en somme plus d'inconvéniens que d'avantages politiques. Elles redoublent les occasions de froissemens et de susceptibilités au moins autant qu'elles servent les combinaisons stratégiques des partis; elles élèvent de petites tribunes pour de petits orateurs qui s'y dédommagent de ne point assez paraître à la grande; elles ont leurs honneurs, leurs brigues; elles alimentent l'une des maladies les plus communes de l'époque, et dont on n'est point exempt pour être législateur, le mal des importances rentrées.

Quant à la discussion préparatoire qui a duré trois jours dans les bureaux de l'assemblée, elle a mis en pleine lumière un fait sur lequel on n'avait pas encore eu l'occasion de s'édifier aussi complétement. Nous voulons parler de cette singulière coïncidence qui s'est produite entre les opinions de l'extrême gauche et celles d'une notable fraction du parti légitimiste, relativement aux matières d'organisation administrative. Deux points surtout dans ce projet de loi ont appelé l'attention des bureaux : la question de savoir si la loi du 31 mai prévaudrait pour les élections communales aussi bien que pour les élections politiques; la question de savoir si les maires seraient ou non nommés par le pouvoir exécutif. Ces deux questions n'étaient pas précisément nouvelles au sein de l'assemblée, elles y reparaissent avec la loi organique qui ne pouvait manquer de les comprendre; elles y avaient déjà été introduites ou à peu près dans des rencontres plus particulières. On se rappelle que le gouvernement

fut quelque temps préoccupé du désir d'opposer, une loi spéciale aux, abus trop
sensibles qui résultaient de la nomination des maires par les conseils municipaux, telle que l'avait réglée la constituante; on se rappelle aussi pourquoi la
loi. des maires ne vint pas à terme: elle était repoussée d'avance par les légitimistes avec autant d'animadversion que par les plus ardens républicains; D'un
autre côté, il s'en est fallu d'assez peu que, les légitimistes ne poursuivissent
dernièrement à outrance l'abrogation de la, loi du 31 mai, et ils ont paru professer en thèse absolue la sympathie la plus radicale pour le suffrage universel;
il était donc naturel que cette sympathie se retrouvât dans le cas particulier.

Dans le cas particulier, les véritables conservateurs s'en réfèrent soit à la loi
électorale du 31 mai 1850, soit à la loi communale de 1831. Ils disent que la
modification apportée au suffrage universel par la première n'est pas moins
essentielle pour le bon gouvernement de la commune que pour celui de l'état,
et que c'est d'ailleurs une fausse et dangereuse politique de briser ainsi les
lois avant même de les essayer. Ils disent d'autre part que la loi de 1831, en
laissant le choix des maires au pouvoir, mais en obligeant le pouvoir à les
choisir dans les conseils municipaux, accordait toutes les exigences et réalisait
dans les limites du possible l'union des libertés locales avec l'indispensable
prérogative de l'autorité centrale. Les plus avancés parmi les légitimistes, les
impatiens devenus dorénavant les maîtres du parti, s'entendent, au contraire,
avec les républicains pour répondre que la loi du 31 mai étant de point en
point mauvaise, il faut, en attendant qu'on l'abroge, l'infirmer tout au moins
ici par une contradiction et non pas la fortifier par une application nouvelle.
Ils répondent en second lieu que la loi de 1831 n'était qu'un instrument de
despotisme, et qu'ils sont les avocats décidés de toutes les libertés, que la restauration qu'ils ont servie s'était arrêtée bien en-deçà de cette loi dont ils ne
veulent plus, mais que ce n'est pas une raison pour qu'ils n'aillent point aujourd'hui bien au-delà. Reconstituer l'ancien suffrage universel en le faisant
fonctionner dans la commune avec son extension première, arracher la commune
à la surveillance du gouvernement, tel est donc le double but auquel
s'appliquent de concert les républicains et les légitimistes. Quel est le mot de
cette alliance? C'est l'alliance de deux faux libéralismes contre le vrai. Le vrai
libéralisme concilie les existences individuelles avec la vie générale de l'état,
de la société tout entière; il ne supprime pas les individus en les absorbant
dans la masse, il ne les délaisse pas dans l'isolement d'une indépendance men-
songère qui ne les grandirait plus. Le faux libéralisme des républicains se rattache toujours à la loi brutale de la souveraineté du nombre; c'est pour cela
qu'ils tiennent tant à l'universalité du suffrage. S'ils veulent la rétablir dans
la commune, c'est qu'ils savent bien qu'en démocratie pure la commune ne
tiendra point contre l'impulsion dictatoriale imprimée d'un bout à l'autre du
territoire au nom du peuple souverain. C'est au contraire dans l'espoir de restaurer la commune sur un terrain tout à part que les légitimistes y réclament
le suffrage universel; ils se figurent le faire tourner au profit d'un gouvernement local dont ils compteraient bien être les arbitres. Le faux libéralisme des
légitimistes se rattache toujours, malgré leurs dénégations équivoques, aux
souvenirs d'un passé où les priviléges tenaient lieu de liberté; Ce n'est pas la
lettre, si estimable d'ailleurs, de M. le comte de Chambord qui pourra faire

'aujourd'hui 'qu'ils ne soient pas ce qu'ils sont. Il faut tenir à ses racines ou cesser d'être.

L'Angleterre se trouve maintenant à son tour en pleine crise ministérielle; le cabinet de lord John Russell est tombé sous le coup d'inimitiés d'origine différente dont il ne s'était point assez gardé : on est encore à savoir comment on le remplacera. Il y a trois partis qui se dessinent nettement sur la scène politique : les whigs déchus d'hier, les *peelites* qui sont plutôt les anciens amis de sir Robert Peel et les continuateurs de son système pratique que les champions d'une école absolue, enfin les protectionistes, qui soutiennent l'intérêt agricole au préjudice duquel les whigs et les peelites défendent la liberté commerciale et la vie à bon marché. Lord John Russell a succombé sous la réunion de deux influences hostiles. Sa politique dans l'affaire de la hiérarchie romaine, le bill qu'il venait d'obtenir de sa dernière majorité parlementaire, lui avaient aliéné les catholiques sans lui attacher les partisans exaltés de l'église établie, qui ne le jugeaient point assez rigoureux contre le papisme. Les protectionistes, de leur côté, ne lui pardonnaient pas d'avoir accepté sans réserve l'héritage de sir Robert Peel, et quoiqu'ils soient eux-mêmes incapables de prendre le pouvoir pour en revenir aux anciennes lois sur les céréales, ils s'irritaient assez à leur aise de ce que le cabinet whig n'en faisait pas plus qu'ils ne sont après tout en état de faire. Engagés devant leurs électeurs des comtés par les promesses de l'agitation agricole, ils s'indignaient de la maigre satisfaction qui leur avait été donnée dans le discours de la couronne par une simple allusion aux souffrances des fermiers. Ils étaient les adversaires naturels du·cabinet sur le plus grand nombre des questions en jeu, excepté cependant sur la question religieuse, sur la question de tolérance, où ils se prononçaient encore pour la plupart comme les vieux tories, dont les restes se sont fondus avec eux. Les Irlandais au contraire, depuis si long-temps les alliés assurés des whigs dans toutes les questions d'émancipation et de liberté, ont été rejetés par lord John Russell parmi les plus ardens adversaires du cabinet. La lettre à l'évêque de Durham les avait détachés d'avance, et ils étaient décidés à voter quand même en toute circonstance, fût-ce avec leurs antagonistes ordinaires, contre l'homme d'état qui avait si mal à propos blessé leur religion. La lettre à l'évêque de Durham est certainement entrée pour plus encore que 'le bill des prélats catholiques dans la défaite de lord John Russell. A quoi cette défaite mènera-t-elle? Les protectionistes ne peuvent ni rétablir les lois sur les céréales, ni aggraver les lois contre les catholiques. Sans cette double faculté, leur présence aux affaires n'aurait pas de sens; voilà pourquoi lord Stanley paraît avoir renoncé à former un cabinet. Lord John Russell ne peut plus penser à renouveler le·sien en gardant le gouvernail : sir James Graham, le second de sir Robert Peel, se trouve presque porté par la force des circonstances pour introduire un cabinet·mixte et·transitoire qui éviterait la nécessité immédiate d'une dissolution des communes.

Nous n'avons certainement pas·à prendre le deuil de la chute de lord Palmerston; nous ne pouvons cependant nous empêcher de songer avec quelque peine que la déconfiture des whigs sera regardée comme·un triomphe de plus·par l'Europe absolutiste, qui se reforme derrière l'Autriche avec un succès si fort

inattendu. M. de Schwarzenberg pousse à bout ses avantages. Les conférences
de Dresde ne laissent toujours échapper que des rumeurs ou contradictoires ou
changeantes, mais le fond commun de tous ces bruits, c'est la prépondérance
de plus en plus réclamée par l'Autriche, la soumission de plus en plus dure
imposée à la Prusse, l'anxiété croissante, la résistance des petits états en face
de la domination qui se prépare. La Prusse en est maintenant à souhaiter le
retour pur et simple à l'ancienne diète, car l'Autriche n'exige rien de moins
que l'entrée de tous ses états non-allemands dans la confédération germanique,la présidence et la suprématie au sein de la diète nouvelle. L'Autriche
pourrait donc mener les troupes fédérales à son service en Italie comme en
Hongrie; l'empereur, du fond de son palais de Vienne, jetterait à son gré
l'Allemagne sur l'Autriche ou l'Autriche sur l'Allemagne. Il ne faut point s'y
méprendre : il y a là l'une des plus grandes révolutions qui puissent changer
la constitution internationale de l'Europe. C'est à l'Europe de savoir si elle
laissera faire jusqu'au bout; c'est à l'Autriche de mesurer sa force au plus vrai,
et de s'assurer si le colosse n'aurait peut-être point des pieds d'argile.

Un changement aussi considérable que celui qui vient de se réaliser en Espagne par la retraite du cabinet Narvaez ne pouvait s'accomplir, même au sein
du plus grand calme, sans causer quelque mouvement dans le pays et dans les
chambres. On s'est demandé d'abord quels pouvaient être les motifs d'une crise
si imprévue; on les a trouvés trop simples pour y croire du premier coup.
L'ancienne administration semblait d'ailleurs si fortement assise, que, bien
qu'il fût avéré qu'elle n'existât plus, on la tenait encore pour vivante. C'est
contre elle que l'opposition continuait à diriger ses violences les plus extrêmes,
et le ministère nouveau prêtait lui-même à cette confusion par l'hésitation trop
marquée de son attitude. Des explications publiques devenaient évidemment
nécessaires : ces explications ont eu lieu au congrès sur les interpellations formulées par le général Ortega au sujet de ce qu'on a nommé le testament ministériel de l'ancien cabinet. Si tout n'est pas éclairci, on a du moins à présent les
élémens d'un jugement plus certain. Ce n'est pas seulement le général Ortega
qui a soutenu ses interpellations, ce sont les principaux hommes d'état de l'Espagne qui ont pris part au débat : MM. Pidal, San-Luis, membres du ministère
Narvaez; M. Mon, M. Bravo Murillo, président du conseil actuel. Le parti progressiste a du malheur : il a encore été représenté là par le général Prim.
Quelle est la situation que ce débat rétrospectif a faite à l'Espagne? quels en
sont les résultats?

D'abord, le prétexte même de la discussion n'était, comme toujours, qu'un
prétexte, et il n'y a point à s'en occuper autrement. Le grief qu'on invoquait
contre le cabinet déchu, c'était d'avoir introduit à la veille de son départ quelques sénateurs dans la haute chambre, d'avoir fait certains mouvemens dans
le personnel administratif et judiciaire : voilà ce que l'on appelait le testament
ministériel. M. Pidal l'a défendu contre ceux qui voulaient le casser, et l'affaire
n'a pas eu d'autre conclusion qu'une proposition déposée par M. Olivan pour
régler l'entrée et l'avancement dans les fonctions publiques.

Ce qui nous frappe plus que tout cela dans cette discussion, au point de vue
politique, c'est que le ministère du duc de Valence est sorti sans être amoindri
de cette épreuve posthume; il a subi victorieusement la lutte. Qu'il ait pu

commettre des erreurs quant aux choses, qu'il en ait commis surtout quelques-unes quant aux hommes, les membres de ce cabinet n'ont point hésité à le confesser avec franchise. Ils avaient le droit d'en référer à la justice de l'opinion au nom des circonstances périlleuses dans lesquelles ils ont agi et du but qu'ils poursuivaient. Il avait fallu sauver le pays de la révolution. Ces erreurs, au surplus, ne constituent pas une politique. La politique de l'ancienne administration est celle qui a préservé l'Espagne de la contagion révolutionnaire, et qui l'a mise dans la voie des améliorations intérieures après avoir détourné les dangers du dehors. C'est la politique que le cabinet du général Narvaez pratiquait encore au moment de sa retraite volontaire; c'est la politique qu'il a léguée à ses successeurs, et rien n'empêche qu'ils ne la suivent honorablement. Ils n'ont pas besoin, pour avoir une raison d'être, de se chercher une originalité factice, de se créer péniblement un rôle distinct. M. Bravo Murillo, nous en sommes convaincus, a la ferme intention de ne point dévier de cette ligne : il est seulement fâcheux qu'un ministère conservateur, par des destitutions multipliées, par de nombreux reviremens dans les emplois, trouve le moyen de si bien complaire aux oppositions qui applaudissent toujours à ces mesures-là. Tel est en définitive le résultat le plus clair des changemens de ministère en Espagne : c'est de renouveler le cadre des *cessantes!*

Pour tout dire en effet, M. Bravo Murillo, qui est un esprit distingué, une conscience honnête, a cependant peut-être trop obéi, dans ce démêlé, à l'empire d'une idée fixe, d'une préoccupation légitime sous quelques rapports, très regrettable sous d'autres : il a voulu trop particulièrement se différencier de ses prédécesseurs en paroles, sinon par action. Il a semblé dater du jour de son avénement une ère nouvelle, qui serait l'ère de l'économie dans les finances, de la bonne et régulière administration, comme si tout devait recommencer avec lui. M. Bravo Murillo n'en a pas moins toujours fait partie depuis trois ans du ministère Narvaez; il a contribué à tous les actes de ce cabinet, car depuis sa démission, qu'il a donnée seulement au mois de décembre dernier, il ne s'est rien produit d'essentiel. M. Bravo Murillo a donc inévitablement sa part de responsabilité dans l'administration antérieure, et il est au moins singulier que ce soit contre lui que ses anciens collègues aient eu à se défendre. C'est un point qui a été très vigoureusement traité par M. Pidal. M. Bravo Murillo s'était retiré à propos d'une divergence sur une somme de 5 millions de réaux, un peu plus de 1,200,000 francs, dans la distribution du budget; c'est trop peu pour lui donner le droit de se poser en réformateur méconnu. En se posant ainsi d'autre part, il n'était pas seulement injuste envers lui-même et ses collègues du cabinet Narvaez, il était injuste envers d'autres encore, envers tout le passé. C'est ce qui a provoqué l'intervention de M. Mon. S'il est en effet un homme qui ait le droit de revendiquer quelque initiative dans ces questions, c'est bien celui qui affranchit l'Espagne du joug des traitans en 1844, qui a institué en 1845 le système tributaire aujourd'hui en vigueur, qui a fait en 1849 la réforme douanière. Qu'il y ait encore au-delà des Pyrénées beaucoup d'intérêts en souffrance, soit : M. Bravo Murillo est homme à y pourvoir, et l'on doit souhaiter qu'il réussisse; mais il réussira d'autant mieux qu'il suivra les voies déjà ouvertes. Il est parfaitement sûr de rencontrer là des adhésions sincères. MM. Pidal et San-Luis, comme M. Mon, l'ont hautement déclaré. L'ancien ministre de l'intérieur a même ajouté : « Nous serons aujourd'hui plus ministériels qu'hier et demain plus qu'aujourd'hui, tant que le cabinet suivra cette politique. » Que peut-on demander de plus?

Mais ici encore, par suite de cette préoccupation fâcheuse que nous signalions, M. Bravo Murillo paraît soupçonner quelque piége. Il redoute un appui qui ressemblerait à une protection. Il a reproduit plusieurs fois avec une visible insistance ce mot de *protectorat*, en ajoutant qu'il n'en voulait pas, et en insinuant que, s'il ne rencontrait pas un appui pur et simple, il pourrait y avoir lieu à la dissolution du congrès. C'était une menace assez gratuite. Lorsqu'un grand parti politique a la prépondérance dans un pays, chacun est à son poste, les uns dans les chambres, les autres dans l'administration; certains hommes sont au pouvoir. Qu'on les soutienne par attachement personnel ou sans enthousiasme, uniquement dans l'intérêt public, peu importe; l'action est commune; il n'y a là ni protecteurs ni protégés, tout est régulier. Ce qui serait, véritablement anormal, ce serait qu'un ministère conservateur, en présence d'une assemblée entièrement conservatrice, en vînt à dissoudre cette assemblée rien que pour n'avoir pas le déplaisir de paraître protégé! Cette insinuation n'a point laissé de causer quelque émotion dans le congrès espagnol. Les principaux orateurs ont adjuré le président du conseil d'avoir à y réfléchir avant de prendre la responsabilité terrible d'une mesure qui romprait l'union du parti modéré, quand c'est cette union qui fait la sécurité de l'Espagne depuis trois ans. Ajoutez qu'il reste à peine au congrès trois ou quatre mois d'existence. Ces raisons, nous n'en doutons pas, auront agi sur le cabinet espagnol, qui, en dernière analyse, à la fin du débat, a pris une situation parfaitement nette et honorable. Il est une chose qui doit l'éclairer encore davantage, c'est la joie mal dissimulée qu'a causée aux partis hostiles cette perspective d'agitation un moment aperçue.

Nous ne voulons pas oublier l'intervention du général Prim dans ce débat solennel. Le jeune général a de telles habitudes d'éloquence, qu'il ne s'aperçoit pas que ses traits les plus violens se retournent contre lui. Il a accusé le général Narvaez d'arbitraire et de cruauté : ce reproche n'était guère à sa place dans la bouche de l'homme qui, en 1844, reçut à la fois son jugement et sa grace du duc de Valence. Il ne faudrait point beaucoup d'adversaires comme le comte de Reuss pour ramener bientôt le duc au pouvoir.

Nous voyons toujours en Hollande, même à travers les légères émotions de quelque petite crise parlementaire, le même esprit de suite et de modération. Les chambres ont repris leurs travaux. La seconde est maintenant occupée d'un nouveau projet d'organisation judiciaire : le gouvernement propose d'établir quatre cours d'appel au lieu des onze cours provinciales qui existent aujourd'hui. M. Duysmaer van Twist a pris congé de l'assemblée dont il était le président, et c'est au sujet du fauteuil laissé vacant par son départ qu'il s'est ouvert une compétition électorale dans laquelle le cabinet a cru un moment sa propre fortune engagée. Le cabinet portait pour successeur de M. Duysmaer le président d'âge de la chambre, M. Wichers, qui paraissait représenter le plus exactement le sens de la majorité; mais la majorité ne se trouvait pas en nombre lors du vote, et il s'est produit un concours d'opinions, ordinairement moins promptes à s'entendre, qui a poussé à la première place, sur la liste des trois candidats entre lesquels le roi choisit le président, une personne qui ne siége pas tout-à-fait dans les rangs du parti libéral proprement dit, M. Boreel van Hoggelanden. On s'est un peu inquiété de ce demi-échec; on se l'est même exagéré, car M. Boreel, qui a déjà présidé la chambre à différentes reprises, s'est associé très loyalement à presque tous les projets de révision constitutionnelle. On prétendait pourtant que le gouvernement hésitait à confirmer le choix de l'assemblée et à déférer la présidence au premier candidat inscrit; on disait même qu'il ferait de cette répugnance une question de cabinet; il est revenu à une appréciation plus froide et plus juste d'un incident par lui-même assez médiocre. La présidence des chambres hollandaises n'a pas, en effet, l'importance acquise à la même charge dans d'autres pays où les partis sont plus prononcés et les luttes plus vives. La circonspection et le calme naturel du caractère néerlandais se prêtent volontiers aux accommodemens. Aussi M. Boreel a-t-il fait de son discours d'installation un programme d'impartialité politique, et il s'est plu à rappeler que ce programme était en accord avec toute sa vie. Nous remarquons dans ce discours un passage bien conforme à l'idée que nous aimons à nous faire de cet honnête et solide pays. « L'expérience nous a maintenant appris, dit M. Boreel, que pour qu'un cabinet, pour qu'un parlement puissent compter sur l'accueil bienveillant, sur le soutien de la nation néerlandaise, il faut qu'ils se tiennent à distance des exagérations de l'esprit de parti, qu'ils se montrent toujours équitables et modérés, qu'ils soient pénétrés d'un intime désir d'opérer par leur union tout le bien qu'on attend d'eux. » Nous souhaiterions de toute notre ame que la France eût aussi sur son gouvernement cette vertueuse autorité.

Les dernières nouvelles de Batavia ont jeté quelque émotion dans le public : les chambres s'en sont même assez occupées pour qu'on ait annoncé des interpellations au sujet des dégats que les Chinois ne cessent de commettre sur la côte occidentale de Bornéo. La malle de l'Inde apportait les lettres du 20 décembre; dans la nuit du 8 au 9, les Chinois avaient tenté une attaque infructueuse sur un fort hollandais, et le lendemain, il est vrai, ils demandaient à traiter. On suppose que la classe aisée de la population chinoise désirerait volontiers la paix, mais qu'elle est obligée de céder à la violence des chefs militaires et à l'exaltation d'une multitude fanatique.

L'Angleterre vit maintenant en paix dans ces dominations lointaines qu'elle possède aussi au fond de l'Orient : elle a plutôt à lutter contre les difficultés intérieures de son propre gouvernement que contre des résistances extérieures. Nous avons parlé, il y a quelque temps, des embarras financiers de ce grand gouvernement de l'Inde anglaise; un ordre du jour adressé en guise d'adieu aux troupes de l'armée indienne par le général en chef, sir Charles Napier, nous révèle les infirmités et les désordres de tout l'établissement militaire. Au moment de déposer son commandement, sir Charles Napier a voulu laisser à son successeur, au moins autant qu'à ses anciens subordonnés, un dernier avis, une règle de conduite, un but à poursuivre; ce but, c'est la réforme morale des régimens. Les Napier sont une famille excentrique; celui-ci particulièrement a toujours eu une manière à lui de comprendre son devoir, et ce qu'il croit une fois de son devoir, il l'exécute sans miséricorde et sans respect humain. On pouvait penser que le général d'une armée de quelques mille hommes, qui en a soumis des millions, lui dirait, en la quittant, des paroles solennelles d'estime et de glorification. Qu'est-ce pourtant que les *novissima verba* de sir Charles Napier? Une mercuriale impitoyable contre les officiers qui s'endettent. En faisant aussi grande qu'on voudra la part des singularités du brave général, il n'en faut pas moins reconnaître que le mal est assez sérieux pour provoquer une rigoureuse vigilance. Déjà sir Charles Napier avait eu occasion de manifester ses sentimens de discipline puritaine en déférant aux conseils de guerre des coupables auxquels il apprenait pour ainsi dire leurs crimes, et qu'il ne trouvait jamais assez punis. Son dernier ordre du jour signale minutieusement les excès dont il voulait purger l'armée britannique. Il fait à ses officiers, presque en passant et comme si la chose allait sans dire, de brusques complimens sur leur valeur et sur leurs prouesses; il les tient pour de bons soldats, il leur reproche de n'être pas bons *gentlemen*. « Le nombre des officiers, dit-il, qui se sont comportés d'une manière messéante chez un *gentleman* n'est pas démesuré, mais il est encore assez considérable pour demander la répression d'une main vigoureuse; » puis il entame sans plus d'égards le catalogue lamentable des raisons pour lesquelles un officier anglais ne paie pas ses créanciers, — la mauvaise éducation de quelques jeunes gens qui se font donner des *commissions* mal placées, le mauvais esprit qui pousse des échappés de l'école à faire assaut de prodigalité, la facilité usurière des prêteurs, l'extravagance des tables de régimens, etc. On sait que les officiers anglais vivent à des tables communes dont l'entretien est à la fois une affaire de luxe et d'étiquette; il en coûte naturellement plus cher à l'armée de l'Inde qu'ailleurs pour boire du vin de Champagne, et sir Charles Napier n'oublie pas dans sa philippique les scandales trop souvent donnés au sujet de ce vin qu'on achète au lieu de payer les gages de ses domestiques.

Nous ne prenons pas plus au grave qu'on ne doit le faire cette boutade d'un vieux soldat; nous n'y voyons qu'une esquisse de mœurs et un trait de caractère; nous sommes loin de penser qu'on ait le droit d'en tirer des inductions trop sévères pour l'honneur de l'armée anglaise. Aux vertes incriminations de son chef, cette vaillante armée de l'Inde peut opposer la constance avec laquelle elle a fait un empire. Cet empire n'est point éphémère; il est protégé par sa situation géographique, par l'humilité originelle et la dépendance presque volontaire des nations conquises, par la douceur ou l'impuissance des nations voisines, par l'éloignement des états militaires de l'Europe. C'est un rêve de croire que les Russes iront jamais chercher l'Inde anglaise à travers la Perse; l'Inde anglaise aurait d'ailleurs pour les recevoir 300,000 hommes de troupes tant européennes qu'indigènes, et les ressources d'un revenu de 18 millions sterling. Toute la question est que ce revenu ne soit point perpétuellement audessous de la dépense; nous avons déjà dit que c'était là le vrai péril qui menaçait le gouvernement indien. Il a presque un huitième de ses recettes absorbé par le paiement de sa dette, et il ne lui reste pas en réalité 16 millions de disponibles. Ces recettes ne sont pas de nature à s'accroître, et si on ne les ménageait à temps, on courrait peut-être le risque de voir un jour la solde militaire en retard sur tous les points de ce vaste territoire, et ce serait le signal de la seule catastrophe qui puisse le bouleverser, de la mutinerie des régimens indiens. L'Angleterre ne saurait aviser trop promptement à la réforme d'un budget si essentiel. Il faut espérer que ceux qui l'entreprendront seront plus heureux que sir Charles Wood dans la confection du budget de la métropole.

ALEXANDRE THOMAS.

M. Théodore Leclercq, l'auteur des *Proverbes dramatiques*, est mort le 15 février, à la suite d'une douloureuse maladie, dont il avait ressenti les premières atteintes il y a près de trois ans. Personne n'avait mieux conservé ces traditions de politesse et d'urbanité qui distinguaient la société française du xviiie siècle, et qui sont peut-être incompatibles avec le développement des mœurs constitutionnelles; mais les manières de M. Théodore Leclercq n'étaient pas de celles qui s'apprennent et qui sont à l'usage de tout le monde. Elles étaient l'expression d'un esprit vif et délicat, d'un cœur bienveillant et expansif. Ajoutez à cela un enjouement plein de grace, une certaine coquetterie naturelle, et surtout le désir de plaire, disposition qui n'a rien de commun avec le désir de briller. M. Leclercq voulait se faire aimer, et il y réussissait. Un bon mot s'arrêtait sur ses lèvres s'il pouvait blesser quelque susceptibilité, et il semblait ne vouloir se servir de son esprit que pour mettre en relief celui des autres.

Sa conversation était charmante. Personne n'a su raconter plus agréablement. On pouvait deviner l'auteur et l'acteur des *Proverbes* aux changemens rapides de sa physionomie et aux expressions variées de sa voix; mais tout cela était si naturel, si improvisé, qu'un sot même n'eût osé l'accuser de préparation. Sa gaieté était communicative, et nous n'y pouvions résister nous-mêmes, nous autres grands enfans du xixe siècle, qui nous étudions à être graves et tristes. Dans les dernières années de sa vie, M. Leclercq fut éprouvé par des pertes cruelles. La mort d'une sœur et celle de M. Fiévée, son ami d'enfance, dont il ne s'était jamais séparé, lui portèrent un coup terrible. On le retrouva toujours bienveillant, aimable, spirituel; mais sa gaieté devant ses hôtes était un effort, et l'on sentait que l'effort était douloureux.

Il était né à Paris, en 1777, d'une famille honorable et dans l'aisance. Ses parens voulaient qu'il fit quelque chose, qu'il eût un état, et lui ne se trouvait pas de vocation décidée. On eut quelque peine à lui faire accepter une place dans les finances qui n'exigeait que peu de soins, peu de travail, et qui rapportait des émolumens considérables, fort au-dessus de son ambition de jeune homme. Au bout de quelques mois, la charge parut trop lourde à son humeur indépendante. Une caisse à garder, des subalternes à surveiller, des réprimandes à faire, des solliciteurs à éconduire, que de tracas! il en perdait la tête. *Sa responsabilité*, c'était comme un spectre attaché à ses pas. Il se dit, après dix-huit mois de gestion, qu'il n'avait que faire de tant d'argent, que sa liberté valait cent fois mieux, et, sa démission donnée, il se retrouva aussi heureux que le *savetier* de son proverbe, lorsqu'il s'est débarrassé du sac d'écus.

C'est à Mme de Genlis qu'il dut la révélation de son talent dramatique. Un jour elle daigna le choisir pour lui donner la réplique dans un proverbe qu'elle jouait en bonne et nombreuse compagnie. Le rôle de Mme de Genlis était celui d'une femme de lettres ridicule (je pense qu'elle le jouait assez bien); M. Leclercq représentait un jeune poète à sa première élégie. Dans un aparté de cinq minutes, le canevas fut arrangé entre les deux interlocuteurs, et, quant au dialogue, on devait l'improviser. L'auditoire trouva que Mme de Genlis n'avait jamais eu tant d'esprit; elle en sut gré à son jeune acteur et l'engagea à composer des comédies. Il fallait les encouragemens de cette femme illustre pour vaincre la timidité naturelle de M. Leclercq. Quant aux conseils qu'elle lui donna dans l'art d'écrire, on en peut juger par l'anecdote suivante, que je tiens de M. Leclercq lui-même. Un jour, il lui racontait une scène plaisante, à laquelle il venait d'assister. « C'est bien, dit-elle, mais il faut changer la fin. — Comment! s'écria-t-il, mais je l'ai vu de mes yeux; c'est la vérité. — Eh! qu'importe la vérité? Il faut être amusant avant tout. » On voit, en lisant les *Proverbes dramatiques*, qu'il ne suivit pas à la lettre les leçons de Mme de Genlis. Il sut être amusant, mais il resta toujours vrai.

Ses premiers proverbes furent composés et joués à Hambourg, dans une petite société française que les événemens politiques y avaient réunie au commencement de l'empire. Des militaires, des diplomates furent ses premiers acteurs, et lui, comme Shakspeare et Molière, auteur, directeur; acteur, l'ame de la troupe en un mot. En 1814 et 1815, il créa encore un théâtre de société à Nevers, recruta ses comédiens dans toutes les maisons, leur apprit leur métier en moins de rien, et obligea des provinciaux à s'amuser et à être amusans. Quelques années plus tard, nous le retrouvons établi à Paris pour n'en plus sortir, et cette fois à la tête d'une troupe qui, dit-on, n'avait point d'égale. On se réunissait dans le salon de M. Roger, secrétaire général des postes. M. et Mme Mennechet, M. Augier de l'Académie française, Mme Augier, étaient ses premiers sujets. L'auditoire, peu nombreux, était digne de comprendre de tels acteurs. Les représentations se succédaient, et le spectacle était toujours varié.

Cependant l'idée de publier ses proverbes était encore loin de la pensée de M. Leclercq, qui s'imaginait que ses dialogues si vifs et si spirituels ne pouvaient se passer du jeu des acteurs. Il fallut, pour le décider à se faire imprimer, que le public fût déjà plus qu'à moitié dans sa confidence. Bien des indiscrétions avaient été commises. Les acteurs montraient leurs rôles, on citait maints traits charmans dans les salons, des auteurs comiques empruntaient sans façon sujet et dialogue, et croyaient avoir tout inventé lorsqu'ils avaient changé le titre de proverbe en celui de vaudeville ou de comédie. M. Leclercq avait si peu le caractère de l'homme de lettres, qu'il sut peut-être bon gré à ces messieurs de leurs emprunts. C'était un éloge indirect auquel il était sensible, et qui lui donna le courage de se produire, non pourtant devant tout le public, car les deux premiers volumes des *Proverbes dramatiques* furent d'abord imprimés à ses frais et distribués à ses amis seulement. Les journaux en parlèrent, les éditeurs vinrent frapper à sa porte, et bon gré, mal gré, son livre fut mis en vente. Je me souviens de lui avoir entendu raconter fort gaiement l'espèce de honte qu'il éprouva lorsque son premier éditeur vint lui apporter le prix de ses œuvres. Il ne savait s'il devait le prendre et craignait de ruiner son libraire. Sur ce point il fut bientôt rassuré. Plusieurs éditions se succédèrent rapidement, et peu d'ouvrages ont eu tant de débit, dans un temps où la réclame n'était pas encore inventée.

Tout le monde a lu les proverbes de M. Théodore Leclercq, ils sont dans toutes les bibliothèques, et se jouent encore, l'automne, dans maint château où se conserve le goût des plaisirs intellectuels. Chacune de ces petites comédies renferme, dans un cadre très rétréci en apparence, une foule d'observations ingénieuses, des traits d'un naturel exquis et une variété étonnante de caractères esquissés avec tant d'art, que dans quelques scènes on connaît chaque personnage comme si on l'avait pratiqué pendant des années. Moraliste indulgent et critique enjoué, M. Leclercq nous a représenté, dans une suite de tableaux de genre, les vices, les travers, les ridicules de tous les temps, mais avec les traits distinctifs de notre époque. Qui n'a connu *M. Partout*, *M. Parlavide*, et tant d'autres types excellens qu'on ne pourrait citer sans copier les noms de tous les personnages des huit volumes des *Proverbes dramatiques?* — Un certain nombre de pièces sont des satires politiques écrites avec une verve hardie et qui peignent la situation des esprits dans les dernières années de la restauration, car M. Leclercq, bien qu'il eût peu de goût pour la politique, ne pouvait demeurer indifférent aux grands débats qui agitaient la société de son temps. Je crains qu'il ne faille joindre un commentaire aux nouvelles éditions de cette partie de ses œuvres. Tout change et tout s'oublie si vite dans notre pays, que les grandes passions du public, sous le ministère de M. de Villèle ou de M. de Polignac, ne seront bientôt guère mieux connues que celles de la ligue ou de la fronde. Remarquons en passant que la critique de M. Leclercq, pour vive qu'elle soit, ne va jamais jusqu'à l'injure, encore moins à la calomnie. Ses traits sont aigus, mais non pas empoisonnés. Il sait railler, mais il ne sait pas haïr. On commence à savoir ce que c'est que la haine en France. La politique nous a fait ce présent, et elle a tué chez nous la gaieté.

La gaieté est, à mon avis, le caractère distinctif du talent de M. Leclercq; elle éclate dans tous ses tableaux, même dans ceux où il avait à reproduire les plus tristes défauts de notre temps. Courier a dit de notre grande nation, que nous ne sommes pas un peuple d'esclaves, mais un peuple de valets. Dans *l'Esprit de servitude*, M. Leclercq a repris avec moins d'amertume ce vice du Français, tantôt courtisan de Louis XIV, tantôt flatteur du peuple souverain. Ce vieux valet de chambre, devenu un bon bourgeois dans l'aisance, et qui regrette son esclavage chez M. le marquis, donne une leçon tout aussi utile et infiniment plus amusante que ne pourrait faire un ministre disgracié ou un tribun oublié de la multitude.—Ce n'est pas seulement dans la peinture des défauts et des ridicules que M. Leclercq a montré son talent d'observation; *l'Honnête homme*, comme on disait au xviiie siècle, est représenté dans quelques-unes de ses pièces avec des traits qui ne seraient pas désavoués par nos maîtres. Je ne connais pas de peinture plus ravissante du bonheur de la vie de famille que celle que nous a laissée M. Leclercq dans son *Château de Cartes*. C'est à mon avis un petit chef-d'œuvre de sensibilité et de grace, dont je conseille la lecture à tous ceux qui se trouveront incommodés d'un article de la *Gazette des Tribunaux*, ou d'un premier-Paris dans un journal politique.

M. Leclercq a cessé d'écrire long-temps avant que son talent eût rien perdu de sa puissance et de sa souplesse, mais il aimait toujours à causer de littérature, et suivait avec curiosité et intérêt les essais de ses contemporains. On était sûr de trouver auprès de lui un critique aussi éclairé que bienveillant, sachant, chose rare, se placer à tous les points de vue pour mieux juger l'œuvre qui lui était soumise. Autant d'autres sont empressés à trouver les défauts, autant il se montrait ingénieux à découvrir les qualités, à suggérer des corrections, ou même des idées nouvelles. Tous ses lecteurs sauront combien il fut homme d'esprit, ses amis seuls savent combien il fût aimable et bon.

Pr. Mérimée.

Poésies, par M. Charles Fournel (1). — Les publications poétiques sont assez rares depuis quelque temps. Cela peut passer pour le signe de la défaillance de l'inspiration qu'on a appelée romantique, sans qu'il se manifeste rien, d'un autre côté, qui puisse faire augurer de l'avenir. Il y a quelques années encore, chaque mois, chaque semaine même apportait sa moisson poétique. Bien des jeunes gens qui devaient suivre plus tard des voies diverses, les uns devenir des écrivains d'un autre genre, les autres se jeter dans la politique active, d'autres enfin embrasser plus simplement, plus pratiquement les carrières administratives, se croyaient obligés, au début, de déposer leurs premiers rêves, leurs premiers sentimens dans un élégant volume. Aujourd'hui il n'en est plus ainsi : la brochure politique remplace le livre de vers pour le moment. Ne serait-ce point l'indice d'une transformation qui s'accomplit sourdement et irrévocablement dans les idées sur la poésie? Quoi de plus vieilli par exemple, de plus suranné aujourd'hui, que cette inspiration intime, purement personnelle, qui était si vive autrefois? Cette inspiration nous semble avoir des rides, et laisse éclater quelque chose de factice, quand on va la retrouver maintenant chez les maîtres même, et, à plus forte raison, chez leurs imitateurs débiles. Nous devons louer M. Fournel pour deux choses : pour sa fidélité à la poésie d'abord, et en outre pour se tenir en garde contre cette inspiration exclusivement personnelle dont nous parlions. Il faut noter un autre motif d'estime : c'est ce titre modeste de *Poésies* qu'il donne à ses vers. M. Fournel ne se livre pas à une anatomie de son ame, à d'intimes effusions, à de langoureuses confidences. C'est plutôt un esprit distingué qui recherche les conditions de la poésie, qui s'essaie à des combinaisons rhythmiques, et fait passer dans la langue poétique de la France moderne soit des légendes populaires, soit des fragmens de poètes étrangers. On peut citer, sous ce rapport, *la Romance de Roncevaux, Robin Hood, la Fille de l'Hôtesse*, d'Uhland. Il y a aussi d'autres morceaux d'une composition distinguée. M. Fournel est un jeune Français qui vit à Berlin depuis long-temps. Sa tentative prouve qu'en pleine Allemagne on peut ne point cesser de manier avec talent la langue de son pays. Il y a, si nous ne nous trompons, quelque chose de particulier dans des vers français conçus et écrits au milieu des fumées parfois un peu épaisses du teutonisme de nos voisins du Nord.

(1) Paris, chez Renouard, 1 vol. in-12.

V. de Mars.

LES QUESTIONS

PÒLITIQUES ET SOCIALES.

—

V.

LE SYSTÈME PROTECTEUR.

———

I. — SI LE SYSTÈME PROTECTEUR RESPECTE LA LIBERTÉ ET LA JUSTICE.

Je me propose d'examiner aujourd'hui, dans ses rapports avec la question de la misère ou du bien-être des populations, un système de politique commerciale qui a la prétention hautement exprimée de protéger le travail : c'est le système protecteur qu'il se nomme, et pour instrumens il a les lois de douanes. Il consiste à réserver aux producteurs français le monopole du marché intérieur : qu'ils travaillent bien ou mal, qu'ils vendent cher ou à bas prix, ce marché doit être à eux. On l'a présenté au public sous les couleurs du patriotisme : « Aux produits nationaux, disent ses défenseurs, le marché national : quand nous achetons une marchandise au dehors, nous payons un tribut à l'étranger. » Chez une nation qui a horreur de la domination étrangère, et près de laquelle, malgré son fonds de bon sens, les métaphores communément réussissent mieux que la froide raison, cette formule a eu un prodigieux succès. La masse de la nation en ce moment encore croit ce qu'on lui a dit, que, si nous ouvrions nos frontières aux marchandises étrangères, nous serions tributaires de l'Anglais ou du Prussien; que le patriotisme nous fait une loi de préférer les produits nationaux, même à des prix beaucoup plus élevés; qu'autrement la patrie serait appauvrie, et que les classes ouvrières surtout, privées de travail, tomberaient dans un dénûment extrême. Quelle confiance faut-il accorder à ces opinions?

Tout en aimant passionnément ma patrie, j'avoue que je résiste à étendre la sympathie et le dévouement qu'elle m'inspire aux produits des ateliers ou du sol, et voici mon motif : il me paraît que le bœuf national est celui qui nourrit aux moindres frais les estomacs, bien et dûment nationaux ceux-là, de mes compatriotes, et que le fer national est celui que l'agriculteur ou le manufacturier national se procure le plus aisément, c'est-à-dire en échange de la moindre proportion des fruits de son travail, quand bien même ce serait un produit fabriqué au-delà des frontières. Ce qui est national, ce sont les populations considérées dans leurs efforts pour produire le plus possible et dans leurs besoins à la satisfaction desquels ces efforts sont destinés. Laissons donc ces qualifications de bœuf national et de fer national; c'est la résurrection du culte du bœuf Apis, avec lequel il semblait que la civilisation en avait fini depuis long-temps. Le grand souci patriotique, qu'à titre de citoyen français chacun de nous doit ressentir en présence de nos ateliers des champs et des villes, c'est que la proportion entre les efforts et les besoins de nos concitoyens soit aussi favorable que possible à l'humanité souffrante. Il n'y a de bon système commercial que celui qui améliore cette proportion; tout système qui la vicie est antipatriotique et antinational, quel que soit le nom qu'il porte écrit sur son chapeau.

Mais le tribut à l'étranger? Je n'en aperçois vestige dans un échange librement consenti entre deux hommes, de quelque nation qu'ils soient, où chacun des deux, précisément parce qu'il a pu choisir en liberté, obtient en retour de sa chose le maximum possible de la chose qu'il désire. Au contraire, si, par des lois de douane, on me force à m'approvisionner chez un producteur de fer qui, pour la somme de 100 fr., ne me donne de sa marchandise que 300 kilogr., tandis que, au-dehors, j'en eusse trouvé 600, il aura beau être un Français, mon concitoyen : la loi m'en fait le tributaire, et je me déclare opprimé. Ainsi les protectionistes, qui se donnent tant de mouvement dans l'intention assurément fort obligeante de nous éviter un tribut à l'étranger, nous dispensent d'un tribut imaginaire, et s'en font servir à eux-mêmes un qui est très substantiel pour eux, très onéreux pour nous qui ne leur devons rien.

De nos jours, il est un moyen certain de connaître si les institutions ont de l'avenir, c'est de voir si elles s'accordent avec le principe de liberté et avec le principe de justice. Toute institution qui aura le double malheur de heurter la liberté et de blesser la justice est destinée à périr; il n'y a pas de raisonnement qui puisse la faire absoudre ni d'expédient qui puisse la sauver. La règle est absolue, et je ne pense pas que personne la conteste, du moment que j'aurai ajouté que la liberté doit s'entendre non-seulement de l'individu isolément, mais de la société prise collectivement, et que la liberté collective de la société, c'est l'ordre. Or, si l'on fait passer le système protecteur par le double creuset de la liberté et de la justice, qu'est-ce qu'il en restera?

D'abord, la liberté. Le système protecteur la viole manifestement. La liberté du travail et de l'industrie, qui est notoirement selon l'esprit de la civilisation moderne, et qui est formellement garantie par la constitution de 1848 (article 13), suppose et exige : 1° que les hommes choisissent leur profession à leur gré et l'exercent comme ils l'entendent, pourvu que la liberté réciproque du prochain n'en soit pas compromise; 2° que les hommes s'approvisionnent où ils veulent de matières et d'instrumens; 3° qu'ils disposent à leur gré des produits ou de la rémunération de leur travail, pour leur usage personnel ou pour telle destination qui leur plait. Sur le premier point, j'admettrai ici que nous sommes passablement lotis, non que les restrictions au libre choix et au libre exercice des professions soient rares parmi nous : on pourrait même citer plusieurs monopoles plus ou moins offensifs; mais c'est sur les deux autres points qu'il y a le plus à réclamer, incomparablement, et je m'y réduirai. Le citoyen français est indéfiniment contrarié dans son désir légitime de se pourvoir de matières et d'instrumens là où il le ferait avec le plus d'avantage. Il l'est plus encore lorsqu'il voudrait appliquer à ses besoins les fruits de son travail en se pourvoyant là où il lui plairait des objets qu'il désire. Une muraille de la Chine a été érigée autour de nos frontières depuis 1793, et, par cet obstacle, la liberté du travail et de l'industrie n'est plus qu'une moquerie sous le double aspect que je viens de signaler.

En premier lieu, quant à la production de la richesse, il est un grand nombre de matières que les arts emploient sans cesse, et que les marchés étrangers livreraient à des prix modérés, mais que le citoyen français est forcé de prendre sur le marché intérieur, où il les paie cher. S'il en est qu'il obtienne à d'aussi bonnes conditions que l'étranger, ce n'est pas la faute du législateur; celui-ci, comme s'il eût jugé que le bon marché était un fléau, a essayé d'y mettre ordre de toutes parts. La houille, qui est le pain quotidien de tant d'industries, est assujettie à des droits qu'on ose appeler protecteurs du travail national. La houille de Newcastle convient mieux que celle de nos départemens situés au nord de la Loire à quelques usages, aux chemins de fer en particulier : il faut qu'on s'en passe par amour pour la houille de nos mines, et le service des chemins de fer en est ralenti ou entravé. Quand

même la houille étrangère entrerait librement en France, nos houil-
lères du nord jouiraient d'une prospérité éclatante; mais le principe
de la protection avant tout. La partie vive de tous les outils est en
acier; un gouvernement jaloux de protéger l'industrie favoriserait,
peut-être par des subsides, l'entrée des aciers de première qualité: on
l'entrave par des droits exorbitans. En 1791, le droit sur l'acier fondu
était de 61 fr. par 1,000 kilogrammes. Sous la première république,
il fut successivement de 6 francs 10 cent., 3 fr., 5 fr. 10 cent., 5 francs
60 cent. L'empire le mit à 99 fr. Il est aujourd'hui de 1,320 fr. par
navires français, de 1,413 fr. par navires étrangers ou par terre. La
laine brute, dont on fait tant d'articles utiles au pauvre comme au
riche, paie 22 pour 100 de sa valeur. Les fils de lin et de chanvre paient
un gros droit. Les fils de coton et de laine sont prohibés absolument,
à part quelques variétés exceptionnelles qui supportent encore des
droits excessifs. Accueillis chez nous pour être mis en œuvre avec
notre goût et recouverts de ces dessins où nous excellons, ces fils ou les
tissus blancs qui en proviennent deviendraient pour notre commerce
d'exportation une source de richesse, pour nos populations l'occasion
d'un travail abondant et fructueux; on en a fait cent fois l'humble
représentation au gouvernement et aux chambres (1): la prohibition
a été maintenue. L'école protectioniste, qui règne et gouverne, est
absolue comme le grand Mogol, et, quand elle a décidé quelque chose,
elle est inexorable comme le destin. Les graines oléagineuses, qui fourniraient à nos ateliers de toute espèce les huiles qu'ils consomment,
qui feraient prospérer nos huileries, nos savonneries (je ne parle pas
encore de la consommation domestique), ont été taxées, retaxées et sur-
taxées encore. Les instrumens, outils et machines, dont s'assiste le travail, sont grevés d'une manière exorbitante dans les cas rares où ils ne
sont pas prohibés formellement. Cela s'appelle protéger le travail national. Comment donc s'y prendrait-on si l'on voulait le faire périr de
consomption? Dans cet *enthousiasme d'enchérissement* (2), on s'est attaqué à des objets qui ne furent jamais des articles de commerce, et qui
ne figurent que dans les officines des nécromans et des sorcières. Les
yeux d'écrevisse, les *vipères*, les *dents de loup*, les *pieds d'élan*, les *os
de cœur de cerf*, sont nominativement inscrits au tarif. Ces taxes ridicules et d'autres qui s'attaquent à des objets plus sérieux ne rapportent à l'état que des sommes insignifiantes (3); mais on a eu la manie

(1) Notamment à la fin de 1850. Les réclamations légitimes des imprimeurs de Mulhouse et des teinturiers de Rouen ont été écartées, quoiqu'ils s'engageassent à réexporter tout ce qu'ils auraient importé.

(2) Le mot est de Benjamin Constant. Il le prononça dans la discussion de la loi de
1821 qui aggrava les droits sur les céréales établis par la loi de 1819.

(3) L'exposé des motifs de la loi des douanes présentée en 1847 établissait que 113

de la protection. On a voulu que le système protecteur plaçât partout sa griffe. Il semblait que ce fût un spécifique merveilleux pour le bonheur des humains; il eût manqué quelque chose à la gloire de la patrie ou à sa prospérité si un article de commerce, une substance quelconque eût échappé au bienfait de la protection. On l'a donc répandue à pleines mains, on en a mis partout.

La violation de la liberté est plus manifeste encore quand il s'agit de la consommation. Voilà un manufacturier qui a fait argent de ses marchandises, un avocat ou un médecin qui a reçu ses honoraires, un ouvrier qui a touché sa quinzaine; ils veulent nourrir et vêtir leur famille, meubler leur demeure. Ils ont entendu dire que telle contrée fournissait à bas prix des substances alimentaires, de la viande, des salaisons, des fruits; telle autre certains tissus de laine, ou de coton, ou de lin, ou de soie; qu'ailleurs on rencontrait des ustensiles et mille articles de ménage de bonne qualité à bon marché. Ils voudraient en faire venir, c'est de droit naturel; mais voici le système protecteur, qui le leur interdit avec une sévérité dont les lois douanières d'aucun autre pays du monde n'offrent l'exemple! Le blé paie à l'entrée, la viande paie. Sous l'ancien régime, le bétail était exempt de droits depuis un demi-siècle, quand la révolution éclata (1). A plus forte raison, la première république et l'empire laissaient venir le bétail de toute espèce sans aucun droit; la restauration mit, en 1816, un droit de 3 fr. par tête de bœuf; depuis 1826 c'est de 55 fr. Les viandes salées paient proportionnellement le double. Beurre, graisse, huile, vin, tout ce que l'homme peut mettre dans son estomac est plus ou moins écrasé de droits. Les étoffes, dont il pourrait couvrir son corps ou garnir son logis, sont plus rigoureusement traitées encore. La plupart sont écartées par une prohibition absolue; de même la faïence, de même les verres et cristaux, de même la tabletterie, de même l'innombrable variété des articles qui composent la quincaillerie, de même les articles

articles du tarif n'avaient produit ensemble que 96,615 francs en 1845; 23 autres articles avaient donné ensemble 89,749 francs. Une autre catégorie de 163 articles avait rendu 3,698,516 francs. La radiation de ces 299 articles du tarif aurait permis de diminuer d'une forte somme les frais de gestion et de perception des douanes.

(1) Dans les provinces formant ce qu'on appelait les *cinq grosses fermes*, les seules pour lesquelles il existât en matière de douanes quelque chose qu'on puisse appeler le droit commun, un bœuf venant de l'étranger payait avant le tarif célèbre de 1664, depuis 1638, 15 sous. Le tarif de 1664 porta le droit à 3 livres; le 2 septembre 1669, on l'éleva à 6 livres. A partir du 1er mai 1689, il fut mis à 12 livres; mais, le 13 mai 1698, il fut réduit à 3 livres. Le 1er décembre 1712, il fut relevé à 12 livres; mais, le 4 septembre 1714, il fut complétement aboli. Enfin, après quelques alternatives de liberté complète et de droits plus ou moins modérés, le 15 mai 1730, la libre entrée fut rétablie. (*Histoire du Tarif*, de Dufresne de Francheville, tome II, page 117.) Le blé était de même exempt de droits d'importation sous l'ancien régime, mais il y avait des provinces qui imposaient le blé venant d'autres provinces.

confectionnés en cuir, la cordonnerie et la sellerie. La prohibition est l'alpha et l'oméga du tarif; quand elle n'est-pas absolue, neuf fois sur dix elle est remplacée par des droits tellement élevés qu'ils sont prohibitifs. On dit avec une assurance imperturbable à cette nation qu'on la protège, et on légifère à outrance dans l'intention avouée de lui faire payer plus cher tous les articles de son alimentation, de son habillement, de son ameublement. On lui dit qu'elle est libre, et il n'est pas une de nos moindres acquisitions où le législateur ne mette le doigt pour changer, autant qu'il dépend de lui, le cours naturel et légitime des choses. Et ce peuple, qui se croit le plus intelligent de la terre, a été dupe de cette mystification immense. Il l'est encore.

Que le citoyen français passe en revue les articles qu'il porte sur lui lors même que sa mise est la plus simple, ou qu'il fasse un voyage autour de sa chambre : les neuf dixièmes des objets usuels sur lesquels il mettra successivément la main, il est forcé, absolument forcé de les acheter en France, quand bien même son goût ou l'attrait du bon marché le porterait à s'en pourvoir au dehors. Le drap dont sont faits son habit ou sa veste, l'étoffe de laine ou le piqué de coton qui forment son gilet, le calicot ou le madapolam dont est sa chemise, tout cela est prohibé; les souliers, prohibés; les bas de coton ou de laine, prohibés. Il ne peut tenter d'en faire venir du dehors sans être rebelle aux lois. Excellent moyen de rétablir le respect des lois que d'en faire l'instrument de vexations pareilles! Le chapeau de feutre ou de soie imitant le feutre passe à la frontière moyennant un droit de 1 franc 65 centimes; le chapeau de cuir que porte le marinier est prohibé. Quant à l'ameublement, c'est à peu près de même. La marmite en fonte dans laquelle le pauvre prépare ses alimens est prohibée; les ustensiles en cuivre, en zinc, en fonte, en fer, en tôle, en fer blanc, prohibés; en acier, prohibés; la coutellerie, prohibée; la serrurerie, prohibée. Les couvertures de lit paient sur le pied de 2 francs 50 cent. le kilog. : c'est l'équivalent de la prohibition; les tapis paient sur le pied de 275 à 568 francs les 100 kilog. : encore prohibitif. Les objets en plaqué, prohibés; les tissus de crin, dont on recouvre des meubles d'une élégante simplicité, prohibés; de même les tissus de laine. La liberté du consommateur français (et le consommateur, c'est tout le monde) est comme la liberté d'écrire dont jouissait Figaro.

Voilà pour la liberté. Passons à la justice. Puisque le régime protecteur est si manifestement contraire à l'une, il ne doit guère s'accorder avec l'autre; car elles sont solidaires. Voyons pourtant. La justice, dans les sociétés modernes, se traduit par l'égalité devant la loi, ou, pour me servir d'une formule plus explicite, par l'unité de loi et l'égalité de droits. Qu'a-t-on fait de l'unité de loi et de l'égalité de droits avec la protection? La loi douanière n'est pas une, elle est diverse de plusieurs manières : elle varie non-seulement avec les objets, mais aussi avec les frontières par où ils se présentent. C'est ainsi que la taxe protectrice sur la houille change cinq fois avec les zones. Dans le même lieu, entre deux citoyens, l'inégalité est extrême. J'exerce une profession libérale quelconque, ou encore je suis employé d'administration, ou enfin je suis ouvrier; je reçois une rémunération en argent : la législation qui s'appelle protectrice me contraint de payer plus cher une multitude d'objets usuels, c'est-à-dire que je donne, en échange d'une chose nécessaire à la satisfaction de mes besoins ou de ceux de ma famille, une quantité de mon travail qui est supérieure à la seule proportion qui soit légitime et naturelle, celle qui est indiquée par la valeur courante des choses sur le marché général du monde (1), ou, pour exprimer le même fait en d'autres termes, je suis obligé à troquer tout le labeur que je puis faire contre une quantité de choses moindre que ce que m'autorise à réclamer la valeur de ce labeur comparée au cours des choses sur le marché général. Mon voisin est fabricant de fer, de cristaux ou de quincaillerie, ou propriétaire d'une mine de houille; la même loi qui me vexe l'investit, lui, du privilège d'obtenir, en retour des produits de son industrie, une quantité des produits nécessaires à ses besoins qui excède la proportion naturelle. C'est d'une injustice palpable, car je supplie qu'on me dise quel titre il a de plus que moi à la munificence nationale. De quel droit est-ce que le législateur lui confère une faveur qui se résout en un sacrifice pour moi? Entre les différentes professions industrielles, la balance n'est pas plus égale. Je suis producteur de faïence ou d'acier, je jouis d'une protection énorme, j'ai le monopole; je vends mes produits un tiers ou un quart au-delà de ce qu'ils valent sur le marché général. Au lieu de cela, je fabrique des soieries, ou des articles de goût ou de mode, ou des produits chimiques; que me sert le régime protecteur? Il ne me fait pas vendre mes marchandises un centime de plus au dedans, parce que la protection inscrite au tarif n'enchérit pas les articles que nous produisons à aussi peu de frais que les autres peuples et en abondance; bien plus, il m'empêche de les vendre au dehors, par les représailles qu'il suscite, ou même par des droits de sortie. Où est l'égalité? Dans la même industrie, celle des cotonnades, les im-

---

(2) J'entends ici par le marché général l'ensemble des lieux où les marchandises de toutes provenances se vendent et s'achètent sans avoir à payer aucun droit de douane à personne. Dans chaque état, il existe aujourd'hui des entrepôts où les choses se passent ainsi. On y héberge même les articles dont la consommation est prohibée dans le pays; et, en ce cas, on ne peut les acheter que pour les réexporter. Les marchandises tarifées paient le droit de douane lorsqu'elles quittent les entrepôts pour aller chez le marchand qui doit les livrer au consommateur. En France, chacun de nos ports importans a un de ces entrepôts : Paris a le sien, ainsi que plusieurs autres villes de l'intérieur.

primeurs sont aujourd'hui complétement sacrifiés aux filateurs; la protection exorbitante accordée à ceux-ci empêche ceux-là d'étendre leur fabrication et d'exporter. Quelle est donc l'équité de nouvelle fabrique en vertu de laquelle cela se passe? Où a-t-on découvert un motif pour que l'imprimeur devînt le vassal du filateur, plutôt que le filateur de l'imprimeur?

Les prescriptions du régime protecteur sont pleines de contradictions bizarres. Voici une industrie naissante qui, à ce titre peut éprouver plus d'embarras qu'une autre, la filature mécanique du lin et du chanvre; on lui donne une protection de 22 pour 100; c'est trop, certainement; mais en voici une autre qui est ancienne, qui sent le sol ferme sous ses pas, la filature du coton; elle est protégée contre les filés étrangers par la prohibition absolue (1). Tout est arbitraire dans la fixation des droits. Ce sont des sollicitations plus ou moins habiles, c'est l'humeur ou le caprice d'un ministre ou d'un personnage influent, quelquefois son intérêt, qui ont présidé à ces arrangemens et ont fait du tarif un amalgame confus qui défie la logique et insulte au bon sens.

Dans les discours d'apparat, on témoigne un amour brûlant à l'agriculture; très bien. Alors vous supposez qu'on lui facilite autant qu'on le peut la vente de ses produits. Non pas. Voici l'art d'élever les vers à soie auquel se livrent beaucoup de départemens du midi, et ils y réussissent; l'étranger paierait volontiers leur soie ce qu'elle vaut; mais le régime protecteur intervient; il imagine, parce que tel est son bon plaisir, de frapper à la sortie cette marchandise. Et nos vins, dont le monde entier boirait, si par nos rigueurs protectionistes contre les produits de l'industrie étrangère, nous n'avions attiré sur eux le poids de représailles cruelles (2)? Tous les contre-sens sont dans les flancs de ce malheureux système, et ici chaque contre-sens est une injustice.

(1) A l'exception des fils fins au-dessus du numéro 143 : ces fils fins, depuis 1836, sont admis en France, mais moyennant un droit élevé.

(2) Il y a deux siècles, la France vendait à l'Angleterre une quantité de vins que les relevés commerciaux portent à 20,000 tonneaux (180,000 hectolitres). Depuis lors, la population du Royaume-Uni a plus que triplé; la richesse générale y a suivi une progression beaucoup plus rapide. A en juger par le progrès d'autres consommations, on serait fondé à dire que, si les rapports commerciaux fussent restés sur le même pied, l'Angleterre nous achèterait présentement dix ou douze fois autant de vin qu'alors, soit 200,000 tonneaux au moins; mais, à partir de 1667, les deux nations se sont mises à frapper l'industrie l'une de l'autre, sans s'apercevoir que c'étaient des coups qui retombaient sur elles-mêmes, et la vérité m'oblige à dire que c'est nous qui commençâmes. Ce fut la France surtout qui aggrava ces hostilités commerciales, sous l'inspiration des haines aveugles qu'avait provoquées la guerre, à partir de 1793. On le verra plus loin. Aujourd'hui nous ne plaçons dans le Royaume-Uni que le septième du vin que nous y vendions il y a près de deux siècles, la soixante-dixième partie de ce que nous devrions y en vendre. Ce n'est malheureusement pas le seul marché où nous ayons attiré ce désastreux échec à une production à laquelle notre sol convient admirablement, et dont nous possédons mieux que personne tous les secrets.

Avant 1789, le système protecteur, alors bien moins rigoureux qu'aujourd'hui (on en trouvera la preuve plus loin), avait une justification dans l'esprit des institutions. Tout était privilége dans ce temps-là. Pour exister, la liberté elle-même avait dû se placer à l'ombre du privilége. Le point de départ de l'organisation sociale était la féodalité, qui partageait le territoire en une multitude de souverainetés et de juridictions exclusives. Il n'y avait eu moyen, pour l'industrie, d'obtenir une place au soleil que par la création successive d'une multitude de petits monopoles entre lesquels était divisé le champ de la production et qu'exploitaient autant de corporations. On n'avait pas alors, ou du moins on ne trouvait pas dans la législation la notion du droit commun. La justice, c'était pour chacun le maintien de son monopole. Cette donnée admise, l'équité, telle qu'on la concevait, était médiocrement choquée de ces droits qui élevaient ou pouvaient élever pour chacun le prix des marchandises qu'il produisait; ce n'était rien de plus que la défense de son monopole, lequel était incontesté, la protection de son droit, qui était légalement reconnu. La révolution de 1789, et c'est de tous ses dons le plus précieux, de ses bienfaits le plus impérissable, a aboli toutes les petites juridictions exclusives, balayé les monopoles, démoli les enceintes où les corporations se tenaient barricadées, et, sur le sol enfin dégarni, elle a planté le drapeau du droit commun, changeant ainsi profondément le sens qu'on attachait aux mots de justice et d'équité. L'idée du droit commun est depuis 1789, et restera à jamais la pensée génératrice de notre droit public; mais le droit commun ne s'accommode pas, ne peut à aucun prix s'accommoder de priviléges, dévolus, sans qu'on sache pourquoi, à telle ou telle catégorie des citoyens. Le droit commun implique donc absolument l'abolition du système protecteur. Le système protecteur, surtout quand on le traduit par le monopole absolu et permanent du marché national, est le renversement du droit commun.

II. — LE SYSTÈME PROTECTEUR NE DÉVELOPPE PAS LE TRAVAIL ET N'AUGMENTE PAS LA RICHESSE DE LA SOCIÉTÉ.

Par cela même que la liberté du travail, entendue comme nous venons de le dire, a pour elle le principe de la liberté humaine et celui de la justice, elle ne pourrait manquer d'accroître la fécondité du travail et d'agrandir la richesse nationale. Tout homme industrieux qui veut travailler, ou qui, après avoir travaillé, veut consommer, est manifestement intéressé à avoir la faculté de se pourvoir en tel lieu qu'il jugera convenable, au dehors comme au dedans, de matières et d'instrumens pour le travail ou d'articles de consommation. Ici, ce qui est vrai de l'individu, ne peut manquer de l'être de la société prise col-

lectivement, puisque l'avantage que l'individu retirerait de la liberté
du travail ne résulterait d'aucune atteinte à la liberté du prochain,
d'aucune infraction à la justice. C'est quand une pratique donne du
profit à l'un en foulant au pied les droits de l'autre, c'est seulement
alors qu'avantageuse à l'individu ou à une fraction de la société, elle
peut être nuisible au corps social dans son ensemble; mais la liberté
du travail n'aurait pas ce caractère; ce ne serait que le retour aux notions de la justice et de la liberté telles que nous les avons apprises
depuis la grande époque de 1789. Et quel est donc le membre de la
société qui oserait dire qu'il a des intérêts qui ne s'accommodent pas
de la liberté et de la justice? Les protectionistes cependant soutiennent
que leur système, contraire aux droits les plus respectables de l'individu, est d'utilité publique. C'est un raisonnement du genre de celui
de ce marchand qui disait à la foule qu'à chacun en particulier il livrait
ses marchandises à perte, mais qu'il se rattrapait sur la quantité. La
protection, suivant eux, garantit l'existence même de la nation, car
elle lui assure du travail. Sans la protection, la France serait forcée de
fermer ses ateliers; donc, le système protecteur est de salut public. —
La nation française travaillait, ce semble, avant le système protecteur,
et notre industrie n'est pas universellement en arrière comme on le
prétend pour le besoin de la cause protectioniste, car il est un grand
nombre d'articles, de ceux mêmes que le tarif affecte de protéger le
plus, que nous exportons avec bénéfice, en grande quantité, dans des
contrées où ils rencontrent la concurrence de l'Angleterre, celle que
les protectionistes redoutent le plus. Ainsi les toiles peintes, ainsi
les bronzes, ainsi vingt tissus divers de laine, les mérinos, par exemple, où nous excellons, ainsi les fils de la même substance, ainsi les
glaces et les meubles, les machines même; et la liste serait bien plus
longue, si les matières premières n'étaient artificiellement enché-
ries par le système protecteur. La protection a imprimé à l'activité nationale une direction autre que celle qu'elle eût suivie, si on nous eût
laissé la liberté; mais, quoiqu'elle ait donné lieu à l'ouverture de beaucoup d'ateliers, elle n'ajoute par elle-même rien, absolument rien, à
la somme des labeurs utiles de la nation. Et, en effet, toute industrie,
quelle qu'elle soit, exige deux sortes d'agens, des bras et des capitaux.
Quand, par des moyens artificiels, on rend une industrie plus lucrative que d'autres, alléchés par cet appât, des capitaux qui s'employaient
ailleurs se tournent vers cette destination nouvelle et y attirent une
proportion correspondante de bras auparavant aussi occupés autre
part. La société a acquis le travail qui s'accomplit dans les nouveaux
ateliers, mais elle a perdu celui auquel servaient et auraient servi les
bras et les capitaux ainsi détournés. C'est un changement et non une
création de travail, et si le changement n'a été provoqué que par le

système protecteur, c'est-à-dire par le privilége conféré aux entrepreneurs des nouveaux ateliers de se faire payer une prime par leurs concitoyens, il est à peu près certain que, présentement au moins, il est nuisible; car s'il eût été profitable dans l'état naturel des choses, je veux dire sous le règne de la liberté et de la justice, il est vraisemblable que les particuliers, guidés par l'instinct de leur intérêt, s'y fussent déjà décidés spontanément, ou qu'ils n'y eussent pas tardé. Toute évolution qui consiste à retirer le capital et les bras d'une certaine direction pour les porter dans une autre, n'enrichit la société qu'autant que les produits des nouveaux ateliers peuvent, sur le marché général du monde, s'échanger contre une masse d'argent plus grande que celle qu'on eût obtenue avec l'ancienne destination des mêmes bras et du même capital. En pareil cas, et alors seulement, le surplus du gain rendu aux entrepreneurs d'industrie par les nouveaux ateliers serait, pour le pays, un bénéfice positif; mais alors aussi pourquoi des droits protecteurs? Les industries protégées se protégeraient suffisamment toutes seules. En tout autre cas, le profit que font les entrepreneurs, par-delà ce qu'ils retiraient précédemment des industries par eux délaissées, est pris sur le public, et c'est pour celui-ci un sacrifice auquel personne n'avait le droit de le soumettre, car, encore une fois, on ne doit d'impôt qu'à l'état. Nous reculons jusques à la féodalité si notre droit public admet que, de particulier à particulier, il y ait autre chose de légitime qu'un échange de services librement consenti, sur le pied de la réciprocité.

Je ne conteste pas que le système protecteur fasse travailler; mais fait-il travailler plus, ou plutôt fait-il travailler mieux, je veux dire plus utilement, avec plus de résultat pour la société? Là est la question. Si quelque khan de Tartarie, installé aux Tuileries par un de ces accidens que nos dernières révolutions rendent croyables, ordonnait que les ouvriers désormais travaillassent une main liée derrière le dos, il faudrait, pour procurer à la société française une très médiocre quantité de produits, que tout homme valide travaillât seize heures au moins par jour : cet édit sauvage ferait donc travailler plus; il n'en serait pas moins un fléau. C'est que, dans le travail, il ne faut pas voir seulement l'effort que font les hommes. L'effort est, pour ainsi dire, l'aspect pénitentiaire du sujet. C'est au résultat qu'il faut aller, c'est là ce qu'il faut voir, jauger, pour se faire une idée juste de ce que valent et le travail dont il s'agit et le système qui le provoque. C'est ce résultat qui donne la mesure de l'utilité, de l'importance du travail. L'homme en effet ne travaille pas à la seule fin d'agiter son corps ou de fatiguer ses muscles. Il travaille pour se procurer des objets en rapport avec ses besoins ou avec les besoins de ses semblables, ce qui, par l'échange, revient au même pour lui. Autrement, celui qui passerait la journée à remuer les bras dans le vide pourrait se qualifier de travailleur, se donner comme un membre utile de la société; le riche qui ferait creuser des fossés le lundi pour les faire combler le mardi, et les faire ouvrir de nouveau le mercredi, pourrait se flatter de rendre à la patrie autant de services que l'habile manufacturier de Lyon ou de Mulhouse. Si dans le travail on ne devait envisager que l'exercice musculaire ou intellectuel sans le résultat, un sûr moyen de se créer des titres à la reconnaissance publique serait de susciter des obstacles artificiels à une production quelconque ou à la satisfaction d'un quelconque de nos besoins, puisque, pour surmonter ces obstacles, il faudrait une nouvelle proportion de travail. Il y aurait lieu, pour les pouvoirs de l'état, de prendre en grande considération la pétition comique que, dans ses inimitables *Sophismes,* Bastiat, lorsqu'il veut réfuter le système protecteur par la réduction à l'absurde, prête aux *fabricans de chandelles, bougies, lampes, aux producteurs de suif, résine, alcool, et généralement de tout ce qui concerne l'éclairage,* contre la lumière du soleil qui nous éclaire gratis. Il est certain en effet que si, comme il s'amuse à l'imaginer, on faisait une loi qui ordonnât la fermeture de toutes *fenêtres, lucarnes, contrevents, volets, vasistas, œils-de-bœuf, en un mot de toutes ouvertures, trous, fentes et fissures par lesquelles le soleil a coutume de pénétrer dans les maisons,* il faudrait plus de suif, plus d'huile, plus de résine. Ce serait une immense quantité de travail qu'on aurait rendue indispensable, et s'il est admis que le travail, quel qu'il soit ou quelle qu'en soit la cause, est une fortune, on aurait enrichi la nation.

Du point de vue auquel nous avons transporté le lecteur, il est aisé de reconnaître que le système protecteur n'est pas fondé à prétendre qu'il fait travailler mieux; on peut même voir qu'il ne l'est guère davantage à soutenir qu'il lui appartient d'occuper plus de bras. Si demain, en Angleterre, les ultra-tories rentrant au pouvoir, dans la recrudescence de leur zèle protectioniste, faisaient passer une loi qui interdît absolument l'entrée du vin étranger, il est vraisemblable qu'on planterait des vignes dans des serres pour se procurer, tant bien que mal, un peu de cette savoureuse liqueur qui, depuis Noé, est en faveur parmi les hommes. On ferait ainsi en Angleterre du vin qui serait horriblement cher. Je laisse de côté la qualité du breuvage. Pour en avoir seulement cent mille hectolitres, il faudrait une prodigieuse quantité de jardiniers, sans compter les maçons et les fumistes qui construiraient et entretiendraient les serres. Le parlement anglais se trouverait avoir ainsi provoqué beaucoup de travail. Il aurait cependant fait une très sotte loi. Il aurait appauvri la nation. L'Angleterre, alors, pour se procurer cent mille hectolitres de vin, occuperait une masse de capitaux et de bras qui, employés à retirer de la houille, à filer du

coton, à fabriquer de la quincaillerie, de l'acier ou du fer brut, lui auraient donné le moyen d'en acheter un million sur les marchés de
la France, du Portugal, de l'Espagne, des Canaries, ou du Cap. Elle
serait donc appauvrie de neuf cent mille hectolitres de vin. Aurait-
elle pour cela résolu le problème d'occuper plus de bras? Non, car s'il
est vrai que la culture de la vigne dans des serres donnerait de l'emploi à un grand nombre d'hommes, il n'est pas moins vrai que le
capital absorbé par cette folie viticole eût suffi à occuper ces mêmes
hommes dans d'autres industries beaucoup plus naturelles et beaucoup
plus raisonnables parce qu'elles seraient beaucoup plus productives.
Si on m'objecte que cet exemple est fantastique, j'en prendrai un autre
tiré incontestablement de la réalité. En France, quand on a eu écarté,
par un droit de douane exorbitant, le fer étranger, il s'est produit du
fer en plus grande quantité, mais c'est avec des capitaux qui eussent
été mieux employés dans d'autres fabrications. Pour peu qu'on ait observé le mécanisme des échanges internationaux, on sait qu'un pays
n'importe des marchandises étrangères qu'à la condition d'exporter
des siennes. Les produits se paient avec des produits : c'est un point
de fait. L'or et l'argent n'interviennent dans les échanges internationaux que comme des termes de comparaison pour la supputation des
valeurs ou comme de faibles appoints pour solder les comptes. Si la
France achetait au dehors cent millions de kilogrammes de fer, elle
exporterait une quantité correspondante des objets de sa fabrication.
De là donc un surcroît de travail dans quelques-unes des branches de
l'industrie nationale. Et quelles sont ces branches qui se développe-
raient ainsi? Évidemment celles où nous excellons, celles où une quantité déterminée de capitaux et de bras donne les meilleurs résultats,
c'est-à-dire celles où les objets obtenus par l'activité d'une quantité déterminée de bras et de capitaux représentent sur le marché général du
monde la somme la plus grande de valeurs. Et voici la conséquence :
par ce retour des échanges avec l'étranger nous nous procurerions 2
de fer, tandis qu'en fabriquant notre fer nous-mêmes, avec les mêmes
capitaux et le même nombre de bras, nous en avons 1 et demi ou 1, et
nous eussions occupé une quantité de bras qui, selon la nature des
industries, eût pu être plus considérable tout aussi bien qu'elle eût pu
être moindre.

Il y a une autre raison pour que la promesse du système protecteur
de féconder le travail national, et même celle de fournir effectivement
du travail à un plus grand nombre de bras, soient des illusions ou des
gasconnades. La première condition pour que le travail des hommes
soit très fécond, c'est-à-dire pour qu'il ait beaucoup de résultats, en
d'autres termes, pour qu'il donne beaucoup de produits, c'est qu'il
ait l'assistance de beaucoup de capital. Les capitaux sont justement

définis *des instrumens de travail*. Le type de l'industrie humaine sans capital, ce sont ces infortunés fellahs auxquels le vice-roi d'Égypte Méhémet-Ali faisait creuser le canal Mahmoudié avec les onglès. Avec du capital, le travail donne des produits abondans, et d'autant plus qu'il y a plus de capital (1); je suppose le capital employé avec intelligence. Sans capital, la production est frappée de prostration. Dans nos sociétés civilisées, les industries même les moins parfaites exigent une certaine dose de capital, et quand le capital manque, soit qu'il ait été détruit, soit qu'on l'ait forcé de s'enfuir, les bras restent inoccupés. Ainsi, et pour accroître la fécondité du travail humain et pour mieux assurer l'emploi des bras, il faut que le capital se multiplie de manière à être plus considérable pour une même quantité de population. Il est d'ailleurs bien reconnu, et je ne m'arrête pas à le démontrer, que le capital, du moment qu'il est formé, pour être fructueux au propriétaire, doit être mis en action, et il ne peut l'être que par l'intermédiaire, par la pensée et les bras d'hommes industrieux, chefs et ouvriers. Ces points une fois convenus, il est aisé d'apprécier les prétentions du système protecteur. Est-ce le système protecteur ou la liberté du commerce qui favorise le mieux la formation des capitaux? Si l'étranger est en état de vendre tels de ses produits sur notre marché, c'est qu'il les offre à plus bas prix, toutes circonstances de qualité étant les mêmes : donc, par la liberté du commerce, le public consommateur fait une épargne qui lui était interdite auparavant; sur chaque quintal de fer, par exemple, il économisera 10 francs. Vraisemblablement, une partie au moins de cette épargne sera mise de côté pour former du capital, et le supplément de capital ainsi créé, pour se manifester, appellera nécessairement des bras, suscitera nécessairement un supplément de travail (2). Que si, au contraire, vous supposez la liberté commerciale remplacée chez une nation industrieuse par les restrictions du système protecteur, vous apercevrez un effet diamétralement opposé; par les mêmes raisons que je viens de signaler, la formation des capitaux par le public sera forcément ralentie.

Le tendance des sociétés modernes, un de leurs plus impérieux besoins depuis qu'elles sont en pleine eau d'égalité, c'est que la masse des objets divers qui répondent aux besoins divers des hommes aille tou-

---

(1) Je renvoie sur ce point le lecteur qui voudrait plus de détail au n° IV de ces études, *Revue des Deux Mondes* du 15 juillet 1850.

(2) Si même ces économies des particuliers, au lieu de composer du capital, étaient dépensées tout entières, ce serait une demande nouvelle d'objets divers à laquelle la production aurait à satisfaire; de là donc, dans ce cas aussi, un surcroît de travail, mais il y a cette différence que le travail, répondant aux 10 francs, aurait lieu une fois pour toutes, tandis que, dans le cas où les 10 francs auraient fait du capital, la demande de travail recommencerait indéfiniment.

jours en croissant pour une même quantité de population, afin que chacun soit mieux ou moins mal nourri, mieux ou moins mal vêtu, mieux ou moins mal chauffé, éclairé, nippé, meublé; que la société, dans son ensemble, soit mieux ou moins mal pourvue de livres; de musées, d'églises, de monumens, de tout ce qui répond enfin à nos facultés que la civilisation rend de plus en plus multiples, semblable à un habile lapidaire qui met à nu chacune des facettes que le clivage indiquait dans un diamant. C'est de cette manière que graduellement la société devient de plus en plus riche, ou de moins en moins pauvre; c'est ainsi que le problème de la vie à bon marché reçoit une solution de moins en moins incomplète. Pour se conformer à cette tendance salutaire, pour contenter ce besoin chaque jour plus ardent, les sciences et les arts sont en action, tous les ressorts sont tendus. Les résultats qu'on obtient depuis un siècle environ sont merveilleux, car la masse des productions diverses qui se répartissent entre les hommes grandit à vue d'œil, aussitôt que la société jouit du calme. La puissance productive du travail humain, envisagée dans l'avenir, semble indéfinie. Perspective consolante pour les ames généreuses qu'attriste le spectacle de la misère, et rassurante pour les hommes d'état qui appellent de leurs vœux et de leurs efforts l'époque où les révolutions cesseront d'avoir la misère à leur disposition, comme un levier avec lequel il est facile d'ébranler la société! Cette augmentation continue de la puissance productive des nations est l'effet de plusieurs causes. Les machines et les appareils nouveaux de toute sorte, qui mettent en jeu, à notre place et de mieux en mieux, les forces de la nature, y poussent avec un grand succès. La concurrence intérieure y contribue, surtout s'il se forme des capitaux en abondance dans le pays. La concurrence étrangère y coopérant aussi avec une énergie remarquable, quand elle n'est pas amortie par le tarif des douanes, c'est donc un aiguillon qu'on ne saurait se dispenser de mettre en jeu; car la nécessité d'arriver avec toute la célérité possible à la vie à bon marché nous est imposée par les événemens avec une autorité qui n'admet pas l'hésitation et ne supporte pas les retards.

Donnons, par un exemple, la mesure de l'influence que peut exercer le système protecteur sur la richesse de la société. Prenons l'industrie des fers. Avant 1814, le droit sur le fer forgé n'était pas excessif. De 1814 à 1822, il fut de 165 francs par tonne (1,000 kilogrammes) de fer en grosses barres; de 1822 à 1836, de 275 francs, toujours pour le fer en grosses barres, quand il était fabriqué au charbon de terre (c'est le seul dont la concurrence puisse être efficace), et de 165 francs pour le fer martelé au bois. Depuis 1836 jusqu'à ce jour, il est resté à 206 fr. pour le gros fer à la houille. Le fer de moindre échantillon paie, selon les dimensions, environ moitié en sus, ou le double, et même plus pour quelques variétés. La tôle est taxée à plus du double. Indépendamment du fer forgé, la fonte brute paie un droit élevé, et la fonte ouvrée, article dont il se consomme de grandes masses, est repoussée par la prohibition. Je serai au-dessous de la vérité si, ne comptant que le fer forgé, je dis que le système protecteur a eu pour effet, depuis 1814, d'obliger les Français à payer cet article 200 francs en moyenne de plus que ce qu'il valait sur le marché général. Or, depuis 1814, la France a consommé plus de six millions de tonnes de fer forgé. Donc, depuis 1814, la France a payé le fer qu'elle a consommé 1,200 millions de plus qu'il ne valait. Ainsi le système protecteur a dans cet intervalle astreint le public à une contribution de plus de 1,200 millions pour une seule marchandise. 1,200 millions! c'est presque le double de ce que les étrangers exigèrent de nous par les traités de 1815.

Et, là-dessus, qu'est-ce qui est à rabattre de la richesse du pays? Si ce n'était qu'un déplacement de richesse, ce n'en serait pas moins une injustice; car pourquoi prendre aux uns pour donner à d'autres qui n'ont aucun titre à rendre les premiers leurs tributaires? Mais, du point de vue de la richesse nationale, c'est bien pis qu'un transport d'une poche dans une autre. Sur ces 1,200 millions, la majeure partie a été une perte sèche, tout comme si on l'eût prise au public pour la jeter à la mer. Sans doute, une certaine part des 1,200 millions est passée des mains des maîtres de forges dans les coffres de l'état par la hausse qu'ont éprouvée les coupes des forêts nationales, car le bois a monté en proportion des droits de douane; une autre part a arrondi par la même raison les revenus des particuliers propriétaires de bois; une troisième assez notable a grossi les bénéfices légitimes que les maîtres de forges intelligens, ceux surtout qui ont employé le charbon de terre, étaient fondés à attendre de leur travail. Ces trois fractions ont pu ne pas être perdues: elles ont pu servir à composer du capital; elles l'auront fait si les contribuables ont capitalisé la somme que le revenu supplémentaire des forêts de l'état les a dispensés de fournir à titre d'impôts; si les particuliers propriétaires de forêts et les maîtres de forges les plus distingués, qui, à la faveur du monopole, réalisaient de gros profits, ont eu assez d'empire sur eux-mêmes pour ne pas dépenser plus qu'ils ne l'eussent fait dans ce qu'on est fondé à appeler l'état naturel des choses, où ils n'eussent pas eu ce revenu anormal; mais une très grosse part de ces 1,200 millions, bien plus de la moitié vraisemblablement, a été perdue, tout comme est perdu un navire qui fait naufrage, un édifice qui est brûlé, une moisson qui est hachée par la grêle.

C'est la somme qui a servi à maintenir en activité des usines arriérées, mal montées et mal dirigées, qu'on n'a pas pris la peine de mieux outiller et de mieux conduire, parce que, sous l'ombrage de *l'arbre de la protection*, on n'y était pas stimulé; ou des usines très mal situées, dont aucun moyen humain ne saurait plus rien faire qui vaille. Dans ces deux classes d'établissemens défectueux, le fer n'a été obtenu que moyennant un surplus de frais de production. Voilà comment, sur les 1,200 millions qui forment le subside imposé au pays par les lois de douane sur les fers, 7 à 800 ont été dévorés, sans que le pays en masse en ait eu le moindre retour. Et qu'on ne se targue pas de ce que des ouvriers en ont vécu : les mêmes ouvriers eussent vécu du roulement du capital qui est consacré à l'industrie des fers, sans que le pays perdît les 7 ou 800 millions stérilement absorbés en frais de productions supplémentaires, si le capital engagé dans la plupart de nos forges eût reçu une destination plus raisonnable; si, appliqué aux industries où nous brillons, il eût servi à faire des objets que nous eussions donnés en échange aux pays producteurs de fer; car, par cet échange, la France aurait eu son approvisionnement de fer pour 7 à 800 millions de moins (1), et ces industries vivaces, naturelles, vers lesquelles les populations ouvrières se fussent dirigées, nourrissent leur monde tout aussi bien que celle des fers (2).

En résumé, on exprime, au nom du système protecteur, une prétention sans fondement, lorsqu'on dit qu'il lui appartient par privilége d'augmenter la masse du travail national et la richesse du pays. Il n'y parviendrait qu'autant que l'inscription d'une loi protectioniste dans le code aurait l'effet miraculeux de faire tomber du ciel un capital supplémentaire spécialement destiné à faire marcher l'industrie protégée. Or, ceci est tout aussi impossible que cette autre imagination d'après laquelle, en mettant en œuvre une planche aux assignats et en plaçant sur la porte d'une maison quelconque dans chaque village un écriteau portant ces mots : *Institution de crédit,* quelques novateurs se sont flattés de susciter immédiatement des capitaux à discrétion pour tout le monde. Pour former du capital, ·la recette, malheureusement, n'est pas aussi simple.

III. — NOMBREUX POINTS DE CONTACT ENTRE LA DOCTRINE PROTECTIONISTE
ET LES DOCTRINES SOCIALISTES.

Ce n'est pas sans dessein que je fais ce rapprochement entre les notions de l'école protectioniste au sujet du capital et celles de quelques-

(1) Indépendamment de la somme de 4 à 500 millions ci-dessus notée, qui a été prise au consommateur pour les propriétaires de bois (état ou particuliers) ou·les maîtres de forges, et qui forme le complément des 1,200 millions indiqués plus·haut. Ces 4 à 500 millions ne sont pas, on l'a vu, nécessairement perdus pour le pays.

(2) Je tiens à faire remarquer que parmi ces industries *vivaces, naturelles,* se trouverait l'industrie des fers elle-même. La concurrence extérieure l'eût transformée. Nous avons des forges qui sont faites pour résister à toutes les épreuves, les·unes à cause de la qualité des produits, les autres par l'abondance des minerais et de la houille.

unes des écoles socialistes. Je le demande à nos manufacturiers protectionistes, qui repoussent avec tant de vivacité le socialisme en disant
que c'est l'émanation de mauvais sentimens, anciens comme le monde,
en vertu desquels, de tout temps, il y a eu des sectes, des factions,
des coteries, des classes ou des individus qui ont voulu que la société
leur donnât plus qu'ils ne lui rendaient eux-mêmes : cette insoute-
nable prétention ne se retrouve-t-elle pas au fond du système prétendu protecteur? Au lieu de dire à chacun : « Tu es libre, donc tu es
responsable de ton sort; travaille plus et mieux qu'un autre, si tu veux
être traité mieux, » le protectionisme, comme un démon tentateur,
souffle à l'oreille des chefs d'industrie que c'est pour eux un droit de
se faire subventionner par le public, que chaque branche de l'industrie nationale a le droit de prospérer aux frais de la société. Les chefs
d'industrie n'ont pas résisté à ce sophisme séduisant et les gouvernemens se sont inclinés comme s'ils eussent eu devant eux la vérité en
personne. Il est donc convenu que, si l'on ne peut ou ne veut approvisionner la société aux conditions indiquées par le cours des produits
sur le marché général, il y aura de droit un supplément de prix; c'est
la société qui paie. La prime sera d'autant plus forte que l'industrie
dont il s'agit aura été plus nonchalante ou moins intelligente, sera
restée plus en arrière ou travaillera plus mal. Voilà la justice distributive du système protecteur. Si c'est de la bonne justice, je prie
qu'on dise comment on réfutera la célèbre doctrine promulguée au
Luxembourg en 1848, d'après laquelle la part de chacun dans le revenu social devait être proportionnelle non aux services rendus, mais
aux besoins.

En partant de cette fausse idée que toute industrie française a le
droit de prospérer aux dépens du peuple français, les protectionistes
raisonnent de la manière suivante : pour chaque producteur il y a un
prix *nécessaire*, c'est l'expression sacramentelle; il faut donc élever le
droit de douane assez haut pour que le produit similaire de l'étranger
ne puisse être vendu que bien au-delà de ce prix. Ce raisonnement
pèche par la base : il n'y a point de prix nécessaire. Toute l'histoire de
l'industrie se résume en une suite de perfectionnemens à la faveur
desquels les frais de production de la plupart des articles tendent sans
cesse à baisser et baissent rapidement, à moins qu'un monopole ne les
en empêche. Ce qui s'est accompli à cet égard depuis un demi-siècle est
admirable. Le prix nécessaire du commencement de l'année souvent
n'est plus celui de la fin; le prix nécessaire d'une fabrique de l'Alsace
n'est pas celui d'une fabrique de la Normandie. La société ne doit aucun prix absolu aux chefs d'industrie. C'est le producteur qui a, lui, un
devoir envers la société, devoir dont rien ne peut l'affranchir, celui
de suivre les progrès de son art, en quelque pays qu'ils se révèlent, et

de se les approprier, s'il ne les devance pas lui-même. Ce que la société doit, c'est à tous la liberté, à tous une égale justice; et c'est précisément pour cela qu'elle ne peut s'accommoder de monopoles décernés sous le titre de protection, à la faveur desquels, comme le disaient M. Cobden et ses amis, telles ou telles catégories de personnes mettent sans cérémonie, en présence des magistrats et avec leurs concours, la main dans la poche de leurs concitoyens.

·Sur ce point, les vrais principes furent fort clairement indiqués dans la chambre des communes en 1846, alors qu'on discutait la liberté du commerce des céréales. Un orateur protectioniste, interpellant vivement sir Robert Peel, le somma de dire quel prix de vente il garantissait aux propriétaires. « Moi! répondit l'illustre homme d'état, je ne vous garantis aucun prix. Ce n'est pas au gouvernement de vous garantir vos profits; garantissez-les-vous à vous-mêmes, en surpassant vos compétiteurs, ou tout au moins en les égalant par votre activité, votre esprit d'ordre et votre intelligence. » Il n'y a pas d'autre langage à tenir dans une société qui croit à la liberté et qui par conséquent a le sentiment de la responsabilité humaine. Et qu'est-ce que les protectionistes eux-mêmes répondent aux socialistes, quand ceux-ci demandent qu'on garantisse aux ouvriers un minimum de bien-être?

Dans un de ses excellens opuscules, Bastiat s'est proposé d'établir que le principe du protectionisme était le même que celui du communisme (1). Bastiat a dit vrai : de part et d'autre, c'est l'intervention arbitraire de l'état dans des transactions qui, pour le bon ordre de la société, devraient être libres. Les relations entre le système protecteur et le communisme sont tellement intimes, que, pour être complets, ils ne sauraient se passer l'un de l'autre. Appliquez le communisme, ayez les ateliers sociaux de M. Louis Blanc, et vous serez forcés de fermer hermétiquement la frontière aux produits de l'étranger, car la concurrence étrangère ferait crouler tout l'échafaudage. Pareillement, prenez au sérieux la promesse du système protecteur de protéger tout le monde sans exception : vous n'avez qu'un moyen de la réaliser; pour faire profiter de la protection les industries qui, en dépit des droits inscrits à leur profit dans les lois de douanes, vendent leurs produits au même prix ou à meilleur marché que l'étranger, il vous faudra décréter un minimum de prix de vente. Ce sera le législateur qui décidera ce que chaque article doit valoir chez le marchand. Nous serons revenus aux beaux jours de la convention. Les communistes battront des mains, nous serons en plein dans leurs eaux, l'état aura la souveraineté de l'industrie. Tant qu'on n'aura pas rendu des décrets de ce genre, le système protecteur sera entaché

(1) *Protectionisme et Communisme.*

d'une partialité révoltante; il favorisera les uns aux dépens des autres
sans pouvoir justifier ses préférences; mais, d'un autre côté, si l'on en
vient là, qu'est-ce que signifiera la protection? Chacun, il est vrai,
vendra ses produits plus cher, mais il paiera plus cher tout ce qu'il
achètera. La main droite gagnera, la main gauche perdra. On sera
bien avancé!

Les personnes qui veulent que la qualité de citoyen français se tra-
duise pour les maîtres de forges, ou les filateurs, ou les fabricans de
poterie, de glaces, d'acier, etc., par la faculté de se faire payer des
redevances par le public, oublient ce qui se passa en 1789. Les ordres
privilégiés étaient français, et bons français; de même les membres
des corporations, toutes privilégiées, d'arts et métiers. Cela parut-il à
nos pères une raison pour maintenir à la noblesse ou au clergé les
avantages exclusifs dont ils avaient joui jusque-là, ou pour conserver
les maîtrises et les jurandes? Puisque les manufacturiers protégés veulent bien faire remarquer au public qu'ils sont Français, le public est
fondé à leur répondre qu'il est flatté de les posséder pour compatriotes,
mais que, de leur côté, ils ont à prouver qu'ils sont dignes du titre de
citoyen français par leur dévouement à la patrie. C'est ainsi que faisait
la noblesse autrefois, messeigneurs : elle revendiquait le titre de Français en bravant la mort sur les champs de bataille. Votre carrière est
celle de l'industrie : montrez votre patriotisme comme il vous appartient, en travaillant mieux ou aussi bien que qui que ce soit. Le patriotisme de l'industrie nationale consiste à ne pas laisser à l'étranger la
palme du bon marché : soyez patriotes de cette façon, et vous en recueillerez aussitôt la récompense, sans qu'une loi de l'état y soit nécessaire. Nous avons revendiqué la liberté et la justice, il y a soixante
ans, contre les ordres privilégiés et contre les corporations; nous
avions raison, et nous avons triomphé. Sachons à notre tour respecter
la justice et la liberté : c'est le moyen d'être respectés nous-mêmes dans
notre liberté, c'est le moyen d'obtenir que la justice ne cesse pas d'être
observée envers nous-mêmes.

IV. — LE SYSTÈME PROTECTEUR DANS SES RAPPORTS AVEC LE BIEN-ÊTRE DES
OUVRIERS ET AVEC LA MORALE PUBLIQUE. — SI EN LE RÉPUDIANT ON DOIT
CRAINDRE DE RUINER L'INDUSTRIE.

Les protectionistes, quand on les presse, disent que ce n'est pas pour
eux-mêmes qu'ils réclament. Si, toutes les fois qu'il s'agit de toucher
au tarif de la douane pour le rendre moins impitoyable et faire un
pas vers la liberté du commerce, ils insistent pour qu'on n'y change
rien, ne croyez pas que ce soit parce que le système protecteur leur
profite : ils sont le désintéressement même; ils sont prêts à faire sur

l'autel de la patrie tel sacrifice qu'on voudra; ils ne plaident que pour leurs ouvriers, qu'ils aiment comme leurs enfans. Ils ne manquent pas une occasion de le dire, et ils l'ont répété, avec des larmes dans la voix, l'an passé, dans les délibérations du conseil général de l'agriculture, des manufactures et du commerce. De sorte que les chefs protectionistes combattraient avec nous, si on leur démontrait que les ouvriers ont perdu et perdent chaque jour plus qu'ils ne gagnent au régime protecteur. Or, la démonstration est aisée. Le système protectioniste est particulièrement funeste aux ouvriers. Il n'a aucune puissance pour augmenter les salaires, et il diminue le pouvoir que les salaires procurent aux ouvriers pour la satisfaction de leurs besoins. Il est sans influence sur les salaires, quoiqu'on crie bien haut le contraire : car ce qui détermine les salaires pour une population donnée, c'est le montant du capital qui est affecté annuellement par les entrepreneurs d'industrie à payer leurs collaborateurs. On l'a vu plus haut, le système protecteur n'a point, pour susciter du capital, la même vertu, à beaucoup près, que la liberté; il diminue la fécondité du travail de la société, c'est-à-dire la somme des produits dont la société peut disposer, et, réduisant ainsi le fonds sur lequel l'économie est possible, il restreint l'épargne et partant le capital..Ainsi, impuissant ou moins puissant pour faire du capital, le système protecteur est atteint d'une faiblesse radicale lorsqu'il s'agit de l'augmentation des salaires. Quant à savoir s'il ajoute à l'utilité que l'ouvrier retire d'un salaire déterminé, la négative est aisée à constater : il hausse les prix de la plupart des articles de consommation; il s'en vante, c'est par là qu'il protège. Voilà donc le bilan du système protecteur : sans lui, par la progression plus rapide qu'aurait suivie le capital national, tel salaire qui est de 2 fr., par exemple, serait de 2 fr. 50 cent., et puis, grace à lui encore, ce salaire de 2 fr. procure à l'ouvrier une somme de satisfactions que, sous le régime de la liberté du travail, il se procurerait avec 1 franc 75 cent., peut-être 1 fr. 50 cent.

Au sujet de l'humanité du système protecteur, qu'on me permette une observation. Les protectionistes applaudissent au progrès du bon marché quand c'est la conséquence des machines ou d'autres appareils : pourquoi veulent-ils le proscrire quand il s'accomplit par les échanges internationaux? Est-ce que le sentiment de haute sociabilité en vertu duquel les Européens se considèrent tous comme de la même famille et tendent à échanger, pour le plus grand bien commun, leurs services divers, leurs productions diverses, n'est pas aussi conforme à notre nature, aussi bien sanctionné par la religion et par la voix de notre conscience, que l'aptitude de l'homme à imaginer des combinaisons de rouages et de leviers, d'alambics, de filtres et de cornues? Oh! dit-on, l'admission des produits étrangers causerait des perturbations.

— Je ne nie pas que cette admission, si elle se faisait brusquement et sans gradation, eût des inconvéniens qui, pour être temporaires, ne laisseraient pas d'être fort graves; mais est-ce que les machines, quand elles s'introduisent inopinément sur de grandes proportions, ne portent pas atteinte momentanément à de nombreuses existences, très dignes de sympathie et de respect? Allez le demander aux pauvres fileurs de la Bretagne et des Flandres. Pourquoi se félicite-t-on de ce changement, qui est plus particulièrement rigoureux pour l'ouvrier, et repousse-t-on sans rémission l'autre qui ferait plus spécialement sentir l'aiguillon au chef d'industrie?

Ainsi, en résumé, le système prétendu protecteur est en opposition avec la liberté, avec la justice. Il fait obstacle à la vie à bon marché, qui doit plus que jamais figurer dans le programme de la politique française. Il opère une influence déplorable sur la condition des classes ouvrières en particulier. La doctrine sur laquelle il repose est entachée des dangereuses erreurs qui affectent les systèmes socialistes les plus justement réprouvés. De quelque métaphore qu'on le flanque, à quelque bonne intention qu'il ait été introduit dans nos lois, quelque sincérité qu'il y ait dans le zèle avec lequel on le défend de nos jours, c'est une institution malfaisante dont il faut nous défaire. Là-dessus il n'y a pas de droits acquis. Quand une législation est reconnue contraire à la liberté et à la justice, personne n'est fondé à en revendiquer le maintien à titre de droit.

Je prie le lecteur de me tenir compte de ce que dans la critique présentée plus haut, du point de vue de la liberté, je me suis borné à ce qui touche à la liberté du travail proprement dite. Si j'eusse envisagé la liberté humaine d'une manière plus générale, j'aurais eu des reproches bien autrement sévères à adresser au système protecteur. Le protectionisme, tel que nous l'avons chez nous, ne respecte la liberté sous aucun aspect; il la poursuit sous quelque forme qu'elle se présente; il foule aux pieds la liberté du domicile : tout fabricant d'objets protégés par la prohibition absolue, — et les neuf dixièmes des articles manufacturés les plus usuels sont dans ce cas, — est investi de la prérogative monstrueuse de requérir des visites domiciliaires chez telle personne qu'il lui plaît. Tous les ans des fabricans ainsi protégés usent de ce droit dans Paris même. On fait fouiller de la cave au grenier, les maisons non-seulement des commerçans que l'on soupçonne, mais encore de leurs amis non commerçans. On m'a cité un médecin qui a eu à subir l'avanie d'une visite domiciliaire, parce qu'il était l'ami d'un marchand de nouveautés. La liberté de la personne, la pudeur des femmes n'arrête pas davantage les protectionistes. En vertu du système protecteur, la femme et la fille de chacun de nous sont exposées à l'affront des *visites à corps* toutes les fois qu'elles rentrent après avoir passé la frontière. Ce règlement odieux n'existe pas seulement sur le papier, il est pratiqué, et les sentimens les plus délicats des personnes que nous chérissons le plus sont ainsi à la disposition d'agens subalternes du fisc. Quand un système fait aussi bon marché de ce qu'il y a de plus pur dans la nature humaine, il ne faut pas s'attendre à ce qu'il recule devant quoi que ce soit. Ainsi, dans le système protecteur, la dénonciation soldée est l'objet d'une sollicitude particulière; c'est une industrie particulièrement choyée (1); flatteuse compagnie pour les industries qui jouissent de la protection!

Quoi! s'écriera-t-on, vous voulez la mort de tant de belles industries qui font la gloire du pays! — Je ne connais d'industrie faisant la gloire du pays que celle qui fournit ses produits à meilleur marché que l'étranger. L'industrie est glorieuse à mesure qu'elle résout le problème de la vie à bon marché, et pas autrement. Quant à la mort des industries protégées, pour la plupart, pour toutes celles qui comptent, elle n'est point à craindre. Sous l'aiguillon de la nécessité, elles feront un effort de plus, et elles vivront, parce que, s'inspirant de la situation, elles atteindront le niveau de l'industrie étrangère. S'il en est qui soient retardées, presque toujours c'est le protectionisme qui en est la cause, parce qu'il les a soustraites à l'obligation pressante de se perfectionner. La Belgique, il y a trente-cinq ans, faisait partie de la France, et ses ateliers ne surpassaient pas les nôtres. Si aujourd'hui elle est en avant à quelques égards, si elle a, par exemple, le fer et les machines à plus bas prix, c'est que, depuis la séparation, elle a eu un tarif plus libéral ou moins brutal que le nôtre. De même pour la Suisse, qui ne se protégeait pas et qui a fait des pas de géant. Chez quelque peuple que ce soit, toutes les fois qu'on parle de modérer la prime que les industries privilégiées se font payer par le public, elles poussent des gémissemens à tendre l'ame, elles annoncent leur fin prochaine. Que le législateur aille droit son chemin et accomplisse la réforme réclamée par l'intérêt public, et il est probable que bientôt vous verrez plus robustes que jamais ces industries qui se disaient perdues. L'expérience en a été faite vingt fois. En Prusse et dans d'autres états allemands, quand le Zollverein soumit les fabriques de tissus de coton et de laine à la concurrence de celles de la Saxe, des lamentations s'élevèrent parmi les fabricans : c'était, disaient-ils, leur arrêt de mort. Deux ou trois ans après, ils prospéraient. En Angleterre, que n'a-t-on pas dit toutes les fois qu'une loi a réduit les droits sur les soieries françaises, et à chaque fois, au con-

(1) Un morceau curieux a été publié sur ce sujet et sur les nombreux abus qui s'y rattachent par un écrivain marseillais sous ce titre : *Une Industrie protégée par la douane.*

traire, l'industrie anglaise des soieries a pris une force nouvelle. Chez nous, en 1843, l'égalité des droits devait anéantir le sucre indigène. Cette admirable industrie a-t-elle succombé? Non; c'est l'industrie coloniale qui, même avant d'être bouleversée par les événemens de 1848, demandait grace. En pareil cas, il ne se ferme d'ateliers que ceux qui étaient mal placés ou qui travaillaient dans des conditions inadmissibles. C'est fâcheux pour les intéressés, c'est affligeant pour tous les hommes bienveillans; mais, en vérité, parce qu'un individu aura mal choisi le siège de son industrie ou s'obstinera à travailler dans des conditions impossibles, faudra-t-il qu'il ait le droit d'imposer à perpétuité un tribut à la société? A chacun son droit, à chacun.la responsabilité de ses affaires propres. Si on prétend soutenir indéfiniment, par une taxe sur la société, les chefs d'industrie qui ne peuvent se soutenir eux-mêmes, c'est le droit au travail qui ressuscite. Si le droit au travail est reconnu au profit des manufacturiers par la vertu du système protecteur, je demande pourquoi on ne l'inscrit pas dans la constitution au profit des ouvriers. La loi de responsabilité est la même pour tous; mais, s'il fallait faire une exception, il me semble qu'elle devrait être plutôt en faveur des classes pauvres.

Je conviens que c'est un dérangement pour quelques personnes qui avaient espéré se faire ici-bas une vie de quiétude; mais nous sommes ici-bas pour être dérangés : c'est une épreuve que le Créateur a imposée à l'espèce humaine. L'épreuve est rude quelquefois; cependant nous n'avons pas le droit de nous en plaindre, je ne dis pas seulement devant Dieu, mais même devant les hommes, lorsqu'elle arrive à la suite de la vraie liberté et de la justice, surtout si nous avons été avertis de l'imminence de sa venue. Celui-là seul peut dire que la Providence est sévère, et que les hommes sont persécuteurs, qui a pour lui la justice et la liberté. Comment l'industrie échapperait-elle à cette loi suprême? Tout y est mouvement, et par conséquent dérangement : la betterave dérange la canne, sauf à être dérangée un jour elle-même par quelque autre plante; les chemins de fer dérangent les diligences et le roulage; le bateau à vapeur, la navigation à la voile; le coton dérange la laine et le chanvre; la mécanique dérange le travail à la main. Une machine chasse l'autre, un procédé supplante celui qui, la veille, semblait le *nec plus ultra* de l'intelligence humaine. La concurrence renverse nos calculs, et, à travers tous ces dérangemens, il y a un progrès continu : la perfection croissante et le bon marché des produits, ou, en d'autres termes, l'abondance.

V. — HISTOIRE DU TARIF ACTUEL DES DOUANES.

Quand bien même l'origine de ces abus se perdrait dans la nuit des temps, ce ne serait pas une raison pour qu'on les respectât : nous sommes à une de ces époques où toute institution subit un jugement solennel; les choses ne sont respectables, dans ces temps sévères, qu'en raison de ce qu'elles valent intrinsèquement. Avoir duré plus ou moins, avoir eu plus ou moins d'utilité, ne leur est plus compté, si ce n'est pour l'histoire; mais le régime protecteur, tel qu'il est formulé dans nos lois, n'a pas même à nos égards les titres que donne l'ancienneté. C'est un parvenu qui a fait son chemin à la faveur de la révolution, non par ses vertus, mais par ses intrigues, en exploitant les passions publiques et les préjugés dominans. Le tarif des douanes de l'ancien régime n'était pas purement fiscal; depuis Colbert particulièrement, il avait la prétention de protéger l'industrie nationale, mais il y mettait de la vergogne. En 1790 et 1791, quand la constituante le révisa et le refondit, elle le rendit uniforme et régulier : uniformité et régularité, c'était ce qui lui manquait le plus. Cependant, pour quiconque a lu le tarif de 1791 et celui de l'époque antérieure, le tarif actuel est une nouveauté. Dans ses dispositions fondamentales, c'est l'œuvre de deux gouvernemens qui étaient en guerre avec toute l'Europe, qui aimaient à y être, et qui jetèrent dans la législation douanière la violence de leur humeur belliqueuse. Le gouvernement de la première république et l'empire sont les inventeurs de ce luxe de prohibitions par lequel se distingue le tarif français, et ces prohibitions mêmes, c'est la guerre qui les inspira par manière d'hostilités. Le tarif de 1791 n'avait qu'un petit nombre de prohibitions, pour la plupart fiscales ou de police, plutôt que commerciales. Ainsi, pour l'intérêt ou la commodité du fisc, on écartait le sel marin, les cartes à jouer, le tabac en feuilles autrement qu'en boucauts. Le salpêtre, la poudre à tirer étaient prohibés par mesure de sûreté générale. En fait de tissus, il n'y avait de prohibées que les étoffes avec argent ou or faux; c'était afin d'éviter des tromperies au consommateur français. Par raison d'hygiène, on prohibait les médicamens composés. Je ne vois dans le tarif de 1791 que deux prohibitions sérieuses qui aient de l'analogie avec celles qui abondent dans le tarif actuel, celle de la verrerie et celle des navires (1). Le tarif de 1791 mettait une sorte de

(1) L'huile de poisson de pêche étrangère était prohibée lorsqu'elle venait de tout autre pays que les États-Unis, ce qui était une exception large. On supposait que c'était une question de puissance maritime. L'huile des États-Unis était imposée à 12 fr. les 100 kil. Aujourd'hui le même article paie 40 francs par navires français et 56 francs par navires étrangers.

scrupule religieux, que tout gouvernement désormais est tenu d'imiter, à laisser entrer en franchise les denrées alimentaires et les matières premières.

La guerre une fois déclarée, après le 21 janvier 1793, tout change de face. La prohibition prend immédiatement ses coudées franches. Pour savoir d'où lui vient tant de latitude, on n'a qu'à lire les titres officiels des décrets ou des lois. Dès le 1er mars 1793, la convention rend un décret qui est intitulé ainsi dans le *Bulletin des lois : Décret qui annule tous traités d'alliance et de commerce passés entre la France et les puissances avec lesquelles elle est en guerre, et défend l'introduction en France de diverses marchandises étrangères* (1). Quelques mois après, paraît un décret ainsi désigné officiellement : *Décret du dix-huitième jour du premier mois de l'an II, qui proscrit du sol de la république toutes marchandises fabriquées ou manufacturées dans les pays soumis au gouvernement britannique.* Le directoire se signale dans cette voie par le décret du 10 brumaire an V, dont le titre est : *Loi qui prohibe l'importation et la vente des marchandises anglaises* (2). Après la

(1) On jugera de l'esprit de ce décret par les articles suivans :

« Article II. — L'administration des douanes est tenue, sous la responsabilité personnelle des administrateurs et des préposés, de veiller à ce qu'il ne soit introduit ni importé en France aucune desdites marchandises. Les administrateurs et préposés qui auraient permis ou souffert l'introduction ou importation desdites marchandises en France seront punis de vingt ans de fers.

« Article III. — Toute personne qui, à compter du jour de la publication du présent décret, fera importer, importera, introduira, vendra ou achètera directement ou indirectement des marchandises manufacturées ou fabriquées en Angleterre, sera punie de la même peine portée en l'article précédent.

« Article IV. — Toute personne qui portera ou se servira desdites marchandises importées depuis la publication du présent décret sera réputée suspecte et punie comme telle, conformément au décret rendu le 17 décembre dernier.

(2) Le considérant de cette loi est ainsi conçu :

« Considérant qu'un des premiers devoirs des législateurs est d'encourager l'industrie française et de lui procurer tous les développemens dont elle est susceptible; que, dans les circonstances actuelles, il importe de repousser de la consommation les objets manufacturés chez une nation ennemie, qui en emploie les produits à soutenir une guerre injuste et désastreuse, et qu'il n'est pas un bon citoyen qui ne doive s'empresser de concourir à cette mesure de salut public. »

L'article principal de la loi est dans les termes suivans :

« Article V. — Sont réputés provenir des fabriques anglaises, quelle qu'en soit l'origine, les objets ci-après importés de l'étranger : 1° Toute espèce de velours de coton, toutes étoffes et draps de laine, de coton et de poil, ou mélangés de ces matières; toute sorte de piqués, bazins, nankinettes et mousselinettes; les laines, cotons et poils filés, les tapis dits anglais; 2° toute espèce de bonneterie de coton ou de laine, unie ou mélangée; 3° les boutons de toute espèce; 4° toute sorte de plaqués, tous ouvrages de quincaillerie fine, de coutellerie, de tabletterie, horlogerie, et autres ouvrages en fer, acier, étain, cuivre, airain, fonte, tôle, fer-blanc, ou autres métaux, polis ou non polis, purs ou mélangés; 5° les cuirs tannés, corroyés ou apprêtés, ouvrés ou non ouvrés, les voitures montées ou non montées, les harnais et tous autres objets de sellerie; 6° les rubans, chapeaux,

convention et le directoire, c'est Napoléon qui procède grandement en fait de prohibition comme en toute chose. Le 22 février 1806, il rend le décret qui prohibe l'importation des toiles de coton blanches ou peintes, des mousselines et cotons filés pour mèches : c'était à l'adresse des Anglais, qui n'y étaient pas nommés cependant; mais ce fut suivi de près par le fameux décret de Berlin (10 novembre 1806), *qui déclare les Iles britanniques en état de blocus,* et par le décret non moins célèbre de Milan (17 décembre 1807), *contenant de nouvelles mesures contre le système maritime de l'Angleterre* (1). Là-dessus vinrent se greffer des clauses destinées à renforcer le blocus continental. L'empereur, pour atteindre plus sûrement les Anglais dans leur commerce qui les soutenait, avait formé le téméraire dessein de contraindre l'Europe à se passer des autres parties du monde. Louis XIV avait dit : « Il n'y a plus de Pyrénées. » Dans un sens opposé, Napoléon décrétait : « Il n'y a plus d'Amérique ni d'Asie : Christophe Colomb et Vasco de Gama n'ont pas existé. » On n'aurait plus fait usage des denrées coloniales. On se serait déshabitué du café et du chocolat. Le sucre aurait été tiré du raisin et de la betterave. Le coton, que les Anglais travaillaient avec une grande supériorité, eût été répudié par les continentaux pour leurs propres textiles, le chanvre, le lin, la soie; l'indigo eût cédé la place au pastel, la cochenille à des compositions chimiques. Tout cela fut sérieusement projeté et ordonné par cet homme puissant, devant lequel le monde se taisait (2).

gazes et châles connus sous la dénomination d'anglais; 7° toute sorte de peaux pour gants, culottes ou gilets et ces mêmes objets fabriqués; 8° toute espèce de verrerie et cristaux autres que les verres servant à la lunetterie et à l'horlogerie; 9° les sucres raffinés en pain et en poudre; 10° toute espèce de faïence ou poterie connue sous la dénomination de terre de pipe ou grès d'Angleterre. » En un mot, on prohibait à peu près toute espèce de marchandise, quelle qu'en fût l'origine.

(1) Les mots soulignés ici sont les titres officiels des décrets tels qu'ils sont consignés au *Bulletin des lois.*

(2) Le décret du 4 mars 1806 établissait les droits suivans par 100 kilog. : cacao, 200 fr.; celui des colonies françaises qui ne sortait plus, 175 fr.; café, 150 fr.; celui des colonies françaises, 125 fr.; poivre, 150 fr.; celui des colonies françaises, 135 fr. Le sucre était ménagé encore; mais, le 5 août 1810, il fut englobé dans un système de rigueurs dont l'objet évident était de forcer, sans ménagement, le continent européen à se suffire de tout à lui-même. Les droits sur les denrées dites coloniales et sur les cotons et bois du nouveau continent devinrent monstrueux. Sur les cotons d'Amérique les droits étaient portés à 600 et à 800 fr. par 100 kilog. (aujourd'hui 20 fr.); le sucre brut était taxé à 300 fr. (aujourd'hui 45 fr.); le thé hyswin à 900 fr., le thé vert à 600 (aujourd'hui 150 fr.); le café à 400 fr. (aujourd'hui 50 fr.); le cacao à 1,000 fr. (aujourd'hui 40 fr.); le poivre à 400 fr. (aujourd'hui 40 fr.); la cannelle à 1,400 et à 2,000 fr. (aujourd'hui 33 fr.); l'indigo à 900 fr. (aujourd'hui 50 fr.); la cochenille à 2,000 fr. (aujourd'hui 75 fr.); le bois d'acajou à 50 fr. (aujourd'hui 10 fr.); le bois de Fernambouc à 120 francs (aujourd'hui 5 fr.), et le bois de campêche à 80 fr. (aujourd'hui 1 fr. 50 c.). Ces droits extravagans étaient encore grossis du décime dit de guerre, qui, institué en l'an VII, subsiste encore aujourd'hui.

A la paix, il semblait que tout cet échafaudage, érigé par les haines et la fantaisie d'une assemblée révolutionnaire.et d'un grand conquérant, dût s'écrouler; mais les intérêts auxquels profitait cette protection furieuse ne lâchèrent pas prise. On effaça des lois les vingt ans de fer contre ceux qui se servaient de marchandises anglaises et les autres clauses les plus manifestement sauvages de la pénalité. On raya de même les brutalités qui proscrivaient les denrées coloniales et les matières premières des régions tropicales: de toutes parts on s'en plaignait, personne n'en bénéficiait, personne n'en demandait le maintien; mais tout ce qui était de la protection, un instant atténué dans le printemps de 1814, fut restauré avec aggravation dès la même année par la loi du 17 décembre 1814, et puis aggravé encore. Il se produisit alors un phénomène dont les exemples sont trop nombreux dans notre histoire. Les intérêts particuliers parvinrent à se faire sacrifier l'intérêt général, parce que, faute d'esprit public, la force qui chez nous défend l'intérêt général est molle, tandis que les intérêts particuliers poussent leur pointe avec audace et énergie. Parmi les Anglais, les intérêts particuliers ne manquent ni d'âpreté, ni d'une impudente hardiesse; ils en ont pour le moins autant qu'en France; mais, en Angleterre, l'esprit public donne à l'intérêt général un si puissant soutien, que celui-ci finit par triompher. En France donc, une fois la paix signée, les intérêts privés disputèrent avec obstination le terrain qu'aurait dû reprendre l'intérêt public, et ils l'emportèrent. Il faut dire qu'alors le régime protecteur trouvait des appuis naturels dans la plupart des administrateurs formés à l'école de l'empire et tout remplis de l'esprit des décrets de Berlin et de Milan. Prompts à s'armer de tout, les intérêts privés, qui jouissaient de cette protection au détriment de la nation, avisèrent bientôt un argument captieux. La constitution anglaise, avec la pairie héréditaire, était alors l'idéal politique des penseurs, et on aurait pu choisir plus mal; donc, concluait-on, il faut que nous imitions les lois qui, pour donner à l'aristocratie anglaise la primauté dans la société, lui assurent de grandes richesses; donc, il faut que nous ayons une législation douanière qui favorise les grands propriétaires et accroisse leurs revenus. Cette pensée dicta de nouvelles dispositions douanières sur le bétail, sur les laines brutes: de même sur les fers, dont la tarification est combinée de manière à donner de gros revenus aux propriétaires de bois plus encore que des profits aux fabricans. Ce sont particulièrement les deux lois du 27 juillet 1822 et du 17 mai 1826, votées, la date le dit assez, au fort de la recrudescence des idées nobiliaires, qui consacrèrent ce rétablissement détourné des redevances seigneuriales. Pour assurer dans la chambre des députés la majorité à ces exagérations nouvelles du tarif, il fallait, par d'autres restrictions, acquérir des alliés au système; c'est ainsi que le tarif allait toujours étendant ses rigueurs. En somme donc, sauf des modifications sur les denrées coloniales, les cotons bruts et les matières propres aux régions équinoxiales, le tarif de la restauration fut plus contraire encore que celui de l'empire à la liberté et à la justice; il eut le tort grave de frapper les subsistances les plus usuelles, le pain et la viande, que l'empire, à l'exemple de la république, avait respectés.

Assurément, ces mesures étaient avantageuses à un certain nombre de personnes; mais il s'en faut bien que tous ceux qui croyaient y gagner, et qui, par ce motif, se ralliaient au système, en retirassent réellement du profit. Ils ne voyaient que l'augmentation de prix qu'ils obtenaient pour leurs productions. Ils auraient dû voir aussi ce qu'ils perdaient comme consommateurs, ce qu'il leur en coûtait de plus, en leur qualité de chefs d'industrie, pour se pourvoir de matières premières et de machines. Ils auraient dû se rendre compte du préjudice que leur causait le resserrement du débouché intérieur, car, lorsqu'une marchandise enchérit, il s'en consomme moins. Mais ce que les pouvoirs publics sont impardonnables de ne pas avoir aperçu ou pris en considération, ce sont les représailles cruelles que notre idolâtrie du système restrictif devait attirer à nos industries les plus florissantes. On nous répondit par des aggravations de droits sur nos marchandises. Nos vins, nos soieries, nos articles de mode et de goût, portèrent la peine des priviléges accordés par les pouvoirs de l'état à l'industrie des fers ou plutôt aux propriétaires de bois et aux propriétaires d'herbages. Notre recrudescence des opinions protectionistes eut même des effets déplorables pour la politique française. Des états secondaires qui se fussent volontiers rapprochés de nous, que les traditions d'avant 1789 y poussaient, et dont l'alliance devait nous convenir, conçurent contre nous à cette occasion un éloignement dont nous subissons encore les conséquences (1). C'est de cette manière que plusieurs états des bords du Rhin, repoussés par nous, sont entrés dans le Zollverein organisé par la Prusse.

Après la révolution de juillet, qui avait été faite au nom de la liberté, on pouvait espérer que le système serait tempéré. On eut en effet des velléités de modération qui se manifestèrent par l'ordonnance d'octobre 1835 et les deux lois de 1836. C'était un commencement de réforme, commencement plein de réserve, mais les plus grandes choses ont commencé modestement. On arrive ainsi jusqu'en 1841. Alors la scène change. Jusque-là tout le monde, même les industries protégées,

_____

(1) Je ne prétends pas excuser ces représailles. C'était un mauvais calcul. Parce que nous avions le tort de nous priver du bon marché que nous offrait l'industrie étrangère, ce n'était pas une raison pour que les peuples étrangers se privassent de l'avantage qu'ils auraient eu à se pourvoir chez nous de divers objets que nous offrions à plus bas prix. On ne se vengeait de nos mauvais procédés qu'en subissant une perte de plus.

parlaient de la liberté du commerce avec respect. On s'inclinait devant le principe. C'était le but vers lequel il fallait tendre, de l'aveu de tous; le gouvernement avait toujours eu soin de le dire quand il avait présenté des lois dites protectrices (1), et les parties intéressées à la protection paraissaient l'accepter elles-mêmes. Vers 1841, on se sentit fort; la lice avait pris pied au logis avec ses petits; une coalition habilement ourdie, où le plus grand nombre des coalisés jouait le rôle de dupe, donnait aux meneurs une puissance extrême. Ils n'attendaient plus que l'occasion pour jeter le masque; la politique leur en fournit une. Les événemens de 1840 dans l'Orient et le traité du 15 juillet venaient de raviver dans le pays le patriotisme guerroyant et exclusif. Les chefs des protectionistes résolurent d'en profiter pour ériger la protection en un principe absolu de droit public. Le marché national aux produits nationaux! s'écrièrent-ils; et cette devise charma aussitôt l'imagination du vulgaire qui regardait alors plus volontiers que jamais au travers des besicles du chauvinisme.

Immédiatement les meneurs protectionistes constatèrent leur force par un coup d'autorité. A la fin de 1841, l'idée dont on avait vaguement parlé jusque-là d'une union douanière entre la Belgique et la France, semblable au Zollverein qui avait groupé autour de la Prusse, pour leur plus grand bien, une multitude d'états secondaires de l'Allemagne, acquit de la consistance dans les régions politiques. Le gouvernement belge en prit formellement l'initiative. Le roi des Belges vint tout exprès à Paris. Le gouvernement français fit à cette ouverture l'accueil qu'elle méritait. Il n'y avait pas de mesure qui pût donner plus de relief à la dynastie de juillet. C'était un acte de politique extérieure plein de cette décision dont le public reprochait au gouvernement d'être dépourvu envers les puissances européennes. C'eût été sans péril pour la paix de l'Europe. Pour les industries françaises, c'eût été finalement plus profitable qu'inoffensif. Quelques-unes en eussent été stimulées un peu vivement, mais tant pis pour elles si elles en avaient besoin; à qui la faute si elles avaient négligé d'utiliser le bénéfice de la protection pour se mettre à la hauteur de l'industrie étrangère? l'épreuve n'eût pas été au-dessus de leurs forces; mais les protectionistes s'émurent, non, ils se soulevèrent. Les comités, déjà constitués dans l'ombre au sein de beaucoup d'industries, se réunirent. On s'échauffa mutuellement, on mit en mouvement de gré ou de force beaucoup de députés, et, les faisant marcher devant soi, on alla signifier aux ministres

(1) On peut s'en assurer en lisant les exposés des motifs présentés par M. de Saint-Cricq. Je renvoie particulièrement à celui du 21 mars 1829, où se trouvent ces paroles : *C'est que nous aussi nous croyons qu'il faut tendre vers la liberté commerciale,* etc. Je pourrais citer aussi des écrits publiés vers la même époque par des partisans les plus ardens de la protection qui sont remplis d'éloges pour le principe de la liberté commerciale.

qu'on ne voulait pas de l'union avec la Belgique. On leur montra qu'on disposait de la majorité dans la chambre, et le ministère, qui avait de grands embarras au dedans, qui au dehors était encore mal à l'aise dans le concert européen où il venait de rentrer cependant avec honneur, jugea à propos de céder. Cette violence, faite au gouvernement de juillet, est le plus grand affront qu'il ait essuyé. Et cet outrage lui était infligé par des hommes qui se donnaient pour les amis, les soutiens, presque les preux de la dynastie nouvelle! On ne trouverait pas dans nos quatorze siècles d'histoire un autre exemple de particuliers entreprenant ouvertement, pour la satisfaction de leurs intérêts mercantiles, de contraindre le gouvernement à abandonner un grand dessein politique et y réussissant! Les voix qui dénoncèrent alors cette indignité furent sans écho. L'opposition elle-même ne trouva pas un mot à dire. A quel niveau était donc tombé le patriotisme en France!

Après qu'ils furent parvenus à leurs fins, à la faveur de l'émeute parlementaire qu'ils avaient organisée, les protectionistes gardèrent une attitude menaçante. Ce ne furent plus des solliciteurs plus ou moins importuns, ce fut une faction exerçant l'intimidation dans l'état. Il ne s'agit plus de ménagemens et d'attermoiemens; on était le maître de céans, on fortifiait sa domination et on prenait plaisir à la constater de la manière la plus éclatante. Il semblait qu'un nouveau droit divin eût succédé à celui que s'étaient attribué les rois. Les meneurs renouvelèrent la démonstration de leur autorité avec un nouveau degré de scandale en 1845, à l'occasion d'un projet de loi dont un des principaux articles concernait les graines oléagineuses. Ils obligèrent le ministère à voter publiquement contre le projet ministériel, en faveur d'un amendement(1) qui augmentait démesurément les droits sur le sésame. Quelque temps après, le gouvernement avait posé les bases d'un traité de commerce avantageux avec la Suède et la Norvége. Le cabinet de Stockholm consentait à diminuer les droits dont sont grevées, dans les royaumes scandinaves, plusieurs des productions de l'industrie française. En retour, nous aurions admis sans droits les fers de Suède, sous la réserve qu'ils auraient eu la destination spéciale de servir aux fabriques d'acier. C'était tout profit pour nous. Les ministres furent charitablement avertis par le comité directeur que toucher à la législation sur les fers, c'était porter la main sur l'arche sainte, et qu'ils eussent à garder leur projet en portefeuille, ce qui fut fait. Cette fois, au moins, on ménageait la pudeur du gouvernement; on ne le fustigeait pas en public; mais, comme si l'apparence même du respect des convenances eût pesé aux meneurs, presque aus-

(1) L'amendement Darblay.

sitôt ils firent une manifestation publique d'une inconvenance suprême. Au commencement de novembre 1846, ils publièrent un manifeste dûment signé et paraphé, par lequel le ministère était sommé de déclarer explicitement et sans délai (1) qu'il entendait maintenir le système protecteur sans en rien rabattre, sans toucher même aux prohibitions absolues, faute de quoi on lui signifiait qu'on *armerait ses ennemis* (2).

Le gouvernement supportait péniblement ce joug. Les grandes réformes que l'Angleterre venait d'introduire dans son tarif l'avertissaient que le régime de la protection avait fait son temps. Pendant que sir Robert Peel bravait la puissante aristocratie de l'Angleterre et en triomphait dans la question des céréales, de ce côté du détroit se laisserait-on indéfiniment insulter et garrotter par une poignée de déclamateurs? En conséquence, le 21 mai 1847, le gouvernement se détermina à présenter un projet de réforme douanière. On effaçait quelques prohibitions subalternes, en les remplaçant par des droits élevés (3). On autorisait l'entrée en franchise d'un grand nombre d'objets : ce n'étaient guère que ceux qui semblent avoir été inscrits au tarif pour l'allonger au mépris du bon sens, ou pour ennuyer le commerce et multiplier le nombre des préposés de la douane. Dans cette longue série de deux cent quatre-vingt-dix-huit articles qu'on affranchissait absolument ou conditionnellement, vingt-cinq ou trente seulement (4) sont importés en quantités notables; pour ceux-ci et pour la

(1) On y disait que le délai de *deux mois et demi* qu'il y avait à courir jusqu'à l'ouverture de la session était *un siècle.*

(2) Voici le dernier paragraphe de cette pièce curieuse : « Croyez plutôt, messieurs les ministres, à la sincérité de nos paroles, à la maturité de nos réflexions, à la vérité de nos inductions, et, par un silence qu'aucun grave motif ne semblerait justifier, ne hâtez pas la crise qui menace, ne prolongez pas l'incertitude qui gagne tous les esprits et tend à ébranler toutes les convictions; ne faites pas que vos ennemis soient armés par ceux qui veulent toujours contribuer avec vous à la prospérité du pays. »

(3) Les objets qui devaient cesser d'être prohibés étaient la chicorée moulue, le cristal de roche ouvré, le curcuma en poudre, les eaux-de-vie de grains et de pommes de terre, les fils de poil autre que de chèvre, de vache et de chien; les glaces non étamées, les nankins venant d'un autre pays que l'Inde, divers produits chimiques, la tabletterie, les tissus de bourre de soie façon cachemire; les tissus de cachemire fabriqués au fuseau dans les pays hors d'Europe, autres que châles et écharpes; les tissus de crin non spécialement tarifés déjà, les tissus d'écorces d'arbres, les tissus de soie de l'Inde non importés directement (à l'importation directe ils étaient déjà admis); les étoffes de soie mélangée d'or ou d'argent faux; les tulles de soie, les tulles de lin, les voitures pour le transport des personnes.

(4) Les nitrates de potasse et de soude des pays situés au-delà du cap Horn ou du cap de Bonne-Espérance, les bois de teinture, le cuivre pur de première fusion, l'étain, les dents d'éléphant, le guano, le carthame, les grandes peaux brutes fraîches, les peaux de chevreau fraîches et sèches, la résine copal, les bois de construction de pin, de sapin, d'orme, de noyer, le merrain et le feuillard, la chaux, la baleine, la graine de moutarde, les graisses de poisson de pêche française, le jus de citron, le manganèse, le minérai de

plupart des autres (1), la franchise n'eût été que conditionnelle : il eût fallu que l'importation eût lieu par mer et sous pavillon français; c'était une manière de favoriser la navigation française. Le gouvernement proposait enfin que les navires pussent être construits *en entrepôt*, de sorte que les matériaux qui entrent dans la construction de nos bâtimens de commerce n'eussent à payer aucun droit. Ce projet de loi eût trouvé grace devant des gens de sang-froid même peu sympathiques pour la liberté du commerce; l'esprit réformateur, pour gagner sa cause, s'y faisait tout petit; mais c'était une brèche faite à la protection, et puis on manquait de respect pour la prérogative des forges, car l'immunité accordée pour la construction des navires se fût appliquée à quelques articles en fer, barres, tôles, clous, câbles (2). Aux yeux de nos protectionistes, le projet était donc sacrilège. La commission de la chambre des députés, nommée sous leur influence exclusive, le mutila pour la plus grande gloire de la protection, et elle motiva sa manière d'agir dans un rapport qui mérite de rester comme une pièce historique. C'est un monologue de l'intérêt privé en contemplation devant lui-même, l'égoïsme s'érigeant sans pudeur en maxime d'état. Une assemblée au sein de laquelle on soutenait des thèses pareilles, avec une approbation presque unanime, avait évidemment le vertige : elle devait misérablement trébucher au premier piége qui lui serait tendu. Ce fut ainsi, en effet, qu'elle termina sa triste carrière, à peu de mois d'intervalle, le 24 février 1848.

VI. — RAISONS TIRÉES DE LA POLITIQUE GÉNÉRALE ET DE L'ÉTAT DE NOS FINANCES POUR ABANDONNER LE SYSTÈME PROTECTEUR.

Il y a déjà long-temps que le procès du système protectioniste est instruit; voilà près d'un siècle qu'Adam Smith et Turgot ont démontré l'inanité de ses prétentions. En tant que doctrine, c'est jugé comme l'est le phlogistique pour les chimistes, l'astrologie pour tous les hommes de quelque éducation. Néanmoins, les hommes, fort nombreux dans

plomb et de cuivre, le son, les soies écrues, la pierre ponce, le tartre brut, les os, cornes et sabots de bétail, le plâtre, les résidus de noir animal. La plupart de ces articles n'ont pas de similaires à l'intérieur, ou, s'ils en ont, l'entrée du similaire étranger ne gênerait en rien le producteur français.

(1) Sur les 299 articles, il y en avait 185, soit les deux tiers, dont la franchise restait conditionnelle, savoir : 23 qui n'étaient admis que par terre ou sous pavillon français s'ils arrivaient par mer, et 162 qui ne devaient jouir de la franchise qu'en venant par mer et sous pavillon français. 113 seulement étaient affranchis dans tous les cas; dans ce nombre étaient les yeux d'écrevisse, les vipères, les os de cœur de cerf, les dents de loup, les cloportes desséchés et autres articles du tarif empruntés au vocabulaire des baladins et des sorcières, et dont personne ne fait commerce.

(2) La quantité de fer sur laquelle eût porté cette immunité n'eût été que la deux-centième partie de la production de la France.

les régions politiques, qui se font gloire de ne pas avoir de théorie, c'est-à-dire de ne pas lier leurs idées et de ne pas savoir la raison de ce qu'ils font, daignaient à peine répondre à ceux qui leur présentaient des argumens contre le système protecteur : Laissez-nous gouverner en paix, disaient-ils; vous n'êtes que des théoriciens; le gouvernement ne vous regarde pas, c'est notre lot; nous sommes les hommes pratiques. On n'était pas un homme pratique, on n'était plus qu'un esprit chimérique dès qu'on recommandait de marcher vers la liberté du commerce. Les protectionistes se donnaient pour les promoteurs de la civilisation, les bienfaiteurs du peuple, et ils étaient pris pour tels (1). Les choses en étaient là lorsqu'il y a une douzaine d'années, un spectacle inattendu se produisit chez une grande nation, notre plus proche voisine. En Angleterre jusque-là, le gouvernement admettait le principe de la protection comme un axiome, quoiqu'il résultât du système protecteur une cherté extrême pour les denrées alimentaires, pour le pain surtout. Tout à coup quelques hommes alors obscurs y levèrent d'une main ferme le drapeau de la liberté commerciale en s'organisant sous le nom de *ligue* contre les lois des céréales (*anti corn-law league*). Leur entreprise semblait désespérée. Ils étaient sans renom, sans influence, et ils s'attaquaient aux forces du pays les plus éprouvées, à l'aristocratie propriétaire des terres, aux propriétaires des plantations dans les colonies à sucre, à l'industrie maritime qui a pour elle de si vives sympathies, aux propriétaires de mines de cuivre, à la plupart des manufacturiers qui, à cette époque, étaient en Angleterre, comme ils le sont chez nous aujourd'hui, complétement abusés sur les effets de la protection.

Mais on est bien fort quand on a pour soi la liberté et la justice, quand on revendique les droits du grand nombre, et qu'on met de rares talens au service d'une aussi bonne cause. M. Cobden et les bons citoyens qui étaient avec lui à la tête de la ligue déployèrent une admirable éloquence, une prodigieuse activité, un dévouement sans bornes, et en peu de temps ils devinrent une puissance. Leurs discours firent d'innombrables prosélytes à la ligue dans tous les rangs de la société, et enfin, au commencement de 1846, le plus illustre des hommes d'état de l'Angleterre, alors premier ministre, un homme pratique apparemment, sir Robert Peel, qui, depuis quelques années déjà, prenait à chaque session l'initiative de modifications très libérales au tarif des douanes, se rallia ostensiblement, officiellement à cette glorieuse pléiade. Dans un discours solennel, il déclara que pendant long-temps il avait cru au système protecteur, mais que, éclairé

---

(1) Dans le manifeste de novembre 1846, ils se donnaient modestement comme les hommes « qui ont la responsabilité de l'existence de presque toute la nation. »

par la méditation et par l'expérience, il reconnaissait que la ligue avait raison; qu'à partir de ce jour il serait l'antagoniste de la protection comme d'un système contraire à la liberté et à la justice, inconciliable avec l'intérêt du grand nombre; et immédiatement, dans le même discours, il proposa l'abolition des droits sur les céréales. On sait le reste. Malgré le dépit et la rancune de la plupart des anciens alliés politiques de sir Robert Peel, malgré le mauvais vouloir des classes les plus influentes, les lois qui gênaient la libre importation des céréales furent abrogées. Les successeurs de sir Robert Peel ont continué son œuvre. Le système protecteur a été abandonné successivement sur tous les points par le gouvernement anglais et par le parlement. L'acte même de navigation de Cromwell, que soutenaient les préjugés les plus enracinés, devant lequel Adam Smith lui-même s'était incliné, a été entraîné dans la chute générale du système protecteur. Aujourd'hui les navires étrangers participent, aux mêmes conditions que le pavillon anglais, au commerce de l'Angleterre avec le monde, à celui des colonies britanniques elles-mêmes. Le protectionisme est mort en Angleterre. La liberté du commerce y est devenue un axiome à son tour. L'Angleterre a encore des droits de douanes, elle en tire même un revenu de plus de 500 millions; mais dès à présent, à peu d'exceptions près, ce ne sont plus des droits protecteurs, ce sont des droits fiscaux, car les objets qu'ils frappent en général, tels que les boissons et les denrées coloniales, n'ont pas de similaires au dedans. L'ame de sir Robert, dans la retraite où Dieu l'a accueillie, a lieu de se réjouir des témoignages de reconnaissance respectueuse dont son nom est entouré chaque jour parmi ses compatriotes. Le mois passé, les hommes qui s'étaient faits contre sir Robert Peel les champions de la protection ont pu ressaisir le pouvoir; ils ont été mis en demeure de devenir ministres. Ils ne l'ont pas osé : ils ont senti que la tentative de restaurer la protection serait un acte de démence. Qu'en pensent les prétendus hommes pratiques qui soutenaient que l'Angleterre, tout en critiquant le régime protecteur chez les autres, n'y renoncerait jamais chez elle, et qui, la veille de la révolution de février, faisaient violence au gouvernement pour l'empêcher d'entrer, même timidement, dans les voies de la liberté commerciale? Cette colossale expérience de l'Angleterre est-elle une hallucination de théoriciens? Les avantages que la liberté du commerce a procurés à la nation anglaise sont-ils des chimères?

Vraisemblablement, par un ensemble de réformes conçues dans cet esprit, qui eussent de même hautement favorisé le développement du travail et la vie à bon marché, on eût empêché notre révolution de février. En Angleterre, c'est une opinion généralement admise que, sans les réformes de sir Robert Peel, cette révolution aurait eu pour contre-coup le bouleversement de la société anglaise.

L'obligation où nous sommes de rétablir l'ordre profondément altéré dans nos finances est une des causes qui doivent très prochainement décider, bon gré mal gré, l'administration française à prendre en grande considération les idées de liberté commerciale. Nous sommes en état flagrant de déficit, comme l'Angleterre lorsque sir Robert Peel rentra aux affaires en 1842. Depuis quelques années, les whigs, qui étaient au pouvoir, justement effrayés de cette situation, s'efforçaient d'aligner le budget par des aggravations de taxes sans pouvoir y réussir. Sir Robert Peel s'y prit autrement. De son coup d'œil d'homme supérieur, dominant son sujet, il vit que la nation rendait tout l'impôt qu'elle pouvait raisonnablement payer, eu égard à sa puissance productive. L'impôt est un prélèvement sur la masse de richesses que crée annuellement le travail de la nation. Pour augmenter la fécondité de l'impôt sans obérer les contribuables, le plus sûr moyen, le seul, est d'agrandir la masse de richesses produite par le travail national. A cet égard, le principe de la liberté du commerce a de très grands avantages sur le système protecteur, je l'ai montré plus haut. Dès 1842, sir Robert Peel s'était donc mis à supprimer les droits sur presque toutes les matières premières qu'emploie l'industrie; ceux qui n'ont pas été supprimés ont été réduits dans une forte proportion, et ce mouvement a été poursuivi jusqu'à ce jour. Parallèlement aux matières premières, on a affranchi de droits d'importation les denrées de première nécessité, et réduit au moins les droits sur toutes les substances alimentaires. Par le premier ordre de mesures, la réduction ou l'abolition des droits sur les matières premières, on a singulièrement développé l'industrie anglaise et notablement agrandi la puissance produite du capital déjà acquis. Les bras étant plus demandés, la somme répartie en salaires a été plus forte sans que les profits des chefs d'industrie fussent diminués; au contraire. De cette manière, chacun des impôts qui avaient été maintenus a rendu davantage. Par le second ordre de modifications au tarif, celles qui avaient pour objet la réduction ou l'abolition des droits sur les alimens les plus usuels et sur tous les articles d'usage commun, les ouvriers ont retiré d'un même salaire une plus grande somme de satisfactions. Une livre sterling a contenu une plus grande somme de jouissances, a impliqué la faculté de se procurer une plus grande quantité de tous les articles alimentaires et de beaucoup d'autres objets qui contribuent au bien-être; de sorte que, quand bien même les salaires fussent demeurés les mêmes, les ouvriers auraient été sensiblement mieux.

Par l'une et l'autre de ces catégories de mesures, il y a eu pour la nation plus de facilité à faire du capital, et, après ce qui a été dit plus haut, je n'ai plus à signaler l'heureuse influence que l'abondance des capitaux exerce sur la puissance productive de la nation, sur l'aisance des classes ouvrières, sur l'agrandissement de la matière imposable, et, partant, sur le rendement des impôts. L'impulsion donnée à la production, et par la même voie aux salaires, a permis de diminuer, sans perte pour le trésor, les droits de consommation sur certaines substances alimentaires qu'il est convenable d'imposer, parce que ce n'est point considéré comme de première nécessité, et qui pourtant sont à l'usage de toutes les classes. C'est ainsi que le droit sur les sucres a été abaissé de plus de moitié sans que le revenu public en ait souffert. Envisagée comme ayant un but financier, la réforme douanière accomplie par le gouvernement britannique a frappé si juste, que l'Angleterre a maintenant tous les ans un excédant de recettes de 2 millions sterling au lieu du déficit à peu près égal dont elle était affligée auparavant, et de cette façon, chaque année, on est en mesure d'opérer des dégrèvemens nouveaux (1). A l'origine, pour ménager la transition, il a fallu, surtout afin de combler la perte causée par l'abolition des droits sur les subsistances, frapper les revenus dépassant 3,750 francs d'une taxe d'environ 3 pour 100; mais il serait facile de s'en passer déjà, si l'on n'eût mieux aimé consacrer les excédans de recettes à remplacer d'autres taxes dont les classes pauvres sont plus particulièrement atteintes. En un mot, en récompense de ce qu'on avait adopté franchement, de l'autre côté du détroit, le principe de la liberté du commerce, on a obtenu le plus beau succès financier que signale l'histoire. C'est que c'est l'application largement conçue d'une grande pensée d'équité. En finances, comme partout, les meilleures combinaisons sont celles qui ont pour point de départ les meilleurs sentimens de la nature humaine.

La réforme de sir Robert Peel a eu un retentissement immense. De toutes parts on a fait cette réflexion : Puisque l'Angleterre répudie avec tant d'éclat le régime protecteur, malgré l'intérêt évident de l'aristocratie et d'autres classes influentes, il faut que ce soit bien contraire à l'intérêt général, bien incompatible avec l'esprit de la civilisation moderne, avec les prescriptions d'une sage politique. La législation douanière a donc été presque partout soumise à une révision, et partout hors de chez nous à peu près elle s'est humanisée. Les États-Unis, la Belgique, la Hollande, le Piémont, l'Autriche, l'Espagne, la Russie, ont fait un pas vers la liberté du commerce. Est-il possible que nous restions seuls à lutter contre le courant, nous que notre faculté d'initiative a portés si haut, et qui nous vantons de donner au monde l'exemple de toutes les libertés! Ce serait nous si expansifs, si empressés toujours à nous mêler des affaires des autres, qui arborerions le drapeau de l'isolement, et qui garderions, seuls entre tous, une muraille à pic autour de nos frontières! Mais désormais l'isolement est

(1) C'est ainsi qu'on a réduit considérablement divers droits d'*excise* (droits sur des fabrications intérieures) et qu'on en a supprimé quelques-uns, tels que l'impôt sur les briques qui rapportait 12 millions. Les droits de timbre ont été aussi diminués.

impraticable : c'est un besoin, un penchant insurmontable pour les provinces·dans chaque état, pour les états dans la civilisation, de communiquer l'un avec l'autre. La preuve matérielle en est visible, elle est dans les sommes énormes que dépensent les états et les provinces pour les moyens de communication de toute sorte. On est uni par les idées et les sentimens, on doit, on veut s'unir aussi par les intérêts : c'est à l'avantage de tout le monde. Mais comment, suivant quelle méthode nous dégager de l'étreinte du système protecteur?

VII.— LE RÉGIME PROTECTEUR NE PEUT ÊTRE MAINTENU MÊME TRANSITOIREMENT QU'AU MÊME TITRE QUE LA TAXE DES PAUVRES EN ANGLETERRE. — DE LA MA- NIÈRE D'OPÉRER LA TRANSITION.

C'est pour les pouvoirs publics une haute·convenance de·procéder au changement de front avec beaucoup de ménagement. L'opinion protectioniste· est puissante en France, les meneurs l'ont· surexcitée. Peu scrupuleux sur les moyens, ils ont attisé, les haines nationales, ils se sont efforcés d'accréditer parmi les classes ouvrières l'opinion que les partisans de la liberté du commerce parlaient ou agissaient dans un intérêt exclusivement anglais, à l'instigation des Anglais (1), contrairement à l'intérêt français, et le patriotisme sincère, mais crédule, des masses a accueilli ces assertions. Rien pourtant n'est plus·inexact.· Depuis 1846, les Anglais admettent à peu près tous nos produits sans droits ou avec des droits extrêmement modiques. Ils le font, parce qu'ils ont reconnu, ce qui n'est pas bien difficile à constater lorsqu'on examine les faits avec un esprit libre de préjugés, qu'il·est de l'intérêt de chacun, peuple ou individu, d'acheter les denrées et les objets de toute sorte là· où on les trouve au plus bas prix : ils·ont pris ce parti· sans nous rien· demander en retour; ils eussent pu y mettre· des conditions (2), ils ne l'ont pas.fait. Il leur a suffi de savoir que pour eux— mêmes ce serait un grand avantage d'ouvrir le marché britannique

(1) En 1846, le comité directeur des protectionistes avait fait imprimer un placard qui excitait les ouvriers contre l'Angleterre et contre les partisans de la liberté du commerce, qu'on représentait comme des instrumens des Anglais, et il en avait envoyé de nombreux exemplaires aux manufacturiers des départemens pour être· affichés dans les .ateliérs. Les manufacturiers de Mulhouse, auxquels on en avait adressé,·les renvoyèrent avec dé- goût· Ce fut le comité directeur qui fit publier ce placard dans le journal qui lui appar- tenait à Paris. Il ne peut l'avoir fait que parce qu'il considérait cette méchante action comme un titre de gloire.

(2) En 1840, avant le 15 juillet, un traité de commerce se négociait· entre les deux· pays. L'administration française écartait quelques· prohibitions et· diminuait quelques droits en retour de quelques modifications qu'on aurait· apportées au tarif anglais. Les· lois de douanes qui, à partir de 1842, ont été votées par le parlement anglais nous ac- cordent vingt fois ce que nous demandions en 1840, et nous n'avons pas· même· cédé le peu que nous étions prêts à·consentir alors.

aux produits français et étrangers en général. De même ce serait dans notre propre intérêt, pour augmenter le bien-être des populations et la richesse de la France, que nous nous rallierions à la liberté du commerce. Cependant le préjugé subsiste, il faut compter avec lui. D'ailleurs il est d'un bon gouvernement d'éviter les changemens brusques et de ménager la transition.

Dans toutes les industries, nous avons des ateliers en plus ou moins grand nombre qui ne craignent pas la comparaison avec ceux de quelque pays que ce soit pour la perfection des produits, l'économie des matières, la division du travail et l'administration; mais, dans presque toutes aussi, on compte un certain nombre d'établissemens qui sont restés en arrière. Chez les uns, le mal n'est pas incurable : s'ils eussent senti plus vivement l'aiguillon de la concurrence, ils se fussent portés en avant; mais il en est d'autres qui ne peuvent plus vivre qu'artificiellement, qui à la longue succomberaient sous la seule pression de la concurrence intérieure. Il convient de donner, à ceux des retardataires qui peuvent rejoindre, le temps qu'il y faut avec des efforts; à ceux qui sont destinés à liquider, un délai suffisant pour que la liquidation ne soit pas trop onéreuse, et pour que ce qui y est employé, personnel et capital, se tourne vers une des industries dont la liberté du commerce doit favoriser chez nous le développement. Trop de précipitation porterait préjudice aux chefs d'industrie qu'il ne peut s'agir d'excommunier, aux ouvriers qui ne peuvent, du jour au lendemain, se mettre au niveau des habiles de leur métier ou apprendre les tours de main d'une profession nouvelle, — et entraînerait la destruction d'un certain capital, substance précieuse, matière première des améliorations. Aux deux catégories d'établissemens arriérés que nous venons de signaler, il y a donc lieu de continuer, provisoirement et dans une certaine mesure, le subside qu'ils reçoivent du public en qualité de protégés. Nous devons considérer ce subside comme le pendant de la taxe des pauvres des Anglais qu'aucun homme de sens ne songe à abolir; mais désormais la protection n'a plus de justification qu'à ce titre. La société française exerce l'assistance envers les industries protégées comme envers des nécessiteux. De sa part, l'assistance est un devoir général; mais, chez les individus assistés, quels qu'ils soient et quel que soit le mode de l'assistance, qu'elle vienne du bureau de bienfaisance ou qu'elle résulte de la douane, le fait corrélatif à ce devoir n'est pas un droit à exiger un subside, c'est le devoir de faire tout ce qui est en leur pouvoir, moralement et matériellement, pour se placer au-dessus du besoin et cesser d'être à charge à la société. Que si les industries protégées trouvent désobligeant d'être assimilées aux familles qui reçoivent les dons de la charité publique, je répondrai qu'il est tout aussi désobligeant pour le public d'avoir à leur compter les sommes qu'il leur paie. Il n'y a pas de milieu, sous notre droit public, tel'qu'il est et tel qu'il restera, la prime que reçoivent les industries protégées est une charité ou une exaction.

Voilà donc le caractère que désormais doit avoir dans nos lois la protection : c'est une taxe des pauvres. De cette manière, nous avons d'autres précédens pour nous éclairer sur la manière de procéder, et ce qui s'est passé en Angleterre relativement à la taxe des pauvres doit répandre des lumières sur notre sujet. Avant 1834, le régime de la taxe des pauvres chez nos voisins donnait lieu à beaucoup d'abus. Il oblitérait parmi les pauvres le sens de la responsabilité. Les vrais amis des classes pauvres s'en plaignaient énergiquement, non moins que les financiers du parlement. En 1834 donc, au nom de la morale publique autant que dans l'intérêt de ses finances, l'Angleterre refondit sa législation des pauvres. Elle adopta un système de secours qui rappelle sans cesse à l'individu secouru la nécessité de se suffire à lui-même, et réveille en lui le sentiment de la responsabilité. La protection, chez nous, doit être administrée dans le même esprit. Dès-lors aussi les industries effectivement protégées auront à observer la tenue qui convient à leur position. Le comité directeur des protectionistes renoncera à dicter des lois; il comprendra qu'il lui appartient d'en recevoir. Les pauvres de l'Angleterre ne parlent pas avec arrogance aux pouvoirs de l'état; ils ne sont pas, dans le parlement, rapporteurs des lois sur le paupérisme; ils n'essaient pas d'intimider ceux qui revendiquent le droit qu'a la société de ne payer de subside que ce que, dans sa charité, elle juge convenable; dans les conseils industriels que le gouvernement rassemble, ils ne font pas voter des déclarations portant que la science économique soit tenue d'enseigner l'excellence du paupérisme (1). Non; ils sont modestes et soumis. C'est l'attitude qu'ont à prendre chez nous les personnes auxquelles la protection profite.

Voici, sous un autre aspect pratique, le motif qu'on a pour ne marcher à la liberté du commerce que par degrés. Le changement qu'ont à subir, pour atteindre le niveau des autres, ceux des établissemens arriérés qui peuvent se maintenir, exige, à peu près dans tous les cas, un certain capital de plus. La France, en temps régulier, forme tous les ans une certaine masse de capital, et le capital français s'accroît plus qu'en proportion de la population. Cet accroissement est pourtant borné, et, dans notre réforme commerciale, nous devons avoir égard à cette circonstance. Malheureusement, depuis 1848, la formation du capital est ralentie. L'année même 1848 fut marquée par une grande

---

(1) Chez nous, des personnes très connues pour retirer un grand bénéfice du système protecteur sont parvenues en 1850, dans le conseil général de l'agriculture, des manufactures et du commerce, à faire passer un vote ainsi conçu : « Que l'économie politique soit enseignée par les professeurs rétribués par le gouvernement, non pas au point de vue théorique du libre échange, mais aussi et surtout au point de vue des faits et de la législation qui régit l'industrie française » (c'est-à-dire au point de vue du système protecteur).

destruction de capital. Avant 1848, il nous venait du capital étranger; il en venait pour les opérations manufacturières et commerciales; il en venait surtout pour les entreprises de chemins de fer, ce qui nous laissait le nôtre plus libre pour d'autres destinations. L'importation du capital étranger est suspendue aujourd'hui. L'assemblée nationale, de qui il dépendrait de la réveiller pour les chemins de fer, ne s'en montre pas pressée. Nous sommes donc, quant aux capitaux qu'exige la transition du régime protecteur au régime de la liberté commerciale, plus mal pourvus aujourd'hui qu'avant la révolution de Février, et nous resterons dans cette fâcheuse position, Dieu sait combien de temps encore. On aperçoit ici, sous un nouveau jour, quelle responsabilité ont assumée devant l'histoire et devant leur propre conscience les hommes qui empêchèrent la monarchie de juillet de réformer notre législation douanière, alors que la transition eût été relativement facile.

Cela posé, je hasarderai ici un projet de programme à suivre pour la transition. Je le ferai, on le conçoit bien, sous toute réserve, et sauf meilleur avis. Les ménagemens à garder seraient de deux espèces : premièrement, on procéderait par degrés; secondement, on accorderait à quelques-uns des intérêts compromis quelques compensations : on verra qu'il serait possible de leur en donner de considérables sans grever l'état ni le public. On procéderait par degrés, disons-nous. De prime-abord on supprimerait toutes les prohibitions, toutes celles du moins qui ont le caractère commercial (1). On réduirait les droits qui, à force d'être élevés, sont prohibitifs à ce qu'il faut pour que l'industrie française s'aperçoive de la concurrence étrangère, et puis, de période en période, ces droits continueraient d'être abaissés jusqu'à un minimum qu'avec de la bonne volonté on considérerait comme un droit tout fiscal, quoiqu'il dût aussi avoir un effet d'enchérissement au profit des producteurs nationaux. On abolirait les droits sur une vingtaine de matières premières les plus importantes, le coton, la laine, la houille, les matières tinctoriales, les graines oléagineuses. Les fils de soie, de coton, de laine, de lin et de chanvre, pourraient même être considérés comme des matières premières. Le fer et l'acier, qui jouent un si grand rôle dans l'industrie, doivent être francs de droit; c'est l'intérêt général de la production. Par exception cependant, on pourrait, en ce qui les concerne, accorder un délai, sauf à décréter dès à présent une réduction qui devrait être au moins de moitié pour le fer forgé, des trois quarts pour l'acier.

La fonte brute devrait plus prochainement encore que le fer être admise en franchise; car c'est plus encore que le fer une matière pre-

---

(1) Ainsi les armes de guerre, la poudre, les cartes à jouer, continueraient d'être prohibées.

mière, c'est celle du fer lui-même; et, pour cette substance; les inconvéniens passagers de l'admission en franchise seraient moindres que pour le fer; la fabrication de la fonte occupe médiocrement de bras, et le capital qui y est employé est presque tout à l'état de capital de roulement et non de capital fixe. A ce titre, il peut passer sans peine de sa destination actuelle à une autre industrie. — Par cet affranchissement des matières premières, la plupart des industries recevraient une impulsion extraordinaire.

A plus forte raison, les articles presque tous insignifians qu'effaçait du tarif le projet de loi de 1847 devraient cesser d'être taxés.

A charge de réexportation, l'industrie française serait admise à tirer du dehors, sans droits, les tissus écrus en soie, en coton, en laine, en lin ou chanvre, à la condition de les réexporter après y avoir donné une autre façon.

Les denrées alimentaires de première nécessité, et notamment la viande, seraient exemptes de tout droit de douane.

Les droits de douanes qui sont purement fiscaux, c'est-à-dire ceux qui sont établis sur des articles que la France ne produit pas (y compris le droit sur le sucre, qui est exclusivement fiscal, puisque le sucre indigène est taxé de même), seraient réduits au taux qui, par l'accroissement de la consommation, serait le plus productif pour le trésor.

Il est quelques industries qui se réduisent chez nous à un tout petit nombre d'établissemens, lesquels jouissent ainsi d'un véritable monopole : telle est celle des glaces, dont il existe trois fabriques aux mains de deux associations seulement; telle aussi celle des poteries fines autres que la porcelaine, dont il y a quatre fabriques appartenant à trois compagnies. La première de ces industries est protégée par un droit exagéré, qui ne lui est point nécessaire, puisqu'elle exporte considérablement; la seconde l'est par la prohibition, en vertu de *la loi de brumaire an* v. Dans ces deux industries, les propriétaires des établissemens existans empêchent la concurrence intérieure par voie d'intimidation. Il ne serait pas aisé, dans un pays où le capital n'abonde pas, de réunir ce qu'il faut pour monter une fabrique rivale, et ceux qui pourraient trouver ce capital n'osent pas courir la chance; ils savent qu'on leur ferait une guerre à mort, dont le monopole a fourni les moyens aux établissemens actuels. En pareil cas, c'est un devoir pour un gouvernement qui respecte la liberté et la justice d'appeler la concurrence étrangère, et l'admission des produits étrangers similaires devrait être entièrement libre. Les bénéfices déjà réalisés à la faveur du monopole donneraient aux usines françaises dont il s'agit le moyen de s'organiser aussi bien que leurs compétiteurs de l'étranger; il est même à supposer que c'est un fait à peu près accompli déjà; car elles sont actuellement entre les mains d'hommes capables.

Tous les droits à l'exportation seraient supprimés, ainsi que les formalités à la sortie; le montant de droits qu'on économiserait de cette manière à l'industrie française est modique; mais on lui épargnerait beaucoup d'ennuis et de temps, ce qui équivaut à beaucoup d'argent.

Les pavillons étrangers seraient admis à transporter les marchandises entre la France et les autres pays, y compris nos colonies, sur le même pied que les navires français. Les restrictions bizarres qui nous empêchent de profiter des marchandises d'Asie, d'Afrique ou d'Amérique, enfermées dans les entrepôts européens, seraient abolies. C'est une honte d'avoir consenti, en plein xixᵉ siècle, à des absurdités aussi onéreuses. Pour toutes les réformes qu'appelle notre législation maritime, nous n'avons plus la liberté d'ajourner. Depuis la nouvelle législation maritime de l'Angleterre et depuis l'adhésion qu'y ont donnée plusieurs autres peuples, nous sommes forcés de nous mettre au même régime.

Le tarif devrait être simplifié. La tarification actuelle offre des distinctions de zones qui doivent disparaître, et des distinctions de variétés qui devraient être diminuées (1).

Les visites à corps devraient être abolies, et pourraient l'être sans aucun inconvénient dans quelques années, lorsqu'on serait arrivé à un tarif très réduit. Dès à présent, elles devraient n'être plus possibles qu'aux risques et périls des agens. Ceux-ci, et à leur défaut l'administration, auraient à payer des dommages-intérêts que règleraient les tribunaux ordinaires, toutes les fois que les personnes visitées n'auraient point été trouvées en état de fraude. Les visites domiciliaires disparaîtraient par le fait même de l'abolition de la prohibition absolue.

La compensation qu'il serait possible de donner à quelques-unes des industries, sans préjudice pour le trésor ou pour le public, pourrait avoir beaucoup de formes. Déjà il en résulterait une de la plus grande liberté qui serait accordée au commerce. Il ne manque à notre industrie manufacturière, en général, que d'avoir les matières premières à bas prix pour produire à aussi bon marché que qui que ce soit; or, d'après ce qui précède, toutes les matières premières seraient au plus bas prix possible. Indiquons pourtant quelques mesures particulières. Nous avons conseillé de réduire immédiatement des trois quarts au moins la protection déréglée dont jouissent les fabriques d'acier. On pourrait, par une faveur spéciale, les autoriser à tirer de la Suède, sans droits dès à présent, les fers éminemment propres à faire de l'acier

(1) Ainsi pour le fer forgé, en barres, en verges ou laminé, le tarif distingue, selon les dimensions, trente-huit variétés qui sont soumises à quatorze tarifications différentes. Le mieux ici serait de supprimer toutes les distinctions et de n'avoir qu'un droit unique pour le *fer forgé non ouvré;* tout au plus pourrait-on avoir deux droits, l'un pour le fer rond, plat ou carré, l'autre pour la tréfilerie, la tôlerie et le fer-blanc.

que cette contrée a le privilège de produire. La même exemption devrait être étendue aux fontes lamelleuses que nos départemens de l'Est tirent de l'Allemagne surtout, pour les convertir en acier. C'est de même à la liberté qu'il faudrait s'adresser pour obtenir une compensation en faveur de l'industrie des fers, celle peut-être à laquelle l'abandon du système protectioniste occasionnerait la plus rude secousse. Personne n'ignore que le principal bénéfice de la protection revient aux propriétaires de bois bien plus qu'aux maîtres de forges eux-mêmes. La protection a triplé ou quadruplé le revenu des bois qui étaient à portée des forges. Les propriétaires de ces forêts seraient indemnisés (en me servant de cette expression, je dois faire remarquer que ce n'est pas le mot propre; en droit, ils ne peuvent prétendre à aucune indemnité), sans qu'il en coûtât rien à l'état, par la permission de défricher les bois en plaines, autant qu'ils le jugeraient convenable. Dans la plupart des cas, moyennant cette faveur, ils perdraient peu au changement de régime (1).

C'est encore la liberté qui donnerait le moyen de consoler nos agriculteurs du dommage qu'ils supposent que leur causerait l'abandon du système protecteur. En fait, ceux des cultivateurs qui calculent savent bien que le régime protecteur n'est pas profitable à l'agriculture : il lui fait payer plus cher ses instrumens, la plupart des substances qu'elle emploie dans ses travaux et des articles que les cultivateurs consomment pour leur usage personnel. Or, en retour, qu'est-ce qu'il lui fait vendre plus cher? Ce n'est pas le blé, car c'est une illusion de craindre l'invasion des blés de la Pologne ou de la Crimée. La puissance productive de ces contrées en céréales, par delà ce qu'elles en consomment, suffira à peine, en temps ordinaire, à alimenter le marché anglais de ce qu'il y manque. Ce n'est pas la soie; le régime actuel en contrarie l'exportation. Ce n'est pas le vin, apparemment; l'industrie viticole est la victime du régime protecteur. Serait-ce la

(1) L'interdiction de défricher les forêts est, en France, un legs du temps féodal. A l'égard des bois en pente, elle se motive sur l'utilité publique. C'est alors une servitude naturelle inhérente à la propriété. Pour les forêts en plaine, rien aujourd'hui ne justifie plus l'interdiction, si ce n'est le privilége dont jouissent les propriétaires, par l'effet du système protecteur, de vendre leur bois plus qu'il ne vaut aux fabricans de fer. Le législateur n'est fondé à interdire le défrichement que dans le but de fixer une limite au monopole qu'il a conféré. La restriction imposée au propriétaire de bois est l'accompagnement obligé de celle que subit le public quand il désire se pourvoir de fer. On ne peut supprimer l'une qu'en abandonnant l'autre. J'en fais ici l'observation, parce que l'assemblée est maintenant saisie d'un projet de loi dont le but est de permettre les défrichemens. Très bien, donnez à la propriété toute la liberté possible; mais, en retour, accordez au public la liberté d'acheter son fer sans payer un tribut aux propriétaires de bois. Le rapport, qui est dû à M. Beugnot, revendique d'une manière très heureuse la liberté pour les propriétaires de bois. Il ne faudrait pas presser beaucoup les principes qui y sont invoqués pour en faire jaillir la liberté du commerce.

laine? Il est permis d'en douter; des personnes très bien informées assurent que le bénéfice retiré par l'agriculture ou plutôt par la propriété territoriale (qui n'est pas nécessairement la même chose que l'agriculture) du droit de 22 pour 100 dont est frappée la laine étrangère, est très problématique (1). Serait-ce donc la viande? C'est possible, et pourtant la quantité de viande sur pied que peut nous fournir l'étranger est bien bornée. Si on laissait entrer librement cette denrée, on peut croire que les prix n'en seraient pas sensiblement affectés, excepté dans quelques localités de la frontière. Cependant, les éleveurs, abusés sur leurs véritables intérêts, sont presque tous du côté des protectionistes; c'est pour ceux-ci une alliance puissante. Mais, tout récemment, les éleveurs ont pu faire une découverte importante, à savoir que le monopole dont les bouchers sont officiellement investis dans Paris, et qu'ils exercent de fait dans la plupart de nos villes, est, pour le bétail, une cause de dépréciation bien autrement énergique que ne pourrait l'être l'abandon du système protecteur, au gré même de ceux qui s'exagèrent le plus l'effet des lois de douanes. Renoncer à la protection ne sera rien pour les éleveurs, si la boucherie devient libre en droit et en fait. Que l'autorité, qui paraît mollir à Paris sur la question de la boucherie, se réveille, que la boucherie soit proclamée et devienne libre, et les éleveurs n'auront que des actions de graces à adresser au gouvernement, quand bien même, au même instant, l'entrée de la viande serait déclarée parfaitement libre.

Je n'insiste pas davantage sur ce projet de programme; je le présente non avec la prétention d'avoir trouvé la formule définitive, mais avec le désir de fournir un texte à la discussion. Les Anglais ont mis une vingtaine d'années, depuis Huskisson jusqu'à Peel, à effectuer le passage du système protecteur à la liberté presque complète dont ils jouissent aujourd'hui, abstraction faite des droits purement fiscaux. Ne chicanons pas pour quelques années de plus ou de moins. Mettons vingt années, vingt-cinq, plus encore à faire l'évolution; mais commençons enfin, commençons résolûment. Qu'il ne soit pas dit plus long-temps de nous que nous sommes un peuple chez lequel les révolutions s'exécutent en un tour de main, tandis que les réformes les plus indispensables et les mieux justifiées y rencontrent d'insurmontables obstacles.

Michel Chevalier.

(1) C'est un fait de statistique que l'abaissement du droit de 33 pour 100 à 22 en 1835 n'a pas été suivi de la baisse de la laine française. Pareil fait a été constaté en Angleterre après la suppression entière des droits. (Voir une note publiée il y a quelques années par M. Seydoux, du Cateau, et l'*Economist* anglais du 22 avril 1848.)

LE CHATEAU

DES DÉSERTES.

TROISIÈME PARTIE.[1]

IX. — L'UOM' DI SASSO.

J'étais trop mécontent du résultat de mon entreprise pour me sentir disposé à faire de nouvelles questions sur le château mystérieux. Je renfermais ma curiosité comme une honte, le succès ne l'avait pas justifiée; mais elle n'en subsistait pas moins au fond de mon imagination, et je faisais de nouveaux projets pour la nuit suivante. En attendant, je résolus d'aller pousser une reconnaissance autour du château, pour me ménager des moyens de pénétrer nuitamment dans l'intérieur de la place, s'il était possible... Bah! me disais-je, tout est possible à celui qui veut.

J'allais sortir, lorsqu'un petit paysan, qui rôdait devant la porte, me regarda avec ce mélange de hardiesse et de poltronnerie qui caractérise les enfans de la campagne. Puis, comme j'observais sa mine à la fois espiègle et farouche, il vint à moi, et, me présentant une lettre, il me dit : « Regardez ça, si c'est pour vous. » Je lus mon nom et mon prénom tracés fort lisiblement et d'une main élégante sur l'adresse.

---

(1) Voyez les livraisons du 15 février et du 1er mars.

A peine eus-je fait un signe affirmatif, que l'enfant s'enfuit sans attendre ni questions ni récompense. Je courus à la signature, qui ne m'apprit rien d'officiel, mais à laquelle pourtant je ne me trompai pas. Stella et Béatrice! les jolis noms! m'écriai-je, et je rentrai dans ma chambre, assez ému, je le confesse.

« Le hasard, aidé de la curiosité, disait cette gracieuse lettre parfumée, a fait découvrir à deux petites filles fort rusées le nom de l'étranger qui a ramassé le nœud de ruban cerise. Des pas laissés sur la neige, coïncidant avec les avertissemens de la belle chienne Hécate, ont prouvé à ces demoiselles que l'étranger était encore plus curieux que poli et prudent, et qu'il ne craignait pas de marcher sur les eaux pour surprendre les secrets d'autrui. Le sort en est jeté! Puisque vous voulez être initié à nos mystères, ô jeune présomptueux, vous le serez! Puissiez-vous ne pas vous en repentir et vous montrer digne de notre confiance! Soyez muet comme la tombe; la plus légère indiscrétion nous mettrait dans l'impossibilité de vous admettre. Venez à huit heures du soir (*solo e inosservato*) au bord du fossé, vous y trouverez Stella et Béatrice. »

Tout le billet était écrit en italien et rédigé dans le pur toscan que je leur avais entendu parler. Je hâtai le dîner pour avoir le droit de sortir à six heures, prétextant que j'allais voir lever la lune sur le haut des collines. En effet, je fis une course au-delà du château, et à huit heures précises j'étais au rendez-vous. Je n'attendis pas cinq minutes. Mes deux charmantes châtelaines parurent, bien enveloppées et encapuchonnées. Je fus un peu inquiet, lorsque j'eus franchi l'escalier, d'en voir une troisième sur laquelle je ne comptais pas. Celle-là était masquée d'un *loup* de velours noir et son manteau avait la forme d'un domino de bal. — Ne soyez pas effrayé, me dit la petite Béatrice en me prenant sans façon par-dessous le bras, nous sommes trois. Celle-ci est notre sœur aînée. Ne lui parlez pas, elle est sourde. D'ailleurs il faut nous suivre sans dire un mot, sans faire une question. Il faut vous soumettre à tout ce que nous exigerons de vous, eussions-nous la fantaisie de vous couper la moustache, les cheveux et même un peu de l'oreille. Vous allez voir des choses fort extraordinaires et faire tout ce qu'on vous commandera, sans hasarder la moindre objection, sans hésiter, et surtout *sans rire,* dès que vous aurez passé le seuil du sanctuaire. Le rire intempestif est odieux à notre *chef,* et je ne réponds pas de ce qui vous arriverait, si vous ne vous comportiez pas avec la plus grande dignité.

— Monsieur engage-t-il ici sa parole d'honnête homme, dit à son tour Stella, la seconde des deux sœurs, à nous obéir dans toutes ces prescriptions? Autrement, il ne fera point un pas de plus sur nos domaines, et ma sœur aînée que voici, et qui est sourde comme la loi du destin, l'enchaînera jusqu'au jour, par une force magique, au pied de cet arbre où il servira demain de risée aux passans. Pour cela il ne faut qu'un signe de nous; ainsi, parlez vite, monsieur.

— Je jure sur mon honneur, et par le diable, si vous voulez, d'être à vous corps et ame jusqu'à demain matin.

— A la bonne heure, dirent-elles, et, me prenant chacune par un bras, elles m'entraînèrent dans un dédale obscur de bosquets d'arbres verts. Le domino noir nous précédait, marchant vite, sans détourner la tète. Une branche ayant accroché le bas de son manteau, je vis se dessiner sur la neige une jambe très fine et qui pourtant me parut suspecte, car elle était chaussée d'un bas noir avec une floche de rubans pareils retombant sur le côté, sans aucun indice de l'existence d'un jupon. Cette sœur aînée, sourde et muette, me fit l'effet d'un jeune garçon qui ne voulait pas se trahir par la voix et qui surveillait ma conduite auprès de ses sœurs, pour me remettre à la raison, s'il en était besoin.

Je ne pus me défendre du sot amour-propre de faire part de ma découverte, et j'en fus aussitôt châtié.— Pourquoi avez-vous manqué de confiance en moi? disais-je à mes deux jeunes amies; il n'était pas besoin de la présence de votre frère pour m'engager d'être auprès de vous le plus soumis et le plus respectueux des adeptes.

— Et vous, pourquoi manquez-vous à votre serment? répliqua Stella d'un ton sévère : allons, il est trop tard pour reculer, et il faut employer les grands moyens pour vous forcer au silence.

Elle m'arrèta, le domino noir se retourna malgré sa surdité, et présenta un bandeau, qu'à elles trois elles placèrent sur mes yeux avec la précaution et la dextérité de jeunes filles qui connaissent les supercheries possibles du jeu de colin-maillard. — On vous fait grace du bâillon, me dit Béatrice; mais, à la première parole que vous direz, vous ne l'échapperez pas, d'autant plus que nous allons trouver mainforte, je vous en avertis. En attendant, donnez-nous vos mains; vous ne serez pas assez félon, je pense, pour nous les retirer et pour nous forcer à vous les lier derrière le dos.

Je ne trouvais pas désagréable cette manière d'avoir les mains liées, en les enlaçant à celles de deux filles charmantes, et la cérémonie du bandeau ne m'avait pas révolté non plus; car j'avais senti se poser doucement sur mon front et passer légèrement dans ma chevelure deux autres mains, celles de la sœur aînée, lesquelles, dégantées pour cet office d'exécuteur des hautes-œuvres, ne me laissèrent plus aucun doute sur le sexe du personnage muet.

Je dois dire, à ma louange, que je n'eus pas un instant d'inquiétude sur les suites de mon aventure. Quelque inexplicable qu'elle fût encore, je n'eus pas le *provincialisme* de redouter une mystification de

mauvais goût; je ne m'étais muni d'aucun poignard, et les menaces
de mes jolies sibylles ne m'inspiraient aucune crainte pour mes oreilles
ni même pour ma moustache. Je voyais assez clairement que j'avais
affaire à des personnes d'esprit, et le souvenir de leurs figures, le son
de leurs voix, ne trahissaient en elles ni la méchanceté ni l'effronte-
rie. Certes, elles étaient autorisées par leur père, qui sans doute me
connaissait de réputation, à me faire cet accueil romanesque, et, ne le
fussent-elles pas, il y a autour de la femme pure je ne sais quelle in-
définissable atmosphère de candeur, qui ne trompe pas le sens exercé
d'un homme.

Je sentis bientôt, à la chaleur de la température et à la sonorité de
mes pas, que j'étais dans le château; on me fit monter plusieurs marches, on m'enferma dans une chambre, et la voix de Béatrice me cria
à travers la porte : « Préparez-vous, ôtez votre bandeau, revêtez l'armure, mettez le masque, n'oubliez rien ! On viendra vous chercher
tout à l'heure. »

Je me trouvai seul dans un cabinet meublé seulement d'une grande
glace, de deux quinquets et d'un sofa, sur lequel je vis une étrange
armure. Un casque, une cuirasse, une cotte, des brassards, des jam-
bards, le tout mat et blanc comme de la pierre. J'y touchai, c'était du
carton, mais si bien modelé et peint en relief pour figurer les ornemens repoussés, qu'à deux pas l'illusion était complète. La cotte était
en toile d'encollage, et ses plis inflexibles simulaient on ne peut mieux
la sculpture. Le style de l'accoutrement guerrier était un mélange
d'antique et de rococo, comme on le voit employé dans les pano-
plies de nos derniers siècles. Je me hâtai de revêtir cet étrange costume, même le masque, qui représentait la figure austère et chagrine
d'un vieux capitaine, et dont les yeux blancs, doublés d'une gaze à
l'intérieur, avaient quelque chose d'effrayant. En me regardant dans
la glace, cette gaze ne me permettant pas une vision bien nette, je me
crus changé en pierre et je reculai involontairement.

La porte se rouvrit, Stella vint m'examiner en silence, et en posant son doigt sur ses lèvres. « C'est à merveille, dit-elle, en parlant
bas. L'*uom' di sasso* est effroyable ! Mais n'oubliez pas les gants blancs...
Oh ! ceux-ci sont trop frais, salissez-les un peu contre la muraille pour
leur donner un ton et des ombres. Il faut que, vu de près, tout fasse
illusion. Bien ! venez maintenant. Mes frères vous attendent, mais mon
père ne se doute de rien. Allons, comportez-vous comme une statue
bien raisonnable. N'ayez pas l'air de voir et d'entendre ! »

Elle me fit descendre un escalier dérobé, pratiqué dans l'épaisseur
d'un mur énorme, puis elle ouvrit une porte en bas, et me conduisit
à un siège où elle me laissa en me disant tout bas : « Posez-vous bien.
Soyez artiste dans cette pose-là ! »

Elle disparut; le plus grand silence régnait autour de moi, et ce ne fut qu'au bout de quelques secondes que la gaze de mon masque me permit de distinguer les objets mal éclairés qui m'environnaient.

Qu'on juge de ma surprise : j'étais assis sur une tombe! Je faisais monument dans un coin de cimetière éclairé par la lune. De vrais ifs étaient plantés autour de moi, du vrai lierre grimpait sur mon piédestal. Il me fallut encore quelques instans pour m'assurer que j'étais dans un intérieur bien chauffé, éclairé par un clair de lune factice. Les branches de cyprès qui s'entrelaçaient au-dessus de ma tête me laissaient apercevoir des coins de ciel bleu, qui n'étaient pourtant que de la toile peinte, éclairée par des lumières bleues. Mais tout cela était si artistement agencé, qu'il fallait un effort de la raison pour reconnaître l'artifice. Étais-je sur un théâtre? Il y avait bien devant moi un grand rideau de velours vert; mais, autour de moi, rien ne sentait le théâtre. Rien n'était disposé pour des effets de scène ménagés au spectateur. Pas de coulisses apparentes pour l'acteur, mais des issues formées par des masses de branches vertes et voilant leurs extrémités par des toiles bleues perdues dans l'ombre. Point de quinquets visibles; de quelque côté qu'on cherchât la lumière, elle venait d'en haut, comme celle des astres, et, du point où l'on m'avait rivé sur mon socle funéraire, je ne pouvais saisir son foyer. Le plancher était caché sous un grand tapis vert imitant la mousse. Les tombes qui m'entouraient me semblaient de marbre, tant elles étaient bien peintes et bien disposées. Dans le fond, derrière moi, s'élevait un faux mur qui ressemblait à un vrai mur à s'y tromper. On n'avait pas cherché ces lointains factices qui ne font illusion qu'au parterre et contre lesquels l'acteur se heurte aux profondeurs de l'horizon. La scène dont je faisais partie était assez grande pour que rien n'y choquât l'apparence de la réalité. C'était une vaste salle arrangée de façon à ce que je pusse me croire dans une petite cour de couvent, ou dans un coin de jardin destiné à d'illustres sépultures. Les cyprès semblaient plantés réellement dans de grosses pierres qu'on avait transportées pour les soutenir, et où la mousse du parc était encore fraîche.

Donc je n'étais pas sur un théâtre, et pourtant je servais à une représentation quelconque. Voici ce que j'imaginai : M. de Balma était fou, et ses enfans essayaient d'étranges fantaisies pour flatter la sienne. On lui servait des tableaux appropriés à la disposition lugubre ou riante de son cerveau malade, car j'avais entendu rire et chanter la nuit précédente, quoiqu'on eût déjà parlé de cimetière. J'entendis des chuchotemens, des pas furtifs et des frôlemens de robe derrière les massifs qui m'environnaient; puis la douce voix de Béatrice, partant de derrière le rideau, prononça ces mots : — *Il est temps!...*

Alors un chœur, formé de quelques voix admirables, s'éleva de divers côtés, comme si des esprits eussent habité ces buissons de cyprès, dont les tiges se balançaient sur ma tête et à mes pieds. J'arrangeai ma pose de Commandeur, car je vis bien qu'il y avait du don Juan dans cette affaire. Le chœur était de Mozart, et chantait les admirables accords harmoniques du cimetière : *« Di rider finirai, pria dell'aurora. Ribaldo! audace! lascia ai morti la pace! »*

Involontairement je mêlai ma voix à celle des fantômes invisibles; mais je me tus en voyant le rideau s'ouvrir en face de moi.

Il ne se leva pas comme une toile de théâtre, il se sépara en deux comme un vrai rideau qu'il était; mais il ne m'en dévoila pas moins l'intérieur d'une jolie petite salle de spectacle, ornée de deux rangées de belles loges décorées dans le goût de Louis XIV. Trois jolis lustres pendaient de la voûte; il n'y avait pas de rampe allumée, mais il y avait la place d'un orchestre. Le plus curieux de tout cela, c'est qu'il n'y avait pas un spectateur, pas une ame dans toute cette salle, et que je me trouvais poser la statue devant les banquettes.

— Si c'est là toute la mystification que je subis, pensai-je, elle n'est pas bien méchante. Reste à savoir combien de temps on me laissera faire mon effet dans le vide.

Je n'attendis pas long-temps. Don Juan et Leporello sortirent du massif derrière moi, et se mirent à causer. Leurs costumes, admirables de vérité, de bon goût et d'exactitude, ne me permirent pas de reconnaître tout de suite les acteurs, car Leporello surtout était rajeuni de trente ans. Il avait la taille leste, la jambe ferme, une barbe noire taillée en collier andaloux, une résille qui cachait son front ridé; mais, à sa voix, pouvais-je hésiter un instant? C'était le vieux Boccaferri devenu un acteur élégant et alerte.

Mais ce beau don Juan, ce fier et poétique jeune homme qui s'appuyait négligemment sur mon piédestal, sans daigner tourner vers moi son visage, ombragé d'une perruque blonde et d'un large feutre Louis XIII, à plume blanche, quel était-il donc? Son riche vêtement semblait emprunté à un portrait de famille. Ce n'était point un costume de fantaisie, un composé de chiffons et de clinquant : c'était un véritable pourpoint de velours aussi court que le portaient les dandies de l'époque, avec des braies aussi larges, des passemens aussi raides, des rubans aussi riches et aussi souples. Rien n'y sentait la boutique, le magasin de costumes, l'arrangement infidèle par lequel l'acteur transige avec les bourgeoises du public en modifiant l'extravagance ou l'exagération des anciennes modes. C'était la première fois que j'avais sous les yeux un vrai personnage historique dans son vrai costume et dans sa manière de le porter. Pour moi, peintre, c'était une bonne fortune. Le jeune homme était svelte et fait au tour. Il se dandinait comme un paon, et me donnait une idée beaucoup plus juste de

don Juan que ne me l'eût donnée le beau Celio lui-même sur les planches, car Celio y eût voulu mettre quelque chose de hautain et de tragique qui outrepasse la donnée du caractère... Mais tout à coup, sur
une observation poltronne de Leporello Boccaferri, il leva la tête vers
moi, statue, d'un air de nonchalante ironie, et je reconnus Celio Floriani en personne.

Savait-il qui j'étais? Dans tous les cas, mon masque ne lui permettait guère de sourire à des traits connus, et, comme la pièce me paraissait engagée avec un merveilleux sang-froid, je gardai ma pose
immobile.

Quand le premier effet de la surprise et de la joie se fut dissipé, car,
bien que je ne visse pas la Boccaferri, j'espérais qu'elle n'était pas loin,
je prêtai l'oreille à la scène qui se jouait, afin de ne pas la faire manquer. Mon rôle n'était pas difficile, puisque je n'avais qu'un geste à
faire et un mot à dire, mais encore fallait-il les placer à propos.

J'avais cru, d'après le chœur, où, faute d'instrumens, des voix charmantes remplaçaient les combinaisons harmoniques de l'orchestre,
qu'il s'agissait de l'opéra de Mozart rendu d'une certaine façon; mais
le dialogue parlé de Celio et de Boccaferri me fit croire qu'on jouait
la comédie de Molière en italien. Je la savais presque par cœur en
français, je ne fus donc pas long-temps à m'apercevoir qu'on ne suivait pas cette version à la lettre, car dona Anna, vêtue de noir, traversa
le fond du cimetière, s'approcha de moi comme pour prier sur ma
tombe, puis, apercevant deux promeneurs, elle se cacha pour écouter.
Cette belle dona Anna, costumée comme un Velasquez, était représentée par Stella. Elle était pâle et triste, autant que son rôle le com-
portait en cet instant. Elle apprit là que c'était don Juan qui avait tué
son père, car le réprouvé s'en vanta presque, en raillant le pauvre Leporello, qui mourait de peur. Anna étouffa un cri en fuyant. Leporello
répondit par un cri d'effroi, et déclara à son maître que les ames des
morts étaient irritées de son impiété, que, quant à lui, il ne traverse-
rait pas cet endroit du cimetière, et qu'il en ferait le tour extérieur
plutôt que d'avancer d'un pas. Don Juan le prit par l'oreille et le força
de lire l'inscription du monument du Commandeur. Le pauvre valet
déclara ne savoir pas lire, comme dans le libretto de l'opéra italien.
La scène se prolongea d'une manière assez piquante à étudier, car
c'était un composé de la comédie de Molière et du drame lyrique mis
en action et en langage vulgaire, le tout compliqué et développé par
une troisième version que je ne connaissais pas, et qui me parut im-
provisée. Cela faisait un dialogue trop étendu et parfois trop familier
pour une scène qui se serait jouée en public, mais qui prenait là une
réalité surprenante, à tel point que la convention ne s'y sentait plus
du tout par momens, et que je croyais presque assister à un épisode

de la vie de don Juan. Le jeu des acteurs était si naturel et le lieu où ils se tenaient si bien disposé pour la liberté de leurs mouvemens, qu'ils n'avaient plus du tout l'air de jouer la comédie, mais de se persuader qu'ils étaient les vrais types du drame.

Cette illusion me gagna moi-même, quand je vis Leporello m'adresser l'invitation de son maître, et montrer à mon inflexion de tête une terreur non équivoque. Jamais tremblement convulsif, jamais contraction du visage, jamais suffocation de la voix et flageolement des jambes n'appartinrent mieux à l'homme sérieusement épouvanté par un fait surnaturel. Don Juan lui-même fut ému, lorsque je répondis à son insolente provocation par le *oui* funèbre. Un coup de tam-tam dans la coulisse et des accords lugubres faillirent me faire tressaillir moi-même. Don Juan conserva la tête haute, le corps raide, la flamberge arrogante retroussant le coin du manteau; mais il tremblait un peu, sa moustache blonde se hérissait d'une horreur secrète, et il sortit en disant : « Je me croyais à l'abri de pareilles hallucinations; sortons d'ici! » Il passa devant moi en me toisant avec audace; mais son œil était arrondi par la peur, et une sueur froide baignait son front altier. Il sortit avec Leporello, et le rideau se referma pendant que les esprits reprenaient le chœur du commencement de la scène :

> Di rider finirai , etc.

Aussitôt doña Anna vint me prendre par la main, et, m'aidant à me débarrasser du masque, elle me conduisit au bord du rideau, en me disant de regarder avec précaution dans la salle. Le parterre de cette salle, qui n'était garni que d'une douzaine de fauteuils, d'une table chargée de papiers et d'un piano à queue, devenait, dans les entr'actes, le foyer des acteurs. J'y vis le vieux Boccaferri s'éventant avec un éventail de femme, et respirant à pleine poitrine comme un homme qui vient d'être réellement très ému. Celio rassemblait des papiers sur la table; Béatrice, belle comme un ange, en costume de Zerlina, tenait par la main un charmant garçon encore imberbe, qui me sembla devoir être Masetto. Un cinquième personnage, enveloppé d'un domino de bal, qui, retroussé sur sa hanche, laissait voir une manchette de dentelle sur un bas de soie noire, me tournait le dos. C'était la troisième prétendue demoiselle de Balma, *la sourde,* costumée en Ottavio, qui m'avait intrigué dans le jardin; mais était-ce là Cecilia? Elle me paraissait plus grande, et cette tournure dégagée, cette pose de jeune homme, ne me rappelaient pas la Boccaferri, à laquelle je n'avais jamais vu porter sur la scène les vêtemens de notre sexe.

J'allais demander son nom à Stella, lorsque celle-ci mit le doigt sur ses lèvres et me fit signe d'écouter.

— Pardieu! disait Boccaferri à Celio, qui lui faisait compliment de

la manière dont il avait joué, on aurait bien joué à moins! J'étais mort
de peur, et cela tout de bon; car je n'avais pas vu la statue à la répétition d'hier, et, quoique j'aie coupé et peint moi-même toutes les
pièces d'armure, je ne me représentais pas l'effet qu'elles produisent
quand elles sont revêtues. Salvator posait dans la perfection, et il a dit
son *oui* avec un timbre si excellent, que je n'ai pas reconnu le son de
sa voix; et puis, dans ce costume, il me faisait l'effet d'un géant. Où
est-il donc cet enfant, que je le complimente?

Boccaferri se retourna brusquement, et vit derrière lui le jeune
homme auquel il s'adressait, occupé à mettre du rouge pour faire le
personnage de Masetto. — Eh bien! quoi? s'écria Boccaferri, tu as déjà
eu le temps de changer de costume?

— Comment, *mon vieux,* répondit le jeune homme, tu crois que
c'est moi qui ai fait la statue? Tu ne te souviens pas de m'avoir vu
dans la coulisse au moment où tu es revenu tomber à genoux, comme
voulant fuir (au plus beau moment de ta frayeur!), et que tu m'as dit
tout bas : Cette figure de pierre m'a fait vraiment peur?

— Moi, je t'ai dit cela? reprit Boccaferri stupéfait, je ne m'en souviens pas. Je te voyais sans te voir; je n'avais pas ma tête. Oui, j'ai eu
réellement peur. Je suis content, notre essai réussit, mes enfans; voilà
que l'émotion nous gagne. Pour moi, c'est déjà fait; et quand vous en
serez tous là, vous serez tous de grands artistes!...

— Mais, vieux fou, dit Celio en souriant, si ce n'était pas Salvator
qui faisait la statue, qui était-ce donc? Tu ne te le demandes pas?

— Au fait, qui était-ce? Qui diable a fait cette statue?

Et Boccaferri se leva tout effrayé en promenant des yeux hagards
autour de lui.

— Le bonhomme est très impressionnable, me dit Stella; il ne faudrait pas pousser plus loin l'épreuve. Nommez-vous avant de vous
montrer.

X. — OTTAVIO.

— Maître Boccaferri! criai-je en ouvrant doucement le rideau, re-
connaissez-vous la voix du Commandeur?

— Oui, pardieu! je reconnais cette voix, répondit-il; mais je ne puis
dire à qui elle appartient. Mille diables! il y a ici ou un revenant, ou
un intrus; qu'est-ce que cela signifie, enfans?

— Cela signifie, mon père, dit Ottavio en se retournant et en me
montrant enfin les traits purs et nobles de la Cecilia, que nous avons
ici un bon acteur et un bon ami de plus. Elle vint à moi en me tendant la main. Je m'élançai d'un bond dans l'emplacement de l'orchestre; je saisis sa main que je baisai à plusieurs reprises, et j'em-

brassai ensuite le vieux Boccaferri qui me tendait les bras. C'était la première fois que je songeais à lui donner cette accolade dont la seule idée m'eût causé du dégoût deux mois auparavant. Il est vrai que c'était la première fois que je ne le trouvais pas ivre, ou sentant la vieille pipe et le vin nouveau.

Celio m'embrassa aussi avec plus d'effusion véritable que je ne l'y eusse cru disposé. La douleur de son *fiasco* semblait s'être effacée, et, avec elle, l'amertume de son langage et de sa physionomie. « Ami, me dit-il, je veux te présenter à tout ce que j'aime. Tu vois ici les quatre enfans de la Floriani, mes sœurs Stella et Béatrice, et mon jeune frère Salvator, le Benjamin de la famille, un bon enfant bien gai, qui pâlissait dans l'étude d'un homme de loi, et qui a quitté ce noir métier de scribe, il y a deux jours, pour venir se faire artiste à l'école de notre père adoptif, Boccaferri. Nous sommes ici pour tout le reste de l'hiver sans bouger; nous y faisons, les uns leur éducation, les autres leur stage dramatique. On t'expliquera cela plus tard; maintenant il ne faut pas trop s'absorber dans les embrassades et les explications; car on perdrait la pièce de vue, on se refroidirait sur l'affaire principale de la vie, sur ce qui passe avant tout ici, l'art dramatique!

— Un seul et dernier mot, lui dis-je en regardant Cecilia à la dérobée : pourquoi, cruels, m'aviez-vous abandonné? Si le plus incroyable, le plus inespéré des hasards ne m'eût conduit ici, je ne vous aurais peut-être jamais revus qu'à travers la rampe d'un théâtre; car tu m'avais promis de m'écrire, Celio, et tu m'as oublié!

— Tu mens! répondit-il en riant. Une lettre de moi, avec une invitation de notre cher hôte, le marquis, te cherche à Vienne dans ce moment-ci. Ne m'avais-tu pas dit que tu ne repasserais les Alpes qu'au printemps? Ce serait à toi de nous expliquer comment nous te retrouvons ici, ou plutôt comment tu as découvert notre retraite, et pourquoi il a fallu que ces demoiselles se compromissent jusqu'à t'écrire un billet doux sous ma dictée pour te donner le courage d'entrer par la porte au lieu de venir rôder sous les fenêtres. Si l'aventure d'hier soir ne m'eût pas mis sur tes traces, si je ne les avais suivies, ce matin, ces traces indiscrètes empreintes sur la neige, et cela jusque chez le voiturin Volabù, où j'ai vu ton nom sur une caisse placée dans son hangar, tu nous ménageais donc quelque terrible surprise?

— Moi? j'étais le plus sot et le plus innocent des curieux. Je ne vous savais pas ici. J'avais la tête échauffée par votre sabbat nocturne, qui met en émoi tout le hameau, et je venais tâcher de surprendre les manies de M. le marquis de Balma... Mais à propos, m'écriai-je en éclatant de rire et en promenant aussitôt un regard inquiet et confus autour de moi, chez qui sommes-nous ici? Que faites-vous chez ce vieux marquis, et comment peut-il dormir pendant un pareil vacarme?

Toute la troupe échangea à son tour des regards d'étonnement, et Béatrice éclata de rire comme je venais de le faire.

Mais Boccaferri prit la parole avec beaucoup de sang-froid pour me répondre : — Le vieux marquis est un monomane, en effet, dit-il. Il a la passion du théâtre, et son premier soin, dès qu'il s'est vu riche et maître d'un beau château, ç'a été de recruter, par mon intermédiaire, la troupe choisie qui est sous vos yeux, et de la cacher ici en la faisant passer pour sa famille. Comme il est grand dormeur et passablement sourd, nous nous amusons à répéter sans qu'il nous gêne, et, au premier jour, nous ferons nos débuts devant lui; mais, comme il est censé pleurer la mort du généreux frère qui ne l'a fait son héritier que faute d'avoir songé à le déshériter, il nous a recommandé le plus grand mystère. C'est pour cela que personne ne sait à quoi nous passons nos nuits, et l'on aime mieux supposer que c'est à évoquer le diable qu'à nous occuper du plus vaste et du plus complet de tous les arts. Restez donc avec nous, Salentini, tant qu'il vous plaira, et, si la partie vous amuse, soyez associé à notre théâtre. Comme je fais la pluie et le beau temps ici, on n'y saura pas votre vrai nom, s'il vous plaît d'en changer. Vous passerez même, au besoin, pour un sixième enfant du marquis. C'est moi son bras droit et son factotum, qui choisis les sujets et qui les dirige. Vous voyez que je suis lié de vieille date avec ce bon seigneur, cela ne doit pas vous étonner : c'était un vieux ivrogne, et nous nous sommes connus au cabaret; mais nous nous sommes amendés ici, et, depuis que nous avons le vin à discrétion, nous sommes d'une sobriété qui vous charmera... Allons! nous oublions trop la pièce, et ce n'est pas dans un entr'acte qu'il faut se raconter des histoires. Voulez-vous faire jusqu'au bout le rôle de la statue? Ce n'est qu'une entrée de manège; demain on vous donnera, dans une autre pièce, le rôle que vous voudrez, ou bien vous prendrez celui d'Ottavio, et Cecilia créera celui d'Elvire, que nous avions supprimé. Vous avez déjà compris que nous inventons un théâtre d'une nouvelle forme et complétement à notre usage. Nous prenons le premier scenario venu, et nous improvisons le dialogue, aidés des souvenirs du texte. Quand un sujet nous plaît, comme celui-ci, nous l'étudions pendant quelques jours en le modifiant *ad libitum*. Sinon, nous passons à un autre, et souvent nous faisons nous-mêmes le sujet de nos drames et de nos comédies, en laissant à l'intelligence et à la fantaisie de chaque personnage le soin d'en tirer parti. Vous voyez déjà qu'il ne s'agit pour nous que d'une chose, c'est d'être créateurs et non interprètes serviles. Nous cherchons l'inspiration, et elle nous vient peu à peu. Au reste, tout ceci s'éclaircira pour vous en voyant comment nous nous y prenons. Il est déjà dix heures, et nous n'avons joué que deux actes. *All'opra!* mes enfans! Les jeunes gens au décor, les demoiselles au manuscrit pour nous aider dans l'ordre des scènes, car il faut de l'ordre même dans l'inspiration. Vite, vite, voici un entr'acte qui doit indisposer le public.

Boccaferri prononça ces derniers mots d'un ton qui eût fait croire qu'il avait sous les yeux un public imaginaire remplissant cette salle vide et sonore. Mais il n'était pas maniaque le moins du monde. Il se livrait à une consciencieuse étude de l'art, et il faisait d'admirables élèves en cherchant lui-même à mettre en pratique des théories qui avaient été le rêve de sa vie entière.

Nous nous occupâmes de changer la scène. Cela se fit en un clin d'œil, tant les pièces du décor étaient bien montées, légères, faciles à remuer et la salle bien machinée. — Ceci était une ancienne salle de spectacle parfaitement construite et entendue, me dit Boccaferri. Les Balma ont eu de tout temps la passion du théâtre, sauf le dernier, qui est mort triste, ennuyé, parfaitement égoïste et nul, faute d'avoir cultivé et compris cet art divin. Le marquis actuel est le digne fils de ses pères, et son premier soin a été d'exhumer les décors et les costumes qui remplissaient cette aile de son manoir. C'est moi qui ai rendu la vie à tous ces cadavres gisant dans la poussière. Vous savez que c'était mon métier *là-bas*. Il ne m'a pas fallu plus de huit jours pour rendre la couleur et l'élasticité à tout cela. Ma fille, qui est une grande artiste, a rajeuni les habillemens et leur a rendu le style et l'exactitude dont on faisait bon marché il y a cinquante ans. Les petites Floriani, qui veulent être artistes aussi un jour, l'aident en profitant de ses leçons. Moi, avec Celio, qui vaut dix hommes pour la promptitude d'exécution, l'adresse des mains et la rapidité d'intuition, nous avons imaginé de faire un théâtre dont nous pussions jouir nous-mêmes, et qui n'offrît pas à nos yeux, désabusés à chaque instant, ces laids intérieurs de coulisses pelées où le froid vous saisit le cœur et l'esprit dès que vous y rentrez. Nous ne nous moquons pas pour cela du public, qui est censé partager nos illusions. Nous agissons en tout comme si le public était là; mais nous n'y pensons que dans l'entr'acte. Pendant l'action, il est convenu qu'on l'oubliera, comme cela devrait être quand on joue pour tout de bon devant lui. Quant à notre système de décor, placez-vous au fond de la salle, et vous verrez qu'il fait plus d'effet et d'illusion que s'il y avait un ignoble envers tourné vers nous, et dont le public, placé de côté, aperçoit toujours une partie.

Il est vrai que nous employons ici, pour notre propre satisfaction, des moyens naïfs dont le charme serait perdu sur un grand théâtre. Nous plantons de vrais arbres sur nos planchers et nous mettons de vrais rochers jusqu'au fond de notre scène. Nous le pouvons, parce qu'elle est petite, nous le devons même, parce que les grands moyens de la perspective nous sont interdits. Nous n'aurions pas assez de distance

pour qu'ils nous fissent illusion à nous-mêmes, et le jour où nous man-
querons de l'illusion de la vue, celle de l'esprit nous manquera. Tout
se tient. L'art est homogène, c'est un résumé magnifique de l'ébranlement de toutes nos facultés. Le théâtre est ce résumé par excellence,
et voilà pourquoi il n'y a ni vrai théâtre, ni acteurs vrais, ou fort peu,
et ceux-là qui le sont ne sont pas toujours compris, parce qu'ils se
trouvent enchâssés comme des perles fines au milieu de diamans faux
dont l'éclat brutal les efface.

— Il y a peu d'acteurs vrais, et tous devraient l'être! Qu'est-ce qu'un
acteur, sans cette première condition essentielle et vitale de son art?
On ne devrait distinguer le talent de la médiocrité que par le plus
ou moins d'élévation d'esprit des personnes. Un homme de cœur et
d'intelligence serait forcément un grand acteur, si les règles de l'art
étaient connues et observées; au lieu qu'on voit souvent le contraire.
Une femme belle, intelligente, généreuse dans ses passions, exercée à
la grace libre et naturelle, ne pourrait pas être au second rang, comme
l'a toujours été ma fille, qui n'a pas pu développer sur la scène l'ame
et le génie qu'elle a dans la vie réelle. Faute de se trouver dans un
milieu assez artiste pour l'impressionner, elle a toujours été glacée par
le théâtre, et vous la verrez pourtant ici, vous ne la reconnaîtrez point!
C'est qu'ici rien ne nous choque et ne nous contriste : nous élargis-
sons par la fantaisie le cadre où nous voulons nous mouvoir, et la poésie
du décor est la dorure du cadre.

— Oui, monsieur, continua Boccaferri avec animation, tout en ar-
rangeant mille détails matériels sans cesser de causer, l'invraisem-
blance de la mise en scène, celle des caractères, celle du dialogue, et
jusqu'à celle du costume, voilà de quoi refroidir l'inspiration d'un
artiste qui comprend le vrai et qui ne peut s'accommoder du faux. Il
n'y a rien de bête comme un acteur qui se passionne dans une scène
impossible, et qui prononce avec éloquence des discours absurdes.
C'est parce qu'on fait de pareilles pièces et qu'on les monte par-dessus
le marché avec une absurdité digne d'elles, qu'on n'a point d'acteurs
vrais, et, je vous le disais, tous devraient l'être. Rappelez-vous la Cecilia. Elle a trop d'intelligence pour ne pas sentir le vrai, vous l'avez
vue souvent insuffisante, presque toujours trop concentrée et cachant
son émotion, mais vous ne l'avez jamais vue donner à côté, ni tomber
dans le faux; et pourtant c'était une pâle actrice. Telle qu'elle était,
elle ne déparait rien, et la pièce n'en allait pas plus mal. Eh bien! je
dis ceci : que le théâtre soit vrai, tous les acteurs seront vrais, même
les plus médiocres ou les plus timides; que le théâtre soit vrai, tous
les êtres intelligens et courageux seront de grands acteurs; et, dans
les intervalles où ceux-ci n'occuperont pas la scène, où le public se
reposera de l'émotion produite par eux, les acteurs secondaires seront

du moins naïfs, vraisemblables. Au lieu d'une torture qu'on subit à voir grimacer des sujets détestables, on éprouvera un certain bien-être confiant à suivre l'action dans les détails nécessaires à son développement. Le public se formera à cette école, et, au lieu d'injuste et de stupide qu'il est aujourd'hui, il deviendra consciencieux, attentif, amateur des œuvres bien faites et ami des artistes de bonne foi. Jusque-là, qu'on ne me parle pas de théâtre, car vraiment c'est un art quasi perdu dans le monde, et il faudra tous les efforts d'un génie complet pour le ressusciter.

— Oui, mon fils Celio! dit-il en s'adressant au jeune homme qui attendait pour faire commencer l'acte qu'il eût cessé de babiller, ta mère, la grande artiste, avait compris cela. Elle m'avait écouté et elle m'a toujours rendu justice, en disant qu'elle me devait beaucoup. C'est parce qu'elle partageait mes idées qu'elle voulut faire elle-même les pièces qu'elle jouait, être la directrice de son théâtre, choisir et former ses acteurs. Elle sentait qu'une grande actrice a besoin de bons interlocuteurs et que la tirade d'une héroïne n'est pas inspirée quand sa confidente l'écoute d'un air bête. Nous avons fait ensemble des essais hardis, j'ai été son décorateur, son machiniste, son répétiteur, son costumier et parfois même son poète; l'art y gagnait sans doute, mais non les affaires. Il eût fallu une immense fortune pour vaincre les premiers obstacles qui s'élevaient de toutes parts. Et puis le public ne sait point seconder les nobles efforts, il aime mieux s'abrutir à bon marché que de s'ennoblir à grands frais.

Mais toi, Celio, mais vous, Stella, Béatrice, Salvator, vous êtes jeunes, vous êtes unis, vous comprenez l'art maintenant, et vous pouvez, à vous quatre, tenter une rénovation. Ayez-en du moins le désir, caressez-en l'espérance; quand même ce ne serait qu'un rêve, quand même ce que nous faisons ici ne serait qu'un amusement poétique, il vous en restera quelque chose qui vous fera supérieurs aux acteurs vulgaires et aux supériorités de ficelle. O mes enfans! laissez-moi vous souffler le feu sacré qui me rajeunit et qui m'a consumé en vain jusqu'ici, faute d'alimens à mon usage. Je ne regretterai pas d'avoir échoué toute ma vie, en toutes choses, d'avoir été aux prises avec la misère jusqu'à être forcé d'échapper au suicide par l'ivresse! Non, je ne me plaindrai de rien dans mon triste passé, si la vivace postérité de la Floriani élève son triomphe sur mes débris, si Celio, son frère et ses sœurs réalisent le rêve de leur mère, et si le pauvre vieux Boccaferri peut s'acquitter ainsi envers la mémoire de cet ange!

— Tu as raison, ami, répondit Celio, c'était le rêve de ma mère de nous voir grands artistes; mais pour cela, disait-elle, il fallait *renouveler l'art*. Nous comprenons aujourd'hui, grace à toi, ce qu'elle voulait dire; nous comprenons aussi pourquoi elle prit sa retraite à trente

ans, dans tout l'éclat de sa force et de son génie, c'est-à-dire pourquoi
elle était déjà dégoûtée du théâtre et privée d'illusions. Je ne sais si
nous ferons faire un progrès à l'esprit humain sous ce rapport; mais
nous le tenterons, et, quoi qu'il arrive, nous bénirons tes enseignemens, nous rapporterons à toi toutes nos jouissances; car nous en aurons de grandes, et si les goûts exquis que tu nous donnes nous exposent à souffrir plus souvent du contact des mauvaises choses, du
moins, quand nous toucherons aux grandes, nous les sentirons plus
vivement que le vulgaire.

Nous passâmes au troisième acte, qui était emprunté presque en entier au libretto italien. C'était une fête champêtre donnée par don Juan
à ses vassaux et à ses voisins de campagne dans les jardins de son château. J'admirai avec quelle adresse le scenario de Boccaferri déguisait
les impossibilités d'une mise en scène où manquaient les comparses.
La foule était toujours censée se mouvoir et agir autour de la scène où
elle n'entrait jamais, et pour cause. De temps en temps un des acteurs,
hors de scène, imitait avec soin des murmures, des trépignemens lointains. Derrière les décors, on fredonnait *pianissimo* sur un instrument
invisible un air de danse tiré de l'opéra, en simulant un bal à distance. Ces détails étaient improvisés avec un art extrême, chacun prenant part à l'action avec une grande ardeur et beaucoup de délicatesse
de moyens pour seconder les personnages en scène, sans les distraire
ni les déranger. L'arrangement ingénieux des coulisses étroites et sombres, ne recevant que le jour du théâtre qui s'éteignait dans leurs
profondeurs, permettait à chacun d'observer et de saisir tout ce qui
se passait sur la scène, sans troubler la vraisemblance en se montrant
aux personnages en action. Tout le monde était occupé, et personne
n'avait la faculté de se distraire une seule minute du sujet, ce qui faisait qu'on rentrait en scène aussi animé qu'on en était sorti.

Je trouvai donc le moyen de m'utiliser activement, bien que n'ayant
pas à paraître dans cet acte. Le scenario surtout était la chose délicate à observer; et si je ne l'eusse pas vu pratiquer à ces êtres intelligens, qui me communiquaient à mon insu leur finesse de perception,
je n'aurais pas cru possible de s'abandonner aux hasards de l'improvisation sans manquer à la proportion des scènes, à l'ordre des entrées
et des sorties, et à la mémoire des détails convenus. Il paraît que, dans
les premiers essais, cette difficulté avait paru insurmontable aux Floriani; mais Boccaferri et sa fille ayant persisté, et leurs théories sur la
nature de l'inspiration dans l'art et sur la méthode d'en tirer parti,
ayant éclairé ce mystérieux travail, la lumière s'était faite dans ce premier chaos, l'ordre et la logique avaient repris leurs droits inaliénables
dans toute opération saine de l'art, et l'effrayant obstacle avait été
vaincu avec une rapidité surprenante. On n'en était même plus à s'a-

vertir les uns les autres par des clins d'œil et des mots à la dérobée comme on avait fait au commencement. Chacun avait sa règle écrite en caractères inflexibles dans la pensée; le brillant des à-propos dans le dialogue, l'entraînement de la passion, le sel de l'impromptu, la fantaisie de la divagation, avaient toute leur liberté d'allure, et cependant l'action ne s'égarait point, ou, si elle semblait oubliée un instant pour être réengagée et ressaisie sur un incident fortuit, la ressemblance de ce mode d'action dramatique avec la vie réelle (ce grand décousu, recousu sans cesse à propos) n'en était que plus frappante et plus attachante.

Dans cet acte, j'admirai d'abord deux talens nouveaux, Béatrice-Zerlina et Salvator-Masetto. Ces deux beaux enfans avaient l'inappréciable mérite d'être aussi jeunes et aussi frais que leurs rôles, et l'habitude de leur familiarité fraternelle donnait à leur dispute un adorable caractère de chasteté et d'obstination enfantine qui ne gâtait rien à celui de la scène. Ce n'était pas là tout-à-fait pourtant l'intention du libretto italien, encore moins celle de Molière; mais qu'importe? la chose, pour être rendue d'instinct, me parut meilleure ainsi. Le jeune Salvator (le Benjamin, comme on l'appelait) joua comme un ange. Il ne chercha pas à être comique, et il le fut. Il parla le dialecte milanais, dont il savait toutes les gentillesses et toutes les naïves métaphores pour en avoir été bercé naguère; il eut un sentiment vrai des dangers que courait Zerline à se laisser courtiser par un libertin; il la tança sur sa coquetterie avec une liberté de frère qui rendit d'autant plus naturelle la franchise du paysan. Il sut lui adresser ces malices de l'intimité qui piquent un peu les jeunes filles quand elles sont dites devant un étranger, et Béatrice fut piquée tout de bon, ce qui fit d'elle une merveilleuse actrice sans qu'elle y songeât.

Mais, à ce joli couple, succéda un couple plus expérimenté et plus savant, Anna et Ottavio. Stella était une héroïne pénétrante de noblesse, de douleur et de rêverie. Je vis qu'elle avait bien lu et bien compris le *Don Juan* d'Hoffmann, et qu'elle complétait le personnage du libretto en laissant pressentir une délicate nuance d'entraînement involontaire pour l'irrésistible ennemi de son sang et de son bonheur. Ce point fut touché d'une manière exquise, et cette victime d'une secrète fatalité fut plus vertueuse et plus intéressante ainsi, que la fière et forte fille du Commandeur pleurant et vengeant son père sans défaillance et sans pitié.

Mais que dirai-je d'Ottavio? Je ne concevais pas ce qu'on pouvait faire de ce personnage en lui retranchant la musique qu'il chante; car c'est Mozart seul qui en a fait quelque chose. La Boccaferri avait donc tout à créer, et elle créa de main de maître; elle développa la tendresse, le dévouement, l'indignation, la persévérance que Mozart seul sait indiquer, elle traduisit la pensée du maître dans un langage aussi élevé que sa musique; elle donna à ce jeune amant la poésie, la grace, la fierté, l'amour surtout!... — Oui, c'est là de l'amour, me dit tout à coup Celio en s'approchant de mon oreille dans la coulisse comme s'il eût répondu à ma pensée. Écoute et regarde la Cecilia, mon ami, et tâche d'oublier le serment que je t'ai fait de ne jamais l'aimer. Je ne peux plus te répondre de rien à cet égard; car je ne la connaissais pas il y a deux mois; je ne l'avais jamais entendue exprimer l'amour, et je ne savais pas qu'elle pût le ressentir. Or, je le sais, maintenant que je la vois loin du public qui la paralysait. Elle s'est transformée à mes yeux, et, moi, je me suis transformé aux miens propres. Je me crois capable d'aimer autant qu'elle. Reste à savoir si nous serons l'un à l'autre l'objet de cette ardeur qui couve en nous sans autre but déterminé, à l'heure qu'il est, que la révélation de l'art; mais ne te fie plus à ton ami, Adorno! et travaille pour ton compte sans l'appeler à ton aide.

En parlant ainsi, Celio me tenait la main et me la serrait avec une force convulsive. Je sentis, au tremblement de tout son être, que lui ou moi étions perdus.

— Qu'est-ce que cela? nous dit Boccaferri en passant près de nous. Une distraction? un dialogue dans la coulisse? Voulez-vous donc faire envoler le dieu qui nous inspire? Allons, don Juan, retrouvez-vous, oubliez Celio Floriani, et allons tourmenter Masetto!

XI. — LE SOUPER.

Quand cet acte fut fini, on retourna dans le parterre, lequel, ainsi que je l'ai dit, était disposé en salle de repos ou d'étude à volonté, et on se pressa autour de Boccaferri pour avoir son sentiment et profiter de ses observations. Je vis là comment il procédait pour développer ses élèves; car sa conversation était un véritable cours, et le seul sérieux et profond que j'aie jamais entendu sur cette matière.

Tant que durait la représentation, il se gardait bien d'interrompre les acteurs, ni même de laisser percer son contentement ou son blâme, quelque chose qu'ils fissent; il eût craint de les troubler ou de les distraire de leur but. Dans l'entr'acte, il se faisait juge; il s'intitulait *public éclairé*, et distribuait la critique ou l'éloge.

— Honneur à la Cecilia! dit-il pour commencer. Dans cet acte, elle a été supérieure à nous tous. Elle a porté l'épée et parlé d'amour comme Roméo; elle m'a fait aimer ce jeune homme dont le rôle est si délicat. Avez-vous remarqué un trait de génie, mes enfans? Écoutez, Celio, Adorno, Salvator, ceci est pour les hommes; les petites filles n'y comprendraient rien. Dans le libretto, que vous savez tous par cœur, il ·y a un mot que je n'ai jamais pu écouter sans rire. C'est lorsque doña Anna raconte à son fiancé qu'elle a failli être victime de l'audace de don Juan, ce scélérat ayant imité, dans la nuit du meurtre du Commandeur, la démarche et les manières d'Ottavio pour surprendre sa tendresse. Elle dit qu'elle s'est échappée de ses bras, et qu'elle a réussi à le repousser. Alors don Ottavio, qui a écouté ce récit avec une piteuse mine, chante naïvement : *Respiro!* Le mot est bien écrit musicalement pour le dialogue, comme Mozart savait écrire le moindre mot, mais le mot est par trop niais. Rubini, comme un maître intelligent qu'il est, le disait sans expression marquée, et en sauvait ainsi le ridicule; mais presque tous les autres Ottavio que j'ai entendus ne manquaient point de *respirer* le mot à pleine poitrine, en levant les yeux au ciel, comme pour dire au public : « Ma foi! je l'ai échappé belle! »

Eh bien! Cecilia a écouté le récit d'Anna avec une douleur chaste, une indignation concentrée, qui n'aurait prêté à rire à aucun parterre, si impudique qu'il eût été! Je l'ai vu pâlir, mon jeune Ottavio! car la figure de l'acteur vraiment ému pâlit sous le fard, sans qu'il soit nécessaire de se retourner adroitement pour passer le mouchoir sur les joues, mauvaise *ficelle*, ressource grossière de l'art grossier. Et puis, quand il a été soulagé de son inquiétude, au lieu de dire : *Je respire!* il s'est écrié du fond de l'ame : *Oh! perdue ou sauvée, tu aurais toujours été à moi!*

— Oui, oui, s'écria Stella, qui ne se piquait pas de faire la petite fille ignorante, et s'occupait d'être artiste avant tout; j'ai été si frappée de ce mot, que j'ai senti comme un remords d'avoir été émue un instant dans les bras du perfide. J'ai aimé Ottavio, et vous allez voir, dans le quatrième acte, combien cette généreuse parole m'a rendu de force et de fierté.

— Brava! bravissima! dit Boccaferri, voilà ce qui s'appelle comprendre : un entr'acte ne doit pas être perdu pour un véritable artiste. Tandis qu'il repose ses membres et sa voix, il faut que son intelligence continue à travailler, qu'il résume ses émotions récentes, et qu'il se prépare à de nouveaux combats contre les dangers et les maux de sa destinée. Je ne me lasserai pas de vous le dire, le théâtre doit être l'image de la vie : de même que, dans la vie réelle, l'homme se recueille dans la solitude ou s'épanche dans l'intimité, pour comprendre les événemens qui le pressent, et pour trouver dans une bonne résolution ou dans un bon conseil la puissance de dénouer et de gouverner les faits, de même l'acteur doit méditer sur l'action du drame et sur le caractère qu'il représente. Il doit chercher tous les jours, et entre chaque scène, tous les développemens que ce rôle comporte. Ici, nous sommes libres de la lettre, et l'esprit d'improvisation nous ouvre un champ illimité de créations délicieuses. Mais, lors même qu'en public vous serez esclaves d'un texte, un geste, une expression de visage, suffiront pour rendre votre intention. Ce sera plus difficile, mes enfans, car il faudra tomber juste du premier coup, et résumer une grande pensée dans un petit effet; mais ce sera plus subtil à chercher et plus glorieux à trouver : ce sera le dernier mot de la science, la pierre précieuse par excellence que nous cherchons ici dans une mine abondante de matériaux variés, où nous puisons à pleines mains, comme d'heureux et avides enfans que nous sommes, en attendant que nous soyons assez exercés et assez habiles pour ne choisir que le plus beau diamant de la roche.

—Toi, Celio, continua Boccaferri qu'on écoutait là comme un oracle, et contre lequel le fier Celio lui-même n'essayait pas de regimber, tu as été trop leste et pas assez hypocrite. Tu as oublié que la naïve et crédule Zerline était déjà assez femme pour exiger plus de cajoleries et pour se méfier de trop de hardiesse. Tu n'as pas oublié que Béatrice est ta sœur, et tu l'as traitée comme un petit enfant que tu es habitué à caresser sans qu'elle s'en fâche ou s'en inquiète. — Sois plus perfide, plus méchant, plus sec de cœur, et n'oublie pas que, dans l'acte que nous allons jouer, tu vas te faire tartufe... A propos! il nous manquait un père, en voici un; c'est M. Salentini qui nous tombe du ciel, et il faut improviser la scène du père. C'est du Molière, et c'est beau! Vite, enfans! un costume de grand d'Espagne à M. Salentini. L'habit *Louis XIII* tirant encore sur l'*Henri IV*, ancienne mode, grande fraise, et la trousse violette, le pourpoint long, peu ou point de rubans. Courez, Stella, n'oubliez rien; vous savez que je n'admets pas le : *Je n'y ai pas pensé* des jeunes filles. Repassez-moi tous les deux, ajouta-t-il en s'adressant à Celio et à moi, la scène de Molière. Monsieur Salentini, il ne s'agit que de s'en rappeler l'esprit et de s'en imprégner. Ne vous attachez pas aux mots. Au contraire, oubliez-les entièrement : la moindre phrase retenue par cœur est mortelle à l'improvisation... Mais, mon Dieu! j'oublie que vous n'êtes pas ici pour apprendre à jouer la comédie. Vous le ferez donc par complaisance, et vous le ferez bien, parce que vous avez du talent dans une autre partie, et que le sentiment du vrai et du beau sert à comprendre toutes les faces de l'art. *L'art est un,* n'est-ce pas?

— Je ferai de mon mieux pour ne dérouter personne, répondis-je, et je vous jure que tout ceci m'amuse, m'intéresse et me passionne infiniment.

— Merci, artiste! s'écria Boccaferri en me tendant la main. Oh! être artiste! Il n'y a que cela qui mérite la peine de vivre !

— Nous, au décor! dit-il à sa fille; je n'ai besoin que de toi pour m'aider à placer l'intérieur du palais de don Juan. Que l'armure de la statue soit prête pour que M. Salentini puisse la reprendre bien vite pendant la scène de M. Dimanche; et toi, Masetto, va te grimer pour faire ce vieux personnage. Celio, si tu as le malheur de causer dans la coulisse pendant cet acte, je serai mauvais comme je l'ai été dans la dernière scène du précédent : tu m'avais mis en colère, je n'étais plus lâche et poltron; et si je suis mauvais, tu le seras! C'est une grande erreur que de croire qu'un acteur est d'autant plus brillant que son interlocuteur est plus pâle : la théorie de l'individualisme, qui règne au théâtre plus que partout ailleurs, et qui s'exerce en ignobles jalousies de métier pour souffler la claque à un camarade, est plus pernicieuse au talent sur les planches que sur toutes les autres scènes de la vie. Le théâtre est l'œuvre collective par excellence. Celui qui a froid y gèle son voisin, et la contagion se communique avec une désespérante promptitude à tous les autres. On veut se persuader ici-bas que le mauvais fait ressortir le bon. On se trompe, le bon deviendrait le parfait, le beau deviendrait le sublime, l'émotion deviendrait la passion, si, au lieu d'être isolé, l'acteur d'élite était secondé et chauffé par son entourage. A ce propos, mes enfans, encore un mot, le dernier, avant de nous remettre à l'œuvre! Dans les commencemens nous jouions trop longuement; maintenant que nous tenons la forme et que le développement ne nous emporte plus, nous tombons dans le défaut contraire : nous jouons trop vite. Cela vient de ce que chacun, sûr de son propre fait, coupe la parole à son interlocuteur pour placer la sienne. Gardez-vous de la personnalité jalouse et pressée de se montrer! gardez-vous-en comme de la peste! On ne s'éclaire qu'en s'écoutant les uns les autres. Laissez même un peu divaguer la réplique, si bon lui semble : ce sera une occasion de vous impatienter tout de bon quand elle entravera l'action qui vous passionne. Dans la vie réelle, un ami nous fatigue de ses distractions, un valet nous irrite par son bavardage, une femme nous désespère par son obstination ou ses détours. Eh bien, cela sert au lieu de nuire sur la scène que nous avons créée. C'est de la réalité, et l'art n'a qu'à conclure. D'ailleurs, quand vous vous interrompez les uns les autres, vous risquez d'écourter une bonne réflexion qui vous en eût inspiré une meilleure : vous faites envoler une pensée qui eût éveillé en vous mille pensées. Vous vous nuisez donc à vous-même. Souvenez-vous du principe : « Pour que chacun soit bon et vrai, il faut que tous le soient, et le succès qu'on ôte à un rôle, on l'ôte au sien propre. » Cela paraîtrait un effroyable paradoxe hors de cette enceinte; mais vous en reconnaîtrez la justesse, à mesure que vous vous formerez à l'école de la vérité. D'ailleurs, quand ce ne serait que de la bienveillance et de l'affection mutuelle, il faut être *frères* dans l'art comme vous l'êtes par le sang; l'inspiration ne peut être que le résultat de la santé morale, elle ne descend que dans les ames généreuses, et un méchant camarade est un méchant acteur, quoi qu'on en dise!

La pièce marcha à souhait jusqu'à la dernière scène, celle où je re-
parus en statue pour m'abîmer finàlement dans une trappe avec don
Juan. Mais, quand nous fûmes sous le théâtre, Celio, dont je tenais
encore la main dans ma main de pierre, me dit en se dégageant et en
passant du fantastique à la réalité, sans transition : — Pardieu! que
le diable vous emporte! Vous m'avez fait manquer la partie culmi-
nante du drame; j'ai été plus froid que la statue quand je devais être
terrifié et terrifiant. Boccaferri ne comprendra pas pourquoi j'ai été
aussi mauvais ce soir que sur le théâtre impérial de Vienne. Mais moi,
je vais vous le dire. Vous regardez trop la Boccaferri, et cela me fait
mal. Don Juan jaloux, c'est impossible; cela fait penser qu'il peut être
amoureux, et cela n'est point compatible avec le rôle que j'ai joué ce
soir ici et jusqu'à présent dans la vie réelle.

— Où voulez-vous en venir, Celio? répondis-je. Est-ce une querelle, un défi, une déclaration de guerre? Parlez, je fais appel à la
vertu qui m'a fait votre ami presque sans vous connaître, à votre franchise!

— Non, dit-il, ce n'est rien de tout cela. Si j'écoutais mon instinct,
je vous tordrais le cou dans cette cave. Mais je sens que je serais odieux
et ridicule de vous haïr, et je veux sincèrement et loyalement vous
accepter pour rival et pour ami quand même. C'est moi qui vous ai
attiré ici de mon propre mouvement et sans consulter personne. Je
confesse que je vous croyais au mieux avec la duchesse de N..., car
j'étais à Turin, il y a trois jours, avec Cecilia. Personne, dans ce village et dans la ville de Turin, n'a su notre voyage. Mais nous, dans les
vingt-quatre heures que nous avons été près de vous sans pouvoir
aller vous serrer la main, nous avons appris, malgré nous, bien des
choses. Je vous ai cru retombé dans les filets de Circé; je vous ai plaint
sincèrement, et comme nous passions devant votre logement pour
sortir de la ville, à cinq heures du matin, Cecilia vous a chanté quelques phrases de Mozart en guise d'éternel adieu. Malheureusement elle
a choisi un air et des paroles qui ressemblaient à un appel plus qu'à
une formule d'abandon, et cela m'a mis en colère. Puis, je me suis
rassuré en la voyant aussi calme que si votre infidélité lui était la
chose du monde la plus indifférente; et, comme je vous aime, au fond
j'étais triste en pensant à la femme qui remplaçait Cecilia dans votre
volage cœur. Voyons, dites, qui aimez-vous et où allez-vous? Ne cou-
riez-vous pas après la duchesse en passant par le village des Désertes?
Est-elle cachée dans quelque château voisin? Comment le hasard aurait-il pu vous amener dans cette vallée, qui n'est sur la route de rien?
Si vous ne volez pas à un rendez-vous donné par cette femme, il est
évident pour moi que vous êtes venu ici pour l'autre, que vous avez
réussi à connaître sa retraite et sa nouvelle situation, si bien cachée

depuis qu'elle en jouit. C'est donc à vous d'être sincère, monsieur Salentini. De qui êtes-vous ou n'êtes-vous pas amoureux, et vis-à-vis de qui prétendez-vous vous conduire en Ottavio ou en don Giovanni?·

Je répondis en racontant succinctement toute la vérité; je ne cachai point que le *vedrai carino* chanté par Cecilia sous ma fenêtre m'avait sauvé des griffes de la duchesse, et j'ajoutai pour conclure : — J'ai été sur le point d'oublier Cecilia, j'en conviens, et j'ai tant souffert dans cette lutte, que je croyais n'y plus songer. Je m'attendais si peu à vous revoir aujourd'hui, et l'existence fantastique où vous me jetez tout d'un coup est si nouvelle pour moi, que je ne puis vous rien dire, sinon que vous devenu naïf et amoureux, *elle* devenue expansive et brillante, son père devenu sobre et lucide d'intelligence, votre château mystérieux, vos deux charmantes sœurs, ces figures inconnues qui m'apparaissent comme dans un rêve, cette vie d'artiste–grand-seigneur que vous vous êtes créée si vite dans un nid de vautours et de revenans, tandis que le vent siffle et que la neige tombe au dehors, tout cela me donne le vertige. J'étais enivré, j'étais heureux tout à l'heure, je ne touchais plus à la terre; vous me rejetez dans la réalité, et vous voulez que je me résume. Je ne le puis. Donnez-moi jusqu'à demain matin pour vous répondre. Puisque nous ne pouvons ni ne voulons nous tromper l'un l'autre, je ne sais pas pourquoi nous ne resterions pas amis jusqu'à demain matin.

— Tu as raison, répondit Celio, et, si nous ne restons pas amis toute la vie, j'en aurai un mortel regret. Nous causerons demain au jour. La nuit est faite ici pour le délire... Mais pourtant, écoute un dernier mot de réalité que je ne peux différer. Mes charmantes sœurs, dis-tu, t'apparaissent comme dans un rêve? Méfie-toi de ce rêve; il y a une de mes sœurs dont tu ne dois jamais devenir amoureux.

— Elle est mariée?

— Non : c'est plus grave encore. Réponds à une question qui ne souffre pas d'ambages. Sais-tu le nom de ton père? Je puis te demander cela, moi qui n'ai su que fort tard le nom du mien.

— Oui, je sais le nom de mon père, répondis-je.

— Et peux-tu le dire?

— Oui; c'est seulement le nom de ma mère que je dois cacher. ¹

— C'est le contraire de moi. Donc ton père s'appelait?

— Tealdo Soavi. Il était chanteur au théâtre de Naples. Il est mort jeune.

— C'est ce qu'on m'avait dit. Je voulais en être certain. Eh bien! ami, regarde la petite Béatrice avec les yeux d'un frère; car elle est ta sœur. Pas de questions là-dessus. Elle seule dans la famille a ce lien mystérieux avec toi, et il ne faut pas qu'elle le sache. Pour nous, notre mère est sacrée, et toutes ses actions ont été saintes. Nous sommes ses enfans, nous portons son glorieux nom, il suffit à notre orgueil; mais, quoi qu'il ait pu m'en coûter, je devais t'avertir, afin qu'il n'y eût pas ici de méprise. Quelquefois le sentiment le plus pur est un inceste de cœur, qu'il ne faut pas couver par ignorance. Cette chaste enfant est disposée à la coquetterie, et peut-être un jour sera-t-elle passionnée par réaction. Sois sévère, sois désobligeant avec elle au besoin, afin que nous ne soyons pas forcés de lui dire ce que vous êtes l'un à l'autre. Tu le vois, Adorno, j'avais bien quelque raison pour m'intéresser à toi, et en même temps pour te surveiller un peu; car ce lien direct de ma sœur avec toi établit entre nous un lien indirect. Je serais bien malheureux d'avoir à te haïr!

— Eh bien! eh bien! nous cria Béatrice en rouvrant la trappe, êtes-vous morts tout de bon là-dessous? D'où vient que vous ne remontez pas? On vous attend pour souper.

La belle tête de cette enfant fit tressaillir mon cœur d'une émotion profonde. Je compris pourquoi je l'avais aimée à la première vue, et, quand je me demandai à qui elle ressemblait, je trouvai que ce devait être à moi. Elle-même, par la suite, en fit un jour très naïvement la remarque.

J'étais donc, moi aussi, un peu de la famille, et cela me mit à l'aise. Quoi qu'on en dise, il n'y a rien d'aussi poétique et d'aussi émouvant que ces découvertes de parenté que couvre le mystère; elles ont presque le charme de l'amour.

Nous passâmes dans la salle à manger comme l'horloge du château sonnait minuit. Le règlement portait qu'on souperait en costume. Il faisait assez chaud dans les appartemens pour que mon armure de carton ne compromît pas ma santé, et, quand on vit l'*uom' di sasso* s'asseoir pour manger *cibo mortale* entre don Juan et Leporello, il se fit une grande gaieté, qui conserva pourtant une certaine nuance de fantastique dans les imaginations, même après que j'eus posé mon masque en guise de couvercle sur un pâté de faisans.

On mangea vite et joyeusement; puis, comme Boccaferri commençait à causer, Cecilia et Celio voulurent envoyer coucher *les enfans;* mais Béatrice et Benjamin résistèrent à cet avis. Ils ouvraient de grands yeux pour prouver qu'ils n'avaient point envie de dormir, et prétendaient être aussi robustes que les *grandes personnes* pour veiller.
— Ne les contrarie pas, dit Cecilia à Celio; dans un quart d'heure, ils vont demander grace.

En effet, Boccaferri que je voyais, avec admiration, mettre beaucoup d'eau dans son vin, entama l'examen de la pièce que nous venions de jouer, et la belle tête blonde de Béatrice se pencha sur l'épaule de Stella, pendant qu'à l'autre bout de la table, Benjamin commençait à regarder son assiette avec une fixité non équivoque. Celio, qui était fort comme un athlète, prit sa sœur dans ses bras et l'emporta comme un petit enfant; Stella secouait son jeune frère pour l'emmener. Je pris un flambeau pour diriger leur marche dans les grandes galeries du château, et, tandis que Stella prenait ma bougie pour aller allumer celle de Benjamin, Celio me dit tout bas en me montrant Béatrice qu'il avait déposée sur son lit : Elle dort comme un loir. Embrasse-la dans ces ténèbres, ta petite sœur que tu ne dois peut-être jamais embrasser une seconde fois. Je déposai un baiser presque paternel sur le front pur de Béatrice, qui me répondit sans me reconnaître : Bonsoir, Celio! Puis elle ajouta sans ouvrir les yeux et avec un malin sourire : Tu diras à M. Salentini de ne pas faire de bruit pendant le souper, crainte de réveiller M. le marquis de Balma !

Stella était revenue avec la lumière. Nous mîmes sa jeune sœur entre ses mains pour la déshabiller, puis nous allâmes nous remettre à table. Stella revint bientôt aussi, rapportant ce délicieux costume andaloux de Zerlina, qui devait être serré et caché dans le magasin de costumes.

— Le mystère dont nous réussissons à nous entourer, me dit Cecilia, donne un nouvel attrait à nos études et à nos fêtes nocturnes. J'espère que vous ne le trahirez pas et que vous laisserez les gens du village croire que nous allons au sabbat toutes les nuits.

Je lui racontai les commentaires de mon hôtesse et l'histoire du petit soulier. — Oh! c'est vrai, dit Stella; c'est la faute de Béatrice, qui ne veut aller se coucher que quand elle dort debout. Cette nuit-là, elle était si lasse qu'elle a dormi avec un pied chaussé comme une vraie petite sorcière. Nous ne nous en sommes aperçues que le lendemain.

— Çà, mes enfans, dit Boccaferri, ne perdons pas de temps à d'inutiles paroles. Que jouons-nous demain?

—Je demande encore *Don Juan* pour prendre ma revanche, dit Celio; car j'ai été distrait ce soir et j'ai fait un progrès à reculons.

— C'est vrai, répondit Boccaferri : à demain donc *Don Juan,* pour la troisième fois ! Je commence à craindre, Celio, que tu ne sois pas assez méchant pour ce rôle tel que tu l'as conçu dans le principe. Je te conseille donc, si tu le sens autrement (et le sentiment intime d'un acteur intelligent est la meilleure critique du rôle qu'il essaie), de lui donner d'autres nuances. Celui de Molière est un marquis, celui de Mozart un démon, celui d'Hoffmann un ange déchu. Pourquoi ne le pousserais-tu pas dans ce dernier sens? Remarque que ce n'est point une pure rêverie du poète allemand, cela est indiqué dans Molière, qui a conçu ce marquis dans d'aussi grandes proportions que le *Misanthrope* et *Tartufe.* Moi, je n'aime pas que *Don Juan* ne soit que le *dissoluto castigato,* comme on l'annonce, par respect pour les mœurs, sur les affiches de spectacle de la *Fenice.* Fais-en un héros corrompu, un grand cœur éteint par le vice, une flamme mourante qui essaie en vain, par momens, de jeter une derrière lueur. Ne te gêne pas, mon enfant, nous sommes ici pour interpréter plutôt que pour traduire.

Don Juan est un chef-d'œuvre, ajouta Boccaferri en allumant un bon cigare de la Havane (sa vieille pipe noire avait disparu), mais c'est un chef-d'œuvre en plusieurs versions. Mozart seul en a fait un chef-d'œuvre complet et sans tache; mais, si nous n'examinons que le côté littéraire, nous verrons que Molière n'a pas donné à son drame le mouvement et la passion qu'on trouve dans le libretto de notre opéra. D'un autre côté, ce libretto est écrit en style de libretto, c'est tout dire, et le style de Molière est admirable. Puis, l'opéra ne souffre pas les développemens de caractère, et le drame français y excelle. Mais il manquera toujours à l'œuvre de Molière la scène de dona Anna et le meurtre du Commandeur, ce terrible épisode qui ouvre si violemment et si franchement l'opéra; le bal où Zerlina est arrachée des mains du séducteur est aussi très dramatique; donc le drame manque un peu chez Molière. Il faudrait refondre entièrement ces deux sujets l'un dans l'autre; mais, pour cela, il faudrait retrancher et ajouter à Molière. Qui l'oserait et qui le pourrait? Nous seuls sommes assez fous et assez hardis pour le tenter. Ce qui nous excuse, c'est que nous voulons de l'action à tout prix et retrouver ici, à huis-clos, les parties importantes de l'opéra que vous chanterez un jour en public. Et puis, de douze acteurs, nous n'en avons que six! Il faut donc faire des tours de force.

Essayons demain autre chose. Que M. Salentini fasse Ottavio, et que ma fille crée cette fâcheuse Elvire, toujours furieuse et toujours mystifiée, que nous avions fondue dans l'unique personnage d'Anna. Il faut voir ce que Cecilia pourra faire de cette jalouse. Courage, ma fille! Plus c'est difficile et déplaisant, plus ce sera glorieux!

— Eh bien! puisque nous changeons de rôle, dit Celio, je demande à être Ottavio. Je me sens dans une veine de tendresse, et don Juan me sort par les yeux.

— Mais qui fera don Juan? dit Boccaferri.

— Vous! mon père, répondit Cecilia. Vous saurez-vous rajeunir, et, comme vous êtes encore notre maître à tous, cet essai profitera à Celio.

— Mauvaise idée! où trouverais-je la grace et la beauté? Regarde Celio; il peut mal jouer ce rôle : cette tournure, ce jarret, cette fausse moustache blonde qui va si bien à ses yeux noirs, ce grand œil un peu cerné, mais si jeune encore, tout cela entretient l'illusion; au lieu qu'avec moi, vieillard, vous serez tous froids et déroutés.

— Non! dit Celio, don Juan pouvait fort bien avoir quarante-cinq ans, et tu ne paraissais pas aujourd'hui un Leporello plus âgé que cela. Je crois que je me suis fait trop jeune pour être un si profond scélérat, et un roué si célèbre. Essaie, nous t'en prions tous.

— Comme vous voudrez, mes enfans! et toi, Cecilia, tu seras Elvire?

— Je serai tout ce qu'on voudra pour que la pièce marche. Mais
M. Salentini?

— Toujours statue à votre service.

— C'est un seul rôle, dit Boccaferri; les rôles courts doivent nécessairement cumuler. Vous essaierez d'être Masetto, et le Benjamin, qui
a beaucoup de comique, se lancera dans Leporello. Pourquoi non?
On le vieillira et les grandes difficultés font les grands progrès.

— Il est donc convenu que je reviens ici demain soir? demandai-je
en faisant de l'œil le tour de la table.

— Mais oui, si personne ne vous attend ailleurs? dit Cecilia en me
tendant la main avec une bienveillance tranquille, qui n'était pas faite
pour me rendre bien fier.

— Vous reviendrez demain matin habiter le château des Désertes,
s'écria Boccaferri. Je le veux! vous êtes un acteur très utile et très
distingué par nature. Je vous tiens, je ne vous lâche pas. Et puis, nous
nous occuperons de peinture. vous verrez! La peinture en décor est la
grande école de relief, de profondeur et de lumière que les peintres
d'histoire et de paysage dédaignent, faute de la connaître, et faute
aussi de la voir bien employée. J'ai mes idées aussi là-dessus, et vous
verrez que vous n'aurez pas perdu votre temps à écouter le vieux Boccaferri. Et puis, nos costumes et nos groupes vous inspireront des
sujets; il y a ici tout ce qu'il faut pour faire de la peinture, et des ateliers à choisir.

— Laissez-moi songer à cela cette nuit, dis-je en regardant Celio,
et je vous répondrai demain matin.

— Je vous attends donc demain à déjeuner, ou plutôt je vous garde
ici sur l'heure.

— Non, dis-je, je demeure chez un brave homme qui ne se couche-
rait pas cette nuit, s'il ne me voyait pas rentrer. Il croirait que je suis
tombé dans quelque précipice, ou que les diables du château m'ont
dévoré.

Ceci convenu, nous nous séparâmes. Celio m'aida à reprendre mes
habits et voulut me reconduire jusqu'à mi-chemin de ma demeure;
mais il me parla à peine, et, quand il me quitta, il me serra la main
tristement. Je le vis s'en retourner sur la neige, avec ses bottes de
cuir jaune, son manteau de velours, sa grande rapière au côté, et sa
grande plume agitée par la bise. Il n'y avait rien d'étrange comme
de voir ce personnage du temps passé traverser la campagne au clair
de la lune, et de penser que ce héros de théâtre était plongé dans les
rêveries et les émotions du monde réel.

GEORGE SAND.

(La quatrième partie au prochain n°.)

VIE MILITAIRE EN AFRIQUE.

UNE COURSE AUX FRONTIÈRES DU MAROC. [1]

I.

— Mon liéutenant, voici un Maltais qui veut vous parler.

— Que le diable l'emporte! Qui va là?

Et, me frottant les yeux avec ce mouvement de colère qu'éprouve toujours un homme dont le premier sommeil est brusquement interrompu, je parvins enfin à rattraper mon bon sens.

— Lieutenant, reprit avec son sang-froid d'Allemand 'le planton de la légion étrangère dès qu'il vit que j'étais en état de le comprendre, un Maltais dit avoir à parler au général.

— C'est moi, Durande; j'arrive de Djema-Rhazaouat, me cria à travers la porte entre-bâillée celui que l'honnête Allemand baptisait ainsi.

Aussitôt je saute à bas de mon lit, et, tout en passant à la hâte mon uniforme : — Entrez donc, dis-je à M. Durande; entrez bien vite, et pardon de la sottise de ce soldat. Quelles nouvelles apportez-vous?

(1) Voyez *Une Course dans la province d'Oran*; livraison du 1er novembre 1850.

— Bonnes, monsieur. Grace au ciel, les prisonniers sont sauvés, je les ai laissés à Djema.

— Courons chez le général, sa joie sera grande.

Et, m'élançant vers la porte, je descendis l'escalier tortueux quatre à quatre, au risque de me rompre le cou, suivi de M. Durande, affu_ blé d'un grand caban napolitain, couvert de vêtemens de pêcheur, et ressemblant si bien à un flibustier des côtes, que l'erreur du soldat était vraiment excusable. M. Durande attendit dans la grande salle mauresque du Château-Neuf, pendant que j'entrais chez le général. Il me fallut le secouer rudement, car, si le général de Lamoricière était un travailleur infatigable, il était aussi difficile de l'arracher au sommeil qu'à l'étude. Dès que je lui eus fait part des nouvelles :

— Envoyez chercher, me dit-il, le colonel de Martinprey. Que l'on réveille ces messieurs. Donnez l'ordre à deux courriers arabes de se tenir prêts à monter à cheval.

Il était une heure et demie du matin; mais, dans un état-major, le jour ou la nuit les ordres s'exécutent sans retard. Deux minutes après, les plantons se mettaient en route, et j'avais rejoint le général. Nous trouvâmes ce pauvre Durande assis sur un des canapés de la grande salle : la fièvre commençait à lui faire claquer les dents. Constamment en mer depuis soixante heures sur une méchante balancelle, tour à tour en proie à la crainte et agité par l'espérance, l'excitation nerveuse l'avait soutenu tant qu'il avait dû conserver ses forces pour accomplir son devoir; mais maintenant la réaction commençait à se faire sentir. Il pouvait à peine ouvrir la bouche : aussi quelles n'avaient pas été ses fatigues depuis un mois!

Le 2 novembre 1846, un Arabe remettait au gouverneur de Melilla, ville occupée par les Espagnols sur la côte d'Afrique, une lettre de M. le commandant Courby de Cognord, prisonnier de l'émir. Dans cette lettre, M. de Cognord annonçait que, moyennant une rançon de 40,000 francs, le chef chargé de leur garde consentirait à le livrer, lui et ses dix compagnons d'infortune, les seuls qui eussent survécu au massacre de tous les prisonniers faits par Abd-el-Kader dans ce malheureux mois de septembre 1845, une époque pour nous si fatale! Le gouverneur de Melilla transmit immédiatement cette lettre au général d'Arbouville, commandant alors par intérim la province d'Oran. Bien qu'il eût peu d'espoir, le général d'Arbouville, ne voulant pas laisser échapper la moindre occasion, fit demander au commandant de la corvette à vapeur *le Véloce* un officier intelligent et énergique pour remplir une mission importante. M. Durande, enseigne de vaisseau, fut désigné. Quant aux 40,000 francs, prix de la rançon, on ne les avait pas; mais heureusement la caisse du payeur divisionnaire se trouvait à Oran. Toutefois, comme aucun crédit n'était ouvert au budget, l'on dut forcer la caisse; ce qui se fit de la meilleure grâce du monde. Les honnêtes gendarmes, devenus voleurs, prêtèrent main forte au colonel de Martinprey; procès-verbal fut dressé, et les 40,000 francs, bien comptés en bons douros d'Espagne, furent emportés à bord du *Véloce,* qui déposa M. Durande à Melilla. Depuis ce moment, *le Véloce* touchait dans ce port, à chaque courrier de Tanger pour prendre des nouvelles; lorsqu'un ordre d'Alger envoya la corvette à Cadix. *Le Véloce* allait se mettre à la disposition de M. Alexandre Dumas : Oran resta sans stationnaire, et les courriers du Maroc furent interrompus.

Nous étions donc sans nouvelles, et il est facile de comprendre avec quelle impatience nous attendions le récit de M. Durande; mais la fièvre lui fermait la bouche. Alors une boisson chaude et fortifiante est préparée à la hâte; on l'entoure de soins, on cherche à le ranimer. Il fallait qu'il parlât; chacun était suspendu à ses lèvres. Enfin, il reprend ses forces, et il nous raconte que, dès son arrivée à Melilla, un Arabe, par les soins du gouverneur espagnol, avait porté à M. de Cognord une lettre lui donnant avis que l'argent était dans la ville, que l'on se tenait prêt à toute circonstance, et qu'une balancelle frétée par M. Durande croiserait constamment le long des côtes. Pendant long-temps la balancelle n'avait rien vu, et tous avaient déjà perdu l'espoir, lorsque, le 24 novembre, deux Arabes se présentèrent dans les fossés de la place, annonçant que les prisonniers se trouvaient à quatre lieues de la pointe de Bertinza; le lendemain, 25, ils y seraient rendus. Un grand feu allumé sur une hauteur devait indiquer le point du rivage où se ferait l'échange. Le gouverneur de la ville et M. Durande se consultèrent : n'était-ce pas un nouveau piége? quelles garanties offraient ces Arabes? « J'ai pour mission, dit M. Durande, de sauver les prisonniers à tout prix; qu'importe si je péris en essayant d'exécuter les ordres du général?» Ils convinrent donc que le lendemain, vers midi, M. Durande se trouverait au lieu indiqué, et que don Luis Coppa, major de place à Melilla, marcherait, de conserve avec la balancelle, dans un canot du port monté par un équipage bien armé : L'argent devait être déposé dans ce canot, qui se tiendrait au large jusqu'à ce que M. Durande eût donné le signal.

A midi, le feu est allumé; à midi, la balancelle accoste au rivage. Quatre ou cinq cavaliers sont déjà sur la plage : ils annoncent que les prisonniers, retenus à une demi-heure de là, vont arriver; puis ils partent au galop. M. Durande se rembarque dans la crainte d'une surprise, et se tient à une portée de fusil. Bientôt il aperçoit un nuage de poussière, soulevé par les chevaux des réguliers de l'émir. De la barque on distingue les onze Français, et les cavaliers s'éloignent, emmenant les prisonniers sur une hauteur, où ils attendent; une cinquantaine seulement restent avec un chef, près de la balancelle, qui s'est rapprochée. Ce fut un moment solennel, celui où la longueur d'un fusil séparait seule la poitrine de nos braves matelots du groupe ennemi. La trahison était facile. Le chef arabe demande l'argent; on lui montre la barque qui croisait au large; s'il veut passer à bord, il est libre de le compter. Le chef accepte; au signal convenu, le canot espagnol se rapproche; on compte l'argent; la moitié des lourdes caisses est transportée à terre, la moitié des prisonniers est remise en même temps; le reste de l'argent est compté, les derniers prisonniers s'embarquent, et M. Durande se hâte de pousser au large. Le vent était favorable; on arriva promptement à Melilla, où la garnison espagnole entoura d'hommages ces vaillans soldats dont le courage n'avait pas faibli un instant durant ces longs mois d'épreuves.

Tous cependant avaient hâte d'arriver sur une terre française; aussi, comme le vent soufflait du détroit, ils s'embarquèrent sur la balancelle, et, douze heures après, le colonel Mac-Mahon et la petite garnison de Djema-Rhazàouat fêtaient dans un repas de famille le retour de ceux que l'on croyait perdus, à quelques lieues du marabout de Sidi-Brahim, le témoin de leur héroïque valeur. Quant à M. Durande, il s'était dérobé aux félicitations de tous; impatient d'accomplir jusqu'au bout sa mission, il avait repris la mer, afin d'annoncer au général la bonne nouvelle.

Nous obtînmes ces détails à grand'peine; mais enfin, le thé et le grog aidant, M. Durande avait parlé; on en savait assez pour écrire sur-le-champ à M. le maréchal, qui arrivait à Mostaganem par la vallée du Chéliff, et, tandis que l'un de nous menait le brave enseigne prendre un repos si bien gagné, le colonel de Martinprey, assis devant le bureau du général, écrivait sous sa dictée la lettre que les cavaliers arabes allaient porter en toute hâte. L'année d'auparavant, c'était une dépêche du colonel de Martinprey qui avait donné la première nouvelle du désastre; chargé aussitôt d'une mission pour Djema, c'était lui qui avait transmis tous les détails du combat de Sidi-Brahim, et maintenant sa main encore allait envoyer la nouvelle de la délivrance de ceux dont, par deux fois déjà, il avait raconté la terrible histoire. Aussi, lorsque nous nous étions approchés du bureau, nous avait-il écartés, nous disant : « Pour cette fois, je prends votre place; laissez-moi, je suis superstitieux. »

Les courriers expédiés, chacun regagna son lit, et le lendemain, réunis au déjeuner, nous nous réjouissions en pensant que nous verrions bientôt nos compagnons d'armes, car l'ordre venait d'être envoyé de faire repartir pour Djema le *Véloce*, que l'on attendait à chaque heure, sans lui laisser le temps de s'amarrer, lorsqu'on vint annoncer que le *Véloce* était signalé passant au large avec le cap sur Alger. L'embarras était grand : pas de bateau à vapeur, un vent du détroit qui rendait,toute navigation à voile impossible. *Le Caméléon,* bateau à vapeur du maréchal , venu pour l'attendre, avait éprouvé une forte avarie, qui ne lui permettait pas de reprendre la mer avant quarante-huit heures. L'on ne savait,à quel saint se vouer, lorsque d'honorables négocians d'Oran, MM. Dervieux, apprirent l'embarras où se trouvait le général de Lamoricière. Ils possédaient un petit bateau à vapeur, *la Pauline,* qui faisait le service d'Espagne : ils le lui offrirent, ne demandant même pas le prix du charbon brûlé. Douze heures après, *la Pauline* mouillait en rade de Djema, pendant que le maréchal, de son côté, recevait les dépêches à Mostaganem et annonçait son arrivée pour le lendemain. Dans la nuit, *la Pauline* était de retour, et, dès cinq heures du matin, l'état-major expédiait les ordres. A sept heures, les troupes descendaient vers la Marine pour aller recevoir les prisonniers. La ville entière était en joie; chacun avait mis ses habits de fête; gens du midi et gens du nord, le Valencien au chapeau pointu, l'Allemand lourd et blond, le Marseillais à l'accent bien connu, toute la foule bariolée enfin, les femmes surtout, toujours avides de spectacle, marchaient à la suite des troupes. Les bataillons, rangés du Château-Neuf jusqu'au fort de l'Hamoun, se déroulaient au flanc de la colline, sur un espace de près de trois quarts de lieue, comme un long serpent de fer.

Le ciel était sans un nuage; ce beau soleil de décembre d'Afrique, plus beau que le soleil du mois de mai à Paris, éclairait la foule, le port et la ville. La vaste baie, unie comme un miroir d'azur, semblait se prêter à la joie de la terre, et les murmures du flot qui baignait les rochers du fort étaient si doux, qu'on eût dit les murmures d'un ruisseau. Au fort l'Hamoun, un pavillon est hissé; *la Pauline* a quitté Merzel-Kébir, elle double bientôt la pointe, rase les rochers et s'arrête à quelques mètres du quai. Tous les regards se portent vers le navire. Le canot major du *Caméléon,* avec ses matelots en chemises blanches au col bleu, se tient près de l'échelle; les rames sont droites, saluant du salut réservé aux amiraux le soldat qui a versé son sang et supporté la captivité pour l'honneur du drapeau.

Le canot s'éloigna du navire, la foule devint silencieuse; on était avide de voir ceux qui avaient tant souffert.—Ils accostent; le général de Lamoricière le premier tend la main au commandant de Cognord, et l'embrasse avec l'effusion d'un soldat.—La musique des régimens entonna alors un chant de guerre, et elle répondait si bien aux sentimens de ce peuple entier, que vous eussiez vu des éclairs jaillir de tous les regards, des larmes sortir de tous les yeux , à mesure que le son, roulant d'écho en écho, allait porter à travers tous les rangs la bonne nouvelle de l'arrivée. On se remet en marche, les tambours battent aux champs, les soldats présentent les armes, les drapeaux saluent, et ils s'avancent ainsi, avec une escorte d'officiers, traversant tous ces respects. Chacun est fier de les avoir honorés et s'incline, car il voit derrière ce cortège de gloire s'avancer le cortège de ceux qui sont morts à la même journée, à la même heure, et dans ces débris de tant d'hommes les héritiers du sang versé. Deux heures après, la ville avait repris son repos, mais la fête continuait dans la famille, au sein des régimens.

Le même jour, à midi, cinq cents cavaliers de la tribu des Douairs et des Smélas étaient à cheval, et suivaient le général de Lamoricière, qui allait à la rencontre du maréchal Bugeaud. Toute la troupe bruyante marchait sur une ligne droite, faisant caracoler ses chevaux, brûlant de temps à autre la poudre de réjouissance, lorsque les coureurs annoncèrent que le maréchal était proche. Les cavaliers s'arrêtèrent aussitôt, et, formant le demi-cercle, se tinrent immobiles, haut le fusil, pour faire honneur au gouverneur du pays. Le général de Lamoricière et le maréchal s'abordèrent très froidement. Chacun avait sur le cœur des querelles de systèmes de colonisation, et il paraît qu'entre hommes d'état, ces querelles sont aussi graves que les rivalités de coquettes entre femmes. Le maréchal était venu de Mostaganem dans un petit char-à-bancs; il offrit à ses côtés, d'assez mauvaise grace, une place au général de Lamoricière, et la carriole qui portait les puissans de l'Afrique se remit en marche au milieu d'un tourbillon d'hommes, de chevaux, de poussière et de poudre dont les Arabes, suivant le vieil usage, balayaient la route.

Le lendemain, les réceptions officielles commencèrent. Le vieux maréchal était debout dans cette grande salle mauresque du Château-Neuf, dont les arceaux de marbre sculpté portent encore le croissant de la domination turque : — derrière lui, ses officiers, état-major de guerre que l'on sent toujours prêt à sauter à cheval et à courir au péril; à sa droite, tous les corps de l'armée, l'infanterie, si laborieuse, si tenace et si utile; la cavalerie, dont le bruit du sabre frappant les dalles résonne comme un lointain écho du bruit de la charge; à sa gauche, les gens de grande tente des Douairs et des Smélas, revêtus du burnous blanc sur lequel brillait pour plusieurs ce ruban rouge que les services rendus ou les blessures reçues pour notre cause avaient fait attacher à leur poitrine. Leur attitude pleine de dignité, les longs plis de leurs vêtemens tombant jusqu'à terre, leur regard limpide et brillant comme le diamant, ce regard dont les races d'Orient ont le privilège, rappelaient les scènes de la Bible; et le vieux chef français, salué avec respect comme homme et comme le premier de tous, semblait le lien puissant qui devait cimenter l'union des deux peuples. Ce fut ainsi entouré que le maréchal Bugeaud reçut les onze prisonniers de Sidi-Brahim, et qu'on le vit, faisant les premiers pas,

s'incliner en embrassant ces confesseurs de l'honneur militaire. Il
nous prit le cœur à tous, lorsque nous entendîmes les nobles paroles
que son ame de soldat sut trouver en remerciant, au nom de l'armée,
ces débris qui semblaient survivre pour témoigner que nos jeunes lé-
gions d'Afrique avaient conservé intactes les traditions d'honneur et
d'abnégation léguées par les bataillons des grandes guerres. Puis l'on
se sépara, et le maréchal se retirant avec le général de Lamoricière,
tous deux s'occupèrent d'assurer le sort de quelques pauvres colons
qui, transportant leur misère de France en Afrique, allaient demander au travail et à une terre nouvelle l'adoucissement d'une vie de
fatigue et de privations.

Une partie de la nuit fut employée par les deux généraux à l'expédition des affaires, car les heures du maréchal étaient comptées, et le
lendemain il prenait la mer pour regagner Alger. Le Caméléon croisa
le courrier ordinaire à la hauteur d'Arzew, et les deux navires échangèrent la correspondance. Plusieurs députés se trouvaient à bord. Ces
messieurs venaient pour étudier, avant la session des chambres, l'A-
frique, la province d'Oran surtout et les divers systèmes de colonisation
que l'on y essayait. Débarqués à dix heures à Merz-el-Kébir, les députés déjeunaient à onze au Château-Neuf. Le temps était gris et
sombre; ils avaient eu le mal de mer, tout leur paraissait triste. Dans
notre candeur, nous avions mis à leur disposition tous les moyens matériels pour parcourir commodément la province; mais, quand on leur
dit que le soir même ils pouvaient écrire en France par le courrier
du commerce, il se trouva que des motifs d'un haut intérêt les rappelaient immédiatement à Paris. Le soir donc, à cinq heures, après avoir
passé sept heures dans la province d'Oran, dont deux en voiture et
quatre au Château-Neuf, les députés s'en allèrent à toute vapeur, appuyant leur opinion de cette phrase, qui a toujours tant de crédit : —
J'ai vu, j'ai été dans le pays. — C'est ainsi que l'on jugeait l'Afrique.

II.

Après le départ du maréchal et des députés, rien ne retenait plus à
Oran le général de Lamoricière. Il donna donc l'ordre de se tenir prêt.
Nous allions parcourir l'ouest de la province, comme nous avions parcouru quelque temps auparavant les cercles de Mascara et de Mostaganem.

Le lendemain à midi, après avoir eu durant la route pour compagnon de joyeuse humeur un beau soleil qui faisait étinceler l'herbe
humide sortie de terre comme par enchantement aux premières pluies,
nous arrivions aux ruines romaines d'Agkbeil. Ces ruines, qui s'étendent au sud des collines du Tessalah, appartenaient à M. de Saint-

Maur, qui vint nous recevoir à la limite de ses domaines, suivi de deux lévriers, ses seuls sujets. C'est ainsi qu'autrefois les tenanciers d'une terre rendaient hommage aux suzerains du pays. Tous, et M. de Saint-Maur le premier, se mirent à rire de ce rapprochement, de ces souvenirs du passé, que l'imagination évoque toujours. Et pourtant cette marche du général de Lamoricière à travers la province, escorté par les chefs indigènes et ces populations guerrières que la paix contraignait à jouer avec leurs fusils, elle avait eu son pendant plus d'une fois au XVIe siècle, dans ce même pays, et on eût pu en trouver le récit dans l'historien espagnol Marmol, rapportant les *fantazias* et les brillans simulacres de combats qui eurent lieu en l'année 1520, lors d'une promenade du comte d'Alcaudète, le gouverneur d'Oran, à travers les populations soumises. « Le comte, dit Marmol, prit la route d'Agkbeil, qui est une ville ruinée; et comme il fut proche, plusieurs Maures des alliés lui vinrent offrir leurs services. Ils venaient par famille ou lignée, comme ils ont coutume, chacun selon son rang. La première étant arrivée, les principaux embrassaient le comte et lui parlaient, puis, faisant faire quelques passades à leurs chevaux, donnaient lieu à d'autres de s'avancer et de venir saluer le comte à leur tour. Il y vint plus de cinquante familles ou lignées de la sorte, dont il y en avait de cent chevaux sans compter les gens de pied, et les moindres étaient de cinquante, tous avec la lance, le bouclier, et leurs chevaux richement enharnachés.... Ils donnèrent ensuite devant le comte le simulacre d'un combat.... Les Maures représentèrent ce combat avec plus de quinze bandes de cinq cents chameaux chacune, précédées de douze femmes sur douze chameaux, lesquelles, accompagnées toujours des mieux faits de la famille, s'avancèrent vers le comte et lui disaient : — A la bonne heure, soit arrivé le restaurateur de l'état, le protecteur des orphelins, le bon et honorable chevalier dont on parle tant! — Elles lui disaient plusieurs autres galanteries en arabe, qu'un interprète expliquait à mesure, et à chaque fois les hommes jetaient de grands cris d'allégresse. »

Trois cents ans plus tard, chevaux richement enharnachés et chefs aux brillans vêtemens, rien ne manquait au cortége. Les différends qui existaient entre M. de Saint-Maur et quelques-uns de ces chefs pour le partage des eaux devaient être réglés ce jour-là. Tout se passa à l'amiable; les conventions furent arrêtées sous un figuier; près du ruisseau sujet de la discussion; les plaideurs étaient assis sur ces immenses blocs de pierre que les Romains ont jetés dans tout le pays, comme pour témoigner à travers les siècles de leur puissance et de leur grandeur. Le jugement rendu, l'hospitalité de la *diffa* vint rassasier les voyageurs. Le mouton né dans la plaine et rôti tout entier était si succulent, qu'il donna bon espoir à M. de Saint-Maur pour la colonisation future. Il jura d'avoir, lui aussi, des moutons à la longue laine et à la chair délicate; depuis, il a tenu la promesse faite sur un couscouss arabe, le serment du figuier. De belles constructions, une population active et laborieuse, animent maintenant ce pays, naguère si désolé et pourtant si plein de grandeur. L'impression que vous gardez de ces lieux est singulière. Si le voyageur gravit la ruine la plus élevée et laisse son regard errer sur la plaine immense, il est saisi par une de ces sensations qui sort, en Afrique, des entrailles mêmes de la terre, et que le pays de France n'a jamais fait éprouver. Devant lui, à ses pieds, les grands lacs salés, dont les facettes de diamans éclatent sous le soleil; à droite, les lignes onduleuses de la terre, qui, se mariant au mirage de l'air, semblent flotter et se perdre dans la brume; sur la gauche, des collines verdoyantes et boisées, dont le demi-cercle vient s'arrêter à Miserghin, pour se redresser en crête rocheuse, aride, et, s'élevant peu à peu, atteindre le sommet de Santa-Cruz, ce piton de pierre que les Espagnols avaient choisi pour fonder une forteresse d'où le regard rayonnait sur tout le pays. Plus loin, se confondant avec le ciel bleu, l'œil découvre une ligne plus foncée : c'est la mer dont les flots ont baigné les rivages de la Provence; mais, sur la droite, l'aspect sauvage de la montagne des Lions rappelle que l'on est bien loin de cette terre. En contemplant ces solitudes, un sentiment indicible s'empare de l'ame; on éprouve de la tristesse; cette tristesse pourtant est pleine de grandeur; loin d'abattre, elle élève. Les ombres des siècles passés vous couvrent, et ces plaines, ces montagnes, où tant de peuples luttèrent tour à tour, semblent avoir gardé une vertu mystérieuse qui vous domine. De là vient peut-être l'attachement que tous ceux qui ont vécu là-bas éprouvent pour ce sol, pour ce pays, et cela depuis le chef jusqu'au soldat, qui, de retour en France, lassé bientôt de l'existence monotone qu'il y rencontre, va de nouveau chercher le hasard, l'imprévu, et ces brises de l'Afrique dont il ne peut plus se passer.

Il se passerait pourtant bien de la pluie et du brouillard; mauvaise rencontre, je vous jure, surtout lorsqu'il faut escalader les gorges étroites et les sentiers glaiseux du Tessalah. A peine avions-nous pénétré dans les montagnes, que la brume arrêtait le regard à deux pas de la tête de nos chevaux. Un homme de France eût probablement, à notre place, mis pied à terre; nous étions trop paresseux pour cela, et, au risque de rouler dans les ravines, nous cheminions, le capuchon du caban rabattu sur les yeux, fumant un cigare et nous confiant à la sûreté des jambes de nos chevaux. — Si mon cheval me fait rouler dans le ravin, il fera aussi la culbute, disait un chasseur de l'escorte; ainsi tu comprends, bonhomme, ajoutait-il en causant avec son cheval, habitude que donnent les longues routes et la solitude, que tu serais un bien grand nigaud si tu faisais pareille sottise. — Ce raisonnement rassurait notre homme et le faisait passer sans sourciller aux endroits les plus dangereux. Malgré le vent, le froid, la pluie et le brouillard, nous franchîmes sans encombre les passages difficiles, et, dès que nous eûmes traversé les ruines romaines qui commandent les gorges, la route commença à descendre jusqu'au plateau de Bel-Abbès.

Quand votre voix s'élève à ce passage, vous l'entendez courir de montagne en montagne; à droite, à gauche, devant, derrière, le son est répété par mille voix diverses. Si vous questionnez l'Arabe, votre compagnon de route, il vous dira seulement : *Ireud el chitan* (le diable répond); l'endroit est maudit; mais le *taleb* (savant) fera ce récit à voix basse : — Lorsque la lumière vint de la Mecque, portée par les messagers de la foi, les adorateurs de *Sidna-Aïssa* (Jésus-Christ) fermèrent les yeux à la vérité et refusèrent de témoigner. Alors ils se retirèrent dans les forteresses du Tessalah, avec leurs femmes, leurs enfans, leurs richesses, croyant que le flot allait poursuivre son cours; mais ceux qui avaient la parole sainte ne s'avançaient que lorsque tous les fronts s'étaient inclinés, que toutes les bouches avaient répété : Il n'y a d'autre Dieu que Dieu, et Mahomet est son prophète. Les croyans se réunirent donc et vinrent assiéger *les dédaigneux du bien*. Comme le ciel était pour eux, Dieu ferma la porte des eaux, et, durant une année entière, les nuages qui passaient ne laissèrent point tomber la pluie sur le Tessalah. La provision d'eau des baptisés s'épuisa, la soif les saisit derrière leurs grandes murailles; mais, plus durs que la pierre, ces esclaves du démon préférèrent la mort au témoignage, et tous périrent. Ce qui est écrit est écrit, les oiseaux du ciel dispersèrent leur chair dans tout le pays; pourtant leurs ames parcourent encore ces collines et ces montagnes, et c'est pour effrayer les voyageurs qu'ils répètent ainsi leurs moindres paroles. Les traditions qui courent le pays sur les chrétiens se terminent toutes de même, par un récit d'extermination, et, dans le nord de l'Afrique, l'on ne cite qu'une seule tribu où se soient conservés des signes extérieurs du christianisme. En passant dans des endroits réputés dangereux, certains Kabyles des montagnes aux environs de Bougie font encore le signe de la croix.

A quelque distance des ruines romaines voisines de Bel-Abbès, les goums de ce poste nous attendaient. Comme la pluie continuait à tomber à torrens, dès que le terrain le permit, nous partîmes au grand trot, et, sur les cinq heures, nos chevaux étaient attachés à la corde dans le camp formé par les deux bataillons de la légion étrangère qui bivouaquaient auprès de Bel-Abbès.

Situé derrière la première chaîne de montagnes à dix-huit lieues au sud, sur le méridien d'Oran, le poste de Bel-Abbès prenait à revers et assurait la sécurité de la plaine de la Melata, tout en permettant à nos colonnes un prompt ravitaillement, lorsqu'elles devaient opérer à la lisière du Tell et du Serssous. Fondé en 1843 sous le nom de *Biscui-ville* par le général Bedeau, l'établissement de Bel-Abbès complé-tait cette série de postes-magasins, qui, de vingt lieues en vingt lieues, de trois marches en trois marches d'infanterie, de deux mar-ches en deux marches de cavalerie, s'élevaient sur deux lignes paral-lèles des bords de la mer à l'intérieur, dans toute l'étendue de la pro-vince d'Oran. Quand la guerre prit une allure décidée, nous dûmes une grande part de nos succès à deux causes diverses, la création des postes-magasins et celle des bureaux arabes. Les postes-magasins, en effet, multipliaient nos forces en rapprochant nos ressources, et les bureaux arabes en assuraient un emploi efficace. Le bureau arabe, c'est la centralisation dans les mains militaires de tous les intérêts du pays. Le chef du bureau arabe représente les anciens chefs turcs; son commandement est direct ou à deux degrés; soit que ses ordres se transmettent sans intermédiaire, soit qu'il se serve des *agas* ou des *khalifats*. Selon l'usage du pays, le cadi rend la justice dans les affaires civiles; mais, dans les affaires où un intérêt politique ou administratif est en jeu, les décisions sont rendues par le chef du *marghzen*, qui n'est autre que le chef du bureau arabe. On comprend dès-lors com-bien l'institution des bureaux arabes, c'est-à-dire d'un centre où ve-naient naturellement aboutir les renseignemens sur les hommes et sur les choses, a dû contribuer à nos succès, à la bonne direction de nos forces.

Bel-Abbès, comme poste-magasin, avait paru dans une si heureuse position qu'il était en ce moment question d'y établir le siège de la sub-division d'Oran, et le lendemain de notre arrivée le général de Lamo-ricière passa toute la journée sur le terrain à étudier les différens plans proposés. Le soir, au retour, il trouva au camp des batteurs d'estrade venus pour l'avertir que les Hamian-Garabas, nos ennemis, s'étaient montrés sur les hauts plateaux au sud de Tlemcen. Les éclaireurs re-çurent l'ordre de repartir aussitôt, de remarquer les emplacemens et de se trouver dans quatre jours à Tlemcen. Le surlendemain, nous, prenions la route de cette ville, sous l'escorte de deux beaux escadrons de chasseurs d'Afrique; car, depuis que les Beni-Hamer avaient été em-menés au Maroc par l'émir, en 1845, l'année de la grande révolte, tout le pays, depuis Bel-Abbès jusqu'à l'Isser, était vide et livré aux cou-peurs de route. Quelques lions, dont nous vîmes plusieurs fois la large trace à forme de grenade majestueusement gravée sur la terre, des hyènes et des sangliers à foison étaient maintenant les seuls habitans de ces fertiles collines. Nous troublâmes leur repos en leur donnant une chasse vigoureuse; il s'agit, bien entendu, des sangliers et des hyènes; le lion était généralement respecté. Cette chasse n'est point sans danger, non pas à cause du sanglier : avec un peu d'adresse et de sang-froid, on évite toujours ses coups de boutoir; mais ces Arabes maudits qui nous accompagnaient, sans s'inquiéter si nous nous trouvions devant eux, n'en lâchaient pas moins leurs coups de fusil, au risque de se tromper de bête et de nous envoyer la balle.

Il y a loin de Bel-Abbès à l'Isser, où nous devions bivouaquer. Il faisait nuit noire lorsque la petite colonne arriva au bord de la rivière; point de lune, point d'étoiles, on ne savait où poser le pied, et il fallait trouver le gué, car la rivière est rapide et large en cet endroit. Le premier qui tente le passage fait la culbute, un second n'est pas plus heureux, un troisième atteint l'autre bord. Allumant alors des jujubiers sauvages arrachés aux buissons voisins, nous plaçâmes au bout de nos sabres ces fanaux improvisés, et toute la troupe passa sans encombre. Au point du jour, les trompettes des chasseurs sonnaient la diane L'air était vif, énergique; quelques nuages couraient sur le ciel bleu, et les crêtes des montagnes, formant à l'est et au sud un fer à cheval, dessinaient le bassin où s'élève Tlemcen. Le Mansourah et ses eaux admirables, qui répandent la fertilité dans les environs de la ville, se dressaient face à nous; sur notre gauche, un peu en arrière, on apercevait les collines d'Eddis, où, vers la fin de décembre 1841, eut lieu l'entrevue solennelle qui décida la soumission de la plus grande partie de ce pays.

Dans l'hiver de 1841 à 1842, pendant que le général de Lamoricière portait du côté de Mascara les plus rudes coups à la puissance d'Abd-el-Kader, l'autorité du khalifat de l'émir, Bou-Hamedi, était sérieusement ébranlée dans l'ouest de la province. Mouley-Chirq-Ben-Ali, de la tribu des Hachem, avait été l'instigateur de ce mouvement. Son influence était grande, car il avait long-temps commandé le pays comme lieutenant de Mustapha Ben-Tami, ancien khalifat de l'émir. Destitué par Bou-Hamedi lorsque ce dernier remplaça Mustapha Ben-Tami, Mouley-Ben-Ali avait juré de se venger, et voici comment il tint parole : — Ben-Ali était patient à la vengeance; il savait attendre l'heure et le moment. Son premier soin fut de parcourir les tribus et de préparer par ses discours les esprits à un changement; puis, dès que l'instant lui parut favorable, sentant que son autorité n'était pas assez forte pour lever lui-même l'étendard, il jeta les yeux sur un homme dont le prestige religieux vînt rehausser la puissance. Si-Mohamed-Ben-Abdallah, de la grande tribu des Ouled-Sidi-Chirq, fut choisi par lui. L'influence religieuse de cette tribu de marabouts s'étend depuis l'oasis où ils se sont retirés jusqu'aux rivages de la mer. Établi depuis longues années déjà dans le pays de Tlemcen, Mohamed-Ben-Abdallah y était en grande réputation. On citait sa piété, et les gens des douars racontaient que, tous les vendredis, il se rendait, les pieds nus, au tombeau de Si-Bou-Medin, passait la nuit en prière, et que de sa bouche sortaient les paroles de Dieu, lorsqu'il quittait les lieux saints, car l'esprit d'en haut le visitait. Cette croyance fut bientôt générale, et tous se préparaient à le reconnaître pour chef.

Le vieux Mustapha Ben-Ismaël, instruit de l'agitation qui régnait du côté de Tlemcen, sachant que Bou-Hamedi commençait à concevoir des craintes sérieuses et n'avait pu parvenir à s'emparer de Mohamed-Ben-Abdallah, crut que l'on pouvait se servir du marabout comme d'un levier puissant pour attaquer l'émir. Sur le rapport de Mustapha, le général de Lamoricière autorisa notre vieil allié à se mettre en relations avec Mohamed-Ben-Abdallah; secours et protection lui furent promis, une première entrevue arrêtée; mais, le 3 décembre, au moment où elle allait avoir lieu, Bou-Hamedi coupa la route à Mohamed-Ben-Abdallah. Trois semaines plus tard, relevé de cet échec, Mohamed demandait une entrevue nouvelle, et le colonel Témpoure, appuyant le goum de Mustapha avec une petite colonne d'infanterie, se mettait en route par un temps affreux. Le 28, accompagné seulement de quelques officiers et des gens de Mustapha, il marchait à la rencontre du nouveau chef.

Les cavaliers se déroulaient en longues files sur les escarpemens d'une montagne élevée; à leurs pieds s'étendait la vallée de la Tafna, avec ses riches cultures; à l'horizon, apparaissaient les blanches murailles de Tlemcen, la ville des sultans. Tout à coup, au détour de la montagne, ils découvrent les collines et les mamelons couverts des gens des tribus. Des deux côtés, les étendards s'arrêtent, les cavaliers restent immobiles, et les chefs s'avancent entre ces haies vivantes. Mustapha mit le premier pied à terre; il rendait ainsi hommage, en présence de tous, au caractère religieux de Mohamed-Ben-Abdallah; mais ce dernier, descendant de cheval, le serra dans ses bras, sans lui permettre d'autre marque de déférence. Ceux qui assistaient à l'entrevue ont raconté depuis que le général Mustapha, après s'être incliné devant le chef français, le colonel Tempoure, prononça ces paroles : « Le jour de ma vie où le bonheur m'est venu le plus grand, c'est celui-ci, car, par mes soins, je vois naître l'estime et l'amitié entre les Français et un personnage aussi vénéré. Grace au Dieu tout-puissant, ce jour est le commencement de l'union qui doit se sceller entre les deux races, sous la protection du grand sultan de France. Quant à moi, les derniers jours qui me restent ne sauraient recevoir un emploi plus salutaire que celui de travailler à la paix du pays et à l'élévation de ta maison, ô Mohamed, de ta maison déjà si illustre parmi nous. »

Puis Mustapha, avec cette dignité qui ne le quittait point, désigna du doigt une touffe de palmiers nains, et, tous s'asseyant en cercle, la conférence de la soumission commença : elle fut courte, et les conditions furent bientôt arrêtées. Les derniers pourparlers échangés, le colonel Tempoure offrit au chef arabe les présens apportés en son honneur, puis tous se levèrent. Les chefs remontèrent à cheval, et se tinrent réunis autour de Mohamed, pendant que, se dressant sur ses étriers, le marabout prononçait la prière qui devait appeler la bénédiction d'en haut sur leurs entreprises. Son œil était ardent, ses traits pâles et fatigués par les jeûnes et les veilles, sa voix grave et austère. Ce fut un imposant et majestueux spectacle.

— O Dieu, Dieu clément et miséricordieux, s'écria Mohamed, nous te supplions de rendre la paix à notre malheureux pays, désolé par une guerre cruelle. — Et les voix des deux mille cavaliers répétèrent le long de chaque ligne : — O Dieu ! Dieu clément et miséricordieux, nous te supplions de rendre la paix à notre malheureux pays, désolé par une guerre cruelle ! — Prends pitié, reprit le chef en élevant les yeux au ciel, prends pitié de cette population réduite à la misère ! Fais renaître au milieu de nous l'abondance et le bonheur ! Donne-nous la victoire sur les ennemis de notre pays, et que la sainte religion révélée par ton prophète soit toujours triomphante ! —Et les guerriers répétèrent d'une seule voix : — Donne-nous la victoire sur les ennemis de notre pays, et que la sainte religion révélée par le prophète soit toujours triomphante !

Le bourdonnement de ces prières, porté par les vents, s'en vint jusqu'aux cavaliers de Bou-Hamedi, leur annonçant la grandeur du danger. L'heure approchait en effet où Tlemcen allait pour toujours devenir française. A la première nouvelle de ces événemens importans, le maréchal Bugeaud, jugeant avec la rapidité habituelle de son coup d'œil le parti que l'on pouvait en tirer, s'était hâté de quitter Alger. Le 20 janvier, le maréchal débarquait à Oran, et le 24 février, au bout d'un mois, après avoir ruiné la citadelle de Zebdou et occupé Tlemcen, il quittait la ville, laissant le commandement de la subdivision au général Bedeau, mandé à cet effet de Mostaganem.

Établi dans Tlemcen, le général Bedeau montra cet esprit régulier et méthodique qui fait de lui un agent si précieux, toutes les fois que l'on détermine d'une façon nette et précise l'étendue de ses devoirs, les limites dans lesquelles il doit agir, commander. C'est assez dire que Tlemcen se releva bientôt de ses ruines, que des casernes furent construites comme par enchantement, et que le pays entier reçut une organisation sage et mesurée. Plusieurs fois le général Bedeau dut combattre; mais, comme il n'y avait aucune hésitation dans son esprit, il n'y eut aussi aucune hésitation dans le succès. Ce pays de Tlemcen

n'est pourtant point facile à gouverner; de tout temps, il a été le
théâtre de grandes luttes, et voilà bien des siècles que Si-Mohamed-
el-Medjeboud (bouche d'or) a dit: « Tlemcen est l'aire raboteuse dans
laquelle se brise la fourche du moissonneur. Combien de fois les
femmes, les enfans et les vieillards n'ont-ils pas été abandonnés dans
ses murs! » — L'histoire de cette ville n'est en effet qu'un long récit de
guerre, depuis ce fameux siége de Tlemcen en 1286 par Abi-Saïd,
frère d'Abou-Yacoub, le sultan de Fez, qui, pendant sept ans, tint les
Ben-Zian assiégés et fit construire dans son camp une ville dont les
ruines existent encore, jusqu'au blocus que le commandant Cavaignac
soutint derrière ses murailles en 1837, avec le bataillon franc.

Singulière destinée que celle de cette province d'Oran, champ-clos
où les races chrétiennes et musulmanes semblaient s'être donné rendez-vous pour livrer leurs derniers combats! — En l'année 1509, le
cardinal Ximenès parcourait la croix à la main, les lignes des troupes
espagnoles rangées en bataille sur les rivages de la baie des Anda-
louses, et les exhortait à se livrer tout entières au danger pour combattre l'infidèle. En l'année 1516, deux pirates, appelés par le chef de
la ville d'Alger, fondaient sur la terre d'Afrique cette puissance turque
qui ne devait plus reculer que devant le drapeau de la France; mais ce
ne fut pas sans des luttes opiniâtres contre les armes espagnoles, car
Oran était un poste d'avant-garde, et, dans son occupation d'Afrique,
l'Espagne cherchait surtout la sécurité pour ses côtes. Chrétiens et musulmans se rencontrèrent plus d'une fois devant les murailles de Tlemcen. Enfin les rois de Tlemcen, dont l'autorité s'étendait des rives de
la Moulouia aux montagnes de Bougie, et qui recevaient le tribut des
galéasses de Venise venant chercher dans le port d'Oran les cires, les
huiles et les laines, furent obligés de reconnaître la suzeraïneté des
rois d'Espagne, et même d'implorer leur protection. Barberousse, le fameux pirate, les avait attaqués au siège même de leur puissance : les
Espagnols vinrent au secours de leurs vassaux; Barberousse trouva la
mort dans cette aventure, et sa veste, transformée en chape d'église,
alla orner, comme trophée de victoire, la sacristie de la cathédrale de
Cordoue. On le voit, quelle que soit l'époque à laquelle on prenne
l'histoire de Tlemcen, les paroles de Mohaméd Bouche-d'Or sont une
vérité; mais il faut connaître l'histoire pour y ajouter foi, car le voyageur qui n'aurait jamais entendu parler de Tlemcen, s'il avait fait route
avec nous, se serait plu dans tous ses récits à peindre cette ville comme
l'asile du repos et de la vie facile.

Nous arrivions au pont jeté par les Turcs sur la Safsaf, et devant
nous s'étendaient les grands oliviers qui ombragent la campagne entière et se déroulent comme une nappe de verdure au pied de la ville.
Rien de plus coquet, de plus gracieux, de plus charmant que cette

cité, dont les blanches maisons s'appuient d'un côté aux flancs d'une montagne rocheuse, qui lui jettent en cascades magnifiques ses eaux jaillissantes, et voient à leur pied une riche ceinture de jardins embaumés, tandis qu'au loin les collines succédant aux collines, les montagnes aux montagnes, vont se confondre avec la ligne bleue du ciel.

Au-delà du pont, nous voyions le général Cavaignac et les officiers de la garnison qui venaient saluer le général de Lamoricière; car le général Bedeau, nommé lieutenant-général, était allé prendre le commandement de la province de Constantine. Les deux chefs s'avancèrent, le général Cavaignac faisant les premiers pas, ainsi que le voulait la discipline militaire, saluant comme le prescrivait le règlement; mais sa froideur glaciale, le silence qu'il garda dès qu'il eut prononcé la phrase d'usage, furent remarqués de tous. *Une petite cause produit souvent un grand effet,* dit le proverbe : le proverbe, cette fois-ci, avait encore raison. Je ne sais plus quel oubli de bureau, dans lequel le général Cavaignac avait cru voir une atteinte portée à sa dignité, expliquait son attitude si grave.

Absolu dans le commandement, énergique dans l'action, lent à se décider, parce qu'il est lent à comprendre, mais cachant ce travail laborieux sous un silence solennel et ne parlant que lorsqu'il s'est décidé, le général Cavaignac était estimé de tous, aimé de quelques-uns, redouté par beaucoup. Ceux qui avaient eu des rapports avec lui étaient cependant unanimes à reconnaître que, si l'on s'adressait à son cœur, cette dignité orgueilleuse dont il se plaisait à s'entourer disparaissait pour faire place à une bienveillance toute paternelle, mais ces momens d'oubli étaient rares. Le silence dans lequel vivait le général, cet isolement qu'il se plaisait à créer autour de lui, exaltaient froidement son imagination, et le feu sombre de son regard indiquait un homme qui s'est cru toute sa vie voué au sacrifice, même lorsque les grades et les dignités de l'état venaient le chercher; car, cette justice doit lui être rendue, ces grades, il les a reçus, mais son orgueil était trop grand pour aller au-devant d'eux. C'est ainsi que le général Cavaignac, à force de se créer un modèle et de le placer constamment devant ses yeux par le culte des souvenirs, préférant sa propre estime à l'opinion du monde, finissait par éprouver les sentimens les plus opposés à son caractère et à son instinct. Dans sa carrière militaire, le général Cavaignac avait donné de nombreuses preuves de sa froide obstination. Il obtint son grade de commandant dans cette ville même de Tlemcen en 1836, lors de l'expédition du maréchal Clauzel, quand il se maintint dans la place durant six mois, privé de tout secours et de toute nouvelle. Ce fut une des belles actions de sa vie de soldat; au reste, le général Cavaignac ne manqua jamais à la guerre, lorsque la guerre lui offrit l'occasion de s'abandonner au danger et à la lutte.

Cette marche silencieuse embarrassait les deux généraux, l'éperon
le fit comprendre aux chevaux, et nous traversâmes rapidement les
jardins de Tlemcen, bénissant les rois auxquels ce pays doit en partie
sa fertilité : ce sont, en effet, les rois de Tlemcen qui ont fait construire un bassin immense où les eaux viennent se réunir avant de se
répandre dans la plaine. Ce bassin était si grand, qu'il servit plusieurs fois, lorsqu'on le répara, de champ de manœuvre à un escadron
de cavalerie. Tlemcen se divise en deux enceintes. La ville, ses maisons à un étage et ses rues étroites se groupent autour d'une enceinte
fortifiée nommée *Mechouar*, que les anciens rois avaient fait construire. Le *Mechouar* renferme maintenant de belles casernes et des
établissemens militaires. La maison des hôtes où le général était descendu se trouvait dans la première enceinte. Aussitôt son arrivée,
selon l'usage, il se mit à expédier rapidement les affaires réservées à
son appréciation, et s'occupa surtout avec le général Cavaignac de l'é-
tablissement des nouveaux colons, presque tous anciens soldats libé-
rés, braves gens, bien constitués, mais célibataires; or, pour fonder
une colonie, la ménagère est nécessaire, et la ménagère manquait. Le
général Cavaignac et le général Lamoricière, afin de parer à cet inconvénient très sérieux, adressèrent en bloc des demandes de mariage
à l'établissement des orphelines de Marseille, et maintenant sans doute
les épousées vivent près de Tlemcen, propriétaires heureuses et mères
de famille.

Le soir, comme nous étions occupés à écrire sous la dictée du général, dans une petite pièce mauresque d'une forme allongée, deux cavaliers arabes s'arrêtèrent devant la porte : c'étaient les deux coureurs envoyés de Bel-Abbès dans la direction des hauts plateaux, afin
de nous renseigner sur la position des Hamian-Garabas. Ces hommes
avaient une figure remarquable; accroupis sur le sol, immobiles,
les bras cachés sous le burnous, l'impassibilité de leur physionomie
donnait un nouvel éclat à leur regard, d'où par momens jaillissait
l'éclair, et qui se voilait l'instant d'après, cachant sous une bonhomie confiante la finesse et la ruse. On reconnaissait de ces routiers,
formés par l'habitude de l'embuscade, qui d'un coup d'œil saisissent
le terrain, reconnaissent la piste. *Coupeurs de route,* gens de sac et de
corde, prêts à tout faire si la mauvaise action était bien payée, mais
honnêtes et consciencieux dans le mal, tenant loyalement la promesse
donnée, ces deux hommes étaient des agens précieux, dont le général
de Lamoricière se servait plus habilement que pas un. Assis sur un
petit tabouret, en face d'eux, il ne les quittait pas du regard, lisant
leur visage. Leurs paroles s'échangeaient à voix basse, et la lumière
vacillante d'une bougie placée sur la table voisine animait tout à coup,
par ses reflets changeans, ou rejetait brusquement dans l'ombre ce

groupe singulier. Le général se leva enfin, et, après s'être promené à grands pas de long en large pendant cinq minutes, en fumant son cigare par bouffées rapides, comme il le fumait lorsqu'un parti s'agitait dans sa tête, il prit brusquement son képi et se rendit chez le général Cavaignac. La razzia était décidée; puisque les Hamian-Garabas avaient l'imprudence de se mettre à portée de filet, il ne fallait point laisser échapper l'occasion de les atteindre. Les ordres furent immédiatement expédiés, et, les dernières dépêches écrites, nous allâmes rejoindre les officiers de la garnison au cercle où ils se réunissaient; car Tlemcen est une ville où rien ne manque : vous y trouverez un théâtre, bien mieux, des Espagnoles au sourire provoquant. Tlemcen doit tout ce bien-être au général Bedeau, et l'on parle encore du jour où les prolonges du train, couronnées de feuillages, entrèrent dans la ville au son de la musique et des fanfares des régimens.

Le surlendemain, le général Cavaignac prenait la direction du sud, pendant que nous faisions route pour Lèla-Marghnia, le poste le plus voisin de la frontière marocaine.

III.

Tromper les heures, c'est le grand talent des gens habitués aux longues marches, et tous nous courions les grands chemins depuis trop long-temps pour n'être point passés maîtres en la besogne. Un ruisseau, une pierre, une colline étaient l'occasion d'une histoire. Je me rappelle encore le rire de ceux de nos compagnons de course qui traversaient ce pays pour la première fois, lorsque l'on raconta les niches d'un lion à la colonne du général de Lamoricière en 1844, et la vengeance que le général en tira.

La colonne qui allait fonder en 1844 le poste de Lèla-Marghnia, surprise par les inondations entre la Tafna et le Mouila, fut obligée de bivouaquer. Le pays était sûr, malgré la proximité de la frontière; mais, comme trois ou quatre lions rôdaient depuis quelque temps aux environs, le général avait donné l'ordre d'entourer le troupeau de broussailles et d'abattis d'arbres, et recommandé à la garde d'avoir l'œil au guet. Les ordres exécutés, la colonne s'endormit. La moitié de la nuit était passée, la pluie tombait à torrens, et les factionnaires, s'abritant de leur mieux dans les couvertures de campement, se croyaient bien tranquilles, lorsqu'un rugissement se fait entendre près du camp; puis l'on voit passer dans l'air trois ou quatre points noirs, et aussitôt, frappé de terreur, le troupeau se précipite dans toutes les directions, renversant les hommes, les tentes, les faisceaux, et soulevant sur tout son passage une tempête de jurons. Un lion s'en était venu chercher sa provision du jour; de là tout ce tapage. Le lendemain, on eut beau battre l'estrade, on ne retrouva que quatre bœufs;

maigre chair pour dix-huit cents hommes; aussi, bien qu'il fût parvenu à tirer sa troupe d'embarras, le général de Lamoricière n'en
avait pas moins conservé une rude dent contre le lion. — C'est bon!
c'est bon! disait-il, tu es venu me tourmenter : rira bien qui rira le dernier. — Comme il repassait, à quelque temps de là, au même endroit,
il y fit placer une embuscade et attacher un bœuf. Le bœuf mugit, le
lion l'entendit, il avait faim, et, par un beau clair de lune, se mit tranquillement en route, pour chercher le repas que la Providence lui envoyait. Arrivé à vingt pas du bœuf, il s'étendit les pattes en avant, se
lécha les barbes de plaisir, rugit; puis tout à coup, d'un bond, il sauta
dessus et lui arracha une épaule avec sa griffe; mais à ce moment cinq
coups de feu partirent, et le lion, frappé au cœur, roula en poussant
un rugissement terrible. Sa peau, trophée de vengeance, fut envoyée
au Château-Neuf, et depuis, les lions s'étant raconté l'aventure, ils
n'osèrent plus jamais s'attaquer à la colonne du général de Lamoricière. — Telle fut, du moins, la morale ajoutée par le conteur.

Ce jour-là, nous fîmes la grande halte près de sources d'eau chaude,
dans un des sites les plus originaux que l'on puisse rencontrer. Aux
alentours le terrain est sombre, pierreux, le sol rougeâtre, et les oliviers
au noir feuillage couvrent les collines. L'aspect de ce bassin est d'une
grande tristesse. Tout à coup, au détour de la route, la baguette d'une
fée semble dresser devant vous un jardin de délices. Des palmiers
énormes s'élancent de leurs rachées séculaires, liés les uns aux autres
par les lianes et les pampres des grandes vignes, et, sous ce dôme de
verdure, les eaux bouillonnantes viennent baigner le pied des arbres
gigantesques. L'imagination d'un poète en ses jours de caprice n'a
jamais rien inventé de plus séduisant. Il semble toujours, lorsqu'on se
trouve sous ces ombrages enchantés, qu'un génie mystérieux va vous
apparaître. Si vous entendiez jamais Mouby-Ismaël, l'officier douair,
vous raconter la légende qui court sur ce bois de palmiers, vous seriez
saisi de compassion. Voyez plutôt :

Aux siècles passés, les rois de Tlemcen eurent des relations avec les
lapidés (1). Ces rois, qui se nommaient les *Beni-Mériin*, et qui venaient
de l'ouest, expliquaient le langage du tonnerre, et par des combinaisons
mystérieuses de chiffres, ou en jetant du sable sur une table noire, ils
prédisaient l'avenir, châtiant ceux qui les avaient offensés à l'aide du
démon leur allié. Or, il arriva que l'un des Beni-Mériin fut frappé par
le regard d'une jeune fille qu'il rencontra un jour sur les bords de la
Tafna, comme elle s'en venait puiser l'eau. Fier de sa puissance, il
crut qu'un mot lui donnerait une nouvelle esclave, mais la jeune fille
avait livré son cœur à un guerrier de sa tribu, et les paroles dorées du

(1) Dans la croyance musulmane, les anges rebelles furent précipités du ciel à coups
de pierre. De là le nom de lapidé donné aux démons.

sultan furent repoussées avec dédain. Furieux de se voir ainsi traité,—.
car, s'il était tout-puissant pour la vengeance, il ne pouvait, comme
les démons ses alliés,.se faire aimer à son gré, et c'était là son châtiment, — le roi jura de se rassasier des larmes de. celle qui lui refusait
un sourire. Un soir donc que la jeune fille, se glissant hors du douar,
était allée rejoindre sous les palmiers celui qu'elle aimait, le sultan
appela à son aide le lapidé. A son ordre, le démon se saisit des deux
jeunes gens, les entraîna dans la terre, et au même instant le pays entier changea d'aspect : on le nommait la vallée des fleurs, elles disparurent de la terre, et le sombre feuillage des oliviers couvrit les collines.
Les palmiers seuls sous lesquels la jeune fille s'était retirée restèrent
debout, témoins de la vengeance, car à leur pied, à la place où elle fut
engloutie, jaillit aussitôt la source merveilleuse; et cette source n'est
autre que les larmes que ces deux infortunés versent nuit et jour dans
les entrailles de la terre, où les retiennent les sortilèges infernaux du
maudit.

Le poste français de Lèla-Marghnia, où nous arrivâmes le soir, est
bâti à un quart de lieue de la frontière, et une plaine de six lieues le
sépare de la ville marocaine d'Ouchda. C'est dans cette plaine immense,
traversée par l'*Oued-Isly*, que les tourbillons marocains furent brisés
par nos bataillons, lorsqu'ils eurent, sous les ordres du maréchal Bugeaud, ces glorieuses rencontres où le sang-froid discipliné l'emporta
sur ces masses plus serrées que les nuées de sauterelles. Époque glorieuse pour le drapeau de la France, car je vous jure qu'un mois plus
tard, sur toute la côte marocaine, le pavillon aux trois couleurs, que
venaient d'*appuyer* les boulets de l'amiral prince de Joinville, était
salué avec crainte par tous ces barbares! Le pinceau guerrier d'Horace
Vernet a fixé sur la toile ces scènes de combat, ou plutôt il a montré
la fête après la bataille. Dans l'angle du tableau seulement un bataillon
de chasseurs s'élance en sonnant la charge, son.commandant en tête.
Il semble déjà courir à la mort qui l'attendait tout entier, un an plus
tard, au marabout de Sidi-Brahim.

Lorsque la colonne du général Cavaignac parcourut pour la première fois ce pays, trois mois.après l'engagement, les ossemens répandus sur le sol racontaient les différentes phases de la,lutte. —La
charge a commencé en cet endroit. — Elle s'est arrêtée là. — Voici le
dernier.cadavre. — Plus loin, ils se sont formés en carré,.la terre en
porte les marques. — Et tous ces os déjà.blanchis furent réunis,.et la
colonne défila devant eux en portant les armes,. solennel, hommage
rendu par ceux qui marchaient au danger à ceux qui étaient morts
au combat! — Huit jours après, deux bataillons d'infanterie et le régiment de chasseurs à cheval du colonel de Cotte venaient pour rapporter
à Djema ce qui restait de tant d'hommes. L'abbé Suchet les accompagnait, et le sacrifice de la religion s'accomplit sous la voûte du ciel,

au milieu de soldats dont les armes chargées résonnaient sur la terre. Puis les rangs s'ouvrirent, le pieux fardeau fut emporté. Après avoir traversé, nous aussi, le terrain de cette héroïque défense, nous vîmes à deux cents pas de Djema, sous l'ombrage de grands caroubiers, au milieu d'une prairie, la pierre funéraire qui fut élevée à nos soldats. Chacun se découvrit devant le tombeau où la mort du combat avait réuni le soldat et l'officier. Cinq minutes après, nous entrions à Djema. Ce poste-magasin est bâti sur le bord même de la mer, à l'embouchure d'une petite rivière, entre deux falaises escarpées, où l'on aperçoit les ruines de villages, anciens repaires de pirates. Des baraques de planches, une muraille crénelée, de grands magasins, des cabarets; sur le rivage quelques barques de pêcheurs, les embarcations de la marine; en rade des bricks de transport, parfois un bateau à vapeur de guerre; au milieu de tout cela des soldats affairés, des cantinières et des marchands : voilà Djema.

Le séjour en est triste, et, lorsque la paix règne dans le pays, la chasse et l'étude sont les seules ressources de ceux qui sont condamnés à tenir garnison dans un de ces postes avancés. Bien des gens de France s'en étonneront; ils ont peine à se figurer des officiers au teint hâlé, à la longue barbe, pâlissant sur des livres, se livrant à des recherches scientifiques ou à des passe-temps littéraires. Rien n'est pourtant plus exact; c'est même l'un des caractères particuliers à cette armée d'Afrique, où l'intelligence et les choses de l'esprit ont une part si grande. Cette tendance a toujours été favorisée par les chefs. Chaque poste a aujourd'hui sa bibliothèque établie par les soins du ministère de la guerre et composée d'environ trois cents volumes, choisis parmi les meilleurs auteurs, soit dans la science, soit dans les lettres. Ces lectures ont eu souvent une grande influence, et il serait curieux, maintenant que la génération de soldats formés par la guerre d'Afrique est appelée à peser d'un si grand poids sur l'avenir de la France, de chercher quels étaient les livres, nourriture habituelle de leur esprit; peut-être y trouverait-on de curieux indices de caractère; car tous lisaient, et lisaient beaucoup. Sans doute, ce serait une erreur de croire que l'armée d'Afrique n'est qu'une armée de savans; mais il est certain que l'on retrouve souvent dans son sein des mouvemens d'intelligence que l'on ne rencontre point d'ordinaire à ce degré parmi les gens de guerre. La raison en est simple : l'esprit de l'homme a besoin de variété et de changement; s'il est forcé durant de longs mois à vivre dans une prison libre avec les mêmes personnes, au bout d'un certain temps l'ennui le saisit; il lui faut une distraction, et cette causerie, qui lui est nécessaire, il la trouve avec ceux du passé, ces hommes immortels que chaque siècle lègue à celui qui vient, comme un résumé de l'esprit de la génération entière, comme un viatique pour les hommes condamnés encore à la peine et au labeur.

Si les morts ont un grand charme, la vie reprend toujours ses droits, et la rencontre d'un ami n'est jamais plus agréable qu'aux avant-postes. Ce fut aussi avec une joie très vive que je retrouvai à Djema un de mes camarades, un de mes meilleurs amis. Nous avions dîné dans la baraque où chaque jour les officiers venaient prendre leur repas. La salle, je suis forcé d'en convenir, était moins élégante que les salons des Frères Provençaux. Des planches de sapin remplaçaient les panneaux sculptés, et les escabeaux de bois tenaient lieu de fauteuils; le vin était bleu, d'un beau bleu; mais les convives avaient l'insouciance, la jeunesse, et la certitude de pouvoir marcher toujours droit. C'est là une des grandes raisons de ce calme imperturbable que l'on trouve si souvent chez les militaires. Le dîner fini, nous étions allés, mon camarade et moi, fumer notre cigare sur la plage; le flot se mourait à nos pieds. La lumière tremblante d'un beau clair de lune semblait bercer les navires qui s'inclinaient doucement sous la houle; l'air était tiède; ce silence de la terre et des eaux, où l'on croit parfois saisir le lointain écho de voix mystérieuses, entraîne toujours en Afrique la pensée vers la France. Appuyés contre une balancelle, nous restions plongés dans nos rêveries, lorsque tout à coup j'entendis mon camarade s'écrier :

— Ah! la belle soirée! que je voudrais être à Paris!

— Et qu'y ferais-tu?

— Écoute, je ne t'ai jamais raconté cela; mais, par un temps comme celui-ci, je suis amoureux.

— Bah !

— Oui, et pourtant Dieu sait si je me plais en Afrique; mais, n'importe, je voudrais être à Paris.

— Et s'il y gelait? nous sommes au mois de janvier.

— A Paris, que fait le temps? Je te dis que je suis amoureux; seulement je l'oublie, et je ne me le rappelle que par des soirées comme celle-ci. C'était par une soirée du mois d'août que je suis devenu amoureux d'elle; je ne lui ai, du reste, jamais parlé, et j'en aurais même été désolé.

— Qu'est-ce que toutes ces fariboles?

— Fariboles... pas tant que tu crois! Voici le fait : au mois d'août dernier, je me promenais sur le boulevard; il faisait un temps superbe, ce temps-ci, ma foi, et pourtant je m'ennuyais, lorsqu'en passant devant le Gymnase je vois écrit en grosses lettres : *Clarisse Harlowe*. J'avais toujours eu un faible pour Clarisse; aussi je ne voulais pas entrer dans la crainte qu'on ne me l'eût gâtée; mais mon cigare s'éteignit juste devant la porte du théâtre; c'était un présage, j'entrai. Ah! si tu savais... Après les premières scènes, je m'émeus; au deuxième acte, je pleure, et au troisième, furieux, j'injurie Lovelace. J'étais amoureux fou de Clarisse. Il fallait partir dans quatre jours, je retournai quatre fois au Gymnase : tout ce temps-là, j'ai été heureux, et ces émotions me reviennent par des soirées comme celle-ci. Mais aussi elle était si digne, si confiante dans son amour! elle avait tant de grace! et comme elle mourait! Voilà pourquoi je suis amoureux ce soir; heureusement qu'il ne fait pas toujours si beau. Au fait, sais-tu ce que c'est que l'amour?

— Je crois, répondis-je, que le poète a eu raison de dire :

L'amour, hélas! l'étrange et la fausse nature,
Vit d'inanition et meurt de nourriture.

Mais cet Arabe qui se promène là-bas avec Manuel, l'Espagnol, aura bien sans doute une définition à ton service.

Et sans attendre la réponse de mon camarade, j'appelai par son nom l'Arabe que je venais de reconnaître :

— Caddour! viens par ici. Veux-tu un cigare? Ils sont bons; c'est Dolorita d'Oran qui me les a vendus.

— Donne, dit Caddour après avoir échangé le salut. Est-il venu des nouvelles?

— Rien que je sache, lui répondis-je.

— Bien.

— Voilà mon ami qui veut te faire une question. Sa pensée est en France; il a emporté un souvenir; il ne sait pourtant pas si ce souvenir est dans son cœur ou dans sa tête. Il me demandait donc ce que c'était au juste que l'amour. Ma réponse ne lui plaît pas. Toi, qu'en penses-tu?

— As-tu jamais vu, me répondit Caddour, un petit oiseau venir chercher refuge sous la tente, lorsque l'hiver envoie la neige froide et la pluie glacée? Le pauvret respire un instant le chaud et le bien-être; bientôt, poussé par la force d'en haut, l'instinct, il regagne les airs; il vole vers la souffrance. Ce que la chaleur de la tente est au petit oiseau durant une seconde, l'amour l'est pour l'homme : une halte où il reprend des forces. A ceux à qui Dieu destine puissance et action, il donne grand cœur et grand amour.

— Ceci me semble sujet à discussion, repartit mon ami; et Manuel trouvera bien dans un recoin de sa tête une explication meilleure que celle-là.

— Oui, répondit Manuel, Espagnol au teint bronzé, dont l'œil ardent et le regard toujours droit et rapide indiquaient le caractère décidé, oui vraiment, je me souviens d'un chant que les femmes de Grenade répètent souvent; il vient, je crois, des Maures.

Et il nous chanta d'une voix lente et grave ces paroles d'un *romance* espagnol dont voici la traduction.

« Quand aux jours du commencement Dieu punit le monde, il déroba de sa lumière; et le soleil, reflet de Dieu, perdit de sa clarté de feu; et les nuages gris et les jours sombres parurent pour la première fois.

« Un rayon pourtant fut laissé par miséricorde, et ce rayon se transmet d'ame en ame. Heureux ceux qui le rencontrent! il les sauve de la mort et leur donne part de Dieu. L'amour est ce rayon, l'amour, dernier lien de la terre et du ciel.

« Et comme du ciel était resté le rayon de miséricorde qui donnait le bonheur des anges, l'esprit du mal fut jaloux.

« Et des profondeurs de la terre sortit une lueur fatale, et cette flamme gagna aussi d'ame en ame. Alors beaucoup souffrirent, et tous dirent : L'amour nous a mis en grande douleur.

« Tous étaient trompés, et Satan riait, car il semait partout le désespoir, et les ames arrivaient à lui.

« Si un matin tu te sens devenir meilleur, si tu reçois tes pensées d'en haut, enhardis ton cœur et dis : J'aime.

« Si tu ne connais que le dévouement, enhardis ton cœur et dis : J'aime.

« Si, toujours oublieux de toi, tu veux le bonheur pour celle à qui tu penses, enhardis ton cœur et dis : J'aime.

« La lueur de l'enfer est loin, le rayon du ciel te remplit; aie confiance. »

— Ami, reprit mon compagnon lorsque la dernière note eut été emportée par la brise, il y a là un parfum des jasmins de Grenade, et il me semble entendre le murmure des eaux dans les jardins du Généralife; mais assez de discussions. Qu'importent les systèmes! les faits seuls ont quelque valeur : ce qui est écrit est écrit. Si je dois le comprendre et l'éprouver, je le comprendrai et l'éprouverai, à moins que la fin du monde ne vienne me surprendre.

— Vous autres, vous vous raillez de tout, dit Caddour; souhaite pour toi de ne pas voir les temps qui précéderont la fin des siècles.

— Eh! qu'y aura-t-il donc alors de si extraordinaire?

— Les temps ont été prédits, dit Caddour, et, lorsque les iniquités auront rempli la coupe, les cercles de fer qui tiennent enfermée la race des hommes terribles entre les pitons des deux montagnes s'écarleront, et ils se précipiteront à travers le monde pour le dévorer, desséchant les fleuves en les buvant, détruisant les arbres et les fruits, semant sur leur passage le carnage et la mort.

— Lieutenant, le général vous demande avec Si-Caddour, me dit en ce moment un planton qui, depuis un quart d'heure, me cherchait dans tout le camp.

— C'est bien, j'y vais. — Et c'est comme cela que finira le monde? repris-je tout en me dirigeant vers la baraque du commandant supérieur, où le général était descendu.

— Non, reprit Caddour, car Dieu est miséricordieux, et Si-Aïssa (Notre-Seigneur Jésus-Christ), qui n'est point mort, descendra du ciel pour rétablir la paix dans le monde.

— Ainsi soit-il! ajouta mon camarade. C'est égal, voilà un joli conte. Caddour, à demain; viens déjeuner avec moi, tu as une trop belle imagination pour que je ne veuille pas te revoir.

— Quand il aura passé trois ans dans le pays, me disait Caddour, au moment d'entrer avec moi chez le général, ton ami rira moins et croira davantage.

Ce n'était pas pour discuter sur l'amour que le général de Lamoricière nous attendait. Il fallut, durant de longues heures, écrire d'ennuyeuses dépêches sur la situation des esprits dans la province, sur les approvisionnemens et les marchés de foin. Heureusement enfin, tout le travail fut terminé, et le lendemain matin rien ne nous retenait plus à Djema. *Puce-Ville* était alors le sobriquet de Djema-Rhazaouat; ce surnom fera comprendre sans peine combien nous avions hâte de nous remettre en marche. La route, pour regagner Oran, longeait Nedroma avant de traverser les montagnes kabyles. Le général prit avec lui une petite colonne commandée par le colonel de Mac-Mahon, afin de juger en passant les contestations qui s'étaient élevées entre l'autorité française et les Kabyles, et de frapper ceux-ci au besoin, s'ils refusaient de reconnaître le bien jugé. Nedroma, où le général reçut la *diffa*, est une ville aux frais ombrages, entourée de bonnes et solides murailles qui défieraient au besoin une attaque à main armée. Ses habitans sont riches, industrieux, habiles, et les méchantes langues disent que l'argent est aimé dans cette ville « à ce point que jamais l'on ne s'inquiète de son origine. »

A partir de Nedroma, nous commençâmes à escalader les montagnes kabyles. Sur toute la route, nous trouvions des gens furieux d'être obligés de se soumettre, mais payant sans mot dire l'arriéré. La vue du régiment du colonel de Mac-Mahon les rendit doux comme des moutons, et ils avaient raison, je crois, car le colonel était connu pour ne point plaisanter une fois une affaire engagée. Tout se passa donc de la meilleure grace du monde; et, ayant regagné de nouveau la plaine avant de franchir le col qui nous conduisait au poste d'Aïn-Temouchen, sur la route de Tlemcen à Oran, nous pûmes courir le lièvre par un soleil magnifique. En chasse, le général reçut des dépêches qui lui annonçaient l'heureuse réussite du coup de main sur les Hamian-Garabas. Après une marche de vingt-cinq heures, le général Cavaignac les avait atteints et complétement rasés. Ce fut notre dernier beau jour. La pluie nous prit dans la nuit et commença à tomber par torrens. *Le diable bat sa femme*, dit-on en France lorsqu'il pleut. Il faut qu'il y ait en Afrique un diable dont la femme soit bien sujette aux larmes, car des seaux d'eau jetés de seconde en seconde peuvent seuls donner une idée de ces pluies qui tombent sans jamais s'arrêter. Ah! comme les terres du Sidour, *la Brie* de la province d'Oran, étaient agréables pour nos chevaux! On y enfonçait, on y pataugeait, on y glissait en descendant les côtes, et on y jurait surtout, car muletiers et officiers sont de même pâte, la colère venue. Enfin nous arrivâmes à Aïn-Temouchen, où nous pûmes nous réchauffer à l'abri.

Lorsque l'insurrection de 1845 éclata, le poste d'Aïn-Témouchen n'avait qu'une très petite réserve de cartouches. A chaque instant, dans la province d'Oran, on craignait d'apprendre que ce poste eût été enlevé faute de munitions, et cependant il n'y avait pas un soldat de disponible, aucun moyen d'en envoyer. Le colonel Walsin commandait les goums arabes; dans cette circonstance critique il tenta l'aventure. Seul Français au milieu de cinq cents Arabes, qui commençaient déjà à douter, à une demi-journée de marche de l'émir, qui avait alors des forces nombreuses, le colonel n'hésita pas une seconde. Il donna l'ordre de se mettre en marche; un caïd lui fit une observation, il renouvela l'ordre; le caïd refusa de l'exécuter; alors, prenant son pistolet, il lui fit sauter la cervelle. L'instant d'après, un second, qui eut la même audace, eut aussi le même sort. Par cet acte d'énergie, dans un moment qui pouvait être un moment suprême, le colonel maintint la troupe arabe et parvint à conduire jusque dans Aïn-Témouchen les munitions dont ce poste manquait. Ces lieux, du reste, ont des souvenirs héroïques, et le *Défilé de la Chair* (*Chabat-el-Lhâme*), où passe la route, témoigne par son nom du courage de ces mille Espagnols, qui, glorieux précurseurs de nos soldats de Sidi-Brahim, surent aussi, accablés par le nombre, y tomber un à un, faisant tous face à l'ennemi. « Le capitaine Balboa, dit Marmol, y mourut avec tous ses soldats, qui ne voulurent jamais se rendre et combattirent vaillamment jusqu'à la mort, et Martinez fut mené à Tlemcen avec treize prisonniers seulement. Enfin, de tous les Espagnols il ne s'en sauva que vingt, qui se retirèrent sous la conduite de quelques guides et s'en retournèrent à Oran. »

Il est probable que les vingt Espagnols dont parle le chroniqueur eurent plus d'embarras que nous; mais, certes, ils ne gagnèrent pas plus rapidement la ville, car la pluie est une compagne de route trop maussade pour qu'on n'ait pas hâte de s'en délivrer. Le soir, nous arrivions à Oran, et, deux jours après, il était déjà question du départ. M. le général de Lamoricière allait s'embarquer pour la France, afin d'assister à la session de la chambre; son ardeur inquiète se réjouissait des nouvelles luttes qui l'attendaient; sa pensée prenait plaisir à ces nouveaux combats. Pour nous, qui restions sur la terre d'Afrique, nous le vîmes partir avec regret. Les souhaits que nous lui adressâmes en lui serrant la main, comme il montait à bord, étaient sincères. Ces souhaits ont-ils porté bonheur au général de Lamoricière? Ceux qui l'ont suivi au milieu des agitations de sa vie politique en jugeront.

Depuis cette époque, un grand nombre des *compagnons* que le bivouac avait réunis pour un temps se sont séparés, et maintenant chacun suit sa destinée; mais aucun n'a oublié ni les courses de la province d'Oran, ni les longues causeries du Château-Neuf.

PIERRE DE CASTELLANE.

L'EMPIRE DU BRÉSIL

ET

LA SOCIÉTÉ BRÉSILIENNE EN 1850.

I.

Le Brésil est, après les États-Unis, la puissance la plus régulièrement organisée du Nouveau-Monde. La France connaît-elle bien cependant ce jeune empire? Avons-nous une idée exacte des ressources variées, des élémens de prospérité qu'il renferme, et auxquels l'émigration européenne, qui de plus en plus se porte vers l'Amérique, semble promettre un si rapide développement? Les voyageurs français qui, à de longs intervalles, ont parcouru le Brésil pouvaient-ils donc en quelques mois observer autrement qu'à la surface, et non toujours sans malveillance, une société qui se dérobe avec un soin jaloux à leur curiosité? Non sans doute, et pourquoi s'étonner que l'on juge sévèrement un pays où l'étranger ne voit souvent tomber qu'après plusieurs années de séjour les barrières qui le séparent des familles et qui l'empêchent de pénétrer dans l'intimité des habitans? C'est à celui qui a pu surmonter ces obstacles, multipliés par une défiance peut-être légitime, qu'il appartient de chercher à répandre quelque lumière sur un monde si peu accessible et pourtant si digne d'attention. Il y aurait quelque intérêt de nouveauté dans un tableau où l'on réunirait les traits principaux de la population gouvernée aujourd'hui par dom Pedro II, en essayant de préciser le rôle que ses qualités morales lui assignent vis-à-vis de l'Amérique du Sud, et que ses intérêts politiques l'appellent à prendre vis-à-vis de l'Europe.

La population du Brésil, — si même l'on y comprend les étrangers, les esclaves et les Indiens, — ne s'élève qu'à six millions d'ames disséminées sur une superficie de cent vingt-neuf mille deux cent quatre-vingt-quinze mètres géographiques carrés. Le portugais est la seule langue parlée d'une frontière à l'autre de l'empire. Cependant cette communauté de langage n'efface pas les différences notables qu'on remarque entre les divers élémens de la société brésilienne. Au sud de Rio de Janeiro, on rencontre dans les provinces de Rio-Grande et de Saint-Paul des populations qui ont quelque peu hérité de l'esprit belliqueux des premiers colons européens. Ces populations passent pour les plus remuantes du Brésil. Au nord de la capitale, les habitans de la province de Minas rappellent les races courageuses de Rio-Grande; énergiques et robustes, ils se consacrent à l'élève du bétail. Les Pernambucains sont d'humeur très mobile, doux, obligeans et serviables, mais susceptibles à l'excès sur le point d'honneur; l'esprit révolutionnaire les domine et les égare trop souvent. Chez les peuples de Bahia et de Maranham, plus voisins de la ligne équinoxiale, l'indolence du créole est compensée par d'heureuses facultés d'application qu'attestent des progrès lents, mais sûrs, dans l'ordre des travaux intellectuels. A Rio, toutes les nuances se mêlent, se confondent un peu, et le caractère national y prévaut sur les différences provinciales. On est frappé d'ailleurs, quand on embrasse d'un premier coup d'œil l'ensemble des populations du Brésil, d'un trait commun aux habitans de chaque province, d'un sentiment que rien encore n'a altéré parmi eux · c'est le sentiment religieux. Il serait difficile de rencontrer un seul Brésilien qui mît en doute l'existence de Dieu et l'immortalité de l'ame. Ce sentiment n'a rien de bien élevé sans doute; il est aisé d'apercevoir dans les cérémonies où il se révèle quelque chose de mondain et de factice; mais il n'en est pas moins sincère, et il faut le noter comme un de ces caractères saillans du génie national dont le voyageur, à ses premiers pas en pays étranger, est forcé de tenir compte.

· C'est à Rio de Janeiro qu'on peut surtout observer les Brésiliens dans leur vie privée comme dans leur vie publique. Rio de Janeiro compte aujourd'hui près de deux cent cinquante mille habitans. A l'extérieur, la capitale du Brésil est une ville d'assez majestueuse apparence, bien que d'architecture un peu lourde. Les églises, en assez grand nombre, n'affectent pas, comme la plupart de celles d'Amérique, les gracieuses formes de la renaissance : c'est le style *borrominesque*, — c'est-à-dire le style des plus mauvais temps de la décadence italienne, — qui les marque presque toutes de sa froide et prétentieuse empreinte. En somme, les édifices de Rio n'offrent, au point de vue de l'art, qu'un médiocre intérêt. Quant aux environs de la ville, à part quelques sites pittoresques et les gracieux paysages des îles de la baie, ce n'est point là que se révèle dans toute sa grandeur la nature brésilienne. Après quelques jours d'excursions, l'étranger en sait autant sur les curiosités de la capitale de l'empire que les habitans eux-mêmes, et son attention se détourne alors bien vite des objets extérieurs pour se reporter sur la population. Une société qui se forme à la vie politique, qui travaille courageusement à concilier ses anciennes mœurs avec des institutions nouvelles, c'est toujours un curieux spectacle, mais qui sur ce sol vierge emprunte comme un prestige de plus au charme singulier des lieux et du climat.

Un des principaux centres de la vie sociale au Brésil, ce sont les églises. Avant de franchir le seuil d'une maison brésilienne, entrez dans l'un des nombreux temples de Rio de Janeiro au moment d'une cérémonie religieuse, et déjà vous aurez saisi un des côtés originaux, un des poétiques aspects de cette population. Les femmes, quelle que soit leur condition, séparées des allans et venans par une balustrade peu élevée, restent assises ou agenouillées sur la dalle, dans de simples ou magnifiques toilettes, entourées de leurs esclaves, pendant plusieurs heures de la nuit, sous les voûtes splendidement illuminées. On peut les voir échanger de longs et doux regards avec les jeunes gens qui passent et repassent, ou s'arrêtent même pour mieux continuer ce jeu pendant toute la durée de l'office. C'est, certes, un lieu mal choisi pour nouer de pareilles intrigues, et c'est profaner la maison de Dieu que de la transformer ainsi en succursale de l'Opéra; cependant il est bon d'ajouter qu'en général le mal n'est pas aussi grand que ces préludes pourraient le faire supposer. Ces intrigues ne sont guère ébauchées que pour satisfaire un besoin passager du cœur, et, s'il s'y mêle un sentiment plus sérieux, c'est presque toujours à un honorable mariage qu'elles aboutissent. Les Brésiliennes ne sont pas naturellement coquettes : jeunes filles, elles semblent plutôt légères et inconséquentes. C'est pour elles un point d'honneur de risquer à l'église ou au théâtre des regards moins voluptueux qu'agaçans, et même des signes plus espiègles que provocateurs. Elles se plaisent aussi beaucoup aux correspondances amoureuses. Qu'on ne se hâte pas de les condamner, ce sont là souvent les seules occupations de ces pauvres désœuvrées, auxquelles l'éducation n'a pas enseigné d'autre passetemps. Dès le jour du mariage, de plus sérieuses pensées ont le dessus : jeunes filles, les Brésiliennes échangent sans trop de réflexion des serremens de mains, des lettres et de douces paroles avec le premier venu qui leur plaît; devenues femmes, elles soignent attentivement leur maison, président aux travaux de leurs négresses et bercent leurs enfans. Il est presque sans exemple de trouver au Brésil une femme mariée qui trahisse les sermens par lesquels elle s'est liée au pied des autels. La débauche dans ce pays est presque exclusivement entretenue par les étrangers et par les femmes esclaves ou nées d'esclaves.

Après avoir observé la vie brésilienne dans les églises, qu'on ne la cherche pas au théâtre ni dans les bals publics. Les bals, peu nombreux, sont généralement mal hantés. Les soirées, plus ou moins cérémonieuses, n'offrent ni l'entrain ni le piquant de nos soirées parisiennes. Quant aux divers théâtres de Rio, si les Brésiliens et les Portugais peuvent se plaire aux grossières farces et aux tragédies monotones importées des rives du Tage, les étrangers ne sauraient partager leur goût, ni se soucier beaucoup des vaudevilles ou des mélodrames traduits du français qui défraient aujourd'hui la scène brésilienne. Ces tristes productions, si l'on excepte un acteur d'un talent remarquable, M. Joaô Caetano, sont confiées d'ailleurs à de ridicules interprètes qui violent à plaisir toutes les règles du goût et de l'art. Ce ne sont point là les plaisirs préférés des Brésiliens. Après la vie religieuse, c'est la vie de famille surtout qui les réunit; c'est autour de l'autel ou du foyer qu'il faut les voir. Dans les grandes villes même, la vie de famille au Brésil a conservé beaucoup de son austérité primitive. Franchissez le seuil d'une maison de Rio par exemple : vous trouverez des appartemens spacieux, mais meublés avec une

simplicité patriarcale. Vous n'y verrez presque jamais ni glaces ni tableaux.
Un canapé, une table, une profusion de chaises, composent l'ameublement or_
dinaire d'un salon. Le reste est à l'avenant. Gardez-vous de croire néanmoins
que ces dehors modestes ne cachent pas un luxe de très bon aloi : ces meubles,
ordinairement ouvragés, sont en bois précieux du pays, et généralement en
palissandre massif. C'est au sein de ces maisons, ainsi parées avec un goût sé_
vère, que se passe la vie des femmes brésiliennes. Quelques repas, une pro_
menade le soir, rompent seuls pour elles la monotone série des occupations
domestiques. Les seuls plaisirs, outre les promenades et les réunions du monde,
sont des excursions, de dévots pèlerinages ou des fêtes religieuses. Partout on
retrouve ces habitudes, cette simplicité de mœurs, et Rio de Janeiro, sous ce
rapport, ne diffère que bien peu des autres villes du Brésil.

De ce que l'étranger est difficilement introduit dans cette vie de la famille,
entourée d'ordinaire d'infranchissables barrières, il ne faudrait pas conclure
que les devoirs de l'hospitalité sont mal compris au Brésil; seulement c'est
dans les campagnes surtout que se sont conservées les traditions de cette hos_
pitalité patriarcale tant vantée par les anciens voyageurs. Dans les contrées de
l'intérieur, où le progrès n'a pas encore acclimaté nos hôtels et nos restaurans,
le premier venu peut voyager sans crainte, certain de trouver plus d'un hôte
empressé de l'accueillir. Seul avec un domestique, nous avons ainsi parcouru
plusieurs provinces du Brésil, et jamais l'hospitalité la plus affectueuse, la plus
prévenante, ne nous a fait défaut. Quoique l'étranger qui n'aurait pas visité
le Brésil depuis vingt ans fût certain de rencontrer aujourd'hui, à chaque pas,
de nombreuses améliorations dans ses cités et de notables changemens dans
ses mœurs, on est forcé néanmoins de convenir que les communications y
laissent beaucoup à désirer, et qu'on voyage encore difficilement dans ces con_
trées lointaines. Sauf quelques villes, quelques villages, quelques vastes plan_
tations clair-semées sur cet immense territoire, on n'y découvre sans cesse que
des bois vierges, des montagnes colossales, des cascades gigantesques, toute
la grandeur enfin et parfois toute la sauvagerie d'une nature puissante qui,
dans son désordre primitif, semble sortir des mains du Créateur. Cependant
des routes commencent à sillonner en tous sens ces riches contrées; mais ces
routes, pratiquées sur un sol léger, d'une fertilité exubérante, constamment
détrempé par d'abondantes pluies d'orages, se dégradent continuellement, et
sont bientôt envahies par une inextricable végétation. Le gouvernement n'a
encore ni assez de bras ni de suffisantes ressources pour assurer le bon en_
tretien des chemins. Ajoutez que les innombrables ruisseaux qui traversent le
Brésil se transforment, dans l'hivernage, en fougueux torrens qui entraînent
les faibles ponts jetés provisoirement entre leurs rives, et l'on comprendra com_
bien cet état de choses doit entraver toutes les communications par terre. Les
propriétaires, éloignés les uns des autres, se sont jusqu'à ce jour rarement as_
sociés pour entreprendre en commun de ces œuvres utiles que les vieilles so_
ciétés, avec leurs grandes populations libres, ont eu seules jusqu'à présent le
pouvoir de réaliser. Il serait à désirer que des relations plus directes s'établis_
sent entre les habitans des campagnes : l'amélioration des voies de commu_
nication est une des questions les plus importantes que soulève la situation
actuelle du Brésil. .

La société brésilienne comprend d'ailleurs que le moment est venu d'élever ses mœurs au niveau de ses institutions. Un véritable mouvement·de renaissance intellectuelle s'opère dans son sein. L'instruction primaire pénètre graduellement dans toutes les paroisses de l'empire: Partout on·a·organisé ou l'on organise la garde nationale; partout on s'occupe de statistique; partout on perce des routes à·travers les forêts et les déserts, on jette des ponts sur les rivières et des torrens, on fonde des hôpitaux et divers autres établissemens d'utilité publique. La province de Bahia possède une école de médecine, celle de Saint-Paul une école de droit, et celle de Minas un séminaire qui forme des prêtres instruits pour toutes les provinces de l'empire. Dans ce premier aspect de la société brésilienne qui doit nous préparer à mieux comprendre ·sa situation politique, le trait le plus saillant; le plus curieux à noter est assurément l'espèce de renaissance intellectuelle dont partout, et principalement à Rio de Janeiro, on rencontre les traces. Cette renaissance est favorisée, il·faut le dire, par de nombreux établissemens scientifiques et littéraires. Au premier rang de ces établissemens, on doit citer les bibliothèques et les musées de la ville. Sans parler du jardin botanique, un des plus riches du monde, et d'un très beau musée de curiosités naturelles (1), Rio de Janeiro possède trois bibliothèques. La bibliothèque du couvent des bénédictins est fort riche en textes anciens et en ouvrages de théologie; celle de l'empereur se distingue par ses éditions modernes; enfin, la bibliothèque nationale, dont aucun voyageur n'a parlé, est un des plus précieux dépôts de livres du Nouveau-Monde (2). Située dans l'ancien hôpital des carmélites, cette bibliothèque communique avec le palais du chef de l'état, et on y rencontre bien souvent le jeune empereur, qui donne ainsi à son peuple l'exemple d'un goût pour les études sérieuses de plus en plus général au Brésil.

Si la société brésilienne continue de marcher dans cette voie où un prince éclairé la guide, il est permis d'espérer qu'elle prendra bientôt la première place, sous le rapport de la culture intellectuelle et morale, parmi les jeunes sociétés de l'Amérique du Sud. L'histoire littéraire de ce pays compte déjà quelques pages qui mériteraient d'être recueillies, et, si les relations·de l'an-

---

(1) Ce musée est surtout riche en minéraux et en espèces ornithologiques, dont quelques collections sont complètes. Entre autres zoolithes et lithoxiles remarquables, on y a vu pendant long-temps deux ichthyolithes extraordinaires transportés aujourd'hui dans le cabinet d'histoire naturelle de l'empereur. On y conserve aussi de nombreux ornemens empruntés du costume des anciennes populations du Brésil, des crânes d'indigènes, et divers monumens précieux à consulter pour l'histoire ethnographique du pays.

(2) Lorsque, à la fin de 1807, le prince régent, depuis Jean VI, passa au Brésil, il y apporta la belle bibliothèque du palais d'Ajuda, rassemblée à grands frais par les rois de Portugal. Devenue publique à Rio de Janeiro dès 1810, elle fut, après la proclamation de l'indépendance, augmentée de celle que l'infant avait également fait venir d'Eu-. rope. Malheureusement, à la même époque, une collection de manuscrits formant huit mille volumes reprit la route de Lisbonne. Plus tard, par compensation, cette bibliothèque s'enrichit de celle du comte da Barca, composée de onze mille imprimés appelés *les Onze mille Vierges*, de celle de Bonifacio de Andrada, formée en partie d'éditions rares et de livres allemands sur l'histoire·naturelle. En somme, la bibliothèque nationale de Rio de Janeiro contient aujourd'hui plus de soixante-douze mille volumes.

cien continent avec l'empire de dom Pedro étaient plus fréquentes, le Brésil
ne tarderait pas à s'affranchir de l'influence du génie portugais, qui se reflète
encore trop vivement dans sa littérature. Humble fille de la poésie portugaise,
la poésie brésilienne a traversé le xviii° siècle sans s'inspirer assez de la magnifique nature des régions transatlantiques. Si l'on excepte quelques poèmes
religieux, les productions brésiliennes n'ont formé pendant long-temps qu'une
branche assez pauvre de la littérature portugaise. Depuis l'indépendance, la
muse brésilienne cherche enfin l'originalité, et la rencontre quelquefois; mais
le plus souvent, il faut bien le dire, elle ne se dérobe à l'imitation des écrivains portugais que pour payer tribut à la France et à l'Angleterre. C'est ainsi
que dans le recueil lyrique d'un poète brésilien très renommé aujourd'hui,
M. Magalhaens, notre littérature contemporaine pourrait revendiquer de nombreux emprunts. Un autre poète, M. Teixeira Souza, s'inspire de Lamartine
et mêle aux tendances rêveuses du chantre des *Méditations* quelques reflets de
la misanthropie byronienne. En regard de ces œuvres d'imitation, si l'on voulait placer les œuvres originales, il faudrait nommer MM. Gonzalves Dias et
Silveira Souza, qui ont rencontré parfois quelques accens empreints d'une mélancolie, d'une langueur où l'on reconnaît la suavité du ciel brésilien; M. Nor-
berto, qui applique le cadre de la ballade à décrire les belles campagnes et
les mœurs poétiques de sa patrie. Le plus indépendant, le plus remarquable
des poètes brésiliens est, sans contredit, M. Araujo Porto-Alegre : dans ses
poésies trop peu nombreuses, mais toutes inspirées par des sujets tirés de
l'histoire nationale, on remarque un éclat, une richesse d'images qui rappellent la splendide abondance de la poésie orientale. Dans la poésie dramatique, le génie de la nation brésilienne semble moins à l'aise. Un poète déjà
nommé, M. Magalhaens, a cependant écrit plusieurs tragédies, *le Poète et l'Inquisition, Olgiato, Socrate*, où la forme antique, s'alliant au goût moderne,
rappelle le faire harmonieux de Casimir Delavigne. Un autre poète, M. Souza
Silva, est l'auteur d'une tragédie de *Roméo et Juliette*, où il a montré une
vive intelligence du chef-d'œuvre de Shakspeare. En vrais descendans de Ca-
moens, les Brésiliens préfèrent néanmoins l'épopée au drame. M. Gonzalves
Teixeira représente avec distinction cette tendance du génie national. Il a écrit
un brillant poème sur l'*Indépendance du Brésil*, un autre sur *les Indiens*, où se
remarque un noble sentiment des harmonies et des splendeurs de la nature
américaine. Par la contexture et la flexibilité de son rhythme, M. Teixeira
rappelle le poète portugais Bocage; par ses images, Chateaubriand, dont il a
fait sa lecture favorite; par son caractère général enfin, et par sa forme sar-
castique, lord Byron, le chantre immortel de *Don Juan*.

Ce n'est pas sans dessein que nous insistons sur ce mouvement, sur ces
premiers essais d'une jeune littérature : il y a là un trait caractéristique et qu'il
faut se garder d'omettre dans la physionomie morale d'une des plus intéressantes sociétés de l'Amérique du Sud. Au Brésil, c'est presque un devoir, pour
tout jeune homme qui entre dans la vie, de préluder par la poésie à la pratique des affaires; mais là aussi, disons-le tout d'abord, la littérature n'est jamais, comme chez nous, une carrière, une profession. Aussi, rarement le Brésilien reste-t-il fidèle au culte des Muses; la littérature n'est guère dans ce
pays qu'une pépinière de diplomates, d'hommes d'état et de fonctionnaires

publics. Parmi les ministres, les ambassadeurs, les sénateurs et les députés
les plus distingués, il en est peu qui ne se soient pas essayés dans la poésie.
Quant aux études historiques et géographiques, elles comptent encore peu
d'adeptes au Brésil. A part quelques histoires partielles de provinces, telles
que celle de M. le vicomte de Saô-Leopoldo, on ne peut citer, pendant ces dix
dernières années, que le *Plutarque brésilien*, de M. Pereira da Silva, le *Dictionnaire géographique du Brésil*, par MM. Lopes de Moura et Milliet, et surtout l'œuvre lente, mais curieuse, de l'*Institut historique et géographique* de
Rio de Janeiro, qui compte dans son sein tout ce qu'il y a d'illustre ou d'instruit au Brésil; cette grande association recueille et fait imprimer à ses frais,
dans une *revue* trimestrielle, tous les matériaux anciens et modernes qui ser-
viront un jour à raconter l'histoire complète de l'empire.

On le voit, ces indices d'activité intellectuelle donnent lieu d'avoir quelque
confiance dans l'avenir du Brésil. Les habitans de ce grand pays commencent
à comprendre que ce n'est pas le choc continuel des révolutions qui favorise le
progrès, et généralement ils se rallient aux vues sages et libérales de dom Pedro II. La politique a donc, dans cet empire, des allures plus calmes que celles
qu'elle affecte communément dans les autres états de l'Amérique méridionale,
où toutes les ambitions rivales sont sans cesse aux prises. Si, long-temps en-
traînées par une pente fatale, les factions n'ont été que trop portées à arborer
sans réflexion, dans le Nouveau-Monde, l'étendard de la révolte, grace au ciel,
il n'en est plus de même aujourd'hui, surtout au Brésil; là, les intérêts individuels commencent à se grouper autour du chef de l'état, et l'amour de la
patrie pousse des racines de plus en plus vivaces dans le cœur des populations.
Ces haines qui soufflaient la vengeance entre compatriotes s'éteignent à mc-
sure que l'instruction publique pénètre dans le fond des provinces. Les partis,
plus éclairés, ont des principes mieux définis, qu'ils avouent, et dont leur conviction ne demande désormais le triomphe qu'à des moyens légaux. Le Brésil
aime et comprend ses institutions, et le gouvernement de l'empire se trouve
en présence d'un mouvement de progrès qui facilite singulièrement sa tâche,
comme on va s'en convaincre, du moins dans la sphère purement morale et
politique.

II.

Découvert en 1500 par Alvarès Cabral, le Brésil se peupla insensiblement, et
comme par rafales, d'aventuriers portugais qu'y jetait le vent d'est, comme
naguère le vent d'ouest avait poussé leurs frères sur les puissans empires de
l'Asie : race entreprenante et fougueuse, pour laquelle des combats étaient des
jeux, et qui, à l'exemple des conquérans romains, ne se reposait jamais tant
qu'il lui restait quelque chose à faire. Il semblait même que le ciel prît plaisir
à caresser leur humeur batailleuse, en leur suscitant sans cesse des ennemis
dignes de leur courage. C'étaient tantôt les Français, tantôt les Bataves républicains, tantôt les indigènes indépendans. Le Portugal, à proximité des côtes
africaines, recevait annuellement à cette époque de nombreux convois de.
negres, qu'il réduisait en esclavage. L'idée lui vint de diriger le superflu de

cette immigration sur sa vaste et riche colonie américaine pêle-mêle avec les habitans plus libres, mais presque aussi incultes, de ses possessions du vieux monde, pour faire de ces deux élémens, joints aux débris des autocthones, la base de la population de ses nouvelles conquêtes. Aussi, trois cents ans après, cette population active et remuante, en dépit du climat, s'était-elle déjà considérablement augmentée, si bien qu'en 1822, malgré les efforts persévérans de la métropole portugaise pour entraver les progrès intellectuels de sa colonie du Brésil, cette société naissante s'élevait à un degré de civilisation qui entraînait comme conséquence forcée la proclamation de l'indépendance. La population brésilienne était du reste à bout de patience vis-à-vis du Portugal, qui, dans le Nouveau-Monde comme en Europe, ayant, moitié par jalousie, moitié par crainte, adopté depuis long-temps un système égoïste et barbare, écartait sans pitié des fonctions administratives tous ses sujets nés Américains.

A partir de l'époque dont nous parlons, le Brésil commence à penser et à agir par lui-même. Que l'on considère maintenant que cette nation lointaine s'est formée, il y a trois siècles, des lambeaux d'un peuple qui marchait à grands pas vers sa décadence; que l'on remarque aussi que la population brésilienne a été régie, depuis la fondation de la colonie, par les lois absurdes d'un aveugle despotisme; — et sous l'impression des souvenirs laissés par les conquérans portugais sur la terre brésilienne, on saura rendre plus de justice aux efforts et aux progrès dont l'empire fondé par dom Pedro est aujourd'hui le théâtre.

La constitution de l'empire du Brésil a été rédigée après la proclamation de son indépendance, sous les yeux de dom Pedro Ier, par des hommes qui possédaient de vastes connaissances et une grande habileté administrative : c'est un reflet moderne des libertés de la grande charte anglaise, appropriée aux usages et aux besoins du pays. Elle n'a peut-être qu'un défaut, c'est d'être trop large et trop parfaite pour un peuple qui n'a pas encore atteint son plus haut degré de développement. A l'issue du mouvement de 1831, quand l'empereur dom Pedro Ier eut déposé la couronne sur la tête de son jeune fils pour aller en Europe remettre sa fille sur le trône portugais de ses ancêtres, le gouvernement constitutionnel subit diverses phases; mais depuis cette crise, sauf quelques légères modifications, rien de radical n'y a été changé.

Le jeune prince appelé à continuer la tache de dom Pedro Ier est né à Rio de Janeiro, le 2 décembre 1825. Déclaré majeur par les chambres, le 23 juillet 1840, à l'âge de quinze ans, il a été couronné l'année suivante, et a épousé, en 1843, une sœur du roi des Deux-Siciles. Grand et élancé, c'est aujourd'hui un beau jeune homme, dont la physionomie douce et pâle rappelle à la fois l'origine allemande de sa mère et le caractère de son aïeul Jean VI. Son éducation s'est faite dans le palais impérial, sous l'influence de tous les hommes distingués qui en avaient l'accès. Dirigé par cette intelligence délicate, qui est le propre des natures droites, il se replia de bonne heure sur lui-même, et s'isola, pour ainsi dire, au milieu de la foule, secouant par instans jusqu'à l'apparence du joug qu'auraient voulu lui imposer ses courtisans déjà nombreux. De ce genre de vie est résultée naturellement en lui une extrême timidité qu'il a conservée durant toute son adolescence. Entouré de précepteurs habiles, l'empereur a de bonne heure pu donner pour base à une instruction toute littéraire

des connaissances historiques et scientifiques aussi étendues que variées. Le
caractère calme et réfléchi du jeune souverain le préparait merveilleusement
au rôle difficile qu'il était appelé à jouer au milieu des luttes passionnées qui
allaient marquer au Brésil les débuts de l'ère constitutionnelle. Le prince devait rester impartial, en dépit de tous les efforts qui autour de lui ne tendaient
à rien moins qu'à rompre l'unité brésilienne : l'empereur savait combien il eût
été dangereux pour lui, et pour le pays surtout, d'accueillir favorablement certaines idées avancées, d'embrasser avec trop de chaleur certaines opinions
aventureuses qui, si elles avaient triomphé, eussent conduit en quelques années le Brésil à sa ruine. Au milieu d'une société qui en est encore à s'organiser, c'est de l'habileté seule et de l'intelligence du chef qu'il dépend de rendre
la nation une et forte, tandis qu'il suffirait de son incapacité et de sa faiblesse
pour la dissoudre et la faire tomber en poussière, en laissant chaque province
s'ériger en état indépendant. Aussi peut-on affirmer que, sous un prince moins
sage que l'empereur actuel, le Brésil se serait transformé rapidement en un
vaste foyer de lutte et de discorde.

Les ministres d'état du Brésil sont tous responsables, et il n'y en a que six.
Le *ministre de l'empire* est chargé de l'instruction publique, de l'intérieur et
des travaux publics; ceux des affaires étrangères, de la guerre et de la marine
ne dirigent que leurs départemens; celui des finances s'occupe, en outre, de
tout ce qui a trait au commerce; enfin, le ministre de la justice a encore sous
sa direction tout ce qui concerne le culte. Bien des hommes d'état se sont succédé dans ces divers postes depuis la proclamation de l'indépendance. Les
Brésiliens ont vu passer successivement au pouvoir tous les hommes éminens
des partis qui se divisent la nation. Deux partis, à vrai dire, y sont seuls en
présence : c'est d'abord le parti modéré, appelé dans le pays *saquarema*; parce
qu'après la déclaration de la majorité de dom Pedro II, plusieurs de ses membres influens avaient des réunions fréquentes chez un ministre qui habitait un
petit bourg de ce nom; dans cette nuance se groupent des hommes d'une intelligence supérieure tels que MM. Carneiro Leaõ, Paulino, Rodrigues Torres, etc.
Vient ensuite le parti libéral, dit *Santa-Luzia*, qui tire son nom d'une localité
où furent vaincus en 1842 les révoltés de la province de Minas; les vues pro-
gressives de ses adeptes effarouchent les partisans du *statu quo*, et on traite au
Brésil de révolutionnaires et d'utopistes des hommes qui ne méritent pas toujours une qualification aussi sévère. Nous citerons parmi les libéraux M. Paula
Souza et M. Hollanda Cavalcanti, qui unissent des vues larges et une vive intelligence à un caractère chevaleresque; M. Limpo de Abreu, chez qui l'on
s'accorde à reconnaître une rare finesse et de profondes connaissances politiques,
et, enfin, M. Alvar Branco, M. Aureliano, etc. Ces deux partis, quoique profondément divisés de principes et de vues, acceptent néanmoins également pour
le Brésil la monarchie constitutionnelle avec l'empereur dom Pedro II. En dehors de ces deux grandes fractions de la société brésilienne, quelques esprits
inquiets rêvent pour leur patrie, mais confusément encore, à l'écart et dans le
silence, une république fédérative, calquée sur celle des États-Unis. L'opinion
répond fort mal à leur appel, et la population est complétement dévouée au
gouvernement représentatif tel qu'il existe. Si parfois quelque province se soulève, ce n'est jamais, c'est bien rarement du moins, dans la pensée de porter

la moindre atteinte au pouvoir suprême; c'est presque toujours pour combattre la politique prudente, mais un peu stationnaire, du parti modéré, qui, en ce moment, et depuis quelques années, se trouve à la tête des affaires. Il y a eu pendant long-temps au Brésil un autre parti puissant qui n'aspirait à rien moins qu'à placer sur le trône la sœur aînée de dom Pedro II, dona Januaria, âgée maintenant de vingt-neuf ans, et mariée au comte d'Aquila, frère du roi de Naples. Ce parti a complétement disparu depuis la majorité de l'empereur. La régence a eu à lutter contre quelques tendances républicaines qui ne se sont manifestées que par des révoltes de province. Aujourd'hui, la faction démocratique avancée ne compte plus qu'un très petit nombre d'adhérens au Brésil. Les voyages de dom Pedro dans les provinces du sud ont beaucoup contribué à rallier tous les partis autour du trône..

L'attachement politique des provinces au gouvernement de l'empereur est presque toujours subordonné à leur importance commerciale. Celles dont les dépenses excèdent les recettes, et qui ont besoin de l'assistance du pouvoir central, lui sont généralement dévouées. Il n'en est pas de même de celles qui, plus ou moins florissantes, grace à un excédant annuel, peuvent se passer de l'appui du gouvernement et lui faire opposition comme il leur plaît. La province de Rio de Janeiro, siége du pouvoir central, doit à la condition exceptionnelle de ses habitans la tranquillité dont elle jouit. Au Brésil les révoltes ne sont pas occasionnées, comme chez nous, par les agitations populaires, mais par le mécontentement des classes aisées, et la ville de Rio, habitée soit par des étrangers adonnés au commerce, soit par une tourbe d'ambitieux, amis de tous les pouvoirs, qui n'ont aucun intérêt aux bouleversemens politiques, jouit d'un calme qui ôte aux agitations du reste de l'empire beaucoup de leur portée.

. La politique du gouvernement brésilien, même quand l'administration passe aux mains des libéraux, est, on le voit, une politique d'ordre et de conciliation; une politique essentiellement modérée. Il n'a qu'à encourager, à maintenir dans une voie de progrès régulier une population qui naît à la vie intellectuelle. Ce n'est que dans la sphère des intérêts matériels et internationaux que son rôle se complique et s'élève tout à la fois. Avant de le suivre sur ce terrain, il faut toutefois nous arrêter encore dans le domaine de la politique intérieure, et voir quel secours prête à l'administration brésilienne l'ingénieux mécanisme des institutions de l'empire, quelles tendances hostiles ou favorables le gouvernement rencontre dans la pression de l'opinion publique.

Le conseil d'état brésilien est composé de vingt-quatre membres, douze ordinaires et douze extraordinaires. A quelques légères différences près, il repose sur des bases analogues à celles de notre conseil d'état. Ses attributions principales consistent à seconder la couronne dans l'exercice du pouvoir modérateur, et le gouvernement dans la pratique du pouvoir exécutif. Il faut, pour devenir membre du conseil d'état, remplir les conditions que la loi impose aux sénateurs. L'héritier présomptif du trône en fait partie de droit à l'âge de dix-huit ans, et les autres princes peuvent y être admis sur la présentation de l'empereur. Le sénat brésilien se compose d'un nombre limité de membres nommés à vie. Ce nombre est égal à la moitié de celui des députés représentant les dix-huit provinces de l'empire. S'agit-il d'élire un sénateur, on présente au chef du pouvoir exécutif les noms de trois candidats qui ont obtenu le plus grand nombre de voix dans les colléges électoraux convoqués à cet effet, et l'empereur fait son choix. Pour être appelé aux fonctions de sénateur, il faut avoir au moins quarante ans, n'être ni étranger naturalisé ni affranchi, et posséder environ 5,000 livres de rente. A chaque session nouvelle, on procède à la formation des bureaux. Le président et les secrétaires sont nommés à la pluralité des voix, sans le concours de la couronne. Chaque sénateur reçoit un traitement qui peut être évalué à 12,000 francs pour tout le temps de la session. Les travaux du sénat durent quatre mois, mais la haute assemblée se trouve souvent prorogée sans qu'il en résulte aucun droit à une rétribution plus forte,

La chambre des députés, qui se renouvelle tous les quatre ans, à moins que quelque événement imprévu ne vienne la dissoudre avant le terme fixé par la constitution, se compose de cent six membres élus par les différentes provinces, au prorata du chiffre de leur population. L'époque de l'ouverture des chambres est fixée, chaque année, par la loi au 3 mai. La clôture a lieu en septembre, quand il n'y a pas prorogation. La rétribution allouée aux membres de la chambre des députés (que celle-ci se trouve prorogée ou non après les quatre mois de session) est d'environ 8,000 francs. La question du salaire des représentans du peuple a été souvent agitée au Brésil. Il faut remarquer à ce propos que bon nombre de députés, s'occupant eux-mêmes presque tous de leurs plantations, doivent s'attendre, en quittant leurs provinces, à négliger forcément leurs affaires; ils doivent en outre se soumettre à une augmentation notable de dépenses au sein d'une grande ville dans laquelle beaucoup n'ont aucunes relations. Aussi plus d'un qui ne possède aucune fortune personnelle, et peut néanmoins être utile à son pays, se verrait obligé, faute d'une indemnité convenable, de décliner l'honneur d'une délégation dont il ne pourrait supporter les charges. Indépendamment de cette indemnité, les représentans qui résident à de grandes distances de la capitale reçoivent, à titre de frais de route, un supplément d'allocation fixé par les chambres provinciales.

Le système électoral du Brésil est à deux degrés pour les sénateurs; les membres de la chambre législative, et les députés aux assemblées provinciales. Ceux des chambres municipales et les juges de paix sont choisis au premier degré. Les assemblées primaires, composées d'électeurs ayant plus de vingt-cinq ans et se faisant, par leur fortune ou leur travail, un revenu annuel d'environ 600 francs, nomment des électeurs de paroisse, lesquels forment des colléges pour les élections du deuxième degré. Il faut, pour être électeur de paroisse, se faire, par sa fortune ou son travail, un revenu annuel de 1,200 francs (c'est-à-dire le double de celui des électeurs des assemblées primaires), et avoir vingt-cinq ans. La loi n'excepte que les prêtres, les militaires depuis le grade d'officier, les hommes mariés, les Brésiliens ayant un diplôme de docteur, lesquels sont tous admis à vingt-et-un ans accomplis.

Un mois avant la réunion des colléges, les listes d'électeurs primaires sont affichées à la porte des succursales de chaque paroisse, afin que tout citoyen puisse faire ses réclamations en temps utile. Le jour des nominations venu, les électeurs du premier degré s'assemblent dans l'église (dont on recouvre les autels) sous la présidence de celui des juges de paix que le plus grand nombre de voix appelle à ces fonctions paternelles. Le curé assiste aux réunions, mais sans avoir droit de suffrage, et uniquement afin de fournir les renseignemens dont on pourrait avoir besoin pour constater l'identité et les titres des votans. Deux cents électeurs du premier degré en élisent·un du second. Lorsqu'une paroisse ne contient pas deux cents électeurs, mais qu'elle en compte plus de cent, elle n'en élit pas moins son électeur du second degré. Quand elle n'atteint pas le nombre de cent, elle s'unit à la paroisse la plus voisine. Si le nombre des électeurs dépasse le contingent ordinaire de la succursale, l'excédant se reporte sur d'autres églises de la même paroisse, où, à défaut d'un juge de paix, l'honneur de la présidence est dévolu au membre qui a obtenu le plus de voix dans les élections de la chambre municipale. Tout électeur absent au moment du vote, sans pouvoir alléguer un motif légal, est condamné à une amende. Le but du législateur, dans toute cette organisation, a été de débarrasser autant que possible l'acte important de l'élection de toute influence patente ou occulte du gouvernement (1).

Les présidens des provinces sont à la nomination du gouvernement. Ce sont ' trop souvent, par malheur, de véritables proconsuls, de petits satrapes, qui, en temps de révolte et quand surtout ils se trouvent dans des localités placées à d'énormes distances de la capitale, ne se font pas faute'd'abuser de leur autorité, de fouler aux pieds la justice. Celle-ci d'ailleurs n'a point toute l'activité nécessaire pour prévenir et surveiller les vengeances personnelles qui tendent heureusement à s'effacer des mœurs de la population.

Les députés des chambres provinciales sont élus d'après le même·système que ceux des chambres générales; mais leurs attributions qui, dans le principe, étaient assez étendues, à cause des infractions journalières que subissait l'esprit de la loi fondamentale, ont nécessité une interprétation de l'assemblée générale qui a dû les restreindre beaucoup, bien qu'en leur laissant encore un pouvoir infiniment supérieur à celui de nos conseils généraux. A ces assemblées législatives départementales sont dévolus l'administration locale et le soin de pourvoir aux voies et moyens nécessaires à l'exécution des travaux publics de la province. Les lois votées par les assemblées ne peuvent être annulées par le sénat et la chambre des députés que dans le cas où ces corps auraient dépassé leurs pouvoirs, qui sont, du reste, assez étendus, puisqu'ils ont le droit de voter des impôts et même de contracter des emprunts.

Dans son organisation, la magistrature brésilienne, qui diffère de la nôtre, se rapproche de celle du Portugal. Au plus bas degré de l'échelle judiciaire, nous trouvons la paroisse, avec son juge de paix, lequel, élu par le suffrage direct, a pour mission d'empêcher les réunions illicites, de concilier les parties

(1) Dans ce pays qui semble à peine civilisé à notre Europe dédaigneuse, on garde· les urnes électorales avec une respectueuse sollicitude qui honore les mœurs politiques du Brésil. Dans chaque succursale, au milieu de la nef, on dresse une table entourée d'une grille; c'est la place qu'occupent les membres du bureau chargés de recueillir les bulletins; c'est celle aussi où, sans sortir de l'église, l'urne est déposée à la fin de l'opération. L'église, illuminée, reste ouverte toute la nuit. Un piquet de garde nationale, et, jamais de troupe de ligne, est préposé à la garde du scrutin. Ce jour-là, personne n'entre armé dans l'église, pas même les officiers supérieurs de l'armée. Tous les partis indistinctement peuvent faire surveiller les urnes pendant la nuit. Il faut le dire, du reste, à la louange des Brésiliens, depuis qu'on a adopté ce système, aucune tentative n'a été faite pour violer le secret des votes.

avant qu'elles aient eu recours aux procès et de prononcer sur les créances qui n'excèdent pas une centaine de francs, les parties conservant; dans ce cas, la faculté d'en appeler à un tribunal transitoire qui se compose de trois autres juges de paix des paroisses les plus voisines. Viennent ensuite, dans chaque commune, les juges municipaux chargés de l'instruction des procès; puis, dans chaque district comprenant plusieurs communes, un juge du droit (*juiz de direito*), un juge criminel (*juiz criminal*), et un juge des orphelins (*juiz dos orphaós*). Le juge du droit est chargé des causes civiles. Quand l'instruction d'un procès a été achevée par le juge municipal après que le juge de paix a vainement cherché à concilier les parties, le juge du droit prononce en première instance. Dans les causes criminelles, c'est le jury qui décide.—Le juge criminel n'a qu'à examiner si la loi a été bien appliquée et qu'à apporter un verdict de culpabilité ou d'acquittement, basé sur la décision de la majorité absolue du jury. Si pourtant ce magistrat pense que la loi et les formalités n'ont pas été fidèlement observées, il lui reste la faculté d'en appeler *ex officio* au jury de la localité la plus voisine, déclarant d'avance qu'il se soumet à ce second degré de juridiction. — Le juge des orphelins n'est appelé à prononcer que sur des causes ayant trait aux orphelins, aux aliénés et aux absens.

Contre les décisions successives de ces divers degrés de judicature, les condamnés peuvent invoquer des cours supérieures désignées sous le nom de *relaçóes*, et qui correspondent à nos cours d'appel. Il y en a quatre dans tout l'empire; elles siégent à Rio de Janeiro, à Bahia, à Fernambouc et à Maranham, chacune comprenant dans sa juridiction les provinces environnantes. Quoique ces cours d'appel jugent en seconde instance et en dernier ressort, on est libre d'en appeler encore à une cour suprême, unique de justice, espèce de cour de cassation de laquelle il dépend (quand elle reconnaît qu'il y a vice de forme ou injustice manifeste dans le prononcé de l'arrêt) de renvoyer la cause à une autre *relaçaó*, ou cour à son choix, ou, s'il n'y a pas lieu à un nouvel examen, de considérer la cause comme définitivement jugée. Là ne se bornent pas les attributions de la cour suprême de justice; elle est seule chargée de juger les présidens des provinces, les diplomates et les magistrats accusés de prévarication. A l'exception des juges de paix, qui sont élus, et des juges municipaux, qui peuvent être révoqués, les juges et conseillers des tribunaux et cours du Brésil sont inamovibles, mais peuvent être transférés d'un siége à un autre.

La presse politique du Brésil a pour centre et pour siége presque exclusif la ville de Rio. Les feuilles de cette ville se partagent en deux catégories distinctes: les feuilles quotidiennes, commerciales et accidentellement politiques, et les journaux semi-quotidiens et hebdomadaires, exclusivement politiques ou spécialement scientifiques et littéraires. Il existe à Rio quatre organes politiques qui paraissent tous les jours : le *Journal du Commerce*, le *Courrier mercantile*, le *Journal de Rio* et le *Courrier du Soir*. Comme le gouvernement ne possède pas de feuille officielle, les actes qui émanent du parlement ou du cabinet sont publiés, ainsi que les discussions *in extenso* des deux chambres, par l'un ou l'autre de ces organes. Le sénat vote à cet effet une somme annuelle d'environ 50,000 fr., destinée à la reproduction de ses séances; la chambre des députés, 40,000 francs pour les siennes, et on alloue à peu près 10,000 francs au journal qui publie les actes officiels. Deux de ces feuilles, le *Journal du Commerce* et le *Journal de*

Rio, comptent plus de vingt-cinq années d'existence (1). Long-temps insigni_
tians, ces deux organes, que faisait vivre le commerce, source principale de la
fortune des feuilles quotidiennes à Rio de Janeiro, se sont vus contraints, par
l'initiative d'autres publications essentiellément politiques, de prendre une
couleur et d'arborer un drapeau. Le *Journal du Commerce* est justément re_
nommé pour l'exactitude avec laquelle il reproduit les débats du parlement bré_
silien. Le *Courrier mercantile* est aujourd'hui le seul organe quotidien profes_
sant des idées avancées; il suit et devance parfois la marche de l'opposition.

La presse quotidienne de Rio n'offre pas à ses lecteurs habituels l'intérêt
attachant de nos publications parisiennes. A part la reproduction des débats et
des actes officiels, deux feuilles seulement s'occupent de la politique intérieure :
ce sont le *Courrier mercantile* et le *Courrier du Soir*. Avec le Brésil et la répu_
blique Argentine, c'est l'Europe dont les nouvelles défraient la presse de Rio.
Les moindres actes, les moindres événemens des nations importantes de l'an_
cien continent pèsent encore d'un poids énorme dans la balance politique et
commerciale du Brésil, et les écrits, les publications du vieux monde, y sont
avidement interrogés. Quant à la presse politique non quotidienne, elle est
représentée au Brésil par des feuilles éphémères, vivant à peine quelques
mois, le temps de lancer dans la polémique en général les personnalités les plus
offensantes. Ces publications, qui s'occupent exclusivement de politique inté_
rieure, ont pour appuis habituels les ministres et les partisans dévoués des
factions extrêmes. Les hommes les plus éminens du Brésil ne dédaignent pas de
descendre dans cette arène, d'où l'un et l'autre champions, quel que soit leur
mérite, reviennent toujours un peu meurtris. En général, il est raré de rencontrer dans la presse brésilienne des études vraiment sérieuses sur des ques_
tions de principes. Certes, dans cette carrière aussi, il apparaît de temps à
autre des noms politiques qui ne seraient pas déplacés parmi les plus illustres
de l'Europe, mais l'imagination y a trop souvent le pas sur les études sérieuses.
Le Brésil se trompe gravement en laissant à l'imagination une influence aussi
souveraine dans le domaine de la politique. Deux grandes nations ont surgi
dans le Nouveau-Monde, l'empire brésilien et la république des' États-Unis.
La confédération américaine s'élève en immolant tout, sans pitié, aux intérêts
matériels de son commerce et de sa marine; le jeune empire du Sud semblerait devoir grandir par les mêmes moyens que sa sœur aînée, si l'on ne découvrait, dans sa population douée d'un esprit ardent, une tendance trop marquée
vers les théories et vers les études spéculatives. Un rapide coup d'œil jeté sur les
relations extérieures et sur les sources de la richesse du Brésil fera comprendre cependant combien, aujourd'hui même, il lui reste à faire pour élever
sa situation matérielle au niveau de sa situation morale.

(1) Ces journaux eurent pendant long-temps, à l'exclusion des autres, le droit de publier les avis et faits commerciaux.

III.

Étendre et resserrer les relations commerciales du Brésil avec l'Europe, garder vis-à-vis des républiques américaines une attitude à la fois digne et pacifique, en évitant d'intervenir dans leurs perpétuelles dissensions, telle est la double pensée qui préside depuis plusieurs années à la politique extérieure du gouvernement brésilien. Rien de plus simple en apparence que cette ligne de conduite, et pourtant elle rencontre des obstacles de plus d'un genre. La politique conciliante du Brésil a pu prévenir ou arrêter de fâcheux conflits entre l'empire et les puissances européennes, toutes les fois qu'elle n'était pas entravée de ce côté par une malveillance systématique. Ainsi les différends entre le Brésil et la France ont pu être terminés à la satisfaction des deux pays; mais il n'en est pas de même des occasions de conflits que fait naître à tout instant l'Angleterre. Les difficultés diplomatiques se compliquent ici d'intraitables exigences. L'Angleterre voudrait en ce moment renouveler, comme l'a fait autrefois la France, son traité de commerce avec l'empire de dom Pedro. Celui-ci refuse de signer ce traité sur les anciennes bases, à cause des conditions nouvelles qu'on prétend y introduire à son détriment. Aussi ne lui épargne-t-on pas les tracasseries, et la traite des noirs ne fournit sous ce rapport qu'un trop commode prétexte aux vexations intéressées des agens de la Grande-Bretagne.

Vis-à-vis des républiques américaines, la politique de neutralité n'est pas moins difficile à pratiquer que la politique de paix et de conciliation vis-à-vis de l'Europe. Ce qui se passe en ce moment même sur la frontière du Brésil et de la république Argentine en est une preuve. Jusqu'à ce jour cependant le gouvernement de l'empire a su ne pas trop s'avancer dans la voie où voudraient l'entraîner quelques manifestations belliqueuses. Dans l'intérêt commun des deux pays, il faut espérer que ces manifestations n'engageront pas outre mesure leur politique, dont le but au fond devrait être le même, la grandeur et la prospérité de l'Amérique du Sud.

Quand de la politique extérieure du Brésil on passe à l'examen des sources de sa richesse, on reste plus convaincu encore de la nécessité de cette ligne de conduite qui se résume en deux mots : neutralité vis-à-vis de l'Amérique, et relations de plus en plus étroites avec l'Europe. Si l'instruction se répand au Brésil, si la vie politique et intellectuelle s'y développe sans cesse, les intérêts matériels y sont en souffrance, il faut bien le dire, et c'est à leur donner plus de place dans la vie brésilienne que la haute administration de l'empire doit consacrer à l'avenir toute sa sollicitude.

Il existe dans les états de dom Pedro trois branches de recettes : 1° la recette générale, qui s'élevait en 1831 à 34 millions de francs, qu'on évalue, pour l'exercice de 1849-1850, à environ 80 millions, et qui est destinée à faire face aux dépenses générales; 2° les recettes provinciale et communale de Rio de Janeiro, pouvant atteindre, la première au chiffre de 15 millions de francs, la seconde à celui de 3, et ayant pour objet de couvrir les dépenses particulières de cette province et de cette commune; 3° enfin, le budget particulier de recettes de chacune des autres provinces de l'empire.

On espérait équilibrer en 1850, comme on y a réussi sous le ministère de M. Alvar Branco, financier habile, le budget des dépenses avec celui des recettes. Tant qu'avait duré la guerre avec la province révoltée de Rio-Grande du sud, ce résultat n'avait pu être obtenu; et le déficit, s'accumulant de jour en jour, ne s'était pas élevé à moins de plusieurs millions de francs en peu d'années. Aujourd'hui les dépenses générales de l'empire brésilien peuvent être en moyenne réparties de la manière suivante :

Ministère de l'intérieur, de l'instruction publique et des travaux publics.	9,500,000 fr.
Ministère de la justice et des cultes.	5,100,000
Ministère des affaires étrangères.	1,600,000
Ministère de la marine.	11,200,000
Ministère de la guerre.	17,100,000
Ministère des finances, du commerce et de l'agriculture.	35,500,000
Total.	80,000,000 fr.

La liste civile de l'empereur est de 2,300,000 francs environ; elle serait insuffisante pour faire face aux dépenses que sa dignité lui impose; il y supplée par le revenu de ses propriétés particulières, qui est assez considérable. La dotation de l'impératrice est de 300,000 fr. La somme totale allouée aux autres membres de la famille impériale monte à 3,200,000 francs; elle est comprise dans les dépenses du ministère de l'intérieur.

Si les forces maritimes du Brésil sont en rapport avec le chiffre de sa population, tant s'en faut qu'elles puissent entrer en balance avec l'étendue de son territoire. A peine se composent-elles de 109 bâtimens, montés par 3,697 hommes, et armés de 382 bouches à feu. En voici l'état officiel :

	ARMÉS.		DÉSARMÉS.		EN RÉPARATION.
Vaisseau.	»	—	1	—	»
Frégates.	2	—	1	—	2
Corvettes.	5	—	2	—	2
Bricks.	4	—	»	—	4
Bricks-goëlettes. . .	10	—	»	—	»
Goëlettes.	7	—	1	—	1
Bateaux à vapeur. .	6	—	2	—	»
Divers bâtimens. . .	50	—	2	—	7

La somme consacrée à l'entretien de cette marine est hors de toute proportion avec les ressources du pays, mais elle semble lui être imposée par l'éventualité d'une guerre avec les états du Sud. Sans cette considération, qu'on s'exagère peut-être, quelle nécessité aurait le Brésil d'affecter plus du huitième de son budget à l'entretien d'une marine militaire dispendieuse, lorsque aucune puissance ne songe à inquiéter ses côtes, et que toutes ses forces réunies ne pourraient, à un moment donné, repousser avec avantage l'attaque de n'importe quelle grande nation? Quant au budget de la guerre en particulier, lequel dépasse 17 millions de francs sur une recette générale de 80 millions, c'est une des plus lourdes charges

de l'empire. Le gouvernement de dom Pedro II entretient sous les armes une
force de près de vingt-trois mille hommes. Après la pacification de la province
de Rio-Grande, dont la révolte contre le pouvoir avait duré neuf ans, tout le
monde s'attendait à voir le pays, rentré enfin dans des voies normales, renoncer à ce contingent de forces inutiles; il n'en a rien été. La lutte qui se prolonge entre Buenos-Ayres et Montevideo n'a encore permis aucune réduction
dans l'effectif militaire du Brésil. La province de Rio-Grande, qui s'étend à
l'extrémité sud de l'empire, et qui long-temps a tenu en échec les forces du
gouvernement, couve toujours d'ailleurs dans son sein quelque ferment d'agitation, quelques velléités d'indépendance. Cette province, qui touche à la Bande
Orientale, dont Montevideo est la capitale, et qui entretient avec cette république un commerce fort étendu, la soutient naturellement dans ses hostilités
contre Rosas, qui la menace sans cesse. Le Brésil tient échelonné sur cette
frontière un corps d'armée qui n'aura point, il faut l'espérer, à se départir de
son rôle d'observation. Tout récemment en effet, lorsque le Paraguay est venu
occuper militairement, comme étant sa propriété, les plaines situées entre le
Parana et l'Uruguay, le Brésil n'est point intervenu entre ce pays et la république Argentine, qui revendiquait, de son côté, cette langue de terre comme
partie intégrante de la province de Corrientes.

La dette extérieure, résultant des emprunts faits en Angleterre, s'est accrue
depuis 1824 au point d'atteindre aujourd'hui le chiffre de 154,270,250 fr., en y
comprenant une partie de l'emprunt portugais, que le Brésil a prise à sa charge
comme frais d'indemnité consentis, en échange de son indépendance, envers l'ancienne métropole. Il est juste toutefois de faire observer que les intérêts de cette
dette ont toujours été régulièrement acquittés, que le Brésil, où les fonds n'ont
pas cessé de monter depuis quelques années, n'a jamais été inquiété pour le
remboursement des dividendes, et qu'il trouvera facilement en 1852, époque
de l'échéance de l'emprunt, soit la facilité de renouveler son contrat, soit les
moyens de rembourser ce qu'il doit en contractant un emprunt nouveau.

La dette intérieure inscrite et consolidée s'élève à une somme de 140 millions de francs, portant intérêt à 6, 5 et 4 pour 100, intérêt dont le paiement
n'a jamais éprouvé de retard sérieux. Le papier-monnaie en circulation dans
toute l'étendue de l'empire représente en outre un capital de 136 millions de
francs. Cette estimation pour le papier-monnaie est faite sur le pied de 340 et
350 reis par franc. Cette dette, bien qu'immense pour un pays qui compte
à peine un quart de siècle d'existence politique, et cette quantité de papier-
monnaie sujette à des fluctuations continuelles, ne seraient point peut-être un
embarras pour le Brésil, si le gouvernement réussissait, par un système de
colonisation sagement organisé, à tirer enfin tout le parti désirable des innombrables richesses de son territoire. Malheureusement, les questions de politique
générale absorbent dans de stériles débats l'attention que réclament les intérêts de l'agriculture et de l'industrie brésiliennes. Cependant, ne l'oublions pas,
il y a deux autres causes à cette torpeur industrielle d'un pays si richement
doté par la nature. C'est, en premier lieu, le mépris qu'on y a trop long-
temps affecté pour tout ce qui n'est pas professions libérales; en second lieu,
l'influence des *articles perpétuels* d'un traité fait avec la France sous dom Pé-
dro Ier. Ces *articles perpétuels* sont des liens qui entravent, quant au commerce,

l'avenir du Brésil; nous ne citerons à ce propos qu'un fait : les Portugais qui, après l'indépendance, sont toujours restés les véritables et presque les seuls maîtres du commerce brésilien, ont l'habitude de faire venir de leur pays de petits commis qu'ils paient à peine et qui, pour eux, ont l'avantage immense de ne pas être astreints aux mêmes devoirs que les nationaux; ils ne prennent donc jamais d'employés brésiliens, et leurs maisons, à leur mort ou quand ils se retirent des affaires, passent invariablement entre les mains de ces commis de leur nation. Pour obvier à cet inconvénient, le gouvernement a voulu établir un impôt sur les employés étrangers, mais la France a opposé à cette mesure le texte de ses *articles perpétuels*, et force a été au Brésil de continuer à subir, sur ce point, son déplorable *statu quo*. La France pourrait, en sacrifiant ces articles qui n'ont pas un intérêt capital pour elle, obtenir un nouveau traité de commerce avantageux que, nous en sommes certain, le Brésil, à cette condition, ne refuserait pas de signer.

Il faudrait en outre que cette nation pût protéger plus efficacement sa marine marchande, qu'elle ne reculât devant aucun sacrifice pour améliorer et accroître ses produits agricoles, qu'elle mit tout en œuvre enfin pour réussir à se faire connaître en Europe sous son véritable jour, et qu'une fois pour toutes, elle renonçât à cette multitude de petites intrigues politiques qui l'empêchent de suivre un système sage et déterminé, et font le plus grand tort à son agriculture, à son industrie, à tout ce qui, en un mot, constitue dans notre siècle le véritable progrès. Le peuple brésilien est un peu travaillé de la maladie des générations modernes qui sont entrées dans leur ère d'indépendance et de liberté; tout le monde, dans le pays, veut exercer une profession libérale ou remplir des fonctions du gouvernement; et cependant, non-seulement le sol demande des bras, mais il a encore besoin de têtes intelligentes pour diriger les améliorations qui se préparent dans l'avenir, et pour surveiller l'exploitation des richesses dont les immenses filons sillonnent en tous sens cette admirable contrée. L'avenir du Brésil repose dans son agriculture, dans son commerce, dans sa marine marchande, qui ne compte que 751 navires généralement employés au cabotage. Une marine à vapeur respectable pourrait surtout lui devenir d'une grande utilité et produire presque immédiatement d'immenses résultats, en facilitant les communications de la capitale avec les provinces, les bâtimens à voile se trouvant bien des fois entravés dans leur marche par les vents alizés. Il existe, il est vrai, au Brésil un service régulier de steamers, mais il est combiné sur une échelle si restreinte qu'on ne saurait espérer d'y voir jamais un véhicule efficace pour le développement de son commerce et de son agriculture. Avec une marine à vapeur bien organisée pour le service des côtes, on en viendrait bientôt à remonter tous les fleuves navigables qui se déchargent en grand nombre dans l'Atlantique, et, au moyen de quelques canaux sagement combinés entre les différentes rivières, au moyen de quelques routes tracées convenablement pour unir les principaux centres de population, on ne tarderait pas à se frayer un accès dans les profondeurs du pays où restent enfouis d'immenses trésors agricoles.

Malgré tant d'obstacles inhérens les uns au sol, les autres à l'esprit même des habitans, les relations commerciales du Brésil s'étendent d'année en année. En 1845, 878 navires de long cours entraient dans le port de Rio de Janeiro avec 204,166 tonneaux de marchandises, tandis qu'il en sortait 881, jaugeant 274,955 tonneaux. En 1849, le chiffre des entrées de bâtimens de long cours s'est élevé à 1,147, portant 259,917 tonneaux, et celui des sorties à 1,063 navires, répartis de la manière suivante : 129 sur lest pour différens ports du pays, 54 également sur lest pour des ports étrangers, 154 qui remportaient leur chargement, 46 chargés de diverses denrées, 54 emportant des marchandises étrangères, et 630 avec des produits nationaux destinés à divers points du globe. Le cabotage a donné les chiffres suivans en 1845 : embarcations entrées, 2,373; tonneaux, 168,872; embarcations sorties, 2,382; tonneaux, 172,136. En 1849 : embarcations entrées, 2,402; tonneaux, 214,869; embarcations sorties, 2,383; tonneaux, 192,476. Ces chiffres nous dispensent de tout commentaire.

La contrebande s'est long-temps exercée impunément sur l'immense littoral du Brésil; elle s'y continue encore, mais moins librement et sur une échelle bien réduite. Un de ses foyers les plus actifs a été pendant long-temps la douane même de Rio de Janeiro. Jadis la plupart des employés de cette administration étaient soudoyés par le haut commerce pour laisser passer les marchandises venant de l'étranger, ou sans aucun droit, ou avec un droit excessivement restreint, ou sur des évaluations chimériques. Un député connu au Brésil par son caractère entreprenant, M. Ferraz, a demandé la direction de cette douane, dont le mouvement de va-et-vient est immense, promettant de faire rentrer dans les caisses de l'état des sommes plus considérables que les années précédentes, et, jusqu'à un certain point, il a tenu parole. La recette totale de la douane de Rio de Janeiro (au change de 350) s'est élevée, en 1849, à près de 27 millions de francs, c'est-à-dire à un excédant de plus de 3 millions sur les années antérieures, et on a en même temps réalisé près d'un million d'économie dans cette branche d'administration.

Si l'on excepte l'élévation des droits sur les marchandises anglaises après l'expiration, en 1847, du traité entre la Grande-Bretagne et le Brésil, et le droit de 80 pour 100 sur les objets confectionnés qui viennent généralement de Paris; si l'on excepte, en outre, l'augmentation de la consommation due à l'accroissement successif de la population, le résultat que nous venons de consigner ici ne saurait s'expliquer que par l'extrême sévérité de M. Ferraz à l'égard des employés subalternes, et par la stricte probité qui lui a fait refuser, dit-on, une offre de 300,000 francs par an de la part du haut commerce, associé pour le déterminer à fermer les yeux et à permettre que tout restât sur le même pied que par le passé. Le nouvel état de choses a créé toutefois une situation singulièrement difficile au commerce d'outre-mer. Certains produits d'Europe, sur lesquels les droits d'entrée sont fort élevés, s'écoulaient auparavant à des prix modérés; mais ces prix ne sauraient rester les mêmes sous la verge de fer de la nouvelle administration, qui place le commerce dans l'alternative cruelle soit de ne pas vendre, car on refuse d'acheter plus cher qu'autrefois, soit de vendre à perte ou sans bénéfice, ce qui, dans les affaires, revient à peu près au même. Notons néanmoins qu'en 1849 il est entré dans la seule ville de Rio de Janeiro pour plus de 100 millions de francs de marchandises, sur lesquelles ce qui a été consommé s'élève à une valeur de 80 millions, le reste ayant été réexporté pour différens ports nationaux ou étrangers. La douane provinciale la plus importante après celle dont nous venons de parler est la douane de Bahia; sa recette annuelle monte aujourd'hui à près de 14 millions; quant aux autres grands centres de l'intérieur et du littoral, tels que Fernambouc, Maranham, Rio-Grande du sud, Minas, Saint-Paul, ils se soutiennent; sauf quelques diffé_ rences peu notables, dans la même proportion.

Le commerce d'exportation du Brésil n'attend qu'une bonne impulsion du gouvernement pour se maintenir dans la voie de progrès où il est entré. Le café, introduit au Brésil par le chancelier Castello' Branco, ne produisait que trente mille arrobes en 1808, et deux cent trente mille en 1820; vingt_ neuf ans après, en 1849, l'exportation, sans compter la consommation inté_ rieure, s'est élevée à la somme de 1,397,890 sacs, expédiés surtout pour les États-Unis, l'Angleterre et l'Allemagne. Le sucre, implanté depuis long-temps au Brésil, n'y a pas crû dans une aussi forte proportion; l'exportation ne s'est pas élevée à plus de 16,000 ballots en 1849. Jamais du reste, en face de la concurrence du sucre de betterave en Europe et du sucre de canne dans les contrées tropicales qui produisent cette denrée, le Brésil ne pourra relative_ ment trouver pour ses sucres le même débouché que pour ses cafés. Durant les années qui viennent de s'écouler, ces deux produits n'ont pas vu leur quantité s'accroître considérablement, mais, en revanche, on a pu remarquer de notables améliorations sous le rapport de leur qualité. L'unique cause de ce change_ ment, c'est que tous les jeunes propriétaires qui ont pris la direction des plan_ tations de leurs pères ont fait, durant leur séjour en Europe, de sérieuses études en chimie et en mécanique.

A la suite des deux articles que nous venons de citer, les cuirs et les cornes de bœuf occupent le premier rang dans l'exportation brésilienne; un autre produit qui paraît destiné à prendre, dans un prochain avenir, une extension considérable sur ce marché, c'est le thé. Implanté de la Chine il y a à peine quelques années, il a parfaitement réussi déjà dans plusieurs provinces, entre autres dans celle de Saint-Paul. Le Brésil ne peut cultiver jusqu'à présent, il est vrai, dans ses plaines que le thé vert, agréable par sa saveur, mais conser_ vant un certain goût de terroir que les procédés de préparation n'ont pu en_ core réussir à lui enlever complétement. Un des produits brésiliens qui pour_ rait, en peu d'années, prendre rang parmi ceux de même nature qui ont fait la fortune de la Havane et des États-Unis, c'est le tabac. Jusqu'à présent, la culture de cette plante, qui croît en abondance dans plusieurs expositions, a été si négligée, ses produits ont été, en général, si mal préparés, que le tabac brésilien ne jouit encore que de fort peu d'estime en Europe. Il faut excepter cependant les tabacs de la province de Bahia, qui sont assez recherchés. Il ne tient donc qu'à la population des autres provinces de se créer dans la cul_ ture et la préparation du tabac une abondante source de revenus. Parmi les richesses végétales du Brésil, entrent aussi les bois précieux, le coton, la va_ nille, le cacao, le maïs, le quinquina. Il faut y ajouter le manioc, qui sert à alimenter toute la population esclave et presque toute la population libre des campagnes, et l'herbe de Guinée (*capim*), unique fourrage, en général, des che_ vaux et du bétail. La vigne réussit parfaitement dans certaines provinces. Il ne manque donc que des bras à l'agriculture brésilienne pour dépasser, par la variété et la qualité de ses produits, l'agriculture des plus riches pays du globe.

Les métaux précieux pourraient devenir une immense source de richesse pour l'empire avec une exploitation mieux dirigée et une main-d'œuvre moins chère. Les mines de Congo-Soceo et de Cata-Branca, concédées à des compagnies anglaises, ont offert jusqu'à ce jour des résultats satisfaisans, Il en eût été de même, sans doute, de la mine de diamans du Sincora, découverte en 1844 par, un nègre qui gardait son troupeau, si l'on avait su y puiser avec modération; mais les 4 à 500,000 karats qu'elle a fournis en peu d'années en ont tellement diminué la valeur, qu'on a vu ces diamans se vendre moins cher, en Europe qu'aux lieux mêmes de l'exploitation.

L'industrie brésilienne ne suffit guère encore qu'à la fabrication des objets de première nécessité. Le Brésil compte cependant des fonderies de cuivre et de fer, des verreries, des filatures, etc.; mais la plupart de ces établissemens attendent, pour prospérer, qu'on y applique la vapeur. C'est à la fabrication du sucre qu'est limité au Brésil l'emploi de ce précieux agent. L'état de l'industrie brésilienne ne réclame pas seulement, on le voit, la protection du gouvernement, mais l'appui des capitaux, des lumières de l'Europe. Ici nous touchons à une question vitale pour tous les pays de l'Amérique, à la question de l'émigration, que nous traiterons en terminant, car elle touche à l'avenir même du Brésil.

Le Brésil a été le théâtre de nombreux essais de colonisation; presque tous, malheureusement, ont échoué; hâtons-nous de dire que ce n'est point par la faute du gouvernement. — La population libre du Brésil ne couvrirait pas la huitième partie de la surface de l'empire; quant à la population esclave, elle diminue à vue d'œil par suite des difficultés croissantes que présente la traite et des nombreux affranchissemens qui s'effectuent chaque jour. Presque tous les propriétaires donnent en effet la liberté aux enfans d'esclaves qui naissent chez eux, et cela, disons-le à leur louange, de leur propre mouvement et sans qu'aucune loi les y oblige. On le voit, le Brésil serait un excellent terrain pour l'émigration européenne. Sans doute, les nègres, accoutumés au climat de l'Afrique, supportent plus facilement que les Européens la chaleur tropicale, c'est incontestable : les Européens ont cependant sur eux d'immenses avantages; s'ils ne travaillent pas aussi long-temps au soleil, s'ils s'épuisent plus vite, ils ont, en compensation, plus d'ardeur et d'intelligence. Tout cet empire, du reste, n'est point resserré entre les tropiques. La province de Sainte-Catherine jouit d'un climat analogue à celui de l'Italie, et plus loin, vers le sud, on retrouve le ciel des contrées tempérées du nord de l'Europe. Il y aurait certes là de grandes fortunes à faire pour des capitalistes européens auxquels on concéderait des lots de terrain suffisans, et qui amèneraient sur les lieux des hommes intelligens, en état de profiter des progrès modernes de la mécanique et de la vapeur.

La difficulté principale du gouvernement brésilien est de pouvoir contracter lui-même des engagemens avec des Européens travailleurs placés dans les conditions les plus avantageuses pour coloniser ces campagnes. Le Français guidé par des étrangers ne montre pas assez de persévérance; il faudrait qu'il eût pour chefs des compatriotes imprimant à sa colonisation les allures accoutumées des entreprises de la mère-patrie; l'Irlandais conserve trop le souvenir de son malheureux pays; les Suisses ont prouvé par la colonie de Mouro-Queimado qu'ils sont laborieux et opiniâtres, mais ils manquent de cette activité créatrice indis-

pensable dans ce climat où presque tout est à faire ou à modifier; les Allemands
ont seuls réussi, jusqu'à présent, à fonder au Brésil plusieurs colonies florissantes. Celle de Pétropolis, dans la province de Rio de Janeiro; créée en 1845
par mille Allemands, possède aujourd'hui une ville qui ne compte pas moins de
trois mille habitans sédentaires, et, aux alentours, une vaste étendue de terrain
en pleine culture.' Une autre colonie importante, et en partie composée d'Allemands, est celle de Saint-Léopold, à Rio-Grande. En 1842, elle exportait déjà
pour plus de 700,000 francs de produits; elle a atteint presque le chiffre d'un
million 800,000 francs en 1846, et dépasse maintenant celui de 2,500,000 fr.
Toutes les denrées en sont exportées par des barques appartenant aux planteurs et construites dans la colonie, qui ne comptait pas, en 1849, moins de
39 distilleries de rhum, 6 sucreries, 3 fabriques d'huile, 41 moulins pour la
préparation de la farine de manioc, 20 tanneries, un grand atelier pour la
taille des pierres fines, 6 filatures de coton et de fil, 16 moulins à blé et une
corderie. Les habitans sont en partie catholiques, en partie protestans; mais le
nombre de ces derniers est plus considérable. Il y a 12 chapelles, dont 4 sont
affectées au culte catholique, et 8 au culte évangélique. Les 16 écoles primaires
de Saint-Léopold sont fréquentées par 622 élèves des deux sexes. Malgré l'état
d'agitation et de désordre auquel la province a été en proie pendant plus de
neuf ans, la colonie, sous un climat qui rappelle celui de la France, n'a vu
ni sa population ni son industrie rester stationnaires. Elle compte aujourd'hui
plus de 6,000 habitans (1).

Tout bien considéré, les Européens les plus aptes à coloniser le Brésil seraient sans contredit les Hollandais; sobres, économes, intelligens, doués d'un
grand courage et d'une patience à toute épreuve, ils réunissent à peu près tout
ce qui est nécessaire pour lutter avec avantage contre les difficultés d'une semblable entreprise. Qu'on lise d'ailleurs les annales du Brésil, et on y verra qu'à
toutes les époques, à peine les Bataves posent-ils le pied sur ces plages, qu'ils
y laissent des traces ineffaçables de leur séjour. Nous ne croyons pas, cependant, qu'il convienne d'appeler exclusivement les Hollandais à fonder des colonies au Brésil : si, comme agriculteurs, ils remplissent les conditions les plus
avantageuses pour une pareille mission, les Suisses peuvent souvent aussi, sans
trop d'infériorité, entrer en ligne avec eux; les Allemands de la Carinthie et
de la Carniole, région riche en filons de cuivre, de fer, de plomb, de mercure
et d'alun, sont plus particulièrement aptes aux travaux des mines; les Irlandais
font d'ordinaire, d'excellens travailleurs; et les Français; pris dans certaines
catégories et bien dirigés, pourraient donner sur tous les points une impulsion

(1) Entre autres colonies protégées par le gouvernement brésilien, nous ne pouvons
nous empêcher de mentionner celle d'un Italien qui a complétement échoué, faute de
ressources suffisantes et par l'inintelligence de sa direction. Nous avons vu encore le
docteur Mure tenter l'établissement d'un phalanstère dans la province de Sainte-Catherine, et obtenir même des chambres brésiliennes une assez forte somme d'argent pour
les premiers frais de son association. Les colons phalanstériens n'ont pas tardé à se disperser avant que leur œuvre eût porté ses premiers fruits, et le docteur Mure est venu
implanter à Rio de Janeiro la médecine homœopathique.

féconde, s'ils allaient de préférence peupler les provinces où ils retrouveraient
à peu près le climat de leur patrie. M. le prince de Joinville prépare en ce
moment la mise en culture des vingt-cinq lieues carrées de terrain qu'il a reçues en dot de la princesse dona Francisca dans la province de Sainte-Catherine. Nul doute que cette colonie, bien dirigée et surtout bien protégée, ne
devienne un jour une des plus florissantes de l'empire. Rien, au reste, ne s'oppose à ce que ce résultat soit facilement atteint; rien, ni les qualités personnelles du prince, ni l'intelligence des colons attachés à sa fortune, et qu'il a
fait choisir avec soin dans les populations les plus civilisées; ni le climat, ni
le sol, ni la province, qui est sans contredit une des plus fertiles du Brésil, et
offre, en particulier, d'incontestables avantages pour la culture du blé et de la
vigne.

Le gouvernement brésilien s'occupe sans relâche de ces projets de colonisation auxquels il sent que son avenir est attaché, mais force lui est de s'arrêter
sans cesse devant des obstacles immenses, et souvent, au moment décisif, de ne
rien conclure. En 1844, il signa un contrat avec une maison du Brésil à l'effet
d'y introduire six cents colons ouvriers européens pour les travaux publics
des provinces; malheureusement, jusqu'à ce jour, rien ne s'est réalisé. Plus
tard, un plan de colonisation assez vaste a été proposé par un Belge nommé
Van Lede. Cette entreprise était commanditée par une compagnie qui s'honorait
de voir figurer, en tête de ses actionnaires, le roi Léopold, le comte de Mule-
naere, et un grand nombre de notabilités politiques et financières de la Belgique. La compagnie, un peu exigeante dans ses prétentions, n'a rien pu conclure avec le gouvernement, et tout de ce côté aussi reste en projet.

Le gouvernement brésilien, il y a quelques années, avait mis les chambres en
demeure de voter une loi qui lui eût assuré la faculté de concéder ou de vendre
à bas prix, dans les provinces les plus fertiles du sud de l'empire, les terres incultes où des colons demanderaient à s'établir. Ce projet de loi, auquel malheureusement s'étaient mêlées des questions politiques, est resté plusieurs années
à l'étude, et a seulement été adopté vers la fin de 1850. A défaut d'un système
régulier et uniforme de colonisation, le gouvernement ne refuse jamais asile
et secours aux étrangers qui accourent de leur propre mouvement, et demandent au pays, en échange de leur travail, un sort plus heureux que celui qui
leur a fait fuir leur patrie. C'est ainsi que plus de deux mille Allemands ont
fait récemment la traversée à leurs frais, pleins de confiance dans la protection du gouvernement brésilien, duquel ils sollicitent des terres à cultiver.
Comme souvent, leur passage payé, les émigrans se trouvent dénués de toute
ressource en touchant le sol du Brésil, on pourvoit généreusement à leur entretien et à leur installation dans la province où ils veulent se rendre.

Ce ne sont pas seulement des agriculteurs et des ouvriers que le Brésil devrait demander à l'Europe; il y aurait aussi à provoquer l'émigration des pêcheurs européens, auxquels on confierait l'exploitation de l'immense littoral qui
s'étend du cap Frio jusqu'à Espirito-Santo. Depuis long-temps, il est prouvé que
les nations qui se livrent avec le plus d'activité à la pêche sont en général aussi
celles qui possèdent la meilleure marine et les meilleurs marins. Eh bien! sur
la côte du Brésil, entre les deux points que nous venons de désigner, pullulent

d'énormes bancs d'une espèce de spare, poisson qui, lorsqu'il est salé, donne une chair aussi nourrissante et plus délicate que la morue. S'il fallait, comme autrefois, faire venir pour cette opération le sel dont on a besoin des îles portugaises, l'exploitation de cette nouvelle source de richesse deviendrait certainement trop coûteuse; mais aujourd'hui le Brésil possède plusieurs salines importantes, une, entre autres, au cap Frio, dont les produits sont abondans. Aussi, non-seulement la réalisation de cette idée ouvrirait à ces contrées une voie facile et peu dispendieuse de colonisation, mais elle offrirait en outre, dans un temps donné, l'avantage inappréciable d'alimenter à peu de frais la marine marchande et militaire du pays, et de créer une branche de commerce considérable.

La génération nouvelle des propriétaires brésiliens est instruite; la plupart des planteurs ont fait leurs études en France, en Allemagne, en Angleterre ou en Portugal. C'est dans leur influence surtout que l'émigration doit chercher un appui, c'est à elle qu'on doit déjà l'amélioration du sort des nègres au Brésil. Les premiers propriétaires d'esclaves étaient généralement des hommes ignorans; ceux d'aujourd'hui, qui ont puisé l'instruction aux sources européennes, ont dans le cœur des principes d'humanité; ils comprennent l'esclavage brésilien comme une provisoire et malheureuse nécessité, qu'il faudra chercher tôt ou tard à remplacer par des institutions libérales et philanthropiques. L'émigration européenne rencontrerait dans cette classe éclairée de la population brésilienne un utile et sincère concours; elle serait en outre favorisée par le gouvernement, et plus encore par les ressources variées d'une magnifique nature. Le jour où le flot de cette émigration se dirigera vers le Brésil, où une population étrangère, laborieuse et intelligente, viendra seconder le mouvement de renaissance politique et morale qui s'accomplit dans la population indigène, ce jour-là aussi une ère nouvelle commencera pour le Brésil, et la société de ce jeune empire pourra exercer dans l'Amérique du Sud une influence aussi profitable aux intérêts de l'Europe qu'à ceux du Nouveau-Monde.

EMILE ADÊT.

LES CONFESSIONS

D'UN HUMORISTE.

——

Lav-Engro, the Scholar, the Gypsy and the Priest, bý George Borrow.
— London, Murray, 1851.

——◦——

Ce n'est pas tous les jours qu'on rencontre sur son chemin un *picaro*,
littéraire, un vrai bohémien, comme George Borrow : espèce de Juif
errant, — j'en demande pardon à la Société biblique dont il est, dont
il fut du moins un des missionnaires; — homme d'aventure, de hasard, de ressources imprévues, ne doutant de rien, ne redoutant rien,
domptant le danger par l'audace, et la pauvreté par la résignation philosophique; — esprit subtil d'ailleurs, mais plein de caprices, de goûts
bizarres, d'instincts contradictoires et heurtés; — Gil Blas philologue,
Lazarille érudit, don Guzman poète et rêveur, quand le rêve et la poésie
le prennent; par-dessus tout et avant tout, épris de sa liberté, qu'il
garderait même sous la livrée... où l'on serait tenté de croire qu'elle
se trouve le plus souvent!

Étrange camarade, en vérité! Lorsque parut son premier ouvrage,
la monographie des Bohémiens espagnols (1), on lui trouva une saveur
étrange : — celle du vrai. Il était évident que l'auteur avait pratiqué
son sujet. On ne pouvait douter qu'il ne parlât le pur *rommany,* qu'il

(1) *The Zincali.* London, Murray.

ne possédât la tradition *zingara* dans ce qu'elle a de plus mystérieux. Il établissait sa compétence parfaite *sobre las cosas de Egypto* par les rapprochemens ingénieux qu'il faisait entre les tribus ziganes errantes sur les steppes russes, les *gitanos* qu'il avait découverts et hantés dans les faubourgs de Badajoz, et les *gypsies* qui essaiment autour du *turf* de Newmarket. Or, ce n'est pas là une science vulgaire. On ne l'achète pas, toute digérée, de quelque professeur à cachets. On la cherche cherait en vain, on l'aurait du moins vainement cherchée autrefois dans la calme et vénérable poussière des bibliothèques. Elle s'y fait jour maintenant, grace à Borrow; mais, lui, c'est aux sources mêmes qu'il l'avait puisée. Cette chanson qu'il donnait textuelle, il l'avait entendue improviser sur la guitare par un maquignon poète à la porte de quelque *venta*. S'il nous révélait les mystères du *hokkano baro* (la magie blanche) et des vols qu'il aide à commettre, c'est qu'ils lui avaient été dévoilés dans les *tertulias* religieuses qu'il avait organisées à Madrid, et que fréquentait assidûment la Pepa, sorcière équivoque, avec ses deux filles la *Borgnesse* et le *Scorpion* (la *Tuerta* et la *Cadasmi*), deux beautés difficiles à convertir. Ne se crée pas qui veut des relations aussi distinguées. De même pour les *calos*, les *gentlemen* bohêmes, qu'il fallait aller quérir dans leurs repaires ténébreux, dans les *cachimanis* (cabarets) où ils se rassemblent, fort peu empressés, et pour cause, d'y ad rettre de nouveaux venus. S'ils eussent pensé que l'évangélique agent fût ce qu'ils appellent un *sang-blanc*, un vil *busno* (chrétien), Dieu sait quel mauvais parti ces braves gens pouvaient lui faire! Heureusement, les plus honnêtes d'entre les *calos* soupçonnaient tout uniment le voyageur inconnu de mettre en circulation des *onces* de mauvais aloi : c'était un titre à leurs égards.

Il y a trois portions bien distinctes dans le premier ouvrage de George Borrow : un essai historique sur l'origine des peuplades bohêmes; un traité du dialecte *rommany* et de la poésie des gitanos, avec vocabulaire à l'appui; enfin un aperçu, mais très succinct et très peu complet, des aventures de l'auteur. Ce fut pourtant à cette dernière portion du livre que l'attention publique s'attacha. Ne nous en étonnons point. Plus nous allons, plus le passé semble perdre de son intérêt; plus la curiosité se prend aux choses contemporaines. Autre symptôme : plus la civilisation se perfectionne, plus elle semblerait devoir mettre en circulation des idées générales, et plus, au contraire, se développe le goût des analyses spéciales, des études individuelles. L'universelle tendance était autrefois de résumer en traités, en maximes, des milliers d'observations particulières. Aujourd'hui chaque être est étudié séparément : on l'isole pour le mieux connaître; on l'accepte, on le demande tout entier et dans tous ses détails. Romans, biographies, mémoires, ont pour mission de tout révéler, de ne laisser dans l'ombre aucune portion du caractère, si insignifiante qu'elle puisse paraître, aucun élément de ce *petit monde* que porte en lui l'être le plus humble. D'où vient cet appétit nouveau? Ce serait difficile à dire, plus difficile encore de savoir où il nous mène. Ténèbres derrière nous et devant nous, n'est-ce pas là notre époque?

Quoi qu'il en soit, George Borrow devina fort bien ce qu'on attendait de lui. Il reprit en sous-œuvre l'ébauche qu'il avait donnée de ses voyages dans la Péninsule, et fit paraître son second ouvrage : *la Bible en Espagne* (1842). Ce récit embrassait cinq années pendant lesquelles l'auteur, selon ce qu'il en dit lui-même, avait mené la vie qui convenait le mieux à sa nature. « Ce temps a été, s'écrie-t-il, sinon le plus aventureux, au moins le plus heureux de ma vie, et maintenant *le rêve est dissipé* pour ne revenir, *hélas!* jamais... (1) »

Ce beau rêve, qui serait pour beaucoup de gens une pénible réalité, c'était la vie du soldat et du missionnaire, les longues courses à cheval dans les brûlantes *sierras,* les nuits sans repos dans quelque sale auberge, en compagnie des *almocreves* (rouliers) et non loin de la bauge où grognent les pourceaux, de l'écurie où les mules hennissent. C'était, pour grand régal,—les jours marqués de craie blanche,— le *lombo* de porc cuit sur des charbons et servi avec des olives rances; c'était la rencontre suspecte de *contrabandistas* armés et farouches; c'étaient les appréhensions de la route, mal conjurées par le brin de romarin que la superstitieuse hôtelière attachait, malgré qu'il en eût, au chapeau du voyageur; c'était le muletier ivre lançant le frêle équipage sur les pentes abruptes d'un mauvais chemin de montagnes, et chantant la *tragala* au bord des précipices; c'était le soldat de mauvaise humeur, qui, par pure jalousie et forme de passe-temps, lâchait son coup de fusil sur *le maudit hérétique* assez riche pour avoir un cheval et un valet; c'étaient vingt autres mauvaises rencontres dans le *despoblado*. Puis, à Madrid, c'était le métier de solliciteur avec tous ses ennuis et tous ses dégoûts,—les hauteurs dédaigneuses ou les politesses hypocrites de l'homme en place, les promesses du supérieur éludées par les subalternes, les reviremens ministériels brisant à chaque instant le fil des négociations entamées.

Mais pourquoi, direz-vous, toutes ces démarches? C'est qu'en 1836 et dans les années suivantes, toute l'influence diplomatique de la Grande-Bretagne ne permettait pas à M. Borrow de répandre impunément, dans la très catholique Espagne, l'Écriture selon les protestans. On lui opposait fort bien, en cette matière, les décisions du concile de Trente, et pour éluder cette objection il se vit réduit à faire imprimer à Madrid une version des deux Testamens due à la plume du confesseur de

(1) *The Bible in Spain*, préface.

Ferdinand VII (il va sans le dire que le commentaire catholique restait supprimé). Ceci fut toléré, nonobstant les plaintes du haut clergé, par le ministère Isturitz. Plus tard, encouragé par ce premier succès, et poussé par cette excessive passion de philologue que nous avons déjà signalée en lui, M. Borrow passa outre, et tenta de mettre en circulation une bible basque, puis une bible en rommany; mais du fond de sa tombe la défunte inquisition guettait ses moindres démarches, et cette fois, Ofalia étant ministre, on crut le moment venu d'en finir avec l'hérétique propagandiste. Après une saisie pratiquée dans ses magasins de bibles, les alguazils, s'emparant de sa personne, le conduisirent au corrégidor, qui, sans le moindre interrogatoire, et sur une simple constatation d'identité, l'envoya tout droit à la *Carcel de la Corte*.

Il n'y avait pas là de quoi terrifier un homme d'un certain tempérament. C'est à peine si M. Borrow fut contrarié de sa mésaventure. Il savait que les deux principaux agens diplomatiques anglais résidant alors à Madrid, — MM. Villiers (1) et Southern, — ne laisseraient pas dans l'embarras un délégué de la Société biblique, et quant aux inconvéniens provisoires d'une courte détention, ils étaient plus que balancés à ses yeux par le bénéfice des nouvelles connaissances qu'elle allait lui procurer. On l'eût bien autrement contrarié si on l'eût enfermé dans un cercle de grands d'Espagne et de femmes à la mode. Lorsque M. Southern, informé que son compatriote venait d'être arrêté, s'empressa de le venir consoler, il le trouva déjà muni de ses meubles, qu'il s'était fait apporter, et faisant main-basse sur d'abondantes provisions appelées à suppléer le maigre ordinaire de la Prison de la Cour. Une lampe était allumée sur sa table; son *brasero* bien ardent avait déjà dissipé l'humidité du cachot où il s'installait comme dans un nouveau logement. Déjà aussi une certaine popularité se trouvait acquise, parmi les porte-clés (*claveros*), les gardiens et les prisonniers, à ce nouveau venu si parfaitement philosophe. « Vous sortirez dès demain, je vous en réponds, lui dit M. Southern, qui riait de bon cœur, en voyant les choses tourner ainsi. — Je vous rends grace, mais j'espère qu'il en sera autrement, répondit le prisonnier. Ils m'ont mis ici pour leur plaisir; je compte y rester pour le mien. »

C'était là une manière de voir admirablement adaptée aux secrets désirs du diplomate anglais. En effet, l'occasion était magnifique pour déployer, à coup sûr et dans une cause évidemment juste, cette susceptibilité calculée qui a si bien réussi, en mainte occasion, au gouvernement britannique. M. Borrow n'était pas un Finlay aux griefs imaginaires, un Pacifico à la nationalité équivoque: c'était un Anglais pur-sang, un protestant de la vieille roche, persécuté pour ses bonnes

(1) Aujourd'hui vice-roi d'Irlande sous le titre de lord Clarendon.

œuvres, lésé dans sa liberté de conscience, souffrant pour la foi de ses pères. Son affaire prit aussitôt les proportions d'un *casus belli;* et le juge d'instruction, docile aux injonctions ministérielles, ne fit comparaître devant lui « l'honorable don Jorge » que pour l'engager à rentrer chez lui sans bruit, sans scandale, sans aucune suite donnée à ce qu'il appelait « une sotte affaire; » mais un tel dénoûment n'était pas du goût de *don Jorge.* Le prisonnier voulait rester en prison. Citant saint Paul au magistrat ébahi : — Vous nous avez, lui dit-il, battu de verges publiquement, nous, *citoyen romain.* A la vue de tous, vous nous avez mis dans vos cachots, et maintenant vous voudriez nous en faire sortir secrètement, par le guichet dérobé. Non, l'outrage et la réparation doivent avoir publicité pareille. J'exige une mise en liberté régulière et solennelle. Si vous employez la force pour me délivrer malgré moi, je résisterai, je vous en préviens. »

Ce fut ainsi, avec pleine approbation de l'ambassade anglaise, que M. Borrow rentra en prison, et Dieu sait quelle prison! Les récits qu'il fait de cet intérieur souillé donnent vraiment la nausée. En revanche, que d'originaux, quels détails pittoresques! Ici, parmi les *valientes* de la prison, — la haute aristocratie du meurtre et du vol, — un enfant de sept ans, vrai louveteau, déjà complice de son père, accusé d'assassinat. Ce *poussin de potence,* comme l'appelle M. Borrow, était l'orgueil de sa famille. Cravate de soie, belle chemise blanche, gilet à boutons d'argent, rien n'était épargné pour sa parure des dimanches, et, dans sa ceinture écarlate, un grand couteau pendait, qui mettait en gaieté, songeant à l'usage qu'il en savait faire, les hôtes de la *carcel.* On l'entourait, on l'accablait de caresses, on l'enivrait d'éloges, tandis que son père, le couvant des yeux avec amour, le faisait sauter sur ses genoux, et, de temps en temps, retirant son cigare d'entre ses épaisses moustaches, le plaçait entre les lèvres roses de cet adorable petit brigand. — Plus loin, un Français, rêveur et distrait, à qui, nonobstant piastres et cigares, M. Borrow ne put jamais arracher le récit de la *bagatelle* pour laquelle il devait, peu après, subir la *garote,* c'est-à-dire être étranglé bel et bien. Cette bagatelle était une série de meurtres combinés exactement comme ceux qui ont amené Lacenaire sur l'échafaud. M. Borrow n'en voulait pas moins inviter à dîner ce personnage curieux, ancien soldat de Maïda et de Waterloo; mais le directeur de la prison, le *batu* (comme l'appelaient ses hôtes), refusa obstinément son autorisation. « Pour tout autre, disait-il, j'y consentirais, fût-ce Balseiro lui-même, *malgré ce qu'on dit de lui,* car au moins il *sait vivre* et ne manque jamais à la bienséance; mais ce Français, ne m'en parlez pas : c'est *le plus détestable caractère de toute la famille.* »

La courtoisie espagnole éclate dans ces formules savamment atténuées. Maintenant, savez-vous *ce qu'on disait de* Balseiro? C'est que, de concert avec un autre misérable de son espèce, il avait étranglé.le, modiste de la reine pour piller à l'aise son magasin. Candelas, le com-, plice, n'avait pas le sou : — il fut *garrotté*. Balseiro, possédant quelques économies dont il sut faire emploi, vit commuer la peine de mort prononcée contre lui en vingt années de *presidios*. Il ne comptait pas y rester plus de six semaines, et de fait, il s'évada peu après son arrivée, au bagne. De retour à Madrid, il imagina une spéculation hardie, qui consistait à séquestrer les deux enfans d'un Basque immensément riche, contrôleur de la maison de la reine. Après les avoir enlevés de leur pension, il les logea dans un souterrain, entre l'Escurial et Forre-Lodones, à cinq lieues de la capitale des Espagnes; puis, les laissant sous la garde de deux complices, il vint marchander avec le père au désespoir la rançon de ces deux enfans, qu'on savait idolâtrés. L'entreprise était bien conçue, mais elle échoua, grace à l'activité tout-à-fait exceptionnelle que déploya la police, stimulée sans doute par le crédit qu'on devait supposer à un employé du palais. Les enfans furent retrouvés sains et saufs; ils aidèrent à reconnaître leurs ravisseurs, et, peu après, ils assistèrent en carrosse, avec leur père, à l'exécution de Balseiro.

Voilà bien assez de détails pour faire comprendre tout ce qu'aurait perdu M. Borrow à une libération trop prompte. D'ailleurs, il n'attendit pas plus de trois semaines, — semaines bien employées, — la réparation qui lui était due. Le très catholique gouvernement espagnol reconnut par écrit que l'emprisonnement de l'agent protestant reposait sur une accusation mal fondée, et ne devait laisser aucun stigmate sur sa bonne réputation. On lui offrait de plus le remboursement de tous les frais que cette erreur de police avait pu entraîner pour lui et l'option de faire casser l'agent de police sur le rapport duquel il avait été arrêté. M. Borrow usa discrètement de sa victoire, et ne voulut accepter que la clé des champs. A nul plus qu'à lui cette clé n'a jamais été nécessaire. Au surplus, il n'en était pas quitte avec le mauvais vouloir des autorités espagnoles. Celles-ci n'osaient plus, il est vrai, averties par leur premier échec, s'en prendre directement à sa personne, mais elles ne se gênaient point pour faire confisquer de tous côtés, à mesure qu'il les répandait, les exemplaires de sa Bible, donnés plutôt que vendus aux pauvres habitans des provinces. Un jour, même, on le manda derechef, à propos d'une de ces saisies, devant le corrégidor de Madrid, qu'il indisposa par son extrême assurance, et qui menaçait de le renvoyer en prison. « Vous m'obligerez, répliqua tranquillement le voyageur, et cela me serait fort utile; je m'occupe en ce moment d'un vocabulaire d'argot, et la fréquentation des voleurs de Madrid me serait précieuse..... » Ce flegme était fait pour déconcerter le magistrat le plus rogue. Effectivement, à la fin de l'entrevue, le corrégidor en était arrivé à reconnaître que la libre discussion des doctrines religieuses serait, dans chaque pays, la véritable épreuve de leur puissance et de leur valeur. Partir d'une saisie de Bibles et conclure ainsi, c'était aller vite, n'est-il pas vrai?

On peut, sans trop se préoccuper de ménager une transition quelconque, passer de la Bible en Espagne à Lav-Engro, le dernier ouvrage de George Borrow. C'est un sans-gêne dont il donne l'exemple à ses lecteurs. Ses livres ressemblent à l'une de ces aventures si fréquentes en voyage, dont le vif début promet, dont l'intérêt se soutient, et que dénoue, par manière d'intervention céleste, une brusque séparation. La diligence s'arrête : votre compagnon, — votre compagne peut-être, — descend de voiture, rassemble ses bagages, tourne vers vous un dernier regard, et au moment même où vous alliez sans doute échanger un mot qui eût rattaché l'une à l'autre vos deux destinées, parallèles depuis quelques heures, le fouet du postillon retentit, l'attelage repart au galop, le nœud à demi formé se dissout, le fil que chaque heure écoulée semblait consolider se brise, et pour jamais.

Ainsi finissait la Bible en Espagne, un vendredi soir, dans un cabaret de Tanger; ainsi finit Lav-Engro, après que, dans une clairière au milieu d'un bois, sous une hutte de chaudronnier ambulant, certain postillon a raconté ses aventures au héros du livre; — M. Borrow lui-même, il nous faut le croire, — et à miss Isopel Berners, sa compagne. N'allez pas, sur ce mot, vous effaroucher. Il s'agit bien d'une errante beauté associée depuis quelques jours aux poétiques vagabondages du jeune aventurier, mais en tout bien, tout honneur, entendons-nous. Lav-Engro est chaste comme Joseph. Ne le fût-il pas, Isopel, haute de cinq pieds six pouces, a été douée de deux bras nerveux qui la protégeraient au besoin contre les plus audacieuses tentatives. Le postillon qui les soupçonne cependant, elle et lui, d'être deux jeunes gens de bonne famille en route pour Gretna-Green, achève de leur raconter sa biographie; puis il se retourne sur la couverture de laine qu'ils lui ont prêtée pour y dormir : «Bonne nuit, mon jeune monsieur... Dormez bien, belle demoiselle... » Et le livre est ainsi clos, à la quatre cent vingt-sixième page du troisième volume, sans un mot d'excuse, sans la promesse d'une suite quelconque. Prenez ceci bien ou mal, fâchez-vous ou riez de cette incartade inattendue : qu'importe à l'auteur? Et quel droit, après tout, auriez-vous de vous plaindre? Vous le connaissez, lui, ses façons à part, son laisser-aller bohème, son horreur pour la bonne compagnie, son attrait pour la mauvaise. A bon escient vous avez voulu battre l'estrade en sa compagnie. Tant qu'il lui a plu, il a su vous entraîner sur ses pas; bonnes histoires, humour vraie, sentiment exquis des aspects de la nature, paysages supérieurement rendus, esquisses dignes de Callot et de Goya, gaieté soutenue, caractères singuliers, rencontres inattendues, intérêt inexplicable, il vous a tout prodigué, pêle-mêle, dans un style fortement empreint d'un goût de terroir tout-à-fait particulier, et, par momens, d'une énergie, d'une grace, d'une couleur admirables. Que lui demandez-vous encore? Oubliez-vous à qui vous avez affaire? Sa plume bohémienne a couru devant elle tant que le caprice l'a poussée. L'heure de la fatigue venant à sonner, doutez-vous qu'elle s'arrête? Non, vraiment, et, dût la phrase rester inachevée, il faudra vous en contenter telle quelle : « Bonne nuit, mon jeune monsieur... Dormez bien, belle demoiselle... »—C'est tout ce que vous en aurez pour le moment, soit que l'auteur se tourne en effet dans son lit pour se rendormir, soit qu'un cheval l'attende, tout sellé, pour reprendre ses voyages, et qu'il parte pour Constantinople ou Saint-Pétersbourg, pour Rome ou la Mecque, à la poursuite de quelque dialecte inconnu, de quelque vocabulaire impossible.

Est-ce donc un roman qui pourrait se dénouer ainsi ? Sous aucun prétexte on ne saurait l'admettre; mais alors *Lav-Engro* est donc une histoire vraie? Peu de gens, ayant lu consciencieusement cet ouvrage à part, seront tentés de le croire. Et cependant on y trouve à foison de ces réminiscences que l'artiste le plus habile ne saurait chercher en dehors de la réalité la plus pratique, la plus positive. Il ne tient donc qu'à nous de supposer que, sur de vrais souvenirs comme sur une trame solide et forte, George Borrow, évoquant le fantôme de sa jeunesse évanouie, a brodé un récit dont son imagination fait au moins la moitié des frais. N'est-ce pas ainsi que procéda Jean-Jacques Rousseau dans ces prétendus Mémoires, si fréquemment démentis, qu'il intitula *Confessions?* *Robinson Crusoé*, cet autre monument littéraire, n'est-il pas aussi un heureux mélange de réalités et de rêves? *Lav-Engro*, sans doute, n'égale ni l'une ni l'autre de ces immortelles compositions; mais nous le classerons volontiers dans la même catégorie, à tel degré que l'on voudra, sans vouloir, cependant, qu'on le déprécie outre mesure, et sans oublier ce que nous disait l'autre jour encore un des romanciers favoris du public anglais, l'ingénieux auteur de *Pendennis* et de *Vanity-Fair* : « George Borrow est un des prosateurs les plus remarquables de l'Angleterre actuelle. »

Les succès de l'auteur des *Zincali* et de *Lav-Engro* sont au reste, comme son talent, d'un ordre tout-à-fait à part. Dans ce dernier livre comme dans ceux qui lui ont frayé la route, les chapitres se succèdent comme les incidens, sans tenir l'un à l'autre, sans cette gradation constamment ascendante qui, de nos jours surtout, semble indispensable pour fixer l'attention d'un public blasé. Nulle charpente, nulle intrigue, nul savoir-faire, nul métier; une grande incohérence philosophique; à certains égards une remarquable *étroitesse* de vues;

une érudition bizarre, et qui serait un crime irrémissible auprès de bien des lecteurs, si l'écrivain n'était le premier..à la tourner en plaisanterie; — érudition très fautive d'ailleurs et très incomplète, car cet homme qui sait l'arménien, l'irlandais, le rommany, qui traduit couramment l'hébreu, qui lit dans l'original les *Histoires danoises* de Snorro Sturleson et goûte dans leur texte gallois les beautés du poète Ab-Gwilym, nous donne çà et là des échantillons plus qu'équivoques d'un français désespérant. — Vous voyez que de conditions défavorables, que d'obstacles à la popularité du talent, si réel qu'on l'admette! quels sacrifices imposés aux routinières habitudes du public! Et ne faut-il pas beaucoup de verve éloquente, beaucoup d'esprit alerte; beaucoup de ressources originales pour faire excuser tant de lacunes et de disparates? Par bonheur, verve, esprit, originalité, George Borrow a tout cela, et, dans les récits les plus dénués de fond, les plus insignifians en apparence, sa plume ingénieuse sait découvrir des sources d'intérêt inattendues.

Lav-Engro, — ou si vous voulez George Borrow, — nous racontant son enfance traînée de pays en pays à la suite d'un régiment où son père avait le grade de capitaine instructeur, n'a devant lui que des matériaux de valeur assez mince. La vie uniforme des casernes et des camps volans, quelques retours sur le passé de sa famille, originaire de Normandie et chassée de France par la révocation de l'édit de Nantes, quelques détails sur sa mère, pieuse protestante, dévouée à ses devoirs, — les souvenirs donnés à un frère bien aimé, dont l'intelligence précoce, la beauté, le courage, faisaient l'admiration des siens, et que l'impitoyable mort leur ravit de bonne heure, — la description enjouée des maîtres que le hasard lui donna tour à tour, des écoles où il poursuivit tant bien que mal des études à chaque instant interrompues, — il n'y a point là, on le voit. pour le narrateur, une bien riche matière. Dickens, dira-t-on, a tiré parti d'un thème pareil et non moins ingrat dans son beau roman autobiographique, *David Copperfield;* mais, en se confinant dans la réalité plus étroitement que Dickens, Borrow a eu à lutter contre des difficultés plus grandes, et il se montre quelquefois supérieur au romancier par cela même qu'il invente moins, s'il invente, et qu'il donne de lui-même ce qu'on appellerait volontiers un *procès-verbal* psychologique plus minutieusement exact, plus précis, plus savant. Il y a tels détails dans le récit de Borrow, — et, par exemple, l'analyse de ses sensations devant les gravures de *Robinson Crusoé,* — tellement vrais, tellement authentiques, qu'ils vous font tressaillir comme une révélation inattendue, une surprise intime, nonobstant leur insignifiance et leur puérilité apparentes.

Lav-Engro nous raconte qu'un jour, — il avait trois ans, — sa mère, épouvantée, le surprit tenant à pleines mains un petit animal dont les brillantes couleurs et le vif regard l'avaient séduit. C'était tout simplement une vipère. Quelques années plus tard, vaguant aux environs de Norman-Cross (où nos pauvres soldats prisonniers ont tant souffert), il lui arriva de rencontrer un homme dont la mise et les allures singulières excitèrent sa curiosité. Cet homme, porteur d'un sac de cuir, hantait, aux heures de grand soleil, les broussailles et les haies. Il scrutait, sur la poudre du grand chemin, certains vestiges allongés, certaines empreintes tortueuses. — Un jour, Lav-Engro le vit sortir, triomphant, d'un taillis qui joignait la route. Un gros serpent se tordait entre ses doigts serrés, et n'en alla pas moins rejoindre, dans la poche de cuir, vingt autres reptiles pareils, la chasse d'une matinée. Ces deux incidens eurent une influence marquée sur la destinée de Lav-Engro. Il voulut, lui aussi, prendre des serpens. Le chasseur en question lui découvrit la *vertu* spéciale qu'exige ce périlleux métier, et lui apprit en outre à porter sur lui une vipère apprivoisée. Or, certain jour qu'ayant surpris en besogne deux faux monnayeurs bohémiens, l'enfant courait grand risque d'être assassiné par eux, sa vipère le sauva. Superstitieux comme ils le sont tous, les gypsies auxquels il avait affaire le prirent d'abord pour un *fils de serpent*, un sorcier, et leur respect pour lui ne diminua guère quand ils durent le reconnaître, après explications suffisantes, pour un simple *Sap-Engro*, un *docteur-ès-serpens*. Ce fut en cette qualité que notre écolier contracta une sorte d'alliance fraternelle avec un jeune bandit à peu près de son age, maître Jasper (autrement dit *Petul-Engro*, le maître ès-fers-à-cheval), le propre fils des deux fabricans de fausse monnaie.

Quelques années s'écoulèrent avant que le hasard donnât une suite à cette étrange aventure. En attendant, Lav-Engro, qui n'avait pas encore mérité ce surnom de *maître ès-langues*, continuait son éducation, de çà, de là, dans le nord de l'Angleterre, en Écosse, en Irlande, partout où le régiment faisait halte, — son père se regardant comme obligé de l'envoyer à l'école dès qu'il le pouvait, et recommandant expressément qu'on lui apprît « la *Grammaire latine* de Lilly. » A ceci par-dessus tout tenait cet excellent homme, sur la parole d'autrui, bien entendu. « Si l'enfant sait Lilly par cœur, ne vous inquiétez pas du reste, » lui avait dit je ne sais quel pédant ecclésiastique. Une fois cette consigne acceptée, le capitaine-instructeur ne s'en départit plus. L'enfant apprit Lilly d'un bout à l'autre et mot pour mot. Comment il devint philologue à ce métier-là, Dieu seul le sait.

A la haute école d'Édimbourg, que sa plume nous dépeint comme eût pu le faire Wilkie avec ses crayons, Borrow débute par acquérir, avec une rapidité surprenante, le patois écossais. Plus tard, débarquant en Irlande, et placé dans un séminaire protestant, au lieu de s'abandonner aux charmes du *Gradus* latin et du *Jardin* des racines grecques, il est pris d'une indicible curiosité pour l'idiome des indigènes. Parmi ses camarades se trouvait, tout dépaysé, un jeune montagnard du Tipperary, sourd à tout enseignement, égaré dans une école comme un taureau dans un bal, et ne sachant qu'y faire au monde, l'heure du sommeil passée. Accablé de son oisiveté forcée, Murtagh, — c'était le nom de cet infortuné, — n'aspirait qu'à posséder un jeu de cartes, mais il n'avait pas de quoi l'acheter. Lav-Engro, qui n'avait pas de quoi payer un professeur d'Irlandais, se trouvait posséder un jeu de cartes. Vous voyez quelle application dut se faire entre les deux écoliers des doctrines du libre échange et du système monétaire inventé par M. Proudhon.

De retour en Angleterre, près de son père retiré du service, à l'aide d'une grammaire tétraglotte et d'un pauvre abbé français, vénérable débris de l'émigration cléricale, — encore une figure originale, un portrait finement enlevé, — George Borrow nous dit qu'il apprit le français et l'italien : l'italien, qu'il cite peu; le français, dont il se sert trop souvent pour l'honneur de ce digne ecclésiastique qui, prétend-il, lui recommandait *monsieur* Boileau de préférence à *monsieur Dante.* *Monsieur* Dante!... un émigré, cependant. « Mais, disait l'abbé, il y a une grande différence entre moi et ce *sacre de Dante...* c'est que je sais retenir ma langue... »

Ces études n'absorbaient pas tellement le jeune Borrow qu'il n'eût acquis d'autres talens, et entre autres celui de dompter les chevaux. Son goût pour l'équitation le conduisit un beau jour dans une de ces foires où se rendent par centaines les maquignons bohémiens. Il y retrouva Jasper, son *pal,* son frère d'adoption, devenu parmi ses semblables une espèce de notabilité, et voyageant en compagnie de Tawno-Chikno, le plus bel homme de la nation bohème : — « si beau que la fille d'un comte, disait Jasper, témoin oculaire du fait, était venue se jeter à ses pieds, parée de tous ses diamans, pour le supplier de l'emmener avec lui; — mais Tawno-le-Petit (ainsi nommé par antiphrase) la vit sans s'émouvoir prosternée devant lui : — J'ai déjà une femme, répondit-il, une femme légitime, une Rommany; quoique jalouse, je la préfère au monde entier. »

Il faut ajouter, pour apprécier l'héroïsme conjugal de l'Apollon gypsy, que cette femme, — sa très légitime épouse, — était plus âgée que lui, boiteuse, et d'une laideur affreuse. Jasper, surnommé Petul-Engro, avait épousé une de leurs filles; mais il ne put faire trouver grace à Lav-Engro devant sa farouche belle-mère. Ce nouveau venu lui était suspect par son empressement même à étudier le dialecte rommany. « Je ne souffrirai pas, s'écriait-elle en lui jetant des regards chargés de haine, je ne souffrirai pas qu'on vienne nous voler notre langue, celle qui nous sert à déjouer les poursuites des chrétiens, des *Busnès,*

des *Gorgios*... Mon nom est Herne, et je descends dès Chevelus... Sachez
que je suis dangereuse!... » Nonobstant ces menaces, Lav-Engro ajouta
le rommany à ses conquêtes philologiques. Pour le coup, il avait me-
rité son surnom.

Cependant aucune carrière ne s'ouvrait pour lui. « Que ferons-nous,
disait son père, de cet enfant qui, partout et en toute occasion, s'instruit au rebours de mes volontés, apprend l'irlandais dans une classe
de latin, le bohémien dans une ville anglaise, et, chemin faisant, ne se
prépare à aucune profession? » Il fut décidé que le malheureux étudie-
rait les lois. On le mit chez un avocat, où il passait huit heures par
jour derrière un noir pupitre, occupé à copier des actes de procédure
et à commenter Blackstone, le Barthole anglais. Ce fut là, — pouvait-
on le prévoir? — qu'il rencontra le poète Ab-Gwilym et qu'il s'initia
aux beautés sauvages de certaines odes et de certains *cowydds* amoureux adressés, il y a cinq cents ans environ, par ce barde gallois aux
femmes des *chieftains* de la Cambrie.

A quoi bon lutter contre sa destinée? Le frère aîné de Lav-Engro, —
ce frère si beau, si bien doué, — n'avait pu rester au service, où son
père l'avait fait entrer, dès l'âge de seize ans, avec une commission de
lieutenant. Entraîné par un irrésistible penchant, il voulait consacrer
sa vie à la peinture, visiter l'Italie, s'inspirer des grands maîtres, leur
donner peut-être un successeur. Il fallut céder à ses désirs. Il partit
pour Londres, emportant la bénédiction de son vieux père et un petit
pécule prélevé sur les économies de la famille. Lav-Engro le vit s'éloigner d'un œil jaloux; mais il arriva, pour le consoler, qu'un vieux
campagnard et sa femme, touchés des attentions qu'il avait pour eux,
quand ils venaient consulter son patron, lui offrirent, n'osant le rému-
nérer autrement, un vieux volume relié en bois, rempli de caractères
bizarres, et qu'avaient laissé chez eux, lui dirent-ils, des naufragés danois, auxquels ils avaient donné asile. Un livre danois! Oh! bonne fortune inespérée! Mais comment en venir à bout sans grammaire et sans
lexique? Lav-Engro, fort heureusement, se souvint que la Société biblique distribuait, à bas prix, ses livres saints traduits en toutes lan-'
gues; il obtint une Bible danoise, et, par la simple conférence des
textes, il vint à bout du mystérieux volume que la tempête lui avait
apporté sur ses ailes d'écume et de flamme : c'était le *Kaempe-Viser,*
un recueil d'anciennes ballades «colligées, nous dit Borrow, par un
particulier nommé Anders Vedel, lequel vivait en compagnie d'un
certain Tycho Brahé, et l'aidait à faire des observations sur les corps
célestes dans un endroit appelé Uranias-Castle, sur la·petite île de
Hveen, en plein Cattegat. »

Cependant le hasard, — toujours le hasard, — avait conduit dans la
ville qu'habitait le jeune philologue un juif nommé Mousha, qui lui

apprit l'allemand et l'hébreu sans savoir ni l'hébreu ni l'allemand.
Après tous ces exploits, après avoir appris le gallois, après avoir traduit
les dix mille vers d'Ab-Gwilym et le *Kaempe-Viser* en hexamètres anglais, Lav-Engro fut pris tout à coup d'un grand dégoût de la vie. Ni
l'hébreu, ni l'arabe, dont il n'avait encore qu'une teinture imparfaite,
ne l'attachaient à ce monde sublunaire, où tout, — même le chaldéen,
même le sanscrit, — lui semblait, comme à Salomon, vanité des vanités. Petul-Engro, qu'il vint à rencontrer, et auquel il fit part de ses sombres idées sur la vie et la mort, le ranima par quelques échantillons
de philosophie pratique à l'usage des Bohémiens, et par ce fragment
de la vieille chanson des Pharaons, rois d'Égypte... et de Bohême :

> Quand un homme meurt, on le jette dans la terre :
> Son enfant et sa femme viennent pleurer dessus (1).

Au fait, si la mort n'est que cela, le néant pour celui qu'on enterre, le
chagrin pour ceux qu'il laisse derrière lui, à quoi bon envier la mort?
La mort... elle allait bientôt frapper le père de Lav-Engro. Avant de quitter ce monde, il voulut savoir au juste à quoi s'en tenir sur les travaux
de son fils, et ce fut une triste révélation que le jeune érudit fit au
vieux brave quand il lui avoua que, depuis plusieurs mois, il s'occupait à apprendre l'arménien, non pas l'arménien moderne, mais l'arménien d'autrefois, celui qu'on ne parle plus. — Au nom de Dieu,
malheureux enfant, ne savez-vous rien autre chose? s'écria le capitaine... Et s'il en est ainsi, quand je serai mort, ce qui ne tardera pas,
qu'allez-vous devenir?... — Mon père... mon père... répondit Lav-Engro
fort embarrassé... je sais... je sais mieux que cela... Je sais forger des
fers à cheval. » Il disait vrai : la fréquentation des bohémiens et l'étude
du rommany lui avaient au moins procuré ce talent pratique.

Voici Lav-Engro à Londres. Son père est mort. La petite famille s'est
dissoute. Il est seul, seul avec son bagage littéraire : — les dix mille vers
d'Ab-Gwilym et les ballades danoises traduites en anglais métrique. —
Une cinquantaine de guinées au fond de sa malle forment le plus clair
ou, pour mieux dire, la totalité de ses ressources pécuniaires. Avec
cela, une lettre de recommandation pour l'éditeur d'une *revue*... Ici,
nous ne voulons pas le suivre, non que l'éditeur (il ne le nomme pas)
ne soit un type excellent, mais parce que la dure existence d'un jeune
écrivain livré aux vampires de la librairie a été cent et cent fois racontée,
tout récemment encore dans *Pendennis* par Titmarsh avec au moins autant d'exactitude et plus de gaieté que dans le *Grand homme de province
à Paris,* de M. de Balzac. Laissons donc Lav-Engro à sa triste besogne,

(1)   Cana marel o manus chivios andé puv,
             Ta rovel pa leste o chavo ta romi.

compilant dans son grenier un recueil de causes célèbres, traduisant en allemand les essais philosophiques de l'éditeur-auteur, et tenant, par surcroît, le sceptre de la critique dans la *revue* agonisante : ce sont là des tableaux déchirans dont la réalité trop stricte, trop rigoureuse, a quelque chose qui nous révolte et nous repousse. Nous aimons mieux suivre Lav-Engro dans ses promenades sur le pont de Londres, où il lie des relations suivies avec une marchande de pommes établie en plein vent. Cette femme, en échange d'une légère aumône, lui avait d'abord donné de mauvais conseils, offrant au pauvre garçon qu'elle voyait entraîné par la misère jusqu'au suicide de receler et de vendre ce qu'il parviendrait à dérober. Le fait est qu'elle n'avait pas sur le droit de propriété des notions fort exactes, et cela tenait tout simplement à un livre mal lu, mal compris, d'où elle extrayait, au sérieux une morale dont l'ironie était trop subtile pour sa faible intelligence. A force de méditer les aventures scandaleuses de « *Sainte Marie Flanders* (1) » et d'y croire comme à l'Évangile, la fruitière ambulante s'est familiarisée avec le crime, les galères et la potence. Or, il arrive qu'un beau jour, de méchans garnemens lui volent, quoi?.. l'histoire de la voleuse, son bréviaire, son unique distraction. Quelle indignation! quels cris! quelle poursuite acharnée!.. Ah! les misérables! quelle rancune elle leur garde! Elle voudrait, jusqu'au dernier, les voir pendus.

— Pendus! et pourquoi? lui demande Lav-Engro.

— Pour m'avoir volé mon livre.

— Mais... vous ne détestez pas le vol en lui-même!... N'avez-vous pas un fils condamné ?...

— Sans doute....

— Eh bien?

— Eh bien?... Voler un mouchoir, une montre, la première chose venue, — ou voler un livre! — croyez-vous qu'il n'y a pas une grande différence?

Le livre volé, Lav-Engro le remplace par une bible, une bible qu'il achète, bien pauvre alors, pour l'offrir à sa vieille amie. O prodige! la bible défait l'œuvre du romancier : la marchande de pommes se convertit peu à peu. Que son fils revienne, son fils le transporté, elle lui prêchera le respect du bien d'autrui. Borrow, on l'aura remarqué, ne néglige jamais l'occasion de recommander sa bible au prône.

A bout de toute ressource, Lav-Engro manqua l'occasion (rare et précieuse occasion) d'utiliser son érudition arménienne. Il avait échangé quelques mots, sur le pont de Londres, avec un étranger, pratique as-

(1) *Moll Flanders*, roman picaresque de Daniel de Foe. « *Moll Flanders, shop-lifter and prostitute...* » Ainsi la définit Walter Scott.

sidue de la vieille fruitière. Un jour, il mit la main sur un habile filou qui venait d'escamoter un portefeuille dans la poche de cet étranger. Le portefeuille était bien garni. L'étranger, Arménien de nation, dirigeait un commerce étendu. Lorsqu'il apprit à quel érudit il avait affaire, il voulut engager Lav-Engro à traduire un fabuliste arménien, l'Ésope de cet idiome si peu connu. Que le jeune linguiste eût pris la balle au bond, et Dieu sait dans quel avenir brillant il s'engageait peut-être; mais s'il consentit, ce fut trop tard. Lorsqu'il vint, dompté par le besoin, ne possédant plus au monde qu'une *demi-couronne*, — le « petit écu » britannique, — s'offrir au joug qu'il avait tout d'abord repoussé, son bienveillant patron était parti, parti pour mener à bien une grande entreprise que Lav-Engro lui avait suggérée en causant, et sans y attacher d'autre importance que celle d'un propos en l'air : il s'agissait d'affranchir l'Arménie de la domination persane. Et ce n'était point là tout à fait une chimère; le commerçant pouvait mettre une fortune de plusieurs millions au service de ses plans d'affranchissement. En attendant que la conquête de l'Arménie fût réalisée, Lav-Engro n'en allait pas moins mourir de faim.

Le désespoir au cœur, il sortit de Londres, et le hasard le conduisit à Greenwich, où se tenait une espèce de foire. Une profession l'y attendait, s'il en eût voulu : un joueur de gobelets lui proposa d'être son compère, ou, pour mieux dire, son complice, — son *chapeau*, voilà le mot technique et métaphorique. Le salaire était séduisant : 50 shillings (un peu plus de 60 fr.) par semaine. Ab-Gwilym et toutes les ballades du Danemark ne représentaient pas le dixième de ce revenu fixe. Lav-Engro refusa cependant, arrêté par d'honorables scrupules; mais, le moment d'après, il fit gratuitement le métier qu'il n'avait pas voulu exercer pour gagner sa vie. Un agent de police approchait; il allait tomber à l'improviste sur le spéculateur en plein vent. Trois mots d'argot bohémien prononcés par Lav-Engro prévinrent la catastrophe qui allait suivre. On ne sait vraiment qu'admirer le plus dans Lav-Engro, sa probité parfois sublime, ou sa sympathie si cordiale pour les fripons. Le contraste est d'ailleurs des plus piquans.

Refusant aussi les offres plus acceptables de Petul-Engro, qu'il rencontra dans ce moment de détresse suprême, et qui voulait lui donner place à son errant foyer, Lav-Engro, résolu à se tirer d'affaire par quelque héroïque effort, s'enferma, nous dit-il, dans son misérable grenier, et là, vivant de pain et d'eau, écrivant le jour et la nuit, il enfanta un volume de voyages imaginaires, — *la Vie et les Aventures de Joseph Sell*, — qui, plus heureux qu'Ab-Gwilym, le génie sublime, trouva sur-le-champ son acquéreur. Vingt livres sterling tombèrent ainsi dans la bourse vide du pauvre auteur. Vingt livres (500 francs), après une crise comme celle par laquelle venait de passer Lav-Engro,

c'était toute une fortune! c'était en même temps le moyen providentiel
d'embrasser une de ces professions régulières qui exigent ce qu'on
appelle « une mise de fonds. » Lav-Engro comprit ainsi ce bienfait
d'en haut. Se précipitant hors de la grande Babylone moderne, — c'est
ainsi que les bibliques appellent Londres, — et secouant aux portes la
poussière de ses sandales pour ne rien emporter de la fange qu'il y avait
foulée, le jeune écrivain prit possession de la campagne, de l'air libre,
des prés fumant sous le soleil, des taillis trempés de rosée. Avec quel
enthousiasme, quelles espérances, quel courage renouvelé, quel ferme
vouloir de ne plus vivre que d'un travail humble et sûr, de n'asservir
dorénavant que ses bras, non sa pensée, c'est ce qu'il faut lire, pour le
bien comprendre, dans le récit de Borrow, empreint tout à coup d'une
poésie à la fois sublime et familière. Une voiture publique passait :
elle l'emmena où elle allait... et peu importait du reste dans quels
parages. Lorsqu'il se sentit assez loin de Londres et au bout de l'argent
qu'il voulait consacrer à s'en éloigner, il descendit. Il était devant le
gigantesque portail de Stonehenge. C'était le matin; la brise piquait
un peu. Un bruit de clochettes réveilla Lav-Engro, qui s'était assoupi
sur un des grands monolithes du cercle druidique. Un berger menait
paître ses brebis sur les gazons vagues de ce lieu jadis sacré. Tandis
que cet homme et Lav-Engro causaient ensemble du temps où Stonehenge était un temple païen, une belle brebis suivie de son agneau vint
lécher les genoux de son maître. Il exprima de ses mamelles gonflées,
dans une tasse d'étain, un flot de lait écumant. « Prenez, c'est du lait
de la plaine, » dit-il avec un certain orgueil au voyageur affamé. Bref,
une idylle complète à quelques lieues de la métropole et de ses horreurs, de Grub-Street et de ses misères, du pont de Londres enfin, où
tant de gens se jettent à l'eau, et où Lav-Engro était allé, certain soir,
bien résolu d'en finir avec sa pauvre existence, si péniblement disputée
aux éditeurs!

Le voici marchant d'un pas leste sur la berge fleurie des rivières,
s'arrêtant chaque soir dans l'hôtellerie ou la ferme la plus voisine. Sa
première aventure le conduit chez un confrère en littérature, aussi
riche que Lav-Engro l'est peu, aussi malheureux que Lav-Engro se sent
aise et content de vivre. Ce romancier-châtelain, — nous ne savons,
si c'est une allusion directe, à qui elle peut s'appliquer, — est sous le
coup d'une singulière maladie mentale, qui consiste à se croire toujours la copie de quelqu'un. Le discours qu'il prépare pour le parlement, où peut-être il n'ira jamais siéger, le livre qu'il lance dans
le monde, et que le monde salue comme une œuvre des plus originales, il lui semble toujours qu'il n'en est pas l'auteur, qu'une autre
pensée, s'imposant à lui malgré lui-même, les lui a, sans qu'il s'en
doutât, inspirés; que ce bien volé, ces écrits d'emprunt lui rapportent

un honneur illégitime. Voilà, certes, une maladie toute spéciale, une
variété bien rare de la monomanie vaniteuse qui pousse tant de gens
à poursuivre la gloriole littéraire! Lav-Engro sait pourtant nous la
faire comprendre, et nous associer à la compatissante bienveillance
qu'il éprouve lui-même pour cet hôte qui pourrait être, à la rigueur,
ou sir Égerton Bridges, ou Beckford, l'auteur de *Wathek*. Il ne tiendrait qu'au jeune écrivain, s'il voulait subir les liens de l'hospitalité,
de faire halte dans l'opulente demeure où on voudrait le retenir; mais
son humeur l'emporte encore une fois : — Marche! marche! lui crie
la voix secrète. Lav-Engro reprend son essor vagabond.

Un jour, au bord de la route, il aperçoit un pauvre cabaret : —
aire bien sablée, longue table blanche. A cette table, un homme s'est
accoudé, pensif et triste; près de lui sa femme, dont les yeux sont
rougis par des larmes récentes; entre eux un enfant maigre, chétif,
pitoyable : trois malheureux, bien évidemment. Le jeune voyageur
essaie de les consoler à sa manière, en les invitant à partager son pot
d'ale. En effet, à mesure que le gosier s'humecte, les yeux se sèchent,
les langues se délient aussi. Le pauvre chaudronnier raconte son histoire à Lav-Engro. On lui a pris toute sa fortune, — le grand chemin.
Il avait son district, sa battue, sa *tournée*, ses cliens, leur confiance,
et il vivait; mais l'Étameur Rouge (*Flaming Tinman*) est venu s'en
emparer de haute lutte. Il a dit à son collègue, le légitime possesseur :
« Dans toute l'étendue de ce qui était ton domaine, si je te retrouve,
je t'assommerai. » L'Étameur Rouge, cela va sans le dire, est un gaillard herculéen; il a de plus sa femme, Marguerite-la-Grise, qui, à elle
seule, suffirait pour terrasser un homme de force moyenne, et aussi
une jeune servante, — Isopel Berners, — espèce de géante aux nerfs
d'acier. Le malheureux chaudronnier, devant des forces si supérieures, n'a pu que battre en retraite. Cependant, un jour, stimulé
par le besoin, il franchit les limites prohibées, comptant bien esquiver,
par de savantes marches et contre-marches, la rencontre de son redoutable antagoniste. Vain espoir : l'Étameur Rouge et lui se trouvent
face à face. Le moment est venu de combattre *pro aris et focis,* ou de
lâcher pied; lâcher pied, — c'est mourir de male faim. Le combat s'engage donc : véritable lutte homérique, moins les discours préalables.
La femme du chaudronnier voit son mari près de succomber, et c'est
pour elle en définitive, c'est pour leur enfant qu'il a tenu ferme! Aussi
s'élance-t-elle à son aide; mais Marguerite-la-Grise, impassible jusqu'alors sur sa charrette, saute par terre aussitôt, et... tirons le rideau
sur cette scène d'un pathétique inénarrable. Le chaudronnier a été
vaincu, voilà ce que nous ne pouvons dissimuler. Pour tout bien, il
ne lui reste plus que sa charrette inutile, son poney poussif, un matelas et sa couverture, une poêle à frire et un chaudron, plus les outils

du métier : cuiller de fer, soufflets, marteaux, feuilles d'étain; le tout valant, à son dire, 5 livres et 10 shillings. Quel fonds de commerce, et quelle occasion! Lav-Engro n'hésite pas un moment, — il achète tout, — et ce, nonobstant la concurrence quelque peu brutale de l'Étameur Rouge.

Le philologue, le grammairien précoce, est chaudronnier bel et bien; du moins Lav-Engro aspire à passer maître dans cet art libéral. En attendant, son unique industrie sera celle de maréchal ferrant. Il ne possède encore à la vérité que les premiers rudimens de ce nouveau métier, et met trois jours à forger, pour son poney, quatre fers très insuffisans; mais il a devant lui quelques capitaux encore, et, le temps aidant, il complétera son éducation.

Ce n'est pas trop que de revenir aux premiers chapitres de *Robinson Crusoé* pour trouver une description du bonheur dans la solitude pareille à celle que nous donne Lav-Engro, établi dans une clairière, au sein des bois du Yorkshire. Il y a là des pages qui sentent la feuille verte, l'écorce humide, l'herbe nouvelle, la sève printanière, la fleur des haies; l'oiseau y gazouille, la guêpe y bourdonne, la cigale y fait frissonner son enveloppe stridente; le rayon lumineux du matin, le vent léger qui se précipite sur les traces dorées du soleil couchant, le joyeux enthousiasme du réveil, les molles langueurs de la soirée, tout y est amoureusement décrit, chaudement peint, avec je ne sais quel *gusto* bohème dont Borrow seul a le secret.

Trois jours entiers cette clairière charmante demeure un paradis sans Ève. Le quatrième jour, vers le soir, une chanson y arrive, chanson jetée à l'écho par une *gipsy* brune et vermeille, regards noirs et voix aiguë, — chanson qui parle de philtres et de rapines. Encore une idylle, n'est-il pas vrai? Oui, mais une chaste idylle, car tout se borne à une requête de la nymphe bocagère octroyée par le galant forgeron : un vieux chaudron qu'elle souhaite posséder, dont il lui fait hommage, et qu'elle emporte en triomphe! N'emporte-t-elle pas aussi, par malheur, un secret que Lav-Engro laisse échapper en riant? C'est que, tout *busno* qu'il est, il comprend et parle le *rommany.* — Trahison! semble penser la jeune fille. — Toutefois elle reprend bien vite son sourire brillant et ses perçans refrains.

Elle revint le lendemain, la gipsy! Elle apportait à *son frère* un gage de reconnaissance : deux beaux gâteaux dorés, d'un aspect et d'un goût étrange, deux gâteaux pétris par sa grand'mère.... Et cette grand'mère, c'était mistriss Herne, la fille des Chevelus, la belle-mère de Jasper Petul-Engro. « — Sachez que je suis dangereuse? »avait-elle dit un jour à l'indiscret étranger, au *busno* maudit qui voulait s'immiscer malgré elle dans les secrets de la langue prohibée, de l'argot protecteur : maintenant qu'elle le retrouve sous sa main et que l'occasion vengeresse vient s'offrir, la menace est réalisée. Lav-Engro se tord bientôt dans d'horribles et convulsives angoisses; les gâteaux étaient empoisonnés. Dans ses veines circule le *drow* bohême, ce suc mystérieux qui détruit les troupeaux, dépeuple les étables, et parfois consomme aussi de plus noires machinations.

Une scène d'un fantastique assez étrange est celle où mistriss Herne et· sa petite-fille viennent assister aux derniers momens de leur victime. La vieille bohémienne, entraînée par l'esprit prophétique, prédit au *gorgio* moribond qu'il se rétablira, qu'il traversera les mers, qu'il redeviendra riche, honoré, etc. Puis, à peine ces oracles favorables sortis de ses lèvres, — au grand étonnement de sa complice, — elle veut, plus furieuse que jamais, lutter contre le destin, dont elle vient de proclamer les arrêts. Sous la toile de sa tente, que les deux femmes ont renversée sur lui, et qui doit lui servir de linceul funéraire, elle cherche à tâtons la tête du mourant pour l'achever cette fois et lui ravir les chances brillantes de l'avenir qu'elle vient de lui prédire. Un heureux hasard l'empêche de mener à fin son œuvre sinistre : c'est l'arrivée d'un de ces prédicateurs errans que l'ardeur méthodiste disperse dans les campagnes anglaises, et qui vont de tous côtés semant la parole de Dieu. L'histoire de ce nouveau personnage est un des épisodes les plus curieux de ce livre tout épisodique. La pratique des vertus les plus austères, de la charité la plus dévouée, l'affection cordiale des pauvres ames qu'il a guéries, l'amour même et les consolations d'une femme qui accepte avec joie le partage de l'existence pénitente et dure à laquelle il s'est condamné, rien ne peut consoler Pierre le prédicateur. Un remords pèse sur son ame, et durant les longues nuits d'insomnie qu'il passe le front dans ses mains, assis près de sa femme, la douce Winifred, d'amères plaintes, des gémissemens profonds attestent ses tortures intérieures. Quel est donc le crime irrémissible, le forfait sans nom expié par tant de douleurs? Winifred seule en a reçu confidence, et ce secret n'a ni altéré ni diminué la tendresse qu'elle porte à son époux. Lav-Engro qu'ils ont sauvé, secouru, et qui, promptement, est devenu pour ainsi dire le fils adoptif de ce couple saint, n'est pas long-temps étranger au terrible secret du prédicateur. L'acte monstrueux dont le repentir poursuit ainsi le malheureux méthodiste est un crime que, très certainement, il n'a pas commis, et cela, par une raison bien simple, c'est parce qu'il n'a pu le commettre. Crime énorme dans l'ordre spirituel, c'est une chimère dans l'ordre philosophique; mais, dans une conscience malade, ce crime sans nom et sans réalité peut engendrer les mêmes angoisses et produire les mêmes ravages que l'atteinte la plus positive aux lois de Dieu et des hommes. Borrow n'a garde de négliger cette occasion qui s'offre à lui d'étudier un phénomène intellectuel beaucoup moins rare qu'on ne pourrait le supposer chez une race à la fois pratique et croyante, accessible à toutes les extravagances sectaires en même temps qu'elle analyse très sû. rement, très profondément, les vérités de l'ordre matériel; — positive comme un chiffre, extatique comme un rêve; — race qui produit en même temps James Watt et Johanna Southcote; — race chez laquelle revivent en plein XIX⁰ siècle, en plein essor d'industrie, de lumières, d'anatomie spéculative et philosophique, les terreurs, les préjugés fantastiques dont elle était la dupe au temps de Titus Oates et de Guy Fawkes.

Nous avons déjà dit que M. Borrow, par ce côté, par ce mélange de bon sens réaliste et d'exaltation dogmatique, appartient autant que personne à son pays et à son époque. On s'émerveille vraiment de voir qu'un écrivain, à certains égards si dégagé de tout lien conventionnel, de toute idée reçue, — esprit dont la liberté vous surprend et quelquefois vous effraie, — puisse accepter au point où il le subit l'ascendant de certaines convictions superstitieuses, parmi lesquelles nous n'hésitons pas à ranger l'ardeur antipapiste qui lui dicte ses pages les plus passionnées. La sincérité de ce zèle dévot ne saurait nous être suspecte. Il éclatait dans *les Zincali*, dans *la Bible en Espagne*, comme il éclate dans *Lav-Engro*. Ce n'est donc pas un calcul du moment, ce n'est pas un intérêt de circonstance qui a rempli ce dernier ouvrage d'invectives contre le catholicisme, voire contre cette fraction du clergé anglican à laquelle est resté le nom du docteur Pusey; mais en vérité, si porté que nous soyons à respecter les convictions d'autrui, pour que chacun respecte à son tour les nôtres, n'avons-nous pas le droit de trouver étrange, — voire un peu ridicule, si tant est que ce mot ne soit pas trop dur, — la prise d'armes de M. Borrow contre *l'évêque de Rome?* Ne nous est-il pas permis de nous étonner que, persécuté lui-même par l'ignorant clergé d'Espagne, il n'ait pas compris mieux que d'autres ce que gagnent tous les cultes à se montrer tolérans? et n'admirera-t-on pas comme nous cette adorable inconséquence d'un Gracchus protestant qui pousse les hauts cris contre la *séditieuse* intervention du pape dans l'administration de l'église catholique anglaise? De la part d'un homme d'état, et au nom d'un intérêt politique, pareilles plaintes se conçoivent. On comprend même, sinon la persécution religieuse qui n'est plus de notre temps, au moins certaines mesures restrictives dirigées contre les empiétemens de la propagande romaine par le whiggisme anglican, et cela pour sauvegarder la suprématie spirituelle que la constitution anglaise a voulu n'accorder qu'au souverain lui-même; mais au nom d'une croyance attaquer une autre croyance, combattre le bigotisme catholique par le bigotisme protestant, mettre aux prises deux églises, deux clergés, deux dogmes existant en vertu du même principe, légitimes au même titre; — contester le droit de propagande quand on est soi-même propagandiste; —trouver mauvais qu'un cardinal soit installé à Londres quand on est allé distribuer des bibles à Madrid : rarement, il faut en convenir, la déraison fut poussée plus loin.

Indifférent, comme nous le sommes, à la querelle dans laquelle George Borrow prend parti si chaudement, nous nous préoccuperions moins de cette fougueuse intervention, si elle ne contribuait pour beaucoup à jeter dans son livre l'incohérence et le décousu que déjà nous lui avons reprochés. Nous la lui pardonnerions encore très facilement si ses colères antipapistes ou antipuséystes s'étaient traduites en épigrammes de bon goût, en portraits ressemblans et vivans, même en charges excellentes. Butler nous a bien fait rire de sir Hudibras, de ses moustaches hiéroglyphiques, de sa panse riche et bien meublée, de sa culotte habitée par les rats, de sa vaillante flamberge, dont la garde en entonnoir servait de soupière, et de cet unique éperon qu'il motive si plaisamment (1). Dieu sait cependant que nous ne tenons pas pour le roi Charles; Dieu sait que sir Samuel Luke (l'original historique de sir Hudibras), le vaillant soldat de Cromwell, a toutes nos sympathies : en revanche, nous ne trouvons aucun sel à la caricature cléricale de ce tiède ministre anglican, que George Borrow appelle *M. Platitude*. De même, l'histoire du postillon protestant, qui clot le livre en dénonçant les manœuvres de quelques *abbati* pour convertir à la *mariolatrie* une famille anglaise résidant à Rome, n'a guère de mérite à nos yeux, fort ouverts cependant aux beautés de *Tartufe*, voire au mérite d'esquisses plus légèrement touchées : soit le *Joseph Surface* de Sheridan, soit le *Pecksniff* de Charles Dickens.

Nous préférons beaucoup, chez M. Borrow, le peintre de paysages, de caractères singuliers, de physionomies exceptionnelles, au moraliste et surtout au polémiste religieux. Dans le troisième volume de *Lav-Engro*, que gâte pour nous une profusion sans excuse d'homélies anglicanes, d'anathèmes à la *Prostituée des Sept-Collines*, etc., il reste encore quelques incidens pour lesquels le narrateur retrouve tout son esprit, toute sa verve : par exemple, le grand combat que se livrent Lav-Engro et l'Étameur Rouge, quand ce dernier s'aperçoit que son district, cette *tournée* conquise par lui, est envahi de nouveau; combat vulgaire au fond, — car enfin les deux antagonistes n'ont ni l'épée du Cid ni la lance de Bayard, et boxent tout simplement, selon les us et coutumes de la vieille Angleterre; — combat poétique, ce nonobstant, et dont les péripéties ont un indicible intérêt. Lav-Engro, malgré son adresse et sa résolution, succomberait à la longue devant son ro-

(1)   ..... Il n'avait qu'un éperon.....
Sachant que si la talonnière
Pique une moitié du cheval,
L'autre moitié de l'animal
Ne resterait point en arrière. (*Hudibras*, chant Ier, trad. de Voltaire.).

buste adversaire; mais, au moment décisif, une tendre pitié s'éveille dans le cœur de la grande Isopel, vierge musculeuse et sensible dont la vertu est restée intacte, à travers mille vicissitudes, sous la garde de deux poings redoutables et redoutés. La jeune géante intervient et protège contre son maître, — aidé de Marguerite-la-Grise, — le *gentle-man* inconnu dont la bonne grace et le courage l'ont pénétrée d'admiration. L'Étameur Rouge et sa femme maudissent à l'envi l'infidèle alliée qui les trahit de la sorte; mais, pour toute vengeance, ils ne peuvent que l'abandonner à son malheureux sort : — c'est la livrer aux enivremens d'une passion naissante, — celle qui asservit Samson à Dalilah. Ici, seulement, les rôles sont renversés.

Ce que devint cette passion et comment Lav-Engro fut séparé d'Isopel, — quelles circonstances l'amenèrent plus tard à s'enrôler dans les rangs de la milice évangélique et à devenir l'agent de la *Biblical Society,* — nous l'ignorons encore, et pour cause. « Bonne nuit, mon jeune monsieur!... — Dormez bien, belle demoiselle!... » C'est ainsi, nous l'avons dit, que M. Borrow donne congé à ses lecteurs. Nous ne traiterons pas si lestement l'auteur de *Lav-Engro.* Nous entendons, avant d'en finir avec lui, faire nos réserves contre ce qui pourrait être, après tout, un caprice de notre jugement, une sorte de fantaisie critique, ou plutôt de séduction subie. La multiplicité des lectures et l'espèce de satiété qu'elle engendre rendent particulièrement précieux les dons que nous lui avons reconnus : — l'allure franche, le naturel, la phrase prime-sautière, l'esprit alerte et courant, la bonne grace sans façon, sans prétentions, l'individualité bien accusée, — bref, un ensemble de qualités fort rares maintenant, et que M. Alfred de Musset a résumé par cette locution bien frappée : « Boire dans son verre! » — Dans *son verre,* et non dans celui d'autrui! Le verre peut n'être pas bien grand ni le vin très vieux ou très fin; mais on leur sait gré de n'être ni le verre d'un chacun ni le vin banal du cabaret ouvert à tous. Un autre mérite, non moins goûté des *liseurs* professionnels, et qu'il faut reconnaître à l'auteur de *Lav-Engro,* est celui qui consiste à transporter sur les pages froides d'un livre quelques parcelles, tièdes encore, de la vraie vie humaine, de la vraie nature, de la vraie passion. Sur cent écrivains, tous ayant du talent, combien ont celui-là? Sur mille, combien? Pas un peut-être. La règle les domine, la convention les perd : ils ont peur de faillir en s'abandonnant à leur naturelle façon d'être, peur qu'on ne les raille s'ils ne se conforment aux belles traditions de la belle littérature. Quelques-uns font semblant de s'en affranchir, mais prenez-y garde et vérifiez de près les choses avant de tenir pour bonne leur originalité préméditée, leur négligé de commande, leur brutalité très étudiée et très coquette!

Si M. Borrow nous trompe à cet égard, convenons qu'il y met un art merveilleux. Cet art consiste, en ce cas, à se montrer parfois bavard insupportable, et parfois d'une sottise achevée, afin de nous mieux duper; — ce qui serait, soit dit entre parenthèses, un sacrifice inoui fait à la mise en scène de son talent. En conscience, nous ne pouvons admettre, comme probable, une si exceptionnelle abnégation, et nous en revenons à dire que le secret de notre sympathie pour cet écrivain vraiment original, vraiment lui-même, c'est qu'il ne se commande ni ne se dirige, mais va devant lui, attiré de çà de là, — parfois même dans de périlleux marécages, — par les feux follets de son imagination. Ces feux follets le ramènent, lui déjà vieux, dans un passé riant, actif, aventureux, poétique; ils lui en font retrouver les souvenirs vivaces, les impressions encore fraîches; — ils évoquent autour de lui pêle-mêle une foule de visages étranges, de physionomies diversement accentuées, types nobles et bourgeois, faces de lords et de bohêmes, prêtres et brigands, sorcières et bergerettes; — ils le replacent en face de sites dont la grace l'a ému, dont les splendeurs l'ont frappé; — ils lui rendent les frissons qui l'éveillaient, couché sur la mousse humide, quand la pâle et silencieuse aurore, couronnée de vapeurs légères, se levait à l'horizon; — ils font rayonner sous ses yeux, réverbérés par des roches ardentes, les feux du soleil d'Espagne; — ils lui montrent, noyés dans un crépuscule bleuâtre, les méandres caressans de quelque rivière anglaise au cours lent et doux. Partout où ils l'entraînent, il va, sans s'inquiéter du reste : plus rapide si *Jean à la Lanterne*, — c'est le sobriquet anglais de ces folles flammes, — galope et gagne du terrain; plus minutieux, plus flâneur, si ce guide fantasque veut faire halte; tout à l'heure enamouré d'un bandit pittoresque, à présent furieux contre une madone italienne; se souciant peu de ces palpables anomalies, de ces inconsistances qu'il ne peut méconnaître; tenant son lecteur en petite estime, narguant volontiers les critiques, mais faisant grand cas, avant tout, par-dessus tout, de maître Jean et de son scintillant falot.

Tel nous est apparu George Borrow, et tel il nous a plu. Si on le comprend comme nous, on risque, nous devons le dire, de se trouver en désaccord avec bon nombre de *reviewers* anglais très compétens en ces matières, et qui déjà ont dénoncé dans *Lav-Engro* un amalgame impossible de l'Arioste et de Smollett, de l'*Orlando* et de *Peregrine Pickle*. Le public sera-t-il de leur avis? C'est ce que nous ne pensons pas. Si pourtant il donne raison aux critiques, eh bien! nous sommes prêt d'avance à confesser notre erreur, et, plutôt que de nous élever contre l'arrêt du lecteur, nous répéterons simplement avec l'auteur de *Lav-Engro* : « Bonne nuit, mon bon monsieur; dormez bien, belle demoiselle. »

· E.-D. FORGUES.

YU-KI LE MAGICIEN

LÉGENDE CHINOISE.

Nous avions doublé le cap de Bonne-Espérance; l'albatros et l'oiseau des tempêtes ne voltigeaient plus autour de nos mâts, l'Océan se cal_mait. Les passagers, que le gros temps avait forcés de se tenir enfer_més dans leurs cabines, reparaissaient sur le pont; les dames elles_mêmes jetaient sur les vagues un regard plus rassuré. Une jolie brise de sud-est nous poussait gaiement vers le tropique, et notre navire, toutes voiles au vent, faisait jaillir des tourbillons d'écume sous sa proue cuivrée. Sur les vergues et le long des haubans, les matelots joyeux travaillaient à réparer les avaries causées par les orages du Cap : le temps passait vite pour eux; mais nous, dont les journées s'é-coulaient à regarder voler les nuages sur l'azur du ciel, nous trouvions les jours un peu longs. Quand venait le soir surtout et que la brise semblait prête à s'assoupir, la crainte de tomber dans un calme plat nous rendait plus impatiens. L'ennui, ce fléau des longues traversées, menaçait de se déclarer à bord. Il était déjà question de jouer des cha-rades, remède héroïque, mais trop souvent inefficace : en attendant, de jeunes créoles s'exerçaient, sous la direction des dames, à faire du filet et de la tapisserie. Une demi-douzaine d'enfans, que leurs parens con-duisaient en Europe, se livraient autour de nous à de bruyans ébats; ils couraient comme des fous sur le pont au milieu de l'équipage, jouaient à cache-cache derrière les caronades, et transformaient en escarpolettes toutes les cordes qui leur tombaient sous la main. Que leur importait la mer? Trop petits pour la voir par-dessus le bord, ils folâtraient sur ce plancher mobile sans même comprendre que l'abîme était sous leurs pieds. — Heureux âge! — disaient les mères qui suivaient leurs mouvemens avec sollicitude, et le mousse chargé de fourbir le cuivre de l'habitacle était prêt à quitter son monotone travail pour se joindre à leurs jeux.

Parmi les sages que renfermait notre navire, — j'appelle ainsi ceux qui faisaient preuve de patience et savaient s'occuper, — se trouvait un abbé. Chaque jour, il se levait assez tôt pour voir le premier rayon de soleil; la récitation du bréviaire lui prenait quelques heures, et le reste du temps, il l'employait à lire. Rarement il se mêlait aux conversations des autres passagers; le soir, après avoir pris le thé sur la dunette avec nous, il descendait à la grande chambre et feuilletait de gros livres que lui seul pouvait comprendre. Quelquefois une dame, poussée par la curiosité, s'approchait de lui et lui demandait : Que lisez-vous donc là, monsieur l'abbé? — Du chinois, madame, répondait-il. — Ah! mon Dieu! disait une autre, où avez-vous pris ces grimoires-là, monsieur l'abbé? — A Pékin, répliquait-il. — De ces courtes réponses, nous inférions que ce prêtre avait été missionnaire en Chine, mais nous en tirions aussi cette conclusion qu'il vivait encore par la pensée et par le souvenir dans un monde trop différent du nôtre pour qu'il ne se trouvât pas dépaysé au milieu de nous. Durant les deux premières semaines de navigation, nous l'avions laissé continuer en paix le cours de ses lectures; puis étaient survenues les tempêtes du Cap, pendant lesquelles chacun avait assez à faire de songer à soi. Ce ne fut donc qu'en abordant une mer plus tranquille, des zones plus douces, qu'il nous vint à l'esprit d'entamer avec l'abbé des relations plus suivies. Un soir qu'il allait se retirer après le thé selon son usage, une jeune dame créole le pria de rester avec nous.

— Pourquoi nous fuyez-vous ainsi, monsieur l'abbé? lui dit-elle. Vous seriez-vous figuré par hasard que votre présence peut gêner?

— Madame, répondit à voix basse le missionnaire, nos matelots français sont plus superstitieux qu'ils n'en ont l'air; ils s'imaginent qu'un prêtre à bord leur porte malheur: nous sommes ce qu'ils appellent des *figures de vent debout*. Si je me montre trop souvent sur le pont, ils se laisseront aller à murmurer contre moi; si au contraire je ne me mêle à eux qu'avec discrétion, ils m'accueilleront comme un homme qui sait se tenir à sa place, et avant que nous ayons passé la ligne je serai leur ami. Il ne faut jamais heurter de front les préjugés...

— Vous avez été en Chine? demanda un des jeunes gens qui supportait avec le moins de résignation les ennuis de notre prison flottante.

L'abbé s'inclina avec modestie.

— Combien de temps?

— Quinze ans.

— Pendant ces quinze années, vous avez dû avoir bien des aventures? dit un touriste qui venait de chasser l'éléphant dans le Maissour; seriez-vous assez bon pour nous en raconter quelqu'une?

— Il ne peut arriver en Chine à un pauvre missionnaire qu'une seule aventure, répliqua l'abbé : c'est de tomber entre les mains des mandarins, d'avoir la tète tranchée, ou d'expirer dans les supplices.

— Si vous nous contez une de ces histoires-là, reprit la jeune dame qui, la première, avait adressé la parole à l'abbé, je ne pourrai m'empêcher de l'écouter jusqu'au bout; mais je vous jure que je m'évanouirai... Voilà que j'y pense malgré moi, et cette nuit j'aurai une attaque de nerfs! En vérité, monsieur l'abbé, vous me devez un petit conte pour effacer de mon esprit les impressions terribles que vous y avez fait naître! Voyons, un petit conte de fées, de sorciers, à votre choix, pourvu que l'action se passe dans votre vilaine Chine, et dût-il commencer, comme ceux qui ont bercé mon enfance, par ces simples mots : Il y avait une fois...

L'abbé demanda la permission de descendre dans sa cabine pour y feuilleter un de ses gros livres chinois; il reparut bientôt sur le pont, tenant à la main un volume imprimé sur papier de soie, et prit place en un coin de la dunette. Tous les passagers firent cercle autour de lui; les enfans, attirés par la curiosité, s'assirent sur des phans, bien résolus à écouter de toutes leurs oreilles.

— Je ne pense pas que vous exigiez de moi une traduction littérale, dit l'abbé après s'être recueilli pendant quelques instans. Autant que je pourrai le faire sans nuire à la clarté du récit, je supprimerai les noms propres; enfin, si, emporté par mon texte, je m'oubliais jusqu'à employer des locutions trop chinoises, je compte sur mon auditoire pour me rappeler à l'ordre.

Ces conditions ayant été acceptées, l'abbé commença en ces termes :

— Tous les peuples qui occupent une grande place dans l'histoire ont eu à traverser des époques de crises, des temps de révolutions et d'anarchie où la société semblait près de périr. La Chine n'a point échappé au sort commun. Durant la longue carrière qu'elle a fournie, ces douloureuses épreuves se sont plus d'une fois renouvelées pour elle; la plus terrible fut celle que les historiens ont nommée l'*interrègne des trois royaumes*. Pendant près d'un siècle, le Céleste Empire fut en proie aux guerres civiles et aux guerres de religion. Des rêveurs, qui s'érigeaient en prophètes et se prétendaient inspirés, proclamaient partout que le peuple devait faire pénitence et qu'une ère nouvelle se préparait. Il leur suffisait, pour guérir toutes les maladies,

de prononcer sur quelques gouttes d'eau des formules mystérieuses;
le vent et la pluie obéissaient à leur voix; l'avenir n'avait pas de secrets pour eux, et ils connaissaient l'art de ne pas vieillir. Cinq cent
mille hommes se levèrent en armes à l'appel de ces illuminés qui se
disaient envoyés par le ciel; ils avaient adopté pour signe de reconnaissance une pièce d'étoffe jaune dont ils se couvraient la tête : de là
le nom de *Bonnets-Jaunes* que l'histoire leur a conservé.

Ce ne fut pas sans peine que les troupes impériales triomphèrent de
ces rebelles, qui ne reconnaissaient plus l'autorité du souverain, com-
mettaient toute sorte de brigandages et avaient juré la ruine de la société entière, quitte à la reconstruire plus tard sur un nouveau plan.
Si les Chinois lisaient les annales de notre Europe chrétienne et civilisée, ils croiraient retrouver les descendans de leurs *Bonnets-Jaunes*
dans les millénaires, les hussites, les Albigeois et tant d'autres sectaires. L'Orient, qui nous a envoyé sa lumière, — *ex Oriente lux*, — y
a aussi mêlé quelques ténèbres. Si j'accorde la priorité aux Chinois,
c'est que les événemens auxquels je fais allusion se passaient il y a
plus de quinze siècles; pour la Chine qui est si vieille, cette haute antiquité n'est que le moyen-âge.

La défaite des *Bonnets-Jaunes* ne ramena pas le calme dans l'empire. Les sectaires avaient été dispersés, leurs chefs avaient péri, mais
leurs doctrines vivaient encore dans l'esprit des peuples. Le respect
pour les traditions et la foi dans la durée des institutions anciennes,
qui ont toujours fait la solidité et la force de ce grand pays, n'exerçaient plus sur les cœurs la même influence. Les mandarins qui
avaient tenu tête aux rebelles penchaient à croire comme eux que la
dynastie régnante, celle des Han, allait bientôt s'éteindre. Parmi les
généraux auxquels l'état devait son salut, il y en avait plus d'un qui
cherchait à exploiter à son profit cette croyance populaire. La force
matérielle l'emportait sur les idées : aux prophètes succédèrent les
prétendans. Chaque gouverneur de province se coupait, dans ce grand
empire démembré, une principauté à sa taille, et la féodalité, armée
de pied en cap, reparaissait sur tous les points du territoire. Pendant
cette période d'anarchie, le trône fut occupé successivement par deux
ou trois petits princes qui n'avaient d'empereur que le nom. Ils vé-
gétaient sans puissance au sein d'une cour corrompue, tenus en tutelle
par d'ambitieux ministres, qui prenaient près de ces rois fainéans le
rôle de maires du palais. D'autre part aussi, les principautés qui s'étaient
formées à la faveur d'une révolution et par suite de guerres civiles
n'eurent qu'une durée éphémère; elles firent retour à l'empire les unes
après les autres, à l'exception de deux qui se constituèrent en royaumes
pour quelque temps encore. C'est du fondateur de l'un de ces deux
royaumes, — Sun-tsé, prince de Ou, — que j'ai à vous entretenir, et

vous conviendrez que, pour un Chinois, son nom n'est pas trop baroque.

Sun-tsé avait de la bravoure, de l'audace; l'histoire lui accorde quelques traits de ressemblance avec Charles-le-Téméraire, et ses états, comparés au reste du Céleste Empire, ne le cédaient point en importance aux belles provinces que gouvernaient les ducs de Bourgogne. Il reconnaissait encore la souveraineté de l'empereur et l'avait aidé à pacifier des contrées rebelles; mais, pour prix de ses services, il réclamait le titre de général en chef de la cavalerie, ou, si vous voulez, un rang égal à celui de grand-connétable. La cour, par l'organe du puissant ministre qui l'opprimait elle-même, lui refusa cette satisfaction. « Puisque l'empereur ne veut pas m'assurer le titre que j'ambitionne comme prix de mes services, s'écria le prince de Ou avec colère, j'irai moi-même à la tête de mes troupes le lui arracher de vive force! »

Il avait prononcé ces menaçantes paroles devant ses mandarins assemblés; un officier qui demeurait fidèle au souverain ne put les entendre sans frémir. A peine sorti du palais, il se décide à avertir la cour des projets de son maître. Un billet écrit de sa main est confié par lui à un messager qui monte à cheval la nuit et fait route vers la capitale par des chemins détournés; aux premières lueurs du jour, il arrive sur les bords d'un fleuve où le prince de Ou entretenait des postes militaires pour garder ses frontières. Aucune barque ne se montre sur les eaux; partout où le courant moins rapide et les flots moins profonds semblent promettre au cavalier un passage facile, les soldats veillent appuyés sur leurs lances, le bouclier sur l'épaule. Les démarches de l'émissaire leur paraissent suspectes; ils l'arrêtent, et la dépêche qu'il avait cachée dans le pli de sa ceinture tombe entre leurs mains. Le chef du poste, ne reconnaissant point sur cette lettre le cachet du prince son maître, se hâte de la porter à celui-ci. Il arrive au palais hors d'haleine, franchit la double haie des gardes, et, tombant à genoux, remet à Sun-tsé lui-même le mystérieux billet. Le prince rompt le cachet avec empressement; ces lignes écrites de la main d'un traître allument dans ses yeux un éclair de fureur : il ordonne que l'officier coupable lui soit amené.

— Que vous ai-je donc fait, lui dit-il avec une surprise douloureuse, pour que vous fassiez déjà creuser ma tombe?

— Sire, répliqua l'officier en balbutiant, j'affronterais pour vous dix mille morts!...

— Non, répondit Sun-tsé en lui montrant sa dépêche, c'est trop de dévouement! Vous ne donnerez votre vie qu'une fois, pour expier votre trahison.

Sur un geste du prince, les gardes saisirent l'officier, et il fut étranglé à l'instant. La famille du supplicié se hâta de prendre la fuite; d'après

les lois chinoises, on punit de mort les parens de ceux qui se sont
rendus coupables du crime de lèse-majesté. Le cadavre de l'officier
resta exposé au milieu du marché pendant tout un jour; personne
n'osait témoigner, en le regardant, ni chagrin ni commisération. Cependant, parmi la foule sur laquelle planait ce triste trophée de la
colère du prince se trouvaient trois cliens du supplicié. Réunis là par
hasard, le désir de contempler de plus près les restes de celui dont ils
avaient reçu des bienfaits les porta à se rapprocher du fatal poteau. Ils
se serrèrent silencieusement la main et s'éloignèrent de ce quartier po-
puleux, où tant d'oreilles pouvaient les entendre. Arrivés hors de la
ville, ils donnèrent un libre cours à leur douleur, et jurèrent devant le
ciel et la terre de venger les mânes de leur patron. Dès ce moment, ils
ne songèrent plus qu'à mettre à exécution leur hardi projet; l'occasion
qu'ils attendaient avec anxiété ne tarda pas à s'offrir. Sun-tsé avait ordonné une partie de chasse; il la faisait en grand, selon l'usage des
princes de la Chine, et cet exercice, qu'il aimait passionnément, entretenait dans son ame belliqueuse des instincts de guerre et de conquête. Son armée l'accompagnait tout entière; l'infanterie marchait
en formant un cercle immense dans lequel les tigres et les panthères,
traqués par les cavaliers, bondissaient éperdus au milieu des daims et
des cerfs. Les lances des fantassins brillaient au soleil sur les flancs
d'une haute montagne; les mandarins à cheval, l'arc à la main, le
carquois sur l'épaule, fouillaient les buissons, au-dessus desquels on
n'apercevait que la houppe de soie rouge fixée à leurs casques; mais
le plus actif de tous, c'était Sun-tsé. Monté sur un cheval fleur-de-pê-
cher, aux jambes fines et grêles, qu'il avait fait venir à grands frais de
Tartarie, il galopait en avant de ses officiers, impatient de lancer la
première flèche. Le cercle des fantassins commençait à se rétrécir, et
le prince traversait un hallier, quand un grand cerf, à la tête chargée
de magnifiques ramures, se leva devant lui. Un cri de joie échappa au
jeune prince; mais, comme il se détournait pour plonger la main dans
son carquois par-dessus son épaule, il aperçut dans une touffe de bambous trois hommes qui le regardaient, debout et immobiles.

— Qui êtes-vous? demanda Sun-tsé, que faites-vous là?

— Nous sommes des gardes de votre altesse, répondirent-ils; nous
guettons le cerf!

Sans s'arrêter plus long-temps à les interroger, le prince lâche la
bride à son cheval et se penche en avant; l'animal, au lieu de partir
en droite ligne, se cabre, fait un bond de côté et laisse le temps à l'un
des trois hommes d'enfoncer sa lance dans la cuisse de Sun-tsé. — A
moi les gardes! crie le prince. — Et, tirant son cimeterre d'une main
ferme, il cherche à parer les nouveaux coups que lui portent les trois
assassins. La lame du sabre rencontre le bois de la lance et se brise;

Sun-tsé jette avec colère la poignée inutile : de riches diamans la décoraient, mais il les eût tous donnés pour la pointe d'acier qui venait de voler en éclats. A peine ce premier ennemi l'avait-il atteint, qu'un autre lui décoche une courte flèche dont le fer le blesse à la joue; le sang coule sur son visage et souille les broderies qui étincellent sur sa tunique. Vaincu par la douleur, il rugit comme un lion; il arrache courageusement le trait qui lui déchire la face, le pose sur la corde de son arc, et le lance avec un cri de rage à travers la poitrine de l'homme qui l'a frappé. Aussitôt les deux autres se précipitent sur le prince; avec la pointe et le bois de leurs piques, ils lui portent de rudes coups. Sun-tsé, qui vient de perdre son sabre, et dont toutes les flèches ont été jetées à terre pendant cette lutte terrible, n'a pour se défendre que le bois de son arc; il s'en fait une arme redoutable et résiste aux attaques de ses deux adversaires. Cependant il a reçu dix coups de lance; son cheval, criblé de blessures, s'affaisse sur ses jarrets. C'en était fait du prince de Ou, quand un des généraux, surpris de ne plus le voir galoper dans la campagne, arriva avec quelques cavaliers sur le lieu du combat. Les assassins, en voyant les cavaliers, avouèrent hautement qu'ils avaient voulu tuer le prince pour venger leur patron mis à mort, et ils tombèrent percés de coups. L'état du prince lui-même réclamait de prompts secours. Le général qui venait de le sauver essuya d'abord le sang qui coulait de ses blessures; puis, coupant avec son sabre un morceau de sa tunique, il attacha son maître en croupe et l'emmena au palais. Un habile médecin déclara que la flèche dont la pointe avait entamé l'os de la joue de Sun-tsé était empoisonnée; il espérait guérir le malade, mais à la condition que celui-ci garderait pendant trois mois le repos le plus absolu. « Surtout, disait le docteur, que votre altesse évite tout mouvement de colère! »

Impétueux et violent comme il l'était, le prince de Ou ne pouvait rester trois heures dans l'inaction; cependant la force de la douleur, plus puissante que les prescriptions du médecin, le retint au lit pendant une vingtaine de jours. Il commençait à se trouver mieux, quand un mandarin qu'il avait envoyé en mission à la capitale revint près de lui; il le fit appeler aussitôt pour l'entretenir des projets qui fermentaient dans sa tête.

— Eh bien! lui demanda-t-il, que dit-on de moi là-bas?

— On a peur de votre altesse à la cour, répondit le mandarin. Le ministre qui gouverne au nom de l'empereur a dit devant votre serviteur en soupirant : Le jeune lion est désormais un rude adversaire; ses griffes ont eu le temps de croître!

— Ah! s'écria le prince avec un sentiment d'orgueil, ils me craignent enfin!... Et les conseillers qui entourent cet arrogant ministre, comment me jugent-ils?

— Comme leur maître, répliqua le mandarin. Il y en a un cependant qui, par flatterie sans doute, a parlé de votre altesse en termes moins mesurés...

— Qu'a-t-il dit, demanda Sun-tsé?—Le mandarin gardait le silence, n'osant rapporter les expressions trop hardies du conseiller impérial.

— Eh bien! reprit Sun-tsé, parlez!... ou je regarde votre désobéissance comme une trahison!

— Puisque votre altesse l'ordonne, j'oserai rapporter devant elle ce qu'a dit ce misérable. Il s'est permis de dire, — c'est lui qui parle, — que le prince de Ou ne doit inspirer à personne des craintes sérieuses. C'est un étourdi qui ne sait rien prévoir, a-t-il ajouté; quand il aurait un million de soldats à ses ordres, il n'est pas de taille à prendre le rôle d'usurpateur... Il est hardi, téméraire sur le champ de bataille, mais nul dans le conseil. Un jour, il périra de la main d'un assassin vulgaire.

À ces mots, Sun-tsé, oubliant les conseils du médecin, laisse éclater sa colère; il s'emporte contre le ministre, qu'il accuse d'avoir soudoyé les trois assassins. Levant les deux mains au ciel, il jure de se rendre maître de la capitale, de tuer le tout-puissant ministre, et de saisir, au milieu du palais, la personne sacrée de l'empereur. Sans attendre que ses blessures soient guéries, il convoque les officiers; dès le lendemain, il voulait dresser le plan de cette nouvelle campagne. Autant il était impatient de recommencer la guerre, autant les mandarins soupiraient après la paix.

— Le médecin a conseillé à votre altesse un repos absolu de trois mois, disaient-ils tous à l'envi; faut-il, pour un accès de juste colère, compromettre le salut de votre auguste personne?

— Il y a à la cour un misérable qui m'a insulté, répondait le prince de Ou; puis-je supporter l'affront que m'a fait un homme de rien? J'irai à la capitale, vous dis-je, j'irai regarder l'empereur face à face, pour leur apprendre à tous quel homme je suis!

Les exhortations des mandarins civils et militaires ne produisirent aucun effet sur l'esprit ardent de Sun-tsé. Son orgueil blessé le faisait plus souffrir que les coups de lance et la flèche empoisonnée. Dès le lendemain, il se revêtit de sa tunique brochée d'or, et rassembla toute sa petite cour dans une galerie ouverte qui s'étendait au-dessus du rempart de sa capitale, et faisait face à la grande rue du marché. Une collation y était servie; déjà la coupe de vin passait de main en main. Le prince, assis sur un siège élevé, contemplait avec joie la foule qui s'agitait au pied de la galerie avec le bruit d'une mer retentissante : il renaissait à la vie, à l'espérance. Tout à coup, au moment où il allait boire lui-même au succès de sa future campagne, il s'aperçut que les mandarins et les grands officiers, après s'être parlé entre eux à voix

basse, quittaient leurs siéges pour descendre dans la rue. Depuis le
haut de la galerie jusqu'en bas, c'était comme un flot ondoyant de tu_
niques aux broderies éclatantes qui s'écoulait majestueusement et en
silence, tandis que le prince demeurait seul à sa place d'honneur.

— Qu'y a-t-il? demanda Sun-tsé aux gardes debout derrière lui.

— Sire, répondirent ceux-ci, c'est le magicien Yu-ki, un immortel,
un homme doué de facultés plus qu'humaines, qui traverse la rue;
vos mandarins sont allés lui rendre leurs hommages.

Le prince se penche sur le balcon et regarde : il voit un homme de
haute taille, aux cheveux blancs comme la neige, à la barbe argentée.
On dirait un vieillard centenaire, et pourtant son visage a la fraîcheur
de l'adolescence. Sa main s'appuie sur un bâton blanc et léger comme
la tige du chanvre; ses vêtemens flottans l'enveloppent sans peser sur
lui; il semble qu'ils le soutiennent comme une nuée, comme le plu-
mage soutient l'oiseau. Tout dénote en lui un de ces docteurs de la
secte des Tao-ssé qui savent conserver une éternelle jeunesse en se
nourrissant du suc de certaines plantes mystérieuses. Il se tient debout au milieu de la grande rue; les mandarins civils, les conseillers,
les généraux, l'entourent en se prosternant; les habitans de la ville
brûlent des parfums devant lui. Insensible aux hommages qu'on lui
adresse, le vieillard lève les yeux au ciel avec un doux sourire.

— C'est un sorcier! un magicien! s'écria le prince; qu'on le saisisse,
qu'on me l'amène!

— Seigneur, répondirent les courtisans, qui commençaient à remonter dans la galerie, ce vieillard est né loin d'ici, dans les contrées
orientales, mais il a fait tant de voyages dans cette province, que nous
le considérons comme un compatriote. Il passe les nuits dans la méditation; le jour, il brûle des parfums en l'honneur des esprits et enseigne
la doctrine des anciens sages. Avec quelques gouttes d'eau sur lesquelles il a prononcé des formules magiques, il guérit tous les maux;
c'est un fait dont tout votre peuple rend témoignage. Nous voyons en
lui l'esprit qui protége ce royaume...

— Folies que tout cela! interrompit Sun-tsé; qu'on me l'amène!

— Lui, le divin immortel!.... répartirent les courtisans. Si votre
altesse daignait recevoir ses conseils, faire soigner par lui les blessures
qui mettent en péril sa précieuse existence?...

— On me désobéit? s'écria le prince en portant la main sur son cimeterre.

Les gardes effrayés allèrent saisir le vieillard : quand il fut devant
lui, le prince le regarda des pieds à la tête, et lui dit avec l'accent du
mépris :

— Oses-tu bien, en ma présence, pervertir aussi effrontément le
cœur de mon peuple?

— Le pauvre vieillard présent devant vous, répondit le magicien,
est le supérieur d'un couvent situé à l'est, dans les montagnes. Il y a
près d'un siècle, étant à cueillir des simples dans la vallée, il trouva
au bord d'une fontaine un livre magique écrit en caractères rouges.
Ce livre enseignait l'art de dompter ses passions, de réprimer ses mauvais désirs; il contenait aussi toutes les recettes qui sont propres à guérir les maux physiques de l'humanité. Le pauvre religieux les a lues
et étudiées; il a publié les enseignemens qu'il tenait du ciel, converti
et guéri les hommes de l'empire, et cela, sans jamais accepter le plus
modique salaire. Comment donc pourrait-il corrompre le cœur ou
l'esprit des sujets de votre altesse?

— Vous n'acceptez aucun salaire? demanda Sun-tsé, c'est très bien;
mais vous ne refusez ni la nourriture, ni les vêtemens, ni les parfums
dont on vous fait l'offrande... Vous êtes un sorcier, un rebelle de la
race des *Bonnets-Jaunes;* des gens comme vous ont toujours été le fléau
de l'empire... Je ne puis, en vérité, vous laisser vivre. — Et il donna
l'ordre de décapiter le vieillard.

Un des conseillers du jeune prince lui fit observer que ce docteur
se montrait depuis bien des années dans le pays, qu'il y était connu
et aimé de tout le monde; son talent dans l'art de guérir, son désintéressement, sa vie exempte de reproches, lui avaient fait dans la ville
même beaucoup de partisans : le mettre à mort, ce serait s'aliéner
l'esprit des populations.

— Bah! reprit Sun-tsé, ce prétendu immortel n'est qu'un grossier
montagnard, un paysan hypocrite; j'ai envie d'essayer sur son cou le
tranchant de mon cimeterre.

A ces mots, les mandarins éperdus se précipitèrent aux pieds du
souverain; mais leurs supplications ne servirent qu'à l'exaspérer. Il
ordonna de charger de fers le vieillard, de lui mettre la cangue et
de le jeter en prison. Résister aux ordres du maître, c'était risquer
sa tête : les mandarins se retirèrent sans proférer une seule parole.
Toutefois ils ne se tenaient pas encore pour battus; à peine de retour
dans leurs palais, ils dirent à leurs femmes de se rendre en corps près
de la mère du jeune prince et de la prier d'intercéder en faveur du
divin vieillard. Aussitôt la mère de Sun-tsé fit appeler celui-ci dans
ses appartemens.

— Mon fils, lui dit-elle, j'apprends que vous avez fait jeter en prison
un immortel vénéré de tous vos sujets. C'est lui, sachez-le bien, qui a
donné la victoire à vos armées; n'a-t-il pas aussi guéri les malades
dans tous vos états? Il nous a donc rendu de grands services, à vous,
à l'armée, au peuple; gardez-vous bien de le faire périr.

— C'est un sorcier, ma mère, un homme dangereux, reprit le jeune
prince; il pervertit l'esprit de mes sujets; n'est-il pas cause que mes

propres officiers ne me témoignent plus les mêmes égards et que mes
mandarins me refusent obéissance? Ne m'ont-ils pas laissé seul au
milieu d'un banquet pour aller se prosterner aux pieds de ce vagabond? Ma voix a-t-elle pu les arrêter? Encore une fois cet homme me
ravit l'affection de mes sujets! — Et comme sa mère le suppliait de
faire grace au vieillard : — Je vous en conjure, reprit-il, n'écoutez pas
les vains propos de ces femmes : cet homme doit périr.

Sun-tsé, en quittant sa mère, alla dire aux geôliers de faire sortir
le magicien de sa prison. Ceux-ci avaient dégagé le vieillard de sa cangue et délié les chaînes qui chargeaient ses pieds et ses mains; car ils
le traitaient avec le respect et la tendresse qu'ils eussent témoignés à
un père. Cette particularité ne fut pas ignorée du prince, il châtia sévèrement ces geôliers trop sensibles et jugea qu'il était temps d'en finir
avec un si étrange prisonnier. Les paroles de sa mère qu'il vénérait,
— la piété filiale est la grande vertu des Chinois, — n'avaient rien pu
sur lui; la requête que lui présentèrent collectivement ses mandarins
n'eut d'autre effet que de le confirmer dans son dessein.

— Vous êtes versés dans la connaissance des livres anciens, dit-il
aux mandarins; vous savez donc tous quel a été le sort des empereurs
et des rois assez fous pour prêter l'oreille aux vaines rêveries de ces
fourbes qui prétendent avoir des relations avec les esprits supérieurs;
est-ce bien à vous de donner aux populations de si dangereux exemples? Cet homme, je vous le répète, a déjà sa place marquée parmi les
génies malfaisans; cessez de signer des requêtes en sa faveur, de promener au bas d'un placet votre pinceau fleuri, car, je le répète, je ferai tomber la tête de ce sorcier!

— Sire, lui dit un conseiller, je sais pertinemment que ce divin
docteur a le pouvoir de faire souffler le vent et tomber la pluie au gré
de ses prières. Une longue sécheresse désole vos états; daignez lui ordonner de demander au ciel les eaux bienfaisantes dont les récoltes
ont si grand besoin: s'il réussit, sa grace sera la récompense du service
qu'il vous aura rendu.

— Soit, répliqua Sun-tsé que commençaient à fatiguer ces sollicitations réitérées; soit, je verrai au moins ce que sait faire cet imposteur.

Aussitôt les mandarins courent à la prison; une seconde fois le divin
docteur est délivré de ses fers et de sa cangue. Il arrive, calme et serein,
sur la grande place; son regard souriant ne dénote ni inquiétude, ni
rancune, ni colère; sa démarche est assurée; seulement le poids de la
cangue a fatigué son cou, et sa tête penche en avant. Il change de vêtemens, fait des ablutions en murmurant qnelques prières, puis, se
tournant vers les mandarins : « Je demande au ciel une pluie salutaire
qui sauve le peuple de la famine, dit-il à demi-voix; cette pluie cou-

vrira le sol à la hauteur de trois pouces, mais moi, je n'éviterai pas le sort qui me menace!

— Courage, docteur, répondirent les mandarins; si vous accomplissez un miracle qui puisse convaincre notre maître, il vous respectera!

Le vieillard secoua tristement la tête; après s'être lié lui-même au moyen d'une longue corde, il se coucha au soleil. Déjà un officier envoyé par le prince était venu déclarer à la multitude que, si à midi la pluie n'était pas tombée, le docteur serait brûlé vif sur cette même place. Le bûcher, formé d'un grand amas de bois sec, s'élevait rapidement sous les yeux du magicien; il regardait sans se troubler les apprêts du supplice, tandis qu'autour de lui les généraux, les mandarins et le peuple, diversement émus, restaient immobiles dans l'attente de ce qui allait se passer. Les uns, pleins de foi dans la puissance du sorcier, l'encourageaient du geste en lui montrant le ciel prêt à lui obéir; les autres, partagés entre la curiosité et la crainte, entre le doute et l'épouvante, ne pouvaient contempler sans frémir ce bois sec d'où une parole du prince allait faire jaillir des flammes dévorantes. A peine le vieillard avait commencé ses incantations, tout à coup un vent terrible souffla dans les airs; du côté du nord-ouest, les nuages s'accumulaient; ils s'étendaient sur la voûte du ciel et restaient suspendus au-dessus de la ville. Sun-tsé, appuyé sur le balcon de la galerie, regardait alternativement les nuées rassemblées dans l'espace et le sorcier couché à terre. Quelques instans s'écoulèrent ainsi; l'orage planait sur la ville, près de crever, mais sur la poussière on ne voyait pas encore la marque d'une seule goutte d'eau. Le *gong* retentit, c'est le signal de midi, et les quinze mille spectateurs réunis sur la place étendent à la fois leurs mains pour s'assurer si la première goutte de pluie va répondre à cet appel fatal. Trois minutes se passent, et le prince fait entendre ces paroles au milieu du plus profond silence : « Sur le ciel je vois des nuées; mais la pluie bienfaisante se refuse à tomber. Cet homme n'est qu'un imposteur; couchez-le sur le bûcher. »

On met le feu aux quatre coins des grandes piles de bois; une masse de fumée noire tourbillonne autour du bûcher et l'enveloppe bientôt, mais l'éclair sillonne les nues amoncelées, le bruit grondant de la foudre ébranle le sol : il tombe des torrens de pluie. En un instant la place du marché, les rues, la ville entière, sont inondés : l'eau s'élevait partout à plus d'un pied. Étendu sur son bûcher, le magicien dit à haute voix : « Nuages, roulez-vous comme un voile; pluie, cesse de couler. » Et le soleil se montre de nouveau sur le ciel radieux.

La flamme était éteinte. Les mandarins s'élancent à l'envi pour délier le divin docteur et conjurent le prince de reconnaître son pouvoir surnaturel; mais Sun-tsé, couché dans sa litière, se faisait reconduire au palais sans leur rien répondre, sans même les écouter. « La pluie et le vent, disait-il à demi-voix et comme pour se convaincre lui-même, la pluie et le vent obéissent au maître du ciel et non aux hommes!.Ces mandarins que j'ai comblés d'honneurs, qui se sont enrichis à mon service, ils me trahissent tous; ils me tournent le dos pour courir après un fou! » En effet, les officiers et les grands du royaume, dans l'eau jusqu'aux genoux, entouraient le vieux sorcier et se prosternaient devant lui; dans leur empressement à sauver le magicien, ils ne s'apercevaient pas même qu'ils crottaient affreusement leurs tuniques de soie. Aussi, quand ils reparurent en la présence du prince, pour lui demander encore la grace du docteur, Sun-tsé, ulcéré de leur conduite, les repoussa durement; cinq minutes après, la tête du magicien roulait sous le sabre du bourreau. Au moment où tombait cette tête couverte de cheveux blancs, une vapeur noire, qui représentait assez distinctement une forme humaine, s'éleva doucement dans l'air et s'envola vers l'orient. Sun-tsé la vit de ses propres yeux; mais, sans prendre garde à la muette admiration de la foule, il fit suspendre au milieu du marché le cadavre décapité, avec cette inscription : — *Mis à mort comme magicien et imposteur.*

Pendant toute la nuit, le vent souffla avec violence, le tonnerre gronda, la pluie tombait toujours à torrens. Au matin, on chercha le cadavre du magicien décapité, il avait disparu. Sun-tsé accusa les gardes de l'avoir livré aux mandarins qui voulaient l'ensevelir. « Le peuple va croire qu'il est ressuscité, se disait le prince avec inquiétude; je veux savoir ce qu'on a fait de son corps. » Il allait sortir, quand il voit devant la grande salle de son palais le magicien en personne qui venait droit à lui, sans toucher la terre, et comme porté par une sombre nuée. Le prince s'arrête et tire son cimeterre pour frapper le fantôme; tout à coup ses yeux se voilent, et il tombe évanoui. Il se passa plus d'une demi-heure avant que Sun-tsé reprît ses sens. On l'avait transporté dans sa chambre à coucher. Quand il revint à lui, sa mère était à ses côtés; il lui expliqua la cause de son évanouissement.

· — Mon fils, répondit-elle, en vous obstinant à lutter contre un immortel, vous vous êtes attiré de grands maux!

— Dès ma plus tendre enfance, dit Sun-tsé avec un sourire, j'ai suivi mon père dans ses expéditions, j'ai abattu des hommes par milliers, comme on coupe le chanvre, des bons et des mauvais : m'en est-il rien arrivé de fâcheux? Aujourd'hui, pour délivrer mon pays d'une dangereuse influence, j'ai décapité un sorcier : est-ce donc là ce qui pourrait me causer des inquiétudes?

— Vous avez irrité les esprits, mon fils; il vous faut faire de bonnes œuvres pour apaiser leur colère.

— Ma vie dépend du ciel, du ciel seul; que peut contre moi un sorcier mort?

Voyant que ses exhortations ne servaient à rien, la mère du jeune prince recommanda aux gens du palais de prier et de brûler des parfums pour écarter le péril qui menaçait leur maître. Bientôt Sun-tsé s'endort; le vent pénètre en gémissant dans son alcôve et éteint la lampe qui brûlait près de lui; il allonge le bras pour la rallumer... le sorcier est debout auprès du lit. Sun-tsé saisit le cimeterre accroché à son chevet et le lance vers le fantôme; mais l'arme rend un son métallique et retombe sans avoir fait reculer la vision.

— Toute ma vie je me suis attaché à exterminer les sorciers et les imposteurs, dit Sun-tsé à haute voix; toi qui es l'ombre d'un être malfaisant, pourquoi oses-tu m'approcher?

A ces mots, le fantôme disparut comme s'il eût obéi.

Ces scènes violentes étaient autant de crises qui ruinaient la santé déjà si altérée du jeune prince. Pour calmer les inquiétudes de sa mère, il consentait à suivre les prescriptions du médecin et à soigner ses blessures; mais aux explications qu'elle lui donnait sur la nature des esprits, sur l'existence des êtres supérieurs, sur le pouvoir des magiciens, il répondait toujours : — Je suis un soldat; mon père, qui m'a appris tant de choses quand il m'emmenait avec lui dans ses lointaines campagnes, ne m'a rien enseigné sur ces matières surnaturelles. Il en riait, et je n'y crois pas plus que lui. — Les pratiques pieuses que sa mère lui conseillait d'accomplir pour expier sa faute et recouvrer sa santé ne le touchaient pas davantage. Cependant, quand elle le pria de l'accompagner dans une pagode où elle se disposait à faire un pèlerinage avec toute la cour, il céda par obéissance. Avec quelle joie elle le vit monter en litière et s'acheminer vers le temple! Il ne s'y rendait pourtant qu'à contre-cœur; aussi, quand le desservant lui présenta le feu pour allumer des parfums, il remplit ce devoir machinalement, sans intention, sans y joindre un mot de prière. — Peu à peu l'odeur de l'encens et du sandal remplit la pagode; la fumée sort en tourbillonnant de la cassolette incandescente et monte en décrivant une spirale sur le sommet de laquelle apparaît encore le magicien décapité. Le fantôme, d'abord tout petit, s'allonge à mesure que la fumée s'élève; il grandit, grandit toujours et touche bientôt la voûte. Sun-tsé quitte brusquement la pagode; arrivé sous le portique, il heurte ce terrible fantôme qui lui barre le passage, puis recule devant lui et vient à sa rencontre suivant qu'il marche lui-même en avant ou en arrière. — Un sabre! un sabre! crie le jeune prince qui était sorti sans armes de son palais; et il saisit celui d'un de ses gardes. Fou de colère, il se précipite sur le fantôme; mais le sabre, échappé de ses mains, a frappé un homme près de lui. Le blessé expire en vomissant des flots de sang; chacun reconnaît avec terreur que cet homme mortellement atteint est celui-là même qui a fait l'office de bourreau et décapité le magicien quelques jours auparavant. — Qu'on l'emporte et qu'on l'enterre! dit Sun-tsé. Je veux sortir d'ici, partons, partons vite! — Quand il va pour franchir la grande porte de l'enceinte extérieure du temple, le fantôme se dresse de nouveau devant lui; mais seul il peut le voir. Les gardes ne comprennent rien aux gestes menaçans de leur maître, qui se rejette en arrière, les yeux hagards, la bouche béante, et semble écarter de la main un invisible ennemi; ils l'entourent avec sollicitude, tandis que les autres soldats, ceux qui forment la masse du cortège, se pressent aux abords de la pagode.—Mes amis, leur dit le prince, renversez ce temple; qu'il n'en reste pas pierre sur pierre! Les soldats grimpent sur les toits comme s'ils fussent montés à l'assaut, et enlèvent les tuiles. Les briques vernies, qui reluisaient au soleil comme les écailles du dragon, sont mises en pièces; l'édifice entier semble fondre sous l'effort de leurs bras. Appuyé sur sa litière, Sun-tsé regarde avec joie cette œuvre de destruction; il se venge à la fois du spectre et des religieux qui l'ont contraint d'accomplir des cérémonies auxquelles il n'attachait aucun sens. Tout à coup les soldats roulent à terre, poussés du haut des murailles par le souffle irrésistible du spectre. — Du feu! du feu! s'écrie le prince ébranlé dans son incrédulité par ce prodige terrible, incendiez la pagode! Le feu dévore l'édifice; mais, au milieu des flammes, se détache le noir fantôme pareil a une statue de bronze. Il se promène à travers l'incendie, faisant voler au loin les briques, les pierres, les poutres qui blessent de toutes parts les soldats et les gardes. C'est comme un ouragan qui disperse en tous sens les feuilles mortes, les herbes sèches et les jaunes épis des moissons.

Cette fois Sun-tsé est pris de frayeur; il se sent vaincu par une puissance surhumaine. On le remporte précipitamment vers son palais; il fuit escorté de ce qui lui reste de soldats valides, et poursuivi toujours par ce fantôme qui s'attache à sa personne.

A l'approche de la nuit, la terreur du prince redouble : il n'ose affronter les ténèbres entre les sombres murailles de son palais. C'est hors de la ville, en plein air, sous sa tente de combat, qu'il veut essayer de prendre un peu de repos. Un camp de trente mille hommes est formé autour de lui; qui donc franchira ces lignes épaisses de soldats? Mais les piques, les lances, les longs cimeterres de ses guerriers ne peuvent empêcher le spectre de venir s'asseoir au chevet du prince mourant. Tantôt l'ombre vengeresse se montre décapitée, sanglante et hideuse, pareille au cadavre exposé sur la place publique; tantôt elle replace sur ses épaules sa tête voilée de longs cheveux blancs, et se meut avec gravité, comme apparut d'abord le magicien, traversant la foule éblouie. En proie à cette obsession, le jeune prince pousse, durant toute la nuit, des hurlemens et des sanglots. La fièvre le dévorait, il ne put goûter un instant de sommeil. Aux premières lueurs du jour, sa mère se fit conduire près de lui. — Mon enfant, lui dit-elle, comme vous êtes changé! — Sun-tsé demande un miroir; l'altération de ses traits l'épouvante, et levant avec douleur les yeux sur sa mère : — C'en est fait, répliqua-t-il; puis-je espérer désormais d'acquérir de la gloire et de consolider moi-même le royaume que j'ai à peine fondé? — Il tenait toujours son regard fixé sur la surface polie où se reflétaient ses traits hâves et flétris par la souffrance. Le miroir qu'il avait à la main se ternit insensiblement; à la place de son propre visage il distingue la figure grave et impassible du divin docteur, qui le regarde avec un sourire ironique. Sun-tsé rejette loin de lui le miroir ensorcelé, en criant d'une voix étouffée : — Le sorcier! le sorcier!

Ce cri rouvrit sa blessure; il tomba sans mouvement entre les bras de sa mère. Transporté dans son palais, il fit appeler auprès de lui ses frères, afin de s'entretenir avec eux pour la dernière fois. A ce moment suprême, il avait recouvré toute la lucidité de son esprit, toute l'énergie de son caractère. Il adressa à sa famille éplorée des recommandations pleines de sagesse et de prévoyance que l'histoire nous a transmises, et mourut dans sa vingt-sixième année. Le héros qui avait conquis les provinces du sud de la Chine en quelques campagnes, qui méditait d'attaquer la capitale et traitait d'égal à égal avec l'empereur, venait d'être vaincu par un ennemi terrible et implacable.

— Quel ennemi? demandèrent en chœur les passagers; le fantôme, l'ombre du sorcier? Vous croyez donc à la puissance des magiciens, comme vos Chinois?

— Vous m'avez mal compris, répliqua l'abbé en fermant son livre; il fut vaincu par un ennemi puissant et implacable, disais-je, par le remords d'avoir fait périr, dans un accès de colère et d'orgueil jaloux, un pauvre rêveur, un fou innocent!

TH. PAVIE.

REVUE MUSICALE.

L'un des plus illustres représentans de l'ancienne école française vient de
s'éteindre dans l'oubli. L'auteur de *la Vestale* et de *Fernand Cortez* est mort le
mois passé à Jesi, petite ville des États-Romains où il était né en 1778. Peu
de musiciens, même parmi les heureux et les favorisés, ont rencontré une fois
dans leur vie le succès à l'égal de M. Spontini, et, si l'aurore et le déclin de
cette carrière se couvrent d'ombre, on peut dire que son midi fut ce qu'un
artiste peut rêver de plus éblouissant et de plus glorieux. Ce succès de *la Ves-*
tale, rapide, universel, immense, qui d'un nom ignoré la veille fit en quelques
instans la plus éclatante illustration musicale de la période napoléonienne, qui
dira ce qu'il devait préparer d'amertume et de mélancoliques retours pour le
reste de l'existence de M. Spontini! Et ce triomphe sans exemple peut-être dans
les fastes de l'opéra, ce triomphe que le silence avait précédé, que l'abandon
allait suivre, combien se fussent alors moins pressés de l'envier, s'ils avaient
pu savoir à quel prix l'auteur d'un si magnifique chef-d'œuvre l'achetait! Le
succès, pour qu'il féconde la vie d'un homme de génie, pour qu'il l'encourage
et le sollicite à la création, le succès doit se reproduire. Tout succès qui ne se
renouvelle pas dessèche le cœur. Que de grands artistes auxquels la nature
donna d'enfanter un chef-d'œuvre à une heure prédestinée, et dont les jours
s'écoulent dans le regret de cette date fatale qui pour eux contient tout! Attachés au millésime de l'année qui vit se lever le soleil de leur gloire, ils y
restent cloués comme autant de Prométhées, et c'est là que le vautour leur
vient ronger le flanc. Savoir ne réussir qu'une fois, quelle force d'ame une
pareille conduite indiquerait chez un homme! quelle justesse d'esprit et quelle
supériorité de caractère! Se figure-t-on l'auteur de *la Vestale* assez maître de
lui pour sentir qu'après avoir dépensé toute la somme de génie qu'il tenait de
Dieu, ce qui lui restait de mieux à faire, c'était de rentrer simplement dans la
loi commune, et de ne se point croire obligé, pour avoir rencontré d'aventure

une magnifique inspiration, d'égrener jusqu'au bout ce chapelet de misères qu'on appelle la vie d'artiste? Pour une de ces natures puissantes et fécondes à la Michel-Ange, à la Goethe, à la Rossini, qui semblent avoir pour vocation de produire sans relâche et de se manifester incessamment par de nouveaux chefs-d'œuvre, combien de nobles intelligences, d'imaginations d'élite dont une seule idée fait tout le fonds, et chez lesquelles la production n'est que l'accident! De l'heure où cette idée prend forme, de l'occasion et du moment, dépend la fortune du maître. Supposez la Vestale survenant dix ou quinze ans plus tard, le mérite de la partition n'en sera que, je pense, diminué en rien; seulement bien des avantages disparaîtront qu'elle emprunta aux circonstances, et l'échafaudage plus ou moins ingénieux des arrangeurs de systèmes s'écroulera par la base.

On a beaucoup écrit de tout temps que la Vestale avait opéré une révolution dans la musique et marqué pour ainsi dire l'ère de transition qui sépare le règne de Gluck de l'avénement de Rossini. Sans prétendre le moins du monde disputer à la partition de M. Spontini ce caractère révélateur qu'on lui prête, il convient cependant de se représenter que, dès 1787, Mozart avait ouvert la voie à tous les développemens de l'orchestre moderne. Émancipation des instrumens à vent, variété des rhythmes, coloration du dessin, aucune des ressources de l'art nouveau ne manquait à cette instrumentation affranchie, qui, refusant désormais de se borner aux simples accompagnemens du chant, aidait, par la richesse et l'originalité de ses modulations, au développement des caractères, aux émouvantes péripéties du drame.

Entre Gluck et Mozart, entre le rationalisme musical de l'auteur d'Armide et le sublime idéalisme du chantre d'Idoménée et de don Juan, qui, de jour en jour, s'emparait davantage de l'Italie et de l'Allemagne, il faisait bon alors, on en conviendra, tenter de l'éclectisme. M. Spontini l'essaya en homme d'esprit, disons mieux, de génie; à quel point l'entreprise lui réussit, l'histoire des cent représentations de la Vestale en fait foi. Mais, objectera-t-on, si l'influence de Mozart régnait si triomphalement à cette époque même au-delà des frontières de l'Allemagne, comment la plupart des maîtres de l'école française ont-ils pu à ce point y échapper? J'avoue que chez Catel, Berton et Lesueur, on n'en surprend pas trace, et la chose s'expliquerait au besoin par cette préoccupation constante du poème, de la situation, qui porte les musiciens d'une certaine école à répudier comme oiseux, parasite et faisant longueur, tout ce qui n'a point trait à l'effet scénique; mais, franchement, en peut-on dire autant de Méhul? et si l'auteur de Joseph et de Stratonice se rapproche de Gluck par la déclamation, le dessin et le mouvement de ses morceaux d'ensemble ne rappellent-ils pas Mozart? D'ailleurs, M. Spontini était Italien, et, comme tel, admettait plus facilement les transactions dans le style. La mélopée classique de Gluck, unie à la mélodie italienne, et disposant de toutes les ressources de l'orchestre moderne, de cet orchestre entrevu par Haydn, et dont Mozart reste le créateur suprême, tels sont, à mon sens, les élémens mis en œuvre pour la première fois en France dans cette partition de la Vestale, qui parut aux exécutans de l'époque d'une complication inextricable. Dieu merci, les temps ont marché depuis, et nous qui avons assisté à la représentation d'œuvres bien autrement indéchiffrables, nous ne pouvons guère comprendre aujourd'hui qu'il y a quarante ans les chanteurs et l'orchestre de l'Opéra aient pu pousser les hauts cris devant les hardiesses d'un novateur au fond très modéré; mais ce qu'était alors notre première scène lyrique, et quel esprit de routine en possédait le personnel, on aurait peine à se l'imaginer. On raconte qu'il ne fallut rien moins que l'influence de l'impératrice Joséphine pour vaincre des obstacles sans cesse renaissans qui eussent fini par épuiser la persévérance du maître. Un ordre du château vint au secours de M. Spontini, et les répétitions de *la Vestale* commencèrent : nouvelle suite d'ennuis et de tribulations pour le compositeur. Un acteur chargé de la partie du grand-prêtre débuta par déclarer net qu'il n'entendait rien à cette musique, sur quoi M. Spontini, médiocrement endurant de sa nature, lui prit le rôle des mains et le jeta au feu. Heureusement, un jeune homme se trouvait là qui, s'emparant du manuscrit avant que la flamme l'eût atteint, offrit de prendre à l'instant le rôle si le maître voulait bien le lui enseigner. « Je vous le donne, répondit Spontini, et vous le jouerez mieux que monsieur, j'en réponds. » Ce jeune homme s'appelait Dérivis, et l'on sait quel beau triomphe lui valut cette création, échue ainsi dans son partage grâce à une boutade du chef d'emploi. Dérivis ne fut jamais un chanteur, mais il avait l'accent tragique et la majesté du caractère; sa voix, quoique fruste et d'une émission abrupte, n'en dirigeait pas moins le magnifique finale du second acte avec une vigueur, un entraînement, une autorité, qui, après lui, ne se sont plus rencontrés. D'ailleurs, l'heure des chanteurs n'avait point sonné encore à l'horloge de l'Opéra, et, quelle que soit l'importance *révolutionnaire* qu'on attribue à cette partition de *la Vestale*, du moins nous accordera-t-on que le musicien ne s'y montre pas beaucoup plus préoccupé des conditions de la voix humaine que ne l'avaient fait ses devanciers Gluck et Sacchini. Que voyons-nous, en effet, dans le chef-d'œuvre de M. Spontini? Des morceaux écourtés et rapides où l'expression musicale n'a pas le temps de se donner carrière, des phrases dont la pompe de l'instrumentation rehausse fort à propos la banalité, beaucoup de déclamation et de récitatif, mais une déclamation que le rhythme vivifie, un récitatif pathétique, et partout empreint d'un admirable sentiment du sujet. Quoi qu'en puissent dire les systèmes, il y a loin de là à *Guillaume Tell*; je vais plus avant, et je maintiens que l'auteur de *la Vestale* et Rossini ne parlent pas la même langue : l'un, que l'on a très improprement traité en précurseur, n'est, en somme, que le continuateur du passé, tandis que l'autre, génie inventif s'il en fut, inspiration originale et prime-sautière, ouvre aux yeux du siècle les perspectives vraiment nouvelles.

Il court de par le monde nombre d'idées fausses et ridicules, qui, à force d'avoir été ressassées d'un ton doctoral et par ce qu'on est convenu d'appeler aujourd'hui les *écrivains spéciaux*, ont acquis à la longue je ne sais quels semblans de vérité auxquels les sots se laissent prendre. Ainsi on racontera au public, par exemple, et cela de l'air le plus sérieux, qu'en écrivant *Guillaume Tell* pour l'Opéra français Rossini a délibérément transformé sa manière et déserté ses propres sentiers pour entrer à pleine voile dans la grande tradition de Gluck. Est-il besoin d'ajouter qu'une pareille assertion n'a rien de fondé, et que l'auteur de *Semiramide* et de *Mosè*, pour avoir agrandi, peut-être encore dans *Guillaume Tell* son inspiration et son style, n'a pas cessé un seul instant d'être lui-même? Du reste, les esprits clairvoyants qui avaient dé-

couvert dans *la Vestale* une sorte de pressentiment rossinien devaient naturellement, et par un juste retour, se creuser.la cervelle à cette.fin.de constater l'influence de Gluck et du système classique français,sur la partition de
Guillaume Tell. Étrange aberration que ces théories! A·la-critique de·notre
temps il faut absolument des *points de, vue*, et qui dit point de.vue entend
par là une façon toute particulière d'envisager les choses. Quant à nous, dût-on
nous accuser de manquer de *transcendantal*, nous n'avons jamais pu·voir dans
la Vestale'qu'une grande inspiration isolée, qu'un de ces sublimes hasards du
génie qui ne se renouvellent pas, et ; qu'on nous passe la figure,·une sorte de
gui sacré poussé sur les rameaux séculaires,du chêne de Gluck.   , !·· . .

Aussi,quoi de plus absurde que ce sens révélateur qu'on s'est efforcé de donner
au chef-d'œuvre de M. Spontini? *La Vestale*, je le répète, appartenait au passé
dès sa venue au monde,·et la preuve, c'est que, tout en restant une immortelle
production, elle n'a rien pu susciter autour d'elle, et son auteur lui-même,·im-
puissant à lui créer jamais une digne sœur, consuma sa vie à tourner dans le
cercle infécond de sa pensée. De *la Vestale* à *Fernand Cortez*, passe encore; mais
de *Cortez* à *Olympie*, d'*Olympie* à *Nurmahal*, de *Nurmahal* à *Alcidor*, d'*Alcidor*
à *Agnès de Hohenstaufen*, hélas! Aussi cette année 1807, qui vit se lever le soleil de *la Vestale*, n'eut jamais de fin pour M.·Spontini. Il y revenait sans cesse,
comme à un point de repère dont son esprit avait besoin pour subsister. Il en
avait conservé les habitudes, le langage, la façon.d'être,.tout, jusqu'aux habits; il·était de 1807, de l'année de *la Vestale* et du·prix·décennal.'Les événemens qui s'étaient accomplis depuis cet âge d'or éternisé· par les souvenirs du
succès; il les ignorait du fond de l'ame; des talens.qui avaient pu surgir, des
renommées nouvelles, il ne s'en informait seulement pas; et lorsqu'après ses
longs séjours à Berlin, où le roi Frédéric-Guillaume III l'avait appelé pour diriger sa musique, il se 'retrouvait, en passant au foyer de l'Opéra, dépaysé,
ahuri, au milieu du va et vient et du brouhaha tumultueux de tant d'intérêts
étrangers, il se demandait s'il était bien possible que le chef-d'œuvre qu'on
applaudissait là·ne fût, point *Olympie*, et par quelles incroyables machinations
de la perversité humaine,' par quelle intrigue souterraine il se pouvait faire
que *la Muette* eût été substituée à *la Vestale* ou *Guillaume·Tell* à *Fernand·Cortez?*
Le nombre est plus grand qu'on ne pense des musiciens aux yeux desquels il
ne saurait exister au monde qu'une musique, celle qu'ils composent, et les
meilleures intelligences n'échappent point à cette faiblesse. — Quelqu'un entrait un matin chez Grétry en chantonnant un air de d'Alayrac : « Que mar-
mottez-vous là? lui demanda Grétry d'un ·ton distrait. — Comment! vous ne
reconnaissez pas cette phrase? — Qu'est-ce donc que cela? — Pardieu! nous
l'avons entendu ensemble l'autre jour·à l'Opéra-Comique,·et dans votre loge
encore! — Ah! oui; je me souviens, cette fois que *nous sommes arrivés trop tôt
à Richard!* »

···Il a de tout temps existé ainsi de par le monde quantité de compositeurs qui
n'ont 'jamais eu d'oreilles que'pour leur musique.·Combien : n'en citerions-
nous pas aujourd'hui, et parmi les plus illustres, auxquels ce·qui se passe,en
dehors de l'inspiration domestique demeure indifférent et non avenu! Au fait,
lorsque vous avez dépensé dans la·contemplation de vous-même.tout ce que la
nature vous a donné·de sentimens admiratifs, quel enthousiasme peut·vous

rester à l'endroit des œuvres du prochain? ¡ Cachés au fond, d'une baignoire,
ils assistent à chacune des représentations du chef-d'œuvre; le chef-d'œuvre
en dût-il avoir trois cents, et les beautés toujours nouvelles qu'ils y découvrent
les émerveillent de soir en soir. plus, délicieusement; puis, quand on a bien
épuisé dans une ville la coupe du succès, on s'en va recommencer à s'enivrer
ailleurs des mêmes sensations, et poursuivre à Vienne et à Berlin, pendant
des années, cette étude approfondie et persévérante de son propre génie, ce
γνῶθι σεαυτόν socratique entamé à Paris et dont, il paraît, rien sous le ciel n'a
le pouvoir de vous distraire. Arrive, ensuite l'heure de la composition, et le
public certes aura droit de compter sur une œuvre au moins originale. Qui
pourrait-on en effet imiter après avoir vécu de la sorte dans l'exclusive fréquentation de sa pensée? Les anciens maîtres? On les a oubliés dès long-temps.
Les nouveaux? On les ignore. On tire de son propre fonds, on refait son dernier ouvrage, et ainsi de suite jusqu'à la fin des siècles. . , (. ιι· 3 .
. M. Spontini appartenait à cette famille de musiciens qui ne tiennent aucun
compte je ne dirai pas du progrès des temps (comment oser employer ce mot
après le ridicule et déplorable abus qu'on en a fait?) mais du mouvement de
l'art et de ses modifications. Ainsi que nous l'observions tout à l'heure, depuis
1807 son esprit n'avait plus bougé. Nous craindrions d'avancer qu'il eût une
opinion quelconque de Rossini : s'il en savait quelque chose, c'était par ouï dire,
par rencontre, un motif saisi au hasard, un fragment entendu sans y prendre
garde un jour peut-être qu'il lui était advenu d'arriver *trop tôt à la Vestale!*
On s'est demandé très souvent ce que devenait dans les bois la dépouille
des oiseaux morts; il est un phénomène qui, selon nous, ne mérite pas moins
de fixer l'attention des physiologistes du théâtre : où sont par exemple les compositeurs en renom, tandis qu'on exécute les partitions de leurs confrères?
Vous est-il fréquemment arrivé de rencontrer à l'orchestre de l'Opéra beaucoup de musiciens illustres venus là pour se rendre compte sincèrement et en
conscience d'un ouvrage qui ne les touche en rien, si ce n'est à l'endroit de la
question d'art, et se laisser émouvoir *musicalement* en dehors de toute préoccupation d'amour-propre, ou d'intérêt personnel? On vit absorbé en soi, on
s'isole dans le culte absolu de son imagination, et pour le reste on n'a qu'indifférence et dédain. Au milieu de tant de beaux talens que leur égoïsme dessèche, de tant de renommées s'enivrant d'elles-mêmes, qui me montrera le
véritable artiste, l'esprit assez libre, assez fort, assez dégagé d'illusions et de
sotte morgue pour estimer ses inventions à leur valeur, et ne point s'obstiner
à voir dans son moindre produit un de ces soleils de l'intelligence humaine
autour desquels gravitent les efforts de trois générations? Parler simplement de
ce qu'on écrit, ou, ce qui est mieux, n'en point parler du tout, goûter la musique des autres et, par momens, oublier la sienne, parmi les grands maîtres
contemporains en savez-vous beaucoup qui donnent un pareil exemple? Beaucoup n'est pas le mot; cependant, Dieu merci, le cas existe, mais il existe surtout chez des hommes qui, en abordant de front la carrière des arts, ont su se
ménager au dehors des intérêts et des distractions, chez des hommes qui, en
acceptant le côté magnifique de cette vie, de créations et de combats, ont su, à
force de goût naturel et de supériorité de caractère, en éloigner d'eux les dévorantes passions. Je ne sais qui a dit que, pour vivre long-temps, il fallait avoir

au moins une manie. Volontiers j'appliquerais cet axiome à certains musiciens illustres. Entomologistes, antiquaires, collectionneurs d'autographes, que sais-je, combien eussent vécu moins malheureux si, par une passion quelconque, il leur eût été donné d'échapper aux douloureux froissemens de cette fibre nerveuse incessamment surexcitée! Il se cache sous ces existences dont un rayon de succès dore la surface, il se cache au fond de ces existences des misères et des angoisses que le vulgaire ignore et auxquelles, les lui révélât-on, il refuserait de croire. Le supplice de Tantale n'était rien auprès de cette soif éternellement inassouvie d'applaudissemens et de renommée qui vous ronge l'âme, auprès de ce besoin dévorant d'occuper la publicité et de l'occuper seul et sans partagé, lequel besoin, ne pouvant toujours être satisfait, finit par se changer en une fièvre lente et corrosive, espèce de poison des Borgia qui laisse vivre sa victime des années comme pour mieux l'endolorir et la torturer.

A Berlin, où, pendant les dix dernières années du règne de Frédéric-Guillaume III, il exerça les fonctions de maître de chapelle, M. Spontini avait du moins la consolation de voir quelques-uns de ses ouvrages se maintenir au théâtre. Là encore, au-dessus du torrent qui, à Paris, avait emporté tout le bagage du passé, surnageaient par intervalles *la Vestale* et *Cortez.* C'est une justice qu'il faut rendre aux grandes scènes lyriques de l'Allemagne qu'elles savent admirablement concilier les exigences du répertoire moderne, du répertoire en vogue, avec le culte des chefs-d'œuvre d'un autre âge qu'il importe cependant de ne point laisser oublier des générations nouvelles. En France, nous ignorons ces combinaisons dont le goût des beaux-arts ne peut que profiter, et, quand l'Opéra a donné trois fois dans une semaine la partition où le ballet à la mode, il se contente de recommencer la semaine suivante, la même évolution jusqu'à ce qu'à la fin *l'Enfant Prodigue* de M. Auber vienne remplacer le *Prophète* de M. Meyerbeer, ou que *Giselle* succède à *la Sylphide.* On ne se figure pas ce que, avec des ressources infiniment plus restreintes, accomplissent les théâtres de Berlin et de Vienne. L'orchestre et les chanteurs qui avanthier représentaient l'*Armide* de Gluck abordent aujourd'hui le *Guillaume Tell* de Rossini et donneront après-demain *la Vestale,* tout cela sans préjudice des partitions nouvelles qui se produisent en alternant et à tour de rôle. Pourquoi n'agirions-nous point de la sorte? pourquoi laisser moisir dans la poussière des bibliothèques de grandes et généreuses compositions qu'il y aurait moyen, quoi qu'on en dise, de remettre à la scène avec avantage pour tout le monde? Et d'ailleurs, quand il en devrait coûter quelques milliers de francs à l'administration, n'est-ce point dans un semblable emploi qu'il faut chercher le sens de l'énorme subvention qu'on lui accorde? Livrons aux vivans la plus large place, mais ne bannissons pas les morts glorieux. Que penserait-on du Théâtre-Français reniant l'héritage du vieux Corneille et de Molière? L'Opéra, lui aussi, compte dans le passé plus d'un génie auguste, plus d'un classique du grand siècle, et pourtant qui s'en douterait à voir le répertoire qu'on nous déroule sous les yeux? Nous ne calculons point assez quelle confusion répand à la longue dans les esprits cet oubli des plus nobles modèles, cette indifférence à l'égard de la tradition en toute chose. Quinze ans sont désormais pour nous une période au-delà de laquelle s'ouvrent les temps fabuleux. Les ouvrages de Gluck se perdent dans la nuit des siècles, et *la Vestale* est déjà passée à l'état de mythe. Qu'arrive-t-il de cette ignorance où nous nous enfonçons de jour en jour davantage? Les plus charmantes jouissances de l'art nous échappent; faute de points de comparaison, notre critique ne sait où se prendre; jusque sur nos admirations les plus sincères, nous laissons s'étendre une ombre de scepticisme, et force nous est ou d'ignorer entièrement les monumens du passé, ou de nous en remettre à leur égard au dire d'un tas de glossateurs imbéciles qui se sont constitués les interprètes d'une lettre morte, dont l'esprit s'est désormais retiré.

Je comprends le sentiment de tristesse et d'amertume qui s'empara de l'ame de M. Spontini, lorsque, se retrouvant à Paris après de longues années, il s'aperçut à quel point il était devenu étranger à notre monde. De cette foudroyante musique, dont les rhythmes victorieux électrisaient jadis, les profondeurs sonores de la salle de l'Opéra, plus une note ne vibrait, et ces échos qu'il interrogeait lui répondaient par les airs de danse de la Muette, le trio de Robert le Diable ou les fanfares de la Juive. Sa partition de la Vestale, dont notre première scène lyrique ne gardait plus vestige, à force de la chercher dans Paris, il la retrouva, mais ce fut au Conservatoire : la postérité avait commencé pour lui! En général, chez nous, les honneurs du Conservatoire ne se donnent guère qu'aux grands hommes morts ou à peu près. Pour un compositeur, passer de l'Opéra à la salle Bergère, c'est quitter le royaume des vivans pour entrer chez Pluton. M. Spontini ne se méprit pas sur la portée d'une si magnifique ovation : il sentit qu'il devenait dieu! Peut-être eût-il préféré moins de gloire et diriger en simple mortel la reprise de sa partition sur le théâtre de ses anciens triomphes; mais l'esprit du siècle avait parlé et prononcé sa formule sacramentelle : Sacer esto, ce qui signifie que le novateur téméraire de 1807 était, quelque trente ans plus tard, passé à l'état de classique, et recevait son brevet d'immortalité de la main des mêmes gens qui jadis, en leur qualité de gardiens de l'arche sainte, avaient le plus furieusement protesté contre ses tendances romantiques. Ainsi va le monde!

La mort de M. Spontini laisse une place vacante à l'Institut. Comme on pense, les ambitions s'agitent, les brigues se nouent; c'est à qui fera valoir ses titres au fauteuil. Qui nommera-t-on? M. Berlioz qu. M. Zimmerman? M. Ambroise Thomas ou M. Panseron? M. Martin d'Angers ou M. Grisar? Celui-ci colporte une messe, cet autre une symphonie; il y en a même qui répandent des prospectus où sont énumérés, dans un ordre chronologique, et pour l'édification des profanes qui les pourraient ignorer, les motifs très sérieux de leur candidature : « A telle date, j'ai écrit mes célèbres variations concertantes; à telle autre, j'ai composé mon oratorio, et, s'il prenait fantaisie à quelqu'un de me reprocher de n'avoir rien donné au théâtre, je répondrais que je m'occupe depuis trois mois d'une grande partition en cinq actes sur laquelle l'Opéra peut compter pour l'hiver prochain. » Au premier abord, de pareilles bouffonneries semblent inventées à plaisir, et cependant comment révoquer en doute l'ingénuité d'une circulaire? Comment ne pas croire au sérieux de prétentions si complaisamment exprimées? A ce propos, je signalerai une très curieuse et très amusante excentricité des mœurs littéraires et (qu'on me passe cet affreux mot) artistiques de notre temps. Nombre de gens qui jusque-là n'avaient jamais donné à songer qu'une ambition si haute les dût tenter un jour, se réveillent un beau matin piqués, on ne sait trop pourquoi, de la tarentule académique.

L'heure, l'occasion, l'herbe tendre, et je pense
Quelque diable aussi me tentant!...

A se créer ce qu'on appelle des titres sérieux, on n'y avait point encore
pensé; mais enfin, « voilà un fauteuil vide qui me tend les bras, autant que ce
soit moi qu'un autre! » Il ne s'agit plus que de se pourvoir d'un bagage quelconque, et vite, avant de se mettre en campagne, on taille sa plume pour la
circonstance. Tel qui n'avait soupiré de sa vie que des romances, laborieusement élucubre une messe, *paulo majora canamus;* un autre, plus spécialement
adonné au style instrumental, aborde l'opéra, toujours en vue de la circonstance; et remarquez que nous ne parlons ici que des musiciens, et n'avons
point à nous occuper des vaudevillistes émérites rimant pour l'Académie *un
drame littéraire de longue haleine,* ou des improvisateurs de madrigaux transfor-
més en philosophes de l'histoire. Qu'importe le tour, pourvu qu'il réussisse?
Et, la plupart du temps, il réussit.

Nommer un successeur à M. Spontini, désigner parmi les notabilités musicales contemporaines le talent le plus digne de figurer dans l'illustre compagnie au lieu et place du grand maître qu'elle vient de perdre, n'est point
une tâche si facile, et nous comprenons qu'on se montre embarrassé. Néanmoins, s'il épineux que soit ce vote, il y aurait, ce semble, moyen de le sim-
plifier en écartant du débat une foule de prétendans dont le tort principal
est d'avoir des droits presque en tous points égaux. Quant à nous, si nous
avions l'honneur d'avoir à nous prononcer en pareil sujet, nous voudrions restreindre la question entre deux noms : M. Berlioz et M. Zimmerman, par
exemple. Nous avons toujours, Dieu merci, professé à l'égard de l'auteur de
la *Symphonie fantastique* et de *Benvenuto Cellini* une assez entière indépendance d'esprit pour avoir le droit cette fois de nous exprimer tout à notre
aise sur sa candidature. Quelle que soit l'opinion que vous portiez sur M. Berlioz, quel que soit le plus ou moins de sympathie que son système musical
vous inspire, il est impossible de ne pas reconnaître chez l'auteur de certains
fragmens des symphonies d'*Harold,* de *Roméo et Juliette,* et de *Faust,* une intelligence courageuse et forte, une organisation sincèrement éprise du beau,
plus esthétique sans doute que foncièrement inventive et originale, mais vouée
corps et ame à la défense des grands principes, un de ces talens, en un mot,
qui, dans les classifications sociales, doivent avoir leur place, car, lorsqu'on ne
la leur donne pas, ils la prennent. Si le docte aéropage devait ne choisir pour
se compléter que dans un public composé de plusieurs Beethoven et d'un
nombre indéterminé de Mozart, de Wéber et de Rossini, nous admettrions,
cela va sans dire, qu'on se posât en gens très difficiles; mais franchement, en
présence des noms qui se mettent en avant et lorsqu'il s'agit de nommer un
successeur à M. Spontini, serait-il bien permis de contester les titres du
musicien dont nous parlons? — N'importe, et quelques efforts qu'il y fasse,
M. Berlioz ne sera point élu; sa candidature échouera tout naturellement
par cette simple et triomphante raison qu'elle doit échouer. Il est de ces courans qu'on ne remonte pas. La section de peinture se chargeait tout récemment de le démontrer à M. Eugène Delacroix, à qui elle préférait M. Alaux. Où

nous nous trompons fort, ou la classe des musiciens aura grandement goûté
la leçon et se prépare à la renouveler en temps et lieu. L'idée de *progressivité*,
de talent novateur, de romantisme instrumental écartée avec M. Berlioz, reste
à se pourvoir simplement d'un collègue selon son goût. De générale qu'elle
était, l'affaire devient domestique et n'intéresse plus que l'illustre compagnie et
le Conservatoire. Or quel représentant plus digne et plus honorable du Conservatoire que M. Zimmerman? Et si la haute pratique de la science, si toute
une vie consacrée aux pénibles devoirs du professorat, peuvent constituer des
titres suffisans pour prétendre à l'héritage académique, où trouver un concurrent plus méritant que l'harmoniste habile, écrivain correct et plein de goût,
dont l'enseignement a jeté tant d'éclat sur notre école de piano?

Au moins les choix que nous discutons auraient-ils une raison d'être, tout
autre ne signifie absolument rien. D'ailleurs, comment se prononcer entre concurrens qui se valent tous plus ou moins? De M. Clapisson ou de M. Ambroise
Thomas, qui l'emportera? De M. Panseron ou de M. Martin (d'Angers), lequel
occupera plus solennellement le fauteuil de Spontini? Et pourquoi, laissant
là tout ce monde *ex æquo*, ne nommerait-on pas M. Grisar? À l'idée d'un pareil choix, ne sourions pas trop; il y a du Grétry, et du meilleur, dans la plume
qui a écrit *Gilles ravisseur*, et qui, ces jours-ci, improvisait cette parade carnavalesque intitulée *Monsieur Pantalon*. Pour la veine comique, le franc rire,
le vrai bouffe en un mot, je défie qu'on me cite à cette heure un musicien
en France capable d'en remontrer à M. Grisar. Quelle différence entre le mouvement naturel de ce style, sa rondeur de bon aloi, sa verte gaillardise, et les
mièvreries prétentieuses du *Caïd*! À mon sens, *Gilles ravisseur* vaut son pesant
d'or. Sans doute l'orchestre porte çà et là de regrettables marques de négligence, et l'on aimerait un système d'accompagnement d'une simplicité moins
primitive; mais, en revanche, comme la phrase est leste, facile, et d'un ton
familier! comme ce dialogue musical rappelle le bon temps! Dans *Monsieur
Pantalon*, il semble que vous sentiez moins ce vide de l'orchestre dont nous
parlions tout à l'heure, non pas que nous prétendions dire qu'il y ait là rien
de bien neuf et de bien compliqué : — la main qui a tissé cette trame instru-
mentale est à coup sûr une main fort discrète et qui sait se contenter de peu;
— remarquons aussi que le style bouffe dans lequel cette partition est écrite se
passe à merveille des combinaisons symphoniques si en honneur chez la plupart
dès maîtres contemporains. Beaucoup de clarté, un dessin élégant et facile, de
la distinction, de la justesse, de la netteté dans le débit, avec cela on se tire
d'affaire, témoin le chef-d'œuvre du génie humain en pareil genre, le *Mariage
secret* de Cimarosa.

Quand cessera la jeunesse pour cette musique? Depuis tantôt vingt ans que
Lablache nous revient chaque année, pas une saison des Italiens ne s'est écoulée
sans que nous ayons vu reparaître don Geronimo entouré de cette excellente
famille que tout le monde lui connaît: Paolo, Caroline, la vieille tante Fidalma,
le comte Robinson, intérieur charmant qui ferait envie à Molière! Pour décor,
quatre chaises et un paravent, le plus simple quatuor pour orchestre, Cimarosa n'en demande pas davantage. Jamais peut-être avec si peu d'appareil la
musique ne produisit de plus ravissantes sensations, c'est l'or pur de la mélodie
dégagé de toute espèce d'alliage. J'ai nommé Molière; lui seul, en effet, peut don-

ner une idée de ce style généreux et clair, de cette langue du cœur qui sait trouver le sublime sans sortir de la sphère de la vie bourgeoise. Geronimo me rappelle
Chrysale, et les rapprochemens ne manqueraient pas à qui voudrait appuyer
davantage sur l'air de famille qui existe entre le grand musicien et le grand comique. On ne peut se défendre, lorsqu'on entend aujourd'hui *le Mariage secret*,
de songer à tant de représentations brillantes, et dont ce qui se passe désormais
sous nos yeux n'est, hélas! pas même l'ombre froide. On a beau dire, entre le
public du Théâtre-Italien et les chanteurs le courant magnétique est rompu.
Les boutades humoristiques de Lablache, le merveilleux gazouillis de Mme Sontag, provoquent bien encore par instans le sourire ou l'applaudissement; mais,
de cette chaleureuse émotion, de cette sympathie ardente, de cet enthousiasme,
il n'en est plus trace. Au fait, avouons-le, les temps ont marché; et si la partition
de Cimarosa n'a rien perdu de sa fraîcheur et de sa grace inaltérable, ceux qui
l'interprétaient ne devaient point échapper de même à la loi commune. Le bonhomme Geronimo est devenu presque asthmatique, et sa corpulence l'étouffe;
sur la voix toujours jeune et agile de la blonde Caroline, quatre lustres ont
passé; la tante Fidalma, cette excellente dame, si verte encore et si pimpante
sous son vertugadin de duègne, la tante Fidalma est morte, hélas! avec la Malibran, et, quant à Paolo, après David, après Rubini, même après Mario,
comment se contenter de M. Calzolari? Et cependant cette musique porte en
elle des séductions à ce point adorables, qu'on se reproche presque d'insister
sur une imperfection de détail, tant on se sent heureux de la posséder telle
quelle. La troupe des Italiens, tout ébréchée et incomplète que le temps et les
révolutions l'aient faite, la troupe des Italiens conserve la tradition du chef-
d'œuvre. La pensée de Cimarosa est là chez elle, chanteurs et partition se
conviennent; et pour bien comprendre toute l'importance d'un pareil avantage, il faut aller entendre *le Mariage secret* au lendemain d'une représentation
de *la Tempesta* de M. Halévy.

Nous l'avons entendue enfin, cette *Tempête* que depuis plus d'un an tant
d'annonces, de réclames et d'articles de journaux avaient précédée chez nous
en manière d'éclairs et de coups de vent, et, tout en écoutant le chef-d'œuvre,
cette idée nous venait l'autre soir, que, puisqu'on était en train de prendre
ses titres à Shakspeare? il pouvait bien s'en trouver un dans le répertoire du
vieux Will qui peut-être ne conviendrait pas médiocrement à la circonstance:
Much ado about nothing! Pour rien n'est pas le mot cependant, car il y a là
plusieurs morceaux d'une inspiration distinguée et dramatique. Je citerai entre
autres dans le prologue? d'ailleurs fort mouvementé, mais d'un vacarme et
d'un fracas qui ne sied guère aux habitudes de l'endroit, je citerai la prière
des naufragés sur le navire, et, au second acte, l'espèce de bacchanale où Lablache, grotesquement travesti en Caliban d'opéra-comique, fait la débauche
avec des matelots et boit à longs traits, au fond de la coupe que lui tend la
blanche main de Miranda, une ivresse inconnue des esprits élémentaires lesquels, Gnômes ou Sylphes, Elfes ou Kobolds, ne s'étaient jusque-là jamais encore désaltérés que dans la rosée du ciel ou le cristal des sources vives. Le
vin, le jeu, les femmes, M. Scribe, on le sait, ne sort pas de là, même lorsqu'il s'adresse aux plus idéales comme aux plus fantastiques créations du romantisme du Nord. Il faut croire que cette inimitable poétique, principe éter-

nel de tant d'ingénieuses combinaisons, n'est point si fort à bout de ses ressources qu'on pourrait se l'imaginer, car voici des horizons, nouveaux qui s'ouvrent pour elle, et ce second génie, après en avoir usé pendant trente ans à l'entière satisfaction du public, de nos théâtres, se met aujourd'hui, à la traduire en italien, ou en anglais, comme il vous plaira; *as you like it*. Voyez-vous d'ici Caliban sacrifiant à Bacchus et aux Grâces, et chantant le vin de sa voix de cyclope en goguette, ni plus ni moins qu'un *jeune seigneur* de la cour de Charles IX?

> Célébrons, célébrons tour à tour
> Le bal, le champagne et l'amour.

Vous représentez-vous Caliban noyant dans des flots de malvoisie ses féroces instincts de bête brute, et se laissant piper pendant l'ivresse le précieux *talisman* qu'il tient de la tendre sollicitude de sa bonne vieille mère Sycorax, emprisonnée dans un rocher par un sortilége du magicien Prospero? On prétend que le pape Benoît IX avait trouvé le moyen d'enclore les esprits dans des fioles de cristal, et qu'il en gardait sept conjurés dans son sucrier. Ce secret miraculeux, maître Prospero, lui aussi, le possède, et n'a pas manqué de s'en servir pour embastiller au creux d'une roche la digne mère de Caliban. Du fond de son trou de muraille où elle exisle privée d'air, à la façon de ces crapauds qui, au dire de certains naturalistes, vivent mille ans dans les interstices du granit, du fond de son trou de muraille, la hideuse sibylle, causant de chose et d'autre avec son fils, lui révèle la vertu de trois fleurs enchantées par lesquelles il accomplira trois souhaits. Trois fleurs enchantées, c'est aussi la recette mise en usage par la fameuse sorcière de *Gustave*; mais, celle fois au moins, M. Scribe ne se trouvait aux prises qu'avec ses propres imaginations, et ne taillait pas en plein dans un chef-d'œuvre. *Un bouquet magique! trois fleurs et trois vœux!* compléter et parfaire Shakspeare avec les souvenirs littéraires du *Prince Charmant* ou de la *fée Urgèle!* ô Marmontel, vous n'auriez pas inventé mieux! — Revenons à la musique. J'ai parlé de la prière du prologue et de la bacchanale du second acte, je citerai encore au premier acte le trio chanté par Caliban, Prospero et Miranda : tout cela est bien en scène, traité d'une main ferme et sûre, et rappelle les bonnes inspirations de *la Juive* et de *la Reine de Chypre;* mais franchement, en un pareil sujet, étaient-ce bien les souvenirs de *la Juive* et de *la Reine de Chypre* qu'un musicien devait évoquer chez son public? Le beau compliment que vous eussiez adressé à Weber en lui disant : Votre *Obéron* me fait songer au *Sacrifice interrompu* de Winter! Singulière entreprise qu'a tentée là M. Halévy de s'aventurer au milieu des plus vaporeuses fantaisies du monde des esprits et des rêves, lui un talent si profondément attaché à la terre, lui dont l'inspiration, même alors qu'elle atteint à ses limites les plus hautes, ne s'élève jamais au-dessus de la passion humaine, lui enfin qu'un Allemand appellerait le rationalisme musical en personne!

Mettre en musique *la Tempête* de Shakspeare, traduire dans la langue des sons la plus idéale et la plus merveilleuse des poésies; toucher à ces immortelles créations du génie qui se nomment Ariel et Miranda, Prospero et Caliban, Mendelssohn lui-même estimait la tâche au-dessus de ses forces. Les scrupules qui possédaient, en pareil cas, l'auteur de *Mélusine*, il était naturel que

M. Halévy ne les eût pas attendu que l'un et l'autre n'ont, à coup sûr, ja‑
mais envisagé du même point de vue le texte de Shakspeare. Et comme, pour
le peintre et le musicien, la difficulté de rendre l'œuvre d'un poète se mesure
assez généralement sur l'intelligence et le sentiment qu'ils en peuvent avoir, il
semble que plus on pénètre à fond dans son esprit, plus on recule devant la
responsabilité de la chose. Que voyait Mendelsohn dans la *Tempête*? La plus
adorable des illusions où l'esprit se puisse laisser ravir par la baguette d'un
enchanteur, un monde surnaturel et charmant, le pays de Titania et d'Oberon,
d'Ariel et de Puck, le pays des songes, et, des gracieuses fantaisies d'où jusqu'à
la fin vous ne sauriez sortir une fois que vous y êtes entré, tant les séduisantes
apparitions qui vous y environnent, les voix qui s'y exhalent, la douteuse clarté
qui s'y répand, se combinent avec harmonie pour vous plonger dans ce demi-
sommeil si propice aux sensations du rêve! Cette impression dont je parle, on
la retrouve aussi dans le *Songe d'une Nuit d'été*, mais se produisant peut-être
d'une façon moins complète que dans la *Tempête*. Rien ici, en effet, qui vous
ramène au monde réel, les caractères et les événemens participent de la même
étrangeté, et cette action si simple (trop simple sans doute, puisqu'il a semblé
indispensable à M. Scribe d'intervenir et de la *corser* un peu en y mettant du
sien), cette action a pour prologue et pour incidens tant de choses merveil‑
leuses, que vous cessez bientôt de vous préoccuper de la *charpente* dramatique,
et vous intéressez moins au but du poète proprement dit qu'aux moyens
qu'il évoque pour l'atteindre. On a prétendu que Shakspeare avait emprunté
le sujet de la *Tempête* à une nouvelle italienne de laquelle on n'a cependant
jamais pu trouver la moindre trace. Si cette assertion est vraie, l'aventure d'un
prince errant et malheureux, chassé de ses états par la perfidie de son frère,
devait faire le fonds de la chronique. Par quel singulier enchaînement Shakspeare a pu transformer une situation au moins très médiocrement originale
en la plus fraîche et la plus romantique des créations, c'est à coup sûr le secret du génie.

M. Halévy a-t-il seulement pris la peine de réfléchir aux conditions musi‑
cales d'une semblable donnée? s'est-il seulement demandé si son talent se pré‑
terait jamais à rendre le surnaturel et le merveilleux de la fantaisie du poète?
Nous ne le pensons pas. L'auteur du *Guitarrero* et des *Mousquetaires de la reine*
a vu là un sujet comme un autre, une pièce à spectacle fort susceptible de
réussir la musique aidant, et, les *situations* une fois combinées avec son *poète*,
il s'est mis à écrire des chœurs, des duos et des récitatifs, toute une partition
enfin dont chacun appréciera l'excellent style, mais qui pour le romantisme
de l'idée ne va guère au-delà de l'inspiration de M. Scribe. C'est l'élucubra-
tion du plus spirituel de nos auteurs dramatiques beaucoup plus que la *Tempête* de Shakspeare que M. Halévy a prétendu réchauffer des sons de sa musique. Du commencement à la fin, vous sentez que le compositeur adopte en
plein la version du *librètto* et n'a pas le moindre souci de rechercher s'il n'y
aurait point, par hasard, dans le texte primitif autre chose que ce que M. Scribe
a pu y voir. De là un *opéra-féerie* qui vous reporte aux meilleurs jours de *Zémire
et Azor* et qui devrait s'intituler Miranda et Caliban ou la Belle et la Bête! En
somme, l'effet a été médiocre, et mieux aurait valu pour les auteurs s'en tenir
à leurs ovations d'outre-Manche. Qu'à Londres, M. Lumley s'empresse d'ouvrir

à deux battans les portes du *Queen's Theater* à des compositions de ce genre, nous le concevons facilement, s'il est vrai qu'elles y réussissent; seulement il fera bien de se dispenser à l'avenir d'en vouloir gratifier le public des Italiens. Un opéra écrit sur un sujet de Shakspeare par deux Français, puis traduit en italien et offert au divertissement d'une assemblée d'Anglais, devait paraître à Londres une nouveauté des plus intéressantes, mais, en revanche, il ne pouvait que perdre beaucoup à nous revenir. Pour nous, au contraire, qui possédons, à titre de gloires nationales, les deux auteurs de *la Tempête* et goûtons chaque jour leurs compositions ordinaires dans toute leur originalité immédiate, il n'y avait là qu'une sorte de travestissement assez peu sérieux. Imaginez des vers d'opéra-comique mis en musique d'opéra-comique et chantés sans grande conviction par les interprètes de Cimarosa, de Rossini et de Bellini, et vous aurez une idée presque exacte du ragoût. On conçoit que des excentricités dramatiques de cette espèce se produisent avec quelques chances de succès à Londres, sur le théâtre de la Reine, théâtre, comme on sait, sans répertoire déter-.. miné, sorte de caravansérail où tout passe et rien ne s'arrête, où *Robert le Diable* coudoie *Semiramide*, où campent à la fois Mme Sontag et la Cerrito, Lablache et M. Saint-Léon, la cavatine et le pas de deux; mais ici, au Théâtre-Italien, les mêmes conditions ne se présentent pas. A tort ou à raison, chez nous, les classifications existent. Si nous avons une scène exclusivement consacrée aux compositions de l'école italienne, ce n'est point apparemment pour qu'elle s'alimente des produits des compositeurs français, lesquels ont, ce semble, dans l'Opéra et l'Opéra-Comique un champ assez vaste d'exploitation. D'ailleurs, cette musique dont on aime à reconnaître, en temps et lieu, l'estimable et méthodique inspiration vous ravit moins lorsqu'elle vient ainsi en intruse prendre des soirées qui, n'en déplaise au respect qu'on lui porte, eussent été mieux occupées par les ouvrages du répertoire courant. Nous disons ceci pour M. Lumley, trop enclin, d'après ce qu'on peut voir, à se faire illusion sur les habitudes et les sympathies du public parisien qu'il persiste à vouloir traiter en *cockney* britannique. Quel est, en effet, depuis son avénement à Ventadour, le principal ressort de son administration? Un moyen tout anglais, une recette fort pratiquée sur les théâtres de Londres : l'*exhibition*. Des chanteurs qui vont et viennent, des engagemens fortuits improvisés pour les nécessités du lendemain, des représentations extraordinaires des pièces à spectacle, voilà en somme de quoi s'est composé le programme de la saison que nous venons de parcourir. Pense-t-on aller loin avec un pareil système? Nous le répétons, et M. Lumley fera bien d'y prendre garde, la réussite et la fortune du Théâtre-Italien à Paris sont uniquement dans l'excellence et l'homogénéité de la troupe, dans la réunion de cinq ou six chanteurs de premier ordre et formant groupe, exécutant, avec les richesses du répertoire ancien, les compositions nouvelles des maîtres en renom aujourd'hui. Sans doute, par le temps qui court, il en devra coûter quelque peine et quelques sacrifices pour recruter une compagnie de talens capables d'émouvoir notre dilettantisme un peu allangui, et le programme pourrait bien être d'une pratique moins aisée qu'il ne semble. Il n'en est pas moins vrai que pas une des administrations sous lesquelles le Théâtre-Italien a si glorieusement prospéré pendant ces quinze dernières années n'a suivi d'autre règle de conduite. Vous aurez beau, par toute sorte de combinaisons excentriques, en appeler à la curiosité des gens, vous n'obtiendrez jamais que des effets précaires, et qui ne supporteront même pas la comparaison avec ce que les scènes rivales peuvent réaliser dans ce genre. Le Théâtre-Italien de Paris a d'assez beaux fastes derrière lui pour qu'il s'attache à les continuer; que si, au contraire, comme il a l'air de le vouloir faire, il se met à courir les aventures, il en subira la peine, et plus tôt peut-être qu'il ne pense, car, pour lui comme pour tant d'autres choses de ce monde, en dehors d'une certaine tradition, il n'y a qu'abaissement et ruine.

Nous ignorons si M. Niedermeyer songeait à l'Institut en écrivant la messe exécutée il y a deux ans à Saint-Eustache au bénéfice de l'association des artistes, et qu'on a pu entendre ces jours derniers à Saint-Thomas-d'Aquin; dans tous les cas, c'est là une œuvre éminente et qu'il faut distinguer dès l'abord. de tant de compositions prétendues religieuses qui semblent se multiplier depuis quelque temps avec une incroyable rapidité. On n'en veut qu'à la musique sacrée, et c'est à qui fera revivre Allegri et Palestrina, une sorte de Palestrina et d'Allegri de fantaisie, fredonnant les motifs de l'opéra d'hier, et chantant *Kyrie* sur l'air du *Postillon de Lonjumeau*, tout cela pour la plus grande gloire de ce qu'on appelle la *mélodie*. Ce que le *Stabat* de Rossini nous a valu d'ingénieux caprices de ce genre ne saurait au juste se calculer. Heureusement cette fièvre déplorable qui change en vrais fléaux de Dieu certaines tentatives du génie, heureusement cette fièvre d'imitation n'atteint pas tout le monde, et, s'il en fallait un exemple, nous citerions au besoin M. Niedermeyer. Esprit trop informé, trop sérieux pour donner dans les travers de la manière dite *dramatique*, l'auteur de la messe dont nous parlons a su concilier habilement l'inspiration mélodieuse avec le style que commande un tel sujet, style grave et magistral, empreint même par momens des formules d'une certaine scolastique, et qui, lourd et pédantesque entre les mains des sots, peut produire, sous l'effort d'une puissante intelligence, les immortelles compositions d'un Cherubini. Le morceau capital de la messe qui nous occupe est sans contredit le *Gloria*. L'andante sur l'*Agnus Dei* respire une onction suave, et le motif en *imitations* qui éclate à la fin, motif développé selon toutes les règles de la science, mais point trop compliqué pour une fugue, amène une péroraison splendide, et cette fois vraiment digne de l'exorde. Je ne saurais non plus trop louer le *Benedictus*: la phrase principale que reprennent successivement et en différens tons les soprani, les contralti, les ténors et les basses, est d'un superbe mouvement et traitée en maître. Telle qu'elle s'est produite à Saint-Thomas-d'Aquin et d'ailleurs fort bien exécutée par l'orchestre et les chanteurs, cette messe a fait sensation, et la renommée de l'auteur de *Stradella* ne peut que s'en accroître. Quant à nous, qui n'avons point pour habitude de régler notre estime à l'égard d'un homme de talent sur le genre et la dimension de ses ouvrages, ni cette messe, ni *Stradella*, ne nous ont rien appris sur les facultés musicales de M. Niedermeyer. Il y a de ces inspirations qui valent les plus longs poèmes et les plus beaux. Le *Lac* est de ce nombre. Je ne sais si Schubert a fait mieux; mais ce que je puis dire, c'est que pour la première fois en France l'admirable cantate de M. Niedermeyer a réalisé l'hyménée jusque-là chimérique de la musique et des beaux vers.

CHRONIQUE DE LA QUINZAINE.

---

14 mars 1851.

Par une suite de coïncidences quelquefois assez piquantes, la parole a été presque exclusivement, dans tous ces derniers jours, soit aux légitimistes, soit aux socialistes. Les uns et les autres ont usé de leur droit d'initiative pour appeler la discussion publique sur des idées de leur choix; les uns et les autres ont trouvé moyen d'apporter à la tribune des déclarations de principes; les uns et les autres ont ainsi prêté sans le vouloir, grace aux hasards parlementaires, à un parallèle que nous croyons instructif.

Il n'est pas besoin de dire tout ce qu'il y a de différences à réserver dans un tel rapprochement. Nous ne supposons point, il est vrai, qu'il en existe de très profondes entre les farandoles rouges et les farandoles blanches du midi : célébrer le carnaval en pendant un mannequin rouge, ce n'est pas beaucoup plus chrétien que de pendre un mannequin blanc. Aussi nous parait-il que des deux côtés il y a des bas-fonds qui se ressemblent, et, de ce point de vue-là, nous savons aux deux partis un égal mauvais gré : c'est de fournir avec la même libéralité aux populations violentes des couleurs, des devises et des prétextes. Nous nous empressons toutefois de reconnaître que si les mœurs de ces partis ont çà et là des analogies trop sensibles dans les couches inférieures de la société, elles se distinguent par des nuances très marquées sur les hauteurs du monde politique. Il est sans doute encore, même en ces régions, des hommes passionnés qui ne pourraient être que les plus parfaits chevaliers de la montagne, s'ils n'étaient pas les chevaliers accomplis du droit divin; mais, en règle générale, il n'y a point à confondre les deux camps, et chacun a ses allures : ici le sang-froid, la tenue, la tactique d'une opinion habituée depuis long-temps à combattre dans les voies légales; là, l'emportement, l'audace crûment accentuée d'une opinion qui compte la légalité pour peu de chose, parce qu'elle a toujours son *ultima ratio* dans l'arrière-pensée d'un comité de salut public.

Après avoir signalé une divergence si essentielle et dont nous rendons volontiers hommage à ceux qu'elle honore, nous réclamons la liberté d'indiquer une identité qui nous blesse entre des partis au premier aspect si éloignés l'un de l'autre. Voici laquelle : — ces partis élèvent, chacun de son bord, une même prétention, ils se donnent tous deux pour des partis providentiels. Tous deux, ils se persuadent et cherchent à nous persuader, les socialistes qu'ils ont reçu la mission de nous conquérir, les légitimistes qu'ils ont reçu celle de nous sauver. Ce n'est ni le lieu ni l'instant de discuter le grave problème du gouvernement de la Providence sur les nations; en tout cas, nous demandons seulement la permission de ne pas croire qu'elle livre si facilement son secret, et nous commençons par nous mettre en garde contre ceux qui s'en déclarent ainsi de leur chef les agens prédestinés. Nous commençons par douter beaucoup qu'ils aient dans leurs mains l'éternel remède et l'éternelle vérité, parce que nous découvrons tout de suite dans leur langage le mensonge et la maladie du siècle. On a dit avec une souveraine raison que toute chose qui doit devenir grande au milieu du monde débute petitement. Il n'est plus nulle part aujourd'hui de ces modestes origines qui n'avaient pas conscience de leur avenir; on est maintenant tout plein à l'avance des merveilles qu'on enfantera; on n'ignore pas qu'on porte en soi la recette suprême après laquelle attend le genre humain; on vit de prime abord sur un si sublime espoir. Les partis providentiels sont atteints de cette stérile manie du grandiose; ils ont toujours par devers eux la clé de la vaste fortune qu'ils se croient appelés à faire. La république de Rome et celle des États-Unis s'étaient en quelque sorte fondées sans y penser : la république socialiste est, dès à présent, aussi édifiée que possible sur ses gloires futures. Quand Henri IV combattait comme un cadet de Gascogne, il n'avait que son héritage en tête; il ne se berçait point des solennelles visées de la haute politique et de la haute morale sur lesquelles on échafaude aujourd'hui les prétentions de la monarchie pure. Socialistes et légitimistes se bâtissent ainsi des portiques au préalable, parce que le triomphe qu'ils se promettent ne peut, dans leur idée, se dérouler à moindres frais, et cependant ils ne songent pas qu'il serait plus sage de voir auparavant si derrière les arches triomphales il y aura bien à la fin quelque maison pour loger les triomphateurs. C'est là qu'est le néant de leurs rêves; ils élèvent les portiques, ils n'ont pas la maison.

Le propre de ces rêves d'infatuation et d'orgueil est pour comble de s'imaginer que l'on dispose à son gré des volontés publiques, que l'on tire toujours la foule avec soi, que l'on est maître de stipuler pour elle. En face des larges horizons que l'on s'ouvre à plaisir dès le premier pas, en face du but magnifique vers lequel on s'achemine d'un si ferme propos, on ne soupçonne même point que les peuples puissent ne pas être aussitôt entraînés à la suite. On est si ravi de ses principes, que l'on n'a point à les soumettre au libre consentement de personne, puisqu'ils soumettent tout. Ce n'est pas le légitimisme, ce n'est pas le socialisme qui est fait pour la France; c'est la France qui est faite pour eux. Aux partis providentiels plus qu'à tous autres s'applique cette histoire spirituellement placée dès la première page d'une vive brochure de M. Édouard Laboulaye sur la *Révision de la Constitution :* « Je me souviens d'avoir lu le conté d'une fille qu'on allait marier. La mère l'avait promise, le père l'avait donnée, la famille fêtait une union désirée. Tout était réglé, arrêté, conclu.

Quand vint le tour du prêtre de demander, selon l'usage, à la fiancée si elle acceptait le mari qu'on lui proposait : —Homme de bien, dit-elle, vous êtes la première personne qui m'adressiez la question! Et elle refusa. »

Le parti légitimiste est sûr qu'il faut à la France l'immuable royauté du droit divin; le parti socialiste est sûr que la France a besoin de punir à per_pétuité les descendans des races royales; l'un et l'autre répondent pour elle, et ne lui permettent pas de se consulter : la France n'a qu'à servir avec eux l'une ou l'autre des deux causes qu'ils servent. Tel est l'esprit d'absolue domination dans lequel ces deux partis se sont encore trouvés réunis pour voter en com_mun l'exil des princes. La dernière vicissitude de la proposition de M. Creton explique clairement comment ils sont forcés de se rencontrer dans leurs actes même en professant réciproquement pour leurs principes la plus formelle an_tipathie.

M. le comte de Chambord ne peut rentrer en France sans être le premier des Français, le roi; ainsi le veut le dogme de la légitimité : donc la France n'aura point à sa disposition d'autres princes qui seraient libres de ne pas lui faire les mêmes conditions; parce que ceux-là savent bien que ce n'est point le pays qui leur appartient, que ce sont eux qui appartiennent au pays : voilà le rai_sonnement des légitimistes. La république étant la loi préexistante de toute société, c'est un crime inexpiable d'être né sur le trône; donc on n'en peut descendre, même si on le voulait, donc on ne peut abdiquer cette funeste grandeur qui reste attachée comme à une proie, ou bien il faut renier misé_rablement et fouler aux pieds tout son passé : voilà le raisonnement des mon_tagnards. M. Berryer, en l'entendant sortir de la bouche de M. Marc Dufraisse, s'est exaspéré par un de ces beaux mouvemens d'éloquence qui n'empêchent pas l'habileté. Sa soudaine indignation a même eu ce mérite de venir aussi à propos que si elle avait été calculée d'un point de vue stratégique; mais, à tout bien considérer, est-ce que M. Dufraisse n'argumentait pas dans une voie très pareille à la sienne? Est-ce qu'ils ne se plaçaient pas l'un aussi bien que l'autre aux extrémités les plus ardues de cette métaphysique politique avec laquelle leurs partis respectifs essaient de s'imposer au bon sens de la France? M. Ber_ryer décerne à sa royauté la prérogative ineffaçable d'un droit divin. M. Du_fraisse donne à sa république la perpétuité d'un droit antérieur et supérieur à tous les autres. Il faut s'incliner devant le roi de M. Berryer, parce qu'il est celui qui est; il faut subir la république de M. Dufraisse, parce qu'elle ne pou_vait pas ne pas être. Avions-nous tort de dire que c'étaient là des partis pro_videntiels, puisqu'ils sont ainsi par privilége les organes infaillibles de lois qui régissent tout souverainement.

Le pays néanmoins, il ne faut point se le dissimuler, n'a pas de goût pour cette souveraineté des principes abstraits; il n'aime guère qu'on dispose de lui selon la dure logique de ces superbes théories. Il est un certain sens positif qui ne s'en va jamais tout entier de chez un peuple. Ce sens-là s'interroge. On lui prêche le droit absolu de la monarchie, le droit absolu de la république : où donc, se demande-t-il, où est dans tout cela le droit de la France? Quoi! des formes de gouvernement, ou, si l'on veut, des formes de société subsis_teront par je ne sais quelle immortelle vertu, et la société, sans laquelle ces formes ne porteraient sur rien et resteraient vides, la société n'aura point l'au-

torité nécessaire pour les accommoder à son heure et à sa guise! Si elle a besoin de tempérer la république par la monarchie ou la monarchie par la république, elle devra reculer et souffrir, pour ne point être inconséquente! Non,
le vrai n'est pas là; ces dogmes inflexibles n'ont point d'empire sur la réalité,
on ne gagnerait rien à s'y assujétir, et ce ne sont point ceux qui les représentent qui doivent jamais nous préserver; leur force sonne creux. La force pleine
et agissante, c'est le sentiment éclairé des nécessités de chaque jour, c'est l'aptitude à s'en arranger. Les révélateurs du socialisme, les Dieudonnés de la légitimité, sont enchaînés à leurs dogmes; les nations veulent être conduites avec
moins de raideur par des chefs qui se prêtent au lieu de s'imposer. La situation naturelle des princes de la maison d'Orléans comporte bien cette attitude,
qui a sa noblesse et sa grandeur : le roi Louis-Philippe l'appelait avec quelque
bizarrerie, mais avec beaucoup de justesse, la politique d'*idonéité*. . .

On a beaucoup reparlé de la fusion des deux branches royales depuis quelques jours; on avait presque imaginé, dans les endroits où on le désirait, que
la lettre de M. le comte de Chambord coupait court à toutes les objections. La
fusion ne dépend pas de la bonne volonté des individus, c'est pour cela qu'elle
ne se fera point. L'antagonisme dérive de dissidences plus profondes que ne le
seraient des rivalités ordinaires de famille; elle tient à la position essentiellement distincte que les événemens et les doctrines ont faite aux deux branches.
La branche cadette n'a d'autre loi que le vœu de la France, quel qu'il soit;
pour que le vœu de la France agrée à la branche aînée, il faut qu'il se conforme à la loi même en vertu de laquelle celle-ci s'est isolée, à la loi supérieure
dont M. le comte de Chambord est la victime et l'organe. La branche cadette ne
peut pas refuser d'obéir au pays, si même le pays entend la subordonner au
chef héréditaire de la maison; celui-ci, en vertu de son droit, qui est partie intégrante de sa personne, ne peut obéir au pays qu'à la condition qu'on le prie
de monter sur le pavois. Les princes d'Orléans sont donc à même de répondre
que c'est au pays de faire la fusion, puisqu'ils la voudront toujours pour leur
compte quand il la voudra et de quelque manière qu'il la veuille; tandis que
leur aîné ne peut y consentir que si elle s'accorde avec l'immuable rigueur de
sa doctrine.

Tel est le malheur des partis providentiels : ils se rendent eux-mêmes impropres à vivre tout de bon, parce qu'ils se retirent de la société s'ils ne l'emportent point avec eux. Cet écartement qui s'opère, pour ainsi dire, entre eux
et le public ne se manifeste que trop par la fausseté même du langage convenu dont ils se servent; ils ne parlent plus la langue de tout le monde, celle
de leur époque. Ils se font un type de fantaisie sur lequel ils se moulent :
ceux-ci reprennent le vocabulaire et la phraséologie de 1793; ceux-là s'incul-
quent une tendresse royaliste qui reproduirait presque les naïves effusions de
dévouement et d'amour des vieux serviteurs de la vieille monarchie. . .

Lisez le discours de M. Dufraisse : c'est la rhétorique froide et compassée de
Robespierre jetée par une réminiscence inévitable sur des idées du club des
jacobins. Que de mots qui ne sont plus de notre âge, et qui reviennent cependant à l'orateur, parce que sa pensée demeure dans le temps où ils étaient de
mise! Il n'est pas jusqu'à M. Antony Thouret qui, en plaidant la cause fort honnête des pompiers municipaux, ne déclame à côté du ton juste, et ne donne

ainsi le même ressouvenir. Il y a pourtant une grande différence entre ces affectations d'école qui trahissent la stérilité du parti-montagnard, et ces plagiats d'ancienne cour à l'aide desquels les purs monarchistes essaient de se figurer qu'ils revivent. Rien n'est plus innocent que les exagérations parlées du culte légitimiste; si le radicalisme, au contraire, tombe à faux dans son éloquence, et prouve ainsi son inanité morale, il lui reste encore pour soutenir sa voix des passions très violentes. Quand ce sont ces passions elles-mêmes qui se font jour dans ses discours au lieu de ses doctrines, on reconnaît vite à l'âpreté de l'accent qu'il a là une force malheureusement plus réelle et plus dangereuse, une force vive et brutale, dont la théorie socialiste peut bien justifier les entraînemens, mais dont les entraînemens subsistent en dehors de toute théorie.

Contre cette brutalité de la force matérielle et des appétits grossiers, le principe légitimiste n'est point un suffisant abri, et il a le tort de prétendre à l'être. Il est, comme le principe socialiste, une doctrine extrême et par conséquent rejetée hors de toute application dans ce temps-ci; son honneur est de ne se point prêter au service des mauvais instincts; — son illusion, son péril est de croire qu'il les comprimerait et les dompterait à lui seul. Nous ne devinons pas du tout dans quelle vue M. Berryer propose aujourd'hui la restitution des 45 centimes aux contribuables, ou plutôt invite les contribuables à se la payer de leur poche en acceptant un équivalent d'impôt. Pour peu cependant que l'illustre chef du parti légitimiste ait ainsi pensé mieux assurer son drapeau, il a dû s'apercevoir immédiatement qu'il n'avait fait que s'exposer à des orages contre lesquels il se maintiendrait mal s'il était seul à se défendre. M. Charles Lagrange, M. Ducoux, M. Colfavru lui ont disputé l'honneur de cette initiative, et réclament pour compléter sa mesure, le remboursement du milliard des émigrés. Au cas où il n'y aurait sous cette nouvelle démarche des légitimistes qu'une velléité de devenir populaires, il faut avouer que c'est jouer de malheur d'entrer aussitôt en concours avec la montagne.

Pendant que toutes ces impressions, que nous passons ici en revue, circulaient dans les esprits, on a un peu du moins oublié la difficulté permanente des rapports officieux et officiels entre les deux pouvoirs, car nous ne voulons pas supposer que l'incident relatif aux élections de la garde nationale ait la gravité qu'il semblait avoir d'abord. Il serait trop fâcheux que le ministère se refusât à présenter lui-même une mesure transitoire dans cette nouvelle matière électorale, pour éviter l'apparence d'une sanction de plus, même implicitement donnée, à la loi du 31 mai. Le fond sérieux de toutes les préoccupations politiques, c'est maintenant l'état des finances; on est alarmé de l'accroissement continuel de la dette flottante, qui s'est élevée de 71 millions en un an. On appréhende fort de se trouver d'autant plus au dépourvu pour la crise de 1852, que le trésor serait ou vide ou embarrassé. La commission nommée dans les bureaux pour l'examen du budget doit chercher les moyens de rétablir un équilibre chaque jour plus indispensable.

La crise ministérielle qui pesait sur l'Angleterre n'est pas encore, à bien dire, terminée, puisque la question religieuse qui l'avait provoquée attend toujours du parlement une solution définitive; mais il y a cependant un dénouement provisoire : le cabinet de lord John Russell a repris les affaires jusqu'à nouvel ordre. Ni les protectionistes ni les peelites ne voulaient entrer seuls au pouvoir; et ils ne voulaient pas davantage y entrer soit les uns avec les autres, soit les uns où les autres avec lord John Russell. En cet embarras, la reine a mandé le duc de Wellington dont le grand sens pratique et la haute expérience sont toujours au service de l'état. Ce suprême conseiller des cas difficiles a jugé tout de suite que puisqu'on avait tant de peine à tourner soit en avant, soit en arrière, le plus sûr était encore de ne point bouger et de rester comme on était. Telle est l'autorité dont cette glorieuse vieillesse jouit toujours sur l'esprit public que l'expédient, si sommaire qu'il dût paraître, n'en a pas moins été accepté sans murmure. Les mêmes ministres qui, le 22 février, avaient résigné leurs fonctions parce qu'ils n'avaient plus la confiance des communes, les ont de rechef acceptées le 3 mars sans qu'il fût intervenu le moindre changement soit dans les dispositions du parlement, soit dans le personnel du cabinet. On a senti qu'il y avait là une nécessité de circonstance, et aussitôt qu'elle a été constatée par le duc, on s'est soumis. On ne croyait pas le moment propice pour faire une dissolution qui donnât une autre chambre, et les partis n'étaient pas prêts pour donner un ministère qui fît une autre politique et une autre majorité. Il a fallu s'en tenir à ce qu'on avait, faute de pouvoir rien mettre à la place; c'est, à ce qu'il semble aujourd'hui, le lot universel en Europe.

Lord Stanley s'est en effet récusé au nom des protectionistes avec une candeur qui ne laisse pas de compromettre un peu l'opinion qu'on aurait pu se former des ressources du parti, à le voir si acharné dans ses poursuites. De l'aveu même de son chef, le parti n'était point en état de fournir un cabinet. Lord Stanley avait bien sous la main un *leader* tout trouvé pour les communes, M. Disraeli, quoique celui-ci eût l'inconvénient d'être à la fois et un homme *nouveau*, selon le vieux sens du mot, dans une cause tout aristocratique, et peut-être aussi un nouveau venu dans les rôles tout-à-fait sérieux. Cet unique second ne suffisait point au *leader* de la chambre haute. Après avoir encore cherché parmi ses amis, il a fallu renoncer à combattre par manque de combattans : l'un était trop modeste, l'autre trop occupé de ses intérêts domestiques, plusieurs trop novices dans les affaires d'état. Nous reproduisons la propre confession de lord Stanley, qui n'est pas dépourvue d'une franchise significative. Restait une autre combinaison : les anciens collègues de Robert Peel, sir James Graham, lord Aberdeen, qui ne pouvaient pas s'unir à un cabinet protectioniste, étaient évidemment plus rapprochés des whigs actuels que des débris mal refondus de l'ancien torysme; mais sir James Graham et lord Aberdeen dans les explications qu'ils ont, comme lord Stanley, apportées à la tribune, ont manifesté leur insurmontable aversion pour cette malencontreuse campagne commencée par la lettre à l'évêque de Durham et terminée par le bill des titres ecclésiastiques. Lord John Russell étant inévitablement très mal à l'aise pour dégager son avenir ministériel des suites de cette entreprise, on n'a point voulu s'associer à sa restauration. Quant à recommencer sans Robert Peel un ministère peelite, il n'y fallait point penser; c'était l'homme, on s'en souvient, qui était tout dans cette politique, parce qu'il n'avait point de parti (c'est lui qui a disloqué les anciens partis en Angleterre), mais seulement ses idées et ses volontés.

De ce qu'il ne s'est ainsi rencontré personne pour recueillir l'héritage des whigs, il ne s'ensuit pas qu'ils n'aient plus qu'à savourer en paix cette singulière bonne fortune. Il n'y a rien de moins dans les ennuis qui les assiégeaient avant leur chute et leur résurrection. Aujourd'hui justement viendra la seconde lecture du bill des titres ecclésiastiques, et sir George Grey n'a pas été précisément bien reçu par la chambre quand il a dû lui annoncer quelles étaient les modifications que le ministère se proposait de réclamer lui-même pour un acte qui avait obtenu à la première lecture une si triomphante majorité. Réduire toutes les mesures qu'on avait promises avec un appareil si menaçant contre l'*agression papale*, à quoi maintenant? à la simple interdiction de titres qui sont déjà portés impunément en Irlande, quoiqu'ils aient déjà été interdits; c'est reconnaître une impuissance qu'il eût été digne de l'esprit whig d'avouer plus tôt, l'impuissance d'un siècle de tolérance et de liberté à exercer quelque répression que ce soit dans le domaine des consciences. Mais battre ainsi en retraite sur ce terrain où l'on avait allumé le feu des dissidences religieuses, est-ce le moyen de garder avec soi les protestans de la vieille souche? Ce n'est pas davantage la garantie d'une conciliation quelconque avec les Irlandais. Lord John Russell s'est attiré là d'implacables rancunes; le fils d'O'Connell en a presque aussitôt subi le contre-coup. Pour n'avoir [pas voulu se séparer, en cette occasion, d'un ministère qu'il considérait comme le bienfaiteur de l'Irlande et qui certainement du moins ne nuisait pas à sa famille, il a été sommé par ses électeurs de Limerick d'avoir à quitter le siége qu'il tenait d'eux au parlement. Ce fameux rappel de l'union pour lequel le fils du grand agitateur continuait de prêcher, quoique dans le désert, a décidément succombé sous la même atteinte. Le champion héréditaire de cette farce patriotique si habilement inventée par le vieux Dan a donné sa démission tout ensemble et de son emploi de *repealer* et de son mandat de député. Il est probable que M. O'Connell n'aura pas été fâché de trouver cette porte de sortie pour passer de la vie politique dans les fonctions rétribuées, la rente du rappel ayant si fort baissé depuis long-temps que le prêtre ne pouvait plus vivre de l'autel; mais il n'en est pas moins curieux de voir la prétendue cause nationale de l'Irlande s'abîmer ainsi dans le discrédit où la rejette l'ardeur des passions catholiques qu'on avait jusqu'ici sollicitées ou exploitées à son bénéfice. A plus forte raison ces passions ne sauraient-elles pardonner au ministre anglais. « Il y a, milord, écrivait l'archevêque de Tuam, le docteur Mac-Hale, il y a toute une notable portion de vos adhérens parlementaires de qui vous devez être et vous serez abandonné. Ne supposez pas que les membres irlandais puissent se dégrader et perdre tout sentiment au point de soutenir désormais le persécuteur avoué de leur foi. » C'est ainsi que lord John Russell, après s'être à jamais aliéné les catholiques en présentant son bill, va s'aliéner les anti-papistes en le retirant.

Encore n'est-il pas là au bout de sa peine. Le 21 de ce mois, le chancelier de l'Échiquier, sir Charles Wood, doit exposer au parlement ce qu'il entend faire à présent des excédans de son budget, et affronter ainsi de nouveau l'orage qui s'est déclaré au seul aperçu de son premier projet de répartition. Le 2 avril, ce sera la seconde lecture du bill de réforme électorale sur lequel M. Locke King a battu le ministère, malgré les engagemens réformistes que lord John Russell avait cru devoir prendre pour l'avenir. Ces engagemens suffiront-ils à le couvrir, dans une seconde épreuve, et les whigs, en touchant ainsi au système électoral, n'iront-ils pas alors se fondre avec les radicaux, de même qu'ils avaient épousé une vraie querelle d'antiques tories, en se faisant les promoteurs du fanatisme anglican? Nous regretterions sincèrement que les nobles traditions de cette illustre école politique fussent ainsi gaspillées sur des voies qui ne sont pas les siennes, pour le seul besoin des circonstances. D'un autre côté, le budget de sir Charles Wood a vraiment bien du malheur; ce n'est pas un déficit à remplir qui embarrasse aujourd'hui l'Échiquier britannique, c'est un surplus de recettes à distribuer, et il se trouve que, chaque intérêt ou chaque parti voulant avoir le meilleur lot, il y a beaucoup plus de mécontens à faire, grace à cette surabondance du revenu, qu'il n'y en aurait en face d'une situation moins prospère. Cette prospérité remonte, il est vrai, à l'initiative audacieuse et féconde de sir Robert Peel. Les whigs n'en sont que les héritiers, et l'on dirait que l'héritage les écrase; leur chancelier du moins a tout l'air de succomber sous la tâche. Sir Charles Wood avait à sa disposition un excédant de près de 50 millions, d.890,000 liv. sterl., il s'est efforcé d'en tirer le plus d'usage possible. Il s'offrait à lui deux procédés très simples pour en avoir tout de suite l'emploi : deux impôts surtout en Angleterre ont maintenant le privilége d'exciter la clameur publique, l'*income-tax* et la taxe des fenêtres. Celle-ci rapporte tout juste les 50 millions de l'excédant; on pouvait la biffer d'un trait de plume; on pouvait également rabattre un tiers sur l'*income-tax*. Sir Charles Wood n'a point osé tailler en plein drap, et, à tort ou à raison (le tort en tout cas aurait été rudement aggravé par la mauvaise humeur des partis), il a préféré des combinaisons moins héroïques et moins populaires. Il a bravé l'impopularité de l'*income-tax*, dont il demande encore la prolongation, pour trois ans; il n'a guère diminué celle que la taxe des fenêtres valait au gouvernement en la remplaçant à peu près par une taxe sur les maisons. Bref, il a profité de ses ressources pour dégrever un peu par-ci, un peu par-là, pour réduire, il faut lui rendre cette justice, quelque chose du montant de la dette publique, augmentée, comme on sait, de 27 millions sterl. en plein temps de paix, mais, somme toute, le chancelier de l'Échiquier n'a point eu l'idée de quelque mesure à effet qui pût dominer par un grand éclat financier la fausse situation politique de ses collègues. L'idée va-t-elle maintenant se trouver?

L'avenir incertain, l'attitude vacillante du gouvernement avaient naturellement suspendu le mouvement ordinaire des chambres. Les lords n'ont pas laissé cependant de se préoccuper beaucoup des questions coloniales, qui éveillent à tout instant la sollicitude publique, parce qu'elles se présentent sans cesse sur un point ou sur l'autre du vaste empire anglais. Aujourd'hui ce sont les colons de l'Australie qui menacent de s'opposer, comme ont fait ceux du cap de Bonne-Espérance, à l'invasion croissante de la population criminelle, au débordement des *convicts*, jetés de tous temps sur leurs côtes par la transportation. La Nouvelle-Galles du Sud, qui doit son origine aux *convicts*, devient un état de plus en plus florissant; on fonde une grande université à Sydney; la vie s'y fait chaque jour plus commode et plus policée; les descendans des premiers transportés ne veulent pas se retrouver en présence d'hommes qui sont maintenant ce que furent leurs pères. Toutes les colonies australiennes se sont unies pour former une *anti-convict league*, et c'est assurément là l'un des plus frappans retours qui se puissent rencontrer dans la destinée des établissemens humains. Malheureusement l'Angleterre n'a point encore réussi à réformer son système pénal, elle ne sait que faire de ses condamnés, et, en attendant, elle persiste à les rejeter hors de son sein, au préjudice de ces lointaines colonies, qui tiennent cet affront pour un grief de plus contre la métropole; le jour arrivera peut-être où tous ces griefs accumulés éclateront.

Il est un autre sujet d'anxiétés toutes récentes pour le ministère des colonies, c'est la guerre qui vient de recommencer avec les Cafres, les anciens ennemis et les nouveaux sujets des Anglais du Cap. On s'accorde à la regarder comme très sérieuse. Le comte Grey n'a pas hésité à reconnaître, dans la chambre haute, qu'il avait été surpris par les événemens, et l'on a dû expédier en toute hâte des troupes de renfort par l'un des meilleurs marcheurs de la marine anglaise. Jusqu'aux dernières nouvelles, les hostilités étaient pourtant concentrées dans la vallée supérieure de Keiskamma et dans les environs de King-William's-Town, et il ne semblait pas que les Cafres eussent d'intelligences parmi les indigènes de Port-Natal; mais le théâtre de la guerre est l'une des régions les plus impénétrables de la Cafrérie, toute la population mâle a pris les armes. Il n'y a dans la colonie que deux mille hommes de troupes, et l'on a fort à redouter ces terribles incursions de sauvages qui ont tant de fois dévasté les établissemens de l'intérieur. Déjà les fermiers quittent en masse leurs postes avancés des frontières. L'Angleterre est représentée sur cette terre africaine, où elle a constamment à lutter contre la barbarie primitive, par un très brave officier, qui n'en fait pas moins le plus aventureux et le moins chanceux des gouverneurs. Toutes les bizarreries du caractère anglais percent à l'aise dans l'isolement et l'omnipotence des grandes situations que donnent ces charges coloniales. Sir Harry Smith s'est absolument mis en tête de traiter avec les barbares en barbare et demi; il ne se regarde presque plus comme un délégué de Downing-Street; il tranche du patriarche et du chef de tribu; il affecte si bien de réduire son langage et ses moyens administratifs à la portée des Cafres, qu'il n'use plus assez de sa supériorité d'Européen. Depuis le mois d'octobre de l'année dernière, on pouvait prévoir un soulèvement; les ouvriers cafres des fermes de la frontière désertaient comme pour répondre à quelque appel clandestin de leurs kraals. Au lieu d'agir immédiatement, sir Harry s'est amusé à parlementer en toute solennité avec ces petits chefs, à leur demander un nouveau serment d'allégeance sur son bâton de paix, une belle cérémonie de son invention, à envoyer, là où il ne pouvait aller en personne, cette respectable canne, qui devait servir de symbole d'amitié. Les Cafres, déjà probablement trop civilisés pour respecter la symbolique, se sont moqués du message. Quand enfin l'on a tenté d'arrêter le plus suspect, on s'est vu reconduire à coups de fusil, et le rusé sauvage que le digne gouverneur appelait « son pupille et son fils » a failli mettre la main sur la trop confiante excellence.

Sir Charles Napier, dont nous parlions l'autre fois, n'est certes pas d'une espèce si candide que sir Harry Smith, mais il arrive chaque jour en Europe quelque nouvel épisode des adieux qu'il fait à tout le monde avant de quitter l'Inde, et ces détails achèvent de lui constituer aussi une physionomie très particulière. Il tient bien sa place dans la galerie de ces personnages anglais sur lesquels ont passé les fantaisies orientales, et qui peu à peu perdent de vue les convenances de l'Europe. Le discours qu'il a prononcé au banquet qu'on lui donnait à Bombay vaut au moins l'ordre du jour qu'il signifiait à son armée. Il a dressé là le compte des gens qu'il aimait et de ceux qu'il n'aimait pas avec une admirable et pittoresque sincérité, s'exprimant, disait-il, comme un pauvre soldat qui n'a point préparé ses mots et ne les cherche pas. Sir Charles aime donc les civiliens de Bombay et tous les civiliens en général, quoiqu'on l'accuse de n'aimer que les uniformes. Il aime l'armée de Bombay où il a commencé à servir dans l'Inde, l'armée de Bengale qu'il a commandée deux ans; il aime les trois armées indiennes et tout ce qu'il y a sous leurs drapeaux de braves soldats; — mais il en veut au gouvernement pour avoir mis en disgrace un homme qui avait toujours été à ses côtés dans la campagne du Scinde, qui était sa langue, son bras, son autre lui-même, le vaillant Ali-Akbar; — mais il n'a qu'une très médiocre estime pour les ministres qui ont refusé leur appui à un Arménien de sa connaissance, un ancien fournisseur des troupes de l'Afghanistan, lorsque celui-ci leur demandait les moyens de transporter à Bombay les bois du Punjaub; — mais enfin il souhaiterait bien quelquefois d'avoir une cravache à la main, et sous sa main ainsi garnie l'éditeur du *Bombay-Times*. Nous n'avons pu nous défendre de risquer encore ici ce dernier chapitre des confessions militaires du vieux capitaine, qui célébrait de la sorte le cinquante-septième anniversaire de son entrée dans les rangs. Au milieu des figures effacées qui nous entourent, on n'est pas fâché de rencontrer ces originales et vivantes figures d'un autre monde.

Arrivons à des histoires d'une civilisation plus avancée. On assure que la commission parlementaire nommée par M. Bravo Murillo pour aviser au règlement de la dette espagnole ne veut pas se laisser convaincre que les finances de l'état lui permettent encore de donner à ses créanciers le peu de satisfaction qu'ils avaient pourtant droit d'attendre des promesses du premier conseiller de la reine. Les ministres d'Angleterre et de Hollande soutiennent énergiquement auprès du cabinet de Madrid la cause de leurs nationaux compromis dans les fonds espagnols : nous espérons que le nouvel envoyé français n'oubliera pas non plus que cette affaire-là doit être pour quelque chose dans les siennes. Il serait bien temps que les créanciers de la dette d'Espagne sortissent enfin des rudes épreuves où leurs titres diminuent à vue d'œil, comme s'ils passaient au laminoir. Qu'on se représente seulement qu'en 1834 ils ont abandonné 33 et demi pour 100 de leur capital; que, depuis 1840, ils n'ont pas touché un sou d'intérêt sur les deux tiers restant! Ils offraient aujourd'hui de joindre la somme de ces intérêts arriérés au capital qu'on leur reconnaît encore, et de recommencer ainsi sur nouveaux frais, à partir du 1er juillet prochain, un autre engagement. La base de cet engagement était que, dans les dix-sept années qui devaient suivre, l'intérêt de la dette comprenant désormais les anciens arrérages capitalisés serait graduellement élevé de 1 à 3 pour 100 et régulièrement payé tous les six mois à Londres. Il paraîtrait que le gouvernement espagnol chicane maintenant sur le montant des arrérages, et prétend par surcroît ne plus payer dorénavant à Londres, mais à Madrid. S'il en était ainsi, si les créanciers étrangers étaient obligés de toucher leur argent en Espagne, il y aurait fort à craindre qu'ils en emportassent encore moins. Il suffirait, pour vider tout-à-fait leurs poches et frustrer leurs plus légitimes prétentions, de quelqu'une de ces mesures fiscales qui sont trop familières aux pays dans l'embarras.

Ce n'est plus d'ailleurs avec M. de Sotomayor que l'on aura maintenant à traiter ici des affaires d'Espagne. Le nouveau cabinet espagnol a remplacé les ambassadeurs qu'il avait à Paris, à Rome et à Naples par de simples ministres plénipotentiaires. On ne sait pas très clairement si M. de Sotomayor quitte son poste parce que son gouvernement a voulu faire des économies, ou si les économies n'ont été faites que pour ôter le poste de M. de Sotomayor. M. Bravo Murillo aurait, dit-on, été blessé des justes égards que le représentant officiel de l'Espagne en France a cru devoir témoigner au général Narvaez. Ce serait la continuation par trop systématique de ces défiances que nous signalions il y a quinze jours, et qui font si malheureusement d'un ministère conservateur l'antagoniste sourd et persévérant, non pas, nous le voulons penser, de la politique de conservation, mais toujours, du moins, des plus éminentes personnes à qui l'honneur en revienne. Porter ces pauvres ombrages de Madrid jusqu'au-delà des Pyrénées, ce n'est pas prouver qu'on soit bien assuré de son pouvoir en-deçà. Le successeur de M. de Sotomayor est le marquis de Valdegamas, plus connu sous le nom de M. Donoso Cortès. Il a naguère beaucoup pratiqué la France, et surtout Paris; c'est un ancien publiciste de l'école libérale et constitutionnelle, mais un publiciste repentant qui a expié ses vieux péchés en passant comme tant d'autres aux extrémités des doctrines absolutistes et théocratiques. Cette expiation n'a pas été du reste sans rapporter des fruits de toute sorte, et notamment dans un certain monde on a fabriqué pour M. Donoso Cortès une généalogie morale en vertu de laquelle il descendrait tout droit de M. de Maistre. Il y a comme cela beaucoup de gens qui se réclament aujourd'hui de ce grand comte de Maistre; c'est un parrainage à la mode. Si nous tenions à donner une idée plus exacte de l'esprit du marquis de Valdegamas, dont nous avons entendu faire un bruit peut-être bien affecté, nous serions assez tentés de le comparer plutôt, et non pas encore de si près, à M. Disraeli. Cet esprit à mine profonde n'est, au bout du compte, qu'un bel esprit du genre faux. La subtilité ingénieuse et pénétrante, le fond très britannique que possède malgré tout l'auteur de *Coningsby* et de *Sybil*, lui ont servi cependant fort à propos à prendre pied dans la politique véritable, dans le champ solide des réalités. Nous doutons qu'il y ait jamais les mêmes ressources sous le pur éclat littéraire des harangues toujours préméditées de M. Donoso Cortès. Ce n'est qu'un perpétuel *gongorisme*, dont l'emphase exclut évidemment le sens du vrai. Le nouvel envoyé de l'Espagne a, bien entendu, pour la France cette aversion exagérée que proclament comme un mot d'ordre et de ralliement tous les mystiques européens. « La France, s'écriait-il à la tribune, était naguère une grande nation; aujourd'hui elle n'est plus même une nation, elle est le club central de l'Europe. » Nous avons certes mérité ces injures; il nous plairait assez néanmoins qu'on nous laissât le soin de nous les dire.

Les conférences de Dresde vont sans doute reprendre leurs séances, qui avaient été suspendues pendant quinze jours. La Prusse a profité de ce délai pour encourager encore plus ou moins directement les résistances que les petits états opposent avec une énergie désespérée aux plans de concentration

autrichienne. Quel que soit l'avenir de cette entreprise au point de vue politique, elle s'appuie maintenant sur une tentative, commerciale qui laissera
certainement des traces : nous voulons parler des projets d'union douanière
dont l'Autriche, comme nous l'avons déjà indiqué, poursuit hardimeni l'exécution. C'est au milieu de l'année dernière, au plus fort du démêlé austro-
prussien, que le cabinet de Vienne proposa d'unir dans un même réseau de
douanes tous les pays de l'Allemagne et toutes les provinces de l'Autriche, allemandes ou non.

Le premier effet de cette démarche fut d'amener de telles dissidences dans
le congrès du Zollverein qui se tenait alors à Cassel, que la Prusse n'en put rien
tirer. L'un des comités de la conférence de Dresde a repris la question de plus
belle; l'Autriche s'y intéresse très sérieusement; elle s'est déjà, dit-on, concilié sur ce terrain, moins scabreux que l'autre, et les royaumes de second ordre
et quelques-uns des petits états. La Prusse, battue en brèche jusque dans son
propre Zollverein, pourrait bien être amenée de force dans cette vaste union,
qu'elle n'aurait point faite : Breslau et la Silésie pétitionnent même déjà pour
obtenir une jonction avec les douanes autrichiennes. La Prusse, pourtant se
débat de son mieux. L'établissement des douanes autrichiennes, élèverait en
général les droits d'importation; la Prusse se dépêche de se convertir au libre
échange, et M. de Manteuffel ne dédaigne pas d'assister aux meetings des libre-
échangistes berlinois. On caresse l'ancienne union séparatiste du nord, les états
qui n'avaient point accédé jadis au Zollverein prussien, le Hanovre, l'Oldenbourg, le Holstein. On voudrait élever du moins en face de l'union protectioniste dirigée par l'Autriche au midi une grande association libérale de l'Allemagne du nord. L'Autriche, de son côté, ne reste pas en arrière. Comme gage
de ses promesses, elle ouvre la Hongrie au commerce allemand, elle passe rapidement des tarifs prohibitifs aux tarifs protecteurs. Le baron de Bruck pousse
vigoureusement cette réforme intérieure, malgré les plaintes d'un conseil d'a-
griculteurs et de manufacturiers qu'il avait appelé auprès de lui et qui vient
de clore sa session. La liberté des transactions industrielles et commerciales
gagne donc insensiblement à travers toute l'Europe.   ALEXANDRE THOMAS.

REVUE DRAMATIQUE. — VALERIA.

De toutes les pièces de théâtre que nous avons vu représenter depuis quelques années, voici celle qui nous a le plus affligé, car c'est celle qui nous a le
mieux montré la décadence de l'art dramatique : elle nous a fait sentir bien
clairement d'abord quelle cécité morale recouvre les yeux des écrivains contemporains, ensuite dans quelle profonde ignorance ils sont des lois de l'art dramatique, ou, s'ils les ont amais sues, combien ils les ont oubliées. Voilà pour
la pièce en elle-même, pour la pièce prise indépendamment du plaisir que la
représentation peut faire éprouver. Quant à la pièce représentée, elle nous a
donné un plus triste enseignement encore. Pendant les cinq heures qu'a duré
la représentation de Valeria, nous n'avons pu chasser de notre esprit une supposition qui se présentait inflexiblement à nous : c'est que les auteurs, ayant

reçu une *commande* de Mlle Rachel, avaient écrit pour ainsi dire sous sa dictée, c'est qu'ils avaient écrit chaque scène de leur drame ayant sous les yeux Mlle Rachel essayant des costumes, étudiant des attitudes, ou répétant des mots: Nous savions bien que, dans les théâtres où domine quelque mime célèbre, des vaudevillistes et des écrivains subalternes écrivaient des pièces où il pût librement déployer les excentricités de son jeu; nous avions vu des vaudevilles où certaines situations étaient amenées pour déterminer une grimace ou un geste familiers à un bouffon renommé; mais que des hommes de talent et de *style* consentent à écrire pour Mlle Rachel une pièce à cette seule fin de lui fournir l'occasion non-seulement de déclamer, mais encore de chanter, voilà ce que nous n'aurions pas cru possible, et ce qui nous semble indigne à la fois des auteurs, du Théâtre-Français, et de Mlle Rachel elle-même.

Cette faute nous semble plus immorale encore que la réhabilitation de Messaline. En réhabilitant Messaline, les auteurs ont péché par ignorance des lois dramatiques, comme nous allons le montrer tout à l'heure; en écrivant une pièce pour fournir à Mlle Rachel l'occasion de chanter, ils ont péché contre la dignité de leur art. Désormais voilà les poètes et les écrivains au service des acteurs, et qui consentent à s'effacer modestement derrière eux ! En vain les auteurs de *Valeria* s'efforceraient de montrer qu'ils ont voulu écrire une œuvre sérieuse et allégueraient l'étude, le travail, la correction de langage, la versification habile qui sont manifestes dans cette pièce : nous persisterions à dire que leur but n'a pas été de faire une œuvre dramatique pour la présenter au public, mais bien une suite de scènes pour présenter Mlle Rachel à ce même public. Nous disions tout à l'heure qu'une telle aberration était indigne des auteurs, de Mlle Rachel et du Théâtre-Français : Mlle Rachel, en effet, n'a pas besoin, pour déployer son talent, de moyens aussi violens, aussi scabreux; Mlle Rachel n'a pas besoin pour réussir de *faire éclat* comme un pamphlétaire à ses débuts, et peut réussir, nous le savons depuis long-temps, par des moyens plus simples. Quant au Théâtre-Français, pense-t-il qu'il soit bien digne de lui d'attirer le public par de semblables moyens? Ajoutons que l'idée de piquer la curiosité du public en faisant chanter Mlle Rachel est à peu près aussi ingénieuse que celle d'un musicien qui écrirait un opéra pour fournir à Mme Sontag l'occasion de déclamer.

La pièce, malgré ses grands airs dramatiques, ses prétentions, ses emprunts à Juvénal, à Tacite et à Suétone, n'a pas été composée d'ailleurs pour montrer au public parisien le monde antique, les colossales orgies de l'empire romain et ses scélérats grandioses. Toute cette grandeur tragique a été ajoutée après coup à une intrigue sortie d'un feuilleton de journal, si bien que nous avons pour ainsi dire, avec *Valeria*, un feuilleton du mois dernier affublé d'un travestissement antique. La pièce est donc déjà en quelque sorte l'œuvre bien plutôt d'un habitué des coulisses et d'un spectateur assidu de répétitions dramatiques que d'un poète véritable. Il s'agissait de mettre sur la scène le honteux imbroglio de l'affaire du collier; mais comment placer sous les yeux du public les vilains incidens de ce drame judiciaire? Comment s'y prendre, ne fût-ce qu'en l'indiquant, pour faire comprendre que la reine Marie-Antoinette avait ce malheur de ressembler à une courtisane qui foulait les pavés boueux de sa capitale? M. Maquet s'adressa à M. Jules Lacroix, lequel se souvint fort

à propos d'un hémistiche de Juvénal dans lequel il est dit que l'impératrice
Messaline se prostituait sous le nom de Lycisca. De là à conclure à l'existence
d'une véritable Lycisca, il, n'y eut qu'un pas pour les deux auteurs, et, contrairement à la vérité historique, contrairement même à l'hémistiche de Juvénal, Messaline fut transportée sur la scène pour y être justifiée, réhabilitée
et absoute. On s'est beaucoup récrié contre l'immoralité de cette pièce; mais
je crois que les auteurs ne sont qu'à demi coupables, et que leur intention était
bien plutôt de mettre sur la scène certaines situations dramatiques que de réhabiliter Messaline. S'ils avaient trouvé dans l'histoire un autre personnage
qui pût leur servir à exécuter leur dessein, ils l'auraient pris tout aussi bien
que Messaline. Ils n'ont pas voulu laisser perdre les élémens dramatiques que
contient l'histoire du collier, ni la ressemblance de Marie-Antoinette avec
Mlle Gay d'Oliva, et ils ont écrit bien innocemment, je le crois, sans aucune
mauvaise intention, ce drame qui a pour nom Valeria, et qui aurait dû n'en
jamais porter aucun.

En prenant Messaline pour héroïne, en faisant de cette trop célèbre impératrice une femme vertueuse, faussement accusée, les auteurs n'ont pas seulement péché contre le bon sens, mais ils ont enlevé d'avance à leur drame tout
intérêt. En effet, Messaline est connue historiquement aussi bien que Néron ou
que Tibère; son infamie est notoire, et elle a eu ce triste privilége de laisser un
nom qui a cessé d'être un nom propre pour devenir une sorte de substantif
générique servant à désigner toute femme livrée à la débauche et en proie aux
brutales fureurs des sens. Messaline est donc connue même du public illettré,
du public qui n'a jamais lu Tacite et Juvénal; son nom s'est trouvé cent fois
sur les lèvres d'hommes qui ignorent même quelle fut sa condition; ce nom
leur a servi de terme de comparaison pour exprimer la nature morale ou les
honteuses débauches de certaines personnes. Dès lors, qu'arrivera-t-il? C'est
que, entrant au théâtre avec cette idée qu'on va justifier devant nous une
femme livrée par l'histoire au mépris de la postérité, nous n'éprouverons aucun
plaisir naïf, nous ferons incessamment appel à nos souvenirs, nous compare-
rons les récits de l'histoire avec la fable du poète; en un mot, nous serons
continuellement tourmentés, inquiétés par la connaissance trop certaine que
nous avons de la culpabilité de Messaline. Pour pouvoir jouir des beautés qu'un
pareil drame pourra nous offrir, nous serons forcés de faire, pour ainsi dire,
violence à notre raison; cette perpétuelle comparaison que nous ferons involontairement entre la fable du poète et l'histoire, cette violence que nous imposerons
à notre intelligence, enlèveront tout intérêt au drame. Nous n'aurons plus, dès-
lors, qu'un plaidoyer dialogué, nous n'aurons plus, au lieu de l'effet moral du
poème, qu'une sorte d'effet d'optique, de trompe-l'œil de théâtre. Les auteurs,
d'ailleurs, ont senti si bien par avance toute la vérité de ces observations, qu'ils
n'ont pas laissé à Messaline ce nom sous lequel elle est si connue et qu'ils l'ont
mise sur la scène sous son prénom de Valeria.

Mais tâchons d'oublier que c'est Messaline qui passe sous nos yeux; prenons
l'idée qui fait le fond du drame : quelle est cette donnée? C'est une fatale ressemblance, c'est ce qu'on appelle vulgairement un quiproquo. Cette ressemblance est-elle admissible dans les conditions de la pièce? Nous répondrons non
sans hésiter : les Sosies et les Ménechmes ne seront jamais que des personnages

de comédie, et les suppositions, les quiproquos, les erreurs qui remplissent les comédies de Molière et de Regnard ne pourront jamais fournir le sujet d'un drame tragique. L'homme est ainsi fait, qu'il peut rire et s'amuser des combinaisons les plus impossibles et des suppositions les plus folles qui traversent son esprit, mais il n'accorde son émotion et sa pitié qu'aux douleurs réelles et nullement à des hypothèses historiques, ou à des suppositions abstraites, ou à des quiproquos trop prolongés. Un malentendu ne peut pas faire le fond d'une action dramatique, car une telle donnée est inadmissible avec les développemens que demande le drame. S'il est possible de supposer qu'une simple erreur de la vue puisse donner naissance à la calomnie, il est absurde de supposer que cette erreur puisse durer pendant cinq actes : la passion ira en quelque sorte aux enquêtes, et le personnage incriminé sera justifié une fois pour toutes. Un malentendu peut être très dramatique en lui-même; la passion peut, sur une simple apparence, se tenir pour convaincue; mais alors cette erreur devra servir simplement de dénouement ou de moyen d'action, jamais elle ne pourra devenir le fond même d'une œuvre dramatique; c'est pourquoi nous pensons que la donnée de *Valeria* est contraire aux véritables lois du drame.

La représentation de *Valeria* explique parfaitement pourquoi les auteurs ont choisi une telle donnée : c'est qu'ils ont cherché certains effets, certaines situations bien plutôt qu'ils ne se sont préoccupés des passions et des caractères; ils ont oublié ou ils ignorent que les situations dramatiques naissent des passions des personnages, et qu'elles ne sont qu'un effet dont les passions et les caractères sont la cause. Or, les caractères sont nuls ou à peu près. Rien dans le langage d'Agrippine ne trahit un caractère quelconque, et nous serions fort embarrassé pour dire quel caractère les auteurs ont voulu donner à la fille de Germanicus. Nous avons été long-temps avant de découvrir qu'Agrippine figurait dans ce drame, et nous avouons naïvement que nous l'avions prise pour une suivante dont le langage nous paraissait inexplicable et incompatible avec sa condition. Quant à Silius, il nous a rappelé les tristes figures de ces deux malencontreux philosophes que M. Couture avait placés dans un coin de son tableau de l'*Orgie romaine.* Silius est, après Messaline, le personnage le plus vertueux de la pièce : c'est un stoïcien plein de regrets pour les mœurs de la vieille Rome et d'admiration pour les assassins de César; mais comment se fait-il que cette vertu s'exprime en phrases de convention et que les auteurs n'aient trouvé à mettre dans la bouche de ce personnage que des maximes vulgaires et des lieux communs de morale? Silius est d'un bout à l'autre non pas un Romain, mais un personnage de convention, dont le rôle est d'être vertueux comme le rôle de Lycisca est d'être infâme. Quant à vous dire si sa vertu est autre chose qu'un rôle, s'il a l'ame vertueuse et le cœur noble, cela nous est impossible, car les auteurs ne nous ont donné dans Silius qu'un *personnage*, nullement un caractère. Narcisse et Pallas ne sont en aucune façon les deux scélérats grandioses, les deux remarquables intrigans que Tacite nous a décrits : ce sont deux vils coquins qui ont l'air d'apprendre leur métier de scélérat en essayant de se perdre mutuellement. Leur scélératesse n'est qu'une scélératesse d'apprentis, leur langage et leurs actions sont méprisables et vils plutôt que haïssables. Figurez-vous deux laquais qui auraient appris leur métier d'empoisonneur au service de la Brinvilliers ou de Sainte-Croix, figurez-vous Mascarille et Jodelet jouant au scélérat comme ils jouent au marquis, et vous aurez une idée assez juste du Narcisse et du Pallas de MM. Jules Lacroix et Maquet. Claude est le seul personnage réussi, sans doute parce que Claude n'est pas un caractère, mais un personnage tout extérieur en quelque sorte. "   '.

Mais pourquoi parler de caractères ou de passions? MM. Lacroix et Maquet ne se sont proposé qu'un seul but, celui de fournir deux rôles à Mlle Rachel. Les personnages n'existent que pour donner la réplique à Valeria ou à Lycisca; ils existent par cette seule raison qu'il est matériellement impossible qu'une action dramatique puisse se passer de personnages. Mlle Rachel est donc plus que l'interprète de ce drame; elle en est pour ainsi dire l'ame; elle le remplit à elle seule. Nous sommes loin de nier le talent que Mlle Rachel a déployé dans ces dernières soirées; jamais elle n'avait été plus fière dans ses rôles de reine, plus naturelle et plus attrayante dans ses rôles de courtisane. Toutefois nous ne pouvons nous empêcher de l'avertir qu'elle doit renoncer à exciter la curiosité par des moyens aussi étranges que ceux dont elle se sert depuis quelques années. On la fait se livrer, si nous osons nous exprimer ainsi, à une suite d'exercices et de tours de force qui à la longue deviendront pour le public plus intéressans que son jeu si sobre et que le déploiement naturel de son remarquable talent. On avait composé déjà une pièce tout exprès pour lui faire lire la fable des Deux Pigeons; on lui avait fait chanter la Marseillaise; maintenant on lui fait chanter des couplets bachiques. Que les auteurs de Valeria renoncent à écrire des drames à cette seule fin de donner des rôles à Mlle Rachel, que Mlle Rachel renonce à se montrer au public dans toute sorte d'attitudes excentriques : cela sera plus digne à la fois des auteurs et de l'actrice.

ÉMILE MONTÉGUT.

ERRATUM.

Un passage de l'article sur les Guise, de M. A. de Saint-Priest, a paru, dans l'intérêt de la vérité historique, devoir être complété par quelques lignes. Le passage, tel que nous le rétablissons en soulignant les lignes ajoutées, précise mieux la pensée de l'auteur. Ainsi, livraison du 1er mars 1850, page 802, lignes 30 et suiv., après ces mots : « Quant au duc François, c'était le premier capitaine de son siècle, et sur ce point il n'y a ni doute, ni controverse, pas plus chez les contemporains que dans la postérité, » lisez : « Guise fut héroïque devant Metz. Il arrêta la fortune de l'aigle autrichienne. M. de Bouillé n'a point altéré l'éclat de ce tableau. C'est dans cette partie de son livre écrite avec autant d'exactitude que de verve qu'il faut voir Charles-Quint méditant son abdication devant les armes de la France. La suite ne répondit pas à ce début du duc de Guise. Chargé de défendre le pape contre les impériaux, il se laissa dominer par une préoccupation trop ordinaire à sa famille, et qui finit par contribuer à sa chute. »

V. DE MARS.

TABLE DES MATIÈRES DU NEUVIÈME VOLUME.

NOUVELLE PÉRIODE. — JANVIER. — FÉVRIER. — MARS.

LA CLÉ D'OR. — Première partie, par M. OCTAVE FEUILLET 5

LA GRAVURE DEPUIS SON ORIGINE JUSQU'A NOS JOURS. — III. — LA GRA-
VURE AU XIXᵉ SIÈCLE EN ALLEMAGNE, EN ANGLETERRE, EN FRANCE, EN
ITALIE ET EN AMÉRIQUE. — Dernière partie, par M. HENRI DELABORDE. . 31

LITTÉRATURE DRAMATIQUE. — Le Joueur de Flûte ET LES COMÉDIES DE
M. ÉMILE AUGIER, par M. GUSTAVE PLANCHE, ... 60

CABECILLAS Y GUERRILLEROS, SCÈNES DE LA VIE MILITAIRE AU
MEXIQUE. — LE SOLDAT CURENO, par M. GABRIEL FERRY. 83

LA BOURGEOISIE ET LA RÉVOLUTION FRANÇAISE. — V. — LES CLASSES
MOYENNES SOUS LE CONSULAT ET L'EMPIRE, par M. L. DE CARNÉ. 105

LA CRISE RELIGIEUSE EN ANGLETERRE, par M. JOHN LEMOINNE. 134

LE BISCÉLIAIS. — Première partie, par M. PAUL DE MUSSET. 156

HISTOIRE POLITIQUE. — CHRONIQUE DE LA QUINZAINE 183

SOUVENIRS DE LA GUERRE DE HONGRIE, SOUS LE PRINCE WINDISCH-
GRAETZ ET LE BAN JELLACHICH, par M. GEORGE DE PIMODAN, major
au régiment de Bandérial-Hussards. 201

LA CLÉ D'OR. — Dernière partie, par M. OCTAVE FEUILLET. 259

LE BISCÉLIAIS. — Dernière partie, par M. PAUL DE MUSSET. 293

L'EMPEREUR SOULOUQUE ET SON EMPIRE. — III. — LE COMMUNISME ET LA
TERREUR NÈGRES, par M. GUSTAVE D'ALAUX. 321

SCÈNES ET RÉCITS DE VOYAGE DANS LES RÉPUBLIQUES DE L'AMÉRIQUE
DU SUD. — ARÉQUIPA, PUNO ET LES MINES D'ARGENT, par M. E. DE LA-
VANDAIS. 356

HISTOIRE POLITIQUE. — CHRONIQUE DE LA QUINZAINE. 380

LES RÉPUBLICAINS ET LES MONARCHISTES DEPUIS LA RÉVOLUTION DE
FÉVRIER. — Première partie, par M. DE FALLOUX. 393

LA CORRÈZE ET ROC-AMADOUR. — RÊVERIES A TRAVERS CHAMPS, par
M. ALEXIS DE VALON. 423

HOMMES D'ÉTAT ET HOMMES DE GUERRE DANS LA RÉVOLUTION EURO-
PÉENNE. — I. — LE GÉNÉRAL NARVAEZ, par M. CHARLES DE MAZADE. 462

LITTÉRATURE DRAMATIQUE. — Claudie, de George Sand, par M. GUSTAVE
PLANCHE. 497

UNE FANTAISIE D'ALCIBIADE, par M. Ch. Reynaud. 512

L'EMPEREUR SOULOUQUE ET SON EMPIRE. — IV.. — La Justice, les Conquêtes et le Couronnement de Soulouque, par M. Gustave d'Alaux. 521

HISTOIRE ET STATISTIQUE MORALES DE LA FRANCE. — Paris et les Provinces, par M. Ch. Louandre. 546

HISTOIRE POLITIQUE. — CHRONIQUE DE LA QUINZAINE. 565

REVUE LITTÉRAIRE ET MUSICALE. 578

LE CHATEAU DES DÉSERTES. — Première partie, par M. George Sand. . . 593

LES SCIENCES ARABES AU MOYEN-AGE. — Aboulféda et ses Écrits, par M. E. Dulaurier. 630

LA GUERRE DE MONTAGNE. — La Navarre et la Kabylie. — I. — Zumalacarregui, par M. E. Ducuing. 661

PEPITA, RÉCIT DE LA PAMPA, par M. Th. Pavie. 701

LA POLITIQUE EUROPÉENNE EN CHINE. — Relations de l'Angleterre et de la France avec le Céleste Empire, par M. Lavollée. 733

REVUE LITTÉRAIRE DE L'ALLEMAGNE. — La Critique, les Romans et la Poésie, la Littérature magyare, par M. Saint-René Taillandier. 753

HISTOIRE POLITIQUE. — CHRONIQUE DE LA QUINZAINE. 771

LES GUISE, par M. Alexis de Saint-Priest. 785

LE CHATEAU DES DÉSERTES. — Seconde partie, par M. George Sand. . . 848

VOYAGE DANS LES RÉPUBLIQUES DE L'AMÉRIQUE DU SUD. — La Bolivie et le Pérou, par M. E. de Lavandais. 870

DE L'APOLOGÉTIQUE CHRETIENNE AU XIXᵉ SIÈCLE, par M. Albert de Broglie. 908

LE SALON DE 1850-51, par M. Louis de Geofroy. 926

HISTOIRE POLITIQUE. — CHRONIQUE DE LA QUINZAINE. 966

NOTE SUR TH. LECLERCQ, par M. Prosper Mérimée. 981

LES QUESTIONS POLITIQUES ET SOCIALES. — V. — Le Système protecteur, par M. Michel Chevalier. 985

LE CHATEAU DES DÉSERTES. — Troisième partie, par M. George Sand. . . 1030

LA VIE MILITAIRE EN AFRIQUE. — Une Course aux frontières du Maroc, par M. Pierre de Castellane. 1056

L'EMPIRE DU BRÉSIL ET LA SOCIÉTÉ BRÉSILIENNE EN 1850, par M. Émile Adét. 1082

LES CONFESSIONS D'UN HUMORISTE. — (Lav-Engro, the Scholar, the Gypsy and the Priest, by George Borrow), par M. E.-D. Forgues. 1106

YU-KI LE MAGICIEN, LÉGENDE CHINOISE, par M. Th. Pavie. 1129

REVUE MUSICALE. — M. Spontini. — LA TEMPESTA. 1145

HISTOIRE POLITIQUE: — CHRONIQUE DE LA QUINZAINE. 1159

REVUE LITTÉRAIRE. — VALERIA. 1170

FIN DE LA TABLE.